中华诗韵大辞典

罗　辉　赵世举　罗积勇　主编

中華書局

图书在版编目(CIP)数据

中华诗韵大辞典/罗辉,赵世举,罗积勇主编. —北京:中华书局,2018.11
ISBN 978-7-101-12977-9

Ⅰ.中…　Ⅱ.①罗…②赵…③罗…　Ⅲ.诗律-中国-辞典
Ⅳ.I207.21-61

中国版本图书馆 CIP 数据核字(2017)第 300608 号

书　　名	中华诗韵大辞典
主　　编	罗　辉　赵世举　罗积勇
责任编辑	侯笑如
出版发行	中华书局
	(北京市丰台区太平桥西里 38 号　100073)
	http://www.zhbc.com.cn
	E-mail:zhbc@zhbc.com.cn
印　　刷	北京瑞古冠中印刷厂
版　　次	2018 年 11 月北京第 1 版
	2018 年 11 月北京第 1 次印刷
规　　格	开本/880×1230 毫米　1/16
	印张 69　插页 2　字数 2200 千字
印　　数	1-3000 册
国际书号	ISBN 978-7-101-12977-9
定　　价	288.00 元

《中华诗韵大辞典》编委会

主　　编：罗　辉　赵世举　罗积勇

执行主编：罗积勇　谭新红　阮桂君

台湾执行主编：陈益源

常务编委（以姓氏拼音排序）**：**段雪璐　黄春霞　刘　彦　邱庆山　王贤明

参编人员（以姓氏拼音排序）**：**

薄海歌　蔡文华　陈　菡　陈海若　陈新羽　谌　银　董浩晖　董继兵
董　婧　董静雪　顿　蒙　樊学梅　方　鹏　方世焜　方　奕　冯红梅
付一冰　龚　玲　韩雅惠　胡　宸　胡兰芳　黄欣洲　霍西胜　江桂芳
江　鹏　雷　蕾　李福言　李国强　李　柯　李　睿　李新艳　李　亚
李　祎　李知默　林军强　凌　霄　刘加学　刘　静　罗海章　马慧春
莫颖余　彭果雨　谯　雪　舒金红　宋　尉　苏　婷　孙　威　孙晓言
孙欣婷　田安利　佟雪萌　万　晨　王曹杰　王甫建　王小燕　王远方
习逍童　肖　诚　谢亚娟　辛慧玲　熊　威　许腓利　严　诚　杨　福
杨　洋　姚泉名　叶　楠　殷学梅　喻细涛　袁　静　张　弛　张鹏飞
赵淑娟　郑惠文　郑建雄　郑贤梅　郑韵扬　朱艳欣　朱由静

出 版 说 明

近年来，越来越多的读者喜欢阅读中国古典诗、词、曲、赋作品，同时参与古体诗词创作的群体也在不断扩大。古体诗词格律、诗词创作中的用韵、遣词、用典应当说是现代人在学习、创作古体诗词过程中需要面对的难点问题。一是现代语境与古典诗词创作的背景发生了巨大的变化；二是古音与今读也存在不小的差异。而古体诗词创作有着较为严格的押韵、平仄的要求，遣词造句也有很多讲究。这些要求离我们今天的生活又较为遥远，表面看起来，严苛的要求有些古板，但恰恰是格律要求、用韵讲究、平仄变化造就了古体诗词的“雅致”与“古朴”，让很多现代读者爱不释手。这些古体诗词创作的“要求”变成了学习者不可回避的高峰，跨越那些难以逾越的高峰，又是古体诗词爱好者的乐趣所在。

本着更好地满足广大读者欣赏与创作古体诗词的需求，更有针对性地为古典文学爱好者服务的宗旨，我们编辑出版了《中华诗韵大辞典》一书。

本辞典按古体诗词爱好者熟悉的《诗韵新编》的十八韵分韵、立目。各韵韵部名称之下，先列“三韵书比较表”，以使读者清晰了解各韵部立目字在常见韵书《词林正韵》《佩文诗韵》和《诗韵新编》中的异同；各韵部下按《诗韵新编》体例，分为“平声・阴平”“平声・阳平”“仄声・上声”“仄声・去声”“仄声・入声”诸声调，各立目字的平仄声调清晰可见；各立目字下分别标注汉语拼音、新旧音读变化、古体诗词中常见常用正序词和逆序词、古典诗词曲赋例句、逆序典故等，方便学习者理解与选用。

同时，本辞典还根据现代读者的检索习惯和诗词创作中的用典、用韵需求，编制了“字头拼音、声韵对照笔画索引”“典故笔画索引”，方便大家进一步深入理解古韵旧音与现代音、古今词汇的差异，方便检索。

本辞典主编为中国诗词学会副会长罗辉、武汉大学文学院教授赵世举、罗积勇。参与编写者或为古体诗词的爱好者，或为古典文学、古籍文献的研究者，他们常年从事古体诗词的创作、研究与鉴赏工作，古典诗词造诣颇深，并有着很深的古体诗词创作经验，对古体诗词爱好者的阅读与创作需求有着深入的了解与把握。相信本辞典面世后将成为广大古体诗词爱好者创作与欣赏古体诗词作品不可或缺的工具书。

本书编撰历经五年的时间，数易其稿，编写过程中还得到台湾成功大学中文系主任、教授陈益源先生的支持，并参与本书体例、主要编写内容的制定与审订，在此表示衷心感谢！

我们希望本辞典的出版可以为现代读者提供一部具有科学性、针对性、实用性的古体诗词欣赏与创作必备工具书。本辞典约 220 万字，匆促出版，当存讹误，欢迎广大读者提出宝贵意见，以便我们及时订正。

中华书局编辑部
2018 年 7 月

总　目　录

目次

一 麻

平声·阴平

平声·阳平

仄声·上声

仄声·去声

仄声·入声

二　波

平声·阴平

平声·阳平

三　歌

平声·阴平

平声·阳平

仄声·上声

仄声·去声

仄声·入声

四　皆

平声·阴平

平声·阳平

仄声·上声

仄声·去声

仄声·入声

五　支

平声·阴平

平声·阳平

仄声·上声

仄声·去声

仄声·入声

六　儿

平声·阳平

仄声·上声

仄声·去声

七　齐

平声·阴平

仄声·去声

仄声·入声

八　微

平声·阴平

九　开

平声·阴平

平声·阳平

仄声·上声

仄声·去声

十　姑

平声·阴平

平声·阳平

仄声·上声

仄声·去声

仄声·入声

十一　鱼

平声·阴平

平声·阳平

仄声·上声

仄声·去声

仄声·入声

十二　侯

平声·阴平

平声·阳平

仄声·上声

仄声·去声

十三　豪

平声·阴平

平声·阳平

仄声·上声

仄声·去声

十四　寒

平声·阴平

平声·阳平

仄声·上声

仄声·去声

十五　痕

平声·阴平

平声·阳平

仄声·上声

仄声·去声

十六　唐

平声·阴平

平声·阳平

仄声·上声

仄声·去声

十七 庚

平声·阴平

平声·阳平

十八　东

平声·阴平

平声・阳平

仄声・上声

仄声・去声

凡 例

一、条目及编排

1. 本辞典按上海古籍出版社出版的《诗韵新编》分韵、收字。共十八韵。每韵所包括的字及多音多义字在各韵的分隶、排序，除个别公认有明显错误、予以改正的以外，一般不作变动。诗词中非常见常用读音不予收录。

2. 各韵韵部名称之下，先列"三韵书比较表"，以使本韵部各字在"三韵书"中的异同一目了然。次按《诗韵新编》原体例，分为"平声・阴平""平声・阳平""仄声・上声""仄声・去声""仄声・入声"等部分；每一部分下分别收相应韵字。

3. 每一韵字自成一单元。此单元内，韵字为单字条目，从大字头列出。单字条目后，标现代读音，多音字列音项参见。另起以古作标识，给出该字的古代诗韵地位，韵书中未收字，古韵从略。另起以逆作标识，给出逆序组词，以顺作标识给出顺序组词。另起以例作标识，列举以该字作韵脚的诗词例句。又另起以典作标识，收录以该字作末字的典故，以典故的典面立目，此为本辞典的多字条目，为与逆序词、顺序词相区别，称之为"典故条目"。典故条目后列释义、引典源，并另起列若干该典故在古代诗、词、曲中的用例，用例均退两格排列。

4. 单字条目先按平仄、声调分列(参见上文第 2 条)，该韵中的古代入声字放入"仄声・入声"部分，其他依现代读音的声调放入相应部分。每部分内的单字条目按汉语拼音顺序排列，同音的按《佩文诗韵》《中华新韵》以来形成的惯例依常用程度排列，常用程度高者在先。

5. 同一单字条目下的逆序词语的次序按汉语拼音顺序依次排列；顺序词语按其第二字的汉语拼音顺序依次排列。

6. 单字条目下的典故条目按两字条目、三字条目、四字条目等排列。字数相同的典故条目按汉语拼音顺序排列。

7. 为方便检索，后附"字头拼音、声韵对照笔画索引""典故笔画索引"。

二、字形的处理

1. 本辞典立目、释义、举例均用通行的简体字形。简体字形参照 2013 年中华人民共和国国务院发布的《通用规范汉字表》的相关规定，酌情采用部分异体字形、俗字形等。

2. 立目字如果有对应的繁体字，则以圆括号附列于后；如果有对应的异体字，亦列于圆括号中，置于繁体字后，并在异体字的左上角加＊号，如有多个异体字，只在第一个异体字前加＊号。

3. 有些异体字只与简体字一部分意义相同，则以简体字重出，并以右上角码序号标以 1、2，后括出相应异体字，但此重出之单字条目下不再出词语、诗例和典故。如第 60 页"获[1]（獲）""获[2]（穫）"条。

4. 有些繁体字以归并的方式简化为另一个通行的字(如"鬆"→"松")，它没有或不完全具有作为简体字的全部意义，此时也以简体字立分条表示，并标以右上角码区别，相应词语、典故各按其意义分隶于不同条目下，如第 935 页"松[1]""松[2]（鬆）"条。

5. 在例及典两部分中，所举诗、词、曲用例及典源涉及原著中的繁体字、异体字，一般均用简体字，但涉及古代人名、书名和文献中的用字，如可能引起歧义的，则保留原来的繁体或异体字形，如《薑斋诗话》中的"薑"，不改作"姜"。

三、音项与注音

1. 单字条目以汉语拼音字母注音。

2. 本辞典的注音以汉语普通话语音为准。有关异读词的注音，参照先后由人大、原国家语委、国家教委、广播电视部发布的《汉语拼音方案》《普通话异读词审音表》。对于超出现代汉语用字的相对偏僻的字，则参考《汉语大词典》《汉语大字典》，按语音变化规律折合出现代读音。因《中华新韵》保留了一些字的旧音、旧读，诗词中非常见者不予收录。现代音在诗词作品中非常见者亦酌省。本着有利于阅读或创作古代诗词作品的宗旨，本辞典尽量保留。与现代音有异者，则酌标“今读××”。诗词中非常见者不予收录，现代音在诗词作品中非常见者亦酌省。

3. 如某韵字是多音字，则在此韵此声调下只标此处应读之音，然后注明别韵或此韵别处有何音项。另一音与此音所表示的意思不同者，则标“另见（某韵）某声某音读”；如另一音读与此音是又读关系，则注明“（某韵）某声调某音读同”。如第 24 页、第 44 页、第 49 页的“那”条；又如第 44 页、第 46 页“娜”条。

4. 汉语拼音标注之后另起一行，用㊍领起，标注《佩文诗韵》中该字相应的音韵地位。如果《佩文诗韵》中无该字，则依《广韵》《集韵》标其所属韵部。《佩文诗韵》或《广韵》《集韵》之音与此处音义完全对应者，则简标之，三种韵书均无者，则古韵标注从省。

四、义项与释义

1. 参考《佩文韵府》等诗韵工具书的成例，在单字条目方面，本辞典只给不常用字、多音多义字和个别需要区别的异体字释义，无上述情况的常用单音字一般不予释义。

2. 多音多义字分列在不同韵部或同一韵部的不同地方，对这些单字条目分别释义，是为了说明某音可辖哪些义项，重在区别常见义项，不求全而无遗。此单字条目下所收词语、典故与此音及其所辖义项保持一致。

3. 典故条目均予释义，一般只释使用义。若典故原义与使用义的联系不是一目了然，可先述典故原义，继说如何引申出典故使用义。

4. 本辞典区分“多义典故”和“同形典故”。多义典故是指一个典故具有两个以上的使用义，其条目下交代相应多个义项；而同形典故指典面偶同但却有不同典源的典故，如第 280 页“秋水”，可指秋天泛涨的江河水，出自《庄子·秋水》：“秋水时至，百川灌河。”同时又有以“秋水”喻指剑的寒光，典出白居易《李都尉古剑》：“湛然玉匣中，秋水澄不流。”还有用“秋水”指明眸。对这种同形条目，以“秋水[1]”“秋水[2]”“秋水[3]”分别立目，分别解释。

5. 单字条目、典故条目有两个或两个以上义项时，一般用①②③……分列，仅有两义项者，叙述相关性时，则不加序号。

6. 统一使用的释义用语：比喻义用“比喻×”表示；借代义用“借指×”或“某的代称”表示。

五、典故条目的参见

1. 同一个典源有多个典面时，按典面的末字在相应韵部韵字下立目，因而出现同一韵部内有同一典故的不同典面，或不同韵部内有同一典故的不同典面等情况。对此，采用相关典故条目间的互相参见的办法予以说明。

2. 基于同一典源的不同典故条目中，按常用程度高低的标准选择一个做主条目。在主条目中详列“又作××、××、×××……”，接着释义，给出典源。主条目之外的典故条目称次条目。具体分为三种情况：

（1）同一韵部之内的次条目，如意义与主条目全同，则不再释义，径标：见某页“××”；

（2）同一韵部之内的次条目，如意义与主条目有别，则先释义，然后标：参见某页“××”；

（3）不同韵部间的次条目，原则上先释义，后标：见某页×韵“××”。一般不再出典源，但如果无典源则典故意思不明，则可再简述或重叙典源。

六、例证与出处

1. 本辞典的例证包括㊣中的逆序词语，㊩中的顺序词语，㊪中诗词例句，㊫中的典源和典故用例。

2. 逆序词语、顺序词语中的大字头字，均用“～”代表。逆序词及顺序词只列出古代诗词中常见常用的词语，现代汉语词汇原则上不列。

3. 诗、词、曲、赋例句的出处标注形式：

（1）诗赋出处一般标为“时代·作者＋篇名”，如：盛业留青史，浮荣逐逝波。（唐·钱起《故相国苗公挽歌》）

（2）词的出处一般标为“时代·作者＋词牌·首句标题”。如：可惜行云春不管，裙带褪，鬓云松。（宋·辛弃疾《江神子·梅梅柳柳斗纤秾》）

（3）曲的出处，散曲与杂剧中之曲标注略有不同。散曲标注采用“时代·作者＋曲调·曲牌＋篇名”，如：离了名利场，钻入安乐窝，闲快活。（元·关汉卿［南吕·四块玉］《闲适》）

杂剧中的曲，标为“时代·作者+剧名”，如：面糊盆再休说死生交，风月所别寻莺燕侣。（元·关汉卿《救风尘》）

4. 本辞典引典源时，一般先标出处，然后引其文字。典源出自诗、赋、词、曲者，参照上条。为了便于覆核，酌情标出所出文集及其卷数。典源有出自诗、赋、词、曲之外者，作如下补充规定：

(1)出自先秦典籍不标作者，只标书名、篇名，如：《左传·庄公十一年》《论语·泰伯》。

(2)出自二十四史者，不标作者，标如《史记·淮阴侯列传》《汉书·张良传》。

(3)出自文集的文章中的典源，一般仅标篇名，如：唐·韩愈《进学解》，其出处“《韩昌黎文集》卷一”则省。

5. 出处中的篇名如太长，则取其前段成意者，删去其余。

6. 本辞典不以现当代人的诗赋词曲作品为例。

本辞典正文排序见文前“目次”。后附“字头拼音、声韵对照笔画索引”“典故笔画索引”，方便检索。

一 麻

三韵书对照表

诗韵新编 / 佩文诗韵 / 词林正韵		一麻(平声)	
		阴平	阳平
第五部[九佳(半)]	上平声九佳	佳	崖
第十部[九佳(半)][六麻]	下平声六麻	巴疤笆芭扒(攀援)羓叉(手叉)杈扠瓜呱(呱呱)花家加嘉笳痂茄枷葭珈跏迦袈猳夸姱垃啦吗(么)妈蚂(蚂螂)葩趴仨沙纱砂鲨裟洼娲虾(鱼虾)鸦桠呀哑(象声字)丫渣皻挝	茶查(调查)槎(《佩文诗韵》楂)苴(枯草)虾(虾蟆)华(中华)划(轻划)哗(喧哗)骅麻蟆拿耙爬琶杷霞瑕遐斜(旧读,夕阳斜)牙芽衙枒岈
	上平声九佳 下平声六麻	差(相差)騧蛙哇	娃涯睚
未检到的字		啊腌(又读)吧粑叭嚓喳(音叉)欸(象声字)咖(咖喱)嘎(嘎嘎)旮哈(哈哈)呵哗(哗哗)耞咖(咖啡)拉蓝(苤蓝)嘛(助词)咱痧杉莎吵他她它趿(又读)臜(又读)查(姓)喳(应诺声)抓	嗄(惊讶)搽茬碴(碎碴)垞打(十二个)尜铧旯拉(割开)嘛(喇嘛)南(南无)扒(翻扒)啥暇(又读)蚜咱(咱家)

诗韵新编 / 佩文诗韵 / 词林正韵		一麻(仄声)	
		上声	去声
第五部[九泰(半)]	去声九泰		大
第十部[二十一马][十卦(半)][二十二祃]	上声二十一马	把(一把)打(厮打)剐寡假(真假)贾(姓)瘕檟夏(夏楚)斝马玛洒耍瓦(砖瓦)雅哑(沙哑)鲊	厦(大屋)痄
	去声十卦		话卦挂画罣
	去声二十二祃	靶(辔革,即"马笼头")	罢霸伯(诸侯之长)坝灞诧衩侘化桦价架稼假(休假)嫁驾跨胯骂那怕帕嗄(嘶哑)下夏(华夏)暇(闲暇)罅厦(厦门)亚迓讶砑娅诈咤乍
未检到的字		叉(分张)踏镲哈(姓)卡(书卡)咯垮侉喇俩码吗(吗啡)蚂(蚂蟥)哪(询问词)卡(关卡)傻苴(土苴)诈(以语言试探)砟(块状物。煤砟)扠爪(爪子)	把(刀把)爸差(偏差)岔汊姹尬褂华(太华)骼落蚂(蚂蚱)瓦(敷瓦于屋)哑(惊叹词)掗氩炸(爆炸)榨蚱吒

续表

词林正韵 \ 佩文诗韵 \ 诗韵新编		一麻(仄声)
		入声
第十八部[六月][七曷][八黠][九屑][十六叶]	入声六月	发(挥发)伐罚筏阀垡发(白发)讷(又读)嗢
	入声六月 入声八黠	滑(光滑)
	入声七曷	聒栝跋茇魃达(通达)笪辣挞闼达(挑达)袜(鞋袜)
	入声七曷 入声八黠	鸹獭
	入声七曷 入声十一陌	剌(泼剌)栅
	入声八黠	八捌刮杀(宰杀)铩刷瞎拔察轧(轧账)猾戛黠札刹捺萨揠
	入声九屑	呐
	入声十一陌	婳吓(使害怕)
	入声十六叶	浃(浃日)铗荚颊蛱侠挟(又读)
第十八部[十六叶] 第十九部[十七洽]	入声十六叶 入声十七洽	箑(宝箑)霅霎
第十九部[十五合]	入声十五合	答(问答)搭塌匝咂嗒(嗒然)邋杂闸靸塔腊蜡纳衲飒卅趿(拖着鞋)踏榻阘鞳沓遢漯
第十九部[十七洽]	入声十七洽	插锸夹(书夹)掐鸭压押乏鸩狭峡匣辖狎硖柙洽(接洽)呷喋(嗫喋)法甲胛钾眨恰歃
未检到的字		阿(前缀词)擦答(羞答答)锘嗒(嘀嗒)褡耷浃(湿透)撒(撒野)煞(煞车)禢挖扎(包扎)扎(刺,针扎)怛瘩(疙瘩)瘩(瘩背)縒鞑砝莜划(割开)划(计划)夹(双层)勰砸扎(挣扎)炸(油炸)轧(轧钢)铡唽礤岬撒(遍撒)珐瘌镴钠洽(又读)煞(抹煞)唼拓趿鳎轧(碾轧)

平声·阴平

阿ā 前缀词。另见 68 页 ē。
【顺】～鼻～公～衡～訇～侯～浑～吉～家～监～团～娇～剌～兰～郎～老～黎～蛮～瞒～蒙～瞢～囡～难～耨～琼～鹊～戎～谁～堂～婉～魏～翁～香～爷～媛～章～紫

啊ā
【顺】～哈～呀～哟～唷

腌ā 不干净。见 608 页 āng。另见 787 页 yān。
【顺】～臜

巴bā
【古】下平，六麻。【逆】巴～三～【顺】～鼻～壁～避～臂～賨～旦～得～氏～斗～儿～汉～火～笺～焦～劫～拮～锦～酒～苴～榄～篱～里～俚～陵～且～曲～人～蛇～蜀～童～峡～俞～渝～歈～字【例】一叫一回肠一断，三春三月忆三巴。（唐·李白《宣城见杜鹃花》）水路东连楚，人烟北接巴。（唐·岑参《郡斋平望江山》）积叠山藏蜀，潺湲水绕巴。（唐·李频《蜀中逢友人》）
【典】**辩折田巴** 先秦时，年仅十二岁的鲁连辩倒了齐国擅长诡辩、日服千人的田巴，使得田巴为之折服，从此杜口。后因以辩折田巴指辩才了得。见《太平御览》卷四六四引《鲁连子》。

辩折田巴生，心齐鲁连子。（唐·李白《送王屋山人魏万还王屋》）

吧bā
【古】《广韵》：平声，麻韵。【逆】吧～咔～喀～哑～【顺】～嚓～嗒～唧～呀～咂～喳

疤bā
【古】《集韵》：平声，麻韵。【逆】疮～创～痘～疙～揭～结～镜～伤～血～【顺】～瘢～痕～瘌～疤

笆bā
【古】下平，六麻。【逆】车～篱～扫～苫～竹～【顺】～壁～篰～斗～筐～笼～篓～芒～茅～竹【例】引泉开故窦，护药插新笆。（唐·柳宗元《同刘二十八院长述旧言怀》）

粑bā
【逆】糍～荞～糌～【顺】～粑

叭bā
【古】《集韵》：入声，黠韵。【逆】叭～【顺】～嗒～儿

芭bā
【古】下平，六麻。【逆】开～传～板～热

～顺～蕉～篱～蕾例拟受太玄今不遇，可怜遗恨似侯芭。（唐·皮日休《屣步访鲁望不遇》）

典**传芭** 指古代南方祀神舞，舞者手持芭草相互传递。《楚辞·九歌·礼魂》："成礼兮会鼓，传芭兮代舞。"

吴歈工折柳，楚舞旧传芭。（唐·柳宗元《同刘二十八院长述旧言怀》）

谛授宝书盟刻玉，醉离瑶席舞传芭。（元·郑元祐《次韵钱伯行游仙体》其二）

扒bā 攀援。挖掘。剥下。另见13页pá。

逆绷～顺～带～堤～搂～痒

豝bā 母猪。干肉。

古下平，六麻。例彼茁者葭，壹发五豝，于嗟乎驺虞！（《诗经·召南·驺虞》）

嚓cā 象声字。

逆叭～吧～咯～咔～喀～啪～

差chā 另见21页chà、141页cī、307页chāi。

古下平，六麻。逆落～逆～偏～视～顺～岁～误～顺～布～池～迟～舛～错～贷～讹～分～互～距～堪～可～阑～落～谬～缪～歧～失～殊～爽～忒～违～误～悮～逊～牙～移～异～愈～越例炼成正气功应大，养得元神道不差。（唐·韩屿《赠进士李守微》）水亭凝望久，期不至、拟还差。（宋·刘克庄《木兰花慢·水亭凝望久》）

叉chā 另见16页chǎ。

古下平，六麻。逆八～斗尖～画～交～手～丫～仰八～药～夜～鱼～顺～袋～竿～杆～灰～口～手～手笛～手髻～牙～腰～子～嘴例入郡腰恒折，逢人手尽叉。（唐·柳宗元《同刘二十八院长述旧言怀》）晓镜摇空髻耸丫，夜盘承露掌分叉。（宋·魏了翁《李参政领落访环湖》）

典**笑面夜叉** 形容人外表和气而内心阴险。亦作"笑夜叉"。见宋·陈次升《谠论集》卷三《弹蔡京第三状》。

贬削村夫子，褒崇笑夜叉。（宋·刘克庄《杂记十首》其七）

杈chā

古下平，六麻。逆桠～顺～儿～丫～杈

扠chā 刺取。另见20页zhǎ。

古《集韵》：平声，九麻。逆馋～共～鱼～顺～手～腰

喳chā 喳喳，小声说话的声音。另见10页zhā。

逆唧～乱～喊～休～顺～咕～喳

欻（*歘）chuā 象声字。另见400页hū。

逆欻～顺～砉～拉

咖gā 另见7页kā。

顺～喱

嘎gā

古入声，八黠。逆嘎～顺～巴～嘣～咕～锦～然～斯～支～吱

旮gā 旮旯的旮。

顺～旯

瓜guā

古下平，六麻。逆鲍～癞～北～打～番～浮～胡～瓠～金～卖～匏～剖～笋～油～越～顺～步～畤～代～瓞～渎～分～割～葛～华～虀～祭～李～练～裂～蒌～芦～庐～蔓～米～绵～牛～纽～剖豆分～剖碁布～戚～期～丘～润～时～戍～条～犀～衍～饮～萤～战～洲～字初分～菹例瘦地翻宜粟，阳坡可种瓜。（唐·杜甫《秦州杂诗二十首》其一三）闲遣青琴飞小雪，自看碧玉破甘瓜。（唐·鲍溶《夏日怀杜悰驸马》）

典**分瓜** 指女子十六岁。亦作"瓜字初分"。分瓜即破瓜，瓜字可拆成二"八"，二"八"即"十六"，故云。古乐府《碧玉歌》："碧玉破瓜时，相为情颠倒。"

犹怜最小分瓜日，奈许迎春得藕时。（唐·段成式《戏高侍御七首》其三）

及瓜 指戍守或出使期限已满，该由他人接替的时候。亦作"瓜时""戍瓜"。《左传·庄公八年》："齐侯使连称、管至父戍葵丘。瓜时而往，曰：'及瓜而代。'期戍，公问不至。请代，弗许，故谋作乱。"服虔注：瓜时，七月；及瓜，后年瓜时。

旅思徒漂梗，归期未及瓜。（唐·骆宾王《晚度天山有怀京邑》）

木瓜 指相互馈赠或酬答。亦作"木桃"。见《诗经·卫风·木瓜》。

欲买双琼瑶，惭无一木瓜。（唐·贾岛《投张太祝》）

匏瓜 喻指求官不得、无所作为的人。《论语·阳货》："佛肸召，子欲往。子路曰：'昔者由也闻诸夫子曰："亲于其身为不善者，君子不入也。"佛肸以中牟畔，子之往也，如之何？'子曰：'……吾岂匏瓜也哉，焉能系而不食？'"

匏瓜有系身难去，人足无音境更幽。（宋·张耒《寄晁应之二首》之一）

戍瓜 见"及瓜"。

鸾检封其，麟符剖竹，立马嘶风催戍瓜。（宋·陈壕《沁园春·寿胡守》）

东陵瓜 借指退官归隐田园。又泛指味美之瓜。《史记·萧相国世家》："召平者，故秦东陵侯。秦破，为布衣，贫，种瓜于长安城东，瓜美，故世俗谓之'东陵瓜'，从召平以为名也。"

昔闻东陵瓜，近在青门外。（三国魏·阮籍《咏怀》）

故侯瓜 见"东陵瓜"。

青门不种故侯瓜，拣得湖山便寄家。（宋·陆游《幽居》）

黄台瓜 喻子女。武则天鸩杀太子弘，立次子李贤。贤自虑不能保全，遂作《黄台瓜辞》："种瓜黄台下，瓜熟子离离。一摘使瓜好，再摘使瓜稀，三摘犹自可，摘绝抱蔓归。"以瓜实摘尽便会徒留藤蔓为譬，试图感悟武后。

叹归来、谢池草合，黄台瓜少。（宋·刘克庄《贺新郎·忆昔俱年少》）

青门瓜 见"东陵瓜"。

目想平陵柏，心忆青门瓜。（南朝梁·何逊《南还道中送赠刘谘议别诗》）

邵平瓜 见"东陵瓜"。

卜筑应同蒋诩径，为园须似邵平瓜。（唐·杜甫《舍弟观赴蓝田取妻子到江陵》）

醉收陶令菊，贫卖邵平瓜。（唐·温庭筠《赠郑处士》）

抱蔓摘瓜 喻株连无辜，斩尽杀绝。见"黄台瓜"。

抱蔓摘瓜余我在，破巢完卵似

君稀。(清·钱谦益《临城驿壁见方侍御孩未题诗》)

呱guā　另见 334 页 gū。

逆呱～顺～嗒～呱～呱叫～叽

騧guā　黑嘴黄马。

古下平,六麻。又:上平,九佳同。逆季～蹓～拳毛～神～顺～骝～騟～駵～马～騟例蓬莱阙下是天家,上路新回白鼻騧。(唐·韩翃《赠张千牛》)为底胡姬酒,长来白鼻騧。(唐·张祜《白鼻騧》)压帽花斜,醉跨门前白鼻騧。(宋·仇远《减字木兰花·三生杜牧》)

哈hā　另见 16 页 hǎ。

古《广韵》:入声,合韵。逆呵～哼～口～作～顺～哧～答～哈～号～哄哄～剌～什～沓～荅～屯～腰

呵hā　另见 41 页 ō、73 页 hē。

顺～腰

花huā

古下平,六麻。逆笔生～鬓～冰～残～雕～翻～镜～九～绢～琅～浪～连枝～落梅～梦～迷～墨～弄～琼～绒～桑～石～绶～素～踏～昙～桐～谢～玄～璇～烟～瑶～银～簪～长生～烛～紫～醉梅～顺～朝～辰～簇簇～翠～蛱～鬟～黄～会～魂～甲～笺～锦～径～鬘～缦～貌～鸟使～葩～屏～魄～期～蹊～俏～翘～卿～霭～舞～坞～仙～消～宵～榭～信～星～绣～须～序～雪～筵～靥～意～裀～银～囿～雨～苑～约～月～韵～斋～诏～阵～枝～冢～烛～柱～座例柳翠含烟叶,梅芳带雪花。(唐·高正臣《晦日置酒林亭》)春气昨宵飘律管,东风今日放梅花。(五代·李璟《保大五年元日大雪》)

典**桂花**　借指月亮。亦作"桂轮""桂子""桂树""桂华""桂魄"。唐·徐坚《初学记》卷一引晋·虞喜《安天论》:"俗传月中仙人桂树,今视其初生,见仙人之足,渐已成形,桂树后生。"

自从孤馆深锁窗,桂花几度圆还缺。(唐·李贺《有所思》)

槿花　喻短暂。见 762 页"篱槿"。

小人槿花心,朝在夕不存。(唐·孟郊《审交》)

空花　佛家喻妄念。亦作"眼中花"。南朝梁·萧统《讲席将毕赋三十韵诗依次用》:"意树发空花,心莲吐轻馥。喻斯沧海变,譬彼庵罗熟。"

空花岂得兼求果,阳焰如何更觅鱼。(唐·白居易《读禅经》)

散花　见 5 页"天女散花"。

三峡却为行雨客,九天曾是散花人。(唐·吴融《还俗尼》)

蕣花　见 12 页"蕣华"。亦作"蕣颜"。

蕣花不长好,玉颜亦易衰。(宋·王炎《门有车马客》)

源花　①喻指隐居胜地;②指仙境。晋·陶渊明《桃花源记》:"晋太元中,武陵人捕鱼为业。缘溪行,忘路之远近。忽逢桃花林,夹岸数百步,中无杂树,芳草鲜美,落英缤纷……土地平旷,屋舍俨然,有良田美池桑竹之属。阡陌交通,鸡犬相闻。其中往来种作,男女衣着,悉如外人。黄发垂髫,并怡然自乐。"

隐暧源花迷近路,参差岭竹扫危坛。(唐·苏味道《嵩山石淙侍宴应制》)

春草封归恨,源花费独寻。(唐·杜甫《风疾舟中伏枕书怀》)

笔端花　指文思俊逸。见 5 页"梦笔生花"。

笔端花,胸中锦,两消残。(宋·刘克庄《水调歌头·半世惯歧路》)

甘棠花　喻指为官清正、政绩优异。《诗经·召南·甘棠》:"蔽芾甘棠,勿剪勿伐,召公所茇。蔽芾甘棠,勿剪勿败,召公所憩。蔽芾甘棠,勿剪勿拜,召公所说。"

怀昔甘棠花,伤今猛虎毒。(唐·王揆《长沙六快诗》)

后庭花　借指亡国之音。见 5 页"玉树后庭花"。

商女不知亡国恨,隔江犹唱后庭花。(唐·杜牧《泊秦淮》)

寄梅花　指对远方亲友的寄念。亦作"到陇梅花""江路梅花""驿路梅花""只赠梅花"。南朝宋·盛弘之《荆州记》:"陆凯与范晔相善,自江南寄梅花一枝,诣长安与晔。并赠范诗曰:'折花逢驿使,寄与陇头人。江南无所有,聊赠一枝春。'"

故人应在千山外,不寄梅花远信来。(宋·苏轼《虔州八境图八首》其六)

解语花　喻善解人意的美人。五代后周·王仁裕《开元天宝遗事》卷下《解语花》:"明皇秋八月,太液池有千叶白莲,数枝盛开,帝与贵戚宴赏焉。左右皆叹羡,久之,帝指贵妃示于左右曰:'争如我解语花?'"

旖旎仙花解语,轻盈春柳能眠。(宋·晏几道《临江仙·旖旎仙花解语》)

隐桃花　指隐居。亦作"隐几载"。晋·陶渊明《桃花源记》:"村中闻有此人,咸来问讯。自云先世避秦时乱,率妻子邑人来此绝境,不复出焉,遂与外人隔焉。问今是何世,乃不知有汉,无论魏晋。"

羡君乘竹杖,辞我隐桃花。(唐·顾况《送李道士》)

醉菊花　指重九日的尽兴畅饮。亦作"醉东篱"。《艺文类聚》卷四引南朝宋·檀道鸾《续晋阳秋》:"陶潜尝九月九日无酒,(出)宅边菊丛中,摘菊盈把,坐其侧久,望见白衣至,乃王弘送酒也。即便就酌,醉而后归。"

寄兴题桐叶,长歌醉菊花。(宋·戴复古《渝江绿阴亭九日燕集》)

带雨梨花　喻美女哭泣之后的面容。亦作"粉泪梨花""春雨带梨花"。唐·白居易《长恨歌》:"云鬓半偏新睡觉,花冠不整下堂来。风吹仙袂飘飘举,犹似霓裳羽衣舞。玉容寂寞泪阑干,梨花一枝春带雨。"

梨花带雨不禁愁,玉纤弹尽真珠泪。(元·王国器《踏莎行·粉结红冰》)

到陇梅花　见 4 页"寄梅花"。

到陇梅花,渡江桃叶,断魂招手。(宋·贺铸《醉春风·楼外屏山秀》)

枫叶荻花　借指秋色或离别。唐·白居易《琵琶引》:"浔阳江头夜送客,枫叶荻花秋瑟瑟。"

琵琶亭畔,正是枫叶荻花秋。(宋·石孝友《水调歌头·高情邈云汉》)

眇眇临风思美人，荻花枫叶带离声。（宋·姜夔《过湘阴寄千岩》）

火树银花 喻元宵夜之花灯。唐·苏味道《正月十五夜》："火树银花合，星桥铁锁开。"

玉梅雪柳千家闹，火树银花十里开。（宋·何梦桂《灯夕乐舞》）

梦笔生花 喻文人才思大进，文笔过人。亦作"枯笔梦生花"。五代后周·王仁裕《开元天宝遗事》卷下《梦笔头生花》："李太白少时，梦所用之笔头上生花，后天才飘逸，名闻天下。"

梦花不羡雕虫巧，试草曾供倚马忙。（元·郭畀《赠笔工范君用》）

明日黄花 喻指过时的事物。宋·苏轼《九日次韵王巩》："相逢不用忙归去，明日黄花蝶也愁。"古人九月九日重阳节有登高赏菊饮酒赋诗的风俗。重九为赏菊佳节，过此之后便失去时宜，不仅赏花人叹其迟暮，蜂蝶也因失去采花良辰而愁苦。

明日黄花须斗酒，莫将容易换凉州。（宋·虞俦《九月八日游报本寺》）

人面桃花 形容少女之青春美貌。唐·孟棨《本事诗·情感》载崔护清明日独游都城南，寻饮而邂逅纯情之少女。次年清明再寻则人去门锁。因题诗于左扉曰："去年今日此门中，人面桃花相映红。人面不知何处去，桃花依旧笑春风。"

阴阴柳下人家，人面桃花似旧。（宋·蔡伸《柳梢青·联璧寻春》）

天女散花 ①形容花瓣、花朵纷纷坠落；②喻大雪纷飞。亦作"散花"。见《维摩诘经·观众生品》。

天女散花无酒圣，仙人种玉惭香德。（宋·赵彦端《满江红·千种繁春》）

铁树开花 借指罕见或极难办成的事情。亦作"铁树花开"。见《五灯会元·或庵师体禅师》。

人生若得如云水，铁树开花遍界春。（宋·释守净《偈二十七首》其一二）

雾里看花 喻指对事物看不真切。亦作"雾中看花"。唐·杜甫《小寒食舟中作》："春水船如天上坐，老年花似雾中看。"

雾里看花喜未昏，竹园啼鸟爱频言。（宋·赵蕃《早到超果寺示成父且约归日携家来游》）

驿路梅花 见4页"寄梅花"。

官桥杨柳和愁折，驿路梅花带雪看。（唐·牟融《送范启东还京》）

玉树后庭花 借指亡国之音或亡国之征兆。见《陈书·张贵妃传》："后主每引宾客对贵妃等游宴，则使诸贵人及女学士与狎客共赋新诗，互相赠答，采其尤艳丽者以为曲词……其曲有《玉树后庭花》《临春乐》等。"《隋书·五行志》："祯明初，后主作新歌，词甚哀怨……其词曰：'玉树后庭花，花开不复久。'时人以为歌谶，此其不久兆也。"

天子龙沈景阳井，谁歌玉树后庭花。（唐·李白《金陵歌送别范宣》）

哗（嘩）huā 另见12页huá。

逆哗～顺～啦～剌～喇～唧

家[1] jiā 另见6页jiā、335页gū。

古下平，六麻。逆邦～禅～承～处～传～村～丹～对～恩～凡～梵～方～封～佛～酤～故～齐～起～契～樵～挈～轻～罄～日～儒～山～善～赡～上～省～诗～时～史～士～仙～显～孝～歇～谢～星～兴～修～雁～宜～姻～园～怨～宅～昭～众～主～宗～顺～传～慈～道～法～鸽～馆～规～计～景～境～眷～口～累～什～世～事～室～塾～属～私～庭～小～信～学～训～严～燕～养～宅～长～政～种～资～子例旧浦满来移渡口，垂杨深处有人家。（唐·刘长卿《上巳日越中与鲍侍郎泛舟耶溪》）忽逢青鸟使，邀入赤松家。（唐·孟浩然《清明日宴梅道士房》）正絮翻蝶舞，芳思交加，柳下桃蹊，乱分春色到人家。（宋·秦观《望海潮·梅英疏淡》）

典**陶家** 借指县令、高士或嗜酒之人。见《宋书·陶潜传》。

陶家世高逸，公忍不独然。（唐·元结《招陶别驾家阳华作》）

王家 借指父子兄弟人才出众之家。《晋书·王羲之传》载：东晋琅琊王家人才辈出，其中，王导从子王羲之为著名书法家，生王徽之、王献之等七子。

王家事已奇，孟氏庆无涯。（唐·孟郊《子庆诗》）

忘家 指报国忘私的精神。亦作"忘亲""忘身"。《史记·司马穰苴列传》：庄贾未能如期至军中，司马穰苴责备他说："将受命之日则忘其家，临军约束则忘其亲，援枹鼓之急则忘其身。"

保土虽无恙，忘家弗自谋。（宋·方回《七月十日有感》）

谢家 借指贵族的园林。亦作"谢宅"。见《宋书·谢灵运传》。

谢家山水兴，终日待诗流。（唐·栖白《送石秀才》）

严家[1] 严君平之事，借指占卜或指蜀地。见834页"严扬"。

全蜀多名士，严家聚德星。（唐·杜甫《行次盐亭县卿题四韵》）

严家[2] 见792页"严光"、722页"严君"。

清夜芦中客，严家旧钓台。（唐·周贺《早春越中留故人》）

朱家 借指豪侠。见《史记·游侠列传》。

陈婴杵臼义所激，郭解朱家侠何取。（宋·方岳《义鸡行》）

不为家 借指边将为国忘私。亦作"不言家""莫言家"。《史记·骠骑列传》："骠骑将军（霍去病）为人少言不泄，有气敢任。……天子为治第，令骠骑视之，对曰：'匈奴未灭，无以家为也。'由此上益重爱之。"

去年今日奉皇华，只为朝廷不为家。（唐·冯道《北使还京作》）

石崇家 借指豪富的权贵之家。亦作"石崇""石家""石氏""石季伦"。《晋书·石苞传》附《石崇传》："财产丰积，室宇宏丽。后房百数，皆曳纨绣，珥金翠。丝竹尽当时之选，庖膳穷水陆之珍。"

雪尽铜驼路，花照石崇家。（唐·张锡《晦日宴高文学林亭》）

伐冰之家 借指豪门望族。《礼记·大学》："伐冰之家，不畜牛羊。"据郑玄注和孔颖达疏称，卿大夫之家，丧祭之时，经常用冰，故使人役在背阴之处，伐击冰块，以供丧祭之用。

三戟之家 按唐代典章制度，三品以上官员始得门前立戟。借指高官。《新唐书·张俭传》："俭兄弟三人门皆立戟，时号'三戟张家'。"

宋玉东家 借指美女。亦作"登墙""宋玉邻""宋家东""宋玉墙"。宋玉《登徒子好色赋》："玉曰：'天下之佳人，莫若楚国；楚国之丽者，莫若臣里；臣里之美者，莫若臣东家之子。东家之子，增之一分则太长，减之一分则太短；着粉则太白，施朱则太赤；眉如翠羽，肌如白雪，腰如束素，齿如含贝；嫣然一笑，惑阳城，迷下蔡。然此女登墙窥臣三年，至今未许也。'"

莫教才子偏惆怅，宋玉东家是旧邻。（唐·王硕《和三乡诗》）

家[2]（傢）jiā 另见5页jiā，335页gū。

顺～火～什～生

佳jiā

古上平，九佳。逆阿依～安～倍～不～此中～大～分外～更～渐～近～景色～绝～可～丽～宁～偏～清～日夕～殊～小～燕～亦～雨后～转～顺～辰～谶～城～节～景～境～句～眷～绝～客～口～快～睨～丽～茗～木～酿～偶～耦～配～篇～品～期～气～器～倩～趣～人～树～思～肴～治～音～语～醖～兆～朕～政～制～致～作例山荒人民少，地僻日夕佳。（唐·杜甫《柴门》）试听呵。寒食近也，且住为佳。（宋·辛弃疾《玉蝴蝶·古道行人来去》）

典**大未必佳** 指小时候聪明，长大了未必出色。亦作"小时了了"。见《世说新语·言语》。

加jiā

古下平，六麻。逆褒～倍～钩～胶～禁～谬～普～迁～侵～日～特～无～显～逾～愈～越～瞻卜～顺～被～笾～鞭～持～额～封～腹～功～估～官～冠～行～护～惠～笄～阶～爵～礼～厉～率～年～日～额～膳～食～损～添～诬～膝～席～衔～意～增～诸例面黑眼昏头雪白，老应无可更增加。（唐·白居易《任老》）玳瑁应难比，斑犀定不加。（唐·陈黯《自咏豆花》）红花颜色掩千花，任是猩猩血未加。（唐·李中《红花》）

嘉jiā

古下平，六麻。逆百～拜～褒～宠～春事～东～丰～亨～旌～靖～静～可～孔～麟～宁～乾～钦～秦～清～柔～山水～筵～淑～岁～叹～欣～休～延～燕～阳～永～羽～允～旨～忠～顺～草～辰～辞～赐～德～福～功～禾～亨～会～惠～节～景～爵～客～课～睨～乐～礼～醴～令～露～茂～美～勉～命～谋～木～慕～偶～耦～朋～趣～日～容～瑞～善～膳～赏～声～时～士～世～淑～蔬～颂～粟～岁～禧～羡～祥～飨～歆～言～宴～仰～夜～谊～音～颖～猷～友～祐～鱼～遇～誉～藻～泽～珍～旨～祉～赞～馔～祚例妙曲逢卢女，高才得孟嘉。（唐·张子容《除夜乐城逢孟浩然》）亵味陈奚取，名香荐孔嘉。（唐·韩愈《奉和杜相公》）西华有路入中华，依约山川认永嘉。（唐·罗隐《寄西华黄炼师》）

典**拜嘉** 指拜受嘉奖。《左传·襄公四年》："穆叔如晋，报知武子之聘也，晋侯享之。金奏《肆夏》之三，不拜。工歌《文王》之三，又不拜。歌《鹿鸣》之三，三拜。"杜预注："取其'我有嘉宾'。"

宪府初收迹，丹墀共拜嘉。（唐·柳宗元《同刘二十八院长述旧言怀》）

孟嘉 见567页"孟嘉落帽"。

风前孟嘉帽，月下庾公楼。（唐·独孤及《九月九日李苏州东楼宴》）

秦嘉 借指多情多义之男子。见南朝梁·徐陵《玉台新咏》卷一秦嘉《赠妇诗三首序》。

七里冈前归路暗，月悬破镜忆秦嘉。（宋·仇远《九日次程公明韵》）

笳jiā

古下平，六麻。逆哀～悲～边～鼓～寒～胡～金～军～龙～芦～鸣～暮～凝～清～塞～听～萧～燕～征～顺～愁～笛～繁～鼓～管～寒～角～声～箫～喧～音～吟例天风随断柳，客泪堕清笳。（唐·杜甫《遣怀》）驰阳照古堞，遥思凝寒笳。（唐·皎然《同袁高使君送李判官使回》）朔风猎猎惨寒沙，关月寥寥咽暮笳。（唐·牟融《寄永平友人》）

典**蔡琰悲笳** ①借指战乱流离。②借指妇女悲怀。见"边马怨胡笳"。

蔡琰悲笳，昭君怨曲，何预当日悲欢。（宋·刘天迪《一萼红·拥孤衾》）

边马怨胡笳 借指身陷塞外的悲凉气氛。《后汉书·董祀妻传》："（蔡琰）后感伤乱离，追怀悲愤，作诗二章。其二章曰：'……胡笳动兮边马鸣，孤雁归兮声嘤嘤。'"

却恨悲风时起，冉冉云间新雁，边马怨胡笳。（宋·叶梦得《水调歌头·秋色渐将晚》）

痂jiā

古下平，六麻。逆餐～疮～嗜～顺～查

茄jiā

荷茎。另见103页qié。

古下平，六麻。又：下平，五歌异。逆荷～顺～袋～房

枷jiā

古下平，六麻。又：下平，五歌同。逆大～行～金～立～连～披～脱～桅～鱼～榆～长～顺～棒～惩～档～革～锢～号～禁～警～镣～杻～梢～示～锁～项～楔～研～责～杖例曾梦诸侯笑，康囚议脱枷。（唐·贾岛《上乐使君救康成公》）似玉来投狱，抛家去就枷。（唐·何仲举《李皋试诗》）

葭jiā

芦苇。

古下平，六麻。逆苍～吹～附～寒～胡～蒹～鸣～汀～衔～禹～顺～菼～莩～管～琯～灰～律～墙～思～茭～苇例客愁连蟋蟀，亭古带蒹葭。（唐·杜甫《官亭夕坐戏简颜十少府》）青蓑短棹长江碧，弄几曲、羌管吹葭。（宋·杨泽民《渡江云·渔乡回落照》）

典**附葭** 喻攀附戚谊。亦作"葭莩之亲"。《汉书·中山靖王》："武帝初即位，大臣惩吴楚七国行事，议者……皆以诸侯连城数十，泰强，欲稍侵削，数奏暴其过恶……建元三年，代王登、长沙王发、中山王胜、济川王明来朝，天子置酒，胜闻乐声而泣。问其故，胜对曰：'……臣虽薄也，得蒙肺附；位虽卑

也，得为东藩，属又称兄。今群臣非有葭莩之亲，鸿毛之重，群居党议，朋友相为，使夫宗室摈郄，骨肉冰释。斯伯奇所以流离，比干所以横分也。"颜师古注："葭，芦也。莩者，其筩中白皮至薄者也。"

慕友惭连璧，言姻喜附葭。（唐·柳宗元《同刘二十八院长述旧言怀》）

春动香葭 借指气候或时代变化。亦作"玉管春葭"。《后汉书·律历志上》："候气之法，为室三重，户闭，涂衅必周，密布缇缦。室中以木为案，每律各一，内庳外高，从其方位，加律其上，以葭莩灰抑其内端，案历而候之。气至者灰动。其为气所动者其灰散，人及风所动者其灰聚。殿中候，用玉律十二。"

诗筒已是经年别，早暖律、春动香葭。（宋·周密《渡江云·冰溪空岁晚》）

玉管春葭 见7页"春动香葭"。

残雪庭阴，轻寒帘影，霏霏玉管春葭。（宋·王沂孙《高阳台·残雪庭阴》）

玉律应清葭 见7页"春动香葭"。

金微凝素节，玉律应清葭。（唐·李义府《和边城秋气早》）

珈jiā 首饰。

古下平，六麻。逆宝～笄～六～例册府荣八命，中闱盛六珈。（唐·柳宗元《同刘二十八院长述旧言怀》）

典**六珈** 指贵族妇女的饰品。见《诗经·鄘风·君子偕老》："君子偕老，副笄六珈。"

旧宅邻三徙，新恩副六珈。（宋·苏颂《秦国夫人挽辞二首》其二）

枷jiā 脱粒具。

古下平，六麻。逆连～麦～

跏jiā 跏趺，佛教徒修行的一种方式，盘腿而坐，脚背放在股上。如此可消杂念。

古下平，六麻。逆趺～结～顺～趺～坐～子例钟岭更飞锡，炉峰期结跏。（唐·张谓《送僧》）

迦jiā ①令不行也。②释迦，瞿昙号。

古下平，六麻。又：下平，五歌异。逆楞～那落～释～顺～持～蓝～老～利～陵～罗～楠～沙～提～维～卫～文～叶

袈jiā

古《广韵》：平声，麻韵。顺～裟

猳jiā 公猪。

古下平，六麻。逆艾～寄～牲～豚～顺～狗～喙～獾～豘～豚～尾～豭～熊～猪例曳捶牵羸马，垂蓑牧艾猳。（唐·柳宗元《同刘二十八院长述旧言怀》）

咖kā 咖啡。另见3页gā。

夸[1]（誇）kuā ①说大话。②炫耀。③称赞。

古下平，六麻。逆盗～浮～海内～豪～骄～矫～矜～堪～浪～陵～隆～谩～漫～盛～诬～相～雄～虚～争～自～恣～顺～辞～诞～夺～蛾～伐～夫～节～矜～竞～阔～论～谩～慢～末～容～士～示～饰～视～谈～诬～衔～心～诩～言～艳～淫～诈～恣例武陵缘源不可到，河阳带县讵堪夸。（唐·窦群《假日寻花》）浪彀破便飞，风雏枭相夸。（唐·孟郊《杏殇》）莲后红何患，梅先白莫夸。（唐·李商隐《朱槿花二首》其一）

夸[2]kuā ①奢侈。②姓。

古下平，六麻。顺～侈～浮～父逐日～毗～丽～奢逆骋～

姱kuā ①美好。②夸耀；夸大。

古下平，六麻。逆好～鸿～嫮～骄～贤～信～形～修～妍～顺～词～辞～娥～节～丽～美～名～容～尚～修～脩～志～姿例同病忧能老，新声厉似姱。（唐·柳宗元《同刘二十八院长述旧言怀》）

拉lā 另见12页lá、28页lā。

逆扯～克～拖～

垃lā 歌韵入声lè同。另见97页lè。

顺～圾逆圪～坷～

啦lā 助词。象声字。

逆叭～嗤～呼～啯～哗～咔～喀～呤～啪～唰～嘶～嗞～

吗（嗎、么、麽）mā 另见19页mǎ。"么、麽"另见43页mó、74页mē。

妈（媽）mā

古《广韵》：上声，姥韵。逆阿～使～顺～港～祖

蚂（螞）mā 另见19页mǎ、24页mà。

顺～螂

嘛ma 助词。另见13页má。

例得过口儿嘛。直勾得、风了自家。（宋·黄庭坚《丑奴儿·济楚好得些》）

葩pā 花。

古下平，六麻。逆残～春～丹～繁～芬～纷～含～寒～红～花～金～九～狂～丽～灵～六～滂～奇～琼～商～诗～霜～天～吐～仙～艳～银～雨后～众～重～顺～花～卉～髟～藻～爪～瑶例清风稍改叶，卢橘始含葩。（唐·刘禹锡《晚岁登武陵城顾望水陆怅然有作》）分散音初静，凋零蕊带葩。（唐·赵存约《鸟散余花落》）轻轻玉叠向风加，襟袖谁能认六葩。（唐·李咸用《和人咏雪》）

典**天葩** 借指超凡脱俗的诗篇。唐·韩愈《醉赠张秘书》："东野动惊俗，天葩吐奇芬。"

阁下天葩秋月黯，楼头奎画晓云空。（宋·马廷鸾《山中对紫薇花书感》）

趴pā 伏。

逆矮趴～顺～伏～窝～稀

啪pā

逆噼～

仨sā 三人。

沙shā

古下平，六麻。逆扒～碧～博浪～尘～沉～澄～虫～抽～吹～含～寒～鹤～恒～红～胡～画～怀～浣溪～回～活～夹～界～惊～聚～浪淘～汰～汀～抟～星～烟～银～映浅～玉～月笼～云～攒～昭～重～朱～顺～岸～蚕～墀～陲～鼎～飞～风～阜～岗～鹤～痕～荒～棘～际～金～镜～柳～鹭～鸥～蓬～浦～禽～泉～壤～日～迦～势～塔～汰～坛～棠～坞～西～岫～墟～溆～堰～雁～燕～瑶～屿～沚～洲～渚例轻苔网危石，春水架平沙。（唐·高球《晦日宴高氏林亭》）雨雪长疑向函谷，山泉直似到流沙。（唐·苏颋《景龙观送裴士曹》）秋庭风落果，瀼岸雨颓沙。（唐·杜甫《小园》）

典**怀沙** 指因为忠愤，为了正义，投水而死。见《史记·屈原列传》。

予非怀沙客，但美采菱曲。（唐·李白《春滞沅湘有怀山中》）

劫沙 见264页“劫灰”。

尘沙劫尽清风在，何假虚名上古碑。（宋·释延寿《山居诗》）

吊长沙 见646页“吊屈原”。

南登有词赋，知尔吊长沙。（唐·高适《送张瑶贬五溪尉》）

赋长沙 借指贬谪时之抒怀。贾谊《鹏鸟赋·序》：“谊为长沙王傅，三年，有鹏鸟飞入谊舍，止于坐隅。鹏似鸮，不祥鸟也。谊既以谪居长沙，长沙卑湿，谊自伤悼，以为寿不得长，乃为赋以自广。”

君王定前席，不必赋长沙。（宋·孙应时《又寄潼川漕仲房》）

之流沙 之，到。借指出塞或避世。亦作“化胡”。《列仙传》卷上《关令尹喜》：“老子亦知其奇，为著书授之，后与老子俱游流沙化胡，服苣胜实，莫知其所终。”

仲尼欲浮海，吾祖之流沙。（唐·李白《古风》其二九）

聚散抟沙 喻亲友易于聚散。宋·苏轼《二公再和亦再答之》：“光阴等敲石，过眼不容玩。亲友如抟沙，放手还复散。”

聚散抟沙，炎凉转烛，归去来兮万事休。（宋·刘镇《沁园春·谁似花翁》）

折戟沉沙 ①形容失败惨重。②用以怀吊古战场。唐·杜牧《赤壁》：“折戟沉沙铁未销，自将磨洗认前朝。东风不与周郎便，铜雀春深锁二乔。”

赤壁曾将百万烧，折戟沉沙铁未销。（元·无名氏《隔江斗智》杂剧第一折）

纱(紗)shā

古下平，六麻。逆碧～臂～蝉～蝉翼～抽～窗～春～堆～方目～葛～宫～官～龟～杭～皓～黑～花～浣～浣溪～绛～蕉～笼～麻～面～漆～青～轻～纱～素～铁～团～纬～乌～霞彩～香云～眼～洋～摇～羽～皂～绉～顺～布～厨～橱～窗～疵～灯～锭～冠～幌～绢～笼～罗～幔～帽～囊～帷～羊～元～帐～罩例玳瑁昔称华，玲珑薄绛纱。（唐·万楚《咏帘》）凝艳垂清露，惊秋隔绛纱。（唐·羊士谔《玩槿花》）散乱空中千片雪，蒙笼物上一重纱。（唐·白居易《眼病二首》其一）

典**浣纱** 指越国美女西施尚未入吴王宫殿时在若耶溪畔浣纱事。《太平御览》卷四七引南朝宋·孔灵符《会稽记》：“勾践索美女以献吴王，得诸暨罗山卖薪女西施郑旦，先教习于土城山，山边有石，云是西施浣纱石。”

效颦莫笑东村女，头白溪边尚浣纱。（清·曹雪芹《西施》）

系臂纱 借指美貌女子被君主宠爱。《晋书·胡贵嫔传》：“泰始九年，帝多简良家子女以充内职，自择其美者以绛纱系臂。”

十年一梦归人世，绛缕犹封系臂纱。（唐·杜牧《出宫人二首》其一）

隔绛纱 指可望而不可即的情形。《汉书·外戚传上》：“上思念李夫人不已，方士齐人少翁言能致其神。乃夜张灯烛，设帷帐，陈酒肉，而令上居他帐，遥望见好女如李夫人之貌，还幄坐而步。又不得就视，上愈益相思悲感。”

凝艳垂清露，惊秋隔绛纱。（唐·羊士谔《玩槿花》）

落乌纱 指游兴酣畅，兴致很高，浑然不觉他事。晋·陶渊明《晋故征西大将军长史孟府君传》：“（孟嘉）再为……征西大将军谯国桓温参军。君色和而正，温甚重之。九月九日，温游龙山，参佐毕集，四弟二甥咸在坐。时佐吏并著戎服。有风吹君帽堕，温目左右及宾客勿言，以观其举止。君初不自觉，良久如厕。温命取以还之。”

船窗一樽酒，半醉落乌纱。（宋·陆游《初到荆州》）

砂shā

古《广韵》：平声，九麻。逆白金～辰～赤～丹～硐～毒～翻～汞～黄～礁～金～锦～惊～铅～铁～星～汉～银～云～朱～顺～丁～俘～汞～果～壶～姜～粒～锣～瓶～碛～泉～壤～铁～盐例歌咽细风吹粉蕊，饮余清露湿瑶砂。（唐·曹唐《穆王宴王母于九光流霞馆》）悬圃珠为树，天池玉作砂。（唐·韩偓《漫作二首》其一）两岸严风吹玉树，一滩明月晒银砂。（唐·韦庄《夜雪泛舟游南溪》）

典**求勾漏丹砂** 借指追求长生。《晋书·葛洪传》：“葛洪字稚川，丹阳句容人也。……以年老，欲炼丹以祈遐寿，闻交阯出丹，求为勾漏令。帝以洪资高，不许。洪曰：‘非欲为荣，以有丹耳。’帝从之。洪遂将子侄俱行。至广州，刺史邓岳留不听去，洪乃止罗浮山炼丹。”

悠然饱听松风睡，勾漏丹砂底用求？（宋·陆游《远游》）

痧shā

逆子午～

杉shā 另见602页shān。

顺～篙～木

莎shā 另见41页suō。

古《集韵》：平声，麻韵。顺～车～虫～鸡

鲨(鯊)shā

古下平，六麻。逆白～海～顺～翅～鼓～皮～浔

裟shā

古下平，六麻。逆袈～例闲出东林日影斜，稻苗深浅映袈裟。（唐·刘商《送僧往湖南》）霓裳和泪换袈裟。又送鸾舆北去、听琵琶。（宋·罗志仁《虞美人·君王曾惜如花面》）

吵shā

顺～哑例意思里、莫是赚人吵。（宋·黄庭坚《归田乐令·引调得》）

他(*佗)tā

古下平，五歌。逆不～匪～伽～利～靡～念～任～无～由～自～顺～肠～称～出～处～端～方～故～国～己～荐～律～每～年～侬～岐～日～杀～山～生～时～适～室～谁～途～乡～心～意～志例眼前仇敌都休问，身外功名一任他。（唐·元稹《放言五首》其一）万事皆妨道，孤峰谩忆他。（唐·贯休《江陵寄翰林韩偓学士》）

典**匪他** 借指兄弟。《诗经·小雅·頍弁》：“岂伊异人，兄弟匪他。”

绸缪委心，自同匪他。（晋·卢谌《赠刘琨诗二十首》其九）

之死靡他 见“之死靡它”。

之死靡他志，天乎不谅人。

（宋·楼钥《太孺人蒋氏挽词》）

她 tā

它（*牠）tā　波韵阴平 tuō 同。另见 42 页 tuō。

㊀平声，五歌。㊁靡～无～自～㊂～肠～法～故～界～门～名～年～日～时～所～心㊃百万传深入，寰区望匪它。（唐·杜甫《散愁二首》其一）红波荡谏心，谏心终无它。（唐·孟郊《看花》）

㊄**之死靡它**　借指意志坚定，至死不变。亦作"之死靡他"。《诗经·鄘风·柏舟》："泛彼柏舟，在彼中河。髧彼两髦，实维我仪。之死矢靡它，母也天只，不谅人只。"

趿 tā　又读入声 sà 同，见 35 页。

蛙（*鼃）wā

㊀下平，六麻。又：上平，九佳同。㊁瞋～处处～斗～官～井～井底～培～鸣～怒～栖～群～轼～跳～闻～㊂～吹～吠～歌～鼓～蝈～蛤～角～井喜～坎～黾～闹～怒～神～声～市～虾～蚓～蛭～渚㊃雨后逢行鹭，更深听远蛙。（唐·贾岛《郊居即事》）谁怜容足地，却羡井中蛙。（唐·杜牧《台城曲二首》其一）水荇参差动绿波。一池蛇影噤群蛙。（宋·辛弃疾《鹧鸪天·水荇参差动绿波》）

㊄**坎蛙**　见"坎井之蛙"。

　　无复语沧波，坎蛙奚所及。（宋·梅尧臣《废井》）

　坎井之蛙　喻见识狭隘之人。亦作"坎蛙""井底蛙"。《庄子·秋水》："公子牟隐机太息，仰天而笑曰：'子独不闻夫坎井之蛙乎……'"

　　久似坎蛙居井底，忽如野鹤出笼中。（宋·方回《二月十一日晓发龙山风顺》）

　却羡井中蛙　喻指无地自容的亡国之君。《南史·陈后主本纪》："（后主）乃逃于井。……既而军人窥井而呼之，后主不应。欲下石，乃闻叫声。以绳引之，惊其太重，及出，乃与张贵妃、孔贵人三人同乘而上。"唐·杜牧《台城曲二首》其一："谁怜容足地，却羡井中蛙。"

　　回首飞鸳瓦，却羡井中蛙。（宋·贺铸《水调歌头·南国本潇洒》）

洼（窪）wā

㊀下平，六麻。㊁草～低～泥～山～深～水～渥～西～玉～㊂～涔～地～水～陷㊃食久庭阴转，行多屐齿洼。（唐·薛能《西县途中二十韵》）别殿承恩泽，飞龙赐渥洼。（唐·韩琮《公子行》）古仙何在，空余药灶委岩洼。（宋·张顾《水调歌头·雨后烟景绿》）

㊄**渥洼**　借指杰出的人才。《史记·乐书》："又尝得神马渥洼水中，复次以为《太一之歌》。歌曲曰：'太一贡兮天马下，沾赤汗兮沫流赭。骋容与兮跇万里，今安匹兮龙为友。'"渥洼，水名，在今甘肃安西县。传说汉武帝时这里出神马。

　　渥洼汗血种，天上麒麟儿。（唐·杜甫《和江陵宋大少府暮春雨后同诸公及舍弟宴书斋》）

哇 wā

㊀下平，六麻。又：上平，九佳同。㊁哀～激～流～呕～咬～咿～淫～㊂～俚～哇～笑～咬～淫

娲（媧）wā

㊀下平，六麻。又：上平，九佳同。㊁风～灵～女～庖～牺～义～㊂～娥～后～皇～石～天

虾（蝦）xiā　另见 11 页 há。

㊀下平，六麻。㊁虫～丹～明～青～人～天～线～㊂～兵～菜～斗～公～鬼～蛤～酣～虹～魁～鬣～目～女～朐～蛇～生～王～须～须镯～蕈～腰～蛱～助㊃树怪花因槲，虫怜目待虾。（唐·柳宗元《同刘二十八院长述旧言怀》）池塘信美应难恋，针在鱼唇剑在虾。（唐·陆龟蒙《白鸥诗》）谩水犀强弩，一战鱼虾。（宋·赵鼎《望海潮·双峰遥促》）

鸦（鴉、*鵶）yā

㊀下平，六麻。㊁白～鬓～藏～赤～慈～渡～堆～反哺～飞～风～凤随～宫～归～寒～画～黄～昏～火～髻～今～老～林～乱～墨～暮～恼～鸥～呕～盘～栖～青～群～乳～舍～神～数点～双～啼～涂～云～纸～㊂～鬓～兵～叉～蝉～雏～儿～发～翻～鹘～忽～瑚～虎～鬟～黄～髻～兢～九～臼～舅～军～翎～岭～路～娘～鸟～青～雀～鹊～色～山～深～孙～涂～乌～云～噪～轧～阵～子㊃护江盘古木，迎棹舞神鸦。（唐·杜甫《舟泛洞庭》）画戟朱楼映晚霞，高梧寒柳度飞鸦。（唐·钱起《访李卿不遇》）于今腐草无萤火，终古垂杨有暮鸦。（唐·李商隐《隋宫》）

㊄**日中鸦**　常用指光阴流逝。《淮南子·精神》："日中有踆乌。"高诱注："踆，犹蹲也，谓三足乌。"

　　唯期一开泰，再望日中鸦。（宋·梅尧臣《自感二首》其二）

　彩凤随鸦　喻指不相配的婚姻。见宋·阮阅《诗话总龟》卷四八录引《今是堂手录》。

　　彩凤随鸦，琼奴失意，可似人间白面郎。（宋·刘将孙《沁园春·流水断桥》）

　杨柳暗栖鸦　①借指春景。②喻指男欢女爱。《旧唐书·音乐志二》："《杨伴》，本童谣歌也。齐隆昌时……歌云：'暂出白门前，杨柳可藏乌。欢作沉水香，依作博山炉。'"

　　楼角初销一缕霞，淡黄杨柳暗栖鸦。（宋·贺铸《浣溪沙·楼角初销一缕霞》）

桠（椏、枒）yā

㊀下平，六麻。㊁杈～三～树～枝～㊂～杈～枫㊃神草延年出道家，是谁披露记三桠。（唐·皮日休《友人以人参见惠因以诗谢之》）经笥安岩匿，瓶囊挂树桠。（唐·皮日休《寂上人院联句》）

呀 yā

㊀下平，六麻。㊁阿～啊～嗳～喘～哈～谽～呛～欢～嗟～咿～㊂～咻～吁～许～呀㊃长影没窈窕，余光散唅呀。（唐·杜甫《柴门》）枭族音常聒，豺群喙竞呀。（唐·柳宗元《同刘二十八院长述旧言怀》）苦苦孜孜，独自个、空嗟呀。（宋·石孝友《惜奴娇·合下相逢》）

哑（啞）yā　象声字。另见 20 页 yǎ、26 页 yà、91 页 è。

㊀下平，六麻。㊁嘎～呕～笑哑～哑～咿～㊂～呕～哑～咿～轧～咤㊃岂解有乡情，弄月聊鸣哑。（唐·李贺《勉爱行二首送小季之庐山》其一）江客柴门枕浪花，鸣机寒橹任呕哑。（唐·陆龟蒙《北渡》）萧然正无寐，夜橹莫咿哑。（唐·吴融《汴

上晚泊》)

丫yā

古下平，六麻。逆发～髻～手～小～丫～枝～顺～巴～叉～杈～槎～铲～裆～儿～鬟～髻～角～戾～路～木～钯～雀～童～嬛～枝～子例未有年光好破瓜。绿珠娇小翠鬟丫。(宋·赵彦端《鹧鸪天·未有年光好破瓜》)

臜(臢)zā　又读。见804页zāng。

查(*査)zhā　姓。另见10页chá。

古《集韵》：平声，麻韵。

楂(*樝)zhā　山楂。另见11页chá。

古下平，六麻。逆秋～山～酸～牙～顺～果

渣zhā

古《广韵》：平声，麻韵。逆沉～蠟～麻～淤～渣～蔗～顺～柤～沙～滓

喳zhā　应诺声。另见3页chā。

逆吧～波～格～唧～嗑～闹～杀～喳～吱～顺～呼

皻(*皶)zhā　鼻上的小红疱。

古下平，六麻。逆鼻～顺～皰～鼻～丑～王

抓zhuā　另见529页zhāo。

逆点～火～紧～力～重～顺～膘～捕～丁～斗～饭～夫～伕～缚～哏～会～获～髻～角～鬏～攫～空～揽～拏～掀～寻～扎～札～周～总

挝(撾)zhuā　另见42页wō。①击打。②鼓槌。③兵器名。④抓。另见42页wō。

古下平，六麻。逆宝～鞭～参～掺～初～飞～乱～马～殴～频～三～手～阳～渔阳～顺～钞～捶～打～妇翁～鼓～乖～阖～挠～挝～筑例逸戏看猿斗，殊音辨马挝。(唐·柳宗元《同刘二十八院长述旧言怀》)棋因王粲覆，鼓是祢衡挝。(唐·张祜《题僧壁》)霜凉剑戈，风生阵马，如闻万鼓齐挝。(宋·赵鼎《望海潮·双峰遥促》)

典**祢衡挝**　借指文人有傲骨，不媚权贵。《后汉书·祢衡传》："操欲见之，而衡素相轻疾，自称狂病，不肯往，而数有恣言。操怀忿，而以其才名，不欲杀之。闻衡善击鼓，乃召为鼓史，因大会宾客，阅试音节……次至衡，衡方为《渔阳》参挝，蹀躞而前，容态有异，声节悲壮，听者莫不慷慨。"

雪塞春回邹衍律，霜营寒入祢衡挝。(宋·汪元量《幽州除夜》)

平声·阳平

嗄á　惊讶、疑问叹词。另见25页shà。

逆做～

茶chá

古下平，六麻。逆熬～焙～边～草～代～点～斗～分～甘～幻～会～煎～涧～讲～椒～接～腊～蜡～晶～龙～陆羽～栾～毛～闵～闹～烹～片～让～乳～蜀～素～土～沱～晚～下～献～小～绣～宣～酽～一～引～雨前～黦～攒～顺～荈～炊～铛～夫～鼓～会～禁～晶～镜～课～礼～寮～令～卤～茗～吡～品～旗～青～榷～上～社～神～食～笋～汤～仙～筅～锈～仪～灶～资例小盏吹醅尝冷酒，深炉敲火炙新茶。(唐·白居易《北亭招客》)高户闲听雪，空窗静捣茶。(唐·郑巢《送象上人还山中》)嘴红涧鸟啼芳草，头白山僧自扞茶。(唐·贯休《春游灵泉寺》)

典**陆羽茶**　借指上品茶。《新唐书·陆羽传》："陆羽字鸿渐，一名疾，字季疵，复州竟陵人。不知所生，或言有僧得诸水滨，畜之。既长，以《易》自筮，得《蹇》之《渐》，曰：'鸿渐于陆，其羽可用为仪。'乃以陆为氏，名而字之。……上元初，更隐苕溪，自称桑苎翁，阖门著书。……羽嗜茶，著经三篇，言茶之原、之法、之具尤备，天下益知饮茶矣。时鬻茶者，至陶羽形置炀突间，祀为茶神。"

世上渊明酒，人间陆羽茶。(宋·赵璠老《南柯子·世上渊明酒》)

活火分茶　借指烹茶。唐·赵璘《因话录》卷二："(李)约天性唯嗜茶，能自煎。谓人曰：'茶须缓火炙，活火煎。'活火谓炭火之焰者也。"

寒泉自换菖蒲水，活火闲煎橄榄茶。(宋·陆游《夏初湖村杂题》)

扫雪烹茶　指高人雅兴。南宋·李焘《续资治通鉴长编》载："宋陶谷得党太尉家姬，遇雪，谷取雪水烹茶，谓姬曰：'党家有此风味否？'对曰：'彼粗人，安有此？但能于销金帐下，浅斟低唱，饮羊羔儿酒耳。'"而"党家风味"就用来指世俗的生活情趣。

玉堂学士爱清味，取雪烹茶真快哉。(宋·方凤《怀古题雪十首·陶谷茶雪》)

查chá　木筏，筏子；检查。另见10页zhā。

古下平，六麻。逆挨～捱～备～崩～驳～乘～存～钓～谍～泛～浮～古～海～讥～巨～开～枯～灵～流～麻～清～善～踏～渔～谕～支～顺～报～参～察～催～度～发～缉～监～诘～截～解～究～勘～理～拏～梼～讫～私～筭～田～销～讯～牙～验～丈～照～赈例庭养冲天鹤，溪流上汉查。(唐·王维《奉和圣制幸玉真公主山庄》)榆柳飘枯叶，风雨倒横查。(唐·韦应物《池上》)听猿实下三声泪，奉使虚随八月查。(唐·杜甫《秋兴八首》其二)

槎chá　木筏。

古下平，六麻。《佩文诗韵释要·下平·六麻》："楂，亦作槎。"逆八月～崩～波～博望～槎～乘～钓～断～犯斗～泛～飞～风～浮～桴～古～海～汉～胡～江～角～节～磕～客～枯～蛎～灵～流～杩～毛～栖～鹊～天～鰕～仙～星～星河～丫～牙～枒～碞～银～游～渔～雨～月～云～顺～杈～程～浮～梗～客～沫～梼～牙～岈～枒～柹～桎～子例垂藤扫幽石，卧柳碍浮槎。(唐·杨师道《还山宅》)气有冲天剑，星无犯斗槎。(唐·宋之问《鲁忠王挽词三首》其三)横空络绎云遗屑，扑浪翩联蝶寄槎。(唐·李咸用《和人咏雪》)

典**乘槎**　①指按时乘木筏到天河去，常用作对升仙的想象。②喻指中第、得官。亦作"泛槎""浮槎""海槎""仙槎""客槎""槎客""灵槎""上汉槎""斗边槎""八月槎""犯斗槎""海上槎"。晋·张华《博物志》卷十："旧说云天河与海通。

近世有人居海渚者，年年八月有浮槎去来，不失期，人有奇志，立飞阁于槎上，多赍粮，乘槎而去。十余日中犹观星月日辰，自后茫茫忽忽，亦不觉昼夜。去十余日，奄至一处，有城郭状，屋舍甚严。遥望宫中多织妇，见一丈夫牵牛渚次饮之。牵牛人乃惊问曰：'何由至此？'此人具说来意，并问此时何处，答曰：'君还至蜀郡访严君平则知之。'竟不上岸，因还如期。后至蜀，问君平，曰：'某年月日有客星犯牵牛宿。'计年月，正是此人到天河时也。"

海客乘槎渡，仙童驭竹回。（唐·骆宾王《饯郑安阳入蜀》）

浮槎　见10页"乘槎"。

只应神物长为主，未必浮槎即有灵。（唐·罗隐《衡阳泊木居士庙下作》）

海槎　见10页"乘槎"。

柳不成丝草带烟，海槎东去鹤归天。（唐·温庭筠《李羽处士故里》）

灵槎　见10页"乘槎"。

似泛灵槎出，如迎羽客升。（唐·韦庄《渔塘十六韵》）

仙槎　亦作"仙查""仙石逐槎回"。见10页"乘槎"。

云山千万叠，底处上仙槎。（唐·杜甫《舟泛洞庭》）

星槎　见10页"乘槎"。

既马翩翩禁外逢，星槎上汉杳难从。（唐·刘禹锡《逢王十二学士入翰林因以诗赠》）

八月槎　见10页"乘槎"。亦作"八月查"。

坛高已降三清鹤，海近应通八月槎。（唐·罗隐《寄西华黄炼师》）

犯斗槎　见10页"乘槎"。亦作"犯宿槎""犯斗牛""到斗牛""犯牛仙""识天河"。

气有冲天剑，星无犯斗槎。（唐·宋之问《鲁忠王挽词三首》其三）

海上槎　见10页"乘槎"。

五枝旧折燕山桂，八月新乘海上槎。（宋·周必大《徐商老参议直阁进书登瀛创儒荣堂》）

八月灵槎　见10页"乘槎"。

五湖秋叶满行船，八月灵槎欲上天。（唐·顾况《送李秀才入京》）

搽chá

【古】缺。【逆】敷～麻～涂～匀～【顺】～旦～画～拳

茬chá

【古】《集韵》：平声，麻韵。【逆】断～换～回～活～连～麦～齐茬～调～重～竹～【顺】～口～子

碴chá　另见20页zhǎ"砟"。

【逆】毛～跑～瓦～斜～

苴chá　枯草。另见20页zǎ、426页jū、437页jǔ。

【古】下平，六麻。又：上平，六鱼异。又：上声，六语异。【逆】草～浮～栖～【顺】～稽【例】不应虞竭泽，宁复叹栖苴。（唐·柳宗元《同刘二十八院长述旧言怀》）

【典】**栖苴**　喻百姓得不到恩泽。《诗经·大雅·召旻》："如彼岁旱，草不溃茂，如彼栖苴。"毛传："苴，水中浮草也。"郑玄笺："王无恩惠于天下，天下之人如旱岁之草，皆枯槁无润泽，如树上之栖苴。"

栖苴世上风波恶，情知不似田园乐。（宋·黄庭坚《戏赠王晦之》）

垞chá　土丘。

【古】《广韵》：平声，麻韵。【逆】春～南北～

打dá　十二个。另见16页dǎ。

【逆】一～

尜gá　尜儿，一种儿童玩具，中间大，两头尖。

【逆】尜～

虾(蝦)há　另见9页xiā。

【古】下平，六麻。【逆】蛙～【顺】～霸～臛～蟆～蟆禅～蟆车～蟆护～蛂～鱼

华(華)huá　另见23页huà。

【古】下平，六麻。【逆】宝～贲～碧～鬓～冰～朝～澄～川～春～淳～翠～丹～德～帝～棣～芳～纷～丰～风～凤～高～衮～含～皓～菁～露～梦～妙～名～南～凝～秾～女～葩～琪～铅～青～轻～琼～秋～泉～鹊～日～荣～韶～时～霜～岁～天～吐～无～物～熙～仙～香～撷～星～雄～秀～玄～勋～烟～妍～阳～珧～瑶～英～莺～荧～莹～雨～玉～月～云～章～昭～织～【顺】～奥～表～鬓～采～彩～灿～池～侈～楚～辞～旦～珰～发～风～光～汉～翰～焕～晖～辉～笺～荐～阶～节～近～竞～枯～旷～乐～丽～林～茂～美～甍～敏～名～年～荦～篇～魄～绮～清～缛～色～奢～丝～髓～文～问～伍～西～显～星～胥～轩～勋～严～筵～耀～夷～英～誉～缘～月～藻～辀～烛～渚～宗【例】残年傍水国，落日对春华。（唐·杜甫《入乔口》）轻烟浮草色，微雨濯年华。（唐·姚合《春日即事》）银河旌节摇波影，珠阁笙箫吸月华。（唐·廖融《梦仙谣》）

【典】**白华**　借指孝子。《诗经·小雅·白华》等佚篇《诗序》："《白华》，孝子之洁白也……有其义而亡其词。"

粲粲白华士，筑堂奉其亲。（宋·赵汝说《寄题王宗卿答春堂》）

苍华　借指头发。《太上黄庭内景玉经·至道章第七》："至道不烦诀存真，泥丸百节皆有神。鬓神苍华字太元。"道家把人体的各部位都赋予神名，如发神名苍华。

老去郊居多乐事，脱巾未用叹苍华。（宋·陆游《西村》）

棣华　喻兄弟关系。亦作"棣萼"。《诗经·小雅·常棣》："常棣之华，鄂不韡韡。凡今之人，莫如兄弟。"郑玄笺："承华者曰鄂。不，当作拊。拊，鄂足也。鄂足得华之光明则韡韡然盛兴者，喻弟以敬事兄，兄以荣覆弟，恩义之显亦韡韡然。"

还闻折梅处，更有棣华诗。（唐·张九龄《和王司马折梅寄京邑昆弟》）

桂华　见4页"桂花"。

桂华临洛浦，如挹李膺仙。（唐·羊士谔《郡中玩月寄江南李少尹虞部孟员外三首》其二）

皇华　赞颂杰出的使臣。亦作"皇华使"。《诗经·小雅·皇皇者华序》："《皇皇者华》君遣使臣也。送之以礼乐，言远而有光华也。"郑玄笺："言臣出使能扬君之美，延其誉于四方，则为不辱命也。"

有美皇华使，曾同白社游。（唐·武元衡《西亭早秋送徐员外》）

绿华　见"萼绿华"。

唤双成，歌弄玉，舞绿华。（宋·辛弃疾《水调歌头·千里渥洼种》）

蕣华 ①借指美貌。②喻指生命短促。亦作"蕣颜""蕣花"。《诗经·郑风·有女同车》："有女同车，颜如舜华。将翱将翔，佩玉琼琚。彼美孟姜，洵美且都。"

君不见蕣华不终朝，须臾淹冉零落销。（南朝宋·鲍照《拟行路难》）

蕣华偷悴，翠鬟羞整，愁坐望处，金舆渐远。（唐·杜牧《八六子》）

瑶华 借指赠别或对离人的思念。《楚辞·九歌·大司命》："折疏麻兮瑶华，将以遗兮离居。"

瑶华伤远道，芳草送归鞍。（宋·欧阳修《送客回马上作》）

萼绿华 ①咏仙女，美人。②指绿色萼片的梅花。亦作"绿华"。《太平广记》卷五十七南朝·梁·陶弘景《真诰·运象》："萼绿华者，女仙也。年可二十许，上下青衣，颜色绝整。以晋穆帝升平三年己未十一月十日夜降于羊权家。"

萼绿华来无定所，杜兰香去未移时。（唐·李商隐《重过圣女祠》）

阴丽华 借指美女。《后汉书·光烈阴皇后》："光烈阴皇后讳丽华，南阳新野人。初，光武适新野，闻后美，心悦之。后至长安，见执金吾车骑甚盛，因叹曰：'仕宦当作执金吾，娶妻当得阴丽华。'更始元年六月，遂纳后于宛当成里，时年十九。"

直将刘碧玉，来过阴丽华。（南北朝·庾信《奉和赵王美人春日诗》）

常棣之华 借指兄弟之情。见"棣华"。

韡韡常棣华，相戒南陔篇。（宋·章甫《连屋》）

枯树生华 喻绝处逢生。《三国志·魏书·刘廙传》："魏讽反，廙弟伟为讽所引，当相坐诛。太祖令曰：'叔向不坐弟虎，古之制也。'特原不问，徙署丞相仓曹属。廙上书谢曰：'臣罪应倾宗，祸应覆族，遭乾坤之灵，值时来之运，扬汤止沸，使不燋烂；起烟于寒灰之上，坐华于已枯之木。物不答施于天地，子不谢生于父母，可以死效，难用笔陈。'"

蚁穴荣华 喻人生如梦、富贵无常。出自唐·李公佐《南柯记》（一作《南柯太守传》）。

蚁穴荣华，人间功业，都恼人怀。（宋·吕胜己《柳梢青·叶下云行》）

划 huá ①用桨拨水使船行进。②小船。另见31页huā、34页huà。
㊀下平，六麻。㊁摆～蛋～荡～飞～轻～㊂～桨～木～子

哗（嘩、*譁）huá 另见5页huā。
㊀下平，六麻。㊁避～兵～大～刁～纷～哗～讙～驩～啾～军～逍～涔～无～嚣～笑～笑语～虚～喧～噪～争～众～㊂～变～辨～传～词～动～耳～沸～骇～哄～欢～毁～讦～咎～扣～溃～乱～名～拇～呶～闹～怒～然～人～世～伍～嚣～笑～喧～眩～言～晔～疑～吟～噪～争～众～诛～纵㊃芳草供枕藉，乱莺助喧哗。（唐·白居易《和新楼北园偶集》）新月低垂帘额，小梅半出檐牙。高堂开燕静无哗。（宋·向子諲《临江仙·新月低垂帘额》）清明时节雨声哗。潮拥渡头沙。（宋·张炎《朝中措·清明时节雨声哗》）

铧（鏵）huá
㊀《广韵》：上平，九麻。㊁犁～双～蹠～㊂～弓～犁～锹～鞼

骅（驊）huá
㊀下平，六麻。㊁骝～㊂～駬～驹～骝～骊～騄㊃世惟材是梓，人仰骥中骅。（唐·柳宗元《同刘二十八院长述旧言怀》）

旯 lá
㊁旮～

拉 lá 划开，拉开，亦作"剌"。另见7页lā、28页lā。

麻[1]（麻，*蔴）má
㊀下平，六麻。㊁剥～蚕～赤～稻～汉～禾～黑～胡～黄～积～缉～绩～笺～蕉～苴～灵～乱～麻～免～牡～沤～蓬～披～青～雀～柔～如～散～桑～石～疏～熟～蜀～缞～丝～天～脱～顽～乌～锡～枲～续～悬～荨～剡～野～一窠～折～芝～脂～周～苎～纻～㊂～案～勃～搽～缠～朝～搥～搭～捣～经～菲～沸～蕡～腐～荽～姑～股～积～笺～秸～紧～经～炬～屦～枯～蓝～累～栎～俐～列～林～缕～履～冕～命～起～事～朱～菽～衰～索～绦～苇～霞～筵～衣仙～杖～脂～制～苎～纻～椎㊃开轩面场圃，把酒话桑麻。（唐·孟浩然《过故人庄》）檐前朝暮雨添花，八十真僧饭一麻。（唐·秦系《题僧明惠房》）

㊄**裂麻** 借指忠臣直言敢谏。亦作"裂白麻""阳城裂麻"。唐·李肇《唐国史补》卷上："阳城为谏议大夫，德宗欲用裴延龄为相，城曰：'白麻若出，吾必裂之而死。'德宗闻之以为难，竟寝之。"裴延龄为人轻躁，故阳城坚决反对他为宰相。白麻，指唐代诏书用的白麻纸，代指诏书。

裂麻惊圣主，折槛有良臣。（清·康有为《勤王北望感怀十三首》其二）

倚麻 喻处于好的环境。《荀子·劝学》："蓬生麻中，不扶而直。"

老吾幸有相过便，尚得如蓬倚直麻。（宋·陈著《次韵帅初浙西回及得新居三首》其二）

折麻 借指思念友人。亦作"折疏麻"。《楚辞·九歌·大司命》："折疏麻兮瑶华，将以遗兮离居。"

折麻定延伫，乘月期招寻。（唐·钱起《游辋川至南山寄谷口王十六》）

旅行悲泛梗，离赠折疏麻。（唐·骆宾王《晚憩田家》）

裂白麻 见"裂麻"。

曾裂白麻，曾涂墨敕，谪堕俄征起。（宋·刘克庄《念奴娇·少时独步词场》）

共话桑麻 借指田园生活。晋·陶渊明《归园田居五首》其二："时复墟里人，披草共来往。相见无杂言，但道桑麻长。"

与谁共话桑麻事，朱老阮生尤稔。（宋·刘克庄《摸鱼儿·便披蓑》）

痳[2]（痲）má 一种病疾。
㊀《广韵》：平声，麻韵。㊂～痹～风～疯～疹

蟆（蟇）má
㊀下平，六麻。㊁蛤～虾～井～癞

头～顺～更～津～衣草例限墙弄蝴蝶，临水掷虾蟆。（唐·寒山《诗三百三首》其三五）谁识大君谦让德，一毫名利斗蛙蟆。（唐·杜牧《长安杂题长句六首》其六）失了白衣苍狗，夺回雪兔金蟆。（宋·刘克庄《木兰花慢·水亭凝望久》）

典**虾蟆** 咏月食。亦作“妖蟆”。《史记·龟策列传》：“孔子闻之曰：‘……日为德而君于天下，辱于三足之乌；月为刑而相佐，见食于虾蟆。’”

传闻古老说，蚀月虾蟆精。（唐·卢仝《月蚀诗》）

妖蟆 见“虾蟆”。

想乖龙惊起，碧潭无底，妖蟆戮尽，珪月长明。（宋·陈人杰《沁园春·道骨仙风》）

嘛má 另见7页ma。

逆喇～顺～呢轮～呢旗

拿ná

古下平，六麻。逆挨～捕～查～大～兜～访～纷～革～根～购～胡～交～截～拘～龙～密～盘～腾～诬～误～严～抓～追～顺～把～班～办～捕～搭～大～讹～访～瓜～解～究～款～老～捻～乔～情～事～送～唐～堂～搪～糖～腰～周～桩～追～准～捉～总

南ná 南无，梵文Namas的音译，是“敬礼”“归命”的意思。另见624页nán。

顺～无～膜

耙pá

古下平，六麻。逆钉～犁～搔～耥～铁～耘～竹～顺～耧～梳～子

扒pá 另见18页bā。

逆翻～拖～顺～扠～扯～分～杆～犁～彝～沙

爬pá

古下平，六麻。逆伏～磕～马～攀～搔～梳～顺～蹉～伏～灰～犁～罗～搔～沙～梳～疏～挲～剔～泳～杮例“御辔执索相爬钩，推荡轰訇入汝喉。”（唐·卢仝《月蚀》诗）

典**中散虱爬** 借指习性懒散。嵇康《与山巨源绝交书》：“有必不堪者七，甚不堪者二。……危坐一时，痹不得摇，性复多虱，把搔无已，而当裹以章服，揖拜上官。三不堪也。”嵇康以自己习性懒散、身上多虱而言不堪做官之苦。

东门牛屡饭，中散虱空爬。（唐·柳宗元《同刘二十八院长述旧言怀》）

琶pá

古下平，六麻。逆凤～棚～琵～铜～筝～例菱角执笙簧，谷儿抹琵琶。（唐·白居易《小庭亦有月》）江浮醉眼，望浩渺、空想灵槎。曲终泪湿琵琶。（宋·朱敦儒《芰荷香·远寻花》）

典**船里琵琶** 借指同是天涯沦落人的感慨。唐·白居易《琵琶引》：“忽闻水上琵琶声，主人忘归客不发。寻声暗问弹者谁，琵琶声停欲语迟。移船相近邀相见，添酒回灯重开宴。……我闻琵琶已叹息，又闻此语重唧唧。同是天涯沦落人，相逢何必曾相识。”

船里琵琶金捍拨，弹断么弦再抹。（宋·贺铸《清平乐·林皋叶脱》）

马上琵琶 借指离人思念故国之情。晋·石崇《王昭君词序》：“昔公主嫁乌孙，令琵琶马上作乐，以慰其道路之思。”

马上琵琶行万里，汉宫长有隔生春。（唐·李商隐《王昭君》）

杷pá

古下平，六麻。又：去声，二十二祃异。逆毂～木～枇～拖～竹～顺～车～榄～梳～头～推例深山老去惜年华，况对东溪野枇杷。（唐·白居易《山枇杷》）

啥shá

娃wá

古下平，六麻。又：上平，九佳同。逆村～宫～官～馆～闺～娇～姣～邻～虔～市～僮～吴～夏～仙～顺～草～儿～生例云惨烟愁苑路斜，路傍丘冢尽宫娃。（唐·孟迟《宫人斜》）满耳笙歌满眼花，满楼珠翠胜吴娃。（五代·韦庄《陪金陵府相中堂夜宴》）

霞xiá

古下平，六麻。逆班～碧～碧云～餐～残～苍～赪～赤城～翠～丹～堆～饵～汎～飞～粉～冠～广～霁～金～锦～脸～灵～陵～流～落～麻～明～暮～栖～绮～青～轻～晴～瑞～昇～曙～梭～万缕～吸～仙～香～霄～烟～炎～阴～饮～余～雨后～朱～酌～紫～醉～顺～壁～彩～粲～刹～敞～朝～赤～川～窗～带～旦～飞～扉～氛～峰～阁～宫～觥～骨～虹～花～焕～辉～集～笺～襟～锦～景～径～裾～开～槛～岭～楼～缕～履～袂～明～佩～旆～披～铺～绮～衾～人～襦～色～绶～姝～舒～曙～耸～堂～腾～蔚～文～骛～艳～鲜～绡～霄～缬～岫～袖～巘～焰～衣～英～缨～影～暎～腴～月～晕～缯～章～帐～照～蒸～舟～酌～踪例凤凰原上开青壁，鹦鹉杯中弄紫霞。（唐·李峤《奉和圣制幸韦嗣立山庄应制》）山近峨眉飞暮雨，江连濯锦起朝霞。（唐·武元衡《送温况游蜀》）

典**流霞** 指仙酒或美酒。见“吸流霞”。

吾师不饮人间酒，应待流霞即举杯。（唐·颜荛《戏张道人不饮酒》）

骛霞 此二字为“落霞与孤骛齐飞”句的缩略语，泛指美景。亦作“孤骛落霞”。五代·王定保《唐摭言》卷五《以其人不称才试而后惊》：“王勃著《滕王阁序》，时年十四。都督阎公不之信，勃虽在坐，而阎公意属子婿孟学士者为之，已宿构矣。及以纸笔巡让宾客，勃不辞让。公大怒，拂衣而起，专令人伺其下笔。第一报云：‘南昌故郡，洪都新府。’公曰：‘亦是老生常谈。’又报云：‘星分翼轸，地接衡庐。’公闻之，沉吟不言。又云：‘落霞与孤骛齐飞，秋水共长天一色。’公矍然而起曰：‘此真天才，当垂不朽矣！’遂亟请宴所，极欢而罢。”

高趁骛霞舒啸，低群鸥鹭忘机。（宋·百兰《雨中花慢·飣斗云山》）

负烟霞 喻放弃隐居而出仕。南朝齐·孔稚珪《北山移文》：“使我高霞孤映，明月独举，青松落阴，白云谁侣。”

无多圭组累，终不负烟霞。（唐·杜牧《题白蘋洲》）

吸流霞 喻饮酒。东汉·王充《论衡·道虚》:"(项)曼都好道学仙,委家亡去,三年而返。家问其状,曼都曰:'去时不能自知,忽见若卧形,有仙人数人,将我上天,离月数里而止……口饥欲食,仙人辄饮我以流霞一杯,每饮一杯,数月不饥。不知去几何年月,不知以何为过,忽然若卧,复下至此。'河东号之曰'斥仙'。"

方期饮甘露,更欲吸流霞。(唐·柳宗元《同刘二十八院长述旧言怀》)

孤鹜落霞 见"鹜霞"。

清烟衰柳外,孤鹜落霞飞。(元·叶颙《游赏清乐四首》其四)

绮散余霞 指霞光映江的绚丽景象。亦作"晴绮散余霞"。南朝齐·谢朓《晚登三山还望京邑》:"灞涘望长安,河阳视京县。白日丽飞甍,参差皆可见。余霞散成绮,澄江静如练。"

黛铺远岫秋将晚,绮散余霞日欲曛。(宋·杨亿《郡斋即事书怀十二韵呈诸官》)

青嶂绕,翠隄斜,晴绮散余霞。(宋·周端臣《喜迁莺令·青嶂绕》)

瑕xiá

㊀下平,六麻。逆斑～驳～不～不掩～赤～疵～大～蹈～涤～抵～点～玷～被～攻～痕～怀～击～瑾～绝～流～匿～弃～愆～求～深～韬～微～无～细～纤～瞷～陷～宿～掩～瑜～玉～指～罪～顺～璧～病～玼～疵～点～玷～蠹～恶～垢～过～蛤～痕～秽～绩～咎～累～纇～砾～匿～弃～窍～缺～眚～头～璺～隙～衅～翳～英～尤～瑜～摘～谪～滓例淡然常有怡,与物固无瑕。(唐·吴筠《黔娄先生》)委作金炉焰,飘成玉砌瑕。(唐·元稹《感石榴二十韵》)随珠此去方酬德,赵璧当时误指瑕。(唐·方干《送郑端公》)

遐xiá

㊀下平,六麻。逆八～边～昌～大～登～迩～荒～九～濬～清～人～上～升～四～岁月～幽～远～陟～顺～坂～邦～表～宾～布～步～册～长～促～代～狄～甸～度～尔～迩～方～风～亘～观～广～轨～国～纪～渐～劫～迥～久～举～旷～历～恋～邻～陋～略～迈～年～圻～弃～情～庆～区～戎～深～声～士～世～视～寿～思～祀～俗～眺～庭～外～望～心～修～宣～训～延～扬～夭～异～永～幽～悠～宇～域～远～振～旨～志～阻例籍籍清风在,怀人谅不遐。(唐·羊士谔《题郡南山光福寺》)呼儿爨金鼎,余馥延幽遐。(唐·柳宗元《巽上人以竹闲自采新茶见赠》)月照骊山露泣花,似悲先帝早升遐。(唐·嵩岳诸仙《嫁女诗》)

暇xiá 另见26页xià。

㊀下平,六麻。逆安～不～抽～多～公～官～晷～何～偟～遑～机～静～空～宽～农～清～时～舒～偷～未～无～闲～休～须～逸～憖～优～悠～有～余～豫～整～资～顺～晷～遑～景～刻～旷～日～时～食～适～息～隙～隟～闲～佚～逸～余～裕～誉～豫例好道当有心,营生苦无暇。(唐·刘长卿《灞东晚晴》)琼琼绝艺真无价。指尖纤、态闲暇。(宋·贺铸《辨弦声·琼琼绝艺真无价》)

典**应接不暇** ①指景色纷纷入眼,欣赏不过来。②指事务繁多,应付不过来。《世说新语·言语》:"从山阴道上行,山川自相映发,使人应接不暇。"

我生目力固有限,应接不暇愁跻攀。(宋·李弥逊《将至徽川道中花》)

应接有不暇,幽忧能顿除。(宋·赵蕃《至夜读子肃诗卷帖》)

斜xiá 旧读。见103页xié同。另见105页yé。

㊀下平,六麻。

牙yá ①牙齿。②牙旗,将军的大旗。③古代官署。④旧时买卖经纪人。⑤通"芽"。

㊀下平,六麻。逆冰～伯～叉～查～差～豺～城～齿～冲～祟～抽～呲～打～发～佛～高～公～谷雨～官～行～红～吽～虎～护～机～戟～建～交～胶～角～洁～杰～韭～居～倨～军～刻～课～廊～六～龙～芦～马～麦～萌～南～弩～排～盘～奇～掐～青～三～桑～石～使～叔～树～随～挑～铜～吐～柁～象～押～鱼～渔～雨～玉～月～云～驵～蚤～炸～沾～种～重～竹～渚～驻～茁～紫～顺～欸～版～保～拨～车～磣～城～筹～刀～纛～得～簟～队～粉～符～竿～鼓～官～柜～阖～户～笏～慧～机～纪～家～检～简～健～将～角～节～科～侩～旷～郎～吏～门～蘖～糵～诺～牌～盘～旆～旗～綮～契～钱～樯～琴～色～生～笙～师～石～士～市～首～梳～署～笋～帖～推～卫～戏～弦～香～校～音～院～枣～宅～章～獐～璋～仗～帐～职～治～轴～筯～追～椎～子例背飞鹤子遗琼蕊,相趁凫雏入蒋牙。(唐·杜甫《夔州歌十绝句》其五)越女收龙眼,蛮儿拾象牙。(唐·殷尧藩《偶题》)山寒老树啼风曲,泉暖枯骸动芷牙。(唐·罗隐《建康》)

典**犬牙** 指错落相交的地形。《史记·孝文本纪》:"高祖封王子弟,地犬牙相制,此所谓盘石之宗也。"

星象承乌翼,蛮陬想犬牙。(唐·刘禹锡《晚岁登武陵城顾望水陆怅然有作》)

爪牙 喻勇武得力的武士。《诗经·小雅·祈父》:"祈父,予王之爪牙。胡转予于恤,靡所止居。"郑玄笺:"此勇力之士责司马之词也。"

岂惟供爪牙,固将倚心腹。(宋·方回《秀山霜晴晚眺与赵宾旸黄惟月联句》)

拔鲸牙 借指诗文创作构思离奇。唐·韩愈《调张籍》:"精诚忽交通,百怪入我肠。刺手拔鲸牙,举瓢酌天浆。腾身跨汗漫,不著织女襄。"

辞工出月胁,笔健拔鲸牙。(宋·陆游《怀绍兴间往还诸公》)

姜子牙 借指辅弼重臣。《史记·齐太公世家》:"太公望吕尚者,东海上人……吕尚盖尝穷困,年老矣,以渔钓奸周西伯……于是周西伯猎,果遇太公于渭之阳,与语大说,曰:'自吾先君太公曰"当有圣人适周,周以兴"。子真是邪?吾太公望子久矣。'故号之曰:'太公望',载与俱归，立为师。"司马贞索隐："谯周曰：'（吕尚）姓姜，名牙。'"

不知姜子牙，何处钓流水。（唐·李咸用《寓意》）

弄琴牙 借指琴技高超。《荀子·劝学》："昔者瓠巴鼓瑟而沈鱼出听，伯牙鼓琴而六马仰秣。"杨倞注："伯牙，古之善鼓琴者。"沈鱼，即沉鱼，指本深潜于水之鱼。

坐中安得弄琴牙，写取余声，归向水仙夸。（宋·苏轼《南歌子·海上乘槎侣》）

雀角鼠牙 喻打官司。《诗经·召南·行露》："谁谓雀无角，何以穿我屋？谁谓女无家，何以速我狱？虽速我狱，室家不足。""谁谓鼠无牙，何以穿我墉？谁谓女无家，何以速我讼？虽速我讼，亦不女从。"雀和鼠能毁坏人家的房屋就如同打官司使人倾家荡产，故用作打官司之代称。

泯雀角鼠牙之衅，绝狼吞虎噬之端。（清·魏子安《花月痕》第五十回）

芽yá

【古】下平，六麻。【逆】椿～谷雨～寒～护～黄～姜～芦～露～萌～桑～吐～银～茁～紫～【顺】～茶～豆～接～体

【典】**玉砌兰芽** 喻杰出的子侄。《艺文类聚》卷八一引晋·裴启《语林》："谢太傅问诸子侄曰：'子弟何预人事，而政欲使其佳？'诸人莫有言者，车骑答曰：'譬如芝兰玉树，欲使生于阶庭。'"《世说新语·言语》："谢太傅问诸子侄：'子弟亦何预人事，而正欲使其佳？'诸子莫有言者，车骑答曰：'譬如芝兰玉树，欲使其生于阶庭耳。'"晋太傅谢安之侄谢玄（车骑将军）以"芝兰玉树"喻优秀子弟。

玉砌兰芽长，定向东风赏。（宋·张元干《千秋岁·相门出相》）

崖（*厓、崕）yá

【古】上平，九佳。【逆】百丈～边～冰～层～曾～丹～颠～巅～町～东～端～断～法～红～洪～鸿～迴～九～空～摩～磨～峭～嵚～青～琼～山～神～石～束～霜～水～梯～危～嵬～无～霄～悬～削～雪～炎～阳～瑶～阴～垠～幽～云～崭～畛～重～朱～珠～【顺】～岸～壁～柴～巉～词～崿～分～公～谷～广～郭～壑～画～际～阱～坎～刻～岭～溜～略～门～蜜～末～墓～畔～堑～峤～然～山～澨～涘～限～胁～穴～崖～隒～巘～异～垠～崟～砦～章～趾【例】水烟笼翠渚，山照落丹崖。（唐·王勃《泥溪》）日出红光散，分辉照雪崖。（唐·李白《早望海霞边》）镂楣消落濯春雨，苍翠无言空断崖。（唐·陆龟蒙《奉和袭美馆娃宫怀古次韵》）

【典】**洪崖** 指传说中的仙人或仙迹。亦作"洪崖井"。《太平御览》卷一八九引晋·葛洪《神仙传·卫叔卿》："乃斋戒独上，未到其岭，于绝岩之下，望见其父与数人博戏于石上……度世曰：'不审向与父并坐是谁也？'叔卿曰：'洪崖先生、许由、巢父、火低公、飞黄子、王子晋、薛容耳。'"南朝宋·雷次宗《豫章记》："厌源山西北……有洪井，说云：'洪崖先生之井。'"

逝将离群侣，杖策追洪崖。（三国魏·嵇康《述志诗》其一）

陨崖 借指烈女。亦作"投谷"。《新唐书·窦伯女仲女传》："窦伯女、仲女，京兆奉天人。永泰中，遇贼行剽，二女自匿山谷，贼迹而得之，将逼以私。行临大谷，伯曰：'我岂手汙于贼！'乃自投下。贼大骇。俄而仲亦躍而坠。京兆尹第五琦表其烈行，诏旌门闾，免其家徭役，官为庀葬。"

涯yá

【古】下平，六麻。又：上平，四支同。又：上平，九佳同。【逆】边～滨～不～端～根～过～海～洪～鸿～际～津～年～畔～穷～生～水～天～无～一～幽～有～逾～云～重～【顺】～岸～度～分～灌～际～检～津～量～邻～略～畔～涘～限～泄～艺～垠【例】报答春光知有处，应须美酒送生涯。（唐·杜甫《江畔独步寻花七绝句》其三）事主非无禄，浮生即有涯。（唐·杜甫《暮春题瀼西新赁草屋五首》其四）九曲黄河万里沙，浪淘风簸自天涯。（唐·刘禹锡《浪淘沙》）

【典】**淡生涯** 指寄情诗词的闲适生涯。五代·王定保《唐摭言》卷一三《惜名》："裴令公居守东洛，夜宴半酣，公索联句，元、白有得色，时公为破题，次至杨侍郎曰：'昔日兰亭无艳质，此时金谷有高人。'白知不能加，遽裂之曰：'笙歌鼎沸，勿作此冷淡生活！'"

渐近重阳天气嘉，数椽茆竹淡生涯。（宋·陆游《数日秋气已深清坐无酒戏题长句》）

地角天涯 指相隔遥远。南朝陈·徐陵《答族人梁东海太守长孺书》："燕南赵北，地角天涯，言接未由，但以潸欷！"

浪迹常如不系舟，地角天涯知自跳。（宋·苏轼《老人行》）

书报天涯 指绝域相思。汉·李陵《答苏武书》："自从初降，以至今日，身之穷困，独坐悉苦。……凉秋九月，塞外草衰，夜不能寐，侧耳远听，胡笳互动，牧马悲鸣，吟啸成群，边声四起。晨坐听之，不觉泪下。嗟呼子卿，陵独何心，能不悲哉！……子归受荣，我留受辱，命也如何！"

鸿雁向西北，飞书报天涯。（唐·李白《杂曲歌辞·千里思》）

有限逐无涯 庄子认为以有限的生命去追求无限的知识是危险的，应顺应自然以享长寿。《庄子·养生主》："吾生也有涯，而知也无涯。以有涯随无涯，殆已。"成玄英疏："夫生也有限，知也无限，是以用有限之生逐无涯之知，故形劳神弊而危殆者也。"

不将有限逐无涯，聊为寻幽驻使华。（宋·吴芾《和蒋宣卿韵》）

衙yá

【古】下平，六麻。又：上平，六鱼异。又：上声，六语异。【逆】报～北～朝～晨～趁～放～蜂～府～公～官～贵～行～槐～匠～柳～南～内～排～强～乔～趋～三～散～私～随～退～屯～晚～午～押～由～早～正～坐～【顺】～兵～参～蠹～队～府～鼓～官～会～集～戟～将～吏～楼～门～内～诺～前～日～署～堂～庭～推～退～香～校～衙～役～斋～职【例】暖阁谋宵宴，寒庭放晚衙。（唐·白居易《自罢河南》）春风避酒多游寺，晓骑听鸡早

入衔。(唐·徐夤《春末送陈先辈之清源》)塞色侵三县,河声聒两衙。(唐·李洞《和知己赴任华州》)

典**古押衙**　借指仗义舍生之官场朋友。押衙,管领仪仗官名。古押衙,唐人小说中的人物。刘无双因父事没入掖庭。古押衙受刘无双表兄王仙客之托,求得丹药,使无双旧婢采苹假作中使,持入园陵,上谓无双逆党,赐令自尽。古托以亲故,赎其尸归仙客。三日后,无双复活。古为绝追踪而自杀。见唐薛调《无双传》。

不作皱眉事,何烦古押衙。(宋·杨公远《三用韵十首》其四)

蚜yá

逆菜～麦～顺～虫

睚yá

古《集韵》:平声,佳韵。逆眦～睚～顺～眦～睚例霎时不见早思量,许多日子如何睚。(宋·郭应祥《踏莎行·一撮精神》)

枒yá

古下平,六麻。逆树～楈～楂～顺～杈～槎～枝

岈yá

古下平,六麻。逆嵖～槎～嵯～岩～

咱(喒、偺)zá　另见647页zán。

逆不～多～那～这～例两情各自肯,甚忙咱。(宋·黄庭坚《归田乐令·引调得》)相逢比著年时节,顾意又争些来朝去也,莫因别个,忘了人咱。(宋·辛弃疾《眼儿媚·烟花丛里不宜他》)

仄声·上声

把bǎ　另见21页bà。

古上声,二十一马。逆大～反～防～拱～满～手～守～一～盈～扎～掌～执～顺～杯～笔～场～持～钓～定～都～断～舵～关～棍～笏～滑～话～火～家～交～角～截～酒～卷～绝～拦～揽～牢～卖～袂～拿～弄～凭～浅～如～色～似～势～守～素～玩～稳～晤～细～蟹～与～鲊～斋～盏～住～捉～作～做例忧来藉草坐,浩歌泪盈把。(唐·杜甫《玉华宫》)平芜霁色寒城下,美酒百壶争劝把。(唐·韩翃《别孟都督》)天官补吏府中趋,玉骨瘦来无一把。(唐·李商隐《偶成转韵七十二句赠四同舍》)

靶bǎ　另见21页bà。

逆柄～打～红～环～活～箭～枪～脱～顺～标～牌～心～子

叉chǎ　分开;张开。另见3页chā。

蹅chǎ　踏;踩。

逆波～乱～顺～践～踏

镲(鑔)chǎ　小钹,一种打击乐器。

逆铜～

打dǎ　另见11页dá。

古上声,二十三梗。逆挨～逼～猜～采～插～潮～冲～吹～箠～单～斗～锻～趸～踩～肥～好～毁～寄～劫～磕～宽～款～浪～抡～逻～谜～摹～排～起～扭～武～悠～由～雨～攒～责～张～顺～捱～熬～悲～博～采～彩～参～惨～差～趁～撑～撺～迭～叠～短～夺～供～卦～乖～行～号～耗～合～和～哄～诨～脊～挟～降～交～醮～揭～截～襟～救～勘～拷～乐～愣～谅～掳～掠～罗～马～灭～抹～末～孽～暖～屏～谱～勤～请～趣～山～闪～失～视～誓～拴～睡～私～谈～调～喜～细～雄～旋～渲～仰～照～整～挣～皱～总例恨疏狂,待归来、碎揉花打。(宋·潘汾《倦寻芳·兽镮半掩》)窗外小梅羞涩,倩羯鼓尊前,慢敲轻打。(宋·赵以夫《探春慢·屑璐飘寒》)烟树湿,怒涛打。(宋·曹稆孙《贺新郎·极目天如画》)

寡guǎ

古上声,二十一马。逆单～道～凋～多～犯～孤～乖～鳏～和～简～矜～居～老～贫～情～穷～茕～弱～识～瘦～孀～填～希～小～新～早～指～众～顺～爱～薄～草～臣～诚～仇～俦～处～淡～德～独～断～恩～发～乏～方～功～孤～过～合～和～鹤～鹄～欢～悔～见～交～老～嫠～力～立～劣～陋～虑～貌～昧～萌～默～谋～讷～偶～气～谦～浅～青～情～弱～色～少～识～瘦～双～态～特～头～为～闻～狭～鲜～信～学～言～营～尤～虞～与～欲～怨～约～知～智～助～状例不恨会人稀,只为知音寡。(唐·寒山《诗三百三首》其二九五)天东日出天西下,雌凤孤飞女龙寡。(唐·李商隐《冬》)贞元旧曲,如今谁听,惟公和寡。(宋·吴文英《水龙吟·几番时事重论》)

典**和寡**　喻言行作品高超,知音难觅。见"曲高和寡"。

幼眇文章宜和寡,峥嵘肝肺亦交难。(宋·苏轼《次韵刘景文赠傅义秀才》)

卓氏寡　借指年轻女子丧夫寡居。亦作"卓氏"。《史记·司马相如传》:"是时卓王孙有女文君新寡,好音,故相如缪与令相重,而以琴心挑之。"

卓氏近新寡,豪家朱门扃。(唐·杜甫《奉酬薛十二丈判官见赠》)

曲高和寡　①借指诗篇高雅、难有匹敌者。②喻指清高。亦作"曲高""寡和""唱高和寡"。宋玉《对楚王问》:"客有歌于郢中者,其始曰《下里》《巴人》,国中属而和者数千人;其为《阳阿》《薤露》,国中属而和者数百人;其为《阳春》《白雪》,国中属而和者不过数十人;引商刻羽,杂以流徵,国中属而和者,不过数人而已。是其曲弥高,其和弥寡。"

古人重义不重金,曲高和寡勿知音。(唐·法藏《歌行一首》)

文君新寡　借指年轻女子丧夫寡居。见"卓氏寡"。

文君新寡乍归来,羞怨春风不能哭。(唐·元稹《紫踯躅》)

剐(剮)guǎ

古上声,二十一马。逆斩～

哈hǎ　另见4页hā。

顺～达

假jiǎ　①借入;借出;②凭借;③宽容,宽纵;④代理,非正式;⑤不真实。另见23页jià。

古上声,二十一马。逆被～比～禀～搀～贷～抵～浮～附～狐～藉～兼～骄～矫～矜～浸～久～举～宽～廪～赁～满～撇～轻～权～饶～容～私～天～调～通～无

～相～虚～依～优～顺～冲～充～宠～喘～辞～道～典～对～而～封～父～果～号～合～候～藉～继～誓～节～居～两～令～冒～寐～命～拟～年～捏～譬～期～谤～气～器～憩～倩～窃～寝～情～求～似～势～饰～是～手～守～署～头～讬～王～威～伪～卧～相～形～宿～虚～续～延～言～易～隐～喻～遭～赈～助～佐～作例御者腕不移,乘者寐不假。(唐·元稹《八骏图诗》)我惭阘茸何为者,长感余光每相假。(五代·徐铉《月真歌》)静院焚香,闲倚素屏,今古总成虚假。(宋·陆游《绣停针·叹半纪》)

贾(賈)jiǎ　另见364页gǔ。

古上声,二十一马。逆陆～屈～顺～郭～马～女香～屈～生～生洎～子例登朝若有言,为访南迁贾。(唐·李白《赠常侍御》)

典**屈贾**　借指遭谗被黜的贤臣才士。屈原和贾谊合称。见《史记·屈原列传》及《史记·贾生列传》。

遥怜屈贾英灵地,朴学奇才张一军。(清·龚自珍《己亥杂诗》其一三九)

瘕jiǎ　①腹中结块的病。②污点,过失。

古上声,二十一马。又:下平,六麻同。逆赤～疵～发～攻～积～仙～症～顺～疾～气～痛例敢辞亲耻污,唯恐长疵瘕。(唐·柳宗元《同刘二十八院长述旧言怀》)

槚(檟)jiǎ　楸树。

古上声,二十一马。逆柏～枌～楸～松～梧～顺～楚～苦～楛～辱

夏jiǎ　通"槚"。古以槚、荆之枝条扑责犯礼者,故"夏楚"连言,均指扑责之具。另见25页xià。

古上声,二十一马。顺～楚例孰云富而智,甚矣贫不继。借富以贷贫,穷哉已非计。况乃指廪间,夏楚劫以势。(元·杨维桢《劝巢词》)

斝(斚)jiǎ　古代酒器。后借指酒杯。

古上声,二十一马。逆杯～盃～翠～金～进～罍～清～觞～寿～瑶～侑～玉～盏～樽～罇～顺～彝例新醅泛、寒冰几点,拚今日、醉尤飞斝。(宋·黄裳《宴琼林·红紫趁春阑》)红兽暖、春生金斝。(宋·曾觌《倾杯乐·锦帐寒添》)焚金兽,毋惜满斟玉斝。(宋·洪咨夔《摸鱼儿·雨肥梅》)

卡kǎ　另见19页qiǎ。

逆的～碉～分～贺～警～局～厘～林～契～守～书～头～顺～白～差～带～扼～房～规～镄～借～卡～口～路～伦～奴洼～诺～片～钳～通～位～纸～座

咯kǎ　另见80页gē。

顺～血

垮kuǎ

逆打～拖～顺～杆～台

侉kuǎ　①通"夸"。②粗笨,土气。③语音不正,特指口音跟本地语音不同。

古《集韵》:平声,九麻。逆矜～顺～饼

喇lǎ

顺～叭～嘛

俩(倆)liǎ　另见839页liáng。

马(馬)mǎ

古上声,二十一马。逆宝～避～边～曹～策～辰～骋～驰～川～骢～大宛～灯～飞～风～阜～戈～弓～归～汗～汗血～行～胡～冀～蹇～骄～节～俊～珂～坤～勒～骊～立～利～枥～流～骝～龙～鹿～禄～骆～枚～绵～秣～驽～怒～珮～匹～骈～齐～骑竹～裘～屈～趣～犬～戎～瑞～塞翁～识途～蜀～司～驷～踏雪～田～畋～桐～宛～五～相～心～信～轩～旋～扬～倚～驿～饮～营～玉～辕～苑～跃～云～泽～指～骓～走～顺～枊～绊～宝～弁～渤～差～刍～垂～刺～杜～蕃～服～竿～杆～干～官～冠～行～羁～颊～鞯～缰～珂～客～侩～阑～郎～枥～莲船～领～溜～骝～龙～陆～络～磨～墨～牧～瑙～牛～骑～蕲～汧～前～秋～裘～日～阮～沙～史～矢～使～首～槊～肆～台～潼～嵬～文～舞～驿～缨～庸～勇～舆～苑～枣～劄～占～栈～帐～正～质～鬃雨例悯悯琴上鹤,萧萧路傍马。(唐·马怀素《饯许州宋司马赴任》)头上白接篱,倒着还骑马。(唐·李白《襄阳曲》)

典**班马**　借指著名文史学家。班固和司马迁合称。《晋书》卷八三:"丘明既没,班马迭兴,奋鸿笔于西京,骋直词于东观。"

今代谁班马,能书汗简青。(宋·黄庭坚《神宗皇帝挽词三首》其三)

骢马　借指御史。亦作"乘骢""铁骢""桓典马"。《后汉书·桓荣传》附《桓典传》:"辟司徒袁隗府,举高第,拜侍御史。是时宦官秉权,典持政无所回避。常乘骢马,京师畏惮,为之语曰:'行行且止,避骢马御史。'……在御史七年不调,后出为郎。"

重门启锁紫髯胡,新披骢马陇西驹。(唐·丁仙芝《戏赠姚侍御》)

汗马[1]　指汗血宝马。《汉书·武帝纪》:"(太初)四年春,贰师将军广利斩大宛王首,获汗血马来。"应劭注:"大宛旧有天马种,踏石汗血。汗从前肩髆出,如血。号一日千里。"

汗马牧秋月,疲兵卧霜风。(唐·刘济《出塞曲》)

汗马[2]　喻指战功。《韩非子·五蠹》:"弃私家之事而必汗马之劳,家困而上弗论则穷矣。"战马出汗表明骑手曾乘以作战。

汗马收宫阙,春城铲贼壕。(唐·杜甫《收京》其三)

贾马　借指文学才俊。贾谊和司马相如的合称。《晋书·文苑传序》:"自时以降,轨躅同趋,西都贾马耀灵蛇于掌握,东汉班张发雕龙于绨椠,俱标称首,咸推雄伯。"

论文征贾马,述隐许求羊。(唐·皎然《因游支硎寺寄邢端公》)

枚马　借指词臣、梁园才士或幕宾文士。枚乘和司马相如的合称。南朝梁·刘勰《文心雕龙·诠赋》:"初汉辞人,顺流而作,陆贾扣其端,贾谊振其绪,枚马同其风,王扬骋其势。"

入掌迁固笔,出参枚马词。(唐·崔湜《景龙二年余自门下平章事削阶》)

天马　借指骏马或指塞外部族入贡之马。亦作"从东骏"。《史记·大

宛列传》："初，天子发书《易》，云'神马当从西北来'。得乌孙马好，名曰'天马'。及得大宛汗血马，益壮，更名乌孙马曰'西极'，名大宛马曰'天马'云。……而天子好宛马，使者相望于道。"

苜蓿随天马，葡萄逐汉臣。（唐·王维《送刘司直赴安西》）

扬马 扬雄和司马相如，借指长于辞赋之人。《文心雕龙·辨骚》："是以枚贾追风以入丽，马扬沿波而得奇。"

公生扬马后，名与日月悬。（唐·杜甫《陈拾遗故宅》）

野马 指春天田野山泽之上蒸腾的水汽夹杂尘埃流动之状。《庄子·逍遥游》："野马也，尘埃也，生物之以息相吹也。"郭象注："野马者，游气也。"成玄英疏："青春之时。阳气发动，遥望薮泽之中，犹如奔马，故谓之野马也。扬土曰尘，尘之细者曰埃。"

窗里日光飞野马，案头筠管长蒲卢。（唐·韩偓《安贫》）

倚马 战场上靠着马当时便可应急做出应用文章，代指文思敏捷。《世说新语·文学》："桓宣武北征，袁虎时从，被责免官。会须露布文，唤袁倚马前令作。手不辍笔，俄得七纸，殊可观。东亭在侧，极叹其才。"

倚马见雄笔，随身唯宝刀。（唐·高适《送蹇秀才赴临洮》）

竹马 借指童年生活或儿时友谊。《世说新语·方正》："诸葛靓……与武帝有旧，帝欲见之而无由，乃请诸葛妃呼靓。既来，帝就太妃间相见。礼毕，酒酣，帝曰：'卿复忆竹马之好不？'"

郎骑竹马来，绕床弄青梅。（唐·李白《杂曲歌辞·长干行二首》其一）

不记马 形容狂放不羁之人。《世说新语·简傲》："王子猷作桓车骑骑兵参军。桓问曰：'卿何署？'答曰：'不知何署，时见牵马来，似是马曹。'桓又问：'官有几马？'答曰：'不问马，何由知其数！'又问：'马比死多少？'答曰：'未知生，焉知死！'"

吾孙骑曹不记马，业学尸乡多养鸡。（唐·杜甫《寄从孙崇简》）

何驸马 借指驸马或学问高深之人。亦作"平叔""何平叔"。《三国志·魏书·曹爽传》附《何晏传》："晏，何进孙也。……晏长于宫省，又尚公主，少以才秀知名，好老庄言，作《道德论》及诸文赋，著述凡数十篇。"裴松之注："晏，字平叔。"

戚里旧知何驸马，诗家今得鲍参军。（唐·杨巨源《酬于驸马二首》其一）

桓典马 见17页"骢马"。

无路重趋桓典马，有诗曾上仲宣楼。（唐·罗隐《寄张侍郎》）

鹿是马 指奸臣当道，混淆是非，颠倒黑白。亦作"指鹿为马"。《史记·秦始皇本纪》："赵高欲为乱，恐群臣不听，乃先设验，持鹿献于二世，曰：'马也。'二世笑曰：'丞相误邪？谓鹿为马。'问左右，左右或默，或言马以阿顺赵高。或言鹿，高因阴中诸言鹿者以法。后群臣皆畏高。"

休传鹿是马，莫信鹏如鸮。（唐·杜甫《奉赠卢五丈参谋》）

千里马 ①借指良马。②喻指贤才。《战国策·燕策一》："郭隗先生曰：'臣闻古之君人，有以千金求千里马者，三年不能得。……于是不能期年，千里之马至者三。'"

常说使君千里马，至今龙迹尚堪攀。（唐·文鉴《题马迹山》）

支遁马 借指神骏。《世说新语·言语》："支道林常养数匹马。或言道人畜马不韵，支曰：'贫道重其神骏。'"

枥嘶支遁马，池养右军鹅。（唐·孟浩然《宴荣二山池》）

伯乐相马 ①喻爱惜人才。②喻指因名家称赞而身价倍增。③喻指受人赏识。亦作"伯乐识马""伯乐一顾"。《战国策·楚策四》："夫骥之齿至矣，服盐车而上太行。蹄伸膝折，尾湛胕溃，漉汁洒地，白汗交流，中阪迁延，负辕不能上。伯乐遭之，下车攀而哭之，解纻衣以幂之。骥于是俯而喷，仰而鸣，声达于天，若出金石声者。何也？彼见伯乐之知己也。"伯乐原为神话中掌管天马的星名，春秋时孙阳善相马，人们遂以伯乐相称。

不缘伯乐称奇骨，几与驽骀价一齐。（唐·汪遵《吴坂》）

不辨牛马 借指水面宽阔。《庄子·秋水》："秋水时至，百川灌河。泾流之大，两涘渚崖之间，不辨牛马。"

去马来牛不复辨，浊泾清渭何当分。（唐·杜甫《秋雨叹三首》其二）

挥毫立马 喻人才思敏捷。见"倚马"。

轻裘肥马 借指富贵生活。《论语·雍也》："赤（公西华）之适齐也，乘肥马，衣轻裘。"

青丝白马 借指发动叛乱的人。亦作"青袍过寿阳"。《隋书·五行志上》："大同中，童谣曰：'青丝白马寿阳来。'其后侯景破丹阳，乘白马，以青丝为羁勒。"

青丝白马谁家子，粗豪且逐风尘起。（唐·杜甫《青丝》）

塞翁失马 指暂时受损，却可以因此得到好处。或形容祸福相生。《淮南子·人间》："塞上之人，有善术者，马无故亡而入胡。人皆吊之，其父曰：'此何遽不能为福乎？'居数月，其马将胡骏马而归，人皆贺之，其父曰：'此何遽不能为祸乎？'家富良马，其子好骑，坠而折其髀，人皆吊之，其父曰：'此何遽不能为福乎？'居一年，胡人大入塞，丁壮者控弦而战，塞上之人死者十九，此独以跛之故，父子相保。故福之为祸，祸之为福，化不可极，深不可测也。"

垂竿已羡磻溪老，体道犹思塞上翁。（唐·高适《金城北楼》）

心猿意马 喻心神不安难以克制。敦煌变文《维摩诘经讲经文》："卓定深沉莫测量，心猿意马罢颠狂。情同枯木除虚妄，此个名为真道场。"

机尽心猿伏，神闲意马行。（唐·许浑《题杜居士》）

胸有全马 喻做事有全盘的计划。宋·罗大经《鹤林玉露·人集·画马》："大概画马者，必先有全马在胸中。若能积精储神，赏其神俊，久久则胸中有全马矣。信意落笔，自然超妙。"

燕昭怜马 借指君主求贤若渴或人才希望得到赏识。亦作"燕昭求骏""燕马换金"。《战国策·燕策》载:战国时燕昭王要访求贤士,郭隗对燕昭王说,古代有涓人以五百金为国君买已死的千里马的骨头,天下人因此知道那个国君肯出高价购买千里马,争着把千里马送来,国君不到一年便得到了很多千里马。如果您真想网罗天下的贤士,就先任用我,像我这样才能微小的人都能得到重用,其他比我贤的人就都会来投靠您的。

燕王买骏骨,渭老得熊罴。(唐·杜甫《赠崔十三评事公辅》)

指鹿为马 见"鹿是马"。

盲人骑瞎马 喻盲目行动非常危险。《世说新语·排调》:"桓南郡(桓温)与殷荆州(殷仲堪)语次,因共作了语,复作危语。桓曰:'矛头淅米剑头炊。'殷曰:'百岁老翁攀枯枝。'顾(顾恺之)曰:'井上辘轳卧婴儿。'殷有一参军在坐云:'盲人骑瞎马,夜半临深池。'"

舞随曹植马 借指雪。曹植《洛神赋并序》:"余从京城,言归东藩……日既西倾,车殆马烦。尔乃……流眄乎洛川。于是精移神骇,忽焉思散。俯则未察,仰则殊观,睹一丽人,于岩之畔。……飘飖乎若流风之回雪。"

欲舞定随曹植马,有情应湿谢庄衣。(唐·李商隐《对雪二首》其一)

码(碼)mǎ

古《广韵》:上声,三十五马。逆逼~筹~注~顺~口~目~瑙

吗(嗎)mǎ 另见7页mā。

顺~啡

玛(瑪)mǎ

古《集韵》:上声,三十五马。逆萨~顺~瑙

蚂(螞)mǎ 另见7页mā、24页mà。

顺~蜂~蝗~蚍~蚁

哪nǎ 询问词。另见77页né。

顺~搭~达

卡qiǎ 另见17页kǎ。

逆边~关~哨~头~顺~白~扼~借~口

洒(灑)sǎ 另见219页xǐ。

古上声,二十一马。又:上声,九蟹异。逆摆~倍~迸~滮~播~泛~飞~高~挥~交~浇~泪~离~淋~流~喷~飘~泼~清~洒~飒~散~扫~潩~脱~沃~析~淅~萧~雨~澡~沾~霑~昭~震~顺~翰~豁~泪~落~墨~派~然~埽~调~脱~线~削例白水生迢递,清风寄潇洒。(唐·张九龄《忝官二十年尽在内职》)万籁真笙竽,秋色正萧洒。(唐·杜甫《玉华宫》)石坚激清响,叶动承余洒。(唐·刘禹锡《飞练瀑》)

傻(儍)shǎ

古《广韵》:上声,三十五马。又:去声祃韵同。逆痴~疯~憨~愚~顺~白~敦敦~角~劲~相

耍shuǎ

逆痴~当~颠~逗~诨~尖~惊~看~说~贪~玩~顽~嬉~闲~游~杂~转~作~顺~处~单~颠~滑~话~货~尖~骄~赖~龙~闹~飘~俏~峭~青~趣~拳~事~水~玩~戏~笑例闹蛾斜插,轻衫乍试,闲趁尖耍。(宋·扬无咎《人月圆·月华灯影光相射》)玉梅转,闹蛾耍。(宋·李公昂《瑞鹤仙·玉城春不夜》)况年来、心懒意怯,羞与蛾儿争耍。(宋·蒋捷《女冠子·蕙花香也》)

瓦wǎ ①用泥土烧制的陶器的总称。②盖于屋顶遮雨者。③古代先民陶制的纺锤。另见25页wà。

古上声,二十一马。逆碧~车~串~翠~诞~盾~画~老~明~木~弄~片~缥~飘~震~雀~霜~铜台~瓮~烟~砚~仰~邺~翼~鸳~云~掷~竹~顺~案~盎~钵~卜~查~当~灯~殿~鼎~豆~窦~敦~缶~釜~鬲~鼓~合~桁~花~灰~脊~刺~蓝~楞~里~亮~裂~伶~溜~珑~陇~垄~炉~瓯~盘~甓~瓶~檠~圈~全~雀~散~上霜~舍~石~丝~肆~松~苔~特~头~瓮~研~檐~砚~匜~影~盏~占~沼~兆~枕~卮~埴~尊~樽例溪回松风长,苍鼠窜古瓦。(唐·杜甫《玉华宫》)古刹栖柿林,绿阴覆苍瓦。(唐·畅当《蒲中道中二首》其二)暖日斜明螮蝀梁,湿烟散幂鸳鸯瓦。(唐·韦蟾《岳麓道林寺》)

典**飘瓦** 喻偶遇之自然灾祸。亦作"都门飘瓦"。《庄子·达生》:"虽有忮心者,不怨飘瓦,是以天下平均。"成玄英疏:"飘落之瓦,偶尔伤人,虽忮逆褊心之夫,终不怨恨,为瓦是无心之物。"

机事齐飘瓦,嫌猜比拾尘。(唐·柳宗元《酬娄秀才将之淮南见赠之什》)

弄瓦 代指生了女儿。《诗经·小雅·斯干》:"乃生女子,载寝之地,载衣之裼,载弄之瓦。"瓦,原始的纺锤,以泥土烧制而成。古人男耕女织,故女儿出生后让其抓瓦,寓以对将来的美好祝福。

长男近弄瓦,累重讵足贺。(元·方回《五月旦抵旧隐》)

武安振瓦 借指军威之壮。亦作"气振长平瓦"。《史记·廉颇蔺相如列传》:"秦伐韩,军于阏与。……秦军军武安西,秦军鼓噪勒兵,武安屋瓦尽振。"

武安有振瓦,易水无寒歌。(唐·李白《杂曲歌辞·发白马》)

雅yǎ

古上声,二十一马。逆哀~奥~彬~博~不~仓~超~冲~楚~纯~淳~醇~粹~淡~蹈~典~都~笃~端~敦~尔~方~丰~风~高~古~和~弘~洪~慧~浑~简~洁~介~精~静~旧~绝~俊~峻~隽~宽~明~南~平~朴~谦~欠~轻~清~遒~群~柔~儒~三~骚~赡~韶~沈~淑~素~邃~恬~通~望~温~文~贤~娴~详~宵~谐~信~达~修~秀~玄~循~训~淹~妍~俨~夷~逸~雍~优~幽~渊~藻~正~中~仲~周~庄~顺~拜~才~操~袒~畅~饬~淳~醇~辞~达~淡~德~放~风~讽~诰~歌~格~鼓~故~好~合~厚~化~怀~会~鉴~洁~净~静~旧~隽~旷~况~觊~乐~丽~论~虑~美~名~谋~目~慕~契~俏~切~情~曲~趣~润~赡~韶~深~胜~士

～思～讼～素～谈～望～伟～舞～弦～箫～信～兴～性～秀～谑～逊～言～艳～宴～燕～谊～逸～意～懿～吟～咏～远～怨～韵～则～正～志～质㊄沈裴笔力斗雄壮，宋杜词源两风雅。（唐·韦蟾《岳麓道林寺》）占断五陵游，奏脆管、繁弦声和雅。（宋·柳永《抛球乐·晓来天气浓淡》）纤云散，耿耿素娥欲下。衣裳淡雅。（宋·周邦彦《解语花·风销焰蜡》）

㊇**三雅** 借指酒杯。亦作“伯雅”。《太平御览》卷八四五引三国魏·曹丕《典论》：“刘表有酒爵三，大曰伯雅，次曰仲雅，小曰季雅。伯雅容七升，仲雅六升，季雅五升。”

酒每倾三雅，书能发百函。（唐·刘禹锡《和汴州令狐相公到镇改月偶书所怀》）

咍螯讥尔雅 借指未熟读古籍。亦作“啖螯讥尔雅”。《世说新语·纰漏》：“蔡司徒（蔡谟）渡江，见彭蜞，大喜曰：‘蟹有八足，加以二螯。’令烹之。既食，吐下委顿，方知非蟹。后向谢仁祖（谢尚）说此事，谢曰：‘卿读《尔雅》不熟，几为《劝学》死。’”

咍螯讥尔雅，卖饼诉公羊。（唐·唐彦谦《送樊瑨司业归朝》）

哑（啞）yǎ 另见9页yā、26页yà、91页è。

㊂上声，二十一马。㊃低～干～喉～灰～噤～枯～讴～破～吵～声～嘶～笑～呷～噫～阴～暗～装～㊅～暗～摆～不～步～禅～蝉～噤～静～口～乐～默～悄～然～忍～瑞～涩～声～嘶～谈～笑～咽～言～羊～咬～揖～暗～语～韵～钟～坐㊄笑挂瓢风树，一鸣渠碎，问何如哑。（宋·辛弃疾《水龙吟·稼轩何必长贫》）倩何人与问，雷鸣瓦釜，甚黄钟哑。（宋·辛弃疾《水龙吟·被公惊倒瓢泉》）泣不为、琵琶声哑。（宋·曹积孙《贺新郎·极目天如画》）

苴 zhǎ 茅草，轻贱之物。另见11页chá、426页jū、437页jǔ。

㊂《集韵》：上声，三十五马。㊃土～㊄酒颂一篇差要妙，庄列诸书土苴。（宋·刘克庄《贺新郎·拂袖归来也》）

㊇**土苴** 喻轻贱之物或轻视荣华富贵。《庄子·让王》：“故曰：道之真以治身，其绪余以为国家，其土苴以治天下。”成玄英疏：“土，粪也。苴，草也。夫用真道以持身者，必以国家为残余之事，将天下同于草土者也。”

酒颂一篇差要妙，庄列诸书土苴。（宋·刘克庄《贺新郎·拂袖归来也》）

诈（詐）zhǎ 以言语试探。另见26页zhà。

鲊（鮓）zhǎ 用腌、糟加工的鱼类产品。

㊂上声，二十一马。㊃皮～鲭～鱼～㊅～肉㊄常收些、笋干蕨鲊。（宋·王质《别素质·一个茅庵》）

㊇**孟宗献鲊** 借指虽为行孝而有假公济私之嫌的行为。《三国志·吴书·孙皓传》：“司空孟仁卒。”裴松之注引《吴录》曰：“初为骠骑将军朱据军吏……据亦稍知之，除为监池司马。自能结网，手以捕鱼，作鲊寄母，母因以还之，曰：‘汝为鱼官，而以鲊寄我，非避嫌也。’”

孟宗应献鲊，家近守渔官。（唐·李端《送吉中孚拜官归业》）

砟 zhǎ 同“碴”，指小的石块或煤块。“碴”另见11页chá。

㊃道～焦～煤～碎～㊅～子

扠 zhǎ 伸张拇指、食指，以表长度。另见3页chā。

爪 zhuǎ 另见558页zhǎo。

㊃鸡～棘～㊅～儿

仄声·去声

罢（罷）bà

㊂去声，二十二祃。又：上声，九蟹同。㊃报～斥～黜～放～官～免～寝～省～停～舞～休～雨初～住～作～㊅～斥～黜～祠～短～归～吏～列～论～弃～遣～任～省～收～手～讼～诉～退～谢～亚～议～直～止～秩～逐㊄开襟成欢趣，对酒不能罢。（唐·孟浩然《宴包二融宅》）家贫亲爱散，身病交游罢。（唐·白居易《冬夜》）侵晓鹊声来砌下，鸾镜残妆红粉罢。（五代·欧阳炯《木兰花·春早玉楼烟雨夜》）

㊇**凉州罢** ①借指听音知变。②代指衰变之先兆。亦作“宁王献”。《太平广记》卷二〇四《天宝乐章》：“天宝中，乐章多以边地为名。若《凉州》《甘州》《伊州》之类是焉。其曲遍系声，名入破。后其地尽为西蕃所没破，乃其兆矣。”同卷《宁王献》载：开元中，西凉州献新曲《凉州》。玄宗召诸王观曲，曲罢，众王拜贺，只有宁王不拜。玄宗问其故，宁王答曰：“斯曲也，宫离而少，徵、商乱而加暴。臣闻：宫，君也；商，臣也。宫不胜则君势卑，商有余则臣事僭。卑则逼下，僭则犯上。发于忽微，形于音声，播之于咏歌，见之于人事。臣恐一日有播越之祸，悖逼之患，莫不兆于斯曲也。”后果发生安史之乱，人谓宁王能审音知微。

匆匆一曲凉州罢，万里桥边见夕阳。（宋·钱惟演《明皇》）

太真浴罢 喻海棠花之娇艳。亦作“阿环浴罢”。《文苑英华》卷七九四载唐·陈鸿《长恨歌传》：“（玄宗）诏高力士潜搜外宫，得弘农杨玄琰之女于寿邸，既笄矣。鬓发腻理，纤秾中度，举止闲冶，如汉武帝李夫人。别疏汤泉，诏赐藻莹，既出水，体弱力微，若不任罗绮。光彩焕发，转动照人。”相传唐玄宗曾将太真比作睡未足的海棠，故云。

西子颦收初雨后，太真浴罢微暄里。（宋·吴潜《满江红·问海棠花》）

阿环浴罢，珠横翠乱，芳肌犹润。（宋·李曾伯《水龙吟·此花迥绝他花》）

霸（*覇）bà

㊂去声，二十二祃。㊃称～定～独～反～豪～横～湖～匡～起～强～世～贪～图～土～王～无～五～乡～雄～渔～杂～争～宗～㊅～岸～柄～才～朝～臣～池～持～楚～川～德～杜～短～府～功～轨～迹～衿～据～揽～僚～陵～陵桥～留～论～略～蛮～门～强～桥～权～儒～史～世～事～说～统～图～王～习～相～心～绪～业～主～祖㊄高贤幸兹偶，英达穷王霸。（唐·刘长卿《灞东晚晴》）

虽免十上劳，何能一战霸。（唐·韩愈《县斋有怀》）凄凉阑干外，一簇江山，多少图王共争霸。（宋·潘牥《洞仙歌·雕檐绮户》）

典**黄霸** 借指政绩卓著的州郡长官。亦作“黄颍川”。史称“自汉兴，言治民吏，以霸为首”。见《汉书·黄霸传》

黄霸官犹屈，苍生望已愆。（唐·岑参《河西太守杜公挽歌四首》其一）

坝（垻、壩）bà

古去声，二十二祃。逆暗～柴～丁～拱～官～滚～留～平～坪～沙～晒～乡～院～筑～顺～地～埽～塘～田

把（*欛）bà

①器物之柄；②花、叶或果实之柄。另见16页bǎ。

古去声，二十二祃。逆柄～车～弓～壶～花～剑～梨～例一溪活水长流，余波及、蔬畦菜把。（宋·王质《别素质·一个茅庵》）

靶bà

①马笼头。②缰绳。③柄。④弓身中央手握的部分。另见16页bǎ。

古去声，二十二祃。逆车中～玉～执～例虽陪彤庭臣，讵纵青冥靶。（韩愈《县斋有怀》）袖里经纶，幕中佳话，高断云根谁写。青冥纵靶。（宋·赋梅《齐天乐·雕阑曲曲芙蓉水》）

爸bà

古《广韵》：上声，三十四果。逆阿～

伯bà

诸侯之长，读如“霸”。另见53页bó、316页bǎi。

古去声，二十二祃。《佩文诗韵举要·去声·二十二祃》：“霸，五霸。亦作伯。”逆五～偃～顺～啚～道～功～国～迹～气～世～事～首～术～图～王～业～者～主

灞bà

水名。

古去声，二十二祃。顺～浐～池～陵～桥～上～亭例客心豁初霁，霁色暝玄灞。（唐·刘长卿《灞东晚晴》）怀书出皇都，衔泪渡清灞。（唐·韩愈《县斋有怀》）

差chà

另见3页chā、141页cī、307页chāi。

古《集韵》：去声，四十祃。逆不～顺～樊～戾～歧～殊～违～移～则～争

岔chà

逆道～跌～过～旁～眼～衣～抓～顺～出～断～换～流～曲

诧（詫）chà

古去声，二十二祃。逆悲～大～恶～怪～骇～矜～惊～谩～奇～失～叹～希～稀～疑～震～自～足～顺～愕～怪～绝～然～事～叹～异例所悲劳者苦，敢用词为诧。（唐·陆龟蒙《村夜二篇》其二）思往事，还惊诧。是和非未说，此心先怕。（宋·赵希迈《满江红·三十年前》）长伴词臣挥帝制，因号紫微堪诧。（宋·祝穆《贺新郎·此木生林野》）

汊chà

古《集韵》：去声，四十祃。逆百～港～海～河～湖～水～顺～港～河～流

衩chà

古《广韵》：去声，十五卦。逆夹～裙～腰～衣～顺～袒～衣例十岁去踏青，芙蓉作裙衩。（唐·李商隐《无题》）讳道相思，偷理绡裙，自惊腰衩。（宋·史达祖《三姝媚·烟光摇缥瓦》）

侘chà

古《广韵》：去声，四十祃。又：平声，九麻同。逆侘～顺～傺

姹（*奼）chà

古去声，二十二祃。又：上声，二十一马同。逆姹～逴～恶～花争～娇～希～娅～玉～顺～姹～女～娅例闲爱老农愚，归弄小女姹。（唐·韩愈《县斋有怀》）吹嘘川可倒，眄睐花争姹。（唐·陆龟蒙《村夜二篇》其二）舞婆娑，歌宛转，仿佛莺娇燕姹。（宋·柳永《抛球乐·晓来天气浓淡》）

大dà

另见323页dài。

古去声，九泰。又：去声，二十一箇同。逆奥～葆～博～昌～侈～崇～脱～醋～斗～惇～敦～哆～富～光～广～瑰～憨～浩～横～弘～宏～鸿～厚～嫮～恢～浑～矜～寝～旌～久～骏～夸～姱～旷～阔～廓～满～末～膨～溥～颀～乾～强～深～硕～四～天～托～伟～尾～五～雄～秀～遥～倚～殷～优～月～增～正～壮～尊～作～顺～埠～藏～氅～晨～程～醇～戴～珰～德～登～寒～亹～桁～鸿～滑～集～寂～渐～谏～椒～结～捷～矩～廓～禄～戮～落～率～谬～缪～摹～莫～暮～诺～霈～彭～鹏～辟～聘～寝～情～磬～秋～裘～趣～群～儒～润～韶～菽～舜～肆～绥～愿～通～统～顽～望～遐～瑕～祥～獊～胥～雅～烟～颜～谊～隐～盈～猷～雩～域～愿～噪～璋～昭～智～樽例离离树木少，漭漭湖波大。（唐·崔国辅《石头滩作》）傍见北斗向江低，仰看明星当空大。（唐·杜甫《夜归》）醉泛吴松，小舟谁怕东风大。（宋·张元干《点绛唇·醉泛吴松》）

典**四大** 佛家以地、水、火、风为四大，认为由四者化生万物。借指茫茫世界。《四十二章经》卷二十：“佛言：当念身中四大，各自有名，都无我者。”《最胜王经》卷五：“譬如机关由业转，地、火、水、风共成身。”

浅深与高低，尽能生棘榛，茫茫四大愁杀人。（唐·贯休《茫茫曲》）

如斗大 喻地方之小。《南史·吕文显传》：“宗悫为豫州，吴喜公为典签。悫刑政所施，喜公每多违执。悫大怒曰：‘宗悫年将六十，为国竭命，政得一州如斗大，不能复与典签共临！’”

匈奴破尽人看归，金印酬功如斗大。（唐·韩翃《送孙泼赴云中》）

伤老大 指年少不努力，暮年后悔。古乐府《长歌行》：“青青园中葵，朝露待日晞。……百川东到海，何时复西归？少壮不努力，老大徒伤悲。”

尬gà

古《广韵》：去声，十六怪。逆尲～尳～尥～

卦guà

古去声，十卦。逆变～卜～布～陈～打～跌～丢～翻～龟～互～火～吉～买～卖～内～辟～起～神～蓍～外～问～阳～易～阴～鬻～占～兆～之～掷～重～尊～顺～变～辞～候～理～卖～名诗～铺～气～筮～肆～文～象～爻～影

～兆～者～资

挂(掛)guà

古去声，十卦。逆榜～袜～秤～触～搭～倒～惦～帆～刚～高～跟～钩～冠～诡～计～架～罥～帘～龙～披～牵～扰～束～树～斜～新月～悬～遗～簪～张～顺～碍～榜～鞭～锄～奁～搭～褡～带～胆～挡～帆～服～弓～毂～冠～阂～红～花～怀～火～甲～剑～箭～角～节～罥～累～镰～练～恋～鳞～零～漏～落～履～虑～绿～冕～衲～念～拍～瓢～牵～欠～舌～绶～帅～丝～误～锡～席～孝～心～须～衣冠～意～印～帻～掌～帙例乍露冷风清庭户，爽天如水，玉钩遥挂。(宋·柳永《二郎神·炎光谢》)欲近禁烟微雨罢。绿杨深处秋千挂。(宋·欧阳修《蝶恋花·小院深深门掩亚》)微雨度，疏星挂。(宋·赵彦端《千秋岁·杏花风下》)

典**一瓢闲挂**　指隐士生涯。《论语·阳货》："佛肸召，子欲往。子路曰：'昔者由也闻诸夫子曰：亲于其身为不善者，君子不入也。佛肸以中牟叛，子之往也如之何?'子曰：'然，有是言也。不曰坚乎，磨而不磷；不曰白乎，涅而不缁。吾岂匏瓜也哉，焉能系而不食?"古人常剖匏瓜以为瓢。

挂瓢余隐舜，负鼎尔干汤。(唐·骆宾王《秋日送尹大赴京》)

褂guà

逆补～得胜～短～汗～行～号～龙～马～袍～皮～外～长～罩～

罣guà

古去声，十卦。逆钩～记～罥～牵～萦～顺～碍～带～恋～漏～虑～念～罳～误

化huà

古去声，二十二祃。逆暗～不～禅～昌～尘～承～乘～崇～春～淳～醇～德～蝶～敦～恩～飞～风～佛～孚～改～顾～观～光～归～弘～鸿～幻～净～静～礼～流～隆～茂～懋～蒙～泯～慕～普～启～洽～潜～清～仁～熔～融～柔～如～儒～入～睿～善～升～盛～时～殊～淑～颓～蜕～威～闻～物～喻～仙～先～显～向～肖～新～兴～玄～雅～偃～阳～一～彝～隐～游～诱～羽～造～沾～助～顺～本～笔～碧～变～禅～产～驰～淳～醇～盗～道～蝶～度～风～凫～感～格～功～光～国～行～鹤～洪～化～迹～匠～解～金～景～境～理～力～炼～鳞～流～隆～民～穆～平～洽～迁～人～日～融～蛇～升～生～顺～遂～塔～覃～通～涂～蜕～物～先～心～形～醒～翼～诱～鱼～雨～育～元～源～云～泽～正～治～周～主～祝～转例滋移有情教，草木犹可化。(唐·元结《陇上叹》)泉下双龙无再期，金蚕玉燕空销化。(唐·孟郊《悼亡》)杏园风细，桃花浪暖，竞喜羽迁鳞化。(宋·柳永《柳初新·东郊向晓风杓亚》)

典**鹍化**　见"鲲鹏变化"。

海运同鹍化，风帆若鸟飞。(唐·独孤及《送虞秀才擢第归长沙》)

鹏化　见"鲲鹏变化"。

鹏化四溟归碧落，鹤栖三岛接青霞。(唐·伊璠《及第后寄梁烛处士》)

北溟化　见"鲲鹏变化"。

三载皇都恨食贫，北溟今日化穷鳞。(唐·卢肇《及第送潘图归宜春》)

鲁恭化　指地方官推行教化取得良好效果。亦作"鲁恭"。《东观汉记·鲁恭传》："鲁恭为中牟令，时郡国螟伤稼，犬牙缘界，不入中牟。河南尹袁安闻之，疑其不实，使仁恕掾肥亲往察之。恭随行阡陌，俱坐桑下，有雉过，止其傍，傍有童儿，亲曰：'何不捕之?'儿曰：'雉方将雏。'亲嘿然有顷，与恭诀曰：'所以来者，欲察君治迹耳。今虫不犯境，此一异也；化及鸟兽，此二异也；竖子有仁心，三异也。府掾久留，扰贤者!'因还府，具以状白安。"

侧闻鲁恭化，秉德崔瑗铭。(唐·杜甫《桥陵诗三十韵因呈县内诸官》)

笔参造化　形容文笔高妙，堪称天才，非一般人所能及。亦作"笔补造化"。唐·李白《与韩荆州书》："君侯制作侔神明，德行动天地，笔参造化，学究天人。"

橘性应化　见451页"渡江之橘"。

橘性行应化，蓬心去不安。(唐·骆宾王《早发诸暨》)

鲲鹏变化　喻远行之人或志向远大之人。《庄子·逍遥游》："北冥有鱼，其名为鲲。鲲之大，不知其几千里也。化而为鸟，其名为鹏。鹏之背，不知其几千里也。怒而飞，其翼若垂天之云。是鸟也，海运则将徙于南冥。"

遐想鱼鹏化，开襟九万风。(唐·李群玉《登蒲涧寺后二岩三首》其三)

画(畫)huà

古去声，十卦。又：入声，十一陌异。逆边～宾～波～擘～不～采～参～侈～处～春～措～点～彫～扉～佛～黼～勾～古～活～寄～界～经～口～奎～揆～六～摹～木～平～奇～麒麟～乔～区～鹊～染～入～申～石～寿～书～硕～眷～条～婉～微～卫～文人～吴～谐～心～阳～爻～匀～赞～顺～采～刹～纯～黛～荻～栋～额～舫～扉～黼～舸～功～骨～翚～戟～境～可～蜡～阑～力～帘～列～旒～龙～楼～旅～眉～目～诺～品～屏～麒麟～樯～桥～篋～裙～翣～扇～蛇～生～史～士～瓦～心～艺～隐～楹～影～塍～酉～狱～苑～月～赞～旃～障例反照转楼台，辉辉似图画。(唐·白居易《菩提寺上方晚望香山寺》)好是渔人，披得一蓑归去，江上晚来堪画。(宋·柳永《望远行·长空降瑞》)明月如霜，照见人如画。(宋·苏轼《蝶恋花·灯火钱塘三五夜》)

典**京兆画**　喻指夫妻或情侣感情融洽。《汉书·张敞传》：张敞为京兆尹，"又为妇画眉，长安中传张京兆眉怃。有司以奏敞。上问之，对曰：'臣闻闺房之内，夫妇之私，有过于画眉者。'上爱其能，弗备责也"。

不能京兆画蛾眉，翻向成都骋骑引。(唐·骆宾王《代女道士王灵妃赠道士李荣》)

滕王画 借指蝴蝶。《宣和画谱》:“滕王元婴,唐宗室也,善丹青,喜作蛱蝶。朱景元尝见其粉本,谓能巧之外,曲尽精理,不敢第其品格。唐王建作宫词云‘传得滕王蛱蝶图’者,谓此也。”

漫道滕王画得,枉谢客、多少清吟。(宋·潘汾《孟家蝉·蝶》)

高阁图画 指为国建立卓著功勋之人得到特殊荣誉。亦作“麒麟图画”。《汉书·苏建传》附《苏武传》:“甘露三年,单于始入朝。上思股肱之美,乃图画其人于麒麟阁,法其形貌,署其官爵姓名。……次曰典属国苏武。……凡十一人,皆有传。”颜师古注引张晏曰:“武帝获麒麟时作此阁,图画其象于阁,遂以为名。”

中天有高阁,图画何时歇。(唐·刘驾《古出塞》)

麒麟图画 见“高阁图画”。

画图麒麟阁,入朝明光宫。(唐·高适《塞下曲》)

话(話)huà

㊀去声,十卦。㊁别～禅～成～痴～村～眈～儿～乏～文～泛～浮～共～古～诡～哈～行～佳～嘉～见～净～口～狂～诳～农～攀～平～评～浅～乔～清平～趣～让～入～诗～私～琐～讨～天～顽～细～下～宵～写～虚～轶～逸～衷肠～走～㊂～霸～白～别～材～差～次～端～锋～机～旧～口～阔～料～流～论～梅～名～弄～频～泉～声～说～私～谈～亭～网～尾～文～心～信～绪～絮～言～夜～意～雨～语～长～资㊃知疑奸叟谤,闲与情人话。(唐·戴叔伦《又酬晓灯离暗室五首》其一)樽酒对不酌,默与玄相话。(唐·杜牧《赠宣州元处士》)空遗爱,两蜀三川,异日成嘉话。(宋·柳永《一寸金·井络天开》)

华(華)huà 另见11页huá。

㊀去声,二十二祃。㊁河～少～嵩～太～泰～条～岳～㊂～扁～岱～封～霍～山～崧～嵩～他～佗～县～阳巾～岳

桦(樺)huà

㊀去声,二十二祃。又:下平,六麻同。㊁白～黑～㊂～巾～烟～烛

价(價)jià 另见108页jiè。

㊀去声,二十二祃。㊁备～倍～本～成～酬～储～二～飞～高～光～和～核～交～酒～镌～决～连城～良～论～美～名～平～起～青云～善～擅～上～声～诗～时～饰～适～守～说～讨～退～文～无～晞～显～议～溢～运～值～重～足～㊂～差～钞～称～购～款～例～廉～目～色～银㊃谁为倾国谋,自许连城价。(唐·韩愈《县斋有怀》)万户膏血穷,一筵歌舞价。(唐·陆龟蒙《村夜二篇》其二)寸珠片玉,争似此、浓欢无价。(宋·柳永《抛球乐·晓来天气浓淡》)

㊄**善价** 喻人才得到赏识。亦作“韫椟待价”。《论语·子罕》:“子贡曰:‘有美玉于斯,韫椟而藏诸?求善价而沽诸?’子曰:‘沽之哉!沽之哉!我待贾者也。’”韫(yùn):蕴藏。椟:木匣;木柜。

风流俱善价,惬当久忘筌。(唐·杜甫《秋日夔府咏怀奉寄郑监李宾客一百韵》)

连城价 指物品之珍贵或人才之宝贵。三国魏·曹丕《与钟大理书》:“不烦一介之使,不损连城之价。”李善注:“《史记》曰:‘赵惠文王得和氏之璧,秦昭王闻之……愿以十五城易璧。’”

谁为倾国媒,自许连城价。(唐·韩愈《县斋有怀》)

架 jià

㊀去声,二十二祃。㊁担～缔～飞～扶～符～杠～连～拱～桁～笏～戟～间～禁～经～井～开～懒～陵～陆～落～谱～擎～石～松～塌～屋～邺～欹～鹰～玉～遮～㊂～鳌～槽～次～殿～迭～阁～格～挂～海～话～景～累～落～牟～捏～弄～式～耸～逃～陷～虚～言～造～筑㊃寒空耸危阙,晓色曜修架。(唐·韩愈《县斋有怀》)闲开飞龟帙,静倚宿凤架。(唐·陆龟蒙《上真观》)梨花庭院雪玲珑,微吟独倚秋千架。(宋·贺铸《晕眉山·镜晕眉山》)

㊄**万签插架** 指藏书极富。唐·韩愈《送诸葛觉往随州读书》:“邺侯家多书,插架三万轴。一一悬牙签,新若手未触。”邺侯,此指李泌。他于贞元三年,拜中书侍郎、同中书门下平章事,累封邺县侯。

万签插架号东庄,多稼连云亦何有。(宋·陆游《寄题徐载叔秀才东庄》)

稼 jià

㊀去声,二十二祃。㊁百～冰～沉～稻～樊迟～耕～躬～穀～观～国～禾～黄～力～麦～美～苗～木～年～农～起～秋～劝～桑～生～时～首～树～谈～田～晚～五～学～馌～阅～云～稚～㊂～器～穑～事～政㊃犹嫌子夏儒,肯学樊迟稼。(唐·韩愈《县斋有怀》)世既贱文章,归来事耕稼。(唐·陆龟蒙《村夜二篇》其二)渐白水、青秧鸥鹭下。老学种花兼学稼。(宋·刘克庄《朝天子·宿雨频飘洒》)

㊄**学稼** 指文人务农。亦作“学樊迟稼”。《论语·子路》:“樊迟请学稼。子曰:‘吾不如老农。’请学为圃。曰:‘吾不如老圃。’樊迟出。子曰:‘小人哉,樊须也!上好礼,而民莫敢不敬;上好义,而民莫敢不服;上好信,而民莫敢不用情。夫如是,则四方之民襁负其子而至矣,焉用稼?’”

灌园输井税,学稼奉晨昏。(唐·权德舆《暮春闲居示同志》)

凝霜木稼 古以为朝廷达官之死的征兆。亦作“稼树”“树稼”。《旧唐书·让皇帝宪传》:“让皇帝宪,本名成器,睿宗长子也……(开元)二十九年冬,京城寒甚,凝霜封树,时学者以为《春秋》‘雨木冰’即此是。亦名树介,言其象介胄也。宪见而叹曰:‘此俗谓树稼者也。谚曰:“树稼,达官怕。”必有大臣当之,吾其死矣。’十一月薨,时年六十三。”

假 jià 另见16页jiǎ。

㊀去声,二十二祃。㊁朝～春～赐～冬～恩～服～赴～告～给～开～赉～乞～求～赏～田～孝～休～旬～严～在～奏～㊂～期～日～条㊃两府变荒凉,三年就休假。(唐·韩愈《县斋有怀》)

嫁 jià

㊀去声,二十二祃。㊁逼～毕婚～出～初～从～发～改～更～昏～陪～配～聘～遣～送～逃～晚～

未～下～新～许～炫～姻～远～再～赠～招～转～作～㊀～非～祸～夜～名～母～取～娶～人～殇～送～衣～怨～枣～主～妆～资～子～罪㊉遗烬一星然，连延祸相嫁。（唐·元稹《茅舍》）十四藏六亲，悬知犹未嫁。（唐·李商隐《无题》）自是三山颜色好，更著雨婚烟嫁。（宋·辛弃疾《贺新郎·碧海成桑野》）

㊄**毕婚嫁** 见"了婚嫁"。

如今便可尔，何用毕婚嫁。（唐·韩愈《县斋有怀》）

了婚嫁 借指出世归隐。亦作"毕婚嫁"。《后汉书·向长传》："向长字子平，河内朝歌人也。隐居不仕，性尚中和，好通《老》《易》……建武中，男女娶嫁既毕，敕断家事勿相关，当如我死也。于是遂肆意，与同好北海禽庆俱游五岳名山，竟不知所终。"

待我休官了婚嫁，桃源洞里觅仙兄。（唐·张仲方《赠毛仙翁》）

为人作嫁 比喻白为别人辛苦忙碌，自己得不到一点好处。唐·秦韬玉《贫女》诗："苦恨年年压金线，为他人作嫁衣裳。"

驾(駕)jià

㊂去声，二十二祃。㊁安～宝～不俟～参～骖～策高～朝～宸～螭～泛～凤～驸～宫～光～还～鹤～鸿～鹄～扈～骊～连～麟～灵～凌～陵～龙～鸾～銮～驽～排～齐～轻～秋～虬～趣～鹊～圣～侍～司～送～肃～岁～台～腾～晚～西～息～仙～香～霄～星～休～轩～旋～巡～烟～严～晏～宴～邀～轺～仪～轶～逸～游～舆～羽～远～月～云～征～整～芝～重～辎～总～驺～㊀～被～辩～部～曹～乘～诞～到～鹅～服～鼓～海～和～鹤～蓖～鸿～肩～空～跨～浪～犁～鲤～临～灵～凌～龙～名～娘～驱～鹊～士～说～俗～天～帖～头～乌鹊～言～盐～役～轶～驭～御～辕～云～载～长～照～治～罪～坐㊉悠悠指长道，去去策高驾。（唐·韩愈《县斋有怀》）美人隔千里，相思无羽驾。（唐·黄滔《寄徐正字夤》）应是星娥嗟久阻，叙旧约、飙轮欲驾。（宋·柳永《二郎神·炎光谢》）

㊄**十驾** 喻指锲而不舍的精神。《荀子·劝学》："骐骥一跃，不能十步；驽马十驾，功在不舍。"

一麾尚云忝，十驾宜求税。（唐·张九龄《酬周判官巡至始兴会改秘书少监见贻之作》）

千里命驾 指友情极深。亦作"嵇生驾""嵇吕命驾"。《世说新语·简傲》："嵇康与吕安善，每一相思，千里命驾。"

子瑕窃驾 借指尽孝而忘身。亦作"矫驾君车"。《韩非子·说难》："弥子名瑕，卫之嬖大夫也。昔者弥子瑕有宠于卫君。卫国之法：窃驾君车者刖。弥子瑕母病，人间往夜告弥子，弥子矫驾君车以出。君闻而贤之，曰：'孝哉！为母之故，亡其刖罪。'"

髂qià 腰骨。

㊂《广韵》：去声，四十祃。㊉朝食不盈肠，冬衣才掩髂。（唐·韩愈《县斋有怀》）

跨kuà

㊂去声，二十二祃。㊁跰～跛～出～盗～飞～含～横～虹～驾～款～凌～蹑～骑～桥～腾～雄～逾～枕～征鞍～㊀～鞍～班～边～步～春～带～蹈～度～坊～缝～凤～鼓～海～鹤～虹～虎～蹇～据～踞～空～历～陵～略～马～迈～年～蹑～青牛～擅～涉～时～世～水～俗～所～腾～屋～险～鞋～虚～掩～异～轶～映～有～跃～越～灶～展～辗～制～跱～踪～总～坐㊉峻邸俨相望，飞甍远相跨。（唐·元稹《茅舍》）翠竹如屏，浅山如画。小池面、危桥一跨。（宋·丘崈《锦帐春·翠竹如屏》）望晴郊、疏烟半卷，断虹低跨。（宋·刘镇《贺新郎·云淡天垂野》）

胯kuà 两大腿之间。

㊂去声，二十二祃。又：去声，七遇同。㊁带～腿～犀～腰～㊀～夫～衫～下

落là ①丢下，遗漏。②掉在后头。另见61页luò、567页lào。

㊀～包～下

骂(罵、駡)mà

㊂去声，二十二祃。㊁谤～嘲～瞋～叱～斥～箠～啐～村～诋～毒～咄～诟～海～诃～呵～喝～吼～毁～唠～恚～秽～讥～叫～嗔～浪～詈～漫～恼～怒～殴～诮～嚷～辱～讪～肆～俗～讨～痛～唾～侮～笑～酗～喧～责～谪～咒～诅～㊀～嗔～诃～喝～毁～讥～倨～詈～嚷～辱～说～题～吻～侮～言～仗～诅～坐㊉醉则骑马归，颇遭官长骂。（唐·杜甫《戏简郑广文虔》）自家邋、都望有前程，背地里、莫教人咒骂。（宋·晁元礼《鹊桥仙·从来因被》）

㊄**侯生遭骂** 指遭到误解。《史记·魏公子列传》："魏有隐士曰侯嬴。……公子从车骑，虚左，自迎夷门侯生。……市人皆观公子执辔。从骑皆窃骂侯生。"

治长信非罪，侯生或遭骂。（唐·韩愈《县斋有怀》）

蚂(螞)mà 另见7页mā、19页mǎ。

㊀～蚱

那nà 远指。另见44页nuó、49页nuò。

㊁刹～兀～支～㊀～般～达～答～话～每～顷～厢～咱

怕pà

㊂去声，二十二祃。㊁避～耽～敢～骇～害～后～慌～惊～惧～愧～哪～深～生～嫌～休～㊀～不～怖～妇～敢～惧～恐～莫～怯㊉气象杳难测，声音吁可怕。（唐·韩愈《县斋有怀》）试引鹓雏花树下。断了惊惊怕怕。（宋·辛弃疾《清平乐·灵皇醮罢》）纱窗外，梅花下。酒醒也，教人怕。（宋·葛长庚《满江红·豆蔻丁香》）

帕pà

㊂去声，二十二祃。㊁鞍～表～红绡～黄～魂～绛～鲛～巾～锦～脸～罗～书～唐～头～香～绡～绣～靴～㊀～子㊉望千门如昼，嬉笑游冶。钿车罗帕。（宋·周邦彦《解语花·风销焰蜡》）万事收心也。粉痕犹在香罗帕。（宋·陆游《安公子·风雨初经社》）对芳时堪画，条倡叶冶。驾灯诗帕。（宋·杨泽民《解语花·星桥夜度》）

厦(廈)shà 另见26页xià。

㊂上声，二十一马。㊁抱～成～大

～构～广～贺～后～两～千间～榕～云～顺～房～覆～屋～宇例阁老凤楼修造手，笑谈间、突出凌云厦。（宋·刘克庄《贺新郎·绝顶规危榭》）一个茅庵，三间七架。两畔更添两厦。（宋·王质《别素质·一个茅庵》）

典**燕雀贺厦** 借指寄生或依附者因得所而相贺。《淮南子·说林》："汤沐具而虮虱相吊，大厦成而燕雀相贺，忧乐别也。"

燕雀贺厦屋，虫蚁慕腥膻。（宋·李涛《杂诗四首》其三）

嗄shà 另见10页á。

古去声，二十二祃。逆不～号～沙～嘶～顺～嘶～哑

煞shà ①凶神。②削减；损坏。③很，极。另见28页shā。

古《集韵》：去声，怪韵。逆八～避～愁～恶～急～看～闷～恼～忒～特～吓～顺～白～不如～耗～黑～强似～神～有例为别后、相思煞。（宋·柳永《迎春乐·近来憔悴人惊怪》）这个秃奴，修行忒煞。（宋·苏轼《踏莎行·这个秃奴》）

瓦wà 铺瓦于屋。另见19页wǎ。

古《广韵》：去声，四十祃。

下xià

古去声，二十二祃。又：上声，二十一马异。逆卑～逼～鄙～尘～逮～丰～高～厚～户～花～麾～棘～家～家天～郡～徕～怜～柳～漏～洛～门～目～年～辇～弩～圮～平～气～谦～轻～倾～屈～泉～阙～日～如～润～舍～示～松～堂～天～瓮～无～吴～膝～席～言～牖～宇～辕～月～枣～治～众～周柱～诸～顺～贲～比～才～采～策～尘～陈～处～德～的～鼎～黩～藩～凡～古～关～管～国～澥～怀～济～稷～甲～节～净～究～瞰～濑～礼～利～僚～漏～民～沐～酿～贫～平～妻～趣～泉～壤～裳～生～声～石～时～士～寿～驷～榻～位～问～武～细～贤～弦～庠～泄～学～议～邑～役～姻～元～苑～泽～政～直～忠～昼～箸～卒例客来深巷中，犬吠寒林下。（唐·王维《过李楫宅》）安能羡鹏举，且欲歌牛下。（唐·高适《苦雪四首》其四）日脚淡光红洒洒，薄霜不销桂枝下。（唐·李贺《河南府试十二月乐词·十二月》）

典**林下** 形容闲雅、超逸、脱俗的气质。《世说新语·贤媛》："谢遏绝重其姊，张玄常称其妹，欲以敌之。有济尼者，并游张谢二家，人问其优劣，答曰：'王夫人神情散朗，故有林下风气。顾家妇清心玉映，自是闺房之秀。'"

林下不成兴，仲荣微禄牵。（唐·钱起《送族侄赴任》）

柳下 即柳下惠。借指高士。《论语·微子》："逸民：伯夷、叔齐、虞仲、夷逸、朱张、柳下惠、少连。"何晏注："逸民者，节行超逸也。"柳下惠，春秋时鲁国的大夫展禽，因其食邑在柳下，死后谥"惠"，故称。

柳下官资颜子居，闲情入骨若为除。（唐·高骈《依韵奉酬李迪》）

独步天下 喻指杰出的人才。《后汉书·戴良传》："同郡谢季孝问曰：'子自视天下，孰可为比？'良曰：'我若仲尼长东鲁，大禹出西羌，独步天下，谁与为偶？'"

少年上人号怀素，草书天下称独步。（唐·李白《草书歌行》）

花前月下 借指良辰美景。唐·白居易《老病》："昼听笙歌夜醉眠，若非月下即花前。如今老病须知分，不负春来二十年。"

花前月下会鸳鸯。分散两情伤。（宋·赵长卿《诉衷情令·花前月下会鸳鸯》）

梁王雪下 指文人宴集赏雪赋诗吟咏。南朝宋·谢惠连《雪赋》："岁将暮，时既昏；寒风积，愁云繁。梁王不悦，游于兔园。乃置旨酒，命宾友，召邹生，延枚叟。相如末至，居客之右。俄而微霰零，密雪下。王乃歌'北风'于卫诗，咏'南山'于周雅。"

梁园二月梨花飞，却似梁王雪下时。（唐·岑参《梁园歌送河南王说判官》）

望履幕下 求见的谦词。亦作"望履"。《庄子·盗跖》："孔子复通曰：'丘得幸于季，愿望履幕下。'"

周游上下 指游于天地之间。亦作"周流天上地下"。战国楚·屈原《离骚》："和调度以自娱兮，聊浮游以求女。及余饰之方壮兮，周流观乎上下。"洪兴祖补注："周流观乎上下，犹言周流乎天余乃下也。"

周游上下，径入寥天一。（宋·辛弃疾《千年调·左手把青霓》）

周流天上地下，我马亦悠哉。（宋·汪莘《水调歌头·尧舜去已远》）

桃李满天下 喻指所培养的学生或所举荐的人才遍布各地。《资治通鉴·唐纪·武后久视元年》："仁杰又尝荐夏官侍郎姚元崇等数十人，率为名臣。或谓仁杰曰：'天下桃李，悉在公门矣。'"

令公桃李满天下，何用堂前更种花。（唐·白居易《奉和令公绿野堂种花》）

务光让天下 借指轻名利之人。亦作"务光逃名"。见《庄子·让王》。

务光让天下，商贾竞刀锥。（唐·陈子昂《感遇诗三十八首》其十）

蟋蟀来床下 指冬天。《诗经·豳风·七月》："五月斯螽动股，六月莎鸡振羽，七月在野，八月在宇，九月在户，十月蟋蟀入我床下。"

鸿雁初飞江上，蟋蟀还来床下，时序百年心。（宋·辛弃疾《水调歌头·四坐且勿语》）

日之夕矣牛羊下 指日暮景色，或借指思念远方亲人或指退隐情趣。《诗经·王风·君子于役》："日之夕矣，牛羊下来。君子于役，如之何勿思。"

衡门之下可栖迟，日之夕矣牛羊下。（宋·辛弃疾《踏莎行·进退存亡》）

千里之行，始于足下 指事情的成功在于不懈的积累。亦作"千里始足下"。《老子》第六十四章："合抱之木，生于毫末。九层之台，起于累土。千里之行，始于足下。"

夏xià 另见17页jiǎ。

古去声，二十二祃。逆半～边～蝉报～赤～楚～大～东～方～陔～孟～纳～南～破～齐～清～区～染～溽～盛～首～叔～暑～肆～送～晚～王～五～舞～西～咸～消～销～歇～休～玄～炎～迎～

游～有～虞～早～章～长～昭～中～仲～顺～播～布～蚕～成～虫～锄～典～簟～服～槁～葛～耕～官～侯～鸡～节～景～橘～课～口～涝～潦～苗～蘖～浦～畦～熟～霜～雪～阳～衣～雩～月～礿～褕～耘～征～政～至～中～种～宗例毒雾恒熏昼，炎风每烧夏。（唐·韩愈《县斋有怀》）他方居士来施斋，彼岸上人投结夏。（唐·韦蟾《岳麓道林寺》）雨肥梅、亭台初夏。昙花开向前夜。（宋·葛长庚《摸鱼儿·雨肥梅》）

典**江村长夏** 借指闲适的乡居生活。唐·杜甫《江村》："清江一曲抱村流，长夏江村事事幽。自去自来堂前燕，相亲相近水中鸥。老妻画纸为棋局，稚子敲针作钓钩。多病所须惟药物，微躯此外更何求。"

还同子美，江村长夏，闲对燕飞鸥舞。（宋·晁补之《永遇乐·红日葵开》）

暇xià 旧读见 14 页 xiá。

古去声，二十二祃。

罅xià ①裂开。②裂缝；缝隙。

古去声，二十二祃。逆补～坼～乘～缝～豁～空～孔～栗～裂～林～门～石～隙～云～顺～洞～发～缝～裂～漏～缺～隙～穴例湖波翻日车，岭石坼天罅。（唐·韩愈《县斋有怀》）茅苫竹梁栋，茅疏竹仍罅。（唐·元稹《茅舍》）愁人早是不成眠，奈无端、月窥窗罅。（宋·石孝友《夜行船·漏永迢迢清夜》）

厦（廈）xià 另见 24 页 shà。

顺～门

吓（嚇）xià 另见 93 页 hè。

逆呃～顺～呼～魂台～噤～杀～煞例儿童稍长成，雀鼠得驱吓。（唐·韩愈《县斋有怀》）

亚（亞）yà ①次，次一等。②相当，相伯仲。③低垂，低俯。④掩闭。⑤亚洲。

古去声，二十二祃。逆半～俦～低～高～花枝～阑干～邻～鳞～流～匹～轻～倾～宂～相～掩～偃～依～姻～顺～次～等～地～东～饭～父～傅～公～姑～海～海轸～迹～将～魁～旅～门～孟～盘～匹～卿～圣～似～帅～岁～台～悉～夏～献～相～形～腰～尹～元～祝例朝云暮雨成古墟，萧萧野竹风吹亚。（唐·孟郊《悼亡》）冰浮水明灭，雪压松偃亚。（唐·白居易《菩提寺上方晚望香山寺》）小院深深门掩亚。寂寞珠帘，画阁重重下。（宋·欧阳修《蝶恋花·小院深深门掩亚》）

迓yà

古去声，二十二祃。逆百辆～班～出～倒屣～奉～郊～敬～款～路～送～肃～相～延～邀～仪～驿～迎～远～展～顺～承～鼓～衡～劳～人～迎～卒例官租日输纳，村酒时邀迓。（唐·韩愈《县斋有怀》）天际客帆高挂。门外酒旗低迓。（宋·张昪《离亭燕·一带江山如画》）

典**百两迓** 借指贵族女子出嫁时的排场。亦作"百两归"。《诗经·召南·鹊巢》："维鹊有巢，维鸠居之。之子于归，百两御之。"毛氏传："百两，百乘也。诸侯之子嫁于诸侯，送御皆百乘。"郑玄笺："御，迎也。"

虽殊百两迓，同是九泉归。（唐·皇甫冉《赠恭顺皇后挽歌》）

讶（訝）yà

古去声，二十二祃。逆不足～猜～嗤～怪～骇～遑～嗟～惊～谴～钦～叹～疑～顺～宾～服～鼓～客～奇～然～士～异例指摘两憎嫌，睢盱互猜讶。（唐·韩愈《县斋有怀》）红兰裛露衰，谁以流光讶。（唐·黄滔《寄徐正字夤》）飒飒胡沙飞指下。休讶。（宋·曾觌《定风波·捍拨金泥雅制新》）

砑yà ①碾磨物体使之有光泽。②磨光之磨具。③碾压。④光滑貌。

古去声，二十二祃。逆踹～光～磨～碾～揉～小～研～顺～虫～鼓～光～红绡～笺～金～绫～罗～裙～纸例目断魂飞，翠萦红绕，空吟小砑。（宋·李之仪《水龙吟·晚来轻拂》）但梦里隐隐，钿车罗帕。吴笺银粉砑。（宋·蒋捷《女冠子·蕙花香也》）

哑（啞）yà 鸟声。另见 9 页 yā、20 页 yǎ、91 页 è。

古《广韵》：去声，四十祃。

挜（掗）yà 硬把东西给人。

逆硬～顺～靶～摆～贾～卖～派～托～相知

娅（婭）yà 姐妹的丈夫之间相称。

古去声，二十二祃。逆姹～婚～朋～亲～姻～宗～顺～姹～婿例名声荷朋友，援引乏姻娅。（唐·韩愈《县斋有怀》）

氩（氬）yà 一种气体元素。

诈（詐）zhà 另见 20 页 zhǎ。

古去声，二十二祃。逆鄙～变～辩～谄～虚～打～诞～盗～刁～讹～诡～行～讧～怀～慌～机～奸～渐～僭～浇～骄～狡～矫～诘～灸～狙～局～谲～夸～诓～诳～娄～谩～谋～逆～骗～欺～敲～巧～倾～情～权～设～饰～伺～肆～索～态～伪～诬～吓～险～陷～雄～虚～儇～溢～淫～扎～诈～智～顺～败～逼～病～卜～臣～辞～给～诞～道～端～夺～反～风～腐～故～诡～害～悍～湖～幻～慧～击～疾～计～降～竞～局～谲～刻～狂～愧～戾～乱～论～冒～名～谬～谋～逆～佞～虐～叛～欺～泣～巧～善～施～术～说～索～态～慝～罔～妄～伪～诬～吓～现～心～言～诱～愚～语～造～忠～妆例父子忍猜害，君臣敢欺诈。（唐·元结《陇上叹》）人情忌殊异，世路多权诈。（唐·韩愈《县斋有怀》）乐余龄、泉石在膏肓，吾非诈。（宋·赵希迈《满江红·三十年前》）

典**张仪诈** 借指人情奸诈。见《史记·张仪列传》。

炸zhà 另见 33 页 zhá。

逆爆～轰～顺～刺～呼～雷～垄～群～响～牙～眼～子

榨zhà

古《广韵》：去声，祃韵。逆酒～磨～乾～压～拶～顺～床～斗～盘～取～压

咤（吒）zhà 叱怒。

古去声，二十二祃。又：下平，麻韵异。逆悲～波～叱～怛～怪～赫～恨～吼～惊～鸣～三～慎～叹～希～啸～凶～哑～顺～咄～呼～嗟～食～叹～噫例延望戎狄乡，巡回复悲咤。（唐·元结《陇上叹》）对斜

斜露脚，寒香正好，幽人去、空惊咤。（宋·吴则礼《水龙吟·秋生泽国》）花上娇莺哑咤。著色江南图画。（宋·吕胜己《如梦令·花上娇莺哑咤》）

乍zhà ①忽然。②初。

㊀去声，二十二祃㊁光光～惊～猛～卒～㊂～翅～到～地～阁～会～见～可～能～然～设～午㊃夷言听未惯，越俗循犹乍。（唐·韩愈《县斋有怀》）香熏斗帐相逢乍。正宫漏、沈沈夜。（宋·赵长卿《御街行·香熏斗帐相逢乍》）漏永迢迢清夜。露华浓、洞房寒乍。（宋·石孝友《夜行船·漏永迢迢清夜》）

蚱zhà

㊀《广韵》：入声，二十陌。㊁蚂～㊂～蝉～虫～蜢～娘

痄zhà 痄腮，腮肿。

㊀上声，二十一马。㊂～疨

吒zhà ①怒声。②"哪吒"的吒。

㊀《广韵》：去声，四十祃。㊁悲～波～叱～啜～鸣～哪～沙～叹～希～啸～吒～㊂～叉～蛆～沙～呀～咤㊃每望东南云，令人几悲吒。（唐·杜甫《遣兴五首·吾怜孟浩然》）少小尚奇伟，平生足悲吒。（唐·韩愈《县斋有怀》）

仄声·入声

八bā

㊀入声，八黠。㊁阿～白～百～尺～丁～斗～刺～腊～柳～南～七～丘～忘～丈～㊂～宝～柄～才～采～彩～川～陲～狄～洞～番～蕃～方～骏～恺～科～鸾～銮～络～落～脉～闽～冥～溟～命～禽～琼～衢～士～世～树～颂～薮～闼～通～外～威～维～夕～溪～玺～仙～议～佾～翼～寅～瀛～幽～友～牖～隅～宇～羽～月槎～泽～柱～驺～坐㊃中离分二三，外变迷七八。（唐·韩愈《征蜀联句》）人生不如意，十乃居七八。（唐·李德裕《怀山居邀松阳子同作》）草头秋露流珠滑。三五盈盈还二八。（宋·苏轼《木兰花令·霜余已失长淮阔》）

捌bā

㊀《广韵》：入声，十四黠。㊂～哥～格

擦cā

㊁擦～搓～刮～滑～挤～磕～可～热～三～㊂～刮～减～扛～免～摩～抹～拭～损～西

插chā

㊀入声，十七洽。㊁版～畚～高～根～花～瓶～信～栽～簪～种～㊂～岸～插～钗～戴～定～关～汉～花～伙～架～口～柳～屏～瓶～趣～身～穗～田～叙～言～羽～烛～状㊃良夜永、幽期欢则洽。约重会、玉纤频插。（宋·欧阳修《迎春乐·薄纱衫子裙腰匝》）纤纤素手如霜雪。笑把秋花插。（宋·苏轼《劝金船·无情流水多情客》）断崖树老，侧岸槎枯，倒倚斜插。（宋·王质《倦寻芳·断崖树老》）

锸（鍤）chā 铁锹。

㊀入声，十七洽。㊁畚～荷～花～耒～刘伶～锹～霜～携～玉～筑～㊂～工㊃门留医树客，壁倚栽花锸。（唐·皮日休《任诗》）

答（*荅）dā 用于"答应""答理"。另见30页dá。

㊂～理～嘴

搭dā

㊀入声，十五合。㊁百～板～搀～衬～趁～承～抽～雌～凑～低～滴～抵～顶～丢～兜～剁～附～圪～挂～掴～晃～架～交～救～可～括～剌～揽～连～遛～模～抹～拿～那～拈～捏～扭～跑～配～拼～品～铺～捎～铁～头～椅～屹～㊂～白～帮～便～膊～补～碴～缠～挡～渡～对～伏～扶～负～袱～钩～挂～护～圾～醮～截～惧～刺～裢～路～罗～落～脉～面～撒～飒～识～实～趿～题～腰～转㊃粉墙斜搭。被伊勾引，不忘时霎。（宋·扬无咎《柳梢青·粉墙斜搭》）

镕（鎝）dā

㊁镗～铁～

嗒dā 一种翻土农具。另见36页tà。

㊀《广韵》：入声，二十七合。

褡dā 搭附在外，或两两搭连的衣服。

㊀《广韵》：入声，二十七合。又：入声，二十八盍同。㊁褙～布～衬～挂～肩～马～胸～腰～㊂～膊～裆～连～裢

耷dā

㊀《广韵》：入声，二十八盍。㊁挂～朱～㊂～拉

瘩dā 另见30页dá。

㊁圪～

发（發）fā 另见33页fà。

㊀入声，六月。㊁愤～风～富～感～耕～攻～关～轰～焕～击～赍～降～交～讦～津～警～竞～纠～镌～决～剡～抉～俊～隽～浚～骏～七～峭～清～趋～诠～缮～申～升～爽～剔～濬～益～逸～隐～印～英～颖～映～牖～越～昭～召～照～振～支～骤～转～走～㊂～哀～采～彩～粲～畅～乘～痴～敕～喘～悖～甲～补～嫁～荐～解～举～魁～喟～媿～摇～棱～敛～禄～露～梦～迷～墨～谋～恼～念～首～纾～舒～松～棠～调～微～悟～祥～薪～信～虚～煦～意～英～莹～颖～源～愿～棹～谪～赈～祉～冢～胄～皱～烛～踪～纵～奏㊃花迎妙妓至，鸟避仙舟发。（唐·张九龄《龙门旬宴得月字韵》）锦文触石来，盖影凌天发。（唐·李峤《云》）卧闻峡猿响，起视榜人发。（唐·张说《江路忆郡》）

㊄**东窗事发** 借指阴谋败露。元·张昱《张光弼诗集》卷三《咏何立事序》注："宋押衙官何立，秦太师差往东南第一峰，恍惚间引至阴司，见太师对岳飞事，令归告夫人：'东窗事犯矣。'复命：'后即弃官，学道蜕骨。'今在苏州玄妙观为蓑衣仙。"传说秦桧在杀害岳飞之前，曾与妻王氏在东窗下定计。桧死后，在地狱受苦，王氏做水陆道场以超度亡灵，道士说桧在阴曹受审，桧告诉道士说："可烦传语夫人，东窗事发矣！"

相思一夜梅花发 借指相思或念友。亦作"昨夜应是梅花发"。唐·卢仝《有所思》："当时我醉美人家，美人颜色娇如花。今日美人弃我去，青楼珠箔天之涯。……翠眉蝉鬓生别

离，一望不见心断绝。……美人兮美人，不知为暮雨兮为朝云？相思一夜梅花发，忽到窗前疑是君。”

对梅花、一夜苦相思，无消息。（宋·辛弃疾《满江红·曲儿蒲团》）

酒罢归对寒窗，相留昨夜，应是梅花发。（宋·辛弃疾《念奴娇·洞庭春晚》）

矢在弦上，不得不发 借指为势所迫，不得不采取某种行动。《太平御览》卷五九七引晋·王沈《魏书》：“陈琳作檄。草成，呈太祖。太祖先苦头风，是日疾发。卧读琳所作，翕然而起，曰：‘此愈我疾病。’太祖平邺，谓陈琳曰：‘君昔为本初作檄书，但罪孤而已，何乃上及父祖乎！’琳谢曰：‘矢在弦上，不得不发。’”

刮[1] guā

古入声，八黠。逆刀～划～检～精～俊～磨～嚷～扫～搜～挺～洗～修～絮～削～顺～擦～划～除～涤～地～骨～湔～碱～抉～绝～刺～喇～膜～目～刷～席～削～言～榼～鱼～躁例战血时销洗，剑霜夜清刮。（唐·孟郊《征蜀联句》）何大不包罗，何微不挑刮。（唐·陆龟蒙《奉酬袭美先辈吴中苦雨一百韵》）

刮[2]（颳）guā

逆吹～风～顺～风

聒 guā 又读，另见14页guō。

古入声，七曷。

鸹（鴰）guā

古入声，七曷。又：入声，八黠同。逆鸧～顺～鸧～鹿～捋

栝 guā 箭末扣弦处。

古入声，七曷。逆白～锋～机～检～箭～破～束～顺～松～萎～楼

夹（夾）jiā 另见31页jiá。

古入声，十七洽。逆贝～逼～并～发～梵～辅～裹～画～火～紧～木～书～翼～竹～顺～岸～白～壁～衩～搀～缠～城～乘～辅～谷～和～结～介～径～镜～具～克～磨～幕～绕～日～生～纾～膝～细～巷～缬～心～讯～腰～疑～拥～榆～庾～杂～寨～振～峙～钟～助～壮例广槛小山欹，斜廊怪石夹。（唐·皮日休《任诗》）

浃（浹）jiā ①浸透。②周遍。③融洽。

古入声，十六叶。逆邑～该～感～汗～欢～交～均～款～沦～旁～普～洽～融～濡～润～完～稳～旬～淹～郁～沾～周～顺～辰～赪～旦～汗～行～和～洽～日～时～岁～堂～旬～浴～月～宙例帝里寒光尽，神皋春望浃。（唐·王勃《春日宴乐游园赋韵得接字》）明月双成归去，天风里、凤笙浃。（宋·吴文英《霜天晓角·烟林褪叶》）尚记得、玉臂生凉，不放汗香轻浃。（宋·黄子行《西湖月·湖光冷浸玻璃》）

拉 lā 另见7页lā、12页lá。

古入声，十五合。逆摆～背～猋～扯～欻～捶～摧～踱～靡～批～扑～睃～轧～折～顺～撮～答～枯～剌～擸～飒～杀～朽～杂

掐 qiā

古入声，十七洽。逆半～漏～嫩～搔～爪～指～捉～顺～巴～把～决～算～骰～牙～指例倚瑶台，十二金钱晕半掐。（宋·吴文英《凄凉犯·空江浪阔》）

撒 sā ①放开，张开。②尽量地施展或表现出来。③排泄（小便）。另见33页sǎ。

古入声，七曷。逆决～弥～撇～铺～顺～痴～村～打～旦～刁～彫～放～风～乖～豪～极～诳～漫～溺～拗～喷～撇～吣～沁～溲～顽～妖～旖旎

杀（殺）shā 另见327页shài。

古入声，八黠。逆艾～刺～斗～饿～伐～反～放～俘～合～劫～戒～到～考～拼～戕～侵～秋～囚～屈～曲～生～牲～肃～讨～特～天～妄～威～诬～相～厌～夭～刈～阴～幽～砸～专～斫～顺～地～定～断～剁～伐～获～机～价～节～戒～决～厉～敛～僇～略～内～胚～坯～气～伤～身～生～声～矢～殉～止例昊天积霜露，正气有肃杀。（唐·杜甫《北征》）地气反寒暄，天时倒生杀。（唐·白居易《桐花》）待到秋来九月八，我花开后百花杀。（唐·黄巢《不第后赋菊》）

煞 shā 另见25页shà。

古《广韵》：入声，黠韵。逆抹～收～顺～笔～场～果～后～火～落～年～拍～绳～水～台～性～痒

铩（鎩）shā 摧残伤害（羽翅）。

古入声，八黠。又：去声，十卦同。逆摧～锋～长～顺～翅～翮～翼～羽例穷区指清夷，凶部坐雕铩。（唐·韩愈《征蜀联句》）今君轺方驰，伊我羽已铩。（唐·韩愈《雨中寄孟刑部几道联句》）

刷 shuā

古入声，九屑。逆铲～根～刮～湔～翦～劲～拘～括～浪～抿～磨～抹～秋～搜～溲～秃～涂～选～蝇～照～振～整～顺～扮～耻～充～荡～的～涤～定～动～放～卷～勘～俐～炼～亮～抿～磨～目～闹～腻～刨～清～然～色～饰～丝～剔～涕～尾～问～选～淤～羽～照～字例伊余将贡技，未有耻可刷。（唐·陆龟蒙《奉酬袭美先辈吴中苦雨一百韵》）对望中天地，洞然如刷。（宋·史达祖《满江红·万水归阴》）我疑释老，携来付与，人尽说、眉如翠刷。（宋·无名氏《鹊桥仙·元家道保》）

塌 tā

古《集韵》：入声，盍韵。逆摧～地～顿～滑～疲～倾～坍～停～颓～下～遭～拽～作～顺～岸～膘～车～翅～坊～房～火～架～橘～拉～然～冗～撒～飒～趿～塌～陷～香～心～秧～直～中

褟 tā 在衣上镶花边。

挖 wā

逆刀～雕～深～挑～顺～补～单～方～花～窖～掘～年～潜～镶～心～云

瞎 xiā

古入声，八黠。逆昏～顺～巴～榜～编～路～生～诌～撞例下书遏雄虓，解罪吊挛瞎。（唐·韩愈《征蜀联句》）

鸭（鴨）yā

古入声，十七洽。逆宝～春江～刀～琱～斗～鹅～番～放～凫～金～绿～青～瑞～睡～铜～土～香～驯～瑶～银～玉～子～顺～雏～丁～儿～羹～垆～渌～茅～母～

艄～矢～桃～阵例况漏转铜壶，烟断香鸭。（宋·黄庭坚《惜余欢·四时美景》）放浪儿童归舍，莫恼比邻鸭。（宋·辛弃疾《六么令·倒冠一笑》）翠竹交苍树，幽鸟声声如答。苇岸游绿鸭。（宋·吴潜《隔浦莲·兰桡环城数叠》）

压(壓)yā

古入声，十七洽。逆逼～挨～督～覆～阁～坏～稽～禁～控～凌～陵～楼～迫～欺～钤～嵌～强～倾～沙～沈～升～填～推～威～稳～压～掩～抑～镇～质～顺～称～船～次～饭～伏～服～覆～光～黑～饥～积～解～惊～静～境～酒～卷～礼～夯～量～溺～纽～钮～派～契～塞～山～哨～身～胜～缩～痛～尾～膝～抑～韵～灾～连～榨～镇～装例二宫泣西郊，九庙起颓压。（唐·杜甫《故司徒李公光弼》）权豪晢翻覆，刑祸相填压。（唐·皮日休《任诗》）谁对叔子风流，直把曹刘压。（宋·辛弃疾《六么令·酒群花队》）

厌(厭)yā　①覆压。②抑制；镇压。见609页yān、704页yàn。

古入声，十七洽。逆～胜。

押yā

古入声，十七洽。逆标～部～出～典～封～拱～勾～行～花～画～羁～寄～捡～禁～领～判～金～书～署～私～统～退～宣～赝～印～玉～元～责～治～肘～顺～班～板～伴～榜～差～触～床～春～当～纛～地～店～队～发～番～缝～柜～号～花～黄～角～脚～解～牢～例～领～录～麻～署～水～司～摊～头～尾～牙～衙～宴～燕～引～狱～月～韵～帐～字例白莲倚阑楯，翠鸟缘帘押。（唐·皮日休《任诗》）昨夜诗有回文，韵险还慵押。（宋·晏几道《六么令·绿阴春尽》）驿骑朝驰，宝鞍卖赐，御筵宣押。（宋·翁溪园《水龙吟·镇淮楼下旌旗》）

匝(帀)zā

古入声，十五合。逆挨～逼～给～铪～合～环～迴～挤～交～匼～磕～溘～骈～青山～曲～三～四～遝～匝～遮～缜～周～週～顺～地～迭～栏～年～洽～时～岁～旬～眼～营～月例前驱引旗节，千重阵云匝。（唐·王昌龄《变行路难》）灵武朝天辽海征，宇宙曾行三四匝。（唐·元稹《志坚师》）西风簌簌低红叶。梧桐影里银河匝。（宋·祖可《菩萨蛮·西风簌簌低红叶》）

咂zā　①吮吸。②咂嘴。③品辨。

逆咯～咽～咀～嗑～唼～吮～呜～咂～咋～顺～唊～摸～啃～吮～啄～嘬

扎(紮、紥)zā　捆绑；缠束。另见本页zhā、33页zhá。

古《广韵》：入声，黠韵。逆包～缠～穿～缚～捆～诱～纸～顺～把～包～彩～掂～垫～缚～脚～靠～朦～捎

扎(紮、紥)zhā　驻扎。另见本页zā、33页zhá。

逆安～屯～住～驻～顺～塞～野～营

拔bá

古入声，八黠。又：入声，七曷异。逆标～不～采～宠～抽～出～翠～倒～登～独～渡～奋～攻～孤～海～豪～掎～济～拣～柬～简～剑～健～奖～醮～进～劲～精～警～救～俊～开～朗～力～连根～亮～奇～迁～峭～翘～清～遒～赏～升～识～收～特～推～危～洗～闲～显～险～携～雄～秀～玄～迅～偃～夷～引～英～颖～优～援～藻～展～招～甄～振～征～拯～直～诛～卓～擢～自～顺～萃～扈～篲～迹～济～简～节～絜～解～进～迥～救～举～拒～距～绝～俊～葵～刺～类～立～伦～茅～木～难～蒲～搴～亲～取～群～茹～山～赏～绍～舍～涉～身～识～士～授～俗～头～突～腿～脱～徙～薤～兴～意～营～用～尤～宅～寨～拯～帜～滞～置～擢～足例伊洛指掌收，西京不足拔。（唐·杜甫《北征》）王师虽继下，贼垒未即拔。（唐·陆龟蒙《奉酬袭美先辈吴中苦雨一百韵》）古诗尤精奥，史论皆宏拔。（唐·徐铉《酬郭先辈》）

跋bá

古入声，七曷。逆边～草～驰～出～颠～怙～画～迴～见～驹～扣～揽～狼～猎～评～题～托～拓～详～序～跫～烛～顺～朝～敕～胡～扈～焦～距～刺～蓝～浪～录～履～马～涉～识～题～尾～文～膝～躠～印～语～援～越～遮～陟～滞～跫～踬～烛～足

茇bá　①草木根。②在草舍止宿。③用同“跋”，登山。

古入声，七曷。逆茇～丛～藁～根～禾～棠～顺～涉例首到春鸿濛，犹残病根茇。（唐·陆龟蒙《奉酬袭美先辈吴中苦雨一百韵》）

魃bá　古代传说造成旱灾的鬼怪。

古入声，七曷。逆丹～旱～暵～沴～虐～女～暑～炎～顺～虐～蜮例退藏恨雨师，健步闻旱魃。（唐·杜甫《七月三日亭午已后较热退晚加小凉稳睡》）耕父蠹齐民，农夫思旱魃。（唐·陆龟蒙《奉酬袭美先辈吴中苦雨一百韵》）

察(詧)chá

古入声，八黠。逆哀～按～补～猜～参～查～澄～垂～刺～聪～洞～督～断～防～俯～公～贡～诃～呵～何～几～简～鉴～节～矜～禁～精～镜～究～举～开～苛～刻～窥～览～了～礼～理～怜～廉～临～逻～密～闵～明～默～钤～浅～清～神～慎～识～司～思～伺～探～推～望～微～文～习～相～详～小～校～刑～幸～寻～询～讯～徇～阳～要～原～允～昭～照～甄～诊～证～至～顺～按～辨～辩～捕～察～辞～典～度～断～夺～访～风～观～官～罕～核～晓～惠～慧～见～警～究～举～勘～看～考～刻～览～理～吏～廉～谅～脉～眉～敏～纳～判～色～失～识～士～事～视～恕～伺～探～听～推～微～问～悉～相～选～验～议～狱～渊鱼～院～阅～允～战～照～只～子例相思欲有寄，恐君不见察。（唐·李白《代赠远》）石潜设奇伏，穴觑骋精察。（唐·孟郊《征蜀联句》）

达(達)dá　另见36页tà。

古入声，七曷。逆傲～辨～禀～博～不～布～昌～畅～超～彻～冲

一麻　仄声·入声

～崇～辞～聪～导～洞～该～贵～豪～亨～宏～宦～诙～恢～豁～简～津～究～俊～开～慷～口～旷～廓～朗～迈～芒～萌～妙～敏～名～明～穷～权～任～荣～融～睿～上～申～舒～夙～速～遂～腾～通～透～屯～微～悉～先～贤～显～乡～晓～秀～轩～玄～恂～徇～雅～一～夷～宇～渊～远～昭～知～智～周～顺～本～变～才～财～常～臣～称～诚～辞～聪～达～怛～旦～德～典～分～夫～干～戈～诂～观～官～贵～济～见～鉴～教～节～解～经～览～老～乐～礼～理～练～僚～论～名～命～摩～能～穷～权～丧～生～声～识～士～仕～视～曙～顺～思～天～闻～贤～显～巷～孝～心～信～学～训～言～扬～要～业～义～意～因～幽～郁～占～照～知～旨～指～志～治～庄例客行悲清秋，永路苦不达。（唐·李白《江上寄元六林宗》）仗钺非老臣，宣风岂专达。（唐·杜甫《鹿头山》）抱琴荣启乐，荷锸刘伶达。（唐·白居易《洛阳有愚叟》）

典**欲速则不达**　指做事不切实际，一味追求速度，反而不能达到目的。亦作"欲速不达"。《论语·子路》："无欲速，无见小利。欲速则不达，见小利则大事不成。"

欲速则不达，骤进祗取亡。（宋·陈普《冬华一夜霜》）

死诸葛走生仲达　指死后余威犹在。《三国志·蜀书·诸葛亮传》，裴松之注引《汉晋春秋》说诸葛亮死于阵中，"杨仪等整军而出，百姓奔告宣王，宣王追焉。姜维令仪反旗鸣鼓，若将向宣王者，宣王乃退，不敢逼。于是仪结陈而去，入谷然后发丧。宣王之退也，百姓为之谚曰：'死诸葛走生仲达。'"宣王，司马懿，字仲达。走，使之败走。

死诸葛走生仲达，死姚崇卖生张说。（宋·陆游《宏智禅师真赞》）

答(*荅)dá　另见 27 页 dā。

古入声，十五合。逆凹～褒～报～笔～驳～裁～倡～承～宠～畴～酬～传～答～道～登～对～返～奉～还～函～厚～回～迴～嘉～解～亢～抗～馈～领～谬～乞～赛～省～顺～条～响～晓～效～宣～仰～优～赠～昭～顺～拜～表～策～词～辞～对～访～赋～鼓～和～贺～记～教～抗～觃～腊～礼～难～扰～飒～塞～赛～施～数～席～效～言～扬～谒～揖～疑～语～诏例咏歌有离合，永夜观酬答。（唐·潘孟阳《和权载之离合诗》）却低眉、惨然不答。（宋·苏轼《三部乐·美人如月》）听得寒蝉声断续，一似离歌相答。（宋·葛长庚《酹江月·海天秋老》）

怛dá

古入声，七曷。逆哀～悲～悃～惨～憯～恻～忡～怵～怆～惙～达～怛～忉～骇～惶～矜～惊～悬～慢～内～切～怯～悚～恸～痛～惋～欣～忧～震～灼～顺～怖～悼～化～然～伤～惕～突～惋～咤例推诚鱼鳖信，持正魑魅怛。（唐·独孤及《代书寄上李广州》）

瘩dá　另见 27 页 dā。

顺～背

繨dá

逆纥～

躂(韃)dá

逆拍～鞜～顺～靼～虏～妖～夷

靼dá

古《广韵》：入声，曷韵。又：入声，薛韵同。逆躂～

笪dá

古入声，七曷。逆一～竹～顺～日～屋

乏fá

古入声，十七洽。逆罢～褊～病～不～承～绌～喘～单～殚～道～短～乏～告～寡～寒～饥～济～艰～俭～蹇～解～窘～救～窭～倦～绝～渴～空～匮～困～劳～羸～力～疲～贫～惫～欠～罄～穷～诎～屈～衰～颓～鲜～虚～悬～养～篮～折～阻～顺～地～短～顿～疕～饿～柜～话～货～竭～尽～窘～倦～绝～困～累～力～劣～馁～趣～阙～人～少～食～事～手～术～嗣～岁～味～兴～月～资例愿儿孙，世袭簪缨，代常不乏。（宋·欧阳光祖《瑞鹤仙·得毛韩经学》）

典**赵壹囊乏**　借指徒有文才而无钱。《后汉书·赵壹传》："赵壹字元叔，汉阳西县人也。……而恃才倨傲，为乡党所摈。……作《刺世疾邪赋》，以舒其怨愤。"赋中述"秦客"诗云："文籍虽满腹，不如一囊钱。"

赵壹囊初乏，何曾箸欲收。（唐·李峤《钱》）

伐fá

古入声，六月。逆薄～贬～不～参～残～划～称～诞～党～盗～弔～断～放～戈～功～攻～国～洪～鸿～积～剪～翦～践～交～骄～娇～矜～砍～考～克～刬～口～夸～劳～陵～门～蒙～破～启～戕～攘～杀～山～伤～四～肆～挞～析～袭～洗～相～庸～责～斩～折～征～执～诛～主～斫～自～作～顺～冰～兵～德～国～交～矜～柯～命～谋～叛～器～取～人～杀～山～善～生～檀～炭～棠～性～阅～织～智～罪例冥居顺生理，草木不剪伐。（唐·李白《登梅冈望金陵》）自古以为患，诗人厌薄伐。（唐·杜甫《留花门》）九土耕不尽，武皇犹征伐。（唐·刘驾《出塞》）

罚(罸、罰)fá

古入声，六月。逆惩～处～大～科～赏～刑～责～顺～蔽～布～挟～筹～典～恶～俸～觥～极～爵～科～没～誓～首～赎～铜～愿～约～则～直～罪例圣朝不杀谐至仁，远送炎方示微罚。（唐·元稹《缚戎人》）可口是妖讹，恣情专赏罚。（唐·陆龟蒙《奉酬袭美先辈吴中苦雨一百韵》）公子多情真爱客，敢惮深杯百罚。（宋·石孝友《念奴娇·平湖阁上》）

典**白发相送，深杯百罚**　指暮年聚会游宴之乐。唐·杜甫《乐游园歌》："数茎白发那抛得，百罚深杯亦不辞。"

白发千茎相送，深杯百罚休辞。（宋·苏轼《西江月·莫叹平原落落》）

筏(栰)fá

古入声，六月。逆宝～沉～乘～放～桴～杭～津～排～箄～舍～石～顺～渡～工例开张箧中宝，自可得津筏。（唐·韩愈《送文畅师北游》）

阀(閥)fá

古入声,六月。逆薄～党～鼎～功～贵～华～阃～婚～积～绩～家～峻～门～名～前～庆～荣～盛～世～望～文～勋～胄～族～尊～顺～门～阅例荐绅秉笔徒,声誉耀前阀。(唐·韩愈《送文畅师北游》)走卒识公容貌,酋虏问公官阀。(宋·程珌《喜迁莺·评君谁似》)

垡fá

古入声,六月。逆草～耕～垦～落～飘～起～晒～榆～顺～头～子例余期报恩后,谢病老耕垡。(唐·韩愈《送文畅师北游》)倚峰小精舍,当岭残耕垡。(唐·皮日休《桃花坞》)

砝fá 今读fǎ。

古《广韵》:入声,盍韵。顺～码

茷fá ①耕土翻地。②翻耕过的土块。

古去声,九泰。又:去声,十一队同。逆茅～

轧(軋)gá ①挤。②结交。另见33页zhá、37页yà。

顺～米～朋友～空～账

滑huá 另见410页gǔ。

古入声,八黠。逆把～翠～大～刁～沕～浮～甘～乖～诡～尖～奸～坚～狡～洁～口～冷～流～没～挠～凝～泞～清～柔～软～熟～耍～苔～贪～温～鲜～涎～潏～喧～莺语～莹～游～圆～贼～滋～顺～甘～滑～稽～精～净～辣～浪～吏～利～烈～漏～律～马～民～淖～人～柔～润～石～熟～塌～汰～膛～突～托～习～言～易～泽～贼～珠例朝衣薄且健,晚簟清仍滑。(唐·白居易《秋池二首》其二)坐思藤萝密,步忆莓苔滑。(唐·李德裕《怀山居邀松阳子同作》)危弦弄响,来去惊人莺语滑。(宋·周邦彦《看花回·蕙风初散轻暖》)

典**言语春莺滑** 借指琵琶声轻快宛转流畅优美。唐·白居易《琵琶引》:"大弦嘈嘈如急雨,小弦切切如私语。……间关莺语花底滑,幽咽泉流冰下难。冰泉冷涩弦凝绝,凝绝不通声渐歇。"白居易用黄莺间关鸣叫声和冰下流水的冷涩之感描绘琵琶弹奏的乐曲,时而婉转时而顿挫。

更言语、一似春莺滑。(宋·辛弃疾《踏歌·攧厥》)

猾huá

古入声,八黠。逆骜～把～狷～大～刁～诡～豪～横～积～奸～狡～桀～杰～鲸～狙～巨～狯～狂～老～漓～佞～剽～欺～强～轻～市～贪～顽～黠～愉～险～枭～骁～邪～凶～宿～嚣～驵～躁～贼～顺～伯～恶～棍～悍～横～户～怀～稽～贾～狯～吏～虏～乱～民～逆～竖～头～伪～黠～婿～役～贼～长～子例夫妻共百年,相怜情狡猾。(唐·寒山《诗三百三首》其一一五)蜀险豁关防,秦师纵横猾。(唐·韩愈《征蜀联句》)

划(劃)huá 用尖锐的东西把别的物体分开或在物体表面擦过去、刻过去。另见12页huà、34页huá。

古《广韵》:入声,麦韵。顺～玻璃～破例有洞若神剜,有岩类天划。(唐·韩愈《和裴仆射相公假山十一韵》)

夹(夾)jiá ①双层的。②夹衣。后作"袷""裌"。另见28页jiā。

古《集韵》:入声,帖韵。逆白～穿～单～顺～袄～拜～被～层～弓～衫～宣～衣～臾

铗(鋏)jiá

古入声,十六叶。逆铲～弹～电～冯～歌～鸣～贫～长～顺～子例腰间剑,聊弹铗。(宋·辛弃疾《满江红·汉水东流》)提短剑,腰长铗。(宋·吴潜《满江红·日薄寒空》)

荚(莢)jiá

古入声,十六叶。逆草～豆～梵～雷～历～蓂～秋～祥～榆～月～皂～椶～顺～果～莲～钱～物例曾笑梅梢和豆,去月忽如荚。(宋·刘辰翁《祝英台·看师师》)柏颂才过,梅妆方试,六秀蓂荚。(宋·无名氏《永遇乐·柏颂才过》)

颊(頰)jiá

古入声,十六叶。逆搏～谗～赪～齿～赤～泚～丹～丰～辅～鼓～缓～黄～颏～口～梨～脸～柳～马～梅～门～面～弄～怒～批～披～颧～腮～牙～颐～玉～拄～顺～辅～胲～肌～囊～权～颧～腮～舌～食～适～涡例乌湿更梳翎,人愁方拄颊。(唐·韩偓《雨中》)深闺乍冷鉴开篋,玉箸微微湿红颊。(唐·裴说《闻砧》)端端正正人如月。孜孜媚媚花如颊。(宋·毛滂《菩萨蛮·端端正正人如月》)

戛(*戞)jiá

古入声,八黠。逆大～击～戛～交～铿～摩～排～硗～敲～辖～相～嘐～邪～玉～止～顺～齿～触～服～羹～击～磨～然～敌～玉～云例飞猱无整阵,翩鹘有邪戛。(唐·孟郊《征蜀联句》露荷珠自倾,风竹玉相戛。(唐·白居易《秋池二首》其二)嫌聒耳,琴筝戛。(宋·李公昂《满江红·人似梅花》)

蛱(蛺)jiá

古入声,十六叶。顺～蜨～蝶～蝶泉

鴶jiá 鸟名,杜鹃。

古入声,十七洽。逆鹎～蜂～

恝jiá 无愁貌;淡然。

古《集韵》:入声,黠韵。顺～然～置

邋lá

古《广韵》:入声,盍韵。逆逷～顺～鬼～逷

侠(俠)xiá

古入声,十六叶。逆布衣～驰～党～盗～锋～贵～果～行～豪～佳～奸～剑～健～节～俊～伉～狂～轻～秋～任～儒～诗～通～仙～凶～义～英～游～有～驵～顺～肠～刺～骨～行～节～客～烈～奴～女～气～情～儒～少～士～术～思～邪～义例如今老大,懒趁五陵豪侠。(宋·汪莘《感皇恩·年少好寻芳》)

狭(狹)xiá

古入声,十七洽。逆隘～卑～逼～鄙～庳～猵～褊～促～低～厄～寡～广～诡～瘠～俭～介～窘～拘～窭～狷～峻～阔～量～陋～路～埤～僻～偏～贫～迫～器～浅～硗～峭～曲～投～危～险～小～迂～迮～仄～仵～窄～中～捉～顺～隘～薄～凑～促～瘠～径～口～劣～吝～陋～庐～路～迫～浅～束～乡～巷～小～邪～斜～学～韵～迮～仄～窄～长～中

～坐例珠帘狭。卷帘春院花围合。(宋·范成大《秦楼月·珠帘狭》)绣槛展春,金屋宽花,谁管采菱波狭。(宋·吴文英《花心动·入眼青红》)

峡(峽)xiá

古入声,十七洽。逆巴～楚～倒～地～涧～江～空～夔～穷～瞿塘～三～山～神女～石～铁～巫～西陵～岩～猿啼～月～顺～谷～江～口～路～门～岬～湾～云～纸～州例疲茶竟何人,洒涕巴东峡。(唐·杜甫《故司徒李公光弼》)云鬟整罢却回头,屏上依稀描楚峡。(宋·秦观《玉楼春·午窗睡起香销鸭》)

匣xiá

古入声,十七洽。逆暗～拜～宝～尘～抽～地～钿～匦～函～剑～蛟龙～镜～奁～琴～生～石～室～匙～霜～文～鬃～烟～砚～瑶～印～玉～枕～妆～顺～床～椟～费～柜～剑～里～龙～炮～印例平生白羽扇,零落蛟龙匣。(唐·杜甫《故司徒李公光弼》)午窗睡起香销鸭。斜倚妆台开镜匣。(宋·秦观《玉楼春·午窗睡起香销鸭》)

辖(轄)xiá

古入声,八黠。逆部～车～丞～东～都～凤～抚～纲～迴～检～键～戒～进～纠～拘～铃～枢～四～台～提～通～投～右～脂～直～轴～总～左～顺～管～戛～境～司～统～下～役～制～治例旆亡多空杠,轴折鲜联辖。(唐·韩愈《征蜀联句》)

狎xiá

古入声,十七洽。逆爱～傲～不～谄～宠～串～恩～附～惯～酣～欢～骄～近～靳～款～笼～慢～昵～暱～狃～弄～旁～亲～情～昵～扰～赏～素～佻～通～玩～侮～习～戏～相～亵～媟～儇～训～驯～燕～游～诱～顺～逼～比～处～从～道～敌～谍～法～妓～近～竞～客～猎～躐～慢～密～妮～昵～溺～弄～鸥～恰～扰～赏～世～视～俗～徒～玩～猥～侮～息～习～戏～黠～笑～邪～亵～兴～谑～筵～宴～游～语例甘从鱼不见,亦任鸥相狎。(唐·皮日休《背篷》)柔肠断尽少人知,闲看花帘双蝶狎。(宋·秦观《玉楼春·午窗睡起香销鸭》)

硖(硤)xiá ①同“峡”。②榨压。

古入声,十七洽。逆山～月～顺～路

柙xiá ①关兽的木笼。②关押;押解。

古入声,十七洽。逆出～拱～虎～画～槛～槛～簾～木～兽～玉～珠～顺～板～床～匣

黠xiá

古入声,八黠。逆便～辩～聪～刁～诡～鬼～豪～猾～惠～慧～积～奸～健～骄～佼～狡～矫～桀～捷～杰～警～剧～狷～魁～丽～灵～敏～明～强～巧～轻～鼠～爽～贪～通～顽～细～狎～枭～骁～醒～凶～雄～妍～艳～阴～颖～愚～驵～顺～傲～盗～儿～诡～鬼～悍～狐～胡～猾～惠～慧～健～疆～桀～捷～狯～了～吏～虏～马～民～羌～巧～人～鼠～小～婿～驵～智～卒例新长青丝发,哑哑言语黠。(唐·于鹄《古词三首》其二)浑奔肆狂勦,捷窜脱趫黠。(唐·韩愈《征蜀联句》)写尽杏笺红蜡。可奈薄情如此黠。(宋·李从周《谒金门·花似匝》)

洽xiá 另见35页qià。

古入声,十七洽。逆辨～博～不～畅～充～大～殚～道～典～洞～敦～丰～敷～孚～该～赅～贯～酣～汗～和～闳～宏～化～欢～混～辑～浃～兼～交～接～谨～浸～精～款～隆～敏～明～昵～滂～旁～霈～普～溥～契～谦～潜～惬～亲～庆～仁～融～濡～赡～深～陶～通～投～妥～渥～熙～习～喜～详～休～宣～淹～叶～液～优～友～渊～允～匝～杂～沾～霑～汁～周～顺～比～博～畅～购～汗～和～化～欢～借～衿～客～览～穆～平～普～恰～庆～人～儒～润～色～商～赏～识～孰～熟～谈～通～同～闻～悉～熙～峡～意～应～友～愿～悦～著～奏～足～作例归来乡党内,却与亲朋洽。(唐·皮日休《任诗》)笑傲东山,从容南极,兰桂同欢洽。(宋·无名氏《百字歌·清和天氣》)

典**豚鱼洽** 指地方长官善施仁政。亦作“鱼鳖信”。《周易·中孚》:“豚鱼吉,利涉大川,利贞。象曰:‘……豚鱼吉,信及豚鱼也。’”王弼注:“鱼者,虫之隐者也,豚者,兽之微贱者也。争竞之道不兴,中信之德淳著,则虽微隐之物,信皆及之。”

泽广豚鱼洽,恩宣岂弟生。(唐·李绅《到宣武三十韵》)

呷xiá ①吸呷,众声杂沓。②吸饮。

古入声,十七洽。逆喋～呷～喤～口～唼～吸～翕～哮～呀～顺～啜～蛇龟例曾微呷。正斜阳淡淡,暮霭昏昏,晚风猎猎。(宋·王质《倦寻芳·断崖树老》)

杂(雜、*襍)zá

古入声,十五合。逆驳～博～不～参～嘈～羼～尘～稠～舛～串～丛～粗～错～讹～烦～繁～氛～浮～复～乖～诡～秽～昏～浑～混～溷～交～搅～纠～苛～款～鳞～凌～陵～淩～零～流～乱～沦～龙～厖～蒙～猱～闹～庞～骈～歧～牵～侵～情～扰～冗～揉～糅～散～沈～渗～数～碎～琐～沓～闲～相～嚣～淆～喧～殽～殷～游～汙～余～攒～珍～枝～滓～总～佐～顺～办～扮～变～驳～博～布～采～臿～抄～陈～处～吹～次～错～耕～谷～和～胡～话～纪～经～就～举～聚～考～滥～累～理～虏～拟～派～佩～品～评～砌～洽～情～曲～扰～冗～裳～诗～识～事～术～耍～嗽～俗～碎～沓～体～问～污～舞～袭～戏～蚁～役～引～英～咏～占～证～志～治～奏～俎～作～坐例一宅闲林泉,终身远嚣杂。(唐·皮日休《任诗》)

砸zá

顺～兑～杀

闸(閘)zhá

逆点～风～涵～两～碶～石～水～下～顺～把～板～办～草～朝～喋～墩～阀～夫～关～官～盒～看～口～头～瓦～夜～挣

札(*剳、劄)zhá

古入声,八黠。逆安～宝～笔～草

～瘥～缠～抄～彻～宸～词～赐～存～寸～大～簿～刀～点～鼎～黩～短～给～贯～函～翰～候～画～黄～昏～甲～笺～缄～简～奖～解～空～搦～片～诗～试～手～书～霜～素～投～文～吴～犀～修～夭～瑶～遗～逸～玉～御～折～纸～饣～字～奏～顺～瘥～饬～船～牍～尔～费～付～稿～工～鼓～翰～合～荒～海～厉～吏～抹～撒～萨～丧～伤～实～书～委～文～眼～札～帙～住～子～字～足例白雁上林飞，空传一书札。（唐·李白《苏武》）不合别观书，但宜窥玉札。（唐·陆龟蒙《煮茶》）步轻轻、小罗靸。人前爱把眼儿札。（宋·欧阳修《迎春乐·薄纱衫子裙腰匝》）

扎[1]zhá ①刺，戳。②插入，钻进。③关闭，堵住。另见29页zā、29页zhā。

古《广韵》：入声，黠韵。逆彻～顺～蹭～堆

扎[2]（紥、紮）zhá 驻扎。另见29页zā、29页zhā。

逆驻～顺～营～寨

炸（煠）zhá 另见26页zhà。

古《广韵》：入声，洽韵。逆煎～油～顺～大～糕～供～馏

轧（軋）zhá 把钢坯压成一定形状的钢材。另见31页gá、37页yà。

顺～钢

铡（鍘）zhá

逆刀～轮～腰～顺～草～刀

喋zhá 唼喋，水鸟或鱼类吃食貌。另见114页dié。

古入声，十七洽。逆唓～喋～嗫～唼～吮～哓～闸～顺～呷～噏

霅zhá ①众言声。②水流激荡声。

古入声，十七洽。又：入声，十六叶异。逆清～苕～煜～顺～川～上～氏～水～溪～煜

嗻zhá 啁嗻，或作"嘲嗻"，声音杂乱细碎。

古入声，八黠。逆谗～嘲～咽～啁～例挂席借前期，晨鸡莫嘲嗻。（唐·陈陶《早发始兴》）领略不辞身跌宕，一洗群儿啁嗻。（宋·韩淲《百字令·园居好处》）

礤cǎ 磨。刮刨蔬果使成丝状之具叫礤床儿。

古《广韵》：入声，曷韵。顺～床儿

法（*灋、灋）fǎ

古入声，十七洽。逆笔～禅～常～成～传～大～斗～梵～伏～付～干～戈～古～轨～弘～鸿～峻～礼～历～吏～巧～曲～善～上～慎～生～师～史～世间～式～书～术～朔～天～田～条～土～王～文～无～心～倚～义～颖～缘～匀～占～章～长～正～执～止～智～中～主～准～顺～宝～本～比～尘～当～灯～纲～古～戒～炬～空～乐～吏～门～名～曲～社～身～师～士～式～势～守～书～寺～祀～天～帖～团～王～先王～言～仪～义～议～印～友～宇～元～苑～云～则～仗～杖～正～执～旨～志～制～众～诛～主～坐例言下百骸俱拨撒。无剩法。（宋·惠洪《渔父词·不怕石头行路滑》）看灯元是菩提叶。依然曾说菩提法。（宋·辛弃疾《菩萨蛮·看灯元是菩提叶》）满腹诗书，余事到、穰苴兵法。（宋·刘克庄《满江红·满腹诗书》）

甲jiǎ

古入声，十七洽。逆百～贝～卜～布～车～拆～衬～赤～出～大～丹～登科～孚～负～附～戈～龟～合～花～火～坚～介～金～卷～军～开～里～邻～令～六～龙～纳～年～朋～披～皮～弃～青～虬～戎～入～三～束～四～兕～吴～下～象～秀～玄～芽～衣～义～鱼～玉～元～蘸～爪～枕～纸～顺～榜～兵～拆～坼～勅～床～次～错～袋～邸～第～盾～楯～坊～赋～革～观～馆～户～戟～铠～科～壳～吏～令～缕～马～门～弩～骑～刃～日～裳～舍～士～世～帖～头～图～午～伍～姓～夜～衣～役～扎～札～宅～长～仗～杖～帐～正～胄～子～紫～卒～作例司徒天宝末，北收晋阳甲。（唐·杜甫《故司徒李公光弼》）冲天香阵透长安，满城尽带黄金甲。（唐·黄巢《不第后赋菊》）支颐痴想眉愁压。咬损纤纤银指甲。（宋·秦观《玉楼春·午窗睡起香销鸭》）

胛jiǎ 肩胛。

古入声，十七洽。逆背～臂～肩～牛～顺～骨～子

岬jiǎ ①山旁。②向海突出的陆地尖角。

古《集韵》：入声，狎韵。逆赤～海～山～顺～角～嵎～嵑

钾（鉀）jiǎ ①同"甲"，铠甲。②一种化学元素。

古入声，十七洽。逆炮～金～

撒sǎ ①散布，散播。②洒落。另见28页sā。

古入声，七曷。逆遍～播～广～抛～桌～逆～播～种

靸sǎ

古入声，十五合。逆草～履～马～弃～阘～罨～棕～例欻尔解其绶，遗之如弃靸。（唐·皮日休《任诗》）半角庭阴，弓月映眉，珠露侵靸。（宋·章谦亨《石州引·半角庭阴》）

塔（*墖）tǎ

古入声，十五合。逆白～宝～贝～标～登～吊～发～梵～佛～杆～高～孤～古～化～祭～经～雷峰～灵～六合～泖～僧～沙～身～师～石～双～松～通天～像～雁～遗～玉～枣～髭～祖～顺～林～楼～庙～台～院例初因怏怏剃却头，便绕嵩山寂师塔。（唐·元稹《志坚师》）苏堤上、人正踏青，嫩草茸茸衬罗袜。游丝挂晴塔。（宋·曹邍《兰陵王·杏花坼》）妙文章，赴飞黄，姓名即登雁塔。（宋·无名氏《福寿千春·柳暗三眠》）

眨zhǎ

古入声，十七洽。逆忽～眼～眨～顺～巴～眼例沼似颇黎镜，当中见鱼眨。（唐·皮日休《任诗》）

刹chà

古入声，八黠。逆宝～禅～尘～恶～幡～梵～凤～佛～孤～古～画～金～净～丽～利～列～灵～罗～逻～名～僧～上～寺～铁～霞～香～一～玉～顺～那

发（髮）fà 发，另见27页fā。

古入声，六月。逆艾～白～鬓～齿～畜～垂～顶～断～封～佛～绀～丱～贯～海～毫～皓～鹄～花

～华～黄～角～结～净～灸～括～鸾～乱～绿～沐～年～披～鬓～青～请～穷～秋～拳～衽～生～绳～寿～束～树～甩～霜～水～丝～素～苔～头～秃～拖～佗～晚～绾～握～晞～细～星～须～宣～玄～削～鸦～养～吟～银～云～长～鬒～织～炙～栉～铢～驻～祝～壮～捉～濯～鬃～总～㊀～髾～妻～指㊀丽服映颓颜，朱灯照华发。（唐·王维《冬夜书怀》）愁来试取照，坐叹生白发。（唐·孟浩然《同张明府清镜叹》）

㊀**黄发**　借指老人。《诗经·鲁颂·閟宫》："黄发台背，寿胥与试。"毛氏传："黄发台背，皆寿征也。"

王其爱玉体，俱享黄发期。（三国魏·曹植《赠白马王彪》）

冲冠发　借指恼怒之情。《史记·廉颇蔺相如列传》："相如视秦王无意偿赵城，乃前曰：'璧有瑕，请指示王。'王授璧，相如因持璧却立，倚柱，怒发上冲冠，谓秦王曰：'……臣观大王无意偿赵王城邑，故臣复取璧。大王必欲急臣，臣头与璧俱碎于柱矣！'"

叶如壮士冲冠发，花带癯仙辟谷颜。（宋·潘牥《兰花》）

杲卿发　代指忠臣尽节不屈。《新唐书·颜杲卿传》载：唐颜杲卿，曾代理过常山太守，安禄山反时，杲卿守城，六日陷，因骂贼被断舌杀死。尸未有人敢收。后有张凑得其发，拿给他的妻子看，妻子怀疑是否是颜公的头发，头发竟然会动。

我思杲卿发，可配嵇绍血。（宋·陆游《读〈唐书·忠义传〉》）

千钧一发　喻指情况危急。《汉书·枚乘传》："乘奏书谏曰：'……夫以一缕之任系千钧之重，上县无极之高，下垂不测之渊，虽甚愚之人犹知哀其将绝也。'"

中流孤艇，千钧一发，老夫何有。（宋·李曾伯《水龙吟·吾皇神武中兴》）

三千丈发　喻指忧愁满怀。李白《秋浦歌十七首》其十五："白发三千丈，缘愁似个长。不知明镜里，何处得秋霜。"

九十日春长是雨，三千丈发总缘愁。（宋·陈纪《春感》）

吐哺握发　借指求贤若渴、勤于政事。亦作"吐握"。《韩诗外传》卷三第三十一章："成王封伯禽于鲁，周公诫之曰：'往矣！子其无以鲁国骄士。吾文王之子，武王之弟，成王之叔父，又相天子，吾于天下亦不轻矣。然一沐三握发，一饭三吐哺，犹恐失天下之士。'"

一簪华发　借指岁月流逝。苏轼《台头寺步月得人字》："回首旧游真是梦，一簪华发岸纶巾。"

世态纷纷几变更，天南地北只虚名，一簪华发可怜生。（元·曹伯启《浣溪沙·世态纷纷几变更》）

珐（琺）fà

㊀～琅

划（劃）huà

①划分。②计划，谋划。③分拨，划拨。④划线人标记。另见12页huá、31页huá。

㊀《广韵》：入声，麦韵。㊀摆～擘～布～裁～测～筹～点～分～勾～舂～划～界～谋～劈～迫～栽～支～指～㊀～拨～策～分～然～一

婳（嫿）huà

美好。

㊀入声，十一陌。㊀姽～㊀既姽婳于幽静兮，又婆娑乎人间。（战国楚·宋玉《神女赋》）

辣 là

㊀入声，七曷。㊀毒～恶～寡～狠～滑～豁～火～苦～辣～老～麻～蹼～热～山～疏辣～歪～味～辛～㊀～浪～茄～臊～手～挞～阘～味～辛～硬～语～玉～燥～子㊀莫恨中秋无月。月又不甜不辣。（宋·朱敦儒《如梦令·莫恨中秋无月》）

腊（臘、*臈）là

①腊祭。②农历十二月。③冬天腌制后风干或熏干的肉类食品。④腌制。⑤佛教修行纪时单位。"腊"另见244页xī。

㊀入声，十五合。㊀残～答～待～地～二～伏～干～过～寒～汉～红～护～饯～戒～旧～蜡～破～穷～僧～送～岁～天～五～夏～腌～一～正～瘃～祖～坐～㊀～八～茶～赐～肥～风～缚～鼓～候～花～会～剂～祭～酒～克～梨～冽～梅～面～醅～破～日～尾～飨～序～雪～药～蚁～月～酝～糟～酎㊀嵩山老僧披破衲，七十八年三十腊。（唐·元稹《志坚师》）竹外溪边，一枝破寒卫腊。（宋·赵温之《踏青游·竹外溪边》）梅喜先春，雁惊未腊。（宋·赵长卿《柳长春·梅喜先春》）

蜡（蠟）là

㊀入声，十五合。㊀宝～拨～传～爨～翠～封～凤～红～花～画～黄～绛～戒～鲸～刻～口～枯～泪～绿～然～烧～烫～香～焰～由～栀～㊀～白～版～本～鼻～鞭～表～彩～茶～查～虫～床～弹～灯～蒂～蜂～凤～光～果～红～花～炬～绢～泪～梅～蜜～面～捻～盘～珀～扦～染～沈～石～书～树～塌～台～丸～檄～香～兄～烟～焰～液～种～珠～烛～滓㊀苔封旧瓦木，水照新朱蜡。（唐·白居易《葺池上旧亭》）歌阑旋烧绛蜡。况漏转铜壶，烟断香鸭。（宋·黄庭坚《惜余欢·四时美景》）莫恨中秋无月，多点金釭红蜡。（宋·朱敦儒《如梦令·莫恨中秋无月》）

剌 là

参见12页lá"拉"。

㊀入声，七曷。㊀阿～拨～跋～鳎～不～搭～答～发～古～刮～寡～乖～忽～哗～瞭～洄～豁～劳～痨～离～瓦～歪～兀～曳～噪剌～遮～㊀～八～友～步～搭～答～骨～剌～戾～麻～马～梅～谬～撒～塔～阘～堰～子㊀风候一参差，荣枯遂乖剌。（唐·白居易《桐花》）

瘌 là

癞瘌，头癣。

㊀《广韵》：入声，十二曷。㊀疤～（轻声）㊀～痢～痢头

镴（鑞）là

焊锡，也称锡镴，系锡铅合金。

㊀《广韵》：入声，二十八盍。㊀白～焊～铅～锡～㊀～焊

纳（納）nà

㊀入声，十五合。㊀奉～抚～俯～附～赋～贡～关～轨～还～海～含～华～交～结～矜～捐～开～亲～驱～取～认～荣～赏～上～申～哂～声～省～受～顺～私～送～绥～贴～听～吐～完～吸～细～悬～选～询～延～悒～引～

迎～诱～俞～玉～援～允～珍～征～周～诛～追～顺～拜～宝～币～陛～钵～布～步～财～采～宠～访～福～妇～肝～贡～官～国～宦～隍～诲～贿～吉～甲～监～谏～降～揆～刺～喇～礼～粮～赂～禄～麓～履～马～命～纳～女～聘～善～赎～税～说～粟～锡～夏～鞋～言～衣～宜～异～音～用～牖～征～质～贽～忠～种

衲nà ①缝补，补缀。②百衲衣，即僧衣。③和尚的代称或自称。

古入声，十五合。逆百～败～补～禅～楮～毳～稻田～梵～高～槁～挂～寒～老～练～磨～衲～披～贫～破～千～青～僧～山～野～一～游～云～缁～祖～顺～袄～被～帛～锦～客～袍～裙～僧～衫～师～头～徒～线～叶～衣～子

捺nà ①用手按。②抑制。③汉字笔画之一。

古《广韵》：入声，曷韵。逆按～沉～遏～火～扣～援～铁～延～轧～筑～顺～钵～卷～抉～瑟～兴～印～硬～住

呐nà

古入声，九屑。逆呐～喷～顺～喊

钠(鈉)nà

顺～灯

洽qià 另见32页xiá。

古入声，十七洽。逆辨～博～不～畅～充～殚～道～典～洞～敦～丰～敷～孚～该～赅～鼓～贯～光～酣～汗～和～闳～宏～化～欢～混～辑～浃～兼～交～接～谨～浸～精～款～累～练～流～隆～履～敏～滂～旁～霈～普～溥～契～谦～潜～惬～亲～仁～融～濡～赡～深～陶～通～投～妥～渥～雾～熙～习～喜～详～翔～晓～休～宣～淹～叶～渊～允～匝～顺～比～博～畅～购～汗～和～化～欢～借～衿～客～览～穆～平～普～恰～庆～人～儒～润～色～商～赏～识～孰～熟～谈～通～同～闻～悉～熙～峡～意～应～友～愿～悦～著～奏～足～作例归来乡党内，却与亲朋洽。(唐·皮日休《任诗》)笑傲东山，从容南极，兰桂同欢洽。(宋·无名氏《百字歌·清和天气》)

典**豚鱼洽** 指地方长官善施仁政。亦作“鱼鳖信”。《周易·中孚》：“豚鱼吉，利涉大川，利贞。象曰：‘……豚鱼吉，信及豚鱼也。’”三国魏·王弼注：“鱼者，虫之隐者也，豚者，兽之微贱者也。争竞之道不兴，中信之德淳著，则虽微隐之物，信皆及之。”

泽广豚鱼洽，恩宣岂弟生。(唐·李绅《到宣武三十韵》)

恰qià

古入声，十七洽。逆半～才～促～颗～洽～恰～喜～狎～笑～顺～才～才～待～当～方～好～合～来～莫～切～如～似～适～贴～限～意～则～正例两点翠蛾愁压。人又不来春且恰。(宋·李从周《谒金门·花似匝》)

飒(颯)sà

古入声，十五合。逆哀～搭～答～拉～莅～飘～闪～衰～爽～窣～淅～萧～翛～潇～英～顺～白～尔～拉～刺刺～缅～戾～俐～然～洒～飒～瑟～爽～沓～踏～焉～揭例单于下阴山，砂砾空飒飒。(唐·王昌龄《变行路难》)鸾鉴分飞，梦云零乱，欢意今衰飒。(宋·石孝友《念奴娇·闷红颦翠》)

典**答飒** 指不得志。《南史·郑鲜之传》：“时傅亮、谢晦位遇日隆，范泰尝众中让诮鲜之曰：‘卿与傅谢俱从圣主，有功关、洛，卿乃居僚首，今日答飒，去人辽远，何不肖之甚！’鲜之熟视不对。”

清狂尚欲簪花舞，答飒无端据槁眠。(宋·刘克庄《寿计院族兄》)

卅sà

古入声，十五合。逆五～

萨(薩)sà

古入声，七曷。逆布～唱～豁～菩～生菩～顺～薄～埵～杭～满

趿sà 半进足于鞋，鞋后帮踩于足下。另见9页tā。

古入声，十五合。顺～拉～履～鞋

箑shà 扇子。另见117页jiā。

古入声，十六叶。又：入声，十七洽同。逆白羽～宝～厨～翠～鼓～画～金～轻～扇～蜀～松～素～珍～顺～脯～浦例闲日不整冠，闲风无用箑。(唐·皮日休《任诗》)虹影分晴，云光透晚，残日依依团箑。(宋·曾允元《齐天乐·碧梧枝上占秋信》)

霎shà

古入声，十六叶。又：入声，十七洽同。逆半～吹～片～霎～时～势～瞬～一～顺～时例入门约百步，古木声霎霎。(唐·皮日休《任诗》)只愁酒尽各西东，更把酒、推辞一霎。(宋·辛弃疾《鹊桥仙·风流标格》)

唼shà 唼喋，水鸟、鱼类争食貌。

古《集韵》：入声，三十三狎。逆博～唼～顺～啑～喋～呷～唼～食～嘲～咂例猿眠但腽肭，凫食时啑唼。(唐·皮日休《任诗》)岸足沙平，蒲根水冷留雁唼。(宋·周邦彦《华胥引·川原澄映》)

歃shà

古入声，十七洽。逆盟～牲～石～顺～辞～会～盟～血

踏tà

古入声，十五合。逆蹭～踹～传～蹙～蹴～蹉～蹬～蹲～蕃～行～检～践～脚～跙～凌～乱～跑～千人～飒～踏～腾～踢～蹄～头～颓～瑶～杂～糟～蹧～踺～踞～踯～转～足～作～顺～白～壁～臂～博～布～查～察～场～潮～床～翠～跶～灯～凳～镫～踶～垫～蹀～冻～斗～顿～芳～访～伏～竿～杠～歌～行～红～庳～荒～藉～肩～节～踘～鞠～局～勘～蹑～弩～藕～跷～橇～靳～撬～曲～蹂～莎～绳～石～损～索～趿～踏～坛～颓～舞～袭～屣～晓～雪～枷～营～月～云～灾～张～踵～逐例不怕石头行路滑，归来那爱驹儿踏。(宋·惠洪《渔父词·不怕石头行路滑》)

典**飞黄腾踏** 喻指仕途得意。唐·韩愈《符读书城南》：“三十骨骼成，乃一龙一猪。飞黄腾踏去，不能顾蟾蜍。一为马前卒，鞭背生虫蛆。一为公与相，潭潭府中居。”飞黄为古代传说中的神马。腾踏指奔驰。飞黄腾踏喻指仕途顺意，迅速擢升。

名高黄榜，飞黄腾踏入鸳行。

（宋·叶路钤《水调歌头·天启黄旗运》）

榻tà ①长狭而低的坐卧工具。②几案。

古入声，十五合。逆凹～白～宾～病～草～禅～尘～陈～床～登～短～对～风～凤～格～挂～掴～合～机～几～寄～假～讲～解～借～炕～连～凉～龙～弥陀～木～那～扫～僧～设～石～睡～藤～同～卧～下～响～象～小～徐～悬～烟～椅～吟～迎徐～御～云～置～稚～竹～椎～棕～顺～本～布～车～床～凳～橘～然～位～直～子例请题在茅栋，留坐于石榻。（唐·皮日休《任诗》）杯觞交飞劝酬献，正酣饮、醉主公陈榻。（宋·黄庭坚《惜余欢·四时美景》）

典**解榻** 见"悬榻"。

好贤常解榻，乘兴每登楼。（唐·高适《奉酬睢阳李太守》）

悬榻 借指礼贤下士或受到礼遇。亦作"解榻""下榻""扫榻"。《后汉书·徐稺传》："时陈蕃为太守，以礼请署功曹，稺不免之，既谒而退。蕃在郡不接宾客，唯稺来特设一榻，去则悬之。"《后汉书·陈蕃传》："再迁为乐安太守。……郡人周璆，高洁之士，前后郡守招命莫肯至，唯蕃能致焉。字而不名，特为置一榻，去则悬之。"

倒屣迎悬榻，停琴听解嘲。（北周·庾信《园庭诗》）

吟榻 借指创作时精妙构思仔细推敲。宋·叶梦得《石林诗话》："陈无己每登临得句，即急归，卧一榻，以被蒙之，谓之'吟榻'。家人知之，即猫犬皆逐之，婴儿稚子亦皆抱持寄邻家。"

旋移吟榻并池横，欲出柴门复懒行。（宋·陆游《池上》）

陈蕃榻 见"悬榻"。

高人屡解陈蕃榻，过客难登谢朓楼。（唐·李白《寄崔侍御》）

徐孺榻 见"悬榻"。

史君东鲁儒，府有徐孺榻。（宋·苏辙《滕王阁》）

挞(撻)tà

古入声，七曷。逆鞭～笞～楚～捶～箠～扢～光挞～痕～恚～决～辣～戮～扭～怒～殴～搒～批～扑～市朝～佻～挑～跳～挝～依～斩～杖～作～顺～伐～罚～击～架～贱～胫～戮～末～辱～煞～市～通～尾～讯～责例筋骸将束缚，腠理如箠挞。（唐·陆龟蒙《奉酬袭美先辈吴中苦雨一百韵》）炙背横眠真快活。憨抹挞。（宋·惠洪《渔父词·不怕石头行路滑》）

闼(闥)tà

古入声，七曷。逆八～白兽～板～宾～朝～床～殿～钓～房～飞～宫～闺～皇～黄～阍～椒～阶～禁～连～门～闷～内～排～披～青～青琐～埏～省～邃～琐～锁～挑～帏～闱～帷～仙～绣～轩～严～扆～幽～玉～云～重～紫～顺～尔～门例凄凉大同殿，寂寞白兽闼。（唐·杜甫《北征》）亟拥征鞍寻午梦，卧看青山排闼。（宋·李曾伯《念奴娇·黄梅过雨》）

典**青山排闼** 借指美好的田园景色。宋·王安石《书湖阴先生壁》："茅檐长扫净无苔，花木成畦手自栽。一水护田将绿绕，两山排闼送青来。"

青山排闼入，碧水绕篱回。（宋·屠季《移居甬江有感》）

拓(搨)tà 把石碑或器物上的文字或图画摹印到纸上。另见65页tuò。

逆碑～官～旧～临～摸～摹～石～手～宋～誊～响～写～新～稚～朱～顺～本～工～墨～片～手～印

獭(獺)tà

古入声，七曷。又：入声，八黠同。逆拨～海～祭～木～山～水～鱼～顺～褐～祭～皮～髓～爪例饮水畏惊猿，祭鱼时见獭。（唐·孟浩然《早发渔浦潭》）村翁莫倚横浦罾，一半鱼虾属鹈獭。（唐·陈陶《南昌道中》）前得尹佛子，后得王癞獭。（唐·无名氏《王法曹歌》）

跶(躂)tà 失足跌倒。

古《广韵》：入声，十二曷。逆蹀～跺～跄～跑～踏～踢～跳～

达(達)tà 挑达，自由往来，放恣不羁。另见29页dá。

古入声，七曷。逆挑～

阘(闒)tà ①楼上小门。②下垂。③狭长的矮床，后作"榻"。

古入声，十五合。逆刺～辣～茸～冗～颓～庸～顺～顿～非～鞠～懦～茸～冗～靸～坐

鞳tà 镗鞳，钟鼓声。

古《集韵》：入声，二十七合。逆鞺～镗～例衮衣竞璀璨，鼓吹争鞺鞳。（唐·皮日休《任诗》）

沓tà

古入声，十五合。逆案～暗～暴～坌～弛～绸～稠～丛～蹙～怠～叨～蹲～纷～复～覆～诡～哈～合～积～骄～婪～戾～蓬～疲～骈～飘～哀～冗～飒～骎～山～沓～贪～饕～腾～颓～韦～泄～喧～溢～潆～拥～庸～杂～座～重～周～谆～嶒～僔～噂～顺～蔼～潮～出～风～合～来～浪～飒～舌～沓～拖～杂～障～嶂～至例钓濑水涟漪，富春山合沓。（唐·李德裕《二猿》）小苑浴兰，微波寄叶。石城回首山重沓。（宋·贺铸《江南曲·小苑浴兰》）

遢tà

古《广韵》：入声，二十八盍。逆邋～顺～伎儿～邋

嗒tà 嗒然，忘怀貌，心身彻底松懈貌。另见27页dā。

古入声，十五合。顺～尔～然～丧～焉

漯tà ①漯河。②低湿；潮湿。

古入声，十五合。逆湆～漯～顺～河～漯

鳎(鰨)tà

古《广韵》：入声，二十八盍。逆条～

袜(襪、韈)wà 另见63页mò。

古入声，六月。逆半～角～结～巾～净～袴～灵～凌波～罗～马嵬～千重～僧靿～脱～线～鞋～鸦头～靿～毡～顺～材～船～带～罗～雀～桶～系例玉阶生白露，夜久侵罗袜。（唐·李白《玉阶怨》）见耶背面啼，垢腻脚不袜。（唐·杜甫《北征》）相思一夜庭花发。窗前忽认生尘袜。（宋·谢薖《菩萨蛮·相思一夜庭花发》）

典**步袜** 本写洛神凌波，后泛指美女步态或舞姿。曹植《洛神赋》："于是洛灵感焉……体迅飞凫，飘忽若神，陵波微步，罗袜生尘。"

步袜凌波，芙蓉仙子，绿盖红

颊。（宋·袁去华《玉团儿·吴江渺渺疑天接》）

结袜 借指尊贤之仁主。亦作"文王结袜"。《韩非子·外储说左下》："文王伐崇，至凤凰虚，袜系解，因自结。太公望曰：'何为也？'王曰：'君与处皆其师，中皆其友，下尽其使也。今王先君之臣，故无可使也。'"

莫话弹冠事，谁知结袜心。（唐·顾况《酬唐起居前后见寄二首》其一）

罗袜 见"步袜"。

翠钗照耀衔云发，玉步逶迤动罗袜。（唐·上官仪《和太尉戏赠高阳公》）

宓妃袜 见"步袜"。

子晋凤笙调夜月，宓妃罗袜映朝霞。（宋·杨亿《次韵和席衢州忆洛阳春游十四韵》）

尘生罗袜 见"步袜"。

兵卫朱门生画戟，醉舞尘生罗袜。（宋·韩淲《百字令·诏飞天上》）

陈王见袜 见"步袜"。

经过洛水几多人，唯有陈王见罗袜。（唐·韩偓《密意》）

弄波素袜 见"步袜"。

弄波素袜知甚处，空把落红流尽。（宋·王沂孙《南浦·柳外碧连天》）

素波尘袜 见"步袜"。

行云不动，素波轻浣尘袜。（宋·仇远《酹江月·探春消息》）

结王生袜 借指礼贤下士。亦作"释之结袜"。《史记·张释之列传》："王生者，善为黄老言，处士也。尝召居廷中，三公九卿尽会立，王生老人，曰：'吾袜解'，顾谓张廷尉：'为我结袜！'释之跪而结之。既已，人或谓王生曰：'独奈何廷辱张廷尉，使跪结袜？'王生曰：'吾老且贱，自度终无益于张廷尉。张廷尉方今天下名臣，吾故聊辱廷尉，使跪结袜，欲以重之。'诸公闻之，贤王生而重张廷尉。"

何人更结王生袜，此客虚弹贡氏冠。（唐·许浑《灞上逢元九处士东归》）

唱wà ①唱咽：吞咽。②唱哕：清理嗓子。

㊀入声，六月。㊁咽～㊂～呼～哕～唱～噱～咽～咿～饫㊃敲竹斗铮摐，弄泉争咽唱。（唐·皮日休《桃花坞》）

轧（軋）yà ①碾压；②排挤。另见31页 gá、33页 zhá。

㊀入声，八黠。㊁奋～击～挤～交～诘～陵～磨～碾～排～侵～倾～鸣～相～鸦～填～㊂～场～车㊃生狞竞掣跌，痴突争填轧。（唐·孟郊《征蜀联句》）寂寞金井梧桐，渐辘轳伊轧。（宋·陈允平《华胥引·涵空斜照》）

揠yà 拔起。

㊀入声，八黠。㊂～补～苗㊃天刀封未坼，酋胆慑前揠。（唐·孟郊《征蜀联句》）

栅（柵）zhà

㊀入声，十一陌。又：去声，十六谏同。㊁鸡～篱～立～木～豚～营～筑～㊂～孔～栏～垒～门～墙～锁～塘～钥～子㊃墙东有隙地，可以树高栅。（唐·杜甫《催宗文树鸡栅》）园林满芝朮，鸡犬傍篱栅。（唐·卢纶《同吉中孚梦桃源》）

二　波

三韵书对照表

诗韵新编 / 佩文诗韵 / 词林正韵		二波（平声）	
		阴平	阳平
第九部［五歌］	下平声五歌	波嶓搓磋蹉瑳多过（经过）锅堝罗（啰）呵（惊异叹词）坡颇（偏颇）陂（陂陀）梭蓑莎（烟莎）娑拖抄窝涡（水涡）倭（古人种名）	痤（病）鹾嵯矬螺罗（网罗）萝箩骡锣逻磨（折磨）摩魔么（幺幺）劘那（刹那）挪哦（惊讶叹词）婆皤番（姓）鄱挼跎驼陀酡驮（背驮）沱鼍佗鮀
未检到的字		播（春播）菠饽玻啵哆涡（水名）豁（残缺，裂开）捋（脱取）喔（解悟叹词）唆嗦它（又读）挝（老挝）蜗莴猧唷	脖腡猡椤靦模（规模）摹谟膜（膜拜）馍蘑无（南无）嫫娜（又读）鸵坨砣

诗韵新编 / 佩文诗韵 / 词林正韵		二波（仄声）	
		上声	去声
第四部［七遇］	去声七遇		错措厝
第九部［二十哿］	上声二十哿	跛簸（扬簸）脞朵垛（城垛）亸埵果裹蜾火夥裸砢蓏嬴娜（婀娜）颇（很。稍微）叵锁琐妥椭我左佐	
第九部［二十一个］	去声二十一箇		簸（簸箕）播（又读）挫锉莝惰堕舵驮（鞍驮）剁过（通过）货祸和（拌和）磨（石磨）懦糯那（无那）破些（助词，九些）唾卧涴坐座做
未检到的字		躲馃伙瘰笸所唢倭（倭堕）	薄（薄荷）垛（柴垛）跺哦（表示领会）偌祚

诗韵新编 / 佩文诗韵 / 词林正韵		二波（仄声）
		入声
第十五部［一屋］［二沃］	入声一屋	缩（口语音）卜（萝卜）啄
	入声二沃	躅（足迹）

续表

词林正韵 \ 佩文诗韵 \ 诗韵新编		二波(仄声)
		入声
第十六部[三觉][十药]	入声三觉	剥朴(音泼,朴刀)捉涿驳雹(冰雹)浊濯琢卓镯擢诼鸑踔浞龊逴荦搦数(音烁,频数)朔槊握幄渥喔(音斡,喔喔)龌偓
	入声十药	郭摸托饦薄(音博。厚薄)箔泊博膊搏礴镈餺襮铎膜(耳膜)橐酌斫灼缴(音灼。系箭丝绳)彴昨作(音昨。作料)椁笮亳绰度(音舵。揣度)踱缚(又读)霍藿镬臛蠖濩索廓扩鞹落(音络。部落)络(网络)酪(奶酪)洛烙(炮烙)骆珞跞泺漠莫寞瘼镆诺粕弱若(音弱。假若)箬蒻铄烁勺(杯勺)妁芍(芍药)柝拓(音唾。开拓)箨萚魄(音唾。落魄)怍酢柞
第十七部[四质][十一陌][十三职]	入声四质	率(音烁。直率)蟀(音烁。蟋蟀)
	入声十一陌	蝈白(雪白)伯(叔伯)百柏(松柏)帛舶掴帼虢擘檗获砉陌脉(血脉)麦(大麦)霡貊蓦迫拍(节拍)魄(魂魄)珀硕(硕士)
	入声十三职	踣僰国北(南北)惑或墨默纆冒(冒顿)
第十八部[五物][六月][七曷][九屑]	入声五物	佛(音驳。怫然,忿貌)佛
	入声六月	勃渤孛浡棁捽(音昨。揪。抵触)柮没(音墨。沉没)殁
	入声七曷	拨钵鲅撮(一小撮)泼脱夺掇咄澤剟活括抹(涂抹)豁(音获。开豁)阔适(音扩。南宫适,人名)末沫秣袜(音寞,袜胸)斡
	入声九屑	说拙茁惙辍啜
未检到的字		般(经语。般若)戳啯桌作(衣着)钹鹁荸(荸荠)铂裰濊着(穿着)庹撮(又读)簙瓠(瓠落)嚄抹(音墨。弦乐指法)茉嘿万(万俟。复姓)朴(厚朴)酦掰嘣跞沃(肥沃)作(工作)凿	

平声·阴平

波bō

【古】平声,五歌。【逆】奔～沧～层～澄～洞庭～风～伏～海～横～回～惊～潋滟～鳞～凌～绿～清～秋～逝～天～烟～眼～扬～余～震～纵～【顺】～进～查～槎～碴～潮～臣～荡～动～诡～骇～鸿～竞～澜～累～棱～黎～连～涟～粼～灵～流～靡～迁～扰～润～若～逃～腾～委～纹～险～心～折～磔～皱【例】暂时花带雪,几处叶沉波。(唐·杜甫《蒹葭》)沙头雨染斑斑草,水面风驱瑟瑟波。(唐·白居易《早春忆微之》)

【典】**伏波**　汉代将军名号,借指武将。亦作"马伏波"。《史记·卫将军骠骑列传》:"将军路博德,平州人。……骠骑死后,博德以卫尉为伏波将军,伐破南越,益封。"《后汉书·马援传》:"马援字文渊,扶风茂陵人也。……于是玺书拜援伏波将军。"

伏波故道风烟在,翁仲遗墟草树平。(唐·柳宗元《衡阳与梦得分路赠别》)

横波　歌舞伎的目光如水波流动,代指女子的眼睛。傅毅《舞赋》:"眉连娟以增绕兮,目流睇而横波。"李善注:"横波,言目邪视,如水之横流也。"

二寸横波回慢水,一双纤手语香弦。(唐·李群玉《醉后赠冯姬》)

凌波　指女神或美女。曹植《洛神赋》:"体迅飞凫,飘忽若神。陵波微步,罗袜生尘。"李善注:"陵波而袜生尘,言神人异也。"

凌波不过横塘路,但目送、芳尘去。(宋·贺铸《横塘路·凌波不过横塘路》)

逝波　见585页"逝川"。

黄衫少年宜来数,不见堂前东逝波。(杜甫《少年行》)

海无波　喻天下太平、国祚祥瑞。亦作"海不扬波"。

四海无波安乐住,陈家松下小柴门。(宋·黄庭坚《再答并简康国兄弟四首》其三)

托微波　指向意中人传情达意。曹植《洛神赋》:"余情悦其淑美兮,心振荡而不怡。无良媒以接欢兮,托微波而通词。"

无由见颜色,还自托微波。(唐·李商隐《离思》)

弱羽填波　古代神话中的炎帝之女溺死后化为精卫鸟,衔木石以填海。常用作矢志追求之典。见《山海经·北山经》。

弱羽填波,轻装浮海,其奈沧溟潋滟。(宋·马廷鸾《齐天乐·和张龙山寿词》)

一点秋波　喻美女明亮飞动的目光。宋·苏轼《苏轼诗集》卷一七

《百步洪二首》其二："佳人未肯回秋波，幼舆欲语防飞梭。"施元之注引唐·元稹《崔徽歌》："眼明正似琉璃瓶，心荡秋水横波清。"

多情早是眉峰蹙。一点秋波，闲里觑人毒。（宋·张孝祥《醉落魄·清黄澹绿》）

播bō　另见 47 页 bò。

古去声，二十一箇。逆风～流～楼～迁～秋～撒～散～条～扬～远～直～转～顺～布～传～荡～德～发～敷～赋～放～耕～谷～流～名～弄～弃～迁～染～洒～撒～散～生～时～徙～馨～扬～艺～越～谪～植～殖～种例胜事谁复论，丑声日已播。（唐·韩愈《合江亭》）胡部新声锦筵坐，中庭汉振高音播。（唐·元稹《和李校书新题乐府十二首·立部伎》）

菠bō

古《集韵》：平声，八戈。逆赤根～春～寒～霜～顺～莱～菱菜～萝～萝蜜

饽（餑）bō

古入声，六月。逆饽～麦～贴～蒸～顺～饽

玻bō　玻璃的玻。

古《广韵》：平声，八戈。顺～房～璃～璃春～璃江～室～罩

嶓bō　山名。

古平声，五歌。逆岷～顺～岷～冢

卜（蔔）bo　另见 408 页 bǔ。

古《广韵》：入声，德韵。逆萝～例宁假喻芭蕉，真成嗅薝卜。（唐·李群玉《湘中别成威阇黎》）

啵bo　商榷助词。

古缺。逆啵～打～嘚～顺～啵～吡～噜

搓cuō

古平声，五歌。逆搀～扯～切～揉～如～挼～挣～顺～板～擦～磨～弄～挪～揉～手～挲～洗例填词莺啭切，促轸雁声搓。（元·袁桷《播州宣抚杨资德》）

磋cuō

古平声，五歌。又：去声，二十一箇同。逆磋～切～如～顺～齿～磋～跌～磲～砻～摩～磨～切～商～议～玉～琢例常于众中会，颜色两切磋。（唐·孟郊《哭刘言史》）圣恩若许留太学，诸生讲解得切磋。（唐·韩愈《石鼓歌》）

蹉cuō

古平声，五歌。逆蹉～蹉～跌～爬～平～跎～顺～败～蹉～跌～动～娥～夫～过～路～躔～失～踏～蹋～跎～蹶例簸顿五山踣，流槎八维蹉。（唐·韩愈《读东方朔杂事》）睡起中庭月未蹉，繁香随影上青罗。（宋·张元干《浣溪沙·咏木香》）

瑳cuō　玉润。

古平声，五歌。又：上声，二十哿同。逆瑳～璀～瑳～巧笑～切～顺～瑳～磨～切

多duō

古平声，五歌。逆倍～不在～不争～不足～蕃～烦～繁～肥～弘～鸿～寖～居～孔～率～饶～盛～猥～无～许～一芍～盈～优～至～众～诸～自～足～顺～曾～承～愁～烦～方～管～忌～娇～金～亏～滥～垒～累～蒙～能～辟～僻～岐～歧～情～情种～生～时～识～士～事～寿～思～幸～许～绪～应～虞～咱～昝～姿例兴阑啼鸟换，坐久落花多。（唐·王维《从岐王过杨氏别业应教》）斫却月中桂，清光应更多。（唐·杜甫《一百五日夜对月》）

典**士衡患多**　指才高之人，易招祸患。《晋书·陆机传》："机天才秀逸，词藻宏丽，张华尝谓之曰：'人之为文，常恨才少，而子更患其多。'"

武仲不休，士衡患多。（唐·李翰《蒙求》）

来日苦无多　指年已老大，岁月无多。唐·韩愈《除官赴阙至江州寄鄂岳李大夫》："我齿落且尽，君鬓白几何。年皆过半百，来日苦无多。"

独坐茅檐静养疴，亦知来日苦无多。（宋·丘葵《病中作》）

哆duō　另见 154 页 chǐ。

古平声，六麻；上声，四纸异。逆侈～哕～哆～朵～哮～啰～顺～哆～弄～唆～嗦

咄duō

古入声，六月。又：入声，七曷同。逆吒～切～咄～骨～诃～呵～书空咄～咤～震～嗞～顺～叱～欻～啐～咄～咄逼人～咄怪事～呵～嗟～骂～诺～唶例感叹将谓谁，对之空咄咄。（唐·高适《同观陈十六史兴碑》）

典**咄咄**　指受到委屈时愤懑不平之态。《世说新语·黜免》："殷中军被废，在信安，终日书空作字。扬州吏民寻义逐之，窃视，唯作'咄咄怪事'四字而已。"

亲知殊悢悢，徒御方咄咄。（唐·杨巨源《辞魏博田尚书出境后感恩恋德因登丛台》）

掇duō　①拾取；选取；取，获取。②掠夺，夺取。③搬动或端起。

古入声，七曷。又：入声，九屑同。逆表～采～抄～钞～串～撺～窜～集～攫～揽～拈～剽～攓～拾～收～摘～顺～采～桂～拾～饰～撷～转～赚例浦沙净如洗，海月明可掇。（唐·李白《江上寄元六林宗》）忧端齐终南，澒洞不可掇。（唐·杜甫《自京赴奉先县咏怀五百字》）

过（過）guō　古国名。另见 48 页 guò。

古平声，五歌。又：去声，二十一箇异。

锅（鍋）guō

古平声，五歌。逆鼎～分～釜～甘～黑～回～起～炸～顺～帘～炉～门～台例盈锅玉泉沸，满甑云芽熟。（唐·陆龟蒙《茶灶》）

典**萧锅**　甘露寺内南朝梁武帝萧衍天监十八年所造大铁锅。泛指古物。《苏轼诗集》卷七《甘露寺》："萧公古铁镬。"施元之注："《润州类集》：'甘露寺，有梁天监中所铸镬，有铭可验。'"

说甚萧锅曹石，古矣苏吟米画，黑白满盘收。（宋·王奕《水调歌头·和陆放翁多景楼》）

埚（堝）guō　熔化金属或其他物质的器皿，一般用黏土、石墨等耐火材料做成。

古平声，五歌。逆坩～甘～沙～一～

涡（渦）guō　水名。今称涡河。另见 42 页 wō。

古平声，五歌。

聒guō　麻韵阴平 guā 同。另见 28 页 guā。

㊀入声，七曷。㊁嘈～吵～炒～喋～烦～沸～干～聒～喤～蹷～激～急～煎～焦～搅～叫～惊～哤～鸣～恼～鸟～强～清～嚷～扰～碎～琐～闲～哓～嚣～絮～喧～噪～渍～㊂～天～叫～地～耳～扰～吵～帐～乱～挠～絮～噪㊃东旭早光芒，渚禽已惊聒。（唐·孟浩然《早发渔浦潭》）亭午减汗流，北邻耐人聒。（唐·杜甫《七月三日亭午已后较热退晚加小凉稳睡》）

豁huō　残缺，裂开。另见 60 页 huò。

㊀入声，七曷。㊁齿～口～头痛齿～㊂～边～齿～出去～口～罅～牙～子～嘴㊃仰观天色改，坐觉袄气豁。（唐·杜甫《北征》）

㊄**韩公齿豁**　指因追名逐利而过早衰老。见《韩昌黎文集》卷一《进学解》。

从人笑，我韩公齿豁，张镐眉苍。（宋·刘克庄《沁园春·和林卿韵》）

捋luō　①以手指轻轻摘取。②用手握住向一端滑动。另见 97 页 lè。

㊀入声，七曷。㊁采～低～揲～摩～磨～轻～一把～郁～㊂～茶～桑叶～榆钱

啰（囉）luō

㊀平声，五歌。㊂～哆～苏～唆～嗦

呵ō　惊异叹词。另见 4 页 hā、73 页 hē。

㊀平声，五歌。㊃更如何、欢喜也呵。（宋·彭子翔《声声慢·寿六十一》）富贵安居，功名天赋，争奈皆由时命呵。（宋·无名氏《大圣乐·初夏》）

坡pō

㊀平声，五歌。㊁半～层～东～陡～皇子～谏～椒～阶～金～金銮～老～林～鸾～銮～马嵬～漫～深～窣堵～燕支～燕脂～杨柳～阴～长乐～㊂～公～公堤～谷～老～梁～垄～撇～田～土～陁～陀～仙～野～颍㊃尘土已残香粉艳，荔枝犹到马嵬坡。（唐·张祜《马嵬坡》）枫叶红遮店，茫花白满坡。（唐·齐己《宜阳道中作》）

㊄**銮坡**　翰林院的别称，亦指翰林学士。亦作"銮坡"。宋·叶梦得《石林燕语》卷五："俗称翰林学士为坡，盖唐德宗时，尝移学士院于金銮坡上，故亦称銮坡。"

早见鹤楼风采，归掌鸾坡机轴。（宋·秦观《喜迁莺·花香馥郁》）

颇（頗）pō　另见 46 页 pǒ。

㊀平声，五歌。又：上声，二十哿异。㊁不～踦～廉～偏～平～颇～起～倾～无～㊂～败～侧～辞～回～讥～激～佳～类～颣～棱～陵～辟～僻～偏～失～说～险～邪㊃汉主岂劳思李牧，赵王犹是用廉颇。（唐·雍陶《罢还边将》）朝复暮。嫔嫱妒。宠偏颇。（宋·李冠《六州歌头·骊山》）

㊄**廉颇**　战国时赵国将领。借指老将，亦指空怀报国之志而不得任用的老将。见《史记·廉颇蔺相如列传》。

今日朝廷须汲黯，中原将帅忆廉颇。（唐·杜甫《奉寄高常侍》）

李牧廉颇　指护国名将。见《史记·廉颇蔺相如列传》附《李牧列传》。

棘门灞上徒儿戏，李牧廉颇莫更论。（宋·王安石《白沟行》）

陂pō　陂陀，地势倾斜不平。另见 208 页 pí、259 页 bēi。

㊀《集韵》：下平，八戈。㊁险～夷～㊂～池～陀～陁～阤

梭suō

㊀平声，五歌。㊁撺～防～飞～风～寒～机～疾似～鸣～弄～抛～泼梭～扑梭～虬～陶氏～天～跳～停～通～投～网～巡～阴梭～银～莺～玉～掷～杼～㊂～标～镖～布～动～腹～过～枪～巡～叶～鱼～织～杼㊃郡简容垂钓，家贫学弄梭。（唐·刘长卿《对酒寄严维》）陶家壁上精灵物，风雨未来终是梭。（唐·李咸用《宿渔家》）

㊄**防梭**　指洁身自好，不学谢鲲调戏民女而自取其辱。亦作"掷金梭"。《世说新语·赏誉》："谢公道豫章：'若遇七贤，必自把臂入林。'"刘孝标注引《江左名士传》："（谢鲲）邻家有女，尝往挑之。女方织，以梭投折其两齿。既归，傲然长啸曰：'犹不废我啸歌。'其不事形骸如此。"

防梭齿虽在，乞帽鬓惭斑。（唐·段成式《和周繇见嘲》）

醉凭青琐窥韩寿，闲掷金梭恼谢鲲。（唐·赵光远《题妓莱儿壁》）

蓑（簑）suō

㊀平声，五歌。㊁钓～短～耕～寒～笠～绿～牛～披～苦～雪～烟～渔～雨～㊂～草～笠～翁～衣㊃声眠篷底客，寒湿钓来蓑。（唐·杜牧《江上雨寄崔碣》）无名无为堪休去，犹拟朝衣换钓蓑。（唐·韩偓《夜坐》）

莎suō　莎草。又通"蓑"。另见 8 页 shā。

㊀平声，五歌。㊁寒～戾～绿～平～浅～青～细～烟～一径～㊂～草～笠～衣㊃晚光扶翠潋，潭影写青莎。（唐·朱休《春水绿波》）松门堆复积，埋石亦埋莎。（唐·齐己《对雪》）

唆suō

㊀平声，五歌。㊁搬～撺～刁～叼～哆～教～攛～示～挑～调～颓～㊂～摆～拨～毒～犯～哄～激～教～令～弄～说～讼～调～诱～诈㊃忙中掉得便去，不是有人唆。（宋·曹勋《诉衷情·人情世态饱经过》）

嗦suō

㊀缺。㊁打哆～哆～噜～啰～嗦～㊂～嗦

娑suō

㊀平声，五歌。又：上声，二十哿异。㊁逻～摸～摩～磨～婆～婆～毵～娑～㊂～罗～罗笼～罗绵～罗树～盘～婆～娑～拖㊃岁晏期攀折，时归且婆娑。（唐·孟郊《送别崔寅亮下第》）今日重来门巷改，出墙桐树绿婆娑。（唐·李远《赠友人》）

㊄**老子婆娑**　指徘徊留恋。《晋书·陶侃传》："及疾笃，将归长沙，军资器仗牛马舟船皆有定簿，封印仓库，自加管钥，以付王愆期，然后登舟，朝野以为美谈。将出府门，顾谓愆期曰：'老子婆娑，正坐诸君辈。'"

徘徊久，问人间谁似，老子婆娑。（宋·辛弃疾《沁园春·弄溪赋》）

挲(*抄)suō
㊀平声,五歌。㊁摩～挪～挼～挼～挓～㊃云里蟾钩落凤窝,玉郎沈醉也摩挲。(唐·夏侯审《咏被中绣鞋》)羞拂拂,懊恼自摩挲。(宋·刘辰翁《双调望江南·长欲语》)

拖(*拕)tuō
㊀平声,五歌。又上声,二十哿同。㊁绑～倒～横～尽～磨～拍～牵～裙～失～娑～杳～潭～斜～烟～杳～㊂～驳～步～缠～肠～带～宕～刀计～逗～发～钩～露～轮～腔～青～绅～沓～蹋～堂～涎～绣球～延～曳～玉～拽～紫㊃形容浑瘦削,行止强牵拖。(唐·齐己《示诸侄》)湖山桂香自好,笙歌舫、沈沈醉也谁拖。(宋·陈著《金盏子·四时怀古秋词》)

它tuō　另见9页tā。
㊀平声,五歌。
㊄之死靡它　指感情忠贞不渝,也指意志坚定、志趣专一。亦作"之死靡他"。《诗经·鄘风·柏舟》:"泛彼柏舟,在彼中河。髧彼两髦,实维我仪。之死矢靡它。母也天只,不谅人只。"

之死靡它,寔余之情。(元·郝经《停云》)

佗tuō　今读tā。另见44页tuó。
㊀平声,五歌。㊁无～㊃蚕身不为己,汝身不为佗。(唐·孟郊《蜘蛛讽》)

窝(窩)wō
㊀平声,五歌。㊁安乐～钿～行～酒～旧～狼～老～趴～爬～销金～笑～心～雪～烟～岩～眼～燕～吟～月～灶～扎～炸～毡～㊂～伴～藏～巢～顿～匪～风～工～弓～火～集～聚～囊～弩～棚～铺～气～穰～囤～窝鞋～线～心～隐～玉㊃天堑如磨。偏映华簪雪一窝。(宋·米芾《丑奴儿·见白发》)散了真珠还聚。聚作水银窝。泻清波。(宋·杨万里《昭君怨·咏荷上雨》)
㊄安乐窝　指安逸的住所。宋·马永卿《嬾真子》卷三:"洛中邵康节先生术数既高,而心术亦自过人。所居有圭窦、瓮牖。圭窦者,墙上凿门,上锐下方,如圭之状;瓮牖者,以败瓮口安于室之东西,用赤白纸糊之,象日月也。其所居谓之'安乐窝'。"

离了名利场,钻入安乐窝,闲快活。(元·关汉卿[南吕·四块玉]《闲适》)

涡(渦)wō　另见40页guō。
㊀平声,五歌。㊁弹子～颊～酒～梨～黎～盘～泗水～是非～水～微～笑～旋～漩～㊂～电流～濑～流～轮机～盘～旋～漩～状㊃汗流出鸟道,胆碎窥龙涡。(唐·岑参《赴犍为经龙阁道》)雨露团寒菊,秋风入败荷。缭墙南畔曲池涡。(宋·张元干《南歌子·中秋》)

挝(撾)wō　另见10页zhuā。
㊁老～

蜗(蝸)wō
㊀平声,六麻。又:平声,九佳同。㊁耳～龟～栖～蜒～银～战～篆～㊂～虫～斗～房～痕～睆～迹～迹～角～居～壳～壳居～量～庐～轮～螺～牛～牛国～牛庐～牛舍～跧～舍～室～书～髻～涎～旋～蜒～蚓～窄～战～篆㊃自笑卷怀头角缩,归盘烟磴恰如蜗。(唐·杜牧《朱坡绝句三首》其三)散复聚来膻上蚁,左还右旋壁间蜗。(宋·吴潜《望江南·家山好》)

莴(萵)wō
㊀㊁春～霜～㊂～苣

猧wō　小狗。
㊀㊁花～雪～玉～㊂～儿～子

倭wō　古人种名。另见47页wǒ。
㊀平声,五歌。又:平声,四支异。㊁东～㊂～刀～缎～瓜～国～寇～娘～奴～人～扇～夷～子

唷yō
㊁啊～哎～暖～夯～嗬～哼～吭～喔～㊂～喂

平声·阳平

脖bó
㊀《广韵》:入声,十一没。㊁顶～回～颈～围～窝～㊂～梗～拐～脐～颈～领～项～胦～子

瘥cuó　病,小疫。另见321页chài。
㊀平声,五歌。又:去声,十卦异。㊁荐～沴～夭～札～㊂～昏～疠～瘼～札㊃爨竹茹芳叶,宁虑瘵与瘥。(唐·柳宗元《种术》)共矜异俗同声教,不念齐民方荐瘥。(唐·元稹《和李校书新题乐府十二首·骠国乐》)

鹾(鹺)cuó　盐。
㊀平声,五歌。㊁白～贩～海～行～咸～醎～巡～盐～转～㊂～船～法～纲～馆～篚～策～贾～价～课～咸～茵

嵯cuó
㊀平声,五歌。又:平声,四支异。㊁嵾～崔～巀～呿～㊂～峨

矬cuó　身材矮小。
㊀平声,五歌。㊁矮～侏儒～㊃跁跒松形矮,般跚桧樾矬。(唐·嵩起《报恩寺南池联句》)

螺luó
㊀平声,五歌。㊁黛～钿～钉～法～海～几点～髻～青～田～烟～㊂～号～丝～钉～纹～杯～蛘～旋～蛳～髻㊃遥望洞庭山水翠,白银盘里一青螺。(唐·刘禹锡《望洞庭》)澹澹衫儿薄薄罗,轻颦双黛螺。(南唐·李煜《长相思》)
㊄髻拥千螺　释迦文尼佛,本名螺髻仙人,头上髻卷如螺。《大智度论》卷一七《文尼佛》:"如释迦文尼佛本为螺髻仙人,名尚阇利。常行第四禅,出入息断在一树下坐,兀然不动。鸟见如此,谓之为木,即于髻中生卵。"

笑身居近侍,阶翻万玉。面丐菩萨,髻拥千螺。(宋·方岳《沁园春·和赵司户红药》)

罗(羅)luó
㊀平声,五歌。㊁包～波～红～绫～喽～罗～曼陀～汨～叵～绮～轻～森～搜～网～香～星～胸～阎～张～㊂～布～缎～敷～锅～汉～列～缕～盘～圈～网～刹～扇～纹～衣～织～致㊃昨日屋头堪炙手,今朝门外好张罗。(唐·白居易《放言五首》其四)道性欺冰雪,禅心笑绮罗。(唐·鱼玄机《酬李郢夏日钓鱼回见示》)

萝(蘿)luó
㊀平声,五歌。㊁剪秋～木菠～茑～女～莳～松～藤～㊂～卜～卜花

～芳～蘼【例】山花迷径路，池水拂藤萝。（唐·张说《湘州北亭》）吟诗向月路，驱马出烟萝。（唐·皇甫曾《送郑秀才贡举》）

【典】**女萝**　喻依附于人。《诗经·小雅·頍弁》："茑与女萝，施于松柏。"毛氏传："女萝，菟丝，松萝也。"

女萝附青松，贵欲相依投。（李白《去妇词》）

女萝力弱难逢地，桐树心孤易感秋。（唐·曹邺《碧寻宴上有怀知己》）

苎萝　春秋时的美女西施为越国苎萝村人，借指西施。见《吴越春秋·勾践阴谋外传》。

一顾倾吴，苎萝人不见，烟杳重湖。（宋·姜夔《汉宫春·次韵稼轩蓬莱阁》）

箩（籮）luó

【古】平声，五歌。【逆】稻～笸～筛～淘～竹～【顺】～筐

骡（騾、*驘）luó

【古】平声，五歌。【逆】蹇～健～跨～马～疲～青～【顺】～马～子【例】几度吊来唯白鹤，此时乘去必青骡。（唐·张贲《奉和袭美伤开元观顾道士》）怒狸朝搏雁，嚘虎夜窥骡。（宋·王安石《乌塘》）

【典】**青骡**　指仙道之事，也指人亡故。亦作"乘青骡"。《太平御览》卷九〇一引《鲁女生别传》："李少君死后百余日，后人有见少君在河东蒲坂，乘青骡，帝闻之，发其棺，无所有。"

尚忆青骡去，宁知白马来。（王维《哭褚司马》）

少君骑海上，人见是青骡。（唐·李贺《马诗二十三首》其二十三）

锣（鑼）luó

【古】平声，五歌。【逆】金～鸣～筛～铜～小～云～【顺】～鼓～槌

逻（邏）luó　①巡察，巡行。②遮拦。

【古】《集韵》：平声，八戈。【逆】巡～遮～侦～【顺】～骑～辑～卒【例】桑蚕作茧自缠裹，蛛蝥结网工遮逻。（宋·黄庭坚《演雅》）石霜这汉难关锁。水出高源酬佛陀，哩棱逻。（宋·李彭《渔歌》）

脶（腡）luó　手指圆纹。

【古】《广韵》：下平，八戈。【逆】箕～旋～

猡（玀）luó

【逆】猪～

椤（欏）luó　桫椤，木名。

【古】《广韵》：下平，七歌。【逆】黄波～桫～

覼luó　委曲，繁复。

【古】下平，五歌。【顺】～缕【逆】缕～【例】谓有神官招，道妙相缕覼。（元·吴澄《饯王讲师分韵得波字》）

磨mó　另见49页mò。

【古】平声，五歌。又，入声，二十一箇异。【逆】缠～刮～剑横～砻～墨～铁砚～洗～消～研～蚁～琢～【顺】～擦～蹭～耗～合～砺～练～炼～灭～难～蚀～损～折【例】离别家乡岁月多，近来人事半销磨。（唐·贺知章《回乡偶书》）湖光秋月两相和，潭面无风镜未磨。（唐·刘禹锡《望洞庭》）

【典】**蚁磨**　指浮生劳碌。亦作"蚁空旋磨"。《晋书·天文志上》："蚁行磨石之上，磨左旋而蚁右去，磨疾而蚁迟，故不得不随磨以左回焉。"

便觉浮世卑沈，回翔偃薄，似蚁空旋磨。（宋·游子西《念奴娇·暑尘收尽》）

光阴酒消磨　借酒消磨时光。唐·郑谷《梓潼岁暮》（《全唐诗》卷六七四）："江城无宿雪，风物易为春。酒美消磨日，梅香著莫人。"

天气乍凉人寂寞，光阴须得酒消磨，且来花里听笙歌。（苏轼《浣溪沙·荷花》）

模mó　另见353页mú。

【古】平声，七虞。【逆】常～达士～宏～楷～砂～师～铜～万世～远～【顺】～本～范～仿～糊～块～棱～拟～效～写【例】三黜有愠色，即非贤哲模。（唐·孟郊《旅次湘沅有怀灵均》）阴阳为炭地为炉，铸出金钱不用模。（唐·皮日休《金钱花》）

摩mó

【古】平声，五歌。【逆】揣～达～抚～观～肩～手～维～研～【顺】～擦～挲～天～崖【例】危楼入水倒，飞槛向空摩。（唐·张九龄《登临沮楼》）翰墨场中老伏波，菩提坊里病维摩。（宋·黄庭坚《病起荆江亭即事》）

魔mó

【古】平声，五歌。【逆】愁～恶～风～伏～降～酒～梦～棋～入～诗～睡～天～邪～【顺】～怪～鬼～幻～窟～力～芋～掌～杖～障～爪～怔【例】预愁嫁娶真成患，细念因缘尽是魔。（唐·白居易《自到浔阳生三女子》）野客相逢添酒病，春山暂上著诗魔。（唐·姚合《罢武功县将入城》）

【典】**睡魔**　喻指促人入睡的困倦。宋·苏轼《苏轼诗集》卷四七《赠包安静先生茶二首》其二："建茶三十片，不审味如何。奉赠包居士，僧房战睡魔。"

驱退睡魔十万，有双龙苍璧。（陆游《好事近·寄张真甫十二首》其九）

摹mó

【古】平声，七虞。【逆】临～描～手～心～追～【顺】～本～仿～绘～刻～拟～效～写～印～状【例】作诗火急追亡逋，清景一失后难摹。（宋·苏轼《腊日游孤山访惠勤惠思二僧》）诗如古鼎篆，可爱不可摹。（宋·陆游《寄酬曾学士学宛陵先生体比得书云所寓广教僧》）

谟（謨、*謩）mó　计谋，谋略。

【古】平声，七虞。【逆】典～宏～嘉～良～远～【顺】～谋【例】闻诏安边使，曾是故人谟。（唐·陈子昂《答韩使同在边》）天属尊尧典，神功协禹谟。（唐·杜甫《行次昭陵》）

【典】**君谟**　本为宋代谏臣蔡襄的字，后代指敢谏之臣。宋·欧阳修《端明殿学士蔡公墓志铭》："公讳襄，字君谟。……遇事感激，无所回避，权倖畏敛，不敢挠法干政。"

掀髯醉接君谟笔，击缶吟招子美魂。（宋·白玉蟾《大都督制侍方岩先生召彭白饮于州治之春野亭因和苏子美韵》）

膜mó　另见57页mó。

【古】上平，七虞。又：入声，十药异。【顺】～拜

么（麽）mó　另见7页"吗"mā、74页me。

【古】下平，五歌。【逆】幺～【例】相逢空怅望，更有好时么。（唐·贯休《避寇山中作》）叮咛与访春山寺，白乐天真在也么。（唐·齐己《送僧归洛

中》)

馍(饃、*䭾)mó

逆馍～顺～馍

蘑mó　蘑菇的蘑。

逆口～香～顺～菇～菇云

无(無)mó　另见357页wú。

古平声,七虞。逆南～

嫫mó　嫫母,丑妇。

古平声,七虞。逆嫱～盐～顺～母

劘mó　切削。

古平声,五歌。又,平声,四支,异。逆切～例盲飙忽号怒,万物相纷劘。(唐·陈子昂《感遇诗》)

那nuó　①多。②何。③移动。后作"挪"。另见24页nuò、49页nà。

古平声,五歌。又:上声,二十哿,异;去声,二十一箇,同。逆不～禅～檀～猗～遮～顺～步～何～行～移例扬兵猎月窟,转战略朝那。(唐·李白《发白马》)继周八代争战罢,无人收拾理则那。(唐·韩愈《石鼓歌》)

挪nuó　①搓揉。②挪动。

古《广韵》:平声,七歌。逆搓～腾～移～顺～借～动～窝～移～用例幸自苍皇未款,新词写处多磨。几回扯了又重挪。(宋·柳永《西江月·师师生得雅冶》)

娜nuó　另见46页nuǒ。

哦ó　惊讶叹词。另见49页ò、76页é。

婆pó

古平声,五歌。逆阿～春梦～公～浪～六～媒～贫～外～优～顺～家～母～娘～婆～娑～姨例侬是拍浪儿,饮则拜浪婆。(唐·孟郊《送淡公》)醉摘樱桃投小玉,懒梳丛鬓舞曹婆。(唐·元稹《追昔游》)

典**浪婆**　波浪之神。唐·孟郊《送淡公》其三:"铜斗饮江酒,手拍铜斗歌。侬是拍浪儿,饮则拜浪婆。"

拍手欲嘲山简醉,齐声争唱浪婆词。(苏轼《瑞鹧鸪·观潮》)

春梦婆　指人生富贵无常。亦作"春婆之梦"。宋·赵德麟《侯鲭录》卷七:"东坡老,人在昌化,尝负大瓢,行歌于田间。有老妇年七十,谓坡云:'内翰昔日富贵,一场春梦。'坡然之。里人呼此媪为春梦婆。"

神仙不到秋风客,富贵空悲春梦婆。(金·元好问《遗山集·出都诗》之一)

皤pó

古平声,五歌。逆鬓～苍～发～腹～顺～然例泌泉空活活,樵臾独皤皤。(唐·张九龄《商洛山行怀古》)弊蛙拘送主府官,帝箸下腹尝其皤。(唐·韩愈《月蚀诗效玉川子作》)

番pó　番番,白发貌。另见587页fān、596页pān。

古平声,五歌。又:平声,十三元,异。逆番～例是以世间人,鬓发易番番。(梅尧臣《送正仲都官知睦州》)

鄱pó

古《广韵》:平声,八戈。顺～江～阳湖

挼ruó　搓揉。

古《集韵》:平声,八戈,与七歌同用。逆搓～揉～碎～顺～搓例瞻相北斗柄,两手自相挼。(唐·韩愈《读东方朔杂事》)片片匀如剪,纷纷碎若挼。(唐·韩愈《咏雪赠张籍》)

驼(駝)tuó

古平声,五歌。逆背～骆～明～铜～橐～顺～背～峰～铃～鹿～绒～色～子例羌女轻烽燧,胡儿制骆驼。(唐·杜甫《寓目》)传书两行雁,取酒一封驼。(唐·李商隐《镜槛》)

典**铜驼**　洛阳宫门外铜铸的骆驼,借指故都、故国。《晋书·索靖传》:"靖有先识远量,知天下将乱,指洛阳宫门铜驼,叹曰:'会见汝在荆棘中耳!'"

隋朝古陌铜驼柳,石氏荒原金谷花。(唐·刘沧《晚秋洛阳客舍》)

郭橐驼　指种树技艺高超的人。唐·柳宗元《种树郭橐驼传》:"郭橐驼,不知始何名,病偻,隆然伏行,有类橐驼者,故乡人号之'驼'。……驼所种树,或移徙,无不活,且硕茂,早实以蕃,他植者虽窥伺效羡,莫能如也。"

居山一似庚桑楚,种树真成郭橐驼。(辛弃疾《鹧鸪天·自古高人最可嗟》)

鸵(鴕)tuó

古《集韵》:平声,八戈。逆健走～沙～驯～顺～鸟～鸟政策

跎tuó

古平声,五歌。逆蹉～例生涯在王事,客鬓各蹉跎。(唐·沈佺期《饯高唐州询》)

陀tuó　①山岗。②团状物。③同"陁"。陂陀(陁),倾斜不平的样子。

古平声,五歌。逆陂～盘～沙～头～顺～螺例周王惑褒姒,城阙成陂陀。(唐·李华《咏史十一首》其十一)千药万方治不得,唯应闭目学头陀。(唐·白居易《眼暗》)

酡tuó　喝了酒后脸泛红。

古平声,五歌。逆微～颜～醉～例白日既云暮,朱颜亦已酡。(唐·孟浩然《崔明府宅夜观妓》)泠泠玉漏初三滴,滟滟金觞已半酡。(唐·李群玉《长沙陪裴大夫夜宴》)

驮(馱、*駄)tuó　另见48页duò。

古平声,五歌。又,去声,二十一箇异。逆背～马～顺～轿～马～运

沱tuó

古平声,五歌。逆滹～滂～涕泗～顺～水～江～河～茶例铁骑若雪山,饮流涸滹沱。(唐·李白《发白马》)沥胆咒愿天有眼,君子之泽方滂沱。(唐·李商隐《安平公诗》)

鼍(鼉)tuó　扬子鳄。亦代指鳄。

古平声,五歌。逆江～蛟～灵～鸣～鼋～顺～龙例年深岂免有缺画,快剑斫断生蛟鼍。(唐·韩愈《石鼓歌》)借如牛马未蒙泽,岂在抱瓮滋鼋鼍。(唐·元稹《和李校书新题乐府十二首·骠国乐》)

典**假鼋鼍**　凭借大鳖和鳄鱼之力,借咏桥梁。亦作"鼋鼍为梁"。《竹书纪年》:"周穆王三十七年,伐楚,大起九师,至于九江,比鼋鼍为梁。"(据《艺文类聚》卷九引)

难假鼋鼍力,空瞻乌鹊毛。(杜甫《临邑舍弟书至苦雨黄河泛溢堤防之患》)

坨tuó

古缺。逆蜡～盐～顺～子～田～地～度～道

佗tuó　另见42页tuō。

古下平,五歌。逆华～委委佗～例委委佗佗,如山如河。(《诗经·鄘风·君子偕老》)

砣tuó

㊂《集韵》:下平,八戈。㊀秤～碾～

鮀tuó 鲨鱼。

㊂平声,五歌。㊀鲨～

仄声·上声

跛bǒ

㊂上声,二十哿。㊀颠～蹇～脚～偏～㊁～鳖千里～脚～行

簸bǒ 另见47页bò。

㊂上声,二十哿。又:去声,二十一箇同。㊀颠～翻～风～浪～掀～扬～㊁～荡～动～谷～箩～弄～扬㊃风飚助凝冽,帏幔困掀簸。(宋·苏轼《病中大雪数日未尝起》)

脞cuǒ 细碎。

㊂上声,二十哿。㊀丛～㊁～谈～语㊃山城已僻陋,旅舍甚丛～。(宋·王禹偁《七夕》)

朵(*朶)duǒ

㊂上声,二十哿。㊀鬓～钗～初绽～花～晴～霜～五～㊁～颐㊃烟轻琉璃叶,风亚珊瑚朵。(唐·元稹《红芍药》)愁无那,短歌谁和。风动梨花朵。(宋·陈与义《点绛唇·紫阳寒食》)

典五朵 借指签名之字体秀美。亦作"书五朵""五朵云""朵云""五云字"。唐·段成式《酉阳杂俎》续集卷三《支诺皋下》:"(韦陟)尝自谓所书'陟'字,如五朵云,当时人多仿效,谓之郇公五云体。"

休题五朵,莫梦阳台,不赠相思。(宋·张炎《塞翁吟·友云》)

躲duǒ

㊂上声,二十哿。㊀藏～闪～逃～隐～㊁～避～藏～懒～难～让～闪～灾㊃灯尽欲眠时,影也把人抛躲。(宋·向滈《如梦令·谁伴明窗独坐》)路远山深不怕寒,似共春相躲。(宋·朱敦儒《卜算子·古涧一枝梅》)

垜(*垛)duǒ 另见48页duò。

㊂上声,二十哿。㊀城～门～墙～㊁～堞～口～子

亸(嚲)duǒ 垂下貌。

㊂上声,二十哿。㊀鬓～花～柳～斜～腰肢～云～㊃竹暄交砌叶,柳亸拂窗条。(唐·岑参《和刑部成员外秋夜寓直寄台省知己》)暖酥消,腻云亸。(宋·柳永《定风波·自春来惨绿愁红》)

埵duǒ ①土堆。②风箱的出风铁管。

㊂上声,二十哿。㊀吹～㊃异兽未堪附岠虚,怪草底从服舌埵。(清·茹纶常《容斋诗集·冬夜述怀》)

果guǒ

㊂上声,二十哿。㊀不～行必～仁～瘦～未～文冠～絜～因～战～正～㊁～报～断～饵～腹～敢～决～然～真㊃也没筹量,也没系绊,更觅甚、三乘四果。(宋·王炎《夜行船·淡饭粗衣随分过》)莫问地久天长,管取收因结果。(宋·张继先《喜迁莺·题郭南仲庵壁》)

典让果 指兄弟友爱。东汉孔融幼时与兄长共吃梨,取小让大。见《后汉书·孔融传》。

兄弟相欢初让果,乡人争贺旧登龙。(唐·钱起《送冷朝阳擢第后归金陵觐省》)

掷果 指男子貌美,受女子爱慕。亦作"投果""投潘岳果""潘车掷果"。《世说新语·容止》:"潘岳妙有姿容,好神情。少时挟弹出洛阳道,妇人遇者莫不连手共萦之。"刘孝标注引晋·裴启《语林》:"安仁(潘岳)至美,每行,老妪以果掷之满车。"

遥知向前路,掷果定盈车。(李白《送族弟凝之滁求婚崔氏》)

杨氏果 指杨梅,亦指少年聪慧。亦作"君家果"。《世说新语·言语》:"梁国杨氏子,九岁,甚聪惠。孔君平诣其父,父不在,乃呼儿出,为设果。果有杨梅,孔指以示儿曰:'此是君家果。'儿应声答曰:'未闻孔雀是夫子家禽。'"

珠繁杨氏果,翠耀孔家禽。(唐·张祜《送苏绍之归岭南》)

犀钱玉果 庆生物品,借指生儿育子。亦作"犀钱果""犀钱""犀玉"。宋·孟元老《东京梦华录》卷五《育子》:"至满月则生色及绷绣钱,贵富家金银犀玉为之,并果子,大展洗儿会。"

犀钱玉果,利市平分沾四座。(苏轼《减字木兰花·惟熊佳梦》)

裹guǒ

㊂上声,二十哿。㊀包～缠～封～马革～青箬～素～席～胁～腰～足～㊁～脚～粮～乱～腿～胁～挟～扎㊃翦刻彤云片,开张赤霞裹。(唐·元稹《红芍药》)雀罗门懒出,鹤发头慵裹。(唐·白居易《懒放二首呈刘梦得吴方之》其二)

馃(餜)guǒ 饼子。

㊂《集韵》:上声,三十四果。㊀油炸～㊁～子

蜾guǒ

㊂上声,二十哿。㊁～蠃

火huǒ

㊂上声,二十哿。㊀巴～烽～膏～篝～借～举～炬～爝～流～榴～笼～社～水～天～退～玩～窝～无明～薪～星～野～引～萤～营～渔～榆～战～纵～㊁～伴～爆～并～海～红～候～具～炬～炕～坑～龙～笼～拼～绒～色～烧云～速～炭～塘～种～烛～柱～箸㊃吾不如腐草,翻飞作萤火。(唐·岑参《秋思》)巾拂香余捣药尘,阶除灰死烧丹火。(唐·杜甫《忆昔行》)

典石火 凿石闪现的火花,喻指人生短暂。亦作"石中火"。西晋·潘岳《河阳县作二首》其一:"人生天地间,百岁孰能要?颎如槁石火,瞥若截道飙。"李善注引《古乐府》:"凿石见火能几时。"

人生石火光,通时少于塞。(唐·子兰《短歌行》)

榆火 借指春季节令。古时钻木取火,因四季不同而改用不同的木材。春季取榆柳之火。亦作"榆分火新""榆烟"。《周礼·夏官·司爟》:"四时变国火,以救时疾。"郑玄注:"春取榆柳之火。"

闲寻旧踪迹,又酒趁哀弦,灯照离席,梨花榆火催寒食。(宋·周邦彦《兰陵王·柳荫直烟里》)

褒姒烽火 见466页"褒女惑周"。褒姒冢前烽火起,不知泉下破颜无。(唐·唐彦谦《登兴元城观烽火》)

参元失火 喻祸福相依。唐·柳宗元《贺进士王参元失火书》载,唐代王参元很有才能,人们很想推荐他做官,但因他家富有,而怕担受

贿之嫌，后来，他家失火，家财付之一炬，别人再推荐他就没有顾虑了。

河伯相君如祝融，参元失火应同贺。（清·唐孙华《送宫恕堂北上》）

积薪厝火 指处险境而不自知、无警觉。汉·贾谊《新书·数宁》："进言者皆曰：'天下已安矣。'臣独曰未安……夫抱火措之积薪之下，而寝其上，火未及燃，因谓之安，偷安者也。方今之势，何以异此？"

连衡休易从游说，厝火当忧卧积薪。（宋·施枢《读真西山奏疏》）

星流大火 夏历五月大火星居中，夏历七月大火星西降。借以点明时令，指夏历七月时节。《诗经·豳风·七月》："七月流火，九月授衣。"毛氏传："火，大火也；流，下也。"郑玄笺："大火者，寒暑之候也。火星中而寒暑退，故将言寒先著火所在。"

律转蕤宾，星流大火，尧阶蓂荚初开。（宋·无名氏《满庭芳·庆生日又生子》）

乞儿向火 指小人趋炎附势。五代后周·王仁裕《开元天宝遗事·向火乞儿》："今时之朝彦皆是向火乞儿，一旦火尽灰冷，暖气何在？"

热客倚冰终日计，乞儿向火一群忙。（清·赵翼《青山庄歌》）

拯民水火 指救民急难的行为。《孟子·梁惠王下》："今燕虐其民，王往而征之，民以为将拯己于水火之中也，箪食壶浆，以迎王师。"

惠我田畴，拯民水火，春满蜀东。（宋·魏了翁《沁园春·惠我田畴》）

伙（②～⑤夥）huǒ

①伙食。②同伴。③由同伴组成的集体。④量词，用于人群。⑤共同，联合。

古上声，二十哿。逆包～拆～锅～合～开～入～散～同～退～顺～伴～房～夫～耕～计～食～同～种～子例晚占熊、材能更伙。（宋·王千秋《瑞鹤仙·张四益生日》）

夥huǒ

多。

古上声，二十哿。逆获益甚～例海物杂时味，罗列繁且夥。（宋·王禹偁《七夕》）君家兄弟贤，我见始惊夥。（宋·王令《答束孝先》）

裸（*躶、*臝）luǒ

古上声，二十哿。逆赤裸～虫～果～袒～顺～大麦～机～露～麦～视～线～眼例难从王孙裸，未忍夏后墨。（苏轼《赠章默》）

砢luǒ

古上声，二十哿。逆磊～例鱼中获瑰宝，持玩何磊砢。（唐·白居易《郡斋暇日辱常州陈郎中使君早春晚坐水西馆书事诗十六韵见寄》）

蓏luǒ

古上声，二十哿。逆果～蔬～例群童竞时新，万果间蔬蓏。（唐·唐彦谦《九日游中溪》）

蠃luǒ

古上声，二十哿。逆蜾～例螟蛉有子，蜾蠃负之。（《诗经·小雅·小宛》）

瘰luǒ

瘰疬的瘰。

古《广韵》：上声，戈韵。顺～疬

娜nuǒ

另见44页nuó。

古上声，二十哿。逆婀～娜～袅～夭～例受露色低迷，向人娇婀娜。（唐·元稹《红芍药》）见羞容敛翠，嫩脸匀红，素腰袅娜。（宋·欧阳修《醉蓬莱》）

颇（頗）pǒ

通"叵"，不可。另见41页pō。

古上声，二十哿。又：平声，五歌异。例颇耐穷相驴，行动如跛鳖。（唐·卢仝《哭玉碑子》）

叵pǒ

不可。

古上声，二十哿。顺～测～奈～耐

笸pǒ

笸箩，一种用竹篾或柳条编织的盛物器。

顺～篮～箩

所suǒ

古上声，六语。逆处～得～定～风月～耕钓～失～顺～属～谓～在例寥廓冥冥无处所，弋人何事苦纷纭。（清·石韫玉《孤雁二首》其一）

典**钧天帝所** 天帝所居之处，借指帝王的宫殿。亦作"钧天所""钧天"。《史记·赵世家》："（赵）简子寤。语大夫曰：'我之帝所甚乐，与百神游于钧天。'"

曾从钧天知帝所，孤鹤老，寄辽东。（宋·叶梦得《江城子·甘泉祠殿汉离宫》）

锁（鎖、*鏁）suǒ

古上声，二十哿。逆尘～封～横江～连～眉～密～深～苔～烟～顺～定～骨～国～链例咫尺玄关若要开，凭君自解黄金锁。（唐·吕岩《赠刘方处士》）羌管直惊猿鹤梦，愁得千山翠锁。（宋·陈著《贺新郎·北马飞江过》）

典**名缰利锁** 指受名利束缚。汉·东方朔《与友人书》："不可使尘网名缰拘锁，怡然长笑。"

名缰利锁，天还知道，和天也瘦。（宋·秦观《水龙吟》）

千寻横铁锁 指铁索拦江。见《晋书·王濬传》。

安得千寻横铁锁，截断烟津。（陆游《浪淘沙·绿树暗长亭》）

醉墨碧纱犹锁 指文士名人受到人们的尊重。亦作"姓名潜护有笼纱"。王定保《唐摭言》卷七《起自寒苦》："王播少孤贫，尝客扬州惠昭寺木兰院，随僧斋餐。诸僧厌怠，播至，已饭矣。后二纪，播自重位出镇是邦，因访旧游，向之题已皆碧纱幕其上。播继以二绝句曰：'二十年前此院游，木兰花发院新修。而今再到经行处，树老无花僧白头。''上堂已了各西东，惭愧阇黎饭后钟。二十年来尘扑面，如今始得碧纱笼。'"

醉墨碧纱犹锁，春衫白纻新裁。（宋·贺铸《雨中花·回首扬州》）

琐（瑣、*璅）suǒ

古上声，二十哿。逆鄙～烦～青～琐～委～细～庸～顺～事～碎～闻～细～屑～议例芍药绽红绡，巴篱织青琐。（唐·元稹《红芍药》）

典**青琐** 汉代宫廷门窗上镂刻连环文，涂以青色，称青琐。后代指宫门、宫廷。《汉书·元后传》："赤墀青琐。"颜师古注："青琐者，刻为连环文，而青涂之也。"

位列登青琐，还乡复彩衣。（唐·孙逖《送李给事归徐州觐省》）

百堵涂椒接青琐，九华阁道连洞房。（唐·崔颢《邯郸宫人怨》）

唢suǒ

唢呐，乐器。

妥tuǒ

古上声，二十哿。逆安～办～花～

平～欠～商～谈～贴～停～未～稳～顺～当～善～实～帖～协例何知是节序，风日自清妥。（唐·唐彦谦《九日游中溪》）不恨残花妥，不恨残春破。（宋·程垓《小桃红·不恨残花妥》）

椭（橢）tuǒ

古上声，二十哿。

我wǒ

古上声，二十哿。逆大～敌～尔～非～故～舍～忘～唯～毋～顺～们例遇物尽欣欣，爱春非独我。（唐·白居易《立春后五日》）合掌髻子蒜许大，此日方知非是我。（唐·薛逢《老去也》）

典宁作我 指自守其志、自我欣赏。《世说新语·品藻》："桓公少与殷侯齐名，常有竞心。桓问殷：'卿何如我？'殷云：'我与我周旋久，宁作我。'"

宁作我，岂其卿。人间走遍却归耕。（辛弃疾《鹧鸪天·不向长安路上行》）

山头白鹤候我 指隐居。《列仙传》卷上《王子乔》："王子乔者，周灵王太子晋也。好吹笙作凤凰鸣。游伊洛之间。道士浮丘公接以上嵩山。三十余年后，求之于山上。见桓良曰：'告我家：七月七日待我于缑氏山巅。'至时，果乘白鹤驻山头。望之不得到。举手谢时人，数日而去。"

山头白鹤候我，应讶久留连。（宋·魏了翁《水调歌头·叔母生日同家人劝酒》）

子非我，安知我 喻别有会心、自得其乐的境地。《庄子·秋水》："庄子与惠子游于濠梁之上。庄子曰：'儵鱼出游从容，是鱼之乐也。'惠子曰：'子非鱼，安知鱼之乐？'庄子曰：'子非我，安知我不知鱼之乐？'"

子非我，安知我，意真同。（宋·叶梦得《水调歌头·濠州观鱼台作》）

倭wǒ 倭堕髻，古代妇女一种偏在一旁的发髻。另见42页wō。

古上声，五歌。又：平声，四支异。

倭堕低梳髻，连娟细扫眉。（唐·温庭筠《南歌子》）

左zuǒ

古上声，二十哿。又：去声，二十一箇异。逆江～间～尚～事～袒～相～虚～顺～近～迁～袒～右袒～证例青云少年子，挟弹章台左。（唐·李白《少年子》）寒食今年，紫阳山下蛮江左。（宋·陈与义《点绛唇·紫阳寒食》）

典虚左 指虚尊位以待贤才。《史记·魏公子列传》："公子于是乃置酒大会宾客。坐定，公子从车骑，虚左，自迎夷门侯生。"

至今虚左位，言发泪沾裳。（唐·刘商《哭韩淮端公兼上崔中丞》）

夷吾在江左 指国有一流的辅弼贤才。《世说新语·言语》："温（峤）新至，深有诸虑。既诣王丞相，陈主上幽越、社稷焚灭、山陵夷毁之酷，有《黍离》之痛。温忠慨深烈，言与泗俱，丞相亦与之对泣。叙情既毕，便深自陈结，丞相亦厚相酬纳。既出，欢然言曰：'江左自有管夷吾，此复何忧？'"刘孝标注："《史记》曰：'管仲夷吾者，颍上人。相齐桓公，九合诸侯，一匡天下。'"

夷吾在江左，罄毡裘俱詟，笑清边琐。（宋·赵彦端《瑞鹤仙·夷吾在江左》）

佐zuǒ

古去声，二十一箇。逆参～辅～股肱～官～将～军～良～僚～顺～餐～车～酒～理～命～事～证～助例维昔经营初，邦君实王佐。（唐·韩愈《合江亭》）愿世世、相守茅檐，便宰相时来，二郎休作佐。（宋·刘克庄《解连环·旁人嘲我》）

典绿水池中宾佐 用以咏幕府与幕僚。《南史》卷四九《庾杲之传》："庾杲之，字景行，新野人也……（王俭）乃用杲之为卫将军长史。安陆侯萧缅与俭书曰：'盛府元僚，实难其选。庾景行泛渌水，依芙蓉，何其丽也。'时人以入俭府为莲花池，故缅书美之。"

绿水池中宾佐，对嫩荷擎绿。（宋·洪适《好事近·风细晚轩凉》）

仄声·去声

簸bò 另见45页bǒ。

古去声，二十一箇。又：上声，二十哿同。顺～箕例大开内府恣供给，玉缶金筐银簸箕。（唐·郑嵎《津阳门诗》）

播bò 又读。另见40页bō。

古去声，二十一箇。

薄bò 另见53页bó、531页báo。

古缺。又，入声，十药，异。

错（錯）cuò ①琢玉用的粗磨石。②锉刀。③交错。④错过。⑤过失；不对。

古入声，十药。又，去声，七遇。逆舛～纷～攻～交～金～盘～犬牙～他山～铸～铸大～顺～车～叠～讹～愕～过～会～金～开～落～谬～失～时～位例冈峦相经亘，云水气参错。（唐·杜甫《青阳峡》）朝日照灵山，山溪浩纷错。（唐·卢纶《奉陪侍中游石笋溪十二韵》）

典铸错 指造成重大过错或过失。亦作"铸成大错""州铁铸成错"。《资治通鉴·唐纪八十一》："罗绍威既诛牙军……虽去其逼，而魏兵自是衰弱。绍威悔之，谓人曰：'合六州四十三县铁，不能为此错也。'"

七十年来都铸错，回首邯郸何处。（宋·何梦桂《大江东去·自寿》）

斩晁错 晁错助汉景帝削藩，后因激起七王之乱，景帝竟斩晁错以谢。事见《汉书·晁错传》。

又从斩晁错，诸侯益强盛。（唐·白居易《赠友五首》其一）

措cuò

古去声，七遇。逆筹～弗～举～失～枉直～刑～顺～办～辞～词～大～施～手～意～置

典阿措 神话传说中仙女名，即安石榴花仙子。借指石榴花。唐·段成式《酉阳杂俎·支诺皋下》："绯衣小女姓石名阿措，即安石榴也。"

怪来一夜丹须拆，杯酒新翻阿措衣。（宋·葛立方《题卧屏十八花·榴花》）

刑措 指国家所定刑法只是具文，并没有人民触犯它，形容盛世升平、民心向化。《汉书·文帝纪赞》："断狱数百，几致刑措。"

刑措成康治，风移尧舜仁。（宋·许月卿《大行皇帝挽词五首》其二）

挫cuò

古去声，二十一箇。逆摧～顿～受

～小～折～顺～败～伤～损～折例伊人去轩腾，兹宇遂颓挫。（唐·韩愈《合江亭》）刚者不坚牢，柔者难摧挫。（宋·辛弃疾《卜算子·齿落》）

锉（銼、*剉）cuò

古去声，二十一箇。逆摧～钢～磨～土～顺～刀～刃

厝 cuò ①磨刀石。②通"措"，安置。

古入声，十药。又去声，七遇，异。逆安～浮～停～暂～顺～火积薪例广榭舞萎蕤，长筵宾杂厝。（唐·元稹《梦游春七十韵》）

莝 cuò 细斫之草。

古去声，二十一箇。逆刍～豆～顺～草

惰 duò

古去声，二十一箇。又：上声，二十哿同。逆怠～积～懒～疲～勤～懈～游～顺～民～行～性例太常雅乐备宫悬，九奏未终百寮惰。（唐·元稹《和李校书新题乐府十二首·立部伎》）

堕（墮）duò

古上声，二十哿。又：平声，四支，异。逆花～泪～鸟～倭～下～月～甑～顺～地～落～马例秋山眼冷魂未归，仙赏心违泪交堕。（唐·杜甫《忆昔行》）白日斜渐长，碧云低欲堕。（唐·白居易《立春后五日》）

典**白堕** 指美酒。河东人刘白堕善酿酒，因借其名为酒名。见北魏·杨衒之《洛阳伽蓝记》卷四《城西·法云寺》。

闲理阮咸寻旧谱，细倾白堕赋新诗。（宋·陆游《初夏游凌氏小园》）

乌帻堕 指酒醉。亦作"纱巾堕""纶巾醉堕"。《世说新语·雅量》："刘庆孙在太傅府，于时人士，多为所构，唯庾子嵩纵心事外，无迹可间。后以其性俭家富，说太傅令换千万，冀其有吝，于此可乘。太傅于众坐中问庾，庾时颓然已醉，帻堕几上，以头就穿取，徐答云：'下官家故可有两娑千万，随公所取。'于是乃服。后有人向庾道此，庾曰：'可谓以小人之虑，度君子之心。'"

半醉尽教乌帻堕，熟眠休管屏风触。（宋·吴泳《满江红·和吴毅甫》）

一星飞堕 指诸葛亮之死，借指贤才、伟人之死。《三国志·蜀书·诸葛亮传》："其年八月，亮疾病，卒于军，时年五十四。"裴松之注引《晋阳秋》："有星赤而芒角，自东北西南流，投于亮营，三投再还，往大还小。俄而亮卒。"

万丈文章光焰里，一星飞堕从南极。（宋·杨炎正《满江红·寿稼轩》）

舌在牙先堕 指柔易存而刚易亡。《说苑》卷一〇《敬慎》："常摐有疾，老子往问焉。……（常摐）张其口而示老子曰：'吾舌存乎?'老子曰：'然!''吾齿存乎?'老子曰：'亡!'常摐曰：'子知之乎?'老子曰：'夫舌之存也，岂非以其柔耶? 齿之亡也，岂非以其刚邪?'常摐曰：'嘻! 是已。天下之事已尽矣，无以复语子哉!'"

不信张开口了看，舌在牙先堕。（宋·辛弃疾《卜算子·齿落》）

舵 duò

古上声，二十哿。逆失～使～掌～转～顺～轮～盘～手

驮（馱、*駄）duò 牲口驮的货物。又作量词。另见 44 页 tuó。

古去声，二十一箇。又：平声，五歌异。逆盐～重～顺～子

垛（*垜）duò 另见 45 页 duǒ。

古上声，二十哿。逆草～柴～堆～箭～顺～口～子

剁（*剟）duò 斩击。

古《广韵》：去声，三十九过。顺～烂～肉

跺（*踱）duò 顿脚。

古《集韵》：上声，三十四果。顺～脚

过（過）guò 另见 40 页 guō。

古去声，二十一箇。又：平声，五歌异。逆补～不贰～改～高轩～寡～规～悔～文～闻～谢～引～宥～顺～场～从～错～当～访～激～节～客～礼～虑～滤～门～目～谦～晌～甚～剩～世～手～堂～往～望～问～细～眼～誉～载～招例暗草霜华发，空亭雁影过。（唐·张九龄《旅宿淮阳亭口号》）沉舟侧畔千帆过，病树前头万木春。（唐·刘禹锡《酬乐天扬州初逢席上见赠》）

典**荷蒉过** 形容乐曲真意被人破解。《论语·宪问》："子击磬于卫，有荷蒉而过孔氏之门者，曰：'有心哉，击磬乎!'"

荷蒉过山前，曰有心也哉此贤。（苏轼《醉翁操》）

高轩过 指年少才高。唐·康骈《剧谈录》："李贺，唐诸王孙也，年七岁，元和中以歌诗著名。韩退之、皇甫湜览贺所作奇之，相谓曰：'若是古人，吾曹有不知者；若是今人，岂有不知之理?'因连骑造门请见。贺总角荷衣而出。二公面试一篇，贺承命欣然，操觚染翰，傍若无人，题曰《高轩过》。二公大惊，以所乘马联镳而还。"（《太平广记》卷二六五）

明窗写出高轩过，便逐愈湜闻吟哦。（宋·陈师道《题明发高轩过图》）

赵李经过 指结交贵戚。亦作"赵李相知"。三国魏·阮籍《咏怀诗》十七首其八："西游咸阳中，赵李相经过。"南朝宋·颜延年曰："赵，汉成帝赵后飞燕也。李，武帝李夫人也。并以善歌妙舞幸于二帝也。"

赵李经过密，萧朱交结亲。（唐·骆宾王《帝京篇》）

狗窦从君过 指齿落。《世说新语·排调》："张吴兴年八岁亏齿，先达知其不常，故戏之曰：'君口中何为开狗窦?'张应声答曰："正使君辈从此中出入!"

已阙两边厢，又豁中间个。说与儿曹莫笑翁，狗窦从君过。（辛弃疾《卜算子·齿落》）

通家文举过 指世交，也指儿童聪慧。亦作"孔李通家"。《后汉书·孔融传》："融幼有异才。年十岁，随父诣京师。时河南尹李膺以简重自居，不妄接士宾客，敕外自非当世名人及与通家，皆不得白。融欲观其人，故造膺门。语门者曰：'我是李君通家子弟。'门者言之。膺请融，问曰：'高明祖父尝与仆有恩旧乎?'融曰：'然。先君孔子与君先人李老君同德比义，而相

师友。则融与君累世通家。’众坐莫不叹息。”

不是通家旧，频劳文举过。（唐·李端《赠神童》）

货（貨）huò

古去声，二十一箇。逆行～奇～山海～识～食～顺～郎～物～样～源～运～栈～殖例翦林迁神祠，买地费家货。（唐·韩愈《合江亭》）且烧却，一瓣海南沉，任拈取、千年陆沈奇货。（宋·陈亮《洞仙歌·寿朱元晦》）

典**奇货**　喻珍贵的可赚大钱的货物。《史记·吕不韦列传》：“子楚，秦诸庶孽孙，质于诸侯，车乘进用不饶，居处困，不得意。吕不韦贾邯郸，见而怜之，曰：‘此奇货可居。’”于是，吕不韦对子楚加以接济帮扶，后助其回秦继王位。吕因得以把持秦政，获取丰厚的政治上的回馈。

数子皆奇货，唯予独朽株。（唐·元稹《酬乐天东南行诗一百韵》）

祸（禍、*旤）huò

古上声，二十哿。逆避～横～贾～嫁～口舌～乐～召～肘腋～顺～端～根～首～水～祟～胎～心～殃例书中见往事，历历知福祸。（唐·白居易《闲坐看书贻诸少年》）

典**萧墙祸**　指内乱。《论语·季氏》：“孔子曰：‘今由与求也，相夫子，远人不服，而不能来也；邦分崩离析，而不能守也；而谋动干戈于邦内，吾恐季孙之忧，不在颛臾，而在萧墙之内也。’”

弟兄同御侮，莫更祸萧墙。（清·黄遵宪《马关纪事》）

石崇富祸　指财多致害，或指富贵无常。《晋书·石崇传》记石崇富甲一方，后被收捕，临刑前，“崇乃叹曰：‘奴辈利吾家财。’收者答曰：‘知财致害，何不早散之？’崇不能答。”

望夷之祸　本指宦官赵高阴谋逼迫秦二世自杀，后泛指宦官或大臣发动叛乱逼死君主。见《史记·秦始皇本纪》。

晁氏忠作祸　汉御史大夫晁错，为巩固王朝，上言削弱诸侯，吴楚七国以诛晁错为名，起兵叛乱，汉景帝遂加罪晁错，斩错于东市。后泛指忠君为国反而获罪。见《汉书·晁错传》。

和huò　搀和，混杂；又量词。另见76页hé、78页hè。

古去声，二十一箇。又：平声，五歌异。逆拌～搀～搅～匀～顺～药～匀

磨mò　另见43页mó。

古去声，二十一箇。又：平声，五歌异。逆牵～石～水～推～转～顺～叨～兑～盘～脐～石～室～心～研～榨～转

典**依马磨**　指无人接济而自力维持的艰难处境。《三国志·蜀书·许靖传》：“少与从弟劭俱知名，并有人伦臧否之称，而私情不协，劭为郡功曹，排摈靖不得齿叙，以马磨自给。”

此去敢辞依马磨，向来真惯拥牛衣。（宋·陆游《上书乞祠》）

嚜mò

古《广韵》：去声，至韵。逆嚜～

懦nuò

古去声，二十一箇。逆～疲～怯～畏～庸～愚～顺～薄～孱～弛～脆～钝～衿～谨～劣～靡～恧～怯～软～弱～善～熟～退～尪～葸～响～小～庸～愚～衷例萧条绵岁时，契阔继庸懦。（唐·韩愈《合江亭》）劲飙刷幽视，怒水慑余懦。（唐·孟郊《石淙》）

糯（*穤、稬）nuò

古去声，二十一箇。逆粉～软～香～顺～稻～麦～米～粟例沙嘴渔舟来个个，霜鳞入脍炊香糯。（宋·秦观《渔家傲·门外平湖新雨过》）

那nuò　①语气词，相当于“吗”。②犹“奈”。另见24页nuó、44页nà。

古去声，二十一箇。又：阳平，五歌，同。又：上声，二十哿，异。逆无～例愁无那。短歌谁和。（宋·陈与义《点绛唇·紫阳寒食》）

哦ò　表示领会、醒悟。另见44页ó、76页é。

破pò

古去声，二十一箇。逆残～点～读～突～顺～壁～襞～敝～承～醒～愁～胆～敌～的～釜～觚～甲～镜～题～啼～涕～天荒～晓～颜～磔～阵～阵乐～阵子～竹～逐例可怜瘦月凄凉，把兴亡看破。（宋·陈著《金盏子·四十怀古秋词》）醉沈沈、轻掷金瓯破。（宋·陈著《贺新郎·次韵戴时芳》）

典**镜破**　喻指国破家亡，夫妻离散。亦作“半镜”“乐昌镜”“陈宫镜”。唐·孟棨《本事诗·情感》：“陈太子舍人徐德言之妻，后主叔宝之妹，封乐昌公主，才色冠绝。”时陈政方乱，德言知不相保，与妻暂绝，破一镜而各执其半，相约日后在正月望日卖于都市，以作信征。“及陈亡，其妻果入越公杨素之家，宠嬖殊厚。德言流离辛苦，仅能至京，遂以正月望日访于都市。有苍头卖半镜者，德言直引至其居，设食，具言其故，出半镜以合之……”后徐德言与妻子重聚，携归江南以终老。

镜破人离何处问。路限银河，岁会知犹近。（宋·赵令畤《蝶恋花·镜破人离何处问》）

甑破　喻事情难以补救，惋惜无益。《后汉书·郭太传》：“孟敏字叔达，巨鹿杨氏人也。客居太原。荷甑堕地，不顾而去。林宗见而问其意。对曰：‘甑已破矣，视之何益？’林宗以此异之，因劝令游学。十年知名，三公俱辟，并不屈云。”

百年寸箠折，万事一甑破。（宋·敖陶孙《别袁席之二首》其一）

淝水破　指稳健破敌，胜而不骄。《世说新语·雅量》：“谢公与人围棋，俄尔谢玄淮上信至，看书竟，默然无语，徐向局。客问淮上利害，答曰：‘小儿辈大破贼。’意色举止，不异于常。”

算于中、安得长坚铁，淝水破，关东裂。（宋·陈亮《贺新郎·酬辛幼安再用韵见寄》）

鸾光两破　见49页“镜破”。

念盟钗一股，鸾光两破，已负秦楼素约。（宋·俞国宝《瑞鹤仙·春衫和泪著》）

天荒欲破　指前所未有的喜事。五代·王定保《唐摭言》卷二：“荆南解比，号‘天荒’。大中四年，刘蜕舍人以是府解及第。时崔魏公作镇，以破天荒钱七十万资蜕。蜕谢书略曰：‘五十年来，自是人废；一

千里外，岂曰天荒！'"

地脉方兴，天荒欲破，还为盐梅生巨贤。（宋·祝穆《沁园春·寿宋通判》）

子平窥破 指看破世情，出世隐遁。《后汉书·向长传》："向长字子平，河内朝歌人也。隐居不仕……建武中，男女娶嫁既毕，敕断家事勿相关，当如我死也。于是遂肆意与同好北海禽庆俱游五岳名山，竟不知所终。"

还知么，石桥老个，些子平窥破。（宋·向子湮《点绛唇·别代净众》）

偌ruò

㊀《广韵》：去声，祃韵。

些suò 助词。另见103页xiē。

㊀去声，二十一箇。又：平声，六麻异。㊁楚～九～㊄日日篷窗眠了坐。饱听吴音楚些。（宋·曹勋《清平乐·去年春破》）架空兮云浪，茫洋东下，流君往、他方些。（宋·蒋捷《水龙吟·效稼轩体招落梅之魂》）

㊈**楚些** 指《楚辞·招魂》，也指楚地的乐调与《楚辞》。《楚辞·招魂》句尾多用"些"字，如"魂兮归来，东方不可以托些！""魂兮归来，南方不可以止些！"

上客长谣追楚些，娇娃短舞看胡旋。（宋·李壁《浣溪沙·人日过灵泉寺次韵少庄》）

凭仗飞魂招楚些，我思君处君思我。（宋·苏轼《蝶恋花·暮春别李公择》）

唾tuò 另见393页tù。

㊀去声，二十一箇。㊁咳～拭～涕～㊂～骂～弃～余㊄珊珊佩玉动腰身，一一贯珠随咳唾。（唐·元稹《和李校书新题乐府十二首·立部伎》）往事是堪唾。红枣信、烽折尽任他。（宋·陈著《金盏子·四时怀古秋词》）

㊈**咳唾** 指言辞谈吐。《庄子·渔父》："孔子反走，再拜而进。客曰：'子将何求？'孔子曰：'曩者先生有绪言而去，丘不肖，未知所谓，窃待于下风，幸闻咳唾之音以卒相丘也。'"

羡咳唾成章，香熏花雾，音和韵钧。（宋·冯伟寿《木兰花慢·和答玉林》）

珠玑咳唾 指谈吐或文辞美如珠玉。汉·赵壹《刺世疾邪赋》："势家多所宜，咳唾自成珠。"

若为借与春风看，无限珠玑咳唾中。（宋·陈师道《嘲秦觏》）

卧wò

㊀去声，二十一箇。㊁病～独～恶～高～高枕～酣～静～连床～偃～醉～坐～㊂～病～具～榻㊄湛湛碧涟漪，老松欹侧卧。（唐·顾况《欹松漪》）谁向西园游，空归北堂卧。（唐·令狐楚《八月十七日夜抒怀》）

㊈**龙卧** 本指诸葛亮隐居不出，后泛指怀有治世才干、待时而起的人。亦作"南阳高卧"。《三国志·蜀书·诸葛亮传》："时先主屯新野。徐庶见先主，先主器之，谓先主曰：'诸葛孔明者，卧龙也，将军岂愿见之乎？'"

龙卧人宁识，鹏抟鷃岂知。（唐·卢纶《奉和户曹叔夏夜寓直寄呈同曹诸公并见示》）

北窗卧 指隐居的闲适生活。亦作"北窗高卧"。晋·陶渊明《与子俨等疏》："少学琴书，偶爱闲静，开卷有得，便欣然忘食。见树木交荫，时鸟变声，亦复欢然有喜。常言：五六月中，北窗下卧，遇凉风暂至，自谓是羲皇上人。"

春风南陌游，炎月北窗卧。（宋·韩维《答曼叔见寄》）

公干卧 指卧病他乡，穷困孤寂。三国魏·刘桢《赠五官中郎将》："余婴沉痼疾，窜身清漳滨。自夏涉玄冬，弥旷十余旬。常恐游岱宗，不复见故人。所亲一何笃，步趾慰我身。清谈同日夕，情眄叙忧勤。便复为别辞，游车归西邻。"刘桢，字公干。

公干清漳卧，维摩净室居。（宋·范祖禹《张三十病愈久不相见以诗寄问》）

扃门卧 指士人宁固贫忍饥高卧而不愿打扰别人，见"闭门高卧"。

履敝行偏冷，门扃卧更羸。（韩愈《喜雪献裴尚书》）

茂陵卧 汉司马相如病免后家居茂陵，后世因以茂陵卧代称病免乡居。见《史记·司马相如传》。

古竹老梢惹碧云，茂陵归卧叹清贫。（唐·李贺《昌谷北园新笋》其四）

南阳卧 见"龙卧"。

渭滨晦迹南阳卧，若比吾徒更寂寥。（唐·韩偓《寄隐者》）

千日卧 指醉酒长时间卧而不醒。亦作"千日酒"。见晋·张华《博物志》卷一〇《杂说下》。

文侯卧 指听雅乐产生疲倦。亦作"文侯耽郑卫"。《礼记·乐记》："魏文侯问于子夏曰：'吾端冕而听古乐，则唯恐卧。听郑卫之音，则不知倦。敢问古乐之如彼，何也？新乐之如此，何也？'"

滤滞难令季札辨，迟回但恐文侯卧。（唐·元稹《和李校书新题乐府十二首·立部伎》）

瓮间卧 指嗜酒废事，放浪形骸。《晋书》卷四十九《毕卓传》："卓少希放达，为胡毋辅之所知。太兴末，为吏部郎，常饮酒废职。比舍郎酿熟，卓因醉夜至其瓮间盗饮之，为掌酒者所缚，明旦视之，乃毕吏部也，遽释其缚。卓遂引主人宴于瓮侧，致醉而去。"

兀傲瓮间卧，憔悴泽畔行。（唐·白居易《效陶潜体诗十六首》其十三）

漳滨卧 指卧病他乡。见"公干卧"。

楚雨含情皆有托，漳滨卧病竟无憀。（唐·李商隐《梓州罢吟寄同舍》）

闭门高卧 指士人生涯贫寒、操守高洁，也用以咏雪。亦作"穷檐高卧""洛阳高卧""袁安僵卧"。《后汉书·袁安传》："袁安字邵公，汝南汝阳人也。……后举孝廉。"李贤注引晋·周裴《汝南先贤传》："时大雪积地丈余，洛阳令身出案行，见人家皆除雪出，有乞食者。至袁安门，无有行路。谓安已死，令人除雪入户，见安僵卧。问何以不出，安曰：'大雪人皆饿，不宜干人。'令以为贤，举为孝廉。"

闭门高卧身欲老，闻鸡相蹴涕数行。（宋·陆游《松骥行》）

陈抟高卧 喻隐士逃世。陈抟是北宋时隐士，隐于华山，相传一睡百余日不起。见《宋史·陈抟传》。

红尘尽处，白云堆里，高卧对青山，风味似陈抟。（元·刘因《太常引》）

东山高卧 指有才能的人隐居待时。亦作“高卧”“东山卧”“高卧东山”。《世说新语·排调》：“谢公在东山，朝命屡降而不动。后出为桓宣武司马，将发新亭，朝士咸出瞻送。高灵时为中丞，亦往相祖，先时多少饮酒，因倚如醉戏曰：‘卿屡违朝旨，高卧东山，诸人每相与言：安石肯不出，将如苍生何！今亦苍生将如卿何。’谢笑而不答。”

自谤起营蝇，东山高卧，北海开尊。（宋·曹冠《木兰花慢·和旧词韵》）

牛衣病卧 指寒士贫居。亦作“牛衣卧”。西汉直臣王章入仕前，就学长安，贫病无被，卧牛衣中对妻诀泣，受到妻子的呵责，遂励志进取。见《汉书·王章传》。

便羊裘归去，难留严子。牛衣病卧，肯泣王章。（宋·刘克庄《沁园春·惭愧清朝》）

曲肱高卧 指简朴而自得其乐的生活。亦作“曲肱眠”。《论语·述而》：“子曰：‘饭疏食饮水，曲肱而枕之，乐亦在其中矣。’”

看剑引杯狂醉，饮水曲肱高卧，鹏鷃已同游。（宋·李处全《水调歌头·记扁舟》）

玄德对卧 用来表达对只顾自身安逸、不管天下安危的尸位者的鄙视。东汉末，许汜告诉刘备，说陈登（字元龙）对己无礼，使己卧下床。刘备说，你只知求田问舍，不知忧国。如果是我，会自卧百尺高楼，教你卧于地上。见《三国志·魏书·吕布传》附《陈登传》。

一任刘玄德，相对卧高楼。（苏轼《水调歌头·安石在东海》）

涴wò 玷污。

㊄去声，二十一箇。㊣尘～粉～汗～酒～㊖黑鬓丝雪侵，青袍尘土涴。（唐·白居易《约心》）罗袖裛残殷色可，杯深旋被香醪涴。（五代·李煜《一斛珠·晓妆初过》）

坐zuò

㊄去声，二十一箇。又：上声，二十哿异。㊣独～端～趺～高～环～箕～连～临风～默～上～危～兀～席地～闲～㊤～禅～待～地～化～具～困～落～骑～失～视～探～堂～赃～镇㊖戏罢曾无理曲时，妆成只是薰香坐。（唐·王维《洛阳女儿行》）千崖无人万壑静，三步回头五步坐。（唐·杜甫《忆昔行》）

㊇**惊坐** 指有声望，使人倾慕、震动。亦指虚名。亦作“陈惊坐”“陈惊座”。《汉书·游侠列传·陈遵》：“陈遵字孟公。……赡于文辞，性善书，与人尺牍，主皆藏去以为荣。请求不敢逆，所到，衣冠怀之，唯恐在后。时列侯有与遵同姓字者，每至人门，曰‘陈孟公’，坐中莫不震动。既至而非，因号其人曰‘陈惊坐’云。”

剧谈推曼倩，惊坐揖陈遵。（唐·骆宾王《春日离长安客中言怀》）

灌夫骂坐 指酗酒斥骂同座人的狂放行为。又指刚直不屈、不畏权势。《史记·魏其武安侯列传》：“武安乃麾骑缚夫置传舍，召长史曰：‘今日召宗室，有诏。’劾灌夫骂坐不敬，系居室。”

刚而使酒，骂坐灌夫忘客寿。（宋·沈瀛《减字木兰花·人无常止》）

亮陟隔坐 指父子显位同朝。亦作“云屏间坐”“隔屏坐”。《三国志·吴书·孙皓传》：“今遣光禄大夫纪陟。”裴松之注引《吴录》：“陟字子上，丹杨人。……孙休时，父亮为尚书令，而陟为中书令，每朝会，诏以屏风隔其座。”

端康相代，亮陟隔坐。（唐·李瀚《蒙求》）

座zuò

㊄去声，二十一箇。㊣八～拂～隔～讲～叫～惊～落～骂～末～倾～虚～雅～㊤～上客～谈～右铭㊖为余扫尘阶，命乐醉众座。（唐·韩愈《合江亭》）空阶雨过。细草摇摇光入座。（宋·石孝友《减字木兰花·空阶雨过》）

㊇**八座** 指高官显宦。唐·杜佑《通典》卷二一《职官·历代尚书》附《八座》：“后汉以六曹尚书并令、仆二人谓之‘八座’。魏以五曹尚书、二仆射、一令为‘八座’。宋、齐‘八座’与魏同，隋以六尚书、左右仆射及令为‘八座’。大唐与隋同。”

春光深处曲江西，八座风流信马蹄。（唐·权德舆《酬赵尚书杏园花下醉后见寄》）

灌夫骂座 见“灌夫骂坐”。

客星犯御座 指天子遭受困厄。或指天子与旧友亲密无间，亦作“足加帝腹”。《后汉书·严光传》：“（光武帝）复引光入，论道旧故……因共偃卧，光以足加帝腹上。明日，大史奏客星犯御座甚急。帝笑曰：‘朕故人严子陵共卧耳。’”

昨夜客星侵帝座，且容伸脚加君腹。（宋·方有开《满江红·跳出红尘》）

做zuò

㊄去声，箇韵。㊣当～敢～惯～假～叫～尽先～装～㊤～东～派～声～手脚～寿～文章～戏～作㊖好一部、太平六典，一一周公手做。（宋·陈合《宝鼎现·寿贾师宪》）翘馆钦贤人共说，一饭每勤三吐。公此去，好官须做。（宋·李曾伯《再用韵助静斋之入告》）

祚zuò ①福。②赐福；保佑。③帝位。

㊄去声，七遇。㊣帝～福～国～践～年～无穷～㊤～薄㊖三辰明昭代，光启玄元祚。（唐·储光羲《贻王侍御出台掾丹阳》）瑞应皇家，祥开圣旦，宝历绵基祚。（宋·赵师侠《永遇乐·金昊行秋》）

仄声·入声

剥bō 另见516页bāo。

㊄入声，三觉。㊣褫～风～活～盘～剽～霜～吞～㊤～夺～离～落～蚀～削～啄㊖与子昔睽离，嗟余苦屯剥。（唐·韩愈《纳凉联句》）雨后凉生云薄。女伴棹歌声乐，采得双莲迎笑剥。（宋·卢祖皋《谒金门》）

拨（撥）bō

㊄入声，七曷。㊣革～差～点～调～划～撩～轻～提～挑～殷勤～支～指～㊤～发～拉～浪鼓～弄～冗㊖清寒冽。只缘不禁，梅花撩拨。（宋·秦观《忆秦娥·灞桥雪》）送客重寻西去路，问水面、琵琶谁拨。（宋·姜夔《八归·湖中送胡德华》）

【典】**龙香拨**　指弹琵琶。唐·郑嵎《津阳门诗》（《全唐诗》卷五六七）："玉奴琵琶龙香拨，倚歌促酒声娇悲。"作者自注："贵妃妙弹琵琶，其乐器闻于人间者，有逻逤檀为槽，龙香柏为拨者。上每执酒卮，必令迎娘歌《水调》曲遍，而太真辄弹弦倚歌，为上送酒。"

数弦已品龙香拨，半面犹遮凤尾槽。（宋·苏轼《宋叔达家听琵琶》）

钵（鉢、*盋、缽）bō

【古】入声，七曷。【逆】合～金～乳～食～托～衣～斋～【顺】～头～盂【例】暖灰重拥瓶，晓粥还分钵。（唐·杜牧《池州送孟迟先辈》）经济规模，登庸衣钵，家传如此。（宋·黄机《醉蓬莱·政槐云浓翠》）

【典】**龙钵**　高僧降龙于钵，使其行雨。其钵叫龙钵或降龙钵。亦作"降龙钵""龙下钵""钵盛毒龙"。《高僧传》卷十《晋长安涉公传》："涉公者，西域人也。虚靖服气，不食五谷，日能行五百里。言未然之事，验若指掌。以苻坚建元十二年至长安。能以秘咒，咒下神龙。每旱，坚常请之咒龙，俄而龙下钵中，天辄大雨。坚及群臣亲就钵中观之，咸叹其异。"

龙钵已倾无法雨，虎床犹在有悲风。（唐·李绅《鉴玄影堂》）

降龙钵里无尘染，回雁峰前有梦归。（宋·宋温舒《赠英公上人》）

鱍bō　鱼跃貌

【古】入声，七曷。【逆】鱍～【例】买肉血聒聒，买鱼跳鱍鱍。（唐·寒山《诗三百三首》其七十五）

般bō　另见582页bān。

【古】梵语音译字。《龙龛手鉴》音拨。又：《佩文诗韵》：上平，十四寒异。又：上平，十五删异。【顺】～若～若汤～泥洹～涅槃

戳chuō

【古】《集韵》：入声，四觉。【逆】刀～木～枪～日～手～邮～【顺】～穿～儿～记～子

撮cuō　①用三个指头抓取。②摘取要点；摄取。③聚合。④演奏古乐器的一种指法。另见59页zuǒ。

【古】入声，七曷。【逆】把～抄～轻～【顺】～合～箕～弄～要～药【例】顾余为山者，所得才箕撮。（唐·陆龟蒙《奉酬袭美先辈吴中苦雨一百韵》）便搊撮、九百身心，依前待有。（宋·周邦彦《大有·仙骨清羸》）

郭guō

【古】入声，十药。【逆】城～带～东～耳～负～近～南～绕～山～【例】天长沧洲路，日暮邯郸郭。（唐·王昌龄《淇上酬薛据兼寄郭微》）无心眄乌鸢，有字悲城郭。（唐·元稹《松鹤》）

【典】**履穿东郭**　借指尚未得志的贫士。亦作"东郭先生履""履穿东郭""东郭先生"。《史记·东郭先生传》："齐人东郭先生以方士待诏公车。……诏召东郭先生，拜以为郡都尉。东郭先生久待诏公车，贫困饥寒，衣敝，履不完。行雪中，履有上无下，足尽践地。道中人笑之，东郭先生应之曰：'谁能履行雪中，令人视之，其上履也，其履下处乃似人足者乎？'及其拜为二千石，佩青緺，出宫门……荣华道路，立名当世。"

疏散履穿东郭，流离马没蓝关。（宋·陈德武《西江月·咏雪三调》之二）

蝈（蟈）guō

【古】入声，十一陌。【逆】蝈～蝼～【顺】～氏【例】古路绝人行，荒陂响蝼蝈。（唐·张碧《山居雨霁即事》）

啯（嘓）guō

【古】《广韵》：入声，麦韵。【逆】啯～【顺】～嘟～哝～咂～啅

摸mō

【古】入声，十药。【逆】抚～估～捞～扪～踅～寻～约～咂～捉～【顺】～高～排～哨～索～头～营【例】悠然放吾兴，欲把青天摸。（唐·皮日休《初夏游楞伽精舍》）池容淡相向，蛟怪如可摸。（唐·陆龟蒙《奉和袭美初夏游楞伽精舍次韵》）

泼（潑）pō

【古】入声，七曷。【逆】悍～活～浇～墨～瓢～倾～撒～水～【顺】～辣～墨～洒～天【例】鸢鱼飞跃，活机触处泼泼。（宋·王义山《念奴娇·南昌奇观》）莫惜大家沈醉，有春醅初泼。（宋·无名氏《好事近·小院看酴醾》）

朴pō　朴刀的朴。另见64页pò、410页pǔ、538页piáo。

【古】缺。入声，三觉异。又：入声，一屋异。

说shuō　另见299页shuì。

【古】入声，九屑。又：去声，八霁异。【逆】陈～成～传～分～关～话～申～数～诉～妄～细～邪～学～演～【顺】～白～部～辞～合～和～教～书～戏～项～笑～嘴【例】此中意无限，要与开士说。（唐·宋之问《见南山夕阳召监师不至》）苟齐两地心，天问将安说。（唐·张说《冬日见牧牛人担青草归》）

【典】**曹刿说**　指不凡的谋略。春秋时，齐鲁交战，鲁庄公采纳曹刿"一鼓作气"的建议，取得了战争的胜利。见《左传·庄公十年》。

何妨秦堇勇，又有曹刿说。（唐·陆龟蒙《杂讽九首》其八）

郢书燕说　指望文生义、穿凿附会或歪打正着。亦作"举烛之误"。《韩非子·外储说左上》："郢人有遗燕相国书者，夜书，火不明，因谓持烛者曰：'举烛'，云而过书'举烛'，'举烛'，非书意也。燕相受书而说之，曰：'举烛者，尚明也。尚明也者，举贤而任之。'燕相白王，王大说，国以治。治则治矣，非书意也。"

缩suō　口语音。另见421页sù。

【顺】～编～地～合～减～聚～量～手～微～影【例】我无缩地术，君非驭风仙。（白居易《效陶潜体诗十六首》之七）殷勤莫笑襄阳住，为爱南溪缩项鳊。（皮日休《送从弟皮崇归复州》）

【典】**蓄缩**　退缩、懈怠，不敢承担责任。《汉书·息夫躬传》："躬上疏……曰：'方今丞相王嘉健而蓄缩，不可用。'"颜师古注："蓄缩，谓吝于事也。"

隼猜鸿蓄缩，虎横犬迍邅。（唐·元稹《酬乐天江楼夜吟稹诗因成三十韵》）

脱tuō

【古】入声，七曷。【逆】出～活～洒～通～兔～推～腕～卸～虚～叶～颖～【顺】～靶～档～稿～钩～轨～节～口～略～落～盲～坯～贫～身～手～水～俗～胎～逃～兔～位～

误～险～销～羽～脂㊖霜落江始寒，枫叶绿未脱。（唐·李白《江上寄元六林宗》）帘底事，凭燕说。合欢缕，双条脱。（宋·吴文英《满江红·结束萧仙》）

㊇**颖脱** 指才华显露。据《史记·平原君列传》记载，赵国的平原君欲合纵于楚，毛遂自荐，"平原君曰：'夫贤士之处世也，譬若锥之处囊中，其末立见。今先生处胜之门下三年于此矣，左右未有所称诵，胜未有所闻，是先生无所有也。先生不能，先生留。'毛遂曰：'臣乃今日请处囊中耳。使遂早得处囊中，乃颖脱而出，非特其末见而已。'平原君竟与毛遂偕"。

颖脱难藏冲斗剑，誓清行击中流楫。（宋·赵善括《满江红·海岳储祥》）

托（*託）tuō

㊍入声，十药。㊣付～寄～假～请～推～委～欣有～依～重～嘱～㊌～庇～病～辞～词～大～孤～故～梦～名～身㊖三山旷幽期，四岳聊所托。（唐·李白《题嵩山逸人元丹丘山居》）草玄良见诮，杜门无请托。（唐·韦应物《闲居赠友》）

㊇**把臂托** 指托付遗属。《后汉书·朱晖传》："初，晖同县张堪素有名称，尝于太学见晖，甚重之，接以友道，乃把晖臂曰：'欲以妻子托朱生。'晖以堪先达，举手未敢对，自后不复相见。堪卒，晖闻其妻子贫困，乃自往候视，厚赈赡之。晖少子颉怪而问曰：'大人不与堪为友，平生未曾相闻，子孙窃怪之。'晖曰：'堪尝有知己之言，吾以信于心也。'"

把臂虽无托，平生固亦亲。（唐·陈子昂《同旻上人伤寿安傅少府》）

饦（飥）tuō

㊍《广韵》：入声，十九铎。㊣馎～

桌（*棹）zhuō

㊍《广韵》：入声，四觉。㊣方～供～围～圆～㊌～灯～面

捉 zhuō

㊍入声，三觉。㊣把～捕～活～水中～夜～㊌～刀～对～摸～拿～弄㊖单绨厌已褫，长萎倦还捉。（唐·韩愈《纳凉联句》）把龟蛇乌兔，生擒活捉，霎时云雨，一点成丹。（宋·葛长庚《沁园春·赠胡葆元》）

㊇**吐捉** 指礼贤下士。周公在吃饭和沐浴中间都要停下数次接待求见的贤士。见《史记·鲁周公世家》。

勿惮吐捉勤，可歌风雨调。（唐·韩愈《和李相公摄事南郊览物兴怀呈一二知旧》）

涿 zhuō 地名。

㊍入声，三觉。㊌～鹿～涂山～弋～州

作 zuō 工场，作坊。另见 59 页 zuó、66 页 zuò。

㊍入声，十药。又：去声，七遇异。又：去声，二十一箇异。㊣木～石～瓦～洗衣～小器～夜～造纸～㊌～部～场～坊～房～工～具～客～料～马～弄～揖～役～院

白 bó 另见 310 页 bái。

㊍入声，十一陌。

伯 bó ①亲属或节气序位时排行第一者。②古代统领一方的长官。③五等爵的第三等。④在某一方面堪为魁首的代表人物。另见 21 页 bà、316 页 bǎi。

㊍入声，十一陌。㊣禅～常～大宗～都～歌～庚～鬼～海～河～侯～欢～诗～水～鰌～亭～屠～土～王～文～文章～翁～仙～贤～县～巷～祝～宗～㊌～比～封～季～姜～啫～舅～爵～考～劳～乐～鹅～鸾～牙～夷～益～鱼～禹～仲㊖北渚吊灵均，长岑思亭伯。（唐·刘禹锡《游桃源一百韵》）安得禹复生，为唐水官伯。（唐·白居易《自蜀江至洞庭湖口有感而作》）

㊇**欢伯** 指酒。汉·焦延寿《易林》卷二《坎之兑》："酒为欢伯，除忧来乐。"

对楼头、欠招欢伯，和风吹老芳讯。（宋·李曾伯《摸鱼儿·和陈次贾仲宣楼韵》

申伯 指贤相。《诗经·大雅·崧高》："王命申伯，式是南邦。"

南土出藩申伯宠，辟书为首嗣宗贤。（宋·宋祁《送段秘丞同理金陵》）

邵伯 对地方长官的美称。《诗经·召南·甘棠序》："《甘棠》，美召伯也。召伯之教，明于南国。"《公羊传·隐公五年》："自陕而东者，周公主之。自陕而西者，召公主之。"

公门何事更相牵，邵伯优贤任养闲。（唐·姚鹄《和陕州参军李通微首夏书怀呈同寮张裳段群二先辈》）

西伯 商朝官名，为西方诸侯之长，因周文王姬昌曾任此职，后世之"西伯"则指文王。《史记·殷本纪》："西伯出而献洛西之地，以请除炮烙之刑。纣乃许之，赐弓矢斧钺，使得征伐，为西伯。"

迹似磻溪应有待，世无西伯可能留。（宋·王安石《严陵祠堂》）

元伯 指至友吊丧。传说张劭死后灵柩至圹边不肯移动，直等到朋友范式来执绋方肯前进。见《后汉书·独行传·范式传》。

元伯来相葬，山涛誓抚孤。（唐·元稹《与乐天同葬杓直》）

浮丘伯 借指授业师。浮丘伯，汉时齐人，治《诗》，楚元王刘交与鲁人申生皆尝从其受学。见《汉书·儒林传·申公传》。

一笑堂印抛，我友浮丘伯。（宋·程公许《送平章解机政以保宁之节荣还里第》）

文章伯 指善写文章的人。唐·孙逖《故右丞相赠太师燕文贞公挽词二首》其一（《全唐诗》卷一一八）："海内文章伯，朝端礼乐英。"

桐乡文章伯，我欲执鞭从。（宋·薛抗《县圃十绝和朱待制》）

薄 bó 另见 47 页 bò、531 页 báo。

㊍入声，十药。㊣隘～鄙～褊～丛～藂～脆～悴～单～胆～淡～澹～荡～德～瘠～茧～贱～降～浇～刻～廉～林～绵～浅～轻～清～佻～偷～顽～帏～帷～猥～稀～侥～庸～窳～躁～榛～竹～㊌～才～材～躬～行～厚～宦～瘠～伎～技～敛～劣～禄～面～明～暝～命～暮～器～谴～情～躯～曲～弱～俗～田～刑～幸～言～业～葬～责～植～殖～妆～装～酌㊖坐使青灯晓，还伤夏衣薄。（唐·韦应物《寺居独夜寄崔主簿》）峨嵋山下少人行，旌旗无光日色薄。（唐·白居易《长恨歌》）

典**鲁缟薄** 借指极薄的织物。《史记·韩长孺列传》:"且强弩之极,矢不能穿鲁缟。"裴骃集解引许慎曰:"鲁之缟尤薄。"

轻橐归时鲁缟薄,寒衣缝处郑绵多。(唐·韩翃《鲁中送从事归荥阳》)

鹤料俸薄 唐朝时,幕府官俸微薄。当时称为"鹤料"。后因以"鹤料"泛称官俸。唐·皮日休《新秋即事》之一:"酒坊吏到常先见,鹤料符来每探支。"参阅宋·吴曾《能改斋漫录》卷六《鹤料符》。

苏武封薄 指功高封薄。亦作"苏属国""典属国"。《汉书·苏建传》附《苏武传》:苏武出使匈奴,被拘禁十九年,回到汉朝后,"拜为典属国,秩中二千石"。"(上官)桀、(苏)安与大将军霍光争权,数疏光过失予燕王……又言苏武使匈奴二十年不降,还乃为典属国。大将军长史无功劳,为搜粟都尉。"

苏武封犹薄,崔骃宦不工。(唐·骆宾王《边夜有怀》)

赵壹赋命薄 指文士怀才不遇。亦作"赵壹能赋"。据《后汉书·文苑传·赵壹》,赵壹怀才不遇,"又作《刺世疾邪赋》,以舒其怨愤"。"初,袁逢使善相者相壹,云'仕不过郡吏',竟如其言。"

赵壹赋命薄,马卿家业贫。(唐·李贺《出城别张又新酬李汉》)

百bó 另见316页bǎi。

古入声,十一陌。

柏bó 另见316页bǎi。

古入声,十一陌。

箔bó ①帘子。②养蚕用的竹筛或竹席。③薄似纸的金属片或涂过金属粉末的纸。

古入声,十药。逆笆~垂~翠~画~帏~闹~帷~苇~玉~云~栈~长~朱~珠~顺~材~场~笼~头~幛例歌舞临碧云,箫声沸珠箔。(唐·常建《古意三首》之三)岂知楞伽会,乃在山水箔。(唐·陆龟蒙《奉和袭美初夏游楞伽精舍次韵》)

泊bó

古入声,十药。逆安~冲~丛~凑~辏~淡~澹~羁~寄~寂~靠~梁山~流~落~旅~漠~抛~漂~飘~萍~栖~憩~恬~屯~湾~委~虚~玄~野~夜~寓~止~驻~顺~车~地~泭~然~如例酒肆或淹留,渔泽屡栖泊。(唐·王昌龄《淇上酬薛据兼寄郭微》)寒鱼占窟聚,暝鸟投枝泊。(宋·王安石《仲明父不至》)

博bó

古入声,十药。逆褒~逞~侈~搏~樗~淳~该~赅~瑰~浩~灏~褐宽~弘~闳~宏~鸿~恢~浑~蒱~蒲~棋~碁~洽~儒~睿~赡~淹~鬻~渊~顺~奥~籴~贯~壶~换~览~浪~陆~洽~赡~涉~识~通~望~闻~物~戏~枭~选~学~雅~艺~议~弈~约~杂~征~证~咨~综例静得渔者言,闲闻洞仙博。(唐·卢纶《奉陪侍中游石笋溪十二韵》)战垒竞高深,儒衣谩褒博。(唐·陆龟蒙《奉和袭美初夏游楞伽精舍次韵》)

愽(*慱)bó

古入声,十药。逆赌~负~六~屠~五~狎~掷~顺~厂~赌~局~塞~赛~徒

驳(駁、*駮)bó

古入声,三觉。逆班~斑~贬~参~船~舛~醇~踳~疵~弹~封~乖~踏~浇~诘~纠~偏~藓~谳~议~战~顺~岸~榜~饬~船~舛~辞~错~答~弹~火~讥~诘~究~骏~勘~滥~轹~跞~荦~落~马~冗~糅~选~异~阴~映~运~杂

帛bó

古入声,十一陌。逆贲~币~布~财~楮~焚~縠~浣~缣~简~金~绢~练~裂~曼~缦~绵~束~帑~通~綵~絮~缥~雁~玉~缯~旃~竹~拽~货~顺~画~书~图~诏例且欲遗姓名,安能慕竹帛。(唐·刘禹锡《游桃源一百韵》)富豪役千奴,贫老无寸帛。(宋·陆游《岁暮感怀以余年谅无几休日怆已迫为韵》)

典**飞帛** 飞白书体,宋太宗曾向登真宫"赐御书飞帛字"。借指皇帝御书。典出宋·欧阳修《御书阁记》。

飞帛奎文,仪皇韶祉,明良相庆。(宋·刘子寰《醉蓬莱》)

束发封帛 指妇女忠贞不渝。亦作"直言解发"。《新唐书·列女传·贾直言妻董氏》:"直言坐事。贬岭南,以妻少,乃诀曰:'生死不可期,吾去,可亟嫁,无须也。'董不答,引绳束发,封以帛,使直言署,曰:'非君手不解。'直言贬二十年乃还,署帛宛然。乃汤沐,发堕无余。"

衣不重帛 不穿两重丝织品的衣服,指节俭。《尹文子·大道上》:"昔晋国苦奢,文公以俭矫之,乃衣不重帛,食不兼肉。无几时,人皆大布之衣,脱粟之饭。"

衣不重帛,家无儋石之储。(《晋书·刘超传》)

舶bó

古入声,十一陌。逆帆~番~贡~估~归~海~贾~巨~昆仑~南海~游~运~顺~船~趠风~货~贾~来~来品~物~主

膊bó 胳膊,膀子。另见55页pó。

古入声,十药。逆膈~臂~膊~褡~胳~襻~袒~掩~肘~

雹bó 另见531页baó。

古入声,三觉。逆飞~江南~雷~夏~雨~顺~散~霰~灾例仰惧失交泰,非时结冰雹。(唐·孟郊《纳凉联句》)

勃bó

古入声,六月。逆暴~坌~苾~愎~勃~猖~狂~旁~咆~喷~彭~蓬~色~溲~菀~滃~蓊~凶~喧~郁~顺~发~厉~乱~缪~逆~然~如~窣~腾腾~澥~兴~郁例单于竟未灭,阴气常勃勃。(唐·戎昱《塞下曲》)壮士磨匕首,勇愤气蓬勃。(唐·白居易《效陶潜体诗十六首》)

典**平勃** 西汉陈平、周勃的合称。指辅国重臣,也指同心协力共谋国事。陈平佐刘邦开国,功封曲逆侯。周勃从刘邦打天下,功封绛侯。他们二人都是诛灭吕氏、恢复刘氏皇权的关键人物。见《史记·陈丞相世家》及《绛侯周勃世家》。

未尝识许史,况敢交平勃。(宋·陆游《书幸》)

王勃 借以称美文才。王勃字子安，唐高宗朝曾任沛王府修撰，少年时即显露文才，能诗工文，他的《滕王阁序》最为世人称道。见《旧唐书·文苑传·王勃》。

落笔君如王勃，属词我愧周娓。（宋·郭应祥《西江月·次彭天若元夕观灯之韵》）

钹（鈸）bó

古入声，七曷。逆出～鬼打～击～金～铃～螺～门～铙～人～铜～顺～帽～子

搏 bó

古入声，十药。逆捕～捽～拊～击～攫～拼～肉～生～噬～螯～手～徒～执～直～顺～髀～斗～风～拊～虎～获～击～颊～攫～杀～噬～手～狩～黍～掠～膺～影～跃～战～执～鸷～逐例潜伏屡鲸奔，雄飞更鸷搏。（唐·刘允济《经庐岳回望江州想洛川有作》）

踣 bó

古入声，十三职。逆毙～颠～跌～顿～饿～僵～蹶～困～前仆后～倾～蹄～偃～陨～踬～顺～毙～地呼天～颠～跌～顿～覆～河～籍～僨～蹶～鹿～尸～跳～铁～卧～样巾～踬～坠例寄言清净者，闾阎徒自踣。（唐·储光羲《京口题崇上人山亭》）

礴 bó

古入声，十药。逆般～磅～磻～盘～蟠～旁～喷～渍～例绝地穷峪岈，造天究磐礴。（唐·吴筠《游倚帝山二首》其一）

典**解衣盘礴** 盘礴，两脚张开而坐。指行为随性，不受拘束。亦作"解衣般礴"。《庄子·田子方》："宋元君将画图，众史皆至，受揖而立；舐笔和墨，在外者半，有一史后至者，儃儃然不趋，受揖不立，因之舍。公使人视之，则解衣般礴赢。君曰：'可矣，是真画者也。'"

共喜早归三伏近，解衣盘礴亦君恩。（宋·苏轼《次韵刘贡父独直省中》）

鹁（鵓）bó 鹁鸪。

古《广韵》：入声，没韵。逆斑～鸠～雨～顺～鸽～鸪～骨～鸠～居～邻～筮

渤 bó

古入声，六月。逆渤～沧～马～茗～溟～滂～渊～溲～滃～蓊～雾～瀛～顺～荡～鞮海～海～海琴～解～滈～澥～溢～涌例胡为慕大鲸，辄拟偃溟渤。（唐·杜甫《自京赴奉先县咏怀五百字》）

典**安石泛溟渤** 指临危持重，不畏风浪。《世说新语·雅量》："谢太傅盘桓东山时，与孙兴公诸人泛海戏。风起浪涌，孙、王诸人色并遽，便唱使还。太傅神情方王，吟啸不言。舟人以公貌闲意说，犹去不止。既风转急，浪猛，诸人皆喧动不坐。公徐云：'如此，将无归！'众人即承响而回。于是审其量，足以镇安朝野。'"

安石泛溟渤，独啸长风还。（李白《与南陵常赞府游五松山》）

孛 bó 彗星。

古入声，六月。又：去声，十一队同。逆孛～飞～彗～顺～孛～孛丁～彗～老～沴～戾～娄～辘～散～相～星例时看汉月望汉天，怨气冲星成彗孛。（唐·刘景复《梦为吴泰伯作胜儿歌》）

浡 bó 兴起。

古入声，六月。逆浑～滏～滂～溲～滃～郁～顺～沸～滈～乱～起～郁

荸 bó 见 239 页 bí。

镈（鎛）bó ①锄类农具。②钟类乐器。

古入声，十药。逆宝～钱～磬～直～钟～锄～顺～铝～器～人～师～钟

馎（餺）bó 馎饦，古代面食，汤饼。

古《广韵》：入声，铎韵。顺～饦

襮 bó ①绣有花纹的衣领。②暴露。③表白。

古入声，十药。又：入声，二沃同。逆褒～表～震～朱～顺～白

僰 bó 古西南民族。

古入声，十三职。逆爨～蛮～邛～西～顺～道～僮

膊 pó ①曝肉。②切成块的干肉。另见 54 页 bó。

古入声，十药。顺～脯

铂（鉑）bó ①金属薄片。②今又作化学元素之名称。

古《集韵》：入声，十九铎。逆金～银～顺～金

夺（奪）duó

古入声，七曷。逆裁～褫～定～讹～豪～攘～削～争～顺～哀～杯～柄～彩～褫～胆～嫡～俸～服～官～冠～爵～路～伦～门～魄～气～情～攘～人～误～席～衣～移～印～职～志例勖哉沧洲心，岁晚庶不夺。（唐·李白《江上寄元六林宗》）葵藿倾太阳，物性固莫夺。（唐·杜甫《自京赴奉先县咏怀五百字》）

典**杀生与夺** 指生死赏罚的大权。亦作"生杀予夺""生死予夺"。《荀子·王制》："故丧祭、朝聘、师旅一也。贵贱杀生与夺，一也。"

生杀在于手，与夺指于颐。（宋·邵雍《观棋大吟》）

田窦倾夺 本指西汉时，武安侯田蚡和魏其侯窦婴为争权夺势而互相倾轧。后泛指权贵争斗倾轧。见《史记·魏其武安侯列传》。

倾夺非我心，凄然感田窦。（唐·李德裕《早入中书行公主册礼事毕登集贤阁成咏》）

度 duó 另见 378 页 dù。

古入声，十药。又：去声，七遇异。逆猜～裁～测～揣～忖～揆～量～商～审～推～臆～自～顺～道～计～量～料～虑～拟～恕～算～引～支～支使例五白气争呼，六奇心运度。（唐·韩愈《晚秋郾城夜会联句》）天易阴晴，人多哀乐。从来此事难凭度。（宋·陈德武《踏莎行·中秋不见月》）

铎（鐸）duó 一种大铃，宣布政事时或战时使用。

古入声，十药。逆风～金～铃～鸣～木～铙～牛～清～司～徇～檐～占风～振～征～顺～辰～遏～铃～鞘～舌～槊～舞～语～针例首路回竹符，分镳扬木铎。（唐·张九龄《奉和圣制送十道采访使及朝集使》）右听青女镜，左听宣尼铎。（唐·贯休《上杜使君》）

典**木铎** 周朝宣布新政令时用来引起群众注意的警铃，借指宣布政教法令。《周礼·天官·小宰》："徇以木铎。"郑玄注："古者将有新令，必

奋木铎以警众，使明听也。……文事奋木铎，武事奋金铎。”唐·贾公彦疏：“铎，皆以金为之，以木为舌则曰木铎。”

奈何置驿奉私室，安得木铎观民风。（宋·刘克庄《和南塘食荔叹》）

裰duó

古《广韵》：入声，十三末。逆补～直～

澤duó 檐冰。

古入声，十药。逆冰～淋～凌～檐～

剟duó ①刊削；删除。②割取。

古《广韵》：入声，十三末。逆刺～分～捷～刊～劓～削～顺～材～除～刺～录～劓～哀～取～拾～削

佛fó 另见403页fú。

古入声，五物。逆顶～供～古～灌～贾岛～礼～泥～佞～辟～释迦～送～浴～赞～转～顺～宝～钵～藏～刹～场～乘～祠～灯～地～谛～典～殿～幡～骨～光～国～果～偈～戒～界～境～扃～龛～窟～面～庙～母～寺～塔～坛～天～图～土～陀～心～性～学～爷～证～粥～旨～珠～祖～座例上人视日授微言，心静如斯即诸佛。（唐·欧阳詹《智达上人水精念珠歌》）

典**求作佛** 指追求释道，欲修成佛。《晋书·何充传》：“何充字次道，庐江灊人。……而性好释典，崇修佛寺，供给沙门以百数，糜费巨亿而不吝也。……阮裕尝戏之曰：‘卿志大宇宙，勇迈终古。’充问其故。裕曰：‘我图数千户郡尚未能得，卿图作佛，不亦大乎！’”

懒读经文求作佛，愿攻诗句觅升仙。（唐·姚合《送无可上人游越》）

国(國)guó

古入声，十三职。逆北～佛～芙蓉～故～槐安～监～开～乐～立～列～邻～窃～倾～属～锁～天～殉～异～泽～战～治～轴心～宗主～祖～顺～哀～宝～本～宾～柄～步～常～朝～储～粹～典～风～纲～格～号～讳～魂～基～畿～忌～艰～郊～老～命～谟～母～难～器～瑞～色～殇～士～事～是～祀～务～玺～宪～庠～桢～祯～胄～子监～祚例出门怨别家，登岭恨辞国。（唐·宋之问《早发大庾岭》）将军频下城，佳人尽倾国。（唐·元稹《寄吴士矩端公五十韵》）

典**化国** 指升平盛世。《后汉书·王符传》：“《爱日篇》曰：‘……化国之日舒以长，故其民闲暇而力有余；乱国之日促以短，故其民困务而力不足。舒长者，非谓羲和安行，乃君明民静而力有余也。’”

人稀到，壶中化国，光景更堪闲。（宋·晁补之《满庭芳·欲买庐山》）

让国 指兄弟谦让。春秋时，孤竹国伯夷、叔齐兄弟曾互让国君之位，吴国季札也曾逊让国柄弃室而耕。见《史记·伯夷列传》《史记·吴太伯世家》。

孤竹延陵，让国扬名。（李白《上留田行》）

典属国 西汉掌归附之少数民族的官员，职位不高。《汉书·昭帝纪》：“苏武前使匈奴，留单于庭十九岁乃还，奉使全节，以武为典属国。”颜师古注：“典属国，本秦官，汉因之，掌归义蛮夷。属官有九译令。”

苏武才为典属国，节旄落尽海西头。（唐·王维《陇头吟》）

父母国 指故国旧土。《孟子·万章下》：“孔子之去齐，接淅而行；去鲁，曰：‘迟迟吾行也，去父母国之道也。’可以速而速，可以久而久，可以处而处，可以仕而仕，孔子也。”

回看父母国，生死毕胡尘。（唐·梁琼《昭君怨》）

芙蓉国 指湖南。晚唐及五代时，湖南湘江一带多植木芙蓉，金秋时节，繁花似锦，古有“芙蓉国”之称。晚唐·谭用之《秋宿湘江遇雨》：“江上阴云锁梦魂，江边深夜舞刘琨。秋风万里芙蓉国，暮雨千家薜荔村。”

君子国 好让不争的国家。《山海经·海外东经》（卷三）：“君子国在其北，衣冠带剑，食兽，使二大虎在旁，其人好让不争。”

来见君子国，见则时文明。（元·杨维桢《丹山凤》）

解语倾国 用来咏牡丹等名花，也指美女。唐·罗隐《牡丹花》：“若教解语应倾国，任是无情亦动人。”五代·王仁裕《开元天宝遗事》卷下《解语花》：“明皇秋八月，太液池有千叶白莲数枝盛开，帝与贵戚宴赏焉。左右皆叹羡，久之，帝指贵妃示于左右曰：‘争如我解语花？’”

真香解语人倾国，知是紫云谁敢觅。（宋·范成大《玉楼春》）

金铜去国 金铜仙人离开国都，指亡国。亦作“泪老金铜”。唐·李贺《金铜仙人辞汉歌并序》：“魏明帝青龙元年八月，诏宫官牵车西取汉孝武捧露盘仙人，欲立置前殿。宫官既拆盘，仙人临载，乃潸然泪下。唐诸王孙李长吉遂作《金铜仙人辞汉歌》。”

约八骏重到，露桃重摘。金铜知道，忍去国，忍去国！（宋·刘辰翁《兰陵王·丁丑感怀和丁明叔韵》）

吕尚封国 指受知遇且最终成功。《史记·周本纪》：“于是封功臣谋士，而师尚父为首封。封尚父于营丘，曰齐。”

吕尚封国邑，傅说已盐梅。（杜甫《昔游》）

倾城倾国 指佳人美貌绝伦。亦作“倾城”“倾国”“倾北方”。《汉书·孝武李夫人传》：“孝武李夫人，本以倡进。初，夫人兄延年性知音，善歌舞，武帝爱之。每为新声变曲，闻者莫不感动。延年侍上起舞，歌曰：‘北方有佳人，绝世而独立，一顾倾人城，再顾倾人国。宁不知倾城与倾国？佳人难再得！’上叹息曰：‘善！世岂有此人乎？’平阳主因言延年有女弟，上乃召见之，实妙丽善舞。”

施朱施粉色俱好，倾国倾城艳不同。（宋·邵雍《二色桃》）

上医医国 指良医，也指贤臣。亦作“医国手”。《国语·晋语八》：“平公有疾，秦景公使医和视之。……文子曰：‘医及国家乎？’对曰：‘上医医国，其次疾人，固医官也。’”

万金不换囊中术，上医元自能医国。（宋·辛弃疾《菩萨蛮·万金

不换囊中术》)

王粲去国 指滞留异乡。亦作"王粲滞荆州""王粲不归秦""王粲别荆蛮"。《三国志·魏书·王粲传》:"献帝西迁,粲徙长安,左中郎将蔡邕见而奇之……年十七,司徒辟,诏除黄门侍郎,以西京扰乱,皆不就。乃之荆州依刘表。"王粲《七哀诗二首》其一:"西京乱无象,豺虎方遘患。复弃中国去,远身适荆蛮。"又,其二:"荆蛮非我乡,何为久滞淫。"

去国哀王粲,伤时哭贾生。(唐·杜甫《久客》)

舟中敌国 同舟的人也可以成为敌国,喻众叛亲离的孤立处境。《史记·孙子吴起列传》:"若君不修德,舟中之人尽为敌国也。"

舟中敌国多,况望燕徒楫。(宋·五迈《吊何岩》)

掴(摑)guó 又读音。义为打人耳部。

㊀入声,十一陌。逆耳～黄～顺～搭～打～混～裂～手～榻

帼(幗)guó

㊀入声,十一陌。逆钗～巾～褠～髽～例丑虏安足纪,可贻帼与巾。(李白《赠张相镐二首》其一)

典**贻巾帼** 指通过轻视侮辱对方的方式来激起对方应战。亦作"遗巾帼"。巾帼为古代妇女的头巾与发饰。三国时魏与蜀汉交战,诸葛亮曾向司马懿(后被追认为晋宣帝)赠巾帼,激其迎战。见《晋书·宣帝纪》。

宣王请战贻巾帼,始见才吞亦气吞。(唐·武少仪《诸葛丞相庙》)

虢guó 古国名。

㊀入声,十一陌。逆东～二～两～南～起～秦～三～西～小～顺～国

典**扁鹊起虢** 指医术高明。见《史记·扁鹊列传》。

董奉活燮,扁鹊起虢。(唐·李瀚《蒙求》)

假道伐虢 喻借助于别人达到自己目的。春秋时,晋向虞借路去伐虢,虢灭之后,晋军在归途中又灭了虞。见《左传·僖公五年》。

漍guó 水声

㊀《广韵》:入声,二十陌。

活huó

㊀入声,七曷。逆成～出～复～苟～绝～快～赖～揽～柔～生～鲜～余～庄稼～作～做～顺～剥～撮～泛～佛～该～寡～观音～句～喇喇～伶伶～络～泼～扑刺～契～钱～软～润～身～水～套～忒忒～体～脱～性～血～阎王～跃～铮铮～捉～字～罪例烟湿树姿娇,雨余山态活。(唐·杜牧《池州送孟迟先辈》)近水山例青,湘山青独活。(清·魏源《醉湘江》)

典**草间求活** 指苟且偷生,也指投敌或落草为寇。梁·沈约《宋书·武帝纪》:"苟厄运必至,我当以死卫社稷,横尸庙门,遂其由来以身许国之志,不能远窜于草间求活也。"

帐下健儿休尽锐,草间赤子俱求活。(宋·刘克庄《满江红·满腹诗书》)

膜mó 另见43页mó。

㊀入声,十药。又:平声,七虞异。逆笛～巩～虹～绛～角～黏～胎～天～网～苇～云～竹～顺～视～外例榴枝婀娜榴实繁,榴膜轻明榴子鲜。(李商隐《石榴》)

橐(*槖)tuó ①一种盛物的袋子。②(用袋子)装。③古代冶炼时鼓风用的一种牛皮制的器具。

㊀入声,十药。逆笔～持～从～垂～倒～负～鼓～行～宦～炉～囊～罄～胠～诗～驼～橐～腰～衣～簪～赀～资～紫荷～顺～负～皋～戟～奸～金～囊～泉～笥～驼～橐～钥～载～饘～装例洪垆作高山,元气鼓其橐。(唐·刘禹锡《华山歌》)君臣贵深遇,天地有灵橐。(唐·孟郊《吊元鲁山》)

典**持橐** 谓侍从之臣携带书和笔,以备顾问。亦作"从橐"。《汉书·赵充国传》:"持橐簪笔,事孝武帝数十年。"颜师古注:"橐所以盛书也。"

早岁儒林俊誉流,中年持橐侍宸游。(宋·王之望《贺刘侍郎三首》其三)

孔子师项橐 指谦逊求教。《战国策·秦策五》:"甘罗曰:'夫项橐生七岁而为孔子师,今臣生十二岁于兹矣!君其试臣,奚以遽言叱也?"

宣父敬项橐,林宗重黄生。(唐·魏万《金陵酬李翰林谪仙子》)

拙zhuó

㊀入声,九屑。逆抱～补～藏～孱～钝～戆～工～古～技～蹇～栖～勤～守～顽～猥～养～野～愚～稚～顺～诚～钝～计～艰～见～荆～劣～陋～路～率～昧～谋～讷～朴～疏～俗～眼～野～政～直～滞～著～作例自然弃掷与时异,况乃疏顽临事拙。(唐·杜甫《投简成华两县诸子》)既资闲养疾,亦赖慵藏拙。(唐·白居易《再授宾客分司》)

典**藏拙** 指自知短处,掩盖而不示人。唐·裴悚《传记》:"梁常侍徐陵聘于齐,时魏收文学北朝之秀,收录其文集以遗陵,令传之江左。陵还,济江而沉之,从者以问,陵曰:'吾为魏公藏拙。'"

纵无显效亦藏拙,若有所成甘守株。(唐·罗隐《自贻》)

阳城拙 指官吏体恤民情,不计自身荣辱。唐代的阳城在任道刺史时,对待下属和百姓像对待家人一样。由于赋税征收不起来,观察使屡次责备他。在上考功第的时候,他自己写了评语:"抚字心劳,征科政拙,考下下。"观察使派判官来督赋,阳城先坐到牢狱里去待罪。判官不见他出面迎接,问明情况,大吃一惊,立即赶到牢狱里去拜见,说道:"使君有什么罪呢,我是奉命来问候的。"见《旧唐书·隐逸传·阳城》。

催科自笑阳城拙,勇退应惭靖节高。(宋·郭应祥《鹧鸪天·垂领纷纷已二毛》)

酌zhuó

㊀入声,十药。逆裁～参～残～独～对～觥～共～豪～品～浅～清～商～觞～审～详～小～燕～野～挹～引～饮～斟～自～祖～樽～顺～办～裁～处～度～估～量～情～取～泉～损～霞～献～言～议例吟诗石上坐,引酒泉边酌。(唐·白居易《寄王质夫》)东海如可倾,乘之就斟酌。(唐·皮日休《奉和添酒中六咏·酒船》)

典**流霞酌** 见13页"流霞"。

自知不是流霞酌,愿听云和瑟

一声。（唐·郑仁表《赠妓仙哥》）

浊（濁）zhuó

古入声，三觉。逆尘～恶～混～浑～激～清～水～贪～污～嚣～重～顺～操～代～恶世～官～河～秽～溷～酒～滥～浪～醪～流～乱～气～扰～声～世～俗～躁例金柔气尚低，火老候愈浊。（唐·韩愈《纳凉联句》）俗人如盗泉，照眼都昏浊。（宋·辛弃疾《生查子·高人千丈崖》）

典**五浊** 佛家认为尘世有五种恶浊。借指尘世。《妙法莲华经·方便品》："诸佛出于五浊恶世，所谓劫浊，烦恼浊，众生浊，见浊，命浊。"

热脑散五浊，岂止沉疴瘳。（宋·范成大《橘园》）

黄河浊 见873页"河清"。

渭入黄河浊，云归紫阁闲。（宋·魏野《送萧咨下第西归》）

斫（*斮斲斵）zhuó

古入声，十药。逆雕～斧～砍～砻～劈～樵～芟～斩～顺～白～刺～剉～断～伐～击～破～畬～营～斩～治例殷勤相劝勉，左右加砻斫。（唐·韩愈《纳凉联句》）儒生惬教化，武士猛刺斫。（唐·韩愈《晚秋郾城夜会联句》）

典**汗颜笑斫** 指外行而勉为其难。唐·韩愈《韩昌黎文集》卷五《祭柳子厚文》："富贵无能，磨灭谁纪？子之自著，表表愈伟。不善为斫，血指汗颜。巧匠旁观，缩手袖间。子之文章，而不用世，乃令吾徒，掌帝之制。"

谩被发忧邻，汗颜笑斫，客邪终岂婴元气。（宋·李曾伯《哨遍》）

头颅谁斫 指在大难难逃时发出的叹惋。《资治通鉴·唐纪一》："（隋炀帝）又尝引镜自照，顾谓萧后曰：'好头颈，谁当斫之！'后惊问故，帝笑曰：'贵贱苦乐，更迭为之，亦复何伤！'"

濯zhuó

古入声，三觉。逆沧浪～盥～浣～湔～洗～濯～顺～襟～缨～足例青荧文簟施，淡澉甘瓜濯。（唐·韩愈《纳凉联句》）闲从翠微拂，静唱沧浪濯。（唐·陆龟蒙《奉和袭美添渔具五篇·背蓬》）

典**缨濯** 见821页"渔父濯沧浪"。

烟树不妨留夕照，尘缨正欲濯寒泓。（宋·裘万顷《次伯仁善利阁》）

衣缁京洛言何验，缨濯沧浪志尚违。（宋·韩维《和仲巽逍京尘》）

茁zhuó

古入声，四质。又：入声，九屑同。逆萌～怒～笋～芽～苗～顺～肥～茂～实～芽～轧～装～苗例桃柳旧根株，春到红蔫绿茁。（宋·程大昌《好事近·桃柳旧根株》）笑捧金卮，满砌兰芽初茁。（宋·何梦桂《声声慢·人间六月》）

着zhuó ①穿衣。②触及，挨着。③附着，使附着上。④把力量或注意力放在某一事物上。⑤放置，安排。⑥着落；派遣。另见80页zhe、530页zhāo、545页zháo。

古入声，十药。逆沉～穿～附～胶～黏～无～先鞭～衣～执～顺～鞭～处～花～紧～劲～力～令～墨～棋～色～题～体～相～想～眼～意～装例忍缓东风，耐烦迟日，休凭匆匆着。（宋·黄人杰《念奴娇·西湖胜绝》）政迤逦、花梢红绽，柳梢黄着。（宋·李壁《满江红·帘卷东风》）

灼zhuó

古入声，十药。逆焚～焦～焦～烧～熏～照～灼～顺～艾～剥～粲～怛～烜～骨～龟～焦～烤～溃～烂～亮～燎～然～热～如～烧～烁～烜～耀～夜～占～知～钻例名声载揄扬，权势实熏灼。（唐·韩愈《晚秋郾城夜会联句》）虽有频伽并白鹤，非彰灼。如来变化宣流作。（宋·可旻《渔家傲·树阴阴布七重》）

啄zhuó

古入声，三觉。逆剥～俯～饮～啄～顺～抱～锄～木～木鸟～食～饮～噪例双双野田雀，上下同饮啄。（唐·齐己《黄雀行》）参差野袂成归鹤，石鼎未开容剥啄。（宋·刘辰翁《梅花引·酒熟未》）

典**剥啄** 敲门声，指客人来访。亦作"门外剥啄"。唐·高适《重阳》："岂有白衣来剥啄，一从乌帽自欹斜。"唐·韩愈《剥啄行》："剥剥啄啄，有客至门。我不出应，客去而嗔。"

日酣昨暮春睡浓，柳外叩门谁剥啄。（宋·方岳《次韵刘簿寄示》）

逍遥饮啄 见129页"蓬蒿燕雀"。

逍遥饮啄安涯分，何假扶摇九万为。（唐·卢象《青雀歌》）

琢zhuó

古入声，三觉。逆雕～句～镌～良工～磨～巧～细～顺～雕～句～刻～炼～磨～切～饰～削～治例此志且何如，希君为追琢。（唐·韩愈《纳凉联句》）初眠柳弱。梅如豆，玉如琢。（宋·邓肃《瑞鹤仙·喜西园放钥》）

卓zhuó

古入声，三觉。逆超～高～清～英～卓～顺～拔～出～踔～地～尔～诡～见～绝～谲～阔～立～荦～然～识～殊～烁～铄～特～望～行～异～逸～越～著例烦怀却星星，高意还卓卓。（唐·韩愈《纳凉联句》）

典**莽卓** 王莽、董卓的合称。指废立皇帝、改朝篡位的权奸、逆臣。见《汉书·王莽传上》《三国志·魏书·董卓传》。

庙堂生莽卓，岩谷死伊周。（宋·王安石《何处难忘酒二首》其二）

缴（繳）zhuó 系在箭上的生丝绳。也指系着生丝绳的箭。另见551页jiǎo。

古入声，十药。逆避～网～弋～矰～例东西竞角逐，远近施矰缴。（唐·韩愈《晚秋郾城夜会联句》）

典**鸿鹄远矰缴** 喻人远离迫害。《史记·留侯世家》："歌曰：'鸿鹄高飞，一举千里。羽翮已就，横绝四海。横绝四海，当可奈何！虽有矰缴，尚安所施！'"

正万里清冥，千林虚籁，从渠矰缴。（宋·张元干《宝鼎现·山庄图画》）

镯（鐲）zhuó

古入声，三觉。逆金～手～玉～顺～镂～头～子

擢zhuó

古入声，三觉。逆拔～简～奖～选～顺～拔～拜～登～第～桂～跻～

进～科～任～升～授～引～颖～用例熙熙炎光流，竦竦高云擢。(唐·韩愈《纳凉联句》)一寒如许，蟾枝莫倚高擢。(宋·方岳《酹江月·槎牙诗骨》)

棁zhuó　梁上短柱。

古入声，六月。

诼(諑)zhuó

古入声，三觉。逆蛾眉～巧～谣～顺～谣～谮例直道败邪径，拙谋伤巧诼。(唐·韩愈《纳凉联句》)

躅zhuó　足迹。另见407页zhú。

古入声，二沃。逆轨～遗～例佳人不再攀，下有往来躅。(唐·韦应物《对芳树》)长啸攀乔林，慕兹高世躅。(唐·韦应物《题郑弘宪侍御遗爱草堂》)

彴zhuó　小木桥。

古入声，十药。逆略～顺～略例立马断魂，晴雪篱落。横溪略彴。(宋·赵以夫《角招》)

鷟(鷟)zhuó

古入声，三觉。逆鸾～瑞～例洸矣得滂沱，感然鸣鸾鷟。(唐·韩愈《纳凉联句》)

典**鸾鷟**　指堪为帝辅的才俊英杰之士。亦作"鷟鸾"。唐·张鷟《朝野佥载》卷三："张鷟曾梦一大鸟，紫色，五彩成文，飞下至庭前不去。以告祖父，云：'此吉祥也。昔蔡衡云，凤之类有五：其色赤者，文章，凤也；青者，鸾也；黄者，鵷雏也；白者，鸿鹄也；紫者，鸑鷟也。此鸟为凤凰之佐，汝当为帝辅也。'遂以为名字焉。"

秀世竹鸣金鸾鷟，观空波涌玉蟾蜍。(宋·释契适《观音诗》)

踔zhuó　跳。

古入声，三觉。逆超～踸～踔～腾～跳～顺～踸～踔～掉～行～然～虚～远～跃～越

浞zhuó　润湿，淋湿。

古入声，三觉。逆寒～浞～顺～豭～浞

昨zuó

古入声，三觉。逆成～畴～如～胜～忆～顺～非～年～前～席～先～宵～夜～者例分携如昨，人生到处萍漂泊。(宋·苏轼《醉落魄·席上呈元素》)朱颜老尽心如昨，万事休休休莫莫。(宋·黄庭坚《木兰花令·庾郎三九常安乐》)

典**是今非昨**　从一直的错误追求中醒悟过来。陶渊明《归去来兮辞》："实迷途其未远，觉今是而昨非。"

有酒当花，休得是今非昨。(宋·陈著《声声慢·珍丛凤舞》)

作zuó　作践、作料、作兴的作。另见53页zuō、66页zuò。

古入声，十药。又：去声，七遇异。又：去声，二十一箇异。顺～践～索～埸～獭～挞～踏～蹋～兴～祖

筰zuó　竹索。

古入声，十药。逆断～青～顺～马～桥～足

捽zuó　①揪。②拔取。③冲突，撞击。另见408页zú。

古入声，六月。顺～拔～搏～捽～灭～茹～手～抑～引～拽

椁(*槨)guǒ　套棺。

古《广韵》：入声，十九铎。逆棺～顺～帱～柩～室～席例庄子说送终，天地为棺椁。(唐·寒山《诗三百三首》其十五)

抹mǒ　①涂抹。②擦。③勾掉，除去。④量词，用于云霞、阳光等。另见63页mò。

古入声，七曷。逆黛～淡～电～浓～批～浅～涂～一～顺～丢～黑～勒～脸～邻～零～伦～媚～腻～牌～跄～刷～贴例大江吞天去，一练横坤抹。(杜牧《池州送孟迟先辈》)舞余裙带绿双垂，酒入香腮红一抹。(宋·欧阳修《玉楼春·西湖南北烟波阔》)

典**东涂西抹**　妇女涂抹脂粉，后用为对自己写作的谦词。唐薛逢晚年失意，曾骑瘦马赴朝，遇新进士列队而出，前导责薛逢让路，薛说当初他年少时，也曾"东涂西抹"来。见五代·王定保《唐摭言》卷三。

西抹东涂老不禁，芙蓉洲畔更浮沈。(宋·吴潜《喜雨三首》其二)

索suǒ

古入声，十药。逆大～定～郭～离～利～索～弦～巡～萧～需～顺～放～诃～解～酒～居～郎～琅琅～虏～碌碌～落～命～莫～漠～寞～求～瑟～绹～谢～兴～性～约～战例屏居负山郭，岁暮惊离索。(唐·柳宗元《郊居岁暮》)单幕疏帘贫寂寞，凉风冷露秋萧索。(唐·白居易《秋晚》)

典**八索**　古书名，泛指古籍。《左传·昭公十二年》："左史倚相趋过。王曰：'是良史也，子善视之。是能读《三坟》《五典》《八索》《九丘》。'"杜预注："皆古书名"。

胸中八索贮奇古，笔下九河走风雨。(宋·杨万里《己亥正月二日送李伯和提干归豫章》)

枯鱼衔索　穿在绳上的干鱼，喻存日不多、生命短促。《韩诗外传》卷一："枯鱼衔索，几何不蠹。二亲之寿，忽如过隙。"

泣风雨于梁山，惟枯鱼之衔索。(北周·庾信《哀江南赋》)

庹tuǒ　两臂平伸长度。

撮zuǒ　量词，用于成群的毛发。另见52页cuō。

古入声，七曷。

北bò　又读。另见276页běi。

古入声，十三职。又：去声，十一队异。

擘bò　①用手指将东西分开。②劈，砍。③大拇指。④用大拇指拨弦，也泛指弹奏。

古入声，十一陌。逆分～巨～顺～拆～划～驻～茧～纩～李～罏～面～名～啮～钱～张～指例黄鹄能忍饥，两翅久不擘。(唐·韩愈《杂诗四首》其二)腊瓮初倾光欲动，笑把黄甘旋擘。(宋·赵以夫《贺新郎·春事浑如客》)

檗bò　黄柏。

古入声，十一陌。逆冰～黄～苦～茹～顺～芽

亳bò　地名。

古入声，十药。逆迁～顺～宫～丘～子～社～王～殷

绰(綽)chuò

古入声，十药。逆绰～宏～宽～阔～顺～绰～号～开～宽～立～名～俏～趣～扫～态～异～裕～约例误了清明约，杏花雨过胭脂绰。(宋·韩玉《且坐令·闲院落》)

惙chuò　①忧愁。②疲乏。

古入声，九屑。逆惙～绵～危～顺～惙～怛～顿～然

辍(輟)chuò　停止。
古入声,九屑 逆不~辍~中~ 顺~笔~哺~步~俸~耕~功~翰~驾~简~绝~留~流~弃~水~涂~围~学~业~已~赠~战~职~止 例杯兴方浓,莫便中辍。(宋·柳永《应天长·林钟商》)多少事、欲拈还辍。(宋·魏了翁《贺新郎·只记来时节》)

龊(齪)chuò
古入声,三觉。逆龊~龌~ 顺~茶~龊~灯~巷 例空堂喜淹留,贫馔羞龌龊。(唐·韩愈《纳凉联句》)

啜chuò　啜泣的啜。
古入声,九屑。逆哺~饮~ 顺~哺~羹~咕~哄~咀~茗~泣~食~息~血~饮~赚 例岂如甘谷士,只得香泉啜。(唐·李德裕《思山居一十首·忆药苗》姑止酒,命茶啜。(宋·李曾伯《贺新凉·可恨经年别》)

逴chuò　远。
古入声,三觉。又:入声,十药异。逆逴~ 顺~姹~逴~荦~见~绝~踔~迈~斡~行~优~远~越

踱duò
古入声,十药。逆闲~信步~ 顺~步~拉~走

柮duò　榾~,木柴块儿,树根疙瘩。
古入声,六月。逆榾~ 顺~枂 例衲衣线粗心似月,自把短锄锄榾柮。(唐·贯休《深山逢老僧二首》其一)

缚(縛)fò　又读。另见413页fù。
古入声,十药。

惑huò
古入声,十三职。逆蔽~不~弓蛇~蛊~惶~解~惊~狂~煽~眩~阳城~荧~诱~ 顺~蔽~蛊~乱~媚~谬~挠~溺~世~妄~误~眩~疑~易~荧~营~志~众~主 例赠君将照色,无使心受惑。(唐·朱昼《赠友人古镜》)纯全天理明如日,都缘人欲来相惑。(宋·沈瀛《醉落魄·致知格物》)

典**三惑**　酒、色、财三种诱惑。《后汉书·杨震传》附《杨秉传》:"秉性不饮酒,又早丧夫人,遂不复娶,所在以淳白称。尝从容言曰:'我有三不惑:酒,色,财也。'"

三惑沈身是此园,古藤荒草野禽喧。(唐·许浑《金谷园》)

阳城惑　亦作"阳城笑"。形容绝代美人。宋玉《登徒子好色赋序》:"楚国之丽者,莫若臣里,臣里之美者,莫若臣东家之子,东家之子,增之一分则太长,减之一分则太短,著粉则太白,施朱则太赤,眉如翠羽,肌如白雪,腰如束素,齿如含贝,嫣然一笑,惑阳城,迷下蔡。"

早惑阳城客,今悲华锦筵。(唐·赵嘏《昔昔盐二十首·恒敛千金笑》)

获[1](獲)huò
古入声,十一陌。逆捕~猎~虏~破~新~弋~渔~斩~坐~ 顺~丑~咎~戾~麟~卤~没~免~民~命~偶~匹~旗~全~申~生~释~售~悉~夷~乂~印~尤~宥~志~致~准~罪

获[2](穫)huò
逆收~ 例停杯问生事,夫种妻儿获。(唐·白居易《观稼》)且待献俘囚,终当返耕获。(唐·韩愈《晚秋郾城夜会联句》)

典**擒孟获**　见978页"七纵七擒"。

早擒孟获趋滇水,急断卢循入广州。(清·王项龄《喜湖南诸路大捷和学士李容斋前辈韵》)

田父之获　指不费力而轻易得益。亦作"田父之功"。《战国策·齐策三》:"齐与伐魏,淳于髡谓齐王曰:'韩子卢者,天下之疾犬也;东郭逡者,海内之狡兔也。韩子卢逐东郭逡,环山者三,腾冈者五,兔极于前,犬疲于后,犬兔俱罢,各死其处,田父见而获之,无劳倦之苦而擅其功。今齐、魏久相持,以顿其兵,弊其众,臣恐强秦大楚承其后,有田父之功。'齐王惧,休将士。"

若迷而不返,则是韩卢、东郭自困于前,而遗田父之获也。(《三国演义》第三三回)

豁huò　①通敞的山谷。②开阔,宽敞。③豁达,大度。④排遣,消散。⑤免除。⑥拟声词。另见41页huō。
古入声,七曷。逆超~豁~开~疏~显~醒~轩~ 顺~达~朗~亮~露~免~目~情~然~如~悟~险~庨~眼 例我来牛渚,聊登眺、客里襟怀如豁。(宋·吴渊《念奴娇·我来牛渚》)

或huò
古入声,十三职。逆即~间~偶~容~设~甚~倘~抑~ 顺~恐~乃~且~然~人~日~若~时~是~体~问~许~疑

霍huò
古入声,十药。逆电~挥~霍~卫~ 顺~绰~铎~閤~濩~霍~乱~落~闪~食~索~眼~绎~驿~奕 例宾筵尽狐赵,导骑多卫霍。(唐·韩愈《晚秋郾城夜会联句》)况等闲、客里送年华,成挥霍。(宋·吴潜《满江红·和吴季永侍郎见寄》)

典**卫霍**　西汉名将卫青、霍去病,指有功边将或贵戚功臣。见《史记·卫将军骠骑列传》。

卫霍才堪一骑将,朝廷不数贰师功。(唐·王维《燕支行》)

伊霍　商代伊尹与汉代霍光的并称。指贤辅。《后汉书》卷七十八《宦者传序》:"或称伊、霍之勋,无谢于往载;或谓良、平之画,复兴于当今。"

长笑应刘悲显达,每嫌伊霍少诗篇。(唐·罗隐《寄酬邺王罗令公五首》其五)

藿huò
古入声,十药。逆葵~藜~秋~园~ 顺~藜~粱~囊~食~菽~香~蠋 例阶蓂附瑶砌,丛兰偶芳藿。(唐·元稹《别李三》)诱接喻登龙,趋驰状倾藿。(唐·韩愈《晚秋郾城夜会联句》)

典**葵藿**　葵藿倾叶向太阳,喻忠贞之臣。《三国志·魏书·陈思王传》:"曹植上疏求存问亲戚曰:'若葵藿之倾叶,太阳虽不为之回光,然向之者诚也。窃自比于葵藿,若降天地之施,垂三光之明者,实在陛下。'"

太阳所烛皆萌达,不照墙阴藿与葵。(宋·刘克庄《初秋感事三首》其一)

镬(鑊)huò
古入声,十药。逆鼎~汤~铁~ 顺~铎~釜~亨~索~汤~灶~煮~子

臛huò
古入声,十药。逆丹~粉~金~ 例密坐列珠翠,高门涂粉臛。(唐·

韩愈《晚秋郾城夜会联句》)

蠖huò

古入声，十药。逆尺～豆～屈～桑～顺～伏～屈～曲～伸例山多离隐豹，野有求伸蠖。(唐·韩愈《晚秋郾城夜会联句》)

典**龙蠖** 喻隐居避世。龙蠖，指龙与蠖。蠖以屈求伸，龙以蛰求存。《易·系辞下》："尺蠖之屈，以求信也；龙蛇之蛰，以存身也。"

栖岩君寂灭，处世余龙蠖。(唐·李白《金门答苏秀才》)

篗huò 尺度。

古入声，十药。逆程～规～矩～例告成上云亭，考古垂矩篗。(唐·韩愈《晚秋郾城夜会联句》)

瓠huò 瓠落，空阔的样子。另见315页hú、385页hù。

古《集韵》：入声，十九铎。又：去声，七遇异。又：平声，七虞异。顺～落

嚄huò 惊愕失声。

古《广韵》：入声，二十陌。逆嚄～啾～喈顺～嚄～咋～喈

濩huò 煮。

古《广韵》：入声，十九铎。逆布～大～霍～濯～溃～潜～韶～渭～咸～顺～泚～铎～落～略～诺

典**韶濩** 指庙堂音乐。亦作"韶頀"。《左传·襄二十九年》："吴公子札来聘。……请观于周乐……见舞《韶濩》者，曰：'圣人之弘也，而犹有惭德，圣人之难也。'"杜预注："殷汤乐。"一说韶，舜乐；頀，汤乐。

欻来听讼小棠阴，千里鸣弦舞韶濩。(宋·黄庭坚《次韵坦夫见惠长句》)

砉huò 皮骨相离声。

古入声，十一陌。又：入声，十二锡同。逆欻～騞～歙～磔～顺～欻～划～剨～騞～然

阔(闊、*濶)kuò

古入声，七曷。逆海～开～空～辽～契～秋水～疏～天地～胸怀～迂～壮～顺～别～步～绰～悰～达～诞～宕～荡～怀～积～迥～绝～朗～礼～寥～论～落～略～蹑～然～人～视～疎～疏～狭～笑～臆～迂～远例念去去、千里烟波，暮霭沈沈楚天阔。(宋·柳永《雨霖铃·寒蝉凄切》)争似楚江帆影净，一曲浩歌空阔。(宋·秦观《念奴娇·赤壁舟中咏雪》)

典**片时春梦，江南天阔** 指梦中思念远人。唐·岑参《春梦》："洞房昨夜春风起，故人尚隔湘江水。枕上片时春梦中，行尽江南数千里。"

灯花结，片时春梦，江南天阔。(宋·范成大《忆秦娥·楼阴缺》)

廓kuò

古入声，十药。逆肤～宏～恢～开～空～廓～寥～轮～顺～惝～大～尔～恢～开～荦～落～宁～清～穹～然～如～张～周例山色接天台，湖光照寥廓。(唐·许坚《题幽栖观》)流水苍山带廓。寻尘迹、宛然如昨。(宋·贺铸《念彩云·流水苍山带郭》)

括kuò

古入声，七曷。逆包～赅～涵～简～笼～囊～搜～统～隐～综～总～顺～比～蔽～兵～撮～籴～地～户～集～买～苗～囊～取～索～田～帖～香～羽～总～镞例忽见无端倪，太虚可包括。(唐·李白《赠别从甥高五》)

扩(擴)kuò

古《集韵》：入声，十九铎。逆开～天宇～推～胸襟～展～顺～版～编～产～澹～建～军～廓～权～容～散～销～音～展～张～招

适kuò 南宫适，人名。另见186页shì、239页dí。

古入声，七曷。

鞹(鞟)kuò 去毛之兽皮。

古入声，十药。逆犬羊～顺～鞹

落luò 另见24页là、567页lào。

古入声，十药。逆败～碧～剥～出～村～错～低～跌～发～瓠～菌～刊～廓～牢～磊～冷～篱～寥～零～流～沦～落～没～破～洒～散～失～衰～屯～脱～摇～院～陨～涨～着～中～坐～顺～榜～笔～泊～草～潮～尘～槌～单～第～发～伽～户～花～荒～火～籍～脚～空～款～帽～梅～莫～寞～墨～木～幕～难～聘～魄～日～索～套～土～霞～星～雁～英～羽～韵～簪～葬～职～坐～座例暖去栖蓬蒿，寒归傍篱落。(唐·齐己《野田黄雀行》)幽人对酒时，苔上闲花落。(唐·钱起《蓝田溪杂咏二十二首·古藤》)

典**虎落** 古代用以遮护城邑或营寨的篱笆，后作为边地分界的标志。咏边防。《汉书·晁错传》："要害之处，通川之道，调立城邑，毋下千家，为中周虎落。"颜师古注："虎落者，以竹篾相连遮落之也。"

誓师张虎落，选将擐犀渠。(唐·皎然《从军行五首》其五)

濩落 犹"瓠落"，喻空廓无用。《庄子·逍遥游》："惠子谓庄子曰：'魏王贻我大瓠之种，我树之成而实五石，以盛水浆，其坚不能自举也。剖之以为瓢，则瓠落无所容。非不呺然大也，吾为其无用而掊之。'"成玄英疏："瓠落，平浅也。……平浅不容多物，众谓无用，打破弃之。"

老去襟怀常濩落，病来须鬓转苍浪。(唐·白居易《冬至夜》)

桑落 酒名，泛指酒。亦作"桑落盃"。北魏·郦道元《水经注》卷四《河水》四："民有姓刘名堕者，宿擅工酿，采挹河流，酝成芳酎。悬食同枯枝之年，排于桑落之辰，故酒得其名矣。"

柳枝谩蹋试双袖，桑落初香尝一杯。(唐·白居易《刘苏州寄酿酒糯米李浙东寄杨柳枝舞衫》)

凿落 古代一种镌镂金银为饰的酒盏。泛指酒杯。唐·韩愈、李正封《晚秋郾城夜会联句》："泽发解兜鍪，酡颜倾凿落。"

留伴夜深银凿落，莫缘春近玉阑珊。(宋·方岳《十二月十日》)

一声尘落 指歌声嘹亮动听。陆机《拟东城一何高》："一唱万夫叹，再唱梁尘飞。"李善注引《七略》："汉兴，鲁人虞公善雅歌，发声，尽动梁上尘。"

八音相应谐韶乐，一声未了落梁尘。(宋·刘克庄《最高楼·题周登乐府》)

络(絡)luò 另见566页lào。

古入声，十药。逆缠～黄金～活～羁～经～笼～脉～丝～网～缨～珠～顺～车～鞮～漠～幕～丝～纬～线～续～绎例前路应留白玉台，行人辄美黄金络。(唐·韩翃《送夏侯侍郎》)脱置垢巾帻，解去尘缨络。(唐·白居易《嗟发落》)

典**井络** 星宿名，是岷山一带的分野，故借指岷山，又指蜀地。左思《蜀都赋》："岷山之精，上为井络。"

来从井络直西路，上到江源第一峰。（宋·范成大《再题青城山》）

酪luò 见567页lào同。

古入声，十药。

洛luò

古入声，十药。逆汴～河～嵩～伊～顺～宾笙～伯～川～京～灵～闽～浦～桥～锲～社～神～生咏～师～食～书～蜀～水～诵～学～宴～阳～阳才例三年一上计，万国趋河洛。（唐·张九龄《奉和圣制送十道采访使及朝集使》）自从胡骑起烟尘，毛毳腥膻满咸洛。（唐·元稹《和李校书新题乐府十二首·法曲》）

典**入洛** 咏才士扬名京师。亦作"二俊彩"。《晋书·陆机传》："至太康末，与弟云俱入洛，造太常张华。华素重其名，如旧相识，曰：'伐吴之役，利获二俊。'"

滞周惭太史，入洛继先贤。（唐·白居易《会昌春连宴即事》）

温洛 盛德帝王之祥瑞。古代传说，谓王者如有盛德，则洛水先温。《易纬乾凿度》："帝德之应，洛水先温九日。"

方壶圆峤神仙宅，温洛荣河造化工。（宋·文天祥《敬和道山堂庆瞻御书韵》）

烙luò 另见567页lào。

古入声，十药。逆刻～炮～

荦（犖）luò 分明。

古入声，三觉。逆驳～荦～卓～顺～角～荦～确～然例大壁旷凝净，古画奇駮荦。（唐·韩愈《纳凉联句》）

骆（駱）luò

古入声，十药。顺～丞～谷～马～驼～驿～越例大野纵氐羌，长河浴骝骆。（唐·韩愈《晚秋郾城夜会联句》）

珞luò 璎珞，用珠玉串起的装饰物，多作颈饰。

古入声，十药。逆珞～赛璐～璎～珠～顺～珈～琭～渝例拥霞裾琼珮，真珠璎珞。（宋·张元干《瑞鹤仙·倚格天峻阁》）

跞（躒）luò

古入声，十药。逆躏～卓～顺～躁例出门向城路，车马声躏跞。（唐·陆龟蒙《奉和袭美二游诗·任诗》）

泺（濼）luò 水名。

古入声，十药。顺～河

陌mò

古入声，十一陌。逆翠～广～江南～九～柳～阡～巷～紫～顺～路～阡～桑～上～生～头例故人斗酒安陵桥，黄鸟春风洛阳陌。（唐·李颀《放歌行答从弟墨卿》）籍通金马门，家在铜驼陌。（唐·刘禹锡《为郎分司寄上都同舍》）

典**九陌** 汉代长安城中有八街、九陌。泛指城中的道路。《汉宫殿疏》："长安中有九陌。"（据《初学记》卷二十四引）

三条九陌丽城隈，万户千门平旦开。（唐·骆宾王《帝京篇》）

铜驼陌 指东汉都城洛阳皇宫前的大道。借指洛阳。亦作"铜驼陌"。晋·陆机《洛阳记》："洛阳有铜驼街，汉铸铜驼二枚，在宫南四会道相对。俗语曰：'金马门外集众贤，铜驼陌上集少年。'"

金谷园中见日迟，铜驼陌上迎风早。（唐·刘禹锡《忆春草》）

平康巷陌 指冶游狎妓之处。五代·王仁裕《开元天宝遗事》卷上《风流薮泽》："长安有平康坊，妓女所居之地，京都侠少萃集于此，兼每年新进士，以红笺名纸游谒其中。时人谓此为风流薮泽。"

恋帝里，金谷园林，平康巷陌。（宋·柳永《凤归云·恋帝里》）

王戎戏陌 指儿童聪慧，也用作咏李子的典故。《晋书·王戎传》："戎幼而颖悟，神彩秀彻……尝与群儿嬉于道侧，见李树多实，等辈竞趣之，戎独不往。或问其故，戎曰：'树在道边而多子，必苦李也。'取之信然。"

潘岳闲居日，王戎戏陌辰。（唐·李峤《李》）

没mò 另见273页méi。

古入声，六月。逆抄～沉～出～覆～干～汩～籍～埋～灭～泯～辱～淹～湮～顺～齿～代～顶～官～阶～落～匿～溺～漂～人～身～石～矢～世～收～膝～羽例塞云随阵落，寒日傍城没。（唐·常建《塞上曲》）疾风吹征帆，倏尔向空没。（唐·孟浩然《送从弟邕下第后寻会稽》）

典**鸱夷没** 指君主残害忠良，也用来咏吴地。春秋时，吴王夫差听信谗言，将忠臣伍子胥赐死，并将其尸放入鸱鸟形革囊中浮于江。见《战国策·燕策二》及《史记·伍子胥列传》。

行叹鸱夷没，遽惜湛卢飞。（骆宾王《夕次旧吴》）

墨mò

古入声，十三职。逆笔～粉～翰～鲸～孔～弄～泼～绳～贪～闱～文～研～遗～朱～顺～宝～本～裁～彩～册～策～池～楮～经～法～海～痕～迹～菊～卷～客～兰～吏～幪～面～墨～癖～色～山～帖～刑～鸦～义～玉～竹～妆例高谈悬物象，逸韵投翰墨。（唐·高适《酬庞十兵曹》）屡益兰膏灯，犹研兔枝墨。（唐·元稹《寄吴士矩端公五十韵》）

典**铜墨** 铜印、黑绶，指县官。亦作"铜章"。《汉书·百官公卿表上》："凡吏秩比二千石以上，皆银印青绶……秩比六百石以上，皆铜印黑绶。"

由来弃铜墨，本自重琴尊。（唐·卢照邻《三月曲水宴得尊字》）

末mò

古入声，七曷。逆本～毫～芊～始～岁～微～屑～逐～顺～弁～操～策～宦～伎～技～季～甲～减～简～眷～列～陋～略～弩～梢～俗～岁～途～席～绪～学～叶～艺～议～秩～胄～主～属～座例沧波眇川汜，白日隐天末。（唐·李白《江上寄元六林宗》）谁堪去乡意，亲戚想天末。（唐·刘长卿《初至洞庭怀灞陵别业》）

典**搴木末** 到树梢去采荷花，指所求非其处，徒劳而无益。《楚辞·九歌·湘君》："采薜荔兮水中，搴芙蓉兮木末。"

休说，搴木末。当日灵均，恨与君王别。（宋·辛弃疾《喜迁莺·暑风凉月》）

锥刀之末 指微小的利益。亦

作"锥刀之利"。《左传·昭公六年》:"锥刀之末,将尽争之。"

要倾江海大,一洗锥刀末。(宋·陆游《逆旅》)

脉(*脈、衇)mò 另见326页mài。

古入声,十一陌。逆脉～

漠mò

古入声,十药。逆大～淡～广～荒～绝～冷～落～溟～漠～沙～朔～恬～顺～北～泊～尔～闵～溟～漠～南～如～视～野～置例高咏宝剑篇,神交付冥漠。(唐·杜甫《过郭代公故宅》)野云万里无城郭,雨雪纷纷连大漠。(唐·李颀《古从军行》)

沫mò

古入声,七曷。逆白～飞～津～浪～泡～濡～顺～饽～流～水～血～雨～子例往年因旱池枯竭,龟尾曳涂鱼呴沫。(唐·白居易《昆明春》)帘额红摇波影,鱼惊坠、暗吹沫。(宋·吴文英《霜天晓角》)

典**濡沫** 亦作"相煦沫"。见355页"沫相濡"。

好音怜铩羽,濡沫慰穷鳞。(唐·柳宗元《酬娄秀才将之淮南见赠之什》)

麦(麥)mò 另见326页mài。

古入声,十一陌。逆毒～稞～两岐～裸～雀～三～拾～菽～新～莜～玉～元～顺～茬～冬～季～秸～酒～糠～客～浪～芒～片～秋～收～莛～子例龙宫变闾里,水府生禾麦。(唐·白居易《自蜀江至洞庭湖口有感而作》)乌帽侧。行遍杏花春色,野意青青分陇麦。(宋·程垓《谒金门·乌帽侧》)

典**助麦** 指以财物帮助囊中羞涩的朋友治丧事。见465页"麦舟"。

上将驰齐币,元台助麦舟。(宋·刘克庄《挽李宜人》)

高凤漂麦 指人读书专注,忘却了正做之事。《东观汉记·高凤》:"高凤,南阳人,诵读昼夜不绝声。妻尝之田,曝麦于庭,以竿授凤,令护鸡。凤受竿诵经如故,天大雷,暴雨流淹。凤留意在经史,忽不视麦,麦随水漂去。"

读书莫学流麦士,挟策莫比亡羊人。(宋·苏轼《送公为游淮南》)

但知高凤曾飘麦,不论丁生解梦松。(明·何景明《送甥朝良读书梅黄山下》)

兔丝燕麦 菟丝不是丝,燕麦不是麦。喻有名无实。《魏书·李崇传》:"今国子虽有学官之名,而无教授之实,何异兔丝燕麦,南箕北斗哉!"

燕麦讵可食,兔丝那为衣。(宋·李新《春日杂言》)

莫mò

古入声,十药。逆落～冥～索～约～遮～顺～敖～愁～二～侯～胡卢～络～莫～难～逆～然～邪～须～须有例锦里春光空烂熳,瑶墀侍臣已冥莫。(唐·杜甫《追酬故高蜀州人日见寄》)叹十年心事,休休莫莫。(宋·吴潜《满江红·豫章滕王阁》)

典**休休莫莫** 算了,算了。指退居优游,不问世事。据《旧唐书·文苑传·司空图》载,唐诗人司空图失意退隐,作《题休休亭》诗以抒发内心的幽愤,中多"休休休,莫莫莫"语。

尽自轰轰烈烈,到底休休莫莫,何处觅卿卿。(元·曹伯启《水调歌头·和卢仲敬太守》)

默mò

古入声,十三职。逆缄～静～眇～守～恬～幽～渊～顺～苍～揣～忖～祷～尔～符～感～化～会～觊～静～愧～礼～虑～默～契～求～然～省～识～视～诵～送～算～听～悟～吟～喻～寓～祝例崎岖来掉荡,矫枉事沉默。(唐·元稹《寄吴士矩端公五十韵》)尝求詹尹卜,拂龟竟默默。(唐·白居易《遣怀》)

抹mò ①轻按。奏弦乐的指法之一。②用抹子抹平。③紧束,蒙住。④紧挨着绕过。另见59页mǒ。

古入声,七曷。逆挑复～顺～额～腹～角～厉～稀泥～衣例酒边清漏往时同,花里朱弦纤手抹。(宋·陈师道《木兰花》)

寞mò

古入声,十药。逆寂～落～索～顺～寂例古来圣贤皆寂寞,惟有饮者留其名。(唐·李白《将进酒》)唯有安石榴,当轩慰寂寞。(唐·刘禹锡《百花行》)

典**玉容寂寞** 玉容,如玉的容颜。也指女子春怀寂寞。唐·白居易《长恨歌》:"玉容寂寞泪阑干,梨花一枝春带雨。"

玉容寂寞花无主,顾影偷弹玉箸。(宋·秦观《调笑令》)

殁mò

古入声,六月。逆病～存～故人～亡～战～顺～齿～命～身～世例千年尧舜心,心成身已殁。(唐·曹邺《文宗陵》)

瘼mò 疾苦

古《广韵》:入声,铎韵。逆疾～民～求～政～例昭晰动天文,殷勤在人瘼。(唐·张九龄《奉和圣制送十道采访使及朝集使》)理道须任贤,安人在求瘼。(唐·王昌龄《淇上酬薛据兼寄郭微(一作高适诗)》)

秣mò

古入声,七曷。逆刍～粮～仰～顺～刍～蹇～马～饲～养例寄书龙城守,君骥何时秣。(唐·韩愈《赠别元十八协律六首》)人人共恶难回跋,潜遣飞龙减刍秣。(唐·元稹《望云骓马歌》)

典**仰秣** 形容乐声美妙。《荀子·劝学》:"伯牙鼓琴,而六马仰秣。"

仰秣胡驹听,惊栖越鸟知。(唐·白居易《听芦管》)

纆(纆)mò 绳索。

古入声,十三职。逆徽～顺～徽～缴～牵～索例城池自萦笼,缨绶为徽纆。(唐·张说《游洞庭湖湘》)事业若杯盘,诗书甚徽纆。(唐·元稹《寄吴士矩端公五十韵》)

袜mò 抹胸。另见36页wà。

古入声,七曷。顺～肚～额～腹～首例钗长逐鬟鬓,袜小称腰身。(南朝梁·刘缓《敬酬刘长史咏名士悦倾城》)

典**杨妃袜** 杨贵妃在马嵬坡死后的遗物,指杨妃之死。亦作"马嵬坡袜""嵬坡留锦袜"。唐·冯贽《记事珠》:"杨贵妃死之日,马嵬媪得锦袎袜一只,遇过客一玩百钱,前后获钱无数。"

疑是嵬坡留锦袜,今香未歇。(宋·赵以夫《谒金门·梅共雪》)

貊mò　古称北方民族。

【古】入声，十一陌。【顺】～弓～鞨～盘～头～谣～泽～灸【例】尝闻履忠信，可以行蛮貊。（唐·刘禹锡《游桃源一百韵》）

茉mò

【古】《广韵》：入声，十三末。【顺】～莉

蓦（驀）mò　突然。

【古】入声，十一陌。【顺】～刀～地～地里～驳～忽～路人～蓦～然～山溪～生～头～越～直

万mò　万俟，复姓。另见701页wàn。

【古】《广韵》：入声，德韵。【顺】～俟

冒mò　冒顿，匈奴单于名。另见567页mào。

【古】入声，十三职。

镆（鏌）mò　镆铘，莫耶剑。

【古】入声，十药。【顺】～干～耶～铘

诺（諾）nuò

【古】入声，十药。【逆】画～践～诺～千金～轻～然～夙～唯～宿～应～玉～允～【顺】～尔～皋～金～龙～唯～许～责【例】好闲早成性，果此谐宿诺。（唐·裴迪《辋川集二十首·漆园》）何意千里心，仍求百金诺。（唐·高适《和崔二少府登楚丘城作》）

【典】**一诺**　指遵守信用，说话算数。亦作"然诺重黄金""千金诺""百金诺""金诺""季布诺""季布一诺""一诺千金""季布金""无二诺"。《史记·季布列传》："楚人谚曰：'得黄金百斤，不如得季布一诺。'"

季布无二诺，侯嬴重一言。（唐·魏征《述怀》）

搦nuò　握持。

【古】入声，三觉。【逆】抽～搐～搦～捉～【顺】～笔～管～翰～搦～札～战【例】清风波亦无，历历鱼可搦。（唐·姚合《杏溪十首·石濑》）瘦得不胜衣，试腰围、都无一搦。（宋·高登《蓦山溪（容州病起作）》）

迫（*廹）pò　口语音pǎi。

【古】入声，十一陌。【逆】促～猝～惶～煎～交～窘～情～穷～驱～岁月～威～胁～忧～【例】功业莫从就，岁光屡奔迫。（唐·李白《淮南卧病书怀寄蜀中赵征君蕤》）前危苦未尽，后险何其迫。（唐·戴叔伦《下鼻亭泷行八十里聊状艰险》）

拍pò　另见309页pāi。

【古】入声，十一陌。【逆】按～放～合～红牙～霓裳～劈～入～十八～【顺】～案～岸～花～击～卖～摄～子【例】老去可怜杯酒减，醉来谩把阑干拍。（宋·吴潜《满江红》）金缕唱，红牙拍。看尊前飞下，日边消息。（宋·辛弃疾《满江红·鹏翼垂空》）

朴pò　树皮。另见52页pō、410页pǔ、538页piáo。

【古】《广韵》：入声，四觉。

魄pò　①魂魄。②胆识，精力。③月初出时或将没时的微光。另见65页tuò。

【古】入声，十一陌。又：入声，十药异。【逆】冰～动～皓～虎～魂～精～炼～体～兔～心～形～冤～月～【顺】～力【例】造化合元符，交媾腾精魄。（唐·李白《草创大还赠柳官迪》）研丹擘石天不知，愿得天牢锁冤魄。（唐·李商隐《燕台诗·春》）

【典】**蟾魄**　借指月亮。见347页"蟾蜍"。

招蟾魄、和酒吸秋光。（宋·赵以夫《秋蕊香·木樨》）

杜魄　指杜鹃鸟。亦作"蜀魄"。见441页"杜宇"。

巴猿杜魄惊乡梦，莫遣霜华鬓畔新。（宋·杨亿《叶秘书温知蜀州江原县》）

天夺之魄　上天夺取他的魂魄，喻人将死。亦作"天夺其魄"。《左传·宣公十五年》："不及十年，原叔必有大咎，天夺之魄矣！"

鬼质若非天夺魄，累臣岂有地容身。（宋·刘克庄《答括士李同二首》其二）

珀pò

【古】入声，十一陌。【逆】琥～金～【例】绿鬓年少金钗客，缥粉湖中沉琥珀。（唐·李贺《残丝曲》）少恐消醍醐，满拟烘琥珀。（唐·皮日休《酒中十咏·酒樽》）

粕pò

【古】入声，十药。【逆】豆～糟～【例】玉液是浇漓，金沙乃糟粕。（唐·皮日休《酒中十咏·酒泉》）

【典】**诗书粕**　指圣贤书。轮扁认为，圣人的精妙心得并不能传于后人，圣人写在书上传下来的只是些没有用的糟粕。见《淮南子·道应训》。

儿孙不用千金橐，吾家自有诗书粕。（宋·叶秀发《醉落魄·胸襟洒落》）

弱ruò

【古】入声，十药。【逆】孱～单～扶～积～羸～劣～懦～苒～荏～文～细～纤～枝条～稚～【顺】～冠【例】虽悲鬓发变，未忧筋力弱。（唐·杜甫《昔游》）树小花鲜妍，香繁条软弱。（唐·白居易《惜栯李花》）

【典】**鲁为齐弱**　鲁受强齐欺凌，日益削弱。指国势不振，为强敌所侵吞。见《左传·哀公十四年》。

涕出女吴成倒转，问鲁为齐弱何年月。（宋·陈亮《贺新郎·离乱从头说》）

若ruò　另见78页rě。

【古】入声，十药。【逆】杜～海～宛～沃～俨～自～【顺】～干～个～华～木～时～为～英【例】毛发具自和，肌肤潜沃若。（唐·杜甫《西阁曝日》）世役不我牵，身心常自若。（唐·白居易《观稼》）

【典】**文若**　指辅弼之臣。据《后汉书·荀彧传》，东汉荀彧字文若，有才名，辅佐曹操立大功，曹操将他比作张良。

建安谋首先文若，武德机神重伯褒。（宋·苏籀《才难一首》）

箬（*篛）ruò　①竹笋皮。②一种竹子。

【古】入声，十药。【逆】风～青～竹～【顺】～帽～竹

蒻ruò　①嫩香蒲。②蒲席。

【古】入声，十药。【逆】莞青～蒟～蒲～【例】安行庇松篁，高卧枕莞蒻。（唐·韩愈《晚秋郾城夜会联句》）

数（數）shuò　①疾速。②频频，屡次。③细，密。④中医脉象之一。另见369页shǔ、390页shù、412页cù。

【古】入声，三觉。【逆】烦～频～数～【顺】～见不鲜

铄（鑠）shuò　①销熔，熔化。②削弱。③磨。

【古】入声，十药。【逆】煎～矍～凌～熔～铄～销～【例】清风竟不至，赤日方煎铄。（唐·刘长卿《奉和李大夫同吕评事太行苦热行》）蹂野马云腾，映原旗火铄。（唐·韩愈《晚秋郾城

夜会联句》）

典金铄 指人言可畏。《国语·周语下》："故谚曰：'众心成城，众口铄金。'"韦昭注："铄，销也。众口所毁，虽金石犹可销也。"

虽有丁宁语，怕旁人多口，还类金铄。（宋·杨泽民《丹凤吟》）

是翁矍铄 指人老而勇健。《后汉书·马援传》："时年六十二，帝愍其老，未许之。援自请曰：'臣尚能被甲上马。'帝令试之。援据鞍顾眄，以示可用。帝笑曰：'矍铄哉，是翁也！'"李贤等注："矍铄，勇貌也。"

街畔小儿拍笑，马上是翁矍铄，头与璧俱还。（宋·刘克庄《水调歌头·遣作岭头使》）

烁（爍）shuò ①灼烁，光彩貌。②烫；烤灼。

古入声，十药。逆炳～流～闪～烁～灼～顺～金例有时深洞兴雷雹，飞电绕身光闪烁。（唐·齐己《灵松歌》）舞庭槐阴转，盆榴红烁。（宋·张元干《瑞鹤仙·倚格天峻阁》）

朔shuò

古入声，三觉。逆边～河～晦～扑～弦～元～月～正～顺～北～鄙～飙～部～吹～垂～旦～方～风～鼓～管～晦～漠～蓬～鼙～气～禽～塞～庭～途～雪～雁～野～裔～牖～月～云例匈奴穷地角，本自远正朔。（唐·杨炯《奉和上元酺宴应诏》）楚公画鹰鹰戴角，杀气森森到幽朔。（唐·杜甫《姜楚公画角鹰歌》）

典东方朔 指帝王御用文臣，亦指隐于市朝之大隐士。亦作"方朔""臣朔"。见《汉书·东方朔传》。

世人不识东方朔，大隐金门是谪仙。（唐·李白《玉壶吟》）

槊shuò 古代兵器，即长矛。

古入声，三觉。逆夺～横～剑～顺～棋～血例贾勇发霜硎，争前曜冰槊。（唐·韩愈《纳凉联句》）千军笔阵，争先曾夺矛槊。（宋·京镗《念奴娇·次洋州王郎中韵》）

典曹公横槊 指有文才武略，能以以诗文抒怀。唐·元稹《唐故工部员外郎杜君墓系铭并序》："建安之后，天下文士遭罹兵战，曹氏父子鞍马间为文，往往横槊赋诗，故其抑扬怨哀悲离之作，尤极于古。"

一吊周郎羽扇，尚想曹公横槊，兴废两悠悠。（宋·张孝祥《水调歌头·汪德邵无尽藏》）

勺shuò 另见541页sháo。

古入声，十药。逆半～杯～炒～漏～马～舞～顺～子例银瓶贮寒泉，当顶倾一勺。（唐·白居易《嗟发落》）拄杖重来约。对东风、洞庭张乐，满空箫勺。（宋·辛弃疾《贺新郎·用韵题赵晋臣敷文积翠岩余欲令筑陂于其前》）

典采兰赠芍 指男女间相互馈赠以示相爱。《诗经·郑风·溱洧》："士与女，方秉蕑兮。……维士与女，伊其相谑，赠之以勺药。"毛传："蕑，兰也；勺药，香草。"

采兰赠芍终何奈，借琐消奇恰未安。（近代·姚锡钧《似了公》）

妁shuò 媒人。

古入声，十药。逆媒～例有赤绳系足，从来相门，自然媒妁。（宋·张元干《瑞鹤仙·寿》）

芍shuò 另见541页sháo。

古入声，十药。顺～药

蟀shuò 另见328页shuài。

古入声，四质。

硕（碩）shuò 另见180页shí。

古入声，十一陌。逆肥～鸿～壮～顺～岸～才～臣～大～公～果～俊～茂～明～谋～望～彦～壮例皇天眷佑中兴烈。维岳共生鸿硕。（宋·方衡《齐天乐·寿贾使三月二十八日生》）

典张硕 指人神艳遇，也指男女合而复别。晋·干宝《搜神记》卷一《杜兰香》："汉时有杜兰香者，自称南康人氏。"邈然有神仙态，下嫁张硕。晋·曹毗《杜兰香别传》又说："香降张硕，硕既成婚，香便去，绝不来。"后张多次遇见她，但神人相隔，终不能再通。

寄谢杜兰香，何年别张硕。（唐·李群玉《送郑子宽弃官东游便归女儿》）

搠shuò ①戳，扎。②提，拿。

古《广韵》：入声，四觉。逆枪～顺～笔～换～立

嗍shuò

古《集韵》：入声，四觉。逆吮～

柝tuò ①旧时打更用的梆子。②通"拓"，开拓。

古入声，十药。逆城头～关～寒～击～金～警～鸣～宵～顺～击～汲～居例灯明夜观棋，月暗秋城柝。（唐·韩愈《晚秋郾城夜会联句》）西起岷峨东海岱，有捷旗露布，无宵柝。（宋·刘克庄《贺新郎·傅相生日壬戌》）

典抱关击柝 指像守门人或打更人那样职位卑微的人。《孟子·万章下》："为贫者，辞尊居卑，辞富居贫。辞尊居卑，辞富居贫，恶乎宜乎？抱关击柝。"

想抱关击柝、心期贤圣。（元·许有壬《沁园春·送乡人高子翔次来韵》）

重门击柝 设置重重门户，并派人打更巡夜。指严加防卫。《周易·系辞下》："重门击柝，以待暴客。"

是以居则重门击柝以戒不虞，行则清道案节以养威严。（《三国志·吴书·薛综传》）

拓tuò 另见36页tà。

古入声，十药。逆开～落～推～顺～拔～跋～弛～定～都～复～荒～迹～界～境～荦～清～土～销～宇～造～展～张～殖例岩腹乍旁穿，涧唇时外拓。（唐·王维《燕子龛禅师》）江淮永清晏，宇宙重开拓。（唐·韩愈《晚秋郾城夜会联句》）

箨（籜）tuò 笋壳。

古入声，十药。逆粉～解～笋～新～竹～顺～粉～冠～筍～龙～龙衣～质例石萝引古蔓，岸笋开新箨。（唐·李白《游水西简郑明府》）青苔已生路，绿筠始分箨。（唐·韦应物《闲居赠友》）

萚（蘀）tuò 草木之落叶。

古入声，十药。逆～风～飘～秋～陨～

魄tuò 另见64页pò。

古入声，十药。又：入声，十一陌异。逆落～例落魄江湖载酒行，楚腰纤细掌中轻。（杜牧《遣怀》）

跅tuò

古《集韵》：入声，十药。顺～弛不羁～落

沃wò

古入声，二沃。逆丰～膏～灌～曲～泉～饶～桑柘～沃～衍～顺～畴～盥～灌～瘠～焦～馈～酹～霖～流～漏～美～泉～壤～饶～日

～润～若～土～洗～心～续～雪～言～衍～腴～洲～潴～醱～濯㊀昔贤官是邦，仁泽流丰沃。（唐·王揆《长沙六快诗》）雨过园林，触处落红凝绿。正桑叶、齐如沃。（宋·马子严《锦缠道·桑》）

典**启沃** 指竭诚开导辅佐君王的贤臣。《尚书·说命上》："（高宗）命之曰：'启乃心，沃朕心。'"孔颖达疏："当开汝心所有，以灌沃我心。欲令以彼所见教己未知故也。"

悬知新天子，虚怀须启沃。（宋·陆游《送叶尚书》）

握wò

古入声，三觉。逆把～钧枢～入～吐～一～盈～在～掌～顺～别～柄～力～命～沐～奇～守～要～中例清砌千回坐，冷环再三握。（唐·韩愈《纳凉联句》）离披得幽桂，芳本欣盈握。（唐·柳宗元《自衡阳移桂十余本植零陵所住精舍》）

典**吐握** 见372页"一饭三吐"。

今何幸，相逢吐握，谈笑一尊同。（宋·李浙《满庭芳·油幕新开》）

幄wò

古入声，三觉。逆虎～锦～莲～帷～绣～顺～次～殿～幕～卧～席～帟～茵～帐～坐例潜光隐嵩岳，炼魄栖云幄。（唐·李白《赠嵩山焦炼师》）人寂寞。帘外翠阴如幄。（宋·卢祖皋《谒金门·人寂寞》）

渥wò

古入声，三觉。逆隆～气～颜～优～沾～顺～采～宠～丹～恩～厚～沛～洽～然～润～盛～沃～泽～赭～朱例满庭荡魂魄，照庑成丹渥。（唐·刘禹锡《百花行》）拥霞裾琼佩，真珠璎珞。华阳庆渥。（宋·张元干《瑞鹤仙·倚格天峻阁》）

喔wò

古入声，三觉。逆喔～咿～顺～促～喔～咿例惊麏走且顾，群雉声咿喔。（唐·刘禹锡《畬田行》）

斡wò

古入声，七曷。逆回～运～顺～刺～勒～流～弃～维～旋～萦～运～葬～转～准例阴阳相主客，时序递回斡。（唐·杜甫《七月三日亭午已后较热退晚加小凉》）甘心付天壤，委分任回斡。（唐·陆龟蒙《奉酬袭美先辈吴中苦雨一百韵》）

龌(齷)wò

古《广韵》：入声，觉韵。顺～龊～浊

偓wò

古入声，三觉。逆韩～顺～促～佺

作 zuò 另见53页 zuō、59页 zuó。

古入声，十药。去声，七遇异。逆大～东～耕～间～矫～剧～劳～力～农～日出～述～天～仵～习～细～下～协～振～制～拙～自～做～顺～保～别～佽～场～倡～答～歹～伐～福～梗～古～故～好～合～诨～火～伎～计～家～价～嫁～奸～践～科～美～难～闹～腔～乔～巧～色～祟～态～威～想～秀～意～俑～则～瘴～赘～准例美女渭桥东，春还事蚕作。（唐·李白《陌上桑》）欲验少君方，还吟大隐作。（唐·卢纶《奉陪侍中游石笋溪十二韵》）

典**轩辕作** 指古镜技艺精湛、美妙绝伦。旧题隋·王度《古镜记》：相传黄帝轩辕氏曾仿月铸镜。

得非轩辕作，妙绝世莫并。（唐·李群玉《古镜》）

延年作 指因某人显贵而被原来的圈子排斥。据《宋书·颜延之传》，颜延之字延年，仕南朝宋为太守，曾作诗咏竹林七贤，去掉了本属七贤但已显贵的山涛、王戎，题为《五君咏》。

延年如有作，应不用山王。（唐·李德裕《仆射相公偶话于故集贤张学士厅》）

九原可作 指知音虽死去，自己内心却愿其起作如初。亦作"九原起"。《国语·晋语八》："赵文子与叔向游于九原，曰：'死者若可作也，吾谁与归？'"

一代数人君有传，九原可作我无缘。（宋·赵蕃《在伯用沅陵韵见贻次韵》）

述而不作 只阐述前人成说，温故而知新，并不提出自己的创见。见《论语·述而》。

凿(鑿)zuò 另见545页 záo。

古入声，十药。逆扁～穿～春～雕～斧～枘～疏～圆～凿～钻～顺～定～井～空～然～枘例挂冠裂冕已辞荣，南亩东皋事耕凿。（唐·骆宾王《畴昔篇》）贫民乏井税，埆土皆垦凿。（唐·钱起《观村人牧山田》）

典**六凿** 指目、耳、鼻等六孔所引发的喜、怒、哀、乐、爱、恶六情。《庄子·外物》："心无天游，则六凿相攘。"唐·陆德明《经典释文》引司马云："谓六情。"

君知六凿皆为赘，我有一言能决疣。（宋·苏轼《次韵王都尉偶得耳疾》）

枘凿 圆形的卯眼和方形的榫头，二者不能相合。喻两不相合或两不相容。《楚辞·离骚》："不量凿而正枘兮，固前修以菹醢。"

平生耻为一身谋，枘凿方员两不投。（宋·邓肃《次韵王信州三首》其一）

怍zuò

古入声，十药。逆不～惭～愧～悚～羞～顺～愕～色例越戟吴钩不足夸，斩犀切玉应怀怍。（唐·卢纶《割飞二刀子歌》）铭山子所工，插羽余何怍。（唐·韩愈《晚秋郾城夜会联句》）

酢zuò ①客用酒回敬主任。②应对；报答。

古入声，十药。逆酬～交～献～顺～报～菜～酬～爵例除却江南黄九外，有何人、敢与花酬酢。（宋·刘克庄《贺新郎·爱惜尚嫌蜂采去》）

柞zuò

古入声，十药。顺～蚕～绸～鄂～格～栎～撒～丝绸～薪～叶～棫例潇洒江南似画，舞枫飘柞。（宋·柴望《桂枝香·今宵月色》）

三　歌

三韵书对照表

诗韵新编 / 佩文诗韵 / 词林正韵		三歌(平声)	
		阴平	阳平
第九部[五歌][二十哿]第十部[二十一马]	下平声五歌	阿(东阿)疴(病)娿歌哥戈舸菏(又读)呵(笑呵呵)科柯窠苛(烦苛)珂轲蝌痾	鹅蛾娥讹峨莪俄哦和(共和)禾河荷(新荷)何菏(菏泽)苛(又读)哪(哪吒)
	上声二十哿	颗棵稞么(这么)	
第十部[六麻]	上声二十一马	髁	
	下平声六麻	车砗奢赊畲遮	蛇佘
未检到的字		啤蜱的襶婀屙了褦呢嗻(啤嗻)	

诗韵新编 / 佩文诗韵 / 词林正韵		三歌(仄声)	
		上声	去声
第九部[二十哿][二十一个]	上声二十哿	舸哿(音舸)可(许可)坷	
	去声二十一箇		饿个箇和(唱和)贺荷(负荷)课
第十部[二十一马][二十二祃]	上声二十一马	惹若(般若)喏舍者赭	
	去声二十二祃		舍(宿舍)射麝赦厍蔗鹧柘
未检到的字		扯尺(工尺)肯哿(又读)	锞社猞嗻(应诺声)

诗韵新编 / 佩文诗韵 / 词林正韵		三歌(仄声)
		入声
第十六部[十药]	入声十药	格阁涸貉恶(恶心)萼鳄鹗锷谔噩鄂愕垩各熇赫鹤壑郝恪乐
第十七部[十一陌][十三职][十四缉]	入声十一陌	螯额革隔骼膈鬲核翮责泽窄择赜帻舴咋啧箦摘谪宅磔翟策册轭坼拆厄哑(音鄂。哑哑,笑声)客
	入声十三职	得德劾则贼测恻黑刻克勒肋泐仂色塞啬穑轖特慝忒塍仄昃侧(又读)萴
	入声十四缉	蛰涩拾(拾级)歙

续表

诗韵新编 / 佩文诗韵 / 词林正韵		三歌(仄声)
		入声
第十八部[六月][七曷][九屑][十六叶]	入声六月	龁纥(回纥)讷
	入声七曷	割喝(吃喝)葛(瓜葛)轕曷鹖渴遏阏(抑阏)頞褐暍捋
	入声九屑	舌折(亏折)哲折(夭折)辙晳澈彻撤掣埒热设浙
	入声十六叶	摺折辄褶涉摄慑
第十九部[十五合]	入声十五合	鸽磕搕(敲击)蛤合(集合)盒(果盒)阖盍榼溘嗑
未检到的字		搁胳疙纥(纥繨)咯(咯噔)瞌颏着嗝阂咳壳搭鲗蜇合(量名。升合)葛(姓)侧(旁侧)厕恶(丑恶)呃腭扼蛇喝(呼喝)吓(恐吓)可(可汗)缂垃(又读)鳓瑟圾(又读)忑啫这跖(又读)

平声·阴平

阿ē ①大的丘陵,山。②曲从,迎合。③偏袒,徇私。④细缯。⑤屋栋,屋宇。另见2页ā。

古下平,五歌。逆婞～不～层～曾～城～崇～垂～党～东～涧～洞～椒～九～卷～骊～林～灵～陵～门～盘～偏～偏～丘～曲～荣～山～私～松～庭～纤～巉～岩～顺～谄～从～党～房宫～附～阜～缟～阁～结～借～丘～屈～曲～容～上～时～世～顺～私～纨～枉～罔～下～徇～狗～倚～意～誉～指～众例同心不同赏,留叹此岩阿。(唐·张九龄《登襄阳岘山》)远游经海峤,返棹归山阿。(唐·孟浩然《归至郢中》)

典**烹阿** 指君主贤明,惩治腐败。齐威王即位之初,无心政治,委政卿大夫,导致“诸侯并伐,国人不治”。后齐威王反躬自省,励精图治,先是奖励治理有方的即墨大夫,“封之万家”;后是惩罚烹杀了治理无方,却依靠贿赂威王侍从得其美言的阿大夫。封墨烹阿之后,“齐国震惧,人人不敢饰非,务尽其诚”,从此大治。见《史记·田敬仲完世家》。

赫然烹阿封即墨,神机独断定四海。(宋·度正《送李君亮安抚赴阙》)

太阿 ①指利剑。②喻指贤能之士。见《越绝书》卷十一《越绝外传·记宝剑》。

谁开太阿匣,持割武城鸡。(唐·张九龄《赠澧阳韦明府》)

倒持泰阿 指授人以柄,自己反遭其害。亦作“倒持”“倒持太阿”。《汉书·梅福传》:“至秦则不然。张诽谤之罔,以为汉驱除,倒持泰阿,授楚其柄。”颜师古注:“泰阿,剑名,欧冶所铸也。言秦无道,令陈涉、项羽乘间而发,譬倒持剑而以把授与人也。”

疴ē 旧读。疾病。另见74页kē。

古下平,五歌。

娿ē 婞娿,犹豫不决,无主见。

古下平,五歌。逆婞～

婀ē

古《集韵》:下平,七歌。逆婀～婞～顺～娜例中朝大官老于事,讵肯感激徒婞婀。(唐·韩愈《石鼓歌》)

车(車)chē 另见425页jū。

古下平,六麻。又:上平,六鱼同。逆从～错～犊～短辕～輀～藩～轓～凤～凤凰～皃～辐～辅～桂～罕～觳觫～获～鸡栖～袷～颊～巾～锦～旌～鸠～辇～辂～鹿角～鹭～鸾旗～逻～霹雳～軿～七香～七星～驱盐～轫～瑞～瑞应～蜃～轼～素～阘～同～帷～苇～軉～温～五云～曦～陷～香～辛夷～轩～悬～旋～羽～羽盖～辒～辒凉～辒辌～云～云母～长檐～长者～芝～脂～辎～子～倅～顺～螯～绊～帮～币～弊～驳～襜～从～蕃～藩～轓～非～封～府～赋～釭～革～公～毂～蛤～衡～庳～轘～楫～汲～甲～驾～葥～阑～雷～笠～軨～幔～輗～軿～仆～鞣～轓～挽～围～帷～戏～辖～軉～仪～轶～軔～营～牖～右～舆～羽～驭～帐～枕～轸～正～驺例言是东方骑,来寻南陌车。(唐·褚亮《咏花烛》)高天净秋色,长汉转曦车。(唐·虞世南《奉和咏日午》)

典**二车** 副车,喻指副职官员。亦作“贰车”。《礼记·少仪》:“乘贰车则式,佐车则否。”郑玄注:“贰车、佐车,皆副车也。朝祀之副曰贰,戎猎之副曰佐。”

贤守二车真可畏,尊前诗笔太豪华。(宋·郑侠《次韵余卒笼碧轩》)

公车 指应召入京或入京言事。公车为汉官署名,系公车所在地而得名,为上书言事者和应举被荐者待诏之所。亦作“奏公车”“诣公车”。见《后汉书·光武帝纪》。

地远何当随计吏,策成终自诣公车。(唐·刘禹锡《送曹璩归越中旧隐诗》)

翘车 指朝廷礼聘贤才。见《左传·庄公二十二年》。

江上秋风正钓鲈,九重天子梦翘车。(唐·韦庄《寄从兄遵》)

曲车 指载酒车。

清秋携客坟上饮,曲车载酒山童推。(元·谢应芳《和顾仲瑛金粟冢燕集》)

日车 喻指太阳。见《庄子·徐无鬼》。

日车扶晓出，斗柄斡春回。（宋·冯时行《元日二首》其二）

三车 即牛车、羊车、鹿车，喻指佛教大、中、小三乘。见《妙法莲华经》卷三《譬喻品》。

三车搬运入丹田。四海云游走遍。（元·马钰《西江月·一道经花玉线》）

侍车 指孝子侍母。亦作“江革挽车”。东汉人江革重孝道，怕牛马拉车不稳当，亲自为老母拉车，乡里称其为“江巨孝”。见《后汉书·江革传》。

服彩老莱并，侍车江革同。（唐·孟郊《春日同韦郎中使君》）

属车 皇帝出行时的侍从车子，借指高官之地位。见《史记·司马相如列传》。

半白不羞垂领发，软红犹恋属车尘。（宋·苏轼《次韵蒋颖叔钱穆父二首》其一）

素车 古代用于丧事的车，指伤悼亡友。东汉范式的好友张劭将死，托梦于范式，范式遂告假奔张劭丧。范式没到，张劭灵柩不肯进墓穴，直到范式“素车白马，号哭而来”。范式对着张劭灵柩说道：“行矣元伯！死生路异，永从此辞。”在场的千余人都为之流涕。见《后汉书·范式传》。

守蜀无因奠尊酒，素车应满古原头。（宋·张耒《挽老苏先生》）

同车 指贤女。《诗经·郑风·有女同车》：“有女同车，颜如舜华。”

风流感异代，窈窕比同车。（唐·羊士谔《玩槿花》）

星车 见155页“星使”，使者所乘的车，亦借指使者。

偶逐星车犯虏尘，故乡常恐到无因。（唐·储嗣宗《随边使过五原》）

悬车 ①指退休。②借指七十岁。亦作“垂车”。古代官员年七十告老辞官，居家而废车。

挂冠顾翠绥，悬车惜朱轮。（唐·白居易《秦中吟十首·不致仕》）

云车 指仙人乘坐之车。古代神话传说中的仙人乘云而行，也被描述为乘云车。见《淮南子·原道训》。

所期就金液，飞步登云车。（唐·李白《寄王屋山人孟大融》）

覆前车 指不吸取前人教训。亦作“覆车”“覆辙”。《荀子·成相》：“前车已覆，后未知更何觉时。”《韩诗外传》卷五：“前车覆而后车不诫，是以后车覆也。”

已看覆前车，未见易后轮。（唐·薛据《古兴》）

觳觫车 指牛车。见《孟子·梁惠王上》。觳觫本义是牛恐惧颤抖的样子，后用以代指牛。

步出芙蓉府，归乘觳觫车。（唐·丘丹《奉酬重送归山》）

鸡栖车 制作简陋的小车。指落魄失意。《后汉书·陈蕃传》附《朱震传》，震字伯厚，初为州从事，疾恶如仇。时谚曰：“车如鸡栖马如狗，疾恶如风朱伯厚。”东汉谚语以“车如鸡栖”（车如鸡笼）形容朱震车小官卑。

龙首榜来春满郡，鸡栖车已久还乡。（宋·刘克庄《咸淳龙飞大魁之归》）

驾鼓车 喻指大材小用。亦作“鼓车”。东汉光武帝刘秀下令用异国所献的千里马驾鼓车。见《后汉书·循吏传序》。

今日翔麟马，先宜驾鼓车。（唐·杜甫《复愁十二首》其八）

软轮车 蒲裹轮之车，指尊敬贤老。《后汉书·明帝纪》：“尊事三老，兄事五更，安车软轮，供绥执授。”李贤注：“安车，坐乘之车；软轮，以蒲裹轮。……三老就车，天子亲执绥授之。”

频蒙露版诏，时降软轮车。（唐·王维《赠东岳焦炼师》）

五云车 ①指仙人所乘之车。②也指华贵之车。北周·庾信《庾子山集》卷五《道士步虚词十首》其六：“东明九芒盖，北烛五云车。”道家称神仙乘五色云车。

骏马骄行踏落花，垂鞭直拂五云车。（唐·李白《陌上赠美人》）

油壁车 ①指车壁、车帷用油涂饰的华贵车子。②也指妓女生涯。《玉台新咏》卷一〇《钱塘苏小小歌》：“妾乘油壁车，郎骑青骢马。何处结同心，西陵松柏下。”

不卷锦步障，未登油壁车。（唐·李商隐《朱槿花二首》其一）

折辕车 东汉渔阳太守张堪为官清廉，离职时车马简陋，“乘折辕车，布被囊而已”。后用折辕车形容官吏之廉洁。见《后汉书》卷三一《张堪传》。

出仕常骑秃尾驴，归休自驾折辕车。（宋·陆游《春日杂兴》）

紫云车 指华贵之车。晋·张华《博物志》卷八《史补》：“汉武帝好仙道……时西王母遣使乘白鹿告帝当来，乃供帐九华殿以待之。七月七日夜漏七刻，王母乘紫云车而至于殿西。”

聘之碧瑶珮，载以紫云车。（唐·杜牧《张好好诗》）

甘雨随车 甘雨随公车而至，解一境旱情。指地方官有善政。亦作“随车”“有雨随车”“随车有雨”“膏泽随车”。见三国吴·谢承《后汉书》和《孟子·离娄下》。

满座清风天子送，随车甘雨郡人迎。（唐·徐铉《御筵送邓王》）

骥服盐车 让骏马驾盐车，喻埋没贤才。亦作“盐车”“盐坂”“牵盐”。见《战国策·楚策四》。

骐骥服盐车，垂头困长道。（宋·郭印《送张安国》）

快牛破车 跑得快的牛犊会把车拉翻。喻年轻气盛的人当懂得克制。亦作“快犊破车”。《晋书·石季龙载记》：“快牛为犊子时，多能破车，汝当小忍之。”

墨子回车 指回避与自己的原则相冲突的事物，或回避自己不喜欢的事物。《淮南子·说山训》：“墨子非乐，不入朝歌之邑。”汉·邹阳《狱中上书自明》：“臣闻盛饰入朝者，不以私污义；砥厉名号者，不以欲伤行。故县名胜母，曾子不入；邑号朝歌，墨子回车。”

范滂揽辔方清俗，墨子回车岂恶歌。（宋·韩维《景仁如况之闻》）

千秋小车 指受恩宠。亦作“车丞相”“汉相小车”。《汉书》卷六六《车千秋传》：“千秋为相十二年……初，千秋年老，上优之，朝见，得乘小车入宫殿中，故因号曰‘车丞相’。”汉时，丞相车千秋年老，昭帝特许乘小车入宫朝见，号称“车丞相”。

杀马毁车 喻指弃官归隐。冯

良年三十，为尉从佐，不堪奉迎之辱，杀马毁车，以示决绝仕途。亦作“毁车杀马”。见《后汉书·周燮传》。

杀马毁车从此逝，子来何处问行藏。（宋·苏轼《捕蝗至浮云岭山二首》其二）

束马悬车 把马蹄包起，防止马滑倒；把车子挂牢，以防脱落。指山路险隘，行途维艰。《管子·封禅》：“西伐大夏，涉流沙，束马悬车，上卑耳之山。”

沙河荒城带落日，悬车束马入土室。（清·康有为《夜宿沙河》）

有井留车 指主人留客宴饮。陈遵嗜酒，常采用将宾客车辖投入井中的办法留客宴饮。《汉书·陈遵传》：“遵耆酒，每大饮，宾客满堂，辄关门，取客车辖投井中，虽有急，终不得去。”

主人有井留车，看席上、云轻柳弱。（宋·葛郯《柳梢青·空中雨阁》）

芳酒载盈车 指宾朋宴集。汉人扬雄家贫而嗜酒，客人载酒造门与饮。古时以载酒相访表现友情。见《汉书·扬雄传》。

芳酒载盈车，喜朋侣簪合。（宋·黄庭坚《惜余欢·四时美景》）

门前长者车 指门多贵客，受人推重。见《史记·陈丞相世家》。

懒听门前长者车，有田堪种水堪渔。（清·陈洪绶《偶成》其二）

青龙白虎车 比喻得道成仙。见晋·葛洪《神仙传》卷八《沈羲》。

举手何所待，青龙白虎车。（唐·李白《早望海霞边》）

唓chē 唓嗻，厉害，猛。金元时俗语。

逆畅～嗻～顺～嗻

砗(硨)chē 砗磲：次于玉的美石。

古下平，六麻。顺～磲

蛼chē 蛼螯，蛤类。

古《集韵》：平声，麻韵。顺～螯

的dē 助词。另见239页dí、247页dì。

逆不道～不恁～划～赤紧～翠～迭不～赶脚～管送～管他～果～烘～禁～精～磕头～可不～可兀～领家～落～恁～怕不～偏不～偏生～扑～瞧香～撒～甚～生～省～省不～似～檀～特～腾～微～窝～兀～详～消～消不～影射～由不～怎～真～真格～正格～

歌gē

古下平，五歌。逆欸乃～安～榜～碧玉～豳～并州～伧～嘲～宸～敕勒～杵～传～春～从公～大风～丹～洞仙～斗～遏云～法～凡～饭牛～凤～赋～赓～鼓～鼓盆～酣～寒～夯～豪～浩～和～河上～瓠～瓠子～欢闻～缓～缓声～黄鹄～回～击角～击壤～剑～郊～郊庙～郊祀～九～鞠～凯～恺～康～扣角～袴襦～两岐～菱～鸾～漫～陌上～穆～穆护～南风～铙～宁～宁戚～牛下～欧～俳～盘～抛～沛中～凄～齐～樵～清～衢～棹～绕梁～戎～瑟～商～觞～神弦～升～笙～市～戍～霜～遂～踏～桃叶～徒～团扇～蛙～薇～乌鹊～吴～五袴～五噫～晤～西曲～纤～闲～弦～箫铙～啸～薤～雅～扊扅～扬～杨柳～夷～遗～倚～易水～逸～舆～鬻～载～长～棹～征～钲～芝房～竹枝～壮士～擢～紫芝～顺～板～版～榜～呗～抃～伯～尘～咢～舫～风～风碑～风台～凤～鼓～管～行～袴～括～郎～乐～骊～梁～呕～拍～泣～磬～笙～黍～僮～僸～响～墟～筵～吟～鱼～悦～云～章～折～钟～珠例楼上春风过，风前杨柳歌。（唐·孟郊《横吹曲辞》）

典**巴歌** 指格调低下的乐曲。宋玉《对楚王问》：“客有歌于郢中者，其始曰《下里》《巴人》，国中属而和者数千人；其为《阳阿》《薤露》，国中属而和者数百人；其为《阳春》《白雪》，国中属而和者不过数十人；引商刻羽，杂以流徵，国中属而和者，不过数人而已。是其曲弥高，其和弥寡。”唐·李周翰注：“《下里》《巴人》，下曲名也；《阳春》《白雪》，高曲名也。”

是夜巴歌应金石，岂殊萤影对清光。（唐·卢纶《奉和太常王卿》）

楚歌 指楚国歌曲，或楚地的曲调。《史记·项羽本纪》：“项王军壁垓下，兵少食尽，汉军及诸侯兵围之数重。夜闻汉军四面皆楚歌，项王乃大惊曰：‘汉皆已得楚乎？是何楚人之多也！’”

楚歌吴语娇不成，似能未能最有情。（唐·李白《示金陵子》）

凤歌 指消极避世、放荡不羁。亦作“楚狂”“歌凤”“笑孔丘”“狂歌”。《论语·微子》：“楚狂接舆，歌而过孔子，曰：‘凤兮凤兮！何德之衰！往者不可谏，来者犹可追；已而已而！今之从政者殆而！’”

我本楚狂人，凤歌笑孔丘。（唐·李白《庐山谣寄卢侍御虚舟》）

九歌 指一种民歌体的作品，也指宫廷乐歌。《楚辞·九歌》相传为屈原加工民间祭歌而成。见《楚辞·九歌》王逸序。又相传夏禹时有乐歌名《九歌》，奏于宗庙。

唤起九歌忠愤，拂拭三闾文字，还与日争光。（宋·张孝祥《水调歌头·濯足夜滩急》）

骊歌 指离别时演奏的歌。见《汉书·王式传》。

正当今夕断肠处，骊歌愁绝不忍听。（唐·李白《灞陵行送别》）

壤歌 指太平盛世。晋·皇甫谧《帝王世纪》：“天下大和，百姓无事，有八十老人击壤于道。观者叹曰：‘大哉帝之德也！’老人曰：‘吾日出而作，日入而息，凿井而饮，耕田而食。帝何力于我哉？’”

最爱年年禾稻熟，时丰自有壤歌人。（宋·元绛《爱亭》）

商歌 指自伤不遇或自荐求官。亦作“商声讴”。《淮南子·氾论训》：“夫百里奚之饭牛，伊尹之负鼎，太公之鼓刀，宁戚之商歌，其美有存焉者矣。”高诱注：“宁戚卫人也，商旅于齐，宿郭门外，疾世商歌以干桓公。”

厌厌别酒商歌送，萧萧凉叶秋声动。（宋·贺铸《城里钟》）

薪歌 采薪人所唱的歌，形容清高隐逸。见《太平御览》卷五一〇“逸民部”十引南朝宋·袁淑《真隐传》。

薪歌晚入浦，舟子夜乘风。（宋·欧阳修《朱家曲》）

行歌 春秋时隐士林类，年百岁，边行边歌，边拾遗穗，自以为乐。借指隐士之逸举。见《列子·

天瑞》。

笑当年、山阴道士，行歌樵叟。（宋·方岳《贺新郎·一笑君知否》）

郢歌　《阳春》《白雪》歌，指高雅诗作。亦作“郢曲”“郢唱”“郢声”“郢雪”“郢律”“郢词”“郢篇”“郢客”“郢吟”“郢中曲”“郢都唱”。见70页“巴歌”。

郢歌莫问青山吏，鱼在深池鸟在笼。（唐·许浑《酬杜补阙》）

越吟　指对故乡的思念。亦作“越人吟”“越宾歌”。见《史记·张仪列传》附《陈轸传》。

羸马望北走，迁人悲越吟。（唐·王昌龄《江上闻笛》）

白云歌　指情好惜别。《列子·周穆王》：“（周穆王）遂宾于西王母，觞于瑶池之上。西王母为王谣，王和之，其辞哀焉。”西王母向周穆王献唱了一首《白云歌》，表达希望他再来的殷勤情意。

载酒五松山，颓然白云歌。（唐·李白《五松山送殷淑》）

避朝歌　指坚持操守。《汉书·邹阳传》：邹阳于狱中上书吴王曰：“臣闻盛饰入朝者不以私污义，底厉名号者不以利伤行。故里名胜母，曾子不入；邑号朝歌，墨子回车。”颜师古注：“朝歌，殷之邑名也。《淮南子》云：‘墨子非乐，不入朝歌。’”

息影有时悲恶木，回车无暇避朝歌。（宋·宋祁《祇役邻郡道中晓发》）

从公歌　表明追随拥护之意的歌。《诗经·鲁颂·泮水》：“无小无大，从公于迈。”

巷有从公歌，野多青青麦。（唐·杜甫《八哀诗·赠司空王公思礼》）

大风歌　①咏帝王或勇士扬威海内之歌。②指欢庆胜利。亦作“唱大风”“歌汉风”“大风词”“大风曲”“大风诗”。《史记·高祖本纪》：“高祖还归，过沛，留。酒酣，高祖击筑，自为歌诗曰：‘大风起兮云飞扬，威加海内兮归故乡，安得猛士兮守四方！’高祖乃起舞，慷慨伤怀，泣数行下。”汉初刘邦称帝后曾还乡作歌，人称“大风歌”。

得无中夜舞，谁忆大风歌。（唐·杜甫《伤春五首》其五）

杕杜歌　指凯旋之歌。《诗经·小雅·杕杜》：“有杕之杜，有睆其实”“女心伤止，征夫遑止”。《杕杜序》：“劳还役也。”《杕杜》诗以孤立而生的海棠树起兴，写闺妇盼望在外服役的征人早日归来。

赏应歌杕杜，归及荐樱桃。（唐·杜甫《收京三首》其三）

葛天歌　指古朴民歌。亦作“葛天民”。远古帝王有葛天氏，其民曾作古歌，即葛天歌。见《吕氏春秋·古乐》。

慷慨葛天歌，愔愔广陵陌。（唐·独孤及《客舍月下》）

鼓枻歌　指随波逐流、置身事外、闲适自得的归隐情趣。亦作“鼓枻翁”。《楚辞·渔父》：“屈原既放，游于江潭。……渔父曰：‘……众人皆醉，何不餔其糟而歠其醨？何故深思高举，自令放为？’屈原曰：‘……宁赴湘流，葬于江鱼之腹中，安能以皓皓之白，而蒙世俗之尘埃乎？’渔父莞尔而笑，鼓枻而去，乃歌曰：‘沧浪之水清兮，可以濯我缨；沧浪之水浊兮，可以濯我足。’遂去，不复与言。”

重以观鱼乐，因之鼓枻歌。（唐·孟浩然《寻梅道士》）

贯珠歌　指优美的歌声。见《礼记·乐记》。

歌声凝贯珠，舞袖飘乱麻。（唐·白居易《和新楼北园偶集》）

建业歌　借指不习他乡，怀念故土。《三国志·吴书·陆凯传》：又武昌土地，实危险而塉确，非王都安国养民之处，船泊则沉漂，陵居则峻危，且童谣言：“宁饮建业水，不食武昌鱼；宁还建业死，不止武昌居。”

鱼听建业歌声过，水看瞿塘雪影来。（唐·罗隐《游江夏口》）

荆卿歌　①指友朋聚饮。②指豪壮情怀。一般泛指指朋友间意气相投、共抒情怀。亦作“燕市悲歌”。《史记·荆轲传》：“荆轲既至燕，爱燕之狗屠及善击筑者高渐离。荆轲嗜酒，日与狗屠及高渐离饮于燕市，酒酣以往，高渐离击筑，荆卿和而歌于市中，相乐也，已而相泣，旁若无人者。”

高唱荆卿歌，乱击相如缶。（唐·元稹《说剑》）

燕市悲歌又送君，目随征雁过寒云。（唐·李涉《送魏简能东游二首》）

绝世歌　指宫廷歌咏。《汉书·孝武李夫人传》：“孝武李夫人，本以倡进。初，夫人兄延年性知音，善歌舞，武帝爱之。每为新声变曲，闻者莫不感动。延年侍上起舞，歌曰：‘北方有佳人，绝世而独立。一顾倾人城，再顾倾人国。宁不知倾城与倾国，佳人难再得！’”

飞燕皇后轻身舞，紫宫夫人绝世歌。（唐·李白《相和歌辞·阳春歌》）

劳者歌　指从事劳作的人唱的歌。《公羊传·宣公十五年》：“什一者，天下之中正也。什一行而颂声作矣。”何休注：“男女有所怨恨，相从而歌。饥者歌其食，劳者歌其事。”

终日块然坐，有时劳者歌。（唐·张九龄《杂诗五首》其三）

两岐歌　禾一茎生两穗，古人以之为太平祥瑞。东汉时，渔阳太守张堪有善政，抗击匈奴，鼓励农耕，出现此等祥瑞，百姓作歌称赞他的善政。因以两岐歌指盛世颂德之歌。见《后汉书·张堪传》。

夷陵旧人吏，犹诵两岐歌。（唐·司空曙《送夔州班使君》）

麦秀歌　指哀悼亡国之歌。国亡都城破，废墟变为麦田，是一种令人伤感的情景。见《史记·宋微子世家》。

云中古城郁嵯峨，塞上行吟麦秀歌。（唐·张嵩《云中古城赋附歌》其二）

木客歌　指咏伐木辛劳思归之歌。见东汉·赵晔《吴越春秋》卷九《勾践阴谋外传》。春秋时，越王勾践为了麻痹吴王，曾采纳文种建议，派工人伐木献吴。工人伐木久不得归，忧思而作木客吟。

木客歌畬月，鲛人泣岸霜。（明·陈价夫《宿海边山店》）

商女歌　借指亡国之歌。唐·杜牧《泊秦淮》：“烟笼寒水月笼沙，夜泊秦淮近酒家。商女不知亡国恨，隔江犹唱《后庭花》。”《后庭花》本是南朝陈后主之妃张丽华所唱之歌。

玉树无花，商女歌里，台城畅望，淮水烟沙。（元·卢挚《金陵怀古》）

桃叶歌 指歌女、侍伎之歌。亦作“桃叶桃根”。《乐府诗集》四五《清商曲辞》二《吴声曲辞·桃叶歌》引《古今乐录》：“《桃叶歌》者，晋王子敬所作也。桃叶，子敬妾名。缘于笃爱，所以歌之。”晋·王献之《桃叶歌》：“桃叶复桃叶，桃树连桃根。相怜两乐事，独使我殷勤。”又：“桃叶复桃叶，渡江不用楫。但渡无所苦，我自迎接汝。”

海涛风定柳枝曲，江楫波明桃叶歌。（宋·洪咨夔《灯夕独酌二绝》其二）

扊扅歌 古琴歌名，指夫妻团圆。亦作“烹伏雌”。扊扅：门闩。汉·应劭《风俗通议》下卷：“百里奚为秦相，堂上作乐，所赁浣妇，自言知音。呼之，搏髀援琴，抚弦而歌者三。其一曰：‘百里奚，五羊皮，忆别时，烹伏雌，炊扊扅，今日富贵忘我为？’……问之，乃其故妻，还为夫妇也。”

破镜望中占远信，扊扅歌里有悲音。（宋·王炎《家仆来丛桂告米粟不继》）

易水歌 ①用以描写诀别场景。②指赴难诀别时悲壮的情感。亦作“易水寒”“易水别”“易水离魂”“壮气惊寒水”“壮士悲歌”“击筑长歌”。《战国策·燕策三》：“太子及宾客知其事者，皆白衣冠以送之。至易水上，既祖，取道。高渐离击筑，荆轲和而歌，为变徵之声，士皆垂泪涕泣。又前而为歌曰：‘风萧萧兮易水寒，壮士一去兮不复还！’复为慷慨羽声。士皆瞋目，发尽上指冠。于是荆轲遂就车而去，终已不顾。”

耻唱悠悠易水歌，羞折丝丝关外柳。（宋·张咏《留别博州官杨丹》）

雍门歌 见823页“绕梁”。《列子·汤问》：“昔韩娥东之齐，匮粮，过雍门，鬻歌假食。既去而余音绕梁欐，三日不绝，左右以其人弗去。”

歌从雍门学，酒是蜀城烧。（唐·李商隐《碧瓦》）

紫芝歌 指隐居。亦作“紫芝曲”“紫芝”“紫芝客”“紫芝叟”。蓝田山四隐士，避秦暴政，作《紫芝歌》述隐居之志。见晋·皇甫谧《高士传》卷中。

长怀赤松意，复忆紫芝歌。（唐·张九龄《商洛山行怀古》）

季札听歌 指欣赏品评乐舞。春秋时吴国公子季札欣赏、评论周朝音乐。亦作“季札辨”。见《左传·襄公二十九年》。

听歌吴季札，纵饮汉中山。（唐·韩翃《宴吴王宅》）

剑铗悲歌 指才士失意不遇。齐人冯谖是孟尝君的门客，由于得不到重用，就多次倚柱弹其剑，歌曰：“长铗归来乎！食无鱼。”“长铗归来乎！出无车。”“长铗归来乎！无以为家。”孟尝君左右皆恶之，以为贪而不知足。孟尝君问：“冯公有亲乎？”谖对曰：“有老母。”孟尝君使人给其食用，无使乏。于是冯谖不复歌。见《战国策·齐策四》。

莫提携剑铗，悲歌一曲，摩挲髀肉，清泪双垂。（宋·陈人杰《沁园春·塞外江山》）

津妾棹歌 指才女救父。亦作“津女棹歌”“河激之歌”。《列女传》卷六《辩通传·赵津女娟》：“赵津女娟者，赵河津吏之女，赵简子之夫人也。初，简子南击楚，与津吏期。简子至，津吏醉卧，不能渡。简子欲杀之。（娟）曰：‘……君欲杀之，妾愿以鄙躯易父之死。’简子曰：‘非女之罪也。’娟曰：‘主君欲因其醉而杀之，妾恐其身之不知痛，而心不知罪也。若不知罪杀之，是杀不辜也。愿醒而杀之，使知其罪。’简子曰：‘善。’遂释不诛。……（娟）中流为简子发《河激之歌》。……简子归，乃纳币于父母而立以为夫人。”

津妾一棹歌，脱父于严刑。（唐·李白《东海有勇妇》）

九叙重歌 指政绩得到朝廷肯定。《尚书·大禹谟》：“德惟善政，政在养民。水、火、金、木、土、谷，惟修；正德、利用、厚生，惟和。九功惟叙，九叙惟歌。”

九叙重歌，元圭再锡，已把成功来告。（宋·晁端礼《玉女摇仙佩·宫梅弄粉》）

四面吴歌 借指撼动军心之歌。清·谷应泰《明史纪事本末》卷一六《燕王起兵》：“时围寨久，寨军多南人，天寒衣薄，会夜霜月，燕王令四面皆吴歌，南军闻之，多泪下，有潜下寨降者。”

倚瑟高歌 指伤时感怀。见《史记·张释之列传》。

高歌倚瑟流清悲，徐乐哀生知为谁。（唐·鲍溶《倚瑟行》）

枣下悲歌 指好景不常，良辰难再。晋·潘岳《笙赋》：“咏园桃之夭夭，歌枣下之纂纂。歌曰：枣下纂纂，朱实离离。宛其落矣，化为枯枝。人生不能以行乐，死何以虚谥为?”借枣树华实荣枯，感慨人生荣华不常，好景难再。

桃源迷路竟茫茫，枣下悲歌徒纂纂。（唐·韩愈《游青龙寺赠崔大补阙》）

曾子商歌 指生活不得意，依然修身养性，自得其乐。据《庄子·让王》载，曾子居卫时，虽穷愁潦倒，缊袍无表，颜色肿哙，手足胼胝。三日不举火，十年不制衣，正冠而缨绝，捉衿而肘见，纳屦而踵决。仍高声吟唱《商颂》，安贫乐道，不坠初志。

彷佛曾子当年，商歌满屋，衣不完衿肘。（宋·刘克庄《念奴娇·戏衫抛了》）

哥gē

㊀下平，五歌。㊁唰～班～伴～辩～翠～打拇～丹～登～店二～和～懂～了～料～灵～奴～情～蛐蟺～滩～小大～也波～也麽～也末～莺～鹦～虞～侄～㊂～降节～老会～利拉～罗芳～罗仿～们～升节～舒～窑～咏～钟～子㊃去岁玉堂山下住，母旁后弟前哥。（宋·魏了翁《临江仙》）

戈gē

㊀下平，五歌。㊁包～边～称～乘～达～倒～彤～琱～雕～挥～奋～锋～行～荷～横～麾～迴～戢～戟～敛～林～灵～鲁～鲁阳～矛～骑～寝～霜～探～韬～桃～天～投～推～吴～息～玄～寻～偃～阳～义～攒～枕～整～止～㊂～兵～波～鋋～城～舡～船～堞

～盾～楯～伐～法～铁～革～棘～戟～铠～槛～楼～橹～马～铓～旗～刃～矢～殳～磔例恋旧争趋府，临危欲负戈。（唐·刘长卿《赴宣州使院夜宴》）一扫清大漠，包虎戢金戈。（唐·李白《发白马》）

典挥戈 ①指挽留时间。②指挥戈奋战，人力胜天。亦作“鲁阳驻日”“鲁阳戈”。《淮南子·览冥训》：“鲁阳公与韩构难，战酣，日暮，援戈而㧑之，日为之返三舍。”“㧑”通“挥”，鲁阳公挥戈使太阳倒退三舍之地，即使时间倒退。

惜别津亭暮，挥戈忆鲁阳。（唐·岑参《送裴侍御赴岁入京》）

倒载干戈 指息战休兵。《礼记·乐记》：“武王克殷，反商。……车甲衅而藏之府库，而弗复用，倒载干戈，包之以虎皮。……然后天下知武王之不复用兵也。”

倒载干戈是何日，近来麋鹿欲相随。（唐·杜荀鹤《春日山居寄友人》）

入室操戈 喻用对方的论点反驳对方。《后汉书·郑玄传》：“时任城何休好《公羊》学，遂著《公羊墨守》《左氏膏肓》《谷梁废疾》。玄乃发《墨守》，缄《膏肓》，起《废疾》。休见而叹曰：‘康成入吾室，操吾戈以伐我乎！’”

中兴斯学曰阳冰，入室操戈何背戾。（明·钱惟善《篆冢歌》）

泂 gē 牂泂，地名。

古下平，五歌。逆牂～例汉臣旌节贵，万里护牂泂。（唐·羊士谔《寄黔府窦中丞》）

呵 hē ①大声呵斥，斥责。②吆喝，呼喊。③笑声。④呼气，哈气。另见4页hā、41页ō。

古下平，五歌。逆暴～嗔～诋～抵～殿～冻笔～咄～护～麾～讥～几～嗤～诘～禁～警～开～摩～逆～怒～谴～欠～谯～声～索～㧑～嘘～诛～訾～顺～跸～壁～砭～贬～嗔～导～诋～殿～冻～咄～夺～格～诟～欱～呼～毁～会～讥～谏～奖～诘～禁～沮～詈～骂～难～怒～拍～排～辟～遣～谴～谯～消～驱～让～辱～索～卫～胁～嘘～砚～引～拥～御～止～逐例雨淋日炙野火燎，鬼物守护烦㧑呵。（唐·韩愈《石鼓歌》）乌兔两恶剧，不满一笑呵。（宋·范成大《春日览镜有感》）

科 kē

古下平，五歌。逆丙～草～差～成～出～春～催～大～登～等～佃～鼎～定～恩～发～罚～繁～犯～方闻～房～贵～桂～横～棘～棘针～甲～甲乙～解～进士～井～景～臼～决～均～峻～开～吏～六～禄～律～卖～名～明～末～前～轻～秋～荣～儒～升～昇～石～史～殊～术～树～四～田～同～童～童子～危～违～小登～笑～新～刑～虚～宣～选～严～乙～盈～逾～玉～豫～杂～征～正～征～重～追～擢～罪～作～坐～顺～案～白～比～贬～别～兵～拨～参～策～察～差～场～程～惩～出～第～订～段～断～兑～发～罚～法～诨～甲～检～醮～禁～具～醵～决～爵～课～例～敛～令～律～名～目儒～纳～臬～派～判～配～品～聘～普～取～荣～生～式～试～输～税～算～岁～索～琐～调～网～文～问～限～校～刑～须～需～徭～业～仪～役～约～则～责～杖～诏～折～谪～征～罪～座例招摇青桂树，幽蠹亦成科。（唐·陈子昂《感遇诗三十八首》其十二）犹怜不才子，白首未登科。（唐·孟浩然《陪卢明府泛舟回作》）

柯 kē ①树枝或草茎。②斧柄。③长度单位，长三尺为一柯，大致相当于古代斧柄的长度。

古下平，五歌。逆百尺～并～操～赪～典～繁～丰～风～斧～高～古～寒～横～洪～黄～交～金～空～烂～林～绿～鸣～茗～南～乔～樵～倾～琼～虬～衢～柔～树～霜～条～庭～铜～危～无～斜～云～牂～贞～枝～执～朱～顺～笛～斧～干～榄～烂～烂棋～舒～亭～亭笛～亭竹～叶～则～枝例邑人怜白发，庭树长新柯。（唐·刘长卿《谪官后却归故村》）日夕见乔木，乡关在伐柯。（唐·孟浩然《归至郢中》）

典烂柯 ①指超凡脱俗，进入神仙境界。②指世事变迁，恍若隔世。③指下棋。旧题南朝梁·任昉《述异记》卷上：“信安郡石室山，晋时王质伐木至，见童子数人棋而歌，质因听之，童子以一物与质，如枣核。质含之，不觉饥。俄顷，童子谓曰：‘何不去？’质起视，斧柯烂尽。既归，无复时人。”

烂柯山下忍重到，双桧楼前日欲残。（唐·罗隐《重过三衢哭孙员外》）

一枕南柯 指一场梦幻。唐人淳于棼梦至槐安国，拜为南柯太守，并娶公主为妻，享尽荣华富贵，后领军出征，不幸败北，妻子离世，又遭国主妒忌，郁郁不乐，最终被国主遣归人间。梦醒后，在槐树下挖得蚁穴，即梦中之槐安国、南柯郡。见唐·李公佐《南柯太守传》。

疏帘广厦，寄潇洒、一枕南柯。（宋·王安礼《潇湘忆故人慢》）

青青成斧柯 喻指稍有不慎将酿成大祸。《说苑·敬慎》：“孔子之周，观于太庙，右陛之前，有金人焉，三缄其口，而铭其背曰：‘……荧荧不灭，炎炎奈何。涓涓不壅，将成江河。绵绵不绝，将成网罗。青青不伐，将寻斧柯。诚不能慎之，祸之根也。’”

谁见枯城蘖，青青成斧柯。（唐·陈子昂《感遇诗三十八首》其十二）

窠 kē ①鸟窝。②居室。③书写大字或刻制印章时所划分的界格。

古下平，五歌。逆擘～草～巢～大～钿～凤凰～覆～凰～锦～旧～臼～龙～鸟～排～起～衾～银～印～月～竹～庄～子～顺～丛～段～臼～绫～名～役～子～坐例人间事亦尔，不独燕营窠。（唐·白居易《晚燕》）游鱼怀故池，倦鸟怀故窠。（唐·鲍溶《经旧游》）

典九世鸡窠 祝人长寿，多代同堂。《骈字类编·鸡窠》引宋·钱易《洞微志》：“李守忠奉使南方。过海至琼州界，道逢一翁，自称杨遐举，年八十一。邀守忠诣所居，见其父曰叔连，年一百二十二。又见其祖曰宋卿，年一百九十五。语次，见梁上一鸡窠，中有一小儿，头下视。宋卿曰：‘此吾九代祖也，不语不食，不知其年，朔望取下，子孙列拜而已。'"

九世鸡窠，千秋麟阁，玉颜依旧。（宋·赵善括《醉蓬莱·正百花堂下》）

颗(顆)kē

古上声，二十哿。逆饭～金～枯～梨～榴～麦～砂～夜光～玉～珠～顺～冻～恰～盐例残冰坼玉片，新萼排红颗。（唐·白居易《立春后五日》）雪中把酒，美人频为，浅破樱桃颗。（宋·史浩《青玉案·年来减却风情大》）

苛kē 另见77页hé。

古下平，五歌。逆百～暴～残～除～烦～繁～伎～浇～蠲～贪～细～纤～小～顺～暴～惨～察～待～罚～法～烦～秽～急～疾～禁～峻～克～酷～滥～礼～厉～吏～例～敛～留～论～墨～虐～峭～切～娆～缛～碎～索～文～细～小～削～严～殃～役～责～征～政～忮例省风传隐恤，持法去烦苛。（唐·戴叔伦《奉同汴州李相公》）

珂kē ①次于玉的白色美石。②贝名。③马勒的装饰物。

古下平，五歌。逆朝～风～谏～金～磊～离～连～马～鸣～佩～珮～琼～停～瑶～银～游～玉～驺～顺～里～马～佩～伞～声～卫～珹～雪例径转回银烛，林开散玉珂。（唐·王维《从岐王过杨氏别业应教》）更惭衰朽质，南陌共鸣珂。（唐·王维《同崔员外秋宵寓直》）

典**鸣珂** 指富贵之人骑马而来。何逊《车中见新林分别甚盛》："金谷宾游盛，青门冠盖多。隔林望行幰，下阪听鸣珂。"

月昃鸣珂动，花连绣户春。（唐·王昌龄《朝来曲》）

棵kē

逆发～花～顺～儿～松～子

轲(軻)kē ①接轴车。②专指孟子名。

古下平，五歌。又：上声，二十哿异。又：去声，二十一箇同。逆荆～孟～尼～丘～顺～卿～丘例方今太平日无事，柄任儒术崇丘轲。（唐·韩愈《石鼓歌》）君子战必胜，斯言闻孟轲。（唐·孙郃《古意二首》其二）

典**臧仓毁孟轲** 喻指贤明的人遭小人毁谤。臧仓向鲁君进谗诋毁孟子，使其不接见孟子。后以臧仓喻指小人。见《孟子·梁惠王下》。

臧仓毁孟轲，桓魋迫圣丘。（宋·梅尧臣《送李逢原》）

稞kē 青稞，麦的一种。产于西藏、青海、新疆等地。

古《广韵》：下平，戈韵。逆黄～麦～青～顺～麦

蝌kē 蝌蚪的蝌。

古下平，五歌。逆蚪～顺～蚪书～蚪文～篆

疴kē 疾病。另见68页ē。

古逆抱～残～沉～烦～负～积～疾～贱～疲～起～痊～染～疹～微～宿～养～痒～顺～疾～恙～痒例三十生二毛，早衰为沉疴。（唐·白居易《寄同病者》）

髁kē 髀骨。

古上声，二十一马。逆～没～膝～谿～顺～身

了le 助词。另见553页liǎo。

逆罢～除～到～得～临～算～完～为～

么(麼)me 另见7页mā"吗"、43页mó。

古下平，五歌。又：上声，二十哿同。逆白甚～当什～多～可什～可甚～可是～那～恁～任～任怎～少甚～什～甚～是～要～则～怎～者～这～着～只～妆～作～做甚～

呢nē 助词。另见207页ní。

奢shē

古下平，六麻。逆侈～春色～惰～繁～吠～丰～富～过～豪～华～僭～娇～骄～㤭～戒～矜～救～夸～兰～穷～饶～声～肆～贪～凶～淫～遮～顺～傲～薄～比～宕～荡～放～费～广～豪～僭～竞～阔～丽～龙～糜～靡～虐～绮～尚～太～汰～忲～泰～佚～易～逸～溢～淫～欲～豫～遮～恣～纵例万物附本性，约身不愿奢。（唐·杜甫《柴门》）乍惊珠缀密，终误绣帏奢。（唐·元稹《感石榴二十韵》）

典**马融奢** 形容文士讲究排场，追求奢华。《后汉书·马融传》：马融"达生任性，不拘儒者之节。居宇器服，多存侈饰。常坐高堂，施绛纱帐，前授生徒，后列女乐"。

肯随胡质矫，方恶马融奢。（唐·柳宗元《同刘二十八院长述旧言怀》）

赊(賒)shē ①欠。②多出，宽，缓。③长，远。④衰减，稀少。

古下平，六麻。逆遍～贷～道路～交～宽～敛～年～岁月～望眼～兴不～顺～迟～促～荷～缓～老～弥～僻～请～券～市～贯～死～头～望～刑～遥～远～愿例采药层城远，寻师海路赊。（唐·王绩《赠学仙者》）原野烟氛匝，关河游望赊。（唐·杨炯《送李庶子》）

畲shē 少数民族名。

古下平，六麻。顺～族

畬shē 烧耕。另见436页yú。

古下平，六麻。逆春～耕～开～山～烧～石～新～菑～斫～鉏～顺～刀～耕～火～客～民～田例银钏金钗来负水，长刀短笠去烧畬。（唐·刘禹锡《竹枝词九首》其九）气清岩下瀑，烟漫雨余畬。（唐·薛能《西县途中二十韵》）

遮zhē ①拦住，阻挡。②遮蔽，掩盖。

古下平，六麻。逆跋～半～啅～赶～候～掎～儌～徼～禁～开～拦～阑～绿树～密～屏～扇～奢～苏幕～望眼～无～邀～要～于～周～顺～碍～簇～抵～断～遏～扞～隔～阏～护～获～击～箭牌～劫～截～禁～阑～迾～留～路～罗～逻～略～漫～冒～么～末～莫～绕～奢～饰～天～罔～卫～罨～邀～要～抑～翳～阴～荫～隐～影～映～暎～拥～壅～语～匝～寨～占～障～止例台香红药乱，塔影绿篁遮。（唐·宋之问《游法华寺》）小径升堂旧不斜，五株桃树亦从遮。（唐·杜甫《题桃树》）

典**半面犹遮** 指女子娇媚羞涩。白居易《琵琶行》："移船相近邀相见，添酒回灯重开宴。千呼万唤始出来，犹抱琵琶半遮面。"

数弦已品龙香拨，半面犹遮凤尾槽。（宋·苏轼《宋叔达家听琵琶》）

嗻zhē 啅嗻，金元时俗语，义为厉

害,猛。另见80页zhè。

古《集韵》:下平,九麻。逆啤～

平声·阳平

鹅(鵝、*鵞)é

古下平,五歌。逆道士～都～駉～鹳～贺～换～换白～换群～駕～金～笼～雒阳～木～酿～桑～神～双～淘～雁～右军～子～顺～包～抱～陈～城～池～行～湖～黄～閵～经～酒～绢～栏～梨～阙～群帖～毦～笙～素～帖～王～溪～溪绢～溪素～项椅～雁～炙～珠例鹅儿黄似酒,对酒爱新鹅。(唐·杜甫《舟前小鹅儿》)

典**道士鹅** 指擅长书法的文人雅士用作品换来的自己心仪之物。亦作"换字鹅""书字换鹅""右军鹅""好鹅寻道士"。南朝宋·何法盛《晋中兴书》:王羲之"不乐京师,遂往会稽与谢安、孙绰等游处。山阴有道士养群鹅,羲之意甚悦。道士云:'为写《黄庭经》,当举群相赠。'乃为写讫,笼鹅而去"。

樽湛淮南酒,池添道士鹅。(明·宋登春《秋夜鹅池侍宴应教》)

仲子吐鹅 指不食不义之禄的清高品格。仲子是齐之世家,他认为其兄之禄为不义之禄而不食、其兄之室为不义之室而不居。有一次,有人馈其兄一只鹅,其母瞒着他杀了这只鹅与其食。其兄自外至,告知仲子这就是别人送的那只鹅,仲子立马把吃下的鹅肉呕吐了出来。见《孟子·滕文公下》。

安飡智士齐君果,不吐嫌兄仲子鹅。(元·曾瑞《自序》)

蛾é

古下平,五歌。逆愁～翠～黛～淡～低～蜂～鬼～喉～槐～火～娇～金～夸～敛～绿～眉～嚬～颦～蠊～青～青黛～双～双重～素～弯～文～香～新～修～羞～烟～扬～玉～攒～长～烛～顺～蝶～蛾～而～鬟～黄～罗～绿～眉月～扬～月例洛城花烛动,戚里画新蛾。(唐·杨师道《初宵看婚》)皓齿发清歌,春愁入翠蛾。(宋·苏轼《菩萨蛮·绣帘高卷倾城出》)

娥é

古下平,五歌。逆曹～嫦～黛～帝～二～宫～桂～姮～皇～江～娇～姣～金～姱～丽～灵～妙～墨～女～嫔～齐～秦～青～轻～琼～秋～柔～霜～孀～素～娲～巫～吴～羲～仙～湘～小～谢～星～扬～瑶～影～玉～月～云～顺～翠～皇～辉～姣～轮～绿～眉～媌～魄～婺～英～影～月～妆例更怜斜日照,红粉艳青娥。(唐·孟浩然《同张明府碧溪赠答》)不是昔年攀桂树,岂能月里索姮娥。(唐·和凝《杂曲歌辞·杨柳枝》)

典**曹娥** ①指代民间孝女。②指曹娥碑所在地。上虞人曹娥是个孝女。汉安二年,其父为水所淹,不得其尸。娥年十四,极度悲伤,遂自投于江而死。县长度尚悲怜其义,为之改葬,命其弟子邯郸人子礼为之作《碑》。见南朝梁·刘孝标注引晋·虞预《会稽典录》

越鸟闻花里,曹娥想镜中。(唐·刘长卿《送崔处士先适越》)

嫦娥 ①代指美女、仙女。②借指月。亦作"姮娥""常娥""孀娥""药娥"。羿请不死之药于西王母,未及服之,后羿妻嫦娥盗食之,得仙,奔入月中,为月精。见《淮南子·览冥训》。又传说月中有桂树,嫦娥也称桂娥。

常娥应悔偷灵药,碧海青天夜夜心。(唐·李商隐《常娥》)

夸娥 指神话中的大力神。《列子·汤问》:"帝感其(指愚公)诚,命夸娥氏二子负二山,一厝朔东,一厝雍南。自此,冀之南、汉之阴无陇断焉。"张湛注:"夸娥氏,传记所未闻,盖神力者也。"

千岩万壑吾意匠,夸娥巨灵吾指麾。(明·刘基《玉涧和尚西湖图歌》)

素娥 代指月亮。南朝宋·谢庄《月赋》:"引玄兔于帝台,集素娥于后庭。"

欲把伤心问明月,素娥无语泪娟娟。(唐·韦庄《夜景》)

羲娥 指日、月。韩愈《石鼓歌》:"孔子西行不到秦,掎摭星宿遗羲娥。嗟余好古生苦晚,对此涕泪双滂沱。"

春秋去来传鸿燕,朝暮出没奔羲娥。(宋·文天祥《陈贯道摘坡诗》)

星娥 指织女。李商隐《圣女祠》诗:"星娥一去后,月姊更来无。"冯浩注星娥:"织女。"

天汉成桥鹊,星娥会玉楼。(唐·元稹《咏廿四气诗·立秋七月节》)

讹(訛、*譌)é

古下平,五歌。逆辨～差～传～舛～踳～定～浮～乖～互～奸～浇～南～迁～淆～譌～沿～音～正～踵～顺～报～本～弊～变～差～称～传～舛～窜～错～蠹～夺～风～幻～涸～火～简～滥～漏～乱～落～略～缺～阙～失～谈～体～替～脱～妄～伪～未～紊～言～殽～谣～异～佚～意～音～语～杂～作例都邑群方首,商泉旧俗讹。(唐·张说《送苏合宫颋》)日落风亦起,城头鸟尾讹。(唐·杜甫《日暮》)

典**道字娇讹** 指带有方言口音的娇态可掬的少年歌女。李白《对酒》诗:"蒲萄酒,金叵罗,吴姬十五细马驮。青黛画眉红锦靴,道字不正娇唱歌。玳瑁筵中怀里醉,芙蓉帐底奈君何。"

道字娇讹苦未成,未应春阁梦多情。(宋·苏轼《浣溪沙》)

峨(*峩)é

古下平,五歌。又:上声,二十哿同。逆参～嶒～嵯～大～峨～岌～轲～岢～魁～岷～岭～三～危～险～业～嵲～玉嵯～郁～顺～弁～峨～舸～冠～鬟～髻～冕～岷～阙～然～巍～嶪例泉晚更幽咽,云秋尚嵯峨。(唐·宋之问《别之望后独宿蓝田山庄》)

典**三峨** 蜀地名山。唐·李吉甫《剑南道上·嘉州·绥山县》:"小峨眉山,在县南六里。"又《嘉州·峨眉县》:"峨眉大山,在县西七里。"

逢山皆可隐,不必上三峨。(宋·陆游《寓兴》)

莪é

莪蒿,又名萝蒿。生水边,嫩茎可食。

古下平,五歌。逆匪～蒿～菁～蓼～顺～蒿～术例伤心独有黄堂客,几度临风咏蓼莪。(唐·牟融《邵公

母》）

典蓼莪　指对父母养育之恩的怀念。《诗经·小雅·蓼莪》："蓼蓼者莪，匪莪伊蒿。哀哀父母，生我劬劳。"

陇势三分松桧色，泉声千古蓼莪悲。（宋·赵汝回《题刘荆山母墓》）

俄é　顷刻。

古下平，五歌。逆迟～俄～傀～傞～隈～延～顺～测～而～尔～忽～景～刻～且～顷～然～瞬～旋～延

哦é　另见44页ó、49页ò。

古下平，五歌。逆嗟～口～沈～微～吟～咏～幽～长～顺～松～颂例客散有余兴，醉卧独吟哦。（唐·白居易《咏兴五首·小庭亦有月》）

和[1]（龢咊）hé　另见78页hè、49页huò。

古下平，五歌。逆保～葆～逼～禅～成～澄～冲～崇～处～醇～慈～粹～蹈～敷～抚～感～恭～嫞～乖～函～合～缓～换～贿～惠～戢～辑～济～浃～交～节～结～静～九～就～均～连～同～统～婉～万国～熙～嬉～羲～曦～闲～咸～孝～协～谐～宣～妍～研～宴～阳～养～怡～颐～懿～阴～饮～裕～圆～悦～匀～贞～至～致～周～酌～顺～宝～璧～辩～昶～绰～冲～淳～粹～德～鼎～断～番～蕃～甘～羹～顾～雇～光～恒～厚～鹄～缓～会～惠～辑～霁～奸～简～节～璞～朴～齐～洽～惬～清～容～融～孺～弱～膳～氏璧～室～泰～题～甜～调～婉～物～习～驯～逊～雅～壹～怡～义～议～易～怿～音～应～雍～诱～裕～豫～众例朝来逢宴喜，春尽却妍和。（唐·张九龄《天津桥东旬宴得歌字韵》）愿同尧舜意，所乐在人和。（唐·白居易《杂曲歌辞·太平乐》）

典卞和　指欣赏人才的人。亦作"卞泣""卞玉""卞玉璞"。相传楚人卞和得美玉于山中，先后献给楚厉王与楚武王，都被认为是骗子而被砍掉双脚。楚文王即位后，卞和抱着璞玉哭于楚山之下，文王派人询问他，卞和说他不是为失去双脚而是为美玉被埋没而哭，文王就命玉匠琢开璞玉，发现确实是块美玉。见《韩非子·和氏》。

圭璧无卞和，甘与顽石列。（唐·元稹《谕宝二首》其二）

羲和　古人认为太阳是被马车拉着运行于天的，而驾驭这辆车的神就叫羲和。也指我国古代世掌天文的官员。羲和既然控制着时光之流逝，想要时间快些过去，或慢些流逝，找羲和即可。屈原《离骚》："吾令羲和弭节兮，望崦嵫而勿迫。"王逸注："羲和，日御也。"

羲和无停鞅，不得常少年。（唐·权德舆《酬穆七侍郎》）

云和　最好的琴瑟等乐器的通称。《周礼·春官·大司乐》："凡乐，圜钟为宫，黄钟为角，大蔟为徵，姑洗为羽，雷鼓雷鼗，孤竹之管，云和之琴瑟，云门之舞。"

斜抱云和深见月，朦胧树色隐昭阳。（唐·王昌龄《西宫春怨》）

和[2]hé　即介词义、连词义，不作"龢"。又"和"指日本民族时，亦不作"龢"。另见78页hè、49页huò。

古下平，五歌。例三十功名尘与土，八千里路云和月。（宋·岳飞《满江红·怒发冲冠》）

禾hé

古下平，五歌。逆蚕～尝～归～黄～嘉～九～命～木～青～秋～瑞～神～首～黍～霜～田～晚～乌～五粱～祥～杨～养～野～遗～刈～玉山～早～珍～穑～重～顺～畴～担～旦～耳～稿～更～钩～卉～稼～绢～坪～旗～生耳～石～菽～黍～束～粟～穟～堂～桶～王～线～心～役～易～莠～雉～主例杨柳已秋思，楚田仍刈禾。（唐·周贺《秋思》）久雨初招客，新田未种禾。（唐·周贺《春日重到王依村居》）

典嘉禾　指祥瑞。亦作"嘉谷献成王"。见《尚书·微子之命》。

同心栀子徒夸艳，合穗嘉禾岂解香。（唐·雍陶《永乐殷尧藩明府县池嘉莲咏》）

木禾　指一种奇异植物。见《山海经·海内西经》："昆仑之虚，方八百里，高万仞。上有木禾，长五寻，大五围。"

披山穷木禾，驾海逾蟠桃。（唐·柳宗元《游南亭夜还叙志七十韵》）

玉山禾　指琼山之禾，即木禾。晋·张协《七命》："大梁之黍，琼山之禾。"李善注："即昆仑山之木禾。"

饥食玉山禾，渴饮醴泉流。（唐·韩愈《驽骥》）

河hé

古下平，五歌。逆残～漕～断～沸～封～负～干～高～关～界～金～九～駃～开～灵～倾～晴～秋～鹊～三～沈～绳～曙～朔～泰～逃～淘～天～挽天～握～西～祥～晓～星～悬～银～引～饮～月～云～长～浙～枕～枝～织女～顺～澳～伯～步～仓～漕～臣～冲～传～唇～灯～典～督～渎～渡～房～汾～干～宫～鼓～龟～汉～汉女～侯～浒～华～隍～间～间妇～街～津～精～魁～梁～灵～事～帅～朔～台～套～厅～庭～图～外～网～渭～献～星～宿～兖～阳色～役～阴～涌～右～岳～云～漳～宗例罩云飘远岫，喷雨泛长河。（唐·李世民《咏雨》）凌风宝扇遥临月，映水仙车远渡河。（唐·何仲宣《七夕赋咏成篇》）

典星河　指隔断牛郎、织女的银河。亦作"天河"。《古诗十九首》："迢迢牵牛星，皎皎河汉女。"

云归巫峡音容断，路隔星河去住难。（唐·刘损《愤惋诗三首》其三）

悬河　指言谈不绝，或文笔酣畅。《北堂书钞》卷九八引晋·裴启《语林》："王太尉问孙兴公曰：'郭象何如人？'答曰：'其辞清雅，奕奕有余，吐章成文，如悬河泻水，注而不竭。'"

安能以此上论列，愿借辨口如悬河。（唐·韩愈《石鼓歌》）

隔银河　喻夫妻或情人间的分别。见南朝梁·吴均《续齐谐记·七夕牛女》。

镜破人离何处问，路隔银河，岁会知犹近。（宋·赵令畤《蝶恋花·镜破人离何处问》）

识天河　指远游至仙境。《博物志》载海边居民泛槎天河之事，后

人将其与张骞寻河源之事混淆牵合，就有张骞泛槎至天河之说。

倩语张骞莫辛苦，人今从此识天河。（唐·上官昭容《游长宁公主流杯池》其二十三）

百二山河 指大好河山。亦作“百二关山”“百二秦关”。见《史记·高祖本纪》。

九重宫阙参差见，百二山河表里观。（唐·卢宗回《登长安慈恩寺塔》）

带砺山河 指功臣爵禄世代相传。《史记·高祖功臣侯者年表》：“封爵之誓曰：‘使河如带，泰山若厉。国家永宁，爰及苗裔。’”裴骃集解引应劭曰：“封爵之誓，国家欲使功臣传祚无穷。带，衣带也；厉，砥石也。河当何时如衣带？山当何时如厉石？言如带砥，国乃绝耳。”砥石，即磨刀石。

带砺山河今尽在，风流樽俎见无期。（唐·罗隐《升平公主旧第》）

魏国山河 用作赞美当地山川。亦作“魏国山川”。《史记·吴起列传》：“（魏）武侯浮西河而下，中流，顾而谓吴起曰：‘美哉乎山河之固，此魏国之宝也！’”

汉家箫鼓空流水，魏国山河半夕阳。（唐·李益《同崔邠登鹳雀楼》）

荷hé 莲；另见79页hè。

㊒下平，五歌。㊔出～蕃～翻～风～寒～芰～髻～金～卷～绿～蒲～青～铜～望舒～缃～囊～银～玉～圆～稚～㊙～鼻～荡～镫～钱～蕖～扇～裳～丝～筒～屋～衣～珠㊕霜剪凉阶蕙，风捎幽渚荷。（唐·魏征《暮秋言怀》）洞影见松竹，潭香闻芰荷。（唐·孟浩然《夏日浮舟过陈大水亭》）

何hé

㊒下平，五歌。㊔奈～谴～任～阮～孰～谁～苏～徒～亡～谓～无～无几～无奈～萧～娙～伊～壹～阴～庸～有～云～㊙～常～翅～啻～待～但～当～道～得～独～辜～鼓～国～怙～极～居～讵～遽～堪～乃～其～起～穷～渠～取～容～伤～省～殊～谁～伺～筭～所～图～暇～限～向～消～幸～许～许人～繇～异～意～因～庸～由～与～缘～则～自㊕死去死去今如此，生兮生兮奈汝何。（唐·卢照邻《释疾文三歌》）功名富贵须待命，命若不来知奈何。（唐·白居易《杂曲歌辞·浩歌行》）

㊖**萧何** 代指贤能之宰相。见《史记·萧相国世家》。

傅说明殷道，萧何律汉刑。（唐·高适《留上李右相》）

羊何 羊璿之与何长瑜的合称，代指文友。《宋书·谢灵运传》：“灵运既东还，与族弟惠连、东海何长瑜、颍川荀雍、泰山羊璿之，以文章赏会，共为山泽之游，时人谓之四友。”

别后遥传临海作，可见羊何共和之。（唐·李白《赠从弟二首》其一）

阴何 本指南朝诗人阴铿、何逊，代指有才情的诗人。杜甫《解闷十二首》其七：“陶冶性灵在底物，新诗改罢自长吟。孰知二谢将能事，颇学阴何苦用心。”

夜如何 ①咏帝王勤于政事。②指夜深。亦作“夜已央”“夜未央”。见《诗经·小雅·庭燎》。

铜盘烧蜡光吐日，夜如何其初促膝。（唐·杜甫《相逢歌赠严二别驾》）

菏hé 菏泽。地名。

㊒下平，五歌。㊙～泽

苛hé 又读。另见74页kē。

哪né 另见19页nǎ。

㊙～吒

蛇（*虵）shé 另见214页yí。

㊒下平，六麻。㊔杯～奔～蝉～断～蝠～蝮～弓～化～虺～惊～酒中～蛙～鳞～绿～埋～蟠～烹～蕲～蚺～蠕～射～睡～螣～天～铁～王～文～握～锡～象～熊～修～玄～疑～蜴～蚖～走龙～㊙～杯～变～蕉～虫～穿～窦～伏～符～弓～谷～蛊～龟～行～虺～甲～进～精～蓝～灵～柳～龙～矛～莓～魔～母～孽～蟠～伸～势～书～鼠～粟～蜕～巫～衔～缨～影～蜮～蚖～章～杖～瘴～阵～脂～蛭～珠～足～祖㊕巨渠决太古，众水为长蛇。（唐·杜甫《柴门》）春雷一声发，惊燕亦惊蛇。（唐·元稹《乐府杂曲·鼓吹曲辞》）

㊖**四蛇** 佛家指地、水、火、风无序地混在一起的状态。《金光明最胜王经》卷五：“地水火风共成身，随彼因缘招异果，同在一处相违害，如四毒蛇居一箧。”

可笑五阴窟，四蛇共同居。（唐·寒山《诗三百三首》其二）

酒中蛇 指疑虑成病。亦作“杯弓蛇影”“杯中蛇”。见东汉·应劭《风俗通义·怪神》。

送客屡闻帘外鹊，销愁已辨酒中蛇。（唐·包佶《答窦拨遗卧病见寄》）

大泽龙蛇 喻能兴风作雨的大人物出生。见《左传·襄公二十一年》。

深山大泽龙蛇远，春寒野阴风景暮。（唐·杜甫《送孔巢父谢病归游江东兼呈李白》）

袖里青蛇 喻藏剑袖中。亦作“袖剑”。范致明《岳阳风土记》：“岳阳楼上有吕先生留题云：‘朝游岳鄂暮苍梧，袖里青蛇胆气粗。三醉岳阳人不识，朗吟飞过洞庭湖。’……先生名岩，字洞宾，河中府人。……遇异人授剑术，得长生不死之诀。”

佘shé 姓。

㊒下平，六麻。㊙～山～太君

仄声·上声

扯（*撦）chě

㊒上声，二十一马。㊔扒～板～操～横～胡～胡拉～揪～均～拉～唠～连～拧～扭～攀～牵～撕～通～拖～瞎～闲～捙～笑扯～咬～沾～㊙～巴～白～常～捽～撮～大～风～娇～里猕～铃～搒～络～气～劝～谈～闲篇～捙～叶儿

尺chě 工尺谱符号之一，表示音阶上的一级。另见182页chǐ。

㊔工～

舸gě 船。

㊒上声，二十哿。㊔鸱夷～楚～单～峨～法～泛～方～风～虹～画～连～凌风～龙～龙凤～齐～青～轻～诗～素～仙～鹢～游～渔～走～㊙～舰㊕忆昔北寻小有洞，洪河怒涛过轻舸。（唐·杜甫《忆昔行》）残年还我从来我。万里江湖烟舸。（宋·陆游《桃源忆

故人》)

哿gě 可。

古上声，二十哿。例哿矣富人，哀此惸独。(《诗经·小雅·正月》)

可kě 另见96页kè。

古上声，二十哿。逆报～裁～差～缠～磣～大～担～岛～多～概～行～画～际～较～尽～讵～堪～肯～聊～猛～能～恰～且～轻～痊～适～书～贤～献～小～欣～幸～议～易～意～印～庸～犹～悦～赞～争～自～奏～顺～哀～宝～必～怖～曾～嗔～磣～乘～嗤～传～答～待～惮～道～愕～感～骇～怀～佳～嘉～鉴～矜～掬～据～堪～愧～人～闵～悯～奈～耐～恼～念～频～哂～胜～式～事～索～叹～望～畏～谓～戏～厌～异～虞～欲～愿～宗～作例须臾变态皆自我，象形类物无不可。(唐·皎然《张伯英草书歌》)艳艳锦不如，夭夭桃未可。(唐·元稹《红芍药》)

典**献可** 指善谏。《左传·昭公二十年》："君所谓可而有否焉，臣献其否以成其可。君所谓否而有可焉，臣献其可以去其否。"

逢时自是山出云，献可还同石投水。(唐·权德舆《奉和张仆射朝天行》)

坷kě

古上声，二十哿。又：去声，二十一箇同。逆～坎～埳～困～顺～坎例长绠汲沧浪，幽蹊下坎坷。(唐·韩愈《合江亭》)

岢kě 岢岚，山名。

古《广韵》：上声，三十三哿。顺～峨～峻～岚

惹rě

古上声，二十一马。逆绊～缠～嘲～传～蝶～干～勾～揽～罹～撩～逻～儸～黏～迁～牵～苒～染～挑～引～萦～露～顺～绊～动～发～翻～犯～祻～目～起～气～眼～厌例庄南纵步游荒野，独鸟寒烟轻惹惹。(唐·韩偓《闲步》)嘉景，向少年彼此，争不雨沾云惹。(宋·柳永《洞仙歌·嘉景》)

若rě 另见64页ruò。

古上声，二十一马。逆般～兰～

喏rě 唱喏，古人作揖致敬时口中同时发出的声音。

古《集韵》：上声，三十五马。逆报～唱～大肥～肥～貌～平安～撒网～深～无礼～牙～衙～

舍(捨)shě 另见79页shè。

古上声，二十一马。逆遁～捐～决～离～抛～拼～弃～趋～趣～违～纵～顺～拔～放～禁～却～业～越～纵例卖花巷陌，放灯台榭。好时节、怎生轻舍。(宋·柳永《甘州令·冻云深》)与君别也。愿在郎心莫暂舍。(宋·黄庭坚《减字木兰花·终宵忘寐》)

典**茇舍** 指训练军队。《周礼·夏官·大司马》："中春，教振旅。""中夏，教茇舍，如振旅之阵。"郑玄注："茇舍，草止之也。军有草止之法。"

算车申夏政，茇舍启戎田。(唐·苏晋《奉和圣制送张说巡边》)

者zhě

古上声，二十一马。逆比～宾～伯～瞽～侯～候～宦～火～获～介～可～狂～獠～猎～墨～某～顷～仁～日～儒～若～甚～识～属～外～圬～仙～闲～向～星～言～谒～意～御～赞～占～杖～甄～主～昨～顺～别～波～回～里～流～嚣例以我越乡客，逢君谪居者。(唐·孟浩然《江上别流人》)我本渔樵孟诸野，一生自是悠悠者。(唐·高适《封丘作》)

典**车多长者** 指门多贵客，受人推重。西汉名相陈平少时家贫而欲娶富人张负孙女为妻，张负至陈平家考察，发现他虽家贫屋陋，"以弊席为门"，但"门外多有长者车辙"，因而判定陈平是个能人，不会长久贫贱，就将孙女嫁给了他。详见《史记·陈丞相世家》。

门庭无杂宾，车辙多长者。(唐·孟浩然《宴包二融宅》)

挈瓶者 喻知识浅薄。《左传·昭公七年》："人有言曰，虽有挈瓶之知，守不假器，礼也。"杜预注："挈瓶，汲者，喻小知。为人守器，犹知不以借人。"

射雕者 指射技高超者。见《史记·李将军列传》。

胡中射雕者，此日犹不能。(唐·孟郊《杂曲歌辞·羽林行》)

赭zhě

古上声，二十一马。逆赤～丹～断霞～龛～流～煤～钳～山～酸～渥～雄～野～顺～案～黯～白～鞭～赤～垩～服～汗～褐～红～黄～羯～裾～寇～魁～面～墨～袍～圻～山～绳～石～徒～污～颜～衣～晕～支例尾掉沧波黑，汗染白云赭。(唐·元稹《八骏图诗》)

仄声·去声

饿(餓)è

古去声，二十一箇。逆挨～乏～槁～寒～俭～匮～困～羸～殍～贫～寝～穷～喂～凶～隐～顺～踣～答～饭～夫～莩～喙～火～馑～羸～理～隶～馁～殍～殕～薇～喂～文～纹～显～乡～眼～焰例奸声入耳佞入心，侏儒饱饭夷齐饿。(唐·元稹《和李校书十二首》)安知寂寞西海头，青袯未垂孤凤饿。(唐·陆龟蒙《置酒行》)

个(個、*箇)gè

古去声，二十一箇。逆若～身～谁～通～些～些儿～咋～咱～则～遮～者～这～这般～这么～这些～真～整～之～～中人无～竹万～逐～子～昨儿～顺～把～别～儿～个～里～依～钱～人～体～体户～头～位～性～子例庭前把烛嗔两炬，峡口惊猿闻一个。(唐·杜甫《夜归》)丁香嚼碎偎人睡，犹记恨、夜来些个。(宋·欧阳修《惜芳时·因倚兰台翠云亸》)

和hè ①以声相应，跟着唱或伴奏。②以诗词酬答，依照别人诗词的题材、体裁(包括韵脚)作诗词。③言语行动仿照追随他人。另见76页hé、49页huò。

古去声，二十一箇。逆酬～附～应～顺～酬～答～附～歌～鼓～鸣～声～诗～弦～吟～应～韵例巫峡巫山杨柳多，朝云暮雨远相和。(唐·刘禹锡《杂曲歌辞·杨柳枝》)

典**寡和** 见16页"曲高和寡"。

寡和真徒尔，殷忧动即来。(唐·李商隐《江亭散席循柳路吟》)

贺(賀)hè

古去声，二十一箇。逆班～傈～陛～抃～表～参～朝～陈～称～酬

～答～二～奉～奉觞～候～进～亲朋～入～赏～申～吐～喜～飨～小岁～谢～燕～燕雀～宴～致～中～踵～顺～函～节～礼～年例顷向圜丘见郊祀，亦曾正旦亲朝贺。（唐·元稹《和李校书》）战鼓声未齐，乌鸢已相贺。（唐·于濆《塞下曲》）

荷hè 另见77页hé。

古上声，二十哿。顺～枪实弹～载～重逆拜～惭～承～担～负～感～肩～眷～克～愧～荣～辱～所～袭～衔～谢～仰～依～应～载～战～珍～重～例今日惠然来访我，酒榼书囊肩背荷。（唐·皎然《寒栖子歌》）

课（課）kè ①考核，检试。②督促。负有责任的科室、部门。③有计划地分段学习或讲授。④功课，工作。⑤"课程""上课""一门课"中的"课"。⑥占卜；占卜的卦。

古去声，二十一箇。逆办～避～卜～逋～茶～常～趁～程～充～抽～窗～登～定～督～敦～发～负～赋～供～官～国～还～户～会～嘉～兼～进～酒～郡～考～科～旷～例～柳～论～卖～米～面～缗～年～起～牵～清～秋～驱～劝～榷～神～升～师～诗～史～试～书～数～税～算～岁～田～退～问～吟～隐～优～渔～月～杂～责～占～针～征～庄～追～赀～资～自～奏～最～顺～试～税例年荒酒价乏，日并园蔬课。（唐·杜甫《屏迹三首》其一）岁岁花时，洞门无锁。莫负东君，酒盟诗课。（宋·赵文《侧犯》）

锞（錁）kè 金银铸成的小锭。

逆纸～松纹～金～银～锭～

社shè

古上声，二十一马。逆祓～亳～城～赤～榜～锄～楚～春～词～丛～郫～杕～帝～鼎～东筋～国～侯～祭～建～郊～诚～酒～军～里～立～栎～莲～戮～洛～洛阳～闾～茅～庙～民～南～农～鸥～甓～蒲～歧～赛～祀～松～太～泰～坛～汤～乡～香～新～衅～玄～巡～义～邑～殷～吟～拥～雩～榆～圆～远公～载～赵～置～冢～周～主～宗～顺～稷～日～鼠例烟暝栖鸟迷，余将归白社。（唐·孟浩然《宴包二融宅》）解组投簪，求田问舍。黄鸡白酒渔樵社。（宋·贺铸《阳羡歌》）

典**莲社** ①借指僧人。②借指尊佛文士。亦作"宗炳社""社结白莲"。《莲社高贤传·不入社诸贤传》："时远法师与诸贤结莲社，以书招渊明。""谢灵运……至庐山一见远公，肃然心伏，乃即寺筑台，翻涅般经，凿池植白莲，时远公诸贤，同修净土之业，因号白莲社。灵运尝求入社，远公以其心杂而止之。"

明月清风宗炳社，夕阳秋色庾公楼。（宋·释子温《题葡萄图》）

栾公社 指得到地方爱戴的将相。《史记·栾布列传》："孝文时，（栾布）为燕相，至将军。……于是尝有德者厚报之。吴楚反时，以军功封鄃侯，复为燕相。燕、齐之间皆为立社，号曰'栾公'。"

栾公社在怜乡树，潘令花繁贺版舆。（唐·罗隐《送丁明府赴紫溪任》）

西方社 指莲社修西方净土之教，也指高贤聚会。亦作"西社""远公社"。见《莲社高贤传·慧远法师》

或结西方社，师游早晚回。（唐·权德舆《送文畅上人东游》）

舍shè 另见78页shě。

古去声，二十二祃。逆蚕～草～廛～传～椿～邮～村～道～稻～邸～第～店～殿～返～凤～佛～府～官～馆～寒～候～鸡～家～郊～精～酒～僦～客～郎～垒～离～里～吏～寮～列～邻～楼～庐～闾～旅～茅～民～僧～山～学～烟～菴～野～义～驿～隐～营～寓～园～躁～宅～中～塚～顺～馆～间例亭亭独立青莲下，忍草禅枝绕精舍。（唐·刘长卿《戏赠干越尼子歌》）禾麦种满地，梨枣栽绕舍。（唐·韩愈《县斋有怀》）

典**丙舍** 指东汉宫中正室两旁的房舍，东汉清河孝王刘庆曾居住此处。《后汉书·清河孝王庆传》："后庆以长，别居丙舍。"

帘间清唱报寒点，丙舍无人遗烬香。（唐·温庭筠《走马楼三更曲》）

蜗牛舍 喻居室极为局促狭小，亦作"蜗舍""蜗庐"。见晋·崔豹《古今注·鱼虫》。

出扶桑枣杖，入卧蜗牛庐。（唐·白居易《效陶潜体诗十六首》其十五）

射shè ①用弓发箭。②追求，逐取。③猜测。④放出（光、热、电波）。另见255页yì。

古去声，二十二祃。逆百～逼～下～宾～博～驰～触～丛～大～弹～钓～赌～放～飞～风～辐～覆～弓～贯～会～积～基～激～讲～郊～角～较～礼～猎～流～马～逆～旁～喷～聘～曝～棋～闪～试～受～腾～透～卧～武～乡～飨～校～斜～宴～燕～邀～弋～隐～影～映～诱～雨～驭～蜮～阅～攒～占～战～长弓～折～指～重～逐～注～走～顺～策～潮～垛～飞～服～父～鲋～覆～缟～工～宫～钩～鞲～官～合～侯～鹄～虎～稽～戟～蛟～决～科～狼～礼～利～猎～柳～屏～圃～骑～魅～器～雀～人～日～蛇～生～声～士～室～书～数～隼～堂～涛～天～帖～贴～筒～罔～乌～乡～妖～叶～艺～意～饮～隐～影～囿～驭～御～蜮～月～越～招～正～雉～雉戏～埻例东邻起楼高百尺，璇题照日光相射。（唐·白居易《劝酒》）

典**羿射** 指善射。历史上有一个大羿，一个后羿，前者是帝尧时人物，后者是夏太康时期人物。二人均善射。见《左传·襄公四年》和《淮南子·本经训》。

安得羿善射，一箭落旄尾。（唐·李白《经乱离后韦太守良宰》）

泽宫射 喻指进士考试。《周礼·夏官·司弓矢》："泽共射椹质之弓矢。"郑玄注引郑司农（众）云："泽，泽宫也。所以习射选士之处也。"

初随计吏贡，屡入泽宫射。（唐·韩愈《县斋有怀》）

蒲且子之射 指射术精良。《列子·汤问》："蒲且（音jū）子之弋也，弱弓纤缴，乘风振之，连双鸧于青云之际。"

麝shè

古去声，二十二祃。逆暗～冰～捣～兰～龙～脑～山～沈～水～松～香～顺～沉～带～灯～芬～粉～父～箐～笺～酒～兰～墨～囊～脑～脐～衾～檀～滕～团～帏～幄～烟～月～枕～炷例小雨静楼台，微风动兰麝。（唐·陆龟蒙《村夜二篇》其二）镜晕眉山，囊熏水麝。凝然风度长闲暇（宋·贺铸《晕眉山·镜晕眉山》）

赦shè

古去声，二十二祃。逆不～裁～恩～放～洪～降～开～宽～免～曲～饶～容～杀无～庶～肆～特～天～无～小～宣～鹢～宥～遇～原～再～诏～诛～专～顺～除～贷～恩～格～孤～过～命～贯～释～赎～恕～图～宥～原～罪例投荒诚职分，领邑幸宽赦。（唐·韩愈《县斋有怀》）

典**金鸡赦** 指大赦。亦作"金鸡消息"。《新唐书·百官志三》："赦日，树金鸡于仗南，竿长七丈，有鸡高四尺，黄金饰首，衔绛幡长七尺，承以彩盘，维以绛绳。……击㧻鼓千声，集百官、父老、囚徒。"

猞shè 猞猁。

顺～猁～猁狲

蔗zhè

古去声，二十二祃。逆啖～都～甘～竿～干～果～甜～诸～竹～紫～顺～浆～境～农～霜～糖～田～尾～渣～杖例清江空旧鱼，春雨余甘蔗。（唐·杜甫《遣兴五首》其五）

鹧（鷓）zhè 鹧鸪。

古《广韵》：去声，四十祃。逆斑～山～顺～鸪～鸪斑～鸪菜～鸪沉～鸪词～鸪名～鸪天～鸪枕

柘zhè 柘树，桑科，叶可饲蚕，茎皮制纸；木质密致坚韧，可制弓。

古去声，二十二祃。逆白～甘～干～桑～檀～贞～诸～顺～蚕～杵～弹～冈～弓～馆～花～黄～黄衫～火～浆～袍～桥～桑～丝～舞～袖～砚～叶～枝例西向看夕阳，曈曈映桑柘。（唐·刘长卿《灞东晚晴简同行薛弃朱训》）

嗻zhè 应诺声。另见74页zhē。

古《广韵》：去声，四十祃。

仄声·入声

鸽（鴿）gē

古入声，十五合。逆鹁～怖～风～家～蒲～沙～鹓～顺～竿～炭

割gē

古入声，七曷。逆砭～别～剥～裁～采～操～断～方～封～瓜～剐～贯～降～截～解～禁～刻～刳～宽～封～离～脔～缕～率～牛刀～虐～判～抛～配～烹～剖～哀～齐～弃～铅刀～侵～亲～删～烧～生～袒～屠～推～午～学～刈～抑～劓～龃～余～宰～制～自～顺～哀～爱～碜～愁～除～慈～断～夺～恩～发～分～符～付～股～刿～亨～欢～鸡～减～胶～截～衿～酒～据～绝～礼～隶～没～面～配～烹～弃～遣～青～情～取～壤～荣～塞～舍～势～损～析～席～鲜～有～宅～正～制～治例登剑栈，怀关洛。机易去，愁难割。（宋·吴泳《满江红·元帅筹边》）

典**操刀割** 喻居官力不胜任，自谦之词。亦作"操刀"。《左传·襄公三十一年》："子皮欲使尹何为邑……子产曰：'不可。人之爱人，求利之也。今吾子爱人则以政，犹未能操刀而使割也，其伤实多。'"杜预注："多自伤。"

操刀尝愿割，持斧竟称雄。（唐·张九龄《酬赵二侍御》）

漆有用而割 喻事物因有用，反而受害。《庄子·人间世》："山木，自寇也；膏火，自煎也。桂可食，故伐之；漆可用，故割之。"

漆有用而割，膏以明自煎。（唐·杜甫《遣兴五首》其三）

搁（擱）gē

逆臂～沉～担～架～交～平～浅～停～延～顺～开～浅～煞～手～田～误

胳（肐）gē

古《广韵》：入声，十九铎。顺～臂钱～膊肘

疙gē

顺～巴～疤～疸～童～秃～皱

纥（紇）gē 纥繨，小球形或块状的东西，多指绳线等结成的。另见84页hé。

顺～繨

咯gē 另见17页kǎ。

古《集韵》：入声，十九铎。逆咯～顺～巴～吧～崩～嘣～嚓～嗒～当～噔～蹬～咯～叽～娄～碌～腾～响～笑～咂～喳喳～支～支支～吱

喝（*欱）hē 另见91页hè。

逆吃～狂～乐喝～傻喝～顺～风～欠～月

磕kē

古入声，十五合。又：去声，九泰同。逆磅～轰～訇～排～砰～敲～窣～撞～顺～槎～铳～搭～答～伏～脑～爬～膝～市～匝～诈～竹例阴旌时摎流，帝鼓镇訇磕。（唐·韩愈《秋雨联句》）

瞌kē

古《集韵》：入声，二十八盍。顺～睡～晓

颏（頦）kē 下巴，下巴骨。另见313页hái。

古上平，十灰。又：上声，十贿同。逆颔～抬～颐～顺～颔～颊～颐

搕kē 敲击。

古《集韵》：入声，二十八盍。逆敲～顺～拌～额～诈

榼kē ①古时盛酒或储水的容器。②泛指盒类容器。③剑鞘。

古入声，十五合。逆残～刀～壶～酒～榼～蛮～盘～榫～瓶～挈～倾～提～饷～鱼～樽～顺～榼～藤例软火深土炉，香醪小瓷榼。（唐·白居易《葺池上旧亭》）过松江，雪弄飞花，冰解鸣榼。（宋·吴文英《高阳台》）

着（*著）zhe 另见58页zhuó、530页zhāo、545页zháo。"著"另见395页zhù。

顺～哩～呢

螫zhē 虫咬。另见187页shì。

古入声，十一陌。逆刺～毒～蜂～虺～噬～肆～险～蝎～辛～遗～蜇～顺～搏～刺～毒～乳～噬～蝎～针

蜇zhē ①蜂、蝎等用毒刺叮刺。②某些物质刺激皮肤或黏膜使发

生痛感。另见 88 页 zhé。

古《广韵》:入声,十七薛。顺~鳖

得dé

古入声,十三职。逆必~博~策~登~等~滴~独~赋~苟~获~检~禁~靠~赖~阑~乐~利~两~料~落~谬~莫~偏~取~忍~生~失~识~收~闻~喜~相~消~心~幸~须~一~依~意~引~赢~有~欲~照~直~致~中~总~纵~顺~按~案~便~标~彩~筹~代~第~度~对~法~分~风~桂~国~果~获~已~计~间~兼~解~劲~句~君~俊~靠~空~令~路~民~名~命~男~年~朋~气~巧~趣~全~丧~胜~失~时~寿~售~数~算~岁~所~天~脱~仙~闲~幸~性~姓~雄~言~宜~益~赢~用~舆~月~正~政~知~职~旨~志~中~衷~众~罪例洛阳别离久,江上心可得。(唐·刘长卿《桂阳西州晚泊古桥村住人》)醉来信手两三行,醒后却书书不得。(唐·许瑶《题怀素上人草书》)

典**楚弓楚得** 指东西虽然丢失,但从一定范围看,利益并未外溢。《说苑·至公》:"楚共王出猎而遗其弓,左右请求之,共王曰:'止楚人遗弓,楚人得之,又何求焉?'仲尼闻之,曰:'惜乎!其不大。亦曰人遗弓,人得之而已,何必楚也!'仲尼可谓大公也。"

何辞向物开秦镜,却使他人得楚弓。(唐·刘长卿《避地江东》)

德(悳)dé

古入声,十三职。逆安~拜~褒~饱~报~抱~背~倍~悖~比~鄙~表~秉~播~材~惭~冲~酬~畜~纯~淳~醇~达~戴~蹈~砥~地~帝~恶~恩~方~访~菲~凤~福~辅~负~感~刚~公~恭~共~耇~古~观~冠~光~闺~坤~阃~累~立~凉~亮~麟~陵~流~体~天~通~同~图~完~污~无~五~显~险~飨~象~孝~校~馨~兴~休~修~宿~宣~玄~选~勋~训~驯~雅~遗~逸~懿~阴~荫~玉~浴~谕~裕~毓~鬻~元~远~允~载~昭~贞~震~政~知~植~至~忠~种~祖~醉~顺~薄~碑~本~庇~便~表~柄~操~车~称~齿~赐~道~度~法~藩~范~风~功~号~厚~华~化~辉~慧~机~基~几~教~经~精~举~况~类~礼~量~邻~令~履~茂~懋~门~牧~能~念~配~器~全~让~人~容~润~色~声~施~士~守~寿~水~素~绥~体~望~威~问~宪~心~馨~信~星~刑~宿~选~言~耀~业~意~音~庸~友~隅~宇~誉~元~云~运~泽~祚例徒欲扼诸侯,不知恢至德。(唐·韦应物《经函谷关》)身外皆虚名,酒中有全德。(唐·权德舆《独酌》)

典**七德** 称颂武功之辞。《左传·宣公十二年》:"楚子曰:'……夫武,禁暴、戢兵、保大、定功、安民、和众、丰财者也。'"杜预注:"此武七德。"

戢武耀七德,升文辉九功。(唐·太宗皇帝《执契静三边》)

五德 咏鸡。亦作"鸡德"。《韩诗外传》卷二第二十三章:"田饶曰:'君独不见夫鸡乎?头戴冠者,文也;足傅距者,武也;敌在前敢斗者,勇也;见食相呼者,仁也;守夜不失时者,信也。'"

纪德名标五,初鸣度必三。(唐·杜甫《鸡》)

木鸡备德 喻人修养到家。《庄子·达生》:"纪渻子为王养斗鸡。十日而问:'鸡已乎?'曰:'未也。方虚憍而恃气。'十日又问,曰:'未也。犹应向景。'……十日又问,曰:'几矣。鸡虽有鸣者,已无变矣,望之似木鸡矣,其德全矣,异鸡无敢应者,反走矣。'"

木鸡方备德,金马正求贤。(唐·张祜《送韦正字枡贯赴制举》)

额(額)é

古入声,十一陌。逆榜~膀~碑~扁~匾~兵~产~超~螭~敕~赐~蹙~顶~定~方~坊~丰~封~凤~赋~扣~款~旷~烂~楼~门~抹~陌~牌~票~前~巧~阙~日~色~山~省~试~署~数~税~堂~题~虚~悬~学~颜~溢~引~逾~玉~员~原~月~灶~帐~正~中~篆~租~顺~办~编~兵~漕~定~度~尔~赋~黄~籍~角~解~林~楼~颅~马~门~名~庆~缺~山~赏~设~手~数~题~溢~银~载~征~支~珠~妆例蓝岑竦天壁,突兀如鲸额。(唐·李白《泾溪南蓝山下》)花台侧生树,石碣阳镌额。(唐·刘禹锡《杂曲歌辞·宜城歌》)

典**宫额** 借指梅花,也指妇女妆饰。亦作"梅妆""梅花落额"。《太平御览·时序部·人日》引《杂五行书》:"宋武帝女寿阳公主人日卧于含章殿檐下,梅花落公主额上,成五出花,拂之不去。皇后留之,看得几时。经三日,洗之乃落。宫女奇其异,竞效之,今梅花妆是也。"

冰作骨,玉为容,当年宫额鬓云松。(宋·辛弃疾《鹧鸪天·病绕梅花酒不空》)

格gé ①树木的长枝条。②木栅栏。③格子。④规格,格式。⑤品质,风度。⑥阻隔,限制。⑦抵挡,匹敌。⑧打,斗。⑨来,到。⑩推究,研究。

古入声,十药。又:入声,十一陌异。逆变~标~摽~别~才~常~超~成~耻~敕~充~窗~创~词~辞~定~斗~杜~凡~仿~扞~感~刚~高~根~公~关~国~捍~合~画~机~极~架~检~简~鉴~旧~局~沮~句~拒~峻~考~空~揆~来~朗~冷~离~立~丽~炼~令~律~梅~妙~木~募~挠~清~入~僧~赏~赦~升~失~诗~书~松~俗~台~体~仙~新~悬~选~削~雅~延~眼~砚~衣~彝~逸~意~音~影~应~拥~庸~壅~优~逾~语~玉~越~韵~扭~柞~战~杖~诏~磔~枕~正~枝~姿~字~阻~顺~除~敌~度~饵~法~范~击~奸~检~沮~拒~来~览~力~例~量~令~虏~论~律~面~苗~命~谟~目~佞~评~仆~人~日~色~涩~杀~尚~诗~手~思~祀~榻~套~天~条~迮~物~限~心~言~韵~战~正~知

～制～致～掷～种～竹～状㊄至诚必招感，大福旋来格。（唐·赵居贞《云门山投龙诗》）疏散无世用，为文乏天格。（唐·姚合《答韩湘》）

阁（閣）gé

㊀入声，十药。㊁白～拜～沉～池～春～丹～倒～邸～帝～殿～东～梵～飞～废～粉～凤～凤凰～复～高～馆～闺～庋～跂～汉～画～黄～椒～禁～镜～菌～郡～开～奎～魁～廊～礼～连～铃～龙～楼～鸾～蓬莱～麒麟～绮～谯～寝～青～琼～曲～扫～僧～山～蜃～石渠～水～台～堂～韬～滕～天禄～亭～停～投～雾～霞～仙～贤～香～像～霄～绣～悬～烟～淹～延～严～倚～诣～鸩～云～芸～芸香～斋～栈～朱～珠～竹～妆～紫～组～尊～㊂～本～笔～标～部～臣～道～殿～阁～馆～揭～揆～栏～泪～梁～楼～路～落～免～票～气～试～室～束～帖～鲜～学～员～斋～长～诏～正～置～主㊄东望安仁省，西临子云阁。（唐·上官仪《酬薛舍人》）顾余久寂寞，一岁麒麟阁。（唐·卢象《赠程秘书》）

㊅**东阁** 指纳贤待客之所。亦作“东阁待贤”“东阁怜才”。据《汉书·公孙弘传》载，西汉丞相公孙弘开东阁以招揽贤人，“身食一肉，脱粟饭”，倾尽俸禄，以供养宾客。

东阁邀才子，南昌老腐儒。（唐·刘长卿《送李七之荏水谒张相公》）

投阁 指专注学问的人也不免卷进是非旋涡，致使仓皇失态，也用以感叹世事不公，学人失意。亦作“子云投阁”。据《汉书·扬雄传下》载，扬雄校书天禄阁时，刘棻曾向雄问古文奇字。后棻被王莽治罪，株连扬雄。当狱吏往捕时，雄恐不能自免，即从阁上跳下，几死。后有诏勿问，但京师纷纷传语：“惟寂寞，自投阁。”后作为文士不甘寂寞而遭祸殃之典。

相如逸才亲涤器，子云识字终投阁。（唐·杜甫《醉时歌》）

芸阁 古代以芸香施于藏书处以防书蠹。亦作“芸香吏”。三国魏·鱼豢《典略》：“芸台香辟纸鱼蠹，故藏书台称芸台。”（据《初学记》卷一二引）

不知芸阁吏，寂寞竟何如。（唐·李冶《寄校书七兄》）

麒麟阁 指有功于国者得到的特殊荣誉，亦作“麒阁”“麒麟”“麒麟画”“麒麟功”。见《汉书·苏建传》附《苏武传》。又见《汉书·赵充国传》。

听君总画麒麟阁，还我闲眠舴艋舟。（唐·司空图《携仙箓九首》其四）

束高阁 喻弃置不用。南朝梁·刘孝标注引《汉晋春秋》：“是时，杜乂、殷浩诸人盛名冠世，翼未之贵也。常曰：‘此辈宜束之高阁，俟天下清定，然后议其所任耳。’”

春秋三传束高阁，独抱遗经究终始。（唐·韩愈《寄卢仝》）

天禄阁 任职天禄阁。借指词臣。亦作“天禄署”。《三辅黄图》卷六：“天禄阁，藏典籍之所。《汉宫殿疏》云：‘天禄麒麟阁，萧何造，以藏秘书处贤才也。’”

位高天禄阁，词异畔牢愁。（唐·武元衡《闻相公三兄》）

革gé 另见 242 页 jí。

㊀入声，十一陌。㊁豹～闭～病～裁～参～铲～惩～鸱～除～黜～创～棰～鼎～甲～检～降～胶～蛟～鲛～矫～金～筋～禁～刊～匡～老～厘～鞄～丕～迁～清～悛～柔～删～书～顺～添～韦～问～希～犀～洗～兴～休～修～朽～训～易～因～鱼～责～杖～整～支～制～骤～㊂～包～薄～弊～变～拨～车～斥～船～代～带～当～道～鞮～典～佃～法～风～更～故～棺～轨～号～化～讳～角～究～抉～面～灭～命～牧～拿～邪～心～姓～修～序～靴～言～异～役～易～音～运～造～争～正～政～制～舟～逐～浊～作㊄绵绵五百载，市朝几迁革。（唐·刘禹锡《游桃源一百韵》）

㊅**鼎革** 指王朝更代。《周易·杂卦》：“革，去故也；鼎，取新也。”

鼎革固天启，运兴匪人谋。（唐·徐浩《谒禹庙》）

裹革 指守边将领捐躯报国。亦作“裹尸”。《后汉书·马援传》：“援曰：‘方今匈奴、乌桓尚扰北边，欲自请击之。男儿要当死于边野，以马革裹尸还葬耳，何能卧床上在儿女子手中邪？’”

江革 借指孝子。《后汉书·江革传》：“江革字次翁，齐国临淄人也。少失父，独与母居。遭天下乱，盗贼并起，革负母逃难，备经阻险，常采拾以为养。数遇贼，或劫欲将去，革辄涕泣求哀，言有老母，辞气愿款，有足感动人者。贼以是不忍犯之，或乃指避兵之方，遂得俱全于难。革转客下邳，穷贫裸跣，行佣以供母，便身之物，莫不必给。”

服彩老莱并，侍车江革同。（唐·孟郊《春日同韦郎中使君》）

葛gé 另见 88 页 gě。

㊀入声，七曷。㊁白～采～赤～钩～怀～黄～积～蔺～交～蕉～樛～櫑～箩～毛～邛～裘～食～衰～索～细～夏～冶～野～瞻～㊂～带～茀～沟～巾～屦～蕾～缕～面～帔～覃～衣～越㊄玉瑟调青门，石云湿黄葛。（唐·李贺《黄头郎》）老去凭谁说。看几番、神奇臭腐，夏裘冬葛。（宋·陈亮《贺新郎·老去凭谁说》）

㊅**管葛** 管仲与诸葛亮的合称，两人皆古代名相，指称辅弼之才。见《世说新语·赏誉》。

懒去著书追管葛，闲来读易玩周程。（宋·仇远《和姜景星》）

吕葛 吕尚与诸葛亮的合称，借指辅翼君主的重臣。

凄其望吕葛，不复梦周孔。（唐·杜甫《晚登瀼上堂》）

诸葛 借指贤臣良弼。见《三国志·蜀书·诸葛亮传论》。

诸葛大名垂宇宙，宗臣遗像肃清高。（唐·杜甫《咏怀古迹五首》其五）

蜀人爱诸葛 指生前受人爱戴，死后仍受到赞颂。见《三国志·蜀书·诸葛亮传赞》。

诸葛蜀人爱，文翁儒化成。（唐·杜甫《八哀诗》）

间何阔，逢诸葛 指不法被检举。亦作“葛丰刺举”。诸葛丰特立刚直，被擢为司隶校尉，无论谁出了问题他一律举报，长安城为之肃然。"间何阔，逢诸葛"的意思是为什么好长时间没看见您了？因为碰上了诸葛丰。见《汉书·诸葛丰传》。

　　间何阔，逢诸葛，畏人常忧不得活。（宋·陆游《贫甚作短歌排闷》）

隔gé

【古】入声，十一陌。【逆】闭～变～并～窗～地～顶～杜～防～愤～亘～乖～关～捍～阂～报～简～拮～界～迥～旷～暌～睽～类～离～亮～辽～绵～缅～磨～丕～圮～痞～迁～壤～塞～殊～疏～违～遐～闲～县～限～夐～休～悬～奄～杳～遗～壅～攸～幽～远～障～昭～遮～中～【顺】～硋～碍～蔽～别～并～错～代～顿～房～火～截～界～句～阔～勒～离～邻～路～落～膜～蓦～瘼～母～品～情～塞～搔～山～涉～生～世～手～违～限～斜～心～宿～讯～厌～阳～异～音～远～越～辙～症～肢【例】相思烟水外，唯有心不隔。（唐·刘长卿《寄李侍御》）故国胡尘飞，远山楚云隔。（唐·刘长卿《京口怀洛阳旧居》）

【典】**明月千里隔**　指离情别绪。南朝宋·谢庄《月赋》："情纡轸其何托，愬皓月而长歌。歌曰：'美人迈兮音尘阙，隔千里兮共明月，临风叹兮将焉歇？川路长兮不可越。'"

　　明月隔千里，风动帐纹开。（宋·刘辰翁《水调歌头·明月隔千里》）

谁谓古今隔　指古今没有区隔，异代可以同调。晋·谢灵运《七里濑》："谁谓古今殊，异世可同调。"

　　竹枝词，莫摇新唱，谁谓古今隔。（宋·苏轼《归朝欢·我梦扁舟浮震泽》）

蛤gé　蛤蜊。

【古】入声，十五合。【逆】蚌～车～风～海～魁～蛎～螺～马～蠯～青～沙～蜃～蛙～文～虾～瑕～香～玄～夜～圆～月～珠～【顺】～蚌～粉～骨～灰～解～蚧～梨～蜃～像～蟹～柱

【典】**明月生蚌蛤**　指祝人得子。《淮南子·说山训》："明月之珠，出于蚌蜃。"高诱注："珠有夜光明月，生于蚌中。"

　　上天与降麒麟种，明月还生蚌蛤胎。（宋·石孝友《鹧鸪天·六十仙翁抱桂栽》）

骼gé　①骨骼。②枯骨，尸骨。

【古】入声，十一陌。【逆】骸～筋～枯～朽～穴～掩～遗～胔～

輵gé　轇輵，交错杂乱。或指空旷深远。

【古】《集韵》：入声，十二曷。【逆】胶～轇～【例】杂若碎渊沦，高如破轇輵。（唐·陆龟蒙《奉酬袭美先辈吴中苦雨一百韵》）

膈gé

【古】入声，十一陌。【逆】肺～拊～肝～蛊～关～横～胸～郁～中～【顺】～膜～言～噎～臆～肢【例】尘外趣，有谁识。飞来妙墨痕犹湿。走盘珠流出，不火食人胸膈。（宋·冯取洽《贺新郎·自顾卑栖翼》）

嗝gé　饱食出气。

【古】《广韵》：入声，二十一麦。【逆】饱～打～干～嗝～【顺】～顿～嗝～吱

鬲gé　①鬲俞，针灸穴位名。②鬲津，水名。③通"隔"。④通"膈"，指胸腔、腹腔之间的横膈膜。另见249页lì。

【古】入声，十一陌。【逆】肝～关～焦～襟～痞～平～人～胸～有～重～【顺】～闭～蔽～并～肝～津～绝～塞～咽～要～子【例】庆云飞川泳，和熏三白。胥渊复鬲。（宋·张榘《瑞鹤仙·碧油推上客》）

合hé　①闭。②汇聚。③联合；合并，结合。④满，全。此义又作"閤""阖"。⑤符合。⑥交合；接战。⑦应该，应当。⑧估算。另见88页gě。

【古】入声，十五合。【逆】捭～摆～半～冰～称～成～畴～揣～串～辏～簇～钿～肤～孚～符～构～搆～诡～缉～稽～辑～兼～鸠～勘～匡～暌～理～连～联～六～笼～罗～媒～弭～密～泯～冥～谋～派～判～泮～牉～旁～骈～拼～萍～破～裒～蒲～契～砌～嵌～窍～青嶂～轻～驱～趋～取～溶～镕～杀～射～审～适～收～四～沓～通～同～瓦～绾～蛸～吻～胳～乌～翕～熏～悬～夜～蚁～印～遇～愈～云～允～韵～杂～攒～札～只～重～周～宙～骤～转～装～追～缀～作～【顺】～窆～表～兵～伯～道～德～祔～赙～宫～拱～共～鼓～翮～鬟～会～喙～祭～髻～甲～见～江楼～交～节～卺～境～镜～醵～军～离～礼～溜～龙～络～雒～明～瞑～莫～谋～耦～匏～配～瓢～仆～酺～浦～契～钤～庆～祛～权～刃～瑞～声～笙～时～式～势～事～署～数～朔～祀～沓～榻～汤～堂～天～祧～调～通～头～图～献～休～翼～颖～与～语～窳～玉～匝～簪～阜～噪～阵～职～志～竹～主～注～柱～子～纵～族～嘴～尊～樽【例】梦远竹窗幽，行稀兰径合。（唐·韦应物《答李博士》）任君恣高放，斯道能寡合。（唐·皮日休《二游诗》）

【典】**落落难合**　指曲高和寡，难逢知音。见《后汉书·耿弇传》。

　　落落逢人愈难合，欣欣顾我能忘倦。（宋·曾巩《戏呈休文屯田》）

马周遇合　指时来运转。贞观五年，不学无术的何武人上呈皇帝二十多条意见，皆当世所切。太宗怪问何，何曰："此非臣所能，家客马周教臣言之。客，忠孝人也。"马周便得帝赏识，拜监察御史。见《新唐书·马周传》。

　　向令天开太宗业，马周遇合非公谁？（宋·陆游《读杜诗》）

一曲相思碧云合　指相思怨别之情。南朝齐·江淹《杂体诗三十首·休上人别怨》："西北秋风至，楚客心悠哉。日暮碧云合，佳人殊未来。"

　　一曲相思碧云合，醉凭君、为我歌如缕。（宋·刘辰翁《金缕曲·忘却来时路》）

涸hé

【古】入声，十药。【逆】凋～寒～熯～耗～冱～焦～竭～渴～枯～匮～困～凝～穷～泉～润～渗～水～滔～文思～消～燥～滞～【顺】～冻～鲋～旱～冱～坚～竭～鳞～溜～流～落～塞～阴～鱼～渔～泽～辙～滞～浊【例】草木尽焦卷，川泽皆竭涸。（唐·王维《杂曲歌辞》）石露山木焦，鳞穷水泉涸。（唐·刘长卿

《杂曲歌辞》)

典**救涸**　喻指落难待援的人。亦作"救泥蟠"。《庄子·外物》:"周昨来,有中道而呼者,周顾视车辙,中有鲋鱼焉。……曰:'我,东海之波臣也。君岂有斗升之水而活我哉?'周曰:'诺。我且南游吴越之王,激西江之水而迎子,可乎?'鲋鱼忿然作色曰:'吾失我常与,我无所处。我得斗升之水然活耳。君乃言此,曾不如早索我于枯鱼之肆。'"

况闻一诺千金重,为激西江救涸鱼。(宋·李处权《自龙云归复次前韵》)

盒hé

古《广韵》:入声,合韵。逆钿～端～粉～奁～蛮～食～抬～提～攒～顺～礼～奁～仗～子

劾hé

古入声,十三职。又:去声,十一队同。逆按～参～诋～符～告～检～紧～禁～纠～鞫～举～勘～考～空～露～论～抨～深～绳～收～投～推～诬～讯～厌～验～移～重～追～自～奏～顺～按～案～捕～死～系～验～治～状～奏

核hé　①果实中心保护果仁的硬壳。②物体中似核的部分。③真实。这一义又作"覈"。④仔细地对照、审查。这一义又作"覈"。

古入声,十一陌。逆按～辨～表～博～裁～参～惨～察～丹～地～典～飣～翻～覆～该～根～勾～稽～捡～敏～明～磨～峭～锲～清～确～塙～慎～肴～隐～振～征～直～酌～顺～辩～产～夺～覆～骨～果～见～究～举～勘～考～理～力～练～论～剖～起～取～仁～丝～问～物～心～叙～要～正～资例仙翁遗竹杖,王母留桃核。(唐·刘禹锡《游桃源一百韵》)

翮hé　羽茎。

古入声,十一陌。逆翅～冲天～雕～叠～飞～奋～凤～扶摇～浮～归～翰～合～戢～假～骞～健～矫～接～劲～举～倦～连～敛～辽天～鳞～六～旅～鹏～起～轻～铩～施～舒～耸～腾～仙～纤～迅～遗～逸～翼～羽～云～振～整～顺～翰例去住与愿违,仰惭林间翮。(唐·杜甫《发同谷县》)

典**铩翮**　指贤才受挫,难以施展,亦作"铩鸾翮"。南朝宋·颜延之《五君咏五首·嵇中散》:"鸾翮有时铩,龙性谁能驯。"

寒灰几见溺,铩翮常思奋。(宋·黄庭坚《次韵师厚答马著作屡赠诗》)

阖(闔)hé　①门扇。②关闭。③全。

古入声,十五合。逆捭～摆～闭～阊～城～户～护～开～闾～门～排～桑～扣～顺～城～第～府～家～尽～溘～露～然～丧～逝～谢～市～匝～至例治国手,封侯骨。腾汗漫,排阊阖。(宋·辛弃疾《满江红·瘴雨蛮烟》)县花谁葺。记满庭燕麦,朱扉斜阖。(宋·吴文英《暗香·县花谁葺》)

典**阊阖**　指天庭或皇宫。《楚辞·离骚》:"吾令帝阍开关兮,倚阊阖而望予。"东汉·王逸注:"阍,主门者也。阊阖,天门也。"

阊阖启丹扉。双阙曜朱光。(魏晋·曹植《五游咏》)

龁(齕)hé　①用牙齿咬。②吞蚀。

古入声,六月。又:入声,九屑同。逆虫～啖～龁～掎～马～啮～饮～啄～顺～啖～龁～刺～啮～痛～萁～噬～吞～咬～齩～肒～疣～咋

貉hé　兽名。

古入声,十药。逆狐～表～顺～裘～绒～袖例望孤帆、杳杳度微茫,山邀却。三塞外,纷狐貉。(宋·吴潜《满江红·客子愁来》)

阂(閡)hé

古《集韵》:入声,二十五德。逆辍～抵～该～格～隔～挂～关～艰～九～拘～凝～塞～伤～限～疑～障～遮～支～窒～滞～踬～阻～顺～隔～目～塞～山～窒～滞

纥(紇)hé　另见80页gē。

古入声,六月。逆纥～回～袁～顺～刺星～地～豆陵～干～纥～逻敦～那～那曲

曷hé　何。何不。

古入声,七曷。顺～尝～若～胜～为例椎肥牛呼牟,载实驼鸣曷。(唐·韩愈《征蜀联句》)

盍(*盇)hé　①何。②何不。③合。

古入声,十五合。逆簪～顺～不～彻～各～合子～朋簪～如～簪～稚例夜雨试灯,晴雪吹梅,趁取玳簪重盍。(宋·吴文英《花心动·入眼青红》)

典**簪盍**　指朋友聚合。《周易·豫卦》:"九四,由豫,大有得。勿疑,朋盍簪。"王弼注:"夫不信于物,物亦疑焉。故勿疑则朋合疾也。盍,合也。簪,疾也。"

即欲朋簪盍,翻为俗事牵。(宋·梅尧臣《代书寄欧阳永叔四十韵》)

鹖(鶡)hé　鸟名。又名鹖鸡。

古入声,七曷。逆戴～貂～珥～顺～戴～旦～鸡～鸡冠～鸟～鸟冠～苏

咳(*欬)ké　咳嗽。另见308页hāi、313页hái、325页kài。"欬"另见325页kài"咳"。

古去声,四寘。又:去声,十一队同。又:去声,十卦异。逆謦～喘～风～鸬鹚～呛～謦～磬～軏～声～痰～顺～必清～喘～家～逆～吐～唾～唶例回首慈恩,前梦老堪咳。(宋·李壁《江神子·露荷香泛小池台》)

壳(殼)ké　另见570页qiào。

古入声,三觉。逆蚌～驳～甲～介～卡～蠡～螺～脑～躯～脱～朽～椰～枳～顺～菜～囊～物～叶～质～族例敏手劈江筠,随身织烟壳。(唐·陆龟蒙《奉和袭美添渔具五篇·背蓬》)

揢ké　①手握。②卡住。③故意难人。

古《广韵》:入声,二十陌。顺～撒

舌shé

古入声,九屑。逆百～笔～敝～辨～辩～谗～忏～掉～断～铎～恶～反～鼓～挂～广～诡～簧～箕～颊～健～浇～嚼～撟～矫～结～截～噤～利～扪～妙～佞～弄～破～雀～鹊～饶～柔～三寸～试～说～缩～吻～哓～学～摇～咬～仪～莺～鹦～谀～造～张仪～诤～忠～重～紫～顺～本～敝～弊～辨～辩～锋～耕～簧～撟～

举～人～言例谁谓黄钟管,化为君子舌。(唐·孟郊《投所知》)莺虽为说不分明,叶底枝头谩饶舌。(唐·白居易《和微之诗二十三首》)

典**刺舌** 指慎言。亦作"贺若刺舌"。《隋书·贺若弼传》:"父敦,以武烈知名,仕周为金州总管,宇文护忌而害之。临刑,呼弼谓之曰:'吾必欲平江南,然此心不果,汝当成吾志。且吾以舌死,汝不可不思。'因引锥刺弼舌出血,诫以慎口。"

刺舌君今犹未戒,炙眉吾亦更何辞。(宋·苏轼《刘贡父以诗见戏聊次其韵》)

鸡舌 借指郎官。亦作"鸡香"。东汉·应劭《汉官仪》:"尚书郎奏事明光殿,省中皆胡粉涂壁,其边以丹漆地,故曰丹墀。尚书郎含鸡舌香,伏其下奏事。"

班资冠鸡舌,人品压龙头。(唐·罗隐《寄礼部郑员外》)

有舌 指贫寒穷困之人以三寸不烂之舌为谋生工具。亦作"舌存""张仪舌""留舌示妻"。张仪与楚相宴饮,楚相玉璧丢失,楚相门下怀疑是贫穷而无品行的张仪所盗,于是共持张仪,掠笞数百。张妻曰:"子毋读书游说,安得此辱乎?"张仪曰:"视吾舌尚在不?"其妻笑曰:"舌在也。"仪曰:"足矣!"见《史记·张仪列传》。

困虽有舌吾安用,贫到无锥乐更深。(宋·孙应时《偶题》)

丰干饶舌 隐逸之士埋怨朋友多嘴推荐自己。《佩文韵府》卷九八"屑韵""绕舌"下引《景德传灯录》:"丰干禅师居天台国清寺。初闾丘公(胤)牧丹阳,忽头痛,丰干咒水喷之,立瘥。闾丘异之,乞一言示此去安危。(丰干)曰:'到任谒文殊、普贤,乃国清寺执爨洗器者、寒山拾得也。'闾丘访之,见二人围炉笑语,闾丘不觉致拜。寒山执闾丘手笑曰:'丰干饶舌。'"

丰干饶舌留公案,隋帝遗书暗古煤。(宋·楼钥《国清寺》)

三寸之舌 指能言善辩、极有口才。亦作"三寸不烂之舌"。见《史记·平原君虞卿列传》。

有时驰骋三寸舌,或在街头佯做哑。(宋·白玉蟾《大道歌》)

驷不及舌 指话一出口无法收回,应守信用。驷指古时由四匹马拉的车。见《论语·颜渊》。

言出勿令圭有玷,舌扪不及驷难追。(宋·刘克庄《读阮籍传一首》)

折shé

①断(多指长条形的东西被弄断)。②亏损。另见86页zhé。

古入声,九屑。逆耗～亏～顺～本～便宜～翅～耗～释～阅例全兵值月满,精骑乘胶折。(唐·虞世南《从军行二首》其一)

责(責)zé

古入声,十一陌。逆按～案～榜～褒～薄～贬～驳～逋～簿～偿～嗔～饬～督～笃～公～觥～诟～官～规～诡～诃～谊～恚～讥～咎～拘～镌～决～峻～考～科～克～刻～课～空～塞～收～痛～退～诿～文～戏～嫌～校～卸～谢～刑～言～贻～阴～忧～余～杖～质～重～诛～专～转～訾～租～顺～躬～贡～诟～官～过～悔～贿～货～祸～降～诘～戒～景～儆～究～咎～居～课～厉～励～詈～赂～禄～率～骂～茅～免～命～难～怒～守～授～书～疎～数～帅～税～望～问～息～徙～义～诱～怨～赃～责～债～战～杖～知～治～状例相看受狼狈,至死难塞责。(唐·杜甫《两当县吴十侍御江上宅》)

则(則)zé

古入声,十三职。逆常～朝～垂～淳～赐～等～帝～典～定～乖～轨～恒～鸿～课～坤～礼～理～丽～令～律～略～民～模～拟～乾～且～取～实～士～世～式～守～顺～天～细～宪～雅～仪～夷～彝～议～章～贞～真～正～准～祖～顺～除～度～故～剧～例～气～情～声～索～天～微～溪～象～效～哲例飞声塞天衢,万古仰遗则。(唐·李白《商山四皓》)

泽(澤)zé

古入声,十一陌。逆白～保～陂～草～钗～承～尺～充～楚～春～慈～丹～德～都～兑～繁～方～芳～肥～粉～丰～风～逢～服～干～皋～高～膏～格～功～宫～古～藿～光～国～寒～沆～和～河～涸～滑～化～涣～皇～惠～竭～解～津～浸～沮～口～枯～宽～利～林～灵～流～禄～蒙～沐～淖～滂～旁～袍～沛～霈～彭～平～圃～睿～润～山～圣～施～时～世～手～澍～水～顺～薮～天～同～涂～王～威～微～濊～渥～污～洿～芗～香～消～休～邀～野～贻～遗～荫～饮～雨～玉～渊～周～珠～渚～浊～梓～祖～顺～陂～车～芬～风～皋～宫～骨～国～惠～枯～葵～兰～梁～卤～民～淖～农～畔吟～霈～器～人～润～手～薮～物～泻～燕～虞～雨～芝～雉～浊例繁蝉动高柳,匹马嘶平泽。(唐·刘长卿《送元八游汝南》)柔翰全分意,芳巾尚染泽。(唐·韦应物《过昭国里故第》)

典**竭泽** 喻统治者过度盘剥。《吕氏春秋·义赏》:"雍季曰:'竭泽而渔,岂不获得?而明年无鱼。焚薮而田,岂不获得?而明年无兽。'"

竭泽回波不作难,未应平地起风澜。(宋·陈师道《次韵苏公谒告三绝》其二)

彭泽 古代隐士陶渊明曾担任彭泽令,后遂以彭泽指称陶渊明。见《宋书·陶潜传》。

谁知彭泽意,更觅步兵那。(唐·王绩《赠学仙者》)

手泽 代指先人的遗著或遗物。《礼记·玉藻》:"父没而不能读父之书,手泽存焉尔。"

一片墨光留手泽,浑家黄色上眉间。(元·艾性夫《归大五侄天觉砚》)

梓泽 指园林。《晋书·石苞传》附《石崇传》:"崇有别馆,在河阳之金谷,一名梓泽。"

春风生梓泽,迟景映花林。(唐·无名氏《金谷园花发怀古》)

陶令辞彭泽 指弃官归隐。县令陶渊明不愿为五斗米折腰,于义熙二年,解印去县。见《晋书·陶潜传》。

陶令辞彭泽,梁鸿入会稽。(唐·李白《口号赠征君鸿》)

贼(賊)zé

另见276页zéi。

古入声,十三职。逆暴～诐～避～

猜～残～蚕～草～谗～蠹～遁～飞～诡～海～豪～讧～猾～滑～劫～桀～剧～克～刻～寇～狂～流～戮～乱～蟊～剽～戕～深～私～顽～枉～乌～污～险～相～枭～心～凶～逸～阴～隐～愚～怨～正～顺～害～眼例看人结束征衫,前呵骑马,腰剑上、陇西平贼。(宋·刘过《祝英台近·笑天涯》)

典**睢阳骂贼**　称美威武不屈、慷慨就义忠者。《旧唐书·张巡传》:"禄山之乱,巡为真源令……召募豪杰,同为义举。……巡神气慷慨,每与贼战,大呼誓师,眥裂血流,齿牙皆碎。及城陷,尹子奇谓巡曰:'闻君每战,眥裂,嚼齿皆碎,何至此耶?'巡曰:'吾欲气吞逆贼,但力不遂耳!'"

骂贼睢阳,爱君许远,留得声名万古香。(宋·文天祥《沁园春·为子死孝》)

小儿破贼　称美将帅克敌建功后的淡定。《世说新语·雅量》:"谢公与人围棋,俄而谢玄淮上信至。看书竟,默然无言,徐向局。客问淮上利害?答曰:'小儿辈大破贼。'意色举止,不异于常。"

小儿破贼,势成宁问疆场。(宋·陈亮《念奴娇·危楼还望》)

窄 zé　另见 319 页 zhǎi。

古入声,十一陌。逆逼～匾～褊～地～短～急～紧～噤～径～局～量～迫～湫～险～心～顺～小例自从兵戈动,遂觉天地窄。(唐·岑参《西蜀旅舍春叹》)桥跨千仞危,路盘两崖窄。(唐·岑参《题铁门关楼》)

择(擇)zé　另见 316 页 zhái。

古入声,十一陌。逆财～裁～采～阐～程～持～抽～错～导～耳～访～监～柬～检～简～谨～精～精～抉～考～练～料～遴～抡～论～妙～品～弃～取～诠～铨～攘～审～慎～筮～收～搜～算～天～推～无～详～撷～选～甄～治～自～顺～兵～车～处～地～定～对～官～行～吉～交～决～邻～木～偶～配～期～取～人～日～善～食～嗣～婿～选～言～音～优～尤～执例放世与成名,两图在所择。(唐·皎然《苕溪草堂》)

赜(賾)zé　深奥。

古入声,十一陌。逆奥～烦～繁～钩～广～浩～精～祕～秘～冥～庞～穷～深～探～讨～微～纤～玄～研～殽～幽～至～顺～灵～殽～隐例潘生入空门,祖师传秘赜。(唐·皎然《苕溪草堂》)潜鳞孕明晦,山灵閟幽赜。(唐·李益《华阴东泉同张处士》)

帻(幘)zé　古代包头发的头巾。

古入声,十一陌。逆岸～白～布～赤～戴～挂～罽～绛～介～巾～卷～鹿～绿～轻～丧～缞～素～苔～袒～脱～乌～缃～衣～顺～巾～梁例县闲吏傲与尘隔,移竹疏泉常岸帻。(唐·韦应物《杂言送黎六郎》)人人齐醉起舞时,谁觉翻衣与倒帻。(唐·张籍《宴客词》)

舴 zé　舴艋的舴。

古《广韵》:入声,二十陌。顺～艋

鲗(鰂)zé　乌鲗,即乌贼。

古入声,十三职。逆乌～

咋 zé　①咬。②大声。

古入声,十一陌。逆啖～龁～啮～咋～顺～办～笔～好～乎～呼～唬～啮～舌～噬～哑～咋～唶～指例得时能几时,与汝恣啖咋。(宋·韩愈《杂诗四首》其一)

啧(嘖)zé　①人多口杂,纷争。②咂嘴。

古入声,十一陌。逆唧～怨～啧～顺～巴～口～声～室～言～啧

箦(簀)zé　竹席。

古入声,十一陌。逆床～华～家～易～招～竹～顺～床

典**易箦**　指至死也要遵守礼制规定。曾子临终时,已无大夫名分,按礼制不能睡光泽华美的竹席。病重的曾子要守礼而终,坚持要换去鲁国大夫季孙子送给他的床席。可是换席后没等身子躺稳,曾子就去世了。见《礼记·檀弓上》。

结缨与易箦,至死犹自强。(宋·陆游《夜坐示桑甥十韵》)

哲(*喆)zhé

古入声,九屑。逆邦～秉～不～才～聪～诞～迪～高～鸿～后～家～旧～俊～隽～良～鲁～髦～明～耆～前～儒～睿～上～圣～诗～时～淑～往～玄～濬～彦～遗～懿～颖～允～至～众～宗～作～顺～艾～储～夫～符～辅～妇～后～匠～舅～昆～髦～茂～民～命～母～圣～士～思～嗣～王～萎～问～相～兄～彦～嶷～狱～子例世情薄疵贱,夫子怀贤哲。(唐·高适《宋中别李八》)

典**十哲**　指孔庙中配享的十位孔门弟子。见《旧唐书·礼仪志四》。

十哲侑坐,群贤缋廊。(宋·林陶《庆梅州》其二)

折[1] zhé　另见 85 页 shé。

古入声,九屑。逆丹槛～荡～低～跌～鼎～栋～斗～蠹～短～钝～顿～遏～方～丰～复～覆～改～干～刚～肱三～谏～诘～沮～拒～峻～枯荷～困～廉～凌～面～磨～末～挠～逆～拈～鸟～拗～衄～攀～盘～磐～判～破～千～欠～戕～剸～倾～磬～罄～穷～诎～屈～伤～殇～廷～頹～宛～婉～逶～委～侮～险～旋～偃～抑～幽～迂～纡～玉～圆～折～中～阻～顺～北～变～辨～辩～帛～步～漕～钗～齿～冲～充～除～捶～棰～剉～锉～丹～当～铛～倒～迭～鼎～短～对～兑～掇～堕～乏～罚～风～伏～服～笄～屐～戟～柬～简～句～拒～槛～气～契～券～辱～色～身～声～实～首～受～水～讼～苕～庭槛～杨～杨柳～腰吏～腰禄～摇～意～翼～狱～辕～札～杖～折～征～正～证～支～枝～准～桌～蓤～足～俎～罪例错落石上松,无为秋霜折。(唐·李白《别鲁颂》)月随波动碎潾潾,雪似梅花不堪折。(唐·温庭筠《相和歌辞》)

典**磬折**　指躬身致敬,或屈己事人。《礼记·曲礼下》:"立则磬折垂佩。"孔颖达疏:"臣则身宜偻折如磬之背,故云磬折也。"

磬折辞主人,开帆驾洪涛。(唐·杜甫《遣遇》)

心折　指极度伤心。晋·江淹《别赋》:"有别必怨,有怨必盈。使人意夺神骇,心折骨惊。"

西征问烽火,心折此淹留。(唐·杜甫《秦州杂诗二十首》其一)

心胆闻风折　指敌军溃败,闻风

丧胆。见《晋书·谢安传》附《谢玄传》。

草木声名如电扫，毡裘心胆闻风折。（宋·吴潜《满江红·岳后湘灵》）

折[2]（摺）zhé ①折叠。②折叠的纹痕。

古入声，十六叶。逆拜～叠～歌～会～进～经～具～密～盘～清～屈～曲～跧～手～随～袖～遗～周～专～转～庄～装～奏～租～顺～本～迭～片～奏例镜生波上莲。绛裙金缕折。（宋·贺铸《菩萨蛮·绿窗残梦闻鶗鴂》）君看取，世道羊肠屈折。（宋·张榘《摸鱼儿·猛思量》）

摘zhé 另见310页zhāi。

古入声，十一陌。又：入声，十二锡同。逆倍～摽～嗤～抽～疵～抵～发～攻～钩～讥～解～纠～句～抉～捃～刊～离～撩～剽～剖～牵～铅～搜～讨～瑕～小～撷～顺～录～要例秋怜潭上看，日惯篱边摘。（唐·白居易《和钱员外早冬玩禁中新菊》）云轻似可染，霞烂如堪摘。（唐·皮日休《太湖诗》）

谪（謫、*讁）zhé

古入声，十一陌。逆播～黜～窜～发～过～降～交～诘～沮～流～沦～冥～迁～遣～谴～祖～徙～外～瑕～小～刑～阴～迂～远～长沙～指～罪～坐～顺～臣～斥～黜～窜～堕～发～罚～放～官～归～过～宦～藉～籍～见～降～咎～居～弃～遣～谴～屈～守～戍～所～调～外～徙～仙～限～校～掾～运～治～置～逐～坠～卒例蓂叶双飞政天上，一点文星初谪。（宋·芮烨《念奴娇·化工着意》）帘卷香凝人笑喜，应是瀛洲仙谪。（宋·吴儆《念奴娇·凉生秋早》）

典**长沙谪** 指官员遭贬。亦作"长沙宦""长沙湿""长沙才子""长沙傅""长沙愁""沙客"。见《史记·贾生列传》。

旧游怜我长沙谪，载酒沙头送迁客。（唐·刘长卿《听笛歌》）

宅zhé 另见316页zhái。

古入声，十一陌。逆安～拔～本～避～别～卜～廛～尺～赤～邸～帝～第～泛～分～府～割～宫～故～官～馆～光～甲～旧～居～眷～窟～连～列～庐～民～冥～内～暖～贫～栖霞～迁～陶令～田～外～屋～徙～仙～相～小～谢～凶～烟波～阳～阴～永～幽～元～园～云～真～镇～正～家～住～祖～顺～地～第～眷～门例朝忆相如台，夜梦子云宅。（唐·李白《淮南卧病书怀》）颓墉满故墟，喜返将安宅。（唐·韦应物《使云阳寄府曹》）

典**拔宅** ①指升仙。②指登科。南朝宋·王韵之《太清记》："许真君拔宅上升，惟车毂锦帐堕故宅。"

拔宅谁能辨有无，涧边空记旧丹炉。（宋·方信孺《蒲涧》）

分宅 指友情深厚或济人急难。鲁郈成子与卫縠臣为至交，后縠臣死于卫乱，成子迎养縠臣家眷与己隔宅而居。见南朝梁·刘峻《广绝交论》。

分宅脱骖间，感激怀未济。（唐·杜甫《八哀诗·赠秘书监江夏李公邕》）

火宅 指人被情欲所扰，如居火坑。《法华经·譬喻品》："三界无安，犹如火宅……众苦所烧，我皆拔济。"

始悟尘居者，应将火宅同。（唐·卢纶《同崔峒补阙慈恩寺避暑》）

道南宅 指热诚安顿知交。孙策与周瑜同年，独相友善，瑜推道南大宅以舍策，升堂拜母，有无通共。见《三国志·吴书·周瑜传》。

但苦山北寒，谁知道南宅。（唐·李白《赠友人三首》其三）

孺子宅 东汉高士徐稺（字孺子）家宅遗址，在今江西南昌。代指高士所居之地。见北魏·郦道元《水经注·赣水》。

孺子宅犹在，令公园已非。（宋·蔡沈《自咏》）

山阳宅 指悼念亡友。《晋书·向秀传》载魏晋名士向秀，与好友嵇康、吕安曾共居山阳，交往密切。嵇、吕死后，向秀重经山阳旧居听到"邻人有吹笛者，发声寥亮。追想曩昔游晏之好"，作《思旧赋》。

掩泪山阳宅，生涯此路穷。（唐·武元衡《经严秘校维故宅》）

习氏宅 见151页"高阳池"。

津头习氏宅，江上夫人城。（唐·岑参《饯王岑判官赴襄阳道》）

扬雄宅 ①指文士的贫居。②指蜀地。亦作"扬子长""扬子业"。见《汉书·扬雄传上》。

欲访扬雄宅，扁舟过白沙。（宋·戴复古《访杨伯子监丞》）

泛家浮宅 指泛舟或遁迹江湖。见《新唐书·张志和传》。

僻处田宅 指达官生前善为后代谋划，使其能保家守俭，不受别人欺凌。见《史记·萧相国世家》。

僻处留田宅，仍才十顷余。（唐·王维《故太子太师徐公挽歌四首》其二）

乌衣旧宅 指高门贵族的故居。亦作"乌衣事"。《世说新语·雅量》："王公（王导）曰：'……吾角巾径还乌衣，何所稍严。'"刘孝标注引《丹阳记》："乌衣之起，吴时乌衣营处所也。江左初立，琅琊诸王所居。"

乌衣旧宅犹能认，粉竹金松一两枝。（唐·吴融《偶题》）

蛰（蟄）zhé ①动物冬眠潜伏，不食不动。②冬眠的动物。③长期隐居，不出头露面。另见182页zhí。

古入声，十四缉。逆出～伏～蝼～江～解～惊～昆虫～雷～龙～龙蛇～沦～蟠～栖～启～起～潜～入～土～永～幽～诸～顺～藏～虫～处～地～恶～伏～户～虺～剑～居～雷～裂～鳞～龙～气～兽～陷～燕～萤～蛰

磔zhé ①车裂，古代一种酷刑。②禳祭，分裂牲体以祭。③张；开。

古入声，十一陌。逆鞭～波～寸～钝～分～槁～戈～格～辜～刳～枯～旁～披～攘～碎～枭～须～张～磔～支～诛～顺～暴～刲～格～砉～砾～裂～禳～攘～杀～尸～索～刑～诛～卓例须如猬毛磔，面如紫石棱。（宋·陆游《胡无人》）

辄（輒、*輙）zhé ①专擅；擅自。②每；总是。③即；就。

古入声，十六叶。逆动～灵～擅～

专～顺～便～代～动～尔～行～悔～莫～沐～囊～然～入～试～肆～用～与例览德已而歌凤去，千仞辉翔难蹑。我和句、却愁狂辄。（唐·韩滉《贺新郎·观年年雪》）

辙(轍)zhé

古入声，九屑。逆车～尘～出～蹈～返～分～偾～复～覆～改～隔～古～故～归～轨～还～合～涸～鸾～没～明～蹊～岐～綦～前～穷～圣～十三～轼～殊～危～卧～易～游～余～辕～云～长者～遮～轸～驻～转～踪～顺～迹～乱～印例无为掩扉卧，独守袁生辙。（唐·韦应物《对雪赠徐秀才》）菊垂今秋花，石戴古车辙。（唐·杜甫《北征》）

典**涸辙**　喻一时困厄亟待救援。亦作"涸鳞""穷辙""枯辙""救辙"。见《庄子·外物》。

　　真成穷辙鲋，或似丧家狗。（唐·杜甫《奉赠李八丈判官》）

卧辙　赞扬地方官得民心，在朝廷征调时当地百姓拼死挽留。《东观汉记·霸侯传》："侯霸字君房，有威重……为淮平大尹，政理有能名。王莽败，霸保守临淮。更始元年，遣谒者侯盛、荆州刺史费遂赍玺书征霸。百姓呼号哭泣，遮使者车，或当道卧，皆曰：'愿复留霸期年。'"

　　无以招卧辙，宁望后相思。（南朝梁·沈约《去东阳与吏民别诗》）

长者辙　称颂常人而受到长者推崇者。亦作"长者车"。《史记·陈丞相世家》：陈平"家乃负郭穷巷，以弊席为门，然门外多有长者车辙"。

　　宁纡长者辙，归老任乾坤。（唐·杜甫《赠比部萧郎中十兄》）

南辕北辙　指做事情的方法行动与要达到的目的适得其反，大方向搞错了，越是努力就越发事与愿违。亦作"北辕适楚"。见《战国策·魏策四》。

　　前山万仞如壁立，南辕北辙何时停。（宋·胡仲弓《过大官岭》）

翟zhé　姓。另见316页zhái、239页dí。

古入声，十二陌。

蜇zhé　另见80页zhē。

逆海～

晢(晣)zhé　①明亮，光亮。②明显，明确。③通"哲"，明智。

古入声，九屑。又：去声，八霁异。

逆昭～晢～顺～白～眇～明～耀～晢

恶(惡、*噁)ě　另见90页è、343页wū、394页wù。

顺～心～心烦

合gě　旧容量单位，为市制一升的十分之一。另见83页hé。

古入声，十五合。逆圭～升～

葛gě　姓。另见82页gé。

古入声，七曷。顺～天～天氏

渴kě

古入声，七曷。逆病～尘～烦～肺～干～害～怀～焦～酒～枯～夸父～疗～痁～倾～穷～热～释～思～文园～相如～消～销～燥～瞻～止～顺～爱～病～乏～怀～骥～见～酒～马～慕～念～盼～羌～切～求～赏～望～望梅～吻～乌～贤～想～暍～雨～莽例闭目逾十旬，大江不止渴。（唐·杜甫《七月三日亭午已后较热退晚加小凉稳睡》）

典**病渴**　指患消渴症。消渴是指渴而消水。消渴症是中国传统医学的病名，是指以多饮、多尿、多食及消瘦、疲乏、尿甜为主要特征的综合症状。亦泛指患病。亦作"消渴""相如渴""相如病渴"。见《史记·司马相如列传》。

　　病渴身何去，春生力更无。（唐·杜甫《过南岳入洞庭湖》）

止渴　喻虚偿所愿。亦作"遥止渴""望林止渴""望梅止渴""庾岭止渴""征徒异渴"。《世说新语·假谲》："魏武行役，失汲道，军皆渴，乃令曰：'前有大梅林，饶子，甘酸，可以解渴。'士卒闻之，口皆出水，乘此得及前源。"

　　梅林能止渴，复姓可防兵。（北周·庾信《出自蓟北门行》）

褶(*襵)zhě

古入声，十六叶。又：入声，十四缉异。逆襞～裙～细～衣～褶～绉～皱～顺～迭～痕～纹～绉～皱例金钗影卸东风揭，舞衣丝损愁千褶。（宋·周密《醉落魄·余寒正怯》）

策(*筞)cè　①竹制的马鞭子。并由此引申为鞭打、鞭赶义、勉励义。②竹杖、手杖。并由此引申为拄着（手杖）义。③竹简。特指古代君王封赠任免的册书，引申指册封、任命。④科举中的策问。⑤占卜用的蓍草。⑥用以计算的筹子。⑦谋划，筹划。引申指谋略，计谋。

古入声，十一陌。逆哀～鞭～布～筹～捶～棰～箠～辍～赐～答～倒杖～得～帝～典～定～东堂～督～短～对～发～梵～封～扶～符～覆～改～诰～孤～龟～规～诡～桂～计然～挟～简～蹇～进～警～决～抗～科～空～揆～连～敛～良～漏～论～马～祕～秘～庙～绕朝～仁～散～射～殊～太平～探～天人～廷～霆～投～衔～献～玄～悬～遗～议～愚～玉～御～赠～杖～诏～振～政～执～至～制～智～竹～专～追～佐～顺～拜～筹～第～动～牍～度～对～反～府～高足～告～功～官～划～画～彗～籍～简～蹇～戒～进～括～力～厉～立～励～论～虑～免～勉～名～命～谋～目～辔～使～士～世～事～试～筮～书～数～绥～套～题～土～望～文～问～檄～效～序～选～学～勋～应～驭～援～贼～赠～杖～踵～祝～子～足例平明孤帆心，岁晚济代策。（唐·王昌龄《岳阳别李十七越宾》）海内方晏然，庙堂有奇策。（唐·王昌龄《风凉原上作》）

典**计然策**　指能致国富民强之策。《史记·货殖列传》载越王勾践败于吴国，问政于计然，计然答之七策，越国用其五，而国富民强，击败吴国，一雪前耻。范蠡深为折服，感慨道："计然之策七，越用其五而得意。既已施于国，吾欲用之家。"

　　西风落日弄烟波，却笑陶朱计然策。（宋·陈掞《题稙庵》）

秦人策　指分别时所赠。亦作"赠策""绕朝策"。《左传·文公十三年》："晋人患秦之用士会也……乃使魏寿余伪以魏叛者以诱士会。"秦康公不听大夫绕朝的劝告，准士会离秦，"（士会）乃行，绕朝赠之以策，曰：'子无谓秦无人，吾谋适不用也。'"

赠尔秦人策，莫鞭辕下驹。(唐·杜甫《别苏徯》)

檀公策 指主动避开或被动逃走。亦作"三十六计，走为上计"。见《南齐书·王敬则传》。

草草檀公策，茫茫杜老诗。(宋·陈与义《发商水道中》)

万言策 指直臣进言。见《旧唐书·刘蕡传》。

阆风殿下万言策，白玉楼中五月秋。(清·谢章铤《题黄九烟集后》)

天人三策 武帝即位，举贤良文学之士前后百数，而仲舒以贤良对策。以"天人感应"说为其对策要旨，所对凡三，世称"天人三策"。代指很高明的对策。又作"董相天人策"。详见《汉书·董仲舒传》。

胸次甲兵百万，笔底天人三策，堪补舜衣裳。(宋·方岳《水调歌头·明日又重午》)

测(測)cè

古入声，十三职。逆湢～辨～不～草～忖～俄～腹～观～精～究～勘～考～窥～揆～蠡～难～颇～叵～喊～穷～上～慎～溯～讨～体～悬～遥～仪～亿～豫～质～顺～报～步～辰～地～定～度～恩～罚～杆～管～海蠡～黑～候～计～景～究～揆～赖～瘢～旗～识～试～庾～探～天～悟～意～影例路逢故老长叹息，世事回环不可测。(唐·李峤《汾阴行》)空宫闻莫睹，地道窥难测。(唐·张说《游洞庭湖湘》)

典**蠡测** 喻指见识短浅，以浅量度深广。《汉书·东方朔传》载东方朔《答客难》："以筦窥天，以蠡测海，以莛撞钟，岂能通其条贯，考其文理，发其音声哉!"蠡，用瓠做成的瓢。

典籍将蠡测，文章若管窥。(唐·李商隐《咏怀寄秘阁旧僚二十六韵》)

册(冊)cè

古入声，十一陌。逆哀～板～褒～宝～边～表～琛～赐～丹～档～底～典～点～丁～定～蠹～对～梵～方～访～分～封～俸～符～珪～户～画～徽～集愆～计～挟～简～金～进～课～口～类～丽～鳞～另～鲁～纶～卯～懋～门户～祕～免～愍～墨～木～篇～前～琴～青～清～神～审～诗～史～市～谥～手～受～书～司～田～铁～兔～兔园～文～玺～遐～烟～烟户～瑶～遗～阴～鱼鳞～玉～赞～造～长～帐～账～招～诏～正～注～祝～追～作～顺～拜～宝～除～对～封～府～功～函～籍～祭～礼～历～立～免～名～命～谥～授～书～襚～文～玺～匣～勋～叶～页～印～赠～正～祝～奏例但遐想、穷年坐对，断编遗册。(宋·赵鼎《花心动·江月初升》)一咏一觞谁共，负平生书册。(宋·吕渭老《好事近·飞雪过江来》)

侧(側)cè 另见100页zè。

古入声，十三职。逆逼～庳～边～谄～充～倒～帝～陛～户～攲～敧～近～君～棱～邻～旁～僻～偏～平～颇～轻～倾～清君～丘～山～侍～悚～危～卧榻～纤～险～轩～偃～攲～翼～幽～枕～挣～转～顺～柏～背～弁～侧～臣～迟～出～跌～耳～妃～附～寒～行～厚～击～肩～阶～近～丽～聆～脉～帽～媚～睨～僻～楸～入～身～视～室～庶～听～头～望～微～闻～卧～息～席～想～修～眼～翼～音～隐～影～泳～载～枝～重～足～尊～坐例如何酌离尊，移棹巴城侧。(唐·王琚《奉答燕公》)别有经行所，迥跨重峦侧。(唐·李祎《石桥》)

典**清君侧** 指清除君主身边的亲信、坏人。见《公羊传·定公十三年》。

古有清君侧，今非乏老成。(唐·李商隐《有感二首》其二)

珠玉在侧 称美外甥。《世说新语·容止》："骠骑王武子是卫玠之舅，俊爽有风姿。见玠辄叹曰：'珠玉在侧，觉我形秽。'"

花前下马迎一笑，珠玉在侧形骸羞。(宋·师严《蔺五见访》)

辗转反侧 指心事重重或有所思念。《诗经·周南·关雎》："优哉游哉，辗转反侧。"

倚枕假寐愁漫漫，辗转反侧空长叹。(清·徐咸安《月夜放歌》)

厕(厠、廁)cè

①夹杂在里面，参与。②通"侧"。③厕所。④猪圈。

古去声，四寘。逆参～羼～叨～登～东～都～赶～公～溷～获～夹～井～踞～滥～临～毛～陪～屏～仆～圊～如～抒～忝～同～猥～闲～相～轩～匽～牏～杂～置～杍～奏～顺～篦～筹～床～错～溷～迹～简～贱～列～马～身～饰～填～屋～匽～牏～豫～足

恻(惻)cè

①悲伤。②同情，怜悯。③诚恳，恳切。

古入声，十三职。逆哀～悲～惭～惨～憯～恻～楚～怆～慈～忖～怛～悱～忿～感～骇～焦～嗟～矜～恺～恳～款～愧～悯～怜～悯～愍～恓～凄～仁～伤～酸～痛～惋～温～呜～隐～轸～肫～顺～恻～怅～楚～怆～促～怛～动～悱～恢～悯～念～凄～切～然～容～塞～伤～痛～焉～隐～淢～惐例岁晚东岩下，周顾何凄恻。(唐·宋之问《题张老松树》)死别已吞声，生别常恻恻。(唐·杜甫《梦李白二首》其一)

澈chè

古入声，九屑。逆冰～澄～洞～光～寒流～泓～鉴～皎～洁～镜～朗～明～清～秋月～通～悟～消～秀～虚～莹～湛～顺～查～底～骨～究～亮～漠～声～透～悟～虚～夜～映例数峰拔昆仑，秀色与空澈。(唐·钱起《登玉山诸峰偶至悟真寺》)清光溢空曲，茂色临幽澈。(唐·李益《竹溪》)

彻(徹)chè

古入声，九屑。逆标～不～唱～朝～澄～穿～串～抵～洞～逗～发～废～分～拂～感～高～更漏～贯～寒～盍～减～鉴～结～警～镜～冏～迥～决～闿～朗～了～亮～敹～燎～明～平～清～融～申～深～省～疏～说～损～通～透～闻～悟～响～秀～虚～业～莹～映～远～赞～章～昭～照～柱～顺～案～白～备～编～兵～彻～达～胆～旦～歌～骨～官～行～侯～棘～简～鉴～卷～朗～乐～帘～幂～明～命～贫～齐～瑟

～膳～梢～身～曙～天～田～昀～听～悟～席～县～宵～晓～悬～扎～札～止～重～昼～馔～缀～俎～坐例路远人罕窥，谁能见清彻。（唐·李白《姑孰十咏·桓公井》）容色真可惜，相思不可彻。（唐·陈羽《长相思》）

坼chè ①分裂，裂开。②裂纹，裂缝。

古入声，十一陌。逆芭蕉～崩～迸～塥～冰～擘～地～东南～发～覆～干～龟～寒光～火～甲～焦～拘～决～皲～开～开～离～泮～圮～石～颓～谺～芽～燥～占～顺～副～堠～嫮～裂～剖～罅～兆例桃源数曲尽，洞口两岸坼。（唐·钱起《寻华山云台观道士》）萧萧谁家村，秋梨叶半坼。（唐·白居易《邓州路中作》）

撤chè

古入声，九屑。逆敝～贬～裁～参～除～发～拂～告～毁～减～凯～损～雾～顺～案～版～保～备～编～蔀～材～茶～差～点～佃～动～废～毁～棘～酒～帘～免～弃～瑟～身～守～调～围～晓～帐例冠剑日苔藓，琴书坐废撤。（唐·张说《岳州作》）

掣chè ①疾速而过。②牵引，拉。③抽，拔。

古入声，九屑。又：去声，八霁同。逆摆～傍～颤～掣～持～抽～电～飞～掎～牵～钳～挽～携～曳～鹰～战～肘～顺～白～板～掣～电～顿～获～缴～鲸～搦～签～挈～取～缩～所～验～曳～制～肘～纵例虬腾旱天雨，骥骋流电掣。（唐·元稹《谕宝二首》其二）老桂香寒，疏桐云重，生怕金蛇掣。（宋·方岳《酹江月·绿尊翠勺》）

拆chè ①裂开，分裂。②绽开。③将合在一起的东西打开。④拆毁。另见308页chāi。

古入声，十一陌。逆半～崩～壁～除～发～翻～分～乖～毁～甲～跰～解～锦～拘～开～开～离～裂～密～啓～璺～星～验～拶～支～顺～穿～短～副～股～毁～借～卷～裂～卖～迁～散～梢～台～洗～卸～帐例去年涧水今亦流，去年杏花今又拆。（唐·韦应物《因省风俗访道士》）秭归山路烟岚隔，山木幽深晚花拆。（唐·李绅《南梁行》）

恶（惡）è 另见88页ě、343页wū、394页wù。

古入声，十药。逆黯～百～薄～暴～悖～本～鄙～庳～敝～蔽～弊～惨～操～谗～沉～惩～蚩～弛～崇～殠～恸～黜～丛～粗～萃～瘅～诋～刁～毒～短～腐～构～遘～姑～盬～很～狠～横～怙～猾～怀～毁～讳～秽～讥～积～极～嫉～济～奸～交～进～旧～剧～绝～苦～酷～滥～俚～孅～逆～狞～佞～怒～岁～贪～饕～逃～痛～顽～文～淫～隐～盈～尤～谮～昭～争～忮～众～重～诛～诸～拙～纵～罪～顺～变～宾～病～彩～刹～姹～臭～处～辞～党～祷～道～得～德～地～毒～垛～发～法～菲～风～感～鬼～棍～果～耗～化～秽～慧～笄～疾～迹～剑～觉～金～酒～剧～郡～客～口～逆～念～虐～女～气～钱～趣～稔～弱～色～山～声～诗～石～识～食～世～谥～首～书～性～谑～言～意～语～欲～运～韵～札～仗～障～兆～征～知识～终～状～浊～子～字～阻例山中燕子龛，路剧羊肠恶。（唐·王维《燕子龛禅师》）迢迢太行路，自古称险恶。（唐·刘长卿《杂曲歌辞·太行苦热行》）

萼è

古入声，十药。逆棣～跌～跗～红～花～华～椒～连～联～绿～梅～嫩～破～琼～乳～桃～韡～秀～璇～雪～胭脂～炎～艳～瑶～遗～朱～顺～跗～绿～绿华～绿君～片例木末芙蓉花，山中发红萼。（唐·王维《辛夷坞》）空庭向晚春雨微，却敛寒香抱瑶萼。（唐·李群玉《二辛夷》）

典**楼高华萼** 形容兄弟友爱。《旧唐书·睿宗诸子传》："玄宗于兴庆宫西南置楼，西面题曰花萼相辉之楼，南面题曰勤政务本之楼。玄宗时登楼，闻诸王音乐之声，咸召登楼同榻宴谑……中使相望，以为天子友悌，近古无比，故人无间然。"

舆奉潘慈，楼高华萼，坐享齐眉福。（宋·东冈《百字令·排云拓月》）

轭（軛）è ①驾车时套在牲口脖子上的曲木。②束缚，控制。

古入声，十一陌。逆车～琱～顿～服～负～衡～羁～亢～犁～轮～马～牛～衔～鞅～辕～顺～缚～束例青天无风水复碧，龙马上鞍牛服轭。（唐·王建《赛神曲》）羽人顾我笑，劝我税归轭。（唐·刘禹锡《游桃源一百韵》）

鳄（鰐、*鱷）è

古入声，十药。逆潮州～海～蛟～鲸～驱～顺～海～浪～溪～蜥

鹗（鶚）è 鸟名，猛禽。

古入声，十药。逆苍～雕～鹏～蹲～荐～鹓～祢～鹏～秋～霜～一～鹰～鸷～顺～表～顾～龟～荐～彀～立～睨～视～书～眙～章～爪～跱～驻例高视领八州，相期同一鹗。（唐·韩翃《送李司直赴江西使幕》）上岸闲寻细草行，古查飞起黄金鹗。（唐·李群玉《落帆后赋得二绝》其一）

典**荐鹗** 指荐举贤才。孔融和祢衡是忘年交，四十多岁的孔融上书举荐二十四岁的祢衡，极力褒奖他的才华和人品，把祢衡比作鹗鸟，说："鸷鸟累百，不如一鹗。使衡立朝，必有可观。"见《后汉书·文苑下·祢衡传》。

礼罗加璧至，荐鹗与云连。（唐·戴叔伦《寄禅师寺华上人次韵三首》其三）

一鹗 喻出类拔萃的人才。又作"孤鹗"。见《汉书·邹阳传》。

掠天逸势应非久，一鹗那栖众鸟群。（唐·方干《上杭州杜中丞》）

当年众鸟看孤鹗。意飘然，横空直把、曹吞刘攫。（宋·辛弃疾《贺新郎·听我三章约》）

厄（*戹、*阨）è ①灾难；为难。②困窘，受困；险要。

古入声，十一陌。逆隘～逼～闭～摈～兵～沉～赤～当～砥～度～乏～衡～火～饥～羁～疾～艰～蹇～解～金～窘～九～九死～拘～沮～苦～困～困～难～逆～贫～贫～迫～穷～穷～屈～人～水

～屯～迍～危～五～相～蟹～刑～凶～湮～陻～阓～幽～遇～灾～遭～邅～震～迍～迍～阻～作～顺～害～会～急～劫～井～境～苦～困～难～纽～贫～勤～穷～日～闰～蹇～莎～台～抑～运～灾～滞例世情薄恩义,俗态轻穷厄。(唐·刘长卿《送元八游汝南》)性静本同和,物牵成阻厄。(唐·刘禹锡《游桃源一百韵》)

典**陈蔡之厄** 指断粮遭饥,困苦不堪。亦作"在陈之厄"。《论语·卫灵公传》:"在陈绝粮,从者病,莫能兴。"《孟子·尽心下》:"君子之厄于陈蔡之间,无上下之交也。"

仲尼以圣德,行聘偏周流;遭斥厄陈蔡,归之命也夫。(宋·吴棫《韵补》卷二下平声"夫"字引陈琳诗)

锷(鍔)è 刀剑的刃。

古入声,十药。逆宝～冰～词～淬～锷～锋～皓～剑～莲～廉～镰～露～芒～铓～铅～染～石～霜～铦～垠～顺～锷例清辉靖岩电,利器腾霜锷。(唐·刘允济《经庐岳回望江州想洛川有作》)薛厚滑似漦,峰尖利如锷。(唐·皮日休《初夏游楞伽精舍》)

遏è

古入声,七曷。逆陂～逼～不可～蹙～隄～抵～底～杜～断～阏～防～扞～捍～行云～横～检～禁～靖～静～沮～控～寝～驱～式～肃～枉～掩～夭～邀～抑～拥～雍～壅～郁～障～遮～镇～止～制～阻～顺～閟～勃～籴～夺～恶～阏～防～废～过～行云～截～绝～乐～勒～刘～流云～密～灭～捺～匿～塞～失～私～讼～阳～药～抑～佚～逸～音～隐～郁～御～云～云歌～障～折～止～制～猪～阻～岨例雾卷香轮,风嘶宝骑,云表歌声遏。(宋·沈瀛《念奴娇·郊原浩荡》)垂虹西望,飘然引去,此兴平生难遏。(宋·姜夔《庆宫春·双桨莼波》)

呃è

古《广韵》:入声,二十一麦。逆饱～打～呃～呜～逆～气～阻～顺～呃～逆～喔～嚱～吓例少年心事当拏云,谁念幽寒坐呜呃。(唐·李贺《致酒行》)

腭(齶)è

古入声,十药。逆颌～领～软～上～下～龈～顺～化～裂

谔(諤)è 直言。

古入声,十药。逆错～谔～鲠～謇～蹇～謇～忠～顺～谔～节～然例为道既贞信,处名犹謇谔。(唐·储光羲《晚次东亭》)鸦翻诏墨天边落。碧眼棱棱言谔谔。(宋·吴泳《渔家傲·翠隐红藏春尚薄》)

典**谔谔** 形容忠直、直谏之臣。谔谔,直言争辩,亦作"言谔谔"。赵简子有臣曰周舍,是一位谔谔之臣。简子曰:"昔者吾友周舍有言曰:千羊之皮不如一狐之腋。众人之唯唯不如周舍之谔谔。昔纣昏昏而亡,武王谔谔而昌。今自周舍之死,吾未尝闻吾过也。吾亡无日矣。是以寡人泣也。"见《韩诗外传》卷七第八章。

岂惟谔谔人争忌,亦对堂堂目屡惊。(宋·释宝昙《为王公明枢密寿》)

噩è

古入声,十药。逆骇～灏～昏～浑～惊～可～作～顺～噩～耗～厉～神～连～异～兆例是日号升平,此年名作噩。(唐·韩愈《晚秋郾城夜会联句》)

鄂è ①湖北的别称。②通"萼",花萼。③通"愕",惊愕。④通"谔",直言。

古入声,十药。逆坻～栋～跗～华～蹇～謇～骞～节～荆～惊～穿～圻～湘～沂～垠～郢～柞～作～顺～褒～被～博～不～棣～都～端～鄂～君～君船～君舟～衾～然～申～王～垣～舟～渚～足例轴轳亘淮泗,旆旌连夏鄂。(唐·李正封《晚秋郾城夜会联句》)

愕è

古入声,十药。逆诧～瞠～错～瞪～愕～发～感～怪～骇～惶～诙～蹇～謇～嗟～惊～可～愧～切～慴～叹～惋～眙～震～怍～顺～愕～顾～怪～惊～惧～梦～睨～然～视～怡～眙～疑～异～窒例欲照六藏惊,将窥百骸愕。(唐·皮日休《初夏游楞伽精舍》)金刀翦下,燕莺窥妒惊愕。(宋·无名氏《念奴娇·晓来雨过》)

垩(堊)è ①白土。②泛指用来涂刷的泥土。③用白色等涂料粉刷。

古入声,十药。逆白～鼻～丹～粉～黄～庐～铅～石～素～涂～髹～黝～赭～顺～本～笔～车～灰～庐～室～涂～帚例树杪见觚棱,林端逢赭垩。(唐·皮日休《初夏游楞伽精舍》)

典**挥斤斫垩** 见868页"运斤成风"。

扼è ①掐住。②控制,把守。③堵塞。

古入声,十一陌。逆防～衡～见～进～控～险～要～龋～阓～遮～镇～阻～顺～隘～臂～喉～据～吭～昧～塞～守～死～腕～险～制例贼臂既已断,贼喉既已扼。(唐·杨乘《甲子岁书事》)

哑(啞)è 旧读。另见9页yā、20页yǎ、26页yà。

古入声,十一陌。逆哑～顺～尔～然

阏(閼)è ①阻止,抑制。②阻塞,堵塞。③用来遮挡的东西,如闸板。④终迄。另见609页yān。

古入声,七曷。逆隄～遏～番～提～填～夭～抑～堙～拥～雍～壅～淤～郁～顺～伯～遏～积～绝～密～塞～抑～壅～郁～制例扰扰贪生人,几何不夭阏。(唐·白居易《偶作二首》其一)

頞è ①鼻梁。②同"额",额头。

古入声,七曷。逆蹙～灸～矉～曲～缩～塌～顺～蹙

各gè

古入声,十药。逆比～彼～人～顺～白～各～色～样～支～种～自例人成各,今非昨,病魂常似秋千索。(宋·唐婉《钗头凤·世情薄》)

虼gè 虼螂,蜣螂。

顺～蚪～螂～螂皮～蚫皮～蚤～蚤性

熇hè ①火热,炽盛。②烧。

古入声,十药。又:入声,一屋同。又:入声,二沃同。又:下平,二萧同。逆熇～骄阳～炎～氲～顺～赫～熇～然

喝hè ①大声顺喊叫。②呵斥。

③威胁,恐吓。另见80页hē。

古入声,七曷。逆按～棒～棓～嘈～唱～嗔～瞋～叱～喘～殿～恫～断～呵～哼～呼～挥～禁～恐～厉声～骂～嚷～啊～詷～虚～幺～吆～嘤～邀～一～赞～骆～顺～报～采～彩～叱～撺厢～撺箱～倒采～倒彩～道～掇～喊～拦～礼～令～喽喽～骂～命～破～拳～问～盏～雉～阻例慵忧长者来,病怯长街喝。(唐·杜牧《池州送孟迟先辈》)

赫hè

古入声,十一陌。逆暖～彪～炳～焜～崇～电～都～光～贵～暵～豪～赫～熇～洪～焕～辉～徽～火～恐～诳～隆～马～驱～荣～扇～王～威～翕～曦～赩～显～喧～諠～烜～炫～熏～薰～炎～烨～弈～奕～彰～震～顺～赤～炽～尔～赫～焕～煌～斤～连～连刀～烈～怒～然～日～烁～斯～睎～熹～羲～曦～爔～戏～显～胥～胥氏～咺～喧～烜～炫～炎～焰～耀～晔～奕～翼～诈～咤～张～真～濯～姿例想明年、今日醉西湖,光辉赫。(宋·韩淲《满江红·归锦堂成》)

鹤(鶴)hè

古入声,十药。逆别～乘轩～冲天～访～放～风～缑山～孤山～寡～鹳～归～海～鸿～鹄～华亭～化～黄～嵇～驾～控～跨～离～辽～辽东～辽天～棲～骑～琴～青～青田～鹊～瑞～沙～笙～使～瘦～霜～水～松～调～驼～卫～轩～轩中～玄～雪～扬州～羊公～瘗～玉～寓～猿～云～知时～顺～班～板～版～伴～背～辈～表～鬓～兵～骖～操～草～岑～氅～畿～城～乘车～乘轩～池～冲天～驾～肩～简～健～涧～江～禁～经～惊～颈～警～径～胫～举～开～口～立～唳～练～粮～料～轩～雪～烟～衣～邑～瘗～音～驭～苑～怨～云～泽～栅～帐～爪～兆～真～轸～植～质～峙～跱～舟～洲～氅～珠～渚～柱～翥～篆例娟娟潭里虹,渺渺滩边鹤。(唐·沈佺期《自昌乐郡溯流至白石岭下行入郴州》)王乔下天坛,微月映皓鹤。(唐·杜甫《昔游》)

典**别鹤** 形容夫妻离别。东汉·蔡邕《琴操》卷上《别鹤操》:"《别鹤操》者,商陵牧子所作也。牧子娶妻五年,无子,父兄将欲为改娶。妻闻之,中夜惊起,倚户悲啸。牧子闻之,援琴鼓之。痛恩爱之永离,因弹别鹤以舒情。故曰《别鹤操》。"

回鸾抱书字,别鹤绕琴弦。(北周·庾信《伤王司徒褒诗》)

吊鹤 指高德之人逝世时感得仙鹤前来吊唁。亦作"鹤吊"。见《世说新语·贤媛》。

宁知荒垄外,吊鹤自裴徊。(唐·骆宾王《乐大夫挽词五首》其四)

截鹤 指不顺其自然而随意损益。亦作"鹤长凫短"。《庄子·骈拇》:"是故凫胫虽短,续之则忧;鹤胫虽长,断之则悲。故性长非所断,性短非所续,无所去忧也。"

截鹤续凫,折衡剖斗。(宋·释绍昙《偈颂一百零四首》)

辽鹤 ①指学道成仙。②慨叹人世沧桑。③指回故乡。亦作"化鹤""华表鹤""归飞鹤""辽东鹤""白鹤报乡人""千年归鹤""姓丁鹤"。旧题晋·陶渊明《搜神后记》卷一:"丁令威本辽东人,学道于灵虚山。后化鹤归辽,集城门华表柱。"

辽鹤何年返故乡,天风剑佩已骞翔。(宋·刘克庄《题丁给事祠堂》)

灵鹤 指接引成仙之人的鹤,修成仙后可乘鹤飞升。见《列仙传·王子乔》

仙骨本微灵鹤远,法心潜动毒龙惊。(唐·许浑《闻释子栖玄欲奉道因寄》)

绿发方瞳瘦骨轻,飘然乘鹤去吹笙。(宋·欧阳修《又寄许道人》)

春风举世知骑鹤,夜雨何人误卧龙。(宋·刘黻《章江信笔》)

梅鹤 指隐居或清高。清·吕留良等《宋诗抄·林和靖诗抄序》:"林逋,字君复,杭之钱塘人。少孤,力学刻志不仕,结庐西湖孤山……逋不娶,无子,所居多植梅畜鹤,泛舟湖上,客至则放鹤致之,因谓'梅妻鹤子'云。"

野鹤 喻仪表超群。或指人才出众。亦作"野鹤姿""出群野鹤""嵇鹤"。《世说新语·容止》:"有人语王戎曰:'嵇延祖(绍)卓卓如野鹤之在鸡群。'答曰:'君未见其父耳。'"其父为嵇康,《容止》说:"嵇康身长七尺八寸。见者叹曰:'萧萧肃肃,爽朗清举。'"

道人野鹤姿,昂昂在鸡群。(宋·王之道《送尚老之江西》)

乘黄鹤 喻一去不复返,或直用其事,以吊古思今,抒发某种情怀。亦作"黄鹤""骑黄鹤"。见宋·李昉等编修《太平御览》卷九一六"羽族部三""鹤"引任昉《述异记》。

仙人有待乘黄鹤,海客无心随白鸥。(唐·李白《江上吟》)

乘轩鹤 ①指宠遇不当。②咏鹤。亦作"轩鹤""乘轩""卫鹤"。《左传·闵公二年》:"狄人伐卫。卫懿公好鹤,鹤有乘轩者。将战,国人受甲者皆曰:'使鹤,鹤实有禄位,余焉能战!'……卫师败绩。"

谤起乘轩鹤,机沈在槛猿。(唐·许浑《太和初靖恭里感事》)

九皋鹤 喻名声远扬。《诗经·小雅·鹤鸣》:"鹤鸣于九皋,声闻于野。"毛氏传:"皋,泽也。言身隐而名著也。"

山势嵯峨接远峰,九皋鹤唳彻长空。(宋·赵瞻《鹤鸣古洞》)

寿中鹤 指高寿之人。《淮南子·说林训》:"鹤寿千岁,以极其游;蜉蝣朝生而暮死,而尽其乐。"

文中虎,寿中鹤,酒中鲸。(宋·石麟《水调歌头》)

羊公鹤 喻徒有盛名但临场表现极不相称的人。亦作"不舞之鹤"。《世说新语·排调》:"刘遵祖少为殷中军所知,称之于庾公。庾公甚忻然,便取为佐。既见,坐之独榻上,与语,刘尔日殊不称,庾小失望,遂名之为'羊公鹤'。昔羊叔子有鹤善舞,尝向客称之。客试使驱来,氃氋而不肯舞。故称比之。"殷中军,指殷浩。庾公指庾亮。羊叔子指羊祜。氃氋,音tóng méng,羽毛松散的样子。

座中客笑羊公鹤,帐底人窥魏

武刀。（清·金以成《出都作》）

知时鹤 指鹤夜半而鸣。《淮南子·说山训》："鸡知将旦，鹤知夜半，而不免于鼎俎。"高诱引："鹤夜半而鸣也，以无智谋不能免于鼎俎。"

独有知时鹤，虽鸣不缘身。（唐·韩愈《杂诗四首》其四）

北山猿鹤 指与隐士生涯相关连之物。又作"晨猿夜鹤""辜负猿鹤""故山猿鹤""啼猿唳鹤"。南朝齐·孔稚珪《北山移文》："至于还飙入幕，写雾出楹，蕙帐空兮夜鹤怨，山人去兮晓猿惊。"李周翰注："此因山言之，故托猿鹤以寄惊怨也。"

北山猿鹤久为邻，闲里生涯梦里人。（宋·释行海《元日》）

缠腰骑鹤 指欲实现各种欲望。也作"万钱骑鹤""腰金骑鹤""跨扬州鹤"。唐无名氏《商芸小说》："有客相从，各言所志，或愿为扬州刺史，或多赀财，或愿骑鹤上升。其一人曰：'腰缠十万贯，骑鹤上扬州。'欲兼三者。"

谁跨扬州鹤去，已怨故山猿老，借箸欲前筹。（宋·方岳《水调歌头》）

立尽斜阳更新月，缠腰骑鹤此君游。（宋·许月卿《赋吴廷圭篔西亭》）

乘龙驾鹤 指神仙、道士出行。《庄子·逍遥游》："藐姑射之山，有神人居焉。……乘云气，御飞龙，而游乎四海之外。"

乘龙驾鹤不须惊，此是金丹一粒灵。（宋·张继先《金丹诗四十八首》其二七）

虫沙猿鹤 指战败导致官兵死亡。晋·葛洪《抱朴子》："周穆王南征，一军皆化，君子为猿为鹤，小人为虫为沙。"

穆昔南征军不归，虫沙猿鹤伏以飞。（唐·韩愈《送区弘南归》）

焚琴煮鹤 指败兴杀风景之事。又作"烹琴鹤"。宋·胡仔《苕溪渔隐丛话》前集卷二二引宋·蔡絛《西清诗话》："《义山杂纂》，品目数十，盖以文滑稽者。其一曰'杀风景'，谓清泉濯足，花下晒裈，背山起楼，烧琴煮鹤，对花啜茶，松下喝道。"

吹竹弹丝谁不爱，焚琴煮鹤人何肯。（宋·洪适《满江红·春色忽忽》）

鸡不如鹤 讽刺贵远轻近。春秋时，田饶因鲁哀公不重视自己，曾以鸡、鹤作比，说鸡虽有"五德"，仍免不了被人轻视。这是因为近而易得的缘故。黄鹄（鹤属）虽有赖于人，却极受爱护，就是因为不易得之故。人主贵远贱近，不识贤臣，与此相同。见《韩诗外传》卷二第二十三章。

远物皆重近皆轻，鸡虽有德不如鹤。（唐·鲍防《杂感》）

日下鸣鹤 指文人才高且名字不俗。《世说新语·排调》："荀鸣鹤、陆士龙二人未相识，俱会张茂先坐。张令共语。以其并有大才，可勿作常语。陆举手曰：'云间陆士龙。'荀答曰：'日下荀鸣鹤。'"

名因日下荀鸣鹤，迹逮春明孙北平。（清·爱新觉罗·弘历《〈日下旧闻考〉题辞》）

一龟一鹤 指称美州郡长官为政清廉。宋·赵善璙《自警篇·嗜好》："赵清献公初任成都，携一龟一鹤以行。其再任也，屏去龟鹤，止苍头执事。"

更借当年，一龟一鹤，伴千秋寿。（宋·李曾伯《醉蓬莱·把东南温厚》）

一琴一鹤 形容趣味高雅。亦作"素琴独鹤"。见宋·沈括《梦溪笔谈》卷九《人事一》。

亭台巧，一琴一鹤，泥絮心田。（宋·夏元鼎《沁园春·天下江山》）

云中白鹤 喻人格高洁。见《三国志·魏书·邴原传》注引《邴原别传》。

胡子云中白鹤，林生初发芙蓉。（宋·阮阅《诗话总龟》卷八引潘大临诗）

黑hè 另见264页hēi。

〔古〕入声，十三职。〔逆〕昏～黧～墨～漆～守～乌～曛～鸦阵～黝～月～〔顺〕～黯～彪～苍苍～潮～沉～粗～翠～丹～帝～貂～风～管～酣～祲～精～框～浪～理～亮～潦～林～凌～龙～绿～麻～霉～墨～眸～牡～牌～魄～髯～日～神～蜃～绳～眚～绶～霜～说～潭～糖～陶～体～田～帖～瞳～翳～雨～月～晕～藻～盏～章～帜～质～竹～妆～浊〔例〕辉光何所如，月在云中黑。（唐·韦应物《杂体五首》其一）魂来枫叶青，魂返关塞黑。（唐·杜甫《梦李白二首》其一）

〔典〕**守黑** 指安于暗昧的地位。《老子》第二八章："知其白，守其黑，为天下式。"

在洗心而息虑，亦知白而守黑。（唐·杜光庭《纪道德》）

吓(嚇)hè 另见26页xià。

〔古〕入声，十一陌。〔逆〕逼～鸱～喘～恫～虢～呵～虎～唬～惊～恐～诓～诳～骗～驱～啊～威～相～讻～诱～诈～震～撞～〔顺〕～恐～怒～骗～辱～射～协～诈〔例〕举手谢飞鸢，一鼠何劳吓。（宋·毛滂《秋日书怀》）

褐hè ①用粗麻做成的衣服。②卑贱的人，无官的平民百姓。

〔古〕入声，七曷。〔逆〕败～被～敝～布～草～茶～绨～褫～赤～鹑～毳～貂～短～黑～黄～寄～解～巾～荆～枯竹～披～皮～蒲～裘～濡～山谷～苫～竖～裋～素～獭～檀～絛～縚～韦～委～野～衣～幽～羽～褞～缊～旃～氈～赭～缁～〔顺〕～博～夫～盖～锦～宽博～衾～香～袖～衣〔例〕想得读书窗，岩花对巾褐。（唐·权德舆《送别同用阔字》）僧炉风雪夜，相对眠一褐。（唐·杜牧《池州送孟迟先辈》）

〔典〕**解褐** 指入仕。《汉书》卷八七下《扬雄传下》："夫上世之士，或解缚而相，或释褐而傅。"《晋书·曹毗传》引《对儒》："安期解褐于秀林，渔父摆钩于长川。"

解褐曾縻佐郡官，首得宣城为历试。（宋·王禹偁《送姚著作之任宣城》）

卒岁无褐 指生活贫困。《诗经·豳风·七月》："无衣无褐，何以卒岁！"郑玄笺："褐，毛布也；卒，终也。"

壑hè

〔古〕入声，十药。〔逆〕哀～岑～层～川～大～黛～洞～沟～龟～谿～迴～积～挤～涧～磵～巨～绝～枯～鲲～林～陵～峦～漫～溟～盘～鹏～蹊～峭～穹～丘～邱～泉～畎～山～深～石～松～耸～贪

～潭～填沟～污～雾～溪～豁～巇～岫～虚～渚～崖～烟～岩～炎～夜～义～阴～幽～云～郭～舟～顺～谷～口～舟～子例岁晏风落山,天寒水归壑。(唐·吴少微《和崔侍御日用游开化寺阁》)浮云蔽颓阳,洪波振大壑。(唐·李白《古风》)

典**填沟壑** 指人死后不得其葬者。据《战国策·赵策四》:左师公向赵太后请托,希望自己未填沟壑之前,让自己十五岁的儿子有个职位以卫王宫。后遂以"填沟壑"作为死的婉辞。

民安在?填沟壑。(宋·岳飞《满江红·遥望中原》)

巨鱼纵壑 喻指各得其所、自由自在。见《汉书·王褒传》。

南宫之行勿夷犹,巨鱼纵壑鹰辞鞲。(宋·陈造《送赴省七子》)

一丘一壑 借指隐逸情怀,欣赏山水有兴情和能力。《世说新语·品藻》:"明帝问谢鲲:'君自谓何如庾亮?'答曰:'端委庙堂,使百僚准则,臣不如亮。一丘一壑,自谓过之。'"。

翁意在乎林壑 指陶情山水的心性。宋·欧阳修《醉翁亭记》:"醉翁之意不在酒,在乎山水之间也。山水之乐,得之心而寓之酒也。"

翁意在乎林壑,客亦知夫水月,满腹贮清寒。(宋·刘克庄《水调歌头·落日几呼渡》)

暍hè 中暑。

古入声,六月。又:入声,七曷同。逆道～烦～寒～解～救～渴～热～扇～暑～宛～炎～暍～荫～燠～瘴～中～顺～疾～困～人～暑～死～暍例僧时不听莹,若饮水救暍。(唐·韩愈《送文畅师北游》)万里虚劳肉食费,连头尽被毡裘暍。(唐·元稹《和李校书新题乐府十二首·缚戎人》)

典**救暍** 指在上者抢救中暑者,有颂扬德政之意。传说周武王曾替中暑人扇风取凉。也作"扇暍"。《淮南子·人间训》:"武王荫暍人于樾下,左拥而右扇之,而天下怀其德。"

前圣慎焚巫,武王亲救暍。(唐·杜甫《七月三日亭午已后较热退晚加小凉稳睡》)

郝hè 姓。另见550页hǎo。

古入声,十药。顺～钟

客kè

古入声,十一陌。逆敖～白～白社～棒～暴～避秦～边～辩～标～镳～病～逋～布～才～餐霞～残～槎～禅棲～缠头～尘～出～串～闯～词翰～骢马～雕龙～弔～钓鳌～东山～冯虚～浮～赋～估～罟～官～馆～闺～野～夜～夜半～衣食～揖～异～邑～逸～寅～迎仙～应～佣～庸～幽～右～渔竿～羽～玉堂～寓～鸳鸯～渊～园～远～月～岳～越～云～云水～斋～翟公～杖锡～真～征～正～知～滞～重～朱履～珠履～铸～庄～赘～紫芝～顺～邦～帮～边～窆～殡～鬓～槎～倡～嘲～愁～处～传～窗～刺～单～道～邸～地～丁～冬～董～队～帆～饭～贩～坊～舫～奉～官～馆～行～恨～怀～魂～籍～计～寄～贾～将～将军～梦～民～袍～票～衾～寝～情～容～裳～身～省～食～使～戍～堂～体～亭～土～位～忤～心～星～星槎～形～兴～宿～佣～遇～寓～运～馔例借问持斧翁,几年长沙客。(唐·杜甫《两当县吴十侍御江上宅》)冉冉时将暮,坐为周南客。(唐·陶翰《晚出伊阙寄河南裴中丞》)

典**逋客** 指归隐意志不坚、半途而辍者。见南朝齐·孔稚珪《北山移文》。

此去不缘名利去,若逢逋客莫相嘲。(唐·司空图《光启丁未别山》)

槎客 指乘槎至天河而回的人。见晋·张华《博物志》卷一〇。

细闻槎客语,遥辨海鱼冲。(唐·李洞《秋日同觉公上人眺慈恩塔六韵》)

墨客 指文士。亦作"墨卿"。见《汉书·扬雄传下》。

墨客投何处,并州旧翰林。(唐·白居易《春送卢秀才》)

揖客 指不肯屈膝卑躬,而敢与主人分庭抗礼的来客。见《史记·汲黯列传》。

闻说将军能揖客,安知定远不封侯。(宋·刘克庄《送淮士陈文席》)

颖客 指隐居之高士,亦代称许由。晋·皇甫谧《高士传》卷上《许由》载,尧让天下于许由,由不受而逃去;又召为九州长,由不欲闻之,洗耳于颍水滨。

汉重商贤隐,尧嗟颖客高。(宋·宋庠《谋退四首》其一)

餐霞客 指仙人、道士。见东汉·王充《论衡·道虚》。

幽居正想餐霞客,夜久月寒珠露滴。(唐·施肩吾《秋夜山居二首》其一)

登龙客 指受到名臣接待的人。《世说新语·德行》:"李元礼风格秀整,高自标持,欲以天下名教是非为己任。后进之士,有升其堂者,皆以为登龙门。"

共昔登龙客,仍今同舍郎。(宋·强至《送蹇磻翁都官赴粹梁门》)

钓鳌客 借指豪放不羁、有才能抱负的狂士。五代·何光远《鉴戒录》卷七载,张祐谒李绅时自称"钓鳌客"。李觉此人狂放,愤怒地说,秀才既解钓鳌,以何为竿,以何为钩,以何为饵?张祜曰:"以长虹为竿,以初月为钩,以唐朝李相公为饵。"李绅良久思之:"用予为饵,钓亦不难。"

举手钓鳌客,削迹种瓜侯。(宋·张元干《水调歌头》)

芙蓉客 指显贵的幕府。见《南史·庾杲之传》。

更绛霄、白日下云軿,芙蓉客。(宋·王质《满江红》)

褐衣客 指贫贱之人。《孟子·滕文公上》:"许子衣褐。"东汉·赵岐注:"以毳为之,若今马衣者也。或曰,褐,枲衣也;一曰,粗布衣也。"

谁知褐衣客,憔悴在书窗。(唐·柳中庸《春思赠人》)

龙门客 指受到名臣接待的人,喻指进士登科。《世说新语·德行》:"后进之士,有升其堂者,皆以为登龙门。"刘孝标注引《三秦记》:"龙门,一名河津,去长安九百里。水悬绝,龟鱼之属莫能上,上则化为龙矣。"

老来乍作龙门客,臭味讶君多

似渠。(宋·陈藻《黄景咏七十》)

自怜十载龙门客,来领三科燕席宾。(宋·袁甫《新安乡会》)

穷鸟客 指困境中的遭难者。《后汉书·文苑下·赵壹传》载,赵壹恃才倨傲,为乡党所摈,几至死,得友人救。壹乃贻书谢恩,书中录有《穷鸟赋》一篇,以自拟。

汉阳穷鸟客,梁甫卧龙才。(唐·骆宾王《幽縶书情通简知己》)

三千客 指咏门客。亦作"三千士"。《史记·魏公子列传》:"魏公子无忌,魏昭王少子,封为信陵君,礼贤下士,致食客三千人。"

若无三千客,谁道信陵君。(唐·李白《博平郑太守自庐山千里相寻》)

桃源客 指遁居世外的隐者。亦作"桃源士""桃源人""武陵客"。见晋·陶渊明《桃花源记》。

胜游欲尽无穷目,未到桃源客已迷。(宋·陈师道《初到锦城》)

五湖客 指功成身退、隐逸江湖。《国语·越语下》:"范蠡辞于王曰:'君王勉之,臣不复入越国矣。'遂承轻舟以浮于五湖,莫知其所终极。"

轻帆落日五湖客,醉眠何处长安城。(清·龚鼎孳《岭南喜晤曹秋岳作歌》)

五字客 褒扬人的文章才华。《三国志·魏书·钟会传》载,钟会只在虞松所写的表文上改动了五个字,司马师看后极为赞赏。

偏称含香五字客,从兹得地始芳荣。(唐·李商隐《和马郎中移白菊见示》)

献赋客 指以文自荐求仕的人。《史记·司马相如传》载,司马相如以《子虚赋》《大人赋》受到皇上的赏识。《汉书·扬雄传》载,扬雄以献《甘泉赋》《河东赋》《羽猎赋》《长扬赋》受到皇帝的赏识。

同时献赋客,尚在东陵傍。(唐·陶翰《赠郑员外》)

新丰客 喻怀才不遇,壮志难酬,士不得其志。亦作"倦客新丰"。见《新唐书·马周传》。

吾闻马周昔作新丰客,天荒地老无人识。(唐·李贺《致酒行》)

紫烟客 借指隐居山林或遁世求仙者。《列仙传》:"丹火翼辉,紫烟成盖。"

鲁连自是紫烟客,倜傥长揖二千石。(明·卢楠《寄谢逸人四溟二首》其二)

楚台赋客 指男女欢爱。宋玉《神女赋序》:"楚襄王与宋玉游于云梦之浦,使玉赋高唐之事。其夜,王寝,果梦与神女遇,其状甚丽,王异之。"

彩鸾何事逐鸡飞,楚台赋客莫相违。留住行云,好待郎归。(宋·贺铸《摊破木兰花·芳草裙腰一尺围》)

留髡送客 指酒逢知己千杯少。威王招髡(淳于髡)赐之酒,问髡的酒量。髡说自己喝一斗亦醉,喝一石亦醉。威王不解此话。髡说在大王面前喝酒,因为恐惧,喝一斗就会醉;遇到久别重逢的好友,喝五六斗才会醉;参加州闾之会,男女杂坐,喝八斗才会有两三分的醉意;日暮酒阑,合尊促坐,男女同席,主人留髡而送走别的客人,罗襦襟解,微闻芗泽,当此之时,髡心最欢,能饮一石。见《史记·滑稽列传》。

堂上更阑烛灭。记主人、留髡送客。(宋·辛弃疾《水龙吟·昔时曾有佳人》)

鹿鸣仙客 借指通过州县考试的诸生或新及第的进士。《新唐书·选举志上》载,每年仲冬,科举考试结束,在庆贺金榜题名的考生时,都会歌《鹿鸣》之诗。

金榜揭,都是鹿鸣仙客。(宋·吴泳《谒金门·金榜揭》)

南山宾客 指以隐居为仕进阶梯者。唐·刘肃《大唐新语·隐逸》载:"卢藏用始隐於终南山,后官居要职。有道士司马承祯者,睿宗迎至京,将还,藏用指终南山谓之曰:'此中大有佳处,何必在远!'承祯徐答曰:'以仆所观,乃仕宦捷径耳。'藏用有惭色。"

南山宾客东山妓,此会人间曾有无。(唐·白居易《夜宴醉后留献裴侍中》)

虬髯豪客 指行侠仗义的豪杰。见唐·杜光庭《虬髯客传》。

牛角书生,虬髯豪客,谈笑皆堪折简招。(宋·刘克庄《沁园春·一卷阴符》)

骚人墨客 指文学风雅之士。南朝梁·萧统《文选序》:"又楚人屈原,含忠履洁……临渊有怀沙之志,吟泽有憔悴之容,骚人之文,自兹而作。"

有芷弥岸兰弥汀,骚人墨客纫芳馨。(宋·方回《送张子敬》)

咸阳送客 指在国破家败之日送别时的伤感之情。李贺《金铜仙人辞汉歌》:"衰兰送客咸阳道,天若有情天亦老。"

最伤情、送客咸阳,佩结西风怨。(宋·吴文英《琐窗寒》)

烟波钓客 指遁迹江湖的高士。《新唐书·张志和传》载,张志和不复仕,居江湖,自称烟波钓徒。

葺屋为舟,身便是、烟波钓客。(宋·程垓《满江红·葺屋为舟》)

倚歌箫客 指泛舟伴客。苏轼《赤壁赋》:"于是饮酒乐甚,扣舷而歌之。……客有吹洞箫者,倚歌而和之,其声呜呜然,如怨如慕,如泣如诉。余音袅袅,不绝如缕。"

三叹阳春知和寡,但觉光生虚室。何处觅,倚歌箫客。(宋·冯取洽《贺新郎·自顾卑栖翼》)

灞桥狂吟客 指诗思只存在于退隐江湖之时,而不会存在于为官之时。宋·孙光宪《北梦琐言》卷七:"唐相国郑綮虽有诗名,本无廊庙之望。……或曰:'相国近有新诗否?'对曰:'诗思在灞桥风雪中驴子上,此处何以得之。'盖言平生苦心也。"

灞桥更有狂吟客,短鞭破帽貂裘窄。(宋·黎廷瑞《秦楼月·红苞拆》)

临邛沽酒客 指司马相如未发达时曾与卓文君在临邛卖酒。亦作"临邛酒客""临邛客"。《史记·司马相如列传》:"文君夜亡奔相如,相如乃与驰归成都,家居徒四壁立……相如与俱之临邛,尽卖其车骑,买一酒舍酤酒,乃令文君当卢。相如身自著犊鼻裈,与庸保杂作,涤器于市中。"

应讶临邛沽酒客,逢时还作汉公卿。(唐·汪遵《升仙桥》)

刻kè

㊂入声,十三职。㊜暴~褊~逋~

猜～残～惨～察～谗～劖～巉～镵～传～俄～尔～迩～昪～很～狠～金石～峻～刻～扣～枯～苦～酷～兰亭～立～惏～砻～镂～漏～摹～模～墨～墓～虐～掊～峭～切～锲～侵～倾～清～酸～贪～纤～险～阴～幽～迂～渔～逾～玉～诈～忮～骘～重～竹～瑑～撰～篆～琢～纂～【顺】～暴～敝～臂～剥～察～楮～疵～砥～毒～罚～法～奋～符～怪～昪～急～棘～己～俭～减～截～竭～桷～峻～刻～酷～括～勒～厉～吏～励～轹～鳌～廉～敛～炼～吝～镂～漏～铭～木～期～陗～峭～切～顷～求～屈～忍～日～深～绳～省～时～私～舷～限～心～削～剡～意～躁～贼～忮～治～挚～舟～鳌～诛～烛～篆～琢～斲～梓【例】鸣涧惊宵寐,清猿递时刻。(唐·吕温《奉敕祭南岳十四韵》)九天碎霞明泽国,造化工夫潜剪刻。(唐·无名氏《红蔷薇》)

【典】**雕虫篆刻** ①喻小技末道。②指作文章之雕章琢句。汉·扬雄《法言·吾子》:"或问:'吾子少而好赋?'曰:'然,童子雕虫篆刻。'俄而曰:'壮夫不为也。'"

宗师垂手贵天真,肯事雕虫篆刻新。(宋·释法泰《颂古四十四首》其三十四)

克[1] kè

【古】入声,十三职。【逆】必～下～伯～不～猜～冲～刚～攻～亳～忌～济～夹～甲～俭～减～进～腊～屡～麦～谋～陪～掊～扑～祈～千～谦～侵～柔～啬～审～生～省～师～坦～威～温～武～阴～营～战则～忮～自～坐～【顺】～奔～剥～昌～成～承～崇～除～当～笃～敦～夺～伐～伏～服～复～获～己～济～家～俭～减～翦～践～诘～捷～紧～尽～敬～君～龛～堪～扣～勒～厉～励～利～令～隆～乱～落～敏～明～能～枭～宁～平～破～期～勤～攘～让～柔～绍～胜～实～食～寿～丝～殄～膝～协～谐～星～厌～贼～臻～治～忠～终～周～壮～祚【例】靡日不思往,经时始愿克。(唐·张说《游洞庭湖湘》)

【典】**徐孝克** 指离异夫妻复婚。据《南史·徐摛传》附《徐孝克传》,徐孝克是至孝之人,曾把自己的妻子卖给了侯景的部将孔景行(实际是孔景行带人硬抢去的),用所得的谷帛供养生母,他自己也出家当和尚。他那被卖掉的媳妇在孔景行死后,又回到了他身边。大概也是被他的孝心所感动了吧。孝克于是归俗,更为夫妻。

寄语江南徐孝克,一生长短托清尘。(唐·吴融《还俗尼》)

克[2](剋、尅)kè ①战胜,攻取。②伤害,妨害。③约束,限制。④克扣。

【古】入声,十三职。【逆】不～冲～犯～妨～攻～俭～减～进～扣～镂～哀～侵～清～伤～深～刑～战～【顺】～辰～举～期～日【例】七旬罪已服,六月师方克。(唐·张衮《梁郊祀乐章》)

恪 kè ①恭敬。②庄严。

【古】入声,十药。【逆】陂～备～诚～纯～端～敦～恭～共～俭～谨～兢～敬～廉～明～谦～虔～勤～清～慎～孝～严～允～贞～祗～忠～【顺】～恭～固～谨～敬～居～敏～虔～勤～懃～慎～守～顺～言～忠～尊～遵【例】胡为儒家流,没齿勤且恪。(唐·皮日休《初夏游楞伽精舍》)多君富道采,识度两清恪。(唐·陆龟蒙《奉和袭美初夏》)

溘 kè 倏忽,忽然。

【古】入声,十五合。【逆】朝露～溘～【顺】～毙～尽～溘～露～然～丧～逝～死～谢～帀～匝～至【例】飞下雌鸳鸯,塘水声溘溘。(唐·李贺《塘上行》)

嗑 kè 以齿裂坚物。

【古】入声,十五合。【顺】～嗑～口～睡～牙～呷～喳

可 kè 另见78页kě。

【顺】～敦～罕～汗～贺敦

缂(緙)kè 缂丝,也作刻丝。我国特有的一种丝织手工艺,在事先架好的经线上,以各色纬线钩织花纹、花样。也称其成品为缂丝。

【古】《广韵》:入声,麦韵。【逆】打～农家～【顺】～丝～绣

乐(樂)lè 另见137页yuè、574页yào。

【古】入声,十药。【逆】伯～同～【顺】～成～从～耽～道～得～都～方～国～酣～生～圣～士～世～事～属～死～岁～土～推～戏～贤～乡～笑～心～欣～眼～佚～易～轶～逸～忧～欲～宅～战～湛～只～职～旨～志～子【例】崆峒异国谁能托,萧索边心常不乐。(唐·崔湜《大漠行》)后斋草色连高阁,事简人稀独行乐。(唐·韩翃《赠兖州孟都督》)

【典】**伯乐** 指善于发现和选用人才的人。见《战国策·燕策二》。

上惭伯乐顾,中负叔牙知。(唐·张九龄《南还以诗代书赠京师旧僚》)

良乐 指王良和伯乐,喻指善于发现人才的人。见《汉书·叙传上》班固《答宾戏》。

良乐伫目思骥子,工师择材须杞梓。(宋·陈造《送刘常父秋试》)

三乐 指儒家幸福观。《孟子·尽心上》:"孟子曰:'君子有三乐,而王天下不与焉。父公俱存,弟兄无故,一乐也;仰不愧于天,俯不怍于人,二乐也;得天下英才而教导之,三乐也。"

三乐通至道,一言醉孔丘。(唐·吴筠《高士咏·荣启期》)

谢康乐 南朝宋山水诗人谢灵运,曾袭封康乐公,故称。亦作"康乐""谢康"。见《宋书·谢灵运传》。

顿惊谢康乐,诗兴生我衣。(唐·李白《酬殷明佐见赠五云裘歌》)

鸠鹏自乐 指人各有志,人各有其乐。《庄子·逍遥游》:"《谐》之言曰:'鹏之徙于南冥也,水击三千里,抟扶摇而上者九万里。……'蜩与鸒鸠笑之曰:'我决起而飞,抢榆枋,时则不至,而控于地而已矣,奚以之九万里而南为?'"

嗟大小相形,鸠鹏自乐,之二虫又何知。(宋·辛弃疾《哨遍》)

荣期三乐 指达观乐生。《列子·天瑞》:"孔子游于太山,见荣启期行乎郕(郕,音chéng,鲁邑)之野,鹿裘带索,鼓琴而歌。孔子问曰:'先生所以乐,何也?'对曰:'吾乐甚多:天生万物,唯人为贵,而吾得为人,是一乐也;男女之别,男尊女

卑，故以男为贵，吾既得为男矣，是二乐也；人生有不见日月、不免襁褓者，吾既以行年九十矣，是三乐也。贫者士之常，死者人之终也，处常以得终，当何忧哉！’孔子曰：‘善乎！能自宽者也。’”

张翰一杯酒，荣期三乐歌。（唐·白居易《偶作》）

一瓢自乐 指寒士安贫乐道。《论语·雍也》：“子曰：‘贤哉回也！一箪食，一瓢饮，在陋巷，人不堪其忧，回也不改其乐。贤哉，回也！’”

人不堪忧，一瓢自乐，贤哉回也。（宋·辛弃疾《水龙吟·稼轩何必长贫》）

于飞之乐 喻夫妇间的和谐亲密。亦作“凤凰于飞”。《诗经·大雅·卷阿》：“凤凰于飞，翙翙其羽，亦傅于天。”

知鱼之乐 指与物同化，游乐旷达的思想情怀。亦作“知鱼乐”“濠上观鱼”。《庄子·秋水》：“庄子与惠子游于濠梁之上。庄子曰：‘儵鱼出游从容，是鱼之乐也。’惠子曰：‘子非鱼，安知鱼之乐？’庄子曰：‘子非我，安知我不知鱼之乐？’惠子曰：‘我非子，固不知子矣；子固非鱼也，子之不知鱼之乐，全矣。’庄子曰：‘请循其本。子曰“汝安知鱼乐”云者，既已知吾知之而问我，我知之濠上也。’”

勒 lè ①马笼头。②收集缰绳以止马；约束。③率领。④雕刻，写。⑤编纂。另见265页lēi。

古入声，十三职。逆鞍～贝～鞴～鞭～遏～封～凤～勾～鉤～红～黄金～羁～鞯～检～缰～韁～诫～金～金鸡～纠～鸠～鬏～镌～刊～克～刻～揹～控～叩～勑～龙～罗～率～弥～铭～摹～模～摩～磨～抹～辔～迫～拑～钤～钳～谴～强～绳～失～疏～严～鞅～抑～御～约～撰～纂～顺～逼～毕～兵～帛～崇～功～姐～铭～迫～取～石～停～限～休～勋～抑～诈～竹～卒例犛前才人带弓箭，白马嚼啮黄金勒。（唐·杜甫《哀江头》）龙沙早立功，名向燕然勒。（唐·武元衡《塞下曲》）

典**燕然未勒** 指尚未立功。

浊酒一杯家万里，燕然未勒归无计，羌管悠悠霜满地。（宋·范仲淹《渔家傲》）

垃 lè “垃圾”之“垃”的又读。另见7页lā。

捋 lè 另见41页luō。

古入声，七曷。逆虎须～拈～顺～须

肋 lè 另见295页lèi。

古入声，十三职。逆板～骨～鸡～季～九～软～山～胁～顺～板～膜～木～条例君王试遣回胸臆，撮骨锯牙骈两肋。（唐·元稹《望云骓马歌》）

典**鸡肋**[1] 指本身无多大意味，但又不忍丢弃的事物。见《三国志·魏书·武帝传》。

鸡肋曹公忿，猪肝仲叔惭。（唐·罗隐《寄洪正师》）

鸡肋[2] 喻自己身体瘦弱，经不住拳击。《晋书·刘伶传》：“尝醉与俗人相忤，其人攘袂奋拳而往。伶徐曰：‘鸡肋不足以安尊拳。’其人笑而止。”

蛾眉欲碎巨灵掌，鸡肋难胜子路拳。（唐·楚儿《贻郑昌图》）

泐 lè ①石头顺着纹路裂开。②通“勒”，铭刻，书写。

古入声，十三职。逆变～剥～残～陊～谨～刊～漫～铭～摹～磨～圮～石～手～肃～刓～销～耑～顺～布～灭～失～蚀～潭～嵂

鳓(鰳) lè 鱼名。

顺～鱼

仂 lè 余数，零数。另见249页lì。

古入声，十三职。逆余～顺～词～句～语

讷(訥) nè

古入声，六月。逆鄙～惭～吃～钝～凡～戆～寡～蹇～謇～谨～口～羸～鲁～木～讷～朴～愨～柔～涩～言～迂～质～椎～拙～顺～钝～口～讷～朴～涩～慎～言～直～怍例杀人一万，自损三千，到底翫瘾。悬河口讷。（宋·葛长庚《瑞鹤仙·赋情多懒率》）

热(熱) rè

古入声，九屑。逆懊～残～焊～潮～出～触～瘴～毒～耳～烦～沸～伏～赶～贵～滚～寒～暵～熯～焦～燋～苦～酷～隆～面～祥～潜～亲～情～晴～溽～伤～身～生～湿～暑～烫～疼～痛～煨～歊～歇～喧～暄～因人～郁～燠～烝～执～滞～中～庄～顺～币～啜～地～斗～恩～腹～膏～羹～官～旱～化～话～荒～灰～机～疾～客～烙～络～落～莽～门～人～丧～闪～审～升～石～势～手～暑～雾～戏～线～乡～孝～性～学～药～喝～语～源～照～症～衷例潦收江未清，火退山更热。（唐·张说《岳州作》）星桥过客稀，火井蒸云热。（唐·钱起《送薛判官赴蜀》）

典**不因热** 指不依赖他人。又作“不因人热”。《东观汉记·梁红传》：“梁红少孤，以童幼诣太学受业，治《礼》《诗》《春秋》。独坐止，不与人同食。比舍先炊已，呼鸿及热釜炊。鸿曰：‘童子鸿，不因人热者也。’灭灶更燃火。”

潘岳本自闲，梁鸿不因热。（唐·骆宾王《夏日游德州赠高四》）

酒酣耳热 指饮酒作乐。见三国魏·曹丕《与吴质书》。

酒酣耳热自击缶，世闲万事轻鸿毛。（宋·崔与之《寿李参政壁》）

火鼠论寒，冰蚕语热 让永远没有冷的体验的火鼠谈论寒冷的感觉，永不处身于热境中的冰蚕谈论热的感觉。喻指经历不同，感觉不同，难以沟通。见汉·东方朔《海内十洲记》。

火鼠论寒，冰蚕语热，定谁同异。（宋·辛弃疾《哨遍》）

色 sè 另见319页shǎi。

古入声，十三职。逆艾～黯～败～惫～鄙～璧～采～菜～参～嗔～尘～沉香～沉鱼～出世～黜～川～词～辞～慈～粗～村～耽～惮～德～灯～低～动～斗～妒～犯～风～凤～服～改～干～格～縠～归～诡～贵～海～骇～酣～寒～河阳～恨～华～画～荒～晦～蕙～疾～瘠～霁～佳～价～俭～减～降～姣～骄～脚～戒～矜～堇～旌～净～静～遽～愧～老～乐～羸～骊～理～厉～丽～利～戾～栗～敛～练～脉～妙～名～冥～溟～暝～墨～目～男～难～赧～内～泥～捻～佞～弄～怒～

藕～辟～缥～飘～品～起～器～洽～铅～怯～青生～轻～屈～染～桡～食～殊～曙～衰～霜～死～态～贪～外～玩～望～温～五～忤～物～戏～霞～闲～显～香～晓～形～熳～玄～炫～鸦～野～一～怡～义～异～意～阴～音～淫～印～萤～忧～幼～渔～愉～鬻～远～远山～怨～悦～愠～占～战～瘴～贞～阵～振～正～执～掷～中～众～重～诸～驻～足～作～怍～【顺】～变～别～勃～尘～宠～辞～动～额～飞～服～府～光～候～荒～霁～叫～界～沮～拒～空～拉～类～理～力～迷～赧～挠～气～寝～然～认～容～弱～散～色～身～授～丝～斯～天～调～听～忤～舞～物～喜～相～象～笑～养～样～衣～夷～艺～役～欲～长～阵～智～庄～作【例】帘影竹叶起，箫声吹日色。（唐·李贺《相和歌辞》）秦淮有水水无情，还向金陵漾春色。（唐·温庭筠《相和歌辞》）

【典】**空色** 佛教术语，无形叫作空，有形叫作色。《般若波罗密多心经》："色不异空，空不异色；色即是空，空即是色。受想行识，亦复如是。"

却指容颜非我相，自言空色是吾真。（唐·广宣《驾幸圣容院应制》）

餐秀色 ①赞美女子美艳动人。②赞美山川花草的美丽。陆机《日出东南隅行》："美目扬玉泽，蛾眉象翠翰。鲜肤一何润？秀色若可餐。"

堪餐秀色艳，好铺明卧影，两两相酬。（元·王哲《雨中花》）

赠春色 指寄梅花遥念亲友。南朝宋·盛弘之《荆州记》："陆凯与范晔相善，自江南寄梅花一枝，诣长安与晔，并赠花诗曰：'折花逢驿使，寄与陇头人。江南无所有，聊寄一枝春。'"

一枝赠春色，待把金刀，翦倩人传。（宋·无名氏《锦堂春·腊雪初晴》）

好山如好色 指喜爱自然山水。《论语·子罕》："子曰：'吾未见好德如好色者也。'"宋·苏轼《苏轼诗集》卷七《自径山回得吕察推诗用其韵招之宿湖上》诗："多君贵公子，爱山如爱色。"

自笑好山如好色，只今怀树更怀人。（宋·辛弃疾《浣溪沙》）

睡来添醉色 形容女子酒醉经睡未醒之可爱形态。见宋·佚名《海录碎事》卷一〇《后妃门·太真外传》。

比似昭阳恩未得。睡来添醉色。（宋·刘辰翁《谒金门》）

一笑无颜色 形容媚压群芳。唐·白居易《长恨歌》："杨家有女初长成，养在深闺人未识。天生丽质难自弃，一朝选在君王侧。回眸一笑百媚生，六宫粉黛无颜色。"

专宠谁比轻颦，楚腰吴艳，一笑无颜色。（宋·高观国《酹江月·万岩灵秀》）

瑟 sè

【古】入声，四质。又：去声，四寘同。【逆】抖～鼓～挟～胶～锦～鸣～破～凄～秦～琴～清～飒～骚～颂～缩～索～调～畏～淅～湘～萧～潇～屑～雅～瑶～幽～张～赵～梓～醉瑶～【顺】～踧～歌～汩～居～琴～然～瑟～瑟尘～瑟幕～瑟枕～缩～索～韵【例】烟暇共掩映，林野俱萧瑟。（唐·李百药《登叶县故城》）南楚有琼枝，相思怨瑶瑟。（唐·刘长卿《吴中闻潼关失守》）

【典】**撤瑟** 喻病危。《礼记·丧大记》："疾病外内皆埽，君大夫彻县，士去琴瑟。"

始是牵丝日，翻成撤瑟年。（唐·皎然《哭吴县房耸明府》）

改瑟 指改变法度与政令。见《汉书·礼乐志》。

改瑟新元休，持枢赞国成。（宋·高斯得《邹枢密挽诗》）

琴瑟 喻指夫妻关系。《诗经·小雅·常棣》："妻子好合，如鼓琴瑟。"

风波空远涉，琴瑟几虚张。（唐·杜甫《送大理封主簿五郎亲事不合却赴通州》）

由瑟 自谦得道未精。《论语·先进》："子曰：'由之瑟奚为于丘之门？'门人不敬子路。子曰：'由也升堂矣，未入于室也。'"

自悲由瑟无弹处，今作关西门下人。（唐·窦牟《奉酬杨侍郎十兄见赠之作》）

佳人锦瑟 指有美人为之鼓瑟的场景。杜甫《曲江对雨》诗："龙武新军深驻辇，芙蓉别殿漫焚香。何时诏此金钱会，暂醉佳人锦瑟旁。"

幸有佳人锦瑟，玉笋且轻拢。（宋·晁端礼《望海潮·高阳方面》）

树中琴瑟 指最宜制作琴瑟的神桐。见南朝宋·刘敬叔《异苑》卷六。

百年死树中琴瑟，一斛旧水藏蛟龙。（唐·杜甫《君不见简苏徯》）

湘灵鼓瑟 指美妙动人的艺术作品或高雅的艺术境界，唐诗中又用以表现悲思。屈原《楚辞·远游》："使湘灵鼓瑟兮，令海若舞冯夷。"李贤传："湘灵，舜妃，溺于湘水，为湘夫人。"

一道月明天似水，湘灵鼓瑟下长沙。（宋·汪元量《竹枝歌十首》其十）

塞 sè 另见 309 页 sāi、327 页 sài。

【古】入声，十三职。【逆】杜～否～拥～壅～语～郁～【顺】～蔽～聪～耳～隔～诘～咎～绝～陋～路～默～匿～途～涂～望～贤～性～噎～音～渊～怨～责～职【例】况彼身外事，悠悠通与塞。（唐·白居易《谕怀》）忧愁方破坏，欢喜重补塞。（唐·朱昼《喜陈懿老示新制》）

涩（澀、澁）sè ①涩味。②不光滑，不滑润。③声音不顺畅，不流畅。

【古】入声，十四缉。【逆】闇～暗～奥～板～颤～迟～粗～呆～涎～地～钝～干～格～梗～鲠～古～怪～骇～憨～寒～河～晦～棘～艰～简～蹇～謇～脚～谨～佶～路～囊～讷～黏～凝～拗～僻～朴～奇～悭～浅～强～峭～涉～声～鉎～诗～疏～饧～脱～顽～畏～弦～险～崄～羞～锈～哑～喑～莺语～硬～幽～淤～语～燥～质～滞～重～拙～【顺】～辞～道～剂～浪～勒～炼～脉～闷～呐～难～讷～僻～体～噎～滞～重～竹【例】山花夹径幽，古甃生苔涩。（唐·韦应

物《花径》）藕花凉露湿，花缺藕根涩。（唐·李贺《相和歌辞》）

典**阮囊羞涩**　经济拮据，手头没有钱花。《韵府正群玉·阳韵》"一钱囊"："（晋人）阮孚持一皂囊，游会稽。客问：'囊中何物？'曰：'但有一钱看囊，恐其羞涩。'"

啬（嗇）sè　①爱惜。②节省。③吝啬。

古入声，十三职。逆爱～葆～鄙～阏～丰～寒～俭～侥～节～靳～力～敛～遴～贫～悭～省～司～琐～贪～顽～先～纤～颐～羸～珍～顺～夫～祸～克～刻～吝～民～年～气～人～啬～神～细～养

穑（穡）sè

古入声，十三职。逆宝～本～产～丰～耕～禾～稷～力～省～田～吐～务～香～重～顺～臣～地～督～养例少回卿士爱花心，同似吾君忧稼穑。（唐·白居易《牡丹芳》）

轖 sè　①古代车厢旁（或车前曲栏上）用皮革交错缠缚的障蔽物。②塞，气结。

古入声，十三职。逆车～郁～结

圾 sè　又读。另见199页jī、240页jí。

设（設）shè

古入声，九屑。逆安～薄～备～布～敕～筹～春～额～费～供～诡～欢～幻～籍～计～佳～架～俭～醮～警～具～开～看～犒～空～讵～排～施～十～添～徒～显～象～像～脩～宿～严～宴～豫～造～增～张～昭～整～置～重～顺～隘～摆～拜～班～陈～诚～厨～词～辞～次～措～奠～端～铎～棘～戟～祭～间～教～醮～禁～阱～警～罝～局～虡～爵～醴～论～虑～难～弄～譬～奇～如～若～色～赏～榻～网～席～庠～想～心～筵～砚～宴～疑～意～饮～喻～诈～斋～张～帐～置～坐例下奔泥栈楮，上觐云梯设。（唐·苏颋《夜发三泉即事》）吴关倚此固，天险自兹设。（唐·李白《题瓜州新河饯族叔舍人贲》）

典**礼岂为我设**　指名士任情率性，不拘礼法。《世说新语·任诞》："阮籍嫂尝还家，籍见与别。或讥之，籍曰：'礼岂为我辈设也？'"

涉 shè

古入声，十六叶。逆芟～軷～病～博～朝～胆～蹈～登～度～渡～泛～浮～该～干～隔～更～关～贯～过～济～揭～津～进～经～精～迳～跨～窥～阔～历～厉～利～猎～冒～扪～目～盘～披～牵～褰裳～潜～驱～染～霜～溯～通～徒～无～相～学～沿～游～渔～逾～远～招～昭～争～烝～陟～斮～顺～笔～池～道～览～历～厉～履～略～目～难～浅～禽～趣～人～事～手～朔～讼～俗～套～嫌～险～想～学～旬～疑～远～月～阅例湖上水渺漫，清江初可涉。（唐·王昌龄《相和歌辞》其三）猿啸暮应愁，湖流春好涉。（唐·李端《送路司谏侍从叔赴洪州》）

摄（攝）shè　①提起，拿着；统领。②吸引，收摄。③拘捕。④整饬，保养。⑤代理。

古入声，十六叶。逆保～卑～逼～补～差～持～充～瘁～董～督～该～勾～钩～管～护～假～监～兼～检～将～谨～静～纠～拘～居～控～揽～临～领～迷～目～拍～屏～钤～权～善～摄～试～收～首～署～四～讨～提～调～绾～威～卫～文～吸～修～遥～颐～韵～宰～珍～震～镇～征～追～顺～承～持～次～代～牒～放～伏～服～辅～弓～勾～固～官～行～护～化～画～魂～级～假～检～景～居～空～理～力～敛～疗～领～录～论宗～缕～袂～念～判～齐～契～取～任～衽～身～生～盛～食～事～试～收～守～受～属～衰～水～提～提格～威～卫～位～问～悟～息～陷～相～想～心～性～选～扬～养～衣～意～音～勇～御～斋～召～照～詟～政～知～职～制～主～篆～追～祚例挽我过溪桥，请与春风权摄。（唐·汪莘《好事近·挽我过溪桥》）

慑（懾、慴）shè

古入声，十六叶。逆隘～怖～胆～惮～悼～怪～悸～捷～惊～窘～沮～惧～恐～恇～屏～迫～气～怯～耸～悚～惕～退～威～畏～心～悒～忧～战～振～震～镇～顺～北～怖～剉～惮～愕～伏～服～骇～悸～惧～栗～气～怯～屈～慑～耸～悚～愯～畏～息～詟～惴例寒山多幽奇，登者皆恒慑。（唐·寒山《诗三百三首》其一五四）笑谈一镇，单于底事心慑。（宋·程珌《壶中天》）

拾 shè　蹑足而上。另见180页shí。

古《集韵》：入声，二十九叶。顺～级

歙 shè　地名。

古入声，十六叶。顺～钵～浦～县～砚～州

特 tè

古入声，十三职。逆白～标～不～超～崇～单～敌～独～非～匪～丰～伏～刚～耿～攻～孤～寡～怪～瑰～诡～豪～浩～恢～辉～郊～杰～介～迥～绝～峻～伉～魁～明～凝～怒～偏～奇～岂～峭～翘～森～殊～粟～特～挺～瓦～微～伟～险～崄～新～雄～秀～轩～佚～英～渊～贞～卓～顺～拔～拜～本～笔～表～秉～禀～操～诚～出～除～创～达～贷～当～得～的～典～恩～古～骨～化～加～简～见～将～进～绝～命～牛～派～奇～起～迁～遣～群～然～任～煞～甚～生～牲～胜～识～士～书～枢～祀～耸～体～为～兀～务～县～性～秀～银～膺～宥～赞～诏～支～知～旨～至～制～转～卓～奏例西州戎马地，贤豪事雄特。（唐·元稹《寄吴士矩端公五十韵》）生药不生草，无以彰奇特。（唐·苏拯《药草》）

典**百夫之特**　众人中之翘楚。《诗经·秦风·黄鸟》："谁从穆公？子车奄息，维此奄息，百夫之特。"郑玄笺："百夫之中，最雄俊也。"

臞翁铁汉，两贤安在，百夫之特。（宋·刘克庄《水龙吟·先生避谤山栖》）

慝 tè　①同"忒"，过差。②邪恶。③阴气。④灾害。

古入声，十三职。逆百～暴～逼～逋～谗～仇～疵～刺～大～地～恶～烦～方～氛～负～构～遘～蛊～过～怀～回～秽～奸～僭～

浇～狡～纠～九～咎～狙～巨～军～苛～狂～靡～强～亲～群～省～眚～淑～私～蒐～贪～屯～无～瑕～消～销～邪～衺～凶～脩～遗～阴～淫～引～隐～游～怨～云～仄～谮～诈～罪～作～顺～礼～人～伪～作例赖以王猷盛,中原无凶慝。(唐·皎然《同薛员外谊久旱感怀》)乱布斗分朋,惟新间谗慝。(唐·元稹《寄吴士矩端公五十韵》)

忒tè 差误,差错。

古入声,十三职。逆悖～不～差～贰～轨～毫～僭～靡～明～谬～愆～爽～慝～唐古～忒～无～懈～凶～衍～忮～顺～杀～煞～忒例遗文仅千首,六义无差忒。(唐·白居易《伤唐衢二首》其一)伊祈氏,沙际才归,依约春回晓烟湿。老寒犹煞忒。(宋·李曾伯《兰陵王·甚天色》)

忑tè

逆忐～

螣tè 食叶虫。

古入声,十三职。逆百～虺～螟～典螟螣 指食禾苗的害虫。《诗经·小雅·大田》:"去其螟螣,及其蟊贼,无害我田穉。"毛氏传:"食心曰螟,食叶曰螣,食根曰蟊,食节曰贼。"郑玄笺:"此四虫者,恒害我田中之穉禾,故明君以正己而去之。"

洗尽腥膻空万里,屏除螟螣深千尺。(宋·李曾伯《满江红·今岁潇湘》)

仄zè ①倾斜。②狭窄。③内心不安。④仄声。

古入声,十三职。逆逼～惭～赤～反～骞～径～路～旁～碕～歉～倾～深～悚～狭～纤～险～斜～欹～幽～攒～窄～转～顺～隘～步～道～崿～径～陋～媚～目～身～室～悚～慝～歪～微～兀～席～狭～小～影～注冠～足例猿窥曾扑泻,鸟蹋经欹仄。(唐·皮日休《酒中十咏》)绿鬓金钗年少客。愁来懒傍菱花仄。(宋·方千里《渔家傲·冷叶啼鴂声恻恻》)

昃zè ①日过午。②斜,倾斜。

古入声,十三职。逆旰～晷～昏～景～倾～日～下～盈～中～昼～顺～晷～景～日～食～朓例圆光过满缺,太阳移中昃。(唐·李白《君子有所思行》)

啧zè ①吮吸。②大声呼叫。另见 242 页 jí。

古入声,十一陌。逆悲～咄～嗄～嗟～咳～迫～咋～顺～嗄～吮

侧(側)zè 又读。另见 89 页 cè。

崱zè 参差不齐。

古入声,十三职。逆巑～屴～顺～屴～嶷

古入声,十三职。例隐笑甚艰难,敛容还屴崱。(唐·元稹《寄吴士矩端公五十韵》)君子天庙器,头骨何巑崱。(唐·贯休《寄韩团练》)

浙(*淛)zhè ①水名,即今钱塘江。②浙江省。

古入声,九屑。又:去声,八霁同。逆二～两～顺～本～河～水例忽得两篇强健曲,倚回风、洒急凭谁说。嗟巩雒,乃闽浙。(宋·韩淲《贺新郎·又见年年雪》)

这(這)zhè

顺～般个～般样～壁～壁厢～边厢～当儿～的～的是～等样～干～会～会子～末～下～厢～向～些～些个～些子～咱～早晚～阵儿～阵子

跖zhè 又读。另见 182 页 zhí。

四 皆

三韵书对照表

诗韵新编 / 佩文诗韵 / 词林正韵		四皆(平声)	
		阴平	阳平
第五部[九佳(半)]	上平声九佳	街阶皆喈偕(又读)楷(木名)	鞋谐偕鲑(音偕。鲑菜)
第十部[六麻]	下平声六麻	爹嗟(吁嗟)些(有些)	斜(音谐)邪(妖邪)邪(邪许)爷耶琊椰揶鎁
第九部[五歌]	下平声五歌	靴	茄(番茄)伽
第三部[八齐]	上平声八齐		携
未检到的字		秸嗟(音皆。又读)芈(羊鸣)乜掖(塞进)	瘸趌(往来盘旋)斜(音爷。褒斜,谷名)

诗韵新编 / 佩文诗韵 / 词林正韵		四皆(仄声)	
		上声	去声
第五部[九蟹]	上声九蟹	解(理解)	蟹解(音卸。姓)獬
第五部[十卦(半)]	去声十卦		界介届戒诫芥疥解(起解)价(音界。旧称仆人)懈械薤廨邂瀣
第十部[二十一马]	上声二十一马	姐且写野冶也	灺
第十部[二十二祃]	去声二十二祃		借藉(音借。凭借)谢卸榭泻夜
第十七部[十一陌]	入声十一陌		掖腋液
未检到的字		咧苤血(口语音)	蚧趄(趔趄)曳

诗韵新编 / 佩文诗韵 / 词林正韵		四皆(仄声)
		入声
第十六部[三觉][十药]	入声三觉	角(音决。牛角)觉(知觉)珏桷学鸴确慤榷搉岳乐(音乐)鷟药(音岳。去声同)
	入声十药	削(斧削)约脚(音决。手脚)爵嚼(音决。咀嚼)噱(音决。笑)屩攫爝(音决。爝火)矍略掠虐疟却鹊雀(音鹊)谑钥(音悦。锁钥)跃越籥
第十七部[四质]	入声四质	栉(音节。又读)潏(音决。古水名)
第十七部[四质] 第十八部[九屑]	入声四质 入声九屑	拮

续表

词林正韵	佩文诗韵 / 诗韵新编	四皆（仄声） 入声
第十八部［五物］［六月］［九屑］［八黠］［十六叶］	入声五物	倔（音决。倔强）黦（音业。色败）
	入声五物 入声六月	崛掘厥
	入声六月	撅阙（音缺）阙（音雀。宫阙）歇蝎曰蕨蹶（音决。僵蹶）橛劂谒月粤钺樾轧刖
	入声六月 入声九屑	楬
	入声九屑	鳖跌迭揭（音接。若揭）捏瞥撇（勺撇）切（刀切）缺楔薛噎别（告别）蹩螯飕昳（音迭。日过午）垤咥（音迭。啮）结洁杰节截竭碣诘孑疖撷（音协。采撷）桀讦桔颉（音协。颉颃）决绝诀谲抉镢鴂玦觖缬絜穴（墓穴）铁雪别（彆。别扭）列烈劣裂冽洌捩灭蔑篾蠛啮孽臬蘖蘖涅湼隉窃契（音怯。契阔）挈锲阕饕屑渫泄（洩。发泄）绁亵媟血（音谑。上声同）咽（音业。哽咽）悦阅
	入声九屑 入声十六叶	茶
	入声八黠	颉（音结。仓颉）
	入声十六叶	接贴帖（音贴。妥帖）蝶叠牒堞谍碟喋（多话）蹀鲽跕捷（告捷）睫箑（音节。又读）协（音缬）挟（音缬。挟持）勰猎鬣躐镊蹑聂惬箧妾燮屧躞叶（音业。枝叶）靥馌烨
第十九部［十七洽］	入声十七洽	劫胁怯业鄴
未检到的字		憋撧嚱（音曰。干嚱）擷（音节。又读）獗孓噱（音学。发噱）拽（用力拉）瘪撇（撇捺）帖（音铁。请帖）倔（性格粗直）趔嗫镍切（确切）慊捷（音怯。捷捷）帖（碑帖）契（音泄。禹契）禼页厍瀹

平声·阴平

爹 diē

【古】下平，六麻。又：上声，二十哿同。【逆】阿～彼～【顺】～娘

街 jiē

【古】上平，九佳。【逆】都～桑～藁～官～河～花～槐～阶～禁～静～九～拦～流～柳～笼～盘～清～曲～市～天～铜驼～洗～香～星～巡～遥～瑶～游～雨～玉～御～章～转～【顺】～尘～弹～店～鼓～禁～居～垒～邻～路～逻～闾～陌～渠～衢～树～肆～谈～亭～途～芜～巷～心～巡～檐～邮～樾～镇～卒【例】榆荚钱生树，杨花玉糁街。（唐·李白《春感诗》）自从拜郎官，列宿焕天街。（唐·高适《酬裴员外以诗代书》）星散九重门，血流十二街。（唐·曹邺《姑苏台》）

【典】**藁街**　汉时街名，在长安城南门内，为属国使节馆舍所在地。《三辅黄图·长安八街九陌》："陈汤斩郅支王首悬藁街。"

果闻荒谷缢，旋睹藁街烹。（唐·韩偓《隰州新驿》）

昴街　指昴星与天街。古人以为，昴星象征胡人，毕星象征边地的战争。昴星与毕星之间为天街，是胡地与中国的分界。见《汉书·天文志》。

少年塞上秋来早，昴街尚余芒曜。（宋·李曾伯《齐天乐·少年塞上秋来早》）

阶（階、*堦）jiē

【古】上平，九佳。【逆】宝～陛～宾～超～朝～宸～螭～崇～登～封～贵～华～皇～祸～积～基～金～捐～历～躐～乱～玫～门～抹～内～砌～侵～绕～散～山～升～司～太～泰～梯～天～庭～通～文～武～仙～叙～璇～削～勋～徇～檐～瑶～寅～玉～云～中～阼～胙～【顺】～陈～程～墀～宠～除～次～地～牒～封～阁～官～合～篁～祸～矶～藉～渐～街～进～爵～坎～廊～历～厉～蓂～品～屏～坡～墄～砌～荣～赏～侍～室～闼～台～堂～庭～途～位～庑～席～序～绪～勋～沿～檐～迎～由～宇～缘～职～秩～资【例】封霜连锦砌，防露拂瑶阶。（唐·卢照邻《临阶竹》）何以发秋兴，阴虫鸣夜阶。（唐·孟浩然《奉先张明府休沐还乡海亭宴集》）雨声乱灯影，明灭在空阶。（唐·戴叔伦《又酬晓灯离暗室五首》其五）

【典】**兰阶**　代指子侄。晋·裴启《语林》："谢太傅问诸子侄曰：'子弟何预人事，而政欲使其佳？'诸人莫有言者，车骑答曰：'譬如芝兰玉树，欲使生于阶庭。'"

兰阶霜候早，松露穸台深。（唐·王勃《伤裴录事丧子》）

泰阶 古星座名，即三台。上台、中台、下台共六星，两两并排而斜上，如阶梯，故名。借指朝廷君臣与天下百姓。《汉书·东方朔传》："愿陈《泰阶六符》，以观天变。"

圣人御宇宙，闻道泰阶平。（唐·陈子昂《感遇诗三十八首》其二十九）

尧阶 指帝王生活俭朴。旧题周·尹文《尹文子》（《太平御览》卷九九六引）："尧为天子，衣不重帛，食不兼味，土阶三尺，茅茨不翦。"

园绮生虽逢汉室，巢由死不谒尧阶。（唐·徐夤《闻司空侍郎讣音》）

红药翻阶 指中书省的标志，也用于咏芍药花。谢朓《直中书省》："玲珑结绮钱，深沉映朱网。红药当阶翻，苍苔依砌上。"

前知红药翻阶处，别许金腰一朵开。（宋·陈造《次韵赵帅五首》其四）

秸（*稭）jiē

古《广韵》：上平，十四皆。逆稻～苴～麻～秫～黍～菹～顺～莞～席～稈例践蹋比尘埃，焚烧同稿秸。（唐·陆龟蒙《奉酬袭美先辈吴中苦雨一百韵》）

皆 jiē

古上平，九佳。逆尽～孔～率～悉～咸～一～顺～伐～既～悉～喜～忧例布卦求无妄，祈天愿孔皆。（唐·元稹《痁卧闻幕中诸公征乐会饮因有戏呈三十韵》）

典**孔皆** 意为普遍降福。《诗经·周颂·丰年》："以洽百礼，降福孔皆。"

喈 jiē ①喈喈，禽鸟鸣声或女子哭声。②风雨疾速貌。

古上平，九佳。逆凤～哕～两～说～噰～噰～雝～顺～喈例声死更何言，意死不必喈。（唐·孟郊《杏殇》）穹苍真漠漠，风雨漫喈喈。（唐·元稹《痁卧闻幕中诸公征乐会饮因有戏呈三十韵》）

楷 jiē 木名。另见 318 页 kǎi。

古上平，九佳。顺～床～木

嗟 jiē 下条 juē 同。

古下平，六麻。逆哀～悲～惨～称～叱～猝～耋～拊～呼～齎～嗟～矜～惊～怜～留子～谩～悯～戚～钦～呿～阮生～伤～叹～嘻～兴～吁～嘘～猗～噫～忧～怨～咤～长～咨～顺～嗷～恻～称～蹙～悼～毒～愕～愤～夫～伏～服～骇～乎～呼～悔～金～矜～惊～惧～慨～苦～来～来食～美～悯～慕～哦～泣～诮～屈～伤～赏～尚～食～颂～叹～痛～惋～味～唏～欷～惜～嘻～羡～吁～嘘～讶～仰～异～隐～咏～忧～虞墩～怨～哉～赞～重～咨例顾予藜藿士，持此重咨嗟。（唐·刘禹锡《崔元受少府自贬所还遗山姜花以诗答之》）忆吾未冠赏年华，二十年间在咄嗟。（唐·吕温《读小弟诗有感因口号以示之》）万古忽将似，一朝同叹嗟。（唐·孟郊《招文士饮》）

嗟 juē 又读。见上条 jiē。

芈 miē 羊鸣。另见 218 页 mǐ。

古《集韵》：上声，三十五马。逆芈～

乜 miē 眼睛眯成一条缝；眯着眼斜视。

逆斜～顺～嬉～些～邪～斜

些 xiē 另见 50 页 suò。

古下平，六麻。逆些～须～许～争～顺～少～时～微～小～须～需～子景例能到南园同醉否，笙歌随分有些些。（唐·白居易《自题新昌居止因招杨郎中小饮》）笑捻粉香归洞户，更垂帘幕护窗纱。东风寒似夜来些。（宋·贺铸《减字浣溪沙·楼角初销一缕霞》）一槛风声清玉管，数枝月影到窗纱。隔帘时度暗香些。（宋·朱雍《浣溪沙·残日凭阑目断霞》）

靴（*鞾）xuē

古下平，五歌。逆朝～革～吉莫～袴～快～鹿～鸾～蛮～袍～乌～顺～板～鼻～城～服～行～笏～筒～履～帕～袍～皮～衫～扇～统～桶～筒～文～纹例长者子来辄献盖，辟支佛去空留靴。（唐·李商隐《安平公诗》）春来底事，孤负紫袖与红靴。（宋·赵长卿《水调歌头·离愁晚如织》）

典**力士脱靴** 咏李白藐视权贵、狂放自任的性格。《新唐书·李白传》："白尝侍帝，醉，使高力士脱靴。力士素贵，耻之，擿其诗以激杨贵妃，帝欲官白，妃辄沮止。"

一朝力士脱靴后，玉上青蝇生一个。（唐·贯休《古意九首》之八）

面皱如靴 形容为应付他人请托而强作笑容。北宋田元均为了应付权贵子弟托人情，多年强作笑容，自称"笑得面似靴皮"，满面皱纹。详见宋·欧阳修《归田录》卷二。

鹹黄色类栀，面皱纹如靴。（宋·陆游《晨镜》）

掖 yē 塞进。另见 134 页 yè、252 页 yì。

顺～进

平声·阳平

茄 qié 另见 6 页 jiā。

古下平，五歌。逆澄～颠～风～黄～喇～乳～蛇～顺～瓜～泥

伽 qié ①伽蓝，佛教寺院。②茄子。后作"茄"。

古下平，五歌。逆殑～楞～摩登～频～伽～羯～僧～限～顺～蓝～梨～黎～那～南香～楠～楠珠～尼～他～荼～陀～陀罗～耶～子例沉机造神境，不必悟楞伽。（唐·元稹《酬乐天劝醉》）莲掌抚摩亲授记，潮音清妙响频伽。（宋·净圆《望江南·西方好》）

瘸 qué 足跛。

古《广韵》：下平，八戈。顺～腿

斜 xié 另见 14 页 xiá、105 页 yé。

古下平，六麻。逆北斗～鬓～铲～风～隔～横～回～攲～篱～略～乜～嵚～数竿～随～兀～狭～心～烟～雁行～夭～迤～雨～顺～碴～川～刺～刺里～睇～鬌～封～幅～红～晖～辉～攲～脚雨～界～景～径～柯～窥～楞～敛～衺～睨～乜～签～晙～缩～曦～巷～行～曛～崦～掩～罨～雁～萦～影～月～仄～瞻～照例上章尘世隔，看弈桐阴斜。（唐·顾况《题卢道士房》）路远征车迥，山回剑阁斜。（唐·戎昱《送严十五郎之长安》）烟水初销见万家，东风吹柳万

条斜。(唐·窦巩《襄阳寒食寄宇文籍》)

典**疏影横斜** 描写梅花。宋·林逋《山园小梅二首》其一:"众芳摇落独暄妍,占尽风情向小园。疏影横斜水清浅,暗香浮动月黄昏。霜禽欲下先偷眼,粉蝶如知合断魂。幸有微吟可相狎,不须檀板共金尊。"

疏影横斜,暗香浮动,把动春消息。(宋·辛弃疾《念奴娇·未须草草》)

竹外横斜 借指梅花。亦作"竹外一枝斜"。宋·苏轼《和秦太虚梅花》:"多情立马待黄昏,残雪消迟月出早。江头千树春欲暗,竹外一枝斜更好。"

惆怅立马行人,一枝最爱,竹外横斜好。(宋·辛弃疾《念奴娇·是谁调护》)

竹外一枝斜 见104页"竹外横斜"。

竹外一枝斜,野人家。(宋·郑域《昭君怨·道是花来春未》)

鞋xié

古上平,九佳。逆楚~凤~弓~宫~履~芒~蒲~青~撒~僧~绱~丝~筍~跳~翁~象~绣~掌~顺~篮~脸~踪例神女初离碧玉阶,彤云犹拥牡丹鞋。(唐·范元凯《章仇公席上咏真珠姬》)斫树遗桑斧,浇花湿笋鞋。(唐·张祜《题曾氏园林》)朗吟挥竹拂,高楫曳芒鞋。(唐·张祜《题灵隐寺师一上人十韵》)

典**愿作锦鞋** 指对女子过分痴情。晋·陶渊明《闲情赋》:"愿在丝而为履,附素足以周旋;悲行止之有节,空委弃于床前。"

知君欲作闲情赋,应愿将身作锦鞋。(唐·段成式《嘲飞卿七首》之二)

谐(諧)xié

古上平,九佳。逆安~弼~变~啴~阐~嘲~诽~欢~恢~缉~辑~酒~钧~克~敛~敏~俳~齐~佥~谈~调~婉~万国~嬉~谐~迎~应~允~顺~比~畅~称~辞~好~和~诙~诨~捷~款~乐~俪~律~慢~媚~靡~密~妙~敏~穆~偶~耦~俳~妻~契~惬~趣~柔~赏~适~淑~俗~谈~调~婉~文~晤~熙~嬉~笑~协~媟~噱~谑~奏例聊将仪凤质,暂与俗人谐。(唐·卢照邻《临阶竹》)弃置谁复道,但悲生不谐。(唐·储光羲《同王十三维偶然作十首》其六)茫茫南与北,道直事难谐。(唐·李白《春感诗》)

典**齐谐** 代指记述怪异之事的书。《庄子·逍遥游》:"《齐谐》者,志怪者也。《谐》之言曰:'鹏之徙于南冥也……'"

禽鱼各有化,予欲问齐谐。(唐·刘禹锡《闻常山旋师因寄李六侍郎》)

邪xié 另见105页yé。

古下平,六麻。逆诐~谗~谄~触~刺~革~官~诡~怀~回~昏~积~嫉~骄~结~禁~蠲~匡~魔~逆~佞~朋~破~奇~弃~佥~慝~思无~贪~枉~危~微~洿~侠~狎~狭~凶~虚~夭~倚~庸~蠹~忠~顺~陂~悖~嬖~病~谗~谄~痴~侈~词~辞~荡~地~蠹~端~遁~诡~鬼~行~猾~秽~惑~疾~计~津~径~绝~谲~累~吏~沴~戾~乱~论~慢~魅~谋~挠~昵~逆~睨~孽~佞~虐~派~辟~僻~蹊~巧~禽~祟~隧~胎~慝~途~枉~妄~污~幸~言~意~赢~游~谀~灾~造~障~嶂~辙~正~政~指~主例始觉冶容妄,方悟群心邪。(唐·宋之问《浣纱篇赠陆上人》)凯旋献清庙,万国思无邪。(唐·柳宗元《吐谷浑》)一瓢藏世界,三尺斩妖邪。(唐·韩湘《言志》)

典**触邪** 执法官员如侍御史等的喻称。《淮南子·主术训》:"楚文王好服獬冠,楚国效之。"高诱注:"獬豸之冠如今御史冠。"《后汉书·舆服志下》:"法冠,一曰柱后。高五寸,以纚为展筩,铁柱卷,执法者服之。侍御史、廷尉正监平也。或谓之獬豸冠。獬豸,神羊,能别曲直,楚王尝获之,故以为冠。"

观风竞美新为政,计日还知旧触邪。(唐·崔峒《题桐庐李明府官舍》)

携(攜*擕)xié 另见201页xī。

古上平,八齐。逆不~猜~带~分~扶~负~国~解~睽~暌~离~挈~骚~手~袭~玉壶~招~顺~拔~抱~背~步~掣~弛~贰~扶~负~行~壶~屐~将~角~接~解~酒~沮~眷~离~落~侣~率~泮~叛~畔~仆~挈~衾~认~散~爽~提~玩~隙~心~养~姻~杖~拯例玉轸临风奏,琼浆映月携。(唐·卢照邻《山庄休沐》)且维轻舸更迟迟,别酒重倾惜解携。(唐·李煜《送邓王二十弟从益牧宣城》)

典**清献常携** 指鹤或琴。宋·沈括《梦溪笔谈·人事一》:"赵阅道为成都转运使,出行部,内唯携一琴一鹤,坐则看鹤鼓琴。尝过青城山,遇雪,舍于逆旅。逆旅之人,不知其使者也,或慢狎之,公颓然鼓琴不问。"

道临皋亭下,坡仙曾梦,锦宫城里,清献常携。(宋·无名氏《沁园春·有鹤东来》)

偕xié

古上平,九佳。逆孔~俪~偶~齐~夙夜~相~偕~携手~庸~与君~针~顺~行~极~老~偶~世~适~隐例我欲秉钓者,朅来与我偕。(唐·李商隐《井泥四十韵》)五字诗成卷,清新韵具偕。(唐·贾岛《赠友人》)今古偏同此夜,贤愚共添一岁,贵贱仍偕。(宋·胡浩然《送入我门来·荼垒安扉》)

鲑(鮭)xié 鲑菜,鱼类菜肴的总称。另见264页guī。

古上平,九佳。逆鱼~珍~顺~禀~菜~饭~膳~蔬~羞~珍

踅xué ①往来盘旋。②转,折身转去。另见163页chì。

古《集韵》入声,薛韵。逆蹩~盘~转~顺~摸~磨~探~折~褶~转

椰yé 热带木名。

古下平,六麻。逆枣~顺~杯~雕~冠~胡~花~浆~林~瓢~席~揄~榆~玉~枣~珠例御寒衾用罽,挹水勺仍椰。(唐·柳宗元《同刘二十八院长述旧言怀时书事》)

爷(爺)yé

古下平,六麻。逆阿~副~龟~将~神~晚~养~宗~总~族~祖~顺~儿~家~娘~台例持杯祝愿

无他语，慎勿顽愚似汝爷。（唐·白居易《予与微之》）汉儿女嫁吴儿妇，吴儿尽是汉儿爷。（唐·顾况《和知章诗》）

耶yé

古下平，六麻。逆阿～柏～非～赖～摩～镆～毗～若～是～松～耶～顺～乐～娘～溪～许～禺～揄 例欲识云门路，千峰到若耶。（唐·灵一《酬皇甫冉将赴无锡于云门寺赠别》）省分辄自愧，岂为不遇耶。（唐·白居易《答故人》）归来未及问生涯，先问江南物在耶。（唐·白居易《问江南物》）

鄒yé　镆鄒，古宝剑名。

古《广韵》：下平，九麻。逆镆～例血面何须九坠臂，忮心终不怨镆鄒。（宋·刘克庄《有感二首》其一）

铘（鋣）yé

古《广韵》：下平，九麻。逆镆～例下冲割坤轴，竦壁攒镆铘。（唐·杜甫《柴门》）何时执手阑干外，同把功名誓镆铘。（宋·华岳《西爽》）

琊yé　琅琊，琅琊，郡名。

古下平，六麻。逆琅～

揶yé　揶揄的揶。

古下平，六麻。逆揄～顺～弄～揄 例但恨口中无酒气，刘伶见我相揄揶。（唐·卢仝《苦雪寄退之》）阵图谁许可，庙貌我揄揶。（唐·薛能《西县途中二十韵》）

斜yé　褒斜，地名。另见 14 页 xié、103 页 xiá。

古《广韵》：下平，九麻。逆褒～

邪yé　①表示疑问或反诘的语气词，相当于“吗”“呢”。②邪许，指协作劳动、众人齐力时大家一起发出的呼号声。③莫邪，即镆鄒，镆铘。另见 104 页 xié。

古下平，六麻。顺～呼～许 例何事浮溟渤，元戎弃莫邪。（唐·刘长卿《奉送从兄罢官之淮南》）九）帝命守坟，王令修墓，男子正当如是邪。（宋·谢枋得《沁园春·十五年来》）

典**干将与莫邪**　代指宝剑。《太平御览》卷三四三《兵部七十四》引《吴越春秋》：“干将者，吴人，与欧冶同师俱作剑。前献剑一枚，阖闾得而宝之。以故使干将造剑二枚，一曰干将，二曰莫邪。莫邪者，干将之妻名也。”

干将与莫邪，不知几辟灌。（清·李祖年《甲子正月十九日步韵作答》）

仄声·上声

解（*觧）jiě　另见 108 页 jiè、109 页 xiè。

古上声，九蟹。逆谙～暗～别～参～醒～聪～达～倒悬～顿～涣～挥～慧～老妪～憭～领～脔～谬～默～判～譬～融～散～审～疏～体～悟～雾～晞～鳙～晓～心～验～颐～谕～指～顺～鞍～辫～骖～嘲～酲～弛～愁～倒悬～厄～帆～舫～分～纷～绂～韨～缚～割～傩～馆～冠～褐～恚～祸～惑～角～巾～扣～缆～铃～马～袂～盟～免～冕～民悬～酩～难～囊～纽～佩～譬～人～人颐～绶～纾～束～祀～榻～橐～箨～役～意～印～印绶～缨～忧～语～语花～谕～喻～冤～愠～簪～桎～舟～组 例江山如有待，此意陶潜解。（宋·黄庭坚《菩萨蛮·半烟半雨溪桥畔》）叠鼓嘲喧，彩旗挥霍，苹汀薄晚，兰舟催解。（宋·贺铸《菱花怨·叠鼓嘲喧》）

典**郭解**　借指侠客。《史记·游侠列传·郭解传》：“郭解，轵人也，字翁伯……解为人短小精悍，不饮酒……及解年长，更折节为俭，以德报怨，厚施而薄望。然其自喜为侠益甚。……太史公曰：然天下无贤与不肖，知与不知，皆慕其声，言侠者皆引以为名。”

邓通岂不富，郭解安得贫。（宋·苏轼《用前韵再和孙志举》）

醒初解　唐玄宗曾借海棠睡未足，以比拟杨贵妃醉酒未醒时的情态。《太真外传》：“上皇登沉香亭，诏太真妃子。妃子时卯醉未醒，命力士从侍儿扶掖而至。妃子醉颜残妆，鬓乱钗横，不能再拜。上皇笑曰：‘岂是妃子醉，真海棠睡未足耳。’”

夺尽群花色，浴才出，醒初解，千万态，娇无力，困相扶。（宋·刘克庄《六州歌头·维摩病起》）

香囊解　代指男女爱情。汉·繁钦《定情诗》：“我即媚君姿，君亦悦我颜。何以致拳拳，绾臂双金环。何以致殷勤，约指一双银。何以致区区，耳中双明珠。何以致叩叩，香囊系肘后。”

销魂、当此际，香囊暗解，罗带轻分。（宋·秦观《满庭芳·山抹微云》）

不求甚解　指读书时不过分探求深层含义，多形容一种放达的生活态度。晋·陶渊明《五柳先生传》：“好读书，不求甚解；每有会意，便欣然忘食。”

书不求甚解，琴聊以自娱。（唐·白居易《松斋自题》）

障泥未解　指乘马渡水未果。《世说新语·术解》：“王武子善解马性。尝乘一马，著连钱障泥，前有水，终日不肯渡。王云：‘此必是惜障泥。’使人解去，便径渡。”

障泥未解玉骢骄，我欲醉眠芳草。（宋·苏轼《西江月·照野弥弥浅浪》）

姐jiě

古上声，二十一马。逆阿～家～乳～姨～顺～弟～儿～妹～丈

咧liě

苤piě　苤蓝，又名球茎甘蓝。

且qiě　另见 426 页 jū。

古上声，二十一马。逆蠃～俄～反～方～更～苟～姑～固～果～行～会～或～兼～久～聊～权～然～尚～甚～抑～犹～又～顺～并～当～道～夫～复～可～况～如～使～说～听～喜～休～由～犹～住～自～做 例吾道谅如斯，立身无苟且。（唐·刘驾《青门路》）

典**畏余且**　指有道法者却无法使自己避祸免灾。据《庄子·外物》载，宋元君夜半得神龟托梦求助，说自己被渔者余且网住擒获。次日。宋元君召问余且得知属实，令献所获龟，“龟至，君再欲杀之，再欲活之，心疑，卜之，曰：‘杀龟以卜，吉。’乃刳龟，七十二钻而无遗策。仲尼曰：‘神龟能见梦于元君，而不能避余且之网；知能七十二钻而无遗策，不能避刳肠之患。如是，则知有所困，神有所不及也。’”亦作“畏豫且”。

有志酬毛宝，无心畏豫且。（唐·李群玉《龟》）

写（寫）xiě　①从一处移至他处。

②宣泄，排遣。③描写；写作。④书写。

古上声，二十一马。逆暗～标～布～草～陈～独～敷～环～绘～极～竞～口～漫～摸～披～铺～染～熔～申～舒～摅～输～抬～陶～条～帖～贴～图～闲～迻～移～吟～佣～攒～顺～白～诚～仿～放～愤～副～雇～怀～鉴～境～具～据～录～篆～貌～妙～念～情～神～似～疏～述～思～物～像～效～心～形～移～映～忧～韵～载～真～纸～志～状例富贵未可期，殷忧向谁写。（唐·李白《冬夜醉宿龙门觉起言志》）几多方寸关情话。都付与、弦声写。（宋·贺铸《辨弦声·琼琼绝艺真无价》）

典**歌管陶写** 指借助音乐来陶冶、发泄哀伤的情感。《世说新语·言语》："谢太傅语王右军曰：'中年伤于哀乐，与亲友别，辄作数日恶。'王曰：'年在桑榆，自然至此，正赖丝竹陶写。恒恐儿辈觉，损欣乐之趣。'"

儿声歌管，正须陶写，翻作伤心调。（宋·贺铸《御街行·松门石路秋风扫》）

血xiě 口语音。另见131页xuè。

野（*埜）yě

古上声，二十一马。逆稗～蔽～边～草～麇～赤～畴～春～鹑～村～大～垌～都～遁～芳～分～孤～广～犷～寒～横～荒～霁～郊～迥～九～巨～旷～俚～连～凉～燎～林～陋～鹿～漫～漠～牧～朴～穷～秋～饶～桑～山～莘～适～疏～霜～朔～四～肆～骇～邃～沃～雾～闲～乡～襄～巷～秀～墟～雪～煙～岩～炎～妖～遗～邑～盈～愚～质～中～走～顺～艾～鄙～泊～材～采～操～臣～次～道～奠～渡～芳～舫～扉～氛～夫～凫～服～葛～馆～航～褐～鹤～堠～狐禅～荒～火～屐～祭～饯～径～居～客～圹～旷～馈～老～里～俚～燎～猎～林～陋～庐～麻～蔓～氓～莽～耄～麇～幕～衲～酿～癖～朴～圃～蹊～畦～磬～曲～趣～壤～僧～埫～舍～士～蔬～戍～墅～寺～叟～薮～棠～塘～亭～望～翁～屋～舞～鹜～贤～啸～薪～兴～宿～烟～谚～夷～邑～役～驿～逸～意～吟～囿～语～墺～泽～棹～雉～渚～馔～姿例曲几书留小史家，草堂棋赌山阴野。（唐·王维《同崔傅答贤弟》）分飞黄鹤楼，流落苍梧野。（唐·孟浩然《江上别流人》）傅说未梦时，终当起岩野。（唐·李白《酬张卿夜宿南陵见赠》）

典**鹑野** 根据古人星辰观照地域的说法，鹑星的分野为秦地或长安地区。见《史记·天官书》："东井为水事。其西曲星曰钺。"张守节正义。

色摇鹑野霁，影落凤城春。（唐·李子卿《望终南春雪》）

绿野 指宰相或高官闲退优游之处，亦以咏园林。唐宰相裴度晚年于午桥建别墅，名曰绿野堂，公事之余，与白居易、刘禹锡等诗人名士诗酒相娱。详见《旧唐书·裴度传》。

所至民歌遗爱，脱屣归来绿野，笑傲乐天真。（宋·卫时敏《水调歌头·骑鲸紫霞客》）

裴野 见106页"绿野"。

莘野 咏隐居，亦咏宰相。《孟子·万章上》："伊尹耕于有莘之野，而乐尧舜之道焉。"赵岐注："有莘，国名。伊尹初隐之时，耕于有莘之国。"

莘野居何定，浮生知是谁。（唐·齐己《赠白处士》）

梦傅野 指起用贤才。亦作"梦高宗""傅说梦"。《史记·殷本纪》："武丁夜梦得圣人，名曰说。以梦所见视群臣百吏，皆非也。于是乃使百工营求之野，得说于傅险中……举以为相，殷国大治，故遂以傅险姓之，号曰傅说。"

贤非梦傅野，隐类凿颜坯。（唐·杜甫《秋日荆南述怀三十韵》）

同人于野 指聚众到郊外打猎。《易·同人》："同人于野。亨。"

少年时、追欢记节，同人于野。（宋·刘克庄《贺新郎·宿雨轻飘洒》）

冶yě ①熔炼金属；铸造工；铸造的场所。②艳丽，妖媚。③通"野"。

古上声，二十一马。逆百～都～古～蛊～鼓～扈～佳～疆～娇～姣～骄～钧～坑～丽～良～炉～鑪～欧～轻～容～熔～融～柔～水～陶～窕～铁～铜～婉～吴～纤～鲜～闲～销～炫～雅～妍～盐～豔～夭～佚～淫～游～造～甄～铸～顺～步～藏～春～荡～锻～服～葛～华～家～监～句～钧～丽～人～容～色～山～士～氏～铄～思～笑～袖～艳～夷～异～逸～由～游～长例华辀本修密，翠盖尚妍冶。（唐·元稹《八骏图诗》）玉尘铺，桂华满，素光里、更堪游冶。（宋·柳永《甘州令·冻云深》）因念都城放夜。望千门如昼，嬉笑游冶。（宋·周邦彦《解语花·风销焰蜡》）

典**连昌游冶** 咏帝王生活。连昌宫为唐玄宗行宫，唐·元稹《连昌宫词》通过咏叹连昌宫的兴废，表现唐朝政治的混乱，同时对连昌宫往日的繁盛和唐玄宗、杨贵妃的纵情游乐作了生动的描绘。

暗省连昌游冶事，照炫转、荧煌珠翠。（宋·周密《珍珠帘·宝阶斜转春宵永》）

也yě

古上声，二十一马。逆白～耳～可～者～顺～波～波哥～曾～儿～夫～好～么～么哥～么沙～么天～末哥～似～孙～邪～须～耶～已～欤～与～哉～则～者～者么～者也例范蠡常好之，庐山我心也。（唐·王维《送张舍人佐江州同薛璩十韵(走笔成)》）此般风味应无价。寂寞山城人老也。（宋·苏轼《蝶恋花·灯火钱塘三五夜》）那回时、有愿不昏沈，甚近日，依前又也。（宋·晁元礼《鹊桥仙·从来因被》）

典**无能为也** 指年老没有能力做某件事，一般为怨辞。春秋时，晋、秦围郑，郑文公请烛之武见秦君以退兵，烛之武辞以"今老矣，无能为也已"。详见《左传·僖公三十年》。

无能为也，如何对此三杰。（宋·汪晫《念奴娇·相逢草草》）

之乎者也 指迂腐书生咬文嚼字。宋·释文莹《湘山野录》卷中："太祖皇帝将展外城，幸朱雀门，亲自规画，独赵韩王普时从幸。

上指门额问普曰:"何不只书'朱雀门',须著'之'字安用?"普对曰:"语助。"太祖大笑曰:'之乎者也,助得甚事?'"

者也之乎真太错,甘心吞棘吞蓬。(宋·王千秋《临江仙·者也之乎真太错》)

仄声·去声

界jiè

古去声,十卦。逆百~碧落~尘~楚~川~大世~法~凡~梵~佛~福~花~寰~极~疆~净~郡~莲~灵~六~冥~圻~千~壤~三~三千~沙~上~遐~下~香~阎浮~意~远~浊~顺~部~程~道~稻~断~方~分~隔~画~或~疆~境~练~岭~路~满~破~墙~然~壤~天~域~障例莓苔异人间,瀑布当空界。(唐·孟浩然《越中逢天台太乙子》)一晨长隔岁,百步远殊界。(唐·韩愈《雨中寄孟刑部几道联句》)露洗凉蟾,潦吞平野,三万顷非尘界。(宋·贺铸《菱花怨·叠鼓嘲喧》)

典**三千世界** 亦作"大千世界"。指广阔的世界或广阔的宇宙空间。《俱舍论》卷一一:"千四大洲乃至梵世,如是总说为一小千。千倍小千名一中千界,千中千界总名一大千。如是大千同成同坏。"

二八笙歌云幕下,三千世界雪花中。(唐·刘禹锡《福先寺雪中酬别乐天》)

介jiè ①处于两者之间。②间隔。③介绍;介绍人。④铠甲。⑤个。⑥大。

古去声,十卦。逆偪~鄙~褊~宾~隔~耿~鲠~孤~狷~鳞~命~僻~譬~清~绍~身~盛~使~疏~微~侠~遐~孅~闲~崄~一~锱~顺~白~蒂~独~贰~夫~福~妇~圭~行~怀~甲~节~洁~絜~立~鳞~吝~旅~虑~马~眉~丘~然~山~慎~石~恃~寿~特~推~狭~焉~意~帻~直~祉~质~峙~众~胄~僎~倅例念初相遭逢,幸免因媒介。(唐·韩愈《雨中寄孟刑部几道联句》)

届(*屆)jiè 至。

古去声,十卦。逆节~靡~时~天~夷~又~远~顺~候~路~时~止例永此从之游,何当济所届。(唐·孟浩然《越中逢天台太乙子》)斗场再鸣先,遐路一飞届。(唐·韩愈《雨中寄孟刑部几道联句》)

戒jiè

古去声,十卦。逆策~饬~垂~刺~官~规~国~监~谏~鉴~兢~敬~镜~九~咎~具~镌~勑~明~铭~破~前~三~僧~申~遗~豫~斋~箴~诤~谆~顺~朝~牒~定~法~箍~鼓~戢~鉴~节~谨~禁~儆~惧~蜡~路~期~诗~石~食~示~守~书~途~涂~香~勖~训~珠例中心私自儆,何以为我戒。(唐·白居易《高仆射》)愔愔抱所诺,翼翼自申戒。(唐·孟郊《雨中寄孟刑部几道联句》)始觉从前万事非。清齐净戒。(宋·张孝祥《减字木兰花·吹箫泛月》)

典**两戒** 指地理现象。唐代天文历数家释一行认为,天下山河之象,存乎两戒。两戒,指我国南、北两条由山河组成的自然界线。详见《新唐书·天文志一》。

宇宙一舟吾倦矣,山河两戒天知否。(宋·方岳《满江红·且问黄花》)

天戒 古人认为,天象异常是对人间的警戒。见《汉书·五行志》。

上思答天戒,下思致时邕。(唐·白居易《贺雨》)

垂堂戒 指注意安全,不涉险境。《史记·司马相如列传》:"故鄙谚曰:'家累千金,坐不垂堂。'"司马贞索隐:"张揖云:'畏檐瓦堕中人。'"

敢忘垂堂戒,宁将暗室欺。(唐·李商隐《咏怀寄秘阁旧僚二十六韵》)

言者无罪,闻者足戒 指提意见的人只要是善意的,即使说得不对,也是无罪的;被批评的即使没有所有的缺点错误,也是足以引以为戒的。《诗经·大序》:"上以风化下,下以风刺上,主文而谲谏,言之者无罪,闻之者足以戒。"

言者无罪闻者诫,下流上通上下泰。(唐·白居易《采诗官》)

诫(誡)jiè

古去声,十卦。逆备~偏~饬~敕~垂~讽~诰~规~家~监~谏~镜~炯~明~谴~申~圣~十~束~天~五~武~遗~箴~至~顺~诲~勒~厉~励~勉~命~社~慎~世~誓~述~勖~训~语~谕~喻~约例曾非济代谋,且有临深诫。(唐·高适《赠别王十七管记》)默然有所感,可以从兹诫。(唐·白居易《秋池二首》其二)此君精爽知犹在,长与人间留炯诫。(唐·司空图《冯燕歌》)

典**柏人诫** 指帝王出行历险。《史记·张耳列传》:"汉七年,高祖从平城过赵,赵王朝夕袒韝蔽,自上食,礼甚卑,有子婿礼。高祖箕踞詈,甚慢易之。赵相贯高、赵午等年六十余,……说王曰:'……今王事高祖甚恭,而高祖无礼,请为王杀之!'……汉八年,上从东垣还,过赵,贯高等乃壁人柏人,要之置厕。上过欲宿,心动,问曰:'县名为何?'曰:'柏人。''柏人者,迫于人也!'不宿而去。"

万乘慎出入,柏人以为诫。(唐·李白《枯鱼过河泣》)

芥jiè

古去声,十卦。逆埃~虿~尘~地~蒂~浮~腐~负~横~荆~毛~壤~山~石~拾~蜀~台~土~纤~遗~针~顺~虿~蒂~拾~视~羽~舟~子例欲知相从尽,灵珀拾纤芥。(唐·孟郊《雨中寄孟刑部几道联句》)倩洗却、香红尘面,买个扁舟,身世飘萍,名利微芥。(宋·黄公绍《莺啼序·银云卷晴缥渺》)

典**拾芥** 草芥甚微,拾之极易。比喻事物得来毫不费力,事情极易办成。《汉书·夏侯胜传》:"胜每讲授,常谓诸生曰:'士病不明经术,经术苟明,其取青紫如俯拾地芥耳。'"

惬心频拾芥,应手屡穿杨。(唐·唐彦谦《送樊琯司业归朝》)

疥jiè

古去声,十卦。逆疮~瘑~扫~癣~痏~顺~虫~疮~疠~搔~驼~痒例祛烦类决痈,惬兴剧爬疥。(唐·韩愈《雨中寄孟刑部几道联句》)

借jiè

古去声，二十二祃。又：入声，十一陌同。逆褒～薄～撮～揭～醵～赊～豫～暂～摘～顺～春～道～东风～端～兑～麾～镜～令～倩～取～券～如～使～势～榻～题～问～耀～以～意～誉～韵～箸例百万时可赢，十千良易借。（唐·元稹《寄吴士矩端公五十韵》）山疟困中闻有赦，死灰不望光阴借。（唐·李涉《岳阳别张祜》）玉珥传声，羽衣催舞，此欢难借。（宋·李之仪《水龙吟·晚来轻拂》）

藉jiè

①铺垫。②坐卧在某物上。③借助。④假使。另见242页jí。

古去声，二十二祃。逆草～单～荐～枕～顺～姑～令～莫～使～托～子例只缘恩未报，岂谓生足藉。（唐·韩愈《县斋有怀》）

解（*觧）jiè

①发送，选送。唐宋时考进士者多由州县地方选拔发送入试。②押送。③缴纳，交付。另见109页xiè、105页jiě。

古去声，十卦。逆拔～贬～递～点～发～府～护～获～畿～魁～起～佥～签～秋～囚～取～送～提～选～押～验～顺～榜～比～拨～差～当～典～牒～额～赴～贡～官～户～济～荐～交～款～吏～纳～配～遣～券～书～送～帖～头～文～饷～验～役～由

价jiè

旧称仆人。另见23页jià。

古去声，十卦。逆贵～陪～遣～盛～小～走～尊～顺～傧～藩～人

蚧jiè

古《集韵》：去声，怪韵。逆蛤～顺～搔

趄qiè

倾斜；斜靠。另见426页jū。

逆趔～顺～坡～着

谢（謝）xiè

古去声，二十二祃。逆鲍～避～璧～参～曹～陈～徂～殂～摧～祷～雕～高～固～顾～薨～花～寄～咎～溘～李～沦～门～披～禳～入～陶～往～微～委～萎～颜～夭～遥～谒～引～瞻～占～长～中～踵～顺～安吟～豹～鲍～璧～池～池草～池春～辞～奠～短～娥～赋～傅～公～公屐～功曹～郭～屐～家树～敬～酒～康乐～临川～幕～娘～秋娘～阙～世～暑～墅～亭～仙～宣城例赋诗何必多，往往凌鲍谢。（唐·杜甫《遣兴五首》其五）事业窥皋稷，文章蔑曹谢。（唐·韩愈《县斋有怀》）偶披蓑笠事空王，余力为文拟何谢。（唐·贯休《别杜将军》）

典**鲍谢**　南朝诗人鲍照和谢朓的并称。

吾怜孟浩然，短褐即长夜。赋诗何必多，往往凌鲍谢。（唐·杜甫《遣兴五首》其五）

大谢　指南朝山水诗人谢灵运。

有时鬼笑两三声，疑是大谢小谢李白来。（唐·贯休《山中作》）

何谢　南朝梁诗人何逊与南朝齐诗人谢朓的合称。《梁书·何逊传》："世祖著论论之云：'诗多而能者，沈约；少而能者，谢朓、何逊。'"

诗人识何谢，居士别宗雷。（唐·李端《得山中道友书寄苗钱二员外》）

两谢[1]　指谢灵运和谢朓。见《宋书》卷六七《谢灵运传》。

城西两谢俱能文，穰丞精悍吾所闻。（宋·陈师道《送黄生兼寄二谢二首》其一）

两谢[2]　南朝宋谢瞻、谢灵运为同族兄弟，并善文辞，曾从宋武帝刘骏于重阳节在戏马台宴集赋诗。见《宋书》卷五六《谢瞻列传》。

几人黄菊上华颠，戏马台南追两谢。（宋·黄庭坚《定风波·次高左藏使君韵》）

沈谢　南朝宋诗人谢灵运与南朝梁诗人沈约的合称。

从骑尽幽并，同人皆沈谢。（唐·韩翃《祭岳回重赠孟都督》）

陶谢　陶渊明、谢灵运的并称。陶善写田园诗，谢长于山水诗，两人都擅长于描写自然景物。后指工于山水田园诗的诗人。

喜于风骚地，忽见陶谢手。（唐·李群玉《赠方处士兼以写别》）

王谢　王姓、谢姓在东晋为望族，因以之代指世家或名流。

旧时王谢堂前燕，飞入寻常百姓家。（唐·刘禹锡《金陵五题乌衣巷》）

小谢　指南朝齐诗人谢朓。见《南齐书》卷四十七《谢朓列传》。

蓬莱文章建安骨，中间小谢又清发。（唐·李白《宣州谢朓楼饯别校书叔云》）

颜谢　南朝宋诗人颜延之与谢灵运的并称。见《宋书·颜延之传》。

地扇邹鲁学，诗腾颜谢名。（唐·李白《留别金陵诸公》）

兰亭王谢　指名人雅会。《晋书·王羲之传》："会稽（今浙江绍兴）有佳山水，名士多居之。谢安未仕时亦居焉……（羲之）尝与同志宴集于会稽山阴之兰亭，羲之自为之序以申其志。"

懒追陪、竹林嵇阮，兰亭王谢。（宋·刘克庄《贺新郎·拂袖归来也》）

凌鲍谢　指诗才很高。唐·杜甫《遣兴五首》其五："吾怜孟浩然，短褐即长夜。赋诗何必多，往往凌鲍谢。"

赋诗真可凌鲍谢，短褐岂愧公卿尊。（宋·黄庭坚《题孟浩然画像》）

懈xiè

古去声，十卦。逆弛～怠～堕～惰～放～匪～隳～沮～宽～离～疲～轻～疏～送～酥～体～替～嬉～虚～淹～顺～笔～弛～怠～堕～惰～骨～忽～话～涣～劲～沮～倦～慢～忒～息～意

蟹（*蠏）xiè

古上声，九蟹。逆螯～把～蚕～橙～赤～稻～腹～膏～横行～紫～醉～顺～杯～断～厄～行书～蝼～螺～胥

典**持蟹**　指名士放达。《世说新语·任诞》："一手持蟹螯，一手持酒杯，拍浮酒池中，便足了一生。"

半醉忽然持蟹螯，洛阳告捷倾前后。（唐·高适《洛阳告捷遂作春酒歌》）

八跪蟹　蟹有八足，故称八跪。《荀子·劝学》："蟹六跪而二螯。"

八跪蟹肥，四腮鲈美，客有可人招不来。（宋·李曾伯《沁园春·绮阁香销》）

怒移蟹　指迁怒于人。《晋书·解系传》："伦、秀以宿憾收系兄弟。梁王肜救系等，伦怒曰：'我于水中见蟹且恶之，况此人兄弟轻我邪！

此而可忍，孰不可忍！'彤苦争之不得，遂害之，并戮其妻子。"

怒移水中蟹，爰及屋上乌。（宋·苏轼《故周茂叔先生濂溪》）

械xiè

古去声，十卦。逆盗～耕～工～贯～甲～利～系～刑～舆～赃～战～重～赀～锱～顺～梏～节～解～颈～具～槛～器～送～系～用～战～致例美君知道腴，逸步谢天械。（唐·韩愈《雨中寄孟刑部几道联句》）

卸xiè

古去声，二十二祃。逆不～弛～辞～躲～帆初～规～解～马～起～委～诿～征鞍～顺～鞍～除～帆～肩～脚～席～责～篆例十二学弹筝，银甲不曾卸。（唐·李商隐《无题二首》其一）俗状既能遣，尘冠聊以卸。（唐·陆龟蒙《奉和袭美太湖诗二十首·上真观》）暮色分平野，傍苇岸、征帆卸。（宋·周邦彦《塞垣春·暮色分平野》）

典**随瓜卸**　指官员任期已满。《左传·庄公八年》："齐侯使连称、管至父戍葵丘。瓜时而往，曰：'及瓜而代。'期戍，公问不至。请代，弗许，故谋作乱。"

是则龟组随瓜卸，好规模、分付来者。（宋·陈著《宝鼎现·望京门外》）

榭xiè

古去声，二十二祃。逆冰～池～楚～风～府～宫～观～花～迥～离～楼～绮～琴～曲～水～台～亭～危～文～舞～香～轩～宣～燕～阳～峣～瑶～謻～月～云～竹～例九华太守行春罢，高绛红筵压花榭。（唐·顾云《池阳醉歌赠匡庐处士姚岩杰》）三月十三寒食夜。映花月、絮风台榭。（宋·贺铸《辨弦声·琼琼绝艺真无价》）

泻(瀉)xiè

古去声，二十二祃。又：上声，二十一马异。逆奔～崩～迸～春流～倒～洞～沸～鼓～浚～喷～劈～倾～舒～输～淘～通～泄～悬～溢～泽～斟～注～顺～辩～地～湖～泪～溜～囊～润～土～邪～月～证～注例香炉远峰出，石镜澄湖泻。（唐·王维《送张舍人佐江州同薛璩十韵（走笔成）》）飒飒秋雨中，浅浅石溜泻。（唐·王维《辋川集·栾家濑》）遥望齐州九点烟，一泓海水杯中泻。（唐·李贺《梦天》）

灺(*炧)xiè　①灯烛余烬。②灯烛熄灭。③灯烛；烛光。

古上声，二十一马。逆残～灯～飞～寒～灰～金～香～烛～顺～泪例竹蠹茅亦干，迎风自焚灺。（唐·元稹《茅舍》）繁华谁解，再向天公借。剔残红灺。（宋·蒋捷《女冠子·蕙花香也》）

薤xiè　藠头。

古去声，十卦。逆拔～白～葱～倒～蒿～金～韭～露～霜～玉～顺～歌～露～书例扫掠黄叶中，时时一窠薤。（唐·王建《荒园》）宁思子产冰，肯羡任棠薤。（唐·贯休《上孙使君》）

典**拔薤**　指铲除豪强。《后汉书·庞参传》："拜参为汉阳太守。郡人任棠者，有奇节，隐居教授。参到，先候之。棠不与言，但以薤一大本，水一盂，置户屏前，自抱孙儿伏于户下。主簿白以为倨。参思其微意，良久曰：'棠是欲晓太守也。水者，欲吾清也。拔大本薤者，欲吾击强宗也。抱儿当户，欲吾开门恤孤也。'于是叹息而还。参在职，果能抑强助弱，以惠政得民。"

三年拔薤成仁政，一日诛茅葺所居。（唐·吴融《和峡州冯使君题》）

拔薤已观贤守政，折蔬聊慰故人心。（宋·苏轼《又次韵二守同访新居二首》其二）

廨xiè

古去声，十卦。逆府～公～官～郡～尉～汛～驿～营～州～倅～顺～钱～舍～署～田～宇

解xiè　①武术的套路。②懈怠。后写作"懈"。另见108页jiè、105页jiě。

古上声，九蟹。逆二～顺～惰～垢～骨～果～后～逅～沮～倦～慢～嫚～舍～署～隋～亭～息～休～盐～豸～廌～廌冠

獬xiè

古上声，九蟹。顺～冠～豸～豸冠～廌

邂xiè

古《广韵》：去声，十五卦。顺～逅

瀣xiè　沆瀣，露气。

古去声，十卦。又：去声，十一队同。逆沆～玉～顺～沆～气例空翠湿衣不胜寒，日华金掌沆瀣。（宋·黄公绍《莺啼序·银云卷晴缥缈》）

典**沆瀣**　①指仙露。②指美酒。③指水果的汁液。《楚辞》旧题战国楚·屈原《远游》："餐六气而饮沆瀣兮，漱正阳而含朝霞。"

檐前漱晓穹苍碧，庭下眠秋沆瀣津。（唐·薛能《上盐铁尚书》）

乐报箫韶发，杯看沆瀣生。（唐·杨巨源《春日奉献圣寿无疆词十首》之八）

沆瀣含酸，金罂裹玉，蔌蔌吴盐轻点。（宋·史达祖《齐天乐·赋橙》）

夜(*亱)yè

古去声，二十二祃。逆薄～逼～不～残～彻～弛～冲～除～传～灯～独～犯～放～更～寒～花月～晦～昏～嘉～禁～警～竟～朗～累～良～凉～漏～买～年～祇～潜～雪～雁～遥～银～夤～永～元～照～镇～终～烛～专～子～顺～艾～奔～残～草～叉～禅～发～飞蝉～分～光璧～航～航船～合～何其～壑～话～昏～魂～觉～阑～漏～明～明犀～幕～柝～未央～午例水国叶黄时，洞庭霜落夜。（唐·李端《古别离二首》其一）昼洗须腾泾渭深，朝趋可刷幽并夜。（唐·杜甫《骢马行》）吾怜孟浩然，裋褐即长夜。（唐·杜甫《遣兴五首》其五）

典**大夜**　指人死似长眠不醒。南朝梁·王僧孺《从子永宁令谦诔》："昭涂长已，大夜斯安。"

昔朝曾侍玄宗侧，大夜应归贺监边。（唐·曹松《吊李翰林》）

叔夜　指名士嵇康。见《晋书·嵇康传》。

我师嵇叔夜，世贤张子房。（唐·杜甫《入衡州》）

灞陵呵夜　喻失势者遭人欺凌或侵辱。《史记·李将军列传》："顷之，家居数岁。广家与故颍阴侯孙屏野居蓝田南山中射猎。尝夜从

一骑出，从人田间饮。还至霸陵亭，霸陵尉醉，呵止广。广骑曰：'故李将军。'尉曰：'今将军尚不得夜行，何乃故也！'止广宿亭下。"

千骑而今遮白发，忘却沧浪亭榭。但记得、灞陵呵夜。（宋·辛弃疾《贺新郎·碧海成桑野》）

不舍昼夜 指利用一切时间，不分昼夜地工作、学习。《论语·子罕》："子在川上曰：逝者如斯夫，不舍昼夜。"

不舍昼夜扬清清，清流回环山奔迎。（宋·金履祥《代张起岩和清塘诗》）

卜昼卜夜 指昼夜宴饮。《左传·庄公二十二年》："（齐侯）使（敬仲）为工正。（敬仲）饮桓公酒，乐。公曰：'以火继之。'辞曰：'臣卜其昼，未卜其夜，不敢。'君子曰：'酒以成礼，不继以淫，义也。以君成礼，弗纳于淫，仁也。'"

卜昼未厌仍卜夜，铜盘高捧烛花然。（宋·朱翌《投壶》）

鄜州今夜 指因故阻隔远方而托夜月以思念亲人。杜甫《月夜》："今夜鄜州月，闺中只独看。遥怜小儿女，未解忆长安。香雾云鬟湿，清辉玉臂寒。何时倚虚幌，双照泪痕干。"

江南无路，鄜州今夜，此苦又谁知否。（宋·刘辰翁《永遇乐·璧月初晴》）

江河流日夜 指初唐四杰的文学遗产将流传不衰。杜甫《戏为六绝句》其二："王杨卢骆当时体，轻薄为文哂未休。尔曹身与名俱灭，不废江河万古流。"

子云何在，应有玄经遗草。江河流日夜，何时了。（宋·辛弃疾《感皇恩·读庄子闻朱晦庵即世》）

腋yè 口语音。见252页yì。

古入声，十一陌。逆两～肘～顺～胳～下例在车如轮辕，在身如肘腋。（唐·白居易《和微之诗二十三首·和寄乐天》）仰思圣明帝，贻祸在肘腋。（唐·舒元舆《八月五日中部官舍读唐历天宝已来追怆故事》）今夜酒醒归去，觉风生两腋。（宋·王庭珪《好事近·宴罢莫匆匆》）

典**清风生两腋** 指饮上品之茶给人带来的感觉。见唐·卢仝《走笔谢孟谏议寄新茶》。

不待清风生两腋，清风先向舌端生。（宋·陈仲谔《送新茶李圣喻郎中》）

液yè 另见252页yì。

古入声，十一陌。逆浆～降～金～津～醴～沥～錬～灵～鸾～琼～霜～松～素～太～泰～汤～琬～温～五～霞～仙～香～玉～云～滋～顺～面例终当遇安期，于此炼玉液。（唐·李白《游泰山六首》之五）姹女飞丹砂，青童护金液。（唐·刘禹锡《游桃源一百韵》）明月堂深，莲花杯软，情重自斟琼液。（宋·扬无咎《夜行船·不假铅华嫌太白》）

典**云液** 指美酒。唐·白居易《对酒闲吟赠同老者》："百事尽除去，尚余酒与诗。……云液洒六腑，阳和生四肢。"

关右土酥黄似酒，扬州云液却如酥。（宋·苏轼《泗州除夜雪中黄师是送酥酒二首》其二）

曳（*拽）yè 口语音。拖；牵引。

逆白～蹩～掣～倒～顿～扶～晃～蹇～逆～殴～疲～漂～飘～撇～驱～屈～容～伸～拖～沿～摇～遥～曳～引～游～臾～逾～顺～白～柴～掣～地～动～缟～革～行～茧～裾～刺～练～娄～履～撒～尾～衔～心～绪～衙～影～云仙～长～踵～足～组

仄声·入声

鳖（鼈、*鼊）biē

古入声，九屑。逆跛～赌～腼～酒～瓮中～珠～顺～伏～行～臛～甲～拗～裙～臑～索～饮～珠例颇奈穷相驴，行动如跛鳖。（唐·卢仝《哭玉碑子》）愁与恨，如山积，被傍人调闻，呢龟成鳖。（宋·华岳《满江红·帘拍风颠》）

典**跛鳖** 喻难以行进。汉·严忌《哀时命》："驷跛鳖而上山兮，吾固知其不能升。"

众中旧骑跛鳖马，塞下新买连钱骢。（宋·梅尧臣《江邻几暂来相见去后戏寄》）

憋biē 憋闷。

古《广韵》：入声，十七薛。逆脾～歪～顺～憋～古～劣～闷～拗～强～慢～性

跌diē ①摔倒。②落下。③跺（脚）。④失误，差错。

古入声，九屑。逆踣～差～磋～宕～颠～蹎～顿～毁～蹶～靡～摩～旁～倾～踒～撞～顺～剥～踣～蹉～宕～顿～翻～风～卦～蹶～目～仆～蹼～失～势～水～踢～蹶～退～踒～抓～误～躞躞～足～坠例搏颊赢马顿，回眸惴人跌。（唐·苏颋《夜发三泉即事》）谁怜我、绮帘前，镇日鞋儿双跌。（宋·无名氏《檐前铁·悄无人》）

典**一跌** 指一次政治上的闪失、差错。汉·扬雄《解嘲》："扬子笑而应之曰：'客徒朱丹吾毂，不知一跌将赤吾之族也！'"

风波一跌逝万里，壮心瓦解空缧囚。（唐·柳宗元《冉溪》）

接jiē

古入声，十六叶。逆傍～绷～逼～宾～博～宠～酬～垂～待～短兵～恩～逢～赴～高～媾～顾～候～诲～降～觐～救～眷～款～礼～鳞～铆～密～逆～黏～攀～盼～陪～骈～聘～軿～亲～倾～衽～容～赏～绥～梯～通～携～逊～烟波～燕～邀～依～蚁～影～诱～援～沾～霑～枝～踵～周～缀～顺～碴～翅～羔～毂～翮～警～境～绝～离～联～履～煞～墒～穗～谈～屋～淅～膝～席～翼～舆～遇～援～踵例清尊湛不空，暂喜平生接。（唐·王勃《春日宴乐游园赋韵得接字》）赤憎轻薄遮人怀，珍重分明不来接。（唐·杜甫《风雨看舟前落花戏为新句》）林间人独坐，月下山相接。（唐·李端《过谷口元赞善所居》）

典**三接** 指帝王礼遇宠臣。《周易·晋卦》："康侯用锡马蕃庶，昼日三接。"孔颖达疏："昼日三接者，言非惟蒙赐蕃多，又被亲宠频数，一昼之间，三度接见也。"

早入八元数，尝承三接恩。（唐·刘禹锡《和浙西李大夫伊川卜居》）

揭jiē ①高举。②持；扛。③举发，公开。④掀开。另见231页qì。

古入声，九屑。逆标～摽～表～高

～揭～括～密～披～签～翘～摸～树～提～条～轩～檐～冤～昭～(顺)～白～参～车～地～帝～黄～骄～瓴～篋～天～挑～帖～席～载～橥(例)而能勤来过，重惠安可揭。（唐·韩愈《送文畅师北游》）强学取科第，名声尽孤揭。（唐·皮日休《二游诗·徐诗》）双鱼洗、冰澌初结。户外明帘风任揭。（宋·张元干《夜游宫·半吐寒梅未拆》）

疖（癤）jiē

(古)入声，九屑。(逆)疮～热～(顺)～疮～子(例)枕兼石锋刃，榻共松疮疖。（唐·皮日休《二游诗·徐诗》）

撅 juē　①拔，拔起。②翘起。③折断。④当面使人难堪；顶撞。

(古)入声，六月。(逆)劣～撞～翘～搜～(顺)～笔～丁(例)何在，忆渠痴小，点点爱轻撅。（宋·尹焕《霓裳中序第一·青颦粲素靥》）

撧 juē　①折断。②抓挠。

(古)《集韵》：入声，十七薛。(逆)拗～生～(顺)～葱～耳～折(例)宝筝弦断尽，但万缕、闲愁难撧。（宋·蒋捷《秋夜雨·金衣露湿莺喉噎》）有人凉满袖，怕汗湿、红绡犹撧。（宋·蒋捷《秋夜雨·檪车转急风如噎》）醉无香嗅醒，但手把、新橙闲撧。（宋·蒋捷《秋夜雨·红麟不暖瓶笙噎》）

捏（*揑）niē

(古)入声，九屑。(逆)编～扶～谎～抟～诬～隐～装～(顺)～揣～词～撮～搭～构～故～怪～积～诀～名～弄～饰～素～塑～酸～贴～诬～陷

瞥 piē

(古)入声，九屑。(逆)电～风花～飘～瞥～去如～斜～眼～(顺)～地～睹～尔～观～忽～列～捩～目～然～闻～眼～映(例)湘江停瑟。洛川回雪。是耶非、相逢飘瞥。（宋·王庭圭《解珮令·湘江停瑟》）不解送情，倚银屏斜瞥。（宋·张炎《惜红衣·两剪秋痕》）佯捻花枝微笑，溜晴波一瞥。（宋·张炎《好事近·葱茜满身云》）

撇 piē　另见122页piě。

(古)入声，九屑。(逆)丢～顿～抛～漂～弃～勺～水面～(顺)～罢～波～吊～放～弃～却～忘～漩～漾～曳(例)你初心誓不赊，旧物怀难撇。（清·洪升《长生殿·补恨》[玉芙蓉]）

切 qiē　①（用刀）分割，截断。②切磋。另见127页qiè。

(古)入声，九屑。(逆)磋～割～镌～刻～琢～(顺)～剥～磋～错～玉(例)四月草不生，北风劲如切。（唐·长孙佐辅《陇西行》）氍毹敝衣无处结，寸心耿耿如刀切。（唐·施肩吾《贫客吟》）

缺 quē

(古)入声，九屑。(逆)崩～剥～裁～褫～疵～凋～断～额～繁～飞～毁～晦～冀～简～蹇～金瓯～匮～烈～陵～缪～罊～撇～秦～青山～散～署～题～颓～陨～亡～微～隙～瑕～罅～悬～湮～歆～遗～盈～圆～月～陨～(顺)～薄～蟾～典～短～额～厄～壶歌～画～襟袍～裾～绝～漓～略～啮～圮～然～衽～如～丧～望～隙～疑～铁～隅～月～政(例)当今廊庙具，构厦岂云缺。（唐·杜甫《自京赴奉先县咏怀五百字》）天涯娟娟常娥月，三五二八盈又缺。（唐·卢仝《有所思》）几回新秋影，璧满蟾又缺。（唐·顾况《奉酬刘侍郎》）

(典)**列缺**　指闪电。汉·扬雄《校猎赋》："立历天之旗，曳捎星之旃，霹雳列缺，吐火施鞭。"

丰隆震天衢，列缺挥火旗。（唐·刘禹锡《诣九龙祠祈雨二十韵》）

壶敲缺　指志士慷慨击节。《世说新语·豪爽》："王处仲每酒后辄咏'老骥伏枥，志在千里。烈士暮年，壮心不已'。以如意打唾壶，壶口尽缺。"

又争知、有客夜悲歌，壶敲缺。（宋·邓剡《满江红》）

杜陵老翁代佛说，长歌自击唾壶缺。（宋·夏天民《题汪水云诗卷》）

金瓯无缺　指国家强盛，领土完整。《南史·朱异传》："（武帝）尝夙兴至武德阁口，独言：'我国家犹若金瓯，无一伤缺。'"

何劳玉斧，金瓯千古无缺。（宋·曾觌《壶中天慢·素飚漾碧》）

乐昌菱花缺　指南朝陈太子舍人徐德言娶乐昌公主为妻，后经陈亡入隋，夫妻离散，终又破镜重圆。"菱花"指菱花镜。详见唐·孟棨《本事诗·情感》。

笑乐昌、一段好风流，菱花缺。（宋·文天祥《满江红·燕子楼中》）

阙（闕）quē　缺。另见129页què。

(古)入声，六月。(逆)败～膀～崩～玷～废～乖～规～衮～荒～毁～简～謦～窠～旷～匮～漏～谬～圮～浅～穷～散～时～積～罔～衍～遗～疑～赢～忧～游～箴～(顺)～败～薄～簿～殆～典～蠹～短～尔～行～景～卷～绝～陋～落～谬～然～如～蚀～违～文～遗～疑～逸～月～政

贴（貼）tiē

(古)入声，十六叶。(逆)叨～户～静～刊～门～熨～宁～平～入～妥～蔚～稳～熨～赠～(顺)～本～旦～断～防～花～黄～鸡～己～里～力～利～恋～落～麻～米～墨～纳～平～谱～巧～权～然～润～膳～射～书～司～题～调～席～写～燮～役～用～运～赠～正～职～助～子词(例)皓齿还如贝色含，长眉亦似烟华贴。（唐·陆龟蒙《陌上桑》）试红鸾小扇，丁香双结。团凤眉心倩郎贴。（宋·冯伟寿《春云怨·春风恶劣》）雁风吹碎珊瑚屑。砚凉闲试霜晴贴。（宋·周密《醉落魄·寒侵径叶》）

帖 tiē　另见122页tiě、130页tiè。

(逆)安～监～弭～宁～凝～平～调～帖～蔚～稳～犀～偃～允～熨～(顺)～耳～黄～例～骑～泰～息～席～胁～职(例)拥兵镇河汴，千里初妥帖。（唐·杜甫《八哀诗·故司徒李公光弼》）独自上西楼，风襟寒帖帖。（唐·韩偓《雨中》）细看艳波欲溜，最可惜、微重重红绡轻帖。（宋·周邦彦《看花回·秀色芳容明眸》）

歇 xiē

(古)入声，六月。(逆)闭～程～辞～等～凋～雕～顿～风～故～记～靠～款～了～零～沦～栖～气～憩～荣～伸～收～衰～停～晚～希～息～猃～香～消～销～歇～休～宿～厌～晏～盈～雨～(顺)～鞍～案～班～泊～场～处～欻～店～

乏～伏～虎～艎～家～间～肩～骄～劲～绝～力～落～马～马杯～灭～拍～浦～憩～晌～身～手～台～晚～息～夏～心～宿～眼～养～荫～帐～枝～中～足～坐【例】宴赏良在兹，再来情不歇。（唐·张九龄《龙门旬宴得月字韵》）林泽来不穷，烟波去无歇。（唐·张说《江路忆郡》）时见归村人，沙行渡头歇。（唐·孟浩然《秋登兰山寄张五》）

蝎（*蠍）xiē

【古】入声，六月。【逆】毒～蝮～磨～权～蛇～【顺】～唇～虎～螫【例】昨来得京官，照壁喜见蝎。（唐·韩愈《送文畅师北游》）初谓抵狂猰，又如当毒蝎。（唐·陆龟蒙《奉酬袭美先辈吴中苦雨一百韵》）

楔xiē

【古】入声，九屑。【逆】绰～启～枷～雷～栗～门～榠～榫～遗～凿～棹～【顺】～齿～进～襊～子

削xuē　另见526页xiāo。

【古】入声，十药。【逆】卑～逼～笔～砭～贬～裁～残～巉～鑱～铲～绰～褫～锄～黜～矗～雕～陡～剬～剟～斧～改～割～革～剪～翦～截～镌～劚～浚～刊～苛～刻～剋～刳～髡～鲁～刨～批～披～剽～峭～侵～芟～删～绳～瘦～书～竦～酸～纤～消～戌～恤～严～抑～郢～诛～追～琢～斲～朘～捘～左～【顺】～背～哺～草～剷～斥～黜～葱～涤～定～牍～剟～夺～发～改～稿～国～迹～肩～简～阶～绝～爵～刻～口～立～敛～免～灭～抹～虐～青～券～书～剔～铁～消～刑～削～崖～约～杖～正～政～秩【例】林迥硖角来，天窄壁面削。（唐·杜甫《青阳峡》）汴泗交流郡城角，筑场十步平如削。（唐·韩愈《汴泗交流赠张仆射》）桐江好，烟漠漠。波似染，山如削。（宋·柳永《满江红·暮雨初收》）

【典】**笔削**　指修改文章。《史记·孔子世家》说孔子“至于为《春秋》，笔则笔，削则削，子夏之徒，不能赞一辞”。又传说孔子删《诗》三千首为三百余首。削，删除。先秦以竹木为简牍以记事，如要删除某些文字，就直接以刀削刮去除。

自从笔削三千首，复见风骚二百年。（宋·刘瑄《题清芬阁》）

薛xuē　姓。

【古】入声，九屑。【逆】褚～斛～毛～岐～怯～三～滕～【顺】～卞～涛笺～夜来～越～烛【例】丹青庙里贮姚宋，花萼楼中宴岐薛。（唐·顾况《八月五日歌》）桂阳仙柳道家说，昔传苏君今是薛。（唐·皎然《薛卿教长行歌》）

【典】**三薛**　唐代薛收、其族兄薛德音及其侄薛元敬三人皆有才名，人称“河东三凤”，即河东三薛。见《旧唐书·薛收传》附《薛元敬传》。

在昔五芝皆瑞晋，只今三薛共推唐。（宋·程公许《代寿李参预雁湖先生五十韵》）

从毛薛　指屈尊访贤。信陵君留赵，闻赵有处士毛公藏于博徒，薛公藏于卖浆家。乃屈节访问，与游甚欢。后秦攻魏，此二人剖明事理，促成信陵君归而救魏。见《史记·魏公子列传》。

邯郸能屈节，访博从毛薛。（唐·李白《博平郑太守自庐山千里相寻》）

河东薛　指世出人才的著名家族。《旧唐书·薛收传》附《薛元敬传》：“元敬，隋选部侍郎迈子也。有文学，少与收及收族兄德音齐名，时人谓之‘河东三凤’。收为长雏，德音为鸑鷟，元敬以年最小为鵷雏。”

河东健笔惟诸薛，梅子岗边为勒铭。（宋·林光朝《挽李制干子诚》）

噎yē　塞喉。

【古】入声，九屑。【逆】悲～不～喘～堵～废食～感～膈～哽～鲠～会～艰～凝～潘～气～塞～涩～酸～填～五～掩～噎～噫～因～喑～壅～幽～郁～祝～【顺】～蔀～膈～饥～娼～鸣～欧～呕～塞～嗢～喑～郁【例】重欷视欲醉，懵满气如噎。（唐·张说《岳州作》）暮天寒风悲屑屑，啼鸟绕树泉水噎。（唐·孟郊《往河阳宿峡陵寄李侍御》）执手相看泪眼，竟无语凝噎。（宋·柳永《雨霖铃·寒蝉凄切》）

约（約）yuē

【古】入声，十药。又：去声，十八啸异。【逆】背～本～博～绰～处～淡～繁～反～负～恭～毁～饥～骄～诫～精～靖～旧～科～款～林泉～谋～淖～平生～期～谦～轻～清～穷～如～删～申～绳～省～誓～私～素～僮～婉～逾～渝～质～重～卓～遵～樽～【顺】～臂～绰～辞～从～地～迭～度～黄～赍～集～己～计～剂～俭～交～节～结～据～勒～礼～谅～料～盟～莫～期～身～省～矢～士～誓～素～损～同～信～言～艳～正【例】况随白日老，共负青山约。（唐·白居易《寄元九》）国史擅芬芳，宫娃分绰约。（唐·韩愈《晚秋郾城夜会联句》）游宦区区成底事，平生况有云泉约。（宋·柳永《满江红·暮雨初收》）

【典】**沈约**　指有诗才的人。亦作“沈隐侯”“沈侯”“沈休文”“休文”。见《梁书·沈约传》。

中丞违沈约，才子送丘迟。（唐·韩翃《李中丞宅夜宴送丘侍御赴江东便往辰州》）

鸡黍约　指朋友之间深情厚谊、恪守信誓的约会。谢承《后汉书·范式传》：“范式字巨卿，一名氾，山阳金乡人也。少游太学，为诸生，与汝南张劭为友，劭字元伯。二人并归乡里，式谓元伯曰：‘后二年当还，将过拜尊亲，见孺子焉。’乃共克以秋为期。二亲笑曰：‘山阳去此几千里，何必至。’元伯曰：‘巨卿信士，不失期者。’言未绝，而巨卿果到。升堂拜母，饮尽欢而别。”

君归赴我鸡黍约，买田筑室从今始。（宋·苏轼《送沈逵赴广南》）

青山约　指隐居。唐·白居易《和微之春日投简阳明洞天五十韵》：“白首青山约，抽身去得无？”

吴猛约　传说晋豫章人吴猛有神术，可预知寿数，其预知自己归西之日后，事先准备后事，至其日果应验。后世用以指自己的死期，详见《晋书·吴猛传》。

吴猛约，何时是。想故山深处，翠垂金缀。（宋·吴潜《满江红·斫却凡柯》）

胆大姜伯约　指勇将。《三国志·蜀书·姜维传》：“维妻子皆伏诛。”裴松之注引《世语》曰：“维死时见剖，

胆如斗大。”

胆大欲期姜伯约，功多不让李轻车。（唐·韩翃《送刘将军》）

烛刻西窗约 指期盼团聚。唐·李商隐《夜雨寄北》：“君问归期未有期，巴山夜雨涨秋池。何当共剪西窗烛，却话巴山夜雨时。”

柔怀难托。老天如水人情薄。烛痕犹刻西窗约。（宋·吴文英《醉落魄·柔怀难托》）

曰 yuē 说。

古入声，六月。逆子～顺～若例率赋赠远言，言惭非子曰。（唐·贾岛《赠智朗禅师》）

典**子曰** 指儒家圣人的教导。《论语·学而》：“子曰：‘学而时习之，不亦说乎。’

子曰予耄，落此新宫。（宋·金履祥《华之高寿鲁斋先生七十》）

别 bié 另见123页biè。

古入声，九屑。逆拜～豹～辩～部～持～宠～从军～等～访～奉～符～拱～焕～间～饯～经年～旌～诀～隽～叩～款～旷～睽～狸～犁～临～留～流～面～南浦～抛～剖～泣～千里～轻～三～散～伤～少～生～死～违～晤～惜～相～小～序～叙～悬～揖～异～远～赠～执～顺～白～裁～藏～产～肠～乘～愁～传～辞～悰～邸～第～殿～渎～坊～府～宫～观～馆～晷～鹤～恨～鹄～话～怀～魂～籍～纪～解～径～居～来～泪～路～论～袂～梦～庙～念～浦～寝～情～曲～趣～觞～舍～室～墅～所～调～统～途～屋～骛～弦～袖～绪～筵～眼～业～仪～裔～意～宥～宇～语～怨～院～棹～枝～致～酌例鸿雁西南飞，如何故人别。（唐·王勃《寒夜思友三首》其二）主人一去池水绝，池鹤散飞不相别。（唐·王建《琴曲歌辞·别鹤》）

典**千年别** ①喻学道成仙。②慨叹人世沧桑。亦作“化鹤”“白鹤报乡人”。旧题晋·陶渊明《搜神后记》卷一：“丁令威本辽东人，学道于灵虚山。后化鹤归辽，集城门华表柱。时有少年，举弓欲射之。鹤乃飞，徘徊空中而言曰：‘有鸟有鸟丁令威，去家千年今始归。城郭如故人民非，何不学仙冢垒垒。’遂高上冲天。今辽东诸丁云其先世有升仙者，但不知名字耳。”

未为辽海千年别，且继斜川五日游。（宋·陆游《正月五日出游》）

消魂别 指伤别。南朝宋·江淹《别赋》：“黯然销魂者，唯别而已矣。”

消魂，池塘别后，曾行处、绿妒轻裙。（宋·韩缜《凤箫吟·锁离愁连绵无际》）

灞桥怨别 汉唐时长安人送别，多至灞桥，折柳相赠。《三辅黄图》卷六《桥》：“灞桥。在长安东，跨水作桥。汉人送客至此桥，折柳赠别。”

依依灞桥怨别，正千丝万绪，难禁愁绝。（宋·高观国《解连环·露条烟叶》）

江淹赋别 指离情别绪。南朝宋·江淹《别赋》：“黯然销魂者，唯别而已矣。……虽渊云之墨妙，严乐之笔精……谁能摹暂离之状，写永诀之情者乎。”

庾信书愁，江淹赋别，桃花红雨梨花雪。（宋·李彭老《踏莎行·紫曲迷香》）

蹩 bié 跛。脚扭折。

古入声，九屑。逆躄～蹩～跛～顺～躄～蹩～脚～拉～扭～气～蹩～曳

蝶（*蜨）dié

古入声，十六叶。逆痴～穿花～粉～风～蜂～韩～蝴～化～黄～蛱～梦～迷～扑～双飞～舞～戏～新～顺～庵～黛～粉～化～魂～儿～径～恋花～翎～梦～拍～魄～期～裙～使～舞～戏～绡～燮～血～衣～影～羽例战功高后数文章，怜我秋斋梦蝴蝶。（唐·李商隐《偶成转韵七十二句赠四同舍》）曲门南与鸣珂接，小园绿径飞胡蝶。（宋·贺铸《菩萨蛮·曲门南与鸣珂接》）

典**化蝶**[1] 指真幻不分、亦真亦幻的境界。常用作咏蝶、咏梦。《庄子·齐物论》：“昔者庄周梦为胡蝶，栩栩然胡蝶也。自喻适志与！不知周也。俄然觉，则蘧蘧然周也。不知周之梦蝴蝶？蝴蝶之梦为周与？”

化蝶犹不识，川鱼安可羡。（唐·张九龄《感遇十二首》其五）

化蝶[2] 指恩爱夫妻抗暴殉情后化蝶双飞，永相追随。《搜神记》卷一一记宋康王强夺舍人韩凭之貌美妻子何氏，凭乃自杀。其妻亦坠台殉情，遗书求合葬。康王却命分埋台之左右，但“宿昔之间，便有大梓木生于二冢之端，枝条相交。又有鸳鸯，雌雄各一，恒栖树上，交颈悲鸣，音声感人。因号之曰相思树”。此只说夫妻精魂化为树上之鸳鸯，而唐·李商隐《青陵台》：“莫讶韩凭为蛱蝶，等闲飞上别枝花”则说是化为蝴蝶。

梦蝶 ①喻幻境。②咏蝶。③咏梦。亦作“迷蝶”。见本页“化蝶[1]”。

无心唯有白云知，闲卧高斋梦蝶时。（唐·羊士谔《斋中咏怀》）

南华蝶 指超脱真幻的自在之身。见“化蝶[1]”。

愿作南华蝶，翩翩绕此条。（唐·吴融《杏花》）

叠（*曡、疊）dié

古入声，十六叶。逆白～百～遍～併～帛～稠～叠～斗～复～歌三～衮～积～架～间～累～连～排～铺～千嶂～仍～三～调～颓～雾～阳关～蚁～倚～玉～云～匝～褶～振～震～顺～暴～遍～次～翠～地～发～鼓～观～翩～縠～迹～见～金黄～累～连～联～漏～萝花～破～扑～骑～棋～绮～绕～双～燮～雪～意～印～颖～影～用～跃～掌～嶂～踵例吾非济代人，且隐屏风叠。（唐·李白《赠王判官时余归隐居庐山屏风叠》）三军晦光彩，烈士痛稠叠。（唐·杜甫《八哀诗·故司徒李公光弼》）室中人寂寞，门外山重叠。（唐·皇甫曾《赠沛禅师》）

典**胎仙琴叠** 指修道成仙。《云笈七签·上清黄清内景经·上清章第一》：“琴心三叠舞胎仙。”

怅望胎仙琴叠，忍看翡翠兰苕。（宋·张孝祥《雨中花慢·一叶凌波》）

阳关三叠 送别名曲。唐代诗人王维写有一首送别诗《送元二使安西》：“渭城朝雨浥轻尘，客舍青青柳色新。劝君更尽一杯酒，西出

阳关无故人。"后来入乐府，作为送别曲，反复诵唱，谓之"阳关三叠"。

曲水一觞今意懒，阳关三叠重情伤。（宋·洪适《望江南·倾盖侣》）

迭 dié

古入声，九屑。逆并～趁～错～迭～间～迷～恁～沏～抬～相～约～遮～顺～暴～步～次～遢～番～和～毁～激～继～见～进～连～面～配～起～迁～日～嬗～升～岁～王～相～屑屑～嗽～兴～宿～窨～谣～运～奏

牒 dié　①简札。②簿册；书籍。③名籍。④泛指公文，文书。⑤诉状，诉辞。⑥凭证，证件。

古入声，十六叶。逆案～白～抱～编～簿～敕～出～词～牒～符～关～官～行～黄～金～禁～军～麟～录～祕～密～名～谱～荣～儒～瑞～僧～摄～申～史～诉～投～文～限～缃～信～移～竹～状～追～宗～顺～桉～报～呈～牍～籍～举～目～辟～谱～启～书～诉～用～云～状例流水抽奇弄，崩云洒芳牒。（唐·王勃《春日宴乐游园赋韵得接字》）一点心通南极老，锡与长生仙牒。（宋·秦观《念奴娇·朝来佳气》）荣侍早随台辅鼎，长生已镂天潢牒。（宋·无名氏《满江红·萱堂开》）

堞 dié　城垛。

古入声，十六叶。逆板～城～传～垛～粉～戈～古～龟～行～荒～鹫～楼～乌～女～陴～戍～危～遗～墉～玉～雉～顺～口～垒～楼例大屋去高栋，长城扫遗堞。（唐·杜甫《八哀诗·故司徒李公光弼》）昼阴重，霜凋岸草，雾隐城堞。（宋·周邦彦《浪涛沙·昼阴重》）

谍（諜）dié

古入声，十六叶。逆邦～边～谍～斗～怪～号～记～家～奸～谱～史～讼～图～系～仙～诇～谣～贼～顺～报～查～谍～夫～候～记～间～人～士～探～诇～贼～者～知

碟 dié

逆杯～匕～便～画～冷～盏～转～顺～酌

喋 dié　另见 33 页 zhá。

古入声，十六叶。逆喋～斗～吮～顺～聒～盟～嗫～血例无言久，和衣成梦，睡损缕金喋。（宋·应法孙《霓裳中序第一·愁云翠万叠》）

典**子光喑，啬夫喋**　"子光喑"指不善言谈，"啬夫喋"指善于言谈。《新唐书·王绩传》："仲长子光者，亦隐者也。无妻子，结庐北渚，凡三十年，非其力不食。绩爱其真，徙与相近。子光喑，未尝交语，与对酌酒，欢甚。"

宁为子光喑，不效啬夫喋。（宋·陆游《冬夜作短歌》）

蹀 dié　①踏。②小步走路。

古入声，十六叶。逆蹀～捷～蹑～蹂～踏～腾～跕～躞～顺～步～骢～跶～踱～鞚～马～踥～堉～舞～躞～虚～血～跇～足例度关行且猎，鞍马何躞蹀。（唐·李端《送路司谏侍从叔赴洪州》）

耋 dié　年八十。

古入声，九屑。逆鬓～齿～大～耋～老～耄～暮～耆～龆～童～乡～遗～稚～顺～艾～嗟～老～吏～耄～民～寿例寄言悠悠者，无为嗟大耋。（唐·王绩《古意六首》其四）霜戈驱少壮，败屋弃羸耋。（唐·陆龟蒙《奉酬袭美先辈吴中苦雨一百韵》）

鲽（鰈）dié　一种比目鱼。

古《广韵》：入声，二十八盍。逆鹣～顺～鹣～鲨

瓞 dié　小瓜。

古入声，九屑。逆瓜～绵～顺～绵例世上儿曹都蓄缩，冻芋旁堆秋瓞。（宋·辛弃疾《念奴娇·看公风骨》）

典**绵绵瓜瓞**　祝颂子孙繁衍昌盛。《诗经·大雅·绵》："绵绵瓜瓞，民之初生，自土沮漆。"

绵绵瓜瓞日蕃滋，福德两兼一为主。（宋·陈普《寿容山》）

冻芋秋瓞　指石鼎的形状，谓鼎盖如瓜蒂，鼎耳如芋萌。唐·韩愈《石鼎联句》："秋瓜未落蒂，冻芋强抽萌。"

昳 dié　日过午。另见 255 页 yì。

古入声，九屑。逆曝～日～顺～晡～丽例与君北岩侣，游寓日常昳。（唐·皎然《妙喜寺达公禅斋寄李司直公孙房都曹德裕》）

垤 dié　小土堆。

古入声，九屑。逆坳～封～阜～丘～邱～遗～蚁～众～顺～垅例何劳鼍吼岸，讵要鹳鸣垤。（唐·陆龟蒙《奉酬袭美先辈吴中苦雨一百韵》）

咥 dié　啮。另见 232 页 xì。

古入声，九屑。逆诃～虎～啮～顺～噬

跕 dié　①坠落。②缓步而行。

古入声，十六叶。逆蹲～鸟～跕～鸢～顺～蹀～堕～跕～躞～鸢～坠

典**飞鸢跕跕**　指军旅行役中的险恶环境。《后汉书·马援传》："封援为新息侯，食邑三千户。援乃击牛酾酒，劳飨军士，从容谓官属曰：'吾从弟少游常哀吾慷慨多大志……当吾在浪泊、西里间，虏未灭之时，下潦上雾，毒气重蒸，仰视飞鸢跕跕堕水中，卧念少游平生时语，何可得也！'"

长夜漫漫起饭牛，飞鸢跕跕堕炎州。（宋·赵蕃《酬汤莘夫用怀孙温叟韵见贻》）

结（結）jié

古入声，九屑。逆哀～百～惨～缠～炽～愁～怆～春～鹑～丁香～兜～恩～愤～蜂～蜉～复～感～高～哽～构～固～沍～鬟～盘～蟠～思～琐～枉～维～衔～悬～邀～纡～郁～顺～笔～草～党～发～附～裹～集～聚～缆～庐～络～侣～缕～茅～袂～抹～绮阁～契～舌～社～绳～绶～袜～衔～姻～友～撰～状例织锦作短书，肠随回文结。（唐·李白《代赠远》）燕居日已永，夏木纷成结。（唐·韦应物《燕居即事》）经年至茅屋，妻子衣百结。（唐·杜甫《北征》）

典**丁香结**　喻难解的相思愁怀。唐·李商隐《代赠二首》其一："楼上黄昏欲望休，玉梯横绝月中钩。芭蕉不展丁香结，同向春风各自愁。"

殷勤为解丁香结，放出枝间自在春。（宋·王安石《出定力院作》）

同心结　男女相爱的象征。《玉台新咏》卷七梁武帝（萧衍）《有所思》："腰中双绮带，梦为同心结。"

一双裙带同心结，早寄黄鹂孤雁儿。（唐·李群玉《赠琵琶妓》）

鹑衣百结　指衣衫褴褛。《荀子·大略》："子夏贫，衣若县鹑。"

一从迷恋玉楼人，鹑衣百结浑无奈。（宋·苏轼《踏莎行·这个秃奴》）

杜回可结　指报恩。《左传·宣公十五年》："初，魏武子有嬖妾，无子。武子疾，命颗曰：'必嫁是。'疾病则曰：'必以为殉。'及卒，颗嫁之，曰：'疾病则乱，吾从其治也。'及辅氏之役，颗见老人结草以亢杜回，杜回踬而颠，故获之。夜梦之曰：'余，而所嫁妇人之父也。尔用先人之治命，余是以报。'"

杜回如可结，誓作报恩身。（唐·殷文圭《春草碧色》）

新宽带结　①指心情抑郁。②指身体病瘦。见《梁书·沈约传》。

嗟憔悴、新宽带结，羞艳冶、都销镜中。（宋·周邦彦《塞翁吟·暗叶啼风雨》）

洁（潔）jié

【古】入声，九屑。【逆】冰～蟾光～淳～醇～端～敦～芳～高～耿～孤～光～行～精～静～涓～娟～俊～峻～朗～灵～峭～轻～秋霜～霜～温～鲜～香～釁～修～秀～雅～妍～莹～幽～玉～斋～忠～【顺】～澈～诚～持～纯～行～滑～疾～己～介～峻～郎～练～炼～泠～名～虔～清～士～祀～素～皙～鲜～馨～修～雅～泽～直～志【例】留家惜夜欢心发，罗幕画堂深皎洁。（唐·鲍溶《夜寒吟》）自言生得地，独负凌云洁。（唐·王绩《古意六首》其四）

杰（*傑）jié

【古】入声，九屑。【逆】骜～邦～笔～才～词～高～瑰～豪～閎～孑～巨～俊～骏～魁～髦～名～飘～奇～人～三～诗～时～疏～竦～挺～文～贤～枭～骁～雄～秀～逸～英～长～宗～【顺】～骜～暴～笔～大～阁～格～观～猾～迹～句～俊～客～魁～立～迈～木～然～什～士～竦～特～伟～黠～秀～异～语～丈夫～智～姿～子【例】诚知匹夫勇，何取万人杰。（唐·王昌龄《杂兴》）徐方国东枢，元戎天下杰。（唐·孟郊《答韩愈李观别因献张徐州》）吾皇自神圣，执事皆间杰。（唐·陆龟蒙《奉酬袭美先辈吴中苦雨一百韵》）

【典】**人杰**　称誉文臣武将才智特出。《史记·高祖本纪》："高祖曰：'……夫运筹策帷帐之中，决胜于千里之外，吾不如子房。镇国家，抚百姓，给馈饷，不绝粮道，吾不如萧何。连百万之军，战必胜，攻必取，吾不如韩信。此三者，皆人杰也，吾能用之，此吾所以取天下也。'"

汉相推人杰，殷宗伐鬼方。（唐·张九龄《饯王尚书出边》）

三杰　本指汉之张良、萧何、韩信，泛指当世将相或杰出之士，见"人杰"。

若使只凭三杰力，犹应汉鼎一毫轻。（唐·司空图《杂题二首》其二）

地灵人杰　指人地俱美，宝地蕴育英才。唐·王勃《秋日登洪府滕王阁饯别序》："物华天宝，龙光射牛斗之墟；人杰地灵，徐孺下陈蕃之榻。"

地灵人杰萃斯景，尚传灵运严维诗。（宋·王子昭《咏练川》）

河南灵地，信从生俊杰，皆由天佑。（宋·方岳《念奴娇·河南灵地》）

节（節）jié

【古】入声，九屑。【逆】骋～持～砥～顿～符～赴～高～给～耿～恭～积～假～检～健～绛～骄～矫～矜～旌～举～绝～峻～谅～烈～凌～陵～弭～偏～授～殊～衰～爽～素～停～通～脱～晚～宪～效～宣～殉～偃～移～陨～章～真～著～【顺】～薄～本～察～凑～刌～旦～动～度～端～幡～分～风～夫～符～拊～妇～盖～干～行～华～麾～介～旌～景～敬～乐～嫠～礼～敛～吝～落～马～旄～髦～末～期～葺～趋～丧～赏～士～署～帅～死～文～孝～序～义～饮～忧～遇～召～镇～整～正～族【例】万里边城地，三春杨柳节。（唐·韦承庆《折杨柳》）天上移将星，元戎罢龙节。（唐·刘长卿《奉饯郑中丞罢浙西节度还京》）

【典】**汉节**　称美汉臣坚持气节。见《汉书·苏建传》附《苏武传》所记苏武牧羊故事。

志气已曾明汉节，功名犹自滞吴钩。（唐·温庭筠《赠蜀府将》）

虎节　指使臣所执之节。《周礼·地官·掌节》："掌节，掌守邦节，而辨其用，以辅王命……凡邦国之使节，山国用虎节，土国用人节，泽国用龙节，皆金也，以英荡辅之。"

首路龙旗盛，提封虎节严。（宋·王安石《送郓州知府宋谏议》）

三节　指君王召臣下入朝。《礼记·玉藻》："凡君召以三节，二节以走，一节以趋。"

湖湘老把乘边麾，次第三节登王畿。（宋·陈傅良《还徐叔子犀带》）

玉节　指地方军政长官的标志。《周礼·地官·掌节》："守邦国者用玉节，守都鄙者用角节。"

金貂晓出凤池头，玉节前临南雍州。（唐·刘禹锡《奉和裴侍中将赴汉南留别座上诸公》）

击狂节　东汉末，曹操召名士祢衡为鼓史以相辱，聚宾客听诸史阅试音节。祢衡为《渔阳》参挝，声节悲壮。后因以指不屈于王侯的才子风范。详见《后汉书·祢衡传》。

鞔鼓画麒麟，看君击狂节。（唐·杜牧《池州送孟迟先辈》）

箕山节　指隐居不仕的节操。《汉书·鲍宣传》附《薛方传》："薛方尝为郡掾祭酒，尝征不至，及莽以安车迎方，方因使者辞谢曰：'尧舜在上，下有巢由，今明主方隆唐虞之德，小臣欲守箕山之节也。'使者以闻，莽说其言，不强致。"

箕山有高节，湘水有清源。（唐·陈子昂《感遇诗三十八首》其三十一）

苏武节　指使臣坚持气节。见115页"汉节"。

幽囚苏武节，弃市仲由缨。（唐·李商隐《送千牛李将军赴阙五十韵》）

陶靖节　指隐士。颜延之《陶征士诔》："有晋征士寻阳陶渊明，南岳之幽居者也。……初辞州府三命，后为彭泽令。道不偶物，弃官从好……灌畦鬻蔬，为供鱼菽之祭；织絇纬萧，以充粮粒之费。心好异书，性乐酒德……有诏征为著作郎，称疾不到。春秋若干，元嘉四年月日，卒于寻阳县之某里。……若其宽乐令终之美，好廉克己之操，有合谥典，无愆前志，故询诸友好，宜谥曰靖节征士。”

独立每怜陶靖节，北窗终日傲羲皇。（宋·裘万顷《高安别苏野塘三首》其三）

永和节 指上巳修禊。《晋书·王羲之传》：“会稽有佳山水，名士多居之，……尝与同志宴集于会稽山阴之兰亭，羲之自为之序以申其志，曰：永和九年，岁在癸丑，暮春之初，会于会稽山阴之兰亭，修禊事也。”

还对茂林修竹，似永和节。（宋·苏轼《劝金船·无情流水多情客》）

驱羊旧节 西汉苏武出使匈奴，被匈奴扣留，在北海牧羊，吞毡饮雪，不改气节。见“汉节”。

回首驱羊旧节，入蔡奇兵，等闲陈迹。（宋·辛弃疾《苏武慢·帐暖金丝》）

授衣时节 指九月。《诗经·豳风·七月》：“七月流火，九月授衣。”毛氏传：“九月，霜始降，妇功成，可以授冬衣。”

授衣时节轻寒嫩，新雁一声风又劲。（宋·欧阳修《渔家傲·九月霜秋秋已尽》）

子卿全汉节 称美使者坚守节操。西汉苏武（字子卿）出使匈奴，被匈奴扣留，在北海牧羊，吞毡饮雪，不改气节，详见《汉书·苏建传》附《苏武传》。

勋业子卿全汉节，壮怀久寄林泉。（宋·洪适《临江仙·干吕青云垂宝露》）

截jié

㊄入声，九屑。㊂横～翦～截～径～刻～脍～阑～迫～邀～崭～遮～㊉～镫～髫～发～翦～近～绝～齐～然～杀～舌～途～阻㊑羡君齿牙牢且洁，大肉硬饼如刀截。（唐·韩愈《赠刘师服》）负霜停雪旧根枝，龙笙凤管君莫截。（唐·卢仝《题褚遂良孙庭竹》）翕然声作疑管裂，诎然声尽疑刀截。（唐·白居易《小童薛阳陶吹觱篥歌》）

竭jié

㊄入声，六月。又：入声，九屑同。㊂殚～涸～极～焦～窘～刻～空～旷～困～贫～罄～穷～屈～泽～展～㊉～蹙～涸～节～精～绝～蹶～悃～命～能～情～心～愚～智～忠～走㊑直言荣华未休歇，不觉山崩海将竭。（唐·崔颢《江畔老人愁》）桓公名已古，废井曾未竭。（唐·李白《姑孰十咏·桓公井》）群仙指此为我说，几见尘飞沧海竭。（唐·李益《登天坛夜见海》）

㊈**再衰三竭** 指多次攻击而不克，士气会逐渐低落。《左传·庄公十年》：“夫战，勇气也。一鼓作气，再而衰，三而竭。彼竭我盈，故克之。”

作气再衰三则竭，强拈愁笔和高吟。（宋·赵蕃《次韵在伯对雪见示》）

取之无禁，用之不竭 形容十分丰富的自然恩赐。宋·苏轼《前赤壁赋》：“惟江上之清风，与山间之明月，耳得之而为声，目遇之而成色，取之无禁，用之不竭，是造物者之无尽藏也。”

江山风月，耳目声色。取之无禁，用之不竭。（宋·徐经孙《哨遍·江山风月》）

劫（*刦、刧、刼）jié

㊄入声，十七洽。㊂浩～积～历～掠～剽～强～万～威～灾～㊉～案～贝～波～剥～禅～尘～遻～风～缚～击～掎～历～掳～略～难～剽～迁～请～石～数～帅～悟～营～余～余灰㊑闲斟不置罚，闲弈无争劫。（唐·皮日休《二游诗·任诗》）吾师得此法，不论劫不劫。（唐·贯休《闻无相道人顺世五首》其五）乾坤桑海无穷事，才历昆明初劫。（宋·王学文《摸鱼儿·记当年》）

㊈**棋劫** 指棋中危情。北魏·郦道元《水经注》卷二二《渠水》注引《陈留志》：“阮简，字茂弘，为开封令。县有劫贼，外白之甚数。简方围棋长啸，吏云劫急，简曰：‘局上劫亦甚急！’其耽乐如此。”

细煅诗联凭棐几，静思棋劫对楸枰。（宋·陆游《初夏》）

灰劫 ①世事变迁。②咏火灾。晋·干宝《搜神记》卷一三：“汉武帝凿昆明池，极深，悉是灰墨，无复土。举朝不解，以问东方朔。朔曰：‘臣愚，不足以知之。’曰：‘试问西域人。’帝以朔不知，难以移问。至后汉明帝时，西域道人来洛阳，时有忆方朔言者，乃试以武帝时灰墨问之。道人曰：‘经云：“天地大劫将尽，则劫烧。”此劫烧之余也。’乃知朔言有旨。”

药囊亲道士，灰劫问胡僧。（唐·杜甫《寄峡州刘伯华使君四十韵》）

捷jié 另见128页qiè。

㊄入声，十六叶。㊂边～辩～才～逞～干～告～给～工～慧～机～健～较～惊～警～径～克～朗～遒～戎～神～速～腾～佻～黠～献～枭～骁～雄～宣～祝～奏～㊉～蹀～剟～给～讥～急～疾～句～口～猎～敏～慑～书～武～黠～业～襄～音～直～足㊑料知短兵不敢接，车师西门伫献捷。（唐·岑参《走马川行奉送出师西征》）高视笑禄山，公又大献捷。（唐·杜甫《八哀诗·故司徒李公光弼》）二张得隽名居甲，美退争雄重告捷。（唐·白居易《醉后走笔酬刘五主簿》）

㊈**三捷** ①指征战连胜。②喻科场获捷。省试一般有三场。《诗经·小雅·采薇》：“岂敢定居，一月三捷。”孔颖达疏：“庶几于一月之中三有盛功，是其所以劳也。”

书记赴三捷，公车留二年。（唐·杜甫《送韦书记赴安西》）

睫jié

㊄入声，十六叶。㊂不见～承～垂～倒～堕～交～鳌～眉～瞑～目～蚊～眼～重～转～㊉～眸～眼间㊑内省未入朝，死泪终映睫。（唐·杜甫《八哀诗·故司徒李公光弼》）旧恨尚填膺，新悲复萦睫。（唐·卢纶《秋中野望寄舍弟绶兼令呈上西川尚书舅》）蓬莱有梯不可蹑，向海回头泪盈睫。（唐·李端《杂歌呈郑锡司空文明》）

㊈**袁安坠睫** 指忠臣忧国。《后汉书·袁安传》：“安以天子幼弱，外戚擅权，每朝会进见，及与公卿言国家事，未尝不噫呜流涕。自天子及大臣皆恃赖之。”

袁安坠睫寻忧汉，贾谊濡毫但

过秦。（唐·韩偓《八月六日作四首》其四）

碣jié ①圆顶石碑。②界碑。

古入声，六月。又：入声，九屑同。逆碑～标～残～钓～断～丰～恒～荒～辽～猎～隆～铭～墓～砾～诗～石～兽～刓～遗～贞～顺～馆～石～石宫～石馆～文～子例玄兔月初明，澄辉照辽碣。（唐·李世民《辽城望月》）此举开青徐，旋瞻略恒碣。（唐·杜甫《北征》）驷马上太行，修途亘辽碣。（唐·独孤及《太行苦热行》）

典**堕泪碣** 见259页"堕泪碑"。

诘（詰）jié ①追问；追究。②次日。

古入声，四质。逆按～驳～查～酬～弹～诋～督～诟～诃～呵～究～沮～密～面～摩～盘～迫～诮～穷～廷～推～询～讯～研～责～质～致～诛～追～阻～顺～驳～朝～晨～斥～旦～盗～断～对～呵～奸～禁～究～论～明～盘～谯～诮～穷～让～日～询～讯～验～早～责～谪～证～擿～诛～逐例肃为灵官家，此事难致诘。（唐·陆龟蒙《奉和袭美太湖诗二十首·初入太湖》）走马踏杀人，街吏不敢诘。（唐·聂夷中《公子行二首》其一）追念辋水斜川，有风流千载，渊明摩诘。（宋·毛幵《念奴娇·王孙老去》）

典**病摩诘** 指生病之居士。《维摩诘所说经·文殊师利问疾品》："尔时佛告文殊师利，汝行诣维摩诘问疾。……于是文殊师利与诸菩萨大弟子众及诸天人恭敬围绕，入毗耶离大城。尔时长者维摩诘心念，今文殊师利与大众俱来，即以神力空其室内，除去所有及诸侍者，唯置一床，以疾而卧。"

傍人尽怪病摩诘，送客不嫌穷孟尝。（宋·刘克庄《辛亥三月九日宿囊山》）

孑jié

古入声，九屑。逆单～孤～胡～孑～黎～茕～授～衰～遗～顺～杰～居～孓～黎～立～裂～轮～蜺～栖～然～身～弦～遗～乂～余例绿盖独穿香径归，白马花竿前孑孑。（唐·李贺《神弦别曲》）妇人一丧夫，终身守孤孑。（唐·白居易《妇人苦》）

撷（擷）jié 又读。另见120页xié。

桀jié

古入声，九屑。逆傲～邦～暴～材～豪～奸～骄～狡～桀～桔～俊～骏～魁～乔～庶～竦～五～黠～夏～贤～枭～骁～小～凶～雄～秀～尧～阴～英～助～顺～鷔～傲～鷔～暴～悖～壁～恶～悍～横～猾～健～解～俊～立～虏～慢～木～逆～溺～奴～驽～虐～起～犬～然～士～竖～宋～黠～心～雄～异～跖～畤～跱～纣

讦（訐）jié 发人阴私。

古入声，六月。又：入声，九屑。逆谤～嘲～丑～诋～刁～掉～非～刚～告～鲠～互～激～骄～狡～绞～讦～纠～面～逆～排～峭～讪～诬～指～訾～奏～顺～愎～参～斥～辞～诞～夺～发～告～害～奸～控～露～逆～迫～切～窃～施～首～讼～诉～忤～牾～细～言～扬～制～奏例作歌乃彰善，比物仍恶讦。（唐·高适《同观陈十六史兴碑》）仍于直道中，行事不诋讦。（唐·顾况《赠别崔十三长官》）谓僧当少安，草序颇排讦。（唐·韩愈《送文畅师北游》）

桔jié

古《广韵》：入声，十六屑。逆桄～锁～顺～柏渡～槔～槔烽～梗～桀

拮jié

古入声，四质。又：入声，九屑同。逆巴～採～顺～掬～据

楬jié 指作标记用的木桩。

古入声，六月。又：入声，九屑同。逆椌～秃～置～顺～沟～明～木～着～櫫～著例庙献繁馘级，乐声洞椌楬。（唐·孟郊《征蜀联句》）

颉（頡）jié 另见120页xié。

古入声，八黠。逆仓～皇～轩～鱼～顺～皇～籀～篆

箑jiā 又读。另见35页shà。

角jué ①较量。②古代盛酒器。③角色。④古代五音之一。另见550页jiǎo、416页lù"角"。

古入声，三觉。逆女～丑～旦～顺～材～赌～歌～技～妓～剑～较～抗～口～力～量～气～杀～射～声～胜～试～戏～弦～艺～弈～音～饮～韵～战～争～壮

脚（*腳）jué 另见551页jiǎo。

古入声，十药。顺～色

觉（覺）jué 另见565页jiào。

古入声，三觉。逆大～独～顿～乖～慧～机～惊～净～开～灵～寐～梦～眠～妙～七～前～善～省～圣～罔～无～悟～先～新～醒～预～圆～缘～中～顺～岸～场～道～地～帝～非～关～海～化～皇～剑～路～露～轮～识～树～王～寤～心～星～性～元～苑～知例却顾身为患，始知心未觉。（唐·王维《苦热行》）春雨偶愆期，草木亦未觉。（唐·贯休《甘雨应祈》）

典**伯玉能觉** 指善于反省过去之事。《淮南子·原道训》："凡人中寿七十岁，然而趋舍指凑，日以月悔也，以至于死。故蘧伯玉年五十，而有四十九年非。"高诱注："伯玉，卫大夫蘧瑗也。"

当贵买臣毋足羡，知非伯玉真能觉。（宋·李曾伯《满江红·老去生涯》）

蘧蘧梦觉 指愕然梦醒。《庄子·齐物论》："昔者庄周梦为胡蝶，栩栩然胡蝶也。自喻适志与！不知周也。俄然觉，则蘧蘧然周也。不知周之梦为胡蝶与？胡蝶之梦为周与？"

达人蘧蘧梦觉，呆汉屑屑往来。（宋·刘克庄《夜读传灯杂书六言八首》其六）

莫遣儿辈觉 指长辈因年高而喜伤怀，不欲因此影响后辈。《世说新语·言语》："谢太傅语王右军曰：'中年伤于哀乐，与亲友别，辄作数日恶。'王曰：'年在桑榆，自然至此，正赖丝竹陶写。恒恐儿辈觉，损欣乐之趣。'"

莫遣儿辈觉，此乐未渠央。（宋·张孝祥《水调歌头·濯足夜滩急》）

决（*決）jué

古入声，九屑。逆按～参～瞋～筹～胆～堤～敢～河～横～衡～戟～讦～溃～理～立～量～临～留～论～漫～敏～逆～剖～射～审～筮～疏～庭～委～详～雄～悬

～讯～谳～议～臆～赞～指～制～踵～咨～谘～眦～奏～顺～败～策～彻～拆～词～辞～脰～窦～渎～发～筮～竭～屦～克～溃～理～论～灭～命～囊～判～遣～去～然～撒～舍～疏～讼～泄～谳～疑～泆～意～臆～壅～牖～羽～责～杖～知～志～制～滞～眦～罪例物状如丝纶，上心为予决。（唐·王昌龄《宴南亭》）此辈少为贵，四方服勇决。（唐·杜甫《北征》）

绝(絕)jué

古入声，九屑。逆贬～摒～巉～超～痴～崇～愁～垂～踔～辞～独～顿～放～废～工～孤～冠～寂～佳～竭～径～迥～窘～距～诀～峻～隽～睽～临～陵～路～邈～妙～泯～敏～冥～僻～屏～凄～奇～峭～轻～罄～遒～三～胜～殊～特～殄～恸～痛～颓～遐～弦～险～悬～音尘～堙～壅～越～崭～卓～顺～爱～岸～壁～编～膑～肠～唱～尘～出～传～岛～倒～德～脰～乏～服～甘～谷～国～好～壑～伎～迹～涧～节～景～境～吭～丽～粮～麟～流～路～伦～脉～貌～漠～目～辔～品～奇～弃～巧～群～壤～胜～识～殊～叹～特～调～望～弦～险～响～新～绪～雅～艳～业～异～诣～意～缨～影～域～远～早～致～踪～走～足例朝游洞庭上，缅望京华绝。（唐·张说《岳州作》）玉窗萤影度，金殿人声绝。（唐·王维《班婕妤三首》其一）访君东溪事，早晚樵路绝。（唐·王昌龄《宴南亭》）

典**痴绝** 指为人真率、执着而不理会伦常。《晋书·文苑传·顾恺之传》："初，恺之在桓温府，常云：'恺之体中，痴黠各半，合而论之，正得平耳。'故俗传恺之有三绝：才绝、画绝、痴绝。"

才疏正类孔文举，痴绝还同顾长康。（宋·苏轼《次韵韶守狄大夫见赠》）

三绝 指郑虔书法、绘画、诗作均称独绝。见唐·封演《封氏闻见记》卷五。

李白一杯人影月，郑虔三绝画诗书。（金·赵秉文《寄王学士子端》）

郑虔三绝君有二，笔势挽回三百年。（宋·苏轼《王晋卿作烟江叠嶂图仆赋诗十四韵》）

弦绝 叹失去知己。魏文帝《与吴质书》："昔伯牙绝弦于钟期，仲尼覆醢于子路，痛知音之难遇，伤门人之莫逮。"

琴弦绿水绝，诗句青山存。（唐·孟郊《悼吴兴汤衡评事》）

韦编三绝 形容勤奋读书。《史记·孔子世家》："孔子晚而喜《易》，序《彖》、《系》、《象》、《说卦》、《文言》。读《易》，韦编三绝。"韦是指编连竹简的皮绳，竹简过度翻阅皮绳会被磨断。三绝，多次被磨断。

《易》韦三绝丘犹然，如我当以犀革编。（宋·苏轼《夜梦》）

韦编三绝书，十载胸中蟠。（宋·彭龟年《送李眉州》）

广陵散绝 ①人事凋零。②技艺绝传。《三国志·魏书·王卫二刘傅传》："时又有谯郡嵇康，文辞壮丽，好言老、庄，而尚奇任侠。至景元中，坐事诛。"裴松之注引《嵇康别传》曰："（孙登）称康临终之言曰：'袁孝尼尝从吾学《广陵散》，吾每固之不与。《广陵散》于今绝矣！'"

放翁老死何足论，广陵散绝还堪惜。（宋·陆游《九月一日夜读诗稿有感走笔作歌》）

爵jué ①青铜制盛酒器。②爵位。③授予爵位。

古入声，十药。逆拜～班～宾～齿～宠～弹～罚～封～浮～负～公～觥～珪～贵～行～侯～进～酒～举～孔～名～命～男～品～驱～三～觞～神～施～受～授～兕～嗣～逃～天～铜～五～锡～袭～显～献～勋～燕～瑶～逸～盈～子～尊～酢～顺～弁～帛～钗～次～耳～服～号～金～里～列～禄～罗～马～名～命～人～赏～室～谥～台～饧～土～韦～穴～邑～踊～跃～秩～袟～主例徒然感恩义，谁复论勋爵。（唐·韩愈《晚秋郾城夜会联句》）渭川翁、随分小生涯，些官爵。（宋·吕胜己《满江红·墙下松筠》）

典**天爵** 称颂人有最高德行。《孟子·告子上》："孟子曰：'有天爵者，有人爵者。仁义忠信，乐善不倦，此天爵也；公卿大夫，此人爵也。古之人修其天爵，而人爵从之。今之人修其天爵，以要人爵；既得人爵，而弃其天爵，则惑之甚者也，终亦必亡而已矣。'"

身闲当贵真天爵，官散无忧即地仙。（唐·白居易《池上即事》）

诀(訣)jué ①口诀。②诀窍。③辞别，永别。

古入声，九屑。逆八～宝～丹～丹砂～道～歌～箭～江湖～锦囊～离～临～密～妙～千金～窍～神～生～图～仙～心～永～玉～长～长生～真～咒～顺～奥～法～行～厉～篆～脉～门～去～音～语例我来逢真人，长跪问宝诀。（唐·李白《古风》其五）生逢尧舜君，不忍便永诀。（唐·杜甫《自京赴奉先县咏怀五百字》）筋骸已衰惫，形影仍分诀。（唐·白居易《别行简》）

典**黄庭诀** 指道家仙诀。《旧唐书》卷四七《经籍志下》："《老子黄庭经》一卷。"

永秘黄庭诀，高悬漉酒巾。（唐·姚合《哭砚山孙道士》）

句曲仙诀 传说齐梁时陶弘景曾于句曲山访药、炼丹，得到了神符秘诀。详见《南史·隐逸传下·陶弘景传》。

句曲闻仙诀，临川得佛经。（唐·李商隐《酬令狐郎中见寄》）

谲(譎)jué ①欺诈，多权变。②委婉其辞，不直言。③奇特，怪异。

古入声，九屑。逆背～辩～逞～诞～孤～怪～瑰～诡～鬼～果～诙～恢～机～奸～狡～狙～狂～奇～权～讪～韬～邪～阴～隐～用～诱～纡～诈～中～卓～顺～变～辞～诞～荡～功～觚～怪～佹～诡～悍～计～谏～狡～狯～狂～诳～戾～略～秘～密～谋～譬～奇～权～胜～士～数～说～佻～挑～妄～委～险～异～宇～诈～智～主例汉氏方版荡，群阉恣邪谲。（唐·吴筠《览古十四首》其十四）

厥jué ①中医指气闭、晕倒，或四肢僵直。②相当于"其"。③相当于"乃""才"。

古入声，六月。又：入声，五物异。

逆暴～痹～播～刁～杜～发～愤～肝～寒～蛔～煎～惊～冷～劣～昏～末～木～气～热～尸～痰～痿～痫～诒～贻～顺～弛～角～冷～貉～逆～尾～阴～昭～证例季主尽荒淫，前王徒贻厥。（唐·高适《同观陈十六史兴碑》）只垂青白风，凛凛自贻厥。（唐·陆龟蒙《奉酬袭美先辈吴中苦雨一百韵》）

典**贻厥** 指子孙。《书·五子之歌》："有典有则，贻厥子孙。"孔安国传："贻，遗也。言仁及后世。"后人运用藏词法，以"贻厥"代指"子孙"。

苗裔当蒙十世宥，岂谓贻厥无基址。（唐·韩愈《寄卢仝》）

蕨jué

古入声，六月。逆采～藜～迷～山～笋～薇～野～顺～攗～萁～拳手～薇例烟窗引蔷薇，石壁老野蕨。（唐·李白《登梅冈望金陵，赠族侄高座寺僧中孚》）不知旧行径，初拳几枝蕨。（唐·李白《忆秋浦桃花旧游，时窜夜郎》）从兹富裘马，宁复茹藜蕨。（唐·韩愈《送文畅师北游》）

典**西山薇蕨** 当商周易代之际，伯夷、叔齐宁做殷商遗民，隐居于西山，采薇而食，直至饿死。后因以采薇蕨代指不仕新朝的隐居者。见《史记·伯夷列传》。

南渡衣冠几人在？西山薇蕨此生休。（元·元好问《太原》）

蹶（*蹷）jué

①颠仆，跌倒。②挫折，失败。③昏蹶。另见290页guì。

古入声，六月。逆暴～踣～跛～踶～颠～蹎～跌～偾～风～蹇～僵～竭～窘～蹶～溃～伤～腾～蹄～跳～屯～衔～屹～陨～踬～顺～拔～蹶～踣～船～蹙～跌～机～角～劣～弩～屻～仆～蛩～趋～然～撤～失～蹄～痿～泄～兴～穴～阴～跃～张～踬例碛中有阴兵，战马时惊蹶。（唐·贯休《战城南二首》其二）从求送行诗，屡造忍颠蹶。（唐·韩愈《送文畅师北游》）十里五里行，百蹶复千蹶。（唐·卢仝《哭玉碑子》）

崛jué

古入声，五物。又：入声，六月同（以"崫"字）。逆崇～诡～豪～魁～隆～奇～耆～峭～嵬～郁～顺～出～诡～立～崪～崔～奇～崎～然～岉～兴～郁～峙

抉jué

古入声，九屑。逆阐～撑～革～钩～构～刮～厘～捺～披～剔～挑～指～擿～诛～顺～耳～发～关～露～门～面～眸～目～破～拾～示～搜～剔～挑～微～眼～择～摘～擿～眦例含笑乐呵呵，啼哭受殃抉。（唐·寒山《诗三百三首》）

嚼jué

另见533页jiáo。

古入声，十药。逆大～啗～啖～咀～啮～屠门～顺～啜～啮～蔬～味～羽～徵例金桃带叶摘，绿李和衣嚼。（唐·宋齐丘《陪游凤凰台献诗》）绿绣笙囊不见人，一口红霞夜深嚼。（唐·李商隐《河阳诗》）金醴可酣畅，玉豉堪咀嚼。（唐·皮日休《太湖诗·晓次神景宫》）

典**屠门大嚼** 喻很羡慕却不能真正得到，只有凭想象安慰自己。《新论·琴道》："人闻长安乐，则出门向西而笑；知肉味美，则对屠门而大嚼。"

高歌酒市非狂者，大嚼屠门亦偶然。（唐·罗隐《黄鹤驿寓题》）

掘jué

古入声，五物。又：入声，六月同。逆采～穿～攻～罗～锹～收～淘～熏～移～凿～斲～顺～笔～藏～发～蛊～窖～进～起～尾～穴～阅～柘词～柘枝例采药空求仙，根苗乱挑掘。（唐·寒山《诗三百三首》其一五七）僧还相访来，山药煮可掘。（唐·韩愈《送文畅师北游》）自失笑，因甚腰围半减，珠泪频掘。（宋·程垓《闺怨无闷·天与多才》）

橛jué

①小木桩。②树木或庄稼的残根。③马口中所衔横木。④量词，一段。

古入声，六月。逆橛～棁～冒～门～木～桃～铁～衔～一～桩～顺～笔～饰～痿～眼～杙～株驹例下开迷惑胸，窙豁劚株橛。（唐·韩愈《送文畅师北游》）

噱jué

大笑。另见122页xué。

古入声，十药。逆惭～嘲～大～发～欢～诙～哈～谈～嗢～喜～笑～谐～噱～咽～言～一～饮～谀～顺～谈～嗢例左右供谄誉，亲交献谀噱。（唐·韩愈《晚秋郾城夜会联句》）

屩jué

麻履。

古入声，十药。逆草～屐～菅～芒～蹑～释～云～棕～顺～鼻例斩马祭旄纛，炰羔礼芒屩。（唐·韩愈《晚秋郾城夜会联句》）浓露湿莎裳，浅泉渐草屩。（唐·皮日休《太湖诗·晓次神景宫》）到回解风襟，临幽濯云屩。（唐·陆龟蒙《奉和袭美初夏游楞伽精舍次韵》）

镢（鐍）jué

①有舌的环。②（箱子上）安锁的纽。③锁闭。

古入声，九屑。逆背～带～封～固～关～环～缄～金～扃～钥～顺～闭～锁～围～钥例山中老僧眉似雪，忍死相传保扃鐍。（唐·卢纶《栖岩寺隋文帝马脑盏歌》）

獗jué

逆猖～顺～竖例五六十年消息绝，中间盟会又猖獗。（唐·元稹《和李校书新题乐府十二首·缚戎人》）长庚光怒，群盗纵横，逆胡猖獗。（宋·张元干《石州慢·雨急云飞》）

鴂jué

鶗鴂。

古入声，九屑。逆鹎～鸣～鹈～题～顺～舌例小院黄昏人忆别。落红处处闻啼鴂。（宋·苏轼《蝶恋花·春事阑珊芳草歇》）算不因风雨，只因鶗鴂。（宋·辛弃疾《满江红·折尽荼蘼》）最可惜、一片江山，总付与啼鴂。（宋·姜夔《八归·芳莲坠粉》）

潏jué

古水名。

古入声，四质。

玦jué

古入声，九屑。逆宝～赐～环～金～捐～离～佩～珮～乌玉～玉～顺～佩例河光正如剑，月魄方似玦。（唐·皮日休《寒夜联句》）羽服明晖玉雪。笑语轻参环玦。（宋·赵长卿《谒金门·灯乍灭》）天与此翁，芳芷嘉名，纫兰佩兮琼玦。（宋·吴文英《江南春·风响牙签》）

典**环玦** 指召回贬逐之臣。《荀子·大略》："聘人以珪，问士以璧，召人以瑗，绝人以玦，反绝以环。"杨倞注："古者臣有罪，待放于境，三年不敢去，与之环则还，与之玦则绝，

皆所以见意也。”

薄书勉复亲，环玦非所请。（宋·苏辙《答王定国问疾》）

珏（*瑴）jué 合玉。

古入声，三觉。逆方～双～顺～玉

孑jué ①孑孓，井中小虫。②短也。③无左臂。

古《广韵》：入声，月韵。又：入声，物韵异。又：上声，肿韵异。逆孑～

觖jué （容器）不满，不充盈。

古入声，九屑。逆骄～觖～倾～擿～顺～怅～如～望例蛮笺象管写新声，几番曾试琼壶觖。（宋·李彭老《踏莎行·紫曲迷香》）

攫jué 夺取。

古入声，十药。逆搏～采～蝉～雕～虎～拿～蟠～攘～挐～噬～贪～昼～诛～顺～搏～鷞～夺～击～捷～鸟～啮～攘～杀～噬～肆～腾～鸷～昼～啄例俯人间、尘埃野马，孤撑高攫。（宋·辛弃疾《贺新郎·曾与东山约》）意飘然、横空直把，曹吞刘攫。（宋·辛弃疾《贺新郎·听我三章约》）

桷jué 方椽。

古入声，三觉。逆百～彩～螭～椽～榱～栱～刻～梁～龙～轮～朴～松～烟～楹～质～朱～柱～顺～杙例幸兹得佳朋，于此荫华桷。（唐·韩愈《纳凉联句》）

劂jué 镌刻。

古入声，六月。逆剞～例先生閟穷巷，未得窥剞劂。（唐·韩愈《送文畅师北游》）

爝jué ①古代所烧束苇，用以驱除不祥。②小火，微火。

古入声，十药。又：上声，十八啸同。逆星～遗～荧～萤～顺～光～火例帝载弥天地，臣辞劣萤爝。（唐·韩愈《晚秋郾城夜会联句》）

倔jué 强硬，执拗。另见123页juè。

古入声，五物。逆干～奇～跼～顺～聱～佹～僵～傀～奇例荥公鼎轴老，烹斡力健倔。（唐·韩愈《山南郑相公樊员外酬答为诗依赋十四韵以献》）

矍jué ①惊惶四顾貌。②矍铄，老人体健、有精气神。

古入声，十药。逆矍～顺～骇～矍～圃～然～铄～铄翁～踢～相～相圃

苶nié ①疲倦，困顿。②发呆，反应迟钝。

古入声，九屑。又：入声，十六叶同。逆发～羸～疲～衰～嵬～萎～顺～靡～然例骨肉暂分离，形神遂疲苶。（唐·卢纶《秋中野望寄舍弟绶兼令呈上西川尚书舅》）以斯为思虑，吾道宁疲苶。（唐·皮日休《二游诗·任诗》）

协（協）xié

古入声，十六叶。逆按～毕～不～锋～附～怀～剧～克～普～时～调～万民～稳～翕～谐～宣～映～远～允～赞～汁～周～顺～比～服～附～恭～规～计～济～旬～律～睦～穆～宁～气～契～洽～趣～日～时～事～顺～台～泰～统～相～饷～序～翼～应～韵～治

典**与浑不协** 《晋书·王濬传》讲到在破孙皓的战斗中，王濬本当受王浑节制，但濬不受命，导致不和，然最终还是击败了孙皓。后因指战争中各路将领之不和。

与浑虽不协，归皓实为雄。（唐·张九龄《奉和圣制过王濬墓》）

胁（脅、*脇）xié

古入声，十七洽。又：去声，二十九艳异。逆抽～带～峰～讽～腐～鼓～裹～诃～劫～进～拘～篮～凌～辟～骈～骿～迫～山～束～条～帖～铁～豚～心～胸～崖～月～招～折～正～顺～盾～服～附～骨～唬～肩～劫～惧～君～敛～凌～陵～略～迁～求～诎～取～权～弱～士～说～窝～污～息～衣～肢～制～尊者例人安若泰山，蓟北断右胁。（唐·杜甫《八哀诗·司徒李公光弼》）

典**出月胁** 形容诗思脱俗。唐·皇甫湜《唐故著作左郎顾况集序》：“吴中山泉气状，英淑怪丽。……君出其中间……偏于逸歌长句，骏发踔厉，往往若穿天心，出月胁，意外惊人语，非寻常所能及，最为快也。李白、杜甫已死，非君将谁与哉？”

借问锦心能底巧，更从月胁摘将来。（宋·杨万里《张尉惠诗和韵谢之》）

楼船迫胁 指李白被迫参加永王璘幕府一事。李白《经乱后天恩流夜郎忆旧游书怀赠江夏韦太守良宰》：“半夜水军来，浔阳满旌旃。空名适自误，迫胁上楼船。”

君爱谪仙风调，我恨楼船迫胁，终污永王璘。（宋·李光《水调歌头·元亮赋归去》）

挟（挾）xié

古入声，十六叶。逆扶～负～诡～裹～怀～火～邀～自～顺～藏～册～策～尺～赤～忿～辅～筴～奸～纩～令～暮～挠～山～势～恃～摭～书～书令～书律～私～斯～嫌～养～依～义～怨～赞～制

缬（纈）xié ①染有花纹的丝织品。②眼发花时出现的星星点点。多形容醉眼。

古入声，九屑。逆波～采～春～错～宫～花～夹～绞～锦～林～罗～纹～霞～缬～眼～鱼子～韵～醉～醉眼～顺～帛～草～花～林～文～纹～眼～衣帘～晕～芷～子髻例竹冈森羽林，花坞团宫缬。（唐·杜牧《池州送孟迟先辈》）厚于铁围山上铁，薄似双成仙体缬。（唐·贯休《还举人歌行卷》）沈思恨难说。忆花底相逢，亲赠罗缬。（宋·秦观《兰陵王·雨初歇》）

颉（頡）xié 指鸟向下飞。另见117页jié。

古入声，九屑。逆盗～丐～颃～邀～鱼～顺～颃～佷～滑～斤～亢～羌

撷（擷）xié ①采摘，摘取。②手提起衣襟或将其其掖在腰间。另见117页jié。

古入声，九屑。逆采～掇～翻～揽～牟～搴～秋英～捽～顺～采～萃～翠～芳～华～芼～芹～取～秀～腰～英～择～摘～子髻例绿绮为谁弹，绿芳堪自撷。（唐·刘长卿《奉饯郑中丞罢浙西节度还京》）酒帜风外颊，茶枪露中撷。（唐·陆龟蒙《奉酬袭美先辈吴中苦雨一百韵》）镂花镌叶。满枝风露和香撷。（宋·张炎《醉落魄·镂花镌叶》）

勰xié

古入声，十六叶。逆调～和～

絜xié ①量度。②通“洁”。

古入声，九屑。逆拔～辨～辩～纯～淳～方～丰～刚～高～耿～公～孤～行～简～矫～皦～皦～介

～矜～精～静～拘～躅～廉～凛～领～履～明～齐～清～完～鲜～闲～修～严～禋～斋～贞～整～自～顺～钩～驾～矩～令～齐～矢～知例文如轻罗散如发，马尾牦牛不能絜。（唐·韦应物《棕榈蝇拂歌》）

学（學*斈）xué

古入声，三觉。逆颁～饱～抱～禀～才～参～禅～承～逞～持～虫鱼～醇～粹～村～达～耽～道～登～典～洞～督～独～笃～敦～钝～梵～仿～肤～府～负～阁～孤～寡～汉～翰～行～黉～宦～积～监～解～进～经～拘～居～课～困～陋～论～洛～茂～懋～秘～庙～僻～品～平生～朴～浅～青缃～青箱～秋～劬～儒～散～赡～圣～师～识～侍～视～受～硕～私～四门～晚～微～伪～问～无～西～习～兴～幸～修～炫～训～雅～洋～义～艺～议～诣～游～幼～愚～远～杂～直～治～助～颛～遵～顺～博～曹～差～禅～道～等～地～定～董～而～房～俸～佛～割～宫～古～官～馆～规～海～行～宦～稼～监～解～鸠～究～空～觇～览～历～粮～林～廪～流～庐～录～侣～脉～门～庙～民～圃～人～僧～尚～涉～省～师～使～世～仕～市～室～守～书～塾～述～诵～台～田～庭～文～屋～务～雾～仙～衙～宪～养～友～囿～语～谕～园～则～正～政～植～殖～主～字～宗例紫书倘可传，铭骨誓相学。（唐·李白《赠嵩山焦炼师》）观者贪愁掣臂飞，画师不是无心学。（唐·杜甫《姜楚公画角鹰歌》）路远清凉宫，一雨悟无学。（唐·柳宗元《自衡阳移桂十余本植零陵所住精舍》）

典**苏秦学**　指发奋读书。战国时苏秦上书秦王而不见用，遂返家发奋苦学，以锥刺股，揣摩太公阴符之谋，终于学成。详见《战国策·秦策一》。

可想大器晚成，功名有志，未逊苏秦学。（宋·张侔《念奴娇·榆烟新起》）

谢文学　指谢朓。《南齐书·谢朓传》："朓少好学，有美名，文章清丽……转王俭卫军东阁祭酒，太子舍人、随王镇西功曹，转文学。"

因知谢文学，晓望比尘埃。（唐·司空曙《雨夜见投之作》）

班昭才学　借指才女。《后汉书·曹世叔妻》："扶风曹世叔妻者，同郡班彪之女也，名昭，字惠班，一名姬。博学高才。世叔早卒，有节行法度。兄固著《汉书》，其八表及《天文志》未及竟而卒，和帝诏昭就东观藏书阁踵而成之。"

为孟坚补史，班昭才学，中郎传业，蔡琰词章。（宋·刘克庄《沁园春·莫信人言》）

青箱传学　指人有家传之学。《宋书·王准之传》："曾祖彪之，书令。祖临之，父讷之，并御史中丞。彪之博闻多识，练习朝仪，自是家世相传，并谙江左旧事，缄之青箱。世人谓之'王氏青箱学'。"

青箱传学远，金匮纳书成。（唐·刘禹锡《南海马大夫见惠著述》）

不负平生学　指官员忠不顾身。《旧唐书·陆贽传》："（兴元）八年四月，……以贽为中书侍郎、门下同平章事。……贽以受人主殊遇，不敢爱身，事有不可，极言不隐。朋友规之，以为太峻，贽曰：'吾上不负天子，下不负吾所学，不恤其他。'"

更看君侯事业，不负平生学。（宋·辛弃疾《六么令·酒群花队》）

穴 xué

古入声，九屑。逆巢～穿～丹～凤～衵～管～郭～狐～虎～户～秽～瀍～蛟～狡～窖～窠～空～孔～窟～矿～逵～临～峦～庙～僻～潜～窍～寝～区～泉～乳～三兔～探虎～陶～通～郤～隙～罅～仙～熏～崖～岩～蚁～俞～禹～凿～顺～壁～藏～巢～处～窗～窜～地～见～井～居～埳～流～倮～矛～窍～觑～土～隙～匈～胸～岫～岩～窅～野～蚁～牖～垣～宅～踵例布叶捎云烟，插根拥岩穴。（唐·王绩《古意六首》）积水带吴门，通波连禹穴。（唐·骆宾王《夏日游德州赠高四》）酣竟日入山，暝来云归穴。（唐·王昌龄《宴南亭》）

典**丙穴**　借指鱼穴。左思《蜀都赋》："嘉鱼出于丙穴。"李善引刘逵注："丙穴，在汉中沔阳县北，有鱼穴二所，常以三月取之。丙，地名也。"

鱼知丙穴由来美，酒忆郫筒不用酤。（唐·杜甫《将赴成都草堂途中有作》其一）

巢穴　喻人的行止所求。《后汉书·庞公传》："庞公笑曰：'鸿鹄巢于高林之上，暮得其所栖；鼋鼍穴于深渊之下，夕而得所宿。夫趣舍行止，亦人之巢穴也。且各得其栖宿而已，天下非所保也。'"

四海失巢穴，两都困尘埃。（唐·韩愈《赠河阳李大夫》）

丹穴　传说中的山名。后以"丹穴"代指凤凰或凤凰所居之地。见《山海经·南山经》。

凤穴雏皆好，龙门客又新。（唐·杜甫《奉赠鲜于京兆二十韵》）

狡穴　指兔穴。《战国策·齐策四》："冯谖曰：'狡兔有三窟，仅得免其死耳。今君有一窟，未得高枕而卧也，请为君复凿二窟。'"

犬骄鹰俊马蹄快，狡穴未尽须穷追。（宋·范成大《次韵李子永雪中长句》）

熏穴　迫使太子出为国君。《庄子·让王》："越人三世弑其君，王子搜患之，逃乎丹穴，而越国无君。求王子搜不得，从之丹穴。王子搜不肯出，越人薰之以艾。"

熏穴应无取，焚林固有求。（唐·韦蟾《上元三首》其三）

蚁穴　喻可以酿成大祸的小隐患。《韩非子·喻老》："千丈之堤，以蝼蚁之穴溃；百尺之室，以突隙之烟焚。"

一物不得所，蚁穴满山丘。（唐·邵谒《论政》）

禹穴　相传为夏禹的葬地，在今浙江省绍兴之会稽山。见《史记·太史公自序》"二十而南游江、淮，上会稽，探禹穴"裴骃集解。

南寻禹穴见李白，道甫问信今何如。（唐·杜甫《送孔巢父谢病归游江东兼呈李白》）

白云穴　借指仙家。《赵燕外传》："（帝）谓嬺曰：'吾老是乡矣，不能效武皇帝求白云乡也。'"

深居白云穴，静注赤松经。（唐·马戴《赠道者》）

两鼠斗穴　喻两军狭路相逢，勇者胜。《史记·廉颇蔺相如列传》："秦伐韩，军于瘀于。……又诏问赵奢，奢对曰：'其道远险狭，譬之犹两鼠斗于穴中，将勇者胜。'"

两鼠斗穴中，一胜亦偶然。（宋·苏轼《送范中济经略侍郎》）

死为同穴　喻夫妻相爱生死不渝。《诗经·王风·大车》："谷则异室，死则同穴。谓予不信，有如皦日。"郑玄笺："穴谓冢圹中也。"

生为同室亲，死为同穴尘。（唐·白居易《赠内》）

噱xué　噱头：指引人发笑的滑稽话或举动；或指招数，手段。另见119页jué。

逆摆～发～很～顺～极了～头

鸴（鷽）xué

古入声，三觉。逆蜩～顺～鸠

瘪（癟）biě

古《广韵》：入声，十六屑。逆凹～缩～顺～瘦～瘪～子

撇piě　另见111页piē。

古入声，九屑。逆点～分～捺～投～一～顺～嘴例笙歌里、身住几何年，十字儿、头边下撇。（宋·仲殊《步蟾宫·仙郎心似长江阔》）只消得、把笔轻轻去，十字上、添一撇。（宋·辛弃疾《品令·更休说》）更把百倍添来，壮椿身世，又十头添撇。（宋·刘克庄《乳燕飞·风流八十》）

铁（鐵、*銕）tiě

古入声，九屑。逆尺～赤～楚～寸～点～古～贯～浑～甲～截～金～精～锴～镠～六州～毛～绵里～钳～屈～椎～柔～砂～驷～顽～心～盐～跃～陨～顺～案～壁～翅～骢～伐～浮屠～绠～关～军～勒～缧～骊～流～骑～堑～桥～磬～拳～山～山碎～誓～殳～塔～蹄～腕～仙～心～血～崖体～砚～砚穿～衣～翼～鹰～则～辙～朱～字例峡形藏堂隍，壁色立积铁。（唐·杜甫《铁堂峡》）钩锁相连势不绝，倔强毒蛇争屈铁。（唐·苏涣《赠零陵僧（一作《怀素上人草书歌》）》）莲花去国一千年，雨后闻腥犹带铁。（唐·李贺《假龙吟歌》）

典**不持寸铁**　指欧阳修所倡导的一种诗歌创作手法"白战体"。该手法禁用烂熟的直接指称、形容被描写事物的词语，主要运用了侧面描写、效果想象等手法。宋·苏轼《聚星堂雪》："汝南前贤有故事，醉翁诗话谁续说。当时号令君听取，白战不许持寸铁。"

帖tiě　①写有简短文字的请柬、便条。②官府的文书、公文。③票据，凭证。④唐宋元时科举考题乃从经文中帖出数语而为之，因称科举试题为试帖。另见111页tiē、130页tiè。

古入声，十六叶。逆榜～报～禀～草～房～讣～覆～官～柬～简～揭～军～钧～括～礼～六～龙凤～论～名～年～批～破～谱～契～诗～试～试墨～手～谢～宣～雁～邀～药～谕～朱笔～奏～顺～发～经～括～墨～试～书～头～文～写～字例西风燕子会来时，好付小笺封泪帖。（宋·贺铸《木兰花·罗襟粉汗和香浥》）念醉魂悠扬，折钗锦字，黠髯掀舞，流觞春帖。（宋·吴文英《一寸金·秋入中山》）重酿宫醪，双钩官帖。（宋·杨伯岩《踏莎行·梅观初花》）

典**茧帖**　元夕行乐之一种。五代·王仁裕《开元天宝遗事·探官》："都中每至正月十五日，造面茧，以官位帖子，卜官位高下，或赌筵宴，以为戏笑。"

茧帖争先，芋郎卜巧，细说成都旧话。（宋·赵必𤩪《齐天乐·红纷绿闹东风透》）

雪xuě

古入声，九屑。逆皑～报～残～鹅毛～翻～吠～分～寒江～皓～浣～回～肌～湔～绛～珂～腊～梨～立～梁苑～凌～六月～芦～梅～茗～酿～瓯～喷～拔～破～清～晴～瑞～三尺～霜～朔～松～素～踏～卧～舞～洗～喜～霰～香～新～荧～郢中～映～玉～云～云中～澡～毡～昭～照～煮～紫～顺～暗～谤～涤～牒～顶～窦～朵～葶～帆～雰～肤～宫～姑～鹤～恨～鸿～花骢～辉～肌～涧～浪～浪笺～棱～练～鳞～岭～柳～庐～鹭～履～貌～梅～茗～幕～泥～藕～魄～浦～泣～晴～刃～糁～霜～霜姿～松～蓑～台～滩～潭～涛～藤～涕～条～溪～弦～线～霰～岫～絮～压～岩～野～隐～英～莹～影～羽～怨～月～照～阵～芝～枝～珠～纻例瀚海百重波，阴山千里雪。（唐·李世民《饮马长城窟行》）叶似镜中眉，花如关外雪。（唐·韦承庆《折杨柳》）净扫黄金阶，飞霜皎如雪。（唐·刘商《怨妇》）

典**白雪**　见16页"曲高和寡"。

赋雪　借指文人雅兴。谢惠连《雪赋》："岁将暮，时既昏，寒风积，愁云繁。梁王不悦，游于兔园。置旨酒，命宾友，召邹生，延枚叟。相如末至，居客之右，俄而微霰零，密雪下，王乃歌北风于卫诗，咏南山于周雅。授简于司马大夫，曰：'抽子秘思，骋子妍辞，侔色揣称，为寡人赋之。'"

梁园纵玩归应少，赋雪搜才去必频。（唐·杜牧《过大梁闻河亭方宴赠孙子端》）

贺雪　指谄谀取宠。《新唐书·王求礼传》："王求礼，许州长社人……久视二年三月，大雨雪，凤阁侍郎苏味道等以为瑞，率群臣入贺。求礼让曰：'宰相燮和阴阳，而季春雨雪，乃灾也。果以为瑞，则冬月雷，渠为瑞雷邪？'"

贺雪已成金殿梦，看涛终负石桥期。（唐·李洞《哭栖白供奉》）

回雪　形容女子舞姿美好。三国魏·曹植《洛神赋》："髣髴兮若轻云之蔽月，飘飖兮若流风之回雪。"

有风纵道能回雪，无水何由忽吐莲。（唐·白居易《醉后题李马二妓》）

卧雪　指身处困穷但仍坚守节操。亦作"袁安高卧""焦先卧雪"。《后汉书·袁安传》李贤注引《汝南先贤传》："时大雪积地丈余，洛阳令身出案行，见人家皆除雪出，有乞食者。至袁安门，无有行路，谓安已死。令人除雪入户，见安僵卧。问何以不出。安曰：'大雪人皆饿，不宜干人。'令以为贤，举为孝廉。"

袁公方卧雪，尺素及柴荆。（唐·皇甫曾《酬郑侍御秋夜见寄》）

香雪 借指美女的肌肤。李商隐《小桃园》："竟日小桃园，休寒亦未暄。坐莺当酒重，送客出墙繁。啼久艳粉薄，舞多香雪翻。犹怜未圆月，先出照黄昏。"

娇艳轻盈香雪腻，细雨黄莺双起。（唐·张泌《满宫花·花正芳》）

萤雪 指勤苦读书。亦作"萤窗""萤窗雪案"。见任昉《为萧扬州荐士表》："至乃集萤映雪，编蒲缉柳。"李善注。

百氏典坟空自苦，一堆萤雪竟谁知。（唐·刘兼《倦学》）

郢雪 喻优美的诗篇。《对楚王问》："客有歌于郢中者。其始曰《下里》《巴人》，国中属而和者数千人；其为《阳阿》《薤露》，国中属而和者数百人；其为《阳春》、《白雪》，国中属而和者不过数十人。"

独唱郢中雪，还游天际霞。（唐·鲍溶《送僧东游》）

玉雪[1] 指人皮肤白皙。唐·韩愈《殿中少监马君墓志》："姆抱幼子立侧，眉眼如画，发漆黑，肌肉玉雪可念，殿中君也。"

金盘满贮华清水，看浴兰芽玉雪容。（宋·晁冲之《二十一兄生女有诗次韵》）

玉雪[2] 指人品高洁，为官清廉。唐·韩愈《故幽州节度判官赠给事中清河张君墓志铭》："噎喑以为生，子独割也；为彼不清，作玉雪也。"

不谓高名下，终全玉雪身。（唐·唐彦谦《吊方干处士》）

餐毡雪 本苏武故事，后借指被流放时的困苦生活。见115页"汉节"。

梨花雪 指雪。亦作"梨雪"。唐·岑参《白雪歌送武判官归京》："北风卷地白草折，胡天八月即飞雪。忽如一夜春风来，千树万树梨花开。"

砌下梨花一堆雪，明年谁此凭阑干。（唐·杜牧《初冬夜饮》）

山阴雪 指访友。见322页"访戴"。

剡溪雪 见322页"访戴"。

灞桥风雪 指易产生诗的意境构思的地方。宋·孙光宪《北梦琐言》卷七："相国郑綮善诗。……或曰：'相国近有诗否？'对曰：'诗思在灞桥风雪中驴子上，此处何以得之？'"

锦里莺花余故宅，灞桥风雪入新图。（宋·杨万里《诗人王季廉挽诗》）

程门立雪 指就学师门，尊师重道。《宋史·杨时传》："见程颐于洛，时盖年四十矣。一日见颐，颐偶瞑坐，时与游酢侍立不去。颐既觉，则门外雪深一尺矣。"

程门立雪道南后，幸此一脉犹绵延。（宋·熊禾《观洛行》）

门外知音少，曾来立雪深。（宋·汪真《题琴书清隐图》）

谢衣翻雪 亦作"谢公翻雪"。见176页"谢庄衣湿"。

谢郎衣袖初翻雪，荀令熏炉更换香。（唐·李商隐《酬崔八早梅有赠兼示之作》）

吴盐胜雪 喻洁白。唐·李白《梁园吟》："玉盘杨梅为君设，吴盐如花皎白雪。"

并刀如水，吴盐胜雪，纤指破新橙。（宋·周邦彦《少年游·并刀如水》）

阳春白雪 喻高雅的文艺作品。南朝梁·萧统《对楚王问》："客有歌于郢中者，其始曰《下里》、《巴人》，国中属而和者数千人；其为《阳阿》《薤露》，国中属而和者数百人；其为《阳春》、《白雪》，国中属而和者不过数十人；引商刻羽，杂以流徵，国中属而和者不过数人而已。是其曲弥高，其和弥寡。"

琼华消散暖风来，多费阳春白雪才。（宋·王禹偁《酬仲咸雪霁春融偶题见寄之什》）

袁安卧雪 指困雪居家。亦指高士生活清贫但有操守，不愿乞求于人的气节。见"卧雪"。

平时卧雪似袁安，谁肯凌晨犯苦寒。（宋·楼钥《贺雪八盘岭上作》）

吠日与吠雪 喻少见多怪。唐·柳宗元《答韦中立论师道书》："今之世，不闻有师，有辄哗笑之，以为狂人。独韩愈奋不顾流俗，犯笑侮，收召后学，作《师说》，因抗颜而为师。世果群怪聚骂，指目牵引。……屈子曰：'邑犬群吠，吠所怪也。'仆往闻庸、蜀之南，恒雨少日，日出则犬吠，予以为过言。前六七年，仆来南。二年冬，幸大雪，逾岭被南越中数州，数州之犬，皆苍黄吠噬狂走者累日，至无雪乃已，然后始信前所闻者。今韩愈既自以为蜀之日，而吾子又欲使吾为越之雪，不以病乎！"

满地梨花雪 指梨花衰谢落地时的景象。《玉台新咏》卷九南朝梁·萧子显《燕歌行》："洛阳梨花落如雪，河边细草细如茵。"

遥夜春寒听晓钟，角声满地梨花雪。（宋·许玠《汉宫春夜》）

霜刀飞碎雪 指厨师挥刀切鱼鱼片落盘的情景。杜甫《观打鱼歌》："饔子左右挥霜刀，脍飞金盘白雪高。"

坐久霜刀飞碎雪，一尊同。劳烦玉指春葱。（宋·张元干《春光好·花恨雨》）

哕

哕（噦）yuě ①呃逆，打呃。②干呕。另见293页huì。

古《广韵》：入声，十月。又：入声，十七辥同。逆发～干～口～呕～唾～咽～顺～饭～厥～骂～逆～呕～吐～咽～噫例幽穷共谁语，思想甚含哕。（唐·韩愈《送文畅师北游》）有此竟苟荣，闻之兼可哕。（唐·皮日休《二游诗·徐诗》）

别

别（彆）biè 另见113页bié。

逆劣～扭～拗～窝～顺～气～强

倔

倔 juè 性子直，态度生硬。另见120页jué。

古入声，五物。逆干～顺～巴～然

列

列 liè

古入声，九屑。逆班～备～彪～布～部～簿～厕～朝～齿～充～俦～次～从班～鼎～功～鹤～棘～谏～践～爵～离～僚～寮～鳞～胪～伦～论～末～陪～配～骈～失～守～殊～霜～蛸～星～翼～攒～遮～骀～卒～顺～邦～曹～臣～称～城～传～大夫～代～第～鼎～藩～公～馆～侯～棘～籍～戟～炬～埒～胪～眉～辟～钱～卿～缺～壤～圣～食～树～肆～亭～屋～仙～星～筵～曜～营～墉～岳～嶂～植～峙～秩～置例杳杳暮猿深，苍苍古松列。（唐·刘长

卿《宿双峰寺寄卢七李十六》)太白何苍苍,星辰上森列。(唐·李白《古风》)粉黛亦解苞,衾裯稍罗列。(唐·杜甫《北征》)

典**陈力列** 指出仕。《论语·季氏》:"周任有言曰:'陈力就列,不能者止。'"

假如不在陈力列,立言垂范亦足恃。(唐·韩愈《寄卢仝》)

烈liè

古入声,九屑。逆暴~迸~炽~胆~毒~燔~芳~芬~愤~馥~高~鲠~犷~豪~赫~横~洪~鸿~节~劲~俊~峻~骏~酷~栗~烈~茂~虐~劈~撇~清~遒~声~盛~霜~爽~威~伟~武~侠~遐~孝~雄~勋~迅~严~炎~遗~义~谊~毅~英~郁~贞~壮~顺~畅~毒~夫~光~寒~汉~皇~辉~祸~假~节~精~景~炬~考~栗~名~气~缺~然~山~盛~燧~所~味~文~武~心~野~业~义~直~志~壮~祖~钴例夫子还倜傥,攻文继前烈。(唐·李白《别鲁颂》)一登蓟丘上,四顾何惨烈。(唐·高适《酬李少府》)渡河不用船,千骑常撇烈。(唐·杜甫《留花门》)

典**挹余烈** 指分享荣光或请求帮助。《史记·甘茂列传》:"甘茂之亡秦奔齐,逢苏代。代为齐使于秦。甘茂曰:'……臣闻贫人女与富人女会绩,贫人女曰:"我无以买烛,而子之烛光幸有余,子可分我余光,无损子明,而得一斯便焉。"今臣困而君方使秦而当路矣。茂之妻子在焉,愿君以余光振之。'"

行矣各勉旃,吾当挹余烈。(唐·高适《宋中别李八》)

劣liè

古入声,九屑。逆暗~薄~鄙~憨~伧~悴~刁~钝~顿~惰~乏~匪~乖~寒~狠~谫~蹇~骄~蹶~狂~困~滥~老~羸~狞~驽~懦~疲~朴~浅~怯~瘽~弱~衰~俗~琐~贪~顽~尪~微~污~狭~朽~虚~庸~窳~顺~别~弟~点~角~衿~撅~厥~缺~弱~时~下~兄~丈例百年去心虑,孤影守薄劣。(唐·钱起《海上卧病寄王临》)君疑才与德,咏此知优劣。(唐·白居易《答友问》)青云上、诸公衮衮,难登狭劣。(宋·王炎《满江红·宦海浮沈》)

典**阿买才劣** 指不才之侄。亦作"羞阿买"。唐·韩愈《醉赠张秘书》:"为此座上客,及余各能文。……阿买不识字,颇知书八分。诗成使之写,亦足张吾军。"

唯余阿买真才劣,醉后犹能写八分。(宋·丘崇《鹧鸪天·怀抱环奇懒叩阍》)

裂liè

古入声,九屑。逆百~迸~敝~撇~布~惨~坼~赤~摧~皴~焚~幅~辐~鲠~瓜~膫~秽~焦~孑~皲~溃~裂~瘥~灭~目~犨~判~匹~圮~剽~瞥~颓~瓦~挽~罅~朽~玉~摘~绽~蛰~支~摭~擿~眦~顺~鼻~敝~弊~饼~拆~地~肤~绝~灭~破~壤~陕~裳~素~土~文~璺~隙~罅~眼~域~兆~织~纸~眦~组例岁暮百草零,疾风高冈裂。(唐·杜甫《自京赴奉先县咏怀五百字》)人寒指欲堕,马冻蹄亦裂。(唐·长孙佐辅《陇西行》)压枝凝艳已全开,映叶香苞才半裂。(唐·元稹《山枇杷》)

典**长笛吹裂** 指音乐的神奇力量。唐开元年间吹笛高手李謩应邀演奏,宾客皆赞叹,唯座中独孤生一言不发,謩以其轻己,请为吹笛。独孤生吹笛,声发入云,长笛吹裂,不能终曲。详见《太平广记》卷二〇四"李謩"条引《逸史》。

试教长笛傍耳根,一声吹裂阶前石。(宋·苏轼《与梁左藏会饮傅国埔家》)

恨无铁笛,一声吹裂山石。(宋·刘辰翁《念奴娇·遥怜儿女》)

发指眦裂 头发向上竖,眼睑全张开。形容极其愤怒。《吕氏春秋·必己》:"孟贲瞋目而视船人,发植,目裂,鬓指。"又《史记·项羽本纪》:"(樊哙)瞋目视项王,头发上指,目眦尽裂。"

探马星奔汗流地,猛士眦裂发指冠。(宋·苏籀《去年一首》)

猎(獵)liè

古入声,十六叶。逆驰~犯~访~伏~告~行~扈~会~见~谏~捷~獠~燎~猎~凌~陵~骑~禽~球~射~侍~狩~蒐~讨~畋~狎~校~弋~淫~游~鱼~渔~羽~鬻~直~顺~跋~车~旦~古~古调~火~获~角~较~捷~碣~禁~精~酒~俊~客~郎~鹿~民~名~囊~辇~骑~沙~射~涉~师~徒~团~围~渭~戏~贤~兴~彦~异~缨~蝇~渔~逐例月照水澄澄,风吹草猎猎。(唐·寒山《诗三百三首》其一五四)复自碣石来,火焚乾坤猎。(唐·杜甫《八哀诗·故司徒李公光弼》)秀色无双怨三峡,春风几梦襄王猎。(唐·陈陶《巫山高》)

典**相如谏猎** 借指贤臣忧国谏君。《汉书·司马相如传》:"故其仕宦,未尝肯与公卿国家之事,常称疾闲居,不慕官爵。尝从上至长杨猎。是时天子方好自击熊豕,驰逐壄兽,相如因上疏谏。"

凄凉王粲从军作,零落相如谏猎书。(宋·陆游《曝书偶见旧稿有感》)

太公遇文猎 指贤者高龄荣显。亦作"后车载太公""太公"。《史记·齐太公世家》:"吕尚盖尝穷困,年老矣,以渔钓奸周西伯。……于是周西伯猎,果遇太公于渭之阳,与语大说,曰:'自吾先君太公曰"当有圣人适周,周以兴"。子真是邪?吾太公望子久矣。'故号之曰'太公望'。载与俱归,立为师。"

寿觞五福,太公须遇文猎。(宋·张倅《念奴娇·榆烟新起》)

鬣liè ①胡须。②马颈上的长毛。

古入声,十六叶。逆鬓~翠~繁~奋~风~刚~鲸~鬣~鳞~翎~龙~鳍~髻~青~髯~松~兔~尾~雾~虾~狎~须~鱼~长~针~振~朱~鬃~顺~般~刺~封~戟~葵~疬例此中多伏虎,见我奋迅鬣。(唐·寒山《诗三百三首》其一四四)自种古松根,待看黄龙,乱飞上、苍髯五鬣。(宋·姜夔《洞仙歌·花中惯识》)

典**五鬣** 借指松树之上品。南朝梁·任昉《述异记》卷上:"松有两鬣、三鬣、七鬣者,言如马鬣形也。"又,唐·段成式《酉阳杂俎·广动植之三·木》言及"五鬣松"。

五鬣何人采，西山旧两童。（唐·储光羲《杂咏五首·石子松》）

洌 liè ①清澈。②清醇。③通"冽"，寒冷。

古入声，九屑。逆芳～甘～酒～浚～潦～冽～泠～澈～清～泉～顺～气～清

冽 liè 冷。

古入声，九屑。逆澄～醇～芳～甘～寒～腊～栗～溧～慄～洌～凛～凌～凝～扑～凄～清～泉～锐～香～辛～严～酽～湛～顺～风～厉～清～泉～香例寒销春茫苍，气变风凛冽。（唐·白居易《春雪》）春思岩花烂，夏忆寒泉冽。（唐·李德裕《怀山居邀松阳子同作》）骑驴老子真奇绝。肩山吟耸清寒冽。（宋·秦观《忆秦娥·灞桥雪》）

躐 liè ①踩，践踏。②逾越；超过。

古入声，十六叶。逆超～齿～蹈～犯～践～僭～凌～陵～狎～侥～越～陟～顺～拜～除～次～登～等～玷～官～行～跻～级～阶～进～径～居～冒～迁～窃～取～升～蹑～席～学～缨～用

捩 liè ①扭转。②折断。

古入声，九屑。逆拨～关～机～纠～扭～拗～瞥～撇～捎～转～顺～舵～柁～眼～转～眦

趔 liè 趔趄，身体歪斜、脚步不稳即将摔倒的样子。

埒 liè ①矮墙。②田埂。③等同，相等。

古入声，九屑。逆宝～场～塍～地～富～黄金～金～连～列～马～圻～钱～水～隧～壝～相～校～形～玉～顺～等～类～略～美～名～亩～垣

典**金埒** 指豪奢的马场。亦作"铺钱埒""马埒"。《世说新语·汰侈》："王武子被责，移第北邙下。于时人多地贵，济好马射，买地作埒，编钱匝地竞埒。时人号曰'金沟'。"

玉环腾远创，金埒荷殊荣。（唐·上官昭容《游长宁公主流杯池二十五首》其八）

龙泉照步文犀涩，马埒堆金骏足闲。（宋·任随《旧将》）

略（*畧）lüè

古入声，十药。逆霸～邦～边～辩～材～筹～传～撮～方～高～规～诡～行～鸿～忽～豁～蠖～机～畿～藉～籍～谲～跨～庙～谬～谟～摹～模～器～権～睿～商～识～殊～疏～术～思～算～韬～脱～威～伟～纬～武～遐～雄～涯～英～远～韵～帐～畛～征～政～智～纂～顺～绰～陈～定～行～获～及～计～节～攫～历～且～寝～情～人～刃～术～通～同～图～无～物～洗～斜～野～意～诱～则～阵～约例叹我凄凄求友篇，感时郁郁匡君略。（唐·杜甫《追酬故高蜀州人日见寄》）笑语且无聊，逢迎多约略。（唐·李端《长安书事寄薛戴》）口里虽谭周孔文，怀中不舍孙吴略。（唐·李渤《喜弟淑再至为长歌》）

典**三略** 指军事韬略。李萧远《运命论》："张良受黄石之符，诵《三略》之说。"李善注："《黄石公记序》曰：'黄石者，神人也。有《上略》、《中略》、《下略》。'"

上将三略远，元戎九命尊。（唐·虞世南《出塞》）

龙豹韬略 亦作"龙韬豹略"。见524页"豹韬"。

龙豹莫藏韬略手，犬羊快扫腥膻迹。（宋·王淮《满江红·踏遍江南》）

周黄策略 指周瑜和黄盖制定的诈降和火攻之计。详见《三国志·吴书·周瑜传》。

收拾周黄策略，成就孙刘基业，未信赏音无。（宋·岳甫《水调歌头·鲁口天下壮》）

掠 lüè

古入声，十药。又：去声，二十三漾同。逆榜～暴～摽～采～笞～楚～捶～箠～毒～飞～焚～拂～俘～梏～考～拷～榜～酷～敛～卤～虏～掳～捞～擗～剽～窃～驱～蹂～骚～扫～收～输～私～肆～搜～洗～讯～野～淫～栉～纵～顺～草～笞～楚～盗～地～服～海～劫～考～拷～理～立～虏～掳～美～闹～杀～剩～袭～虚～削～役～影～约～阵～治～约例既不劳洗沐，又不烦梳掠。（唐·白居易《嗟发落》）天子悯疮痍，将军禁卤掠。（唐·韩愈《晚秋郾城夜会联句》）清香不与兰荪弱。一枝云鬓巧梳掠。（宋·周邦彦《醉落魄·葺金细弱》）

灭（滅）miè

古入声，九屑。逆埃～荡～燔～焚～涣～滤～灰～晦～寂～熸～翦～烬～救～绝～泐～沦～埋～漫～蒙～縻～麋～劘～冥～寝～倾～阒～入～丧～埽～升～殄～微～芜～雾～晞～陷～枭～朽～淹～掩～夷～翳～堙～陨～殒～斩～薙～顺～宝～荏～沉～刺～顶～度～拂～户～化～景～裂～伦～没～名～亲～青～身～澌～祀～威～息～相～性～学～夷～抑～殒例上有堕泪碑，青苔久磨灭。（唐·李白《襄阳曲》）独与山中人，无心生复灭。（唐·刘长卿《宿双峰寺寄卢七李十六》）夜深闻雁肠欲绝，独坐缝衣灯又灭。（唐·刘元淑《妾薄命》）

典**字不灭** 指珍惜情谊，珍藏朋友的来信。《古诗十九首》其十七："客从远方来，遗我一书札。上言长相思，下言久离别。置书怀袖中，三岁字不灭。一心抱区区，惧君不识察。"

长吟字不灭，怀袖且三年。（唐·李白《酬崔十五见招》）

匈奴未灭 指将帅公而忘私。《史记·卫将军骠骑列传》："骠骑将军为人少言不泄，有气敢任。……天子为治第，令骠骑视之，对曰：'匈奴未灭，无以家为也。'由此上益重爱之。"

匈奴犹未灭，魏绛复从戎。（唐·陈子昂《送魏大从军》）

龙虎散，风云灭 指曾经的贤臣追随圣君共开基业的局面已不复存在。《周易·乾卦·文言》："九五曰：'飞龙在天，利见大人。'何谓也？子曰：'同声相应，同气相求；水流湿，火就燥；云从龙，风从虎，圣人作而万物睹。'"孔颖达疏："龙吟则景云出，是云从龙也。……虎啸则谷风生，是风从龙也。"

龙虎散，风云灭。千古恨，凭谁说。（宋·王清惠《满江红·太液芙蓉》）

蔑miè

古入声，九屑。逆暴～放～黄～寂～贱～冷～凌～陵～蔑～欺～弃～微～侮～顺～尔～贱～陋～蒙～蠓～睨～弃～然～如～辱～杀～侮～夷～有例风胡不出来，摄履人相蔑。（唐·李咸用《剑喻》）

篾miè 竹皮。

古入声，九屑。逆翠～濛～青～顺～簟～篁～缆～弃～如～丝～笋～索例天柱香芽露香发，烂研瑟瑟穿获篾。（唐·秦韬玉《采茶歌》）

蠛miè 蠛蠓的蠛。

古入声，九屑。逆蠓～顺～蠓～子

啮（嚙，*齧、囓）niè

古入声，九屑。逆擘～冲～淙～啖～踶～龁～虎～嚼～攫～啃～浪～囊虫～侵～缺～食～蚀～噬～鼠～漱～苔痕～蹄～兔～吞～衔～顺～臂～臂盟～啖～合～嚼～啃～食～噬～膝～心～咬～咋～指～镞法例为物稍有香，心遭蠹虫啮。（唐·曹邺《成名后献恩门》）初惊蚩尤阵，虎豹争搏啮。（唐·陆龟蒙《奉酬袭美先辈吴中苦雨一百韵》）心事悠悠芳草歇。不眠听鼠啮。（宋·石孝友《谒金门·山雨绝》）

典**臂啮** 指爱情盟约。《左传·庄公三十二年》："初，公筑台临党氏，见孟任，从之。閟，而以夫人言许之。割臂盟公，生子般焉。"杜预注："许以为夫人。"

须信后约难凭，臂啮鬟剪，也只成虚说。（宋·石孝友《念奴娇·闷红颦翠》）

孽（*孼）niè

古入声，九屑。逆孽～残～谗～毒～蠹～孤～过～昏～祸～揭～寇～沴～乱～媒～逆～孽～戚～情～群～煽～蛇～庶～夙～微～邪～衅～宿～殃～遗～遭～种～顺～报～孽～臣～尘～宠～出～党～毒～风～海～类～龙～苗～鸟～愆～妾～竖～庶～相～星～牙～芽～裔～龉～冤例始见儒者雄，长缨系余孽。（唐·钱起《送薛判官赴蜀》）下种暖灰中，乘阳拆牙孽。（唐·刘禹锡《畲田行》）上将儆政教，下以防灾孽。（唐·白居易《春雪》）

镊（鑷）niè

古入声，十六叶。逆宝～钗～弹～发～花～华～黄金～铃～顺～白～鬓～肆～捋例尘容不在照，雪鬓那堪镊。（唐·卢纶《秋中野望寄舍弟绶兼令呈上西川尚书舅》）老来沈醉为花狂，霜鬓未须镊。（宋·韩元吉《好事近·华屋翠云深》）吟老西风，笑衰髯、顿疏如镊。（宋·陈允平《华胥引·涵空斜照》）

蹑（躡）niè

古入声，十六叶。逆乘～蹴～蹈～登～高～后～践～进～跨～阔～攀～轻～踏～腾～推～寻～厌～邀～踵～追～顺～步～尘～蹈～蹬～等～蹀～冻～短～踱～风～凫～跟～击～屐～基～级～迹～节～景～空～寇～跨～履～潜～跷～失～武～屣～险～屧～虚～寻～影～云～运～踵～追～踪例去矣不可留，无踪若为蹑。（唐·贯休《闻无相道人顺世五首》）转眼已成陈迹。不堪追蹑。（宋·王质《倦寻芳·断崖树老》）览德已而歌凤去，千仞辉翔难蹑。（宋·韩淲《贺新郎·又见年年雪》）

典**留侯蹑** 指谋臣悟主。《史记·淮阴侯列传》："汉四年，遂皆降平齐。（韩信）使人言汉王曰：'齐伪诈多变，反复之国也，南边楚，不为假王以镇之，其势不定，愿为假王便。'当是时，楚方急围汉王于荥阳，韩信使者至，发书，汉王大怒，骂曰：'吾困于此，旦暮望若来佐我，乃欲自立为王！'张良、陈平蹑汉王足，因附耳语曰：'汉方不利，宁能禁信之王乎？不如因而立，善遇之，使自为守。不然，变生。'汉王亦悟，因复骂曰：'大丈夫定诸侯，即为真王耳，何以假为！'乃遣张良往立信为齐王，征其兵击楚。"

有庙谟先定，傍观何待，留侯蹑、魏侯肘。（宋·李曾伯《水龙吟·吾皇神武中兴》）

臬niè 法度。

古入声，九屑。逆秉～陈～枨～柜～藩～圭～矩～科～克～时～水～危～兀～置～顺～府～极～使～司～台～兀～宪～橛例楼船若夏屋，欲载如垤土臬。（唐·皮日休《二游诗·徐诗》）一挥一画皆筋骨，滉漾崩腾大鲸臬。（唐·齐己《观李琼处士画海涛》）欲付之忘言，宁无愧司臬。（元·刘鹗《感怀三首》其一）

蘖niè

古入声，九屑。逆苞～冰～槎～尺～分～黄～枯～萌～粤～麴～曲～三～生～食～条～夏～牙～芽～股～由～栽～株～顺～芽～枝例巧言忽成锦，苦志徒食蘖。（唐·刘禹锡《游桃源一百韵》）上可补熏茎，傍堪跐芽蘖。（唐·陆龟蒙《奉酬袭美先辈吴中苦雨一百韵》）达贤观此意，烦想遂冰蘖。（唐·皎然《苕溪草堂自大历三年夏新营洎秋及春四十三韵》）

典**曲蘖** 赞美宰相。《尚书·商书·说命下》："王曰：'来汝说。……尔惟训于朕志，若作酒醴，尔惟曲蘖。'"旧题汉·孔安国传："酒醴须曲蘖以成，亦言我须汝以成。"

但了曲蘖事，功名乌足云。（宋·陆游《生涯》）

蘖（*糵）niè 酒母。

古入声，九屑。逆白～蠹～酒～媒～米～麴～曲～顺～酒～曲例爱其有芳味，因以调麹蘖。（唐·白居易《有木诗八首》其五）

典**曲蘖** 借指酿酒。《礼记·月令》："乃命大酋，秫稻必齐，曲蘖必时。"郑玄注："酒熟为酋。大酋者，酒官之长也。……古者获稻而渍米曲，至春而为酒。"

曲蘖调神化，鹓鸾竭至忠。（唐·元稹《春六十韵》）

涅niè 染黑。

古入声，九屑。逆刺～面～墨～泥～石～渝～淄～缁～滓～顺～白～齿～伏～面～墨～盘～菩～石～手～文～污～慝～字例仗义冒险难，持操去淄涅。（唐·皎然《妙喜寺达公禅斋寄李司直公孙房都曹德裕四十二韵》）

聂（聶）niè 姓。

古入声，十六叶。逆呫～顺～耳～聂～政

嗫（囁）niè 嗫嚅，有二义：一指窃窃私语；一指欲言又止貌。

古《广韵》：入声，二十九叶。逆喋～嗫～嚅～呫～顺～喋～吺～呢～嗫

～嚅～嚅翁～呫

隉(*陧)niè 隉杌，危惧不安。

㊀入声，九屑。㊀杌～㊀～杌

虐nüè

㊀入声，十药。㊀傲～魃～暴～悖～惨～毒～搆～害～旱～悍～狠～横～昏～僭～桀～苛～刻～寇～酷～厉～戾～凌～陵～戕～侵～忍～嗣～饕～顽～邪～凶～炎～遗～淫～冤～躁～谮～助～恣～㊀～魃～暴～割～害～疾～刻～戾～敛～烈～谋～戕～杀～使～士～世～暑～饕～威～戏～刑～谑～焰～用～遇～政㊀凭轼谕昏迷，执殳征暴虐。(唐·李正封《晚秋郾城夜会联句》)好景良辰，人生行乐。金杯无奈是、苦相虐。(宋·曾觌《踏莎行·翠幄成阴》)

㊀**旱魃为虐** 大地发生旱灾。《诗经·大雅·云汉》："旱魃为虐，如惔如焚。"孔颖达疏："《神异经》曰：'南方有人，长二三尺，袒身，而目在顶上，走行如风，名曰魃，所见之国大旱，赤地千里，一名旱母。'"

旱魃偏为虐，阳乌益以骄。(宋·杨亿《己亥年郡中夏旱遍祷群望喜有甘泽之应》)

疟(瘧)nüè

㊀入声，十药。㊀瘴～断～风～隔日～鬼～寒～疾～秋～驱～痁～暑～逃～温～㊀～病～龟～鬼～寒～患～疾～渴～疠～母㊀人怨童聚谣，天殃鬼行疟。(唐·韩愈《晚秋郾城夜会联句》)每嗟原宪瘇，常苦齐侯疟。(唐·皮日休《太湖诗·晓次神景宫》)

㊀**齐后疟** 指疟疾。《左传·昭公二十年》："齐侯疥，遂痁，期而不瘳。"痁，音 shān，大疟，多日而发。

一朝偶患齐后疟，七日方瘩赵简乐。(明·朱九江《燕薁引》)

切qiè ①两物相摩擦。②贴近。③符合。④诚恳；直率。⑤严刻。⑥以手摸脉的诊法。⑦反切。另见 111 页 qiē。

㊀入声，九屑。㊀悲～裁～翻～近～剀～缕～律～劘～摩～聂～凄～蛩声～痛～余～㊀～敕～辞～促～怛～诋～对～愕～磁～激～急～己～谏～脚～戒～紧～究～峻～类～邻～论～劘～免～命～摩～念～盼～譬～迫～情～却～悫～似～事～适～叹～痛～望～惟～问～务～响～谢～寻～循～言～倚～议～诣～用～忧～云～云冠～政～至～挚～祝～状～字㊀云间征思断，月下归愁切。(唐·王勃《寒夜思友三首》其二)啼流玉箸尽，坐恨金闺切。(唐·李白《代赠远》)杜鹃声不哀，断猿啼不切。(唐·孟郊《闻砧》)

㊀**禁垣清切** 指皇宫禁中官职之清要。《旧唐书·权德舆传》："始，德舆知制诰，给事有徐岱，舍人有高郢；居数岁，岱卒，郢知礼部贡举，独德舆直禁垣，数旬始归。尝上疏请除两省官，德宗曰：'非不知卿之劳苦，禁掖清切，须得如卿者，所以久难其人。'德舆居西掖八年，其间独掌者数岁。"

海岱惟青遗一老，禁垣清切亲曾到。(宋·王之道《渔家傲·海岱惟青遗一老》)

愜(惬、*㥦)qiè 快意。

㊀入声，十六叶。㊀不～畅～称～孚～和～欢～快～惬～婉～未～稳～喜～谐～心～幸～意～允～众情～㊀～当～服～怀～快～气～洽～情～然～适～顺～素～望～心～志㊀观空色不染，对境心自愜。(唐·皇甫曾《赠沛禅师》)胡骑攻吾城，愁寂意不愜。(唐·杜甫《八哀诗·故司徒李公光弼》)娥皇不语启娇靥，女英目成转心愜。(唐·卢仝《秋梦行》)

窃(竊)qiè

㊀入声，九屑。㊀摽～草～钞～叨～干～规～诡～假～剪～僭～勦～讦～据～攫～寇～窥～绺～冒～摹～睥～撬～侵～攘～尸～鼠～私～邃～贪～饕～忝～拽～佻～弋～隐～贼～霈～㊀～案～比～庇～柄～吹～鼎～发～犯～伏～钩～构～国～号～红～黄～活～据～踞～禄～掠～密～名～命～眸～起～窃～攘～食～室～肆～桃～听～统～位～言～议～誉～政～赀～訾㊀兼之渎财贿，不止行盗窃。(唐·陆龟蒙《奉酬袭美先辈吴中苦雨一百韵》)阆风歧路连银阙，曾许金桃容易窃。(宋·柳永《玉楼春·阆风歧路连银阙》)兰房沈醉，暗香曾共私窃。(宋·曾纡《念奴娇·片帆暮落》)

怯qiè

㊀入声，十七洽。㊀卑～怖～惭～迟～孤～寒～惶～娇～惊～惧～恐～恇～愧～懒～老～露～馁～奴～驽～懦～怕～乔～怯～轻～慑～熠～瘦～悚～贪～退～尪～威～畏～心～虚～庸～勇～忧～愚～躁～惴～㊀～薄～怛～钝～惰～夫～官～候～悔～疾～沮～恇～劣～挠～馁～桡～慑～缩～畏～惜～弦～薛～言～症～滞㊀异王册崇勋，小敌信所怯。(唐·杜甫《八哀诗·故司徒李公光弼》)吹花困癫傍舟楫，水光风力俱相怯。(唐·杜甫《风雨看舟前落花戏为新句》)玉软云娇，姑射肌肤洁。照影凌波微步怯。(宋·赵鼎《蝶恋花·一朵江梅春带雪》)

㊀**小敌怯** 借指武将的无惧战场上的大敌，却在生活中凡事胆怯。《后汉书·光武帝纪上》："六月己卯光武遂与营部俱进……斩首数十级，诸部喜曰：'刘将军平生见小敌怯，今见大敌勇，甚可怪也，且复居前，请助将军！'"

何为对樽壶，似见小敌怯。(宋·黄庭坚《次韵斌老冬至书怀》)

箧(篋)qiè

㊀入声，十六叶。㊀宝～倒～蠹～发～箧～负～鼓～行～画～缄～揭～巾～莒～笼～囊～皮～胠～束～私～笥～藤～韦～委～箱～衣～吟～盈～玉～竹～赀～㊀～椟～牍～服～匮～簏～扇～笥～衍～枕～中书㊀经年总不见，书札徒满箧。(唐·岑参《怀叶县关操姚旷韩涉李叔齐》)若非良工变尔形，只向裁缝委箱箧。(唐·卢纶《割飞二刀子歌》)点检从前恩爱，但凤笺盈箧。(宋·周邦彦《华胥引·川原澄映》)

㊀**班姬箧** 见 698 页"班女扇"。

色丽班姬箧，光润洛川神。(唐·庾抱《卧痾喜霁开扉望月简宫内知友》)

知三箧 指搜求亡失的书籍。亦作"安世三箧"。《汉书·张汤传》附《张安世传》："安世字子儒，少以父任为郎。用善书，给事尚书，精力于职，休沐未尝出。上行幸河东，尝亡书三箧，诏问莫能知，唯安世识之，具作其事。后购求得书，以相校无所遗失。”

却疑安世知三箧，不晓睢阳记一城。（宋·刘克庄《健忘一首》）

洗箱箧 指君主用人不疑，不听谗谤，而所用之臣子亦能以功绩洗谤。《史记·甘茂列传》：“魏文侯令乐羊将而攻中山，三年而拔之。乐羊返而论功，文侯示之谤书一箧。乐羊再拜稽首曰：‘此非臣之功也，主君之力也。’”

直笔在史臣，将来洗箱箧。（唐·杜甫《八哀诗·故司徒李公光弼》）

妾qiè

古入声，十六叶。逆班～榜～蚕～谗～处～畜～嫡～妃～副～还～箕帚～江～骄～丽～陵园～男～孽～陪～弃～衾裯～庶～微～仙～先～媵～鬻～园～灶～主～顺～妃～妇～人～势～侍～媵～鱼～御例将归问夫婿，颜色何如妾。（唐·王昌龄《采莲曲三首》其三）今日汉宫人，明朝胡地妾。（唐·李白《王昭君二首》其二）青鸾不在懒吹箫，斑竹题诗寄江妾。（唐·陈陶《巫山高》）

典**马酬少妾** 以美妾换骏马，借指豪纵的生活。亦作“骏马换妾”。唐·李冗《独异志》：“后魏曹彰，性倜傥。偶逢骏马，爱之，其主所惜也。彰曰：‘余有美妾可换，唯君所选。’马主因指一妓，彰遂换之。”

记旧日、酒卸宫袍，马酬少妾词赋。（宋·方千里《宴清都·暮色闻津鼓》）

契qiè

契阔的契。契阔有“勤苦”“久别”二义。另见131页xiè、231页qì。

古入声，九屑。顺～阔

挈qiè

①提。②携带；率领。

古入声，九屑。逆革～带～扶～负～掎～领～挈～提～相～携～畛～总～租～顺～持～搯～辞～从～带～扶～皋～还～壶～家～眷～揽～累～领～囊～辔～瓶～提～维～携～引～杆例百见百伤心，不堪再提挈。（唐·卢仝《哭玉碑子》）妇女衣襟便佞舌，始得金笼日提挈。（唐·陆龟蒙《五歌·水鸟》）倚阑干、触处是浓愁，凭谁说。我不厌，尊箪挈。（宋·吴潜《满江红·飣餖残花》）

慊qiè

满足。

古《集韵》：入声，帖韵。逆避～不～诚～丹～慊～凶～自～顺～心～意～足例娇嫩处、有情皆惜，无香何慊。（宋·刘克庄《满江红·压倒群芳》）

锲（鍥）qiè

刻。

古入声，九屑。逆钩～顺～薄～臂～刀～雕～核～急～刻～梓

捷qiè

捷捷，象声词，指口舌声。另见116页jié。

古《集韵》：入声，叶韵。逆捷～

却（*卻）què

古入声，十药。逆败～别～翻～勾～后～减～空～离～灭～泯～饧～拗～判～撇～迁～潜～谴～攘～省～失～缩～脱～枉～畏～小～研～偃～遗～瘗～顺～罢～背～避～敌～顿～顾～冠～归～还～行～惑～籍～立～笠～粒～旮～略～弃～扫～埽～舍～霜～死～苏～望～月～月眉～走～足～坐例不如尽此花下欢，莫待春风总吹却。（唐·鲍君徽《惜花吟》）暮升艮岑顶，巾几犹未却。（唐·杜甫《昔游》）雅韵虽暂欢，禅心肯抛却。（唐·皎然《水堂送诸文士戏赠潘丞联句》）

确（確）què

古入声，三觉。逆诚～醇～端～敦～埆～瘠～坚～俭～疆～谨～拘～肯～老～砢～萃～硗～确～认～商～实～挺～通～妥～险～虚～严～郁～贞～质～忠～顺～斗～硌～固～耗～核～乎～货～瘠～考～苦～颇～论～荦～拟～青～然～商～士～守～息～限～讯～音～喻～执～至～志～质例天下国家多少事，好人才、半刺东南角。当路者，欠商确。（宋·碧虚《贺新郎·衮衮登台阁》）

鹊（鵲）què

古入声，十药。逆白～褊～翠～丹～雕陵～鸹～干～鹳～寒～和～驾～驾乌～惊～练～灵～庐～鸾～鸣～乾～青～鹊～乳～双～宋～听～乌～于～玉抵～枝～鸩～掷～顺～岸～报～不踏～槎～巢～谶～殿～渡～弓～枸～河～黑～画～驾～鉴～锦～镜～梁～袍～浦～起～桥～瑞～山～扇～舌～台～尾～喜～岩～檐～验～衣～音～影～羽～语～驭～征～洲～渚～啅例荆山有玉犹在璞，未遇良工虚掷鹊。（唐·李咸用《送人》）帘开北陆风，烛焯南枝鹊。（唐·李崿《水堂送诸文士戏赠潘丞联句》）霜叶未衰吹未落。半惊鸦喜鹊。（宋·苏轼《谒金门·秋池阁》）

典**阿鹊** 借指被人思念。《诗经·邶风·终风》：“终风且曀，不日有曀，寤言不寐，愿言则嚏。”郑玄笺：“我其忧悼而不能寐，汝思我心如是，我则嚏也。今俗人嚏，云‘人道我’，此古之遗语也。”

阿鹊数归程，人倚低窗小画屏。（宋·洪咨夔《南乡子·霜月冷婷婷》）

扁鹊 我国春秋时名医，后借指良医。

我愿天地炉，多衔扁鹊身。（唐·苏拯《医人》）

掷鹊 喻不为世所重用。北宋·刘昼《刘子·辩施》：“昆山之下，以玉抵乌；彭蠡之滨，以鱼食犬。而人不爱者，非性轻财，所丰故也。”本指以玉石投鸟，大材小用。

荆山有玉犹在璞，未遇良工虚掷鹊。（唐·李咸用《送人》）

明月惊鹊 喻指孤独和漂泊不定的生活。也用来吟咏夜景。宋·苏轼《次韵蒋颖叔》：“月明惊鹊未安枝，一棹飘然影自随。”

明月别枝惊鹊，清风半夜鸣蝉。（宋·辛弃疾《西江月·夜行黄沙道中》）

隋珠抵鹊 借指宝物不被珍视。《庄子·让王》：“今且有人于此，以随侯之珠，弹千仞之雀，世必笑之。是何也？则其所用者重而所要者轻也。”

曾把隋珠抵鹊来，拓弓花下不虚开。（宋·程正同《朝天子·曾把隋珠抵鹊来》）

雀què

另见523页qiǎo、555页qiāo。

古入声，十药。逆太平～五色～瓦

～丹～龙～仙～朱～负～赤～罗～钗～知更～凭霄～金～金屏～乳～鬼～帝女～冠～神～贺～桃～钿～衔环～鸾～鸿～弹～蓬～蓬间～鼠～鲏～鹑～翠～燕～鸩～鹧～鷃～鶡～鹳～鸶～孔～㊀～瓦～书～生～立～弁～台～芋～舌～饧～麦～李～步～角～忭～环～顶～罗～钗～盲～录～屏～桁～息～舫～豹～离～扇～梅～眼～翎～麻～喜～蒙～稗～鼠～踊～箓～鹞～瓢～鹰㊁都绣六七枝，斗成双孔雀。（唐·元稹《桐花落》）累累绕场稼，啧啧群飞雀。（唐·白居易《观稼》）虎豹贪犬羊，鹰鹯憎鸟雀。（唐·韩愈《晚秋郾城夜会联句》）

㊂**赤雀**　传说中的瑞鸟。后亦泛指帝王顺天受命之祥瑞。《艺文类聚》卷一〇引《书中侯》曰："季秋，赤雀衔丹书，入酆，止于昌户。昌拜稽首，受最曰：'姬昌苍帝子。'"《艺文类聚》卷九九引《瑞应图》："赤雀者，王者动作应天时，则衔书来。"

赤雀翻然至，黄龙讵假媒。（唐·杜甫《秋日荆南述怀三十韵》）

罗雀　指失势后门庭冷落，鲜有宾客来访。《史记·汲郑列传赞》："太史公曰：夫以汲、郑之贤，有势则宾客十倍，无势则否，况众人乎！下邽翟公有言：始翟公为廷尉，宾客阗门；及废，门外可设雀罗。"

卧掩罗雀门，无人惊我睡。（唐·白居易《寄皇甫宾客》）

吾门可罗雀，载酒人来稀。（宋·仇远《约金溧诸友共赋寄钱唐亲旧》）

青雀[1]　借指舟。汉·扬雄《方言》卷九："舟……或谓之艗艏。"郭璞注："鹢，鸟名也。今江东贵人船前作青雀，是其像也。"

雨滴篷声青雀舫，浪摇花影白莲池。（唐·白居易《池上小宴问程秀才》）

青雀[2]　指仙家之信使。《艺文类聚》卷九一引旧题东汉·班固《汉武故事》："七月七日，上于承华殿斋正中，忽有一青鸟从西方来，集殿前。上问东方朔，朔曰：'此西王母欲来也。'有顷王母至，有二青鸟如乌夹侍王母旁。"

三山密信传青雀，五日归鞍跃紫骝。（宋·杨亿《再次首唱韵和》）

碧鹳雀　借指身长而官位不高的人，或指廉洁奉公之人。《新唐书·裴宽传》：唐代裴宽初为润州参军事，乃低阶官吏，但其为人廉洁自重。一次，有人不明不白地送给他鹿肉，他无法退回就挖坑把肉埋掉。当时润州刺史韦诜正登楼，看到后问裴宽为什么要这么做，裴宽说："宽不以苞苴污家，不敢自欺，故瘗之。"韦诜深为赞赏，就选裴做自己的女婿。韦的族人见裴身着绿袍，身材瘦长，皆取笑他，戏称之为"碧鹳雀"。后裴宽果得朝廷倚重，为名臣。

联翩三儿子，俱作鹳雀碧。（宋·陆游《读苏叔党汝州北山杂诗次其韵》）

入幕雀　借指孝行感应。《晋书·王祥传》："祥性至孝。早丧亲，继母朱氏不慈，数谮之，由是失爱于父。每使扫除牛下，祥愈恭谨。……母又思黄雀炙，复有黄雀数十飞入其幕，复以供母。乡里惊叹，以为孝感所致焉。"

衔书表周瑞，入幕应王祥。（唐·李峤《雀》）

蓬蒿燕雀　指胸无大志、安于现状的人。《庄子·逍遥游》："有鸟焉，其名为鹏，背若太山，翼若垂天之云，抟扶摇羊角而上者九万里……且适南冥也。斥鴳笑之曰：'彼且奚适也；我腾跃而上，不过数仞而下，翱翔蓬蒿之间，此亦飞之至也，而彼且奚适也？'此小大之辩也。"

目送处、飞鸿灭没，谁问蓬蒿争燕雀。（宋·张元干《宝鼎现·山庄图画》）

蜻蛉黄雀　指面临险境。《战国策·楚策四》："王独不见夫蜻蛉乎？六足四翼，飞翔乎天地之间，俛啄蚊虻而食之，仰承甘露而饮之。自以为无患，与人无争也，不知夫五尺童子方将调饴胶丝加已乎四仞之上，而下为蝼蚁食也。蜻蛉其小者也，黄雀因是以，俯噣白粒，仰栖茂树，鼓翅奋翼，自以为无患，与人无争也。不知夫公子王孙，左挟弹，右摄丸，将加己乎十仞之上，以其类为招。昼游乎茂树，夕调乎酸咸，倏忽之间，坠于公子之手。"

蜻蛉游天地，与世本无患。飞飞未能止，黄雀来相干。（唐·陈子昂《感遇诗三十八首》其二十一）

隋珠弹雀　喻颠倒轻重，得不偿失。亦作"以珠弹雀"。《庄子·让王》："凡圣人之动作，必察其所以之与其所以为。今且有人于此，以隋侯之珠弹千仞之雀，世必笑之，是何也？则其所用者重而所要者轻也。"

隋珠弹雀虽有获，纤尘未补千金价。（宋·张耒《赠马十二全玉沿檄过楚顷刻而别》）

悫（慤、*愨）què

㊃入声，三觉。㊄哀～抱～诚～纯～淳～醇～粹～端～敦～古～谨～恳～朴～谦～切～勤～清～柔～沈～信～愚～渊～原～愿～贞～真～质～忠～专～㊀～诚～励～讷～善～实～士～素～愿～直㊁化邓渴且多，奔河诚已悫。（唐·孟郊《纳凉联句》）

阙（闕）què

①古代皇宫门、城门外左右相对的高建筑物。②神庙、坟墓前两边的石牌坊。③宫殿。④两山对峙的地方。另见111页 quē。

㊃入声，六月。㊄鳌～白虎～拜～宝～碑～蟾～宸～城～辞～丹～丹凤～帝～殿～峨～凤～伏～负～赴～高～宫～观～桂～还～绛～金～禁～京～九～巨～阆～连～恋～琳～陵～龙～楼～鸾～门～墓～寝～趋～蜃～石～守～双～双凤～天～庭～兔～望～魏～仙～星～玄武～烟～严～峣～瑶～诣～闽～银～逾～玉～圆～云～造～芝～中～朱～紫～㊀～党～巩～观～门～竦～廷～庭～下～掖～翟㊁中席傍鱼潭，前山倚龙阙。（唐·张九龄《龙门旬宴得月字韵》）白日全含朱鸟窗，流云半入苍龙阙。（唐·王翰《蛾眉怨》）携手共惜芳菲节，莺啼锦花满城阙。（唐·田娥《携手曲》）

㊂**魏阙**　本指古代宫门外两边高耸的楼观。后借指朝廷。《庄子·让王》："中山公子牟谓瞻子曰：'身在江

海之上,心居乎魏阙之下,奈何?'"

空持钓鳌心,从此谢魏阙。(唐·李白《同友人舟行游台越作》)

紫阙 指帝王的宫城。汉·焦延寿《易林》卷一《讼·贲》:"紫阙九重,尊严在中。黄帝尧舜,履行至公。冠带垂裳,天下康宁。"

古道连绵走西京,紫阙落日浮云生。(唐·李白《灞陵行送别》)

苍龙阙 指东阙。《史记·高祖本纪》:"萧丞相营作未央宫,立东阙、北阙、前殿、武库、太仓。"司马贞索隐:"东阙名苍龙,北阙名玄武。"

始随苍梧云,不返苍龙阙。(唐·曹邺《文宗陵》)

黄金阙 指用黄金筑成的宫阙,是传说中仙人所居住之处。《史记·封禅书》:"此三神山者,其傅在渤海中,去人不远;患且至,则船风引而去。盖尝有至者,诸仙人及不死之药皆在焉。其物禽兽尽白,而黄金白银为宫阙。"

水精宫锁黄金阙,故比人间分外寒。(宋·欧阳修《内直对月寄子华舍人持国廷评》)

琼楼金阙 指作家想象中的月宫或仙乡。唐·段成式《酉阳杂俎》前集卷二《壶史》:"翟天师名乾祐,……曾于江岸与弟子数十玩月,或曰:'此中竟何有?'翟笑曰:'可随吾指观。'弟子中两人见月窥半天,琼楼金阙满焉,数息间不复见。"

琼楼金阙涤地尽,松柏半带斤斧痕。(宋·王铚《缙云县仙都山黄帝祠宇》)

珠宫贝阙 指水府仙居。《楚辞·九歌·河伯》:"鱼鳞屋兮龙堂,紫贝阙兮朱宫。"王逸注:"言河伯所居,以鱼鳞盖屋。堂画蛟龙之文,紫贝作阙,朱丹其宫,形容异制,甚鲜好也。"

珠宫紫贝阙,足此水府仙。(宋·黄庭坚《次韵曾子开舍人游藉田载荷花归》)

榷 què

①专利;专卖。②通"搉",商量。

古入声,三觉。逆采～茶～大～辜～酤～关～官～管～海～监～禁～酒～拘～利～商～收～税～盐～犖～扬～征～顺～采～茶～场～赋～沽～酤～关～官～筦～管～会～货～金～酒～举～课～厘～利～敛～论～略～马～卖～茗～取～然～商～署～束～税～算～铁～务～盐～扬～易～征～政例儒庠恣游息,圣籍饱商榷。(唐·韩愈《纳凉联句》)周郎素蕴平戎略,聊此司征榷。(宋·郭应祥《虞美人·周郎素蕴平戎略》)

搉 què

①商量。②约略,大致。③通"榷"。

古入声,三觉。逆大～辜～管～商～研～扬～顺～量～论～扬

阕(闋) què

①服丧期终止。②乐止。③歌曲的一首,词的一段。

古入声,九屑。逆八～服～歌～睽～乐～雅奏～奏～顺～勾例楚客共闲饮,静坐金管阕。(唐·王昌龄《宴南亭》)朱颜忽已酡,清奏犹未阕。(唐·白居易《和思黯居守独饮偶醉》)醉垂罗袂倚朱栏,小数玉仙歌未阕。(唐·刘兼《春夜》)

帖 tiè

①写在布帛上的书签。②供临摹用的样本。③联语;对联。另见111页 tiē、122页 tiě。

古入声,十六叶。逆碑～辨颠～春～丛～读～鹅群～法～法书～画～晋～绢～兰亭～类～狸骨～门～秘阁～摹～模～墨～秦邮～手～书～双钩～潭～王氏～禊～颜～遗～楹～柱～祖～醉～顺～学例胸有云门禹穴,笔有禊亭晋帖,风露洗脾肝。(宋·方岳《水调歌头·剡曲一篷月》)

典**山阴修禊帖** 指在特定场合中所写出的不可重复的文章与书法。唐·张彦远《法书要录》卷三唐·何延之《兰亭记》:"兰亭者,晋右将军会稽内史琅琊王羲之字逸少所书之诗序也。右军……尤善草隶,以晋穆帝永和九年暮春三月三日,宦游山阴,……修祓禊之礼,挥毫制序,兴乐而书。……其时乃有神助,及醒后,他日更书数十百本,无如祓禊所书之者,右军亦自真爱宝重。"

只欠山阴修禊帖,却比兰亭有管弦。(宋·范成大《破阵子·漂泊天隅佳节》)

餮 tiè

古入声,九屑。逆贪～饕～顺～富～切

屑 xiè

古入声,九屑。逆卑～鄙～勃～绰～尘～矗～滴屑～撅～跌屑～迭屑～繁～霏～秽～羁～金～经～鳞～露～靡～媻～迫～恓～棲～浅～轻～琼～冗～搔～骚～沈～松～酸～谈～威～纤～香～萧～屑～偎～盐～掩～饮金～玉～顺～播～骨～侯～怀～泪～临～没～泣～如～瑟～窣～涕～细～心～役～意～玉～越例盛衰自有时,圣贤未尝屑。(唐·王绩《古意六首》其四)农事都已休,兵戈况骚屑。(唐·杜甫《喜雨》)野树滴残龙战血,曦车碾下朝霞屑。(唐·李咸用《绯桃花歌》)

典**竹头木屑** 喻办事节俭而有预见性。亦作"储木不弃"。《世说新语·政事》:"陶公(陶侃)性检厉,勤于事,作荆州时,敕船官悉录锯木屑,不限多少,咸不解此意。后正会,值积雪始晴,厅事前除雪后犹湿,于是悉用木屑覆之,都无所妨。官用竹皆令录厚头,积之如山。后桓宣武伐蜀,装船悉以作钉。"

愿陈一得虑,竹头而木屑。(宋·袁说友《被旨许浦阅舟归》)

渫 xiè

①清除污秽。②泄漏。③污浊。④发散。

古入声,九屑。逆奥～欢未～浃～井～浚～漏～潜～清～渫～越～顺～渎～黩～恶～雨～云

泄(*洩) xiè

另见234页 yì。

古入声,九屑。逆承～导～洞～决～开～溶～融～渗～溏～陶～五～洩～蓄～涯～阴～涌～语～钟～走～顺～渎～愤～风～横～劲～口～利～慢～怒～涕～写～用～冤～注例乌龙未睡定惊猜,鹦鹉能言防漏泄。(宋·柳永《玉楼春·阆风歧路连银阙》)休说。深题锦翰,浅泛琼漪,暗春曾泄。(宋·蒋捷《瑞鹤仙·缟霜霏霁雪》)吴溪庚岭,一枝偷把阳和泄。(宋·无名氏《罥马索·晓窗明》)

绁(紲*絏) xiè

①绳索;缰绳。②拴;缚。

古入声,九屑。逆白～掣～放～负～绠～鞲～羁～拘～槛～控～缧～累～系～衔～顺～绊～羁例紫芝

每相引，黄绶不能绁。（唐·钱起《登玉山诸峰偶至悟真寺》）市头格是无人别，江海贱臣不拘绁。（唐·顾况《露青竹杖歌》）景物非不佳，独坐如鞲绁。（唐·杜牧《池州送孟迟先辈》）

典**执羁绁** 追随贵者同行，常用作自谦之词。《左传·僖公二十四年》："及河，子犯以璧授公子曰：'臣负羁绁，从君巡于天下，臣之罪甚多矣。'"

维念剖竹人，无因执羁绁。（唐·独孤及《太行苦热行》）

冶长缧绁 指无辜者陷牢狱之中。《论语·公冶长》："子谓公冶长可妻也，虽在缧绁之中，非其罪也。以其子妻之。"

冶长倦缧绁，韩安叹死灰。（唐·毛明素《与琳法师》）

燮（*燮）xiè 调和；谐和。

古入声，十六叶。逆和～烹～调～贴～玉～顺～定～伐～和～理～调～务～谐～燮～友～赞例因个甚、底死嗔人，半饷斜眄费贴燮。（宋·周邦彦《看花回·秀色芳容明眸》）中原恢拓，要公归任调燮。（宋·程珌《壶中天·日躔东井》）

典**调燮** 借指宰相调理阴阳的职责。亦作"调元""调元手""调元勋业"。《尚书·周官》："立太师、太傅、太保，兹为三公，论道经邦，燮理阴阳。"《汉书·丙吉传》："吉又尝出，逢清道群斗者，死伤横道，吉过之不问，掾史独怪之。吉前行，逢人逐牛，牛喘吐舌，吉止驻，使骑吏问：'逐牛行几里矣？'掾史独谓丞相前后失问，或以讥吉。吉曰：'民斗相杀伤，长安令、京兆尹职所当禁备逐捕，岁竟丞相课其殿最，奏行赏罚而已。宰相不亲小事，非所当于道路问也。方春少阳用事，未可大热，恐牛近行用暑故喘，此时气失节，恐有所伤害也。三公典调和阴阳，职当忧，是以问之。'"

风豪雨横费调燮，坐使发背为黄台。（宋·王安石《和王微之登高斋三首》其三）

屟（*屧）xiè 屐。

古入声，十六叶。逆步～倒～梵～飞～凤～画～木～蹑～生香～响～鸳～顺～廊～屣例多君方闭户，顾我能倒屟。（唐·皮日休《二游诗·任诗》）楼迥披襟，廊长响屟。（宋·贺铸《江南曲·小苑浴兰》）烟林褪叶，红藉游人屟。（宋·吴文英《霜天晓角·烟林褪叶》）

亵（褻）xiè

古入声，九屑。逆谤～卑～鄙～敝～嘲～醜～烦～溷～简～骄～俚～慢～轻～私～偎～嬉～戏～狎～媟～燕～犹～顺～绊～臣～宠～渎～黩～服～诨～近～滥～露～慢～嫚～昵～器～裘～视～味～侮～狎～刑～幸～谑～语～御～越～馔～尊

媟xiè ①轻侮；不恭敬。②污秽，淫秽。

古入声，九屑。逆鄙～醜～酣～秽～慢～暱～戏～狎～燕～谄～顺～词～黩～近～慢～嫚～狎～笑～亵～语

躞xiè 躞蹀，小步慢行的样子。

古入声，十六叶。逆蹀～跕～玉～顺～蹀例绰枝双杏叶，重整金泥蹀躞。（宋·张枢《谒金门·春梦怯》）

契（*偰）xiè 商代始祖之名。另见128页qiè、231页qì。

古《广韵》：入声，十六屑。（以"偰"字）逆稷～禹～

离（*禼）xiè 商代始祖之名。

古《广韵》：入声，十六屑。逆稷～夔～例家为唐臣来，奕世唯稷离。（唐·陆龟蒙《奉酬袭美先辈吴中苦雨一百韵》）

血xuè 另见106页xiě。

古入声，九屑。逆碧～苌弘～蚩尤～啜～刺～嚏～喋～蹀～杜鹃～肝～膏～骨～汗～荐～郊～筋～精～沥～膋～淋～漉～沫～欧～泣～千秋～青～清～茹～唼～唔～歃～嗜～吮～啼～铁～拉～猩～熏～噀～瘗～瘗毛～饮～浴～顺～胞～忱～诚～赤～雠～地～膏～卦～光～光灾～国～汗～花～华～忌～祭～竭～浸～枯～浪～泪～沥沥～路～轮～马～盟～泥～旗～泣～刃～茹～身～祀～嗣～祥～星～艳～荫～殷～胤～勇～胄～赀～族例器留鱼鳖腥，衣点蚊虻血。（唐·张说《岳州作》）五花散作云满身，万里方看汗流血。（唐·杜甫《高都护骢马行》）深宫坐愁百年身，一片玉中生愤血。（唐·张祜《思归引》）

典**汗血** 借指大宛骏马。《汉书·武帝纪》："（太初）四年春，贰师将军广利斩大宛王首，获汗血马来。"颜师古注："应劭曰：'大宛旧有天马种，蹋石汗血。汗从前肩髆出，如血，号一日千里。'"

塞下长驱汗血马，云中恒闭玉门关。（唐·李昂《从军行》）

呕血 费尽心血。《左传·哀公二年》："既战，简子曰：'吾伏弢呕血，鼓音不衰。'"

读书用意苦，呕血惊乃翁。（宋·黄庭坚《和邢惇夫秋怀十首》其一）

啼血 借指托悲怀、伤别离。亦作"口血""杜鹃啼血"。见旧题晋·张华注《禽经》。

杜宇冤亡积有时，年年啼血动人悲。（唐·顾况《子规》）

苌弘血 借指冤魂。亦作"苌弘怨"。《庄子·外物》："苌弘死于蜀，藏其血，三年而化为碧。"成玄英疏："苌弘遭谮，被放归蜀，自恨忠而遭谮，遂刳肠而死。蜀人感之，以匮盛其血，三年而化为碧玉，乃精诚之至也。"

佣刓抱水含满唇，暗洒苌弘冷血痕。（唐·李贺《杨生青花紫石砚歌》）

泪成血 形容极度悲痛。《礼记·檀弓上》："高子皋之执亲之丧也，泣血三年。"郑玄注："言泣无声如血出。"

彩毫一画竟何荣，空使青楼泪成血。（唐·温庭筠《塞寒行》）

侍中血 指忠臣捐躯卫君。亦作"嵇侍中血"。《晋书·嵇绍传》："乂被执，绍复为侍中。……寻而朝廷复有北征之役，征绍，复其爵位。绍以天子蒙尘，承诏驰诣行在所。值王师败绩于荡阴，百官及侍卫莫不散溃，唯绍俨然端冕；以身捍卫，兵交御辇，飞箭雨集，绍遂被害于帝侧，血溅御服，天子深哀叹之。及事定，左右欲浣衣，帝曰：'此嵇侍中血，勿去。'"

御衣空惜侍中血，国玺几危皇后身。（唐·韩偓《八月六日作四

首》其二）

谑（謔）xuè　开玩笑。

古入声，十药。逆暴～嘲～醜～掉～恶～诽～酣～诃～欢～譴～诙～恢～讥～矜～浪～慢～虐～俳～讪～善～哂～谈～挑～调～玩～翫～侮～嬉～戏～狎～相～笑～谐～亵～谑～雅～燕～优～娱～寓～啁～顺～嘲～词～辞～浪～嬲～弄～亲～调～戏～笑例凭此遣幽怀，非言念将谑。（唐·元稹《表夏十首》其五）把手或酣歌，展眉时笑谑。（唐·白居易《寄元九》）芙蓉如佳人，回首似调谑。（唐·宋齐丘《陪游凤凰台献诗》）

业（業）yè　①学业；事业。②产业；财产。③佛教称一切过往的言语、思想、行为为业，包括善恶两面，一般专指恶业。引申指罪孽。④已经。

古入声，十七洽。逆安～罢～百～薄～别～操～承～传～辍～怠～德～恶～烦恼～废～丰～福～负～根～故～恒～洪～鸿～宦～慧～积～技～兼～净～敬～旧～举～举子～绝～阃～烈～履～末～丕～弃～器～迁～劝～儒～善～守～受～授～术～私～嗣～夙～所～田～无明～武～习～宿～勋～遗～游～余～冤～缘～造～障～正～执～植～志～子孙～祖～顺～报～尘～畜～道～德～福～根～贯～贯满～果～海～行～厚～火～疾～界～经～累～力～龙～履～满～命～钱～趣～儒～尚～身～身躯～尸骸～师～识～使～事～网～文～问～武～习～相～心～眼～业～因～影～用～宇～冤～缘～云～债～障～种～重～子～祚例朔方气乃苏，黎首见帝业。（唐·杜甫《八哀诗·故司徒李公光弼》）一生忽至此，万事痛苦业。（唐·戎昱《苦哉行五首》其三）楼见远公庐，船经徐稚业。（唐·李端《送路司谏侍从叔赴洪州》）

典**东山勋业**　见957页“儿辈平戎”。

儿童事业　甘罗幼年出使赵国，为秦谋得五城。见《史记·甘茂列传》附《甘罗传》。

堪笑儿童事业，华颠向谁语。（宋·晁补之《过涧歇·归去》）

三余事业　指善用空闲时间勤苦读书。《三国志·魏书·王朗传》附《王肃传》：“明帝时大司农弘农董遇等，亦历注经传，颇传于世。”裴松之注引《魏略》：“初，遇善治《老子》，为《老子》作训注。又善《左氏传》，更为作朱墨别异。人有从学者，遇不肯教，而云‘必当先读百遍’。言‘读书百遍而义自见’。从学者云：‘苦渴无日。’遇言‘当以三余’。或问三余之意，遇言‘冬者岁之余，夜者日之余，阴雨者时之余也’。”

子并三贤，孙齐三少，但笃三余事业。（元·王特起《喜迁莺·古今三绝》）

允文事业　指统军御敌，建立军功。宋·李心传《建炎以来系年要录·绍兴三十一年》：“十一月丙子，中书舍人督视江淮军马府参谋军事虞允文，督舟师拒金主亮于东采石，却之。……允文既与（时）俊等谋，整步骑陈于江岸，而以海鳅及战船载兵驻中流击之。……敌既败去，允文即具捷以闻。”

允文事业从容了。要岷峨人物，后先相照。（宋·姚勉《贺新郎·唱彻阳关调》）

长卿无产业　指贫士。亦作“长卿未遇”“长卿牢落”“长卿贫”。《史记·司马相如列传》：“司马相如者，蜀郡成都人也，字长卿。少时好读书，学击剑。……会梁孝王卒，相如归，而家贫，无以自业。”“相如乃与（卓文君）驰归成都，家居徒四壁立。”

长卿无产业，季子惭妻嫂。（唐·高适《酬裴秀才》）

谒（謁）yè　①禀告；当面陈述；陈述。②请求。③拜见；请见。

古入声，六月。逆拜～报～参～朝～访～奉～伏～妇～干～告～过～候～进～觐～叩～款～礼～面～内～女～启～亲～请～求～赇～趋～入～上～省～书～私～庭～通～投～谢～修～诣～引～游～赞～造～瞻～展～祗～顺～拜～浼～辞～刺～奠～坟～府～干～告～归～过～后尘～候～环～急～疾～假～见～荐～浆～禁～觐～敬～款～戾～陵～庙～请～泉～舍～圣～索～托～文～问～谢～选～言～雨～赞～者例汉家方尚少，顾影惭朝谒。（唐·王维《冬夜书怀》）大臣南溟去，问道皆请谒。（唐·李白《登巴陵开元寺西阁赠衡岳僧方外》）祢生投刺游，王粲吟诗谒。（唐·孟郊《答韩愈李观别因献张徐州》）

典**高阳入谒**　指狂傲才士、能人的请见。亦作“高阳傲”“高阳”。《史记》卷九七《郦生传》：“郦生食其者，陈留高阳人也。好读书，家贫落魄，无以为衣食业，为监门吏。然县中贤豪不敢役，县中皆谓之狂生。”“初，沛公引兵过陈留，郦生踵军门上谒……使者出谢曰：‘沛公敬谢先生，方以天下为事，未暇见儒人也。’郦生瞋目案剑叱使者曰：‘走！复入言沛公，吾高阳酒徒也，非儒人也。’……沛公遽雪足杖茅曰：‘延客入！’”

平原不似高阳傲，促席雍容陪语笑。（宋·苏轼《玉楼春·元宵似是欢游好》）

叶（葉）yè　参见120页xié“协”。另见133页yè“页”。

古入声，十六叶。逆贝～残～楮～翠～黛～帆～蠹～繁～复～桂～寒～华～黄～慧～剪～椒～蕉～金枝～橘～柯～累～曩～片～琼～秋～瑞～三蕉～射～柿～霜～素～题红～铁～脱～晚～遐～香～缃～啸～柞～重～舟如～顺～荡～拱～贯～护～家白～家春～金～卷～轮～书～戏～序～舟例梅郊落晚英，柳甸惊初叶。（唐·王勃《春日宴乐游园赋韵得接字》）别来花照路，别后露垂叶。（唐·李暇《怨诗三首》其三）南庭结白露，北风扫黄叶。（唐·乔知之《从军行（一作秋闺）》）

典**桃叶**　借指歌伎或歌声。亦作“桃叶新声”“桃叶渡”。《乐府诗集·桃叶歌三首》解题引南朝陈·释智匠《古今乐录》曰：“《桃叶歌》者，晋王子敬之所作也。桃叶，子敬妾名，缘于笃爱，所以歌之。”

含歌媚盼如桃叶，妙舞轻盈似柳枝。（唐·方干《赠美人四首》其二）

楮叶　指模仿乱真。《列子·说

符》:“宋人有为其君以玉为楮叶者,三年而成。锋杀茎柯,毫芒繁泽,乱之楮叶中而不可别也。此人遂以巧食宋国。子列子闻之,曰:‘使天地之生物,三年而成一叶,则物之有叶者寡矣。故圣人恃道化而不恃智巧。’”按,此事《韩非子·喻老》作“以象为楮叶者”。

良工巧费真为累,楮叶成来不直钱。(唐·李商隐《一片》)

长安乱叶 指怀念离去的友人。贾岛《忆江上吴处士》:“闽国扬帆去,蟾蜍亏复圆。秋风生渭水,落叶满长安。此地聚会夕,当时雷雨寒。兰桡殊未返,消息海云端。”

长安乱叶,空忆诗情宛转。(宋·周邦彦《齐天乐·绿芜凋尽台城路》)

春蚕食叶 借指科举考试或平时写作时挥笔疾书的声音。宋·欧阳修《礼部贡院阅进士就试》:“紫案焚香暖吹轻,广庭清晓席群英。无哗战士衔枚勇,下笔春蚕食叶声。”

长驱笔阵浑无碍,扫尽春蚕食叶声。(宋·方恬《句》)

翠蓂九叶 借指初九。今本《竹书纪年·帝尧陶唐氏》:“帝在位七十年……又有草夹阶而生,月朔始生一荚,月半而生十五荚,十六日以后日落一荚,及晦而尽,月小则一荚焦而不落。名曰‘蓂荚’,一曰‘历荚’。”古代传说:尧时有草,月初开始日生一荚;十六日起日落一荚,可据以计日。

榆烟新起,正清明节过,翠蓂九叶。(宋·张倅《念奴娇·榆烟新起》)

桃根桃叶 指歌伎或姬妾。亦作“桃根”“桃根渡”。《玉台新咏》卷一〇晋·王献之《情人桃叶歌二首》其二:“桃叶复桃叶,桃叶连桃根。相连两乐事,独使我殷勤。”

双桨来时,有人似、旧曲桃根桃叶。(宋·姜夔《琵琶仙·双桨来时》)

一花五叶 传法已获结果。宋·释道原《景德传灯录·第二十八组菩提达摩》:“越九年,欲返天竺,……祖曰:‘听吾偈曰:吾本来兹土,传法救迷情。一花开五叶,结果自然成。’”

一花五叶亲分付,只履提归葱岭去。(宋·黄庭坚《渔家傲·万水千山来此土》)

御沟红叶 指男女奇缘。亦作“御沟流叶”。宋·孙光宪《北梦琐言》:“进士李茵,襄州人,尝游苑中,见红叶自御沟流出。上题诗云:‘流水何太急,深宫尽日闲。殷勤谢红叶,好去到人间。’后僖宗幸蜀,茵奔窜南山民家,见一宫娥,自云宫中侍书家云芳子,有才思,茵与之款接,因见红叶,叹曰:‘此妾所题也。’”

对御沟红叶,一番木落,宫墙黄菊,几度花开。(宋·李曾伯《沁园春·绮阁香销》)

香沟诗叶难寻,依然绿浅红深。(宋·仇远《清平乐·苑秋凉早》)

神龟游莲叶 古有千岁灵龟游于莲叶的说法,后用作祝福人长寿之语,或用来咏龟。亦作“巢翠蕖”。《史记·龟策列传》:“余至江南,观其行事,问其长老,云:‘龟千岁乃游莲叶之上。’”

碧涧有神龟,千岁游莲叶。(宋·洪适《生查子·碧涧有神龟》)

咽yè ①声音受阻而低沉。②充塞,填塞。另见608页yān、705页yàn,732页yīn。

㊀入声,九屑。㊁哀~悲~惨~蝉声~感~哽~梗~鲠~激~流泉~凝~凄~悽~穷~啼~痛~惋~委~乌~鸣~哑~咽~掩~喑~呦~幽~怨~㊂~哽~哕~绝~泣~切~塞~嘔~鸣~噱~语~呖㊃春景春风花似雪,香车玉舆恒阗咽。(唐·卢照邻《行路难》)恸哭松声回,悲泉共幽咽。(唐·杜甫《北征》)含情两相向,欲语气先咽。(唐·孟郊《古怨别》)

㊄**陇水鸣咽** 借指伤别。《太平御览》卷五六辛氏《三秦记》:“陇西开,其坂九回,不知高几里,欲上者七日乃越。高处可容百余家,下处数十万户。上有清水四注。俗歌曰:‘陇头流水,鸣声幽咽。遥望秦川,心肝断绝。’去长安千里,望秦川如带。又关中人上陇者,还望故乡,悲思而歌,则有绝死者。”

陇水不可听,鸣咽令人愁。(唐·岑参《初过陇山途中呈宇文判官》)

靥(靨)yè ①酒窝。②古代妇女脸颊上点搽的妆饰。

㊀入声,十六叶。㊁翠~倒~凤~辅~花~欢~黄星~金~酒~开~榴~柳~眉~媚~面~浅~轻粉~实~收~双~桃~笑~星~杏~秀~靥~颐~玉~㊂~钿~辅~黄~饰~文~星㊃满头行小梳,当面施圆靥。(唐·元稹《恨妆成》)强笑无笑容,须妆旧花靥。(唐·戎昱《苦哉行五首》其三)波湛横眸,霞分腻脸。盈盈笑动笼香靥。(宋·张先《踏莎行·波湛横眸》)

㊄**秀靥** 指美丽的面颊妆饰。亦指女子秀美的脸庞。《拾遗记》卷八:“孙和悦邓夫人,常置膝上。和于月下舞水精如意,误伤夫人颊,血流污袴,娇姹弥苦。自舐其疮,命太医合药。医曰:‘得白獭髓,杂玉与琥珀屑,当灭此痕。’即购致百金,能得白獭髓者,厚赏之。……和乃命合此膏,琥珀太多,及差而有赤点如朱,逼而视之,更益其妍。”唐·段成式《酉阳杂俎·黥》:“近代妆尚靥,如射月曰黄星靥。靥钿之名,盖自吴孙和邓夫人也。”

想东园,桃李自春,小唇秀靥今在否。(宋·周邦彦《琐窗寒·暗柳啼鸦》)

页(頁*葉篥)yè 参见132页yè“叶”。

㊁百~册~合~护~画~篇~散~尾~靴~㊂~心~岩

馌(饁)yè 饷田。

㊀入声,十六叶。㊁春~妇子~行~南亩~农~饷~㊂~妇~畊~稼~具~礼~亩~兽~田~饷㊃鸣弓击柝惊夜盗,掘茹榜虾佐晨馌。(宋·孔武仲《汴河》)儿愁漏湿废夜课,妇畏泥涂停早馌。(宋·陆游《大雨》)

擪(*擫、擫)yè 用指按。

㊀入声,十六叶。㊁按~藏~寸管~击~窠~挹~㊂~笛~耳

烨(燁、*爗)yè 光明灿烂。

㊀入声,十六叶。㊁焜~飒~玮~炜~晔~烨~㊂~赫~然~烁~烨

～熠～煜例金枝联玉叶。世代有宗英，声华烨烨。（宋·吕胜己《瑞鹤仙·金枝联玉叶》）国太夫人头半白。看君金印烨。（宋·黄机《谒金门·冬十月》）

黦yè 色败。

古入声，五物。逆陈～汙～顺～茶～颜例晚日春风夺眼明，蜀机锦彩浑疑黦。（唐·王毂《红蔷薇歌》）香歇，袂红黦。（宋·毛滂《调笑》）

邺（鄴）yè 地名。

古入声，十七洽。顺～都～宫～侯～侯架～侯书～台～台瓦～瓦～下才～下名～苑～中

掖yè ①挟持；搀扶。②扶助；提携。③胳肢窝。④两旁；旁边。另见252页yì、103页yē。

古入声，十一陌。逆缝～扶～宫～奖～劝～提～挽～引～诱～顺～殿～护～门～省～署～廷～庭～庭令～庭狱～垣～直郎例樱桃美颜香且泽，娥娥侍寝专宫掖。（唐·李颀《郑樱桃歌》）起草思南宫，寄言忆西掖。（唐·岑参《西蜀旅舍春叹寄朝中故人呈狄评事》）物欲强时心节制，才资弱处书扶掖。（宋·魏了翁《满江红·世道何常》）

典**缝掖** ①指儒服。②指儒生。《礼记·儒行》："丘少居鲁，衣逢掖之衣。"郑玄注："逢犹大也，大掖之衣，大袂单衣也，此君子有道艺者所衣也。"

还疑缝掖子，复似洛阳才。（唐·陈子昂《酬田逸人游岩见寻不遇题隐居里壁》）

椒掖 ①指后妃所居的后宫。②后妃的代称。《后汉书·班彪传》附《班固传》载班固《两都赋》："后宫则有掖庭、椒房，后妃之室。"

椒掖冲襟奉玉宸，灵芝茎叶出氤氲。（宋·曹勋《恭进德寿芝草》）

中诏肩舆上殿，称万寿，椒掖欢颜。（宋·王子容《满庭芳·蓬海移春》）

西掖 汉时中书省的别称。《初学记》卷一一引东汉·应劭《汉官仪》："左、右曹受尚书事。前世文士，以中书在右，因谓中书为右曹，又称西掖。"

判花西掖妙当年，曾见声华振日边。（宋·王之道《和张安国舍人》）

拽yè 用力拉。另见329页zhuài、310页zhuāi。

古《集韵》：入声，薛韵。顺～白～帛～步～扶～刺～塌～扎

月yuè

古入声，六月。逆蔽～璧～冰～残～蚕～禅～蟾～乘～喘～春～待～戴～淡～澹～钓～对～娥～蛾～蛾眉～风～弓～鉤～孤～关山～珪～桂～海～寒～皓～槐里～霁～江～皎～经～镜～揽～冷～梨花～凉～满～茅店～眉～扪～弄～品～蒲～浦～秦楼～秋～缺～阙～瑞～沙～扇～暑～曙～霜～朔～松～素～碎～踏～吐～兔～玩～翫～望～微～西江～曦～隙～霞～先得～纤～闲～弦～湘～宵～霄～晓～斜～泻～雪～烟～偃～邀～瑶～要～吟～枕～值～竹～醉～顺～波～城～杵～窗～旦～旦评～堤～娥～额～房～斧～府～宫～钩～官～晷～桂～郭～晦～魂～吉～计～忌～荚～建～皎～镜～课～堀～浪～棱～离～廪～笼～轮～貌～眉～面～蓂～帔～魄～旗～琴～阙～扇～生～食～蚀～树～朔～题～兔～团～望～夕～下白～下老～弦～砚～影～域～韵～中桂～中兔～重轮例尝怀谢公咏，山水陶嘉月。（唐·张说《相州山池作》）峨眉山月半轮秋，影入平羌江水流。（唐·李白《峨眉山月歌》）今宵酒醒何处？杨柳岸，晓风残月。（宋·柳永《雨霖铃·寒蝉凄切》）

典**奔月** 借指女性成仙或仙逝。见75页"嫦娥"。

佩兰初应梦，奔月竟沦辉。（唐·韩愈《梁国惠康公主挽歌二首》其二）

期月 一年的时间。《论语·子路》："子曰：'苟有用我者，期月而已可也，三年有成。'"邢昺疏："期月，周月也，谓周一年之十二月也。"

期月终迷化，三年讵有成。（唐·李绅《到宣武三十韵》）

偃月 指营阵。《三国志·魏书·杨阜传》："阜率国士大夫及宗族子弟胜兵者千余人，使从弟岳于城上作偃月营，与超接战，自正月至八月据守而救兵不至。"

落星楼上吹残角，偃月营中挂夕晖。（唐·韦庄《春日》）

风月 清风明月，指眼前景色闲适。《南史·徐勉传》："今夕止可谈风月，不宜及公事。"金·刘著《鹧鸪天·云照山城》："翰林风月三千首，寄与吴姬忍泪看。"转指男女恋爱、风流之事。

斗间光艳，管风月于毫端；口角雌黄，判是非于意表。（宋·舒璘《谢解启》）

牛渚月 指赏月的雅兴。亦作"袁宏烟月"。《晋书·袁宏传》："谢尚时镇牛渚，秋夜乘月，率尔与左右微服泛江。会宏在舫中讽咏，声既清会，辞又藻拔，遂驻听久之，遣问焉。"

牛渚中流月，兰亭上道春。（唐·羊士谔《池上构小山咏怀》）

三人月 谓与月亮、身影为伍。形容孤独无偶。亦借指寂寞怀人的思绪。李白《月下独酌四首》其一："花间一壶酒，独酌无相亲。举杯邀明月，对影成三人。月既不解饮，影徒随我身。暂伴月将影，行乐须及春。我歌月徘徊，我舞影零乱。醒时同交欢，醉后各分散。永结无情游，相期邈云汉。"

免使谪仙明月下，狂歌对影只三人。（宋·苏轼《再次韵答完夫穆父》）

山吐月 指月出。亦作"山吐三更月"。宋·苏轼《江月五首》其三："三更山吐月，栖鸟亦惊起。起寻梦中游，清绝正如此。"

四更山吐月，残夜水明楼。（唐·杜甫《月》）

玄度月 指月亮。《列仙传·关令尹》："尹喜抱关，含德为务，挹漱日华，仰玩玄度。"

唯当玄度月，千里与君同。（唐·骆宾王《秋日饯陆道士陈文林》）

初三夜月 指月如弓的迷人景色。白居易《暮江吟》："一道残阳铺水中，半江瑟瑟半江红。可怜九月初三夜，露似珍珠月似弓。"

何处销魂，初三夜月，第四桥春。（宋·罗椅《柳梢青·萼绿

华身》）

二分明月 指扬州的月夜景象。徐凝《忆扬州》："天下三分明月夜，二分无赖是扬州。"

二分明月是扬州，况有春风在树头。（宋·释行海《梅》）

光风霁月 指人襟怀清朗，心地光明。宋·黄庭坚《濂溪诗序》："舂陵周茂叔，人品甚高，胸中洒落如光风霁月。好读书，雅意林壑。"

有底一般闲快活，光风霁月夜论心。（宋·钱时《辛簿赵尉夜语新亭二首》其二）

虾蟆食月 指月蚀。《史记·龟策列传》西汉·褚少孙补："孔子闻之曰：'……日为德而君于天下，辱于三足之乌。月为刑而相佐，见食于虾蟆。'"

虾蟆不食海月在，夜久帖角回婵娟。（宋·梅尧臣《寄题刁景纯环翠亭》）

批风支月 指吟风弄月。宋·苏轼《和何长官六言次韵五首》其四："清风出号地籁，明月自写天容。贫家何以娱客？但知抹月披风。"宋·施元之注："禅宗有薄批明月，细抹清风之语。"清·冯应榴《合注》："见《传灯录》。"

几年不见冰霜面，知谁共、批风支月。（宋·方岳《花心动·雪带边寒》）

清风明月 指雅美境界，或喻高人雅士。《南史·谢譓传》："（譓）有时独醉，曰：'入吾室者但有清风，对吾饮者唯当明月。'"

清风生虚空，明月见谈笑。（唐·李白《与元丹丘方城寺谈玄作》）

停云落月 喻对亲朋故友的怀念。陶渊明《停云诗四首》其二："停云霭霭，时雨濛濛。八表同昏，平陆成江。有酒有酒，闲饮东窗。愿言怀人，舟车靡从。"《序》云："停云，思亲友也。"

恨结停云，神驰落月，白雪风前忽堕来。（宋·冯取洽《沁园春·举世纷纷》）

蕤宾之月 指农历五月。见《国语·周语下》"四曰蕤宾"三国吴·韦昭注。

水亭风槛，正是蕤宾之月。（宋·杨泽民《三部乐·浓绿丛中》）

闻韶三月 形容事物品位高妙使人沉醉。亦作"忘味"。《论语·述而》："子在齐闻《韶》，三月不知肉味，曰：'不图为乐之至于斯也。'"

三月闻韶堪叹息，南中还是一年忧。（宋·邓有功《客信丰寄刘起潜》）

吴牛喘月 指畏热。也指因惧怕某种事物而遇见相类似的事物也因之产生胆怯心理。亦作"喘月"。《世说新语·言语》："满奋畏风，在晋武帝坐，北窗作琉璃屏，实密似疏，奋有难色。帝笑之，奋答曰：'臣犹吴牛，见月而喘。'"

六月南风吹白沙，吴牛喘月气成霞。（唐·李白《送萧三十一之鲁中兼问稚子伯禽》）

玉斧修月 与"补天"的含义相近，唯所补者乃文学之天。亦作"玉斧修成""玉斧重修"。传说唐太和中郑仁本表弟游嵩山，见一人枕襆而眠，问其所自。其人笑曰："君知月乃七宝合成乎？月势如丸，其影，日烁其凸处也。常有八万二千户修之，予即一数。"因开襆，有斤凿数件。详见唐·段成式《酉阳杂俎·天咫》。

懒挥玉斧重修月，不扶铁拐会登山。（宋·刘克庄《最高楼·辛亥后》）

元规爱月 指赏月，多用于长官属吏夜月宴集。亦作"庾公爱月""庾监高楼月""庾亮千山月"。《世说新语·容止》："庾太尉在武昌，秋夜气佳景清，使吏殷浩、王胡之之徒登南楼理咏。音调始遒，闻函道中有屐声甚厉，定是庾公，俄而率左右十许人步来，诸贤欲起避之。公徐云：'诸君少住，老子于此处兴复不浅！'因便据胡床，与诸人咏谑，竟坐甚得任乐。"

闻说元规偏爱月，知君常得伴登楼。（唐·卢纶《送邓州崔长史》）

夸父鞭日月 夸父与日竞走。《山海经·海外北经》："夸父与日逐走，入日，渴欲得饮，饮于河渭，河渭不足，北饮大泽。未至，道渴而死。弃其杖，化为邓林。"

上界星辰多官府，夸父忙鞭日月。（宋·刘子寰《贺新郎·拄杖凌高绝》）

杨柳楼心月 指长夜纵情歌舞。宋·晏几道《鹧鸪天》："彩袖殷勤捧玉钟，当年拚却醉颜红。舞低杨柳楼心月，歌尽桃花扇底风。"

乐事杨柳楼心，瑶台月下，有生香堪掬。（宋·张炎《念奴娇·瘦笻访隐》）

客亦知夫水月 指苏轼对天地人生的议论。宋·苏轼《赤壁赋》："客亦知夫水与月乎？逝者如斯，而未尝往也。盈虚者如彼，而卒莫消长也。"

翁之乐者山林也，客亦知夫水月乎。（宋·方岳《水月园送王侍郎》）

下清流揽明月 指逸思豪兴。宋·赵令畤《侯鲭录》："世传太白过采石，酒狂捉月。"

不将白发并黄花，拟下清流揽明月。（宋·陈师道《木兰花·湖平木落摇空阔》）

悦yuè

㊀入声，九屑。㊁爱～抃～禅～承～耽～哈～敦～抚～感～酣～和～欕～驩～嘉～解～惊～闿～快～媚～慕～钦～倾～清～容～赏～顺～私～婉～翫～慰～舞～相～笑～忻～欣～怡～怿～踊～谀～豫～醉～㊂～爱～畅～伏～服～附～和～恺～康～口～来～乐～媚～目～慕～穆～情～劝～色～玩～喜～笑～心～欣～义～怿～悆～谕～豫～远～泽㊃谁知林栖者，闻风坐相悦。（唐·张九龄《感遇十二首》其四）风月芳菲节，物华纷可悦。（唐·骆宾王《夏日游德州赠高四》）北山白云里，隐者自怡悦。（唐·孟浩然《秋登兰山寄张五》）

㊄**明良相悦** 指君明臣良，君臣相得。亦作"明良相庆"。《尚书·益稷》："乃赓载歌曰：'元首明哉，股肱良哉，庶事康哉。'"

歌既醉，乐元丰。明良相悦寿无穷。（宋·王以宁《鹧鸪天·帝乙何年骑玉龙》）

钥(鑰)yuè 另见575页yào。

㊀入声，十药。㊁边～丹～电～铤～更～宫～锢～关～管～鹤～鹄～键～禁～扃～九～鐍～灵～门

～祕～牡～啓～天～下～印～鱼～玉～栅～智～重～顺～钩～牡例竹露点衣巾，湖烟湿扃钥。（唐·韩翃《送李司直赴江西使幕》）天资帝王宅，以我为关钥。（唐·刘禹锡《华山歌》）未足烦刀俎，只应输管钥。（唐·韩愈《晚秋郾城夜会联句》）

典**鱼钥** 指宫廷门锁，或贵府门锁。梁简文帝萧纲《秋闺夜思诗》："非关长信别，讵是良人征。九重忽不见，万恨满心生。夕门掩鱼钥，宵床悲画屏。"

风射蛟冰千片断，气冲鱼钥九关开。（唐·沈佺期《奉和立春游苑迎春》）

北门锁钥 指北方重镇或城北的重要防御。《左传·僖公三十二年》："杞子自郑使告于秦曰：'郑人使我掌其北门之管，若潜师以来，国可得也。'"

上谷云中出三辅，北门锁钥金汤固。（明·林春泽《居庸歌赠张心斋侍御》）

跃(躍)yuè

古入声，十药。逆迸～抃～忭～搏～踔～蹈～电～叠～鼎～沸～奋～浮～感～鼓～虎～驩～金～惊～距～爵～蹶～躩～凌～龙～鸣～淰～咆～跂～潜～跷～庆～耸～悚～駷～舞～忻～欣～兴～游～鱼～渊～跃～走～顺～波～飞～金～景～楛～浪～鲤～厉～立～踉～鳞～龙～炉～马～圈～然～如～水～汤～蹄～铁～舞～心～冶～鱼～越例黄云覆鼎飞，绛气横川跃。（唐·刘允济《经庐岳回望江州想洛川有作》）俯视鸳鹭群，饮啄自鸣跃。（唐·李白《游敬亭寄崔侍御》）乍似苍龙惊起时，攫雾穿云欲腾跃。（唐·齐己《灵松歌》）

典**金跃** 指不顺从自然造化。《庄子·大宗师》："子来有病，喘喘然将死。其妻环而泣之。……子来曰：'……夫大块载我以形，劳我以生，佚我以志，息我以死。故善吾生者，乃所以善吾死也。今大冶铸金，金踊跃曰："我必且为镆铘！"大冶必以为不祥之金。……今一以天地为大炉，以造化为大冶，恶呼往而不可哉！'"

珠沈犹是宝，金跃未为祥。（唐·白居易《渭村退居寄礼部崔侍郎翰林钱舍人诗一百韵》）

鸢飞鱼跃 形容万物各得其所。《诗经·大雅·旱麓》："鸢飞戾天，鱼跃于渊。"孔颖达疏："是道被飞潜，万物得所，化之明察故也。"

鸢飞鱼跃矣，风虎更云龙。（宋·韩淲《临江仙·寒食清明春事好》）

看天阔鸢飞，渊静鱼跃。西风黄菊芗喷薄。（宋·辛弃疾《兰陵王·一丘壑》）

岳[1]yuè

①对妻家父母的称呼。②姓。

古《广韵》：入声，四觉。逆丰～封～庐～丘～寿～太～祖～顺～伯～庙～武穆

岳[2](*嶽)yuè

高大的山。

古入声，三觉。逆川～大～岱～藩～方～艮～光～海～河～恒～衡～华～槐～鹫～匡～崑～连～莲～列～灵～隆～南～乔～峤～山～神～四～崧～嵩～台～泰～吴～五～西～遐～仙～巡～移～渊～远～云～中～顺～鄗～帝～渎～坟～华～降～峻～客～立～莲～灵～麓～祇～阡～山～神～狩～秀～堉～岳～镇～峙～跱～宗例临行赠贫交，一尺重山岳。（唐·李白《送鲁郡刘长史迁弘农长史》）曾上君家县北楼，楼上分明见恒岳。（唐·岑参《送郭乂杂言》）所餐类病马，动影似移岳。（唐·贾岛《斋中》）

典**四岳** 借指贤臣。《尚书·虞书·尧典》："帝曰：咨四岳。"孔安国传："四岳即上羲和之四子，分掌四岳之诸侯，故称焉。"

尧有四岳明至理，汉二千石真分忧。（唐·杜甫《寄裴施州》）

降神崧岳 指天生贤辅重臣。《诗经·大雅·崧高》："崧高维岳，骏极于天。维岳降神，生甫及申。维申及甫，维周之翰。四国于蕃，四方于宣。"毛氏传："崧，高貌，山大而高曰崧。岳，四岳也。……岳降神灵和气，以生申、甫之大功。"

元是降神崧岳，生英杰、奇伟非常。（宋·黄判院《满庭芳·桃浪翻花》）

五鹿岳岳 形容善于辩论的人。西汉五鹿充宗通晓梁丘《易》，尝凭借权势与诸儒辩《易》，诸儒不敢与争，惟朱云多次将他驳倒。故时语曰："五鹿岳岳，朱云折其角。"详见《汉书·朱云传》。

五鹿归来惊岳岳，孤鸿飞去入冥冥。（唐·陆希声《山居即事二首》其二）

粤yuè

古入声，六月。逆百～滇～桂～胡～瓯～吴～扬～顺～东～海～江～寇～讴～峤～若～宛～王台～祝例归鸿渡三湘，游子在百粤。（唐·李白《禅房怀友人岑伦》）江南多事鬼，巫觋连瓯粤。（唐·陆龟蒙《奉酬袭美先辈吴中苦雨一百韵》）嫌杀双轮，驾行客、之燕适粤。（宋·刘克庄《满江红·嫌杀双轮》）

越yuè

古入声，六月。逆跋～百～播～楚～逴～踔～窜～代～颠～渡～放～干～隔～乖～诡～杭～横～胡～僭～铿～辽～凌～陵～岭～冒～偭～闽～谬～瓯～纰～偏～迁～清～遒～杀～殊～檀～迢～跳～通～透～突～吴～亵～轩～扬～夷～轶～逸～幽～于～陨～殒～躁～战～滞～诸～阻～顺～常～次～方～分～公～瓜～跻～践～箭～角～徼～境～剧～绝～爵～客～蠡～礼～理～躐～凌～梅～貊～鸟～瓯～骑～禽～若～睒～裳～世～思～俗～诉～赕～橐～王蛇～王台～王竹～巫～吴～溪～豨～乡～渫～燕～轶～逸～翳～吟～志～雉～俎～樽例美人相思隔天阙，长望云端不可越。（唐·孟郊《出门行二首》其二）腰剑动陆离，鸣玉和清越。（唐·张文琮《同潘屯田冬日早朝》）林窥二山动，水见千龛越。（唐·李峤《清明日龙门游泛》）

典**楚越** 楚越为春秋时南方两个诸侯国，比较隔漠。《庄子·德充符》："自其异者视之，肝胆楚越也；自其同者视之。万物皆一也。"

坐思行叹成楚越，春风玉颜畏销歇。（唐·李白《寄远》其八）

怅平生肝胆，都成楚越，只今

胶膝，谁是陈雷。（宋·辛弃疾《沁园春·我见君来》）

胡越 喻疏远。《淮南子·俶真训》："是故自其异者视之，肝胆胡越；自其同者视之。万物一圈也。"高诱注："肝胆喻近，胡越喻远。"

胡越方杳杳，车马何迟迟。（唐·张九龄《感遇十二首》其一十二）

信越 本指楚汉相争时的韩信、彭越，此二人当时拥兵以自重，虽属汉而并不无条件听从刘邦调遣。汉朝稳定后，二人均被清算。后以"信越"借指功臣或握重兵之臣子。见《史记·项羽本纪》及韩信、彭越本传。

信越功名高似狗，裴王气力大于牛。（唐·罗隐《关亭春望》）

阅（閲）yuè ①查点数目；考核。②检阅。③观看；阅读。④功绩。⑤经历。

㊀入声，九屑。㊁按～饱～察～呈～雠～大～伐～阀～缮～覆～稽～监～简～教～解～谨～鸠～掘～考～历～临～貌～门～判～披～圈～涉～搜～蒐～讨～翫～问～详～巡～训～赞～赠～展～㊂～边～操～臣～城～川～定～改～稼～简～见～荐～具～看～乐～马～年～人～日～射～胜～时～实～世～市～事～试～视～水～岁～问～武～习～戏～心～旬～月～正～致㊃此游诚多趣，独往共谁阅。（唐·刘长卿《宿双峰寺寄卢七李十六》）昏旭穷陟降，幽显尽披阅。（唐·韦应物《同元锡题琅琊寺》）方舟颇周览，逸书亦备阅。（唐·皎然《妙喜寺达公禅斋寄李司直公孙房都曹德裕四十二韵》）

㊄**阀阅** 指世家。《史记·高祖功臣侯者年表》："太史公曰：古者人臣功有五品，以德立宗庙定社稷曰勋，以言曰劳，用力曰功，明其等曰伐，积日曰阅。"按：伐，通"阀"。

既无阀阅门，常嫌冠冕累。（唐·皮日休《奉献致政裴秘监》）

乐（樂）yuè 另见96页lè、574页yào。

㊀入声，三觉。㊁按～侈～典～敦～法～番～梵～拊～歌～宫～古～鼓～官～管～广～国～行～合～和～胡～伎～技～金石～进～具～凯～恺～夔～礼～庙～命～内～破阵～起～清平～清商～散～笙～诗～仙～谐～新～雅～宴～夷～遗～彝～杂～张～至～致～周～㊂～部～倡～池～辞～德～典～法～方～讽～府～府诗～歌～工～酣～籍～妓～家～簾～录～女～棚～品～情～阕～容～丧～色～师～诗～坛～调～童～万～文～舞～戏～心～胥～悬～学～仪～艺～音～营～咏～侑～语～苑～正～政～制～奏㊃冥然升紫府，铿尔荐清乐。（唐·裴度《亚献终献》）著书晚下麒麟阁，幼稚骄痴候门乐。（唐·宋之问《放白鹇篇》）谁把碧桐枝，刻作云门乐。（唐·聂夷中《秋夕》）

㊄**夔乐** 借指庙堂雅乐。《尚书》说夔为舜时乐官，故称。亦作"夔听"。

伶官诗必诵，夔乐典犹稽。（唐·杜甫《奉赠太常张卿垍二十韵》）

六乐 指帝王宫廷音乐。《周礼·地官·大司徒》："以六乐防万民之情，而教之和。"郑玄注引郑司农（众）云："六乐，谓《云门》《咸池》《大韶》《大夏》《大濩》《大武》。"《周礼·春官·大司乐》："以乐舞教国子，舞云门，大卷、大咸、大磬、大夏、大濩、大武。"

端门羽卫簇雕阑，六乐舜韶先举。（宋·柳永《御街行·燔柴烟断星河曙》）

洞庭张乐 指帝王音乐。《庄子·天运》："北门成问于黄帝曰：'帝张咸池之乐于洞庭之野。吾始闻之惧，复闻之怠，卒闻之而惑。荡荡默默，乃不自得。'"

洞庭张乐降玄鹤，涿鹿大战摧蚩尤。（唐·舒元舆《桥山怀古》）

河间礼乐 汉景帝子河间献王刘德，修学好古，从民间搜求典籍，立博士，修礼乐，对保存经典与礼乐有所助益。亦作"河间经术"。详见《汉书·景十三王传·河间献王》。

枚乘文章老，河间礼乐存。（唐·杜甫《奉汉中王手札》）

钧天广乐 指仙乐或宫廷音乐。《史记·赵世家》："居二日半，（赵）简子寤。语大夫曰：'我之帝所甚乐，与百神游于钧天，广乐九奏万舞，不类三代之乐，其声动人心。'"

钧天广乐无闻矣，袖剑仙人安在哉。（宋·戴复古《陪虞使君登岳阳楼》）

叔孙礼乐 指制定朝廷礼仪的人及其所定之礼仪。《史记·叔孙通传》："高帝悉去秦苛仪法，为简易。群臣饮酒争功，醉或妄呼，拔剑击柱，高帝患之。"叔孙通曰："臣愿颇采古礼与秦仪杂就之。""汉七年，长乐宫成，诸侯群臣皆朝十月……御史执法举不如仪者辄引去。竟朝置酒，无敢讙哗失礼者。于是高帝曰：'吾乃今日知为皇帝之贵也。'乃拜叔孙通为太常。"

百余年间未灾变，叔孙礼乐萧何律。（唐·杜甫《忆昔二首》其二）

籥 yuè ①古管乐器。②吹火的竹筒。③通"钥"。

㊀入声，十药。㊁哀～笔～豳～吹～改～鼓～关～管～錧～籁～灵～门～鸣～牡～南～啓～青～笙～岁～韬～天～橐～苇～舞～悬～璇～幽～羽～玉～执～㊂～口～牡～师～舞㊃青娥翳长袖，红颊吹鸣籥。（唐·韩愈《晚秋郾城夜会联句》）风云动翰林，宫徵调文籥。（唐·刘允济《经庐岳回望江州想洛川有作》）一日贤太守，与我观橐籥。（唐·宋齐丘《陪游凤凰台献诗》）

钺（鉞、*戉）yuè 古代兵器，似斧而大，圆刃，长柄。

㊀入声，六月。㊁秉～赐斧～奋～铁～伏～斧～釜～衮～黄～麾～假～节～金～旌～旄～绕～戚～齐～锵～戎～受～授～天～玄～用～玉～元～仗～杖～朱～㊂～斧～下～星㊃今成十余卷，浩汗罗斧钺（唐·韩愈《送文畅师北游》）烟尘乱起无亭燧，主帅惊跳弃旄钺。（唐·元稹《和李校书新题乐府十二首·缚戎人》）人间所重者，相印将军钺。（唐·白居易《偶作二首》其一）

㊄**斧钺** 上古的一种兵器，是军权

或国家统治权的象征。《尚书·牧誓》:"王左仗黄钺。"

斧钺下青冥,楼船过洞庭。(唐·杜甫《衡州送李大夫七丈勉赴广州》)

授钺 指将军出征。《孔从子·问军礼》:"天子当阶南面,命受之节钺,大将受,天子乃东向西面而揖之,示弗御也。"

天仗拥门希授钺,重臣入梦岂安金。(唐·刘威《尉迟将军》)

樾yuè ①树荫。②成荫的树木。

古入声,六月。逆翠～道～冻～桧～街～林～茂～青～清～深～岩～荫～榛～顺～下～荫例三年窜荒岭,守县坐深樾。(唐·韩愈《送文畅师北游》)古寺隐秋山,登攀度林樾。(唐·朱宿《宿慧山寺》)高悬鹿皮睡,清润时依樾。(唐·陆龟蒙《杂讽九首》其八)

轪(軏)yuè ①车辕前端与横木衔接处的销钉。②牛马耕地时套在颈上的夹具。

古入声,六月。逆车～輗～日～无～轪～顺～輗～轪例已穷佛根源,粗识事輗轪。(唐·韩愈《送文畅师北游》)

鹙(鸑)yuè 鹙鹫,凤的别名。

古入声,三觉。逆鸑～鹫～顺～鹫

瀹yuè ①浸渍。②煮。③疏导。另见575页yào。

古《广韵》:入声,十八药。逆煎～开～烹～啓～疏～潭～细～濬～澡～顺～茶～蕣～祭～茗～疏

刖(*跀)yuè 古断足之刑。

古入声,六月。又:入声,八黠同。逆补～残～行～髡～剿～摇～劓～再～顺～跪～危～趾～足～罪例少壮为俘头被髡,老翁留居足多刖。(唐·元稹《和李校书新题乐府十二首·缚戎人》)子既屈一鸣,余固宜三刖。(唐·杜牧《池州送孟迟先辈》)微宦不能去,归来坐如刖。(唐·皮日休《二游诗·徐诗》)

典**三刖** 指卞和三次献玉被楚王连续处刑砍掉左右脚之事。见454页"献玉"。

是非在彼从三刖,忠孝于身必两全。(宋·晁说之《有喜》)

药(藥)yuè 另见574页yào。

古入声,十药。

五　支

三韵书对照表

诗韵新编 / 佩文诗韵 / 词林正韵		五支（平声）	
		阴平	阳平
第三部［四支］［八齐］	上平声四支	痴嗤媸笞螭蚩𧄍鸱眵絺魑摛疵雌（阳平同）差（音疵。参差）骴诗师施（音师。措施）狮尸鸤蓍葹思（音私）私丝司斯偲厮凘澌𩈯罳知枝（音枝。花枝）脂卮之芝支肢祗胝栀氏（音支。阏氏）姿资兹（音资。今兹）滋辎缁髭锱菑嵫淄粢咨恣孜孳龇觜（音资。觜星）	持驰池迟（音池。延迟）匙（音迟。汤匙）墀踟篪坻（水中高地）词辞慈瓷茨祠鹚磁兹（音词。龟兹）时鲥埘提（音时。朱提）匙（音时。钥匙）
	上平声八齐	嘶撕	
未检到的字		哧跐飔蛳鸶蜘搘吱趑镃	弛（音驰。又读）糍雌（音词。又读）莳（音时。莳萝）

诗韵新编 / 佩文诗韵 / 词林正韵		五支（仄声）	
		上声	去声
第三部［四纸］［四寘］［八霁］	上声四纸	齿耻侈褫哆（音耻。张口）此泚始驶使史矢豕弛（音史。阳平同）屎（音史。狗屎）死止指纸徵（音止。五音之一）祉芷址趾沚旨咫枳只（音止。语尾助词）抵子紫姊滓梓仔訾耔第秭	是市士视氏（音示。姓氏）恃仕舐似祀巳耜俟（音四。静俟）兕姒涘汜峙痔豸
	去声四寘	豉（音耻。去声同）	翅炽啻眙（音炽。直视）次刺赐伺（音次。伺候）事示试侍嗜莳（音示。栽莳）豉（音示。又读）思（音似。才思）寺肆四嗣饲（音四。饮饲）伺（音四。窥伺）笥驷泗志帜治稚致至智置踬贽挚雉鸷痣忮轾迟（音至。等待）自字恣眦（眼眶）渍胔胾牸
	去声八霁		傺世势誓逝噬筮澨贳制彘滞猘
未检到的字		啙籽	踶（音炽。一足行）苡（音四。又读）至（厔。地名）质（音至。押）懥

词林正韵	佩文诗韵	诗韵新编：五支(仄声)／入声
第十七部[四质][十一陌][十二锡][十三职][十四缉]	入声四质	失虱实叱日驲室质(音秩。物质)秩栉桎帙窒骘蛭郅
	入声十一陌	只(音汁。船只)石(音实。山石)硕(音实。壮硕)跖(音侄。盗跖)掷摭踯尺(音耻。丈尺)赤斥释炙
	入声十二锡	吃(小吃)适(音式。舒适)
	入声十三职	织食(音实。饮食)识蚀直值植殖职埴饬鷙敕式饰拭轼陟
	入声十四缉	湿汁拾(音实。收拾)十什(篇什)执蛰(音直。又读)絷
第十七部[四质]第十八部[九屑]	入声四质 入声九屑	侄
未检到的字		彳衵(音日。又读)螫(又读)

平声·阴平

痴(癡)chī

古上平，四支。逆呆～颠～妒～儿～发～风～憨～虎～花～娇～狂～了事～詅～卖～迷～墨～弄～撒～诗～书～骙～太～贪～贪嗔～顽～文～涎不～邪～佯～游～愚～挣～醉～顺～爱～病～车～虫～床～倒～定～妬～钝～儿～肥～风～福～腹～骨～骸～骇～憨～惑～计～箭～绝～客～狂～懒～立～龙～聋～梦～迷～魔～男子～念～癖～钱～情～求～人～叔～水～头～突～顽～妄～望～物～想～小～迂～雨～云～长～挣～滞～种～拙～浊～子～醉例但令送君酒，如醉如憨痴。（唐·韩愈《辞唱歌》）

典**书痴** 指书呆子。见《旧唐书·窦威传》。

箕踞浩歌君会否，书痴终觉胜钱痴。（宋·陆游《苦贫戏作》）

虎头痴 指才智之人在某一方面有疏略或癖好。东晋画家顾恺之小字虎头。《晋书》卷九二《文苑列传·顾恺之》：“初，恺之在桓温府，常云：‘恺之体中痴黠各半，合而论之，正得平耳。’故俗传恺之有三绝：才绝，画绝，痴绝。”

百年羊胛熟，万事虎头痴。（宋·陈造《书怀二首》其二）

了事痴 犹言办事迷。指醉心政事。《晋书·傅玄传》附《傅咸传》：“骏弟济素与咸善，与咸书曰：‘江海之流混混，故能成其深广也。天下大器，非可稍了，而相观每事欲了。生子痴，了官事，官事未易了也。了事正作痴，复为快耳！’”

暂闲何似长闲好，无事非关了事痴。（宋·杨万里《冬暖》）

大黠小痴 指小事糊涂，大事很精明。《后汉书·刘盆子传》：“明旦大陈兵马临洛水，令盆子君臣列而观之，谓盆子曰：‘自知当死不？’对曰：‘罪当应死，犹幸上怜赦之耳。’帝笑曰：‘儿大黠，宗室无蚩（犹痴）者。’”

大黠小痴，有余不足，谁必彭殇早与迟。（宋·王奕《沁园春·耳目肺肠》）

嗤chī 嘲笑。

古上平，四支。逆谤～嘲～嗤～共～讥～诮～笑～燕雀～贻～益～自～顺～鼻～鄙～黜～诋～点～怪～毁～靳～累～诮～玩～戏～嫌～笑～眩～讶～妍～摘例黄绢外孙翻得罪，华颠故老莫相嗤。（唐·卢肇《被谪连州》）

媸chī 丑。

古上平，四支。逆嫫母～妍～顺～妍例逸气旧来凌燕雀，高才何得混妍媸。（唐·高适《同颜六少府旅宦秋中之作》）

笞chī

古上平，四支。逆榜～鞭～捶～箠～笪～督～击～教～髡～掠～搒～谴～挞～痛～系～杖～折捶～顺～榜～鞭～叱～捶～棰～斗～督～罚～法～服～诟～击～靳～决～髡～戮～掠～扑～谴～辱～杀～挞～刑～责～杖～罪例赋租如簿领，狱讼了鞭笞。（宋·王安石《寄题睡轩》）

典**折捶笞** 亦作“折箠”，折断策马的杖，谓用短杖即可制敌。喻轻易制敌取胜。《后汉书·邓禹传》：“邓禹，字仲华，南阳新野人也。……帝乃征禹还，来曰：‘赤眉无谷，自当来东，吾折捶笞之，非诸将忧也。无得复妄进兵。’”

更须推毂拔人物，勿念折箠笞羌夷。（宋·王炎《送黄尚书帅蜀》）

螭chī

古上平，四支。逆白～陛～苍～赤～蜚～龟～黑蛟～虎～驾～蛟～金～灵～龙～盘～蟠～青～虬～球～神～铜～雌～文～吻～熊～玄～玉～玉盘～云～顺～坳～陛～额～龟～虎～驾～蛟～角～阶～桷～奁～龙～炉～彲～魅～纽～盘～蟠～虬～首～绶～头～头笔～头舫～文～吻～衣～鱼～云例冰壶动瑶碧，野水失蛟螭。（唐·杜甫《赠崔十三评事公辅》）

哧chī

逆号～例纵令日兴费万钱，大似鵷雏见鸱哧。（宋·李弥逊《舍弟以诗贷粟如叔旸次其韵》）

蚩chī

古上平，四支。顺～尤～尤旗～尤气～尤血～尤冢

黐chī 木胶。

古上平，四支。逆粘～顺～竿～胶～摸例胸次嵬嵬山立壁，书丛砬砬鸟粘黐。（宋·陈宓《寄陈次颜》）

鸱（鴟）chī 古指鹞鹰。

古上平，四支。逆鸱～踆～蹲～饿老～寒～角～金～酒千～茅～鹈～鸣～蹋～枭～一～鸢～纸老～顺～鸱～蹲～革～沟～顾～龟～鸠～阑～甍～靡～鸟～视～苕～头酒～尾～吻～吓～枭～鸮～鸺～夷～彝～义～鸢～张～峙～跱例石泉流出谷，山雨滴栖鸱。（唐·贾岛《宿成湘林下》）

典**蹲鸱** 大芋。因状如蹲伏的鸱，故称。唐·张守节《史记正义》："蹲鸱，芋也。……《华阳国志》云汶山郡都安县有大芋如蹲鸱也。"

解衣初醉绿芳夕，应采蹲鸱荐佳客。（唐·韩翃《赠别成明府赴剑南》）

眵chī

古上平，四支。逆兜～迷～眩～眼～顺～昏～泪～目糊～眼

絺（絺）chī 细葛。

古上平，四支。逆采～羸～单～轻～裘～暑～文～细～绤～纤～织～绉～顺～葛～褐～巾～纻～裘～素～索～绤～衣～纻例秋近不堪闻急杵，夜凉已复怯轻絺。（宋·陆游《露坐》）

魑chī

古上平，四支。逆山～投～魈～妖～顺～魅～祟例用去当如虎，投来且御魑。（宋·王禹偁《谪居感事》）

典**投魑** 舜曾流放四凶于四边，使抵御魑魅。喻指贬谪。《左传·文公十八年》："舜臣尧，宾于四门，流四凶族浑敦、穷奇、梼杌、饕餮，投诸四裔，以御螭魅。"

金榜荣名俱失尽，病身为庶更投魑。（唐·刘言史《偶题二首》其一）

摛chī 舒展。

古上平，四支。逆笔下～远～顺～笔～布～词～辞～光～翰～毫～华～锦～文～艳～掞～藻～章例虽是寒轻云重日，也留花簟待徐摛。（唐·陆龟蒙《再招》）

疵cī

古上平，四支。逆八～卑～谗～斥～疮～醇～诋～多～根～护～毁～瘢～建～剧～刻～疠～令～毛～求～讪～微～无～五～暇～小～掩～隐～箴～指～濯～顺～病～驳～醇～诋～点～玷～短～废～诟～垢～国～悔～毁～瘢～贱～咎～累～礼～厉～疠～戾～吝～陋～毛～面～谬～品～愆～失～慝～污～物～瑕～下～衅～议～疫～痈～杂～摘～政～拙例体坚色净又藏节，尽眼凝滑无瑕疵。（唐·韩愈《郑群赠簟》）

雌cī 另见153页cí。

差cī 另见3页chā、21页chà、307页chāi。

古上平，四支。逆参～等～顺～参～池～次～等～第～杀～序～秩例日斜门掩映，山远树参差。（唐·皇甫冉《春和杜相公移入长兴宅奉呈诸宰执》）

典**参差** 指乐器洞箫。《楚辞·九歌·湘君》："望夫君兮未来，吹参差兮谁思？"王逸注："参差，洞箫也。"

好伴羽人深洞去，月前秋听玉参差。（唐·杜牧《望少华》）

骴cī 残骨。

古上平，四支。又：去声，四寘。逆枯～遗～顺～骨～禁例过半黑头死，阴虫食枯骴。（唐·韩愈《寄崔二十七立之》）

诗（詩）shī

古上平，四支。逆邶～邠～豳～裁～采～采～唱～陈～驰～刺～催妆～大风～杜～杜门～断肠～反～风～赋～赋～歌～格～赓～贡～诡～和～画中～回文～戒～锦囊～绝～课～乐～联～恋～六～毛～描～木客～能～逆～七步～绮～泣～敲～清～情～求～赛～删～声～筌～省～史～寿～属～四家～诵～陶～徒～挽～仙～弦～献～雄～雪～寻～艳～轶～吟～引雏～咏～展～战～周～轴～顺～伴～笔～兵～才～彩～禅～痴～愁～舫～风～佛～府～负～格～舸～工～公～功～骨～国～翰～豪～鸿～花～怀～魂～肩瘦～节～杰～锦～经～酒～俊～客～牢～老～乐～礼～力～灵～侣～梦～魔～墨～囊～葩～朋～癖～启～箧～情～囚～趣～人～骚～什～神～圣～书～思～丸～味～文～吻～翁～仙～心～星～谣～业～逸～意～隐～佣～语～苑～藻～哲～竹～宗例临岐未断归家目，望月空吟出塞诗。（唐·严维《送房元直赴北京》）

典**采诗** 指官员到民间采集诗歌，以察民情。亦作"陈诗""采风""采谣"。《礼记·王制》："天子五年一巡守……命太师陈诗，以观民风。"郑玄注："陈诗谓采其诗而视之。"

采诗倦跋涉，载笔尚可记。（唐·杜甫《题衡山县文宣王庙新学堂呈陆宰》）

宝月诗 借指诗僧。亦作"康宝月"。南朝梁·钟嵘《诗品》卷下：齐释宝月"亦有清名，《行路难》，是东阳柴廓所造，宝月尝憩其家，会廓亡，因窃而有之"。

笑说金人偈，闲听宝月诗。（唐·韩翃《同中书刘舍人题青龙上房》）

伐木诗 指表现朋友间深情厚谊的诗。《诗经·小雅·鹿鸣之什》："伐木丁丁，鸟鸣嘤嘤，出自幽谷，迁于乔木。嘤其鸣矣，求其友声，相彼鸟矣，犹求友声。矧伊人矣，不求友生，神之听之，终和且平。"

脱分趋庭礼，殷勤伐木诗。（唐·孟浩然《家园卧疾毕太祝曜见寻》）

会真诗 指描写男女爱情的诗。唐·元稹《崔莺莺传》："是后十余日，杳不复至，张生赋《会真诗》三十韵，未毕而红娘适至，因授之以贻崔氏。自是复容之。"

谁知园中客，能赋会真诗。（宋·陈与义《咏水仙花五韵》）

角弓诗 喻兄弟之间不可疏远。《诗经·小雅·角弓·序》："父兄刺幽王也。不亲九族而好谗佞，骨肉相怨，故作是诗也。"

为问几株能合抱，殷勤记取角弓诗。（宋·苏轼《万松亭》）

老骥诗 借指年纪虽老而壮志犹存的人。亦作"老骥"。三国魏·曹操《步出夏门行·神龟虽寿》："老

骥伏枥，志在千里；烈士暮年，壮心不已。”

叹息曹瞒老骥诗，伏枥如公者。（宋·辛弃疾《卜算子·万里籋浮云》）

平子诗 亦作“四愁诗”“平子赋愁”，借指愁怀。平子即汉之张衡，见《昭明文选》卷二九《诗己·杂诗上·四愁诗四首序》。

北望雁门雪，空吟平子诗。（唐·皎然《送李季良北归》）

七月诗 《诗经》中的诗篇。后借指悯农之作。《诗经·豳风·七月·毛诗序》：“《七月》，陈王业也。周公遭变故，陈后稷先公风化之所由，致王业之艰难也。”

虽妆蜀国三秋色，难入豳风七月诗。（唐·张立《咏蜀都城上芙蓉花》）

雨催诗 指自然界为诗人提供了作诗的材料，自当援笔挥写。杜甫《陪诸贵公子丈八沟携妓纳凉晚际遇雨二首》其一（《全唐诗》卷二二四）：“公子调冰水，佳人雪藕丝。片云头上黑，应是雨催诗。”

红映竹篱花笑客，翠翻云幕雨催诗。（宋·华岳《过文脊山》）

育莪诗 《诗经》中的诗篇。后多赞美培育人才。《诗经·小雅·菁菁者莪·序》：“菁菁者莪，乐育材也。君子能长育人材，则天下喜乐之矣。”

春服就，舞雩归。四方争颂育莪诗。（宋·晁端礼《鹧鸪天·壁水溶溶漾碧漪》）

八叉成诗 指才思敏捷。亦作“八叉手”“叉手吟”。五代·王定保《唐摭言》十三“敏捷”：“温庭筠烛下未尝起草，笼袖凭几，每赋一咏一吟而已，场中号‘温八吟’。”宋·孙光宪《北梦琐言》四“温李齐名”：“温庭筠工赋，每入试作赋，八叉手而八韵成。”

横槊赋诗 喻豪情壮怀。亦作“横槊题诗”。唐·元稹《唐故工部员外郎杜君墓系铭序》：“建安之后，天下之士遭罹兵战，曹氏父子鞍马间为文，往往横槊赋诗，故其遒壮抑扬、冤哀悲离之作，尤极于古。”

横槊赋诗非复昔，梦魂犹绕古梁州。（宋·陆游《秋晚登城北门》）

红叶题诗 亦作“桐叶题诗”。喻姻缘巧合；男女爱情。亦作“红叶不见诗”“红叶写情辞”“红叶字”“题红”。唐·范摅《云溪友议》卷下《题红怨》：“明皇代，以杨妃、虢国宠盛，宫娥皆颇衰悴，不备掖庭。常书落叶，随御水而流云：‘旧宠悲秋扇，新恩寄早春。聊题一片叶，将寄接流人。’顾况著作，闻而和之。既达宸聪，遣出禁内者不少。或有五使之号焉。和诗曰：‘愁见莺啼柳絮飞，上阳宫女断肠时。君恩不禁东流水，叶上题诗寄与谁？’”参见《太平广记》卷一九八唐·孟棨《本事诗》。

红叶题诗谁与寄，青楼薄幸空遗迹。（宋·张孝祥《满江红·秋满蘅皋》）

刻烛赋诗 指诗才敏捷，下笔成章。《南史·王僧孺传》：“竟陵王（萧）子良尝夜集学士，刻烛为诗，四韵者则刻一寸，以此为率。（萧）文琰曰：‘顿烧一寸烛，而成四韵诗，何难之有。’乃与（丘）令楷、江洪等共打铜钵立韵，响灭则诗成，皆可观览。”

刻烛赋诗空入梦，倾家酿酒不供愁。（宋·陆游《冬暖颇有春意追忆成都昔游怅然有作》）

七步成诗 ①指文思敏捷，才华出众。亦作“煮豆燃萁”。②喻兄弟相残。《世说新语·文学》：“文帝尝令东阿王七步中作诗，不成者行大法。应声便为诗曰：‘煮豆持作羹，漉菽以为汁。萁在釜下燃，豆在釜中泣。本是同根生，相煎何太急！’帝深有惭色。”

七步成诗语近谐，坛荒李杜奇乏才。（宋·洪德章《希文枕边谈诗因足成之》）

穷乃工诗 指困苦往往能激发出好诗。唐·韩愈《荆潭唱和诗序》：“夫和平之音淡薄，而愁思之声要妙；欢愉之辞难工，而穷苦之言易好也。”欧阳修《梅圣俞诗集序》：“诗人少达而多穷”，“世所传诗者，多出于古穷人之辞也”，“愈穷则愈工”。

酒能作病真如此，穷乃工诗却未然。（宋·陆游《曾原伯屡劝居城中》）

太守例能诗 指太守。唐·刘禹锡《白舍人曹长寄新诗有游宴之盛因以戏酬》（《全唐诗》卷三六〇）：“苏州太守例能诗，西掖今来替左司。”

传说姑苏新乐府，只缘太守例能诗。（宋·林光朝《代陈季若上张帅》）

师（師）shī

㊀上平，四支。㊁阿～翱～八～百世～颁～保～兵～卜～不～禅～常～陈～川～达～地～甸～钓～二～贰～风～抚～父～傅～轨范～衮～还～后～花～济～嘉～贾～荐～匠～戒～君～良～陵～六～龙～论～闾～蒙～民～明～尼～驽～女～乞～曲～人～儒～锐～三～射～视～水～硕～天人～祧～同～王～伟～文～乌～息～仙～乡～心～雄～胥～宣教～旋～学～训～严～一字～义～鹰～右～雨～致～咒～梓～坐～㊂～保～比～舶～臣～承～传～戴～道～德～甸～法～放～风～干～工～古～号～匠～君～楷～课～旷～郎～吏～旅～谟～慕～期～祁～儒～氏～式～事～术～帅～说～田～王～望～相～效～心～学～延～言～仰～宜～役～尹～用～友～垣～长～昭～贞～众～子～尊㊃风沙悲久戍，雨雪更劳师。（唐·皇甫冉《雨雪》）

㊄**贰师** 借指汉将军李广利。汉武帝曾命李广利到大宛国的贰师城夺取良马。见《汉书·李广利传》。

卫霍才堪一骑将，朝廷不数贰师功。（唐·王维《燕支行》）

风师 借指风。《周礼·春官·大宗伯》：“以禋祀祀昊天上帝，以实柴祀日月星辰，以槱燎祀司中、司命、风师、雨师。”

火帝动炉销剑戟，风师吹雨洗乾坤。（唐·韩偓《八月六日作四首》其一）

雨师 指古代神话中司雨的天神。见“风师”。

摸索枯肠问雨师，奈我胸中真六籍。（宋·项安世《大雨破块而入书籍尽湿》）

云师 指古代神话中的云神。

《楚辞·离骚》:"吾令丰隆乘云兮,求宓妃之所在。"王逸注:"丰隆,云师。"

安得诛云师,畴能补天漏。(唐·杜甫《九日寄岑参》)

鬻熊师 即周文王之师鬻熊,后用指帝王的师长。《史记·楚世家》:"周文王之时,季连之苗裔曰鬻熊。……三十七年,楚熊通怒曰:'吾先鬻熊,文王之师也,蚤终。'"

迹参前马圣,名缀鬻熊师。(唐·张说《赠赵公》)

项橐称师 指少儿早慧。《战国策·秦策五》:"甘罗曰:'夫项橐生七岁而为孔子师,今臣生十二岁于兹矣!君其试臣,奚以遽言叱也?'"

项橐称师日,甘罗作相年。(唐·路德延《小儿诗》)

休道太原师 指打败仗。《国语·周语上》:"宣王既丧南国之师,乃料民于太原。"韦昭注:"料,数也。"

汉武惭夸朔方地,周宣休道太原师。(唐·杜牧《今皇帝陛下一诏征兵》)

施shī 另见214页yí、234页yì。

㊀上平,四支。又:去声,四寘异。㊁报～禀～并～博～不～布～逞～答～德～点～东～恩～法～方～分～丰～阜～丐～匄～给～光～行～好～洪～鸿～厚～回～惠～济～兼～交～讦～戒～救～况～乐～礼～隆～绿～逆～偏～平～普～戚～乾～潜～庆～日～荣～声～术～四～檀～天～通～推～外～妄～威～无畏～务～西～先～纤～星～穴～阳～印～优～有～雨～雨露～云～造～赠～彰～重～周～赒～㊂～报～暴～布～呈～逞～措～德～恩～发～放～功～钩～关～行～翩～化～惠～济～加～检～教～衿～敬～爵～贶～劳～礼～疗～灵～令～孟～縻～命～气～嫱～巧～然～人～散～赏～设～生～食～事～手～受～属～为～香～效～写～医～遗～以～翼～用～御～泽～张～针～振～赈～置～朱～主㊃九重城里无亲识,八百人中独姓施。(唐·施肩吾《上礼部侍郎陈情》)

㊄**少施** 指受人款待吃饭。《礼记·杂记下》:"孔子曰:'吾食于少施氏而饱,少施氏食我以礼。'"

法味已同香积会,礼容疑在少施家。(唐·权德舆《惠上人房宴别》)

西施 借指美女。亦作"西子"。春秋末越国美女,苎罗人。越王勾践败于会稽,范蠡取西施献吴王夫差,使其迷惑忘政。越遂亡吴。见《吴越春秋·勾践阴谋外传》。

西施且一笑,众女安得妍。(唐·韦应物《广陵遇孟九云卿》)

唐突西施 喻突出、抬高了丑的,因而冒犯、贬低了美的。亦作"刻画无盐,唐突西子"。《世说新语·轻诋》:"庾元规(亮)语周伯仁(觊):'诸人皆以君方乐。'周曰:'何乐,谓乐毅邪?'庾曰:'不尔,乐令(广)耳。'周曰:'何乃刻画无盐,以唐突西子也!'"

翻愁刻鹄难复工,唐突西施却成触。(宋·王之道《定慧院海棠呈虞季然陈德夫》)

狮(獅)shī

㊀上平,四支。㊁伏～吼～石～睡～啸天～醒～雄～驯～幼～㊂～虫～带～儿～负～吼～蛮～猫～威～弦～子骢～子吼㊃衣裳云想俄苍狗,剑佩星迎总雪狮。(明·王夫之《落花诨体十首》其五)

尸[1]shī ①古代祭祀时代死者受祭的人称为"尸"。②主持,执掌。③尸体。④陈尸以示众。

㊀上平,四支。㊁暴～宾～傧～踣～黜～传～遁～贰～飞～蜚～冯～伏～覆～公～行～横～皇～积～饯～荆～柩～枯～滥～流～僇～裸～名～逆～女～彭～曝～三～挺～脱～妥～五～献～衅～黯～酭～迎～用～舆～灶～诈～磔～正～祝～转～坐～㊂～车～臣～宠～次～夺～格～官～骸～祭～谏～解～鸠～居～厥～利～灵～禄～罗～昧～盟～皮～启～窃～亲～寝～身～事～素～忝～头～玩～位～袭～乡～饔～葬～宅～职～逐～主～注～祝㊃未倒防风骨,初僵负贰尸。(唐·皮日休《虎丘寺殿前有古杉以见志》)

尸[2](*屍)shī 死尸。

㊀上平,四支。㊁暴～鞭～陈～分～负～覆～棺～行～积～决～流～戮～起～弃～死～遗～舆～磔～枕～走～㊂～骨～骸～谏～解～柩～首㊃朝见西来为过客,暮看东去作浮尸。(唐·韦庄《汴堤行》)

㊄**鞭尸** ①指向帝王复仇。②借指帝王受辱。《史记·伍子胥列传》:"及吴兵入郢,伍子胥求昭王。既不得,乃掘楚平王墓,出其尸,鞭之三百,然后已。"

鞭尸辱已及,堂上罗宿莽。(唐·李白《酬裴侍御对感时见赠》)

三尸 道家称在人体内作祟的神有三,叫"三尸"或"三尸神",潜藏于人的头部、腹部和足内,伺察人的过失,损害人的健康。可以通过修炼和施法术消灭三尸虫,使人长生。见唐·段成式《酉阳杂俎·前集·玉格》。

两翼化生因服药,三尸卧死为休粮。(唐·白居易《赠朱道士》)

箦中尸 指范雎。《史记·范雎列传》:"魏齐大怒,使舍人笞击雎,折胁折齿,雎详死,即卷以箦,置厕中……雎从箦中谓守者曰:'公能出我,我必厚谢公。'守者乃请出弃箦中死人,魏齐醉,曰:'可矣。'范雎得出。"

安知魏齐首,见断箦中尸。(唐·杜牧《杜秋娘诗》)

马革裹尸 亦作"马革敛尸"。省作"裹尸""裹革"。称颂边将捐躯报国。喻指军人情怀壮烈。《后汉书·马援传》:"初,援军还,将至,故人多迎劳之,平陵人孟冀,名有计谋,于坐贺援。……援曰:'方今匈奴、乌桓尚扰北边,欲自请击之。男儿要当死于边野,以马革裹尸还葬耳,何能卧床上在儿女子手中邪?'冀曰:'谅为烈士,当如此矣。'"

马革裹尸当自誓,蛾眉伐性休重说。(宋·辛弃疾《满江红·汉水东流》)

鸤(鳲)shī

㊀上平,四支。㊂～鸠～枭

蓍shī 古代占卜的草。

㊀上平,四支。㊁卜～丛～捣～揲～龟～黄～灵～莫问～神～生～数～占～㊂～艾～蔡～草～策～卦～龟～旧～筮～簪㊃得失可齐陶令酒,功名休问蜀庄蓍。(宋·张耒《寄滁州邵子发同年二首》其二)

葹shī

【古】上平，四支。【逆】卷～葹～【例】野草花叶细，不辨薋菉葹。（唐·韩愈《寄崔二十七立之》）

思sī 另见168页sì、309页sāi。

【古】上平，四支。又：去声，四寘异。【逆】宝～悲～别～才～禅～尘～澄～驰～愁～慎～楚～怆～春～忖～谛～笃～翻～浮～故园～顾～浩～迴～羁～极～佳～葭～杰～谨～近～轲～客～离～灵～留～柳～旅～耄～梦～梦～眇～邈～妙～敏～缪～念～凝～绮～巧～翘～清～琼～秋～睿～三～桑～山～神～沈～潭～文～痞～遐～乡～雅～研～遥～伊～逸～萦～永～忧～幽～有～远～怨～愿～藻～瞻～湛～长相～哲～智～伫～【顺】～悲翁～春～莼～次～存～忖～洞～短～凡～负～妇～干～功～古～顾～归～过～怀～惑～旧丘～咎～脍～劳～牢～力～陵～鲈～鲈脍～路～谟～摩～谋～慕～鸟～女～齐～企～且～亲～情～秋～士～事～覃～土～王～纬～味～文～无邪～悟～仙～心～玄～寻～言～义～忆～议～逸～永～咏～忧～元～远～越～至～致～仲～酌～子蔓【例】霓旌翠盖终难遇，流水青山空所思。（唐·李嘉祐《题游仙阁白公庙》）

【典】**去思** 亦作“何武去思”。指地方士民对有善政离职官吏的怀念。《汉书·何武传》：“何武字君公，蜀郡郫县人也。……武为人仁厚，好进士，奖称人之善，为楚内史厚两龚，在沛郡厚两唐，及为公卿，荐之朝廷。……其所居亦无赫赫名，去后常见思。”

议郎秩浅无超拜，令尹官清有去思。（宋·刘克庄《哭刘连江》）

无才思 借指杨花。亦作“无情有思”。唐·韩愈《晚春》（《全唐诗》卷三四三）：“草树知春不久归，百般红紫斗芳菲。杨花榆荚无才思，惟解漫天作雪飞。”

轻飞乱舞，点画青林，全无才思。（宋·章楶《水龙吟·燕忙莺懒芳残》）

首丘之思 喻眷恋故土，至死不忘故里仁恩，或归葬故土之情。亦作“首丘之情”“首丘之望”“首丘之念”。《后汉书·班超传》：“臣闻太公封齐，五世葬周，狐死首丘，代马依风。夫周齐同在中土千里之间，况于远处绝域，小臣能无依风首丘之思哉？”

周情孔思 指符合周公、孔子之道的思想感情。常用以赞美人之高尚情操。《唐文粹》卷九二李汉《唐吏部侍郎昌黎先生韩愈文集序》：“日光玉洁，周情孔思，千态万貌，卒泽于道德仁义，炳如也。”

下马东山路。恍临风、周情孔思，悠然千古。（宋·辛弃疾《贺新郎·下马东山路》）

私sī

【古】上平，四支。【逆】阿～便～不受～场～逞～宠～从～盗～多～遏～恩～犯～感～公～顾～光～贵～还～行～贺～横～洪～鸿～怀～济～挟～家～夹～贱～交～眷～刻～邻～隆～虑～率～买～卖～昧～偏～情～屈～曲～赡～圣～受～殊～树～贪～忝～停～退～忘～我～乌～枭～谢～幸～蓄～徇～狗～殉～宴～燕～嬿～讌～讌～一己～阴～姻～有～鬻～缘～赞～赃～造物～中～忠～自～【顺】～阿～倡～朝～诚～德～籴～觌～独～黩～短～遁～凡～忿～服～福～覆～告～躬～酤～憾～和～厚～贿～惠～觐～敬～窠～刻～贶～理～敛～廪～谩～慕～囊～昵～酿～器～亲～券～润～善～舍～士～誓～淑～帑～慝～祧～听～庭～痛～土～吞～微～违～习～羡～幸～学～徇～盐～燕～养～谒～义～谊～臆～姻～隐～勇～忧～誉～援～愿～悦～越～酝～责～知～志～秩～智～置～衷～烛～贮【例】江山如有待，花柳更无私。（唐·杜甫《后游》）

【典】**维私** 指姐夫或妹夫。《诗经·卫风·硕人》：“齐侯之子，卫侯之妻。东宫之妹，邢侯之姨，谭公维私。”毛氏传：“姊妹之夫曰私。”

闲逐维私向武城，北风青雀片时行。（唐·刘言史《送人随姊夫任云安令》）

丝（絲）sī

【古】上平，四支。【逆】哀～悲～悲素～碧～蚕～愁～垂～春～珥～二～风～凤～羔～絓～荷～虹～鬓～鲛～九～鹍～菱～柳～龙～鸾～绿～梦～袅晴～裹～藕～七～七条～千～牵～秦～琴～青～晴～曲尘～黍～水～天～兔～菟～纹～吴～五～五户～雾～细～雪～言～禽～一～银～游～雨～云～竹～篆～【顺】～鞭～帛～布～肠～车～绸～发～棼～妇～柎～糕～管～国～行～毫～忽～篁～簧～茧～缰～斤～窠～纩～泪～料～苓～柳～笼～路～纶～罗～萝～络～缕～履～麻～脉～茅～牦～绵～缗～抹～末～禽～染～人～绒～肉～绳～事～丝～粟～绦～条～桐～微～窝～枲～弦～绣～絮～言～衣～镛～雨～栈～竹～庄～锥～子【例】画栋日高来语燕，绮窗风暖度游丝。（宋·舒氏《浣溪沙·金缕歌残红烛稀》）

【典】**吴丝** 借指箜篌等弦乐。唐·李贺《李凭箜篌引》（《全唐诗》卷三九〇）：“吴丝蜀桐张高秋，空山凝云颓不流。”

荡一点、春心如酒。写入吴丝自奏。（宋·姜夔《角招·为春瘦》）

报爰丝 指仗义报恩。亦作“报袁盎”。《史记·袁盎列传》：“袁盎者，楚人也，字丝。”“袁盎自其为吴相时，有从史尝盗爱盎侍儿，盎知之，弗泄，遇之如故。人有告从史，言‘君知尔与侍者通’，乃亡归。袁盎驱自追之，遂以侍者赐之，复为从史。及袁盎使吴见守，从史适为守盎校尉司马……夜引袁盎起，曰：‘君可去矣，吴王斯旦日斩君。’”按，袁盎，《汉书》卷四九作“爰盎”。

莫道精灵无伯有，寻闻任侠报爰丝。（唐·吴融《偶题》）

冰蚕丝 指古代传说中员峤山冰蚕所吐五色丝。见旧题晋·王嘉《拾遗记·员峤山》。

逢人借问陶唐主，欲进冰蚕五色丝。（唐·徐凝《员峤先生》）

泣素丝 指命运受人摆布。《淮南子·说林》：“墨子见练丝而泣之，为其可以黄，可以黑。”

顾已欢乌鸟，闻君泣素丝。（唐·张九龄《酬宋使君见诒》）

续命丝 端午之风俗。亦作“续

命缕”“续命彩丝”。《太平御览》卷八一四引东汉·应劭《风俗通》：“五月五日赐五色续命丝，俗说益人命。”《艺文类聚》：“五月五日以五彩丝系臂者，辟兵及色，令人不病瘟，亦因屈原。”

辟邪不用符为佩，续命何须彩结丝。（宋·许应龙《皇后阁端午帖子》）

一絇丝 喻指富贵无常，荣华易逝。唐·刘悚《隋唐嘉话》：“张昌仪兄弟，恃易之、昌宗之宠，所居奢溢，逾于王主。末年，有人题其门曰：‘一絇丝，能得几日络？’昌仪见之，遽以笔书其下曰：‘一日即足。’无何而祸及。”

强健犹穿几两屐，荣华正似一絇丝。（宋·陆游《幽居》）

天语如丝 指皇帝的诏谕和话语。《礼记·缁衣》：“子曰：‘王言如丝，其出如纶。王言如纶，其出如綍。故大人不倡游言。’”孔颖达疏：“王言初出微细如丝，及其出行于外言更渐大如似纶也。言纶粗于丝……綍又大于纶。”

龙衮侧，亲闻胪句，天语如丝。（宋·洪适《满庭芳·当国无功》）

司sī

古上平，四支。又：去声，四寘同（州名又姓独用）。逆班～北～本～边～曹～漕～朝～臣～春～大～当～典～东～二～藩～枋～分～府～宫～衮～候～计～家～谏～禁～缙云～九～旧～局～军～库～里～两～寮～陵～留～密～冥～牧～南～臬～判～铺～缱绻～铨～三～社～省～市～守～庶～帅～四～所～台～堂～通～微～五～六～辖～宪～相～选～铉～巡～押～仪～仪鸾～邑～幽～有～庾～狱～云～运～宰～攒～正～职～中～冢～州～诸～主～宗～作～顺～陛～宾～仓～辰～晨～成～城～春～聪～爨～旦～典～鼎～董～蠹～铎～舵～非～官～管～诡～过～寒～衡～鸿～候～花～阍～籍～计～驾～谏～疆～阶～旌～寇～阛～里～理～炉～录～禄～伦～盟～民～明～牧～南～庖～巧～寝～阙～人～啬～商～声～市～事～书～田～柁～卫～握～物～香～星～勋～言～业～夜～应～用～舆～狱～原～载～造～掌～箴～钲～直～职～中～祝～钻例漏长丹凤阙，秋冷白云司。（唐·李嘉祐《和都官苗员外秋夜省直对雨简诸知己》）

典**鼎司** 借指三公的职位。《三国志·魏书·袁绍传》裴松之注引《魏氏春秋》载袁绍《檄州郡文》：“（曹操）父嵩，乞匄携养，因赃假位，舆金辇璧，输货权门，窃盗鼎司，倾覆重器。”

典籍开书府，恩荣避鼎司。（唐·崔曙《奉酬中书相公至日圆丘摄事》）

嘶sī

古上平，八齐。逆嘎～悲～蝉～寒～蜩～嗥～号～惊～马～鸣～陌上～喷～呻～声～嘶～酸～哑～仰首～玉骢～长～顺～嘎～嗌～丑～风～喊～号～喝～唧～竭～鸣～涩～声～嘶～酸～啸～哑～韵～噪～战～唓例玉勒斗回初喷沫，金鞭欲下不成嘶。（唐·韩翃《看调马》）

斯sī

古上平，四支。逆冰～睹～嘎～高～斛～鸡～挟～栗～慄～露～密～如～若～色～数～说项～竦～粟～通古～奚～鞅～于～聿～鬌～在～枝～螽～簻～顺～冰～缠～干～高～犨～禁～滥～罗～弥～民～人～时～世～文～喜～箱～须～颜～鞅～养～役～榆～褕～螽例寂寞富春水，英气方在斯。（唐·柳宗元《哭连州凌员外司马》）

典**奚斯** 指春秋鲁国公子鱼。班固《两都赋序》：“故皋陶歌虞，奚斯颂鲁。”李善注：“《韩诗·鲁颂》曰：‘新庙奕奕，奚斯所作。’薛君曰：‘奚斯。鲁公子也。言其新庙奕奕然盛。是诗，公子奚斯所作也。’”

咏歌盛功代有作，吉甫宗元愈奚斯。（宋·汪炎昶《寄山臞滕主簿》）

螽斯 喻指多子多孙。《诗经·周南·螽斯》：“螽斯羽，诜诜兮。宜尔子孙振振兮。”“宜尔子孙绳绳兮。”“宜尔子孙蛰蛰兮。”《螽斯·序》：“《螽斯》，后妃子孙众多也。”

条蔓纵横输葛藟，子孙蕃育羡螽斯。（唐·李群玉《哭小女痴儿》）

撕sī 扯开。

古上平，八齐。逆提～顺～剥～搏～毁～裂～捞～罗～捋～撏例再点宾筵又一期，千金敝帚赖提撕。（宋·周必大《留别金陵韩帅二首》其一）

飔（颸）sī

古《广韵》：平声，之韵。逆薄～曾～风飔～寒～金～凉～鲁～暮～南～轻～晴～秋～霜～飔～颓～晚～微～绪～阴～顺～风～厉～飔例飞霜殿前月悄悄，迎春亭下风飔飔。（唐·郑嵎《津阳门诗》）

蛳（螄）sī

古《广韵》：平声，脂韵。逆螺～例秋风淮阴来，沙暖拾蚌蛳。（宋·梅尧臣《前日》）

鸶（鷥）sī

古《集韵》：平声，之韵。逆鹭～例高台聊望清秋色，片水堪留白鹭鸶。（唐·贾岛《投元郎中》）

偲sī 偲偲，互相勉励督促。

古上平，四支。逆美～切～偲～例近朱怜冉冉，伐木愿偲偲。（唐·元稹《酬翰林白学士代书一百韵》）

厮（廝）sī

古上平，四支。逆兵～村～呆～东～谎～谎乔～马～僫～穷～哨～秃～小～幺～舆～顺～捱～帮～并～吵～称～啜～辏～儿～赶～勾～够～诨～乩～见～搅～禁～噤～赖～滥～琅～隶～留～罗～锣～落～耨～扑～仆～侵～觑～舍～守～竖～说～台～挺～徒～猥～系～下～养～役～佣～舆～皂例有酒二三壶，聊以慰仆厮。（元·方回《泊赤岸微晓》）

凘sī

古上平，四支。逆冰～寒～流～例风折蒹葭水结凘，燕鸿相语定归期。（宋·张耒《壬午腊月下旬偶作二首》其一）

澌sī 尽。

古上平，四支。又：去声，四寘异。逆冰～春～断～寒～磵～漓～凌～凌～流～沦～迷～灭～凝～溯～泉～澌～微～消～销～潆～顺～涣～静～灭～泯～澌～亡例敝裘沾暮雪，归棹带流澌。（唐·岑参《送严

维下第还江东》）

酾（釃）shī　又音 shāi。滤酒。斟酒。

【古】上平，四支。又：上声，四纸同。【逆】临江～浓～自～【例】积潦始北汇，余波各东酾。（宋·晁公溯《四月堰水甚水一雨灌田方足》）

罳 sī

【古】上平，四支。【逆】罘～罦～复～罜～【顺】～顶【例】郑姐无言下玉墀，夜来飞箭满罘罳。（唐·皮日休《馆娃宫怀古五绝》）

知 zhī

【古】上平，四支。【逆】谙～百不～报～报君～辩～禀～觇～愁～矗～寸心～达～大～的～迪～谍～洞～独～风～感～格～寡～贯～贵～怀～鉴～觉～絜～眷～窥～了～理～灵～虑～莫我～牟～慕～逆～朋～弃～情～秋～曲～稔～辱～睿～叡～赡～赏～上～神～谂～圣～饰～孰～说～私～夙～素～岁寒～探～体～天下～微～惟～习～贤～小～晓～信～悬～遥～要～益～意～隐～有～予～遇～豫～昭～真～征～中～周～烛～【顺】～爱～班～常～耻～从～待～单～得～德～方～非～风～感～更～更雀～古今～故～归～行～合～化～几～己～交～解～津～经～警～旧～举～客～了～类～怜～录～命～器～窍～情～丘～趣～权～人～赏～省～时鹤～事～寺～通～微～委～闻～希～晓～谢～言～音～印～游～友～遇～章～照～者～证～止～至～纵【例】春风传我意，草木别前知。（唐·李白《望汉阳柳色寄王宰》）

【典】**四知**　指人不欺心，廉洁自持、不受非义馈赠。亦作“暮夜金”“四知金”。《后汉书·杨震传》载：杨震被大将军邓骘举荐，“四迁荆州刺史、东莱太守。当之郡，道经昌邑，故所举荆州茂才王密为昌邑令，谒见，至夜怀金十斤以遗震。震曰：‘故人知君，君不知故人，何也？’密曰：‘暮夜无知者。’震曰：‘天知，神知，我知，子知。何谓无知！’密愧而出。”

方同杨伯起，独有四知名。（唐·李峤《金》）

鲍叔知　指知己情深。亦作“鲍牙知”“鲍叔义”“叔牙知”“知我贫”。管仲与鲍叔相知甚深，鲍叔在许多事情上都体谅管仲的难处，帮他扶他，令管仲十分感动，感慨道：“生我者父母，知我者鲍子也。”见《史记·管晏列传》。

鲍叔知我贫，烹葵不为薄。（唐·元稹《别李三》）

头颅可知　指无心于仕途。陶弘景《与从兄书》：“仕宦朝四十左右作书郎，即投簪高迈，今三十六方作奉朝请，头颅可知。”

头颅自揣已可知，一死犹思报明主。（宋·陆游《闻虏乱有感》）

枝 zhī　另见 210 页 qí。

【古】上平，四支。【逆】傲霜～百尺～北～本～碧～残～禅～蟾～巢南～出墙～春～丹～凡～繁～风～附～故～桂～鹤膝～洪～黄～戟～剪～交～鸲～金～荆～九～柯～科～空～枯～离～荔～连～连理～灵～翎～柳～鸾～绿玉～满～南～嫩～柟～蟠～骈～亲～穹～筇～琼～鹊踏～绕～弱～霜～素～岁寒～隈～析～郤～香～小～歇～新～雪～嫋～压～瑶～一～莺～云～折～折桂～柘～整～濯～宗～最高～醉琼～【顺】～剥～策～杈～撑～持～川～词～辞～党～渎～萼～繁～分～辅～附～扞～干～格～官～河～接～节～解～借～津～拘～举～拒～郡～柯～楞～离～流～路～蔓～苗～杪～末～昵～派～栖～戚～岐～渠～鹊～刃～如～梢～稍～属～庶～水～说～斯～嗣～碎～孙～体～尾～梧～丫～胤～游～援～杂～诗～胄～主～拄～柱～赘～子～族【例】春虫飞网户，暮雀隐花枝。（唐·王维《晚春归思》）

【典】**连枝**　喻兄弟。苏武《诗四首》其一：“骨肉缘枝叶，结交亦相因。四海皆兄弟，谁为行路人。况我连枝树，与子同一身。”吕向注：“兄弟如木连枝而同本。”

庭前看玉树，肠断忆连枝。（唐·李白《对雪献从兄虞城宰》）

柳枝　借指侍妾或官妓。宋·王谠《唐语林》：“韩退之有二妾，一曰绛桃，一曰柳枝，皆能歌舞。……柳枝后逾墙遁去，家人追获。及镇州初归，诗曰：‘别来杨柳街头树，摆弄春风只欲飞。还有小园桃李在，留花不放侍郎归。’自是专宠绛桃矣。”

梅帐道人新活计，柳枝歌妓旧因缘。（宋·卫宗武《和南塘嘲谑》）

孙枝　喻指孙子。嵇康《琴赋》：“乃斫孙枝，准量所任。”唐·张铣注：“孙枝，侧生枝也。”

长身已逐云烟去，赖有孙枝记旧勋。（宋·王执礼《赋将军木》）

杨枝　借指歌伎。唐·白居易《白居易集·不能忘情吟·序》：“乐天既老，又病风，乃录家事，会经费，去长物。妓有樊素者，年二十余，绰绰有歌舞态，善唱《杨枝》，人多以曲名名之，由是名闻洛下。籍在经费中，将放之。”

鲜衫翠裾者谁氏，行歌杨枝惜时晚。（宋·文同《水边春半》）

弄桂枝　指求取科举功名。晋·虞喜《安天论》：“俗传月中仙人桂树，今视其初生，见仙人之足，渐已成形，桂树后生。”

手弄桂枝嫌不折，直教身殁负春风。（唐·皮日休《伤卢献秀才》）

珊瑚枝　借指稀世珍宝。《世说新语·汰侈》：“石崇与王恺争豪，并穷绮丽，以饰舆服。武帝，恺之甥也，每助恺。尝以一珊瑚树，高二尺许赐恺。枝柯扶疏，世罕其比。恺以示崇。崇视讫，以铁如意击之，应手而碎。恺既惋惜，又以为疾己之宝，声色甚厉。崇曰：‘不足恨，今还卿。’乃命左右悉取珊瑚树，有三尺四尺，条干绝世，光彩溢目者六七枚，如恺许比甚众。恺惘然自失。”

错挥铁如意，莫避珊瑚枝。（唐·杜甫《奉送魏六丈佑少府之交广》）

万年枝　借指宫中景色。亦作“万年树”。何晏《景福殿赋》：“缀以万年，綷以紫榛。或以嘉名取宠，或以美材见珍。”李善注引《晋宫阁铭》曰：“华林园，万年树十四株。……万年，嘉名之属。”又，谢朓《直中书省》：“紫殿肃阴阴，彤庭赫弘敞。风动万年枝，日华承露掌。”

幸因千里映，还绕万年枝。

（唐·上官仪《咏雪应诏》）

桂林一枝 指人清贵拔俗，非同一般。科举时代称及第为"折桂"。《晋书·郤诜传》："（郤诜）累迁雍州刺史，武帝于东堂会送，问诜曰：'卿自以为何如？'诜对曰：'臣举贤良对策，为天下第一，犹桂林之一枝，昆山之片玉。'"

桂林一枝三十年，诸公交章荐遗贤。（宋·杨万里《送赵判官端国趁班改秩》）

鷦鹩一枝 喻指有一安身立命之所即已满足，与世无争，无利欲之心。亦作"鸠巢一枝"。《庄子·逍遥游》："蜩与鷽鸠笑之曰：'我决起而飞，枪榆枋，时则不至，而控于地而已矣，奚以九万里而南为？'""尧让天下于许由。……许由曰：'……鷦鹩巢于深林，不过一枝；偃鼠饮河，不过满腹。归休乎君，予无所用天下为！'"

鸠巢一枝，鹏程万里，堪叹人生同物类。（元·朱庭玉[仙吕·袄神急]《贫乐》）

魏鹊无枝 喻感伤乱离、羁旅漂泊的情怀。亦作"乌鹊绕枝""乌鹊南飞""绕鹊""绕树难""绕疏枝""三绕枝"。曹操《短歌行》："月明星稀，乌鹊南飞。绕树三匝，何枝可依。"

我有芳尊共玩事，从渠魏鹊无枝。（宋·李曾伯《临江仙·同此三秋端正月》）

玉叶金枝 喻宗室、皇族。亦作"玉叶"。唐·萧彷《享太庙乐章·懿宗室舞》："圣祚无疆，庆传乐章。金枝繁茂，玉叶延长。"

皇家基业天与隆，金枝玉叶檠石宗。（宋·楼钥《代求子绍上魏邸寿诗》）

越鸟南枝 喻南人思乡。亦作"越鸟南飞""越鸟""禽思越""南枝鸟"。《古诗十九首》："行行重行行，与君生别离。相去万余里，各在天一涯。道路阻且长，会面安可知。胡马依北风，越鸟巢南枝。"

飘若越鸟北，心常在南枝。（宋·王安石《寄虔州江阴二妹》）

脂 zhī

古上平，四支。逆柏～板～唇～丹～点～蜂～膏～宫～鞞～黑石～画～祭～口～灵～民～凝～窃～琼～软～石～松～涂～韦～香～胭～燕～羊～载～顺～膘～车～粉～粉客～膏～灰～驾～胶～炬～篦～麻～那～腻～批～瓶～水～髓～韦～辖～夜～衣柰～油～腴～泽～烛例乱石无改辙，我车已载脂。（唐·杜甫《赤谷》）

典**凝脂** 喻指女子皮肤白皙细嫩。《诗经·卫风·硕人》："手如柔荑，肤如凝脂。"毛氏传："如脂之凝。"

身轻委回雪，罗薄透凝脂。（唐·白居易《杨柳枝二十韵》）

卮（巵）zhī

古上平，四支。逆白玉～传～反～金～金屈～进～九霞～酒～举～流～漏～鲁～螺～琼～屈～瓦～衔～香螺～瑶～鹦～盈～侑～宥～羽～玉～顺～酒～言例望怀不使海鸥疑，水映桃花酒满卮。（唐·羊士谔《野望二首》其二）

之 zhī

古上平，四支。逆安～从～得～等～何～假～兼～戒～久～譬～顷～任所～所～信有～要～由～犹～中～顺～滨～而～罘～个～卦～官～国～后～江～前～任～如～适～往～无～意～者～中～子～字例心思食檗何由展，家似流萍任所之。（唐·戎昱《寄梁淑》）

典**元之** 指北宋翰林学士王禹偁。宋·司马光《涑水记闻》："王禹偁字元之，济州人。……上尝曰：'当今文章，惟王禹偁独步耳。'"

故交皆疏柳子厚，新贵不识王元之。（宋·陆文圭《赠松窗》）

羲之有之 指王羲之以"之"字命名的七个儿子中的五个有成就者。后多用于恭贺人生子。《晋书·王羲之传》："王羲之字逸少，司徒导之从子也。……有七子，知名者五人。玄之早卒。次凝之，亦工草隶，仕历江州刺史、左将军、会稽内史。"除玄之、凝之外，知名者还有王徽之、王操之、王献之。

献子还生子，羲之又有之。（唐·孟郊《子庆诗》）

酷似仰牢之 指甥舅关系。亦作"酷似""貌似牢之"。《晋书·何无忌传》：晋何无忌，东海郯县人，少有大志。作为镇北将军刘牢之外甥，常参与议事，又与曾任刘牢之参军的刘裕结识，共图起事讨伐桓玄。后以兴复之功，封安成郡开国公，加散骑侍郎，镇南将军。桓玄对何无忌佐刘裕起兵，很畏惧，曾说："何无忌，刘牢之之甥，酷似其舅。共举大事，何谓无成！"

酷似仰牢之，雄词挹亭伯。（唐·权德舆《奉和崔评事寄外甥刘同州》）

芝 zhī

古上平，四支。逆白～宝～采～探～餐～楚～丹～地～独摇～遁～飞节～焚～桂～华～黄～黄金～火～金～菌～兰～灵～龙仙～梅～木～木渠～禽～青～琼～肉～瑞～三～神～水～素～铜～土～万年～蓂～五～仙～香～祥～续命～玄～雪～夜光～荧～玉～云～泽～紫～顺～艾～草～车～楮～茜～栖～房～房歌～焚～盖～驾～菌～兰～露～麻～眉～泥～檽～圃～阙～室～朮～田～童～畹～药～英～宇～苑例半岭逢仙驾，清晨独采芝。（唐·李端《游终南山因寄苏奉礼士尊师苗员外》）

典**采芝**[1] 指游仙。《楚辞·九歌·山鬼》："采三秀兮于山间，石磊磊兮葛蔓蔓。"王逸注："三秀，谓芝草也。""言已欲服芝草以延年命，周旋山间采而求之，终不能得。"

梦登绥山穴，南采巫山芝。（唐·陈子昂《感遇诗三十八首》其三七）

采芝[2] 借指隐居生活。《乐府诗集》："四皓《采芝操》解题：《琴集》曰：'《采芝操》，四皓所作也。'《古今乐录》曰：'南山四皓隐居，高祖聘之，四皓不甘，仰天叹而作歌。'"其词云："皓天嗜嗜，深谷逶迤。树木莫莫，高山崔嵬。岩居穴处，以为幄茵。晔晔紫芝，可以疗饥。唐虞往矣，吾当安归。"

溪南有微径，时遇采芝客。（唐·刘驾《冯叟居》）

张芝 东汉书法家。亦作"张伯英""张英"。《后汉书·张奂传》李贤注："王愔《文志》曰：'芝少持高操。……尤好草书，学崔、杜之法，家之衣帛，必书而后练。临池学书，水为之黑。下笔则为楷则，号匆匆不暇草书，为世所宝，寸纸不遗，韦仲将谓之“草圣”也。’”

曹植休前辈，张芝更后身。（唐·杜甫《寄张十二山人彪三十韵》）

焚芝 喻亲友亡故。亦作“芝焚”。晋·陆机《叹逝赋》：“信松茂而柏悦，嗟芝焚而蕙叹。”唐·李周翰注：“同类相感也。……芝、蕙香草也，言亲友既逝，其情无聊。”

游人行变橘，逝者遽焚芝。（唐·孔绍安《伤顾学士》）

水芝 指荷花。晋·崔豹《古今注·草木》：“芙蓉，一名荷花，生池泽中，实曰莲，花之最秀异者。一名水目，一名水芝，一名水华。”

山荚便和幽涧石，水芝须带本池泥。（唐·陆龟蒙《奉和袭美题达上人药圃二首》其一）

求金芝 指求药以延年。《艺文类聚》卷九八引《抱朴子》：“金芝生于金石之中，以秋取，阴乾治食，令人身有光，寿万岁。”

寄声山中友，安用求金芝。（宋·陆游《梦有饷地黄者味甘如蜜戏作数语记之》）

支zhī

㊀上平，四支。㊁傍～本～不～超～撑～持～地～动～度～兑～额～反～放～扶～嘎～干～咯～各～肱～扢～关～过～洪～胡～皇～黄～家～蹇～解～借～金～近～离～荔～泠～零～令～昧履～撚～辟～骈～起～亲～樵～生～实～私～四～素～探～特～条～透～析～鲜～相～小～焉～燕～腰～要～一～阐～语～预～远～月～杂～张～长～折～赭～正～支～指～郅～中～众～宗～总～坐～㊂～绷～别～宾～伯～差～拆～缠～辞～赐～措～敌～费～甫～辅～盖～更～公～骨～骸～阂～糊～谎～机～济～疆～借～酒～郡～犒～剌～兰～棱～楞～离～离疏～理～缭～裂～领～流～蔓～拟～孽～排～陪～配～骈～破～祁～祈～遣～亲～情～渠～煞～石～属～庶～腾～提～填～调～帖～托～吾～梧～捂～兀另～析～消～销～硎～许～言～衍～揖～移～颐～裔～胤～应～用～御～掌～磔～值～胄～拄～缀

㊃灭名竟不试，世义安可支。（唐·柳宗元《哭连州凌员外司马》）

肢zhī

㊀上平，四支。㊁胳～隔～膈～后～肋～前～上～十二～四～下～胁～煙～腰～折～㊂～骸～节～解～脉～势～体～鲜㊃庾亮楼中初见时，武昌春柳似腰肢。（唐·元稹《所思二首》其一）

蜘zhī

㊀《广韵》：平声，支韵。㊁蛛～㊂～蛛～蟟

祗zhī 敬。

㊀上平，四支。㊁波～敦～金～徕～民～内～屏～谦～虔～顺～肃～严～庸～㊂～承～饬～从～奉～敷～服～祓～宫～好～候～回～戒～今～敬～惧～恪～力～励～栗～懔～领～命～虔～勤～若～慎～事～受～顺～耸～竦～肃～惕～畏～修～严～仰～谒～揖～役～翼～膺～应～庸～遹～召～直～重～庄～遵㊃进退必肃，陟降是祗。（唐·赵光逢《梁郊祀乐章·庆顺》）

胝zhī 手足茧。

㊀上平，四支。㊂～趼～挛㊁瘢～累～胼～骿～颇～僧伽～重～㊃读书眼欲暗，秉笔手生胝。（唐·白居易《悲哉行》）

㊄夏氏胝 本是指夏禹治水时手掌、脚底因长期劳动摩擦而生的茧子，后来借指粗糙的表皮。亦作“禹胼胝”。《帝王世纪》：“伯禹夏后氏，姒姓也。……四岳举之舜，进之尧，尧命为司空，继鲧治水。乃劳身勤苦，不重径尺之璧而爱日之寸阴，手足胼胝……谓大禹年二十始用，三十二而洪水平。”

突兀方相胫，鳞皴夏氏胝。（唐·皮日休《虎丘寺殿前有古杉》）

栀（梔）zhī

㊀上平，四支。㊁粉～㊂～鞭～黄～蜡～貌～子㊃更喜园林消夏处，一枝香玉放山栀。（清·孟继埙《石阡杂兴》其二）

氏zhī 另见167页shì。

㊀上平，四支。㊁月～阏～㊃萧后去扬州，突厥为阏氏。（唐·杜牧《杜秋娘诗》）

搘zhī 支柱。

㊂～撑～持～床～龟～捂～颐～拄～柱㊃千钧势易压，一柱力难搘。（唐·白居易《代书诗一百韵寄微之》）

姿zī

㊀上平，四支。㊁豹～冰～冰雪～不世～绰约～骋～丹霄～诞～多～繁～芳～丰～风～凤～高～瑰～含～寒～赫～鹤～恒～洪～鸿～娇～骄～杰～金～静～绝代～姱～灵～令～龙～鸾～妙～浓～蒲～奇～清～琼～秋～虬～容～睿～神～沈～生～声～圣～殊～淑～霜～松柏～岁寒～琐～天～仙～雄～雪霜～妍～豔～野～异～逸～音～英～幽～玉～玉～贞～纵～㊂～表～禀～才～采～彩～操～度～格～慧～貌～美～媚～年～器～容～色～神～式～势～首～态～体～调～望～相～形～性～颜～仪～影～宇～语～韵～制～质～致～状㊃素色愁明湖，秋渚晦寒姿。（唐·李白《江西送友人之罗浮》）

㊄鸿鹄姿 喻远大的抱负。亦作“鸿鹄翅”“云鸿”。《史记·陈涉世家》：“陈涉少时，尝与人佣耕，辍耕之垄上，怅恨久之，曰：‘苟富贵，无相忘。’庸者笑而应曰：‘若为庸耕，何富贵也？’陈涉太息曰：‘嗟乎，燕雀安知鸿鹄之志哉！’”

冥冥鸿鹄姿，数尺看苍旻。（唐·皎然《送穆寂赴举》）

江夏姿 指才德出众者。亦作“江夏黄童”。《后汉书·黄香传》：“黄香字文强，江夏安陆人也。年九岁，失母……年十二，太守刘护闻而召之，署门下孝子，甚见爱敬。香家贫，内无仆妾，躬执苦勤，尽心奉养。遂博学经典，究精道术，能文章，京师号曰：‘天下无双，江夏黄童。’”

江夏黄童徒逞辩，广都庞令恐非才。（唐·罗隐《送姚安之赴任秋浦》）

玉骨冰姿 指梅花。宋·陈景沂《全芳备祖》前集卷一引唐·莫休符《桂林风土记》：“袁丰之宅后有梅六株，开时曾为邻屋烟气所烁。乃围泥塞灶，张幕蔽风。久而又拆其

屋，曰：'冰姿玉骨，世外佳人，但恨无倾城之笑耳。'"

玉骨已无尘俗气，冰姿还耐雪霜威。（宋·吴芾《观梅偶成二首》其一）

资（資）zī

古上平，四支。逆本～禀～不～材～财～衬～成～斥～川～寸～大～德才～乏～丰～冯～俸～斧～复～高～工～卦～贵～还～行～话～藉～济胜～寄～家～嫁～兼～匠～脚～进～赆～经～鸠～醵～隽～路～马～门～灭～民～末～年～盘～旁～脯～器～欠～清～人～荣～睿～润笔～三～丧～山～上～神～生～世～手力～私～天～调～通～王～文～下～先～相～笑～薪～性～循～遗～怨～贞～中～顺～爱～备～币～辨～辩～禀～哺～簿～材～财～藏～承～储～从～粗～德～地～度～方～扉～奉～俸～福～釜～辅～赋～干～格～户～藉～籍～鉴～借～尽～敬～聚～课～馈～礼～力～奁～料～灵～履～名～命～囊～品～朴～器～遣～镪～全～任～善～赡～赏～生～始～世～说～橐～望～暇～饷～形～须～序～叙～蓄～学～役～益～荫～用～猷～予～育～缘～宅～仗～箴～治～致～秩～忠～妆～状例月是阴秋镜，寒为寂寞资。（唐·元稹《初寒夜寄卢子蒙》）

典**柳下官资** 指官卑禄薄。《论语·微子》："柳下惠为士师，三黜。人曰：'子未可以去乎？'曰：'直道而事人，焉往而不三黜？枉道而事人，何必去父母之邦？'"《孟子·万章下》："柳下惠不羞污君，不辞小官……厄穷而不悯。"

柳下官资颜子居，闲情入骨若为除。（唐·高骈《依韵奉酬李迪》）

兹（玆）zī 另见153页cí。

古上平，四支。逆才～从～徂～负～赫～及～今～鸠～来～龙～念～若～弇～于～长～兹～顺～白～飞～非～基～楼～其～泉～事～夷例田家老翁住东陂，说道平生隐在兹。（唐·高适《寄宿田家》）

滋zī

古上平，四支。逆碧～啵～丛～蕃～繁～丰～阜～甘～含～横～华～兰～绿～绿草～漫～翘～荣～润～殊～遂～务～仙～玄～益～雨露～云～珍～滋～顺～补～产～动～蕃～繁～阜～膏～垢～滑～秽～涸～久～沥～溜～曼～蔓～漫～茂～美～萌～闹～泥～培～扰～荣～濡～润～膳～生～盛～事～硕～息～熙～穴～芽～衍～演～养～议～胤～腴～育～长～植～殖～旨～助例众芳春竞发，寒菊露偏滋。（唐·朱湾《秋夜宴王郎中宅赋得露中菊》）

辎（輜）zī

古上平，四支。逆车～行～火～雷～囊～軿～香～盐～云～顺～车～乘～驾～囊～辇～骑～铢～装例谁在河桥望归客，莫将雷响误轻辎。（宋·宋祁《贺中丞晏尚书春阴》）

缁（緇）zī 黑帛。

古上平，四支。逆被～尘～纺～黄～近墨～髡～磷～名～涅不～披～染～石～脱～顺～白～布～布冠～尘～撮～点～服～褐～黄～郎～林～磷～流～侣～门～衲～涅～袍～辟～染～人～属～叟～素～徒～帷～锡～衣例斜缝密且坚，游客多尘缁。（唐·于鹄《寄卢俨员外秋衣词》）

典**磷缁** 喻受环境影响而起变化。亦作"涅不缁"。《论语·阳货》："不曰坚乎，磨而不磷；不曰白乎，涅而不缁。"

金言自销铄，玉性肯磷缁。（唐·白居易《代书诗一百韵寄微之》）

髭zī

古上平，四支。逆鬓～赤～断～胡～虎～拈～撚～虬～霜～须～吟～银～摘～髭～顺～鬓～蟾～发～根～胡～龙～毛～捻～髯～圣～塔～须～髭例残春别镜陂，罢郡未霜髭。（唐·贾岛《送南卓归京》）

锱（錙）zī 小量。

古上平，四支。逆铢～顺～锤～毫～介～徒～铢例堂堂大司存，肯计铢与锱。（宋·卫宗武《怀南塘朱省阅》）

菑zī 新垦田。

古上平，四支。逆东～断～厄～敷～蛊～旱～祸～疾～救～畲～石～时～水～天～危～新～蟓～顺～亩～攘～畲例积雨空林烟火迟，蒸藜炊黍饷东菑。（唐·王维《积雨辋川庄作》）

嵫zī

古上平，四支。逆崦～顺～厘～景例流光冉冉迫崦嵫，常抱秋风宋玉悲。（宋·陆游《秋兴》）

淄zī 水名。

古上平，四支。逆临～渑～顺～蠹～河～流～渑～涅～青～素～牙例疲疴苦沦世，忧痗日侵淄。（唐·陈子昂《感遇诗三十八首》其三三）

粢zī 粢指祭祀时用的谷物。

古上平，四支。逆俸～絜～粝～明～牲～顺～粝～盛～食～稰例密都俄奠玉，清庙遍尝粢。（宋·宋祁《大礼庆成》）

咨zī

古上平，四支。逆部～参～畴～酬～愁～酬～飞～阜～关～齎～哜～讲～嗟～军～叩～叹～同～移～于～俞～谕～怨～周～咨～诹～顺～白～报～禀～呈～逮～度～对～尔～访～服～觐～候～乎～画～嗟～决～考～叩～论～美～闵～命～谟～谋～判～启～且～趄～请～求～讪～赏～述～送～叹～玩～惋～文～问～欷～询～疑～议～怨～质～注～咨～诹例亲属惜我老，相顾兴叹咨。（唐·白居易《览镜喜老》）

谘（諮）zī

古上平，四支。逆辩～博～参～畴～酬～酬～访～关～记～军～谋～旁～询～周～咨～诹～顺～白～报～禀～参～禅～承～畴～度～断～访～酒～决～量～论～谟～谋～目～请～求～审～式～事～受～诉～问～析～详～询～训～逊～疑～议～印～质～谘～诹

吱zī

古《集韵》：平声，支韵。逆哔～咯～格～嗝～硌～吱～顺～声

孜zī

古上平，四支。逆卑～孜～顺～煎～孜例金殿恩波将浩浩，圭峰意绪谩孜孜。（唐·贯休《赠杨公杜之舅》）

孳zī

古上平，四支。又：去声，四寘同。逆孶～孕～孳～顺～畜～蕃～阜～伙～蔓～茂～萌～母～牧～乳～生～尾～息～衍～养～育～孕～植～殖～孜～孳例饱食官吏不深思，务求新巧日孳孳。（宋·邓肃《花石诗十一章》其三）

趑（趦）zī

古《广韵》：平声，脂韵。顺～雎～且～趄～趣～趑

觜zī 觜星。鸟的毛角。

古上平，四支。逆丹～毒～红～铧～角～蜡～沙～山～铜～鸦～鹰～陬～顺～觽～蠵～觿～陬

镃（鎡）zī

古《广韵》：平声，之韵。顺～货～基

平声·阳平

持chí

古上平，四支。逆把～霸～蚌～薄～宝～抱～标～秉～不自～操～撑～成～啜～带～倒～独～讽～奉～扶～福～负～斡～共～裹～行～护～赍～齎～急～记～迦～挟～夹～坚～僭～洁～戒～矜～谨～禁～兢～久～拘～控～匡～揽～连～敛～料～凌～陵～淩～抛～捧～铺～牵～谦～挈～任～摄～守～受～束～诵～所～探～衔～胁～携～修～脩～循～夜～移～引～拥～狱～援～争～挣～支～枝～揞～楷～执～植～制～住～柱～自～总～顺～拔～板～抱～备～笔～辩～钵～操～倡～掣～筹～刺～扶～服～斧～复～竿～纲～更～股～管～行～衡～后～虎～护～己～戟～寄～节～戒～敬～久～钧～柯～牢～蠡～领～禄～律～满～念～基～气～权～容～觞～摄～身～胜～时～世～势～事～守～书～枢～衰～诵～素～算～统～橐～玩～危～位～心～学～循～掩～养～颐～议～异～盈～载～择～赠～斋～正～政～支～质～中～重～呪例青冥亦自守，软弱强扶持。（唐·杜甫《苦竹》）

驰（馳）chí

古上平，四支。逆背～背道～奔～犇～飙～并～差～车～舛～僢～踔～寸心～颠～电～駉～方～飞～分～风～浮云～高～光～横～化～火～疾～蹐～交～兢～竞～驹～绝～雷～龙～陆～匹～骈～軿～骑～驱～趋～日月～神～声～驶～四～腾～通～突～星～漾～逸～游～羽檄～远～趱～瞻～周～坐～顺～跋～薄～奔～辩～步～诚～骋～敕～触～荡～道～电～范～芳～风～管～函～翰～行～毫～怀～惶～绩～笺～教～介～精～竞～恳～恋～龄～流～马～冒～名～命～目～慕～念～辔～骎～情～求～驱～趋～驲～蹂～神～诗～爽～说～思～驷～溯～腾～田～突～湍～望～骛～袭～檄～侠～羡～翔～响～想～心～烟～掩～仰～耀～弋～义～驿～轶～意～影～甬～涌～誉～瞻～骤～踪例彤弓金镞当者谁，鸣鞭飞控流星驰。（唐·独孤及《和李尚书画射虎图歌》）

池chí

古上平，四支。逆灞～陂～杯～璧～冰～蚕～沧～柴～城～楚～丹～滇～鹅～耳～风～逢～凤～镐～宫～翰～荷～鹤～洪～鸿～花～华～华清～曲～迴～剑～金～九曲～亢～枯～昆～鲲～乐～莲～林～临～灵～龙～卤～渌～漉～罗～黾～渑～溟～墨～暖～泮～蓬～鹏～辟～青～清～琼～三～涉～神～太液～汤～塘～天～阗～通～洿～西～习～咸～香～谢～星～玄～熏～濬～研～砚～雁～瑶～玉～鸳～园～月～云～沼～珍～重～装～顺～岛～凤～绋～干～阁～观～馆～隍～潢～灰～镜～鳞～溜～柳～鹭～门～沤～畔～圃～砌～堑～杉～台～潭～汤～堂～塘～田～亭～头～文～榭～心～盐～鱼祸～籞～渊～苑～泽～毡～沼～中物例梅花交近野，草色向平池。（唐·杜甫《送王侍御往东川放生池祖席》）

典**璧池**　借指太学。《新唐书·归崇敬传》：“古天子学曰辟雍。以制言之，壅水环缭如璧然；以谊言之，以礼乐明和天下云尔。在《礼》为泽宫，故前世或曰璧池，或曰璧沼，亦言学省。”

璧池清秩访燕台，曾捧瀛州札翰来。（唐·罗隐《暇日感怀因寄同院吴蜕拾遗》）

潢池　指农民起义或藩镇作乱。亦作“潢池弄兵”“潢池盗弄”。《汉书·循吏传·龚遂》：“宣帝……谓遂曰：‘渤海废乱，朕甚忧之。君欲何以息其盗贼，以称朕意？’遂对曰：‘海濒遐远，不霑圣化，其民困于饥寒而吏不恤，故使陛下赤子盗弄陛下之兵于潢池中耳。’”颜师古注：“赤子犹言出生幼小之意也。积水曰潢，音黄。”

每想潢池寇，犹稽赤族惩。（唐·元稹《纪怀赠李六户曹崔二十功曹五十韵》）

天池　指鹏鸟飞往的南冥大水域。《庄子·逍遥游》：“北冥有鱼，其名为鲲。鲲之大，不知其几千里也。化而为鸟，其名为鹏……是鸟也，海运则将徙于南冥。南冥者，天池也。”

法筵乃见龙象尊，天池且作鹍鹏息。（宋·卫宗武《为湖州赵村净妙庵主僧赋》）

咸池　神话中谓日浴之处。《楚辞·离骚》：“饮余马于咸池兮，总余辔乎扶桑。”王逸注：“咸池，日浴处也。”

想像咸池日欲光，五更钟后更回肠。（唐·李商隐《初起》）

瑶池　①借指游仙。②指宫廷游宴之地。亦作“瑶水”。《穆天子传》：“吉日甲子，天子宾于西母。……乙丑，天子觞西王母于瑶池之上。”

瑶池醉月劳仙梦，玉辇乘春却帝恩。（唐·戴叔伦《汉宫人入道》）

谢池　借指春草所生之地。南朝梁·钟嵘《诗品》卷中《宋法曹参军谢惠连》：“《谢氏家录》云：‘康乐每对惠连，辄得佳语。后在永嘉西堂思诗，竟日不就，寤寐间，忽见惠连，即成‘池塘生春草’。故尝云：‘此语有神助，非我语也。’”

谢公池塘上，春草飒已生。（唐·李白《游谢氏山亭》）

荀池　借指中书省或宰相。亦作“凤凰池”“丹凤池”“凤池”“凤沼”。《晋书·荀勖传》：“久之，以勖守尚书令。勖久在中书，专管机

事。及失之，甚罔罔怅恨。或有贺之者，勖曰：‘夺我凤凰池，诸君贺我邪！’”

昨日已如虎，今朝谒荀池。（唐·黄滔《喜翁文尧员外病起》）

高阳池　借指襄阳宴饮。亦作“高阳侣”“高阳伴”“高阳会”“高阳兴”“高阳宴”；又作“习家池”“习家”“习池”“习家塘”“习氏宅”。《世说新语·任诞》南朝梁·刘孝标注引《襄阳记》：“汉侍中习郁于岘山南，依范蠡养鱼法，作鱼池，池边有高堤，种竹及长楸，芙蓉菱芡覆水，是游燕名处也。山简每临此池，未尝不大醉而还，曰：‘此是我高阳池也。’”

正开彭泽酒，来向高阳池。（唐·高瑾《晦日重宴》）

太液池　借指皇家池苑。五代·王仁裕《开元天宝遗事·解语花》：“明皇秋八月，太液池有千叶白莲数枝盛开，帝与贵戚宴赏焉。左右皆叹羡。久之，帝指贵妃示于左右曰：‘争如我解语花？’”

待月长生殿，迎风太液池。（宋·崔敦诗《淳熙八年端午帖子词·太上皇帝合六首》其六）

影娥池　指宫中池台。《三辅黄图·池沼》：“武帝凿池以玩月，其旁起望鹄台以眺月，影入池中，使宫人乘舟弄月影。名影娥池，亦曰眺蟾台。”

花明栖凤阁，珠散影娥池。（唐·上官仪《咏雪应诏》）

迟(遲)chí　另见174页zhì。

古上平，四支。逆侧～持～耽～躭～低～钝～顿～冯～工～行～怀～稽～羁～来～凌～陵～留～暮～沛～铺～栖～棲～企～迁～巧～钦～倾～去帆～濡～赊～沈～舒～疏～衰～威～透～委～未～尉～倭～夕阳～西～消息～小～信～虚～悬～淹～延～奄～雁来～依～疑～纡～早～瞻～重～伫～阻～顺～挨～捱～笨～迟～次～息～钝～顿～俄～风～顾～光～夯～徊～缓～晖～回～晦～货～疾～蹇～景～久～局～立～利～留～鲁～脉～慢～暮～难～懦～旆～朴～欠～巧～怯～任～日～涩～声～数～速～停～晚～违～误～想～徐～淹～延～阳～夷～疑～壅～逾～豫～早～滞～重～伫～拙例丹诀学仙晚，白云归谷迟。（唐·武元衡《秋日对酒》）

典**丘迟**　借指有文才的人。《梁书·丘迟传》：“迟八岁便属文……高祖践祚，拜散骑侍郎，俄迁中书侍郎、领吴兴邑中正、待诏文德殿。时高祖著《连珠》，诏群臣继作者数十人，迟文最美。”

未把彩毫还郭璞，乞留残锦与丘迟。（唐·李群玉《寄长沙许侍御》）

学樊迟　指士人而学农。《论语·子路》：“樊迟请学稼。子曰：‘吾不如老农。’请学为圃。曰：‘吾不如老圃。’樊迟出。子曰：‘小人哉，樊须也！上好礼，而民莫敢不敬；上好义，而民莫敢不服；上好信，而民莫敢不用情。夫如是，则四方之民襁负其子而至矣，焉用稼？’”

旧学樊迟稼，新通汜胜书。（宋·陆游《早春》）

衡门栖迟　指隐者所居之处。《诗经·陈风·衡门》：“衡门之下，可以栖迟。”毛氏传：“衡门，横木为门，言浅陋也。栖迟，游息也。”

衡门宿昔只栖迟，惭愧三堂春事奇。（宋·吴则礼《新亭梅偶作》）

去鲁迟迟　指离开故土。《孟子·万章下》：“孔子之去齐，接淅而行；去鲁，曰：‘迟迟吾行也。’去父母国之道也。可以速而速，可以久而久，可以处而处，可以仕而仕，孔子也。”

去鲁固迟迟，出书岂濡滞。（宋·楼钥《送刘德修少卿潼川漕》）

匙chí　舀取液体、粉末状物体的小勺。另见153页shí。

古上平，四支。逆背～茶～羹～灰～流～马～锁～汤～调～香～银～印～顺～子例鱼香肥泼火，饭细滑流匙。（唐·白居易《残酌晚餐》）

墀chí　①古代殿堂上经过涂饰的地面。②台阶或台阶上的地面。

古上平，四支。逆碧～宾～赤～丹～枫～椒～阶～金～禁～釦～兰～墁～青～沙～琐～天～彤～铜～文～轩～玄～璇～瑶～玉～紫～例卿月升金掌，王春度玉墀。（唐·杜甫《暮春江陵送马大卿公，恩命追赴阙下》）

踟chí

古上平，四支。逆蹰～顺～踌～蹰～蛛～伫

篪(*竾)chí　①古代一种竹管乐器。②泛指吹奏管乐器。

古上平，四支。逆吹～笙～埙～壎～云～顺～埙～竹例迢递山水隔，何由应埙篪。（唐·韩愈《寄崔二十七立之》）

典**埙篪**　埙、篪皆古代乐器，二者合奏时声音相应和。比喻兄弟亲密和睦或友情深厚。《诗经·小雅·何人斯》：“伯氏吹埙，仲氏吹篪。”郑玄笺：“伯仲喻兄弟也。我与汝恩如兄弟，其相应和如埙篪。”

埙篪鸣自合，金石莹逾新。（唐·杜甫《奉赠萧二十使君》）

弛chí　另见157页shǐ。

逆崩～逋～灌～怠～彫～堕～惰～放～废～乖～涣～隳～积～简～浇～解～寖～蠲～厥～宽～旷～敛～慢～懦～寝～倾～散～伸～松～偷～颓～拓～刓～玩～携～懈～遗～张～纵～顺～备～崩～怠～担～荡～惰～防～放～废～弓～罢～行～侯～坏～缓～隳～解～禁～绝～旷～力～落～慢～谬～沓～替～柝～玩～维～紊～县～卸～懈～刑～夜～易～驭～狱～张～仗～政～职～坠～拙～纵例田畯不胜荒，农功皆废弛。（唐·吴融《祝风三十二韵》）人生一世间，不自张与弛。（唐·韩愈《送李翱》）

坻chí　水中高地。另见215页dǐ。

古上平，四支。例佳气浮丹谷，荣光泛绿坻。（唐·李义府《在嶲州遥叙封禅》）

词(詞)cí

古上平，四支。逆冰雪～不～陈～呈～逞～骋～楚～呆～弹～祷～刁～断肠～繁～芳～丰～凤～浮～高～告～鼓～瑰～诡～颔～翰～宏～鸿～藉～寄～谏～娇～静～决～绝妙～峻～隽～夸～姱～谰～离～丽～连～柳枝～谩～嫚～梅～铭～南～捏～偶～启～谦～清～情～曲～诠～骚～山～诗～书～抒～属～颂～韬～题～婉～挽～文～芜～息～弦～献～兴

～雄～誼～谑～逊～巽～崖～雅～妍～一～逸～溢～隐～载～赞～帐～竹枝～助～顺案～笔～辩～柄～波～伯～才～忏～场～臣～传～法～费～峰～翰～华～技～家～价～匠～杰～卷～客～理～林～令～流～貌～门～目～派～品～气～穷～曲～色～史～士～手～首～说～讼～素～调～庭～涂～闹～文～仙～向～心～训～雅～言～业～义～艺～谊～因～英～友～囿～余～狱～元～园～垣～苑～约～藻～札～丈～志～致～状～宗例绝荤终不改,劝酒欲无词。(唐·杜甫《随章留后新亭会送诸君》)

典**断肠词** 指感伤哀怨的诗词。唐·韩偓《别锦儿》:"临去莫论交颈意,清歌休著断肠词。"

坐诵行歙忆紫芝,江南有愧断肠词。(宋·释宝昙《紫芝图》)

茂陵词 指汉武帝《秋风辞》,茂陵是他的墓。刘彻《秋风辞》:"秋风起兮白云飞,草木黄落兮雁南归。兰有秀兮菊有芳,怀佳人兮不能忘。汎楼船兮济汾河,横中流兮扬素波。箫鼓鸣兮发棹歌,欢乐极兮哀情多,少壮几时兮奈老何。"

千古茂陵词在,甚风流章句,解拟相如。(宋·辛弃疾《汉宫春·亭上秋风》)

辞(辭*辤)cí

古上平,四支。逆拜～陂～辨～辩～稟～卜～不～才～谄～昌～骋～摛～驰～侈～出～楚～澹～典～端～敦～二～贰～讽～服～浮～甘～僶～古～瑰～含～号～鸿～华～嘉～讦～谨～决～绝妙～谲～峻～开～口～叩～苦～姱～媿～谰～乐～醴～丽～俪～曼～七～琦～谦～巧～清～曲～润～三～涩～善～沈～慎～饰～廋～素～吐～婉～往～微～委～温～习～小～谐～雄～脩～谑～隐～巽～雅～妍～一～义～逸～溢～永～优～赞～占～征～顺～案～辩～博～布～采～曹～场～朝～臣～宠～出～达～第～对～锋～伏～服～绂～诰～观～官～馆～归～翰～行～华～迹～家～句～决～诀～绝～客～老～理～醴～力～林～灵～领～令～禄～论～貌～面～庙～命～辇～气～愆～青～穷～屈～趣～让～人～荣～色～手～受～讼～诉～岁～堂～调～吐～托～味～歇～卸～谢～学～训～要～谒～义～邑～藻～章～证～旨～恉～致～秩～状～宗～阻例天地身何在,风尘病敢辞。(唐·杜甫《寄杜位(顷者与位同在故严尚书幕)》)

典**秋风辞** 指皇帝赋诗。旧题东汉·班固《汉武故事》:"上幸河东,欣言中流,与群臣饮宴。顾视帝京,乃自作《秋风辞》曰:'泛楼船兮汾河,横中流兮扬素波。箫鼓吹,发棹歌,极乐欢兮哀情多!'"

自知秋风词,长侍昭阳殿。(唐·戴叔伦《独不见》)

蟋蟀辞 指《诗》中《蟋蟀》篇。《诗经·唐风·蟋蟀》序:"《蟋蟀》,刺晋僖公也。俭不中礼,故作是诗以闵之,欲其及时以礼自虞乐也。此晋也,而谓之唐,本其风俗,忧深思远,俭而用礼,乃有尧之遗风焉。"

地失嘉禾处,风存蟋蟀辞。(唐·韩愈《奉使常山早次太原呈副使吴郎中》)

慈cí

古上平,四支。逆八～不～宸～等～恩～割～鸿～皇～惠～家～矜～酒～钧～宽～令～母～亲～仁～柔～睿～圣～顺～天～温～孝～心～宣～严～重～尊～顺～蔼～爱～保～悲～恻～宠～雌～灯～笃～恩～父～宫～躬～姑～光～航～和～厚～诲～惠～慧～俭～奖～教～景～恺～壶～泪～怜～良～临～纶～眄～愍～明～命～谟～母～睦～念～亲～让～仁～忍～容～柔～色～善～石～氏～侍～恕～孙～闱～温～渥～乌～武～息～膝～祥～孝～心～兄～恤～萱～训～鸦～颜～眼～懿～荫～隐～幼～佑～宥～雨～育～云～造～泽～旨～衷～竹例物变风雨顺,人怀天地慈。(唐·武元衡《秋日对酒》)

典**左慈** 东汉末方士,传说他精通役使鬼神、腾挪变幻之术。代指道士。见晋·葛洪《神仙传·左慈》。

新传左慈诀,曾与右军鹅。(唐·卢纶《寻贾尊师》)

瓷(*甆)cí

古上平,四支。逆白～绷～柴～定～景德～绿～缥～青～宋～素～搪～陶～土～细～洋～越～顺～版～铛～宫～瓶～漆～器～实～土～仙～窑～罂～枕～注～砖例捧碗纤纤春笋瘦,乳雾泛冰瓷。(宋·谢逸《武陵春·画烛笼纱红影乱》)

茨cí

①(用茅草、芦苇)覆盖屋顶。亦作名词,指用茅草、芦苇覆盖的屋顶。②蒺藜。

古上平,四支。逆采～凫～棘～塈～具～茅～苗～蓬～墙～如～苫～属～顺～草～菰～藿～棘～茅～门～檐～宇例日高人吏去,闲坐在茅茨。(唐·白居易《官舍小亭闲望》)

典**具茨** 具茨,山名,在今河南省密县。指君主访贤。《庄子·徐无鬼》:"黄帝将见大隗乎具茨之山,……至于襄城之野,七圣皆迷,无所问涂。适遇牧马童子,问涂焉。……小童曰:'夫为天下者,亦奚以异乎牧马者哉!亦去其害马者而已矣!'黄帝再拜稽首,称天师而退。"

不必陪玄圃,超然待具茨。(唐·杜甫《夔府书怀四十韵》)

祠cí

古上平,四支。逆罢～宝～豹～閟～楚～春～从～丛～蘘～祷～道～弔～方～房～汾～丰～奉～佛～伏～丐～宫～诡～鬼～行～荒～祭～稷～家～监～郊～醮～节～解～晋～蜡～滥～类～礼～灵～柳～龙～禖～庙～明～内～齐～乞～亲～秋～仁～神～沈～生～侍～望～武侯～禊～祆～贤～乡～享～小～脩～遥～业～遗～禋～淫～侑～礿～云～斋～湛～贞～真～种～主～祝～专～宗～祖～顺～兵～部～曹～城～祷～典～宫～官～馆～监～荐～醮～具～厘～廪～禄～庙～器～求～容～赛～事～室～寺～祀～坛～堂～田～尾～位～屋～享～谒～宇～灶～正～主～祝例白狗黄牛峡,朝云暮雨祠。(唐·杜甫《奉使崔都水翁下峡》)

典**管埋舜祠** 东汉章帝时,曾于舜祠下发现白玉管,后借指珍贵的管乐器。《风俗通义·声音》："昔章帝时，零陵文学奚景于冷道舜祠下得笙，白玉管。知古以玉为管，后乃易之以竹耳。"

唯留一管人间吹，无德不能得此管，此管沉埋虞舜祠。（唐·李贺《苦篁调啸引》）

鹚（鷀）cí

古上平，四支。逆鸬～例山公取醉不关我，为爱尊前白鹭鹚。（唐·皎然《同李中丞洪水亭夜集》）

糍cí

逆糕～米～油～顺～粑～糕例我独谓玉版，正可名白糍。（宋·王迈《送白糍与囊山老子》）

磁cí

古上平，四支。逆针～顺～骨～实～罂～针例小试换骨方，价重十冰磁。（宋·陈师道《次韵苏公独酌试药玉滑盏》）

兹cí　另见149页zī。

古上平，四支。逆龟～

雌cí　又读。另见141页cī。

古上平，四支。逆慈～雌～伏～孤～鬼～羁～鸣～求～群～柔～山～守～孀～月～支～执～顺～雌～搭～答～儿～风～伏～虹～花～黄～甲～剑～节～雷～劣～蜺～霓～懦～蕊～弱～声～视～守～堂～威～弦～心～性～雄树～逊～哑～雉啼～竹～字～嘴例研案兴言断众疑，鼎分从此定雄雌。（唐·孙元晏《吴鲁肃》）不如林中乌与鹊，母不失雏雄伴雌。（唐·白居易《母别子—刺新间旧也》）

典**守雌**　指谦卑忍让、与人无争。《老子》："知其雄，守其雌，为天下溪。"河上公注："雄以喻尊，雌以喻卑。人虽知自尊显，当复守之以卑微，去之强梁，就雌之柔和。"

黠吏因封己，公才或守雌。（唐·杜甫《赠崔十三评事公辅》）

迷鸟羁雌　指迷路的鸟和失伴的雌鸟。枚乘《七发》："龙门之桐，高百尺而无枝。……朝则鹂黄鳱鴠鸣焉，暮则羁雌迷鸟宿焉。"

小桥风露扁舟月，迷鸟羁雌竟往来。（宋·王安石《随意》）

时（時）shí

古上平，四支。逆哀～阖～拜～倍～比～播～才～刹～昌～大～亶～丁～而～迩～芳～逢～工～和～花～吉～疾～几多～佳～嘉～俭～矫～节～康～孔～匡～旷～兰～良～留～六～麦秋～明～曩～丕～片～牵～清～顷～趋～趣～权～人～日～入～三～善～上～慎～生～倏～俟～岁～天～田～微～维～无～五～夕～惜～暇～下～夏～乡～相～向～嚮～戌～须～旋～寻～淹～宜～莺～逾～与～匝～斋～昭～赭～昼～佐～顺～病～才～朝～乘～德～反～范～方～芳～耕～功～贡～乖～贵～好～和～花～激～稼～艰～蹇～匠～杰～景～酒～咎～菊～俊～隽～醪～力～令～流～伦～名～缪～谋～品～气～器～情～顷～趋～曲～人～日～荣～瑞～润～霎～膳～时～士～世～世妆～适～蔬～水～俗～绥～岁～调～味～文～贤～雄～羞～秀～雪～徇～彦～宴～养～宜～义～雨～语～豫～月～运～泽～哲～珍～祉～治例朱崖云梦三千里，欲别俱为恸哭时。（唐·贾至《送南给事贬崖州》）

典**贵贱随时**　指事物的贵贱取决于外界的评价。《庄子·秋水》："以道观之，物无贵贱；以物观之，自贵而相贱；以俗观之，贵贱不在己。"

贵贱随时，连城才换一羊皮。（宋·辛弃疾《哨遍·蜗角斗争》）

三五少年时　喻指自己当初也是从科考过来的。五代·王定保《唐摭言·慈恩寺题名游赏赋咏杂记》："薛监晚年厄于宦途，尝策羸赴朝，值新进士榜下，缀行而出。时进士团所由辈数十人，见逢行李萧条，前导曰：'回避新郎君。'逢䩄然，即遣一介语之曰：'报道莫贫相！阿婆三五少年时，也曾东涂西抹来。'"

为想杏花三十里，却思三五少年时。（宋·喻良能《送李深卿赴省试》）

未有不阴时　指人日前后，春寒天阴。代指初春天气。唐·杜甫《人日两篇》其一："元日到人日，未有不阴时。冰雪莺难至，春寒花较迟。"

莫避春阴上马迟，春来未有不阴时。（宋·辛弃疾《鹧鸪天·莫避春阴上马迟》）

鲥（鰣）shí

古上平，四支。逆富春～江～银～顺～鱼

莳（蒔）shí　莳萝，又名小茴香。另见168页shì。

古《广韵》：平声，之韵。顺～萝例悬釜炽饮食，戴土滋种莳。（清·高兆《荷兰使舶歌》）

埘（塒）shí　凿墙做成的鸡窝。

古上平，四支。逆鸡～顺～鸡例水迥起风传鹳垤，村荒入夕见鸡埘。（宋·董嗣杲《入庐山》）

提shí　朱提，汉代地名，在今云南昭通境。另见196页dī、212页tí。

古上平，四支。逆朱～

匙shi　另见151页chí。

古上平，四支。逆钥～例宫女熏香进御衣，殿门开锁请金匙。（五代·花蕊夫人《宫词》）

仄声·上声

齿（齒）chǐ

古上声，四纸。逆龅～冰～博～不～不足～龀～齿～唇～刺～德～儿～发～反～佛～弗～丱～含～皓～后～慧～哜～骥～戛～角～金～尽～旧～臼～驹～眷～口～叩～扣～砺～龄～履～论～马～茂～没～殁～木～暮～倪～齯～觬～年～涅～啮～齧～齵～朋～齐～耆～启～啓～切～齵～犬～让～荣～孺～尚～韶～少～生～盛～石～食～收～梳～霜～宿～龆～髫～同～童～忘～未～问～勿～序～雅～雁～仰～齩～玉～熨～折～稚～壮～尊～顺～班～贝～粲～长～次～错～德～耋～发～芬～革～根～垢～寒～痕～豁～迹～及～籍～记～颊～歼～剑～角～尽～旧～句～决～爵～冷～礼～力～历～列～躐～录～论～迈～耄～目～暮～年～盼～穷～让～数～衰～宿～岁～索～位～序～叙～学～牙～筵～药～龈～印～垩～用～肮～育～遇～杖～召～稚～胄～壮～族～尊～坐例下有狂蛟锯为尾，裂帆截棹磨霜

齿。（唐·温庭筠《拂舞词》）

【典】**唇齿**　喻关系密切，互相依靠。《三国志·魏书·鲍勋传》："王师屡征而未有所克者，盖以吴、蜀唇齿相依，凭阻山水，有难拔之势故也。"

战连唇齿国，军急羽毛书。（唐·杜甫《赠李八秘书别三十韵》）

齯齿　指老人再生牙齿。《尔雅·释诂》："黄发、齯齿、鲐背、耇老，寿也。"郭璞注："齯齿，齿垂更生细者。"郝懿行义疏："齯齿者，《釋名》云：'齯齿，大齿落尽，更生细者，如小儿齿也。'通作'兒'。"

鸡皮尘渐渍，齯齿食频填。（宋·张师锡《老儿诗五十韵》）

尚齿　指按年齿安排次序，以年高者为尊而优礼之。《庄子·天道》："夫天地至神矣，而有尊卑先后之序，而况人道乎！宗庙尚亲，朝廷尚尊，乡党尚齿，引事尚贤，大道之序也。"

追游蒙尚齿，惠好结中肠。（唐·刘禹锡《酬郑州权舍人见寄十二韵》）

凿齿　喻恶人。《淮南子·本经训》："逮至尧之时，……猰貐、凿齿、九婴、大风、封豨、修蛇皆为民害。尧乃使羿诛凿齿于畴华之野。"高诱注："凿齿，兽名，齿长三尺，其状如凿，下彻颔下，而持戈盾。"

奔鲸夹黄河，凿齿屯洛阳。（唐·李白《北上行》）

焚象因齿　喻人以多财而招祸。《左传·襄公二十四年》："象有齿，以焚其身，贿也。"杜预注："焚，毙也。"

麝以脐灾，绒为尾累，焚象都因齿。（宋·刘克庄《念奴娇·轮云世故》）

青蛾皓齿　指美人眉目、牙齿之美。《古文苑》卷三汉·司马相如《美人赋》："相如曰：'……臣之东邻，有一女子，云发丰艳，蛾眉皓齿，颜盛色茂，景曜光起。'"

青蛾皓齿在楼船，横笛短箫悲远天。（唐·杜甫《城西陂泛舟》）

张睢阳齿　形容忠义，张睢阳即张巡。《旧唐书·张巡传》载：安禄山叛乱时，唐睢阳守张巡誓死守城，每战大呼，眥裂血流，齿牙皆碎。及城陷，贼将尹子奇谓巡曰："闻君每战眥裂，嚼齿皆碎，何至此耶？"巡曰："吾欲气吞逆贼，但力不遂耳！"子奇以大刀剔巡口，视其齿，存者不过三数。

为张睢阳齿，为颜常山舌。（宋·文天祥《正气歌》）

风霜生颊齿　指人议论军事时谈锋凌厉，富于威严。宋·苏轼《苏轼诗集·寄高令》："诗成锦绣开胸肚，论极冰霜绕齿牙。"又，苏轼《东坡乐府·浣溪沙》："上殿云霄生羽翼，论兵齿颊带冰霜，归来衫袖有天香。"

上殿风霜生颊齿，元龟献替图无逸。（宋·洪适《满江红·衰老贪春》）

耻（恥）chǐ

【古】上声，四纸。【逆】悲～鞭～不～惭～仇～醜～达～愤～负～诟～垢～国～怀～悔～积～解～可～愧～罍～廉～明～忍～荣～辱～刷～宿～谈～洿～无～鲜～笑～羞～雪～贻～引～忧～有～知～滞～【顺】～忿～格～骨～过～恚～疚～惧～愧～辱～笑～心～怍【例】时和年丰五兵已，白额未诛壮士耻。（唐·独孤及《和李尚书画射虎图歌》）

【典】**渭桥耻**　借指国耻。《旧唐书·吐蕃传》载：唐代宗广德元年，吐蕃发兵攻陷泾州、奉天等地，直逼长安。郭子仪败退，代宗出走陕州，吐蕃兵经过渭桥，攻占了京城，成为唐朝的一次国耻。后来郭子仪重振旗鼓，迫使吐蕃撤军，代宗才得以返回长安。

何时嫖姚师，大刷渭桥耻。（宋·陆游《投梁参政》）

侈chǐ

【古】上声，四纸。【逆】傲～褒～陂～不～侈～崇～彫～惰～繁～丰～浮～富～广～瑰～贵～豪～浩～皓～横～弘～宏～闳～鸿～怙～华～济～僭～骄～矜～夸～誇～滥～丽～弥～靡～轻～穷～饶～奢～庶～肆～太～汰～泰～贪～邪～凶～雄～弇～淫～游～逾～珍～自～纵～【顺】～傲～博～长～侈～辞～大～斗～端～哆～费～风～服～富～国～浩～华～缋～家～僭～骄～矜～君～口～阔～乐～离～丽～论～满～慢～衺～美～袂～靡～目～虐～孌～卿～荣～奢～声～盛～饰～说～肆～俗～太～泰～谈～搪～伪～务～邪～心～炫～言～弇～意～溢～游～语～窳～欲～御～豫～张～志～质～纵【例】绿杨欲舞，红杏微笑，春工渐侈。（宋·程珌《宝鼎现·绿杨欲舞》）

【典】**石崇豪侈**　指生活奢侈。见《晋书·石苞传》附《石崇传》："崇字季伦……封安阳乡侯。……拜黄门郎。……拜卫尉。……财产丰积，室宇宏丽。后房数百，皆曳纨绣，珥金翠。丝竹尽当时之选，庖膳穷水陆之珍。与贵戚王恺、羊琇之徒以奢靡相尚。"

更堆金积玉，石崇豪侈，当时望、倾西晋。（宋·赵长卿《水龙吟·曾著意斟量过》）

豉chǐ

用蒸（煮）熟后的豆类发酵制成的调味品。另见168页shì。

【古】去声，四寘。【逆】淡～豆～临～麪～麴～盐～玉～【顺】～羹～酒

褫chǐ

夺去。

【古】上声，四纸。又：上平，四支异。（"夺衣"同）【逆】崩～裱～剥～辑～沦～厖～绵～魄～扑～气～颓～沿～装～追～【顺】～褙～剥～带～夺～革～官～褐～魂～衿～落～魄～气～情～缺～散～身～削～职【例】锻翮重叠伤，兢魂再三褫。（唐·刘禹锡《韩十八侍御见示重以自述》）

哆chǐ

张口。另见40页duō。

【古】上声，四纸。（又：下平，六麻同。又：上声，二十哿同。又：上声，二十一马同。又：去声，四寘同。）【顺】～暴～大～哆～咴～豁～口～然【例】群星从坐，错落侈哆。（唐·韩愈《元和圣德诗》）

此cǐ

【古】上声，四纸。【逆】彼～才～出～从～而～凡～奉～故～即～技止～乐～前～遣～取～如～若～肃～特～外～为～繇～已～以～造～臻～只～至～专～准～坐～【顺】～岸～辈～地～段～番～个～际～家～间～君～刻～若～生～他～外～以～者～豸～属【例】与君相背飞，

去去心如此。（唐·司空曙《分流水》）

典一寒如此 指寒酸落魄。《史记·范雎列传》："范雎既相秦，秦号曰张禄，而魏不知，以为范雎已死久矣。魏闻秦且东伐韩、魏，魏使须贾于秦。范雎闻之，为微行，敝衣闲步之邸，见须贾。……须贾曰：'今叔何事？'范雎曰：'臣为人庸赁。'须贾意哀之，留与坐饮食，曰：'范叔一寒如此！'乃取其一绨袍以赐之。"

一寒如此空形影，独赖狐裘三十年。（宋·毛滂《道上口占》）

宁郁郁久居此 指不愿仅仅偏踞一隅之地。《史记·淮阴侯列传》："（萧）何曰：'……王必欲长王汉中，无所事信；必欲争天下，非信无所与计事者。顾王策安所决耳。'王曰：'吾亦欲东耳，安能郁郁久居此乎？'"

此老一生江海客，愿风云、际会从今始。宁郁郁，久居此。（宋·刘克庄《贺新郎·挐路东风里》）

泚 cǐ ①清澈。②清澈的水。③出汗的样子。

古上声，四纸。又：上声，八荠同。逆泚～汗～濩～净～清～颡～颡有～微～顺～笔～泚～额～颊～颡～颜例严冬爽群木，伊洛方清泚。（唐·王维《别綦毋潜》）

始 shǐ

古上声，四纸。又：去声，四寘同（小异）。逆本～伯～倡～唱～创～大～二～发～反～昉～复～更～古～贵～祸～谨～经～敬～历～虑～末～谋～能～年～七～乾～趋～却～然～三～慎～事～饰～顺～四～太～泰～托～託～万物～限～未～文～无～五～物～旬～伊～元～原～缘～远～造～兆～肇～正～终～重～宙～资～祖～顺～初～创～春～发～冠～孩～黄～笄～间～鸠～立～末～年～室～业～影～愿～终～卒～祖例自言买笑掷黄金，月堕云中从此始。（唐·刘禹锡《泰娘歌》）

典万事不理问伯始 指人老而干练谦恭。《后汉书·胡广传》："汉代胡广，字伯始，为安帝所重，位至三公，年已八十，朝中处事，尚能干练明达，为人逊言恭色。京师谚曰：'万事不理问伯始，天下中庸有胡公。'"

万事不理问伯始，藉甚声名南郡胡。（宋·黄庭坚《闻致政胡朝请多藏书以诗借书目》）

驶（駛）shǐ

古上声，四纸。逆奔～飙～驰～帆～风～急～疾～架～开～流～起～轻～清～岁月～停～湍～骛～行～雄～迅～顺～步～驰～动～风～河～驾～景～浪～流～马～行～雨～足～卒例潺潺石间溜，汩汩松上驶。（唐·杜甫《雨》）

使 shǐ

古上声，四纸。又：去声，四寘异。逆八～北～边～策～朝～诚～骋～驰～敕～当～第～殿～蝶～东～贰～凡～烦～妇～勾～匦～函～鹤～华～羁～间～郊～节～介～藉～浸～客～廉～临～领～马～女～譬～气～潜～青～青鸟～轻～驱～趣～人～如～设～神～盛～事～帅～台～侻～僮～王～委～乌～五～仙～衔～郷～屟～信～星～绣～学～巡～言～雁～徭～业～一介～颐～译～驿～音～远～悦～诏～征～直～只～制～竹～子～纵～走～尊～左～佐～顺～棒～婢～弼～才～长～车～臣～传～的～典～刁～恶～法～范～费～风～符～乖～官～鹤～乎～坏～家～节～介～劲～靳～酒～君～客～令～鹿～妈～马～命～幕～能～女～拍～聘～气～遣～腔～强～巧～犬～然～人～事～署～睐～头～徒～团～物～下～相～效～信～星～性～轩～牙～佯～韬～药～役～译～驿～院～旃～帐～者～指～秩～主～属～转～作例不得身自由，皆为心所使。（唐·白居易《风雪中作》）

典八使 指天子派出巡察、宣导地方的钦差。汉顺帝时的周举、杜乔等八人同日拜使，巡行州郡，谓之"八使"。《后汉书·顺帝纪》："遣侍中杜乔、光禄大夫周举、守光禄大夫郭遵、冯羡、栾巴、张纲、周栩、刘班等八人分行州郡，班宣风化，举实臧否。"

颂德有舆人，荐贤逢八使。（唐·刘长卿《送薛据宰涉县》）

肤使 指能够出色地完成使命的使臣。《法言·渊骞》："张骞、苏武之奉使也，执节没身，不屈王命，虽古之肤使，其犹劣诸。"李轨注："肤，美。"

巴蜀劳肤使，溪山隔岁华。（宋·孙应时《又寄潼川漕仲房》）

星使 喻使臣。《晋书·天文志上》："毕附耳南八星曰天节，主使臣之所持者也。"

星使出关东，兵符赐上公。（唐·刘禹锡《奉送裴司徒令公自东都留守再命太原》）

碧鸡使 指赴蜀使臣。亦作"碧鸡游"。《汉书·郊祀志下》："或言益州有金马碧鸡之神，可醮祭而致，于是遣谏大夫王褒使持节而求之。"如淳注："金形似马，碧形似鸡。"

如何碧鸡使，把诏紫微天。（唐·杜甫《阆州奉送二十四舅使自京赴任青城》）

花鸟使 指唐玄宗派遣到全国各地挑选美女的使臣。唐·元稹《元氏长庆集·上阳白发人》："天宝年中花鸟使，撩花狎鸟含春思。满怀墨诏求嫔御，走上高楼半酣醉。"

蓬莱宫中花鸟使，绿衣倒挂扶桑暾。（宋·苏轼《十一月二十六日松风亭下梅花盛开》）

皇华使 指使臣。亦作"皇华"。《诗经·小雅·皇皇者华》毛序："皇皇者华，君遣使臣也。送之以礼乐，言远而有光华也。"郑玄笺："言臣出使能扬君之美，延其誉于四方，则为不辱命也。"

请哀疮痍深，告诉皇华使。（唐·杜甫《送顾八分文学适洪吉州》）

锦车使 指外交使节。《汉书·西域传下·乌孙国》："宣帝征冯夫人，自问状。遣谒者竺次、期门甘延寿为副，送冯夫人。冯夫人锦车持节，诏乌就屠诣长罗侯赤谷城。"

前逢锦车使，都护在楼兰。（唐·虞世南《饮马长城窟行》）

史 shǐ

古上声，四纸。逆霸～百代～稗～班～谤～别～丞～春～刺～代～丹～典～惇～二～范～坟～凤～

腐～古～鼓～瞽～国～汉～侯～画～记～家～监～镜～酒～君～丽～连～良～麟～令～闾～盲～眉～祕～南～迁～青～儒～三～僧～十～士～篮～书～私～四～廷～彤～僮～图～尉～文～巫～仙～萧～箫～新～信～修～胥～许～演～野～遗～驿～轶～逸～咏～右～谀～御～掾～杂～正～直～众～诸～柱～柱下～祝～走～左～佐～㊀～案～班～笔～编～部～才～裁～册～策～抄～臣～宬～乘～传～聃～德～牒～法～稿～阁～功～观～官～馆～汉～翰～侯～话～皇～祸～迹～绩～籀～记～家～鉴～匠～局～剧～君～科～课～李～例～料～录～略～论～评～迁～前～诗～识～实～氏～事～书～谈～体～文～巫～胥～学～遗～院～赞～职～撰～佐㊀晓离仙署趋紫微，夜接高儒读青史。（唐·卢纶《送张郎中还蜀歌》）

㊀**南史**　指史官。南史，春秋时的好史官。《左传·襄公二十五年》："太史书曰：'崔杼弑其君。'崔子杀之。其弟嗣书，而死者二人。其弟又书，乃舍之。南史氏闻太史尽死，执简以往。闻既书矣，乃还。"

盛烈播南史，雄词豁东溟。（唐·高适《奉酬北海李太守丈人夏日平阴亭》）

诗史　喻指诗歌注重反映现实。唐·孟棨《本事诗·高逸》："杜甫逢禄山之难，流离陇蜀，毕陈于诗，推见至隐，殆无遗事，故当时号为'诗史'。"

共将新句纪遗编，留与山林续诗史。（宋·王秬《为王龟龄书也何子应赋诗》）

箫史　借指驸马和公主。亦作"箫凤""箫声飞去""箫奏秦台""学凤""秦楼萧史"。《列仙传》卷上《箫史》："箫史者，秦穆公时人也，善吹箫，能致孔雀白鹤于庭。穆公有女字弄玉，好之。公遂以女妻焉。日教弄玉作凤鸣，居数年，吹似凤声，凤凰来止其屋。公为作凤台。夫妇止其上，不下数年，一旦皆随凤凰飞去。"

争似秦楼萧史伴，瑶台路，共乘鸾。（宋·蔡伸《江城子·碧厨文簟小窗前》）

班姑史　指才女。亦作"东观续史"。《后汉书·列女传·曹世叔妻》："扶风曹世叔妻者，同郡班彪之女也，名昭，字惠班，一名姬。博学高才。世叔早卒，有节行法度。兄固著《汉书》，其八表及《天文志》未及竟而卒，和帝诏昭就东观藏书阁踵而成之……时《汉书》始出，多未能通者，同郡马融，伏于阁下从昭受读。"

奕叶班姑史，芬芳孟母邻。（唐·杜甫《奉贺阳城郡王太夫人恩命加邓国太夫人》）

王内史　指王羲之。见《晋书·王羲之传》。

题处尚寻王内史，画时应是顾将军。（唐·温庭筠《法云寺双桧》）

黄太史　指黄庭坚。宋·龚颐正《芥隐笔记》："黄太史庭坚年十七八时，自称清风客。俞清老澹见而目之曰：'奇逸通脱，真骥子堕地也。'"

谁题品语黄太史，大书四字紫阳子。（宋·方凤《题光风霁月楼》）

柱下史[1]　指御史。亦作"周柱史"。《史记·张丞相列传》："张丞相苍者……秦时为御史，主柱下方书。"司马贞索隐："周秦皆有柱下史，谓御史也。所掌及侍立恒在殿柱之下，故老子为周柱下史。"

擢为柱下史，遂君紫微垣。（宋·楼钥《送陈君举舍人东归》）

柱下史[2]　指老子。亦作"周柱史"。晋·皇甫谧《高士传·老子李耳》："老子李耳字伯阳……生于殷时，为周柱下史，好养精气……后周德衰，乃乘青牛去，入大秦，过西关。"

吾师之师柱下史，紫气曾惊嫌尹喜。（宋·陆文圭《赠道人周大方》）

金张许史　借指权臣贵戚。《汉书·盖宽饶传》："上无许、史之属，下无金、张之托。"应劭注："许伯，宣帝皇后父。史高，宣帝外家也。金，金日磾也。张，张安世也。"颜师古注："许氏、史氏有外属之恩，金氏、张氏自托于近狎也。"

丰貂长组金张辈，驷马文衣许史家。（唐·杜牧《长安杂题长句六首》其六）

临川内史　指刺史。《宋书·谢灵运传》："太祖知其（谢灵运）见诬，不罪也。不欲使东归，以为临川内史，加秩中二千石，在郡游放，不异永嘉，为有司所纠。"

临川内史怜诸谢，尔在生缘比惠宗。（唐·皎然《送演上人之抚州觐使君叔》）

平原内史　指晋著名诗人陆机。亦作"平原"。《晋书·陆机传》："时成都王颖推功不居，劳谦下士。机既感全济之恩，又见朝廷屡有变难，谓颖必能康隆晋室，遂委身焉。颖以机参大将军军事，表为平原内史。"

高谭魏国访先生，修刺平原过内史。（唐·韩翃《送李湜下第归卫州便游河北》）

矢 shǐ

㊀上声，四纸。㊀安～八～白～庳～熛～兵～蚕～抽～传～砥～毒～锻～发～放～飞～锋～茀～负～戈～弓～贯～鬼～函～蒿～嚆～豪～恒～镞～弧～壶～鲑～黄～火～激～棘～辑～箭～金～楛～狂～雷～利～连～流～庐～马～没～密～囊～年～牛～弄～弩～蓬～蒲～契～乾～敲～琴～驱～鹊～三～杀～神～鼠～束～讼～田～彤～枉～危～相～信～悬～鸭～烟～遗～蝇～拥～永～游～雨～约～矰～贞～志～竹～注～锥～自～菆～镞～㊀～词～道～镝～房～锋～夫～服～箙～干～槁～秽～橛～口～量～盟～命～棋～人～刃～日～施～石～室～誓～书～死～心～言～液～鱼～愿～跃～志～忠～镞㊀窥鳞啄藻乍低昂，立定当胸流一矢。（唐·陆龟蒙《鹤媒歌》）

㊀**桑弧蓬矢**　指男儿壮志。《礼记·内则》："国君世子生……射人以桑弧蓬矢六，射天地四方。"郑玄注："桑弧蓬矢，本太古也；天地四方，男子有所事也。"

蓬矢桑弧今已举，犀钱玉果孰能忘。（宋·卓田《贺人生孙》）

彤弓卢矢　指对统帅的颂美。《尚书·文侯之命》："王曰：'父义和！其归视尔师，宁尔邦。用赍尔秬鬯一卣；彤弓一，彤矢百；卢弓一，卢矢百。'"

衮衣绣裳，彤弓卢矢，山西将门。（宋·何梦桂《沁园春·衮衣绣裳》）

豕shǐ

㊀上声，四纸。㊁白～豺～豮～丰～封～冯～亥～河～猳～剧～侩～羸～辽～辽东～鹿～牧～犬～人～三～蛇～天～田～献～野～鱼～众～㊂～讹～负涂～腹～膏～亥～豪～豞～喙～祸～交～腊～牢～鬣～零～虱～食～视～首～突～屠～韦～误～心～畜～鱼～折～炙～彘～蕺㊃处士有常言，残虏为犬豕。（唐·杜牧《送沈士赴苏州李中丞招以诗赠行》）

㊄**白豕**　白色的猪。喻知识浅薄，少见多怪。亦作"辽东豕"。《后汉书·朱浮传》："往时辽东有豕，生子白头，异而献之，往至河东，见群豕皆白，怀惭而还。"

辽东惭白豕，楚客羞山鸡。（唐·李白《赠范金卿二首》其一）

封豕　喻贪婪。《左传·定公四年》："及昭王在随，申包胥如秦乞师，曰：'吴为封豕长蛇，以荐食上国。'"

荡蔡擒封豕，平齐斩巨鳌。（唐·白居易《寄献北都留守裴令公》）

鲁鱼亥豕　指书籍在传写、刊刻过程中的文字错误。亦作"鲁鱼帝虎"。《吕氏春秋·察传》："子夏之晋，过卫，有读史记者，曰：'晋师三豕涉河。'子夏曰：'非也，是己亥也。夫己与三相近，豕与亥相似。'至于晋而问之，则曰：'晋师己亥涉河也。'辞多类非而是，多类是而非，是非之经，不可不分，此圣人之所慎也。"

弛shǐ　另见151页chí。

㊀上声，四纸。

屎shǐ　另见203页xī。

㊀上声，四纸。㊁鼻～蚕～殿～屙～耳～狗～拉～青～鼠～眼～遗～燥～㊂～橛～溺～棋～诗

死sǐ

㊀上声，四纸。㊁爱流～百～榜～变～遄～垂～从～倒～蹈～阽～弔～断～扼～返～附～赴～槁～梗～劾～横～缓～讳～毁～籍～寄～降～狡兔～节～经～鸠～九～救～决～看～考～客～溘～苦～楛～狂～乐～敛～僇～戮～论～冒～昧～觅～拟～逆～溺～骈～拼～祈～谴～强～桥～青～轻～情～却～善～生～矢～贯～逝～誓～殊～投～万～枉～罔～无～惜～相～详～殉～遗～义～幽～瘐～冤～蚤～醋～折～诛～珠～走～族～㊂～白～败～比～别～并～臣～斗～饵～愤～服～格～公～国～灰～魂～活～籍～寂～间～谏～将～交～教～节～结～劲～井～君～口～寇～力～利～临侵～禄～僇～路～乱～没～面～灭～命～目～难～丕丕～魄～期～权～色～生～生交～士～市～事～手～守～数～水～死～绥～所～悌～亡～问～孝～校～信～殉～夭～业～义～译～友～责～仗～直～志～终～子～胔～罪㊃吴宫四面秋江水，江清露白芙蓉死。（唐·张籍《吴宫怨》）

㊄**九死**　指死亡多次。《楚辞·离骚》："既替余以蕙纕兮，又申之以揽茝，亦余心之所善兮，虽九死其犹未悔。"

南荒九死幸生还，种树书成手自删。（宋·白珽《题苏东坡书楚颂卷后》

无名死　指对功业无成的感叹。《论语·卫灵公》："子曰：'君子疾没世而名不称焉。'"

常恐不才身，复作无名死。（唐·白居易《初入峡有感》）

比干谏死　指忠臣死谏。《史记·殷本纪》：商纣王无道，"王子比干谏，弗听"。"纣愈淫乱不止。微子数谏不听，乃于大师、少师谋，遂去。比干曰：'为人臣者，不得不以死争。'乃强谏纣。纣怒曰：'吾闻圣人心有七窍。'剖比干，观其心。"

比干谏死微子去，自古不辨污与隆。（宋·苏辙《徐孺亭》）

梧桐半死　喻指恩爱夫妻之一方逝去。唐·孟郊《烈女操》："梧桐相待老，鸳鸯会双死。"

梧桐半死清霜后，头白鸳鸯失伴飞。（宋·贺铸《鹧鸪天·重过阊门万事非》）

珠沉月死　喻知交亡故。北周·庾信《庾子山集·思旧铭》："麟亡星落，月死珠伤。"

珠沉百泉暗，月死群象闭。（唐·孟郊《逢江南故昼上人会中郑方回》）

止zhǐ

㊀上声，四纸。㊁安～弊～彻～次～萃～底～厎～抵～定～顿～发～方～防～幹～告～艮～钩～觏～观～诃～呵～何～河～掎～际～寄～霁～谏～节～解～尽～进～景～敬～静～救～居～拒～坎～苛～匮～劳～莅～临～麟～露～浼～靡～磨～难～宁～凝～攀～譬～栖～棲～岂～憩～谯～寝～请～曲～劝～容～舍～仕～守～宿～投～往～无定～息～晓～歆～兴～休～旋～阳～仰～一篑～依～疑～抑～引～遮～镇～知～众～足～作～㊂～碍～谤～暴～跸～壁～泊～步～次～措～道～顿～遏～法～戈～艮～观～极～戛～监～节～结～禁～竟～境～酒～居～绝～军～渴～哭～戾～留～齐～憩～塞～善～舍～是～守～水～宿～托～唾～息～畜～疑～雨～约～止～驻～箸～足㊃白头老母遮门啼，挽断衫袖留不止。（唐·韩愈《谁氏子》）

㊄**仰止**　指对高德者的慕仰。《诗经·小雅·车舝》："高山仰止，景行行止。"孔颖达疏："以山之高比人德之高，故云。古人有高德者，则慕仰之也。"

高山徒仰止，不得日攀跻。（唐·岑参《酬崔十三侍御登玉垒山思故园见寄》）

坎止　喻指人应顺应环境而进退。《汉书·贾谊传》："贾谊，雒阳人也。谊以鹏飞入舍，乃为赋。其辞曰：'寥廓忽荒，与道翱翔，乘流则逝，得坎则止；纵驱委命，不私与己。'"

流行坎止人间事，握手相看两鬓花。（宋·释行海《桂山再归草堂》）

指zhǐ

㊀上声，四纸。㊁阿～百～班～本

～臂～臂使～擘～布～称～承～驰～弹～点～堕～发～燔～风～顾～护～迴～戟～季～将～匠～教～拘～举～巨～科～历～鍊～偻～轮～漫～妙～鸣～目～逆～啮～攀～骈～耆～掐～千～千夫～亲～诎～屈～燃～染～绕～柔～软～森～上～盛～失～使～事～授～殊～爽～顺～素～絛～僮～万～微～诬～希～纤～衔～啸～玄～悬～迅～遥～意～盈～玉～约～咋～展～章～招～支～枝～织～制～主～赘～宗～顺～扳～办～臂～驳～裁～辰～陈～诫～尺～斥～疵～刺～凑～导～督～分～付～告～供～顾～归～呼～化～画～诲～极～甲～谏～节～讦～津～尽～景～决～诀～抉～克～控～讵～料～略～摹～拏～南～僻～佞～怒～攀～配～泼～切～屈～取～趣～困～任～日～讪～舍～申～省～适～首～受～书～说～似～索～头～瑕～向～言～役～喻～约～月～摘～占～支～摭～擿～属～爪～准～訾～踪例湖上闻哭声,门前见弹指。(唐·孙郃《哭方玄英先生》)

典**掬指**　指战争的残酷和惨败的局势。亦作“指可掬”。晋楚争霸,楚庄王率军在郑地邲大败晋军,晋军溃逃争渡黄河,“中军、下军争舟,舟中之指可掬也。”见《左传·宣公十二年》。

舟中指可掬,城上骸争爨。(唐·李白《南奔书怀》)

染指　喻指占取不应得的利益。《左传·宣公四年》:“楚人献鼋于郑灵公。公子宋(字子公)与子家将见。子公之食指动,以示子家,曰:‘他日我如此,必尝异味。’及入,宰夫将解鼋,相视而笑。公问之,子家以告。及食大夫鼋,召子公而弗与也。子公怒,染指于鼎,尝之而出。”

我闻汉贼久染指,奋毒摇牙噬江表。(宋·岳珂《赤壁》)

血指　形容不善其事的窘态。亦作“血指汗颜”。唐·韩愈《祭柳子厚文》:“不善为斫,血指汗颜;巧匠旁观,缩手袖间。”

汪黄信血指,老桧甘愧色。(宋·王遂《送李兄谒扬州帅》)

绕指　喻指由坚强变为柔弱。晋·刘琨《重赠卢谌》:“何意百炼刚,化为绕指柔。”

百炼都成绕指,万事直须称好,人世几舆台。(宋·辛弃疾《水调歌头·君莫赋幽愤》)

松西指　指玄奘取经之异事。亦作“摩顶松”。唐·刘肃《大唐新语》:“玄奘法师往西域取经,以手摩灵岩寺松树,曰:‘吾西去,汝可西长,若吾归,即东向,使吾弟子知之。’及去,其枝年年西指,长数丈。一年,忽东向。弟子曰:‘吾师归矣。’乃迎之,果至,后号曰摩顶松。”

纸(紙)zhǐ

古上声,四纸。逆矮～败～半～磅～表～蚕～抄～呈～尺～刺～寸～点～弔～度～番～幡～仿～倣～凤～讣～谷～故～官～贵～翰～号～火～寄～笺～茧～剪～简～谏～借～经～蠲～刻～匮～蜡～累～连～裂～临～罗～洛阳～落～麦～蛮～绵～名～陌～年～蟠～皮～匹～契～阡～钱～青～染～剡～生～试～蜀～霜～苔～藤～题～通～土～託～锡～香～谢～研～遗～银～云～招～诏～镇～终～绉～竹～状～字～顺～袄～版～半张～背～本～笔～鸱～窗～吹～锭～幡～阁～冠～贵～虎～花～灰～火～甲～浆～铠～锞～老鸱～驴～枚～媒～煤～墨～捻～帊～签～镪～衾～上语～素～田～头～尾～型～鸦～鹞～衣～鱼～鸢～缯～扎～札～张～帐～镇～烛例白杨别屋鬼迷人,空留暗记如蚕纸。(唐·李商隐《无愁果有愁曲北齐歌》)

典**吞纸**　指人在极端贫困中刻苦读书,自强不息。亦作“抱犬卧”。北齐·颜之推《颜氏家训·勉学》:“(朱詹)好学,家贫无资,累日不爨,乃时吞纸以实腹;寒无毡被,抱犬而卧。”

我今流落穷吞纸,蟾蜍爬沙鞭不起。(宋·邓肃《送李丞相四路宣抚》)

徵zhǐ

五音之一。另见881页zhēng“征”。

古上声,四纸。逆变～宫～嚼～流～清～协～顺～调～声～协～音例泠泠分雅郑,析析谐宫徵。(唐·窦庠《留守府酬皇甫曙侍御弹琴之什》)

祉zhǐ

福。

古上声,四纸。逆奥～百～褫～储～垂～祷～帝～发～番～蕃～繁～丰～福～鸿～积～嘉～降～介～俪～灵～流～禄～丕～骈～祈～清～庆～时～世～寿～受～颂～天～陨～锡～遐～祥～效～休～玄～延～燕～遗～余～元～昭～种～顺～福～禄～祥～佑～祚例阴功遍南北,千岁未多畴祉。(宋·程珌《宝鼎现·绿杨欲舞》)

芷zhǐ

白芷,一种香草。

古上声,四纸。逆白～辟～芳～蘅～兰～佩～青～清～沅～泽～顺～江～兰～若例敞庐嵩山下,空谷茂兰芷。(唐·宋之问《自洪府舟行直书其事》)

典**澧阳兰芷**　指香草。《楚辞·离骚》:“兰芷变而芳兮,荃蕙化而为茅。”又,《楚辞·九歌·湘夫人》:“沅有茝兮醴有兰,思公子兮未敢言。”

灵均去后楚山空,澧阳兰芷无颜色。(宋·苏轼《归朝欢·梦扁舟浮震泽》)

址(阯)zhǐ

古上声,四纸。逆故～贯～坏～阶～界～旧～灵～丕～山～颓～遗～余～例披观玉京路,驻赏金台址。(唐·王勃《上巳浮江宴韵得址字》)

趾zhǐ

古上声,四纸。逆步～颠～雕～鼎～断～方～芳～跟～基～跰～交～举～利～林～麟～命～骈～蹼～跂～翘～山～石～疏～踠～系～行～雄～玄～崖～岩～遗～鹰～游～余～玉～趾～斮～足～顺～绊～错～股～骨～迹～离～美～业～趾～踵～爪例朝游伊水湄,夕卧箕山趾。(唐·宋之问《自洪府舟行直书其事》)

典**麟趾**　指对别人子孙昌盛、贤能的称赞。《诗经·周南·麟之趾》:“麟之趾,振振公子,于嗟麟兮!麟之定,振振公姓,于嗟麟兮!麟之角,振振公族,于嗟麟兮!”

家承麟趾贵,剑有龙泉赐。

（唐·权德舆《奉和礼部尚书酬杨著作竹亭歌》）

沚zhǐ　水中的小块陆地。

古上声，四纸。逆碧～川～矶～涧～江～京～兰～林～沙～溪～玄～沼～召～中～洲～例弯弓注碧浔，掉尾行凉沚。（唐·陆龟蒙《渔具诗·射鱼》）

旨zhǐ

古上声，四纸。逆奥～被～本～朝～宸～承～敕～初～醇～词～芳～丰～风～讽～符～甘～高～归～弘～宏～钧～空～来～令～纶～论～妙～明～墨～譬～清～情～趣～睿～深～盛～失～台～天～託～微～温～文～希～遐～显～晓～玄～雅～言～义～意～懿～音～英～优～幽～俞～玉～渊～元～远～章～诏～珍～滋～宗～顺～奥～畅～淡～符～甘～告～麾～嘉～酒～譬～遣～趣～示～态～通～统～味～问～信～蓄～肴～要～义～诣～意～喻～远例崇儒习旧规，偃伯循先旨。（唐·白居易《郊庙歌辞·武后大享拜洛乐章·德和》）秦人昔富家，绿窗闻妙旨。（唐·李商隐《和郑愚赠汝阳王孙家筝妓二十韵》）

典**孔颜遗旨**　指孔子和颜渊奉行"用之则行，舍之则藏"的出处进退原则。《论语·述而》："子谓颜渊曰：'用之则行，舍之则藏，惟我与尔有是夫！'"

嗟此意谁论，其言甚壮，孔颜犹有遗旨。（宋·刘克庄《哨遍·胜处可宫》）

咫zhǐ　①古八寸为咫。②近，短。

古上声，四纸。逆不逾～尺～天～盈～顺～步～尺～尺书～尺颜～尺姿～见～书例可人天一方，情亲不盈咫。（宋·方岳《次韵招汪汝渊》）

枳zhǐ　又称枸橘，果实球形，味酸苦。

古上声，四纸。逆八～伐～甘～化～淮～棘～橘～椇～六～榛～顺～道～枸～关～花～棘～椇～句～殺～篱～落～实～园例兰心未肯杂于蕙，橘性宁教化为枳。（明·周永年《又和题一首》）

典**南橘北枳**　指事物随环境的改变而发生变异。《晏子春秋·杂下》："晏子避席对曰：'婴闻之，橘生淮南则为橘，生于淮北则为枳，叶徒相似，其实味不同。所以然者何？水土异也。'"

南橘北为枳，古来岂虚言。（唐·张彪《敕移橘栽》）

只[1]zhǐ　语尾助词。另见177页zhī。

古上声，四纸。逆刚～果～偲～乐～人～天～

只[2]（衹*祇）zhǐ　仅有。另见177页zhī。"祇"另见211页qí。

古上平，四支。（以"祇"）逆不～顺～此～道～顾～见～竟～恁～是～索～消～要～有～缘～在

黹zhǐ　缝纫；刺绣。

古《广韵》：上声，五旨。逆针～顺～屯例篝镫弄针黹，为君疗寒饥。（清·塞尔赫《杜姬诗》）

抵zhǐ　拍；击。

古上声，四纸。逆排～批～顺～手～颓～掌

子zǐ

古上声，四纸。逆哀～半～不肖～才～伧～禅～臣～程～雏～弔～蝶～渡～蹲～儿女～二三～凡～飞～凤～佚～富～甘～古～篙～裓～鹄～合～鹤～壑～后～猾～黄～会～伙～骥～节～藉～鞠～裤～夔～鲲～历～末～眸～木～暮～潘～篷～犬～裙～人～仁～任～孺～入～山～升～士～仕～书～嗣～檀～藤～田家～僮～瞳～微～五～兀～西～行～伢～颜～翼～优～由～游～玉～鬻～元～簪～照～之～稚～仲～众～舟～竹～顺～爱～安～不语～弹～道～都～鹅～烦～父～妇～公～姑～谷～规～韩～惠～姜～将～金～衿～晋～鹃～爵～窠～客～口～刺～来～利～谅～陵～陵濑～陵台～路～满～明～墨～牟～母～目～男～囊～女～脾～平～奇～墙～人～氄～桑～奢～声～实～室～叔～嗽～姒～嗣～孙～孙瑞～索～亭～童～推～午～兮～息～巂～细～弦～星～胥～虚～婿～养～音～胤～猷～羽～曰行～月～云亭～占～真～侄～濯例未死终报恩，师听此男子。（唐·元稹《感梦》）

典**赤子**　①指婴儿。②指百姓。《尚书·周书·康诰》："若有疾，惟民其毕弃咎。若保赤子，惟民其康义。"孔颖达疏："子生赤色，故言赤子。"

驾驭英雄如赤子，雌黄贤哲贡琼瑰。（唐·贯休《蜀王入大慈寺听讲》）

帝子　指湘夫人。《楚辞·九歌·湘夫人》："帝子降兮北渚，目眇眇兮愁予。"王逸注："帝子，谓尧女也。降，下也。言尧二女娥皇、女英，随舜不反，没于湘水之渚，因为湘夫人。"

湘竹旧斑思帝子，江蓠初绿怨骚人。（唐·刘长卿《送马秀才落第归江南》）

骥子　指才俊子弟。《北史·裴延俊传》附《裴宣明传》："延俊从父兄宣明，位华州刺史，有惠政，谥曰简。二子景鸾、景鸿，并有逸才，河东呼景鸾为骥子，景鸿为龙文。"

骥子好男儿，前年学语时。（唐·杜甫《遣兴》）

季子　春秋时吴国贤公子季札。亦作"季札"。事见《史记·吴太伯世家》。

季子生前别，羊昙醉后悲。（唐·司空曙《哭苗员外呈张参军》）

武子　指晋司徒王浑次子王济。《晋书·王浑传》附《王济传》："济字武子，少有逸才，风姿英爽，气盖一时……起为骁骑将军，累迁侍中，与侍中孔恂、王恂、杨济同列，为一时秀彦。"

寄语风流王武子，三人俱是识山人。（宋·苏轼《书王定国二首》其二）

元子　指晋安西将军桓温。《晋书·桓温传》："桓温字元子，宣城太守彝之子也。……（庾）翼尝荐温于明帝。……翼卒，以温为都督荆梁四州诸军事、安西将军、荆州刺史、领护南蛮校尉、假节。"

冯公尚戢翼，元子仍局步。（唐·王昌龄《郑县宿陶太公馆中赠冯六元二》）

暴公子　指西汉暴胜之。《汉书·隽不疑传》："武帝末，郡国盗贼群

起，暴胜之为直指使者，衣绣衣，持斧，逐捕盗贼，督课郡国，东至海，以军兴诛不从命者，威震州郡……不疑据地曰：'窃伏海濒，闻暴公子威名旧矣。'"颜师古注："公子，胜之字也。"

非逢暴公子，不敢涕流离。（唐·杨凝《别友人》）

沉冥子 指遁迹潜居。亦作"沉冥客"。《法言·问明》："蜀庄沉冥……不作苟见，不治苟得，久幽而不改其操。"李轨注："蜀人，姓庄，名遵，字君平。沉冥，犹玄寂，泯然无寂之貌，是故成哀不得而利之，王莽不得而害也。"

时有沉冥子，姓白字乐天。（唐·白居易《香炉峰下新置草堂即事咏怀题于石上》）

鸱夷子 指功成身退遁迹江湖。《史记·越王勾践世家》："范蠡浮海出齐，变姓名，自谓鸱夷子皮，耕于海畔。"

功名若及鸱夷子，必拟将舟泛洞庭。（唐·曹邺《题舒乡》）

赤帝子 指刘邦。亦作"赤龙子""赤龙"。《史记·高祖本纪》载汉高祖夜醉，将泽中蛇斩为两段，有一老妇哭道："吾子，白帝子也，化为蛇，当道，今为赤帝子斩之，故哭。"

乃知赤帝子，复有苍龙精。（唐·储光羲《哥舒大夫颂德》）

赤丁子 指鬼役。宋·曾慥《类说》卷一三引《北户录》："洛阳牟颖，郊外葬一骷髅，梦一人来谢云：'我本强寇，为同辈见害。感公掩藏，愿阴护公。若有急，但呼赤丁子，即至矣。'后数有应验。"

驱使难凭赤丁子，传呼底用苍头儿。（宋·陆游《醉吟》）

赤松子 指仙家。亦作"松子"。见《列仙传·赤松子》。

似闻昨者赤松子，恐是汉代韩张良。（唐·杜甫《寄韩谏议》）

傅介子 指安边的使臣。《史记·建元以来侯者年表》："傅介子，家在北地。以从军为郎，为平乐监。昭帝时，刺杀外国王，天子下诏书曰：'平乐监傅介子使外国，杀楼兰王，以直报怨，不烦师，有功，其以邑千三百户封介子为义阳侯。'"

愿见北地傅介子，老儒不用尚书郎。（唐·杜甫《忆昔二首》其一）

广成子 指仙家。《艺文类聚》卷三六引三国魏·嵇康《高士传》："广成子在崆峒之上。黄帝问曰：'吾欲取天地之精，以养万物，为之奈何？'广成子蹷然而起曰：'……得吾道者，上为皇，下为王；失吾道者，上见光，而下为土。吾将去汝，入无穷之门……与天地为常。'"

石室深居广成子，布囊薄葬杨王孙。（宋·祖无择《简寂观》）

鹖冠子 指隐士。亦作"鹖冠"。《汉书·艺文志》："《鹖冠子》一篇。楚人，居深山，以鹖为冠。"颜师古注："以鹖鸟羽为冠。"

生年鹖冠子，叹世鹿皮翁。（唐·杜甫《耳聋》）

夸毗子 指卑躬屈膝的谄佞之徒。《诗经·大雅·板》："无为夸毗。"毛氏传："夸毗，体柔人也。"《尔雅·释训》："夸毗，体柔也。"郭璞注："屈己卑身以柔顺人也。"

便便夸毗子，荣耀更相持。（唐·陈子昂《感遇诗三十八首》其十）

鄹人子 指孔子。鄹，古邑名，孔子家乡。《论语·八佾》："子入太庙，每事问。或曰：'孰谓鄹人之子知礼乎？入太庙，每事问。'"何晏集解引孔安国曰："鄹，孔子父叔梁纥所治邑。时人多言孔子知礼。"

从古时哉去速，鄹人子、反袂伤麟。（宋·黄机《六州歌头·百年忠愤》）

穆天子 指周昭王之子。亦作"穆满"。《史记·周本纪》："昭王南巡狩不返，卒于江上。……立昭王子满，是为穆王。穆王即位，春秋已五十矣。……穆王立五十五年，崩。"

宁知穆天子，空赋白云秋。（唐·苏颋《春日芙蓉园侍宴应制》）

欧冶子 借指著名冶师。亦作"欧冶剑"。《吴越春秋·阖闾内传》："干将者，吴人也，与欧冶子同师，俱能为剑。""风湖子曰：'臣闻越王元常使欧冶子造剑五枚以示薛烛。'"

炼金欧冶子，喷玉大宛儿。（唐·杜甫《同豆卢峰知字韵》）

钱树子 喻指生财之人。亦作"摇钱树"。唐·段安节《乐府杂录·歌》："许和子者，吉州永新县乐家女也……善歌，能变新声。及卒，谓其母曰：'阿母，钱树子倒矣！'"

秦公子 指王粲。亦作"秦川公子"。谢灵运《拟魏太子邺中集诗八首·王粲序》："家本秦川，贵公子孙。遭乱流寓，自伤情多。"

丧乱秦公子，悲凉楚大夫。（唐·杜甫《地隅》）

任公子 借指雄心壮志。亦作"任公""任子"。《庄子·万物》："任公子为大钩巨缁，五十犗以为饵，蹲乎会稽，投竿东海，旦旦而钓，期年不得鱼。已而大鱼食之，牵巨钩，錎没而下，骛扬而奋鬐，白波若山，海水震荡，声侔鬼神，惮赫千里。任公子得若鱼，离而腊之。"

愿随任公子，欲钓吞舟鱼。（唐·李白《赠从弟南平太守之遥二首》其一）

山阿子 喻指山鬼、山神。《楚辞·九歌·山鬼》："若有人兮山之阿，被薜荔兮带女罗。"

寄语山阿子，何日出幽篁。（宋·汪莘《水调歌头·寄语山阿子》）

蜀天子 指杜鹃鸟。相传为古蜀王杜宇死后，其魂化为鸟，名曰杜鹃。参《太平御览》卷一六六引汉·扬雄《蜀王本纪》以及晋·常璩《华阳国志·蜀志》。

君不见昔日蜀天子，化作杜鹃似老乌。（唐·杜甫《杜鹃行》）

隐君子 指隐士。《史记·老子传》："老子，隐君子也。"

绝似林间隐君子，自从幽处作生涯。（宋·戴复古《梅》）

读书种子 喻指累代读书之人。宋·罗大经《鹤林玉露》："周益公云：'汉二献皆好书，而其传国皆最远。士大夫家，其可使读书种子衰息乎？'"

衿佩欢迎师帅来，读书种子赖栽培。（宋·刘黻《和建小学韵呈赵求仁使君》）

关西夫子 东汉杨震。泛指名儒。亦作"关西孔子"。《后汉书·杨震传》："杨震字伯起，弘农华阴人也。……震少好学，受《欧阳书》于太常桓郁，明经博览，无不穷究。诸儒为之语曰：'关西孔子杨伯起。'"

闻话维城刺史尊，关西夫子是师门。（宋·胡寅《寄题赵化州清白亭》）

互乡童子 喻指过去不堪而现在有进步的人。《论语·述而》："互乡难与言，童子见，门人惑。子曰：'与其进也，不与其退也，唯何甚？人洁已以进，与其洁也，不保其往也。'"

早追随、先生杖屦，互乡童子。（宋·刘克庄《贺新郎·家有仙禽二》）

金衣公子 喻指黄莺。五代·王仁裕《开元天宝遗事》卷上《金衣公子》："明皇每于禁苑中，见黄莺，常呼之为金衣公子。"

雨洗樱红蚕豆绿，金衣公子可怜谁。（宋·释行海《暮春词》）

锦帆天子 指隋炀帝。《开河记》："龙舟既成，泛江沿淮而下，至大梁……至于龙舟御楫，即每船用彩缆十条，每条用殿脚女十人，嫩羊十口，令殿脚女与羊相间而行牵之……锦帆过处，香闻百里。"

锦帆天子狂魂魄，应过扬州看月明。（唐·罗隐《中元夜泊淮口》）

兰台公子 指宋玉及其《风赋》《高唐赋》等作品。宋玉《风赋》："楚襄王游于兰台之宫，宋玉景差侍。"

人在兰台公子上，更身寄风流屈宋卿。（宋·黄人杰《沁园春·金虎鸣秋》）

洛川妃子 指仙女或美女。参见曹植《洛神赋》。

看洛川妃子，锦衾照水，汉皋游女，玉佩摇烟。（宋·陈人杰《沁园春·云锦亭西》）

鲁国男子 指气度恢宏的男子汉。《后汉书·杨震传》附《杨彪传》："融曰：'……今横杀无辜，则海内观听，谁不解体！孔融鲁国男子，明日便当拂衣而去，不复朝矣。'操不得已，遂理出彪。"

遥知鲁国真男子，独忆平生盛孝章。（宋·苏轼《桄榔杖寄张文潜一首》）

洛阳才子 指贾谊之类的才士。亦作"洛阳才""洛阳人""洛阳子""才子""洛阳少年"。潘岳《西征赋》："终童山东之英妙，贾生洛阳之才子。"

洛阳才子能几人，明年桂枝是君得。（唐·岑参《送韩巽入都觐省便赴举》）

卯金之子 指刘姓。《汉书·王莽传》："夫'劉'之为字，'卯、金、刀'也。"

先向海山生大士。却诞卯金之子。（宋·刘克庄《清平乐·冰轮万里》）

莫愁艇子 指爱情的离合悲欢。《乐府诗·莫愁乐》："莫愁在何处？莫愁石城西。艇子打两桨，催送莫愁来。"

莫愁艇子急冲雨，何逊梅花频倚阑。（宋·陆游《一笑》）

孺人稚子 借指罢官归田后的生活。南朝宋江淹《恨赋》："至乃敬通见抵，罢归田里。闭关却扫，塞门不仕，左对孺人，顾弄稚子。"

孺人喜逢迎，稚子解趋走。（唐·储光羲《田家杂兴八首》其八）

无肠公子 指蟹。晋·葛洪《抱朴子·内篇·登涉》："称无肠公子者，蟹也。"

无肠公子固称美，弗使当道禁横行。（唐·唐彦谦《蟹》）

向歆父子 指汉代刘向、刘歆父子，相继校理皇家藏书。见《汉书·楚元王传》附《刘向传》《刘歆传》。

传瀛海向歆父子，相继大名垂。（宋·鲖阳居士《满庭芳·良月霜清》）

一经教子 指学人经籍传家，诗书继业。《汉书·韦贤传》："韦贤字长孺，鲁国邹人也。笃志于学，兼通《礼》、《书》，以《诗》教授，号称邹鲁大儒。……代蔡义为丞相……少子玄成，复以明经历位至丞相。故邹鲁谚曰：'遗子黄金满籝，不如一经。'"

黄金满籝富有余，一经教子金不如。（宋·张景修《送朱天锡童子》）

应门有子 借指子嗣。李密《陈情表》："既无伯叔，终鲜兄弟，门衰祚薄，晚有儿息；外无期功强近之亲，内无应门五尺之僮。茕茕独立，形影相吊。"

应门有子能承志。总人间、皱眉底事，不关君耳。（宋·徐经孙《贺新郎·一雨炎洗》）

乐羊食子 战国时，魏将乐羊为表示忠于魏国，而忍心吃了中山国烹其子所做的羹。也指有功后被怀疑。亦作"食子"。见《韩非子·说林上》，又见《战国策·魏策三》《中山策》。

乐羊为魏将，食子殉军功。（唐·陈子昂《感遇诗三十八首》其四）

香草为君子 喻指忠贞之士。《楚辞·离骚·序》："《离骚》之文，依《诗》取兴，引类譬喻，故善鸟香草以配忠贞，恶禽臭物以比谗佞，灵修美人以媲于君，宓妃佚女以譬贤臣，虬龙鸾凤以托君子，飘风云霓以为小人。"

香草为君子，名花是长卿。（唐·王维《春过贺遂员外药园》）

紫 zǐ

㊀上声，四纸。㊁北～惨～姹～蝉～陈～赤～吹～垂～赐～丹～斗～端～绯～宫～龟～酣～荷～红～黄～甲～兼～借～金～烂～丽～练～暮山～凝～佩～齐～青～拾～缇～拖～万～魏～鲜～酽～一～油～纡～玉～展～朱～左～㊂～艾～贝～宸～墀～殿～芳～凤～府～阁～海～汉～荷～荷橐～机～金～禁～荆～历～骝～鸾～罗襕～陌～泥～气～青～清～穹～阙～塞～衫～石～书～笋～闼～台～檀～藤～菀～葳～微～薇～霞～霄～虚～萱～烟～燕～燕骝～阳～英～玉～渊～垣～云～芝～芝客～芝书～朱～竹㊃玉转湿丝牵晓水，熟粉生香琅玕紫。（唐·李贺《夜饮朝眠曲》）

㊄**龟紫** 金龟袋与紫服，唐宋时贵官的服饰。借指高官显宦。宋·欧阳修《欧阳修全集·表奏书启四六集·回驾环庆帅天章滕待制谢赐龟紫启》："伏以龟紫之重，唐制所难。武元衡、牛僧孺为宰相，裴度为中丞，李宗闵为学士，方有是赐。"

龟紫拜恩如梦寐，残年其实一渔蓑。（宋·陆游《秋兴》）

金紫 借指高官显位。《汉书·百官公卿表上》:"相国、丞相,皆秦官,金印紫绶。……太尉,秦官,金印紫绶,掌武事。"

勉来取金紫,勿久休中园。(唐·韩愈《送进士刘师服东归》)

青紫 古时公卿绶带之色,因借指高官显爵。《汉书·夏侯胜传》:"胜每讲授,常谓诸生曰:'士病不明经术、经术苟明,其取青紫如俯拾地芥耳。学经不明,不如归耕。'"

虽甘巷北单,岂塞青紫耀。(唐·韦应物《题从侄成绪西林精舍书斋》)

腰金拖紫 借指高官。《隋书·礼仪志》:"印绶,二品已上,并金章,紫绶;三品银章,青绶。三品以上,凡是五省官及中侍中省,皆为印,不为章。"

一片绿衫消不得,腰金拖紫是何人。(唐·白居易《哭从弟》)

姊 zǐ

㊀上声,四纸。㊁阿～伯～处～从～姑～寡～家～盟～聂政～贤～小～鱼～月～㊂～弟～儿～夫～归～妹～婿～丈㊃归去江南丘壑处,不用来寻月姊。(宋·刘仙伦《念奴娇·西风何事》)

㊄**月姊** 指传说中的月中仙子、嫦娥。借指月亮。亦指桂花。《春秋感精符》(《太平御览》卷一):"人主与日月同明,四时合信,故父天、母地、兄日、姊月。父天于圜丘之礼也,母地于方泽之祭也,兄日于东郊,姊月于西郊也。"

月姊曾逢下彩蟾,倾城消息隔重帘。(唐·李商隐《楚宫二首》其二)

滓 zǐ

㊀上声,四纸。㊁秕～残～查～尘～氛～垢～秽～酒～蜡～沦～蜜～溟～泥～麴～沈～无～瑕～嚣～余～渣～汁～㊂～敝～尘～方～垢～秽～蔑～贱～脚～累～涅～污～淤～窳～韵～杂～浊㊃丹青宛转麒麟里,光芒六合无泥滓。(唐·杜甫《荆南兵马使太常卿赵公大食刀歌》)

梓 zǐ

①一种乔木,木质轻软耐朽。②古指雕版;亦指印刷。③故乡的代称。

㊀上声,四纸。㊁白～办～刹～翻～枌～付～复～荆～刻～梦～命～楩～杞～乔～桥～锲～锓～楸～入～桑～上～授～松～桐～文～乡～校～绣～灾～重～㊂～材～传～宫～棺～匠～角～刻～里～牛～椑～漆～器～人～桑～瑟～师～童～乡～行～榆～泽～柱㊃东馆总是鹓鸾,南台自多杞梓。(唐·崔日用《又赐宴自歌》)

㊄**杞梓** 喻指优秀人才。《国语·楚语上》:"晋卿不若楚,其大夫则贤,其大夫皆卿才也。若杞梓、皮革焉,楚实遗之,虽楚有才,不能用也。"三国吴·韦昭注:"杞梓,良材也。"

闻有蓬壶客,知怀杞梓材。(唐·白居易《酬卢秘书二十韵》)

桥梓 借指父子。《尚书大传·梓材》:"于是二子如其言而往观之,见桥木高而仰,梓木晋而俯。反以告商子,商子曰:'桥者,父道也;梓者,子道也。'"

一门盛事相继,桥梓奋鹏程。(宋·石麟《水调歌头·九叶仙茅秀》)

仔 zǐ

①仔细。②幼小。

㊀上声,四纸。又:上平,四支异。㊂～鸡～密～细～猪

訾 zǐ

①诋毁,指责。②怨恶。

㊀上声,四纸。又:上平,四支同("诹訾"平声独用)。㊁謷～谤～财～谗～诋～非～诽～高～诟～恚～秽～毁～讥～家～娵～沮～詈～侔～排～跂～窃～省～肆～谈～无～瑕～限～相～怨～指～秩～中～訾～诹～陬～足～㊂～謷～谤～病～薄～叱～诋～短～诟～呵～黄～毁～讦～咎～排～诮～屈～食～喻～笑～行～言～弋～议～抑～怨～责～訾

耔 zǐ

㊁麦～雪末～种～㊂～粒～棉～实～种㊃粪溉耘耔,乃后有穑。(宋·苏辙《和子瞻次韵陶渊明劝农诗》)

秄 zǐ

壅苗根。

㊀上声,四纸。又:上平,四支同。㊁春～耕～耘～㊃去年生儿名添丁,意令与国充耘秄。(唐·韩愈《寄卢仝》)

笫 zǐ

竹编的床垫子。亦指床。

㊀上声,四纸。㊁床～帷～簟～㊃丈夫可为酒色死?战场横尸胜床笫。(宋·陆游《前有樽酒行》)

秭 zǐ

数名。指十亿、万亿或亿亿。

㊀上声,四纸。㊁遗～亿～㊂～鳺～雉㊃丰年高廪万亿秭,重见周道平如砥。(宋·程公许《喜雨上使君》)

仄声·去声

翅(*翄)chì

㊀去声,四寘。㊁半～不～插～蝉～垂～垂天～蝶～粉～奋～凤～凤晒～鹘～鼓～皓～何～接～金～倦～敛～列～鸾～梅花～摩天～鸟～鹏～平～秋～弱～铩～晒～双～塌～蹋～铁～乌～腋～展～张～折～㊂～膀～果～翰～翮～翎～鞘～人～扇毛～席～翼～影～羽～子㊃幽花宿含彩,早蝶寒弄翅。(唐·王建《晓思》)

㊄**垂翅** 喻指落魄失意。《后汉书·冯异传》:"玺书劳异曰:'……始虽垂翅回溪,终能奋翼渑池,可谓失之东隅,收之桑榆。'"

垂翅徒衰老,先鞭不滞留。(唐·杜甫《重送刘十弟判官》)

如虎傅翅 指得到佐助而实力猛增。《韩非子·难势》:"故《周书》曰:'毋为虎傅翼,将飞入翼,择人而食之。'"按,《周书》语见《逸周书·寤儆解》。

今依陇西公,如虎傅两翅。(唐·杜牧《送沈处士赴苏州李中丞招以诗赠行》)

炽(熾)chì

㊀去声,四寘。㊁悖～昌～猖～充～毒～蕃～繁～方～丰～赫～横～讧～欢～火～孔～隆～强～情～煽～盛～旺～艳～凶～熏～炎～溢～殷～湛～张～㊂～昌～爨～发～富～火～结～燎～烈～茂～猛～酿～曝～强～然～热～煽～盛～暑～肆～腾～炎～焰～张～殖～灼㊃南风作秋声,杀气薄炎炽。(唐·杜甫《送从弟亚赴安西判官》)

啻 chì

但;只;仅。

㊀去声,四寘。㊁不～匪～弗～何

～奚～例逸少情有余，东山境不啻。（唐·贯休《上卢使君》）

眙chì 直视，目不转睛地看。另见 214 页 yí。

古去声，四寘。逆瞪～愕～鹗～骇～目～竦～眙～站～伫～顺～愕～伏～骇～目～却～视～眙例骧龙或俯顾，遁虎或回眙。（宋·陈傅良《南岳圣业寺禹柏》）

趍chì 一足行。另见 104 页 xué。

傺chì ①住；停留。②侘傺，失意貌。

古去声，八霁。逆插～侘～干～坎～欿～例君才十时流，名场累侘傺。（清·潘淳《赠元允修观察》）

次cì ①次序；位次。②驻留；止歇。③处所。④行列；队列。⑤第二的，副。

古去声，四寘。逆捱～安～比～避～不～草～差～躔～朝～齿～出～道～第～迭～顿～番～非～祔～更～功～乖～回～郊～节～爵～揆～括～列～躐～鳞～陵～露～陆～禄～门～年～偏～品～诠～铨～如～觞～舍～世～水～思～俟～岁～谈～屯～幄～无～徙～先～星～绪～旬～亚～淹～雁～野～移～以～庸～越～造～正～止～舟～纂～细～顺～比～布～躔～长～车～乘～传～春～第～丁～非～浮～辅～公～骨～后～及～家～将～介～卷～列～鳞～辂～路～前～卿～畫～赏～舍～圣～世～事～室～述～祀～所～题～息～席～相～行～序～叙～绪～宴～要～印～止～主～篆～资～祖例草色愁别时，槐花落行次。（唐·刘长卿《题冤句宋少府厅留别》）

刺cì ①穿刺。②芒刺。③讥刺；讽刺。④撑（船）。⑤侦察；探询。⑥名帖。

古去声，四寘。逆白～拜～板～版～谤～贬～撑～黜～蹙～雕～缝～讽～攻～规～贺～画～怀～毁～讥～击～赍～激～棘～戟～笺～金～论～马～漫～芒～美～面～灭～明～逆～劈～謦～讪～诗～手～守～书～探～条～投～枉～文～斡～袭～侠～笑～斜～修～绣～袖～遗～玉～遇～攒～侦～榛～箴～正～顺～柏～兵～拨～草～察～充～触～船～答～打～旦～断～剟～耳～访～干～股～骨～规～闺～候～呼～虎～槐～讥～戟～蓟～奸～灸～举～詈～芒～螯～挠～恼～配～篷～启～芡～切～取～诗～世～匽～天～文～问～邪～心～谳～谒～宥～棹～纸～舟～竹～斫～字例殷勤护惜纤纤指，水菱初熟多新刺。（唐·鲍溶《相和歌辞·采莲曲二首》其一）

典**半刺** 借指州郡佐吏。晋·庾亮《答郭豫书》："别驾旧与刺史、别乘同流，宣王化于万里，其任居刺史之半。"

诸侯非弃掷，半刺已翱翔。（唐·杜甫《寄彭州高三十五使君》）

怀刺 怀藏名片，指投谒名流谋求功名。亦作"投刺""漫刺""祢刺""祢生刺""祢衡怀刺"。《后汉书·文苑传·祢衡》："建安初，来游许下。始达颍川，乃阴怀一刺，既而无所之适，至于刺字漫灭。"

一味幽闲了此生，那曾怀刺谒公卿。（宋·杨公远《隐居杂兴》）

孔融修刺 借指谒见官员。亦作"膺门得孔融"。《后汉书·孔融传》："（李膺）敕外自非当世名人及与通家，皆不得白。融欲观其人，故造膺门。语门者曰：'我是李君通家子弟。'门者言之。膺请融，问曰：'高祖明父尝与仆有恩旧乎？'融曰：'然。先君孔子与君先人李老君（聃）同德比义，而相师友，则融与君累世通家。'"

赐（賜）cì

古去声，四寘。逆拜～班～颁～褒～禀～裁～敕～宠～出～存～德～恩～封～赗～赙～给～贡～横～厚～惠～赍～嘉～见～犒～贶～馈～劳～礼～廪～密～免～命～钦～庆～曲～荣～散～赡～商～赏～受～特～天～锡～享～飨～宣～燕～遗～阴～优～游～予～饫～御～赠～霈～珍～赈～重～赒～追～尊～顺～罢～颁～板～冰～敕～酰～对～墩～绯～福～告～诰～顾～号～环～惠～见～饯～玦～爵～贶～赉～劳～乐～临～名～命～沐～乞～遣～巧～氏～示～谥～寿～书～死～田～休～许～恤～燕～遗～茔～用～予～与～圜～钺～则～札～杖～鸩～赈～祝～篆～紫～胙例坐成真谛乐，如受空王赐。（唐·白居易《和微之诗二十三首·和知非》）

典**白璧赐** 指礼贤爱士。《史记·平原君虞卿列传》载：战国时，游说家虞卿来到赵国。他向赵孝成王进言，滔滔不绝地阐述治理内政、团结对敌的国策。赵孝成王对他大为赞赏，赏给他黄金白璧，还封他作了赵国的上卿。

白璧皆言赐近臣，布衣不得干明主。（唐·高适《别韦参军》）

齿杖赐 指优礼老臣。《周礼·秋官·伊氏》："伊氏掌国之大祭祀，共其杖咸。军旅授有爵者杖。"郑玄注："王之所以赐老者之杖。郑司农（众）云：'谓年七十，当以王命受杖者。今时亦命之为王杖。'"

敢期齿杖赐，聊且移孤茎。（唐·柳宗元《植灵寿木》）

伺cì 另见 169 页 sì。

古去声，四寘。顺～候

事shì

古去声，四寘。逆败～成～从～公～国～家～乐～三～同～心～政～顺～本～端～奉～功～故～宦～几～计～济～寄～节～经～局～况～类～略～伦～目～情～戎～色～始～事～势～守～书～术～数～条～为～隙～效～心～行～形～序～绪～繇～要～宜～义～役～意～用～由～证～指～状～踪例马援征行在眼前，葛强亲近同心事。（唐·杜甫《清明》）

典**三事** 借指三公。《诗经·小雅·雨无正》："三事大夫，莫肯夙夜。邦君诸侯，莫肯朝夕。"郑玄笺："王流在外，三公及诸侯随王而行者，皆无君臣之礼，不肯晨夜朝暮省王也。"

奉引迎三事，司仪列万方。（唐·王维《奉和圣制十五夜然灯继以酺宴应制》）

分香旧事 借指恋人离别。据宋·陈鹄《西塘集耆旧续闻》载：传说在北宋神宗元丰年间，开封仙岩寺三峰阁有鬼仙李英华，时常夜间出现，同曹颖以诗唱和。曹颖从军，将赴朔方，英华与曹诀别，赠以灵香，作为遇难告急之需。

问分香旧事，刘郎去后，知谁伴、风前醉。（宋·韩元吉《水龙吟·雨余叠巘浮空》）

莫谈公事 指莫谈或不宜谈论的事。亦作"止谈风月"。《梁书·徐勉传》："常与门人夜集，客有虞暠求詹事五官，勉正色答云：'今夕止可谈风月，不宜及公事。'"

青州从事 借指好酒。《世说新语·术解》："桓公有主簿善别酒，有酒辄令先尝。好者谓'青州从事'，恶者谓'平原督邮'。青州有齐郡，平原有鬲县。'从事'言'到脐'，'督邮'言在'鬲上住'。"

欲寻碧落侍郎去，遽沐青州从事来。（宋·曾几《避寇迁居郭内风雨凄然郑顾道饷酒》）

如皋乐事 春秋时，贾大夫将妻子载到如皋看自己射雉，才使三年不言不笑的妻子发笑。见《左传·昭公二十八年》。

京兆时妆，如皋乐事，占世间荣贵。（宋·刘子寰《醉蓬莱·正花深绣阁》）

山公启事 指举荐人才慎重积极。《晋书·山涛传》："涛再居选职十有余年，每一官缺，辄启拟数人，……涛所奏甄拔人物，各为题目，时称《山公启事》。"

人间只有嵇延祖，最望山公启事来。（唐·李商隐《赠宇文中丞》）

文章千古事 指写文章是垂之千古的事业。唐·杜甫《偶题》："文章千古事，得失寸心知。作者皆殊列，名声岂浪垂。"

文章千古事，忠孝一生心。（宋·黄公度《挽张直讲圣行二首》其一）

身外无穷事 指及时行乐。唐·杜甫《绝句漫兴九首》其四："二月已破三月来，渐老逢春能几回。莫思身外无穷事，且尽生前有限杯。"

退之身外无穷事，子美樽前欲尽花。（宋·苏轼《留题徐氏花园二首》其二）

世（*古）shì

㊀去声，八霁。㊁百～比～毕～并～卜～不～长～尘～出～处～传～凡～访～讽～抚～干～观～幻～九～抗～夸～匡～旷～乐～历～厉～励～连～末～年～平～齐～劝～人～仍～入～瑞～三～上～升平～生～圣～世～寿～苏～夙～托～万～下～先～轩～延～一～夷～异～永～用～远～运～再～㊂～宝～变～标～伯～尘～臣～宠～出～传～典～风～功～国～好～华～宦～及～济～间～将～旧～君～况～人～荣～士～事～势～室～祀～统～屯～网～系～心～兄～学～勋～业～仪～义～姻～荫～英～用～泽～治～胄～主～子～祚～胙～㊃悠悠涓者心，寂寂厌清世。（唐·李咸用《放歌行》）

㊄安世 张安世，西汉酷吏张汤之子，武帝时为尚书令；汉昭帝时为右将军，以辅佐有功，封富平侯；汉宣帝时官至大司马卫将军领尚书事，集军政大权于一身，为官廉洁。麒麟阁十一功臣之一。见《汉书·张汤传》附《张安世传》。

累相承安世，深筹协子房。（唐·徐坚《奉和圣制送张说巡边》）

卜世 卜问而得知的国祚短长。《左传·宣公三年》："楚子问鼎之大小轻重焉。（王孙满）对曰：'在德不在鼎。……成王定鼎于郏鄏，卜世三十，卜年七百，天所命也。周德虽衰，天命未改，鼎之轻重，未可问也。'"

卜世何久远，由来仰圣明。（唐·王贞白《经故洛城》）

命世 指著名于当世。《汉书·楚元王传赞》："自孔子后，缀文之士众矣，唯孟轲、孙况、董仲舒、司马迁、刘向、扬雄。此数公者，皆博物洽闻，通达古今，其言有补于世。传曰：'圣人不出，其间必有命世者焉。'岂近是乎？"

君侯称上宰，命世挺才英。（唐·陈子良《赞德上越国公杨素》）

芭蕉身世 喻人生不得久长。《维摩诘所说经·方便品》："是身如泡不得久立，是身如炎从渴爱生，是身如芭蕉中无有坚。"

蝴蝶梦魂常是客，芭蕉身世不禁秋。（宋·陆游《客意》）

长卿慢世 指人玩世不恭。《世说新语·品藻》："王子猷、子敬兄弟共赏《高士传》人及《赞》。子敬赏井丹高洁，子猷云：'未若长卿慢世。'"

不是长卿终慢世，只缘多病又非才。（宋·辛弃疾《瑞鹧鸪·期思溪上日千回》）

两忘身世 指看破世间毁誉，怡然自乐。《庄子·大宗师》："与其誉尧而非桀也，不如两忘而化其道。"

陵阳北郭隐，身世两忘者。（唐·杜牧《赠宣州元处士》）

凫鹥太平世 喻指太平之世。《诗经·大雅·凫鹥》："凫鹥在泾，公尸来燕来宁。"毛氏传："凫，水鸟也。鹥，凫属。太平则万物众多。"

凫鹥太平世也，要东还、赴上是何年。（宋·廖莹中《木兰花慢·请诸君著眼》）

势（勢）shì

㊀去声，八霁。㊁比～波～趁～乘～持～大～当～帆～分～奋～风～富～弓～寒～河～横～怙～火～积～江～居～理～力～凌云～龙～龙蛇～门～名～末～慕～破竹～气～乔～情～权～任～荣～锐～擅～生～声～失～诗～世～守～水～托～威～文～无～星～形～雄～虚～蓄～倚～优～余～雨～执～专～姿～作～㊂～必～分～峰～豪～火～籍～家～交～藉～居～局～况～力～利～路～门～能～派～人～沙～煞～霎～胜～素～态～头～望～威～位～物～相～幸～焰～样～要～耀～业～友～援～至～子～族㊃常随去帆影，远接长天势。（唐·常建《西山》）

㊄常山蛇势 喻指首尾相顾的阵势。《孙子·九地》："善用兵者，譬如率然。率然者，常山之蛇也。击其首则尾至，击其尾则首至，击其中则首尾俱至。"《晋书·桓温传》："初，诸葛亮造八阵图于鱼复平沙之上，垒石为八行，行相去二丈，温见之谓：'此常山蛇势也。'"

常山蛇势少能明，治法还从阵法寻。（宋·阳枋《和王南运八阵碛》）

是 shì

㊀上声，四纸。㊁比～便～别～长

～常则～畅～畅道～称～诚～当～的～等～反～非～敢～敢则～格～个～公～国～果～好～横～还～或～极～既～今～近～任～如～若～煞～甚～实～熟～说～似～虽～所～为～委～闻如～无过～系～先～相～幸～许～繇～要～壹～以～因～应～用～犹～于～云～早～真～正～止～自～坐～㊅～必～猜～察～处～当～凡～非～否～古～故～荷～后～即～今～人～甚～事～勿～须～样～以～用～月～则～正㊄欲识尧时天，东溪白云是。（唐·卢象《家叔征君东溪草堂二首》其一）

㊆亡是　指并无其人或其事。《汉书·司马相如传》："相如以'子虚'，虚言也，为楚称；'乌有先生者'，乌有此事也，为齐难；'亡是公'者，亡是人也，欲明天子之义。故虚藉此三人为辞，以推天子诸侯之苑囿。其卒章归之于节俭，因以风谏。"

余发种种如是　喻指衰老。《左传·昭公三年》："齐侯田于莒，卢蒲嫳见，泣且请曰：'余发如此种种，余奚能为？'"杜预注："种种，短也。自言衰老，不能复为害。"

余发种种如是，此事付渠侬。（宋·辛弃疾《水调歌头·我饮不须劝》）

市 shì

㊁上声，四纸。㊂边～茶～柴～朝～尘～楚～村～坊～关～归～海～和～鹤～互～花～交～津～京～井～九～居～决～开～利～柳～间～蛮～梅～门如～年～倾～衢～入～三～山～上～蜃～书～岁～天～田～土～瓦～圩～雾～夕～下～小～晓～休～墟～牙～燕～野～莺花～营～月～珠～㊅～尘～城～尺～宠～寸～粜～店～斗～贩～坊～房～府～工～估～沽～哄～虎～户～欢～会～郊～斤～井～狙～俚～吏～利～民～名～陌～亩～平～衢～权～券～人～丝～司～俗～亭～闲～心～刑～学～牙～义～邑～易～引～佣～鬻～垣～正～直～制～卒～作㊄君王倘若不见遗，白骨黄金犹可市。（唐·乔知之《羸骏篇》）

㊆**海市**　喻指仙境。晋·伏琛《三齐略记》："海上蜃气，时结楼台，名海市。"

沧溟万里排天去，人物纷纷海市中。（宋·孔武仲《晓过州桥》）

槐市　借指京城读书人聚会之地。《三辅黄图》："去城七里，东为常满仓，仓之北为槐市，列槐树数百行为隧，无墙屋。诸生朔望会此市，各持其郡所出货物及经传书记、笙磬乐器，相与买卖，雍雍揖让，议论槐下。"

槐市诸生夜读书，北窗分明辨鲁鱼。（唐·刘禹锡《秋萤引》）

柳市　指汉长安九市之一。《三辅黄图》引《郡国志》："长安大侠萬子夏居柳市。"《长安志》"柳市"注："长安中豪侠萬家在城西柳市。师古曰：'细柳仓有柳市。'"

桃源一向绝风尘，柳市南头访隐沦。（唐·王维《春日与裴迪过新昌里访吕逸人不遇》）

梅市　梅市，相传汉梅福避王莽乱，至会稽，人多依之，遂为村市。代指吴地。见《汉书·梅福传》。

近水方同梅市隐，曝衣多笑阮家贫。（唐·司空曙《闲园即事寄暕公》）

公超市　指东汉张楷隐居的弘农山。亦作"公超""华阴市"。《后汉书·张楷传》："楷字公超，通《严氏春秋》、《古文书》，门徒常百人。……隐居弘农山中，学者随之，所居成市，后华阴山南遂有公超市。"

待访公超市，将予赴华阴。（唐·董思恭《咏雾》）

哭穿市　指妇女被遣送回娘家而痛哭。《左传·文公十八年》："夫人姜氏归于齐，大归也。将行，哭而过市曰：'天乎，仲为不道，杀嫡立庶。'市人皆哭，鲁人谓之哀姜。"

翠眉新妇年二十，载送还家哭穿市。（唐·韩愈《谁氏子》）

偶语弃市　指相聚议论或窃窃私语，便被处以死刑并暴尸示众。《史记·高祖本纪》："父老苦秦苛法久矣，诽谤者族，偶语者弃市。"

适逢偶语几弃市，又见慢儒来溺冠。（明·赵滂《浮丘祠》）

轻车东市　指朝臣被杀。亦作"东市朝衣""衣冠就东市"。《汉书·晁错传》："乃使中尉召错，给载行市，错衣朝衣斩东市。"另见《史记·吴王濞列传》。

旋见衣冠就东市，忽遗弓剑不西巡。（唐·杜牧《河湟》）

设醴与钳市　喻对人逐渐疏远，或对贤者敬意渐减。亦作"醴酒不设"。《汉书·楚元王传》："初，元王敬礼申公等，穆生不嗜酒，元王每置酒，常为穆生设醴。及王戊即位，常设，后忘设焉。穆生退曰：'可以逝矣！醴酒不设，王之意怠，不去，楚人将钳我于市。'称疾卧。"

士 shì

㊁上声，西纸。㊂才～处～达～丹～刀笔～斗～多～凡～方～公～吉～节～杰～介～夸～匡～狂～乐～力～吏～良～林下～灵～令～马～名～名下～末～讴～匹～朴～奇～乞～弃～佥～巧～青云～庆～曲～全～权～人～仁～戎～世～术～戍～天～天下～伟～文～仙～先～贤～乡～秀～义～艺～邑～吟～英～迁～羽～元～正～直～志～忠～爪～庄～壮～㊅～兵～操～臣～大夫～的～多～风～夫～服～官～宦～籍～家～检～节～类～礼～林～流～旅～伦～论～马～氓～民～敏土～女～品～气～人～儒～绅～师～史～庶～素～孙～坦～田～徒～望～五～伍～息～习～乡～行～姓～雄～议～友～则～众～胄～子～卒～族㊄水北山人得名声，去年去作幕下士。（唐·韩愈《寄卢仝》）

㊆**甘谷士**　指服食长寿。晋·葛洪《抱朴子·仙药》："南阳郦县山中有甘谷水，谷水所以甘者，谷上左右皆生甘菊，菊花堕其中，历世弥久，故水味为变。其临此谷中民，皆不穿井，悉食甘谷水，食者无不老寿，高者百四五十岁，下者不失八九十，无夭年人，得此菊力也。"

岂如甘谷士，只得香泉啜。（唐·李德裕《思山居一十首·忆药苗》）

林处士　即林逋。亦作"西湖处士"。宋·欧阳修《归田录》："处士林逋居于杭州西湖之孤山。逋工笔画，善为诗，……又《梅花诗》云：'疏影横斜水清浅，暗香浮动月黄昏。'评诗者谓：'前世咏梅者多矣，未有此句也。'"

恐是前生林处士，晚年不饮至今醒。（宋·赵师秀《再游北山和韵》）

祢处士 东汉祢衡，恃才傲物。泛指文才之士。亦作"祢衡""祢贤""祢笔""祢先生""祢生""狂处士"。见《后汉书·祢衡传》。

往时祢处士，颠倒孔北海。（宋·黄庭坚《寄晁元中十首》其七）

八砖学士 借指懒散的学士。亦作"八砖""花砖学士"。唐·李肇《翰林志》："北厅前阶有花砖道，冬中日及五砖为入直之候。李程性懒，好晚入，恒过八砖乃至，众呼为'八砖学士'。"

八砖学士风标远，五马使君恩意新。（宋·秦观《别子瞻》）

碧桃学士 指北宋词人秦观。宋·杨湜《古今词话》："秦少游寓京师，有贵官延饮，出宠姬碧桃侑觞，劝酒惓惓，少游领其意，复举觞劝碧桃。贵官云：'碧桃素不善饮。'意不欲少游强之。碧桃曰：'今日为学士拼了一醉。'引巨觞长饮。少游即席赠《虞美人》词……贵官云：'今后永不令此姬出来。'满座大笑。"

红杏尚书，碧桃学士，看了虚名都赚人。（宋·吴泳《沁园春·生日自述》）

北门学士 指掌诰词臣。亦作"北门草"。唐·李肇《翰林志》："初，国朝修陈故事，有中书舍人六员专掌诏诰，虽曰禁省，犹非密切。故温大雅、魏征……上官仪，时召草制，未有名号。乾封已后，始曰'北门学士'。"

南台中丞扫榻见，北门学士倒屣迎。（宋·陆游《寄题徐载叔秀才东庄》）

湖海豪士 指江湖之人粗豪放荡的气质。《三国志·魏书·陈登传》："（许）汜曰：'陈元龙湖海之士，豪气不除。'"

未应湖海无豪士，长恨乾坤有腐儒。（宋·陆游《江夏与章冠之遇别后寄赠》）

青莲居士 指李白。唐·李白《答湖州迦叶司马问白是何人》："青莲居士谪仙人，酒肆藏名三十春。湖州司马何须问，金粟如来是后身。"

学取青莲李居士，一生杯酒在神仙。（唐·谭用之《寄左先辈》）

青牛道士 指道术之士。《后汉书·方术传下》："甘始、郭延年、封君达三人者，皆方士也。……君达号'青牛师'。"李贤注引《汉武帝内传》："封君达，陇西人。初服黄连五十余年，入鸟举山，服水银百余年，还乡里，如二十者。常乘青牛，故号'青牛道士'。"

白玉先生多在市，青牛道士不居山。（唐·曹邺《偶题》）

瘦羊博士 指东汉甄宇。引申为能克己让人的人。《后汉书·儒林传下·甄宇》李贤注引《东观汉记》："建武中每腊，诏书赐博士一羊，羊有大小肥瘦。时博士祭酒议欲杀羊分肉，又欲投钩，宇复耻之。宇因先自取其最瘦者，由是不复有争讼。后召会，问'瘦羊博士'所在，京师因以号之。"

瘦羊博士尚骨立，白马将军今肉飞。（宋·陈造《赠赵步师》）

香山居士 指唐代诗人白居易。《旧唐书·白居易传》："会昌中，请罢太子少傅，以刑部尚书致仕。与香山僧如满结香火社，每肩舆往来，白衣鸠杖，自称香山居士。"

不似香山白居士，晚将心地著禅魔。（唐·司空图《修史亭三首》其二）

贞元朝士 借指曾经参加改革的前朝官员，亦用以感叹故旧零落。唐·刘禹锡《听旧宫中乐人穆氏唱歌》："休唱贞元供奉曲，当时朝士已无多。"

我辈重来鬓已皤，贞元朝士苦无多。（宋·楼钥《赠别章茂献尚书》）

示shì

㊀去声，四寘。㊁班～颁～榜～牓～暴～剥～裁～阐～抄～陈～呈～惩～传～垂～赐～导～吩～风～讽～复～公～观～光～函～海～寄～枷～兼～检～见～教～戒～矜～警～掬～抉～开～夸～来～览～率～明～默～目～牌～批～披～破～请～申～手～帅～讨～透～文～显～现～相～枭～晓～宣～悬～炫～训～演～扬～颐～引～隐～游～谕～张～章～昭～诏～指～遵～㊂～惩～导～短～范～覆～化～怀～诲～及～疾～寂～俭～教～戒～儆～警～例～梦～灭～人～弱～世～唆～威～问～下～现～飨～像～信～形～样～意～优～谕～知～众～重㊃浊酒未暇斟，清文颇垂示。（唐·刘长卿《李侍御河北使回至东京相访》）

㊄**发踪指示** 指出谋划策的人。《史记·萧相国世家》："高帝曰：'夫猎，追杀兽兔者狗也，而发踪指示兽处者人也。今诸君徒能得走兽耳，功狗也。至如萧何，发踪指示，功人也。'"

发踪指示语，谁曰匪其实。（宋·张镃《读萧何传有感》）

视（視、*眡、*眎）shì

㊀上声，四纸。㊁傲～白～并～侧～觇～嗔～尘～瞠～澄～鸱～达～大～眈～抵～睇～典～点～洞～督～愕～二～逢蒙～拊～给～钩～顾～归～豪～虎～幻～回～讥～骄～芥～久～鞠～看～瞰～夸～窥～流～昧～眄～眇～末～漠～目～泥～睨～狞～凝～偶～清～善～神～豕～拭目～守～孰～瞬～他～妥～望～危～微～无～忤～狎～下～小～行～雄～盱～炫～延～仰～遥～一～颐～引～鹰～游～占～珍～鸷～周～自～㊂～草～察～朝～成～端～含～候～护～疾～孔～临～流～履～寝～日～肉～膳～生～师～事～朔～态～眺～听～伟～问～息～习～线～效～学～养～药～野～荫～印～遇～躁～瞻～秩～篆～濯㊃自言混沌凿不死，大笑老彭非久视。（唐·李咸用《临川逢陈百年》）

㊄**乳视** 喻指反抗帝王的叛逆者。《山海经·海外西经》："形天与帝争神，帝断其首，葬之常羊之山，乃以乳为目，以脐为口，操干戚以舞。"按，形天一作形夭、刑天。

髯飞尚假息，乳视暂稽诛。（唐·许敬宗《奉和执契静三边应诏》）

试（試）shì

㊀去声，四寘。㊁按～百～比～别

～补～不～部～漕～测～策～尝～常～趁～呈～程～充～初～除～春～从～待～道～典～点～殿～都～斗～放～府～附～赴～改～阁～公～贡～关～观～会～监～简～讲～角～较～解～扃～就～郡～考～科～课～览～里～历～帘～量～免～明～墨～内～拍～秋～铨～肉～入～闪～摄～身～省～试～私～四～岁～探～堂～讨～挑～帖～廷～通～童～武～县～乡～详～小～效～校～选～研～演～验～一～义～引～应～寓～御～院～月～阅～召～辄～中～主～自～顺～巴～本～笔～补～才～策～差～产～场～程～厨～黜～春～灯～点～牍～对～额～法～飞～工～贡～官～馆～管～花～剑～金石～举～卷～刊～考～吏～例～练～炼～令～录～律～论～茗～墨～年庚～期～铨～日～舌～射～身～诗～士～市～事～手～守～授～暑～帖～图～闱～文～习～衔～香～象～心～行～选～旬～业～邑～翼～用～雨～札～政～职～制～秩～中～周～胄～酌～奏～晬例铁衣今正涩，宝刃犹可试。（唐·刘长卿《杂咏八首上礼部李侍郎·古剑》）

典**小试** 喻指获得大用之前，暂时屈就较低官职。《史记·孙武列传》："孙子武者，齐人也。以兵法见于吴王阖庐。阖庐曰：'子之十三篇，吾尽观之矣，可以小试勒兵乎？'对曰：'可。'阖庐曰：'可试以妇人乎？'曰：'可。'……于是阖庐知孙子能用兵，卒以为将。"

小试园林栽接手，山中亦是一洪钧。（宋·方岳《元日雨》）

氏shì 另见148页zhī。

古上声，四纸。逆百～包牺～保～碧～伯～慈～丹鸟～多～二～梵～方雷～世～凤鸟～佛～凫～汉～和～侯～季～甲～匠～介～咎～舅～君～莱～老～潞～蛮～门～宓羲～名～母～乌俗～萍～琴～青鸟～人～师～史～室～释～筮～庶～燧人～太史～陶唐～庭～外～无怀～五～西～夏～萧～玄鸟～野庐～伊耆～仪～尹～嬴～中央～仲～周～宗～族～顺～号～谱～姓～胄～族例少尝侍先君，余闲诵白氏。（唐·王周《志峡船具诗·百丈》）

典**伯氏** 指兄长。《诗经·小雅·何人斯》："伯氏吹埙，仲氏吹篪。"郑玄笺："伯仲，喻兄弟也。"

忆作儿童随伯氏，南来今只一身存。（唐·韩愈《过始兴江口感怀》）

凫氏 《周礼》官名，职掌作钟之事。借指钟。《周礼·考工记·凫氏》："凫氏为钟，两栾谓之铣。"

近杂鸡人唱，新传凫氏文。（唐·戴叔伦《晓闻长乐钟声》）

伯赵氏 指少皞氏时历正的属官。《左传·昭公十七年》："昭公问焉，曰：'少皞氏鸟名官，何故也？'剡子曰：'……我高祖少皞，挚之立也，凤鸟适至，故纪于鸟，为鸟师而鸟名。凤鸟氏，历正也。玄鸟氏，司分者也。伯赵氏，司至者也。'"杜预注："伯赵，伯劳也。以夏至鸣，冬至止。"

官称伯赵氏，色辨五方云。（唐·于尹躬《南至日太史登台书云物》）

伊祁氏 借指春季。唐·皮日休《皮子文薮·桃花赋》："伊祁氏之作春也，有艳外之艳，华中之华，众木不得，融为桃花。"

三百八十言，出自伊祁氏。（唐·皮日休《奉和鲁望读阴符经见寄》）

青蝇悲虞氏 指客死贬所，无人掩埋。《三国志·吴书·虞翻传》："（孙）权积怒非一，遂徙翻交州。"裴松之注引《虞翻别传》："翻放弃南方，云：'自恨疏节，骨体不媚，犯上获罪，当长没海隅，生无可与语，死以青蝇为吊客，使天下一人知己者，足以不恨。'"

青蝇岂独悲虞氏，黄犬应闻笑李斯。（唐·李德裕《到恶溪夜泊芦岛》）

元礼归纶氏 指免官。《后汉书·李膺传》："李膺字元礼，颍川襄城人也……专护乌桓校尉。鲜卑数犯塞，膺常蒙矢石，没每破走之，虏甚惮慑。以公事免官，还居纶氏，教授常千人。"

元礼去归缑氏学，江充来见犬台宫。（唐·杜牧《李给事中敏二首》其一）

誓shì

古去声，八霁。逆背～本～打～典～订～黩～发～罚～负～高～诰～汉～弘～鸿～黄龙～击楫～监～诫～鞫～立～六～盟～明～起～设～矢～受～说～私～铁～惜～心～信～训～言～要～遗～约～质～重～咒～祝～自～诅～作～顺～表～惩～辞～带～发～诰～骨～肌～檝～俭草～剑～江～戒～禁～令～旅～盟～民～命～牧～墓～念～清～券～刃～社～省～师～书～死～天～文～心～信～言～要～愿～约～章～证～志～众～状例洗虑宾空寂，焚香结精誓。（唐·宋之问《自衡阳至韶州谒能禅师》）

典**共姜誓** 指妇女在丈夫死后，发誓不改嫁。《诗经·鄘风·柏舟·序》："《柏舟》，共姜自誓也。卫世子共伯蚤死，其妻守义，父母欲夺而嫁之，誓而弗许，故作是诗以绝之。"

孟母迁邻训，共姜誓己诗。（宋·刘克庄《陈夫人哀诗》）

逝shì

古去声，八霁。逆奔～崩～病～长～川～遄～从此～徂～殂～悼～电～凋～东～独～飞～跌～感～高～过～横～薨～回～火～迥～九～溘～雷～流～沦～鸟～飘～弃～迁～潜～倾～日月～丧～善～伤～逝～叹～逃～亡～往～逶～遐～仙～先～消～淹～奄～夭～遥～隐～永～远～殒～曾～增～顺～波～川～殂～景～流～路～迈～没～灭～年～鸟～魄～日～圣～世～逝～水～死～湍～往～物～息～言～运～止～踵例彷徨庭阙下，叹息光阴逝。（唐·李白《答高山人兼呈权顾二侯》）

典**似川逝** 指时光像河水一样消逝。《论语·子罕》："子在川上曰：'逝者如斯乎！不舍昼夜。'"

花落莺啼。把往事似川逝。（宋·葛长庚《菊花新·有个闷甚处》）

恃shì

古上声，四纸。逆不足～冯～负～怙～介～矜～据～偏～凭～失～

挟～信～依～倚～仗～自～阻～顺～爱～宠～功～固～怙～赖～明～凭～屺～气～顽～息～险～性～众例假如不在陈力列，立言垂范亦足恃。（唐·韩愈《寄卢仝》）

侍shì

古去声，四寘。逆安～长～常～朝～承～词～慈～弟子～貂～防～奉～伏～扶～服～给～供～鹄～户～扈～欢～环～宦～阍～姬～阶～解～近～进～禁～久～立～僚～列～门～密～内～昵～旁～陪～偏～嫔～趋～荣～入～省～十常～私～随～卫～侠～选～严～迎～营～媵～娱～虞～御～在～瞻～直～中～坐～顺～案～班～曹～侧～长～朝～臣～晨～从～弟～丁～读～儿～奉～官～候～胡～护～话～鬟～箕帚～疾～祭～驾～间～见～讲～教～禁～酒～赖～郎～立～猎～临～面～弄～女～其～亲～人～膳～射～生～食～史～使～视～书～姝～僮～投～问～行～学～言～宴～燕～养～药～役～俑～游～渔～御～者～执～直～中～子～坐例况当尚少朝，弥惭居近侍。（唐·白居易《衰病无趣，因吟所怀》）

典**子夫入侍**　指后妃。《史记·外戚世家》："卫皇后字子夫，生微矣。盖其家号曰卫氏，出平阳侯邑。子夫为平阳主讴者。……上（武帝）望见，独说卫子夫。是日，武帝起更衣，子夫侍尚衣轩中，得幸。……于是废陈皇后，而立卫子夫为皇后。"

子夫前入侍，飞燕复当时。（唐·武平一《杂曲歌辞·妾薄命》）

与花为近侍　指芍药、牡丹。亦作"芍药须为近侍"。唐·罗隐《牡丹花》（《全唐诗》卷六五五）："芍药与君为近侍，芙蓉何处避芳尘。"

不分与花为近侍，难甘溱洧赠闲人。（宋·葛胜仲《浣溪沙·楼子包金照眼新》）

仕shì

古上声，四纸。逆避～臣～出～从～达～登～官～贵～贱～将～进～禄～能～诸～贫～强～荣～辱～入～三～佚～筮～贪～退～伟～显～学～优～游～责～致～顺～版～朝～道～官～户～宦～籍～家～进～林～流～禄～路～门～女～贫～涂～隐～止～子例寄书寂寂於陵子，蓬蒿没身胡不仕。（唐·李颀《答高三十五留别便呈于十一》）

典**筮仕**　指初次做官。《左传·闵公元年》："初，毕万筮仕于晋，遇《屯》之《比》。辛廖占之，曰：'吉。'"

筮仕无中秩，归耕有外臣。（唐·卢照邻《元日述怀》）

柿（柹）shì

古去声，十一队。逆丁香～盖～烘～醂～椑～霜～顺～饼～蒂～糕～花～盘～漆～霜～叶～子～子金例秋阳红若柿，晓雨翠如丝。（宋·白玉蟾《南台舟中联句》）

噬shì　咬。

古去声，八霁。逆犴～搏～啖～啗～噉～柢～毒～反～肥～含～龁～横～虎～攫～狂～狼～内～啮～脐～侵～螫～腾～屠～吞～咥～哮～咬～援～咋～顺～搏～肤～负～攫～嗑～逆～啮～齐～脐～犬～螫～吞～贤～指～蘸例涛落归泥沙，翻遭蝼蚁噬。（唐·李白《枯鱼过河泣》）

嗜shì

古去声，四寘。逆阿～爱～不～馋～耽～笃～甘～酣～好～贱～酷～廉～癖～僻～偏～情～私～贪～同～顺～爱～胆～古～好～芰～痂～进～利～杀～尚～书～玩～血～欲～悦～枣～爪例紫芝可以饱，粱肉非所嗜。（宋·王安石《四皓二首》其二）

莳（蒔）shì　另见153页shí。

古去声，四寘。逆产～花～移～栽～种～顺～花～田～秧～刈例他稼已如云，我田方欲莳。（唐·吴融《祝风三十二韵》）

舐shì　舔。

古上声，四纸。（以"䑛"字下同）逆啖～吮～顺～鼎～犊～足例吾生如月浪中翻，人情得蜜刀头舐。（宋·方岳《元夕病中》）

筮shì

古去声，八霁。逆卜～策～卦～龟～九～枚～谋～蓍～守～泰～遗～易～占～顺～卜～地～卦～龟～盍～嘉～决～人～日～史～氏～仕～筭～问～席～验～营～择～宅例洛滨仙驾启遥源，淮浦灵津符远筮。（唐·骆宾王《代女道士王灵妃赠道士李荣》）

澨shì　水滨。

古去声，八霁。逆海～江～派～水～崖～障～隈～例亲知送河门，邦族迎江澨。（唐·储光羲《贻丁主簿仙芝别》）

贳（貰）shì

古去声，八霁。又：去声，二十二祃同。逆贷～假～降～宽～容～赊～赦～顺～廛～贷～过～患～钱～忍～赦～死～忒～账例笑歌诚有余，金貂尚能贳。（宋·赵善括《清明后一日泛湖游园联句》）

豉shì　又读。见154页chǐ。

古去声，四寘。逆淡～豆～临～麪～麴～盐～玉～顺～羹～酒

似sì

古上声，四纸。逆把～逼～比～辨～不差～侔～得～分～怪～好～何～忽～浑～浑不～浑一～活～计～寄～假～举～酷～类～了～令～貌～匹～譬～恰～强～切～赛～神～胜～送～脱～宛～无～奚～相～想～象～肖～写～形～疋～雅～亚～一～疑～意～影～有～欲～真～争～直～指～顺～乎～类～如～若～许～续～应例手中十指有长短，截之痛惜皆相似。（唐·刘商《胡笳十八拍·第十四拍》）

思sì　旧读。指思绪，情怀。《增修互注礼部韵略·志韵》相吏切："思：意也，虑也；情绪也。"另见144页sī、309页sāi。

古去声，四寘。逆愁～例斜倚水开花有思，缓随风转柳如痴。（宋·王安石《金明池》）

寺sì

古去声，四寘。逆白马～百～败～北～禅～朝～城～祠～村～邸～貂～东～都～法～番～坟～佛～府～妇～宫～孤～孤山～古～观～官～寒～寒山～鹤林～鸿胪～宦～荒～阍～棘～监～讲～禁～冏～九～麟～灵～内～南禅～尼～卿～僧～刹～山～少林～省～水～亭～乌似烟～乡～萧～玄～

阄～奄～野～遗～尹～营～云～知～竹～住～驺～祖～(顺)～庵～壁～曹～丞～观～户～棘～监～庙～寝～卿～刹～舍～省～署～宇～院～主(例)野老朝入田，山僧暮归寺。（唐·孟浩然《寻香山湛上人》）

(典)**棘寺**　古代听讼于棘木之下，大理寺为掌刑狱的官署，故指大理寺。亦作“棘庭”。《礼记·王制》：“成狱词，史以狱成告于正，正听之。正以狱成告于大司寇，大司寇听之棘木之下。”

棘寺游三礼，蓬山簉八儒。（唐·骆宾王《久戍边城有怀京邑》）

萧寺　指寺院。亦作“萧家寺”“萧帝寺”。《梁书·任孝恭传》：“孝恭少从萧寺云法师读经论，明佛理，至是蔬食持戒，信受甚笃。”唐·李肇《唐国史补》卷中：“梁武帝造寺，令萧子云飞白大书‘萧’字，至今‘萧’字存焉。”

上元萧寺基址在，杭州潮水霜雪屯。（唐·元稹《去杭州》）

同泰寺　指梁武帝萧衍所创的佛寺。《南史·梁本纪·武帝纪下》：“初，帝创同泰寺，至是开大通门以对寺之南门，取反语以协同泰。自是晨夕讲义，多由此门。三月辛未，幸寺舍身。甲戌还宫，大赦，改元大通，以符寺及门名。”

旧日此间同泰寺，曾将龙衮换袈裟。（宋·苏泂《金陵杂兴二百首》其一）

肆sì

(古)去声，四寘。(逆)傲～骛～宝～鲍～卜～茶～廛～猖～倡～朝～车～城～逞～骋～侈～炽～楚～诞～典～店～惰～贩～坊～勾～枸～酤～卦～广～酣～涵～豪～和～横～弘～宏～闳～画～阛～患～恢～贾～僭～骄～街～矜～锦～酒～居～倨～踞～开～枯～宽～娄～廊～帘～陵～垆～闾～率～慢～酿～平～奇～秦～轻～衢～儒～商～市～书～贪～唐～偷～屠～瓦～汪～霞～闲～雄～玄～烟～筵～偃～游～逾～云～质～专～姿～恣～纵～(顺)～谤～暴～虣～笔～布～察～长～鬯～诋～睇～毒～惰～恶～伐～法～芳～好～横～祸～迹～既～劫～矜～觐～踞～口～览～类～力～詈～鳞～流～掠～骂～慢～目～募～逆～怒～虐～剽～器～勤～情～扰～人～任～骚～奢～赦～省～师～螫～手～祀～肆～谈～体～通～头～威～侮～夏～险～享～心～刑～行～凶～言～筵～野～业～义～议～意～瘗～应～宥～宇～阅～诈～宅～直～志～訾～恣～纵(例)芒麦平百井，闲乘列千肆。（唐·李贺《昌谷诗》）

(典)**鲍肆**　喻指恶劣的环境。《孔子家语·六本》：“与不善人居，如入鲍鱼之肆，久而不闻其臭。”

老去无端都塞了，不分鲍肆与兰房。（宋·刘克庄《杂咏七言十首》其四）

四sì

(古)去声，四寘。(逆)除～垂～第～二～二十～封～胡拨～连～乞～三～数～再～挣～(顺)～鄙～辟～蔽～壁～壁空～察～尘～驰～出～处～从～聪～存～达～德～端～对～方～飞～分～伏～圭～豪～合～貉～弘～华～化～会～豁～畿～稽～件～疆～节～解～境～聚～孔～夔～六～履～马～门～鸟～裴～平～器～衢～膳～失～史～士～世～守～书～司～同～外～危～围～卫～勿～务～辖～乡～向～凶～休～檐～业～仪～夷～义～艺～裔～印～瀛～墉～友～宇～陬～元～匝～兆～仲～众～子～左(例)拆书放床头，涕与泪垂四。（唐·韩愈《寄皇甫湜》）

嗣sì

(古)去声，四寘。(逆)报～不～承～出～储～传～的～嫡～乏～法～匪～辅～根～孤～广～归～国～过～洪～后～还～皇～继～稷～建～绝～开～来～立～令～乱～苗～起～上～世～适～俟～统～王～系～遐～先～贤～享～血～衍～一～遗～义～胤～元～允～择～哲～真～枝～胄～追～宗～族～缵～(顺)～产～承～德～法～芳～封～奉～服～功～翰～后～皇～徽～继～爵～君～历～立～临～嫡～母～男～虐～让～人～绍～圣～世～事～适～守～述～岁～孙～体～统～王～位～武～息～袭～响～兴～续～训～业～音～胤～膺～育～主～子～宗～纂(例)禹本刑人后，以功继其嗣。（唐·皮日休《奉和鲁望读阴符经见寄》）

(典)**辅嗣**　①借指通晓《老》《易》之士。②指早逝的才士。三国王弼字辅嗣，精通《老子》《周易》，不幸早逝。参见《三国志·魏书·钟会传》。

富平学满书三箧，辅嗣功成易六爻。（宋·王洋《和张可投诗十首》其八）

祀sì

(古)上声，四纸。(逆)百～邦～常～承～崇～祠～次～从～祷～登～禘～典～法～燔～方～房～丰～封～奉～附～祔～格～供～故～国～合～洪～继～祭～家～讲～郊～醮～洁～进～旌～馈～来～酹～礼～灵～庙～明～陪～配～七～千～清～人～社～神～时～世～守～顺～岁～特～通～外～望～袷～先～闲～乡～享～飨～孝～馨～修～训～烟～延～阳～野～遗～亿～奕～阴～禋～淫～迎～雩～元～月～礿～载～赞～昭～兆～秩～冢～宗～祖～(顺)～场～祷～典～奉～贡～姑～孤～纪～祭～孔～礼～命～曲～舍～社～牲～坛～堂～天～田～土～物～享～仪～禜～灶(例)楚都昔全盛，高丘烜望祀。（唐·杨炯《西陵峡》）

(典)**采蘩祀**　指贵夫人。《诗经·召南·采蘩序》：“《采蘩》，夫人不失职也，夫人可以奉祭祀，则不失职矣。”

恭承采蘩祀，敢效同车贤。（唐·鲍溶《古意》）

饲(飼)sì　参见178页shí“食”。

(古)去声，四寘。(逆)鼻～饭～秣～牛～养～饮～(顺)～草～祭～监～馈～礼～料～马～秣～母～雀～人～食～士～饷～飨～养～医～饮～子(例)宣受内家专喂饲，花毛间看总皆知。（五代·花蕊夫人《宫词》其七四）

伺sì　观察；守候。另见163页cì。

(古)去声，四寘。(逆)参～察～觇～闯～谛～防～伏～何～候～环～监～儌～狙～看～窥～瞵～逻～密～眄～潜～私～探～听～微～闲～诇～掩～侦～(顺)～便～察～觇～

晨～候～机～窥～漏～望～闲～衅～亹～应～诈例势骄改令图，反侧久窥伺。（元·郭钰《悲庐陵》）

笥 sì 用竹或苇编成的箱子。

古去声，四寘。逆宝～边～边韶～箪～腹～画～家～巾～囊～箧～琼～绶～书～橐～韦～苇～五经～箱～行～岩～药～衣～玉～枕～重～竹～顺～椟～腹～笈～箧例讨论穷义府，看核披经笥。（唐·李世民《咏司马彪续汉志》）

典**玉笥** 指玉笥山，在今江西永新县境，为道家七十二小洞天之一。《太平御览》卷四一引宋·张君房《云笈七签·洞天福地·七十二小洞天》："第十七玉笥山洞：周回一百二十里，名曰太玄法乐天，在吉州永新县，真人梁伯鸾主之。"《玉笥山记》："汉武帝好仙，察众山之迹，知此山为灵感之司……因封为玉笥山。"

烟凄玉笥封云篆，月惨琪花葬羽衣。（唐·皮日休《伤开元观顾道士》）

庙堂巾笥 指不愿当官受困。《庄子·秋水》："庄子钓于濮水。楚王使大夫二人往先焉，曰：'愿以境内累矣！'庄子持竿不顾，曰：'吾闻楚有神龟，死已三千岁矣。王巾笥而藏之庙堂之上。此龟者，宁其死为留骨而贵乎？宁其生而曳尾于涂中乎？'二大夫曰：'宁生而曳尾涂中。'庄子曰：'往矣，吾将曳尾于涂中。'"

庙堂巾笥非余慕，钱刀儿女徒纷纷。（唐·柳宗元《龟背戏》）

巳 sì

古上声，四纸。逆辰～除～吉～三～上～岁在～元～顺～牌～时例少年分日作遨游，不用清明兼上巳。（唐·王维《寒食城东即事》）

耜 sì 耕具。

古上声，四纸。逆春～黛～耒～良～农～剡～石～覃～县～悬～执～剚～例已铸剑锋成耒耜，更陶瓦缶作尊彝。（宋·翁教授《乡饮酒唱和诗》）

俟 sì 等待。另见211页qí。

古上声，四纸。逆百世～鹄～静～顺～俟～夷～倚马～颙～顺～次～分～汾～候～畿～几～斤～命～奴～时～俟～嗣～望例圣君贤相安可欺，乾死穷山竟何俟。（唐·韩愈《谁氏子》）

驷（駟）sì

古去声，四寘。逆百～骋～驰～醇～房～风～骇～结～九～钧～羸～良～龙～鸾～千～壤～上～天～宛～文～下～小～骍～玄～燕～逸～月～中～顺～车～乘～房～盖～黄～介～景～骊～骈～马～牡～骐～铁～骥～騵例钟陵既方舟，魏阙将结驷。（唐·皮日休《奉和鲁望读阴符经见寄》）

典**结驷** 喻指富贵显赫。《史记·仲尼弟子列传》："子贡相卫，而结驷连骑，排藜藿入穷阎，过谢原宪。"

结驷填街术，闾阎满邑居。（唐·上官昭容《游长宁公主流杯池二十五首》其一四）

上驷 指最优良的马。《史记·孙子列传》："孙子见其马足不甚相远，马有上、中、下辈。于是……（谓田忌）曰：'今以君之下驷与彼上驷，取君上驷与彼中驷，取君中驷与彼下驷。'"

高才名价欲凌云，上驷光华远赠君。（唐·李绛《和裴相国荅张秘书赠马诗》）

郑小驷 指郑国献给晋侯的马。《左传·僖公十五年》："步扬御戎，家仆徒为右，乘小驷，郑入也。"杜预注："郑所献马名小驷也。"

还乘郑小驷，蹀躞县城阴。（唐·韩翃《送营城李少府》）

泗 sì

古去声，四寘。逆鲠～淮～挥～涕～雨～陨～洙～顺～滨～滨友～川～上～石～洟～涕～沂～洙例迢递别荆吴，飘飖涉沂泗。（唐·储光羲《赴冯翊作》）

典**洙泗** 洙水和泗水，流经山东曲阜，孔子在洙泗之间聚徒讲学。后因以"洙泗"代称孔子及儒家。《礼记·檀弓上》："吾与女事夫子于洙泗之间。"

虽云忠愤语伤激，律以洙泗犹津迷。（宋·魏了翁《次韵永平令江叔文鹤山书院落成诗》）

兕 sì

古上声，四纸。逆仓～苍～豺～出柙～匪～虎～蛟～寝～青～石～兽～水～随～犀～野～逸～酌～顺～觥～觵～虎～甲～爵～先～中例寒泉飞碧螭，古木斗苍兕。（唐·皮日休《太湖诗·孤园寺》）

典**苍兕** 指矢志灭敌。《史记·齐太公世家》："师行，师尚父左杖黄钺，右把白旄以誓，曰：'苍兕苍兕，总尔众庶，与尔舟楫，后至者斩！'"司马贞索隐："马融曰：'苍兕，诸舟楫官名。'又，王充曰：'苍兕者，水兽，九头。'今誓众，令急济，故言苍兕以惧之。"

江涛簸岸黄沙走，云雪埋山苍兕吼。（唐·杜甫《复阴》）

姒 sì 弟妻称兄妻为姒。兄弟之妻亦互称为姒。

古上声，四纸。逆褒～伯～大～娣～姬～任～太～姚～子～顺～娣～妇例寥寥断竹歌，瓦埾溯姚姒。（宋·王应麟《唐开成年墓志石》）

典**周亡褒姒** 借指女祸。《诗经·小雅·正月》："燎之方扬，宁或灭之。赫赫宗周，褒姒灭之。"孔颖达疏："周国虽盛，终将褒姒灭之。"

周亡褒姒。商倾妲己。吴王却嫌胥逆耳。（宋·董颖《薄媚·飞云驶》）

涘 sì 水边。

古上声，四纸。逆海～江～津～洛～浔～崖～涯～例先生固是余所畏，度量不敢窥涯涘。（唐·韩愈《寄卢仝》）

汜 sì 水名。

古上声，四纸。逆东～江～江有～濛～蒙～沱～西～朱～顺～人例日落草木阴，舟徒泊江汜。（唐·薛据《泊震泽口》）

典**蒙汜** 喻指人的暮年。《楚辞·天问》："出自汤谷，次于蒙汜。"王逸注："言日出东方汤谷之中，暮入西极蒙水之涯也。"

驱还扶桑面，黄昏付蒙汜。（宋·宋祁《杂咏三首》其三）

苡 sì 又读。另见220页yǐ。

志[1] zhì

古去声，四寘。逆安～秉～才～昌～畅～诚～骋～驰～酬～寸～达～丹～耽～斗～笃～端～迩～贰～合～和～鸿鹄～湖海～嘉～交～谨～尽～经世～靖～静～亢～

娉～旷～廊庙～励～砺～灵～凌云～六～麋鹿～邈～民～明～谋～栖～齐～谦～勤～青霞～青云～情～屈～桑蓬～慎～矢～适～誓～守～死～四方～肆～夙～肃～覃～题柱～晚～喜～遐～霞～心～雄～修～蓄～雅～烟霞～言～移山～遗～颐～义～隐～咏～游～远～忠～壮～恣～顺～抱～操～诚～乘～胆～道～度～分～概～干～格～功～古～怪～好～画～晦～计～节～介～局～况～力～量～虑～略～念～鸟～气～情～趋～趣～人～尚～识～矢～士～事～书～思～图～托～望～微～乡～向～心～行～性～学～业～义～用～欲～愿～治～致例甘从锋刃毙，莫夺坚贞志。（唐·韦应物《睢阳感怀》）

典**蘧公志** 春秋时，卫大夫蘧伯玉善于改正认识，对于出处进退采取灵活的态度，以保持自己的心志。《论语·卫灵公》：“子曰：‘……君子哉蘧伯玉！邦有道，则仕；邦无道，则可卷而怀之。’”

范子名屡移，蘧公志常保。（唐·陶翰《早过临淮》）

虹霓志 指凌云壮志。三国魏·曹植《七启》：“若夫田文无忌之俦，乃上古之俊公子也，皆飞仁扬义，腾跃道艺……挥袂则九野生风，慷慨则气成虹霓。”

糟腌两个功名字，醅渰千古兴亡事，曲埋万丈虹霓志。（元·白朴《寄生草》）

黄鹄志 喻指志向高远的杰出人才。《楚辞·卜居》：“宁与黄鹄比翼乎？将与鸡鹜争食乎？”

黄鹄志千里，皓鹤恋芝田。（宋·张九成《拟归田园》）

移山志 移去大山的志气。喻指矢志不移。见《列子·汤问》所载“愚公移山”的故事。

东堂旧屈移山志，南国新留煮海功。（唐·许浑《送岭南卢判官罢职归华阴山居》）

曹蜍李志 喻指无足轻重的小人物。《世说新语·品藻》载：晋人曹茂之，字永世，小字蜍，彭城人；李志，字温祖，江夏钟武人。二人字都写得不错，但为人平平庸庸，没有什么值得称道的。

呜呼千载慕廉蔺，曹蜍李志如九泉。（宋·李洪《隆兴改元》）

谢公雅志 指做官者希望隐居。或作“东山之志”。《晋书·谢安传》：“安虽受朝寄，然东山之志，始末不渝，每形于言色。及镇新城，尽室而行，造汎海之装，欲须经略粗定，自江道还东。雅志未就，遂遇疾笃，上疏请量宜旋旆。诏遣侍中慰劳，遂还都。闻当舆入西州门，自以本志不遂，深自慨失，因怅然谓所亲曰：‘吾病殆不起乎？’”

壶遂暮年非不遇，谢公雅志或相违。（宋·蔡戡《胡长文给事挽诗》）

志[2]（誌）zhì

古去声，四寘。逆榜～碑～标～传～地～方～封～记～谨～款～圹～铭～墓～石～隧～题～图～杂～顺～哀～表～传～公～怪～惠～记～圹～名～铭～认～石～文～喜～异～桩～状～赘

制 zhì

古去声，八霁。逆隘～班～逼～边～掣～承～除～楚～淳～达～禫～抵～地～典～扼～奉～服～革～格～更～古～规～轨～诡～汉～捍～羁～戢～缄～街～讦～劫～结～矜～经～拘～峻～克～跨～匡～礼～凌～明～墨～拟～迫～遣～强～曲～日～三～失～时～受～殊～束～岁～台～特～威～违～维～委～文～遐～闲～挟～心～驯～雅～严～遥～仪～彝～抑～邑～拥～永～黝～逾～驭～月～造～杖～肇～治～终～颛～姿～遵～顺～备～鄙～币～鞭～变～裁～草～策～持～敕～除～辞～从～导～地～度～断～遏～罚～防～伏～抚～府～缚～改～诰～号～化～匠～教～节～劫～举～决～勘～阃～理～令～命～气～屈～胜～使～世～事～寿～授～书～数～帅～台～田～土～威～限～象～行～一～宜～义～艺～议～抑～驭～御～约～造～则～杖～诏～止～指～治～置～中～撰～子例声华当健笔，洒落富清制。（唐·杜甫《送樊二十三侍御赴汉中判官》）

典**伏羲初制** 借指瑟。《太平御览》卷五七六引《世本》：“庖羲氏作瑟。”《初学记》卷一一引晋·皇甫谧《帝王世纪》：“太昊帝庖羲氏，风姓也，蛇身人首，有圣德，都陈，作瑟三十六弦。”

伏羲初制法，素女昔传名。（唐·李峤《瑟》）

香奁新制 指和凝的词集《香奁集》。宋·沈括《梦溪笔谈·艺文》三：“和鲁公（凝）有艳词一编，名《香奁集》。凝后贵，乃嫁其名为韩偓。今世传韩偓《香奁集》，乃凝所为也。”

诗变齐梁体已浇。香奁新制出唐朝。（宋·刘克庄《鹧鸪天·诗变齐梁体已浇》）

帜（幟）zhì

古去声，四寘。逆拔～白～标～表～摽～赤～丹～毒～幡～汉～黑～麾～徽～降～旌～酒～军～旗～青～升～树～摇～疑～易～张～招～顺～羽～志例吕后临朝诸吕反，赖有平勃植赤帜。（宋·陈普《历代传授歌》）

治 zhì

古去声，四寘。又：上平，四支异（小异）。逆邦～赍～本～辨～辩～不～布～参～乘～饬～出～达～大～典～督～耳～敷～抚～覆～干～攻～钩～故～观～护～济～讲～诘～洁～进～静～究～鞫～镌～浚～开～考～科～厘～礼～立～吏～连～论～民～名～明～平～侨～清～人～善～缮～时～束～思～肃～泰～讨～天下～听～同～抟～完～文～系～县～孝～协～心～行～修～养～益～隐～耘～宰～在～赞～谪～针～诤～至～志～众～州～斫～琢～自～诹～佐～作～顺～阿～安～保～备～本～变～捕～步～产～成～达～地～典～定～度～凡～方～服～抚～改～干～公～功～躬～古～官～国～害～号～忽～刍～护～化～迹～绩～家～经～具～剧～礼～历～令～聋～名～命～目～牧～平～亲～权～穰～人～任～戎～身～生～声～实～世～市～室～术～讼～所～田～通～统～徒～晚～务～下～心～行～性

~叙~学~严~养~要~宜~印~驭~狱~载~择~制~中例心如定水随形应，口似悬河逐病治。（唐·白居易《赠僧五首·神照上人》）

典**卧治**　指对州郡长官的称美。《史记·汲郑列传》："黯多病，卧闺阁内不出。岁余，东海大治。……乃召拜黯为淮阳太守。黯伏谢不受印……上曰：'……吾徒得君之重，卧而治之。'……黯居郡如故治，淮阳政清。"

土风豪盛古长安，谁谓元侯卧治难。（宋·文同《寄永兴吴龙图给事》）

稚（*穉）zhì

古去声，四寘。逆悼~丁~儿~二~抚~妇~孤~孩~盍~娇~骄~鞠~狂~老~髦~蒙~孥~贫~浅~韶~树~鲐~髫~童~土~养~野~遗~婴~幼~顺~艾~柏~笔~齿~川~弟~耋~儿~蜂~根~荷~稼~交~节~酒~老~龄~龙~绿~昧~梦~免~藐~嫩~年~女~妻~气~钱~秋~犬~孺~乳~蕊~弱~桑~杉~水~松~俗~岁~孙~笋~榻~态~小~秀~颜~艳~幼~语~质~竹~拙~子~子例善贾识贪廉，良田无植稚。（唐·元稹《杂曲歌辞·出门行》）

致zhì

古去声，四寘。逆笔~标~表~别~布~才~裁~淳~辞~丰~风~附~傅~感~高~格~功~钩~构~孤~乖~豪~弘~鸿~获~跻~极~佳~嘉~坚~胶~尽~进~精~景~拘~倦~绝~款~馈~来~理~力~贸~密~辇~缥~品~奇~牵~强~清~情~曲~趣~深~神~胜~诗~识~殊~思~体~委~遐~倖~玄~雅~延~言~邀~要~奕~轶~逸~意~迎~营~幽~诱~语~渊~远~阅~韵~张~招~直~志~嘱~转~姿~资~顺~哀~诚~辞~祷~得~敌~度~罚~法~福~功~襘~国~果~和~候~化~怀~极~诘~精~敬~君~乐~理~力~禄~密~命~女~聘~平~齐~人~戎~赏~师~实~食~士~仕~事~思~殆~位~味~武~飨~效~谢~心~养~一~意~饔~用~语~政~知~志~治~主~罪~胙例龙吟回其头，夹辅待所致。（唐·杜甫《送从弟亚赴安西判官》）

典**雅人深致**　指风雅之人意致深远。《世说新语·文学》："谢公因子弟集聚，问：'《毛诗》何句最佳？'遏（谢玄）称曰：'昔我往矣，杨柳依依。今我来思，雨雪霏霏。'公曰：'讦谟定命，远猷辰告。'"

雅人有深致，锦心而绣口。（宋·蒲寿宬《咏史八首·谢道韫》）

至[1] zhì

古去声，四寘。逆标~采~沉~丛~丰~工~攻~光~坚~胶~精~景~密~秾~润~深~细~详~张~缜~致~顺~密~细例丹阙退朝回，白云迎赏至。（唐·钱起《太子李舍人城东别业》）

典**不知老将至**　指一种放达的心境。《论语·述而》："叶公问孔子于子路，子路不对。子曰：'女奚不曰，其为人也，发愤忘食，乐以忘忧，不知老之将至云尔。'"

不知老将至，犹自放诗狂。（唐·白居易《洛中偶作》）

至[2]（厔）zhì

逆周~盩~

智zhì

古去声，四寘。逆爱~悲~辨~辩~并~不~才~材~逞~聪~燕~达~大~胆~斗~独~二~伐~凡~福~鼓~寡~诡~慧~积~极~急~戢~角~杰~竭~旌~静~谲~俊~开~灵~泯~迷~敏~明~谋~囊底~偏~齐~弃~巧~挈瓶~亲~曲~仁~锐~睿~色~赡~上~圣~事~饰~殊~说~夙~天~退~晚~无~无运~舞~黠~贤~小~心~畜~徇~言~养~役~益~余~云~运~早~张~中~忠~众~足~顺~黠~鄙~变~辨~辩~才~曹~策~差~臣~达~灯~地~调~度~法~防~府~骨~故~光~惠~慧~慧剑~昏~惛~计~见~剑~鉴~将~狡~教~局~炬~力~量~虑~略~敏~名~谋~囊~器~巧~禽~琼~人~仁勇~刃~睿~山~商~识~士~术~数~水~思~叟~算~算~通~伪~効~效~谞~学~意~鹬~勇~用~育~圆行方~钥~诈~照~者~珠~烛例徒闻跃马年，苦无出人智。（唐·王维《赠从弟司库员外絿》）

典**楼护智**　指人机智善交。《汉书·楼护传》：楼护字君卿，齐人。曾任广汉太守，元始中，封息乡侯。"为人短小精辩，议论常依名节，听之者皆竦。与谷永俱为五侯上客，长安号曰：'谷子云笔札，楼君卿唇舌。'"

自笑苦无楼护智，可怜铅椠竟何功。（唐·杜牧《长安杂题长句六首》其二）

置zhì

古去声，四寘。逆按~拔~摆~备~闭~辟~变~标~摽~拨~补~不~常~触~传~厝~措~等~断~钝~顿~废~分~搁~阁~更~供~购~馆~广~归~皮~候~疾~计~惄~建~开~阊~量~列~迥~留~漠~抛~屏~铺~栖~骑~棋~碁~弃~牵~侨~寝~容~散~施~收~署~束~树~私~填~亭~鹜~骛~徙~先~闲~畜~移~遗~易~驿~迎~营~邮~预~运~增~招~召~谪~整~直~制~掷~中~周~转~自~作~顺~办~备~辨~辩~蓟~传~辞~措~答~递~都~对~顿~法~后~喙~籍~家~楬~堇~酒~局~醴~立~论~买~念~臬~槷~闰~散~设~社~身~手~榻~亭~问~想~信~言~疑~议~驿~邮~质~重~锥例车服随名表，文物因时置。（唐·李世民《咏司马彪续汉志》）

峙zhì

古上声，四纸。逆层~鸱~踌~储~错~鼎~独~对~顿~崿~方~峰~凤~高~孤~鹄~鹤~环~夹~交~嵘~介~京~踞~崛~峻~列~罗~磐~蟠~骈~栖~棋~峭~森~山~悚~耸~竦~巍~险~霄~雄~秀~轩~屹~英~岳~中~卓~顺~积~立例市亭忽云构，方物如山峙。（唐·

储光羲《贻余处士》）

彘 zhì

古去声，八霁。逆贲～赤～狗～毫～豪～牢～母～犬～人～乳～豕～田～豚～野～众～猪～顺～豪～肩～牢～卢～颅～首例朝为龙与虎，夕为狗与彘。（元·郭钰《悲庐陵》）

典**人彘**　指遭残害的戚夫人。《史记·吕太后本纪》："吕后最怨戚夫人及其子赵王，乃令永巷囚戚夫人……遂断戚夫人手足，去眼，煇耳，饮喑药，使居厕中，命曰'人彘'。"

下陈无自愧，人彘剧豺狼。（宋·刘筠《宣曲二十二韵》）

滞（滯）zhì

古去声，八霁。逆跋～鄙～逋～缠～沉～痴～迟～粗～呆～底～抵～顿～锢～阂～涸～晦～昏～积～稽～羁～集～蹐～蹇～胶～窘～久～拘～局～踽～沮～旷～连～恋～流～留～沦～慢～瞢～迷～泥～腻～凝～泞～圮～僻～偏～栖～牵～愆～寝～穷～屈～冗～濡～散～涩～释～守～疏～停～屯～顽～枉～违～委～无～系～闲～陷～需～循～淹～疑～噎～阴～隐～邕～壅～幽～尤～迂～郁～粘～霑～湛～振～执～窒～住～贮～迍～拙～阻～顺～碍～暗～黯～病～才～耻～呆～底～淀～定～愤～伏～固～痼～夯～阂～涸～洪～后～怀～缓～回～晦～货～积～疾～寂～结～客～口～累～例～留～闷～澌～泥～碾～念～凝～怒～魄～气～器～情～穷～囚～屈～热～塞～涩～赏～事～说～思～讼～顽～务～欲～瑕～下～想～销～淹～疑～义～役～抑～壅～用～游～隅～羽～郁～狱～越～执～止～疐～拙～着例子孙存如线，旧客舟凝滞。（唐·杜甫《八哀诗·赠秘书监江夏李公邕》）

踬（躓）zhì

古去声，四寘。逆跋～踣～跛～蹉～倒～偾～颠～顿～蹇～跻～跲～蹇～蹶～困～沦～马～骈～贫～牵～倾～屯～淹～陨～遭～迍～顺～硋～碍～弊～踣～颠～垤～顿～阂～跲～蹶～仆～士～蹋～字例邈然在云霄，宁肯更沦踬。（唐·高适《效古赠崔二》）

质（質）zhì　抵押。另见187页zhí。

古《广韵》：去声，至韵。逆典～顺～押

贽（贄）zhì　初见礼品。

古去声，四寘。逆承～奉～干～珪～和～还～嘉～贶～礼～六～陆～媒～纳～男～女～入～投～委～修～载～执～雉～顺～宝～币～赋～见～敬～具～卷～礼～启～文～献～仪～遗～艺～御例底事当时，饮江胡马，一望云旗，倒戈投贽。（宋·赵磻老《醉蓬莱·记青蛇感异》）

挚（摯）zhì

古去声，四寘。逆禀～搏～残～沉～诚～纯～奠～笃～还～极～剀～刻～恳～六～毛～浓～偏～切～情～拳～深～坦～忳～委～渥～轩～殷～勇～真～执～周～肫～谆～骘～顺～爱～诚～醇～刚～鸟膺～切～热～友～执例尧乃一庶人，得之贼帝挚。（唐·皮日休《奉和鲁望读阴符经见寄》）

典**烹文挚**　指春秋时齐王烹杀宋国名医文挚。亦作"怒激病瘳"。《吕氏春秋·仲冬纪·至忠》："齐王疾痏，使人之宋迎文挚。文挚至，视王之疾，谓太子曰：'王之疾必可已也。虽然，王之疾已，则必杀挚也。'太子曰：'何故？'文挚对曰：'非怒王则疾不可治，怒王则挚必死。'太子顿首强请曰：'苟已王之疾，臣与臣之母以死争之于王，王必幸臣与臣之母。愿先生之勿患也。'文挚曰：'诺！请以死为王。'与太子期而将往，不当者三。齐王固已怒矣。文挚至，不解屦登床，履王衣，问王之疾。王怒而不与言。文挚因出辞以重怒王。王叱而起，疾乃遂已。王大怒不说，将生烹文挚。太子与王后急争之，而不能得。果以鼎生烹文挚。爨之三日三夜，颜色不变。文挚曰：'诚欲杀我，则胡不覆之以绝阴阳之气？'王使覆之，文挚乃死。"

雉 zhì

古上声，四纸。逆白～百～城～崇～雌～鼎～堵～宫～贡～雊～喝～禾～画～黄～角～九～腒～科～寇～楼～卢～鲁～千～青～穷～如皋～乳～桑～山～射～素～万～五～枭～新～驯～鹞～野～隅～越～泽～翟～斟～雉～秭～顺～场～车～城～窜～堞～伏～膏～雊～鸡～涧～经～腒～库～楼～卢～媒～门～埤～翘～裘～乳～扇～省～随～坛～头～兔～尾～尾扇～姁～驯～噫～宇～羽～贽～雉～子例扫除诸烟氛，照出众楼雉。（唐·包融《登翅头山题俨公石壁》）

典**鲁雉**　喻指地方官吏施行仁政。亦作"狎雉""雉留""雉过""柔桑驯雉"。《后汉书·鲁恭传》："建初七年，郡国螟伤稼，犬牙缘界，不入中牟。河南尹袁安闻之，疑其不实，使仁恕掾肥亲往廉之。恭随行阡陌，俱坐桑下，有雉过，止其傍。傍有童儿，亲曰：'儿何不捕之？'儿言：'雉方将雏。'亲瞿然而起，与恭诀曰：'所以来者，欲察君之政迹耳。今虫不犯境，此一异也；化及鸟兽，此二异也；竖子有仁心，此三异也。久留，徒扰贤者耳。'还府，具以状白安。"

雅琴驯鲁雉，清歌落范尘。（唐·骆宾王《春夜韦明府宅宴得春字》）

射雉　指讨妻子欢心。《左传·昭公二十八年》："昔贾大夫恶，娶妻而美，三年不言不笑。御以如皋，射雉，获之。其妻始笑而言。"

不烦射雉先张翳，自有琴中威凤声。（唐·段成式《嘲飞卿七首》其六）

越裳雉　指越裳向周朝进献白雉一事。《后汉书·南蛮传》："交阯之南有越裳国。周公居摄六年，制礼作乐，天下和平。越裳以三象重译而献白雉，曰：'道路悠远，山川岨深，音使不通，故重译而朝。'"

重来越裳雉，再返西旅獒。（唐·柳宗元《游南亭夜还叙志七十韵》）

呼卢喝雉　借指赌博。亦作"五木皆卢"。《晋书·刘毅传》："后于东府聚樗蒱，一判应至数百万，余人并黑犊以还，唯刘裕及毅在后。毅次掷得雉，大喜，褰衣绕床，叫谓同坐曰：'非不能卢，不事此耳。'裕恶之，因援五木久之，曰：'老兄试为卿答。'既而四子俱黑，其一子转跃未定，裕厉声喝之，即成卢焉。"

呼卢喝雉连暮夜，击兔伐狐穷岁年。（宋·陆游《风顺舟行甚疾戏书》）

鸷（鷙）zhì

古去声，四寘。逆愎～爂～搏～猜～沉～电～雕～忿～蝮～刚～戇～悍～豪～很～狠～劲～攫～厉～毛～猛～慓～朴～强～忍～霜～贪～险～骁～凶～雄～驯～焱～阴～英～鹰～勇～卓～顺～骜～暴～愎～虫～毒～鹗～发～忿～害～扞～悍～横～距～刻～戾～曼～猛～鸟～强～禽～忍～视～兽～腾～枭～心～膺～勇～鹯例有明权相分宜严，不与秦家别枭鸷。（清·文昭《焦山古鼎歌》）

痣zhì

古去声，四寘。逆黑～红～面～朱砂～足～顺～疣

忮zhì　妒忌。

古去声，四寘。逆褊～猜～妒～忿～豪～忌～苛～刻～偏～强～权～忍～贪～憸～险～修～阴～贞～顺～辩～恶～害～悍～睅～佷～很～横～嫉～忌～克～刻～求～忍～忒～罔～心例饥骥驰千里，驽骀饱还忮。（清·沈彤《赠陈和叔》）

轾（輊）zhì

古去声，四寘。逆轩～顺～轩例崆峒地无轴，青海天轩轾。（唐·杜甫《送从弟亚赴安西判官》）

痔zhì　痔疮。

古上声，四纸。逆鼻～临风～内～秦～舐～外～五～阴～顺～病～疮～疾～漏～瘘～衕

典**秦痔**　指谄媚权贵的卑劣行为。亦作"舐痔""吮痈舐痔"。《庄子·列御寇》："庄子曰：'秦王有病召医，破痈溃痤者，得车一乘；舐痔者，得车五乘。所治愈下，得车愈多。子岂治其痔邪？何得车之多也？子行矣！'"

秦痔未痊齐阁掩，梦回宫树已啼鸦。（宋·杨亿《灯夕寄献内翰虢略公》）

迟（遲）zhì　等待。另见151页chí。

古去声，四寘。逆久～虚～

懥zhì

古《广韵》：去声，至韵。逆忿～例暗哑咤叱泄忿懥，啸呼号嗷摅幽情。（明·宋公濂《秋夜与子充论文并寄仲申》）

豸zhì

古上声，四纸。逆貏～虫～触～此～跐～冠～黑～解～灵～鲈～铁～獬～有～豸～顺～班～补～黼～冠～角～袍～佩～绣～衣～簪～豸～种例黄鹰食鸟雀，山鸡食虫豸。（明·刘基《杂诗（三十三首）》其一六）

猘zhì　疯狗。

古去声，八霁。逆狂～顺～儿～狗～狂～犬～子例亦有内齐民，诖误混狂猘。（明·胡翰《书黄贺州平蛮事后》）

自zì

古去声，四寘。逆暗～本～别～才～出～从～独～顿～敢～更～躬～古～骨～固～故～顾～何～会～紧～径～迳～竟～空～另～面～判～且～亲～三～擅～尚～身～生～私～思所～所～枉～我～兀～奚～先～幸～要～一～由～由古～犹～有～元～原～肇～正～只～顺～艾～安～白～必～搏～卜～藏～尘～出～处～从～存～达～大～多～尔～反～分～甘～公～功～古～广～归～好～后～化～火～及～已～计～坚～见～戒～禁～镜～决～可～克～快～况～老～力～厉～立～励～了～列～免～慊～罄～全～劝～刃～如～摄～省～矜～失～矢～释～寿～讼～他～它～外～危～为～文～刎～下～许～繇～业～佚～意～引～用～由～玉～鬻～在～赞～占～斟～置～主～专例但喜复得珠，不求珠所自。（唐·元稹《杂曲歌辞·出门行》）

字zì

古去声，四寘。逆巴～百～宝～贝～壁中～布～刺～丹～道～点～蠹～番～烦～繁～方～凤～负～闺～横～花～换鹅～讳～简～翦～结～锦～款～炼～龙鸾～谬～摹～牧～涅～片～平～破～奇～且～融～乳～僧～杀～善～尚～手～书～疏～熟～送～遂～题～帖～同～透～吐～未～文～问～惜～相思～香～蟹行～心～虚～许～驯～颜～雁～阳～易～逸～阴～银～蝇头～咏～雨～云锦～札～真～正～製～踬～铸～篆～左～顺～爱～调～格～孤～号～汇～迹～句～例～马～氓～萌～面～民～墨～母～牝～人～乳～史～势～书～微～尾～舞～学～养～样～义～音～印～育～约～孕～札～债～纸～指例淋漓身上衣，颠倒笔下字。（唐·韩愈《醉后》）

典**巴字**　指蜀地。唐·李吉甫《元和郡县图志·剑南道下渝州》："《庾贡》梁州之域，古之巴国也。阆、白二水东南流，曲折'巴'字，故谓之巴，然则巴国因水为名。"

西南东北暮天斜，巴字江边楚树花。（唐·王建《道中寄杜书记》）

碧字　指仙人书写之字。唐·曹唐《汉武帝于宫中宴西王母》（《全唐诗》卷六四〇）："长生碧字期亲署，延寿丹泉许细看。"

欲将碧字相教示，自解盘囊出素书。（唐·曹唐《小游仙诗九十八首》其二七）

茧字　借指《兰亭序》帖。唐·张彦远《法书要录》卷三唐·何延之《兰亭记》："（王羲之）挥毫制序，兴乐而书，用蚕茧纸，鼠须笔，遒媚劲健，绝代更无。"

山阴岂无尔，茧字换群鹅。（唐·杜牧《鸡鹳》）

五字　借指诗歌或诗才。《诗经·周南·关雎·序》："《关雎》五章，章四句。"孔颖达疏："五字者，'谁谓雀无角、何以穿我屋'之类也。"

万言旧手才难敌，五字新题思有余。（唐·白居易《岁暮枉衢州张使君书并诗》）

苍颉字　指书法、文字。《吕氏春秋·审分览·君守》："仓颉作书。"高诱注："仓颉生而知书写，仿鸟迹以造文章。"

舞成苍颉字，灯作法王轮。（唐·孙逖《正月十五日夜应制》）

千金字　指文才精妙，字字不易。亦作"挂秦金"。《史记·吕不韦列传》：吕不韦门客著《吕氏春秋》，"布咸阳市门，悬千金其上，延

诸侯游士宾客，有能增损一字者，予千金。”

市阅千金字，朝闻五色书。（唐·王维《上张令公》）

思误字 指钻进故纸堆，做文字校雠。《北齐书·邢邵传》：“有书甚多，而不甚雠校。见人校书，常笑曰：‘何愚之甚！天下书至死读不可遍，焉能始复校此。且误书思之，更是一适。’”

颠倒朱黄思误字，纵横黑白戏拈棋。（宋·陆游《幽居》）

题饧字 饧，古“糖”字。唐代诗人刘禹锡认为作诗用生僻字须有出处。他曾对沈佺期《岭表逢寒食》诗（他误记为宋之问诗）中的“饧”考察出处。唐·韦绚《刘宾客嘉话录》：“宋考功诗云：‘马上逢寒食，春光不见饧。’《毛诗·郑笺》说吹箫处，注云：‘即今卖饧人家物。’六经惟此注中有‘饧’字。吾因重阳拟押一‘糕’字诗。六经未见有‘糕’字，不敢为之。”

题饧字，非吾侣。却坐间著得，煮茶桑苎。（宋·李昴英《满江红·薄冷催霜》）

蝇头字 指微小的字体。《南史·衡阳元王道度传》附《萧钧传》：“钧常手自细写《五经》，以备遗忘。侍读贺玠问曰：‘殿下家自有坟素，复何须蝇头细书，别藏巾箱中？’”

眼明尚见蝇头字，暑退初亲雁足灯。（宋·陆游《秋思》）

挥毫万字 指人有文才。宋·欧阳修《朝中措·平山栏槛倚晴空》：“文章太守，挥毫万字，一饮千钟。”

坐间客，才论斗，气如虹。挥毫万字，举双白眼送飞鸿。（宋·管鉴《水调歌头·秋色浩无际》）

刘晏正字 指幼智。亦作“朋字未正”。唐·郑处诲《明皇杂录》：“刘宴以神童为秘书正字，年方十岁，形状狞劣，而聪悟过人。玄宗召于楼中廉下，贵妃置于膝上，为施粉黛，与之巾栉。玄宗问宴曰：‘卿为正字，正得几字？’宴曰：‘天下字皆正，惟朋字未正得。’”

终军弃繻繻尚在，刘晏正字字或欹。（宋·蒲寿宬《送刘童子试艺天京》）

鲁恭文字 指鲁恭王刘余从孔宅墙壁中得到的古文《尚书》等经籍。《汉书·鲁恭王余传》：“恭王初好治宫室，坏孔子旧宅以广其宫，闻钟磬琴瑟之声，遂不敢复坏，于其壁中得古文经传。”

彩云萧史驻，文字鲁恭留。（唐·杜甫《玉台观》）

谢墩名字 指名人遗迹不灭。宋·王安石《谢公墩》：“我名公字偶相同，我屋公墩在眼中。公去我来墩属我，不应墩姓尚随公。”

记谢墩名字，百年犹在，平泉孙子，三世重居。（宋·李曾伯《沁园春·我爱临川》）

一挥千字 指文思敏捷。唐·李商隐《安平公诗》（《全唐诗》卷五四一）：“公时受诏镇东鲁，遣我草诏随车牙。顾我下笔即千字，疑我读书倾五车。”

轧轧不能休，一挥三千字。（宋·魏了翁《送二史三兄赴廷对》）

吟安一字 指苦吟。五代·卢延让《苦吟》（《全唐诗》卷七一五）：“莫话诗中事，诗中难更无。吟安一个字，捻断数茎须。”

乌石冈边犹记得，竹里吟安一字。（宋·张炎《壶中天·万尘自远》）

载酒问字 指从人受学或向人请教。《汉书·扬雄传》：“（扬雄）家素贫，耆酒，人希至其门。时有好事者载酒肴从游学。”

载酒犹惭来问字，对花深欲共论诗。（宋·胡寅《留别王元治师中谭纯益三首》其三）

正名五字 指理政。《管子·揆度》：“桓公曰：‘事名二，正名五，而天下治。’曰：‘何谓正名五？’对曰：‘权也、衡也、规也、矩也、准也，此谓正名五。’”

正名推五字，贵仕仰三圭。（唐·权德舆《酬张秘监阁老喜》）

子云奇字 指扬雄通奇字。刘棻曾向扬雄学习。或作“问奇字”。《汉书·扬雄传赞》：“刘棻者从雄学作奇字。”颜师古注：“古文之异者。”

也莫贪他，君谟旧谱，子云奇字。（宋·刘克庄《水龙吟·此翁幸自偏盲》）

屋角成金字 指使物状象文。《北史·斛律金传》：“金性质直，不识文字，本名敦，苦其难署，改名为金，从其便宜，犹以为难。司马子如教为金字，作屋况之，其字乃就。”

屋角成金字，溪流作縠纹。（宋·陆游《舍北摇落景物殊佳偶作》）

恣 zì

㊀去声，四寘。㊁阿～暴～残～宠～从～诞～放～酣～豪～很～横～荒～昏～忌～简～僭～骄～恀～夸～狂～窥～偏～奇～强～侵～擅～奢～肆～贪～凶～优～游～娱～躁～专～颛～自～纵～㊂～骜～暴～荡～毒～放～诡～横～狙～夸～虐～情～擅～肆～睢～听～妄～心～行～性～逸～意～臆～饮～游～欲～韵～志～纵㊃寒蝉暂寂寞，蟋蟀鸣自恣。（唐·韩愈《秋怀诗十一首》其二）

眦（眥）zì 眼眶。

㊀去声，四寘。又：去声，八霁同。又：去声，十卦异。㊁不盈～毁～决～抉～捩～裂～目～目内～目外～内～蚋～锐～拭～外～厓～睚～眼～衣～盈～隅～㊂～垢～决～泪～裂～省～血～睚～溢～占㊃已远更回头，眼老犹决眦。（宋·李处权《江郎峰》）

渍（漬）zì

㊀去声，四寘。㊁大～含～涵～汗～秽～积～瀸～渐～津～浸～泪～露～蜜～墨～染～濡～沈～渗～水～污～血～熏～淹～油～沾～霑～湛～渍～㊂～病～痕～渐～浸～酒～麻～米～墨～淖～染～水～污～油～渍㊃持璞自枕头，泪痕双血渍。（唐·元稹《出门行》）

胾 zì 切肉。

㊀去声，四寘。㊁池酒～羹～狗～酒～枯～牛～炮～豕～噬～肴～职～炙～㊂～羹㊃黄昏造孤驿，买饭啖枯胾。（宋·张耒《次颍川》）

胔 zì 腐肉。

㊀上平，四支。㊁陈～腐～毁～僵～举～枯～露～埋～收～死～朽～遗～余～殨～㊂～腐～骼～骸㊃民穷盗乃起，原野厌枯胔。（宋·

真德秀《会三山十二县宰》)

牸 zì 牝牛。

㊀去声，四寘。逆乳～五～顺～虎～角～马～牛～牝～犀

仄声·入声

吃(*喫)chī 另见242页jí。

㊀入声，五物。逆饱～吃～邓艾～哽～好～蹇～謇～嚼～吭～老～零～呐～偏～讨～通～同～吞～饮～中～嘴～坐～顺～本～茶～答～跌～定～动～化～价～监～交～教～紧～劲～局～具～蹶～勘～空～口～亏～累～利～量～没～闷～恼～孽～碰～洴～乔～巧～青～请～屈～晌～十方～食～受～通～透～喜～香～笑～心～虚～血～用～斋～重～准～嘴～罪例有酒相招饮，有肉相呼吃。(唐·寒山《诗三百三首》其五三)

失 shī

㊀入声，四质。逆不～察～差～疵～蹉～挫～错～打～倒～得～跌～惰～讹～遏～放～废～费～故～挂～乖～行～秏～耗～横～护～患～荒～积～稽～交臂～娇～酒～救～捐～蹶～旷～亏～沕～两～流～漏～乱～沦～漫～冒～迷～谬～末～逆～蹑～颇～弃～愆～讆～前～去～缺～阙～三～散～丧～十～时～疏～输～爽～损～听～侻～惋～亡～危～违～无～误～陷～相～消～销～遗～佚～逸～淫～隐～抎～陨～责～执～中～走～罪～坐～顺～爱～步～策～察～晨鸡～宠～传～畴～聪～措～错～旦～旦鸡～德～地～第～度～恩～格～官～桂～合～和～衡～候～怙～慌～悔～魂～魂胆～惑～机～交～惊～敬～君～鞚～阑～勒～礼～俪～漏～鹿～伦～落～侣～貌～寐～迷～密～名～明～谬～黏～魄～期～寝～人～稔～日～闪～善～慎～实～算～途～涂～席～喜～陷～晓～修～严～宜～遗～御～悦～瞻～旨～志～衷～箸～赚～坠～踪例知人昔不易，举非贵易失。(唐·沈佺期《被弹》)

典**东隅失** 喻在某处有所损失，在另一处却得到收益。《后汉书·冯异传》："玺书劳异曰：'赤眉破平，士吏劳苦，始虽垂翅回谿，终能奋翼黾池，可谓失之东隅，收之桑榆，方论功赏，以答大勋。'"

东隅有失谁能免，北叟之言岂便无。(唐·刘禹锡《乐天寄重和晚达冬青一篇因成再答》)

鸡虫得失 喻指世间细微的得失之虑永无终止。见唐·杜甫《缚鸡行》(《全唐诗》卷二二一)。

坐见如云秋稼，莫问鸡虫得失，鸿鹄下翩翩。(宋·张元干《水调歌头·平日几经过》)

湿(濕、*溼)shī

㊀入声，十四缉。逆卑～进～庳～痹～苍苔～潮～低～垫～风～干～寒～花露～秽～积～溅～津～精～沮～霉～黴～黏～埤～湫～祛～濡～洳～软～润～湿～暑～束～水～溻～温～稀～下～阴～饮～渔蓑～雨～駣～燥～沾～蒸～中～顺～奥～痹～垫～度～姑～化～季～家～婆～气～热～洳～润～生～湿～温～晌～疫～银～云～浊例数著佳期愁入眼，雨珠零乱梨花湿。(宋·吕渭老《满江红·笑语移时》)

典**束湿** 指人性子急。《汉书·宁成传》："宁成，南阳穰人也。以郎谒者侍景帝。好气，为少吏，必陵其长吏；为人上，操下急如束湿。"颜师古注："束湿，言其急之甚也。湿物则易束。"

论交虽厚笑甘体，御吏以严无束湿。(宋·楼钥《送刘仲起主簿》)

谢庄衣湿 借指雪。亦作"谢衣翻雪"。《宋书·符瑞志下》："大明五年正月戊午元日，花雪降殿庭。时右卫将军谢庄下殿，雪集衣。还白，上以为瑞。于是公卿并作花雪诗。"

征裘不是谢庄衣，何事轻霙故故飞。应是多情要新句，敢酬琼藻触寒威。(宋·晁说之《涂中遇雪二绝句》其一)

虱(蝨)shī

㊀入声，四质。逆壁～虫～处裈～狗～贯～鹤～虮～口中～裈～六～龙～鼇～扪～蜢～鹏～沙～射～豕～体～跳～头～悬～蚁～鱼～蚤～针～竹～顺～病～虫～处裈～蛊～官～虮～瘕～瘤～虱～心～蚁～蝇～症～蛀～子例荣名忽中人，世乱如虮虱。(唐·杜甫《写实二首》其二)

典**贯虱** 指精湛的技艺。亦作"视虱如轮""纪昌贯虱"。《列子·汤问》："纪昌者，又学射于飞卫。……昌以牦悬虱于牖，南面而望之。旬日之间，浸大也，三年之后，如车轮焉。以睹余物，皆丘山也。乃以燕角之弧，朔蓬之簳射之，贯虱之心，而悬不绝。以告飞卫。飞卫高蹈拊膺曰：'汝得之矣！'"

劲芰鳌足断，精贯虱心穿。(唐·元稹《献荥阳公诗五十韵》)

扪虱 指对相知者坦率陈词。《续晋阳秋》(《太平御览》卷九五一)："咸阳王猛被缊袍而诣桓温，一见面谈当时之事，猛摸虱而言，傍若无人，温察而奇之。"

扪虱欣时泰，迎猫达岁丰。(唐·李端《长安感事呈卢纶》)

择虱 喻指士获知遇。《晋书·顾和传》："顾和字君孝，侍中众之族子也。……王导为扬州，辟从事。月旦当朝，未入，停车门外。周顗遇之，和方择虱，夷然不动，顗既过，顾指和心曰：'此中何所有？'和徐应曰：'此种最是难测地。'顗入，谓导曰：'卿州吏中有一令仆才。'导亦以为然。"

悔逐迁莺伴，谁观择虱时。(唐·李商隐《咏怀寄秘阁旧僚二十六韵》)

邯郸虱 喻指毫无反抗力量、极易消灭的敌人。亦作"口中虱""口中蚤虱"。《韩非子·内储说上》："应侯谓秦王曰：'王得宛叶、蓝田、阳夏，段河内，因梁、郑，所以未王者，赵未服也。弛上党在一而已以临东阳，则邯郸口中虱也。'"

不料邯郸虱，俄成即墨牛。(唐·温庭筠《过华清宫二十二韵》)

穷似虱 指赃官和时弊。《商君书·去强》："农、商、官三者，国之常官也。三官者生虱官者六：曰岁，曰食，曰美，曰好，曰志，曰行。……虱官生必削。农少商多，贵人贫，商贫，农贫。三官贫，必削。"

茶人穷似虱，药户狭于舟。(宋·周文璞《遣兴》)

中散虱　指赋性疏狂懒散。嵇康《与山巨源绝交书》："有必不堪者七，甚不可者二。……危坐一时，痹不得摇，性复多虱，把搔无已，而当裹以章服，揖拜上官，三不堪也。"

东门牛屡饭，中散虱空爬。（唐·柳宗元《同刘二十八院长述旧言怀时书事》）

只（隻）zhī　另见159页zhǐ。

古入声，十一陌。逆船～几～千～一～影～顺～凤～鸡～句～立～履～偶～耦～千古～日～身～手～眼～翼～影～语～字例日月更出没，双光岂云只。（唐·李白《草创大还赠柳官迪》）

汁 zhī

古入声，十四缉。逆白～菜～啜～胆～豆～果～灰～涸～浆～金～桔～刻～卤～梅～米～蜜～茗～墨～木～肉～乳～树～松～汤～铜～雪～烟～盐～鱼～雨～樟～蔗～煮～顺～涉～水～献～液～滓例高藏日月气，清滴云雾汁。（明·刘基《题赵文敏公画松》）

典**金壶墨汁**　指书法功力深厚。晋·王嘉《拾遗记·周灵王》："浮提之国，献神通善书二人，乍老乍少，隐形则出影，闻声则藏形。出肘间金壶四寸，上有五龙之检，封以青泥。壶中有墨汁如淳漆，洒地及石，皆成篆、隶、科斗之字，记造化人伦之始。及金壶汁尽，二人刳心沥血，以代墨焉。"

爱淋漓、金壶墨汁，曲生风味差近。（清·孙荪意《摸鱼子·家寻云林醉墨图》）

织（織）zhī

古入声，十三职。逆编～蚕～缠～促～当户～东～斗促～断～幡～纺～缝～耕～横～徽～机～绩～交～鲛～裂～罗～孟～旗～青～趋～趣～纴～桑～梭～天孙～挑～停～文～烟如～夜～营～酝～针～组～顺～帛～补～布～成～坊～妇～花～画～机～绩～缣～金～锦～屦～路～罗～络～缕～女～女河～皮～蒲～纴～室～素～乌～物～造～综～组～作例仍诏江淮马价缣，从此不令疏短织。（唐·白居易《阴山道》）

典**断织**　喻指母亲对子女严于管教。亦作"孟母断织"。相传孟子少时，废学归家，孟母方绩，因引刀断其机织，曰："子之废学，若吾断斯织也。"孟子因勤学自奋，师事子思，遂成大儒。见《列女传·邹孟轲母》。

齐眉友琴瑟，断织戒箕裘。（宋·孙应时《挽汪克之给事母程夫人》）

鬓丝堪织　指自伤漂泊。唐·贾岛《客喜》（《全唐诗》卷五七一）："未归长嗟叹，嗟愁填中怀。……鬓边虽有丝，不堪织寒衣。"

访梅长与寒角力，两鬓丝丝尚堪织。（宋·郑清之《再韵简菊坡》）

石 shí　另见675页dàn。

古入声，十一陌。逆暗～白～乐～碑～碧～叱～楚～处～慈～翠生～丹～砥～电～端～发～番～飞～丰～伏～甘～刚～鼓～关～圭～桂～寒～禾～衡～衡遥～湖～滑～浣纱～火～嘉～瑊～匠～焦～介～斤～井～兰～立～砺～瑁～摩挲～女娲～片～骗～璞～碁～千金～鹊～然～任～碶～三生～扫～闪～韶～矢～市～漱～水～悚～遂～筍～跳～瓦～未～温～文～五～碱～霞～校～玄～瑶～玉～缘～月～云～照～贞～支～竹～子～顺～璧～鳖～黛～蹬～斗～浮～阁～工～闺～磙～郭～濠～壑～几～脊～鲫～架～笕～箭～鲸～镜～濑～镰～烈～鳞～麟～廪～流～龙～峦～螺～履～门～磨～碾～涅～孽～癖～品～屏～璞～砌～器～磬～泉～人～磉～山～髓～潭～田～亭～橦～璺～磲～席～玺～峡～罅～蟹～薪～星～湓～烟～甗～砚～燕～叶～音～影～尤～友～云～丈～脂～烛～幢～镞例但闻行路吟新诗，不叹举家无担石。（唐·李颀《别梁锽》）

典**拜石**　指痴迷于石头。亦作"米颠拜石"。《宋史·米芾传》："无为州治有巨石，状奇丑，芾见大喜曰：'此足以当吾拜。'具衣冠拜之，呼之为兄。"

懒向南园拜石兄，肯寻村叟傍溪行。（宋·仇远《初冬郊行》）

很石　指北固山。亦作"曹石""顽石"。宋·胡仔《苕溪渔隐丛话》前集卷二四引《蔡宽夫诗话》："润州甘露寺有块石，状如伏羊，形制略具，号很石。相传孙权尝据其上，与刘备论曹公。壁间旧有罗隐诗板云：'紫髯桑盖两沉吟，很石空存事莫寻。'"

痕留很石传千古，望断中原知几州。（宋·傅梦得《多景楼》）

黄石　指娴习兵法。亦作"黄公""黄石公"。相传张良逃亡至下邳，在圯上遇见一老父。老父授张良以《太公兵法》，并称十三年后，到济北谷城山下，见到一块黄石，那就是他。十三年后，张良从刘邦过济北，果在谷城山下得黄石。见《史记·留侯世家》及《汉书·张良传》。

嘉石　借指刑罚。《秋官·大司寇》："以嘉石平罢民。凡万民之有罪过，而未丽于法，而害于州里者，桎梏而坐诸嘉石，役诸司空。"郑玄注："嘉石，文石也，书之外朝门左。平，成也，成之使善。"

幪巾示廉耻，嘉石务详平。（唐·虞世南《赋得慎罚》）

卷石　指微小的石子。《礼记·中庸》："今夫山，一卷石之多，及其广大，草木生之，禽兽居之，宝藏兴焉。"郑玄注："山之广大，本起卷石。"

无言卷石小，江左拟蓬莱。（宋·苏轼《过金山寺一首》）

射石　指称赞射手勇力。《史记·李将军列传》："广出猎，见草中石，以为虎而射之，中石没镞，视之石也。"

冯妇下车宜众说，将军射石见心真。（宋·郑清之《林治中近有捕虎之役调以拙诗》）

文石　借指朝廷。《汉书·梅福传》：梅福上书："故愿一登文石之陛，涉赤墀之涂，当户牖之法坐，尽平生之愚虑。"

文石陛前辞圣主，碧云天外作冥鸿。（唐·杜牧《寄宣州郑谏议》）

燕石　指不识真伪、不辨贤愚。亦作"燕珉"。《太平御览·阙子》："宋之愚人得燕石于梧台之东，归而藏之以为大宝。周客闻而观焉。主人端冕玄服以发宝，华匮十重，缇巾十袭。客见之，卢胡而笑曰：'此燕石也，与瓦甓不异。'主人大怒，藏之愈固。"

齐竽混韶夏，燕石厕琳琅。（唐·白居易《渭村退居寄礼部崔

侍郎》)

药石　喻指劝人改过的良言。亦作"药石规""美疢药石"。《左传·襄公二十三年》:"臧孙曰:'季孙之爱我,疾疢也。孟孙之恶我,药石也。美疢不如恶石。夫石犹生我,疢之美,其毒滋多。孟孙死,吾亡无日矣。'"

分定金兰契,言通药石规。(唐·白居易《代书诗一百韵寄微之》)

到公石　喻指名贵珍奇之石。《南史·到溉传》:"溉第居近淮水,斋前山池有奇礓石,长一丈六尺,帝戏与赌之,并《礼记》一部,溉并输焉。……石即迎置华林园宴殿前。移石之日,都下倾城纵观,所谓到公石也。"

买断谢家山,犹存到公石。(清·毛序《题离资园画卷》)

化作石　喻妇女对丈夫的坚贞和思念。借指思妇。亦作"化石""矶头新妇石"。《太平御览》卷四四〇引南朝梁·刘义庆《幽明录》:"武昌阳新县,北山上有望夫石,状若人立者,传云:昔有贞妇,其夫从役,远赴国难,妇携弱子饯送此山,立望而死,形化为石。"

不须化作山头石,待我堂前折桂枝。(唐·彭伉《寄妻》)

三生石　借指前因宿缘。唐·袁郊《甘泽谣·圆观》:"大历末年,李源与洛阳惠林寺僧圆观为忘年交,约游峨眉,舟次南浦,见妇人数人负罂而汲。圆观望而泣下,曰:'其中孕妇王姓者,是某托身之所。更后十二年中秋月夜,杭州天竺寺外,与公相见之期也。'是夕,圆观亡而孕妇产。后十二年秋八月,李源至余杭赴其所约,有牧童歌《竹枝词》者,即圆观也。歌曰:'三生石上旧精魂,赏月吟风不要论。惭愧情人远相访,此身虽异性长存。'"

感通未合三生石,骚雅欢擎九转金。(唐·贯休《酬张相公见寄》)

铄金石　指太阳和酷暑。亦作"铄石"。《楚辞·招魂》:"十日代出,流金铄石些。"王逸注:"铄,销也。言东方有扶桑之木,十日并在其上,以次更行,其热酷烈,金石坚刚,皆为销释也。"

上天铄金石,群盗乱豺虎。(唐·杜甫《雷》)

投水石　指臣下上言。李康《运命论》:"张良受黄石之符,诵《三略》之说,以游于群雄,其言也,如以水投石,莫之受也。及其遭汉祖,其言也,如以石投水,莫之逆也。"

密辞投水石,精义出沙金。(唐·窦牟《元日喜闻大礼寄上》)

郁林石　喻为官清廉。《新唐书·陆龟蒙传》:"陆氏在姑苏,其门有巨石。远祖绩(三国时吴陆基,字公纪)尝事吴为郁林太守。罢归无装,舟轻不可越海,取石为重。人称其廉,号'郁林石'。"

交趾珠能令绶去,郁林石可压舟轻。(宋·刘克庄《送惠州弟》)

支机石　①指天河。②借指七夕。亦作"机石""取石""一片石"。《太平御览》卷八引《集林》:"昔有一人寻河源,见妇人浣纱以问之,曰:'此天河也。'乃与一石。而归问严君平云:'此织女支机石也。'"

欲问支机石,如临献宝宫。(唐·杜甫《天池》)

韩陵片石　北周庾信称温子升所撰《韩陵山寺碑》为"韩陵山一片石",喻佳美不可多得的文章。亦作"寒山片石""韩山石"。见旧题唐·张鷟《朝野佥载》。

应同湘水断碑字,难辩韩陵片石书。(宋·吴中复《览齐山寺陈鸿断碑》)

驱羊动石　指神仙事。亦作"仙人拥石""羊起""驱石不成羊""叱起仙羊石"。晋·葛洪《神仙传》卷二《黄初平》载黄初平牧羊,得道成仙,羊化为白石。

稳驾大鹏八极,叱起仙羊五石,飞佩过丹丘。(宋·李昴英《水调歌头·万顷黄湾口》)

身当矢石　指身先士卒,亲自抵御敌人进攻。《晋书·王鉴传》:"昔汉高光武二帝,征无远近,敌无大小,手必振金鼓,身当矢石,栉风沐雨,壶浆不瞻,驰骛四方。"

身当矢石不忍嘶,我宁饮血不饮水。(宋·释宝昙《拳毛騧唐太宗所乘马御墨亲题其下》)

寿非金石　指急于建功立业的情怀。《古诗十九首》其九:"盛衰各有时,立身苦不早。人生非金石,岂能长寿考?"

人寿定非金石永,可令虚死蜀山中。(宋·陆游《病起书怀》)

我心匪石　喻指心志坚定,不可动摇。亦作"心匪石"。《诗经·邶风·柏舟》:"我心匪石,不可转也。我心匪席,不可卷也。"孔颖达疏:"言我心非如石然,石虽坚尚可转,我心坚不可转也。"

我心匪石不可转,有石当风如转轮。(宋·陈岩《风轮石》)

心肠铁石　指梅花。唐·皮日休《皮子文薮·桃花赋序》:"余尝慕宋广平之为相,贞姿劲质,刚态毅状。疑其铁肠石心,不解吐婉媚辞。然睹其文而有《梅花赋》,清便富艳,得南朝徐庾体,殊不类其为人也。"

情之所钟在我曹,莫倚心肠如铁石。(宋·陆游《庚子正月十八日送梅》)

心如金石　喻人品坚贞可贵。《后汉书·王常传》:"王常字颜卿,颍川舞阳人也。初,与王凤、王匡起兵云社绿林中,后归光武帝,拜为左曹,封山桑侯。后帝(光武)于大会中指常谓群臣曰:'此家率江诸将辅翼汉室,心如金石,真忠臣也。'"

中心如金石,困折亦已多。(宋·度正《寄襄阳杨侍郎三丈》)

枕流漱石　指隐居生活。《世说新语·排调》:"孙子荆年少时欲隐,语王武子'当枕石漱流'误曰'枕流漱石'。王曰:'流可枕,石可漱乎?'孙曰:'所以枕流,欲洗其耳;所以漱石,欲砺其齿。'"

枕流漱石君无笑,我欲岩居学子荆。(宋·王之道《次韵子厚弟小春偶成》)

志可洞金石　指劝勉人立志修业。《荀子·劝学》:"锲而舍之,朽木不折;锲而不舍,金石可镂。"杨倞注:"言立功在于不舍。舍,与捨同。锲,刻也。"

志可洞金石,气可塞堪舆。(宋·汪莘《水调歌头·志可洞金石》)

食 shí　参见169页sì"饲"。

㊍入声,十三职。㊣安～扁～冰～卜～尝～朝～趁～吃～刍～辍～羸～存～寸～大～鼎～斗～椟～蠹～饵～乏～风～伏～祔～赋～

丐～甘～干～羹～毂～火～击钟～饥～吉～夹～艰～嚼～嗟～嗟来～客～礼～丽～洛～麦～毛～卯～美～民～牟～谋～木～鸟～品～仆～乞～绮～冗～三～散～上～尚～施～时～市～蔬～天～畋～同～退～讬～五鼎～饩～享～饷～小～宿～续～燕～壹～侑～玉～蚤～昃～中～昼～主～自～足～佐～顺～柏～报～匕～采～藏～槽～茶～车～啖～淡～啾～德～地～饭～分～风～封～奉～浮～盖～干～葛～工～谷～官～国～褐～鸡肋～加～爵～口～罍～力～利～禄～箩～马～米～苗～墨～母～囊～啮～蘖～牛～贫～苹～萍～齐～气～顷～日～三～色～膳～葚～椹～生～事～手～水～肆～天～田～土～味～息～饩～新～言～雁～邑～饮～舆～玉～枣约～征～跖～炙～茱～竹～箸～卓～子例腊月江天见春色,白花青柳疑寒食。(唐·司空曙《岁暮怀崔峒耿沣》)

典**耳食** 喻指方式不对,不加思考,轻信传闻。《史记·六国年表序》:"学者牵于所闻,见秦在帝位日久,不察其终始,因举而笑之,不敢道,此与以耳食无异。"

如何耳食纷纷者,论功但说鸿门宴。(清·王锡九《樊哙墓》)

旰食 指勤于政事。称颂帝王之词。亦作"旰食宵衣""宵衣旰食"。《左传·昭公二十年》:"(伍)奢闻员不来,曰:'楚君大夫其旰食乎!'"杜预注:"将有吴忧,不得早食。"

旰食烦明主,胡沙暗旧京。(宋·陆游《送李德远寺丞奉祠归临川》)

肉食 指在高位食厚禄的官员。亦作"食肉"。《左传·庄公十年》:"其乡人曰:'肉食者谋之,又何间焉。'曰:'肉食者鄙,未能远谋。'"杜预注:"肉食,在位者。"

肉食谋何失,藜藿缅纵横。(唐·陈子昂《感遇诗三十八首》其二九)

推食 指君主厚赐。亦作"解衣推食"。《史记·淮阴侯列传》:"韩信谢曰:'汉王授我上将军印,予我数万众,解衣衣我,推食食我,言听计用,故吾得以至于此。夫人深信我,我倍之不祥。虽死不易。幸为信谢项王!'"

解衣推食虽私感,普为儒流更祝公。(宋·方凤《寿东先生》)

一食 指僧人的修行。亦作"一饭师"。《维摩诘所说经·弟子品》:"以一食施一切,供养诸佛及众贤供,然后可食。"

近来惟一食,树下掩禅扉。(唐·贾岛《崇圣寺斌公房》)

石髓食 指石钟乳,道家传说服食石髓可以长生不老。《列仙传·邛疏》:"邛疏者,周封史也。能行气炼形,煮石髓而服之,谓之石钟乳。至数百年,往来入太室山中。"

筵羞石髓劝客食,灯爇松脂留客宿。(唐·刘禹锡《桃源行》)

五鼎食 喻指高官厚禄。亦作"五鼎烹"。《汉书·主父偃传》:"偃曰:'臣结发游学四十余年,身不得遂,亲不以为子,昆弟不收,宾客弃我,我阸日久矣。丈夫生不五鼎食,死则五鼎亨耳!吾日暮,故倒行逆施之。'"

朝趋九韶音,暮列五鼎食。(唐·陆龟蒙《杂讽九首》其三)

瓠瓜不食 指入仕。《论语·阳货》:"佛肸召,子欲往。子路曰:'昔者由也闻诸夫子曰:亲于其身为不善者,君子不入也。佛肸以中牟畔,子之往也,如之何?'子曰:'……吾岂匏瓜也哉?焉能系而不食?'"

虽异瓠瓜难不食,大都食足早宜休。(唐·白居易《感兴二首》其一)

击钟鼎食 指贵族豪门生活奢侈、讲究排场。亦作"击钟陈鼎"。《汉书·货殖传》:"质氏以洒削而鼎食……张里以马医而击钟,皆越法矣。"张衡《西京赋》:"若夫翁伯浊质,张里之家,击钟鼎食,连骑相过,东京公侯,壮何能加。"

业就功成见明主,击钟鼎食坐华堂。(唐·李颀《缓歌行》)

井渫莫食 指怀才不遇。《周易·井》:"井渫不食,为我心恻,可用汲,王明,并受其福。"

惧匏瓜之徒悬兮,畏井渫之莫食。(王粲·《登楼赋》)

刘安服食 指求仙学道。亦作"刘安"。晋·崔豹《古今注·音乐》:"王服食求仙,遍礼方士,遂与八公相携俱去,莫知所在。王之徒,思恋不已,乃作《淮南王》之曲也。"

凿饮耕食 指天下太平,人们自食其力。晋·皇甫谧《帝王世纪》:"(帝尧时)天下大和,百姓无事,有八十老人击壤于道。观者叹曰:'大哉,帝之德也!'老人曰:'吾日出而作,日入而息,凿井而饮,耕田而食,帝何力于我哉?'"

耕食而凿饮,胡不安箕裘。(宋·赵汝燧《憩农家》)

子胥乞食 伍子胥在逃亡期间曾向溧阳女子乞食。《越绝书·荆平王内传》:"子胥遂行,至溧阳界中,见一女子击絮于濑水之中。子胥曰:'岂可得托食乎?'女子曰:'诺。'即发箪饭,倾其壶浆而食之。子胥食已而去,谓女子曰:'掩耳壶浆,勿令之露。'女子曰:'诺。'子胥行五步,还顾,女子自纵于濑水之中而死。"

子胥昔乞食,此女倾壶浆。(唐·李白《游溧阳北湖亭望瓦屋山怀古赠同旅》)

实(實)shí

古入声,四质。又:入声,十三职(寔)同。逆谙～柏～本～才～仓～仓廪～充～处～淳～瓷～翠～丹～蹈～的～滴～典～笃～端～恩～方～丰～枫～凤～浮～阜～甘～公～功～乖～过～悍～行～华～佳～嘉～坚～见～健～江～精～橘～丽～敛～茂～美～密～妙～名副～木～酞～平～萍～情～任～沈～失～史～首～霜～四～同～吐～亡～文～稳～无～枭～详～心～信～脩～秀～恂～诣～益～殷～优～云～匀～再～札～真～征～质～致～朱～珠～竹～茁～子～自～顺～边～禀～才～柴～成～充～弹～德～对～封～福～感～干～供～谷～行～核～户～患～惠～火～祸～迹～绩～坚～见～践～景～境～据～科～牢～理～力～利～廪～录～落～满～年～拍～谱～气～切～情～缺～确～然～任～轫～沈～实～是～收～授～数～叟～田～望～细～相～象～像～效～心～信～秀～选～学～验～宜～益～意～则～招～着～症～支～直～值～志～致～窒～状～字～租～足例稻米流脂粟米白,公私仓廪俱丰实。

(唐·杜甫《忆昔二首》其一)

典萍实 指甘美的水果。《艺文类聚》卷八二引《孔子家语》:"楚昭王渡江,江中有物,大如斗,圆而赤,直触王舟,舟人取之,向群臣,莫能识之。使问孔子,孔子曰:'此萍实,可剖而食之。吉祥也,唯霸者能获焉。'"

萍实空随浪,珠胎不照渊。(唐·石殷士《日华川上动》)

识(識)shí

古入声,十三职。逆谙～八～拜～饱～保～辩～不～才～察～聪～达～洞～耳～凡～符～高～贵～含～宏～徽～积～记～见～谨～近～究～旧～巨～镌～眷～绝～考～款～朗～灵～六～茂～妙～敏～名～明～目～盼～朋～评～七～气～器～洽～潜～亲～清～穷～趣～诠～睿～赏～身～神～沈～审～所～特～天～亡～唯～伟～闻～无～五～物～习～先～贤～小～晓～心～信～玄～训～雅～遥～业～忆～懿～颖～渊～元～远～真～至～智～缀～卓～资～顺～拔～本～变～辨～辩～别～才～裁～察～穿～达～道～得～丁～度～断～韩～会～货～机～几～记～检～见～鉴～解～荆～局～举～具～俊～窟～窥～理～力～量～履～虑～略～眄～灭～破～器～窍～曲～取～趣～却～人～认～赏～神～时～事～视～熟～锁～体～透～途～微～味～务～悟～悉～相～想～心～性～羞～学～要～业～义～艺～议～诣～用～宇～遇～远～照～者～真～知～致～主～准～擢～字例汉箧亡书已暗传,嵩丘遗简还能识。(唐·韦应物《送褚校书归旧山歌》)

典如旧识 指一见如故。《左传·襄公二十九年》:"(吴公子季札)聘于郑,见子产,如旧相识。"

当户小山如旧识,上墙幽藓最相宜。(唐·徐铉《又和萧少卿见庆新居》)

张华识 借指识才者。亦作"名自张华显"。《晋书·张华传》:"华性好人物,诱进不倦,至于穷贱侯门之士有一介之善者,便咨嗟称咏,为之延誉。"

自知终有张华识,不向沧洲理钓丝。(唐·温庭筠《题西明寺僧院》)

嵇康寡识 指不识时务、隐退全身。《三国志·魏书·王粲传》附《嵇康传》:"时又有谯郡嵇康,……至景元中,坐事诛。"裴松之注引《魏氏春秋》:"康采药于汲郡共北山中,见隐者孙登,康欲与之言,登默然不对。逾时将去,康曰:'先生竟无言乎?'登乃曰:'子才多识寡,难乎免于今之世。'"

嵇康殊寡识,张翰独知终。(唐·王昌龄《赵十四兄见访》)

赵母深识 指母知其子。《史记·廉颇蔺相如列传》记载,赵括代廉颇为将,其母知赵括无领兵之才,上书言于王曰:"括不可使将。"又曰:"王终遣之,即有如不称,妾得无随坐乎?"王许诺。后赵括兵败身死,赵母因有先言,得免诛全宗。

至乃赵母深识,乞不为坐。(宋·任彦昇《奏弹曹景宗》)

蚀(蝕)shí

古入声,十三职。逆闇～薄～剥～驳～蚕～斗～蠹～二～风～腐～蛊～环～晦～交～亏～渤～嚼～～偏～侵～全～缺～阙～日～溶～融～岁～苔藓～吞～销～蝎～锈～月～晕～灾～贼～震～蛀～朘～顺～败～本～剥～耗～毁～既～刻～亏～昴～啮～损～月例沉沉匣中镜,为此尘垢蚀。(唐·韦应物《杂体五首》其一)

拾shí 另见99页shè。

古入声,十四缉。逆采～採～撮～蹈～剟～掇～俯～骨～寒～缉～捡～剿～芥～纠～抉～捃～攈～蒙～剽～樵～筌～删～收～诵～探～援～招～整～摭～缀～顺～才～菜～尘～翠～掇～夺～翻～骨～荒～集～拣～芥～括～零～栌～没～煤～弄～青～青紫～浉～诵～头～唾余～袭～牙慧～遗～萤～余唾～摭～紫～纂例君家右史老泉公,千金费尽勤收拾。(宋·辛弃疾《归朝欢·见说岷峨千古雪》)

典俯拾 喻得官之易。《汉书·夏侯胜传》:"胜每讲授,常谓诸生曰:'士病不明经术;经术苟明,其取青紫如俯拾地芥耳。学经不明,不如归耕。'"颜师古注:"俯而拾之,言其易而必得也。"

省郎京尹必俯拾,江花未落还成都。(唐·杜甫《入奏行赠西山检察使窦侍御》)

十shí

古入声,十四缉。逆百～半九～撮～合～累～数～一当～知～重～顺～半～保扶～辈～不～布～成～道～德～地～帝～殿～恶～二律～二衢～番～反～方～夫～干～过～号～辉～剂～骥～驾～箭～教～诫～金～锦～经～科～客～款～赉～力～吏札～裂～伦～率～眉～门～命～母～拗～朋～七～史～千～愆～全～善～上～升～失～使～世宥～事～室～守～数～思～薮～停～通～头～万～王～望～韦～袭～玄～旬～言～尧～义～意～翼～因～友～月桃～哲～指～重～州～洲～子～族例此生知负少年春,不展愁眉欲三十。(唐·白居易《长安早春旅怀》)

什shí

①古代户籍十家为什;步兵十人为什;诗集十篇为什,因以"篇什"泛指诗篇。②十倍。③十等份。④杂样的,多种的。另见753页shén。

古入声,十四缉。逆家～顺～锦～器～伍～物～一

硕(碩)shí 另见65页shuò。

古入声,十一陌。顺～交

直zhí

古入声,十三职。逆白～抱～本～迸～秉～不～参～朝～诚～孤～垂～淳～丹～陡～敦～发～帆影～方～夫～干～刚～耿～孤烟～古～过～和～恒～计～坚～剪～交～讦～洁～劲～久～峻～恺～亢～伉～口～匡～牢～厉～良～亮～龙～马～女～平～朴～岂～浅～陗～峭～切～清～遒～曲～全～入～三～上～十～时～矢～市～爽～司～死～坦～听～同～枉～温～无～武～下～宵～洵～雅～夷～友～迂～元～月～允～贞～正～质～专～自～顺～拔～薄～笔～愎～臂～辩～陈～诚～冲～待～得～抵～独～端～掇～尔～方～房～缝～符～盖～干～戆～鲠～更～观～官～虹～己～祭～谏～接～节～捷～截～谨～劲～窥～理～立～亮～谅～庐～落

～缕～梦～南～内～恁～拗～劈～辟～朴～气～堑～切～清～情～趋～泉～人～日～柔～上～身～声～士～势～事～疏～竖～爽～顺～算～厅～头～卫～温～辖～下～弦～心～信～宿～须～义～赢～辕～月㊀清旦历香岩，岩径纡复直。（唐·储光羲《京口题崇上人山亭》）

㊥**寻直** 喻指小有所屈，大有所得。《孟子·滕文公下》："陈代曰：'不见诸侯，宜若小然；今一见之，大则以王，小则以霸。且《志》曰：枉尺而直寻。宜若可为也。'孟子曰：'……且夫枉尺而直寻者，以利言也。如以利，则枉寻直尺而利亦可为与？'"

寸进谅何营，寻直非所枉。（唐·柳宗元《法华寺石门精舍三十韵》）

遗直 借指正直之士。《左传·昭公十四年》："仲尼曰：'叔向，古之遗直也。'"杜预注："言叔向之直，有古人遗风。"

恤恩天子厚，遗直世人哀。（宋·王圭《赠礼部尚书唐质肃公挽词二首》其一）

伯宗直 指对贤妻的称美。《左传·成公十五年》："晋三郤害伯宗，谮而杀之……初，伯宗每朝，其妻必戒之曰：'盗憎主人，民恶其上。子好直言，必及于难。'"

不厌梁鸿贫，常讥伯宗直。（唐·权德舆《酬南园新亭宴会璩新第慰庆之作时任宾客》）

汲黯直 借指直谏之臣。亦作"汲黯戆""汲黯匡君""长孺直"。《史记·汲郑列传》："汲黯字长孺，濮阳人也。……以数切谏，不得久留内，迁为东海太守。……然好学，游侠，任气节，内行修絜，好直谏，数犯主之颜色。"又，"淮南王谋反，惮黯，曰：'好直谏，死节守义，难惑以非。'"又，"上退，谓左右曰：'甚矣，汲黯之戆也！'"

只缘汲黯好直言，遂使安仁却为掾。（唐·任华《寄杜拾遗》）

麻中直 喻指人处在正直有德行的人群中就能学好。《荀子·劝学》："蓬生麻中，不扶而直。"

劲节暂因君子移，贞心不为麻中直。（唐·李咸用《小松歌》）

史鱼直 借指忠直之臣。《论语·卫灵公》："子曰：'直哉史鱼！邦有道，如矢；邦无道，如矢。'"

史鱼直有遗，枨也刚不吐。（宋·王禹偁《五哀诗故尚书兵部侍郎琅琊王公》）

朱丝直 喻指为人刚正不阿。亦作"朱弦直"。南朝宋·鲍照《白头吟》："直如朱丝绳，清如玉壶冰。"李善注："朱丝，朱弦也。"

日守朱丝直，年催华发新。（唐·张九龄《戏题春意》）

谷永言直 借指直言敢谏之人。《汉书·谷永传》："成帝……多近幸小臣，赵、李从微贱专宠，皆皇太后与诸舅夙夜所常忧。至亲难数言，故推永等使因天变而切谏，劝上纳用之，永自知有内应。展意无所依违，每言事辄见答礼。""其于天官《京氏易》最密，故善言灾异，前后所上四十余事，略相反复，专攻上身与后宫而已。"

谷水直言身不顾，郤诜高第转名香。（唐·韩翃《别泛水县尉》）

寄书杓直 指给朋友寄书信。唐·柳宗元《柳宗元集》卷三〇《与李翰林建》："杓直足下：州传遽至，得足下书……仆在蛮夷中，比得足下二书，及致药饵，喜复何言！"《旧唐书》卷一五五《李逊传》附《李建传》："建字杓直。"

懒投诗见素，寄书杓直。（宋·刘克庄《满江红·畴昔胪传》）

女媭嫌直 女媭是《离骚》中的人物，她在《离骚》中曾劝诫屈原不要像鲧那样因刚直而死，但屈原并没有接受她的劝告。《楚辞·离骚》："女媭之婵媛兮，申申其詈予。曰：'鲧婞直以亡身兮，终然殀乎羽之野。汝何博謇而好修兮，纷独有此姱节？薋菉葹以盈室兮，判独离而不服。……世并举而好朋兮，夫何茕独而不予听？'"

任天孙笑拙，女媭嫌直。（宋·刘克庄《满江红·下见西山》）

值zhí

㊂入声，十三职（以"直"字下通）。又：去声，四寘同。㊃傫～不～偿～承～触～担～当～对～逢～还～会～货～计～贾～贱～理～赁～轮～面～千金～潜～时～实～适～数～调～退～物～相～宿～佣～余～允～遭～正～支～直～钟～㊄～得～更～价～理～年～事～堂～星～宿～遇～月～重㊀昏昏还就枕，惘惘梦相值。（唐·韩愈《寄皇甫湜》）

植zhí

㊂入声，十三职。又：去声，四寘同。㊃百～薄～并～播～材～操～产～丛～樌～党～倒～定～动～发～蕃～繁～房～丰～封～扶～干～耕～固～豪～鹤～迴～嘉～假～金～净～决～垦～列～林～密～木～农～培～匹～骈～迁～强～丘～弱～森～生～手～树～陶～天～庭前～託～误～新～形～学～偃～移～遗～艺～营～栽～攒～植～种～孳～滋～㊄～保～标～表～操～成～持～楮～党～德～睹～福～根～躬～固～行～笏～局～缆～类～礼～林～柳～苗～品～鳍～刃～锡～心～性～秀～绪～悬～学～言～养～业～移～义～艺～意～援～怨～杖～棹～植～志～治～株～足㊀终当一使移花根，还比蒲桃天上植。（唐·孟郊《和蔷薇花歌》）

殖zhí

㊂入声，十三职。㊃苞～薄～保～髀～播～不～产～炽～倒～对～蕃～繁～丰～富～耕～骨～豪～海～货～垦～灵～农～生～私～岁～田～拓～五～五谷～兴～学～养～移～营～允～增～殖～众～孳～滋～㊄～财～产～货～利～民～私～物～殖～种～赀㊀初生在榛莽，孤秀岂封殖。（唐·皎然《采实心竹杖寄赠李萼侍御》）

执(執)zhí

㊂入声，十四缉。㊃百～边～秉～搏～捕～部～操～穿～存～定～对～法～方～封～俘～父～公～孤～古～固～管～怀～幻～回～坚～交～胶～劫～禁～敬～窘～九～拘～硁～揽～良～论～貌～面～泥～牛耳～拗～朋～僻～譬～偏～破～谦～强～擒～囚～驱～确～深～生～侍～收～挺～妄～违～我～诬～无～闲～邪～修～循～要～幽～友～迂～允～宰～遭～择～掌～争～指～挚～滞～主～专～准～祖～遵～㊄～备～本～辨～帛～搏～策～持～仇～

雠～炊～辞～雌～饕～道～德～耳～伐～方～服～绋～符～竿～干～共～古～圭～珪～行～壶～笏～获～戟～将～节～结～禁～经～竞～昝～钧～柯～履～袂～盟～迷～牛耳～辔～凭～契～谦～热～柔～势～事～手～手礼～守～殳～绥～索～梃～宪～薪～修～徐～言～业～一～义～勇～用～友～玉～驭～御～丈～杖～争～正～志～质～贽～挚～秩～滞～奏～组例却欲学神仙，空思谢朋执。（唐·皎然《春日对雨联句一首》）

职（職）zhí

古入声，十三职。逆八～百～颁～本～边～秉～不～不失～诚～弛～褫～出～地～典～夺～贰～分～讽～凤～辅～乖～馆～衮～华～隳～谨～禁～敬～九～旧～镌～刊～课～旷～阃～浪～乐～礼～理～历～吏～僚～縻～末～内～女～迁～勤～清～去～劝～让～冗～儒～尸～失～史～世～守～殊～帅～司～四～天～贴～外～王～文～文墨～无～显～巷～效～谢～刑～脩～牙～言～要～右～寓～责～振～正～执～职～州～专～子～遵～顺～办～币～别～次～当～典～方～分～蜂～贡～孤～官～管～计～金～竞～劳～吏～僚～名～命～墨～内～钱～人～任～丧～势～事～守～司～素～岁～田～统～衔～性～约～掌～职～志～秩～主～蔵～租例主忧岂济时，身远弥旷职。（唐·杜甫《客堂》）

典**中和乐职**　《中和》《乐职》两部诗章。借指歌功颂德之作。亦作"选何武"。《汉书·王褒传》："益州刺史王襄欲宣风化于众庶，闻王褒有俊材，请与相见，使褒作《中和》《乐职》《宣布诗》（此为歌颂政治平和，百官各乐其职，风化远布的诗章），选好事者令依《鹿鸣》之声习而歌之。时汜乡侯何武为僮子，选在歌中。"

铃斋一缕柑香起，细听中和乐职诗。（宋·刘克庄《送叶尚书赴永嘉二首》其二）

侄（姪）zhí

古入声，四质。又：入声，九屑异。逆表～娣～儿～孤～姑～皇～令～聋～门～年～女～舍～甥～叔～贤～乡～小～子～宗～族～顺～儿～妇～哥～女～兽～孙～子例不敢论他人，狂言示诸侄。（唐·白居易《狂言示诸侄》）

跖zhí　另见100页zhè。

古入声，十一陌。（以"蹠"字）逆白～盗～鸡～桀～巨～孔～柳～蹻～食～舜～项～颜～夷～耆～踵～足～顺～地～铧～距～空～戾～盭～蹻～实～徒～颜～硬例世无洗耳翁，谁知尧与跖。（唐·李白《古风》）

典**盗跖**　借指恶人。《庄子·盗跖》："柳下季之弟，名曰盗跖。盗跖从卒九千人，横行天下，侵暴诸侯，冗室枢户，驱人牛马，取人妇女，贪得忘亲，不顾父母兄弟，不祭先祖。所过之邑，大国守城，小国入保，万民苦之。"

盗跖何延期，颜生乃短折。（唐·吴筠《览古十四首》其一四）

尧与跖　指将圣贤与盗贼并举。《庄子·盗跖篇》："柳下季之弟名曰盗跖。盗跖从卒九千人，横行天下，侵暴诸侯。穴室枢户，驱人牛马，取人妇女。……万民苦之。"《史记·淮阴侯列传》："跖之狗吠尧，尧非不仁，狗因吠非其主。"

古来尧孔与桀跖，善恶何补如今人。（唐·卢仝《冬行三首》其一）

掷（擲）zhì

古入声，十一陌。逆驰～倒～抵～颠～飞～飞梭～焚～奋～格～孤注～吼～浪～漫～怒～抛～屏～弃～腾～提～跳～投～透～虚～扬～一～拥～鱼～跃～顺～博～采～彩～倒～地～攧～掉～楯～卦～果～菓～还～茭～金～金声～卢～米～目～弃～钱～鹊～色～身～绳～鼠～梭～骰～涂～瓦～丸～锡～下～置例枯松间槎枿，猛兽恣腾掷。（唐·皇甫湜《石佛谷》）

典**枭卢掷**　借指古代博戏樗蒱。韩愈《送灵师》（《全唐诗》卷三三七）："六博在一掷，枭卢叱回旋。"

枭卢一掷不须呼，况敢定价论车渠。（宋·范成大《次韵陈季陵寺丞求歙石眉子砚》）

蛰（蟄）zhí　又读。另见87页zhé。

古入声，十四缉。

絷（縶）zhì

古入声，十四辑。逆缠～樊～缚～羁～拘～缧～累～笼～縻～南冠～牵～囚～驱～维～系～幽～顺～缚～拘～囚～维例悄悄掩门扉，穷窘自维絷。（唐·姚合《寄贾岛浪仙》）

埴zhí　黏土。

古入声，十三职。又：去声，四寘同。逆搏～斥～赤～范～封～黑～垆～黏～埏～陶～抟～瓦～挺～摘～顺～坟～固～垆例冥行迷近远，伛偻犹擿埴。（宋·尤袤《张公洞》）

摭zhí

古入声，十一陌。逆采～採～鉤～掎～窘～捃～攈～～罗～拾～收～诬～挦～指～顺～采～华～赖～裂～罗～诎～实～拾例九流宗指归，百氏旁捃摭。（唐·刘禹锡《游桃源一百韵》）

踯（躑）zhí

古入声，十一陌。逆号～腾～跳～鱼～蹢～顺～局～踏～蹋～腾～蹢例戏猿隔枝透，惊鹿逢人踯。（唐·皎然《与崔子向泛舟以寄之》）

尺chǐ　另见77页chě。

古入声，十一陌。逆百～宝～表～裁～赐～寸～寸关～刀～钿～斗～度～方～幅～格～公～古律～圭～衡～积～挟～简～角～戒～金粟～进～径～跼～累～六～鲁班～轮～铺～七～千～琼～曲～三～绳～市～书～黍～铜～铜籥～枉～五～襄～象～寻～讯～压～一～英～盈～玉～丈～折～镇～只～指～咫～众～周～纵黍～顺～八～板～半～璧～表～波～帛～布～楮～椽～捶～棰～寸～刀～地～牍～度～二～二圭～方～幅～晷～郭～函～翰～蠖～籍～笺～缣～简～锦～烬～景～口～鲤～脉～墨～木～蘖～刃～绳～书～疏～水～素～题～蹝～铁～头～图～土～五～五天～薪～雪～鷃～一～一牍～一书～玉～泽～宅～诏～纸～咫～中～组例迥若千仞峰，孤危不盈尺。（唐·戴叔伦《孤石》）

典**刀尺**　①指称权衡升降人才的权力。②喻指官场倾轧。《晋书·李含传》：晋直臣李含，官秦国郎中令，因不谄事权臣受到尚书赵浚、大中正傅祇、中正庞腾挟嫌陷害。中丞傅咸为此上表："（臣）见含为腾所侮，谨表以闻，乞朝廷以时博议，无令腾得妄弄刀尺。"

明时刀尺君须用，幽处田园我有涯。（唐·杜牧《正初奉酬歙州刺史邢群》）

腹尺 喻指肚大能食。《三国志·魏书·荀彧传》："太祖虽征伐在外，军国事皆与彧筹焉。"注引《典略·祢衡传》："或问曰：'曹公、荀令君、赵荡寇皆足盖世乎？'衡称曹公不甚多；又见荀有仪容，赵有腹尺，因答曰：'文若（荀彧字）可借面吊丧，稚长（荡寇字）可使监厨请客。'"

药炉愧我形容槁，腹尺输君饮啖工。（清·吴伟业《穆大苑先卧病桐庐初归喜赠》）

三尺 借指剑。亦作"三尺水"。《史记·高祖本纪》："高祖嫚骂之曰：'吾以布衣提三尺剑取天下，此非天命乎？'"

一毛生凤穴，三尺献龙泉。（唐·杜甫《奉送苏州李十五长史丈之任》）

鸣刀尺 指女子剪裁缝制衣物。《玉台新咏》卷一《古诗为焦仲卿妻作》："左手持刀尺，右手执绫罗。"郭泰机《答傅咸》："衣工秉刀尺，弃我忽若遗。"

料为我窗前，强鸣刀尺。（宋·柴望《齐天乐·凄凄杨柳潇潇雨》）

喙长三尺 喻指人能言善辩，擅于说教。《庄子·徐无鬼》："仲尼之楚，楚王觞之。孙叔敖执爵而立。市南宜僚受酒而祭，曰：'古仁人乎！无此言已。'曰：'丘也闻不言之言矣，未之尝言，于此乎言之。市南宜僚弄丸而两家之难解。孙叔敖甘寝秉羽而郢人投兵。丘愿有喙三尺。'"

与君俯首大艰阻，喙长三尺不得语。（唐·马异《荅卢仝结交诗》）

天威咫尺 喻指帝王之威近在眼前。《左传·僖公九年》："天威不违颜咫尺，小白余敢贪天子之命，无下拜？"

地步氛埃外，天威咫尺间。（宋·万俟绍之《杰阁》）

赤 chì

【古】入声，十一陌。【逆】保～鼻～苍～陈～大～丹～单～地～涧～耳～飞～贵～孩～赫～火～畿～挟～酱～近朱～精～黎～李～六～扑～然～涩～探马～通～推～兀～霞～心～血～黝～鱼尾～云都～站～赭～正～只～忠～衷～足～【顺】～笔书～壁～熛～膊～潮～车～忱～诚～春～寸～刀～德～厄～方～风～凤～伏～符～干～汗～寰～卉～籍～骥～颊～节～九～口～鲤～历～麟～灵～龙～露～萝～绿～马～马劫～明～萍～气～牵～晴～区～壤～人～日～山～生～眚～实～手～菽～水～松～棠～天～亭～土～菟～丸～文～乌～瑕～霄～小～心～焮～星～煦煦～羽～翟～忠～珠～缀～子～紫【例】寒城朝烟澹，山谷落叶赤。（唐·杜甫《两当县吴十侍御江上宅》）

斥 chì

【古】入声，十一陌。【逆】罢～逼～鄙～贬～辩～摈～驳～猜～叱～斥～冲～充～黜～窜～诋～抵～放～非～废～革～诟～广～诃～呵～挥～麾～讥～简～贱～讦～诘～禁～拒～镌～开～考～陵～流～卤～论～面～拟～逆～排～辟～屏～掊～弃～迁～遣～谴～诮～侵～驱～去～攘～讪～申～沈～疏～诵～搜～汰～痛～推～退～唾～削～烟～言～议～汙～远～责～谪～指～诛～逐～【顺】～罢～币～摈～兵～驳～臣～叱～斥～除～绌～黜～疵～窜～大～道～地～黩～夺～犯～放～革～呵～候～堠～讳～近～境～绝～苦～离～力～詈～卤～逻～落～骂～卖～免～谬～莫～女～屏～弃～遣～谴～去～然～塞～讪～上～生～事～疏～题～土～退～问～仙～言～盐～幽～远～责～泽～正～埴～陟～逐～尊【例】老去不自由，渐被他推斥。（唐·寒山《诗三百三首》其一二一）

饬（飭）chì

【古】入声，十三职。【逆】驳～彫～督～端～敦～恭～规～诲～检～矫～戒～诫～矜～谨～禁～警～匡～釐～厉～敛～令～明～谦～勤～申～挑～通～文～褖～校～修～脩～训～雅～严～谕～缘～约～匀～札～甄～振～整～祗～庄～自～【顺】～备～表～兵～捕～材～查～催～躬～蛊～归～过～行～化～纪～驾～戒～诫～谨～尽～禁～垒～力～厉～励～令～勉～末～拏～农～散～射～身～审～刑～修～愿～责～正～知～治～装【例】群籍备所见，孤贞每自饬。（唐·崔湜《景龙二年寻拜襄州刺史》）

叱 chì

【古】入声，四质。【逆】阿～鞭～嘲～嗔～瞋～笞～叱～斥～诋～咄～诟～诃～呵～喝～呼～麾～目～那～怒～驱～痛～扐～咤～訾～【顺】～拨～叱～斥～搭～犊～咄～干～怪～诃～呵～喝～呼～叫～嗟～咀～李～利～詈～列～令～罗～骂～名～奴～嚷～辱～石～索～滩～问～吸～驭～责～咤【例】尔何按国章，无罪见呵叱。（唐·沈佺期《被弹》）

彳 chì

【古】《广韵》：入声，昔韵。【顺】～亍

鷘（*鸂）chì

【古】入声，十三职。【逆】鸂～

敕（勅、勑）chì

【古】入声，十三职。【逆】跋～驰～出～箠～赐～刀～敦～发～奉～符～告～诰～格～画～黄～诲～赍～甲～降～矫～教～戒～诫～谨～警～口～誉～匡～明～命～墨～母～谴～切～申～手～台～特～帖～脩～宣～训～遗～阴～应～玉～豫～元～约～诏～整～正～制～自～遵～【顺】～牓～备～赐～答～牒～断～额～法～封～符～格～躬～号～画～唤～黄～甲～见～建～教～戒～警～局～勒～勒歌～力～厉～令～命～目～设～身～使～授～书～条～头～文～晓～许～印～语～谕～葬～造～正～旨～撰～准【例】时辈多得途，亲朋屡相敕。（唐·元稹《寄吴士矩端公五十韵》）

【典】**批黄敕** 喻指有胆识，敢于坚持自己的意见。亦作"李藩批敕""批敕"。《旧唐书》卷五《高宗纪下》："（上元三年闰三月）戊午，敕制比用白纸，多为虫蠹，今后尚书省下诸司、州、县，宜并用黄纸。"《旧唐书》卷一四八《李藩传》："（元和初李藩）迁给事中。制敕有不可，遂于黄敕后批之。吏曰：'宜别连白纸。'藩曰：'别以白纸，是文状，岂曰批敕耶！'"

呼来谁遣批黄敕，谪去何须着锦袍。（宋·刘克庄《居厚弟和七十四吟再赋》）

涂墨敕 指对不宜之诏敕，加以涂窜奏还。《新唐书》卷四七《百官志二·门下省》："给事中四人……凡百司奏抄，侍中既审，则驳正违失。诏敕不便者，涂窜而奏还，谓之'涂归'。"《新唐书》卷四五《选举志下》："中宗时，韦后及太平、安乐公主等用事，于侧门降墨敕斜封授官，号'斜封官'。"

曾裂白麻，曾涂墨敕，谪堕俄征起。（宋·刘克庄《念奴娇·少时独步词场》）

日 rì

古入声，四质。逆暖～霸代～蔽～璧～卜～不～成～畴～旦～道～端～尔～二之～分～伏～旰～更～工～彀～寒～化～麾～会～慧～吉～极～集～霁～加～嘉～夹～皦～救～就～渴～腊～蜡～来～了～历～丽～连～鲁～露～梦～木曜～曩～愒～敲～晴～人～瑞～睿～三～三竿～善～上～圣～市～霜～舜～夙～岁～兀～夕～禊～向～繈～销～曛～旬～延～嚥～阳～曜～遗～异～翼～永～游～逾～元～月～云～长～兆～至～竹醉～主～晬～顺～薄～晡～彩～差～躔～朝～辰～程～蹙～旦～度～珥～冯～符～干～给～工～宫～毂～观～官～冠～圭～晷～虹～华～魂～火～及～见～渐～津～晶～景～镜～久～亏～里～力～廪～没～冕～母～暮～气～前～浅～入～三竿～膳～省～施～食～蚀～瘦～坛～惕～天～围～乌～午～夕～西～下～兄～曛～晏～阳～旸～曜～曜日～昳～永～余～禺～宇～羽～驭～御～元～晕～仄～昃～至～志～昼～珠～注～铸～昨例悠悠长路人，暧暧远郊日。（唐·王维《和使君五郎西楼望远思归》）

典**宾日** 指迎接日出。《尚书·虞书·尧典》："分命羲仲，宅嵎夷，曰旸谷。寅宾出日，平秩东作。"孔安国传："寅，敬。宾，导。秩，序也。岁起于东而始就耕谓之东作。东方之官敬导出日，平均次序东作之事以务农也。"

宾日扶桑遭圣且，客星钓濑愧天文。（宋·杨万里《舟中追和张功父贺赴召之句》）

迟日 指春日。《诗经·豳风·七月》："春日迟迟，采蘩祁祁。"毛氏传："迟迟，舒缓也。"

迟日未能销野雪，晴花偏自犯江寒。（唐·皇甫冉《送钱唐路少府赴制举》）

对日 喻指年幼而聪智。亦作"黄琬对日"。《后汉书·黄琼传》附"黄琬"："琬字子。少失父。早而辩慧。祖父琼，初为魏郡太守。建和元年正月日蚀，京师不见而琼以状闻。太后诏问所蚀多少，琼思其对而未知所况。琬年七岁，在傍，曰：'何不言日蚀之余，如月之初？'琼大惊，即以其言应诏，而深奇爱之。"

邹子谭天岁，黄童对日年。（唐·皎然《咏数探得七》）

计日 指对清官的称颂。《后汉书·羊陟传》：羊陟字嗣祖，太山梁父人。拜侍御史，再迁冀州刺史。"帝嘉之，拜陟河南尹。计日受奉，常食干饭茹菜，禁制豪右，京师惮之。"

此中难遇逍遥事，计日应为印绶催。（唐·方干《题盛令新亭》）

梦日 ①喻指见到君主的征兆。②借指梦生贵子、登得帝位吉祥之兆。《战国策·赵策三》："吾闻梦见人君者，梦见日。"《韩非子·内储说上》："吾闻见人主者梦见日，奚为见寡人而梦见灶？"

阴风吹大泽，梦日照昌朝。（唐·张说《皇帝降诞日集贤殿赐宴》）

捧日 喻指忠于君上。《三国志·魏书·程昱传》："乃表昱为东平相，屯范。"裴松之注引《魏书》曰："昱少时常梦上泰山，两手捧日。昱私异之，以语荀彧。及兖州反，赖昱得完三城。于是彧以昱梦白太祖。太祖曰：'卿当终为吾腹心。'昱本名立，太祖乃加其上'日'，更名昱也。"

时来昔捧日，老去今归山。（唐·白居易《香炉峰下新置草堂即事咏怀题于石上》）

畏日 借指夏日。《左传·文公七年》："酆舒问于贾季曰：'赵衰赵盾孰贤？'对曰：'赵衰，冬日之日也；赵盾，夏日之日也。'"杜预注："冬日可爱，夏日可畏。"

木槿花开畏日长，时摇轻扇倚绳床。（唐·钱起《避暑纳凉》）

长安日 指帝王或京都。亦作"长安近""长安远于日""对日""长安在日边"。《世说新语·夙惠》："晋明帝数岁，坐元帝膝上。有人从长安来，元帝问洛下消息，潸然流涕。明帝问何以致泣？具以东渡意告之。因问明帝：'汝意谓长安何如日远？'答曰：'日远。不闻人从日边来，居然可知。'元帝异之。明日集群臣宴会，告以此意，更重问之。乃答曰：'日近。'元帝失色，曰：'尔何故异昨日之言邪？'答曰：'举目见日，不见长安。'"

愿枉长安日，光辉照北原。（唐·杜甫《建都十二韵》）

指白日 指对日发誓，以表决心。《诗经·王风·大车》："谷则异室，死则同穴，谓予不信，有如皦日。"

公主歌黄鹄，君王指白日。（唐·杜甫《留花门》）

指树日 借指老子诞生之日。晋·葛洪《神仙传》卷一《老子》："老子者，名重耳，字伯阳。……或云，老子之母，适至李树下而生。老子生而能言，指李树曰：'以此为我姓。'"

岁岁相传指树日，翩翩来伴庆云翔。（唐·张说《舞马千秋万岁乐府词三首》其一）

白虹贯日 喻指精诚所至感动上天。亦作"长剑彩""长虹贯日""长虹吐日"。《战国策·魏策四》："夫专诸之刺王僚也，彗星袭月；聂政之刺韩傀也，白虹贯日；要离之刺庆忌也，仓鹰击于殿上。"又《史记·邹阳列传》："昔者荆轲慕燕丹之义，白虹贯日，太子畏之。"

重义轻生一剑知，白虹贯日报雠归。（唐·沈彬《结客少年场行》）

补天浴日 喻功绩极大。《淮南子·览冥训》："于是女娲炼五色石以补苍天。"又《山海经·大荒南经》："有羲和之国，有女子名曰羲和，方日浴于甘渊。"

补天出娲石，浴日升咸池。（宋·王迈《题赵别驾委斋诗》）

长绳系日 指留住时光。亦作"系日""系白日"。晋·傅玄《九曲歌》:"岁暮景迈群光绝,安得长绳系白日!"

欲把长绳系日难。纷纷从此见花残。(宋·郑少微《朝天子·欲把长绳系日难》)

扶桑九日 扶桑为传说中的神树,是十日所栖之处。因谓为日出处,亦代指太阳。亦作"扶桑"。《山海经·海外东经》:"汤谷上有扶桑,十日所浴,在黑齿北。居水中,有大木,九日居下枝,一日居上枝。"

道树千花发,扶桑九日移。(唐·段成式《观山灯献徐尚书》其一)

精贯白日 喻指可以感动天地的精神。《三国志·魏书·武帝纪》:"当此之时,王师寡弱,天下寒心,莫有固志,君执大节,精贯白日,奋其武怒,运其神笑,致届官渡,大歼丑类。"

大将忠精贯白日,诸生揽涕读哀词。(明·危素《挽达兼善》)

夸父逐日 喻指征服自然的决心和追求进取的壮举。亦作"夸父渴"。《山海经·海外北经》:"夸父与日逐走,入日;渴欲得饮,饮于河、渭;河、渭不足,北饮大泽,未至,道渴而死。弃其杖,化为邓林。"

夸父逐日死,共工触天倾。(宋·梅尧臣《饮酒呈邻几原甫》)

开元盛日 指盛世之况。杜甫《忆昔二首》其二(《全唐诗》卷二二〇):"忆昔开元全盛日,小邑犹藏万家室。"

忆昔开元全盛日,汉苑隋宫已黍离。(宋·张舜民《咏长安兴废地》)

六龙回日 借指太阳神。《太平御览》卷三引《淮南子》:"爰止羲和,爰息六螭,是为悬车。"注:"六螭,即六龙也。"

上有六龙回日之高标,下有冲波逆折之回川。(唐·李白《蜀道难》)

三冬爱日 喻指待人温厚。《左传·文公七年》:"酆舒问于贾季曰:'赵衰与赵盾孰贤?'对曰:'赵衰,冬日之日也。赵盾,夏日之日也。'"杜预注:"冬日可爱,夏日可畏。"

三冬爱日,一方惠露,人在春台。(宋·洪适《眼儿媚·黄堂风转碧幢开》)

辋川落日 ①指诗画中的美景。②指眼前景。唐·王维《辋川闲居赠裴秀才迪》(《全唐诗》卷一二六):"渡头余落日,墟里上孤烟。"

辋川落日渔罾。写不尽、人间四并。(宋·吴文英《柳梢青·翠嶂围屏》)

咸池洗日 喻指君主当经受磨折洗礼,才能自强,成就大业。《淮南子·天文训》:"日出于旸谷,浴于咸池。"

咸池洗日当青天,汉家自有中兴年。(宋·王庭珪《和周秀实田家行》)

尧天舜日 喻指理想中的太平盛世。亦作"舜日尧年"。《论语·泰伯》:"子曰:'大哉尧之为君也,巍巍乎唯天为大,唯尧则之。荡荡乎民无能名焉。'"另南朝梁·沈约《四时白纻歌·春白纻》:"佩服瑶草驻容色,舜日尧年欢无极。"

姑言絜舜工负恩,尧天舜日定不尔。(宋·岳珂《戊戌二月十日》)

一百五日 借指寒食节。南朝梁·宗懔《荆楚岁时记》:"去冬节一百五日,即有疾风甚雨,谓之寒食。"

一百五日家未归,新丰鸡犬独依依。(唐·赵嘏《寒食新丰别友人》)

忠贯白日 喻指无限忠诚之心。亦作"忠心贯日"。《宣和书谱·正书·颜真卿》:"惟其忠贯白日,识高天下,故精神见于翰墨之表者,特立而兼括。"

孤忠贯白日,美志掩丹霞。(宋·司马光《魏忠献公挽辞三首》其二)

层巅余落日 指日暮时分。杜甫《西枝村寻置草堂地夜宿赞公土室二首》其一(《全唐诗》卷二一八):"居意未展,杖策回且暮。层巅余落日,早蔓已多露。"

还凭流水送人归。层巅余落日,草露已沾衣。(宋·苏轼《临江仙·四大从来都遍满》)

冬日与夏日 喻有人待人和蔼可亲,有人却为政苛猛。亦作"冬爱""赵盾"。《左传·文公七年》:"酆舒问于贾季曰:'赵衰、赵盾孰贤?'对曰:'赵衰,冬日之日也;赵盾,夏日之日也。'"杜预注:"冬日可爱,夏日可畏。"

一醉六十日 指长醉。《晋书·阮籍传》:"文帝初欲为武帝求婚于籍,籍醉六十日,不得言而止。"

一醉六十日,古来闻阮生。(唐·杜牧《自宣州赴官入京路逢裴坦判官归宣州因题赠》)

贾陆一更十日 指宰相办公。《旧唐书》卷一三九《陆贽传》:"贽与贾耽、卢迈、赵憬同知政事,百司有所申覆,皆更让不言可否。旧例,宰臣当旬秉笔决事,每十日一易,贽请准故事,令秉笔者以应之。"

笑贾陆、一更十日。画堂上,鹤算延长,兕觥无极。(宋·无名氏《玉烛新·养高梓里》)

射九乌留白日 指日。《楚辞·天问》:"羿焉彃日,乌焉解羽。"王逸注:"《淮南》言:尧时十日并出,草木焦枯,尧令羿仰射十日,中其九日,日中九乌皆死,堕其羽翼,故留其一日也。"

拟射九乌留白日,假饶立到黄昏。(宋·李石《临江仙·有宅一区家四壁》)

衵 rì

又读。另见250页nì。

驲(馹)rì

驿马。

古入声,四质。逆驰～飞～锋～古～顺～丞～递～夫～讣～遽～马～骑～书～站

式 shì

古入声,十三职。逆八股～颁～边～标～表～卜～不～常～朝～成～承～垂～典～定～范～放～冯～伏～抚～拊～古～故～官～规～轨～国～过～合～后～花～祭～捡～矜～景～酒～旧～据～楷～可～课～吏读～良～令～马～莽～南～派～拼～品～凭～谱～前～乾～俏～毬～入～三～生～师～诗～时～式～水～体～天～天下～条～调～通～图～违～限～形～型～旋～训～洋～一～遗～印～永～远～杖～昭～中～转～状～准～姿～谘～祖～顺～度～遏～法～范～干～谷～规～好～假～廓～庐～闾～墓～盘～凭～式～望～微～围～闻～型～序～叙～宴～燕～仰～样～则～瞻～昭～子例暨于嬴刘,乃创程式。(唐·皎然《讲德联句》)曲庇桃根盏,横讲捎云式。(唐·元稹《寄吴士矩端公五十韵》)

典**卜式** 指汉代卜式,牧羊出身,官至御史大夫。《汉书·卜式传》:"卜式,河南人也。以田畜为事。""时汉

方事匈奴，式上书，愿输家财半助边。"又"元鼎中，征式代石庆为御史大夫。式既在位，言郡国不便盐铁而船有算，可罢。上由是不说式。明年封禅，式又不习文章，贬秩为太子太傅，以兒宽代之。式以寿终。"

惠施不肯干万乘，卜式未必穷一经。（唐·李白《悲歌行》）

饰（飾）shì

古入声，十三职。逆褎～宝～豹～边～鬓～采～车～崇～错～彫～琱～雕～端～遁～掇～繁～粉～浮～傅～干～功～盥～光～华～狡～矫～矜～谨～尽～颈～镜～夸～匡～丽～靓～镂～马～靡～眄～妙～泥～捏～秾～盼～珮～绮～器～谦～巧～勤～曲～润～缮～盛～手～水～途～涂～刓～玩～文～纹～渥～鲜～校～脩～虚～轩～炫～绚～严～燕～衣～仪～隐～营～缘～藻～赠～霑～长～昭～遮～珍～振～整～瑑～妆～庄～缀～琢～自～顺～辨～辩～表～兵～车～臣～词～辞～非～羔～观～棺～诡～过～行～好～画～混～贾～价～奖～节～洁～巾～口～乐～厉～吏～赂～乱～骂～貌～美～面～名～匿～弄～配～器～巧～让～润～身～声～始～室～帨～说～谈～外～玩～伪～纹～物～熊～虚～言～扬～羽～语～缘～缯～诈～正～知～治～智～中～终～妆～装～琢～擢例玉带暂时华，金钗非久饰。（唐·寒山《诗三百三首》其五三）

典**魏帝妇人饰**　喻指屈尊受辱。《北史·彭城王勰传》附《元韶传》："齐天宝元年，降爵为县公。韶性行温裕，以高氏婿，颇受时宠。能自谦退，临人有惠政，好儒学，礼致才彦，爱林泉，修第宅华而不侈。文宣帝剃韶鬓须，加以粉黛，衣妇人服以自随。曰：'以彭城为嫔御。'讥元氏微弱，比之妇女。"

齐侯好紫衣，魏帝妇人饰。（唐·李华《杂诗六首》其二）

适（適）shì　另见61页kuò、239页dí。

古入声，十一陌。又：入声，十二锡异。逆安～不～畅～稠～出～从～得～二～贰～改～更～酣～合～何～和～逅～欢～祸～寄～频～节～静～酒～均～钧～康～快～宽～旷～利～妙～平～七科～恰～遣～切～惬～清～取～荣～三～散～擅～赏～神～时～舒～爽～顺～所～他～泰～恬～调～玩～温～无～奚～戏～遐～暇～闲～娴～偕～谐～忻～宴～燕～一～壹～仪～宜～意～应～遊～娱～远～晕～再～造～政～之～指～中～众～自～纵～作～顺～备～变～便～衬～称～从～当～道～等～丁～度～尔～分～逢～遘～观～归～行～合～会～婚～己～价～间～景～均～可～口～来～理～例～量～龄～路～闷～巧～切～情～趣～然～人～如～身～生～时～世～事～顺～俗～所～体～味～物～销～心～兴～性～要～宜～逸～意～音～用～欲～缘～远～愿～值～職～志～中～衷～足例骢马入关西，白云独何适。（唐·刘长卿《寄李侍御》）

室shì

古入声，四质。逆闇～薄～北～敞～碧～冰～不～禅～冲～川～爨～代～丹～迩～贰～阁～弓～瑰～閤～圜～婚～箭～椒～蛟～阶～进～靖～鹫～觃～阑～兰～廊～凉～凌～陋～庐～闾～蒲～妻～绮～千～樵～鞘～青～清～琼～秋～衢～泉～祏～矢～始～嵩～邃～滕～亡～卧～无～夕～玺～仙～贤～心～虚～轩～宣～萱～旋～璇～烟～严～晏～燕～瑶～翼～荫～隐～幽～西～宇～玉～隩～元～云～丈～正～芝～芝兰～子～顺～奥～处～第～奉～妇～祭～家～居～客～老～庐～间～妹～内～人～舍～氏～市～事～授～属～孙～堂～韦～庑～匣～宿～学～隅～宇～宅～制～中～族例忆昔开元全盛日，小邑犹藏万家室。（唐·杜甫《忆昔二首》其二）

典**毁室**　喻指国破家亡。《诗经·豳风·鸱鸮》："鸱鸮鸱鸮，既取我子，无毁我室。"

毁室取尔子，杀戮轻如嬉。（宋·于石《故家有乔木》）

鲛室　指传说中鲛人在水底的居处。亦作"鲛馆"。木玄虚（华）《海赋》："其垠则有天琛水怪，鲛人之室。"张铣注："鲛人，龙属，人状，居于水底。"

鲛室夜眠阴火冷，蜃楼朝泊晓霞深。（唐·章孝标《送金可纪归新罗》）

琼室　①喻指豪华的宫室。②喻指覆雪的房屋。《竹书纪年》上："（殷帝辛）九年，王师伐有苏，获妲己以归。作琼室，立玉门。"张平子（衡）《东京赋》："则是黄帝合宫，有虞總期，固不如夏癸之瑶台，殷辛之琼室也。"李善注引《汲冢古文》："夏桀作倾宫瑶台，殚百姓之财；殷纣作琼室，立玉门也。"

劳将素手卷虾须，琼室流光更缀珠。（唐·陆畅《帘》）

温室　借指宫殿。《三辅黄图》卷三："温室殿，按《汉宫阙疏》，'在长乐宫'，又《汉宫阁记》在'未央宫'。""温室殿，武帝建，冬处之温暖也。《西京杂记》曰：'温室以椒涂壁，被之文绣，香桂为柱，设火齐屏风，鸿羽帐，规定以罽宾氍毹。'"

温室言虽阻，文场契独全。（唐·沈东美《奉和苑舍人宿直晓玩新池寄南省友》）

宣室　喻指君主召见贤才之所。《汉书·贾谊传》："文帝思谊，征之。至，入见，上方受厘，坐宣室。"苏林注："宣室，未央前正室也。"

新年对宣室，白首代尧言。（宋·苏轼《用旧韵送鲁元翰知洺州》）

鬼瞰室　指将遭厄运。扬子云（雄）《解嘲》："且吾闻之，炎炎者灭，隆隆者绝。……高明之家，鬼瞰其室。"李善注引李奇曰："鬼神害盈而福谦。"

排江鬼瞰室，贯朽粟红陈。（宋·黄庭坚《和答魏道辅寄怀十首》其五）

虚白室　喻指人的心境澄明便可以生出光明来，后指心无杂念可以得道。《庄子·人间世》："瞻彼阕者，虚室生白，吉祥止止。"

兴残虚白室，迹断孝廉船。（唐·杜甫《哭韦大夫之晋》）

原宪室　喻指破旧不堪、不能遮挡风雨的房屋。《庄子·让王》："原宪居鲁，环堵之室，茨以生草；蓬户不完，桑拟为枢；而瓮牖二室，褐以为塞；上漏下湿，匡坐而弦。"

羞入原宪室，荒径隐蓬蒿。

（唐·李白《白马篇》）

芝兰室 喻指美好的德行。《孔子家语》："与善人居，如入芝兰之室，久而不闻其香，即与之化矣。"

宿昔芝兰室，今兹鸳鹭行。（唐·权德舆《因书所怀且叙所知》）

左记室 左思。借指文士。《晋书·左思传》："左思，字太冲，齐国临淄人。……貌寝，口讷，而辞藻壮丽。""齐王冏命为（记）室督，辞疾，不就。"

中有左记室，逢人眼光明。（唐·曹邺《送进士李殷下第游汾河》）

仲长园 喻指景色宜人的园林。亦作"仲长室"。《后汉书·仲长统传》："欲卜居清旷，以乐其志，论之曰：'使居有良田广宅，背山临流，沟池环市，竹木周布，场圃筑前，果园树后。……濯清水，追凉风，钓游鲤，弋高鸿。……如是，则可以陵霄汉，出宇宙之外矣。岂羡夫人帝王之门哉！'"

遥想仲长园，如亲幼安室。（唐·储光羲《山中贻崔六琪华》）

乃心王室 喻指忠于君主朝廷。《尚书·康王之诰》："虽尔身在外，乃心罔不在王室。"

乃心王室故，日夜奔南征。（宋·文天祥《稽庄即事》）

升堂入室 喻学识所达到的程度有深浅的不同，入室比升堂所达到的学识造诣更深一步。《论语·先进》："子曰：'由之瑟，奚为于丘之门？'门人不敬子路。子曰：'由也升堂矣，未入于室也。'"

斑斑之兽本山林，升堂入室作舆卫。（宋·黄庭坚《南山罗汉赞十六首》其一三）

拒扫陈蕃室 喻指志向远大，很有抱负。亦作"谁扫一室""何劳扫一室""陈蕃一室"。《后汉书·陈蕃传》："陈蕃字仲举，汝南平舆人也。祖河东太守。蕃年十五，尝闲处一室，而庭宇芜秽。父友同郡薛勤来候之，谓蕃曰：'孺子何不洒扫以待宾客？'蕃曰：'大丈夫处世，当扫除天下，安事一室乎！'勤知其有清世志，甚奇之。"

聊安张蔚庐，讵扫陈蕃室。（唐·骆宾王《夏日游德州赠高四》）

拭shì

【古】入声，十三职。【逆】擦～拂～抚～剮～浣～湔～净如～揩～摩～磨～披～拥～扫～收～拉～洗～【顺】～擦～拂～泪～抹～目～玉～眦【例】临别且何言，有泪不可拭。（唐·韩愈《赠别元十八协律六首》其三）

释（釋）shì

【古】入声，十一陌。【逆】辨～辩～冰～不～阐～雠～除～道～道儒～洞～敦～梵～放～分～敷～孚～诂～和～划～欢～涣～集～笺～讲～矜～救～蠲～开～考～孔～隶～排～判～譬～评～剖～遣～曲～诠～劝～融～儒～散～赦～申～审～省～释～殊～舒～逃～通～委～慰～仙～消～校～雪～训～演～译～意～音～庸～宥～躁～逐～注～自～纵～【顺】～鞍～币～部～采～菜～藏～聃～道～帝～典～奠～钧～经～读～法～梵～愤～服～绂～黻～缚～憾～褐～怀～回～获～急～嫉～迦～家～甲～驾～肩～教～结～解～警～渴～口～愦～劳～老～耒～泪～累～亮～流～侣～旅～闷～米～冕～难～念～勤～然～儒～神～氏～事～手～绶～俗～网～文～玺～衔～嫌～险～像～学～言～疑～尤～宥～冤～怨～仗～旨～滞～种～子～宗～罪【例】倚赖穷岁晏，拨烦去冰释。（唐·杜甫《催宗文树鸡栅》）

【典】**冰释** 喻指疑点、隔阂、误会等完全消除。《老子·道经·十五章》："豫若冬涉川，犹若畏四邻，俨兮其若客，涣若冰将释。"

羁怀忽冰释，天地一虚舟。（宋·朱翌《中秋示潘子贱》）

轼（軾）shì 车前横木。

【古】入声，十三职。【逆】登～冯～伏～抚～横～迴～据～泥～凭～苏～熊～茵～转～【顺】～车～柜～庐～闾～怒鼃～蛙～辙【例】炉烟袅，惟愿年年，使君常驻熊轼。（宋·无名氏《万年欢·南极星明》）

【典】**泥轼** 借指通判。《汉书·循吏传》："三岁，宣帝下诏曰：'制诏御史：其以贤良高第扬州刺史霸为颍川太守，秩比二千石，居官赐车盖，特高一丈，别驾主簿车，缇油屏泥于轼前（缇，橘红色。屏泥，车前挡泥用的东西），以章有德。'"

泥轼幸小驻，羽觞当缓行。（宋·晁公溯《送王间赴长宁通判》）

凭轼 指在战争中以口舌、计谋从容取胜。《汉书·郦食其传》："韩信闻食其冯轼下齐七十余城，乃夜度兵平原袭齐。"颜师古注："冯，读曰凭。凭，据也。轼，车前横板隆起者也。云凭轼者，言但安坐乘车而游说，不用兵众。"

辩舌纵横报知己，古人凭轼取封侯。（宋·王铚《送史纯夫出疆》）

熊轼 借指公侯或州郡长官。亦作"熊轩"。《后汉书·舆服志上》："诸车之文：乘舆，倚龙伏虎。……皇太子、诸侯王，倚虎伏鹿。……公、列侯，倚鹿伏熊，黑轓，朱班轮，鹿文飞軨九斿降龙。"

熊轼分朝寄，龙韬解贼围。（唐·刘长卿《罢摄官后将还旧居留辞李侍御》）

螫shì 又读。另见 80 页 zhē。

质（質）zhì 另见 173 页 zhì。

【古】入声，四质。【逆】白～冰玉～秉～才～孱～纯～淳～醇～矗～大～丹～典～敦～方～风～凤～槁～古～瑰～皓～鹤～幻～慧～蕙～皎～锦～丽～灵～流～龙～鲁～马～毛～美～妙～明～木～仆～气～情～穹～人～柔～入～叡～尚～生～殊～淑～疏～霜～水～素～天～土～顽～微～委～文～无～纤～贤～心～秀～绚～雅～瑶～仪～影～愚～玉～元～昭～稚～姿～【顺】～碍～暗～奥～辨～辩～布～偿～成～诚～淳～辞～旦～当～的～典～点～对～缶～感～干～供～古～馆～行～厚～縠～桓～俭～简～劫～诘～谨～俚～力～料～留～鲁～论～率～买～貌～昧～盟～敏～木～讷～凭～婆～铺～朴～契～强～确～让～人～仁～色～舍～省～实～使～士～誓～肆～素～孙～体～委～文～问～象～像～信～形～性～学～讯～言～要～易～用～鬻～约～照～正～作【例】中堂舞神仙，烟雾散玉质。（唐·杜甫《自京赴奉先县咏怀五百字》）

【典】**兰心蕙质** 喻指女子纯洁高雅的品格。亦作"蕙心纨质""冰雪心""柏霜操"。鲍照（明远）《芜城赋》："东都妙姬，南国丽人，蕙心纨质，玉貌绛唇，莫不埋魂幽石，委骨穷尘。"《幼学琼林》卷二注引作"兰心蕙质"。

有天然、蕙质兰心。美韶容、何啻值千金。（宋·柳永《离别难·花谢水流倏忽》）

炙zhì

古入声，十一陌。又：去声，二十二禡同。逆熬～暴～杯～焙～驳～赤日～爨～鹅～燔～焚～膹～行～火～煎～焦～酒～脍～鲙～冷～燎～脔～貊～脯～牛～庖～炮～烹～亲～烧～食～豕～筒～煨～无心～衔～鸮～薰～鱼～馔～顺～背～焞～茶～爨～啖～灯～地眠～地卧～彀～簧～鸡～脍～浪～脔～面～炰～热～肉～晒～手～鼠～羊～阳～鱼～熨～灼～截例暝霭黄昏，灯檠上、荧荧初炙。（宋·胡惠齐《满江红·暝霭黄昏》）

典**鹅炙** 喻指求人施舍。亦作"东堂分鹅"。《晋书·刘毅传》："既而悦食鹅，毅求其余，悦又不答，毅常衔之。"

何须乞鹅炙，岂在斟羊羹。（唐·陆龟蒙《奉酬袭美先辈初夏见寄次韵》）

脍炙 ①指佳肴。②喻指诗文优美，广为流传。《孟子·尽心下》："公孙丑问曰：'脍炙与羊枣孰美？'孟子曰：'脍炙哉！'……（孟子）曰：'脍炙所同也，羊枣所独也。'"赵岐注："孟子言脍炙虽美，人所同嗜。"

锵金铿玉千余篇，脍吞炙嚼人口传。（唐·齐己《读李白集》）

牛心炙 喻指招待贵宾之食品。《晋书·王羲之传》："羲之幼讷于言，人未之奇。年十三，尝谒周顗，顗察而异之。时重牛心炙，坐客未啖，顗先割啗羲之，于是始知名。"

宴客牛心炙，朝天鸡舌香。（宋·杨亿《次韵和盛博士寄赠虞部李郎中之什》）

盘龙求鹅炙 指遭到冷落。亦作"求鹅炙"。另见"鹅炙"。《晋书》卷八五《刘毅传》："初，江州刺史庾悦，隆安中为司徒长史，曾至京口。毅时甚屯窭，先就府借东堂与亲故出射。而悦后与僚佐径来诣堂，毅告之曰：'毅屯否之人，合一射甚难。君于诸堂并可，望以今日见让。'悦不许。射者皆散，唯毅留射如故。既而悦食鹅，毅求其余，悦又不答，毅常衔之。"又："毅小字盘龙。"

盘龙痴绝求鹅炙。这先生、黄齑瓮熟，味珍无价。（宋·刘克庄《贺新郎·拂袖归来也》）

秩zhì

古入声，四质。逆八～罢～班～颁～卑～本～贬～辨～宾～兵～部～常～称～宠～辞～第～典～贰～肥～丰～封～俸～服～高～故～官～贵～厚～华～降～阶～解～进～晋～京～镌～卷～爵～峻～开～考～郎～礼～吏～列～禄～满～名～命～年～篇～品～平～迁～亲～清～穹～日～戎～荣～散～赏～升～诗～使～试～视～私～粟～琐～台～天～田～望～微～位～奉～仙～咸～显～宪～谢～削～要～一～优～有～增～争～执～职～秩～资～租～左～顺～刍～次～饭～分～俸～服～官～进～酒～礼～禄～马～满～米～命～然～如～膳～稍～祀～粟～望～位～薪～序～叙～秩～訾～宗例能赋属上才，思归同下秩。（唐·王维《和使君五郎西楼望远思归》）

典**三台清秩** 喻指相应的官职。陈孔璋（琳）《为袁绍檄豫州》："操便放志，专行迁。……坐领三台，专制朝政。"李善注引东汉·应劭《汉官仪》："尚书为中台，御史为宪台，谒者为外台。"

献纳司存持禁橐，合历三台清秩。（宋·仲并《念奴娇·金縢事业》）

栉(櫛)zhì

古入声，四质。逆比～不～槎～风～奉巾～冠～盥～薅～巾～鳞～密～沐～爬～容～濡～樿～侍巾～梳～犀～象～修～月～执巾～栉～庄～顺～比～齿～珥～发～工～冠～笄～理～掠～密～沐～佩～然～梳～束～剔～栉～薙～濯例三日唯一饭，两旬不再栉。（唐·沈佺期《被弹》）

桎zhì

古入声，四质。逆槎～梏～锢～解～钳～穷～囚～顺～拲～梏～槛～辖例昆弟两三人，相次俱囚桎。（唐·沈佺期《被弹》）

帙zhì

古入声，四质。逆八～斑竹～贝～编～部～残～道～梵～负～挂～荷～积～简～锦～经～旧～巨～卷～开～琅～披～篇～缥～铺～签～散～诗～书～绨～缇～缃～瑶～一～遗～隐～盈～余～芸～札～顺～帷例微风入桃径，爽气归缥帙。（唐·赵嘏《书斋雪后》）

窒zhì 窒塞。

古入声，四质。逆鼻～惩～呆～颠～愕～阂～晦～蹇～闷～穹～觝～如～实～屯～息～堙～凿～轧～阻～顺～碍～烦～阂～沮～戾～闷～塞～士～愓～息～抑～郁～欲～滞

陟zhì

古入声，十三职。逆跋～扳～超～斥～绌～黜～登～跻～稽～隮～践～降～进～峻岭～攀～迁～搴～乔～三～升～梯～踢～遐～咸～显～游～逾～顺～黜～方～阜～冈～岵～健～降～峻～恪～厘～里～明～配～屺～劝～涉～升～遐～踵～卓例溪澄问人隐，岩险烦登陟。（唐·孙逖《送杨法曹按括州》）

骘(騭)zhì

古入声，质韵。逆牡～品～评～阴～例天道向归余，皇情美阴骘。（唐·李峤《扈从还洛呈侍从群官》）

蛭zhì

古入声，四质。又：入声，九屑同。逆蜚～蠽～马～蛇～水～吞～蛙～鱼～顺～虮～蝚～螾

典**吞蛭** 指统治者宽以待下。春秋时楚惠王食寒葅，有蛭，恐司厨者获罪，乃暗吞之。王曰："我食寒葅而得蛭，念谴之而不行其罪乎，是法废而威不立也，非所闻也；谴而行其诛，则庖宰食监者法皆当死，心又弗忍也，故吾恐蛭之见也，遂吞之。"见汉·贾谊《新书·春秋》。

纵马因致忧，吞蛭遂亡谪。（明·徐贲《菜薖为永嘉余唐卿右司赋》）

郅zhì 极。

古入声，四质。顺～都鹰～偈～隆～支～治

六儿

三韵书对照表

<table>
<tr><td colspan="2" rowspan="2">诗韵新编
佩文诗韵
词林正韵</td><td colspan="2">六儿（平声）</td></tr>
<tr><td colspan="2">阳平</td></tr>
<tr><td>第三部[四支]</td><td>上平声四支</td><td colspan="2">而洏唲</td></tr>
<tr><td>第三部[四支][八齐]</td><td>上平声四支</td><td colspan="2">儿</td></tr>
<tr><td colspan="2" rowspan="2"></td><td colspan="2">六儿（仄声）</td></tr>
<tr><td>上声</td><td>去声</td></tr>
<tr><td rowspan="3">第三部[四纸][四寘]</td><td>上声四纸</td><td>耳尔迩駬</td><td></td></tr>
<tr><td>上声四纸
去声四寘</td><td>珥</td><td></td></tr>
<tr><td>去声四寘</td><td>饵</td><td>二贰</td></tr>
<tr><td colspan="2">未检到的字</td><td>洱</td><td></td></tr>
</table>

平声·阳平

儿（兒）ér　另见208页ní。

【古】上平，四支。又：上平，八齐异。【逆】小～乞～可～主～宁馨～弄潮～男～些～呼～佳～乳～宠～孤～孩～娇～哺～倒绷～黄口～婴～童～痴～群～【顺】～女～女仁～女态～女姻～母～孙～妇～时～男～郎～话～竖～皇～皇帝～客～孩～息～畜～剧～曹～婿～辈～啼～童～稚～嬉～戏【例】颍川豪横客，咸阳轻薄儿。（唐·郑愔《少年行》）山公欲上马，笑杀襄阳儿。（唐·李白《襄阳曲四首》）落羽耻为关右客，成名空羡里中儿。（唐·陈羽《送友人及第归江东》）

【典】**虫儿**　即南齐东昏侯宠臣梅虫儿。《南史》卷七七《茹法珍传》："茹法珍，会稽人，梅虫儿，吴兴人，齐东昏时并为制局监，俱见爱幸。自江祏、始安王遥光等诛后，及左右应敕捉刀之徒并专国命，人间谓之刀敕，权夺人主。都下为之语曰：'欲求贵职依刀敕，须得富豪事御刀。'"

平生老子羞由径，不识虫儿与玉儿。（宋·刘克庄《二叠》）

锦儿　代指婢女。见宋·张邦基《侍儿小名录》。

溯红渐、招入仙溪，锦儿偷寄幽素。（宋·吴文英《莺啼序·残寒正欺病酒》）

少儿　借指宫中放荡之贵族女子。据《汉书·卫青霍去病传》载平阳侯曹寿尚汉武帝姊阳信长公主，其家婢卫媪与人私通生卫青，卫青有同母姊妹卫君孺、卫少儿和卫子夫。卫少儿又未婚生子霍去病，待到卫子夫为皇后，卫少儿亦出入宫闱，不改故行，后"更为詹事陈掌妻"。

落日留王母，微风倚少儿。宫中行乐秘，少有外人知。（唐·杜甫《宿昔》）

吴儿　指吴地少年。古时每年农历八月，吴地少年有执旗泅水浮潮戏弄的风俗。宋·苏轼《八月十五日看潮五绝》其四："吴儿生长狎涛渊，冒利轻生不自怜。"

消惯得、吴儿不怕蛟龙怒。风波平步。（宋·辛弃疾《观鱼儿·望飞来》）

布龙儿　指东方朔。旧题东汉·郭宪《洞冥记》卷一："（东方）朔生三日，而田氏死，时景帝三年也，邻母拾而养之。……邻母忽失朔，累月方归，母笞之。……朔复去家万里，见一枯树，脱布挂于树，布化为龙，因名其地为布龙泽。"

须知臣汉客，还见布龙儿。（唐·陆龟蒙《怀仙三首》其二）

黑色儿　代指李密。《新唐书·李密传》："炀帝见之，谓宇文述曰：'左仗下黑色小儿为谁？'曰：'蒲山公李宽子密。'帝曰：'此儿顾盼不常，无入卫。'"

平时但忌黑色儿，不知乃有虬须生。（宋·陆游《题十八学士图》）

黄须儿 代指曹彰，用以吟咏骁勇之将。《三国志·魏书·任城威王彰传》："任城威王彰，字子文，少善射御，膂力过人，手格猛兽，不避险阻……二十三年，代郡乌丸反，以彰为北中郎将，行骁骑将军……时鲜卑大人轲比能将数万骑观望强弱，见彰力战，所向皆破，乃请服……太祖喜，持彰须曰：'黄须儿竟大奇也。'"

射杀中山白额虎，肯数邺下黄须儿。（唐·王维《老将行》）

木肠儿 形容人不受外界引诱，心如木石。《晋书》卷九四《隐逸传·夏统》："夏统字仲御，会稽永兴人也。……统时在船中曝所市药，诸贵人车乘来者如云，统并不之顾。太尉贾充怪而问之。……充欲耀以文武卤簿，觊其来观，因而谢之，遂命建朱旗，举幡校，分羽骑为队，军伍肃然。须臾，鼓吹乱作，胡葭长鸣，车乘纷错，纵横驰道，又使妓女之徒服袿襡，炫金翠，绕其船三帀。统危坐如故，若无所闻。充等各散曰：'此吴儿是木人石心也。'"

欲随楚客纫兰佩，谁信吴儿是木肠。（宋·苏轼《沉香石》）

宁馨儿 晋宋时俗语，犹言"这样的孩子"。后多指美好的孩子、子弟。《晋书·王衍传》："（衍）总角尝造山涛，涛嗟叹良久，既去，目而送之曰：'何物老妪，生宁馨儿！然误天下苍生者，未必非此人也。'"

东圳宁馨儿，南国循良守。（宋·刘克庄《卜算子·东圳宁馨儿》）

牛医儿 比喻出身微贱但名声远扬的人。《后汉书·黄宪传》："黄宪字叔度，汝南慎阳人也。世贫贱，父为牛医……同郡戴良才高倨傲，而见宪未尝不正容，及归，罔然若有失也。其母问曰：'汝复从牛医儿来邪？'"

甘愧牛医儿，不屈矜高风。（清·汪懋麟《赠徐赞善》）

弄潮儿 原指泗水的健儿，后喻指在社会斗争的风浪中，勇于进取的人。唐·李益《江南词》："嫁得瞿塘贾，朝朝误妾期。早知潮有信，嫁与弄潮儿。"宋·吴自牧《梦粱录》卷四"观潮"："弄潮之戏，或有手脚执五小旗，浮潮头而戏弄。"

此身恰似弄潮儿，曾过了、千重浪。（宋·陆游《一落索·识破浮生虚妄》）

窃桃儿 见462页"三偷"。

识胡儿 喻指发现隐患。《晋书》卷一〇四《石勒载记》："勒生时赤光满室，白气自天属于中庭，见者咸异之。年十四，随邑人行贩洛阳，倚啸上东门，王衍见而异之，顾谓左右曰：'向者胡雏，吾观其声视有奇志，恐将为天下之患。'驰遣收之，会勒已去。"

锢党岂能留汉鼎，清谈空解识胡儿。（唐·杜牧《故洛阳城有感》）

屠沽儿 代指从事低贱职业的人。亦作"屠沽"。《后汉书·文苑列传·弥衡》："是时许都新建，贤士大夫四方来集。或问衡曰：'盍从陈长文、司马伯达乎？'对曰：'吾焉能从屠沽儿耶！'"

白首书窗成巨儒，不知簪组遍屠沽。（唐·权德舆《醉后戏赠苏九翛》）

白马小儿 指叛乱将领。亦作"白骑贼"。《隋书·五行志上》："大同中，童谣曰：'青丝白马寿阳来。'其后侯景破丹阳，乘白马，以青丝为羁勒。"

白马小儿谁家子，泰清之岁来关囚。（唐·李白《金陵歌送别范宣》）

倒绷孩儿 接生婆把初生婴儿裹倒了。比喻一向做惯了的事因一时疏忽而弄错了。宋·魏泰《东轩笔录》卷七："苗振以第四人及第，既而召试馆职。一日，谒晏丞相，晏语之曰：'君久从吏事，必疏笔砚，今将就试，宜稍温习也。'振率然答曰：'岂有三十年为老娘，而倒绷孩儿者乎？'晏公俛而哂之。既而试《泽宫选士赋》，韵押有'王'字，振押之曰：'率土之滨莫非王。'由是不中选。晏公闻而笑曰：'苗君竟倒绷孩儿矣。'"

范晔顾儿 用以吟咏临刑之悲。《宋书》卷六九《范晔传》："晔转醉，子蔼亦醉，取地土及果皮以掷晔，呼晔为别驾数十声。晔问曰：'汝恚我邪？'蔼曰：'今日何缘复恚，但父子同死，不能不悲耳。'"

范晔顾其儿，李斯忆黄犬。（唐·杜甫《故秘书少监武功苏公源明》）

复壁藏儿 喻指遭遇困厄而遇人救助。《北史·尔朱敞传》："（敞）遂入一村，见长孙媪踞胡床坐。敞再拜求哀，长孙氏愍之，藏于复壁之中。"

复壁藏儿定有无，破巢穷鸟问将雏。（清·吴伟业《雁门尚书行》）

向火乞儿 近火取暖的乞丐。喻指趋炎附势之徒。亦作"乞儿向火"。五代·王仁裕《开元天宝遗事》卷下："朝之文武僚属趋附杨国忠，争求富贵。惟九龄未尝及门，杨甚衔之。九龄常与识者议曰：'今时之朝彦，曾是向火乞儿。一旦火尽灰冷，暖气何在？当冻尸裂体，弃骨于沟壑中，祸不远矣！'果然因禄山之乱，附炎者皆罪累族灭，不可胜数。"

宁作履霜逐子，肯随向火乞儿。（宋·刘克庄《六言五首为仓部弟寿》其一）

学画鸦儿 指学着用鸦黄粉化妆，用以吟咏少女。颜师古《隋遗录》："（炀）帝谓（虞）世南曰：'昔传飞燕可掌上舞……今得宝儿，方昭前事。然多憨态，今注目于卿，卿才人，可便嘲之。'世南应诏为绝句曰：'学画鸦黄半未成，垂肩亸袖太憨生。缘憨却得君王惜，长把花枝傍辇行。'上大悦。"

学画鸦儿犹未就，眉间已作伤春皱。（宋·苏轼《蝶恋花·一颗樱桃樊素口》）

造化小儿 对"命运之神"的蔑称。《新唐书·杜审言传》："审言病甚，宋之问、武平一等省候何如，答曰：'甚为造化小儿所苦，尚何言？'"

造化小儿无定据。翻来覆去，倒横直竖，眼见都如许。（宋·无名氏《青玉案·人生南北如歧路》）

自惜熊儿 熊儿为杜甫之子宗文或宗武的小名。指爱怜、关切儿子的深情。杜甫《得家书》："去凭游客寄，来为附家书。今日知消息，他乡且旧居。熊儿幸无恙，骥子最怜渠。"仇兆鳌注："旧注：'骥子、熊儿，二子小字。'"

老去尚呼张丈，醉中自惜熊儿。（宋·刘辰翁《临江仙·老去尚呼张丈》）

金华牧羊儿　本指入山成仙之黄初平，后泛指修仙之人。见晋·葛洪《神仙传》卷二《黄初平》。

金华牧羊儿，乃是紫烟客。（唐·李白《古风》其十七）

吏部访孤儿　指知交恤孤。《世说新语·政事》："嵇康被诛后，山公举康子绍为秘书丞。"

独闻山吏部，流涕访孤儿。（唐·刘长卿《哭张员外继》）

而ér

㊀上平，四支。㊁之～已～不～反～从～远～时～怅～幸～忽～甚～故～殆～俄～既～倏～颀～奚～馁～凄～涟～㊂～乃～下～上～已～夫～今～公～外～立～后～来～何～降～翁㊃孟子有良策，惜哉今已而。（唐·郑谷《蜀江有吊》）中心怅而。似风雨、落花知。（宋·辛弃疾《婆罗门引·绿阴啼鸟》）

㊄**琼而素而**　形容士子服饰打扮。《诗经·齐风·著》："俟我于著乎而，充耳以素乎而，尚之以琼华乎而。"毛氏传："俟，待也。门屏之间曰著。琼华，美石，士之服也。"

便留春甚乐，乐了须悲。琼而素而。被花恼、只莺知。（宋·辛弃疾《婆罗门引·便留春甚乐》）

已而已而　表示不以为然。《论语·微子》："楚狂接舆歌而过孔子曰：'凤兮凤兮！何德之衰？往者不可谏，来者犹可追。已而，已而！今之从政者殆而！'孔子下，欲与之言。趋而辟之，不得与之言。"

洏ér　同"而"，形容词词尾。

㊀上平，四支。㊁连～洏～凄～涟～悽～㊂～洏～涟㊃道人独上偶见之，我来咨嗟涕涟洏。（唐·韩愈《岣嵝山》）

呢ér

㊀上平，四支。㊁嚅～嗫～殴～㊃见人远相揖，学语声嚅呢。（明·刘崧《胡侯五子诗》）

仄声·上声

耳ěr

㊀上声，四纸。㊁乃～凡～开～天～云～心～引～执～执牛～竹批～枕流～软～到～刮～净～卷～贯～括～洗～俗～养～迷～逆～洗～掩～弭～盈～骇～提～揉～聒～逼～啾～竦～缓～感～暖～㊂～卜～风～目～决～纩～闭～冷～快～沉～言～识～学～择～治～绊～舍～视～轮～受～界～诵～重～顺～食～珠～珥～珰～暗～属～提～剽～福～鉴～韵～鼓～鼠～斡～熟～箭～聩～聪～濡㊃不知心事向谁论，江上蝉鸣空满耳。（唐·岑参《客舍悲秋》）渐逐微风声，依依犹在耳。（唐·李嘉祐《远寺钟》）鶗鴂催众芳，晨间先入耳。（唐·刘禹锡《鶗鴂吟》）

㊄**黄耳**　本指能传寄信件的犬。泛指信使。南朝梁·任昉《述异记》（《艺文类聚》卷九四引）："陆机少时，颇好猎。在吴，豪客献快犬，名曰黄耳。机后仕洛，常将自随。此犬黠慧，能解人语，又尝借人三百里外，犬识路自还，一日至家。机羁旅京师，久无家问，因戏语犬曰：'我家绝无书信，汝能赍书驰取消息不？'犬喜，摇尾作声应之。机试为书，盛以竹筒，系之犬颈。犬出驿路，走向吴，饥则入草，噬肉取饱。每经大水，辄依渡者，弭毛掉尾向之。其人怜爱，因呼上船。裁近岸，犬即腾上速去。先到机家，口衔筒作声示之，机家开筒取书，看毕，犬又伺人作声，如有所求。其家作答书，内筒，复系犬颈。犬既得答，仍驰还洛。计人行程五旬，犬往还裁半月。"

黄耳定从秋后到，白头新自夜来生。（金·元好问《怀益之兄》）

截耳　描写女子之贞烈。《南史·张景仁传》："霸城王整之姊嫁为卫敬瑜妻，年十六而敬瑜亡，父母舅姑咸欲嫁之，誓而不许，乃截耳置盘中为誓乃止。"

侍节湘南又皖公，髡髦截耳柏舟风。（清·李心慧《挽冯枯堂中丞箴室俞孺人》）

洗耳　指高洁之士厌闻俗世涉及功名利禄的污浊之声。《孟子·尽心上》："古之贤士，何独不然。"赵岐注："乐道守志，若许由洗耳，可谓忘人之势矣。"晋·皇甫谧《高士传·许由》："尧让天下于许由……由于是遁耕于中岳颍水之阳，箕山之下，终身无经天下色。尧又召为九州长，由不欲闻之，洗耳于颍水滨。"

闻道鹤书征，临流还洗耳。（唐·孟浩然《白云先生王迥见访》）

余耳　秦末陈余和张耳的并称。二人原为刎颈之交，后据国争权，兵戎相见，卒相灭亡。后用指势利之友。见《史记·张耳陈余列传》。

余耳向来真义合，不知底处便容戈。（宋·李流谦《寄李仲明》）

风过耳　比喻置若罔闻，不放在心上。《南齐书》卷四〇《庐陵王子卿传》："子卿在镇，营造服饰，多违制度。上敕之……又曰：'汝比在都，读学不就，年转成长，吾日冀汝美，勿得敕如风过耳，使吾失气。'"

人命草头露，荣华风过耳。（宋·文天祥《端午》）

执牛耳　指主持盟会的人。古代诸侯会盟，割牛耳，以敦盛血，以珠盘盛牛耳，主盟者执盘，使与盟会者以血涂口（歃血），以示诚信不渝。后喻指在某方面居领导地位的人。《左传·哀公十七年》："诸侯盟，谁执牛耳？"杜预注："执牛耳，尸盟者。"

况复诗坛执牛耳，所至风月相献酬。（宋·吕祖谦《送喻叔奇通判会稽》）

撤我虎皮，让君牛耳，谁道两贤相厄哉。（宋·刘克庄《沁园春·莫羡渠侬》）

隔墙有耳　形容事情隐秘重要，需防有人偷听。《管子·君臣下》："古者有二言，墙有耳，伏寇在侧。墙有耳者，微谋外泄之谓也。"

聊复尔耳　无法摆脱社会惯例，姑且仍按习俗行事时的无奈之辞。《世说新语·任诞》："阮仲容（阮咸）、步兵（阮籍）居道南，诸阮居道北，北阮富，南阮贫。七月七日，北阮盛晒衣，皆纱罗锦绮，仲容以竿挂大布犊鼻于中庭，人或怪之，答曰：'未能免俗，聊复尔耳。'"阮仲容即阮咸。步兵指阮籍，阮籍曾任步兵校尉，故名。

秋风过耳 比喻对某事物毫不关心。汉·赵晔《吴越春秋·吴王寿梦传》："十七年，余祭卒。余昧立，四年卒。欲授位季札，季札让，逃去，曰：'吾不受位，明矣！昔前君有命，已附子臧之义，洁身清行，仰高履尚，唯仁是处。富贵之于我，如秋风之过耳！'遂逃归延陵。"

师旷清耳 比喻耳灵，熟知乐律。《吕氏春秋·长见》："晋平公铸为大钟，使工听之，皆以为调矣。师旷曰不调，请更铸之。平公曰：'工皆以为调矣。'师旷曰：'后世有知音者，将知钟之不调矣。臣窃为君耻之！'"

不教污两耳 喻指有轻视功名利禄的隐逸情怀。《史记·伯夷列传》："说者曰尧让天下于许由，许由不受，耻之，逃隐。"唐·张守节《史记正义》引晋·皇甫谧《高士传》："许由字武仲。尧闻致天下而让焉，乃退而遁于中岳颍水之阳，箕山之下隐。尧又召为九州长，由不欲闻之，洗耳于颍水滨。时有巢父牵犊欲饮之，见由洗耳，问其故。对曰：'尧欲召我为九州长，恶闻其声，是故洗耳。'巢父曰：'子若处高岸深谷，人道不通，谁能见子？子故浮游，欲闻求其名誉。污吾犊口。'牵犊上流饮之。许由殁，葬此山，亦名许由山。"

俗事不教污两耳，宴居聊可盘双膝。（宋·刘克庄《满江红·三黜归来》）

东风射马耳 比喻无动于衷，掉头不顾。唐·李白《答王十二寒夜独酌有怀》："吟诗作赋北窗里，万言不值一杯水。世人闻此皆掉头，有如东风射马耳。"

积甲齐熊耳 用以歌颂官军战绩。《后汉书·刘盆子传》："赤眉忽遇大军，惊震不知所为，乃遣刘恭乞降。……上所得传国玺绶，更始七尺宝剑及玉璧各一。积兵甲宜阳城西，与熊耳山齐。"

已闻三箭定天山，何啻积甲齐熊耳。（宋·陆游《中夜闻大雷雨》）

人生行乐耳 指看破世事后及时行乐的消极思想。汉·杨恽《报孙会宗书》："人生行乐耳，须富贵何时？是日也，拂衣而喜，奋袖低昂，顿足起舞，诚淫荒无度，不知其不可也。"

须信人生行乐耳，此身何用绊浮名。（宋·吴芾《和许守游春》）

正恐未免耳 指处于隐晦状态的著名政治人物担心日后被任用。《世说新语·排调》："初，谢安在东山居，布衣，时兄弟已有富贵者，翕集家门，倾动人物。刘夫人戏谓安曰：'大丈夫不当如此乎？'谢乃捉鼻曰：'但恐不免耳！'"

正恐未免耳，惊搅日高眠。（宋·魏了翁《水调歌头·风露浸秋色》）

疾雷不及掩耳 比喻事情突发或行动迅速，让人猝不及防。旧题吕望《六韬·龙韬·军势》："巧者一决而不犹豫，是以疾雷不及掩耳。"

长堤夜射千丈潭，疾雷不及先掩耳。（宋·黄庭坚《次韵七兄青阳驿西阻水见寄》）

尔（爾） ěr

【古】上声，四纸。【逆】乃～兀～凡～已～云～不～反～尔～过～百～汝～攸～怅～卓～果～忽～卒～政～故～适～复～俨～俄～飒～炯～突～莞～倏～徒～宴～肎～焉～聊～辄～偶～脱～竟～率～寂～慨～颓～廓～阙～蕞～嘿～燕～【顺】～乃～夕～日～尔～朱～汝～汝交～许～时～来～其～刻～曹～等～雅～馨【例】我携一尊酒，满酌聊劝尔。（唐·高适《宋中送族侄式颜》）我言生有涯，长短俱死尔。（唐·韩愈《落齿》）曲直既了然，孤高何卓尔。（唐·刘禹锡《令狐相公见示赠竹二十韵仍命继和》）

【典】**微尔** 假使不如此。《论语·宪问》："子曰：'管仲相桓公，霸诸侯，一匡天下，民到于今受其赐。微管仲，吾其被发左衽矣。'"

微尔人尽非，于今国犹活。（唐·杜甫《北征》）

饵（餌） ěr

【古】去声，四寘。【逆】丹～甘～乐～死～吞～投～芳～针～利～钓～垂～金～肴～服～鱼～饴～宝～弦～药～厚～钩～香～重～桂～酒～禄～蜜～餐～【顺】～丹～术～石～兵～松～钓～药～诱～敌～烹～膳～霞【例】邦以民为本，鱼饥费香饵。（唐·杜甫《送顾八分文学适洪吉州》）其外海茫茫，下有龙伯，饥时一啖千里。更任公五十犗为饵。（宋·辛弃疾《哨遍·池上主人》）

【典】**五饵** 喻指克敌制胜的妙计。《汉书·贾谊传赞》："施五饵三表以系单于。"颜师古注："《贾谊书》谓……赐之盛服车乘以坏其目；赐之盛食珍味以坏其口；赐之音乐妇人以坏其耳；赐之高堂邃宇府库奴婢以坏其腹；于来降者，上以召幸之，相娱乐，亲酌而手食之，以坏其心：此五饵也。"

方陈五饵策，一使胡尘清。（唐·李白《自广平乘醉走马六十里至邯郸登城楼览古书怀》）

捧心钓饵 越王献美女西施给吴王夫差，使之沉湎酒色而失败，故世称西施为捧心钓饵。《庄子·天运》："西施病心而矉其里，其里之丑人见而美之，归亦捧心而矉其里，其里之富人见之，坚闭门而不出，贫人见之，挈妻子而去之走。彼知矉美，而不知矉之所以美。"

迩（邇） ěr 近。

【古】上声，四纸。【逆】乡～向～远～临～修～室～能～偪～密～隃～逼～道～遐～【顺】～人～文～日～月～岁～年～臣～志～时～来～言～身～远～刻～英～陕～室～怨～狭～绩～遐～遥～僚【例】五月黄梅时，阴气蔽远迩。（唐·储光羲《晚霁中园喜赦作》）年谷屡丰，郡邑之和薰遐迩。（宋·史浩《采莲舞·彤霞出水弄幽姿》）

珥 ěr

①耳饰。②日月两旁的光晕。③（在头部）插（饰品）。

【古】上声，四纸。又：去声，四寘同。【逆】日～月～玉～耳～两～青～抱～钗～金～服～宝～祈～栉～背～冠～珰～珠～晕～晖～笄～脱～脱簪～象～堕～遗～貂～瑜～解～蝉～簪～【例】复恐兰膏污纤指，常遣傍人收堕珥。（唐·张籍《白纻歌》）半倚朱弦，微辨连环珥。（宋·毛滂《点绛唇·绣岭横秋》）

【典】**瑶环瑜珥** 形容富贵人家少儿少女之可爱装束。唐·韩愈《殿中少监马君墓志》："幼子娟好静秀，瑶环瑜珥，兰茁其牙，称其家儿也。"

瑶环瑜珥绕席，个个宁馨。

(宋·刘克庄《汉宫春·吉语西来》)

洱ěr 水名。

㊀《广韵》:上声,止韵。㊁西～普～㊂～海

騇ěr 良马名。

㊀上声,四纸。㊁騄～骎～绿～㊃君才过我盖十倍,乃容蹇足陪骊騇。(宋·王炎《次韵分宁胡宰赠行》)倚鞍思骏骨,抚辔念绿騇。(宋·石介《感兴》)

仄声·去声

二èr

㊀去声,四寘。㊁一～丈～小～幺～无～元～不～尺～百～连～体～怀～肩～封～故～迴～莫～副～得～巽～㊂～三～三子～义～千石～中～公～内～凤～分～文～方～丝～代～仪～冬～功～台～史～叶～司～四～玄～生～甲～乔～刘～华～名～守～安～师～曲～江～纪～臣～至～舌～色～位～体～别～吴～坊～声～妙～妫～宋～应～张～形～忌～志～时～程㊃三人并入直,恩泽各不二。(唐·杜甫《送顾八分文学适洪吉州》)纵横意不一,然诸心无二。(唐·张昌宗《少年行》)雨歇天高,望断翠峰十二。(宋·柳永《卜算子·江枫渐老》)

㊄**虫二** 拆字谜,"风月"二字繁体写作"風月",均去边框写作"虫二",隐指风月无边。本用来赞美风景优美,也比喻人品、文章影响深远。清·平步青《霞外捃屑》卷四:"越人好传谰语,如云徐天池游西湖,题某匾曰:'虫二。'请之,曰:'风月无边也。'"

巽二 代指风。《周易·说卦》:"巽为木,为风。"后人以此为据,遂将"巽二"附会为风神。

安知巽二无斟酌,吹尽先生一架花。(宋·刘克庄《病起窥园十绝》)

钗头十二 见308页"十二金钗"。

翠峰十二 代指巫山。唐·李商隐《深宫》:"岂知为雨为云处,只有高唐十二峰。"冯浩笺注:"巫山十二峰,诗家习见。放翁《入蜀记》曰:'巫山峰峦上入霄汉,十二峰者不可悉见,惟神女峰最为纤丽奇峭,当即十二峰中之朝云也。'"

数点深藏碧玉枝,翠峰十二拥瑶姬。(宋·张耒《梅花十首》其一)

凤楼十二 代指女子居住的华美楼阁。南朝宋·鲍照《代陈思王京洛篇》:"凤楼十二重,四户八绮窗。绣桷金莲花,桂柱玉盘龙。但惧秋尘起,盛爱逐衰蓬。……琴瑟纵横散,舞衣不复缝。"

凤楼十二神仙宅,珠履三千鹓鹭客。(宋·柳永《玉楼春·皇都今夕如何夕》)

金人十二 秦始皇统一天下后,下令收集、销毁民间兵器,熔铸铜人十二个,立于宫苑。《史记·秦始皇本纪》:"分天下以为三十六郡,郡置守、尉、监。更名民曰'黔首'。大酺。收天下兵,聚之咸阳,销以为钟鐻,金人十二,重各千石,置廷宫中。"司马贞索隐引《三辅旧事》云:"聚天下兵器,铸铜人十二,各重二十四万斤。汉世在长乐宫门。"

珠履三千,金人十二,五陵无树。(宋·刘辰翁《水龙吟·孤烟淡淡无情》)

前旒十二 代指皇帝。《礼记·礼器》:"天子之冕,朱绿藻,十有二旒。"

曾把古今兴亡事,奏向前旒十二。(宋·魏了翁《贺新郎·独立西风里》)

山河百二 形容地势险固。也代指大好河山。《史记·高祖本纪》:"田肯贺,因说高祖曰:'陛下得韩信,又治秦中。秦,形胜之国,带河山之险,县隔千里,持戟百万,秦得百二焉。地势便利,其以下兵于诸侯,譬犹居高屋之上建瓴水也。"裴骃集解引苏林曰:"得百中之二焉。秦地险固,二万人足当诸侯百万人也。"司马贞索隐引虞喜曰:"百二者,得百之二。言诸侯持戟百万,秦地险固,一倍于天下,故云得百二焉。言倍之也,盖言秦兵当二百万也。"

山河穷百二,世界接三千。(唐·王维《游悟真寺》)

天一地二 《周易·系辞》有"天一,地二"等语,阐述了天为阳,其数奇,地为阴,其数偶,通过天奇地偶各数的排列组合构成了推算事物的无穷变化的基本原理。见《周易·系辞上》。

还是天一地二,做出朝三暮四,堪笑又堪悲。(宋·汪莘《水调歌头·孔孟化尘土》)

滕六与巽二 指风雪。《周易·说卦》:"巽为木,为风。"后人以此为据,遂将"巽二"附会为风神。又,相传滕六为雪神之名。

向来巽二拉滕六,玉妃夜投玉川屋。(宋·杨万里《走笔谢张功父送似酴醾》)

知其一不达其二 喻指对事物了解片面,不知全情。亦作"知其一不知其二""知其一未睹其二"。《诗经·小雅·小旻》:"不敢暴虎,不敢冯河,人知其一,莫知其它。"又《战国策·赵策三》:"楼缓曰:'虞卿得其一,未知其二也。'"

贰(貳)èr ①副手,副职。②辅佐。③又一次重复(做,犯)。④两属;不专一,有二心。

㊀去声,四寘。㊁无～不～不迁～长～介～讨～自～负～违～杜～体～闲～怀～非～乖～卒～参～背～怨～配～倍～离～陪～副～猜～逸～携～嫌～赘～榣～疑～端～赞～篡～靡～㊂～尸～心～车～令～功～正～师～约～臣～行～负～过～问～君～忒～志～言～事～使～味～官～枢～政～珍～相～统～轺～适～音～乘～卿～离～秩～虑～都～情～猜～职～属～毂～虞～辞～端～豫～馔～膳～醮㊃北征戮骄悍,东守辑携贰。(唐·皇甫澈《赋四相诗》)蒲中母家近,自屈为粹贰。(宋·苏颂《送朱郎中寿昌通判河中府》)伯奇令无违,申生恭不贰。(宋·文天祥《赠莆阳卓大著顺宁精舍三十韵》)

㊄**不疑不贰** 形容君主善于任贤。《尚书·大禹谟》:"益曰:'……任贤勿贰,去邪勿疑,疑谋勿成,百志惟熙。'"孔颖达疏:"任用贤人,勿有二心;逐去回邪,勿有疑惑。"

于穆天子英明,不疑不贰处,登庸裴度。(宋·李纲《念奴娇·晚唐姑息》)

七 齐

三韵书对照表

诗韵新编 佩文诗韵 词林正韵		七齐(平声)	
		阴平	阳平
第三部[四支][五微][八齐]	上平声四支	基肌羁姬箕奇(音基。偶奇数)畸赍剞居(音基。疑问助词)披丕纰狉期(音欺。假期)欺崎攲諆熙嘻釐(音西。福)禧熹牺羲曦巇医伊咿噫漪猗椅(音医。木名)黟	离篱鹂璃骊狸厘黧醨褵罹蔾犛(音梨。犛牛)氂蒡藜漓(水名)蓠縻麋縻蘼弥醾尼怩皮疲陂(音皮。泽陂)毗脾鼙罴貔琵比(音皮。皋比,虎皮)裨(音皮。偏裨,将佐)郫陴奇骑旗棋歧鳍鬐其荠萁蜞琪骐琦祺麒祇(音齐。神祇)耆芪锜綦祁岐淇桤蕲宜仪疑移颐夷遗姨怡饴贻彝痍蛇(音移。委蛇)圯洟迤(音移。逶迤)眙(音移。盱眙)簃鼭匜扅嶷(音移。九嶷山)
	上平声四支 上平声五微	饥	
	上平声四支 上平声八齐		犁黎蠡儿(旧读)
	上平声五微	机讥几(音机。茶几)畿矶玑叽稀希晞豨衣依祎	祈圻颀
	上平声八齐	低堤氐羝提(音低。提溜)磾鞮鸡齑稽笄跻嵇乩批砒溪(音期。旧读)妻凄栖(音欺。两栖)萋梯西曦嬉携蹊犀兮奚溪鼷鸂醯鳙粞鹭繄	梨藜迷泥霓倪猊輗鲵齐脐蛴畦(又读)啼题蹄提(音题。孩提)荑(音题。嫩芽)稊绨鹈醍缇
第三部[八荠][八霁]	上声八荠	眯(音米)	
	去声八霁		谜
未检到的字		期(音机。周年)圾(音机。垃圾)犄丌哩(音机。哩罗)咪眯(音咪。阳平同)坯蹊(音欺。蹊跷)沏唏(音西。哀叹)樨栖(音西。栖栖,不安貌)屎(音西。殿屎,呻吟)恓铱蚲	嘀缡漓(淋漓)鲡哩蜊眯(尘入眼)猕呢(音泥。线呢)妮麑婗枇啤蚍跂(音旗。足多指)枝(音旗。指歧生)俟(音旗。万俟,复姓)鶗畦(音齐。今读)诒胰荑(音移。刈割)施(音移。施施)咦沂

诗韵新编 / 佩文诗韵 / 词林正韵		七齐(仄声)
		上声
第三部[四纸][五尾][八荠]	上声四纸	比(音彼。评比)彼鄙妣秕匕砥己几掎麂皮(音挤。又读)里理李俚鲤逦娌靡弭敉芈(音米。周时楚姓)你拟旎否(音痞。泰否)痞圮庀嚭起绮芑屺杞喜徙屣蟢玺葸枲倚矣已以旖迤(音以。延伸)苡(音以。薏苡)舣
	上声四纸 上声五尾	蚁
	上声五尾	蟣岂扆
	上声八荠	抵底诋柢牴邸坻(音底。侧坡)济(音挤。济济)礼醴蠡(音李。范蠡)澧米启棨体洗
第三部[八霁]	去声八霁	挤
未检到的字		哩尼(音你。阻止)仳稽(音启。稽首)鳃(音喜。鳃鳃,恐惧不安)葸铣(音喜。铣床)椅(音倚。桌椅)齮

诗韵新编 / 佩文诗韵 / 词林正韵		七齐(仄声)
		去声
第三部[八齐][四纸][八荠][四寘][五未][八霁][十一队(半)]	平声八齐	篦
	上声四纸	婢纪技妓
	上声八荠	荠
	上声八荠 去声八霁	涕悌娣递
	去声四寘	避臂(音币。胳臂)庇比(音庇。朋比)睥贲(音庇。贲临)秘(音庇。便秘)痹泌(音庇。水名)閟毖畀赑诐地记忌季冀骥寄骑(音季。车骑)芰悸洎觊其(音季。语助词)惎利吏痢莉莅詈腻譬器弃企跂(音企。跂坐)戏屃褉咥(音戏。大笑)意义异易(音义。简易)谊议薏肄懿缢勚劓
	去声四寘 去声五未	暨
	去声五未	费(音庇。地名)既气饩衣(音艺。穿衣)毅
	去声八霁	闭箅币弊蔽敝薜嬖弟第蒂帝睇谛棣缔逮(音帝。逮逮,安和貌)螮杕计际霁济(音计。经济)继髻祭剂蓟齐(音季。火齐)偈系(音季。紧系)例厉隶丽励戾唳荔疠俪砺沴粝蛎泥(音腻。拘泥)睨濞媲砌契(音气。默契)憩揭(音气。提衣涉水)妻(音气。以女妻人)替嚏屉剃细系(音细。派系)裔艺曳翳呓诣泄(音艺。泄泄)瘗曀殪羿嫛
	去声十一队	刈乂
未检到的字		髀裨(音庇。益)蓖俾狴陛伎跽厮瘈鬄俐猁栵屁汽亟(音气。屡屡)殢锑眄艾(音艺。自艾)施(音艺。延续)

诗韵新编 / 佩文诗韵 / 词林正韵		七齐(仄声)
		入声
第三部[四寘]	去声四寘	鼻

续表

词林正韵 \ 佩文诗韵 \ 诗韵新编		七齐(仄声)
		入声
第十六部[十药]第十七部[十一陌]	入声十药 入声十一陌	踖
第十七部[四质][十二锡]	入声四质	唧(音击。语声)七漆悉膝蟋一壹疾吉嫉蒺笔匹乙必毕弼跸荜苾饆觱栗慄篥溧溧密蜜谧泌(音密,分泌)昵衵(音逆。近身之衣)逸溢轶佚镒
	入声四质 入声十二锡	汩
	入声五物	吃(音吉。口吃)乞(音启。求乞)讫迄屹
第十七部[十一陌][十二锡][十三职][十四缉]	入声十一陌	积迹屐夕(音息。晨夕)适(音狄。适从)籍瘠脊(音及。脊梁)革(音及。病革)藉(音及。狼藉)鹡踖席昔惜腊(音昔。干肉)戟癖璧碧辟(音毕。国君)躃襞鬲(音力。釜鬲)逆辟(音僻。开辟)僻擗碛隙汐卌舄穸绤掖(音益。诱掖)腋(音益。肘腋)液(音益。浆液)益役疫易(音益。变易)驿亦奕弈译绎怿蜴射(音益。无射)嗌(音益。咽喉)峄斁(音益。厌)埸
	入声十一陌 入声十二锡	霹翟
	入声十一陌 入声十三职	鲫
	入声十二锡	滴菂激绩击劈(音霹。刀劈)戚剔踢析淅蜥晰皙敌笛涤的(音狄。的确)荻迪狄籴觌镝嫡蹢靮寂锡檄裼壁甓历雳沥枥栎轹砾苈疬觅幂溺惄惕趯倜逖觋阒鹢
	入声十三职	逼息极即唧(音及。虫声)棘亟殛熄愎愊湢楅稷力仂匿嶷(音匿。克嶷)翼抑忆臆亿弋翊翌杙
	入声十四缉	吸揖级集及急楫辑笈岌汲芨戢习袭隰给(音戟。供给)立笠粒泣缉(音泣。侦缉)葺翕邑浥唈挹悒熠
未检到的字		咭稧柒喊縩螅荸(音鼻。荸荠)墼媳脊(音戟。屋脊)劈(音匹。分开)哔皕的(音弟。目的)呖叻秘(音密。神秘)澼缉(音七。密缝)乞(音泣。给与)夕(音隙。又读)粑昳(音益。昳丽)

平声·阴平

低dī

古上平,八齐。逆低~帆~伏~花~眉~倾~天~云~枝~顺~隘~黯~庳~薄~唱~迟~摧~黛~蛾~服~徊~鬟~回~攲~趄~密~勉~面~眸~容~柔~颡~睡~簌~偎~心~徐~亚~印~抑~吟~幽~簪~折例寻河愁地尽,过碛觉天低。(唐·岑参《碛西头送李判官入京》)万里清江上,三年落日低。(唐·杜甫《畏人》)度烛萤时灭,传书雁渐低。(唐·钱起《宿新里馆》)

堤(*隄)dī

古上平,八齐。逆被~金~连~无~月~糟~障~陼~顺~堤~封~埽~唐~塘~堰~垸例路入苍烟九过溪,九穿岩曲到招堤。(唐·周镛《诸暨五泄山》)

氐dī　①古民族名。②星名。

古上平,八齐。逆巴~白~白马~回~槃头~青~顺~贱~羌~酋~人~土貉例驿使向天西,巡羌复入氐。(唐·陈羽《冬晚送友人使西蕃》)长戟乱中原,何妨起戎氐。(唐·李商隐《井泥四十韵》)

羝dī　公羊。

古上平,八齐。逆触藩~藩~籓~蹇~牧~乳~完~愠~顺~乳~羊困~羝例少宽穷涸鲋,犹悯触藩羝。(唐·沈佺期《赦到不得归题江上石》)乘我牂牁马,蒙茸大如羝。(唐·元稹《青云驿》)

提dī　另见212页tí、153页shí。

古上平,八齐。顺~备~防~溜

磾dī　古代染缯用的墨石。典籍中多作人名用字。

古上平,八齐。例亡身自是缘声色,须把初心看匹磾。(宋·陈普《咏史下·刘琨》)

鞮dī　①革履。②传译。③我国古代北方、西方少数民族的别称。

古上平,八齐。逆白铜~狄~东~革~寄~络~鞔~若~铜~象~译~顺~革~海~汗~寄~屦~䩞~靺~鍪~鞏~象~译例襄阳小儿齐拍手,拦街争唱白铜鞮。(唐·李白《襄阳歌》)

鸡(鷄*雞)jī

古上平,八齐。逆碧~博~丹~凤

～皋～割～骇～荒～黄～金～鹍～连～鸾～木～驱～莎～杉～埘～天～闻～瓮～五更～午～舞～县～【顺】～卜～唱～窗～旦～刀～德～肤～竿～骨～鹄～骇～化～酒～鞠～距～口～廉～盲～梦～睨～栖～旗～翘～人～日～塞～省～黍约～树～斯～孙～台～谈～豚社～鹜～彝～园～跖～珠～子【例】夜眠驿楼月，晓发关城鸡。（唐·岑参《虢州郡斋南池幽兴因与阎二侍御道别》）未央春漏促，残梦谢晨鸡。（唐·钱起《春宵寓直》）

【典】**割鸡**　喻治理小地方。《论语·阳货》："子之武城，闻弦歌之声。夫子莞尔而笑，曰：'割鸡焉用牛刀？'"

小邑且割鸡，大刀伫烹牛。（唐·李白《赠清漳明府侄聿》）

牝鸡　喻指妇夺夫政，妇人干政。或喻妇人当政。《尚书·周书·牧誓》："古人有言曰：'牝鸡无晨；牝鸡之晨，惟家之索。'"

逐日莫矜驽马步，司晨谁要牝鸡鸣。（唐·徐夤《龙蛰二首》其二）

斗酒只鸡　用为追悼亡友之辞。《后汉书·桥玄传》载，曹操致祭微时知己桥玄，自为其文曰："又承从容约誓之言：'徂没之后，路有经由，不以斗酒只鸡过相沃酹，车过三步，腹痛勿怪。'"西晋·陈寿撰《三国志·魏书·武帝纪》所载事同。

叹名姬骏马，都成昨梦，只鸡斗酒，谁吊新丘。（宋·刘克庄《沁园春·岁暮天寒》）

基 jī

【古】上平，四支。【逆】邦～本～昌～长～承～崇～初～创～垂～厝～丹～砀～道～德～福～阜～国～宏～皇～阶～灵～门～蹑～檠～丕～起～乾～庆～山～身～树～太平～天～颓～万世～王～相～遗～阴～余～元～兆～重～镃～祖～【顺】～陛～祸～级～阶～扃～命～年～射～墟～绪～业～因～宇～原～源～兆～桢～墉～趾～跱～筑～祚【例】公卿传世范，仁义续灵基。（唐·张说《徐高御挽歌》）孤烟一点绿溪湄，渔父幽居即旧基。（唐·钱起《和慕容法曹寻渔者寄城中故人》）还将稽古力，助立太平基。（唐·白居易《叙德书情四十韵上宣歙翟中丞》）

【典】**太平基**　代指贤臣。《诗经·小雅·南山有台》："得贤则能为邦家立太平之基矣。"

织室魏豹俘，作汉太平基。（唐·杜牧《杜秋娘诗》）

机（機）jī

①弩上之扳机。②机械；又特指织布机。③机谋，心计；机智，灵巧。④事物的枢要，关键。⑤事物变化的迹象，征兆。⑥事务，特指军国大事。⑦机密，机要。

【古】上平，五微。【逆】边～变～秉～尘～触～大～蹈～德～帝～断～赴～衡～化～回文～见～镜～决～橛～轫～楣～昧～秘～冥～弄～启～蛩～祛～戎～设～亡～忘～握～仙～械～璇～研～养～隐～幽～舆～玉～贞～真～政～至～【顺】～便～柄～肠～筹～对～符～衡～慧～缄～械～鉴～解～阱～剧～觉～谲～揆～括～籁～利～练～明～命～趣～权～神～势～熟～术～微～伪～悟～息～暇～先～心～宜～弋～猷～约～中【例】愁苦不窥邻，泣上流黄机。（唐·李白《赠裴司马》）夜动霜林惊落叶，晓闻天籁发清机。（唐·李颀《宿莹公禅房闻梵》）

【典】**断机**　形容贤母教子。据《列女传·邹孟轲母传》载，孟子少时对学习漫不经心，孟母通过剪断织丝来比喻废学，教育孟子要抓紧时间学习。孟子受到极大的刺激，从而改变"废学"积习，成为闻名天下的大儒。

客谈剪髻德，邻识断机心。（宋·邓剡《挽文魁母齐魏国夫人三首》其三）

鸥鸟忘机　比喻以诚相待，相互亲善；或指隐居遁世，不以俗事牵扰。亦作"海客白鸥"。《列子·黄帝篇》："海上之人有好沤鸟者，每旦之海上，从沤鸟游，沤鸟之至者百住而不止。其父曰：'吾闻沤鸟皆从汝游，汝取来，吾玩之。'明日之海上，沤鸟舞而不下也。"此人前无诈欺之心，故鸥鸟下而与之游；后生心捉鸟，鸟自远之。

除却伴谈秋水外，野鸥何处更忘机。（唐·陆龟蒙《酬袭美夏首病愈见招》）

饥[1]（飢）jī

【古】上平，四支。【逆】朝～调～告～寒～荐～乐～疗～失～啼～愈～阻～【顺】～罢～仓～僝～德～冻～尨～莩～附～虺～火～俭～馑～窘～倦～坑～枯～羸～黎～沴～流～乱～溺～疲～驱～劬～穰～食～凶～虚～约【例】涸鼠虚求洁，笼禽方讶饥。（唐·元稹《酬翰林白学士代书一百韵》）万事峥嵘入夜思，稍欣无病且无饥。（宋·方回《早起》）

【典】**子桑寒饥**　吟咏士人生活清贫。《庄子·大宗师》："子舆与子桑友，而霖雨十日。子舆曰：'子桑殆病矣！'裹饭而往食之。至子桑之门，则若歌若哭，鼓琴曰：'父邪！母邪！天乎！人乎！'有不任其声而趋举其诗焉。子舆入，曰：'子之歌诗，何故若是？'曰：'吾思夫使我至此极者而弗得也。父母岂欲吾贫哉？天无私覆，地无私载，天地岂私贫我哉？求其为之者而不得也！然而至此极者，命也夫！'"

昔年十日雨，子桑苦寒饥。（唐·韩愈《赠崔立之》）

饥[2]（饑）jī

灾荒。

【古】上平，五微。【逆】洊～荐～凶～阻～【顺】～厄～疠【例】行当蒙顾问，吴楚岁频饥。（唐·刘长卿《送王端公入奏上都》）江上思重借，朝端望载饥。（唐·陆龟蒙《谨和谏议罢郡叙怀六韵》）

【典】**救晋饥**　指救助饥荒。《左传·僖公十三年》："冬，晋荐饥，使乞籴于秦。秦伯……谓百里：'与诸乎？'对曰：'天灾流行，国家代有，救灾恤邻，道也。行道有福。'……秦于是乎输粟于晋。"

岁晚偏萧索，谁当救晋饥。（唐·韩愈《雨中寄张博士籍侯主簿喜》）

肌 jī

【古】上平，四支。【逆】冰～病～孱～丰～肌～颊～刻～沦～侵～身～生～皙～素～玉～【顺】～腠～革～理～力～色～石～粟～髓～雪～液～腴【例】不闻姑射上，千岁冰雪肌。（唐·白居易《同微之赠别郭虚舟炼师五十韵》）添憔悴，镇花销翠减，玉瘦香肌。（宋·黄庭坚《沁园春·把我身心》）

典**姑射冰肌**　指像仙子一样保真驻颜，使得肌肤冰清玉润。《庄子·逍遥游》："藐姑射之山，有神人居焉，肌肤若冰雪，绰约若处子；不食五谷，吸风饮露；乘云气，御飞龙，而游乎四海之外。其神凝，使物不疵疠而年谷熟。"成玄英疏："冰雪取其洁净。"

彩笔风流，偏解写、姑射冰姿清瘦。（宋·辛弃疾《念奴娇·江南尽处》）

讥（譏）jī

古上平，五微。逆褒～谗～调～笃～诽～负～交～乳妪～微～严～厌～一蟹～诒～贻～遗～怨～顺～谤～鄙～病～查～察～谗～揣～弹～诋～吊～调～防～诽～忿～关～呵～谏～禁～敛～论～排～平～切～绳～视～思～俗～玩～望～问～戏～嫌～兴～谑～言～议～谀～噪～摘～谪～正～訾例不惧权豪怒，亦任亲朋讥。（唐·白居易《寄唐生》）俗流应不厌，静者或相讥。（唐·刘长卿《罢摄官后将还旧居留辞李侍御》）

典**乳媪讥**　指讥讽年老为官之人。《宋史·何承天传》："（承天）除著作佐郎，撰国史。承天年已老，而诸佐郎并名家少年。颍州荀伯子嘲之，常呼为妳母。"

肯著金根谬，宁辞乳媪讥。（宋·陈师道《除官》）

羁（羈*覊）jī

①马笼头。②拘系；束缚，拘束。③寄居他乡；寄居他乡之人。

古上平，四支。又：上平，五微同。逆绊～尘～充～负～孤～黄金～鞿～角～金～久～马～名～亲～轻～俗～腾～髫～同～童～脱～系～衔～绁～新～玉～羇～迍～阻～顺～碍～鞙～步～缠～肠～程～迟～厄～轭～缚～孤～梏～贯～寒～怀～宦～检～蹇～局～窭～鞚～勒～旅～靡～鸟～辔～魄～栖～禽～穷～人～神～使～戍～束～索～锁～望～绁～心～役～缨～羽～寓～枕～絷～羇～制～属例风前调玉管，花下簇金羁。（唐·令狐楚《游春辞三首》其二）平生去外饰，直道如不羁。（唐·张九龄《在郡秋怀二首》其一）

姬 jī

古上平，四支。逆祆～班～嬖～伯～蚕～谗～昌～楚～村～帝～樊～鼓～贵～汉～胡～家～荆～孔～骊～丽～隆～卢～曼～毛～齐～琼～桡～庶～王～吴～仙～燕～杨柳～妖～瑶～虞～贞～竹～宗～族～顺～伯～公～国～汉～化～姜～孔～刘～吕～仆～妾～人～侍～姒～文～易～媵～周例章施文胜质，列匹美于姬。（唐·褚朝阳《五丝》）纵英游，叠鼓清笳，骏马名姬。（宋·周密《高阳台》）

典**班姬**　用为后妃失宠之典，也泛指后妃。亦作"班女"。据《汉书·班倢伃传》，班倢伃入后宫为少使，得大幸封为倢伃。鸿嘉三年，为赵飞燕所谮诬，倢伃恐久见危，自求供养太后长信宫。

飞燕侍寝昭阳殿，班姬饮恨长信宫。（唐·沈佺期《凤箫曲》）

几[1] jī　另见215页jǐ。

古上声，四纸。逆案～变～刀～蝶～冯～抚～巾～净～灵～鸾～仍～书～素～绨～文～仙～筵～燕～倚～隐～舆～杖～砧～俎～顺～梃～簟～椟～棐～阁～格～净～闼～榻～头～席～筵～砚～杖例此景谁能论，残霞独凭几。（宋·文同《兴元府园亭杂咏·四照亭》）子胥涛江相向流，秦望横前为案几。（宋·毛滂《元度生日》）岂非久不遇，感叹妨隐几。（宋·叶适《送郑虞任赴京西检法官》）

典**书几**　喻指适性作书。亦作"羲之书几"。《晋书·王羲之传》："尝诣门生家，见棐几滑净，因书之，真草相半。后为其父误刮去之，门生惊懊者累日。"

小儿劝我当自珍，勿为门生书棐几。（宋·陆游《草书歌》）

几[2]（幾）jī　另见215页jǐ。

古上平，五微。逆刺～德～钧～烦～非～祸～几～见～讵～遽～邻～沈～失～识～事～庶～俟～通～万～亡～危～未～先～相～研～知～顺～策～察～端～诃～谏～禁～决～权～深～神～彖～望～危～微～务～悟～希～先～象～许～宜～音～运～赜～兆例世间认得身人少，今我虽愚亦庶几。（唐·白居易《履道西门二首》其二）驿报行天下，君王弃万几。（宋·王迈《挽宁宗皇帝章六首》其六）

箕 jī

古上平，四支。逆谗～斗～弓～南～骑～嵩～席～顺～毕～伯～卜～畴～斗～风～服～赋～会～拘～倨～踞～箕～敛～濮情～裘～扫～舌～仙～业～颍～张～帚例大开内府恣供给，玉缶金筐银簸箕。（唐·郑嵎《津阳门诗》）最爱笙调闻北里，渐看星澹失南箕。（唐·陆龟蒙《中秋待月》）懒更问，斗牛箕。（宋·赵文《塞翁吟·坐对梅花笑》）

齑（齏）jī

①切成碎末用酱拌和的菜或肉。②碎，细碎的。

古上平，八齐。逆橙～吹～断～粉～寒～黄～芥～金～飘～萍～湿～虀～霜～瓮～五～顺～粉～葛～面～黍～音例冬夜伤离在五溪，青鱼雪落鲙橙齑。（唐·王昌龄《送程六》）桑田变成海，宇县烹为齑。（唐·元稹《青云驿》）更何须炼鼎，玄霜绛雪，只烦煮茗，水饼冰齑。（宋·程珌《沁园春·那用招秋》）

稽 jī

①停留，延迟。②考核，核查。③相合。④计较。另见219页qǐ。

古上平，八齐。逆卜～不～参～打～订～访～俯～过～滑～猾～简～久～居～考～面～旁～射～撢～无～淹～赞～作～顺～参～程～殆～殿～度～顿～防～废～伏～古～固～合～核～弘～缓～较～据～览～留～论～命～求～任～若～沈～失～式～索～天～违～问～淹～延～疑～诣～壅～阅～陟～滞～酌～罪例莫嗟虚老海壖西，天下风光数会稽。（唐·元稹《寄乐天》）德感天仙来听论，芝軿时降共参稽。（宋·无名氏《仙迹岩题诗二十三首·精思道院》）吾夫子喜称遗逸，太史公亦传滑稽。（宋·刘克庄《古意》）

典**铭功会稽**　喻指立碑颂德。《史记·秦始皇本纪》："三十七年十月癸丑，始皇出游……上会稽，祭大禹，望于南海，而立石刻，颂秦德。"

铭功会稽岭，骋望琅琊台。（唐·李白《古风》其三）

缉（緝）jī

①绩。②继续。③聚

集。④和睦。⑤搜捕。另见251页qì、237页qī。

古入声，十四缉。逆搜～顺～访～妇～绩～缉～麻～取～熙～绪～御例世途已昧履，生计复乖缉。（唐·姚合《寄贾岛浪仙》）西风暗翦荷衣碎，柔丝不解重缉。（宋·张炎《凄凉犯·西风暗翦荷衣碎》）君老忘卑穷，文字或缀缉。（宋·欧阳修《别后奉寄圣俞二十五兄》）

畿jī ①古代王都所辖千里以内的地区，后泛指京城所辖的地区。②境域，边际。

古上平，五微。逆邦～赤～帝～方～封～关～国～皇～江～郊～近～京～九～两～麦～门～日～四～外～王～卫～遐～中～顺～邦～丞～封～服～辅～皋～官～寰～疆～解～郡～劳～略～内～辇～田～夏～县～限～要～邑～岳例大角缠兵气，钩陈出帝畿。（唐·杜甫《伤春五首》其三）束带自衡门，奉命宰王畿。（唐·韦应物《秋集罢还途中作谨献寿春公黎公》）等闲展对声词。对一庭明月，千里邦畿。（宋·陈德武《望海潮·陵山载酒》）

矶（磯）jī 水边突出的岩石或石滩。

古上平，五微。逆钓～断～鹄～蓼～石～苔～鼍～螭～鱼～顺～激～头～沚～嘴例侧叠万古石，横为白马矶。（唐·李白《至鸭栏驿上白马矶赠裴侍御》）暗草薰苔径，晴杨扫石矶。（唐·殷遥《春晚山行》）吴门冒海雾，峡路凌连矶。（唐·韦应物《答令狐侍郎》）

典**钓矶** 见315页"钓台"。

知君济世有长策，莫问沧浪隐钓矶。（唐·刘沧《赠颛项山人》）

玑（璣）jī

古上平，五微。逆宝～贝～得～抵～雕～衡～灵～明～鸣～青～玉～运～顺～贝～琲～衡～镜～璇～组例集条分树玉，拂浪影泉玑。（唐·李世民《咏雪》）莫辩亭毒意，仰诉璇与玑。（唐·柳宗元《夏夜苦热登西楼》）一杯宽幕席，五字弄珠玑。（唐·杜牧《新转南曹未叙朝散初秋暑退出守吴兴》）

笄jī 簪。

古上平，八齐。逆初～刺～恶～发～副～骨～冠～衡～及～吉～加～箭～磨～鬓～设～委～纚～许～簪～折～榛～栉～总～顺～导～珥～冠～丱～珈～龄～女～岁～总例桂宫初服冕，兰掖早升笄。（唐·郭正一《奉和太子纳妃太平公主出降》）手持凤尾扇，头戴翠羽笄。（唐·元稹《青云驿》）定寻雷令剑，应识越王笄。（唐·殷尧藩《醉赠刘十二》）

跻（躋）jī

古上平，八齐。逆扳～登～颠～跻～洊～践～躐～跄～升～逾～越～骤～擢～顺～扳～跻～览～厉～陵～攀～升～堂～险～陟～致～蹑例途深独睥睨，历险共攀跻。（唐·张九龄《城南隅山池春中田袁二公盛称其美》）石浅流难溯，藤长险易跻。（唐·孟浩然《游江西留别富阳裴刘二少府》）

奇jī 另见209页qí。

古上平，四支。逆数～有～顺～拜～薄～蹇～零～民～偏～人～日～羡例老夫如且在，不用叹屯奇。（唐·卢携《题司空图壁》）四象写老少，两仪书偶奇。（宋·方回《先天易吟三十首》其五）

期（*朞）jī 一周年。一整月。另见200页qī。

古上平，四支。逆大～服～弥～旁～未～一～再～顺～朝～服～功～练～齐～亲～稔～丧～数～岁～月～制～周

畸jī

古上平，四支。顺～变～功～躬～孤～鬼～迹～角～节～畯～客～零～民～僻～轻～人～日～尚～士～胎～态～翁～羡～行～形～异～余～重

叽（嘰）jī

古上平，五微。逆呱～顺～咕～呱

赍（賫、*齎）jī ①送钱物给人。②持，携带。③怀着，抱着。

古上平，四支。逆敬～轻～顺～表～持～传～带～盗～发～奉～恨～领～排～捧～擎～赏～书～送～投～献～诣～旨～志～助例余波期救涸，费日苦轻赍。（唐·杜甫《水宿遣兴奉呈群公》）余惟戆书生，孤身无所赍。（唐·韩愈《南内朝贺归呈同官》）

圾jī 另见240页jí、99页sè。

嵇jī

古上平，八齐。逆滑～阮～山～顺～鹤～刘～吕～琴～阮～散～山～绍血～向例风来应啸阮，波动可琴嵇。（唐·田游岩《弘农清岩曲有磐石可坐》）草颠终近旭，懒癖必无嵇。（唐·李咸用《谢友生遗端溪砚瓦》）

乩jī

古上平，八齐。逆卜～扶～降～断～顺～笔～盘～坛～仙～训～语

其jī 语助词。另见210页qí、227页jì。

古上平，四支。逆郦～夜何～兹～例怅怅乾坤靡所之，平山风露夜何其。（宋·文天祥《至扬州》）

犄jī

古《广韵》：平声，支韵。顺～角～牾

剞jī

古上平，四支。又：上声，四纸同。顺～劂～劂氏～闾～氏

居jī 疑问助词。另见425页jū。

古上平，四支。逆何～顺～诸例淫祠祭非鬼，萃涣义何居。（宋·方回《后天易吟三十首》其五）

丌jī 姓。

古《广韵》平声，支韵。

哩lī

例平田荒草里，吹唱哩啰哩。（宋·释元净《四牛图颂》）

咪mī

顺～呀

眯（瞇）mī 眼皮微合。另见207页mí。

古上声，八荠。逆眼～顺～盹～萋～齐～睎～细例心清不受尘，眼净岂容眯。（宋·章甫《雨后十小绝以一雨洗残暑万家生早凉为韵》）

披pī

古上平，四支。逆猖～倒～翻～分～纷～风～敷～肝胆～横～扐～击～离～靡～木～披～簑～雾～霞～椅～云～执～顺～秉～拨～帛～膊～薄～采～带～戴～胆～荡～堆～对～哆～敷～拂～瞀～褐～红～怀～拣～锦～决～抉～款～溃～离～历～沥～鳞～迷～绵

~衲~却~攘~沙~山~涉~拭~书~霜~索~剔~剃~退~玩~味~文~详~写~泄~谢~心~星~宣~雪~颜~扬~绎~云~缁例羽发鸿雁落，桧动芙蓉披。（唐·储光羲《同诸公秋日游昆明池思古》）且愿花枝长在、莫离披。（宋·苏轼《虞美人·持杯摇劝天边月》）

批pī

古上平，八齐。又：入声，九屑同。逆眉~手~朱~顺~棰~捣~凤~根~扞~卷~拉~鳞~难~黑~倾~首~验~凿例上贡贞元禄，曾叨宠记批。（唐·袁皓《重归宜春偶成十六韵寄朝中知己》）宜从方袋掣，枉把短行批。（唐·李咸用《谢友生遗端溪砚瓦》）

丕pī 大。

古上平，四支。逆丕~顺~变~阐~承~崇~大~诞~登~风~构~绩~缉~酒~厘~烈~灵~隆~冒~乃~丕~平~时~图~显~休~绪~训~扬~业~应~犹~猷~佑~允~运~则~振~址~祉~祚例晢靓群书缉，逾昭盛业丕。（唐·李元纮《奉和圣制送张说上集贤学士赐宴》）

坯(坏)pī 参见266页pēi“坏”。

古上平，十灰。逆身~颜~凿~顺~户~璞~冶

砒pī 砒霜。

古《集韵》：平声，齐韵。逆红~顺~石~霜~礵

纰(紕)pī

古上平，四支。逆凿~顺~薄~蠹~纇~离~戾~螯~乱~缦~缪~僻~软~疏~妄~越例余霞断时绮幅裂，斜云展处罗文纰。（唐·白居易《和微之诗二十三首·和酬郑侍御东阳闷放怀追越游见寄》）

狉pī 兽走。

古《集韵》：平声，脂韵。逆犷~狉~獉~榛~顺~狉~獉~榛

期qī 另见199页jī。

古上平，四支。逆趁~崇~灯~等~丁~风~抚~忽~化~黄发~鸡黍~戒~衿~襟~菊花~讵~了~耄~命~年~期~乞~骞~穷~曲~屈~神~审~胜~圣~夙~素~遐~仙~心~休~要~阴~莺~御~远~展~杖~指~顺~程~度~高~瓜~合~话~较~节~克~刻~厉~门~命~诺~契~日~信~勖~颐~运~质~例客程终日风尘苦，蓬转还家未有期。（唐·灵一《江行寄张舍人》）六铢那更拂，劫石尽无期。（唐·皎然《奉同颜使君真卿开元寺经藏院会观树文殊碑》）春且住，待新雏熟了，却问行期。（宋·方岳《沁园春·莺带春来》）

典**瓜期** 见3页“及瓜”。

得官本河朔，瓜期未易促。（宋·苏轼《游山呈通判承议写寄参寥师》）

溪(谿)qī 旧读。另见203页xī同。

古上平，八齐。

妻qī 另见231页qì。

古上平，八齐。逆丁~窭家~归~鬼~荆~莱~梁鸿~令~梅~女~杞梁~黔娄~茕~仁~山~衰~孀~太常~头~孝~谐~阎~义~逸~糟糠~顺~服~婚~孥~帑~息~谒例孔雀东飞何处栖，庐江小吏仲卿妻。（唐·李白《庐江主人妇》）何可偏多子，平生仅一妻。（宋·方回《渔家》）

典**鸿妻** 见792页“孟光”。

不堪风雨夜，转枕忆鸿妻。（唐·权德舆《中书夜直寄赠》）

莱妻 喻指贤妻。亦作“老莱嘉耦”。《列女传·楚老莱妻》载：春秋时，楚人老莱子隐耕于蒙山之南。楚王遣使聘其出仕，他的妻子对他说：“可食以酒肉者，可随以鞭捶；可授以官禄者，可随以斧钺。今先生食人酒肉，受人官禄，为人所制也，能免于患乎？”于是夫妻二人离开蒙山，迁居到江南去了。

莱妻卧病月明时，不捣寒衣空捣药。（唐·白居易《秋晚》）

乐羊妻 指贤妻。《后汉书·列女传·乐羊子妻》载，河南乐羊子有贤妻。羊子曾拾金归家，其妻教导其不能“拾遗求利，以污其行”。后乐羊子远出求学，一年即返，妻子又以断织丝为喻，督促丈夫就学不能半途而废。

昔闻乐羊妻，盗劫不从甘作臠。（清·汪沆《七烈行》）

留舌示妻 见85页“有舌”。

只应自索漠，留舌示山妻。（唐·李白《赠范金卿二首》其一）

凄(淒)qī ①寒冷。②冷落萧条。③形容悲伤难过。又作“悽”。

古上平，八齐。逆惨~憯~恻~怆~风~空~孤~凄~霜~酸~晓~寒~忧~雨~顺~黯~飒~薄~怅~恻~蹙~淡~悼~动~风~歌~哽~怀~惶~寂~激~急~紧~警~冷~唳~冽~凛~迷~悯~凄~其~锵~切~然~伤~酸~爽~恸~婉~微~秀~咽~悒~怨~悦~序~艳例请君听其词，能不为酸凄。（唐·元结《系乐府十二首·贫妇词》）自从云散各东西，每日欢娱却惨凄。（唐·刘禹锡《洛中送韩七中丞之吴兴口号五首》其二）大泽云寂寂，长亭雨凄凄。（唐·皎然《于武原从送卢士举》）

栖(棲)qī 另见203页xī。

古上平，八齐。逆卑~禅~登~高~寒~瓠~鸡~羁~鹪~孑~鸠~林~偏~穷~宿~遐~岩~一枝~幽~郁~云~顺~庇~泊~薄~禅~诚~迟~窜~荡~钓~遁~竿~谷~毫~鹤~衡~景~苴~粮~列~暮~盘~贫~凭~情~神~退~蜗~乌~梧~心~寻~偃~意~翼~音~约~云~噪~蛰~真~志~峙~滞~跱~拙例知君桃李遍成蹊，故托乔林此处栖。（唐·马云奇《赠乐使君》）御史府中乌夜啼，廷尉门前雀欲栖。（唐·卢照邻《长安古意》）太末谩称三语掾，上林未借一枝栖。（宋·刘克庄《挽陈判官》）

典**一枝栖** 喻指谋求职位。《庄子·逍遥游》：“（许由曰）子治天下，天下既已治矣，而我犹代子，吾将为名乎？名者，实之宾也，吾将为宾乎？鹪鹩巢于深林，不过一枝；偃鼠饮河，不过满腹。归休乎君，予无所用天下为！庖人虽不治庖，尸祝不越樽俎而代之矣。”

上林如许树，不借一枝栖。（唐·李义府《咏鸟》）

欺qī

古上平，四支。逆弊~冰雪~谗~诞~诋~抵~调~干~诡~和~

贾～奸～诳～谩～慢～面～侵～轻～岁寒～诬～闲～相～信～虚～徇～譸～顺～暗～傲～弊～变～谄～绐～殆～诞～盗～德～蠹～犯～诡～忽～僭～拒～狂～诳～谰～滥～冒～昧～朦～灭～魄～侵～生～事～突～玩～枉～妄～伪～诬～笑～心～诒～役～隐例去去行采芝，勿为尘所欺。（唐·陈子昂《感遇诗三十八首》其二〇）何得英雄主，返令儿女欺。（唐·高适《辟阳城》）可惜江头千树玉，雨暗更风欺。（宋·卢炳《武陵春·常记江南春欲到》）

典**妻嫂欺**　比喻求仕碰壁。亦作“妻嫂笑”“惭妻嫂”。《史记·苏秦列传》：“苏秦者，东周雒阳人也。……出游数岁，大困而归。兄弟嫂妹妻妾窃皆笑之，曰：‘周人之俗，治产业，力工商，逐什二以为务。今子释本而事口舌，困，不亦宜乎！’苏秦闻之而惭，自伤，乃闭室不出，出其书遍观之。”

季子黑貂敝，得无妻嫂欺。（唐·杜甫《奉送魏六丈佑少府之交广》）

萋 qī　草盛。

古上平，八齐。逆贝～菶～眯～萋～暄～贞～顺～菶～菲～斐～蒿～毁～锦～迷～萋～芊～蒨～翳例寒雁春深归去尽，出门肠断草萋萋。（唐·王昌龄《春怨》）

崎 qī

古上平，四支。逆崛～峻～岿～嵚～巇～巘～峣～崟～顺～径～岠～峭～嵚～倾～曲～危～峗～险～峣～崟例幽人独坐石嵚崎。赏清奇。濯涟漪。（宋·李纲《江城子·琉璃滑处玉花飞》）但一尊相属，居然感慨，扁舟独往，可是嵚崎。（宋·陈人杰《沁园春·世路如秋》）

攲 qī

古上平，四支。逆倾～石～斜～枕～顺～器～缺～危～邪～斜例看不足，醉为期。宵征宁问角巾攲。（宋·魏了翁《鹧鸪天·日日春风满范围》）娇盼注人都不语，眉黛蹙，鬓云攲。（宋·吕胜己《江城子·一钩新月下庭西》）

蹊 qī　另见本页 xī。

古上平，八齐。顺～跷

沏 qī

顺～茶例斯时咏君诗，心抱益澄沏。（宋·王铚《舟中夜雪读正卿教授近诗辄赋鄙句并以为别》）

諆 qī　欺骗。

古上平，四支。逆诋～抵～玄～

梯 tī

古上平，八齐。逆柏～丹～筠～乱～山～石～栖～松～唐～添～霞～仙～玉～罪～顺～飙～道～磴～肥～附～桄～航～祸～峤～接～径～空～窗～乱～媒～墙～取～山～石～苔～天～土～希～霞～巘～栈～陟例川光摇水箭，山气上云梯。（唐·卢照邻《山庄休沐》）送君登黄山，长啸倚天梯。（唐·李白《登黄山凌歊台，送族弟溧阳尉济充泛舟赴华阴》）未成游碧海，著处觅丹梯。（唐·杜甫《卜居》）

西 xī

古上平，八齐。逆挫～平～沙～晚～玉东～直～顺～辟～宾～蟾～成～迟～储～缶～干～光～龟～颢～皇～纪～驾～胶～阶～金～老～邻玉～灵～陆～溟～膜～旆～气～山爽～上～社～省～狩～颓～夕～笑～崦～引～圉～州门例殷勤御沟水，从此各东西。（唐·李峤《送李邕》）宜阳城下草萋萋，涧水东流复向西。（唐·李华《春行寄兴》）自居漆园北，久别咸阳西。（唐·李白《赠从弟冽》）

稀 xī

古上平，五微。逆见～渐～久～梦～迷～人～稀～顺～诧～稠～代～淡～豁～间～简～空～旷～阔～密～灭～年～散～省～微例月下沉吟久不归，古来相接眼中稀。（唐·李白《金陵城西楼月下吟》）身外闲愁空满，眼中欢事常稀。（宋·晏几道《临江仙·身外闲愁空满》）

熙 xī　和。

古上平，四支。逆昌～纯～淳～醇～丰～辅～阜～光～和～鸿～缉～骄～康～林～民～洽～攘～荣～绍～恬～熙～孝～谐～邕～雍～于～重～滋～顺～冰～朝～春～旦～阜～光～国～皞～和～鸿～华～绩～缉～景～隆～茂～明～穆～平～洽～攘～柔～盛～事～泰～天～恬～熙～笑～颜～焰～阳～曜～怡～怏～乂～雍～游～育～运～载～蒸～政例六龙多顺动，四海正雍熙。（唐·钱起《奉和圣制登会昌山应制》）两揆光天秩，三朝奉帝熙。（唐·赵彦昭《哭仆射鄂公杨再思》）

希 xī

古上平，五微。逆狄～古～几～迷～腾～梯～鲜～相～知～顺～诧～风～革～寡～合～间～静～阔～冕～拟～傒～年～声～世～天～微～仙～贤～想～向～歆～心～盱～颜～指～踪例旧谷行将尽，良苗未可希。（唐·王维《田家》）飞飞择所处，正得众所希。（唐·韩愈《南山有高树行赠李宗闵》）佳人刀杵秋风外，荡子从征梦寐希。（唐·杜牧《闺情代作》）

曦 xī

古上平，四支。逆朝～晨～丹～东～寒～和～赫～爀～隆～晴～昇～霆～斜～新～炎～阳～朱～顺～车～光～和～赫～景～轮～辔～舒～微～轩～曜～驭～月例禁园凝朔气，瑞雪掩晨曦。（唐·上官仪《咏雪应诏》）倾心比葵藿，朝夕奉光曦。（唐·李峤《日》）举头庭树豁，狂飙卷寒曦。（唐·韩愈《寄崔二十七立之》）

嬉 xī

古上平，四支。逆遨～诋～斗～儿～归～酣～憨～乐～迷～乜～俳～盘～腾～恬～跳～童～嬉～戏～翔～谐～延～宴～燕～游～娱～竹马～顺～敖～遨～春～宕～和～乐～靡～弄～嬉～谐～懈～谑～怡～娱～纵例愿言从爱客，清夜幸同嬉。（唐·李峤《月》）终当税尘驾，来就东山嬉。（唐·权德舆《寄侍御从舅》）一濠秋水净涟漪。红妆照水嬉。（宋·晁补之《阮郎归·一濠秋水净涟漪》）

携（擕、*攜）xī　又读。另见104页 xié。

蹊 xī　小路。途径。另见本页 qī。

古上平，八齐。逆成～从～故～花～荒～虺～回～鹿～霜～桃～桃李～闲～邪～幽～顺～磴～壑～践～径～牛～岖～隧～桃～田～闲～要～辙～畛例风雪积深夜，园田掩荒蹊。(唐·韦应物《答库部韩郎中》)庭闹新柏署,门馆旧桃蹊。(唐·刘长卿《送张七判官还京觐省》)不应尽占游人赏,留取余芳付李蹊。(宋·宋祁《桃》)

典**桃李成蹊** 喻指人或花的美好品格。亦作“桃李无言”“桃李多言”“桃蹊李径”“桃李蹊”“无语成蹊”。《史记·李将军列传赞》:“太史公曰:《传》曰‘其身正,不令而行;其身不正,虽令不从’。其李将军之谓也?余睹李将军悛悛如鄙人,口不能道辞。及死之日,天下知与不知,皆为尽哀。彼其忠实心诚信于士大夫也?谚曰‘桃李不言,下自成蹊’。此言虽小,可以谕大也。”司马贞索隐:“姚氏云‘桃李本不能言,但以华实感物,故人不期而往,其下自成蹊径也。以喻(李)广虽不能出辞,能有所感,而忠心信物故也’。”

桃李从来露井傍,成蹊结影矜艳阳。(唐·贺知章《望人家桃李花》)

犀 xī

古上平,八齐。逆宝～鬓～瓜～骇～骇鸡～函～毫～瓠～黄～挥～金～两～毛～梅～明～燃～沈～生～谈～剔～秃角～温～文～响～心～遗～影～攒～顺～比～表～兵～车～分～凤～管～光～函～检～军～刻～仆～钱～渠～燃～锐～锁～帖～围～玉～札～照～舟～轴～株～麈～筯～椎～卒例君有百炼刃,堪断七重犀。(唐·张九龄《赠澧阳韦明府》)山空闻斗象,江静见游犀。(唐·沈佺期《赦到不得归题江上石》)岂惟一身荣,佩玉冠簪犀。(唐·韩愈《南内朝贺归呈同官》)

典**瓠犀** 喻指女子牙齿。《诗经·卫风·硕人》:“手如柔荑,肤如凝脂,领如蝤蛴,齿如瓠犀。螓首蛾眉,巧笑倩兮,美目盼兮。”

新妆对镜知无比,微笑时时出瓠犀。(唐·权德舆《杂诗五首》其四)

燃犀 喻指能洞察奸邪,明烛事理。南朝宋·刘敬叔《异苑》卷七载:“晋温峤至牛渚矶,闻水底有音乐之声,水深不可测。传言下多怪物,乃燃犀角而照之,须臾见水族覆火,奇形异状。或乘马车著赤衣帻。其夜,梦人谓曰:‘与君幽明道隔,何意相照耶?’峤甚恶之。未几卒。”

温峤南归辍棹晨,燃犀牛渚照通津。(唐·胡曾《牛渚》)

唏 xī 哀叹。“唏嘘”又作“欷歔”。

古上声,五尾。逆感～鲠～嗟～累～凄～涕～嘘～歔～滞～咨～顺～叹～唏～嘘～吁例佩服上色紫与绯,独子之节可嗟唏。(唐·韩愈《送区弘南归》)

嘻 xī

古上平,四支。逆嗟～来～叹～嘻～嘘～噫吁～吁～顺～嗟～溜～叹～嘻～戏～曦～吁例主翁莫泣听我语,宁劳感旧休吁嘻。(唐·郑嵎《津阳门诗》)触邪羊咩咩,鼓腹叟嘻嘻。(唐·贯休《寿春节进》)

樨 xī

逆木～庭～

晞 xī 干燥。

古上平,五微。逆朝日～赫～露～顺～避～发～风～光～和～觊～价～解～景～露～灭～沐～日～晒～圣～土～微～阳～曜例晨光映远岫,夕露见日晞。(唐·杜甫《甘林》)珠胎方夜满,清露忍朝晞。(唐·元稹《月三十韵》)清尚宁无素,光阴亦未晞。(唐·杜牧《新转南曹未叙朝散初秋暑退出守吴兴》)

釐 xī 福。参见本页 xī“禧”、206页 lí“厘”。

古上平,四支。逆保～春～祠～蕃～福～鸿～降～逆～庞～丕～时～受～新～延～祝～顺～事～谢～运例报君一语君应笑,兼亦无心羡保釐。(唐·白居易《初致仕后戏酬留守牛相公并呈分司诸寮友》)

禧(釐) xī 参见本页 xī“釐”、206页 lí“厘”。

古上平,四支。逆呈～祠～蕃～鸿～福～降～逆～凝～庞～丕～苌～受～祥～延～陟～祝～综～例歆我嘉荐,锡我蕃禧。(宋·佚名《明道亲享先农十首》其二)老矣空还新虎节,归来只是旧鸿禧。(宋·王柏《挽徐郎中》)

熹 xī 光明。

古上平,四支。逆福～赫～自～顺～合～烂～炭～微～娱

牺(犧) xī

古上平,四支。逆纯～丰～郊～庖～炮～齐～三～畏～文～轩～顺～币～赋～和～皇～经～牢～年～农～牷～人～牲～盛～庭～宰例孤豚眠粪壤,不慕太庙牺。(唐·韩愈《寄崔二十七立之》)豢豕非不饱,所忧竟为牺。(唐·白居易《续古诗十首》其三)

典**太庙牺** 比喻人们虽得到高官厚禄的奉养,到头来自己也只不过是奉献给统治者的牺牲、祭品。《庄子·列御寇》:“或聘于庄子,庄子应其使曰:‘子见夫牺牛乎?衣以文绣,食以刍菽;及其牵而入于大(太)庙,虽欲为孤犊,其可得乎!’”

已辞梁栋材,自远太庙牺。(清·汪瑶《寒山》)

羲 xī

古上平,四支。逆白～常～晨～伏～赫～鸿～倾～沈～轩～阴～虞～朱～顺～爱～娥～和～皇～经～轮～瑟～舒～唐～庭～轩～阳～爻～曜～易～驭～御例五音六律十三徽,龙吟鹤响思庖羲。(唐·卢仝《风中琴》)元和天子神武姿,彼何人哉轩与羲。(唐·李商隐《韩碑》)

兮 xī 语助词。

古上平,八齐。逆伯～粲～凤～父～简～母～惟～维～子～例归来满把如渑酒,何用伤时叹凤兮。(五代·韦庄《鄠杜旧居二首》其二)归去来兮。我今忘我兼忘世。(宋·苏轼《哨遍·为米折腰》)春去又秋兮。莫遣空逾十二时。(宋·张继先《南乡子·无奈这群迷》)

典**凤兮** 见435页“接舆”。

凤兮衰已尽,犬也吠何繁。(唐·李群玉《吾道》)

归去来兮 东晋高士陶渊明辞官归隐,作《归去来兮辞》,首句为“归去来兮”。晋·陶渊明《归去来兮辞》:“归去来兮,田园将芜胡不归……归去来兮,请息交以绝游。”《序》:“自免去职。仲秋至冬,在官八十余日。因事顺心,命篇曰《归去来兮》。”

深云道者相思否，归去来兮湘水滨。（唐·贯休《偶作因怀山中道侣》）

奚xī ①古称仆役。②何。

古上平，八齐。逆达～纥～顺～车～畜～搐～而～官～假～讵～距～遽～蠡～隶～囊～女～其～琴～容～如～若～适～斯～似～童～吾～奚～幸～养～直例三姨误受君王谑，不道人间有达奚。（明·王彦泓《绝句四首》其四）

溪（*豀）xī 另见 200 页 qī 同。

逆碧～冰～丹～钓～沟～迴～鲸～灵～陵～綦～霜～邪～嶰～烟～岩～瑶～云～竹～顺～柴～湑～光～浒～径～刻～客～濑～岚～毛～友例灵泛桥前百里镜，石帆山崦五云溪。（唐·元稹《寄乐天》）禹庙未胜天竺寺，钱湖不羡若耶溪。（唐·白居易《答微之见寄》）

典**避秦溪** 见 645 页“桃花源”。

青野雾销凝晋洞，碧山烟散避秦溪。（唐·胡曾《早发潜水驿谒郎中员外》）

一棹剡溪 指泛舟访友或咏雪。《世说新语·任诞》：“王子猷居山阴，夜大雪，眠觉，开室，命酌酒。四望皎然，因起彷徨，咏左思《招隐诗》。忽忆戴安道，时戴在剡，即便夜乘小船就之。经宿方至，造门不前而返。人问其故，王曰：‘吾本乘兴而行，兴尽而返，何必见戴？’”

问一棹、剡溪何处。（宋·李曾伯《贺新郎·将谓霏微雨》）

畦xī 旧读。另见 212 页 xí、210 页 qí 同。

古上平，八齐。

栖xī 栖栖：①到处奔波的样子。②孤单寂寞的样子。另见 200 页 qī。

古上平，八齐。逆栖～顺～遑

嘁xī

古上平，四支。又：去声，四寘同。逆呃～嘻～嘁～噫～噫嘻～噫吁～例日晚骑牛未归去，指前坡笑又嘘嘁。（宋·释重显《牧童》）

鼷xī 小鼠。

古上平，八齐。逆社～顺～鼪～鼠～穴～鼬例自顾山林疏贱质，谁将车马载惊鼷。（宋·宋庠《朝谒待漏偶成咏怀》）早日羞屠狗，穷途悔射鼷。（宋·李流谦《遣兴七首》其二）

鸂xī 鸂鶒：鸳鸯。

古《广韵》：平声，齐韵。顺～鶒～鹭～鸫～水

醯xī 醋。

古上平，八齐。逆败～醇～调～邻～乞～食～瓮～盐～顺～醋～醢～壶～鸡～鸡瓮～酱～梅～瓮例应笑翰音者，终朝饮败醯。（唐·崔护《山鸡舞石镜》）馈食频叫噪，假器仍乞醯。（唐·元稹《青云驿》）

典**调盐醯** 见 307 页“黄雀哀”。

体例互参酌，嘉味调盐醯。（清·陈作霖《丁丑正月赠刘恭甫即以留别》）

觿xī 骨制解结锥。也用作佩饰。

古上平，四支。又：上平，八齐同。逆大～佩～韘～小～玉～觜～顺～辰～解～砺～年～岁例年少通经学，登科尚佩觿。（唐·司空曙《送王使君小子孝廉登科归省》）愿君恒御之，行止杂燧觿。（唐·韩愈《寄崔二十七立之》）

巇xī ①险峻，险恶。②间隙；可乘之机。

古上平，五四。逆登～抵～觗～嵚～危～隙～险～崄～倚～崟～顺～绝～峻～崎～隙～险例世途多翻覆，交道方崄巇。（唐·李白《古风》其五九）闻道醉乡新占断，更开诗社互排巇。（宋·李之仪《浣溪沙·龟圻沟塍压堤》）

狶xī 猪。

古上平，五微。又：上声，五尾同。逆封～海～江～履～顺～膏～苓～首～洲例柴车驾羸牸，草屩牧豪狶。（唐·王维《田家》）

屎xī 殿屎：愁苦呻吟。另见 157 页 shǐ。

古上平，四支。逆殿～

粞xī 碎米。

古上平，八齐。逆糠～麦～雨～例螺羹兼蚬肉，稗粥和粳粞。（宋·方回《渔家》）仕宦十五年，曾不饱糠粞。（宋·陆游《太息》）

恓xī

古上平，八齐。顺～惨～恻～楚～怆～惶～恓～切～屑例陋巷孤寒士，出门苦恓恓。（唐·白居易《秦中吟十首·伤友》）名利空萦系，添憔悴，谩孤恓。（宋·张元干《上西平·卧扁舟》）

衣yī 另见 233 页 yì。

古上平，五微。逆斑～弊～初～垂～倒～递～短后～夺～弓～篝～皓～鹤～化～卉～抠～老莱～连～绿～囊～牛～骞～求～穴～山～绍～霜～松～肃～题～文～乌～霞～险～小～莺～云～皂～执～朱～缀～子～顺～盍～幞～裓～篝～冠客～褐～桁～褷～衿～裾～褙～棱～廪～禄～貌～袂～囊～衾～祛～衽～襂～绶～笥～绦～帽～橐～缨～盂～簪～帻例青山青草里，一笛一蓑衣。（唐·栖蟾《牧童》）掬水月在手，弄花香满衣。（唐·于良史《春山夜月》）

典**传衣** 指传授法统或技艺。《旧唐书·方伎传·神秀》：“昔后魏末，有僧达摩者，本天竺王子，以护国出家，入南海，得禅宗妙法，云自释迦相传，有衣钵为记，世相付授。”

自蒙半夜传衣后，不羡王祥得佩刀。（唐·李商隐《谢书》）

老莱衣 指孝亲、娱亲。亦作“斑衣”“莱衣”“老莱”“莱子”“老莱服”“莱子衣”“五采衣”。南朝宋·师觉授《孝子传》及《列女传》载，楚人老莱子行年七十，仍做婴儿状，常著五彩斑斓之衣以娱亲。

先同稚子舞，更著老莱衣。（唐·李白《赠历阳褚司马》）

白昼锦衣 指富贵返乡。《史记·项羽本纪》：“人或说项王曰：‘关中阻山河，四塞，地肥饶，可都以霸。’项王见秦宫室皆以烧残破，又心怀思欲东归，曰：‘富贵不归故乡，如衣绣夜行，谁知之者！’”与“衣绣夜行”相反就是“衣绣昼行”、白昼锦衣。《三国志·魏书·张既传》：“魏国既建，为尚书，出为雍州刺史。太祖谓既曰：‘还君本州，可谓衣绣昼行矣。’”

白昼锦衣清宴处，铁梁丹槲画图中。（宋·王安中《安阳好九首》其二）

依yī

古上平，五微。逆傍～当～倣～放～冯～辅车～画～裿～昵～攀～钦～倾～輧～托～挟～沿～翳～因～隐～愚～瞻～顺～阿～黯～乘～迟～戴～仿～霏～斐～风～负

～归～荷～怙～怀～还～假～接～藉～类～丽～刘～摹～匿～栖～人～仁～诉～随～土～微～夕～俙～先～效～信～许～亚～仰～依～因～隐～永～于～郁～原～韵～止～阻㊄穷途非所恨，虚室自相依。（唐·王勃《送卢主簿》）郑风遥可托，关月眇难依。（唐·骆宾王《夕次旧吴》）落叶随风起，愁人独何依。（唐·元稹《拟古诗十二首》其十）

㊇**唇齿依** 比喻两者的利害互相关联。亦作"唇齿国""唇亡齿枯""辅车相依"。《左传·僖公五年》："晋侯复假道于虞以伐虢。宫之奇谏曰：'虢，虞之表也。虢亡，虞必从之。晋不可启，寇不可玩，一之谓甚，其可再乎？谚所谓"辅车相依，唇亡齿寒"者，其虞、虢之谓也。'"

唇齿幸相依，危亡故远归。（唐·耿湋《代宋州将上师》）

杨柳依依 喻指惜别之情或点明时令。亦作"柳依依""溪柳依依"。《诗经·小雅·采薇》："昔我往矣，杨柳依依。今我来思，雨雪霏霏。行道迟迟，载渴载饥。我心伤悲，莫知我哀。"

何曾有别恨，杨柳自依依。（唐·李咸用《送钱契明尊师归庐山》）

医（醫、*毉）yī

㊀上平，四支。㊁恒～忌～君子～铃～卢～牛～秦～乳～三～上～投～先～折肱～众～㊂～卜～国～和～缓～济～门～谱～禳～人～算～王～隐㊄枕上愁吟堪发病，府中欢笑胜寻医。（唐·白居易《岁暮夜长病中灯下闻卢尹夜宴以诗戏之且为来日张本也》）窜逐穷荒与死期，饿唯蒿藿病无医。（唐·杜牧《见宋拾遗题名处感而成诗》）凄凉天气离愁意，音书杳难期。多情成病不须医。（宋·杜安世《少年游·小轩深院是秋时》）

㊇**秦医** 指良医。《左传·成公十年》："晋侯梦大厉……公觉，召桑田巫。巫言如梦。公曰：'何如？'曰：'不食新矣。'公疾病，求医于秦。秦伯使医缓为之。未至，公梦疾为二竖子，曰：'彼良医也。惧伤我，焉逃之？'其一曰：'居肓之上，膏之下，若我何？'医至，曰：'疾不可为也。在肓之上，膏之下，攻之不可，达之不及，药不至焉，不可为也。'公曰：'良医也。'厚为之礼而归之。"

纵有秦医在，怀乡亦泪流。（五代·韦庄《贼中与萧韦二秀才同卧重疾二君寻愈余独加焉恍惚之中因有题》）

三折乃良医 比喻从挫折中增长经验。亦作"折臂成医"。《左传·定公十三年》："齐高疆曰：'三折肱知为良医。'"

百胜难虑敌，三折乃良医。（唐·刘禹锡《学阮公体三首》其一）

伊 yī 姓。

㊀上平，四支。㊁皋～怜～吕～岂～渠～吾～唔～淹～郁～㊂～曹～侍～旦～迩～傅～皋～管～何～衡～霍～箕～家～咎～夔～莱～凉～吕～洛～蒲～戚～人～生～谁～思～望～行～鸦～颜～优亚～嗄～余～郁～周～阻㊄岭北梁可构，寒鱼下清伊。（唐·韩愈《送张道士》）春漏怀丹阙，凉船泛碧伊。（唐·郑谷《送水部张郎中彦回宰洛阳》）未曾得向行人道，不为离情莫折伊。（唐·孙鲂《杨柳枝》）

咿（*吚）yī

㊀上平，四支。㊁懊～嗢～喔～呜～哑～咿～郁～㊂～嘎～哦～喔～唔～哑～嘤～呦～轧㊄滇王扫宫避使者，跪进再拜语嗢咿。（唐·韩愈《和虞部卢四酬翰林钱七赤藤杖歌》）正色摧强御，刚肠嫉喔咿。（唐·白居易《代书诗一百韵寄微之》）清光悄不动，万象寒咿咿。（唐·陆龟蒙《奉和袭美太湖诗二十首·明月湾》）

噫 yī

㊀上平，四支。㊁呜～五～噫～幽～吁～咤～雉～㊂～乎～嗟～呜～嘻～嘻嚱～嘻吁～戏～嚱～歆～兴～嘘～哑～噫～喑～嘤～吁唏～吁嘻～吁嚱～吁哉㊄卢殷刘言史，饿死君已噫。（唐·孟郊《送淡公》）挛卧岁时长，涟涟但幽噫。（唐·孟郊《吊卢殷》）噫。贵贱随时。连城才换一羊皮。（宋·辛弃疾《哨遍·蜗角斗争》）

漪 yī 细波。

㊀上平，四支。㊁碧～澄～黛～风～寒～迴～涟～沦～濛～明～青～清～文～㊂～涣～澜～涟～流～沦～如～漪㊄层崖夹洞浦，轻舸泛澄漪。（唐·张九龄《南还以诗代书赠京师旧僚》）檀栾映空曲，青翠漾涟漪。（唐·王维《斤竹岭》）穷冬涸江海，杯湖澄清漪。（唐·元结《招孟武昌》）

鹭（鷖）yī 鸥。

㊀上平，四齐。㊁虫～风～凫～浮～鸾～野～㊂～弥㊄兴阕菱歌动，沙洲乱夕鹭。（唐·苏颋《扈从温泉同紫微黄门群公泛渭川得齐字》）烟外失群惭雁鹜，波中得志羡凫鹭。（唐·皮日休《奉和鲁望白鸥诗》）

緊 yī 惟。是。

㊀上平，八齐。

猗 yī 叹美词。

㊀上平，四支。㊂～顿～嗟～兰～兰操～靡～猊～柅～陶～违～伟～蔚～猗～与～卓㊄四隅芙蓉树，擢艳皆猗猗。（唐·韩愈《寄崔二十七立之》）客中自种绿猗猗。月下横枝。（宋·刘辰翁《一剪梅·人生总受业风吹》）

㊇**陶猗** 喻指富商。《史记·货殖列传》："猗顿用监盐起……与王者埒富。"裴骃集解引《孔丛子》："猗顿，鲁之穷士也。耕则常饥，桑则常寒。闻朱公富，往而问术焉。朱公告之曰：'子欲速富，当畜五牸。'于是乃适西河，大畜牛羊于猗氏之南，十年之间其息不可计，赀拟王公，驰名天下。以兴富于猗氏，故曰猗顿。"

世方重陶猗，君独师卖屈。（宋·项安世《次韵谢王粟秀才四首》其二）

椅 yī 木名。另见 220 页 yǐ。

㊀上平，四支。㊂～檀～桐～梧㊄建国立家真可怪，不栽梓漆与桐椅。（宋·陈普《乙巳邵武建宁夜坐书呈诸公》）

铱（銥）yī 化学元素。

祎（禕）yī 美好。

㊀上平，四支。㊁祎～㊂～隋～祎

蛜 yī

㊀《广韵》：平声，脂韵。㊂～蝛

黟 yī 地名。黑貌。

㊀上平，四支。㊁黟～㊂～黑～然

～山～黟

平声·阳平

嘀(啾)dí

顺～哒～嗒～里～哩～咕

离(離)lí

古上平，四支。逆百～奔～飙～躔～长～琴～晨～侈～斥～贷～兜～二～方～附～构～合～华～黄～毁～火～羁～接～节～坎～暌～离～林～乱～明～南～畔～纰～披～仳～起～牵～倾～骚～淑～黍～天～委～析～纤～闲～携～星～休～叙～诒～謻～壅～郁～怨～月～遭～摘～跐～重～株～顺～抱～薄～肠～拆～尘～悰～错～贰～方～纷～愤～妇～附～垢～光～诡～鹤～痕～衡～晖～即～惎～襟～经～咎～沮～决～诀～珂～旷～阔～刺～立～戾～搂～伦～明～瘼～鸟～判～披～皮～匹～旗～曲～桡～人～洒～黍～逖～罔～显～携～懈～殃～忧～苑～摘～绽～章～照～枝～纵例花发多风雨，人生足别离。(唐·武瓘《劝酒》)高门引冠盖，下客抱支离。(唐·陈嘉言《晦日重宴》)

篱(籬)lí

古上平，四支。逆巴～柴～东～豆花～短～樊～积～棘～槿～菊～枯～阑～墙～青～琼～绕～杉～疏～陶～杏～顺～笆～藩～樊～根～花～棘～槿～菊～落～门～陌～畔～墙～头～围～喧～阴～垣～援～栅～帐～障～子例春风动百草，兰蕙生我篱。(唐·王维《赠裴十迪》)不觉东风过寒食，雨来萱草出巴篱。(唐·羊士谔《斋中咏怀》)健羡觥飞酒，苍黄日映篱。(唐·元稹《酬李六醉后见寄口号》)

典**醉东篱**　见4页“醉菊花”。

为报使君多泛菊，更将弦管醉东篱。(唐·岑参《九日使君席奉饯卫中丞赴长水》)

倒著接篱　形容人醉酒放浪。《世说新语·任诞》载山简任荆州刺史，“时出酣畅，人为之歌曰：‘山公时一醉，径造高阳池。日莫(暮)倒载归，茗艼(酩酊)无所知。复能乘骏马，倒著白接篱。举手问葛彊，何如并州儿？’高阳池在襄阳，彊是其爱将，并州人也。”白接䍦是以白鹭羽为饰的帽子，䍦也作“篱”。

落日欲没岘山西，倒著接䍦花下迷。(唐·李白《襄阳歌》)

醉里尚能驰马去，看君倒著接篱巾。(宋·张耒《同李十二醉饮王氏牡丹园二首其一》)

犁(犂)lí

古上平，四支。又：上平，八齐同。逆撑～春～疾～驾～架～耧～泥～耦～渠～三～顺～别～春～旦～黑～鹕～花～面～明～然～扫～曙～元～杖～子例日出布谷鸣，田家拥锄犁。(唐·李白《赠从弟冽》)东风变林樾，南亩事耕犁。(唐·权德舆《晓发武阳馆即事书情》)早知涉世真成梦，不弃山田春雨犁。(唐·唐彦谦《第三溪》)

鹂(鸝)lí

古上平，四支。又：上平，八齐同。逆春～黄～听～顺～鹒～黄～鹂例深浅檐花千万枝，碧纱窗外啭黄鹂。(唐·白居易《伤春词》)

黎lí

古上平，四支。又：上平，八齐同。逆阿～阿阇～边～波～苍～冻～阇～狐～迦～孑～颇～青～渠～群～任～生～突～玄～悬～遗～兆～烝～祝～顺～赤～旦～黑～黄～孑～老～绿～萌～朦～苗～瘼～幕～牛～农～祁～黔～然～人～饰～首～涡～物～献～旭～彦～杖～烝例奈何渔阳骑，飒飒惊烝黎。(唐·杜甫《石龛》)不爱仙家登真诀，愿蒙四海福黔黎。(唐·李昂《上元日二首》其二)

典**悬黎**　喻指杰出的人才或珍贵的器物。《战国策·秦策三》：“臣闻周有砥厄，宋有结绿，梁有悬黎，楚有和璞。此四宝者，工之所失也，而为天下名器。”

悬黎待价由来久，绿绮知音不易逢。(宋·邓忠臣《重九考罢试卷书呈同院诸公二首》其一)

梨(*棃)lí

古上平，八齐。逆哀家～蛤～狐～剖～让～僧伽～顺～板～饤坐～花月～花盏～颊～颗～栗～氓～萌～面～蕊～庶～霜～筒～头～涡～雪～英～元～云～云梦例酒客爱秋蔬，山盘荐霜梨。(唐·李白《寻鲁城北范居士失道落苍耳中见范置酒摘苍耳作》)惜哉结实小，酸涩如棠梨。(唐·杜甫《病橘》)东城社日催巢燕，上苑秋声散御梨。(唐·钱起《送河南陆少府》)

典**让梨**　喻指兄弟友爱谦让。亦作“让枣推梨”。晋·张隐《文士传》：“(孔融)年四岁时，每与诸兄共食梨，融辄引小者。大人问其故，答曰：‘我小儿，法当取小者。’由是宗族奇之。”

奇哉让梨并怀橘，子孝亲兮弟敬哥。(宋·邵雍《训世孝弟诗十首》)

藜lí　一年生草本植物。其老茎可做拐杖。

古上平，八齐。逆扶～羹～蒿～藿～蒺～荆～枯～配～蓬～青～燃～县～校～杖～蒸～顺～庇～餐～床～羹～光～火～藿～蕨～芦～菽～苋～莠～杖～蒸例无由谒明主，杖策还蓬藜。(唐·李白《赠从弟冽》)绝域惟高枕，清风独杖藜。(唐·杜甫《送舍弟频赴齐州三首》其一)树以松与柏，不宜间蒿藜。(唐·韩愈《南内朝贺归呈同官》)

典**燃藜**　喻指夜读或勤奋读书。亦作“吹藜”“青藜”。《三辅黄图·阁》：“刘向于成帝之末，校书天禄阁，专精覃思。夜有老人著黄衣，植青藜杖，叩阁而进见。向暗中独坐诵书，老父乃吹杖端烟燃，因以见向，授五行洪范之文……至曙而去。”参见《佩文韵府》卷八“青藜”下引《刘向别传》。

燃藜太乙中夜照，垂钓客星清昼闲。(宋·赵汝腾《和徐径坂韵二首》其二)

璃(*瓈)lí

古上平，四支。逆玻～琉～顺～灯例天地黤惨忽异色，波涛万顷堆琉璃。(唐·杜甫《渼陂行》)纤指捧玻璃。莫惜重持，自离阆苑失回期。(宋·吕渭老《浪淘沙》)

缡(縭、*褵)lí　①带子。②古代妇女系在身前的大佩巾。

古上平，四支。逆琛～凤～结～衿～麝香～帨～襳～例长女当及事，

谁助出帨缡。（唐·韩愈《寄崔二十七立之》）强持文玉佩，求结麝香缡。（唐·元稹《代九九》）

骊（驪）lí　黑马。

【古】上平，四支。又：上平，八齐同。【逆】常～盗～风～歌～黄～江～騄～青～探～温～纤～鱼～【顺】～阿～唱～坟～峰～歌～宫～翰～黑～黄～火～驾～肩～驹～龙～马～目～牛～牝～虬～色～体～岫～畜～羊～邑～渊～珠【例】别来就十年，君马记騧骊。（唐·韩愈《寄崔二十七立之》）把酒欲歌骊。浓醉何辞。玉京烟柳欲黄时。（宋·贺铸《浪淘沙·把酒欲歌骊》）

狸lí

【古】上平，四支。【逆】斑～风～佛～火～香～【顺】～德～膏～力～奴～首～头～狌【例】回云迎赤豹，骤雨飒文狸。（唐·李颀《二妃庙送裴侍御使桂阳》）择肉于熊豹，肯视兔与狸。（唐·韩愈《猛虎行》）下鞲惊燕雀，当道慑狐狸。（唐·白居易《代书诗一百韵寄微之》）

蠡lí　用瓠做成的瓢。另见217页lǐ。

【古】上平，四支。又：上平，八齐同。【逆】测～测海～持～管～海～瓠～金～奚～椓～【顺】～测～舫～谷～见～器～勺【例】结发逐鸣鼙，连兵追谷蠡。（唐·李益《再赴渭北使府留别》）

漓[1]（灕）lí　水往下流或往下渗。

【古】上平，四支。【逆】漓～淋～浏～渗～湘～【顺】～江～淋【例】十月辛勤一月悲，今朝相见泪淋漓。（唐·元稹《妻满月日相唁》）睡忆建茶斟潋滟，画思兖墨泼淋漓。（宋·文同《子平棋负茶墨小章督之》）

漓[2] lí　①浇薄。②同漓，水往下流或往下渗。

【古】上平，四支。【逆】淳～醇～乖～瘠～浇～缺～衰～俗～【顺】～薄～猾～俗【例】巧智竞忧劳，展转生浇漓。（唐·权德舆《丙寅岁苦贫戏题》）十分花事九分隳，开到木兰春已漓。（宋·卫宗武《雪山和丹岩晚春韵》其六）

厘（釐）lí　参见202页xī“釐”、202页xī“禧”。

【逆】抽～辅～毫～豪～毛～榷～税～【顺】～订～革～然～正【例】沉里浮表数及迟，指下难明审毫厘。（元·方回《送医工部耕道》）

黧lí　黑色。

【古】上平，四支。又：上平，八齐同。【逆】垢～枯～霉～黔～形～缁～【顺】～脆～黑～鸡～瘠～老～貌～面～农～黔～黖～皱【例】逡巡吏来谒，头白颜色黧。（唐·元稹《青云驿》）战锋新缺齾，烧岸黑黑兹黧。（唐·陆龟蒙《奉和袭美古杉三十韵》）

醨lí　薄酒。

【古】上平，四支。【逆】淳～醇～歠～浇～酸～糟～【顺】～薄～酒～酪【例】屈原离骚二十五，不肯餔啜糟与醨。（唐·韩愈《感春四首》）念涸谁濡沫，嫌醒自歠醨。（唐·白居易《代书诗一百韵寄微之》）但取性淡泊，不知味醇醨。（唐·皮日休《奉和添酒中六咏·酒杯》）

【典】**餔啜糟醨**　喻指随波逐流。见363页“渔父”。

屈原离骚二十五，不肯餔啜糟与醨。（唐·韩愈《感春四首》其二）

鲡（鱺）lí

【古】《集韵》：平声，齐韵。【逆】鳗～

喱lí

【逆】咖～【顺】～啰哩

襹lí　襹褷：纱幔。

【古】上平，四支。【顺】～褷～帨～依

罹lí　①遭逢。②忧愁。

【古】上平，四支。【逆】百～遘～诒～遗～遭～【顺】～兵～病～毒～法～诟～辜～祸～咎～丽～乱～难～惹～罪【例】鲸以兴君身，失所逢百罹。（唐·韩愈《寄崔二十七立之》）

蜊lí

【古】上平，四支。【逆】蛤～食蛤～【顺】～黄【例】水边莫话长安事，且请卿卿吃蛤蜊。（宋·洪元量《鹧鸪天·潋滟湖光绿正肥》）

【典】**且食蛤蜊**　用于表示转移话题的敷衍之词。据《南史·王弘传》附《王融传》，沈昭略不识王融，向人打听，融殊为不平，言“仆出于扶桑入于旸谷，照耀天下，谁云不知，而卿此问?”昭略以“不知许事，且食蛤蜊”转移话题。

咄咄那庸如许事，尊前且食蛤蜊休。（宋·虞俦《雪晴后书怀》）

嫠lí　寡妇。

【古】上平，四支。【逆】孱～孤～寡～鳏～节～贫～穷～茕～惸～孀～贞～【顺】～辍纬～独～妇～家～节～居～茕～人～纬～忧【例】北宅聊偃憩，欢愉恤茕嫠。（唐·李白《感时留别从兄徐王延年从弟延陵》）只今利口且箕敛，何暇俯首哀惸嫠。（唐·陆龟蒙《江湖散人歌》）

犛lí　另见536页máo“牦”。

【古】上平，四支。又：下平，三肴同。【顺】～轩【例】穷奇已戮饕餮夷，贪玃潜化为驯犛。（清·陈庆镛《仁虎行题方正学仁虎图》）仇人何陆梁，挟队健如犛。（清·胡天游《烈女李三行》）

氂lí　①马尾。②长毛。

【古】上平，四支。又：下平，四豪同。【逆】长～毫～豪～结～马～毛～丝～【例】达则济亿兆，穷亦济毫氂。（唐·元稹《酬别致用》）我来观政问风谣，皆云吠犬足生氂。（宋·苏轼《于潜令刁同年野翁亭》）

剺lí　①割开。②刺。

【古】上平，四支。【逆】钩～【顺】～耳～栎～面

漦lí　涎沫。

【古】上平，四支。【逆】鳞～流～龙～淫～鼋～【顺】～龙【例】潜倾郢宫酒，忽作商庭漦。（唐·陆龟蒙《添酒中六咏·酒龙》）泉甘于马乳，苔滑似龙漦。（唐·皮日休《独在开元寺避暑，颇怀鲁望，因飞笔联句》）

蓠（蘺）lí

【古】上平，四支。【逆】夫～苻～江～茳～青～【例】昨日东楼醉，还应倒接蓠。（唐·李白《鲁中都东楼醉起作》）不学汉臣栽苜蓿，空教楚客咏江蓠。（唐·李商隐《九日》）

迷mí

【古】上平，八齐。【逆】哀～尘～耽～颠～返～棼～狐～惛～积～津～寝～狂～离～六～鹿～瞀～蒙～迷～明～冥～目～披～破～凄～萋～歧～迁～穷～茕～阮郎～失～顽～雾～宵～行～掩～魇～疑～影～愚～榛～醉～【顺】～岸～暗～邦～沉～淡～道～断～顿～夺～耳～方～复～榖～关～国～合～花～回～昏～见～津～空～狂～漫

～瞀～闷～蒙～迷～缪～漠～目～泥～溺～弄～却～塞～识～澌～天～亡～网～骛～希～奚～嬉～下蔡～乡～心～行～阳～漾～意～瘴～真～朱碧～坠～浊～醉㊀落日欲没岘山西，倒著接䍦花下迷。（唐·李白《襄阳歌》）山晚浮云合，归时恐路迷。（唐·杜甫《佐还山后寄三首》其一）孤尊秋露滑，短棹晚烟迷。（唐·戴叔伦《泛舟》）

㊁**秦汉迷** 指世外幽栖之境。见645页"桃花源"。

一见桃花发，能令秦汉迷。（唐·殷遥《友人山亭》）

谜（謎）mí

㊂去声，八霁。㊃藏～破～拷～雅～一～疑～隐～㊄～灯～氛～字㊀后学要说禅，教人学团谜。（宋·宗泽《佛说偈》）

眯（瞇）mí 尘入眼。另见199页mī。

㊂《集韵》：平声，支韵。㊄～乱

糜mí

㊂上平，四支。㊃薄～餔～程～费～浮～膏～耗～灰～煎～焦～捐～枯～间～茗～淖～琼～冗～乳～奢～碎～消～行～虚～喻～斋～蒸～㊄～弊～沸～费～粉～捐～溃～烂～乱～灭～躯～散～碎～损～粥～煮㊀中忆裴子野，泰然倾薄糜。（唐·权德舆《丙寅岁苦贫戏题》）融雪煎香茗，调酥煮乳糜。（唐·白居易《晚起》）蛙鸣堪笑问官私，更劝饥人食肉糜。（唐·周昙《晋门·惠帝》）

㊁**饭成糜** 喻指专心好学。据《世说新语·夙惠》，陈寔（太丘）让儿子元方、季方蒸饭待客。二子烧好火后窃听父亲与客论议清谈，结果忘放箅子，饭落入锅中，煮成了粥。太丘因以问二子是否有所识记，二子言无遗失。

不忧饭成糜，相约剑买牛。（宋·晁公溯《喜陈行之病起》）

食肉糜 指君主昏庸至极。《晋书·惠帝纪》："及天下荒乱，百姓饿死，帝曰：'何不食肉糜？'其蒙蔽皆此类也。"

劳君树杪丁宁语，似劝饥人食肉糜。（宋·陆游《闻杜鹃戏作绝句》）

麋mí

㊂上平，四支。㊃鬓～餔～犨～浮～乳～须～扬～喻～斋～饘～㊄～弊～麨～沸～费～耗～惑～聚～捐～烂～鹿志～论～灭～墨～鸟～躯～散～首～寿～碎～台～芜～鬻～至～粥～灼㊀鹰猜课野鹤，骥德责山麋。（唐·白居易《夏日独直寄萧侍御》）荒凉古庙惟松柏，咫尺长陵又鹿麋。（唐·殷尧藩《韩信庙》）川绝衔鱼鹭，林多带箭麋。（唐·朱庆余《望萧关》）

縻mí

㊂上平，四支。㊃缠～长～断～绠～鸿～豢～羁～拘～系～虚～缨～㊄～费～绠～军～烂～络～漫～系～纼～职～絷㊀鸳侣从兹洽，鸥情转自縻。（唐·元稹《酬翰林白学士代书一百韵》）既在高科选，还从好爵縻。（唐·白居易《代书诗一百韵寄微之》）尼甫至圣贤，犹为匡所縻。（唐·李咸用《君子行》）

蘼（*蘪）mí

㊂上平，四支。㊃蔷～荼～㊄～藿～苔～芜㊀几许暮春清思，未知芍药，先拟荼蘼。（宋·尹济翁《玉蝴蝶·几许暮春清思》）

弥[1]（彌）mí ①遍；满。②填满；遮掩。③更加。

㊂上平，四支。㊃诞～霏～封～拘～浩～潸～漫～弥～渺～且～渠～斯～系～鬻～扜～郁～㊄～长～代～道～度～封～缝～亘～广～坚～襟～竟～敬～旷～阔～历～流～留～沦～纶～罗～漫～蔓～茫～靡～邈～期～日～扇～甥～时～士～事～孙～天～望～衍～益～楹～永～远～月～至㊀遇物伤凋换，登楼思漫弥。（唐·元稹《酬翰林白学士代书一百韵》）林晚青萧索，江平绿渺弥。（唐·白居易《代书诗一百韵寄微之》）秋叶丛边风索索，迎宾亭下水弥弥。（宋·惠洪《东流阻风》）

弥[2]（瀰）mí 遍；满。

㊂上平，四支。又：上声，四纸同。又：上声，八荠同。

醾mí 酴醾：不去滓的麦酒。

㊂上平，四支。㊃酴～㊀红粉当垆弱柳垂，金花腊酒解酴醾。（唐·贾至《春思二首》其二）

猕（獼）mí

㊂《广韵》：平声，支韵。㊃猿～㊄～猴～猴池～猴面

泥ní 另见230页nì。

㊂上平，八齐。㊃尘～刍～春～丹～庚～汩～鸿～椒～金～堇～锦～井中～泥～泞～蟠～屏～芹～青～雀金～抟～碗～涔～洗～香～行～絮沾～燕～燕垒～野～一丸～云～蜥～紫～醉～㊄～尘～镨～池物～伏～鸿～缄～金～泥～烂～犁～龙～木～泥～溺～蟠～融觉～沈～轼～书～笋～丸～涴～尾～絮～燕～淤～章～诏～滞～中刺～珠～滓～醉㊀泉溜才通疑夜磬，烧烟余暖有春泥。（唐·元稹《留呈梦得子厚致用》）前年送我曲江西，红杏园中醉似泥。（唐·韦庄《江上逢故人》）缥缈红妆照浅溪。薄云疏雨不成泥。（宋·苏轼《浣溪沙·送颜复梁吉》）

㊁**一丸泥** 喻指边关险要，易守难攻。亦作"一丸""封泥""丸泥封关"。《东观汉记》卷二三《载记·隗嚣》："嚣将王元说嚣曰：'……元请以一丸泥为大王东封函谷关，此万世一时也。'"

平戎七尺剑，封检一丸泥。（唐·李益《再赴渭北使府留别》）

尼ní 另见218页nǐ。

㊂上平，四支。㊃阿～比丘～刍～末～牟～毗～欵～象～宣～伊～仲～紫驼～㊄～聃～父～丘～邱～山～师～首～院～站㊀顿见佛光身上出，已蒙衣内缀摩尼。（唐·元稹《醉别卢头陀》）未闻访箕子，但见诔宣尼。（宋·刘克庄《挽水心先生二首》其一）

呢ní 另见74页nē。

㊂《广韵》：平声，脂韵。㊄～喃～呢

霓（*蜺）ní

㊂上平，八齐。又：入声，十二锡同。㊃白～彩～长～乘～雌～读～断～浩～虹～孑～青～素～投～云～紫～㊄～虹～节～襟～旌～纠～旄～帔～旆～骑～裳～袖～衣～幢㊀凿牖对山月，褰裳拂涧霓。（唐·殷遥《友人山亭》）为与天光近，云色成虹霓。（唐·储光羲《奉真观》）

典**吐虹霓**　见 945 页“气如虹”。

气吐虹霓，笔飞鸾凤，从来锦绣文章。（宋·张宰《满庭芳·气吐虹霓》）

望云霓　指盼望之殷切。《孟子·梁惠王下》：“《书》曰：‘汤一征，自葛始。’天下信之。东面而征，西夷怨，南面而征，北狄怨，曰：‘奚为后我？’民望之，若大旱之望云霓也。”

一望云霓百忧集，应思平地隐居人。（宋·苏辙《和李公择赴历下道中杂咏十二首·将至桃园阻浅且风不得进》）

儿（兒）ní　姓。另见 189 页 ér。

古上平，八齐。又：上平，四支异。

怩ní　羞怯。

古上平，四支。逆忸～恧～例仇雠万姓遂无依，颜厚何曾解忸怩。（唐·同谷子《五子之歌》其五）

倪ní　①弱小；小儿。②端；边际。

古上平，八齐。逆端～坤～旄～髦～耄～倪～天～无～顺～齿～际～露～倪～子例勋庸思树立，语默可端倪。（唐·杜甫《水宿遣兴奉呈群公》）鸣鸾临帝阙，飞凤下天倪。（宋·崔敦诗《十二时·勋华并》）

妮ní　妮子，幼女。

古《集韵》：平声，脂韵。逆婢～闺～狎～姻～顺～婢～子

猊ní　狻猊，即狮子。

古上平，八齐。逆宝～金～怒～狻～唐～铜～香～玉狻～顺～炉～糖～坐～座例双花连袂近香猊。歌随镂板齐。（宋·张先《醉桃源·双花连袂近香猊》）正金屋妆成，翠围红绕，香霭高散狻猊。（宋·曹勋《安平乐·圣德如尧》）

輗（輗）ní　车辕端持衡之键。

古上平，八齐。逆车～轨～例巨舰方解维，穹车正发輗。（宋·五迈《送黄成甫殿讲被召》）计偕期在迩，门外车驾輗。（清·陈作霖《送丁丑正月赠刘恭甫即以留别》）

典**车有輗**　喻指人有信誉才能立身，也指抓住了关键或有定规。亦作“輗轨”。《论语·为政》：“子曰：‘人而无信，不知其可也。大车无輗，小车无轨，其何以行之哉？’”

志同车有輗，身比舟无缆。（元·汪元亨《双调·雁儿落带过得胜令》）

麑ní　小鹿。

古上平，八齐。逆鉏～放～麛～狻～纵～顺～鹿～卵～裘～衣例所怜抱中儿，不如山下麑。（唐·元结《系乐府十二首·贫妇词》）芳树莺命雏，深林麛引麑。（唐·权德舆《晓发武阳馆即事书情》）

婗ní

古《广韵》：平声，齐韵。逆婴～

鲵（鯢）ní

古上平，八齐。逆大～惊～鲸～顺～齿～鲋～桓～鲸～鳅～鲐～鱼例何事夫差无远虑，更开罗网放鲸鲵。（唐·胡曾《咏史诗·会稽山》）

典**鲸鲵**　喻指凶恶不义之人。亦作“鲸鱼”“斩鲸”。《左传·宣公十二年》：“古者明王伐不敬，取其鲸鲵而封之，以为大戮，于是乎有京观以惩淫慝。”杜预注：“鲸鲵，大鱼名，以喻不义之人，吞食小国。”

一挥氛沴静，再举鲸鲵灭。（唐·李世民《经破薛举战地》）

皮pí

古上平，四支。逆豹留～掇～咫～枯～鹍～俪～龙～寝～霜～鲐～乌～五羖～妍～织～顺～币～弁～剥～帛～车～服～傅～骨～冠～褐～侯～甲～荐～陆～囊～箧～轩～鞹例照水然犀角，游山费虎皮。（唐·王绩《游仙四首》）向言池上鹭，啄肉寝其皮。（唐·元稹《大觜乌》）物讳穷时。丰狐文豹罪因皮。（宋·辛弃疾《哨遍·一壑自专》）

典**五羊皮**　喻指贤相或指渴求贤才。亦作“五羖”。《史记·秦本纪》载，秦缪公曾以五羖羊皮从楚人手里赎得百里奚，授以国政。因是，后世称百里奚为“五羖大夫”。

秦穆五羊皮，买死百里奚。（唐·李白《鞠歌行》）

豹死留皮　喻指人死后要留美名于后世。《新五代史·王彦章传》：“（彦章）常为俚语谓人曰：‘豹死留皮，人死留名。’”

乱世鸟飞难择木，男儿豹死自留皮。（清·姚鼐《过汶上吊王彦章》）

食肉寝皮　指消灭敌人或形容对敌人的仇恨之深。也可用来借指勇武的行为或精神。亦作“寝皮食肉”。《左传·襄公二十一年》：“齐庄公朝，指殖绰、郭最曰：‘是寡人之雄也。’……（州绰）对曰：‘臣为隶新。然二子者，譬于禽兽，臣食其肉而寝处其皮矣。’”杜预注：“言尝射得之。”

忽看皮寝处，无复睛闪烁。（唐·杜甫《遣兴五首》其四）

疲pí

古上平，四支。逆冲～凋～国～昏～饥～瘠～筋～力～马～神～衰～忘～足～顺～罢～乘～殆～殚～顿～费～蹇～剧～痾～匮～羸～隶～劣～陋～民～暮～驽～懦～旆～冗～俗～顽～朽～厌～曳～役～勚～庸～瘵～拙例望美音容阔，怀贤梦想疲。（唐·张九龄《南还以诗代书赠京师旧僚》）州小经乱亡，遗人实困疲。（唐·元结《舂陵行》）

陂pí　另见 41 页 pō、259 页 bēi。

逆黄～例故山迷白阁，秋水隐（一作忆）黄（一作皇）陂。（唐·杜甫《偶题》）

毗（毘）pí　①邻接。②辅助。

古上平，四支。逆荼～连～顺～补～奉～辅～富～岚～狸～连～联～邻～刘～卢～尼～沙～舍～戎～邪～燮～耶～倚～益～翼～勇～赞～助～佐例敢嗟身暂黜，所恨政无毗。（唐·元稹《酬翰林白学士代书一百韵》）理冤多定国，切谏甚辛毗。（唐·白居易《代书诗一百韵寄微之》）

脾pí

古上平，四支。逆沁～青～诗～心～虚～顺～憨～和～膝～土～味～性例我苦不在远，缠绵肝与脾。（唐·白居易《和微之诗二十三首·和晨兴因报问龟儿》）何当旧泉石，归去洗心脾。（唐·齐己《忆在匡庐日》）

鼙pí　一种军用小鼓。

古上平，八齐。逆鼓～谏～金～惊～擂～铙～秋～戍～霜～朔～鞀～应～战～征～钲～顺～吹～鼓～角～婆～声～舞例终日见征战，连年闻鼓鼙。（唐·岑参《早发焉耆怀终南别业》）边风悲晓角，营月怨春鼙。（唐·赵嘏《昔昔盐·那能惜马

蹄》）

罴(羆)pí　棕熊。

古上平，四支。逆赤～虎～猳～熊～顺～虎～九～褥～卧～貅例音书恨乌鹊，号怒怪熊罴。（唐·杜甫《偶题》）傲兀坐试席，深丛见孤罴。（唐·韩愈《寄崔二十七立之》）

枇pí

古《广韵》：平声，脂韵。顺～杷例单于陪武帐，日逐卫文枇。（唐·李世民《幸武功庆善宫》）

琵pí

古《广韵》：平声，脂韵。顺～琶

貔pí

古上平，四支。逆皋～虎～熊～顺～虎～环～狸～貅例三千儒服鸳兼鹭，十万犀兵虎与貔。（宋·晁元礼《鹧鸪天·壁水溶溶漾碧漪》）

比pí　皋比：虎皮。也指虎皮座席、武将座席。另见214页bǐ、218页pǐ、222页bì。

古上平，四支。逆皋～例归兴忽如忆鲈脍，闲心肯复恋皋比。（宋·方回《送汪以南教授》）

裨pí　另见222页bì。

古上平，四支。逆偏～顺～裨～贩～辅～附～海～将～笠～冕～师～王～衣～瀛～赞～属

啤pí

顺～酒

郫pí　地名。

古上平，四支。顺～釀～筒～县例只愁今夕西窗梦，又买长筒到古郫。（宋·陆游《自笑》）

陴pí　城上短墙。

古上平，四支。逆城～登～隍～女～守～顺～堞～隍～倪～坞例绵绵相纠结，状似环城陴。（唐·韩愈《寄崔二十七立之》）思乡多绕泽，望阙独登陴。（唐·白居易《代书诗一百韵寄微之》）

蚍pí

古《广韵》：平声，脂韵。逆麻～蚼～顺～蜉～蚚～蚁～蜉

奇qí　另见199页jī。

古上平，四支。逆拔～俶～颠～吊～多～风～甘～工～钩～诡～骇～怀～贾～矜～倔～谲～旷～魁～六～龙～跷～嵚～屈～权～吐～眩～用～幽～鬻～造～自～顺～辟～标～错～宕～锋～瑰～恒～货～蹇～矫～謷～崛～谲～峻～傀～龄～迈～毛～门～靡～谟～弄～气～擎～趣～瑞～赡～数～肆～牙～嶷～逸～致～字～恣～纵例石性殊磊落，君子又高奇。（唐·皎然《灵澈上人何山寺七贤石诗》）胜概争先到，篇章竞出奇。（唐·元稹《酬翰林白学士代书一百韵》）织锦虽云用旧机，抽梭起样更新奇。（唐·方干《赠进士章碣》）

典**陈平六奇**　喻指出奇制胜的谋略。亦作"六奇""六奇陈平"。《史记·陈丞相世家》："封平以户牖乡。用其奇计策，卒灭楚。……其后常以护军中尉从攻陈豨及黥布。凡六出奇计，辄益邑，凡六益封。奇计或颇秘，世莫能闻也。"又，同书卷一三〇《太史公自序》："六奇既用，诸侯宾从于汉；吕氏之事，平为本谋，终安宗庙、定社稷。作《陈丞相世家》第二十六。"

鲁连扬一策。陈平出六奇。（南朝齐·沈约《出重囿和傅昭诗》）

骑(騎)qí　另见226页jì。

古上平，四支。逆驰～风～弧～射～顺～墙～驰～传～凤～鹤～衡～虎～箕尾～鲸～寇～猎～蓦～气～省～云～竹例今日军回身独殁，去时鞍马别人骑。（唐·张籍《邻妇哭征夫》）峡内归田客，江边借马骑。（唐·杜甫《从驿次草堂复至东屯二首》其一）

旗qí

古上平，四支。逆参～蚩～春～村～幡～防～风～蜂～戈～鼓～桂～罕～虹～画～黄～迴～酒～连～灵～旒～銮～门～靡～仆～起～搴～戎～素～韬～轩～扬～越～云～章～幢～顺～常～氂～纛～幡～盖～花～麾～甲～节～旌～旝～旒～旄～旆～旗～器～识～亭～望～物～焰～翼～章～帐～旐～主～幢例唤客潜挥远红袖，卖垆高挂小青旗。（唐·元稹《和乐天重题别东楼》）帐前斫案决大议，赤壁火船烧战旗。（唐·王周《赤壁》）黄尘满目随风散，不认将军燕尾旗。（唐·司空曙《杂兴》）

典**画灵旗**　指将帅征讨。《史记·孝武本纪》："为伐南越，告祷泰一，以牡荆画幡日月北斗登龙，以象天一三星，为泰一锋，名曰'灵旗'。为兵祷，则太史奉以指所伐国。"

竹帛未闻书死节，丹青空见画灵旗。（唐·杜牧《即事》）

棋(*棊、*碁)qí

古上平，四支。逆持～弹～斗～飞～观～举～累～枰～敲～弈～争～着～顺～博～布～餅～处～错～敌～工～功～罫～劫～客～夜～列～流～陆～侣～枰～射～势～槊～丸～响～眼～战～峙～置～跱～坐例独向潭上酌，无人林下棋。（唐·岑参《还高冠潭口留别舍弟》）楚江巫峡半云雨，清簟疏帘看弈棋。（唐·杜甫《七月一日题终明府水楼二首》其二）幽谷云萝朝采药，静院轩窗夕对棋。（宋·陆游《破阵子·仕至千钟良易》）

典**观棋**　见73页"烂柯"。

访世山空在，观棋日未斜。（唐·卢纶《过楼观李尊师》）

齐(齊)qí　另见227页jì。

古上平，八齐。逆耳～思～修～燕～抑～遮～顺～德～东语～轨～迹～姬～辑～家～口～眉～盟～民～女～气～契～刃～容～俗～肃～体～武～谐～信～颖～竽～轸～终～赘～踪～足例泛涛明月广，边海众山齐。（唐·马戴《送李侍御福建从事》）云覆蓝桥雪满溪，须臾便与碧峰齐。（唐·元稹《西归绝句十二首》其一一）镜呈湖面出，云叠海潮齐。（唐·元稹《送王协律游杭越十韵》）

典**夷齐**　伯夷、叔齐的合称，指高洁之人。汉·陆贾《新语·无为》："曾闵之孝，夷齐之廉，岂畏死而为之哉？教化之所至也。"

持盐把酒但饮之，莫学夷齐事高洁。（唐·李白《梁园吟》）

歧qí

古上平，四支。逆差～乖～互～交～郊～临～路～盘～旁～羊～顺～道～互～黄～见～迷～旁～趋～误～秀～言～嶷～异～杂～旨～阻例嵩南春遍伤魂梦，壶口云深隔路歧。（唐·李嘉祐《江湖秋思》）今年麦有双歧。别有琅玕并节，深秀联枝。（宋·曹勋《夜合花·星拱尧眉》）

典泣路歧 指对前途感到悲伤。亦作"泣歧""临歧泣""哭歧路""歧路而哭"。《淮南子·说林》:"杨子见逵路而哭之,为其可以南,可以北。"高诱注:"道九达曰逵。闵其别也。""逵路",《太平御览》卷一九五引《淮南子》作"歧路"。

胡尘晦落日,西望泣路歧。(唐·独孤及《癸卯岁赴南丰道中闻京师失守》)

鳍(鰭)qí

古上平,四支。逆鼓～鳞～肉～鱼～振～植～顺～棘～鬣例奋跃风生鬣,腾凌浪鼓鳍。(唐·钱起《巨鱼纵大壑》)

鬐qí 马鬣。

古上平,四支。逆长～蹙～奋～丰～鼓～鳞～龙～马～骍～朱～顺～刺～发～虹～甲～介～鬣～毛例苇笋针筒束,鲠鱼箭羽鬐。(唐·元稹《酬翰林白学士代书一百韵》)寡鹤摧风翮,鳏鱼失水鬐。(唐·白居易《代书诗一百韵寄微之》)

其qí 另见199页jī、227页jì。

古上平,四支。逆殆～尔～更～忽～乃～凄～岂～阒～如～亡～妄～唯～惟～奚～顺～高～奈～然～如～鱼～者～诸例苍然古溪上,川逝共凄其。(唐·皎然《同李洗马入余不溪经辛将军故城》)

脐(臍)qí

古上平,八齐。逆尖～酒到～肚～然～麝～噬～霜～团～鱼～转～顺～燃～噬～香例悔为青云意,此意良噬脐。(唐·元稹《青云驿》)屏风临烛釦,捍拨倚香脐。(唐·李商隐《和孙朴韦蟾孔雀咏》)灯檠昏鱼目,薰炉咽麝脐。(唐·唐彦谦《春雨》)

典然脐 喻指惩处暴虐之臣。亦作"燃脐""燃脐照市"。《后汉书·董卓传》:"乃尸卓于市。天时始热,卓素充肥,脂流于地。守尸吏然火置卓脐中,光明达曙,如是积日。"

然脐郿坞败,握节汉臣回。(唐·杜甫《郑驸马池台喜遇郑广文同饮》)

噬脐 喻指追悔莫及。据《左传·庄公六年》:"楚文王伐申,过邓。邓祁侯曰:'吾甥也。'止而享之。骓甥、聃甥、养甥请杀楚子,邓侯弗许。三甥曰:'亡邓国者,必此人也。若不早图,后君噬齐,其及图之乎。图之,此为时矣。'邓侯曰:'人将不食吾余。'对曰:'若不从三臣,抑社稷实不血食,而君焉取余。'弗从。还年,楚子伐邓。十六年,楚复伐邓,灭之。"杜预注:"若齧腹齐,喻不可及。"

热处先争炙手去,悔时其奈噬脐何。(唐·白居易《感兴二首》其二)

荠(薺)qí 另见226页jì。

逆荸～

萁qí 豆茎。

古上平,四支。逆芘～豆～龇～蕨～枯～棉～燃豆～芗～香～例椒兰卒清酌,簠簋彻香萁。(唐·陈叔达《州城西园入斋祠社》)种豆南山下,雨多落为萁。(唐·白居易《效陶潜体诗十六首》其四)物盛还衰,眼看春叶秋萁。(宋·辛弃疾《新荷叶·物盛还衰》)

典燃萁 喻指骨肉相残,也喻才思敏捷。《世说新语·文学》:魏文帝曹丕令弟曹植七步中成诗,不成者行大法,曹植应声即成一首,诗中有"萁在釜下燃,豆在釜中泣"语。

三年得谪非无乐,七步燃萁谩有吟。(宋·董嗣杲《豆花》)

蜞qí 蟛蜞,螃蟹的一种。

古上平,四支。逆雷～马～螃～彭～蟛～例一角未堪峨獬豸,二螯敢笑食蟛蜞。(宋·方回《有感三首》其三)虾蠃味已厚,况乃蟹与蜞。(宋·谢景初《粤俗》)破贼要如驱海鳄,忧民那得避仙蜞?(元·刘鹗《分司北道留别监宪五首》其四)

琪qí 玉。

古上平,四支。逆美～珣玗～玗～顺～草～殿～瑰～花～琚～树例因知昭明前,剖石呈清琪。(唐·陆龟蒙《袭美先辈以龟蒙所献五百言》)

骐(騏)qí

古上平,四支。逆白～弊～騄～牝～驷～素～秀～骃～游～顺～骥～骖～骝～騄～雄～骈

跂qí ①多出的脚趾。②形容虫子爬行。另见231页qì。

古上声,四纸。逆长～踶～踦～跂～蝭～蔚～延～顺～蠢～喙～蛲～跂～趋～蠕～涂～息～行例海棠枝上虫,斑绿状踶跂。(清·林旭《还家题斋壁》其一)根株走龙蛇,脉脉复跂跂。(清·赵曦明《绩溪道中》)

枝qí 指歧生。另见146页zhī。

古上平,四支。逆骈～顺～拇～蹄～指例红房争并萼,细叶竞骈枝。(宋·夏竦《宣赐翠芳亭双头并蒂牡丹仍令赋诗》)

琦qí 美玉。

古上平,四支。逆瑰～顺～辞～魁～赂～巧～玩～玮～行～珍例入妙文章本平澹,等闲言语变瑰琦。(宋·戴复古《读放翁先生剑南诗草》)

祺qí 吉祥。

古上平,四支。逆春～福～吉～秋～时～祯～撰～顺～福～然～祥例福善天应锡寿祺。人生七十古来稀。(宋·张抡《鹧鸪天·福善天应锡寿祺》)每岁秋分老人见,表皇家、袭庆迎祺。(宋·史浩《采莲·南邻幄丹宫》)

畦qí ①有埂隔围的一块块田地。②分畦栽种。③土地面积单位。另见212页xí、203页xī。

古上平,八齐。逆笔墨～公～荒～郊～垄～满～平～圃～桑～霜～町～野～畛～畤～顺～丁～封～沟～灌～径～棱～陇～陌～亩～畎～町～疃～畹～堰～苑～畛～畤例挂岩远势穿松岛,击石残声注稻畦。(唐·方干《东山瀑布》)百千家似围棋局,十二街如种菜畦。(唐·白居易《登观音台望(一作贤)城》)搏击路终迷,南园且灌畦。(唐·罗隐《南园题》)

典灌畦 见643页"灌园"。

金张好车马,于陵亲灌畦。(唐·元稹《青云驿》)

无町畦 比喻随心所欲,不受拘束。亦作"胸无町畦"。《庄子·人间世》:"彼且为无町畦,亦与之为无町畦。"唐·陆德明《经典释文》:"李(颐)云:'町畦,畔埒也。'"町畦本义为田界。

散人出入无町畦,朝游湖北暮淮西。(宋·苏轼《与子由同游寒溪西山》)

麒qí

古上平，四支。顺～麟～麟斗～麟儿～麟阁～麟画～麟客～麟手～麟楦～麟种～麟冢

祈qí　①求福。②请求。

古上平，五微。逆陈～诚～干～祈～商～庶～条～望～无支～享～央～伊～颙～雩～顺～报～祓～禬～寒～借～祈～请～禳～禠～望～喜～祥～向～祉～祝例义济亦吾道，诚存为物祈。（唐·张九龄《洪州西山祈雨是日辄应因赋诗言事》）此行迷处所，何以慰虔祈。（唐·孙逖《送新罗法师还国》）仙郎旧有黄金约，沥胆隳肝更祷祈。（唐·罗隐《冬暮寄裴郎中》）

衹qí　地神，也泛指神灵。参见159页zhǐ“只”。

古上平，四支。逆百～苍～登～后～皇～灵～明～柔～三～僧～神～颂～玄～阴～顺～洹～悔～林～树～陀～夜～园～苑例半壁龙蛇蟠造化，满筐山岳动神衹。（唐·罗隐《感别元帅尚父》）

耆qí　六十岁的人，也泛指老人、老年、长者。

古上平，四支。逆薄～衿～俊～老～年～绅～宿～同～乡～胥～养～英～元～顺～艾～长～齿～德～耋～耇～龟～旧～俊～老～羸～耄～民～名～庞～绅～寿～硕～叟～宿～童～贤～献～训～彦～颐～英～哲～指～壮例牛羊奔赤狄，部落散燕耆。（唐·陈陶《塞下曲》其二）不应鬓发能稀，七十寿强如六十耆。（宋·韩信同《沁园春·望紫云翁》）

芪qí

古《广韵》：平声，支韵。逆黄～

锜(錡)qí　①鼎。②钻具。

古上平，四支。又：上声，纸韵异。逆釜～兰～木～崎～甗～例乐哉侯之堂兮，高门桀兮兰锜。（宋·晁补之《乐哉侯之邦兮乐哉侯之堂兮》）

綦qí　①极，很。②鞋带。③履迹；脚印。

古上平，四支。逆步～缟～公～缕～履～南郭～五～棕～顺～弁～缟～公～会～迹～巾～连～履～卫～毋～溪～下～绣～辙～组例旧绿香行盖，新红洒步綦。（唐·孙逖《同和咏楼前海石榴二首》其二）坐捧迷前席，行吟忘结綦。（唐·元稹《酬翰林白学士代书一百韵》）

祁qí　盛大。

古上平，四支。逆郊～犁～黎～祁～无支～伊～顺～哀～寒～祈～山～僮例赓歌随羽籥，奕叶毂伊祁。（唐·贯休《寿春节进》）

蛴(蠐)qí

古上平，八齐。逆螬～蛩～蟦～蝤～顺～领～蛴

圻qí　方千里。

古上平，五微。逆邦～边～地～封～海～淮～兼～江～疆～郊～京～连～青～石～田～王～遐～顺～甸～郊～界～埒例寂历环沙浦，葱茏转石圻。（唐·宋之问《早入清远峡》）策马摇凉月，通宵出郊圻。（唐·李白《感时留别从兄徐王延年从弟延陵》）洪流荡北阯，崇岭郁南圻。（唐·韦应物《始至郡》）

俟qí　另见170页sì。

古《广韵》：平声，微韵。逆万～（复姓）

岐qí　①山名。②通“歧”，岔道；分岔，分歧。

古上平，四支。逆差～分～丰～两～临～路～鸣～岐～泣～他～轩～杨～枝～顺～出～跗～黄～径～峻～路～念～岖～趋～首～途～薛～嶷～辙例苒苒穷年籥，行行尽路岐。（唐·张九龄《南还以诗代书赠京师旧僚》）弭棹凌奔壑，低鞭蹑峻岐。（唐·王勃《泥溪》）田窦长留醉，苏辛曲护岐。（唐·杜牧《少年行二首》）

典**哭路岐**　见397页“穷途哭”。

自别丘中隐，频年哭路岐。（唐·马戴《幽上留别令狐侍郎》）

淇qí　①水名。②地名。

古上平，四支。顺～奥～洹～卫～溪～园例南星中大火，将子涉清淇。（唐·陈子昂《征东至淇门答宋十一参军之问》）

桤(榿)qí　木名。

古上平，四支。逆绿～松～庭～园～

颀(頎)qí　身长貌。

古上平，五微。逆丰～魁～颀～硕～顺～长～大～而～甫～峻～立～颀～然～省～硕～伟～皙～秀例东风吹梦去，一见貌颀颀。（宋·胡宏《忆伯氏三首》其一）

蕲(蘄)qí　①草名。②地名。③祈求。

古上平，四支。又：上平，十二文异。逆白～楚～马～懃～请～无～向～预～顺～艾～茝～笛～簟～求～向～竹

啼(*嗁)tí

古上平，八齐。逆蝉～含～嗥～号～娇～破～乌夜～衔～玉～猿～子规～顺～唱～号～痕～魂～明～鸣～泣～血～咽～眼～珠例风烟万里隔，朝夕几行啼。（唐·沈佺期《赦到不得归题江上石》）风飘落日去，节变流莺啼。（唐·李白《赠从弟冽》）霜黄碧梧白鹤栖，城上击柝复乌啼。（唐·杜甫《暮归》）

典**染竹啼**　见294页“苍梧泪”。

自解看花笑，憎闻染竹啼。（唐·杜易简《湘川新曲二首》其二）

题(題)tí　①额；物体的前端或顶端。②标签，标志；题写。③题目。④品评。

古上平，八齐。逆板～摽～尺～斥～榱～撮～额～粉～红叶～鸿～缄～留～骂～签～山～书～肖～须摩～璇～颜～玉～月～顺～笔～表～地～凤～拂～红叶～襟～品～破～签～染～塔～写～芽～叶～衣～舆～柱例别酒倾壶赠，行书掩泪题。（唐·李峤《送李邕》）绿醽乍熟堪聊酌，黄竹篇成好命题。（唐·窦庠《奉酬侍御家兄东洛闲居夜晴观雪之什》）

蹄(蹏)tí

古上平，八齐。逆白铜～碧～碧玉～涔～穿～放～奋～远～赫～蹇～踢～駬～连～轮～裹～筌～霜～忘～银～攒～凿～朱～顺～涔～毂～远～蹴～筌～书～尾～踵例始知阳春后，具物皆筌蹄。（唐·高适《和窦侍御登凉州七级浮图之作》）江月随人影，山花趁马蹄。（唐·张谓《送裴侍御归上都》）腕足徐行拜两膝，繁骄不进踏千蹄。（唐·张说《舞马千秋万岁乐府词三首》其二）

典**筌蹄**　指达到某种目的的手段，或反映事物的迹象。《庄子·外物》：“荃者所以在鱼，得鱼而忘荃；

蹄者所以在兔，得兔而忘蹄。言者所以在意，得意而忘言。吾安得夫忘言之人而与之言哉!”筌、蹄为古代捕鱼和捕兔的两种工具。这段话的意思是说语言、蹄、筌都是有形的迹象，道理与猎物才是目的。

道术君所笃，筌蹄余自忘。(唐·骆宾王《送宋五之问得凉字》)

提tí 另见196页dī、153页shí。

古上平，八齐。逆羼～秤～槌～榱～倒～掂～勾～钩～孩～胡卢～救～偏～菩～挈～摄～拓～顽～挟～携～言～一阐～婴～玉偏～招～顺～邦～抱～兵～地～掇～耳～封～拂～孩～衡～剑～奖～解～理～梁～炉～僈～命～骑～挈～摄～撕～瓮～握～象～掖～引～毓～月

荑tí 嫩芽。另见214页yí。

古上平，八齐。逆碧～春～丹～含～娇～枯～兰～绿～轻～柔～芜～顺～稗～枯～手例草色有佳意，花枝稍含荑。(唐·王维《座上走笔赠薛璩慕容损》)拂尘生嫩绿，披雪见柔荑。(唐·温庭筠《原隰柔绿柳》)

典**柔荑** 喻指女子的手。《诗经·卫风·硕人》:“手如柔荑，肤如凝脂。”

红绡撇水荡舟人，画桡掺掺柔荑白。(唐·李咸用《塘上行》)

稊tí 草名。木更生。

古上平，八齐。逆稗～枯杨～生～惜～顺～秕～米～田例道胜即为乐，何惭居稗稊。(唐·元稹《青云驿》)

绨(綈)tí 古代一种质地粗厚、平滑而有光泽的丝织品。

古上平，八齐。逆寒～锦～绿～文～线～弋～皂～缯～顺～几～袍～椠～纨～缃～绣～衣～缯～衮例丹霞烂成绮，景云轻若绨。(唐·元稹《青云驿》)

鹈(鵜)tí

古上平，八齐。逆濡～维～鹏～顺～鹕～鸩～梁～翼例健笔凌鹦鹉，铦锋莹鹏鹈。(唐·杜甫《奉赠太常张卿二十韵》)池塘潜狎不鸣雁，津梁暗引无用鹈。(唐·元稹《有鸟二十章》其五)

醍tí 醍醐:从牛乳中提炼出的精华。

古《广韵》:平声，齐韵。逆掇～齐～粢～顺～醐～乳

缇(緹)tí 黄赤色。

古上平，八齐。又:上声，八荠同。逆赤～青～例囊中大字愿一献，丹书什袭藏青缇。(宋·项安世《上安抚高大卿五十韵》)

鶗tí

古《集韵》:平声，齐韵。顺～鴂～鴃

畦xí 旧读。另见210页qí、203页xī。

宜yí

古上平，四支。逆阿～从～地～乖～合～和～机～几～来～纳～偏～权～失～实～随～天～土～厌～遗～异～允～珍～指～制～治～顺～便～称～当～僚～禄～民～男～然～若～室～适～笑～修～愿～子例思深秋欲近，声静夜相宜。(唐·张九龄《和崔黄门寓直夜听蝉之作》)山将落日去，水与晴空宜。(唐·李白《秋日鲁郡尧祠亭上宴别杜补阙范侍御》)出入虽同趣，所向各有宜。(唐·储光羲《同王十三维偶然作十首》其二)

仪(儀)yí

古上平，四支。逆璧～标～宾～宸～丑～二～方～菲～丰～凤来～光～轨～汉～衡～鸿～徽～九～坤～阃～立～令～拟～訾～乾～穹～三～韶～束～四～太～土～仙～献～曜～仪～彝～肄～音～由～游～辅～羽～玉～瞻～展～姿～顺～比～操～的～范～干～观～轨～衡～极～检～景～举～康～令～漏～律～辔～品～秦～禽～容～舌～式～数～天～同～图～望～文～相～象～刑～形～型～仪～宇～羽～则～章～质～躅～缀～准例君王既行幸，法子复来仪。(唐·储光羲《送恂上人还吴》)已传尧雨露，更说汉威仪。(唐·皇甫曾《送汤中丞和蕃》)淡淡梳妆薄薄衣。天仙模样好容仪。(宋·晏殊《浣溪沙·淡淡梳妆薄薄衣》)

疑yí

古上平，四支。逆弼～参～持～厝～怠～恫～断～愕～烦～浮～乖～诡～骇～滑～惶～恍～回～稽～交～惊～躅～睽～剖～歉～祛～权～缺～然～沈～思～危～析～献～蓄～谳～意～冘～幽～犹～游～置～驻～阻～顺～碍～抱～备～蔽～冰～怖～殆～德～端～防～忿～否～府～阂～互～怀～讳～晦～疾～忌～间～沮～乱～昧～闷～磨～阙～蛇～玩～行～玄～讶～谳～摇～谊～玉～志例欲访桃源入溪路，忽闻鸡犬使人疑。(唐·王昌龄《武陵开元观黄炼师院三首》其一)斗酒强然诺，寸心终自疑。(唐·李白《古风》其五十九)

典**鸱鸮疑** 指以小人之心，度君子之腹。《庄子·秋水》:“惠子相梁，庄子往见之。或谓惠子曰:‘庄子来，欲代子相。’于是惠子恐，搜于国中三日三夜。庄子往见之，曰:‘南方有鸟，其名鹓雏，子知之乎?夫鹓雏，发于南海而飞于北海，非梧桐不止，非练实不食，非醴泉不饮。于是鸱得腐鼠，鹓雏过之，仰而视之曰:吓!今子欲以子之梁国而吓我邪?’”

野田鸱鸮鸟，相妒复相疑。(唐·戴叔伦《孤鸿篇》)

投杼疑 指谣言惑人、遭谤蒙冤。亦作“谗言三及”。《战国策·秦策二》载，曾子处费地时，有同名者杀人，先后两人来告曾母，曾母俱织布自若。到第三人前来，曾母始惧，投杼逾墙而走。

虚言误公子，投杼惑慈亲。(唐·李白《系寻阳上崔相涣三首》其二)

移yí

古上平，四支。逆除～夺～翻～风～感～归～回～屏～启～起～弃～倾～悛～腾～委～痞～檄～乡～眩～淹～猗～倚～踊～右～渝～愚～辗～重～顺～岸～跸～表～辰～持～厨～鼎～夺～掇～恶～恩～根～晷～国～候～化～画～祸～疾～漏～律～贸～倾～顷～人～日～山～莳～授～书～朔～天～推～文～锡～檄～心～影～玉～御～岳～仗～筝～志～樽例海虹晴始见，河柳润初移。(唐·孟浩然《东陂遇雨率尔贻谢南池》)水闲明镜转，云绕画屏移。(唐·李白《与贾至舍人于龙兴寺剪落梧桐枝

望灉湖》)

典金狄移 金狄即铜人,代指改朝换代。《三辅黄图》卷三《建章宫·神明台》:"《庙记》曰:'神明台,武帝造,祭仙人处,上有承露盘,有铜仙人,舒掌捧铜盘玉杯,以承云表之露,以露和玉屑服之,以求仙道。"《三国志·魏书·明帝纪》裴松之注引《魏略》:"是岁,徒长安诸钟簴、铜人、承露盘。盘折,铜人重不可致,留于霸城。"

金狄移灞岸,铜盘向洛阳。(唐·王绩《过汉故城》)

愚叟移 见171页"移山志"。

虚中始讶巨灵擘,陡处乍惊愚叟移。(唐·林滋《望九华山》)

颐(頤)yí ①下巴;腮。②保养。

古上平,四支。逆葆～持～冲～朵～粉～丰～观～洪～伙～交～解～噤～开～期～歧～耆～钦～脱～颇～养～颐～隐～支～揞～拄～自～顺～爱～道～朵～辅～光～颔～和～解～老～灵～令～年～气～然～啬～身～生～使～视～脱～卫～贤～养～靥～颐～意～育～真～指～志例深居观元化,悱然争朵颐。(唐·陈子昂《感遇诗三十八首》其十)澹然望远空,如意方支颐。(唐·王维《赠裴十迪》)讼息但长啸,宾来或解颐。(唐·李白《赠徐安宜》)

典朵颐 形容鼓动腮颊嚼东西的样子。古人以观人之朵颐比喻羡慕人家的富贵。《周易·颐卦》:"初九,舍尔灵龟,观我朵颐,凶。"孔颖达疏:"朵颐谓朵动之颐以嚼物,喻贪婪以求食也。""朵是动义,如手之捉物谓之朵也。今动其颐,故知嚼也。"

相逢借问空长叹,便舍灵龟看朵颐。(宋·苏辙《戏次前韵寄王巩二首》其一)

解颐 指妙语惊人或开颜欢笑。亦作"解人颐"。《汉书·匡衡传》:"匡衡字稚圭,东海承人也。父世农夫,至衡好学,家贫,庸作以供资用,尤精力过绝人。诸儒为之语曰:'无说《诗》,匡鼎来;匡说《诗》,解人颐。'"

此日空搔首,何人共解颐。(唐·白居易《代书诗一百韵寄微之》)

夷yí ①平坦。②夷狄。

古上平,四支。逆瘢～秉～不～残～鸥～冲～侉～僬～丑～创～等～调～蹲～非～匪～封～冯～广～华～恢～嘉～简～居～戡～旷～朗～凌～陵～六～隆～陆～沦～民～明～虔～戕～攘～扫～山～删～芟～收～说～腾～替～恬～殄～屯～威～逶～遐～险～崄～枭～虚～衍～冶～犹～贞～烝～顺～拔～白～陂～表～残～畅～瘳～粹～达～淡～澹～荡～德～等～蹲～氛～荆～覆～庚～诟～固～关～荒～豁～迹～简～届～居～踞～考～旷～廓～隆～陆～戮～伦～漫～门～靡～灭～泯～平～破～禽～然～任～弱～芟～伤～世～视～俟～泰～殄～庭～夏～险～雅～延～晏～怿～易～逸～由～愉～与～陨～阻例圣人教犹在,世运久陵夷。(唐·陈子昂《感遇诗三十八首》其二十)君王纵疏散,云壑借巢夷。(唐·李白《江西送友人之罗浮》)雅量涵高远,清襟照等夷。(唐·杜甫《移居公安敬赠卫大郎钧》)

典伯夷 指隐士。《史记·伯夷列传》载,孤竹君之二子伯夷、叔齐,逃王位。闻西伯昌善养老,往归焉,"及至,西伯卒,武王……东伐纣。伯夷、叔齐叩马而谏曰:'父死不葬,爰及干戈,可谓孝乎?以臣弑君,可谓仁乎?'……武王已平殷乱,天下宗周,而伯夷、叔齐耻之,义不食周粟,隐于首阳山,采薇而食之。……遂饿死于首阳山。"

伯夷在首阳,欲往无轻舟。(唐·岑参《东归晚次潼关怀古》)

巢夷 指隐居高人。见209页"巢父""夷齐"。

诸君推管乐,之子慕巢夷。(唐·陈子昂《同宋参军之问梦赵六赠卢陈二子之作》)

遗(遺)yí 另见303页wèi。

古上平,四支。逆孤～忽～孑～旷～阑～留～靡～埤～阙～拾～史～疏～搜～脱～遐～销～佚～逸～斁～慭～周～珠～坠～祖～顺～哀～碍～杯～炳～尘～舛～觌～典～蠹～端～范～芬～工～功～光～轨～己～纪～焦～噍～孑～芥～景～熠～慨～旷～黎～罹～履～缅～泯～年～泣～愆～欠～巧～庆～筌～人～仁～润～生～视～螯～寿～授～爽～棠～土～蜕～外～亡～望～闻～躧～笑～馨～秀～绚～妍～义～懿～英～影～远～韵～兆～照～辙～珠～躅～转～镞例雪花凝始散,木叶脱无遗。(唐·马戴《同州冬日陪吴常侍闲宴》)子为门下生,终始岂见遗。(唐·韦应物《送冯著受李广州署为录事》)暂游还忆崔先辈,欲醉先邀李拾遗。(唐·白居易《自城东至以诗代书戏招李六拾遗崔二十六先辈》)

典野无遗 指人才没有被弃置山野的清明之治。《尚书·虞书·大禹谟》:"帝曰:'俞,允若兹。嘉言罔攸伏,野无遗贤,万邦咸宁。'"

登庸趋俊乂,厕用野无遗。(唐·唐彦谦《留别四首》其三)

姨yí

古上平,四支。逆阿梨～风～封～封家～师～十八～邢～顺～表～弟～夫钱～父～姐～妈～妹～母～兄例妒妇滩头十八姨。顾狂无赖占佳期。(宋·张孝祥《浣溪沙·妒妇滩头十八姨》)

怡yí

古上平,四支。逆安～不～愕～和～清～情～融～色～神～陶～熙～嬉～心～欣～养～怡～愉～悦～贞～自～顺～畅～荡～和～魂～乐～目～穆～宁～情～然～人～色～神～声～心～颜～养～怡～怿～愉～悆～裕～豫～悦例薄劣惭真隐,幽偏得自怡。(唐·杜甫《独酌》)万类春皆乐,徂颜独不怡。(唐·张说《寄许八》)呼宝鼎,伴渠伊。堂萱喜色正融怡。(宋·郭应祥《鹧鸪天·人道今年秋较迟》)

饴(飴)yí ①用米、麦芽熬制的糖。②甜。

古上平,四支。逆甘～含～蜜～黍～饧～顺～饵～浆～津～露～蜜～散～饧～糖～盐例谁谓荼檗苦,荼檗甘如饴。(唐·白居易《和微之诗二十三首·和晨兴因报问龟儿》)归来煮豹胎,餍饫不能饴。(唐·杜牧《杜秋娘诗》)多罪静思如剉蘖,赦书才听似含饴。(唐·徐铉《和萧郎

中午日见寄》)

贻(貽)yí ①赠送。②遗留。

🅖上平,四支。🅝宠~惠~见~馈~赠~🅢~爱~谤~尘~垂~玷~范~风~鉴~咎~厥~累~厉~戾~谋~念~戚~弃~訾~清~姗~孙~统~饷~休~训~燕~则~泽~责~赠🅛吾徒禄未厚,筲斗愧相贻。(唐·沈佺期《伤王学士》)屈原沉湘流,厥戚咸自贻。(唐·吴筠《览古十四首》其五)

诒(詒)yí 赠言。

🅖上平,四支。🅝德~归~馈~欺~误~诶~相~训~燕~🅢~风~怪~后~讥~戒~厥~罹~谋~诮~书~误~言~燕~翼~音🅛利用经戎莽,英图叶圣诒。(唐·胡皓《奉和圣制送张尚书巡边》)

彝(*彛)yí ①古代青铜器的总称。②常规,常法。③彝族。

🅖上平,四支。🅝邦~秉~典~鼎~非~棐~国~皇~简~~居~六~伦~蛮~民~清~人~天~外~股~钟~尊~🅢~典~鼎~法~格~轨~簋~化~鉴~教~经~酒~醪~乐~理~量~伦~命~品~式~数~险~宪~飨~序~训~言~仪~义~议~犹~则~章~制~踵~准~俎🅛明德有自来,奕世皆秉彝。(唐·张九龄《骊山下逍遥公旧居游集》)复进出矛戟,昭然开鼎彝。(唐·杜甫《赠崔十三评事公辅》)可怜贞观太平后,天且不留封德彝。(唐·杜牧《过魏文贞公宅》)

胰yí

🅖《广韵》:平声,脂韵。🅝滑~香~皂~🅢~皂~子

痍yí 创伤。

🅖上平,四支。🅝瘢~疮~创~金~民~衄~伤~疡~🅢~毁~叛~伤~痏🅛愿闻哀痛诏,端拱问疮痍。(唐·杜甫《有感五首》)瘦僧卧冰凌,嘲咏含金痍。(唐·孟郊《戏赠无本》)

荑yí 刈割。另见 212 页 tí。

🅖上平,八齐。🅝留~芟~薙~🅛倚岩听绪风,攀林结留荑。(南朝宋·颜延之《和谢监灵运》)

蛇yí 另见 77 页 shé。

🅖上平,四支。🅝蛇~逶~委~遗~🅢~蛇~委🅛林深云挂搭,石乱路委蛇。(宋·许源《和题落笔峒》)

施yí 斜,斜行。另见 234 页 yì、143 页 shī。

🅖《集韵》:平声,支韵。🅝施~🅢~行

圯yí 桥。

🅖上平,四支。🅝下邳~🅢~桥书~上~下

洟yí 鼻涕;流鼻涕;擤鼻涕。

🅖上平,四支。🅝鼻~漫~泗~涕~唾~🅛眷然顾幽褐,白云空涕洟。(唐·陈子昂《感遇诗三十八首》其三三)

咦yí 惊讶声词。

🅖《广韵》:平声,脂韵。

迤(迆)yí 另见 220 页 yǐ。

🅖上平,四支。🅝逶~委~🅛怜君不得意,川谷自逶迤。(唐·刘长卿《初贬南巴至鄱阳题李嘉祐江亭》)

眙yí 另见 162 页 chì。

🅖《广韵》:平声,之韵。🅝盱~🅛车徐行,马后驰,天寒游子来盱眙。(宋·刘过《盱眙行》)

沂yí ①水名。②地名。

🅖上平,五微。🅝海~汉~清~泗~浴~🅢~曲~沭~咏~志🅛岧峣临渤澥,隐嶙控河沂。(唐·李义府《在巂州遥叙封禅》)春水经梁宋,晴山入海沂。(唐·孙逖《送李给事归徐州觐省》)人表何时,谁生过鲁,愿企高风慕浴沂。(宋·王奕《沁园春·八十日官》)

🅓**浴沂** 比喻高尚的情操。见 436 页"风乎舞雩"。

独有浴沂遗想在,使人终日此徘徊。(宋·林逋《溪上春日》)

簃yí 楼边小屋。

🅖上平,四支。🅝晴~🅢~台

巇yí

🅖上平,四支。🅝鵔~鵕~🅢~冠~鵕冠🅛已夸绝域来苻拔,更著新冠饰鵔巇。(清·王沄《春兴》其三)

匜yí 古代一种盛水、酒的器具,形似大调羹而另有柄。

🅖上平,四支。又:上声,四纸同。🅝奉~盥~靡~盘~槃~瓦~洗~🅢~水🅛我独贺乃翁,有妇能奉匜。(宋·晁公溯《妻侄师如石同妇见过》)

扅yí 扊扅:门闩。

🅖上平,四支。🅝扊~🅛轻若脱钳釱,豁如抽扊扅。(唐·陆龟蒙《袭美先辈以龟蒙所献五百言》)

嶷yí 山名。另见 250 页 nì。

🅖上平,四支。🅝九~🅛晓来秋气凝清露,似学湘妃怨九嶷。(宋·寇准《采莲子》)

仄声·上声

比bǐ 另见 209 页 pí、218 页 pǐ、222 页 bì。

🅖上声,四纸。🅝般~俦~雠~逢~附~贯~厘~流~伦~论~匹~骈~神~双~亡~犀~象~校~严~雁~仪~🅢~俦~雠~德~儿~仿~讽~傅~辑~假~勘~伉~伦~偶~耦~善~疏~似~武~象~义~意~音~余~玉~竹~属~缀

彼bǐ

🅖上声,四纸。🅝憬~如~僧伽~挹~在~知~🅢~岸~苍~各~其~人~时~我~中🅛若人不世生,悠悠多如彼。(唐·张九龄《咏史》)既无左达承,何劳罔谈彼。(唐·封抱一《歇后》)自净方能净彼。我自汗流呀气。(宋·苏轼《如梦令·自净方能净彼》)

🅓**息壤在彼** 指要信守誓约。《战国策·秦策二》载,武王与甘茂盟于息壤,攻宜阳五月不能拔。有人向武王谗甘茂,王召甘茂以告。甘茂对曰:"息壤在彼!"后双方悉起兵,遂拔宜阳。

息壤犹在彼,生计转落拓。(清·江之纪《自九江抵南昌途中杂感》其一)

鄙bǐ

🅖上声,四纸。🅝暗~八~边~草~蚩~嗤~都~烦~非~戆~郊~近~硁~狂~昧~蒙~能~僻~朴~訾~浅~轻~仁~善~四~贪~微~嚣~虚~妍~炎~鼻~厌~野~庸~远~🅢~闇~背~悖~蔽~薄~斥~悰~促~诞~黩~固~悍~家~俭~疆~近~

滥～老～累～俚～戾～吝～旅～慢～昧～靡～谬～讷～佞～迫～朴～器～浅～冗～弱～塞～色～骙～琐～慝～土～误～细～笑～媟～心～言～夭～野～异～易～迂～杂～躁～争～直～质～滞～拙～詘例得意苟为乐，野田安足鄙。（唐·王维《偶然作六首》其二）熊武走蛮落，潇湘来奥鄙。（唐·刘禹锡《韩十八侍御见示岳阳楼别窦司直诗》）

典**肉食者鄙** 指身居高位、俸禄丰厚的人往往目光短浅，见识鄙陋。《左传·庄公十年》："曹刿请见。其乡人曰：'肉食者谋之，又何间焉？'刿曰：'肉食者鄙，未能远谋。'" 吾侪藜藿人，敢云肉食鄙。（明·李流芳《出都》）

妣bǐ 亡母。

古上声，四纸。逆皇～考～先～贤～显～祖～顺～考～祖例穆穆显妣，德音徽止。（汉·王粲《思亲诗》）

秕（*粃）bǐ 空粒。

古上声，四纸。逆稗～簸～尘～谷～糠～稂～隆～米～稊～顺～稗～敝～蠹～谷～秽～减～糠～稂～僻～政～子例流堪洒菁英，风足去稗秕。（唐·陆龟蒙《杂讽九首》其五）豪门腐粱肉，穷巷思糠秕。（唐·黄滔《秋夕贫居》）

匕bǐ

古上声，四纸。逆鬯～匙～刀～饭～方寸～角～失～食～疏～桃～錐～顺～筴～鬯～爨～箸例其长一周尺，其阔一药匕。（唐·卢仝《哭玉碑子》）封灶养黄金，许割方寸匕。（唐·卢仝《寄赠含曦上人》）

抵dǐ ①推，排挤。②触犯。③阻挡；否认。④到达。⑤抵偿。⑥抵消。

古上声，八荠。逆撑～触～弹～过～觳～角～历～排～群～头～隐～顺～背～对～塄～遏～犯～扞～诃～阂～讳～极～掎～假～角～禁～局～拒～谰～冒～排～欺～视～手～宿～突～牾～戏～言～止～滞～足例胡为漂泊岷汉间，干谒王侯颇历抵。（唐·杜甫《狄明府》）万事尽由天倒断，三才自有人撑抵。（宋·吴潜《满江红·举世悠悠》）

底dǐ

古上声，八荠。逆凡～个～怪～何～后～胡～湫～尽～潜～托～宣～壅～缘～滞～作～顺～处～遏～伏～公～极～节～居～里～厉～丽～末～弃～须～许～止～滞～属～着例比看叔伯四十人，有才无命百寮底。（唐·杜甫《狄明府》）白兔落天西，赤鸦飞海底。（唐·聂夷中《住京寄同志》）

砥dǐ

古上声，四纸。逆川～刻～砺～砻～平～如～顺～兵～才～操～淬～德～钝～厄～绩～奖～节～京～课～砺～炼～名～平～刃～尚～石～矢～世～室～束～途～行～原～直～壗～属例素光淡无际，绿静平如砥。（唐·刘禹锡《韩十八侍御见示岳阳楼别窦司直诗》）安得六丁移此石，去横身、作个中流砥。（宋·黎廷瑞《贺新郎·帆影斜阳里》）

诋（詆）dǐ

古上声，八荠。又：上平，八齐同。逆谗～嗤～丑～疵～弹～非～诽～诟～诃～毁～讥～极～镌～陵～排～巧～峭～切～伤～肆～痛～诬～攒～訾～顺～案～悖～辩～薄～叱～疵～挫～弹～诽～攻～诟～诃～劾～讥～击～讦～诘～谰～詈～嫚～冒～排～娸～欺～諆～谯～切～让～讪～时～讼～突～謿～诬～忤～戏～议～异～抑～谮～直～擿～訾～罪例汝门请从曾翁说，太后当朝多巧诋。（唐·杜甫《狄明府》）

柢dǐ

古上声，八荠。又：去声，八霁同。逆本～根～结～宁～须～株～顺～桓～噬～梧～蕴～罪例忆昔李公存，词林有根柢。（唐·杜甫《八哀诗·赠秘书监江夏李公邕》）

牴（觝）dǐ 牴触。

古上声，八荠。逆触～蹈～角～相～顺～触～犄～牾

邸dǐ

古上声，八荠。逆廛～鄽～储～凤～府～国～祸～甲～禁～京～客～梁～留～龙～垆～旅～内～潜～上～王～象～燕～玉～寓～月～毡～朱～顺～报～抄～第～店～阁～观～馆～旅～舍～射～寺～肆～所～音～寓～园～院～宅例诏刊延阁书，高议平津邸。（唐·王维《别綦毋潜》）只履携归消许急，日暮行人问邸。（宋·刘克庄《念奴娇·输云世故》）芏为行客，死乃归人，世同驿邸。（宋·吴礼之《瑞鹤仙·风传秋信至》）

坻dǐ 侧坡。另见151页chí。

古上声，八荠。顺～隤

己jǐ

古上声，四纸。逆持～辍～得～反～奉～抚～恭～躬～拱～顾～后～洁～矜～居～刻～律～率～契～切～屈～身～审～省～适～恕～体～诬～絜～行～修～虚～喧～徇～扬～养～遗～营～约～责～正～直～终～专～足～顺～方～见～任～私～知例今尔归汉东，明珠报知己。（唐·沈佺期《送乔随州侃》）想升沈有命，去来非己。（宋·晁元礼《满江红·五两风轻》）

几（幾）jǐ 另见198页jī。

古上声，五尾。逆凡～己～未～无～有～余～曾～顺～几～见～经～所～许～曾例贪夫患得失，违者今无几。（宋·章甫《秋雨未已客怀不佳夜诵少陵遗兴诗》）

挤（擠）jǐ

古上平，八齐。又：去声，八霁同。逆挨～捱～搀～谗～颠～挤～密～倾～推～涌～攒～顺～摧～夺～构～害～壑～挤～排～抑～匝～趱～臧～轧例重云痰小疾，良药固易挤。（唐·元稹《感梦》）

济（濟）jǐ 众多貌。另见225页jì。

古上声，八荠。逆济～顺～济～然～如例西京蔼蔼，东都济济。（南朝宋·谢朓《侍宴华光殿曲水奉敕为皇太子作诗》其五）

掎jǐ ①牵引；拉住。②牵制。③抓住、指摘（他人过失）。

古上声，四纸。又：去声，四寘同。逆抵～扶～交～角～劫～牵～虚～顺～拔～掣～夺～扢～汩～龁～角～鹿～挈～遮～跖～摭～止～擿例大科异等固其常，文章道德相角掎。（宋·曾丰《谢新淦令徐信甫至

赣相过》)

虮(蟣)jǐ 虱子的卵。

【古】上声，五尾。【逆】虱～水～素～蛭～【顺】～肝～虱～虱臣～衣～子【例】战场胄，藏群虮。(宋·蒋捷《满江红·一掬乡心》)

麂jǐ

【古】上声，四纸。【逆】黄～山～【顺】～鹿～靴～子【例】瞥见水色浑，篱头过山麂。(宋·董嗣杲《游冷翠谷》)

庋(庪)jǐ 又读。另见277页guǐ。

里[1] lǐ ①古代户籍管理的一级组织。②人所居住的地方；家乡，故乡。③长度单位。

【古】上声，四纸。【逆】比～廛～鄘～党～帝～都～阁～凤～高～贵～蒿～衡～阛～疆～街～井～居～爵～珂～闾～农～贫～戚～绮～穷～丘～阙～桑～市～笋～田～下～仙～墟～野～迤～遗～邑～姻～宅～枳～梓～【顺】～鄘～党～第～端～耳～妇～闬～闳～旧～居～邻～街～闾～旅～落～陌～弄～戚～耆～曲～人～仁～儒～舍～室～俗～谈～巷～言～阎～谣～阓～域～中

里[2](裏、裡)lǐ ①衣服的里子。②里边；内部。

【古】上声，四纸。又：去声，四寘同。【逆】底～官～近～禁～镜～客～毛～泉～拓～雾～闲深～向～【顺】～列～向～许～言～谒【例】人行明镜中，鸟度屏风里。(唐·李白《清溪行》)

【典】**下里** 喻指只能为普通人欣赏的俗曲或诗歌，也借以喻指粗劣的文学作品。宋玉《对楚王问》：“客有歌于郢中者，其始曰《下里巴人》，国中属而和者数千人。”李周翰注：“《下里巴人》，下曲名也。”又，同书卷一七晋·陆机《文赋》：“缀《下里》于《白雪》，吾亦济夫所伟。”李善注：“言以此庸音而偶彼嘉句，譬以《下里》鄙曲缀于《白雪》之高唱，吾虽知美恶之不伦，然且以益夫所伟也。”

名歌非下里。含笑作上声。(南北朝·萧衍《上声歌》)

理lǐ

【古】上声，四纸。【逆】才～唱～乘～锄～膝～皴～存～说～端～饿～肤～傅～覆～该～害～和～化～环～积～缉～辑～纪～济～疆～匠～斛～躅～绝～窾～厘～栗～撩～漏～曼～名～木～腻～破～齐～茸～窍～区～人～入～饰～束～爽～睡～绥～邃～体～统～剸～微～纤～襄～燮～行～玄～遗～彝～诣～谊～殷～玉～元～缘～源～运～宰～赞～造～贞～振～栉～周～甃～烛～转～【顺】～本～比～辨～鬓～策～察～定～督～功～构～化～怀～极～济～鉴～结～具～剧～考～窟～民～名～平～遗～趣～人～色～尚～识～势～庶～水～诵～索～王～物～心～行～恤～雪～要～业～义～弋～绎～诣～意～音～咏～喻～运～棹～折～直～致～妆【例】引领望子卿，非君谁相理。(唐·王维《李陵咏》)孰能同一酌，陶然冥斯理。(唐·韦应物《九日沣上作寄崔主簿倬二李端系》)今年歇尽去年枝。莫是春光厮料理。(宋·黄庭坚《定风波·准拟阶前摘荔枝》)

【典】**须人料理** 见414页“西山笏”。

北夏门高从拉攞，何事须人料理。(宋·辛弃疾《贺新郎·鸟倦飞还矣》)

礼(禮)lǐ

【古】上声，八荠。【逆】邦～悖～泊～齿～德～登～敌～订～渎～黩～敦～夺～烦～复～公～过～和～荷～加～嘉～简～荐～践～赆～九～具～钧～抗～旷～馈～阔～六～隆～率～冒～纳～平～亲～情～屈～缛～杀～申～审～慎～牲～眚～士～书～颂～慝～通～威～文～问～五～细～乡～相～享～虚～叙～轩～遥～优～逾～远～约～瞻～展～招～正～执～植～治～贽～中～重～资～【顺】～爱～辟～陈～赐～待～典～度～范～防～分～奉～化～际～教～接～禁～敬～贶～律～门～命～请～容～赏～施～事～鼠～顺～俗～体～文～贤～献～飨～新～信～序～训～谒～遗～异～谊～意～用～章～正～至～志～治～贽～中～重【例】适意偶轻人，虚心削繁礼。(唐·王维《别綦毋潜》)厥俗多豪侈，古来难致礼。(唐·钱起《送李大夫赴广州》)

李lǐ

【古】上声，四纸。【逆】奥～报～碧～避～擘～车下～道傍～瓜～黄中～积～木～秾～缥～商～鼠～桃～行～玉～栯～御～【顺】～法～老～叟～桃～下～仙～益疾～膺门【例】郁郁寡开颜，默默独行李。(唐·王昌龄《赠宇文中丞》)愿君学长松，慎勿作桃李。(唐·李白《赠韦侍御黄裳二首》其一)眼大心雄知所以，莫忘作歌人姓李。(唐·李贺《唐儿歌》)

【典】**桃李** 比喻培养的学生或举荐的人才。亦作“树桃李”。《韩诗外传》卷七：载子质获罪，去而北游，对简主说自己以前培养推荐的人都与我为恶，“从今已后，吾不复树德于人矣。”简主曰：“噫！子之言过矣。夫春树桃李，夏得阴其下，秋得食其实。春树蒺藜，夏不可采其叶，秋得其刺焉。由此观之，在所树也。今子所树，非其人也。故君子先择而后种也。诗曰：‘无将大车，惟尘冥冥。’”

不栽桃李树，何日得成阴。(唐·张谓《寄李侍御》)

成蹊桃李 见本页“无言桃李”。

桃李成蹊春未到，江山如画国多才。(宋·李洪《共乐台》)

道边苦李 喻指才拙，也指不被人赏识。亦作“苦李”。《世说新语·雅量》：“王戎七岁，尝与诸小儿游。看道边李树多子折枝，诸儿竞走取之，唯戎不动。人问之，答曰：‘树在道边而多子，此必苦李。’取之，信然。”

嗟倦客，道傍李；看人事，槐根蚁。(宋·袁去华《满江红·社雨衬晴》)

投桃报李 比喻互相赠答。亦作“投桃之报”。《诗经·大雅·抑》：“投我以桃，报之以李。”

投桃报李吾何敢，且结三生未了缘。(清·慧霖《答和李晴川宗伯见赠原韵》)

无言桃李 喻指人或花的美好品格。《史记·李将军传赞》：“余睹李将军悛悛如鄙人，口不能道辞。及死之日，天下知与不知，皆为尽哀。彼其忠实心诚信于士大夫也？谚曰‘桃李不言，下自成蹊’。此言

虽小，可以谕大也。”司马贞索隐：“姚氏云‘桃李本不能言，但以华实感物，故人不期而往，其下自成蹊径也。以喻（李）广虽不能出辞，能有所感，而忠心信物故也’。”

自是无言桃李晚，莫嗔榆柳更萌芽。（宋·黄庭坚《次韵元礼春怀十首》其五）

俚 lǐ

古上声，四纸。逆鄙～村～凡～陋～蛮～浅～市～俗～哇～无～芜～下～乡～野～质～顺～鄙～辞～恶～耳～妇～歌～近～率～民～浅～曲～儒～室～说～俗～谈～巷～亵～言～谚～谣～野～医～语～窳例凄凄声中情，慊慊增下俚。（南朝宋·鲍照《代门有车马客行》）钩深出该洽，砭疾伐鄙俚。（宋·方回《十月十九日小酌分韵得里字》）

鲤（鯉）lǐ

古上声，四纸。逆冰～尺～赤～驾～江～角～控～烹～剖～双～素～文～遗～跃～赠～顺～对～鲂～趋～书～素～庭例贵得不贵名，敢论鲂与鲤。（唐·陆龟蒙《渔具诗·罩》）绿杨风喘客帆迟。肠断江南双鲤。（宋·王之道《西江月·春色荒荒别浦》）

典**素鲤**　见337页“尺素书”。

素鲤频传，蕉心微展，双蕊明红烛。（宋·吕渭老《念奴娇·暮云收尽》）

双鲤　代指书信。亦作“鲤鱼”“双鱼”“烹鲤”“南来鲤”。《古乐府·饮马长城窟行》：“客从远方来，遗我双鲤鱼。呼儿烹鲤鱼，中有尺素书。”

嵩云秦树久离居，双鲤迢迢一纸书。（唐·李商隐《寄令狐郎中》）

剖冰求鲤　比喻至孝。亦作“卧冰求鲤”“王祥卧冰”“楚僚卧冰”。晋·干宝《搜神记》卷一一：“（王祥）母常欲生鱼，时天寒冰冻，祥解衣，将剖冰求之，冰忽自解，双鲤跃出。”

不用剖冰求鲤鱼，四时甘旨登牢蔬。（明·梁兰《刘氏孝友堂》）

逦（邐）lǐ

古上声，四纸。逆逶～迤～顺～递～连～逶～迤～倚例松门入幽映，石径趋迤逦。（唐·钱起《雨中望海上怀郁林观中道侣》）

醴 lǐ　甜酒。

古上声，八荠。逆采～沉～春～醇～辞～丹～稻～冻～湩～芳～覆～甘～冠～卉～嘉～醮～金～酒～菊～牢～醪～六～蜜～清～醹～设～牲～黍～天～饩～飧～玄～肴～酏～玉～鸩～旨～置～酌～顺～杯～辞～酒～醪～酪～齐～泉～洒～液～盏例新年动、定拥新祺，有孙来捧醪醴。（宋·程大昌《万年欢·岁岁梅花》）山乳涓涓甘似醴。怀金嗜宝随人意。（宋·洪适《番禺调笑·句队羊仙南土》）纷纷儿女拜翁前，劝犀尊金醴。（宋·赵鼎《贺圣朝·花光烛影春容媚》）

典**设醴**　指礼敬宾客。亦作“辞醴”“置醴”。《汉书·楚元王传》：“元王既至楚，以穆生、白生、申公为中大夫。”“初，元王敬礼申公等，穆生不嗜酒，元王每置酒，常为穆生设醴。及王戊即位，常设，后忘设焉。穆生退曰：‘可以逝矣！醴酒不设，王之意怠，不去，楚人将钳我于市。’”

暂忘设醴抽身去，未曾得米弃官归。（宋·辛弃疾《水龙吟·吾衰矣》）

蠡 lǐ　人名或地名。另见206页lí。

古上声，八荠。逆范～彭～越～种～顺～城～渎～湖～浦～荠～园～种例十里涨春波，一棹归来，只做个、五湖范蠡。（宋·辛弃疾《洞仙歌·婆娑欲舞》）

澧 lǐ

古上声，八荠。逆澧～顺～澧～沛～泉～源

娌 lǐ

古上声，四纸。逆妯～例夜绩与晨炊，同心有妯娌。（清·刘文嘉《村居杂兴》）

米 mǐ

古上声，八荠。逆柴～炊～粉～负～菰～苽～火～赍～聚～口～六～囊～彭泽～樵～圣～释～稊～盐～珠～顺～秕～糊～泔～谷～麦～粟～雪～盐例点检柴桑无剩粟，未肯低头为米。（宋·吴编修《贺新凉·出处男儿事》）归期早，谁似季鹰高致。鲈鱼相伴菰米。（宋·李彭老《摸鱼子·过垂虹》）

典**思菰米**　见325页“莼羹鲈脍”。

乡连南渡思菰米，泪滴东风避杏花。（唐·郑谷《同志顾云下第出京偶有寄勉》）

五斗米　喻指微薄的俸禄。亦作“五斗粮”。见528页“折腰”。

折腰曾愧五斗米，负郭元无三顷田。（宋·辛弃疾《和赵直中提干韵》）

太仓稊米　喻指微不足道。亦作“太仓一粟”。《庄子·秋水》：“计中国之在海内，不似稊米之在太仓乎！”

太仓一稊米，大海一浮萍。（唐·白居易《和答诗十首·和思归乐》）

靡 mǐ

古上声，四纸。逆卑～鄙～弊～边～波～薄～伧～草～鸱～侈～摧～弟～雕～蔺～繁～费～纷～丰～封～弗～浮～攻～规～诡～涣～隳～积～羁～肩～渐～江～浇～藉～惊～景～夸～烂～离～丽～流～曼～漫～茅～弥～靡～妙～泯～明～懦～旁～披～旗～绮～轻～倾～清～琼～輶～柔～韶～施～衰～俗～泰～殄～婾～颓～陁～逶～委～骫～嬉～徙～纤～闲～娴～相～邪～谐～胥～妍～偃～艳～妖～要～猗～夷～迤～倚～淫～云～震～陁～逐～顺～辩～常～骋～从～跌～风～服～盬～贵～膴～遑～及～既～坚～届～旌～类～曼～靡～密～莫～披～萍～倾～然～冗～缛～润～弱～它～慝～替～习～徙～细～响～匝～迤～遗～旃～止例新菊媚鲜妍，短萍怜霍靡。（唐·元稹《遣昼》）鞭弭周旋，旌旗麾动，坐却北军风靡。（宋·李纲《喜迁莺·长江千里》）

典**树西靡**　喻指思念故乡。亦作“松柏西靡”“桑榆西靡”。南朝梁·刘孝标《重答刘秣陵沼书》：“冀东平之树，望咸阳而西靡。”李善注引《圣贤冢墓记》曰：“东平思王冢在东平。无盐人传云：思王归国京师，后葬，其冢上松柏西靡。”

弭 mǐ　①止息，消除。②安抚。③顺从。

古上声，四纸。逆谤～鞭～防～和～灰～拘～鞠～寝～清～渠～象

～消～销～招～自～顺～谤～变～兵～除～从～定～耳～伏～服～盖～合～戢～楫～节～口～乱～毛～难～宁～佩～辔～禳～散～首～帖～忘～息～锡～翼～棹例景移群动息，波静繁音弭。（唐·刘禹锡《韩十八侍御见示岳阳楼别窦司直诗》）蟠联两河间，烬萌终不弭。（唐·杜牧《感怀诗一首》）骄鄙既不生，惭耻更能弭。（唐·吴融《祝风三十二韵》）

敉mǐ　安抚，使安定。

古上声，四纸。逆安～平～顺～邦～功～乱～谧～宁～平

芈mǐ　周时楚姓。另见103页miē。

古上声，四纸。

你nǐ

古上声，四纸。例理短被他欺，理长不奈你。（唐·寒山《诗三百三首》其二三三）但向道，厌厌成病皆因你。（宋·欧阳修《千秋岁·罗衫满袖》）

拟(擬)nǐ　比。

古上声，四纸。逆俦～敌～僭～抗～伦～桡～攀～企～铨～希～悬～支～指～撰～顺～斥～待～度～法～范～捍～伦～貌～圣～托～效～学～盐～仪～用～则～制～质～主～踪～足例冽冽玄冬暮，衣裳无准拟。（唐·储光羲《同王十三维偶然作十首》其八）故知忠孝生天性，洁身乱伦定足拟。（唐·韩愈《寄卢仝》）岂唯空狎玩，亦取相伦拟。（唐·白居易《玩止水》）

旎nǐ

古上声，四纸。逆旎～旖～顺～旎例寒梅点缀琼枝腻。香脸半开娇旖旎。（宋·李清照《渔家傲·雪里已知春信至》）

尼nǐ　阻止。另见207页ní。

古入声，四质。

否pǐ　①闭塞，不通。②困厄，不顺。另见484页fǒu。

古上声，四纸。逆安～闭～藏～黜～艰～困～倾～穷～善～胜～泰～通～屯～显～校～休～壅～幽～遇～运～灾～臧～中～迍～顺～败～闭～剥～道～德～妇～隔～结～口～戾～屈～塞～桑～泰～心～运～臧～滞例胸中浩荡一乾坤，世上荣枯均泰否。（宋·胡宏《圃景大吟呈伯氏》）高堂众彦集清风，脱略边幅去臧否。（元·龚璛《社集陈行之家不能往分韵得几字》）

痞pǐ

古上声，四纸。逆病～积～胸～阴～顺～隔～蹇～塞

圮pǐ　毁坏；坍塌。

古上声，四纸。逆崩～蹙～摧～堕～隳～倾～穷～缺～通～颓～屯～斁～堙～陨～中～顺～剥～拆～地～废～隔～阤～坏～毁～绝～泐～裂～溺～纽～倾～缺～下～滞～族例待驾栖鸾老，故宫椒壁圮。（唐·李颀《昌谷诗》）

比pǐ　治理。另见209页pí、214页bǐ、222页bì。

古《集韵》：上声，四纸。逆敦～

庀pǐ　聚集。

古上声，四纸。逆鸠～顺～材～工～庀～事～徒～役

仳pǐ

古《广韵》：上声，纸韵。又：上声，旨韵同。顺～别～离～胁

嚭pǐ　人名。

古上声，四纸。逆伯～嚭～宰～顺～嚭

起qǐ

古上声，四纸。逆辈～坌～飙～踔～绰～东山～方～偾～风～蜂～凤～鹘～汩～杰～桀～居～雷～脉～七～桥～窃～屈～鹊～腾～蔚～蝟～卧～霞～翔～猋～隐～涌～郁～云～振～踵～顺～案～躄～抃～波～齿～鬓～度～端～凤～福～鼓～冠～虢～翮～疾～集～尽～蹶～籁～离～龙～陆～漫～灭～明～旗～寝～趋～升～时～书～衰～水～粟～文～席～谢～信～予～语～元～原～造～张例弱柳青槐拂地垂，佳气红尘暗天起。（唐·卢照邻《长安古意》）塞下秋来风景异。衡阳雁去无留意。四面边声连角起。（宋·范仲淹《渔家傲·塞下秋来风景异》）

典**东山起**　喻指弃隐出仕。亦作"谢公起"。《世说新语·排调》："谢公在东山，朝命屡降而不动。后出为桓宣武司马，将发新亭，朝士咸出瞻送。高灵时为中丞，亦往相祖。先时，多少饮酒，因倚如醉，戏曰：'卿屡违朝旨，高卧东山，诸人每相与言："安石不肯出，将如苍生何？"今亦苍生将如卿何！'谢笑而不答。"

东山终为苍生起，南浦虚言白首归。（唐·温庭筠《题裴晋公林亭》）

启(啓、*啟)qǐ

古上声，八荠。逆辟～创～洞～飞～蜂～干～关～狡～刊～款～内～乾～潜～山公～诗～兴～牖～佑～昭～肇～咨～最～顺～苹～才～陈～齿～处～词～烦～蕃～复～告～关～户～化～诲～碁～疆～节～扃～居～露～譬～乞～塞～颡～手～首～曙～惕～问～沃～颜～业～谒～移～佑～诱～予～瀹～札～召～征～知～足～佐～祚例渭水冰下流，潼关雪中启。（唐·王维《别綦毋潜》）在汝更用文章为，长兄白眉复天启。（唐·杜甫《狄明府》）急须归去来，招贤阁未启。（唐·寒山《诗三百三首》其一二四）

典**山公启**　指举荐人才，也泛指奏章。《晋书·山涛传》："涛再居选职十有余年，每一官缺，辄启拟数人，诏旨有所问，然后显奏，随帝意所欲为先。故帝之所用，或非举首，众情不察，以涛轻重任意。或谗之于帝，故帝手诏戒涛曰：'夫用人惟才，不遗疏远单贱，天下便化矣！'而涛行之自若，一年之后众情乃寝。涛所奏甄拔人物，各为题目，时称《山公启事》。"

本谓山公启，而今殁始扬。（唐·张九龄《故徐州刺史赠吏部侍郎苏公挽歌词三首》其二）

绮(綺)qǐ

古上声，四纸。逆璨～错～丹～雕～叠～工～华～焕～黄～交～结～锦～精～夸～绫～绿～罗～浓～轻～清～散～韶～奢～谈～缇～龆～纨～文～霞～纤～鲜～缃～绡～虚～鸳～鸡～云～顺～才～粲～船～窗～错～纷～缟～阁～构～皓～合～縠～户～怀～绘～节～井～刻～里～丽～寮～栊～楼～罗丛～幔～美～媚～梦～靡

～陌～幕～腻～钱～情～缛～赠～绅～诗～食～饰～室～疏～树～思～岁～碎～态～谈～纨～闱～文～习～席～霞～榭～绣～宴～艳～燕～肴～衣～语～园～云～札～帐～注～馔例骤雨发芳香，回风舒锦绮。（唐·李端《鲜于少府宅看花》）玉砌衔红兰，妆窗结碧绮。（唐·李商隐《和郑愚赠汝阳王孙家筝妓二十韵》）向晚余霞收散绮。遥山抹黛天如水。（宋·米友仁《渔家傲·从古荆溪名胜地》）

岂(豈)qǐ 反诘助词。

古《广韵》：上声，尾韵。逆抑～顺～必～但～得～独～顾～遽～可～况～其～若～特～徒～唯～伊～直

稽qǐ 另见198页jī。

古《广韵》：上声，荠韵。顺～拜～道～服～角～颡～首～仰

棨qǐ ①木制之符信，用作通关的凭证。②棨戟，外有缯衣的一种木质戟，用作官员出行之仪仗。

古上声，八荠。逆幡～符～麾～戟～旌～戎～银～幢～顺～传～户～戟～镢～棨～信例汝曹又宜列土食，身使门户多旌棨。（唐·杜甫《狄明府》）

芑qǐ ①谷名。②野菜。

古上声，四纸。逆采～丰～枸～糜～例蒸之既匪薪，采焉又非芑。（宋·李廌《中隐庵和赵孺韵》）

屺qǐ 山多草木。

古上声，四纸。逆恃～陟～顺～岵例称觞燕喜，于岵于屺。（唐·萧颖士《江有归舟三章》其二）缄札报吾儿，无劳歌陟屺。（清·刘文嘉《村居杂兴》）

典**陟岵陟屺** 喻指游子思亲。《诗经·魏风·陟岵》："陟彼岵兮，瞻望父兮。父曰：嗟！予子行役，夙夜无已。上慎旃哉，犹来无止！陟彼屺兮，瞻望母兮。母曰：嗟！予季行役，夙夜无寐。上慎旃哉，犹来勿弃！"

风枝弗静，陟屺何期。（南朝梁·简文帝《慈觉寺碑》）

杞qǐ ①木名。②古国名。

古上声，四纸。逆苞～枸～荆～柳～忧～榛～种～顺～妇～狗～菊～梁妻～柳～虑～萌～柟～夷～忧～梓例秋苑故池田，宫门新柳杞。（唐·储光羲《贻余处士》）边兵尽东征，城内空荆杞。（唐·杜甫《塞芦子》）

体(體)tǐ

古上声，八荠。逆百～卑～备～便～禀～参～成～储～敌～雕～定～放～服～根～躬～皓～鹤～鸿～继～降～交～锦～君～两～六～镂～宁～俳～骈～齐～启～诎～仁～容～涩～牲～曙～嗣～肆～耸～所～统～投～透～推～托～脱～外～相～小～心～性～逊～阳～仰～养～野～议～阴～渊～坠～姿～纵～顺～道～敌～调～度～二～范～分～肤～伏～干～国～候～化～极～局～勘～类～理～练～亮～料～履～律～略～佞～器～取～趣～仁～认～识～顺～探～天～望～物～悉～宪～象～信～行～性～玄～逊～样～议～意～胤～用～元～韵～正～知～致～状～资例盛得江左风，弥工建安体。（唐·王维《别綦毋潜》）如何不趣时，分合辱其体。（唐·李咸用《放歌行》）

喜xǐ

古上声，四纸。逆诞～奉～福～感～贡公～和～怀～乐～祈～谦～且～青～雀～鹊～说～送～随～幸～延～燕～讌～殷～迎～忧～娱～悦～赞～志～自～坐～顺～抃～得～歌～贺～惧～噱～快～起～恰～惬～容～尚～声～士～慰～舞～像～笑～幸～雪～怿～意～踊～雨～誉～愿～志例晚霞聊自怡，初晴弥可喜。（唐·李世民《初晴落景》）饥劬不自苦，膏泽且为喜。（唐·韦应物《观田家》）庭院无风，尽日帘垂地。画阁巢新燕声喜。（宋·杜安世《凤栖梧·整顿云鬟初睡起》）

典**贡公喜** 见590页"弹冠"。

平生窃鄙贡公喜，故里但思陶令归。（宋·陆游《白发》）

弄璋之喜 喻指庆贺生男孩。亦作"弄璋""弄璋之庆"。《诗经·小雅·斯干》："乃生男子，载寝之床，载衣之裳，载弄之璋。"郑玄笺："男子生而玩以璋者，欲其比德焉。"

弄璋诗句多才思，愁杀无儿老邓攸。（唐·白居易《崔侍御以孩子三日示其所生诗见示因以二绝句和之》其二）

洗xǐ 另见665页xiǎn。

古上声，八荠。逆澄～涤～姑～灌～浣～湔～剿～净～镜～劆～撩～略～梅～磨～沐～删～陶～腆～沃～销～雪～熚～原～澡～昭～濯～顺～拔～兵～补～尘～厨～耳～伐～拂～祓～改～革～核～浣～甲～湔～镜～句～路～虑～梅～目～渫～颓～如～汕～苏～髓～汰～剔～腆～玩～渭～削～写～心～叙～眼～宥～泽～盏～志～竹～濯例荷蓧儿时还，尘缨待君洗。（唐·王维《别綦毋潜》）峨眉烟翠新，昨夜秋雨洗。（唐·岑参《峨眉东脚临江听猿怀二室旧庐》）

典**张敞梳洗** 见272页"张尹眉"。

梳洗凭张敞，乘骑笑稚恭。（唐·李商隐《垂柳》）

洒xǐ 洗涤；洗雪。另见19页sǎ。

古《广韵》：上声，十一荠。逆一～顺～濯

徙xǐ

古上声，四纸。逆拔～倍～避～播～窜～发～放～更～陵谷～流～靡～驱～散～适～推～移～倚～莺～游～运～责～谪～骤～诛～转～顺～跸～边～播～卜～处～次～道～放～废～构～锢～官～贯～家～居～举～靡～民～木～迁～任～戎～散～舍～市～尾～薪～业～迤～移～倚～义～意～月～宅～治～置～逐例擢擢菰叶长，芳根复谁徙。（唐·韩愈《奉和钱七兄曹长盆池所植》）契阔话凉温，壶觞慰迁徙。（唐·刘禹锡《韩十八侍御见示岳阳楼别窦司直诗》）中又值干戈，遑遑常转徙。（唐·吴融《祝风三十二韵》）

典**三徙** 见520页"孟母教"。

既无三徙教，不闻过庭语。（三国魏·曹操《善哉行》其二）

屣xǐ 鞋。

古上声，四纸。又：去声，四寘同。逆倍～敝～弊～步～踩～倒～放～革～利～芒～蹑～弃～踏～跕～脱～躧～屧～遗～游～朱～珠～

顺~步~履~脱例眇视征蛮战蚁。便弃掷、尘寰脱屣。(宋·吴潜《贺新郎·汲水驱炎热》)游览老山栖。藐千金、轻脱如屣。(宋·王安中《北山移文哨遍·世有达人》)

典**倒屣** 指热情欢迎宾客或蒙受礼遇。《三国志·魏书·王粲传》:"献帝西迁,粲徙长安,左中郎将蔡邕见而奇之。时邕才学显著,贵重朝廷,常车骑填巷,宾客盈坐。闻王粲在门,倒屣迎之。粲至,年既幼弱,容状短小,一坐尽惊。"

披衣倒屣且相见,相欢语笑衡门前。(唐·王维《辋川别业》)

蟢xǐ 一种长脚蜘蛛,古人以为见之则有喜事,故又名"喜子"。

古《广韵》:上声,止韵。逆壁~挂~网~檐~顺~子

玺(壐)xǐ

古上声,四纸。逆八~宝~册~琮~封~符~负~汉~黑~怀~剑~降~解~金~进~连~六~蜜~神~石~释~天~相~效~信~行~玉~顺~册~封~绂~符~诰~剑~节~室~绶~书~运~诏例茅土锡有功,丹书曜连玺。(明·张元凯《览古诗十首》其八)

蓰xǐ 五倍。

古上声,四纸。又:上平,四支同。逆倍~离~蓰~顺~蓰例自从为关以为暴,物价何止相倍蓰。(宋·高斯得《物贵日甚》)伯休不二今安在,市价从他或倍蓰。(元·吴景奎《代呻吟绝句十首》其九)

鰓(鰓)xǐ 通"葸",畏难、忧惧的样子。另见309页sāi。

古《广韵》:上声,止韵。逆鰓~

枲xǐ 麻属。

古上声,四纸。逆常~槁~稿~胡~苴~麻~桑~丝~素~缊~顺~耳~华~茎~麻~袍~绳~实~装~着例破之以箕笞,续之以麻枲。(唐·王周《志峡船具诗·百丈》)

葸xǐ 葸葸:畏难、忧惧的样子。

古《广韵》:上声,止韵。逆恇~懦~衰~退~畏~葸~顺~懦~耎~慎

铣(銑)xǐ 另见665页xiǎn。

顺~床~刀~工

倚yǐ

古上声,四纸。逆阿~辟~跛~舛~丛~负~附~归~交~角~眷~逦~梁~攀~毗~凭~切~亲~倾~却~腾~颓~偎~隈~徙~斜~依~攒~枕~注~醉~顺~爱~拜~边~薄~乘~翠~待~迭~耳~法~风~伏~负~附~盖~歌~郭~衡~几~结~藉~栏~俪~庐~闾~马~门~靡~昵~旁~毗~强~倾~笫~桡~任~瑟~扇~身~石~势~听~托~望~偎~闻~巇~席~徙~信~移~异~用~玉~云~杖~棹~轴~醉~坐例延州秦北户,关防犹可倚。(唐·杜甫《塞芦子》)姑苏台枕吴江水,层级鳞差向天倚。(唐·刘商《姑苏怀古送秀才下第归江南》)

椅yǐ 另见204页yī。

古《广韵》:上声,纸韵。逆禅~鹅项~高~湘妃~校~醉翁~顺~搭~袱~轿~靠~棍~披~榻~杌例中有八十翁,宴坐维摩椅。(宋·王柏《再和适庄韵》)

蚁(蟻)yǐ

古上声,四纸。又,上声,五尾同。逆冰~春~斗~泛~芳~蜂~浮~槐~酒~聚~腊~绿~磨~牛~瓯~蚍~漂~轻~蓐~素~碎~蚊~乌~香~穴~雪~游~玉~蝝~杂~顺~步~忱~迭~垤~动~斗~蜂~伏~附~傅~观~光~航~合~怀~集~接~结~酒~驹~聚~孔~寇~溃~悃~绿~梦~命~慕~醅~壤~裳~虱~术~台~瓮~隙~行~旋~羊~拥~蝝~盏~众~尊例卫足不如葵,漏川空叹蚁。(唐·刘禹锡《韩十八侍御见示岳阳楼别窦司直诗》)浓斟琥珀香浮蚁。一到愁肠,别有阳春意。(宋·苏轼《醉落魄·醉醒醒醉》)故教明月玲珑地。共赏金尊沈绿蚁。(宋·李清照《渔家傲·雪里已知春信至》)

典**槐根蚁** 见73页"一枕南柯"。

功名竹上鱼,富贵槐根蚁。(宋·王千秋《生查子·功名竹上鱼》)

矣yǐ

古上声,四纸。逆可~某~秭~甚~行~已~足~例悠悠南溟远,采掇长已矣。(唐·宋之问《自洪府舟行直书其事》)白日每不归,青阳时暮矣。(唐·陈子昂《感遇诗三十八首》其七)观草木欣荣,幽人自感,吾生行且休矣。(宋·苏轼《哨遍·为米折腰》)

已yǐ

古上声,四纸。逆病~不~辍~但~何~极~解~竟~久~良~诺~讫~穷~然~如~三~所~罔~未~无~毋~勿~休~也~业~已~云~蚤~自~顺~此~定~而~尔~否~夫~乎~还~降~就~来~诺~然~甚~事~往~业~已~矣例可怜离别谁家子,于此一至情何已。(唐·刘希夷《江南曲八首》其六)黄鹂鸣官寺,香草色未已。(唐·李颀《送司农崔丞》)方如在帏室,复悟永终已。(唐·韦应物《端居感怀》)

典**三仕三已** 指仕途的进退,也指忠于国事,不以个人升黜而喜怒。《论语·公冶长》:"子张问曰:'令尹子文三仕为令尹,无喜色;三已之,无愠色。旧令尹之政,必以告新令尹。何如?'子曰:'忠矣。'"

世间喜愠更何其,笑先生三仕三已。(宋·辛弃疾《哨遍·一壑自专》)

以yǐ

古上声,四纸。逆不~此~过~何~胡~及~既~加~藉~是~无~由~有~于~足~顺~次~定~否~故~还~降~近~期~去~时~是~谓~先~远例游梁且未遇,适越今何以。(唐·高适《宋中送族侄式颜》)高人必爱竹,寄兴良有以。(唐·刘禹锡《令狐相公见示赠竹二十韵仍命继和》)唯我与白生,感遇同所以。(唐·元稹《感梦》)

旖yǐ

古《广韵》:上声,纸韵。又:平声,支韵同。顺~棍~旎~旎山~旎乡

迤(迆)yǐ 延伸。另见214页yí。

古上声,四纸。逆长~东~逦~弥~靡~疏~坦~西~徙~衍~演~迤~遗~顺~长~递~遭~汇~渐~久~逦~陇~靡~平~逶~涎~斜~延~扬~迤例导江自海阳,至县乃弥迤。(宋·范成大《铧嘴》)

苡yǐ 另见170页sì。

古上声,四纸。逆餐~芣~桴~薏

～顺～米例如何中兴主，终竟惑薏苡。（明·刘基《咏史二十一首》其一五）

舣（艤、*檥）yǐ 船靠岸。

古上声，四纸。逆柳下～瓯～暂～例垂杨荫，夷犹画舲相舣。（宋·贺铸《东吴乐·胜游地》）春烟澹澹生春水。曾记芳洲兰棹舣。（宋·高观国《玉楼春·春烟澹澹生春水》）风入芦花歌忽断，知有渔舟闲舣。（宋·张炎《壶中天·长流万里》）

扆 yǐ 屏风。

古上声，五尾。逆宸～丹～当～凤～斧～黼～负～宫～户～旒～屏～帷～香～璇～玉～云～中～顺～聪～旒～宁～屏～闼～帷～筵～座例退步真祠，简心端扆。迎日天元，听正衙宣制。（宋·张元干《醉蓬莱·对小春桃艳》）瑞日晖晖临丹扆。广布慈德宸遐迩。（宋·无名氏《破字令·青春玉殿和风细》）

仄声·去声

闭（閉）bì

古去声，八霁。又：入声，九屑同。逆便～倒～冻～杜～反～否～楗～噤～扃～密～凝～启～深～停～偃～壅～郁～周～顺～暗～衆～冻～启～房～废～伏～革～隔～骨～固～货～迹～结～禁～拒～卷～绝～拢～秘～钳～囚～扫～涂～熄～系～心～修～蓄～淫～影～壅～约～蛰～纵例八州崖谷深，千里云雪闭。（唐·岑参《送狄员外巡按西山军》）恸哭苍烟根，山门万重闭。（唐·杜甫《送樊二十三侍御赴汉中判官》）四面边声连角起。千嶂里，长烟落日孤城闭。（宋·范仲淹《渔家傲·塞下秋来风景异》）

避 bì

古去声，四寘。逆阿～辟～窜～惮～遁～梗～鲠～顾～诡～还～忌～降～惊～控～愧～敛～免～匿～迁～谦～潜～屈～趋～却～禳～～三～推～违～畏～睎～旋～逊～移～引～隐～影～瞻～走～顺～碍～辟～藏～禅～尘～辞～次～地～第～伏～谷～蛊～乖～国～捍～回～迹～稽～寂～咎～就～李～禄～路～名～命～匿～秦～讪～趋～权～荣～色～舍～慎～世～衰～俗～岁～唐～逃～丸～卧～席～徙～贤～嚣～心～形～妍～言～易～隐～盈～影～远～宅～走～坐例人生不期老，华发谁能避。（唐·鲍溶《秋思》）贫贱非不恶，道在何足避。（唐·白居易《感时》）樊川照日，灵关遮路，残红敛避。（宋·周邦彦《水龙吟·素肌应怯余寒》）

典**秦人南避** 指与世隔绝、景色优美的地方。亦作“秦人家”“秦世客”“秦客”。晋·陶渊明《桃花源记》：“村中闻有此人，咸来问讯。自云先世避秦时乱，率妻子邑人来此绝境，不复出焉，遂与外人间隔。问今是何世，乃不知有汉，无论魏晋。”

悔学秦人南避地，武陵原上又征师。（唐·戎昱《寄梁淑》）

臂 bì 另见 286 页 bèi。

古去声，四寘。逆把～缠～缠～钏～刺～扼～奋～鼓～交～克～连～联～敛～镂～啮～怒～骈～锲～攘～踏～袒～螳～通～系～引～玉～猿～振～指～肘～助～顺～鞲～缠～钏～缚～搁～环～胛～肩～鹰～指～助例万寻挂鹤巢，千丈垂猿臂。（唐·杜审言《南海乱石山作》）九年计较不能成，刚有痴人求断臂。（宋·释重显《往复无间》）

典**螳螂臂** 比喻不估计自己的力量，去做办不到的事情，必然招致失败。《庄子·人间世》：“颜阖将傅卫灵公大子，而问于蘧伯玉……蘧伯玉曰：‘善哉问乎！……汝不知夫螳螂乎？怒其臂以当车辙，不知其不胜任也，是其才之美者也。戒之，慎之！积伐而美者以犯之，几矣。’”

螳螂怒臂当车日，精卫衔沙塞海时。（宋·郑钺《哭陈丞相》）

毙（斃）bì ①仆倒。②死；击毙。③败亡，失败。

古去声，八霁。逆暴～踣～垂～待～单～倒～顿～服～歼～僵～溘～路～馁～溺～取～殄～途～危～相～瘐～陨～殒～杖～阵～诛～自～坐～顺～踣～命～伤～死例震天地，沮金狄百万，完颜诛毙。（宋·郝子直《喜迁莺·风云际会》）

币（幣）bì

古去声，八霁。逆宝～杯～采～车～琛～驰～斥～酬～楮～奉～赋～羔～龟～厚～婚～寄～嘉～锦～旌～筐～礼～奁～量～六～旅～马～靡～纳～娉～聘～器～遣～庆～泉～入～三～牲～释～受～书～输～束～通～委～夕～牺～香～雁～瑶～遗～侑～赞～珍～征～正～质～挚～贽～祝～赀～资～顺～帛～财～贡～赍～籍～锦～爵～马～聘～器～泉～物～献～仪～玉例诚备祝嘏，礼殚圭币。（唐·魏征《五郊乐章·青帝角音·肃和》）永言孝思，昭证嘉币。（宋·佚名《熙宁观享明堂二首》其二）

弊 bì

古去声，八霁。逆罢～弊～搏～踣～残～车～穿～粗～待～单～殚～蠹～钝～顿～讹～防～共～故～锢～荒～饥～奸～翦～浇～窘～困～劳～羸～厘～陵～流～六～隆～沦～糜～麋～靡～欺～愆～歉～情～穷～瘝～扰～锐～骚～舌～时～世～私～宿～颓～屯～刓～尪～委～文～习～衅～朽～虚～语～踬～顺～惫～本～弊～帛～薄～窦～蠹～讹～恶～方～风～盖～梗～故～害～混～居～句～屦～孔～袴～亏～困～陋～落～民～末～谋～仆～欺～骐～蹻～薮～尪～帷～屣～躧～象～穴～衣～幽～狱～制～帚～子例不知何代策，空使蜀人弊。（唐·岑参《送狄员外巡按西山军》）民膏日已瘠，民力日愈弊。（唐·唐彦谦《宿田家》）

蔽 bì

古去声，八霁。逆暗～鄙～病～谗～缠～杜～罚～藩～蕃～妨～覆～鬲～隔～鞲～孤～固～锢～贯～国～扞～捍～翰～恒～昏～惑～璬～拘～狂～亏～括～六～谩～髦～昧～朦～愦～迷～偏～欺～牵～浅～侵～曲～塞～四～庾～顽～伪～卫～物～犀～限～徇～炀～疑～翳～翼～阴～荫～影～映～拥～庸～雍～壅～雝～幽～辎～迂～愚～翟～鄣～障～自～顺～闇～薄～短～恶～芾～茀～辜～固～扞～晦～惑～亏～旒～

茂～美～蒙～明～泥～匿～日～天～贤～形～掩～野～翳～隐～壅～圉～狱～障～罪例回首望旧乡，云林浩亏蔽。（唐·宋之问《自衡阳至韶州谒能禅师》）坐愁青天末，出望黄云蔽。（唐·李白《禅房怀友人岑伦》）

敝bì

古去声，八霁。逆黯～罢～败～崩～秕～敝～残～穿～摧～蠹～钝～薾～烦～腐～共～垢～毁～昏～饥～极～奸～救～刻～困～劳～陵～流～陋～沦～靡～贫～器～穷～裘～舌～俗～损～颓～刓～抚～亡～文～相～朽～阴～幽～窳～顺～敝～窭～蠹～恶～房～风～规～国～褐～化～坏～力～陋～庐～弃～蹻～裘～舄～舌～室～素～帷～习～屣～亵～衣～幽～政～帚～卒例产业曾未言，衣裘与人敝。（唐·高适《赠别王十七管记》）天子从北来，长驱振凋敝。（唐·杜甫《送樊二十三侍御赴汉中判官》）

典**貂裘敝**　咏仕途受挫之典。亦作“黑貂敝”“乌裘敝”“貂裘尘满”“貂裘破”。《战国策·秦策一》：“说秦王书十上而说不行。黑貂之裘弊，黄金百斤尽，资用乏绝，去秦而归。”

蝶梦迷清晓，万里无家，岁晚貂裘敝。（宋·吴文英《玉京谣·蝶梦迷清晓》）

庇bì

古去声，四寘。逆保～存～党～德～鼎～福～覆～洪～鸿～护～门～蒙～栖～曲～荣～容～私～庥～徇～荫～隐～影～佑～宇～雨～援～賓～障～照～周～祝～顺～藏～覆～借～赖～冒～托～卫～庥～依～翼～阴～荫例五胜竟无违，百司诚有庇。（唐·李世民《咏司马彪续汉志》）罚俸得西归，心知受朝庇。（唐·元稹《元和五年予官不了罚俸西归》）嘉林幸勿剪，禅侣欣可庇。（唐·皎然《奉和颜使君真卿与陆处士羽登妙喜寺三癸亭》）

比bì　旧读。①并列，亲近；近来。②勾结。③屡次。另见209页pí、214页bǐ、218页pǐ。

古上声，四寘。逆阿～比～迟～丑～党～敦～皋～侪～连～邻～鳞～朋～洽～牵～亲～慎～顺～屋～狎～显～协～谐～栉～周～顺～辰～党～及～集～近～居～昵～然～日～舍～顺～俗～驯～栉～周～踪～坐

髀bì　大腿；大腿骨。

古上声，四纸。又：上声，八荠同。逆搏～赤～抚～拊～肱～股～击～肩～枯～牢～拍～燕～坐～顺～盖～骨～髋～肉～石～枢例老媚幽花栖断础，睇故宫、空拊英雄髀。（宋·王奕《贺新郎·决眦斜阳里》）

典**拊髀**　“髀”指大腿，《三国志·蜀书·先主传》裴松之注载刘备曾感慨久不骑马髀肉复生。后常用以感叹久处安逸而意志消沉。“荆州豪杰归先主者日益多，表疑其心，阴御之。”裴松之注引晋·司马彪《九州春秋》：“备住荆州数年，尝于表坐起至厕，见髀里肉生，慨然流涕。还坐，表怪问备，备曰：‘吾常身不离鞍，髀肉皆消。今不复骑，髀里肉生。日月若驰，老将至矣，而功业不建，是以悲耳。’”

可怜送老茅山观，空费君王拊髀嗟。（宋·刘克庄《挽叶寺丞二首》其二）

惊肉生髀　感叹未建功立业之典。见本页“拊髀”。

志士伤心髀肉生，寒儒努力在青春。（宋·程公许《览镜鬓间两三点雪》）

睥bì

古去声，八霁。顺～睨～盼～窃

裨bì　益。另见209页pí。

古上平，四支。逆补～何～匡～陪～无～顺～补～益～增～正～助例独哀三百年，豢此终何裨。（宋·高斯得《酒阑》）

婢bì　旧称使女。

古上声，四纸。逆从～爨～灯～丁～傅～角～梅花～奴～女～乳～诗～使～侍～细～仙～小～燕～媵～灶～中～顺～女～仆～妾～使～媵～子例仲尼鲁司寇，出走为群婢。（唐·卢仝《感古四首》其二）十中有一得更衣，永配深宫作宫婢。（唐·元稹《和李校书新题乐府十二首·上阳白发人》）

典**康成文婢**　代指一门风雅，奴仆知书。亦作“郑家诗婢”。《世说新语·文学》：“郑玄家奴婢皆读书。尝使一婢，不称旨，将挞之。方自陈说，玄怒，使人曳著泥中。须臾复有一婢来，问曰：‘胡为乎泥中？’答曰：‘薄言往愬，逢彼之怒。’”

奴爱才如萧颖士；婢知诗似郑康成。（宋·陆游《先少师宣和初有赠晁公以道诗》）

贲（賁）bì　文饰。又贲卦。另见712页bēn、740页fén。

古去声，四寘。逆白～炳～光～顺～帛～宠～敷～华～戋～贲～临～然～若～饰～室～象～耀～治

蓖bì

古《广韵》：平声，齐韵。顺～麻

箆bì

古上平，八齐。逆金～鸾～梳～象～银～云～战～竹～顺～刀～箕～篱～帘～簪～梳～子例耳聋须画字，发短不胜箆。（唐·杜甫《水宿遣兴奉呈群公》）约眉怜翠羽，刮目想金箆。（唐·李商隐《和孙朴韦蟾孔雀咏》）象牙白齿双梳子，驼骨红纹小棹蓖。（宋·吕胜己《鹧鸪天·日日楼心与画眉》）

秘（祕）bì　另见249页mì。

古去声，四寘。

薜bì

古去声，八霁。逆解～萝～顺～带～服～户～荔～萝～衣例俯闻空谷雷，飞雨洒萝薜。（清·张云翼《登华岳》其六）

嬖bì

古去声，八霁。逆便～谗～宠～内～昵～孽～女～亲～权～私～外～邪～幸～淫～媵～顺～爱～臣～宠～惑～姬～近～媚～昵～孽～佞～奴～女～妾～人～色～竖～僮～习～幸～艳～媵～御～子例往者武后朝，引用多宠嬖。（唐·杜甫《八哀诗·赠秘书监江夏李公邕》）

俾bì　使。

古上声，四纸。逆谄～率～无～佔～顺～倪

费（費）bì　地名。另见289页fèi。

古去声，五未。顺～邑

狴bì　狴犴：古代画在牢狱门上的像虎的走兽，因以之称牢狱。

古《广韵》：平声，齐韵。逆犴～牢～同～圜～重～顺～犴～户～牢～囹～狱例圣人有天下，幽钥动圜狴。（唐・沈佺期《则天门赦改年》）朱户非不崇，我心如重狴。（唐・刘禹锡《白太守行》）闻名意惨怆，若坠牢与狴。（唐・元稹《青云驿》）

陛bì 殿阶。

古上声，八荠。逆八～陛～层～蹑～螭～除～丹～殿～飞～枫～宫～觚～虹～基～阶～禁～廉～龙～玫～珉～木～纳～青～壤～戺～司～堂～梯～天～彤～铜～文～侠～轩～循～岩～檐～瑶～玉～云～朱～顺～陛～螭～辞～殿～对～贺～栢～级～戟～见～槛～阶～廉～列～荣～楯～卫～者～制～奏～坐例端笏明光宫，历稔朝云陛。（唐・王维《别綦毋潜》）国嗣初将付诸武，公独廷诤守丹陛。（唐・杜甫《狄明府》）威动殊邻万里。拥衣冠、称觞玉陛。（宋・曹勋《水龙吟・翠帘迟晚》）

痹（*痺）bì

古去声，四寘。逆病～风～瘫～酸～顽～痿～行～坐～顺～痼～厥～湿～顽～医例倦仆色肌羸，蹇驴行跛痹。（唐・元稹《元和五年予官不了罚俸西归》）

泌bì 水名。另见250页mì。

古去声，四寘。又：入声，四质同。逆衡～江～洋～幽～顺～丘～瀄

閟bì ①闭门。关闭。②隐藏。③终止，尽。

古去声，四寘。逆遏～监～谨～静～清～深～神～阴～隐～硬～幽～郁～珍～尊～顺～奥～閟～祠～隔～宫～机～绝～密～匿～气～器～寝～啬～闼～幄～惜～严～幽～载～重～蠲例盛年喜迈种，末路等幽閟。（宋・王灼《游樊氏阡分韵得事字》）

毖bì ①谨慎，小心；戒慎。②告诫，教导。③通"泌"，流泉。

古去声，四寘。逆惩～诰～劼～谦～勤～慎～训～顺～敕～劳～宁～慎～祀～涌～重例乱条迸石岭，细颈喧岛毖。（唐・李贺《昌谷诗》）

畀bì 赐予。

古去声，四寘。逆付～赋～顾～厚～简～投～委～倚～蒸～顺～付～矜例有阴功不乞，丹砂十纪，寿祺全畀。（宋・胡寅《水龙吟・玉梅衔腊传香》）

赑（贔）bì ①怨怒。②形容声音巨大。③赑屃（xì）：传说一种像龟的动物，力大无比。旧时大石碑的碑座多作此形。

古去声，四寘。逆赑～内～澎～屃～顺～风～负～匿～怒～然～屃～响

诐（詖）bì 不平正。

古去声，四寘。又：上平，四支同。逆调～昏～偏～倾～饕～屯～谂～险～邪～凶～淫～顺～辞～遁～论～术～说～憸～险～邪～行～谒～淫例言既有枝叶，心怀便险诐。（唐・寒山《诗三百三首》其一八七）

地dì

古去声，四寘。逆迸～辟～避～博～才～划～斥～赤～蹩～蹴～寸～贰～方～亘～聒～暵～籍～艰～疆～锦～井～九～举～拒～剧～瞿～卷～控～揆～括～酹～六～冒～门～密～面～品～扑～情～罄～却～壤～攘～人～任～身～声～顺～素～提～题～头～投～涂～拓～性～学～徇～逸～意～阴～宥～舆～载～劄～踬～蹠～甃～劚～柱～卓～灼～资～子～顺～比～坼～德～碓～符～傅～根～关～纮～侯～脊～记～纪～罣～镜～籁～力～埒～庐～罗～络～纽～魄～圻～祇～事～数～俗～隧～统～土～维～文～险～雁～宜～垠～隐～宇～重～胄～烛～着～坐例高情浪海岳，浮生寄天地。（唐・王维《晦日游大理韦卿城南别业》）顾侯运炉锤，笔力破余地。（唐・杜甫《送顾八分文学适洪吉州》）燕然未勒归无计。羌管悠悠霜满地。（宋・范仲淹《渔家傲・塞下秋来风景异》）

典**牛眠地** 指卜葬的吉地。《晋书・周访传》附"周光"："初，陶侃微时，丁艰，将葬，家中忽失牛而不知所在。遇一老父，谓曰：'前岗见一牛眠山汙中，其地若葬，位极人臣矣。'又指一山云：'此亦其次，当世出二千石。'言讫不见。侃寻牛得之，因葬其处，以所指别山与访。"

自卜牛眠地，今归马鬣坟。（宋・王炎《哭吴耀远》）

出一头地 喻指高人一等，超出一般人。《宋史・苏轼传》："苏轼字子，眉州眉山人。……嘉祐二年，试礼部。方时文磔裂诡异之弊胜，主司欧阳修思有以救之，得轼《刑赏忠厚论》，惊喜，欲擢冠多士，犹疑其客曾巩所为，但置第二，复以《春秋》对义居第一，殿试中乙科。后以书见修，修语梅圣俞曰：'吾当避此人出一头地。'闻者始哗不厌，久乃信服。"

尚欲放子出一头，酒醒梦断四十秋。（宋・苏轼《送晁美叔发运右司年兄赴阙》）

壶中天地 代指仙境或美景。亦作"壶中日月"。《后汉书・费长房传》："费长房者，汝南人也。曾为市椽。市中有老翁卖药，悬一壶于肆头，及市罢，辄跳入壶中。"后与老翁"俱入壶中，唯见玉堂严丽，旨酒甘肴盈衍其中，共饮毕而出"。

壶中天地乾坤外，梦里身名旦暮间。（唐・元稹《幽栖》）

递（遞）dì ①驿车；驿传。②传，传送。③押送。④交替，轮流。⑤顺次，依次。

古上声，八荠。又：去声，八霁同。逆长～递～短～顿～飞～附～更～里～逦～马～驲～诗～衰～顺～迢～透～迤～驿～迎～远～置～顺～杯～禀～车～次～代～顿～发～夫～过～互～化～毁～积～角～流～马～年～迁～人～日～散～嬗～申～衰～宿～驮～献～相～谢～训～衍～衣～易～运～盏～战～直～钟～舟～卒例云沙自回合，天海空迢递。（唐・高适《赠别王十七管记》）

弟dì

古上声，八荠。逆不～道～邸～庚～俊～凯～恺～昆～陆～年～女～岂～契～仁～弱～上～侍～淑～顺～乡～孝～谢～逊～友～争～至～治～稚～冢～顺～道～共～昆～令～门～舍～息例与兄行年校一岁，贤者是兄愚者弟。（唐・杜甫《狂歌行赠四兄》）自尔等荣枯，何劳问玄弟。（唐・陆龟蒙《奉和袭美酒中十咏・酒乡》）

典**难兄难弟**　陈氏兄弟俱佳，难分高下，后作咏兄弟之典。亦作"难弟难兄""难兄弟"。《世说新语·德行》："陈元方子长文，有英才，与季方子孝先各论其父功德，争之不能决。咨之太丘。太丘曰：'元方难为兄，季方难为弟。'"

难兄难弟实间出，直欲并驾仍齐驱。（宋·张元干《奉送李叔易博士被召赴行在所》）

四海皆兄弟　指人无分亲疏，地无分远近，只要交游广阔，就能朋友遍天下。见《论语·颜渊》。

四海皆兄弟，悠然共醉醒。（宋·陆游《梦中作》）

第dì

古去声，八霁。逆北～避～别～卜～辞～次～赐～登～等～邸～东～番～访～高～构～故～官～馆～归～槐～还～及～家～甲～简～椒～旧～居～卷～开～考～课～廊～里～连～列～庐～落～门～名～内～篇～品～清～诠～铨～入～山～上～升～室～私～琐～外～危～下～序～乙～荫～寓～宅～擢～顺～次～功～观～馆～家～恐～名～目～品～室～下～行～宇～宅～主例送君自多感，不是缘下第。（唐·曹邺《送厉图南下第归澧州》）一探石室文，再擢金门第。（唐·张九龄《酬周判官巡至始兴会改秘书少监见贻之作兼呈耿广州》）费西湖东阁，多少诗愁，援彩笔、重与江梅品第。（宋·陈造《洞仙歌·蝶狂风闹》）

典**辞甲第**　称颂将军为国忘私。亦作"辞第"。《史记·骠骑列传》："骠骑将军为人少言不泄，有气敢任。……天子为治第，令骠骑视之，对曰：'匈奴未灭，无以为家也。'由此上益重爱之。"

誓辞甲第金门里，身作长城玉塞中。（唐·王维《燕支行》）

蒉终不第　见89页"万言策"。

老去刘蒉终不第，时来校尉几封侯。（宋·刘宰《挽恭靖司法兄九首》其七）

蒂(蔕)dì

古去声，八霁。逆并～根～瓜～花～芥～连～弱～同～无～香～顺～固～芥～落例马头对哭各东西，天边柳絮无根蒂。（唐·王建《别曲》）风亭月榭闲相倚。紫玉枝梢红蜡蒂。（宋·柳永《木兰花·翦裁用尽春工意》）

帝dì

古去声，八霁。逆冲～二～梵～感～古～汉～后～践～揭～望～觉～累～两～农～配～群～少～圣～十～时～蜀～太～泰～象～轩～玄～阴～岳～顺～侧～策～阊～宸～储～聪～德～娥～辅～傅～纲～阁～弓～功～宫～关～纮～鸿～祜～华～晖～徽～阍～迹～畿～极～记～家～郊～京～扃～居～君～里～力～履～纶～门～谟～阙～师～世～廷～庭～统～图～乡～星～轩～宣～学～勋～掖～义～禋～闉～胤～友～宇～垣～运～载～则～枝～祉～州～胄～竹～渚～属～宗～祖～佐～祚例海风吹折最繁枝，跪捧琼盘献天帝。（唐·刘禹锡《步虚词二首》其一）王子谢时人，笙歌此宾帝。（唐·吴筠《缑山庙》）

睇dì　斜视。

古去声，八霁。逆顾～含～横～还～徽～极～静～镜～款～流～龙～曼～凝～盼～四～危～微～邪～斜～淹～遥～引～迎～游～瞻～肆～顺～眄～目～睆～盼～视例所托成祸机，临川一凝睇。（唐·陆龟蒙《渔具诗·禾参》）愁无际。武陵回睇。人远波空翠。（宋·韩琦《点绛唇·病起恹恹》）

谛(諦)dì

古去声，八霁。逆安～奥～诚～二～佛～覆～揭～精～诗～静～空～密～妙～诠～三～审～圣～世～俗～详～要～义～谊～瞻～真～顺～辨～当～道～定～读～观～勘～料～睨～念～认～审～实～视～眡～谌～思～伺～听～玩～妄～味～晓～信～绎～语例儒生识损益，言事皆审谛。（唐·岑参《送狄员外巡按西山军》）淡然灵府泳真谛。怡养丹光里。（宋·曹勋《法曲·向虚靖晨起》）

棣dì　①树名，又称棠棣。②代指兄弟。

古去声，八霁。逆常～棣～鄂～连～唐～棠～顺～萼～华～棠～友

缔(締)dì

古去声，八霁。又：上平，八齐同。逆搆～交～取～顺～党～构～好～合～缉～架～交～结～垒～连～纶～袂～盟～昵～葺～生～素～姻

娣dì　①妹。②夫弟之妻。

古上声，八荠。又：去声，八霁同。逆昆～良～妹～内～乳～姒～艳～诸～姊～顺～妇～姒～侄例顾盼处自猜疑，却元来是锦花丛双艳娣。（明·谢谠《四喜记·花亭佳偶》）

逮dì　逮逮：文雅安和的样子。另见317页dǎi、323页dài。

古去声，八霁。逆逮～顺～行

䗖(螮、蝃)dì　䗖蝀：虹的别称。

古去声，八霁。顺～蝀

杕dì

古去声，八霁。逆苦～顺～杜

计(計)jì

古去声，八霁。逆邦～饱～本～便～财～参～诞～度～断～方～奉～归～过～衡～检～衿～句～谲～客～课～率～略～潜～情～权～时～事～术～数～俗～随～岁～同～推～完～微～行～意～掌～至～志～赀～訾～左～作～做～顺～办～禀～部～参～册～车～臣～辰～筹～典～牒～度～符～贡～构～过～侯～会～极～籍～节～结～扃～勘～口～历～利～律～论～谟～幕～念～穷～士～事～枢～疏～术～思～网～望～惜～相～想～偕～运～争～值～制～治～侍～智～置～奏～左例百虑视安危，分明曩贤计。（唐·杜甫《解忧》）为贪逐日俸，拟作归田计。（唐·白居易《自咏五首》其四）浊酒一杯家万里。燕然未勒归无计。（宋·范仲淹《苏幕遮·塞下秋来风景异》）

典**菟裘之计**　指考虑退位与后事之安排，"营菟裘"则单指安排后事。亦作"菟裘""营菟裘"。《左传·隐公十一年》："羽父请杀桓公，将以求大宰。公曰：'为其少故也，吾将授之矣。使营菟裘，吾将老焉。'羽父惧，反谮公于桓公而请弑之。"

故山空复梦松楸。此心安处是菟裘。（宋·苏轼《浣溪沙·倾盖

相逢胜白头》)

际(際)jì

古去声,八霁。逆八～百～分～缝～遘～贵～极～津～苦～礼～六～倪～蟠～畔～穷～热～日～沙～赏～盛～十～事～殊～霜～水～未～五～午～物～霞～谐～形～胸～崖～涯～烟～垠～渊～云～真～顺～会～可～留～畔～限～幸～涯～遇～运～止例别家万里余,流目三春际。(唐·宋之问《自衡阳至韶州谒能禅师》)高城望远看回睇。烟细晚碧空无际。(宋·张先《河传·花暮》)

霁(霽)jì

古去声,八霁。逆不～澄～春～光～和～烘～开～旷～朗～暖～祈～秋～清～晴～色～爽～天～晚～威～温～鲜～新～旭～暄～颜～阳～阴～余～雨～月～顺～波～朝～氛～峰～红～鉴～景～朗～媚～青～日～色～山～天～威～雾～夕～霞～岫～雪～严～颜～野～雨～月～云～泽～止例猿啼山馆晓,虹饮江皋霁。(唐·宋之问《自衡阳至韶州谒能禅师》)湖广舟自轻,江天欲澄霁。(唐·常建《湖中晚霁》)暮景萧萧雨霁。云淡天高风细。(宋·柳永《佳人醉·暮景萧萧雨霁》)

济(濟)jì 另见215页jǐ。

古去声,八霁。逆安～拔～办～倸～博～补～阐～存～达～代～得～登～渡～辅～溉～干～给～供～共～固～光～弘～宏～鸿～恢～惠～获～既～济～兼～简～杰～津～开～戡～康～克～匡～匡～勖～旷～理～利～两～亮～隆～敏～明～难～宁～平～普～普～跄～强～勤～清～全～痊～仁～容～赡～申～沈～升～实～世～事～顺～通～同～未～遐～下～相～协～旋～淹～医～营～诱～渊～沾～贞～振～赈～拯～自～顺～拔～办～成～侈～川～代～颠～度～渡～乏～繁～功～国～和～护～化～惠～活～救～克～美～民～难～人～濡～涉～胜～师～时～世～私～俗～脱～危～物～险～恤～勋～用～育～运～赈～拯～治例狄子幕府郎,有谋必康济。(唐·岑参《送狄员外巡按西山军》)大鹏飞兮振八裔,中天摧兮力不济。(唐·李白《临路歌》)

典**宽猛相济** 古代统治阶级所施行的温和、严厉交替的政治手段。《左传·昭公二十年》:"仲尼曰:'善哉!政宽则民慢,慢则纠之以猛。猛则民残,残则施之以宽。宽以济猛,猛以济宽,政是以和。'"

君看二赵作庐陵,宽猛晦明两相济。(宋·杨万里《送吉州通判赵德辉上印起阙》)

舟同共济 喻团结一致、齐心协力。《孙子·九地》:"夫吴人与越人相恶也,当其同舟而济,遇风,其相救也,如左右手。"

从臾泾舟同共济,更绸缪、桑土先阴雨。(宋·李曾伯《贺新郎·日近长安路》)

继(繼)jì

古去声,八霁。逆出～迭～后～继～匡～连～闰～绍～嗣～相～一～踵～纂～顺～绊～缠～尘～成～代～赓～姑～孤～轨～晷～好～火～迹～继～绝～立～路～美～明～赛～卿～日～绍～声～世～述～祀～嗣～体～天～统～武～袭～兴～序～绪～业～轸～踵～昼～烛～躅～踪～缵～作例嘉庆始获申,恩华复相继。(唐·张九龄《酬周判官巡至始兴会改秘书少监见贻之作兼呈耿广州》)亭亭碧流暗,日入孤霞继。(唐·常建《西山》)四弦独擅席中春,移船出塞声能继。(宋·史浩《踏莎行·歌舌莺娇》)

记(記)jì

古去声,四寘。逆谙～稗～彼～壁～齿～聪～谍～封～腹～故～管～篇～鸿～笺～精～论～祕～片～谱～钤～山～上～省～石～识～受～授～疏～署～硕～诵～文～火～稳～无～下～悬～雅～移～遗～逸～应～掌～照～朱～顺～辨～萠～乘～持～词～存～牒～动～睹～府～功～故～怀～会～迹～家～刻～览～里～怜～目～取～省～识～史～室～书～疏～说～思～诵～问～序～言～意～臆～印～月～轸～志～注～奏例地用莫如马,无良复谁记。(唐·杜甫《遣兴》)散发对农书,斋心看道记。(唐·权德舆《郊居岁暮因书所怀》)醉别西楼醒不记。春梦秋云,聚散真容易。(宋·晏几道《蝶恋花·醉别西楼醒不记》)

纪(紀)jì

古上声,四纸。逆案～八～半～邦～辟～常～称～饬～鸟～大～代～丹～度～恩～二～干～纲～衡～节～九～来～历～六～录～律～伦～枚～祕～南～谱～情～穷～群～经～人～神～寿～数～顺～祀～岁～五～西～遐～宪～星～暮～淹～炎～遥～遗～忧～友～受～逾～月～云～载～贞～甄～纂～尊～顺～传～纲～功～过～号～极～经～理～历～录～律～略～善～识～事～述～颂～统～系～限～星～行～序～鬳～要～庸～游～元例盘薄荆之门,滔滔南国纪。(唐·杨炯《西陵峡》)倘常岁落一,自足支两纪。(唐·韩愈《落齿》)是行颇为惬,所历良可纪。(唐·白居易《长庆二年七月自中书舍人出守杭州路次蓝溪作》)

忌jì

古去声,四寘。逆辟～褊～兵～怖～患～谗～仇～恶～刚～诟～害～悍～还～回～疾～嫉～骄～矜～敬～拘～祕～内～钳～疏～俗～速～贪～天～畏～无～物～险～限～厌～亿～意～隐～语～谤～怨～憎～顺～避～褊～才～毒～妬～恶～愤～故～害～恚～疾～禁～克～刻～娼～妻～前～忍～胜～畏～忤～厌～憎～针～忮～制例重礼足滋彰,养神多避忌。(唐·白居易《和微之诗二十三首·和知非》)所以尸禄人,反为夷臣忌。(唐·皮日休《正乐府十篇·颂夷臣》)

季jì

古去声,四寘。逆标～储～二～艰～浇～节～昆～末～群～群～时～叔～衰～危～五～逊～陵～阳～玉～中～顺～薄～材～春～代～弟～父～虎～绢～兰～妹～孟～末～母～年～女～诸～商～氏～世～叔～胁～兴～叶～鹰～鲈～月～指～主～子～子裘例西山最高峰,积雪连四季。(宋·杜敏求《运

司园亭·雪峰楼》)

冀jì

古去声,四寘。逆规～河～谬～期～企～荣～私～安～希～晞～幸～邀～幽～豫～中～顺～方～马～求～缺～阙～群～图～望～心～幸～野～愿～志～州例魏阙渺云端,驰心附归冀。(唐·宋务光《海上作》)秦俗犹未平,汉道将何冀。(唐·李密《淮阳感怀》)

典**依梁冀**　喻文人取媚权贵。《后汉书·马融传》:"初,融惩于邓氏,不敢复违忤势家,遂为梁冀草奏李固,又作大将军《西第颂》,以此颇为正直所羞。"

　　岂害依梁冀,何须困李侯。(宋·苏轼《马融石室》)

骥(驥)jì

古去声,四寘。逆白～老～赤～船～二～伏～附～渴～老～枥～六～龙～鸣～牛～骐～千里～十～素～绊～绿～索～天～徒～讬～希～仙～驿～骤～逸～云～展～顺～骛～坂～齿～伏～骏～枥～路～騄～马～涂～尾～子～足例君怀生羽翼,本欲附骐骥。(唐·高适《同吕判官从哥舒大夫破洪济城回》)洞澈万顷陂,昂藏千里骥。(唐·刘长卿《题冤句宋少府厅留别》)华鬓星星,惊壮志成虚,此身如寄。萧条病骥。(宋·陆游《双头莲·华鬓星星》)

典**老骥**　见141页"老骥诗"。

　　朔风悲老骥,秋霜动鸷禽。(唐·刘禹锡《学阮公体三首》其二)

展骥　见407页"骥足"。

　　怜君展骥去,能解倚门愁。(唐·钱起《送外甥范勉赴任常州长史兼觐省》)

悬金收骥　见775页"市骏"。

　　悬金收逸骥,鼓瑟荐嘉宾。(唐·元稹《代曲江老人百韵》)

寄jì

古去声,四寘。逆邦～边～标～朝～持～宠～酬～递～恩～飞～封～浮～腹心～高～孤～函～怀～缄～柬～栖～奖～津～静～隆～眷～客～阃～流～旅～旁～飘～萍～期～遣～侨～情～意～请～趣～任～荣～如～事～推～托～危～委～无～象～兴～悬～遗～忧～渊～重～主～嘱～顺～傲～币～泊～藏～巢～愁～处～鞮～地～顿～放～公～画～怀～惠～迹～籍～豭～笺～径～客～款～老～论～梅～命～目～拏～栖～情～趣～筌～身～深～生～声～食～适～似～榻～外～委～味～庑～锡～象～谢～心～兴～形～幸～学～讯～遗～音～怨～孕～载～鲊～政～止～纸～治～属～踪～足～坐例夫君亦沦落,此地同飘寄。(唐·白居易《早秋晚望兼呈韦侍郎》)待归时,揽取庭前皓月,也应堪寄。(宋·晁补之《水龙吟·去年暑雨钩盘》)

技jì

古上声,四纸。逆百～薄～材～长～倡～逞～骋～词～殚～方～工～孤～故～惯～神～国～角～末～齐～奇～巧～殊～鼠～屠龙～五～效～异～音～鬻～争～顺～道～击～机～乐～伎～女～穷～人～士～系～痒～业～勇～用

典**黔驴之技**　比喻意欲炫耀而本领有限,讥讽人不知藏拙,以致取辱或遗笑于他人。唐·柳宗元《三戒·黔之驴》载:黔地无驴,有人载入放之山下,老虎见其体型庞大,以为神物,不敢接近。后察觉驴实无异能,前去挑衅冲撞,驴子也只会用蹄反击。老虎见其"技止此耳"!"因跳踉大㘎,断其喉,尽其肉,乃去。"

　　黔驴之技止于是,君王用意徒为尔。(元·王冕《宣和殿画驴图》)

骑(騎)jì

旧读音。①人所乘坐的马或其他动物。②骑兵,也泛指骑马的人。另见209页qí。

古去声,四寘。逆策～车～单～归～胡～连～千～轻～铁～游～游～坐～顺～从例安能接贤彦,乐事联轻骑。(宋·梅尧臣《依韵和太祝同诸君游园湖见寄》)枯竹为门扉,不可容车骑。(宋·梅尧臣《欧阳永叔王原叔二翰林韩子华吴长文二舍人同过弊庐值出不及见》)夜归清有余,微月照连骑。(宋·韩维《邻几和叔饮定力同赋》)

典**桓家车骑**　见567页"孟嘉落帽"。

　　荆楚岁时,念自古、登临风俗。休更道、桓家车骑,谢家丝竹。(宋·汪莘《满江红·荆楚岁时》)

荠(薺)jì

荠菜。另见210页qí。

古上声,八荠。逆春～挑～香～野～顺～菜～苨～苧例弟壮各能力,茹荼甘如荠。(清·钱澧《长风》其三)

典**甘之如荠**　比喻乐意做之事,虽苦犹甘。或比喻人只要心安理得,即使承受再大的痛苦内心也觉得很甜美。亦作"甘心如荠"。《诗经·邶风·谷风》:"谁谓荼苦,其甘如荠。"郑玄笺:"荼诚苦矣,而君子于己之苦毒又甚于荼,比方之荼。则甘如荠。"

　　矢身受责甘如荠,沃然华实相葳蕤。(宋·蔡襄《四贤一不肖诗·右范希文》)

芰jì

古上声,四寘。逆碧～菱～青～嗜～香～顺～荷～茄～制例凿池贮秋水,中有蘋与芰。(唐·白居易《秋池二首》其四)春溪化桃李,秋沼生荷芰。(唐·于濆《拟古讽》)开枕簟,浮瓜芰。琼液浅,歌喉细。(宋·刘学箕《满江红·午转槐阴》)

妓jì

古上声,四纸。逆甲～酒～乐～流～妙～内～女～散～声～舞～狎～仙～谢～畜～异～饮～筝～珠～顺～妇～航～乐～妾～人～堂～筵～衣～媵例泉尊陶宰酒,月眉谢郎妓。(唐·李贺《昌谷诗》)珍重主人情,闻说当年,宴出红妆妓。(宋·陈亮《醉花阴·姓名未勒慈恩寺》)桃叶新声,榴花美味。南山宾客东山妓。(宋·刘敞《踏莎行·蜡炬高高》)

典**金谷妓**　见474页"绿珠坠楼"。

　　共惜不成金谷妓,虚令看杀玉车人。(唐·王翰《观蛮童为伎之作》)

髻jì

古去声,八霁。逆包～宝～辫～长～垂～翠～堆～堕～峨～发～佛～高～宫～合～鬟～假～翦～角～科～鸾～罗～螺～青～散～梳～双～髻～头～丸～挽～危～倭堕～仙～玄～丫～鸦～义～拥～云～楂～珠～抓～椎～椎～坠～

总～顺～宝～鬓～钗～丛～发～凤～根～荷～鬟～角～梁～螺～盘～丫～鸦～影～云～簪～珠～髽～子例共折路边花，各持插高髻。（唐·寒山《诗三百三首》其六〇）一带不结心，两股方安髻。（唐·李商隐《李夫人三首》其一）高柳蝉嘶，采菱歌断秋风起。晚云如髻。（宋·汪藻《点绛唇·高柳蝉嘶》）

祭jì

古去声，八霁。逆哀～拜～宾～册～柴～獭～豺～谄～尝～祠～道～奠～丁～豆～配～燔～汎～奉～告～命～供～瓜～归～还～吉～家～郊～腊～牢～类～练～缭～燎～临～路～内～炮～三～丧～商～上～设～社～生～尸～师～时～食～室～四～祀～绥～隋～缩～田～外～望～下～祥～享～巷～凶～衍～遥～野～殷～淫～尹～虞～寓～宰～赞～振～蒸～正～直～周～祝～祖～顺～报～菜～祠～地～典～奠～吊～丁～豆～肺～服～赙～告～号～红～侯～吽～韭～酒～具～孔～蜡～酹～厉～门～陌～鸟～盘～品～仆～旗～器～日～肉～赛～扫～社～牲～师～诗～史～式～兽～祀～獭～台～天～田～亭～土～文～献～享～飨～星～腥～养～仪～鱼～玉～月～幛～正～脂～主～醊～尊～胙例百灵咸秩，四海来祭。（唐·张说《唐封泰山乐章·肃和》）有意在黎民，山川无不祭。（宋·梅尧臣《亢阳和欲行舟者》）

剂（劑）jì

古去声，八霁。又：上平，四支异。逆砭～裁～参～分～火～劫～峻～量～券～汤～丸～限～医～约～酌～顺～刀～调～钢～和～救～限～信例亦须随丰约，可得无限剂。（唐·白居易《自咏五首》其四）善颂阴资，何须更觅，西山灵剂。（宋·晁元礼《醉蓬莱·正中秋初过》）

悸jì ①惊恐，害怕。②心慌，因害怕而心跳异常。

古去声，八霁。逆悲～病～怖～惭～惨～颤～吃～怵～胆～动～发～顾～骇～寒～荒～惶～悸～惊～兢～恐～狂～心～虚～萦～忧～余～战～震～惴～顺～怖～颤～动～骇～悸～噤～恐～栗～慑～悚～竦～罔～心～震

既jì ①尽，完了。②已经。③既然。④不久。

古去声，五未。逆拜～曷～皆～靡～时～蚀～食～肆～罔～无～雍～终～顺～訿～尔～灌～后～济～立～乃～是～朔～望～夕～旬～已～以～月～终例是时春已老，我游亦云既。（唐·元稹《元和五年予官不了罚俸西归》）

暨jì ①与。②至。

古去声，四寘。又：去声，五未异。逆傍～不～暨～来～市～无～遐～远～越～顺～暨～今～罗女例十分才一分，那里暨。（宋·刘镇《感皇恩·八十最风流》）

蓟（薊）jì ①多年生草本植物，有大蓟、小蓟之类。②古州名。

古去声，八霁。逆刺～辽～马～山～燕～幽～顺～门～丘～县～州

洎jì ①浸润。②及，到。

古去声，四寘。逆不～来～延～顺～乎例大都来、一寸心儿，万般萦系。似恁愁烦那里洎。（宋·赵长卿《贺新郎·负你千行泪》）

觊（覬）jì ①希望，希求。②觊觎：非分地想得到或占有。

古去声，四寘。逆非～还～侥～窥～默～贪～希～晞～幸～顺～夺～豁～利～慕～望～心～幸～觎～欲

伎jì

古上声，四纸。逆百～薄～才～材～倡～逞～骋～灯～方～歌～工～故～国～伎～家～进～绝～马～末～女～奇～曲～声～仙～效～音～淫～游～鬻～奏～顺～船～道～儿～坊～工～荷～家～苛～乐～力～能～女～巧～曲～人～术～数～痒～艺～作

跽jì 长跪。

古《广韵》：上声，旨韵。逆长～降～跼～擎～拳～跪～乳～顺～拜～跗～跪～坐例杂佩珊珊就列，映蓝袂、宝薰擎跽。（宋·程大昌《万年欢·岁岁梅花》）

齐（齊）jì 同"剂"。另见209页qí。

古去声，八霁。逆和～火～顺～给～量～味～限～药

偈jì "偈陀"的简称，佛家唱颂词。

古去声，八霁。逆呗～宝～笔～禅～梵～佛～呼～妙～墓～山～诗～金～颂～真～郢～顺～句～诵～颂～文～言～语～子例我诗也是诗，有人唤作偈。（唐·拾得《诗》其九）

典**金人偈** 见593页"三缄"。

笑问金人偈，闲听宝月诗。（唐·韩翃《同中书刘舍人题青龙上房》）

系（繫）jì 打结；扣。另见232页xì。

古去声，八霁。逆紧～

典**匏系** 见179页"瓠瓜不食"。

匏系虽非愿，蠖屈当有俟。（宋·苏辙《思归二首》其二）

一绳何系 喻指一己之力难以挽回颓势。《后汉书·徐稺传》："（徐稺）谓容曰：'为我谢郭林宗，大树将颠，非一绳所维，何谓栖栖不遑宁处？"

一绳将何系，忧醉不能持。（唐·陈子昂《感遇诗三十八首》其二〇）

长缨系 见879页"请缨"。

始见儒者雄，长缨系余孽。（唐·钱起《送薛判官赴蜀》）

虚舟不系 ①比喻自由而无所牵挂。②比喻漂泊不定。《庄子·列御寇》中有伯昏瞀人曰："……巧者劳而知者忧，无能者无所求，饱食而遨游，泛若不系之舟，虚而遨游者也。"

岂无平生志，拘牵不自由。一朝归渭上，泛如不系舟。（唐·白居易《适意二首》其一）

宛溪霜夜听猿愁，去国长如不系舟。（唐·李白《寄崔侍御》）

其jì 语助词。另见199页jī、210页qí。

古《集韵》：去声，志韵。

惎jì 毒害。

古去声，四寘。逆谗～忌～刻～离～启～嫌～顺～构～悔～间

罽jì 地毯。

古去声，八霁。逆斑～鹅～花～绘～锦～麟～绿～蛮～毛～纰～裘～绒～缇～文～香～顺～宾～车～锦～幕～幪～裘～毯～庭～绣～衣～茵～帻～帐例丰屋珊瑚钩，骐驎织成罽。（唐·杜甫《八哀诗·赠

秘书监江夏李公邕》)

瘈 jì 疯狂。

古《集韵》:去声,祭韵。逆狂～痫～顺～狗

利 lì

古去声,四寘。逆宝～备～本～辩～兵～迟～宠～怵～蹈～钧～调～汎～伏～浮～贯～规～龢～怀～会～诲～惠～及～几～荣～兼～交～娇～劲～土～精～警～久～就～峻～浚～骏～灵～没～昧～猛～明～慕～剽～耆～起～轻～清～遒～遂～趋～榷～饶～擅～射～声～尸～食～世～事～嗜～疏～霜～完～罔～委～稳～五～骛～铦～涎～羡～享～休～修～徇～殉～邀～遗～义～役～逸～溢～淫～蝇～颖～颛～欲～裕～远～贞～征～殖～资～走～顺～爰～兵～柄～尘～怵～辞～动～端～钝～饵～锋～福～喙～火～济～见～建～交～金～疢～孔～口～赖～门～末～跂～巧～洒～色～刹～舌～涉～生～施～时～事～适～爽～薮～箅～涂～吻～械～穴～眼～养～颖～用～欲～毓～泽～贞～资～足例一向迷本心,终朝役名利。(唐·拾得《诗》其三)走舟车向此,人人奔名竞利。(宋·柳永《定风波·伫立长堤》)

例 lì

古去声,八霁。逆成～除～创～达～大～盗～典～恩～格～规～恒～据～苛～科～攀～品～起～适～说～随～往～选～循～义～援～缘～滞～字～遵～顺～侪～对～贡～规～话～及～禁～拘～举～授～行～言～赠～直～转例幕府辍谏官,朝廷无此例。(唐·杜甫《送樊二十三侍御赴汉中判官》)涧翁兹岁喜。荣沾南儒恩例。(宋·王梦应《摸鱼儿·问谁歌》)

厉(厲) lì ①磨刀石。后作“砺”。②磨,使锋利。③恶鬼。凶恶。④劝勉。⑤严厉。

古去声,八霁。逆哀～暴～大～带～砥～奋～风～讽～改～感～刚～诟～垢～孤～规～悍～横～矫～湫～阶～戒～诫～矜～谨～劲～精～狷～峻～亢～伉～苛～克～刻～雷～廉～洌～陵～凌～率～勉～摩～狞～峭～切～勤～清～深～神～饰～霜～悚～肃～威～温～凶～虚～勖～训～迅～炎～扬～夭～妖～贻～遗～淫～跃～藻～责～札～遮～贞～振～震～整～支～壮～卓～钻～顺～兵～操～诚～度～风～服～抚～高～阶～揭～节～禁～精～厉～民～虐～气～然～色～涉～声～世～饰～爽～俗～肃～祟～骛～响～心～行～言～翼～音～直～志～鸷例至夜转清迥,萧萧北风厉。(唐·常建《西山》)放逐早联翩,低垂困炎厉。(唐·杜甫《八哀诗·赠秘书监江夏李公邕》)清霜初肃,鹰扬隼击,青霄凌厉。(宋·袁去华《水龙吟·汉江流入苍烟》)

隶(隸、*隷) lì

古去声,八霁。逆百～边～草～常～臣～饿～俘～附～割～皂～楷～僚～流～蛮～门～民～内～陪～配～疲～迁～黥～驱～守～庶～琐～台～徒～外～奚～纤～行～胥～驿～庸～余～皂～篆～走～卒～罪～佐～顺～臣～齿～古～汉～籍～家～绝～名～仆～人～事～首～僮～文～习～写～行～胥～学～业～役～圉～御～韵～属～字例奥旨悦诗书,遗文分篆隶。(唐·薛存诚《太学创置石经》)忽闻扣门急,云是下乡隶。(唐·唐彦谦《宿田家》)

丽(麗) lì

古去声,八霁。逆哀～壁～辨～博～粲～侧～琛～澄～逞～侈～楚～纯～宕～典～雕～都～端～繁～风～浮～附～傅～工～怪～光～瑰～诡～豪～浩～皓～宏～鸿～焕～晖～辉～惠～慧～佳～嘉～匠～骄～劲～静～巨～绝～峻～亢～夸～誇～朗～丽～流～隆～曼～靡～绵～敏～骈～铺～芊～倩～巧～清～晴～穹～遒～润～森～赡～韶～神～殊～淑～宛～透～嵬～伟～委～玮～温～稳～细～纤～显～雄～修～玄～雅～严～妍～夭～窈～冶～依～轶～逸～淫～英～幽～遊～余～鱼～圆～藻～贞～珍～整～庄～组～顺～兵～采～彩～唱～侈～川～典～娥～萼～尔～法～服～富～格～古～观～馆～光～轨～汉～好～级～佳～箭～精～景～娟～康～空～口～丽～美～靡～密～妙～名～明～偶～葩～魄～崎～绮～谯～巧～情～人～日～容～柔～缛～蕊～什～实～食～饰～室～姝～硕～思～天～土～黠～响～象～霄～形～玄～雅～颜～养～冶～逸～淫～邮～宇～月～藻～泽～章～正～质～属～瞩～着～姿～紫例近伏盈川雄,未甘特进丽。(唐·杜甫《八哀诗·赠秘书监江夏李公邕》)踟蹰金霞白,波上日初丽。(唐·韦建《河中晚霁》)

吏 lì

古去声,四寘。逆案～傲～罢～百～卑～笔～辟～避～驳～簿～才～材～残～曹～察～长～承～程～充～纯～从～刀笔～典～法～符～幹～悍～豪～患～疾～假～健～苛～刻～课～快～郎～里～僚～论～蒙～命～墨～幕～能～平～漆～亲～驱～戎～儒～山～善～师～试～饰～送～俗～宿～琐～天～廷～委～黠～仙～刑～行～胥～邑～隐～芸～皂～札～谪～主～属～走～佐～顺～才～材～曹～从～道～典～牍～蠹～法～方～干～节～巾～课～理～力～禄～门～民～能～气～戎～士～事～势～书～术～饕～体～文～习～胥～议～役～隐～用～垣～皁～政～治～秩～属～卒～最～佐例文始通道源,含光隐关吏。(唐·吴筠《高士咏·文始真人》)牵联缧绁囚,奔走尘埃吏。(唐·白居易《府西亭纳凉归》)胥徒赏以财,俊造悉为吏。(唐·皮日休《正乐府十篇·贪官怨》)

典**识旧吏** 见356页“弃繻”。

潼关识旧吏,吏发已如丝。(唐·杜牧《杜秋娘诗》)

刻木为吏 意思是不能受狱吏的污辱,即使是木头做的狱吏也不能见他。形容狱吏的凶暴可畏。亦指对狱吏的深刻的仇恨。《汉书·司马迁传》:“故士有画地为牢势不入,削木为吏议不对,定计于鲜也。”《汉书·路温舒传》:“刻木为吏,期

不对。”

束草作官但形模，刻木为吏无文书。（宋·陆游《赛神曲》）

励（勵）lì

古去声，八霁。逆鞭～贬～策～饬～淬～砥～雕～督～笃～敦～奋～风～讽～改～感～鼓～激～坚～奖～奖～矫～戒～诫～谨～精～儆～警～克～刻～课～匡～凌～率～勉～磨～谯～切～勤～劝～申～肃～慰～修～勖～训～扬～邀～诱～责～振～祇～自～顺～操～节～精～勉～声～世～行～翼～志例浩歌方振荡，逸翮思凌励。（宋·高适《赠别王十七管记》）

戾lì ①违逆。②乖张，乖戾。③暴虐，凶狠。④疾劲，猛烈。

古去声，八霁。逆拗～傲～暴～背～悖～鄙～愎～辟～残～舛～恶～反～忿～风～拂～负～刚～悍～很～疾～降～交～狡～湫～狷～谲～狂～剌～狼～猛～谬～缪～虐～叛～纰～僻～凄～悽～强～曲～肆～速～贪～饕～枉～违～险～效～邪～凶～虚～贻～隐～冤～怨～躁～贼～诈～止～窒～鸷～重～罪～顺～悖～虫～沓～悍～很～谬～虐～气～强～色～深～心～行～虚～止例蜀帝胡为鸟，惊急如罪戾。（唐·鲍溶《子规》）

唳lì ①鹤鸣。②泛指鸟鸣。③鸣叫；叫。

古去声，八霁。逆孤～鹤～寥～嘹～鸣～凄～悽～清～顺～嘹例齐公生人表，迥天闻鹤唳。（唐·张说《五君咏五首·魏齐公元忠》）独步四十年，风听九皋唳。（唐·杜甫《八哀诗·赠秘书监江夏李公邕》）露寒烟冷蒹葭老，天外征鸿寥唳。（宋·苏轼《水龙吟·露寒烟冷蒹葭老》）

典**风声鹤唳** 指惊慌失措、自相惊扰或极端恐惧的精神状态。《晋书·谢玄传》：“（苻）坚众奔溃，自相蹈藉，投水死者不可胜计，肥水为之不流。余众弃甲宵遁，闻风声鹤唳，皆以为王师已至。草行露宿，重以饥冻，死者十七八。”

羽扇纶巾聊自适，风声鹤唳已魂惊。（宋·李弥逊《寄题福州程进道止戈堂二首》其二）

华亭鹤唳 陆机遭诬陷，临刑时想起当年游华亭、听鹤唳之事。后用作悲叹不知及早隐退而遭陷害、慨叹平生之辞。亦作“陆氏冤”。《世说新语·尤悔》：“陆平原河桥败，为卢志所谗，被诛，临刑叹曰：‘欲闻华亭鹤唳，可复得乎？’”

华亭鹤唳讵可闻，上蔡苍鹰何足道？（唐·李白《行路难三首》其三）

痢lì

古去声，四寘。逆疟～下～泄～泻～顺～疾

鬁lì

逆鬁～鬎～

莉lì

古去声，四寘。逆茉～例凉浸桃笙，暑消葵扇，借伊一些秋意。枕边茉莉。（宋·吴潜《秋霁·阶砌吟蛩》）

俐lì

逆伶～俏～清～飒～爽～顺～亮例那更堪、有个人人，似花似玉，温柔伶俐。（宋·赵长卿《有有令·前山减翠》）

荔lì

古去声，八霁。逆薜～大～丹～都～马～香～顺～挺～支～子例犹贤柳柳州，庙俎荐丹荔。（宋·苏轼《迁居并引》）

疠（癘）lì

古去声，八霁。逆病～瘥～疮～疵～毒～寒～疾～疥～瘧～驱～群～温～炎～夭～疫～疫～札～瘴～障～嶂～瘴～顺～瘥～疵～风～疾～痎～气～人～痟～疫例何辞御魑魅，自可乘炎疠。（唐·宋之问《自衡阳至韶州谒能禅师》）服药备江瘴，四年方一疠。（唐·元稹《遣病十首》其一）

俪（儷）lì ①配偶。②成对成双。③对偶。④相并，也指相并列的物事。

古去声，八霁。逆参～罕～伉～偶～配～骈～嫔～升～失～淑～鲜～谐～倚～鱼～作～顺～裁～辞～对～句～偶～巧～曲～然～事～体～偕～影～语～札～祉例云水俱无心，斯可长伉俪。（唐·戴叔伦《古意》）向修文寓直，仙楼侍宴，梁王宝、真难俪。（宋·胡寅《水龙吟·玉梅衔腊传香》）

莅（莅、涖）lì

古去声，四寘。又：去声，八霁同。逆监～莅～临～浏～蓟～往～顺～官～国～临～盟～民～飒～修～正～政～职～止例贺王得贵宝，不远王所莅。（唐·元稹《出门行》）

砺（礪）lì 磨刀石。

古去声，八霁。逆诚～粗～淬～带～刀～砥～锻～规～砻～磨～镞～钻～顺～兵～齿～淬～带～砥～石～志例谓有金石姿，良工心磨砺。（宋·蔡襄《南都思杜祁公》）

典**作砺** 见976页“金砺用”。

独惭贤作砺，空喜福成田。（唐·李峤《奉和幸大荐福寺应制》）

沴lì ①天地之气不和。灾气。②因气不和而产生的灾害。

古去声，八霁。逆百～孛～毒～恶～氛～乖～横～虹～鸿～荒～祲～历～六～谬～逆～偏～伤～屯～邪～炎～妖～妖～阴～余～灾～顺～魃～瘥～怪～厉～戾～疠～孽～气～疫～灾

粝（糲、糲）lì ①粗米，糙米。②粗糙。

古去声，八霁。又：去声，九泰同。又：入声，七曷同。逆稗～粗～含～粱～鹿～疏～蔬～顺～精～餐～饭～藿～糠～粱～米～食～粢例未为禄食仕，俯不愧粱粝。（唐·皮日休《三羞诗三首》其一）

猁lì

逆猞～

栵lì 木名。

古《广韵》：去声，祭韵。又：入声，薛韵同。

蛎（蠣）lì 牡蛎。

古去声，八霁。逆蠔～牡～玄～顺～槎～蛤～蚝～灰～奴～墙

詈lì 骂；责备。

古去声，四寘。逆谤～嘲～叱～斥～醜～刺～诋～颠～斗～毒～忿～诟～诃～骂～殴～辱～讪～肆～痛～怨～责～诅～顺～辞～诟～诘～骂～辱～侮～言～语～责～訾～诅例乃昏落其间，众口沸嘲詈。（宋·韩维《答曼叔客居见诒兼简里中诸君》）

腻（膩）nì

古去声，四寘。逆尘～楚～粉～丰

～垢～滑～洁～津～绮～稔～柔～润～刷～鬆～宿～温～乌～香～莹～余～郁～云～脂～顺～垢～秽～理～旗～壤～香～友～玉～云～泽～滞例春衫未成就，冬服渐尘腻。（唐·元稹《元和五年予官不了罚俸西归》）艳杏夭桃，垂杨芳草，各斗雨膏烟腻。（宋·柳永《剔银灯·何事春工用意》）

泥nì　①用土、灰等涂抹墙壁或器物。②固执。另见207页ní。

古去声，八霁。逆拘～滞～顺～常～定～古～守～文～象～信～饮～执～滞

睨nì　斜视。

古去声，八霁。逆敖～傲～辟～侧～倒～谛～愕～鹗～高～顾～忽～还～环～迴～鸡～骄～窥～临～眄～蔑～旁～睥～熟～四～涎～邪～鹰～鱼～顺～诘～然～视～望～笑～晌～注例髻高花匼匝，人见皆睥睨。（唐·寒山《诗三百三首》其六〇）容膝易安栖。南窗寄傲睨。（宋·杨万里《归去来兮引·依家贫甚诉长饥》）

譬pì

古去声，四寘。逆比～便～敦～假～谲～开～宽～切～曲～取～全～劝～设～慰～晓～燕～抑～引～责～解～旨～顺～称～成～大～方～解～况～类～媲～使～释～说～似～晓～抑～由～语～喻～则～证～执～止～旨～诸例伤哉丑行人，兹禽亦为譬。（唐·苏拯《鸱枭》）

屁pì

古《广韵》：去声，至韵。

濞pì　水暴至声。

古去声，八霁。逆濞～老～逆～滂～溢～汧～彭～澎～吴～懿～顺～濞

媲pì　匹敌。

古《广韵》：去声，霁韵。逆堪～美～譬～前～无～相～追～顺～德～迹～隆～美～偶

气(氣)qì

古去声，五未。逆哀～艾～昂～奥～愎～碧～璧～变～程～骋～褫～川～淳～鼎～二～雰～奋～浮～罡～高～鲠～浩～宏～虹～佳～江～静～俊～岚～厉～丽～戾～洌～烈～凛～龙～露～妙～缥～齐～奇～任～睿～润～尚～韶～蜃～声～书～淑～霜～爽～同～宛～晚～危～伟～蔚～武～袭～霞～祥～骁～霄～晓～斜～瀣～暄～玄～雅～夜～壹～颐～逸～音～玉～驭～郁～仗～杖～蛰～贞～震～诤～钟～驻～顺～岸～褊～禀～长～调～夺～格～合～和～结～矜～劲～祲～局～沮～决～诀～赢～类～令～略～茂～貌～懑～品～尚～慑～盛～识～朔～俗～望～纬～习～下～歇～邪～信～性～秀～序～炎～噎～义～谊～意～应～勇～宇～郁～运～志～状例朱颜类神仙，香带氛氲气。（唐·寒山《诗三百三首》其一六九）孰知近人境，旦暮含佳气。（唐·徐铉《题伏龟山北隅》）

典**丰城气**　见687页"丰城剑"。

夜看丰城气，回首蛟龙池。（唐·杜甫《咏怀二首》其一）

牛斗气　见687页"丰城剑"。

未掘双龙牛斗气，高悬一榻栋梁材。（唐·杜牧《怀钟陵旧游四首》其二）

一鼓作气　亦作"一鼓气""鼓气"。《左传·庄公十年》："既克。公问其故。对曰：'夫战，勇气也。一鼓作气，再而衰，三而竭。彼竭我盈，故克之。'"

忽变轩昂勇士，一鼓填然作气，千里不留行。（宋·苏轼《水调歌头·昵昵儿女语》）

器(*噐)qì

古去声，四寘。逆邦～宝～抱～不～才～财～常～成～簋～粹～德～鼎～伐～凡～分～风～根～公～瑰～弘～货～佳～近～巨～君～俊～苦～令～秘～妙～庙～名～年～弄～奇～钦～全～任～戎～牲～时～识～世～守～授～殊～四～素～体～伟～玮～物～显～信～行～形～虚～雅～严～养～瑶～彝～异～淫～媵～庸～宥～远～臧～泽～贞～震～知～治～滞～重～主～姿～宗～顺～爱～抱～备～币～彩～待～分～贡～观～怀～甲～鉴～敬～略～貌～谋～能～人～刃～任～赏～尚～识～实～饰～素～玩～望～物～象～行～性～许～业～异～盈～宇～遇～韵～蕴～仗～志～质～资例舜唯一鳏民，冗冗作什器。（唐·皮日休《奉和鲁望读阴符经见寄》）佩玉彩丝文竹器。愿君一见知深意。（宋·赵令畤《蝶恋花·环取其终始不绝》）

典**斗筲之器**　喻指见识短浅之人。《论语·子路》："（子贡问）曰：'今之从政者何如？'子曰：'噫！斗筲之人，何足算也！'"

斗筲之器成何用，粪土之墙不可圬。（元·王氏套曲[中吕·粉蝶儿]《寄情人》）

投鼠忌器　比喻做事情有所顾虑，不敢放手大胆去干。《汉书·贾谊传》："里谚曰：'欲投鼠而忌器。'此善谕也。鼠近于器，尚惮不投，恐伤其器，况于贵臣之近主乎！"

投鼠固知当忌器，得鱼谁敢便忘筌。（宋·华岳《诉董寺丞》）

弃(棄)qì

古去声，四寘。逆傲～敝～避～播～斥～黜～怠～底～抵～杜～断～遁～乖～荒～昏～简～翦～贱～沮～捐～沦～慢～灭～泯～偏～谴～倾～却～攘～散～讪～沈～疏～束～损～吐～脱～违～委～紊～遐～瑕～消～湮～奄～掩～厌～余～揄～谪～逐～阻～顺～本～别～播～薄～才～餐～常～朝～斥～恶～法～割～觚～骸～忽～毁～疾～井～旧～咎～捐～卷～礼～力～禄～戮～蔑～民～命～能～瓢～遗～取～壤～日～繻～辱～舍～身～失～士～市～事～逝～俗～损～天～投～唾～外～忘～卧～席～屣～瑕～邪～信～言～移～远～择～知～智～逐～坠例周室宜中兴，孔门未应弃。（唐·杜甫《题衡山县文宣王庙新学堂呈陆宰》）持用换所持，无令等闲弃。（唐·元稹《野节鞭》）悠悠身与世，从此两相弃。（唐·白居易《适意二首》其二）

典**千金弃**　用以咏重义轻利之人。《庄子·山木》：子桑雽曰："子独不闻假人之亡与？林回弃千金之璧，负赤子而趋。或曰：'为其布与？赤子之布寡矣；为其累与？赤子之累多矣；弃千金之璧，负赤子而趋，何也？'

林回曰：'彼以利合，此以天属也。'"

败虞千金弃，得比寸草荣。（唐·韩愈《秋怀诗十一首》其十）

企 qì ①踮起脚后跟看。②盼望。

古 去声，四寘。又：上声，四纸同。

逆 惭～长～驰～鹄～鹤～景～履～慕～盼～翘～钦～勤～倾～孺～思～悚～竦～叹～希～欣～悬～延～仰～遥～远～瞻～伫～追～

顺 ～迟～崇～待～逮～鹅～附～户～怀～冀～脚～警～矩～立～慕～拟～佩～竦～望～羡～想～向～效～仰～咏～予～瞻～至～踵～伫～足

例 咸倾企，小登科第。有底新桃李。（宋·廖行之《点绛唇·玳席华筵》）

汽 qì

古《集韵》：去声，未韵。逆 水～蒸～

砌 qì ①台阶。②垒砖建（房子等）。③堆积；连缀。

古 去声，八霁。逆 迸～壁～步～池～点～钿～雕～寒～交～阶～金～锦～静～鳞～露～珉～铺～铅～山～石～霜～苔～填～庭～危～文～香～轩～阳～瑶～玉～顺～叠～跟～合～阶～垒～累～石～水～台～填～阴

例 稽首环金坛，焚香陟瑶砌。（唐·吴筠《缑山庙》）重叙东都别，朝阴改轩砌。（唐·杜甫《八哀诗·赠秘书监江夏李公邕》）纷纷堕叶飘香砌。夜寂静、寒声碎。（宋·范仲淹《御街行·纷纷堕叶飘香砌》）

典 **种兰庭砌** 赞美佳子弟。晋·裴启《语林》："谢太傅问诸子侄曰：'子弟何预人事，而政欲使其佳？'诸人莫有言者，车骑答曰：'譬如芝兰玉树，欲使其生于庭阶耳。'"

梦草池塘，种兰庭砌，爽气生葵扇。（宋·陈允平《醉蓬莱·正槐龙欲老》）

契（栔）qì 另见128页qiè、131页xiè。

古 去声，八霁。逆 参～诚～道～等～订～顿～分～感～高～共～龟～合～互～交～结～金～衿～襟～勘～款～盟～密～妙～冥～齐～契～潜～情～深～神～绳～世～事～书～松～夙～素～宿～同～投～贤～相～协～谐～心～玄～雅～要～叶～逸～姻～印～幽～鱼～玉～缘～约～赞～凿～真～知～执～顺～爱～分～好～厚～会～交～密～末～慕～洽～切～托～悟～心～需～义～谊～意～友～重

例 惟乐能感，与神合契。（唐·包佶《奠币登歌》）况复清夙心，萧然叶真契。（唐·吴筠《缑山庙》）

典 **金兰契** 指朋友之间情谊契合，又引申为结拜兄弟之词。《周易·系辞上》："二人同心，其利断金；同心之言，其臭如兰。"

分定金兰契，言通药石规。（唐·白居易《代书诗一百韵寄微之》）

憩（*憇）qì

古 去声，八霁。逆 假～静～倦～流～旅～栖～晚～歇～休～偃～游～寓～止～顺～泊～赏～睡～棠～息～歇～休～偃～燕～止

例 二仪齐寿考，六合随休憩。（唐·李颀《谒张果先生》）游宦常往来，津亭暂临憩。（唐·崔国辅《题预章馆》）

亟 qì 屡屡。另见242页jí。

古《广韵》：去声，志韵。

揭 qì 提衣涉水。另见110页jiē。

古 去声，八霁。逆 厉～顺～厉～涉～跣

妻 qì 以女妻人。另见200页qī。

古 去声，八霁。顺 ～略～娶

跂 qì 跂坐，垂足而坐。另见210页qí。

古 去声，八霁。又：上声，纸同。

顺 ～据～石～坐

替 tì ①废弃；废除。②衰败，衰落。③顶替；代替。

古 去声，八霁。逆 残～弛～崇～除～怠～堕～讹～废～昏～降～蠹～陵～隆～沦～靡～迁～衰～颓～罔～纵～下～久～献～兴～淹～湮～顺～当～归～坏～陵～漏～人～违～懈～夷～移

例 逢时愧名节，遇坎悲沦替。（唐·高适《赠别王十七管记》）兹理庶可广，拳拳期勿替。（唐·杜甫《解忧》）

涕 tì ①眼泪。②流眼泪。③鼻涕。

古 上声，八荠。又：去声，八霁同

逆 悲～迸～出～啜～垂～感～鲠～含～横～挥～揽～零～流～破～泣～清～忍～失～衰～泗～酸～叹～唾～危～衔～雪～洵～掩～雨～陨～顺～泪～涟～泠～零～滂～喷～泣～泗～洟～涕～唾～欷～血～淫～殒

例 未作仲宣诗，先流贾生涕。（唐·李白《答高山人兼呈权顾二侯》）因笑王谢诸人，登高怀远，也学英雄涕。（宋·陈亮《念奴娇·危楼还望》）

典 **援琴流涕** 指悼念亡友。《世说新语·伤逝》："顾彦先平生好琴，及丧，家人常以琴置灵床上。张季鹰往哭之，不胜其恸，遂径上床，鼓琴，作数曲竟，抚琴曰：'顾彦先颇复赏此不？'因又大恸，遂不执孝子手而出。"

援琴一流涕，旧馆几沾巾。（唐·陈子昂《同旻上人伤寿安傅少府》）

悌 tì ①敬爱兄长。②平易。

古 去声，八霁。又：上声，八荠异。

逆 不～长～和～谨～凯～恺～仁～顺～死～孝～逊～友～顺～达～己～睦～顺～友

例 有邦人、万口同声，赞叹我公恺悌。（宋·赵长卿《瑞鹤仙·西风蘋末起》）

嚏 tì

古 去声，八霁。逆 颠～喷～愿～顺～喷

例 春色到梅梢，人在东风清嚏。（宋·王之道《好事近·春色到梅梢》）

屉（屜）tì

古 去声，八霁。逆 鞍～顺～帽

剃 tì

古 去声，八霁。逆 披～芟～梳～簪～顺～剪～落～面～削

殢 tì 困顿。

古《广韵》：去声，霁韵。逆 娇～梦～迷～淹～顺～娇～酒～留～雨

锑（銻）tì 化学元素。

逆 唐～錿～

戏（戲、*戯）xì

古 去声，四寘。逆 傲～百～采～倡～嘲～嗤～怠～诋～蝶～诽～歌～胡～火～讥～角～鞠～可～乐～猎～慢～漫～墨～昵～弄～虐～朋～蒲～禽～泅～设～水～顽～乌～狎～险～笑～雅～言～隐～娱～语～玉～阅～杂～谶～顺～笔～兵～薄～彩～嘲～尘～怠～

荡～调～渎～话～幻～乐～嫚～墨～禽～辱～色～适～谈～侮～嬉～狎～亵～媟～谑～弈～游～渝～娱～语～豫～嘲【例】离人堂上愁，稚子阶前戏。（唐·王维《羽林骑闺人》）月槛咏诗情，花溪钓鱼戏。（唐·皮日休《奉献致政裴秘监》）

【典】**斒斓戏**　见203页“老莱衣”。

彩庭下，争看蓝袍，衬斒斓戏。（宋·无名氏《应天长·萱堂积庆》）

姑苏鹿戏　喻指社稷败亡。东汉·赵晔《吴越春秋》：“子胥曰：‘……今大王捐国家之福以饶无益之仇，弃忠臣之言而顺敌人之欲。臣必见越之破吴，豸鹿游于姑胥之台，荆榛蔓于宫阙。愿王览武王伐纣之事也。’”

渺渺姑苏，荒芜鹿戏。（宋·董颖《薄媚·哀诚屡吐》）

细（細）xì

【古】去声，八霁。【逆】卑～鄙～别～孱～出～繁～浮～贵～寒～豪～洪～鸿～简～谨～巨～涓～苛～良～吝～缕～靡～贫～黔～轻～清～入～沈～审～疏～琐～微～委～五～屑～周～【顺】～部～岑～儿～概～故～管～过～话～检～谨～苛～浪～乐～礼～丽～流～柳～缕～绿～论～马～民～魄～巧～情～趣～让～人～乳～弱～莎～士～事～书～术～琐～猥～务～物～瑕～黠～行～腰～意～娱～语～旃～仗～政～子～族【例】白道行深云，云高路弥细。（唐·鲍溶《游山》）宁教鹦鹉哑，不遣麒麟细。（唐·司空图《感时》）伫倚危楼风细细。望极春愁，黯黯生天际。（宋·柳永《凤栖梧·伫倚危楼风细细》）

系[1] xì　①拴；绑。②带子。③世系；系统。④联属；继承。⑤高校中按专业设计的教学行政单位。另见227页jì。

【古】去声，八霁。【逆】根～贯～谱～山～圣～世～统～先～姓～血～元～宗～族～祖～纂～【顺】～家～吝～录～谱～述～孙～统～望～踵～胄～族

系[2]（繫）xì　①同“系[1]”①—④。②拘禁。③牵挂。④涉及，关联。另见227页jì。

【古】去声，八霁。【逆】榜～本～闭～捕～长～驰～逮～反～官～贯～劾～拘～鞠～缆～履～牵～轻～囚～容～绳～收～束～讼～锁～条～徒～枉～文～诬～象～校～械～悬～淹～爻～萦～幽～狱～援～占～征～舟～坐～【顺】～道～风～缚～获～羁～进～颈～缧～累～恋～虏～路～縻～念～嗣～璲～琐～蹄～望～绁～心～仰～意～引～踵～属【例】应物云无心，逢时舟不系。（唐·李颀《谒张果先生》）

系[3]（係）xì　①同“系[1]”①②④。②同“系[2]”⑥⑦。③是，属。另见227页jì。

【古】《广韵》：去声，霁韵。

屃（屓）xì　赑屃：①用力貌。②传说中一种像龟的动物。旧时碑座作此。

【古】去声，四寘。【逆】赑～巽～【顺】～赑～巽～护【例】昔在开元中，韩蔡同赑屃。（唐·杜甫《送顾八分文学适洪吉州》）

饩（餼）xì　①馈饷。②给养；俸禄。③饲料。

【古】去声，五未。【逆】常～充～丰～脯～馆～酒～馈～牢～礼～粮～禀～禄～马～稍～生～牲～田～资～事～【顺】～禀～客～馈～赉～牢～醪～醴～廪～赂～牵～稍～食～献～羊

盻 xì　怒视。

【古】《广韵》：去声，霁韵。【逆】眈～顾～回～凝～青～盻～转～【顺】～瞪～盻

禊 xì　①古俗春秋两季于水滨设祭以祓除不祥。②洗濯。

【古】去声，八霁。【逆】春～祓～解～洛～秋～修～饮～【顺】～宝～池～除～川～祠～祓～馆～祭～节～流～日～事～潭～堂～帖～序～宴～饮～游【例】沂水行歌，兰亭修禊。韶光曾见风流士。（宋·秦观《踏莎行·昨日清明》）化工收拾芳菲，晕酥翦彩迎春禊。（宋·李弥逊《水龙吟·化工收拾芳菲》）击汰千艘供洛禊。映水垂杨，万缕拖浓翠。（宋·葛胜仲《蝶恋花·风过涟漪纹縠细》）

【典】**兰亭修禊**　咏宴集与修禊。晋·王羲之《兰亭集序》：“永和九年，岁在癸丑，暮春之初，会于会稽山阴之兰亭，修禊事也。群贤毕至，少长咸集。”

君不见兰亭修禊事，当时坐上皆豪逸。（宋·苏轼《满江红·东武南城》）

咥 xì　讥笑，嘲笑。另见114页dié。

【古】去声，四寘。又：入声，四质同。【逆】诃～咥～【顺】～然～咥

意 yì

【古】去声，四寘。【逆】别～谄～尘～趁～澄～逞～驰～触～垂～淳～存～措～达～逮～耽～诞～导～德～笃～讹～芳～放～奋～愤～逢～讽～拂～甘～关～宦～回～惑～寄～加～匠～精～举～客～略～默～目～溺～宁～凝～栖～起～契～洽～芹～倾～清～取～入～睿～散～山～设～伸～束～顺～送～夙～素～宿～体～通～颓～外～望～微～委～毋～忤～物～希～息～向～协～虚～雪～徇～雅～言～厌～艳～扬～野～叶～壹～颐～淫～迎～游～娱～谕～远～陨～运～凿～造～折～直～至～致～诛～颛～壮～缀～纵～【顺】～必～变～表～称～怠～得～调～度～夺～分～故～顾～归～好～计～忌～寄～匠～界～况～乐～理～量～虑～马～脉～貌～眄～谋～内～气～巧～曲～趋～蕊～色～尚～数～思～似～算～态～田～亡～网～望～兴～性～绪～言～业～遇～远～造～折～者～知～旨～指～制～致～智～属～撰～状【例】空山无鸟迹，何物如人意。（唐·顾况《石上藤》）甘为风波人，岂复江海意。（唐·独孤及《酬梁二十宋中所赠兼留别梁少府》）碧楼帘影不遮愁，还似去年今日意。（宋·晏几道《玉楼春·东风又作无情计》）

【典】**东山意**　喻指隐居的志向。亦作“东山志”。《世说新语·排调》：“谢公始有东山之志，后严命屡臻，势不获已，始就桓公司马。”

沉吟东山意，欲去芳岁晚。（唐·贾至《赠裴九侍御昌江草堂弹琴》）

濠梁遗意　自得其乐，物我皆忘的超然之乐。《庄子·秋水》：“庄子与惠子游于濠梁之上。庄子曰：

‘鯈鱼出游从容，是鱼之乐也。’惠子曰：‘子非鱼，安知鱼之乐？’庄子曰：‘子非我，安知我不知鱼之乐？’惠子曰：‘我非子，固不知子矣；子固非鱼也，子之不知鱼之乐，全矣！’庄子曰：‘请循其本。子曰：汝安知鱼乐云者，既已知吾知之而问我。我知之濠上也。’”

非会濠梁遗意，要是吾非子。（宋·辛弃疾《哨遍·一壑自专》）

义(義)yì

㊀去声，四寘。㊁比～贬～布～才～驰～创～从～存～寸～达～蹈～德～笃～恩～恩～访～非～风～奉～扶～服～负～高～功～鼓～故～害～合～和～弘～惠～慧～急～集～艰～建～节～介～襟～经～空～礼～理～廉～烈～履～率～祕～明～慕～朋～破～气～契～取～全～权～诠～申～伸～胜～时～识～世～守～疏～树～思～肆～宿～邃～谈～通～投～畏～闻～析～徙～贤～显～效～协～挟～行～性～修～学～训～徇～轶～逸～懿～隐～由～谕～鬻～渊～远～悦～赞～责～贼～展～杖～贞～执～直～植～志～滞～竹～㊂～辞～谛～断～方～分～愤～风～服～概～竿～戈～功～故～关～壑～怀～剑～教～旧～烈～路～侣～脉～谋～鸟～趣～然～让～荣～色～声～死～嗣～髓～岁～枭～味～问～侠～孝～心～信～行～训～言～渊～蕴～政～旨～志～终～众～竹～状～樽㊃（唐·李群玉《登宜春醉宿景星寺寄郑判官兼简空上人》）吾谓巢与许，不若征君义。（唐·皮日休《七爱诗·卢征君》）

㊄**鲍叔义** 参见146页“鲍叔知”。

常忝鲍叔义，所期王佐才。（唐·高适《宋中遇陈二》）

任安义 喻指不弃旧主。《史记·卫将军骠骑列传》：“乃益置大司马位，大将军(卫青)、骠骑将军(霍去病)皆为大司马。定令，令骠骑将军秩禄与大将军等。自是之后，大将军青日退，而骠骑日益贵。举大将军故人门下，多去事骠骑，辄得官爵，唯任安不肯。”

终始任安义，荒芜孟母邻。（唐·杜甫《奉赠萧二十使君》）

柏舟节义 咏贞节妇女。《诗经·鄘风·柏舟·序》：“柏舟，共姜自誓也。卫世子共伯蚤死，其妻守义，父母欲夺而嫁之，誓而弗许，故作是诗以绝之。”

天意不如人愿，坚柏舟节义，安富尊荣。（宋·无名氏《汉宫春·四舞阶蓂》）

异(異)yì

㊀去声，四寘。㊁悖～鄙～辟～贬～辨～驳～材～超～持～讹～高～革～隔～贵～骇～豪～嘉～见～僭～交～浇～矫～嗟～桀～矜～旌～警～敬～眷～绝～谲～俊～骏～夸～狂～暌～魁～睽～礼～隆～迈～茂～美～祕～妙～谬～凄～悽～器～峭～清～瑞～赏～神～胜～爽～悚～叹～违～委～文～狎～遐～鲜～显～祥～雄～秀～轩～悬～炫～崖～讶～妖～疑～逸～英～颖～幽～远～贞～珍～祯～执～众～卓～㊂～备～便～表～别～才～材～财～采～操～产～出～爨～代～待～道～等～恩～方～分～故～观～轨～候～户～迹～计～境～眷～军～口～流～虑～略～伦～民～谋～目～派～品～奇～气～器～趋～趣～任～色～善～膳～舍～时～实～世～势～手～水～途～土～外～玩～望～闻～务～心～行～言～宜～遇～灾～政～志～制～质～致～姿㊃转念关山长，行看风景异。（唐·皇甫冉《出塞》）烂熳海红花，花中信殊异。（宋·李昉《对海红花怀吏部侍郎》）

易yì

①容易。②平坦；平和。③简易。④简慢，轻视。⑤改变，变更。⑥交换。另见254页yì。

㊀去声，四寘。㊁安～傲～鄙～辟～弛～返～和～和～忽～滑～惑～假～艰～俭～简～贱～僭～骄～佼～矫～径～居～剧～宽～狂～乐～陵～流～陋～率～慢～谬～清～容～柔～删～奢～省～施～倏～疏～顺～朔～速～陶～佻～通～脱～玩～伪～险～谐～循～演～厌～夷～逸～愉～躁～注～㊂～定～可～乐～良～谅～慢～人～视～朔～易～直～中㊃膺门倚寒碧，到者宁容易。（唐·贯休《上卢使君》）念尘埃眯眼，年华易老，觉远行非易。（宋·曹勋《选冠子·秀木撑空》）

裔yì

㊀去声，八霁。㊁八～边～边～别～嫡～凡～方～孤～贵～海～洪～鸿～华～宦～荒～黄～江～九～昆～来～流～蛮～苗～末～孽～戚～庆～穷～容～融～塞～圣～世～殊～水～朔～松～投～外～完～遐～遐～夏～贤～炎～艳～摇～遥～遗～裔～淫～涌～幽～悠～油～余～远～支～胄～族～㊂～井～民～末～壤～孙～土～姓～夷～邑～胄～子㊃相逢季冬月，怅望穷海裔。（唐·高适《赠别王十七管记》）太微廓金镜，端拱清遐裔。（唐·李白《答高山人兼呈权顾二侯》）干谒走其门，碑版照四裔。（唐·杜甫《八哀诗·赠秘书监江夏李公邕》）

衣yì

穿衣。另见203页yī。

㊀去声，五未。㊂～被～彩～服～覆～冠～褐～锦～裘～马～饰～薪～绣㊃九陌可以行，轻服可以衣。（宋·梅尧臣《吴长文紫微见过》）

㊄**狐裘反衣** 比喻有才而不被重用。《汉书·匡衡传》：“长安令杨兴说高曰：‘夫富贵在身而列士不誉，是有狐白之裘而反衣之也。’”

背之不见与无同，狐裘反衣无乃鲁。（宋·苏轼《越州张中舍寿乐堂》）

刈yì

①除草。②割；杀；铲除。

㊀去声，十一队。㊁采～锄～创～割～获～剪～翦～秋～删～芟～收～斩～诛～诛～㊂～草～除～割～钩～获～麦～取～杀～熟～田～亡

艺(藝)yì

㊀去声，八霁。㊁播～博～呈～逞～词～道～道～德～典～雕虫～笃～负～高～耕～供～贡～果～伎～讲～角～较～经～课～乐～六～妙～末～器～群～色～射～时～识～试～书～殊～术～树～说～四～谈～通～亡～玮～无～宪～骁～小～行～修～涯～一～遗～逸～游～耘～杂～植～至～

制～种～众～顺～极～林～圃～士～事～文～学～业～苑～植例宗师信舍法，摈落文史艺。（唐·宋之问《自衡阳至韶州谒能禅师》）宋贾二大夫，停车试观艺。（唐·吴筠《高士咏·司马季主》）凤竹鸾丝，清歌妙舞，尽呈游艺。（宋·晏殊《连理枝·玉宇秋风至》）

毅yì

古去声，五未。逆下～沉～方～敢～刚～鲠～果～豪～弘～宏～洪～恢～坚～疆～亢～魁～猛～强～清～抗～柔～沈～温～武～骁～雄～轩～严～英～勇～贞～忠～重～庄～壮～顺～豹～虫～烈～猛～魄～然～色～武～勇

典**尊乐毅**　战国时，燕昭王筑宫求贤，乐毅从魏国来，燕王拜他为上将军，封昌国君。后用为尊敬贤士之典。《战国策·燕策一》："于是昭王为隗筑宫而师之。乐毅自魏往，邹衍自齐往……二十八年，燕国殷富，士卒乐佚轻战。于是遂以乐毅为上将军，与秦、楚、三晋合谋以伐齐。"

燕王尊乐毅，分国愿同欢。（唐·陈子昂《感遇诗三十八首》其十六）

谊(誼)yì

古去声，四寘。逆本～陈～窗～词～大～道～断～恩～风～高～古～归～嘉～交～节～借～峻～隆～睦～年～品～戚～气～契～亲～仁～世～私～夙～通～文～贤～乡～信～行～训～雅～疑～意～姻～寅～应～云～造～正～忠～重～顺～臣～谛～方～理～烈～士～殄～行～友～恉例从宦闻苦节，应物推高谊。（唐·刘长卿《题冤句宋少府厅留别》）

议(議)yì

古去声，四寘。逆八～谤～本～边～贬～病～驳～博～察～唱～朝～陈～成～筹～处～疵～磋～大～弹～谠～诋～调～发～法～诽～分～风～讽～浮～腐～腹～覆～高～格～梗～鲠～公～宫～訾～馆～国～横～宏～鸿～讥～嘉～讲～较～进～聚～课～款～窥～理～吏～禀～流～庙～谬～末～谋～平～切～清～申～生～省～时～识～士～世～殊～霜～肆～俗～谈～讨～体～廷～庭～通～图～乡～巷～询～雅～言～谚～谣～遗～彝～逸～语～豫～辕～杂～赞～诏～正～政～执～指～追～酌～咨～谘～滋～訾～诹～奏～坐～顺～兵～柄～驳～才～曹～策～臣～呈～惩～斥～处～道～殿～鼎～度～断～覆～干～革～画～计～结～可～款～劳～理～商～命～谋～幕～拟～弄～请～诎～权～声～疏～讨～祧～妥～详～协～行～恤～勋～言～筵～谳～意～姻～语～则～章～正～主～状～准例卷舒形性表，脱略贤哲议。（唐·王昌龄《缑氏尉沈兴宗置酒南溪留赠》）雄辞变文名，高价喧时议。（唐·刘长卿《送薛据宰涉县》）巨鳞有纵时，今日不足议。（唐·独孤及《酬梁二十宋中所赠兼留别梁少府》）

翳yì　①用羽毛制成的车盖。②隐藏。③遮蔽；起遮蔽作用的东西。

古去声，八霁。逆柏～蔽～岑～尘～点～玷～繁～氛～丰～浮～黑～幻～昏～棘～解～静～林～沦～埋～媒～濛～蒙～密～冥～目～屏～铺～气～青～森～沈～委～翁～芜～雾～析～瑕～掩～翳～阴～荫～隐～幽～云～障～遮～重～顺～蔽～薄～藏～地～夺～风～华～荟～秽～蔑～谏～景～霾～茂～没～昧～面～灭～暝～酿～鸟～然～如～塞～蔚～行～依～翳～阴～郁～云～憎～障例心镜常虚明，时人自沦翳。（唐·刘长卿《送薛据宰涉县》）蜀道青天烟霭翳。帝里繁华、迢递何时至。（宋·卢氏《凤栖梧·蜀道青天烟霭翳》）

乂yì　①治理。②安定。③才德过人的人。

古去声，十一队。逆安～保～不～获～俊～康～宁～扰～熙～英～中～顺～安～俊～康～宁～清

艾yì　①辅佐。②因被惩创而戒惧。另见319页ài。

古《广韵》：去声，废韵。逆惩～创～自～顺～安～毕～服～康～命～杀

呓(囈、*讛)yì

古去声，八霁。逆谗～狂～梦～热～醉～顺～言～语～谵～怔～挣～症例得虞重费囊底羞，失每牵怀梦中呓。（清·邵懿辰《偕伯言过厂肆买书有作》）

诣(詣)yì

古去声，八霁。逆避～参～超～独～方～分～孤～稽～极～兼～简～精～绝～朗～理～率～品～切～趋～深～识～送～晚～险～行～渊～展～真～征～旨～顺～访～阁～匦～合～极～见～绝～理～力～门～阙～人～入～省～实～问～学～谒例吾师在韶阳，欣此得躬诣。（唐·宋之问《自衡阳至韶州谒能禅师》）清论早揣摩，玄心晚超诣。（唐·张说《五君咏五首·魏齐公元忠》）倏忽遗世间，宛如再登诣。（唐·吴筠《秋日望倚帝山》）

泄(洩)yì　泄泄：舒畅和乐貌。另见130页xiè。

古去声，八霁。逆泄～顺～沓～然～泄

薏yì　莲心。

古入声，十三职。顺～米～苡

肄yì　①学习；练习。②检查；查验。③嫩条。

古去声，四寘。逆存～都～讲～教～诵～素～条～习～校～修～训～芽～研～演～顺～旧～练～诵～武～习～仪～治

施yì　延续。另见214页yí、143页shī。

古去声，四寘。逆远～顺～服～靡～易

懿yì　美德。

古去声，四寘。逆纯～淳～醇～慈～端～敦～芳～丰～高～鸿～徽～明～戚～亲～清～融～柔～沈～淑～温～贤～显～休～雅～遗～姻～渊～昭～贞～忠～顺～纯～德～度～范～恭～贵～和～徽～绩～筐～茂～美～戚～亲～柔～邵～识～士～淑～烁～铄～望～伟～文～行～义～懿～哲～旨～躅例柔和性气。雅称佳名呼懿懿。（宋·苏轼《减字木兰花·柔和性气》）

瘗(瘞)yì　①埋藏。②坟墓。

古去声，八霁。逆发～燔～焚～封～浮～鹤～毁～假～敛～旅～埋

～祈～收～攒～【顺】～藏～地～鹤～埳～敛～埋～薤～铭～钱～土～位～血～玉～葬～缯【例】坡陀青州血，芜没汶阳瘗。（唐·杜甫《八哀诗·赠秘书监江夏李公邕》）假使焦山真羽化，待华阳贞逸铭方瘗。（宋·刘克庄《贺新郎·家有仙禽二》）

缢(縊)yì

【古】去声，四寘。【逆】绞～自～【顺】～杀

曀yì ①阴天而有风。②泛指晦暗不明。

【古】去声，四寘。【逆】尘～氛～昏～霾～烟～阴～淫～【顺】～暧～晦～霾～雾～阴～滞【例】是时清楚望，气色犹霾曀。（唐·常建《湖中晚霁》）

殪yì ①死。②杀。

【古】去声，四寘。【逆】剪～殄～湔～郁～【顺】～没～仆【例】王室如毁，生人多殪。（唐·王勃《倬彼我系》）

羿yì

【古】去声，八霁。【逆】后～仁～夷～【顺】～奡～妃～彀～后～浇

嫕yì 和蔼。

【古】去声，八霁。【逆】美～柔～婉～愔～贞～【顺】～静【例】湛卢少光芒，姬姜失贞嫕。（清·徐孚远《重叹》）

勚(勩)yì ①劳苦。②器物磨损。

【古】去声，四寘。【逆】积～劳～疲～勤～劬～辛～【顺】～劳～勤【例】戎虏未入朝，耕战诚劳勚。（宋·苏籀《夏旱一首》）

劓yì 古刑名。

【古】去声，四寘。【逆】黔～黥～【顺】～剥～割～刖【例】勿言闻道晚，努力补黥劓。（宋·陆游《家居自戒》）

仄声·入声

逼(*偪)bī

【古】入声，十三职。【逆】进～逼～残～催～摧～敦～俯～环～煎～俭～僭～惊～窘～拘～峻～困～临～凌～陵～骈～迫～迁～峭～侵～穷～驱～森～险～胁～抑～拥～【顺】～隘～进～逼～驳～侧～凑～促～簇～蹴～惮～阽～陡～夺～厄～遏～耳～迩～附～攻～夹～接～诘～截～惧～据～勒～邻～临～凌～掠～略～面～目～暮～恼～扑～遒～取～劝～扰～摄～身～曙～束～烁～耸～岁～索～天～突～涂～危～威～畏～狭～削～霄～肖～胁～眼～夜～抑～诱～喻～越～责～笮～窄～制～逐～主【例】歌钟乐未休，荣去老还逼。（唐·李白《君子有所思行》）在梦关山远，如流岁华逼。（唐·欧阳詹《蜀中将归留辞韩相公贯之》）愁云恨雨两牵萦，春残腊相催逼。（宋·柳永《归朝欢·别岸扁舟三两只》）

滴dī

【古】入声，十二锡。【逆】愁～翠～箭～津～涓～沥～露～碎～细～鲜～涎～檐～砚～遗～云～【顺】～沥～砾～淋～绿～墨～沰～子【例】临岐别数子，握手泪再滴。（唐·杜甫《发同谷县》）风窗疏竹响，露井寒松滴。（唐·柳宗元《赠江华长老》）朝云藏奇峰，暮雨洒疏滴。（唐·贾岛《感秋》）

菂dī 莲实。

【古】入声，十二锡。【逆】莲～香～紫～【例】秋气逼。盘中已见新莲菂。（宋·晏殊《渔家傲·粉笔丹青描未得》）

积(積)jī

【古】入声，十一陌。又：去声，四寘异。【逆】逋～成～顿～发～烦～繁～愤～丰～浮～阜～富～槁～厚～积～交～居～空～跨～阔～岚～劳～敛～隆～漏～露～麻～凝～仞～日～散～山～盛～输～宿～潭～田～填～停～委～猥～隙～香～薪～兴～畜～淹～野～遗～殷～盈～隅～庾～湛～障～兆～珍～真～峙～滞～铢～著～贮～阻～【顺】～埃～安～抱～卑～敝～兵～波～泊～惨～愁～瘁～翠～牒～牍～蠹～伐～阀～非～忿～愤～风～负～功～垢～贯～惯～厚～沍～怀～晦～祸～俭～贱～渐～阶～劫～疴～困～浪～潦～力～敛～恋～霖～虑～澧～淖～念～愆～勤～庆～染～稔～日～石～势～衰～朔～思～俗～素～愫～委～猥～悟～雾～袭～想～薪～行～修～秀～虚～序～学～业～夜～亿～勚～意～忧～幼～佑～羽～郁～直～祉～志～帙～治～智～滞～墆～中～众～重～甃～资～阻～祖【例】奇峰岌前转，茂树限中积。（唐·张九龄《巡按自漓水南行》）偶地即安居，满庭芳草积。（唐·柳宗元《赠江华长老》）

【典】**冠盖如云积** 班固描述西部长安为贵官集居之地，有"冠盖如云"语。东汉·班固《西都赋》："英俊之城，黼冕所兴。冠盖如云，七相五公。"

钱塘江上，冠盖如云积。（宋·张元干《蓦山溪·一番小雨》）

迹(*跡、蹟)jī

【古】入声，十一陌。【逆】安～比～避～参～厕～超～车～尘～陈～骋～黜～辞～从～帝～遁～返～梵～风～诡～翰～鹤～鸿～化～宦～混～继～寄～嘉～剪～践～僭～矫～接～景～敬～炯～跼～巨～浪～泪～敛～敛～劣～鳞～麟～灵～履～轮～马～妙～冥～铭～末～侔～拟～鸟～蹑～鹏～媲～飘～萍～栖～迁～寝～穷～人～胜～史～兽～汰～蹄～投～托～王～物～袭～仙～显～校～形～逊～异～逸～隐～幽～游～禹～寓～远～肇～辙～踵～追～纵～遵～【顺】～捕～察～蹈～访～射～水～索～相～响～行～兆～状【例】幽径还独寻，绿苔见行迹。（唐·韦应物《独游西斋寄崔主簿》）去岁别春陵，沿流此投迹。（唐·柳宗元《赠江华长老》）一举独往姿，再摇飞遁迹。（唐·孟郊《游韦七洞庭别业》）

【典】**东陵晦迹** 见3页"东陵瓜"。

重慕想、东陵晦迹，彭泽归来，左右琴书自乐，松菊相依，何况风流鬓未华。（宋·周邦彦《西平乐·稚柳苏晴》）

飞鸿雪迹 指过往生活的痕迹。宋·苏轼《苏轼诗集》卷三《和子由渑池怀旧》："人生到处知何似？应似飞鸿踏雪泥。泥上偶然留指爪，鸿飞那复计东西。老僧已死成新塔，坏壁无由见旧题。往日崎岖还记否，路上人困蹇驴嘶。"

我生漂泊一飞鸿，缘在重留雪泥迹。（清·林朝崧《洛阳桥》）

激jī

【古】入声，十二锡。【逆】哀～昂～悲～奔～迸～辨～搏～触～弹～荡～迭～反～沸～奋～忿～愤～拂～赣～沽～灌～诡～悍～河～环～激～急～奖～浇～矫～沮～狷～

峻～刻～浪～铭～摩～恼～旁～喷～漂～迫～切～清～劝～骚～赏～时～腾～挑～跳～湍～推～修～迅～涌～诱～赞～躁～震～顺～波～薄～楚～触～辞～刺～摧～宕～曜～电～渎～烦～犯～奋～忿～感～诡～聒～合～激～急～疾～箭～节～讦～峻～亢～抗～犒～濑～朗～裂～溜～勉～恼～迫～切～清～劝～扰～射～声～矢～水～肃～贪～哇～涴～枭～咽～扬～涌～越～赞～征～衷～壮～作例猿鸟声自呼，风泉气相激。（唐·张九龄《巡按自漓水南行》）陶谢不枝梧，风骚共推激。（唐·杜甫《夜听许十损诵诗爱而有作》）

绩(績)jī

古入声，十二锡。逆邦～边～蚕～称～诚～骋～驰～登～底～砥～动～纺～丰～风～敷～孤～官～鸿～徽～嘉～考～考～课～劳～理～令～迈～茂～名～能～丕～奇～清～声～史～收～殊～庶～素～威～伟～熙～效～校～序～叙～宣～勋～循～异～懿～庸～禹～远～织～治～著～奏～顺～阀～纺～功～火～筐～谋～女～绍～望～行～绪～学～用～织例刘氏昔颠覆，公孙曾败绩。（唐·岑参《入剑门作寄杜杨二郎中》）昔观文苑传，岂述廉蔺绩。（唐·杜甫《八哀诗·赠司空王公思礼》）不尔民为鱼，大哉禹之绩。（唐·白居易《自蜀江至洞庭湖口有感而作》）

典**王绩**　咏嗜酒、隐逸之典。《新唐书·王绩传》："王绩字无功，绛州龙门人。……求为六合丞，以嗜酒不任事，时天下亦乱，因劾，遂解去。……游北山东皋，著书自号东皋子。……时太乐署史焦革家善酿，绩求为丞，……著《醉乡记》以次刘伶《酒德颂》。其饮五斗不乱，人有以酒邀者，无贵贱，辄往，著《五斗先生传》。"

无过学王绩，唯以醉为乡。（唐·白居易《九日醉吟》）

击(擊)jī

古入声，十二锡。逆毂～轰～戛～排～顺～鞞～鞭～剥～钵～博～搏～笞～触～缶～瓴～拂～革～毂～谷～楫～槭～戛～竞～掬～鞠～决～均～叩～戾～蒙～难～瓯～排～搒～披～掊～切～琴～壤～赏～手～水～汰～柝～丸～危～鞜～瓮～瑕～鲜～虚～絮～摩～衣～辕～越～轧～掌～杖～棹～折～钟～柱～筑～撞例秋登华实满，气严鹰隼击。（唐·薛稷《九日幸临渭亭登高应制得历字》）胸中有一物，旅拒复攻击。（唐·贯休《冬末病中作二首》其二）

屐jī　①木头鞋。②泛指鞋。

古入声，十一陌。逆步～车～丁～飞～高～蜡～笠～连～履～蹑～裙～认～阮～桑～山～谢～野～游～雨～折～驻～顺～齿～屩～履间～响～子例刺谒戴接羃，赴宴著縠屐。（唐·皮日休《七爱诗·李翰林（白）》）一种为枯槁，得作登山屐。（唐·贯休《古意九首》其七）旭日闻撞钟，彩云迎蹑屐。（唐·刘禹锡《游桃源一百韵》）

典**蜡屐**　指悠闲、无所作为的生活。后亦用来比喻游历。亦作"阮孚蜡屐""阮家屐""几两屐"。《世说新语·雅量》："祖士少好财，阮遥集好屐，并恒自经营。同是一累，而未判其得失。人有诣祖，见料视财物，客至，屏当未尽，余两小簏，著背后，倾身障之，意未能平。或有诣阮，见自吹火蜡屐；因叹曰：'未知一生当着几量屐？'神色闲畅，于是胜负始分。"

谢公愁思眇天涯，蜡屐登高为菊花。（唐·元稹《奉和严司空》）

折屐　形容故作镇定下的内心狂喜。《晋书·谢安传》："时苻坚强盛，疆场多虞，诸将败退相继。安遣弟石及兄子玄等应机征讨，所在克捷……坚后率众，号百万，次于淮肥，京师震恐……玄等既破坚，有驿书至，安方对客围棋，看书既竟，便摄放床上，了无喜色，棋如故。客问之。徐答云：'小儿辈遂已破贼。'既罢，还内，过户限，心喜甚，不觉屐齿之折，其矫情镇物如此。"

龙钟绕围喜折屐，龟手拂拭寒侵袍。（宋·范成大《小峨眉》）

谢公屐　南朝诗人谢灵运喜爱登山，为登山穿有齿木屐，可前后装卸。后以此指代登山。亦作"谢屐""谢氏屐""东山屐"。《宋书·谢灵运传》："（灵运）寻山陟岭，必造幽峻，岩峰千重，莫不备尽。登蹑常著木屐，上山则去前齿，下山则去其后齿。"

脚著谢公屐，身登青云梯。（唐·李白《梦游天姥吟留别》）

咭jī

逆咭～顺～叮～咕～哔～咭例帘儿下时把鞋儿踢。语低低、笑咭咭。（宋·秦观《品令·掉又惧》）

唧jī　另见 242 页 jí。

古入声，四质。又：入声，十三职同。逆诟～唧～煎～啾～蜜～嘶～啁～顺～唧～嗾～筒～啧例寄世是须臾，论钱莫啾唧。（唐·寒山《诗三百三首》其一四六）任景物换来，蛙鸣蝉噪，耳边口煎唧。（宋·吴潜《二郎神·近时厌雨》）

襀(襀)jī　衣裙上的褶皱。

古《广韵》：入声，昔韵。逆襞～

劈pī　另见 245 页 pǐ。

古《广韵》入声，锡韵。逆刀～斧～尖～剑～力～猛～直～顺～刺～刀～雷～历～礰～脸～裂～泻～胸～腰例双崖倚天立，万仞从地劈。（唐·岑参《入剑门作寄杜杨二郎中》）长波逐若泻，连山凿如劈。（唐·白居易《自蜀江至洞庭湖口有感而作》）

霹pī

古入声，十一陌。又：入声，十二锡同。顺～空～雷～雳～拍～迾～震

七qī

古入声，四质。逆累～连～双～四～元～顺～宝～奔～兵～臣～辰～出～辞～萃～调～伐～辅～公～醖～郊～教～经～精～景～九～军～均～牢～闽～挚～盘～魄～起～卿～人～戎～舍～圣～识～术～献～襄～曜～叶～羽～陬～元～泽～札～占～众～属～字～驺～菹～族～祖例文葆未周晬，固已知六七。（唐·李商隐《骄儿诗》）应须挈一壶，寻花觅韦七。（唐·白居易《二月一日作赠韦七庶子》）看秋前药里，而今鼎七。（宋·程大昌《万年欢·岁岁梅花》）

柒qī　"七"的大写。

古《广韵》：入声，质韵。

戚[1] qī ①忧愁；悲哀。②亲属。
古入声，十二锡。逆哀～悲～宾～惨～长～宠～愁～党～恩～藩～瓜～贵～桂～国～含～豪～后～怀～欢～黄～婚～俭～骄～金～近～鞠～局～里～六～密～末～内～朋～凄～悽～戚～悄～穷～权～荣～盛～世～私～四～外～乡～欣～休～伊～贻～懿～姻～隐～忧～右～玉～远～躁～枝～至～宗～族～顺～爱～惨～宠～促～党～藩～辅～闬～好～宦～家～醮～嗟～旧～眷～里～貌～戚～切～然～容～施～疏～竖～畹～欣～休～言～颜～扬～谊～意～裔～懿～姻～忧～友～援～枝～属～族例青山自一川，城郭洗忧戚。（唐·杜甫《郑典设自施州归》）勿复尊前酒，离居剩凄戚。（唐·刘长卿《送元八游汝南》）

戚[2] qī 同“鏚”。古代兵器，斧属。
古入声，十二锡。逆干～玉～顺～鉞

漆 qī
古入声，四质。逆丹～点～雕～胶～金～沮～漆～捎～似～投～乌～西～髹～朱～梓～顺～鬓～车～城～齿～宫～灰～井～静～吏～绿～面～墨～漆～纱～身～室～书～瞳～文～烟～宅～烛例胡为有结绳，陷此胶与漆。（唐·杜甫《写怀二首》其二）白日九衢中，幽独暗如漆。（唐·邵谒《自叹》）气涌扑炱煤，波澄扫纯漆。（唐·皮日休《太湖诗·投龙潭》）
典**投漆** 见 521 页“投胶”。
神交尚投漆，虚室罢游兰。（唐·骆宾王《冬日过故人任处士书斋》）

嘁 qī
逆嘁～顺～测～嘁～喳

缉(緝) qī 密缝。另见 198 页 jī、251 页 qì。
古入声，十四缉。

剔 tī
古入声，十二锡。逆拨～剥～发～剪～翦～纠～抉～刻～鳌～爬～旁～披～清～攘～蹂～疏～刷～搜～屠～洗～削～修～熏～栉～顺～拨～灯～发～股～红～抉～犀例紫燕自超诣，翠驳谁剪剔。（唐·杜甫《夜听许十损诵诗爱而有作》）肠断故园无信息。灯花闲手剔。（宋·李流谦《谒金门·山数尺》）双户掩，孤灯剔。书束架，琴悬壁。（宋·蒋捷《满江红·秋本无愁》）

踢 tī
古入声，十二锡。逆蹴～淋～挑～跃～顺～串～达～竖～胸例见来两个宁宁地。眼厮打、过如拳踢。（宋·黄庭坚《鼓笛令·见来两个宁宁地》）于中压一。帘儿下时把鞋儿踢。（宋·秦观《品令·掉又惧》）

息 xī
古入声，十三职。逆残～侧～长～怵～啜～悼～蕃～繁～伏～顾～龟～耗～遑～假～将～寝～静～绝～课～宽～敛～脉～瘵～弭～谧～眠～宁～屏～起～憩～寝～雀～少～生～声～声～恃～逝～数～衰～睡～瞬～嗣～悚～竦～苏～宿～胎～帖～偷～颓～微～息～狎～暇～胁～懈～心～淹～奄～偃～掩～宴～晏～养～一～遗～音～孳～滋～子～坐～顺～版～除～妇～耗～喙～机～甲～驾～肩～交～警～利～留～虑～马～脉～民～男～女～顷～壤～人～日～慎～师～燧～徒～退～望～息～响～飧～歇～心～休～言～偃～宴～鞅～养～悒～意～阴～胤～影～誉～止～室～子～足例时命欲何言，抚膺长叹息。（唐·骆宾王《夏日游德州赠高四》）逦迤忽而尽，泱漭平不息。（唐·陈子昂《度峡口山赠乔补阙知之王二无竞》）岁华都瞬息，浪萍风梗诚何益。（宋·柳永《归朝欢·别岸扁舟三两只》）
典**金鸡消息** 参见 80 页“金鸡赦”。
六六雁行连八九，只待金鸡消息。（宋·宋江《念奴娇·天南地北》）

夕 xī
古入声，十一陌。逆八～不～朝～晨～旦～当～灯～尔～昏～即～既～霁～佳～兼～尽～景～竟～阑～朗～灵～漏～谋～巧～穷～日～擅～衰～双～霜～夙～宿～岁～通～屯～晚～望～西～向～晓～昕～熏～遥～夜～依～寅～永～游～逾～元～月～中～终～昼～顺～拜～冰～春～霏～烽～改～鼓～晖～岚～郎～厉～漏～轮～暮～日～牲～市～室～死～惕～兔～暾～秀～曛～烟～阴～英～影～月～照例悠悠咏靡监，庶以穷日夕。（唐·张九龄《巡按自漓水南行》）惆怅情未已，群峰暗将夕。（唐·宋之问《初至崖口》）杉上秋雨声，悲切蒹葭夕。（唐·王昌龄《岳阳别李十七越宾》）

吸 xī
古入声，十四缉。逆叱～鲸～吐～嘘～吁～顺～川～逮～集～聚～留～露～嗅～然～摄～习～呷～霞～欻～饮例高阁何人家，笙簧正喧吸。（唐·孟郊《长安道》）此皆乘时利，纵舍在呼吸。（唐·陆龟蒙《杂讽九首》其二）花露晓，松风夕。经味永，山光吸。（宋·魏了翁《满江红·世道何常》）
典**长鲸吸** 形容酒量大。唐·杜甫《饮中八仙歌》：“左相日兴费万钱，饮如长鲸吸百川，衔杯乐圣世称贤。”
酒边徐罢长鲸吸，梦里还惊去鹢催。（宋·陈造《客路寄崔帅》）

悉 xī
古入声，四质。逆谙～备～博～不～察～烦～该～贯～骇～皆～精～究～款～练～洽～稔～识～体～条～通～委～闻～纤～小～周～谆～综～顺～备～甲～皆～老～力～率～窣～索～昙～心～意～诸例远怀不我同，孤兴与谁悉。（唐·张九龄《登郡城南楼》）怀痛不见伸，抱冤竟难悉。（唐·沈佺期《被弹》）君为蹈海客，客路谁谙悉。（唐·杨衡《送王秀才往安南》）

膝 xī
古入声，四质。逆敝～慈～促～对～顿～鹄～撼～踝～加～夹～接～克～敛～扪～盘～前～倾～屈～绕～容～危～隐～拥～造～枕～肘～顺～步～地～进～胫～挛～前～谈～袒～头～席～下～行例吾亦忘青云，衡茅足容膝。（唐·白居易《咏兴五首·四月池水满》）有时看临书，挺立不动膝。（唐·李商隐《骄儿诗》）
典**抱膝** 源于诸葛亮抱膝长啸的故事，喻指虽隐居而心怀国事、大有抱负。亦作"诸葛膝"。《三国志·蜀书·诸葛亮传》:"亮躬耕陇亩,好为《梁父吟》。身长八尺,每自比于管仲乐毅,时人莫之许也。惟博陵崔州平、颍川徐庶元直与亮友善,谓为信然。"裴松之注引《魏略》:"亮在荆州,以建安初与颍川石广元、徐元直、汝南孟公威等俱游学。三人务于精熟,而亮独观其大略。每晨夜从容,常抱膝长啸,而谓三人曰:'卿三人仕进可至刺史郡守也。'三人问其所至,亮但笑而不言。"

慷慨穷林中。抱膝独摧藏。(晋·刘琨《扶风歌》)

析 xī

古入声,十二锡。逆崩～擘～荡～放～改～割～乖～讲～开～离～鳌～胪～缕～判～披～破～区～申～疏～讨～条～通～推～微～无～晓～寻～整～支～顺～辩～别～酲～辞～爨～荡～伐～分～耕～圭～户～阶～解～居～句～类～离～理～裂～律～木～洒～惕～微～薪～烟～言～疑～义～翳～羽～愿～中～箸～字例台中领举劾,君必慎剖析。(唐·杜甫《两当县吴十侍御江上宅》)物表易淹留,人间重离析。(唐·孟郊《游韦七洞庭别业》)慧刀幸已逢,疑网于焉析。(唐·慧宣《秋日游东山寺寻殊昙二法师》)

淅 xī

古入声,十二锡。逆接～洒～竦～汰～淅～顺～箕～沥～然～洒～飒～瑟～淅～玉例江风万里来,吹我凉淅淅。(唐·白居易《北亭》)

典**接淅** 捧着已经淘湿的米。指行色匆忙,或形容时间急迫,匆忙离去。亦作"接淅而行"。《孟子·万章下》:"孔子之去齐,接淅而行。"赵岐注:"淅,渍米也。不及炊,避恶亟也。"

此生长接淅,与君同是江南客。(宋·苏轼《归朝欢·我梦扁舟浮震泽》

蜥 xī

古入声,十二锡。逆鳄～虺～蜴～顺～蜴

晰(晳)xī

古入声,十二锡。逆白～缕～条～晰～昭～甄～顺～白例人间好少年,不必须白晰。(唐·杜甫《送李校书二十六韵》)

窸 xī

古《广韵》:入声,质韵。顺～绰～窣

蟋 xī 象声词。形容轻微细碎的声音。

古《广韵》:入声,质韵。又:入声,栉韵同。顺～蟀

螅 xī

逆水～顺～蟀

皙 xī

古入声,十二锡。逆白～洁～皙～顺～人～皙例霓裳何飘飖,童颜洁白皙。(唐·刘禹锡《游桃源一百韵》)

一 yī

古入声,四质。逆抱～参～臣～澄～尺～初～淳～醇～从～得～巅～调～董～端～贯～归～和～画～浑～混～或～借～精～静～敛～没～念～宁～凝～平～千～清～全～深～生～什～守～素～太～泰～天～通～未～相～详～小～协～虚～玄～压～奄～夷～元～湛～贞～真～整～正～执～至～制～致～忠～逐～主～总～作～顺～瓣香～廛～川～蹙～爨～钉～反～饭恩～芳～房～府～溉～割～钩～轨～晷～呼～或～甲～交～茎～孔～匡～腊～衲～念～瓢～抔土～肉～若～梢～是～形～严～叶～造～枕～正～枝栖～至～秩～昨～坐例故乡不可见,云水空如一。(唐·王维《和使君五郎西楼望远思归》)临风独长叹,此叹意非一。(唐·白居易《三月三十日作》)况复佳期难必。拟把此情书万一。(宋·贺铸《谒金门·溪声急》)

典**背城借一** 背对城墙对敌决一死战。形容做最后一搏。《左传·成公二年》载:公元前五八九年,晋、鲁、卫三国的联军击败齐军后,齐顷公派大臣宾媚人带上贿赂去见晋军主帅郤克求和,晋则提出要齐顷公的母亲去做人质等污辱齐国的苛刻条件。宾媚人严词驳斥了晋人的无理要求后指出:"吾子惠徼齐国之福,不泯其社稷,使继旧好,唯是先君之敝器、土地不敢爱。子又不许,请收合余烬,背城借一。"

背城傥借一,观我凯旋归。(宋·黄庭坚《奉次斌老送瘿木棋局八韵》)

壹 yī ①专一。②划一;统一。③"一"的大写。

古入声,四质。逆不～常～诚～澄～纯～淳～醇～得～调～端～和～浑～混～监～宁～平～朴～清～沙～守～肃～泰～统～未～虚～严～郁～作～

揖 yī

古入声,十四缉。逆拜～长～答～对～高～告～公～拱～还～进～礼～旅～目～谦～让～三～深～时～耸～肃～特～天～土～卧～行～哑～迎～杖～祗～众～宗～顺～别～客～让～逊～游例倚岩见庐舍,入户欣拜揖。(唐·王湾《奉使登终南山》)岂伊骇微险,将以循町揖。(唐·王昌龄《小敷谷龙潭祠作》)芳草自堪游,白云如可揖。(唐·皎然《春日对雨联句一首》)

鼻 bí

古去声,四寘。逆阿～嗤～触～穿～蹙～犊～盾～反～鼓～关～扃～荷～镜～裂～破～牵～石～楯～穴～掩～印～拥～顺～吹～根～观～斤～雷～目～褰～窍～晒～绳～笑～选～饮～张例杀他鸡犬命,身死堕阿鼻。(唐·拾得《诗》其一十二)此地纵千年,土香犹破鼻。(唐·苏拯《经马嵬坡》)玉瓮新醅翻绿蚁。滴滴真珠,便有香浮鼻。(宋·史浩《蝶恋花·玉瓮新醅翻绿蚁》)

典**拥鼻** 见967页"洛生吟"。

雨中衣半湿,拥鼻自知心。(唐·杜牧《折菊》)

晒犊鼻 指晋阮咸于阴历七月七日挂晒犊鼻裈事。后指为贫而豁达。《世说新语·任诞》:"阮仲容(阮咸)、步兵居道南,诸阮居道北;北阮皆富,南阮贫。七月七日,北阮盛晒衣,皆纱罗锦绮,仲容以竿挂大布犊鼻裈于中庭。人或怪之,答曰:'未能免俗,聊复尔耳。'"

明朝晒犊鼻,方信阮家贫。(唐·李商隐《七夕偶题》)

荸bí 另见55页bó。
❶顺~荠

敌(敵)dí
古入声，十二锡。逆暴~背~蹩~待~当~蹈~抵~斗~妒~怀~交~骄~尽~酒~拒~剧~均~钧~忾~龛~克~寇~溃~量~料~前~权~却~善~商~诗~体~挑~推~吞~玩~违~狎~严~养~要~怨~阵~支~致~驻~资~顺~产~场~等~地~氛~国~衡~忾~礼~虏~面~侔~拟~耦~日~弱~体~庭~衅~饮~应~与~战例刀笔素推高，锋芒久无敌。(唐·刘长卿《送元八游汝南》)西州纵有，舞裙歌板，谁共茗邀棋敌。(宋·黄庭坚《雨中花·政乐中和》)

笛dí
古入声，十二锡。逆村~调~凤~寒~横~胡~柯~朗~柳~陇~牛~品~蕲~羌~樵~霜~铁~闻~向~箫~箫~雅~腰~一~银~鱼~玉~玉~怨~顺~床~篴~工~律~韵~竹例况当近塞地，哀吹起边笛。(唐·舒元舆《八月五日中部官舍读唐历天宝已来追怆故事》)阆阙一枝琼，边楼数声笛。(唐·陆龟蒙《纪梦游甘露寺》)水晶宫里，一声吹断横笛。(宋·苏轼《念奴娇·凭高眺远》)

典**邻笛** 指怀旧伤逝。亦作“山阳笛”。晋·向秀《思旧赋序》：“余与嵇康、吕安，居止接近；其人并有不羁之才，然嵇志远而疏，吕心旷而放。其后各以事见法。……余逝将西迈，经其旧庐，于时日薄虞渊，寒冰凄然，邻人有吹笛者，发声寥亮，追思曩昔游宴之好，感音而叹，故作赋云。”

一声邻笛残阳里，酹酒空堂泪满衣。(唐·钱起《哭曹钧》)

柯亭笛 喻良才。亦作“柯亭竹”“柯亭椽”“柯笛”。晋·干宝《搜神记》卷一三：“蔡邕尝至柯亭，以竹为椽。邕仰眄之，曰：‘良竹也。’取以为笛，发声嘹亮。”

谁知一曲柯亭笛。响天涯、依然解后，长安本色。(宋·魏了翁《贺新郎·谁主谁为客》)

涤(滌)dí
古入声，十二锡。逆冲~除~宕~荡~涤~刮~盥~涵~浣~涓~蠲~开~平~清~申~疏~漱~刷~削~雪~澡~顺~场~畅~除~荡~涤~耳~溉~盥~秽~滥~虑~汔~器~汰~瑕~雅~濯例目因诡容逆，心与清晖涤。(唐·张九龄《巡按自漓水南行》)芳醑静无喧，金尊光有涤。(唐·孟郊《汝州陆中丞席喜张从事至同赋十韵》)清浅可狎弄，昏烦聊漱涤。(唐·白居易《官舍内新凿小池》)

的dí ①确实；实在。②必定，一定。另见247页dì、70页dē。
古入声，十二锡。逆的~顺~当~定~对~见~据~论~实~是~信~音~应~语~真~正~证~知~旨例凭谁去、花衢觅。细说此中端的。(宋·柳永《征部乐·雅欢幽会》)

荻dí 多年生草本植物，形似芦苇。
古入声，十二锡。逆枫~画~黄~枯~芦~顺~苗~竹例正水落晚汀，霜老枯荻。(宋·唐珏《桂枝香·松江舍北》)

典**画荻** 荻，植物名。“画荻”比喻母亲教育有方。《宋史·欧阳修传》：“四岁而孤。母郑守节自誓，亲诲之学。家贫，至以荻画地学书。”

衔环非望报，画荻自堪伤。(清·陈勤《夜绩课儿作》)

迪(廸)dí 导。
古入声，十二锡。逆不~蠢~蹈~底~辅~光~诲~教~训~演~允~顺~保~尝~功~古~吉~载~简~哲~知

狄dí
古入声，十二锡。逆八~长~介~金~巨~康~六~蛮~旄~阙~攘~戎~铜~五~遐~夏~仪~夷~有~揄~顺~鞮~酪~隶~香例慨彼万国夫，休明备征狄。(唐·杜甫《白水县崔少府十九翁高斋三十韵》)铜驼陌上若相逢，当一笑、摩挲金狄。(宋·李仲光《鹊桥仙·诗书元帅》)

籴(糴)dí 买谷。
古入声，十二锡。逆闭~边~出~遏~贩~告~谷~归~和~货~儆~均~括~敛~买~贸~平~乞~讫~请~市~收~私~夜~抑~顺~米例悭囊纵有金，斗升何处籴。(宋·董嗣杲《梅根港欲泊不泊其况可想》)

典**晋郊乞籴** 指籴粮救灾。《左传·僖公十三年》：“冬，晋荐饥，使乞籴于秦。秦伯谓子桑：‘与诸乎？’对曰：‘重施而报，君将何求？重施而不报，其民必携，携而讨焉，无众必败。’谓百里：‘与诸乎？’对曰：‘天灾流行，国家代有，救灾恤邻，道也。行道有福。’……秦于是乎输粟于晋，自雍及绛，相继。命之曰‘泛舟之役’。”

尝叹晋郊无乞籴，岂忘吴俗共分忧。(唐·李绅《却到浙西》)

适(適)dí 同“嫡”。另见61页kuó、186页shì。
古入声，十二锡。顺~长~妇~莫~母~孽~寝~士~室~庶~嗣~孙~统~贤~正~主~子

觌(覿)dí ①见；相见。②访问，探视。③显示，现出。
古入声，十二锡。逆光~会~良~眇~披~赏~私~遗~幽~瞻~展~众~顺~见~面~武例笑谢桃源人，花红复来觌。(唐·王维《蓝田山石门精舍》)为我炊雕胡，逍遥展良觌。(唐·杜甫《白水县崔少府十九翁高斋三十韵》)徘徊正伫想，仿佛如暂觌。(唐·刘长卿《九日岳阳待黄遂、张涣》)

翟dí 乐舞用的雉羽。另见88页zhé、316页zhái。
古入声，十二锡。逆拂~画~翚~践~金~鞠~阙~戎~容~夏~驯~摇~夷~揄~褕~羽~重~顺~蔽~车~茀~袆~辂~文~衣~雉例性行既修饬，文章丽翚翟。(清·庄德芬《乙酉夏日言怀示儿》)

镝(鏑)dí 箭镞。
古入声，十二锡。逆飞~锋~交~金~流~鸣~破~矢~霜~顺~锋~衔例应手看捶钩，清心听鸣镝。(唐·杜甫《夜听许十损诵诗爱而有作》)兵气涨林峦，川光杂锋镝。(唐·杜甫《白水县崔少府十九翁高斋三十韵》)

嫡dí
古入声，十二锡。逆长~储~夺~

二～立～配～匹～亲～世～首～树～元～正～冢～重～顺～长～出～传～父～妇～舅～脉～母～男～女～派～配～妻～妾～亲～室～庶～嗣～孙～统～位～裔～子

蹢dí　兽蹄。

古入声，十二锡。逆白～躅～

靮dí　马笼头。

古入声，十二锡。逆鞭～负～羁～鞿～鞦～执～

圾jí　危。另见199页jī、99页sè。

古《集韵》：入声，十四缉。

极（極）jí　①房屋的中栋，正梁。②顶点。③最高的。④甚。⑤尽头。

古入声，十三职。逆邦～备～边～表～博～苍～臣～辰～宸～晨～崇～储～丹～殚～道～登～底～帝～斗～端～方～该～垓～宫～拱～何～环～寰～荒～建～践～徼～九～峻～抗～坤～乐～理～立～临～灵～流～隆～履～民～冥～目～难～宁～蟠～配～品～升～枢～顺～四～泰～天～同～推～亡～王～罔～未～屋～五～相～胥～小～偕～虚～玄～璇～研～央～要～仪～诣～幽～游～御～渊～元～云～运～造～止～指～致～朱～柱～紫～宗～尊～顺～哀～笔～敝～边～变～辨～卜～才～唱～晨～称～崇～绌～诋～睇～典～罚～法～愤～工～功～观～轨～海～呼～欢～际～荐～谏～竭～界～览～劳～丽～路～虑～论～貌～名～明～目～能～盘～浦～巧～日～塞～神～时～视～寿～枢～戍～思～颂～态～谈～天～眺～微～位～问～写～心～绪～玄～选～言～眼～宴～养～野～饮～幽～游～娱～欲～源～运～照～知～治～忠～诛～烛～壮～尊例千峰残雨过，万籁清且极。（唐·陆龟蒙《奉和袭美太湖诗二十首·雨中游包山精舍》）渐别浦萦回，津堠岑寂。斜阳冉冉春无极。（宋·周邦彦《兰陵王·柳阴直》）

寂jí　今读jì。

古入声，十二锡。逆黯～悲～避～岑～禅～澄～冲～愁～淳～大～淡～梵～孤～归～灰～寂～简～空～枯～冷～寥～沦～冥～凝～屏～凄～悽～潜～悄～清～阒～入～森～邃～恬～闲～萧～虚～玄～淹～晏～杳～幽～远～湛～真～滞～顺～泊～处～定～尔～寂～绝～历～漻～昧～谧～灭～蔑～阒～然～淹例幽人不耐烦，振衣步闲寂。（唐·刘希夷《秋日题汝阳潭壁》）物变知景暄，心伤觉时寂。（唐·韦应物《过昭国里故第》）

级（級）jí

古入声，十四缉。逆陛～步～词～俘～組～基～戟～镌～历～丽～廉～躐～蹑～清～戎～荣～摄～石～拾～殊～梯～显～效～斩～重～资～例截围一百里，斩首五千级。（唐·刘希夷《将军行》）更赖主人明眼，作青云梯级。（宋·吕渭老《好事近·年少万函书》）笑我只知存饱暖，感君元不论阶级。（宋·陈亮《满江红·曾洗乾坤》）

疾jí

古入声，四质。逆抱～被～逼～便～飙～谗～缠～称～迟～瘳～仇～仇～愁～除～遄～辞～笃～遁～废～奋～忿～愤～风～伏～扶～负～感～告～诟～孤～痼～护～讳～恚～毁～惑～积～激～疾～忌～健～捷～谨～警～救～蹶～苛～疴～客～狼～羸～离～癃～陋～冒～敏～内～馁～剽～漂～飘～慓～贫～齐～起～弃～牵～蹻～怯～寝～轻～穷～去～染～戎～三～伤～省～时～侍～舒～夙～宿～同～痛～屯～托～畏～问～相～消～邪～谢～行～讯～迅～养～夭～业～移～遗～引～隐～婴～营～忧～舁～舆～遇～怨～灾～驵～遽～憎～诈～瘵～贞～枕～疹～整～滞～中～属～拙～阻～罪～顺～暴～惫～博～步～疢～瘳～动～斗～毒～笃～顿～厄～恶～非～费～愤～夫～革～耕～固～痼～害～号～耗～很～患～毁～击～亟～急～疾～棘～忌～间～捷～劲～径～咎～疚～据～疴～快～困～雷～犂～力～厉～吏～戾～流～马～瘘～瘼～趋～人～日～甚～声～眚～时～世～视～首～竖～俗～损～痛～威～味～隙～响～笑～心～徐～学～迅～言～殃～恙～怨～憎～瘵～战～疹～争～状～子～足～作例澹澹澄江漫，飞飞度鸟疾。（唐·张九龄《登郡城南楼》）怀挟万古情，忧虞百年疾。（唐·陈子昂《秋园卧病呈晖上人》）一舸姑苏风雨疾。吴笺满载红犹湿。（宋·陈师道《渔家傲·一舸姑苏风雨疾》）

典**悬蛇疾**　形容疑虑成疾。据东汉·应劭《风俗通·怪神》及《晋书·乐广传》，东汉人杜宣、晋人乐广之客都曾因将酒杯里的弓影疑为蛇而生病，经主人释疑后方得意解，疾病遂愈。

可叹悬蛇疾，先贻问鹏灾。（唐·苏颋《蜀城哭台州乐安少府》）

烟霞痼疾　隐居者山林之志坚决，以此为不愿做官的托词。《新唐书·田游岩传》："（岩）辞疾入箕山，居许由祠旁，自号'由东邻'，频召不出，高宗幸嵩山，遣中书侍郎薛元超就问其母，赐药物絮书。帝亲至其门，游岩野服出拜，仪止谨朴，帝令左右扶止，谓曰：'先生比佳否？'答曰：'臣所谓泉石膏肓，烟霞痼疾者。'"

烟霞痼疾句成僻，老矣折肱真得医。（宋·赵蕃《出郭》）

集jí

古入声，十四缉。逆安～办～暴～坌～迸～比～毕～不～部～凑～辏～萃～蜚～棼～风～蜂～凤～辐～抚～附～赴～和～横～徊～怀～环～汲～辑～检～简～降～憬～醵～麇～麕～科～括～来～遴～龙～旅～鸾～论～鸟～宁～凝～滂～骈～裒～溱～驱～盛～手～四～绥～讨～条～完～猬～雾～翕～嬉～歙～霞～闲～翔～响～墟～衙～雅～宴～遥～蚁～吟～拥～游～雨～远～允～顺～安～比～德～掇～凤～服～附～枯～蓼～谋～宁～泮～取～让～糅～矢～隼～贤～训～腋～义～议～萤～苑～滞例空慰所尚怀，终非曩游集。（唐·杜甫《早发射洪县南途中作》）大君思此化，良佐自然集。（唐·孟郊《擢第后东归书怀献座主吕侍御》）凄断草间虫泣。新恨旧愁眉上集。（宋·袁去华《谒金门·归鸟急》）

典**阮生集**　见741页"竹林"。

林中阮生集，池上谢公题。（唐·刘长卿《奉陪郑中丞自宣州解印与诸侄宴余干后溪》）

吉jí

古入声，四质。逆阿～安～卜～初～追～迪～逢～即～嘉～借～涓～蠲～良～纳～宁～平～清～请～习～袭～谢～新～殉～叶～元～月～择～贞～诹～顺～拜～财～昌～臣～谶～词～从～旦～禘～典～服～符～馆～光～圭～亥～亨～黄～笄～祭～驾～金～屦～蠲～康～礼～良～量～隆～禄～期～器～阡～壤～瑞～善～食～士～朔～巳～帖～土～网～问～乌～席～象～辛～行～阳～繇～应～玉～月～云～召～征～主～祝例喜构大厦成，惭非栋隆吉。（唐·李峤《扈从还洛呈侍从群官》）皇帝二载秋，闰八月初吉。（唐·杜甫《北征》）陶然美酒酣，所谓幽人吉。（唐·权德舆《星名诗》）

典**幽人贞吉**　咏隐士之辞。亦作"幽贞"。《周易·履卦》："履道坦坦，幽人贞。"孔颖达疏："履道坦坦者，易无险难也。幽人贞吉者，既无险难，故在幽隐之人，守正得吉。"

幽人履贞吉，采藻南涧滨。（宋·吴泳《用晦翁十梅诗韵酬张伯修孙子直》）

即jí

古入声，十三职。逆登～即～遽～刻～离～目～然～是～速～遂～顺～安～拜～代～吉～即～景～路～命～目～且～禽～戎～世～事～速～刑～叙～夜～早～真～政～阼～祚例宛在太湖中，可望不可即。（唐·张说《游洞庭湖湘》）

及jí

古入声，十四缉。逆比～齿～垂～次～代～迨～逮～俯～几～渐～累～略～靡～目～跂～青～日～世～示～覃～无～延～自～顺～艾～辰～等～第～丁～夫～瓜～冠～祸～笄～肩～利～禄～门～难～期～亲～身～事～至～属～晬例固应不远别，所与路未及。（唐·高适《酬陆少府》）断蓬孤自转，寒雁飞相及。（唐·杜颀《从军行》）水浅藻荇涩，钓罩无所及。（唐·陆龟蒙《渔具诗·鸣桹》）

典**谗言三及**　见212页"投杼疑"。

曾参岂是杀人者，谗言三及慈母惊。（唐·李白《答王十二寒夜独酌有怀》）

望尘不及　称赞之辞，指远远不如。《庄子·田子方》：颜渊问于仲尼曰："夫子步亦步，夫子趋亦趋，夫子驰亦驰；夫子奔逸绝尘，而回瞠若乎后矣！"

望尘不及仰复羡，云车风马真神仙。（清·裴景福《安西行寄王方伯》）

急jí

古入声，十四缉。逆哀～暴～奔～褊～卞～变～猋～猜～惭～惨～憯～蝉～乘～湍～猝～阨～烦～赴～刚～鲠～悍～横～喉～惯～患～惶～遑～机～激～疾～艰～绞～捷～矜～谨～儆～窘～狷～峻～浚～亢～苛～刻～倥～孔～匮～困～眉～猛～悯～剽～迫～凄～强～峭～锲～屈～取～释～舒～束～速～酸～探～佻～通～弦～汹～严～谒～遇～悁～张～周～赒～骤～逐～卒～捽～顺～兵～持～杵～辞～凑～带～递～电～斗～烦～缚～公～鼓～晷～激～疾～涧～节～浚～刻～客～困～濑～澜～泪～难～骑～热～缮～觞～世～痛～危～弦～贤～响～言～要～义～窄～棹～赈～装～足～卒例庭槐寒影疏，邻杵夜声急。（唐·孟浩然《秋宵月下有怀》）水渚人去迟，霜天雁飞急。（唐·高适《酬陆少府》）寒日出雾迟，清江转山急。（唐·杜甫《早发射洪县南途中作》）

典**倒悬之急**　比喻极其危急的处境。《孟子·公孙丑上》："当今之世。万乘之国行仁政，民之悦之。犹解倒悬也。"

有游客张君瑞，奉书令小僧拜投于麾下，欲求将军以解倒悬之危。（元·王实甫《西厢记》二本楔子）

相煎何急　比喻弟兄不容，或内部残酷斗争。《世说新语·文学》："文帝尝令东阿王七步中作诗，不成者行大法。应声便为诗曰：'煮豆持作羹，漉菽以为汁。萁在釜下燃，豆在釜中泣。本是同根生，相煎何太急。'帝深有惭色。"

尚记流莺催人去，又见莎鸡当夕。叹天运、相煎何急。（宋·魏了翁《贺新郎·千里楼前客》）

籍jí

古入声，十一陌。逆按～版～邦～崩～币～踣～不～策～长～场～唱～超～承～乘～尺～出～传～等～帝～牒～丁～定～蠹～反～方～符～附～闺～贵～桂～护～籍～寄～简～金～客～浪～礼～里～轹～廪～凌～六～鲁～禄～履～民～内～逆～凝～篇～群～人～戎～蹂～儒～生～圣～仕～势～术～踏～跆～腾～通～猥～卫～温～无～五～遐～仙～乡～削～校～玄～遗～荫～引～玉～寓～誉～酝～蕴～战～谪～真～枕～赈～正～置～主～属～注～资～顺～除～夫～赋～馆～籍～记～禁～居～口～躝～礼～敛～录～略～配～圃～求～取～戎～甚～死～田～图～削～誉例五侯初买笑，建章方落籍。（唐·于濆《织素谣》）崆峒非凡乡，蓬瀛在仙籍。（唐·孟郊《游韦七洞庭别业》）声断秦箫双凤驾，凌厉飞仙同籍。（宋·王以宁《念奴娇·天工何意》）

瘠jí

古入声，十一陌。逆薄～柴～大～凋～繁～肥～干～槁～寒～毁～蹇～蠲～枯～苦～旷～羸～鳏～流～疲～硗～穷～劬～臞～瘰～埆～瘦～损～尪～沃～狭～消～顺～惫～贬～薄～瘁～地～觳～枯～苦～漓～立～卤～墨～馁～疲～贫～气～弃～硗～壤～弱～色～瘦～田～土～亡～狭～形～颜～瘵例如何二千里，尘土驱蹇瘠。（唐·王建《送韦处士老舅》）鸟迹巧均分，龙骸极癯瘠。（唐·皇甫湜《石佛谷》）

楫jí　桨。

古入声，十六叶。逆钓～帆～篙～估～鼓～归～桂～横～画～桧～击～巨～兰～理～弭～轻～桡～桃～统～维～无～小～拥～游～羽～棹～顺～橹～师～棹～子例越女作桂舟，还将桂为楫。（唐·王昌龄《越女》）世人莫复问，江上鼓轻

楫。（宋·梅尧臣《留别乾明山主》）

典**中流击楫** 指立志靖寇复国，或咏军政长官。《晋书·祖逖传》：“帝乃以逖为奋威将军、豫州刺史，给千人廪，布三千匹，不给铠仗，使自召募。仍将本流徒部曲百余家渡江，中流击楫而誓曰：‘祖逖不能清中原而复济者，有如大江！’辞色壮烈，众皆慨叹。屯于江阴，起冶铸兵器，得二千余人而后进。”

中流击楫人何在，徒感兴亡对夕阳。（宋·吴芾《又登碧云亭感怀三十首》其十）

辑（輯）jí ①和谐；和悦。②和睦；安定。③整修；补合。④搜集。⑤编辑。

古入声，十四缉。逆安～比～补～采～柴～调～订～访～抚～拊～购～和～化～怀～辑～简～降～鸠～论～宁～哀～齐～冗～收～搜～绥～完～慰～相～校～谐～修～宣～衍～允～招～镇～撰～装～缀～纂～～顺～安～补～褫～定～和～辑～屦～理～录～睦～穆～宁～洽～柔～瑞～矢～绥～熙～校～谐～治例九载襄陵祸，比户犹安辑。（宋·范仲淹《四民诗其二·农》）

脊jí 同“鹡”。另见245页jǐ。

古入声，十一陌。逆脊～顺～脊～令～令原～鸰

唧jí 另见236页jī。

笈jí 书箱。

古入声，十四缉。又：入声，十六叶同。逆宝～担～风～负～巾～琅～灵～琼～胠～石～书～笥～箱～玉～云～顺～囊例庾岭经行梅亦喜、小奚奴、背底惟诗笈。（宋·李公昴《贺新郎·元日除书湿》）照座玉人风骨耸，想胸蟠、蕊阙琳琅笈。（宋·李公昴《贺新郎·过雨璇空湿》）

岌jí

古入声，十四缉。逆高～岌～危～嵬～巢～崟～顺～峨～岌～沓～巢～嶷例数朝至林岭，百仞登嵬岌。（唐·王湾《奉使登终南山》）

汲jí ①从井里打水；打水。②牵引；引导。③引荐；提拔。

古入声，十四缉。逆车～舂～溉～绠～粪～鉤～汩～灌～汲～寄～井～樵～柝～行～顺～长～道～短～绠～古～汲～集～路～善～深～玄～扬～引～援～直例波流浸已广，悔吝在所汲。（唐·王昌龄《小敷谷龙潭祠作》）芳草秋可藉，幽泉晓堪汲。（唐·温庭筠《秋日》）玉人檀板当筵执。银瓶已断丝绳汲。（宋·谢逸《醉落魄·霜砧声急》）

棘jí

古入声，十三职。逆抱～惨～草～柴～彻～撤～楚～垂～茨～蘽～樊～杆～戈～梗～钩～蒿～槐～饥～疾～棘～艰～翦～晋～九～刻～空～孔～困～篱～列～栾～设～束～寺～桃～荼～屯～王～危～闱～险～严～忧～斩～榛～枳～佐～顺～匕～柴～场～丞～楚～茨～丛～地～端～藩～钩～喉～猴～户～槐～环～棘～箭～矜～径～句～科～篱～列～林～萝～蔓～门～盆～墙～卿～人～涩～矢～署～寺～田～庭～土～闱～下～心～薪～翳～垣～院～榛～正～枳例览史怀浸骄，读诗叹孔棘。（唐·崔融《西征军行遇风》）落景闭圜扉，春虫网丛棘。（唐·钱起《叹毕少府以持法无隐见系》）

典**止棘** 咏谗毁之典。《诗经·小雅·青蝇》：“营营青蝇，止于棘。谗人罔极，交乱四国。”

痛知遭止棘，频叹委飘蓬。（唐·吴融《赴阙次留献荆南成相公三十韵》）

铜驼荆棘 咏政治变乱、宫殿废弃之典。《晋书·索靖传》：“靖有先识远量，知天下将乱，指洛阳宫门铜驼，叹曰：‘会见汝在荆棘中耳！’”

铜驼荆棘夜深深，尚想清谈撼竹林。（宋·陈普《咏史下·嵇康》）

亟jí 急；赶快。另见231页qì。

古入声，十三职。逆病～凑～悍～亟～疾～遽～孔～迫～危～勿～小～周～顺～亟～近～务～淹例永日不知倦，逾旬犹谓亟。（唐·王琚《奉答燕公》）

革jí 另见82页gé。

古入声，十一陌。逆病～

藉jí ①杂乱；盛多。②古代田制，借民力耕公田。③通“籍”，名籍。另见108页jiè、108页jiè“借”。

古入声，十一陌。逆春～帝～耕～藉～狼～浪～顺～田例公门少推恕，鞭朴恣狼藉。（唐·柳宗元《田家三首》）几怀朱邸绶，颇旷金门藉。（唐·韦蟾《和柯古穷居苦日喜雨》）吟情无尽，赏音未已，早纷纷藉藉。（宋·赵师侠《贺圣朝·千林脱落群芳息》）

嫉jí ①妒忌。②憎恨。

古入声，四质。逆谤～谗～谄～仇～忿～愤～忌～吝～媢～释～痛～尤～怨～憎～忮～顺～病～恶～愤～恨～毁～忌～螯～媢～怒～视～俗～邪～心～怨例蚊蝇如俗子，正尔相妒嫉。（唐·唐彦谦《六月十三日上陈微博士》）不唯不尔容，得无凡草嫉。（唐·苏拯《凡草诫》）平生守直道，遂为众所嫉。（唐·沈佺期《被弹》）

芨jí 一种药草。

古《集韵》：入声，缉韵。逆白～榖～顺～芨草

墼jí 砖坯。

古《广韵》：入声，锡韵。逆炭～土～筑～砖～

踖jí

古入声，十一陌。逆蹐～踧～蹩～蹴～踖～踽～顺～踧～踖～蹐～藉～躩～然例老火尚偃蹇，稚金殊踧踖。（宋·毛滂《暑雨蒸溽奉王元规学士》）

吃jí 旧读。说话结巴。现此义亦读chī。另见176页chī。

古入声，五物。逆吃～口～顺～口～讷～文例或谑张飞胡，或笑邓艾吃。（唐·李商隐《骄儿诗》）

蒺jí

古入声，四质。逆据～顺～蒺～藜

鹡（鶺）jí

古《集韵》：入声，昔韵。顺～鸰～原

蹐jí 小步。

古入声，四质。逆踧～蹩～俯～踖～蹐～局～踽～跪～蹢～顺～驳～步～驰～促～地～躬～蹐～局～门～滞

戢jí 敛藏。

古入声，十四缉。逆安～不～顿～

遁～风～抚～感～戒～禁～儆～敛～弭～平～潜～悛～韬～橐～畏～衔～训～严～偃～营～顺～兵～藏～定～伏～服～戈～和～翮～迹～戢～景～军～敛～鳞～沓～宁～刃～身～手～尾～畏～武～息～心～翼～羽～御～载～制～智例乘我庙堂运，坐使干戈戢。（唐·刘希夷《将军行》）念君惜羽翮，既饱更思戢。（唐·杜甫《送率府程录事还乡》）

殛jí 诛杀。

古入声，十三职。逆窜～罚～放～歼～雷～明～天～投～诛～顺～罚例长策问酉渠，猜阻自夷殛。（唐·张说《送郭大夫元振再使吐蕃》）

席[1]xí

古入声，十一陌。逆艾～安～豹～备～辟～采～残～侧～闯～床～春～赐～促～答～玳～单～道～登～底～鼎～断～对～夺～法～帆～梵～匪～粉～风～讽～拂～服～负～覆～改～高～割～刮～挂～桂～椁～函～户～还～回～吉～即～几～饯～践～讲～降～醮～阶～接～锦～局～卷～绝～钧～筠～抗～客～孔～揆～阃～轀～累～丽～连～敛～躐～马～密～免～命～末～幕～辇～暖～片～铺～起～绮～弃～迁～前～曲～铨～衽～儒～缫～扇～上～设～失～诗～石～坛～谈～逃～帖～帷～温～文～幄～舞～西～昔～膝～下～卸～虚～喧～玄～筵～研～瑶～倚～裀～细～茵～吟～饮～楹～右～隅～御～豫～越～旃～照～折～争～正～中～终～祖～昨～左～阼～胙～座～顺～宾～宠～端～帆～扉～丰～盖～藁～户～荐～藉～纠～卷～门～幕～蓐～褥～苫～上～胜～势～下～珍例长歌激屋梁，泪下流衽席。（唐·杜甫《白水县崔少府十九翁高斋三十韵》）早须归天阶，不得安孔席。（唐·岑参《西蜀旅舍春叹寄朝中故人呈狄评事》）余辉澹瑶草，浮影凝绮席。（唐·许康佐《日暮碧云合》）

典**割席** 喻指与朋友绝交。《世说新语·德行》："管宁与华歆共园中锄菜，见地有片金，管挥锄与瓦石不异。华捉而掷去之。又尝同席读书，有乘轩冕过门者。宁读如故，歆废书出看。宁割席分坐，曰：'子非吾友也。'"

愿交要忘年，憎慵妨割席。（宋·李新《次韵答西城王尉二十韵》）

孔席 指志在用世，无暇安居。《淮南子·修务》："孔子无黔突，墨子无暖席。"班固《答宾戏》："是以圣哲之治，栖栖遑遑。孔席不暖，墨突不黔。"

孔席不暇暖，墨突何尝缁。（唐·吴筠《览古十四首》其一）

前席 喻指专心倾听他人讲话。《史记·商君列传》："商鞅复见孝公，孝公善之而未用也。罢而去。孝公谓景监曰：'汝客善，可与语矣。'鞅曰：'吾说公以霸道，其意欲用之矣。诚复见我，我知之矣。'卫鞅复见孝公。公与语，不自知厀之前于席也。语数日不厌。"

可怜夜半虚前席，不问苍生问鬼神。（唐·李商隐《贾生》）

温席 喻指孝行。袁山松《后汉书》："罗威母年七十。天寒，常以身温席而后授其处。"

颇欲携樽邀使骑，几忘温席荐亲闱。（宋·王安石《和钱学士喜雪》）

原门席 见747页"原宪贫"。

原门唯有席，井饮但加葱。（唐·李端《长安感事呈卢纶》）

席[2]（蓆）xí 用芦苇、竹篾、蒲草等编成的铺垫用具。

古入声，十一陌。

习（習）xí

古入声，十四缉。逆爱～安～谙～按～霸～暴～敝～嬖～便～博～尘～崇～宠～传～串～耽～导～调～洞～笃～敦～耳～放～风～讽～服～浮～攻～痼～矔～贵～豪～和～滑～积～简～结～究～久～课～流～砻～靡～明～劘～末～慕～狃～绮～气～情～染～扰～柔～弱～善～时～识～士～守～庶～顺～诵～俗～夙～素～宿～讨～通～颓～玩～翫～吸～翕～翕～狎～娴～祥～晓～校～行～性～修～驯～循～训～业～肄～游～阅～障～专～祖～遵～顺～安～弊～兵～察～陈～传～辞～导～定～读～睹～风～复～故～吉～教～近～静～坎～课～勤～礼～流～乱～慢～狃～洽～亲～染～稔～戎～容～善～尚～识～士～事～诵～态～玩～闻～狎～行～扬～养～业～仪～肄～隐～缘～战～知例献凯归京师，军容何翕习。（唐·刘希夷《将军行》）往还纵云久，贫蹇岂自习。（唐·姚合《寄贾岛浪仙》）沧浪愚将还，知音激所习。（唐·贾岛《重酬姚少府》）

昔xí

古入声，十一陌。逆畴～初～旦～当～古～今～乃～曩～平～谁～夙～素～宿～昔～一～伊～娱～远～在～属～自～顺～酒～款～来～年～人～日～时～士～岁～昔～席～邪～彦～耶～者例佳气蔼厥初，霸图纷在昔。（唐·张九龄《南阳道中作》）宿昔方同赏，讵知今念昔。（唐·韦应物《过昭国里故第》）光阴逝不借，超然慕畴昔。（唐·韦述《晚渡伊水》）

惜xí

古入声，十一陌。逆哀～暗～懊～保～悲～閟～怅～宠～悼～吊～抚～苟～顾～贵～憾～护～计～将～嗟～矜～谨～靳～慨～忾～苦～愧～怜～恋～秘～闵～悯～敏～愍～歉～怯～伤～慎～省～贪～完～惜～遗～怨～轸～重～追～顺～爱～别～春～福～恨～护～景～恐～力～吝～闵～名～气～伤～生～誓～死～惋～惜～阴～玉～字例理棹虽云远，饮冰宁有惜。（唐·张九龄《巡按自漓水南行》）会合勿言轻，别离古来惜。（唐·孟郊《汝州陆中丞席喜张从事至同赋十韵》）年历复年历，卷尽悲且惜。（唐·元稹《长庆历》）

袭（襲）xí

古入声，十四缉。逆板～成～驰～传～篡～蹈～递～攻～规～积～继～践～降～掠～冒～贸～慕～剽～葺～潜～侥～绍～尸～什～嗣～韬～讨～缇～裼～猥～袭～铦～循～掩～荫～迎～诱～允～韫～杂～珍～祖～缵～顺～拔～藏～称～承～传～刺～从～逮～蹈～夺～伐～仿～害～荷～迹～吉～

～节～据～爵～履～掠～冒～逆～气～侵～裘～然～人～杀～事～替～玩～顽～位～袭～兴～麻～沿～衣～因～杂㊀古来养甲兵，有事常讨袭。（唐·刘希夷《将军行》）雪里情寒逼。月下幽香袭。（宋·邵叔齐《连理枝·淡泊疏篱隔》）

媳xí

㊀弟～姑～孙～子～㊀～妇

锡(鍚)xí 今读 xī。

㊀入声，十二锡。㊀阿～班～颁～禅～陈～宠～传～担～顿～恩～放～飞～封～敷～负～顾～挂～寒～赉～寄～降～金～警～九～犒～类～廪～令～弭～纳～朋～瓶～铅～青～曲～三～赏～师～殊～天～锡～行～宣～巡～移～优～寓～赠～沾～杖～肇～珍～真～振～植～驻～追～卓～缁～㊀～赐～飞～封～服～福～贡～珪～号～环～监～爵～赉～类～麻～命～年～壤～衰～僝～锡～羡～响～燕～胤～佑～予～杖～卓㊀仙菊含霜泛，圣藻临云锡。（唐·薛稷《九日幸临渭亭登高应制得历字》）方崇庙貌礼，永被君恩锡。（唐·崔邠《享文恭太子庙乐章》）将乘触物舟，暂驻飞空锡。（唐·杨衡《送公孙器自桂林归蜀》）

㊀**飞锡**　喻指僧人游方。孙绰《游天台山赋》："王乔控鹤以冲天，应真飞锡以蹑虚。"李周翰注："应真，得真道之人。持锡杖而行于虚空，故云飞也。"

飞锡去年啼邑子，献花何日许门徒。（唐·杜甫《大觉高僧兰若》）

熄xí 今读 xī。

㊀入声，十三职。㊀闭～废～火～迹～救～灭～殄～销～㊀～火～灭～讼

檄xí

㊀入声，十二锡。㊀暗～版～草～策～唱～承～驰～传～飞～符～还～军～蜡～露～木～捧～书～台～讨～投～文～宪～巡～移～鱼～羽～谕～章～诏～走～㊀～笔～籴～定～牌～手～书～文～移～羽㊀纷吾谬执简，行郡将移檄。（唐·张九龄《巡按自漓水南行》）喜气迎捷书，欢声送羽檄。（唐·杨乘《甲子岁书事》）要寻玉洞烟霞胜，聊趁麟符蜚檄。（宋·张榘《摸鱼儿·正桃花》）

隰xí　①低湿的地方。②新垦地。

㊀入声，十二锡。㊀阪～皋～皇～郊～陵～平～邱～原～畛～㊀～皋～坰㊀剑气射云天，鼓声振原隰。（唐·刘希夷《从军行》）

裼xí　①袒开，脱去外衣露出身体。②脱去外衣露出内衣。③古代加在裘上面的无袖衣。

㊀入声，十二锡。㊀裸～偏～襁～袪～膻～袒～襢～徒～祖～㊀～裘～袭～衣

腊xí　干肉。另见 34 页 là。

㊀入声，十一陌。㊀～毒～人～肉～田

笔(筆)bǐ

㊀入声，四质。㊀把～班～贬～冰～秉～布～才～采～宸～趁～逞～摛～持～筹～出～椽～辍～词～辞～丹～刀～点～顶～冻～斗～短～断～怼～顿～珥～放～飞～焚～赋～阁～格～恭～谷～含～豪～呵～洪～鸿～化～怀～还～健～匠～杰～巨～倦～撅～掘～嚼～峻～枯～狂～揽～老～良～临～麟～率～梦～名～命～弄～搦～扑～弃～倩～秦～曲～屈～诠～染～茹～锐～洒～骚～涩～神～诗～史～吮～搠～肆～韬～铁～投～秃～退～吞～托～橐～檄～削～懈～行～雄～悬～言～谳～赝～摇～遗～逸～意～吟～引～佣～鬻～运～载～攒～咋～真～振～直～稚～朱～卓～拙～醉～㊀～宝～才～彩～乘～楮～词～次～答～胆～刀～到～陡～牍～断～伐～飞～分～耕～翰～花～机～健～谏～箭～脚～杰～精～句～距～倦～快～吏～芦～路～妙～气～情～区～趣～舌～生～势～疏～思～橐～文～削～心～兴～性～宣～悬～研～意～语～苑～钥～簪～髓～札～仗～障～阵～政～致～诛～姿～资～踪～奏㊀并辑蛟龙书，同簪凤凰笔。（唐·李峤《扈从还洛呈侍从群官》）平生怀仗剑，慷慨即投笔。（唐·刘希夷《从军行》）祸首燧人氏，厉阶董狐笔。（唐·杜甫《写怀二首》其二）

㊀**投笔**　喻指弃文就武。亦作"投笔从戎""掷笔""弃笔""安能守笔砚"。《后汉书·班超传》："(超)家贫，家为官佣书以供养，久劳苦，尝辍业投笔叹曰：'大丈夫无他志略，犹当效傅介子、张骞立功异域，以取封侯，安能久事笔砚间乎？'"

垂泪方投笔，伤时即据鞍。（唐·杜甫《送杨六判官使西蕃》）

花生笔　咏文思俊逸富丽。五代·王仁裕《开元天宝遗事》卷下《梦笔头生花》："李太白少时，梦所用之笔头上生花，后天才赡逸，名闻天下。"

无复花生拙笔头，一生长负剡藤羞。（宋·王洋《以越笺与三四弟有诗次韵》）

江淹笔　比喻文才出众。亦作"江毫""江笔""梦笔"。《南史·江淹传》："又尝宿于冶亭，梦一丈夫自称郭璞，谓淹曰：'吾有笔在卿处多年，可以见还。'(江)淹乃探怀中得五色笔一以授之。尔后为诗绝无美句，时人谓之才尽。"

更令小试经纶手，黼黻曾梦江淹笔。（宋·赵孟坚《甲辰岁朝把笔》）

如椽笔　指有关朝廷大事的文诰、诏命等重要文字，并用作咏朝廷秘书官员、称美他人写作才能之辞。亦作"大手笔""大笔"。《晋书·王珣传》："珣梦人以大笔如椽与之。既觉，语人曰：'此当有大手笔事。'俄而帝崩，哀册谥议，皆珣所草。"

把功名、收拾付君侯，如椽笔。（宋·辛弃疾《满江红·蜀道登天》）

董狐直笔　代指实事求是、刚正不阿的良史。《左传·宣公二年》："乙丑，赵穿杀灵公于桃园。宣子未出山而复，太史书曰：'赵盾弑其君。'以示于朝，宣子曰：'不然。'对曰：'子为正卿，亡不越竟，反不讨贼，非子而谁？'……孔子曰：'董狐，古之良史也，书法不隐；赵宣子，古之良大夫也，为法受惩。惜也！越竟乃免。'"

董狐常直笔，汲黯少居中。（宋·黄庭坚《王彦祖惠其祖黄州制

草书其后》)

给(給)jǐ　另见277页gěi。

(古)入声,十四缉。(逆)毕～便～辨～禀～充～宠～出～辞～分～丰～富～给～关～怀～赍～家～交～捷～解～口～馈～廪～领～敏～佞～齐～切～取～饶～赡～肃～完～温～谐～薪～许～仰～养～殷～盈～营～优～周～追～赀～訾～坐～(顺)～禀～赐～待～对～发～扶～付～复～富～给～还～济～假～谏～奖～节～捷～犒～口～廪～禄～敏～散～赡～施～食～使～事～侍～视～授～输～数～粟～役～驿～用～园～札～足(例)一乘从此授,九转兼是给。(唐·王湾《奉使登终南山》)海峤誓同归,橡栗充朝给。(唐·姚合《寄贾岛浪仙》)

戟jǐ

(古)入声,十一陌。(逆)傍～陛～兵～车～刺～赐～倒～迪～电～断～顿～幡～戈～横～虎～甲～交～金～旌～句～立～撩～列～鬣～门～枪～髯～鞍～铍～设～射～手～舒～戏～衙～匽～油～折～幢～走～(顺)～刺～萃～带～盾～戈～户～级～架～节～决～吏～铓～门～气～髯～手～稍～槊～卫～吻～牙～衣～张～支～指～幢(例)嗟嗟邓大夫,士卒终倒戟。(唐·杜甫《八哀诗·赠司空王公思礼》)夹道开洞门,弱杨低画戟。(唐·李贺《难忘曲》)燕戎伺其便,百万奋长戟。(唐·舒元舆《八月五日中部官舍读唐历天宝已来追怆故事》)

脊jǐ　①背脊。②物体中间高起的部分。③条理。另见242页jí。

(古)入声,十一陌。(逆)鳌～刀～地～冈～虎～剑～踻～龙～楼～伦～硗～山～蛇～石～瘦～疏～霜～朽～雪～鱼～(顺)～檩～偻～膂～伦(例)宝气浮鼎耳,神光生剑脊。(唐·刘禹锡《游桃源一百韵》)树动为蜃尾,山浮似鳌脊。(唐·皮日休《太湖诗·初入太湖》)

(典)**包茅三脊**　代指贡品。《左传·僖公四年》:"传四年,春。齐侯以诸侯之师侵蔡,蔡溃,遂伐楚。楚子使与师言曰:'君处北海,寡人处南海,唯是风马牛不相及也。不虞君之涉吾地也,何故?'管仲对曰:'……尔贡包茅不入,王祭不共,无以缩酒,寡人是征。'"

仙鹤唳,玉芝生,包茅三脊已充庭。(宋·晁端礼《鹧鸪天·万国梯航贺太平》)

匹[1]pǐ

(古)入声,四质。(逆)侪～俦～当～帝～端～妃～获～旧～离～良～灵～令～伦～妙～配～逑～群～殊～无～吾～贤～相～亚～众～追～(顺)～比～侪～驰～俦～畴～雏～处～嫡～妇～概～好～合～居～练～裂～侣～鸟～耦～聘～禽～群～然～人～士～竖～庶～双～素～休～亚～溢～游～遇～植(例)有风自扶摇,鼓荡无伦匹。(唐·沈佺期《被弹》)蜀国多仙山,峨眉邈难匹。(唐·李白《登峨眉山》)群生各一宿,飞动自俦匹。(唐·杜甫《写怀二首》其二)

(典)**鸾凤匹**　喻指美满的夫妻。《列仙传》卷上《萧史》:"萧史者,秦穆公时人也,善吹箫,能致孔雀白鹤于庭。穆公有女,字弄玉,好之,公遂以女妻焉。日教弄玉作凤鸣。居数年,吹似凤声,凤皇来止其屋,公为作凤台,夫妇止其上,不下数年。一旦皆随凤皇飞去故秦人为作凤女祠于雍宫中,时有箫声而已。"

鸾凤寡俦匹,玉树少枝柯。(明·方孝孺《勉学诗八首》其三)

秦晋匹　指联姻。亦作"秦晋会"。《左传·僖公二十三年》:"秦伯纳女五人,怀嬴与焉,奉匜沃盥,既而挥之。怒曰:'秦,晋匹也,何以卑我!'公子惧,降服而囚。"《世说新语·言语》:"卫洗马初欲渡江。"刘孝标注引《卫玠别传》:"玠顺识通达,……娶乐广女。裴叔道曰:'妻父有冰清之姿,婿有璧润之望,所谓秦晋之匹也。'"

颇谓秦晋匹,从来王谢郎。(唐·杜甫《送大理封主簿五郎亲事不合……亲事遂停》)

匹[2](疋)pǐ　仅作"量词"义时可作此。

(古)入声,四质。(逆)布～缎～马～(顺)～帛～俦～段～夫～练～马～鸟(例)胡来满彤宫,驱马一万匹。(宋·文天祥《建康府第十五》)

癖pǐ

(古)入声,十一陌。(逆)抱～病～痴～传～词～痼～官～瑰～画～酒～狂～马～眉～墨～奇～碁～谦～钱～清～山～诗～石～书～睡～顽～香～研～野～异～迂～左～(顺)～爱～傲～痼～洁～嗜～王～习～性～症(例)晓达兵家流,饱闻春秋癖。(唐·杜甫《八哀诗·赠司空王公思礼》)多君林泉趣,耽玩日成癖。(唐·李群玉《送魏珪觐省》)雅有登山癖。觉老来、尚可跻攀,浪游蹑屐。(宋·王义山《贺新郎·雅有登山癖》)

劈pǐ　分开。剥离。另见236页pī。

(古)《广韵》入声,锡韵。(顺)～帐(例)岂知饥寒人,手脚生皴劈。(唐·张孜《雪诗》)

乞qǐ　另见251页qì。

(古)入声,五物。(逆)哀～陈～丐～干～告～寒～恳～贫～启～窃～请～求～望～征～(顺)～哀～病～惆～籴～恩～儿～播～饭～佛～匄～告～归～骸～和～麾～火～假～降～教～借～怜～良～邻～灵～盟～觅～命～期～请～取～人～身～师～食～士～恕～索～退～外～闲～休～言～宥～子(例)古锦请裁衣,玉轴亦欲乞。(唐·李商隐《骄儿诗》)门前九个峰,终拟为文乞。(唐·贯休《寄杜使君》)洛社自佳,镜湖虽好,莫问君王乞。(宋·刘克庄《念奴娇·卯君来处》)

乙yǐ

(古)入声,四质。(逆)飞～凫～令～面～太～泰～图～涂～玄～乙～鱼～左～(顺)～榜～第～更～科～览～鸟～士～选～夜～乙～帐～正(例)帐殿别阳秋,旌门临甲乙。(唐·李峤《扈从还洛呈侍从群官》)画栋归来巢未失。双双款语怜飞乙。(宋·欧阳修《渔家傲·二月春耕昌杏密》)

壁bì

(古)入声,十二锡。(逆)奥～半～闭～层～城～赤～东～陡～粉～拂～负～复～固～汉～皓～呵～画～夹～坚～剑～江～椒～椠～挤～进～九～绝～军～峻～龛～空～孔～匡～奎～列～邻～灵～留～

龙～鲁～旅～鸣～破～峭～青～软～森～山～深～蜃～诗～寺～素～踏～题～天～亭～通～退～危～无～坞～隙～瑕～霞～闲～向～削～髹～秀～穴～严～遗～营～幽～凿～赵～止～筑～㊉～藏～拆～带～道～观～记～经～龛～垒～立～邻～门～人～塞～死～宿～坞～厢～延～衣～影～障 ㊎涧芳袭人衣，山月映石壁。（唐·王维《蓝田山石门精舍》）清晨陪跻攀，傲睨俯峭壁。（唐·杜甫《白水县崔少府十九翁高斋三十韵》）微风时动牖，残灯尚留壁。（唐·韦应物《秋夜二首》其一）

㊕**凿壁** 见576页"凿照"。

凿壁年虽异，穿杨志幸同。（唐·杨衡《送陈房谒抚州周使君》）

家徒四壁 形容家贫如洗、一无所有。亦作"家徒壁立"。《史记·司马相如列传》："文君夜亡奔相如，相如乃驰归成都，家居徒四壁立。"

家徒四壁书侵坐，马瘦三山叶拥门。（宋·黄庭坚《次韵宋楙宗僦居甘泉坊雪后书怀》）

旗亭画壁 指评论诗人的高下，也指诗人聚会赛诗。唐·薛用弱《集异记·王之涣》卷二："开元中，诗人王昌龄、高适、王之涣齐名……一日天寒微雪，三诗人共诣旗亭，贳酒小饮。"遇伶人聚宴讴歌，"昌龄等私相约曰：'我辈各擅诗名，每不自定其甲乙，今者可以密观诸伶所讴，若诗入歌词多者，则为优矣。'俄而一伶拊节而唱，乃曰：'寒雨连江夜入吴。平明送客楚山孤。……'昌龄则引手画壁曰：'一绝句。'……后以召旗事画壁。"

新诗乐府谁多少，斗取旗亭画壁来。（清·王士祯《三月晦日》）

璧bì

㊄入声，十一陌。㊌拜～半～宝～抱～沉～尺～楚～当～抵～点～反～返～奉～拱～珙～毂～归～圭～珪～寒～合～和～鸿～怀～还～环～荐～金～荆～敬～丽～连～联～灵～履～破～蒲～潜～秦～琼～全～牲～收～双～素～铜～完～犀～衔～轩～玄～悬～赵～重～珠～瑑～㊉～帛～采～池～除～带～珰～殿～返～房～缸～宫～圭～珪～海～合～还～晖～角～奎～立～丽～连～联～流～马～门～品～气～砌～泉～人～日～润～翣～水～碎～台～堂～田～纬～谢～琰～仪～阴～英～雍～友～羽～瑗～月～沼～赵 ㊎时景讵能留，几思轻尺璧。（唐·许康佐《日暮碧云合》）小雨收尘，凉蟾莹彻，水光浮璧。（宋·周邦彦《月下笛·小雨收尘》）

㊕**和氏璧** 咏宝玉或国宝，亦比喻腹中有真才实学。亦作"抱璞""和璧""荆璧""赵璧""连城璧"。《韩非子·和氏》载：楚人和氏得玉璞，献之厉王。厉王不识，以和为诳，刖其左足。厉王死，和氏又献璞给武王，武王仍不识，以和为诳，刖其右足。武王死，文王即位，和乃抱璞哭于荆山之下三日三夜。王闻之，使人问之，和曰："吾非悲刖也，悲夫宝玉而题之以石，贞士而名之以诳。此吾所以悲也。"王乃使玉人理其璞而得宝焉。遂命曰"和氏之璧"。

巴人谁肯和《阳春》，楚地犹来贱奇璞。（唐·李白《答王十二寒夜独酌有怀》）

林回弃璧 表示亲人间天性相连的亲密感情。亦作"弃璧负婴""天属"。《庄子·山木》：子桑雩对孔子说："子独不闻假人之亡与？林回弃千金之璧，负赤子而趋。或曰：'为其布与？赤子之布寡矣；为其累与？赤子之累多矣。弃千金之璧，负赤子而趋，何也？'林回曰：'彼以利合，此以天属也。'夫以利合者，迫穷祸患害相弃也，以天属者，迫穷祸患害相收也。""天属"指父子、兄弟、姐妹等有血缘关系的亲属。

林回弃白璧，千里阻同奔。（唐·李白《赠武十七谔》）

必bì

㊄入声，四质。㊌固～果～胡～可～难～岂～取～无～信～要～意～臆～豫～专～自～㊉～固～力～诺～世～索～务 ㊎安用簪进贤，少微斯可必。（唐·权德舆《星名诗》）俱是官家身，后期难自必。（唐·白居易《和微之诗二十三首·和寄乐天》）须信芳菲随失。况复佳期难必。（宋·贺铸《谒金门·溪声急》）

碧bì

㊄入声，十一陌。㊌冰～层～澄～春～醇～寸～丹～浮～绀～高～寒～泓～化～环～黄～净～静～空～琳～绿～暮～凝～暖～缥～平～青～轻～晴～穹～秋～软～碎～唐～韬～顽～虚～血～遥～瑶～幽～渊～湛～重～朱～珠～㊉～埃～霭～岑～沉～城～墀～窗～带～磴～甸～殿～洞～芳～凤～光～汉～壶～华～环～鸡～简～井～胫～酒～濑～阑～襕～泪～涟～潋～寥～琳～鳞～溜～楼～露～鲈～轮～落～旻～幕～瓯～藕～气～峭～清～蛆～茸～荣～蕊～沙～纱～山～氏～疏～竖～丝～髓～滩～堂～蹄～天～筳～铜～筒～梧～雾～溪～霞～鲜～藓～香～宵～箫～霄～筱～秀～虚～血～浔～烟～檐～莹～宇～原～月～云～晕～障～嶂～照～沚～甃～珠～幢～滋～组 ㊎寂历远山意，微冥半空碧。（唐·沈如筠《寄张征古》）阴生古苔绿，色染秋烟碧。（唐·李白《南轩松》）长啸招远风，临潭漱金碧。（唐·韦应物《龙门游眺》）

㊕**苌弘化碧** 比喻忠良受谗而死；或指为国献身，忠烈精神长存。《庄子·外物》："人主莫不欲其臣之忠，而忠未必信。故伍员流于江；苌弘死于蜀，藏其血，三年而化为碧。"

我不要半星热血红尘洒，都只在八尺旗枪素练悬。等他四下里皆瞧见，这就是咱苌弘化碧，望帝啼鹃。（元·关汉卿《窦娥冤》第三折[耍孩儿]）

看朱成碧 形容心绪烦乱以致产生错觉。亦作"眼昏朱似碧"。南朝梁·王僧孺《夜愁示诸宾》诗："谁知心眼乱，看朱忽成碧。"

催弦拂柱与君饮，看朱成碧颜始红。（唐·李白《前有樽酒行二首》之二）

毕(畢)bì

㊄入声，四质。㊌成～的～罕～箕～简～究～离～吏～了～罗～讫～轻～呻～手～洗～业～佔～㊉～剥～逋～辞～对～辜～扈～集～

劫～结～景～究～聚～老～力～罗～门～气～强～亲～娶～壤～身～时～世～手～岁～天～瓮～肖～协～掩～弋～姻～愿～卓～足例高楼望所思,目极情未毕。(唐·王维《和使君五郎西楼望远思归》)今朝三月尽,寂寞春事毕。(唐·白居易《三月三十日作》)官里事,何时毕。风雨外,无多日。(宋·苏轼《满江红·东武南城》)

辟bì ①国君。②法律。③罪行。④惩罚。⑤征召。⑥任命。⑦除。另见250页pì。

古入声,十一陌。逆常～断～法～剕～赴～宫～过～呵～后～皇～讳～祸～礼～立～令～免～明～墨～群～肉～世～天～网～枉～罔～威～贤～宪～刑～选～邀～应～元～招～召～征～诛～罪～左～顺～车～牒～拂～官～就～举～吏～命～幕～聘～请～任～士～署～选～引～召～置～罪

愎bì 乖戾;固执。

古入声,十三职。逆暗～傲～骜～猜～刚～很～昏～骄～狡～讦～矜～偏～强～贪～顽～枉～憸～凶～严～阴～庸～愚～鸷～专～顺～勃～戆～过～很～谏～戾～气～鸷例朝廷鉴往辙,中自诛贪愎。(明·刘基《登卧龙山写怀二十八韵》)

甓bì 砖。

古入声,十二锡。逆瓴～砻～青～陶～瓦～踊～运～甃～砖～顺～器～涂～甃～珠例身老大、饮敲秦缶,懒移陶甓。(宋·蒋捷《满江红·秋本无愁》)

典**运甓** 咏居安思用、勤力励志。亦作"陶甓"。《晋书·陶侃传》:"侃在州无事,辄朝运百甓于斋外,暮运于斋内。人问其故,答曰:'吾方致力中原,过于优逸,恐不堪事,其励志勤力,皆此类也。'"

运甓调辛苦,闻鸡屡寝兴。(唐·元稹《纪怀赠李六户曹崔二十功曹五十韵》)

弼(*弻)bì

古入声,四质。逆保～丞～承～笃～方～辅～傅～光～规～建～近～俊～匡～良～亮～使～四～台～宥～元～宰～赞～桢～忠～顺～臣～承～导～辅～教～匡～亮～违～谐～疑～佐例叨承廊庙选,谬齿夔龙弼。(唐·李峤《扈从还洛呈侍从群官》)清路荷前幸,明时称右弼。(唐·苏颋《奉和姚令公温汤旧馆永怀故人卢公之作》)巉巉见铜阙,左右皆辅弼。(唐·陆龟蒙《奉和袭美太湖诗二十首·初入太湖》)

典**岩弼** 《史记·殷本纪》载,殷武丁辅弼名臣傅说为相之前,隐迹于傅岩版筑的刑徒之中。用作咏辅弼大臣之典。

君不见商王梦中得良弼,傅岩之美今安匹。(明·刘基《巫山高》)

愊bì ①至诚。②愊臆:愤怒、悲哀郁结于心。

古入声,十三职。逆愊～悃～悃～顺～愊～怛～实～臆

躃bì ①仆倒。②足跛。

古入声,十一陌。逆躃～跛～哽～号～踌～踊～顺～躃～蹩～跛～步～踖～金～人～踊～足例奇俊无少年,日车何躃躃。(唐·李贺《感讽》诗之二)

襞bì 衣褶。

古入声,十一陌。逆卷～摇～顺～方～幅～积～绩～襀～笺～锦～敛～染～褶例霞间朱绂萦,岚际黄裳襞。(唐·赵居贞《云门山投龙诗》)

哔(嗶)bì

古《集韵》:入声,质韵。逆咕～顺～叽～哨

跸(蹕)bì ①古代帝王出行时清道禁行人走动。②帝王的车驾和行到之处。

古入声,四质。又:去声,四寘同。逆宸～出～传～丹～返～犯～凤～呵～护～扈～还～回～金～惊～儆～警～六～銮～鸣～辇～陪～迁～前～清～耸～天～卫～徒～仙～相～星～移～迎～御～云～整～止～治～驻～顺～道～警～路～声～御～止例观风昔来幸,御气今旋跸。(唐·李峤《扈从还洛呈侍从群官》)倾国丛中,钧天合处,忽听鸣清跸。(宋·王之望《永遇乐·元夜风光》)

荜(蓽)bì ①同"筚",指用荆条竹木之类编的篱笆或其他遮拦物。②豆名。

古入声,四质。逆柴～圭～闺～衡～旧～蓬～启～顺～辂～路～门例顾惭恩私被,诏许归蓬荜。(唐·杜甫《北征》)钟鼎勒铭模物象,山林赐路开行荜。(宋·魏了翁《满江红·宇宙中间》)

皕bì 二百。

古《广韵》:入声,职韵。顺～宋

苾bì 馨香。

古入声,四质。逆苾～芳～芬～顺～苾～勃～刍～芬

湢bì 浴室。

古入声,十三职。逆庖～顺～测～浴

腷bì 腷臆:因愤怒或哀伤而致气郁结。

古入声,十三职。顺～膊～塞～臆

饆bì 饆饠:古代一种饼类食物,即饽饽。

古入声,四质。逆饠～顺～饠例部署及妇女,馈饷罄饠饆。(清·钱谦益《三良诗·段贤良含素》)

滗bì 滗沸:泉水涌出貌。

古入声,四质。逆揘～顺～发～沸～篥

的dì ①鲜明。②箭靶的中心。③白色。另见239页dí、70页dē。

古入声,十二锡。逆的～点～鹄～贯～画～破～旗～射～无～有～准～顺～的～尔～杠～彀～皪～砾～然～颡～烁～准例君子大道人,朝夕恒的的。(唐·孟郊《择友》)凭谁去、花衢觅。细说此中端的。(宋·柳永《征部乐·雅欢幽会》)

鲫(鯽)jì

古入声,十一陌。又:入声,十三职同。逆河～江～朱～顺～鱼

稷jì

古入声,十三职。逆稻～官～稷～沐～农～契～日～社～黍～下～玄～禹～宗～顺～祠～官～狐～稷～馈～门～庙～牛～契～丘～稿～神～牲～食～事～黍～嗣～坛～星～雪～泽～正例晨起西郊道,原野分黍稷。(唐·韦应物《谢栎阳令归西郊,赠别诸友生》)

典**黍稷** 见370页"离黍"。

旧国荒闵成黍稷，故交危脆似琉璃。（唐·徐铉《奉和武功学士舍人纪赠文懿大师净公》）

力lì

㊀入声，十三职。㊁葆～毕～并～陈～称～诚～骋～弛～饬～揣～殚～道～底～地～帝～丁～鼎～赌～恩～福～骨～豪～很～横～化～伎～觔～筋～劲～进～鲸～沮～绝～掬～骏～戮～旅～末～农～鹏～朴～起～弃～勤～劬～劝～身～盛～识～事～殊～输～霜～私～肆～贪～韬～同～土～传～贤～一～遗～佚～逸～吟～佣～愿～展～杖～棹～真～祇～志～忠～专～资～作～㊂～本～薄～促～父～黑～疾～劳～力～劣～民～牧～屈～人～桑～穑～势～术～索～学～用～征～正～政㊃抚剑空余勇，弯弧遂无力。（唐·张说《巡边在河北作》）雨泽感天时，耕耘忘帝力。（唐·高适《酬庞十兵曹》）燋烂各自求，他人顾何力。（唐·元稹《张旧蚊帱》）

立lì

㊀入声，十四缉。㊁安～拔～班～卑～背～本～笔～壁～操～草～侧～岑～柴～巉～赤～绰～鼎～陡～堵～鹗～方～风～肤～负～骨～鹄～鹤～衡～鸿～环～会～瘠～既～角～孑～杰～桀～截～介～矜～谨～惊～迥～倨～崛～峻～刊～考～枯～匡～离～露～履～罗～缨～螟～木～凝～耦～骈～跂～企～峭～清～琼～虬～却～雀～群～柔～入～锐～森～山～束～四～嗣～悚～特～跕～铁～危～蝟～兀～屼～显～削～小～兴～修～秀～虚～序～疑～雨～玉～爰～岳～跃～攒～造～崭～蘸～贞～整～制～峙～转～卓～倬～㊂～班～本～辟～表～朝～德～嫡～地～断～槁～格～户～戟～家～间～教～节～懂～命～男～年～品～泉～然～石～士～事～侍～嗣～王～象～心～雪～勋～言～仪～义～邑～元～仗～政～制～治～忠～锥㊃解缆君已遥，望君犹伫立。（唐·王维《齐州送祖三》）鄙人寡道气，在困无独立。（唐·杜甫《早发射洪县南途中作》）潇潇疏雨梧桐湿。无言独倚阑干立。（宋·谢逸《醉落魄·霜砧声急》）

㊄哀毁骨立 形容人因哀伤过度而使身体非常消瘦。亦作“鸡骨支床”。《世说新语·德行》：“王戎、和峤同时遭大丧，俱以孝称。王鸡骨支床，和哭泣备礼。武帝谓刘仲雄曰：‘卿数省王、和，不闻和哀苦过礼。使人忧之。’仲雄曰：‘和峤虽备礼，神气不损；王戎虽不备礼，而哀毁骨立。臣以和峤生孝，王戎死孝。陛下不应忧峤，而应忧戎。’”

苦县光和尚骨立，书贵瘦硬方通神。（唐·杜甫《李潮八分歌》）

家徒壁立 见246页“家徒四壁”。

家徒四壁立，独以道为耕。（宋·姚勉《赠霆伯侄》）

历[1]（歷）lì ①经过；经历。②遍；逐一。③统指过去的各个或各次。④稀疏。

㊀入声，十二锡。㊁谙～宝～辟～徧～昌～齿～充～的～登～短～伏～干～亘～更～关～观～横～鸿～激～寂～溶～践～江～阶～径～览～历～临～凌～陵～弥～幂～幎～绵～披～碛～迁～巧～铨～世～适～授～私～探～通～推～遐～行～巡～沿～齞～扬～由～逾～玉～驭～御～皂～政～周～转～走～㊂～阪～变～朝～齿～宠～抵～访～服～观～怀～级～践～阶～劫～块～刺～澜～历～沴～辘～乱～落～僻～聘～然～人～稔～赏～涉～世～说～听～位～问～物～心～行～扬～叶～意～营～远～运～政㊃千峰争攒聚，万壑绝凌历。（唐·李白《游泰山六首》其五）倒屣喜旋归，画地求所历。（唐·杜甫《郑典设自施州归》）尽日蜂寻窗隙。隔叶黄鹂声历历。（宋·袁去华《谒金门·春寂寂》）

历[2]（曆、*厤）lì ①推测日月星辰运行以定时间节气之方法。②掌管为国家推算历法的人。③记录年月日节气的书、表等。

㊀入声，十二锡。㊁宝～步～长～创～篡～凤～古～国～回～建～律～蓂～瑞～司～通～星～尧～玉～御～运～造～正～治～㊂～草～官～家～荚～节～律～蓂～气～日～始～术～数～算～头～图～尾～象～序

呖（嚦）lì 呖呖，形容鸟类清脆的叫声。

㊀《集韵》：入声，锡韵。㊁呖～嘹～淅～㊂～呖㊃醉魂觉，又听秋鸿悲呖。（宋·葛长庚《菊花新·十二楼台》）笑新来、多事是征鸿，声嘹呖。（宋·蒋捷《满江红·秋本无愁》）

雳（靂）lì

㊀入声，十二锡。㊁霹～㊃精微穿溟涬，飞动摧霹雳。（唐·杜甫《夜听许十损诵诗爱而有作》）

沥（瀝）lì ①渗出；使渗出；滤。②液体一滴一滴地往下落。③滤过的酒。④汁液。

㊀入声，十二锡。㊁滴～浇～酒～控～沥～淋～霖～披～罄～洒～渗～吐～淅～遗～余～玉～滋～㊂～陈～诚～胆～滴～耳～酒～恳～款～沥～泣～情～觞～述～水～血～液㊃禁暴清无双，爽气春淅沥。（唐·杜甫《八哀诗·赠司空王公思礼》）彩凤难双，红绡暗泣。回纹未剪吴刀沥。（宋·姚宽《踏莎行·蘋叶烟深》）

栗[1]lì

㊀入声，四质。㊁板～山～霜～㊂～芋～子～皱

㊄炒栗 一种零食。将栗实放在拌糖的黑铁砂中炒熟。后亦用以比喻为政不能偏颇，当兼顾各方才能尽善尽美。《辽史·文学·肖韩家奴传》：辽代肖韩家奴尝掌栗园，有文名，为帝之诗友。“（帝）尝从客问曰：‘卿居外有异闻乎？’韩家奴对曰：‘臣惟知炒栗，小者熟，则大者必生；大者熟，则小者必焦，使大小均熟，始为尽美，不知其他。’盖尝掌栗园，故托栗以讽谏。帝大笑。”

山童酤得邻家酒，炒栗炉头独自倾。（宋·宋伯仁《听雨》）

栗[2]（慄）lì 发抖。

㊀入声，四质。㊁悲～觱～冰～悼～掉～栖～股～鼓～寒～汗～惶～肌～佶～悸～嘉～茧～宽～栗～憭～懔～零～悚～缩～惕～危～威～温～眩～晌～严～仡～屹～郁～斋～砻～贞～缜～整～祇～壮～惴～㊂～犊～骇～理～栗～冽

～密～然～如～斯～缩～温～罅 例相顾始知悲，中心忧且栗。（唐·储光羲《同王十三维偶然作十首》）霏微误嘘吸，肤腠生寒栗。（唐·韦应物《凌雾行》）

枥（櫪）lì 马槽。

古入声，十二锡。逆槽～伏～枊～骥～马～皂～顺～骥～马例喔喔鸡鸣晓，萧萧马辞枥。（唐·鲍溶《途中旅思二首》其一）

典**老骥伏枥** 喻指虽年迈，犹有远大抱负。三国魏·曹操《步出夏门行·龟虽寿》："老骥伏枥，志在千里；烈士暮年，壮心不已。"

老骥伏枥志千里，壮士悲歌泣数行。（宋·赵蕃《归计未成不胜家山之思》）

笠 lì

古入声，十四缉。逆车～村～簦～荷～马～皮～瓢～箬～莎～松～蓑～台～篷～行～雨～耘～菹～顺～毂～蓑～檐～子例春风吹蓑衣，暮雨滴箬笠。（唐·齐己《耕叟》）

粒 lì

古入声，十四缉。逆不～戴～火～绝～孔～却～糁～松～粟～丸～香～新～遗～余～玉～种～顺～食例素丝挈长鱼，碧酒随玉粒。（唐·杜甫《送率府程录事还乡》）传到真消息。赤地居民无一粒。（宋·刘过《清平乐·新来塞北》）

栎（櫟）lì

古入声，十二锡。逆苞～樗～丁～蒡～散～社～重～顺～材～樗～辐～釜～梂～散～社例触烟入溪口，岸岸唯桎栎。（唐·于鹄《山中访道者》）

典**樗栎** 喻指不成才的人。亦常用作自谦之词。《庄子·人间世》："匠石之齐，至于曲辕，见栎社树。其大蔽数千牛，絜之百围，其高临山十仞，而后有枝，其可以为舟者旁十数。观者如市，匠石不顾，遂行不辍。弟子厌观之，走及匠石，曰：'自吾执斧斤以随夫子，未尝见材如此其美也。先生不肯视，行不辍，何邪？'曰：'已矣，勿言之矣！'……是不才之木也。无所可用，故能若是之寿。"

幸自同樗栎，何妨惬所怀。（唐·罗隐《城西作》）

轹（轢）lì ①车轮辗压。②滚，压。③欺凌。④超过。

古入声，十二锡。逆驳～抵～刻～跨～辚～閵～躏～轥～陵～蹂～轧～辗～震～顺～刍～蹙～釜～古～籍～蹸例回瞻后来者，皆欲肆轥轹。（唐·岑参《西蜀旅舍春叹寄朝中故人呈狄评事》）

砾（礫）lì ①小石。②石貌。

古入声，十二锡。逆丹～的～滴～风～釜～礓～凌～砼～碛～石～瑕～银～玉～礫～贞～珠～卓～顺～石～琇～洲例回流清见底，金沙覆银砾。（唐·刘希夷《秋日题汝阳潭壁》）曰余吞声地，举足伤瓦砾。（唐·李群玉《送魏珪觐省》）

典**镂冰炊砾** 指徒费功夫，不切实用。汉·桓宽《盐铁论·殊路》："大夫曰：'……故内无其质而外学其文，虽有贤师良友，若画脂镂冰，费日损功。"宋·黄庭坚《送王郎》："炊沙作糜终不饱，镂冰文字费工巧。"任渊注引《楞严经》："若不断淫修禅定者，如蒸砂石欲其成饭，经百千劫只名热砂，何以故？此非饭本，砂石成故。"

楮叶工夫，辛苦似、镂冰炊砾。（宋·刘克庄《满江红·楮叶工夫》）

叻 lì 叻埠，新加坡。

仂 lì 勤。另见97页lè。

古入声，十三职。

艻（蘑）lì 葶艻：一种原野杂草。

古入声，十二锡。逆葶～

疬（癧）lì 瘰疬：病名。颈项间淋巴结核。

古入声，十二锡。逆瘰～顺～疡

篥 lì 觱篥。

古入声，四质。逆悲～笳～觱～例平泉上相东征日，曾为阳陶歌觱篥。（唐·罗隐《薛阳陶觱篥歌》）

溧 lì 寒冷。

古入声，四质。逆凛～清～顺～冽

鬲（*䰛）lì 古代炊具，样子像鼎，足部中空。另见83页gé。

古入声，十二锡。逆铛～鼎～釜～瓦～顺～如例高萝缉袈裟，黝碧光鼎鬲。（清·王又曾《微雨入雁山观老僧岩憩石梁洞》）

溧 lì 水名。

古《广韵》：入声，质韵。逆浏～顺～水

密 mì

古入声，四质。逆拔～闭～层～沉～纯～凑～蹙～低～调～钉～笃～敦～阅～遏～烦～该～恭～固～诡～华～晦～几～坚～洊～交～胶～近～寝～禁～靖～静～谲～峻～款～朗～牢～丽～栗～砻～隆～悗～满～缦～蒙～靡～嫷～密～妙～明～冥～蒲～契～清～遒～深～慎～四～碎～邃～檀～堂～微～委～稳～狎～谐～绪～偃～窅～要～幽～友～宥～渊～圆～藻～栉～忠～重～顺～爱～博～簇～当～谛～牒～椟～恩～迩～发～竿～彀～固～耗～和～画～讳～机～迹～缄～揭～诘～结～近～进～靓～靖～静～科～理～栗～量～虑～密～戚～洽～巧～亲～清～然～人～如～赡～深～谂～枢～熟～思～伺～涂～微～幄～勿～席～衔～筱～心～严～言～要～移～义～翳～姻～庸～云～赞～札～指～栉～周～属～装～坐例欢与道路长，顾随谈笑密。（唐·李峤《扈从还洛呈侍从群官》）南登汉月孤，北走代云密。（唐·刘希夷《从军行》）幽寂旷日遥，林园转清密。（唐·陈子昂《秋园卧病呈晖上人》）

蜜 mì

古去声，四寘。逆麨～刀～甘～口～蜡～然～树～松～酥～饧～崖～饴～营～朱～顺～饵～房～浆～炬～蜡～醴～露～母～脾～勿～玺～印～章～烛～滓例家丰松叶酒，器贮参花蜜。（唐·王维《采药》）粉香映叶花羞日。窗间宛转蜂寻蜜。（宋·贺铸《菩萨蛮·粉香映叶花羞日》）

秘（*祕）mì 另见222页bì。

古去声，四寘。逆宝～冲～发～赋～瑰～诡～缄～靳～谲～灵～僻～奇～清～深～枢～索～韬～玄～严～掩～幽～渊～珍～枕～中～自～顺～宝～府～幻～纪～缄～简～静～庭～严～引～苑～蕴例分日示诸王，钩深法更秘。（唐·杜甫

《送顾八分文学适洪吉州》）始造双林寂，遐搜洞府秘。（唐·韦应物《因省风俗与从侄成绪游山水中道先归寄示》）思苦膏火煎，忧深扃锁秘。（唐·白居易《和微之诗二十三首·和知非》）

觅（覔、*覓）mì

古入声，十二锡。逆访～觅～乞～求～搜～相～要～营～顺～便～婚～举～句～觅～索～诱例云覆莓苔封，苍然无处觅。（唐·白居易《游石门涧》）长安大雪天，鸟雀难相觅。（唐·张孜《雪诗》）薛涛昨夜梦中来，殷勤劝向君边觅。（唐·韦庄《乞彩笺歌》）

幂（冪）mì ①覆盖东西的巾。②覆盖。③涂抹。

古入声，十二锡。逆彻～巾～罗～幂～绵～面～纱～顺～历～幂～人～首例南轩有孤松，柯叶自绵幂。（唐·李白《南轩松》）渚拂蒹葭塞，峤穿萝茑幂。（唐·杜甫《郑典设自施州归》）晴烟幂幂。渐东郊芳草，染成轻碧。（宋·柳永《尾犯·晴烟幂幂》）

谧（謐）mì

古入声，四质。逆安～沉～澄～冲～寂～静～旷～敉～谧～冥～宁～清～恬～宥～顺～安～尔～静～谧～宁～然～如～稳～息例金灶生烟埃，玉潭秘清谧。（唐·李白《望黄鹤楼》）丑虏何足清，天山坐宁谧。（唐·顾况《从军行二首》其二）

泌mì 另见223页bì。

古入声，四质。又：去声，四寘同。逆分～顺～乳～渗

汨mì

古入声，十二锡。逆拂～湘～顺～罗～渚

典**投汨** 见802页"投湘"。

投汨笑古人，临濠得天和。（唐·李白《书情题蔡舍人雄》）

逆nì

古入声，十一陌。逆暴～悖～爂～逋～谗～车～承～丑～触～舛～踳～篡～错～党～倒～顶～犯～风～拂～负～复～覆～干～感～梗～构～乖～悍～横～猾～回～昏～僭～郊～骄～讦～桀～沮～距～抗～狂～临～乱～嫚～迷～莫～目～内～请～驱～染～三～上～噬～首～顺～肆～送～讨～廷～微～忤～牾～袭～邪～衅～行～凶～蓄～亿～迎～语～造～诈～顺～暴～备～悖～变～波～卜～常～斥～刺～从～道～德～定～睹～度～断～厄～恶～耳～法～犯～防～氛～拂～负～告～格～害～击～计～见～谏～教～接～节～讦～居～拒～决～口～浪～鳞～令～旅～虑～伦～论～冒～萌～命～气～遣～射～眚～失～施～视～数～水～顺～送～泝～探～涛～听～图～违～迕～先～晓～心～信～形～许～芽～焰～曳～亿～意～诈～战～折～争～政～知～指～志～制～状～走例胡马缠伊洛，中原气甚逆。（唐·杜甫《八哀诗·赠司空王公思礼》）好人常直道，不顺世间逆。（唐·孟郊《择友》）与时忽开闭，作固或顺逆。（唐·岑参《入剑门作寄杜杨二郎中时二公并为杜元帅判官》）

溺nì 另见569页niào。

古入声，十二锡。逆爱～出～耽～酖～垫～燔～焚～覆～汩～蛊～锢～惑～饥～胶～焦～浸～烬～陆～乱～沦～没～泥～溺～圮～飘～染～濡～贪～狎～陷～胥～压～燕～援～湛～拯～撜～顺～惑～口～没～溺～情～人～心～信～意～音～职～志例岂念嘉遁时，依依偶沮溺。（唐·陶翰《晚出伊阙寄河南裴中丞》）伊予战苦胜，览境情不溺。（唐·皎然《苕溪草堂自大历三年夏新营泊秋及春四十三韵》）岂直却烦恼，方期拯沉溺。（唐·慧宣《秋日游东山寺寻殊昙二法师》）

昵（暱）nì

古入声，四质。逆爱～比～宠～近～款～偏～亲～私～狎～相～邪～燕～顺～爱～比～附～厚～交～近～就～侍～狎～嫌～媟

匿nì

古入声，十三职。逆百～奰～辟～閟～蔽～避～贬～侧～盗～遁～遏～伏～服～干～规～讳～晦～秽～寄～漏～沦～没～凭～屏～谦～潜～容～塞～饰～邃～缩～韬～退～亡～畏～衔～掩～遗～阴～引～众～状～走～顺～避～詘～端～伏～讳～迹～空～控～悃～谋～年～情～善～逃～瑕～笑～心～形～耀～意～怨～知～止～作例青春坐南移，白日忽西匿。（唐·沈佺期《和杜麟台元志春情》）不散东海金，何争西飞匿。（唐·李白《君子有所思行》）草木春更悲，天景昼相匿。（唐·崔融《西征军行遇风》）

嶷nì 另见214页yí。

古入声，十三职。逆嶒～端～高～岌～明～岐～奇～歧～嵬～秀～峣～嶷～英～渊～哲～顺～尔～岌～然～如～爽～嶷例且说总是三千岁。此际方岐嶷。（宋·程珌《宝鼎现·绿杨欲舞》）

惄nì 忧思。

古入声，十二锡。逆惄～顺～惄～然

衵nì 近身之衣。另见185页rì。

古入声，四质。顺～服～衣

辟（闢）pì ①开辟。②驳斥或排除。③透彻。另见247页bì。

古入声，十一陌。逆鞭～摽～斗～机～奇～穷～柔～瘖～顺～摽～草～地～方～启例乃闻风土质，又重田畴辟。（唐·杜甫《郑典设自施州归》）凿山导伊流，中断若天辟。（唐·韦应物《龙门游眺》）茅亭居上头，豁达门四辟。（唐·白居易《北亭》）

僻pì

古入声，十一陌。逆傲～奥～陂～秕～惨～侧～冲～诞～地～斗～多～讹～陒～放～非～戆～梗～瑰～诡～荒～晦～畸～坚～简～骄～介～狂～历～辽～流～陋～衺～谬～纰～颇～奇～穷～涩～山～赊～深～疏～私～邃～猥～汙～稀～遐～闲～乡～邪～行～淫～慵～迂～摘～顺～隘～安～奥～鄙～侧～惷～地～典～恶～放～固～怪～诡～缓～见～峤～介～近～经～径～绝～滥～老～戾～陋～路～乱～论～秘～谬～倪～然～壤～儒～涩～事～嗜～书～说～涂～脱～王～违～狭～小～邪～行～学～淫～隐～幽～愚～语～执～志～滞～恣～陬～阻

～左例何以养吾真，官闲居处僻。（唐·白居易《昭国闲居》）疑无路，幽壑琮琤，峡转山回入林僻。（宋·葛长庚《兰陵王·一溪碧》）

澼 pì 漂洗。

古入声，十二锡。逆洴～顺～絖

擗 pì 捶胸。

古入声，十一陌。逆鞭～顿～俯～号～盘～掐～踊～摘～顺～摽～拨～栗～掠～析～易～膺～踊～约例垣墙皆顿擗，荆棘上参天。（三国魏·曹植《送应氏》其一）

泣 qì

古入声，十四缉。逆下～愁～丹～俯～感～歌～呱～环～嗟～揽～沥～涟～麟～～抿～孺～洒～天～恸～颓～衔～巷～屑～歔～絮～泫～雪～血～咽～遗～饮～余～雨～陨～殒～沾～祖～顺～别～辜～荆～泪～麟～露～路～岐～诗～愬～绪～血～鱼～玉～杖～珠～竹～罪例代马流血死，胡人抱鞍泣。（唐·刘希夷《将军行》）惟闻汉使还，独向刀环泣。（唐·王昌龄，一作杜頠《从军行二首》其二）茫然阮籍途，更洒杨朱泣。（唐·杜甫《早发射洪县南途中作》）

典**卞泣** 见76页"卞和"。

滥窃商歌听，时忧卞泣诛。（唐·杜甫《舟出江陵南浦奉寄郑少尹》）

临歧泣 见210页"泣路歧"。

临歧泣世道，天命良悠悠。（唐·陈子昂《感遇诗三十八首》其十四）

途穷泣 见397页"穷途哭"。

寻思阮籍当时意，岂是途穷泣利名。（唐·李咸用《山中》）

杨朱泣 见295页"杨朱泪"。

半生南走复西驰，愁过杨朱罢泣岐。（唐·许棠《秦中遇友人》）

牛衣对泣 形容贫病交加，处境艰难。《汉书·王章传》："王章，字仲卿。……初，章为诸生学长安，独与妻居。章疾病，无被，卧牛衣中，与妻决，涕泣。其妻呵怒之曰：'仲卿！京师尊贵在朝廷人谁逾仲卿者？今疾病困厄，不自激卬，乃反涕泣，何鄙也！'后章仕宦历位，及为京兆尹，欲上封事，妻又止之曰：'人当知足，独不念牛衣中涕泣时耶？'章曰：'非女子所知也。'遂上书，果下廷尉狱，妻子皆收系。"

合浦卖珠无复有，常年笑我泣牛衣。（宋·苏轼《示过》）

新亭对泣 伤感国破家亡。亦作"新亭风景"。《世说新语·言语》："过江诸人，每至美日，辄相邀新亭，藉卉饮宴。周侯中坐而叹曰：'风景不殊，正自有山河之异！'皆相视流泪。唯王丞相愀然变色曰：'当共戮力王室，克复神州，何至作楚囚相对！'"

不望夷吾出江左，新亭对泣亦无人！（宋·陆游《追感往事》）

豆萁煎正泣 喻指骨肉、朋友相残害。《世说新语·文学》："文帝尝令东阿王七步中作诗，不成者行大法。应声便为诗曰：'煮豆持作羹，漉菽以为汁。萁在釜下燃，豆在釜中泣。本是同根生，相煎何太急？'帝深有惭色。"

长叹息，脊令原上急。重叹息，豆萁煎正泣。（宋·辛弃疾《最高楼·君听取》）

讫（訖）qì

古入声，五物。逆查～起～讫～去～头～顺～毕～成～籴～功～尽～竟～箓～讫～事～息～繄～已～役～运

缉（緝）qì 旧读音。含绩、继续、聚集、和睦、搜捕、捉拿等义。另见198页jī、237页qī。

古入声，十四缉。

葺 qì ①用茅草盖屋。②修饰；整齐。③整顿，治理。④同"缉"，捉拿。

古入声，十四缉。逆缔～剪～节～理～蒙～缮～完～兴～营～整～追～缀～顺～捕～理～缮～屋～袭～治例沉淫顷多昧，檐宇遂不葺。（唐·王昌龄《小敷谷龙潭祠作》）渔翁犹把钓竿执。蓑共笠、时时葺。（宋·王质《滴滴金·阴阴湿雾霜无汁》）

乞 qì 给予。另见245页qǐ。

古《广韵》：去声，未韵。顺～墅～遗～与

碛（磧）qì ①沙石积成的浅滩。②急流。③沙漠，不生草木的沙石地。

古入声，十一陌。逆暗～白～断～广～寒～黄～空～枯～砂～石～霜～滩～烟～雁～阴～顺～北～碗～历～砾～礰～卤～路～漠～日～沙～尾～月例香蔓垂绿潭，暴龙照孤碛。（唐·刘禹锡《游桃源一百韵》）领兵不知数，牛羊复吞碛。（唐·贯休《古塞下曲四首》其四）万叶战，秋声露结，雁度砂碛。（宋·周邦彦《浪淘沙·万叶战》）

迄 qì ①到。②终了。③终于。

古入声，五物。顺～功～今～至

惕 tì ①警惕。②忧伤。③急速。

古入声，十二锡。逆冰～惭～忡～倜～愁～怵～怛～惮～惶～惊～兢～儆～遽～恐～愧～悛～日～悚～惕～畏～夕～析～心～怓～忧～战～耆～震～祇～窒～惴～顺～伏～汗～号～惊～兢～惧～厉～栗～虑～然～伤～惕～息～想～心例因话近世仙，耸然心神惕。（唐·刘禹锡《游桃源一百韵》）山深有变异，意惬无惊惕。（唐·孟郊《游韦七洞庭别业》）昔虽居近密，终日多忧惕。（唐·白居易《咏怀》）

趯 tì ①跃。②笔锋上挑。

古入声，十二锡。逆距～趯～跳～涌～逾～

倜 tì ①倜傥：卓异，洒脱不羁。②倜然：疏阔貌；高举貌。

古入声，十二锡。逆倜～顺～诡～然～傥～倜

逖（逷）tì 远。

古入声，十二锡。逆简～离～搜～逷～佚～顺～成～慕～听～闻～远例连帅是，并州绩。宾佐有，雍丘逖。（宋·李曾伯《满江红·千古襄阳》）

隙（*隟）xì

古入声，十一陌。逆乘～仇～寸～蹈～抵～冬～杜～对～忿～构～搆～过～鸿～疾～瞷～决～开～窥～离～启～窍～生～树～伺～天～投～突～脱～巇～暇～瑕～罅～纤～闲～衔～携～衅～修～虚～穴～檐～蚁～尤～隅～缘～驻～罪～顺～壁～尘～蠹～风～光～憾～坏～荒～会～间～景～驹～孔～窾～难～窍～趋～缺～日

～屋～蠛～嫌～穴～嚖～宇～月例罗络四季间，绵微无一隙。（唐·李白《草创大还赠柳官迪》）人生百年内，疾速如过隙。（唐·白居易《咏怀》）却是五湖光，偷来傍檐隙。（唐·陆龟蒙《奉和袭美二游诗·任诗》）

典**白驹过隙**　喻指时光飞逝、人生短暂。《庄子·知北游》："人生天地之间，若白驹之过隙，忽然而已。"

尘世白驹过隙，人情苍狗浮云。（宋·吴儆《西江月·山色不随春老》）

汐xì

古入声，十一陌。逆潮～海～顺～潮例西风有恨无肠断，恨东流、几番潮汐。（宋·唐珏《桂枝香·松江舍北》）

卌xì　四十。

古《广韵》：入声，缉韵。

翕xì　①收敛；闭合。②一致，协调。③入，纳；聚集。③盛；炽。

古入声，十四缉。逆辟～闼～呼～卉～翦～谨～吐～魋～翕～艴～欻～嘘～允～张～顺～辟～变～定～动～飞～伏～服～合～赫～忽～霍～集～肩～聚～敛～拢～骈～然～如～散～受～踧～翕～习～艴～呷～响～协～心～欻～焱～绎～熠～翼～应～张～振例昨来容易风云翕。便三台两地，也只等闲如拾。（宋·李公昴《贺新郎·元日除书湿》）远山云雾工开翕。共朱阑徙倚，总好锦囊收拾。（宋·李公昴《贺新郎·过雨璇空湿》）

觋(覡)xì　男巫师。或泛指巫师。

古入声，十二锡。逆跛～男～巫～顺～女

舄xì　①古代一种加木底的鞋。②盐碱地。

古入声，十一陌。逆敝～赤～础～飞～凫～广～巾～陵～履～命～脱～缃～遗～玉～皂～顺～凫～卤～履～奕例枕中淮南方，床下阜乡舄。（唐·刘禹锡《游桃源一百韵》）微吟复微吟，依稀似庄舄。（唐·贯休《冬末病中作二首》其二）新月出污尊，浮云在中舄。（唐·长孙佐辅《山居雨霁即事》）

典**赤舄**　代指达官贵人。《诗经·豳风·狼跋》："赤舄几几。"毛氏传："赤舄，人君之盛屦也。"

堂堂元老熟戎事，幸甚赤舄归故乡。（宋·王柏《寄敬岩》）

凫舄　咏县令悠游或尚书官鞋之典。亦作"飞舄"。《后汉书·王乔传》："王乔者，河东人也。显宗世，为叶令。乔有神术，每月朔望，常自县诣台朝。帝怪其来数而不见车骑，密令太史伺望之。言其临至，辄有双凫从东南飞来。于是侯凫至，举罗张之，但得一只舄焉。乃诏尚方诊视，则四年中所赐尚书官属履也。"

晚酣留客舞，凫舄共差池。（唐·杜甫《九日杨奉先会白水崔明府》）

穸xì　①埋葬。②墓穴。

古入声，十一陌。逆殡～泉～玄～幽～窀～顺～台～窀例不得见清时，呜呼就窀穸。（唐·杜甫《八哀诗·赠司空王公思礼》）

阋(鬩)xì　相争，争吵。

古入声，十二锡。逆谗～斗～忿～控～内～强～讼～矍～盱～顺～很～墙～讼～蹄～侮例扬袂指辟支，睩眄相斗阋。（唐·张说《灉湖山寺》）

籺xì　碎米。

古《广韵》：入声，屑韵。逆糠～例乃知岂即非良图，却笑儿曹嗜糠籺。（宋·张耒《再寄》）

绤(綌)xì　粗葛布。

古入声，十一陌。逆絺～暑～纤～顺～絺～幂例焉知南邻客，九月犹絺绤。（唐·杜甫《遣兴五首》）离家尚苦热，衣服唯轻绤。（唐·王建《早发金堤驿》）衣桁袭中单，浴床抛下绤。（唐·韦蟾《和柯古穷居苦日喜雨》）

腋yì　另见110页yè。

古入声，十一陌。逆缝～狐～集～两～山～提～胸～一～肘～顺～翅～芽例在车如轮辕，在身如肘腋。（唐·白居易《和微之诗二十三首·和寄乐天》）胡床对坐凉生腋。通宵说尽狂踪迹。（宋·侯寘《秦楼月·天一色》）试一饮、风生两腋。（宋·袁去华《金蕉叶·涛翻浪溢》）

掖yì　旧读音。另见134页yè、103页yē。

古入声，十一陌。

液yì　另见110页yè。

古入声，十一陌。逆沉～出～春～丹～冻～凤～甘～膏～寒～和～滑～浆～降～金～津～精～九～蜡～醴～沥～露～鸾～琼～秋～融～柔～霜～松～素～汤～琬～温～霞～仙～香～星～旬～烟～偃～液～阴～银～幽～玉～御～云～滋～顺～池～樠～泡～洽～汤～廷～液～雨例步辇出披香，清歌临太液。（唐·上官仪《早春桂林殿应诏》）传闻颍阳人，霞外漱灵液。（唐·宋之问《答田征君》）

益yì

古入声，十一陌。逆裒～暴～裨～长～成～调～辅～傅～富～广～弘～海～惠～讲～浸～寖～开～匡～隆～弥～毗～哀～谦～请～饶～日～闰～润～三～四～鼪～校～延～盈～诱～愈～赞～赈～忠～转～资～滋～顺～嗤～封～复～甲～进～爵～军～龄～年～遣～实～寿～睡～算～治例吟咏秋水篇，渺然忘损益。（唐·刘希夷《秋日题汝阳潭壁》）苟无济代心，独善亦何益。（唐·李白《赠韦秘书子春二首》其一）

役yì

古入声，十一陌。逆百～尘～臣～程～初～从～待～的～调～丁～董～费～奉～工～功～供～顾～禾～怀～还～逭～阍～羁～极～甲～驾～贱～久～剧～竣～课～劳～里～力～吏～隶～虏～掠～民～疲～欺～起～讫～牵～勤～驱～趋～趣～人～戎～冗～世～事～侍～戍～碎～同～僮～徒～外～王～猥～物～胥～谢～行～形～胥～需～巡～遥～役～营～于～远～皂～政～衹～执～指～滞～属～走～作～顺～臣～调～丁～费～赋～利～令～虑～门～梦～民～身～神～思～损～务～物～心～养～役～庸～用～御～召～志～智～逐～属例不求名与利，犹恐身心役。（唐·吕岩《又记》）此即契吾生，何为苦尘役。（唐·冯道之《山中作》）

翼yì

古入声，十三职。逆比～庇～饬～

垂～党～登～藩～凡～奋～冯～凤～奉～扶～抚～拊～辅～附～覆～干～高～鼓～过～合～赫～鸿～虎～皇～回～健～矫～接～荆～匡～厉～敛～鳞～龙～鸾～卵～弥～弭～明～冥～谋～鹏～毗～骈～潜～钦～青～轻～三～铩～施～试～舒～霜～塌～鹣～蜩～铁～蜓～抟～托～外～忘～卫～蚊～屋～无～翕～相～翔～协～宣～训～迅～严～檐～宴～雁～诒～翼～引～油～诱～伛～赞～鸩～祇～只～壮～顺～蔽～成～从～存～戴～尔～冯～奉～扶～辅～翮～虎～护～夹～奖～教～考～坤～亮～列～卵～然～如～善～室～瓦～卫～宣～翼～运～赞～张～轸～助～子～佐例白云愁不见，沧海飞无翼。（唐·张九龄《感遇十二首》其九）故山隔何处，落日羡归翼。（唐·刘长卿《桂阳西州晚泊古桥村住人》）便欲乘风，翻然归去，何用骑鹏翼。（宋·苏轼《念奴娇·凭高眺远》）

典**比翼** 喻指恩爱夫妻。《尔雅·释地》："南方有比翼鸟焉，不比不飞，其名谓之鹣鹣。"

比翼和鸣双凤皇，欲栖金帐满城香。（唐·卢纶《王评事驸马花烛诗》其四）

垂天翼 代指大鹏鸟，比喻人志存高远，或比喻有才之人。亦作"大翼""北溟翼"。《庄子·逍遥游》："北冥有鱼……化而为鸟，其名为鹏。鹏之背，不知其几千里也。怒而飞，其翼若垂天之云。是鸟也，海运则将徙于南冥。南冥者，天池也。……风之积也不厚，则其负大翼也无力。故九万里则风斯在下矣，而后乃今培风；背负青天而莫之夭阏者，而后乃今将图南。"

并负垂天翼，俱乘破浪风。（唐·高适《酬秘书弟兼寄幕下诸公》）

无凤翼 见936页"灵犀暗通"。

恨无凤翼身，只待而今，飞将归去。（宋·周邦彦《南浦·浅带一帆风》）

云边翼 见337页"雁书"。

经时停尺素，望尽云边翼。（唐·李群玉《小弟艎南游近书来》）

逸 yì

古入声，四质。逆遨～傲～般～奔～奔～辩～播～逋～昌～超～骋～冲～从～诞～宕～荡～颠～遁～遏～放～丰～风～浮～高～孤～瑰～诡～豪～横～闳～鸿～昏～简～娇～骄～静～久～酒～隽～均～俊～骏～狂～旷～溃～乐～丽～良～龙～漏～旅～媚～秘～棲～奇～潜～轻～清～遒～荣～锐～赏～奢～神～适～疏～爽～思～腾～天～恬～挺～脱～无～暇～鲜～闲～翔～响～馨～雄～休～秀～迅～雅～衍～宴～艳～飏～冶～野～夷～逸～淫～隐～英～颖～踊～幽～悠～游～娱～愉～越～云～瞻～坠～卓～自～恣～纵～顺～遨～奔～笔～辩～骠～步～才～骖～操～侪～唱～尘～驰～宠～处～辞～怠～宕～荡～道～德～地～度～遁～放～伏～歌～光～翰～翮～怀～荒～迹～骥～驾～简～杰～襟～劲～景～境～居～举～爵～俊～骏～客～乐～丽～麟～灵～漏～侣～伦～马～迈～民～名～女～辔～翮～品～璞～骑～气～契～峭～禽～勤～勍～情～曲～趣～群～容～如～赡～少～身～声～士～世～势～兽～爽～水～思～驷～俗～态～网～味～骛～鹜～暇～贤～响～想～性～休～秀～雅～言～彦～艳～遗～异～易～逸～隐～影～游～友～踰～羽～驭～域～欲～御～豫～越～韵～藻～照～政～志～舟～躅～翥～状～姿～踪～走～奏～足例缅想赤松游，高寻白云逸。（唐·陈子昂《秋园卧病呈晖上人》）鲛人潜不见，渔父歌自逸。（唐·孟浩然《登江中孤屿，赠白云先生王迥》）长啸无一言，陶然上皇逸。（唐·李白《赠清漳明府侄聿》）

典**狗窦光逸** 咏名士狂放不羁。《晋书·光逸传》："光逸字孟祖，乐安人也……后举孝廉，为州从事，弃官投辅之……寻以世难，避乱渡江，复依辅之。初至，属辅之与谢鲲、阮放、毕卓、羊曼……散发裸裎，闭室酣饮已累日。逸将排户入，守者不听，逸便于户外脱衣露头于狗窦中窥之而大叫。辅之惊曰：'他人决不能尔，必我孟祖也。'遽呼入，遂与饮，不舍昼夜。时人谓之八达。"

狗窦号光逸，渔阳裸祢衡。（唐·韩偓《赠吴颠尊师》）

抑 yì

古入声，十三职。逆按～卑～悲～逼～悒～摈～裁～黜～摧～挫～低～诋～顿～阏～遏～防～愤～抚～挹～抝～挤～剪～检～翦～降～矫～谨～禁～警～沮～控～困～陵～灭～挠～排～譬～谦～欠～穷～诎～屈～攘～蹂～损～退～菀～枉～违～淹～掩～厌～抑～忧～幽～郁～怨～遮～滞～訾～捽～顺～按～卑～贬～绌～黜～摧～挫～断～顿～夺～阏～遏～废～割～耗～讳～绝～抗～勒～掠～沦～没～末～譬～齐～岂～情～曲～屈～塞～搔～沈～首～损～退～枉～微～畏～削～厌～噫～抑～悒～引～隐～远～折～止～志～阻～捽例伯舅各骄纵，仁兄未摧抑。（唐·元稹《寄吴士矩端公五十韵》）小雨收尘，凉蟾莹彻，水光浮璧。谁知怨抑。（宋·周邦彦《月下笛·小雨收尘》）棹歌休怨抑。有人离恨极。（宋·张孝祥《霜天晓角·柳丝无力》）

疫 yì

古入声，十一陌。逆赤～疵～大～饥～厉～戾～沴～疠～气～送～瘟～邪～夭～逐～顺～鬼～疾～祲～疠～气～神～症例欢声沸闾里，和气蠲疠疫。（宋·袁燮《喜雪谢东林》）

邑 yì

古入声，十四缉。逆阿～拜～邦～弊～采～菜～残～朝～城～赤～楚～辞～村～鼎～都～枌～忿～愤～丰～封～奉～辅～宫～故～郭～国～鹤～皇～畿～郊～京～井～居～剧～爵～骊～立～陵～陋～禄～内～旁～骈～岐～迁～塞～山～食～市～试～税～叹～堂～天～田～通～同～辖～下～闲～县～乡～虚～莸～岩～野～伊～遗～邑～裔～忧～于～悒～宗～陬～作～顺～廛～城～党～都

～膰～郛～官～郭～骇～闬～豪～侯～境～居～聚～君～客～老～里～吏～怜～僚～邻～令～闾～落～门～庙～民～墓～犬～然～人～赏～社～绅～士～收～悚～颂～粟～叹～庭～土～菀～屋～庠～野～业～邑～姻～宇～宰～主～子～族㊠朝临淇水岸，还望卫人邑。（唐·高适《酬陆少府》）天籁思林岭，车尘倦都邑。（唐·温庭筠《秋日》）年来横干戈，未见拔城邑。（唐·陆龟蒙《杂讽九首》其二）

易yì　另见233页yì。

㊂入声，十一陌。㊃变～窜～代～递～点～反～返～贩～改～革～更～钧～回～货～姬～疆～克～流～卖～懋～迁～権～删～嬗～市～倏～朔～陶～玩～无～兴～演～摇～逐～移～黯～折～㊄～卜～初～代～定～夺～革～卦～号～节～身～世～市～视～筮～数～心～月～篑～辙～帜～置㊠历日何足悲，但悲年运易。（唐·元稹《长庆历》）岂无旧交结，久别或迁易。（唐·白居易《寄杨六》）

驿(驛)yì　驿站。

㊂入声，十一陌。㊃避贤～边～驰～传～村～递～短～飞～烽～凤～附～给～孤～古～故～馆～贵～候～霍～畿～江～郊～津～遽～陇～络～落～马～梅～铺～骑～骚～山～使～水～亭～通～推～野～驿～音～远～郑～置～竹～㊄～岸～报～禀～步～尘～乘～程～塍～传～船～道～递～顿～舫～候～堠～骥～口～吏～隶～岭～楼～驴～逻～络～梅～门～铺～骑～桥～骚～舍～使～书～树～送～亭～庭～廨～信～行～巡～驿～音～邮～驭～垣～宰～召～致～置～舟㊠相逢楚水寒，舟在洞庭驿。（唐·王昌龄《岳阳别李十七越宾》）绿野扶风道，黄尘马嵬驿。（唐·刘禹锡《马嵬行》）愁一箭风快，半篙波暖，回头迢递便数驿。（宋·周邦彦《兰陵王·柳阴直》）

㊅**梅驿**　代指朋友寄书信。南朝宋·盛弘之《荆州记》："陆凯与范晔相善，自江南寄梅花一枝诣长安与晔，并赠花诗曰：'折花逢驿使，寄与陇头人。江南无所有，聊寄一枝春。'"

菊潭闻上寿，梅驿急驰书。（宋·吴泳《寿胡兴元三首》其一）

郑驿　称赞主人盛情款待宾客之典。亦作"郑庄宾客地"。《史记·郑当时列传》："郑当时者，字庄，陈人也……孝景时，为太子舍人。每五日洗沐，常置驿马长安诸郊，存诸故人，请谢宾客，夜以继日，至其明旦，常恐不遍。庄好黄老之言，其慕长者，如恐不见。年少官薄，然其游知交，皆其大父行，天下有名之士也。"

经过忆郑驿，斟酌旅情孤。（唐·杜甫《舟出江陵南浦奉寄郑少尹》）

忆(憶)yì

㊂入声，十三职。㊃谙～愊～长～怀～还～静～久～慨～苦～虑～漫～缅～省～思～诵～相～想～遥～忧～幽～余～远～㊄～逼～莼～戴～度～记～鲙～恋～鲈～念～识～想㊠一悲纨扇情，再想清浅忆。（唐·鲍溶《白露》）清剡与严湍，潺湲皆可忆。（唐·李德裕《春暮思平泉杂咏二十首·双碧潭》）

臆(*肊)yì　①胸。②主观地。

㊂入声，十三职。㊃愊～膈～呈～逞～出～凡～凤～服～抚～拊～腹～膈～记～锦～决～抗～吭～空～率～凭～啓～任～私～谢～心～胸～膺～沾～中～衷～恣～㊄～抱～必～辨～测～出～揣～定～度～断～对～改～骨～见～决～料～判～肉～说～算～想～造～中～撰㊠悲蛩满荆渚，辍棹徒沾臆。（唐·刘长卿《桂阳西州晚泊古桥村住人》）遂尔款津涯，净然见胸臆。（唐·高适《酬庞十兵曹》）

亿(億)yì

㊂入声，十三职。㊃愊～不～供～诡～积～巨～丽～逆～凭～绥～饷～心～庾～兆～㊄～变～测～昌～逞～丑～出～代～度～福～负～垓～恨～计～忌～劫～康～类～廪～龄～逆～年～宁～品～事～庶～祀～探～姓～盈～庾～载～兆～中～众㊠妙号一黍珠，延年千万亿。（唐·吕岩《又记》）

溢yì

㊂入声，四质。㊃盎～百～暴～坌～迸～波～渤～侈～充～冲～垫～洞～额～泛～放～飞～沸～丰～浮～富～干～贯～灌～海～豪～横～僭～骄～湫～金～浸～决～溃～滥～潦～连～流～漫～滵～逆～潘～盘～滂～溢～匹～骈～漂～飘～平～千～沁～饶～溶～融～冗～奢～盛～腾～填～阗～瓮～羡～衍～演～扬～溢～殷～淫～盈～拥～涌～踊～游～渝～逾～越～湛～涨～纵～㊄～炽～词～辞～沓～道～德～典～额～发～泛～沸～刚～郭～决～口～利～量～流～露～满～目～气～盛～望～羡～销～泻～言～溢～涌～尤～语～欲～誉～诈～志～滋㊠芙蓉含露时，秀色波中溢。（唐·李德裕《思平泉树石杂咏一十首·重台芙蓉》）万里云沙涨，平川冰霰溢。（唐·杜頠《从军行》）行将十洲近，坐觉八极溢。（唐·陆龟蒙《奉和袭美太湖诗二十首·初入太湖》）

轶(軼)yì　①后车超越前车。②超过，超越。③侵犯。④散失。⑤通"逸"，安闲，逸乐。⑥通"逸"，逃跑。

㊂入声，四质。又：入声，九屑同。㊃奔～超～车～驰～窜～宕～荡～放～废～蜂～冠～贯～瑰～过～横～驾～僭～结～跨～乐～陵～侵～屈～缺～阙～散～韬～突～湮～遗～越～㊄～才～材～超～尘～出～罚～犯～轨～骇～话～驾～丽～伦～迈～民～群～声～诗～士～事～说～俗～态～谈～闻～义～踰～越～致～资㊠明窗读《易》。时才人地俱超轶。（宋·吕渭老《醉落魄·明窗读〈易〉》）

弋yì　系矢而射。

㊂入声，十三职。㊃毕～钓～钩～罟～机～理～罗～鸣～鸟～蒲～牵～三～田～铫～玄～巡～游～鱼～矰～椓～訾～㊄～博～钓～获～缴～猎～罗～窃～取～射～绨～缯～矰㊠鸿飞入青冥，虞氏罢缯弋。（唐·吴筠《晚到湖口见庐山作呈诸故人》）

亦yì

㊂入声，十一陌。㊃不～而～无～

意～顺～发～复～何～前～且～世～许

佚yì ①弃用。②隐遁。③散失。④过失。⑤遗忘；轻忽。⑥放纵；放荡。

古入声，四质。逆安～饱～犇～残～宕～荡～遁～讹～遏～放～丰～横～辑～骄～久～乐～虑～沦～愆～詟～侵～轻～清～情～遒～阙～散～奢～沈～疏～逃～亡～暇～邪～湮～姚～遗～淫～隐～优～游～娱～愉～自～纵～顺～饱～本～存～怠～道～罚～忽～火～获～君～劳～老～乐～力～乱～落～马～貌～民～女～气～失～史～事～书～特～遏～田～畋～文～闻～响～行～休～冶～遗～淫～游～愉～欲～豫～志～籀例小屈穹庐，但二满三平，共劳均佚。（宋·陈亮《三部乐·小屈穹庐》）

浥yì ①沾湿。②香气盛貌。

古入声，十四缉。逆败～露～润～香～厌～浥～郁～沾～滋～顺～变～干～烂～泪～浥～郁例伤心有泪凭谁浥。尊前容易青衫湿。（宋·陈三聘《秦楼月》）雷雨过、半川荷气，粉融香浥。（宋·范成大《满江红·柳外轻雷》）

奕yì

古入声，十一陌。逆赫～焕～霍～焜～蒲～舄～婉～巍～艳～显～煊～奕～英～悠～游～顺～代～赫～棋～世～祀～禩～叶～傑～奕～致例牲象精良，威灵赫奕。（宋·佚名《孟夏雩祀二首》其一）

弈yì

古入声，十一陌。逆博～对～角～琴～戏～弈～游～顺～赫～局～具～枰～谱～棋～楸～世～思～业～叶～弈例年事如梭掷。世事如棋弈。（宋·吴潜《霜天晓角·云收雾辟》）柯云罢弈。樱桃在，梦难觅。（宋·蒋捷《瑞鹤仙·绀烟迷雁迹》）

译(譯)yì

古入声，十一陌。逆八～编～标～鞮～梵～敷～贡～九～累～偏～圣～使～双～鳀～通～象～胥～宣～演～移～重～顺～贝～长～场～鞮～官～话～籍～匠～解～介～界～经～居～刻～品～审～师～使～士～事～书～述～通～问～象～写～胥～学～义～语～制～注例是甚经，欠翻译。（宋·释绍昙《对月了残经赞》）

绎(繹)yì ①抽丝。②抽出或理出事物的头绪来；分析。③绪；连续不断。

古入声，十一陌。逆阐～抽～绸～导～谛～翻～繙～讽～皂～霍～皦～考～理～连～灵～论～络～披～铺～熟～思～诵～探～推～玩～温～文～翕～寻～焏～训～衍～演～绎～吟～由～游～籀～顺～紬～祭～络～如～骚～思～味～绎例奋疾合威容，定利舒皦绎。（唐·崔邠《享文敬太子庙乐章·亚献终献》）清机暂无累，献酢更络绎。（唐·独孤及《客舍月下对酒醉后寄毕四耀》）丹丘肃朝礼，玉札工紬绎。（唐·刘禹锡《游桃源一百韵》）

鹢(鷁)yì 水鸟。

古入声，十二锡。逆白～彩～翠～放～风～画～黄～巨～兰～六～龙～青～轻～水～退～文～小～行～羽～智～顺～舸～路～首～退～舟例崖转对翠屏，水穷留画鹢。（唐·刘禹锡《游桃源一百韵》）好是雪满群山，玉纤频捻，泛清波文鹢。（宋·史浩《念奴娇·枝头蓓蕾》）多谢殷勤绮席。苦留连、不容浮鹢。（宋·京镗《水龙吟·推移随牒红尘里》）

典**退鹢** 喻退身，致仕。《春秋·僖公十年》："六鹢退飞过宋都。"

退鹢风虽急，攀龙志已坚。（唐·李咸用《途中作》）

翊yì ①飞貌。②翅。③辅佐。④通"昱"，明日。

古入声，十三职。逆导～冯～扶～辅～环～匡～凭～屏～翊～祐～赞～助～左冯～作～顺～从～戴～辅～化～教～亮～日～善～圣～卫～翊～运～赞～佐例圣主中兴大业，二南化、恭勤辅翊。（宋·曹勋《赏松菊·凉飙应律惊潮韵》）

怿(懌)yì 喜悦。

古入声，十一陌。逆不～畅～感～和～欢～阊～平～说～喜～忻～欣～歆～夷～怡～怿～娱～愉～顺～气～怿～悦例事去物无象，感来心不怿。（唐·张九龄《南阳道中作》）归来蓬户下，敝篚恣怡怿。（清·汪懋麟《题黄俞邰千顷斋书册目》）

典**海禽不怿** 鲁侯以养己的方式养鸟，导致海鸟"三日而死"。喻指事与愿违。《庄子·至乐》："昔者海鸟止于鲁郊，鲁侯御而觞之于庙，奏九韶以为乐，具太牢以为膳。鸟乃眩视忧悲，不敢食一脔，不敢饮一杯。三日而死。此以己养养鸟也，非以鸟养养鸟也。"

广乐虽交奏，海禽心不怿。（唐·刘禹锡《游桃源一百韵》）

镒(鎰)yì 古廿四两。

古入声，五质。逆百～金～顺～化

屹yì 高耸。

古入声，五物。逆昂～惊～屹～顺～蹶～立～栗～然～兀～屼～仡～屹～峙～崒～崪例家乡何在，烟迷波渺，云横山屹。（宋·京镗《水龙吟·推移随牒红尘里》）

蜴yì

古入声，十一陌。逆虺～蛇～蜥～易～顺～蛇～蜥例聊复嗟蜉蝣，何烦哀虺蜴。（唐·刘禹锡《游桃源一百韵》）扬州驳杂地，不辨龙蜥蜴。（唐·卢仝《萧宅二三子赠答诗二十首·客谢竹》）

射yì 厌也。另见79页shè。

古入声，十一陌。

昳yì 特出。另见114页dié。

顺～丽～晡

咽yì ①咽偄：抑郁不舒貌。②呜咽。

古入声，十四缉。又：入声，十五合同。逆偄～呜～歍～心～顺～偄例相对疑梦中，无语声呜咽。（清·陈德正《归里》）

挹yì ①舀。②扯引。③奖掖。④通"抑"，谦让，退让。

古入声，十四缉。逆采～餐～陈～冲～高～拱～㧑～奖～降～披～谦～钦～让～损～叹～推～相～延～挹～注～顺～降～掬～慕～抐～取～胜～受～损～退～扬～摩～挹～盈～郁～注～酌例衰颜偶一

破，胜事难屡挹。（唐·杜甫《早发射洪县南途中作》）旧游期再践，悬水得重挹。（唐·孟郊《擢第后东归书怀献座主吕侍御》）

嗌yì 咽喉。另见320页ài。

古入声，十一陌。逆吭～嘶～头～ 顺～嗌～喔

悒yì 不安。

古入声，十四缉。逆悲～怅～愁～愤～怫～耿～恨～鸣～悽～叹～惋～欷～息～悬～怏～抑～悒～阴～引～忧～幽～于～悁～顺～懊～愤～结～垒～闷～纳～戚～然～塞～慑～纡～郁例汀洲稍疏散，风景开怏悒。（唐·杜甫《早发射洪县南途中作》）

翌yì ①辅佐。②翌日：次日。

古入声，十三职。逆扈～翌～顺～晨～戴～年～日～室～翌

峄（嶧）yì 山名。

古入声，十一陌。顺～山～山碑～阳～阳琴～阳桐例适意人生随处好，何必岘南阳峄。（宋·无名氏《念奴娇·天工谬巧》）

斁yì 厌。另见379页dù。

古入声，十四缉。逆怠～恶～无～厌～顺～遗例为絺为绤，服之无斁。（《诗经·周南·葛覃》）

熠yì 光耀。

古入声，十四缉。逆煌～辉～融～闪～翕～宵～烨～熠～煜～顺～没～然～烁～耀～煜～爚例积至暮、萤光熠熠。（宋·葛长庚《贺新郎·是雨还堪拾》）

埸yì 边境。

古入声，十一陌。逆邦～边～疆～

杙yì 小木桩。

古入声，十三职。逆橡～狙～桷～橛～木～桃～铁～顺～步～地～屋

八　微

三韵书对照表

诗韵新编 / 佩文诗韵 / 词林正韵		八微(平声)	
		阴平	阳平
第三部[四支][五微][八齐][十灰(半)]	上平声四支	悲卑碑吹(音炊。风吹)炊衰(音崔。等衰)榱追(音堆。雕琢)龟(乌龟)麾㧑亏窥岿绥虽睢荽推危委(音威。委蛇)萎(音威。衰落)逶追(音锥)锥椎(音锥。脊椎)骓	垂棰陲倕锤葵骙馗夔逵羸累(音雷。湘累)眉楣嵋湄郿邳蕤谁(又读)随隋为(音维。行为)帷维惟潍
	上平声五微	飞非霏扉妃菲(音飞,芳菲)骓绯规归辉晖挥徽翚威微巍(音威。阳平同)蝛葳	肥淝腓违围帏薇韦闱
	上平声八齐	闺圭邽刲	奎睽暌
	上平声十灰	杯催摧崔堆瑰傀(音闺。雄傀)灰恢诙虺(音灰。虺隤)瓌盔醅胚坏(音胚。一坏)隈煨偎	捶回洄茴魁雷罍煤媒梅枚玫莓脢酶培(音陪。栽培)陪裴颓隤桅嵬
第三部[四寘]	去声四寘	尿(音虽。小便)	
未检到的字		背(音杯。负荷)鹎敦(音堆。催迫)诶(招呼声)啡蜚(音飞。蜚声)鲑(音闺。河豚别名)皈硅黑(音嘿。口语音)嘿㿉勒(以绳紧束)呸	椎(音垂。奋椎)槌捶诶(诧异声)蛔揆嫘垒(音雷。垒垒)虆镭没(音眉。没有)霉赔坏(音陪。屋后的墙)巍(音维。又读)圩(音维。又读)贼(口语音)

诗韵新编 / 佩文诗韵 / 词林正韵		八微(仄声)	
		上声	去声
第三部[四纸][五尾][十贿(半)]	上声四纸	轨癸晷诡庋(音轨。木架)匦簋宄毁傀(音跬。傀儡)跬累(音磊。积累)垒(音磊。营垒)诔藟美蕊水髓唯委(音伟。原委)痏洧嘴(吵嘴)	跪
	上声五尾	菲(音匪。菲薄)斐匪蜚(音匪。害虫名)悱诽榧篚鬼虺(音悔。毒虫)尾伟苇炜玮娓韪	
	上声十贿	璀悔磊儡蕾瘣每浼馁腿猥	倍蓓贿罪

续表

词林正韵 \ 佩文诗韵 \ 诗韵新编		八微(仄声)	
		上声	去声
第三部[四寘][五未][八霁][九泰(半)][十一队(半)]	去声四寘	萎(音伟。枯萎)诿痿	被备臂(音贝。胳臂)精鞴吹(鼓吹)翠粹萃悴怼柜(音贵。掌柜)恚愧馈篑匮泪类累(音类。劳累)寐媚魅辔帔瑞睡遂穗祟谇隧燧邃位为(音畏。因为)伪遗(音畏。赠)坠缒醉
	去声四寘 去声八霁		彗
	去声五未	翡纬	沸(音废。腾沸)费(音废。破费)痱芾贵卉汇讳味畏慰尉(音畏。大尉)未魏胃渭谓蔚(音胃。盛貌)
	去声八霁		脆毳袂桂鳜蹶(音跪。敏捷貌)惠慧蕙蟪嘒篲锐蚋睿汭枘税蜕(音税。又读)帨说(音税。游说)岁卫赘缀
	去声九泰		贝狈兑桧(音贵。松桧)会绘荟哕(音贿。和鸣声)酹沛旆蜕(音退。蝉蜕)最
	去声十一队	北(口语音)耒	背(音辈。违背)辈焙悖邶淬对队碓憝敦(音队。鼎敦)废肺吠秽晦喙诲阓溃(音会。溃脓)靧溃(音愧。崩溃)愦颒擂昧妹痗内佩配碎退晬
第五部[十卦(半)]	去声十卦		惫聩喟
未检到的字		诶(表示否定)给(多给)媿会(音悔。一会)镁	禙碚瘁檇(音脆。又读)啐綷诶(表示同意)狒刿烩肋(音类。口语音)繐喂猬熨(音胃。火熨)霒惴樵蕞

平声·阴平

杯(盃)bēi

古上平，十灰。通碧瑶～常满～春～浮～焦～解语～冷～离～连理～流～门～倾～清～劝～上马～蛇～深～虾头～霞～衔～鞋～巡～夜光～顺～币～杓～池～渡～葛～斝～筊～珓～巹～楼～茗～柈舞～盘舞～圈～觞～蛇～水候～行～血～影～盂～炙～中渌～中物例云物不殊乡国异，教儿且覆掌中杯。(唐·杜甫《小至》)

典**画蛇杯**　指心疑成病或虚幻的事物。晋代乐广之客曾误认为映入杯中的壁角画蛇之影为真蛇而致病，待了解真情，去掉心病，才恢复健康。见《晋书·乐广传》。

笑年来，蕉鹿梦，画蛇杯。(宋·辛弃疾《水调歌头·千古老蟾口》)

季鹰杯　称颂人旷达自适。《世说新语·任诞》："张季鹰纵任不拘，时人号为'江东步兵'。或谓之曰：'卿乃可纵适一时，独不为身后名邪？'答曰：'使我有身后名，不如即时一杯酒。'"

辛酸陈侯诔，叹息季鹰杯。(唐·高适《酬裴员外以诗代书》)

叔夜杯　咏嗜酒隐居。《晋书·嵇康传》："嵇康字叔夜……山涛将去选官，举康自代。康乃与涛书告绝，曰：'……今但欲守陋巷，教养子孙，时时与亲旧叙离阔，陈说平生，浊酒一杯，弹琴一曲，志意毕矣。'"

干时不为侏儒米，乐圣犹衔叔夜杯。(宋·钱惟演《与客启明》)

鹦鹉杯　酒杯，状似鹦鹉而得名。见唐·段成式《酉阳杂俎》前集卷一二《语资》。

汉代金吾千骑来，翡翠屠苏鹦鹉杯。(唐·卢照邻《长安古意》)

洛水流杯　据说曲水流杯的风俗，始于周公在洛水中泛酒，庆贺洛邑落成。后咏上巳修禊。见南朝梁吴均《续齐谐记》。

赋掩陈王作，杯如洛水流。(唐·王维《奉和圣制》)

悲bēi

古上平，四支。通惭～称～丛～悼～腹～酒～堪～老大～牛山～愀～沈～叹～衔～湘女～欣～兴～余～娱～顺～憯～蹙～摧～瘁～怛～旦～慄～东门～梗～谷～黄犬～恚～激～笳～健～角～嘅～酷～栗～良弓～邻笛～路岐～路穷～鸾扇～澧～愍～默～慕～挠～烹狗～悽～泉～染丝～桡～商～丝染～嘶～素丝～台～田～纨扇～翁～怃～弦～谢傅～忻～辛～泫～噎～悒～愿～啫～咤～智～筑例人生感故物，慷慨有余悲。(唐·杜甫《水槛》)未尽一尊先掩泪，歌声半带清悲。(宋·苏轼《临江仙·冬夜夜寒冰合井》)

典**白杨悲**　古代普通百姓坟墓上栽种杨或柳，后用以哀悼逝者。《古诗十九首》其十三："驱车上东门，遥望郭北墓。白杨何萧萧，松柏夹广路。"李善注："《白虎通》曰：'庶人无坟，树以杨柳。'"

玉局他年无限笑，白杨今日几

人悲。(唐·杜甫《存殁口号二首》其一)

鸱鸮悲 周公摄政时遭流言诽谤,作《鸱鸮》诗以讽成王。后用指忠良遭猜疑诬陷之悲哀。见《尚书·金縢》。

鸱鸮悲东国,麋鹿泣姑苏。(唐·陈子昂《感遇诗三十八首》其一十五)

褚令悲 亦作"褚令种蔬""褚令悲作"。南朝陈褚玠为官清廉,离任后靠种菜自养。见《陈书·褚玠传》。后用作咏为官清廉或生活穷困之典。

苏君落魄黄金尽,褚令悲伤白发新。(宋·陆游《两京》)

羊昙悲 亦作"羊昙泪"。用以哀悼舅舅或其他亲长。《晋书·谢安传》载谢安的外甥羊昙对其死极为悲痛,醉中经过西州门(谢安死前经过此门还都),诵诗痛哭哀悼而去。

李杜飘零,羊昙悲感,回首俱陈迹。(宋·张炎《壶中天·异乡倦旅》)

卑bēi

古上平,四支。逆哀～卑～称～崇～独～凡～高～积～俭～贱～酒～居～空～凄～牵～秋～汙～叙～抑～有～娱～顺～隘～庳～弁～疵～飞～菲～伏～服～宫～号～扈～脚～近～局～立～梁～靡～末～目～湳～孽～佞～懦～栖～让～摄～湿～手刀～虒～素～碎～田院～洼～猥～削～畜～抑～院～约～秩～孜～子～陬例忆昔西河县下时,青山憔悴宦名卑。(唐·元稹《赠别杨员外巨源》)如何不相见,羽翼有高卑。(唐·韦应物《将往江淮寄李十九儋》)

典**天高听卑** 天帝高高在上,却能听到人世间的言语,而察知其善恶以赏罚之。《吕氏春秋·制乐》载宋景公因害怕荧惑大凶之兆,召见子韦,子韦建议通过祭祀移祸于相、于民、于年成,但景公以为不道,均予否决而宁愿独当其祸。于是子韦贺曰:"天之处高而听卑,君有至德之言三,天必三赏君",除荧惑之祸,增君寿二十一年。

但自高声歌,庶几天听卑。(唐·白居易《寄唐生》)

前倨后卑 指势利小人对待穷达前后截然不同的两种态度。见《战国策·秦策一》。《史记·苏秦列传》作"前倨后恭"。

碑bēi

古上平,四支。逆百衲～碧落～曹娥～曹全～党人～堕泪～歌风～岣嵝～圭～郭～韩～汉～桓～黄绢～鸡～勒～梅花～庙堂～磨崖～南～秦～三段～三萧～沈～史晨～谥～双兔～四绝～四面～头陀～琬～韦丹～魏～赝～羊～遗～峄山～顺～版～本～趺～诔～泪～垄～阙～兽～帖～拓～像～学～阴～宇例漫作潜夫论,虚传幼妇碑。(唐·杜甫《偶题》)盘洲怨,盟鸥闲阔,瘗鹤立新碑。(宋·洪适《满庭芳·华发苍头》)

典**韩碑** 韩愈所撰《平淮西碑》是一篇名文,后以之称美别人的优秀文章。见《旧唐书》卷一六《韩愈传》。

溪堂好,且拼一醉,倚杖读韩碑。(宋·辛弃疾《满庭芳·柳外寻春》)

鸡碑 称美幼智巧艺。《晋书·戴逵传》:"戴逵字安道,谯国人也。少博学,好谈论,善属文,能鼓琴,工书画,其余巧艺,靡不毕综。总角时,以鸡卵汁溲白瓦屑作郑玄碑,又为文而自镌之,词丽器妙,时人莫不惊叹。"

遥看共许鸡碑智,细辨方知木偶身。(明·苏葵《傀儡》)

秦碑 秦始皇曾立碑于会稽山歌颂自己的功德,后咏会稽。亦作"秦望碑"。见《史记·秦始皇本纪》。

秦碑禹窆风烟外,一吊兴亡万古愁。(宋·陆游《出游》)

陈寔碑 东汉太丘长陈寔有盛德,死后有三万余人吊丧,并为其竖碑。后用以伤悼贤士。见《后汉书·陈寔传》。

既卧黔娄衾,空立陈寔碑。(唐·皮日休《七爱诗·元鲁山》)

堕泪碑 亦作"堕泪岘山""堕泪万家""堕泪羊公""堕羊碑泪""堕泪碣""堕泪""泪碑""羊公碑""羊公碣"。用作怀念地方长官或咏襄阳之典,也用以抒发登临感慨,吊古伤今。《晋书·羊祜传》载晋代名将羊祜镇守襄阳时,常登临岘山。他死后,荆州百姓为他在岘山立碑,表示怀念。杜预称之为堕泪碑。

逍遥楼上雕龙字,便是羊公堕泪碑。(唐·熊孺登《题逍遥楼》)

党人碑 宋朝蔡京排挤哲宗时的旧臣,在端礼门立碑,刻旧臣名于其上,诬为奸党。后指排斥打击旧臣。见《宋史记事本末》卷四九《蔡京擅国》。

朝扶皇帝玺,暮植党人碑。(宋·王迈《读庆元党人家乘蜀》)

没字碑 喻指徒有虚表而不通文墨之人。《新五代史·任圜传》:"天下皆知崔协不识文字,而虚有仪表,号为'没字碑'。"

好诗甚似无声画,昏眼羞同没字碑。(宋·舒岳祥《和正仲送达善归钱塘韵》)

中兴碑 唐人元结请书法家颜真卿将自己所作《大唐中兴颂》写成楷书,镌刻于湘江边崖石上,后人称为"中兴碑"。见唐元结《元次山集·大唐中兴颂》并《序》。

君不见惊人废兴传天宝,中兴碑上今生草。(宋·李清照《浯溪中兴颂诗和张文潜》)

人口如碑 称美官员有善政。亦作"口口能碑"。见《五灯会元·南岳下十三世上·太平安禅师》。

人口如碑沸传诵,帝曰吾徒得君重。(宋·陈元晋《上姚赣州镛寿》)

雷轰荐福碑 指背时倒运,所至失意。宋彭乘《墨客挥犀》言范仲淹欲拓碑筹钱资助一饥寒书生,不料荐福寺碑却被雷电击碎。

十年落魄江滨客,几度雷轰荐福碑。(元·张可久《卖花声·客况》)

陂bēi 另见41页pō、208页pí。

古上平,四支。逆山～泽～顺～池～塘例森然义府刀,谁为叔度陂?(宋·陆游《十月四日夜记梦》)

典**千顷陂** 亦作"万顷陂""叔度陂""君家叔度"。《后汉书·黄宪传》:"黄宪字叔度,汝南慎阳人也……郭林宗少游汝南,先过袁闳,不宿而退;进往从宪,累日方还。或以问林宗,林宗曰:'奉高之器,譬诸汎滥。虽清而易挹;叔度汪汪若千顷陂,澄之不清,淆之不浊,不可量也。'"

黄宪千顷陂,世以亚圣拟。(明·王绅《夜坐呈正学方先生》)

背(*揹)bēi 负荷。另见 285 页 bèi。
顺～榜～子～罪

鹎(鵯)bēi
古《广韵》:平声,支韵。又:入声,质韵同。顺～鹎～鹎雨～鶌～鹎

吹chuī 另见 286 页 chuì。
古上平,四支。逆枪～卧～纸～顺～鞭～篪～篪～肚鱼～法螺～凤～蛊～箎～画壶～簧～魂～葭角～擂～纶～螺～毛剑～梅～乳～霎～腾～铜～万～噏～歔～云～制例宝镜似空水,落花如风吹。(唐·李白《拟古》)新月又如眉。长笛谁教月下吹。(宋·晏几道《南乡子·新月又如眉》)

典**逢齑便吹** 被热羹烫怕了的人遇到冷齑也要吹,喻指受到伤害后心存畏戒。《楚辞·九章·惜诵》:"惩于羹者而吹齑兮,何不变此志也。"

遇炙谁先啖,逢齑即便吹。(唐·李商隐《咏怀寄秘阁旧僚》)

炊chuī
古上平,四支。逆茶～晨～爨～断～分～鬼～剑头～举～软～黍～淘～晚～先～新～一～烝～执～自～族人～顺～爨～雕～骨～桂～骸～累～熟～养～玉～帚～子例拄杖傍田寻野菜,封书乞米趁时炊。(唐·张籍《赠贾岛》)一枕蘋风午醉,二升菰米晨炊。(宋·陆游《乌夜啼·世事从来惯见》)

典**扊扅炊** 即烧门栓做饭。百里奚发迹前生活穷困,其妻曾烧门栓为其煮饭。后借指微贱时的贫困生活或曾共贫寒的妻子。见《乐府诗集》卷六《琴典歌辞四》载百里奚妻《琴歌三首》之题解。

路贫不在扊扅炊,调苦谁闻食菜时。(宋·李处权《寄萧国器》)

催cuī
古上平,十灰。逆饬～传～函～紧～领～漫～猥～儹～坐～顺～比～发～归～科～力～切～情～趣～生～首～头～颜～攒～趱例怜肠愁欲断,斜日复相催。(唐·李白《相逢行二首》其一)二月春花厌落梅。仙源归路碧桃催。(宋·晏几道《浣溪沙·二月春花厌落梅》)

典**羯鼓声催** 亦作"羯鼓三声"。咏音乐高妙或咏花事。唐南卓《羯鼓录》载唐玄宗于二月初取羯鼓击《春光好》一曲,催得柳杏皆发芽开花。

好试敲、羯鼓声催,与约鼎羹消息。(宋·施枢《疏影·低枝亚实》)

摧cuī
古上平,十灰。逆哀～藏～雕～阨～风～肝肠～花～隳～激～九～魁～困～梁～腾～销～心～夭～抑～于～玉～顺～北～敝～藏～黜～怆～萃～剉～错～方～锋～角～绝～勒～轮～靡～圮～扑～戕～铩～殄～颓～萎～兀～谢～颜～嗺例司空见惯风流惯,输与山翁醉玉摧。(宋·向子諲《鹧鸪天·两个鸳鸯波上来》)

典**地崩山摧** 亦作"蚕丛路""蜀山蛇"。土地崩裂,山岭倒塌。多形容巨大变故。或指开发蜀道。见《华阳国志·蜀志》。

地崩山摧壮士死,然后天梯石栈相钩连。(唐·李白《蜀道难》)

崔cuī
古上平,十灰。逆崔～错～嵬～顺～蔡～嵯～错～徽～卢～嵬～崒

典**白家阿崔** 白居易五十八岁得子名阿崔,后指老年所得之子。见唐·白居易《予与微之老而无子发于言》其二。

元家道保,白家阿崔,俱生在、五旬有八。(宋·无名氏《鹊桥仙·元家道保》)

衰cuī 等级。丧服的一种。另见 309 页 shuāi。
古上平,四支。逆布～粗～等～端～功～苴～墨～齐～摄～缌～繐～锡～疑～资～顺～粗～绖～乏～分～葛～构～麻～冕～衽～杀～裳～少～序

榱cuī 屋椽。
古上平,四支。逆栋～飞～华～连～文～顺～椽～栋～桷～橑～提～题例翘袖中繁鼓,倾眸溯华榱。(唐·刘禹锡《观柘枝舞二首》其一)

堆duī
古上平,十灰。逆阿滥～白龙～成～堆～风陵～孤～魁～垒～土骨～滟滪～鶡烂～鶡滥～顺～簇～堆～房～红～花～陉～墨～纱～头～鸦例树阴香作帐,花径落成堆。(唐·杜牧《题茶山》)

典**阿滥堆** 本为鸟名,唐玄宗制为曲名。《中朝故事》:"骊山多飞禽,名阿滥堆,明皇帝御玉笛,采其声翻为曲子名焉。左右皆传唱之,播于远近,人竟以笛效吹。"

寒鸿初动塞云收,阿滥堆中唤客愁。(清·张衡《闻笛》)

土骨堆 指坟墓。《礼记·檀弓下》:"延陵季子适齐,于其反也,其长子死,葬于嬴博之间……曰:'骨肉归复于土,命也。'"

雪压门外土骨堆,一番两番春始回。(宋·周文璞《行歌四首》其三)

飞屑成堆 喻指人健谈或谈吐不俗,亦赞颂人佳咏迭出。《世说新语·赏誉》:"胡毋彦国吐佳言如屑,后进领袖。"刘孝标注:"言谈之流,靡靡如解木出屑也。"

当年,吟赏处,醉山颓倒,飞屑成堆。(宋·石孝友《满庭芳·兰畹霜浓》)

追duī ①雕琢。②钟钮。另见 267 页 zhuī。
古《广韵》:平声,灰韵。顺～蠡～人～师～琢

敦duī 催迫。另见 288 页 duì、715 页 dūn。
古上平,十三元。逆敦～顺～逼～比～辞～敦

诶(誒)ēi 招呼声。另见 269 页 éi、276 页 ěi、288 页 èi。

飞(飛)fēi
古上平,五微。逆阿～饱～卑～迸～壁～遄～踔～佽～凫～归～翰～红～翚～交～九～款款～聊～灵～六～骞～肉～四～駃～天～抟～蜚～翕～锡～骞～雄～熊～悬～寻～焱～鸮～营～邮～于～蜎～顺～白～班～李～薄～岑～淙～榱～丹～诞～道～磴～镝～丁～甘～观～诡～罕～翰～翩～藿～精～镜～遽～瞰～鞚～廉～邻

～甍～钱～潜～琼～蛩～缺～穰～驲～髯～申～生～熟～隼～菟～堉～卫～拙～鼯～五～锡～绡～灺～盐～徭～鳐～乙～英～谮～蹭～旋～翥～子㊥边服胡尘起，长安汉将飞。（唐·李隆基《旋师喜捷》）水云薄薄天同色，竟日清辉。风影轻飞。（宋·张先《采桑子·水云薄薄天同色》）

㊕**卑飞**　即低飞，喻指志士失路。见《孙子·势》。

高怀见物理，识者安肯哂。卑飞欲何待，捷径应未忍。（唐·杜甫《赠郑十八贲》）

钗飞　亦作"玉燕钗"。咏钗或咏雁，亦喻指一朝飞黄腾达。见汉郭宪《洞冥记》卷二。

白鼯裘坏埋珠柙，玉燕钗飞坠藻翘。（元·李孝光《次萨天锡登石头城》）

归飞　咏禽鸟归巢之乐，也指忧怀。《诗经·小雅·小弁》："弁彼鸒斯，归飞提提。民莫不穀，我独于罹。"

归飞海路远，独宿天霜寒。（唐·李白《古风》其四十）

六飞　原指皇帝车驾所驭六匹飞快的马，后代指皇帝车驾。见《汉书·爰盎传》。

六飞南幸芙蓉苑，十里飘香入夹城。（唐·杜牧《长安杂题长句六首》其五）

髯飞　当扈鸟用髯飞行，后咏当扈鸟。《山海经·西山经》："上申之山，上无草木，而多硌石，下多榛楛，兽多白鹿。其鸟多当扈，其状如雉，以其髯飞，食之不眴目。"

髯飞尚假息，乳视暂稽诛。（唐·许敬宗《奉和执契静三边应诏》）

于飞　亦作"鸣凤飞""凤凰于飞""于飞之乐"。指夫妇相随或情侣恩爱和美、婚姻美满。见《诗经·大雅·卷阿》和《左传·庄公二十二年》。

幸于飞、鸳鸯未老，不应同是悲秋。（宋·秦观《长相思慢·铁瓮城高》）

雉飞　咏叹无偶或婚事不偕。亦作"朝雉飞""雉朝飞"。见晋·崔豹《古今注·音乐》。

更看出猎相思苦，不射秋田朝雉飞。（唐·鲍溶《寄归》）

彩云飞　彩云飘散，喻指飘逸之美。后亦比喻美好事物的消失、红颜薄命或美好的恋情容易消逝。见唐李白《宫中行乐词八首》其一。

望极蓝桥，彩云飞、罗扇歌断。（宋·吴文英《法曲献仙音·落叶霞翻》）

双鹅飞　传说晋代"五胡乱华"前夕，有双鹅从洛阳地陷处飞出为其征兆。后喻指发生战乱。亦作"飞鹅"。见《晋书》卷二八《五行志中》。

双鹅飞洛阳，五马渡江徼。（唐·李白《经乱后将避地剡中》）

湛卢飞　湛卢宝剑择主而事，因不满吴王阖闾无道飞往楚国，楚昭王得之。后咏宝剑。见东汉赵晔《吴越春秋》卷四《阖闾内传》。

行叹鸱夷没，遽惜湛卢飞。（唐·骆宾王《夕次旧吴》）

川泳云飞　指鱼川泳而鸟云飞，咏志同气合，相得益彰。见唐·韩愈《韩昌黎文集》卷二《徐泗豪三州节度书记厅石记》。

油然川泳云飞，但口不能言心自知。（宋·刘过《沁园春·一别三年》）

晋阳龙飞　释一行歌颂唐高祖李渊起兵晋阳时之雄姿，如龙跃凤翔。后用作咏义兵之雄伟。唐·释一行《并州起义堂颂》："我高祖龙跃晋水，凤翔太原。"

晋阳龙飞云滃滃，关洛万里即日平。（宋·陆游《题十八学士图》）

九五龙飞　亦作"龙飞九五"。指皇帝即位。《周易·乾》："九五，飞龙在天，利见大人。"孔颖达疏："言九五阳气盛于天，故云飞龙在天，此自然之象，犹若圣人有龙德，飞腾而居天位。"

衣冠虎拜南山祝，九五龙飞北极尊。（明·林熙春《辛酉元旦》）

孔雀东飞　喻指夫妻分离。见《玉台新咏·古诗为焦仲卿妻作序》。

孔雀东飞何处栖，庐江小吏仲卿妻。（唐·李白《庐江主人妇》）

非 fēi

㊀上平，五微。㊁百～辟～车～次～佽～错～导～独～分～负～格～黑～胡～加～嫁～奸～迥～强～日～善～遂～阖～违～未～闲～向～寻～一～中～众～追～㊂～鄙～辟～才～短～贰～辜～关～几～觊～冀～间～讦～沮～举～据～类～累～量～谋～偶～罴～奇～体～徒～望～惟～谓～刑～熊～烟～夷～彝～意～誉～云～折～职～子～族㊥山川不可望，文物尽成非。（唐·崔融《则天皇后挽歌二首》其二）重过阊门万事非。同来何事不同归。（宋·贺铸《半死桐》）

㊕**知非**　亦作"蘧瑗知非""伯玉知非""四十九年非"。见"蘧瑗知非"。

诚知此事非，又过知非年。（唐·白居易《自咏》）

今是昨非　指自省，也指悔恨过去的行为，肯定今日所行。晋·陶渊明《归去来兮辞》："悟已往之不谏，知来者之可追；实迷途其未远，觉今是而昨非。"

观书悟昨非，把酒知今是。（宋·王十朋《率饮亭二十绝》其一十四）

蘧瑗知非　亦作"蘧玉知非"。指人反躬自省，细察以往的错误。《淮南子·原道》："故蘧伯玉年五十，而有四十九年非。"

廉颇不觉老，蘧瑗始知非。（唐·武元衡《西亭题壁寄中书李相公》）

四十九年非　亦作"四十渐知非"。咏自省或感叹年华虚度。见"蘧瑗知非"。

且论三万六千是，宁知四十九年非。（唐·骆宾王《帝京篇》）

物是人非　指景物依旧而人事变化很大。见三国魏·曹丕《与朝歌令吴质书》。

物是人非事事休，欲语泪先流。（宋·李清照《武陵春·风住尘香花已尽》）

霏 fēi

㊀上平，五微。㊁噶～岚～连～凉～林～谈～夕～霰～香～严～依～阴～㊂～红～解～烂～弥～蕤～娓～细～屑～霙㊥雕戈秋日丽，宝剑晓霜霏。（唐·魏瞻《奉和九月九日登慈恩寺》）

扉 fēi

古上平，五微。逆宸～丹～黄～禁～扃～灵～纶～霞～玄～瑶～玉女～圆～阛～顺～画例悠然紫芝曲，昼掩白云扉。（唐·宋之问《春日山家》）双门晓锁响朱扉。千骑拥、万人随。（宋·欧阳修《芳草渡·双门晓锁响朱扉》）

典**荼垒安扉** 指民间于除夕、初一在门扇上贴门神"神荼""郁垒"画像以御凶邪的风俗，也咏过年。见东汉·应劭《风俗通义·祀典》。

荼垒安扉，灵馗挂户，神傩烈竹轰雷。（宋·胡浩然《送入我门来·荼垒安扉》）

妃 fēi

古上平，五微。逆蟾～虑～宓～江～九～灵～梅～明～漆～少～庶～水～娀～郤～天～湘～星～徐～玉～元～霜～顺～呼豨～匹～色～子例有恨同湘女，无言类楚妃。（唐·李白《望夫石》）朝仍越溪女，暮作吴宫妃。（唐·王维《西施咏》）

典**江妃** 传说中的仙女。见《列仙传·江妃二女》。

江妃玉佩留为念，嬴女银箫空自怜。（唐·王翰《赋得明星玉女坛送廉察尉华阴》）

明妃 即王昭君，晋人避晋文帝司马昭讳，改称明君或明妃。后亦借指因和亲等原因远嫁他乡的美女。晋·石崇《王明君词序》。

明妃去日花应笑，蔡琰归时鬓已秋。（唐·韦庄《绥州作》）

湘妃 传说舜之二妃（娥皇、女英）死于江湘之间，人称湘妃。又此地多斑竹，传说乃因湘妃泪染所致。唐诗中常借以点染湘中地方色彩，亦用作咏别怨。亦作"湘娥""湘灵""湘君"。《列女传·有虞二妃》。

莫似湘妃泪，斑斑点翠裙。（唐·卢仝《感秋别怨》）

徐妃 南朝梁元帝萧绎之妃徐昭佩，年老而多情。后借指人过中年而风韵犹存的女人。亦作"徐娘""徐娘半老"。《南史》卷一二《元帝徐妃传》。

夫君每尚风流事，应为徐妃致此栽。（唐·司马都《和陆鲁望白菊》）

玉妃[1] 传说杨贵妃死后升仙，称玉妃。见唐陈鸿《长恨歌传》。

茑拂萝捎一树梅，玉妃无侣独裴回。（唐·皮日休《行次野梅》）

玉妃[2] 玉妃为女仙名，韩愈诗以"万玉妃"比拟漫天飞雪，后咏雪或咏梅花。见唐·韩愈《辛卯年雪》。

玉妃剪水出天巧，飞花万点争清妍。（宋·王炎《冬雪行》）

菲 fēi 花草茂盛、香气浓郁。另见276页fěi、289页fèi。

古上平，五微。逆芳～菲～芦～萋～顺～薇例秋深桂初发，寒窗菊余菲。（唐·许敬宗《奉和秋暮言志应制》）海棠花下醉芳菲。无计少留君住、泪双垂。（宋·张先《南歌子·残照催行棹》）

騑（騑）fēi

古上平，五微。逆輶～六～轮～双～征～左～顺～服～驾～驹～辔

啡 fēi

古《广韵》：平声，微韵。

绯（緋）fēi 红色。

古《广韵》：平声，微韵。逆赐～借牙～金～浅～桃～霞～银～著～顺～绿～袍～桃～闻～鱼～紫例老逼教垂白，官科遣著绯。（唐·白居易《赠沙鸥》）万家喜色，融瑞气拥牙绯。（宋·王炎《水调歌头·爱日护轻暖》）

蜚 fēi 另见277页fěi。

古《集韵》：平声，微韵。逆刺～六～蠦～蠕～退～循～蜎～顺～变～谗～螨～虫～动～红～鸿～狐口～集～遽～览～廉～梁～龙～鸟～蓬～翘～禽～色～尸～襪～凶～翼～英～云～征～蛭例况是辟书到也，乘别驾、直上横蜚。（宋·无名氏《满庭芳·露白风清》）

规（規、*槼）guī

古上平，四支。逆半～敝～刺～说～丰～风～洪～九～偭～劘～潜～青～素～相～悬～英～箴～转～子～顺～弼～彩～策～刺～仿～费～抚～固～锢～过～害～恢～蔓～冀～景～儆～警～镜～括～厉～利～砺～临～虑～靡～勉～谟～磨～切～窃～取～阙～容～肆～天～图～脱～陷～旋～益～银～矱～兆～争～佐例后贤兼旧列，历代各清规。（唐·杜甫《偶题》）关山千里恨，云汉月重规。（宋·康与之《瑞鹤仙令·樱桃落尽春归去》）

归（歸）guī

古上平，五微。逆拔～罢～保～长～饬～出～大～鸿～迴～汇～九～了～免～屏～三～三不～脱～亡～旋～晏～谒～依～引～由～于～予～远～云～指～宗～顺～爱～班～窆～薄～除～戴～籴～钓～藩～奉～福～复～祔～贯～过～骸～翩～厚～艎～楫～楫～忌～降～敬～勘～哭～虑～论～沐～慕～愆～亲～趋～阙～桡～煞～市～事～嗣～俗～橐～嬉～巇～邪～墟～勋～逊～鞅～养～倚～义～谊～阴～茔～运～棹～轸～志～重～属例晓光随马度，春色伴人归。（唐·刘希夷《入塞》）小荷障面避斜晖。分得翠阴归。（宋·张先《画堂春·外湖莲子长参差》）

典**胡不归** 催归。《诗经·邶风·式微》："式微，式微，胡不归？微君之故，胡为乎中露？"

飞鸣各自得，人生胡不归。（宋·陆游《种桑》）

寄当归 中药"当归"字面可以解释为应当归来。用作咏盼归之典。《三国志·吴书·太史慈传》中记载，太史慈"字子义，东莱黄人也"。东汉末年武将，弓马熟练，箭法精良。后被孙策收降，助其扫荡江东。正当他在南方声望日隆时，"曹公闻其名，遗慈书，以箧封之。发省无所道，而但贮当归"。曹操欲利用其思念故乡的心理诱其北归。

坐客笑谈嘲远志，故人书札寄当归。（宋·陆游《和范待制月夜有感》）

载同归 咏起用贤才。《史记·齐太公世家》："于是周西伯猎，果遇太公于渭之阳，与语大说……故号之曰'太公望'，载与俱归，立为师。"

贤多隐屠钓，王肯载同归。（唐·杜甫《伤春五首》其三）

白首同归 西晋时潘岳和石崇被诬陷处刑，在刑场上，潘岳引用自己昔日的诗句"白首同所归"，悲叹二人同赴刑场的命运。后用作

咏共同赴死之典，也指友谊坚贞。见《世说新语·仇隙》。

当君白首同归日，是我青山独往时。（唐·白居易《九年十一月二十一日感事而作》）

乘驷马归 指立志求取功名，建树功业。晋·常璩《华阳国志》载司马相如离成都时曾于桥柱题词，表示如果不能像贵官那样乘驷马高车而归就绝不还乡。

谁识相如，平生自许，慷慨须乘驷马归。（宋·辛弃疾《沁园春·我醉狂吟》）

衡阳雁归 鸿雁南飞而止于衡阳。《毛诗草木鸟兽虫鱼疏广要》卷下之上："《山海经》云：雁门山，雁出其间，在高柳北。旧说，鸿雁南翔不过衡山。今衡山之旁，有峰曰回雁，盖南地极燠，人罕识雪者，故雁望衡山而止。"

此行得句须频寄，直到衡阳有雁归。（宋·楼钥《送胡巨济宰湘潭》）

灵鹊报归 古人认为，听到喜鹊噪叫，必有喜事临门，多指出外者返家。五代·王仁裕《开元天宝遗事·灵鹊报喜》："时人之家闻鹊声，皆为喜兆，故谓灵鹊报喜。"

已倩双鳞，更须灵鹊，先报归消息。（宋·赵善括《念奴娇·江南到处》）

只履提归 咏得道高僧。《景德传灯录·第二十八祖菩提达摩》载北魏时，魏使宋云曾在葱岭见禅宗始祖达摩手提只履远去，其棺中只有一只革履存焉。

只履提归葱岭去。君知否，分明忘却来时路。（宋·黄庭坚《渔家傲·万水千山来此土》）

闺（閨）guī

㊂上平，八齐。㊃红～金～九重～阃～兰～灵～鸾～青～清～霜～孀～香～璇～中～㊄～爱～荜～薄～德～范～风～襟～禁～阃～孜～门～衽～声～闼～庭～帏～闱～心～行～秀～绣画～训～彦～艳～牖～窗～阈～苑～箴～字㊅放出笔头光焰、压金闺。（宋·刘子翚《南歌子·卜夜容三献》）郊外黄埃端可厌，归来移病香闺。（宋·葛胜仲《临江仙·郊外黄埃端可厌》）

㊀**金闺** 本为古代妇女居室的美称。王昌龄诗以"金闺"代指闺中之人，后遂用为典实。见唐·王昌龄《从军行七首》其一。

啼流玉箸尽，坐恨金闺切。（唐·李白《代赠远》）

圭guī ①古代帝王举行重大仪式时所用玉器，长条形，上尖下方。②测日影器"圭表"上的横尺。③容量单位，一升的十万分之一。④重量单位，一两的二百四十分之一。

㊂上平，八齐。㊃罼～秉～鬯～刀～分～封～复～躬～榖～裸～桓～简～角～介～青～日～三～身～四～瑱～琬～析～锡～信～琰～衣～镇～执～周～组～㊄～碑～币～荜～筚～表～撮～玷～窦～顿～谷～衮～角～景～律～臬～瑞～裳～石～首～田～头～影～甯～瓒～璋～组㊅叹荷薪弗克，祇斲弓冶，扃柴却扫，绝望簪圭。（宋·李曾伯《沁园春·紫金山前》）

㊀**刀圭** 本为古代称药的量具，后代称药或仙药剂量。晋·葛洪《抱朴子·内篇》卷四《金丹》："欲起死人，未满三日者，取青丹一刀圭和水，以浴死人，又以一刀圭发其口内之，死人立生也……服黄丹一刀圭，即便长生不老矣。"

每日将何疗饥渴，井华云粉一刀圭。（唐·白居易《题李山人》）

三复白圭 指人言行谨慎。亦作"复白圭"。《论语·先进》："南容三复白圭，孔子以其兄之子妻之。"三国魏·何晏《论语集解》引汉·孔安国传："《诗》云：'白圭之玷，尚可磨也；斯言之玷，不可为也。'南容读诗至此，三反复之，是其心慎言也。"

一诺黄金信，三复白珪心。（唐·骆宾王《夏日游德州赠高四》）

瑰guī ①美玉。②珍奇；奇异。③美丽。

㊂上平，十灰。㊃诡～玫～琦～奇～琪～琼～殊～伟～璇～珍～㊄～岸～博～侈～辞～富～怪～佹～诡～绝～谲～磊～赂～迈～秘～珉～癖～僻～蕈～琦～器～琼～儒～润～殊～铄～硕～特～望～玮～闻～异～轶～逸～颖～瓒㊅蕊簇玲珑金粟，花装碎屑玫瑰。（宋·赵师侠《朝中措·乱山春过雪成堆》）

㊀**琼瑰** 本指美石和珠玉。先秦典籍中有赠送琼瑰和梦食琼瑰而作歌的记载，后喻指美好的诗文。《诗经·秦风·渭阳》："何以赠之，琼瑰玉佩。"毛氏传："琼瑰，石而次玉。"《左传·成公十七年》："初，声伯梦涉洹，或与己琼瑰食之，泣而为琼瑰，盈其怀。从而歌之曰：'济洹之水，赠我以琼瑰。归乎归乎，琼瑰盈吾怀乎。'"杜预注："琼，玉；瑰，珠也。"

不胜珍重意，满袖写琼瑰。（唐·白居易《酬卢秘书夏日新栽竹二十韵》）

傀guī ①大，高大。②怪异。另见278页kuǐ。

㊂上平，十灰。㊃倔～奇～琦～倭～雄～㊄～俄～怪～垒～民～奇～然～伟～异～卓

龟（龜）guī 另见461页qiū、723页jūn"皲"。

㊂上平，四支。㊃卜～东～飞～九尾～毛～三～山～双～天～五总～元～㊄～版～辩～卜～蔡～藏～策～肠～蠵～虫～莼～带～袋～封～趺～鹄～顾～虎～熠～鉴～焦～燋～津～锦～列～林～龙～箓～马～毛～枚～艨～谋～逆～孽～纽～钮～屏～契～绳～蓍～筮～绶～筒～瓦～文～蜗～祥～象～星～胸～繇～阴～占～章～兆～旐～主～灼～紫～组㊅我心希硕人，逮此问元龟。（唐·张九龄《骊山下逍遥公旧居游集》）清旦朝金母，斜阳醉玉龟。（宋·柳永《巫山一段云·清旦朝金母》）

㊀**伏龟** 传说千年松脂于地下会化为伏龟之形，食之可得长生。后用以咏松或咏长生。见元·陶宗仪《说郛》卷四《嵩高山记》。

上药终相待，他年访伏龟。（唐·李商隐《高松》）

解龟 汉朝吏秩二千石以上，皆银印青绶，印背有龟形印钮。后以龟钮为官印的通称，以"解龟"喻指辞官。见汉·卫宏《汉旧仪》卷上。

解龟逾卧辙，遣骑觅扁舟。（唐·杜甫《奉送王信州崟北归》）

曳尾龟　亦作"曳尾""曳泥途""泥龟"。喻指虽贫贱而自在的平民生活。《庄子·秋水》:"庄子钓于濮水。楚王使大夫二人往先焉,曰:'愿以境内累矣!'庄子持竿不顾,曰:'吾闻楚有神龟,死已三千岁矣。王巾笥而藏之庙堂之上。此龟者,宁其死为留骨而贵乎?宁其生而曳尾于涂中乎?'二大夫曰:'宁生而曳尾涂中。'庄子曰:'往矣!吾将曳尾于涂中。'"

　　麒麟作脯龙为醢,何似泥中曳尾龟。(唐·白居易《九年十一月二十一日感事而作》)

鲑(鮭)guī　河豚别名。另见104页 xié。

古《广韵》:平声,齐韵。逆鱼～庚～珍～顺～泡～鱼

皈guī

逆迴～三～依～顺～命～投～向～心

邽guī　地名。

古上平,八齐。

硅guī　化学元素。

黑hēi　另见93页 hè。

逆黯～白～苍～测～赤～黜～黛～默～洞～断～昒～晦～骊～犁～黧～力～马～梅～黣～黔～黢～阒～鹊～杀～煞～沈～守～腾～头～突～汙～骍～黫～压～黬～窅～窈～黟～黳～油～黝～郁～渊～鬒～黰～正～顺～暗～白～丹～地～发～分～花～郊～蛟～林～气～泉～丝～稍～潭～甜～烟～夜～雨～玉～月～云～晕～妆

嘿hēi　感叹词。

古《集韵》:入声,德韵。逆嘿～顺～哎～耳

辉(輝、煇)huī

古上平,五微。逆冰～炳～蟾～焯～澄～驰～初～垂～淳～徂～德～诡～恒～鸿～华～黄～晶～景～连～燎～灵～铓～潜～庆～庆云～素～兔～西～纤～弦～雪～炎～扬～阳～余～芸～贞～织～顺～粲～风～赫～华～景～烈～荣～容～石～耀～熠～音～暎～藻～章例兰灯吐新焰,桂魄朗圆辉。(唐·武则天《早春夜宴》)向西湖两处、秋波一种,飞霭澄辉。(宋·晁补之《八声甘州·谓东坡未老赋归来》)

晖(暉)huī

古上平,五微。逆璧～瑸～冰～昌～澄～驰～迟～春～徂～帝～飞～诡～鸿～华～皇～黄～晖～晶～离～灵～凝～乾～潜～倾～沈～曙～素～五～西～晞～宵～霄～斜～行～玄～炎～扬～燿～余～曾～贞～重～顺～采～范～光～景～丽～如～声～素～夜～盈～映～暎～煜例桑柘迎寒色,松篁暗晚晖。(唐·李峤《烟》)珠滩上,喜甘棠翠荫,依旧春晖。(宋·张先《沁园春·心膂良臣》)

灰huī

古上平,十灰。逆扒～拨～彩～残～惨～叉～冬～垩～蛤～寒～候～画～葭～熸～惊～捐～蛎～淋～墨～爬～砲～漆～秦～青～轻～秋～然～热～沈～蜃～煻～同～兔～委～香～心～新～银～印～脂～顺～白～熛～黪～椋～匙～钉～动～分～鬲～菰～货～劫～酒～冷～僇～戮～律～麋～靡～弭～灭～泯～末～念～气～然～人～色～市～死～燧～汤～朽～哑～汁～志～滞例帐里残灯才去焰,炉中香气尽成灰。(唐·孟浩然《除夜有怀》)夹路行歌尽落梅。篆烟香细袅寒灰。(宋·叶梦得《鹧鸪天·夹路行歌尽落梅》)

典**画灰**[1]　指勤奋致学。亦作"画灰学书"。《南史·陶弘景传》:"(陶弘景)幼有异操,年四五岁,恒以荻为笔,画灰中学书。"

　　芋梨煨熟曾分啖,榾柮烧残共画灰。(宋·刘克庄《再次竹溪韵三首》其二)

画灰[2]　喻指议事守密。亦作"齐丘画灰"。宋·陆游《南唐书·宋齐丘传》载南唐主徐知诰曾为徐温的行车副使,知诰用宋齐丘共谋事,为避开徐温的耳目,知诰夜引齐丘于水亭屏语,或居高堂,以铁箸画灰为字议事。

　　寄君东阁闲烝栗,知我空堂坐画灰。(宋·苏轼《寄馏合刷瓶与子由》)

葭灰　古人烧苇膜为灰,置于十二律管中,以占气候。某一节候至,则相应律管中的葭灰飞动。后咏季候变化。亦作"灰律""清葭""飞灰""飞律灰""吹葭灰""吹秋灰""缇室飞灰"。见《后汉书·律历志上》。

　　玉管葭灰细细吹,流莺上下燕参差。(唐·李商隐《池边》)

劫灰　原指佛家所说劫火的余灰,后喻指历史的残迹,亦用以表示佛家对世界生灭的解释。亦作"劫火""劫尘""劫沙""胡僧话劫灰"。《高僧传·汉洛阳白马寺竺法兰》:"昔汉武穿昆明池底,得黑灰,问东方朔。朔云:'不知,可问西域胡人。'后法兰既至,众人追以问之。兰云:'世界终尽,劫火洞烧,此灰是也。'"

　　羲和敲日玻璃声,劫灰飞尽古今平。(唐·李贺《秦王饮酒》)

死灰　形容无思无欲的寂静心境。后亦用指绝望心情。亦作"不然灰""灰无焰""心灰""槁木死灰""枯木死灰"。《庄子·齐物论》:"南郭子綦隐机而坐,仰天而嘘,嗒焉似丧其耦。颜成子游立侍乎前,曰:'何居乎?形固可使如槁木,而心固可使如死灰乎?'"郭象注:"死灰枯木,取其寂寞无情耳。"

　　洎乎吾生何飘零,支离委绝同死灰。(唐·杜甫《晚晴》)

挥(揮)huī

古上平,五微。逆布～电～法～高～挥～手～素～弦～招～旨～顺～楚～绰～翰～喝～忽～潵～擢～矅～解～斤～袂～目～宁～弄～染～扰～日～泗～犀～逊～羽～麈例逸翰金相发,清谈玉柄挥。(唐·崔融《哭蒋詹事俨》)蓦地思量,死生事大,使我心如刀剑挥。(宋·张继先《沁园春·急急修行》)

恢huī　①广大,宽广。②扩大,弘扬。③收复,恢复。

古上平,十灰。逆规～诡～宏～恢～魁～廓～拓～雄～轩～顺～办～博～阐～崇～达～富～怪～涵～豁～谲～阔～廓～览～隆～论～漫～奇～赡～疏～肆～台～奂～特～拓～宣～耀～夷～毅～悦～缵例圆扉长寂寂,疏网尚恢恢。(唐·骆宾王《幽絷书情通简知己》)叹凋零殆尽,词源已竭,消磨未去,

酒量犹恢。（宋·李曾伯《沁园春·绮阁香销》）

典**天网恢恢** 喻指法网无边。亦作"疏网恢恢""大网恢""天网开"。《老子》第七十三章："天网恢恢，疏而不失。"

天网恢恢万象疏，一身亲到华山区。（唐·吕岩《哭陈先生》）

徽huī ①绳索。②系琴弦的绳，用以限定可以弹奏的部分。亦称嵌在琴面上标识音节的小点为琴徽。③起区分作用的标识，如徽章、旌旗等。④美好。

古上平，五微。逆安～长～承～崔～德～风～袿～鸿～徽～急～解～路～明～缨～黏～前～清～三～慎～嗣～文～弦～宣～扬～仪～遗～懿～簪～贞～中～顺～策～缠～车～德～睇～范～芳～风～绋～赫～华～婳～徽～霍～金～烈～美～命～墨～钦～荣～柔～声～绳～束～数～网～望～位～文～显～行～仪～懿～庸～猷～誉～真～轸～志～纻～祚例楚国柑橙劳梦想，丹陵霞鹤间音徽。（唐·陈陶《旅泊涂江》）拂金徽。谪仙何处，无人伴我白螺杯。（宋·黄庭坚《水调歌头·瑶草一何碧》）

典**金徽** 原指金制的琴徽，后用作代指琴。

乘月托宵梦，因之寄金徽。（唐·李白《拟古十二首》其一）

诙（詼）huī

古上平，十灰。逆嘲～诡～俳～顺～达～怪～诡～哈～谲～噱～俳～奇～谈～妄～言～优～啁

麾huī ①用作指挥的旌旗。引申为指挥。②同"挥"，有"挥动""用手拂去"等义。

古上平，四支。逆白～长～丹～电～幡～旛～还～建～节～借～进～离～旄～乞～戎～三～缇～五～行～一～云～再～旨～指～幢～顺～葆～城～叱～斥～存～纛～汗～诃～节～旆～棨～日～钺～蚤～仗例十年出幕府，自可持旌麾。（唐·杜甫《送高三十五书记》）记当年幕府，从容赞画，云从万骑，电掣千麾。（宋·无名氏《沁园春·淮海知名》）

典**邓禹分麾** 咏将帅。东汉邓禹从刘秀起事，刘秀分麾下精兵二万人给邓禹。见《后汉书·邓禹传》。

赵尧宁易印，邓禹即分麾。（唐·苏颋《饯赵尚书摄御史大夫赴朔方军》）

虺huī 虺隤，疲劳生病貌。另见278页huǐ。

古上平，十灰。顺～颓～隤

豗huī ①撞击。②喧闹。

古上平，十灰。逆奔～堆～轰～訇～讙～惊～掀～喧～諠～顺～鼞～聒～击～溃～呶～突～颓～喧～潆例岸类长蛇搅，陵犹巨象豗。（唐·韩愈《咏雪赠张籍》）马上行人笑，万玉堆豗。（宋·赵功可《八声甘州·渺平沙莽莽海风吹》）

翚（翬）huī ①疾飞。②彩雉。

古上平，五微。逆高～画～斯～修～训～顺～飞～服～构～矫～锦～甍～散～衣～褕～翟例蜃沉海底气升霏，彩雉野伏朝扇翚。（唐·韩愈《送区弘南归》）池岸上，楼殿势飞翚。（宋·净圆《望江南·西方好》）

隳huī 毁坏。

古上平，四支。逆弛～荡～颠～潜～颓～消～销～湮～窳～贼～顺～残～砉～弛～胆～颠～顿～放～废～官～刺～凌～慢～靡～突～紊～懈～心～斁～引例战马闲眠汀草远，秋鼙干揭岳霞隳。（唐·贯休《贺郑使君》）开元到今逾十纪，当初事迹皆残隳。（唐·郑嵎《津阳门诗》）

㧑（撝）huī ①指挥。②挥动。③挥手示意。

古上平，四支。逆裁～谦～视～指～顺～卑～避～叱～诃～呵～谦～让～损～逊～抑～挹

亏（虧）kuī

古上平，四支。逆镑～弊～蔽～变～顿～负～覆～凌～难～倾～阙～受～无～赘～顺～蔽～蟾～短～法～节～名～骞～全～柔～丧～图～枉～紊～形～制例云树杳回合，岩峦互蔽亏。（唐·徐铉《送高起居之泾县》）人世浑如天上月，离合比盈亏。（宋·李光《武陵春·漠漠春阴人似雾》）

窥（窺、*闚）kuī

古上平，四支。逆觇～观～进～静～浚～默～鸟～潜～识～伺～微～遐～穴～瞻～争～顺～豹～逼～避～边～兵～觇～朝～导～道～鼎～觏～纪～觊～间～谏～竞～镜～究～阚～睨～圃～取～戎～塞～涉～深～宋～图～望～衅～摇～议～觎～窬～踰～玉～欲～园～瞻例徘徊到河洛，华屋未及窥。（唐·韦应物《将往江淮寄李十九儋》）要见无由见，教归不肯归。数珠懒把镜慵窥。（宋·郭应祥《南歌子·心下悬悬地》）

典**东阁不得窥** 指见弃。亦作"嘲东阁"。李商隐早年任令狐楚的从事，深受礼遇。楚殁，其子令狐绹为相，因党争关系而不满李商隐依附李德裕，有意疏远。重阳日李访令狐绹，不得见，遂题《九日》诗于壁，其诗曰："郎君官贵施行马，东阁无因再得窥。"

盔kuī

古《广韵》：平声，灰韵。逆凤翅～锅～铠～顺～头～箱科～子

刲kuī 割。

古上平，八齐。逆屠～顺～刺～割～股～刳～剔～宰例我病百日余，肌体顾若刲。（唐·元稹《感梦》）

岿（巋）kuī 高大。

古上声，四纸。又：去声，四寘异。顺～巇～崎～望～巍～巉～嵬

勒lēi 以绳紧束。另见97页lè。

古入声，十三职。逆紧～顺～揹～紧

醅pēi 未过滤的酒。

古上平，十灰。逆拨～楚～春～寒～黄～金～酒～旧～腊～醁～绿～绿蚁～嫩～酴～泼～酘～黍～瓮～香～新～蚁～玉～顺～醁～面～酿～瓮～酎例遥看汉水鸭头绿，恰似葡萄初酦醅。（唐·李白《襄阳歌》）

典**玉醅** 指美酒。南朝梁·萧统《锦带书十二月启·南吕八月》："倾玉醅于风前，弄琼驹于月下。"

冰簟堆云髻，金尊滟玉醅。（宋·苏轼《南歌子·紫陌寻春去》）

掀瓮拨醅 指饮酒。唐·白居易《醉吟先生传》："吟罢自晒，揭瓮拨醅，又引数杯，兀然而醉。"

掀老瓮，拨新醅，客来且尽两

三杯。（辛弃疾《鹧鸪天·是处移花是处开》）

胚（*肧）pēi

古上平，十灰。逆成～话～杀～身～油～顺～层～浑～混～乳～子例隐起磷磷状，凝成瑟瑟胚。（唐·白居易《太湖石》）

坏pēi　同"坯"。另见273页péi、325页huài。

古去声，六脂。逆土～顺～胎

呸pēi　斥责叹词。

顺～呸～抢

绥（綏）suī　①安，安抚；舒缓。②止，制止。③临阵退却。

古上平，四支。逆安～保～策～宠～德～拊～狐～惠～缉～辑～交～介子～靖～良～前～抚～蕤～散～时～妥～威～慰～镇～纵～顺～边～导～抚～怀～集～辑～祭～接～靖～静～聚～徕～理～纳～绳～慰～亿～驭～御例南宫载勋业，凡百慎交绥。（唐·杜甫《夔府书怀四十韵》）杳杳闻韵濩，重重降抚绥。（唐·贯休《寿春节进》）

典**死绥**　曹操引《司马法》之说为令，军队败退，将军则死。后咏殉身之将。《三国志·魏书·武帝纪》：建安八年："己酉，令曰：'《司马法》"将军死绥。"'裴松之注引王沉《魏书》："绥，却也。有前一尺，无却一寸。"

一枕西风两行泪，封疆谁是死绥人。（宋·王同祖《时事感慨》）

雄狐绥绥　绥绥，雌雄并行貌。齐襄公与其妹鲁桓公夫人文姜淫通，如同雄狐相随，失阴阳之匹。喻指闺门乱伦之事。亦作"雄狐"。《诗经·齐风·南山》："南山崔崔，雄狐绥绥。鲁道有荡，齐子由归。既日归止，曷又怀止？"毛亨传："《南山》，刺襄公也，鸟兽之行，淫求其妹，大夫遇是恶，作诗而去之。"

中冓不可道，雄狐来绥绥。（明·陆师道《张烈妇》）

尿suī　小便。参见569页niào"溺"。

顺～胞～脬～泡

虽（雖）suī

古上平，四支。顺～复～故～恐～马～是～说逆然～例请君添一酌，听我吟四虽。（唐·白居易《吟四虽》）

睢suī　①怒视。②地名。

古上平，四支。逆恣～顺～阳曲～园～苑例衣冠迷适越，藻绘忆游睢。（唐·杜甫《夔府书怀四十韵》）

荽suī　一年生草本植物，有强烈香气，可佐菜和入药。

古上平，四支。逆胡～芫～盐～蒝～

推tuī

古上平，四支。又：上平，十灰异。逆出～付～輐～会～极～见～节～解～介子～乐～杷～排～旁～陪～亲～櫂～群～三～盛～四～廷～通～五～牙～衙～子～宗～顺～爱～扳～板～杯～薄～步～阐～恩～风～锋～服～革～功～沟～毂～故～劾～怀～迹～激～极～解～藉～敬～咎～鞫～勘～廓～历～美～明～摩～慕～蹑～迁～情～任～嬗～升～食～恕～索～徙～显～雄～许～讯～逊～扬～仰～衣～驿～育～遇～誉～原～陨～治～致～擢例渡江一苇载，入洛五丁推。（唐·白居易《太湖石》）待约新醅。车上危坡尽要推。（宋·黄庭坚《采桑子·宗盟有妓能歌舞》）

典**介推**　咏寒食，也指隐居避禄之人。亦作"介子""子推"。《左传·僖公二十四年》："晋侯赏从亡者，介之推不言禄，禄亦弗及。……遂隐而死。"《后汉书·周举传》："太原一郡，旧俗以介子推焚骸，有龙忌之禁。"李贤注引《新序》曰："晋文公返国，介子推无爵，遂去而之介山之上。文公求之不得，乃焚其山，推遂不出而焚死。"

冷落介推藏火月，寂寥潘令种花城。（宋·宋庠《清明》）

三推　帝王亲耕之礼。天子于每年正月籍田，亲扶耒耜，来回推三次，以示劝农。见《礼记·月令》。

皇王尚法三推礼，白社宁忘四体勤。（唐·徐夤《鸿门》）

威wēi

古上平，五微。逆八面～逼～秉～燀～宸～雌～等～丁令～分～奋～福～寒～鸿～疾～霁～假～奸～金～祲～孔～阃～棱～稜～廉～敛～灵～陵～令～木～虐～偏～清～屈～让～戎～摄～申～庶～霜～肆～素～宿～遂～镗～堂～霆～衔～嚣～信～雄～熊～修～炎～曜～伊～遗～阴～淫～迂～专～尊～顺～辟～裁～迟～黜～摧～憯～斗～断～恩～风～附～赫～化～惠～祸～绩～霁～教～棱～栗～凌～陵～略～攘～容～如～蕤～屑～械～信～厌～夷～猷～纡～狱～裕～诈～詟例课绩朝明主，临轩拜武威。（唐·刘希夷《入塞》）万国朝元，奉崇严宸扆，咫尺天威。（宋·叶梦得《安平乐·圣德如尧》）

典**胡威**　称美世代为官清廉。《三国志·魏书·胡质传》："子威嗣。六年，诏书褒述质清行，赐其家钱谷。"裴松之注引《晋阳秋》载晋武帝赐见胡威，叹其父为官清廉，问父子谁更清廉，胡威对曰："臣父清恐人知，臣清恐人不知，是臣不如者远也。"

若见白头须尽敬，恐曾江岸识胡威。（唐·元稹《送公度之福建》）

南威　咏美女。《战国策·魏策二》："晋文公得南之威，三日不听朝，遂推南之威而远之，曰：'后世必有以色亡其国者。'"

美人尽如月，南威莫能匹。（唐·聂夷中《公子行二首》其一）

伏虎威　喻能使虎惧伏的威严。《管子》卷一六《小问》："桓公乘马，虎望见之而伏。桓公问管仲曰：'今者寡人乘马，虎望见寡人而不敢行，其故何也？'管仲对曰：'意者君乘駮马而盘桓，迎日而驰乎？'公曰：'然。'管仲对曰：'此駮象也。駮食虎豹，故虎疑焉。'"駮，传说中似马而食虎之兽。此处意为虎非惧马而惧桓公也。

不从桓公猎，何能伏虎威。（唐·李贺《马诗二十三首》其一十五）

雷霆威　喻指帝王施加威严的制裁。《汉书·贾山传》载贾山《至言》："雷霆之所击，无不摧折者；万钧之所压，无不糜灭者。今人主之威，非特雷霆也；势重，非特万钧也。"

蜂虿终怀毒，雷霆可震威。（唐·杜甫《遣愤》）

危wēi

古上平,四支。逆逼～边～濒～乘～持～殆～单～阽～犯～浮～害～敧～急～几～济～践～胶～兢～匡～隆～卵～贫～倾～顷～三～司～四～屯～心～遗～忧～刖～跀～遭～顺～拔～壁～侧～岑～慑～惊～蹩～隥～磴～第～睇～巅～堞～冠～豁～亟～髻～蹇～窘～羸～厉～立～懔～露～臬～鼿～旆～气～樯～穷～硗～石～矢～丝～涂～膝～蛾～乡～夐～言～叶～橥～菌～滞～惴例英雄若神授,大材济时危。(唐·岑参《过梁州奉赠张尚书大夫公》)烟染春江暮,云藏阁道危。(宋·张先《南歌子·残照催行棹》)

典三危　指位于极西之山,舜曾驱逐三苗部族于三危。后喻指流放罪人的偏远地方。《尚书·舜典》:"窜三苗于三危。"孔安国传:"三危,西裔。"

朝为王母使,暮归三危山。(晋·陶渊明《读〈山海经〉其五》)

五危　喻指将帅之禁忌,也指将帅之过失。孙武《孙子·九变》:"将有五危:必死,可杀也;必生,可虏也;忿速,可侮也;廉洁,可辱也;爱民,可烦也。凡此五者,将之过也,用兵之灾也。覆军杀将,必以五危,不可不察也。"

二乱岂由明主用,五危终被佞臣弹。(唐·张道古《上蜀王》)

微wēi

古上平,五微。逆表～参～侧～孱～臲～刍～翠～单～殚～发～菲～霏～扶～孤～寒～机～几～谫～谨～寖～禁～究～涓～溃～羸～六～明～贫～三～沈～疏～万～晞～熹～曦～行～玄～湮～杳～依～抑～阴～则～仄～织～志～总～顺～班～材～忱～单～睇～点～玷～雕～詈～计～痾～纶～没～蒙～穆～孽～芹～阙～哂～眚～事～澌～酡～象～绡～霄～徐～煦～杳～胤～禹～员～垣～远～蕴～赜～矰～志～质～秩～种～尰～子～族例屡别容华改,长愁意绪微。(唐·张九龄《通化门外送别》)谁知闲凭阑干处,芳草斜晖。水远烟微。(宋·欧阳修《采桑子·何人解赏西湖好》)

典金微　秦汉时塞外山名,今称阿尔泰山,秦汉时中央王朝多在此地同北方部族进行战争。后咏边塞或边塞战争。亦作"金徽"。见《后汉书·和帝纪》。

烽火发金微,连营出武威。(唐·虞世南《从军行二首》其二)

式微　咏思归,也指事物由盛而衰。见《诗经·邶风·式微序》。

即此羡闲逸,怅然吟式微。(唐·王维《渭川田家》)

紫微　星座名,本象征帝王,后多指天帝居所或帝王宫殿。亦作"紫微天""紫微宫"。汉·李尤《德阳殿铭》:"皇穹垂象,以示帝王,紫微之则,弘诞弥光。"

秘殿清斋刻漏长,紫微宫女夜焚香。(唐·王建《宫词一百首十三》其一)

薇wēi　野豌豆,嫩茎叶可食。

古上平,五微。逆白～采～餐～饿～菲～盥～蕨～茹～周～顺～歌～藿～蕨～省～芜～垣例相顾无相识,长歌怀采薇。(唐·王绩《野望》)羽扇纶巾风袅袅,东厢月到蔷薇。(宋·范成大《临江仙·羽扇纶巾风袅袅》)

典采薇　亦作"食薇""采蕨""采薇蕨""蕨薇""北山薇""故山薇"。《史记·伯夷列传》载伯夷、叔齐反对周王灭殷,不食周粟,隐居于首阳山,采薇而食,直至饿死。后咏隐逸生活。司马贞索隐:"薇,蕨也。"相顾无相识,长歌怀采薇。(唐·王绩《野望》)

隈wēi　弯曲处。

古上平,十灰。逆涧～路～山～隅～重～顺～藏～伽～壖～蔚～隩例泛舟太湖上,回瞰兹山隈。(唐·吴筠《秋日彭蠡湖中观庐山》)小分铜竹,遍洒雨露楚江隈。(宋·石孝友《水调歌头·清霜洗空阔》)

煨wēi　①余烬;热灰。②将生的食物放在火灰中烧熟。

古上平,十灰。逆燔～烬～炉～炮～煻～烟～芋自～顺～燔～罐～烬～热～熟～炭～炙例仰希霖雨,洒宝炎煨。(唐·李白《上崔相百忧章》)向酒边陶写,韩情杜思,案头料理,汉蠹秦煨。(宋·赵以夫《沁园春·秋入书帏》)

偎wēi

古上平,十灰。逆低～相～顺～冬～怜～依～守～琐～褒例绿鬓羞妥麽,红颊思天偎。(唐·杜牧《代人作》)山翠晴岚曲曲偎。红香浮玉醉窝颓。(宋·刘景翔《小重山·山翠晴岚曲曲偎》)

巍wēi　高大貌。参见276页wéi"嵬"。

古上平,五微。逆崔～峨～岿～巍～嵬～嵬～岩～顺～岑～崇～怪～冠～奂～焕～巾～科～丽～蟠～印～奕～垣～张例登高望天山,白云正崔巍。(唐·颜真卿《赠裴将军》)子虽勤苦终何希,王都观阙双巍巍。(唐·韩愈《送区弘南归》)

蝛wēi　蛜蝛,虫名。

古上平,五微。逆蛜～例西园筵玳瑁,东壁射蛜蝛。(唐·元稹《月三十韵》)

典赋蛜蝛　《东山》写东征兵士在外思家,因离家日久,家中已荒凉不堪,蛜蝛爬满了室内。后咏思家怀归。见《诗经·豳风·东山》。

画眉京兆风流甚,应赋蛜蝛。(宋·张孝祥《丑奴儿·无双谁似黄郎子》)

委wēi　另见284页wěi。

古上平,四支。顺～迟～丽～蛇～它～佗～维～委～迤～移

逶wēi

古上平,四支。逆逦～逶～迤～顺～逦～靡～蛇～随～邃～陀～婧～夷～移～纡

葳wēi　葳蕤,草木盛貌。

古上平,五微。逆鲜葳～紫～顺～蕤～蓁

追zhuī　另见260页duī。

古上平,四支。逆查～存～代～奉～赴～勾～悔难～监～句～冥～牟～拿～蹑～摄～术～溯～聿～通～顺～北～责～犇～参～册～策～程～褫～崇～蹙～道～电～牒～对～芳～仿～飞～非～废～忿～风使～锋～感～亘～光～憾～和～缉～集～饯～鉴～节钱～解～旧～爵～科～课～愧～侣～愍～摹～慕～纳～蹑～媲～茸～寝～赇～莼～谥～书～嗣～俗～溯～覃～亡～维～误～睎～锡～享

～削～孝～修～恤～养～媵～远～甄～正～制～躅～宗～尊～坐例绿林宁小患，云梦欲难追。（唐·杜甫《夔府书怀四十韵》）佳辰幸可游，亲友亦相追。（唐·韦应物《洛都游寓》）

典**恶舌驷难追** 喻指错话出口，难以收回。也形容恶言谤语极其可畏。《论语·颜渊》："棘子成曰：'君子质而已矣，何以文为？'子贡曰：'惜乎，夫子之说君子也！驷不及舌。'"何晏集解引郑玄曰："过言一出，驷马追之不及。"

由来恶舌驷难追，自古无媒谤所归。（唐·孟迟《寄浙右旧幕僚》）

锥（錐）zhuī

古上平，四支。逆毫～豪～火山～解结～李～立～两钱～凌～囊～透颖～铦～置～卓～顺～度～股～花～金～井～毛～囊～沙～矢～书～行衰～印例策目穿如札，锋毫锐若锥。（唐·白居易《代书诗一百韵寄微之》）

典**钝毛锥** 白居易把自己参加科举考试时所用的纤锋细管笔称为毫锥，暗以自矜文才健锐。后因以"毫锥"喻笔，以"钝毛锥"喻指秃笔。见唐·白居易《代书诗一百韵寄微之》。

只留得、一管钝毛锥，一丸墨。（宋·邵桂子《满江红·离却京华》）

指地锥 公子牟以"用锥指地"作喻讽刺公孙龙，讥笑他见识小，不足以通晓庄子之言。后喻指所见甚小。《庄子·秋水》："且彼方跐黄泉而登大皇，无南无北，奭然四解，沦于不测；无东无西，始于玄冥，返于大通。子乃规规然而求之以察，索之以辩。是直用管窥天，用锥指地也，不亦小乎？"

慨壮图已矣，指地不须锥。（宋·李曾伯《八声甘州·问秋光乞得一宵闲》）

卓地无锥 形容贫穷到了极点。《庄子·盗跖》："尧舜有天下，子孙无置锥之地。"《汉书·食货志上》："至秦则不然，用商鞅之法，改帝王之制，除井田，民得卖买，富者田连阡陌，贫者亡立锥之地。"宋·释道原《景德传灯录》卷一一：香岩禅师答慧寂禅师偈："去年贫，未是贫；今年贫，始是贫。去年无卓锥之地，今年锥也无。"

笑平生、卓地无锥，老来富足。（宋·吕胜己《瑞鹤仙·残梅飘簌簌》）

椎zhuī 另见本页 chuí。

古上平，四支。逆脊～顺～布～卉～紒～髻～奴～头例挺若苻坚棰，浮于祖纳椎。（唐·陆龟蒙《奉和袭美古杉三十韵》）

骓（騅）zhuī 毛色苍白相杂的马。

古上平，四支。逆斑～楚～骏～神～望云～乌～项别～顺～马例念倍燕求骏，情深项别骓。（唐·白居易《有小白马乘驭多时奉使东行》）

典**斑骓** 晋代乐府诗中写望门不归的陆郎乘坐斑骓，后咏离人行踪。见《乐府诗集》卷四七《清商曲辞》四《神弦歌·明下童曲》。

红霞梢出东南涯，陆郎去矣乘班骓。（唐·李贺《夜坐吟》）

神骓 项羽所骑骏马名，后用作咏良马。见《史记·项羽本纪》。

摧榜渡乌江，神骓泣向风。（唐·李贺《马诗二十三首》其十）

平声·阳平

垂chuí

古上平，四支。逆百世～北～鬓～床～创～赐～倒～低～地～东～二～方～勾～海～花～敧～疆～累～林～霤～路～马～蛮～名～末～南～鹏～巧～曲～三～郯～朔～四～藤～天～威～西～县～小～玄～悬～贻～昭～周～左～顺～阿～爱～白～毙～箔～察～法～芳～橐～诰～虹～弧～辉～迹～基～棘～鉴～诫～精～眷～怜～旒～陇～露～纶～悯～愍～殁～年～念～情～仁～裳～梢～髫～式～涕～龆～髫～橐～晚～文～象～心～休～杨～曜～耀～意～荫～音～腴～榆～欲～裕～则～针～紫～足例作者皆殊列，名声岂浪垂。（唐·杜甫《偶题》）梦后楼台高锁，酒醒帘幕低垂。（宋·晏几道《临江仙·梦后楼台高锁》）

典**三垂** 原指北、东、南三方的边境，后咏安边或拓边。见《汉书·诸侯王表》。

何时功成事业就，两手一扫清三垂。（宋·王令《寄题韩丞相定州阅古堂》）

椎chuí ①槌。②敲打。③朴实；迟钝。另见本页 zhuī。

古上平，四支。逆博～奋～浪～力～顺～鄙～冰～剥～车～储～锻～钝～额～锋～鼓～悍～椉～陋～鲁～轮～讷～牛～劓～朴～秦～琴～拓～心～野～移～愚～凿～拙～斵～坐

槌chuí

古《广韵》：平声，脂韵。逆白～蚕～榔～炉～麻～乳～闪～犀～牙～爻～顺～杵～额～击～轮～牛～枪～心～砧～琢例万里沧江月，波清说向谁。顶门须更下金槌。（宋·黄庭坚《南柯子·万里沧江月》）

棰[1]chuí ①鞭子；马鞭。②杖；棍棒。

古上平，四支。又：上声，纸韵异。逆榜～棒～笞～尺～楚～画～马～批～扑～投～衔～遗～杖～折～走～顺～策～笞～扶～敕～楚～顿～革～令～殴～箠～搒～朴～挞～杖

典**苻坚棰** 棰，鞭子。前秦苻坚有"投鞭断流"语，后人遂将马鞭与苻坚联系在一起。见 583 页"投鞭"。

挺若苻坚棰，浮于祖纳椎。（唐·陆龟蒙《奉和袭美古杉三十韵》）

棰[2]（*箠）chuí 鞭打。

古上平，四支。又：上声，纸韵异。顺～策～楚

陲chuí ①边疆。②边缘。

古上平，四支。逆封～九～偏～沙～山～燕～例习公有遗坐，高在白云陲。（唐·孟浩然《齿坐呈山南诸隐》）闻吴重色，凭汝和亲，应为靖边陲。（宋·董颖《薄媚·穿湘裙》）

倕chuí

古上平，四支。逆班～般～耳～工～匠～巧～输～心～例黄金涂物象，雕镌妙工倕。（唐·韩愈《寄崔二十七立之》）

锤（錘、鎚）chuí

古上平，四支。又：去声，四寘同。又：上平，十灰异。逆闭～称～风～炉～枰～汽～钟～锱～顺～淬～锻～骨～炼～炉～旋例应是正人持造

化，尽驱幽细入垆锤。（唐·齐己《中春感兴》）解舞清平乐，如今说向谁。红炉片雪上钳锤。（宋·仲殊《南歌子·解舞清平乐》）

捶（搥）chuí 击。

古上声，四纸。逆笞～楚～打～玷～考～欧～驱～杖～折～顺～表～策～笞～楚～钩～句～考～拉～勒～殴～挞～丸～字例骑鲸赤手，问如何、长鞭尺捶。（宋·陈亮《瑞云浓慢·蔗浆酪粉》）

诶（誒）éi 叹词，表诧异。另见260页ēi、276页ěi、288页èi。

肥 féi

古上平，五微。逆乘～吃～痴～道～遁～分～丰～浮～甘～合～黑～瓠～环～嘉～骄～魁～面～麫～偏～乾～轻～驱～软～上～穗～塘～鲜～逸～盈～珍～茁～顺～白～城～充～辞～打～大～钝～遁～分～甘～厚～胡～己～家～佼～劲～煤～酥～硗～轻～臞～饶～实～事～噬～庶～松～桃～腯～伟～息～仙～腥～衍～遗～益～逸～育～皂荚～泽～张～秩～狞～茁例村酒沽来浊，溪鱼钓得肥。（唐·杜荀鹤《山中喜与故交宿话》）问西江笋蕨，何似鲈肥。（宋·陈瓘《满庭芳·淮叶缤纷》）

典**瓠肥** 瓠，一种葫芦。指男子壮硕健美。《史记·张丞相传》："苍坐法当斩，解衣伏质，身长大，肥白如瓠，王陵见而怪其美士，乃言沛公，故勿斩。"

平生一字不疗饥，谁云糠覈能瓠肥。（宋·沈与求《次韵题沈传曜瘦节堂》）

太真肥 指杨贵妃体态丰满，唐明皇以此相戏的故事。宋·乐史《杨太真外传》载唐玄宗以赵飞燕之弱不禁风来戏弄杨妃之丰满圆润。

绿幄赪圆高下处，中含玉色清夷。涴人应笑太真肥。（宋·魏了翁《临江仙·双荔堂前呼大撇》）

子夏肥 喻指道义战胜利欲后心安理得的心态。亦作"得道肥"。《韩非子·喻老》："子夏见曾子。曾子曰：'何肥也？'对曰：'战胜故肥也。'曾子曰：'何谓也？'子夏曰：'吾入见先王之义则荣之，出见富贵之乐又荣之，两者战于胸中，未知胜负，故臞。今先王之义胜，故肥。'是以志之难也，不在胜人，而在自胜也。故曰：'自胜之谓强。'"

孰识维摩病，犹疑子夏肥。（宋·方回《感叹三首》其一）

淝 féi 水名。

古上平，五微。例尔效驺虞护生草，岂徒柔伏在淮淝。（唐·李绅《寿阳罢郡日有诗十首·虎不食人》）

腓 féi ①腿肚。②躲避；庇护。③枯萎。

古上平，五微。逆胫～咸～顺～辟～肠～字例自有贞筠质，宁将庶草腓。（唐·苏味道《咏霜》）处子窈窕王所妃，苟有令德隐不腓。（唐·韩愈《送区弘南归》）

回[1]（*囘、囬）huí

古上平，十灰。逆避～肠～迟～筹～纷～还～环～奸～江～卷～鸾～缦～盘～批～颇～天～湾～延～潆～渊～滞～周～左～顺～跸～猋～飙～镳～蹬～氐～飒槌～飒～挝～甘～纥～鹘～惶～逴～简～疆～沉～绝～潏～缭～禄～銮～乱～逆～盘～畔～辔～蹊～桡～煞～塘～靥～天～陨～斡～轩～雪～颜～隐～佣～通～照～中～椎例临边无策略，览古空裴回。（唐·高适《酬裴员外以诗代书》）且共周郎按曲，音微误、首已先回。（宋·黄庭坚《满庭芳·风力驱寒》）

典**方回** 晋郗愔字方回，为当时优游名士。后喻指文人才士。见《晋书》卷六七《郗鉴传》附《郗愔传》。

兰亭宴罢方回去，雪夜诗成道韫归。（唐·李商隐《令狐八拾遗》）

吴回 指火神。上古传说，帝喾时吴回继其兄为火正。《史记·楚世家》："重黎为帝喾高辛居火正，甚有功，能光融天下，帝喾命曰祝融。共工氏作乱，帝喾使重黎诛之而不尽。帝乃以庚寅日诛重黎，而以其弟吴回为重黎后，复居火正，为祝融。"

吴回一怒知天意，无复龙威禹穴心。（清·龚自珍《己亥杂诗》其六十七）

颜回 指贤德之人或贫困寿夭的有德之士。亦作"颜巷"。《论语·雍也》："哀公问：'弟子孰为好学？'孔子对曰：'有颜回者好学，不迁怒，不贰过。不幸短命死矣，今也则亡，未闻好学者也。'""子曰：贤哉，回也！一箪食，一瓢饮，在陋巷，人不堪其忧，回也不改其乐。贤哉，回也！"

辞粟卧首阳，屡空饥颜回。（唐·李白《月下独酌四首》其四）

问不回 春秋时，齐侯伐楚，曾以周昭王南巡死于汉水未回之事作为问罪的一个理由。后喻指找借口问罪。《左传·僖公四年》："管仲对曰：'……昭王南征而不复，寡人是问。'对曰：'……昭王之不复，君其问诸水滨。'"

望帝传应实，昭王问不回。（唐·杜甫《秋日荆南述怀三十韵》）

回[2]（*迴、廻）huí ①旋转。②曲折。③避开。

古上平，十灰。

洄 huí

古上平，十灰。逆洑～泓～渌～泝～漩～沿～潆～顺～暗～汩～沍～纠～沉～潏～剌～曲～壖～泝～湍～悬～旋～沿例峡水声不平，碧沲牵清洄。（唐·孟郊《峡哀》）梦世浮闪闪，泪波深洄洄。（唐·孟郊《吊卢殷》）

茴 huí

古上平，十灰。逆香～顺～鱼

蛔（*蚘、蛕）huí

古《集韵》：平声，灰韵。逆蛲～顺～虫～厥

魁 kuí ①魁星。②首领，为首的。③最先，第一。

古上平，十灰。逆八～漕～从～道～都～负～高～根～羹～豪～会～经～磊～里～聊～律～夺～渠～省～市～讼～廷～崴～吴～五～胥～亚～倚～芋～占～赭～顺～艾～博～臕～长～蠹～冈～罡～蛤～瑰～诡～衡～恢～甲～解～崛～伉～脍～垒～磊～礌～陵～率～名～逆～颀～渠～三象～帅～硕～宿～台～头～望～黠～跣～颜～毅～主例山实东吴秀，茶称瑞草魁。（唐·杜牧《题茶山》）枪旗争展，建溪春色占先魁。（宋·葛长庚《水调歌头·二月一番雨》）

葵kuí

古上平，四支。逆杜～汾～凫～猴～露～间～旅～倾～戎～兔～忧～泽～终～钟～顺～藿～甲～倾～心例野酌劝芳酒，园蔬烹露葵。（唐·李白《赠闾丘处士》）

典**力葵**　原指致力种葵，后喻指侍奉父母十分恭孝。陆机《园葵》："葵生郁萋萋，夕颖西南晞。"葵，即冬葵，俗名冬苋菜，是我国古代主要菜蔬之一。

负米力葵外，读书秋树根。（唐·杜甫《孟氏》）

鲍照葵　咏乐天安命。南朝宋·鲍照《鲍参军集》卷一《园葵赋》："乃羹乃瀹，堆鼎盈筐。甘旨蒨脆，柔滑芬芳。……荡然任心，乐道安命。"

嫩割周颙韭，肥烹鲍照葵。（唐·李商隐《题李上谟壁》）

鲁女惜葵　春秋时，鲁国漆室女以园葵为喻，表达对国事的忧虑。后指平民百姓忧虑国事。亦作"漆室女""倚柱啸""惜园葵"。《列女传·鲁漆室女传》载漆室女忧鲁君老、太子幼，借邻家之马践踏园葵为喻来说明自己对于国家大事的忧虑。后来果然如其所言，战事来临，众生涂炭。

哀哀卞和玉，恻恻鲁女葵。（明·刘璟《古意三首》其二）

太阳及葵　喻指身受君恩。见60页"葵藿"。

自惊一何幸，太阳还及葵。（唐·李元纮《奉和圣制》）

五万蒲葵　咏扇。《世说新语·轻诋》："庾道季诧谢公……无复谢语。"刘孝标注引南朝宋·檀道鸾《续晋阳秋》载晋时，谢安乡人缺路费而有五万蒲葵扇，谢安持用一把，时人遂纷纷争购，使同乡卖掉蒲葵扇得到路费。

人间郁蒸难耐，谁借我五万蒲葵。（宋·魏了翁《洞庭春色·四十之年》）

燕麦兔葵　指荒凉的景象，也用作慨叹人事沧桑，怀旧伤情。亦作"燕麦凫葵""燕麦"。唐·刘禹锡《再游玄都观序》："荡然无复一树，惟兔葵、燕麦动摇于春风耳。"

燕麦兔葵初乱眼，欲将修翼问归鸿。（宋·李新《送钱使者三首》其二）

揆kuí

①度量；揣度。②道理，准则。③掌管，管理。④总领国政、相当于宰相的职位。

古上声，四纸。逆百～测～道～度～端～法～阁～机～稽～揽～量～纳～首～枢～庶～同～协～一～宅～瞻～准～总～顺～测～策～次～德～地～度～端～抚～格～构～衡～画～景～课～理～量～路～门相～日～枢～违～伍～务～席～叙～宰例宸眷褒功，华衮貂蝉，荣拜济时左揆。（宋·郝子直《喜迁莺·风云际会》）

骙（騤）kuí

马行雄壮貌。

古上平，四支。逆骙～顺～瞿～骙

馗kuí

同"逵"，四通八达的道路。

古上平，四支。逆古～九～通～野～中～钟～庄～

奎kuí

星名。二十八宿之一。古人以为奎宿主文章，故以之代表文章、文字、文事之类。

古上平，八齐。逆璧～宸～西～顺～璧～光～翰～画～墨～宁～宿～蹄～文～垣～藻～札～章例雄边上，夸前躅，壮新基。灿宸奎。（宋·李曾伯《六州歌头·桂香深处》）

夔kuí

①木石之怪，如龙，有角，鳞光如日月。②古人名，尧舜时的乐官。

古上平，四支。逆皋～后～伶～灵～龙～蟠～山～首～四～伊～钟～顺～皋～鼓～旷～乐～踸～头～魍～峡～襄～魖～一足例更西风似箭，峡江如线，事势夔夔。（宋·李曾伯《八声甘州·自六朝用武诧荆州》）

典**伊夔**　伊尹与夔的合称，伊尹是商汤的贤相，夔是舜的贤臣。后用作称美辅弼之臣。见767页"伊尹"。

伊夔事业扶千载，韩白机谋冠九州。（唐·罗隐《钱尚父生日》）

逵kuí

大路。

古上平，四支。逆长～方～鸿～九～康～平～青～衢～神～通～云～中～庄～顺～道～径～路～门～陌～衢～泉～师～市～途～泽～卒例紫绶拂三寺，朱门临九逵。（唐·张说《酬崔光禄冬日述怀赠答》）仆人理车骑，西出金光逵。（唐·储光羲《同诸公秋日游昆明池思古》）

典**戴逵**　晋名士，不务荣名，隐居，以琴书自娱。后喻指操守高洁之士。见《晋书》卷九四《戴逵传》。

情会招车胤，闲行觅戴逵。（唐·元稹《酬翰林白学士代书一百韵》）

贾逵　东汉大儒，曾教授经学，官至侍中，深受和帝信用。见《后汉书·贾逵传》。

明日贾逵添戏彩，异时李汉看乘龙。（宋·游稚仙《浣溪沙·晬日先联瑞日红》）

暌kuí

①日入。②隔开；分开。

古上平，八齐。逆分～乖～颜～顺～隔～孤～乖～绝～离～群～索～携～淹～异～远～载例日月方向除，恩爱忽焉暌。（唐·储先羲《同五十三维偶然作十首》之六）灵物比灵境，冠履宁甚暌。（唐·元稹《青云驿》）

睽kuí

①二目不能集中视力同视一物。②乖离。反目。③睽睽，张目注视的样子。

古上平，八齐。逆孤～乖～睽～阻～顺～迸～变～别～辞～隔～孤～眾～合～间～阔～离～眠～目～阕～时～索～违～忤～携～仰～疑～异～阻

雷léi

古上平，十灰。逆百～奔～鼻～佈～车～乘～法～骨～撼～疾～焦～南～狞～怒～起～乾～轻～肉～石～踏～铁～霆～桐～蚊～笑～新～迅～云～张～蛰～转～顺～謗～抃～部～车～船～淀～堆～毂～鐺～殛～荚～硍～门～墨～蜞～琴～觞～室～首～兽～苏～塘～腾～填～桐～丸～夏～楔～芽～野～殷～渊～辕～噪～辗～蛰～渚～杼～篆～椎～辎～樽例穷冬不见雪，正月已闻雷。（唐·白居易《闻雷》）重帘人语，辚辚绣轩，远近轻雷。（宋·张先《宴春台慢·丽日千门》）

典**云雷**　《易·屯卦》象辞以云雷交临的险难现象作为本卦的象征。后喻指遭逢险阻。《易·屯》："象曰：云雷，屯；君子以经纶。"

唯有仗忠信，音书报云雷。（唐·王昌龄《留别伊阙张少府郭大

都尉》）

张雷　原指善识宝剑的张华与雷焕。后喻指善于发现人才之人。见687页“丰城剑”。

公过矣，赏陈登豪气，杜牧粗才。便烦问讯张雷。（宋·刘克庄《沁园春·莫羡渠侬》）

宗雷　宗炳、雷次宗的合称，二人均参加了慧远法师所立的白莲社。后咏结交高僧的文士。见901页“宗炳”。

桑门许辩才，外学接宗雷。（唐·权德舆《送文畅上人东游》）

聚蚊成雷　指聚蚊之声犹如雷鸣，喻指众人谗毁，增积成害。亦作“蚊雷”。见《汉书·中山靖王刘胜传》。

一饷聚飞蚊，其响如雷，深自觉、昨非今是。（宋·辛弃疾《洞仙歌·贤愚相去》）

羸 léi　①瘦瘠。②衰弱；疲惫。③贫困。④劣，粗劣；破旧。

㊂上平，四支。㊃柴～孱～顿～负～老～三～㊄北～兵～骖～疢～顿～恶～蔺～乏～服～国～骸～俭～蹇～骄～露～民～臞～瘽～身～师～豕～驷～骀～膌～膝～尪～秀～瘝～瘵～证㊅况我今四十，本来形貌羸。（唐·白居易《白发》）蓝衫经雨故，骢马卧霜羸。（唐·白居易《代书诗一百韵寄微之》）

㊆卫玠清羸　喻指文士瘦弱。亦作“卫郎清瘦”。《世说新语·容止》：“王丞相见卫洗马（玠）曰：‘居然有羸形，虽复终日调畅，若不堪罗绮。’”南朝梁·刘孝标注引《卫玠别传》：“玠素抱羸疾。”

柘浆粔籹都无味，卫玠清羸欲不任。（宋·钱惟济《苦热》）

累（纍）léi　①绳索。②拘系。③无罪而被废黜羁縻的人。④联络不绝貌。另见278页 lěi、295页 lèi。

㊂上平，四支。㊃楚～俘～羁～解～拘～魁～湘～㊄臣～垂～俘～离～牛～囚～然～人～绁～絷～祖㊅绿阴啼鸟，阳关未彻早催归。歌珠凄断累累。（宋·辛弃疾《婆罗门引·绿阴啼鸟》）生羽翼，上烟霏。回头只见冢累累。（宋·朱熹《鹧鸪天·脱却儒冠著羽衣》）

㊆湘累　本指屈原，后泛指无罪而被废黜的人。《汉书·扬雄传》载扬雄《反离骚》：“因江潭而淮记兮，钦吊楚之湘累。”颜师古注引李奇语：“诸不以罪死曰累，荀息、仇牧皆是也。屈原赴湘死，故曰湘累也。”

贫如陶令仍耽酒，穷似湘累不问天。（宋·苏辙《次烟字韵答黄庭坚》）

印累累　指高官显位。亦作“金印累累”。《汉书·佞幸传》：“（石）显与中书仆射牢梁、少府五鹿充宗结为党友，诸附倚者皆得宠位。民歌之曰：‘牢邪石邪，五鹿客邪！印何累累，绶若若邪！’言其兼官据势也。”汉元帝时宦官中书令石显权倾朝野，结党营私，凡依附者皆得高官。

天子坐筹星两两，将军归佩印累累。（宋·王安石《次韵王禹玉平戎庆捷》）

嫘 léi　嫘祖，黄帝娶于西陵氏之女，是为嫘祖。嫘祖好远行，死于道，故后世祀以为行神。

㊂《集韵》：平声，脂韵。㊄～祖

垒（壘）léi　积聚。另见278页 lěi、452页 lǜ。

㊂《集韵》：平声，脂韵。㊃垒～

罍 léi　古代一种盛酒的容器。

㊂上平，十灰。㊃大～壶～金～酒～瓶～山～食～瓦～玉～云～瓒～尊～樽～㊄～耻～篚～觚～斝～觞～洗～罂～尊㊅豪士无所用，弹弦醉金罍。（唐·李白《金陵凤凰台置酒》）寄清谈、芒鞋筇杖，更尽驱、风月入尊罍。（宋·叶梦得《八声甘州·问浮家泛宅》）

虆（虆）léi

㊂上平，四支。㊃葛～蔓～蓬～

镭（鐳）léi　化学元素。

眉 méi

㊂上平，四支。㊃蚕～察～摧～翠～村～娥～峨～放～宫～毫～豪～黄～蛟～介～井～开～亢～抗～敛～列～螺～门～青～晴～秋～渠～然～山～伸～寿～书～宿～粟～通～蚊～纤～小～信～轩～月～攒～帐～芝～炙～中～㊄～案～虫～寸～蛾～斧～弓～耇～毫～痕～膴～婚～急～间俏～角～结～连～批～癖～谱～泉～山～梢～史～势～寿～图～弯～妩～怃～闲～心～诩～轩～雪～言～语～月～琭㊅即事须尝胆，苍生可察眉。（唐·杜甫《夔府书怀四十韵》）夜台飞镜匣，偏共掩蛾眉。（唐·顾况《义川公主挽词》）

㊆赤眉　王莽篡汉时，樊崇等因饥馑举兵起义，将眉染赤，以别于王莽军，号称赤眉。后借指农民起义军。见《汉书·王莽传下》。

赤眉犹世乱，青眼只途穷。（唐·杜甫《巫峡敝庐奉赠侍御四舅别之澧朗》）

庞眉　指黑白杂色之眉，后代指年寿高迈之人。亦作“厖眉”。见汉·王褒《四子讲德论》。

庞眉书客感秋蓬，谁知死草生华风。（唐·李贺《高轩过》）

伸眉　形容神态得意，也形容心情愉快。司马迁受宫刑后写信给友人任安，诉说其难以抬头做人的心情时有“欲仰首伸眉”语。司马迁《报任少卿书》：“今以亏形为扫除之隶，在阘茸之中。乃欲仰首伸眉，论列是非，不亦轻朝廷羞当世之士邪？”

伸眉一笑岂易得，神之报汝亦已丰。（宋·苏轼《登州海市》）

唐眉　传说古帝唐尧相貌奇特，两眉竖成八字，一说眉有八彩。后借指帝王，也指德高之士。亦作“尧眉”“八彩眉”。《尚书·大传》：“尧有眉八。”《太平御览》卷三六五引《抱朴子》：“有古强者，自云四千岁，云见尧舜禹汤，说之了了。世云尧眉八采，不然也，直两眉头甚竖，似八字眉。”

芝眉　姜太公吕望的眉毛呈现芝采，古人以为是贵相。后用作称人容貌的敬辞。见晋·皇甫谧《帝王世纪》。

契阔芝眉两月中，往寻一笑思春融。（宋·陈耆卿《和清臣病后韵》）

半额眉　汉时长安妇女好画长眉，越画越长，竟达半额。后用作咏女子打扮时髦。《后汉书·马援传》附《马廖传》：“长安语曰：‘城中好高髻，四方高一尺；城中好广眉，四方且半额;城中好大袖,四方全匹帛。'斯言如戏,有切事实。"

千金敝帚人谁买,半额蛾眉世所妍。(宋·苏轼《与潘三失解后饮酒》)

敛蛾眉 即皱眉,咏女子忧愁。《艺文类聚》卷八六引南朝梁·萧纲(简文帝)《梅花赋》:"春风吹梅畏落尽,贱妾为此敛娥眉。花色持相比,恒愁恐失时。"

美人不用敛蛾眉,我亦多情,无奈酒阑时。(宋·叶梦得《虞美人·落花已作风前舞》)

远山眉 称美女子眉毛,也指美女。亦作"远山色""茂陵眉"。旧题晋·葛洪《西京杂记》卷二:"文君姣好,眉色如望远山,脸际常若芙蓉。"

已恨远山迷望眼,不须更画远山眉。(宋·许棐《琴调相思引·组绣盈箱锦满机》)

张尹眉 汉代京兆尹张敞亲自为妻子画眉,后指夫妻或情侣感情融洽。亦作"张敞梳洗""画眉""京兆画眉""京兆双眉""京兆画"。《汉书·张敞传》:张敞为京兆尹,"又为妇画眉,长安中传张京兆眉怃。有司以奏敞。上问之,对曰:'臣闻闺房之内,夫妇之私,有过于画眉者。'上爱其能,弗备责也。"

举案齐眉 指夫妻相敬。亦作"齐眉"。《后汉书·梁鸿传》:"遂至吴,依大家皋伯通,居庑下,为人赁舂。每归,妻为具食,不敢于鸿前仰视,举案齐眉。"

举案齐眉安在哉,独自饭蔬而饮水。(宋·王炎《用元韵答秀叔》)

螓首蛾眉 额头方广,眉毛像蚕蛾触须弯曲细长,形容女子容貌美艳。亦作"蛾眉""娥眉""蛾眉螓首"。

螓首蛾眉天上人,不知何事到红尘。(宋·白玉蟾《赠紫华侍经周希清》)

十样宫眉 唐玄宗晚年沉迷声色,令画工将宫妆画眉式样画成《十眉图》。后咏宫女或美女,也咏唐明皇之风流逸事。五代·张泌《妆楼记》:"明皇幸蜀,令画工作《十眉图》,横云、斜月,皆其名。"

皇州又奏圜扉静,十样宫眉捧寿觞。(宋·晏几道《鹧鸪天·碧藕花开水殿凉》)

观瓶居井眉 西汉扬雄作赋讽谏汉成帝,赋中以瓶子置于井边为喻,说明其处境危险。后喻指处境危险。《汉书·陈遵传》:"黄门郎扬雄作《酒箴》以讽谏成帝,其文为酒客难法度士,譬之于物,曰:'子犹瓶矣。观瓶之居,居井之眉,处高临深,动常近危。'"

扬雄他文不皆奇,独称观瓶居井眉。(宋·苏轼《偶与客饮孔常父见访有诗》)

煤méi

①烟气熏出的黑灰。古代以这种黑灰制墨,故"煤"引申指墨。②煤炭。

㊔上平,十灰。㊟埃~白~宝~灯~饭~肥~斧~寒~黑~红~蜡~龙~泥~藕~奇~青~轻~麝~瘦~松~炱~香~元~纸~蛛~㊖~涔~核~化~斤~精~面~末~炱~尾~炸~掌~赭~子㊙愁绝处,又香销宝鸭,灯晕兰煤。(宋·秦观《沁园春·锦里繁华》)楼头漏促,笼纱暗落花煤。(宋·王之道《宴春台·翠竹扶疏》)

媒méi

①媒人。②使双方发生关系的人或事。③介绍;招致。亦指能招致同类的诱媒。

㊔上平,十灰。㊟白~保~冰~虫~风~蜂~虎~鸠~笼~乱~鸟~神~睡~梯~无~㊖~媪~保~伯~媾~官~合~红~諓~进~姥~孽~绍~氏~蝎~衒~翳~援~怨~证~贽~子㊙遥遥分凤野,去去转龙媒。(唐·骆宾王《饯郑安阳入蜀》)蝴蝶那无梦,鸳鸯亦有媒。(宋·洪适《南歌子·云拂山腰过》)

㊇**龙媒** 传说天马属神龙之类,可招来神龙。后代指骏马。见《汉书·礼乐志》。

龙媒逐细草,鹤鹭映垂杨。(北周·庾信《咏画屏风诗》其一七)

蔡泽无媒 指怀才不遇。《史记·蔡泽列传》:"蔡泽者,燕人也。游学于诸侯小大甚众,不遇……去之赵,见逐。之韩、魏,遇夺釜鬲于涂。"

长卿未遇杨朱泣,蔡泽无媒原宪贫。(唐·卢纶《冬日登城楼有怀因赠程腾》)

令鸩为媒 屈原在《离骚》中,曾用请鸩向有娀美女做媒而鸩从中作梗为喻,说明自己政治追求受阻。后咏仕途受阻。亦作"鸩鸟媒""鸩为媒"。见《楚辞·离骚》。

恬退已邀鸥入社,畸孤羞使鸩为媒。(宋·刘克庄《答陈莆田投赠二首》其一)

梅(*楳槑)méi

㊔上平,十灰。㊟标~摽~出~党~调~断~槁~羹~官~鹤~猴~黄~寄~刺~榔~楞~岭上~绿~绿萼~欧~巧~雀~人~送~苏~苔~探~甜~望~乌~吴~洗~缃~小~杏~盐~杨~迎~韵~朱~作~㊖~飙~岑~吹~额~萼~妃~干~格~葛~公~姑~关~候~湖~花弄~花约~华~黄雨~颊~煎~酱~腊~里~脸~梁~霖~柳~龙~卤~禄~派~屏~圃~妻~气~钱~仁~蕊~润~腮~三~生~实~籔~苏~汤~天~丸~尉~犀~溪~心~信~兄~须~妍~盐~黰~驿~英~鱼~酝~簪~帐~杖~真~蒸~芝~诸~子㊙节变惊衰柳,笳繁思落梅。(唐·骆宾王《和孙长史秋日卧病》)睢社朝京非远,正如羹、民口渴盐梅。(宋·张先《喜朝天·晓云开》)

㊇**摽梅** 摽,biào,掉落。梅子成熟时,会自然落地。后咏婚配,也指女子已到婚龄或希望及时成婚。《诗经·召南·摽有梅》:"摽有梅,其实七兮。求我庶士,迨其吉兮。"

摽梅诗有赠,羔雁礼将行。(唐·孟浩然《送桓子之郢城礼》)

岭梅 指大庾岭上的梅花,此岭地处两广交界。亦作"枝南北"。唐·白居易《草木杂果·梅》:"大庾岭上梅,南枝落、北枝开。"

万里归来年愈少,微笑,笑时犹带岭梅香。(宋·苏轼《定风波·常羡人间琢玉郎》)

弄梅 指女子怀春思嫁。亦作"弄青梅"。妾弄青梅凭短墙,君骑白马傍垂杨。(唐·白居易《井底引银瓶》)

盐梅 指咸盐与酸梅,是调味之

品。殷高宗让傅说做宰相，将傅说治国的作用比作和羹（做菜汤）的调料盐梅。后咏宰相。《尚书·说命下》："王曰：'来汝说……若作和羹，尔惟盐梅。'"孔安国传："盐咸梅醋，羹需卤醋以和之。"

何幸盐梅处，唯忧对问机。（唐·沈佺期《自考功员外授给事中》）

返魂梅 指一年花开两次的南国梅花。后咏梅。见唐·韩偓《湖南梅花一冬再发偶题于花援》。

疑是海山怜我老，不论时节遣花开。从今休数返魂梅。（宋·向子湮《浣溪沙·醉里惊从月窟来》）

杨家梅 晋人孔君平访杨家，曾戏言杨梅是杨家果。后指杨梅。《世说新语·言语》："梁国杨氏子，九岁，甚聪惠。孔君平诣其父，父不在，乃呼儿出，为论果。果有杨梅，孔指以示儿曰：'此是君家果。'儿应声答曰：'未闻孔雀是孔子家禽。'"

渴心先止。惟有杨家梅可喜。（宋·沈瀛《减字木兰花·渴心先止》）

一枝梅 咏赠物之微。《说苑·奉使》载越国大夫诸发出使梁国，执一枝梅花赠给梁王。梁臣韩子认为其赠物微薄，不为有礼，故欲对其进行羞辱。但当梁王听了诸发的解释，知道这是越国礼俗后，便披衣出见诸发，赶走了韩子。

相思凭过雁，飞送一枝梅。（宋·洪适《临江仙·两载绣衣频驻节》）

楣méi ①屋檐口椽端的横板。②门框上的横木。③房屋的横梁。

古上平，四支。逆倒～县～云～竹～柱～顺～栋～机～梁例改为避贤驿，大署于门楣。（唐·白居易《和答诗十首·和阳城驿》）一杯更为诸孙寿，子舍新来恰上楣。（宋·魏了翁《鹧鸪天·遥想庭闱上寿时》）

典**门上楣** 咏女嫁好婿，为家门增辉。亦作"作门楣""上楣"。唐·白居易《长庆集》十二附陈鸿《长恨歌传》："（杨妃）叔父昆弟皆列位清贵，爵为通侯，姊妹封国夫人。……故当时谣咏有云：'生女勿悲酸，生男勿喜欢。'又曰：'男不封侯女作妃，看女却为门上楣。'其为人心羡慕如此。"

人言生女作门楣，昭君当时忧色衰。（宋·苏轼《昭君村》）

枚méi ①树干。②古代行军时，为防喧哗而命士兵口衔器具，器具形似筷子。③个；件。

古上平，十灰。逆猜～筹～龟～酒～马～双～条～王～衔～行～纸～邹～顺～别～卜～纪～贾～进～列～马～筮～文～谢～藻～子～邹例荷蓑趣南径，戴胜鸣条枚。（唐·钱起《南溪春耕》）

典**王枚** 王褒与枚乘的合称，二人均擅长辞赋。褒为宣帝文学侍臣，乘为吴王刘濞、梁孝王刘武文学侍从。后咏文学侍从。见《汉书·王褒传》和《汉书·枚乘传》。

王枚俱得从，浅浅愧飞毫。（唐·李适《奉和圣制》）

衔枚 军士行军皆衔枚，既禁喧器，又可防止以言语相疑惑。后咏军旅。见《周礼·夏官·大司马》。

漂梗无安地，衔枚有荷戈。（唐·杜甫《征夫》）

邹枚 邹阳与枚乘的合称，二人均为汉代著名文臣辩士。后用作咏文臣辞客，也指文士雅会。《史记·司马相如列传》："是时梁孝王来朝，从游说之士齐人邹阳、淮阴枚乘、吴庄忌夫子之徒，相如见而说之。"

荆门倒屈宋，梁苑倾邹枚。（唐·李白《赠王判官》）

嵋méi

古上平，四支。逆峨～徽～例仍闻创行计，春暖向峨嵋。（唐·齐己《赠白处士》）碧霄今夜月，惆怅上峨嵋。（唐·陈羽《西蜀送许中庸归秦赴举》）

湄méi 岸。边。

古上平，四支。逆川～江～湫～井～云～例唯留扁舟影，系在长江湄。（唐·常建《古兴》）能相忆，有好音遗我，在水之湄。（宋·李曾伯《沁园春·揽秀岷峨》）

没méi 另见62页mò。

顺～采～揣～的～分～分豁～干～面目～面皮～奈何～探～祥～心程～星秤～羞～眼斤～佯～与～帐

郿méi

古上平，四支。顺～鄠～绦～坞

玫méi

古《广韵》：平声，灰韵。顺～陛～瑰露～阶

莓（苺）méi ①苔。②蛇莓、草莓之类。

古上平，十灰。逆蚕～莓～木～蛇～树～顺～莓～苔例兰坊分杳杳，麦垄望莓莓。（唐·权德舆《奉和鄜州刘大夫》）乱书离缥帙，迸笋出苔莓。（唐·李频《留题姚氏山斋》）

霉[1] méi 背时，遇事总是不顺利。

逆背～倒～顺～风～头～雨

霉[2]（*黴）méi ①霉菌。②东西因霉菌的作用而变质。

古《广韵》：平声，脂韵。逆出～发～黑～洋～

脢（*脄）méi 背脊肉。

古上平，十灰。又：去声，十一队同。逆敦～

酶méi 酵素。

古上平，十灰。顺～腓～胎

培péi 另见491页pǒu。

古上平，十灰。逆代～垒～饶～意～壅～凿～着～滋～顺～堆～风～户～壅～植例几寻珠履迹，愿比角弓培。（唐·郑浣《中书相公任兵部侍郎》）穑袴见歌咏，桃李藉栽培。（宋·张孝祥《水调歌头·天上掌纶手》）

陪péi

古上平，十灰。逆叨～家～攀～偏～趋～少～忝～支～追～顺～绑～笔～裨～跸～厕～尘～吊～敦～顿～费～告～扈～花～价～京～累～夜～寮～銮～面～鳃～祀～尾～卫～位～幄～舆～责～属～装例曩契心期早，今游宴赏陪。（唐·王湾《哭补阙亡友綦毋学士》）胜地虞人守，归舟汉女陪。（唐·孙逖《长洲苑》）便何妨元亮，携酒间相陪。（宋·叶梦得《八声甘州·问浮家泛宅》）

赔（賠）péi

逆认～填～贴～通～顺～貺～钞～垫～房～累～夜～纳～释～填～饷～银～赃～桩

坏péi 屋的后墙。另见266页

pēi、325 页 huài。

古《集韵》平声，灰韵。逆凿～顺～户例贤非梦傅野，隐类凿颜坏。(唐·杜甫《秋日荆南述怀三十韵》)

典**凿坏** 春秋时鲁国隐士颜阖，为躲避鲁君征辟，凿墙而走。因以指隐遁不仕。见《淮南子·齐俗》。

鱼为凿坏遁，蝉作采薇清。(宋·李流谦《遣兴七首》其四)

邳 péi

古上平，四支。逆大～丰～钦～下～顺～桥～垠～张

裴 péi 姓。

古上平，十灰。逆八～轻～四～顺～徊～回～满例兄弟真二陆，声名连八裴。(唐·高适《酬裴员外以诗代书》)

蕤 ruí ①草木花纷披下垂貌。②花蕊。③下垂的装饰物。

古上平，四支。逆白～冰～不～翠～芳～霏～敷～黄～蕤～素～威～葳～委～缃～扬～英～缨～玉～贞～重～朱～顺～宾～蕤～绥～鲜例庭树发华滋，瑶草复葳蕤。(唐·阎宽《古意》)

谁(誰)shuí 又读 shéi。

古上平，四支。逆阿～大～何～孰～他～兀～伊～顺～边～差～当～分～何～堪～肯～匡～门～氏～数～昔～行～寻～子例水湄兰杜芳，采之将寄谁。(唐·武平一《妾薄命》)年年底事不归去，怨月愁烟长为谁。(宋·晏几道《鹧鸪天·陌上濛濛残絮飞》)

典**从我者谁** 孔子曾设想若道不行，就乘竹筏漂到海外去，并估计跟随他的可能只有仲由。后咏远遁世外。《论语·公冶长》："子曰：'道不行，乘桴浮于海，从我者，其由与？'子路闻之喜。"

从我者谁欤？夜渡黄鹤津。(宋·陆游《乙巳秋暮独酌》)

随(隨)suí

古上平，四支。逆班～编～下～倡～苟～规～诡～龢～季～肩～距～偏～莎～天～逶～微～围～委～悦～遭～雉～自～顺～包～辈～步～趁～仇～次～逮～堤～牒～方～风～驸～扈～化～宦～记～蓝～龙～鸾～璞～人～身灯～兕～邪～序～衙～阳～阳雁～夷～疑～荫～迎～员～园～在～折～直～踵～珠～逐例松筱行皆傍，禽鱼动辄随。(唐·张九龄《南还以诗代书赠京师旧僚》)双门晓锁响朱扉。千骑拥、万人随。(宋·张先《芳草渡·双门晓锁响朱扉》)

典**弹随** 咏遭贬，也指大材小用。《庄子·让王》："今且有人于此，以随侯之珠，弹千仞之雀，世必笑之。是何也？则其所用者重而所要者轻也。"

弹随空被笑，献楚自多伤。(唐·骆宾王《在江南赠宋五之问》)

隋 suí 朝代名。

古上平，四支。逆果～和～解～相～祎～赞～顺～岸～下～琛～堤～宫～和～苑～珍～珠例禅房空旦暮，画壁半陈隋。(唐·姚合《寄题纵上人院》)忆在无怀天上，仍向有虞宫殿，看月到陈隋。(宋·汪莘《水调歌头·听说古时月》)

颓(頹)tuí

古上平，十灰。逆抵～坏～灰～虺～隳～驴～衰～推～西～顺～岸～垒～波～弛～褫～瘁～淡～垫～顿～纲～光～化～鬟～隳～竞～绝～亏～澜～滥～零～甍～年～堑～侵～寝～壖～思～俗～唆～索～阘～唐～溏～替～天～紊～响～想～阳～倚～影～墉～幽～渊例且欣清论高，岂顾夕阳颓。(唐·高适《酬裴员外以诗代书》)

典**泰山颓** 孔子将自己的死比作泰山崩塌。后喻指德高望重之人去世。见《礼记·檀弓上》。

未登宸极定，忍见泰山颓。(明·方孝孺《懿文皇太子挽诗八章》其五)

玉山颓 山涛谓嵇康的醉态像高大的玉山将要崩塌，后咏醉酒。亦作"玉颓""玉山倒""玉山醉""玉山摧倒""玉山倾""颓玉山"。见《世说新语·容止》。

李白已亡工部死，何人堪伴玉山颓。(唐·韦庄《漳亭驿小樱桃》)

隤(隤)tuí

古上平，十灰。逆陂～崩～崔～摧～坏～虺～隳～回～倾～扇～西～顺～瘁～堕～纳～圮～缺～陁～陷～祥～照～祉～坠

为(爲、為)wéi 另见 303 页 wèi。

古上平，四支。逆不～更～寡～能～若～时～亡～谓～象～修～佯～云～运～造～至～顺～比～别～尔～法～复～苟～间～久～理～力～命～裘～容～山～身～市～事～是～寿～下～薪～行～性～言～意～鱼～诈～真～止～作例上兵贵伐谋，此道不能为。(唐·储光羲《同诸公秋日游昆明池思古》)漫寄消寄息，终久奚为。(宋·柳永《驻马听·凤枕鸾帷》)

典**露台不为** 指君王简朴廉明。《史记·孝文本纪》："尝欲为露台，召匠计之，直百金。上曰：'百金，中民十家之产，吾奉先帝宫室，常恐羞之。何以台为？'上常衣绨衣，所幸慎夫人，令衣不得曳地，帏帐不得文绣，以示敦朴，为天下先。"

露台百金止不为，尚愧七月周公诗。(宋·陆游《僧庐》)

桅 wéi

古上平，十灰。逆灯～高～眠～月～顺～灯～樯～索例一舸风帆烟浪，拟竖锦江桅。(宋·吴潜《八声甘州·记高冈两凤揽朝晖》)底是无波去处，空弄一竿桅。(宋·吴泳《八声甘州·每逢人都道早归休》)

帷 wéi 帷幕。

古上平，四支。逆敝～弊～筹～慈～翠～丹～董～翡～闺～谏～讲～绛～经～旌～空～孔～灵～龙～书～武～下～雨～运～中～周～朱～桌～组～顺～箔～薄～车～床～鼎～房～縠～户～荒～甲～幔～帽～门～幃～闼～幄～席～轩～扆～帟～子～第例愿逐飘风花，千里入遥帷。(唐·阎宽《古意》)又是黄昏独掩扉。孤灯隔翠帷。(宋·邓肃《长相思令·红花飞》)

典**褰帷** 贾琮撩起车帷，是为广察民情，不致闭塞视听。后喻指去掉蔽障以广视听，也咏官吏赴任或称颂地方官吏贤明，善察民情。亦作"搴帷"。见《后汉书·贾琮传》。

定想褰帷政，还闻坐啸声。(唐·钱起《送卫功曹赴荆南》)

下帷 董仲舒放下帷幕读书讲学，以避免外界干扰。后咏杜门攻读或治学精严。亦作"垂帷""仲舒

帷”“董帷”“董生帷”。见《史记·董仲舒传》。

下帷如不倦，当解惜余光。（唐·骆宾王《秋萤》）

讲殿书帷 汉文帝用上奏章的布袋连缀成殿上帷幕。后形容帝王节俭不奢，教化有方。或咏帷帐。亦作“封章帷”。见《汉书·东方朔传》。

天香来时满衣袖，讲殿几日辞书帷。（宋·张演《次袁说友》）

犬马有盖帷 孔子让子贡用车盖埋葬狗马，使其尸骸不暴露，是儒家“仁”的体现。《礼记·檀弓下》：“仲尼之畜狗死，使子贡埋之。曰：‘吾闻之也，敝帷不弃，为埋马也；敝盖不弃，为埋狗也。’”

猫虎获迎祭，犬马有盖帷。（唐·柳宗元《掩役夫张进骸》）

维（維）wéi

古上平，四支。逆八～边～淳～调～藩～方～防～伏～艮～火～迦～匡～坤～廉～缅～谋～盘～磐～乾～思～檀～天～图～委～胃～巽～耶～阴～震～主～陬～顺～城～错～斗～藩～谷～管束～翰～楫～匡～娄～摩～摩病～摩诘～那～桑～嵩～鹈～卫～文～兮～新～星～熊～扬～语～御～垣～絷例枥马非不肥，所苦常絷维。（唐·白居易《续古诗十首》其三）多谢故人念我，平安报、不必纲维。（宋·程正同《满庭芳·五柳先生》）

典**骆谷姜维** 咏蜀战。《三国志·蜀书·姜维传》载蜀后主延熙二十年，姜维曾率数万兵出骆谷袭击魏军屯粮重地长城。

休说纷纷往梦，任阴平邓艾，骆谷姜维。（宋·李曾伯《八声甘州·自六朝用武诧荆州》）

违（違）wéi

古上平，五微。逆弼～辟～逋～长～常～迟～辞～错～弹～遁～多～稽～奸～僭～距～揆～睽～睽～攀～僻～阙～私～毋～相～行～依～庸～尤～远～朕～重～顺～碍～拗～倍～程～舛～代～敌～度～夺～惰～贰～伐～方～废～费～干～格～隔～诡～扞～患～矫～教～节～旧～科～戾～恋～卯～盟～挠～匿～年～欠～阙～失～世～署～爽～顺～统～喧～延～裕～豫例弦歌试宰日，城阙赏心违。（唐·宋之问《送武进郑明府》）情声两尽莫相违。欲知肠断处，梁上暗尘飞。（宋·苏轼《临江仙·冬夜夜寒冰合井》）

典**弼违** 帝舜有“予违汝弼”语，是要求臣子矫正自己的过失。后咏辅弼之臣。《书·益稷》：“帝曰：‘臣作朕股肱耳目……予违汝弼，汝无面从，退而后言。’”旧题汉·孔安国传：“我违道，汝当以义辅正我。无得面从我违，而退后有言我不可弼。”

抗节衷无隐，同心尚弼违。（唐·羊士谔《和武相》）

围（圍）wéi

古上平，五微。逆百～撤～辍～带～犯～攻～篱～基～棘～妓～进～禁～九～溃～猎～目～沈～式～铁～铜～犀～涎～陷～谢～行～营～壅～御～圜～卓～顺～范～垦～屏～壍～透～姓～圆～子例雁塞何时入，龙城几度围。（唐·杜审言《赠苏味道》）

典**九围** 指九州。《诗经·商颂·长发》：“上帝是祗，帝命式于九围。”毛氏传：“九围，九州也。”孔颖达疏：“盖以九分天下，各为九处，规围然，故谓之九围也。”

盛德弘三让，雄图枕九围。（唐·骆宾王《夕次旧吴》）

白登围 咏边塞战争。亦作“白登道”。《汉书·匈奴传上》载汉高祖刘邦曾亲征匈奴，被匈奴围困于白登山达七日，时天寒大雪，士兵多堕指。

战士未收青野骨，将军谁报白登围。（宋·刘克庄《次韵君节秘书三首》其一）

带减围 形容身体消瘦。亦作“减带围”。见《梁书》卷八《昭明太子传》和《列女传·魏芒慈母》。

卧病经旬减带围，清樽忘却故人期。（宋·苏轼《又答毡帐》）

鲁酒怕围 喻指事物的因果关系具有不期然而然的偶然性，也指牵连得祸。亦作“鲁酒邯郸战”。《庄子·胠箧》：“唇竭则齿寒，鲁酒薄而邯郸围，圣人生而大盗起。”唐·陆德明《经典释文》载战国时，楚国以“鲁酒薄”为借口，攻打鲁国，放松了对梁国的威胁；梁国便乘机围困赵国都城邯郸。

宋株聊自守，鲁酒怕旁围。（唐·杜牧《初秋暑退》）

谈笑解围 指胸怀韬略，信义救困。《战国策·赵策三》载战国时，赵被秦军围困，齐人鲁仲连通过游说魏国使者，最终使秦国解围而去。

吾慕鲁仲连，谈笑却秦军。（左思《咏史八首》其三）

星辰合围 古人将汉高祖被匈奴围困之事，同天上参、毕二星被月晕所围相联系。后咏帝王遭困。《汉书·天文志》：“（汉高祖）七年，月晕，围参、毕七重。占曰：‘毕、昴间，天街也；街北，胡也；街南，中国也。昴为匈奴，参为赵，毕为边兵。’是岁高皇帝自将兵击匈奴，至平城，为冒顿单于所围，七日乃解。”

日月还相斗，星辰屡合围。（唐·杜甫《伤春五首》其三）

谢女解围 称美才女。亦作“谢娘解围”。《晋书·王凝之妻谢氏传》载晋代王凝之的妻子谢道韫，曾在小叔王献之与客人论辩词穷时，为他解除困境。

缇萦生下虽无益，谢女他年或解围。（宋·无名氏《鹧鸪天·象榻香篝冷宝猊》）

帏（幃）wéi ①单帐。②香囊。

古上平，四支。逆充～慈～翠～丹～帆～风～凤～孤～讲～锦～经～灵～罗～佩～衾～青～裳～麝～书～彤～下～香～孝～绣～萱～鸳～云～中～朱～桌～顺～箔～薄～次～屏～輤～室～闼～帟～子例秋声在梧叶，润气逼书帏。（唐·李中《秋雨》）绣幕低低拂地垂。春风何事入罗帏。（宋·晁补之《鹧鸪天·绣幕低低拂地垂》）

惟 wéi

古上平，四支。逆不～独～非～匪～洪～缅～谋～切～钦～深～思～图～永～诸～追～顺～尘～城～度～藩～谷～翰～旧～良～屏～其～桑～兮～肖～新～垣例已身不自晓，此外何思惟。（唐·杜牧《杜秋娘诗》）

韦（韋）wéi 熟牛皮。

古上平，五微。逆编～乘～绝～麟～佩～彭～桑～尚～豕～陶～温

～弦～依～庸～脂～顺～鞴～弁～沓～当～杜～藩～缟～毂～褐～护～金～绔～平～篋～曲～舄～人～柔～裳～笥～素～驮～陀～脂例出送抚背我涕挥，行行正直慎脂韦。（唐·韩愈《送区弘南归》）赢氏并六合，所来因不韦。（唐·李商隐《井泥四十韵》）

典**佩韦** 战国魏人西门豹为克制性急，佩戴性质柔韧的韦皮。后咏自警。《韩非子·观行》："西门豹之性急，故佩韦以自缓；董安于之心缓，故佩弦以自急。"

佩韦宗懒慢，偷橘爱芳香。（唐·卢纶《送丹阳赵少府》）

脂韦 形容处世圆滑阿谀。屈原《卜居》："宁廉洁正直以自清乎？将突梯滑稽如脂如韦以洁楹乎？"吕向注："突梯滑稽，委曲顺俗也；如脂如韦，能滑柔也；洁楹，谓同谄谀也。"

出送抚背我涕挥，行行正直慎脂韦。（唐·韩愈《送区弘南归》）

分源豕韦 后借指分源同支。《左传·襄公二十四年》载春秋时晋国范氏祖先中有豕韦氏，豕韦氏之前为御龙氏刘累，豕韦氏之后又有唐杜二氏。

分源豕韦派，别浦雁宾秋。（唐·杜甫《重送刘十弟判官》）

闱（闈）wéi ①宫中小门。②后妃居处。③妇女居室。④科举时代称考场为闱。

古上平，五微。逆北～漕～储～春～词～慈～东～端～粉～凤～高～公～贡～鹤～衡～黄～会～棘～讲～椒～禁～凯～阃～郎～礼～两～纶～南～绮～亲～青～秋～铨～试～琐～锁～天～彤～文～武～星～萱～玄～御～中～紫～顺～箔～差～棘～阃～门～墨～闼～姓～艺～阈～战例江城秋气早，旭旦坐南闱。（唐·崔湜《襄阳早秋寄岑侍郎》）待绣帘卷起，欢奉长乐，内梱多闲，同宴椒闱。（宋·曹勋《风流子·中春膏雨歇》）

嵬 wéi ①高大雄伟。②怪异，奇特。

古上平，十灰。又：上声，十贿同。逆背～崔～磊～马～确～葳～邪～顺～岸～昂～崔～駊～崿～岌～丽～然～琐～嵬～巍例迢迢东郊上，有土青崔嵬。（唐·颜真卿《赠裴将军》）

潍（濰）wéi 水名。

古上平，四支。顺～坊

圩 wéi 又读。另见 435 页 yú。

顺～长～堤～丁～防～埂～户～墙～田～垸～子

贼（賊）zéi 口语音。另见 85 页 zé。

仄声·上声

北 běi 口语音。另见 59 页 bò。

逆罢～奔～磁～摧～挫～代～遁～反～分～奋～拱～海～冀～降～赢～南～穷～三～社～慑～朔～退～砚～佯～有～折～直～终～逐～追～走～顺～榜～鄙～亳～毳～狄～第～发～番～扉～风～歌～貉～纮～焕～徼～籁～虏～落～马～戎～阮～社～省～首～狩～司～宿～坛～闱～夷～阴～殷～牖～翟～正～畤～渚～走例疾风吹飞帆，倏忽南与北。（唐·王琚《奉答燕公》）

典**沉香亭北** 咏牡丹、杨贵妃或李白。亦作"海棠亭北""沉香亭""海棠亭"。唐·李濬《松窗杂录》载开元中，唐玄宗与杨贵妃赏牡丹，命李白进《清平调》词三章。有"名花倾国两相欢，长得君王带笑看，解释春风无限恨，沉香亭北倚阑干"之句。

深宫无人春日长，沉香亭北百花香。（宋·苏轼《续丽人行》）

天倾西北 亦作"天盖西倾"。《列子·汤问》载共工与颛顼争为帝，怒触不周山，使天盖向西北倾斜，大地向东南塌陷。后喻指国土沦陷，也指万事难以尽美。

古称天倾西北半在地，夜转繁星磨海水。（宋·田锡《夜宴词》）

燕南赵北 泛指黄河以北地区，也是河北省的别称。见《后汉书·公孙瓒传》。

太行之下吹虏尘，燕南赵北空无人。（宋·陆游《涉白马渡慨然有怀》）

张南周北 南朝齐张融、周颙、刘绘都住在漳水畔，时人以"张南周北刘中央"描述三家的位置。《南史·刘勔传》附《刘绘传》："永明末，都下人士盛为文章谈义，皆凑竟陵西邸，绘为后进领袖。时张融以言辞辩捷，周颙弥为清绮，而绘音采赡丽，雅有风则。时人为之语曰：'三人共宅夹清漳，张南周北刘中央。'言其处二人间也。"

张南周北。谩说清漳摇绀碧。（宋·葛立方《减字木兰花·张南周北》）

二阮居南北 三国魏时名士阮籍、阮咸叔侄居道南，其他诸阮居道北。后咏风流名士或咏叔侄。见《世说新语·任诞》。

游从两世纪金兰，风流二阮居南北。（宋·王以宁《踏莎行·梦裤光宗》）

璀 cuǐ

古上声，十贿。逆璀～顺～采～璨～瑳～错～烂～玮

诶（誒）ěi 表示否定。另见 260 页 ēi、269 页 éi、288 页 èi。

菲 fěi ①菲薄。②萝卜一类的蔬菜。另见 262 页 fēi、289 页 fèi。

古上声，五尾。逆卑～材～恶～葑～礼～凉～蔬～物～顺～才～诚～德～葑～敬～陋～什～食～微～仪～酌例去缘焚玉石，来为采葑菲。（唐·刘长卿《罢摄官后将还旧居留辞李侍御》）

典**葑菲** 菜名。葑，蔓菁；菲，萝菔。蔓菁和萝菔的根茎均可食，但根茎有时味苦。诗本谓采者不可因此连它的叶也不要。比喻夫妇相处，应以德为重，不可因女子容颜衰老而遗弃。后用作别人对自己有所采取之谦辞。见《诗经·邶风·谷风》。

愿君采葑菲，无以下体妨。（唐·李白《秦女卷衣》）

斐 fěi 文采秀出。

古上声，五尾。顺～变～炳～尔～锦～兰～美～如～什～尾～韡～亹逆斐～狂～萋～依～有～周～

匪 fěi ①行为不正。②通"非"，不是，不。③那，那个。

古上声，五尾。逆股～莫～水～通～土～枭～宵～逸～顺～辟～薄～忱～啻～存～莪～躬～荒～遑～

妓～解～昵～僻～茹～色～什～石～兕～嗣～他～特～惟～席～仪～夷～彝～直～止

翡 fěi

古去声，五未。顺～帱～帷

蜚 fěi 害虫名。另见 262 页 fēi。

古去声，五未。又：上声，五尾同。顺～廉虫～蠊～蠦

悱 fěi ①想说又不知道怎么说。②悱恻：悲苦忧郁。

古上声，五尾。逆恻～俳～愤～怨～顺～怵～发～愤～亹

诽(誹)fěi

古上声，五尾。又：上平，五微同。又：去声，未韵同。逆谤～谗～沮～怨～顺～诋～譊～诮～讪～戏～谐～誉～章～訾

榧 fěi 木名。

古上声，五尾。逆香～顺～实～子

篚 fěi 筐类。

古上声，五尾。逆包～贡～筠～筐～罍～瑶～竹～顺～箧例苋也无所施，胡颜入筐篚。（唐·杜甫《种莴苣》）

给(給)gěi 另见 245 页 jǐ。

逆毕～便～辨～充～宠～辞～丰～富～共～关～搅～接～口～赍～禀～敏～齐～券～饶～日～温～谐～印～养～殷～盈～营～优～赡～赀～訾～顺～以例内愧突不黔，庶羞以赒给。（唐·杜甫《送率府程录事还乡》）一乘从此授，九转兼是给。（唐·王湾《奉使登终南山》）

轨(軌)guǐ

古上声，四纸。逆霸～不～朝～崇～二～风～宏～洪～极～九～丽～灵～令～祕～骈～书～双～顺～天～遐～轩～遗～彝～轶～逸～英～渊～辙～卓～作～顺～币～操～长～尘～承～程～蹈～道～等～度～法～范～符～革～官～迹～匠～节～据～距～量～漏～路～律～乱～论～模～纳～容～式～书～数～途～文～伍～物～宪～行～训～仪～则～辙～枕～制～躅例徐陈羲皇道，高驾太平轨。（唐·陆龟蒙《杂讽九首》其五）自颛顼以降，贼为圣人轨。（唐·皮日休《奉和鲁望读阴符经见寄》）

典**九轨** 古制，京城纵横道路，路面皆宽九轨，即九辆车的宽度。后指京城街道。《周礼·考工记·匠人》："国中九经、九纬，经涂九轨。"

九轨徐行怒涛上，千艘横系大江心。（宋·陆游《度浮桥至南台》）

鬼 guǐ

古上声，五尾。逆敝～唉～捣～帝～点～调～掉～枫～搞～故～海～贺～滑～活～畸～家～居～潦～吏～料～禄～买～迷～逆～贫～青～日～煞～设～生～讼～送～苏～天～跳～退～瘟～乌～五～黠～新～雄～洋～养～夷～遗～疫～顺～病～伯～藏～钗～伥～齿～丑～吹～吹灯～丹～灯～蛾～附～谷～侯～寰～籍～箭～井～臼～谲～瞰～腊～佬～磷～录～罗襦～罗刹～马～目～疟～朴～妻～卿～趣～戎～人～伞～扇～矢～廷～魋～物～黠～享～薪～星～魇～谣～佣～酉～雨～芋～蜮～阵～质～诛～疰～诹～卒例新丰瑞色生楼台，西楚寒蒿哭愁鬼。（唐·张碧《鸿沟》）自把黄花闲数蕊，空招隐、湘君山鬼。（宋·仇远《夜行船·十二阑干和露倚》）

典**疟鬼** 古代传说疟疾为疟鬼作祟，后喻指疟病。见《后汉书·礼仪志中》。

久出天魔境，胡为疟鬼来？（宋·陆游《病疟两作而愈》）

山鬼 指山中神灵。见《楚辞·九歌·山鬼》。

枫树夜猿愁自断，女萝山鬼语相邀。（唐·李商隐《楚宫》）

苏鬼 喻指谒者或晋谒受阻。《战国策·楚策三》："苏秦之楚，三日乃得见乎王。谈卒，辞而行。楚王曰：'寡人闻先生，若闻古人。今先生乃不远千里而临寡人，曾不肯留，愿闻其说。'对曰：'楚国之食贵于玉，薪贵于桂，谒者难得见如鬼，王难得见如天帝。今令臣食玉炊桂，因鬼见帝。'"

李仙非易托，苏鬼尚难因。（唐·骆宾王《在江南赠宋五之问》）

癸 guǐ

古上声，四纸。逆庚～呼～甲～壬～天～夏～辛～顺～庚～期～水例问春来未。也似辛壬癸。（宋·刘辰翁《霜天晓角·问春来未》）

典**呼庚呼癸** 庚癸指缺食缺水，古代军粮的隐语。后喻指向人求贷，也指祈求粮食丰收。亦作"庚癸之呼"。《左传·哀公十三年》："吴申叔仪乞粮于公孙有山氏……对曰：'梁则无矣，粗则有之。'若登首山以呼曰：'庚癸乎'，则诺。"杜预注："军中不得出粮，故为私隐。庚，西方，主谷；癸，北方，主水。"

玉蕊孤军呼庚癸，皂鸦万甲迷模糊。（元·杨维桢《毗陵行》）

晷 guǐ ①日影，日光。②时光，时间。③日晷，古代用来观测日影以定时刻的仪器。

古上声，四纸。逆案～步～辰～寸～光～急～继～刻～淩～宁～片～乾～穷～惜～暇～星～迅～一～遊～余～逾～昃～终～顺～候～景～漏～时～纬～暇～曜～运～昃例春阴怜弱蔓，夏日同短晷。（唐·李端《鲜于少府宅看花》）秋不安一食，春不闲一晷。（唐·吴融《祝风三十二韵》）

诡(詭)guǐ

古上声，四纸。逆奥～谄～诞～繁～纷～浮～瑰～恢～奸～艰～崛～谲～魁～昧～僻～欺～轻～倾～权～饰～诬～黠～纤～邪～幸～凶～虚～阴～淫～英～自～顺～暖～辟～避～薄～策～道～动～对～夺～服～宄～合～猾～幻～恢～晖～迹～激～籍～寄～髻～謇～矫～竞～崛～丽～略～落～秘～名～辔～情～趣～然～容～色～胜～俗～速～算～随～特～狭～黠～挟～秀～亿～逸～斁～语～御～遇～越～韵～杂～躁～质～智～状例居然已不一，况乃务相诡。（唐·张九龄《咏史》）鹍鹏疑变化，罔象何恢诡。（唐·刘禹锡《韩十八侍御见示岳阳楼别窦司直》）

庋(庪)guǐ ①木架。②保存。另见 216 页 jǐ，同。

古上声，四纸。逆高～顺～藏～阁～间～县～掌～置

姽 guǐ 女子体态娴雅。

古《广韵》：上声，纸韵。逆诡～顺～婳

匭(匦)guǐ　匣子,小箱子。

古上声,四纸。逆包～封～函～谏～开～理～票～铜～投～诣～顺～牍～函～旌～使～书～匣～院

典**苞匭**　本指包装、缠扎,后喻指贡物。《尚书·禹贡》:"三邦底贡厥名,苞匭菁茅。"古代荆州一带,有用匣子包装菁茅(以之滤酒)进贡之习。

禹贡输苞匭,周官赋秉秅。(唐·柳宗元《同刘二十八院长述旧言》)

簋guǐ　盛肴器。

古上声,四纸。逆八～二～簋～胡～瑚～土～彝～俎～顺～二～簠～实～飧例丰骨输庙堂,鲜腴藉笾簋。(唐·王绩《古意六首》其三)

宄guǐ　①作乱为非。②作乱为非的人。

古上声,四纸。逆盗～诡～奸～内～凶～

悔huǐ

古上声,十贿。又:去声,十一队同。逆败～背～变～疵～恫～番～翻～寡～过～恨～疚～亢～漏～闵～迁～前～先～衔～贻～尤～余～灾～贞～中～顺～艾～怅～遁～赖～厉～吝～闷～棋～气～愆～亲～亡～望例图王业已失,为虏言空悔。(唐·裴夷直《亚夫碎玉斗》)

典**李斯追悔**　借指仕途凶险,后悔当初选择从政。《史记·李斯列传》:"二世二年七月,具斯五刑,论腰斩咸阳市。斯出狱,与其中子俱执,顾谓其中子曰:'吾欲与若复牵黄犬俱出上蔡东门逐狡兔,岂可得乎!'遂父子相哭,而夷三族。"

毁[1]huǐ

古上声,四纸。逆哀～败～谤～背～崩～兵～猜～残～拆～谗～撤～嗤～除～疵～摧～捣～诋～凋～雕～迭～断～非～诽～焚～改～构～诟～国～诃～讥～积～疾～间～焦～禁～咎～沮～枯～劳～羸～零～沦～排～批～平～破～萋～弃～谴～诮～侵～倾～全～讪～善～伤～蚀～撕～诉～损～廷～痛～颓～屋～诬～陷～消～销～夷～瘐～轶～忧～誉～憎～众～坠～啄～訾～顺～败～谤～敝～壁～病～剥～薄～拆～谗～巢～车～撤～丑～刺～悴～荡～诋～玷～跌～黩～譖～短～恶～诽～废～服～鬲～害～坏～疾～瘠～熁～节～禁～沮～绝～军～离～落～骂～面～庙～灭～泯～抹～慕～弃～阙～容～辱～室～死～碎～损～替～突～诬～削～笑～形～言～炎～颜～夷～瘗～舆～誉～约～责～谮～瘵～折～妆～訾～宗例小道致泥难,巧言因萋毁。(唐·张九龄《咏史》)几悲衽席湿,长叹垣墙毁。(唐·储光羲《晚霁中园喜赦作》)

典**萋毁**　喻诽谤、毁谤。《诗经·小雅·巷伯》:"萋兮斐兮,成是贝锦。彼谮人者,亦已大甚。"毛氏传:"萋斐,文章相错也。"萋,贝锦的花纹交错,喻指谗言。

小道致泥难,巧言因萋毁。(唐·张九龄《咏史》)

毁[2](*燬)huǐ　烈火。焚烧。

古上声,四纸。

毁[3](*譭)huǐ　诽谤。

古上声,四纸。

虺huǐ　①蜥蜴类动物。②蛇。另见265页huī。

古上声,五尾。逆水～王～雄～熊～玉～顺～床～民～蹊～螯～膝～易例愚者若混沌,毒者如雄虺。(唐·皮日休《正乐府十篇·贪官怨》)

典**仲虺**　指善于起草文书的人。《尚书·商书·仲虺之诰·序》:"汤归自夏,至于大坰。仲虺作诰。"孔安国传:"为汤左相,奚仲之后。"仲虺是商汤的左相,曾作诰(起草文书)。

唯祝銮舆早归来,用此咎繇仲虺才。(唐·贯休《闻前王使君在泽潞居》)

吉梦占蛇虺　亦作"吉梦灵蛇""吉梦良辰"。用以祝贺人生女或庆祝女子诞辰。《诗经·小雅·斯干》:"乃占我梦,吉梦维何?维熊维罴,维虺维蛇……维虺维蛇,女子之祥。"古人认为梦中看到蛇是生女儿的吉兆。

欢传吉梦占蛇虺,此日还当一岁。(宋·无名氏《杏花天·画堂帘幕香风细》)

傀kuǐ　另见263页guī。

古上声,四纸。顺～偏～傀场

跬kuǐ　半步。

古上声,四纸。逆不旋～旋～一～顺～行～誉

累(纍)lěi　另见271页léi、295页lèi。

古上声,四纸。逆叠～石～曾～顺～辈～朝～垂～德～官～跗～劫～爵～路～七～棋～洽～稔～仍～盛～黍～丸～欷～席～旬～茵～载～纸～子例孤光杂新故,众色更重累。(唐·李端《鲜于少府宅看花》)

磊lěi

古上声,十贿。逆碚～痱～瑰～块～魁～磈～落～碨～鲜～顺～叠～硌～傀～垝～珂～块～魁～磈～浪～砢～荦～落～嵬～硊～隗例顽飙吹肥脂,坑谷相嵬磊。(唐·韩愈《嘲鼾睡》)精卫谁教尔填海,海边石子青磊磊。(唐·王建《精卫词》)

垒(壘)lěi　另见271页léi、452页lǜ。

古上声,四纸。逆被～饬～缔～负～疆～九～旧～军～窟～魁～磈～摩～劘～秦～秦长～骚～荼～土～屯～碨～畏～乌～墟～燕～悒～玉～月～云～诸葛～顺～壁阵～陈～堆～和～口～门～培～球～尉例悲风吊枯骨,明月照荒垒。(唐·邵谒《战城南》)今古恨、沈荒垒。悲欢事,随流水。(宋·辛弃疾《满江红·风卷庭梧》)

典**酒浇块垒**　指用饮酒排遣郁闷和不平。《世说新语·任诞》:"王孝伯问王大:'阮籍何如司马相如?'王大曰:'阮籍胸中垒块,故须酒浇之。'"阮籍与司马相如相仿,唯籍心怀不平,常饮酒浇愁。

诗涤尘凡,酒浇块垒,河山入樽俎。(清·李炳灵《念奴娇·一楼枕水》)

四郊多垒　指四郊有许多作战的营垒,敌军压境、局势紧张,也指战乱的时局,也用来表示对当政者的不满。亦作"多垒"。《礼记·曲礼上》:"四郊多垒,此卿大夫之辱也。"郑玄注:"辱其谋人之国不能安也。垒,军壁也,数见侵伐则多垒。"

四郊多垒在,此礼恐无时。(唐·李商隐《寿安公主出降》)

耒lěi 一种原始翻土农具上的曲木柄，亦指这种翻土农具。

古去声，十一队。逆把～秉～黛～负～寝～释～醒～顺～庇～耨～水～耜～阳～子例予亦返柴荆，山田事耕耒。（唐·刘长卿《早春赠别赵居士》）

诔(誄)lěi 古代一种累述死者功德的文体。

古上声，四纸。逆哀～碑～传～赙～铭～天～顺～德～谥～文～行～状例元化隐灵踪，始君启高诔。（唐·皎然《奉和颜使君真卿》）

典**潘诔** 代指出色的悼文。晋文学家潘岳以善写哀诔之文著称。《晋书·潘岳传》："岳美姿仪，辞藻绝丽，尤善为哀诔之文。"

只有安仁能作诔，何曾宋玉解招魂。（唐·李商隐《哭刘蕡》）

儡lěi

古上声，十贿。逆傀～水～水傀～思～顺～块

蕾lěi

古上声，十贿。逆蓓～棉～嫩～破～香～珠～顺～铃例不是临风珠蓓蕾。山童隔竹休敲碎。（宋·张炎《蝶恋花·花占枝头攲日焙》）衰柳败蒲碍眼，喜见芳蕾。（宋·无名氏《汉宫春·雪打风摧》）

藟lěi 藤类。

古上声，四纸。逆蓓～葛～花～金～菽～萦～顺～散例渔人递往还，网罟相萦藟。（唐·王绩《古意六首》其三）

典**葛藟** 即葛与藤，两种蔓生植物。喻枝繁叶茂、子孙昌盛，也因其缠绕不绝象征爱情缠绵不断。见《诗经·王风·葛藟》。

葛藟松千尺，寒泉绠百寻。（宋·黄庭坚《送徐景道尉武宁二首》其二）

癗lěi 小肿。

古上声，十贿。逆疱～痱～例木枕十字裂，镜面生痱癗。（唐·韩愈《嘲鼾睡》）

美měi

古上声，四纸。逆奥～备～蔽～播～陈～侈～醇～粹～笃～敦～斐～风～功～光～归～洪～徽～惠～济～将～嗟～具四～巨～姱～两～埒～令～内～遒～攘～饶～擅～赡～韶～姝～顺～诵～邃～荪～檀～叹～五～闲～歆～修～宣～研～夭～懿～饮～予～员～贞～鬒～整～踵～专～颛～咨～訾～顺～偲～才～材～疢～除～刺～措～地～风～功～厚～价～秾～箭～举～利～论～曼～懋～迁～芹～阙～人局～人拳～赡～劭～实～士～手～授～睡～俗～谭～唐～田～行～业～异～酝～征～志～质～庄例扫除田地静，摘掇园蔬美。（唐·元稹《遣昼》）菊篱尚耀黄金蕊。正是小春风物美。（宋·扬无咎《渔家傲·梅晕渐开红蜡坐》）

典**软美** 人或物温和柔美的品性。见《新唐书·李泌传》。

便作无情终软美，天赋与，眼眉腰。（宋·谭宣子《江城子·嫩黄初染绿初描》）

信美 确实美好，常用来表示羁旅思乡。王仲宣《登楼赋》："虽信美而非吾土兮，曾何足以少留。"

信美无与适，侧身望川梁。（唐·杜甫《成都府》）

卫叔美 晋卫玠字叔宝，以容貌俊美著称。喻指文士貌美。见《世说新语·容止》。

人疑卫叔美，客似长卿才。（唐·宗楚客《安乐公主移入新宅侍宴应制》）

故乡鱼美 指思乡欲归。《世说新语·识鉴》载张翰在洛阳做官，秋风吹起，让他想起了故乡的鲈鱼脍味道鲜美，于是便辞职回到故乡。

放教归去，故乡江上鱼美。（宋·赵长卿《念奴娇·据炉肃坐》）

汉文遗美 借指古代贤君崇尚简朴的美德。《史记·孝文本纪》："（文帝）尝欲作露台，召匠计之，直百金。上曰：'百金中民十家之产，吾奉先帝宫室，常恐羞之，何以台为！'"汉文帝因爱惜财力而罢筑露台。

汉文有遗美，对此清飙生。（唐·司马扎《筑台》）

夜炉芋美 喻指简朴闲适的生活。唐·袁郊《甘泽谣·懒残》："懒残者，唐天宝初衡岳寺执役僧也。退食，即收所余而食，性懒而食残，故号'懒残'也。昼专一寺之工，夜止群牛之下，曾无倦色，已二十年矣。时邺侯李泌寺中读书，察懒残所为，曰：'非凡物也。'……候中夜，李公潜往谒焉，望席门通名而拜。懒残大诟，仰空而唾曰：'是将贼我。'李公愈加谨敬，惟拜而已。懒残正拨牛粪火，出芋啖之。良久乃曰：'可以席地。'取所啖芋之半以授焉。"

幸春山笋贱，无人争吃；夜炉芋美，与客同煨。（宋·刘克庄《沁园春·有个头陀》）

一时四美 指良辰、美景、赏心、乐事齐聚，喻指宴游之乐。亦作"一时四并"。谢灵运《拟魏太子邺中集诗序》："天下良辰、美景、赏心、乐事，四者难并。今昆弟友朋，二三诸彦，共尽之矣。"唐王勃《秋日登洪府滕王阁饯别序》："四美具，二难并。穷睇眄于中天，极娱游于暇日。"

一时四美，对重阳、那更无风无雨。（宋·赵必瑑《念奴娇·一时四美》）

一床双美 指夫妻都很出色，十分般配；也可指两种事物同样美好。宋曾慥《高斋漫录》："毗陵有成郎中，宣和中为省官，貌不扬而多髭。再娶之夕，岳母陋之曰：'我女如菩萨，乃嫁一麻胡。'命成作诗。成乃操笔大书曰：'一床两好世间无，好女如何得好夫？高卷朱帘明点烛，试教菩萨看麻胡。'其女亦能安分随缘，和鸣偕老，儿女成行，各以寿终。"

归来欢笑，一床真个双美。（宋·周申《壶中天·秋来两日》）

每měi

古上声，十贿。逆俺～那～那里～你～恁～他～我～贤～咱～这～顺～常～常间～度～旬韵～日家～日间～生～事间～下～限

浼měi ①污染，玷污。②请求，请托。

古上声，十贿。逆尘～奉～干～和～浼～求～若将～污～相～央～顺～渎～止例独胜事有然，旁惊汗流浼。（唐·韩愈《斗鸡联句》）

镁(鎂)měi 化学元素。

馁(餒)něi ①饥饿。②空虚；贫

乏。③丧失勇气。

古上声，十贿。逆充～寒～瘠～困～羸～怯～偷～鱼～中～自～顺～毙～而～稿～鬼～疾～馑～匮～殍～荏～弱例裂血失鸣声，啄殷甚饥馁。（唐·韩愈《斗鸡联句》）

蕊（*蘂、蕋）ruǐ

古上声，四纸。逆鼻～碧～赪～雌～敷～含～寒～槐～黄～金～金鹅～浪～冷～梨～丽～梅～内～嫩～琼～石～双～霜～素～檀～桃～香～小～雄～须～烟～艳～瑶～意～英～玉～绽～稚～顺～榜～宫～简～女～苑～珠～珠宫～珠经例左右好风来，香动芙蓉蕊。（唐·白居易《杂兴七首》其五）翦裁用尽春工意，浅蘸朝霞千万蕊。（宋·柳永《木兰花·翦裁用尽春工意》）

典**冷蕊** 亦作"疏枝冷蕊"。喻指梅花。唐杜甫《舍弟观赴蓝田》其二："巡檐索共梅花笑，冷蕊疏枝半不禁。"

青蕊 代指菊花。唐·杜甫《叹庭前甘菊花》："檐前甘菊移时晚，青蕊重阳不堪摘。"

水shuǐ

古上声，四纸。逆璧～涔～钓～戽～会～慧～迹～泽～醮～金～锦～绝～醴～霤～嫩～逆～弄～怒～檠～泮～頮～奇～戗～镪～强～蔷薇～去～若～弱～散～伤～苕～摄～菽～熟～束～涑～素～贪～戏～下～鲜～小～新～信～行～醒～烟～砚～摇～瑶～伊～匜～易～逸～玉～霅～蹑～折～真～枕～螽～咒～猪～潴～驻～转～走～顺～镖～鬓～钹～苍～操～汊～陈～次～丹～旦～貂～窦～碓～牯～骨～輨～衡钱～荭～淇～湏～虎～戽～华～豢～虺～剑～楗～醮～君～裩～儑～蓼～埒～砻～南～啮～耨～渍～瑞～若～筲～麝～兕～团～硙～西～祥～鸮～心～信～秀～浔～砚～曜～裔～鹢～墉～甬～勇～虞～玉～圆～菑～正～志～状元例玉箸落春镜，坐愁湖阳水。（唐·李白《怀诗一首》）山映斜阳天接水。（宋·范仲淹《苏幕遮·碧云天》）

典**泮水** 亦作"泮宫"。指学校。泮水本为春秋时鲁国水名，鲁僖公筑宫室于泮水之上，名曰泮宫。见《诗经·鲁颂·泮水序》。

泮水秋生藻荇凉，莫窗灯火乱萤光。（宋·苏辙《简学中诸生》）

璧水 泛指读书讲学之处。周王朝为贵族子弟设立的学校，校外围以水沟，沟形如璧，故称璧水。该学校因水得名，称璧廱。《诗经·大雅·灵台》："于论鼓钟，于乐辟廱。"

璧水寒荠客，春闱擢桂郎。（宋·杨万里《送张元直尉盐官二首》其二）

沉水 亦作"沉香"。指香熏。古南海林邑国产沉木，其心材所制成的沉水香为著名的熏香料。《梁书·林邑国》："又出玳瑁、贝齿、吉贝、沉木香……沉木者，土人斫断之，积以岁年，朽烂而心节独在，置水中则沉，故名曰沉香。"

沉水浓熏绣被，流霞浅酌金船。（宋·晏几道《临江仙·旖旎仙花解语》）

德水 指黄河。《史记·秦始皇本纪》：二十六年，"更名河曰德水，以为水德之始"。

德水萦长带，阴山绕画屏。（唐·李商隐《寄太原卢司空三十韵》）

菊水 亦作"菊潭胡广""胡公菊潭水"。指菊潭之水，饮之可以使人长寿，传说后汉侍中胡广饮菊潭水而治愈了多年的风痹之疾。后多指祝寿。南朝宋·盛弘之《荆州记》云："菊水出穰县，芳菊被涯，水极甘香。谷中皆饮此水，上寿百二十，七八十者，犹以为夭。太尉胡广所患风疾，休沐南归，恒饮此水，后疾遂瘳，年八十二薨。"

旧说东阳流菊水，饮之者、寿过百余岁。（宋·冯取洽《贺新郎·九日明朝是》）

流水 亦作"山水在琴""高山流水""高山调""流水高山"。原指琴声高妙，后多指相知的挚友、知音或知己。《列子·汤问》："伯牙善鼓琴，钟子期善听。伯牙鼓琴，志在高山，钟子期曰：'善哉，峨峨兮若泰山！'志在流水，曰：'洋洋乎若江河！'伯牙所念，钟子期必得之。"

独此琴台夜，流水为谁弹。（唐·骆宾王《冬日过故人任处士书斋》）

秋水[1] 秋天的江水河水。《庄子·秋水》："秋水时至，百川灌河。"

九月秋水清，三月春花滋。（南朝宋·鲍照《中兴歌》）

秋水[2] 指清亮水灵的明眸。唐·李贺《唐儿歌》："头玉硗硗眉刷翠，杜郎生得真男子。骨重神寒天庙器，一双瞳人剪秋水。"

秋水[3] 喻剑的寒光。唐·白居易《李都尉古剑》："湛然玉匣中，秋水澄不流。"

匣中秋水拔青蛇，旗上高风吹白虎。（唐·韦庄《秦妇吟》）

弱水 原指神话中难渡的河海，后喻指仙界。旧题汉·东方朔《海内十洲记》："凤麟洲在西海之中央，地方一千五百里，洲四面有弱水绕之，鸿毛不浮，不可越也。"

蓬莱在何许，弱水空相望。（宋·苏轼《次丹元姚先生韵》）

菽水 亦作"啜菽饮水"。指极为清苦的饮食，也可指孝顺。《礼记·檀弓下》："子路曰：'伤哉贫也！生无以为养，死无以为礼也。'孔子曰：'啜菽饮水，尽其欢，斯之谓孝。'"孔子认为，尽管不能孝敬丰厚的饮食，但能使父母尽其欢，也算是孝。

辛勤守一经，菽水贤五鼎。（宋·苏轼《送程建用》）

饮水 亦作"公清但酌水""只饮官中水"。咏清廉奉公的官吏。《晋书·邓攸传》："元帝以攸为太子中庶子。时吴郡阙守，人多欲之，帝以授攸。攸载米之郡，俸禄无所受，唯饮吴水而已。……攸在郡刑政清明，百姓欢悦，为中兴良守。"

折腰非吾事，饮水非吾贫。（唐·韦应物《任洛阳丞请告一首》）

鱼水 喻指君臣相得，后也泛指男女、夫妻、军民之间的亲密感情。见《管子·小问》。

谁言鱼水欢，水竭鱼枯鳞。（唐·孟郊《赠李观》）

止水 亦作"止水为鉴"。指静止不流动的水，喻人内心平静、胸怀纯洁，或喻人能鉴察自身，修身养心。《庄子·德充符》："孔子曰：'人莫鉴于流水，而鉴于止水。'"

两心如止水，彼此无波澜。（唐·白居易《酬李少府曹长官舍见赠》）

酌水　亦作"贪泉水""贪泉"。指官员清廉，不为物移情。《晋书·吴隐之传》载：吴隐之为广州刺史，"未至州二十里，地名石门，有水曰贪泉，饮者怀无厌之欲。"隐之"至泉所，酌而饮之。因赋诗曰：'古人云此水，一歃怀千金。试使夷齐饮，终当不易心。'及在州，清操逾厉"。吴隐之酌贪泉而依然保持清正廉洁的为官品格。

夕阳行带月，酌水少留君。（唐·贾岛《送郑少府》）

冰出水　指学生应当超过老师，现泛指后人应当超过前人，也可指学习成绩的提高。《荀子·劝学篇》："青，取之于蓝，而青于蓝；冰，水为之，而寒于水。"

还同冰出水，不共草为萤。（唐·王季文《青出蓝》）

淡若水　亦作"淡交""交淡水""君子之交淡若水"。指道义之交就像水一样平淡却高雅，比喻高尚真诚的友谊。《庄子·山木》："且君子之交淡若水，小人之交甘若醴。君子淡以亲，小人甘以绝。"

唯将淡若水，长揖古人风。（唐·骆宾王《初秋于窦六郎宅宴》）

歌汾水　指帝王泛舟、宴饮、赋诗。旧题汉·班固《汉武故事》："上幸河东，欣言中流，与群臣饮宴。顾视帝京，乃自作《秋风辞》曰：'泛楼船兮汾河，横中流兮扬素波。箫鼓吹，发棹歌，极乐欢兮哀情多！'"《秋风辞》是汉武帝行幸河东时乘船行驶于汾河所作，故也称"汾歌"。

眼看秋雁歌汾水，心到阳关唱渭城。（宋·邓忠臣《再谢周颙之句二首》其二）

建业水　指怀念旧地、故乡。《三国志·吴书·陆凯传》：吴始都建业，孙皓为王，迁都于武昌。百姓不堪沿江供应之苦累，故流传民谣说："宁饮建业水，不食武昌鱼。"

昔人宁饮建业水，共道不食武昌鱼。（宋·王安石《寄岳州张使君》）

难为水　指经历过很大的场面，眼界开阔见多识广，较平常的事物无法入其法眼。《孟子·尽心上》："孟子曰：'孔子登东山而小鲁，登泰山而小天下。故观于海者难为水，游于圣人之门者难为言。'"

曾经沧海难为水，除却巫山不是云。（唐·元稹《离思五首》其四）

如白水　亦作"如江水""过江誓水"。古人常对水盟誓，表明意决志坚。《左传·僖公二十四年》："公子曰：'所不与舅氏同心者，有如白水。'投其璧于河。"《晋书·祖逖传》："（祖逖）中流击楫而誓曰：'祖逖不能清中原而复济者，有如大江。'"

鸢跕水　鸢坠落水中，喻指环境险恶，生活艰苦。亦喻地位卑微或身居下位者，须安分守己，不可奢求高官富贵，否则会自讨苦吃，招致危险灾难。亦作"跕鸢""飞鸢堕水""跕鸢堕水"。见《后汉书·马援传》。

空悲鸢跕水，翻羡雁衔芦。（唐·权德舆《奉和许阁老》）

政如水　指官员清正廉明。《隋书·赵轨传》："高祖受禅，转齐州别驾，有能名……在州四年，考绩连最……征轨入朝。父老相送者，各挥涕曰：'别驾在官，水火不与百姓交，是以不敢以壶酒相送。公清若水，请酌一杯水奉饯。'轨受而饮之。"

太守政如水，长官贪似狼。（唐·杜牧《郡斋独酌》）

八功德水　佛经中的神水，借咏佛门圣地，也借咏超脱尘世的境界。《称赞净土佛摄受经》："何等名为八功德水：一者澄净，二者清冷，三者甘美，四者轻软，五者润泽，六者安和，七者饮时除饥渴等无量过患，八者饮已定能养诸根四大增益。"佛教认为极乐池及内海皆充满八功德水。

七宝池中堪下钓。八功德水烟波渺。（宋·净端《渔家傲·七宝池中堪下钓》）

出山泉水　指出仕做官的人，不再像未出山时那样清高纯洁。唐·杜甫《佳人》："在山泉水清，出山泉水浊。"

长恐出山泉水浊，尘埃到汝失青青。（宋·马廷鸾《求菖蒲于李叔翔》）

登山临水　亦作"登临"。指旅途遥远，历经艰险，常用以抒发悲秋怀人的感伤情绪，也指游山玩水。见《楚辞·九辩》。

恨登山临水，手寄七弦桐。目送归鸿。（宋·贺铸《六州歌头·少年侠气》）

饭蔬饮水　亦作"饭疏食""饮水"。指人生活简朴、安贫乐道、清心寡欲。《论语·述而》："子曰：'饭疏食，饮水，曲肱而枕之，乐亦在其中矣。不义而富且贵，于我如浮云。'"

饭蔬饮水平生惯，耻向天公更乞怜。（宋·陆游《霜天杂兴》）

芙蓉出水　亦作"出水芙蓉"。指诗风自然纯净，也喻指清丽自然的美女。见曹植《洛神赋》。

杨柳入楼吹玉笛，芙蓉出水妒花钿。（唐·李端《赠郭驸马》其二）

箕山颍水　指归隐之地。《吕氏春秋·求人》载许由拒绝了尧将天下让给他的请求，隐居于箕山之下，颍水之阳。

箕山颍水应如故，太息巢由不可寻。（宋·刘克庄《寄题心泉》）

标格银蟾光皎洁，精神秋水碧涟漪。（宋·李刘《贺晚生子》）

廉泉让水　喻做官廉洁，后也喻风土习俗淳美。《南史·胡谐之传》："（范柏年）见宋明帝，帝言次及广州贪泉，因问柏年：'卿州复有此水不？'答曰：'梁州唯有文川、武乡、廉泉、让水。'又问：'卿宅在何处？'曰：'臣所居廉让之间。'帝嗟其善答，因见知。"

廉泉让水贪无异，空使时人恶此名。（宋·阮阅《贪泉》）

流觞曲水　指在水边宴集，也指古代的春游风俗，也可指修禊之事。古代风俗，夏历三月上旬的巳日，在水滨聚会宴饮，以祓除不祥。见晋·王羲之《兰亭集序》。

流觞曲水无多日，更作新诗继永和。（宋·苏轼《和王胜之三首》其二）

柔情如水　指织女牛郎相会时的情意绵绵。宋·秦观《鹊桥仙》："柔情似水，佳期如梦，忍顾鹊桥归路。"

银河无浪，琼楼不暑。一点柔情如水。（宋·方岳《鹊桥仙·银河无浪》）

上善若水　亦作"上善比水"。指最高境界的善行就像水的品性一样，泽被万物而不争名利。《老子》第八章："上善若水。水善利万物而不争，处众人之所恶，故几于道。居善地，心善渊，与善仁，言善信，正善治，事善能，动善时。夫唯不争，故无尤。"

上善若水任方圆，忆昨好之今弃捐。（唐·顾况《宜城放琴客歌》）

双眸剪水　亦作"寸眸剪水""双瞳剪水""眼裁秋水"。喻指女子双眸清澈水灵。唐白居易《筝》："云髻飘萧绿，花颜旖旎红。双眸剪秋水，十指剥春葱。"

骨重神寒天庙器，一双瞳人剪秋水。（唐·李贺《唐儿歌》）

嫣然意态娇春，寸眸剪水。斜鬟松翠。（宋·董颖《薄媚·种陈谋》）

天吴移水　天吴是古代神话中的水神，咏江河湖海之变迁。见《山海经·海外东经》。

南风吹山作平地，帝遣天吴移海水。（唐·李贺《浩歌》）

西来斗水　指解救危难局势的资助。庄周家贫，贷粟于监河侯。监河侯曰得邑金后再贷三百金。庄周忿然以涸辙之鲋的寓言来应对，言南游吴越之王，激西江之水而活鲋鱼可否。言下之意是急用银钱而不可等待。见《庄子·外物》。

但重省，西来斗水，忘却爱卿取。（宋·刘辰翁《归朝歌·最是一人称好处》）

行云流水　亦作"流水行云"。喻指自然流畅，不受拘束（多指文章、歌唱、诗文、书法等）。见宋·苏轼《与谢民师推官书》。

流水行云才思，光风霁月精神。（宋·洪咨夔《朝中措·滂葩七十二滩春》）

一江春水　喻指哀愁的绵延无限。南唐李煜《虞美人》："问君能有几多愁？恰似一江春水向东流。"

一江春水何年尽，万古清光此夜圆。（金·元好问《鹧鸪天·八茧吴蚕賸欲眠》）

依莲泛水　指士人仕途得意。《南史·庾杲之传》："（王俭）乃用杲之为卫将军长史。安陆侯萧缅与俭书曰：'盛府元僚，实难其选。庾景行（杲之字）泛渌水，依芙蓉，何其丽也。'时人以入俭府为莲花池，故缅书美之。"

此去腰金佩玉，回视依莲泛水，岁月亦何淹。（宋·王之道《水调歌头·暑雨湿修竹》）

以石投水　喻指言听计从互相投合。见《列子·说符篇》。

我昔尝与言，如以石投水。（宋·陈宓《某尝次赞府卢丈高韵二首》其二）

以水济水　指用水来给水增味，喻指雷同、附和，对事情没有帮助。见《左传·昭公二十年》。

头上安头，以水济水。个个一般，滔滔皆是。（宋·楼钥《题壁老笑庵》）

玉虹饮水　喻桥。唐·张鷟《朝野佥载》卷五："赵州石桥甚工，磨砻密致如削焉。望之如初日出云，长虹饮涧。上有勾栏，皆石也，勾栏并有石狮子。"

玉虹饮水映波明，彼此往来利济。（宋·程梅斋《西江月·刻木工夫最巧》）

簪山带水　以碧玉（簪）和青罗带分别喻桂州之山水。后泛指山水风景之秀美。见唐·韩愈《送桂州严大夫同用南字》。

簪山带水虽绝境，羊肠鱼腹真畏涂。（宋·刘克庄《五和》）

鳣鲸失水　鳣和鲸都是大鱼，在江河中威武无比，但一旦失水，就会受制于蝼蚁。喻英雄失势，有才能的人处于困境中。见《汉书·贾谊传》载贾谊《吊屈原赋》。

江渍鳣鲸久失水，闻此鼓舞咸相亲。（宋·何梦桂《蛟龙歌》）

诗瓢付流水　亦作"诗瓢"。唐末诗人唐球擅长写诗却不得赏识，他把诗稿团成球放在瓢中，生病后将诗瓢投入长江，以期知遇。指诗人怀才不遇，也常用"诗瓢"喻指诗稿。见宋计有功《唐诗纪事》卷五〇《唐球》。

野鹃啼月，便角巾还第。轻掷诗瓢付流水。（宋·张炎《洞仙歌·野鹃啼月》）

髓suǐ

古上声，四纸。逆白獭～豹～笔～碧～凤～鹤～华～魂～肌～筋～麟～龙～青～圣～石～书～松～獭～透～吸～洗～心～滫～雪～血～延～义～玉～云～脂～顺～饼～海～脑例小柏俨重扇，肥松突丹髓。（唐·李贺《昌谷诗》）悲泣呼醒虞姬，和伊死别，雪刃飞花髓。（宋·黎廷瑞《大江东去·鲍鱼腥断》）

典**獭髓**　亦作"白獭髓""调玉髓"。女子美容的药物。相传与玉屑、琥珀混合，可作灭疤痕的贵重药物。见旧题晋·王嘉《拾遗记》卷八。

檀心已作龙涎吐，玉颊何劳獭髓医。（宋·苏轼《再和杨公济梅花十绝》其七）

石髓　指石钟乳，道家传食用石髓可长生不老，也代指仙家美食或赞神仙道士。见《列仙传·邛疏》。

多开石髓供调膳，时御霓裳奉易衣。（唐·司空曙《送王尊师归湖州》）

伐毛洗髓　喻指洗心革面，洗涤身心的污秽，也喻指在文章中剔除杂芜无用的东西。见《太平广记》卷六引《洞冥记》。

伐毛洗髓不足较，白日一嗔三千年。（元·杨维桢《华山高》）

腿tuǐ

古上声，十贿。逆扯～戳～打～勾镰～拐～花～金华～开～袴～蹽～柳木～琵琶～骗～哨～素火～谭～潭～通～欹～戌～宣～顺～绷～絣～带～裆～杆～股～花～胯～码～事～套～挺～腕～子

尾wěi

古上声，五尾。逆虿～辰～赪～赬～蚩～楚～鹑～祠～翠～掉～牍～斐～濆～蛊～后～戢～猳～燋～矫～掘～厥～腊～爁～栗～临～落～麻～毛～髦～泥～陪～碛～佥～濡～烧～琐～挞～挑～妥

～豌～徙～衔～相～玉尘～纸～孳～顺～犯～橐～花～箕～君子～联～鬣～间～骑～欠～煞～生～子～鬃例净分鹤翘足，澄见鱼掉尾。（唐·白居易《玩止水》）我住长江头，君住长江尾。（宋·李之仪《卜算子·我住长江头》）

典**豹尾**　喻指乐曲诗文的有力结尾，亦指古代将帅旌旗上的饰物，也指天子的专车或车上的饰物。亦作“豹尾神旗”。见《世说新语·规箴》。

雕戈蒙豹尾，红旆插狼头。（唐·高适《部落曲》）

赪尾　亦作“鲂鱼赪尾”。鲂鱼尾巴本是白色，然而劳累就会变成赤色。喻指人辛苦劳累。《诗经·周南·汝坟》：“鲂鱼赪尾，王室如毁。”

锦鳞赪尾平生事，却被闲人把钓竿。（唐·罗隐《西京崇德里居》）

楚尾　亦作“吴头楚尾”“吴头”。指春秋时的吴地上游、楚地下游，是吴、楚两国首尾相衔地带，今江西北部。后泛指江西北部一带，常借咏辗转漂泊。见宋·祝穆《方舆胜览·江西路》。

平日身如不系舟，曾从楚尾客秦头。（宋·陆游《病退颇思远游信笔有作》）

骑箕尾　亦作“骑箕”“维箕骑尾”“骑箕翼”。箕、尾均星宿名，二星相望，而中间又有“傅说”星，故古人有傅说骑箕尾升仙的想象。因以“骑箕尾”指游仙、高升、升仙或仙逝。《庄子·大宗师》：“夫道，有情有信，无为无形；可传而不可受，可得而不可见；自本自根，未有天地，自古以固存……西王母得之，坐乎少广，莫知其始，莫知其终；彭祖得之，上及有虞，下及五伯；傅说得之，以相武丁，奄有天下，乘东维，骑箕尾，而比于列星。”天空有傅说一星，在箕星、尾星之间，相传为傅说死后升天而化。傅说为殷商武丁时贤臣名相。

遽骑箕尾去，何以慰苍生。（宋·司马光《吕宣徽挽歌二首》其二）

焦尾　指音质优美的琴。亦作“焦桐”“焦梧桐”。晋·干宝《搜神记》卷一三：“汉灵帝时，陈留蔡邕……至吴，吴人有烧桐以爨者，邕闻火烈声，曰：‘此良材也。’因请之，削以为琴，果有美音。而其尾焦，因名‘焦尾琴’。”

鲈鱼脍忆奔江浦，焦尾琴思换蜀弦。（宋·杨朴《秋日闲居》）

摇尾　指受困求助，也常指卑躬屈膝的姿态。司马迁用坠入陷阱的猛虎不得不摇尾乞食来形容自己受辱的处境。见《汉书·司马迁传》。

失身槛阱间，摇尾乞人怜。（宋·黄庭坚《和答魏道辅寄怀十首》其三）

曳尾　亦作“曳尾龟”“龟曳尾”。喻指隐居的闲适生活。见《庄子·秋水》。

晒毛经浴鹤，曳尾出泥龟。（唐·白居易《喜晴联句》）

持麈尾　亦作“挥麈柄”。借指清谈。《世说新语·容止》：“王夷甫容貌整丽，妙于谈玄，恒捉白玉柄麈尾，与手都无分别。”晋人王衍通老庄哲学，善谈玄，清谈时常持玉柄麈尾（拂尘），随谈吐而挥挥洒洒。

老翁持麈尾，坐拂半张床。（唐·白居易《斋居偶作》）

触虿尾　亦作“触尾”。喻指受到毒害，遭受排挤。《左传·昭公四年》：“郑子产作丘赋。国人谤之曰：‘其父死于路，己为虿尾。以令于国，国将若之何？’”杜预注：“谓子产重赋，毒害百姓。”

曾经触虿尾，犹得凭熊轩。（唐·杜牧《昔事文皇帝三十二韵》）

附骥尾　亦作“陪骥尾”。喻攀附名人而扬名，常用作自谦之词。《史记·伯夷列传》：“颜渊虽笃学，附骥尾而行益显。”原指孔子弟子颜回因孔子而出名。

古今诗人代有几，大抵苍蝇附骥尾。（清·潘世恩《诗冢歌》）

书纸尾　指有职无权，职位虽高，但只能例行公事，在最后位置附署公文。见唐·韩愈《蓝田县承厅壁记》。

史笔枉将书纸尾，朝缨不称濯沧浪。（唐·刘禹锡《寄朗州温右史曹长》）

燧牛尾　代指出奇制胜的战术。也常作咏牛之典故。《史记·田单列传》记载田单曾在牛尾上绑上火炬点燃让其冲入敌军阵营。

击革摐金燧牛尾，犬羊兵败如山死。（唐·庄南杰《雁门太守行》）

系其尾　喻指办事抓不住要害。见《晋书·后妃上·惠贾皇后》。

况欲系其尾，虽勤知奈何。（宋·苏轼《守岁》）

蚕头燕尾　指书法上的弊病，横画起笔落纸迟笨的，称“蚕头”；捺画收笔出锋处，提笔回锋分成叉式的，称“燕尾”。见《宣和书谱·颜真卿》。

蚕头缺蠹燕尾断，斩玉摧金竞狼藉。（宋·梅尧臣《得鲁公破碑有诗》）

雄鸡断尾　指物因美致灾或以自戕求生存。春秋时，有雄鸡自断其尾，人们以为鸡是由于畏惧充当祭品而自毁。见《左传·昭公二十二年》。

雄鸡自断尾，不愿为牺牲。（唐·白居易《和答诗十首·答桐花》）

银钩虿尾　喻指书法劲折有力。见南朝齐·王僧虔《论书》。

银钩虿尾增奇丽，并得晴窗两眼明。（宋·曾几《吴傅朋》）

伟(偉)wěi

古上声，五尾。逆端～儿郎～功～怪～瑰～嶲～豪～弘～恢～隽～块～魁～傀～颀～遒～视～殊～腯～温～修～轩～雅～严～猗～懿～渊～顺～抱～博～长～而～悍～鉴～节～峻～茂～懋～气～如～识～仕～秀～晔～议～兆例忆当年、天章阁上，建明尤伟。（宋·刘克庄《贺新郎·驿骑联翩至》）

萎wěi

古上平，四支。又去声，四寘，同。逆雕～干～颓～退～菸～猗～哲人～众～顺～顿～蔫～霾～绝～腰～茶～奴公～弱～琐～馁～约～哲例草木明覆载，妍丑齐荣萎。（唐·韩愈《寄崔二十七立之》）木秀遭风折，兰芳遇霰萎。（唐·白居易《代书诗一百韵寄微之》）

纬(緯)wěi

古去声，五未。逆璧～朝～辰～鹑

～弹～典～符～晷～寒～景～九～嫠～嫠辍～灵～六～络～秘～七～气～三～图～象～晓～恤～轩～玉～元～珠～诸～综～㊉～车～谶～候～繣～经～略～帽～纱～世～书～术～说～俗～图～途～线～象～萧～星㊄木叶渐惊年，锦字因络纬。（唐·鲍溶《闻蝉》）耿无眠、披衣顾影，乍闻绕阶络纬。（宋·张元干《永遇乐·月仄金盆》）

㊇**五纬** 指金木水火土五星。见《周礼·春官·大宗伯》。

五纬连影集星躔，八水分流横地轴。（唐·骆宾王《帝京篇》）

嫠不恤纬 喻忧国忘家、公而忘私的志向。《左传·昭公二十四年》："嫠不恤其纬，而忧宗周之陨，为将及焉。"嫠，寡妇；纬，织物的横纱。谓寡妇不忧其纬少，而恐国亡祸及于己。

周嫠不恤纬，楚放常怀阙。（明·刘基《秋夜感怀柬石末公申之》）

苇（葦）wěi

㊂上声，五尾。㊈忿～蘆～航～萑～黄～葭～蒹～结～皮～疏～束～索～行～一～㊉～箔～薄～航～輴～然～苕～笥～索～莞～绡～箫～舆～钥～笮㊄漾漾泛菱荇，澄澄映葭苇。（唐·王维《青溪》）关河万里寂无烟，月明空照芦苇。（宋·曹豳《西河》）

㊇**行苇** 《诗经》篇名，此诗以"行苇"（道旁的苇草）起兴，赞美周代统治者睦亲敬老。后因用为天子睦亲敬老之典。见《诗经·大雅·行苇序》。

泽均行苇厚，年庆华黍丰。（唐·权德舆《奉和圣制》）

索苇 借指古代民俗，用苇草编成的绳索，年节时悬挂在门上，以驱鬼辟邪。见张衡《东京赋》。

笑几回、索苇吹葭。山中乐，从渠恣赏莺花。（宋·萧元之《渡江云》）

一苇 亦作"一苇杭"。借指小船。见《诗经·卫风·河广》。

河广传闻一苇过，胡危命在破竹中。（唐·杜甫《洗兵马》）

唯wěi 应诺。

㊂上声，四纸。㊈阿～诺～一～应～㊉～阿～诺～然㊄多谢致勤勤，未敢相唯唯。（唐·元稹《感梦》）

委wěi 另见267页wēi。

㊂上声，四纸。㊈谙～差～撑～党～颠～端～辨～繁～牿～寄～降～遽～捐～眷～谲～遴～盘～槷～蟠～旁～偏～前～强～亲～山～神～输～填～阓～蜕～婉～雾～宪～相～消～销～谢～信～选～野～萦～潆～幽～源～政～赗～㊉～备～骹～币～畀～辟～弊～冰～泊～策～成～诚～辞～从～地～笃～端～顿～惰～法～废～分～伏～服～国～和～褐～花～化～怀～黄～灰～迹～笄～寄～结～捐～绝～勘～困～赖～羸～离～吏～练～陋～闾～貌～密～面～命～昵～派～叛～佩～弃～篋～裘～曲～去～权～然～蕤～舍～世～是～黍～署～顺～随～琐～填～蜕～托～婉～委～悉～细～巷～亵～谢～信～形～咽～延～衣～异～意～翳～用～纡～郁～遇～远～运～札～仗～杖～折～政～知～至～制～质～挚～致～贽～重～珠～嘱～注～装～坠～缀～纵㊄沧溟所为大，江汉日来委。（唐·张九龄《咏史》）念紫箫声断，巫阳梦觉，人何在、花空委。（宋·蔡伸《水龙吟·天工何意》）

猥wěi ①堆积；繁杂。②鄙陋；卑劣。③苟且；随便。④突然。⑤谬误（地）。⑥谦词。

㊂上声，十贿。㊈卑～鄙～仳～丛～粗～沓～凡～烦～繁～积～冒～驽～浅～冗～弱～厮～琐～贪～细～狎～殷～淫～庸～杂～总～蕞～㊉～欸～奥～薄～孱～朝侯～催～猬～地～惰～烦～复～官～积～集～籍～计～酒～闳～滥～冒～濊～蒙～酿～懦～僻～曲～茸～冗～宂～儒～缛～弱～盛～衰～碎～缩～细～险～巷～屑～壻～役～慵～璅～诸侯㊄澹师昼睡时，声气一何猥。（唐·韩愈《嘲鼾睡》）

炜（煒）wěi 色红而光亮。

㊂上声，五尾。㊈卉～韡～烨～煜～㊉～管～炜～晔㊄碧落卓然躔度，炳曜更腾辉。永永清光晔炜。（宋·史浩《采莲》）

玮（瑋）wěi ①美玉。②奇；珍奇。③赞美，夸耀。

㊂上声，五尾。㊈瑰～瑰～奇～琦～珍～㊉～博～奇～器～术～态～烨～艺～异～制㊄手笔太纵横，身材极瑰玮。（唐·寒山《诗三百三首》其十九）

娓wěi ①顺从。②美。

㊂《广韵》：上声，尾韵。又：去声，至韵同。㊈霏～訾～㊉～娓

韪（韙）wěi ①是；对。②认为……是对的；赞美。

㊂上声，五尾。㊈大不～五～㊉～德

诿（諉）wěi 推诿；推托。

㊂去声，四寘。㊈諯～諈～㊉～过～口～弃～托～卸～延～责～諈

痿wěi ①身体某一部分功能萎缩。②衰竭。

㊂上平，四支。㊈痹～筋～橛～蹶～起～肉～下～㊉～痹～躄～瘁～黄～厥～蹶～痿～疲～损～痟～阳～易㊄十体免负赘，百家咸起痿。（唐·陆龟蒙《袭美先辈以龟蒙所献五百言》）

痏wěi ①殴伤。②瘢痕。

㊂上声，四纸。㊈瘢～疮～创～痍～疣～疻～㊉～疥

㊇**弄权疮痏** 指用权术祸害国家。唐·元稹《连昌宫词》："弄权宰相不记名，依稀忆得杨与李。庙谟颠倒四海摇，五十年来作疮痏。"指唐玄宗时期杨国忠、李林甫把持朝政、玩弄权势，致使安史之乱后国家残破。

记宰相开元，弄权疮痏，全家骆谷，追骑仓皇。（宋·刘将孙《沁园春·流水断桥》）

洧wěi 水名。

㊂上声，四纸。㊈醽～溱～㊉～津～盘～水～外～渊㊄何不深复深，轻然至溱洧。（唐·王绩《古意六首》其三）红药开时，新梦又溱洧。（宋·史达祖《祝英台近·柳枝愁》）

㊇**秉菅观洧** 亦作"郑郊溱洧"。男女手持兰草，沿着溱水洧水，互赠芍药花。指男女情人在一起玩乐。见《诗经·郑风·溱洧》。

更秉菅观洧，幽意难忘。（宋·晁补之《望海潮·人间花老》）

嘴zuǐ

㊂上声，四纸。㊈跛～搬～拨～博

～撤～传～擅～答～淡～调～碓～返～粉～赶～鬼～过～花～滑～换～豁～矶～犟～喇～蜡～捞～利～料～溜～掳～卖～闹～努～拍～轻～热～撒～沙～输～熟～水～松～塌～向～烟～嗓～择～做～㊀～岔～敞～瓜～冷～面～呐～筒～头㊁见时谈谑乐，四座尽角嘴。（唐·卢仝《寄赠含曦上人》）柳洲烟际。白鹭翘沙嘴。（宋·苏庠《点绛唇·冰勒轻飔》）

仄声·去声

背bèi　另见260页bēi。

㊂去声，十一队。㊃把～暴～崩～鄙～傧～蟾～徂～殂～瘩～抵～擷～牍～犊～发～反～分～拊～负～艮～乖～虀～浃～见～襟～狂～冷～偻～迷～偭～叛～偏～曝～弃～抢～倾～趋～却～攘～沙～时～熟～骀～鲐～逃～佗～驼～跎～唾～文～乡～项～携～心～旋～佯～疑～隐～伛～远～怨～装～㊀～本～场～臣～衬～城～匙～诞～德～敌～兜～斗～恩～珥～贰～工～公～躬～坏～悔～晦～毁～集～脊～剪～匠～境～谲～鐍～军～拉～戾～临～溜～流～偻～吕～膂～霉～谬～囊～畔～僻～谱～鳍～气～璃～群～人～日性～誓～述～厅～驼～嵬～嵬～文～兴～胸～眼～依～约～云～憎～征～指～主～子㊁翕尔登霞首，依然蹑云背。（唐·王勃《忽梦游仙》）

㊄**鳌背**　巨鳌之背，古代神话中的海中巨鳌背载蓬莱等仙山，借指仙山。

水落海上清，鳌背睹方蓬。（唐·李白《赠卢征君昆弟》）

鲸背　鲸鱼很大，鲸鱼的脊背露出海面，海水便向两边分开成为波浪。代指海上奇景。见唐·元稹《侠客行》。

虹腰宛转三百尺，鲸背参差十五舟。（宋·苏辙《新桥》）

鲐背　年寿高的老人背后有鲐鱼纹。喻指长寿的老者。见《尔雅·释诂》。

鹤发善高谈，鲐背更炙熨。（宋·欧阳修《新营小斋凿地炉》）

炙背　指田家之乐。也指鄙陋之人以自己的方式表达忠心或好意。《列子·杨朱》："昔者宋国有田夫，常衣缊黂，仅以过冬。暨春东作，自曝于日，不知天下之有广厦隩室，绵纩狐貉。顾谓其妻曰：'负日之暄，人莫知者；以献吾君，将有重赏。'"

炙背可以献天子，美芹由来知野人。（唐·杜甫《赤甲》）

书牍背　指个中人向人暗示官场潜规则。《汉书·周勃传》："勃从高祖，封绛侯……人有上书告勃欲反，下廷尉。逮捕勃治之。勃恐，不知置辞。吏稍侵辱之，勃以千金与狱吏，狱吏乃书牍背示之，曰：'以公主为证。'公主者，孝文帝女也，勃子胜之尚之。故狱吏教引以为证。……勃既出。曰：'吾尝将百万军，安知狱吏之贵也。'"

绛侯百万兵，尚畏书牍背。（宋·苏轼《韩子华石淙庄》）

芒刺在背　亦作"负芒"。形容内心惶恐，坐立不安，像有刺扎在后背。见《汉书·霍光传》。

床头锦衾未还客，坐觉芒刺在背膺。（宋·苏轼《东川清丝寄鲁冀州戏赠》）

平阳拊背　咏进宫之后妃。卫子夫原是平阳主的女仆，被汉武帝看中后选入宫，临行前平阳主拊其背曰："行矣，强饭，勉之！即贵，无相忘。"见《史记·外戚世家》。

平阳拊背穿驰道，铜雀分香下璧门。（唐·杜牧《出宫人二首》其二）

辈（輩）bèi

㊂去声，十一队。㊃班～伦～曹～俦～党～等～凡～个～过～鹤～累～流～伦～名～年～渠～群～若～散～四～随～无～新先～行～贼～种～㊀～出～类～流～旅～偶～耦～起～群～数～行～学～子～作㊁造幽无人境，发兴自我辈。（唐·杜甫《万丈潭》）唤客主人陶谢辈。拂石移尊，不管游人醉。（宋·李弥逊《蝶恋花·足力穷时山已晦》）

㊄**鼠辈**　对他人的蔑称。意谓低微下贱的人。见《三国志·魏书·华佗传》。

立召贼曹呼伍伯，尽取鼠辈尸诸市。（唐·韩愈《寄卢仝》）

湛辈　原指生活于唐代开元、建中年间的佛教天台宗高僧湛然等僧人。后指得道的高僧。见《宋高僧传·唐台州国清寺湛然传》。

公今少劳佚者多，湛辈乃可寒江蓑。（宋·范成大《寄题潭帅王枢使佚老堂》）

嵇阮辈　指竹林七贤之类的品格高洁人士。

况有溪山杖屦，阮嵇辈、须我来游。（宋·辛弃疾《满庭芳·西崦斜阳》）

椒兰辈　代指媚君误国的佞臣。屈原用兰、椒的变节从俗来讽喻当时楚国媚君误国的臣子。见《楚辞·离骚》。

谁意椒兰辈，从臾武关盟。（宋·马廷鸾《水调歌头·把酒对湘浦》）

情钟我辈　亦作"我辈情钟""王衍钟情"。自诩多情重情。晋人王戎丧子，悲痛至极，对人说：我们这等非圣非愚的人最专注情爱。见《世说新语·伤逝》。

生死犹如臂屈伸，情钟我辈一酸辛。（宋·苏轼《吊天竺海月辩师三首》其三）

忘形湛辈　虽与圣贤一样乐山乐水，但山水长在，而平庸之人死后却湮没无闻。常用以自谦。《晋书·羊祜传》："祜乐山水……尝慨然叹息，顾谓从事中郎邹湛等曰：'自有宇宙，便有此山。由来贤达胜士，登此远望，如我与卿者多矣！皆湮灭无闻，使人悲伤。如百岁后有知，魂魄犹登此也。'湛曰：'公德冠四海，道嗣前哲，令闻令望，必与此山俱传。至若湛辈，乃当如公言耳。'"

忘形湛辈，一笑丘壑写高怀。（宋·李弥逊《水调歌头·安石寓丝竹》）

被bèi

㊂上声，四纸。㊃褒～赐～翠～大～雕～东～兜罗～鄂～鄂君～幞～襆～襥～肱～光～滚～横～姜～驾～离～李恂～流～牛～滂～缥～覃～通～温～香～遐～淹～奄～原～远～鸳鸯～泽～沾～昭

～甄～顺～兵～病～参～池～出～创～辞～搭子～风～幞～盖～旱～火～祸～疾～假～节～酒～卷～垒～律～论人～满～冒～蒙～命～难～囊～衾～色～声～施～识～受～水～胎～条～头～卧～遇～冤～诏～旨～肘～罪例五色阶前架，一张笼上被。（唐·元稹《蔷薇架》）而今何在，西垣清禁，夜永露华侵被。（宋·苏轼《永遇乐·长忆别时》）

典**赐被**　指官员入宫值班供职。汉制，尚书郎进宫供职时朝廷赐被御寒。见《后汉书·钟离意传》附《药崧传》。

飞霜任青女，赐被隔南宫。（唐·杜甫《秋野五首》其四）

大被　亦作"广被"。指广交宾朋、招待客人。三国吴孟仁之母做大被以便儿子接待有才德的客人。见《三国志·吴书·孙皓传》注引《吴录》。

大被清霜晓，短檠寒夜分。（宋·赵蕃《寄题安福士人家赏静轩听雨二首》其一）

襆被　指捆上被子自动离职，多指愧于所在官位，常作自谦之词。见《晋书·魏舒传》。

襆被蹉跎老江国，情人邂逅此相逢。（唐·韦应物《送仓部萧员外院长存》）

姜被　亦作"留被"。姜肱与二弟皆孝，兄弟共被同寝，以慰继母之心。喻兄弟间互相友爱，也喻指孝行。见《后汉书·姜肱传》。

旅馆夜忧姜被冷，暮江寒觉晏裘轻。（唐·杜牧《冬至日遇京使发寄舍弟》）

孙被　指官员保持简朴无华之生活方式。亦作"公孙布被"。《汉书·公孙弘传》载汉公孙弘位列三公，仍像未发迹时一样使用布被。

孙被登三相，刘衣阐四方。（唐·李峤《布》）

鄂君香被　指男女欢爱。楚国王子与越国一女子互生爱慕，王子以袖拥之，举绣被覆之，与之交欢。亦作"越人绣被"。见《说苑·善说》。

湘女怨弦愁不禁，鄂君香被梦难穷。（唐·王初《自和书秋》）

备（備、*俻）bèi

古去声，四寘。逆博～彻～撤～弛～敕～淳～醇～大～陧～笃～顿～富～晐～火～稽～儆～款～隆～美～内～排～甚～适～水～顺～提～田～外～畏～文～悉～疑～异～营～逾～雨～豫～渊～圆～昭～臻～正～治～麈～撰～资～顺～安库～安钱～百姓～榜～辜～固～尽～考～恪～缕～论～名～数～水～卫～文～闻～豫～至例因知行雨偏，妻子五刑备。（唐·元稹《出门行》）熔金象牙角，尺木无不备。（唐·陆龟蒙《奉和袭美太湖诗二十首·投龙潭》）

倍bèi

古上声，十贿。逆鄙～不～功～兼～慢～偏～相～勇气～逾～再～顺～阿～本～偿～常～称～处～道～德～读～反～功～极～奸～经～偭～谲～禄～率～叛～畔～切～日～世～殊～贪～万～文～息～徙～屣～葰～心～言～依～渊～摘～招～擿例雄哮乍咽绝，每发壮益倍。（唐·韩愈《嘲鼾睡》）要比庄椿，八数更加千倍。（宋·丁察院《万年欢·葛井丹明》）

贝（貝）bèi

古去声，九泰。逆北～编～财～琛～梵楮～骨～龟～含～黄～玑～吉～劫～拷～螺～南～齐～泉～蜃～行～玄～瑶～贻～译～酱～真～朱～壮～濯～顺～币～编～城～错～带～典～多～多经～多罗～多叶～梵～函～玑～夹～贾～槛～锦～经～勒～辂～面～朋～萋～丘～阙～书～树～塔～文～筵～叶宫～叶偈～叶经～叶篇～玉～帙～胄～子例色展天机，光摇海贝。锦囊日月奚童背。（宋·张炎《踏莎行·水落槎枯》）

狈（狽）bèi

古去声，九泰。逆颠～狼～例戎夷非草木，侵逐使狼狈。（唐·王昌龄《宿灞上寄侍御玙弟》）

臂bèi　另见221页bì。

古去声，四寘。逆胳～

焙bèi　①用微火烘烤。②特指烘茶的器具。

古去声，十一队。逆艾～茶～春～贡～龙～熏～顺～茶～粉～茧～茗～人～笙炭～药～造～治例花占枝头饮日焙。金汞初抽，火鼎铅华退。（宋·张炎《蝶恋花·花占枝头饮日焙》）

悖（*誖）bèi　逆。

古去声，十一队。又：入声，六月同。逆傲～暴～鄙～不～猖～出入～诋～烦～放～诟～乖～很～横～荒～悔～骄～惊～狂～老～戾～乱～慢～眊～迷～逆～强～忍～私～贪～讨～顽～违～诬～无～相～枭～邪～心～凶～喧～言～淫～诛～顺～傲～慠～骜～暴～悖～恶～悍～悔～晦～惑～狂～戾～乱～嫚～慢～冒～耄～谬～缪～逆～虐～叛～畔～时～忒～惘～妄～牾～险～言～异

蓓bèi　蓓蕾，花骨朵儿。

古上声，十贿。逆金～顺～蕾

褙bèi　褾褙，把布或纸一层一层地粘在一起。

古《集韵》：去声，队韵。逆褾～褫～打～袼～绫～皂～顺～褾～褡～纸～子

惫（憊）bèi

古去声，十卦。逆罢～弊～顿～寒～耗～昏～惛～饥～疾～瘠～倦～困～狼～劳～老～羸～癃～绵～贫～起～衰～体～颓～歪～顽～消～虚～赢～余～顺～喘～坏～竭～衿～赖～懒～劳～老～懑～驽～色～损

糒bèi　干粮。

古去声，四寘。逆餔～脯～干～糇～米～粮～滫～枣～

鞴bèi　①将鞍辔等套在马身上。②鼓风吹火的皮囊。

古去声，四寘。逆鞴～鹅～鼓～炉～鑪～顺～勒～马例晓月将沈，征骖已鞴。愁肠乱、又还分袂。（宋·柳永《殢人娇·当日相逢》）

碚bèi　地名。

逆北～顺～礧～磊

邶bèi　古国名。

古上平，四支。顺～诗

吹chuì　（旧音。今归并到chuī）①乐曲。②风。另见260页chuī。

古去声，四寘。逆宝～边～吹～凤

～歌～鼓～寒～豪～横～金～钧～凉～流～龙～鸾～梅～铙～暖～鼙～齐～青～清～秋～肉鼓～山～商～霜～朔～松～蛙～晚～弦～香～箫～雅～阳～野～玉～顺～吹～金～乐～苓～台例凄凄动幽幔，寂寂惊寒吹。（唐·韦应物《出还》）

典凤吹　泛指笙箫细乐，又喻指世外仙音。亦作“吹笙凤鸣”。见《列仙传·王子乔》。

瑶轩绮构何崔嵬，鸾歌凤吹清且哀。（唐·王勃《临高台》）

蛙吹　蛙鸣听似朝廷雅乐门类“鼓吹”，故称蛙吹，寄寓听者陶醉自然的情怀。亦作“两部鼓吹”“群蛙鼓吹”“喧天鼓吹”“蛙鸣鼓吹”“蛙声鼓吹”“蛙鼓”“蛙鸣”“两部蛙声鸣鼓吹”。

蛙吹鸣还息，蛛罗灭又光。（唐·韦庄《夏夜》）

诗肠鼓吹　南朝宋画家戴颙认为黄鹂的鸣声可激发诗情，后咏黄鹂。旧题唐·冯贽《云仙杂记》卷二：“戴颙春日携双柑斗酒，人问何之，曰：‘往听黄鹂声，此俗耳针砭，诗肠鼓吹，汝知之乎？’”

别有诗肠鼓吹，未关他、等闲俗耳。（宋·赵长卿《水龙吟·天教占得如簧》）

竹西歌吹　咏扬州或喻指歌舞热闹之处。唐·杜牧《题扬州禅智寺》：“谁知竹西路，歌吹是扬州。”

脆（*脃）cuì

古去声，八霁。逆崩～迸～碧～蓬～肥～风～肤～浮～尖～娇～骄～隽～鱉～懦～柔～软～耎～三白～松～恬～危～险～新～贞～顺～促～断～管～好～快～亮～美～怯～生生例荷梗白玉香，荇菜青丝脆。（唐·唐彦谦《夏日访友》）此际宸游，凤辇何处，度管弦清脆。（宋·柳永《醉蓬莱·渐亭皋叶下》）

翠cuì

古去声，四寘。逆白～摆～愁～丛～娥～寒～黑～横～红～花～环～金～菁～静～孔～岚～敛～蜺～暖～青～晴～山～生～踏～吐～晚～撷～烟～拥～鱼～郁～顺～葆～鬓～箔～灿～粲～帱～黛～珰～滴～篁～娥～蛾～峰～管～翰～红乡～縠～鬟～黄～篁～髻～衿～襟～锦～旌～旍～裾～筠～琅玕～粒～鬣～鳞～麟～笼～楼～麓～纶～罗～螺～旄～茂～帽～篾～墨～幕～辇～旆～軿～翘～虬～裘～鹊～裙～茸～绥～蕤～幄～雾～椵～巇～绡～筱～虚～烟～琰～巘～靥～帟～鹬～茵～簪～旃～尊～樽例陆郎倚醉牵罗袂，夺得宝钗金翡翠。（唐·李贺《少年乐》）

典七蓂余翠　借指每月中的时日。古代传说：尧时有草，月初开始日生一荚；十六日起日落一荚，可据以计日。亦作“七叶蓂飞”。见《竹书纪年·帝尧陶唐氏》。

七蓂余翠，半月流素影徘徊。（宋·石孝友《水调歌头·清霜洗空阔》）

粹cuì

古去声，四寘。逆禀～充～冲～淳～端～丰～高～弘～闳～浑～警～宽～明～凝～秾～醇～朴～全～深～醰～温～闲～淹～养～夷～雍～毓～渊～贞～真～忠～顺～白～和～毛～穆～器～清～悫～然～埶～温～学～夷～愿～正～质例雾衣夜披拂，眠坛梦真粹。（唐·李贺《昌谷诗》）

瘁cuì　①劳累。②病困。③憔悴。④毁；损坏。

古《广韵》：去声，至韵。逆邦～悲～憯～殚～颠～雕～槁～寒～艰～孔～枯～况～困～零～贫～顿～憔～瘵～勤～懃～劬～癯～茕～殄～陨～痿～朽～隐～顺～瘅～赧～臞～摄～索～心～音～喑～志例孤竹双清，紫荆半落，到此吟枯神瘁。（宋·刘辰翁《齐天乐·海枯泣尽天吴泪》）

毳cuì　鸟兽细毛。

古去声，八霁。逆氄～北～鹜～毳～鹅～反～甘～鹤～鸿～金～柔～耎～霜～素～驼～纤～轩～雪～鵕～毡～旃～顺～布～殿～饭～服～工～冠～髭～罽～客～帘～冕～幙～囊～裘～膻～俗～索～锡～衣～裀～帐例胡为托幽命，庇质无完毳。（唐·鲍溶《子规》）

橇（毳）cuì　重捣。见523页qiāo。

古《广韵》：去声，祭韵。

萃cuì　①草丛生貌。②聚集。③群；类。④止息。

古去声，四寘。逆拔～犇～辟～出～丛～潨～摧～顿～会～戟～蕉～来～类～鳞～七～群～森～四～傱～屯～文～雾～啸～撷～云～攒～招～臻～钟～顺～蔡～次～萃～恶～集～聚～类～辱～傱～止例卫法大臣过，佐游群英萃。（唐·颜真卿《赠僧皎然》）相遇处，满城鹤发群仙萃。（宋·李浙《千秋岁·鄮峰凝瑞》）

典七萃　指皇帝卫队，或泛指精锐的部队。七萃为周王的禁卫军，由七支精干的队伍组成。见《穆天子传》卷一。

七萃禁戈攒月冷，万侯朝璧照霜空。（宋·宋祁《和晏公圜丘诗》）

啐cuì　①尝；小饮。②叹词，表示轻蔑或斥责。③用力吐出。

古《广韵》：去声，队韵。逆嘈～斥～咄～唾～顺～尝～酒～醴～骂～饮例衣单为舞穿，酒尽缘歌啐。（唐·寒山《诗三百三首》其一四二）

悴（*顇）cuì

古去声，四寘。逆哀～懊～病～惨～残～憯～沉～丑～丛～摧～凋～雕～顿～槁～秏～耗～荒～昏～煎～樵～尽～枯～困～羸～买憔～愍～疲～朴～憔～勤～劬～茕～衰～殄～瘏～屯～尪～萎～萧～偃～贞～顺～薄～惨～槁～荒～贱～沮～劣～民～容～颜～族例淡蛾流平碧，薄月眇阴悴。（唐·李贺《昌谷诗》）衣带渐宽终不悔。为伊消得人憔悴。（宋·柳永《凤栖梧·伫倚危楼风细细》）

典兰成愁悴　兰成，庾信小字。庾信在文章中抒发羁老异国，有家难返的乡关之思。指离乡之人的愁苦之情。亦作“兰成憔悴”“兰成久旅”“兰成老去”“愁损兰成”。见北周·庾信《哀江南赋》。

应笑楚客才高，兰成愁悴，遗恨传千古。（宋·黄升《酹江月·西风解事》）

袁宏憔悴　喻指文人失意伤感。《晋书·袁宏传》：“宏有逸才，文章绝美，曾为咏史诗，是其风情所寄。少孤贫，以运租自业。”

独有袁宏正憔悴，一樽惆怅落花时。（唐·温庭筠《寄岳州李外郎远》）

淬（*焠）cuì

古去声，十一队。逆锤～砥～锻～浸～砺～砻～磨～陶～顺～妃～鉴～镜～溃～励～濿～练～勉～磨～刃～浴～琢例良马足尚踠，宝刀光未淬。（唐·王昌龄《宿灞上寄侍御玙弟》）嵇松领岁寒，庄剑无砻淬。（唐·贯休《上孙使君》）

綷cuì ①五色杂合的丝织品。②五色。③杂合；混合。

古《广韵》：去声，队韵。逆縩～皮～顺～縩～粲～疏～咏

对（對）duì

古去声，十一队。逆阿～闇～扳～板～毕～陛～扁～匾～辨～辩～簿～参～册～酬～詶～雠～辞～次～赐～蹉～待～的～登～掂～犯～敷～给～鳏～诡～酣～候～机～佳～假～坚～接～诘～谨～觏～举～抗～理～鲤～例～俪～流水～轮～磨～披～屏～哀～强～切～请～撒～扇～赏～失～事～肃～素～堂～头～悟～晤～宣～训～臆～姻～印～映～冤～原～择～瞻～招～召～照～支～置～主～属～专～颛～转～追～擢～咨～顺～案～保～本～笔～册～荅～籴～读～副～股～国～捍～号～合～还～火～见～胶～禁～景～境～句～邻～面襟～命～年～耦～牌～棋～亲～日～生～食～同～玩～蔚～文～窝～膝～席～隙～消～销～心～揖～姻～语～御～遇～圆～月～掌～诏～针～值～跖～治～属～注～字例石林绕舜祠，西南正相对。（唐·元结《游石溪示学者》）五云溪，门深闭。璧月长相对。（宋·贺铸《弄珠英·楚乡新岁》）

典**阿对** 代指仆人。唐·吴融《乡嵩居·阿对泉》："五陵年少如相问，阿对泉头一布衣。"诗自注："阿对是杨伯起家僮，尝引泉灌蔬，泉至今在。"

赖有吾家老阿对，相从引水灌园蔬。（宋·陆游《独坐视老奴灌园》）

楚囚相对 指像楚囚那样相对哭泣而没有其他作为。《世说新语·言语》："过江诸人，每至美日，辄相邀新亭，藉卉饮宴，周侯中坐而叹曰：'风景不殊，正自有山河之异！'皆相视流泪。唯王丞相愀然变色曰：'当共戮力王室，克复神州，何至作楚囚相对。'"

却恨杜鹃啼血处，楚囚相对泣难收。（宋·柴随亨《寄叠山谢年丈》）

刻木难对 指面对狱吏有损人格，士人宁愿引决也不愿面对它。《汉书·路温舒传》："故俗语曰：'画地为狱，议不入；刻木为吏，期不对。'此皆疾吏之风，悲痛之辞也。"即使是木头刻的狱吏，人们也决不要同他对质。

刻木终难对，焚芝未改芳。（唐·柳宗元《弘农公》）

雾中相对 指年老眼昏，看花都像隔了一层雾。唐·杜甫《小寒食舟中作》："春水船如天上坐，老年花似雾中看。"

揩摹愁眼，雾中相对依约。（宋·范成大《念奴娇·十年旧事》）

夜阑相对 与思念的人重聚如在梦中。唐·杜甫《羌村》："柴门鸟雀噪，归客千里至。妻孥怪我在，惊定还拭泪。世乱遭飘荡，生还偶然遂。……夜阑更秉烛，相对如梦寐。"

夜阑相对真成梦，清酒浩歌双剑横。（宋·文天祥《吴小村》）

队（隊）duì

古去声，十一队。逆案～摆～本～标～趁～矮～颠～斗～废～风～横～后～火～夹毂～角抵～锦～客～空～辽～六～前～区～曲～肃～素～亭～同～团云～陷～校～牙～衙～饮～陨～賷～攒～柘枝～逐～幢～追～作～顺～官～率～日～舞～正～子例于诸作者间，拔戟成一队。（唐·皇甫湜《题浯溪石》）

典**五花结队** 指贵族出游时繁华绚丽的场景。《旧唐书·杨贵妃传》："玄宗每年十月幸华清宫，国忠姊妹五家扈从，每家为一队，着一色衣，五家合队，照映如百花之焕发，而遗钿坠舄，瑟瑟珠翠，璨瓓芳馥于路。"

五花结队香如雾，一朵倾城醉未苏。（宋·辛弃疾《鹧鸪天·翠盖牙签几百株》）

碓duì ①舂米的工具。②捣；舂。

古去声，十一队。逆槽～舂～剉～大舂～大剉～捣～地～风～脚～离～踏～溪～豁～行～顺～舂～捣～臼～颡～梢～桯～头～投～硙～栅～嘴

兑duì ①喜悦。②通达。③卦名。兑为西方之卦，故亦以"兑"指西方。④兑换。⑤孔穴。

古去声，九泰。逆摈～操～搀～出～弹～开～科～领～侫～上～雩～正～顺～拨～换～禽～人～现～音～隅～域～悦～运～泽～准

怼（懟）duì ①怨恨。②狠戾；凶狠。

古去声，四寘。逆不～雠～愤～高～恚～愧～陷～愠～顺～笔～憾～恨～怒～险～怨例汝夜披黄卷，日餐丹荔，贻伊戚、将谁怼。（宋·刘克庄《水龙吟·此翁幸自偏盲》）

憝duì 恶。

古去声，十一队。逆大～豪～巨～元～怨～顺～魁

典**大憝** 指大恶之人。《尚书·康诰》："王曰：'封，元恶大憝，矧惟不孝不友。'"

岂忧天下有大憝，四郊刁斗常铮铮。（唐·吴融《风雨吟》）

敦duì 另见260页duī、715页dūn。

古去声，十一队。逆鼎～金～瓦～玉～顺～盘

诶（誒、欸）èi 表示同意。另见260页ēi、269页éi、276页ěi。"欸"另见316页ǎi。

废（廢）fèi

古去声，十一队。逆摈～弛～除～黜～疵～雕～杜～钝～顿～惰～遏～蛊～耗～痕～隳～稽～蹇～隆～癃～挛～排～畔～圮～屏～起～阙～三～疏～殄～停～痿～芜～徙～廞～玄～湮～抑～陻～堙～幽～阤～中～追～坐～顺～彻～弛～黜～辍～队～顿～负～锢～后～籍～居～慢～免～民～丘～阙～熄～业～置～逐～坠例今谁不务武，儒雅道将废。（唐·元结《游石

溪示学者》)欲待化、丰乐楼前,青门都废。(宋·彭元逊《六丑》)

典谢鲲吟未废 指名士自取其辱后并不介意,照样放达。《世说新语·赏誉》:"谢公道豫章:'若遇七贤,必自把臂入林。'"南朝梁刘孝标注引《江左名士传》载谢鲲因调戏邻家女子被女子掷织梭砸断二齿,犹自称"不废啸歌",时人以为放达。

谢鲲吟未废,张硕梦堪思。(唐·韩偓《春闷偶成十二韵》)

沸 fèi 另见 403 页 fú。

古去声,五未。逆奔~崩~滭~鬻~浡~茶~蹙~繁~粉~濆~羹~涫~灌~海~哗~讙~九~麻~糜~麋~渍~漂~潜~蜩~箫鼓~星~炎~扬~涌~震~顺~稠~传~唇~动~耳~涫~聒~卉~激~潏~溃~闹~然~射~沸~天~渭~汚~喧~踊~郁~跃

典鼎沸 喻形势纷扰动乱,或指场面热闹。见《汉书·霍光传》。

四海如鼎沸,五原徒自尊。(唐·高适《登百丈峰二首》其一)

费(費)fèi 另见 222 页 bì。

古去声,五未。逆般~傍~倍~部~漕~侈~川~辞~烦~繁~浮~功~国~裹~豪~秏~横~厚~化~解~傚~巨~口~廪~漏~糜~麋~靡~末~期集~牵~冗~省~贴~枉~罔~违~献~凶~选~虮~赢~札~珍~支~赀~顺~猜~财~出~烦~害~捐~口~累~礼~连~留~吕~糜~靡~难~散~设~失~士~损~务~项~役~引~用

肺 fèi

古去声,十一队。逆风~祭~焦~枯~离~切~窝囊~削~徐家~膺~顺~腑交~附~怀~金~渴~劳~痨~石~腧~俞~札例苍鹰摆血,白凤下肺。(唐·李贺《假龙吟歌》)

吠 fèi

古去声,十一队。逆嗥~龙也~蛙~狺~迎~嘷~顺~蛤~嘷~瑠璃~龙~厖~日~奢~舍~陀~形~雪~尧例高轩俯清流,一犬隔花吠。(唐·唐彦谦《夏日访友》)

菲 fèi 草鞋,通"屝"。

古去声,五未。另见 262 页 fēi、276 页 fěi。

逆菅~鹿~麻~绳~

痱(疿)fèi

古去声,五未。逆痤~风~暑~喑~顺~磊~瘖

芾 fèi 蔽芾,幼小貌。

古去声,五未。逆蔽~棠~例清明官府歌棠芾。且萧闲事外,下看玉城珠市。(宋·李公昴《贺新郎·绣谷流明帜》)

典蔽芾 相传西周的召伯曾在棠树下听讼断狱,办理政事,公正无私,使官民各得其所,天下大治。后人因作《甘棠》诗歌颂其政绩,诗中有"蔽芾甘棠"之句。后因以"蔽芾""甘棠"或者二者的合称"棠芾"等来赞颂地方官员的美政,也用以追思贤德的官员。见《诗经·召南·甘棠》。

诗歌甘棠美召伯,爱惜蔽芾由思人。(宋·王安石《吴长文新得颜公坏碑》)

狒 fèi

古去声,五未。逆狒~猩~

桂 guì

古去声,八霁。逆八~蟾~炊~春~椿~爨~得~东堂~掇~芳~官~衡~红~贾~姜~椒~菌~箘~兰~零~柳~绿~买~牡~攀~郗~青~却~却诜~然~肉~森~诜~失~石~束~筒~五~仙~仙人~新~薪~雪~岩~一枝~玉~折~贞~朱~珠~擢~樽~顺~葆~布~策~蟾~栋~蠹~娥~饵~坊~粉~父~膏~馆~海~户~楫~籍~姜~浆~椒~酒~剧~客~窟~阃~獠~陵~露~绿~轮~偶~魄~圃~戚~旗~琴~寝~阙~荏~觞~石~台~堂~糖~荼~柁~菀~庑~席~系~心~薪~醑~序~烟~轺~椣~影~玉~阈~渊~棹~折~轸~芝~烛~渚~尊~樽~罇例何人剪碎天边桂。散作瑶田琼蕊。(宋·晏殊《秋蕊香·向晓雪花呈瑞》)

典八桂 指代桂州。古代传说,番隅之东(今广西桂林)有八棵大桂树,八树成林。《山海经·海内南经》:"桂林八树,在番隅东。"

八桂暧如画。三桑眇若浮。(南朝宋·沈约《秋晨羁怨望海思归诗》)

攀桂 喻指科举中第。亦作"攀仙桂""折桂""攀天上桂""小山桂"。见《楚辞·招隐士》和《晋书·郄诜传》。

我向淮南攀桂枝,君留洛北愁梦思。(唐·李白《忆旧游寄谯郡元参军》)

月桂 喻指科第。亦作"月殿游"。南朝梁·萧绎《漏刻铭》:"宫槐晚合,月桂宵晖。"因月中桂高悬于天,犹似中举之难,故后称攀折月桂为考得科第。

名场失手一年年,月桂尝闻到手边。(唐·方干《题赠李校书》)

爨丹桂 指食品比玉还要珍贵,柴火比桂还要难得。亦作"米珠薪桂""食玉薪桂"。见《战国策·楚策三》。

公卿红粒爨丹桂,黔首白骨封青苔。(唐·钱起《秋霖曲》)

月中桂 喻指秋月,也喻科第。亦作"月中丹桂""月里一枝桂""广寒丹桂""广寒折高枝"。晋·虞喜《安天论》:"俗传月中仙人桂树,今视其初生,见仙人之足,渐已成形,桂树后生。"

斫却月中桂,清光应更多。(唐·杜甫《一百五日夜对月》)

一枝桂 喻指考取功名、科举中第,有时喻指科举第一名。亦作"一枝""一枝仙桂""折桂""桂折""擢桂""芳桂""手中有桂""东堂桂""东堂策""桂枝"。《晋书·郄诜传》:"(郄诜)以对策上第,拜议郎。……累迁雍州刺史。武帝于东堂会送,问诜曰:'卿自以为何如?'诜对曰:'臣举贤良对策,为天下第一,犹桂林之一枝,昆山之片玉。'帝笑。"

折将蟾苑一枝桂,泛入萱堂百岁杯。(宋·陆游《寄彦成荣归》)

淮南幽桂 咏桂树,也指隐士居住的幽雅环境。见《楚辞·招隐士》。

罢酒兰舟回楚桅,相思何处今宵。淮南幽桂水云饶。(宋·晁补之《临江仙·君似苍崖千仞竹》)

灵椿丹桂 喻指父子俱显,子辈中第腾达,父辈长寿。椿树是寿命极长的,因此喻指父亲。丹桂指儿

子中第。亦作"一门椿桂"。宋·释文莹《玉壶清话》卷二:"窦禹钧生五子:仪、俨、侃、偁、僖等,相继登科,冯道赠禹钧诗,有'灵椿一树老,丹桂五枝芳'。"窦禹钧,五代后周蓟州渔阳(今天津蓟县)人。古代渔阳属燕国,地处燕山一带,因此,后人称窦禹钧为窦燕山。

灵椿丹桂君家有,莫羡燕山窦十郎。(宋·杨万里《赠刘惠卿二首》其二)

一轮秋桂 借指圆月。亦作"一轮丹桂"。见晋·虞喜《安天论》。

撼动一轮秋桂,照人间愁绝。(宋·陈三聘《好事近·我欲御天风》)

月中斫桂 月中吴刚故事。亦作"斫广寒丹桂""斫却桂枝""斫广寒香""吴刚伐桂"。唐·段成式《酉阳杂俎·天咫》:"旧言月中有桂,有蟾蜍,故异书言月桂高五百丈,下有一人常斫之,树创随合,人姓吴名刚,西河人,学仙有过,谪令伐树。"

月中斫桂吴夫子,定是长生不记年。(宋·李刘《鹧鸪天·恰则重阳信宿前》)

贵(貴)guì

㊍去声,五未。㊀昂~八~暴~朝~崇~鼎~发~负~故~豪~华~简~僭~降~金屋~靳~倨~旷~良~六~履~冒~蒙~靡~七~清~取~全~儒~三~时~世~宿~腾~天~通~五马~乡~翔~雄~炎~印~要~议~懿~涌~踊~鬻~宰~贞~征~整~纸~中~骤~专~㊁~爱~本~彩~侈~宠~大~当~珰~貂~阀~躬~骨~豪~好~赫~横~获~姬~简~降~节~介~倨~踞~峻~科~买~满~忙~末~睦~慕~孽~烝~巧~酋~热~冗~上~尚~牲~胜~疏~素~粟~损~腾~同~涂~望~无~惜~习~侠~先~献~艳~验~焰~恙~异~意~溢~胤~踊~游~圉~庾~欲~造~兆~珍~正~秩~胄㊃露冕见三吴,方知百城贵。(唐·王维《送缙云苗太守》)箬笠青蓑,未减貂蝉贵。云涛里。(宋·苏庠《点绛唇·冰勒轻飔》)

㊇**七贵** 泛指权贵。潘岳《西征赋》:"窥七贵于汉庭,譸一姓之或在。"唐李周翰注:"汉庭七贵,吕、霍、上官、丁、赵、傅、王,并后族也。"

昔在长安醉花柳,五侯七贵同杯酒。(唐·李白《流夜郎赠辛判官》)

缝掖贵 缝掖原指儒生服,后代指学者、书生。缝掖贵指读书人受到重视。见《礼记·儒行》。

圣代只今缝掖贵,行看紫凤上丹霄。(明·周玄《赋秋江离思》)

七叶贵 喻指世代显贵。金日磾在汉武帝朝历任高官要职,他很会攀处关系,得到皇帝的欢心,七世子孙皆为近臣。见《汉书·金日磾传》。

貂蝉七叶贵,鸿鹄万里游。(唐·王昌龄《留别岑参兄弟》)

双绶贵 指承蒙祖先荫庇。绶标志着官吏的等级,佩双绶,显示尊贵。金日磾二子因父尊而佩两绶。见《汉书·金日磾传》。

别殿对回双绶贵,后门归夜九枝然。(宋·钱惟演《公子》)

长安纸贵 借指作品深受众爱、风行一时、广为流传。亦作"纸贵""纸价高""纸贵之誉""洛阳纸贵"。见《晋书·左思传》。

长安纸贵,流传一字,千金争舍。(宋·辛弃疾《水龙吟·被公惊倒瓢泉》)

墦间富贵 喻指靠乞求获得富贵。《孟子·离娄下》载齐人每日去墓地向祭坟人乞讨残饭而食,回来却告诉自己的妻妾自己与富人一同吃喝。

看墦间富贵,妻妾笑施施。(宋·何梦桂《八声甘州·自辽东鹤去》)

买臣富贵 指虽当下生活贫苦,但后来有仕宦富贵之望。《汉书·朱买臣传》载朱买臣,家贫而妻求去,后官至会稽太守,上谓买臣曰:"富贵不归故乡,如衣绣夜行。今子何如?"

五十买臣多富贵,八千庄叟定年龄。(宋·项安世《承甫兄生日用去腊见惠之韵》)

母以子贵 泛指母亲因儿子的关系而受人尊敬。《公羊传·隐公元年》:"桓公幼而贵,隐公长而卑,桓何以贵?母贵也。母贵则子何以贵?子以母贵,母以子贵。"原指在封建社会古代庶子继位,其母的地位也因之而提高。

恩波浩浩沃所生,母以子贵亦其理。(明·罗玘《刘母七十封安人再庆诗》)

柜(櫃)guì 另见437页jǔ。

㊍《广韵》:去声,至韵。㊀春~地掌~佛~轿~僦~拦~栏~钱~轼~押~牙~㊁~坊~房~吏~签~身~田

桧(檜)guì 另见325页kuài。

㊍去声,九泰。㊀白公~苍~古~翰~凌云~杉~霜~松~土~贞~㊁~柏~楫~烟~樾~宅

㊇**咏桧** 指诗人吟物作诗险涉文字狱。亦作"彼自咏桧"。宋·叶梦得《石林诗话》:"元丰间,苏子瞻系大理狱。神宗本无心深罪子瞻,时相进呈,忽言苏轼于陛下有不臣意。神宗改容曰:'轼固有罪。然于朕不应至是。卿何以知之?'时相因举轼《桧》诗'根到九泉无曲处,世间唯有蛰龙知'之句,对曰:'陛下飞龙在天,轼以为不知己,而求之地下之蛰龙,非不臣而何?'神宗曰:'诗人之词,安可如此论?彼自咏桧,何预朕事?'时相语塞。"

人间火烈更风虿,笑杀幽人咏桧枝。(宋·陈造《闲适二首》其二)

跪guì

㊍上声,四纸。㊀八~跌~胡~互~跽~跄~抢~双~刖~㊁~参~辞~经~练~灵~履~门~膜~石㊃楚有望气人,王前忽长跪。(唐·元稹《出门行》)明朝怯见官,苦苦灯前跪。(唐·唐彦谦《宿田家》)

刿(劌)guì

㊍《广韵》:去声,泰韵。又:入声,末韵同。㊁~伍~子手

鳜(鱖)guì

㊍去声,八霁。又:入声,六月同。㊀河~鲈~桃花~㊁~豚~鱼

蹶guì ①遽动。②蹶蹶,敏捷貌。另见119页jué。

㊍去声,八霁。㊁~动~蹶~身

～石

会(會)huì 另325页kuài。

㊄去声，九泰。㊃八～八音～半～扮～才～采～昌～朡～旦～厄～陒～繁～抚～傅～贡～构～搆～遘～惯～亨～和～箕～醮～金钱～觐～迳～境～纠～旬～苦～寮～腊～楞严～李～良～龙～龙华～龙象～露～蛮～谬～娉～酺～七老～綦～启～钱～强～窍～清～取～榷～阮家～三点～三合～畝～山～山阳～识～宿～撢尘～王～无碍～无遮～吴～五狷～晤～隙～享～嚣～晓～啸～衅～恤～嫠～巡风～摇～移～饮～应～樱笋～盂兰～鱼篮～元～云～运～攒～臧～遭～乍～招～征～烝～正～至～昼～抓～综～走～醉～作～㊅～办～禀～昌～逮～道门～得～觌～吊～董～对～非～归～解～酒～鞠～魁～郎～门～明～偶～派～气～钱～且～丧～圣～食～市～首～推～闹～衔～性～厌～谳～燕～元～杂～账～诊～正～值～稡～最～蕞㊆何事暑天过，快意风雨会。(唐·杜甫《万丈潭》)意密莲深秋正媚，将花寄恨无人会。(宋·欧阳修《蝶恋花·一掬天和金粉腻》)

㊇**亨会**　指众多美好事物会聚在一起。《周易·乾卦·文言》："亨者，嘉之会也。"孔颖达疏："嘉，美也。言天能通畅万物，使物嘉美之会聚。"

偶与亨会并，遂窃空名宠。(宋·宋祁《抒怀上孙侍讲学士》)

百人会　喻指盛会，也指身受宠遇。晋孝武帝司马曜在西堂召集朝臣开会，伏滔在会上受到宠遇，会后对儿子夸耀此事，称之为"百人高会"。见《世说新语·宠礼》。

百人会中身不预，五侯门前心不能。(唐·王维《不遇咏》)

德星会　咏贤士的聚会或贤士的行踪。亦作"聚星""聚德星""德星"。《世说新语·德行》载陈寔率子孙造访荀淑父子，陈荀两家都是有德之人，太史察看天象，说是"德星聚会"。

德星常有会，相望在文昌。(唐·孙逖《和韦兄春日南亭宴兄弟》)

风云会　喻指有良好的际遇施展政治抱负，或指祝愿对方把握良机，建立功勋。亦作"风云际"。吴季重《答魏太子笺》："臣幸得下愚之才，值风云之会。"李善注："《周易》曰：'云从龙，虎从风。'"

百年冠盖风云会，万里山川日月新。(宋·王安石《送何正臣主簿》)

黄池会　指吴国盛极而衰之事。春秋时，吴国想称霸，曾于鲁哀公十四年会诸侯于黄池结盟。见《左传·哀公十三年》。

黄池高会事未终，沧海横流人荡覆。(唐·刘长卿《登吴古城歌》)

金钱会　指唐代宫苑中的一种娱乐活动，以掷金钱为戏，借指骄奢淫逸。五代·王仁裕《开元天宝遗事》："内庭嫔妃，春时禁中结伴，掷金钱为戏。"《开元别记》："明皇与妃子在花萼楼下掷金钱，以远近为限，赛其元掷于地者，以金觥为赏。今里巷犹效之。"

隔江阻预金钱会，梦到君家社甕边。(宋·王洋《喜杨致平登第》)

兰亭会　指文人宴集或修禊集会。晋王羲之等人于会稽兰亭宴集修禊，与会者饮酒赋诗极尽游赏之兴。王羲之等人聚会修禊之兰亭地处山阴。因此，"兰亭会"亦作"山阴会""山阴游""山阴兴"。见《晋书·王羲之传》。

不及兰亭会，空吟祓禊诗。(唐·孟浩然《江上寄山阴崔少府国辅》)

龙华会　亦作"龙华三会"。《弥勒下生经》："坐龙华菩提树下，得阿耨多罗三藐三菩提。在华林园，其园纵广一百由旬，大众满中。初会说法，九十六亿人得阿罗汉。第二次大会说法，九十四亿人得阿罗汉。第三次大会说法，九十二亿人得阿罗汉。弥勒佛既转法轮，度天人已，将诸弟子入城乞食。"

紫极殿前朝伏奏，龙华会里日相望。(唐·李颀《失题》)

牵牛会　指七夕佳节，也指夫妇或情人的团聚与离思。见南朝梁·吴均《续齐谐记·七夕牛女》。

经年岁，犹嗟不及牵牛会。(宋·欧阳修《渔家傲·七月芙蓉生翠水》)

山阳会　借指志趣相投的文人故友知己聚会。亦作"竹林会""竹林贤""竹林人""竹林七子""山阳旧侣"。《三国志·魏书·王粲传》裴松之注引《魏氏春秋》：嵇康"寓居河内之山阳县，与之游者，未尝见其喜愠之色。与陈留阮籍、河内山涛、河南向秀、籍兄子咸、琅邪王戎、沛人刘伶相与友善，游于竹林，号为'七贤'。"

傥忆山阳会，悲歌在一听。(唐·杜甫《赠翰林张四学士》)

投机会　指善于抓住时机。见《新唐书·张公谨传》。

认取投机会，莫作等闲看。(宋·蔡戡《水调歌头·拥节出闽峤》)

同轨会　指皇帝葬礼。《左传·隐公元年》："天子七月而葬，同轨毕至。"杜预注："言同轨，以别四夷之国。"古制，天子死后七个月下葬，"同轨毕至"，指海内诸侯全部参加葬礼。

桥山同轨会，轩后葬衣冠。(唐·武元衡《顺宗至德大圣皇帝挽歌词三首》其一)

涂山会　指皇帝临朝或召会群臣。《左传·哀公七年》："禹合诸侯于涂山，执玉帛者万国。"

玉帛涂山会，银黄越将垂。(宋·周必大《送汤相守绍兴二十韵》)

擘红高会　指富有酒食果蔬的宴会。唐·杜甫《宴戎州杨使君东楼》："座从歌伎密，乐任主人为。重碧拈春酒，轻红擘荔枝。"重碧、轻红代指酒和荔枝，诗描述的是宴席间剥食荔枝以佐酒。

暮年怕杀，汗青蠹简，擘红高会。(宋·刘克庄《水龙吟》)

君臣际会　喻指君臣之间的遇合促进王朝强盛。东汉王充《论衡》卷三："圣主龙兴于仓卒，良辅超拔于际会。世谓韩信、张良辅助汉主，故秦灭汉兴，高祖得王。"

长卿只为长门赋，未识君臣际会难。(唐·韩偓《中秋禁直》)

香山晏会　喻指高龄风雅老人的聚会。原指白居易等七位耆老于洛阳履道宅中的宴会。见唐·白居易《九老图诗序》。

举香山晏会，才先一载，愚深幸、获叨预。（宋·程霁岩《水龙吟·夏秋晦朔之间》）

惠 huì

古去声，八霁。逆拜～本～辩～才～宠～赐～达～单～等～邓～惇～敦～风～顾～光～机～寄～加～贾～简～见～徽～警～九～眷～康～柳～柳下～偏～平～清～庆～曲～若～三～神～市～姝～淑～硕～覃～天～威～温～文～渥～黠～贤～晓～秀～雅～夷～遗～阴～淫～英～贞～赈～志～种～周～子～顺～安～钞～存～而～蛄～函～化～济～剑～䟼～来～丽～连～临～气～巧～人～色～叔～文～文冠～问～悟～黠～鲜～心～音～邮～中～庄例萧萧白杨路，洞彻宝珠惠。（唐·杜甫《八哀诗》）竹风偷入五香帏。还有好音相惠。（宋·张继先《西江月·蓬户横开岑寂》）

典**绨袍惠**　借指念旧交、怜故人。亦作"绨袍赠""绨袍"。《史记·范雎列传》：范雎事魏大夫须贾，受其迫害，笞击几死。后范雎相秦，封以应地，号张禄。须贾使秦，范雎微行以见，"须贾意哀之，留与坐饮食，曰：'范叔一寒如此哉！'乃取一绨袍以赐之。"后，须贾知范叔即秦相张禄，乃肉袒谢罪。范雎曰："汝罪有三耳。……然公之所以得无死者，以绨袍恋恋，有故人之意，故释公。"

一寒休待绨袍惠，二顷须资负郭田。（宋·曹勋《怀归呈同官》）

慧 huì

古去声，八霁。逆才～端～佛～机～狡～警～獧～俊～狂～了～令～佞～奇～淑～夙～宿～檀～黠～秀～儇～牙后～英～营～早～诈～顺～藏～齿～灯～观～光～海～寂～剑～警～镜～炬～俊～力～丽～美～泉～日～水～听～黠～秀～艳～业～叶～雨～月～云～质～烛例既将慕幽绝，兼欲看定慧。（唐·刘长卿《送薛据宰涉县》）

绘（繪）huì

古去声，九泰。逆宝～采～测～缔～雕～访～黼～镂～绮～天～文～营～藻～顺～事～素～写～绚～真例浑忘却、功名债。凭谁妙笔能图绘。（宋·李震《贺新郎·楼据湖山背》）

秽（穢）huì

古去声，十一队。逆埃～暗～奥～秕～弊～逋～参～划～尘～虫～大～叨～点～繁～氛～芜～梗～痕～横～混～溷～疾～苛～廉～凌～弃～潜～群～冗～帑～三～矢～损～汪～蓊～无～险～嚣～衅～遗～翳～隐～幽～余～耘～臧～榛～顺～笔～草～渎～黩～貉～荟～溷～滥～累～廉～裂～嫚～貊～匿～器～倾～史～谈～仙～亵～媟～用～咒～訾例众归赒给美，摆落多藏秽。（唐·杜甫《八哀诗》）

典**羯鼓解秽**　敲击羯鼓，以解除不快，去除污秽与不快。后指用自己喜欢的事物来解除不快的情绪。见唐·南卓《羯鼓录》。

明朝羯鼓相从醉，正有唐宫解秽方。（清·吴保初《苻娄以诗贾祸》）

自觉形秽　指与人相比，自叹不如。亦作"自惭形秽"。见《世说新语·容止》。

自觉我形秽，明珠在我傍。（宋·江湘《赠李崇义应童子科长歌》）

晦 huì

①农历每月最后一天。②昏暗。③天黑；夜晚。④隐晦，不明显。⑤隐藏；隐逸。

古去声，十一队。逆背～悖～贬～繁～艰～开～霾～雾～濛～明～暝～难～潜～疏～朔～弦～显～向～宵～星～曛～旬～曀～迁～韫～贞～正～志～昼～自～遵～顺～藏～伏～光～黑～昒～迹～节～景～芒～盲～昧～雾～密～灭～名～明～默～魄～色～蚀～诵～望～伪～显～晓～养～夜～昱～在例青溪合冥莫，神物有显晦。（唐·杜甫《万丈潭》）足力穷时山已晦。却上轻舟，急棹穿沙背。（宋·李弥逊《蝶恋花·足力穷时山已晦》）

典**风雨如晦**　白天刮风下雨，天色暗得像黑夜一样。喻指乱世政治黑暗、社会不安，也指思念故人。亦作"风雨晦"。见《诗经·郑风·风雨》。

风雨虽如晦，鸡鸣不废晨。（宋·赵蕃《病中即事十五首》其一）

遵养时晦　原为颂扬周武王顺应时势，退守待时。后喻指顺应时势或环境，积蓄力量，暂时隐退，等待时机。见《诗经·周颂·酌》。

崎岖诸王幕，沉湎务遵养。（明·高启《顾荣庙》）

喙 huì

嘴。

古去声，十一队。逆百～地～雕～钩～豭～角～利～跂～黔～駾～息～拄～注～顺～息～争

诲（誨）huì

古去声，十一队。逆宠～慈～道～迪～笃～惇～规～化～还～嘉～鞠～镌～灵～纳～清～仁～圣～手～胎～往～慰～雅～燕～遗～音～谕～札～斟～箴～忠～作～顺～饬～存～导～道～迪～妒～谷～翰～奖～接～利～谟～情～让～色～示～授～淫～喻～约～正～殖例寥廓沉遐想，周遑奉遗诲。（唐·王勃《忽梦游仙》）

卉 huì

古去声，五未。又：上声，五尾同。逆赤～凡～沸～服～寒～葩～生～庶～旭～炎～阳～榛～众～椎～顺～布～服～汩～醴～裘～犬～裳～炜～翕～歙～衣例至今坟上春，草木无花卉。（唐·邵谒《贞女墓》）

汇[1]（匯、滙）huì

①河流相汇合。②聚集；聚合。③聚集而成的东西。

古上声，十贿。逆东～结～侨～溶～水～逃～迤～总～顺～水

汇[2]（彙）huì

"汇（匯、滙）②③"。

古去声，五未。逆部～品～哀～庶～条～万～综～顺～荐～刻～题～印～族

蕙 huì

古去声，八霁。逆绿～秋～香～幽～顺～兰梦～路～亩～缠～若～色～畹～问～肴～帐～炷例自言爱水石，本欲亲兰蕙。（唐·高适《赠别王十七管记》）几曾见、香旎旎。也不论兰休比蕙。（宋·朱敦儒《青玉案·芝房并蒂空称瑞》）

典**播兰蕙**　指播种香草，喻培养人才，也喻指培养美好的节操。亦作

"滋兰树蕙"。《楚辞·离骚》:"余既滋兰之九畹兮,又树蕙之百亩。"

名香播兰蕙,重价蕴琼瑶。(唐·岑参《和刑部成员外》)

解织宜名蕙 喻指思妇,也喻指闺思。《晋书·窦滔妻苏氏》:"窦滔妻苏氏,始平人也,名蕙,字若兰。喜属文。滔,苻坚时为秦州刺史,被徙流沙,苏氏思之,织锦为回文旋图诗以赠滔。宛转循环以读之,其词凄惋,凡八百四十字。"

解织宜名蕙,能歌合姓秦。(唐·吴融《和韩致光侍郎》其三)

阓 huì 商市。

古去声,十一队。逆鄽~革~阛~圜~市~驵~顺~阛

螝 huì

古去声,八霁。逆菌~顺~蛄

典**菌螝** 指生存时间极短的朝菌与螝蛄,喻短命者。《庄子·逍遥游》:"朝菌不知晦朔,螝蛄不知春秋,此小年也。楚之南有冥灵者,以五百岁为春,五百岁为秋;上古有大椿者,以八千岁为春,八千岁为秋,此大年也。"

徒以菌螝姿,缅攀修真诀。(唐·李群玉《别尹炼师》)

嘒 huì ①小声或轻脆的声音。②鸣叫。③光芒微小而晶莹。

古去声,八霁。逆蝉~嘒~顺~唳

例回塘澹暮色,日没众星嘒。(唐·杜甫《宿凿石浦》)

彗(篲)huì ①扫帚。②彗星。

古去声,四寘。又:去声,八霁同。逆拔~白~孛~操~策~祓~流~扫~妖~拥~篲~顺~孛~勃~茀~光~齐~气~日~扫~秃~筱~星~云~篲例几分汉廷竹,夙拥文侯篲。(唐·杜甫《八哀诗》)

典**拥彗** 即执帚。箒帚用以扫地清道,古人迎候宾客,常拥彗以示敬意。后用拥彗指极为诚挚尊敬的待客礼仪。又引申为扫清障碍。亦作"拥彗先驱"。见《史记·孟子荀卿列传》。

何不令皋繇拥彗横八极,直上青天挥浮云。(唐·李白《鲁郡尧祠》)

文侯彗 喻咏礼贤下士。战国魏文侯极尊重知识和人才,他以子夏为师,常拥彗以侍。见晋·阮籍《诣蒋公》。

几分汉廷竹,夙拥文侯彗。(唐·杜甫《八哀诗·赠秘书监江夏李公邕》)

讳(諱)huì

古去声,五未。逆惭~斥~抵~奉~干~革~公~空~连~偏~胎~褒~正~顺~辟~蔽~疾~讦~门~屈~犬~人~生~饰格~谀例天子方从谏,朝廷无忌讳。(唐·白居易《初授拾遗》)书册如仇,旧游浑讳。有怀不断人应异。(宋·陈亮《踏莎行·书册如仇》)

贿(賄)huì ①财物。②赠送财物;亦泛指赠送。③用财物收买;亦指用来收买的财物。

古上声,十贿。逆宝~黩~方~居~纳~挈~赇~臧~责~珍~赀~顺~庇~和~交~门~求~赇~托~纵

恚 huì 愤激,怨恨。

古去声,四寘。逆惭~瞋~耻~毒~奋~怫~感~憾~记~解~穷~私~愠~震~顺~碍~刀~怼~忿~汗~疾~忌~目~挞~望~责~訾

溃(潰)huì (疮)溃烂。另见本页 kuì。

古去声,十一队。顺~腐~腹~引~痈

荟(薈)huì 草木茂盛。

古去声,九泰。逆崇~丛~秽~潜~蔚~蓊~芜~翳~蘙~榛~顺~蔚~蘙~蕞

烩(燴)huì 红烧。

逆一勺~油炸~顺~饼~虾仁

哕(噦)huì 鸟叫声。另见123页 yuē。

古去声,九泰。逆哕~顺~喈~息

靧 huì 洗脸。

古去声,十一队。逆盥~顺~盥~粱~面~沐~雨~浴~泽

愧(*媿)kuì

古去声,四寘。逆耻~发~荒~疚~廉~冒~悯~默~赧~悚~讨~腆~觍~欣~羞~逊~贻~余~折~追~顺~避~辞~服~汗~荷~领~赧~恧~佩~畏例开口即有求,私心岂无愧。(唐·刘长卿《题冤句宋少府厅留别》)栽花种竹,凿池开径,渊明岂愧。(宋·李纲《水龙吟·莫春清淑之初》)

典**庶几无愧** 指做事光明磊落,心中无愧。见《宋史·文天祥传》。

峨峨西平与义阳,庶几无愧桓文襄。(清·于式枚《李宝臣纪功碑歌》)

馈(饋、餽)kuì

古去声,四寘。逆爨~典~奠~鼎~丰~供~盥~稷~敬~犒~贶~寝~沃~饩~野~饁~主~转~馔~祖~顺~边~饎~爨~赆~贶~路~人~膳~孰~岁~挽~问~饩~线~携~诒~贻~酳~运~饁~致~贽~转例有珍馔,时时馈。滑甘丰腻。(宋·史浩《采莲·有珍馔》)

溃(潰)kuì 另见本页 huì。

古去声,十一队。逆奔~贲~淬~大~洞~遁~燔~方~蜂~横~譁~瓺~惊~霖~披~破~弃~潜~沈~屠~退~宵~鱼~陨~灼~顺~版~奔~兵~窜~偾~洫~濩~蹶~澜~茂~盟~畔~桡~延~溢

典**川壅必溃** 指堵塞河流会招致决口之害,喻办事要因势利导,否则就会导致不良后果。见《国语·周语上》。

便恐川壅溃,万夫莫能防。(清·李鼎元《凫塘病久而信庸医》)

篑(簣)kuì 畚箕。

古去声,四寘。又:去声,十卦同。逆覆~进~亏一~溺~顺~笼

典**一篑** 原指垒土成山的第一畚土。借指成就大事情的小步骤,也指与大事物相比眼前之物的微小、不足道。《尚书·周书·旅獒》:"不矜细行,终累大德。为山九仞,功亏一篑。"

态足万峰奇,功才一篑微。(宋·王安石《次韵留题僧假山》)

聩(聵)kuì ①生而耳聋。后泛指耳聋。②糊涂,不明事体。

古去声,十卦。逆烦~瞽~聋~盲~眊~耄~愚~顺~聩~眊例老子尚顽耐,仆马苦凾聩。(宋·李曾伯《水调歌头·骤雨送行色》)

喟kuì　叹息,叹声。

㊤去声,十卦。㊟慷～㊞～尔～焉

愦(憒)kuì　昏乱;糊涂。

㊤去声,十一队。㊟愁～凡～愊～愦～蒙～释～退～修～諠～庸～㊞～毒～乱～眊～瞀～閙

匮(匱)kuì

㊤去声,四寘。㊟褊～杳～椟～金～僦～开～灵～馁～钤～篋～石～书～水～铜～无～匣～柙～一～玉～韫～㊞～绌～涸～急～竭～绝～盟～馁～阙～生～止～纸㊥大辨良难仰,小学终先匮。(唐·李世民《咏司马彪续汉志》)请帝命真官,临云启金匮。(唐·李沇《醮词》)

㊥**金匮**　喻指国家藏书处。见《史记·太史公自序》。

兰堂空作赋,金匮不雠书。(宋·王安石《宋中道挽辞》)

泪(*淚)lèi

㊤去声,四寘。㊟蚌～碑～碧～别～慈～粉～阁～红～胡桐～急～煎～饯～鲛～枯～蜡～澥～零～牛山～牛衣～铅～秋～山阳～潸～收～衰～丝～抆～西州～岘山～相思～屑～新～杨朱～浥～淫～饮～余～玉～珠～竹～追～背～㊞～人～水～花～汪汪～河～珠～涟涟～眼～痕㊥只恐长江水,尽是儿女泪。(唐·贯休《古离别》)愁肠已断无由醉。酒未到、先成泪。(宋·范仲淹《御街行·纷纷堕叶飘香砌》)

㊥**红泪**　指女子眼泪,也指悲伤之泪,也喻指花露。旧题晋·王嘉《拾遗记》卷七:"文帝所爱美人,姓薛,名灵芸,常山人也。父名邺,为酇乡亭长。……灵芸年至十五,容貌绝世…咸熙元年,谷习出守常山郡,闻亭长有美女而家甚贫,时文帝选良家子女,以入六宫。习以千金宝赂聘之,既得,乃以献文帝。灵芸闻别父母,歔欷累日,泪下沾衣。至升车就路之时,以玉唾壶承泪,壶则红色。既发常山,及至京师,壶中泪凝如血。"

水仙欲上鲤鱼去,一夜芙蓉红泪多。(唐·李商隐《板桥晓别》)

急泪　骤然而下的眼泪。见《宋书·刘怀慎传》附《德愿传》。

只愁许史辈,急泪难时得。(清·吴伟业《清凉山赞佛诗四首》其二)

杜陵泪　指思念家乡之哀痛,或感叹无家之悲。唐杜甫《一百五日夜对月》:"无家对寒食,有泪如金波。"

空余杜陵泪,一为汉中潸。(宋·黄庭坚《宗室公寿挽词二首》其一)

花溅泪　咏伤时事。唐·杜甫《春望》:"感时花溅泪,恨别鸟惊心。"

三十六宫花溅泪,春声何处说兴亡。(宋·辛弃疾《酒泉子·流水无情》)

临歧泪　指在分别地流下的眼泪,多借指惜别情深。唐·高适《别韦参军》:"欢娱未尽分散去,使我惆怅惊心神。丈夫不作儿女别,临歧涕泪沾衣襟。"

盈盘紫蟹千卮酒,添得临歧泪满巾。(唐·罗隐《东归》)

牛山泪　叹难以永享人生,也用作登高抒怀。春秋时齐景公游牛山,曾产生恋国畏死的悲戚。见《晏子春秋》卷一《内篇·谏上》。

景公一何愚,牛山泪相续。(唐·李白《古风》其二十三)

琵琶泪　指因失意与离别而造成的感伤、愁怀。亦作"江上琵琶泪"。唐·白居易《琵琶引》:"今夜闻君琵琶语,如听仙乐耳暂明。莫辞更坐弹一曲,为君翻作琵琶行。感我此言良久立,却坐促弦弦转急。凄凄不似向前声,满座重闻皆掩泣。座中泣下谁最多,江州司马青衫湿。"

琵琶泪湿行声小,断得人肠不在多。(唐·王建《太和公主和蕃》)

阮籍泪　亦作"阮籍途"。指陷入困境的悲叹绝望。裴松之引《魏氏春秋》:"(阮)籍旷达不羁……遂纵酒昏酣,遗落世事。……时率意独驾,不由径路,车迹所穷,辄恸哭而反。"

从兹阮籍泪,且免泣途穷。(唐·孟郊《送任载齐古二秀才自洞庭游宣城》)

西州泪　追怀故人的悲怀。亦作"西州路""西州回首""西门洒泪"。《晋书·谢安传》载羊昙路经西州门怀念谢安洒泪,诵曹子建诗曰:"生存华屋处,零落归山丘",恸哭而去。

可须樽酒平生约,长望西州泪满巾。(宋·贺铸《寓泊金陵寻王荆公陈迹》)

仙人泪　喻亡国之恨。亦作"金人秋泪"。汉武帝曾置金铜仙人捧露盘,魏明帝时,将此捧盘仙人拆迁出长安,传说金铜仙人临载垂泪。

铜雀春清,金人秋泪,此恨凭谁雪?(宋·文天祥《酹江月·水天空阔》)

岘山泪　慨叹留名后世之艰难。亦作"岘首""望岘沾裳""岘亭""泪碑"。《晋书·羊祜传》载祜乐山水,常登岘山,置酒言咏,终日不倦。尝曰:"自有宇宙,便有此山,由来贤达胜士登此远望,如我与卿者多矣!皆湮灭无闻,使人悲伤。如百岁后有知,魂魄犹应登此也。"

已堕岘山泪,因题零雨诗。(唐·杜甫《随章留后新亭会送诸君》)

苍梧泪　原指湘妃哭舜帝,洒竹成斑。后借指忧戚悲恸之悼亡泪,多用于女子哭夫哭恋人。亦作"湘川恨""江娥啼竹""湘竹痕""湘妃血""湘水泪""悲二女""竹上泪""斑竹泪""二女垂泪""湘妃泪"。相传舜南巡崩而葬于苍梧之野,生前舜娶尧之二女(娥皇、女英)为妻,曰湘夫人,亦称湘妃。湘妃闻舜死讯,悲啼挥泪,洒竹成斑,后称斑竹。见晋·张华《博物志》卷八和南朝梁·任昉《述异记》卷上。

说到苍梧泪横臆,皇天万一照醉辛。(宋·李处权《初至毗陵简巽老时有所怀也》)

新亭泪　指国土沦丧之哀。《世说新语·言语》:"过江诸人,每至美日,辄相邀新亭,藉卉饮宴。周侯中坐而叹曰:'风景不殊,正自有山河之异!'皆相视流泪。唯王丞相愀然变色曰:'当共戮力王室,克复神州,何至作楚囚相对?'"

生刍一束新亭泪,千古兴亡说未央。(宋·何梦桂《吊岳文二公二首》其二)

燕支泪　指女性伤感的眼泪。亦喻指红色落花。燕支，或作燕脂、胭脂，为红色颜料，可作为化妆品或国画颜料。亦泛指红色，或代指美女。五代·李煜《乌夜啼》："林花谢了春红，太匆匆。无奈朝来寒雨夜来风。燕脂泪，留人醉，几时重。自是人生长恨水长东。"

怕明朝、小雨濛濛，便化作燕支泪。（宋·王沂孙《水龙吟·世间无此娉婷》）

杨朱泪　指对前途的悲叹。亦作"杨朱路""杨朱泣"。《淮南子·说林训》："杨子见逵路而哭之，为其可以南，可以北。"高诱注："道九达曰逵。闵其别也。""逵路"，《太平御览》卷一九五引《淮南子》作"歧路"。战国人杨朱身临歧路，为方向迷乱而感伤。

易下杨朱泪，难招楚客魂。（唐·杜甫《冬深》）

雍门泪　指琴声增哀，催人泪下。亦作"雍门琴""雍门奏"。《说苑·善说》："雍门子周以琴见孟尝君……雍门子周曰：'……高台既已坏，曲池既已堑，坟墓既已平……众人见之，无不愀焉为足下悲之……于是孟尝君泫然，泣涕承睫而未殒。雍门子周引琴而鼓之……孟尝君涕浪汗增欷，下而就之曰：'先生之鼓琴，令文立若破国亡邑之人也。'"

歌出易水寒，琴下雍门泪。（唐·李益《来从窦车骑行》）

帕绫封泪　指女子向情人寄相思。亦作"软绡清泪""泪滴软绡"。唐韦庄《伤灼灼》："尝闻灼灼丽于花，云髻盘时未破瓜。"宋·张君房《丽情集》："灼灼……御史裴质与之善。裴召还，灼灼每遣人以软红绢，聚红泪为寄。"唐代成都名妓灼灼曾以软绡聚泪封寄情人裴质。

梦笔题诗，帕绫封泪，向凤箫人道。（宋·吕渭老《醉蓬莱·任落梅铺缀》）

积薪涕泪　指忠臣志士忧国。《汉书·贾谊传》："臣窃惟事势，可为痛哭者一，可为流涕者二，可为长太息者六，若其他背理而伤道者，难遍以疏举。进言者皆曰天下已安已治矣，臣独以为未也。……夫抱火厝之积薪之下而寝其上，火未及燃，因谓之安，方今之势，何以异此！"

看剑功名心已死，积薪涕泪今谁滴。（宋·王淮《满江红·踏遍江南》）

替人垂泪　指蜡烛为分别之人落泪，实乃惜别之人触景生情。

蜡烛有心还惜别，替人垂泪到天明。（唐·杜牧《赠别二首》其二）

闻筝堕泪　忠良遭受排挤嫌疑的伤感。《晋书·桓宣传》附《桓伊传》载晋武帝听信谗言疏远谢安，桓伊吹笛弹筝，唱《怨诗》（内容为忠良见疑），令谢安流泪。

对局含嚬，闻筝堕泪，围在愁城里。（宋·刘克庄《念奴娇·太丘晚节》）

类（類）lèi

㊀去声，四寘。㊂辈～愎～畴～俦～篡～党～等～笃～贯～噍～介～酷～联～僚～埒～流～靡～慕～譬～颇～衰～寿～淑～肆～无畴～无噍～无遗～晰～宵～依～遗～逸～姻～诱～余～缘～兆～贞～证～状～㊅～犴～册～成～丑～出～次～帝～感～告～龟～函～昊～乎～家～列～祃～名～求～申～事～试～帖～物～锡～叙～选～禋～攒～招～志㊎阳光不照临，积阴生此类。（唐·韩偓《火蛾》）合欢枝上香房翠。莲子与人长厮类。（宋·欧阳修《渔家傲·荷叶田田青照水》）

㊕**取蒲类**　代指边塞战争。蒲类，指蒲类海，古湖泊名，即今新疆巴里坤西北的巴里坤湖。东汉显宗时，奉车都尉窦固出兵天山，曾追击匈奴呼衍王至蒲类海。见《后汉书·窦固传》。

截海取蒲类，跑泉饮鸊鹈。（唐·李益《再赴渭北使府留别》）

噍类　噍，齿。噍类：能咬东西的动物，特指活人。《汉书·高帝纪上》："项羽为人慓悍，祸贼，尝攻襄城，襄城无噍类，所过无不残灭。"

去年值饥荒，自分无噍类。（宋·真德秀《浦城劝粜》）

累 lèi

①烦劳，托付。②伤害；拖累，殃及。③疲劳。④使劳累。另见 271 页 léi、278 页 lěi。

㊀去声，四寘。㊂百～波～多～繁～垢～挂～荷～后～羁～咎～攀～偏～谴～挈～亲～祛～染～生～世～受～束～俗～忤～邪～衅～形～萦～尤～缘～遭～增～㊅～德～烦～害～及～句～措～身～心～形～重～坠～缀～赘㊎既寡遂性欢，恐招负时累。（唐·王维《赠从弟司库员外絿》）孰云网恢恢，将老身反累。（唐·杜甫《梦李白二首》）

㊕**百口累**　指托付家眷。见《晋书·周顗传》。

呼伯仁，百口累。卿卿不闻伯仁出，醉叱群奴杀诸贼。（明·李东阳《伯仁怨》）

添丁累　指生子。亦作"添丁""玉川添累"。唐代诗人卢仝自号玉川子，生子名添丁，作有《示添丁》诗："气力龙钟头欲白，凭仗添丁莫恼爷。"

那更家贫，又添丁累，料想无奇骨。（宋·无名氏《酹江月·天高气爽》）

猪肝累　指高士不因自己生活困难、需要接济而拖累地方或主人。晋·皇甫谧《高士传·闵贡》："闵贡，字仲叔，太原人也。世称节士。……客居安邑，老病家贫，不能得肉，日买猪肝一片，屠者或不肯与。其令闻，敕吏常给焉。仲叔怪问知之，乃叹曰：'闵仲叔岂以口腹累安邑邪？'遂去，客沛，以寿终。"

谓乘凫舄朝天子，却愧猪肝累主人。（独孤及《酬常郿县见赠》）

颣 lèi

①丝上的小疙瘩。②缺点，毛病。

㊀去声，十一队。㊂钼～疵～忿～花～荒～纰～颇～无～芜～瑕～瑜～㊅～节～玭～丝～衅㊎锱铢扬芬馨，寻尺招瑕颣。（唐·刘禹锡《谒柱山会禅师》）

酹 lèi

以酒浇地。

㊀去声，九泰。又：去声，十一队同。㊂荐～龙～沃～一杯～餟～㊅～地～觞～祀～献㊎诗因野寺咏，酒向山椒酹。（唐·韦夏卿《和丘员外题湛长史旧居》）骚人已去，欲纫幽佩，重为湘酹。（宋·扬无咎《水龙吟·智琼娇额涂黄》）

肋 lèi

口语音。另见 97 页 lè。

擂 lèi

①击（鼓）。②擂台。

逆打～赌～顺～鼓～鼙～台～砖

昧mèi

古去声，十一队。逆蒙～暗～晻～孱～尘～陈～晨～冲～惷～踳～叨～顿～扼～干～戆～攻～鸿～寂～鉴～凉～灵～聋～沦～谩～芒～厖～茫～濛～曚～懵～冥～欺～三～深～沈～尸～骇～耸～童～忘～芫～宵～凶～湮～魇～窅～窈～夷～翳～堙～嚚～隐～幼～迂～渊～造～质～稚～拙～顺～蒙～鄙～蔽～宠～错～旦～道～犯～诡～机～景～礼～陋～履～履支～略～瞀～没～密～明～莫～墨～然～弱～色～爽～死～掩～信～幽例流俗非我乡，何当释尘昧。（唐·王勃《忽梦游仙》）诗酒度流年，熟谙得、无争三昧。（宋·赵长卿《蓦山溪·无非无是》）

寐mèi

古去声，四寘。逆安～长～常～成～监～鉴～靖～寐～潜～寝～讫～无～遐～宵～魇～顺～觉～寐～寤～息～魇～鱼～语例夜阑更秉烛，相对如梦寐。（唐·杜甫《羌村》）碧纱秋月，梧桐夜雨，几回无寐。（宋·晏殊《撼庭秋·别来音信千里》）

妹mèi

古去声，十一队。逆归～季～刘三～母～叔～贤～咸～蚬～新～顺～婿～丈例西真姊妹。只这梅花是。（宋·朱敦儒《蓦山溪·西真姊妹》）谩相思、桃叶桃根，旧家姊妹。（宋·史达祖《瑞鹤仙·馆娃春睡起》）

典**延年妹**　指美貌绝伦的女子。延年作曲赞颂美女，后平阳主称延年之妹为歌中的美女。见《汉书·外戚传上·孝武李夫人传》。

延年有妹颜如花，十四选入君王家。（宋·徐照《李夫人》）

咏雪妹　指聪颖有才的女子。《世说新语·言语》："谢太傅寒雪日内集，与儿女讲论文义。俄而雪骤。公欣然曰：'白雪纷纷何所似？'兄子胡儿曰：'撒盐空中差可拟。'兄女曰：'未若柳絮因风起。'公大笑乐。即公大兄无奕女，左将军王凝之妻也。"

咏雪因饶妹，书经为爱鹅。（唐·卢纶《宴赵氏昆季书院》）

汉宫姊妹　指后宫宠妃。亦作"赵家姊妹"。《汉书·外戚传下·孝成赵皇后传》："孝成赵皇后……及壮，属阳阿主家，学歌舞，号曰飞燕。成帝曾微行出，过阳阿主，作乐。上见飞燕而说之，召入宫，大幸。有女弟复召入，俱为倢伃，贵倾后宫。"

汉宫姊妹争新宠，湘浦皇英望所思。（宋·欧阳修《答吕太博赏双莲》）

太真姊妹　指后宫宠妃。亦可喻花。杨玉环号太真，其有三姊妹，皆美人，且势倾天下。见《旧唐书·杨贵妃传》。

太真姊妹温泉浴，窦氏儿郎丹桂风。（宋·李洪《僧惠白莲》）

媚mèi

古去声，四寘。逆嬖～便～薄～侧～称～川～风～服～浮～干～贡～蛊～怪～鲎～狐～霁～奸～谨～豊～流～驴～驴驹～轻～求～遒～曲～趋～软～韶～顺～送～鲜～显～效～邪～儇～逊～嫣～偃～厌～艳～游～谀～云壑～仄～顺～奥～笔～承～川都～蝶～附～曼～寝～趣～态～靥～谀～灶～子例光洁无秋思，凉旷吹浮媚。（唐·李贺《昌谷诗》）争如这多情，占得人间，千娇百媚。（宋·柳永《玉女摇仙佩·飞琼伴侣》）

典**川媚**　喻指人杰地灵。陆机《文赋》："石韫玉而山辉，水怀珠而川媚。"原意为珠藏于水中可使河水生辉，陆机以此喻好语妙句可为篇章生色。

川媚山辉宝气钟，尊尧而后几儒宗。（宋·刘震孙《使闽过延平》）

服媚　指喜欢佩戴，也借指兰花。《左传·宣公三年》："以兰有国香，人服媚之如是。"杜预注："媚，爱也。欲令人爱之如兰。"

时人惟解爱芳菲，服媚香浓竟莫知。（宋·张嵲《芍药五首》其五）

袂mèi　袖。

古去声，八霁。逆把～别～掺～侈～缔～烦～反～返～分～奋～风～红～留客～罗～判～攘～弱～摄～投～霞～行～扬～移～揄～雨～玉～斩～障～顺～裾例禁柳垂香炉，宫花拂仙袂。（唐·李颀《谒张果先生》）萧娘敛尽双蛾翠，回香袂。今朝有酒今朝醉。（宋·晏殊《秋蕊香·向晓雪花呈瑞》）

典**把浮丘袂**　指隐士寻仙，超脱尘世。郭璞《游仙诗七首》其三："赤松临上游，驾鸿乘紫烟。左挹浮丘袖，右拍洪崖肩。"

傥把浮丘袂，乘云别旧乡。（唐·钱起《夕游覆釜山道士观》）

万妃缟袂　喻雪。唐·韩愈《辛卯年雪》："白帝盛羽卫，鬖髿振裳衣。白霓先启途，从以万玉妃。"诗以万千玉妃随从白帝而来喻漫天飞雪。

西帝神游，万妃缟袂，相看一笑。（宋·袁去华《水龙吟·晚来侧侧清寒》）

魏姝掩袂　指进谗言陷害无辜。《战国策·楚策四》载楚王喜爱一美人，宠妃郑袖设计让美人见到楚王便掩鼻，又向楚王进谗，让楚王以为美人心中嫌恶自己，楚王怒而割美人之鼻。

魏姝信郑袖，掩袂对怀王。（唐·李白《惧谗》）

魅mèi

古去声，四寘。逆螭～魑～谷～精～咎～老～沈～魍～物～遐～魇～厌～顺～彪～人～乡～虚例阴藤束朱键，龙帐著魑魅。（唐·李贺《昌谷诗》）

典**御魑魅**　指贬谪。亦作"投魑"。《左传·文公十八年》："舜臣尧，宾于四门，流四凶族，浑敦、穷奇、梼杌、饕餮，投诸四裔，以御魑魅。"舜曾流放四凶于四边，使当魑魅之灾。

从来御魑魅，多为才名误。（唐·杜甫《有怀台州郑十八司户》）

照魑魅　指宝镜，后泛指镜子。晋·葛洪《西京杂记》卷一："宣帝被收，系郡邸狱，臂上犹带史良娣合采婉转丝绳，系身毒国宝镜一枚，大如八铢钱，旧传此镜见妖魅。"

紫鸾八九堕玉笙，金镜空留照魑魅。（唐·陈陶《飞龙引》）

痗mèi　病。

古去声，十一队。逆疚～倒～发～积～沈～心～幽～顺～然例安能咎往事，且欲去沉痗。（唐·刘禹锡《谒柱山会禅师》）献谋既我违，积

愤从心痗。（唐·孟简《赋得亚父碎玉斗》）

内 nèi

古去声，十一队。逆奥～拜～暴～北～划～抄～出～大～东～度～二～广～寰～畿～郊～禁～捆～阃～流～南～券～茹～三～杀～少～生～疏～数～说～同～统～王～五～西～贤～信～蓄～养～易～意～御～凿～造～正～直～众～周～顺～赑～嬖～羃～材～仓～怛～丹～珰～邸～娣～第～丁～度～藩～反～坊～夫人～父～妇～傅～菁～宂～过～翰～厚～籍～鉴～匮～醪～陵～溜～眄～难～恧～戚～却～壤～茬～扇～膳～身～升～竖～讼～台～帑～位～庑～阒～乡～像～熊～奄～燕～饔～箣～镇～痔～籀～眦例仆本江上客，牵迹在方内。（唐·王勃《忽梦游仙》）耳盈丝竹，眼摇珠翠。迷乐事。宫闱内。（宋·董颖《薄媚·耳盈丝竹》）

佩[1] pèi

古去声，十一队。逆珌～垂～风～韨～汉～汉皋～衿～惊～景～媿～铭～青～倾～水苍～叹～委～五兵～衔～仰～缨～豸～顺～笔～戴～犊～伏～服～衿～玖～兰～离～铭～囊～缠～衽～韘～璲～韦～帏～慰～觿～仰

佩[2]（珮）pèi

古《广韵》：去声，队韵。逆钗～翠～带～风～汉～荷～珩～环～璜～解～金～捐～玦～珂～联～鸾～珉～鸣～青霜～丧～委～鞙～缨～鱼～杂～簪～组～顺～珰～黻～羹～璜～琚～玦～珂～马～衽～瑱～要～缨

典**楚佩**　表幽怨之情。湘夫人因湘君失约而捐玦遗佩于江边。亦作"楚歌遗佩"。见《楚辞·九歌·湘君》。

紫凤放娇衔楚佩，赤鳞狂舞拨湘弦。（唐·李商隐《碧城三首》其二）

解佩[1]　指相爱男女互赠饰物作为信物。亦作"投佩""双佩""解玉佩""汉皋佩""汉佩""汉浦解佩""汉皋解佩""汉皋佩失""汉皋珠佩""汉皋珮冷""汉浦遗玦""江皋解佩"。见《列仙传·江妃二女》。

汉水访游女，解佩欲谁与。（唐·张九龄《杂诗五首》其四）

解佩[2]　比喻辞官退隐。佩是古代文官朝服上的饰物，因谓脱去朝服辞官为"解佩"。见南朝梁钟嵘《诗品》卷上。

解佩收朝带，抽簪换野巾。（唐·白居易《昨日复今辰》）

解佩[3]　指买牛务农。《汉书·龚遂传》载：宣帝任遂为勃海太守，其地因岁饥，多盗劫。遂到任后，劝民务农桑，民有持带刀剑者，使卖剑买牛，卖刀买犊。后因以称买牛务农为"解佩"。

腰下牛闲方解佩，洲中奴长足为生。（宋·苏轼《侄安节远来夜坐》其三）

幽佩　用幽兰连缀而成的佩饰。喻指品行如秋兰一般高洁，也代指屈原或美德。亦作"纫兰佩""纫兰为佩"。语本《楚辞·离骚》："扈江离与辟芷兮，纫秋兰以为佩。"

欲赠佳人非泛洧，好纫幽佩吊沉湘。（宋·苏轼《刁景纯赏瑞香花忆先朝侍宴次韵》）

韦弦佩　指古人以佩戴韦和弦作为缓急象征自我警戒，喻接受劝诫。《韩非子·观行》："西门豹之性急，故佩韦以自缓；董安于之心缓，故佩弦以自急。"

还须整理韦弦佩，莫独矜夸玳瑁簪。（唐·杜牧《送杜𫖮赴润州幕》）

倒冠落佩　指辞官归隐，退居避世。见唐·杜牧《樊川文集》卷一《晚晴赋》。

醉忆曩同吾永叔，倒冠落佩来西都。（宋·梅尧臣《四月二十七日与王正仲饮》）

风裳水佩　指高雅才女的亡灵。唐·李贺《苏小小墓》："草如茵，松如盖，风为裳，水为珮。油壁车，夕相待。"写幻想中名妓苏小小的幽灵，风为裳，水为玉珮。

风裳水佩，冰肌雪艳，清凉不汗。（宋·赵汝钠《水龙吟·露华洗尽凡妆》）

乞我飞霞佩　借指仙人超脱凡俗的风骨，也指超凡脱俗的愿望。飞霞佩指仙人的服饰，希望张籍披飞霞佩与自己一起高飞。亦作"飞霞佩"。见唐·韩愈《调张籍》。

乞我飞霞佩，从子广寒宫。（宋·吴镒《水调歌头·澄彻北湖水》）

辔（轡）pèi　马的嚼子和缰绳。

古去声，四寘。逆安～鞍～镳～并～骋～箠～促～雕～顿～返～奉～孤～诡～衡～缓～皇～迴～羈～韉～韁～降～绝～揽～联～敛～钌～灵～鸾～挈～税～竦～踠～枉～无～遐～衔～旋～阳～纡～云～总～纵～顺～兜～勒～衔～靷例骅骝入穷巷，必脱黄金辔。（唐·杜甫《送顾八分文学适洪吉州》）候馆梅残，溪桥柳细。草薰风暖摇征辔。（宋·欧阳修《踏莎行·候馆梅残》）

典**登车揽辔**　指有澄澈吏治的雄心。东汉名臣陈藩、范滂都有澄清天下的大志，并为之忙碌。见《后汉书·党锢传·范滂》。

毕逋栖乌噉城上，登车揽辔归相望。（宋·张镃《同魏茂先潘茂洪泛湖终日》）

配 pèi

古去声，十一队。逆班～称～成～崇～德～嫡～定～断～割～隮～籍～嘉～郊～决～科～隶～平～迁～黥～求～区～铨～失～淑～四～徒～讬～先～贤～修～许～疋～严～抑～昭～谪～正～陟～桩～追～祖～顺～边～春～当～德～嫡～地～递～隆～贰～发～祔～干～割～号～亨～甲坊～郊～藜～隶～俪～流～率～没～缗～拟～耦～器～钱～曲～人～神～祀～天～填～头～飨～役～侑～御～载～主～属～子例若教为女嫁东风，除却黄莺难匹配。（唐·庾传素《木兰花》）一自芳容，一自才华最。真佳配。（宋·无名氏《点绛唇·仙子仙郎》）

沛 pèi

古去声，九泰。逆泛～沣～丰～澧～滂～湍～漂～渥～雾～雨～泽～沾～滞～顺～艾～徂～发～宫～滂～然～若～腾～廷～庭～渥～泽～中歌～竹例楚山俯江汉，汴水连谯沛。（唐·储光羲《奉和韦判官》）山顶自晶明，人间已滂沛。

(唐·刘禹锡《客有为余话登天坛遇雨之状因以赋之》)

典**魂魄思沛**　喻指思念故乡和亲人。《汉书·高帝纪下》:"谓沛父兄曰:'游子悲故乡。吾虽都关中,万岁之后吾魂魄犹思沛。'"

千秋魂魄犹思沛,万里丘陵却到燕。(明·储巏《大房金源诸陵二首》其二)

帔pèi　①披在肩背上的服饰。②下裳;裙。

古去声,四寘。逆道～稻畦～葛～鹤～环～黄罗～霓～油～月～云～顺～服～肩～子例莺唱闵女歌,瀑悬楚练帔。(唐·李贺《昌谷诗》)英英肯似焉支贵。漫脱红霞帔。(宋·刘辰翁《虞美人·韡红乾色无光霁》)

典**练裙葛帔**　借指落魄贫寒之士,人情淡薄,交道不终。亦作"練裙子""西华葛帔"。练裙、葛帔均为夏季所着;任昉之子西华冬月仍着练裙、葛帔,可见其贫困。见《南史·任昉传》。

萧散英姿直上,自有练裙葛帔,岂待半通铜。(宋·葛胜仲《水调歌头·胜友欣倾盖》)

人弓人得意冰释,西华葛帔秋风凉。(清·邵懿辰《陈小铁贰尹受砚图》)

旆(斾)pèi　①旌旗边所垂像燕尾一样的装饰品。也泛指旌旗。②军前的先驱车。

古去声,九泰。逆赤～翠～电～返～风～烽～迴～火～旌～酒～麟～銮～疲～綪～青～青玉～天～文～西～县～心～悬～旋～羽～玉～云～旃～征～顺～旌～旍～旆～旗例高萝成帷幄,寒木累旌旆。(唐·杜甫《万丈潭》)向碧山深处,寻花问柳,有佳气、随旌旆。(宋·李纲《水龙吟·莫春清淑之初》)

典**反旆**　指倒转旌旗,后喻指倒转行进方向。《左传·宣公十二年》:"令尹南辕反旆。"

泫然为汝下雨泪,无由反旆羲和车。(唐·韩愈《李花二首》其一)

南辕北旆　欲向南而驶北,喻指行为与目标背道而驰。见《战国策·魏策四》。

浮生萍梗,南辕北旆,之吴之楚。(宋·李曾伯《水龙吟·天涯舍我先归》)

瑞ruì

古去声,四寘。逆班～邦～宝～本～琛～呈～逞～传～砀～符～圭～合～鸿～花～黄～辑～嘉～江山～金～景～麟～灵～祕～鸟～庆～鹊～人～善～上～识～水～随车～吐～五～效～休～哑～言～异～应～玉～贞～征～中～顺～蔼～采～草魁～昌～牒～锦窠～令～龙脑～命～签～阙～色～相～芽～鹮～异～应～英帘～征～芝例独立正始风,蔚然中兴瑞。(唐·陈陶《赠江西周大夫》)凤楼郁郁呈嘉瑞。降圣覃恩延四裔。(宋·柳永《玉楼春·凤楼郁郁呈嘉瑞》)

典**美瑞**　指祥雪,也指丰收的兆头。《宋书·符瑞志下》:"大明五年正月戊午元日,花雪降殿庭。时右卫将军谢庄下殿,雪集衣。还白,上以为瑞。"

紫峰钟美瑞,秀丽炳神灵。(宋·朱权《绍熙辛亥岁迁居星洲述怀》)

人瑞　赞出生名门,后嗣必佳;现也指德高望重的长辈。《旧唐书·郑肃传》附《郑仁表传》:"仁表擢第后,从杜审权、赵骘为华州、河中掌书记,入为起居郎。仁表文章尤称俊拔,然恃才傲物,人士薄之。自谓门地、人物、文章具美,尝曰:'天瑞有五色云,人瑞有郑仁表。'"

玉籍标人瑞,金丹化地仙。(唐·温庭筠《感旧陈情五十韵》)

玉燕瑞　喻贵子降生。亦作"玉燕呈祥""玉燕逢辰"。五代·王仁裕《开元天宝遗事·梦玉燕投怀》:"张说母梦有一玉燕自东南飞来,投入怀中而有孕,生说,果为宰相,其至贵之祥也。"

玉燕当年储瑞气,记垂弧、共醉蓬莱酒。(宋·咏槐《贺新郎·绿长阶蓂九》)

台云书瑞　指登台观天象,并记录时节、节气、祥瑞等。见《左传·僖公五年》。

正阳生一脉,绣日添长,台云书瑞。(宋·李曾伯《醉蓬莱·正阳生一脉》)

锐(鋭)ruì

古去声,八霁。逆飙～岑～骋～锋～高～犷～豪～简～讲～进～口～稜～慓～练～明～剡～神～盛～速～完～铦～陷～枭～畜～猋～玉～员～躁～阻～顺～弊～达～顶～端～果～翰～景～居～银～立～冽～虑～密～敏～情～入～上～身～士～头～往～逸～藻～泽～阵～眦～卒例冰雪净聪明,雷霆走精锐。(唐·杜甫《送樊二十三侍御赴汉中判官》)群臣禁卫带花回,龊巷儿郎精锐。(宋·无名氏《御街行·时康三载升平世》)

蚋ruì　蚊虫。

古去声,八霁。逆蚊～蝇～

睿(叡)ruì

古去声,八霁。逆宽～明～神～圣～英～顺～德～典～后～镜～略～明～圣～哲～喆～知～质～作

汭ruì　水湾。

古去声,八霁。逆妫～淮～洛～沙～沩～伊～

枘ruì　榫头。

古去声,八霁。逆方～凿～顺～方～凿

典**圆枘**　圆的榫头难以插入方的卯眼。喻指不同道者不能兼容;后遂泛指格格不入,不相适合。见唐·孔颖达《春秋正义序》和《楚辞·九辩》。

圆凿而方枘,悲哉空尔为。(唐·寒山《诗三百三首》其四十五)

寒冰不附炭,圆枘岂纳方。(宋·何梦桂《感怀追和前韵》)

圆凿方枘　义同"圆枘"。《史记·孟子荀卿列传》:"持方枘欲纳圜凿,其能入乎?"

睡shuì

古去声,四寘。逆打～低～盹～貉～红窗～眴～渴～客～睏～龙～卯～破～憩～省～兽～瘫～甜～醒～益～引～余～顺～菜～草～车～顿～伏～国～理～脸～媒～魔～癖～卿～蛇～声～思～王～味～兀～息～乡～香～鞋～性～鸭～余～雨～语～债例朝亦独醉歌,暮亦独醉睡。(唐·白居易《效陶潜体诗十六首》其五)黯乡魂,追旅

思。夜夜除非，好梦留人睡。（宋·范仲淹《苏幕遮·碧云天》）

典**骊龙睡**　骊龙性情凶猛，欲要取出它颔下的宝珠，一定要在它睡着时。喻睡觉或喻因侥幸获得机遇。亦作“卧骊龙”。见《庄子·列御寇》。

　　骊龙睡后珠元在，仙鹤行时步又轻。（唐·刘禹锡《奉和裴晋公凉风亭睡觉》）

海棠春睡　指醉酒浅眠的杨贵妃（杨玉环），也喻指海棠、牡丹等名花的艳丽和娇美的女子。亦作“睡海棠”“海棠醉睡”“人共海棠俱醉”“海棠犹睡”“环儿半睡”“玉环扶浅醉”“朦松欲睡”“杨妃醉”。见宋·乐史《杨太真外传》。

　　绿柔红小不禁风，海棠无力贪春睡。（宋·石孝友《踏莎行·钗凤摇金》）

山中警睡　指鹤。鹤警觉，有露水滴响，就会高鸣相警，迁移栖息地。见晋·周处《风土记》。

　　旦旦池边三薰沐，夜夜山中警睡。（宋·刘克庄《贺新郎·家有仙禽二》）

照妆醒睡　喻指花的可爱动人。宋·苏轼《海棠》：“东风袅袅泛崇光，香雾空蒙月转廊。只恐夜深花睡去，故烧高烛照红妆。”

　　倾坐东风百媚生，万红无语笑逢迎。照妆醒睡蜡烟轻。（宋·范成大《浣溪沙·倾坐东风百媚生》）

税shuì

古去声，八霁。逆避～边～逋～差～春～鹾～橐～籍～津～九～僦～斸～盯～木～榷～山～输～塘丁～透～行～牙～雁～洋～徭～引～余～责～正～资～顺～珰～第～服～居～侩～厘～榷～舍～石～输～屋～寓～则例荣枯走不暇，星驾无安税。（唐·杜甫《八哀诗》）家云水。更无王役并田税。（宋·洪适《渔家傲引·十月橘洲长鼓枻》）

蜕shuì　又读。另见300页tuì。

帨shuì　佩巾。

古去声，八霁。逆帉～纷～感～汗～结～巾～褵～练～鞶～佩～设～饰～悬～顺～帉～巾～缡～鞶～缨

说（說）shuì　另见52页shuō。

古去声，八霁。逆漂～权～税～行～游～顺～城～词～导～夫～客～骗～卫～引～诱～谕～豫

岁（歲、*嵗）suì

古去声，八霁。逆拜～毕～龀～徂～带～得～迭～迩～发～乏～分～冠～丱～笄～祺～浃～饯～洊～觏～竟～科～客～旷～馈～潦～杪～眇～曩～宁～频～绮～稔～仍～韶～受～送～宿～龆～髫～望～无～闲～旬～亚～淹～晏～移～引～迎～永～逾～蚤～章～肇～週～撞太～顺～漕～朝～朝图～殚～道～德～登～调～恶～功～光～寒心～候～华～纪～节～金～景～竟～君～腊～阑～醪～路～满～杪～聘～破～稔～输～孰～衰～祀～罔～物～羡～雄～晏～遗～饫～占～殖～制～周例故交吾未测，薄宦空年岁。（唐·高适《赠别王十七管记》）日许时、犹阻归计。甚况味。旅馆虚度残岁。（宋·柳永《梦还京·夜来匆匆饮散》）

典**献岁**　指进入新的一年，岁首正月。见《楚辞·招魂》。

　　轩车欲识人间感，献岁须来帝里看。（唐·方干《元日》）

燔烈兴岁　指古代的祭祀礼仪，也可喻指迎接新年。古代祭天，火烧得极其旺盛，上达于天，可使一年兴盛。见《礼记·祭法》。

　　礫攘送寒，燔烈兴岁，又颁尧历。（宋·王之道《石州慢·礫攘送寒》）

柑中千岁　喻指逍遥世外的神仙生活。亦作“橘中千岁”。唐·牛僧孺《玄怪录》：“有巴邛人，不知姓，家有橘园，因霜后，诸橘尽收，余有两大橘，如三四斗盎。巴人异之，即令攀摘，轻重亦如常橘。剖开，每橘有二老叟，鬓眉皤然，肌体红润，皆相对象戏，身仅尺余，谈笑自若。”

　　骖鸾来伴紫阳仙，要同享、橘中千岁。（宋·无名氏《鹊桥仙·东西二府》）

遂suì　①就，便。②称心，如意。③实现。④古代的一种行政区划。

古去声，四寘。逆补～长～宠～丰～夫～斧～化～寰～郊～井～六～茂～蹊～撤～曲～畎～上～生～坦～陶～盌～问～下～乡～谐～阳～邑～冢～顺～哀～材～长～大夫～德～尔～忿～服～古～官～皇～祸～郊～节～路～茂～乃～能～生～失～师～石～惔～亡～威～夜～疑～隐～滋～罪例世乱遭飘荡，生还偶然遂。（唐·杜甫《羌村》）燕去鸿来何日了，多少世间心事。待则甚、功成名遂。（宋·葛长庚《贺新郎·倏又西风起》）

典**龚遂**　龚遂作为渤海太守时，采取宽大的安抚政策对待盗贼，令其卖剑买犊，回复农耕。因指官吏善于灵活管理政务。亦作“龚渤海”。见《汉书·龚遂传》。

　　雌堂自是无龚遂，莫怪耕桑人带牛。（宋·方岳《郡斋即事》）

毛遂　指才辩智勇的贤士自己推荐自己担任某项工作。见《史记·平原君列传》。

　　白璧赠穰苴，黄金奉毛遂。（唐·张昌宗《少年行》）

野人毛遂　喻指传闻不实。亦作“毛遂堕井”。旧题晋·葛洪《西京杂记》卷六：“昔鲁有两曾参，赵有两毛遂。……野人毛遂坠井而死，客以告平原君，平原君曰：‘嗟乎，天丧予矣！’既而知野人毛遂，非平原君客也。”

　　野人未必非毛遂，太守还须是孟尝。（唐·张祜《江上旅泊呈杜员外》）

穗suì

古去声，四寘。逆秉～合～六～炉～骈～歧～乳～拾～霜～香～烟～遗～孕～烛～紫～顺～带～肥～头～选例清霜九月天，仿佛见滞穗。（唐·杜甫《雨》）绣幕卷波香引穗。急管繁弦，共庆人间瑞。（宋·晏殊《蝶恋花·紫菊初生朱槿坠》）

典**行歌拾穗**　指安天乐命的隐士，也指安闲自得的情怀。《列子·天瑞》：“林类年且百岁，底春被裘，拾遗穗于故畦，并歌并进。孔子适卫，望之于野。顾谓弟子曰：‘彼叟可与言者，试往讯之！’子贡请行，逆之垄端，面之而叹曰：‘先生曾不悔乎，而行歌拾穗？’林类行不留，歌不辍。”

忍饥读书忽白首，行歌拾穗将终身。（宋·陆游《寒夜歌》）

羊衔新穗 常作吟咏广州之典故。《太平寰宇记·广州》："五羊城，按《续南越志》旧说，有五仙人乘五色羊执六穗秬而至，至今呼五羊城是也。"

清明官府歌棠芾。且萧闲事外，下看玉城珠市。山色骄人逢此客，尘尾霏霏露碎。一笑又、羊衔新穗。（宋·李昴英《贺新郎·绣谷流明帜》）

碎 suì

【古】去声，十一队。【逆】卑～鄙～烦～繁～分～寒～焦～局～苛～沦～靡～绮～冗～铁山～委～猥～紊～纤～小～殷～幼～枝～椎～浊～【顺】～碧～步～车虫～辞～催～滴～烦～芳～聒～过～红～话～翦～密～女～片～乳～事～首～霜～娃～务～细～小～蚁～义～役～璅～磔～职【例】羽山数点青，海岸杂光碎。（唐·崔国辅《石头滩作》）纷纷堕叶飘香砌。夜寂静、寒声碎。（宋·范仲淹《御街行·纷纷堕叶飘香砌》）

【典】**玉可碎** 喻指宁可坚持气节而死，也不要屈辱求生。《南史·王弘传》附《王僧达传》："立宅于吴，多役功力，坐免官。后孝武独召见，傲然了不陈逊，唯张目而视。及出，帝叹曰：'王僧达非狂如何？乃戴面向天子。'后颜师伯谄之，僧达慨然叹曰：'大丈夫宁当玉碎，安可以没没求活。'师伯不答，逡巡便退。"

菱花扑碎 亦作"菱花缺"。喻指夫妻分离。见49页"镜破"。

菱花扑碎已誵讹，夜半传衣事转多。（宋·释道冲《六祖赞》）

珊瑚敲碎 指珍奇的事物，也指豪奢。亦作"珊瑚碎击""珊瑚碎""击珊瑚""珊瑚枝"。《世说新语·汰侈》载石崇与王恺争豪，武帝尝以高二尺许的珊瑚树赐恺，恺以示崇。崇以铁如意击碎，又命人取珊瑚树，有六七枚，皆高三四尺，光彩溢目。恺惘然自失。

玉宇凉生清禁晓，丹葩色照晴空。珊瑚敲碎小玲珑。（宋·张抡《临江仙·玉宇凉生清禁晓》）

祟 suì

【古】去声，四寘。【逆】魑～解～咎～马～埋～谴～沈～诗～送～外～为～物～延～魇～【顺】～恶～书【例】舟楫无根蒂，蛟鼍好为祟。（唐·杜甫《送顾八分文学适洪吉州》）土中若有神，穴处何无祟。（唐·苏拯《明禁忌》）

谇（誶）suì

【古】去声，四寘。又：去聲，十一队同。【逆】谤～调～诟～交～凌～侮～【顺】～诟～候～骂～辱～喧～呓～语～诼

繐 suì 细疏布。

【古】《广韵》：去声，祭韵。又：去声，霁韵同。【逆】素～【顺】～布～屦～幕～裳～衰～帏～帷～帐

隧 suì 地下道。

【古】去声，四寘。【逆】鼻～除～洪～金～迳～辽～陇～蹊～潜～三～埏～松～亭～陀～王～徯～下～陨～賨～宰～郿～陬～【顺】～风～户～口～埒～炭～正～志【例】藤开九华观，草结三条隧。（唐·元稹《元和五年予官不了罚俸西归》）

燧 suì

【古】去声，四寘。【逆】边～兵～传～燔～改～关～爟～槐～熠～鉴～狼～息～象～削～炎～阳～阴～【顺】～堡～皇～镜～人氏～色～铜镜～象

【典】**巢燧** 指两个原始社会部落联盟的首领有巢氏与燧人氏的合称，历来被认为圣明之主。喻指受人称道的圣君。见《韩非子·五蠹》。

茫昧考巢燧，典章断虞唐。（宋·张耒《临文》）

邃 suì

【古】去声，四寘。【逆】奥～冲～崇～洞～该～高～弘～宏～闳～泓～华～精～静～迥～宽～寥～祕～凝～奇～嵚～清～森～深～神～沈～天～窕～透～闲～轩～学～严～杳～阴～幽～迂～渊～贞～重～【顺】～岸～奥～博～冲～初～殿～房～阁～谷～馆～寂～峻～丽～旒～路～略～袤～密～邈～幕～穆～匿～僻～炁～窃～情～曲～室～薮～闼～屋～险～晓～学～雅～延～严～养～野～义～幽～宇～旨～竹【例】攒虫锼古柳，蝉子鸣高邃。（唐·李贺《昌谷诗》）绮席初开云幕邃。兰蕙腾芳，人生蓬壶里。（宋·张纲《凤栖梧·五日小春休屈指》）

退 tuì

【古】去声，十一队。【逆】哀～奔～贬～摈～晨～冲～放～佛～丐～公～和～抝～拣～俭～靖～空～亏～龙～旅～挠～逆～披～屏～栖～乞～嗛～穷～祛～蛇～沈～收～素～恬～息～挹～鹢～迁～蚤～贞～昼～左～【顺】～北～壁～膘～槽～斥～绌～黜～淡～度～惰～蜚～锋郎～概～畊～故～翦～惊～静～倦～愦～率～卯～磨～默～暮～挠～匿～恧～懦～潜～然～弱～艄～慑～生～素～滩～膛～屖～香～心～偃～鹢～撄～智【例】何必了无身，然后知所退。（唐·高适《登广陵栖灵寺塔》）城郭春寒退。花影乱，莺声碎。（宋·秦观《千秋岁·水边沙外》）

【典】**急流勇退** 借喻官吏在仕途得意时隐退，现在也喻指在复杂的斗争中及早抽身。亦作"急流人""勇退"。见宋·邵伯温《邵氏闻见录》卷七。

日暮倒行非我事，急流勇退有何难。（宋·戴复古《曾云巢同相勉李玉涧不赴召》）

蜕 tuì 另见299页shuì。

【古】去声，八霁。又：去聲，九泰同。【逆】蚕～蝉～尘～凤凰～鹤～龙～蛇～圣～蜩～委～仙～演～遗～坐～【顺】～蝉～骨～骸～迹～解～留～嬗～委～演～质～濯

位 wèi

【古】去声，四寘。【逆】板～备～步～禅～赤～篡～代～叨～盗～段～非～干～构～果～鹤～极～僭～惊～具～旷～历～寮～列～冒～贸～慕～宁～愆～清～人～褥～闰～生～声～释～素～幸～逊～阳～瘗～战～秩～致～资～【顺】～版～地～分～号～宦～貌～能～宁～任～势～望～行～业～秩～主【例】鸿虽脱罗弋，鹤尚居禄位。（唐·白居易《咏怀》）台衮象贤，元枢虚位。壮岁青云自曾致。（宋·张元干《感皇恩·年少太平时》）

卫(衛、*衞)wèi

㊀去声，八霁。㊁案～葆～豹韬～餐～宸～承～杜～二～蕃～飞～巩～拱～贵赤～扞～呵～扈～戟～迦～蹇～金吾～俱那～离～屏～綦～前～巧～荣～容～森～摄～神～说～耸～陶～填～维～勳～颐～翊～翼～舆～赵～遮～珍～㊂～跸～蔽～布～藏～从～夫人～服～符～顾～鹤～虎～画～霍～畿～籍～乐～幕～娘～气～蘧～阙～摄～生～视～水～送～所～索～养～翼～鱼～玉～助～子瑕～足～足葵㊃笙歌迎拜首，羽帐崇严卫。(唐·李颀《谒张果先生》)缥缈珠幢羽卫。望蓬莱、初无弱水。(宋·张孝祥《水龙吟·竹舆晓入青阳》)

㊄**精卫** 喻指按既定的目标坚毅不拔地奋斗到底。《山海经·北山经》:"发鸠之山，其上多柘木。有鸟焉，其状如乌，文首、白喙、赤足，名曰精卫，其鸣自詨。是炎帝之少女，名曰女娃，女娃游于东海，溺而不返，化为精卫。常衔西山之木石，以堙于东海。"

精卫衔微木，将以填沧海。(晋·陶渊明《读〈山海经〉其十》)

鲁卫 即周公、康叔，二人均是周武王之弟，分别分封鲁国卫国。武王死后，兄弟二人辅佐成王稳定统治。后泛指兄弟和睦，也喻指辅佐君主的贤臣。《论语·子路》:"子曰:'鲁卫之政，兄弟也。'"

宗成不独依岑范，鲁卫终当似弟兄。(宋·苏轼《次颜长道韵送傅倅》)

郑卫 指郑卫两国或两国的音乐，也借指浮华淫靡的地方或淫靡的音乐、不健康的文学作品。亦作"郑声""文侯耽郑卫""文侯卧"。《礼记·乐记》:魏文侯问于子夏曰:"吾端冕而听古乐，则惟恐卧，听郑卫之音则不知倦。"又，"郑卫之音，乱世之音也"。《论语·卫灵公》:"郑声淫。"

正声消郑卫，古状掩笙簧。(唐·司空曙《同张参军喜李尚书寄新琴》)

黎侯寓卫 代指渴望归家的思念之情。亦作"式微"。《诗经·邶风·式微序》:"《式微》，黎侯寓于卫，其臣劝以归也。"

黎侯寓于卫，六义非凡格。(唐·韦蟾《和柯古穷居苦日喜雨》)

味wèi

㊀去声，五未。㊁按～不二～逞～春～醇～辍～辞～耽～躭～澹～当～道～谛～二～法～膏～含～寄～兼～江～嗟～嚼～俊～开～崑～兰～类～了～灵～陆～论～漫～披～脾～荣～伤～时～睡～司～诵～天～渥～羲～详～享～想～小～邪～亵～兴～研～一～遗～绎～盈～余～远～匀～至～致～族～俎～㊂～尘～谏～口～览～赏～素～外味～欲～之素㊃不如学禅定，中有甚深味。(唐·白居易《和微之诗二十三首·和知非》)拟把疏狂图一醉。对酒当歌，强乐还无味。(宋·柳永《凤栖梧·伫倚危楼风细细》)

㊄**忘味** 指音乐美妙动人、令人忘我，也喻指专心一意、全神贯注，别的事都不放在心上，现亦用以形容清贫，谓三个月没有吃过肉。亦作"三月不知肉味""三月忘味""闻韶忘味"。《论语·述而》:"子在齐闻《韶》，三月不知肉味，曰:'不图为乐之至于斯也。'"孔子沉浸于音乐中，三个月吃不出肉的味道。

对话堪息机，披文欲忘味。(唐·刘长卿《题冤句宋少府厅留别》)

味无味 指在无味中体会真味。道家认为人生无为才能得到真正快乐。《老子》第六十三章:"为无为，事无事，味无味。"

待渠弓箭尽，我自味无味。(宋·黄庭坚《又和二首》其二)

党家风味 指庸俗浮华的生活情趣。亦作"扫雪烹茶"。《通鉴长编》:"宋陶谷得党太尉家姬，遇雪，谷取雪水烹茶，谓姬曰:'党家有此风味否?'对曰:'彼粗人，安有此?但能于销金帐下，浅斟低唱，饮羊羔儿酒耳。"

党家风味足肥羊，绮阁留人漫较量。(唐·史凤《八分羊》)

柳家风味 指柳永式清婉的词风。宋·苏轼《与鲜于子骏书》:"近却颇作小词，虽无柳七郎风味，亦自是一家。"

曲终金石满吾庐，争奈少、柳家风味。(宋·汪莘《鹊桥仙·柳塘居处》)

欠些香味 咏海棠之典故。宋·释惠洪《冷斋夜话》卷九:"渊材迂阔好怪……又尝曰:'吾平生无所恨，所恨者五事耳……第一恨鲥鱼多骨;第二恨金橘大酸;第三恨莼菜性冷;第四恨海棠无香;第五恨曾子固不能作诗。'闻者大笑，而渊材瞠目曰:'诸子果轻易吾论也。'"

问因何，却欠一些香味，惹旁人恨。(宋·马子严《水龙吟·东君直是多情》)

清时有味 指闲静清淡的日子有滋味，实指怀才不遇无处施展抱负的抑郁。唐·杜牧《将赴吴兴登乐游原一绝》:"清时有味是无能，闲爱孤云静爱僧。"

清时有味俱吾党，黄发相看更几人。(宋·晁补之《次韵邠倅王正夫》)

曲生风味 赞佳酿好酒。亦作"曲生""曲秀才"。唐·郑棨《开天传信记·曲秀才》:道士叶法善会朝客数十人于玄真观，思饮酒，忽一人傲睨直入，自云曲秀才。与诸人论难，词锋敏锐。法善疑魑魅为惑，密以小剑击之，坠阶下，视之乃盈瓶醲醞，皆大笑，饮之味甚嘉，因揖其瓶曰:"曲生风味，不可忘也。"曲生代指酒。

曲生风味那忘得，少待吾家芍药开。(宋·陆游《夏初湖村杂题》)

西河风味 指教学风尚。春秋时孔子弟子子夏，曾到西河教书，南朝宋王球因称"办学"为西河之风。见《史记·仲尼弟子传》和《南史·何尚之传》。

南纪改波澜，西河共风味。(唐·杜甫《题衡山县文宣王庙》)

畏wèi

㊀去声，五未。㊁逼～禀～愁～赐无～憺～服～恭～顾～惶～戢～忌～检～鉴～谨～惊～兢～儆～拘～媿～愧～困～廉～凛～罗～屏～牵～谦～曲～懔～三～耸～险～羞～疑～抑～喑～寅～贪～震～祇～重～周～惴～尊～㊂～爱～法～伏～俯～附～光～害～后

生～怀～戢～谨～景～咎～沮～匡～栗～凛～龙～明～慕～难～匿～懦～区～日～偭～涩～闪～慎～兽～悚～缩～涂～途～微～牺～葸～徇～义～友～约～訾㊐铄石流金无畏。(宋·曹勋《法曲·珠星璧月》)

㊑**后生可畏** 指青年人可以超越年长者,值得敬畏。见《论语·子罕》:"子曰:'后生可畏,焉知来者之不如今也?四十、五十而无闻焉,斯亦不足畏也已。'"

后生可畏吾衰矣,刀笔从来错料尧。(宋·苏轼《次韵子由五月一日同转对》)

人言可畏 指流俗之舆论具有杀伤力。《诗经·郑风·将仲子》:"仲可怀也。人之多言,亦可畏也。"

人言真可畏,公意本无争。(唐·李商隐《五言述德抒情诗》)

慰wèi

㊂去声,五未。㊃褒～宠～存～敦～恩～奉～附～告～鲠～慬～浣～嘉～开～宽～闵～佩～庆～赏～申～绥～谈～望～相～晓～忻～欣～宣～唁～优～诱～娱～谕～镇～㊅～存～吊～拊～诲～瞀～辑～荐～结～解～留～勉～愍～纳～譬～省～视～释～绥～喜～㚟～恤～眼～唁～瘆～引～谕～喻㊐前期今尚远,握手空宴慰。(唐·刘长卿《送薛据宰涉县》)但斗间、看望成龙气。聊寂寞,自相慰。(宋·刘辰翁《金缕曲·吾鬓如霜蕊》)

尉wèi 另见455页yù。

㊂去声,五未。㊃簿～差～赤～邓～感～国～户～畿～较～竞～垒～里～龙禁～梅～门～旗～神仙～石太～妄～仙～县～香～宣～巡～延～邑～舆～醉～㊅～承～官～候～荐～解～律～律学～茂～纳～史～氏～他～佗～廨～鱼～悦

㊑**仙尉** 咏县尉,也指避世的官吏。亦作"仙伯""仙吏""南昌尉""隐市门""神仙尉""神仙道""神仙中人""溧阳衰尉"。《汉书·梅福传》:"梅福字子真,九江寿春人也……为郡文学,补南昌尉……至元始中,王莽专政,福一朝弃妻子,去九江,至今传以为仙。其后,人有见福于会稽者,变名姓为吴市门卒云。"

仙尉赵家玉,英风凌四豪。(唐·李白《送当涂赵少府赴长芦》)

醉尉 指盛气凌人的人。常用来描写失官以后受人侮辱的境况。亦作"耽酒尉""霸陵醉尉"。《史记·李将军列传》:"李广与匈奴战,失利,当斩,赎为庶人。顷之,家居数岁。……尝夜从一骑出,从人田间饮,还至霸陵亭。霸陵尉醉,呵止广。广骑曰:'故李将军。'尉曰:'今将军尚不得夜行,何乃故也!'止广宿亭下。居无何,匈奴入杀辽西太守,败韩将军,后韩将军徙右北平。于是天子乃召拜广为右北平太守。广即请霸陵尉与俱,至军而斩之。"

先生依旧广文贫,老守时遭醉尉嗔。(宋·苏轼《过密州次韵赵明叔乔禹功》)

李都尉 本指李陵,代指守边将领。《汉书·李广传》附《李陵传》:"武帝以为有广之风,使将八百骑,深入匈奴二千余里,过居延视地形,不见虏,还。拜为骑都尉,将勇敢五千人,教射酒泉、张掖以备胡。"

昔从李都尉,双鞬照马蹄。(唐·戎昱《从军行》)

钟太尉 指擅长书法的人。三国魏书法家钟繇曾任太尉,人称"钟太尉"。见《三国志·魏书·钟繇传》。

喜见明时钟太尉,功名一似旧淮阴。(唐·韩翃《送王诞渤海》)

步兵校尉 指像阮籍一样放达的中小官吏。亦作"阮步兵""步兵橱""步兵"。《三国志·魏书·王粲传》附《阮籍传》:"官至步兵校尉。"

步兵校尉辞公府,车骑将军忆本朝。(唐·罗隐《得宣州窦尚书书因投寄二首》其二)

落雕都尉 指武将。亦作"落雕兵"。《北齐书·斛律光传》:"尝从世宗于洹桥校猎,见一大鸟,云表飞飏,光引弓射之,正中其颈。此鸟形如车轮,旋转而下,至地乃大雕也。……丞相属邢子高见而叹曰:'此射雕手也。'当时传号落雕都督。"

落雕都尉万人敌,黑槊将军一鸟轻。(唐·杜牧《东兵长句十韵》)

青巾校尉 东汉官名,后代指军队中下级军官。《后汉书·光武帝纪下》:建武九年,"三月辛亥,初置青巾左校尉官"。

青巾校尉遥相许,墨槊将军莫大夸。(唐·韩翃《送刘将军》)

汤饼赐都尉 指国君关注小事。亦作"汤饼试平叔"。《世说新语·容止》:"何平叔美姿仪,面至白,魏明帝疑其傅粉。正夏月,与热汤饼。既啖,大汗出,以朱衣自拭,色转皎然。"

汤饼赐都尉,寒冰颁上才。(唐·刘禹锡《翠微寺有感》)

未wèi

㊂去声,五未。㊃讹～花～来～晴～午～着～㊅～便～龀～成冠～齿～逮～非～乎～傅～冠～合～皇～遑～笄～极～际～家～间～遽～央～来生～了因～沫～萌～沫～偶～牌～惬～渠央～渠已～省～素～委～牙～芽～一～壹～易～因～应～元～兆～晬㊐烂熳不能休,自午将及未。(唐·白居易《春寝》)木犀过了诗憔悴。只有黄花开又未。(宋·方岳《玉楼春·木犀过了诗憔悴》)

㊑**佳人来未** 写相思和怨别之情,也指朋友间的相思和不忍分别。亦作"佳人信杳"。见南朝宋·江淹《杂体诗三十首》。

怅佳人来未,碧云冉冉,王孙去后,芳草萋萋。(宋·刘克庄《沁园春·我羡君归》)

魏wèi

㊂去声,五未。㊃阿～丙～邴～曹～东～二～房～观～韩～荆～三～王～象～姚～元～㊅～丙～蚕～草～党～妃～公扫～观～红～瓠～花～家～家品～两～强～阙～阙心～石经～司格～台～象～姚～征西～郑～珠～紫㊐少年不识事,落魄游韩魏。(唐·张昌宗《少年行》)座上祥云层层起,不减洛中姚魏。(宋·刘克庄《贺新郎·一梦扬州事》)

㊑**房魏** 代指贤相。名相房玄龄、魏征的合称。见《旧唐书》本传。

呜呼房魏不复见,秦王学士时难羡。(唐·杜甫《折槛行》)

姚魏 代指牡丹佳品。亦作“姚黄”“魏紫”。宋·欧阳修《洛阳牡丹记·花释名》：“姚黄者，千叶黄花，出于民姚氏家……钱思公尝曰：‘人谓牡丹花王，今姚黄真可为王，魏花乃后也。’”姚魏，指姚黄魏紫，两种名贵的牡丹花。

纷纷姚魏争黄紫，醉眼虽观心似水。（宋·邓肃《玩芳亭》）

为（爲、*為）wèi 另见274页wéi。

古去声，四寘。逆曷～特～顺～底～何～言～因

伪（僞、*偽）wèi

古去声，四寘。逆闇～祆～雠～酢～篡～彫～雕～讹～番～浮～奸～僭～浇～狡～矜～滥～巧～轻～世～遂～慝～讬～汙～妖～邀～淫～杂～诈～智～众～作～顺～本～币～薄～蚕～朝～从～怠～定～端～凤～夫～化～迹～经～荆卿～客～孔～孔传～戾～巧～史～笋～态～廷～庭～偷～涂～托～易例唐祚值倾危，刘龚怀僭伪。（唐·詹敦仁《复留侯从效问南汉刘岩》）

遗（遺）wèi 赠。另见213页yí。

古去声，四寘。逆不我～厚～顺～安～秉～布～大～脯～羹～金～绢～赉～劳～鲤～流～赂～扇～蛇～施～使～危～饷～飨～信～迤～灾～贼～札～赈～纸～酌

典**幸今有母可遗** 指母子关系好，子得侍奉母亲。《左传·隐公元年》：“（郑庄公）遂寘姜氏于城颍，而誓之曰：‘不及黄泉，无相见也。’既而悔之。”适有颍考叔求见，“公赐之食，食舍肉。公问之，对曰：‘小人有母，皆尝小人之食矣，未尝君之羹，请以遗之。’公曰：‘尔有母遗，繄我独无！’”

去天咫尺，下拜再三，幸今有母可遗。（宋·陈亮《瑞云浓慢》）

胃 wèi

古去声，五未。逆瓣～脾～腹～口～瘤～穴～顺～疸～风～脯～气～脘～维例暗怀千古，浑疑一夜，冰生肠胃。（宋·扬无咎《水龙吟·小轩潇洒清宵午》）

典**烂羊胃** 借指被滥封官爵的卑劣龌龊之小人。亦作“羊胃羊头”“烂羊头”。《后汉书·刘玄传》：“其所授官爵者，皆群小贾竖，或有膳夫庖人，多著绣面衣、锦袴、襜褕、诸于，骂詈道中。长安为之语曰：‘灶下养，中郎将；烂羊胃，骑都尉；烂羊头，关内侯。’”

功名不羞烂羊胃，灭昴擒胡未能计。（宋·晁补之《二十八舍歌》）

锦缠肠胃 赞文采不凡。唐·李白《冬日于龙门送从弟京兆参军令问之淮南觐省序》：“常醉目吾曰：‘兄心肝五藏，皆锦绣耶？不然，何开口成文，挥翰雾散？’”

咸惊句琢琼瑰，端是锦缠肠胃。（宋·扬无咎《水龙吟·夜来六出飞花》）

喂[1] wèi 招呼声。

喂[2]（餵）wèi

古去声，四寘。逆饮～顺～食～饲～眼

渭 wèi 水名。

古去声，五未。逆钓～沸～函～鸿～泾～猎～吕～汧～洗～顺～滨～城～澧～泾～桥～曲～阳例何处接长波，东流入清渭。（唐·于濆《陇头水》）渊伦照三古，磊落涵泾渭。（唐·陈陶《赠江西周大夫》）

典**泾渭** 泾水渭水，一浊一清，代指人品的优劣或是非功过的分明。亦作“渭泾”“清渭”“分泾”“清泾浊渭”“渭浊泾清”“泾清渭浊”。见《诗经·邶风·谷风》。

山岑高无极，泾渭扬浊清。（三国魏·曹植《赠丁仪王粲诗》）

钓渭水 指臣民为引起君主对自己的关注、赏识、提拔而作出的某种行为，或指君臣遇合。亦作“垂钓”“渭钓”“渭水钓”“太公钓”“渭川垂钓”“太公八十遇文王”。《史记·齐太公世家》：“吕尚盖尝穷困，年老矣，以渔钓奸周西伯……于是周西伯猎，果遇太公于渭之阳。”

如棠名既误，钓渭日徒消。（唐·韩愈《叉鱼招张功曹》）

莘渭 隐士伊尹和吕尚的居处，后泛指隐居之所。亦作“莘野”“磻溪”“渭与莘”。《孟子·万章上》：“伊尹耕于有莘之野，而乐尧舜之道焉。……汤使人以币聘之，嚣嚣然曰：‘我何以汤之聘币为哉？我岂若处畎亩之中，由是以乐尧舜之道哉？’”吕尚事见《史记·齐太公世家》。

莘渭当时已误来，商山芝老更堪哀。（宋·陆游《读李泌事偶书》）

谓（謂）wèi

古去声，五未。逆不～非～见～名～亡～无～无为～相～以～意～有～愿～自～顺～词～号～何～呼～如～为～言～语～谕例因言前夕梦，无人一相谓。（唐·元稹《感梦》）衰病逢春都不记，谁谓。（宋·陆游《定风波·攲帽垂鞭送客回》）

蔚 wèi 盛貌。另见455页yù。

古去声，五未。逆黯～豹～彪～彬～炳～芜～丛～雕～丰～弟～焕～荟～隽～平～蒨～清～赡～雄～窈～猗～翳～阴～映～幽～彧～圆光～云～攒～贞～整～顺～炳～荟～蓝～跂～起～气～然～映

典**炳蔚** 用于形容君子、贤臣文采华丽、风度姿容美好。亦作“豹变”“豹蔚”。《周易·革》：“上六：君子豹变，小人革面。征凶，居贞吉。”《象辞》曰：“‘君子豹变’，其文蔚也；‘小人革面’，顺以从君也。”

豹文元炳蔚，未信雾能藏。（宋·杨万里《和罗巨济山居十咏》）

张仲蔚 代指隐居贫士。晋·皇甫谧《高士传》卷中《张仲蔚》：“张仲蔚者，平陵人也，与同郡魏景卿俱修道德，隐身不仕。明天官博物，善属文，好诗赋，常居穷素，所处蓬蒿没人，闭门养性，不治荣名，时人莫识。”

谁念张仲蔚，还依蒿与蓬。（唐·李白《鲁城北郭曲腰桑下》）

猬（*蝟）wèi

古《广韵》：去声，未韵。逆刺～顺～奋～锋～附～合～集～立～栗～列～起～兴～张

典**斧螗锋猬** 喻张牙舞爪，不自量力。亦作“猬锋螗斧”“蝟锋螗斧”。唐·柳宗元《平淮夷雅二篇》其一：“哀凶鞠顽，锋猬斧螗。赤子匍匐，厥父是亢。”

熨 wèi 用药物热敷，中医一种疗法。另见455页yù、783页yùn。

古《广韵》：去声，未韵。逆砭～毒～攻～汤～顺～法～帖～引

讆(*讏)wèi　梦语。

古《广韵》:去声,祭韵。逆谰～顺～言～语

坠(墜)zhuì

古去声,四寘。逆蹐～不～澄～弛～耳～荒～僵～交～抗～旷～累～零～流～排～扇～绳～殄～跕～颓～陨～网～危～委～问～项～堙～殒～霣～谪～瘃～顺～蹬～镫～典～胡～欢～髻～睫～景～屦～历～履～马髻～马妆～琴～体～心～绪～湮～言～逸～甑～子例黄萎槐蕊结,红破莲芳坠。(唐·白居易《开襟》)闲敲画扇偷金蕊。半夜月明珠露坠。(宋·晏殊《渔家傲·脸傅朝霞衣剪翠》)

典**醉坠**　咏醉酒。见唐·杜甫《醉为马坠,诸公携酒相看》。

　　醉坠何曾伤内守,色忧当为念先传。(宋·苏轼《和周正孺坠马伤手》)

金钗坠　指宴席间伴饮家伎的醉态。亦作"金钗半醉""金钗半堕""金钗离立座生春"。韩愈《酒中留上襄阳李尚书相公》:"银烛未销窗送曙,金钗半堕(一作醉)座添春。"

　　报道金钗坠也,十指露、春笋纤长。(宋·苏轼《满庭芳·香叆雕盘》)

天花乱坠　指言谈虚妄、动听而不切实际。亦作"天华乱坠"。《法华经·序品》:"尔时世尊,四众围绕,供养恭敬尊重赞叹,为诸菩萨说大乘经……佛说此经已,结跏趺坐,入于无量义处三昧,身心不动。是时天雨曼陀罗华、摩诃曼陀罗华、曼殊沙华、摩诃曼殊沙华,而散佛上及诸大众。"

　　空生惯识岩中镜,何似天花乱坠年。(宋·韩维《奉答祖印喜雪二颂》)

赘(贅)zhuì

古去声,八霁。逆词～痤～瘊～句～黏～骈～齐～秦～冗～入～杉～贤～肬～重～招～志～作～顺～辞～渎～贰～妇～简～居～聚～客～亏～旒～率～名～木～亲～情～娶～入～世翁～土～下～行～衣～姻～斿～游～余～员～子例心息已如灰,迹牵且为赘。(唐·张九龄《酬周判官巡至始兴会》)

典**秦赘**　指赘婿。《汉书·贾谊传》:"故秦人家富子壮则出分,家贫子壮则出赘。"应劭注:"出作赘壻也。"

　　相携花下非秦赘,对泣春天类楚囚。(唐·李商隐《与同年李定言曲水闲话戏作》)

缀(綴)zhuì

古去声,八霁。逆比～彻～稠～风～后～甲～攟～旒～挛～绵～末～剽～哀～闪～沈～挑～文～舞～行～悬～仪～支～属～顺～纯～恩～合～旒～辂～虑～赏～识～学～言～衣～映～斿～宅～兆例飞琼伴侣,偶别珠宫,未返神仙行缀。(宋·柳永《玉女摇仙佩·飞琼伴侣》)

典**微云点缀**　晋人谢重认为天空明净比不上有微云点缀之美。盖有微云,方不单调死寂,且更能烘托天空之明净,而达到一种"鸟鸣山更幽"的境界。《世说新语·言语》:"司马太傅斋中夜坐,于时天月明净,都无纤翳。太傅叹以为佳。谢景重在坐,答曰:'意谓乃不如微云点缀。'太傅因戏谢曰:'卿居心不净,乃复强欲滓秽太清邪?'"

　　六合扫清知有待,微云点缀故宜休。(宋·程公许《中秋节侍杨尚书待月南楼》)

縋(縋)zhuì　①用绳悬物往下送。②绳索。

古去声,八霁。逆绠～悬～顺～人～险～幽

惴zhuì　忧惧。

古去声,四寘。逆沮～儳～慴～危～惴～顺～骇～栗～缩～息例屯田数十万,堤防常慑惴。(唐·杜牧《感怀诗一首》)

醉zuì

古去声,四寘。逆白～病～薄～残～灿～长～醒～醇～刺塌～村～洞～放～骨～酣～轰～洪～荒～几回～困～劳～卯～秦～取～三～山公～沈～胜～熟～霜～宿～天～恸～痛～讬～醺～倚～余～沾～纸～竹～顺～崩腾～鞭～垂鞭～醇～扶归～亳～豪～红～红妆～刘伶～侣～马草～梅花～瞢腾～朦腾～墨～木犀～蓬莱～衾～浑～骇～素～太平～太师～陶陶～淘淘～酶酶～腾腾～帖～酡～偎香～兀～兀兀～霞～乡～乡春～乡侯～缬～蟹～熏熏～醺醺～瑶瑟～呓～吟商～舆～中天～中真～妆词例三春小苑游,千日中山醉。(唐·张昌宗《少年行》)归心怡悦酒肠宽,不泛千钟应不醉。(宋·柳永《玉楼春·星闱上笏金章贵》)

典**千日醉**　指醉酒以忘怀世俗。亦作"千日酒"。晋·张华《博物志》卷五:"昔刘元石于中山酒家酤酒,酒家与千日酒,饮之。忘言其节度。归至家大醉,不醒数日。而家人不知,以为死也,具棺殓葬之。酒家计千日满,乃忆元石前来酤酒,醉当醒矣。往视之,云:'元石亡来三年,已葬。'于是开棺,醉始醒。俗云:'元石饮酒,一醉千日。'"

　　还持千日醉,共作百年人。(唐·王勃《春园》)

山公醉　咏醉酒。亦作"山公坐池""山公饮""山公兴""山公上马""山翁醉""山公游赏""山公延宾客"。《世说新语·任诞》:"山季伦为荆州,时出酣畅。人为之歌曰:'山公时一醉,径造高阳池。日莫倒载归,茗艼无所知。复能乘骏马,倒箸白接篱。举手问葛彊,何如并州儿?'高阳池在襄阳。彊是其爱将,并州人也。"

　　山公醉后能骑马,别是风流贤主人。(唐·李白《江夏赠韦南陵冰》)

陶潜醉　代指嗜酒。亦作"陶令醉""陶宰酒""陶潜杯""陶令秫酒""醉陶彭泽"等。晋·陶渊明《五柳先生传》:"性嗜酒,家贫不能常得。亲旧知其如此,或置酒而招之。造饮辄尽,期在必醉;既醉而退,曾不吝情去留。"

　　可怜宋玉情无限,争似陶潜醉不知。(宋·范仲淹《九日》)

众客醉　比喻在颓靡混浊的环境中,清醒的人不多。《楚辞·渔父》:"屈原曰:'举世皆浊而我独清,众人皆醉而我独醒,是以见放。'"

　　煌煌东方星,奈此众客醉。(唐·韩愈《醉后》)

告身一醉　大将军一职的"告身

(委任状)”才值几个买酒钱，指官爵滥封而不值钱。《资治通鉴·唐纪·肃宗至德二载》：“是时府库无蓄积，朝廷专以官爵赏功。诸将出征，皆给空名告身……由是官爵轻而货重，大将军告身一通，才易一醉。”

君不见蒲萄一斗换得西凉州，不如将军告身供一醉。（宋·陆游《凌云醉归作》）

锦瑟旁边醉 指文人诗酒相伴的风流生活。唐·杜甫《曲江对雨》：“何时诏此金钱会，暂醉佳人锦瑟旁。”

主人只是旧时怀，锦瑟旁边须醉。（宋·辛弃疾《西江月·风月亭危致爽》）

一斗一石皆醉 咏饮酒。亦作“一石亦醉”。《史记·滑稽列传》载战国时，齐国大夫淳于髡借“臣饮一斗亦醉，一石亦醉”，在解释原因时借以婉讽齐威王“酒极则乱，乐极则悲”的道理。

一壑一丘吾事，一斗一石皆醉，风月几千场。（宋·辛弃疾《水调歌头·高马勿捶面》）

罪(*辠)zuì

古上声，十贿。逆按～案～白～抱～被～本～蔽～避～边～辨～逋～布～惭～吃～笞～出～除～触～待～贷～戴～当～蹈～诋～抵～柢～断～伐～罚～法～非～伏～服～负～甘～告～公～公冶～功～宫～辜～怪～归～过～悔～稽～极～加～驾～嫁～降～矫～谨～净～咎～鞠～具～决～军～开～科～罹～连～领～流～戮～论～耐～拟～平～愆～遣～谴～情～黥～释～首～赎～恕～私～四～讼～速～宿～遂～讨～替～听～徒～问～诬～无～五～五逆～纤～小～谢～刑～疑～议～阴～引～婴～有～宥～余～原～刖～赃～臧～遭～责～斩～杖～折～正～治～致～中～重～诛～追～族～坐～顺～案～错～法～犯～魁～戾～隶～愆～刑～尤～征例有如阿鼻尸，长唤忍众罪。（唐·韩愈《嘲鼾睡》）老子平生无他过，为梅花、受取风流罪。（宋·刘克庄《贺新郎·鹊报千林喜》）

典**四罪** 指舜惩办共工、驩兜、三苗、鲧四凶之罪。《尚书·舜典》：“流共工于幽州，放驩兜于崇山，窜三苗于三危，殛鲧于羽山，四罪而天下咸服。”

四罪不诛三宅去，依前肝脑是生灵。（宋·王遂《读天宝诸公事》）

攘羊告罪 指违反“亲亲相隐”原则的检举揭发行为。《论语·子路》：“叶公语孔子曰：‘吾党有直躬者，其父攘羊，而子证之。’孔子曰：‘吾党之直者异于是：父为子隐，子为父隐。直在其中矣。’”

攘羊告罪言何直，舐犊牵情理岂虚。（唐·刘兼《贻诸学童》）

冶长非罪 指蒙冤下狱。亦作“冶长猜”“冶长缧绁”“冶长空待罪”。《论语·公冶长》：“(公冶长)虽在缧绁之中，非其罪也。”宋邢昺疏：“旧说冶长解禽语，故系之缧绁。以其不经，今不取也。”

冶长非罪曾缧绁，长孺然灰也经溺。（唐·骆宾王《畴昔篇》）

最zuì

①古代考核军功或政绩，以上等为“最”。泛指居于首位的人物。②聚合；聚集。③合计，总计。④副词，极。

古去声，九泰。逆报～边～簿～称～殿～凡～功～会～计～举～考～课～吏～连～论～强～清～善～为～要～尤～奏～顺～殿～凡～观～课～吏～目～能～品～启～尤例福庭长自然，华顶旧称最。（唐·孟浩然《越中逢天台太乙子》）一自芳容，一自才华最。真佳配。（宋·无名氏《点绛唇·仙子仙郎》）

典**治最** 指政绩第一。亦作“治平为最”。《汉书·贾谊传》：“文帝初立，闻河南守吴公治平为天下第一，故与李斯同邑，而尝学事焉，征以为廷尉。”

晚岁宰一同，治最方卓鲁。（宋·五迈《父执德化陈宰叔概宁诗和之》）

书善最 指官吏卓有政绩。《新唐书·百官志一》：“流内之官，叙以四善：一曰德义有闻；二曰清慎明著；三曰公平可称；四曰恪勤匪懈。善状之外，有二十七最。一曰，献可替否，拾遗补阙，为近侍之最；二曰铨衡人物，擢尽才良，为选司之最……二十六曰牧养肥硕，蕃息孳多，为牧官之最；二十七曰边境清肃，城隍修理，为镇防之最。”

制锦才高书善最，鸣琴化洽人欢怿。（宋·卢炳《满江红·积雨连朝》）

晬zuì

小儿生一周年。

古去声，十一队。逆百～及～试～未～周～顺～盎～穆～盘～清～然～日～容～时～颜

槜(檇)zuì

槜李。

古《广韵》：去声，至韵。又：平声，脂韵异。又：平声，灰韵异。顺～李

蕞zuì

蕞尔，小貌。

古《广韵》：去声，泰韵。逆会～荟～绵～顺～残～尔～陋～眇～芮～猥

九　开

三韵书对照表

词林正韵	佩文诗韵 \ 诗韵新编	九开（平声） 阴平	九开（平声） 阳平
第五部［九佳（半）］	上平声九佳	揩（依次）乖揩斋	啀柴侪豺骸怀淮槐埋霾排牌俳
第五部［十灰（半）］	上平声十灰	哀埃唉猜差（听差）钗呆（书呆）该陔垓咳（咳声）咍开腮衰（兴衰）胎苔（舌苔）栽灾哉	皑才材裁财孩颏徊来莱徕台抬薹臭鲐骀
第五部［九佳（半）］［十灰（半）］	上平声九佳 上平声十灰	荄	
未检到的字		哎掰拆（口语音）搋待（逗留）赅拍（口语音）鳃（鱼鳃）思（音腮。于思，多须貌）塞（口语音）筛摔歪（歪曲）摘（口语音）拽（用力扔）	挨（苦挨）呆（音癌。呆板）癌白（口语音）喍（音柴。啀喍，狗欲咬人貌）腫咳（音孩。小孩笑声）踝（音槐）涞徘苔（青苔）择（口语音）宅（口语音）翟（口语音）

词林正韵	佩文诗韵 \ 诗韵新编	九开（仄声） 上声	九开（仄声） 去声
第三部［九泰（半）］ 第五部［九泰（半）］	去声九泰	蔼霭	艾隘蔡带大（大夫）盖丐害愒会（会计）脍狯侩桧浍郐赖籁癞濑奈柰泰太汰外
第五部［九蟹］［十贿（半）］	上声九蟹	矮摆拐楷买	骇
	上声十贿	欸（欸乃）乃（欸乃，橹声）奶采（采摘）彩茝改海醢凯铠恺剀垲乃（尔乃）载（千载）宰	待（等待）怠殆绐骀迨（骀荡）亥
第五部［十卦（半）］［十一队（半）］	去声十卦	蒯	餲败拜稗呗瘥（病愈）虿嘬怪坏（破坏）快块哙卖迈劢派湃晒杀（音赛。隆杀）债寨瘵
	去声十一队	慨	爱碍暧叆嗳（伤感叹词）菜采（采地）代戴黛逮贷岱襶埭逮溉概忾睐赉耐鼐塞赛态在再载（装载）
未检到的字		嗳（否定动词）百（口语音）伯（口语音）柏（口语音）捭睬踩揣歹逮（捕捉）闿摧艿色（色子）甩歪（扭伤）崽窄（口语音）踹	嫒嗌縩踹膪袋玳钙嗐氦咳（咳唾）筷麦（口语音）脉（山脉）褦率（口语音）蟀（口语音）拽（口语音）

平声·阴平

哀āi

古上平，十灰。逆奔～成～垂～夺～割～顾～含～韩～寒～黄雀～见～尽～居～愍～穆～佞～牛～遣～清～荣～杀～沈～酸～遂～吞～衔～祥～修～叙～遗～余～娱～禹～顺～册～策～察～楚～怛～弹～顿～风～壑～厚～毁～激～笳～结～矜～敬～眷～诔～梨～厉～丽～临～曼～愍～慕～弄～匏～平～迫～茕～丘～臞～癯～懿～飒～丝～素～酸～骀～乌～弦～凶～雅～艳～钥～狖～宥～杖～筝～转～壮例九疑深路绕山回，木落天清猿昼哀。（唐·戴叔伦《将至道州寄李使君》）金河秋半虏弦开，云外惊飞四散哀。（唐·杜牧《早雁》）醉击玉壶缺，恨写绿琴哀。（宋·蔡伸《水调歌头·醉击玉壶缺》）

典**黄雀哀**　战国时，庄辛以黄雀放松警惕，埋头啄食，终被公子王孙击落的故事作比喻，劝讽楚襄王不要贪图享乐，要防患于未然。事见《战国策·楚策四》。

雄图今何在？黄雀空哀吟。（唐·陈子昂《感遇诗三十八首》其六）

潘岳哀　指哀悼亡妻。亦作"潘岳悼伤""潘郎泪"。潘岳《悼亡诗三首其一》："之子归穷泉，重壤永幽隔……如彼翰林鸟，双栖一朝只。如彼游川鱼，比目中路析……寝息何时忘，沉忧日盈积。"

唯应月照簟，潘岳此时哀。（唐·张九龄《故荥阳君》其三）

庾信哀　指思乡。亦作"庾信赋""庾鬓斑""伤心庾开府""惆怅庾公"。《北史·文苑传·庾信》：庾信衔命出使西魏时，"属大军南讨，遂留长安。江陵平，累迁仪同三司。周孝闵帝践祚……迁骠骑大将军、开府仪同三司……信虽位望通显，常作乡关之思，乃作《哀江南赋》以致其意。"

庾信哀虽久，何颙好不忘。（唐·杜甫《上兜率寺》）

埃āi

古上平，十灰。逆碧～边～氛～寒～红～涓～绝～粱～浅～沈～翔～嚣～炎～阴～顺～蔼～壒～氛～昏～芥～境～灭～墨～埸～郁例散为飞雨川上来，遥帷却卷清浮埃。（唐·李白《早秋单父南楼酬窦公衡》）洒散千株叶，销凝九陌埃。（唐·令狐楚《省中直夜对雪》）赖有西湖在，洗我尘埃。（宋·张元干《八声甘州·记当年共饮》）

典**野马尘埃**　指野外蒸腾的水汽。亦作"野马浮埃""野马""尘埃野马"。《庄子·逍遥游》："野马也，尘埃也。生物之以息相吹也。"郭象注："野马者，游气也。"成玄英疏："此言青春之时，阳气发动，遥望薮泽之中，犹如奔马，故谓之野马也。"

壮气南山若可排，今为野马与尘埃。（宋·黄庭坚《过方城寻七叔祖旧题》）

挨āi　依次。另见310页ái。

古上平，九佳。逆擦～轮～顺～贡～赖～蓝～满～磨～闹～晚～宿～也～匝～杂例万家帘幕，千步锦绣相挨。（宋·赵佶《声声慢·宫梅粉淡》）

唉āi　伤惜叹词。

古上平，十灰。逆唉～讯～

哎āi　惊愕叹词。

逆嗯～嘿～顺～哈～也

掰bāi　用手分开。

顺～谎～脸～文儿

猜cāi　①怀疑；嫌疑。②推测；猜想。

古上平，十灰。逆愁～贰～防～费～昏～骄～浪～量～料～沈～是～搜～凶～雄～寻～燕雀～鹰～怨～左～做～顺～薄～暴～愎～斥～打～毒～妬～贰～忿～骇～狠～祸～急～娇～觉～警～克～刻～枚～摹～摩～虐～迫～扰～忍～畏～忤～险～携～衅～讶～贼～谮～诈～忮～鸷～专～阻例同居长干里，两小无嫌猜。（唐·李白《长干行》）翠幕雕笼非所慕，珠丸柘弹莫相猜。（唐·刘禹锡《吐绶鸟词》）

典**冶长猜**　指蒙冤下狱。《论语·公冶长》："子谓公冶长，'可妻也。虽在缧绁之中，非其罪也'。以其子妻之。"

不如黄雀语，能雪冶长猜。（唐·沈佺期《同狱者叹狱中无燕》）

乐毅见猜　指良将蒙冤。亦作"乐毅不归""乐生负谤""乐生居赵"。《史记·乐毅传》："乐毅留徇齐五岁，下齐七十余城，皆为郡县以属燕，唯独莒、即墨未服。会燕昭王死，子立为燕惠王。惠王自为太子时尝不快于乐毅，及即位，齐之田单闻之，乃纵反间于燕……于是燕惠王固已疑乐毅，得齐反间，乃使骑劫代将，而召乐毅。乐毅知燕惠王之不善代之，畏诛，遂西降赵。"

乐毅吾所怜，拔齐翻见猜。（唐·高适《酬裴员外以诗代书》）

差chāi　①派遣。②被派遣者。③差事，被派遣去做的事。另见3页chā、21页chà、141页cī。

古上平，九佳。逆暗～帮～打～待～勾～关～卡～开～看～科～陵～冥～辟～起～签～升～试～司～堂～讨～闻～消～销～宣～徭～遗～优～杂～走～走阴～顺～补～操～承～除～发～法～率～门～拟～排～配～任～摄～委～尉～徭～勇～占～注例十里寻山为思役，五更看月是情差。（唐·皮日休《醉中偶作呈鲁望》）初呈酒务求专判，合祷山祠请自差。（唐·陆龟蒙《奉和袭美醉中偶作见寄次韵》）

典**夫差**　春秋时吴国君主夫差，伐越后不听忠谏，终致亡国自杀。后以此典代亡国之君。见《史记·吴太伯世家》。

金谷园应没，夫差国已迷。（唐·齐己《春草》）

钗（釵）chāi　古代妇女的首饰，形似叉。

古上平，九佳。逆钿～分～宫～鬼～花～髻～鹔～爵～蟠龙～辟寒～秦～裙～松～铜鼓～雁～燕～羽～折～顺～德～朵～珥～分～符～股～帼～盒盟～镊～裙～茸～头～泽例弩台雨坏逢金镞，香径泥销露玉钗。（唐·皮日休《馆娃宫怀古》）

典**擘钗**　指夫妻或恋人离散。白居易《长恨歌》："唯将旧物表深情，钿合金钗寄将去。钗留一股合一扇，钗擘黄金合分钿。"

擘钗情绪思悠悠，月下穿针懒傍楼。（宋·俞桂《七夕有怀》）

分钗 指夫妻分别。亦作"破钗""断钗""折钗""断金钗"。南朝梁·陆罩《闺怨》："自怜断带日，偏恨分钗时……欲以别离意，独向蘼芜悲。"

新掷果，旧分钗，冶游音信隔章台。（宋·晏几道《鹧鸪天·楚女腰肢》）

九鸾钗 代指妇女的钗饰。亦作"潘妃鸾钗"。唐·苏鹗《杜阳杂编》卷下："咸通九年，同昌公主出降……至于房栊户牖，无不以珍异饰之……又有瑟瑟幕、纹布巾、火蚕绵、九玉钗……九玉钗，上刻九鸾，皆九色，上有字曰：'玉儿。'……一日昼寝，梦绛衣奴授语云：'南齐潘淑妃取九鸾钗。'及觉，具以梦中之言言于左右。洎公主薨，其钗亦亡其处。韦氏异其事，遂以实话于门人。或有云：玉儿，即潘妃小字也。"

晓步想随双凤佩，晚妆应照九鸾钗。（清·王遵坦《咏古玉镜》）

玉燕钗 钗名。有时以"（玉燕）钗飞"比喻一朝飞黄腾达。汉·郭宪《洞冥记》卷二："元鼎元年……神女留玉钗以赠帝，帝以赐赵婕妤。至昭帝元凤中，宫人犹见此钗。黄諴欲之。明日示之，既发匣，有白燕飞升天。后宫人学作此钗，因名玉燕钗，言吉祥也。"

玉燕钗寒，藕丝袖冷。只应未倚阑干遍。（宋·毛滂《踏莎行·碧树阴圆》）

十二金钗 原以"金钗十二行"形容美女发饰之繁，后以"十二金钗"比喻嫔妃众多。南朝·梁武帝《河中之水歌》："河中之水向东流，洛阳儿女名莫愁……头上金钗十二行，足下丝履五文章。"

谁羡汝、拥三千珠履，十二金钗！（宋·刘过《沁园春·一剑横空》）

拆 chāi 口语音。另见 90 页 chè。

〔逆〕半～壁～乖～甲～跚～锦～密～璺～星～搒～〔顺〕～家精

搋 chuāi ①以手用力压和揉。②藏，收藏。

〔古〕《广韵》：平声，皆韵。〔逆〕暗～扇～

呆（*獃）dāi 另见 310 页 ái。

〔古〕上平，十灰。〔逆〕痴～卖～〔顺〕～禅～词～答孩～打颏～定～钝～涩～挣～窒～重〔例〕梁武憨痴达摩呆，个中消息岂容猜，九年面壁口慵开。（宋·史浩《浣溪沙·梁武憨痴》）

待 dāi 逗留。另见 321 页 dài。

〔逆〕久～〔顺〕～会

该（該）gāi ①应当，理应如此。②兼备，完全。③包容。

〔古〕上平，十灰。〔逆〕偏～博～典～公～兼～穷～淹～〔顺〕～班～博～畅～成～达～典～洞～辅～富～管～广～阂～极～浃～尽～究～举～览～理～练～罗～茂～密～敏～明～洽～切～赡～涉～摄～深～徒～悉～晓～淹～验～宥～允～载～臧～正～综〔例〕弃象玄应悟，忘言理必该。（唐·孟浩然《来阇黎新亭作》）柔素亮为表，礼章夙所该。（唐·韦应物《伤逝》）

陔 gāi 阶。

〔古〕上平，十灰。〔逆〕春～九～兰～南～三～韶～循～阵～〔顺〕～步～鼓～兰～夏～养～余～兆〔例〕穷巷隐东郭，高堂咏南陔。（唐·高适《宋中遇陈二》）

〔典〕**南陔** 指孝子奉养父母。《诗经·小雅·南陔序》："《南陔》，孝子相戒以养也……有其义而亡其辞。"

北里清音绝，南陔芳草残。（唐·上官仪《故北平公挽歌》）

垓 gāi ①极远的地区。②域，界限。③数词。古以一万万为垓。

〔古〕上平，十灰。〔逆〕八～半～大会～荒～会～京～九～南～闻～三～埏～天～田～亿～〔顺〕～坫～垓～极～埏～下～心〔例〕太微星斗拱琼宫，圣祖琳宫镇九垓。（唐·白居易《题天柱峰》）堂中遗像成三老，英爽长在游天垓。（宋·张镃《夜宿龙井广福寺》）风烟地接怀，井邑富田垓。（宋·欧阳修《夏侯彦济武陟尉》）

赅（賅）gāi

〔古〕《广韵》：平声，咍韵。〔逆〕备～意～众妙～〔顺〕～博～存～简～洽～赡～综

荄 gāi 草根。

〔古〕上平，九佳。又：上平，十灰同。〔逆〕陈～春～冻～浮～寒～麻～〔例〕荒郊疏古木，寒隧积陈荄。（唐·骆宾王《丹阳刺史挽词三首》其三）东篱菊尽，遍园林败叶，满地寒荄。（宋·无名氏《十月桃·东篱菊尽》）

乖 guāi ①背离，不一致。②谬误，差失。③不顺，不如意。④机灵，乖巧。⑤顺从，听话。

〔古〕上平，九佳。〔逆〕悖～避～丑～打～刁～分～寝～精～狂～睽～离～谋～弄～伤～时～使～讨～偷～无～奄～长～〔顺〕～硋～背～悖～别～差～常～弛～僢～踳～次～诞～刁～动～度～盾～贰～反～方～分～隔～梗～寡～诡～互～滑～间～检～蹇～僭～角～节～绝～睽～阔～剌～滥～漓～裂～伶～龙～露～昧～逆～畔～弃～愆～阙～散～失～殊～疏～爽～调～亡～望～紊～迕～忤～牾～误～序～言～疑～异～应～慵～豫～远～越～争～致～中～衷～阻〔例〕忽忽忘前事，事愿能相乖。（唐·刘长卿《北游酬孟云卿见寄》）万里书信断，数年云雨乖。（唐·孟浩然《奉先张明府休沐还乡海亭宴集》）执事颇勤久，行去亦伤乖。（唐·韦应物《答裴丞说归京所献》）

咳 hāi 叹息；发出叹息声。另见 313 页 hái、325 页 kài、84 页 ké。

〔古〕上平，十灰。〔顺〕～气

咍 hāi 笑。

〔古〕上平，十灰。〔逆〕嘲～孩～鼾～欢～讙～诶～〔顺〕～口～乐～台～笑～吁～嚎〔例〕酬赠徒为尔，长歌还自咍。（唐·高适《酬裴员外以诗代书》）看尽人情物态，冷眼只堪咍。（宋·张元干《八声甘州·记当年共饮》）

开（開）kāi

〔古〕上平，十灰。〔逆〕绰～创～发～繁～函～行～交～雷～亮～灵～明～年～祖～陶～托～隙～漾～远～肇～〔顺〕～岸～布～达～荡～涤～第～奠～藩～弘～晦～济～霁～翦～津～衿～浚～阓～廓～莅～敏～母～譬～铺～容～士～淑～舒～曙～泰～坦～统～土～屯～慰～寤～隙～消～晓～信～绪～延～洋～畲～宇～谕～燠～原～缘～瀹～允～载～兆～照～肇～

昼～尊～樽㊀梅岭花初发，天山雪未开。（唐·卢照邻《梅花落》）七叶仙蓂依月吐，千株御柳拂烟开。（唐·苏颋《人日重宴大明宫恩赐彩缕人胜应制》）天将奇艳与寒梅。乍惊繁杏腊前开。（宋·柳永《瑞鹧鸪·天将奇艳与寒梅》）

㊉**白日开** 用于悼亡。旧题晋·葛洪《西京杂记》："滕公驾至东都门，马鸣跼不肯前，以足跑地久之。滕公使士卒掘马所跑地，入三尺所得石椁，滕公以烛照之，有铭焉。……以问叔孙通，通曰：'科斗书也。'以今文写之曰：'佳城郁郁，三千年见白日，吁嗟滕公居此室。'滕公曰：'嗟乎，天也！吾死其即安此乎？'死遂葬焉。"

此室玄扃掩，何年白日开。（唐·骆宾王《丹阳刺史挽词三首》其三）

八字打开 指说话、写文章或做事，像"八"字撇捺一左一右打开一样，直接明白。宋朱熹《与刘子澄·七月九日》："近日因看《大学》，见得此意甚分明。圣贤已是八字打开了，但人自不领会，却向外狂走耳。"

地狱天堂，八字打开，谁知无去亦无来。（宋·释崇岳《颂古六首》其四）

铁树花开 借指罕见或极难办成的事情。见5页"铁树开花"。

坐亡立脱知多少，铁树花开别是春。（宋·释道宁《颂古》）

百花头上开 原咏梅，因梅花开于百花之先，故而又用以比喻状元及第。《广事类赋》卷二九引宋·孔平仲《谈苑》："王曾布衣时，以《梅花诗》献吕蒙正，云：'而今未问和羹事，且向百花头上开。'吕云：'此生已安排状元、宰相也。'"

百花头上开，冰雪寒中见。（宋·辛弃疾《生查子·百花头上开》）

揩kāi

㊀上平，九佳。㊁净～摩～磨～㊂～鼓～铿～免～名～磨㊃偷笔作文章，乞墨潜磨揩。（唐·孟郊《喜符郎诗有天纵》）拊心消息过江淮，红泪淋浪避客揩。（清·龚自珍《己亥杂诗》其一三六）

拍pāi

口语音。另见64页pò。

腮（*顋）sāi

㊀上平，十灰。㊁花～霞～香～钻～㊂～斗～庞㊃入阱先摇尾，迷津正曝腮。（唐·骆宾王《幽絷书情通简知己》）寿阳妆罢无端饮，凌晨酒入香腮。（宋·柳永《瑞鹧鸪·天将奇艳与寒梅》）

鳃（鰓）sāi

另见220页xǐ。

㊀《广韵》：平声，咍韵。㊁暴～贯～陪～曝～潜～四～㊂～草～盖～孔～丝㊃狂教诗硉矹，兴与酒陪鳃。（唐·韩愈《咏雪赠张籍》）应笑戎藩刀笔吏，至今泥滓曝鱼鳃。（唐·李搏《贺裴廷裕蜀中登第诗》）

㊉**曝鳃** 指受挫或陷于困境。亦作"暴泥""曝腮"。《后汉书·郡国志五》有"（交趾郡）封谿建武十九年置"，刘昭注引晋刘欣期《交州记》："有隄防龙门，水深百寻，大鱼登此门化成龙；不得过，曝鳃点额，血流此水，恒如丹池。"

日下瞻归翼，沙边厌曝鳃。（唐·孟浩然《荆门上张丞相》）

思sāi

胡须很多的样子。另见144页sī、168页sì。

㊀《集韵》：平声，咍韵。㊁于～㊃于思于思，弃甲复来。（《左传·宣公二年》）

塞sāi

另见98页sè、327页sài。

筛（篩）shāi

㊀上平，四支。㊁箩～月影～竹～㊂～春～金～酒～罗～锣～瓦㊃宿云寒不卷，春雪堕如筛。（唐·韩愈《喜雪献裴尚书》）独立霜寒耐，衔空月影筛。（宋·袁说友《洞庭立峰》）短短蒲耳齐似剪，平平沙石净于筛。（宋·梅尧臣《东溪》）

衰shuāi

另见260页cuī。

㊀上平，四支。㊁避～成～承～递～雕～钝～讹～积～寖～距～耄～暮～蒲柳～起～寝～荣～森～盛～颓～猥～五～凶～厌～养～振～中～住～驻～㊂～罢～白～疢～迟～促～灯～递～红～黄～蹇～绝～羸～离～陵～癃～莽～耄～靡～末～莫～蓬～妻～亲～髯～飒～叔～俗～索～替～条～统～旺～委～蒠～谢～野～斁～月～瘵～正～止～宗㊃形写歌鸾翼，声随舞凤衰。（唐·李峤《笙》）见我未衰容易去，还来。不道年年即渐衰。（宋·黄庭坚《南乡子·招唤欲千回》）梦中北去又南来。饱风埃。鬓华衰。（宋·李弥逊《江神子·梦中北去又南来》）

㊉**蒲柳先衰** 指人之早衰。亦作"蒲柳先秋""蒲柳""蒲质易凋"。《世说新语·言语》："顾悦与简文同年，而发蚤白。简文曰：'卿何以先白？'对曰：'蒲柳之姿，望秋而落；松柏之质，经霜弥茂。'"

万事云烟忽过，百年蒲柳先衰。（宋·辛弃疾《西江月·万事云烟忽过》）

摔shuāi

①跌。②弃掷。

㊁撴～㊂～风～角～丧～政

胎tāi

㊀上平，十灰。㊁豹～出～翻～风～缸～寒～化～恢～浆～刳～鹿～胸～骈～品～漆～受～夭～营～元～㊂～讳～海～藉～甲～肩～仙～性～养谷～夭～元～子～字㊃调神和玉烛，掞藻握珠胎。（唐·骆宾王《和孙长史秋日卧病》）镜将池作匣，珠以岸为胎。（唐·沈佺期《和元舍人》）日出见鱼目，月圆知蚌胎。（唐·高适《和贺兰判官望北海作》）

㊉**豹胎** 指饮食之奢侈。《韩非子·喻老》："昔者纣为象箸而箕子怖。以为象箸必不加于土铏，必将犀玉之杯。象箸玉杯必不羹菽藿，则必旄象豹胎。"

归来煮豹胎，餍饫不能饴。（唐·杜牧《杜秋娘诗》）

祸胎 指祸根。枚乘《上书谏吴王》："福生有基，祸生有胎，纳其基，绝其胎，祸何自来？"

结舌防谗柄，探肠有祸胎。（唐·杜甫《秋日荆南述怀三十韵》）

苔tāi

另见316页tái。

㊀上平，十灰。㊁舌～

歪wāi

另见319页wǎi。

㊁敧～㊂～惫～憋～充～辣～派～撇㊃晚上危亭望远山，望中有水亦回歪。（宋·吴芾《又登碧云亭》其十七）

栽zāi

㊀上平，十灰。㊁稻～新～鱼～种

～顺～害～划～排～派～人～莳～诬～修～岩例瑞草分丛种，祥花间色栽。（唐·范朝《宁王山池》）闲看秋水心无事，卧对寒松手自栽。（唐·皇甫冉《秋日东郊作》）小院回廊春寂寂，山桃溪杏两三栽。（宋·王安石《浣溪沙·百亩中庭》）

典**桃李趁时栽** 指培育合适的人才。《韩诗外传》卷七："魏文侯之时，子质仕而获罪焉，去而北游，谓简主曰：'从今已后，吾不复树德于人矣。'……简主曰：'噫！子之言过矣。夫春树桃李，夏得阴其下，秋得食其实。春树蒺藜，夏不可采其叶，秋得其刺焉。由此观之，在所树也。今子之所树，非其人也。'"

君要花满县，桃李趁时栽。（宋·辛弃疾《水调歌头·官事未易了》）

灾（*災）zāi

古上平，十灰。逆伯牛～楮～澹～当～吊～笃～阨～飞～浮～鸿～勘～潦～凌～乱～女～偏～乾～禳～穰～三～眚～踏～压～炎～挺～贻～遗～蝝～迍～顺～雹～缠～疢～冲～燔～氛～否～符～福～勾～俭～祲～咎～疚～黎～厉～沴～潦～愆～谴～歉～煞～省～眚～祟～屯～祥～衅～虞～障～迍～梓例风行越裳贡，水遏天吴灾。（唐·高适《和贺兰判官望北海作》）犀惭水府浑非怪，燕说吴宫未是灾。（唐·罗隐《甘露寺火后》）

典**伯牛灾** 哀叹贤士病危病逝。《论语·雍也》："伯牛有疾，子问之，自牖执其手，曰：'亡之，命矣夫！斯人也而有斯疾也！斯人也而有斯疾也！'"

谁言老龙吉，未免伯牛灾。（唐·王维《哭褚司马》）

哉zāi ①始，开始。②语气词。

古上平，十灰。逆何～嗟～康～伤～省～噫吁～云乎～云雨～顺～生明～生魄～兆例两世分明见，余生复几哉。（唐·綦毋潜《袛园寺》）秦皇扫六合，虎视何雄哉。（唐·李白《古风》）

典**沽哉** 指等待知遇。《论语·子罕》："子贡曰：'有美玉于斯，韫椟而藏诸？求善贾而沽诸？'子曰：'沽之哉！沽之哉！我待贾者也。'"

去矣时难遇，沽哉价莫酬。（唐·杜牧《牧陪昭应卢郎中》）

咏康哉 歌颂太平。《尚书·益稷》："（皋陶）乃赓载歌曰：'元首明哉，股肱良哉，庶事康哉！'"

还闻股肱郡，元首咏康哉。（唐·张九龄《奉和圣制早渡蒲津关》）

斋（齋）zhāi

古上平，九佳。逆白～打～犯～奉～袚～高～行～黄箓～忌～冷～铃～罗～茹～摄～顺～酸～叙～瑶～愿～直～顺～祠～袚～干～馑～讲～醮～精～栗～麋～麋～明～酿～釀～七～生～速～头～严～臧～长～酎～馔例清光松上月，虚白郡中斋。（唐·窦群《雨后月下寄怀羊》）洞户华灯归别馆，碧梧红药掩萧斋。（宋·贺铸《浣溪沙·落日逢迎朱雀街》）

典**苏晋长斋** 唐人苏晋常时奉佛斋戒却又嗜酒破戒。因以指其放纵不羁。唐·杜甫《饮中八仙歌》："苏晋长斋绣佛前，醉中往往爱逃禅。"

苏晋长斋犹好事，时唤我，举离觞。（宋·晁补之《江城子·去年初见早梅芳》）

摘zhāi 口语音。另见 87 页 zhé。

拽zhuāi ①使劲扔。②臂伤不能伸动。另见 134 页 yè、329 页 zhuài。

顺～大拳

平声·阳平

挨（*捱）ái 另见 307 页 āi。

古上平，九佳。逆躭～厮～顺～查～耐～牌例红艳几时长久住，年年依旧看相挨。（宋太宗《缘识》）到顶方知天下小，草鞋跟断更须挨。（宋·释绍昙《危峰》）

呆（*獃）ái 呆板。另见 308 页 dāi。

古上平，十灰。逆形～

癌ái

逆生～顺～变

皑（皚）ái

古上平，十灰。逆皑～顺～白～雪例三日柴门拥不开，阶平庭满白皑皑。（唐·韩愈《酬王二十舍人雪中见寄》）一点唇红不褪，妆如傅粉皑皑。（宋·无名氏《西江月·万木经霜冻折》）

啀ái ①吸饮。②同"捱"，艰难地度过。

古上平，九佳。逆啀～顺～啛例筹箸随宜放，投盘止罚啀。（唐·元稹《戏呈三十韵》）

白bái 见 53 页 bó。

古入声，十一陌。逆拔～暴～别～禀～襮～补～畅～掣～垂～醇～飞～分～奉～甫～庚～蚝～侯～揭～解～介～惊～纠～举～开～口～连～廉～留～録～密～涅～呛～柔～塞～荼～乌～鲜～雄～酽～扬～业～夷～著～斫～咨～谘～醉～顺～贲～醭～粲～藏～螭～狄～地～堕～傅～汗～毫～珩～虹～鹄～芨～袷～旄～蜜～饶～社～身～梃～徒～望～羲～鹞～业～翳～饮～雨～月～章～纻例淮水春流清，楚山暮云白（唐·苏颋《饯唐州高使君赴任》）竹里无人声，池中虚月白。（唐·李白《姑孰十咏·谢公宅》）我有迷魂招不得，雄鸡一声天下白。（唐·李贺《致酒行》）

典**大白** 大白为酒杯名。常作罚酒之用，故有"浮以大白"之语。后世以此叙写席间满杯饮酒。《说苑·善说》："魏文侯与大夫饮酒，使公乘不仁为觞政，曰：'饮不釂者浮以大白。'文侯饮而不尽釂，公乘不仁举白浮君。君视而不应，侍者曰：'不仁退，君已醉矣。'公乘不仁曰：'周书曰：前车覆，后车戒。盖言其危，为人臣者不易，为君亦不易。今君已设令，令不行，可乎？'君曰：'善。'举白而饮，饮毕曰：'以公胜不仁为上客。'"

一醉三年那易得，应须大白同浮。（宋·叶梦得《临江仙·一醉三年那易得》）

镊白 用镊子拔白发，是已届老年而又不想在人前显老的表现。《南史·齐本纪下》："废帝郁林王讳昭业，字元尚，小字法身，文惠太子长子也。高帝为相王，镇东府，时年五岁，床前戏。高帝方令左右拔白发，问之曰：'儿言我谁耶？'答曰：'太翁。'高帝笑谓左右曰：'岂有为人作曾祖而拔白发者乎！'即掷镜、镊。"后因用镊白作为咏年老的典故。

谁道从军乐，年来镊白须。（唐·姚合《从军乐二首》其二）

太白[1] 太白为唐代大诗人李白之字，他以诗才名世，一度被唐玄宗召入宫廷待诏翰林院，又被遣还。浪迹纵酒，领受道箓。其事迹详见唐李阳冰《草堂集序》。后世常以“太白”代指能饮、爱月、工诗、超俗的才士。

太白词华，更生忠愤，为向山林老得么。（宋·张榘《沁园春·静寿先生》）

太白[2] 太白即金星，古人据星象测人事，认为太白星主杀伐。唐诗中用作咏征战的典故。《史记·天官书》：“当其行，太白逮之，破军杀将。”司马贞索隐引宋均云：“太白宿，主军来冲拒也。”

太白明无象，皇威未戢戈。（唐·钱起《送王使君》）

犬吠千家白 唐代柳宗元曾以南犬吠雪事说明少见多怪。后因以作为咏雪的典故。柳宗元《答韦中立论师道书》：“屈子赋曰：‘邑犬群吠，吠所怪也。’仆往闻庸蜀之南，恒雨少日，日出则犬吠，余以为过言。前六七年，仆来南，二年冬，幸大雪，逾岭被南越中数州，数州之犬，皆苍黄吠噬狂走者累日，至无雪乃已，然后始信前所闻者。”

从教犬吠千家白，且与梅成一段奇。（辛弃疾《鹧鸪天·莫上扁舟向剡溪》）

才[1] cái

㊂上平，十灰。㊃百里～抱～边～禀～伧～程～骋～矗～当～砥～菲～丰～负～瑰～含～豪～衡～弘～忌～兼～蹇～謭～近～惊～隽～阃～练～遴～令～抡～馁～啓～趫～辁～睿～叡～三～收～谀～违～叙～衒～黠～养～轶～滞～㊅～策～待～度～峰～格～尽～具～隽～流～明～谟～难～巧～然～容～赡～守～淑～术～数～望～悟～雄～彦～颖～猷～缊～则～哲～壮㊀将兴泛舟役，必仗济川才。（唐·张说《送任御史》）更怜湘水赋，还是洛阳才。（唐·张九龄《酬王六霁后书怀见示》）招贤已得商山老，托乘还征邺下才。（唐·贾曾《奉和春日出苑瞩目应令》）

㊉**散才** 指无用之材。见417页“散木”。

已因积毁成高卧，更借阳狂护散才。（宋·陆游《幽居书事》）

善才 代指琵琶师。唐·段安节《乐府杂录·琵琶》：“贞元中有王芬、曹保，保其子善才、其孙曹纲，皆袭所艺。”唐·白居易《琵琶行序》：“尝学琵琶于穆曹二善才。”又诗云：“曲罢曾教善才伏，妆成每被秋娘妒。”

自后流传指拨衰，昆仑善才徒尔为。（唐·元稹《琵琶歌》）

八斗才 指才高。亦作“子建才”。宋佚名《释常谈》“八斗之才”条：文章多，谓之‘八斗之才’。谢灵运尝曰：‘天下才有一石，曹子建独占八斗，我得一斗，天下共分一斗。’”

欲言温署三缄口，闲赋宫词八斗才。（唐·徐夤《献内翰杨侍郎》）

百里才 古县约辖方圆百里，故称能治理一县之人才为百里才。此为小才，故常与“非百里才”（大才、社稷之才）构成对比。并且古人认为，大才、社稷之才治理不好一县是正常的，因此常以“非百里才”的话替不理县政者或屈居县令者开脱。亦作“百里长”“百里邦君”。《三国志·蜀书·庞统传》：“先主领荆州，统以从事守耒阳令，在县不治，免官。吴将鲁肃遗先主书曰：‘庞士元非百里才也，使处治中、别驾之任，始当展其骥足耳。’”

谁言百里才，终作横天梁。（唐·孟郊《赠万年陆郎中》）

博物才 指博闻多识。《晋书·张华传》：“张华字茂先……学业优博，辞藻温丽，朗赡多通，图纬方伎之书莫不详览……天下奇秘，世所希有者，悉在华所。由是博物洽闻，世无与比……著《博物志》十篇，及文章并行于世。”

赏奇须待博物才，临平石鼓丰城剑。（清·金衍宗《晋永嘉砖砚歌》）

快婿才 誉称别人的女婿。《魏书·刘昞传》：“（瑀）遂别设一席于坐前，谓诸弟子曰：‘吾有一女，年向成长，欲觅一快女婿，谁坐此席者，吾当婚焉。’”

一官误汝高门累，半子怜渠快婿才。（清·吴伟业《赠辽左故人》其六）

柳絮才 代指女子工于吟咏的才华。亦作“咏絮”。《世说新语·言语》：“谢太傅寒雪日内集，与儿女讲论文义，俄而雪骤，公欣然曰：‘白雪纷纷何所似？’兄子胡儿曰：‘撒盐空中差可拟。’兄女曰：‘未若柳絮因风起。’公大笑乐。即公大兄无奕女，左将军王凝之妻也。”

渔蓑句好应须画，柳絮才高不道盐。（宋·苏轼《谢人见和前篇二首》其一）

命世才 指才识卓著称名于世之人。李陵《答苏武书》：“其余佐命立功之士，贾谊亚夫之徒，皆信命世之才，抱将相之具。”。

能诗岂是经时策，爱酒原非命世才。（唐·韦庄《对雨独酌》）

倚马才 才思敏捷。亦作“倚马可待”。《世说新语·文学》：“桓玄武北征，袁虎时从，被责免官。会须露布文，唤袁倚马前令作，手不辍笔，俄得七纸，殊可观。东亭在侧，极叹其才。”

栖身未识登龙地，落笔元非倚马才。（唐·吴融《灵池县见早梅》）

掞天才 指才大。左思《蜀都赋》：“幽思绚道德，摛藻掞天庭。”晋刘渊林注：“班固《述雄传》曰‘初拟相如，献赋黄门’，故曰‘摛藻掞天庭’也。《汉书·礼乐志》曰：‘长丽前掞光耀明。’”

扈从良可赋，终乏掞天才。（唐·宋之问《扈从登封途中作》）

一门三秀才 指隋代杜正玄三兄弟（正玄、正藏、正伦）皆以秀才诣阙，声闻于世。亦作“一门三秀”。见宋·王应麟《小学绀珠》卷七《氏族类·一门三秀才》。

跨灶参先，撞楼踵后，鼎梓一门三秀才。（宋·无名氏《沁园春·喜见于门》）

才[2]（纔）cái

①时间副词。②表强调。

㊂上平，十灰。㊃乃～恰～正～只～㊅～此～待～恰～然～属～则～兹

材cái

【古】上平，十灰。【逆】程～矗～菲～辅～化～齎～謭～练～令～庀～起～趫～翘～清～辁～受～兽～谀～樕～遂～养～遗～轶～桢～至～【顺】～德～分～积～桀～具～理～略～难～薮～调～望～武～谞～彦～猷～誉～致【例】昆山积良宝，大厦构众材。（唐·陈政《赠窦蔡二记室入蜀》）风高渐展摩天翼，千耸方呈构厦材。（唐·罗隐《寄钟常侍》）远含云水思，深得栋梁材。（唐·储嗣宗《题云阳高少府衙斋》）

【典】**楚材**　指人才。亦作"楚才"。《左传·襄公二十六年》："（子木）且曰：'晋大夫与楚孰贤？'（声子）对曰：'晋卿不如楚，其大夫则贤，皆卿材也。如杞、梓、皮革，自楚往也。虽楚有材，晋实用之。'"杜预注："言楚亡臣多在晋。"

楚材称晋用，秦臣即赵冠。（南北朝·庾信《咏怀》）

翘材　翘材馆，汉代宰相公孙弘招揽贤才的客馆。后因以"翘材"指贤才，以"钦才""翘馆"誉当权者重视人才。旧题晋·葛洪《西京杂记》卷四："平津侯（公孙弘）自以布衣为宰相，乃开东阁，营客馆，以招天下之士。其一曰钦贤馆，以待大贤；次曰翘材馆，以待大才；次曰接士馆，以待国士。"

聊为先师主精舍，不烦残客到翘材。（宋·刘克庄《瓦送》）

梓材　指人才。《尚书·梓材》："若作梓材，既勤朴斫，惟有涂丹雘。"旧题汉孔安国传："为政之术，如梓人治材为器。"

闻有蓬壶客，知怀杞梓材。（唐·白居易《酬卢秘书二十韵》）

落雕材　指人技艺高超。见492页"射雕手"。

穿兔手，落雕材。狭斜衢路共徘徊。（宋·程正同《思越人·曾把隋珠抵鹊来》）

裁cái

【古】上平，十灰。又：去声，十一队异。【逆】变～丰～风～恒～鸿～化～鉴～矜～镌～密～墨～睿～威～五～整～剸～撙～【顺】～成～诚～黜～船～赐～度～服～复～觚～国～恨～麾～剂～械～谏～鉴～铰～襟～锦～纠～可～幸～帽～模～皮～辱～芰～赦～慎～省～诗～属～幸～音～营～与～折～旨～致～中～衷～剸～撙【例】犹言看不足，更欲剪刀裁。（唐·孟浩然《早梅》）潘郎对青镜，乌帽似新裁。（唐·杨巨源《见薛侍御戴不损裹帽子因赠》）新欢追易失，故思渺难裁。（唐·李端《得山中道友书寄苗钱二员外》）

财（財）cái

【古】上平，十灰。【逆】达～踳～单～垫～黩～规～行～靳～鸠～浚～讵～临～率～靡～冥～娉～侥～疏～输～天～宛～委～徇～狥～殉～养～异～赢～游～鬻～殖～赀～【顺】～采～察～成～东～红～昏～赍～贶～览～卤～虏～忙～聘～求～绅～施～署～薮～团～位～喜～幸～雄～蓄～爻～欲【例】白日持角弓，射人而取财。（唐·王烈《行路难》）薄俗少直肠，交结须横财。（唐·孟郊《峡哀》）

柴chái

【古】上平，九佳。【逆】参～刺～燔～郊～钦～实～溪～崖～曳～禋～【顺】～荜～筚～瓷～都～告～毁～积～瘠～祭～扃～羸～立～桑～水～粟～坛～头～抟～望～颖【例】长忧落在樵人手，卖作苏州一束柴。（唐·白居易《东城桂三首》其二）胀腹看成鼓，羸形渐比柴。（唐·元稹《痁卧闻幕中诸公征乐会饮》）石枕纹含山里叶，铜瓶口塞井中柴。（唐·李洞《赠入内供奉僧》）

【典】**茅柴**　薄酒，易醉易醒，如茅柴遇火易着也易灭。宋·吴聿《观林诗话》："东坡：'几思压茅柴，禁纲日夜急。'盖世号市沽为茅柴，以其易着易过。周美成诗云：'冬曦如村酿，奇温止须臾。行行正须此，恋恋忽已无。'非惯饮茅柴，不能为此语也。"周邦彦诗中把它比作冬天的太阳，给人的温暖极其短暂。

藜杖光芒歇，茅柴力量轻。（宋·刘克庄《夜坐》）

侪（儕）chái

【古】上平，九佳。【逆】丑～登～等～例～淩～伦～匹～逸～【顺】～好～居～伦～偶～匹～俗～伍～众【例】四时各有趣，万木非其侪。（唐·白居易《庭松》）不见骑鲸仙伯，唾手功名事了，猿鹤与同侪。（宋·李弥逊《水调歌头·安石寓丝竹》）

【典】**宓侪**　春秋时鲁人，孔子弟子，任单父宰，善于任人而治，受到孔子与时人的称赏，后用以称美县令。见690页"宓子贱"。

所思在畿甸，曾是鲁宓侪。（唐·高适《酬裴员外以诗代书》）

豺chái

【古】上平，九佳。【逆】界～虺～隆～鼠～腾～【顺】～羹～构～虎～虺～舅～漆～豕～兕～獭～贪～武【例】夜踏巉岩惊伏虎，朝披雾露避群豺。（明·张煌言《间行杂感二首》其一）暗数生平忧患，判此身付与，饿虎馋豺。（清·曹尔堪《八声甘州·似仙人》）

喍chái　狗欲咬人貌。

【古】《集韵》：平声，佳韵。【逆】啀～

膗chuái　肥貌。

【古】《广韵》：平声，皆韵。【逆】膗～

孩hái

【古】上平，十灰。【逆】答～倒绷～虎刺～始～胎～台～桃～婴～【顺】～抱～赤～虫～虎～弄～孺～咍～稚【例】细柳开营揖天子，始知灞上为婴孩。（唐·李白《司马将军歌》）单居移时节，泣涕抚婴孩。（唐·韦应物《伤逝》）

骸hái

【古】上平，九佳。【逆】百～暴～炊～槁～官～归～魂～积～籍～羸～乞～沈～收～蜕～枕～支～忠～灼～骴～【顺】～炭【例】八十空门子，深山土木骸。（唐·张祜《题灵隐寺师一上人十韵》）一似旧时春意思，百无是处老形骸。（宋·辛弃疾《浣溪沙·未到山前骑马回》）

【典】**跛子形骸**　指北宋一位身虽残而心不俗的名士刘跛子。宋·惠洪《冷斋夜话》卷八："刘跛子，青州人，拄一拐，每岁必一至洛中看花，馆范家园，春尽即还京师。"

跛子形骸，瞎堂顶相，更折当门齿。（宋·刘克庄《念奴娇·老逢初度》）

土木形骸　指任性自然。《世说新语·容止》："刘伶身长六尺，貌甚丑顇，而悠悠忽忽，土木形骸。"又"嵇康身长七尺八寸，风姿特秀。"

南朝梁·刘孝标引《嵇康别传》:"康长七尺八寸,伟容色,土木形骸,不加饰厉,而龙章凤姿,天质自然。正尔在群形之中,便自知非常之器。"

土木形骸八尺身,碧眸如电气如神。(宋·方回《隐者》)

颏(頦)hái 颐下。另见80页kē。

古上平,十灰。又:上声,十贿同。

逆承~抬~

咳hái 小儿笑声。另见308页hāi、325页kài,84页ké。

古上平,十灰。逆笑咳~顺~首~婴

怀(懷)huái

古上平,九佳。逆宸~畴~厝~澹~恩~肺~风~好~鸿鹄~经~究~渴~孔~款~旷~阔~老~理~历~灵~率~娩~奇~企~绮~器~强~清~茕~琼~善~摅~攄~属~损~天~委~屑~玉~聿~允~展~寘~顺~宝~壁~材~迟~宠~刺~担~道~毒~贰~忿~风~伏~服~绂~附~葛~故~怪~黄~惠~火~集~辑~挟~蛟~襟~瑾~居~橘~眷~空~徕~利~禄~囊~奇~强~清~任~袵~肉~濡~沙~生~树~刷~霜~匮~玺~瑕~襄~蓄~谖~琰~仰~瑜~玉~韫~蕴~贞~组例独轸离居恨,遥想故人怀。(唐·李峤《秋山望月酬李骑曹》)圣情留晚兴,歌管送余怀。(唐·杜审言《宿羽亭侍宴应制》)意中人,从别后,萦系情怀。(宋·晏几道《于飞乐·晓日当帘》)

典**孔怀** 《常棣》以孔怀形容兄弟间思念深切,后因以指兄弟。《诗经·小雅·常棣》:"死丧之威,兄弟孔怀。"郑玄笺:"死丧可畏怖之事,维兄弟之亲甚相思念。"

孔怀欣共寝,棣萼几含芳。(唐·李峤《被》)

览物兴怀 指对宇宙人生问题的感怀。《晋书·王羲之传》所录《兰亭集序》:"向之所欣,俯仰之间,已为陈迹,犹不能不以之兴怀。况修短随化,终期于尽。古人云:'死生亦大矣。'岂不痛哉!每览昔人兴感之由,若合一契,未尝不临文嗟悼,不能喻之于怀,固知一死生为虚诞,齐彭殇为妄作。后之视今,亦犹今之视昔,悲夫!故列叙时人,录其所述,虽世殊事异,所以兴怀,其致一也。"

既览物兴怀,浮游尘外,啸傲剧清思。(宋·林正大《摸鱼儿·泛松江》)

穷鸟入怀 指走投无路投靠于人。《三国志·魏书·邴原传》:"原以黄巾方盛,遂至辽东,与同郡刘政俱有勇略雄气。辽东太守公孙度畏恶欲杀人,尽收捕其家,政得脱。度告诸县:'敢有藏政者与同罪。'政窘急,往投原。"裴松之注引《魏氏春秋》:"政投原曰:'穷鸟入怀。'原曰:'安知斯怀之可入邪?'"

至仁解网。穷鸟入怀。(南朝梁·沈约《梁鼓吹曲·汉东流》)

玉燕投怀 贺人诞生贵子娇女之语。亦作"玉燕入梦"。五代·王仁裕《开元天宝遗事》卷上"梦玉燕投怀":"张说母梦有一玉燕自东南飞来,投入怀中而有孕。生说,果为宰相。其至贵之祥也"。又《搜奇遗事》载南朝陈张丽华之母,梦玉燕投怀中,已而有孕,生丽华。及长,备贵人之选。

玉燕投怀文冠世,天麟呈瑞寿嘉辰。(宋·李洪《陈丞相诞日》)

淮huái

古上平,九佳。逆清~逾~顺~白~渎~渍~汭~涡神~夷例春天行故楚,夜月下清淮。(唐·李端《送元晟归江东旧居》)

典**珠淮** 指淮夷二水出蚌珠之事。《尚书·禹贡》:"厥贡惟土五色,羽畎夏翟……淮夷蠙珠暨鱼。"孔颖达疏:"蠙珠,珠名。淮、夷二水出蠙珠及美鱼。"

玉垒腾烟,珠淮飞浪,万里腥风吹鼓鼙。(宋·陈人杰《沁园春·诸君傅粉涂脂》)

槐huái

古上平,九佳。又:上平,十灰同。逆登~鼎~榑~公~绿~梅~三~台~顺~安~本~蚕~宸~鼎~耳~膏~根梦~谷~衮~国蚁~火~鸡~胶~菌~里月~龙~衢~壤~省~绶~燧~樾~淘~望~位~夏~序~铉~牙~衙~蚁~瘿~岳例微霜拂宫桂,凄吹扫庭槐。(唐·张说《戏题草树》)春别和花树,秋辞带月淮。(唐·贾岛《赠友人》)小院无人雨长苔,满庭修竹间疏槐。(唐·杜牧《即事》)

徊huái

古上平,十灰。逆迟~衹~徕~裴~淹~遭~顺~徨例听中声滴沥,望处影徘徊。(唐·张九龄《和崔尚书喜雨》)艳拂衣襟蕊拂杯,绕枝闲共蝶徘徊。(唐·郭震《惜花》)

踝huái 脚踝骨。

古上声,二十一马。逆孤~重~顺~胫~体

来(來)lái

古上平,十灰。逆比~徂~大~待都~倒大~登~鼎~尔~迩~帆~方~风~格~怪~行~怀~惠~距~肯~劳~料~朋~朅~顷~却~如~入~上~适~泰~檀~倘~傥~小~晓~修~许~繇~夜~暂~朱~坐~顺~辰~晨~成~笃~芳~服~格~古~归~翰~鸿~纪~暨~劫~觐~俊~觃~昆~浪~莅~命~牟~乃~宁~派~辟~婆~秋~思~祀~廷~庭~奕~项~效~歆~许~业~叶~仪~宜~裔~胤~谕~辕~札~哲~臻~轸~旨~致~兹~峄例但教绿水池塘在,自有碧天鸿雁来。(唐·徐夤《双鹭》)莫忘故人离别恨,海潮回处寄书来。(唐·徐铉《送龚员外赴江州幕》)数片石从青嶂得,一条泉自白云来。(唐·杨夔《题郑山人郊居》)

典**慵来** 汉成帝时赵合德善为妖媚,"慵来妆"是她梳妆打扮的一个花样。后因以咏女子妆扮入时。旧题汉·伶玄《飞燕外传》:"合德新沐,膏九回沉水香:为卷发,号新髻;为薄眉,号远山黛;施小朱,号慵来妆。"

轻梳小髻号慵来,巧中君心不用媒。(唐·罗虬《比红儿诗》其四十七)

白马来 指悼亡友。见752页"白马故人"。

尚忆青骡去,宁知白马来。(唐·王维《哭褚司马》)

起夜来 指女子思念情人。南朝梁·柳恽《乐府诗集·起夜来》题解引《乐府解题》："《起夜来》，其辞意犹念畴昔，思君之来也。"

背灯独共余香语，不觉犹歌起夜来。（唐·李商隐《正月崇让宅》）

赋归去来 指辞官归隐。亦作"归去吟""归去篇""归去来"。陶渊明《归去来兮辞序》："彭泽去家百里，公田之利，足以为酒，故便求之。及少日，眷然有归欤之情……自免去职。仲秋至冬，在官八十余日。因事顺心，命篇曰《归去来兮》。"

欲赋归去来，西风老藜藿。（宋·贺铸《秋怀二首》之二）

蜀郡归来 指书生落魄回乡。《史记·司马相如列传》："司马相如者，蜀郡成都人也……事孝景帝，为武骑常侍，非其好也……因病免，客游梁……会梁孝王卒，相如归，而家贫无以自业。"

蜀郡归来，荆州老去。心情零乱随风絮。（宋·陈亮《七娘子·风流家世传张绪》）

紫气东来 表示祥瑞。《史记·老子韩非列传》："于是老子乃著书上下篇，言道德之意五千余言而去，莫知其所终。"司马贞索隐引《列仙传》："老子西游，关令尹喜望见其有紫气浮关，而老子果乘青牛而过。"

烨烨瑶芝玉洞开，冥冥紫气自东来。（明·冯惟健《赠麻南庄隐者和岳云石韵》）

水清鱼不来 指做人不能苛察。《大戴礼记·子张问入官》："故水至清则无鱼，人至察则无徒。"

水清鱼不来，岁暮空彷徨。（唐·于逖《野外行》）

莱（萊）lái 荒地。

㊂上平，十灰。㊉登～东～逢～空～寇～老～田～污～洿～伊～遗～㊈～彩～服～菔～国～妻～塞～舞～夷～朱㊄欲向人间种桃实，先从海底觅蓬莱。（唐·王翰《古蛾眉怨》）此心良无已，绕屋生蒿莱。（唐·韦应物《伤逝》）

㊇**蒿莱** 代指贫士隐居之所，或指野草。《韩诗外传》卷一："原宪居鲁，环堵之室，茨以蒿莱，蓬户瓮牖，桷桑而无枢，上漏下湿，匡坐而弦歌。"

园庐幸接近，相与归蒿莱。（唐·岑参《春兴思南山旧庐》）

蓬莱 指仙境。《列子·汤问》："革曰：'渤海之东不知几亿万里，有大壑焉……其中有五山焉……四曰瀛洲，五曰蓬莱……所居之人皆仙圣之种；一日一夕飞相往来者，不可数焉。'"

蓬莱乡路远，若木故园林。（唐·朝衡《衔命还国作》）

归兜率蓬莱 兜率天为佛家传说中的乐土。指甘愿皈依佛门。见《太平广记·白乐天》引《逸史》。

定归兜率蓬莱去，奈人间、无路茫茫。（宋·刘克庄《风入松·残更难睚抵年长》）

涞（淶）lái 水名。

㊂《广韵》：平声，咍韵。㊈～水

徕（徠、*倈）lái 招来；引来。

㊂上平，十灰。㊉从～徂～单～扶～抚～归～后～怀～劳～绥～往～招～㊈～臣～服～徊～下～远～祇㊄秋波落泗水，海色明徂徕。（唐·李白《鲁郡东石门送杜二甫》）鸿雁汀洲去，牛羊井落徕。（宋·梅尧臣《徒步访李宣叔宣叔有诗依韵答》）

埋 mái 另见623页mán。

㊂上平，九佳。㊉伏～生～香～云～椎～㊈～窆～骨～蛊～光～轮～铭～暮～匿～年～蛇～祟～瘗～翳～忧～缊～照㊄郊原飞雨至，城阙湿云埋。（唐·张籍《和李仆射》）霜雪压多虽不死，荆榛长疾欲相埋。（唐·白居易《东城桂三首》其二）古壁青灯动，深庭湿叶埋。（唐·喻凫《监试夜雨滴空阶》）

㊇**玉树埋** 指有才华的人逝去。亦作"埋玉""玉树埋""玉树凋"。《世说新语·伤逝》："庾文康亡，何扬州临葬云：'埋玉树箸土中，使人情何能已已？'"

银钩尘覆年年暗，玉树泥埋日日深。（唐·白居易《醉中见微之旧卷有感》）

霾 mái

㊂上平，九佳。㊉氛～昏～青～曀～翳～幽～㊈～暗～藏～霿～晦～昏～晶～蒙～曀㊄南国异气候，火旻尚昏霾。（唐·刘禹锡《寄李六侍郎》）耳鸣疑暮角，眼暗助昏霾。（唐·元稹《痁卧闻幕中诸公征乐会饮，因有戏呈三十韵》）

排 pái ①推开。②排挤。③排解；消除。④疏通。⑤排列；安排。⑥排演。

㊂上平，九佳。㊉挨～摈～倡～嘲～大～诋～觗～鼓～诃～责～开～马～旁～彭～皮～倾～调～宣～楦～鸳～栽～装～訾～㊈～奡～奥～备～遍～摈～车～娖～躄～宕～诋～迭～顿～根～唤～毁～家～戛～教～讦～窠～磕～立～邻～媢～沫～难～溺～腔～墙～稍～闼～调～突～陷～虚～衙～优～语～云～搒～迮～笮～逐～訾～缵～纂㊄驱传及远蕃，忧思郁难排。（唐·高适《酬裴员外以诗代书》）酒瓮新陈接，书签次第排。（唐·刘禹锡《和乐天早寒》）

牌 pái

㊂上平，九佳。㊉挨～捱～傍～摽～对～坊～防～访～放～夫～戳～勾～捍～行～驾～肩～禁～钧～联～芦～旁～起～申～巳～淌～逃～未～午～檄～象～信～粽～宣～亚～验～硬～鱼～玉～㊈～宝～刀～橐～记～军～票～期～使～手～长㊄四时八节无筵席，半夜三更有界牌。（宋·孙山《郑州》）临平放目渺无涯，莲荡蘋汀不钉牌。（宋·杨万里《过临平二首》其二）

㊇**张祜诗牌** 亦作"诗牌"。唐代，寺庙院宇之所往往于壁上设木板，供人留题，称为诗板或诗牌。一次，张祜访诗僧灵彻不遇，便题诗于诗牌上。后因以代指题诗。唐张祜《题灵彻上人旧房》："寂寞空门支道林，满堂诗板旧知音。秋风吹叶古廊下，一半绳床灯影深。"

白公睡阁幽如画，张祜诗牌妙入神。（宋·林逋《孤山寺》）

徘 pái

㊂《广韵》：平声，灰韵。㊈～回～翔

俳 pái ①滑稽戏演员；滑稽戏。②讲究对偶声律的文体。

㊂上平，九佳。㊉倡～官～诙～谈～谐～喑～优～罪～㊈～佪～诙～回～丽～偶～巧～体～文～谐体～谑～优～语

台[1]（臺）tái 平而高的建筑或

器物。

㊀上平，十灰。㊁悲～补～漕～船～吹～澹～帝～颠～都～抚～闺～桂～璜～魂～椒～醮～爵～军～均～钧～崑～棱～梁～麟～鸾～轮～麋～臬～陪～曲～雀～鹊～容～辱～煞～生～世～戍～帅～霜～泰～望～危～隗～魏～梧～夏～宪～献～香～箫～啸～心～璇～雪～燕～瑶～夜～仪～簃～隐～嬴～瀛～雍～囿～雩～舆～芸～镇～重～紫～祖～尊～㊂～城～敕～端～格～宦～吉～家～检～谏～禁～笠～令～命～仆～尚～省～司～骀～檄～辖～宪～宰～盏～制～秩～资㊃俯眺琵琶峡，平看云雨台。（唐·沈佺期《乐府杂曲》）云披分景象，黛锁显楼台。（唐·徐氏《题金华宫》）暖风晴日断浮埃，废路新条发钓台。（唐·薛能《杂曲歌辞·杨柳枝》）

㊄**春台** 指春日登台的欢愉心情。《老子》第二十章："众人熙熙，如享太牢，如春登台。"

竟日坐春台。芙蓉承酒杯。（北周·庾信《咏画屏风诗》其二十五）

吹台 指宫廷台阁或游宴之所。北魏·郦道元《水经注·渠水》引《陈留风俗传》："县有仓颉师旷城，上有列仙之吹台。北有牧泽……俗谓之浦关泽，即谓此矣。梁王增筑以为吹台，城隍夷灭，略存故迹。今层台孤立于牧泽之右矣。其台方一百许步。"

碧水摇空阁，青山绕吹台。（唐·杜审言《宿羽亭侍宴应制》）

钓台 即严陵钓坛，相传为东汉严子陵垂钓之处，后因以咏隐士。亦作"钓矶"。《后汉书·严光》："后人名其钓处为严陵濑焉。"李贤注引顾野王《舆地志》："桐庐县南有严子陵渔钓处，今山边有石，上平，可坐十人，临水，名为'严陵钓坛'也。"

应怜钓台石，闲却为浮名。（唐·刘长卿《送严维尉诸暨》）

鸾台 指门下省，唐武则天时曾改门下省为鸾台。唐初旧制，宰相常于门下省议事，谓之政事堂，后因以"鸾台"咏宰相。见《旧唐书·官职志二》。

鸾台龙尾道，合尽少年登。（唐·白居易《行香归》）

霜台 御史主纠弹官吏，霜威所在，所以也称霜台。唐·杜佑《通典·职官六·御史台》："故御史为风霜之任，弹纠不法，百僚震恐，官之雄峻，莫之比焉。"

为逼霜台使，重裘也觉寒。（唐·岑参《虢州西亭陪端公宴集》）

天台 咏桃花、仙境或艳遇。相传东汉刘晨、阮肇入天台山采药，遇二女，留住半年回家，子孙已历七世，乃知二女为仙女。事见《太平御览》卷四一引南朝宋·刘义庆《幽明录》及《太平广记》卷六一引《神仙记》。

仙驾初从蓬海来，相逢又说向天台。（唐·元稹《赠毛仙翁》）

阳台 指被爱恋的女子的栖居之所，亦作"云阳台"，也代指巫山。宋玉《高唐赋》："昔者楚襄王与宋玉游于云梦之台，望高唐之观，其上独有云气……王问玉曰：此何气也？玉对曰：所谓朝云者也。王曰：何为朝云？玉曰：昔者先王尝游高唐，怠而昼寝，梦见一妇人曰：'妾，巫山之女也，为高唐之客。闻君游高唐，愿荐枕席。'王因幸之，去而辞曰：'妾在巫山之阳，高丘之阻；旦为朝云，暮为行雨。朝朝暮暮，阳台之下。'"

若向阳台荐枕，何啻得胜朝云。（唐·王勃《杂曲》）

夜台 代指坟墓。陆机《挽歌诗三首其一》："按辔遵长薄，送子长夜台。"李善注引东汉末陆瑀《七哀诗》："冥冥九泉室，漫漫长夜台。"

白杨老无花，枯根侵夜台。（唐·皮日休《追和幽独君诗次韵》其二）

舆台 指社会地位低的人。《左传·昭公七年》："人有十等……士臣舆，舆臣台，台臣隶。"汉·张衡《东京赋》："赍皇寮，逮舆台。"三国吴薛综注："言天子散发禁库之财，无问贵贱，皆赐及之。"

越罗与楚练，照耀舆台躯。（唐·杜甫《后出塞五首》其四）

章台 章台街是汉代长安城中一条繁华的街道，因位于章台之下而得名。后因以咏长安，或代指娼楼妓馆或游乐场所。《汉书·张敞传》："敞无威仪，时罢朝会，过走马章台街，使御史驱，自以便面拊马。"

京兆归何处，章台空暮尘。（唐·刘禹锡《再伤庞尹》）

黄金台 旧传战国时燕昭王为了招贤纳士，曾于易水边建黄金台，后因以黄金台指君主礼贤。亦作"燕台""燕王台""燕昭台"。见南朝宋·鲍照《放歌行》："岂伊白璧赐，将起黄金台。"李善注："史记曰：'虞卿说赵孝成王，一见赐黄金百镒，白璧一双。'……《上谷郡图经》曰：'黄金台，易水东南十八里，燕昭王置千金于台上，以延天下之士。'二说既异，故具引之。"

洒扫黄金台，招邀青云客。（唐·李白《寄上吴王三首》其三）

麋鹿荒台 指国家败亡。东汉·赵晔《吴越春秋·勾践阴谋外传》："子胥曰：'……今大王捐国家之福以饶无益之雠，弃忠臣之言而顺敌人之欲，臣必见越之破吴。豸鹿游于姑胥之台，荆榛蔓于宫阙。'"

凄凉故吴事，麋鹿走荒台。（唐·顾况《登楼》）

无地起楼台 指为官清廉。亦作"无地楼台"。宋·王君玉编《国老谈苑》卷四九："寇准出入宰相三十年，不营私第。处士魏野赠诗曰：'有官居鼎鼐，无地起楼台。'洎准南迁时，北使至，内宴，宰执预焉。使者历视诸相，语译导者曰：'孰是无地起楼台相公？'毕坐无答者。"事又见宋·朱熹《五朝名臣言行录》卷四引《政要》。

休言无地起楼台，十个花窠没处栽。（宋·郑清之《南坡口号十八首》其一十八）

一舆一臣台 指层层隶属的低级官吏。《左传·昭公七年》："天有十日，人有十等，下所以事上，上所以共神也。故王臣公，公臣大夫，大夫臣士，士臣皂，皂臣舆，舆臣隶，隶臣僚，僚臣仆，仆臣台，马有圉，牛有牧，以待百事。"

狗尾貂蝉满座，贝带鵔鸃弄粉，一舆一臣台。（宋·刘辰翁《水调歌头·明月隔千里》）

台²（颱）tái

【古】上平，十灰。【逆】强～【顺】～风

苔 tái　另见309页tāi。

【古】上平，十灰。【逆】醭～点～金～鳞～莓～水～梯～文～夜明～【顺】～发～笺～梅～脯～钱～网～原～晕～帻～纸【例】囊中无旧业，行处有新苔。（唐·王湾《哭补阙亡友綦毋学士》）仄径荫宫槐，幽阴多绿苔。（唐·王维《辋川集·宫槐陌》）

【典】**绿苔**　绿苔形圆似钱，亦名"绿钱"。晋·崔豹《古今注·草木》："空室中无人行则生苔藓，或紫或青，名曰圆藓，又曰绿藓，亦曰绿钱。"

从今花影下，只看绿苔圆。（宋·辛弃疾《临江仙·一自酒情诗兴懒》）

抬（*擡）tái　往上托；抬举。

【古】上平，十灰。【逆】跺～扛～软～【顺】～迭～搩～阁～估～奖～敬～颏～裉～快～贴～亭～写～舁【例】足伤遭马坠，腰重倩人抬。（唐·白居易《马坠强出赠同座》）携归去，粉额殢人，比并轻抬。（宋·史浩《庆清朝·翠竹茎疏》）

薹 tái　①植物名。②蒜、韭菜、油菜等长出的茎。

【古】上平，十灰。【逆】抽～芸～【顺】～草～芥

炱 tái　由烟凝积成的黑灰。

【古】上平，十灰。【逆】灰～恢～煤～松～烟～【顺】～煤～朽【例】禅堂清溽润，高阁无恢炱。（唐·徐浩《宝林寺作》）积乖必致螯，养烬终成炱。（宋·刘敞《风水》）

鲐（鮐）tái　①鲐鱼。其背部青色。②指老年人。长寿老人背部生斑如鲐鱼背。

【古】上平，十灰。【逆】鯸～鲵～【顺】～背～黄～叟～文～稚【例】殃消祸散百福并，从此直至耇与鲐。（唐·韩愈《忆昨行和张十一》）

骀（駘）tái　劣马。另见323页dài。

【古】上平，十灰。【逆】荡～羸～台～朽～【顺】～藉～它～佗【例】秋风怜越绝，朔气想台骀。（唐·刘禹锡《酬令狐相公秋怀见寄》）须向广场驱驵骏，莫从闲处挞驽骀。（唐·徐夤《筭鞭》）

【典】**驽骀**　《九辩》中以驽骀比喻庸劣的人，感叹君主退贤用劣。《楚辞·九辩》："却骐骥而不乘兮，策驽骀而取路。"

眼看鸿鹄薄云汉，长笑驽骀安栈皂。（宋·苏辙《赠吴子野道人》）

择（擇）zhái　口语音。见86页zé。

【顺】～菜～席

宅 zhái　口语音。另见87页zhé。

【顺】～上～生～心～引～兆

翟 zhái　口语音。另见88页zhé、239页dí。

【顺】～门

仄声·上声

矮 ǎi

【古】上声，九蟹。【逆】矲～鄙～矬～【顺】～矬～黄～纸【例】小小葫芦，生来不大身材矮。（宋·张继先《点绛唇·小小葫芦》）

蔼（藹）ǎi

【古】去声，九泰。【逆】埃～晻～懊～沧～瑞～杳～温～菴～杳～窅～窈～壅～黝～贞～【顺】～如【例】子子孙孙纡寿彩。家庆成图和蔼蔼。（宋·卫宗武《天仙子·搭宅亭园虽不大》）

霭（靄）ǎi

【古】去声，九泰。【逆】晻～断～氛～高～暖～卿～瑞～三～宿～炎～拚～黮～块～窅～篆～【顺】～霭～峰～空～露～昧～郁【例】江中远回首，波上生微霭。（唐·刘长卿《严子濑东送马处直归苏》）峰峰带落日，步步入青霭。（唐·刘长卿《陪元侍御游支硎山寺》）疏柳残蝉，助人离思斜阳外。淡烟疏霭。（宋·曹组《点绛唇·疏柳残蝉》）

欸 ǎi　另见260页èi"诶"。

【古】上声，十贿。【顺】～乃【例】谁知白屋士，念此翻欸欸。（唐·皮日休《正乐府十篇》）

乃 ǎi　另见319页nǎi。

【逆】欸～

嗳（噯）ǎi　否定叹词。另见320页ài。

【古】《集韵》：去声，九泰。【顺】～气～酸

摆¹（擺）bǎi

【古】上声，九蟹。【逆】掩～赶～唆～调～铁～哑～掗～【顺】～班～触～龊～翠～格～供～撼～阖～话～扑～捌～印～治～庄～踪

摆²（擺、襬）bǎi　上衣、长袍的最下端部分。

【古】上声，九蟹。【逆】直～【顺】～纹

百 bǎi　口语音。另见54页bó。

【逆】倍～当～钩～贯～则～【顺】～廛～称～迭～凡～非～凤～弓～栱～骸～翮～笏～化～镪～际～精～桷～榼～雷～累～罹～里才～沴～僚～鹩～罗～囊网～辔～濮～冗～瑞～什～生～膳～隟～心～寻～异～镒～濯香

伯 bǎi　口语音。另见21页bó、53页bà。

【顺】～长

柏（*栢）bǎi　口语音。另见54页bó。

【逆】侧～池～饵～蓟～建～卷～科～列～陵～食～饮～玉～贞～稚～【顺】～成～高～海～侯～皇～黄肠～酒～举～乐～历～翎儿～马～屏～寝～涂～席～翳～脂～装

捭 bǎi　指两手横向对外排击，分开。

【古】《广韵》：上声，蟹韵。【顺】～棁

采¹（*採）cǎi　另见321页cài。

【古】上声，十贿。【逆】俫～掇～泛～揪～捃～镰～铨～收～蒐～摭～【顺】～粲～打～蘩～棺～椁～会～攫～绿～芼～清～善～生～文～蓄～挹～庸～藻～召～真～甄～斵【例】何山有灵药，疗此愿与采。（唐·韩愈《嘲鼾睡》）芳草唤愁，愁来难奈。兰叶犹堪向谁采。（宋·贺铸《感皇恩·歌笑见余妍》）

采² cǎi　另见321页cài。

【古】上声，十贿。【逆】邦～豹～本～标～晁～哲～睬～服～鞲～果～过～翰～虹～鸿～晖～鉴～捃～僚～寮～列～鸾～珉～酿～颇～搴～榷～缛～深～释～韬～听～完～渥～鬃～玄～旋～询～淹～雁～耀～逸～有～渔～缯～纂～【顺】～币～绛～蝀～服～毫～侯～画～缋～笺～僚～鳞～菱～旄～色～饰～物～席～缬～绣～綖～衣～斿～缯～旃～章～组【例】醉翻衫袖抛小令，笑掷骰盘呼大采。（唐·白居易《就花枝》）咸笑外凋零，不怜内文采。（唐·寒山《诗三百三首》其

一五五）

彩¹ cǎi

古上声，十贿。逆蔼～白～驳～虫～打～旦～雕～夺～丰～符～傅～高～规～贵～岚～灵～轮～芒～明～命～墨～器～缛～渥～炎～逸～鸳～鹓～杂～赠～掷～顺～鳌～蟾～翰～毫～鹍～局～品～蒨～胜～鹬～舆～战例积雨晦空曲，平沙灭浮彩。（唐·裴迪《辋口遇雨》）扶桑半摧折，白日沉光彩。（唐·李白《相和歌辞·登高丘而望远》）

典**玄成文彩**　指子能承父业。《汉书·韦贤传》附《韦玄成传》："及元帝即位，以玄成为少府，迁太子太傅，至御史大夫。永光中，代于定国为丞相，贬黜十年之间，遂继父相位，封侯故国，荣当世焉……玄成为相七年，守正持重不及父贤，而文采过之。"

玄成负文彩，世业岂沈沦。（唐·杜甫《奉寄李十五秘书二首》其二）

尧眉八彩　指帝王异相。亦作"八彩"。《太平御览·春秋合诚图》："（尧母庆都生尧前）有赤龙负图出。庆都读之：赤受天运。下有图，人衣赤光面，八彩须鬓，长七尺二寸，兑上丰下，足履翼翼……既乳，视尧如图表。及尧有知，庆都以图予尧。"又引《孔丛子·居卫》："昔尧身修十尺，眉分八彩，实圣。"又引《春秋元命苞》："尧眉八彩，是谓通明。"

臣生差晚十余年，八彩尧眉仅一瞻。（宋·曾丰《江一望永思陵》）

彩²（*綵）cǎi　彩色的丝绸。

古上声，十贿。逆春～方～兼～笺～缣～交～莱～门～墨～寓～缯～重～驻～顺～币～子

睬（*倸）cǎi

逆偢～揪～认～张～顺～瞅～理例绣手被郎牵，不管燕窥莺睬。（清·丁澎《如梦令》）

踩（*跴）cǎi　践踏。

逆践～顺～草～估～咕～缉～界～看～墒～水～屣

茝 chǎi　香草。

古上声，十贿。逆白～杜～芳～罣～蕙～兰～揽～蘼～香～

揣 chuǎi　①衡量；测量。②估计。

古上声，四纸。逆保～钩～讥～摸～摹～摩～磨～默～逆～钳～循～臆～阴～顺～骨～力～侔～情～事～说～微～与例奇骨岂能销，天意或可揣。（清·江忠源《赠彭暄坞》其二）

典**阴揣**　战国时苏秦揣摩《阴符》以图游说当世的列国君主，"阴揣"指此。《史记·苏秦列传》："于是得周书《阴符》，伏而读之。期年以出，揣摩曰：'此可以说当世之君矣。'"

穰侯或见迟，苏生得阴揣。（唐·张九龄《咏史》）

歹 dǎi

逆低～放～诡～好共～口～赖～无道～顺～斗～心

逮 dǎi　捕捉。另见 323 页 dài、224 页 dì。

改 gǎi

古上声，十贿。逆惩～冲～创～幡然～回～湔～斠～进～镌～默～迁～悛～省～贴～剜～洗～销～沿～颜～臆～优～黵～追～顺～本～窆～殡～卜～常～篡～度～夺～构～火～稽～醮～旧～励～命～木～目～辟～适～朔～燧～涂～拓～望～物～痞～序～钥～阴～玉～折～秩～置～椎～纂例春容舍我去，秋发已衰改。（唐·李白《古风》）风波离思满，宿昔容鬓改。（唐·韦应物《淮上即事，寄广陵亲故》）齿发虽已衰，性灵未云改。（唐·白居易《同韩侍郎游》）

典**陵谷改**　《诗经》以"高岸为谷，深谷为陵"形容地形巨变，后指世事或自然的巨变。亦作"陵谷改""谷变陵迁"。《诗经·小雅·十月之交》："百川沸腾，山冢崒崩。高岸为谷，深谷为陵。"

晋末几迁陵谷改，尘中空换子孙非。（唐·郑启《邓表山》）

拐 guǎi

古上声，九蟹。逆沉香～出～盗～吊～孤～迷～逃～铁～硬～拄～顺～孤～局～门～腿～杖

海 hǎi

古上声，十贿。逆暗～鳌～稗～薄～宝～赉～裨～璧～德～鞮～贩～风～负～桂～瀚～恨～寰～慧～极～驾～架～觉～巨～掠～闽～孽～铺～气～迁～秦～情～穷～琼～榕～腾～文～卧～香～心～性～炎～洋～瑶～银～饮～玉～怨～愿～运～障～瘴～转～酌～遵～顺～鳌～澳～杯～飓～濒～捕～藏～查～汉～琛～筹～航～垂～湑～次～艖～错～岱～发～翻～氛～烽～凫～盖～贡～估～沽～红～寰～会～际～贾～交～徼～陉～聚～郎～蠡～灵～榴～墺～圻～樯～峤～榷～日～容～若～色～砂～埏～扇～潆～术～涘～素～涛～通～头～涂～瞰～望～绡～星～蜎～裔～垠～腴～寓～棕～陬～租例黄河走东溟，白日落西海。（唐·李白《古风》）秋山起暮钟，楚雨连沧海。（唐·韦应物《淮上即事寄广陵亲故》）

典**浮海**　见 853 页"乘桴海上"。喻指避世隐遁。《论语·公冶长》："子曰：'道不行，乘桴浮于海。从我者，其由与？'子路闻之喜。"

仲尼欲浮海，吾祖之流沙。（唐·李白《古风》其二九）

苦海　指世俗。《艺文类聚》卷七七引《华严经·寿量品》："我见诸众生，没在于苦海。"

苦海无边，爱河无底，流浪看成百漏船。（宋·陆游《大圣乐·电转雷惊》）

孔北海　东汉末名士孔融曾任北海相，有"孔北海"之称。后因以指州郡长官。见《后汉书·孔融传》。

朝瞻孔北海，时用杜荆州。（唐·高适《奉酬睢阳李太守》）

侯门如海　亦作"侯门似海"。指权贵之家，门禁森严。唐·范摅《云溪友议》卷一记载，秀才崔郊爱慕一女子，赠诗曰："公子王孙逐后尘，绿珠垂泪滴罗巾。侯门一入深如海，从此萧郎是路人。"

侯门见说深如海，三十年来掉臂行。（宋·邵雍《龙门道中作》）

鲁连蹈海　指仗义建功，逃避封赏。亦作"仲连逃海"。《史记·鲁仲连列传》载，魏王遣使者说赵，欲令尊秦为帝。鲁仲连对魏使新垣衍说："彼秦者，弃礼义而上首功之国也，权使其士，虏使其民。彼即肆然而为帝，过而为政于天下，则

连有蹈东海而死耳，吾不忍为之民也。”后鲁仲连又助田单复齐，田单“归而言鲁连，欲爵之。鲁连逃隐于海上，曰：‘吾与富贵而诎于人，宁贫贱而轻世肆志焉。’”

鲁连誓蹈海，夷齐甘采薇。（宋·李觏《三贤咏》）

南海北海 指相隔遥远。《左传·僖公四年》：“四年春，齐侯以诸侯之师侵蔡，蔡溃，遂伐楚，楚子使与师言曰：‘君处北海，寡人处南海，唯是风马牛不相及也。不虞君之涉吾地也。何故？’”

风之来不知其几里兮，但见南海北海声逢逢。（宋·项安世《高风台歌》）

泥牛入海 指杳无音信。《景德传灯录》卷八“潭州龙山和尚”：“洞山又问和尚：‘见个什么道理，便住此山？’师云：‘我见两个泥牛斗入海，直至如今无消息。’”

泥牛入海过新罗，木马追风到天竺。（宋·释道如《偈三首》其二）

摘山煮海 摘（tì），开发。指开山炼矿，煮海成盐，即开发资源。亦作“铸山煮海”。《史记·吴王濞列传》：“吴有豫章郡铜山，濞则招致天下亡命者（盗）铸钱，煮海水为盐，以故无赋，国用富饶。”裴骃集解引如淳曰：“铸钱煮盐，收其利以足国用。”

流水落花公境界，摘山煮海我官曹。（宋·曾几《送周德修侍郎守武陵郡》）

挟山超海 超，跳过。指难以做到的事。《孟子·梁惠王上》：“挟太山以超北海，语人曰：‘我不能。’是诚不能也。”

挟山以超海，事有非其力。（宋·欧阳修《感兴五首》其二）

张生煮海 指张羽和琼莲的爱情故事。元·李好古《沙门岛张生煮海》，剧中写潮州儒生张羽寓居石佛寺，清夜抚琴，招来东海龙王三女琼莲，两人生爱慕之情，约定中秋之夜相会。至期，因龙王阻挠，琼莲无法赴约。张羽便用仙姑所赠宝物银锅煮海水，大海翻腾，龙王不得已将张羽召至龙宫，与琼莲婚配。

柳毅错把家书奉，张生煮海金钱梦。（元·季子安套曲[中吕·粉蝶儿]《题情》）

仲连逃海 指仗义建功，逃避封赏。见“鲁连蹈海”。

莫学仲连逃海上，田单空愧取聊城。（唐·刘长卿《送卢侍御赴河北》）

落红愁如海 咏春花凋谢。宋·秦观《淮海居士长短句》：“春去也，飞红万点愁如海。”

落红那得愁如海，举白难逃醉似泥。（宋·林宗放《陪郡守游西园》）

醢hǎi 肉酱。

㊁上声，十贿。㊂蚳～覆～龙可～蜱～麋～七～潜～醯～相～盐～诛～菹～㊃～脯～石～醓㊄乍如彭与鯀，呼冤受菹醢。（唐·韩愈《嘲鼾睡》其一）

㊅**覆醢** 倒掉肉酱。指师生连心。《礼记·檀弓上》载：子路在卫国的一场宫廷政变中被对方砍成肉酱，孔子痛之，在自己的伙食中，再不忍食用肉酱，“遂命覆醢”。

游圣门而靡救兮，虽覆醢其何补？（东汉·班固《幽通赋》）

慨kǎi

㊁去声，十一队。㊂浩～节～潸～爽～遐～昕～遗～永～增～㊃～尔～慕～切～爽～惜～忆～允

凯（凱）kǎi

㊁《广韵》：上声，海韵。㊂八～唱～大～献～衍～燕～元～奏～㊃～安～弟～定～番～风～切～声～闹～燕～易～元～泽～奏㊄连轩尚贾余，清厉比归凯。（唐·韩愈《斗鸡联句》）

㊅**八凯** 指出自世家的贤臣。见《史记·五帝本纪》。

谢太傅须同八凯，姚梁公可并三台。（唐·贯休《蜀王入大慈寺听讲》）

楷kǎi ①法式；典范。②效法。③楷书。另见103页jiē。

㊁上声，九蟹。㊂寸～恭～两～妙～强～作～㊃～秀～则～正

铠（鎧）kǎi 铁甲。

㊁上声，十贿。又：去声，十一队同。㊂禅～盔～袍～忍～石～首～玄～重～㊃～袄～曹～扞～鐳～仗

恺（愷）kǎi ①安乐。②通“凯”。

㊁上声，十贿。㊂八～慈～大～和～宏～慷～乐～寿～爽～物～孝～元～悦～㊃～恻～风～歌～乐～切～悌～献～豫～直～至

闿（闓）kǎi 开。

㊁《广韵》：上声，海韵。又：去声，代韵同。㊂明～疏～爽～㊃～阐～导～阖～朗～门～敏～明～切～疏～爽～悌～拓～阳～怿～圜～悦～张～置

垲（塏）kǎi 地势高且干燥。

㊁上声，十贿。㊂乘～高～宽～胜～爽～塽～幽～㊃～垲～壤㊄夕次阮公台，啸歌临爽垲。（唐·张说《至尉氏》）

剀（剴）kǎi 切实。

㊁《广韵》：平声，咍韵。㊂诚～㊃～到～讽～拂～切～易～直～挚

㧟（擓）kuǎi ①轻抓。②牵带。

㊁《广韵》：平声，佳韵。

蒯kuǎi 茅类。

㊁去声，十卦。㊂絜～二～缑～菅～麻～榛～㊃～缑～剑～屦～席

买（買）mǎi

㊁上声，九蟹。㊂办～博～採～承～斗～酤～贵～和～擢～科～括～贸～扑～铺～赊～抑～诱～预～儥～责～质～酎～㊃～榜～报～俵～补～出～灯～籴～椟～渡～法～帆～放～服～赋～告～功～卦～桂～和～红～驢～昏～祸～奸～交～快～邻～瞒～免～名～纳～弄～扑～情～求～认～市～寿～售～属～私～托～脱～务～闲～休～宴～夜～易～佣～庸～忧～鬻～帐～棹～直～纵㊄待拼千金，却恨好晴难买。（宋·李莱老《倦寻芳·缭墙黏藓》）直须共赏莫轻孤，回首万金何处买。（宋·杜安世《玉楼春·三月牡丹呈艳态》）

㊅**风月不用一钱买** 指尽情玩赏美丽景色。亦作“风月不论钱”“明月清风何用买”“清风不用一钱买”。李白《襄阳歌》：“清风朗月不用一钱买，玉山自倒非人推。”

佳处难忘，约追欢须再。况风月不用一钱买。（宋·张拭《向湖边·万里烟堤》）

乃(*迺、廼)nǎi 另见316页ǎi。
古上声，十贿。逆暖～便～不～而～尔～非～顾～禾～何来～胡～或～既～况～丕～普～然～若～遂～无～毋～焉～至～顺～才～诚～尔～耳～父～公～今～眷～可～郎～老～蛮～其～情～若～是～堂～往～翁～昔～心～者～至例一喷一醒然，再接再砺乃。（唐·孟郊《斗鸡联句》）

奶(*嬭)nǎi
古上声，九蟹。逆阿～催～断～黄～忌～郎～恋～马～少～瞎～芋～顺～房～糕～酒～口～母～姆～娘～胖～腔～食～腥～子府

艿nǎi 植物名。
逆陂～芋～

色shǎi 骰子。另见97页sè。
顺～数儿～子

甩shuǎi
顺～车～发～开～卖～手～脱

歪wǎi 扭伤。另见309页wāi。

载(載)zǎi ①年。②记载。另见329页zài。
古上声，十贿。逆百～备～閟～表～传～登～帝～积～几～纪～经～具～镌～开～旷～揽～累～历～论～曩～年～前～失～世～述～条～王～往～遐～详～写～遗～亿～逾～顺～笔～词～辞～德～籍～记～纪～列～录～书～祀～叙～削～言例茅山就一征，柏署起三载。（唐·王昌龄《宿灞上寄侍御玙弟》）度世若一瞬，昨朝已千载。（唐·孤独及《酬皇甫侍御望天灊山见示之作》）回首处，满城明月曾同载。（宋·范成大《千秋岁·北城南埭》）

宰zǎi
古上声，十贿。逆百里～邦～操～朝～臣～出～储～登～辅～工～衡～槐～家～匠～君～封～揆～廊庙～里～良～寮～茂～民～名～牧～瓯～庖～炮～卿～荃～三～丧～膳～饍～少～社～时～守～台～太～天～王～无～牺～县～邑～应～右～元～园～圃～真～州～祝～作～顺～弼～柄～臣～赐～典～栋～夫～府～辅～父～公～官～贵～衡～祭～匠～爵～君～理～录～路～旅～民～牧～豁～桑～摄～士～世～守～属～树～司～思～隧～庭～务～物～席～相～胥～尹～政～执～职～制～治～主～祝～总例孰云天地仁，吾欲责真宰。（唐·韩愈《嘲鼾睡》）更祝灵椿颜不改。三苏相继居台宰。（宋·无名氏《鱼水同欢·棣萼楼前佳气蔼》）

崽zǎi
古《广韵》：平声，佳韵。又：平声，皆韵同。逆烂～满～西～细～顺～儿～子

窄zhǎi 口语音。另见86页zé。
逆宽～顺～隘～巴～逼～卡～隆～陋～束～索～狭～韵～仄～窄

跩zhuǎi 走路摇晃。
逆步步～顺～文

仄声·去声

爱(愛)ài
古去声，十一队。逆葆～嬖～崇～耽～躭～冬～笃～惇～敦～拊～覆～顾～光～过～驩～拳～结～鞠～款～怪～令～祕～密～愍～谬～暱～癖～溥～戚～曲～染～赏～覃～天～痛～推～讬～威～乌～协～歆～信～贻～遗～颐～义～隐～余～御～造～重～耑～资～顺～恩～根～顾～惠～敬～口～款～力～媚～悯～染～啬～尚～省～树～棠～习～狎～幸～恤～养～悦～智～重例羸卒不可兴，碛地无足爱。（唐·王昌龄《宿灞上寄侍御玙弟》）摇笔起风霜，推诚结仁爱。（唐·李白《赠从弟宣州长史昭》）寒城春方正，初日明可爱。（唐·孤独及《酬皇甫侍御望天灊山见示之作》）

典**遗爱** 官员死后遗留仁爱于民，为后人所思。因以指已死官吏。《汉书·叙传下》："谁毁谁誉，誉其有试。泯泯群黎，化成良吏。淑人君子，时同功异。没世遗爱，民有余思。述《循吏传》第五十九。"《后汉书·周嘉传》："迁零陵太守，视事七年，卒，零陵颂其遗爱，吏民为立祠焉。"

使君一朝去，遗爱在人口。（唐·元稹《代杭人作使君一朝去二首》其一）

桐乡爱 桐乡在今安徽桐城县北。汉朝大司农朱邑为桐乡吏，有惠政，死后葬于桐乡，乡民为之立祠，祭祀不绝。后因以指地方官受民爱戴。见《汉书·朱邑传》。

栗里归差易，桐乡爱极难。（宋·刘克庄《送郑君瑞知闽清》）

碍(礙)ài
古去声，十一队。逆避～不～缠～罣～触～方～防～干～格～隔～梗～勾～挂～罣～乖～关～恚～羁～艰～蹇～拘～留～限～违～无～限～遗～疑～迎～壅～沾～遮～榛～止～质～窒～滞～踬～顺～断～脚～叫～目～难～塞～手～挽～崄～夜例因逐溪水还，观心两无碍。（唐·刘长卿《陪元侍御游支硎山寺》）几回凭双燕，丁宁深意，往来却恨重帘碍。（宋·贺铸《薄幸·淡妆多态》）

典**出门有碍** 咏叹世路艰辛。唐·孟郊《赠别崔纯亮》："食荠肠亦苦，强歌声无欢。出门即有碍，谁谓天地宽。有碍非遐方，长安大道傍。小人智虑险，平地生太行。"

出门有碍邻吾老，独枕残书梦杏坛。（宋·林景熙《送果上人游五台》）

艾ài ①艾蒿。②指老年人。③尽；停止。④美好；漂亮。另见234页yì。
古去声，九泰。逆白～保～采～採～耋～横～火～娇～魁～兰～年～沛～耆～蕲～青～三斗～三年～韶～淑～肃～未～养～野～夜～银～幼～哲～芝～铚～稚～灼～紫～自～顺～艾～焙～发～服～符～餻～褐～虎～猳～豭～灸～酒～老～缗～纳～蒳～年～气～人～色～绶～孀～席～萧～衣～怨～帐～炷～壮～子例讲武威已耀，学仙功未艾。（唐·孤独及《酬皇甫侍御望天灊山见示之作》）甘津泽祥禾，伏润肥荒艾。（唐·韩愈《秋雨联句》）

典**采绶垂艾** 绶，古代系官印的丝带。绶带颜色不同，表示官职高低不同，艾绶即绿绶，为高官印环所系。因以咏高官。《后汉书·舆服志下》："诸国贵人、相国皆绿绶，三

采，绿紫绀。"又《张鱼传》："吾前后仕进，十要银艾。"李贤注："银印绿绶也，以艾草染之，故曰艾也。"

采绶还垂艾，华簪更截肪。(唐·柳宗元《弘农公复为大僚谨献诗五十韵以毕微志》)

芳草萧艾 指中道变节。亦作"萧艾"。《离骚》："兰芷变而不芳兮，荃蕙化而为茅。何昔日之芳草兮，今直为此萧艾也？"

如何陵谷迁，芳草亦萧艾。(宋·林景熙《有感》)

期期艾艾 汉朝周昌和三国邓艾的故事，指代口吃。《史记·张丞相列传》附《周昌传》：周昌廷争，上问其说，昌为人吃，又盛怒，曰："臣口不能言，然臣期期知其不可。陛下虽欲废太子，臣期期不奉诏。"上欣然而笑。《世说新语·言语》：邓艾口吃，语称艾艾。晋文王戏之曰："卿云艾艾。定是几艾？"对曰："凤兮凤兮，故是一凤。"

艾艾谈元旨，期期撷经腴。(清·李文安《哭仿仙兄》)

隘ài

古去声，十卦。逆暗～卑～偪～逼～庳～褊～低～垫～笃～扼～岔～刚～津～窘～局～拒～狷～峻～困～廉～郿～冥～僻～偏～贫～迫～朴～浅～湫～冗～设～束～填～危～狭～陋～险～崄～宣～迮～仄～窄～顺～薄～庳～厄～害～角～窘～局～狷～曲～阒～慑～束～形例高吟三峡动，舞剑九州隘。(宋·冯伟寿《玉连环》)莫笑一瓢门户隘。任意游行，出入俱无碍。(宋·张抡《蝶恋花·莫笑一瓢门户隘》)

嫒(嬡)ài

逆暧～晻～暗～黯～诡～绵～明～微～掩～曀～堙～隐～映～

暧(曖)ài 日光昏暗。

古去声，十一队。顺～暧～曃～昧～乃～然～日～态

叆(靉)ài 叆叇，形容浓云蔽日。

古去声，十一队。逆叆～晻～顺～叇例待相将共蹑，龙肩鲸背。海山何处，五云叆叆。(宋·冯伟寿《玉连环·谪仙往矣》)

嗳(噯)ài 伤感叹词。另见316页ǎi。

古《集韵》：去声，九泰。顺～气～酸

餲ài 食物变味。

古去声，十卦。又：入声，七曷同。顺～饐

嗌ài 咽喉窒塞。另见256页yì。

古《集韵》：去声，卦韵。顺～喉

败(敗)bài

古去声，十卦。逆补～臭～穿～蹉～颠～凋～泛～偾～丰～否～花～窘～咎～救～沮～倦～旷～羸～漏～沦～迷～拿～馁～叛～颇～侵～阙～娆～善～水～司～逃～殄～脱～萎～详～凶～烟～掩～殃～扬～佯～戮～窳～陨～彰～正～迍～捉～斲～啙～酢～顺～敝～乘～摧～倒～道～德～遁～法～覆～膏～槁～谷～褐～黑～悔～毁～楷～酱～境～臼～沮～困～盟～面～殁～衲～趋～缺～却～阙～群～桡～辱～俗～酰～象～絮～浥～御～折～纸例欲暮槿先萎，未霜荷已败。(唐·白居易《秋池二首》其二)窈窕丰姿都没赛。提鱼卖，堪笑马郎来纳败。(宋·寿涯禅师《渔家傲·深愿弘慈无缝罅》)

拜bài

古去声，十卦。逆偏～帛～册～唱～超～崇～除～传～顶～独～端～泛～奉～妇人～横～候～虎～环～稽～即～跽～夹～讲～躐～罗～冒～瞑～纳～男～奇～迁～庆～趋～丧～设～省～署～特～体～望～侠～雅～遥～倚～赞～讃～瞻～展～占～真～征～正～追～擢～顺～罢～本～璧～帛～尘～宠～春～刺～单～登～垫～奠～恩～发～风～伏～合～荷～候～惠～既～寄～假～笺～教～节～金～爵～恳～陵～聆～命～母～起～庆～趋～阙～容～辱～生～石～疏～署～帅～台～堂～望～洗～兴～毡～擢例伫倚碧云如有待。望新月、为谁双拜。(宋·贺铸《迎春乐》)旋加冠巾更束带，一见浮丘望尘拜。(宋·罗点《喜雨望巴罗二山》)

典**望尘而拜** 指谄媚权贵。亦作"望尘拜"。《晋书·潘岳传》："岳性轻躁，趋世利，与石崇等谄事贾谧，每候其出，与崇辄望尘而拜。"

望尘而拜者，朝夕走碌碌。(唐·白居易《送王处士》)

伊籍一拜 三国时蜀将伊籍出使东吴，孙权发问欲使之难堪，伊籍以"一拜一起"之语巧妙对答，表现了机敏的辩才。亦作"伊籍懒"。《三国志·蜀书·伊籍传》："伊籍……遣东使于吴，孙权闻其才辩，欲逆折以辞。籍适入拜，权问：'劳事无道之君乎？'籍即对曰：'一拜一起，未足为劳。'籍之机捷，类皆如此，权甚异之。后迁昭文将军。"

伊籍一拜，郦生长揖。(唐·李瀚《蒙求》)

稗bài ①一年生草本植物，是稻田害草。②小的；琐碎的。

古去声，十卦。逆穇～秕～谷～精～芀～偏～蒲～雀～稊～荑～顺～乘～饭～记～粝～沙门～实～稊～野例空林春采葚，荒垄秋种稗。(宋·陆游《东斋杂书》)

呗(唄)bài ①颂佛赞歌。②佛家颂经声。

古去声，十卦。逆梵～讽～歌～经～螺～膜～清～诵～仙～吟～鱼～赞～讃～钟～顺～唱～佛～偈～声～音～赞例蒲牢难迹皂氏铿，窣堵易读陀罗呗。(清·朱筠《覃溪前辈见赠依韵奉答》)

菜cài

古去声，十一队。逆播～巢～淡～东风～酷～耳～笄～风～菰～鲑～果～蚶～行～秽～蕺～嘉～搛～胶～解～堇～壳～路～瞑～尊～蒲～山～舍～释～水～摊～荼～薤～蘘～五～西～葸～细～鲊～顺～把～肠～肚～骨～户～货～甲～金～蚜～邑～玉～葅例何处玉尊空，对松陵正美，鲈鱼菰菜。(宋·贺铸《菱花怨·叠鼓嘲喧》)春色到人间，彩幡初戴。正好春盘细生菜。(宋·陆游《感皇恩·春色到人间》)

典**解菜** 指开荤。《南史·齐废帝东昏侯纪》记载南朝齐东昏侯萧宝卷的父亲死后，宝卷饮食如常，潘妃的小女儿死了，他却好多天不想吃。"左右直长阉竖王宝孙诸人，共营肴羞，云为天子解菜"。

官家未解菜，对案不能食。(清·吴伟业《清凉山赞佛诗四首》

其二）

闭门种菜 指韬光养晦。《三国志·蜀书·先主传》"先主据下邳"裴松之注引晋胡冲《吴历》："备时闭门，将人种芜菁，曹公使人窥门。既去，备谓张飞、关羽曰：'吾岂种菜者乎？曹公必有疑意，不可复留。'其夜开后栅，与飞等轻骑俱去，所得赐遗衣服，悉封留之，乃往小沛收合兵众。"

闭门种菜英雄事，莫笑衰翁日荷锄。（宋·陆游《咏史》）

蔡cài ①姓。②占卜用的大龟。

㊀去声，九泰。㊁陈～崔～萃～范～管～龟～灵～流～神～蓍～吴～张～綷～㊂～莽～女㊃不及腰上金，何劳问蓍蔡。（唐·陆龟蒙《渔具诗》）

㊄**崔蔡** 东汉书法家崔瑗和蔡邕的合成，因以称美书法家。见《晋书·卫瓘传》附《卫恒传》引卫恒《四体书势》。

妙绝当动鬼神泣，崔蔡幽魂更心死。（唐·朱逵《怀素上人草书歌》）

管蔡 指管叔鲜和蔡叔度两个害国之宗室大臣。《史记·管蔡世家》："管叔鲜、蔡叔度者，周文王子而武王弟也……武王既崩，成王少，周公旦专王室。管叔、蔡叔疑周公之为之不利于成王，乃挟武庚以作乱。周公旦承成王命伐诛武庚，杀管叔，而放蔡叔。"

周公称大圣，管蔡宁相容。（唐·李白《箜篌谣》）

蓍蔡 代指卜筮，或指人神算。《楚辞·九怀·匡机》："蓍蔡兮踊跃，孔鹤兮回翔。"王逸注："蓍，筮也。蔡，大龟也。"

刺史肃蓍蔡，吏人沸蝗螟。（唐·韩愈《答张彻》）

上蔡 咏叹仕途艰险。《史记·李斯列传》："李斯者，楚上蔡人也……于是二世乃使高案丞相狱，治罪，责斯与子由谋反状，皆收捕宗族宾客。赵高治斯，榜掠千余，不胜痛，自诬服……二世二年七月，具斯五刑，论腰斩咸阳市。斯出狱，与其中子俱执，顾谓其中子曰：'吾欲与若复牵黄犬俱出上蔡东门逐狡兔，岂可得乎！'遂父子相哭，而夷三族。"

无因上蔡牵黄犬，愿作丹徒一布衣。（唐·刘禹锡《题欹器图》）

鹅池平蔡 指掩袭。《旧唐书·李愬传》："自张柴行七十里，比至悬瓠城，夜半，雪愈甚。近城有鹅鸭池，愬令惊击之，以杂其声。贼恃吴房、郎山之固，晏然无一人知者。李祐、李忠义坎墉而先登，敢锐者从之，尽杀守门卒而登其门，留击柝者。"

休说鹅池平蔡事，庆新年、一稔欢相语。（宋·李曾伯《贺新郎·才过黄花雨》）

采（*埰）cài 古代诸侯分封给卿大夫的土地。另见316页cǎi。

㊀去声，十一队。㊂～地～服～畿～圻～任～食～卫～邑

縩cài 丝名。

㊀《集韵》：去声，代韵。㊁綷～

瘥chài 病愈。另见42页cuó。

㊀去声，十卦。㊁荐～渐～疠～沴～痊～天～小～札～

虿（蠆）chài 蝎子一类有毒的虫。

㊀去声，十卦。㊁蜂～蝮～芥～蠡～蛄～㊂～毒～发～锋～介～芥～芒～盆～鬈～尾～尾虫～尾书㊃大奸难后越精神，骂人嘴毒如蜂虿。（宋·释智愚《以文长老请赞》）

膗chuài 猪胸腹部肥而松的肉。

㊀《广韵》：去声，卦韵。㊁囊～

嘬chuài 咬。吮。

㊀去声，十卦。㊁咕～姑～吮～呜～蝇蚋～余～咂～嘬～㊂～嘐～嚌

代dài

㊀去声，十一队。㊁补～畴～眈～地～递～顶～番～盖～革～亘～瓜～互～即～济～简～骄～惊～理～弥～绵～命～曩～庖～倩～顷～请～攘～禅～嬗～摄～胜～受～违～稀～遐～厌～燕～奕～永～运～战～昭～辄～注～浊～资～㊂～北～本～比～茶～偿～德～邸～工～及～纪～济～解～匮～马～面～倩～嬗～舍～食～史～手～书～输～田～舞～袭～叙～雁～易～英～庸～语～越～翟～终～追～斲～字～奏㊃朔雁衔边秋，寒声落燕代。（唐·李群玉《感兴四首》其四）当春卖春色，来往经几代。（唐·司马扎《卖花者》）

㊄**瓜代** 指任职期满，由他人接任。《左传·庄公八年》："齐侯使连称、管至父戍葵丘。瓜时而往，曰：'及瓜而代。'"

固乏横草功，当蒙及瓜代。（宋·梅尧臣《河南受代前一日希深示诗》）

待dài 另见308页dāi。

㊀上声，十贿。㊁薄～本～便～餔～才～敢～给～供～顾～刮目～行～何～欢～酷～拟～偏～企～器～恰～翘～却～任～殊～停～外～信～须～延～要～倚～倚马～异～引颈～欲～遇～云霓～展～支～知～株～资～坐～㊂～弊～潮～除～次～旦～东～对～刚～臈～古～好～价～间～交～教～决～绝～腊～漏～禄～年～女～泮～聘～阙～兔～望～物～贤～衅～须～选～养～欲～援～制～字㊃虚舟任所适，垂钓非有待。（唐·孟浩然《岁暮海上作》）小楼妆晚，应念斑骓何在。碧云长有待。（宋·贺铸《感皇恩·歌笑见余妍》）

㊄**云鹤相待** 咏隐士出仕。见963页"鹤怨周颙"。

云鹤深相待，公卿不易留。（唐·郑谷《送吏部曹郎中免官南归》）

怠dài

㊀上声，十贿。㊁逋～弛～迟～冲～惰～废～忽～荒～遑～积～贾～简～寖～宽～懒～愆～勤～疏～恬～伪～戏～佚～逸～庸～游～窳～豫～中～㊂～安～敖～傲～骜～慠～弛～堕～惰～憧～放～废～忽～缓～荒～皇～遑～教～解～旷～嫚～弃～容～散～事～肆～沓～替～偷～玩～侮～息～戏～隙～疑～斁～窳～终～纵㊃平生可惯偿诗债，追骥疲驽况加怠。（宋·王之道《次韵赵积中慈湖即事》）

袋dài

㊀去声，十一队。㊁白～叉～鞍～缠～飞鱼～胡～甲～佩～茄～靸～撒～砂～稍～筲～诗～顺～嗉～算～引～醉～走～㊂～扇㊃封胡羯末，综维缜绛，堪羡金鱼垂袋。（宋·郭应祥《鹊桥仙·去年七夕》）约臂犹余朱索在。梢头添挂朱符袋。（宋·张炎《蝶恋花·巧结分枝黏翠艾》）

带(帶)dài

古去声，九泰。逆贝～碧～薜～边～褫～垂～绖～傘～凤～軩～罥～龟～扈～迴～蕙～贲～江～袴～裈～裥～里～砺～轮～黏～鞶～襻～挈～如～襦～山～麝～沈～晳～鞓～挺～韦～限～星～荇～遥～引～萦～余～玉～云～杂～沾～阻～组～顺～傍～比～便～刺～犊～郭～过曲～行～和～湖～甲～局～胯～厉～砺～量～脉～冕～挈～袛～丝禽～岁～索～鞓～同～胁～眼～约～月例孤城海门月，万里流光带。(唐・王昌龄《宿灞上寄侍御玙弟》)臣心寄远水，朝海去如带。(唐・钱起《广德初銮驾出关后》其二)时将刷蘋浪，又取悬藤带。(唐・陆龟蒙《渔具诗・笭箵》)

典**还带**　指归还贵重的失物。唐・丁用晦《芝田录》记载唐人裴度一日游香山寺。有一妇人借得三条玉带、一条犀带，准备贿赂权贵，营救获罪的父亲，结果遗失寺中。裴度得而还之。

甲子一周胡未灭，关山还带泪痕看。(宋・陆游《舟中感怀三绝句》)

韦带　代指贫士。《汉书・贾山传》："言治乱之道，借秦为谕，名曰《至言》。其辞曰：'……夫布衣韦带之士，修身于内，成名于外，而使后世不绝息。'"颜师古注："言贫贱之人也。韦带，以单韦为带，无饰也。"

朝朝横乌纱，暮暮束韦带。(宋・曾几《闻东湖荷花盛开》)

留缟带　指建立深厚的情谊。见550页"赠缟"。

既闻留缟带，讵肯掷簪簪。(唐・韦庄《同旧韵》)

似衣带　隋文帝杨坚曾以"一衣带"为喻，谓界于隋与南朝陈之间的长江不足为阻。后世因以指江河湖海不足为阻。亦作"一衣带水"。《南史・陈后主本纪》："隋文帝谓仆射高颎曰：'我为百姓父母，岂可限一衣带水不拯之乎？'命大作战船。"

湓浦曾闻似衣带，庐峰见说胜香炉。(唐・杨巨源《寄江州白司马》)

褒衣博带　褒衣博带，宽袍大带，为古代儒生的装束。因以咏儒生。《汉书・隽不疑传》："不疑冠进贤冠……褒衣博带，盛服至门上谒。"颜师古注："褒，大裾也。言著褒大之衣，广博之带也。而说者乃以为朝服垂褒之衣，非也。"

大纛高牙山水县，褒衣博带藻芹宫。(宋・真山民《平章命》)

兰衣蕙带　指以荷叶为衣，以蕙草为衣带的高洁之服饰。《楚辞・九歌・少司命》："荷衣兮蕙带，儵而来兮忽而逝。"东汉王逸注："言司命被服香净、往来奄忽，难当值也。"

兰衣蕙带，为我独立万寻冈。(宋・汪莘《水调歌头・寄语山阿子》)

万钉宝带　指大臣的荣显。亦作"万钉"。《隋书・杨素传》："十八年，突厥达头可汗犯塞，以素为灵州道行军总管，出塞讨之……素奋击，大破之，达头被重创而遁。杀伤不可胜计，群虏号哭而去。优诏褒扬，赐缣二万匹，及万钉宝带。"

任万钉宝带貂蝉，富贵欲熏天。(唐・吕岩《促拍满路花》)

羊公缓带　西晋名将羊祜镇守荆州，在军中常轻裘缓带，身不披甲。后以咏将帅之风流儒雅。亦作"羊公缓带""羊祜轻裘临阵""轻裘缓带"。见《晋书・羊祜传》。

自武侯蜕迹，羊公缓带，功名事、更谁继。(宋・袁去华《水龙吟・汉家经略中原》)

御仙花带　宋太宗始创赐群臣不同腰带饰物之制。其中，学士以上，服御仙花带。宋・宋敏求《春明退朝录》卷中："太宗命制毬路笏带以赐辅臣，后其罢免，亦服焉。赵文定罢参知政事，顷之，除景灵公副使，赐御仙带。自后罢宰相，仍服笏带；罢参枢，皆止服御仙带。"

袍锦风流，御仙花带瑞虹绕。(宋・文天祥《齐天乐・南楼月转银河曙》)

戴dài

古去声，十一队。逆鳌～抱～访～奉～扶～辅～负～盖～贯～归～荷～鹖～愧～履～毛～铭～捧～钦～擎～庆～师～悚～推～衔～忻～欣～胥～寻～仰～依～忆～翊～翌～翼～颙～簪～瞻～重～顺～鳌～白～德～绖～斗～鸠～奉～竿～干～鹖～肩～角～匡～筐～粒～履～面～目～南～盆～丘～仁～鸺～任～纴～日～山～胜～说～头～孝～星～眼～阳～仰～翼～月～悦～帻例忽如春再来，不独天重戴。(唐・贯休《上孙使君》)移来孔雀槛边栽，折向凤凰钗上戴。(唐・庾传素《木兰花》)宫样妆成还可爱，鬓边斜作拖枝戴。(宋・王寀《蝶恋花・花为年年春易改》)

典**鳌戴**　比喻负荷重任，或以表示感恩戴德。典出《列子・汤问》，传说谓渤海之东有大壑，其下无底，中有五座仙山，常随潮波上下漂流。天帝恐五山流于西极，失群仙之居，乃使十五巨鳌轮番举首戴之，五山才峙立不动。

鳌戴三山，顷刻随轮至。(宋・米芾《蝶恋花・千古涟漪清绝地》)

访戴　晋人王徽之雪夜乘船访友，至门未见其人，兴尽而返。后因用作思友或访友。亦作"寻戴""忆戴""寻安道""泛舟思戴"。《世说新语・任诞》："王子猷居山阴，夜大雪，眠觉，开室，命酌酒。四望皎然，因起彷徨，咏左思《招隐诗》。忽忆戴安道，时戴在剡，即便夜乘小船就之。经宿方至，造门不前而返。人问其故，王曰：'吾本乘兴而来，兴尽而返，何必见戴？'"此事又见《晋书・王羲之传》附《王徽之传》。

此行殊访戴，自可缓归桡。(唐・李白《陪从祖济南太守泛鹊山湖三首》其一)

寻戴　见"访戴"。

襟怀好，比子猷寻戴，别样风流。(元末明初・谢应芳《沁园春・忆昨秋风》)

忆戴　见"访戴"。

忆戴差过剡，游仙惯入壶。(唐・钱起《山斋读书寄时校书杜叟》)

抃鳌欣戴　传说渤海之东的蓬莱等五座仙山之所以稳定，是因为大山之下各有神龟背负。因以指背负着蓬莱仙山的大龟在海中狂舞。《楚辞・天问》："鳌戴山抃，何以安之。"东汉王逸注："鳌，大龟也，击手曰抃。《列仙传》曰：'有巨灵之龟，背负蓬莱之山而抃舞，戏沧海之中，独何以安之乎？'"

舞兽锵洋，抃鳌欣戴，度管弦声杳。(宋・葛胜仲《醉蓬莱・望葱

葱佳气》)

泛舟思戴　见"访戴"。

命驾访嵇,泛舟思戴,此兴甚浓。(宋·京镗《沁园春·命驾访嵇》)

黛dài

古去声,十一队。逆昂～宝～惨～愁～点～钿～蝶～蛾～粉～丰～拂～画～金～敛～梁家～螺～绿～描～泼～铅～浅～散～埽～山～石～锁～铜～渊～顺～惨～岑～蛾～蛩～鬟～尖～娇～耒～螺～泼～壤～耜～文～蓄～巘～叶～漪～怨例山色无定姿,如烟复如黛。(唐·刘长卿《湘中纪行十首·秋云岭》)编珠影里醉春庭,团红片下攒歌黛。(唐·李咸用《富贵曲》)玉垒凉生过雨,帘卷晴岚凝黛。(宋·吴则礼《红楼慢》)

典**广黛**　咏女子打扮时髦。见271页"半额眉"。

城中画广黛,宫里束纤腰。(唐·法宣《和赵王观妓》)

梁家黛　东汉梁冀之妻孙寿貌美而喜欢化妆,首创"愁眉"状,将眉画成细而曲折之状。梁家黛即此。后因以咏女子妆扮入时。《后汉书·梁冀传》:"寿色美而善为妖态,作愁眉、啼妆、堕马髻、折步、龋齿笑,以为媚惑。"李贤注:"愁眉者,细而曲折。"

桂形浅拂梁家黛,瓜字初分碧玉年。(唐·李群玉《醉后赠冯姬》)

洗粉黛　咏贤妻。晋·皇甫谧《高士传·梁鸿列传》:"闻而聘之。及嫁,始以装饰入门。七日而鸿不答。妻乃跪请,鸿曰:'吾欲裘褐之人,可与俱隐深山者尔,今乃衣绮缟,傅粉墨,岂鸿所愿哉?'妻曰:'以观夫子之志耳。妾自有隐居之服。'乃更为椎髻,著布衣,操作而前。"

客来洗粉黛,日暮拾流萤。(唐·杜甫《奉酬薛十二丈判官见赠》)

春山眉黛　指女子离愁之浓重。亦作"春山敛黛"。唐·李商隐《代赠二首》其二:"总把春山扫眉黛,不知供得几多愁。"

弹到断肠时,春山眉黛低。(宋·晏几道《菩萨蛮·哀筝一弄湘江曲》)

逮dài　及。另见317页dǎi、224页dì。

古去声,十一队。又:去声,八霁异。顺～案～赴～革～贱～鞫～考～累～录～亲～通～问～系～养～意～引～狱～坐例朗诵谢客诗,清游倪能逮。(清·汪启淑《桐江晓发》)

贷(貸)dài

古去声,十一队。逆败～倍～禀～逋～差～谗～称～成～出～春～恩～丐～告～给～含～横～弘～赍～贾～湔～矜～举～蠲～宽～隆～率～末～旁～平～乞～轻～曲～容～善～赦～贳～恕～贳～特～无～洗～优～宥～原～霑～振～质～顺～法～负～命～全～赡～舍～施～贳～死～贳～帖～恤～宥～赀～罪例仕宦虽有负,耳目得以贷。(宋·梅尧臣《寄题抚州戴秀才息心亭》)

岱dài　泰山。

古去声,十一队。逆东～海～华～嵩～泰～望～游～渊～中～顺～斗～岭～山～泰～舆～岳～云～宗例法服应华夏,金言流海岱。(唐·灵一《安公》)馨香拥兰雪,峻秀高嵩岱。(唐·贯休《上孙使君》)

殆dài　①危险。②几乎。

古上声,十贿。逆怵～垂～行～稽～几～解～羸～欺～阙～辱～沈～四～罔～危～违～休～疑～淫～顺～尽～其～庶例玄元亦有训,知止则不殆。(唐·白居易《高仆射》)

襶dài　指衣服粗重宽大不合身。

古去声,十一队。逆褦～

大dài　另见21页dà。

古去声,九泰。又:去声,二十一箇。顺～夫～面～王

埭dài　堤。

古去声,十一队。逆陂～湖～津～牵～前～石～塘～堰～顺～岸～程例旋拆旋沽饮,酒船如落埭。(宋·梅尧臣《永叔请赋车螯》)

绐(紿)dài　欺骗。

古上声,十贿。逆负～诡～诳～欺～巧～受～诬～勿～误～余～诈～例拟傍小车来,又被轻阴绐。(宋·魏了翁《海棠春令·东君惯得花无赖》)

骀(駘)dài　①疲顿。②骀荡,舒缓飘荡。另见316页tái。

古上声,十贿。逆哀～荡～羸～驽～佁～骀～效驽～朽～顺～宕～荡～浩～骀例磨铅惭砥砺,挥策愧驽骀。(唐·卢纶《书情上大尹十兄》)秋风怜越绝,朔气想台骀。(唐·刘禹锡《酬令狐相公秋怀见寄》)

迨dài　及。

古《广韵》:上声,海韵。逆不～顺～及～吉～至

隶(隸)dài

古去声,十一队。逆叆～例寒岩人不到,白云常叆隶。(唐·寒山《诗三百三首》其一六三)

玳(*瑇)dài

古去声,十一队。逆珠～顺～斑～检～帘～梁～瑁～牛～席～筵～宴～燕～簪～轴

溉gài

古去声,十一队。又:去声,五未同。逆涤～盥～沆～浸～淤～赞～凿～沾～潴～濯～顺～盥～汲～济～浸

概gài

古去声,十一队。逆傍～鄙～并～达～方～风～高～襟～骏～猛～匹～品～平～清～权～胜～素～退～细～意～英～远～贞～至～志～忠～顺～复～赅～行～怀～见～节～举～可～平～愆～尚～心～用～云～志～众～准～尊例王演俗容仪,崔陵小风概。(唐·贯休《上孙使君》)

典**建封气概**　指中唐显贵张建封慷慨尚气的风度。《新唐书·张建封传》:"张建封字本立……建封少喜文章,能辩论,慷慨尚气,自许以功名显……贞元四年,拜御史大夫,徐泗濠节度使……治徐凡十年,躬于所事,一军大治,善容人过,至健黠亦未尝曲法假之。其言忠义感激,故下皆畏悦。性乐士,贤不肖游其门者礼必均,故其往如归。"

看曹瞒事业,雀台夜月,建封气概,燕子春风。(宋·陈人杰《沁园春·如此男儿》)

丐gài

古去声,九泰。逆哀～干～行～讲～诳～敛～流～启～强～请～求～诗～贳～文～邀～营～佣～沾～霑～顺～祠～贷～留～沐～巧～施～退～外～闲～养～育例秦俗动

言利，鲁儒欲何丐。（唐·韩愈《秋雨联句》）

盖（蓋）gài

古去声，九泰。又：入声，十五合异。逆盦～白～版～葆～弊～髀～斗～幡～旛～风～凤～高～鬼～海～行～褐～鹤～衡～鹄～麾～浑～鞲～交～节～旌～孔～梨～鸾～绿～弭～谟～旗～起～倾～丘～虬～曲～容～鳃～神～食～水～驷～晚～帏～帷～雯～席～香～霄～玄～璇～偃～揜～燕～倚～羸～影～油～游～御～氈～征～芝～执～直～驻～篆～幢～紫～顺～缠～代～戴～地～短～高～弓～棺～酱～巾～磨～愆～泉～阙～壤～世～柿～天～碗～障例芙蓉花共门相对，昨日为逢青伞盖。（宋·欧阳修《渔家傲·妾本钱塘苏小妹》）洒泪谁能会。醉卧藤阴盖。（宋·黄庭坚《千秋岁·苑边花外》）

典**华盖**　指帝王的车盖。晋·崔豹《古今注·舆服》："华盖，黄帝所作。与蚩尤战于涿鹿之野，常有五色云气，金枝玉叶，止于帝上，有花葩之象，故因而作华盖也。"

翰林逼华盖，鲸力破沧溟。（唐·杜甫《赠翰林张四学士》）

孔盖　用孔雀羽毛做的车盖。屈原借以表现少司命的行踪。《楚辞·九歌·少司命》："孔盖兮翠旍，登九天兮抚彗星。"

凌波罗袜生尘，翠旌孔盖凝朝露。（元·赵孟頫《水龙吟·凌波罗袜生尘》）

桑盖　咏刘备。《三国志·蜀书·先主传》："先主少孤，与母贩履织席为业。舍东南角篱上有桑树生高五丈余，遥望见童童如小车盖，往来者皆怪此树非凡，或谓当出贵人。先主少时，与宗中诸小儿于树下戏，言：'吾必当乘此羽葆盖车。'"

家乘桑盖瑞，国富卧龙才。（宋·夏竦《奉和御制读三国志诗》）

天盖　古人有盖天说，谓天如车盖，覆于大地。后因以指天空。《淮南子·原道》："以天为盖，以地为舆。"

仰视天盖低，玄云送惊霆。（宋·张耒《苦雨》）

倾盖　车盖交错，指二人乘车相遇，停下来交谈。古谚有"倾盖如故"，后因以指结交新友却一见如故。司马贞索隐："《志林》云：'倾盖者，道行相遇，軿车对语，两盖相切，小欹之义，故曰倾盖也。'"

可怜宾客尽倾盖，何处老翁来赋诗。（唐·杜甫《七月一日题》其二）

黄公盖　汉宣帝诏赐扬州刺史黄霸"特高一丈"的车盖，以示嘉奖。后世因以指官员受宠。见《汉书·循吏传·黄霸》。

莫羡黄公盖，须乘彦伯舟。（唐·岑参《送襄州任别驾》）

黄旗紫盖　指皇帝出世的天象。《三国志·吴书·孙皓传》："三年春正月晦。"裴松之注引《江表传》："黄旗紫盖见于东南，终有天下者，荆、扬之君乎？"

朱雀乌衣王谢宅，黄旗紫盖晋梁春。（宋·杨万里《送马庄父游金陵》）

钙（鈣）gài　化学元素。

顺～化～质

怪（*恠）guài

古去声，十卦。逆变～逞～骋～嗤～饬～矗～村～颠～蠹～愕～非～顾～瑰～骇～行～恨～怀～幻～荒～诙～恢～祲～憰～刻～狂～沴～祕～眇～捏～僻～跷～深～司～天～遐～谐～吁～诒～隐～迂～招～珍～征～志～顺～道～底～谍～牒～憾～恨～幻～恚～杰～谲～来～丽～陋～媚～秘～僻～涩～慑～生～似～伟～严～艳～迂～羽～怨～咤例兹山夙所尚，安得问灵怪。（唐·孟浩然《越中逢天台太乙子》）客从何乡来，伫立久吁怪。（唐·杜甫《病柏》）

典**木石生怪**　孔子曾说"木石之怪"有一足的夔和可效人声的魍魉。《国语·鲁语下》："季桓子穿井，获如土缶，其中有羊焉。使问之仲尼曰：'吾穿井而获狗，何也？'对曰：'以丘之所闻，羊也。丘闻之：木石之怪曰夔、魍魉；水之怪曰龙、罔象；土之怪曰羵羊。'"韦昭注："木石谓山也。或云夔，一足，越人谓之山缫也。或言独足魍魉，山精，好学人声而迷惑人也。"

木石生怪变，狐狸骋妖患。（唐·韩愈《谢自然诗》）

素隐行怪　指探索隐微之事，行为故作古怪。亦作"索隐行怪"。《礼记·中庸》："子曰：'素隐行怪，后世有述焉，吾弗为之矣。'"朱熹《四书章句集注》："素，按《汉书》当作'索'，盖字之误也。索隐行怪，言深求隐僻之理，而过为诡异之行也。"

雪中素隐非行怪，自是花间着不得。（宋·郑清之《再和》）

骇（駭）hài

古上声，九蟹。逆奔～崩～变～飙～猜～砀～荡～电～鼓～欢～讙～环～皇～遑～惶～机～鸡～嗟～沮～矍～恇～栗～鹿～侵～倾～驱～骚～悚～竦～跳～霆～危～鰕～恟～諠～眙～邑～轶～逸～踊～鱼～詟～振～惴～顺～飙～诧～窜～怛～殚～电～动～噩～服～汗～机～遽～栗～迫～奇～扰～涩～神～水～驷～跳～痛～突～犀剑～炫～眙～疑～震～政例足弱老态增，颠仆人共骇。（宋·姜特立《足弱》）

害 hài

古去声，九泰。逆隘～扳～暴～波～剥～猜～雠～丁～定～敦～遁～厄～犯～风～干～更～搆～谷～牿～规～憨～悍～横～贾～焦～狡～讦～禁～噤～咎～狙～刻～苦～酷～累～戮～磨～恼～逆～排～攀～骗～娆～忍～三～乌～毋～侮～袭～凶～严～邀～遗～阴～隐～雍～栽～糟～蹭～谮～忮～鸷～中～阻～坐～顺～砂～愁～鈇～发～患～慌～忌～渐～咎～口～寇～累～马～虐～气～伤～胜～夏～想～心～性～眼～义～盈～菑～政例乃知名与器，得丧俱为害。（唐·白居易《遣怀》）刚风九万舞瑶林，甚些少、人间利害。（宋·韩淲《鹊桥仙·诗非漫与》）

典**三害**　晋周处少年时危害乡里，时人把他同南山虎、长桥蛟并称为"三害"。《晋书·周处传》："处自知为人所恶，乃慨然有改励之志，谓父老曰：'今时和岁丰，何苦而不乐邪？'父老叹曰：'三害未除，何乐之有？'处曰：'何谓也？'答曰：'南山白额猛兽，长桥下蛟，并子为三矣！'"

能令三害远，坐使四民安。（宋·刘宰《寄宜兴赵大夫二首》其二）

亥hài

古上声，十贿。逆二～吉～建～豕～竖～辛～鱼～章～朱～顺～步～地～既珠～豕～市～正例欣遇称觞，正斗杓移亥。（宋·无名氏《鱼水同欢·棣萼楼前佳气蔼》）

典**朱亥** 战国时魏国壮士朱亥，隐于大梁为屠夫，受到信陵君礼遇，曾椎杀魏将晋鄙，助公子夺晋鄙军救赵。后世因以指隐于市井的侠士。见《史记·魏公子列传》。

朱亥已击晋，侯嬴尚隐身。（唐·李白《送侯十一》）

嗐hài 感叹声。

古《集韵》：去声，泰韵。顺～头

坏（壞）huài 另见266页pēi、273页péi。

古去声，十卦。逆惫～弊～剥～残～撤～成～弛～倒～哆～惰～蛊～隳～积～揃～寖～沮～决～梁～凌～沦～挠～啮～圮～缺～阙～散～杀～伤～淘～替～突～隙～消～斁～汙～灾～遭～阤～阻～顺～彻～陈～沮～决～陨～微～压～证～址～坐例岂知千年根，中路颜色坏。（唐·杜甫《病柏》）春意态。闲却远山横黛。香径莓苔嗟粉坏。（宋·李莱老《谒金门·春意态》）

忾（愾）kài 愤恨。

古去声，十一队。又：去声，五未同。逆感～慷～忼～悽～同～王～顺～敌～愤

咳（*欬）kài 咳唾，谈吐。另见308页hāi、313页hái、84页ké。"欬"另见308页ké"咳"。

古去声，十一队。又：去声，四寘同。逆謦～风～乾～磬～奇～呛～謦～顺～家～逆～唾～嗐

愒kài 贪。

古去声，九泰。逆恐～流～玩～小～游～诱～顺～日～阴

快kuài

古去声，十卦。逆笔～步～乘～逞～骋～道～番～风～锋～豪～疾～俊～骏～侃～宽～旷～利～爽～敏～惬～清～晴～庆～取～疏～鬆～抬～偷～透～喜～贤～欣～歆～雄～迅～盐～厌～皂～自～顺～抃～便～果～憾～健～举～吏～论～门～人～锐～士～适～蟹～信～鱼～志～壮～子例九野干戈指著心，威福满拳犹未快。（唐·李咸用《富贵曲》）星飞一点千叶界，勿讶神魂生去快。（宋·可旻《渔家傲·西土纹成东土壤》）

块（塊）kuài

古去声，十一队。逆积～堇～巨～磊～傴～历～凌～蓬～痞～破～砌～受～完～顽～晞～街～遗～枕～株～字～顺～独～规～鞠～聚～垒～然～苏～伟～坐例轩车疑蠢动，造化资大块。（唐·高适《登广陵栖灵寺塔》）万卷似无书，三山如历块。（唐·贯休《上孙使君》）冬后剪花飞素彩。腊前陨璞抛团块。（宋·吕胜己《蝶恋花·姑射真仙蓬海会》）

典**历块** 本形容速度快，后引申指不羁之才。有时也可指骏马。亦作"历块过都"。《汉书·王褒传》："过都越国，蹶如历块。"颜师古注："如经历一块，言其速疾之甚"。

龙文虎脊皆君驭，历块过都见尔曹。（唐·杜甫《戏为六绝句》其三）

垒块 指心里郁结的不平之气。亦作"胸中垒块"。《世说新语·任诞》："阮籍胸中垒块，故须酒浇之。"

酒浇胸次之垒块，菊制短世之颓龄。（宋·黄庭坚《送王郎》）

风不鸣条，雨不破块 比喻社会安定，天下太平。亦作"风不鸣条"。汉·桓宽《盐铁论·水旱》："周公载纪而天下太平，国无夭伤，岁无荒年。当此之时，雨不破块，风不鸣条。"

风不鸣条，雨不破块，会不会兮还信采。（宋·释正觉《偈颂二百零五首》）

会（會）kuài 另见291页huì。

古去声，九泰。顺～朝～鼂～稽～任～事～噎～最

筷kuài

逆杯～碗～顺～箧～筒～子

脍（膾）kuài

古去声，九泰。逆羹～金～砍～魁～缕～牛～庖～脯～切～思～同心～屠～细～玉～炙～顺～残～刀～截～手～炙例天池十里如鉴湖，荷花可折鱼可脍。（宋·牟孔锡《句》）

典**鲸鱼脍** 指放浪形骸。唐·韩愈《赠刘师服》："丈夫命存百无害，谁能检点形骸外。巨缗东钓傥可期，与子共饱鲸鱼脍。"

且饱鲸鱼脍，风月过江南。（宋·毛滂《水调歌头·金马空故事》）

莼羹鲈脍 指吴地佳肴，或泛指家乡口味，寓羁旅之思。亦作"莼菜""莼鲈"。《世说新语·识鉴》："张季鹰辟齐王东曹掾，在洛，见秋风起，因思吴中菰菜、莼羹、鲈鱼脍，曰：'人生贵得适意尔，何能羁宦数千里以要名爵。'遂命驾便归。"

莼羹鲈脍鉴湖风，想像依稀老放翁。（宋·方回《至节前一日六首》其三）

狯（獪）kuài 狡猾；奸诈。

古去声，九泰。又：去声，十卦同。逆猾～奸～狡～狙～谲～狂～老～贪～黠～险～驵～顺～胡～猾～险

哙（噲）kuài 咽。

古去声，十卦同。逆樊～哙～燕～肿～顺～等～哙～伍～息

典**彘肩壮樊哙** 指勇士豪情壮气。《史记·项羽本纪》载：鸿门宴上，刘邦处境险恶，"于是张良至军门，见樊哙……哙即带剑拥盾入军门。交戟之卫士欲止不内，樊哙侧其盾以撞，卫士仆地，哙遂入，披帷西向立，瞋目视项王，头发上指，目眦尽裂。项王按剑而跽，曰：'客何为者?'张良曰：'沛公之参乘樊哙者也。'项王曰：'壮士，赐之卮酒。'则与斗卮酒。哙拜谢，起，立而饮之。曰：'赐之彘肩。'则与一生彘肩。樊哙覆其盾于地，加彘肩上，拔剑切而啖之。"

我如鸡肋感曹公，尔自彘肩壮樊哙。（清·舒位《鲊虎行》）

侩（儈）kuài

古去声，九泰。逆倡～狙～魁～马～卖～女～商～书～税～屠～文～牙～驵～主～顺～父～卖～佞～牛～豕～驵

桧（檜）kuài 另见290页guì。

例昂藏海峤鹤，冷碧仙庭桧。（唐·贯休《上孙使君》）

浍（澮）kuài

古去声，九泰。逆汾～沟～九～涓～决～畎～田～顺～畎例盛德滋冀方，仁风清汾浍。（唐·储光羲《奉和韦判官》）

郐(鄶)kuài 古国名。

古去声，九泰。逆歌～无讥～邾～自～顺～下例元白才倚门，温李真自郐。（宋·陆游《示子遹》）

赖(賴)lài

古去声，九泰。逆挨～惫～庇～使～测～叨～刁～冯～附～顾～荷～贺～悔～伙～济～嘉～俚～利～聊～慕～派～钦～亲～庆～生～侍～属～顺～索～讬～托～亡～委～欣～幸～倚～影～悦～允～瞻～展～仗～资～顺～草～地～好～昏～精～利～蒙～事～是～托～学～耶～依例静求元精理，浩荡难倚赖。（唐·杜甫《病柏》）缭墙黏藓，椮径飞梅，春绪无赖。（宋·李莱老《倦寻芳·缭墙黏藓》）

籁(籟)lài

古去声，九泰。逆百～吹～地～断～风～寒～林～灵～鸣～起～潜～清～秋～人～山～神～沈～疏～霜～爽～松～晚～遐～仙～箫～晓～虚～幽～竹～顺～钥～竽例直上造云族，凭虚纳天籁。（唐·高适《登广陵栖灵寺塔》）了义同建瓴，梵法若吹籁。（唐·高适《同马太守听九思法师讲金刚经》）

典**天籁** 指大自然的音响，或指文章有自然情趣。《庄子·齐物论》："子綦曰：'……女闻人籁而未闻地籁，女闻地籁而未闻天籁夫！'……子游曰：'地籁则众窍是已，人籁则比竹是已。敢问天籁。'子綦曰：'夫吹万不同，而使其自已也。咸其自取，怒者其谁邪？'"

鼓角凌天籁，关山信月轮。（唐·杜甫《寄张十二山人彪三十韵》）

竽籁 指风吹树枝发出的声响。宋玉《高唐赋》："纤条悲鸣，声似竽籁，清浊相和，五变四会。"

寒光洗肝膈，清响跨竽籁。（宋·苏轼《韩子华石淙庄》）

癞(癩)lài

古去声，九泰。逆测～疮～风～痴～疥～煞～渗～顺～蛤～儿～风～夫～活～可～施～团～须

睐(睞)lài 向旁边看。

古去声，十一队。逆睹～角～眷～眄～盼～旁～善～转～例顾予尚羁束，何幸承眄睐。（唐·刘长卿《早春赠别赵居士还江左，时长卿下第归嵩阳旧居》）

濑(瀨)lài 水流沙上者。

古去声，九泰。逆春～钓～急～浚～秋～曲～下～迅～严～阳～幽～涡～迴～高～悬～惊～洑～清～渗～鸿～寒～湍～犇～楚～碧～激～例秋色姑苏台，寒流子陵濑。（唐·刘长卿《严子濑东送马处直归苏》）石屏立衙衙，溪口扬素濑。（唐·皇甫湜《题浯溪石》）

典**严陵濑** 东汉高士严光不愿为官，隐居于富春山，其垂钓之处后人名之为严陵濑，又名富春濑。晋·皇甫谧《高士传·严光传》："除为谏议大夫，不屈，乃耕于富春山。后人名其钓处为严陵濑焉。"

千古严陵濑，清夜月荒凉。（宋·刘一止《水调歌头·千古严陵濑》）

富春濑 见"严陵濑"。

把富春濑与首阳山，图斋壁。（宋·刘克庄《满江红·往日封章》）

赉(賚)lài 赏赐。

古去声，十一队。逆班～颁～宠～酬～赐～大～恩～分～厚～郊～眷～犒～普～庆～荣～十～锡～宴～燕～遗～优～赠～沾～霈～顺～弼～赐～赙～给～功～假～况～锡～恤～赠～诏例不费黄金资，宁求白璧赉。（唐·王昌龄《宿灞上寄侍御玙弟》）幸祈阴沴消，庶卒丰年赉。（宋·韩维《置酒湖光亭》）

卖(賣)mài

古去声，十卦。逆榜～摽～倈～斥～兜～发～沽～酤～官～贿～货～拘～居～绝～科～侩～盘～剽～破～扑～千金～榷～鬻～杂～张～质～中～顺～傲～畚～冰～卜～逞～倒～底～渡～恶～恩～法～访～放～服～功～卦～贵～好～荒～昏～祸～技～浆～降～交～解～金～劲～绝～科～困～邻～垆～炉～乱～懵～免～平～评～婆～扑～青～清～请～缺～阙～术～私～死～题～屠～威～武～侮～耀～易～佣～庸～狱～誉～儥～鬻～约～贼～折～阵～直～质～重～租～祖例借问吴溪人，谁家有山卖。（唐·蔡京《假节邕交道由吴溪》）小雨空帘，无人深巷，已早杏花先卖。（宋·史达祖《夜行船·不剪春衫愁意态》）

典**古货难卖** 指怀才不遇。宋·欧阳修《水谷夜行寄子美圣俞》："苏豪以气栎，举世徒惊骇。梅穷独我知，古货今难卖。"

古货今难卖，太羹元少味。（宋·喻良能《题张漕子温贵希斋》）

迈(邁)mài

古去声，十卦。逆傲～齿～宕～电～独～发～风～高～孤～瑰～宏～杰～矜～景～警～俊～骏～抗～夸～旷～淩～缅～敏～奇～强～遒～时～爽～肃～遐～星～秀～玄～旋～遥～轶～逸～引～英～颖～运～长～周～顺～当～德～等～古～绩～捷～景～绝～峻～伦～气～人～仁～上～世～寿～爽～俗～秀～勋～异～逸～志～终～种～众～踪例问余涉风水，何处远行迈。（唐·孟浩然《越中逢天台太乙子》）我年虽未老，岁月亦云迈。（唐·白居易《高仆射》）

典**许迈** 指求仙之人。《晋书·王羲之传》附《许迈传》："（许迈）初采药于桐庐县之桓山，饵术涉三年，时欲断谷……后莫测所终，好道者皆谓之羽化矣。"

许迈有妻还学道，陶潜无酒亦从人。（宋·苏轼《送邵道士彦肃还都峤》）

劢(勱)mài 勉力。

古去声，十卦。

麦(麥)mài 口语音。另见 63 页 mò。

逆白～碧～蚕～尝～二～浮～寒～金～穬～流～秬～马～牟～辫～漂～瞿～雀～瑞～赛～三～稍～乌～宿～旋～莜～玉～元～顺～罢～布～风～光～行～候～斛～畿～麹～稭～颗～克～李～醴～门～气～钐～稴～饧～天～头～粞～信～序～蕈～英～月～馇～纸～舟

脉(*脈、衇)mài 另见 63 页 mò。

古入声，十一陌。逆案～白～侧～尺～促～督～方～风～伏～贯～洪～滑～结～金～绝～卤～毛～苗～跷～壤～散～涩～澹～生～水～微～义～俞～胗～支～肢～顺～案～发～候～金～礼～缕～起～散～石～书～望～学～枕例持斧

伐远扬，荷锄觇泉脉。（唐·王维《春中田园作》）花树发烟华，淙流散石脉。（唐·韦应物《龙门游眺》）青冥结精气，磅礴宣地脉。（唐·刘禹锡《望衡山》）

典**阳生一脉**　代指冬至。见875页"一阳生"。

　　正阳生一脉，绣日添长，台云书瑞。（宋·李曾伯《醉蓬莱·正阳生一脉》）

耐nài

古去声，十一队。逆挨～等～禁～讵～可～宁～颇～叵～守～争～顺～冬～官～静～纶～辱～实～事～辛苦～罪例浮生一梦几多时，有谁得似青山耐。（宋·张抡《踏莎行·朝锁烟霏》）

褦nài　褦襶，古代避暑用的凉笠。古《集韵》：去声，代韵。顺～襶～襶子

奈nài

古去声，九泰。又：去声，二十一箇同。逆多～何～禁～宁～颇～叵～其～岂～守～素～亡～争～顺～烦～久～曼～向～心～缘～苑例毕竟非烟，有时为雨，惹情无奈。（宋·赵长卿《水龙吟·先来天与精神》）

柰nài　一种类似花红的果子。

古去声，九泰。逆白～碧～赤～丹～二～甘～李～绿～山～素～椁～无～毋～杏～顺～河～花～林～桃～园～苑

鼐nài　大鼎。

古去声，十一队。又：上声，十贿同。逆鼎～例具瞻从密勿，旦夕调鼎鼐。（唐·贯休《上孙使君》）

派pài

古去声，十卦。逆别～传～该～高～徽～会～九～均～科～勒～遴～灵～轮～洛～末～泙～认～洒～时～势～题～条～文～小～演～异～雨～源～远～栽～枝～征～坐～顺～拨～充～还～合～赖～流～式～势～滥～索～调～衍～演～仗～征例山一带，水一派，流水白云长自在。（宋·沈蔚《天仙子·景物因人成胜概》）因被无明风恼害。真如海。等闲吹动波千派。（宋·可旻《渔家傲·理性本来长自在》

湃pài

古去声，十卦。逆济～惊～九～滂～砰～漰～淜～泙～顺～湃例孤舟系桑本，终夜舞澎湃。（宋·苏轼《十月二日将至》）

塞sài　边界险要的地方。另见98页sè、309页sāi。

古去声，十一队。逆河～洄～划～绝～沙～四～亭～偃～雁～榆～紫～顺～管～鸿～笳～角～徼～虏～上～叟～翁～裔～垣例落日下河源，寒山静秋塞。（唐·王维《奉和圣制》）连山黯吴门，乔木吞楚塞。（唐·高适《登广陵栖灵寺塔》）离人转吴岫，旅雁从燕塞。（唐·皇甫冉《送段明府》）

典**榆塞**　指边塞。《汉书·韩安国传》："及后蒙恬为秦侵胡，辟数千里，以河为竟，累石为城，树榆为塞。"颜师古注引如淳曰："塞上种榆也。"

　　边烽警榆塞，侠客度桑乾。（唐·骆宾王《送郑少府入辽共赋侠客远从戎》）

紫塞　指北方边塞。晋·崔豹《古今注·都邑》："秦所筑长城，土色皆紫，汉亦然，故云紫塞也。塞者，塞也，所以拥塞夷狄也。"

　　旅雁上云归紫塞，家人钻火用青枫。（唐·杜甫《清明二首》其二）

生入塞　咏边将。亦作"生入关"。《后汉书·班超传》："超自以久在绝域，年老思土。"上疏请归，其词有："臣不敢望到酒泉郡，但愿生入玉门关。"班超之妹班昭也上书为之陈情，"书奏，帝感其言，乃征超还。"

　　不求生入塞，唯当死报君。（唐·骆宾王《从军行》）

伯喈迁塞　指蔡邕得罪宦官被发配到塞北之事。《后汉书·蔡邕传》："蔡邕字伯喈……时妖异数见，人相惊扰，其年七月"，邕应诏言事，语及宦官，"皆侧目思报"，遂下邕于洛阳狱，"劾以仇怨奉公，议害大臣，大不敬，弃市。事奏……帝亦更思其章，有诏减死一等，与家属髡钳徙朔方，不得以赦令除……居五原安阳县"。

　　伯喈迁塞北，亭伯之辽东。（唐·李百药《途中述怀》）

枫林关塞　杜甫得知李白被流放，忆念成梦，在诗中用"枫林""关塞"表现李白魂魄奔波于江南与北方关塞之间。亦作"青林黑塞"。杜甫《梦李白二首》其一："故人入我梦，明我长相忆。恐非平生魂，路远不可测。魂来枫林青，魂返关塞黑。君今在罗网，何以有羽翼……水深波浪阔，无使蛟龙得。"

　　为公书此报东风，一夜枫林关塞黑。（宋·郑刚中《寄姚文发》）

昭君出塞　指王昭君忍痛和番之事。亦作"汉妃出塞""昭君怨"。《汉书·匈奴传下》："单于自言愿婿汉氏以自亲。元帝以后宫良家子王嫱字昭君赐单于。"《艺文类聚·琴操》："王昭君者，齐国人也。颜色皎洁……（帝）乃令后宫欲至单于者起。昭君喟然越席而前曰：'妾幸得备在后宫，粗丑卑陋，不合陛下之心，诚愿得行。'帝大惊悔之，良久太息曰：'朕已误矣。'遂以与之。昭君至单于，心思不乐。"

　　闻说昭君出塞初，朔风萧飒吹衣裾。（宋·袁燮《昭君祠》）

赛（賽）sài　①旧时以祭祀酬神。②比赛。

古去声，十一队。逆逞～祠～祷～告～祭～祈～许～亚～顺～答～祷～祭～具～口～兰～娘～如～色～神～似～祀～乌～音～饮～愿～馔例一撮精神，百般体态。兰心蕙性谁能赛。（宋·郭应祥《踏莎行·一撮精神》）

晒（曬）shài

古去声，十卦。又：去声，四寘同。逆薄～晞～顺～翅～簟～犊鼻～侳～图例晴林紫榴坼，霜日红梨晒。（宋·欧阳修《秋晚凝翠亭》）谁云四万八千顷，渺渺东尽日所晒。（宋·苏轼《与胡祠部游法华山》）

杀（殺）shài　①减；省。②等差。另见28页shā。

古去声，十卦。逆丰～减～噍～隆～顺～哀～缝～礼～力～省～食～损

帅（帥）shuài

古去声，四寘。又入声，四质异。逆拜～别～队～方～官～还～河～监～节～劫～堇～纠～郡～阃～连～旅～命～偏～票～牵～酋～渠～取～戎～三～相～骁～勖～

亚～与～责～贼～斋～债～长～制～顺～乘～从～导～道～甸～尔～伏～行～教～阃～厉～然～示～台～繇～意～由～垣～长例吾体天地塞，吾气天地帅。（宋·文天祥《赠莆阳卓大著顺宁精舍三十韵》）

典债帅　指大肆行贿得将帅之高位者。《旧唐书·高瑀传》："及瑀之拜，以内外公议，搢绅相庆曰：'韦公作相，债帅鲜矣！'"

伤心咄咄权臣事，满眼滔滔债帅流。（宋·袁甫《岳忠弄祠三首》其一）

春秋责帅　诸葛亮在失街亭之后，曾引用《春秋》责帅的精神检查自己作为统帅的失误，承担责任，请求自贬。后因以咏统帅。《三国志·蜀书·诸葛亮传》载，诸葛亮失街亭后上疏自贬："至有街亭违命之阙，箕谷不戒之失，咎皆在臣授任无方。臣明不知人，恤事多闇，《春秋》责帅，臣职是当。请自贬三等，以督厥咎。"

据鞍惭齿发，责帅惧春秋。（唐·武元衡《酬李十一尚书》）

诗书元帅　指春秋时巾帼元帅郤縠，或咏将帅之儒雅。《左传·僖公二十七年》："郤縠……说礼乐而敦诗书。诗书，义之府也。礼乐，德之则也。德义，利之本也。"

诗书元帅，风流人物，看取方瞳如漆。（宋·李仲光《鹊桥仙·诗书元帅》）

率shuài

口语音。另见452页lǜ。逆粗～督～豪～简～军～三～责～总～顺～常～服～割～土～舞～意

蟀shuài

口语音。另见65页shuò。逆蟋～斗～

态(態)tài

古去声，十一队。逆暖～百～本～标～绰～春～风～古～寡～含～行～浩～鹤～极～奸～交～浇～尽～乐～敛～妙～拟～弄～绮～视～水～条～调～宛～玮～五～习～相～象～像～修～轶～意～尤～余～诈～真～旨～顺～臣～浓～诈～状例况听郢中曲，复识湘南态。（唐·孤独及《酬皇甫侍御望天灊山见示之作》）酒美春浓花世界。得意人人千万态。（宋·欧阳修《玉楼春·酒美春浓花世界》）

典狂奴故态　指傲视权贵、狂放不羁者的老脾气。《后汉书·严光传》："司徒侯霸与光素旧，遣使奉书。使人因谓光曰：'公闻先生至，区区欲即诣造，迫于典司，是以不获。愿因日暮，自屈语言。'光不答，乃投札与之，口授曰：'君房足下，位至鼎足，甚善。怀仁辅义天下悦，阿谀顺旨要领绝。'霸得书，封奏之，帝笑曰：'狂奴故态也。'"

不是狂奴为故态，仲华争得黑头公。（唐·陆龟蒙《严光钓台》）

泰tài

古去声，九泰。逆变～昌～畅～侈～岱～否～富～俭～交～骄～解～矜～静～宽～隆～狃～谦～清～稔～融～奢～甚～昇～时～舒～恬～帖～通～屯～五～熙～祥～协～休～叶～夷～淫～渊～昭～祯～顺～阿～半～辰～侈～初～蔟～岱～定～东～豆～风～逢～否～龟～昊～河～鸿～华～极～交～阶～厉～吕～宁～平～山～上～社～甚～始～士～适～筮～水～素～坛～逊～西～玄～液～一～壹～乙～宇～元～远～岳～运～昭～折～真～治～畤～祝～尊例乾象变台衡，群贤尽交泰。（唐·储光羲《奉和韦判官》）自是愁人眼，见之若奢泰。（唐·曹邺《贵宅》）

典融泰　指东汉高士符融、郭泰二人。《后汉书·符融传》："符融字伟明……后游太学，师事少府李膺。膺风性高简，每见融，辄绝它宾客，听其言论。融幅巾奋褎，谈辞如云，膺每捧手叹息。郭林宗始入京师，时人莫识，融一见嗟服，因以介于李膺，由是知名。"

前瞻有膺滂，却顾有融泰。（宋·刘克庄《答李泉州元善》）

太tài

古去声，九泰。逆辰～侈～国～毛～三～奢～通～顺～阿～卜～仓～常～冲～初～蔟～簇～弟～帝～羹～昊～皓～皞～稣～华～甲～廓～牢～蒙～漠～宁～亲～寝～清～丘道～上～社～史～姒～坛～无～溪～虚～玄～一～仪～乙～易～暤～阴～音～宰～祝～尊例庶几谐我愿，遂止无已太。（唐·韩愈《秋雨联句》）

汰tài

古去声，九泰。逆百～簸～裁～澄～侈～黜～荡～鼓～豪～划～滑～柬～俭～简～江～骄～矜～精～蠲～冷～遴～融～奢～升～淫～纵～顺～侈～黜～绝～留～流～虐～然例累幸忝宾荐，末路逢沙汰。（唐·刘长卿《早春赠别》）

典击汰　以船桨划水，因以指泛舟而行。《楚辞·九章·涉江》："乘舲船余上沅兮，齐吴榜以击汰。"东汉王逸注："吴榜，船棹也。汰，水波也。"

击汰玩游鯈，倒影看飞鸟。（宋·欧阳修《嵩山十二首·公路涧》）

沙汰　指罢退庸臣。《三国志·蜀书·许靖传》："灵帝崩，董卓秉政，以汉阳周毖为吏部尚书，与靖共谋议，进退天下之士，沙汰秽浊，显拔幽滞。"

沙汰江河浊，调和鼎鼐新。（唐·杜甫《上韦左相二十韵》）

外wài

古去声，九泰。逆八～别～补～度～反～方～封～丐～孤～好～花～化～寄～甲～儌～静～阃～领～流～虑～岷～膜～鸟～乞～弃～峤～请～券～沙～生～饰～四～调～望～务～鹜～遐～向～嚣～休～徇～遗～异～驭～远～越～谪～装～作～顺～嬖～才～禅～氅～成～宠～辞～待～丹～道～邸～第～典～甸～服～父～傅～卦～桴～和～化～昏～畿～祭～艰～阃～累～利～隶～禄～间～牧～慕～仆～权～日～儒～色～施～氏～属～私～祀～祟～委～壝～骛～羡～刑～秀～学～徭～夷～议～瀛～痈～庸～寓～缘～制～质～治～籀～主～毗～宗例我行倦过之，半落青天外。（唐·李白《赠从弟宣州长史昭》）愁倚画楼无计奈。乱红飘过秋塘外。（宋·欧阳修《渔家傲·妾本钱塘苏小妹》）

典阃外　指委任将帅在外统兵。见762页"分阃"。

天上掌纶手，阃外折冲才。（宋·张孝祥《水调歌头·天上掌纶手》）

东都外　指告老还乡。见386页"东门归路"。

更想东都外。群公别二疏。

（北周·庾信《寒园即目诗》）

长剑倚天外 指雄才大业或至高权力。亦作"长剑依天门"。宋玉《大言赋》(《古文苑》卷二)："方地为车，圆天为盖，长剑耿耿倚天外。"

长剑倚天外，短书盈万言。（唐·綦毋潜《送宋秀才》）

在zài

㊂去声，十一队。又：上声，十贿异。㊃安～骨～行～晦～间～简～见～平～如～辱～舌～随～遗～昭～㊀～殡～陈～处～栋～服～告～假～教～疚～莒～泮～旗～日～蓐～苦～侍～斯～涂～亡～昔～宥～原㊅桑中雉未飞，屋上乌犹在。（唐·张说《至尉氏》）横一琴，甚处不逍遥自在。（宋·黄庭坚《拨棹子·归去来》）

㊄**舌在** 指仕途受阻而志向不灭。亦作"舌存""有舌""张仪舌""留舌示妻"。《史记·张仪列传》："张仪已学而游说诸侯。尝从楚相饮，已而楚相亡璧，门下意张仪，曰：'仪贫无行，必此盗相君之璧。'共执张仪，掠笞数百，不服。释之。其妻曰：'嘻！子毋读书游说，安得此辱乎？'张仪谓其妻曰：'视吾舌尚在不？'其妻笑曰：'舌在也。'仪曰：'足矣！'"

悴容唯舌在，别恨几魂销。（唐·刘禹锡《酬杨八庶子喜韩吴兴与余同迁见赠》）

冰山安在 指像杨国忠这样一时的权臣，有如冰山一见阳光就会融化一样，是靠不住的。五代王仁裕《开元天宝遗事·天宝上·依冰山》："杨国忠权倾天下，四方之士争诣其门。进士张彖者，陕州人也，方学，有文名，志气高大，未尝低折于人。人有劝彖令修谒国忠，可图显荣，彖曰：'尔辈以谓杨公之势，倚靠如泰山；以吾所见，乃冰山也。或皎日大明之际，则此山当误人尔。'后果如其言，时人美张生见几。"

谩持觞自慰，冰山安在，此山如旧。（宋·魏了翁《水龙吟·阑风长雨连霄》）

头皮犹在 宋真宗召隐士杨朴入朝，其妻担心他此行送命，作诗送别，有"今日捉将官里去，这回断送老头皮"之语。宋·苏轼《东坡志林·隐逸》："昔年过洛，见李公简言：'真宗既东封，访天下隐者，得杞人杨朴，能为诗。召对，自言不能。上问："临行有人作诗送卿否？"朴曰："惟臣妻有一首云：更休落魄耽杯酒，且莫猖狂爱咏诗。今日捉将官里去，这回断送老头皮。"上大笑，放还山。'"

颜发俱非，头皮犹在，胜捉来官里。（宋·刘克庄《念奴娇·轮云世故》）

我辰安在 指生不逢时。《诗经·小雅·小弁》："天之生我，我辰安在？"

吾衰久矣，我辰安在，老之将至。（宋·刘克庄《水龙吟·年年岁岁今朝》）

流水今何在 感叹世事变迁，友人不在。唐·杜牧《题安州浮云寺楼寄湖州张郎中》："去夏疏雨余，同倚朱阑语。当时楼下水，今日到何处。恨如春草多，事与孤鸿去。楚岸柳何穷，别愁纷若絮。"

春光亭下。流水如今何在也。（宋·苏轼《减字木兰花·春光亭下》）

再zài

㊂去声，十一队。㊃复～㊀～倍～处～麾～籍～醮～命～稔～实～适～酳～宥～刖～昼㊅故乡春欲尽，一岁芳难再。（唐·李德裕《春暮思平泉杂咏·潭上紫藤》）

载(載)zài ①装载。②且，又。另见319页zǎi。

㊂去声，十一队。㊃覆～过～万斛～㊀～道～途～誉～运～重

㊄**鲍鱼载** 指阴谋夺权。亦作"鲍鱼乱臭"。《史记·秦始皇本纪》："七月丙寅，始皇崩于沙丘平台。丞相斯为上崩在外，恐诸公子及天下有变，乃秘之，不发丧。棺载辒凉车中(辒凉车，即丧车，有窗牖，开则凉，闭则温，故称)……会暑，上辒车臭，乃诏从官令车载一石鲍鱼，以乱其臭。"

鲍鱼载沙丘，鹿马献阿房。（宋·陆游《寓怀》）

后车载 指载贤士。《诗经·小雅·绵蛮》："命彼后车，谓之载之。"《史记·齐太公世家》："吕尚盖尝穷困，年老矣，以鱼钓奸周西伯。西伯将出猎，卜之，曰：'所获非龙非彨，非虎非罴；所获霸王之辅。'于是周西伯猎，果遇太公于渭之阳，与语大说，曰：'自吾先君太公曰："当有圣人适周，周以兴。"子真是邪？吾太公望子久矣。'故号之曰'太公望'，载与俱归，立为师。"

下榻见贤倾礼数，后车载士回风骚。（宋·黄庭坚《别蒋颖叔》）

斗量车载 指人才众多。亦作"斗量"。《三国志·吴书·孙权传》："遣都尉赵咨使魏。魏帝问曰：'吴王何等主也：'……咨曰：'……屈身于陛下，是其略也。'"裴松之注引《吴书》："(魏文)帝曰：'吴可征不？'……又曰：'吴如大夫者几人？'咨曰：'聪明特达者八九十人，如臣之比，车载斗量，不可胜数。"

斗量车载倾囷仓，化作三军马上粮。（宋·周紫芝《禽言》）

债(債)zhài

㊂去声，十卦。㊃逋～画～揭～解～京～冷～诗～睡～填～宿～遗～吟～营～征～质～㊀～利～帅㊅臂间刺道苦相思，这回还了相思债。（宋·苏轼《踏莎行·这个秃奴》）

㊄**杜陵酒债** 从杜甫"酒债寻常行处有，人生七十古来稀"句化出，指借酒消愁。杜甫《曲江二首》其二："朝回日日典春衣，每向江头尽醉归。酒债寻常行处有，人生七十古来稀。"

乐天诗句香山里，杜陵酒债曲江边。（宋·辛弃疾《最高楼·金闺老》）

寨zhài

㊂去声，十卦。㊃夹～硬～御～遮～㊀～圩～勇～总㊅初如战锋交，万马脱营寨。（清·顾嗣立《黯淡滩》）

瘵zhài 痨病。

㊂去声，十卦。㊃抱～雕～笃～风～毁～瘠～痾～痨～羸～寝～沈～㊀～蛊～鬼～疾～瘼

拽(*捙)zhuài 口语音。另见134页yè、310页zhuāi。

㊃绷～掤～层～搚～浪～飙～支～

十 姑

三韵书对照表

诗韵新编 / 佩文诗韵 / 词林正韵		十姑（平声）	
		阴平	阳平
第四部［六鱼］［七虞］	上平声六鱼	初书舒疏（音书。亲疏）梳蔬纾摅樗摴猪诸潴槠橥	除锄储躇蜍滁篨庐胪如茹（上声、去声同）洳（音如。水名）
	上平声六鱼 上平声七虞		屠涂
	上平声七虞	逋晡貙粗都阇夫（音肤。农夫）肤敷麸趺柎姑孤辜沽（音孤。待沽）鸪呱（音孤。儿啼声）菰觚酤蛄乎呼枯刳铺（铺盖）痡殊输枢姝殳苏酥乌污恶（音污。怎么，叹词）杇巫（音污。阳平同）诬（音污。阳平同）於（音污。古叹词）朱珠株诛铢蛛侏洙租	刍雏厨蹰徂扶符孚俘夫（音扶。助词）枹桴凫蚨芙苻（音芙。草名）莩（音芙。芦膜）郛糊（音胡。迷糊）胡湖壶狐弧瑚醐鹕葫芦炉卢鲈垆颅轳舻瓐泸鸬栌模（模样）奴孥驽竣蒲苻（音菩。萑苻）酺蒱儒濡孺（去声同）襦嚅蠕繻（音如。帛符）图徒途荼（音图。苦菜）菟（音图。菟裘）稌瘏无（音吴。有无）吾芜吴梧（音吴。梧桐）毋鼯
第四部［七虞］第十二部［十一尤］	下平声十一尤		浮蜉罘
	上声七麌	估（音孤。评估）邬	莆
未检到的字		嘟孵鄌砆铁菇家（音孤。大家，妇女尊称）咕箍糊（音乎。涂抹）滹骷噜荼（音书。神荼）呜洿钨茱	槴殂涪瓠（音胡。又读）猢蝴脯（音菩。胸脯）菩匍葡薷酴巫（又读）诬（音吴。又读）蜈浯

诗韵新编 / 佩文诗韵 / 词林正韵		十姑（仄声）	
		上声	去声
第四部［六语］［七麌］［六御］［七遇］	上声六语	处（音楚。相处）楚杵础楮褚汝暑鼠黍煮贮渚阻俎	墅杼苧伫
	上声七麌	补睹堵赌肚（音赌。牛肚）府腐斧釜俯腑甫抚辅脯（音斧。果脯）父（音斧。梁父）拊黼滏古鼓股贾（音鼓。商贾）瞽诂罟蛊牯盬虎浒琥苦鲁橹虏卤姥（音母。老妇）弩努浦圃普谱溥乳数（音暑。可数）土吐（音土。谈吐）武侮午伍五舞鹉庑妩怃主拄麈祖组	部簿杜肚（音杜。腹）父（音富。伯父）估（音固。估衣）户吐（音兔。呕吐）坞柱扈沪怙祜竖
第八部［十九皓］	上声十九皓	堡	
第十部［二十一马］	上声二十一马	椵	

续表

词林正韵 \ 佩文诗韵 \ 诗韵新编		十姑(仄声)	
		上声	去声
第四部[六语][七麌][六御][七遇]	去声六御	署诅	处(住处)洳(音入。低湿之地)曙恕庶疏(音恕。条陈)助著(显著)箸翥
	去声七遇	捕哺忤捂	布步怖醋度(法度)渡蠹妒镀斁(音杜。败坏)赴附赋傅付鲋讣赙驸固故顾雇痼锢护互瓠(音互。甘瓠)岵沍库裤路露(音路。雨露)赂鹭铬潞璐暮慕墓募怒铺(店铺)树数(音树。倍数)戍澍诉素溯塑嗉兔菟(音兔。菟葵)务悟误晤雾恶(音误。好恶)骛鹜(音误。鸭)瘖婺注住炷驻铸
第十二部[二十五有][二十六宥]	上声二十五有	亩母姆拇牡	负妇阜
	去声二十六宥		富副漱戊
未检到的字		皼钴许(音虎。邪许)唬楛(音苦。粗劣)掳橹锝氇埔茹(音乳。又读)薯膴䃤牾	埠餔篰咐蝜沽(音固。村沽)崮糊茹(又读)孺(音入,又读)楛(音户。木名)堍唾(音兔。又读)焐梧(音误。魁梧。又读)蛀

词林正韵 \ 佩文诗韵 \ 诗韵新编		十姑(仄声)
		入声
第十五部[一屋][二沃]	入声一屋	哭扑仆(音扑。跌倒)秃屋(音污。房屋)读(音毒。阅读)独牍犊渎椟讟黩髑碡福服伏幅辐袱洑匐蝠鵩茯斛縠槲觳仆瀑醭濮熟(音赎。生熟)淑菽孰叔塾竹逐轴(音烛。轮轴)筑(音烛。古乐器名)蠋舳竺族镞卜(音补。占卜)谷(音谷。山谷)鹄(音谷。靶子)毂畜(音蠹。牲畜)矗俶簇蹙蹴槭踧复覆腹馥蝮六(音路。六安)陆戮鹿碌禄麓漉簏辘勠蓼(音鹿。长大貌)目木沐牧睦穆鹜(音牧。又读)霂苜曝暴(音铺。晒)肉倏速宿(音速。住宿)肃缩(音速。波韵入声阴平同)夙蓿悚涑觫谡祝筑(音祝。建筑)粥(音祝。旧读)柷
	入声二沃	督毒笃纛(音毒。又读)鹄(音斛。天鹅)幞赎俗烛躅(音烛。踯躅)瘃足(音族。知足)辱属(音蜀。属于)蜀属(音嘱。心相属)瞩触促告(音故。忠告)酷梏喾录绿(鱼韵入声去同)箓渌醁䘵蓐缛褥溽束粟沃(音物。曲沃,地名)
第十六部[三觉][十药]	入声三觉	璞朴嘱
	入声十药	缚(音富。束缚)幕
第十七部[四质][十四缉]	入声四质	出秫朮(音烛。白朮)黜怵术(音述。技术)述
	入声十四缉	入
第十八部[五物][六月]	入声五物	拂佛(音伏。仿佛)茀绋袚绂黻佛(音伏。佛郁)艴弗不物勿
	入声六月	忽惚窟鹘突凸卒骨(音古。肌骨)滑(音古。旧读)汩榾猝笏矻窣兀杌
未检到的字		唿欻(音忽。忽然)噗顿(音毒。冒顿,古代匈奴王)沸(音伏。水声)氟骨(阳平。又读)囫蹼劚妯(音烛。妯娌)捽(音卒。又读)绌亍搐数(音促。数罟)鳆角沭蔌簌骕瘛

平声·阴平

逋bū

古上平，七虞。逆毕～负～官～积～稽～金毕～酒～旧～躅～林～零～柔～诗～私～索～逃～完～亡～宿～遗～责～顺～播～臣～弛～窜～怠～荡～遁～惰～户～缓～积～客～累～留～流～虏～禄～蛮～慢～民～缗～亩～孽～迁～峭～叟～薮～逃～慝～亡～违～翁～仙～悬～逸～隐～壅～余～怨～谪～滞～罪例海鹤声嘹唳，城乌尾毕逋。（唐·骆宾王《久戍边城有怀京邑》）疏网妖鲵漏，盘薮怪禽逋。（唐·许敬宗《奉和执契静三边应诏》）

典**林逋**　借指著名隐士。见165页“林处士”。

家居禹庙兰亭路，诗在林逋魏野间。（宋·陆游《书喜》）

晡bū　申时。

古上平，七虞。逆朝～过～日～三～上～晚～未～下～晓～晏～昳～中～顺～鼓～食～夕例绝岛容烟雾，环洲纳晓晡。（唐·杜甫《白帝城放船四十韵》）但惜春将晚，宁愁日渐晡。（唐·白居易《宿杜曲花下》）

初chū

古上平，六鱼。逆春～从～大～反～更～古～国～还～寒～浩～皇～黄～交～开～腊～率～年～廿～劈～起～潜～如～慎～遂～邃～太～泰～髫～往～维～午～一～易～虞～原～真～正～顺～禅～旦～度～伏～服～更～古～冠～寒～化～篁～辉～昏～笄～见～交～醮～节～景～令～民～年～魄～起～浅～然～荣～时～食～世～岁～暾～文～昔～晰～弦～献～宵～昕～旭～旬～筵～衣～役～元～愿～载～肇～旨～志～终～钟例落日风雨至，秋天鸿雁初。（唐·高适《途中寄徐录事》）清露澄境远，旭日照林初。（唐·韦应物《秋郊作》）

典**遂初**　晋人孙绰作《遂初赋》表遂其隐居山林的初志。因以咏辞官归隐。《晋书·孙楚传》附《孙绰传》：“绰字兴公。博学善属文，少与高阳许询俱有高尚之志。居于会稽，游放山水，十有余年，乃作《遂初赋》以致其意。”

遂初成近赋，孤愤悔前书。（宋·陆游《戏作野兴》）

䝙（貙）chū　兽名。

古上平，七虞。逆豺～狂～顺～犴～豻～虎～狸～刘～镏～娄～蒌～貗～町～氓～人～武～卒

樗chū　①木名，臭椿。②樗蒲，类似掷骰子的游戏。

古上平，六鱼。逆不材～栎～散～寿～杌～薪～壮～顺～博～材～蚕～村～鸡～里～枥～栎～蒲～铅～散～社～翁～朽例翠羽怜穷鸟，琼枝顾散樗。（唐·张南史《早春书事奉寄中书李舍人》）

典**散樗**　喻大而无用之物，亦被后人借以自谦不才。亦作“山樗”。《庄子·逍遥游》：“惠子谓庄子曰：‘吾有大树，人谓之樗。其大本臃肿而不中绳墨，其小枝卷曲而不中规矩。立之涂，匠者不顾。今子之言，大而无用，众所同去也。’庄子曰：‘……今子有大树，患其无用，何不树之于无何有之乡，广莫之野，彷徨乎无为其侧，逍遥乎寝卧其下。不夭斤斧，物无害者，无所可用，安所困苦哉！’”

已阻青云期，甘同散樗老。（唐·钱起《南中春意》）

摴chū　①摴蒱，一种博戏，类似投色子。②舒。

古上平，六鱼。顺～博～蒱～蒲

粗（*觕、麤、麁）cū

古上平，七虞。逆出～粗～打～胆～精～顺～安～鄙～才～丑～粗～恶～官～犷～悍～夯～豪～忽～酒～拉～厉～砺～粝～卤～率～略～莽～猛～朴～浅～使～疏～通～杂～拙例都护新灭胡，士马气亦粗。（唐·岑参《灭胡曲》）白麻云色腻，墨诏电光粗。（唐·元稹《酬乐天东南行诗一百韵》）僮仆惊衣窄，亲情觉语粗。（唐·姚合《从军乐二首》其一）

都dū

古上平，七虞。逆北～边～别～赤～奠～酂～孤～还～行～洪～鸿～婍～皇～净～浚～郎～丽～两～列～留～卢～滦～洛～名～南～青～清～邛～琼～三～上～神～甚～拓～仙～闲～娴～乡～信～星～雄～玄～燕～扬～野～邺～移～遗～邑～郢～幽～玉～仲～子～紫～顺～保～船～道～督～鹅～邪～关～广～赫～候～畿～匠～居～军～君～郡～阃～蓝～里～吏～丽～荔～良～梁～缦～美～门～幙～辇～酿～骑～然～胜～士～授～台～亭～头～咸～乡～雅～养～冶～野～邑～肄～俞～泽～长～蔗～纻～庄～子例暇日时登眺，荒郊临故都。（唐·张九龄《登荆州城楼》）凤驾移天跸，凭轩览汉都。（唐·赵彦昭《奉和幸长安故城未央宫应制》）

典**清都**　指帝都或神仙。《列子·周穆王》：“王实以为清都、紫微、钧天、广乐，帝之所居。”

钧天忽忽清都梦，方丈寥寥羽水风。（宋·王安石《酬和甫祥源观醮罢见寄》）

郅都　借指刚正、骁勇的将士。见《史记·酷吏列传》。

塞天万里无飞鸟，可在边城用郅都。（唐·卢纶《天长地久词》）

冯子都　西汉权臣霍光的家奴，品行不端，后用指豪门恶奴。亦作“子都”。见《汉书·霍光传》。

空歌汉代萧相国，肯事霍家冯子都。（唐·李颀《放歌行答从弟墨卿》）

虎狼都　代指秦国旧地。《史记·苏秦列传》：“夫秦，虎狼之国也，有吞天下之心。”

谶归龙凤质，威定虎狼都。（唐·杜甫《行次昭陵》）

鲁中都　指孔子，因其曾被鲁定公任命为中都邑宰。《史记·孔子世家》：“孔子年四十二，鲁昭公卒于乾侯，定公立……其后定公以孔子为中都宰，一年，四方皆则之。”

地雄韩上党，秩比鲁中都。（唐·权德舆《送从翁赴任长子县令》）

平子游都　张衡，字平子，曾久游京都。《后汉书·张衡传》：“张衡字平子……衡少善属文，游于三辅，因入京师，观太学，遂通《五经》，贯六艺。”

平子游都久，知君坐见嗤。（唐·皇甫冉《寄刘八山中》）

援笔洪都 洪都即今江西南昌市，王勃曾于此写下不朽之作《滕王阁序》。《新唐书·文艺传上·王勃》："初，道出钟陵，九月九日都督大宴滕王阁，宿命其婿作序以夸客，因出纸笔遍请客，莫敢当，至勃，沆然不辞。都督怒，起更衣，遣吏伺其文辄报。一再报，语益奇，乃矍然曰：'天才也！'请遂成文，极欢罢。勃属文，初不精思，先磨墨数升，则酣饮，引被覆面卧，及寤，援笔成篇，不易一字，时人谓勃为'腹稿'。尤喜著书。"

援笔洪都，如君英妙，满座方倾属。（宋·刘一止《念奴娇·江边故国》）

嘟 dū

逆稠咕～嘟～咕～嗗～鼓～咽～顺～噜～鲁～呐～念～哝

阇(闍) dū 城台。

古上平，七虞。又：下平，六麻异。逆阿～兰～罗～耆～闉～顺～里～台例旌旗遮屿浦，士女满闉阇。（唐·元稹《春分投简阳明洞天作》）

典弹指兰阇 兰阇，胡语褒奖之辞。东晋丞相王导接待胡僧，用佛家的动作和术语，过胡僧前弹指云："兰阇，兰阇。"以解除其被冷落之感。后因以指善待宾客。见《世说新语·政事》及余嘉锡《世说新语》笺疏。

朝衣熨贴天香在，如今但、弹指兰阇。（宋·尹济翁《风入松·曾闻几度说京华》）

夫 fū 另见348页fú。

古上平，七虞。逆敖～傍～孱～爨～达～独～遁～坊～非～蓍～故～海～行～褐～健～节～介～精～九～窭～尅～课～夸～狂～旷～髡～里～力～廉～良～泷～鲁～耄～命～犂～贫～畦～潜～浅～膺～樵～趫～亲～黥～穷～驵～啬～穑～膳～戍～贪～田～徒～息～贤～乡～孝～雄～夜～义～逸～隐～庸～慵～饔～游～迂～舁～舆～驭～御～芸～棹～哲～贞～征～众～拙～顺～党～匠～课～力～马～室～粟～田～调～屋～须～移～役～阜～直～诸～主例弱龄小山志，宁期大丈夫。（唐·骆宾王《久戍边城有怀京邑》）欲投人处宿，隔水问樵夫。（唐·王维《终南山》）声朔臣天子，坛场拜老夫。（唐·李峤《安辑岭表事平罢归》）

典非夫 不是大丈夫，为《左传》中先縠语，原指出兵闻强敌而后退。后因以指后退。《左传·宣公十二年》："彘子曰：'不可……且成师以出，闻强敌而退，非夫也。'"杜预注："非丈夫。"

纵饶长委命，争奈渐非夫。（唐·罗隐《秋晚》）

潜夫 指隐遁或有志不遇之士。亦作"潜夫论"。《后汉书·王符传》："王符……少好学，有志操……耿介不同于俗，以此遂不得升进。志意蕴愤，乃隐居著书三十余篇，以讥当时失得，不欲章显其名，故号曰《潜夫论》。"

移官蓬阁后，谷贵没潜夫。（唐·杜甫《哭台州郑司户苏少监》）

刺谗夫 指诛杀佞臣之志。见687页"断马剑"。

我心如冰剑如雪，不能刺谗夫。（唐·韩愈《利剑》）

五大夫 咏松树。《史记·秦始皇本纪》："二十八年，始皇东行郡县，上邹峄山。立石，与鲁诸儒生议，刻石颂秦德，议封禅望祭山川之事。乃遂上泰山，立石，封，祠祀。下，风雨暴至，休于树下，因封其树为五大夫。"《艺文类聚》卷八八引汉应劭《汉官仪》说秦始皇所封的树为松树。

莫信秦人五大夫，一生清苦不敷腴。（宋·杨万里《道旁雨中松》）

楮叶工夫 指仿造的事物达到了以假乱真的地步。见625页"刻楮三年"。

莲华世界何关汝，楮叶工夫浪费年。（宋·王安石《莫疑》）

西山饿夫 西山指首阳山，饿夫指伯夷、叔齐。《史记·伯夷列传》："武王已平殷乱，天下宗周，而伯夷、叔齐耻之，义不食周粟……遂饿死于首阳山。"

是何西山之饿夫，辄挽桃林之处士。（宋·楼钥《西山仅老失牛求一言于邑数语代书》）

肤(膚) fū

古上平，七虞。逆冰～赪～地～发～丰～寒～红玉～花～凉生～裂～躶～慢～木～凝～切～侵～青～噬～树～烁～鲜～雪～玉～云～竹～顺～词～辞～凑～腠～脆～寸～泛～公～功～见～觉～浸～廓～理～陋～敏～缪～末～俗～诉～琐～学～言～庸～腴～语～躁～札～知例飞雪缩马毛，烈风擘我肤。（唐·岑参《酬成少尹骆谷行见呈》）软光笼细脉，妖色暖鲜肤。（唐·王建《赏牡丹》）巢燕污床席，苍蝇点肌肤。（唐·元稹《苦雨》）

典雪貌冰肤 形容皮肤好。见695页"冰肤玉面"。

雪貌冰肤，曾共控双鸾。（宋·刘仙伦《江城子·东风吹梦落巫山》）

敷 fū

古上平，七虞。逆贲～播～不～阐～春～纷～敷～光～弘～宏～华～回～开～罗～滂～披～铺～青～琼～荣～森～覃～星～宣～阴～郁～燠～遮～祇～顺～布～畅～陈～对～芬～纷～棻～广～弘～华～化～绩～露～纶～纳～洽～衽～袵～荣～蕤～蕊～设～施～时～述～说～文～闻～兴～秀～宣～训～扬～英～佑～腴～愉～育～赞～藻～张～珍～政～奏例带月绮罗映，从风枝叶敷。（唐·董思恭《咏云》）英僚满四座，粲若琼林敷。（唐·李白《春日陪杨江宁及诸官宴北湖感古作》）

典罗敷 借指美丽而贞洁的女子。见《宋书·乐志三》所引《艳歌罗敷行》。

应有罗敷随马看，不烦桃叶渡江迎。（宋·刘克庄《次韵使君劭农一首》）

孵 fū

古《广韵》：平声，虞韵。逆雹～春～炕～顺～化～育

麸(麩、*麱、稃) fū

古上平，七虞。逆红～金～糠～麦～顺～浆～金～皮～炭～桃～子例唯赍一束草，并带五升麸。（唐·寒山《诗三百三首》其一一六）

趺 fū ①脚背，脚。②碑下的石座。③双足交叠而坐。

古上平，七虞。逆碑～鼓～光～龟～蹦～绛～蟠螭～僧～山～双～织～足～顺～鼻～处～读～萼～迹～跏～居～莲～逝～铁脚～足～坐

柎fū ①花萼。②钟鼓架的腿。

古上平，七虞。逆萼～花～栗～偏～榀～束～例宫槐散绿穗，日槿落青柎。（唐·陆敬《游清都观寻沈道士得都字》）

鄜fū

古《广韵》：平声，虞韵。顺～州

砆fū

古《广韵》：平声，虞韵。逆珉～碔～顺～石～碔例岂意观文物，保劳琢碔砆。（唐·温庭筠《病中书怀呈友人》）

姑gū

古上平，七虞。逆班～伴～鲍～鹁～蚕～从～公～故～顾～黑～花～黄～箕～藉～继～蝲～麻～鮸～藐～嫫～摹～贫～仆～蒲～漆～青～秋～桑～师～湿～鼠～庶～孀～祀～外～翁～鰕～先～乡～雪～亚～遮～诸～椓月～紫～祖～顺～布～都～恶～获～宽～墨～默～容～射～恕～苏～洗～胥～徇～衍～媱～瑶～繇～余～缯～章～嫜～妐～钟～纵～嗫例投壶怜玉女，馔饭笑麻姑。（唐·元稹《春分投简阳明洞天作》）洞房昨夜停红烛，待晓堂前拜舅姑。（唐·朱庆余《近试上张籍水部》）

典**黄姑** 指牵牛星。《玉台新咏·歌词二首》（其一）：“东飞伯劳西飞燕，黄姑织女时相见。”清·吴兆宜《玉台新咏笺注》：“《岁时记》：‘河鼓、黄姑，牵牛也。皆语之转。’”

黄姑与织女，相去不盈尺。（唐·李白《拟古十二首》其一）

麻姑 指仙女。晋·葛洪《神仙传·麻姑》：“麻姑至，蔡经亦举家见之，是好女子，年十八九许，于顶中作髻，余发垂至腰，其衣有文章，而非绵绮，光彩耀日，不可名字，皆世之所无有也。……麻姑，神人也。”

曾游仙迹见丰碑，除却麻姑更有谁。（唐·刘禹锡《麻姑山》）

迎紫姑 紫姑指民间相传的女神，有正月十五迎之之风俗。见753页“紫姑神”。

征人楼上看太白，思妇城南迎紫姑。（宋·陆游《军中杂歌》）

孤gū

古上平，七虞。逆不～称～存～独～抚～寡～鳏～鹤～畸～羁～继～坚～暌～零～鸾～藐～偏～穷～惸～弱～势～孀～祀～夙～飧～恤～幼～蚤～贞～顺～蔽～标～操～禅～蟾～诚～愁～雏～澹～灯～都～帆～风～峰～高～歌～根～耿～寒～行～鹤～鸿～寂～剑～角～孑～洁～介～景～迥～驹～绝～谲～筠～俊～亢～旷～睽～垒～冷～蓌～林～伶～露～鸾～轮～门～蒙～辔～蓬～篷～癖～僻～鞶～栖～峤～峭～衾～琴～禽～寝～卿～清～檠～茕～笻～孺～士～戍～孀～寺～嗣～松～桐～帏～鸶～筱～秀～悬～削～烟～艳～雁～诣～驿～逸～裔～吟～茔～影～咏～屿～帐～嶂～棹～照～直～峙～致～忠～竹～烛～拙例行役风霜久，乡园梦想孤。（唐·骆宾王《久戍边城有怀京邑》）野树苍烟断，津楼晚气孤。（唐·陈子昂《岘山怀古》）

典**三孤** 指三公的副职，少师、少傅、少保。亦作“三少”。《尚书·周官》：“少师、少傅、少保曰三孤。”孔传：“此三官名曰三孤。孤，特也。言卑于公，尊于卿，特置此三者。”

一相今年老，三孤只旧班。（宋·杨炎正《寿周益公》）

嵇绍不孤 咏托子之谊。《晋书·山涛传》：“山涛字巨源，河内怀人也……与嵇康、吕安善，后遇阮籍，便为竹林之交，著忘言之契。康后坐事，临诛，谓子绍曰：‘巨源在，汝不孤矣。’”

范云堪晚友，嵇绍自不孤。（唐·杜甫《别张十三建封》）

六尺之孤 周代一尺相当于今天的六寸。六尺之孤，指未成年男子。《论语·泰伯》：“曾子曰：‘可以托六尺之孤，可以寄百里之命，临大节而不可夺也；君子人与？君子人也！’”

昨夜西南一星落，六尺之孤竟谁托。（宋·于石《梁父吟》）

辜gū

古上平，七虞。逆罢～保～备～毕～蔽～不～愁～非～伏～何～酒～罹～理～论～蒙～泣～深～沈～亡～无～重～罪～顺～仇～毒～恩～负～功～擢～较～戮～榷～人～射～限～磔～罪例唱和作威福，孰肯辨无辜。（唐·杜甫《草堂》）昏垫非由己溺，拊摩不异予辜。（宋·无名氏《西江月·一派先天妙学》）

典**宁越之辜** 指不合理的罪过。《世说新语·政事》：“王安期作东海郡，吏录一犯夜人来。王问：‘何处来？’云：‘从师家受书还，不觉日晚。’王曰：‘鞭挞宁越以立威名，恐非致理之本！’使吏送令归家。”

幸容宁越之辜，深荷王公之德。（唐·李白《上安州李长史书》）

沽gū 另见384页gù。

古上平，七虞。逆博～村～待～贩～官～海～行～津～酒～求～榷～市～屠～例月明台上唯僧到，夜静坊中有酒沽。（唐·张籍《寄元员外》）故人充寿能分送，远客消愁免自沽。（唐·雍陶《酬李绀岁除送酒》）

典**屠沽** 屠户及卖酒的人，指从事低贱职业的人。见190页“屠沽儿”。

白首书窗成巨儒，不知簪组遍屠沽。（唐·权德舆《醉后戏赠苏九翛》）

鸪（鴣）gū

古上平，七虞。逆鹁～晴～啼～鹧～例堠长堠短逢官马，山北山南闻鹧鸪。（唐·殷尧藩《旅行》）

典**郑鹧鸪** 唐人郑谷雅号。宋·江休复《嘉祐杂志》：“郑有《鹧鸪》诗，时呼‘郑鹧鸪’。”

月泉社里人皆喜，添得江南郑鹧鸪。（清·林朝崧《赠郑济若》其二）

呱gū 另见4页guā。

古上平，七虞。逆呱～顺～呱啼～泣～啼例炊黍田头行饷夫，饼炉未熟儿呱呱。（宋·于石《田家妇》）

菇gū

古《集韵》：平声，模韵。逆草～冬～蘑～香～竹～

菰gū 茭笋。参见上条gū“菇”。

古上平，七虞。逆雕～顺～菜～饭～蒋～粱～芦～米～蒲～首例乞为

寒水玉，愿作冷秋菰。（唐·杜甫《热三首》其一）

估gū 另见384页gù。

古上声，七麌。逆本～驳～踩～抄～大～封～官～海～加～较～绢～料～蛮～平～摧～三～商～市～书～输～台～抬～物～盐～游～赃～章～酌～顺～逼～舶～船～捣～倒～度～贩～喝～楫～较～客～校～炫

家gū 妇女的尊称。另见5页jiā、6页jiā。

逆大～家～

觚gū ①简策。②酒器。

古上平，七虞。逆百～裁～操～奉～踞～谲～叠～棱～木～破～剖～奇～弃～腾～象～顺～陛～编～牍～翰～圜～简～角～棱～廉～木～椠～坛～竹例此中如借问，掩鼻愿操觚。（宋·宋祁《愁吟》）

典**弃觚** 指少年胸怀大志，能投笔从戎。旧题汉·刘歆《西京杂记》卷三："傅介子年十四，好读书，尝弃觚而叹曰：'大丈夫当立功绝域，何能坐事散儒？'后卒斩匈奴使者，还拜中郎，复斩楼兰王首，封义阳侯。"

孟公酒态犹惊坐，介子文穷未弃觚。（清·林朝崧《即席赋赠沧玉、锡祺》）

饮百觚 咏圣贤饮酒。汉·孔鲋《孔丛子·儒服》："平原君与子高饮，强子高酒，曰：'昔有遗谚，尧舜千钟，孔子百觚；子路嗑嗑，尚饮十榼。古之贤圣，无不能饮也。吾子何辞焉。'"

君时年少面如玉，一饮百觚嫌未痛。（宋·苏轼《送陈睦知潭州》）

酤gū ①酒。②买或卖酒。

古上平，七虞。又：上声，七麌同。又：去声，七遇异。逆村～断～贩～行～酒～倾～清～摧～榷～榷酒～市～私～屠～顺～坊～家～酒～买～卖～酿～榷～肆～鬻例细草称偏坐，香醪懒再酤。（唐·杜甫《陪李金吾花下饮》）谁家红树先花发，何处青楼有酒酤。（唐·白居易《早春闻提壶鸟，因题邻家》）霜压楚莲秋后折，雨催蛮酒夜深酤。（唐·罗隐《寄徐济进士（一本题下无进士二字）》）

咕gū

逆啜～嘀～嘎～哈～唧～挤～喳～顺～哧～啜～叨～嘟～唧～咙～噜～囔～呶～哝～浓～弄～嘬

箍gū

古《广韵》：平声，模韵。逆戒～金～轮～篾～脑～束～铁～铜～针～顺～筋～紧～敛～拢～盆～桶～围～纹

蛄gū

古上平，七虞。逆惠～蟪～蝲蝲～蝼～例芳意忧鶗鴂，愁声觉蟪蛄。（唐·温庭筠《病中书怀呈友人》）

典**蟪蛄** 即寒蝉，春生夏死，夏生秋死。《庄子·逍遥游》："朝菌不知晦朔，蟪蛄不知春秋，此小年也。"

蟪蛄宁与雪霜期，贤哲难教俗士知。（唐·杜牧《过魏文贞公宅》）

乎hū

古上平，七虞。逆谙～瞠～断～恶～归～寒～焕～已～洎～迴～芒～忙～茫～讴～全～时～使～庶～思～嫌～玄～悬～严～繇～噫～犹之～云～至～顺～而～尔～号～来～哉例夫子觉者也，其能遗我乎。（唐·萧颖士《仰答韦司业垂访五首》其四）光华扬盛矣，霄汉在兹乎。（唐·高适《真定即事，奉赠韦使君二十八韵》）

典**使乎** 代指使者。《论语·宪问》："蘧伯玉使人于孔子。孔子与之坐而问焉，曰：'夫子何为？'对曰：'夫子欲寡其过而未能也。'使者出，子曰：'使乎！使乎！'"朱熹注谓孔子"再言'使乎'以重美之"。

荆门前岁使乎回，求得星郎近制来。（唐·齐己《得李推官近寄怀》）

呼hū

古上平，七虞。逆奔～鞭～叱～传～喘～吹～点～奋～歌～酣～鼾～嗥～嚎～号～极～疾～噭～嗟～鸠～雷～胪～目～山～声～啼～谓～吸～吓～枭～哓～虓～嚣～啸～吁～徐～喧～幺～于～噪～喳～咤～长～照～指～踵～自～顺～抃～称～哧～嗤～叱～尔～服～庚～韩～号～喝～偈～揭～嗟～儆～兰～謈～蒲～扰～扇～哨～霜～嵩～索～天～突～五白～舞～翕～豨～嗡～唬～啸～汹～嘘～延～衍～扬～音～鹰～冤～噪～召例猿啸有时答，禽言常自呼。（唐·宋之问《谒禹庙》）琴锁坏窗风自响，鹤归乔木隐难呼。（唐·綦毋潜《经陆补阙隐居》）麋鹿逢人虽未惯，猿猱闻鼓不须呼。（宋·苏轼《浣溪沙·照日深红暖见鱼》）

典**三呼** 见"嵩呼"。

三呼献瑞闻班列，万籁收声入步虚。（宋·杨万里《余处恭和》）

山呼 见"嵩呼"。

云辟御筵张，山呼圣寿长。（唐·卢纶《奉和圣制麟德殿宴百僚》）

嵩呼 汉元封元年春，武帝登嵩山，从祀吏卒皆闻三次高呼万岁之声。后臣下祝颂帝王，高呼万岁，亦谓之"嵩呼"。亦作"山呼""三呼""嵩岳三呼"。见《汉书·武帝纪》。

立班驰道苍龙阙，逼耳嵩呼绕殿雷。（宋·李洪《初陪扈从》）

万窍号呼 咏大风。《庄子·齐物论》："子綦曰：'夫大块噫气，其名为风。是唯无作，作则万窍怒号。'"

回首听，月明天籁，人间万窍号呼。（宋·辛弃疾《汉宫春·秦望山头》）

糊hū 涂抹。另见349页hú、385页hù。

逆黏～顺～墙

滹hū 滹沱，水名。

古《广韵》：平声，模韵。顺～沲～沱

枯kū

古上平，七虞。逆茶～摧～挫～凋～雕～焚～槁～海～疾～集～瘠～焦～麻～秋～泉～荣～衰～搜～笋～菀～萎～嘘～湮～眼～萁～遗～泽～顺～黯～败～暴～笔～髀～槎～禅～蝉～丛～萃～悴～瘁～淡～荻～凋～葑～耕～梗～骨～骸～寒～毫～壑～喉～花～瘠～寂～涧～焦～竭～径～窘～腊～羸～泪～篱～藜～黧～立～莲～蓼～林～鳞～柳～龙～率～荐～蘖～蓬～萍～蒲～萁～碛～笻～臞～壤～荣～润～桑～涩～僧～伤～守～瘦～霜～肆～松～

跬～桐～箨～菀～苇～梧～朽～哑～偃～砚～荑～鱼～腴～榆～耘～陨～燥～宅～鳣～冢【例】季月炎初尽，边亭草早枯。（唐·骆宾王《久戍边城有怀京邑》）谁怜流落江湖上，玉骨冰肌未肯枯。（宋·李清照《瑞鹧鸪·风韵雍容未甚都》）

【典】**集枯**　春秋时，优施唱《暇豫歌》劝里克要悠闲逸乐，要慎于选择栖息之地，要栖于苑，不要栖于枯。后因以指栖息恶地。《国语·晋语二》：“暇豫之吾吾，不如鸟乌。人皆集于苑，己独集于枯。”

栖息岂殊性，集枯安可任。（唐·柳宗元《感遇二首》其一）

涨海枯　用以咏叹世事巨变。见633页“沧海桑田”。

旧赏蟠桃熟，又见涨海枯。（宋·无名氏《六州》）

唇亡齿枯　比喻两者的利害互相关联。见204页“唇齿依”。

不知箭折弓何用，兼恐唇亡齿亦枯。（唐·白居易《哭刘尚书梦得二首》其二）

骷kū

【古】《集韵》：平声，模韵。【顺】～髅

刳kū　剖。

【古】上平，七虞。【逆】封～屠～【顺】～剥～肠～剒～腹～肝～割～窗～木～剖～腔～松～胎～剔～艇～心～削～刻～羊～磔～舟～斮【例】雪阵千万战，藓岩高下刳。（唐·皮日休《太湖诗·太湖石出》）洞穴何因凿，星槎谁与刳。（唐·白居易《和微之春日投简阳明洞天五十韵》）穴为探符坼，潭因失箭刳。（唐·元稹《春分投简阳明洞天作》）

噜(嚕)lū

【逆】啵～都～嘟～咕～骨噜～啰～哩～噗噜～吐～呜～【顺】～苏～嗦

铺(鋪)pū　另见389页pù。

【古】上平，七虞。【逆】广～横～花～金～密～苔～霞～叶～【顺】～白～班～衬～呈～程～迟～持～尺～德～迭～敦～荣～敷～观～过～海～监～结～锦～丽～潦～谋～排～派～施～食～手～首～舒～述～说～堂～滕～调～文～闻～卧～绪～衍～扬～绎～翳～凿【例】横空过雨千峰出，大野新霜万壑铺。（唐·耿沣《九日》）湖上春来似画图，乱峰围绕水平铺。（唐·白居易《春题湖上》）栉比千艘合，袈裟万顷铺。（唐·元稹《春分投简阳明洞天作》）

痡pū　病。

【古】上平，七虞。【逆】毒～龇～力～沦～民～贫～【顺】～毒～峭～瘏【例】赵高胡亥速天诛，率土兴兵怨毒痡。（唐·周昙《秦门·赵高》）

书(書)shū

【古】上平，六鱼。【逆】哀～暗～白～宝～报～贝～壁～边～别～簿～裁～残～蚕～册～策～禅～驰～尺～敕～雠～丹～牒～牍～蠹～短～鹗～繙～梵～访～飞～焚～凤～负～腹～藁～故人～龟～函～鹤～鸿～鹄～皇～惠～赍～笺～篯～缄～简～箭～浇～蕉～捷～戒～锦～款～狂～蜡～离～鲤～麟～灵～龙～露～鸾～洛～漫～慢～祕～妙～囊～泥～披～缥～曝～遣～琴～青～驲～儒～蛇～射～侍～嗜～摅～束～素～滕～投～畏简～蜗～檄～玺～薤～悬～削～雁～谳～赝～迻～异～驿～逸～榼～郢～拥～慵～鱼～羽～禹～玉～爰～云锦～载～占～真～枕～征～众～朱～竹～锥～紫泥～醉～【顺】～案～板～簿～草～策～差～钞～痴～厨～刺～带～刀～颠～典～殿～牍～蠹～符～府～阁～格～工～鼓～馆～函～翰～笈～几～迹～家～简～经～筠～客～空～匮～吏～林～令～楼～录～簏～命～魔～囊～癖～圃～契～签～椠～箧～券～舍～社～圣～史～士～室～手～疏～笥～肆～素～髓～堂～童～僮～筒～帏～帷～文～屋～檄～香～学～筵～砚～谒～仪～蟫～影～友～语～院～札～斋～证～帙【例】藉草饭松屑，焚香看道书。（唐·王维《饭覆釜山僧》）杖藜还客拜，爱竹遣儿书。（唐·杜甫《秋清》）不见领徒过绛帐，唯闻与婢削丹书。（唐·李端《问张山人疾》）

【典】**耽书**　形容人好读书。《晋书·皇甫谧传》：“沈静寡欲，始有高尚之志，以著述为务，自号玄晏先生。著《礼乐》《圣真》之论。后得风痹疾，犹手不辍卷。或劝谧修名广交……作《玄守论》以答之……遂不仕。耽玩典籍，忘寝与食，时人谓之‘书淫’。或有箴其过笃，将损耗精神。谧曰：‘朝闻道，夕死可矣，况命之修短分定悬天乎！’”

畏客常称疾，耽书不出门。（宋·陆游《村居冬日》）

丹书[1]　指赤雀所衔的瑞书。又作“丹雀衔书”。《吕氏春秋·应同》：“及文王之时，天先见火，赤乌衔丹书集于周社。”

黄鹤待传蓬岛信，丹书应换蕊宫名。（唐·王贞白《送芮尊师》）

丹书[2]　古代帝王赐给功臣世袭的享有免罪等特权的证件。汉·司马迁《报任少卿书》：“仆之先，非有剖符丹书之功。”

汉家分土建忠良，铁券丹书信哲长。（宋·王安石《读汉功臣表》）

焚书　指秦始皇时为加强思想统治而在全国焚烧《诗》《书》等典籍之事。亦作“诗书焚爇”。《史记·秦始皇本纪》：“丞相李斯曰：‘……臣请史官非秦记皆烧之。非博士官所职，天下敢有藏《诗》《书》、百家语者，悉诣守、尉杂烧之……令下三十日不烧，黥为城旦……’制曰：‘可。’”

逸礼多心匠，焚书旧口传。（唐·元稹《献荥阳公诗五十韵》）

负书　战国时苏秦游说秦王未果，背书担袋而归。后因以指落魄不遇。《战国策·秦策一》：“（苏秦）说秦王书十上而说不行。黑貂之裘弊，黄金百斤尽，资用乏绝，去秦而归。羸縢履蹻，负书担橐，形容枯槁，面目犁黑，状有归色。”

提琴一万里，负书三十年。（唐·卢照邻《于时春也慨然有江湖之思寄赠柳九陇》）

鹤书　指诏书。南朝齐·孔稚珪《北山移文》：“及其鸣驺入谷，鹤书赴陇。”李善注引萧子良《古今篆隶文体》：“鹤头书与偃波书，俱诏板所用，在汉则谓之尺一简。”

看封谏草归鸾掖，尚贲衡门待鹤书。（唐·李商隐《和刘评事永乐闲居见寄》）

狐书　指偏书、僻书。狐穴是偏僻不易发现的洞穴，从狐穴中得书，书亦为不常见之书，为僻书。

《太平御览》卷六一八引伏滔《北征记》:"皇天坞北,古时陶穴。晋时有人逐狐入穴,行十里许,得书二千余卷。"

不读狐书真僻学,未登鬼箓且闲游。(宋·陆游《林间书意》)

锦书 借指妻子致书丈夫。亦作"锦纹""锦字""锦字书""织锦"。《晋书·窦涛妻苏氏传》:"窦涛妻苏氏……喜属文。滔,苻坚时为秦州刺史,被徙流沙,苏氏思之,织锦为回文旋图诗以赠滔。宛转循环以读之,其词凄惋,凡八百四十字。"

贪寻旧巢去,不带锦书回。(宋·王安石《归燕》)

犬书 指寄递家书。见191页"黄耳"。

犬书曾去洛,鹤病悔游秦。(唐·李贺《始为奉礼忆昌谷山居》)

挟书 指秦始皇禁止民间持有医药卜筮之外的书。《汉书·惠帝纪》:"(四年)三日甲子,皇帝冠,赦天下。省法令妨吏民者,除挟书律。"应劭注:"挟,藏也。"三国魏张晏注:"秦律,敢有挟书者族。"

挟书秦二世,壤宅汉诸王。(唐·李商隐《赠送前刘五经映三十四韵》)

异书 指珍贵或罕见的书籍。《后汉书·王充传》"著《论衡》八十五篇"李贤注引晋袁山松《后汉书》:"充所作《论衡》,中土未有传者,蔡邕入吴始得之,恒秘玩以为谈助。其后王朗为会稽太守,又得其书,及还许下,时人称其才进。或曰:'不见异人,当得异书。'"

数能过我论奇字,当复令公见异书。(宋·王安石《过刘全美所居》)

榅书 指遗言、遗书。亦作"晏子榅书"。《晏子春秋·杂下三十》:"晏子病,将死,凿榅纳书焉,谓其妻曰:'榅语也,子壮而示之。'"

凄凉曾釜粟,感咽晏榅书。(宋·宋庠《忧关谄台先寄献臣天休二学士》)

雁书 指书信。亦作"系书""雁足传书""鸿雁北来""书归玉塞""雁使""雁足系书"。《汉书·苏武传》:苏武与副使常惠等出使匈奴,被拘禁于塞外。昭帝即位,"求武等,匈奴诡言武死。后汉使复至匈奴,常惠请其守者与俱,得夜见汉使,具自陈道。教使臣谓单于,言天子射上林中,得雁,足有系帛书,言武等在某泽中,使者大喜,如惠语以让单于。单于视左右而惊,谢汉使曰:'武等实在。'"

莫惜一雁书,音尘坐胡越。(唐·李白《送友人游梅湖》)

羽书 指古代的紧急军书,多用于调兵和边防报警。《汉书·高帝纪下》:"吾以羽檄征天下兵,未有至者。"颜师古注:"檄者以木简为书,长尺二寸,用征召也。其有急事,则加以鸟羽插之,示速急也。《魏武奏事》云今边有警,辄露檄插羽。"

阴山烽火灭,剑水羽书稀。(唐·岑参《北庭西郊候封大夫受降回军献上》)

照书 指勤学苦读。见900页"聚萤"。

茅糁朝供钵,松肪夜照书。(宋·陆游《久雨》)

大臣书 东方朔向汉武帝上书自荐,书中有"可以为天子大臣矣"的话,此书被称为"大臣书"。《汉书·东方朔传》:"朔初来,上书曰:'……臣朔年二十二,长九尺三寸,目若悬珠,齿若编贝,勇若孟贲,捷若庆忌,廉若鲍叔,信若尾生。若此,可以为天子大臣矣。'"

怀君欲何赠,愿上大臣书。(唐·陈子昂《春夜别友人二首》其二)

大雷书 南朝宋鲍照,从建康赴江州途经大雷时,写信给其妹鲍令晖,即"大雷书"。因以指旅途中致书家人。见《鲍参军集·登大雷岸与妹书》。

结荷倦水宿,却寄大雷书。(唐·李白《秋浦寄内》)

长卿书 指至死忠于朝廷,用以伤悼文士。见477页"茂陵求"。

周南太史泪,蛮徼长卿书。(唐·罗隐《封禅寺居》)

尺素书 指书信。亦作"素书""素鳞书""鱼书"。《古乐府·饮马长城窟行》:"客从远方来,遗我双鲤鱼。呼童烹鲤鱼,中有尺素书。"李善注:"郑玄《礼记注》曰:'素,生帛也。'"

忽逢江上春归燕,衔得云中尺素书。(唐·李白《捣衣篇》)

达生书 《庄子》有《达生》篇,后因以代指《庄子》,或指尊奉老庄思想。《庄子·达生》:"达生之情者,不务生之所无以为。"

达生书一卷,名利付春冰。(唐·李群玉《杜门》)

晋尚书 借指居官而好幽隐之人。《晋书·谢安传》载,晋简文帝时,谢安"征拜侍中,迁吏部尚书、中护军"。至孝武帝朝,"寻为尚书仆射,领吏部,加后将军。……又于土山营墅,楼馆林竹甚盛,每携中外子侄往来游集"。

非吏非隐晋尚书,一丘一壑降乘舆。(唐·刘宪《奉和圣制幸韦嗣立山庄》)

绝交书 指拒不出仕。嵇康《与山巨源绝交书》李善注:"《魏氏春秋》曰:'山涛为选曹郎,举康自代。康答书拒绝,因自说不堪流俗,而非薄汤武,大将军闻而恶焉。'"

浅薄求贤思自代,嵇康莫寄绝交书。(唐·白居易《答马侍御见赠》)

锦鳞书 代指书信。见217页"双鲤"。

绵羽啼来久,锦鳞书未传。(唐·杜牧《春思》)

尽信书 指不加分辨地相信书本。《孟子·尽心下》:"孟子曰:尽信《书》,则不如无《书》。吾于《武成》,取二三策而已矣。"

拙谋却为多循理,所短深惭尽信书。(唐·韩偓《闲居》)

孔壁书 西汉同姓诸侯王鲁恭王曾在孔子旧宅墙壁中得到古文经书。后遂用它泛指古籍。亦作"鲁室""鲁壁书"。《汉书·艺文志》:"《古文尚书》者,出孔子壁中。武帝末,鲁共王坏孔子宅,欲以广其宫,而得《古文尚书》及《礼记》《论语》《孝经》凡数十篇,皆古字也。"

菜释先师荐芹藻,书分孔壁文蚪蝌。(清·贺祥麟《牛鼎歌用昌黎石鼓歌韵》)

梁狱书 指系狱申冤得昭雪。

亦作“邹书”。见《史记·邹阳列传》。

梁狱书因上，秦台镜欲临。(唐·杜甫《赠裴南部闻袁判官自来欲有按问》)

乐毅书　战国时乐毅遭疑，降赵。燕惠王致书责难乐毅，乐毅回书表白心志。即为“乐毅书”。见《史记·乐毅传》。

载感贾生恸，复闻乐毅书。(唐·杜甫《别张十三建封》)

漏壁书　指书法。亦作“漏痕”“壁坼”。宋·姜夔《续书谱》：“(草书)用笔如折钗股，如屋漏痕，如锥画沙，如壁坼，此皆后人之论……屋漏痕者，欲其无起止之迹。”

草书已悟屋漏壁，诗句免悲风卷茆。(宋·陆游《喜晴》)

刘公书　晋荆州刺史、新城郡公刘弘，推诚待下，常致手书，叮咛深情，使属下深受感动，愿奔赴效命。后因以指郡守推诚待下。《三国志·魏书·刘馥传》：“子熙嗣。”裴松之注引《晋阳秋》：“刘弘字叔和，熙之弟也……每有兴发，手书郡国，丁宁款密，故莫不感悦，颠倒奔赴，咸曰‘得刘公一纸书，贤于十部从事也’。”

长闻季氏千金诺，更望刘公一纸书。(唐·许浑《寄献三川守刘公》其二)

茂陵书　指司马相如生前未及呈上朝廷的奏书。用以伤悼文士。见477页“茂陵求”。

宁登逸民传，不著茂陵书。(宋·杨万里《黄世成挽辞》)

牛腹书　指伪书。《史记·封禅书》载，汉武帝十分迷信齐人少翁，相信他能请来天神，不料一年多也没有天神降临，“(少翁)乃为帛书以饭牛，详不知，言曰此牛腹中有奇。杀视得书，书言甚怪，天子识其手书，问其人，果是伪书。”

虎头旷日糜仓粟，牛腹中宵诧帛书。(明·刘基《又用前韵二首》其一)

圯桥书　指娴习兵法。见177页“黄石”。

圯桥书在如相授，不独留侯是帝师。(宋·夏竦《秋日江馆喜弹琴羽人至》)

漆园书　指《庄子》。见《史记·老子韩非列传》附《庄子传》。

左持漆园书，右挟栗里诗。(宋·陆游《晚步门外》)

柿叶书　借指刻苦练习。《新唐书·郑虔传》：“虔善图山水，好书，常苦无纸。于是慈恩寺贮柿叶数屋，遂往日取叶肄书，岁久殆遍。”

临池自愧无功用，欲借僧房柿叶书。(宋·张嵲《赠笔工》)

畏简书　指受君令不得返。《诗经·小雅·出车》：“王事多难，不遑启居。岂不怀归，畏此简书。”毛氏传：“简书，戒命也。邻国有急，以简书相告，则奔命救之。”

猿鸟犹疑畏简书，风云常为护储胥。(唐·李商隐《筹笔驿》)

五车书　指人博学多识。《庄子·天下》：“惠施多方，其书五车。”

暂借垂莲十分盏，一浇空腹五车书。(宋·苏轼《二月十九日携白酒鲈鱼过詹使君》)

相斫书　记载战争的史书，多指《左传》。或指讲论兵法的书。《三国志·魏书·王肃传》裴松之注引三国魏·鱼豢《魏略》：“豢又常从问《左氏传》，禧答曰：‘……《左氏》直相斫书耳，不足精意也。’”

孙吴相斫书，了解亦何益。(宋·陆游《对酒》)

谢中书　本指南朝宋诗人谢瞻，后泛指有诗才的人。见《宋书·谢瞻传》。

载笔已齐周右史，论诗更事谢中书。(唐·韩翃《访王起居不遇留赠》)

行袐书　指博学多闻之人。《太平广记》卷一九七《虞世南》：“又太宗常出行，有司请载副书以从。帝曰：‘不须，虞世南此行袐书也。’”

岂惟邺侯三万轴，家有世南行秘书。(宋·苏轼《张竞辰永康所居万卷堂》)

紫泥书　秦汉时朝廷封玺书用紫泥，后因以代指皇帝的诏诰。亦作“紫泥诏”“紫泥”。东汉·卫宏《汉官旧仪》：“皇帝六玺……文曰：皇帝行玺、皇帝之玺、皇帝信玺、天子行玺、天子之玺、天子信玺。凡六玺……皆以武都紫泥封，青布囊，白素里。”

坐卷朱里幕，看封紫泥书。(唐·白居易《和钱员外禁中夙兴见示》)

白衣尚书　白衣为未仕之服。指皇帝施宠于官员。亦作“白衣宠”。《后汉书·郑均传》：“元和元年，诏告庐江太守、东平相曰：‘议郎郑均，束脩安贫，恭俭节整，前在机密，以病致仕，守善贞固，黄发不怠……’明年，帝东巡过任城，乃幸均舍，敕赐尚书禄以终其身，故使人号为‘白衣尚书’。”

缁衣诸侯谅称美，白衣尚书何可比。(唐·权德舆《太原郑尚书远寄新诗》)

白燕瑞书　咏皇后、太后。旧题晋·葛洪《西京杂记》卷四：“元后在家，尝有白燕衔白石，大如卵，坠后绩筐中。后取之，石自剖为二，其中有文曰‘母天地’。后乃合之，遂复还合，乃宝录焉。后为皇后，常并置玺笥中，谓为天玺也。”

青乌灵兆久，白燕瑞书频。(唐·权德舆《大行皇太后挽歌词三首》其三)

得蔡邕书　指才华横溢。见442页“书籍相与”。

不知登座客，谁得蔡邕书。(唐·耿沣《题清源寺》)

衡石程书　指帝王忙于政务。衡石，我国古代以一百二十斤为一石，衡石指以石来计算数量。程，同呈，指一定数量的砝码。《史记·秦始皇本纪》：“天下之事无大小，皆决于上，上至以衡石量书，日夜有呈，不中呈，不得休息。”

楼船秋发咏，衡石夜程书。(宋·杨亿《爱诏修书述怀感事三十韵》)

画饼尚书　指徒有虚名的官吏。《三国志·魏书·卢毓传》：“选举莫取有名，名如画地作饼，不可啖也。”

望梅阁老无妨渴，画饼尚书不救饥。(唐·白居易《每见吕南二郎中新文辄窃有所叹惜》)

贾谊上书　贾谊多次上疏匡建时政，其中有一部分被汉文帝采纳，并加以施行。亦作“贾谊陈策”。《汉书·贾谊传》：“刘向称‘贾谊言三代与秦治乱之意，其论甚美，通达国体，虽古之伊、管未能远过也。使时见用，功化必盛。为庸臣所害。甚可悼痛。’追观孝文玄默躬行以移风俗，谊之陈略施行矣。”

贾谊上书忧汉室，长沙谪去古今怜。（唐·刘长卿《自夏口至鹦鹉洲夕望岳阳寄源中丞》）

角上汉书 指称誉好学之士。见875页“牛角书生”。

床头周易熟，角上汉书精。（宋·曾丰《犹子松字茂之者庆长兄之子也》）

阚泽佣书 三国时，孙吴重臣阚泽入仕之前，曾替人抄书以购纸笔，苦读成才。因以咏贫士，或咏职位相当的官吏。亦作“阚泽”“佣书”。《三国志·吴书·阚泽传》：“阚泽……家世农夫，至泽好学，居贫无资，常为人佣书，以供纸笔，所写既毕，诵读亦遍……及（孙权）称尊号，以泽为尚书。嘉禾中，为中书令，加侍中……以儒学勤劳，封都乡侯。”

未酬阚泽佣书债，犹欠君平卖卜钱。（唐·韦庄《癸丑年下第献新先辈》）

孔璋檄书 陈琳，字孔璋，东汉末建安七子之一，初为袁绍典文章，归曹操为司空军谋祭酒，管记室，军国书檄多出于陈琳与阮瑀之手。因以咏军府幕客。亦作“孔璋书檄”“陈琳檄书”。见《三国志·魏书·王粲传》附《陈琳》。

孔璋才素健，早晚檄书成。（唐·刘长卿《行营酬吕侍御》）

李陵寄书 相传李陵降匈奴后作《答苏武书》，备述忍辱偷生之苦，以及异域永别之情。亦作“李陵死别”“死别李将军”。李陵《答苏武书》：“自从初降，以至今日，身之穷困，独坐愁苦……前书仓卒，未尽所怀，故复略而言之……人绝路殊，生谓别世之人，死为异域之鬼，长与足下生死辞矣。”

李陵寄书别苏武，自有生人无此苦。（唐·顾况《刘禅奴弹琵琶歌》）

陆贾著书 陆贾曾奉汉高祖刘邦之命著《新语》，总结秦亡汉兴的经验教训之事。见《史记·陆贾列传》。

著书同陆贾，待诏比王褒。（唐·李德裕《述梦诗四十韵》）

老不中书 指年老被黜。唐·韩愈《毛颖传》：“后因进见，上将有任，使拂拭之，因免冠谢。上见其发秃，又所摹画不能称上意，上嘻笑曰：‘中书君老而秃，不任吾用。吾尝谓君中书，君今不中书耶！’对曰：‘臣所谓尽心者。’因不复召，归封邑，终于管城。”

今谁狂客同吹帽，老不中书合免冠。（宋·刘克庄《九日二首》其二）

临池学书 指勤奋练习。《晋书·卫瓘传》附《卫恒传》卫恒“四体书势”：“汉兴而有草书……弘农张伯英者，因而转精其巧，凡家之衣帛，必书而后练之。临池学书，池水尽黑。”

春风处处堪携手，何事临池苦学书。（宋·王安石《次韵酬吴彦珍见寄二首》其二）

思邈方书 代指医书。《旧唐书·孙思邈传》：“自注《老子》、《庄子》，撰《千金方》三十卷，行于代。”

思邈方书去失，休文老病来攻。（宋·刘克庄《西江月·思邈方书去失》）

团扇草书 咏书法。《晋书·王羲之传》：王羲之曾任右军将军、会稽内史，“尝在蕺山见一老姥，持六角竹扇卖之。羲之书其扇，各为五字。姥初有愠色。因谓姥曰：‘但言是王右军书，以求百钱邪。’姥如其言，人竞买之。”又见《白氏六帖》卷九：“王右军草书于团扇。”

屏风误点惑孙郎，团扇草书轻内史。（唐·王维《故人张諲工诗善易卜》）

为我著书 指老子退隐之时，为关令尹喜著《道德经》之事。亦作“老子著书”。《史记·老子韩非子列传》：“至关，关令尹喜曰：‘子将隐矣，强为我著书。’于是老子乃著书上下篇，言道德之意五千余言而去，莫知其所终。”

本师不得已，强为我著书。（唐·皎然《哀教》）

虞卿著书 指不得志。亦作“虞卿”。《史记·虞卿列传》：“虞卿既以魏齐之故，不重万户侯卿相之印，与魏齐间行，卒去赵，困于梁。魏齐已死，不得意，乃著书……凡八篇。以刺讥国家得失，世传之曰《虞氏春秋》。”

虞卿著书晚，伏叟授经讹。（宋·陆游《生涯》）

玉麟吐书 指麒麟受伤，孔子去看它，麒麟吐书三卷，孔子携归精读的传说。见《太平御览》卷八八九所引《孝经右契》。

玉麟何事吐书来，瑞世应、文章东壁。（宋·梅坡《鹊桥仙·华桐日永》）

仰屋著书 指潜心著述，心无旁骛。《梁书·南平王伟传》：“恭每从容谓人曰：‘下官历观世人，多有不好欢乐，乃仰眠床上，看屋梁而著书，千秋万岁，谁传此者？’”

仰屋著书无笔力，闭门觅句费心机。（宋·仇远《闲十咏》）

映月读书 指勤学。《南史·江泌传》：“泌少贫，昼日斫屧为业，夜读书随月光，光斜则握卷升屋，睡极堕地则更登。”又《宋史·陆佃传》：“贫居苦学，夜无灯，映月光读书。”

想君映月读书时，清似列仙臞不肥。（宋·晁补之《和王定国二首》其一）

织帘读书 指笃学守志。亦作“麟士织帘”。《南齐书·高逸传·沈麟士》：“居贫，织帘诵书，口手不息，乡里号为织帘先生。”

斫竹学织帘，读书功不捐。（清·陈洪绶《山居》）

班氏业前书 东汉·班固子承父志，历经波折，用二十余年时间完成《汉书》。后因以指史官修史。见《后汉书·班彪传》附《班固传》。

韦门旌旧德，班氏业前书。（唐·宋之问《故赵王属赠黄门侍郎上官公挽词二首》其一）

嵇康懒寄书 咏书信往来事。亦作“莫学嵇康”。晋·嵇康《与山巨源绝交书》：“素不便书，又不喜作书，而人间多事，堆案盈机，不相酬答，则犯教伤义，欲自勉强，则不能久。”

别后空相忆，嵇康懒寄书。（唐·皇甫冉《送元晟归潜山所居》）

扬雄空读书 指扬雄好学能文，

却不愿结交权贵，故而不为当世所重。亦作“笑扬雄”。《汉书·扬雄传上》：“扬雄字子云……雄少而好学，不为章句，训诂通而已，博览无所不见……不汲汲于富贵，不戚戚于贫贱，不修廉隅以徼名当世。”

扬雄闭门空读书，门前碧草春离离。（唐·戴叔伦《行路难》）

殊shū

古上平，七虞。逆不～差～超～舛～分～乖～瑰～诡～何～迥～绝～魁～曼～邈～清～势～私～万～文～优～卓～顺～才～操～策～禅～宠～代～待～等～典～恩～藩～方～风～功～观～瑰～际～绩～疆～节～境～眷～绝～类～礼～丽～列～邻～路～伦～略～妙～名～命～能～匹～品～奇～器～趣～群～壤～荣～色～赏～胜～调～庭～途～涂～土～伟～文～渥～物～骛～锡～乡～祥～效～心～勋～议～异～音～隐～庸～尤～域～遇～越～辙～珍～轸～指～制～质～致～智～众～卓～擢～姿～滋～族～尊例古往山川在，今来郡邑殊。（唐·张九龄《登荆州城楼》）旧物森如在，天威肃未殊。（唐·宋之问《谒禹庙》）北固波涛险，南天风俗殊。（唐·李颀《送卢少府赴延陵》）

典**风景不殊**　指因国土沦丧而流落异乡时的心境。亦作“风景非殊”“风景伤心”。《世说新语·言语》：“过江诸人，每至美日，辄相邀新亭，藉卉饮宴。周侯中坐而叹曰：‘风景不殊，正自有山河之异！’皆相视流泪。”

风景不殊人自老，忽惊作梦到临川。（宋·陆游《六日小饮园中光景暄妍偶得绝句》）

输（輸）shū

古上平，七虞。逆般～逋～兵～贩～负～给～公～贡～贯～灌～归～交～捐～均～科～课～亏～流～论～免～民～辇～倾～罄～秋～儒～输～岁～田～挽～委～夏～佯～远～征～转～租～顺～忱～筹～贩～赋～纲～贡～官～灌～竭～赆～捐～款～亏～力～掠～虑～墨～纳～辇～期～勤～身～实～输～税～粟～赕～委～效～谢～眼～遗～役～庸～征～志～转～租～卒例去昼从云请，归轮伫日输。（唐·宋之问《七夕》）三耆颁命服，五稔复田输。（唐·张说《奉和圣制爰因巡省途次旧居应制》）鳌抃群岛失，鲸吞众流输。（唐·沈佺期《夜泊越州逢北使》）

舒shū

古上平，六鱼。逆安～惨～苍～畅～哥～亘～和～卷～宽～清～群～散～申～舒～稣～素～望～温～雾～曦～霞～阳～义～意～圆～展～仲～顺～安～布～迟～达～放～凫～和～豁～疾～卷～齐～启～荣～释～泰～暇～详～啸～徐～颜～雁～扬～绎～翼～忧～张例拜舞银钩落，恩波锦帕舒。（唐·杜甫《赠李八秘书别三十韵》）约川星罕驻，扶道日旂舒。（唐·苏颋《奉和圣制途次旧居应制》）

典**望舒**　借指月亮。《楚辞·离骚》：“前望舒使先驱兮，后飞廉使奔属。”王逸释曰：“望舒，月御也。”

望舒三五夜，思尽谢玄晖。（唐·钱起《寄郢州郎士元使君》）

云卷舒　指出处进退、变幻莫测的状态。旧题周尹喜《关尹子·三极》：“云之卷舒，禽之飞翔，皆在虚空中，所以变化无穷。圣人之道则然。”

一尘不动鸥出没，万变无心云卷舒。（宋·曾丰《题吴季章挹秀堂》）

疏（*疎）shū　另见391页shù。

古上平，六鱼。逆才～矗～大～单～凋～雕～二～扶～浮～刚～乖～鸿～槐～荒～计～交～寝～精～宽～狂～阔～朴～戚～绮～轻～清～渠～森～纤～闲～萧～潇～虚～庸～慵～迂～拙～顺～傲～败～材～畅～迟～舛～怠～淡～澹～宕～荡～惰～放～惶～豁～剪～介～屦～绝～爵～俊～隽～浚～旷～籁～懒～朗～勒～冷～粝～帘～林～镂～略～密～邈～缪～昵～凝～僻～屏～圃～浅～亲～冗～食～瘦～爽～条～顽～芜～闲～香～秀～烟～野～逸～音～影～庸～牖～虞～源～韵～凿～躁～质～钟例岸曲丝阴聚，波移带影疏。（唐·李世民《赋得临池柳》）相看非旧颜，忽若形骸疏。（唐·王绩《薛记室收过庄见寻率题古意以赠》）凤举崩云绝，鸾惊游雾疏。（唐·岑文本《奉述飞白书势》）

典**二疏**　本指汉宣帝时名臣疏广与侄受。后比喻叔侄并显或赞美功成身退。亦作“疏氏”“大疏”“汉庭疏”。汉宣帝时，疏广为太傅，其兄之子疏受为少傅。后两人同时告老，还乡之日，“送者车数百辆，辞决而去。及道路观者皆曰：‘贤哉二大夫！’或叹息为之下泣”。见《汉书·疏广传》。

达士遗天地，东门有二疏。（唐·李白《拟古十二首》其五）

匡衡抗疏　喻忠臣直谏。《汉书·匡衡传》：元帝初即位，“有日蚀地震之变，上问以政治得失，衡上疏曰……上说其言，迁衡为光禄大夫，太子少傅”。“衡为少傅数年，数上疏陈便宜，及朝廷有政议，傅经以对，言多法义。上以为任公卿，由是为光禄勋、御史大夫。”

匡衡抗疏功名薄，刘向传经心事违。（唐·杜甫《秋兴八首》其三）

中散交疏　指与旧交疏于往来。见337页“绝交书”。

文园多病后，中散旧交疏。（唐·杜甫《赠李八秘书别三十韵》）

枢（樞）shū

①旧式门的转轴。②机关。③枢纽；关键。④国家机构。

古上平，七虞。逆奥～髀～秉～不～蠹～参～宸～持～丹～登～电～斗～昊～鸿～户～环～皇～黄～机～金～钧～揆～坤～灵～门～密～钮～乾～棬～戎～神～绳～事～天～握～西～玄～璇～瑶～元～紫～顺～奥～柄～曹～臣～斗～府～辅～干～筦～管～光～衡～户～极～禁～钧～揆～密～谟～廷～庭～幄～务～辖～宪～相～掖～垣～轴例碧坛清桂阈，丹洞肃松枢。（唐·王勃《寻道观》）月换思乡陌，星回记斗枢。（唐·高适《真定即事，奉赠韦使君二十八韵》）膳减思调鼎，行稀恐蠹枢。（唐·元稹《酬乐天东南行诗一百韵》）

典**黄枢**　门下省在汉为黄门，位居枢要，故后人因以指称门下省。

《梁书·萧景传》附《萧昱传》:"迁给事黄门侍郎。上表曰:'……圣监既谓臣愚短,不可试用,岂容久居显禁,徒秽黄枢。'"

青史遗芳满,黄枢故事存。(唐·岑参《苗侍中挽歌二首》其一)

绳枢 指家境贫寒。亦作"瓮牖绳枢"。《史记·秦始皇本纪》:"陈涉,瓮牖绳枢之子,甿隶之人。"裴骃集解:"服虔曰:'以绳系户枢也。'"

稻草高茨屋,绳枢窄作门。(宋·陆游《书壁》)

紫枢 指唐代国家政权的中枢或宋代的枢密院,亦为政权体制中的中枢要害。《新唐书·艺文志三》:"武后《紫枢要录》十卷。"因唐中枢官员品阶高,着紫色服装而得此名。

紫枢黄合半武间,梅花满枝雪满山。(宋·杨万里《送丁卿季吏部赴召》)

电绕璇枢 借指君主降生的神圣异象。《初学记》卷一引皇甫谧《帝王世纪》:"神农氏之末。少典氏娶附宝,见大电光绕北斗,枢星照郊,感附宝。孕二十月,生黄帝于寿丘。"

电绕璇枢开上瑞,虹流华渚叶珍祥。(宋·曹勋《癸巳圣节二首》其一)

原宪桑枢 喻指有德的贫寒之士。见747页"原宪贫"。

原宪桑枢贫不病,子真岩石老归耕。(宋·宋祁《李处士》)

姝shū ①容貌美好。②美女。

古上平,七虞。逆彼～宫～国～娇～静～丽～靓～间～名～明～暖～清～侍～姝～文～吴～霞～仙～妍～艳～燕赵～玉～院～庄～顺～好～惠～丽～貌～美～女～姝～秀～颜～艳～妖～子例似木吴儿劲,如花越女姝。(唐·元稹《春分投简阳明洞天作》)勾践遗风霸,西施旧俗姝。(唐·白居易《和微之春日投简阳明洞天五十韵》)

梳shū

古上平,六鱼。逆蓖～钗～胡～琼～三角～犀～牙～玉～栉～妆～粧～顺～背～理～翎～栊～笼～拢～掠～沐～弄～起～扫～雪～云～栉～帚例江清心可莹,竹冷发堪梳。(唐·杜甫《寄李十四员外布十二韵》)敝缊袍多补,飞蓬鬓少梳。(唐·张南史《早春书事奉寄中书李舍人》)花时长得醉工夫,伴人歌笑懒妆梳。(宋·晏几道《浣溪沙·家近旗亭酒易酤》)

典**三角梳** 喻美若天仙的女子。旧题东汉·班固《汉武帝内传》:"夫人年可二十余,天资清耀,灵眸艳绝,服赤霜之袍,云彩乱色,非锦非绣,不可名字,头作三角髻,余发散垂至腰。"

七尺发犹三角梳,玳牛独驾长檐车。(唐·段成式《戏高侍御七首》其二)

蔬shū

古上平,六鱼。逆百～冰～草～春～豆～饭～莯～鲑～寒～家～嘉～嚼～青～秋～柔～茹～山～时～肴～野～鱼～玉～园～枣～馔～顺～飧～饭～菲～甲～粝～蓏～食～蔌～笋例问人寻野笋,留客馈家蔬。(唐·刘长卿《过鹦鹉洲王处士别业》)筑塘列圃畦,引流灌时蔬。(唐·元结《游灊泉示泉上学者》)发廪因春黍,开畦复剪蔬。(唐·耿湋《喜侯十七校书见访》)

纾(紓)shū ①解除。②延缓。

古上平,六鱼。又:上声,六语同。逆发～夹～解～宽～申～燕～顺～放～缓～回～祸～宽～难例便腹应难饱以书,今年田谷未宽纾。(宋·苏泂《次韵知县兄秋怀三首》其三)

抒shū

古上声,六语。逆表～发～力～略～难～申～直～顺～笔～厕～词～愤～溷～井～气～思～写～心～意

摅(攄)shū ①发表。②舒散。③腾跃。

古上平,六鱼。逆抄～超～发～风～龙～散～顺～抱～畅～诚～骋～词～发～愤～光～虹～怀～论～略～情～散～舒～思～颂～吐～望～武～意～忠例朽木不可雕,短翮将焉摅。(唐·王绩《薛记室收过庄见寻率题古意以赠》)西蜀灾长弭,南翁愤始摅。(唐·杜甫《赠李八秘书别三十韵》)

荼shū ①古朝会时所执玉板。②通"舒",徐缓。另见357页tú。

古《集韵》:平声,鱼韵。逆荆～神～顺～缓～垒

殳shū 古兵器。

古上平,七虞。逆祋～竿～戈～连～桃～铁～执～顺～虫～书～仗例馈饷人推辂,谁何吏执殳。(唐·元稹《酬乐天东南行诗一百韵》)

苏[1](蘇、*蘓)sū

古上平,七虞。逆赤～二～扶～姑～鸡～金～酪～流～旒～落～梅～蜜～欧～青～琼～髯～三～涂～屠～酴～洗～小～萱～櫄～昭～紫～顺～白～堤～二～枋～公～合～黄～井～李～麻～梅～门～米～木～娘～卿～台～涂～仙～小～辛～兴～援～张例天香薰羽葆,宫紫晕流苏。(唐·温庭筠《苦楝花》)一夜四乘倾凿落,五更三点把屠苏。(唐·雍陶《酬李绀岁除送酒》)两地干戈连越绝,数年麋鹿卧姑苏。(唐·罗隐《送王使君赴苏台》)

典**三苏** 北宋苏洵与他的儿子苏轼和苏辙以文才闻名于世,被称为"三苏"。苏轼《苏轼诗集·次韵子由使契丹至涿州见寄四首》其三:"氈毳年来亦甚都,时时鴂舌问三苏。"作者自注曰:"余与子由入京时,北使已问所在。后余馆伴,北使屡诵三苏文。"

父子才名震蜀都,家风人道似三苏。(宋·周必大《敷文阁学士李仁甫挽词十绝》)

屠苏 指旧时过年所饮的一种酒。宗懔《荆楚岁时记》:"正月一日……于是长幼正衣冠,以次拜贺。……进屠苏酒,胶牙饧。"屠苏便指屠苏酒,古代有在正月喝屠苏酒以躲避瘟疫的习俗。

爆竹声中一岁除,东风送暖入屠苏。(宋·王安石《元日》)

麋鹿姑苏 指亡国之先兆。亦作"麋鹿游姑苏""麋鹿泣姑苏""鹿走姑苏""姑苏麋鹿""麋鹿呦呦"。《史记·淮南衡山列传》载,淮南王欲伍被与之筹谋反之事,伍被曰:"臣闻子胥谏吴王,吴王不用,乃曰:'臣今见麋鹿游姑苏之台也。'今臣亦见宫中生荆棘,露沾

衣也。"

桑田东海变，麋鹿姑苏游。（唐·张九龄《经江宁览旧迹至玄武湖》）

苏²（蘇、*甦、穌）sū 复活。

古上平，七虞。逆迴～苏～醒～昭～顺～活～生～省～舒～息例凝风花气度，新雨草芽苏。（唐·元稹《春分投简阳明洞天作》）风飘金蕊看全落，露滴檀英又暂苏。（唐·李建勋《残牡丹》）层冰照日犹能暖，病骨逢春却未苏。（唐·徐夤《病中春日即事寄主人尚书二首》其一）

典**蛰虫昭苏** 指蛰伏过冬的虫到了春天就纷纷苏醒。《礼记·乐记》："是故大人举礼乐，则天地将为昭焉。天地䜣合，阴阳相得，煦妪覆育万物，然后草木茂，区萌达，羽翼奋，角觡生，蛰虫昭苏……则乐之道归焉耳。"

为君使无私之光及万物，蛰虫昭苏萌草出。（唐·白居易《鸦九剑》）

苏³（囌）sū

逆噜～啰～

酥sū

古上平，七虞。逆蟾～搓～点～寒～红～酪～灵～流～凝～牛～暖～清～琼～屠～酴～团～驼～酡～香～雨如～玉～顺～花～酒～醪～酪～蜜～签～融～乳～润～汤～酡～懈～胸～雨例北市风生飘散面，东楼日出照凝酥。（唐·白居易《雪中即事答微之》）婀娜枝香拂酒壶，向阳疑是不融酥。（唐·皮日休《樱桃花》）

典**小雨如酥** 指街道被细雨滋润的犹如酥油一般。亦作"润如酥""微雨如酥"。韩愈《早春呈水部张十八员外二首》其一："天街小雨润如酥，草色遥看近却无。最是一年春好处，绝胜烟柳满皇都。"

春风有意催花信，小雨如酥不用多。（宋·方回《元夕前雨不已二首》其二）

乌（烏）wū 乌黑。

古上平，七虞。逆哀～白～柏～苍～朝夕～晨～赤～楚～慈～丹～风～寒～火～吉～金～九～灵～南～栖～秦～青～仁～日～三足～山～素～啼～铜～童～乌～相～孝～玄～驯～阳～旸～夜～织～朱～顺～白～柏～榜～鬓～驳～哺～曹～蟾～程～翅～骢～鬟～饭～府～膏～弓～罐～光～号～禾～合～浒～桓～喙～集～几～江～巾～韭～臼～桕～阑～蓝～垒～亮～林～菱～柳～轮～麦～蛮～鸟～篷～皮～虬～裘～鹊～撒～纱～师～丝～寺～孙～台～藤～啼～头～兔～菟～文～犀～戏～巷～薪～阳～蚁～银～鱼～鸢～杂～鲗～珠～蠋～骓例晓霜惊断雁，晨吹结栖乌。（唐·贺敳《奉和九月九日应制》）滩沙映村火，水雾敛樯乌。（唐·李颀《送卢少府赴延陵》）莲花交响共命鸟，金榜双回三足乌。（唐·杜甫《岳麓山道林二寺行》）

典**火乌** 指代周朝的国运。亦作"火流化乌"。周武王伐纣时，有火流从天降入武王的房屋内，并化为红色乌鸟，暗示伐纣之运。见《史记·周本纪》。

火乌日暗崩腾云，秦皇虎视苍生群。（唐·李贺《白虎行》）

金乌 借指太阳。《乐府诗集》卷二十六南朝梁·刘孝威《公无渡河》："樯偃落金乌，州倾没犀枻。"

金乌何日见，玉爵几时传。（唐·白居易《秋霖即事联句三十韵》）

童乌 指早慧或者聪明而早夭的孩童。汉·扬雄《法言·问神》："或曰：'述而不作，玄何以作？'曰：'其事则述，其书则作。育而不苗者，吾家之童乌乎！九龄而与我玄文。'"童乌为扬雄之子，九岁便能与其父亲讨论《玄》文，但因为早夭而未长大成人，故以其名来指此类聪慧而幼殇者。

常思芳桂攀燕窦，未见童乌继子云。（宋·洪适《鹧鸪天·两塾弦歌日日春》）

乌乌 指歌声或者呼唤之声。《汉书·杨恽传》："（恽）报会宗书曰：'……家本秦也，能为秦声。妇，赵女也，雅善鼓瑟。奴婢歌者数人，酒后耳热，仰天拊缶而呼乌乌。'"

端如拥褐茅檐下，祇欠乌乌击缶歌。（宋·范成大《大厅后堂南窗负暄》）

三足乌 代指太阳。亦作"天上乌""日乌""阳乌"。《史记·龟策传》："孔子闻之曰：'神龟知吉凶，而骨直空枯。日为德而君于天下，辱于三足之乌。月为刑而相佐，见食于虾蟆。'"

六眸龟北凉应早，三足乌南日正长。（唐·裴夷直《秋日》）

屋上乌 指爱人之情推而及物。旧题汉·伏胜《尚书大传·牧誓·大战》："爱人者，兼其屋上之乌。"

丈人屋上乌，人好乌亦好。（唐·杜甫《奉赠射洪李四丈》）

齐垒啼乌 指军队溃败逃跑。亦作"空营集鸟乌"。《左传·襄公十八年》："丙寅晦，齐师夜遁。师旷告晋侯曰：'鸟乌之声乐，齐师其遁？'杜预注："乌乌得空营，故乐也。"

始看晋幕飞鹅入，旋闻齐垒啼乌声。（唐·贺朝《从军行》）

羿落九乌 用作咏日或者咏乌。《楚辞·天问》："羿焉彃日，乌焉解羽。"东汉王逸注："《淮南》言：尧时十日并出，草木焦枯，尧令羿仰射十日，中其九日，日中九乌皆死，堕其羽翼，故留其一日也。"

羿昔落九乌，天人清且安。（唐·李白《朗月行》）

污（*汙、汚）wū

古上平，七虞。逆斑～尘～点～玷～焚～垢～含～汗～合～潢～积～骞～践～溅～旧～困～潦～陋～漫～墨～纳～淖～泥～涅～青蝇～染～受～损～忝～涂～羞～血～愚～臧～沾～霑～滓～顺～庳～池～渎～沟～行～痕～君～莱～累～吏～乱～漫～面～名～淖～腻～佞～渠～史～世～俗～涂～洼～闻～邪～眼～泽～真～种例摘叶爱芳在，扪竹怜粉污。（唐·韦应物《休暇东斋》）气喝肠胃融，汗滋衣裳污。（唐·杜甫《雷》）清怀去羁束，幽境无滓污。（唐·李骘《慧山寺肄业送怀坦上人》）

典**车茵污** 借指醉饮或替人掩盖过失。亦用以赞美上级官吏宽待下属之美德。《汉书·丙吉传》：丙吉为相，"于官属掾史，务掩过扬善。

吉驭吏耆酒，数逋荡，尝从吉出，醉欧（同“呕”）丞相车上。西曹主吏白欲斥之，吉曰：‘以醉饱之失去士，使此人将复何所容？西曹但忍之，此不过污丞相车茵耳。’遂不去也”。

天末相逢，醉中不讶车茵污。（宋·洪适《点绛唇·天末相逢》）

鸣髇血污 鸣髇（xiāo），鸣镝，即响箭。矢发射时有声，故称。喻西北部少数民族统治阶级的内部争斗与矛盾。亦借指战乱。《史记·匈奴列传》：“冒顿乃作为鸣镝，习勒其骑射，令曰：‘鸣镝所射而不悉射者，斩之。’行猎鸟兽，有不射鸣镝所射者，辄斩之。……居顷之，冒顿出猎，以鸣镝射单于善马，左右皆射之。于是冒顿知其左右皆可用。从其父单于头曼猎，以鸣镝射头曼，其左右亦皆随鸣镝而射杀单于头曼，遂尽诛其后母与弟及大臣不听从者。冒顿自立为单于。”

谁道投鞭飞渡？忆昔鸣髇血污，风雨佛狸愁。（宋·辛弃疾《水调歌头·落日塞尘起》）

青蝇点污 指奸佞小人进谗言的行为。《诗经·小雅·青蝇》：“营营青蝇，止于樊，岂弟君子，无信谗言。营营青蝇，止于棘，谗人罔极，交乱四国。营营青蝇，止于榛，谗人罔极，构我二人。”郑玄笺：“兴者，蝇之为虫，污白使黑，污黑使白，喻佞人变乱善恶也。”

青蝇休点污，白璧漫瑕疵。（宋·李处权《留别范元长二十八韵》）

呜（嗚）wū

古《广韵》：平声，模韵。逆叹～呜～咽～咿～噫～喑～嘤～顺～恻～呃～乎～噜～囔～哨～呜～哑～咿～邑～唈～悒～咂～轧例浮生长匆匆，儿小且呜呜。（唐·杜牧《遣兴》）

恶（惡）wū ①怎么。②叹词，表惊讶。另见 394 页 wù，88 页 ě、90 页 è。

古上平，七虞。顺～乎～许

洿 wū ①浊水池。②低洼。③污浊；卑污。④污染；涂抹。

古《广韵》：平声，模韵。逆垢～潢～旧～盘～沈～贪～渟～渊～沾～顺～池～沮～泞～涂～泽

邬（鄔）wū 姓。

古上声，七麌。

钨（鎢）wū 化学元素。

顺～钢～砂～丝

圬（*杇）wū ①瓦刀。②粉刷。

古上平，七虞。逆雕～顺～工～墁～镘～人～者

巫 wū 另见 358 页 wú。

古上平，七虞。逆楚～大～祷～焚～鬼～荆～灵～神～师～史～觋～小～越～葬～钟～顺～峰～鼓～鬼～彭～山～神～史～觋～峡～咸～阳～云～支祁～祝例不复见颜鲍，系舟卧荆巫。（唐·杜甫《遣怀》）知君兄弟怜诗句，遍为姑将恼大巫。（唐·元稹《送友封二首》）户尽悬秦网，家多事越巫。（唐·李商隐《异俗二首》其二）

典**大巫** 指相形见绌。《太平御览》卷七三五引《庄子》：“小巫见大巫，拔茅而弃，此其所以终身弗如也。”

不谓矜余力，还来谒大巫。（唐·杜甫《赠韦左丞丈》）

诬（誣）wū 另见 358 页 wú。

古上平，七虞。逆谤～不～谗～诋～讹～反～飞～怪～厚～毁～秽～加～矫～矜～据～夸～诳～捏～欺～侵～沈～枉～虚～訞～愚～冤～妆～自～坐～顺～谤～谗～词～辞～诞～道～诋～谀～服～构～怪～诡～行～劾～毁～惑～己～矫～讦～夸～赖～滥～乱～谩～蔑～谬～杀～讪～上～事～饰～讼～诉～枉～罔～妄～污～洿～胁～言～谣～谮～摭～治例交辟尝推重，单辞忽受诬。（唐·权德舆《奉和许阁老酬淮南崔十七端公见寄》）嘉木忌深蠹，哲人悲巧诬。（唐·孟郊《湘弦怨》）赋分知前定，寒心畏厚诬。（唐·温庭筠《病中书怀呈友人》）

於 wū 古叹词。另见 433 页 yú“于”。

古上平，七虞。顺～粲～赫～乎～鹊～菟～熙～戏

朱[1] zhū

古上平，七虞。逆丹～点～夺～尔～黄～界～金～离～练～描～轻～沈～施～霜～陶～铁～涂～渥～五～萧～猩～髹～杨～玉～紫～顺～霭～斑～笔～陛～碧～镳～袯～箔～襮～辰～唇～丹～邸～殿～葶～蕚～幡～旛～扉～芾～凤～跗～苐～绂～绋～符～黻～府～盖～柑～阁～毂～冠～光～桂～纮～户～华～火～戟～鲫～蕉～界～锦～槿～扃～橘～鞓～阑～蓝～离～李～鲤～脸～梁～灵～棂～栊～楼～辂～鹿～鹭～鸾～轮～络～履～律～绿～马～鬘～幔～旄～髦～梅～门～甍～蜜～明～冥～木～目～犖～鸟～旆～旗～髻～翘～雀～阙～荣～襦～蕤～桑～裳～绳～实～绶～书～丝～绥～堂～藤～彤～帏～帷～文～乌～霞～夏～弦～绡～销～髹～绣～轩～玄～炎～颜～砚～雁～阳～杨～衣～殷～英～樱～羽～云～盏～棹～仲～紫～组例苦吟防柳恽，多泪怯杨朱。（唐·李商隐《西溪》）簟席弹棋子，衣裳惹印朱。（唐·曹松《赠南陵李主簿》）

典**陶朱** 即陶朱公。春秋时越国大夫范蠡之别称。蠡既佐越王勾践灭吴，以越王不可共安乐，弃官远去，居于陶，称陶朱公。以经商致巨富。见《史记·越王勾践世家》附《范蠡传》。

陶朱虽相越，本有五湖心。（唐·李白《留别王司马嵩》）

萧朱 指官场上友谊破裂之事。《汉书·萧望之传》附《萧育传》：“始育与陈咸俱以公卿子显名，咸最先进，年十八为左曹，二十余御史中丞。时朱博尚为杜陵亭长，为咸、育所攀援，入王氏。后遂并历刺史郡守相，及为九卿，而博先至将军上卿，历位多于咸、育，遂至丞相。育与博后有隙，不能终，故世以交为难。”

张陈竟火灭，萧朱亦星离。（唐·李白《古风》其五十九）

杨朱 指为我、乐生、逸身的精神。《孟子·尽心上》：“孟子曰：‘杨子取为我，拔一毛而利天下，不为也。’”东汉赵岐注：“杨子，杨朱也。为我，为己也。拔己一毛，以利天下之民，不肯为也。”

庾信生多感，杨朱死有情。（唐·李商隐《送千牛李将军赴阙五十韵》）

十姑 平声·阴平

朱[2]（硃）zhū

古《广韵》：平声，虞韵。顺～砂

珠zhū

古上平，七虞。逆蚌～报～迸～碧～采～赤～垂～滴～东～绀～贯～还～含～汗～荷～鹤～怀～火～江～鲛～蜡～离～骊～连～良～流～绿～目～南～念～弄～蠙～泣～嵌～秦～虬～蕊～三～蛇～石～双～水～素～隋～探～啼～亡～魏～乌～衔～玄～悬～璇～雪～瑶～璎～樱～雨～玉～云～中～顺～贝～琲～璧～箔～彩～唱～翠～灯～钿～殿～幡～璠～宫～馆～桂～蛤～蚶～汗～喉～户～幌～玑～兰～勒～泪～林～溜～旒～笼～楼～露～履～冕～囊～盘～翘～树～死～碎～胎～吐～豚～唾～帷～犀～崖～缨～璎～玉～簪～缀例相逢问愁苦，泪尽日南珠。（唐·李白《见京兆韦参军量移东阳二首》其一）

典**报珠**　指答谢他人之意。张衡《四愁诗四首其三》："我所思兮在汉阳，欲往从之陇阪长，侧身西望涕沾裳。美人赠我貂襜褕，何以报之明月珠。路远莫致倚踟蹰，何为怀忧心烦纡！"

饮子频通汗，怀君想报珠。（唐·杜甫《寄韦有夏郎中》）

蚌珠　喻事物之间的关联，也有老来得子之意。亦作"珠生蚌腹"。左思《吴都赋》："蚌蛤珠胎，与月亏全。"古人认为蚌珠的孕育于月亮的盈缺有关，遂有此典。

从来老蚌珠生晚，岂是长庚梦到迟。（宋·李刘《贺晚生子》）

贯珠　喻歌声圆润优美。《礼记·乐记》："师乙曰：'……故歌者上如抗，下如队，曲如折，止如槁木。倨中矩，句中钩。累累乎端如贯珠。'"

迢迢击磬远玲玲，一一贯珠匀款款。（唐·元稹《何满子歌》）

骊珠　骊龙颔下之珠，得之不易。借指得来不易的珍贵事物。亦作"骊龙珠""探珠""偷珠""颔珠"。《庄子·列御寇》："河上有家贫恃纬萧而食者，其子没于渊，得千金之珠。其父谓其子曰：'取石来锻之！夫千金之珠，必在九重之渊而骊龙颔下。子能得珠者，必遭其睡也。使骊龙而寤，子尚奚微之有哉！'"

宝剑终应出，骊珠会见珍。（唐·陈子昂《酬李参军崇嗣旅馆见赠》）

量珠　指价值非常的事物，也特指买妾。亦作"斗量珠"。唐·刘恂《岭表录异》："崇为交州采访使，见梁氏女姿容颇丽，遂量珍珠三斛买下做妾。"

屋堆黄金斗量珠，运尽不劳折简呼。（宋·苏轼《游灵隐寺得来诗复用前韵》）

明珠　喻珍贵的人或者事物。《梁书·刘孺传》："刘孺字孝稚，彭城安上里人。……幼聪明，七岁能属文……叔父瑱为义兴郡，携之以官，常置坐侧，谓宾客曰：'此儿，吾家之明珠也。'"

不须泥沙底，辛苦觅明珠。（唐·白居易《放鱼》）

泣珠[1]　指哭泣。亦作"泪成珠"。东汉·郭宪《汉武洞冥记》卷二："吠勒国……此国去长安九千里，在日南。人长七尺……乘象入海底取宝，宿于鲛人之舍，得泪珠，则鲛所泣之珠也，亦曰泣珠。"

不独来苏发歌咏，天涯半是泣珠人。（唐·陈陶《赠容南韦中丞》）

泣珠[2]　指能知恩图报。亦作"鲛泪成珠"。晋·张华《博物志》卷九："南海外有鲛人，水居如鱼，不废织绩，其眼能泣珠，从水出，寓人家，积日卖绢。将去，从主人索一器，泣而成珠满盘，以与主人。"

遥知辨璧吏，恩到泣珠人。（唐·王维《送李判官赴东江》）

遗珠　指被埋没的人才和被遗弃的精华。亦作"沧海遗珠"。《庄子·天地》："黄帝游乎赤水之北，登昆仑之丘而南望，还归，遗其玄珠。"

遗珠未许留沧海，老骥终闻在六闲。（宋·刘子翚《翁仁山受恩归以诗相访因次其韵》）

报恩珠　指知恩图报。又作"报恩蛇珠"。唐·欧阳询辑《艺文类聚》卷八十四引《三秦记》："昆明池，昔有人钓鱼，纶绝而去。遂通梦于武帝，求去钩。帝明日戏于池，见大鱼衔索。帝曰：'岂梦所见耶！'取而放之。间三日，池边得明珠一双。帝曰：'岂非鱼之报耶！'"

寂寥相煦沫，浩荡报恩珠。（唐·杜甫《舟出江陵南浦奉寄郑少尹》）

孟家珠　指爱情。《乐府诗集》卷四十九《孟珠》，其词有"道逢游冶郎，恨不早相识"，"愿得无人处，回身与郎抱"。《孟珠》为一组爱情诗，后人就以"孟家珠"代指爱情。

想得越人今夜见，孟家珠在镜中央。（唐·徐凝《八月灯夕寄游越施秀才》）

泉客珠　指珍珠。亦作"泉客泪""泉客泣""蛟人珠"。旧题南朝梁·任昉《述异记》卷上："蛟人即泉先也，又名泉客。"又，卷下："南海中有鲛人室，水居如鱼，不废机织。其眼能泣则出珠。"

客从南溟来，遗我泉客珠。（唐·杜甫《客从》）

隋侯珠　指明珠。亦作"灵蛇珠""明月珠""蛇珠"。《淮南子·览冥》："夫道者……譬如隋侯之珠，和氏之璧，得之者富，失之者贫。"高诱注曰："隋侯见大蛇伤断，以药傅之，后蛇于江中衔大珠以报之，因曰'隋侯之珠'。"

莫作隋侯珠，弹射坠埃壒。（宋·叶适《陈同甫抱膝斋二首》其一）

唾成珠　指那些有权势的人地位尊贵，炙手可热，即使是咳唾亦可是美丽的珠玉。含讽刺之意。后亦将"咳唾成珠"借指言谈的高妙。《后汉书·赵壹传·刺世疾邪赋》："势家多所宜，咳唾自成珠。被褐怀金玉，兰蕙化为刍。"

池塘梦句君能得，咳唾成珠我未闲。（宋·梅尧臣《依韵和宋次道答弟中道喜还朝》）

掌中珠　指最喜爱的人。亦作"掌上珠""去握珠"。《乐府诗集·傅玄〈短歌行〉》："昔君视我，如掌中珠；何意一朝，弃我沟渠。昔君与我，如影如形；何意一去，心如流星。"

当时拟弄掌中珠，岂谓先摧庭际玉。（唐·骆宾王《艳情代郭氏荅卢照邻》）

掌上珠 见344页“掌中珠”。

风流合是阶除玉，爱惜真成掌上珠。（宋·张孝祥《鹧鸪天·楚楚吾家千里驹》）

鹤吐明珠 咏报恩。见715页“明珠报恩”

鹤吐明珠暂报恩，鹊衔金印空为瑞。（唐·刘禹锡《吐绶鸟词》）

老蚌生珠 指老来得子。见《三国志·魏书·荀彧传》裴松之注引《三辅决录》。

笑君老蚌生明珠，自笑此物吾家无。（宋·苏轼《赠山谷子》）

龙眠失珠 喻失去儿女或者珍贵的宝物。参见344页“骊珠”。

蝉老悲鸣抛蜕后，龙眠惊觉失珠时。（唐·白居易《初丧崔儿报微之晦叔》）

剖腹藏珠 指为物伤身、本末倒置。《资治通鉴·唐纪·太宗贞观元年》：“上谓侍臣曰：‘吾闻西域贾胡得美珠，剖身以藏之，有诸？’侍臣曰：‘有之。’上曰：‘人皆知彼之爱珠而不爱其身也，吏受赇抵法，与帝王徇奢而亡国者，何以异于彼胡之可笑邪！’”

岂无一人二人死，藏珠剖腹心相宜。（明·王叔承《烂溪采珠歌》）

象罔索珠 指擅长探求。《庄子·天地》：“黄帝游乎赤水之北，登乎昆仑之丘而南望，还归，遗其玄珠。使知索之而不得，使离朱索之而不得，使吃垢索之而不得也。乃使象罔。象罔得之。”

荒唐夸父走弃杖，恍惚象罔行索珠。（宋·刘克庄《再和》）

株 zhū

古上平，七虞。逆傲～避～病～残～根～荆～枯～连～母～蟠～守～树～霜～陶令～万～五～朽～榛～植～顺～待～柢～枸～驹～橛～林～蔓～木～柄～蘖～檽～守例香露团百草，紫梨分万株。（唐·李颀《送裴腾》）彻底碧潭滋涸溜。压枝红艳照枯株。（唐·卢纶《敬酬大府二十四舅览诗卷因以见示》）

典**枯木朽株** 比喻衰朽的力量或衰老无用的人，有时也用来表示自谦之意。《史记·鲁仲连邹阳列传》：“臣闻明月之珠，夜光之璧，以暗投人于道路，人无不按剑相眄者。何则？无因而至前也。蟠木根柢，轮囷离诡，而为万乘器者。何则？以左右先为之容也。故无因而至前，虽出随侯之珠，夜光之璧，犹结怨而不见德。故有人先谈，则以枯木朽株树功而不忘。”

白发苍颜七十翁，朽株枯木略相同。（宋·陆游《忽得京书有感》）

诛（誅）zhū

古上平，七虞。逆笔～兵～逋～捕～锄～春秋～大～抵～法～伏～鬼～行～缧～稽～诘～谨～冥～溟～骈～愆～窃～速～讨～天～屠～譴～枉～妄～刑～严～夷～阴～遭～贼～磔～重～追～族～顺～暴～贬～残～惩～斥～锄～黜～错～荡～吊～伐～剪～劓～诘～鲸～攫～僇～乱～论～名～逆～佞～虐～辟～遣～谴～伤～讨～屠～心～刑～削～夷～刈～愚～语～责～谪～磔～震～薙～逐例先驱总昌会，后至伏灵诛。（唐·宋之问《谒禹庙》）西卒却倒戈，贼臣互相诛。（唐·杜甫《草堂》）

典**季冬诛** 指被判处死刑或身处绝境的人死到临头。《汉书·司马迁传》有司马迁《报任安书》：“今少卿报不测之罪，涉旬月，迫季冬，仆又薄从上上雍，恐卒然不可讳。”“季冬”为冬季第三月，汉时为处决犯人的日子，故有“季冬诛”之说。

深知狱吏贵，几迫季冬诛。（唐·李商隐《哭虔州杨侍郎》）

李杜诛 指忠臣被诬蔑而被杀。《后汉书·杜密传》：“后桓帝征拜尚书令，迁河南尹，转太仆。党事既起，免归本郡，与李膺俱坐，而名行相次，故时人亦作‘李杜’焉。”

喜无李杜诛，敢惮髡钳苦。（唐·杜牧《李甘诗》）

猪（*豬）zhū

古上平，六鱼。逆豨～貑～豭～豢～牧～山～牙～顺～胞～鬃～革～牯～倌～牢～鬣～苓～龙～猡～鬃例小池聊养鹤，闲田且牧猪。（唐·王绩《田家三首（一作王勃诗）》）

诸（諸）zhū

古上平，六鱼。逆贲～扁～方～夫～忽～或～加～鉴～居～揽～梅～孟～匹～譬～偏～其～桃～望～无～悉～因～瞻～众～专～自～顺～曹～尘～次～弟～娣～坊～父～妇～葛～工～公～姬～稽～尖～舅～君～僚～漏～率～蛮～弄～品～卿～渠～趣～戎～生～史～使～书～司～孙～天～妄～夏～谢～严～彦～缘～越～蛰～蔗例长路出雷泽，浮云归孟诸。（唐·高适《送虞城刘明府谒魏郡苗太守》）且将换酒与君醉，醉归托宿吴专诸。（唐·李白《醉后赠从甥高镇》）山应列圆峤，宫便接方诸。（唐·陆龟蒙《四明山诗·石窗》）

典**专诸** 代指刺客或者豪侠。《史记·刺客列传·专诸》：“专诸者，吴堂邑人。伍子胥之亡楚而如吴也，知专诸之能。”专诸为春秋五国时的著名刺客。

才见专诸操匕首，旋闻西子载扁舟。（宋·陈深《晓望吴城有感》）

铢（銖）zhū

①古代重量单位，二十四铢为一两。②比喻轻微。

古上平，七虞。逆分～毫～九～六～毛～黍～四～五～星～一～锱～租～顺～称～秤～寸～钝～发～分～累～粒～两～秒～黍～衣～龠～锱例判身入矛戟，轻敌比锱铢。（唐·元稹《酬乐天东南行诗一百韵》）重士过三哺，轻财抵一铢。（唐·白居易《和微之春日投简阳明洞天五十韵》）

蛛 zhū

古上平，七虞。逆壁～垂～网～喜～檐～蛛～顺～巢～尘～窠～罗～蝥～煤～绳～丝～网～罔～蜘～蛛例映竹时闻转辘轳，当窗只见网蜘蛛。（唐·卢象《同王维过崔处士林亭》）

侏 zhū

古上平，七虞。逆倜～侏～顺～大～离～儒～优～张

茱 zhū

古《广韵》：平声，虞韵。逆食～朱～顺～囊～萸

洙 zhū

水名。

古上平，七虞。逆泗～沂～顺～水例切偲取义思怡如，兑心工夫忆泗洙。（宋·袁甫《时心堂记言五典也载赓前韵以歌之》）

潴（*瀦）zhū

水停聚处。

古上平，六鱼。逆涵～积～孟～渟

～停～沃～污～偃～堰～夜～汙～㊍～畜～溉～潦～泺～水～薮～泄～蓄～淤～涨㊄有形皆霡霂，无地不污潴。（唐·薛能《秋雨》）

楮（槠）zhū　木名。

㊀上平，六鱼。㊁苦～㊍～子

榘（*櫫）zhū　①小木桩。②标志。

㊀上平，六鱼。㊁揭～楬～

租 zū

㊀上平，七虞。㊁逼～逋～赐～典～顶～定～复～赋～诟～顾～雇～官～国～还～海～酒～蠲～抗～课～垦～麦～食～市～输～岁～屯～完～邑～鱼～征～赀～㊍～簿～稻～佃～额～费～奉～赋～更～贡～谷～籍～绢～敛～禄～契～挈～输～赎～调～委～限～徭～银～庸～运～责～折～秩～铢～子㊄翳桑俄有绩，宿麦复盈租。（唐·羊士谔《郡斋读经》）短檐苫稻草，微俸封渔租。（唐·元稹《酬乐天东南行诗一百韵》）背锦奚奴能检典，画眉老妇出交租。（宋·戴复古《望江南·壶山好》）

㊅**吏催租**　喻毫无文采而大煞风景。宋·费衮《梁溪漫志》卷七："谢无逸尝从潘邠老求近作，邠老答曰：'秋来景物，件件是佳句，恨为俗气所弊。昨日清卧，闻搅林风雨声，欣然起题其壁云：'满城风雨近重阳。'忽催租人至，遂败意，止此一句奉寄。"

而今风物那堪画，县吏催租夜打门。（宋·苏轼《陈季常所蓄〈朱陈村嫁娶图〉二首》）

赵军租　指独立决定军功爵赏的能力。《史记·冯唐列传》："臣闻上古王者之遣将也……军功爵赏皆决于外，归而奏之。此非虚言也。臣大父言，李牧为赵将居边，军市之租皆自用飨士，赏赐决于外，不从中扰也。"

空怀老臣策，未获赵军租。（唐·陈子昂《答韩使同在边》）

平声·阳平

除 chú　①台阶。②去掉。③任命官职。④一年的最后一天。

㊀上平，六鱼。㊁璧～册～禅～乘～丹～雕～冬～祓～公～化～豁～阶～内～迁～祛～洒～筛～芟～升～岁～堂～天～廷～庭～羡～谢～轩～刈～玉～㊍～陛～差～次～道～服～赴～革～宫～过～红～豁～命～丧～骚～扫～省～释～授～死～巳～坛～堂～田～徒～脱～亡～祥～孝～夜～用㊄坠露清金阁，流萤点玉除。（唐·乔备《长门怨》）碧水走龙蛇，蜿蜒绕庭除。（唐·孟郊《初于洛中选》）旧事殷勤休忘了，老来凄断恶消除。（宋·毛滂《浣溪沙·锦里无端无素书》）

刍（芻）chú　①割草。②牲口吃的草。③割草的人；草野之人。④用草喂牲口。⑤食草牲口。

㊀上平，七虞。㊁苾～秉～陈～豆～反～飞～负～龙～马～牧～青～三～三品～生～牲～束～询～㊍～豆～槁～稿～豢～茭～粮～灵～论～摩～牧～尼～荛～菽～粟～微～薪～养～议～舆㊄壮者负砾石，老亦捽茅刍。（唐·元稹《后湖》）旧交封宿草，衰鬓重生刍。（唐·李绅《趋翰苑遭诬构四十六韵》）

㊅**飞刍**　指迅速运送军用粮草。《汉书·主父偃传》："使天下飞刍挽粟，起于黄、腄、琅邪，负海之郡，转输北河，率三十钟而致一石。"颜师古注："运载刍槀，令其疾至，故曰飞刍也。"

应留赐席丹涂地，误责飞刍紫塞功。（宋·王安石《送何圣从龙图》）

白饭青刍　指招待周全丰厚。唐·杜甫《八哀行赠西山检查使窦侍御》："江花未落还成都，肯访浣花老翁无？为君酤酒满眼酤，与奴白饭马青刍。"

他年访我当踟蹰，欲饷白饭陈青刍。（宋·王洋《送周仲固运使之宫湖北》）

雏（雛）chú

㊀上平，七虞。㊁哺～凤～孤～黄～将～灵～龙～乳～僧～宿～鸦～燕～鹍～遗～莺～鸳～鹓～㊍～本～发～凤～鬟～鬓～尾～稚㊄命驾邀渔火，通家引凤雏。（唐·张说《与赵冬曦君懋子均登南楼》）新晴荷卷叶，孟夏雉将雏。（唐·李颀《送裴腾》）避暑昭阳不掷卢，井边含水喷鸦雏。（唐·王建《宫词一百首》其六〇）

㊅**凤雏**[1]　庞统被人誉为"凤雏"，后用指有才华的俊贤。《三国志·蜀书·庞统传》裴松之注引《襄阳记》："诸葛孔明为卧龙，庞士元为凤雏，司马德操为水镜，皆庞德公语也。"

中有孤凤雏，哀鸣九天闻。（唐·李白《送崔度还吴》）

凤雏[2]　指年少的晚辈才华出众。《晋书·陆云传》："云字士龙，六岁能属文，性清正，有才理。……幼时吴尚书广陵闵鸿见而奇之，曰：'此儿若非龙驹，当是凤雏。'后举云贤良，时年十六。"

洞房门上挂桑弧，香水盆中浴凤雏。（唐·白居易《崔侍御以孩子三日示其所生诗见示》其一）

螟雏　喻养子。《诗经·小雅·小宛》："螟蛉有子，蜾蠃负之。"蜾蠃为细腰蜂，产卵于螟蛉幼虫体内，孵化出来之后，便持之而去。古人对此不是很了解，就以为蜾蠃持走的是螟蛉之子。后人遂以螟蛉或者螟雏为养子的代称。

见说宁馨少长，螟雏箕、学更高强。（宋·无名氏《满庭芳·诗礼传家》）

鸳雏　指才俊之士。《庄子·秋水》："惠子相梁，庄子往见之。或谓惠子曰：'庄子来，欲代子相。'于是惠子恐，搜于国中三日三夜。庄子往见之，曰：'南方有鸟，其名为鹓雏，子知之乎？夫鹓雏，发于南海而飞于北海，非梧桐不止，非练实不食，非醴泉不饮。于是鸱得腐鼠，鹓雏过之，仰而视之曰："吓！"今子欲以子之梁国而吓我邪？'"

不知腐鼠成滋味，猜意鸳雏竟未休。（唐·李商隐《安定城楼》）

锄（鋤、*耡、鉏）chú

㊀上平，六鱼。㊁划～春～摧～带月～耕～薅～荷～挥～犁～银～芸～耘～诛～㊍～艾～锸～划～钩～灌～禾～鹤～奸～垦～犁～灭～耨～掊～强～粟～削～刈～耰～耘～诛㊄东川聊下钓，南亩试挥锄。（唐·王绩《薛记室收过庄见寻率题古意以赠》）古柳依沙发，春苗

带雨锄。（唐·刘长卿《过鹦鹉洲王处士别业》）

典**带经锄**　指勤奋刻苦，热爱学习。《汉书·兒宽传》："兒宽，千乘人也……贫无资用，尝为弟子都养。时行赁作，带经而鉏，休息辄读诵，其精如此。"

耳闻战鼓带经锄，振发声名自里闾。（唐·刘禹锡《送前进士蔡京赴学究科》）

兰免锄　指幸免于害。《三国志·蜀书·周群传》："诸葛亮表请其罪。先主答曰：'芳兰生门，不得不鉏。'裕遂弃市。""兰免锄"为反用此典故。

在竹惭充箭，为兰幸免锄。（唐·张南史《早春书事奉寄中书李舍人》）

储（儲）chú

古上平，六鱼。逆邦～边～兵～帝～冬～立～斗～宫～官～广～国～皇～积～建～节～军～留～设～升～岁～帑～王～无～西～宿～蓄～遗～周～赀～资～顺～才～材～德～嫡～端～蓄～副～宫～躬～皇～贾～精～量～能～书～思～嗣～饷～胥～稸～铉～胤～元～运～宰～祉～峙～跱～主例且喜润群物，焉能悲斗储。（唐·高适《苦雪四首》其三）鹤膝兵家备，凫茨俭岁储。（唐·张南史《早春书事奉寄中书李舍人》）不将高卧邀刘主，自吐清谈护汉储。（唐·韦庄《寄从兄遵》）

厨（*廚、㕑）chú

古《广韵》平声，虞韵。逆八～宫～家～俊～庖～贫～入～僧～纱～山～试～堂～天～蚊～洗～仙～香～郇～移～斋～中～顺～兵～仓～车～传～船～户～监～俊～吏～廪～簏～人～膳～司～下～宰～帐～珍～馔例广筵留上客，丰馔引中厨。（唐·骆宾王《久戍边城有怀京邑》）从觞祝尧寿，合鼎献汤厨。（唐·张说《奉和圣制爰因巡省途次旧居应制》）江清牛渚镇，酒熟步兵厨。（唐·羊士谔《资阳郡中咏怀》）

典**八厨**　指在关键时候能散财救人的人。《后汉书·党锢传序》："度尚、张邈、王考、刘儒、胡毋班、秦周、蕃向、王章为'八厨'。厨者，言能以财救人者也。"

重道几三叟，轻财似八厨。（宋·范成大《致政孙从政挽词》）

郇公厨　指制作精美食膳的地方。唐·冯贽《云仙散录》载录《长安后记》"郇公厨"："韦陟厨中，饮食之香错杂，人入其中，多饱饫而归。语人曰：'人欲不饭筋骨舒，夤缘须入郇公厨。'"

客诧郇公厨味好，人惊卫尉厕衣香。（明·王世贞《徐二公子邀与陆司寇吴司空游东园》）

樱笋厨　指朝宴。唐·李淖《秦中岁时记》："长安四月已后，自堂厨至百司厨，通谓之樱笋厨。"

不辞我老鸡豚社，且喜公归樱笋厨。（宋·陆游《送陈吏部还朝》）

橱（*櫥）chú

逆碧纱～柜～十景～书～顺～窗～簏

蹰（*躕）chú

古上平，七虞。逆踟～踌～顺～踟～踌～躇例徒令白日暮，高驾空踟蹰。（唐·李白《陌上桑》）

典**搔首踟蹰**　指苦苦等人躁动不安的情态。《诗经·邶风·静女》："静女其姝，俟我于城隅。爱而不见，搔首踟蹰。"

杳然爱不见，搔首方踟蹰。（唐·白居易《闲居偶吟招郑庶子皇甫郎中》）

躇chú

古上平，六鱼。逆踟～踌～蹰～蹴～顺～步～踌～蹈～峙～跱～足例窜身初浩荡，投迹岂踌躇。（唐·张南史《早春书事奉寄中书李舍人》）

蜍chú　蟾蜍，俗称癞蛤蟆。

古上平，六鱼。逆蝉～蟾～癞～魄～玉蟾～顺～蟾～兔例御鞍金騕褭，宫砚玉蟾蜍。（唐·杜甫《赠李八秘书别三十韵》）

典**蟾蜍**　代指月亮。古代传说月中有一只三条腿的蟾蜍。亦作"蟾""蟾钩""蟾光""蟾兔""蟾魄"。《淮南子·精神训》："日中有踆乌，而月中有蟾蜍。"

蟾蜍薄太清，蚀此瑶台月。（唐·李白《古风》其二）

滁chú　水名。

古上平，六鱼。顺～河～州

篨chú　籧篨，粗席。

古上平，六鱼。逆遽～蘧～籧～例窗明两不借，榻净一籧篨。（宋·王安石《独饭》）

徂cú　往。

古上平，七虞。逆凋～汩～横～迈～眇～沛～迁～岁～炎～云～顺～川～风～晖～辉～魂～徕～龄～落～殁～年～丧～逝～暑～岁～谢～颜～音例万事干戈里，空悲清夜徂。（唐·杜甫《倦夜》）溟涨鲸波动，衡阳雁影徂。（《舟出江陵南浦，奉寄郑少尹（审）》）芳讯风情在，佳期岁序徂。（唐·权德舆《奉和许阁老酬淮南崔十七端公见寄》）

殂cú　死。

古《广韵》：平声，模韵。逆崩～病～告～薨～沦～迁～逝～夭～殀～顺～背～化～落～没～殒～殁～丧～逝～谢～夭～陨～殒例南游李邕死，北望宋珪殂。（唐·范夜《失题》）得利渠即死，失利汝即殂。（唐·寒山《诗三百三首》其八七）

浮fú

古下平，十一尤。逆槎～鼉～汎～浮～光～画舫～浇～空～岚翠～罗～冥～鸥～杯～萍～溥～清～沈～食～跳～险～嚣～虚～谖～烟～阳～鱼～云～湛～顺～埃～杯～碧～槎～沉～侈～词～泛～夫～梗～光～户～华～幻～芥～金～景～夸～岚～麦～名～鸥～巧～丘～冗～山～生～食～世～土～文～习～香～嚣～朽～烟～言～蚁～翳～音～玉～月～舟～子例莲叶池通泛，桃花水自浮。（唐·丁泽《龟负图（东都试）》）风折璿成浪，空涵影似浮。（唐·独孤良器《赋得沉珠于泉》）萧萧风月一尘无，只堪绿蚁满尊浮。（宋·史浩《浣溪沙·胜概朱楹俯碧湖》）

典**罗浮**　喻梅花。亦作"罗浮梦""罗浮洞"。旧题唐·柳宗元《龙城录》载赵师雄迁至罗浮，夜遇一女，清丽秀雅，体香袭人，遂与之共饮，天亮醒来，发现自己在大梅花树下，而美女已不见踪迹。

梅花清入罗浮梦，荔子红分广海程。（唐·殷尧藩《送刘禹锡侍御出刺连州》）

食浮　指居官清廉，用以自谦。《礼记·坊记》："子云：'君子辞贵不辞贱，辞富不辞贫，则乱益亡。故君子与其使食浮于人也，宁使人浮于食。”郑玄注：“食谓禄也。在上曰浮。禄胜己则近贪，己胜禄则近廉。”

名窃久自欺，食浮固云叨。（唐·柳宗元《游南亭夜还叙志七十韵》）

云气浮 指真龙天子之兆。亦作“云浮”“砀瑞”。《史记·高祖本纪》：“秦始皇帝常曰‘东南有天子气’，于是因东游以厌之。高祖即自疑，亡匿，隐于芒、砀山泽岩石之间。吕后与人俱求，常得之。高祖怪问之，吕后曰：‘季所居上常有云气，故从往，常得季。’”

芭蕉张王要须朽，云气浮游毕竟虚。（宋·苏辙《病后》）

五马南浮 指战乱。见794页“五马渡江”。

五马南浮一化龙，谢安入相此山空。（唐·胡曾《咏史诗·东山》）

扶 fú

古上平，七虞。逆倡～搊～扶～给～挟～将～开～倩人～强～挈～昇～输～塔～抟～相～阎～掖～翼～拥～鹓～拽～顺～病～策～榇～床～芳～风～冯～盖～毂～乩～箕～将～枢～匡～筐～老～犁～鸾～挈～笻～渠～桑～疏～树～苏～抟～微～胥～曳～移～翊～拥～舁～舆～竹例暮年且喜经行近，春日兼蒙暄暖扶。（唐·杜甫《岳麓山道林二寺行》）僧房闲共宿，酒肆醉相扶。（唐·于鹄《山中寄樊仆射》）心源邀得闲诗证，肺气宜将慢酒扶。（唐·杨巨源《和元员外题升平里新斋》）

符 fú

古上平，七虞。逆艾～边～钗～谶～赤～丹～飞～庚～龟～鸿～虎～换～黄～火～节～金～麟～灵～龙～録～木～剖～乾～青～瑞～兽～书～韬～桃～铜～土～握～祥～玄～悬～牙～银～应～鱼～玉～灾～贞～朱～竹～驺虞～左～顺～葆～彩～曹～册～策～谶～敕～牒～劾～扈～籍～甲～教～醮～节～理～箓～命～目～牌～棨～契～券～禳～瑞～赏～授～书～术～水～檄～玺～祥～验～曜～移～印～镇～竹～篆例战士青丝络，将军黄石符。（唐·骆宾王《久戍边城有怀京邑》）醽醁新翻碧玉壶。水精钗袅绛纱符。（宋·周紫芝《浣溪沙·醽醁新翻碧玉壶》）

典**桃符** 指驱邪辟鬼之事。南朝梁·宗懔《荆楚岁月记》：“正月一日，是三元之日也。……贴画鸡，或斫镂五采及土鸡于户上，悬苇索于其上，插桃符于旁，百鬼畏之。”民间传说桃都山有大桃树，其下有二神，能杀不祥的鬼怪，便形成在桃符上书写吉利话来驱邪辟鬼的习俗。

老去怕看新历日，退归拟学旧桃符。（宋·苏轼《除夜野宿常州城外二首》其二）

麟符 指地方长官的凭信。《新唐书·车服志》：“传信符者，以给邮驿，通制命。皇太子监国给双龙符，左右皆十。两京、北都留守给麟符，左二十，右十九。……左者进内，右者付外。行军所亦给之。”

盛德元勋绝等伦，麟符虎节冠宗臣。（宋·张耒《上文潞公生日》）

阴符 指与兵书、兵法有关之书。《隋书·经籍志三》：“《太公阴符钤录》一卷。”《太公阴符钤录》为古代兵书。

雄剑藏玉匣，阴符生素尘。（唐·李白《门有车马客行》）

左符 代指州郡长官。《汉书·文帝纪》：“初与郡守为铜虎符、竹使符。”汉代任命州郡长官，授予左符，到达郡州之后，合右符为验证。后世便以此典来形容出任州郡的长官。

横空好在修眉色，头白犹堪乞左符。（宋·苏轼《送吕昌朝知嘉州》）

竹符 参见“左符”。又作“竹使符”。

铜柱虽然蛮徼接，竹符还是汉家分。（宋·王安石《次韵答丁端州》）

赤伏符 指顺应天命，继承帝位。亦作“梦赤龙”。晋·袁宏《后汉记》卷一：“萧王（刘秀）至中山，群臣上尊号，王不听，诸将固请。王召冯异问以群臣之议。……王曰：‘我昨梦乘赤龙上天，觉悟，心中悸动，此何祥也？’异再拜贺曰：‘此天命发于精神，心中悸动，大王重慎之至也。’会诸生强华自长安奉赤伏符诣鄗。群臣复请曰：‘受命之符，人应为大。……’六月己未，即皇帝位于鄗。”

此日天中节，它年赤伏符。（宋·周必大《端午帖子·太上皇帝阁》）

孚 fú

①诚信。②信服；使信服。③符合。

古上平，七虞。逆简～交～谨～潜～未～相～信～秀～永～远～允～贞～中～忠～作～顺～感～号～合～甲～命～洽～惬～释～笋～信～尹～佑～愉～远例此乐匪足耽，此诚期永孚。（唐·李适《重阳日中外同欢，以诗言志，因示群官》）宁复机难料，庸非信未孚。（唐·温庭筠《病中书怀呈友人》）

典**中孚** 指恩泽下惠。《周易·中孚》：“象曰：泽上有风，中孚。”唐孔颖达疏：“风行泽上，无所不周，其犹言之被物，无所不至，故曰‘泽上有风，中孚’。”

独抱中孚爻，谁知苦寒咏。（唐·钱起《寄任山人》）

俘 fú

古上平，七虞。逆反～告～归～馘～累～遣～禽～囚～砂～赏～释～赎～献～遗～阵～顺～馘～获～劫～累～隶～卤～掠～略～庙～擒～囚～系～献～邑～执例方思壮军实，远近递生俘。（唐·储光羲《观范阳递俘》）

典**魏豹俘** 指薄姬，亦指古代妇女变幻莫测的命运。《汉书·外戚传·薄姬》：“汉使曹参等虏魏王豹，以其国为郡，而薄姬输织室。豹已死，汉王入织室，见薄姬，有诏内后宫，岁余不得幸……汉王四年……召欲幸之。对曰：‘昨暮梦龙据妾胸。’上曰：‘是贵征也，吾为汝成之。’遂幸，有身。岁中生文帝。”

织室魏豹俘，作汉太平基。（唐·杜牧《杜秋娘诗》）

夫 fú

助词。另见333页fū。

古上平，七虞。逆可～如斯～信～

枹 fú

鼓槌。

古上平，七虞。又：下平，十一尤同。逆秉～发～鸣～扬～玉～援～顺～端～鼓～蓟

桴fú 筏。

古上平，七虞。又：下平，十一尤异。逆编～乘～栋～浮～鼓～蒉～鸣～陶～土～扬～渔～玉～援～重～顺～槎～栋～枨～筏～革～鼓～楫～京～木～人～思～炭～苡～应～粥例南征问悬榻，东逝想乘桴。（唐·杜甫《舟出江陵南浦，奉寄郑少尹（审）》）雷门震惊手，待汝一援桴。（宋·黄庭坚《次韵杨明叔四首》其一）

典**乘桴** 指隐逸遁世。《论语·公冶长》："子曰：'道不行，乘桴浮于海。从我者其由与？'"

近来南海波尤恶，未许乘桴自在游。（宋·苏辙《次韵子瞻山村五绝》）

凫（鳬、*凫）fú

古上平，七虞。逆白～蚕～飞～海～鹤～化～灵～履～蹑～轻～舄～神～舒～双～松～仙～信～野～鱼～玉～顺～车～雏～船～舫～飞～分～伏～雁～旌～腾～葵～骑～腔～趋～鼍～翁～鹭～傒～舄～雁～鹥～绎～浴～藻～舟～渚～尊例迷魂惊落雁，离恨断飞凫。（唐·骆宾王《久戍边城有怀京邑》）沙晚低风蝶，天晴喜浴凫。（唐·杜甫《江亭送眉州辛别驾升之（得芜字）》）鼓吹未容迎五马，水云先已漾双凫。（宋·苏轼《瑞鹧鸪·城头月落尚啼乌》）

典**飞凫** ①咏县令。②形容美女之轻盈。③喻箭或者令箭。亦作"翔凫""飞凫舄""飞凫仙子""飞凫仙伯""叶县凫"。传说在东汉显宗朝有一个叶县令王乔会神仙道术，他上朝不乘车马，而是凭借官履所化的飞凫往来，遂有此典。见汉·应劭《风俗通义·正失·叶令祠》。

闻道飞凫向洛阳，翩翩矫翮度文昌。（唐·李适《饯唐永昌赴任东都》）

扬轻袿之猗靡兮，翳修袖以延伫。体迅飞凫，飘忽若神。（三国魏·曹植《洛神赋》）

看飞凫仙子，张帆直上，周郎赤壁，鹦鹉汀洲。（宋·刘过《沁园春·万里湖南》）

飞凫，赤茎百羽，以铜为首。（《六韬·虎韬·军用第三十一》）

何为仍负弩，只合便飞凫。（宋·晁补之《寄题宝应无斁凫舄堂二首》其一）

叶县凫 亦作"叶县宰""双凫""叶县履"。见"飞凫①"。

诏宠金门策，官荣叶县凫。（唐·高适《真定即事奉赠韦使君二十八韵》）

蚕丛鱼凫 指蜀地。左思《蜀都赋》："夫蜀都者，盖兆基于上世，开国于中古。"晋刘逵注："扬雄《蜀王本纪》曰：'蜀王之先，名蚕丛、柏濩、鱼凫、蒲泽、开明，是时人萌，椎髻左言，不晓文字，未有礼乐。从开明上到蚕丛，积三万四千岁。'"

蚕丛及鱼凫，开国何茫然。（唐·李白《蜀道难》）

蚨fú 虫名。

古上平，七虞。逆番～飞～还～花～京～青～洋～顺～缗～母～钱～虷例客来斟绿蚁，妻试踏青蚨。（唐·温庭筠《病中书怀呈友人》）

典**青蚨** 喻钱。晋·干宝《搜神记》卷一三："南方有虫，名𧑒蝺，一名蜖蠋，又名青蚨……取其子，母即飞来，不以远近。虽潜取其子，母必知处。以母血涂钱八十一文，以子血涂钱八十一文，每市物，或先用母钱，或先用子钱，皆复飞归，轮转无已。"

囊里无青蚨，箧中有黄绢。（唐·寒山《诗三百三首》其一二〇）

芙fú

古上平，七虞。顺～渠～蕖～蓉

苻fú 草名。另见355页pú。

古下平，七虞。逆白～芦～

蜉fú

古下平，十一尤。逆螯～蚍～顺～结～蝤～蝣例鬼神不得知其由，怜爱苍生比蚍蜉。（唐·王昌龄《箜篌引》）

莩fú 芦苇秆子中的薄膜。参见555页piǎo"殍"。

古上平，七虞。逆寒～葭～流～芦～柔～顺～甲～末例庭兽方呈角，阶蓂始效莩。（唐·李绅《趋翰苑遭诬构四十六韵》）浪言辉棣萼，何所托葭莩。（唐·温庭筠《病中书怀呈友人》）

典**灰动葭莩** 指季候变化。《后汉书·律历志上》："候气之法，为室三重，户闭，涂衅必周，密布缇缦，室中以木为案，每律各一，内庳外高，从其方位，加律其上，以葭莩灰抑其内端，按历而候之。气至者灰动。"

灰动葭莩，渐觉微阳扇。（宋·葛立方《蝶恋花·缇室群阴清晓散》）

罘fú 捕兽的网。

古下平，十一尤。逆解～罝～之～顺～罳～罕～罝～思～罠～网～罔～崽例蛾须远灯烛，兔勿近罝罘。（唐·白居易《想东游五十韵》）何有声名呼子慎，傥能饥渴念之罘。（宋·王淹《寄蒋季庄》）

典**之罘** 咏帝王出巡。《汉书·武帝纪》：太始三年二月，"（武帝）幸琅邪，礼日成山。登之罘，浮大海"。

秦家祖龙还刻石，碣石之罘李斯迹。（唐·韦应物《石鼓歌》）

郛fú 外城。

古下平，七虞。逆城～都～郭～郊～近～郡～说～完～邑～顺～郭～廓～言～邑～宇例几代传荆国，当时敌陕郛。（唐·张九龄《登荆州城楼》）江郭船添店，山城木竖郛。（唐·元稹《酬乐天东南行诗一百韵》）

涪fú 水名。

古《广韵》：平声，尤韵。逆湛～顺～江～皤～翁～湛～州

糊[1]hú 另见335页hū、385页hù。

古上平，七虞。逆裱～焦～马～漫～眯～模～糢～热～遮～顺～名～突～涂例知君夜听风萧索，晓望林亭雪半糊。（唐·元稹《酬乐天雪中见寄》）连夜江云黄惨澹，平明山雪白模糊。（唐·白居易《雪中即事答微之》）

糊[2]（*粘、餬）hú 粥类食品。另见335页hū、385页hù。

古上平，七虞。顺糊～

胡[1]hú

古上平，七虞。逆坳～跋～豹～愁～垂～凋～瑚～雕～东～风～鼓～龙～函～涵～阖～稽～贾～羯～酒～阑～狼～领～咙～麻～曼～漫～模～攀～乞～羌～秋～山～梭～鹈～五～旋～椰～玉兔～远

～云～诸～顺～柴～尘～床～笛～地～蝶～氛～风～服～画～姬～箛～葭～梨～伶～芦～虏～鹿～马～蔓草～母～奴～骑～羌～琴～僧～沙～食～市～书～桃～天～调～桐～戏～祆～燕～羊～杨～夷～语～越～粤～云例秦地雄西夏，并州近北胡。（唐·宋璟《奉和圣制答张说扈从南出雀鼠谷》）连兵屯北地，清野备东胡。（唐·陈子昂《答韩使同在边》）

典**跋胡**　喻进退两难的处境。《诗经·豳风·狼跋》："狼跋其胡，载疐其尾。"毛氏传："老狼有胡，进则躐其胡，退则跆其尾，进退有难，然而不失其猛。"

鹿角真走险，狼头如跋胡。（唐·杜甫《大历三年春白帝城放船出瞿塘峡》）

麻胡　指凶残恶相之人。《太平广记》卷二六七引唐张鷟《朝野佥载》：东晋后赵石勒将麻秋，胡人，性凶残，好杀人，人畏之。里有儿啼，母即恐之曰："麻胡来！"啼即止。

高卷珠帘明点烛，试教菩萨看麻胡。（宋·成郎中《催妆诗》）

蔡女没胡　东汉末年天下大乱，蔡文姬陷于胡地，后用指战乱流离之苦。《后汉书·列女传·董祀妻》："董祀妻……蔡邕之女也，名琰，字文姬。……兴平中，天下丧乱，文姬为胡骑所获，没于南匈奴左贤王……曹操素与邕善，痛其无嗣，乃遣使者以金璧赎之，而重嫁于祀。"

明妃失汉宠，蔡女没胡尘。（唐·陈子昂《居延海树闻莺同作》）

胡²(鬍)hú　胡子。

逆连鬓～仁丹～顺～槎～髯～梳～髭～子蟾

胡³(*衚)hú

顺～同

湖hú

古上平，七虞。逆陂～冰～洞庭～鹅～高士～鹤～后～镜～蠡～两～灵～菱～龙～瑁～梅～明～甓社～平～鄱～钱～晴～石～西子～阳～鸳～重～顺～笔～池～广～海～胶～嵌～色～山～石～田～亭～湘～枭～澥～心～学～烟～阴～泽～绉例严飙肃林薄，暖景澹江湖。（唐·虞世南《奉和幸江都应诏》）枕席夷三峡，关梁豁五湖。（唐·张九龄《登荆州城楼》）地尽天水合，朝及洞庭湖。（唐·宋之问《洞庭湖》）

典**鼎湖**　黄帝升仙处，借指帝王或帝王崩逝。亦作"鼎成"。《史记·封禅书》："黄帝采首山铜，铸鼎于荆山下，鼎既成，有龙垂胡髯下迎黄帝。黄帝上骑，群臣后宫从上者七十余人，龙乃上去。余小臣不得上，乃悉持龙髯，龙髯拔，堕，堕黄帝之弓。百姓仰望黄帝既上天，乃抱其弓与胡髯号，故后世因名其处曰鼎湖，其弓曰乌号。"

鼎湖龙渐远，濛汜日初沈。（唐·白居易《开成大行皇帝挽歌词四首奉敕撰进》其三）

贺家湖　指贺知章晚年隐退之地。亦作"镜湖""湖边贺监""镜上贺老""贺监湖"以及"贺公湖"。《新唐书·贺知章传》："贺知章字季真，越州永兴人……天宝初，病，梦游帝居，数日寤，乃请道士，还乡里。诏许之，以宅为千秋观而居。又求周宫湖数顷为放生池，有诏赐镜湖剡川一曲。"

倚栏遥望贺家湖，千顷波光半欲芜。（宋·喻良能《望湖亭》）

相忘江湖　指自由自在，无拘无束的生活。亦作咏鱼之典。《庄子·大宗师》："泉涸，鱼相与处于陆，相呴以湿，相濡以沫，不如相忘于江湖。"

濠梁宁足乐，相忘在江湖。（宋·丁谓《鱼》）

一舸五湖　指取得事功而后归隐江湖。见614页"五湖船"。

功名已矣君休问，一舸从教寄五湖。（宋·蔡戡《荆溪即事》）

壶(壸)hú

古上平，七虞。逆百～碧～冰～博～残～蟾～箪～方～风～弓～宫～行～瓠～圜～箭～浆～椒～金～开～孔～料～匏～蓬～碰～挈～琴～倾～全～三～沙～时～提～彤～投～唾～醯～携～悬～烟～瀛～玉～烝～执～顺～餐～柑～公～公龙～关老～箭～浆～馂～榼～郎～罍～领～漏～卢～芦～瓶～峤～丘～人～觞～矢～手～飧～天～中天～中物～子～尊例仙人六膳调神鼎，玉女三浆捧帝壶。（唐·沈佺期《嵩山石淙侍宴应制》）洛阳亲友如相问，一片冰心在玉壶。（唐·王昌龄《芙蓉楼送辛渐二首》）半夜进傩当玉殿，未明排仗到铜壶。（唐·王建《赠胡沍将军》）

典**方壶**　传说中的仙境或者仙人。《列子·汤问》："夏革曰：'渤海之东，不知几亿万里，有大壑焉，实惟无底之谷，其下无底，名曰归墟。……其中有五山焉：一曰岱舆，二曰员峤，三曰方壶，四曰瀛洲，五曰蓬莱。其山高下周旋三万里，其顶平处九千里。'"

碧落招邀闲旷望，黄金城外玉方壶。（唐·元稹《和乐天招钱蔚章看山绝句》）

蓬壶　指仙境。见901页"蓬瀛"。

日本晁卿辞帝都，征帆一片绕蓬壶。（唐·李白《哭晁卿衡》）

提壶　指鸟鸣，喻饮酒之事。唐·刘禹锡《和苏郎中寻丰安里旧居寄主客张郎中》："池看科斗成文字，鸟听提壶忆献酬。"提壶为鸟名，因鸣叫声与"提壶"音相仿，遂得名，诗人用其吟咏风景的同时，也指代饮酒之事。

提壶岂解饮，好语时见广。（宋·苏轼《和陶归园田居六首》其五）

悬壶　指济世行医。《后汉书·费长房传》："市中有老翁卖药，悬一壶于肆头。"

妙笔曾开天日晓，悬壶常锁洞山春。（宋·李复《道士李得柔行太乙法曾传御容》）

击唾壶　指壮志难酬。亦作"击壶"。《世说新语·豪爽》："王处仲每酒后辄咏'老骥伏枥，志在千里。烈士暮年，壮心不已'。以如意打唾壶，壶口尽缺。"

中夜击唾壶，仰头望天庚。（唐·朱湾《赠饶州韦之晋别驾》）

敲缺唾壶　形容心情忧愤或感情激昂。亦作"敲缺铜壶""敲碎琼壶""唾壶敲破"。见本页"击唾壶"。

敲缺唾壶，击残如意，妙语飞华雪。（宋·汪晫《念奴娇·相逢草草》）

玉女投壶 即东王公与玉女投壶事。亦作"投壶笑"。《艺文类聚》卷一七引汉东方朔《神异经》曰:"东荒山中有大石室,东王公居焉……恒与一玉女投壶,每投千二百矫。设有入不出者,天为之嚱嘘;矫出而脱误不接者,天为之笑。"

姮娥捣药无时已,玉女投壶未肯休。(唐·李商隐《寄远》)

雅歌投壶 指武将文静儒雅的风度气质。亦作"雅歌筹壶""雅歌长啸"。《后汉书·祭遵传》:"遵为将军,取士皆用儒术,对酒设乐,必雅歌投壶。"

雅歌谁解继投壶,桃李无言满路。(宋·毛滂《西江月·花下春藏五马》)

狐hú

古上平,七虞。逆白～城～赤～董～短～飞～封～黄～火～稷～令～履冰～魅～南～凭～青～轻～神～黠～仙～雄～玄～妖～疑～银～蝇～紫～顺～白～冰～禅～刺～父～蛊～怪～鬼～狢～火～惑～黎～貉～岐～丘～裘～神～首～书～鼠～绥～突～兔～威～祥～袖～穴～枕丘例骑将猎向城南隅,腊日射杀千年狐。(唐·岑参《玉门关盖将军歌》)俊鹘无由拳狡兔,金雕不得擒魅狐。(唐·元稹《有鸟二十章》)卧草跧如兔,听冰怯似狐。(唐·韦庄《雨霁晚眺(庚子年冬大驾幸蜀后作)》)

典**董狐** 指忠于事实、坚持真理的人。见244页"董狐直笔"。

董狐执笔何时易,马援征蛮未遽来。(宋·苏辙《次韵广州陈绎谏议》其一)

鬼董狐 指记录神鬼故事的史家。《世说新语·排调》:"干宝向刘真长叙其搜神记,刘曰:'卿可谓鬼之董狐。'"

著书虽可覆酱,志怪犹为鬼董狐。(宋·李廌《赵令畤德麟作襄阳从事》)

听冰狐 喻心神不宁,惶恐狐疑。北魏·郦道元《水经注·河水一》引晋郭缘生《述征记》:"盟津、河津恒浊,方江为狭,比淮、济为阔,寒则冰厚数丈。冰始合,车马不敢过,要须狐行,云此物善听,冰下无水乃过,人见狐行,方渡。"

激扬衔箭虎,疑惧听冰狐。(唐·温庭筠《病中书怀呈友人》)

社鼠城狐 城墙洞中的狐狸,社坛里的老鼠。比喻朝中奸臣,亦指有所凭依而为非作歹之人。又作"城狐社鼠"。《晏子春秋·问上九》:"夫社,束木而涂之,鼠因往托焉,熏之则恐烧其木,灌之则恐败其涂,此鼠所以不可得杀者,以社故也。"《晋书·谢鲲传》:"及敦将为逆,谓鲲曰:'刘隗奸邪,将危社稷。吾欲除君侧之恶,匡主济时,何如?'对曰:'隗诚始祸,然城狐社鼠也。'"

社鼠不可灌,城狐不易防。(唐·曹邺《奉命齐州推事毕寄本府尚书》)

弧hú 木弓。

古上平,七虞。逆操～垂～雕～挂～蝥～门～蓬～桑～桑～设～桃～威～轩～悬～张～顺～辰～弓～光～精～刺～骑～圈～深～矢～室～弦～悬～张例带星飞夏箭,映月上轩弧。(唐·贺敳《奉和九月九日应制》)当心鞙铜鼓,背弝射桑弧。(唐·元稹《酬乐天东南行诗一百韵》)垂橐羞尽爵,扬觯辱弯弧。(唐·温庭筠《病中书怀呈友人》)

典**门弧** 指生男孩或庆贺男子的生辰。亦作"垂弧""挂弧""设弧""悬弧"。《礼记·郊特牲》:"孔子曰:'士使之射,不能则辞以疾,悬弧之义也。'"郑玄注曰:"男子生而设弧于门左,示有射到而未能也。女子设帨。"

门弧纪旦还复周,瑞霰连天芳岁遒。(宋·宋庠《吴侍郎生朝》)

蝥弧 指军旗。《左传·隐公十一年》:"秋七月,公会齐侯、郑伯伐许。庚辰,傅于许。颍考叔取郑伯之旗蝥弧以先登,子都自下射之,颠。"

鹫翎金仆姑,燕尾绣蝥弧。(唐·卢纶《和张仆射塞下曲》其一)

桃弧 指辟邪除灾之物。《左传·昭公四年》:"桃弧棘矢,以除其灾。"

相顾笑声冲庭燎,桃弧射矢时独叫。(唐·孟郊《弦歌行》)

蓬矢桑弧 指男儿壮志。亦作"蓬矢"。见156页"桑弧蓬矢"。

椿年七十二回新,蓬矢桑弧记此晨。(宋·苏辙《张安道生日二首》其二)

瓠hú 旧读。另见385页hù、61页huò。

猢hú

古《广韵》:平声,模韵。逆狮～犹～顺～狲

蝴hú

顺～蝶～蝶花～蝶梦～蝶泉～蝶厅～蝶瓦～蝶香

瑚hú

古上平,七虞。逆琱～珊～鸦～顺～簋～琏例瑶坛被髹漆,宝树攒珊瑚。(唐·刘禹锡《武陵观火诗》)

典**击珊瑚** 珊瑚在古代是宝物,晋人石崇击碎王恺的珊瑚树,而偿以更珍贵的,以显示其富有。后因以指豪华,奢侈。亦作"珊瑚枝""珊瑚碎"。《世说新语·汰侈》:"石崇与王恺争豪,并穷绮丽,以饰舆服。武帝,恺之甥也,每助恺。尝以一珊瑚树,高二尺许赐恺。枝柯扶疏,世罕其比。恺以示崇。崇视讫,以铁如意击之,应手而碎。恺既惋惜,又以为疾己之宝,声色甚厉。崇曰:'不足恨,今还卿。'乃命左右悉取珊瑚树,有三尺四尺,条干绝世,光彩溢目者六七枚,如恺许比甚众。恺惘然自失。"

歌敲玉唾壶,醉击珊瑚枝。(唐·罗隐《钱塘遇默师忆润州旧游》)

铁网珊瑚 比喻有才学的人或珍奇之物皆被收罗。见842页"珊瑚在网"。

玉轮顾兔初生魄,铁网珊瑚未有枝。(唐·李商隐《碧城三首》其三)

钓竿拂珊瑚 喻超脱尘凡的仙风道骨之态。唐·杜甫《送孔巢父谢病归游江东兼呈李白》:"巢父掉头不肯住,东将入海随烟雾。诗卷长留天地间,钓竿欲拂珊瑚树。"此诗中杜甫用"钓竿欲拂珊瑚树"来形容巢父那种仙人般的闲适隐逸,遂得此典。

钓竿已拂珊瑚树,拄笏新沾雨露恩。(宋·杨万里《送伍耀卿监庙

西归》）

醐hú　醍醐，本指从牛乳中提炼出的精华；喻指精华；或指美好的人品。

古上平，七虞。逆醍～例息阴惭蔽芾，讲义得醍醐。（唐·羊士谔《郡斋读经》）

鹕（鶘）hú

古上平，七虞。逆犁～鹙～鹈～例摩诃池上分明见，仔细看来是那鹕。（唐·顾夐《感秃鹙潜吟》）

葫hú

古上平，七虞。顺～芦

芦（蘆）lú

古上平，七虞。逆苞～碧～吹～荻～寒～壶～葫～黄～两岸～蒲～穷士～衔～一枝～顺～箔～荡～荻～笛～藩～菲～扉～莩～管～花～笳～酒～牌～簾～人～哨～笙～苇～席～雪～中人～锥～子例冬律初飞管，阳鸟正衔芦。（唐·虞世南《奉和幸江都应诏》）碧鲜俱照箸，香饭兼苞芦。（唐·杜甫《槐叶冷淘》）

典**衔芦**　喻大雁。《诗传名物集览》卷四："雁衔芦而捍网，牛结阵以却虎。"

出塞行行如出战，衔芦寂寂类衔枚。（宋·刘克庄《雁阵》）

苦竹黄芦　指秋天江南的荒芜凄凉之景。白居易《琵琶行》："住近湓江地低湿，黄芦苦竹绕宅生。其间旦暮闻何物？杜鹃啼血猿哀鸣。"

舟穿苦竹黄芦去，帽任回风急雪飘。（宋·董嗣杲《离江城遇雪》）

庐（廬）lú

古上平，六鱼。逆庵～班氏～庳～敝～草～承明～村～稻～殿～垩～佛～拂～故～顾～瓜～广武～蒿～阖～衡～黄～结～精～客～叩～林～陵～陋～茅～墓～蓬～篷～寝～青～穷～穹～蘧～僧～苫～轼～陶～田～蜗～吾～宿～许氏～玄～学～雪～野～倚～玉～寓～园～造～斋～毡～冢～诸葛～顺～第～垩～阜～观～霍～井～九～居～君～落～墓～寝～山～舍～室～屋～庑～茔～宇～园～岳～宅～帐～冢例遥识齐侯鼎，新过王母庐。（唐·王维《赠东岳焦炼师》）白首此为渔，青山对结庐。（唐·刘长卿《过鹦鹉洲王处士别业》）

典**蘧庐**　旅途中的客店。《庄子·天运》："仁义，先王之蘧庐也。止可以一宿而不可久处，觏而多责。"唐成玄英疏："蘧庐，逆旅传舍也。"

人生何者非蘧庐，故山鹤怨秋猿孤。（宋·苏轼《李杞寺丞见和前篇复用元韵答之》）

轼庐　对房子致敬，指礼贤下士。《吕氏春秋·期贤》："魏文侯过段干木之闾而轼之。其仆曰：'君胡为轼？'曰：'此非段干木之闾欤？段干木盖贤者也，吾安敢不轼？'"

魏主钦其贤，轼庐情亦敦。（唐·吴筠《高士咏·段干木》）

陶庐　指隐居处所。晋·陶渊明《读山海经十三首》其一："孟夏草木长，绕屋树扶疏。众鸟欣有托，吾亦爱吾庐。"后世便用"陶庐"来指代隐居的处所。

陶庐闲自爱，颜巷陋谁知。（唐·白居易《自题小草亭》）

蜗庐　喻狭小低矮的陋室。《三国志·魏书·管宁传》裴松之按语："《魏略》云：'焦先及杨沛，并作瓜牛庐，止其中。'以为瓜当作蜗；蜗牛，螺虫之有角者也，俗或呼为黄犊。先等作圜舍，形如蜗牛蔽，故谓之蜗牛庐。"

鹓服长悲碎，蜗庐未卜安。（唐·骆宾王《寒夜独坐游子多怀简知己》）

班生庐　指隐居之所。亦作"班氏庐"。晋·陶渊明《始作镇军参军经曲阿作》："聊且凭化迁，终反班生庐。"

猥蒙招隐作，岂愧班生庐。（唐·丘丹《奉酬重送归山》）

广武庐　指华丽的王宫贵族府邸。何劭《赠张华》："周旋我陋圃，西瞻广武庐。"

高阁安仁省，名园广武庐。（唐·郑絪《奉和武相公省中宿斋酬李相公见寄》）

炉（爐、鑪）lú

古上平，七虞。逆宝～拨～博山～螭～翠～丹～地～鼎～风～膏～篝～寒～红～洪～鸿～黄～灰～蛟～金～筠～燎～六一～笼～茗～猊～暖～虬～鹊～瑞～手～兽～松～太乙～檀香～炭～天地～投～瓦～王～围～香～袖～宣～熏～薰～炎～阳～药～银～隐锻～拥～玉～御～熨～造化～顺～锤～鼎～煅～峰～灰～火～烬～炭～香～熏～烟～氲～篆例抽帘持益炬，拔簀更燃炉。（唐·王绩《田家三首》其三）岁容归万象，和气发鸿炉。（唐·高适《真定即事，奉赠韦使君二十八韵》）映山黄帽螭头舫，夹岸青烟鹊尾炉。（宋·苏轼《瑞鹧鸪·城头月落尚啼乌》）

典**洪炉**　喻天地，借指锻炼培育人才的环境或者指陶冶人才。亦作"天地炉""大炉""造化大炉"。《庄子·大宗师》："今一以天地为大炉，以造化为大冶，恶乎往而不可哉！"

猛虎不看几上肉，洪炉不铸囊中锥。（唐·李白《笑歌行》）

博山炉　指男女海誓山盟、永不分离。《乐府诗集·杨叛儿》："暂出白门前，杨柳可藏乌。观作沈水香，侬作博山炉。"

博山炉中沈香火，双咽一气凌紫霞。（唐·李白《杨叛儿》）

隐锻炉　指人才归隐或沦弃。见678页"山阳锻"。

才淑随厮养，名贤隐锻炉。（唐·杜甫《过南岳入洞庭湖》）

太乙炉　指代与修道、道教、道士有关的事物。唐·褚载《赠道士》："惟教鹤探丹丘信，不使人窥太乙炉。"

怕太乙炉荒，暗消铅虎。（宋·张炎《三姝媚·苍潭枯海树》）

卢（盧）lú

古上平，七虞。逆碧～扁～崔～的～滴～都～樊～韩～呼～胡～壶～黄～嫁～介葛～酒～鹿～蒲～清～佉～属～田～兔～鹰～玉鹿～湛～掷～雉～尊～顺～扁～耽鹤～都～跗～獹～弓～狗～行者～胡～姬～家～橘～郎～李～猎～骆～米～牟～女～前～秦～犬～鹊～生～矢～瞳～医～至～雉例满月张繁弱，含霜耀鹿卢。（唐·权德舆《建除诗》）振臂犹堪呼一掷，争知掌下不成卢。（唐·刘禹锡《乐天寄重和晚达冬青一篇》）万里关河

成传舍，五更风雨忆呼卢。（唐·殷尧藩《旅行》）

典**呼卢**　原指赌博时下很大的赌注，后因刘毅和刘裕“呼卢”事而借指狂放不羁、无所顾忌的性情。又名樗蒱，犹今之掷骰子。古时赌博，削木为骰子，一面涂黑，画犊，一面涂白，画雉，共五子；五子全黑叫作“卢”，是头彩。投掷时，希望得卢，连连呼它，所以称为“呼卢”。参见《晋书·刘毅传》。

　　呼卢百万终不惜，报雠千里如咫尺。（唐·李白《少年行》）

湛卢　指宝剑。《越绝书·越绝外传记宝剑》：“欧冶乃因天之精神，悉其伎巧，造为大刑三，小刑二。一曰湛卢，二曰纯钧，三曰胜邪，四曰鱼肠，五曰巨阙。”

　　行叹鸱夷没，遽惜湛卢飞。（唐·骆宾王《夕次旧吴》）

五木皆卢　借指赌博。见173页“呼卢喝雉”。

　　故绕床大叫，五木皆卢；沥酒一呼，六子尽赤。（宋·李清照《打马赋》）

掩口胡卢　捂着嘴笑，指暗笑、窃笑。亦作“揜口胡卢”。秦·孔鲋《孔从子·抗志》：“卫君乃胡卢大笑。”胡卢即指喉咙中的笑声。

　　无边赤子皆延颈，掩口胡卢独李辽。（宋·陈普《咏史下·谢安》）

鲈（鱸）lú

古上平，七虞。逆碧～莼～季鹰～脍～鲙～思～松～鮰～一尺～忆～银～玉花～顺～莼～江～脍～鲤～乡～鱼～豸例佐饮时炮鳖，斸醒数鲙鲈。（唐·白居易《和微之春日投简阳明洞天五十韵》）清词醉草无因见，但钓寒江半尺鲈。（唐·陆龟蒙《寄淮南郑宝书记》）啸父知机先忆鱼，季鹰无事已思鲈。（唐·吴融《南迁途中作七首·渡汉江初尝鳊鱼有作》）

典**脍鲈**　即鲈鱼脍，后因以借指思乡盼归的心情。亦作“思鲈”“张翰为莼鲈”。《世说新语·识鉴》：“张季鹰辟齐王东曹掾，在洛见秋风起，因思吴中菰菜羹、鲈鱼脍，曰：‘人生贵得适意尔，何能羁宦数千里以要名爵！’遂命驾便归。俄而齐王败，时人皆谓为见机。”

　　脍鲈沽酒醉芦花，此乐桃源人未识。（宋·姚勉《桃源行》）

垆[1]（壚）lú　黑色的土壤。

古上平，七虞。顺～坶～土～埴

垆[2]（壚、*罏）lú　①放置酒瓮的台子；代指酒店。②通“炉”。

古上平，七虞。逆村～当～东～风～洪～鸿～金鹤～酒～鹊～文君～鸭～顺～邸～肆例绿蚁新醅酒，红泥小火垆。（唐·白居易《问刘十九》）汉浦蔑闻虚解佩，临邛焉用枉当垆。（唐·薛能《赠歌者》）

典**黄公垆**　代指过往的无忧生活。亦作“酒垆陈迹问”“黄公”“黄垆”。《世说新语·伤逝》：“王濬冲为尚书令，着公服，乘轺车，经黄公酒垆下过，顾谓后车客：‘吾昔与嵇叔夜、阮嗣宗共酣饮于此垆，竹林之游，亦预其末。自嵇生夭、阮公亡以来，便为时所羁绁。今日视此虽近，邈若山河。’”

　　一居金仙宅，一往黄公垆。（宋·黄庭坚《葫芦颂》）

文君当垆　指才士受困厄。亦作“当垆”“卓氏垆”“卓家垆”。见583页“相如垆边”。

　　美酒成都堪送老，当垆仍是卓文君。（唐·李商隐《杜工部蜀中离席》）

颅（顱）lú

古上平，七虞。逆豹～垂～当～的～额～丰～枯～髡～确～头～秃～圆～顺～脑～颡例忽予牙绯称羽客，道官儒巀释头颅。（宋·方岳《蒙恩予祠》）

胪（臚）lú　陈列。

古上平，六鱼。逆钞～犕～传～腹～汉～鸿～句～列～鸲～顺～布～唱～陈～传～断～古～呼～举～句～列～情～人～析～叙～云例寒山抵方伯，秋水面鸿胪。（唐·杨炯《和酬虢州李司法》）

轳（轤）lú

古上平，七虞。逆輼～辘～轴～例匣气冲牛斗，山形转辘轳。（唐·崔融《咏宝剑》）

舻（艫）lú　船头。

古上平，七虞。逆彩～艟～飞～行～迴～钓～峻～连～仙～衔～云～舳～例鄂渚分云树，衡山引舳舻。（唐·杜甫《过南岳入洞庭湖》）

纑lú　麻缕。

古上平，七虞。逆擘～纺～缉～辟～

泸（瀘）lú　水名。

古上平，七虞。逆渡～渝～顺～水～州例苏卿持节终还汉，葛相行师自渡泸。（唐·贾岛《巴兴作》）

典**渡泸**　借指远征。亦作“五月渡泸”。《三国志·蜀书·诸葛亮传》：“建兴元年，封亮武乡侯……南中诸郡，并皆叛乱……三年春，亮率众南征，其秋悉平……五年，率诸军北驻汉中，临发，上疏曰：‘……受命以来，夙夜忧叹，恐托付不效，以伤先帝之明，故五月渡泸，深入不毛。’”

　　云南五月中，频丧渡泸师。（唐·李白《书怀赠南陵常赞府》）

鸬（鸕）lú

古上平，七虞。逆青～顺～鹚～鸟船～杓～吐例横竿窥赤鲤，持翳望青鸬。（唐·温庭筠《病中书怀呈友人》）

栌（櫨）lú　①木名。②斗拱。

古上平，七虞。逆薄～欂～层～楱～黄～枅～梁～龙～鹿～榹～拾～绣～顺～栱～橘～木例腾烟透窗户，飞焰生栾栌。（唐·刘禹锡《武陵观火诗》）白云起梁栋，丹霞映栱栌。（唐·孔德绍《登白马山护明寺》）

模mú　另见43页mó。

古上平，七虞。逆墨～样～顺～样

奴nú

古上平，七虞。逆阿～飞～官～豪～胡～花～寄～家～尖～鲛～金～桔～橘～狂～昆～老～酪～蛮～猫～妙～名利～木～念～齐～青～琼～囚～瑞圣～诗～石～檀～田～童～僮～倭～锡～仙～匈～雅～雁～庸～玉～治书～竹～顺～辈～兵～材～哥～家～客～虏～僇～戮～奴～怯～使～视～颜例何辞一万里，边徼捍匈奴。（唐·李峤《城》）合浦无明珠，龙洲无木奴。（唐·李贺《感讽五首》其一）小面琵琶婢，苍头觱篥奴。（唐·白居易《宿杜曲花下》）

典**飞奴**　指信使传递书信。五代·

王仁裕《开元天宝遗事》卷上《传书鸽》："张九龄少年时家养群鸽，每与亲知书信往来，只以书系鸽足上，依所寄之处飞往投之。九龄目之为'飞奴'。时人无不爱讶。"

病眼逢药不忍窥，飞奴走送已嫌迟。（宋·李弥逊《病中初见梅花》）

花奴 亦作"花奴催鼓""花奴羯鼓""妙奴"。花奴为唐玄宗时汝南王李琎的小名。琎善击羯鼓。唐·南卓《羯鼓录》："上性俊迈，酷不好琴，曾听琴，正弄未及毕，叱琴者出曰：'待诏出去！'谓内官曰：'速召花奴将羯鼓来，为我解秽！'"

宁随太白金鞍去，莫放花奴羯鼓来。（宋·刘克庄《九叠》）

寄奴 指南朝宋武帝刘裕。见《宋书·武帝纪上》。

斜阳草树，寻常巷陌，人道寄奴曾住。（宋·辛弃疾《永遇乐·千古江山》）

狂奴 东汉名士严光与光武帝刘秀少年共同游学，刘秀称帝后，他隐逸不现，不肯接受刘秀的召用，刘秀称之为狂奴。后以"狂奴"代指狂放不羁之人，亦为自嘲之辞。见《后汉书·严光传》。

烈士壮心虽未减，狂奴故态有谁容？（宋·陆游《睡起书事》）

酪奴 喻茶。北朝魏杨衒之《洛阳珈蓝记卷三·城南》："肃对曰：'羊者是陆产之最，鱼者乃水族之长。所好不同，并各称珍。以味言之，甚是优劣。羊比齐、鲁大邦，鱼比邾、莒小国。唯茗不中，与酪作奴。'"

骚仆编排诗社去，酪奴勾管醉乡来。（宋·吴泳《郫县春日吟》）

木奴 喻橘树。亦作"橘奴""李衡奴"。《三国志·吴书·孙休传》"永安元年……勿令自疑"裴松之注引《襄阳记》："（李衡）于武陵龙阳泛洲上作宅，种甘橘千株。临死，敕儿曰：'汝母恶我治家，故穷如是。然吾州里有千头木奴，不责汝衣食，岁上一匹绢，亦可足用耳……吴末，衡甘橘成，岁得绢数千匹，家道殷足。'"

草圣数行留坏壁，木奴千树属邻家。（唐·刘禹锡《伤愚溪三首（并引）》其二）

青奴 指古代一种夏天用以睡觉乘凉的竹器，用青竹篾编织而成，亦作"竹夫人"。宋·黄庭坚《山谷内集》卷一一《赵子充示竹夫人诗盖凉寝竹器憩臂休膝似非夫人之职予为名曰青奴并以小诗取之二首》其一："我无红袖堪娱夜，正要青奴一味凉。"按，此诗收入《宋诗补抄·山谷集补抄》，诗题为《青奴》。

黄奶篝灯，青奴拂榻，莫要他桃柳。（宋·刘克庄《念奴娇·戏衫抛了》）

入主出奴 指门户之见。唐·韩愈《原道》："其言道德仁义者，不入于杨，则入于墨；不入于老，则入于佛。入于彼，必出于此。入者主之，出者奴之；入者附之，出者污之。"

入主出奴鲜直义，强作附会徒异议。（清·阮烜辉《分修汉四女唐五女祠纪事》）

孥 nú 儿女。

〔古〕上平，七虞。〔逆〕寄～妻～徒～〔顺〕～儿～帑～累～戮～属～稚〔例〕出多无伴侣，归只对妻孥。（唐·白居易《和微之春日投简阳明洞天五十韵》）

驽（駑）nú 劣马。

〔古〕上平，七虞。〔逆〕罢～惫～策～凡～筋～羸～疲～骀～尪～羸～庸～愚～〔顺〕～暗～才～材～骖～孱～乘～钝～顿～缓～驾～蹇～将～驹～羸～良～劣～骡～马～懦～怯～弱～守～骀～蹄～顽～朽～庸～愚～拙～足〔例〕致身伤短翮，骧首顾疲驽。（唐·温庭筠《病中书怀呈友人》）

笯 nú 鸟笼。

〔古〕上平，七虞。又：下平，六麻同。〔逆〕雕～凤在～笼～

蒲 pú

〔古〕上平，七虞。〔逆〕编～裁～菖～樗～伏青～菰～寒～呼～缣～旌～枯～绿～茅～青～箪～束～笋～团～香～烟～折～织～〔顺〕～艾～庵～帛～博～菜～草～车～帆～伏～服～海～荷～荐～节～酒～龛～葵～柳～芦～密～檠～绒～莲～扇～梢～矢～苏～桃～陶～萄～团～望～苇～戏～筵～杨～衣～饮～月～越～质～姿〔例〕饥共噬齐枣，眠共席秦蒲。（唐·沈佺期《夜泊越州逢北使》）水色傲溟渤，川光秀菰蒲。（唐·李白《赠丹阳横山周处士惟长》）泥笋苞初荻，沙茸出小蒲。（唐·杜甫《大历三年春，城放船出瞿塘峡》）

〔典〕**编蒲** 指在艰苦的条件下仍刻苦好学。《汉书·路温舒传》："路温舒字长君，巨鹿东里人也。父为里监门，使温舒牧羊，温舒取泽中蒲，截以为牒，编用写书。稍习善，求为狱小吏，因学律令，转为狱史，县中疑事皆问焉。太守行县，见而异之，署决曹史。又受《春秋》，通大义。举孝廉，为山邑丞，坐法免，复为郡吏。"

少年慕简册，编蒲抄古书。（宋·胡寅《和韩司谏叔夏乐谷五吟·蒲团》）

伏蒲 指正直、正气的忠臣敢于直谏的行为。亦作"青蒲""伏青蒲"。《汉书·史丹传》："丹以亲密臣得侍视疾，候上间独寝时，丹直入卧内，顿首伏青蒲上，涕泣言曰：'皇太子以适长立……今者道路流言，为国生意，以为太子有动摇之议。审若此，公卿以下必以死争，不奉诏。臣愿先赐死，以示群臣。'"

峨豸忝备列，伏蒲愧分泾。（唐·韩愈《答张彻》）

采菖蒲 指寻求长生。晋·葛洪《神仙传·王兴》："汉武上嵩山，登大愚石室，起道宫，使董仲舒、东方朔等斋洁思神。至夜，忽见有仙人，长二丈，耳出头巅，垂下至肩，武帝礼而问之。仙人曰：'吾九嶷之神也。闻中岳石上有菖蒲，一寸九节，服之可以长生，故来采耳。'……为之采菖蒲，服之，经二年，帝觉闷不快，遂止。"

时余采菖蒲，忽见嵩之阳。（唐·王昌龄《就道士问周易参同契》）

脯 pú 胸部。另见363页fǔ。

〔古〕《集韵》：平声，模韵。〔逆〕胸～

菩 pú

〔古〕《广韵》：平声，模韵。〔顺〕～萨～提

匍 pú

〔古〕《广韵》：平声，模韵。〔顺〕～伏～匐

葡pú

顺～萄

苻pú 萑苻，春秋时郑国的一个大沼泽。另见349页fú。

古上平，七虞。逆萑～例何成奏云物，直是灭萑苻。（唐·李商隐《有感二首》其一）

典**萑苻** 指强盗。《左传·昭公二年》："郑国多盗，取人于萑苻之泽，大叔悔之，曰：'吾早从夫子，不及此。'兴徒兵以攻萑苻之盗，尽杀之，盗少止。"

何成奏云物，直是灭萑苻。（唐·李商隐《有感二首》其一）

酺pú ①国家命令特许的大聚饮。②聚饮。

古上平，七虞。又：去声，七遇同。逆赐～看～顺～会～聚～醵～宴～燕例应召逢鸿泽，陪游值赐酺。（唐·元稹《酬乐天东南行诗一百韵》）柏殿行陪宴，花楼走看酺。（唐·白居易《东南行一百韵》）

蒱pú 摴蒱，古代博戏，犹后世的掷色子。亦作赌博的通称。

古上平，七虞。逆樗～摴～顺～博～酒～卢～且～戏例野草绣窠紫罗襦，红牙缕马对樗蒱。（唐·岑参《玉门关盖将军歌》）

莆pú 莆田，地名。

古上声，七麌。逆莲～顺～萑～田

如rú

古上平，六鱼。又：去声，六御同。逆纷～焚～何～九～阙～相～焉～杳～翼～真～自～顺～常～橡～茨～法～故～化～簧～或～寄～来～林～律～麻～若～使～是～斯～心～新～馨～许～意～雨～愿～云例旧僚云出矣，晚岁复何如。（唐·钱起《奉和中书常舍人》）谏草文难似，围棋智不如。（唐·李端《哭张南史因寄南史侄叔宗》）

典**荐相如** 指举荐贤才之事。《史记·司马相如列传》："居久之，蜀人杨得意为狗监侍上。上读《子虚赋》而善之，曰：'朕独不得与此人同时哉！'得意曰：'臣邑人司马相如自言为此赋。'上惊，乃召问相如。相如曰：'有是。然此乃诸侯之事，未足观也。请为天子游猎赋，赋成奏之。'上许，令尚书给笔札。"

常记当年赋子虚，公卿交口荐相如。（宋·陆游《书感》）

女相如 指有才的女子。明·彭大翼《山堂肆考》载：隋炀帝御女吴绛仙，善画长眉，尝以红笺进诗谢帝，帝曰："绛仙才调，女相如也。"

记得茂陵封禅事，满宫呼作女相如。（宋·王仲修《宫词》）

赋拟相如 指某人文采非凡。亦作"赋似相如"。《汉书·扬雄传上》："先是时，蜀有司马相如，作赋甚弘丽温雅，雄心壮之，每作赋，常拟之以为式。……孝成帝时，客有荐雄文似相如者……召雄待诏承明之庭。"

赋拟相如诗似陶，云阳烟月又同袍。（唐·许浑《寄当涂李远》）

儒rú

古上平，七虞。逆八～腐～鸿～老～臞～三～通～文～仙～小人～侏～顺～博～臣～典～风～服～宫～馆～冠～行～厚～化～籍～家～将～教～巾～经～俊～科～客～林～流～侣～门～墨～懦～品～柔～弱～绅～生～师～史～士～书～术～硕～肆～侠～仙～贤～乡～相～庠～效～修～学～训～雅～彦～业～衣～医～英～囿～哲～者～宗例棘寺游三礼，蓬山簉八儒。（唐·骆宾王《久戍边城有怀京邑》）丹唇曾学史，白首不成儒。（唐·沈佺期《移禁司刑》）雄藩精理行，秘府擢文儒。（唐·韦应物《送雷监赴阙庭》）

典**三儒** 指董仲舒、公孙弘与兒宽。《汉书·循吏列传序》："孝武之世，外攘四夷，内改法度，民用凋敝，奸轨不禁。时少能以化治称者，唯江都相董仲舒、内史公孙弘、兒宽居官可纪。三人皆儒者，通于世务，明习文法，以经术润饰吏事，天子器之。"

只有爱民真学士，不惭通务汉三儒。（宋·刘宰《寄江东真漕》）

小人儒 喻追求名利的小人儒生。《论语·雍也》："子谓子夏曰：'女为君子儒，无为小人儒。'"

名参君子场，行为小人儒。（唐·孟郊《旅次湘沅有怀灵均》）

茹rú ①蔬菜的总称。②（植物的根）互相牵引的样子。③吃；吞咽。另见369页rǔ、389页rù。

古上平，六鱼。又：上声，六语同。又：去声，六御同。逆朝～连～茅～吐～顺～笔～菜～恨～黄～荤～内～素～痛～荼～薇～鱼～斋例高才推独唱，嘉会喜连茹。（唐·寇坦《同张少府和厍狄员外夏晚初霁》）善恶有惩劝，刚柔无吐茹。（唐·白居易《和微之诗二十三首·和三月三十日四十韵》）

典**连茹** 指互相勾连、牵引的关系。亦作"茅茹""泰茹""拔茹"。《周易·泰卦》："初九，拔茅茹，以其汇，征吉。"三国魏王弼注："茅之为物，拔其根而相牵引者也。茹，相牵引之貌也。"

吊影惭连茹，浮生倦触藩。（唐·骆宾王《早秋出塞寄东台详正学士》）

濡rú ①沾湿；浸渍。②滋润，常比喻施受恩泽。③迟缓；滞流。

古上平，七虞。逆垫～行～酒～露～相～沾～顺～笔～迟～翰～毫～褐～化～迹～浃～口～缕～没～沫～墨～霈～洽～染～濡～润～湿～首～沃～渥～须～煦～泽～沾～滞～渍～足例繁香好风结，净质清露濡。（唐·权德舆《侍从游后湖宴坐》）风云皆会合，雨露各沾濡。（唐·白居易《东南行一百韵》）

典**沫相濡** 指人在困难中互相帮助，互相关怀，也借指鱼。亦作"相煦沫"。《庄子·大宗师》："泉涸，鱼相与处于陆，相呴以湿，相濡以沫，不如相忘于江湖。"

共矜名已泰，讵肯沫相濡。（唐·骆宾王《久戍边城有怀京邑》）

孺rú 另见389页rù。

古上平，七虞。又：去声，七遇同。逆妇～童～徐～婴～长～顺～褓～齿～儿～蒙～慕～年～泣～人～弱～亭～童～婴～子～子牛例针灸阻朋曹，糠籺对童孺。（唐·杜甫《雨》）

典**长孺** 用作赞美直言进谏的大臣。《汉书·汲黯传》："汲黯字长孺，濮阳人也。……乃召为中大夫，以数切谏，不得久留内，迁为东海太守。"

梁公世不容，长孺心亦褊。

（唐·张九龄《临泛东湖》）

徐孺 指高洁之士。见《后汉书》五三《徐稚传》。

见知嘱徐孺，赏句类陶渊。（唐·孟郊《寄陕府邓给事》）

襦 rú 短衣；短袄。

㊀上平，七虞。逆短～合欢～解～锦～袴～罗～群～秀～赠～珠～紫～顺～袄～带～帼～袴～领～袍～裙～袖～衣～缊例对人传玉腕，映烛解罗襦。（唐·王维《杂诗》）

嚅 rú 嘴唇微动。

㊀上平，七虞。逆嗫～嚅～顺～呢～呓～嗫～忍～嚅例谏猎宁规避，弹豪讵嗫嚅。（唐·元稹《酬乐天东南行诗一百韵》）

洳 rú 水名。另见389页 rù。

㊀上平，六鱼。

蠕（*蝡）rú 虫爬行。

㊀上声，十六铣。逆虫～蠕～顺～虫～簇～蚩～行～蠕～蛇例越妇未织作，吴蚕始蠕蠕。（唐·李贺《感讽五首》其一）

繻（繻）rú 帛符，古代以之作为出入关隘的凭证。

㊀上平，七虞。逆弃～顺～券～缃

典**弃繻** 指心怀远大志向，也指过关。《汉书·终军传》："初，军从济南当诣博士，步入关，关吏予军繻。军问：'以此何为？'吏曰：'为复传，还当以合符。'军曰：'丈夫西游，终不复传还。'弃繻而去。军为谒者，使行郡国，建节东出关，关吏识之，曰：'此使者乃前弃繻生也。'军行郡国，所见便宜以闻。还奏事，上甚说。"

即今扬策度，非是弃繻回。（唐·王勃《散关晨度》）

蒘 rú 香蒘，植物名。

㊀《集韵》平声，虞韵。逆香～

图（圖）tú

㊀上平，七虞。逆八阵～霸～浮～河～鸿～黄～良～龙～南～雄～舆～顺～报～簿～谶～存～典～牒～度～工～功～绘～缋～籍～记～箓～谋～南～囊～谱～穷～全～史～说～维～纬～写～形～乙～议～障～轴例累累见陈迹，寂寂想雄图。（唐·张九龄《登荆州城楼》）披云睹青天，扪虱话良图。（唐·李白《赠韦秘书子春二首》其二）彭城英雄种，宜膺将相图。（唐·杜甫《别张十三建封》）

典**黄图** 喻京城。《隋书·经籍志二》："《黄图》一卷：记三辅宫观、陵庙、明堂、辟雍、郊畤等事。"

白云乡思远，黄图归路难。（唐·骆宾王《同崔驸马晓初登楼思京》）

河图 指圣君真正受命之祥瑞。《尚书·周书·顾命》："大玉、夷玉、天球、河图，在东序。"旧题孔安国传："伏羲王天下，龙马出河，遂则其文，以画八卦，谓之河图。"

恒将配尧德，垂庆代河图。（唐·柳宗元《省试观庆云图诗》）

八阵图 指古时军队的战斗队形，据称含有阴阳八卦的原理。《三国志·蜀书·诸葛亮传》："亮性长于巧思，损益连弩，木牛流马，皆出其意；推演兵法，作八阵图，咸得其要云。"

功盖三分国，名成八阵图。（唐·杜甫《八阵图》）

卷地图 指荆轲奉太子丹行刺秦王之事。《战国策·燕策三》："轲既取图奉之，发图，图穷而匕首见。因左手把秦王之袖，而右手持匕首揕抗之。"

燕丹卷地图，陈平绾花绶。（唐·元稹《说剑》）

九老图 指风雅的高龄老人。唐·白居易《九老图诗序》："会昌五年三月，胡、吉、郑、刘、卢、张等六贤，于东都敝居履道坊，为尚齿之会。其年夏，又有二老，年貌绝伦，同归故乡，亦来斯会。续命书姓名，年齿，写其形貌，附于图右。与前七老，题为《九老图》。"

恨当年、九老图中，忘却画、盘园路。（宋·辛弃疾《水龙吟·断崖千丈孤松》）

辋川图 喻山水画美丽或景色优美。唐·朱景玄《唐朝名画录》："王维字摩诘……复画辋川图，山谷郁盘，云飞水东，意出尘外，怪生笔端。"

五亩自栽池上竹，十年空看辋川图。（宋·苏轼《李伯时画其弟亮功旧宅图》）

衔瑞图 指帝王所得到的天赐宝物。亦作"凤凰衔图"。《春秋合诚图》："黄帝坐玄扈洛水上，于大司马容光等临观，凤皇衔图置帝前，帝再拜受图。"

自天衔瑞图，飞下十二楼。（唐·杜甫《凤凰台》）

河不出图 喻乱世，反用"河图"义。参见本页"河图"。

河不出图吾已矣，修经意思岂徒然。（宋·邵雍《仲尼吟》）

画地成图 指杰出的军事才能。《汉书·张汤传》附孙千秋事："初，安世长子千秋与霍光子禹俱为中郎将，将兵随度辽将军范明友击乌桓。还，谒大将军光，问千秋战斗方略，山川形势，千秋口对兵事，画地成图，无所忘失。光复问禹，禹不能记，曰：'皆有文书。'光由是贤千秋，以禹为不材，叹曰：'霍氏世衰，张氏兴矣！'"

仰天真见象，画地可成图。（宋·楼钥《程文简公挽词》）

徒 tú

㊀上平，七虞。逆钓～高～酒～狂～生～艺～顺～伴～辈～兵～搏～步～裎～党～尔～负～歌～行～骥～践～劳～隶～侣～旅～马～囚～然～设～涉～士～庶～祖～裼～卫～跣～言～役～庸～友～众～罪～作～坐例醉争酒盏相喧呼，忽忆咸阳旧酒徒。（唐·岑参《玉门关盖将军歌》）跓跓媚学子，墙屏日有徒。（唐·韩愈《示儿》）

典**舂市徒** 指宠辱变幻于须臾之间。《汉书·外戚传上·高祖吕皇后》："汉王得定陶戚姬，爱幸，生赵隐王如意。……如意且立为赵王，留长安，几代太子者数。……高祖崩，惠帝立，吕后为皇太后，乃令永巷囚戚夫人，髡钳衣赭衣，令舂。戚夫人舂且歌曰：'子为王，母为虏，终日舂薄暮，常与死为伍！相离三千里，当谁使告女？'"

昔称夭桃子，今为舂市徒。（唐·陈子昂《感遇诗三十八首》其九）

高阳酒徒 指好酒且放浪不羁之人。《史记·郦生陆贾列传》："初，沛公引兵过陈留，郦生踵军门上谒曰：'高阳贱民郦食其，窃闻沛公暴露，将兵助楚讨不义，敬劳从者，愿得望见，口划天上便事。'使者人通，沛公方洗，问使者曰：'何如人也？'使者对曰：'状貌类大儒，衣儒衣，冠侧注。'沛公曰：'为我谢之，言我方以天下为事，未暇见儒人也。'使者出谢曰：'沛公敬谢先生等，方以天下为事，未暇见儒人也。'郦生瞋目案剑叱使者曰：'走！复入言沛公；吾高阳酒徒也，非儒人也！'"

高阳酒徒半雕落，终南山色空崔嵬。（唐·罗隐《曲江春感》）

新丰酒徒 喻善饮的豪迈之人。《旧唐书·马周传》："西游长安，宿于新丰逆旅。主人唯供诸商贩而不顾待周，遂命酒一斗八升，悠然独酌，主人深异之。"

久依净社参尊宿，难向新丰认酒徒。（宋·刘克庄《除夕》）

烟波钓徒 喻隐迹江湖之情。《新唐书·隐逸列传》："张志和字子同，婺州金华人。……十六擢明经，以策干肃宗，特见赏重。命待诏翰林，授左金吾卫录事参军，因赐名。后坐事贬南浦尉，会赦还，以亲既丧，不复仕，居江湖，自称烟波钓徒。"

平生读书过百纸，本是烟波钓徒尔。（宋·毛滂《隋堤写怀寄上右丞》）

屠tú

古上平，七虞。逆钓～断～浮～狗～鼓刀～市～顺～刀～夫～割～狗～沽～酤～户～剿～刳～侩～脍～刲～龙～僇～门～灭～牧～牛～市～肆～苏～酥～维～刎～羊～殒～斩～诛例穷年徇所欲，兵势且见屠。（唐·柳宗元《咏荆轲》）虎拙休言画，龙希莫学屠。（唐·温庭筠《病中书怀呈友人》）

涂[1]（塗）tú

古上平，六鱼。逆笔～糊～抹～泥～顺～车～窜～殚～道～地～毒～夫～歌～轨～墍～径～潦～路～面～抹～陌～泥～人～山～饰～数～苏～炭～听～涂～污～乙～泽～辙例春山岚漠漠，秋渚露涂涂。（唐·权德舆《奉和许阁老酬淮南崔十七端公见寄》）聚鬼征妖自朋扇，罢掉栱桷頳墍涂。（唐·韩愈《射训狐》）秋隼得时凌汗漫，寒龟饮气受泥涂。（唐·刘禹锡《乐天寄重和晚达冬青一篇，因成再答》）

典**柏涂** 指鬼仙的府邸。《汉书·东方朔传》："幸倡郭舍人……为谐语曰：'令壶龃，老柏涂，伊优亚，狋吽牙。何谓也？'朔曰：'……老者，人所敬也。柏者，鬼之廷也。涂者，渐洳径也。'"

善幻迷冰火，齐谐笑柏涂。（唐·柳宗元《同刘二十八院长述旧言怀时书事》）

泥涂 喻屈居下位。《左传·襄公三十年》："绛县人或年长矣……曰：'臣小人也，不知纪年。臣生之岁，正月甲子朔，四百有四十五甲子矣，其季于今，三之一也'……赵孟问其县大夫，则其属也。召之，而谢过焉，曰：'武不才，任君之大事，以晋国之多虞，不能由吾子，使吾子辱在泥涂久矣，武之罪也。敢谢不才。'遂仕之，使助为政。"

泥涂辱虽久，霜雪志难移。（宋·司马光《赠狼节推》）

擿埴索涂 喻暗中摸索。汉·扬雄《法言·修身》："擿埴索涂，冥行而已矣。"

况复口耳学，擿埴冥索途。（宋·李廌《送霍子侔还都》）

涂[2]（*凃）tú 姓。

古上平，六鱼。

途tú

古上平，七虞。逆道～归～客～识～世～首～殊～坦～畏～云～顺～峣～程～次～轨～路～陌～穷～人～术～水～说～辙～众～迍例南土多为寇，西江尽畏途。（唐·张说《和朱使欣二首》其一）共叹虞翻枉，同悲阮籍途。（唐·贾至《送王员外赴长沙》）

典**哭穷途** 指感怀时运不济，世道不明或者咏困境。亦作"阮途""籍途""泣穷途"。《三国志·魏书·王粲传》裴松之注引《魏氏春秋》："籍旷达不羁……遂纵酒昏酣，遗落世事。……时率意独驾，不由径路，车迹所穷，辄恸哭而反。"

此生遭圣代，谁分哭穷途。（唐·杜甫《大历三年春白帝城放船出瞿塘峡》）

荼tú 苦菜。另见341页shū。

古上平，七虞。逆堇～苦～秋～如～茹～顺～白～毒～火～棘～锦～苦～酷～蓼～荠～首～炭例始意类萝新托柏，终伤如荠却甘荼。（唐·长孙佐辅《宫怨》）威容尊大树，刑法避秋荼。（唐·温庭筠《病中书怀呈友人》）

菟tú 菟裘，古邑名。另见393页tù。

古上平，七虞。逆於～顺～裘

稌tú 稻。

古上平，七虞。又：上声，七麌同。逆黍～香～顺～黍～粟

瘏tú 病。

古上平，七虞。逆马～顺～悴～毒～口

典**马瘏** 指行旅艰难。《诗经·周南·卷耳》："陟彼砠矣，我马瘏矣。我仆痡矣，云何吁矣！"

野店寒餐涩，山程瘦马瘏。（宋·司马光《员村坂》）

酴tú ①酒曲。②酒名。

古《广韵》：平声，模韵。顺～酒～醾～醿～米～清～苏～酥例仍闻酿仙酒，此水过琼酴。（唐·许浑《天竺寺题葛洪井》）

无（無）wú 另见44页mó。

古上平，七虞。逆淡欲～得～天下～虚～有～顺～比～边～尘～成～愁～处～多～二～非～感～关～何～机～极～几～忌～价～尽～力～憀～痳～那～乃～念～匹～期～惁～穷～全牛～染～人～日～如～数～双～忝～往～妄～为～我～瑕～暇～弦琴～邪～心～盐～衣～遗～已～意～垠～庸～用～忧～尤～由～缘～征～主例一身能臂两雕弧，虏骑千群只似无。（唐·王维《少年行四首》其三）晶耀目何在，滢荧心欲无。（唐·宋之问《洞庭湖》）门客心谁在，邻交迹倘无。（唐·沈佺期《移禁司刑》）

典**锥也无** 指极度贫困。《景德传灯录》卷一一："袁州仰山慧寂禅师……问香严：'师弟今日见处如何？'严曰：'某甲卒说不得。'乃有偈曰：'去年贫，未是贫；今年贫，始是贫。去年无卓锥之地，今年锥也无。'"

说与晁夫子，今年锥也无。（宋·陈师道《奉送阎醇老推官》）

吾wú

古上平，七虞。逆故～今～金～昆

～新～支～顺～辈～曹～侪～俦～党～道～等～家～科～僚～庐～依～匹～丘子～人～生～属～徒～土～兄～仗～子～宗～祖例安流进玉轴，戒道翼金吾。（唐·虞世南《奉和幸江都应诏》）郡称廉叔度，朝议管夷吾。（唐·高适《真定即事奉赠韦使君二十八韵》）物情良徇俗，时论太诬吾。（唐·元稹《酬乐天东南行诗一百韵》）

典**荐夷吾** 用鲍叔牙荐举管仲事，比喻善于荐举。《国语·齐语》："桓公自莒反于齐，使鲍叔为宰，辞曰：'臣，君之庸臣也。……若必治国家者，则其管夷吾乎。臣之所不若夷吾者五。'"

鲍生荐夷吾，一举置齐相。（唐·李白《陈情赠友人》）

羡金吾 执金吾为汉代掌京师治安的长官，东汉光武帝刘秀称帝前曾以种田为业，对执金吾的排场极为羡慕，后因以指羡慕虚荣，胸无大志的人。《后汉书·皇后纪上·光烈阴皇后》："光烈阴皇后讳丽华，南阳新野人。初，光武适新野，闻后美，心悦之。后至长安，见执金吾车骑甚盛，因叹曰：'仕宦当作执金吾，娶妻当得阴丽华。'更始元年六月，遂纳后于宛当成里，时年十九。"

长安少年无远图，一生惟羡执金吾。（唐·王翰《饮马长城窟行》）

江左夷吾 指江东有作为的像管仲一样的辅弼大臣。《晋书·温峤传》："于时江左草创，纲维未举，峤殊以为忧。及见王导共谈，欢然曰：'江左自有管夷吾，吾复何虑！'"

野人只欲安耕钓，江左夷吾可见不？（宋·陆游《泛舟湖山间有感》）

芜(蕪)wú

古上平，七虞。逆春～繁～寒～蘅～荒～莱～绿～蘼～平～庭～烟～榛～顺～城～梗～荒～荟～秽～葳～累～蔓～漫～昧～灭～谬～翳～杂例舟迁龙负壑，田变鸟芸芜。（唐·宋之问《谒禹庙》）层阴笼古木，穷色变寒芜。（唐·骆宾王《久戍边城有怀京邑》）庭前厌芍药，山上采蘼芜。（唐·乔知之《下山逢故夫》）

吴(吳)wú

古上平，七虞。逆不忘～东～勾～荆～入～三～失吞～孙～天～沼～顺～蔡～蚕～阊～楚～莼～刀～邓～地～殿～都～娥～儿～封～刚～戈～歌～羹～公～宫～钩～鸿～回～姬～甲～笺～剑～江～锦～绢～魁～梁～绫～梅～绵～棉～娘～牛～趋～生～市～姝～蜀～调～娃～王～绡～兴～盐～燕～谣～音～阃～语～苑～越～粤～札～中～妆例渚畔鲈鱼舟上钓，羡君归老向东吴。（唐·崔颢《维扬送友还苏州》）海云迎过楚，江月引归吴。（唐·岑参《送卢郎中除杭州赴任》）吹焚照水府，炙浪愁天吴。（唐·刘禹锡《武陵观火诗》）

典**孙吴** 孙武和吴起的合称，喻指精通兵法的武将。详见《史记·孙子吴起列传》。

廉蔺若未死，孙吴知暗同。（唐·高适《李云南征蛮诗》）

天吴 指古代传说中的水神。《山海经·海外东经》："朝阳之谷，神曰天吴，是为水伯……其为兽也，八首八面，八足八尾，皆青黄。"

吹焚照水府，炙浪愁天吴。（唐·刘禹锡《武陵观火诗》）

涕出女吴 指委屈求和。《孟子·离娄上》："孟子曰：'天下有道，小德役大德，小贤役大贤；天下无道，小役大，弱役强。斯二者，天也。顺天者存，逆天者亡。'齐景公曰：'既不能令，又不受命，是绝物也。'涕出而女于吴。"东汉赵岐注："齐景公，齐侯。……吴，蛮夷也，时为强国，故齐侯畏而耻之，泣涕而与之为婚。"

涕出女吴成倒转，问鲁为齐弱何年月。（宋·陈亮《贺新郎·离乱从头说》）

相越平吴 指建功立业的事迹。《史记·越王勾践世家》："范蠡事越王句践，既苦身勠力，与句践深谋二十余年，竟灭吴，报会稽之耻，北渡兵于淮以临齐、晋，号令中国，以尊周室，句践以霸，而范蠡称上将军。"

相越平吴，终成底事，一舸五湖差乐。（宋·赵必瑑《念奴娇·中年怕别》）

梧wú 另见394页wù。

古上平，七虞。逆碧～苍～高～井～栖～顺～宫～椇～榎～楸～台～桐～子例楚臣悲落叶，尧女泣苍梧。（唐·宋之问《洞庭湖》）佳气浮仙掌，熏风绕帝梧。（唐·岑文本《奉和正日临朝》）寒花低岸菊，凉叶下庭梧。（唐·贺敳《奉和九月九日应制》）

典**苍梧** 埋葬舜的地方。用作追怀帝舜，或咏帝王之死。《礼记·檀弓上》："舜葬于苍梧之野。"郑玄注："舜征苗而死，因留葬焉。"

明月不归沉碧海，白云愁色满苍梧。（唐·李白《哭晁卿衡》）

据梧 逍遥、自在、舒适的样子。亦作"倚梧桐"。《庄子·齐物论》："昭文之鼓琴也，师旷之枝策也，惠子之据梧也，三子之知几乎。"

药阑花径衡门里，时复据梧聊隐几。（唐·王维《故人张諲工诗善易卜》）

栖梧 指贤者择明主而从。亦作"巢梧""托椅桐"。《庄子·秋水》："夫鹓雏，发于南海而飞于北海，非梧桐不止，非练实不食，非醴泉不饮。"

一时同接淅，平昔共栖梧。（宋·苏辙《再和》）

巫wú 旧读。另见343页wū。

诬(誣)wú 旧读。另见343页wū。

毋wú

古上平，七虞。逆得～将～能～顺～必～度～多～固～害～何～或～儿～句～类～论～乃～柰～宁～穷～容～事～望～违～我～须～需～已～意～庸

蜈wú

古《广韵》：平声，模韵。顺～蚣

鼯wú 鼯鼠。

古上平，七虞。逆犯～飞～山～鼪～松～鼬～顺～技～猱～穷～鼪～鼠～鼬例转石惊魑魅，抨弓落狖鼯。（唐·杜甫《自阆州领妻子却赴蜀山行三首》其三）山上飞泉万斛珠。悬崖千丈落鼪鼯。（宋·辛弃疾《鹧鸪天·山上飞泉万斛珠》）

典**鼪鼯** 鼪即鼬，俗称黄鼠狼。鼯，蝙蝠。二者合用，犹言鼠辈。诗词

中常常以鼪鼯指侵扰中原地区的敌人。《庄子·徐无鬼》:"夫逃虚空者,藜藋柱乎鼪鼬之径。"

古殿鼪鼯豪,坏壁冠佩肖。(宋·陆游《游大智寺》)

浯wú　水名。

【古】《广韵》:平声,模韵。【顺】～溪～屿

仄声·上声

补(補)bǔ

【古】上声,七麌。【逆】抱～禅～出～寸～抵～递～顶～订～缝～复～规～衮～还～何～辑～解～俊～刊～匡～弥～泥～黏～起～牵～清～诠～铨～添～挑～调～挖～外～完～无～洗～小～校～衣～箴～整～织～追～滋～【顺】鳌～败～敝～裨～弊～察～衬～处～唇～刺～凑～导～貂～订～定～牍～短～缝～复～衮～过～还～痕～缉～辑～剂～济～接～苴～空～牢～理～纳～葺～阙～纫～摄～遂～袒～天～陀～完～泻～续～削～养～衣～遗～益～圆～刖～绽～正～治～缀【例】玉碗不磨著泥土,青天孔出白石补。(唐·韩愈《昼月》)常欲雪幽冤,于时一裨补。(唐·杜牧《李甘诗》)

【典】**衮衣补**　指臣子为皇帝补救过失。《诗经·大雅·烝民》:"衮职有阙,维仲山甫补之。"毛氏传:"有衮冕者,君之上服也。仲山甫补之,善补过也。"

衮衣须我补,霖雨更谁为。(宋·李处权《留别范元长二十八韵》)

捕bǔ

【古】去声,七遇。【逆】采～察～督～根～跟～购～迹～剿～警～课～捞～猎～罗～逻～名～蹑～葺～擒～疏～题～微～掩～鱼～渔～斩～招～征～治～捉～【顺】～桉～案～搏～风～击～迹～剿～景～鞫～虏～掳～拿～搦～取～生～索～讨～掩～影～援～执～治～诛～逐～醉仙

哺bǔ　口饲。

【古】去声,七遇。【逆】抱～啜～辍～待～反～返～负～还～含～怀～鸠～乳～三～吐～乌～衔～削～咽～仰～资～【顺】～啜～鞠～食～养～育【例】寺秩虽贵家,浊醪良可哺。(唐·孟郊《立德新居》)流莺隐员树,乳燕喧余哺。(唐·温庭筠《寒食节日寄楚望二首》其一)

【典】**反哺**　指孝顺子女赡养父母的行为。亦作"还哺"。晋朝·成公绥《乌赋》:"雏既壮而能飞兮,乃衔食而反哺。"

舟鹢排风影,林乌反哺声。(唐·杜甫《奉送二十三舅录事之摄郴州》)

三哺　赞颂在位者礼贤纳士。见372页"一饭三吐"。

重士过三哺,轻财抵一铢。(唐·白居易《和微之春日投简阳明洞天五十韵》)

堡bǔ　集镇。另见546页bǎo。

【古】上声,十九皓。【逆】柴沟～【顺】～子

处(處、𠁪、処)chǔ　另见377页chù。

【古】上声,六语。【逆】裁～独～久～土～【顺】～裁～境～囊～人～士～世～暑～子【例】下土熬熬若煎煮,苍生惶惶无处处。(唐·齐己《苦热行》)

楚chǔ

【古】上声,六语。又:去声,六御异。【逆】哀～霸～悲～鞭～恻～愁～楚～登～二～鹤～衡～荒～激～荆～俊～苦～蛮～南～凄～翘～秦～三～束～挞～痛～吴～西～鲜～辛～责～杖～【顺】～才～材～琛～臣～城～棰～风～服～赋～歌～宫～冠～汉～猴～户～棘～籍～剑～江～酒～客～狂～纩～醪～醴～蛮～庙～璞～琴～丘～壤～骚～声～水～肆～天～调～痛～畹～尾～巫～舞～弦～羡～乡～咻～袖～腰～谣～吟～玉～媛～越～妆～骓～子～粽【例】挂帆远色外,惊浪满吴楚。(唐·杜甫《雨二首》其一)万里天地空,清飙在平楚。(唐·司马扎《美刘太保》)

【典】**翘楚**　喻出类拔萃的人才。《诗经·周南·汉广》:"翘翘错薪,言刈其楚。"郑玄笺:"楚,杂薪之中尤翘翘者,我欲刈取之。以喻众女皆贞洁,我又欲取其尤高洁者。"

超然侣子真翘楚,旧矣逢人诵过秦。(宋·杨万里《送曾秀才归永丰》)

哭救楚　指忠愤救国或乞求援军。《左传·定公四年》:伍子胥引吴师攻楚,"申包胥如秦乞师。……立依于庭墙而哭,日夜不绝声,勺饮不入口,七日。秦哀公为之赋《无衣》,九顿首而坐。秦师乃出。"

哭何苦而救楚,笑何夸而却秦。(唐·李白《鸣皋歌送岑征君》)

南公楚　本指战国时楚国隐士。后用以指代光复国家的希望幻灭而产生的悲哀之情。亦作"南公不见楚为秦"。《史记·项羽本纪》:"故楚南公曰'楚虽三户,亡秦必楚'也。"

苍苍古。漫年又一年,老却南公楚。(宋·刘辰翁《摸鱼儿·记玄都、看花君子》)

北辕适楚　指行动与目的相反,形容做事荒唐。《申鉴·杂言下》:"先民有言:适楚而北辕者,曰:'吾马良,用多,御善。'此三者益侈,其去楚亦远矣。"

乐生东去终居赵,阳虎北辕翻适楚。(唐·李端《杂歌》)

三户存楚　指复仇报国。《史记·项羽本纪》:"自怀王入秦不反,楚人怜之至今,故楚南公曰'楚虽三户,亡秦必楚'也。"

正直难留,灵修已化,三户真能存楚哉。(宋·刘过《沁园春·画鹳凌空》)

四面为楚　喻深陷困境,亦借指楚地。《史记·项羽本纪》:"项王军壁垓下,兵少食尽,汉军及诸侯兵围之数重。夜闻汉军四面皆楚歌,项王乃大惊曰:'汉皆已得楚乎?是何楚人之多也!'"

吴头楚尾,非关四面为楚。(宋·刘辰翁《念奴娇·棹歌齐发》)

众齐咻楚　指环境不利于办成某事。《孟子·滕文公下》:"孟子谓戴不胜曰:'子欲子之王之善与?我明告子。有楚大夫于此,欲其子之齐语也,则使齐人傅诸?使楚人傅诸?'曰:'使齐人傅之。'曰:'一齐人傅之,众楚人咻之,虽日挞而求其齐也,不可得矣;引而置之庄岳之间数年,虽日挞而求其楚,亦不可得矣。'"咻(xīu),喧闹。

我今居异邦,一齐咻众楚。(宋·高斯得《不浮欲卜居霅川而未

决再韵趣之》)

杵 chǔ ①舂米或捣衣用的棒槌，其形制一头粗，一头细。②一种似杵的兵器。

古上声，六语。逆舂～促～寒～急～臼～邻～灵～漂～霜～铁～药～倚～玉～月～砧～顺～搏石～舂～触～歌～臼～糠～声～土～药～砧例百草被霜露，秋山响砧杵。（唐·储光羲《田家杂兴八首》其一）扇底红铅，愁痕暗渍，消得腰支如杵。（宋·衙元卿《齐天乐·藕花洲上芙蓉楫》）

典**漂杵** 指战争之残酷。亦作"血流漂杵"。《尚书·周书·武成》："会于牧野，罔有敌于我师，前徒倒戈，攻于后以北，血流漂杵。"

富父舂喉日，殷辛漂杵年。（唐·李峤《戈》）

天倚杵 立杵于地可倚天，也指千年之期。亦作"倚杵之期"。《初学记》卷一引汉·桓谭《新论》："天以为盖，转左旋。日月星辰随而东河西……千岁以后而天可倚杵。汹汹莫知终焉。"

十行汉札如丝出，六幕尧天倚杵低。（宋·杨亿《李舍人独直》）

细腰杵 指成精的杵。晋·干宝《搜神记》卷一八："阿文独持大刀，暮入北堂中梁上，至三更竟，忽有一人长丈余，高冠，黄衣，升堂呼曰：'细腰！'细腰应诺……及将曙，文乃下堂中，如向法呼之，问曰：'……汝复为谁？'曰：'我，杵也。'"

北堂细腰杵，南市女郎砧。（南北朝·庾信《夜听捣衣诗》）

邻凶不杵 指邻里之间非常和睦。《礼记·曲礼上》："邻有丧，舂不相。里有殡，不巷歌。"郑玄注："助哀也。相，谓送杵声。"

邻凶不相杵，疫病无邪祀。（唐·李贺《昌谷诗》）

万家砧杵 喻指思妇对征人的思念，对征战的怨愤。李白《子夜吴歌·秋歌》："长安一片月，万户捣衣声。秋风吹不尽，总是玉关情。"

十里楼台迷巷陌，万家砧杵戒衣裘。（宋·陆游《九月初作》）

础（礎）chǔ

古上声，六语。逆白～笔～断～基～刻～润～香～玉～云柱～顺～汗～润～石～舄～礩～柱例楼台羽化，萤飞故苑，蛩吟残础。（宋·黎廷瑞《水龙吟·荒城落日西风》）老我重来，海干石烂，那复断碑残础。（宋·王奕《法曲献仙音·九曲青溪》）

典**润础** 古人发现石潮润，是下雨的先兆，后因以指雨。亦作"云柱础"。《淮南子·说林》："山云蒸，柱础润。"

柱边无润础，台上有游丝。（唐·白居易《喜晴联句》）

楮 chǔ ①木名。②纸。

古上声，六语。逆白～笔～敝～碧～尺～寸～断～毫～缣～刻～临～墨～囊～片～铜～香～绡～雪～玉～缯～植～顺～弁～幅～冠～翰～火～鸡～君～练～陌～墨～衲～镪～泉～生～素～桃～条～叶～英～颖～灾～知白～纸例题名污墙壁，分韵索毫楮。（宋·章甫《同张伯子威子季子雉闻》）

典**毫楮** 指纸和笔。宋·苏轼《书鄢陵王主簿所画折枝二首》其二："若人富天巧，春色入毫楮。悬知君能诗，寄声求妙语。"

却坐明窗弄书史，新词仍试佳毫楮。（宋·邓肃《芙蓉轩》）

刻楮 《韩非子》记载宋人以象牙雕为楮叶，以假乱真，后用指技艺精良。或指花费精力做不实用、反自然的物事。《韩非子·喻老》："宋人有为其君以象为楮叶者，三年而成。丰杀茎柯，毫芒繁泽，乱之楮叶之中而不可别也。此人遂以功食禄于宋邦。列子闻之曰：'使天地三年而成一叶，则物之有叶者寡矣。'故……以一人力，则后稷不足；随自然，则臧获有余。故曰：'恃万物之自然而不敢为也。'"

何必三年犹刻楮，便教百步亦穿杨。（宋·刘克庄《次竹溪韵跋志仁工部柞木诗》）

褚 chǔ ①绵衣。②囊。

古上声，六语。逆殚～积～巾～空～欧～倾～人～私～虞～缊～顺～师～薛～衣例石城上、何须苦说，死哀生褚。（宋·程珌《满江红·颇恨登临》）

睹（*覩）dǔ

古上声，七麌。逆洞～观～记～快～目～逆～披云～亲～熟～望～无～先～遥～瞻～植～重～顺～当～睐～事～闻例水旱其数然，尧汤免亲睹。（唐·杜甫《雷》）著作施樽命管儿，管儿久别今方睹。（唐·元稹《琵琶歌》）

堵 dǔ ①古以板筑法筑土墙，五板为一堵。②墙壁。③塞；阻挡。

古上声，七麌。逆阿～安～按～案～堆～粉～观如～横～环～如～遗～垣～周～顺～波～当～击～截～立～墙～噎～御～垣～雉例荒城空大漠，边邑无遗堵。（唐·李白《古风》）几时高议排金门，各使苍生有环堵。（唐·杜甫《寄柏学士林居》）溪声入僧梦，月色晖粉堵。（唐·杜牧《题宣州开元寺》）

典**阿堵** 借指钱币。见422页"阿堵物"。

阿堵元知不受呼，忍贫闭户亦良图。（宋·陆游《岁暮贫甚戏书》）

环堵 指贫民或者寒士的住房。《庄子·让王》："原宪居鲁，环堵之室，茨以生草。"唐成玄英疏："周环各一堵，谓之环堵，犹方丈之室也……原宪家贫，室唯环堵。"

落叶纷纷满四邻，萧条环堵绝风尘。（唐·刘长卿《酬屈突陕》）

赌（賭）dǔ

古上声，七麌。逆博～当～斗～关～豪～交～角～朋～戏～簺～顺～鳖～春～当～荡～斗～对～馆～酒～句～客～窟～老春～擂～茗～棋～拳～赛～色～射～胜～誓～手～书～墅～跳～戏～兴～战～资例景物撩人，悠然得句。深杯戏把纹楸赌。（宋·曹冠《踏莎行·绣水雕栏》）

肚 dǔ 用作食品的动物的胃。另见379页dù。

古上声，七麌。逆牛～羊～逆～子

府 fǔ

古上声，七麌。逆兵～册～城～川～词～地～洞～肺～公～宫～槐～魂～绛～锦～禁～乐～灵～冥～幕～清～三～诗～书～署～水～天～文～乌～仙～心～胸～衙～义～幽～渊～怨～月～宰～州～朱～紫～顺～奥～仓～藏～曹～朝～城～邸～第～公～馆～记～

聚～君～库～吏～僚～幕～囊～钱～舍～室～首～署～司～帑～帖～庭～望～榭～衙～尹～掾～臧～宅～直～治例石间见海眼，天畔萦水府。（唐·杜甫《太平寺泉眼》）夜凉星满川，忽疑眠洞府。（唐·柳宗元《再至界围岩水帘遂宿岩下》）

典**槐府** 周代朝廷前植槐树，定三公之位，后称三公之位为槐府。《周礼·秋官·朝士》："面三槐，三公位焉。"郑玄注："槐之言怀也，怀来人于此欲与之谋。"

棠郊成政，槐府登贤，非久定须归去。（宋·柳永《永遇乐·天阁英游》）

灵府 指心灵。《庄子·德充符》："故不足以滑和，不可入于灵府。"唐成玄英疏："灵府者，精神之宅也，所谓心也。"

与君言语见君性，灵府坦荡消尘烦。（唐·元稹《去杭州》）

天府 喻形势险要、物资富饶的地区。《战国策·秦策一》："苏秦始将连横说秦惠王曰：'大王之国，西有巴、蜀、汉中之利，北有胡、貉、代、马之用，南有巫山、黔中之限，东有肴、函之固，田肥美，民殷富，战车万乘，奋击百万，沃野千里，蓄积饶多，地势形便，此所谓天府，天下之雄国也。'"

虬蟠千仞剧羊肠，天府由来百二强。（唐·杜牧《题青云馆》）

乌府 指御史府或者御史台。《汉书·朱博传》："是时，御史府吏舍百余区井水皆竭；又其府中列柏树，常有野乌数千栖宿其上，晨去暮来，号曰'朝夕乌'。乌去不来者数月，长老异之。"汉朝御史府中有柏树，经常有数千只寒鸦栖息，因此御史府有此别名。

再喜登乌府，多惭侍赤墀。（唐·白居易《代书诗一百韵寄微之》）

莲花府 喻指幕府。亦作"莲府""莲幕""俭莲""俭府""花府""王俭府"。《南史·庾杲之传》："王俭……乃用杲之为卫将军长史。安陆侯萧缅与俭书曰：'盛府元僚，实难其选。庾景行泛渌水，依芙蓉，何其丽也。'时人以入俭府为入莲花池，故缅书美之。"

若问玉人殊易识，莲花府里最清羸。（唐·卢纶《偶逢姚校书凭附书达河南郤推官因以戏赠》）

梅少府 指弃官归隐的人。见401页"梅福"。

自笑老为梅少府，可堪贫摄鲍参军。（唐·郑谷《结绶鄠郊縻摄府署偶有自咏》）

北朝开府 指庾信，他被封为开府仪同三司。亦作"庾开府"。《北史·文苑传·庾信》："庾信字子山……梁元帝承制，除御史中丞。及即位，转右卫将军……聘于西魏。属大军南讨，遂留长安。……迁骠骑大将军、开府仪同三司、司宪中大夫，进爵义城县侯。……信虽位望通显，常作乡关之思，乃作《哀江南赋》以致其意。"

西第将军成底事，北朝开府是何人。（宋·陈序《游钟山题八功德水庵壁》）

腐 fǔ

古上声，七麌。逆败～板～不～陈～臭～唇～呆～浮～槁～焦～枯～溃～烂～老～贫～乳～粟红～酸～顽～腥～朽～庸～迂～顺～敝～财～草～肠～臭～蠹～恶～饭～骨～毫～坏～秽～芥～精～旧～陋～木～气～肉～儒～散～史～鼠～俗～胁～朽～语～窳～忠～浊例如何大开口，与世争枯腐。（唐·皮日休《太湖诗·游毛公坛》）

典**神奇臭腐** 喻事物变化之快，之大。《庄子·知北游》："故万物一也，是其所美者为神奇，其所恶者为臭腐。臭腐复化为神奇，神奇复化为臭腐。故曰：'通天下一气耳。'圣人故贵一。"

神奇臭腐相更禅，妙理谁知所以然。（宋·吴潜《出郊再用韵赋三解》）

吞腥啄腐 喻尘世之间卑鄙污浊的人如同禽兽一样吞食腥臭腐烂之物。南朝宋·鲍照《升天行》："穷涂悔短计，晚志重长生。从师入远岳，结友事仙灵……何时与尔曹，啄腐共吞腥。"

厌纷纷、吞腥啄腐，狗偷乌攫。（宋·张镃《贺新郎·邂逅非专约》）

斧 fǔ

古上声，七麌。逆般～冰～操～持～赤～刀～鬼～衮～挥～斤～巨～拒～落～眉～弄～破～齐～樵～窃～桑～石～投～萧～修蟾～绣～玉～月～运～砧～顺～车～断～画～镬～节～斤～柯～库～木～脑～斯～螗～屋～绣～削～依～扆～釿～戉～钺～凿～藻～砧～碪～正～政～锧～琢～资例松根碍幽径，孱颜不能斧。（唐·皮日休《太湖诗·游毛公坛》）予时与和鼎，官班各持斧。（唐·杜牧《李甘诗》）

典**般斧** 指技艺精进绝妙。汉·扬雄《法言·君子》："般之挥斤，羿之激矢；君子不言，言必有中也。"般斧，即般斤，指古代著名工匠鲁班的斧子，因为其擅于用斧，技艺精巧，遂有此说。

剪裁妙语频赓唱，巧胜郢斤般斧。（宋·卫宗武《摸鱼儿·小林峦、一年芳事》）

齐斧 指刑罚、惩罚。《汉书·王莽传下》："司徒寻初发长安，宿霸昌厩，亡其黄钺。寻士房扬素狂直，乃哭曰：'此经所谓"丧其齐斧"者也！'"应劭注："齐，利也。亡其利斧，言无以复断斩也。"

危根一以振，齐斧来相寻。（唐·柳宗元《感遇二首》其一）

投斧 指立志求学。《太平御览》卷六一一引《庐江七贤传》："文党，字翁仲。欲之之学，时与人俱入丛木，谓侣人曰：'吾欲远学，先试投我斧高木上，斧当挂。'乃仰投之，斧果上挂，因之长安受经。"

投斧为赋诗，德怨聊相赎。（宋·苏轼《宥老楮》）

绣斧 喻指皇帝派遣任命的执法官吏或握有大权的官员。亦作"持斧"。《汉书·武帝纪》："(帝)遣直指使者暴胜之等，衣绣衣，杖斧，分部逐捕，刺史郡守以下皆伏诛。"

绣斧翩翩向福唐，百城敛衽避风霜。（宋·刘克庄《送杨彦极提刑二首》其一）

釜 fǔ

古上声，七麌。逆鼎～焦～轑～栎～漏～破～土～瓦～悬～鱼～玉～甑～资～顺～鍑～鬲～鼓～砾～鏂～鬵～甗～罂～鱼～庾～灶～甑～中鱼～钟例金龟全写中牟印，玉鹄当变莱芜釜。（唐·卢照邻《失

群雁》)

典**轑釜** 用勺刮锅。或指叔嫂之间不和睦。亦作"戛羹""栎釜"。《汉书·楚元王刘交传》:"初,高祖微时,常避事,时时与宾客过其丘嫂食。嫂厌叔与客来,阳为羹尽,轑釜,客以故去。已而视釜中有羹,繇是怨嫂。"颜师古注:"服虔曰:'音劳。轑,铄也。'以勺铄釜,令为声也。"

生尘甑暖喜炊黍,轑釜羹香忘糁藜。(宋·陆游《次韵范参政书怀》)

悬釜 指严重的水患。《战国策·赵策一》:"三月不能拔,因舒军而围之,决晋水而灌之。围晋阳三年,城中巢居而处,悬釜而炊。"

束湿炊悬釜,翻床补坏垣。(宋·陈师道《暑雨》)

鱼釜 指前景堪忧。《后汉书·张纲传》:"婴闻,泣下,曰:'荒裔愚人,不能自通朝廷,不堪侵枉,遂复相聚偷生,若鱼游釜中,喘息须臾间耳。'"

霜后鹑衣寒绽线,日高鱼釜冻无烟。(宋·贺铸《赠张士元》)

雷鸣瓦釜 喻小人得志而喧嚣,贤者被压而沉默。《楚辞·九章·卜居》:"世溷浊而不清,蝉翼为重,千钧为轻;黄钟毁弃,瓦釜雷鸣;谗人高张,贤士无名。吁嗟默默兮,谁知吾之廉贞?"

经术貂蝉续狗尾,文章瓦釜作雷鸣。(宋·黄庭坚《再次韵兼简履中南玉三首》其一)

黄钟与瓦釜 指贤人和小人。参见"雷鸣瓦釜"。

瓦釜毁未弃,黄钟幸且存。(宋·晁说之《趋府马上悠然思陈无己三兄成诗寄之》

俯 fǔ

古上声,七麌。逆进~ 顺~察~从~伏~服~躬~观~鉴~镜~就~瞰~窥~览~临~聆~偻~泣~容~拾~首~顺~思~眺~帖~听~瞷~仰~伛~烛~瞩 例悬崖与飞瀑,险喷难足俯。(唐·张祜《游天台山》)

腑 fǔ

古上声,七麌。逆肺~肝~襟~六~心~脏~ 顺~肺~冷~水~脏 例安人在勤恤,保大殚襟腑。(唐·源乾曜《奉和圣制送张尚书巡边》)

黄露醒齿牙,碧黏甘肺腑。(唐·皮日休《太湖诗·游毛公坛》)

甫 fǔ

古上声,七麌。逆吉~尼~山~申~生~翁~章~ 顺~白~甯~当~尔~甫~里~能~田~刑 例愿言出世尘,谢尔申及甫。(唐·崔曙《宿大通和尚塔》)

我欲形容无妙语。颂穆清风须吉甫。(宋·毛滂《玉楼春·我公两器兼文武》)

典**梁甫** 《梁甫吟》本为挽歌,咏人死葬于梁甫。后借指情感悲凉的诗作。亦作"梁甫吟""梁父吟"。《三国志·蜀书·诸葛亮传》:"亮躬耕陇亩,好为《梁父吟》。"

推枕歌梁甫,中庭月似霜。(宋·陆游《中夜苦寒》)

申甫 指栋梁贤臣。《诗经·大雅·崧高》:"崧高维岳,骏极于天。维岳降神,生甫及申。维申及甫,维周之翰。四国于蕃,四方于宣。"唐孔颖达疏:"维此至天之大岳,降其神灵和气,以福祐伯夷之后,生此甫国之侯及申国之伯。……维此申伯及此甫侯为周之卿士桢干之臣。"

何似嵩峰三十六,长随申甫作家山。(唐·白居易《和裴令公南庄绝句》)

生甫 用作朝廷重臣诞辰的赞美之语。参见"申甫"。

恰则祝尧开瑞节,居然生甫已今辰。(宋·吴势卿《寿刘监丞》)

山甫 用以赞美辅政大臣。《诗经·大雅·烝民》:"保兹天子,生仲山甫。"毛氏传:"仲山甫,樊侯也。"郑玄笺:"天安爱此天子宣王,故生樊侯仲山甫,是佐之。"

山甫归应疾,留侯功复成。(唐·张九龄《奉和圣制送尚书燕国公赴朔方》)

章甫 指儒者之冠或者男子成年。《仪礼·士冠礼》:"章甫,殷道也。"郑玄注:"章,明也。殷质,言以表明丈夫也。"章甫为殷代的缁布冠,为古代男子成年行冠礼时所戴。

章甫官人戴,莼丝姹女提。(唐·元稹《送王协律游杭越十韵》)

王夷甫 本指西晋大臣王衍,字夷甫。时人称其丰姿高彻,如瑶林琼树。以清谈著称,累官至司徒。西晋亡,为石勒所俘,劝勒称帝,以图苟活,为勒所杀。临死叹息:"向若不祖尚浮虚,勠力以匡天下,犹可不至今日!"后桓温北伐,眺望中原慨叹:"遂使神州陆沉,百年丘墟,王夷甫诸人不得不任其责。"后遂以"王夷甫"喻指孤芳自赏的清高文士和误国的权臣。事见《晋书·王戎传》附《王衍传》。

旧恨王夷甫,新交蔡克儿。(宋·辛弃疾《感怀示儿辈》)

吟梁甫 指诸葛亮。《三国志·蜀书·诸葛亮传》:"亮躬耕陇亩,好为《梁父吟》。身长八尺,每自比于管仲、乐毅。"旧题诸葛亮《梁父吟》:"问是谁家墓,田强古冶子。力能排南山,文能绝地纪。一朝被谗言,二桃杀三士。谁能为此谋,国相齐晏子。"

一吟梁甫曲,知是卧龙才。(唐·刘禹锡《和杨侍郎初至郴州纪事书情题郡斋八韵》)

郑交甫 指仙凡艳遇。晋·郭璞《江赋》:"感交甫之丧佩。"李善注引《韩诗内传》:"郑交甫遵彼汉皋台下,遇二女,与言曰:'愿请子之佩。'二女与交甫。交甫受而怀之,超然而去,十步循探之,即亡矣。回顾二女,亦即亡矣。"

解佩空怜郑交甫,吹箫不逐许飞琼。(唐·李康成《玉华仙子歌》)

文武吉甫 喻贤德的辅政大臣。《诗经·小雅·六月》:"薄伐玁狁,至于太原。文武吉甫,万邦为宪。"唐孔颖达疏:"王师所以得胜者,以有文德武功之臣尹吉甫,其才略可以为万国之法。"

文武佐时惭吉甫,宣王征伐自肤公。(宋·王安石《次韵元厚之平戎庆捷》)

抚(撫) fǔ

古上声,七麌。逆安~按~边~抟~存~独~恩~扶~规~怀~惠~监~将~剿~救~捽~厉~摩~倾~柔~绥~探~调~慰~循~养~招~镇~拯~治~ 顺~爱~安~案~背~髀~边~藏~操~尘~畜~存~定~缶~孤~化~

怀～缉～集～辑～几～己～剑～节～衿～襟～景～镜～叩～民～摩～念～宁～弄～琴～柔～揉～拭～轼～手～绥～桐～玩～辖～弦～心～胸～巡～抑～臆～翼～膺～宥～舆～遇～毓～掌～正～稚㊄水旱合心忧，饥寒须手抚。（唐·白居易《自咏五首》其二）赵叟抱五弦，宛转当胸抚。（唐·白居易《秦中吟十首·五弦》）

辅(輔)fǔ

㊄上声，七麌。㊄弼～丞～帝～鼎～蕃～藩～扶～干～鲠～公～关～国～畿～夹～颊～疆～京～钧～匡～良～六～龙～内～三～摄～台～卫～贤～协～兴～修～训～彦～靥～颐～翼～英～右～元～宰～哲～众～左～㊄～保～弼～车～臣～衬～戴～德～腭～拂～国～济～颊～理～檠～仁～嗣～卫～熙～贤～相～性～养～靥～益～翊～翼～援～宰～赞～镇～职～治～佐～祚㊄流星下阊阖，宝钺专公辅。（唐·源乾曜《奉和圣制送张尚书巡边》）名从乾取象，位与坤作辅。（唐·张祜《游天台山》）美矣名公卿，魁然真宰辅。（唐·皮日休《七爱诗·房杜二相国（玄龄、如晦）》）

㊄**四辅**　咏辅臣。《晋书》卷一一《天文志上》："抱北极四星曰四辅，所以辅佐北极，而出度授政也。"

谬应星辰居四辅，终期冠褐作闲人。（唐·李建勋《和致仕沈郎中》）

脯fǔ

①干肉。②干燥脱水的瓜果。③使之成为干肉。另见354页pú。

㊄上声，七麌。㊄白～干～火～酒～麟～鹿～蒲～膳～市～束～燕～㊄～燔～羹～醢～酱～酒～脍～腊～粮～肉～脡～饩～羞～枣㊄见说焙前人，时时炙花脯。（唐·陆龟蒙《奉和袭美茶具十咏·茶焙》）

㊄**麒麟作脯**　指位高权重之人遭遇迫害。亦作"麟脯"。晋·葛洪《神仙传》卷七《麻姑》："汉孝桓帝时，神仙王远字方平，降于蔡经家。……（麻姑）入拜方平，方平为之起立。坐定召进。行厨皆金盘玉杯无限也，肴膳多是诸花果，而香气达于内外，擘脯而行之如柏炙，云是麒脯也。"

麒麟作脯龙为醢，何似泥中曳尾龟。（唐·白居易《九年十一月二十一日感事而作》）

父fǔ

老年男子。另见380页fù。

㊄上声，七麌。㊄伧～夸～梁～尼～尚～田～鱼～渔～㊄红颜绿发已官高，赤舄绣裳今仲父。（宋·毛滂《玉楼春·我公两器兼文武》）

㊄**伧父**　指粗鄙之人。晋南北朝时，南人讥北人粗鄙，蔑称之为"伧父"。《晋书·左思传》："初，陆机入洛，欲为此赋，闻思作之，抚掌而笑，与弟云书曰：'此间有伧父，欲作《三都赋》，须其成，当以覆酒瓮耳。'"

古来伧父爱吴乡，一上胥台不可忘。（唐·皮日休《吴中言情寄鲁望》）

巢父　指隐居高士。亦作"巢居子"。东汉·王符《潜夫论·交际》："是以伯夷采薇而不恨。巢父木栖而自愿。"

巢父将许由，未闻买山隐。（唐·李白《北山独酌寄韦六》）

任父　指垂钓。晋·左思《吴都赋》："术兼詹公，巧倾任父。"晋刘渊林注："任父，任公子也。庄周曰：'任公子为大钩巨缁，五十犗牛以为饵，蹲会稽，投竿东海，已而大鱼食巨钩。'"

对景思任父，开图想不兴。（唐·韦庄《渔塘十六韵》）

仲父　指身居高位，受皇帝倚重的权臣。齐桓公尊管仲为仲父。《荀子·仲尼》："夫齐桓公有天下之大节焉，夫孰能亡之？倓然见管仲之能足以托国也，是天下之大知也。安忘其怒，出忘其雠，遂立为仲父，是天下之大决也。"

仲父王佐材，屈身仇香位。（唐·刘长卿《洛阳主簿叔知和驿承恩赴选伏辞一首》）

詹父　指渔夫。《淮南子·说山》："詹公之钓，千岁之鲤不能避。"高诱注："詹公，詹何也，古得道善钓者，有精术，故能得千岁之鲤也。"

何似不羁詹父伴，睡烟歌月老潺潺。（唐·崔橹《春晚岳阳言怀二首》其二）

造父　传说造父从桃林得到骏马献给周穆王，为其驾车西游见西王母。详见《史记·赵世家》。

王良执其辔，造父挟其辀。（唐·韩愈《驽骥》）

尚父　指让人尊敬崇尚的父辈人物。《诗经·大雅·大明》："维师尚父，时维鹰扬。"毛氏传："师，太师也。尚父，可尚可父。鹰扬，如鹰之飞扬也。"郑玄笺："尚父，吕望也，尊称焉。"

尚父提封海岱间，南征惟到穆陵关。（宋·苏轼《占山亭二首》其一）

渔父　咏隐士。《楚辞·渔父》："屈原既放，游于江潭，行吟泽畔，颜色憔悴，形容枯槁。渔父见而问之曰：'子非三闾大夫与？何故至于斯？'屈原曰：'举世皆浊我独清，众人皆醉我独醒，是以见放。'渔父曰：'圣人不凝滞于物，而能与世推移。世人皆浊，何不淈其泥而扬其波？众人皆醉，何不哺其糟而歠其酾？何故深思高举，自令放为？'"

月夜歌谣有渔父，风天气色属商人。（唐·刘禹锡《自江陵沿流道中》）

拊fǔ

拍。

㊄上声，七麌。㊄髀空～搏～击～节～铿～摩～收～填～慰～掌～㊄～爱～背～髀～床～缶～拂～股～鼓～嗟～节～鞠～劳～乐～扪～摩～拍～石～式～手～弦～心～胸～巡～臆～翼～膺～伛～噪～掌㊄凭觞散烦襟，援瑟清夜拊。（唐·鲍溶《秋怀五首》其二）

黼fǔ

㊄上声，七麌。㊄衮～画～绡～绣～章～㊄～宸～纯～黻～构～函～画～幌～绘～领～冕～命～裘～裳～珽～帏～帷～文～幄～绣～扆～筵～衣～依～扆～藻～帐～座

滏fǔ

水名。

㊄上声，七麌。㊄漳～

古gǔ

㊄上声，七麌。㊄奥～薄～博～不～醇～蹈～吊～法～访～非～亘～贯～好～怀～稽～汲～迥～旷

～览～邈～慕～暮～泥～拟～朴～奇～千～尚～师～嗜～守～说～思～邃～太～万～往～学～疑～永～执～终～踵～自～顺～本～董～渡～风～佛～今～井～乐～礼～朴～琴～人～诗～时～书～调～昔～稀～训～雅～义～驿～意～泽～篆例岩泉万丈流，树石千年古。（唐·陈子昂《酬晖上人夏日林泉》）苒苒几盈虚，澄澄变今古。（唐·王昌龄《同从弟销南斋玩月忆山阴崔少府》）

鼓gǔ

古上声，七麌。逆梆～边～鞭～鼙～烽～浮～花～簧～笳～羯～晋～旌～鲸～军～擂～灵～鼍～锣～鸣～暮～鼙～旗～樵～石～兽～曙～戍～朔～铜～蛙～息～箫～晓～悬～櫓～偃～战～钟～顺～唱～吹～槌～弹～刀～笛～风～桴～歌～笳～角～乐～楼～排～琴～胥～瑟～橐～噪～筝～筑例回指岩树花，如闻道场鼓。（唐·王昌龄《诸官游招隐寺》）然灯见栖鸽，作礼闻信鼓。（唐·崔曙《宿大通和尚塔，敬赠如上人，兼呈常、孙二山人》）沙平草绿见吏稀，寂历斜阳照县鼓。（唐·刘禹锡《龙阳县歌》）

典**布鼓**　指浅陋。《汉书·王尊传》："迁为东平相。……致诏后，谒见王，太傅在前说《相鼠》之诗。尊曰：'毋持布鼓过雷门！'"

词人羞布鼓，远客献貂襜。（唐·刘禹锡《和汴州令狐相公到镇改月偶书所怀》）

谏鼓　天子为方便臣民提意见而于庭外所设鼓，欲谏诤者随时可敲，以召唤接待。《淮南子·注术》："古者天子听朝，公卿正谏，博士诵诗，瞽箴师诵，庶人传语，史书其过，宰彻其膳，犹以为未足也。故尧置敢谏之鼓，舜立诽谤之木。"

舜庭招谏鼓，汉殿上书囊。（唐·韦庄《和郑拾遗秋日感事一百韵》）

汉家箫鼓　指汉武帝《秋风辞》乐极生悲的情调。旧题东汉·班固《汉武故事》："帝行幸河东，祠后土，顾视帝京，忻然中流，与群臣饮宴。乃自作《秋风辞》云：'泛楼船兮济汾河，横中流兮扬素波。箫鼓鸣兮发棹歌，欢乐极兮哀情多！'"

汉家箫鼓空流水，魏国山河半夕阳。（唐·李益《同崔邠登鹳雀楼》）

箫钟交鼓　形容喧闹场景。《楚辞·九歌·东君》："緪瑟兮交鼓，萧钟兮瑶簴。"

长望龙輈雷驾，凭仗箫钟交鼓，宾日出扶桑。（宋·汪莘《水调歌头·寄语山阿子》）

海鸟悲钟鼓　喻身不由己，不堪官宦生活。亦作"鲁禽""鲁人疑海鸟"。《庄子·至乐》："昔者海鸟止于鲁郊，鲁侯御而觞之于庙，奏九韶以为乐，具太牢以为膳。鸟乃眩视忧悲，不敢食一脔，不敢饮一杯，三日而死。此以己养养鸟也，非以鸟养养鸟也。"

海鸟悲钟鼓，狙公畏服裳。（唐·李商隐《赠送前刘五经映三十四韵》）

股gǔ

古上声，七麌。逆八～钗～赤～刺～割～肱～句～封～两～一～长～掌～锥～左～顺～弁～抃～匪～肱～栗～战～掌例根稀比黍苗，梢细同钗股。（唐·白居易《和微之诗二十三首·和祝苍华》）翦红情，裁绿意，花信上钗股。（宋·吴文英《祝英台近·翦红情》）

典**刺股**　指发愤图强，刻苦学习。《战国策·秦策一》载：苏秦游说秦王，上书十次，秦王没有采纳他的主张，他回到家中，"乃夜发书，陈箧数十，得《太公阴符》之谋，简练以为揣摩。读书欲睡，引锥自刺其股，血流至足。……期年揣摩成，曰：'此真可以说当世之君矣！'"

刺股情方励，偷光思益深。（唐·孟简《惜分阴》）

割股　赞美人的忠孝之举。《庄子·盗跖》："介子推至忠也，自割其股以食文公。文公后背之。子推怒而去，抱木而燔死。"

割股延姑寿，抽簪活众饥。（宋·刘克庄《真母吴氏挽词二首》其一）

钗分一股　指爱侣之间的分离，各执钗之一股以为他日重逢之凭。南朝梁·陆罩《闺怨诗》："自怜断带日，偏恨分钗时。……欲以别离思，独向蘼芜悲。"

带绾同心，钗分一股。断魂空草高唐赋。（宋·洪瑹《踏莎行·满满金杯》）

贾(賈)gǔ　商人。另见17页jiǎ。

古上声，七麌。逆大～富～巨～廉～良～善～商～书～贪～顺～伴～舶～诚～贷～怠～盗～道～店～儿～帆～贩～官～国～害～胡～惠～祸～客～侩～利～贸～欺～奇～人～商～师～市～售～肆～物～息～衅～衒～殃～勇～用～余～誉～鬻～怨～憎～舟～粥～资～作例云阳上征去，两岸饶商贾。（唐·李白《丁督护歌》）长闻乡人语，此家胜良贾。（唐·于濆《富农诗》）

瞽gǔ　眼睛看不见。

古上声，七麌。逆工～狂～聋～盲～蒙～朦～矇～冥～披～神～顽～有～愚～御～顺～卜～词～辞～夫～工～惑～旷～聩～漏～论～蒙～目～人～师～史～说～叟～瞍～谈～妄～言～议～语～妪～者～宗例嗟汝下民或敢侮，戏嘲盗视汝目瞽。（唐·韩愈《昼月》）鸾鹤自相群，前人空若瞽。（唐·张祜《游天台山》）

臌gǔ　腹胀。

逆气～水～顺～胀

诂(詁)gǔ　用今语解释古语或方言。

古上声，七麌。逆传～达～解～通～训～雅～顺～解～经～释～训例俗吏惟知骋刀笔，腐儒亦或拘训诂。（宋·林景熙《饯盛影则教授》）

罟gǔ　捕鱼的网。

古上声，七麌。逆弛～鲸～撩～罗～兽～数～兔～网～罔～鱼～渔～罪～顺～船～罟～擭～客～目～师～网～弋例县门白日无尘土，百姓县前挽鱼罟。（唐·刘禹锡《龙阳县歌》）何不从之游，超然离网罟。（唐·白居易《读史五首》其二）

典**开汤罟**　比喻刑政宽大，也指商汤的宽大德政。见842页"开三面网"。

其冬二凶败，涣汗开汤罟。（唐·杜牧《李甘诗》）

蛊(蠱)gǔ　①古称一种人工培养

的毒虫。②一种害人之巫术。③蛊惑，迷惑。

古上声，七麌。逆败～避～谗～虫～毒～干～狐～篢～惑～狂～沈～巫～厌～妖～顺～瞰～弊～虫～荡～道～雕～毒～蠹～废～干～膈～坏～晦～惑～疾～佞～气～丧～蚀～事～术～慝～尾～厌～诱～狱～灾～主～祝例四围苍藓黏，半心蚀虫蛊。（宋·戴栩《后园老格为园丁斧而薪之》）

典**干蛊** 指子继承父业，完成遗父之愿。亦作“干父”。《周易·蛊》：“干父之蛊，有子，考无咎。”王弼注：“以柔巽之质，干父之事，能承先轨，堪其任者也。”

他时干蛊声名著，今日悬弧宴乐酣。（唐·包何《相里使君第七男生日》）

嘏gǔ 福。

古上声，二十一马。逆产～纯～醇～丰～福～降～三～祥～祝～顺～辞例急急便投真，物外修完纯嘏。（元·马钰《如梦令·长安贾散人》）

典**天锡公纯嘏** 祝福用语。《诗经·鲁颂·宫》：“天锡公纯嘏，眉寿保鲁。居常与许，复周公之宇。鲁侯燕喜，令妻寿母。宜大夫庶士，邦国是有，既多受祉，黄发儿齿。”

天锡公纯嘏，气象自平宽。（宋·魏了翁《水调歌头·犹记端门外》）

牯gǔ 母牛。

古上声，七麌。逆水～猪～顺～牛～犀～子

钴（鈷）gǔ

顺～镆～铒～铒潭

盬gǔ ①盐池。②坚固。③停止。

古上声，七麌。逆行～遑～靡～顺～恶～盐例予言未可穷，君行念靡盬。（明·顾清《送宗都运廷威之长芦》）

典**靡盬** 指忙于公务。《诗经·唐风·鸨羽》：“肃肃鸨羽，集于苞栩。王事靡盬，不能蓺稷黍。父母何怙？”

悠悠咏靡盬，庶以穷日夕。（唐·张九龄《巡按自漓水南行》）

虎hǔ

古上声，七麌。逆暴～彪～搏～参～豺～持～赤～刺～蹈～帝～殿上～匪～分～伏～符～缚～庚～龟～黑～化～画～季～谏～金～刻～狼～龙～捋～履～貔～骑～穷～虬～乳～三～射～神～诗～石～鼠～水～谈～腾～听经～铜～韦～文～熊～绣～胭脂～盐～养～翼～玉～云～值～逐～顺～奔～贲～彪～炳～伥～鞹～痴～螭～踔～殿～符～阜～冠～棍～脊～戟～将～蛟～节～穽～踞～阚～口～牢～吏～落～旅～略～媒～门～女～貔～魄～骑～旗～气～士～视～噬～兕～韬～柝～威～闱～尾～卫～文～幄～溪～戏～校～啸～翼～膺～跃～帐～争～跱～竹例上天铄金石，群盗乱豺虎。（唐·杜甫《雷》）腥至焦长蛇，声吼缠猛虎。（唐·杜甫《火》）

典**渡虎** 指施行德政、仁政。亦作“九江渡虎”“虎渡江”。《后汉书·宋均传》：“宋均字叔庠，南阳安众人也。……迁九江太守。郡多虎暴，数为民患，常募设槛阱而犹多伤害。均到，下记属县曰：‘夫虎豹在山，鼋鼍在水，各有所托。且江、淮之有猛兽，犹北土之有鸡豚也。今为民害，咎在残吏，而劳勤张捕，非忧恤之本也。其务退奸贪，思进忠善，可一去槛阱，除削课制。’其后传言虎相与东游度江。”

九江皆渡虎，三郡尽还珠。（唐·李白《中丞宋公以吴兵三千赴河南》）

分虎 指封侯或委任地方官吏。《后汉书·宦者传序》：“苴茅分虎，南面臣人者，盖以十数。”

长戟同分虎，高冠亚附蝉。（唐·崔日知《冬日述怀奉呈韦祭酒张左丞兰台名贤》）

画虎 喻好高骛远反而无所作为。亦作“画于菟”。《后汉书·马援传》：“初，兄子严、敦并喜讥议，而通轻侠客。援前在交阯，还书诫之曰：‘……龙伯高敦厚周慎，口无择言，谦约节俭，廉公有威，吾爱之重之，愿汝曹效之。杜季良豪侠好义，忧人之忧，乐人之乐，清浊无所失，父丧致客，数郡毕至，吾爱之重之，不愿汝曹效也。效伯高不得，犹为谨敕之士，所谓刻鹄不成尚类鹜者也。效季良不得，陷为天下轻薄子，所谓画虎不成反类狗者也。”

雕龙心已切，画虎意何成。（唐·李商隐《五言述德抒情诗一首四十韵》）

谏虎 指直言进谏。《魏书·宿石传》：“宿石，朔方人也……兴光中，迁侍御史，拜中垒将军……改爵义阳子。尝从猎，高宗亲欲射虎。石叩马而谏，引高宗至高原上。后虎腾跃杀人。诏曰：‘石为忠臣，鞚马切谏，免虎之害。后有犯罪，宥而勿坐。’赐骏马一匹。尚上谷公主，拜驸马都尉。”

谏虎昔赐骏，安人将问牛。（唐·长孙佐辅《闻韦驸马使君迁拜台州》）

貔虎 喻勇猛的战士。亦作“貔武”。《后汉书·光武纪赞》：“寻、邑百万，貔虎为群。”李贤等注：“貔，执夷，虎属也。《书》曰：‘如虎如貔。’言甚猛勇也。”

君家严君勇貔虎，作尹并州遏戎虏。（唐·李白《忆旧游寄谯郡元参军》）

三虎 指兄弟三人皆才华出众，富有盛名。《后汉书·贾彪传》：“贾彪字伟节，颍川定陵人也。少游京师，志节慷慨，与同郡荀爽齐名。……彪兄弟三人，并有高名，而彪最优，故天下称曰‘贾氏三虎，伟节最怒’。”

雄推三虎贾，群擢八龙荀。（唐·元稹《代曲江老人百韵》）

射虎 咏猛将。亦作“射南山虎”“射虎南山”。《史记·李将军列传》：“广出猎，见草中石，以为虎而射之，中石没镞，视之石也。因复更射之，终不能复入石矣。广所居郡闻有虎，尝自射之。及居右北平射虎，虎腾伤广，广亦竟射杀之。”

夺旗貂帐侧，射虎雪林前。（唐·卢纶《送彭开府往云中觐使君兄》）

蝇虎 喻人为了生存而奔波劳累。晋·崔豹《古今注·虫鱼》：“蝇虎，蝇狐也。形若蜘蛛，而色灰白，善捕蝇。一名蝇蝗，一名蝇豹。”蝇虎捕捉苍蝇，如同人为了口食而奔走劳碌一样。

蝇虎寒窗搏，蜗牛败壁缘。（宋·洪咨夔《又次及甫渚宫》）

绣虎　指文采高超，才气横溢。宋·曾慥《类说》卷四引《玉箱杂记》："曹植七步成章，号绣虎。"

秋到三山呈瑞气，斑斑绣虎文章。（宋·李廷忠《临江仙·秋到三山呈瑞气》）

鲁鱼帝虎　指书籍在传写、刊刻过程中的文字错误。唐马总《意林》卷四引晋葛洪《抱朴子》："谚云：'书三写，鱼成鲁，帝成虎。'"

萤窗孤坐志不分，帝虎鲁鱼相可否。（宋·朱翌《题校书图》）

天关九虎　喻君门难入。《楚辞·招魂》："君无上天些。虎豹九关，啄害下人些。"这里的意思是说天门不但有九道关口，并且有猛虎凶豹把守，很难进入，遂有此典。

袖中一卷经济策，天关九虎叫不应。（宋·杨万里《送刘觉之皈蜀》）

射杀白额虎　用作赞颂勇士。周处，字子隐，西晋阳羡人。少孤，不修细行，里人患之，与南山之白额虎、长桥之蛟并称为"三害"。处乃射虎斩蛟，励志向学为善，官至御史中丞，齐万年反，力战死。事见《晋书·周处传》《世说新语·自新》。

射杀中山白额虎，肯数邺下黄须儿。（唐·王维《老将行》）

槛中熊，穽中虎　喻追求名利，受制于人，不自由的状况。《世说新语·排调》刘孝标注引《张敏集》载《头责子羽文》："居有事之世，而耻为权图，譬犹凿池抱瓮，难以求富。嗟乎子羽！何异槛中之熊，深阱之虎，石间饥蟹，窦中之鼠。事力虽勤，见功甚苦。宜其拳局翦蹙，至老无所希也。"

野性纵壑鱼，官身坠阱虎。（宋·陆游《与高安刘丞游大愚观壁间两苏先生诗》）

许（許）hǔ　象声词。另见440页xǔ。

【古】《集韵》：上声，姥韵。【逆】邪～许～【例】勉力事宵征，众声合邪许。（清·黎士弘《永新道中即事》其二）

唬hǔ

【逆】骇～惊～喇～瞒～哮～雄～【顺】～弄～通

浒（滸）hǔ　水边。

【古】上声，七麌。【逆】皋～汉～河～江～灵～神～水～乌～溪～【顺】～湾【例】朝从北岸来，泊船南河浒。（唐·高适《自淇涉黄河途中作十三首》其九）

琥hǔ

【古】上声，七麌。【逆】白～【顺】～珀

苦kǔ

【古】上声，七麌。又：去声，七遇异。【逆】哀～八～悲～斥～愁～厄～烦～风霜～甘～功～攻～孤～寒～何～饥～羁～极～疾～瘠～焦～嗟～精～窘～困～老～良～疲～贫～凄～勤～清～穷～茹～涩～诉～酸～危～厌～忧～尤～冤～众～【顺】～熬～茶～楚～处～辞～悰～淡～斗～厄～功～海～寒～行～恨～怀～患～会～饥～瘠～计～煎～谏～焦～节～境～酒～刻～口～酷～劳～累～虑～觅～茗～难～恼～热～莘～事～死～调～痛～荼～雾～惜～刑～修～训～言～役～吟～于～雨～月～战～诤～志～衷～竹【例】被服圣人教，一生自穷苦。（唐·王维《偶然作六首》其五）舞罢复裁新，岂思劳者苦。（唐·韦应物《杂体五首》其三）

【典】**长平苦**　指战争惨败。《史记·赵世家》："赵遂发兵取上党。廉颇将军军长平。""廉颇免而赵括代将。秦人围赵括，赵括以军降。卒四十余万皆阬之。王悔不听赵豹之计，故有长平之祸焉"。

东征曾吊长平苦，往往晴明独风雨。（唐·李益《从军夜次六胡北饮马磨剑石为祝殇辞》）

孙康勤苦　指苦学。亦作"映雪"。南朝梁·任昉《为萧扬州荐士表》："至乃集萤映雪，编蒲缉柳。"李善注引《孙氏世录》："孙康家贫，常映雪读书，清介，交游不杂。"

孙康勤苦谁能念，少减余光借与伊。（唐·慕幽《灯》）

楛kǔ　粗劣；不坚固或不精细。另见385页hù。

【逆】良～轻～【顺】～耕～僈～窳～窳

鲁（魯）lǔ

【古】上声，七麌。【逆】迟～东～钝～鲁～齐～顽～鱼～愚～质～专～酌～邹～【顺】～班～般～邦～笨～城～道～殿～钝～顿～二生～夫～缟～戈～馆～壶～鸡～经～酒～连～莽～男～讷～瓢～朴～禽～人～弱～圣～史～室～颂～叟～卫～砚～阳～鱼～语～哲～卮～质～雉～中叟～拙【例】客舍有儒生，昂藏出邹鲁。（唐·王维《偶然作六首》其五）炼阳精、要戴乾为父。须定力，似愚鲁。（宋·夏元鼎《贺新郎·天上神仙路》）

【典】**邹鲁**　指文教兴盛之地。《汉书·韦贤传》："其在邹诗曰：'……济济邹鲁。礼义唯恭，诵习弦歌，于异他邦。'"唐颜师古注："言礼乐之教，不同余土也。"

邹鲁盛文献，燕赵多雄姿。（宋·文天祥《远游》）

卓鲁　卓茂与鲁恭的合称，二人均为东汉以教化治县的县令，后用作称颂地方官有善政。南朝齐·孔稚珪《北山移文》："笼张赵于往图，架卓鲁于前箓。"李善注："范晔《后汉书》曰：'卓茂字子康，南阳人也，迁密令，视人如子，吏人亲爱而不忍欺。'又曰：'鲁恭字仲康，扶风人也。拜中牟令，螟伤稼，犬牙缘界，不入中牟。'"

伯舅吏淮泗，卓鲁方喟然。（唐·王维《奉送六舅归陆浑》）

龟山蔽鲁　季氏蔽君犹如龟山蔽鲁，后因以指效忠无门。《乐府诗集》卷五八《龟山操》题解引东汉·蔡邕《琴操》："《龟山操》，孔子所作也。季桓子受齐女乐，孔子欲谏不得，退而望鲁龟山，作此曲，以喻季氏，若龟山之蔽鲁也。"

龟山蔽鲁国，有斧且无柯。（唐·李白《纪南陵题五松山》）

橹[1]（櫓、樐）lǔ　大盾牌。

【古】上声，七麌。【逆】蔽～盾～楯～干～高～戈～楼～门～棚～漂～犀～【顺】～巢～楯～轮

橹[2]（櫓、艣、艪、艣）lǔ　使船前进的工具，用人摇。

【古】上声，七麌。【逆】篙～鸣～柔～数声～桨～摇～【顺】～人～声【例】桂棹兰桡下长浦，罗裙玉腕摇轻橹。（唐·王勃《相和歌辞·采莲归》）被病独行逢乳虎，狂风骇浪失棹橹。（唐·权德舆《危语》）

虏（虜）lǔ

【古】上声，七麌。【逆】避～边～捕～敌～汉～胡～猾～降～骄～寇～蛮

～逆～剽～平～仆～齐～强～轻～穷～囚～驱～守钱～首～徒～亡～系～遗～贼～征～顺～尘～夺～父～获～酒～掠～略～使～廷～庭～役例木落秋草黄，登高望戎虏。(唐·李白《古风》)平生负奇节，一旦如奴虏。(唐·杜牧《李甘诗》)

典**捕虏** 咏武将。《后汉书·马武传》："世祖即位，以武为侍中、骑都尉，封山都侯。建武四年，与虎牙将军盖延等讨刘永，武别击济阴，下成武、楚丘，拜捕虏将军。"

居然双捕虏，自是一嫖姚。(唐·杜甫《寄董卿嘉荣十韵》)

系虏 喻制服敌酋。见879页"请缨"。

请缨期系虏，枕草誓捐躯。(唐·元稹《哭吕衡州六首》其三)

守钱虏 讥讽有钱却非常吝啬的人。《后汉书·马援传》："尝叹曰：'凡殖货财产，贵其能施赈也，否则守钱虏耳。'"

富贵空成守钱虏，吾今何止百宜休。(宋·陆游《悲秋》)

张征虏 指蜀国名将张飞，也用以咏武将。《三国志·蜀书·张飞传》："张飞字益德，涿郡人也，少与关羽俱事先主。……先主既定江南，以飞为宜都太守、征虏将军，封新亭侯。"

见逐张征虏，今思霍冠军。(唐·王维《送张判官赴河西》)

尺箠平虏 指可以击退敌军的气概和韬略。亦作"尺棰鞭狄夷"。《旧唐书·封常清传》："十四载，入朝，十一月，谒玄宗于华清宫。时禄山已叛，玄宗言凶胡负恩之状，何方诛讨？常清奏曰：'禄山领凶徒十万，径犯中原，太平斯久，人不知战。然事有逆顺，势有奇变，臣请走马赴东京，开府库，募骁勇，挑马棰流河，计日取逆胡之首悬于阙下。'玄宗方忧，壮其言。"

君王天纵资仁武。要尺箠、平骄虏。(宋·张孝祥《青玉案·相春堂上闻莺语》)

掳(擄)lǔ

古《广韵》：上声，姥韵。逆捕～打～俘～劫～掠～抢～驱～讨～顺～夺～获～劫～掠～抢

卤[1](鹵)lǔ 通"鲁"，迟钝。

古上声，七麌。逆粗～敌～盾～掠～莽～剽～漂～疏～顽～庸～愚～顺～钝～莽～器例只今年才四十五，后日悬知渐莽卤。(唐·韩愈《赠刘师服》)

卤[2](鹵、滷)lǔ 盐卤。

古上声，七麌。逆财～茶～村～大～甘～行～瘠～碱～旷～梅～碛～沙～咸～盐～泽～顺～菜～丁～潟～汁例耕耘日勤劳，租税兼舄卤。(唐·高适《自淇涉黄河途中作十三首》其九)

氇(氌)lǔ 毛织品。

逆氆～顺～红

亩(畝、*畮、畮、畆、畒、畂)mǔ

古上声，二十五有。逆百～逋～畴～地～东～孤～蕙～井～莱～陇～垄～履～绿～民～南～农～千～阡～青～顷～畎～田～文～宣～殷～终～顺～道～陇～丘例旱日与炎风，枯焦我田亩。(唐·白居易《夏旱》)下有毛公坛，坛方不盈亩。(唐·皮日休《太湖诗·游毛公坛》)

典**渭川千亩** 用以言竹之繁茂。《史记·货殖列传》："陈、夏千亩漆；齐、鲁千亩桑麻；渭川千亩竹。"

果能似此孤竹子，何羡渭川千亩侯。(宋·晁公溯《前恩阳尉周邦举出予兄激仲所书》)

母mǔ

古上声，二十五有。逆阿～拜～淳～慈～地～帝～电～杜～风～蚨～寡～黄～季～金～黎～邻～灵～令～孟～嫫～麑～漂～贫～弃～神～鬼～守～陶～屠～王～文～翁～西～贤～尧～瑶～银～瘴～哲～珠～竹～顺～敕～慈～党～道～德～范～妇～国～艰～教～金～昆～临～舌～师～氏～笄～弦～养～仪～忧～子～字～族例南向翊大君，西宫朝圣母。(唐·皇甫澈《赋四相诗·中书令汉阳王张柬之》)举人看榜闻晓鼓，孱夫孽子遇妒母。(唐·权德舆《危语》)一鸣行即驾雷车，万卷它年劳电母。(宋·王洋《和谢齐解元见惠》)

典**杜母** 东汉良吏杜诗，为官清廉且施惠于民，百姓赞其为"杜母"。《后汉书·杜诗传》："杜诗字公君，河内汲人也。少有才能，仕郡功曹，有公平称。……建武元年，岁中三迁为侍御史，安集洛阳。……(建武)七年，迁南阳太守。性节俭而政治清平，以诛暴立威，善于计略，省爱民役。造作水排，铸为农器，用力少，见功多，百姓便之。又修治陂池，广拓土田，郡内比室殷足。时人方于召信臣，故南阳为之语曰：'前有召父，后有杜母。'"

江郡讴谣夸杜母，洛城欢会忆车公。(唐·白居易《寄李蕲州》)

蚨母 传说以青蚨母、子之血分别涂于钱币上，钱币会互相吸引，飞还相聚。后用作咏钱。见349页"青蚨"。

开贯泻蚨母，买冰防夏蝇。(唐·李贺《出城别张又新酬李汉》)

金母 指西王母。南朝梁·陶弘景《真诰》卷五《甄命授》："昔汉初，有四五小儿路上画地戏。一儿歌曰：'著青裙，入天门，揖金母，拜木公。'……所谓金母者，西王母也。"

绛节随金母，云心捧玉童。(唐·元稹《会真诗三十韵》)

嫫母 指模样丑陋的女子。《荀子·赋》："闾娵，子奢，莫之媒也。嫫母，力父，是之喜也。"唐杨倞注："嫫母，丑女，黄帝时人。"

花中此物似西施，芙蓉芍药皆嫫母。(唐·白居易《山石榴寄元九》)

漂母 借指接济过一时落魄的贵人的老妇人。《史记·淮阴侯列传》："信钓于城下，诸母漂。有一母见信饥，饭信，竟漂数十日。信喜，谓漂母曰：'吾必有以重报母。'母怒曰：'大丈夫不能自食，吾哀王孙而进食，岂望报乎？'信既贵，酬以千金。"

沙丘无漂母，谁肯饭王孙。(唐·李白《送薛九被谗去鲁》)

王母 指仙人或用以祝贺寿诞，有时也喻指杨贵妃。亦作"阿母"。《穆天子传》卷三："吉日甲子，天子宾于西王母。"郭璞注："西王母，如人，虎齿，蓬发，戴胜，善啸。"

西海宴王母，北宫邀上元。(唐·李白《古风》其四三)

文母 指文德之母，亦是对后妃的称颂。《诗经·周颂·雍》："既右烈考，亦右文母。"毛氏传："烈考，武王也。文母，大姒也。"

思陵三载服，文母万年欢。（宋·周必大《孝宗皇帝挽诗二首》其一）

西母 指西王母。晋·傅玄《正都赋》："东父翳青盖而遐望，西母使三足之灵禽。"

西母云车寒未降，莺花作意辨新年。（宋·杨万里《庚戌正月三，约同舍游西湖十首》其八）

尧母 指皇帝的母亲。《汉书·钩弋赵倢伃传》："拳夫人进为倢伃，居钩弋宫。大有宠，太始三年生昭帝，号钩弋子。任身十四月乃生，上曰：'闻昔尧十四月而生，今钩弋亦然。'乃命其所生门曰'尧母门'。"

贵藩尧母族，外戚汉家亲。（唐·宋之问《梁宣王挽词三首》其一）

升堂拜母 指互相结拜为友好人家。《太平御览》卷四〇七引谢承《后汉书》："范式，字巨卿，山阳金乡人，少游太学，与汝南张劭为友，劭字玄伯，二人并告归乡里，式谓玄伯曰：'后二年当还，将过拜尊亲，见汝子焉。'乃共克期。至日，卿果到，升堂拜母，饮尽欢而别。"

尚记升堂拜母时，满前儿女竞牵衣。（宋·刘宰《怀林维国二首》其一）

遇骊山母 指遇神仙指点之事。《太平广记》卷六三《骊山姥》引《集仙传》记李荃于骊山遇一老母，与其谈论《黄帝阴符》。

岂有谷城公付授，也不干、曾遇骊山母。（宋·刘克庄《贺新郎·国脉微如缕》）

姆mǔ

㊂去声，二十六宥。㊃阿～斗～负～傅～师～㊄～教～母～师～训

拇mǔ 大指。

㊂上声，二十五有。㊃巨～骈～譁～枝～㊄～动～骈～印～战～阵～指

姥mǔ 老妇。另见553页lǎo。

㊂上声，七麌。㊃斗～公～老～孟～施酒～天～仙～㊅芙蓉叶落秋鸾离，越王夜起游天姥。（唐·李贺《听颖师琴歌》）

㊆**孟姥** 传说中的船神。唐段公路《北户录·鸡骨卜》："按：《梁简文帝船神记》云：'船神名冯耳。'《五行书》云：'下船三拜，三呼其名，除百忌，又呼为孟公孟姥。'"

齐歌迎孟姥，独舞送阳侯。（唐·张说《岳州观竞渡》）

牡mǔ ①雄性的兽类。②雄性的。③古代锁须或门闩。

㊂上声，二十五有。㊃白～辰～牸～飞～肥～关～广～黑～隆～门～黏～牝～铁～新～骍～玄～元～㊄～丹～飞～牝～钥～鹭㊅许史相经过，高门盈四牡。（唐·王维《偶然作六首》其五）

鉧(鉧)mǔ 钴鉧，即熨斗。

㊃钴～

弩nǔ 弩弓。

㊂上声，七麌。㊃白～兵～伏～负～弓～合～火～机～甲～角～劲～蹶～连～末～牛～千钧～强～神～踏～投～万～犀～溪～习～玉～竹～煮～樽中～㊄～弓～行～箭～力～庐～末～郁～师～矢～手～台～团～弦～牙～影㊅昨宵殷其雷，风过齐万弩。（唐·杜甫《雷》）相公从容来镇抚，常侍郊迎负文弩。（唐·刘禹锡《平蔡州三首》其一）

㊆**煮弩** 指困守城池。《后汉书·臧洪传》："绍见洪书，知无降意，增兵急攻。城中粮尽，外无援救，洪自度不免……初尚屈鼠，煮筋角，后无所复食。……又杀其爱妾，以食兵将。兵将咸流涕，无能仰视者。男女七八十人，相枕而死，莫有离叛。"

解鞍欺李广，煮弩笑臧洪。（唐·吴融《赴阙次留献荆南成相公三十韵》）

先驱负弩 指古代欢迎来宾贵客的隆重礼仪。亦作"负弩""负矢"。《史记·司马相如列传》："乃拜相如为中郎将，建节往使。……至蜀，蜀太守以下郊迎，县令负弩矢先驱，蜀人以为宠。"

先驱负弩何在，心已浙江西。（宋·苏轼《诉衷情·送述古迓元素》）

努[1]nǔ

㊂上声，七麌。㊃钩～㊄～力

努[2](*拟、呶、哕)nǔ 突出。参见537页"呶"náo。

㊂上声，七麌。㊄～臂～膊～目～嘴

浦pǔ

㊂上声，七麌。㊃别～春～丹～飞云～还～寒～汉～合～鹤～衡阳～黄～江～江淹～镜～橘～柳～洛～绿～南～青～秋～鹊～山～桃花～投湘～湘妃～雪～烟～银～迎～鱼～渔～鸳鸯～月～漳～洲～珠还～竹～㊄～帆～海～口～溇～鸥～滩～溆～屿～月㊅采樵屡入历阳山，刘稻常过新林浦。（唐·崔颢《江畔老人愁》）幽抱吟九歌，羁情思湘浦。（唐·杜牧《题池州弄水亭》）

㊆**洛浦** 喻女神或者美丽的女子。张衡《思玄赋》："载太华之玉女兮，召洛浦之宓妃。"

洛浦风流雪，阳台朝暮云。（唐·李播《见美人闻琴不听》）

南浦 指送别之地。《楚辞·九歌·河伯》："子交手兮东行，送美人兮南浦。"

送君南浦泪如丝，君向东州使我悲。（唐·王维《齐州送祖二》）

珠还浦 指东西失而复得或人去而复回。《后汉书·孟尝传》："迁合浦太守。郡不产谷实，而海出珠宝。与交址比境，常通商贩，贸籴粮食。先时宰守并多贪秽，诡人采求，不知纪极。珠遂渐徙于交址郡界。于是行旅不至，人物无资，贫者饿死于道。尝到官，革易前敝，求民病利。曾未逾岁，去珠复还，百姓皆反其业，商货流通，称为神明。"

坐疑星陨空，又恐珠还浦。（宋·苏轼《廉州龙眼质味殊绝可敌荔支》）

圃pǔ

㊂上声，七麌。又：去声，七遇同。㊃场～樊～皋～瓜～桂～花～禁～阆～老～林～苗～琼～疏～苏～田～庭～仙～县～玄～悬～学～瑶～药～野～园～郑～稚珪～㊄～畦～田～泽㊅微言发新偈，粲粲如悬圃。（唐·储光羲《同房宪部应旋》）首夏谅清和，芳阴接场圃。（唐·权德舆《早夏青龙寺致斋，凭眺感物，因书十四韵》）

典**县圃** 指神仙所居之地。亦作“悬圃”“玄圃”。《楚辞·离骚》：“朝发轫于苍梧兮，夕余至乎县圃。”东汉王逸注：“县圃，神山，在昆仑之上。”

县圃经年见，芳樽薄暮开。（宋·张栻《王长沙约饮县圃梅花下分韵得梅字》）

稚珪圃 咏清高之士。《南齐书·孔稚珪传》：“（孔稚珪）不乐世务，居宅盛营山水，凭机独酌，傍无杂事。门庭之内，草莱不翦。”

伯始泉荒，稚圭圃冷，占断西风菊。（宋·刘克庄《念奴娇·禁中张宴》）

阆风玄圃 咏仙境。亦作“阆苑”“阆圃”和“阆风仙苑”。《楚辞·离骚》：“朝吾将济于白水兮，登阆风而緤马。”东汉王逸注：“阆风，山名，在昆仑之上……言已见中国溷浊，则欲渡白水登神山。”又，旧题汉·东方朔《海内十洲记》：“周穆王云：‘山去咸阳四十六万里，山高平地三万六千里，上有三角山，方广成里，形似偃盆，下狭上广，故曰昆仑山。三角其一角正北，干辰之辉，名曰阆风颠；其一角正西，名曰悬圃堂；其一角正东，名曰昆仑宫。’”

阆风玄圃与蓬壶，中有高堂天下无。（唐·杜甫《夔州歌十绝句》其十）

普pǔ

古上声，七麌。逆德～恩～还～流～洽～三～优～赞～周～顺～偏～博～存～递～度～渡～恩～泛～覆～告～广～化～济～浃～进～赉～率～门～淳～洽～请～施～覃～天～同～陀～贤～宴～照例寻常岂是无三五。惟有今宵，皓彩皆同普。（宋·郭应祥《醉落魄·琼楼玉宇》）

谱(譜)pǔ

古上声，七麌。逆词～牒～花～画～笺～兰～梨园～连～脸～眉～棋～琴～曲～氏～世～通～文～仙～乡～箫～新声～医～遗～印～宗～顺～传～次～第～谍～牒～籍～记～纪～列～录～氏～式～系～像～写～叙～学～演～帙～制～注～状例不记墙东花拂树，瑶琴理罢霓裳谱。（宋·毛滂《调笑·心醉双翠翘》）梦结尚依征旆，笛怨谁教渔谱。（宋·孙居敬《喜迁莺·宿酲初愈》）

典**梨园谱** 指宫廷音乐。亦作“梨园调”“梨园手”。唐·郑处诲《明皇杂录》：“开元二年，上于梨园自教法曲，必尽其妙，谓之‘皇帝梨园弟子’。”（据《太平御览》卷五七四引）

梨园旧谱今何在，一段风流画得成。（宋·许及之《跋谏长画轴后五王按乐图》）

君谟旧谱 蔡君谟所撰论荔枝的谱。宋·吴曾《能改斋漫录》卷一五“荔枝谱”条：“蔡君谟守福唐，以闽中荔枝著谱。”

也莫贪他，君谟旧谱，子云奇字。（宋·刘克庄《水龙吟·此翁幸自偏盲》）

溥pǔ 大。

古上声，七麌。逆大～宏～利～率～溥～深～周～顺～爱～遍～博～畅～咆～大～泛～浮～览～利～洽～澍～天例赠官封墓，周匝宏溥。（唐·韩愈《元和圣德诗》）追思往事，一夕九回肠，皇恩溥。（宋·洪皓《蓦山溪·鳌山凤阙》）

氆pǔ 氆氇，毛织品。

顺～氇

埔pǔ

逆黄～

汝rǔ ①水名。②第二人称。

古上声，六语。逆尔～抚～淮～临～似～嵩～颍～语～玉～漳～助～顺～辈～曹～尔～坟～海～器～穴风～窑～月例郡邑经樊邓，山河入嵩汝。（唐·孟浩然《送辛大之鄂渚不及》）我今庭中栽好树，与汝作巢当报汝。（唐·王建《祝鹊》）

典**相尔汝** 指彼此关系亲密，不拘形迹。唐·杜甫《醉时歌》：“得钱即相觅，沽酒不复疑。忘形到尔汝，痛饮真吾师。”

无心云自来还去，元共青山相尔汝。（宋·辛弃疾《玉楼春·无心云自来还去》）

唱予和汝 我来倡导，你来应和。《诗经·郑风·萚兮》：“叔兮伯兮，倡予和女。”毛氏传：“叔伯，言群臣长幼也。君倡臣和也。”

宾客唱予还和汝，使君安老兼怀少。（宋·刘克庄《满江红·奎墨西来》）

襟裾牛马汝 指不通古今不懂学问之人。唐·韩愈《符读书城南》：“人之能为人，由腹有诗书。……人不通古今，马牛而襟裾。”

悠悠莫向文山去，要把襟裾牛马汝。（宋·辛弃疾《玉楼春·悠悠莫向文山去》）

乳rǔ

古上声，七麌。逆羝～芳～甘～膏～共～花～寄～九～酪～绿～孽～鹊～神～生～石钟～食人～水～酥～碎～桐～细～香～悬～雪～玉～雉～稚～钟～滋～顺～白～婢～哺～茶～臭～雏～槌～羝～犊～蕈～儿～妇～膏～虎～花～节～酒～驹～孔～窟～溜～麋～麑～茗～女～气～雀～鹊～人～石～兽～水～香～穴～鸦～燕～药～鱼～妪～雉～稚～钟～粥～子例虚室僧正禅，危梁燕初乳。（唐·权德舆《早夏青龙寺致斋》）

典**羝乳** 指不可能发生的事情。《汉书·苏武传》：“乃徙武北海上无人处，使牧羝，羝乳乃得归。”羝，公羊。

可怜羝乳烟横塞，空想鹃啼月掩关。（宋·文天祥《正月十三日》）

花乳 指茶水。唐·刘禹锡《西山兰若试茶歌》：“僧言灵味宜幽寂，采采翘英为嘉客。……欲知花乳清泠味，须是眠云跂石人。”

汤发云腴酽白，盏浮花乳轻圆。（宋·苏轼《西江月·龙焙今年绝品》）

茹rǔ 旧读。另见355页rú、389页rù。

数(數)shǔ 另见390页shù、412页cù、64页shuò。

古上声，七麌。逆暗～何须～何足～可～历～面～悉～细～顺～珠例翻手作云覆手雨，纷纷轻薄何须数。（唐·杜甫《贫交行》）余者能有几，落者不可数。（唐·白居易《和微之诗二十三首·和祝苍华》）

暑shǔ

古上声，六语。逆抱～避～残～处～徂～大～毒～烦～犯～拂～寒～积～骄～解～辟～九～剧～酷

～烈～隆～梅～虐～轻～清～秋～驱～热～溽～伤～盛～时～受～霜～陶～午～消～小～炎～阳～余～蒸～昼～骤～〔顺〕～魃～絺～簟～伏～寒～吏～门～气～热～溽～岁～天～绤～夏～雪～晏～暍～夜～衣～月〔例〕赫赫离精御炎陆，滔滔炽景开隆暑。（唐·武则天《唐明堂乐章·徵音》）共君春种瓜，本期清夏暑。（唐·张说《寄姚司马》）邂逅两相逢，别来问寒暑。（唐·韦应物《相逢行》）

〔典〕**三庚暑** 指夏暑之时。《太平御览》卷三一引《历忌释》："伏者，何也？金气伏藏之日也。……金畏火，故至庚日必伏。庚者，金也。"又《注》："《阴阳书》曰：'侯夏至后第三庚为初伏，第四庚为中伏，立秋后初庚为后伏，谓之三伏。'"

西风解事，为人间、洗尽三庚烦暑。（宋·黄昇《念奴娇·西风解事》）

鼠shǔ

〔古〕上声，六语。〔逆〕豹文～冰～仓中～貂～腐～黑～狐～怀～溷～火～金毛～青～雀～蛇～社～首～硕～投～豚～黠～仙～相～野～银～玉～炙～〔顺〕～辈～布～步～窜～胆～党～盗～遁～遯～耳～肝～毫～祸～技～迹～径～腊～莽～目～璞～气～裘～雀～壤～矢～胎～偷～尾～舞～黠～须～穴～牙～眼～妖～贼～子〔例〕骨肉化饥魂，仓中有饱鼠。（唐·于濆《富农诗》）森森明庭士，缩缩循墙鼠。（唐·杜牧《李甘诗》）

〔典〕**冰鼠** 常用作北方严寒地区的标志。旧题汉东方朔《神异记》："北方有冰万里，厚百丈，有磎鼠，在冰下出焉，其形如鼠，食草木，肉重千斤，可以作脯。"

地邻冰鼠净，天映烛龙寒。（唐·杨巨源《和吕舍人喜张员外》）

腐鼠 喻轻贱卑微之物，常指功名利禄。《庄子·秋水》："惠子相梁，庄子往见之。或谓惠子曰：'庄子来，欲代子相。'于是惠子恐，搜于国中三日三夜。庄子往见之，曰：'南方有鸟，其名为鹓雏，子知之乎？夫鹓雏，发于南海而飞于北海，非梧桐不止，非练实不食，非醴泉不饮。于是鸱得腐鼠，鹓雏过之，仰而视之曰："吓！"今子欲以子之梁国而吓我邪？'"

腐鼠何劳吓，高鸿本自冥。（宋·苏轼《和刘道原寄张师民》）

火鼠 传说中的异鼠，其毛可织火浣布。旧题汉东方朔《海内十洲记》："炎洲，在南海中……又有火林山，山中有火光兽，大如鼠，毛长三四寸，或赤，或白，山可二百许里，晦夜见此山林，乃是此兽光照人，状如火光相似。乃取其兽毛，缉以为布，名曰火浣布，国人服之。此布垢污，惟以火烧布两食许，出振之，其垢即去，洁白如雪。"

冰蚕不知寒，火鼠不知暑。（宋·苏轼《徐大正闲轩》）

社鼠 指朝中奸臣或有所凭依而为非作歹之人。见351页"社鼠城狐"。

社鼠城狐才就絷，土龙刍狗便投闲。（宋·王柏《和易岩喜雨韵》）

投鼠 喻想要除恶又有所顾忌。亦作"掷鼠"。《汉书·贾谊传》："里谚曰：'欲投鼠而忌器。'此善谕也。鼠近于器，尚惮不投，恐伤其器，况于贵臣之近主乎！"

屡亦闻投鼠，谁其敢射鲸。（唐·李商隐《送千牛李将军赴阙五十韵》）

翻虎鼠 指权位颠倒。唐·李白《远别离》："君失臣兮龙为鱼，权归臣兮鼠变虎。"

翻虎鼠，搏鹯雀，覆蛇龙。（宋·刘辰翁《六州歌头·向来人道》）

金毛鼠 指外表光鲜亮丽，内心贪婪污秽。宋吴曾《能改斋漫录》卷一一《冯当世人目为金毛鼠》："富弼婿冯京使关中日，京所至嗜利，西人目为金毛鼠，以其外文采而中实贪秽也。"

盛时好去金毛鼠，明主应思铁面廊。（宋·度正《奉别运判刘公侍御十四丈》）

孤雏腐鼠 指微贱而不值得一说的人或事物。《后汉书·窦融传》附"窦宪"："建初二年，（宪）女弟立为皇后，拜宪为郎，稍迁侍中、虎贲中郎将……宪恃宫掖声势，遂以贱直请夺沁水公主园田……后发觉，帝大怒，召宪切责曰：'……今贵主尚见枉夺，何况小人哉！国家弃宪如孤雏腐鼠耳。'宪大震惧。"

孤雏腐鼠何劳逐，准拟朝廷政事新。（宋·韩元吉《圣政更新诏书正告讦之罪因得小诗十首》其七）

骅骝捕鼠 喻大材小用或者物各有用。亦作"良骥捕鼠"。《庄子·秋水》："骐骥骅骝，一日而驰千里，捕鼠不如狸狌，言殊技也。"

骅骝捕鼠不如狸，镆干缀履不如锥。（宋·陈杰《题驿壁》）

李斯溷鼠 指人的前途如何在于能否为自己创造优越的生活条件。亦作"仓中鼠""仓中悟"。《史记·李斯列传》："（李斯）年少时，为郡小吏，见吏舍厕中鼠食不洁，近人犬，数惊恐之。斯入仓，观仓中鼠，食积粟，居大庑之下，不见人犬之忧。于是李斯乃叹曰：'人之贤不肖譬如鼠矣，在所自处耳！'乃从荀卿学帝王之术。"

李斯溷鼠心应动，庄叟泥龟意已坚。（唐·李咸用《物情》）

黍shǔ

〔古〕上声，六语。〔逆〕炊～稻～歌～菰～毫～禾～华～鸡～稷～角～累～离～黏～弄～蒲～畜～食～黍～抟～种～铢～〔顺〕～炊～饭～谷～禾～臛～稷～荐～秸～酒～粢～累～离～醴～米～苗～民～醅～穄～觞～秫～黍～穗～穟～田～豚～雪～饴～酏～铢～粽〔例〕金石欲销铄，况兹禾与黍。（唐·白居易《夏旱》）想沈江怨魄归来，空惆怅、对菰黍。（宋·晁补之《永遇乐·红日葵开》）

〔典〕**角黍** 指粽子。晋·周处《风土记》曰："又以菰叶裹黏米煮熟，谓之角黍。"

悠哉风土人，角黍投川隅。（唐·孟郊《旅次湘沅有怀灵均》）

离黍 咏亡国。亦作"故宫离黍""黍离"。《诗经·王风·黍离》："《黍离》，闵宗周也。周大夫行役，至于宗周，过故宗庙宫室，尽为禾黍，闵周室之颠覆，彷徨不忍去，而作是诗也。"

至今游客伤离黍，故国诸生咏雨蒙。（宋·苏轼《周公庙庙在岐山西北八九里》）

抟黍 指黄莺。《诗经·周南·葛

罿》："黄鸟于飞，集于灌木。"毛氏传："黄鸟，抟黍也。"唐孔颖达疏："郭璞曰：'俗呼黄离留，亦名抟黍。'"

翳林窥抟黍，藉草听批颊。（宋·王安石《再用前韵寄蔡天启》）

范张鸡黍 指朋友间的深情厚谊。范云《赠张徐冀》李善注引谢乘《后汉书》："山阳范式，字巨卿，与汝南张元伯为友，春别京师，以秋为期。至九月十五日，杀鸡作黍，二亲笑曰：'山阳去此几千里，何必至？'元伯曰：'巨卿信士，不失期者。'言未绝而巨卿至。"

鸡黍当年约，谁能继范张。（宋·于石《次韵徐月卿秋兴》）

杀鸡为黍 喻盛情款待宾客。亦作"杀鸡炊黍""鸡黍"。《论语·微子》："止子路宿，杀鸡为黍而食之。"

杀鸡为黍办仓卒，看画烹茶每醉饱。（宋·张耒《游武昌》）

一梦成炊黍 即黄粱一梦事，卢生梦中富贵荣华数十年，醒后发现睡前主人所蒸黄粱还未熟。见唐·沈既济《枕中记》。

幽欢一梦成炊黍。知绿暗、汀菰几度。（宋·吴文英《杏花天·幽欢一梦成炊黍》）

署shǔ

㊀去声，六御。㊁柏～曹～差～朝～词～粉～封～公～宫～含香～检～谏～解～禁～鸠～局～兰～郎～冷～离～灵～内～判～辟～清～省～霜～寺～题～天禄～通～乌～仙～宪～牙～衙～严～遥～掖～右～鹓～云～芸～中～㊂～榜～额～府～记～笺～摄～事～尾～押～议～用～职～置～篆～字㊃三入文史林，两拜神仙署。（唐·宋之问《景龙四年春祠海》）送春君何在，君在山阴署。（唐·白居易《和微之诗二十三首·和三月三十日四十韵》）风驰千骑，云拥双旌，向晓洞开严署。（宋·柳永《永遇乐·天阁英游》）

㊄**柏署** 御史官署的别称。《汉书·朱博传》："是时御史府吏舍百余区井水皆竭；又其府中列柏树，常有野乌数千栖宿其上，晨去暮来，号曰'朝夕乌'。"

桂林无瘴气，柏署有清风。（唐·白居易《送严大夫赴桂州》）

粉署 尚书省之别称。东汉·应劭《汉官仪》卷上（据《平津馆丛书》本）："尚书郎奏事明光殿，省中皆胡粉涂壁。"

粉署荣新命，霜台忆旧僚。（唐·岑参《和刑部成员外秋夜寓直寄台省知己》）

天禄署 汉代藏秘籍之所，扬雄曾校书于此，后因以指词臣。见82页"天禄阁"。

继酬天禄署，俱尉甸侯家。（唐·柳宗元《同刘二十八院长述旧言怀时书事》）

久留郎署 喻际遇难逢，不获知遇。见552页"颜郎老"。

久留郎署终难遇，空扫相门谁见知。（唐·骆宾王《帝京篇》）

薯（*藷）shǔ

㊀《广韵》：去声，御韵。㊁白～豆～番～蕃～甘～红～木～㊂～莨～药～蓣

曙shǔ

㊀去声，六御。㊁晨鸡～迟～拂～海～昏～开～离～清～霜～爽～霞～烟～㊂～斗～风～更～鼓～河～华～晖～鸡～角～然～日～天～霞～星～烟～影～月～钟㊃皎洁明星高，苍茫远天曙。（唐·王维《早朝》）柳意不胜春，岩光已知曙。（唐·韦应物《晓坐西斋》）

㊄**三星曙** 指男女新婚。亦作"三星照户"。《诗经·唐风·绸缪》："绸缪束薪，三星在天。今夕何夕，见此良人。""绸缪束楚，三星在户。今夕何夕，见此粲者"。

玉漏三星曙，铜街五马逢。（唐·李贺《恼公》）

土tǔ

㊀上声，七麌㊁安～邦～边～尘～寸～东～坟～粪～风～佛～负～膏～故～汉～后～怀～坏～黄～净～卷～乐～丽～裂～茅～迁～人～守～庶～水～田～王～沃～吾～五色～下～乡～玄～穴～一抔～异～中～㊂～茶～产～德～封～膏～骨～花～芥～龙～脉～馒头～耦人～室～俗～仪～音～俑㊃水浊不可饮，壶浆半成土。（唐·李白《丁督护歌》）岁月催别离，庭闱远风土。（唐·高适《送萧十八与房侍御回还》）买丝绣作平原君，有酒惟浇赵州土。（唐·李贺《杂曲歌辞·浩歌》）

㊄**怀土** 指怀念故乡。见"小人怀土"。

岂伊怀土多，触目忻所遇。（唐·王昌龄《山行入泾州》）

乐土 喻追求理想的安居乐业之地。《诗经·魏风·硕鼠》："硕鼠硕鼠，无食我黍。三岁贯女，莫我肯顾。逝将去女，适彼乐土。乐土乐土，爰得我所。"郑玄笺："乐土，有德之国。"

柴荆寄乐土，鹏路观翱翔。（唐·杜甫《入衡州》）

茅土 指受封为诸侯或者王侯。李陵《答苏武书》："陵谓足下，当享茅土之荐，受千乘之赏。"李善注引《尚书纬》："天子社，东方青，南方赤，西方白，北方黑，上冒以黄土。将封诸侯，各取方土，苴以白茅，以为社。"

哲兄锡茅土，圣代罗荣滋。（唐·李白《感时留别从兄徐王延年从弟延陵》）

率土 指国家疆界、国土。《诗经·小雅·北山》："溥天之下，莫非王土。率土之滨，莫非王臣。"毛氏传："率，循滨涯也。"

配天昭圣业，率土庆辉光。（唐·张九龄《奉和圣制南郊礼毕酺宴》）

洛阳尘土 指官宦仕途的险恶与污浊。晋·陆机《为顾彦先赠妇二首》其一："辞家远行游，悠悠三千里。京洛多风尘，素衣化为缁。"

洛阳尘土涴人衣。争似归来双足、踏涟漪。（宋·苏十能《南歌子·江水粼粼碧》）

小人怀土 指羁旅思乡之情。《论语·里仁》："子曰：'君子怀德，小人怀土；君子怀刑，小人怀惠。'"

杜鹃蜀魄哭归去，小人怀土慎勿听。（宋·梅尧臣《和欧阳永叔啼鸟十八韵》）

营丘茅土 指姜太公晚年封疆之事。《史记·齐太公世家》："于是武王已平商而王天下，封师尚父于齐营丘。……太公至国，修政，因其俗，简其礼，通商工之业，便鱼盐之利，而人

民多归齐，齐为大国。……齐由此得征伐，为大国。都营丘。"

被西伯载归，营丘茅土，牧野檀车。（宋·刘克庄《木兰花慢·海滨蓑笠叟》）

信美非吾土 表游子怀乡之情。汉·王粲《登楼赋》："虽信美而非吾土兮，曾何足以少留。"

故园汉上林，信美非吾土。（唐·杜牧《题池州弄水亭》）

吐tǔ 另见393页tù。

㊀上声，七麌。㊁词～辞～含～花心～咳～灵蛇～鸬～露～晴光～罄～神～谈～谭～推～吞～握蛇～雾～涎～宣～言～咬～一～音～月初～珠～㊂～哺～餔～词～辞～翠～番～蕃～凤～花～辉～火～款～沥～溜～露～绿～濆～纳～葩～茹～瑞～食～漱～穗～谈～退～吞～文～握～吸～翕～喻～絮～芽～言～艳～焰～曜～耀～晕～绽～珠㊃寥寥寒烟静，莽莽夕阴吐。（唐·高适《送萧十八与房侍御回还》）幽岩画屏倚，新月玉钩吐。（唐·柳宗元《再至界围岩水帘遂宿岩下》）残云虹未落，返景霞初吐。（唐·钱起《田园雨后赠邻人》）

㊄**灵蛇吐** 喻知恩图报。见559页"灵蛇报"。

不是灵蛇吐，非缘合浦还。（唐·独孤绶《投珠于泉》）

一饭三吐 赞颂在位者礼贤纳士。亦作"哺应为吐"。《史记·鲁周公世家》："（周公）于是卒相成王，而使其子伯禽代就封于鲁。周公戒伯禽曰：'我文王之子，武王之弟，成王之叔父，我于天下亦不贱矣。然我一沐三捉发，一饭三吐哺，起以待士，犹恐失天下之贤人。子之鲁，慎无以国骄人。'"

翘馆钦贤人共说，一饭每勤三吐。（宋·李曾伯《贺新郎·日近长安路》）

长鲸吞吐 指江海波涛汹涌之态。左思《吴都赋》："百川派别，归海而会。……莫测其深，莫究其广。……于是乎长鲸吞航，修鲵吐浪。"

凭谁问，万里长鲸吞吐。人间儿戏千弩。（宋·辛弃疾《摸鱼儿·望飞来半空鸥鹭》）

武wǔ ①军事。②勇猛。③足迹。

㊀上声，七麌。㊁蹈～东～黩～豪～皇～继～讲～举～孔～廉～履～马～猛～蹑～貔～前～强～睿～尚～韶～神～绳～圣～嗣～汤～威～魏～象～雄～熊～修～玄～颜～偃～演～毅～隐～英～勇～用～真～忠～踵～烛～宗～祖～㊂～贲～柄～部～臣～称～成～城～德～丁～夫～功～悍～侯～健～将～界～诫～经～烈～林～陵～罗～落～旅～媚～怒～人～锐～神～师～士～守～松～威～帷～溪～偃～夷～义～谊～毅～勇～昭～政㊃吾君不省觉，二凶日威武。（唐·杜牧《李甘诗》）声华振台阁，功德标文武。（唐·源乾曜《奉和圣制送张尚书巡边》）

㊄**东武** 指物是人非，时移世易。《乐府诗集·东武吟行》解题：《古今乐录》曰："王僧虔《技录》有《东武吟行》，今不歌。"《乐府解题》曰："鲍照云'主人且勿喧'，沈约云'天德深且旷'，伤时移事异，荣华徂谢也。"

闲作东武吟，曲尽情未终。（唐·李白《东武吟》）

建武 汉光武帝的年号，后用指王朝之中兴。见《后汉书·光武纪上》。

方齐建武治，不啻永平俱。（宋·司马光《迩英阁读毕后汉书蒙恩赐御筵诗》）

马武 东汉中兴名将，字子张。新莽末，参加绿林起义军。后归刘秀。后以"马武"为咏武将或赞人勇武之典。见《后汉书·马武传》。

雄如马武皆弹剑，少似终军亦请缨。（唐·杜牧《东兵长句十韵》）

卫武 祝寿用语。《国语·楚语上》："昔卫武公年数九十有五矣，犹箴儆于国。曰：'自卿以下至于师长士，苟在朝者，无谓我老耄而舍我，必恭恪于朝，朝夕以交戒我。'"

愿公如卫武，百岁尚康强。（唐·杜牧《春日言怀寄虢州李常侍十韵》）

不甘臣武 指伯夷、叔齐隐居首阳山，不为周武王之臣。《史记·伯夷列传》："伯夷、叔齐，孤竹君之二子也。……于是伯夷、叔齐闻西伯昌善养老，盍往归焉。……及至，西伯卒，武王载木主，号为文王，东伐纣。伯夷、叔齐叩马而谏曰：'父死不葬，爰及干戈，可谓孝乎？以臣弑君，可谓仁乎？'左右欲兵之。太公曰：'此义人也。'扶而去之。武王已平殷乱，天下宗周，而伯夷、叔齐耻之，义不食周粟，隐于首阳山，采薇而食之。……遂饿死于首阳山。"

试说北海归文，西山何事，犹不甘臣武。（宋·林式之《念奴娇·桐皋东去》）

禹弇宫武 指东汉名臣邓禹、耿弇、臧宫、马武。见《后汉书·邓禹传》《后汉书·耿弇传》《后汉书·臧宫传》《后汉书·马武传》。

试问泽畔羊裘，当时何事，笑禹弇宫武。（宋·沈刚孙《念奴娇·我来访古》）

侮wǔ

㊀上声，七麌。㊁傲～骜～怠～诟～讥～贱～骄～靳～诳～凌～陵～骂～谩～慢～欺～诮～侵～轻～取～讪～肆～玩～戏～狎～笑～亵～冤～自～㊂～傲～薄～黩～夺～法～戆～害～忽～剧～骂～谩～慢～嫚～蔑～弄～诮～人～辱～谇～玩～亡～文～物～狎～笑～谑～易～折㊃广深丈尺间，宴息敢轻侮。（唐·杜甫《太平寺泉眼》）长其船兮利其斧，输予薪兮勿予侮。（唐·陆龟蒙《小鸡山樵人歌》）

午wǔ

㊀上声，七麌。㊁傍～舛～当～抵～典～端～贯～过～交～近～倦～罗～旁～破～日～赏～书～题～亭～庭～停～饷～向～夜～映～逾～月～重～卓～子～㊂～茶～潮～尘～初～错～达～道～吨～梵～割～供～贯～火～际～节～刻～漏～门～牌～前～桥～寝～膳～上～时～市～暑～岁～天～香～饷～歊～衙～夜～阴～楹～影～月～斋～枕～正～转～馔㊃饭颗山头逢杜甫，顶戴笠子日卓午。（唐·李白《戏赠杜甫》）酒绿河桥春，漏闲宫殿午。（唐·李正封《洛阳清明日雨霁》）

典典午 指官居司马一职。《三国志·蜀书·谯周传》:"周语次,因书版示立曰:'典午忽兮,月酉没兮。'典午者谓司马也,月酉者谓八月也。至八月而文王果崩。"

长惭典午非材职,得就闲官即至公。(唐·韩愈《晋公破贼回重拜台司》)

伍wǔ

古上声,七麌。逆伴~保~编~兵~簿~参~侪~超~党~轨~剑~行~籍~军~哙~连~邻~闾~群~什~失~士~逃~諱~乡~营~猿鸟~阵~卒~顺~伯~参~潮~乘~符~侯~籍~老~列~什~相例赤舌可烧城,谗邪易为伍。(唐·陆龟蒙《杂讽九首》)绮席草芊芊,紫岚峰伍伍。(唐·杜牧《题池州弄水亭》)

典哙伍 指与平庸之辈同列,泛指英雄失意。《史记·淮阴侯列传》:"信由此日夜怨望,居常怏怏,羞与绛、灌等列。信尝过樊将军哙,哙跪拜送迎,言称臣,曰:'大王乃肯临臣!'信出门,笑曰:'生乃与哙等为伍!'"

胡为不上金马门,簿领卑栖犹哙伍。(宋·韩元吉《戏赠范元卿》)

五wǔ

古上声,七麌逆尺~鼎~杜~端~韩~行~呼~九~三~夏~咸~郑~重~顺~霸~伯~彩~帝~典~丁~斗~方~凤~福~更~谷~胡~湖~袴~陵~柳~龙~马~七~色~味~弦~羊~噫歌~引~原~铢例他日遇封禅,著书继三五。(唐·独孤及《季冬自嵩山赴洛道中作》)壮年等闲过,过壮年已五。(唐·元稹《遣病十首》)繁花如二八,好月当三五。(唐·温庭筠《寒食节日寄楚望二首》其一)

典呼五 指争胜。《楚辞·招魂》:"菎蔽象棋,有六簙些。分曹并进,遒相迫些。成枭而牟,呼五白些。"东汉王逸注:"五白,簙齿也。言已棋已枭,当成牟胜,射张食棋,下兆于屈,故呼五白,以助投也。"

冯陵大叫呼五白,袒跣不肯成枭卢。(唐·杜甫《今夕行》)

夏五 指文字有缺漏。《春秋·桓公十四年》:"夏,五,郑伯使其弟语来盟。"杜预注"夏五"曰:"不书月,阙文。"

列之学官岂无意,不但阙文存夏五。(宋·李石《石经堂》)

一百五 指寒食节。南朝梁·宗懔《荆楚岁时记》:"去冬至一百五日,即有疾风甚雨,谓之寒食。禁火三日,造饧大麦粥。"《注》:"据历,合在清明前二日,亦有去冬至一百六日者。"

今朝一百五,出户雨初晴。(唐·张籍《寒食书事二首》其一)

去天尺五 指距离宫廷很近,也指皇帝旁边有权有势之人。清王谟辑本秦韦氏《三秦记》:"城南韦杜,去天五尺。"韦氏、杜氏为唐代著名的世家王族,且都居城南,因得此典故。

去天尺五君家别。看乘空、鱼龙惨淡,风云开合。(宋·辛弃疾《贺新郎·细把君诗说》)

舞wǔ

古上声,七麌。逆按~步~楚~代~蝶~蜂~凤~酣~鹤~呼~花~剑~健~乐~丽~龙~鸾~罗~率~慢~旋~妙~飘~软~色~扇~韶~踏~万~象~兴~旋~选~学~雅~燕~野~羽~赵~郑~字~奏~醉~顺~抃~忭~操~草~法~凤~馆~鸡~妓~末~弄~女~扇~商~兽~头~文~席~象~筵~裀~咏~雩~悦~跃~知~智~缀例子孙成行满眼前,妻能管弦妾能舞。(唐·高适《行路难二首》其一)石崇留客醉,绿珠当座舞。(唐·权德舆《八音诗》)笙簧潭际起,鹳鹤云间舞。(唐·柳宗元《再至界围岩水帘遂宿岩下》)

典鹤舞 指优美的琴声和舞姿。《韩非子·十过》:"公曰:'清徵可得而闻乎?'师旷曰:'不可。古之听清徵者皆有德义之君也,今吾君德薄,不足以听。'平公曰:'寡人之所好者音也,愿试听之。'师旷不得已,援琴而鼓。一奏之,有玄鹤二八,道南方来,集于郎门之垝。再奏之而列。三奏之,延颈而鸣,舒翼而舞。"

鹤舞月将下,乌啼霜正繁。(唐·李端《送从兄赴洪州别驾兄善琴》)

万舞 泛指舞蹈。《诗经·邶风·简兮》:"简兮简兮,方将万舞。"毛氏传:"以干羽为万舞,用之宗庙山川。"郑玄笺:"万,舞名也。……以万者舞之总名,干戚与羽籥皆是,故云以干羽为万舞。"

散漫六霙疑剪水,连娟万舞趁回风。(宋·李洪《仲躬示侍郎丈简字韵咏雪次韵》)

象舞 周武王模拟周文王用兵时的击刺动作,以象征其武功的一种乐舞,亦指后王对先王的赞颂。《诗经·周颂·维清序》:"《维清》,奏象舞也。"唐孔颖达疏:"《维清》诗者,奏象舞之歌乐也。谓文王时有击刺之法,武王作乐,象而为舞,号其乐曰'象舞'。"

惟存祖宗圣功业,干戈象舞被管弦。(宋·欧阳修《晋祠》)

长沙舞 指治理地小物贫的地方。《史记·五宗世家·长沙定王发》:"以孝景前二年用皇子为长沙王。以其母微,无宠,故王卑湿贫国。"裴骃集解引应劭曰:"景帝后二年,诸王来朝,有诏更前称寿歌舞。定王但张袖小举手。左右笑其拙,上怪问之,对曰:'臣国小地狭,不足回旋。'帝以武陵、零陵、桂阳属焉。"

长沙不足舞,贝锦且成诗。(唐·李白《感时留别从兄徐王延年从弟延陵》)

刘琨舞 指爱国用世的壮志豪情。亦作"中夜舞""中宵舞""听鸡舞"。《晋书·祖逖传》:"与司空刘琨俱为司州主簿,情好绸缪,共被同寝。中夜闻荒鸡鸣,蹴琨觉曰:'此非恶声也。'因起舞。逖、琨并有英气,每语世事,或中宵起坐,相谓曰:'若四海鼎沸,豪杰并起,吾与足下当相避于中原耳。'"

鸡唱刘琨舞,牛疲宁戚歌。(宋·陆游《八十一吟》)

盘中舞 指身材轻盈,舞姿曼妙。宋·乐史《杨太真外传》卷上:"上在百花院便殿,因览《汉成帝内传》……乃是'汉成帝获飞燕,身轻欲不胜风。恐其飘翥,帝为造水晶盘,令宫人掌之而歌舞。又制七宝避风台，间以诸香，安于上，恐其四肢不禁'也。"

一掬金莲微步，堪向盘中舞。(宋·杨泽民《解蹀躞·一掬金莲微步》)

商羊舞 大雨将至的先兆。《说苑·辨物》："其后齐有飞鸟，一足，来下，止于殿前，舒翅而跳。齐侯大怪之，又使聘问孔子。孔子曰：'此名商羊，急告民，趣治沟渠，天将大雨。'于是如之，天果大雨。诸国皆水，齐独以安。"

自是湘州石燕飞，那关齐地商羊舞。(唐·李端《荆门歌送兄赴夔州》)

掌上舞 指女子体态瘦削轻盈。汉·伶玄《赵飞燕外传》："飞燕体轻，能掌上舞。"

掌上初教舞，花前欲按歌。(唐·白居易《把酒思闲事二首》其二)

木人歌舞 指能工巧匠造就的物品与真的无异。《列子·汤问》："王荐之，曰：'若与偕来者何人邪?'对曰：'臣之所造能倡者。'穆王惊视之，趣步俯仰，信人也。巧夫鑛其颐，则歌合律；捧其手，则舞应节。千变万化，惟意所适。王以为实人也，与盛姬内御并观之。技将终，倡者瞬其目而招王之左右侍妾。王大怒，立欲诛偃师。偃师大慑，立剖散倡者以示王，皆傅会革、木、胶、漆、白、黑、丹、青之所为。"

犀烛江行见鬼神，木人登席呈歌舞。(唐·李端《杂歌》)

平阳歌舞 指卫子夫在平阳公主府中表演歌舞，被汉武帝看中并宠幸一事。《史记·外戚世家》："子夫为平阳主讴者……既饮，讴者进。上望见，独说卫子夫。是日，武帝起更衣，子夫侍尚衣轩中，得幸。"

平阳歌舞新承宠，帘外春寒赐锦袍。(唐·王昌龄《春宫曲》)

樱歌柳舞 指家妓。唐·孟棨《本事诗·事感》："白尚书姬人樊素，善歌；妓人小蛮，善舞。尝为诗曰：'樱桃樊素口，杨柳小蛮腰。'"

樱歌柳舞俱柔弱。罗衣不耐江风恶。(宋·赵善括《醉落魄·梯横画阁》)

鹉(鵡)wǔ

古上声，七麌。逆鹦～例白云蔽黄鹤，绿树藏鹦鹉。(唐·李群玉《汉阳春晚》)

典**青鹦鹉** 泛指珍奇异兽。《太平御览》卷九二四引《南方异物志》(个别文字据《渊鉴类函·鸟部四》补正)："如鹦鹉有三种：一种青，大如乌臼；一种白，大如鸱鸮；一种五色，大于青而小于白者，交州以南尽有之。"

可在青鹦鹉，非关碧野鸡。(唐·李商隐《和孙朴韦蟾孔雀咏》)

忤(*啎)wǔ

古去声，七遇。逆触～舛～诋～抵～反～犯～干～乖～忌～矜～睽～旁～色～违～无～憎～中～顺～触～犯～恨～累～鳞～慢～嫚～逆～情～色～时～视～往～违～物～意～怨例胸中无町畦，与物且多忤。(唐·权德舆《祗役江西路上以诗代书寄内》)不言意不快，快意言多忤。(唐·元稹《梦游春七十韵》)

捂(*摀)wǔ 遮掩。

古去声，七遇。逆支～拔～抵～顺～嘴

庑(廡)wǔ 廊下小屋。

古上声，七麌。逆伯通～步～除～东～蕃～繁～丰～官～桂～寄～阶～郎～廊～两～赁～门～孟～内～室～堂～庭～屋～贤～轩～长～坐廊～顺～金～下例凄凄视环玦，恻恻步庭庑。(唐·李德裕《夏晚有怀平泉林居》)浅深围柱础，诘曲绕廊庑。(唐·齐己《荆州新秋病起杂题一十五首·病起见苔色》)

典**伯通庑** 指简陋的居处。《后汉书·梁鸿》："遂至吴，依大家皋伯通，居庑下，为人赁舂"

萧萧伯通庑，峨峨德公床。(明·程嘉燧《赠张翁茂仁二丈》)

妩(嫵、*娬)wǔ 美好。

古上声，七麌。逆娇～眉～媚～妍～顺～丽～眉～媚例越娥青镜洗红埃，山斗秦眉妩。(宋·吴文英《烛影摇红·秋入灯花》)寂寞两愁山，锁闲情、无限颦妩。(宋·方千里《法曲献仙音·庭叶飘寒》)

膴wǔ 肥美。

古《广韵》：上声，麌韵。逆蕃～繁～丰～华～眉～靡～荣～腴～顺～膴

怃(憮)wǔ ①爱怜。②失意。

古上声，七麌。逆悲～眉～顺～然例岂不怀高堂，亦将念眉怃。(清·谈九乾《送许旸谷》)

碔wǔ 碔砆，石之似玉者。

古《广韵》：上声，麌韵。顺～砆～石

牾wǔ 违背，不顺从。

逆悖～错～抵～乖～犄～疏～顺～逆

主zhǔ

古上声，七麌。逆暗～奥～鸷～霸～暴～背～宾～伯～常～祠～次～东道～凡～风月～府～辅～故～管～贵～国～豪～花～化～昏～惑～季～家～骄～解絛～九～谲～君～客～魁～郎～恋～灵～令～门～盟～明～末～女～贫～前～侵～人～弱～山～社～神～诗～世～适～寺～嗣～所～檀～土～亡～仙～先～贤～雄～遗～英～拥～幼～愚～院～宰～斋～中～宗～顺～兵～裁～藏～图～潮～从～党～对～峰～祭～寄～甲～驾～鉴～静～君～客～馈～阃～廊～领～令～盟～命～奴～器～丧～僧～师～祏～事～守～术～帅～司～位～翁～信～婿～友～宰～掌～政～胙例金色身坏灭，真如性无主。(唐·王昌龄《诸官游招隐寺》)崩腾心为失，浩荡目无主。(唐·陶翰《乘潮至渔浦作》)

典**季主** 指占卜者。《史记·日者列传》："司马季主者，楚人也。卜于长安东市。"

懒从唐生决，羞访季主卜。(唐·李白《寻阳紫极宫感秋作》)

风月主 指寄情风月之人。宋·叶廷珪《海录碎事》卷一二《臣职部下·刺史》："伪蜀欧阳彬守嘉州，曰：'青山绿水中为二千石，作诗饮酒是为风月主人，岂不佳哉!'"

双井独为风月主，欣闻绿绮奏遗音。(宋·王炎《和黄子山韵二首》其一)

犬马恋主 喻臣下眷怀君上之情。三国魏·曹植《上责躬应诏诗

表》："踊跃之怀，瞻望反侧，不胜犬马恋主之情。"

狐兔怀窟志，犬马恋主情。（南朝宋·鲍照《从临海王上荆初发新渚诗》）

乌孙公主　指刘细君，西汉宗室，汉武帝侄子江都王刘建之女。汉武帝实行和亲睦邻政策，遣细君为公主，远嫁乌孙王昆莫，世称乌孙公主。见《汉书·西域传下·乌孙国》。

乌孙公主归秦地，白马将军入潞州。（唐·白居易《河阳石尚书破回鹘》）

一言悟主　指朝臣因为进言而得到赏识。亦作"片言悟主"。《汉书·车千秋传》："车千秋，本姓田氏。……千秋为高寝郎。会卫太子为江充所谮败，久之，千秋上急变讼太子冤，曰：'子弄父兵，罪当笞；天子之子过误杀人，当何罪哉！臣尝梦见一白头翁教臣言。'是时，上颇知太子惶恐，无他意，乃大感寤，召见千秋……谓曰：'父子之间，人所难言也，公独明其不然。此高庙神灵使公教我，公当遂为吾辅佐。'立拜千秋为大鸿胪。数月，遂代刘屈氂为丞相，封富民侯。千秋无他材能术学，又无伐阅功劳，特以一言寤意，旬月取宰相封侯，世未尝有也。"

一言悟主君须得，百巧成穷我可怜。（宋·曹勋《和楚守于伯达》）

长缨缚戎主　喻制服敌酋。《汉书·终军传》："南越与汉和亲，乃遣军使南越，说其王，欲令入朝，比内诸侯。军自请：'愿受长缨，必羁南越王而致之阙下。'军遂往说越王，越王听许，请举国内属。"颜师古注："言如马羁也。"

问长缨、何时入手，缚将戎主。（宋·刘克庄《贺新郎·国脉微如缕》）

煮zhǔ

古上声，六语。逆熬～炊～亨～烂～糜～烹～如～修～顺～白石～海～酒～器～石～雪例斫桂烧金待晓筵，白鹿青苏夜半煮。（唐·李贺《秦宫诗》）过垂虹亭下系扁舟，鲈堪煮。（宋·吴潜《满江红·红玉阶前》）

拄zhǔ

古上声，七麌。逆撑～小～支～枝～顺～撑～腹～笏～喙～颊～颐～杖例滑石欹谁凿，浮梁袅相拄。（唐·杜甫《龙门阁》）海眼三井通，洞门双阙拄。（唐·张祜《游天台山》）

渚zhǔ　水中小块陆地。

古上声，六语。逆北～川～春～鄂～凫～浮～皋～桂～海～寒～汉～鹤～鸿～花～江～津～兰～蓼～芦～鸾～绿～牛～鹊～沙～石～水～潭～汀～蛙～犀～星～玄～烟～雁～野～渊～云～中～舟～洲～遵～顺～宫～莲～田～牙～芽～烟～泽例牧童披短蓑，腰笛期烟渚。（唐·于渍《山村晓思》）汉阳抱青山，飞楼映湘渚。（唐·李群玉《汉阳春晚》）停樽迟晚月，咽咽上幽渚。（唐·杜牧《题池州弄水亭》）

典**遵渚**　用以形容鸿飞，也指有才能的人无用武之地。《诗经·豳风·九罭》："鸿飞遵渚，公归无所，于女信处。"郑玄笺："鸿，大鸟也，不宜与凫鹥之属飞而循渚，以喻周公今与凡人处东都之邑，失其所也。"

栖枝犹绕鹊，遵渚未来鸿。（唐·骆宾王《月夜有怀简诸同病》）

然犀矶渚　指牛渚矶。亦作"犀渚"。南朝宋·刘敬叔《异苑》卷七："晋温峤至牛渚矶，闻水底有音乐之声，水深不可测。传言下多怪物，乃燃犀角而照之。须臾，见水族覆火，奇形异状，或乘马车著赤衣帻。其夜，梦人谓曰：'与君幽明道隔，何意相照耶？'峤甚恶之。未几卒。"

重到然犀矶渚，不见骑鲸仙子，客意转凄凉。（宋·杨冠卿《水调歌头·曳杖罗浮去》）

麈zhǔ　①兽名。②拂尘。

古上声，七麌。逆挥～挥玉～命～青～僧～松～谈～犀～燕～玉～顺～柄～拂～教～论～谈～尾～言例空崖绝凡路，痴立麋与麈。（唐·张祜《游天台山》）

典**挥麈**　指雅谈。亦作"谈麈""挥玉麈"。《晋书·王戎传》附《王衍传》："妙善玄言，唯谈《老》、《庄》为事。每捉玉柄麈尾，与手同色。"

抱琴不暇抚，挥麈无由停。（宋·欧阳修《和圣俞聚蚊》）

祖zǔ

古上声，七麌。逆霸～鼻～禅～出～初～次～道～帝～法～佛～父～根～汉～皇～徽～积～乐～雷～累～列～烈～灵～启～睿～圣～师～诗～石～始～世～书～述～太～忘～文～物～先～显～香～严～元～昭～肇～竹～宗～尊～顺～軷～邦～辈～妣～鞭～炳～祧～祠～代～道～德～法～风～基～迹～祭～驾～旧～居～考～犒～离～烈～灵～龙～路～马～祢～庙～墓～衲～洽～山～尚～神～师～世～述～寺～祀～孙～堂～逖鞭～庭～统～位～翁～屋～武～习～先～乡～心～训～燕～业～遗～意～荫～印～茔～用～源～则～赠～宅～洲～酌～宗～祖例塞上得阮生，迥继先父祖。（唐·杜甫《贻阮隐居》）三微复正统，五玉归文祖。（唐·独孤及《季冬自嵩山赴洛道中作》）

典**彭祖**　咏长寿。《庄子·逍遥游》："楚之南有螟蛉者，以五百岁为春，五百岁为秋；上古有大椿者，以八千岁为春，八千岁为秋，此大年也。而彭祖乃今以久特闻，众人匹之，不亦悲乎？"

王母桃花千遍红，彭祖巫咸几回死。（唐·李贺《浩歌》）

组(組)zǔ　①宽而薄的丝带，多用作佩印或佩玉的绶。②官印。③编织。④组织，构成。

古上声，七麌。逆碧～鬓～采～蝉～尺～赤～楚～冠～圭～龟～黑～怀～巩～解～金～锦～丽～裂～履～绮～青～缛～素～文～系～曳～遗～印～缨～簪～章～织～执～朱～缀～纂～顺～带～绂～圭～珪～缋～甲～纚～丽～练～冕～佩～辔～绶～帷～绣～紃～缨～帐例读书三十年，腰间无尺组。（唐·王维《偶然作六首》其五）金谷盛繁华，凉台列簪组。（唐·权德舆《八音诗》）庭蕉裂旗旆，野蔓差缨组。（唐·陆龟蒙《奉和袭美太湖诗二十首·孤园寺》）

典**龟组**　指官职。《初学记》卷二六引汉卫宏《汉旧仪》："列侯，黄金印龟钮，文曰印；丞相、将军，黄金印龟钮，文曰章；中二千石，银印龟钮,文曰章。”

龟组恭来诣,貂珰肃奉承。(宋·梅尧臣《和谢希深会圣宫》)

安车缥组 指聘用贤才。亦作“安车”。《后汉书·严光传》:“严光字子陵,一名遵,会稽余姚人也。少有高名,与光武同游学。及光武即位,乃变名姓,隐身不见。帝思其贤,乃令以物色访之。后齐国上言:‘有一男子,披羊裘钓泽中。’帝疑其光,乃备安车玄纁,遣使聘之。三反而后至。舍于北军,给床褥,太官朝夕进膳。”

公吏奉缥组,安车去茅茨。(唐·王维《送高适弟耽归临淮作》)

阻zǔ

㊀上声,六语。㊁隘～奥～阪～驳～城～崇～辞～道～颠～顿～遏～梗～乖～喝～谏～截～禁～峻～睽～困～拦～林～陵～留～挠～拗～僻～歧～倾～曲～劝～山～深～石～天～遐～险～崄～淹～延～夷～抑～壅～幽～重～㊂～隘～奥～迟～挫～颠～陀～遏～格～隔～梗～固～害～阂～积～羁～疾～藉～间～艰～诘～截～沮～拒～绝～峻～旷～睽～阔～拦～留～路～命～难～泥～拗～期～浅～峭～锐～塞～丧～深～恃～狭～险～崄～限～夐～修～疑～抑～郁～御～远～越～战～障～折～滞㊃中夜怀友朋,乾坤此深阻。(唐·杜甫《宿青溪驿奉怀张员外十五兄之绪》)山林少羁鞅,世路多艰阻。(唐·白居易《读史五首》其二)

㊄**红墙天阻** 指离开京城被贬为外官。唐·李商隐《代应》:“本来银汉是红墙,隔得卢家白玉堂。谁与王昌报消息,尽知三十六鸳鸯。”

红墙天阻,碧濠烟锁,细雨迷芳草。(宋·晁补之《青玉案·十年不向都门道》)

俎zǔ 砧板。

㊀上声,六语。㊁陈～刀～鼎～豆～繁～芳～高～椒～进～牢～列～素～象～星～燕～肴～瑶～彝～玉～越～杂～尊～樽～鐏～㊂～豆～簋～醢～机～几～上肉～实～味～羞㊃有征视矛戟,制胜唯樽俎。(唐·源乾曜《奉和圣制送张尚书巡边》)当庭裂诏书,退立须鼎俎。(唐·杜牧《李甘诗》)

㊄**折冲尊俎** 指外交谈判。《晏子春秋·内篇杂上·晋欲攻齐使人往观晏子以礼侍而折其谋》:“晋平公欲伐齐,使范昭往观焉。景公觞之,饮酒酣,范昭曰:‘请君之弃樽。’公曰:‘酌寡人之樽,进之于客。’范昭已饮,晏子曰:‘彻樽,更之!’樽觯具矣。范昭佯醉,不悦而起舞,请太师曰:‘能为我调成周之乐乎?吾为子舞之。’太师曰:‘冥臣不习。’……范昭归,报晋平公曰:‘齐未可伐,臣欲试其君,晏子知之;臣欲犯其礼,而太师知之。’仲尼闻之曰:‘夫不出于尊俎之间,而知千里之外,其晏子之谓也。可谓折冲矣!而太师其与焉。’”

折冲尊俎谈兵略。还记五湖船,烟波约。(元·钱应庚《春草碧·折冲尊俎谈兵略》)

诅(詛)zǔ

㊀去声,六御。㊁谤～腹～诟～骂～盟～怨～咒～祝～㊂～楚～恨～詈～骂～盟～让～师～誓～书～啼～魇～祝㊃虽微五袴咏,幸免兆人诅。(唐·白居易《和微之诗二十三首·和三月三十日四十韵》)

仄声·去声

布[1]bù ①做衣服的材料。②钱币。

㊀去声,七遇。㊁尺～粗～飞～葛～桂～火浣～蛟～蕉～锦～荆～绵～平～瀑～青～泉～裙～疏～蜀～鼠～梭～榻～桐～悬～云～椎～㊂～被～帛～覆～鼓～卦～冠～褐～缕～幔～囊～衾～裘～襦～帷～絮～衣～缨～帻㊃蛮语钩辀音,蛮衣斑斓布。(唐·刘禹锡《蛮子歌》)怪来烟雨落晴天,元是海风吹瀑布。(唐·皮日休《寄题天台国清寺齐梁体》)

㊄**荆布** 喻家境贫寒的女子。《南史·范云传》:“云之幸于子良,江祏求云女婚姻,酒酣,巾箱中取翦刀与云,曰:‘且以为娉。’云笑受之。至是祏贵,云又因酣曰:‘昔与将军俱为黄鹄,今将军化为凤皇,荆布之室,理隔华盛。’因出翦刀还之,祏亦更姻他族。”

不念琐窗并绣户,妾从前、命薄甘荆布。(宋·刘仙伦《贺新郎·郑玉非娼女》)

露布 指檄文或者告捷的文书。南朝梁·刘勰《文心雕龙·檄移》:“檄者,皦也。宣露于外,皦然明白也。张仪檄楚,书以尺二。明白之文,或称露布。露布者,盖露板不封,播诸视听也。”

露布捷书天上去,军咨祭酒幄中谋。(宋·陆游《和周元吉右司过弊居追怀南郑相从之作》)

布[2](*佈)bù ①宣告。②分布。③布置。

㊀《广韵》:去声,暮韵。㊁遍～广～摆～传～敷～环～刊～流～露～罗～满～密～棋～撒～散～森～舒～霞～星～远～攒～昭～展～整～㊂～摆～策～陈～达～覆～濩～划～告～局～露～让～施～算～演～义～饮～种㊃临高神虑寂,远眺川原布。(唐·元晦《越亭二十韵》)

步bù

㊀去声,七遇。㊁晨～骋～船～辍～蹴～寸～笛～独～蹲～踱～高～顾～龟～国～邯郸～横～缓～羁～间～健～举～踽～骏～款～跬～阔～莲～敛～六百～鸾～漫～慢～平～七～骑～却～雀～攘～生尘～鼠～随～腾～铁炉～推～微～稳～膝～遐～闲～信～雄～悬～旋～学～雅～檐～演～野～移～逸～幽～游～余～玉墀～展～折～咫～踵～骤～驻～追～紫庭～醉～㊂～兵～步～蟾～斗～顿～纲～罡～鼓～光～晷～环～屐～径～爵～空～廊～历～漏～履～辇～綦～砌～趋～仞～涉～天～头～伍～庑～武～舞～屣～屧～虚～檐～墹～榈～摇～游～月～云～运～韵～战～鄣～帐～障～驺～走～卒㊃钓矶平可坐,苔磴滑难步。(唐·孟浩然《经七里滩》)

㊄**国步** 指国家的运道。《诗经·大雅·桑柔》:“民靡有黎,具祸以烬。于乎有哀,国步斯频。国步灭资,天不我将。靡所止疑,云徂何往。”郑玄笺:“哀哉,国家之政行此祸害,比比然也。”

国步犹艰难,兵革未衰息。

(唐·杜甫《送韦讽上阆州录事参军》)

莲步 指美丽女子的脚步。《南史·废帝东昏侯本纪》:"(废帝)又别为潘妃起神仙、永寿、玉寿三殿,皆匝饰以金璧。……又凿金为莲华,以贴地,令潘妃行其上,曰:'此步步生莲华也。'"

莲步轻飞,迁客今朝始是归。(宋·苏轼《减字木兰花·江南游女》)

折步 指美女妖媚的步态。《后汉书·梁冀传》:"诏遂封冀妻孙寿为襄城君……寿色美而善为妖态,作愁眉、啼妆、坠马髻、折腰步、龋齿笑,以为媚惑。"

折步教人学,偷香与客熏。(唐·李端《妾薄命》其一)

六百步 指利用有利的条件。《史记·苏秦列传》:"(苏秦)于是说韩宣惠王曰:'韩北有巩、洛、成皋之固……带甲数十万。天下之强弓劲弩皆从韩出。谿子、少府时力、距来者,皆射六百步之外。'"

苏秦六百步,持此说韩王。(唐·李峤《弩》)

生尘步 喻美女或者仙女。亦作"生尘袜"。三国魏·曹植《洛神赋》:"体迅飞凫,飘忽若神。陵波微步,罗韈生尘。"李善注:"陵波而韈生尘,言神人异也。"

不见生尘步,空忆如簧语。(宋·徐俯《卜算子·天生百种愁》)

铁炉步 喻事去名存。唐柳宗元《柳宗元集》卷三八《永州铁炉步志》:"江之浒,凡舟可縻而上下者曰步。永州北郭有步,曰铁炉步。余乘舟来,居九年,往来求其所以为铁炉者无有。问之人,曰:'盖尝有锻者居,其人去而炉毁者不知年矣,独有其号冒而存。'余曰:'嘻!世固有事去名存而冒焉若是耶?'步之人曰:'子何独怪是?今世有负其姓而立于天下者,曰:"吾门大,他不我敌也。"问其位与德,曰:"久矣其先也。"然而彼犹曰"我大",世亦曰"某氏大"。其冒于号有以异于兹步乎?'"

可怜冰氏子,大似铁炉步。(宋·朱翌《次韵胡明仲见寄》)

邯郸学步 指一味地模仿别人,而丢失了自己的本事。亦作"邯郸步"。《庄子·秋水》:"公子牟隐机大息,仰天而笑曰:'……且子独不闻夫寿陵余子之学于邯郸与?未得国能,又失其故行矣,直匍匐而归耳。今子不去,将忘子之故,失子之业。'"

论文要得文中天,邯郸学步终不然。(宋·姜夔《送项平甫倅池阳》)

独擅江南步 称赞杰出人物。《晋书·王坦之传》:"坦之,字文度。弱冠与郗超俱有重名,时人为之语曰:'盛德绝伦郗嘉宾,江东独步王文度。'"

清风拂拂来纨素,独擅江南步。(宋·王之道《虞美人·酪浆冷浸金盘粉》)

部bù

古上声,七麌。逆按～案～八～朝～村～法～番～梵～覆～何水～回～讲～降～界～经～旧～鞠～菊～剧～雷～两～闾～农～曲～铨～山吏～赡～省～释～属～水～朔～算～所～桃～医～异～营～瞻～章～甄～州～顺～陈～丞～次～从～党～督～封～豪～画～集～寄～将～界～勒～类～吏～列～领～落～率～曲～人～事～守～属～署～握～伍～系～辖～校～星～押～议～引～者～阵～职～帙～秩～众～卒～族例黄梅雨住。青草池塘暮。轻许天然乐两部。(宋·陈德武《清平乐·黄梅雨住》)

典**水部** 咏梅花或者喻贤才。亦作"何水曹""何水部"。南朝梁诗人何逊曾任尚书水部郎,世称何水部。由于何逊有咏梅诗,后世常用作咏梅的典故,也借以喻指能诗之士。见《梁书·何逊传》。

水部胸中星斗文,太师笔下蛟龙字。(宋·张耒《读中兴颂碑》)

怖bù

古去声,七遇。逆悲～惭～惨～愁～骇～皇～惶～悸～惊～可～恐～迷～怕～危～畏～眩～疑～忧～诈～战～振～震～顺～鸽～骇～忌～悸～沮～惧～遽～恐～栗～怯～慑～头～愄～畏例我闻是江石,屹立甚可怖。(宋·赵蕃《二十三日雨中发赣州》)

簿bù

古上声,七麌。逆别～兵～登～典～短～对～官～候～计～军～空～名～披～青～髯～书～私～图～文～西凉～校～选～玉～战～资～顺～案～钞～牒～对～籍～吏～列～领～录～书～讼～尉～责～状例速修取。有朝归去。消了阴司簿。(宋·宋先生《点绛唇·这个工夫》)

典**髯簿** 指晋人王珣和郗超;代称受到重用的人。《世说新语·宠礼》:"王珣、郗超并有奇才,为大司马所眷拔。珣为主簿,超为记室参军。超为人多须,珣状短小。于时荆州为之语曰:'髯参军,短主簿。能令公喜,能令公怒。'"

旧交髯簿久相忘,公子相从独味长。(宋·陆游《糟蟹》)

埠bù

逆船～大～港～高～河～开～商～市～水～香～鱼～顺～头

餔bù 糕点。

古《广韵》:去声,暮韵。逆糖～顺～糒～子

篰bù 小竹篓。

古《广韵》:上声,厚韵。逆笼～篛～天～竹～顺～屋

处(處、*䖏、処)chù 另见359页chǔ。

古去声,六御。逆别～处～高～过～何～佳～近～精兵～绝～麟见～妙～明～去～深～生～胜～是～随～他～宿～异～寓～远～着～顺～所例春罗翦字邀王母,共宴红楼最深处。(唐·李贺《神仙曲》)筑城畏不坚,坚城在何处。(唐·陆龟蒙《杂曲歌辞·筑城曲》)

典**精兵处** 指叛军盘踞之地。《史记·淮阴侯列传》:"陈豨拜为钜鹿守,辞于淮阴侯……淮阴侯曰:'公之所居,天下精兵处也;而公,陛下之信幸臣也……吾为公从中起,天下可图也。'……汉十年,陈豨果反。"

号为精兵处,齐蔡燕赵魏。(唐·杜牧《感怀诗一首》)

嘉禾处 西周时,唐叔虞所在的晋地发现嘉禾,即双穗之禾,古人

视为祥瑞。后用嘉禾处指古代晋地。《尚书·周书·归禾序》:"唐叔得禾,异亩同颖,献诸天子。王命唐叔,归周公于东,作《归禾》。"

地失嘉禾处,风存蟋蟀辞。(唐·韩愈《奉使常山早次太原呈副使吴郎中》)

麟见处 指鲁地。《春秋·哀公十四年》:"西狩获麟。"杜预注:"麟者仁兽,圣王之嘉瑞也。时无明王出而遇获,仲尼伤周道之不兴,感嘉瑞之无应,故因《鲁春秋》而修中兴之教。绝笔于获麟之一句,所感而作,固所以为终也。冬猎曰守,盖虞人修常职,故不书狩者;大野在鲁西,故言西狩。"

如经麟见处,驻马瞰荒丘。(唐·许棠《送刘校书游东鲁》)

醋cù

古去声,七遇。逆惨~陈~酬~寡~酱~俏~酸~桃花~头~盐~顺~大~妒~坊~海~酒~味~意例梦觉宦情甜似蜡,老来况味酸如醋。(宋·蒲寿宬《满江红·楼倚虚空》)

典**饮三斗醋** 食令人难食之物。《隋书·崔弘度》:"长安为之语曰:'宁饮三斗醋,不见崔弘度。宁灸三斗艾,不逢屈突盖。'然弘度居家,子弟班白,动行捶楚,闺门整肃,为当世所称。"

朝食三斗葱,暮饮三斗醋。(宋·陈与义《别岳州》)

度dù 另见55页duó。

古去声,七遇。逆暗~杯~不~操~超~大~法~风~共~晷~合~衡~节~襟~礼~廉~落~普~期~气~器~千~曲~省~叔~数~剃~文~象~虚~玄~涯~雅~烟花~淹~遥~逸~意~懿~营~用~幼~韵~章~智~顺~程~尺~词~厄~法~轨~化~纪~量~鸟~曲~日~涉~身~声~世~朔~岁~索~脱~外~无极~引~越~纸~制例山亭秋色满,岩牖凉风度。(唐·李世民《山阁晚秋》)判知秋夕带啼还,那及春朝携手度。(唐·王勃《河阳桥代窦郎中佳人答杨中舍》)

典**杯度** 用作称颂有法术的僧人。见本页"杯渡"。

锡飞常近鹤,杯度不惊鸥。(唐·杜甫《题玄武禅师屋壁》)

初度 初生时的仪态。《楚辞·离骚》:"摄提贞于孟陬兮,惟庚寅吾以降。皇览揆余初度兮,肇锡余以嘉名。"东汉王逸注:"言父伯庸观我始生年时,度其日月皆合天地之正中。"

昔年此日作初度,宾客如云剧欢舞。(宋·文天祥《生日和谢爱山长句》)

叔度 喻高洁之士。亦作"廉度"。《后汉书·黄宪传》:"黄宪,字叔度,汝南慎阳人也,世贫贱,父为牛医……同郡陈蕃、周举常相谓曰:'时月之间不见黄生,则鄙吝之萌复存乎心。'"

季鹰久疏旷,叔度早畴昔。(唐·刘长卿《九日岳阳待黄遂张涣》)

玄度 指东晋名士许询,他有才不仕,善谈玄理。后用以指与僧侣交往的文士。《世说新语·言语》:"刘尹云:'清风朗月,辄思玄度。'"南朝梁刘孝标注引《晋中兴士人书》:"许询能清言,于时士人皆钦慕仰爱之。"

岩石著幼舆,风月思玄度。(宋·陆游《读苏叔党汝州北山杂诗次其韵》)

九龄风度 张九龄风度优美,得大臣体,唐玄宗以之为选拔公卿的标准。《旧唐书·张九龄传》:"张九龄字子寿,一名博物。……(开元)二十一年十二月,起复拜中书侍郎、同中书门下平章事。……二十三年,加金紫光禄大夫,累封始兴县伯。李林甫自无学术,以九龄文行为上所知,心颇忌之。乃引牛仙客知政事,九龄屡言不可,帝不悦。二十四年,迁尚书右丞相,罢知政事。后宰执每荐引公卿,上必问:'风度得如九龄否?'"

九龄风度高难挹,举世纷纷漫笏囊。(宋·王之道《追和贾明叔侯陟明二侍郎瑞香二首》其一)

渡dù

古去声,七遇。逆杯~超~待~东~筏~飞~芙蓉~古~官~寒~河~横~唤~急~济~江~津~兢~竟~来苏~南~牛~普~牵牛~强~泅~鹊~三兽~晚~乌江~夕阳~杨柳~野~银汉~争~顺~拔~杯~船~济~口~涉~世~头~越~子例西经大蓝山,南来漆林渡。(唐·李白《早过漆林渡,寄万巨》)值此归时月,留连西涧渡。(唐·韦应物《乘月过西郊渡》)群真俨盈想,一苇不可渡。(唐·钱起《雨中望海上,怀郁林观中道侣》)

典**杯渡** 指有法术的僧人。亦作"乘杯""浮杯渡"。唐·释道世《法苑珠林》卷七六:"杯渡者,不知俗姓名字是何,常乘木杯渡水,因而为目。初见在冀州,不修细行,神力卓越,世莫测其由来。尝于北方寄宿一家,家有一金像,渡窃而将去。家主觉而追之,见渡徐行,走马逐而不及。至孟津河,浮木杯于水,凭之渡河,无假风棹,轻疾如飞,俄而渡岸,达于京师。"

烟水浮杯渡,云山只履行。(唐·牟融《送僧》)

舟横野渡 韦应物诗咏郊野溪涧野渡无人的幽寂景色,有"春潮带雨晚来急,野渡无人舟自横"的名句。后人用为典实。唐·韦应物《滁州西涧》:"独怜幽草涧边生,上有黄鹂深树鸣。春潮带雨晚来急,野渡无人舟自横。"

晚霁波声带雨,悄无人、舟横野渡。(宋·廖世美《烛影摇红·霭霭春空》)

杜[1] dù

古上声,七麌。逆霸~芳~防~房~服~韩~兰~老~李~马~秋~邵~宋~韦~小~徐~羊~要~顺~甫溪~公祠~蘅~浣花~荆州~酒~鹃~康~莱公~梨~陵~母~若~诗~武库~邮亭~宇~园~茝例千里其如何,微风吹兰杜。(唐·王昌龄《同从弟销南斋玩月忆山阴崔少府》)

典**房杜** 名相房玄龄、杜如晦的并称,二人各有所长,善谋善断,同心佐唐。后指两人合作无间,配合得当。亦作"房谋杜断"。《旧唐书·房玄龄杜如晦传论》:"房知杜之能断大事,杜知房之善建嘉谋。"

必于尧舜日,还似房杜辈。

（唐·贯休《上孙使君》）

小杜 指杜牧。《新唐书·杜佑传》附《杜牧传》："牧字牧之，善属文。……以考功郎中知制诰，迁中书舍人。……牧于诗，情致豪迈，人号'小杜'，以别杜甫云。"

苦闻小杜说扬都，当昔豪华今在无。（宋·司马光《送杨秘丞通判扬州》）

羊杜 指羊祜和杜预，二人因皆镇襄阳且有政绩，后人并以称之。宋·苏轼《东坡诗集注》卷二《襄阳乐》诗："使君朱旆来翻翻，人道使君似羊杜。"旧题宋王十朋注："子仁曰：'羊祜、杜预皆镇襄阳，有德政。'"

江汉风流见羊杜，相门经术有韦平。（宋·陈师道《寄襄州程大夫》）

笑杕杜 指不学无术而贻笑大方。亦作"笑杖杜""杖杜宰相"。《旧唐书·李林甫传》："自无学术。仅能秉笔，有才名于时者尤忌之。……林甫典选部时，选人严迥判语有用'杕杜'二字者，林甫不识'杕'字，谓吏部侍郎韦陟曰：'此云"杖杜"，何也？'陟俯首不敢言。"

当时苟悦可，慎勿笑杕杜。（宋·苏轼《密州宋国博以诗见纪在郡杂咏次韵答之》）

杜[2]（*敷）dù 阻塞。

㊀上声，七麌。逆防～要～预～阻～顺～闭～蔽～黜～挡～遏～贰～废～隔～嘿～机～谏～禁～绝～厥～口～弃～权～塞～隙～心

蠹（*蚕、蝨、蠧）dù 蛀虫。

㊀去声，七遇。逆秕～敝～弊～残～尘～穿～讹～浮～腐～垢～蛊～桂～国～豪～耗～积～奸～狡～浸～巨～魁～流～禄～螟～纰～欺～侵～阙～书～贪～五～隙～瑕～纤～乡～蝎～邪～朽～宿～遗～鱼～渔～灾～贼～中～淄～顺～敝～弊～编～册～虫～丛～蘖～国～害～耗～横～化～患～毁～籍～简～克～孔～劳～吏～落～民～木～孽～蘖～箧～伤～商～食～蚀～书～损～物～饷～蝎～心～朽～言～叶～蟫～鱼～蠓～贼～折～字鱼例青春讵几日，华实潜幽蠹。（唐·元稹《梦游春七十韵》）年龠惜不返，日驭走为蠹。（唐·王周《齿落词》）

典**汗青简蠹** 喻著作或书册。亦作"汗简"。《后汉书·吴延传》："父恢，为南海太守。……恢欲杀青简以写经书。"李贤注："杀青者，以火炙简令汗，取其青易书，复不蠹，谓之杀青，亦谓汗简。又见刘向《别录》也。"

暮年怕杀，汗青蠹简，擘红高会。（宋·刘克庄《水龙吟·此翁幸自偏盲》）

汲冢详蠹 指考究古籍。亦作"汲冢刊谬""汲冢青编"。《晋书·束皙传》："泰康二年，汲郡人不准盗发魏襄王墓得竹简数十车。……武帝以其书付秘书校缀次第，寻考指归，而以今文写之。皙在著作，得观竹书，随疑分释，皆有义证。"

汲冢宁详蠹，秦牢讵辨冤。（唐·骆宾王《早秋出塞寄东台详正学士》）

肚 dù 腹。另见 360 页 dǔ。

㊀上声，七麌。逆菜～肠～腹～画～梭～头～一～顺～肠～当～腹～里～量例争似当初，不曾相见，免恁恼人肠肚。（宋·杜安世《剔银灯·昨夜一场风雨》）

典**画肚** 用手指在肚子上揣摩书法，指勤学苦练。唐·张怀瓘《书断》下："闻虞（虞世南）眠布被中，恒手画肚。"

闸中五更鹅鸭乱，老鱼画肚起长算。（宋·敖陶孙《飘风荆溪》）

妒（*妬）dù

㊀去声，七遇。逆鄙～猜～谗～嗔～蛾眉～风雨～花～疾～嫉～忌～骄～狡～谩～憎～顺～嗔～痴～妇～害～悍～恨～嫮～火～嫉～忌～口～罗绵～媢～昧～母～女～羡～忮例披风听鸟长河路，临津织女遥相妒。（唐·王勃《河阳桥代窦郎中佳人答杨中舍》）一种薄地生，浅深何足妒。（唐·元稹《梦游春七十韵》）但知烂熳恣情开，莫怕南宾桃李妒。（唐·白居易《喜山石榴花开》）

镀（鍍）dù

㊀去声，七遇。逆电～顺～金例隔子碧油糊，驼钩紫金镀。（唐·元稹《梦游春七十韵》）

斁 dù 败坏。另见 256 页 yì。

㊀去声，七遇。顺～败～耗～坏～乱～伦～圮

赴 fù

㊀去声，七遇。逆奔～趁～驰～除～归～诡～进～雷～鸟～齐～趋～投～响～星～掩～影～应～争～顺～蹈～敌～吊～鼎～功～机～急～集～接～节～救～履～命～难～辟～期～曲～趣～阙～时～市～势～死～诉～愬～闻～险～宴～燕～义～渊～援～约～战～召～助～追例莲灯开遍，侍从尽登楼，簪花赴。（宋·洪皓《蓦山溪·鳌山凤阙》）

负（負）fù

㊀上声，二十五有。逆抱～背～逋～惭～偿～抵～堕～荷～怀～矜～疚～空～亏～愧～凭～褓～胜～噬～夙～徒～蚊～衔～宿～虚～倚～殷～载～重～罪～顺～媪～板～版～鄙～逋～才～惭～偿～持～耻～宠～戴～儋～德～恩～功～鼓～固～官～郭～国～荷～恨～糇～羁～剑～揭～芥～口～亏～魁～愧～媿～耒～累～戾～谩～芒～盟～命～囊～牛～弩～期～奇～谴～墙～樵～箧～屈～阙～辱～矢～誓～书～天～铁～痛～图～土～驮～橐～文～锡～弦～衔～险～绁～心～薪～信～衅～性～许～学～檐～义～艺～阴～勇～隅～羽～誉～辕～怨～杖～职～舟～罪例古来多被虚名误。宁负虚名身莫负。（宋·晏几道《玉楼春·雕鞍好为莺花住》）镜中已觉星星误，人不负春春自负。（宋·辛弃疾《玉楼春·风前欲劝春光住》）

典**蚊负** 喻力不胜任。亦作"负山"。《庄子·秋水》："且夫知不知是非之竟，而犹欲观于庄子之言，是犹使蚊负山，商蚷驰河也，必不胜任矣。"

蚊负愁山重，葵倾喜日来。（宋·宋庠《时贤多以不才诮我因自咏》）

妇（婦、*媍）fù

㊀上声，二十五有。逆鄙～不～蚕～倡～晨～出～嫡～炊～爨～村～妒～冯～宫～筍～故～闺～寒

～悍～好～缉～佳～家～健～娇～骄～节～荆～鸠～君～懒～老～离～嫠～俚～烈～令～美～孟～纳～农～匹～贫～杞～弃～樵～巧～妊～乳～蓐～阮～桑～山～善～石～戍～孀～丝～思～孙～田～僮～贤～孝～新～雁～野～馌～迎～幼～怨～择～哲～贞～征～织～拙～子～顺～党～道～德～功～姑～好～家～教～闾～人～容～孺～师～使～氏～事～饰～竖～顺～学～言～业～谒～仪～政～职～子例应笑书生心胆怯，向车中、闭置如新妇。（宋·刘克庄《贺新郎·北望神州路》）堪叹红尘声利客，向花朝月夕寻妆妇。（宋·夏元鼎《贺新郎·天上神仙路》）

典**幼妇**　用作赞美诗文佳作。《世说新语·捷悟》："魏武尝过曹娥碑下，杨修从，碑背上见题作'黄绢幼妇，外孙齑臼'八字。魏武谓修曰：'解不？'答曰：'解。'魏武曰：'卿未可言，待我思之。'行三十里，魏武乃曰：'吾已得。'令修别记所知。修曰：'黄绢，色丝也，于字为绝。幼妇，少女也，于字为妙。外孙，女子也，于字为好。齑臼，受辛也，于字为辞。所谓'绝妙好辞'也。'魏武亦记之，与修同，乃叹曰：'我才不及卿，乃觉三十里。'"

漫作潜夫论，虚传幼妇碑。（唐·杜甫《偶题》）

秋胡妇　指节义烈女。《列女传·鲁秋节妇》："洁妇者，鲁秋胡子妻也。既纳之五日，去而宦于陈，五年乃归。未至家，见路旁妇人采桑，秋胡子悦之，下车谓曰：'若曝采桑，吾行道远，愿托桑荫下飡，下赍休焉。'妇人采桑不辍，秋胡子谓曰：'力田不如逢丰年，力桑不如见国卿。吾有金，愿以与夫人。'妇人曰：'……吾不愿金，所愿卿无有外意，妾亦无淫泆之志，收子之赍与笥金。'秋胡子遂去，至家，奉金遗母，使人唤妇至，乃向采桑者也，秋胡子惭。妇人……遂去而东走，投河而死。"

愿学秋胡妇，贞心比古松。（唐·李白《湖边采莲妇》）

车中新妇　喻身受约束，无所作为。《梁书·曹景宗传》："（景宗）性躁动，不能沉默，出行常欲褰车帷幔，左右辄谏以位望隆重，人所具瞻，不宜然。景宗谓所亲曰：'我昔在乡里，骑快马如龙，与年少辈数十骑，拓弓弦作霹雳声，箭如饿鸱叫，平泽中逐獐，数肋射之，渴饮其血，饥食其肉，甜如甘露浆，觉耳后风生，鼻头出火。此乐使人忘死，不知老之将至。今来扬州作贵人，动转不得，行路开车幔，小人辄言不可。闭置车中，如三日新妇。遭此邑邑，使人无气。'"

应笑书生心胆怯，向车中、闭置如新妇。（宋·刘克庄《贺新郎·北望神州路》）

窦闺织妇　指精妙的诗文，也咏思妇。亦作"窦锦"。《晋书·窦滔妻苏氏传》："窦滔妻苏氏，始平人也，名蕙，字若兰。善属文。滔，苻坚时为秦州刺史，被徙流沙，苏氏思之，织锦为回文旋图诗以赠滔。宛转循环以读之，词甚凄惋，凡八百四十字，文多不录。"

窦闺织妇惭诗句，南国佳人怨锦衾。（唐·李绅《新楼诗二十首·城上蔷薇》）

庐江吏妇　指弃妇。《玉台新咏》卷一《古诗为焦仲卿妻作序》："汉末建安中，庐江府小吏焦仲卿妻刘氏，为仲卿母所遣，自誓不嫁。其家逼之，乃没水而死。仲卿闻之，亦自缢于庭树。时伤之，为诗云尔。"

庐江小吏妇，非关织作迟。（唐·乔知之《定情篇》）

萧氏夫妇　咏神仙。《列仙传》卷上《萧史》："萧史者，秦穆公时人也，善吹箫，能致孔雀、白鹤于庭。穆公有女字弄玉，好之。公遂以女妻焉。日教弄玉作凤鸣，居数年，吹似凤声，凤凰来止其屋。公为作凤台，夫妇止其上，不下数年，一旦皆随凤凰飞去。故秦人为作凤女祠于雍宫中，时有箫声而已。"

萧氏贤夫妇，茅家好弟兄。（宋·柳永《巫山一段云·萧氏贤夫妇》）

父 fù　另见363页fǔ。

古上声，七麌。逆阿～大～皇～家～君～力～乃～先～雄～亚～猿～众～诸～族～顺～辈～党～道～服～国～艰～老～马～祢～母～女～师～事～息～兄～业～忧～执～子～族～祖例将花饵鹿麛，以果投猿父。（唐·皮日休《奉和鲁望樵人十咏·樵子》）启母是诸母，三十六峰是诸父。（唐·卢仝《萧宅二三子赠答诗二十首·石请客》）

典**一过不父**　指君父有过，失于父道。《左传·昭公二十年》："费无极言于楚子曰：'建与伍奢将以方城之外叛。自以为犹宋、郑也，齐、晋又交辅之，将以害楚。其事集矣。'王信之，问伍奢。伍奢对曰：'君一过多矣，何信于谗。'王执伍奢，使城父司马奋扬杀大子，未至而使遣之。三月，大子建奔宋。"杜预注："一过，纳建妻。"谓楚王纳太子建妻，过错已很严重。

观其一过不父，日杀三庶，其人纪有不斁矣夫！（宋·杨万里《浯溪赋》）

富 fù

古去声，二十六宥。逆辩～逞～斗～繁～贵～豪～鸿～骄～精～巨～年～贫～荣～赡～文～学～殷～重～顺～博～儿～蓄～繁～囊～贵～豪～贾～窟～丽～量～隆～禄～谦～强～穰～赡～商～室～庶～叟～渥～羡～溢～腴～愈～豫～殖～足～族例莫道留金多，本非爱郎富。（唐·刘驾《古意》）吴王旧国，今古江山秀异，人烟繁富。（宋·柳永《永遇乐·天阁英游》）

典**晋楚富**　指达官富人。《孟子·公孙丑下》："曾子曰：'晋楚之富，不可及也，彼以其富，我以吾仁；彼以其爵，我以吾义，吾何慊乎哉？'"

彼哉晋楚富，此道未必存。（唐·柳宗元《饮酒》）

晋人求富　指七夕的风俗。《太平御览》卷三十一引周处《风土记》："七月初七日，其夜洒扫于庭，露施几筵，设酒脯时果，散香粉于筵上，以祈河鼓、织女，言此二星辰当会。守夜者咸怀私愿，咸云，见天汉中有奕奕白气，有光耀五色，以此为征应，见者便拜，而愿乞富乞寿，无子乞子，唯得乞一，不得兼求，三年乃得言之，颇有受其祚者。"

天帝聘钱还得否，晋人求富是虚辞。（宋·刘筠《戊申年七夕五

绝》其一）

附(坿)fù

古去声，七遇。逆阿～逼～比～裨～窜～蛾～感～归～集～景～来～鳞～谩～媚～宁～攀～牵～强～亲～趋～曲～散～赏～疏～属～望风～蜎～跣～相～新～窨～倚～影～豫～援～缘～招～赘～顺～蝉～廛～臭～从～错～党～敌～凤～郭～合～和～会～集～骥～葭～假～肩～隶～旅～媚～命～逆～辇～攀～亲～塞～膻～饰～疏～顺～俗～慰～狎～炎～依～倚～驿～益～意～翼～庸～疣～禺～舆～援～缘～悦～载～葬～掌～枝～质～致～缀～赘～奏例朝蕣玉佩迎，高松女萝附。（唐·元稹《梦游春七十韵》）朦胧碧烟里，群岭若相附。（唐·贾岛《易州登龙兴寺楼望郡北高峰》）有如枝上叶，叶脱难再附。（唐·王周《齿落词》）

典**攀附** 指追随帝王建立功业或者依附有权势的人。汉·扬雄《法言·渊骞》："攀龙鳞，附凤翼，巽以扬之，勃勃乎其不可及也。"

滞顽堪白屋，攀附亦同行。（唐·杜牧《奉和门下相公送西川相公兼领相印》）

赋(賦)fù

古去声，七遇。逆暴～弊～禀～播～楚～词～辞～鹏～歌～古～汉～箕～籍～酒～课～两～洛～律～买～鹏～屈～骚～诗～蜀～税～投～文～献～徭～繇～重～顺～笔～畀～禀～才～彩～鹏～歌～给～贡～归～客～敛～禄～论～秘～命～纳～情～赏～生～声～诗～食～颂～粟～索～物～闲～宪～形～性～恤～徭～役～咏～舆～予～韵～政～质例时吟招隐诗，或制闲居赋。（唐·王维《丁寓田家有赠》）谁能为扬雄，一荐甘泉赋。（唐·孟浩然《田园作》）

典**买赋** 即汉武陈皇后请司马相如写赋事。喻失意后想方设法，以图再起。亦作"蜀赋""长门赋""千金买赋""黄金买赋""赋换黄金"。汉·司马相如《长门赋序》："孝武皇帝陈皇后时得幸，颇妒，别在长门宫，愁闷悲思。闻蜀郡成都司马相如天下工为文，奉黄金百斤为相如文君取酒，因于解悲愁之辞。而相如文以悟主上，陈皇后复得亲幸。"

今无百斤金买赋，古有九千缣作碑。（宋·刘克庄《老叹一首》）

献赋 指文人自荐博取皇帝赏识的行为。亦作"投赋""献甘泉""献长杨"。晋·葛洪《西京杂记》卷三："相如将献赋，未知所为。"汉代扬雄也曾献赋得到皇帝的赏识。

献赋头欲白，还家衣已穿。（唐·岑参《送孟孺卿落第归济阳》）

陈王赋 指亲王、王子富有文采。亦作"陈王诗""陈王"。《三国志·魏书·陈思王植传》："陈思王植，字子建。年十岁余，诵读《诗》《论》及辞赋数十万言，善属文。太祖尝视其文，谓植曰：'汝倩人邪?'植跪曰：'言出为论，下笔成章，顾当面试，奈何倩人?'时邺铜爵台新成，太祖悉将诸子登台，使各为赋。植援笔立成，可观，太祖甚异之。"

陈王徒作赋，神女岂同归。（唐·李白《感兴六首》其六）

长杨赋 用作文臣献文或臣下讽谏。《汉书·扬雄传下》："上将大夸胡人以多禽兽，秋，命右扶风发民入南山……捕熊罴豪猪虎豹狖玃狐菟麋鹿，载以槛车，输长杨射熊馆。以罔为周阹，纵禽兽其中，令胡人手搏之，自取其获，上亲临观焉。是时，农民不得收敛。雄从至射熊馆，还，上《长杨赋》，聊因笔墨之成文章，故藉翰林以为主人，子墨为客卿以风。"

谩献长杨赋，虚抛薜荔衣。（唐·白居易《重题》）

大人赋 司马相如献《大人赋》受到汉武帝的赞赏。《汉书·司马相如传下》："相如拜为孝文园令。天子既美子虚之事，相如见上好仙道，因曰：'上林之事未足美也，尚有靡者。臣尝为《大人赋》，未就，请具而奏之。'……相如既奏《大人之颂》，天子大说，飘飘有凌云之气，似游天地之间意。"

预知大人赋，掩却归来词。（唐·独孤及《送陈兼应辟兼寄高适贾至》）

广平赋 广平为唐玄宗开元初名相宋璟之别名。宋璟性喜梅花，所作《梅花赋》，世所称誉。后遂以"广平赋"为咏梅之典。见《全唐文》卷二〇七《宋璟·梅花赋》。

岂无和靖诗，亦有广平赋。（宋·王炎《次韵朱晦翁十梅·赋梅》）

河东赋 指向君主献文以自荐或劝谏。《汉书·扬雄传上》："将祭后土，上乃帅群臣横大河……雄以为临川羡鱼，不如归而结网，还，上《河东赋》以劝。"

扬雄更有河东赋，唯待吹嘘送上天。（唐·杜甫《赠献纳使起居田舍人》）

郊居赋 表达对隐居生活的向往。《梁书·沈约传》："约……立宅东田，瞩望郊阜。尝为《郊居赋》。"

名重郊居赋，才高独酌谣。（唐·皎然《送沈居士还太原》）

鹏鸟赋 指遭遇贬职或自哀不幸。亦作"鹏鸟入""鹏如鸮""鹏鸟讳""遭鹏鸟""栖鹏""贾鹏""见鹏""鹏灾""鸟伤贾傅""赋鹏"。汉·贾谊《鹏鸟赋序》："谊为长沙王傅，三年，有鹏飞入谊舍。鹏似鸮，不祥鸟也。谊即以谪居长沙，长沙卑湿，谊自伤悼，以为寿不得长，乃为赋以自广也。"

曾为鹏鸟赋，喜过凿龙山。（唐·刘禹锡《和李相公初归平泉过龙门南岭遥望山居即事》）

潘岳赋 用作赞叹文人墨客或咏秋。亦作"潘生秋思""潘郎振藻""潘仁赋""潘安秋兴""潘生秋思""潘兴""散骑悲秋"。潘岳《秋兴赋序》："摄官承乏，猥厕朝列，夙兴晏寝，匪遑底宁，譬犹池鱼笼鸟，有江湖山薮之思。于是染翰操纸，慨然而赋。于时秋也，故以'秋兴'命篇。"

县花潘岳赋，池草惠连诗。（宋·戴复古《送季明府赴太平倅》）

平原赋 用以哀悼至亲旧友。晋·陆机《陆机集》卷三《叹逝赋·序》："昔每闻长老追计平生同时亲故，或凋落已尽，或仅有存者。余年方四十，而懿亲戚属亡多存寡，昵交密友亦不半在。或所曾共游一途，同宴一室，十年之外，索然已尽，以是哀思，哀可知矣。"

缅怀山阳笛，永恨平原赋。（唐·李端《慈恩寺怀旧》）

三都赋 晋左思所作，喻指名篇巨制或用作称美文学成就。《晋书·左思传》："造《齐都赋》，一年乃成。复欲赋三都，会妹芬入宫，移家京师，乃诣著作郎张载访岷、邛之事。遂构思十年，门庭藩溷皆著笔纸，遇得一句，即便疏之。自以所见不博，求为秘书郎。及赋成，时人未之重。……思自以其作不谢班、张，恐以人废言，安定皇甫谧有高誉，思造而示之。谧称善，为其赋序。……陈留卫瓘又为思赋作《略解》…… 自是之后，盛重于时。"

十年且就三都赋，万户终轻千首诗。（宋·苏轼《杭州牡丹开时仆犹在》）

山阳赋 用作追怀亡友。亦作"山阳作"。南朝宋·颜延之《五君咏·向常侍》："流连河里游，恻怆山阳赋。"唐刘良注："秀尝与嵇康寓居河内山阳，后经山阳旧居，因闻笛作《思旧赋》。……《山阳赋》则《思旧赋》也。"

远闻山阳赋，感涕下沾裳。（唐·陈子昂《同宋参军之问梦赵六赠卢陈二子之作》）

子山赋 用来描写身处他乡而怀念故国的情怀。北周·庾信（字子山）《哀江南赋序》："大盗移国，金陵瓦解。余乃窜身荒谷，公私涂炭。华阳奔命，有去无归。……傅燮之但悲身世，无处求生；袁安之每念王室，自然流涕。……畏南山之雨，忽践秦庭；让东海之滨，遂餐周粟。……追为此赋，聊以记言，不无危苦之词，惟以悲哀为主。"

若比江南更牢落，子山词赋莫兴哀。（唐·吴融《彭门用兵后经汴路三首》其一）

仲宣赋 指富有文采。亦作"赋如仲宣"。三国魏·曹丕《典论·论文》："王粲长于辞赋……如粲之《初征》《登楼》《槐赋》《征思》……虽张蔡不过也。"

待予去扫仲宣赋，走马还朝亦未迟。（宋·陈与义《送大光赴石城》）

松醪题赋 指写美酒之赋。宋·苏轼《中山松醪赋》："收薄用于桑榆，制中山之松醪。……味甘余而小苦，叹幽姿之独高。知甘酸之易坏，笑凉州之蒲萄。……使夫嵇阮之伦，与八仙之群豪。或骑麟而翳凤，争榼挈而瓢操。颠倒白纶巾，淋漓宫锦袍。追东坡而不可及，归餔歠其醨糟。漱松风于齿牙，犹足以赋《远游》而续《离骚》也。"

竹叶传杯惊老眼，松醪题赋倒纶巾。（宋·张元干《浣溪沙·尊绿华家尊绿春》）

阜 fù

㊂上声，二十五有。㊣阿～安～北～崇～畤～川～堆～塠～敦～蕃～繁～丰～冈～高～虎～康～孔～林～灵～陵～庐～南～丘～邱～沙～生～石～俗～童～土～物～熙～香～小～殷～鱼～陟～钟～重～孳～滋～㊉～安～财～成～颠～垤～蕃～繁～丰～货～积～基～康～陵～陆～落～马～茂～丘～赡～生～盛～施～实～俗～通～熙～乡～盈～螽～滋㊕云采列奇峰，绝胜看庐阜。（宋·洪适《生查子·四月到盘洲》）

㊛**笋舆乘兴庐阜** 指游览山川之雅兴。《宋书·隐逸传·陶潜传》："江州刺史王弘欲识之，不能致也。潜尝往庐山，弘令潜故人庞通之赍酒具于半道栗里要之，潜有脚疾，使一门生二儿舆篮舆，既至，欣然便共饮酌，俄顷弘至，亦无忤也。"

野水澄空，远山随眼，笋舆乘兴庐阜。（宋·曹勋《宴清都·野水澄空》）

副 fù

㊂去声，二十六宥。㊣拆～坼～称～成～储～道～端～稿～光～国～解～牧～戎～三～社～使～枢～戍～相～写～厌～仰～赢～应～昭～状～自～㊉～乘～端～服～贡～虹～袆～笄～将～净～靖～君～郎～辂～墨～能～妾～室～顺～尉～宪～研～着～倅㊕眷然乡校肯来游，勉矣英材起相副。（宋·孙应时《遂安县兴学和詹本仁见赠诗》）

傅 fù

㊂去声，七遇。㊣白～班～保～大～帝～二～冯～皋～宫～汉～贾～梁～六～吕～曲～少～疏～太～王～亚～羊～伊～蚁～援～主～㊉～婢～弼～彩～羼～堞～粉～父～合～君～理～丽～吕～满～母～色～师～时～饰～岩～益～翼～御～着㊕惆怅长岑长，寂寞梁王傅。（唐·储光羲《贻王侍御出台掾丹阳》）秋月照潘郎，空山怀谢傅。（唐·元稹《梦游春七十韵》）

㊛**贾傅** 指贤能之士或者因贤能遭厄运。《史记·贾生列传》："乃以贾生为长沙王太傅。……居顷之，拜贾生为梁怀王太傅。……居数年，怀王骑，堕马而死，无后。贾生自伤为傅无状，哭泣岁余，亦死。贾生之死时年三十三矣。"

陶公战舰空滩雨，贾傅承尘破庙风。（唐·李商隐《潭州》）

商傅 指商朝能臣傅说，咏隐士或者宰相。《史记·殷本纪》："（殷）帝小乙崩，子帝武丁立。帝武丁即位，思复兴殷，而未得其佐。三年不言，政事决定于冢宰，以观国风。武丁夜梦得圣人，名曰说。以梦所见视群臣百吏，皆非也。于是乃使百工营求之野，得说于傅险中。是时说为胥靡，筑于傅险。……举以为相，殷国大治。故遂以傅险姓之，号曰傅说。"

古来贤相称高奇，虞有皋夔商傅伊。（宋·苏颂《次韵王宣徽太尉耆年会诗》）

萧傅 咏朝廷重臣或者尊师重道之事。《汉书·萧望之传》："为太傅。以《论语》、《礼服》授皇太子……宣帝崩，太子袭尊号，是为孝元帝。望之、堪本以师傅见尊重，上即位，数宴见，言治乱，陈王事。望之选白宗室明经达学散骑、谏大夫刘更生给事中，与侍中金敞并拾遗左右。……多所欲匡正，上甚向纳之。"

谢公诗更老，萧傅道方尊。（唐·杨巨源《和郑少师相公题慈恩寺禅院》）

谢傅 指东晋名相谢安。《晋书·谢安传》："谢安，字安石，尚从弟也。……寻薨，时年六十六。帝三日临于朝堂，赐东园秘器、朝服一具、衣一袭、钱百万、布千匹、蜡五百斤，赠太傅，谥曰文靖。……又以平苻坚勋，更封庐陵郡公。"

谢傅知怜景气新，许寻高寺望江春。（唐·元稹《早春登龙山静胜寺》）

伊傅 指殷商贤相伊尹、傅说。《后汉书·崔骃传》："临终作赋以自悼，名曰《慰志》。其辞曰：'嘉昔人之遘辰兮，美伊、傅之遌时。'"李贤注："伊尹干汤，傅说遇高宗。"

伊傅多联壁，刘雷竞买邻。（唐·陈陶《题赠高闲上人》）

梁王傅 指代贾谊。亦作"长沙傅"。《史记·贾生列传》："后岁余，贾生征见。……文帝前席。既罢，曰：'吾久不见贾生，自以为过之，今不及也。'居顷之，拜谊为梁怀王太傅。"

惆怅长岑长，寂寞梁王傅。（唐·储光羲《贻王侍御出台掾丹阳》）

鸟伤贾傅 指遭遇贬职或自哀不幸。见381页"鹏鸟赋"。

鸟来伤贾傅，马立葬滕公。（唐·曹松《吊贾岛二首》其二）

付 fù

古去声，七遇。逆畀～禀～拨～抽～出～传～凑～分～关～寄～密～觑～收～手～属～宣～选～窨～移～遗～暗～责～劄～札～指～祝～顺～丙～度～合～命～任～身～授～属～推～托～予～仗～嘱例忤诚人所贼，性亦天之付。（唐·元稹《梦游春七十韵》）

咐 fù

逆安～吩～呕～托～嘱～

鲋(鮒) fù 鲫鱼。

古去声，七遇。逆谷～涸～井～枯～鲵～射～辙～庄～顺～鱼～隅～子例野叟耕冢出坏石，虚城埋狐井射鲋。（宋·金君卿《九日过长芦泊小港留题龙山古寺》）

典**涸鲋** 指处境艰难。亦作"涸辙之鲋"见742页"涸鳞"。

少宽穷涸鲋，犹悯触藩羝。（唐·沈佺期《赦到不得归题江上石》）

射鲋 喻所用方法手段不适合客观条件以致造成失败。《周易·井》："井谷射鲋，瓮敝漏。"

暗中射鲋谁知见，绕市青衣说与人。（宋·陈普《乙巳邵武建宁夜坐书呈诸公》）

讣(訃) fù 报丧。

古去声，七遇。逆奔～国～驲～闻～凶～顺～车～书～帖～闻～问～音～纸

赙(賻) fù 助丧财。

古去声，七遇。逆吊～法～赗～合～祭～赍～赏～赠～顺～补～布～赐～赗～祭～金～赍～诔～礼～马～钱～施～送～禭～恤～仪～遗～赠～助

驸(駙) fù

古去声，七遇。逆额～随～左～顺～驾～騄～马

蝜 fù

古《广韵》：上声，有韵。顺～蝂

固 gù

古去声，七遇。逆安～班～北～鄙～必～蔽～醇～党～独～笃～负～鲠～稽～疆～金石～禁～警～久～峻～恪～悭～陋～宁～磐～蟠～僻～浅～穷～娆～山河～慎～时～守～毋～雄～岩～罶～愚～障～滞～忠～颛～壮～自～阻～顺～必～蔽～壁～常～宠～辞～宫～护～疾～籍～济～扃～垒～陋～伦～麻～密～命～穷～让～塞～山～实～位～谢～阴～着～志例孔光尊董贤，胡广惭李固。（唐·李华《杂诗六首》其五）

典**迁固** 司马迁和班固的并称，指史官。《南齐书·崔慰祖传》："与从弟纬书云：'常欲更注迁、固二史，采史、汉所漏二百余事，在厨簏，可检写之，以存大意。'"

十七著野史，才俊凌迁固。（宋·石介《过魏东郊》）

衣衾藏李固 指东汉李固遭诬杀后露尸，又终获裹敛归葬一事。《后汉书·李固传》："冀乃封广、戒而露固尸于四衢，令有敢临者加其罪。固弟子汝南郭亮，年始成童……诣阙上书，乞收固尸。不许，因往临哭。陈辞于前，遂守丧不去。……南阳人董班亦往哭固，而殉尸不肯去。太后怜之，乃听得禭敛归葬。"

虽有衣衾藏李固，终无表疏雪王章。（唐·李玖《喷玉泉冥会诗八首》其二）

故 gù

古去声，七遇。逆弊～宾～常～道～敦～恩～复～革～故～诡～国～寒～稽～家～监～解～靳～敬～僚～命～捏～朋～破～情～请～然～如～深～送～素～琐～特～退～微～温～物～细～显～新～衅～雅～疑～意～姻～游～遇～原～缘～掌～榛～知～智～重～顺～邦～弊～编～操～倡～程～畴～处～道～椟～端～尔～国～籍～剑～疆～徼～境～旧～爵～客～垒～里～庐～路～闾～墓～栖～蹊～器～琴～丘～蕖～壤～塞～山～书～疏～薮～粟～榭～墟～絮～驿～语～园～掾～辙～纸～秩～智～冢例独有梦中魂，犹言意如故。（唐·袁晖《长门怨》）中洞松栝新，东皋阡陌故。（唐·储光羲《贻王侍御出台掾丹阳》）

顾(顧) gù

古去声，七遇。逆爱～傍～承～迟～宠～垂～赐～笃～恩～返～还～和～惶～矜～惊～款～来～怜～临～鸣～纳～盼～牵～乾～青～却～荣～审～省～思～四～温～遐～幸～宿～徐～恤～搎～遗～再～瞻～长～指～中～转～顺～爱～畀～避～惭～宠～逮～惮～睇～恩～返～访～拂～覆～姑～顾～怪～惯～国～恨～怀～唤～惠～藉～悸～接～靳～览～累～怜～恋～临～庐～陆～录～眄～募～睨～徭～影～曲～全～券～让～赡～省～视～属～思～叹～眺～兔～托～望～畏～锡～盻～享～效～绣～恤～循～忧～遇～瞻～照～直～指～渚春～瞩～嘴例吮痈世所薄，挟纩恩难顾。（唐·薛奇童《拟古》）征车日云远，抚已惭深顾。（唐·贾邕《送萧颖士赴东府，得路字刘太真撰序》）

典**买顾** 指不惜代价而获得欢心。《列女传》卷五《楚成郑瞀传》："郑瞀者……楚成王之夫人也。初成王登台，临后宫，宫人皆倾观，子瞀直行不顾，徐步不变。王曰：'行者顾。'子瞀不顾，王曰：'顾，吾以女为夫人。'子瞀复不顾，王曰：'顾，吾又与女千金而封若父兄子。'瞀遂行不顾。于是王下台而问曰：'夫人，重位也。封爵，厚禄也。壹顾可以得之，而遂不顾，何也？'子

胥曰：'妾闻妇人以端正和颜为容。今者，大王在台上而妾顾，则是失仪节也。……'"

身骑白鼋不敢度，金高南山买君顾。（唐·李白《赠裴十四》）

一顾 指受到权贵的推荐赏识。《战国策·燕策二》："人有卖骏马者，比三旦立市，人莫之知。往见伯乐，曰：'臣有骏马，欲卖之，比三旦立于市，人莫与言。愿子还而视之，去而顾之，臣请献一朝之贾。'伯乐乃环而视之，去而顾之，一旦而马价十倍。"

感君一顾恩，同来洛阳陌。（唐·白居易《代鹤》）

龟三顾 喻报恩，或颂积德升迁。《艺文类聚》卷九六引《会稽后贤传》："孔愉尝至吴兴县余干亭，见人笼龟于路，愉求买放之。至水，反顾视愉。及封此亭侯而铸印，龟首回屈，三铸不正，有似昔龟之顾。灵德应感如此，愉悟，乃取而佩焉。"

似豹一班时或有，如龟三顾岂全无。（唐·刘威《遣怀寄欧阳秀才》）

龟左顾 指报恩，也指加官进爵。《初学记》卷二六引南朝宋何法盛《晋中兴书》："孔愉经余亭，放龟溪中，龟中流左顾。后以功封余亭侯，及铸侯印，而龟左顾，更铸亦然。印工以闻愉，愉悟，乃取佩。"

决不再思龟左顾，幸犹免赋雉朝飞。（宋·方回《七十翁吟七言十首》其一）

周郎顾 指精于音乐者善辨音律。《三国志·吴书·周瑜传》："瑜少，精意于音乐，虽三爵之后，其阙误，瑜必知之。知之，必顾，故时人谣曰：'曲有误，周郎顾。'"

欲得周郎顾，时时误拂弦。（唐·李端《听筝》）

雇（*僱）gù

古去声，七遇。逆出～典～管～和～贿～解～九～傭～老～贫～倩～写～召～顺～伙～脚～借～赁～觅～募～倩～山～凶～役～直

沽 gù 屠沽，卖酒者。另见 334 页 gū。

古《广韵》：去声，暮韵。逆屠～顺～贩例白首书窗成巨儒，不知簪组遍屠沽。（唐·权德舆《醉后戏赠苏九翛》）

典**屠沽** 代指从事低贱职业的人。见 190 页"屠沽儿"。

岂知仙人混屠沽，尔来八十胸垂胡。（宋·苏轼《送乔仝寄贺君六首》其六）

痼 gù 久病。

古去声，七遇。逆痹～沉～废～瘕～根～疾～绵～癖～深～霞～宿～烟～淹～滞～重～顺～疾～没～癖～瘵例直气在膏肓，氛氲日沉痼。（唐·元稹《梦游春七十韵》）

典**烟霞痼** 指十分爱好山水。《旧唐书·田游岩传》："田游岩，京兆三原人也。初补太学生，后罢归，游于太白山，每遇林泉会意，辄留连不能去。其母及妻子并有方外之志，与游岩同游山水二十余年。后入箕山，就许由庙东筑室而居，自称'许由东邻'。调露中，高宗幸嵩山，遣中书侍郎薛元超就问其母，游岩山衣田冠出拜，帝令左右扶止之，谓曰：'先生养道山中，比得佳否？'游岩曰：'臣泉石膏肓，烟霞痼疾，既逢圣代，幸得逍遥。'"

此身甘被烟霞痼，兴尽碧云催日暮。（宋·葛胜仲《渔家傲·叠叠云山供四顾》）

锢（錮）gù

古去声，七遇。逆闭～蔽～沉～窜～废～封～规～环～枷～监～扃～久～深～锁～徙～永～愚～臧～遮～顺～闭～蔽～弊～病～藏～疾～籍～禁～陋～漏～露～南山～溺～寝～身～束～送～钥～职～滞例物外各迢迢，谁能远相锢。（唐·元稹《梦游春七十韵》）不幸大寇崩腾来，孤城势孤固难锢。（唐·贯休《闻前王使君在泽潞居》）

估 gù 另见 335 页 gū。

古上声，七麌。顺～衣

崮 gù 顶上较平的山。

逆抱犊～孟良～

户 hù

古上声，七麌。逆闭～庭～薜～藏～柴～禅～蟾～橙橘～楚～楚三～蛋～丁～洞～桂～豪～阖～棘～戟～涧～硐～椒～鲛～禁～扃～揽～闾～密～蓬～屏～畦～绮～千～樵～琼～儒～三～山～石～霜～棠～万～亡～乌蜑～小～绣～雁～燕～窑～遗～隐～牖～渔～玉～月～蛰～朱～珠～竹～顺～版～辩～侧～丁～扉～钩～贯～阖～将～扃～槛～郎～椽～门～品～侍～枢～算～帖～庭～卫～席～下～限～牖例林卧对轩窗，山阴满庭户。（唐·陈子昂《酬晖上人夏日林泉》）应真坐松柏，锡杖挂窗户。（唐·王昌龄《诸官游招隐寺》）海内语三独，朝端谋六户。（唐·储光羲《晚次东亭献郑州宋使君文》）

典**三户** 喻楚地或者人烟稀少之地。后人多指"三户人家"。《史记·项羽本纪》："故楚南公曰'楚虽三户，亡秦必楚'。"裴骃集解引臣瓒曰："楚人怨秦，虽三户犹足以亡秦也。"一说，指楚之昭、屈、景三大姓。见司马贞索隐引韦昭说。

但使故乡三户在，綵丝谁惜惧长蛟？（唐·李商隐《楚宫》）

棠户 喻施行惠政的官署。《诗经·召南·甘棠序》："《甘棠》，美召伯也。召伯之教，明于南国。"杜预注："《甘棠》，《诗经·召南》。召伯息于甘棠之下，诗人思之而爱其树。武子欲封殖嘉树如甘棠，以宣子比召公。"

讼虚棠户曙，观静竹檐曛。（唐·张珀《奉和岳州山城》）

修月户 神话传说月亮尚需许多人修理加工。见 135 页"玉斧修月"。

屑玉定烦修月户，堆金难买破天荒。（宋·陆游《梅花》）

傍人门户 喻依赖别人，不能自立。《事文类聚》别集卷二〇：桃符仰视艾人而骂曰："汝何等草芥，辄居吾上！"艾人俯而应曰："汝已半截入土，犹争高下？"桃符怒，往复纷然不已。门神解之曰："吾辈不肖，方傍人门户，何暇争闲气耶！"

少贱肠枵破褐单，傍人门户活饥寒。（宋·刘克庄《同秘书弟赋三老各一首·老奴》）

三星当户 指男女婚恋之事。亦作"三星为粲"。《诗经·唐风·绸缪》："绸缪束薪，三星在天。今夕何夕？见此良人！子兮子兮！如

此良人何!"毛氏传:"三星,参也。"

缺月向人舒窈窕,三星当户照绸缪。(宋·苏轼《浣溪沙·风卷珠帘自上钩》)

护(護)hù

古去声,七遇。**逆**蔽~避~边都~辨~柴~搭~党~都~督~梜~敦~风云~辅~覆~顾~捍~济~缄~将~奖~教~金铃~谨~禁~鞠~领~楼~逻~悯~慭~穆~檠~容~赡~韶~摄~慎~韦~惜~相~拚~翼~隐~营~瞻~鄣~障~遮~赈~周~**顺**~跸~葳~疵~铎~儿~封~符~阖~花~获~疾~籍~将~结~解~腊~练~领~逻~落~密~蜜~牌~旗~秋~绕~塞~摄~视~霜~疼~调~痛~脱~惜~勇~渔~月~攒~葬~指~种~筑**例**茅檐无外物,只见青云护。(唐·莫宣卿《答问读书居》)上张幄幕庇,旁织巴篱护。(唐·白居易《秦中吟十首·买花》)架险凌虚随指顾,榱桷玲珑皆固护。(唐·窦庠《金山行》)

典卧护 在卧病中监军,因以指年老多病但却极有威望的将帅。《晋书·羊祜传》:"祜寝疾,求入朝。……面陈伐吴之计。帝以其病,不宜常入,遣中书令张华问其筹策。……华深赞成其计。祜谓华曰:'成吾志者,子也。'帝欲使祜卧护诸将,祜曰:'取吴不必须臣自行,但既平之后,当劳圣虑耳。功名之际,臣所不敢居。若事了,当有所付授,愿审择其人。'"

樵苏切莫近亭障,将军卧护真长城。(宋·陆游《焉耆行》)

北门卧护 指戍守边疆的将士。《旧唐书·裴度列传》:"卿虽多病,年未甚老,为朕卧镇北门可也。"

北门卧护要耆英,小试胸中十万兵。(宋·杨万里《送广帅秩满之官丹阳二首》其二)

互hù

古去声,七遇。**逆**参~舛~错~迭~乖~回~纠~间~盘~槃~磐~蟠~歧~疑~障~**顺**~保~备~词~辞~错~卦~跪~讦~结~经~郎~明~歧~契~让~溶~扇~市~市郎~爽~物~校~言~易~证**例**风雨忽消散,江山眇回互。(唐·白居易《秋日怀杓直》)

瓠hù 另见351页hú、61页huò。

古去声,七遇。又:上平,七虞同。**逆**雕~甘~瓜~坚~金~康~苦~盘~槃~窍~石~陶~魏~悬~**顺**~巴~果~梁~脯~栖~犀~叶~子~菹**例**熏狸掘沙鼠,时节祠盘瓠。(唐·刘禹锡《蛮子歌》)乍可沉为香,不能浮作瓠。(唐·元稹《梦游春七十韵》)

典宝康瓠 指平庸之辈却受重用。《史记》卷八四《贾生列传》中贾谊的《吊屈原赋》:"斡弃周鼎兮宝康瓠;腾驾罢牛兮骖蹇驴;骥垂两耳兮服盐车。"宝康瓠本乃破瓦壶,但贾谊在其《吊屈原赋》中用抛弃周鼎而将宝康瓠当作宝贝的行为来比喻是非不分、贤愚不分的情况。

众目宝康瓠,明月难暗投。(宋·曹勋《远游篇》)

魏王瓠 喻大而无用之物,也指怀才不遇之人。《庄子·逍遥游》:"惠子谓庄子曰:'魏王贻我大瓠之种,我树之成而实五石。以盛水浆,其坚不能自举也。剖之以为瓢,则瓠落无所容。非不呺然大也,吾为其无用而掊之。'庄子曰:'……今子有五石之瓠,何不虑以为大樽而浮乎江湖,而忧其瓠落无所容?则夫子犹有蓬之心也夫!'"

南华在濠上,谁辩魏王瓠。(唐·储光羲《贻王侍御出台掾丹阳》)

糊hù ①浓液汁。②蒙混。另见335页hū、349页hú。

逆麦~面~**顺**~弄

戽hù

古去声,七遇。**逆**车~风~水~踏~**顺**~篼~斗~水~鱼

扈hù 随从。

古上声,七麌。**逆**拔~跋~傍~卑~毕~春~当~符~公~扈~煌~九~狼~龙~苗~农~青~趋~桑~顽~蓶~修~玄~有~鱼~**顺**~跸~簿~阁~扈~驾~解~隶~猎~楼~鲁~葉~圣~狩~卫~冶~业~翌~游**例**晚唐姑息,有多少方镇,飞扬跋扈。(宋·李纲《念奴娇·晚唐姑息》)

沪(滬)hù

古上声,七麌。**逆**淞~鱼~渔~**顺**~渎~江~剧~上~书

怙hù 依靠。

古上声,七麌。**逆**负~何~失~恃~依~**顺**~跋~侈~峙~过~乱~冒~权~恃**例**初来犹自得旷土,嗟尔后至将何怙。(宋·黄庭坚《流民叹》)

祜hù 福。

古上声,七麌。**逆**嘏~垂~帝~多~福~皇~灵~命~神~受~羊~**顺**~休**例**问何如、邹湛岘山头,陪羊祜。(宋·刘过《满江红·敌面风轻》)

冱(*沍)hù 冻结。

古去声,七遇。**逆**冰~涸~积~隆~凝~**顺**~冻~寒~涸~结~冥~霜~严~阴**例**火林霰雪,阳泉凝冱。(唐·魏征《肃和》)

楛hù 木名。另见366页kǔ。

古上声,七麌。**逆**贡~槚~荆~跃~榛~**顺**~贡~箘~砮~矢~羽**例**时见琳琅,惜哉榛楛。(唐·皎然《讲古文联句》)

库(庫)kù

古去声,七遇。**逆**敖~备安~别~拨什~部~典~杜武~缎疋~法物~藩~封桩~斧~府~高~格纳~宫~管~衡~火~激赏~季~寄~架阁~解~禁~九经~廥~里~廪~楼~南~沤~盘~皮~钱谷~诗~司~四~炭~帑~贴~外~五经~武~香~月~斋~正~质~雉~周礼~**顺**~本~兵~簿~成~储~狄~缎~汗~灰~积~金~锦~局~娄~楼~伦~莫奚~僝官~平~纱~收~书~司~帑~庚~贮~子**例**美玉琢文珪,良金填武库。(唐·元稹《梦游春七十韵》)恶波横天山塞路,未央宫中常满库。(唐·王建《海人谣》)

典武库[1] 指代洛阳。亦作"洛阳武库"。《史记·三王世家》:"闳且立为王时,其母病,武帝自临问之。曰:'子当为王,欲安所置之?'……王夫人曰:'愿置之雒(洛)阳。'武帝曰:'雒阳有武库敖仓,天下冲厄,

汉国之大都也。先帝以来，无子王于雒阳者。去雒阳，余尽可。'”

教用儒门俭，兵依武库雄。（唐·耿沣《奉送蒋尚书兼御史大夫东都留守》）

武库[2] 指博学多才。亦作“杜武库”。《晋书·杜预传》：“预在内七年，损益万机，不可胜数，朝野称美，号曰‘杜武库’，言其无所不有也。”

释子弥天秀，将军武库才。（唐·孟浩然《与张折冲游耆阇寺》）

大庭之库 指曲阜。《左传·昭公十八年》：“宋、卫、陈、郑皆火，梓慎登大庭氏之库以望之。”杜预注：“大庭氏，古国名，在鲁城内。鲁于其处作库。高显，故登以望气，参近占以审前年之言。”大庭之库为春秋时建于鲁国都城曲阜内古大庭氏旧址上的库房。

历四阜、少皞之墟，大庭之库。（宋·王奕《贺新郎·醉醒琼花露》）

裤(褲、*袴)kù

古去声，七遇。逆弊～刺文～佛光～负板～缚～歌～久～裈～廉～龙～溺～袍～穷～襦～韈～纨～韦～五～褶～顺～岔～角～具～线

典**歌襦裤** 称颂地方官吏施行善政之词。《后汉书·廉范传》：“廉范字叔度，京兆杜陵人，赵将廉颇之后也。……建初中，迁蜀郡太守，其俗尚文辩，好相持短长，范每厉以淳厚，不受偷薄之说。成都民物丰盛，邑宇逼侧，旧制禁民夜作，以防火灾，而更相隐蔽，烧者日属。范乃毁削先令，但严使储水而已。百姓为便，乃歌之曰：‘廉叔度，来何暮？不禁火，民安作。平生无襦，今五绔。’”

此实公所小，安用歌裤襦。（唐·元稹《后湖》）

路lù

古去声，七遇。逆白～碧霄～廛～傀～常～尘～宸～导～登～磴～繁～伏～管～轨～还～虎～槐～篁～蕙～汲～极～继～骥～夹～兼～饯～磵～交～郊～金～禁～径～静～迥～剧～距～逵～理～泷～旅～名～明～冥～命～墨～鸟～攀～鹏～蹊～泣～碛～樵～青霄～青云～球～衢～塞～三～失～仕～势～霜～丝～岁～邃～踏～贪～梯～天～涂～晚～亡羊～枉～危～溪～豁～硖～霞～仙～贤～消～霄～玄～延～岩～夷～异～驿～鹢～永～迂～鱼～云～宰～趱～輚～遮～榛～争～征～枝～蹱～朱～躅～拙～蹪～遵～顺～陂～碑～毙～滨～尘～塍～冲～出～垂～亶～倒～堤～奠～殿～分～风～符～福～梗～弓～鼓～徽～家～箭～节～咫～阱～境～绝～里彩～粮～脉～门～陌～蒲～蹊～岐～铃～堑～寝～衢～塞～涩～食～世～室～台～跛～亭～心～迓～引～用～隅～舆～长～照～中～冢例橡栗石上村，莓苔水中路。（唐·钱起《谷口新居寄同省朋故》）寒日蒿上明，凄凄郭东路。（唐·赵征明《挽歌词》）

典**当路** 指掌权或者掌权者。《孟子·公孙丑上》：“公孙丑问曰：‘夫子当路于齐，管仲、晏子之功，可复许乎？’”

三族不当路，长年犹布衣。（唐·杜荀鹤《寄从叔》）

云路 喻指宦途。南朝宋·鲍照《鲍参军集》卷一《侍郎满辞阁》：“金闺云路，从兹自远。鲔经沈藏，方绝光景，只恋迟回，结涕濡泗。”

余辉如可托，云路岂悠悠。（唐·王维《赋得秋日悬清光》）

鹢路 喻不利的处境或失意的仕途。《春秋穀梁传·僖公十六年》：“六鹢退飞，过宋都。”杜预注：“鹢，水鸟，高飞遇风而退，宋人以为灾，告于诸侯，故书。”

倚风遗鹢路，随水到龙门。（唐·杜甫《奉留赠集贤院崔于二学士》）

织路 指漂泊奔波的生活。张衡《思玄赋》：“庸织路于四裔兮，斯与彼其何瘳。”李善注：“言涉路东西，有似于织也。”

日日披诚奉昌运，王人织路传清问。（唐·权德舆《奉和张仆射朝天行》）

太行路 喻世路艰险。刘峻《广绝交论》：“呜呼！世路险巇，一至于此。太行孟门，岂云崭绝。”李善注：“孟门、太行，二山名也。”

车摧太行路，剑落酆城狱。（唐·白居易《和梦游春诗一百韵》）

亡羊路 喻指世事复杂。《列子·说符》：“杨子之邻人亡羊，既率其党，又请杨子之竖追之。杨子曰：‘嘻！亡一羊何追者之众？’邻人曰：‘多歧路。’既反，问：‘获羊乎？’曰：‘亡之矣。’曰：‘奚亡之？’曰：‘歧路之中又有歧焉。吾不知所之，所以反也。’”

分鹿谁觉梦，亡羊路南北。（宋·黄庭坚《和刘景文》）

章台路 咏长安城或者代指妓院、游乐场所。《汉书·张敞传》：“敞为京兆，朝廷每有大议，引古今，处便宜，公卿皆服，天子数从之。然敞无威仪，时罢朝会，过走马章台街，使御吏驱，自以便面拊马。”颜师古注：“臣瓒曰：‘在章台下街也。’”

鸣鞭晚出章台路，叶叶春依杨柳风。（唐·韩翃《少年行》）

豺狼当路 比喻暴虐奸邪的人掌握国政。亦作“埋轮”。《汉书·孙宝传》：“汉安元年，选遣八使徇行风俗，皆耆儒知名，多历显位，唯纲年少，官次最微。余人受命之部，而纲独埋其车轮于洛阳都亭，曰：‘豺狼当路，安问狐狸！’遂上书弹劾外戚大将军梁冀等。”

沉沉壮士听晨鸡，豺狼当路食人肉。（宋·曹勋《京口有归燕》）

东门归路 指告老还乡。亦作“东门外”。《汉书·疏广传》：“即日父子俱移病。满三月赐告，广遂称笃，上疏乞骸骨。上以其年笃老，皆许之，加赐黄金二十斤，皇太子赠以五十斤。公卿大夫故人邑子设祖道，供张东都门外，送者车数百两，辞决而去。及道路观者皆曰：‘贤哉二大夫！’或叹息为之下泣。”三国魏苏林注：“长安东郭门也。”

海上旧山无的信，东门归路不堪行。（唐·戴叔伦《送车参军江陵》）

角巾东路 咏辞官归隐。《晋书·羊祜传》：“祜每被登进，常守冲退，至心素著。……尝与从弟琇书曰：‘既定边事，当角巾东路，归故里，为容棺之墟。以白士而居重位，何能不以盛满受责乎？疏广是

吾师也。'"

黄屋朔风那有济，角巾东路觉无期。（宋·汤炳龙《陆君实挽诗》）

马知归路 指丰富的经验能够解决困境，也指重返旧地。亦作"马识山川""马知津""马识边秋""马识金铃""蚁壤得水"。《韩非子·说林上》："管仲、隰朋从于桓公而伐孤竹，春往冬反，迷惑失道，管仲曰：'老马之智可用也。'乃放老马而随之，遂得道。"

蜀马知归路，巴山似旧游。（唐·李频《送友人游蜀》）

千貂避路 指具有威慑力的高官能够服众。《晋书·石季龙载记上》："时，豪戚侵恣，贿托公行，季龙患之，擢殿中御史李矩为御史中丞，特亲任之。自此百僚震慑，州郡肃然。季龙曰：'朕闻良臣如猛兽，高步通衢而豺狼避路，信矣哉！'"

街九轨，看千貂避路，庭院五侯深锁。（宋·陈合《宝鼎现·神鳌谁断》）

邓艾经行路 指军帅入蜀的战绩。亦作"阴平邓艾"。三国魏大将邓艾与钟会、诸葛绪分三路伐蜀。邓艾出奇兵，自阴平道行无人之地七百余里，凿山通道，取江油，进克涪县，于绵竹击斩蜀将诸葛瞻，攻至成都，迫使蜀主刘禅出降。事载《三国志·魏书·邓艾传》。

君知否，半边铜虎，邓艾经行路。（宋·洪咨夔《点绛唇·花事无多》）

露lù 另见504页lòu。

㊀去声，七遇。㊁霭～白～柏～宝～贲～碧～残～草～蝉～朝～晨～承～垂～繁～房～风～甘～膏～孤～桂～含～寒～行～蒿～毫～灏～鹤～鸿～鬟～嘉～金茎～橘～涓～箘～溘～冷凝～灵～零～泣～清～擎～罄～琼葬～秋～荣～溽～瑞～微～雾～晞～跣～香～薤～星～宿～泫～烟～延～溢～颖～玉～月～沾～绽～湛～彰～芝～珠～竹～㊂～蚕～第～簟～锷～覆～盖～根～光～褐～鹤～桁～鸿～鹄～华～积～洁～筋～槿～井～酒～颗～葵～蔓～门～眠～冕～幕～盘～砌～禽～寝～情～琼～桡～墅～斯～索～堂～桃～庭～锕～晞～橶～跣～香～晓～屑～薤～醑～眼～养～颖～章～掌～酎㊃商风入我弦，夜竹深有露。（唐·王昌龄《听弹风入松阕赠杨补阙》）瑶驾越星河，羽盖凝珠露。（唐·任希古《和李公七夕》）庭暗栖闲云，檐香滴甘露。（唐·刘长卿《题虎丘寺》）

典晨露 指古代乐曲。《吕氏春秋》卷五《仲夏纪·古乐》："汤乃命伊尹作为《大濩》，歌《晨露》，修《九招》、《六列》，以见其善。"高诱注："《大濩》《晨露》《九招》《六列》，皆乐名。"

晨露含瑶琴，夕风殒素英。（唐·韦应物《朝请后还邑寄诸友生》）

薤露 用作哀挽死者。晋·崔豹《古今注》卷中《音乐》："《薤露》、《蒿里》，并丧歌也。"

薤露歌词非白雪，旌铭官爵是浮云。（唐·白居易《哭崔二十四常侍》）

草头露 喻人生短暂。亦作"草头垂露""草露初晞"。古乐府《薤露》（《乐府诗集》卷二七《相和歌辞》二）："薤上露，何易晞。露晞明朝更复落，人死一去何时归。"

生前富贵草头露，身后风流陌上花。（宋·苏轼《陌上花三首》其三）

金茎露 咏帝王求仙好道，或指宫廷。班固《西都赋》："抗仙掌以承露，擢双立之金茎。"李善注："金茎，铜柱也。"

寿献金茎露，歌翻玉树尘。（唐·李商隐《陈后宫》）

铜盘露 祝寿用语。亦作"铜盘沆瀣"。汉·班固《西都赋》："抗仙掌以承露，擢双立之金茎。"李善注："金茎，铜柱也。"

铜盘贮珠露，仙掌抗金茎。（唐·徐敞《赋得金茎露》）

三危露 用作称美他人的作品。《吕氏春秋》卷一四《孝行览·本味》："（伊尹）说汤以至味。……曰：'水之美者，三危之露，昆仑之井。'"高诱注："三危，西极山名。"

垂泪三危露，心断二京尘。（唐·胡皓《春悲行》）

云表露 指帝王迷信仙道，觅长生不老之法。《三国志·魏书·卫觊传》："昔汉武信求神仙之道，谓当得云表之露以餐玉屑，故立仙掌以承高露。"

易求云表露，难觅太古雪。（宋·陆游《月下作》）

赂（賂）lù

㊀去声，七遇。㊁宝～财～琛～赇～宠～瑰～厚～货～馈～礼～纳～琦～赇～润～饰～岁～通～饩～邀～遗～诱～臧～责～赠～珍～重～㊂～地～结～门～器～权～田～息～献～谢～遗～赠㊃农时贵伏腊，簪瑱事礼赂。（唐·杜甫《题池州弄水亭》）神鹊神鹊好言语，行人早回多利赂。（唐·王建《祝鹊》）

鹭（鷺）lù

㊀去声，七遇。㊁白～班～苍～池～鸶～寒～鸿～鹄～鸾～沤～沙～霜～汀～宿～雪～鸳～鹓～月～篷～振～朱～㊂～车～鹚～鼓～行～堠～门～鸶～鸶藤～涛～序～屿～羽～鸳㊃冢宰收琳琅，侍臣尽鸳鹭。（唐·储光羲《群鸦咏》）村深啼愁鹃，浪霁醒睡鹭。（唐·皮日休《奉酬鲁望夏日四声四首·平去声》）波闲戏鱼鳖，风静下鸥鹭。（唐·白居易《闲居自题》）

典振鹭 赞美有风度和有高洁操守的贤士。《诗经·周颂·振鹭》："振鹭于飞，于彼西雝。我客戾止，亦有斯容。"郑玄笺："言威仪之善如鹭飞。"

渐阶群振鹭，入学诲螟蛉。（唐·韩愈《答张彻》）

辂（輅）lù 大车。

㊀去声，七遇。㊁宝～贝～革～筚～碧～苍～翠～雕～服～副～缟～革～管～鹤～袷～降～金～柩～龙～鹿～鸾～銮～木～辇～軿～青～戎～蜃～挽～侠～象～轩～玄～轺～瑶～翳～颐～舆～玉～辒～云～翟～轅～朱～篆～缀～㊂～车～客～马～木㊃清庙奉烝尝，灵山扈銮辂。（唐·储光羲《贻王侍御出台掾丹阳》）甲第涨清池，鸣驺引朱辂。（唐·元稹《梦游春七十韵》）

典管辂 指精通术数的人。《三国志·魏书·管辂传》："管辂，字公明，平原人也。"裴松之注引《辂别传》曰:"辂年八九岁,便喜仰视星辰,得人辄问其名,夜不肯寐。父母常禁之,犹不可止。自言'我年虽小,然眼中喜视天文'。……及成人,果明《周易》,仰观、风角、占、相之道,无不精微。……于是发声徐州,号之神童。"

刘桢徒有气,管辂独无年。(唐·张九龄《眉州康司马挽歌词》)

鸾辂 喻天子。《吕氏春秋·孟春纪·孟春》:"天子居青阳左个,乘鸾辂,驾苍龙。"高诱注:"辂,车也。"

鸾辂已辞乌鹊渚,箫声犹绕凤皇台。(唐·李峤《奉和初春幸太平公主南庄应制》)

潞lù 水名。

㊄去声,七遇。㊃罢~汾~㊅~佛子~琴~氏

璐lù 美玉。

㊄去声,七遇。㊃宝~连~琏~㊆甚魄沈寒浪,更被馋蛟妒。结琼纫璐。(宋·蒋捷《女冠子·电旗飞舞》)

暮mù

㊄去声,七遇。㊃薄~逼~辰~齿~大~高~行~昏~挟~浇~来~沦~埋~冥~末~暮~疲~迫~栖~穷~秋~入~伤~衰~投~颓~退~晚~夕~闲~向~曛~幽~雨~早~蚤~长~㊅~霭~暗~碧~程~齿~耋~冬~发~更~古~鼓~晷~晖~纪~角~节~槿~境~鹦~律~末~禽~情~磬~商~生~世~飔~岁~天~霞~序~烟~夜~羽~雨~月~砧~志~子㊆虎啸崖谷寒,猿鸣松杉暮。(唐·刘禹锡《虎丘寺路宴》)云霄望且远,齿发行应暮。(唐·李端《冬夜与故友聚送吉校书》)数峰行尽犹未归,寂寞经声竹阴暮。(唐·卢纶《过仙游寺》)

㊇**来暮** 歌咏地方官吏。《后汉书·廉范传》:"廉范字叔度,京兆杜陵人,赵将廉颇之后也。……建初中,迁蜀郡太守,其俗尚文辩,好相持短长,范每厉以淳厚,不受偷薄之说。成都民物丰盛,邑宇逼侧,旧制禁民夜作,以防火灾,而更相隐蔽,烧者日属。范乃毁削先令,但严使储水而已。百姓为便,乃歌之曰:'廉叔度,来何暮?不禁火,民安作。平生无襦,今五绔。'"

是日归来暮,劳君奏雅章。(唐·储光羲《答王十三维》)

慕mù

㊄去声,七遇。㊃称~驰~愁~奉~浮~顾~归~贵~号~怀~欢~毁~觊~嘉~惊~景~敬~久~慨~恋~缅~契~翘~钦~绻~劝~荣~孺~师~耸~夙~遂~推~托~外~望~畏~希~遐~乡~相~响~孝~效~忻~欣~歆~信~兴~雅~延~艳~蚁~挹~永~诱~余~悦~瞻~轸~追~尊~㊅~从~道~德~仿~古~顾~光~号~化~嫪~乐~类~利~料~蔺~侣~企~容~膻~尚~声~势~思~望~位~习~袭~贤~向~效~循~殉~艳~义~用~舆~远~悦~志㊆日落亭皋远,独此怀旧慕。(唐·李百药《晚渡江津》)冰生玉水云如絮。千里乡关空倚慕。(宋·欧阳修《渔家傲·律应黄钟寒气苦》)

㊇**弋者慕** 喻脱离官场,隐居田园,且有避祸之意。亦作"弋人空羡"。汉·扬雄《法言·问明》:"或问君子。……曰:'治则见,乱则隐。鸿飞冥冥,弋人何慕焉。'"晋李轨注:"君子潜神重玄之域,世网不能制御之。"

今我游冥冥,弋者何所慕。(唐·张九龄《感遇十二首》其六)

墓mù

㊄去声,七遇。㊃拜~鞭~表~防~封~覆~祭~浇~骊山~庐~闾~邱~三王~埽~省~誓~五人~湘妃~虚~墟~衣冠~遗~邑~茔~占~真娘~冢~㊅~表~次~盖~偈~祭~碣~刻~圹~邻~陵~庐~铭~木~阙~舍~隧~所~田~亭~庭~文~虚~衣~茔~俑~域㊆牧马古道傍,道傍多古墓。(唐·常建《古意》)南识桓公台,北望先贤墓。(唐·张说《游龙山静胜寺》)

㊇**誓墓** 指去官归隐,誓不再出仕。晋王羲之为会稽内史时,与骠骑将军王述齐名,而王羲之看轻此人。后王述因蒙显授,位高于羲之。一日王述检察会稽郡,羲之深以为耻,遂称病去郡,于父母墓前自誓辞官,不再出仕。事见《晋书·王羲之传》。

往年出都门,誓墓志已决。(宋·陆游《书志》)

真娘墓 指好色,也指歌女。唐·范摅《云溪友议》卷六:"真娘者,吴国之佳人也,时人比于钱塘苏小小,死葬吴宫之侧,行客慕其华丽,竞为诗题于墓树,栉比鳞臻。有举子谭铢者,吴门之秀士也,因书一绝。后之来者,睹其题处,稍息笔矣。诗曰:'武丘山下冢累累,松柏萧条尽可悲。何事世人偏重色,真娘墓上独题诗?'"

真娘墓头春草碧,心奴鬓上秋霜白。(唐·白居易《寄李苏州兼示杨琼》)

募mù

㊄去声,七遇。㊃榜~点~垛~购~搆~顾~简~鸠~开~率~劝~肆~宣~延~要~应~用~占~召~众~重~㊅~格~骨~化~民~选~俞~原~缘~缘疏~召㊆五城鸣斥堠,三秦新召募。(唐·李益《五城道中》)

怒nù

㊄去声,七遇。又:上声,七麌同。㊃谤~薄~悲~奰~嫖~惭~惨~藏~谗~瞋~赪~逞~电~斗~怼~奋~冯~佛~感~诟~鼓~骇~豪~号~诃~赫~横~惶~悔~恚~积~急~嫉~江声~骄~蛟龙~解~眀~愧~猛~鸣~赧~拗~迁~谴~谯~轻~穷~取~讪~水~肆~螳~天~突~蛙~惋~武~吓~衔~汹~宿~蓄~轩~悬~血~余~郁~愠~造~责~指~重~㊅~臂~步~嗔~叱~虺~行~号~华~恚~颊~浪~泷~马~芒~那~猊~生~水~涛~特~蛙~吻~武~心~言~涌~噪~涨~族㊆主人引客登大堤,小儿纵观黄犬怒。(唐·刘禹锡《龙阳县歌》)无木亦无风,笙簧由喜怒。(唐·陆龟蒙《杂讽九首》其四)

㊇**盛怒** 形容风势猛烈,喻指大风。宋玉《风赋》:"夫风生于地,起于青蘋之末,侵淫溪谷,盛怒于土囊之口,缘太山之阿,舞于松柏之下,飘

忽溯滂，激扬熛怒。”

今晨非盛怒，便道即长驱。（唐·杜甫《北风》）

长庚光怒 指战乱。《诗经·小雅·大东》：“东有启明，西有长庚。”宋·朱熹《集传》：“启明、长庚，皆金星也。以其先日而出，故谓之启明。以其后日而入，故谓之长庚。”《史记》卷二七《天官书》：“长庚，如一匹布著天。此星见，兵起。”

长庚光怒，群盗纵横，逆胡猖獗。（宋·张元干《石州慢·雨急云飞》）

铺（鋪、舖）pù 另见336页pū。

㊀去声，七遇。㊁板～边～拨～材～诞～递～典～浮～杠～卦～行～红～火～监～轿～解～津～冷～沦～马～墙～青～琼～犬～染～市～试～送～贴～同～铜～霞～鲞～巡～徇～押～义～揄～质～状～坐～㊂～厫～保～兵～仓～递～行～户～家～马～舍～司～驿～主～卒㊃春楼初日照南隅，柔条垂绿扫金铺。（唐·许景先《折柳篇》）

茹rù 旧读。另见355页rú、369页rǔ。

孺rù 旧读另见355页rú。

洳rù 低湿之地。另见356页rú。

㊀去声，六御。㊁垫～瀸～渐～浸～沮～涟～沙～湿～淤～㊂～湿㊃种黍傍烟溪，榛芜兼沮洳。（唐·钱起《谷口新居寄同省朋故》）

树（樹）shù

㊀去声，七遇。又：上声，七麌异。㊁爱～贝～碧～标～宠～道～灯～梵～芳～封～佛～扶～宫～拱～官～寒～何～鹤～红～怀～皇～火～鸡～佳～嘉～剑～将军～绛～禁～井～蜡～陵～龙～陇～旅～茂～密～祇～琪～绮～褰～樵～蜻蜓～琼～社～霜～私～锁～棠～梼～秃～温～香～心～朽～璇～烟～炎～摇～瑶～驿～鹦～茔～营～拥～游～玉～鸳～月～云～㊂～拔～瘢～兵～彩～草～辞～簇～道～德～嫡～点～端～墩～蜂～盖～挂～桄～国～果～骸～蕙～稼～建～经～旌～君～柯～空～轮～蜜～杪～明～渠～阙～塞门～善～梢～声～势～事～枢～私～檖～条～蛀～威～隙～萱～勋～桠～枒～腰～栅～植～帜～置～稚～啄㊃秋吹迎弦管，凉云生竹树。（唐·张说《修书院学士奉敕宴梁王宅赋得树字》）势倾北夏门，哀靡东平树。（唐·张说《五君咏五首·郭代公元振》）

㊄**大树** 东汉时，将军冯异常独坐树下而不争功，后用以咏将军。见390页“将军树”。

大树思冯异，甘棠忆召公。（唐·李商隐《武侯庙古柏》）

伐树 指居心叵测加害于人。《史记·孔子世家》：“孔子去曹适宋，与弟子习礼大树下。宋司马桓魋欲杀孔子，拔其树，孔子去。弟子曰：‘可以速矣。’孔子曰：‘天生德于予，桓魋其如予何！’”

甘棠风雅美贤臣，伐树凄凄亦圣人。（宋·王禹偁《甘棠即事简孙何》）

风树 指子欲养而亲不在。《韩诗外传》卷九：“树欲静而风不止，子欲养而亲不待，往而不可追者，年也，去而不可得见者，亲也。”

庶使孝子心，皆无风树悲。（唐·白居易《赠友五首》其五）

皇树 指橘树。屈原《九章·橘颂》：“后皇嘉树，橘徕服兮。受命不迁，生南国兮。”

方同楚客怜皇树，不学荆州利木奴。（唐·柳宗元《柳州城西北隅种柑树》）

鸡树 指古代中书省。《三国志·魏书·刘放传》裴松之注引《世说新语》：“放、资久典机任，献、肇心内不平。殿中有鸡栖树，二人相谓：‘此亦久矣，其能复几？’”

终须似鸡树，荣茂近昭回。（唐·刘禹锡《和兵部郑侍郎省中四松诗十韵》）

琪树 指仙境中的玉树。《山海经·海内西经》：“昆仑之虚，方八百里，高万仞……面有九门，门有开明兽守之，百神之所在。”“开明北有视肉、珠树、文玉树、玗琪树、不死树。”

空赏野花无过夜，若看琪树即须秋。（唐·王建《题江寺兼求药子》）

锁树 指不畏死而尽忠进谏。《晋书·刘聪载记》载：刘聪将宫殿，廷尉陈元达谏阻。聪怒，欲斩之。元达抱树大叫：“臣所言者，社稷之计也……朱云有云：‘臣得与龙逢、比干游于地下足矣。’未审陛下何如主耳！”并以锁链缚身于树，左右曳之不动。聪怒终解，纳其谏。

羃羃池台空锁树，萧萧帘幕更飘灯。（宋·王圭《和圣俞春雨》）

温树 指为官者谨言慎行或指宫廷。《汉书·孔光传》：“后为光禄勋，复领尚书，诸吏给事中如故。凡典枢机十余年，守法度，修故事。……时有所言，辄削草槁……有所荐举，唯恐其人之闻知。沐日归休，兄弟妻子燕语，终不及朝省政事。或问光：‘温室省中树皆何木也？’光嘿不应，更答以它语，其不泄如是。”颜师古注：“晋灼曰：‘长乐宫中有温室殿。’”

祇闻温树誉，堪鄙竹林贤。（唐·贯休《和韦相公见示闲卧》）

瑶树 咏仙境。《淮南子·坠形》：“禹乃以息土填洪水以为名山，掘昆仑虚以下地，中有增城九重，其高万一千里百一十四步二尺六寸。上有木禾，其修五寻，珠树、玉树、琁树、不死树在其西，沙棠、琅玕在其东，绛树在其南，碧树、瑶树在其北。”

昆仑有瑶树，安得采其英。（唐·陈子昂《感遇诗三十八首》其一九）

拥树 指战乱中被迫分离的父母子女。《史记·夏侯婴传》：“至彭城，项羽大破汉军。汉王败，不利，驰去。见孝惠、鲁元，载之。汉王急，马罢，虏在后，常蹶两儿欲弃之，婴常收，竟载之，徐行面拥树乃驰。”

嬴童拥树泣，弱柰空篮归。（宋·高斯得《劫桑叹》）

宰树 指坟墓上的树木。《公羊传·僖公三十三年》：“秦伯怒曰：‘若尔之年者，宰上之木拱矣。’”东汉何休解诂：“宰，冢也。”

千行宰树荆州道，暮雨萧萧闻子规。（唐·刘禹锡《从梁宣明二帝碑堂下作》）

珠树 指传说中的仙树。参见本页“瑶树”。

瑶池长不夜，珠树正开花。(唐·刘禹锡《同乐天和微之深春二十首》其二)

歌玉树 喻亡国之音。《陈书·皇后传论》:"后主每引宾客对贵妃等游宴，则使诸贵人及女学士与狎客共赋新诗，互相赠答，采其尤艳者，以为曲调，被以新声，选宫女有容色者以千百数，令习而歌之，分部迭进，持以为乐。其曲有《玉树后庭花》、《临春乐》等。其略曰:'璧月夜夜满，琼树朝朝新。'大抵所归，皆美张贵妃、孔贵嫔之容色。"

天子龙沈景阳井，谁歌玉树后庭花。(唐·李白《金陵歌送别范宣》)

将军树 咏武将。《后汉书·冯异传》:"异为人谦退不伐，行与诸将相逢，辄引车避道。进止皆有表识，军中号为整齐。每所止舍，诸将并坐论功，异常独屏树下，军中号曰'大树将军'。及破邯郸，乃更部分诸将，各有配隶。军士皆言愿属大树将军，光武以此多之。"

更识将军树，悲风日暮多。(唐·杜甫《过宋员外之问旧庄》)

埋玉树 指埋葬有才华的人或美人。亦作"埋玉""玉树埋""玉树凋"。《世说新语·伤逝》:"庾文康亡，何扬州临葬云:'埋玉树箸土中，使人情何能已已?'"

古来埋玉树，流恨满山川。(唐·张说《崔司业挽歌二首》其二)

三荆树 喻指兄弟和睦。《艺文类聚》卷八九引周景式《孝子传》:"古有兄弟，忽欲分异，出门见三荆同株，接叶连阴，叹曰:'木犹欣聚，况我而殊哉!'还为雍和。"

谱接三荆树，名齐连萼花。(宋·卫宗武《紫荆花》)

三珠树 指仙境。《山海经·海外南经》:"三株树在厌火北，生赤水上，其为树如柏，叶皆为珠。一曰其为树若彗。"(按:株，当作珠，《初学记》卷二七引《山海经》曰:"三珠树生赤水上，其为树如柏，叶皆为珠。")

君今并倚三珠树，不记人间落叶时。(唐·李商隐《寄永道士》)

温室树 指为官谨慎、言语不泄或指宫廷。见"温树"。

词庭草欲奏，温室树无言。(唐·韦元旦《早朝》)

相思树 用作歌颂坚贞不渝的爱情。亦作"韩凭蝶""青陵台"。传说中为战国宋康王舍人韩凭与其妻子何氏所化生。韩凭娶妻何氏，妻美，康王夺之，并囚凭。凭自杀，何投台而死，遗书愿以尸骨赐凭合葬。王怒，弗听，使里人埋之，命两冢相望。不久，二冢之端各生大梓木，屈体相就，根交于下，枝错于上。又有鸳鸯雌雄各一，常栖树上，交颈悲鸣。宋人哀之，遂号其木曰"相思树"。事见晋干宝《搜神记》卷一一。

起折相思树，归赠知寸心。(唐·李白《代别情人》)

西靡树 用作哀悼死亡。《文选》卷四三南朝梁刘孝标《重答刘秣陵沼书》:"冀东平之树，望咸阳而西靡。盖山之泉，闻弦歌而赴节。"李善注:"《圣贤冢墓记》曰:'东平思王冢在东平。'无盐人传云:'思王归国京师，后葬，其冢上松柏西靡。'"

心为西靡树，眼是北流泉。(唐·令狐楚《发潭州寄李宁常侍》)

斋前树 指命运多舛、壮志难酬。据《宋书·萧惠开传》载，南朝宋萧惠开素有大志，后由东海太守调任少府，加给事中，益不得其志。"寺内所住斋前，有向种花草甚美，惠开悉划除，列种白杨树。每谓人曰:'人生不得行胸怀，虽寿百岁，犹为夭也。'"

斋前种树初如椽，如今过云欲造天。(宋·杨万里《题周鲠臣浩斋》)

璧月琼树 指亡国之音。亦作"璧月琼枝""璧月"。参见"歌玉树"。

璧月尘昏琼树秋，无从百媚一回眸。(宋·李新《观前古美人图》)

青葱玉树 玉树是关于汉武帝神话传说中的一种神物。扬雄在《甘泉赋》中用青葱形容它。汉·扬雄《甘泉赋》:"翠玉树之青葱兮，璧马犀之瞵瑞。"李善注引《汉武故事》:"上起神屋，前庭植玉树，珊瑚为枝，碧玉为叶。"

青葱玉树连金爵，不觉醯鸡竞羽翰。(宋·钱惟演《馆中新蝉》)

芝兰玉树 指有出息的弟子。亦作"芳庭树""谢家宝树"。《世说新语·言语》:"谢太傅问诸子侄:'子弟亦何预人事，而正欲使其佳?'诸人莫有言者，车骑答曰:'譬如芝兰玉树，欲使其生于阶庭耳。'"

千载蒋山分未朽，芝兰玉树蔼余芳。(宋·韩元吉《挽汪南美大夫词》)

蒹葭倚玉树 喻美恶相差太远的两人在一起极不相称。《世说新语·容止》:"魏明帝使后弟毛曾与夏侯玄并坐，时人谓'蒹葭倚玉树'。"

蒹葭倚玉树，华衮照庞凉。(宋·赵蕃《教授丈作黄字韵诗十首愈出愈奇》)

三年不窥园树 指专心治学。《汉书·董仲舒传》:"董仲舒，广川人也。少治《春秋》，孝景时为博士。下帷讲诵，弟子传以久次相授业，或莫见其面。盖三年不窥园，其精如此。"颜师古注:"虽有园圃，不窥视之，言专学也。"

三年曾不窥园树，辛苦萤窗暮。(宋·葛胜仲《虞美人·三年曾不窥园树》)

数(數)shù 另见369页shǔ、412页cù、64页shuò。

㊀去声，七遇。㊁暗～本～比～辩～卜～才～策～禅～迟～齿～答～道～都～恩～凡～烦～冥～繁～饭～方～晐～给～徽～火～蹇～见～狡～教～解～景～九～具～窭～谲～量～禄～缕～率～枚～缪～逆～排～僻～仆～起～器～前～情～顷～趋～设～世～事～收～守～书～殊～疏～朔～诵～调～通～推～为～问～夏～象～校～恤～淹～言～盐～衍～验～阳～彝～易～意～阴～盈～赢～语～豫～员～月～责～占～兆～智～酌～擢～訾～㊂～纪～迹～家～奇～器～斯～四～相～巡～杂～珠㊃北风吹万里，南雁不知数。(唐·高适《自淇涉黄河途中作十三首》)木叶辞洞庭，纷纷落无数。(唐·刘长卿《晚次湖口有怀》)

㊄**鹅鸭长数** 指擅于计算和操持家

业。晋·葛洪《西京杂记》："（曹）元理常从其友人陈广汉。广汉曰：'吾有二囷米，忘其石数，子为计之。'……广汉为之取酒鹿脯数片，无理复算，曰：'千牛产二白犊，万鸡将五百雏。'羊豖鹅鸭皆道其数。"

鹅鸭宜长数，柴荆莫浪开。（唐·杜甫《舍弟占归草堂检校聊示此诗》）

金谷酒数 指宴饮行令时候，罚酒三杯。晋·石崇《金谷诗序》："遂各赋诗，以叙中怀，或不能者，罚酒三斗。"

如诗不成，罚依金谷酒数。（唐·李白《春夜宴从弟桃李园序》）

竖（豎、*竪）shù

㊀上声，七麌。㊁袄～逼～碧～谗～矗～珰～儿～二～高～宦～疾～家～贾～僭～骄～桀～晋～撅～獗～狂～逆～孽～戚～强～樵～群～森～厮～剔～踢～童～僮～顽～小～仆～野～庸～㊂～臣～篷～貂～儿～夫～拂～亥～褐～宦～笠～鳞～牛～人～儒～议㊃石梁屹横架，万仞青壁竖。（唐·张祜《游天台山》）一窥耳目眩，再听云发竖。（唐·皮日休《太湖诗·游毛公坛》）先生先生不可遇，爱平不平眉斗竖。（唐·贯休《义士行》）

㊄**二竖** 指病势沉重，无法治愈，即"病入膏肓"。亦作"晋竖"。《左传·成公十年》："公疾病，求医于秦。秦伯使医缓为之。未至，公梦疾为二竖子，曰：'彼良医也，惧伤我，焉逃之？'其一曰：'居肓之上，膏之下，若我何？'医至，曰：'疾不可为也，在肓之上，膏之下，攻之不可，达之不及，药不至焉，不可为也。'"

凡药岂能驱二竖，清心幸足制三彭。（宋·陆游《病中数辱曾无逸架阁见问》）

恕shù

㊀去声，六御。㊁哀～察～诚～慈～度～放～公～姑～和～弘～简～见～降～矜～镜～怜～廉～明～内～平～乞～谦～强～曲～仁～容～赦～顺～通～推～退～详～宥～原～忠～㊂～辞～道～躬～己～矜～亮～谅～实～思～心～宥～直㊃分应当自尽，事勿求人恕。（唐·白居易《和微之诗二十三首·和三月三十日四十韵》）

庶shù

㊀去声，六御。㊁卑～侧～臣～殆～嫡～蕃～凡～繁～寒～梨～黎～理～僚～寮～甿～氓～萌～明～匹～贫～品～黔～人～三～商～士～适～庶～徒～嚣～亿～殷～芸～长～兆～烝～蒸～支～枝～众～宗～走～㊂～伯～寀～常～侈～孚～工～龟～吉士～绩～揆～老～类～黎～寮～戮～萌～群～人～慎～士～氏～兽～庶～襚～土～望～位～物～习～馐～言～尹～詵～有～玉～长～征～正

㊄**徐庶** 即三国名士徐庶，后指才士。亦作"徐元直"。《三国志·蜀书·诸葛亮传》："唯博陵崔州平、颍川徐庶元直与亮友善。……时先主屯新野。徐庶见先主，先主器之，谓先生曰：'诸葛孔明者，卧龙也，将军岂愿见之乎？'……由是先生遂诣亮，凡三往，乃见。"

徐庶高交友，刘牢出外甥。（唐·杜甫《奉送二十三舅录事之摄郴州》）

庾中庶 即南朝庾肩吾，后用以赞美诗才。亦作"庾尚书"。《梁书·文学传上·庾于陵传》附《庾肩吾传》："肩吾字子慎，八岁能赋诗，特为兄于陵所友爱。……累迁中录事谘议参军、太子率更令、中庶子。初，太宗在籓，雅好文章士，时肩吾与东海徐摛……同被赏接……太清中，侯景寇陷京都。及太宗即位，以肩吾为度支尚书。"

当从庾中庶，诗客更何人。（唐·耿湋《春日游慈恩寺寄畅当》）

墅shù

㊀上声，六语。㊁别～畴～村～东～赌～杜～家～郊～林～露～梅花～乞～山～田～溪～乡～谢～墟～野～渔～㊂～舍㊃天色混波涛，岸阴匝村墅。（唐·祖咏《渡淮河寄平一》）闹市不知春色处，散在荒园废墅。（宋·刘克庄《贺新郎·溪上收残雨》）

㊄**始宁墅** 指归隐之所或咏别墅。亦作"始宁隐"。《宋书·谢灵运传》："灵运父、祖并葬始宁县，并有故宅及墅，遂移籍会稽，修营别业，傍山带江，尽幽居之美。与隐士王弘之、孔淳之等纵放为娱，有终焉之志。"

迢迢始宁墅，芜没谢公宅。（唐·皇甫冉《曾东游以诗寄之》）

争棋墅 指一种指挥若定的大将风度。《晋书·谢安传》："坚后率众，号百万，次于淮肥，京师震恐。加安征讨大都督。玄入问计，安夷然无惧色，答曰：'已别有旨。'既而寂然。玄不敢复言，乃令张玄重请。安遂命驾出山墅，亲朋毕集，方与玄围棋赌别墅。安常棋劣于玄，是日玄惧，便为敌手而又不胜。安顾谓其甥羊昙曰：'以墅乞汝。'安遂游陟，至夜乃还，指授将帅，各当其任。"

堪叹敲雪门荒，争棋墅冷。（宋·张炎《念奴娇·行行且止》）

疏shù 旧读。另见340页shū。

㊀去声，六御。

潄shù

㊀去声，二十六宥。㊁飞～汩～涫～寒～湔～净～泉～潄～搜～濯～㊂～涤～芳～澣～洒～流～墨～啮～润～石～潄～盂～腴～玉～濯㊃空虚寒兢兢，风气较搜潄。（唐·韩愈《南山诗》）粤自灵均来，清才若天潄。（唐·皮日休《鲁望读襄阳耆旧传见赠五百言》）

戍shù 守边。

㊀去声，七遇。㊁常～城～村～番～防～烽～高～孤～古～瓜～关～羁～郊～留～流～陇～遣～戎～舍～守～田～亭～晓～徭～繇～野～谪～镇～㊂～堡～漕～城～督～夫～妇～副～歌～鼓～海～籍～将～角～旌～客～垒～楼～逻～鼙～旗～人～士～台～屋～烟～傜～役～御～栅㊃书绝龙庭羽，烽休凤穴戍。（唐·李世民《执契静三边》）西临有边邑，北走尽亭戍。（唐·王昌龄《山行入泾州》）红楼嗟坏壁，金谷迷荒戍。（唐·元稹《梦游春七十韵》）

澍shù 时雨。

㊀去声，七遇。㊁丰～甘～灌～嘉～连～霖～滂～溥～祈～时～㊂～降～霖～濡～雨～泽㊃地阔八荒近，天回百川澍。（唐·宋之问《景

龙四年春祠海》）

诉（訴）sù

㊀去声，七遇。㊁哀～禀～谄～嘲～愁～词～辞～低～牒～烦～分～赴～号～醮～讦～诘～苦～剖～泣～倾～伸～讼～谈～狱～冤～潛～争～诤～㊂～白～辩～词～辞～牒～法～幅～毁～竞～洒～列～落～穷～屈～人～事～述～枉～休～雪～言～语～怨㊃穷荒益自卑，漂泊欲谁诉。（唐·杜甫《雨》）晓来枝上绵蛮，似把芳心、深意低诉。（宋·柳永《黄莺儿·园林晴昼春谁主》）

素sù

㊀去声，七遇。㊁白～尘～赪～尺～醇～道～德～缔～颠～雕～敦～鹅～樊～缟～观音～寒～翰～豪～皓～鹤～红～黄～缋～笺～缄～缣～检～简～解～襟～锦～谨～静～卷～鲤～廉～练～裂～鳞～匹～飘～谦～愆～秋～染～茹～儒～尸～守～书～蔬～蜀～束～霜～纨～微～鲜～香兰～缃～醒～玄～悬～绚～雪～雅～野～银～幽～鱼中～韫～贞～织～竹～篆～醉～㊂～壁～鬓～冰～茶～蟾～带～德～牍～娥～蛾～发～幡～风～封～幅～冠～毫～华～宦～晖～肌～几～骥～笺～缣～交～洁～襟～锦褚～景～静～绢～壳～浪～鲤～练～鳞～流～罗～门～木～女～袍～屏～朴～契～琴～秋～人～刃～蕤～蕊～色～扇～赏～裳～士～手～水～丝～芝～题～湍～纨～腕～王～乌～弦～霰～心～馨～鳙～雪～烟～艳～养～音～英～影～羽～约～月～蕴～章～帐～枝～雉～珠～篆～妆㊃弊庐隔尘喧，惟先养恬素。（唐·孟浩然《田园作》）农夫行饷田，闺妾起缝素。（唐·王维《丁寓田家有赠》）掩泪收机石，衔啼襞纨素。（唐·任希古《和李公七夕》）

㊄**阿素**　指妓女、歌女。亦作"樊素"。唐·孟棨《本事诗·事感》："白尚书姬人樊素，善歌；妓人小蛮，善舞。尝为诗曰：'樱桃樊素口，杨柳小蛮腰。'"

欲作短章凭阿素，缓歌夸与落花风。（宋·黄庭坚《谢王舍人剪送状元红》）

绘素　指绘画。《论语·八佾》："子夏问曰：'巧笑倩兮，美目盼兮，素以为绚兮。何为也？'子曰：'绘事后素。'曰：'礼后乎？'子曰：'起予者商也，始可与言诗矣！'"

留心于绘素，得事在烟波。（唐·郑谷《予尝有雪景一绝》）

束素　咏美人。亦作"束缟""素腰如束"。宋玉《登徒子好色赋》："楚国之丽者……莫若臣东家之子。东家之子……腰如束素，齿如含贝。"

酒晕潮红浅渥唇，肤如凝脂腰束素。（宋·于石《西湖荷花有感》）

织素　指被遗弃的妇女。《玉台新咏》卷一《古诗八首》其一："上山采蘼芜，下山逢故夫。长跪问故夫，新人复何如。……新人工织缣，故人工织素。……将缣来比素，新人不如故。"

养蚕已成茧，织素犹在机。（唐·刘驾《弃妇》）

青蝇点素　指小人用谗言诬害好人。汉·王充《论衡·累害》："青蝇所污，常在练素。"

白玉尚指瑕，青蝇工点素。（宋·戴复古《湖北上吴胜之运使有感而言非诗也》）

溯（*泝、遡）sù

㊀去声，七遇。㊁驰～回～洄～逆～上～泝～推～沿～㊂～本～测～栈～洄～然～涉～述～溯～滩～通～沿～源～追㊃秋气怀易悲，长波淼难溯。（唐·李百药《晚渡江津》）伊洛不敢息，淮河任沿溯。（唐·储光羲《贻王侍御出台掾丹阳》）怪石不易跻，急湍那可溯。（唐·权德舆《祗役江西路上以诗代书寄内》）

塑sù

㊀去声，七遇。㊁壁～彩～画～绘～可～捻～唐～土～装～㊂～封～像～性㊃逝将去此适何乡，满目凄凉对泥塑。（清·胡润《游黄庭观》）

嗉（*膆）sù　鸟类食囊。

㊀去声，七遇。㊁鹤～喉～鸡～填～㊂～袋～囊～子

愫sù　真情。

㊀《广韵》：去声，莫韵。㊁诚～丹～积～悃～情～心～幽～愚～中～衷～㊃不定却飞扬，满眼前、搅人情愫。（宋·毛滂《蓦山溪·雪空毡径》）幸西园别有，能言花貌，委曲关心愫。（宋·赵长卿《探春令·清江平淡》）

兔（*兎）tù

㊀去声，七遇。㊁冰～毚～蟾～撑目～赤～蜍～鹑～跛～待～捣药～飞～骣～伏～顾～桂～寒～狐～蹇～金～罝～老～灵～木～魄～青蟾～霜～脱～乌～夕～玄～雪～瑶～逸～阴～迎霜～玉～月～雉～逐～坠～走～㊂～楮～房～宫～钩～罟～鹘～管～翰～毫～褐～华～辉～简～角～径～罝～客～窟～葵～鬣～卢～轮～缕～目～啮～魄～丘～阙～丝～脱～奚～纤～药～颖～影～园～苑～月～竹㊃墨池飞出北溟鱼，笔锋杀尽中山兔。（唐·李白《草书歌行》）积雪覆平皋，饥鹰捉寒兔。（唐·孟浩然《南归阻雪》）长丝羁野马，密网罗阴兔。（唐·元稹《梦游春七十韵》）

㊄**飞兔**　喻堪当重任的人才。《吕氏春秋·离俗览·离俗》："飞兔、要褭，古之骏马也。"高诱注："飞兔、要褭，古之骏马也，日行万里。驰若兔之飞，因以为名也。"

飞兔已闻追騕褭，太阿犹恨失龙泉。（宋·王安石《次韵舍弟遇子固忆少述》）

顾兔　指月亮。《楚辞·天问》："夜光何德，死而又育？利维何，而顾菟在腹？"东汉王逸注："言月中有菟，何所贪利，居月之腹，而顾望乎？菟，一作兔。"

玉轮顾兔初生魄，铁网珊瑚未有枝。（唐·李商隐《碧城三首》其三）

脱兔　指快速奔跑的兔子。《孙子》卷下《九地》："是故始如处女，敌人开户，后如脱兔，敌不及拒。"

攻如饿鸱叫，势若脱兔急。（唐·陆龟蒙《杂讽九首》其二）

乌兔　指岁月的流逝。晋·左思《吴都赋》："笼乌兔于日月，穷飞走之栖宿。"

乌兔不知多事世，星辰长似太平年。（唐·韦庄《夜景》）

捣药兔 指月亮。《初学记》卷一引汉刘向《五经通义》：“月中有兔与蟾蜍何？兔，阴也；蟾蜍，阳也，而与兔并明，阴系于阳也。”又，《太平御览》卷四引晋傅玄《拟天问》：“月中何有，白兔捣药？”

入河蟾不没，捣药兔长生。（唐·杜甫《月》）

吐tù 另见372页tǔ。

古上声，七麌。逆唠～咳～鸬～闷～喷～倾～涎～醉～顺～法～红～逆～弃～下～眩

堍tù 桥畔。

逆桥～例笑拈芳草不知名，乍凌波、断桥西堍。（宋·吴文英《西子妆慢·湖上㸃尘》）

唾tù 旧读另见50页tuò。

菟tù 菟葵、菟丝，皆草名。另见357页tú。

古去声，七遇。又：上声，七麌异。顺～葵～丝

务（務）wù

古去声，七遇。逆百～边～兵～部～曹～常～朝～尘～成～承～春～村～等～多～烦～繁～费～官～国～亟～酒～理～领～留～买～民～南亩～趣～榷～群～戎～盛～世～首～殊～庶～碎～琐～停～细～先～嚣～校～燮～养贤～窑～夷～遗～异～营～缘～赈～执～至～滞～众～诸～纂～综～顺～成～法～附～功～光～穑～施～时～头～外～虚例岑阳沐天德，邦邑持民务。（唐·储光羲《贻王侍御出台掾丹阳》）牵缠加老病，琐细隘俗务。（唐·杜甫《咏怀二首》其二）

悟wù

古去声，七遇。逆变～辨～标～才～测～禅～阐～超～彻～澈～触～聪～点～洞～独～拂～改～高～规～恍～惠～慧～机～积～几～渐～鉴～讲～劫～解～惊～憬～警～静～俊～开～朗～灵～率～迷～妙～敏～明～冥～默～启～契～谴～强～清～穷～曲～悛～融～摄～神～识～爽～夙～通～透～晓～惺～秀～玄～悬～英～颖～贞～证～追～顺～禅～彻～道～对～发～佛～悔～慧～寂～觉～捷～解～境～空～理～门～敏～明～入～赏～物～心～言～悦～主～宗例空山多雨雪，独立君始悟。（唐·王昌龄《听弹风入松阕赠杨补阙》）晨兴自多怀，昼坐常寡悟。（唐·孟浩然《田园作》）

典**仓中悟** 指人的前途如何在于能否为自己创造优越的生活条件。见370页“李斯溷鼠”。

李斯不向仓中悟，徐福应无物外游。（唐·韦庄《咸阳怀古》）

误（誤、*悮）wù

古去声，七遇。逆白首～鄙～承～舛～踳～跌～故～诖～乖～惑～旷～迷～歧～愆～曲～阙～爽～枉～违～诬～沿～衍～诒～贻～遗～疑～再～追～顺～宠～触～给～惑～计～乱～谬～拿～却～人～身～失～书～脱～文～我～衍～诒～植～螯例踯躅望朝阴，如何复沦误。（唐·储光羲《贻王侍御出台掾丹阳》）空闻紫金经，白首愁相误。（唐·李白《古风》）

典**鹊误** 鹊噪而兆行人至。诗人反其意而用之，用“鹊误”来表达空见喜鹊叫唤而行人并未归来的失望心情。旧题晋·葛洪《西京杂记》卷三：“乾鹊噪而行人至，蜘蛛集而百事喜。”旧题晋张华注《禽经》：“灵鹊噪喜。”

当日佳期鹊误传，至今犹作断肠仙。（晏几道《鹧鸪天·当日佳期鹊误传》）

晤wù

古去声，七遇。逆逢～觏～过～俊～良～敏～明～清～如～相～谐～言～英～瞻～走～顺～别～对～歌～见～叹～叙～言～语例清光比故人，豁达展心晤。（唐·王昌龄《郑县宿陶太公馆中赠冯六元二》）枕席有余清，壶觞无与晤。（唐·权德舆《祗役江西路上以诗代书寄内》）

雾（霧）wù

古去声，七遇。逆碧～愁～翠～霏～雰～海～寒～鹤～花～霁～岚～连～绿～蜺～凝～暖～破～青～轻～吐～雺～仙～香～晓～宿～学～炎～隐～游～云～嶂～顺～豹～鬓～驳～岑～萃～迭～阁～光～海～壑～縠～鬟～扃～聚～岚～露～乱～缕～幕～霈～塞～散～翳～裳～舒～丝～淞～锁～吐～幄～绡～袖～雪～眼～杳～野～翳～隐～帐～障～幛～棹～罩例丘壑列夕阴，葭菼凝寒雾。（唐·李百药《晚渡江津》）边声摇白草，海气生黄雾。（唐·王昌龄《从军行二首》）

典**隐雾** 喻指隐居避世。见560页“隐豹”。

远水兼天净，孤城隐雾深。（唐·杜甫《野望》）

噀雾 咏橘。南朝梁·刘峻《送橘启》：“南中橙甘，青鸟所食。始霜之旦，采之风味照座，劈之香雾噀人。”

临风咏玉台，噀雾开蜜房。（宋·崔敦礼《次韵张伯子饷柑》）

陆机雾 指蒙冤而死。《晋书·陆机传》：“机既死非其罪，士卒痛之，莫不流涕。是日昏雾昼合，大风折木，平地尺雪，议者以为陆氏之冤。”

冤深陆机雾，愤积伍员涛。（唐·张祜《哭汴州陆大夫》）

披云雾 咏人神思清澈，善于言谈，也指人神情清朗。见758页“披云”。

扫洒青天开，豁然披云雾。（唐·李白《赠溧阳宋少府陟》）

三里雾 指浓雾，或喻迷而不见的环境，后借指道术。见本页“五里雾”。

无质易迷三里雾，不寒长著五铢衣。（唐·李商隐《圣女祠》）

蛇乘雾 指自然法则不可违背，人的寿命有限。《宋书·乐志三》：魏武帝《步出夏门行·神龟虽寿》：“神龟虽寿，犹有竟时。螣蛇乘雾，终为土灰。”

丹成作蛇乘白雾，千年重化玉井土。（唐·李贺《拂舞歌辞》）

五里雾 喻模糊恍惚、不明真相。亦作“张楷作雾”。《后汉书·张楷传》：“（楷）性好道术，能作五里雾。时关西人裴优亦能为三里雾，自以不如楷，从学之，楷避不肯见。”

山昏五里雾，日落二华阴。（唐·孔德绍《行经太华》）

非花非雾 指对美好而易消逝

的事物的伤感惋惜之情。唐·白居易《花非花》："花非花，雾非雾。夜半来，天明去。来似春梦几多时，去似朝云无觅处。"

非花非雾前时见，满眼娇春。（宋·晏几道《采桑子·非花非雾前时见》）

玄豹隐雾 喻幽栖远害。亦作"南山雾"。《列女传·贤明》："（陶答子）妻言：'妾闻南山有玄豹，雾雨七日而不下食者，何也？欲以泽其毛而成文章也，故藏而远害。犬彘不择食以肥其身，坐而须死耳。'"后因以"玄豹隐雾"比喻洁身自好，隐居不仕。

玄豹成文须隐雾，嘉鱼式燕且邀宾。（宋·洪皓《次韵学士重阳雪中见招不赴》其六）

恶（惡）wù 讨厌。另见 343 页 wū、88 页 ě、90 页 è。

㊀去声，七遇。逆爱～鄙～曹～怠～诋～烦～怪～好～患～猒～溢～怨～愠～重～例虮虱谁不轻，鲸鲵谁不恶。（唐·元稹《捉捕歌》）福盈祸之倚，权胜道所恶。（唐·元晦《越亭二十韵》）诏册冠贤良，谏垣陈好恶。（唐·元稹《梦游春七十韵》）

坞（塢、*隖）wù

㊀上声，七麌。逆堡～城～出～船～村～候～花～林～梅～鄙～陴～沙～山～松～屯～营～幽～云～竹～顺～壁～侯例前有毒蛇后猛虎，溪行尽日无村坞。（唐·杜甫《发阆中》）孤歌倚桂岩，晚酒眠松坞。（唐·杜牧《题池州弄水亭》）金簇近兰汀，铜龙接花坞。（唐·温庭筠《寒食节日寄楚望二首》其二）

骛（騖）wù ①纵横奔驰。②追求。

㊀去声，七遇。逆犇～别～并～骋～驰～川～舛～繁～广～横～缓～交～惊～景～竞～迷～旁～齐～轻～驱～殊～腾～外～骛～遐～迅～烟～逸～云～争～顺～鼓～行～华～利～名～奇～趋～神～骛～扬～棹～逐例幽居与君近，出谷同所骛。（唐·王昌龄《郑县宿陶太公馆中赠冯六元二》）贤愚诚等差，自爱各驰骛。（唐·杜甫《咏怀二首》其二）曾闻天宝末，胡马西南骛。（唐·刘禹锡《顺阳歌》）

鹜（鶩）wù 鸭。另见 419 页 mù。

㊀去声，七遇。逆阿～驰～烦～凫～孤～鸡～江～群～遐～霞～雁～野～逸～顺～行～没～溏～新～置例鸡鸣见日出，鹭下惊涛鹜。（唐·宋之问《景龙四年春祠海》）冲天羡鸿鹄，争食羞鸡鹜。（唐·孟浩然《田园作》）

典**阿鹜** 指亡友的妻妾。鹜，或作"骛"。《三国志·魏书·朱建平传》："初，颍川荀攸、钟繇相与亲善。攸先亡，子幼。繇经纪其门户，欲嫁其妾。与人书曰：'吾与公达曾共使朱建平相，建平曰："荀君虽少，然当以后事付钟君。"'吾时啁之曰：'惟当嫁卿阿骛耳。'何意此子竟早陨没，戏言遂验乎！今欲嫁阿骛，使得善处。"

休文虽即逃琼液，阿鹜还须掩玉闺。（唐·李縠《醉中袭美先月中归》）

戊 wù

㊀去声，二十六宥。逆青～上～五～顺～方～己～夜例藩都配德运，分宅占丁戊。（唐·韩愈《南山诗》）

痦 wù

㊀去声，七遇。逆不～发～讽～觉～解～惊～开～朗～燎～寐～敏～倾～晚～晓～自～顺～合～怀～觉～寐～梦～辟～然～生～思～叹～想～宿～言～移～语例江汜日绵眇，朝夕空寐痦。（唐·储光羲《贻王侍御出台掾丹阳》）主人坦然意，昼夜安寝痦。（唐·元稹《捉捕歌》）

焐 wù 使暖。

顺～脚～酒

梧 wù 抵触。旧读。另见 358 页 wú。

㊀《集韵》去声，莫韵。

婺 wù ①古星区名。②地名。

㊀去声，七遇。逆宝～娥～顺～剧～女～学例使君圣朝瑞，乾符初刺婺。（唐·贯休《闻前王使君在泽潞居》）

注[1] zhù ①灌入。②集中。

㊀去声，七遇。逆奔～冲～贯～涓～流～浅～泻～沿～挹～渊～顺～溉～溜～碗～挹例犹有泪成河，经天复东注。（唐·杜甫《得舍弟消息》）激转忽殊流，归泓又同注。（唐·韦应物《游龙门香山泉》）

注[2]（*註）zhù 解释。

㊀去声，七遇。逆传～记～笺～诠～疏～添～训～郑～朱～顺～本～册～官～籍～家～明～疏～说～文～语～赞例棐几明窗，待把虫鱼注。（宋·倪偁《蝶恋花·茅屋三间临水路》）

住 zhù

㊀去声，七遇。逆定～缚～和春～唤～寄～禁～踞～枯～栖～潜～侨～去～屯～选～移～营～撞～顺～罢～场～蕃～后～迹～节～世～衰～税～寺～唐～锡～止～滞～坐例燕山苏武上，海岛田横住。（唐·李端《杂曲歌辞·千里思》）孤云将野鹤，岂向人间住。（唐·刘长卿《送方外上人》）

典**北门留住** 指被委以重任。《旧唐书·裴度传》："上以其足疾，不便朝谒，而年未甚衰，开成二年五月，复以本官兼太原尹、北都留守、河东节度使。诏出，度累表固辞老疾，不愿更典兵权，优诏不允。文宗遣吏部郎中卢弘往东都宣旨曰：'卿虽多病，年未甚老，为朕卧镇北门可也。'促令上路，度不获已之任。三年冬，病甚，乞还东都养病。"

使君心在，苍崖绿嶂，苦被北门留住。（宋·姜夔《永遇乐·云隔迷楼》）

助 zhù

㊀去声，六御。逆阿～裨～臂～补～佽～多～扶～福～辅～附～赴～赙～告～耕～贡～寡～护～藉～解衣～救～匡～冥～内～坤～劝～赡～神～守～谈～谭～天～贤～相～襄～邀～翼～友～佑～与～赞～赠～赈～中～妆～佐～顺～臂～边～编～成～道～法～耕～工～化～祭～桀～哭～老～忙～虐～趣～燃～饷～翊～语～葬～赈～字例呼吸缺吾防，咀嚼欠吾助。（唐·王周《齿落词》）烧香请佛力，礼拜求僧助。（唐·寒山《诗三百三首》其六十三）布泽木龙催，迎春土牛助。（唐·白居易《和微之诗二十三首·和三月三十日四十韵》）

典**严助** 西汉名臣，曾说服南越王归顺。《汉书·严助传》："严助，会稽吴人，严夫子子也，或言族家子也。

郡举贤良，对策百余人，武帝善助对，由是独擢助为中大夫。……后三岁，闽越复兴兵击南越。南越守天子约，不敢擅发兵，而上书以闻。……是时，汉兵遂出，未逾领，适会闽越王弟余善杀王以降。汉兵罢。上嘉淮南之意，美将卒之功，乃令严助谕意风指于南越。南越王顿首曰：'天子乃幸兴兵诛闽越，死无以报！'即遣太子随助入侍。"

何当举严助，遍沐汉朝恩。（唐·刘长卿《送严维赴河南充严中丞幕府》）

得江山助 现实风光对诗文创作很有影响，喻指好的诗文是不能脱离现实的。《新唐书·张说传》："张说字道济，或字说之。……为文属思精壮，长于碑志，世所不逮。既谪岳州，而诗益凄婉，人谓得江山助云。"

骚人已得江山助，赋客终陪霰雪游。（宋·杨亿《许洞归吴中》）

柱zhù

㊂上声，七麌。㊇鳌～八～宝～抱～笔～螭头～础～丹～砥～雕～楯～凤凰～浮～膏～晷～鹤～涅～击～江～交午～胶～金～景～鹍～梁～六合～龙～露～玫瑰～幕～攀尾～秦～琴～倾～琼～虬～疏～双～樘～题～天～铜～望～危～弦～雁～倚～楹～影～玉～攒～筝～楮～珠～梓～㊈～御～臣～础～栋～斧～干～根～工～国～后～极～卷～桷～科～梁～楣～然～石～史～帖～下～衣～质～州～壮㊄风吹巨焰作，河棹腾烟柱。（唐·杜甫《火》）多忧污桃源，拙计泥铜柱。（唐·杜甫《咏怀二首》其二）

㊉**八柱** 指国家栋梁。《楚辞·天问》："八柱何当？东南何亏？"东汉王逸注："言天有八山当柱，皆何当值？"

八柱共承天，东西别隐然。（唐·刘禹锡《奉和淮南李相公早秋即事寄成都武相公》）

破柱 指不畏权贵，惩治贪暴。《后汉书·李膺传》："李膺字元礼，颍川襄城人也。……再迁，复拜司隶校尉。时张让弟朔为野王令，贪残无道，至乃杀孕妇，闻膺厉威严，惧罪逃还京师，因匿兄让第舍，藏于合柱中。膺知其状，率将吏破柱取朔，付洛阳狱。受辞毕，即杀之。"

破柱行持斧，埋轮立驻车。（唐·白居易《和春深二十首》其八）

倾柱 喻行将倾覆的政权。《淮南子·天文》："昔者共工与颛顼争为帝，怒而触不周之山，天柱折，地维绝。天倾西北，故日月星辰移焉；地不满东南，故水潦尘埃归焉。"

我生特蝗粟，公死即倾柱。（宋·刘黻《悼使君赵计院》）

铜柱 指疆界。《后汉书·马援传》："援将楼船大小二千余艘，战士二万余人，进击九真贼征侧余党都羊等，自无功至居风，斩获五千余人，峤南西平。"李贤注引《广州记》："援到交趾，立铜柱，为汉之极界也。"

南纪连铜柱，西江接锦城。（唐·杜甫《公安送李二十九弟晋肃入蜀余下沔鄂》）

题柱[1] 指为达到某种目的而下决心、发誓言。亦作"司马题门""题桥""题桥柱""题姓字"。《华阳国志·蜀志》："城北十里有升仙桥，有送客观，相如初入长安，题其门云：'不乘赤车驷马，不过汝下也！'"

题柱心犹壮，移山志不忘。（唐·罗隐《投浙东王大夫二十韵》）

题柱[2] 称美郎官得到皇帝赏识。亦作"题殿柱"。东汉·赵岐《三辅决录》："长陵田风，字季宗，为尚书郎，仪貌端正。入奏事，灵帝目送之，因题殿柱曰：'堂堂乎张，京兆田郎。'"

顾我老非题柱客，知君才是济川功。（唐·杜甫《陪李七司马皂江上观造竹桥》其一）

倚柱 指因穷困而求助他人。《战国策·齐策四》："左右以君贱之也，食以草具。居有顷，倚柱弹其剑，歌曰：'长铗归来乎！食无鱼。'左右以告。孟尝君曰：'食之，比门下之客。'居有顷，复弹其铗，歌曰：'长铗归来乎！出无车。'左右皆笑之，以告。孟尝君曰：'为之驾，比门下之车客。'于是乘其车，揭其剑，过其友曰：'孟尝君客我。'后有顷，复弹其剑铗，歌曰：'长铗归来乎！无以为家。'左右皆恶之，以为贪而不知足。孟尝君问：'冯公有亲乎？'对曰，'有老母。'孟尝君使人给其食用，无使乏。于是冯谖不复歌。"

肘后黄金腰下印，有高堂、未敢将身许。且扇枕，莫倚柱。（宋·刘克庄《贺新郎·身畔无丝缕》）

雷破柱 指惊变中神态自若。《世说新语·雅量》："夏侯太初尝倚柱作书。时大雨，霹雳破所倚柱，衣服焦然，神色无变，书亦如故。宾客左右，皆跌荡不得住。"

未惊雷破柱，不报水齐檐。（唐·李商隐《异俗二首》其一）

马援铜柱 指马援征服交趾，立铜柱以为汉南边疆界的标志。亦作"伏波标柱"。见本页"铜柱"。

空惭马援标铜柱，自分班超老玉关。（宋·蔡戡《东归喜而有作》）

著zhù

参见 58 页 zhuó"着"、80 页 zhe"着"、530 页 zhāo"着"、545 页 zháo"着"。

㊂去声，六御。又：上声，六语异。㊇白～表～炳～不～阐～超～焯～崇～传～淳～废～耿～赫～晃～积～检～浸～克～漫～茂～懋～明～屏～洽～删～申～淑～私～素～停～位～枭～宿～宣～掩～远～允～缊～章～彰～众～重～撰～卓～纂～㊈～白～定～稿～格～号～积～籍～绩～节～令～然～声～位～闻～相～姓～庸～撰

箸（*筯）zhù

筷子。

㊂去声，六御。㊇罢～白～杯～匕～筹～倒～较～借～六～前～沙～失～食～停～析～下～显～象～髹～玄～玉～渊～元～运～众～㊈～匕～录～撰㊄波绿紫屏风，螺红碧筹箸。（唐·元稹《遣春十首》其十）失身不自还，万恨随玉箸。（唐·权德舆《杂诗五首》其五）

㊉**冰箸** 咏冰雪。五代·王仁裕《开元天宝遗事》卷下《冰箸》："冬至日大雪，至午雪霁，有晴色，因寒，所结檐溜，皆为冰条。妃子使侍儿敲下二条看玩。帝自晚朝视政回，问妃子曰：'所玩何物耶？'妃子笑而答曰：'妾所玩者，冰箸也。'

帝谓左右曰：'妃子聪惠，比象可爱也。'"

香叆雕盘，寒生冰箸，画堂别是风光。（宋·苏轼《满庭芳·香叆雕盘》）

借箸 喻指替人出谋划策。亦作"前箸""张良箸""借留侯箸"。《史记·留侯世家》："（郦）食其未行，张良从外来谒。汉王方食，曰：'子房前！客有为我计桡楚权者。'具以郦生语告于子房，曰：'何如？'良曰：'谁为陛下画此计者？陛下事去矣！'汉王曰：'何哉？'张良对曰：'臣请藉前箸为大王筹之。'"

元载相公曾借箸，宪宗皇帝亦留神。（唐·杜牧《河湟》）

玉箸 喻眼泪。《文苑英华·南朝梁·刘孝威〈独不见〉》："分家移甲第，留妾住河阴。……谁怜双玉箸，流面复流襟。"

啼流玉箸尽，坐恨金闺切。（唐·李白《代赠远》）

何曾箸 指饮食奢侈。《晋书·何曾传》："何曾字颖考。……性奢豪，务在华侈。帷帐车服，穷极绮丽，厨膳滋味，过于王者。每燕见，不食大官所设，帝辄命取其食。蒸饼上不拆作十字不食。食日万钱，犹曰'无下箸处'。"

赵壹囊初乏，何曾箸欲收。（唐·李峤《钱》）

失匕箸 喻受惊失措或惊雷。《三国志·蜀书·先主传》："先主未出时，献帝舅车骑将军董承受帝衣带中密诏，当诛曹公。先主未发。是时曹公从容谓先主曰：'今天下英雄，唯使君与操耳。本初之徒，不足数也。'先主方食，失匕箸。"

四夷闻风失匕箸，天子受贺登高楼。（唐·刘禹锡《平蔡州三首》其三）

翥 zhù 奋飞。

古去声，六御。逆翱～翻～飞～凤～高～鹤～横～鸿～骞～凌～龙～鹏～飘～升～腾～鶱～翔～轩～翾～逸～阴～例翻日迴度昆明飞，凌风邪看细柳翥。（唐·柳宗元《闻黄鹂》）红翠斗为长袖舞。香檀拍过惊鸿翥。（宋·张先《蝶恋花·密宴厌厌池馆暮》）

典**鸿惊凤翥** 陆机赋形容浮云变幻不定，有"鸾翔凤翥，鸿惊鹤奋"之句。宋人借用入词。晋·陆机《浮云赋》："若灵园之列树，攒宝耀之炳粲。……龙逸蛟起，熊厉虎战；鸾翔凤翥，鸿惊鹤奋；鲸鲵诉波，鲛鳄冲道。"

看鸿惊凤翥，满座叹轻妙。（周邦彦《早梅芳·缭墙深》）

杼 zhù 梭子。

古上声，六语。逆凤～机～雷～鸣～弄～申～疏～梭～投～鸳～轴～顺～机～首～思～梭～柚～云～轴困例当年嫁得君，为君秉机杼。（唐·孟郊《织妇辞》）

炷 zhù ①灯心。②线香枝数。

古去声，七遇。又：上声，七麌同。逆艾～残～尝～灯～蕙～燋～灸～兰～炉～麝～檀～细～香～小～例屏山掩、红蜡长明，金兽盛熏兰炷。（宋·柳永《祭天神·忆绣衾相向轻轻语》）须臾风卷还晴，看香泄丹囊，乍飘沈炷。（宋·葛立方《玉漏迟·窗户明环堵》）

驻（駐）zhù

古去声，七遇。逆鹗～解～禁～翘～少～淹～延～营～镇～止～顺～鞍～跸～泊～彩～操～车～春～刍～发～盖～毂～行云～魂～屐～蹇～节～旌～景～勒～銮～轮～马～命～目～年～辇～旆～师～使～寿～戍～息～锡～幰～想～形～轩～眼～疑～影～辙～轸～辀～轴例白发非独愁，红颜岂私驻。（唐·王周《齿落词》）舟移管弦动，桥拥旌旗驻。（唐·白居易《吴中好风景二首》其二）下碇夜已深，上碕波不驻。（唐·权德舆《祗役江西路上以诗代书寄内》）

铸（鑄）zhù

古去声，七遇。逆盗～范～鼓～合～刊～炉～凝～日～山～陶～冶～顺～宝～词～鼎～锻～剑～金～炼～凝～镕～烁～陶～铜～颜～冶～语例徒谓自坚贞，安知受砻铸。（唐·元稹《梦游春七十韵》）遂使后世民，至今受陶铸。（唐·皮日休《七爱诗·房杜二相国》）

典**濞铸** 吴王濞在封地内招纳逃亡人士，开矿铸钱，喻富有。《史记·吴王濞传》："吴王濞者，高帝兄刘仲之子也……乃立濞于沛为吴王……濞则招致天下亡命者铸钱，煮海水为盐，以故无赋，国用富饶。"

老濞即山铸，后庭千双眉。（唐·杜牧《杜秋娘诗》）

陶铸 喻造就人才。《庄子·逍遥游》："是其尘垢秕糠，将犹陶铸尧舜者也，孰肯以物为事？"唐成玄英疏："熔金曰铸，范土曰陶。"

消磨日月几緉屐，陶铸唐虞一杯酒。（宋·陆游《长歌行》）

锋镝铸 指息兵偃武。《史记·秦始皇本纪》："收天下兵，聚之咸阳，销以为钟鐻，金人十二，重各千石，置廷宫中。"又，卷一三〇《太史公自序》："始皇即位，并兼六国，销锋铸鐻，维偃干革。"

愿闻锋镝铸，莫使栋梁摧。（唐·杜甫《秋日荆南述怀三十韵》）

蛀 zhù

古《广韵》：去声，遇韵。逆虫～蠹～虱～顺～船～轿～蚀～夏

贮（貯）zhù

古上声，六语。逆苞～饱～存～发～封～积～窖～金屋～锦囊～盛～收～延～余～顺～备～藏～愁～储～放～画～积～聚～廊～立～留～录～蓄～颜～滞例光洁疑可揽，欲以襟怀贮。（唐·杜牧《题池州弄水亭》）宁辞玉辇迎，自堪金屋贮。（唐·皇甫冉《见诸姬学玉台体》）

苎（苧）zhù 苎麻。

古上声，六语。逆白～都～缟～葛～徽～夹～解～麻～沤～青～桑～细～雪～顺～萝～麻～蒲例轻轻却暑，只是些儿雨。喜看新抽麻与苎。（宋·吴潜《清平乐·轻轻却暑》）

伫（*佇、竚）zhù 久立。

古上声，六语。逆侧～儃～迟～踟～踌～淡～澹～东轩～跢～眷～凝～跂～企～翘～钦～勤～倾～虚～延～元～顺～迟～候～结～眷～看～聆～盼～思～望～闻～锡～想～兴～眙～轴例同心不可见，异路空延伫。（唐·张九龄《杂诗五首》其四）烟光淡荡，妆点平芜远树。黯凝伫。（宋·柳永《西平乐·

尽日凭高目》）

仄声·入声

出[1]chū

㊍入声，四质。又：去声，四寘异。㊌拔～辈～播～层～岔～嫡～鼎～洞～独～锋～横～魂～桀～迥～倦～崛～俊～阑～类～孽～旁～偏～岐～奇～歧～潜～轻～清～磬～趋～日～时～首～耸～沓～贴～挺～晚～相～秀～宣～燕～异～轶～逸～臆～颖～涌～逾～远～越～重～卓～㊎～葆～笔～禅～朝～尘～碜～敕～辞～赐～萃～藩～锋～辅～谷～荷～笏～豁～疆～景～爵～跨～阃～蓝～禄～旅～梅～溺～聘～圃～器～群～塞～哨～舍～剩～仕～嗣～搜～缩～涕～枭～坞～胸～宿～秀～岫～液～谒～意～臆～膺～御～豫～蛰～辙～震～镇～滞～尊㊏时时断嶂遮，往往孤峰出。（唐·王绩《采药》）

㊐**六出**　指雪。《韩诗外传》（据《太平御览》卷一二引）："凡草木花多五出，雪花独六出。雪花曰霙。"

一枝方渐秀，六出已同开。（唐·元稹《赋得春雪映早梅》）

醴泉出　象征国泰民安。《竹书纪年》卷二"帝尧陶唐氏"："帝在位七十年，景星出翼，凤皇在庭，朱草生，嘉禾秀，甘露润，醴泉出。"

醴泉流出地，钧乐下从天。（唐·白居易《江楼夜吟元九律诗成三十韵》）

空桑出　亦作"空桑成川"。指伊尹出生。《吕氏春秋·本味》："有侁氏女子采桑，得婴儿于空桑之中，献之其君。其君令烰人养之。察其所以然，曰：'其母居伊水之上，孕，梦有神告之曰："臼出水而东走，毋顾。"明日，视臼出水，告其邻，东走十里，而顾其邑尽为水，身因化为空桑。'故命之曰伊尹，此伊尹生空桑之故也。"

老牸行将新长犊，空桑卧出寄生枝。（宋·陆游《晚晴出行近村闲咏景物》）

睡蛇出　喻清心寡欲。《华严大疏钞》卷五九："经曰：烦恼毒蛇，睡在汝心。譬如黑蚖，在汝室睡，当以持戒之钩，早摒除之。睡蛇既出，乃可安眠。"

杜口伤鸣雁，持钩出睡蛇。（宋·葛立方《余赴官宫庠与道祖通判久聚乍散》）

出[2]（齣）chū　戏剧的独立剧目。

㊌零～㊎～目

督dū

㊍入声，二沃。㊌鞭～部～程～催～董～都～河～家～煎～检～教～进～课～理～骑～趣～劝～稽～绳～戍～肃～天～校～巡～训～缘～责～杖～指～㊎～标～并～捕～参～策～车～臣～笞～催～抚～行～护～检～诘～进～亢～课～理～厉～录～率～迫～齐～切～趣～劝～缮～摄～师～视～署～索～听～训～压～邮～御～辕～责～阵～镇～整～治～篆㊏白鹤山人，被推作、诸军都督。（宋·吴泳《满江红·白鹤山人》）

忽hū

㊍入声，六月。㊌谙～晻～傲～骜～慠～猋～飙～超～欻～淡～豪～荒～恍～挥～简～揞～倨～凌～杪～眇～蓦～翲～瞥～遒～睒～倏～岁月～儵～忘～翕～噏～倐～懈～迅～淹～奄～焱～杳～遗～隐～㊎～板～薄～怠～忽～恍～霍～剌～雷～溜～流～隆～律～略～漫～漭～米～杪～睨～亲～区～若～似～通～忘～微～遗～易～骤～诸㊏平生抱忠信，艰险殊可忽。（唐·岑参《江上阻风雨》）

榛莽相蔽亏，去尔渐超忽。（唐·薛据《出青门往南山下别业》）

惚hū

㊍入声，六月。㊌恍～恍～慌～惛～芒～茫～㊎～慌～恍㊏知君本是孤云客，拟话希夷生恍惚。（唐·吕岩《题桐柏山黄先生庵门》）

唿hū　唿哨，口吹声。

㊍《集韵》：入声，没韵。㊌唿～㊎～喇～噜～扇～哨

哭kū

㊍入声，一屋。㊌哀～吊～歌～鬼～行～号～惊～绝～送～祖～叹～恸～巷～野～夜～㊎～奠～临～灵～庙～鸟～踊～竹㊏但见新人笑，那闻旧人哭。（唐·杜甫《佳人》）应沈数州没，如听万室哭。（唐·杜甫《三川观水涨二十韵》）巡檐屡作杜陵笑，穷路几为步兵哭。（宋·周必大《韩子温尚书以长句送江梅次韵》）

㊐**鬼母哭**　刘邦斩蛇传说故事中白帝子之母，其子化蛇被斩，她于泽中夜哭。后也用作咏剑。班彪《王命论》："始起沛泽，则神母夜号，以彰赤帝之符。"

提出西方白帝惊，嗷嗷鬼母秋郊哭。（唐·李贺《春坊正字剑子歌》）

鬼夜哭　指伟大的创举能感动鬼神。《淮南子·本经》："昔者仓颉作书而天雨粟，夜鬼哭。"

至今空山陬，似闻鬼夜哭。（明·宋公濂《送陈彦正教授之官富州》）

巨卿哭　指悼亡友。见752页"白马故人"。

巨卿哭处云空断，阿鹫归来月正明。（唐·杜牧《池州李使君没后十一日》）

穷途哭　亦作"穷辙""哭途穷""哭路岐""哀道穷""途穷泣"。指陷入了无出路的困境。《三国志·魏书·王粲传》裴松之注引《魏氏春秋》："籍旷达不羁……遂纵酒昏酣，遗落世事。……时率意独驾，不由径路，车迹所穷，辄恸哭而反。"

齿落未是无心人，舌存耻作穷途哭。（唐·杜甫《暮秋枉裴道州手札率尔遣兴》）

杨朱哭　用作哀哭亡逝。《太平御览》卷四七八引《列子》："随梧之死，杨朱抚其尸而哭。"

杨朱来此哭，桑扈返于真。（唐·王维《过沈居士山居哭之》）

杞妻恸哭　亦作"杞妇哀"。咏妇女精诚动天。春秋时齐大夫杞梁战死，其妻于城下大哭十日，城墙为之倒塌。待其夫下葬后，投水而死。事见《列女传》卷四《齐杞梁妻》。

梁山感杞妻，恸哭为之倾。（唐·李白《东海有勇妇》）

唐衢喜哭　指常常为事而哭泣、烦恼。《旧唐书·唐衢传》："唐衢者，应进士，久而不第。能为歌诗，意多感发。见人文章有所伤叹者，

读讫必哭，涕泗不能已。每与人言论，既相别，发声一号，音辞哀切，闻之者莫不凄然泣下。尝客游太原，属戎帅军宴，衢得预会。酒酣言事，抗音而哭，一席不乐，为之罢会，故世称唐衢善哭。”

宋玉多悲，唐衢喜哭，好闲烦恼。（宋·刘克庄《水龙吟·当年玉立清扬》）

西台痛哭 指亡国之痛。宋谢翱《西台恸哭记》载：宋末，谢翱闻文天祥死节，悲不能禁，只影游浙水，过严陵，登西台，设天祥主，酬奠号泣，以竹如意击石，歌招魂之辞。歌讫，竹石俱碎。因作《西台恸哭记》。

萧萧黄发今何在，痛哭西台有所思。（清·曾灿《秋旅遣怀兼柬易堂诸子》其三）

窟kū

古入声，六月。逆奥～禅～蟾～佛～富～鬼～桂～蛟～鹫～龛～窠～理～龙～嵌～情～日～三～识～兔～鼍～仙～香～艳～银～营～鱼～羽～玉～習～月～云～顺～藏～窦～伏～居～郎～垒～桄～弄～泉～室～薮～穴～岩～宅例我军青坂在东门，天寒饮马太白窟。（唐·杜甫《悲青坂》）

典**月窟**[1] 传说中月中玉兔的窝，喻指月中。《晋书》卷五一《挚虞传》载挚虞《思游赋》：“观玄乌之参趾兮，会根壹之神筹。扰毚兔于月窟兮，诘姮娥于蓐收。”

如将月窟写，似把天河扑。（唐·皮日休《吴中苦雨因书一百韵寄鲁望》）

月窟[2] 传说中月亮的归宿处，亦借指遥远的西方之地。《汉书·扬雄传下》载《长杨赋》：“西厌月䖿，东震日域。”东汉服虔注：“䖿，音窟，穴。月䖿，月所生也。”

马蹄经月窟，剑术指楼兰。（唐·高适《东平留赠狄司马》）

豪侠窟 指蜀地。晋常璩《华阳国志·蜀志》：“然秦惠文、始皇克定六国，辄徙其豪侠于蜀，资我丰土。家有盐铜之利，户专山川之材，居给人足，以富相尚。”

纡余脂膏地，惨澹豪侠窟。（唐·杜甫《鹿头山》）

张凭理窟 亦作“理窟张凭”。赞美某人的言语意义深远，蕴含蕴藉。《世说新语·文学》：“张凭……既前，抚军与之话言，咨嗟称善，曰：‘张凭勃窣为理窟。’即用为太常博士。”

君似张凭真理窟，我惭侯喜得诗声。（宋·邓肃《次韵王信州三首》其二）

矻kū 勤劳不懈貌。

古入声，六月。逆矻～款～顺～磴～齐例不知祖父皆汉民，便恐为蕃心矻矻。（唐·元稹《和李校书新题乐府十二首·缚戎人》）

扑pū

古入声，一屋。逆鏖～摆～逼～鞭～笞～扶～楚～捶～摧～打～颠～叠～断～踊～关～合～击～歼～揃～剪～骞～翦～剿～进～揞～救～磕～攥～买～卖～囊～劈～扑～敲～厮～讨～腾～掩～杨花～责～杖～震～顺～揞～笔～城～褫～赤～挟～棰～荡～刀～冬～断～犯～花～浣～击～祭～剪～酒～克～刺～亮～冽～鹿～马～买～卖～扑～旗～曲～取～认～扇～手～朔～挞～讨～天～殄～握～鱼～缘～枣例朱唇素指匀，粉汗红绵扑。（唐·白居易《和梦游春诗一百韵》）如将月窟写，似把天河扑。（唐·皮日休《吴中苦雨因书一百韵寄鲁望》）

仆pū 跌倒。另见404页pú。

古入声，一屋。又：去声，七遇、二十六宥。逆弊～宕～蹎～顿～偾～合～殭～惊～倾～跧～填～危～消～兴～眩～偃～欹～殪～踬～顺～顿～废～僵～漏～灭～旗～死～质例惊呼惜破碎，仰喜呀不仆。（唐·韩愈《南山诗》）

噗pū 噗哧，象声词。

逆劈～顺～哧～咚～通

叔shū

古入声，一屋。逆班～鲍～步～刍～从～二～范～方～惠～季～廖～飂～女～磬～戎～三～衰～四～孙～同～五～贤～血～养～夷～中～仲～子～顺～敖～豹～达～代～带～待～旦～度～服～季～均～郎～末～齐～山～世～鲔～夏～先～献～相～向～牙～夜～仲～子例千载君臣鱼有水，不比严光文叔。（宋·刘克庄《念奴娇·禁中张宴》）

典**痴叔** 指怀才隐德的人。《世说新语·赏誉》：“王汝南既除生服，遂停墓所。兄子济每来拜墓，略不过叔，叔亦不候。济脱时过，止寒温而已。后聊试问近事，答对甚有音辞，出济意外，济极惋愕；仍与语，转造精微。济先略无子侄之敬，既闻其言，不觉懔然，心形俱肃。遂留共语，弥日累夜。……武帝每见济，辄以湛调之，曰：‘卿家痴叔死未？’济常无以答。既而得叔，后武帝又问如前，济曰：‘臣叔不痴。’称其实美。帝曰：‘谁比？’济曰：‘山涛以下，魏舒以上。’”

痴叔去时还读易，仲容多兴索衔杯。（唐·杜牧《使回枉唐州崔司马书兼寄四韵因和》）

范叔 借指有才干的宰辅人才。《史记·范雎蔡泽列传》：“范雎者，魏人也，字叔。游说诸侯。……（秦昭王）乃拜范雎为客卿，谋兵事。卒听范雎谋，使五大夫绾伐魏，拔怀。后二岁，拔邢丘。……秦王乃拜范雎为相。收穰侯之印，使归陶，因使县官给车牛以徙，千乘有余。到关，关阅其宝器，宝器珍怪多于王室。秦封范雎以应，号为应侯。”

韦贤初相汉，范叔已归秦。（唐·杜甫《上韦左相二十韵》）

方叔 借指善用兵的宰辅重臣。《诗经·小雅·采芑》：“蠢尔蛮荆，大邦为仇。方叔元老，克壮其犹。”

恭闻咏方叔，千载舞皇风。（唐·贺知章《奉和圣制送张说巡边》）

仲叔 亦作“闵仲叔”。指隐居的人。《后汉书·闵仲叔传》：“太原闵仲叔者，世称节士，虽周党之洁清，自以弗及也。党见其含菽饮水，遗以生蒜，受而不食。建武中，应司徒侯霸之辟。既至，霸不及政事，徒劳苦而已……遂辞出，投劾而去。复以博士征，不至。……客沛。以寿终。”

子平一去何时返？仲叔长游遂不来。（唐·王绩《北山》）

淑shū

古入声，一屋。逆才～纯～淳～慈～端～和～嘉～娇～静～灵～令～明～清～柔～若～圣～淑～私～陶～婉～温～闲～祥～谐～妍～懿～渊～贞～顺～艾～畅～德～弟～行～婷～惠～慧～嘉～节～景～静～类～丽～俪～亮～灵～令～茂～貌～美～媚～明～穆～旗～气～湫～然～人～容～善～身～慎～圣～士～世～慝～婉～贤～祥～训～雅～仪～懿～郁～誉～媛～哲～贞～真～祯～质～姿例凝姿节堪重，澄艳景非淑。（唐·席夔《霜菊》）韦门女清贵，裴氏甥贤淑。（唐·白居易《和梦游春诗一百韵》）

菽（*尗）shū 豆。

古入声，一屋。逆采～赤～刍～啜～稻～禾～藿～嘉～葵～藜～粱～麻～麦～荏～戎～菽～申～水～幽～芋～顺～藿～藟～麦～水～粟例归来不买食，父子分半菽。（唐·元稹《竹部》）圃旱忧葵堇，农旱忧禾菽。（唐·白居易《喜雨》）

倏（*倐、儵）shū 倏忽。

古入声，一屋。逆闪～顺～而～霍～然～闪～眒～倏～瞬～烁～歘～易例怅矣舟壑迁，悲哉年祀倏。（唐·李百药《郢城怀古》）吁嗟王气尽，坐悲天运倏。（唐·唐尧臣《金陵怀古》）怅矣舟壑迁，悲哉年祀倏。（唐·李百药《郢城怀古》）

窣sū

古入声，六月。逆勃～摩～窣～析～悉～窸～屑～偲～顺～堵～静～磕～飒～窣～云例河梁幸未坼，枝撑声窸窣。（唐·杜甫《自京赴奉先县咏怀五百字》）

典**媻姗勃窣** 指步履蹒跚。《汉书·司马相如传》载《子虚赋》："于是乃群相与獠于蕙圃，媻姗勃窣上金堤，揜翡翠射鵕鸃。"

没些儿、媻姗勃窣。也不是、峥嵘突兀。（宋·陈亮《三部乐·入脚西风》）

秃tū

古入声，一屋。逆笔～扢～光陆～郭～护～篝～燋～硗～童～突～乌漉～顺～臣～屌～丁～骭～管～毫～角犀～节～榾～巾～襟～鹫～里～颇～奴～瓢～鹜～人～山～杉～士～树～尾～翁～颖～友例年多心尚劲，日久皮渐秃。（唐·寒山《诗三百三首》其一〇）漂沙坼岸去，漱壑松柏秃。（唐·杜甫《三川观水涨二十韵》）全凋蕣花折，半死梧桐秃。（唐·白居易《和梦游春诗一百韵》）

突tū

古入声，六月。逆鏖～雹～奔～揬～撑～痴～驰～触～窜～荡～感～高～孤～嗗～骨～鹘～骇～寒～腂～横～狐～隳～毁～狂～狼～凌～流～墨～飘～僄～奇～黔～驱～曲～耸～樸～腾～突～豨～显～烟～窅～欹～撞～顺～弁～兵～驰～冲～荡～盗～尔～发～飞～贯～过～何～黑～坏～驾～将～镜～黎～立～栾～肆～冒～门～明～磨～目～怒～黔～梯～秃～围～屼～杌～隙～烟～异～轶～羽～越～战～撞例黄头奚儿日向西，数骑弯弓敢驰突。（唐·杜甫《悲青坂》）太平之末狂胡乱，犬豕崩腾恣唐突。（唐·刘景复《梦为吴泰伯作胜儿歌》）

典**孔席墨突** 指为理想、事业而奔波劳碌，不得闲暇。《淮南子·修务训》："孔子无黔突，墨子无暖席。"突，灶上烟囱。

孔席不暇暖，墨突何尝缁。（唐·吴筠《览古十四首》其一）

凸tū

古入声，六月。又：入声，九屑同。逆凹～雹～凸～窊～外～顺～凹～杯～露～轮～凸例先夸屋舍好，又恃头角凸。（唐·陆龟蒙《奉酬袭美先辈吴中苦雨一百韵》）

屋wū

古入声，一屋。逆奥～白～蔀～篰～场～穿～祠～帝～洞～飞～浮～斧～广～海～寒～荷～华～黄～椒～金～净～槛～林～漏～庐～落～幕～牛～庖～蓬～披～贫～茸～青～曲～润～厦～山～社～诗～戍～邃～堂～帑～瓦～王～隙～夏～宿～雪～野～渔～郁～金～寓～垣～斋～毡～朱～筑～顺～壁～除～盖～基～极～课～溜～漏～庐～山～上乌～室～兽～粟～庑～翼～诛例梧桐荫我门，薜荔网我屋。（唐·储光羲《田家杂兴八首》其七）孤萤出荒池，落叶穿破屋。（唐·司空图《琴曲歌辞·蔡氏五弄·秋思》）

典**黄屋** 皇帝马车的样式，象征其地位。《史记·秦始皇本纪》："子婴度次得嗣，冠玉冠，佩华绂，车黄屋，从百司，谒七庙。"裴骃集解："蔡邕曰：'黄屋者，盖以黄为里。'"

倾都看黄屋，正殿引朱衣。（唐·杜甫《巴西闻收宫阙送班司马入京》）

润屋 使家庭富有。《礼记·大学》："曾子曰：'十目所视，十手所指，其严乎！富润屋，德润身，心广体胖，故君子必诚其意。'"

只见火光烧润屋，不闻风浪覆虚舟。（唐·白居易《感兴二首》其一）

卢仝屋 指寒士的贫困居所。唐·卢仝《苦雪寄退之》："天王二月行时令，白银作雪漫天涯。山人门前遍受赐，平地一尺白玉沙。……山人屋中冻欲死，千树万树飞春花。……清风搅肠筋力绝，白灰压屋梁柱斜。"

归来靖节荒三径，已矣卢仝屋数间。（宋·赵蕃《寄愚卿兄弟兼属伯威》）

卢鸿屋 指隐士的居所。《新唐书·隐逸传·卢鸿》："鸿至东都，谒见不拜。……拜谏议大夫，固辞。复下制，许还山……将行，赐隐居服，官营草堂，恩礼殊渥。鸿到山中，广学庐，聚徒至五百人。……鸿所居室，自号宁极云。"

万丈辉光，奔云涌雾，飞过卢鸿屋。（宋·徐俯《念奴娇·素光练静》）

波浪翻屋 指身处险境。唐·杜甫《观李固清司马弟山水图诗三首》："高浪垂翻屋，崩崖欲压床。野桥分子细，沙岸绕微茫。"

江头风怒，朝来波浪翻屋。（宋·辛弃疾《念奴娇·我来吊古》）

海筹添屋 祝寿用语。宋·苏轼《东坡志林》卷二《三老语》："尝有三老人相遇，或问之年。一人曰：'吾年不可记，但忆少年时与盘古有旧。'一人曰：'海水变桑田时，吾辄下一筹，尔来吾筹已满十闲屋。'一人曰：'吾所食蟠桃，弃其核于昆仑山下，今已与昆仑齐矣。'以余观之，三子者与蜉蝣朝菌何以异哉？"

为庆人间甲子，来添海屋仙筹。（元·沈禧《风入松·阳回潜谷起赪虬》）

牵萝补屋 指自然清苦的生活条件。《分门集注杜工部诗》卷九引南朝梁·陶弘景《山居赋》："采芝草为盘蔬，牵藤萝补岩屋。"

侍婢卖珠回来后，相与牵萝补屋。（宋·蒋捷《贺新郎·绝代幽人独》）

屋下架屋 喻模仿或重复行为。《世说新语·文学》："庾仲初作扬都赋成……于此人人竞写，都下纸为之贵。谢太傅云：'不得尔，此是屋下架屋耳，事事拟学，而不免俭狭。'"

屋下架屋安足数，突过钟王妙如许。（宋·吴则礼《赠元晖》）

欻（*歘）hū 忽然。另见 3 页 chuā。

古入声，六月。顺～欻～忽～霍～疾～然～吸～翕～焉

读（讀）dú 另见 498 页 dòu。

古入声，一屋。逆百～灯下～范～讽～奉～趺～伏～耕～剧～课～览～披～省～侍～授～温～卧～习～宿～夜～展～祝～顺～别～法～赗～画～记～经～鞫～卷～礼～命～蜺～社～诵～帖～物～学～者～众～祝～奏例玉案赤文字，世眼不可读。（唐·李白《题舒州司空山瀑布》）有琴慵不弄，有书闲不读。（唐·白居易《秋居书怀》）披云朝出耕，带月夜归读。（唐·戴叔伦《南野》）

毒 dú

古入声，二沃。逆百～榜～棒～猜～憯～嗔～瞋～逞～愁～楚～创～酖～蠹～烦～愤～蝮～辜～患～祸～积～疾～燋～嗟～腊～罹～撩～慢～痛～掐～身～螫～肆～唆～停～铜～痛～荼～痞～餧～五～奚～溪～憸～崄～眼～摇～贻～遗～憎～障～疹～鸩～鸷～恣～顺～案～炽～愁～饵～氛～赋～寒～蕴～化～虺～卉～恚～穽～苦～浪～利～疠～沴～詈～燎～鳞～龙～乱～掠～霾～孽～弩～怒～虐～女～殴～痛～虿～矢～噬～螫～痛～威～月～熨～贼～帜～治～逐～瘴例怀昔甘棠花，伤今猛虎毒。（唐·王揆《长沙六快诗》）夏梅山雨渍，秋瘴江云毒。（唐·白居易《和梦游春诗一百韵》）寒气凝为戎虏骄，炎蒸结作虫虺毒。（唐·李绅《逾岭峤止荒陬抵高要》）

典**虿毒** 亦作"蜂虿"。指祸害，毒害。《左传·僖公二十二年》："邾人以须句故出师。公卑邾，不设备而御之。臧文仲曰：'国无小，不可易也。无备，虽众不可恃也。《诗》曰："战战兢兢，如临深渊，如履薄冰。"又曰："敬之敬之，天惟显思，命不易哉！"先王之明德，犹无不难也，无不惧也，况我小国乎！君其无谓邾小。蜂虿有毒，而况国乎？'"

齐人亦戴蜂虿毒，美稷化为荆棘丛。（唐·皎然《武源行赠丘卿岑》）

鸩毒 亦作"宴安酖毒"。含剧毒的酒。《汉书·景十三王传赞》："古人以宴安为鸩毒，亡德而富贵，谓之不幸。"

宴安比鸩毒，先民不吾欺。（宋·陆游《寓规》）

笃（篤）dú

古入声，二沃。逆诚～崇～纯～慈～诞～工～厚～疾～谨～静～克～课～恳～困～良～论～绵～乾～勤～仁～天～宛～委～责～周～谆～顺～隘～暗～备～弼～诚～笃～棐～恭～古～固～顾～行～好～厚～患～诲～疾～见～教～谨～敬～旧～剧～眷～烈～论～虑～密～敏～睦～念～耨～贫～勤～仁～尚～慎～圣～实～嗜～守～思～俗～习～孝～修～序～雅～艺～意～友～责～正～至～挚～专例前时相失者，思君意弥笃。（唐·元稹《雉媒》）

独（獨）dú

古入声，一屋。逆抱～耽～非～匪～寡～鳏～合～何～鹤～黄～羁～简～见～介～矜～谨～敬～狷～块～嫠～连～鹿～贫～穷～茕～茕～全～群～三～慎～私～危～微～闲～幽～张～贞～直～顺～拜～豹～标～操～酲～春～当～夫～固～冠～国～鹤～鹄～活～茧～见～觉～绝～乐～怜～梁～茅～明～辟～清～善～视～逝～树～听～完～惟～闻～卧～悟～贤～乡～笑～啸～醒～幸～学～言～雁～谣～摇～照～夜～诣～吟～游～侑～语～掌～知～治～钟～帚～酌～尊例白云本无心，悠然伴幽独。（唐·刘长卿《游四窗》）南陵风软波平绿。幽吟无伴芳尊独。（宋·晁补之《醉落魄·高鸿远骛》）

牍（牘）dú

古入声，一屋。逆案～版～抱～笔～秉～禀～补～策～陈～尺～赤～牒～竿～觚～还～函～汉～翰～积～笺～简～荐～巨～卷～军～累～吏～连～两～谬～篇～箧～书～素～削～剡～谳～遗～玉～狱～援～札～章～奏～顺～背～书～尾～聿例顷来废章句，终日披案牍。（唐·岑参《郡斋闲坐》）密勿奏封章，清明操宪牍。（唐·白居易《和梦游春诗一百韵》）

典**补牍** 勇于荐贤举能。《宋史·赵普传》："（赵普）尝奏荐某人为某官，太祖不用。普明日复奏其人，亦不用。明日，普又以其人奏，太祖怒，碎裂奏牍掷地，普颜色不变，跪而拾之以归。他日补缀旧纸，复奏如初。太祖乃悟，卒用其人。"

休嫌难补牍，祗恐轸皇情。（清·严辰《杭州遇朱蓉生侍御》其一）

三千牍 指上书、奏对。《史记·东方朔传》："朔初入长安，至公车上书，凡用三千奏牍。公车令两人共持举其书，仅然能胜之。人主从上方读之，止，辄乙其处，读之二月乃尽。诏拜以为郎，常在侧侍中。"

深藏组丽三千牍，静占宽闲五百弓。（宋·王安石《示德逢》）

陈遵尺牍 指文辞优美的信件。《汉书·陈遵传》："（陈遵）长八尺余，长头大鼻，容貌甚伟。略涉传记，赡于文辞。性善书，与人尺牍，主皆藏去以为荣。"

陈遵修尺牍，阮瑀让飞笺。（唐·元稹《献荥阳公诗五十韵》）

犊（犢）dú

古入声，一屋。逆白～斑～抱～叱

～带～羔～耕～孤～黑～踦～茧～健～金～驹～栗～留～买～鸣～牧～佩～禽～青～牲～舐～豚～骍～黝～顺～鼻駶～鼻裈～角茧～庐～木子～沐子～衣例岁种一顷田，春驱两黄犊。（唐·白居易《宿溪翁》）万顷水云翻白鸟，一蓑烟雨耕黄犊。（宋·秦观《满江红·风雨萧萧》）

典**饭犊** 喻指贤能的人未受重用，流落民间。《淮南子·道应训》："宁越欲干齐桓公，困穷无以自达，于是为商旅，将任车，以商于齐，暮宿于郭门之外。桓公郊迎客，夜开门，辟任车，爝火甚盛，从者甚众。宁越饭牛车下，望见桓公而悲，击牛角而疾商歌。"

蜚凫吏隐聊同俗，饭犊生涯且耐贫。（宋·陈造《言怀二首》其一）

留犊 亦作"时公犊"。喻清廉的官员。《三国志·魏书·常林传》裴松之注：其（时苗）始之官，乘薄軬车，黄牸牛，布被囊。居官岁余，牛生一犊。及其去，留其犊，谓主簿曰："令来时本无此犊，犊是淮南所生有也。"

春日迟迟驱五马，留犊投钱以为谢。（唐·李绅《闻里谣效古歌》）

栗犊 指小孩子、年轻人。《西京杂记》卷二："长安有儒生曰惠庄。闻朱云折五鹿充宗之角，乃叹息曰：'栗犊反能尔邪。吾终耻溺死沟中。'遂裹粮从云。"

高车折轴弃路旁，茧栗犊儿负其力。（宋·郑獬《送仲巽归阙下》）

带牛佩犊 指改业归农。《汉书·龚遂传》："龚遂为渤海太守，民有带持刀剑者，使卖剑买牛，卖刀买犊，曰：'何为带牛而佩犊？'"

斩蛟刺虎老无力，带牛佩犊吏所诃。（宋·苏轼《张作诗送砚反剑乃和其诗卒以剑归之》）

渎（瀆、*瀆）dú

①沟渠。特指名川。②滥；琐杂。③通"黩"，贪求。

古入声，一屋。逆别～川～干～港～沟～瓜～灌～海～河～沪～淮～环～经～决～蠡～漫～冒～岷～木～畎～四～污～洿～央～禹～岳～枝～顺～告～聒～货～乱～慢～扰～山～神～田～黩例双阙耸双鳌，九门如川渎。（唐·齐己《煌煌京洛行》）空阔嫌太湖，崎岖开练渎。（唐·皮日休《太湖诗·练渎》）

典**自经沟渎** 指自杀。《论语·宪问》："微管仲，吾其被发左衽矣。岂若匹夫匹妇之为谅也，自经于沟渎而莫之知也。"

自经沟渎非吾事，臣死封疆是此时。（宋·陈文龙《元兵俘至合沙，诗寄仲子》）

椟（櫝、*匵）dú

古入声，一屋。逆笔～竿～故～棺～阖～椔～几～缄～金～筐～匮～买～密～篋～殊～笥～松～帑～韇～匣～籯～玉～韫～蕴～顺～藏～椔～匮～栌～食～丸～玉～韫

讟 dú

怨言。

古入声，一屋。逆谤～谗～诽～诟～毁～祸～讪～嚣～谣～怨～顺～谤

黩（黷）dú

①玷污。②轻率。③贪求。

古入声，一屋。逆谤～鄙～惨～黪～谄～陈～磣～烦～垢～货～僭～惊～攫～慢～冒～侵～轻～穷～润～窊～玩～侮～响～嚣～渫～媟～喧～郁～怨～顺～兵～财～烦～贿～昏～货～祭～贱～近～敬～礼～乱～伦～慢～冒～穹～誓～祀～武～泄～刑～札～征例鄢郢遂丘墟，风尘俄惨黩。（唐·李百药《郢城怀古》）儒者斗即退，武者兵则黩。（唐·皮日休《三羞诗三首》其二）存诚期有感，誓志贞无黩。（唐·白居易《和梦游春诗一百韵》）

髑 dú

古入声，一屋。顺～髅～髗

碡 dú

碌碡，农具名。旧读。

古入声，一屋。逆碌～

顿（頓）dú

用于人名。另见770页dùn。

逆冒～

典**冒顿** 借指塞外部落首领。《史记·匈奴列传》："冒顿既立……遂侵燕、代。是时汉兵与项羽相距，中国罢于兵革，以故冒顿得自强，控弦之士三十余万。"

将军出紫塞，冒顿在乌贪。（唐·卢照邻《战城南》）

纛 dú

旧读。另见563页dào。

古入声，二沃。

福 fú

古入声，一屋。逆痴～祟～赐～祷～恩～鸿～祸～嘉～戬～儆～徼～介～景～曼～梅～纳～秾～祺～瑞～散～梭～天～威～五～锡～遐～飨～宿～徐～邀～遗～逸～永～御～灾～禔～植～祉～顺～庇～德～暇～海～祜～惠～慧～基～将～界～晋～酒～橘～厘～禄～履～脯～气～谦～壤～善～神～算～堂～田～威～喜～祥～飨～星～荫～音～佑～舆～缘～泽～禔～祉～智～胙～祚例参卿滞孙楚，隐市同梅福。（唐·权德舆《送信安刘少府》）幸得且归农，安知不为福。（唐·白居易《归田三首》其三）

典**梅福** 指弃官归隐的人。《汉书·杨胡朱梅云传第三十七》："梅福字子真，九江寿春人也。少学长安，明《尚书》、《谷梁春秋》，为郡文学，补南昌尉。……至元始中，王莽颛政，福一朝弃妻子，去九江，至今传以为仙。其后，人有见福于会稽者，变名姓，为吴市门卒云。"

隐吏逢梅福，游山忆谢公。（唐·杜甫《送裴二虬作尉永嘉》）

假王徼福 指不明局势，惹祸上身。《史记·淮阴侯列传》："汉四年，遂皆降平齐。使人言汉王曰：'齐伪诈多变，反复之国也，南边楚，不为假王以镇之，其势不定。愿为假王便。'当是时，楚方急围汉王于荥阳，韩信使者至，发书，汉王大怒，骂曰：'吾困于此，旦暮望若来佐我，乃欲自立为王！'"

英主任贤增虎翼，假王徼福犯龙鳞。（唐·李绅《却过淮阴吊韩信庙》）

服 fú

古入声，一屋。逆弁～布～初～楚～春～鹑～衮～寒～畿～老莱～麟～龙～蟒～南～鸟～期～齐～儒～释～缞～缌～绥～吴～五～鲜～象～绣～玄～燕～鱼～羽～皂～朱～缁～紫～顺～暗～毙～辩～采～惨～车～乘～宠～畴～除～词～惮～禫～道～杜～度～饵～珥～俸～更～官～裹～贾～剑

～降～教～劲～竞～屦～劳～辂～马～媚～猛～晃～命～匿～念～期～勤～阕～散～善～舍～属～诵～琐～体～听～畏～闻～物～雾～席～享～飨～孝～信～养～妖～臆～膺～舆～御～臧～藻～皁～泽～章～着～郑～制～馔 例方城次北门，溟海穷南服。（唐·李百药《郢城怀古》）青春客岷岭，白露摇江服。（唐·张说《再使蜀道》）心镜万象生，文锋众人服。（唐·刘长卿《赠别于群投笔赴安西》）

典**初服** 指夙志。屈原《离骚》："进不入以离尤兮，退将复修吾初服。"

何由返初服，田野醉芳樽。（唐·李白《朝下过卢郎中叙旧游》）

奇服 借指高洁志行。《楚辞·九章·涉江》："余幼好此奇服兮，年既老而不衰。带长铗之陆离兮，冠切云之崔嵬。"

楚客罢奇服，吴姬停棹歌。（唐·李群玉《晚莲》）

绣服 借指御史。《汉书·百官公卿表上》："侍御史有绣衣直指，出讨奸猾，治大狱，武帝所制，不常置。"

绣服开宴语，天人借楼船。（唐·李白《在水军宴赠幕府诸侍御》）

老莱服 指年老仍对父母孝顺。《艺文类聚》卷二〇引《列女传》："老莱子孝养二亲，行年七十，婴儿自娱，着五色采衣，尝取浆上堂，跌仆，因卧地为小儿啼，或弄乌鸟于亲侧。"

却衣老莱服，曾无梅福书。（宋·梅尧臣《送新安张尉乞侍养归淮甸》）

白龙鱼服 指微服出行，或因改变原貌而受到伤害。《说苑·正谏》："吴王欲从民饮酒。子胥谏曰：'不可。昔日白龙下清泠之渊，化为鱼，渔者豫且，射中其目，白龙上诉天帝。天帝曰："当是之时，若安置而形？"对曰："我化为鱼。"固人之所射也，豫且何罪？今君弃万乘之位，而从布衣之士饮酒，臣恐有豫且之患。'王乃止。"

白龙鱼服误网罗，孔雀金花被牛触。（宋·晁冲之《古乐府》）

伏 fú

古入声，一屋。逆避～鳖～惭～藏～黜～辞～雌～蹴～窜～摧～搭～鼎～蛾～凫～覆～甘～槁～跪～虎豹～蝼～稽～戢～骥～惊～镜～踞～窟～款～鸾～涅～蟠～匍～蒲～慝～钦～寝～秋～趋～跧～蜷～蹃～蛇～慴～深～兽～鼠～睡～廋～缩～踏～韬～惕～踠～畏～翕～销～湮～偃～邀～倚～逸～茵～喑～隐～影～幽～悦～摘～詟～滞～雉～擿～顺～豹～辩～波～藏～祠～窜～道～读～辜～候～虎～疾～祭～骥～剑～寇～腊～老～枥～猎～鸾～脉～莽～猛～匿～念～弩～女～魄～蒲～乞～慝～泉～阙～热～刃～日～戎～狮～事～室～轼～属～薮～弢～突～兔～望～惟～息～犀～羲～袭～线～箱～彦～谒～翼～隐～膺～雨～辕～钺～蛰～枕～镇～中～桩～奏 例天下有英雄，襄阳有龙伏。（唐·杨炯《广溪峡》）合者离之始，乐兮忧所伏。（唐·白居易《和梦游春诗一百韵》）人世更盛衰，吉凶良倚伏。（唐·李百药《郢城怀古》）

典**雌伏** 亦作"雄飞雌伏"。喻退藏、不进取，无所作为。《后汉书·宣张二王杜郭吴承郑赵列传》："温字子柔，初为京兆丞，叹曰：'大丈夫当雄飞，安能雌伏！'遂弃官去。"

鹿鸣皆缀士，雌伏竟非夫。（唐·温庭筠《病中书怀呈友人》）

赤伏 指帝王的符命。《后汉书·光武纪》："光武先在长安时，同舍生彊华自关中奉赤伏符，曰：'刘秀发兵捕不道，四夷云集龙斗野，四七之际火为主。'"

赤伏起颓运，卧龙得孔明。（唐·李白《读诸葛武侯传书怀赠长安崔少府叔封昆季》）

倚伏 亦作"福兮伏""祸兮福所倚，福兮祸所伏"。指吉凶、祸福等相互依存，相互转化。《老子》第五十八章："祸兮，福之所倚；福兮，祸之所伏。孰知其极？"

世途倚伏都无定，尘网牵缠卒未休。（唐·白居易《放言五首》其二）

匈奴俯伏 称美丞相极有威仪。《汉书·王商传》："明年，商代匡衡为丞相，益封千户，天子甚尊任之。为人多质有威重，长八尺余，身体鸿大，容貌甚过绝人。河平四年，单于来朝，引见白虎殿。丞相商坐未央廷中，单于前，拜谒商。商起，离席与言，单于仰视商貌，大畏之，迁延却退。天子闻而叹曰：'此真汉相矣！'"

匈奴遥俯伏，汉相俨簪裾。（唐·王维《上张令公》）

拂 fú

古入声，五物。逆褒～摽～尘～粉～拂～拊～红～湔～剪～翦～矫～巾～劁～摩～磨～辟～剽～飘～青～扇～题～袖～徐～攖～郁～飐～整～竹～棕～顺～壁～绰～彻～晨～黛～旦～耳～拂～激～经～戾～庐～明～然～杓～曙～天～悟～席～性～煦～衣～意～膺～郁～云～翟～缀 例本来无一物，亦无尘可拂。（唐·丰干《壁上诗二首》其二）共语难兮情兀兀，独自行时轻拂拂。（唐·吕岩《七言》）

典**痴蝇误拂** 指画艺高妙，足以乱真。《三国志·吴书·赵达传》裴松之注引《吴录》："曹不兴善画，（孙）权使画屏风，误落笔点素，因就以作蝇。既进御，权以为生蝇，举手弹之。"

乘鸾著色，痴蝇误拂，不及羲之醉墨。（宋·刘辰翁《鹊桥仙·乘鸾著色》）

幅 fú

古入声，一屋。逆襞～播～尺～楮～帆～河～后～环～笺～捡～检～锦～绢～屏～裙～绳～双～诉～素～梭～堂～调～邪～余～鱼～员～帐～振～顺～程～尺～辏～巾～利～练～裂～轮～面～蒲～土～陨 例水风浦云生老竹，渚暝蒲帆如一幅。（唐·李贺《江南弄》）且巴重九，昭亭句溪，杖藜巾幅。（宋·吴潜《桂枝香·三年海国》）

辐(輻) fú

古入声，一屋。逆车～伐～栎～轮～揉～脱～驺～顺～车～辏～分～集～解～聚～裂～条～线～至 例水荡无明波，轮回死生辐。（唐·白居易《和梦游春诗一百韵》）不学东周儒，俟时劳伐辐。（唐·阎防《百丈谿新理茅茨读书》）

袱 fú

逆锦～镜～龙～锁～绣～椅～鸳鸯

～顺～驼～子

佛（*彿）fú　仿佛。另见56页fó。

古入声，五物。逆仿～

茀fú　草多。

古入声，五物。逆蔽～赤～大～道～簟～芬～茀～葛～荒～彗～田～郁～翟～朱～顺～茀～禄～矢～郁

绋（紼）fú　引棺的绳索。

古入声，五物。逆池～赤～行～徽～纚～轻～引～缨～越～朱～顺～纚～挽～讴

祓fú　扫除。

古入声，五物。逆划～赍～湔～蠲～傩～祈～秋～洗～禊～熏～禓～澡～斋～祗～祝～顺～殡～簪～禳～社～饰～送～禊～瑕～斋～濯

绂（紱）fú　丝绳。

古入声，五物。逆赤～辞～冠～华～怀～解～搢～冕～墨～青～裘～释～投～玺～印～缨～纡～簪～章～朱～紫～组～顺～麟～冕

例岂独恋乡土，非关慕簪绂。（唐·白居易《别李十一后重寄》）晚遇何足言，白发映朱绂。（唐·白居易《曲江感秋二首》其一）

典**簪绂**　借指仕官或显贵。晋·陆机《陆机集》卷一〇《晋平西将军孝侯周处碑》："簪绂扬名，台阁标著，风化之美，奏课为能，应往路讴，亭亭孤美，灼灼横劭。"

绿萝笑簪绂，丹壑贱岩廊。（唐·李白《闻丹丘子因叙旧以寄之》）

麟角绂　借指生辰或生子。旧题晋·王嘉《拾遗记》卷三《周灵王》："夫子未生时，有麟吐玉书于阙里人家，文云：'水精之子，系衰周而素王。'故二龙绕室，五星降庭。征在贤明，知为神异。乃以绣绂系麟角，信宿而麟去。"后因以"麟角绂"借指生辰或生子。

记得延陵公子宅，麟角当年新绂。（宋·吴季子《念奴娇·雪罗初试》）

洑fú　回流。

古入声，一屋。逆白～泊～倒～回～洄～曲～湍～漩～渊～顺～洄～流

匐fú

古入声，一屋。又：入声，十三职同。逆颠～扶～匍～顺～候

典**邯郸匍匐**　比喻模仿不成，反而失去了原有的东西。《庄子·秋水》："且子独不闻夫寿陵余子之学行于邯郸与？未得国能，又失其故行矣。"

邯郸笑匍匐，燕蒯受揶揄。（唐·元稹《酬乐天东南行诗一百韵》）

蝠fú

古入声，一屋。逆蝙～血～顺～鲼～蛇例舞榭缀蟏蛸，歌梁聚蝙蝠。（唐·白居易《和梦游春诗一百韵》）

黻fú　古代礼服上黑与青相间的剖"亞"形花纹。

古入声，五物。逆朝～丹～黼～珩～冕～珮～释～缨～章～朱～顺～班～领～冕～佩～裘～翣～裳～衣～藻例日廷讲大训，龟判错衮黻。（唐·韩愈《山南郑相公、樊员外酬答为诗》）

沸fú　①洒。②水声。另见289页fèi。

古《集韵》：入声，勿韵。顺～汗

怫fú　忧愁，愤怒。

古入声，五物。逆愤～亢～郁～顺～忾～然～郁～悦

艴fú　怒色。

古入声，五物。又：入声，六月同。逆愧～怒～顺～然

鵩fú　鸟名。

古入声，一屋。逆赋～贾～枭～顺～谶～吊～赋～鸟～入～舍

典**贾鵩**　指怀才不遇而悲痛。《史记·屈原贾谊列传》："贾生为长沙王太傅三年，有鸮飞入贾生舍，止于坐隅。楚人命鸮曰'服'。贾生既以适居长沙，长沙卑湿，自以为寿不得长，伤悼之，乃为赋以自广。"

知己秦貂没，流年贾鵩悲。（唐·罗隐《秋日怀孟夷庚》）

茯fú

古入声，一屋。顺～苓～神

弗fú　不。

古入声，五物。逆滗～弗～莫～铁～亡～乙～郁～顺～臣～齿～啻～吊～非～弗～咈～堪～康～目～庭～营～豫

氟fú　化学元素。

骨gú　旧读。另见409页gǔ。

鹄（鵠）hú　天鹅。另见410页gǔ。

古入声，二沃。逆白～别～晨～独～寡～贯～鹳～龟～和～黑～鸿～鹄～黄～鸡～鸥～灵～露～鸾～乾～潜～玄～寓～鵷～顺～鬓～苍～鼎～盖～羹～恭～观～鹤～候～鹄～鹭～鸾～面～盼～袍～色～书～俟～头～望～形～钥～衣～缨～韵～峙例举头向苍天，安得骑鸿鹄。（唐·杜甫《三川观水涨二十韵》）月回吴山树，风闻楚江鹄。（宋·唐尧臣《金陵怀古》）

典**寡鹄**　喻指寡妇。《列女传·鲁寡陶婴》："陶婴者，鲁陶门之女也。少寡，养幼孤，无强昆弟，纺绩为产。鲁人或闻其义，将求焉。婴闻之，恐不得免，作歌，明己之不更二也。其歌曰：'悲黄鹄之早寡兮，七年不双。'"

寡鹄迷苍壑，羁凰怨翠梧。（唐·李商隐《圣女祠》）

鸿鹄　喻有远大志向的人。《史记·陈涉世家》："陈涉太息曰：'嗟乎，燕雀安知鸿鹄之志哉！'"

貂蝉七叶贵，鸿鹄万里游。（唐·王昌龄《留别岑参兄弟》）

刻鹄　指好高骛远反而一无所成。《后汉书·马援传》："效伯高不得，犹为谨敕之士，所谓刻鹄不成尚类鹜者也。效季良不得，陷为天下轻薄子，所谓画虎不成反类狗者也。"

刻鹄尚未已，雕龙奋而为。（唐·陆龟蒙《袭美先辈以龟蒙所献五百言》）

钟山鹄　指动荡乱世或旱灾即将来临的不祥之兆。《山海经·西山经》："又西北四百二十里，曰钟山。其子曰鼓，其状如人面而龙身……鼓亦化为鵕鸟，其状如鸱，赤足而直喙，黄文而白首，其音如鹄，见即其邑大旱。"

但乐濠梁鱼，岂怨钟山鹄。（唐·吴融《绵竹山四十韵》）

逐黄鹄　喻志存高远。《楚辞·卜居》："宁逐黄鹄比翼乎？将与鸡鹜争食乎？"

入海观龙鱼，矫翮逐黄鹄。

（唐·韩愈《送诸葛觉往随州读书》）

太液黄鹄 指宫廷生活，也指接近皇帝。旧题晋·葛洪《西京杂记》卷一：“始元元年，黄鹄下太液池。上为歌曰：‘黄鹄飞兮下建章，羽肃肃兮行跄跄，金为衣兮菊为裳。唼喋荷荇，出入蒹葭，自顾菲薄，愧尔嘉祥。’”

赓歌太液翻黄鹄，从猎陈仓获碧鸡。（唐·李商隐《寄令狐学士》）

鹘(鶻)hú 猛禽。

古入声，六月。又：入声，八黠同。逆苍～海～黄～回～健～俊～青～沙～霜～吐～兔～鸦～鹰～玉兔～顺～翅～坊～睛～军～鸰～囵～没～起～拳～石～握～响例忽复学参军，按声唤苍鹘。（唐·李商隐《骄儿诗》）倒腕斜挑掣流电，春雷直戛腾秋鹘。（唐·刘景复《梦为吴泰伯作胜儿歌》）

斛hú 旧量器。

古入声，一屋。逆百～漕～斗～官～过～粮～麦～米～钱～石～万～物～浴～钟～稼～顺～斗～发～槛～律～面～斯～觫～薛～舟例朝倾逾百榼，暮压几千斛。（唐·皮日休《酒中十咏·酒城》）朝馔馈独盘，夜醪倾百斛。（唐·白居易《和梦游春诗一百韵》）得钱盈千百，得粟盈斗斛。（唐·元稹《竹部》）

典**玉尘千斛** 指神界珍品。唐·牛僧孺《玄怪录》：“每橘有二老叟，须眉皤然，肌体红润，皆相对象戏，身仅尺余，谈笑自若，剖开后，亦不惊怖，但与决赌。赌讫，叟曰：‘君输我海龙神第七女发十两，智琼额黄十二枚，紫绢帔一副，绛台山霞实散二庾，瀛洲玉尘九斛，阿母疗髓凝酒四锺，阿母女态盈娘子跻虚龙缟袜八两，后日于王先生青城草堂还我耳。’”

玉尘月赋三千斛，一洗人间死鬼兄。（宋·方蒙仲《和刘后村梅花百咏》）

縠hú 绉纱。

古入声，一屋。逆白～冰～楚～翠～叠～凤～黄～罗～绮～轻～沙～纱～生～霜～文～纹～雾～郤～先～纤～绡～烟～云～皱～顺～帛～屐～衫～纹～皱例袖软异文绫，裾轻单丝縠。（唐·白居易《和梦游春诗一百韵》）晚挂溪上网，映空如雾縠。（唐·皮日休《奉和鲁望渔具十五咏·网》）

囫hú

顺～囵

槲hú 木名。

古入声，一屋。顺～寄生～栎

觳hú ①古代贮酒器。②觳觫，（牛等动物）因恐惧而发抖。因代指牛。

古入声，一屋。逆大～瘠～脊～俭～五～质～顺～束～觫～悉例老牛抱朝饥，向山影觳觫。（宋·陈与义《题牧牛图》）

仆(僕)pú 另见398页pū。

古入声，一屋。又：入声，二沃同。逆骖～昌～村～担～佃～格～更～虎～姬～羁～祭～监～兼～傔～健～金～隶～僚～赁～令～木～奴～陪～樵～群～戎～厮～台～太～田～童～僮～顽～犀～携～胥～佣～庸～御～赞～臧～斋～驺～顺～臣～陈～乘～程～党～夫～姑～骨～固～累～赁～虏～旅～奴～欧～妾～区～散～射～食～使～竖～数～舆～圉～御～缘～憎～斋～卒例他乡绝俦侣，孤客亲僮仆。（唐·王维《宿郑州》）泉声冷尊俎，荷气香童仆。（唐·钱起《过沈氏山居》）

典**戮仆** 指严肃军纪。《左传·襄公三年》：“晋侯之弟杨干乱行于曲梁，魏绛戮其仆。”

放纵是谁之过欤，效尤戮仆愧前史。（唐·韩愈《寄卢仝》）

韩厥戮赵仆，不以私害公。（元·杨维桢《览古四十二首》其五）

璞pú 未经雕琢之玉。

古入声，三觉。逆宝～抱～卞～楚～反～贵～和～金～荆～巨～矿～良～妙～檗～坯～奇～石～守～随～太～天～完～顽～献～砚～逸～玉～蕴～郑～顺～沉～石～玉例竹笋不成芦，白珪元抱璞。（宋·黄庭坚《侯元功问讲学之意》）

典**抱璞** 指怀才不遇。《韩非子·和氏》：“楚人和氏得玉璞楚山中，奉而献之厉王，厉王使玉人相之，玉人曰：‘石也。’王以和为诳，而刖其左足。及厉王薨，武王即位，和又奉其璞而献之武王，武王使玉人相之，又曰‘石也’，王又以和为诳，而刖其右足。武王薨，文王即位，和乃抱其璞而哭于楚山之下，三日三夜，泣尽而继之以血。王闻之，使人问其故，曰：‘天下之刖者多矣，子奚哭之悲也？’和曰：‘吾非悲刖也，悲夫宝玉而题之以石，贞士而名之以诳，此吾所以悲也。’王乃使玉人理其璞而得宝焉，遂命曰：‘和氏之璧。’”

痛玉不痛身，抱璞求所归。（唐·孟郊《古兴》）

鼠璞 指名实不相称或徒有虚名。旧题尹文《尹文子·大道下》：“郑人谓玉未理者为璞，周人谓鼠未腊者为璞。周人怀璞，谓郑贾曰：‘欲买璞乎？’郑贾曰：‘欲之。’出其璞视之，乃鼠也。因谢不取。”

荐闻须狗监，赓绝愧鼠璞。（宋·周必大《又次韵醵饮》）

彩毫还郭璞 指才尽或不再追求文采。《南史·江淹传》：“（淹）又尝宿于冶亭，梦一丈夫自称郭璞，谓淹曰：‘吾有笔在卿处多年，可以见还。’淹乃探怀中得五色笔一以授之。尔后为诗绝无美句，时人谓之才尽。”

未把彩毫还郭璞，乞留残锦与丘迟。（唐·李群玉《寄长沙许侍御》）

醭pú 霉斑。

古入声，一屋。逆白～醋～酒～顺～苔例溪长柳似帷，山暖花如醭。（唐·韩偓《出官经硖石县》）著处纻衣裂，戴次纱帽醭。（唐·皮日休《吴中苦雨因书一百韵寄鲁望》）

濮pú 水名。

古入声，一屋。逆百～昌～豪～桑～顺～达～上～上风～阳～议～竹例三秀间稂莠，九成杂巴濮。（唐·皮日休《吴中苦雨因书一百韵寄鲁望》）

典**箕濮** 借指归隐。南朝宋·谢灵运《拟魏太子邺中集诗八首·徐干》：“摇荡箕濮情，穷年迫忧栗。”

不登金张馆，尝抱箕濮情。（宋·吴泳《寿范洁斋二首》其二）

蹼pú 动物脚趾中间的薄膜。

古《广韵》:入声,屋韵。逆跌～皂～跳～顺～趾～蹬

幞pú 古代头巾。

古入声,二沃。逆襕～顺～被～头

熟shú 另见479页shóu。

古入声,一屋。逆谙～蚕～趁～赤～淳～醇～稻～登～蕃～瓜～惯～鮈～黄～邻～溜～密～懦～清～时～岁～调～习～夏～献～晓～谐～悬～庸～圆～逐～谆～顺～谙～察～捣～道～耕～顾～惯～红～缣～谏～结～锦～精～颗～罗～落～寐～眠～泥～睍～年～念～漆～腔～荣～软～省～事～视～暑～诵～岁～玩～卧～闲～娴～献～晓～研～药～绎～稷～醉例虫思机杼悲,雀喧禾黍熟。(唐·王维《宿郑州》)溪回日气暖,径转山田熟。(唐·杜甫《赤谷西崦人家》)茂树延晚凉,早田候秋熟。(唐·戴叔伦《南野》)

典**牛心熟** 指生活奢靡。《世说新语·汰侈》:"王君夫有牛,名八百里驳,常莹其蹄角。王武子语君夫:'我射不如卿,今指赌卿牛,以千万对之。'君夫既恃手快,且谓骏物无有杀理,便相然可,令武子先射。武子一起便破的,却据胡床,叱左右:'速探牛心来!'须臾炙至,一脔便去。"

兴来活脔牛心熟,醉罢红炉鸭脚焦。(宋·黄庭坚《和答张仲谟泛舟之诗》)

羊胛熟 形容时间短暂。《新唐书·回鹘传》:"骨利干处瀚海北,胜兵五千。草多百合。产良马,首似橐它,筋骼壮大,日中驰数百里。其地北距海,去京师最远,又北度海则昼长夜短,日入亨羊胛,熟,东方已明,盖近日出处也。"

走马章台忆旧游,岁月才惊羊胛熟。(宋·刘子翚《少稷赋十二相属诗戏赠一篇》)

海中桃熟 用于祝寿。旧题汉·班固《汉武故事》:"后西王母下,出桃七枚,母因取二,以五枚与帝。帝留核着前。母问曰:'用此何?'上曰:'此桃美,欲种之。'母笑曰:'此桃三千年一着子,非下土所植也。'"

看海中桃熟,云幡绛节,冉冉度、沧波渺。(宋·周紫芝《水龙吟·黄金双阙横空》)

赎(贖)shú

古入声,二沃。逆百身～偿～酬～罚～放～还～回～纳～取～赦～收～私～荫～拯～顺～典～缣～解～绢～愆～取～生～死～帖～铜～刑～折～直例亡卒遗骸散帛收,饥人卖子分金赎。(唐·白居易《七德舞》)万事此时休,百身何处赎。(唐·白居易《和梦游春诗一百韵》)

典**百身何赎** 亦作"百身莫赎"。表示沉痛地哀悼。南朝梁·刘令娴《祭夫徐悱文》:"一见无期,百身何赎!呜呼哀哉!"

九阍不可叫,百身何由赎!(宋·陆游《闻仲高从兄讣》)

孰shú

古入声,一屋。逆成～粹～大～登～恶～蕃～丰～亨～进～精～馈～溜～睦～洽～强～秋～上～申～生～收～顺～岁～五～下～夏～相～庸～至～中～顺～察～复～湖～化～计～谏～烂～论～虑～若～食～视～谁～知

塾shú

古入声,一屋。逆郇～村～党～东～横～黉～家～里～两～蒙～书～逃～西～乡～庠～学～训～养～义～宗～顺～师～徒～脩

秫shú 高粱。

古入声,四质。逆丹～稻～杭～梁～酿～秫～黍～蜀～陶～元亮～顺～稻～谷～秸～酒～蘖～秫～黍～田例有子传家经可教,况有东皋种秫。(宋·吴季子《念奴娇·雪罗初试》)

典**种秫** 指喜欢饮酒。《宋书·隐逸传·陶潜传》:"执事者闻之,以为彭泽令。公田悉令种秫谷曰:'令吾常醉于酒足矣。'妻子固请种粳。乃使一顷五十亩种秫,五十亩种粳。"

从君学种秫,斗酒时相劳。(宋·苏轼《过云龙山人张天骥》)

俗sú

古入声,二沃。逆阛～傲～败～薄～弊～避～贬～鄘～侈～楚～醇～从～粗～雕～蠹～遁～讹～繁～访～革～和～讥～嫉～季～静～黎～礼～里～靡～逸～僧～释～物～寻～循～训～繇～遗～异～易～镇～正～顺～笔～材～操～尘～谛～读～纷～氛～阜～歌～格～骨～好～忌～驾～间～讲～解～界～襟～阓～累～漓～笼～论～侣～靡～名～曲～儒～僧～尚～声～士～思～谈～体～调～徒～网～习～喧～学～言～眼～艳～谚～野～疑～意～阛～誉～缘～院～韵～众～馔～状～字例劳生共乾坤,何处异风俗。(唐·杜甫《写怀二首》其一)芸书暂辍载,竹使方临俗。(唐·刘祎之《酬郑沁州》)

典**绝饮惩俗** 指治理有道,政绩突出。《孔子家语·相鲁》:"初,鲁之贩羊有沈犹氏者,常朝饮其羊以诈。市人有公慎氏者,妻淫不制。有慎溃氏,奢侈踰法。鲁之鬻六畜者,饰之以储价。及孔子之为政也,则沈犹氏不敢朝饮其羊。公慎氏出其妻。慎溃氏越境而徙。三月,则鬻牛马者不储价,卖羊豚者不加饰。男女行者,别其涂,道不拾遗。男尚忠信,女尚贞顺。四方客至于邑,不求有司,皆如归焉。"

绝饮惩浇俗,行驱梦逸材。(唐·李峤《羊》)

竹zhú

古入声,一屋。逆豳～冰～残～楚～慈～丛～帝～篁～断～凤～孤～蜜～虎～槐～皇～黄～篁～击～涧～君子～筠～看～枯～泪～龙～搽～律～茅～梅～孟～妙～南天～濮～骑～泣～青～邛～筇～人面～食～霜～邃～溪～貉～湘～湘妃～新妇～修～秀～雪～潘～烟～幽～玉～云～杖～郑生～顺～笆～柏～斑～薄～箯～帛～箔～卜～布～册～策～缠～椽～担～殿～篁～牒～町～妃～扉～粉～拂～舨～篙～户～笏～緪～篁～篑～箕～笕～涧～径～筥～筠～槛～簌～缆～郎～泪～苓～龙～垆～露～落～杪～幕～奴～弩～箪～簰～笆～圃～浦～墙～桥～篌～琴～青～人～蓐～筲～石～书～筒～薮～箅～榻～箨～溪～巷～筱～笑～轩～蕈～烟～檐～滢～驿～舆～月～韵～箦～

斋～枕～纸～烛～篆～醉例闲云人窗牖,野翠生松竹。(唐·李白《姑孰十咏·陵歊台》)锡杖倚枯松,绳床映深竹。(唐·岑参《题华严寺瑰公禅房》)霁华静洲渚,暝色连松竹。(唐·刘长卿《江中晚钓,寄荆南一二相识》)

典符竹 指出任州郡长官。《史记·孝文本纪》:"(二年)九月,初与郡国守相为铜虎符、竹使符。"

谁道山林近,坐为符竹拘。(唐·孟浩然《和宋太史北楼新亭》)

黄竹 周穆王作诗用于哀悼风雪中的冻人,后用于咏雪。《穆天子传》卷五:"日中大寒,北风雨雪,有冻人。天子作诗三章以哀民,曰:'我徂黄竹……礼乐安民。'"

屡忝白云唱,恭闻黄竹篇。(唐·李白《金门答苏秀才》)

龙竹 亦作"骑竹""投陂竹"。喻得道成仙,或指竹杖、马鞭。《后汉书·方术列传·费长房》:"长房辞归,翁与一竹杖,曰:'骑此任所之,则自至矣。既至,可以杖投葛陂中也。'又为作一符,曰:'以此主地上鬼神。'长房乘杖,须臾来归,自谓去家适经旬日,而已十余年矣。即以杖投陂,顾视则龙也。"

鸭桃闻已种,龙竹未经骑。(唐·王绩《游仙四首》其四)

剖竹 指出任地方官。南朝宋·谢灵运《过始宁墅》:"剖竹守沧海,枉帆过旧山。"

剖竹商洛间,政成心已闲。(唐·李白《春陪商州裴使君游石娥溪》)

泣竹 指孝顺父母。亦作"孟竹""泪竹"。《三国志·吴书·孙晧传》"司空孟仁"裴松之注引《楚国先贤传》:"宗母嗜笋。冬节将至,时笋尚未生,宗入竹林哀叹,而笋为之出,得以供母。"

正始颓波万丈深,卧冰泣竹尽漂沉。(宋·陈普《咏史下·王裒》)

参差竹 借指古乐器。《楚辞·九歌·湘君》:"君不行兮夷犹,蹇谁留兮中洲?美要眇兮宜修,沛吾乘兮桂舟。令沅湘兮无波,使江水兮安流。望夫君兮未来,吹参差兮谁思?"

何人吹断参差竹,泗水茫茫鸭头绿。(宋·苏轼《次韵王巩独眠》)

昆仑竹 指美竹或竹做的乐器。《汉书·律历志上》:"黄帝使泠纶自大夏之西,昆仑之阴,取竹之解谷生,其窍厚均者,断两节间而吹之,以为黄钟之宫。制十二筒以听凤之鸣,其雄鸣为六,雌鸣亦六,比黄钟之宫,而皆可以生之,是为律本。"

律比昆仑竹,音知燥湿弦。(唐·杜甫《秋日夔府咏怀奉寄郑监李宾客一百韵》)

平安竹 指故里平安的消息。唐·段成式《酉阳杂俎·支植下》:"卫公言北都惟童子寺有竹一窠,才长数尺。相传其寺纲维,每日报竹平安。"

唯有平安竹,留得伴寒梅。(宋·傅大询《水调歌头·草草三间屋》)

王家竹 借指胸怀高雅脱俗。《世说新语·任诞》:"王子猷尝暂寄人空宅住,便令种竹。或问:'暂住何烦尔?'王啸咏良久,直指竹曰:'何可一日无此君?'"

绿阴十里滩声里,闲自王家看竹来。(唐·李群玉《题王侍御宅》)

空疑风竹 指思念故人以致产生错觉。唐·李益《竹窗闻风寄苗发司空曙》:"微风惊暮坐,临牖思悠哉。开门复动竹,疑是故人来。"

想故人别后,尽日空疑风竹。(宋·周邦彦《蕙兰芳引·寒莹晚空》)

逐 zhú

古入声,一屋。逆罢～奔～迸～犇～进～逼～避～摈～搏～捕～参～搀～馋～趁～骋～驰～斥～黜～窜～发～赶～角～较～诘～解～惊～夸～款～猎～流～撵～蹑～傩～殴～排～屏～迫～破～弃～迁～谴～日～散～绳～随～踏～腾～推～骛～徙～邀～噪～谪～争～征～诛～诸～剸～顺～罢～北～奔～便～摈～捕～朝～臣～臭～除～电～遁～夫～官～欢～迹～渐～景～静～窘～利～凉～凌～鹿～禄～靡～末～弄～贫～奇～弃～迁～情～群～宍～射～胜～食～世～势～释～熟～兔～退～脱～物～细～旋～殃～夷～疫～意～影～月～韵～战～争例黔首无寄命,赭衣相追逐。(唐·张九龄《和黄门卢监望秦始皇陵》)芸阁有儒生,轺车倦驰逐。(唐·张说《再使蜀道》)

典日逐 借指北方游牧民族的首领。《汉书·匈奴传上》:"狐鹿姑单于立,以左大将为左贤王,数年病死,其子先贤掸不得代,更为日逐王。日逐王者,贱于左贤王。"

日逐滋南寇,天威抚北垂。(唐·李乂《夏日都门送司马员外逸客孙员外佺北征》)

烛(燭)zhú

古入声,二沃。逆柏～秉～残～翠～洞～膏～风～凤～釭～高～宫～孤～桂～华～慧～剪～樵～镜～炯～举～莲～龙～猛～漆～调～星～荧～萤～鱼～玉～转～顺～跋～察～车～乘～刀～蛾～房～红～华～睆～剪～鉴～尽～炬～燎～临～龙～笼～明～奴～穗～天～微～武～物～心～星～曜～耀～夜～银～影～幽～远～知～竹例今复哀若人,危光迅风烛。(唐·徐彦伯《题东山子李適碑阴二首》其二)扣舷归载月黄昏,直至更深不假烛。(唐·韦皋《天池晚棹》)

典犀烛 喻指弄清事实真相,洞察奸邪。《晋书·温峤传》:"至牛渚矶,水深不可测,世云其下多怪物,峤遂毁犀角而照之。须臾,见水族覆火,奇形异状,或乘马车着赤衣者。峤其夜梦人谓己曰:'与君幽明道别,何意相照也?'"

行人夜秉生犀烛,洞照洪深辟滂湃。(唐·李颀《杂兴》)

萤烛 指虽家贫犹苦读的精神。《晋书·车胤传》:"车胤,字武子,南平人也。……胤恭勤不倦,博学多通。家贫不常得油,夏月则练囊盛数十萤火以照书,以夜继日焉。"

乱林萤烛暗,零露竹风秋。(唐·武元衡《酬严维秋夜见寄》)

玉烛 指君圣臣清的时代,亦借指晴朗清明的天气。《尔雅·释天》:"此释太平之时,四气和畅以至嘉祥之事也。……春为青阳,夏为朱明,秋为白藏,冬为玄英。四气和谓之玉烛。"

仰思调玉烛,谁定握青萍。(唐·杜甫《秦州见敕目薛三璩》)

龙衔烛　喻指太阳。《楚辞·天问》："日安不到，烛龙何照？"东汉王逸注："言天之西北有幽冥无日之国，有龙衔烛而照之。"

初疑昆仑下，夭矫龙衔烛。（唐·吴融《绵竹山四十韵》）

躅（*躅）zhú　①踏、踩。②踯躅，徘徊不前。另见 59 页 zhuó。

古入声，二沃。逆蹭～蹢～束～跳～幽～踯～蹢～蹢～顺～踖～陆～天～踯～蹢～躅～足例幽人在何所，紫岩有仙躅。（唐·王绩《古意六首》其一）徂岁方暌携，归心亟踯躅。（唐·张九龄《晨坐斋中偶而成咏》）

轴（軸）zhú　旧读。另见 483 页 zhóu、513 页 zhòu。

古入声，一屋。

筑zhú　古乐器名。另见 423 页 zhù。

古入声，一屋。逆悲～鼓～击～铅～笙～筝～筑～顺～曲～筑例蟋蟀鸣户庭，蟏蛸网琴筑。（唐·张说《再使蜀道》）

斸（*斲）zhú　同"斲"，锄一类的农具。引申有"掘""挖"义。

逆畚～波～锄～穿～耕～鹤～斫～顺～地～掘～田

蠾zhú　蛾蝶幼虫。

古入声，二沃。逆蠋～蚕～蚼～藿～桑～乌～蝺～蜎～顺～绣

舳zhú　旧读。另见 483 页 zhóu。

古入声，一屋。

妯zhú　旧读。另见 483 页 zhóu。

古《广韵》：入声，屋韵。

竺zhú

古入声，一屋。逆敦～干～灵～三～天～西～顺～典～法～干～国～教～经～僧～书～土～文～学～域例问禅去灵隐，听讲去天竺。（宋·汤汉《题灵鹫四首》其一）

朮zhú　草名。参见 419 页 shù"术"。

古入声，四质。逆白～参～苍～松～桃朱～芝～顺～羹～煎～精～散

瘃zhú　冻疮。

古入声，二沃。逆皴～冻～寒～皲～瘅～灶～顺～愯～腊～脯～鱼～坠例吟诗口吻喝，把笔指节瘃。（唐·皮日休《吴中苦雨因书一百韵寄鲁望》）

足zú　另见 445 页 jù。

古入声，二沃。逆鳌～白～百～骈～毕～策～常～骋～蹈～抵～跌～鼎～顿～繁～凤～趺～高～皓～疾～骥～跰～蹇～捷～聚～骏～丰～龙～扪～捧～跂～千里～慊～跷～翘～却～容～濡～赡～舐～踣～调～投～温～纤～效～熊～休～雪～厌～雁～摇～曳～逸～赢～优～雨～沾～蹑～折～伫～濯～顺～板～办～备～本～兵～布～财～赤～帆～趺～跗～杆～高～弓～勾～彀～观～跰～节～尽～胫～礼～吝～轮～履～陌～青～容～食～踏～纹～心～厌～衣～音～月～爪～跖～止～指～智～踵～訾例漆抱蛟龙唇，丝缠凤凰足。（唐·王绩《古意六首》其一）地藉朱邸基，家在青山足。（唐·李峤《和同府李祭酒休沐田居》）心阻意徒驰，神和生自足。（唐·张说《岳阳早霁南楼》）

典**白足**　借指高僧。《高僧传·神异下·释昙始》："释昙始，关中人，自出家以后多有异迹。晋孝武太元之末，赍经律数十部往辽东宣化……义熙初，虽跣涉泥水未尝沾湿。天下咸称'白足和尚'。"

白足行花曾不染，黄囊贮酒欲如何。（唐·皎然《酬秦系山人戏赠》）

骥足　指英才俊杰。《三国志·蜀书·庞统传》："庞统字士元，襄阳人也。……先主领荆州，统以从事守耒阳令，在县不治，免官。吴将鲁肃遗先主书曰：'庞士元非百里才也，使处治中、别驾之任，始当展其骥足耳。'"

吾从骥足杨茂卿，性灵且奇才甚清。（唐·杨巨源《赠从弟茂卿》）

绝足　指难得的才俊。东汉·孔文举《论盛孝章书》："燕君市骏马之骨，非欲以骋道里，乃当以招绝足也。"

楚蜀得曾苏，超然皆绝足。（宋·梅尧臣《送曾子固苏轼》）

卫足　喻指善于明哲保身。《左传·成公十七年》："仲尼曰：'鲍庄子之知不如葵，葵犹能卫其足。'"杜预注："葵倾叶向日，以蔽其根。"

惭君能卫足，叹我远移根。（唐·李白《流夜郎题葵叶》）

千里足　指千里马，喻指杰出人才。《韩诗外传》卷七："使骥不得伯乐，安得千里之足？造父亦无千里之手矣。"

萧萧千里足，个个五花文。（唐·杜甫《题柏大兄弟山居屋壁二首》其二）

三冬足　形容人极聪明。《汉书·东方朔传》："朔初来，上书曰：'臣朔少失父母，长养兄嫂。年十三学书，三冬文史足用。'"

强学三冬足，高谈四座倾。（宋·韩元吉《换徐敦济郎中词二首》其一）

蛇安足　喻指做了不必要的事，不但无益，反而受害。《战国策·齐策二》："楚有祠者，赐其舍人卮酒。舍人相谓曰：'数人饮之不足，一人饮之有余。请画地为蛇，先成者饮酒。'一人蛇先成，引酒且饮之，乃左手持卮，右手画蛇曰：'吾能为之足。'未成，一人之蛇成，夺其卮曰：'蛇固无足，子安能为之足？'遂饮其酒。为蛇足者，终亡其酒。"

应为嗷嗷乌反哺，真成落落蛇安足。（宋·魏了翁《满江红·彼美人兮》）

一夔足　亦作"夔一而足""一夔已足"。喻指可独当一面的人才。《韩非子·外储说左下》："鲁哀公问于孔子曰：'吾闻古者有夔一足，其果信有一足乎？'孔子对曰：'不也，夔非一足也。夔者忿戾恶心，人多不说喜也。虽然，其所以得免于人害者，以其信也。人皆曰：'独此一，足矣。'夔非一足也，一而足也。'哀公曰：'审而是，固足矣。'"

传家一夔足，涉世万牛回。（宋·戴表元《单漕贡君范挽诗》）

赤绳系足　借指男女间的姻缘天定。相传月下老人主司人间婚姻，其囊中有赤绳，于冥冥之中以红绳系男女之足，使成婚配。唐·李复言《续幽怪录·定婚店》："韦固少未娶，旅次宋城，遇老人倚囊而坐，向月检书。因问之。答曰：'此幽明之书。'固曰：'然则君何主？'曰：'主天下之婚姻耳。'因问囊中赤绳子，曰：'此以系夫妇之足，虽仇家异域，此绳一系之，终不可易。'"

有赤绳系足，从来相门，自然媒妁。（宋·张元干《瑞鹤仙·倚格天峻阁》）

一杯易足 指叹老嗟卑的感慨。唐·杜甫《台上》："改席台能迴，留门月复光。……老去一杯足，谁怜屡舞长。何须把官烛，似恼鬓毛苍。"

一杯易足。自断此生犹杜曲。（宋·韩淲《减字木兰花·一杯易足》）

絷骥四足 指贤能的人受困，无法施展才能。《淮南子·俶真训》："故世治，则愚者不能独乱；世乱，则智者不能独治。身蹈于浊世之中，而责道之不行也，是犹两绊骐骥，而求其致千里也。"

断鹤两翅鸣何哀，絷骥四足气空横。（唐·韩愈《寒食日出游》）

族zú

㊀入声，一屋。㊁鄙～部～昌～大～党～鼎～访～父～高～冠～海～寒～洪～宦～黄～旧～救～举～殻～类～门～名～睦～逆～旁～骈～贫～品～破～戚～强～亲～清～盛～室～殊～疏～水～素～琐～堂～通～万～望～微～显～乡～遗～胤～右～语～胄～㊂～从～党～阀～法～分～贯～鬼～徽～姬～举～聚～粲～蠡～厉～麇～庖～戚～绅～生～师～氏～世～属～嗣～谈～田～望～位～味～夏～盐～裔～姻～胤～嬴～约～云～葬～帐～正～诛～祖～罪～尊㊃本与鹪鹩群，不随凤凰族。（唐·李白《空城雀》）揭来投笔砚，长揖谢亲族。（唐·刘长卿《赠别于群投笔赴安西》）

㊄**右族** 指名门望族。《晋书·石苞传》附《欧阳健》："欧阳健字坚石，世为冀方右族。"

梦褥光宗，河东右族。（宋·王以宁《踏莎行·梦褥光宗》）

高阳族 有名望的家族。《后汉书·荀淑传》："荀淑，字季和，颍川颍阴人也。……有子八人俭、绲、靖、焘、汪、爽、肃、专，并有名称，时人谓'八龙'。初荀氏旧里名西豪，颍阴令渤海苑康以为昔高阳氏有才子八人，今荀氏亦有八子，故改其里曰'高阳里'。"

重振高阳族，分居要路津。（唐·刘禹锡《早秋送台院杨侍御归朝》）

十六族 指出自世家的贤臣。《史记·五帝本纪》："昔高阳氏有才子八人，世得其利，谓之'八恺'。高辛氏有才子八人，世谓之'八元'。此十六族者，世济其美，不陨其名。……舜举八恺，使主后土，以揆百事，莫不时序。举八元，使布五教于四方，父义，母慈，兄友，弟恭，子孝，内平外成。"

岂唯十六族，今古称其贤。（唐·权德舆《酬穆七侍郎早登使院西楼感怀》）

卒zú

㊀入声，六月。㊁边～步～部～倡～成～递～丢～顿～负～复～鬼～悍～候～甲～监～骄～教～介～津～句～军～客～旷～逵～勒～列～迾～逻～起～轻～戎～生～时～戍～水～琐～探～田～亭～挺～徒～退～弯～挽～王～卫～戊～骁～兴～休～选～巡～训～养～驿～营～战～阵～众～壮～倅～㊂～乘～读～更～爵～哭～隶～列～年～奴～然～丧～时～史～使～士～岁～徒～伍～章～长㊃问之耆老何代人，云是秦王筑城卒。（唐·王翰《饮马长城窟行》）汉武爱边功，李陵提步卒。（唐·杜甫《自京赴奉先县咏怀五百字》）

㊄**市门卒** 喻指隐迹的高人。《汉书·梅福传》："至元始中，王莽颛政，福一朝弃妻子，去九江，至今传以为仙。其后，人有见福于会稽者，变名姓，为吴市门卒云。"

虽惭市门卒，聊作葛天民。（宋·陆游《自咏》）

捽zú 旧读。另见59页zuó。

镞(鏃)zú 箭头。

㊀入声，一屋。㊁丹～飞～锋～刚～骨～金～括～利～木～啮～石～矢～遗～逸～羽～雨～玉～镞～㊂～砺～镂～矢～镞㊃端详篮仕著，磨拭穿杨镞。（唐·白居易《和梦游春诗一百韵》）石气何凄凄，老莎如短镞。（唐·李贺《七月一日晓入太行山》）

卜bǔ 另见40页bó。

㊀入声，一屋。㊁得～定～凤～瞽～龟～虎～鸡～箕～吉～极～茧～郊～镜～考～买～卖～贸～枚～缪～穆～逆～钱～筮～筳～违～未～响～星～须～羊～阳～医～易～隐～豫～贞～竹～自～㊂～第～禘～鼎～度～儿～工～骨～官～稽～郊～筊～珓～居～课～揆～老～楞～邻～林～洛～名～年～钱～人～日～师～食～士～室～数～肆～岁～通～相～夜～宇～葬～宅～者～征～筑㊃秦帝始求仙，骊山何遽卜。（唐·张九龄《和黄门卢监望秦始皇陵》）倦闻金鼎移，骤睹灵龟卜。（唐·唐尧臣《金陵怀古》）懒从唐生决，羞访季主卜。（唐·李白《寻阳紫极宫感秋作》）

㊄**成都卜** 用于褒美隐迹的高士。亦为卖卜、卜卦之典。西汉严遵，字君平，卖卜于成都市，每日得到百钱，足以自养，即闭门下帘读书，博览无所不通，依老庄之旨著书十余万言。修身自保，不为苟得，甚受蜀人敬爱。事见《汉书·严君平传》。

成都卜隐老君平，身自洞槃名声动朝市。（宋·家铉翁《赠谈命王逸民》）

大横卜 借指确立帝嗣。《史记·孝文本纪》："丞相陈平、太尉周勃等使人迎代王。……代王报太后计之，犹与未定。卜之龟，卦兆得大横。占曰：'大横庚庚，余为天王，夏启以光。'代王曰：'寡人固已为王矣，又何王？'卜人曰：'所谓天王者乃天子。'"

谁识宫中，有人先定大横卜。（宋·李寅仲《齐天乐·摩挲阅古堂前柳》）

谷[1](穀)gǔ 谷类作物。另见455页yù。

㊀入声，一屋。㊁百～斑～不～春～馆～积～嘉～金～迷～钱～新～㊂～草～桑～实～芽～雨～纸

㊄**戬谷** 借指福禄。《诗经·小雅·天保》："天保定尔，俾尔戬谷。罄无不宜，受天百禄。降尔遐福，维日不足。"

世仰风规旧，公膺戬谷繁。（宋·张耒《代人上颍川韩端明生日》）

留侯辟谷　指从事道教修炼。《史记·留侯世家》："留侯乃称曰：'……今以三寸舌为帝者师，封万户，位列侯，此布衣之极，于良足矣。愿弃人间事，欲从赤松子游耳。'乃学辟谷，道引轻身。"西汉初年，张良因开国之功封留侯。

不如乘此清风去，觅取留侯辟谷方。（宋·李春叟《题云溪寺》）

谷[2]gǔ　①两高地中间的狭长地带。②姓。另见455页yù。

㊄入声，一屋。㊇岸～暗～悲～豳～昌～川～村～断～鬼～函～寒～壑～槐～夹～硐～井～驹～峻～浚～空～蠡～林～灵～陵～隆～峦～骆～满～蒙～黾～冥～坡～栖～迁～嵌～箐～蛇～黍～霜～邃～汤～退～维～温～峭～嶰～厓～崖～烟～巖～燕～阳～旸～阴～莺～颖～幽～隅～嵎～愚～渊～岨～㊈～笔～变～处～道～都～坊～风～鲋～阁～行～驹～口～帘～量～陵～魅～那～牝～气～泉～神～水～田～王～响～音～饮～战㊉惊浪回高天，盘涡转深谷。（唐·杨炯《广溪峡》）玄塞隔阴戎，朱光分昧谷。（唐·许宗敬《奉和执契静三边应诏》）万乘重沮漳，九鼎轻伊谷。（唐·李百药《郢城怀古》）

㊀**寒谷**　相传为邹衍吹律生黍的地方。亦作"律谷""黍谷"。汉·刘向《七略别录·诸子略》："邹衍在燕，有谷地美而寒，不生五谷，邹子居之，吹律而温至黍生，至今名黍谷。"

寒谷律潜应，中林兰自幽。（唐·武元衡《和杨弘微春日曲江南望》）

壑谷　借指通宵宴饮。《左传·襄公三十年》："郑伯有耆酒，为窟室，而夜饮酒，击钟焉，朝至未已。朝者曰：'公焉在？'其人曰：'吾公在壑谷。'"杜预注为："窟室，地室。"

月未上时应早散，免教壑谷问吾公。（宋·苏轼《夜饮次韵毕推官》）

陵谷　喻指人事的巨大变迁。《诗经·小雅·十月之交》："百川沸腾，山冢崒崩。高岸为谷，深谷为陵。哀今之人，胡憯莫惩？"

世路变陵谷，时情验友朋。（唐·李群玉《杜门》）

迁谷　指移居，也指仕途升迁或进士及第。《诗经·小雅·伐木》："伐木丁丁，鸟鸣嘤嘤；出自幽谷，迁于乔木。"郑玄笺："迁，徙也。谓乡时之鸟出从深谷，今移处高木。"

傥无迁谷分，归去养天真。（唐·杜牧《贻友人》）

旸谷　指太阳升起的地方，也指神仙居住的场所。《尚书·虞书·尧典》："分命羲仲，宅嵎夷，曰旸谷。"旧题孔安国注："东表之地称嵎夷。旸，明也。日出于谷而天下明故称旸谷。"

旸谷耳曾闻，若木眼不见。（唐·李贺《日出行》）

郑谷　指隐居生活。汉·扬雄《法言·问神》："谷口郑子真，不屈其志而耕乎岩石之下，名震于京师，岂其卿？岂其卿？"

自是秦楼压郑谷，时闻杂佩声珊珊。（唐·杜甫《郑驸马宅宴洞中》）

泥函谷　喻指利用险要地形，坚守军事要地。《东观汉记·隗嚣载记》："嚣将王元说嚣曰：'无请以一丸泥为大王东封函谷关，此万世一时也。'"

未见泥函谷，俄惊火建章。（唐·唐彦谦《送樊琯司业归朝》）

愚公谷　亦作"愚谷""谷中愚""谷愚""愚公"。指隐居之地。《说苑·政理》："齐桓公出猎，逐鹿而走，入山谷之中，见一老公而问之曰：'是为何谷？'对曰：'为愚公之谷。'桓公曰：'何故？'对曰：'以臣名之。'桓公曰：'今视公之仪状，非愚人也，何为以公名之？'对曰：'臣请陈之，臣故畜牸牛，生子而大，卖之而买驹，少年曰："牛不能生马。"遂持驹去。傍邻闻之，以臣为愚，故名此谷为愚公之谷。'"

放旷愚公谷，消散野人家。（唐·骆宾王《夏日游德州赠高四》）

白驹空谷　喻指贤良在野而不出仕，后亦指贤者出仕而谷空。《诗经·小雅·白驹》："皎皎白驹，食我场苗。絷之维之，以永今朝。所谓伊人，于焉逍遥？皎皎白驹，食我场藿。絷之维之，以永今夕。所谓伊人，于焉嘉客？皎皎白驹，贲然来思。尔公尔侯，逸豫无期？慎尔优游，勉尔遁思。皎皎白驹，在彼空谷。生刍一束，其人如玉。毋金玉尔音，而有遐心。"

我本渔樵，不是白驹空谷。（元·刘因《风中柳·我本渔樵》）

高岸如谷　指世事变化无常。《左传·昭公三十二年》："社稷无常奉，君臣无常位，自古以然。故《诗》曰：'高岸为谷，深谷为陵。'"

高岸尚如谷，何伤浮柱攲。（唐·杜甫《水槛》）

鸣驺入谷　借指征召隐士。南朝齐·孔稚圭《北山移文》："及其鸣驺入谷，鹤书赴陇，形驰魄散，志变神动。"

竞屈指，看芝封紫检，鸣驺入谷。（宋·史浩《喜迁莺·凤阙朱旗展》）

骨gǔ　另见403页gú。

㊄入声，六月。㊇傲～冰～澈～词～道～凡～焚～粉～风～腐～槁～鲠～刮～龟～骸～寒～鹤～建安～烬～酒～俊～骏～灵～龙～埋～买～梅～啮～奇～神～诗～拾～松～酸～文～犀～销～朽～秀～雅～遗～英～玉～枕～忠～㊈～骴～贝～榇～睹犀～粉～格～梗～笋～解～惊～雷～立～料～路～貌～鈉～气～跷～窍～清～像～朽～韵～擿～镞～醉㊉老树蛇蜕皮，崩崖龙退骨。（唐·岑参《江上阻风雨》）碧海莹子神，玉膏泽人骨。（唐·常建《白龙窟泛舟寄天台学道者》）不然神仙姿，不尔燕鹤骨。（唐·李商隐《骄儿诗》）

㊀**刮骨**　指英勇的武将。《三国志·蜀书·关羽传》："羽尝为流矢所中，贯其左臂，后创虽愈，每至阴雨，骨常疼痛，医曰：'矢镞有毒，毒入于骨，当破臂作创，刮骨去毒，然后此患乃除耳。'羽便伸臂令医劈之。时羽适请诸将饮食相对，臂血流离，盈于盘器，而羽割炙引酒，言笑自若。"

报雠只是闻尝胆，饮酒不曾妨刮骨。（唐·王维《燕支行》）

毛骨　以毛和骨借指相貌出众。《世说新语·赏誉第八》："王右军道谢万石‘在风林中，为自遒上’，叹林公‘器朗神俊’，道祖士少‘风领毛骨，恐没世不复见如此人’，道刘真长‘标云柯而不扶疏’。”

毛骨岂殊众，驯良犹至今。（唐·杜甫《病马》）

山骨 借指山石。晋·张华《博物志》卷一《地》：“地以名山为辅佐，石为之骨，川为之脉，草木为之毛，土为之肉。三尺以上为粪，三尺以下为地。”

雨淙山骨出，榉攧岸形卑。（唐·贯休《秋末入匡山船行八首》其八）

销骨 指毁谤之言可畏，甚至会致人于死地。《史记·张仪列传第十》：“臣闻之，积羽沉舟，群轻折轴，‘众口铄金，积毁销骨’，故愿大王审定计议，且赐骸骨辟魏。”

昔叹谗销骨，今伤泪满膺。（唐·李商隐《闻著明凶问哭寄飞卿》）

防风骨 指巨大尸骨或奇闻异物。《国语·鲁语下》：“丘问之：昔禹致群神于会稽之山，防风氏后至，禹诛之，其长三丈，其骨头专车。”

未倒防风骨，初僵负贰尸。（唐·皮日休《虎丘寺殿前有古杉一本形状丑怪图之不尽》）

封侯骨 借指富贵之相。《汉书·翟方进传》：“方进年十二三，失父孤学，给事太守府为小史，号迟顿不及事，数为掾史所詈辱。方进自伤，乃从汝南蔡父相问己能所宜。蔡父大奇其形貌，谓曰：‘小史有封侯骨，当以经术进，努力为诸生学问。’”

好客襟怀直绝倒，封侯骨相自耆庞。（宋·刘子翚《次韵刘宪诗二首》其二）

妍皮痴骨 指徒有美丽外表而内心痴傻。《晋书·慕容超载记》：“超自以诸父在东，恐为姚氏所录，乃阳狂行乞。秦人贱之，惟姚绍见而异焉，劝兴拘以爵位。召见与语，超深自晦匿，兴大鄙之，谓绍曰：‘谚云“妍皮不裹痴骨”，妄语耳。’”

行矣置之无足问，谁唤妍皮痴骨。（宋·陈亮《贺新郎·老去凭谁说》）

冢中枯骨 喻无抱负、无壮志的人。《三国志·蜀书·先主传》：“北海相孔融谓先主曰：‘袁公路岂忧国忘家者邪？冢中枯骨，何足介意！’”

岭外瘴魂多不返，冢中枯骨亦如刑。（宋·刘克庄《观元祐党籍碑》）

鹄（鵠）gǔ 靶子。另见403页hú。

㊂入声，二沃。㊃标～贯～立～射～悬～贼～正～中～准～㊅～箭～子

滑gǔ ①乱。②治。旧读。另见31页huá。

㊂入声，六月。㊅～和～笏～滑～乱～曼～疑

毂（轂）gǔ 车轮的中心部分。

㊂入声，一屋。㊃柴～畅～丹～顿～华～画～雷～连～笼～鸾～轮～鸣～辇～琼～日～蹄～推～挽～绾～帷～香～轺～炙～重～朱～驻～转～㊅～兵～端～毂～击～骑～绾～下～阳～转㊄早晚扫欃枪，笳鼓迎畅毂。（唐·吴融《绵竹山四十韵》）罗扇夹花灯，金鞍攒绣毂。（唐·白居易《和梦游春诗一百韵》）俯仰垂华缨，飘飖翔轻毂。（唐·韦应物《始除尚书郎，别善福精舍》）

㊆**丹毂** 借指富贵荣华。汉《扬雄解嘲》：“客嘲扬子曰：‘吾闻上世之士……生必上尊人君，下容父母……纡青拖紫，朱丹其毂。’”

纳币委禽六礼忧，送车百两皆丹毂。（宋·洪皓《小王亲迎赋此赠行卒间聊遗鄙怀》）

推毂 借指拜将，引申为举荐人才。《史记·冯唐列传》：“唐对曰：‘臣闻上古王者之遣将也，跪而推毂，曰阃以内者，寡人制之；阃以外者，将军制之。’”

似闻推毂皆飞将，盍有清谈谢傅流。（宋·刘子翚《偶书》）

雷野毂 喻指进军的宏大气势。《后汉书·光武帝纪》赞曰：“长毂雷野，高锋彗云。”李贤注：“雷野，言其声；彗，扫也。”

看追风骑，攒云槊，雷野毂，激天钲。（宋·刘褒《六州歌头·凭深负阻》）

汩gǔ ①治水。②淹没。另见455页yù。

㊂入声，六月。㊃淙～荡～浮～汩～汯～洄～卉～掎～决～陵～沦～没～宓～潏～灭～滂～瑟～沈～洪～湮～扬～淢～㊅～暗～沉～陈～董～咄～汩～和～惑～汲～乱～没～殁～泥～溺～丧～漱～湮～越～振㊄不肯信受寒山语，转转倍加业汩汩。（唐·寒山《诗三百三首》其八十九）

榾gǔ 榾柮，木头块。

㊂入声，六月。㊃枸～株～㊅～柮～榾㊄平明蕃骑四面走，古墓深林尽株榾。（唐·元稹《和李校书新题乐府十二首·缚戎人》）

朴（樸）pǔ 另见52页pō、64页pò、538页piáo。

㊂入声，三觉。㊃抱～鄙～篳～纯～醇～大～悖～敦～和～厚～浑～竭～荆～静～鲁～敲～散～守～疏～太～顽～温～玄～野～愚～愿～至～忠～拙～资～㊅～隘～鄙～诚～淳～醇～辞～钝～戆～古～浑～简～谨～静～廉～陋～鲁～率～马～貌～牛～懦～强～悫～人～儒～涩～慎～士～疏～簌～索～心～秀～学～雅～勇～愚～远～质～忠～重

辱rǔ

㊂入声，二沃。㊃谤～剥～笞～摧～挫～玷～顿～烦～负～缚～垢～毁～溷～祸～践～截～跨下～愧～媿～陵～僇～蔑～侵～亲～荣～谇～挞～忝～廷～洿～无～幸～贻～幽～冤～遭～责～众～㊅～贲～残～殆～到～玷～诟～国～害～行～荷～金～井～举～贶～詈～临～没～模～莫～窶～人～身～仕～台～游～在～照～知～子㊄本持乡曲誉，肯料泥涂辱。（唐·刘长卿《赠别于群投笔赴安西》）赤霄悬圃须往来，翠尾金花不辞辱。（唐·杜甫《赤霄行》）

㊆**知荣知辱** 指明白利害荣辱而淡薄超脱。《老子》：“知其荣，守其辱，为天下谷。为天下谷，常德乃足。常德乃足，复归于璞。”

须信炎凉相代至，亦知荣辱到头空。（宋·张耒《九月末大风一夕

遂安置火炉有感二首》其二)

主忧臣辱 指君主有忧患是作臣子的耻辱。东汉·赵晔《吴越春秋》卷一〇:"臣闻主忧臣劳,主辱臣死义,一也;今臣事大王,前则无灭未萌之端,后则无救已倾之祸。"

主忧臣辱古所云,世间有粟吾得食!(宋·陆游《晓叹》)

属(屬)shǔ 另见本页 zhǔ。

古入声,二沃。逆僚～寮～幕～天～徒～吾～顺～从～于例含情不得语,转盼知所属。(唐·宋之问《春湖古意》)

典**天属** 借指亲属情感密切。《庄子·山林》:"假人之亡,林回弃千金之璧,负赤子而趋。或曰:'为其布与?赤子之布寡矣;为其累与?赤子之累多矣。弃千金之璧,负赤子而趋,何也?'林回曰:'彼以利合,此以天属也。'"

不缘生得天属亲,岂向仇雠结恩信。(唐·刘商《胡笳十八拍·第十五拍》)

蜀shǔ

古入声,二沃。逆不思～二～入～望～西～顺～刀～道～帝～红～江～锦～琴～士～桐～土～绣例美誉动丹青,瑰姿艳秦蜀。(唐·陈陶《题僧院紫竹》)地穴穿东武,江流下西蜀。(唐·张说《岳阳早霁南楼》)纠谬静东周,申冤动南蜀。(唐·白居易《和梦游春诗一百韵》)

典**喻蜀** 指奉使安抚百姓。《史记·司马相如传》:"相如为郎数岁,会唐蒙使略通夜郎西僰中,发巴蜀吏卒千人,郡又多为发转漕万余人,用兴法诛其渠帅,巴蜀民大惊恐。上闻之,乃使相如责唐蒙,因喻告巴蜀民以非上意。"

深怀喻蜀意,恸哭望王官。(唐·杜甫《王命》)

轺车使蜀 借指应命赴官。《史记·司马相如列传》:"乃拜相如为中郎将,建节往使。……至蜀,蜀太守以下郊迎,县令负弩矢先驱,蜀人以为宠。于是卓王孙、临邛诸公皆因门下献牛酒以交欢。"

果驾轺车使蜀,能致诸蛮臣汉,邛筰道仍通。(宋·京镗《水调歌头·百堞龟城北》)

龙骧下蜀 指率水军出征。《晋书·王濬传》:"武帝谋伐吴,诏浚修舟舰。浚乃作大船连舫,方百二十步,受二千余人,以木为城,起楼。橹开四出门,其上皆得驰马来往。又画鹢首怪兽于船首,以惧江神。……寻以谣言拜浚为龙骧将军,监益梁诸军事。……浚自发蜀兵,不血刃,攻无坚城,夏口、武昌无相支抗,于是顺流鼓棹径造三山。"

我见楼船壮心目,颇似龙骧下三蜀。(唐·李白《杂歌谣辞·司马将军歌》)

使星入蜀 指皇帝派遣的使者。《后汉书·李合传》:"和帝即位,分遣使者,皆微服单行,各至州县,观采风谣。使者二人当益部,投合候舍。时夏夕露坐,合因仰观,问曰:'二君发京师时,宁知朝廷遣二使邪?'二人默然,惊相视曰:'不闻也。'问何以知之,合指星示云:'有二使星向益州分野,故知之耳。'"

卿月中天照上流,使星入蜀久西游。(宋·王之望《和制帅》)

属(屬)zhǔ ①连续。②专注。③缀辑;撰写。④委托;叮嘱。另见本页 shǔ。

古入声,二沃。逆贯～连～随～相～顺～笔～词～辞～句～诗～望～言～意例上弦虽独响,下应不相属。(唐·刘禹锡《调瑟词》)

嘱(囑)zhǔ

古《广韵》:入声,烛韵。逆敦～付～贿～计～切～赇～委～遗～遮～至～谆～顺～扳～寄～请～授～赞～致例平生叹无子,家家亲相嘱。(唐·孟郊《哭卢贞国》)

瞩(矚)zhǔ 注视。

古入声,二沃。逆宸～电～洞～俯～高～顾～环～惊～眷～览～丽～眸～凝～盼～旁～钦～倾～天～眺～遐～下～嚮～轩～延～遥～咏～忧～游～瞻～照～顺～览～目～盼～视～望

不bù

古入声,五物。逆得～独～鄂～非～夫～盍～侯～胡～怕～然～善～十～险～须～牙～哑～以～臧～则～占～遮～争～顺～避～词～贰～孚～妇～孤～谷～果～羁～倦～没～弃～器～情～群～胜～淑～文～诬～武～羡～懈～夜～意～允例东门杨柳空盈路。繁得征鞍能驻不。(宋·赵才卿《青玉案·东门杨柳空盈路》)

畜chù 禽兽。另见 453 页 xù。

古入声,一屋。又:去声,二十六宥同(养也止也入声独用)。逆火～六～陆～禽～豕～水～头～五～役～种～重～孳～顺～道～耳～豪～民～孽～兽～物～眼例昨日设个斋,今朝宰六畜。(唐·拾得《诗》)

矗chù

古入声,一屋。逆矗～高～骈～上～耸～橚～云～攒～直～顺～矗～灯～然～竖～耸～削例栖托讵星回,檀栾已云矗。(唐·陈陶《题僧院紫竹》)归帆去棹残阳里,背西风、酒旗斜矗。(宋·王安石《桂枝香·登临送目》)

触(觸)chù

古入声,二沃。逆摆～薄～奔～拨～参～尘～枨～驰～刺～蹴～牴～觝～踶～击～戛～鹿～蛮～面～摩～怒～押～扬～婴～涌～遭～顺～搏～蹈～地～发～藩～挂～寒～喉～祸～击～谏～践～礁～蹶～类～鳞～鹿～露～蛮～劘～逆～呐～瓶～情～瑟～山～石～受～丝～损～突～涂～物～悟～陷～兴～嗅～绪～续～殃～羊～战～着例多逢沙鸟污,爱彼潭云触。(唐·皮日休《添鱼具诗·钓矶》)拂席萝薜垂,回舟芰荷触。(唐·郑愔《侍宴长宁公主东庄应制》)

典**蛮触** 喻指争夺蝇头小利。《庄子·则阳》:"惠子闻之而见戴晋人。戴晋人曰:'有所谓蜗者,君知之乎?'曰:'然。有国于蜗之左角者曰触氏,有国于蜗之右角者曰蛮氏,时相与争地而战,伏尸数万,逐北旬有五日而后反。'"

蛮触追奔竞一豪,市朝酣战万灵鼍。(宋·方岳《次韵牟监簿斋宫》)

神羊触 指执法人员。《太平御览》卷八九〇引东汉王充《论衡》:"獬豸者,一角之羊,性识有罪。皋繇治狱,有罪者令羊触之。皋繇敬羊,跪坐事之。"

始效神羊触,俄随旅雁征。(唐·元稹《答姨兄胡灵之见寄五十

韵》)

虚舟任触 指胸怀旷达。《淮南子·诠言训》:"方船济乎江,有虚船从一方来,触而覆之,虽有忮心,必无怨色。有一人在其中,一谓张之,一谓歙之,再三呼而不应,必以丑声随其后,向不怒而今怒,向虚而今实也。"

散木固无堪,虚舟常任触。(唐·权德舆《酬南园新亭宴会璩新第慰庆之作时任宾客》)

烈士怀忠触 指舍生取义,也用以咏槐。《左传·宣公二年》:"晋灵公不君……宣子(赵盾)骤谏,公患之,使鉏麑贼之。晨往,寝门辟矣,盛服将朝,尚早,坐而假寐。麑退,叹而言曰:'不忘恭敬,民之主也。贼民之主,不忠。弃君之命,不信。有一于此,不如死也。'触槐而死。"

烈士怀忠触,鸿儒访业来。(唐·李峤《槐》)

黜chù

古入声,四质。逆摈～裁～窜～弹～减～简～降～禁～流～免～屏～迁～谴～谯～倾～三～升～陟～受～疏～汰～退～威～咸～显～责～谪～陟～诛～左～顺～贬～殡～兵～斥～除～刺～典～恶～罚～妇～革～官～昏～迹～降～落～嫚～屏～弃～遣～辱～升～汰～削～幽～责～谪～陟～冢～浊例中间十四年,六年居谴黜。(唐·白居易《曲江感秋二首》其一)

典**三黜** 借指罢官或隐退。《论语·微子》:"柳下惠为士师,三黜。人曰:'子未可以去乎?'曰'直道而事人,焉往而不黜?枉道而事人,何必去父母之邦?'"

三黜有愠色,即非贤哲模。(唐·孟郊《旅次湘沅有怀灵均》)

绌(絀)chù 不足。

古《广韵》:入声,术韵。逆奔～贬～斥～殚～短～放～极～见～窘～匮～歉～穷～陞～受～疏～秫～损～退～削～抑～盈～赢～嬴～优～支～縛～搏～顺～臣～乏～遣～塞～约～陟例顾我徒有心,数奇身正绌。(唐·徐铉《酬郭先辈》)

怵chù 恐惧。

古入声,四质。逆怵～悼～悱～利～迫～青～心～忧～诱～顺～怵～怛～殆～悸～栗～然～愁～惕～息～心例少间步东园,愈使我心怵。(宋·释文珦《衰病》)

亍chù

古《广韵》:入声,烛韵。又:去声,遇韵异。逆彳～

搐chù 牵动。

古《集韵》:入声,屋韵。逆潮～抖～风～惊～扭～掣～奚～顺～动～风～搦例新来曾被眼奚搐,不甘伏,怎拘束。(宋·黄庭坚《江城子·新来曾被眼奚搐》)

俶chù 开始。

古入声,一屋。顺～辰～成～诡～祐～建～灵～乱～落～奇～迁～献～载～装

促cù

古入声,二沃。逆哀～卑～悲～偪～鄙～恻～愁～促～蹙～脆～烦～繁～愪～慌～惶～极～煎～窘～局～忙～密～迫～戚～浅～切～穷～偓～陿～遐～弦～延～顺～步～刺～管～驾～节～界～衿～景～遽～龄～令～漏～密～拍～辔～曲～使～数～速～调～席～音～载～趱～棹～织～中～柱～装例向夕林鸟还,忧来飞景促。(唐·沈佺期《临高台》)塞上归限赊,尊前别期促。(唐·刘长卿《赠别于群投笔赴安西》)

典**贾生脆促** 借指英年早逝。《史记·屈原贾生列传》:"拜贾生为梁怀王大傅……居数年,怀王骑堕马而死,无后。贾生自伤为傅无状,哭泣岁余,亦死。贾生之死时,年三十三矣。"

回也实夭折,贾生亦脆促。(唐·徐彦伯《题东山子李适碑阴二首》其二)

簇cù

古入声,一屋。逆蚕～丛～簇～点～蜂～环～挤～锦～密～俏～树～太～腾～攒～遮～顺～箔～蚕～簇～蝶～饤～合～酒～辇～捧～羽例巴水白茫茫,楚山青簇簇。(唐·白居易《和梦游春诗一百韵》)日暮麦登场,天晴蚕坼簇。(唐·白居易《孟夏思渭村旧居寄舍弟》)白袷丝光织鱼目,菱花绶带鸳鸯簇。(唐·韦庄《捣练篇》)

数(數)cù 数罟,细密的渔网。另见390页shǔ、369页shù、64页shuò。

古《集韵》:入声,烛韵。逆节～顺～罟

蹙cù ①迫促。②狭小。③困窘。

古入声,一屋。逆悲～奔～犇～惭～惨～草～愁～蹙～頞～殚～颇～频～蹇～嗟～竭～解～窘～掬～局～窭～蹶～困～鳞～躏～凌～陵～盘～频～嚬～颦～迫～凄～浅～穷～驱～跧～日～踏～腾～跳～危～郁～攒～躁～蛰～追～顺～逼～怖～尘～促～蹙～地～顿～遏～沸～痕～击～踖～踳～金～境～鞠～聚～浪～敛～零～密～怒～圮～迫～髻～趋～然～戎～融～弱～绳～竦～蹜～损～沓～踏～蹋～土～蓄～削～踅～雪～郁～拶～折例南风忽不竞,西师日侵蹙。(唐·李百药《郢城怀古》)繁葩组绶结,悬实珠玑蹙。(唐·刘禹锡《葡萄歌》)裙腰银线压,梳掌金筐蹙。(唐·白居易《和梦游春诗一百韵》)

蹴(*蹵)cù ①踢。②蹋。

古入声,一屋。逆怒～迫～顺～波～步～蹯～蹈～地～蹀～伏～工～击～踖～几～尖～践～踘～毱～履～蹑～跑～跄～球～然～缩～蹜～踏～蹋～讨～雪～圆～迮～折例归时想是樱桃熟。不道秋千,谁伴那人蹴。(宋·张孝祥《醉落魄·轻黄澹绿》)

猝cù

古入声,六月。逆仓～苍～草～匆～猝～迫～应～顺～暴～猝～嗟～迫例浮名浮利何济,堪留恋处,轮回仓猝。(宋·王安石《雨霖铃·孜孜矻矻》)

槭cù 木名。

古入声,一屋。逆凋～槭～梢～萧～

踧cù 踧踖,恭敬不安的样子。

古入声,六月。逆蹈～跼～困～嚬～穷～躯～瑟～踏～顺～踧～行～踖～踳～口～眉～沮～迫～然～蹜～缩～笮～足例粤予苦心者,师仰但踖踧。(唐·皮日休《吴中苦雨因书一百韵寄鲁望》)

复[1](複)fù ①重复。②繁复。

古入声，一屋。逆避～层～单～叠～烦～骈～亢～谆～顺～壁～陈～道～迭～叠～栋～阁～结～庙～谥～沓～文～屋～舄～突～衣～语～帐～嶂例烟壑争晦深，云山共重复。（唐·张说《再使蜀道》）

复[2]（復）fù　①转。②恢复。③答复。

古入声，一屋。又：去声，二十六宥异。逆变～剥～驳～补～裁～酬～穿～赐～返～非～奉～给～顾～规～矫～径～迳～捐～凯～垦～况～屡～迷～启～渠～痊～柔～森～孰～题～拓～完～消～销～叙～旋～益～招～终～追～顺～按～陂～补～瓿～雠～除～格～故～魂～境～客～礼～命～逆～魄～寝～塞～社～时～思～罳～席～谢～穴～阳～蛸～怨例四十九年非，一往不可复。（唐·李白《寻阳紫极宫感秋作》）令君安坐听终曲，坠叶飘花难再复。（唐·杨衡《舞曲歌辞·白纻辞二首》其一）

典**阳复**　借指冬至，或春天来了。《周易·复卦》："象曰：'雷在地中，复，先王以至日闭关，商旅不行，后不省方。'"唐孔颖达疏："冬至一阳生，是阳动用而阴复于静也。"

阴逢剥处自阳复，否到极时须泰来。（宋·张炜《冬至》）

公侯复　借指出身名门高第。《左传·闵公元年》："初，毕万筮仕于晋。……辛廖占之，曰：'吉。……公侯之卦也。公侯之子孙，必复其始。'"杜预注："万，毕公高之后。"

必见公侯复，终闻盗贼平。（唐·杜甫《奉送二十三舅录事之摄郴州》）

文王喻复　借指初七日。《易·复卦》："反复其道，七日来复。"三国魏王弼注："阳气始剥尽，至来复时，凡七日。"

文王喻复今朝是，子晋吹笙此日同。（唐·李商隐《人日即事》）

一阳来复　见本页"阳复"。

向雷声震处，一阳来复，玉炉火炽，金鼎烟寒。（宋·葛长庚《沁园春·要做神仙》）

覆 fù

古入声，一屋。又：去声，二十六宥异。逆按～案～败～庇～禀～踣～部～裁～雠～逴～登～鼎～断～恩～黐～返～顾～含～核～洪～鸿～兼～检～翦～较～卷～勘～露～沦～埋～蒙～幕～盆～偏～漂～帡～颇～普～倾～铨～厦～深～沈～肃～焘～题～屠～推～危～陷～详～校～研～揜～验～移～遗～荫～陨～障～照～遮～顺～爱～按～案～盎～拔～败～杯～背～被～本～庇～蔽～策～巢～车～拆～帱～逴～诞～荡～谛～鼎～定～短～翻～荐～酱～救～局～勘～窠～醴～笭～鹿～露～卵～落～埋～命～逆～溺～盆～瓶～棋～倾～容～润～塞～伞～觞～射～审～实～视～手～书～水～诵～沓～焘～帖～问～瓮～席～陷～校～新～掩～验～衣～翼～荫～映～盂～妪～育～狱～阅～允～载～掌～罩～辙～治～舟～坠～准～宗～族例池台忽已倾，邦家遽沦覆。（唐·杨炯《广溪峡》）野情转萧洒，世道有翻覆。（唐·李白《寻阳紫极宫感秋作》）钓渚故池平，神台层宇覆。（唐·李百药《郢城怀古》）

腹 fù

古入声，一屋。逆白～抱～边～便～蝉～充～帆～峯～鼓～裹～海～画～骞～江～刳～溃～龙～马～扪～陌～帕～馁～牛～披～剖～晒～豕～束～笥～梭～缩～坦～乌～枵～窨～偃～贻～遗～圆～指～顺～谤～悲～城～尺～诽～疾～记～坚～里～面～民～馁～女～书～笥～围～胃～枵～笑～心～引～咏～腴～诅例山路绕羊肠，江城镇鱼腹。（唐·杨炯《广溪峡》）乔木出云心，闲门掩山腹。（唐·钱起《过沈氏山居》）

典**鼓腹**　形容饱食而又闲暇无事，借指人过着安乐日子。《庄子·马蹄》："夫赫胥氏之时，民居不知所为，行不知所之，含哺而熙，鼓腹而游，民能以此矣。"

日长鼓腹爱吾庐，洗竹浇花兴有余。（唐·顾况《闲居怀旧》）

马腹　比喻力所不及的地方。《左传·宣公十五年》："传十五年春，公孙归父会楚子于宋，宋人使乐婴齐告急于晋。晋侯欲救之。伯宗曰：'不可！古人有言曰："虽鞭之长，不及马腹。"天方授楚，未可与争，虽晋之强，能违天乎？谚曰："高下在心。川泽纳污，山薮藏疾，瑾瑜匿瑕。国君含垢，天之道也。"君其待之！'"

时情合退羊肠步，宦路难加马腹鞭。（宋·陈造《再次韵酬俞君任》）

坦腹　形容襟怀潇洒或称美女婿。《世说新语·雅量》："郗太傅在京口，遣门生与王丞相书求女婿。丞相语郗信：'君往东厢，任意选之。'门生归，白郗曰：'王家诸郎，亦皆可嘉，闻来觅婿，咸自矜持。唯有一郎在东床上坦腹卧，如不闻。'郗公云：'正此好！'访之，乃是逸少，因嫁女与焉。"

坦腹东床下，由来志气疏。（唐·李白《送族弟凝之滁求婚崔氏》）

便便腹　指饱读诗书。《后汉书·边韶传》："边韶，字孝先……以文章知名，教授数百人，韶口辨，曾昼日假卧，第子私嘲之曰：'边孝先，腹便便，懒读者书，但欲眠。'韶潜闻之，应时对曰：'边为姓，孝为字。腹便便，《五经》笥。但欲眠，思经事。寐与周公通梦，静与孔子同意。师而可嘲，出何典记？'嘲者大惭。"

便便满腹贮诗书，狗监何人荐子虚。（宋·姜特立《送徐抚干二首》其二）

精神满腹　指人满腹经纶、富有才智。《晋书·温峤传》："深结钱凤，为之声誉，每曰：'钱世仪精神满腹。'峤素有知人之称，凤闻而悦之。"

翁侯满腹是精神，三谒金门计未成。（宋·刘子翚《有怀十首》其二）

饮河满腹　喻指人知足，无贪欲。《庄子·逍遥游》："鹪鹩巢于深林，不过一枝；偃鼠饮河，不过满腹。"

何如巢林一枝，饮河满腹。（宋·喻良能《四月二十九日坐直庐读山谷效东坡作》）

缚（縛）fù　另见60页fò。

古入声，十药。逆白～帮～臂～鞭

～缠～轭～返～羁～急～检～交～劫～结～解～纠～拘～狙～腊～禽～杀～生～释～收～锁～袒～系～辕～执～絷～罥～制～顺～格～虎～袴～茅～辱～送～扎～絷例虫鸡于人何厚薄，吾叱奴人解其缚。（唐·杜甫《缚鸡行》）

典**长绳缚** 亦作"长缨缚"。指立志报国，降服强敌。《汉书·严朱吾丘主父徐严终王贾列传下·王褒》："南越与汉和亲，乃遣军使南越，说其王，欲令入朝，比内诸侯。军自请：'愿受长缨，必羁南越王而致之阙下。'军遂往说越王，越王听许，请举国内属。"

愿骑单马仗天威，挼取长绳缚虏归。（唐·万齐融《仗剑行》）

猛虎遭急缚 指行为过于张狂会遭到打压。《后汉书·吕布传》："（陈）登不为动容，徐对之曰：'登见曹公，言养将军譬如养虎，当饱其肉，不饱则将噬人。'"又："（吕布）顾谓刘备曰：'玄德，卿为坐上客，我为降虏，绳缚我急，独不可一言邪？'操笑曰：'缚虎不得不急。'"曹操曾将吕布比喻为猛虎，将他俘虏后又用绳紧缚。

猛虎恁其威，往往遭急缚。（唐·杜甫《遣兴五首》其四）

馥fù

古入声，一屋。逆芬～馥～膏～寒～蕙～流～清～賸～吐～温～鲜～香～遗～余～顺～芬～馥～烈～郁例庭梧变葱蒨，篱菊扬芳馥。（唐·武元衡《安邑里中秋怀寄高员外》）缥缈云雨仙，氛氲兰麝馥。（唐·白居易《和梦游春诗一百韵》）

典**膏馥** 喻指前人所流传下来的作品。《新唐书·杜甫传赞》："至甫，浑涵汪茫，千汇万状，兼古今而有之。他人不足，甫乃厌余，残膏剩馥，沾丐后人多矣。"

贤哉万卷藏，膏馥余八珍。（宋·吴可《岩斋》）

蝮fù 毒蛇。

古入声，一屋。逆毒～虺～蛇～顺～虿～虫～毒～蛇～蝈～蝎～虵～蛸～鸷

鳆(鰒)fù 鲍鱼。

古《广韵》：入声，屋韵。逆石～顺～鱼

告gù 告朔，每年秋冬之交天子向诸侯颁授来年的历书。另见564页gào。

古入声，二沃。逆忠～顺～朔

梏gù 手铐。

古入声，二沃。逆桊～羁～免～钳～桎～顺～桊～掠～亡～桎例别离感中怀，乃为我桎梏。（唐·张籍《怀友》）

笏hù 大臣上朝时使用的板子。

古入声，六月。逆朝～典～还～滑～搢～襕～敛～冕～笸～袍～绅～孰～爽～水苍～投～象～玄～牙～遗～缨～鱼～玉～瞻～整～植～竹～拄～顺～板～床～带～架～囊～头例且复考诗书，无因见簪笏。（唐·杜牧《池州送孟迟先辈》）

典**还笏** 借指直言敢谏，坚持原则而不惜辞官。唐高宗将立武则天为后，褚遂良谏，帝不听。遂良致笏殿阶，叩头流血曰："还陛下此笏！"事见《旧唐书·褚遂良传》。

独立未除还笏气，余生犹待阖棺论。（宋·陆游《自嘲》）

搢笏 借指朝见或出任官职。《墨子·公孟》："公孟子戴章甫，搢忽，儒服，而以见子墨子。"毕沅校注："忽即笏字。"

班定千牛立受宣，佩刀搢笏凤墀前。（唐·和凝《宫词百首》其四二）

击贼笏 称颂忠贞或正气凛然。《旧唐书·段秀实传》："明日，（朱）泚召秀实议事，源休、姚令言、李忠臣、李子平皆在坐。秀实戎服，与泚并膝，语至僭位，秀实勃然而起，执休腕夺其象笏，奋跃而前，唾泚面大骂曰：'狂贼，吾恨不斩汝万段，我岂逐汝反耶！'遂击之。泚举臂自捍，才中其颡，流血匍匐而走。凶徒愕然，初不敢动；而海宾等不至，秀实乃曰：'我不同汝反，何不杀我！'凶党群至，遂遇害焉。"

或为击贼笏，逆竖头破裂。（宋·文天祥《正气歌》）

家藏笏 比喻家门显通，富贵昌盛。《旧唐书·崔义玄传》："开元中，神庆子琳等皆至大官，群从数十人，趋奏省闼。每岁时家宴，组佩辉映，以一榻置笏，重叠于其上。开元、天宝间，中外族属无缌麻之丧，其福履昌盛如此。东都私第门，琳与弟太子詹事珪、光禄卿瑶，俱列棨戟，时号'三戟崔家'。"

读枕函书，宝家藏笏，免使他人笑弗堂。（宋·刘克庄《沁园春·安得奇材》）

书之笏 指载录良言，以备进谏。《新唐书·魏征传》："朕顾思之，恐不免斯过。公卿侍臣可书之于笏，知而必谏也。"

临分出苦语，愿子书之笏。（宋·苏轼《送欧阳推官赴华州监酒》）

西山笏 指襟怀超凡脱俗。《世说新语·简傲》："王子猷作桓车骑参军。桓谓王曰：'卿在府久，比当相料理。'初不答，直高视，以手版拄颊云：'西山朝来，致有爽气。'"

拄笏西山一望，气与千崖高爽，天意属奇英。（宋·廖行之《水调歌头·凉吹起空阔》）

一床簪笏 见"家藏笏"。

一床簪笏人间盛，沉檀影里，笙歌沸处，齐捧瑶卮。（宋·无名氏《庆灵椿·瑞溪庭》）

几床牙笏 见"家藏笏"。

子既生孙，孙还又子，堆几床牙笏。（宋·刘克庄《念奴娇·风流八十》）

酷kù

古入声，二沃。逆暴～悲～惨～憯～荼～楚～寒～横～祸～艰～峻～苛～刻～苦～烈～焠～偏～扇～深～酸～痛～枉～威～衔～凶～遇～冤～怨～驵～顺～薄～暴～惨～偿～楚～耽～妒～恶～法～愤～害～寒～祸～苛～刻～滥～厉～烈～令～掠～殁～虐～贫～日～儒～嗜～霜～痛～喜～肖～炎～意～郁～政例须权元化柄，用拯中夏酷。（唐·皮日休《吴中苦雨因书一百韵寄鲁望》）隙驹莫叹年华速。新凉且喜消炎酷。（宋·张抡《醉落魄·流光转毂》）

喾(嚳)kù 古帝名。

古入声，二沃。逆轩～顺～敕

六lù 口读音。另见503页liù。

古入声，一屋。顺～安

陆(陸)lù 参见503页liù"六"。

古入声，一屋。逆北～博～川～丹

～东～二～阜～复～皋～高～顾～鸿～回～魁～陵～刘～陆～南～潘～皮～平～棋～翘～青～穷～秋～桑～沈～双～西～险～苋～小～熏～岩～炎～羊～夷～幽～原～源～朱～遵～顺～标～沉～程～驰～畜～船～道～弟～海～径～居～郎～离～丽～梁～陵～陆～掠～落～麦～门～溺～藕～衢～沈～师～疏～输～田～通～涂～王～吾～谢～业～叶～夷～羽～泽～珍～轴～走～作例地游穷北际，云崖尽西陆。（唐·许敬宗《奉和执契静三边应诏》）青山横苍林，赤日团平陆。（唐·王维《冬日游览》）

典**北陆** 指冬天或北方之地。《后汉书·律历志下》："日月之行，则有冬有夏。冬夏之间，则有春有秋。是故日行北陆谓之冬，西陆谓之春，南陆谓之夏，东陆谓之秋。"

推恩每觉东溟浅，吹律能令北陆暄。（唐·黄滔《鄜畤李相公》）

二陆 指陆云、陆机弟兄，后借指兄弟为才彦。

兄弟真二陆，声名连八裴。（唐·高适《酬裴员外以诗代书》）

陆沉 喻指隐居，或人才埋没。《史记·滑稽列传》："朔行殿中，郎谓之曰：'人皆以先生为狂。'朔曰：'如朔等，所谓避世于朝廷间者也……'时坐席中，酒酣，据地歌曰：'陆沉于俗，避世金马门。宫殿中可以避世全身，何必深山之中，蒿庐之下。'"

世人负一美，未肯甘陆沉。（唐·吴筠《题龚山人草堂》）

南陆 指秋天。见"北陆"。

南陆铜浑改，西郊玉叶轻。（唐·骆宾王《秋晨同淄川毛司马秋九咏·秋云》）

潘陆 西晋潘岳和陆机的并称，泛指文人学士。《南齐书·文学传论》："若无新变，不能代雄。建安一体，《典论》短长互出；潘陆齐名，机岳之文永异。"

潘陆应同调，孙吴亦异时。（唐·杜甫《暮春江陵送马大卿公恩命追赴阙下》）

西陆 指春天。见"北陆"。

整御当西陆，舒光丽上玄。（唐·刘禹锡《奉和中书崔舍人八月十五日夜玩月二十韵》）

优游慕陆 指赋闲著述。班固《答宾戏》："近者陆子优游，新语以兴。"李善注："郑玄曰：'优游，不仕也。'"陆指陆贾。

优游应慕陆，止足定师张。（唐·皎然《因游支硎寺寄邢端公》）

戮（*剹）lù

古入声，一屋。逆残～惨～谗～笞～辜～行～横～歼～翦～剿～窘～就～戡～剽～弃～擒～庶～讨～天～殄～枉～殃～隐～遭～斩～诛～株～追～斮～罪～顺～挫～没～民～人～辱～杀～社～身～尸～死～挞～笑～殃～勇～余～贼～罪例国为项籍屠，君同华元戮。（唐·张九龄《和黄门卢监望秦始皇陵》）障要智灯烧，魔须慧刀戮。（唐·白居易《和梦游春诗一百韵》）

鹿lù

古入声，一屋。逆白～麃～踣～触～得～樊～分～覆～鸹～衡～隍～掎～蕉～金～钜～猎～麟～鹿～梦～麋～鸣～麑～骑～秦～禽～困～失～蜀～天～挽～亡～文～五～玄～银～栈～争～指～朱～逐～撞～涿～紫～顺～柴～超～车～触～床～葱～铤～洞～菲～革～羹～箛～冠～醢～迒～藿～胶～蕉～巾～筋～聚～栎～卢～辂～鹿～马～门～梦～甓～鸣～麑衣～辇～女～皮～蹊～裘～散～豕～市～蜀～蹄～田～尾～文～巷～野～隐～囿～鱼～园～苑～帻～砦～寨～爪～撞～踪例长策挫吴豕，雄图竞周鹿。（唐·李百药《郢城怀古》）恐泥窜蛟龙，登危聚麋鹿。（唐·杜甫《三川观水涨二十韵》）

典**分鹿** 喻指争夺天下。东汉·班叔皮《王命论》："世俗见高祖兴于布衣，不达其故，以为适遭暴乱，得奋其剑。游说之士，至比天下于逐鹿，幸捷而得之。"李善注："太公《六韬》：'取天下若逐野鹿，得鹿，天下共分其肉。'"

梵志放花常恨晚，士师分鹿又成非。（宋·陆游《书意》）

秦鹿 指帝位。《史记·淮阴侯列传》："秦失其鹿，天下共逐之，于是高材疾足者先得焉。"

秦鹿奔野草，逐之若飞蓬。（唐·李白《登广武古战场怀古》）

逐鹿 指争夺政权。见"秦鹿"。

中原初逐鹿，投笔事戎轩。（唐·魏征《述怀》）

食苹鹿 指宴会之乐。《诗经·小雅·鹿鸣》："呦呦鹿鸣，食野之苹。我有嘉宾，鼓瑟吹笙。吹笙鼓簧，承筐是将。人之好我，示我周行。"

交交止栩黄，呦呦食苹鹿。（南北朝·谢灵运《过白岸亭诗》）

不德将鹿 指德政化民，也指铤而走险。《左传·文公十七年》："郑子家为书与晋之赵宣子曰：'小国之事大国也，德则其人也，不德则其鹿也，铤而走险，急何能择。'"杜预注："以德加己，则以人道相事。……言急则欲荫茠于楚，如鹿赴险。"

德绥及吾民，不德将鹿矣。（唐·畅当《自平阳馆赴郡》）

碌lù

古入声，一屋。逆丹～顿～凡～黄～活～厉～碌～石～琐～陶～淘～庸～碡～顺～都～碌～簌例望尘而拜者，朝夕走碌碌。（唐·白居易《送王处士》）乡关何处，华发缁尘，年来劳碌。（宋·秦观《石州慢·深院萧条》）

典**阿奴碌碌** 借指因不露锋芒而避免伤害。《世说新语·识鉴》："周伯仁母冬至举酒赐三子曰：'吾本谓度江托足无所，尔家有相，尔等并罗列吾前，复何忧？'周嵩起，长跪而泣曰：'不如阿母言。伯仁为人志大而才短，名重而识暗，好乘人之弊，此非自全之道；嵩性狼抗，亦不容于世；唯阿奴碌碌，当在阿母目下耳。'"

自愧阿奴真碌碌，不妨鉴井又踊跹。（宋·虞俦《甲寅十一月朔旦冬至二首》其一）

录（録）lù

古入声，二沃。逆褒～薄～實～标～钞～谶～齿～撮～胜～道～登～掇～符～骨～龟～鬼～横～籍～矜～旌～酒～钧～课～领～漫～梅～秘～品～裒～谱～钦～勐～铨～雀～僧～缮～省～试～述～图～显～详～序～学～要～野

～移～遗～逸～膺～宰～知～质～贮～撰～譔～追～纂～顺～白～本～第～牒～符～公～黄～籍～记～纪～爵～科～兰～录～略～民～命～目～事～书～图～橐～序～续～要～遗～影～治～子～奏例愧忝郎署迹，谬蒙君子录。（唐·韦应物《始除尚书郎，别善福精舍》）

典**鬼录** 指去世。三国魏·曹丕《与吴质书》："观其姓名，已为鬼录，追思昔游，犹在心目。"

千载龟城终失守，一堆鬼录漫留名。（唐·刘兼《蜀都道中》）

御屏录 借指地方官员受到皇上的赏识。《新唐书·循吏传序》："太宗尝曰：'朕思天下事，丙夜不安枕，永惟治人之本，莫重刺史，故录姓名于屏风，卧兴对之，得才否状，辄疏之下方，以拟废置。'"

御屏录了，冰衔换了，酷似香山居士。（宋·刘克庄《鹊桥仙·御屏录了》）

绿(綠)lù 另见452页lǜ。

古入声，二沃。逆鸭～顺～林

禄lù

古入声，一屋。逆薄～避～不～餔～辞～斗～干～耕～公～贡～穀～官～鹤～厚～回～解～爵～吏～廪～千～求～让～荣～生～尸～食～仕～受～天～田～外～微～无～餍～衣～祉～秩～顺～禀～臣～赐～蠹～饵～籍～爵～里～利～粮～料～廪～令～命～钱～亲～赏～食～使～仕～粟～箅～田～图～饩～相～饷～星～勋～养～邑～荫～隐～泽～直～祉～秩～胙～祚例负郭无良田，屈身徇微禄。（唐·岑参《郡斋闲坐》）上公有记者，累奏资薄禄。（唐·杜甫《客堂》）

典**回禄** 借指火灾。《左传·昭公十八年》："郑人助祝史除于国北，禳火于玄冥，回禄。"杜预注："回禄，火神。"

应是伽蓝当更造，岂关回禄故为灾。（宋·王炎《再赠平首座》）

万钟禄 指官高禄厚。《孟子·告子上》："万钟于我何加焉？为宫室之美、妻妾之奉、所识穷乏者得我与？"

庠斋三岁最无功，羞愧宣王禄万钟。（宋·苏辙《自陈适齐戏题》）

颜光禄 指能诗的官员。南朝梁·钟嵘《诗品》卷中《宋光禄大夫颜延之》："其源出于陆机，尚巧似。……汤惠休曰：'谢诗如芙蓉出水，颜如错采镂金。'"

昔闻颜光禄，攀龙宴京湖。（唐·李白《春日陪杨江宁及诸官宴北湖感古作》）

麓lù

古入声，一屋。逆翠～大～东～高～旱～衡～林～麓～纳～沙～山～岩～阴～岳～顺～林～麓～薮例舍舟复深山，窅窕一林麓。（唐·杜甫《客堂》）神祇戴元圣，君父纳大麓。（唐·权德舆《仲秋朝拜昭陵》）行府寄精庐，开窗对林麓。（唐·吴融《绵竹山四十韵》）

漉lù ①水慢慢地渗下。②过滤；捞取。

古入声，一屋。逆滴～巾～浸～淋～霖～泷～漉～囊～泥～沁～渗～淘～渥～沾～顺～池～巾～酒～酪～篱～囊～汔～网～血～鱼例海物竞骈罗，水怪争渗漉。（唐·皮日休《吴中苦雨因书一百韵寄鲁望》）

簏lù 竹篾编的盛物器。

古入声，一屋。逆厨～橱～胡～筐～囷～书～箱～竹～字～顺～簌～箱例注欲透承尘，湿难庇厨簏。（唐·皮日休《吴中苦雨因书一百韵寄鲁望》）

典**书簏** 指读书虽多却不知实用。《太平御览》卷六一六引南朝梁·沈约《俗说》："刘柳为仆射，傅迪为左丞。傅好读书而不解其义……刘道傅云：'读书虽多而无所解，可谓书簏。'"

自哂成书簏，终当咒酒卮。（唐·李商隐《咏怀寄秘阁旧僚二十六韵》）

箓(籙)lù ①古代帝王自称其受命于天的神秘文书。②道教的秘文。③竹箱。

古入声，二沃。逆宝～秘～昌～谶～翠～丹～道～地～帝～诰～龟～鬼～虎～黄～慧～金～诀～命～青～雀～受～天～图～仙～轩～玄～炎～玉～韫～主～顺～籍～练～图例惆怅未可归，宁关须采箓。（唐·宋之问《春湖古意》）王母瑶池鸾凤驭，麻姑金鼎神仙箓。（宋·丁黼《满江红·梅腊宾春》）

辘(轆)lù

古入声，一屋。逆孛～軞～秋孛～顺～轳～辘～轴例六十年来兵蔟蔟，月月食粮车辘辘。（唐·元稹《田家词》）

渌lù 水清。

古入声，二沃。逆杯中～春～芳～镜～酃～渌～醽～青～山～掏～淘～涨～顺～杯～波～池～泂～浆～酒～老～醽～水～图～醑～蚁例谁堪世事更相牵，惆怅回船江水渌。（唐·刘长卿《戏赠干越尼子歌》）

醁lù 美酒。

古入声，二沃。逆杯中～春～芳～酃～醽～甕头～顺～波～酒～醽～醽～醑例十分煎皋卢，半榼挽醽醁。（唐·皮日休《吴中苦雨因书一百韵寄鲁望》）裂管萦弦共繁曲，芳樽细浪倾春醁。（唐·温庭筠《夜宴谣》）

勠lù 并，合。

古入声，一屋。又：下平，十一尤同。顺～力

蓼lù 形容植物高大。另见553页liǎo。

古入声，一屋。逆蓼～顺～莪～萧

騄(騄)lù 骏马名。

古入声，二沃。顺～耳～骥～骏～骊～骐

典**骥騄** 喻指杰出人士。东汉·王充《论衡》卷一《逢遇》："夫能御骥騄者，必王良也；能臣禹、稷、皋陶者，必尧、舜也。"

曹刘骥騄骋，沈鲍鸿鹄举。（宋·陈造《次王尚书韵呈石湖》）

甪lù 甪里，地名。

顺～端～里～直

目mù

古入声，一屋。逆卑～比～畅～瞋～骋～驰～侈～赤～除～垂～存～动～斗～凡～反～方～放～凤～纲～刮～合～环～举～抉～夺～朗～凝～怒～青～穷～伤～拭～书～俗～天～兔～无～洗～心～溢～游～鱼～玉～在～朱～驻～纵～顺～瞠～成～触～断～耕～及～疾～见～禁～精～镜～莲～

迷～冥～瞑～逆～染～摄～数～笑～宿～验～揖～意～翳～语㊀步出城东门，试骋千里目。（唐·王维《冬日游览》）楚郭微雨收，荆门遥在目。（唐·刘长卿《江中晚钓，寄荆南一二相识》）

㊥**除目** 指古时除授官职的文书。《新五代史·刘延朗传》："帝欲罢晋高祖总督，徙镇郓州，乃令文遇手书除目，夜半下学士院草制，明日宣制，文武两班皆失色。"

除目解令丹灶坏，诏书能使草堂空。（宋·刘克庄《示同志》）

鲸目 指明月珠。《艺文类聚》卷八四引裴氏《广州记》："鲸鲵目，即明月珠，故死不见其目有精。"

皓曜迷鲸目，晶荧失蚌胎。（唐·李群玉《中秋越台看月》）

剔目 指妻子对丈夫忠贞不二。《新唐书·列女传》："玄龄微时，病且死，诿曰：'吾病革，君年少，不可寡居，善事后人。'卢泣入帷中，剔一目示玄龄，明无它。"

剔目信已笃，封耳何所从。（宋·蒲寿宬《古意》）

明四目 指君王体察下情、明察秋毫。《尚书·舜典》："询于四岳，辟四门，明四目，达四聪。"孔传："广视听于四方，使天下无壅塞。"孔颖达疏："明四方之目，使为己远视四方也。"

幸逢尧舜明四目，条理品汇皆得宜。（唐·韩愈《感春四首》其二）

断鸿远目 指情怀高妙浩远。魏·嵇康《赠秀才入军五首》其四："目送归鸿，手挥五弦。俯仰自得，游心泰玄。"

千里断鸿供远目，十年芳草挂愁肠。（宋·叶梦得《浣溪沙·小雨初回昨夜凉）

黄帝四目 指帝王睿智明察。《太平御览》卷七九引晋皇甫谧《帝王世纪》："力牧、常先、大鸿、神农……大山、稽鬼、臾区、封胡、孔甲等，或以为师，或以为将，分掌四方，各如己视，故号曰黄帝四目。"

黄帝有四目，帝舜重其明。（唐·韩愈《月蚀诗效玉川子作》）

烂烂电目 指目光犀利、洞察入微。《世说新语·容止》："裴令公目王安丰眼，烂烂如岩下电。"刘孝标注："王戎形状短小，而目甚清炤，视日不眩。"

牛背烂烂电目光，狂杀自谓元非狂。（宋·陆游《楼上醉书》）

离娄肆目 指明察秋毫。《孟子·离娄上》："孟子曰：'离娄之明，公输子之巧，不以规矩，不能成方圆。师旷之聪，不以六律，不能正五音；尧舜之道，不以仁政，不能平治天下。'"

离娄徒肆目，罔象乃通玄。（唐·张籍《罔象得玄珠》）

湘东一目 指南朝梁世祖萧绎。《南史·梁本纪·元帝纪》："世祖孝元皇帝讳绎，字世诚，小字七符，武帝第七子也。初，武帝梦眇目僧执香炉，称托生王宫。……天监七年八月丁巳生帝……封湘东王。……初生患眼，医疗必增，武帝自下意疗之，遂盲一目。"

湘东一目诚甘死，天下中分尚可持。（宋·黄庭坚《弈棋二首呈任渐》）

木mù

㊀入声，一屋。㊀抱～兵～草～尺～楚～断～扶～槁～拱～孤～韩朋～寒～佳～嘉～樛～连理～灵～落～蟠～乔～檗～秋～人～荣～瑞～若～森～霜～苏～围～文～乌～衔～相思～香～秀～瑶～缘～择～贞～珍～朱～斫～㊀～铎～笏～精～兰～龙～落～蜜～杪～末～母～奴～蕖～圣～石～樨～香～叶～芝～主㊀幂幂涧畔草，青青山下木。（唐·宋之问《温泉庄卧病寄杨七炯》）流月挥金戈，惊风折寒木。（唐·寇泚《度涂山》）

㊥**恶木** 指不良的人或环境。晋·陆机《猛虎行》："渴不饮盗泉水，热不息恶木阴。"李善注："《管子》曰：夫士怀耿介之心，不荫恶木之枝。恶木尚能耻之，况与恶人同处！"

不栖恶木上，肯蹈巴蛇穴。（唐·皎然《荅黎士曹黎生前适越后之楚》）

风木 比喻父母亡故，不及奉养。《韩诗外传》："皋鱼曰：'吾失之三矣。……夫树欲静而风不止，子欲养而亲不待，往而不可追者年也，去而不可得见者亲也。"

先垄每怀风木夜，画堂无复彩衣时。（唐·牟融《翁母些》）

拱木 借指殇逝。《左传·僖公三十二年》："蹇叔哭之曰：'孟子，吾见师之出而不见其入也。'公使谓之曰：'尔何知？中寿，尔墓之木拱矣。'"

埋玉不可见，拱木徒兴悲。（宋·王之道《吊魏敏功赠住庵通老》）

蟠木 指盘曲而难以为器的树木。喻指人不成材。汉·邹阳《狱中上书自明》："蟠木根柢，轮囷离奇，而为万乘器者，何则？以左右先为之容也。"

汉家贤相重英奇，蟠木何材也见知。（唐·钱起《同程九早入中书》）

乔木 亦作"乔柯""乔林"。指故国或故里。《孟子·梁惠王下》："孟子见齐宣王，曰：'所谓故国者，非谓有乔木之谓也，有世臣之谓也。'"

帝乡乔木在，空见白云还。（唐·皎然《题报德寺清幽上人西峰》）

散木 亦作"散材""散才"。指无用之材。《庄子·人间世》："匠石之齐，至乎曲辕，见栎社树……匠伯不顾，遂行不辍。弟子厌观之，走及匠石，曰：'自吾执斧斤以随夫子，未尝见材如此其美也。先生行，不肯视，何耶？'曰：'已矣，勿言之矣！散木也！以为舟则沉，以为棺椁则速腐，以为器则速毁，以为门户则液樠，以为柱则蠹，是不材之木也，无所可用，故能若是之寿。'"

野人无本意，散木任天材。（唐·戴叔伦《酬赠张众甫》）

山木 借指不成器或不乐于仕进的人。《庄子·山木》："庄子行于山中，见大木枝叶盛茂，伐木者止其旁而不取也，问其故，曰无所可用。庄子曰：'此木以不材，得终其天年。'"

岂徒山木寿，空与麋鹿群。（唐·陈子昂《感遇诗三十八首》其二十四）

沟中木 指被弃置的人或者物。《庄子·天地》："百年之木，破为牺尊，青黄而文之，其断在沟中。比牺尊于沟中之断，则美恶有间矣，其于失性一也。”

沟中木断谁曾问，空里蓬征自不知。（宋·陆游《水亭偶题》）

峄阳木 亦作“峄山干”“峄山树”。借指琴瑟质量好。《尚书·夏书·禹贡》：“峄阳孤桐，泗滨浮磬。”旧题汉孔安国传：“孤，特也。峄山之阳，特生桐，中琴瑟。”

材抽峄山干，徽点昆丘玉。（唐·王绩《古意六首》其一）

八公草木 形容心情极为紧张和恐惧。《晋书·苻坚载记下》：“坚与苻融登城而望王师，见部阵齐整，将士精锐，又北望八公山上草木皆类人形，顾谓融曰：‘此亦劲敌也，何谓少乎？’怃然有惧色。”

疑是彼、八公草木，得神明、相亮不相猜。（宋·王质《八声甘州·气佳哉烟紫石头城》）

平泉草木 供人消闲娱乐的场所。唐·高骈《剧谈录》卷下“李相国宅”：“平泉庄去洛城三十里，卉木台榭，若造仙府。有虚槛，前引泉水萦回，穿凿像巴峡洞庭十二峰九派，迄于海门。皆隐隐见云霞龙凤草树之形。”

平泉草木须臾梦，金谷莺花一撮尘。（宋·洪咨夔《谨和老人初冬寓笔十绝》）

沐mù

古入声，一屋。逆宠～出～赐～膏～盥～灌～骇～浣～颒～靧～精～溟～潘～飘～勤～三～梳～汤～陶～握～晞～新～衅～髹～熏～斋～沾～辄～甄～濯～顺～恩～芳～骨～冠～椁～猴～稷～金～兰～礼～粱～狰～日～食～树～胥～熏～泳～雨～猿～泽～栉～肿～濯例狐兔时游践，霜露日沾沐。（唐·李百药《郢城怀古》）群峰郁初霁，泼黛若鬟沐。（唐·顾况《华山西冈游赠隐玄叟》）

典**三熏沐** 指对待事物极其隆重。《国语·齐语》：“（管仲）比至，三衅三浴之。桓公亲迎之于郊。”韦昭注：“以香涂身曰衅，亦或为‘薰’。”

诸儒受业三熏沐，贤守收功一指挥。（宋·陈造《次韵章守移学》）

幕mù

古入声，十药。逆碧～巢～除～楚～褚～毳～翠～飞～藉～厕～锦～绝～黎～莲～僚～露～鸾～络～辟～绮～入～邃～繐～缇～天～卫～雾～雪～燕～野～疑～茵～游～云～张～顺～北～宾～次～从～道～殿～覆～竿～官～吏～梁～罗～南～士～属～朔～厅～庭～位～屋～席～下～胥～燕～帟～游～友～职～柱例怨澹不胜情，低回拂帘幕。（唐·元稹《三月二十四日宿曾峰馆夜对桐花寄乐天》）敧松倚朱幰，广石屯油幕。（唐·卢纶《奉陪侍中游石笋溪十二韵》）

典**巢幕** 喻处境危险。《左传·襄公二十九年》：“夫子之在此也犹燕之巢于幕上。”杨伯峻注：“幕即帐幕，随时可撤，燕巢于其上至为危险。”

乘轩宁见宠，巢幕更逢危。（唐·李商隐《咏怀寄秘阁旧僚二十六韵》）

莲幕 亦作“芙蓉幕”。指显贵的幕府。《南史·庾杲之传》：“王俭谓人曰：‘昔袁公作卫军，欲用我为长史，虽不获就，要是意向如此。今亦应须如我辈人也。’乃用杲之为卫将军长史。安陆侯萧缅与俭书曰：‘盛府元僚，实难其选。庾景行汎渌水，依芙蓉，何其丽也。’时人以入俭府为莲花池，故缅书美之。”

莲花幕下风流客，试与温存谴逐情。（唐·韩偓《寄湖南从事》）

六幕 指天地四方。《汉书·礼乐志》载《郊祀歌·天门》：“于精厉意逝九阂，纷云六幕浮大海。”

今朝驿道千里平，而况六幕俱空明。（宋·孔武仲《发光山》）

卫幕 亦作“卫青开幕”。用为比照写幕府军事。《汉书·李广传》：“莫府省文书。”晋灼注：“或曰，卫青征匈奴，绝大莫，大克获，帝就拜大将军于幕中府，故曰莫府。莫府之名始于此也。”

卫幕衔恩重，潘舆送喜频。（唐·杜甫《奉贺阳城郡王太夫人恩命加邓国太夫人》）

牧mù

古入声，一屋。逆邦～伯～楚～德～典～奠～革～官～衡～侯～郊～茭～京～荆～井～九～郡～老～良～领～马～民～明～南～谦～樵～荛～人～垧～神～守～司～薮～童～贤～养～夷～圉～岳～宰～治～舟～州～周～孳～自～顺～伯～曹～刍～道～羝～丁～夫～副～工～宫～监～令～靡～骑～人～身～室～守～竖～司～田～相～啸～宿～养～野～渔～圉～苑～宰～长～正～子～字～倅例秉愿守樊圃，归闲欣艺牧。（唐·宋之问《温泉庄卧病寄杨七炯》）田父草际归，村童雨中牧。（唐·王维《宿郑州》）

典**岳牧** 喻指封疆大吏。《史记·伯夷列传》：“尧将逊位，让于虞舜，舜禹之间，岳牧咸荐，乃试之于位，典职数十年。”

来往神仙同碧落，后先岳牧总词人。（宋·文天祥《宴交代宁国孟知府致语口号》）

阿坚南牧 指少数民族军队南犯。阿坚即苻坚，曾率大军南征，败于淝水。见《晋书·苻坚载记下》。

阿坚百万南牧，倏忽长驱吾地。（宋·李纲《喜迁莺·长江千里》）

十羊九牧 比喻官多民少，赋税剥削很重。也比喻使令不一，无所适从。《隋书·杨尚希传》：“所谓民少官多，十羊九牧。”

九牧谁为十羊主，百冠当念一人髽。（宋·华岳《悉事》）

睦mù

古入声，一屋。逆慈～笃～惇～贵～还～和～欢～缉～邻～睦～内～平～柔～肃～悌～孝～协～修～褒～一～邕～雍～友～顺～爱～崇～睦～亲～忍～孰～姻～雍～友～族例刘阮心渐忘，潘杨意方睦。（唐·白居易《和梦游春诗一百韵》）只今一苇视苕溪，见天伦雍睦。（宋·程大昌《好事近·我里比侨居》）

穆mù

古入声，一屋。逆安～澄～冲～敦～和～化～浑～辑～简～穆～洽～亲～清～淑～睟～恬～微～熙～谐～玄～淹～邕～雍～渊～悦～允～昭～贞～周～顺～哀～卜～

畅～歌～行～护～静～满～穆～亲～清～然～如～若～生～肃～天子～王～悫～宣～耀～羽～远例多士春林秀，作颂清风穆。（唐·唐尧臣《金陵怀古》）

典**奉书朱穆**　指尊师重道。《后汉书·朱穆传》："时同郡赵康叔盛者，隐于武当山，清静不仕，以经传教授。穆时年五十，乃奉书称弟子。及康殁，丧之如师。其尊德重道，为当时所服。"

未数奉书朱穆，窃笑表微拭镜，接武引群仙。（宋·无名氏《水调歌头·学易喜加数》）

鹜(鶩)mù　旧读。另见394页wù。

霂mù　小雨。

古入声，一屋。逆霡～顺～霂例千日浇灌功，不如一霡霂。（唐·白居易《喜雨》）

苜mù

古入声，一屋。顺～蓿

曝pù　晒。

古入声，一屋。逆炽～负～芹～晒～献～盐～偃～顺～裈～芹～腮～鳃～书～巫～献～昳例搀抢如云勃，鲸鲵旋自曝。（唐·唐尧臣《金陵怀古》）

典**献曝**　用以馈赠或建议。《列子·杨朱》："昔者宋国有田夫，常衣缊黂，仅以过冬。暨春东作，自曝于日，不知天下之有广厦隩室，緜纩狐貉。顾谓其妻曰：'负日之暄，人莫知者，以献吾君，将有重赏。'"

有怀将献曝，无愠亦歌风。（明·邵宝《南轩为陈廷仪赋》）

暴pù　晒。另见560页bào。

古入声，一屋。逆槁～枯～顺～背～兵～陈～骨～浣～列～鳞～面～明～鳃～师～室～首～尪～尫～威～赟～巫～显～言～扬～章～着～炙～灼～坐例孜孜戒吾属，天物不可暴。（唐·陆龟蒙《南泾渔父》）

瀑pù　瀑布。另见561页bào。

古入声，一屋。逆迸～冰～飞～渍～千丈～泉～山～松～湍～悬～瀑～岩～雨～顺～练～溜～流～泉～水例乔林百丈偃，飞水千寻瀑。（唐·杨炯《广溪峡》）何况露白风清，银河澈汉，仿佛如悬瀑。（宋·陆淞《念奴娇·黄橙紫蟹》）

入rù

古入声，十四缉。逆悖～孱～顿～番～俸～鹏～彀～鬼～涸～阑～量～禄～旁～日～锐～岁～未～悟～先～延～邑～诣～赢～长～征～租～顺～禅～朝～褚～德～等～阁～贡～彀～谷～馆～宦～赍～己～禁～觐～井～帘～林～梅～妙～木～幕～囊～泮～迁～趣～塞～山～圣～室宾～粟～瓮～献～庠～谢～玄～用～月～梓～缵～纂例官仓鼠雀群，共待新租入。（唐·齐己《耕叟》）

典**画地难入**　喻指遭受囚禁的耻辱。司马迁《报任安书》："故士有画地为牢势不入，削木为吏议不对，定计于鲜也。"

画地终难入，书空自不安。（唐·骆宾王《畴昔篇》）

一瓢风入　喻清高自守，隐居遁世。《太平御览》卷七六二引"琴操"："许由无杯器，常以手捧水。人以一瓢遗之，由操饮毕，以瓢挂树。风吹树，瓢动，历历有声，由以为烦扰，遂取捐之。"

一瓢风入犹嫌闹，何况人间万种人。（唐·汪遵《箕山》）

东门忧不入　用作丧子自宽的典故。《列子·力命》："魏人有东门吴者，其子死而不忧。其相室曰：'公之爱子天下无有，今子死不忧，何也？'东门吴曰：'吾常无子，无子之时不忧。今子死，乃与向无子同，臣奚忧焉。'"

东门忧不入，西河遇亦深。（唐·顾况《大茅岭东新居忆亡子从真》）

肉rù　旧读。另见504页ròu。

古入声，一屋。

蓐rù　草席。

古入声，二沃。逆草～诞～就～临～落～卧～席～茵～在～竹～追～顺～妇～劳～母～恼～食～收～医～蚁～中例池流渡清泚，草嫩蹋绿蓐。（唐·白居易《和梦游春诗一百韵》）

缛(縟)rù　①繁密的彩饰。②繁多，烦琐。

古入声，二沃。逆稠～典～雕～敦～烦～纷～丰～浮～华～焕～丽～绿～靡～浓～秾～绮～赡～通～婉～文～纤～鲜～缃～雅～缊～藻～顺～采～彩～节～礼～丽～绣～组例川霁湘山孤，林芳楚郊缛。（唐·赵冬曦《奉和张燕公早霁南楼》）

褥rù　坐卧的垫子。

古入声，二沃。逆拜～烦～凤～锦～衾～却尘～柔毫～条～席～茵～裀～氈～重～顺～位例紫霞或旁映，绮段铺繁褥。（唐·吴融《绵竹山四十韵》）半卷锦头席，斜铺绣腰褥。（唐·白居易《和梦游春诗一百韵》）

溽rù　湿润。

古入声，二沃。逆烦～晦～祥～润～暑～歊～炎～燠～蒸～顺～景～露～润～夏～蒸例节变风绪高，秋深露华溽。（唐·刘祎之《酬郑沁州》）

术(術)shù　参见407页zhú"朮"。

古入声，四质。逆兵～谶～丹～蛾～风～讽～符～鸿～幻～机～计～经～礼～妙～鹏～衢～儒～啬～书～纬～星～玄～魇～蚁～异～阴～隐～郁～杂～长～顺～道～法～鹄～籍～计～家～径～客～路～略～谋～阡～衢～人～施～学～业～艺～薮～者～知～智～追例屡往心独闲，恨无理人术。（唐·韦应物《任鄠令渼陂游眺》）

典**越人术**　指医术高明。越人即秦越人，即扁鹊。见《史记·扁鹊仓公列传》。

曾无越人术，竟起汉臣嗟。（宋·梅尧臣《晨起裴吴二直讲过门云风阁韩舍人物故作五》）

枕中术　借指神仙道术。《汉书·楚元王传》附《刘向传》："上复兴神仙方术之事，而淮南有《枕中鸿宝》、《苑祕书》。书言神仙使鬼物为金之术。"颜师古注："《鸿宝》《苑祕》书并道术篇名，臧在枕中，言常存录之不漏泄也。"

仍闻枕中术，曾授汉淮王。（唐·于鹄《题服柏先生》）

白猿剑术　指剑术精绝。东汉赵晔《吴越春秋》："越有处女，出于南林，国人称善。……越王乃使使聘之，问以剑戟之术。处女将北见于王，道逢一翁，自称曰袁公。问于处女：'吾闻子善剑，愿一见之。'女曰：'妾不敢有所隐，惟公试之。'于是袁公即杖箖箊竹，竹枝上颉桥末堕地。女即捷末，袁公则飞上树，变为白猿，遂别去。"

白猿惭剑术，黄石借兵符。（唐·李白《中丞宋公以吴兵三千赴河南》）

述shù

㊀入声，四质。㊁褒～编～俩～撮～殚～递～蛾～敷～继～笺～诫～具～沥～缕～枚～缅～铭～披～篇～启～罄～删～殊～嗣～诵～颂～诉～溯～谈～条～推～勿～宣～郁～赞～讃～造～昭～甄～诸～箸～譔～祖～纂～遵～作～㊂～荡～附～怀～律～命～容～圣～事～修～序～叙～宣～演～咏～语～载～赞～造～制～撰～奏～祖～遵～作㊃荣枯咫尺异，惆怅难再述。（唐·杜甫《自京赴奉先县咏怀五百字》）

束shù

㊀入声，二沃。㊁隘～偪～逼～缠～纯～粗～砥～阁～锢～棺～裹～禾～縠～徽～羁～检～角～解～矜～窘～拘～局～卷～敛～牵～铃～钳～箝～陗～屈～権～遶～森～绳～绾～狭～险～俨～要～余～窄～栉～斸～㊂～帛～柴～车～楚～阁～躬～股～桂～骸～蒿～甲～缣～检～教～诫～金～锦～栝～浪～累～理～燎～流～马～囊～脯～蒲～篾～刃～衽～颡～矢～首～书～素～笋～缩～绦～题～苇～尾～伍～物～薪～脩～勖～崖～烟～仪～意～影～蕴～载～置～躅㊃结念凭幽远，抚躬曷羁束。（唐·张九龄《晨坐斋中偶而成咏》）鲁缟如白烟，五缣不成束。（唐·李白《送鲁郡刘长史迁弘农长史》）

㊄**携一束**　借指清贫。唐·韩愈《示儿》："始我来京师，止携书一束。"

即今独擅百弓地，当日惟携一束书。（宋·刘克庄《饮良翁宫教新第二首》其二）

沭shù　水名。

㊀《广韵》：入声，术韵。㊁沂～㊂～河～水

速sù

㊀入声，一屋。㊁暴～不～遄～促～都～独～笃～烦～忿～诡～忽～荒～慌～峻～敏～飘～迫～撲～逡～赡～星～淹～邀～侥～逸～欲～躁～斋～招～昭～㊂～谤～宾～雠～斗～独～断～夫～福～患～祸～疾～忌～驾～捷～咎～刻～客～寇～累～戾～忙～伤～胜～讼～算～檀～殄～帖～途～香～朽～严～易～忧～尤～狱～怨～灾～藻～诛～拙～罪㊃上宰议扬贤，中阿感桓速。（唐·张九龄《和黄门卢监望秦始皇陵》）声吹鬼神下，势阅人代速。（唐·杜甫《三川观水涨二十韵》）俯怜老期近，仰视日车速。（唐·鲍溶《秋思三首》其二）

粟sù

㊀入声，二沃。㊁陈～锄～丹～登～甸～斗～飞～赋～稟～谷～官～寒～禾～红～肌～积～嘉～金～廪～芦～禄～纳～乳～蛇～菽～输～霜～税～脱～握～摇枝～邑～银～玉～赠～秩～周～转～訾～㊂～错～金～栗～粒～眉～米～斯～特～土～文～秩㊃耻涉太行险，羞营覆车粟。（唐·李白《空城雀》）暂弭西园盖，言事东皋粟。（唐·李峤《和同府李祭酒休沐田居》）

㊄**红粟**　指米储藏过久而变成红色，也指粮食丰足。《汉书·贾捐之传》："至孝武皇帝元狩六年，太仓之粟红腐而不可食。"颜师古注："粟久腐坏，则色红赤也。"

青衫乍见曾惊否，红粟难赊得饱无。（唐·白居易《和张十八秘书谢裴相公寄马》）

脱粟　形容生活俭朴或生活艰苦。《晏子春秋·内篇》："衣十升之布，食脱粟之食。"

老夫缆亦解，脱粟朝未餐。（唐·杜甫《别董颋》）

覆车粟　借指追求非分的享受或贪图小利，也指麻雀。《艺文类聚》卷九二引《益都耆旧传》："杨宣为河内太守，行县，有群雀鸣桑树上。宣谓吏曰：'前有覆车粟，此雀相随，欲往食之。'行数里，果如其言。"

耻涉太行险，羞营覆车粟。（唐·李白《空城雀》）

海陵粟　指州县储粮。《汉书·枚乘传》："转粟西乡，陆行不绝，水行满河，不知海陵之仓。"

量空海陵粟，赐乏水衡钱。（唐·张继《酬李书记校书越城秋夜见赠》）

天雨粟　指苍颉创造文字后，天落粟如雨。《淮南子·本经训》："昔者苍颉作书，而天雨粟、鬼夜哭。"高诱注："苍颉始视鸟迹之文造书契，则诈伪萌生，诈伪萌生则去本趋末、弃耕作之业而务锥刀之利。天知其将饿，故为雨粟。"

文人古来例寒饿，安得野蚕成茧天雨粟。（宋·黄庭坚《戏和于寺丞乞王醇老米》）

一斗粟　借指兄弟相争。《史记·淮南王列传》记载汉文帝处理淮南王谋逆案时，导致淮南王自杀，"孝文十二年，民有作歌，歌淮南厉王曰：'一尺布，尚可缝；一斗粟，尚可舂；兄弟二人不能相容。'"

汉谣一斗粟，不与淮南舂。（唐·李白《箜篌谣》）

不食周粟　指忠贞坚定，不背叛故国故君。《史记·伯夷列传》："武王已平殷乱，天下宗周，而伯夷、叔齐耻之，义不食周粟，隐于首阳山，采薇而食之。"

周粟恶不食，双目且饿瞑。（宋·强至《伯夷诗》）

贷监河粟　指借贷求援不得，亦指解决问题的思路是错的。《庄子·外物》："庄周家贫，故往贷粟于监河侯。监河侯曰：'诺，我将得邑金，将贷子三百金，可乎？'庄周忿然作色曰：'周昨来，有中道而呼者，周顾视，车辙中有鲋鱼焉。周问之曰："鲋鱼来，子何为者邪？"对曰："我东海之波臣也，君岂有斗升之水而活我哉？"周曰："诺，我且南游吴越之王，激西江之水而迎子，可乎？"鲋鱼忿然作色曰："吾失我常，与我无所处，吾得斗升之水然活耳，君乃言此，曾不如早索我于枯鱼之肆。"'"

监河受贷粟，一起辙中鳞。（唐·杜甫《奉赠萧二十使君》）

太仓一粟　喻事物极渺小。《庄子·秋水》："计四海之在天地之间也，不似礨空之在大泽乎？计中国之在海内，不似稊米之在大仓乎？"

我抚沧桑怀太古，一粟太仓渺何许。（清·谭钟钧《边关行》）

玉肌无粟　指事物色泽可爱，也用以咏赵飞燕。汉·伶玄《赵飞燕外传》："夜雪……飞燕露立，闭息顺气，体温舒亡疹粟。"

商略前身是飞燕，玉肌无粟立黄昏。（宋·陆游《雪后寻梅偶得绝句十首》其五）

宿（*宿）sù　另见495页xiǔ、510页xiù。

古入声，一屋。逆齿～递～迭～逗～独～顿～番～隔～豁～兼～客～旅～眠～栖～棲～耆～寝～三～膳～侍～屯～瘖～宵～信～御～寓～斋～长～中～驻～尊～顺～靄～逋～藏～酲～齿～春～雠～雏～楚～德～蠹～分～福～顾～憾～豪～慧～火～计～襟～客～鹭～露～懵～墨～腻～鸟～栖～惄～勤～情～粮～儒～膳～士～世～土～卫～雾～夕～习～隙～瑕～心～雪～意～雨～寓～缘～云～障～止～篆～妆～罪例万里桥边多酒家，游人爱向谁家宿。（唐·张籍《成都曲》）如行武陵暮，欲问桃花宿。（唐·杜甫《赤谷西崦人家》）

典**齿宿**　指老年而表露才华。《新唐书·李百药传》："李百药字重规，定州安平人。……帝尝与偕赋《帝京篇》，叹其工，手诏曰：'卿何身老而才之壮，齿宿而意之新乎？'卒，年八十四，谥曰康。"

齿宿何妨意尚新，向来误认假为真。（宋·刘克庄《次韵林太渊二首》其二）

肃（肅）sù

古入声，一屋。逆惨～澄～弹～祇～端～敦～恭～寒～闳～激～简～矜～谨～惊～静～峻～宽～厉～凛～凝～齐～谦～虔～勤～清～遒～森～沈～慎～肃～体～威～畏～玄～俨～阴～迎～雍～渊～斋～贞～振～震～庄～尊～顺～拜～步～倡～唱～陈～呈～澄～黜～纯～澹～督～遏～纷～风～奉～服～覆～给～恭～函～和～驾～柬～将～截～戒～谨～敬～靖～军～客～括～励～栗～烈～懋～睦～虔～勤～如～森～昚～慎～省～疏～霜～爽～肃～物～心～迓～晏～谒～衣～揖～壹～膺～邕～雍～雝～振～震～整～祇～志～治～庄～坐例公门何清静，列戟森已肃。（唐·王昌龄《酬鸿胪裴主簿雨后北楼见赠》）

缩（縮）sù　植物名。另见52页suō。

古入声，一屋。顺～砂密

夙sù　早。

古入声，一屋。逆昏～名～耆～宵～震～尊～顺～爱～本～秉～禀～成～诚～仇～达～德～凋～分～负～根～构～孤～好～怀～慧～见～旧～就～龄～敏～慕～诺～期～契～儒～沙～尚～生～世～素～望～闻～悟～夕～昔～习～宵～心～兴～业～谊～意～因～缘～怨～陨～殒～知～志～智

蔌sù

古《广韵》：入声，屋韵。逆录～朴～山～蔬～蔌～肴～殽～野～鱼～顺～蔌例又有墙头千叶桃，风动落花红蔌蔌。（唐·元稹《连昌宫词》）曲沼芙蓉香馥郁，长汀芦荻花敕蔌。（唐·徐光溥《题黄居寀秋山图》）

𫗧（餗）sù　鼎中的食物。

古入声，一屋。逆鼎～覆～公～庖～饪～殽～例良将授兵符，直臣调鼎𫗧。（唐·权德舆《仲秋朝拜昭陵》）

簌sù

古《集韵》：入声，屋韵。逆底～琭～碌～簏～扑～朴～簌～战～顺～落～簌例万树绿低迷，一庭红扑簌。（唐·无名氏《后庭宴》）

骕（驌）sù

古《广韵》：入声，屋韵。逆骕～顺～骦～骕

涑sù　水名。

古入声，一屋。顺～水～水河～水翁

觫sù　觳觫，恐惧貌。

古入声，一屋。逆觳～抖～斛～觳～觫～顺～觫例十钱赁一轮，逢上鸣斛觫。（唐·皮日休《吴中苦雨因书一百韵寄鲁望》）

典**觳觫**　指恐惧而抖动。《孟子·梁惠王上》："吾不忍其觳觫，若无罪而就死地。"

穿烟泉潺湲，触竹犊觳觫。（唐·皮日休《奉和鲁望叠韵双声二首·叠韵山中吟》）

谡（謖）sù

古入声，一屋。逆谡～斩马～顺～尔～然～谡例红药雾霏霏，瑶草风谡谡。（明·申佳允《师张检讨居》）

典**松风谡谡**　指仪度优美。《世说新语·赏誉》："世目李元礼谡谡如劲松下风。"刘孝标注引《李氏家传》："膺岳峙渊清，峻貌贵重。"

茶鼎松风吹谡谡，香奁云缕散馡馡。（宋·陆游《独坐》）

物wù

古入声，五物。逆傲～超～朝～敦～风～赋～格～徽～赍～济～寄～假～角～彀～类～理～凌～隆～美～品～齐～然～瑞～丧～善～殊～俗～陶～体～微～象～效～宿～恤～役～婴～咏～游～余～遇～御～寓～众～状～综～顺～帛～范～阜～估～故～怪～官～和～候～斛～华～惑～忌～际～竞～恺～累～灵～马～貌～魅～名～命～穆～气～牲～势～探～图～土～外～望～我～象～心～雄～序～宜～役～意～隐～诱～誉～直～状～宗～祖例昨夜一霎雨，天意苏群物。（唐·孟郊《春雨后》）穷通与荣悴，委运随外物。（唐·白居易《曲江感秋二首》其一）非是尘中不染尘，焉得物外通无物。（唐·吕岩《七言》）

典**大物**　指众生和土地。《庄子·在宥》："夫有土者，有大物也。有大物者，不可以物；物而不物，故能物物。"唐成玄英疏："九五尊高，四海弘巨，是称大物也。明乎物物者之非物也，岂独治天下百姓而已哉！"

北伐中原捷，南归大物更。（宋·方回《诗思十首》其一〇）

英物　指杰出的人才。《晋书·桓温传》："（桓温）生未期而太原温峤见之曰：'此儿有奇骨，可试使啼。'及闻其声，曰：'真英物也！'"

公家余庆得英物，渥洼自有名家驹。（宋·仲并《深正卿得男以诗

庆之》）

长物 指多余的或闲置的东西。《世说新语·德行》："（王大）见其坐六尺簟，因语恭：'卿东来，故应有此物，可以一领及我。'恭无言。大去后，即举所坐者送之。既无余席，便坐荐上。后大闻之，甚惊曰：'吾本谓卿多，故求耳。'对曰：'丈人不悉恭，恭作人无长物。'"

但恐人间为长物，不如林下作遗民。（唐·白居易《狂吟七言十四韵》）

阿堵物 借指钱币。《世说新语·规箴》："王夷甫雅尚玄远，常嫉其妇贪浊，口未尝言钱字。妇欲试之，令婢以钱绕床不得行。夷甫晨起，见钱阂行，呼婢曰：'举却阿堵物。'"

平生阿堵物，畴能字之兄。（宋·韩元吉《寄赵德庄以过去生中作弟兄为韵七首》其一）

杯中物 借指酒。晋·陶渊明《责子》："天运苟如此，且进杯中物。"

赖有杯中物，还同海上鸥。（唐·杜甫《巴西驿亭观江涨呈窦使君二首》其一）

感故物 指不忘旧物。《韩诗外传》卷九："孔子出游少源之野，有妇人中泽而哭，其音甚哀。孔子使弟子问焉，曰：'夫人何哭之？'哀妇人曰：'乡者刈蓍薪，亡吾蓍簪，吾是以哀也。'弟子曰：'刈蓍薪而亡蓍簪，有何悲焉？'妇人曰：'非伤亡簪也，盖不忘故也。'"

人生感故物，慷慨有余悲。（唐·杜甫《水槛》）

齐万物 将万物看作一样的。《庄子·内篇·齐物论》晋郭象注："夫自是而非彼，美己而恶人，物莫不皆然。然，故是非虽异而彼我均也。"

皇心齐万物，何处不同尘。（唐·张说《奉和圣制经河上公庙应制》）

傥来物 指不意而得的东西。《庄子·缮性》："物之傥来，寄者也。寄之，其来不可圉，其去不可止。"成玄英疏："傥者，意外忽来者耳。"

轩车傥来物，从此贱吾曹。（唐·张博望《送贺秘监归会稽诗》）

篱壁间物 指乡间的平常物产。《世说新语·排调》："桓玄素轻恒崖，崖在京下有好桃，玄连就求之，遂不得佳者。玄与殷仲文书以为嗤笑曰：'德之休明，肃慎贡其楛矢；如其不尔，篱壁间物亦不可得也。'"

安知篱壁间，亦有尤物耶。（宋·刘克庄《池上榴花一本盛开》）

茂先博物 指学识渊博的文士。《晋书·张华传》："张华字茂先……华学业优博，辞藻温丽，朗赡多通，图纬方伎之书莫不详览。……著《博物志》十篇，及文章并行于世。"

茂先惭博物，平子谢文章。（唐·李隆基《送张说巡边》）

青毡旧物 指珍贵的祖传物品。《晋书·王献之传》："夜卧斋中，而有偷人入其室，盗物都尽，献之徐曰：'偷儿，青毡我家旧物，可特置之。'群偷惊走。"

管泥封飞下，沙堤归来，光复青毡旧物。（宋·哀长吉《瑞鹤仙·小春天未雪》）

周穆念物 指君王体察疾苦，亦用以咏雪。《穆天子传》卷五："日中大寒，北风雨雪，有冻人。天子作诗三章以哀民，曰：我徂黄竹……礼乐其民。"

念物希周穆，含毫愧惠连。（唐·李咸用《雪十二韵》）

勿 wù

古入声，五物。逆顿～居～密～蜜～四～勿～幸～顺～拜～齿～吉～蓊～论～宁～述～罔～勿～药～已

例君诚中兴主，经纬固密勿。（唐·杜甫《北征》）

兀 wù

①高耸特出貌。②浑噩无知貌。

古入声，六月。逆奡～傲～摧～鹘～马～飘～蜀山～睡～兀～摇～屹～仄～崒～顺～岸～奡～尔～良～硉～日～首～突～兀～者～自～坐

例忽然为枯木，微兴遂如兀。（唐·常建《白龙窟泛舟寄天台学道者》）

卼 wù

不安貌。

古《广韵》：入声，没韵。逆𡰪～

杌 wù

①不安定。②树木无枝。③小凳。

古入声，六月。逆楚～梓～动～槁～马～梼～突～屠～杌～嚚～郁～崭～顺～槸～梲～陧～𡰪～杌

例晨兴雨更澍，邑屋已陧杌。（宋·董嗣杲《甲戌八月初九夜武康山中洪水骤发》）

典**梼杌** 指愚顽而凶恶之人。《左传·文公十八年》："颛顼有不才子，不可教训，不知诂言，告之则顽，舍之则嚚，傲狠明德，以乱天常，天下之民，谓之梼杌。"

梼杌宽之久，防风戮不行。（唐·李商隐《送千牛李将军赴阙五十韵》）

蓿 xu

古入声，一屋。逆苜～

例可怜先生盘，朝日照苜蓿。（宋·苏轼《书晁补之所藏与可画竹三首》其三）

祝 zhù

古入声，一屋。逆暗～策～祠～赐～大～祷～符～蛊～吉～进～酹～禖～盟～祕～默～祈～瑞～觞～尸～司～颂～泰～巫～胥～遥～野～雩～宰～赞～诏～顺～伯～册～除～祠～盗～读～发～祓～告～嘏～官～籍～祭～捷～酹～禽～人～融～神～尸～师～誓～望～禧～噎～囿～敌～圉～宰～赞

例南有汉王祠，终朝走巫祝。（唐·杜甫《南池》）

典**封人祝** 亦作"华封祝""尧人祝"。指祝颂帝王。《庄子·天地》："尧观乎华，华封人曰：'嘻，圣人！请祝圣人，使圣人寿。'尧曰：'辞。''使圣人富。'尧曰：'辞。''使圣人多男子。'尧曰：'辞。'封人曰：'寿、富、多男子，人之所欲也。女独不欲，何邪？'尧曰：'多男子则多惧，富则多事，寿则多辱。是三者非所以养德也，故辞。'"

尧年岂特封人祝，动地欢声遍万方。（宋·陆游《天申节致语口号》）

鲁侯祝 用以祝寿。《诗经·鲁颂·閟宫》："万舞洋洋，孝孙有庆。俾尔炽而昌，俾尔寿而臧。保彼东方，鲁邦是尝。"

雅歌张仲德，颂祝鲁侯昌。（唐·柳宗元《弘农公以硕德伟材》）

瓯窭祝 指持狭望奢，或祝望丰

收。《史记·滑稽列传》:"(淳于)髡曰:'今者臣从东方来,见道傍有禳田者,操一豚蹄,酒一盂而祝曰:"瓯窭满篝,汙邪满车,五谷蕃熟,穰穰满家。"'"

稻未分秧麦已秋,豚蹄不用祝瓯窭。(宋·陆游《初夏》)

筑(築)zhù　另见 407 页 zhú。

㊀入声,一屋。㊁板～畚～卜～操～臿～舂～穿～创～大～钓～顿～耕～功～搆～护～架～进～起～缮～推～抌～小～写～新～兴～岩～遗～营～造～㊂～壁～宾～臿～鍤～场～城～础～蹈～邸～底～第～盖～观～馆～墼～金～垒～埋～捺～室～台～坛～堙～营～障～治～筑㊃蟋蟀鸣户庭,蟏蛸网琴筑。(唐·张说《再使蜀道》)东山有遗茔,南野起新筑。(唐·戴叔伦《南野》)

㊄**卜筑**　指定居。《梁书·刘訏传》:"(刘訏)曾与族兄刘歊听讲于钟山诸寺,因共卜筑宋熙寺东涧,有终焉之志。"

终当解尘缨,卜筑来相从。(唐·白居易《题赠郑秘书征君石沟溪隐居》)

钓筑　指君臣遇合。相传吕尚因钓于渭水而遇周文王,因被任用。又《孟子·告子下》:"傅说举于版筑之间。"东汉赵岐注:"傅说筑傅岩,武丁举以为相。"唐·杜牧《华清宫三十韵》:"钓筑乘时用,芝兰在处芳。"

人生富贵本细事,钓筑逢时俱将相。(宋·陆游《秋霁遣怀》)

击筑[1]　咏豪侠生活,或慷慨激昂的情绪。《史记·荆轲传》:"荆轲嗜酒,日与狗屠及高渐离饮于燕市,酒酣以往,高渐离击筑,荆轲和而歌于市中,相乐也,已而相泣,旁若无人。"

低腰醉舞垂绯袖,击筑讴歌任褐裾。(唐·吉皎《七老会诗》)

击筑[2]　亦作"汉筑"。咏帝王气概。《史记·高祖本纪》:"高祖还归,过沛,留。……酒酣,高祖击筑,自为歌诗曰:'大风起兮云飞扬,威加海内兮归故乡,安得猛士兮守四方!'令儿皆和习之。高祖乃起舞,慷慨伤怀,泣数行下。"

于焉欢击筑,聊以咏南风。(唐·李世民《重幸武功》)

粥zhù　另见 467 页 zhōu、455 页 yù。

㊀入声,一屋。

柷zhù　古乐器名。

㊀入声,一屋。㊁古㊂～圄～敔～圉

十一 鱼

三韵书对照表

词林正韵 \ 佩文诗韵 \ 诗韵新编		十一鱼(平声)	
		阴平	阳平
第四部[六鱼][七虞]	上平声六鱼	居(音拘。穴居)车(音拘。参看歌韵阴平)蛆且(语助词。狂且)沮(音拘。水名)疽苴狙据(音拘。拮据)裾琚菹雎趄(音拘。趑趄)鶋砠椐祛袪呿虚胥嘘墟淤	驴闾榈渠蕖籧蘧于(音鱼。单于)鱼渔徐余欤舆玗(音鱼。微韵阳平同)袪
	上平声七虞	驹拘痀俱(音拘。又读)区(音驱。地区)驱躯趋呕(音虚。呕呕,和悦貌)岖须需吁盱繻迂纡	瞿衢劬娱竽盂谀逾愉腴渝臾俞瑜榆揄萸歈窬禺喁(音鱼。唱喁)觎嵎虞愚隅
	去声六御	瘀	
未检到的字		罝峋(音拘。又读)娶	癯氍鸲磲毹舁雩狳畬(音鱼。熟田)

词林正韵 \ 佩文诗韵 \ 诗韵新编		十一鱼(仄声)	
		上声	去声
第四部[六语][七麌][六御][七遇]	上声六语	举沮(音举。惭沮)咀筥柜(音举。柜柳)苴(音举。又读)莒旅侣吕膂女(男女)籹许(音诩。允许)醑糈语(音羽。言语)与(音羽。付与)屿圉龉圄敔	炬拒巨距苣叙序绪溆鱮
	上声七麌	矩枸(音举。枳枸)踽缕褛取龋煦诩栩咻(音诩。噢咻)雨(音宇。风雨)宇羽禹庾窳伛	聚窭(音句。贫寒)愈
	去声六御		据(音句。依据)遽锯踞倨讵醵沮(音句。沮洳)虑女(音怒。嫁女于人)去觑絮誉御预豫与(音预。参与)驭语(音预。相与语)饫滪蓣
	去声七遇	娶屦	具句惧屦飓足(音句。足恭)瞿(音句。惊视)趣酗遇裕喻寓芋吁(音预。呼吁)谕雨(音预。天雨粟)妪
未检到的字		龃弆履铝噢瘐	俱(音句。音平同)滤婿

		十一鱼(仄声)入声
第十五部[一屋][二沃]	入声一屋	菊掬鞠踘鞫曲(入声阳平。酒母)恧衄畜(音旭。牧畜)蓄育郁鬻毓煜燠(音玉。暖)谷(音玉。吐谷浑)澳(音玉。水涯深曲处)粥(音玉。荤粥,古民族名)
	入声二沃	曲(音屈。部曲)局跼曲(入声上。歌曲)绿(口语音)续旭勖浴欲玉狱鹆
第十七部[四质][五物][十一陌][十三锡][十三职]	入声四质	戌橘律率(音律。效率)恤鹬潏(音玉。涌出)汩(音玉。迅疾貌)
	入声五物	屈尉(音玉。尉迟,复姓)蔚(音玉。地名)熨(音玉。慰贴)豌(音玉。又读)
	入声十一陌	剧
	入声十二锡	阒
	入声十三职	洫域蜮阈棫
未检到的字		锔蛐(音屈。蛐蛐)诎佝鵙蛐(入声阳平。蛐蟮)氯垒(音律。郁垒)魆峪钰

平声·阴平

居jū 另见199页jī。

古上平，六鱼。逆本～弊～卞田～部～侪～廛～辰～宸～乘～澄～鹑～垩～从～错～丹～底～都～端～梵～丰～趺～浩～化～假～荐～僦～麇～恪～匡～旷～嫠～耦～蓬～匹～屏～弃平～谯～茕～穹～湫～让～瑟～尸～事～栎～星～严～燕～夷～义～逸～爰～约～贞～顺～哀～病～产～尝～常～成～东～干～鬼～贿～稽～已～敬～卖～贸～庞～平～奇～摄～势～歆～蓄～夷～彝～邑～盈～忧～游～宇～圉～贞～正～止～重例六牙行致远，千叶奉高居。（唐·李峤《象》）水连南海涨，星拱北辰居。（唐·苏颋《饯荆州崔司马》）运筹将入幕，养拙就闲居。（唐·孟浩然《送告八从军》）

典**子云居** 指安贫乐道。扬雄（字子云）家族世代以农桑为业。从扬季到扬雄，五代只有一子单传。雄少而好学，家产不过十金，穷得没有一石余粮，但扬雄安然自若。见《汉书·扬雄传上》。

夜台今寂寞，独是子云居。（唐·高适《哭单父梁九少府》）

子夏索居 指孤单寂寥地独居。《礼记·檀弓上》："子夏丧其子而丧其明。曾子吊之……子夏投其杖而拜，曰：'吾过矣，吾过矣。吾离群而索居，亦已久矣。'"郑玄注："群，谓同门朋友也；索，犹散也。"

长卿多病久，子夏索居频。（唐·杜甫《上韦左相二十韵》）

晏子近市居 指为官清廉朴素。《左传·昭公三年》："初，景公欲更晏子之宅，曰：'子之宅近市，湫溢嚣尘，不可以居，请更诸爽垲者。'辞曰：'君之先臣容焉，臣不足以嗣之，于臣侈矣。且小人近市，朝夕得所求，小人之利也。敢烦里旅？'"

严陵虽说临溪隐，晏子还闻近市居。（唐·徐夤《赠表弟黄校书辂》）

车（車）jū 另见68页chē。

古上平，六鱼。又：下平，六麻同。

驹（駒）jū

古上平，七虞。逆白额～骖～草～骓～伏枥～攻～谷～过隙～骅～驹～捐～空谷～离～骊～骥～麟～龙～名～秣～驽～生～收～腾～宛～渥水～隙中～騂～玄～炎～蚁～黝～元～辕下～栈～征～株～顺～驰～齿～犊～伏辕～谷～光～驹～留～龙～马～隙～阴～影例战舰森森罗虎士，征帆一一引龙驹。（唐·李白《永王东巡歌》其七）赠尔秦人策，莫鞭辕下驹。（唐·杜甫《别苏徯》）

典**白驹** 《白驹》诗本是思贤而愿其留之不走的诗。因以白驹指留而不去之物。《诗经·小雅·白驹》："皎皎白驹，食我场藿。絷之维之，以永今夕。所谓伊人，于焉嘉客。……皎皎白驹，在彼空谷。生刍一束，其人如玉。毋金玉尔音，而有遐心。"

贫笑白驹无去意，病惭黄鹄有归心。（唐·许浑《赠李伊阙》）

骊驹 指离别。《汉书·儒林传·王式》："谓歌吹诸生曰：'歌《骊驹》。'"颜师古注："服虔曰：'逸《诗》篇名也，见《大戴礼》。客欲去歌之。'文颖曰：'其辞云"骊驹在门，仆夫俱存；骊驹在路，仆夫整驾"也。'"

愿学平原十日饮，此时不忍歌骊驹。（唐·韩翃《赠兖州孟都督》）

隙驹 指易逝的光阴。《庄子·知北游》："人生天地之间，若白驹之过郤，忽然而已。"

屈指良交十四人，隙驹风烛渐为尘。（唐·刘兼《寄长安郑员外》）

辕驹 亦作"辕下驹"。喻指畏缩不前的人。《史记·魏其武安侯列传》："上怒内史曰：'公平生数言魏其、武安长短，今日廷论，局趣效辕下驹，吾并斩若属矣。'"

出尘皆野鹤，历块匪辕驹。（唐·杜甫《大历三年春》）

拘jū

古上平，七虞。逆绊～官～管～箕～拘～例～挛～牵～囚～生～束～小～虚～墟～迂～枝～执～絷～株～自～顺～碍～绊～逼～蔽～拆～缠～坼～持～厄～方～防～缚～梗～阂～集～忌～检～谫～翦～教～劫～介～窘～拘～局～倦～苛～苦～缧～累～囹～陋～录～挛～略～闷～縻～迫～牵～掐～钳～曲～拳～儒～愞～绳～士～世～守～俗～琐～维～畏～文～系～狭～辖～限～胁～绁～信～虚～墟～学～游～迂～絷～制～质～致～滞～缀例天宇何其旷，江城坐自拘。（唐·张九龄《登荆州城楼》）知尽百虑遣，名存万象拘。（唐·皎然《哀教》）山人去后知何处，风月清虚。来往无拘。（宋·张炎《丑奴儿·山人去后知何处》）

典**叔向婴拘** 指人蒙冤被株连。《左传·襄公二十一年》："宣子杀箕遗……羊舌虎、叔罴，囚伯华、叔向、籍偃。人谓叔向曰：'子离于罪，其为不知乎？'"

岂知晋叔向，无罪婴囚拘。（唐·萧颖士《仰答韦司业垂访》其四）

裾jū

古上平，六鱼。逆襒～朝～鹑～翠～分～奋～冠～行～衿～九霞～绝～老莱～联～袂～牵～缺～霞～仙～燕～引～云～簪～赭～捉～顺～裾例松门驻旌盖，薜幄引簪裾。（唐·李峤《奉和幸韦嗣立山庄侍宴应制》）贫居谪所谁推毂，仕向侯门耻曳裾。（唐·顾况《闲居怀旧》）清笳悲画绶，朱邸散长裾。（唐·权德舆《赠文敬太子挽歌词二首》）

典**绝裾** 温峤受刘琨命，至江南，奉表劝司马睿即位。峤欲将命，其母崔氏固止之，峤绝裾而去。后即以"绝裾"表示去意坚决。《世说新语·尤悔》："温公初受，刘司空使劝进，母崔氏固驻之，峤绝裾而去。"

悲温生绝裾不犹，惭莱子承欢弗久。（清·虞名《指南公·举义》）

牵裾 亦作"辛毗引裾""辛毗牵衣"。指忠臣的正色直谏、直言苦谏。三国魏文帝曹丕要从冀州迁十万户到河南去，群臣上谏，曹丕不听。辛毗再去谏，曹丕不答而入内，辛毗紧紧跟随并拉住他的衣裾。曹丕甩开他，很久才出来，说："佐治（辛毗的字），你何必逼得朕太急呢！"辛毗说："现在迁徙，不但失去民心的支持，也没有粮食可食，所以臣才不敢不与陛下力争。"后来魏文帝只好下令只迁徙五万户。见《三国志·魏书·辛毗传》。

牵裾恨不死，漏网荷殊恩。（唐·杜甫《建都十二韵》）

簪裾 代指显贵。《南史·张裕传》附《张充传》：张充与王俭书："而茂陵之彦，望冠盖而长怀，渭川之甿，伫簪裾而竦叹，得无惜乎。"

星桥拥冠盖。锦水照簪裾。（北周·庾信《奉和永丰殿下言志诗十首》其二）

曳长裾 喻指寄食豪门。邹阳上书吴王："今臣尽智毕议，易精极虑，则无国不可奸；饰固陋之心，则何王之门不可曳长裾乎？"见《汉书·邹阳传》。

河阳城里谢城中，入曳长裾出佩铜。（唐·黄滔《贻宋评事》）

琚jū 佩玉。

古上平，六鱼。逆华～环～珮～琪～琼～瑶～顺～瑀例袖里新诗十首余，吟看句句是琼琚。（唐·白居易《见尹公亮新诗》）佳人玉佩琼琚。更胸中、浇灌有诗书。（宋·程珌《沁园春·君有新词》）

典**琼琚** 比喻华美的诗文。《诗经·卫风·木瓜》："投我以木瓜，报之以琼琚。匪报也，永以为好也。"毛氏传："琼，玉之美者。琚，佩玉名。"

君侯乘兴写佳篇，我得琼琚价倍千。（元·耶律楚材《西域和王君玉诗》）

玉佩琼琚 指仪容之美。《诗经·郑风·有女同车》："有女同车，颜如舜华。将翱将翔，佩玉琼琚。彼美孟姜，洵美且都。"唐孔颖达疏："所佩之玉是琼琚之玉，言其玉声和谐，行步中节也。"

有美人兮，玉佩琼琚，吾梦见之。（宋·辛弃疾《沁园春·玉佩琼琚》）

菹jū

古上平，六鱼。逆菜～瓜～寒～荐～茅～蒲～七～生～盐～泽～顺～漏～薮～泽例松栽侵古影，莹断尚芹菹。（唐·贾岛《寄李辀侍郎》）至今思秃尾，无以代寒菹。（唐·陆龟蒙《秋思》其二）

且jū 语助词。另见105页qiě。

古上平，六鱼。逆狂～只～顺～且例君子与小人，不系父母且。（唐·韩愈《符读书城南》）

疽jū 毒疮。

古上平，六鱼。逆瘭～痤～瘴～弹～溃～内～漂～吮～痈～赘～顺～肠～疮～囊～食～痈～疣～肿例平生心力为谁尽，一事无成空背疽。（唐·周昙《范增》）

典**吮疽** 指为求利禄而低三下四、不要人格的行为。《庄子·列御寇》："宋人有曹商者，为宋王使秦。其往也，得车数乘；王说之，益车百乘。反于宋，见庄子，曰：'夫处穷闾厄巷，困窘织屦，槁项黄馘者，商之所短也；一悟万乘之主而从车百乘者，商之所长也。'庄子曰：'秦王有病召医，破痈溃痤者得车一乘，舐痔者得车五乘，所治愈下，得车愈多。子岂治其痔邪？何得车之多也？子行矣！'"

雎jū

古上平，六鱼。逆关～王～顺～鸠

趄jū 趑趄，行不进貌。另见108页qiè。

古上平，六鱼。逆咨～趑～顺～趄例造端何其锐，临事竟趑趄。（唐·柳宗元《咏荆轲》）松窗有偃息，石径无趑趄。（唐·齐己《荆渚病中》）

罝jū 兽网。

古《广韵》：平声，麻韵。逆罘～罦～罗～禽～设～兔～罔～顺～罘～罦～罗～罨～兔～网～罔～维例浮云张作罗，万草结成罝。（唐·马戴《校猎曲》）新垂滋水钓，旧结茂陵罝。（唐·王绩《策杖寻隐士》）

鶋jū 鸟名。

古上平，六鱼。逆鹎～鸿～鹛～鶢～例因笑臧孙才智少，东门钟鼓祀鶢鶋。（唐·胡曾《鲁城》）风静鶢鶋去，官廉蚌蛤回。（唐·韩愈《送郑尚书赴南海》）

砠jū 有土石山。

古上平，六鱼。逆翠～水～仙～陟～顺～田

狙jū ①猿类。②伏击。

古上平，六鱼。又：去声，六御同。逆爱～猵～从～狡～狙～玃～猛～潜～巧～山～市～猲～养～阴～猿～争芧～恣～顺～刺～伏～缚～公～犷～诡～害～候～猾～狡～谲～侩～狯～狂～觑～如～伺～慝～喜～险～学～杙～猿～贼～诈例花门剺面请雪耻，慎勿出口他人狙。（唐·杜甫《哀王孙》）蚌蠃鱼鳖虫，瞿瞿以狙狙。（唐·韩愈《别赵子》）

据jū 另见443页jù。

古上平，六鱼。逆拮～例文物陪巡守，亲贤病拮据。（唐·杜甫《秋日荆南送石首薛明府》）

痀jū

古上平，七虞。顺～偻～瘘

俱jū ①共同，一起。②相同。另见445页jù。

古上平，七虞。例盈虚一易舛，心迹两难俱。（唐·骆宾王《久戍边城有怀京邑》）塔劫宫墙壮丽敌，香厨松道清凉俱。（唐·杜甫《岳麓山道林二寺行》）

苴jū ①有籽的麻，麻②粗恶。③鞋中草垫。④补；填塞。⑤包裹。另见11页chá、20页zǎ、437页jǔ。

古上平，六鱼。又：上声，六语同。逆包～苞～敝～补～草～浮～含～麻～蒲～栖～楼～且～穰～顺～布～杖～服～茅～枲～绖例侍臣双宋玉，战策两穰苴。（唐·杜甫《秋日荆南送石首薛明府》）

典**栖苴** 指处于穷困窘迫。《诗经·大雅·召旻》："如彼岁旱，草不溃茂，如彼栖苴。"朱熹集传："栖苴，水中浮草栖于木上者。"

不应虞竭泽，宁复叹栖苴。（唐·柳宗元《同刘二十八院长述旧言怀时书事奉寄澧州张员外使君五十二韵之作因其韵增至八十通赠二君子》）

沮jū 水名。另见437页jǔ、445页jù。

古上平，六鱼。逆长～西～顺～水

椐jū 木名。

古上平，六鱼。又：去声，六御同。

区（區）qū 另见460页ōu。

古上平，七虞。逆奥～八～笔～别～尘～塍～村～烽～汉～忽～寰～敲～贾～九～巨～具～绝～旷～里～灵～六～陋～绵～名～偏～仆～邱～人～荣～神～水～天～外～畏～遐～霞～玄～炎～一～陕～中～顺～廛～处～甸～段～服～寰～极～节～界～娵～里～理～庐～落～明～谋～内～判～畔～配～品～平～舍～时～士～

署～薮～土～外～物～析～夏～县～详～穴～阳～野～有～囿～隅～宇～寓～畛～中～宙～陬例神光包四大，皇威震八区。（唐·骆宾王《夏日游德州赠高四》）贯渭称天邑，含岐实奥区。（唐·李显《登骊山高顶寓目》）武威棱外域，文教靡中区。（唐·张说《奉和圣制爰因巡省途次旧居应制》）

趋(趨)qū

古上平，七虞。逆败～拜～奔～避～变～不～步～晨～驰～定～风～凫～归～节～进～竞～蹶～抠～鲤～龙～旁～歧～跂～起～趋～冉冉～时～殊～顺～庭～吴～骛～隙～下殿～孅～相～徐～迅～异～意～志～走～顺～拜～班～背～避～步～参～操～朝～承～出～风～奉～伏～赴～过～合～和～扈～教～竞～就～蹶～令～履～媚～末～攀～陪～辟～锵～跄～求～趋～阙～让～舍～时～士～世～事～侍～厮～俗～庭～乡～详～翔～衙～炎～谒～役～营～影～隅～泽～直～职～重～准例希逢圣人步，庭阙正晨趋。（唐·李峤《龙》）意气风云合，言忘道术趋。（唐·骆宾王《久戍边城有怀京邑》）警跸干戈捧，朝宗万玉趋。（唐·张说《奉和圣制爰因巡省途次旧居应制》）

典**鲤趋**　指接受父亲的教诲。《论语·季氏》："陈亢问于伯鱼曰：'子亦有异闻（特殊的教诲）乎？'对曰：'未也。尝独立（指孔子），鲤趋而过庭，曰："学《诗》乎？"对曰："未也。""不学《诗》，无以言。"鲤退而学《诗》。他日又独立，鲤趋而过庭，曰："学《礼》乎？"对曰："未也。""不学《礼》，无以立。"鲤退而学《礼》。闻斯二者。'陈亢退而喜曰：'问一得三：闻《诗》，闻《礼》，又闻君子之远其子也。'"

先生教子作通儒，诗礼亲闻伯鲤趋。（宋·冯彭年《赋新繁周表权如诏亭》）

下殿趋　指帝王遭受变故。《北史·魏本纪·孝武帝纪》："（永熙三年）是岁二月，荧惑（注：即火星，此为别名）入南斗，众星北流，群鼠浮河向邺。梁武跣而下殿，以禳星变，及闻（北魏孝武）帝之西，惭曰：'虏亦应天乎？'"

有甚当车泣，因劳下殿趋。（唐·李商隐《有感二首》其一）

岖(嶇)qū

古上平，七虞。逆岩～歧～崎～嵚～嵠～蹊～八～顺～崎～崄～嵚～嵠例眼中万少年，用意尽崎岖。（唐·杜甫《别张十三建封》）南归乘客棹，道路免崎岖。（唐·齐己《南归舟中二首》其一）

驱(驅、*敺)qū

古上平，七虞。又：去声，七遇同。逆安～比～鞭～飙～催～电～呵～横～麾～饥～进～骏～侵～驱～三～申～世故～调～跳～相～星～鱼～顺～镳～摈～残～尘～趁～叱～传～辞～踧～蹙～殿～遏～肥～风～拂～骇～合～赫～鸡～剪～翦～蹇～爵～课～劳～厉～疠～良～龄～领～令～略～迈～忙～磨～纳～逆～剽～屏～染～山～扇～涉～石～世～涛～殄～乌～骛～盐车～羊～曳～役～拥～涌～鱼～迮～执～絷～骤例怀铅惭后进，投笔愿前驱。（唐·骆宾王《久戍边城有怀京邑》）懿此时节久，讵同光景驱。（唐·杨於陵《郡斋有紫薇双本》）平沙际天极，但见黄云驱。（唐·柳宗元《高昌》）

典**负弩先驱**　指亲切而郑重的接待。《史记·司马相如列传》："乃拜相如为中郎将，建节往使……至蜀，蜀太守以下郊迎，县令负弩矢先驱。"

先驱负弩何在，心已誓江西。（宋·苏轼《诉衷情令·钱塘风景古来奇》）

拥彗先驱　形容待客之礼极为诚敬。彗，扫帚。《史记·孟子荀卿列传》："是以驺子重于齐。适梁，惠王郊迎，执宾主之礼。适赵，平原君侧行撇席。如燕，昭王拥彗先驱，请列弟子座而受业，筑碣石宫，身亲往师之。"

躯(軀)qū

古上平，七虞。逆薄～本～鄙～彪～病～残～孱～登～鹤～幻～灰～金～金石～陋～糜～麋～靡～弃～丧～慎～体～投～托～顽～亡～忘～危～微～形～血～徇～重～顺～材～胆～格～躬～骸～量～貌～命～腔～颜～腰例执心思报国，效节在忘躯。（唐·权德舆《建除诗》）平生官田粟，长此礼义躯。（唐·唐彦谦《六月十三日上陈微博士》）

典**不赀之躯**　亦作"躯不赀"。用以劝人保重。犹言"无价之身"。《汉书·盖宽饶传》："宽饶……数上疏谏争，太子庶子王生高宽饶节，而非其如此，予书曰：'……君不惟蘧氏之高踪，而慕子胥之未行，用不赀之躯，临不测之险，窃为君痛之。'"颜师古注："不赀者，言无赀量可以比之，贵重之极也。"

况又婴疹疾，宁保躯不赀。（唐·韩愈《寄崔二十六立之》）

蛆qū

古上平，六鱼。逆碧～冰～放～浮～土～甕浮～螇～雪～玉～顺～虫师～皮～蝇例一为马前卒，鞭背生虫蛆。（唐·韩愈《符读书城南》）

呿qū　张口貌。

古上平，六鱼。又：去声，六御同。逆睢～鲸～呿～顺～吟～吸～呀～唫～嗟～嵯～呿

祛qū　去除。

古上平，六鱼。逆病～合～祛～顺～尘～蠹～机～累～祛～禳～退～褪～妄～疑～逐例切莫因循过，且令三毒祛。（唐·寒山《诗三百三首》）宵昼方连燕，烦吝亦顿祛。（唐·韦应物《赠丘员外二首》）不见神仙久，无由鄙吝祛。（唐·张南史《早春书事奉寄中书李舍人》）

袪qū　衣袖。

古上平，六鱼。逆豹～尘～分～矜～襟～顺～衣

典**斩袪**　指记旧怨。晋献公宠爱的骊姬，为了让自己的儿子继承君位，她用计逼死太子，继而加害于其他成年公子，怂恿晋献公派杀手寺人披到蒲城追杀重耳。重耳在翻墙逃走时被寺人披砍掉一只袖口。重耳后得国，即晋文公，寺人披时求见，晋文公记旧怨不见。事见《左传·僖公五年》，又《左传·僖公二十四年》："寺人披请见。公使让之，且辞焉，曰：'蒲城之役，君命一宿，女即至；其后余从狄君以田

渭滨，女为惠公来求杀余，命女三宿，女中宿至。虽有君命，何其速也？夫祛犹在，女其行乎！'"

毹shū　氍毹，①毛毯或混织的毯子。②借指舞台，歌舞场。

古上平，七虞。同"毺"字 逆红～锦～氍～毡～ 顺～心 例屏六曲红氍毹。霰珠穿帘洞房晚。（宋·毛滂《调笑》）榴花庭院戏氍毹。水剪双眸画不如。（宋·葛立方《瑞鹧鸪·榴花庭院戏氍毹》）

须[1]（須）xū

古上平，七虞。逆储～待～当纤～底～管～径～立～摩厉～莫～女～欠～切～求～稍～少～事～斯～小～些～须～印～要～也～征～资～ 顺～臾～待～管～合～捷～句～留～虑～弥～女～顷～然～时～索～暇～夏～须～摇～臾～至 例汹汹人寰犹不定，时时斗战欲何须。（唐·杜甫《承闻河北诸道节度入朝》其一）何因接师话，清净在斯须。（唐·姚合《寄紫阁无名头陀》）足知造化力，不给使君须。（唐·李贺《感讽五首》其一）

须[2]（鬚）xū

古上平，七虞。逆蜂～根～花～癞～揽桓～燎～麦～眉～梅～拈～捻～镊～鬖～虬～鬈～髯～染～鼠～头～挽～蝟～温序～虾～鰕～衔～鱼～髭～ 顺～鬓～鬟～带～柢～葶～鬣～貌～麋～目～髯～蕊～头～枝～髭 例芹泥随燕觜，花蕊上蜂须。（唐·杜甫《徐步》）说尽向来无限事，相看摩捋白髭须。（唐·张籍《逢故人》）

典**拂须**　亦作"丁谓拂须"。指谄事长官。《宋史·寇准传》："初，丁谓出准门至参政，事准甚谨。尝会食中书，羹污准须，谓起徐拂之。准笑曰：'参政国之大臣，乃为官长拂须耶。'谓甚愧之。"

若非大夫尝便客，亦是丞相拂须人。（宋·李洪《新交行》）

剪须　亦作"燎须""煮粥焚须""李勣焚须"。比喻体恤下属，友爱兄弟姊妹。《新唐书·李勣传》："勣既忠力，帝谓可托大事，尝暴疾，毉曰：'用须灰可治。'帝乃自剪须以和药，及愈入谢，顿首流血。帝曰：'吾为社稷计，何谢之。'"又："（勣）性友爱，其姊病，尝自为粥而燎其须。姊戒止。答曰：'姊多疾，而勣且老，虽欲数进粥，尚几何？'"

诗成画烛飘金烬，八尺英公欲燎须。（宋·苏轼《次韵景文山堂听筝三首》其二）

染须　指对时光一去不复返的感慨。宋·欧阳修《圣无忧》："好酒能消光景，春风不染髭须。"

往事云过眼，新悲雪染须。（宋·司马光《送聂秘丞宰桐城二首》其一）

揽桓须　指因不公正对待而感慨。《晋书·桓宣传》附《桓伊传》："及孝武末年，嗜酒好内……而好利险诐之徒，以安功名盛极，而构会之，嫌隙遂成。帝召伊饮讌，安侍坐。帝命伊吹笛。……奴既吹笛，伊便抚筝而歌《怨诗》曰：'为君既不易，为臣良独难。忠信事不显，乃有见疑患。周旦佐文武，《金縢》功不刊。推心辅王政，二叔反流言。'声节慷慨，俯仰可观。安泣下沾衿，乃越席而就之，捋其须曰：'使君于此不凡！'帝甚有愧色。"

不矜持汉节，犹许揽桓须。（宋·苏轼《次韵和刘贡甫登黄楼》其二）

需xū

古上平，七虞。逆百～濡～少～相～些～要～ 顺～缓～勒～少～索～贤～役～用～云

吁xū　另见449页yù。

古上平，七虞。逆哀～骇～嗟～咍～欷～嘻～歔～响～呀～噫嘻～ 顺～咈～怪～骇～号～呼～嗟～嘅～气～然～叹～荼～吸～唏～嘻～吁～嘘～俞 例十年犹塌翼，绝倒为惊吁。（唐·杜甫《别苏徯》）发日排南喜，伤神散北吁。（唐·杜甫《续得观书》）念此令人老，抱膝坐长吁。（唐·白居易《续古诗十首》）

虚xū

古上平，六鱼。逆碧～步～参～澈～乘～澄～吃～冲～崇～踔～翠～大～单～殚～诞～捣～盗～登～抵～蹀～东～洞～冯～高～沽～孤～广～含～涵～浩～合～衡～花～积～骄～拘～据～駏～跨～圹～旷～戾～灵～凌～陵～六～掠～履～魅～囊～蹑～凝～排～贫～凭～青～轻～清～情～晴～穷～丘～邱～升～盛～饰～守～太～谈～逃～恬～顽～栩～嚣～旬～养～盈～庸～碽～凿～贞～子～紫～ 顺～冲～澹～乏～烦～放～诡～涵～颢～喝～壑～花～哗～幌～豁～祸～己～掎～骄～槛～口～款～诳～旷～廓～籁～羸～厉～立～戾～梁～劣～灵～幔～慢～莽～冒～糜～縻～明～缪～宁～牝～欺～绮～器～浅～乔～巧～怯～罄～确～桡～融～辱～生～士～死～素～恬～忝～橐～诬～弦～嚣～猲～懈～徐～逊～筵～檐～衍～一～元～伫 例星文遥写汉，虹势尚凌虚。（唐·张文琮《赋桥》）修竹含清景，华池澹碧虚。（唐·张九龄《送宛句赵少府》）酒杯若叶露，玉轸蜀桐虚。（唐·李贺《江南曲》）

典**子虚**　指文学才能杰出之士。《史记·司马相如传》："上读《子虚赋》而善之，曰：'朕独不得与此人同时哉！'得意曰：'臣邑人司马相如自言为此赋。'上惊，乃召问相如。相如曰：'有是。然此乃诸侯之事，未足观也。请为天子游猎赋，赋成奏之。'上许，令尚书给笔札。相如以'子虚'虚言也，为楚称；'乌有先生'者，乌有此事也，为齐难；'无是公'者，无是人也，明天子之义。故空藉此三人为辞，以推天子诸侯之苑囿。其卒章归之于节俭，因以风谏。奏之天子，天子大悦。"

好是一生事，无劳献子虚。（唐·王维《送孟六归襄阳》）

赏朱虚　借指封赏功臣。《史记·齐悼惠王世家》："城阳景王章，齐悼惠王子，以朱虚侯与大臣共诛诸吕，而章身首先斩相国吕王产于未央宫。孝文帝即位，益封章二千户，赐金千斤。孝文二年，以齐之城阳郡立章为城阳王。"

事殊迎代邸，喜异赏朱虚。（唐·杜甫《赠李八秘书别三十韵》）

箕斗成虚　比喻无实用。《诗经·小雅·大东》："维南有箕，不可以簸扬；维北有斗，不可以挹酒浆。"

浮名箕斗竟成虚。磨折总因渠。（宋·刘克庄《木兰花慢·病翁

将耳顺》）

嘘(歔)xū

古上平，六鱼。又：去声，六御同。逆吹～歇～唏～欷～歊～煦～噫～长～顺～呵～嗟～枯～噢～泣～濡～叹～天～吸～唏～欷～翕～嘻～噏～歙～咻～吁～歈例子云应寂寞，公叔为吹嘘。（唐·张九龄《初发道中赠王司马兼寄诸公》）谢朓每篇堪讽诵，冯唐已老听吹嘘。（唐·杜甫《寄岑嘉州》）

典**吹嘘**　为了推荐人而加以宣扬。《后汉书·郑太传》："孔公绪清谈高论，嘘枯吹生。"李贤注："枯者嘘之使生，生者吹之使枯。言谈论有所抑扬也。"刘峻《广绝交论》："宁慕郈成分宅之德。"李善注引刘峻《与诸弟书》："任既假以吹嘘，各登清贯。"

扬雄更有河东赋，唯待吹嘘送上天。（唐·杜甫《赠献纳使起居田舍人》）

墟xū

古上平，六鱼。逆趁～村～故～归～荒～秽～基～郊～旧～拘～灵～民～丘～邱～坵～沙～山～少皞～神～市～天～遗～阴～幽～隅～园～长～榛～顺～场～坟～棘～堉～井～拘～聚～垒～里～落～莽～墓～曲～墅～土～巷～烟～野～囿～域～榛例阿房久已灭，阁道遂成墟。（唐·李显《幸秦始皇陵》）风涛倘相见，更欲凌昆墟。（唐·李白《赠崔侍郎》）系舟蛮井络，卜宅楚村墟。（唐·杜甫《秋野五首》）

典**少皞墟**　用以咏曲阜。《左传·昭公十七年》："昭子问曰：'少皞氏鸟名官，何故也？'"杜预注："少皞，金天氏，黄帝之子，已姓之祖也。"晋皇甫谧《帝王世纪》："少昊帝名挚，字青阳，姬姓也。降居江水，有圣德，邑于穷桑，以登帝位，都曲阜。……号金天氏。"

历四皋、少皞之墟，大庭之库。（宋·王奕《贺新郎·醉醒琼花露》）

胥xū　①官府中的小吏。②互相。

古上平，六鱼。逆包～抄～钞～储～村～蝶～丁～蠹～扶～姑～豪～赫～华～猾～化～江～居～乐～里～吏～隶～灵～沦～幕～史～徒～黠～乡～相～象～宿～追～子～走～顺～产～成～戴～蠹～附～魂～魁～里～吏～隶～门～命～母～溺～仆～耆～人～史～疏～台～涛～庭～徒～邪～胥～译～余～宇～原～怨例早朝新羽卫，晚下步徒胥。（唐·司空曙《送刘侍郎》）嵌空石面标罗刹，压捺潮头敌子胥。（唐·白居易《微之重夸州居》）猿鸟犹疑畏简书，风云常为护储胥。（唐·李商隐《筹笔驿》）

典**封狼居胥**　指北伐的卓著战功。《史记·卫将军骠骑列传》："元狩四年……将军、相国、当户、都尉八十三人，封狼居胥山，禅于姑衍，登临翰海。"

元嘉草草，封狼居胥，赢得仓皇北顾。（宋·辛弃疾《永遇乐·京口北固亭怀古》）

一枕华胥　指无忧无虑、十分适意之睡眠。或指安逸自然、完全不同于现实纷扰的梦境。《列子·黄帝》："（黄帝）忧天下之不治……三月不亲政事。昼寝而梦，游于华胥氏之国。华胥氏之国在弇州之西，台州之北……其国无师长，自然而已。其民无嗜欲，自然而已。……入水不溺，入火不热。斫挞无伤痛，指擿无痟痒，乘空如履实，寝虚若处床。云雾不硋其视，雷霆不乱其听，美恶不滑其心，山谷不踬其步，神行而已。黄帝既寤，怡然自得。"

碧鸡且莫啼清晓，一枕华胥睡正安。（明·张统《登太华寺二首》其二）

楚逐伍胥　借指流亡、流放。伍胥事见《史记·伍子胥列传》。

汉求季布鲁朱家，楚逐伍胥去章华。（唐·李白《江上赠窦长史》）

呕(嘔)xū　另见460页ōu、491页ǒu。

古上平，七虞。逆相～呴～顺～苻～咐～暖～呕～呴～煦～昫～喁～喻

盱xū　张目。

古上平，七虞。逆曹～广～睢～希～盱～眕～顺～衡例船头龙夭矫，桥脚兽睢盱。（唐·白居易《和微之春日投简阳明洞天五十韵》）连溪绿暗晚藏乌。黄童白叟聚睢盱。（宋·苏轼《浣溪沙·照日深红暖见鱼》）

媭(嬃)xū　姊。

古上平，七虞。逆女～顺～碪(砧)例床空鄂君被，杵冷女媭砧。（唐·李商隐《念远》）任天孙笑拙，女媭嫌直。（宋·刘克庄《满江红》其一二）

迂yū

古上平，七虞。逆鄙～痴～乖～怪～恢～拘～谬～盘～深～书～疏～岁月～停～透～敻～萦～顺～傲～板～薄～蔽～步～才～大～诞～道～怪～合～弘～晦～惑～驾～蹇～见～结～介～谨～久～刻～狂～戾～陋～路～邈～谬～末～泥～倪～癖～僻～浅～屈～弱～散～深～生～疏～邃～谈～途～涂～退～妄～威～狭～小～笑～邪～言～语～远～折～政～执～直例陇坂肝肠绝，阳关亭候迂。（唐·骆宾王《久戍边城有怀京邑》）化塔龙山起，中天凤辇迂。（唐·卢藏用《奉和九月九日登慈恩寺浮图应制》）

淤yū

古上平，六鱼。又：去声，六御同。逆寒～河～积～渐～胶～沮～阆～泥～湫～润～塞～沙～填～廞～壅～涨～洲～潴～滓～顺～垫～淀～阏～黑～集～泇～涩～滩～渟～土～涌～渣～滞～浊例杜陵斜晚照，潏水带寒淤。（唐·杜甫《赠李八秘书别三十韵》）汤池虽险固，辽海尚填淤。（唐·杜甫《秋日荆南送石首薛明府》）紫蕨抽出畦，白莲埋在淤。（唐·白居易《和三月三十日四十韵》）

瘀yū　积血。

古去声，六御。《集韵》平声，鱼韵。逆通～血～顺～疾～伤

纡(紆)yū

古上平，七虞。逆缠～烦～缙～回～盘～槃～蟠～曲～沈～威～逶～委～阳～杨～悒～萦～忧～郁～阻～顺～迟～错～道～绂～行～缓～驾～结～谲～辔～青～绕～身～险～意～萦～余～郁～折～轸～直～紫～组～尊例倚剑欲谁语，关河空郁纡。（唐·高适《塞上》）鸥鸟牵丝飏，骊龙濯锦纡。（唐·杜甫《大历三年春》）千崖信萦折，一径何盘纡。（唐·岑参《酬成

少尹骆谷行见呈》)

典**云栈萦纡**　指地势险要。唐·白居易《长恨歌》:"黄埃散漫风萧索,云栈萦纡登剑阁。峨嵋山下少人行,旌旗无光日色薄。"

云栈萦纡今平步,休说襄淮乐土。(宋·张矩《贺新郎·匹马钟山路》)

平声·阳平

驴(驢)lǘ

古上平,六鱼。逆灞桥～跛～策蹇～堕～蹇～駏～买～鸣～疲～黔～踏雪～瞎～驿～张果～纸～走～顺～唇～媚～年～辈～券～王～屋例供承童子闲无事,教㓷琼花喂白驴。(唐·曹唐《小游仙诗九十八首》)海内竞铁马,箧中藏纸驴。(唐·齐己《荆渚病中》)漠漠风烟,昏昏水月,醉耸诗肩骑瘦驴。(宋·陈草阁《沁园春·霜剥枯崖》)

典**蹇驴**　指生活窘迫。汉·东方朔《七谏·谬谏》:"驾蹇驴而无策兮,又何路之能极。"

东家蹇驴许借我,泥滑不敢骑朝天。(唐·杜甫《偪仄行》)

骑驴　指诗人吟咏的情兴,也用以咏雪。北宋·孙光宪《北梦琐言》:"相国郑綮善诗……或曰,'相国近有新诗否?'对曰'诗思在灞桥风雪驴子上,此处何以得之?'"

骑驴索句当年事,岁暮骚人不自聊。(宋·范成大《北门覆舟山道中》)

闾(閭)lǘ

古上平,六鱼。逆邦～比～表～栟～常～充～村～妇～故～阖～衡～阛～踦～家～街～旌～井～旧～里～林～陋～门～女～辟～穷～穹～衢～三～沈～市～式～室～田～外～微母～尾～委～仙～乡～阎～医无～倚～邑～于微～州～顺～部～党～峰～闬～户～井～居～娵～里～落～陌～墓～山～舍～社～史～市～室～姝～肆～亭～伍～巷～须～阎～邑～右～阈～左例风霜下刀笔,轩盖拥门闾。(唐·杨炯《和酬虢州李司法》)帝泽颁卮酒,人欢颂里闾。(唐·宋之问《奉和幸韦嗣立山庄侍宴应制》)块然屏尘事,幽独坐林闾。(唐·张九龄《南山下旧居闲放》)

典**三闾**　指屈原。屈原曾任楚三闾大夫。《史记》卷八四《屈原贾生列传》:"令尹子兰闻之大怒,卒使上官大夫短屈原于顷襄王,顷襄王怒而迁之。屈原至于江滨,被发行吟泽畔。颜色憔悴,形容枯槁。渔父见而问之曰:'子非三闾大夫欤?何故而至此?'屈原曰:'举世混浊而我独清,众人皆醉而我独醒,是以见放。'"

寒潮欲上泛萍藻,寄荐三闾情自哀。(唐·刘沧《江行书事》)

式闾　借指礼贤下士。《尚书·周书·武成》:"天下大定,乃反商政。政由旧。释箕子囚,封比干墓,式商容闾。"式,通"轼"。

维蔡郡之望,过者必式闾。(宋·刘克庄《蔡忠惠家观墨迹》)

尾闾　古传说泄海水之所。《庄子·秋水》:"天下之水,莫大于海,万川归之,不知何时止而不盈,尾闾泄之,不知何时已而不虚,春秋不变,水旱不知。"唐成玄英疏:"尾闾者,泄海水之所也。"

及此闻溪漏,方欣验尾闾。(唐·李德裕《漏潭石》)

榈(櫚)lǘ

古上平,六鱼。逆栟～花～拼～棕～

渠[1](*佢)qú 此只作第三人称代词

古上平,六鱼。顺～们～伊～侬～辈

渠[2] qú

古上平,六鱼。逆陂～漕～车～春～大～盗～扶～芙～寒～获～街～金～津～井～浚～枯～魁～灵～六～镂～逆～勤～酋～渠～树～宛～凶～兕～熊～轩～阴～汙～元～遮～郑～枝～顺～幨～答～黄～魁～梁～率～门～弥～弭～堑～酋～渠～首～帅～水～搜～庾～叟～田～碗～凶～堰～竭～谵～展～长例行云泛层阜,蔽月下清渠。(唐·褚遂良《安德山池宴集》)乔木凌青霭,修篁媚绿渠。(唐·张九龄《南山下旧居闲放》)晴云满户团倾盖,秋水浮阶溜决渠。(唐·杜甫《柏学士茅屋》)

典**昆仑渠**　借指黄河的源头。《尔雅·释水》:"河出昆仑虚,色白。所渠并千七百一川。"

更能议论瓷倾倒,万里一泻昆仑渠。(宋·曾巩《寄孙之翰》)

蕖 qú

古上平,六鱼。逆白～巢翠～丹～扶～芙～故～荷～红～金～菱～木～秋～例晴新看蛱蝶,夏早摘芙蕖。(唐·刘宪《侍宴长宁公主东庄》)宿阴繁素柰,过雨乱红蕖。(唐·杜甫《寄李十四员外布十二韵》)寒露滋新菊,秋风落故蕖。(唐·郑絪《奉和武相公省中宿斋》)

典**芙蕖**　亦作"芙渠"。荷花的别名。《尔雅·释草》:"荷,芙渠。其茎茄,其叶蕸,其本蔤,其华菡萏,其实莲,其根藕,其中的,的中薏。"郭璞注:"(芙渠)别名芙蓉,江东呼荷。"

天然脱去雕饰,秋水落芙蕖。(宋·汪莘《水调歌头·谁与玩芳草》)

巢翠蕖　亦作"巢叶龟",象征长寿。《史记·龟策列传》:"余至江南,观其行事,问其长老,云龟千岁乃游莲叶之上,蓍百茎共一根。"唐·郑嵎《津阳门诗》:"竹花唯养栖梧凤,水藻周游笔巢叶龟。"

灵腹唯玄露,芳巢必翠蕖。(唐·李群玉《龟》)

瞿 qú　①戟一类的兵器。②姓。另见445页jù。

古上平,七虞。逆强～商～顺～聃～地～父～老～摩帝～上～昙～唐～塘～塘贾例孤单同伯道,迟暮过商瞿。(唐·白居易《阿崔》)

典**商瞿**　咏老年得子。《孔子家语·七十二弟子解》:"梁鳣,齐人,字叔鱼,少孔子三十九岁。年三十未有子,欲出其妻。商瞿谓曰:'子未也,昔吾年三十八无子,吾母为吾更取室,夫子使吾之齐,母欲请留吾,夫子曰:"无忧也,瞿过四十,当有五丈夫。"今果然,吾恐子自晚生耳,未必妻之过。'从之,二年而有子。"

方同王衍钟情切,犹念商瞿有庆迟。(唐·李群玉《哭小女痴儿》)

癯 qú　同"臞",消瘦。

古上平,七虞。逆哀～瘠～羸～清～诗～瘦～顺～弊～惙～瘁～毁～瘠～羸～劣～露～儒～辱～仙～颜例放浪形骸外,憔悴山泽癯。(宋·张元干《水调歌头·放浪形骸外》)

一坡存菊意，千岁学松癯。（宋·陈允平《临江仙·门外湖光清似玉》）

衢qú ①四通八达的道路。②岔路。

古上平，七虞。逆八～宝～昌～冲～充～当～道～风～高～亨～花～槐～皇～郊～街～津～禁～径～九～康～逵～六～镂～陆～路～门～鹏～平～让～三～诗～十二～市～术～四～天～通～五～霄～修～云～长～中～顺～处～道～灯～地～歌～鼓～关～国～柯～逵～路～闾～民～陌～壤～塞～市～室～术～肆～涂～巷～谣～宇～尊～樽例玉砌分雕戟，金沟转镂衢。（唐·贺敳《奉和九月九日应制》）苍虬不可得，空望白云衢。（唐·王勃《寻道观》）凤楼窈窕凌三袭，翠幌玲珑瞰九衢。（唐·马怀素《夜宴安乐公主宅》）

典**唐衢痛哭** 指伤时失意。《旧唐书·唐衢传》："唐衢。应进士，久而不第。能为歌诗，意多感发。见人文章有所伤叹者，读讫必哭，涕泗不能已。每与人言论，既相别，发声一号，音辞哀切，闻之者莫不凄然泣下。尝客游太原，属戎帅军宴，衢得预会。酒酣言事，抗音而哭，一席不乐，为之罢会，故世称唐衢善哭。"

唐衢惟痛哭，庄舄正悲吟。（宋·陆游《冬日感兴十韵》）

劬qú ①辛劳，劳苦。②慰劳。

古上平，七虞。逆惮～鞎～饥～艰～劳～念～勤～劬～志～顺～瘁～古～瘠～俭～蹇～精～苦～劳～力～录～禄～勤～癯～劬～心～学～勚～愉例清旭理轻舟，嬉游散烦劬。（唐·权德舆《侍从游后湖宴坐》）我念乾坤德泰大，卵此恶物常勤劬。（唐·韩愈《射训狐》）谁忆陶元亮，春酒解饥劬。（宋·汪莘《水调歌头·孔孟化尘土》）

氍qú

古《广韵》：平声，虞韵。顺～笠～毹

鸲qú

古上平，七虞。逆鹳～顺～目～眼～鹆～鹆舞～鹆眼

磲qú 砗磲，动物名。

古上平，六鱼。逆砗～顺～碗

蘧qú ①瞿麦。②蘧然，惊喜的样子。

古上平，六鱼。逆几～菅～宁～卫～顺～伯玉～宁～蘧例嗜酒狂嫌阮，知非晚笑蘧。（唐·杜牧《自遣》）客至三杯薄酒，欲眠后、一枕蘧蘧。（宋·史浩《满庭芳·柴作疏篱》）

典**一枕蘧蘧** 指入梦。《庄子·齐物论》："昔者庄周梦为胡蝶，栩栩然胡蝶也，自喻适志与！不知周也。俄然觉，则蘧蘧然周也。不知周之梦为胡蝶与，胡蝶之梦为周与？周与胡蝶，则必有分矣。此之谓物化。"

深林树色翠重重，一枕蘧蘧蝶翅浓。（宋·张次贤《山居杂兴》）

籧qú 籧篨，本指用芦苇或竹篾编的粗席，也指一种不能俯身的病。

古上平，六鱼。顺～蒢～篨

徐xú

古上平，六鱼。逆安～迟～低～二～风～韩～疾～款～南～轻～舒～微～虚～严～颜～应～悠～迂～纡～于～庾～顺～陈～杜～方～妃～冯～福～呼～回～疾～家肺～甲～刘～趋～戎～榻～婉～吾～详～衍～偃笔～庾体～妆例川原行稍稳，钟鼓听犹徐。（唐·张九龄《初发道中赠王司马兼寄诸公》）高价振台阁，清词出应徐。（唐·岑参《酬成少尹骆谷行见呈》）去官惭比谢，下榻贵同徐。（唐·戴叔伦《奉陪李大夫九日宴龙沙》）

典**应徐** 借指文采斐然之士。《三国志·魏书·王粲传》："始文帝为五官将，及平原侯植皆好文学，粲与北海徐干字伟长、广陵陈琳字孔璋、陈留阮瑀字符瑜、汝南应玚字德琏、东平刘桢字公干，并见友善。"

菲才叨侍从，连藻愧应徐。（唐·张说《扈从幸韦嗣立山庄应制》）

城北徐 借指美男子。《战国策·齐策一》："城北徐公，齐国之美丽者也。"

时美城北徐，家承谷口郑。（唐·皎然《荅郑方回》）

把剑觅徐 指怀念亡友，亦指重然诺。《史记·吴太伯世家》："季札之初使，北过徐君。徐君好季札剑，口弗敢言。季札心知之，为使上国，未献。还，至徐，徐君已死，于是乃解其宝剑，系之徐君冢树而去。从者曰：'徐君已死，尚谁予乎？'季子曰：'不然。始吾心已许之，岂以死倍吾心哉！'"倍，借为"背"。

对棋陪谢傅，把剑觅徐君。（唐·杜甫《别房太尉墓》）

鱼（魚）yú

古上平，六鱼。逆北路～蚋～伯～膊～陈～趁～螭～蠹～恩～绯～府丞～釜～泔～皋～歌～鸿～祭～蛟～流～龙～鲁～漉～民～名～溟～潘～袍～烹～鹏～其～泣～前～穷～泉～筌～三～上竿～食～豕～书～双～素～铜～豚～为～文～羡～熊～悬～雁～阳～钥～夷～忧～右～鸢～罾～钟～左～顺～澳～班～呗～鞞～丙～箔～殡～蚕～赪尾～乘～袋～宕～荡～舠～登～坻～鰈～蠹～簖～梵～封～凫～符～幅～更～笱～亥～骇～鸿～沪～笏～矶～简～键～颉～金～津～扃～榼～离～骊～丽～俪～梁～猎～舲～罶～鲁～赢～泺～马～蛮～睨～淰～孽～鲅～椮～豕～竖～素～菸～艇～悬～盐～阴～蟫～英～塍～鸢～缘木～罾～鲊～章～踯～掷～酌例萧然隔城市，酌醴焚枯鱼。（唐·杨炯《和石侍御山庄》）忽逢双鲤赠，言是上冰鱼。（唐·张子容《除日》）朱楼通水陌，沙暖一双鱼。（唐·李贺《江南曲》）

典**观鱼** 亦作"惠子鱼"。指闲适潇洒的襟怀。《庄子·秋水》："庄子与惠子游于濠梁之上。庄子曰：'儵鱼出游从容，是鱼之乐也？'惠子曰：'子非鱼，安知鱼之乐？'庄子曰：'子非我，安知我不知鱼之乐？'惠子曰：'我非子，固不知子矣；子固非鱼也，子之不知鱼之乐，全矣。'庄子曰：'请循其本。子曰"汝安知鱼乐"云者，既已知吾知之而问我。我知之濠上也。'"

海边曾狎鸟，濠上正观鱼。（唐·皇甫冉《和郑少尹》）

烹鱼 亦作"双鱼""鲤鱼""二鲤鱼""鳞羽"。借指友人书信。《饮马长城窟行》："客从远方来，遗我双鲤鱼，呼儿烹鲤鱼。中有尺素

书。长跪读素书，书中竟何如？上言加餐食，下言长相忆。”

烹鱼开尺素，被龕得纯棉。（宋·陈郁《次韵谢乡陈涩颠》）

前鱼　亦作“泣前鱼”。借指失宠。《战国策·魏策》：“魏王与龙阳君共船而钓，龙阳君得十余鱼而涕下。王曰：‘有所不安乎？如是，何不相告也？’……对曰：‘臣之始得鱼也，臣甚喜。后得又益大，今臣直欲弃臣前之所得矣。……四海之内，美人亦甚多矣，闻臣之得幸于王也，必褰裳而趋王。臣亦犹曩臣之前所得鱼也，臣亦将弃矣，臣安能无涕出乎？’”

一从悲画扇，几度泣前鱼。（唐·于武陵《长信宫二首》其一）

食鱼　亦作“食无鱼”“食有鱼”“歌鱼”“愧有鱼”。借指干谒求用。见《战国策·齐策四》。

殷勤为话深相感，不学冯谖待食鱼。（唐·元稹《贻蜀五首之韦兵曹臧文》）

悬鱼　指为官清廉，巧妙拒贿。《后汉书·羊续传》：“时权豪之家多尚奢丽，（羊）续深疾之，常敝衣薄食，车马羸败。府丞尝献其生鱼，续受而悬于庭；丞后又进之，续乃出前所悬者以杜其意。”

潜光同隐豹，出宰必悬鱼。（唐·陈元光《语州县诸公敏》其二》）

北溟鱼　喻指杰出人才。《庄子·逍遥游》：“北溟有鱼，其名为鲲。鲲之大，不知其几千里也。化而为鸟，其名为鹏。鹏之背。不知其几千里也。怒而飞，其翼若垂天之云，是鸟也，海运则将徙于南溟，南溟者，天池也。”

希君生羽翼，一化北溟鱼。（唐·李白《江夏使君叔席上赠史郎中》）

忆鲈鱼　亦作“为鲈鱼”“鲈鱼”“季鹰鱼”。指思念故乡，也指归隐之思。《世说新语·识鉴》：“张季鹰辟齐王东曹掾，在洛，见秋风起，因思吴中菰菜羹、鲈鱼脍，曰：‘人生贵得适意尔，何能羁宦数千里以要名爵？’遂命驾便归。俄而齐王败，时人皆谓为见机。”

曾作江南步从事，秋来还复忆鲈鱼。（唐·羊士谔《忆江南旧游二首》其一）

辙中鱼　亦作“枯鱼”。喻指身处绝境的人。《庄子·外物》：“庄周家贫，故往贷粟于监河侯。监河侯曰：‘诺，我将得邑金，将贷子三百金，可乎？’庄周忿然作色曰：‘周昨来，有中道而呼者，周顾视，车辙中有鲋鱼焉。周问之曰：“鲋鱼来，子何为者邪？”对曰：“我东海之波臣也，君岂有斗升之水而活我哉？”周曰：“诺，我且南游吴越之王，激西江之水而迎子，可乎？”鲋鱼忿然作色曰：“吾失我常与，我无所处，吾得斗升之水然活耳，君乃言此，曾不如早索我于枯鱼之肆。”’”

谁能借斗水，活取辙中鱼。（唐·寒山《诗三百三首》其一一一）

琴高鱼　咏修道成仙。晋·干宝《搜神记》卷一：“琴高，赵人也。能鼓琴。为宋康王舍人。行涓、彭之术，浮游冀州、涿郡间，二百余年。后辞入涿水中，取龙子。与诸弟子期之，曰：‘明月皆洁斋，候于水旁，设祠室。’果乘赤鲤鱼出，来坐祠中。且有万人观之。留一月，乃复入水去。”

一掬琴高鱼，聊用荐夜茶。（宋·陆游《冬夜》）

太公钓鱼　指让人心甘情愿地做事。《史记·齐太公世家》：“太公望吕尚者……本姓姜氏，从其封姓，故曰吕尚。吕尚盖尝穷困，年老矣，以渔钓奸（干）周西伯。”

满怀韬略为香饵，只钓文王不钓鱼。（宋·王十朋《太公》）

渔（漁）yú

古上平，六鱼。逆采～蚕～佃～耕～观～涸～猎～牧～樵～侵～秋～始～贪～陶～田～畋～夜～顺～榜～箔～采～沧～查～槎～镫～矗～簖～夺～桴～根～笱～沪～矶～劫～刻～榔～帘～梁～寮～猎～泺～蛮～讴～浦～樵～侵～取～色～涉～食～墅～畋～艇～阳～弋～栅～泽～罾～竹例阶庭空水石，林壑罢樵渔。（唐·孟浩然《寻白鹤岩张子容隐居》）就枕灭明烛，扣舷闻夜渔。（唐·孟浩然《宿武阳即事》）

典**助夜渔**　指县令为政有方。北魏·郦道元《水经注·泗水》：“又东径单父县故城南，昔宓子贱之治也。孔子使巫马期观政，入其境，见夜渔者，问曰：‘子得鱼辄放，何也？’曰：‘小者，吾大夫欲长育之故也。’”

今日蓝溪水，无人不夜鱼。（唐·钱起《送李明府去官》）

余[1]（餘）yú

古上平，六鱼。逆比～别～逋～词～爨下～耳～俸～夫～扶～腐～陔～公～贡～畸～贾～戋～儆～馂～戮～奇～三～睡～唾～王～宵～小～胥～绪～燕～优～纡～诸～自～顺～弊～猋～惭～辰～酲～丑～舛～分～馥～辜～晷～华～怀～皇～艎～徽～集～霁～价～教～噍～津～晶～景～眷～馂～类～历～丽～燎～烈～凛～名～腻～弄～奇～弃～愆～让～刃～荣～闰～润～浉～师～唾～文～务～习～馨～醒～休～胥～煦～绚～熏～醺～妍～衍～胤～暎～杂～赞～涨～辙～珍～致～轴～朱～躅～壮～觜～踪～尊～嘬例世职推传盛，舂刑是减余。（唐·杨巨源《酬令狐员外直夜书怀见寄》）玉垒长路尽，锦江春物余。（唐·权德舆《送密秀才吏部驳放后归蜀》）

典**三余**　指空闲的时间。《三国志·魏书·王肃传》：“自魏初征士燉煌周生烈，明帝时大司农弘农董遇等，亦历注经传，颇传于世。”裴松之注引《魏略》：“遇字季直，性质讷而好学。……初，遇善治《老子》，为《老子》作训注。又善《左氏传》，更为作朱墨别异。人有从学者，遇不肯教，而云‘必当先读百遍’。言‘读书百遍而义自见’。从学者云：‘苦渴无日。’遇言‘当以三余’。或问三余之意，遇言‘冬者岁之余，夜者日之余，阴雨者时之余也’。由是诸生少从遇学，无传其朱墨者。”

翰墨三余隙，关山四望悬。（唐·杨炯《和郑雠校内省眺瞩思乡怀友》）

爨下余　用以吟咏宝琴。晋·干宝《搜神记》卷一三：“汉灵帝时，陈留蔡邕以数上书陈奏，忤上旨意。又内宠恶之，虑不免，乃亡命江海，远迹吴会。至吴，吴人有烧桐以爨者，邕闻火烈声。曰：'此良材也。'因请之，削以为琴，果有美音。而其尾焦，因名焦尾琴。"

为神讵比沟中断，遇赏还同爨下余。（唐·韩愈《题木居士二首》其二）

余[2]yú 我，第一人称代词。

古上平，六鱼。逆伊～告～祝～詈～愁～欺～弼～顺～一人

于[1]yú

古上平，七虞。逆濒～唱～单～归～将～近～苦～铺～往～刑～拚～友～有～朱～诸～顺～差～摧～鼎～飞～归～何～迈～然～腮～时～思～叟～阒～胥～徐～焉～以～役～于～越～张～征～诸～兹例劝君莫问长安路，且读鲁山于蔿于。（唐·权德舆《醉后戏赠苏九翛》）累饷唯妻子，披冤是友于。（唐·沈佺期《移禁司刑》）总戎扫大漠，一战擒单于。（唐·高适《塞上》）

典**五单于** 指北方游牧民族首领。《汉书·宣帝纪》："往者匈奴数为边寇，百姓被其害。朕承至尊，未能绥定匈奴。虚闾权渠单于请求和亲，病死。右贤王屠耆堂代立。骨肉大臣立虚闾权渠单于子为呼韩邪单于。击杀屠耆堂。诸王并自立，分为五单于，更相攻击。"

云日呈祥礼物殊，北庭生献五单于。（唐·卢纶《杂曲歌辞·天长地久词》）

于[2]（*於）yú 另见343页wū"於"。

古上平，七虞。逆扶～况～譬～相～刑～繇～依～顺～何～济～陵～时～斯～焉～以～越～则～兹例此行非不济，良友昔相于。（唐·杜甫《赠李八秘书别三十韵》）追道宿昔事，切切心相于。（唐·王绩《薛记室收过庄见寻率题古意以赠》）

盂yú

古上平，七虞。逆杯～盏～钵～饭～覆～觥～酒～敛～盘～槃～石～衣～银～顺～安～鼎～覆～兰例散彩饰机案，余辉盈盘盂。（唐·孟郊《和宣州钱判官》）遂谪栖遑掾，还飞送别盂。（唐·元稹《酬乐天东南行诗一百韵》）

典**覆盂** 喻指政权稳固。《史记·滑稽列传》："圣帝在上，德流天下。诸侯宾服，威振四夷。连四海之外，以为带，安于覆盂。天下平均，合为一家，动发举事，犹如运之掌中，贤与不肖何以异哉？"

不忧悬磬乏，乍喜覆盂安。（唐·李商隐《大卤平后移家到永乐县居》）

竽yú

古上平，七虞。逆吹～盗～寒～将～籁～滥～鸣～南郭～齐～调～顺～籁～滥例渔阳豪侠地，击鼓吹笙竽。（唐·杜甫《后出塞五首》其四）铨材秉秦镜，典乐去齐竽。（唐·刘禹锡《奉和吏部杨尚书》）

典**吹竽** 亦作"齐竽""滥吹竽"。指没有真才实学或假冒充数的人。《韩非子·内储说上》："齐宣王使人吹竽，必三百人，南郭处士请为王吹竽，宣王说之，廪食以数百人。宣王死，湣王立，好一一听之，处士逃。"

倚玉难藏拙，吹竽久混真。（唐·韩愈《和席八十二韵》）

鼓瑟吹竽 指良友集聚，宴乐欢快。《诗经·小雅·鹿鸣》："呦呦鹿鸣，食野之苹。我有嘉宾，鼓瑟吹笙。"

岁云暮矣，问何不、鼓瑟吹竽。（宋·辛弃疾《汉宫春·会稽蓬莱阁观雨》）

积冰斫雪扬灵夜，鼓瑟吹竽会舞时。（元·邓文原《赵孟坚长卷》）

娱yú

古上平，七虞。逆哀～骋～欢～极～嘉～交～静无～康～可～乐～清～恬～调～娭～嬉～熹～戏～细～相～延～宴～燕～游～娱～愉～媮～自～顺～哀～悲～宾～肠～放～观～精～酒～老～目～盘～亲～情～人～神～侍～适～兽～谈～玩～慰～昔～嬉～喜～戏～笑～心～谑～佚～怿～意～优～忧～游～侑～娱～志～恣例永言洗氛浊，卒岁为清娱。（唐·宋之问《洞庭湖》）岂如汾水上，箫鼓事游娱。（唐·苏颋《奉和圣制登蒲州逍遥楼应制》）五酺终宴集，三锡又欢娱。（唐·胡皓《奉和圣制同二相以下群官乐游园宴》）

愉yú

古上平，七虞。逆不～怢～敷～孚～和～欢～宽～平～劬～舒～恬～惋～婉～吴～忻～欣～敏～呴～煦～煦～喧～夷～怡～佚～愉～悦～顺～放～惨～静～乐～目～色～婉～慰～舞～心～艳～怡～佚～易～怿～般～娱～愉～悦例吊场色惨怛，颜失词劬愉。（唐·刘禹锡《武陵观火诗》）隐忍心愤恨，翻为声煦愉。（唐·元稹《苦雨》）

榆yú

古上平，七虞。逆白～碧～沉～枋～枌～风～槐～枯～枪～抢～桑～闪～收～星～椰～隐～梓～顺～鞭～躔～枋～枌～柎～冈～刚～罡～关～贯～光～火～椒～槿～景～林～钱～塞～社～罔～溪～雁～英～中例戎机习短蔗，袄裋静长榆。（唐·骆宾王《久戍边城有怀京邑》）最怜吟苜蓿，不及向桑榆。（唐·戴叔伦《口号》）

典**白榆** 亦作"星榆""种星榆"。用以咏星辰，或用于咏树木。《玉台新咏·古乐府·陇西行》："天上何所有，历历种白榆。"

天上生白榆，葳蕤信好折。（唐·皎然《妙喜寺达公禅斋》）

枌榆 指故乡。《史记·封禅书》："汉兴高祖之微时，尝杀大蛇。有物曰：'蛇白帝子也。而杀者赤帝子。'高祖初起祷丰枌榆社。"裴骃集解："张晏曰：'枌，白榆也。社在丰东北十五里。或曰，枌榆，乡名，高祖里社。'"

井邑枌榆社，陵园松柏田。（唐·杜审言《和李大夫嗣真奉使存抚河东》）

桑榆 日落时光照桑榆树端，因以指日暮。比喻晚年，垂老之年。曹植《赠白马王彪诗》："年在桑榆间，影响不能追。"李善注："日在桑榆，以喻人之将老。"

日薄桑榆。衔艰遘悯。（晋·陆云《答兄平原诗》）

隐榆 借指潜在的危险。《韩诗外传》卷一〇第二十一章："楚庄王将兴师伐晋……孙叔敖……进谏曰：'臣园中有榆，其上有蝉。蝉方奋翼悲鸣，欲饮清露，不知螳螂之在后，曲其颈，欲攫而食之也。螳

螂方欲食蝉，而不知黄雀在后，举其颈，欲啄而食之也。黄雀方欲食螳螂，不知童子挟弹丸在榆下，迎而欲弹之。童子方欲弹黄雀，不知前有深坑，后有掘株也。此皆贪前之利，而不顾后害者也。'"

隐榆非谏楚，噪柳异悲潘。（唐·骆宾王《秋晨同淄川毛司马秋九咏·秋蝉》）

渝 yú ①变。②地名。

㊀上平，七虞。㊁巴～不～丹青～凋～敢～黑白～昏～迁～无～戏～㊂～巴～薄～变～歌～节～滥～泸～盟～糜墨～涅～平～舞～言～移～溢～约㊃路远思恐泥，兴深终不渝。（唐·杜甫《槐叶冷淘》）星俎云罍兼鲁礼，朱干象箾杂巴渝。（唐·张昭《汉宗庙乐舞辞》）

臾 yú

㊀上平，七虞。㊁从～皂～夹～瓯～上～属～耸～须～颛～纵～㊂～曳㊃贵人难得意，赏爱在须臾。（唐·陈子昂《感遇诗三十八首》）请陈初乱时，反复乃须臾。（唐·杜甫《草堂》）

萸 yú

㊀上平，七虞。㊁把茱～插～丹～菊～囊～山茱～长房～茱～紫～㊂～房～囊～尊㊃旅馆但知闻蟋蟀，邮童不解献茱萸。（唐·刘商《重阳日寄上饶李明府》）步蹇强登游藻井，发稀那更插茱萸。（唐·耿湋《九日》）黄花罗粔籹，绛实簇茱萸。（唐·李群玉《九日越台》）

㊄**茱萸** 用以咏重阳。旧题晋·葛洪《西京杂记》卷三："戚夫人侍儿贾佩兰，后出为扶风人段儒妻。说在宫内时……九月九日，佩茱萸，食蓬饵，饮菊花酒，令人长寿。"晋·周处《风土记》："九月九日律中无射而数九，俗于此日以茱萸气烈成熟，尚此日折茱萸房以插头，言辟恶气而御初寒。"（据《太平御览》卷三二引）

睥睨三层连步障，茱萸一朵映华簪。（唐·卢纶《九日奉陪侍郎登白楼》）

长房萸 用以咏重阳节。南朝梁·吴均《续齐谐记》："汝南桓景随费长房游学累年。长房谓之曰：'九月九日汝家当有灾，宜急去，令家人各作绛囊，盛茱萸以系臂，登高饮菊花酒，此祸可除。'景如言，齐家登山，夕还，见鸡犬牛羊一时暴死。长房闻之，曰：'此可代也。'今世人九日登高饮酒，妇人戴茱萸囊，盖始于此。"

长房萸早熟，彭泽菊初收。（唐·李显《九月九日幸临渭亭登高得秋字》）

谀（諛）yú

㊀上平，七虞。㊁谗～谄～称～从～导～道～奉～贡～诡～讳～讥～奸～进～恐～口～谩～媚～面～昵～佞～巧～颂～贪～诬～险～献～邪～谐～寅～誉～赞～㊂～谤～谄～臣～辞～诞～导～行～美～媚～墓～佞～巧～儒～舌～史～顺～说～颂～闻～噱～言～优～语～悦～赞㊃立身既质直，出语无谄谀。（唐·寒山《诗三百三首》）人言贱事贵，贵直不贵谀。（唐·元稹《后湖》）

腴 yú ①油脂。②丰满；肥胖。③丰厚。④美好。

㊀上平，七虞。㊁充～垂～道～芳～坟～肤～敷～富～腹～甘～高～膏～华～囿～豢～肌～枯～琳～美～浓～清～瓢～柔～赡～上～漱～松～沃～霞～鲜～秀～玉～云～珍～真～脂～滋～㊂～表～产～辞～甘～厚～健～壤～润～田～沃～莹㊃众人耻贫贱，相与尚膏腴。（唐·储光羲《田家杂兴八首》其二）两公壮藻思，得我色敷腴。（唐·杜甫《遣怀》）微雨后，小寒初。满斟长寿碧琳腴。（宋·周紫芝《鹧鸪天·读尽牙签玉轴书》）

虞 yú ①猜度；料想。②戒备。③忧虑；担忧。④欺诈。

㊀上平，七虞。㊁边～不～猜～东～多～二～贰～防～覆悚～寡～衡～后～欢～黄～嘉～艰～郊～近～可～乐～林～麟～欧～槃～愆～侵～三～山～韶～疏～唐～外～轩～燕～野～隐～忧～游～有～渊～灾～葬～泽～诈～自～邹～驺～㊂～宾～殡～褚～典～度～歌～鳏～衡～候～欢～旌～乐～罗～旅～旗～人～芮～韶～师～侍～舜～说～廷～夏～弦～心～渊～箴㊃出关岁方晏，乘障日多虞。（唐·陈子昂《答韩使同在边》）操环昔闻迎夏启，发匣先来瑞有虞。（唐·崔日用《享龙池乐章》）

㊄**驺虞** 指仁义的事物。《诗经·召南·驺虞》："彼茁者葭，壹发五豝，于嗟乎驺虞。"毛氏传："驺虞，义兽也。白虎黑文，不食生物，有至信之德则应之。"唐孔颖达疏："陆机云：'驺虞，白虎黑文，尾长于躯，不食生物，不履生草。'"

驺虞不虚来，鸑鷟有时鸣。（唐·李白《古风》其一三）

歌唐虞 指忧国之思。《左传·襄公二十九年》："为之（季札）歌《唐》，曰：'思深哉！其有陶唐氏之遗民乎？不然，何忧之远也。非令德之后，谁能若是？'"

微臣徒窃抃，岂足歌唐虞。（唐·权德舆《奉和圣制重阳日中外同欢》）

即鹿无虞 指条件不具备则无功而返。《周易·屯》："即鹿无虞，惟入林中；君子几，不如舍，往吝。"孔颖达疏："即，就也。虞，谓虞官。如人之田猎，欲从就于鹿，当有虞官助己，商度形势，乃始得鹿；若无虞官，即虚入林木之中。"

心存即鹿叹无虞，画地虽工理反疏。（宋·岳珂《闻韩正伦检正挂冠》）

愚 yú

㊀上平，七虞。㊁安～暗～北山～鄙～柴～孱～憧～大～丹～顿～凡～赣～戆～孤～古～谷～回～惛～积～贱～骄～竭～矜～狂～悃～慢～宁武～驽～懦～僻～凭～朴～黔～上～守～疏～苍～下～贤～效～凶～佯～淫～庸～幽～迂～愈～诈～衷～朱～专～颛～椎～鲰～㊂～暗～庳～愎～褊～孱～诚～惷～憧～诞～侗～短～凡～戆～鲠～谷～鼓～瞽～锢～管～犷～悍～怀～慧～计～狡～近～狷～恳～款～狂～聩～悃～氓～眊～瞀～瞢～谬～拗～悫～冗～色～俗～悖～佻～屯～苍～诬～溪～下～贤～婞～学～野～依～嚚～庸～慵～衷㊃容颜荒外老，心想域中愚。（唐·沈佺期《夜泊越州逢北使》）直似王陵憨，非如宁武愚。（唐·张九龄《登荆州城

楼》)兴来林是竹，归卧谷名愚。(唐·孟浩然《寻张五回夜园作》)

典谷愚 亦作“谷中愚”。指隐居之地。《说苑·政理》:“齐桓公出猎，逐鹿而走，入山谷之中，见一老公而问之曰:‘是为何谷?’对曰:‘为愚谷之谷。’桓公曰:‘何故?’对曰:‘以臣名之。’桓公曰:‘今视公之仪状，非愚人也，何为以公名之?’对曰:‘臣请陈之，臣故畜牸牛，生子而大，卖之而买驹，少年曰:“牛不能生马。”遂持驹去。傍邻闻之，以臣为愚，故名此谷为愚公之谷。’”

幽人自守朴，穷谷也名愚。(唐·钱起《山斋读书寄时校书杜叟》)

北山愚 指坚忍不拔、大智若愚的人。《列子·汤问》:“太行、王屋二山，方七百里，高万仞，本在冀州之南，河阳之北。北山愚公者，年且九十，面山而居。惩山北之塞，出入之迂也，聚室而谋，曰:‘吾与汝毕力平险，指通豫南，达于汉阴，可乎?’杂然相许。……遂率子孙荷担者三夫，叩石垦壤，箕畚运于渤海之尾。……操蛇之神闻之，惧其不已也，告之于帝。帝感其诚，命夸蛾氏二子负二山，一厝朔东，一厝雍南。自此，冀之南、汉之阴无陇断焉。”

移得太行终亦死，平生常笑北山愚。(宋·陆游《幽居初夏》)

宁武愚 亦作“宁子佯愚”。指人韬光养晦，明哲保身。《论语·公冶长》:“子曰:‘宁武子，邦有道，则知;邦无道，则愚。其知可及也，其愚不可及也。’”

直似王陵戆，非如宁武愚。(唐·张九龄《登荆州城楼》)

隅yú

古上平，七虞。逆奥～八～层～德～东～兑～反～方～坊～封～鲋～高～艮～宫～海～疆～九～娵～举～坤～廉～踦～欧～区～趋～天～无～乡～向～巽～阴～淫～幽～隩～渊～滞～陬～坐～座～顺～阿～奥～差～反～谷～官～积～见～椒～角～楼～落～目～辟～曲～室～限～席～隙～墟～夷～长～镇～雉～中～眦～陬～坐例原隰旌门里，风云扆座隅。(唐·刘宪《奉和圣制登骊山高顶寓目应制》)广江无术阡，大泽绝方隅。(唐·储光羲《采莲曲》)龙旂翻海浪，馹骑驰坤隅。(唐·柳宗元《高昌》)

典东隅 指以前。《后汉书·冯异传》:“始虽垂翅回溪，终能奋翼黾池，可谓失之东隅，收之桑榆。”

东隅有失谁能免，北叟之言岂便无。(唐·刘禹锡《乐天寄重和晚达冬青一篇》)

向隅 指哭泣。《说苑·贵德》:“今有满堂饮酒者，有一人独索然向隅而泣，则一堂之人皆不乐矣。”

惟应深夜月，独伴向隅人。(唐·于武陵《长信宫二首》其二)

欤(歟)yú 语助词。

古去声，六御。逆也～归～猗～赋归～例愿酬明主惠，行矣岂徒欤。(唐·张九龄《初发道中赠王司马兼寄诸公》)碧芳既似水，日日咏归欤。(唐·孟郊《靖安寄居》)问之何因尔，学与不学欤。(唐·韩愈《符读书城南》)

典赋归欤 归隐。《论语·公冶长》:“子在陈曰:‘归与，归与，吾党之小子狂简，斐然成章，不知所以裁之。’”

且言重观国，当此赋归欤。(唐·储光羲《仲夏入园中东陂》)

舆(輿)yú ①车厢。②车。③大地;疆域。④众。

古上平，六鱼。逆安～版～参～宸～饬～翠～岱～得～德～地～方～凤～服～福～附～赋～干～黄～回～毁～混～降～接～金～旌～堪～尻～坤～兰～蓝～篮～连～灵～路～鸾～銮～眠～潘～辔～气～芞～亲～染～山～神～司～厮～笋～檀～题～徒～文～县～象～小～星～悬～舆～鹓～员～云～皂～驺～顺～谤～病～步～榇～词～从～道～地～服～盖～竿～歌～棺～机～疾～几～驾～口～梁～辆～僚～辂～轮～冕～牧～辇～女～评～骑～人～尸～师～厮～讼～诵～颂～台～谈～童～图～徒～望～卫～械～薪～言～谣～议～舆～愿～皂～仗～轸例风威肃文卫，日彩镜雕舆。(唐·杨思玄《奉和圣制过温汤》)涌霄开宝塔，倒影驻仙舆。(唐·郑愔《奉和九月九日登慈恩寺浮图应制》)为君量革履，且愿住蓝舆。(唐·韦应物《送丘员外归山居》)

典接舆 指洁身避世的高士。《论语·微子》:“楚狂接舆歌而过孔子曰:‘凤兮凤兮，何德之衰?往者不可谏，来者犹可追。已而，已而!今之从政者殆而!’”

复值接舆醉，狂歌五柳前。(唐·王维《辋川闲居赠裴秀才迪》)

悬舆 指年老辞官。汉·王充《论衡·自纪》:“充以元和三年徙家辟，诣杨州部丹阳、九江、庐江。后入为治中，材小任大，职在刺割，笔札之思，历年寖废。章和二年，罢州家居，年渐七十，时可悬舆，仕路隔绝，志穷无如。”

张何旧寮寀，相勉在悬舆。(唐·李德裕《忆平泉山居赠沈吏部一首》)

梓匠轮舆 指精妙的技巧。《孟子·尽心下》:“梓匠轮舆能与人规矩，不能使人巧。”

木之就规矩，在梓匠轮舆。(唐·韩愈《符读书城》)

圩yú 低洼地区防水护田的堤岸。另见276页wéi。

顺～顶

俞yú 用于答应的词。常见于《尚书》。

古上平，七虞。逆巴～伯～帝～都～离～唯～吁～呴～俞～允～顺～扁～儿～跗～咈～拊～附～柎～纳～然～水～音～俞～允例外牧资贤守，斯人奉帝俞。(唐·马怀素《饯唐州高使君赴任》)下里得闻之，各各相俞俞。(唐·元稹《后湖》)筹密边烽息，凛羌胡。玉音俞。(宋·无名氏《六州歌头·扬休玉色》)

典都俞 都、俞、吁、咈均为叹词。以为可，则曰都、俞;以为否，则曰吁、咈。后因用“都俞吁咈”形容君臣论政问答，融洽雍睦。《尚书·虞书·皋陶谟》:“禹曰:‘都，帝!慎乃在位。’帝曰:‘俞。’禹曰:‘安汝止，惟几惟康，其弼直;惟动丕应。徯志以昭受上帝，天其申命用休。’”

功成上天相都俞，指呼瓦𤮕化

华胥。（宋·邓肃《送李丞相四路宣抚》）

逾[1]（*踰）yú

古上平，七虞。逆超～昏～积～僭～窥～陵～踰～年～跄～日月～升～忝～轶～逸～跚～远～越～钻～顺～备～波～常～侈～出～处～等～法～方～封～官～冠～晷～行～恒～笄～跻～纪～检～僭～节～进～境～矩～科～刻～跨～捆～滥～礼～历～立～量～轮～迈～邈～阙～群～弱～世～瞬～肆～趯～望～闲～限～序～涯～延～言～曳～跚～溢～垠～阈～垣～远～约～陟～壮例连云列战格，飞鸟不能逾。（唐·杜甫《潼关吏》）义士皆痛愤，纪纲乱相逾。（唐·杜甫《草堂》）操绠不暇汲，循墙还避逾。（唐·刘禹锡《武陵观火诗》）

逾[2] yú

古上平，七虞。逆过～迟～昏～超～顺～甚例滟滪险相迫，沧浪深可逾。（唐·杜甫《大历三年春》）缥帙各舒散，前后互相逾。（唐·柳宗元《读书》）

揄 yú　①挥动。②引出；提出。③揄扬：宣扬；称扬。

古上平，七虞。逆春～舂～攘～闪～桃～挑～邪～耶～椰～揶～揶～顺～兵～袂～弄～扬～揶例半道逢吴姬，卷帘出揶揄。（唐·李白《玩月金陵城西孙楚酒楼》）赖得与君同此醉，醒来愁被鬼揶揄。（唐·罗隐《钟陵见杨秀才》）

瑜 yú　美玉。

古上平，七虞。逆碧～璠～怀～金～瑾～琨～佩～韬～温～握～瑕～瑛～顺～辞～珥～璟～颣～琏～亮～珉～佩～瑕～玉例因君问消息，好在阮元瑜。（唐·杜甫《送蔡希曾都尉还陇右》）见说金被烁，终期玉有瑜。（唐·皎然《赠李中丞洪一首》）

典**子瑜**　借指有才干之人。《三国志·魏书·诸葛瑾传》："诸葛瑾，字子瑜，琅邪阳都人也。汉末避乱江东。值孙策卒，孙权姊壻曲阿弘咨见而异之，荐之于权。与鲁肃等并见宾待，后为权长史，转中司马。……瑾为人有容貌思度，于时服其弘雅。……权称尊号，拜大将军、左都护，领豫州牧。"

与今坐上嘲子瑜，争似舟中怀李白。（宋·李曾伯《赠黄虚舟》）

阮元瑜　阮瑀，字元瑜。为曹操掌记室，善军国书檄。后因以喻指执掌文书的官员。《三国志·魏书·王粲传》附《阮瑀传》："瑀少受学于蔡邕。建安中都护曹洪欲使掌书记，瑀终不为屈。太祖并以琳、瑀为司空军谋祭酒，管记室，军国书檄，多琳、瑀所作也。琳徙门下督，瑀为仓曹掾属。"

况有阮元瑜，翩翩秉书札。（唐·独孤及《杂曲歌辞·太行苦热行》）

窬 yú　门边小洞。

古上平，七虞。逆穿～圭～闺～窥～钻～顺～木

覦（覦）yú

古上平，七虞。逆觇～觊～窥～觑～侥～例世务轻摩揣，周行窃觊觎。（唐·白居易《东南行一百韵》）直指宁偏党，无私绝觊觎。（唐·徐夤《酒胡子》）

禺 yú　①区域。②旧时称日近中午为禺，约在上午九时至十一时。③通"偶"，有一对、合符、木偶泥偶等不同意思。

古上平，七虞。逆贲～番～封～鲋～季～疆～日～耶～顺～谷～京～强～氏～渊～中例远猷来象魏，霈泽过番禺。（唐·权德舆《奉和许阁老》）

喁 yú　声相应和。另见963页yóng。

古上平，七虞。逆唱～呕～煦～于～喁～陬～顺～唱～喁

嵎 yú

古上平，七虞。逆八～东～封～负～海～虎负～山～限～嵎～顺～谷～虎～角～峗～夷～峡～嵎

舁 yú　抬。

古《广韵》：平声，鱼韵。逆担～兜～扶～共～肩～扛～篮～练～抬～顺～夫～疾～人

雩 yú　古祈雨祭。

古上平，七虞。逆大～祷～风～呼～舞～咏～顺～祷～兑～祭～蜡～门～祈～泉～禳～社～祀～台～坛～祝例何似儿童岁，风凉出舞雩。（唐·杜甫《热三首》其一）白雪调歌响，清风乐舞雩。（唐·温庭筠《病中书怀呈友人》）

典**舞雩**　指祈天求雨。《周礼·春官·女巫》："旱暵则舞雩。"

舞雩新雨浃公田，水满东溪上下天。（宋·司马光《伏蒙留守相公赐示》）

风乎舞雩　借指恬淡情怀。《论语·先进》："子路、曾皙、冉有、公西华侍坐。子曰：'以吾一日长乎尔，毋吾以也。居则曰："不吾知也！"如或知尔，则何以哉？'……子曰：'何伤乎？亦各言其志也。'曰：'莫春者，春服既成，冠者五六人，童子六七人，浴乎沂，风乎舞雩，咏而归。'夫子喟然叹曰：'吾与点也。'"

谁识稼轩心事，似风乎、舞雩之下。（宋·辛弃疾《水龙吟·被公惊倒瓢泉》）

歈 yú　歌。

古上平，七虞。逆巴～清～吴～西～邪～歔～歈～顺～讴～趣例虞琴起歌咏，汉筑动巴歈。（唐·虞世南《奉和幸江都应诏》）

典**吴歈**　指流传在楚国的吴国歌曲。《楚辞·招魂》："吴歈蔡讴，奏大吕些。"

边愁伤郢调，乡思绕吴歈。（唐·骆宾王《久戍边城有怀京邑》）

狳 yú　犰狳，古代传说中的怪兽。

古上平，六鱼。逆犰～

畬 yú　熟田。另见74页shē。

古上平，六鱼。逆高～耕～经～开～山～新～菑～顺～菑例文章岂不贵，经训乃菑畬。（唐·韩愈《符读书城南》）迎春治耒耜，候雨辟菑畬。（唐·白居易《归田三首》其二）

仄声·上声

举（舉*擧）jǔ

古上声，六语。逆按～案～百～摽～飙～冲～翀～登～电～牒～动～杜～发～飞～非～风～凤～扶～该～概～贡～孤～国～过～行～豪～核～鹤～横～鸿～鹄～简～骞～交～矫～旌～纠～九～就～俊～峻～克～快～筐～厘～龙

～胪～论～缕～率～毛～觅～明～谬～鸟～辟～偏～聘～褰～谴～翘～清～遒～辱～三～赡～韶～舌～申～神～慎～绳～识～试～收～疏～顺～唐～调～外～徙～遐～霞～显～兴～修～秀～轩～艳～焱～摇～业～逸～玉～援～云～杂～甄～振～枝～擿～重～族～顺～哀～案～白～驳～察～柴～陈～炊～刺～撮～地～对～发～肥～烽～父～告～阁～翩～火～迹～假～节～口～跬～乐～类～门～名～目～乳～善～觞～声～时～实～世～似～首～疏～燧～缩～武～息～显～要～业～逸～意～音～用～隅～正～职～指～趾～踵～坐例萍间日彩乱，荷处香风举。（唐·李世民《帝京篇十首》其六）彼美何壮哉，桓桓擅斯举。（唐·源乾曜《奉和圣制送张尚书巡边》）云汉尔固知，胡为不轻举。（唐·高适《自淇涉黄河途中作十三首》）

典**文举** 指才学之士。《后汉书》卷七〇《孔融传》："孔融字文举，鲁国人，孔子二十世孙也。……后辟司空掾，拜中军候。在职三日，迁虎贲中郎将。……（董）卓乃讽三府同举融为北海相。……融负其高气，志在靖难，而才疏意广，迄无成功。……及献帝都许，征融为将作大匠，迁少府。……曹操既积嫌忌，而郗虑复构成其罪，遂令丞相军谋祭酒路粹枉状奏融……书奏，下狱弃市。时年五十六。妻子皆被诛。"

莫空文举酒，强下何曾箸。（唐·白居易《和微之诗二十三首·三月三十日四十韵》）

陈仲举 以喻指忠直之臣。亦作"仲举"。《后汉书》卷六六《陈蕃传》："陈蕃字仲举，汝南平舆人也。……自蕃为光禄勋，与五官中郎将黄琬共典选举，不偏权富，而为执家郎所谮诉，坐免归。顷之，征为尚书仆射，转太中大夫。（延熹）八年，代杨秉为太尉。"

会看陈仲举，从此拜公卿。（唐·宋之问《饯湖州薛司马》）

槐花举 见823页"举子忙"。

槐花黄时举子忙，君心应逐白云翔。（宋·吴儆《送王国器归宣城》）

黄鹤举 借指失意而归隐，也指遭到贬黜。《韩诗外传》卷二："田饶事鲁哀公而不见察，谓哀公曰：'臣将去君，黄鹄举矣。'哀公曰：'何谓也？'田饶曰：'君独不见夫鸡乎……鸡虽有此五德，君犹日瀹而食之者何也？则以其所从来者近也。夫黄鹄一举千里，止君园池，食君鱼鳖，啄君黍粱，无此五德者，君犹贵之者何也？以其所从来者远也。故臣将去君，黄鹄举矣。'"

方知黄鹤举，千里独裴回。（唐·李白《古风》其一五）

矩（*榘）jǔ

古上声，七麌。逆标～步～大～蹈～度～芳～丰～风～高～钩～贯～合～后～洁～絜～旧～句～灵～龙～企～前～绳～圣～师～顺～通～宪～絜～寻～仪～遗～应～矱～执～中～顺～步～德～度～法～范～方～臬～杀～绳～式～游～矱～则～坐例有截资先化，无为遵旧矩。（唐·武则天《唐享昊天乐》）身乐道家流，惇儒若一矩。（唐·张祜《游天台山》）冰共雪，是标矩。（宋·郑元秀《贺新郎·急雨收庚暑》）

典**不逾矩** 指不超越法度。《论语·为政》："子曰：吾十有五而志于学……七十而从心所欲，不踰矩。"晋·何晏《集解》引马融曰："矩，法也。"汉·董仲舒《春秋繁露·五行相生》："亲有尊卑，位有上下，各死其事，事不踰矩，执权而伐。"

所欲谁能矩不逾，人生七十在须臾。（宋·郭印《和赵茂州即事六首》其一）

沮 jǔ 另见426页jū、445页jù。

古上声，六语。逆黯～败～谤～奔～崩～怖～惭～惨～谗～瞋～惩～酬～愁～丑～谴～摧～悴～挫～非～汾～愤～格～梗～乖～呵～坏～惶～悔～毁～惛～谏～解～惊～愧～离～排～破～气～怯～侵～穷～曲～劝～桡～丧～色～伤～衰～望～畏～洿～消～销～携～懈～掩～邀～疑～壅～忧～志～窒～自～阻～顺～薄～胆～惮～动～短～厄～遏～诽～废～愤～服～格～骇～核～坏～毁～惑～激～间～诘～解～恐～溃～力～乱～挠～尼～逆～溺～衄～气～弃～诎～屈～劝～桡～扰～辱～塞～散～伤～舍～慑～索～畏～陷～泄～谢～议～异～抑～折～谪～止～滞～惴～訾～怍例先鸣余勇争鼓舞，未至衔枚颜色沮。（唐·刘禹锡《竞渡曲》）抱冤志气屈，忍耻形神沮。（唐·白居易《读史五首》）

典**问长沮** 指探索途径或尝试摸索。《论语·微子》："长沮、桀溺耦而耕，孔子过之，使子路问津焉。"

自怜循短绠，方欲问长沮。（北周·庾信《奉和永丰殿下言志诗》其七）

咀 jǔ

古上声，六语。又：上平；六鱼异。逆吐～啜～含～涵～噍～吞～循～顺～啜～啖～嚼～噍～啮～茹～嚅～吞～味～唔～药～咏～咂～呪

筥 jǔ 圆竹器。

古上声，六语。逆秉～饭～筐～箱～竹～

龃（齟）jǔ

古《广韵》：上声，语韵。逆龉～顺～龊～龉

柜 jǔ 另见290页guì。

古上声，六语。逆枳～顺～柳

枸 jǔ 枸橼。另见458页gōu、485页gǒu。

古上声，七麌。逆香～枳～顺～酱～橼

踽 jǔ 独行貌；孤独貌。

古上声，七麌。逆踽～奎～顺～步～踽～凉～偻

苴 jǔ 又读。另见11页chá、20页zǎ、426页jū。

莒 jǔ ①芋。②古国名。

古上声，六语。逆柏～揉～糅～在～郑～顺～刀

典**勿忘在莒** 勉励得志后不忘曾经的穷困、厄难。《吕氏春秋·直谏》："齐桓公、管仲、鲍叔、宁戚相与饮酒酣，桓公谓鲍叔曰：'何不起为寿？'鲍叔奉杯而进曰：'使公毋忘出奔在于莒也；使管仲毋忘束缚而在于鲁也；使宁戚毋忘其饭牛而居于车下也。'桓公避席再拜曰：

'寡人与大夫能皆毋忘夫子之言,则齐国之社稷幸于不殆矣。'"

弆jǔ　收藏。

古《广韵》:上声,语韵。逆珍～臧～藏～顺～藏

旅lǚ

古上声,六语。逆辈～鄙～宾～党～邸～反～奋～附～过～行～画～讲～进～鞠～据～客～里～旅～命～逆～贫～仆～栖～禽～穷～士～释～誓～琐～庭～通～同～五～武～西～训～亚～虞～偶～御～云～泽～振～征～整～顺～獒～百～拜～榜～抱～币～壁～窆～殡～泊～舶～肠～尘～楱～呈～酬～次～窜～邸～帆～泛～谷～骨～翮～褐～恨～鸿～怀～宦～魂～羁～集～寄～见～进～距～况～葵～力～貌～梦～农～朋～憩～升～生～树～琐～退～托～望～逸～瘗～楹～葬～冢～资例匈奴迩河朔,汉地须戎旅。(唐·源乾曜《奉和圣制送张尚书巡边》)似楚江暝宿,风灯零乱,少年羁旅。(宋·周邦彦《锁窗寒·暗柳啼鸦》)

典**虎旅**　借指卫士。汉·张衡《西京赋》:"陈虎旅于飞廉,正垒壁乎上兰。"李善注:"《周礼》:'虎贲,下大夫;旅贲氏,中士也。'"

吴昌屯虎旅,晋盛骛龙舟。(唐·吕温《岳阳怀古》)

一成一旅　形容地小人少,力量单薄。《左传·哀公元年》:"有田一成,有众一旅,能布其德,而兆其谋,以收夏众,抚其官职。"

一成一旅尚尤复,矧兹百雉雄金汤。(清·冯桂芬《江阴阎公祠》)

侣lǚ

古上声,六语。逆宾～曹～侪～禅～尘～俦～丹～钓～法～凡～梵～凤～高～共～官～行～鹤～呼～宦～结～静～俊～客～空～崆峒～僚～命～慕～匹～樵～儒～山～商～胜～失～诗～同～徒～橐～无～仙～香～箫～啸～学～烟～燕～遗～义～逸～鹓～真～追～缁～宗～醉～顺～伴～行例孤鸿忆霜群,独鹤叫云侣。(唐·孟郊《离思》)家法遥传阙里训,心源早逐嵩丘侣。(唐·权德舆《奉送孔十兄》)

典**鞭鸾侣**　指夫妻恩爱,也用以咏仙。亦作"吹箫侣""彩箫凤侣"。《列仙传》:"萧史者,秦穆公时人也,善吹箫,能致白孔雀于庭。穆公有女字弄玉,好之。公遂以女妻焉。日教弄玉作凤鸣,居数年,吹似凤声,凤凰来止其屋,公为作凤台。夫妇止其上,不下数年,一旦皆随凤凰飞去。故秦人为作凤女祠于雍宫中,时有箫声而已。"

并游不见鞭鸾侣。只僧前、松子随步。(宋·李弥逊《宝鼎现·层林烟霁》)

履lǚ

古上声,四纸。逆安～薄冰～禀～操～赐～蹴～翠～戴～德～帝～东郭～动～顿～方～菲～扉～福～赴～更～弓～踦～剑～进～近～经～九光～决～空～临～率～芒～冒～昧～命～蹑～綦～取～舄～涉～识～饰～视～顺～四～素～跛～縢～体～听～停～完～王乔～望～文～袭～屣～霞～献～孝～性～雪～寻～业～遗～幽～簪～贞～真～振～郑～执～资～尊～遵～顺～版～薄～璧～冰～肠～齿～戴～蹈～道～度～端～方～凫～贵～和～痕～获～极～籍～迹～践～节～洁～径～屦～理～立～亩～年～綦～洽～谦～倾～穷～舄～仁～任～荣～靸～善～尚～绳～时～霜～岁～坦～炭～危～尾～位～武～豨～系～险～性～虚～业～义～运～长～真～正～中～忠～组～尊～祚例散衣出中园,小径尚滑履。(唐·储光羲《晚霁中园喜赦作》)曙色照衣冠,虚庭鸣剑履。(唐·储光羲《尚书省受誓诫贻太庙裴丞》)有时趋绛纱,尽日随朱履。(唐·窦庠《留守府酬皇甫曙侍御弹琴之什》)

典**革履**　指为官清正、直言敢谏的人,也指帝王亲近的贤臣。亦作"汉履""尚书履""听履""曳履""郑履"。《汉书·郑崇传》:"哀帝擢为尚书仆射,数求见谏争,上初纳用之。每见曳革履,上笑曰:'我识郑尚书履声。'"

为君量革履,且愿住蓝舆。(唐·韦应物《送丘员外归山居》)

化履　用以吟咏神仙。亦作"王乔履""仙人履""叶县履"。《后汉书·王乔传》:"王乔者,河东人也。显宗世,为叶令。乔有神术,每月朔望,常自县诣台朝。帝怪其来数,而不见车骑,密令太史伺望之。言其临至,辄有双凫从东南飞来。于是候凫至,举罗张之,但得一只舄焉。乃诏尚方视,则四年中所赐尚书官属履也。每当朝时,叶门下鼓不击自鸣,闻于京师。"

翔凫犹化履,狎雉尚驯童。(唐·骆宾王《伤祝阿王明府》)

珠履　形容贵宾众多且富贵豪奢。亦作"真珠履""珠履客"。《史记·春申君列传》:"春申君客三千余人,其上客皆蹑珠履。"

堂上三千珠履客,瓮中百斛金陵春。(唐·李白《寄韦南陵冰余江上》)

坠履　指向长者虚心请教,也用来咏张良。亦作"跪履""文成履""老人遗履""圯下拾履""黄公履"。《史记·留侯世家》:"良尝间从容步游下邳圯上,有一老父,衣褐,至良所,直堕其履圯下,顾谓良曰:'孺子,下取履!'良鄂然,欲殴之。为其老,强忍,下取履。父曰:'履我!'良业为取履,因长跪履之。父以足受,笑而去。良殊大惊,随目之。父去里所,复还,曰:'孺子可教矣。后五日平明,与我会此。'"

坠履忘情后,寒灰更湿时。(唐·刘言史《江陵客舍留别樊尚书》)

西陵履　喻指人临死念念不忘妻儿。亦作"分香卖履"。三国魏·曹操《遗令》:"吾婢妾与伎人皆勤苦,使着铜雀台,善待之。于台堂上安六尺床施繐帐,朝晡上脯备之属,月旦、十五日,自朝至午,辄向帐中作伎乐。汝等时时登铜雀台,望吾西陵墓田。余香可分与诸夫人,不命祭。诸舍中无所为,可学作组履卖也。"

纵洒苍梧泪,莫卖西陵履。(清·吴伟业《清凉山赞佛诗》其四)

缕(縷)lǚ

古上声,七麌。逆备～帛～布～蚕～翠～寸～独茧～凤～甲～绛～交～结～金～筋～涓～鲙～蓝～褴～罗～缕～脉～命～如～濡～

摄～霜～琐～兔～五色～雾～霞～涎～线～香～絮～雪～血～烟～银～云～缊～箴～顺～彩～陈～解～金～举～罗～络～缕～綦～切～述～数～说～析～晰～细～续～言～衣例北风起寒文，弱藻舒翠缕。（唐·杜甫《太平寺泉眼》）彭蠡不盈杯，浙江微辨缕。（唐·张祜《游天台山》）四海镜清澄，千官云片缕。（唐·杜牧《李甘诗》）

典**秋娘金缕** 指劝人及时行乐。唐《金缕衣》：“劝君莫惜金缕衣，劝君惜取少年时。花开堪折直须折，莫待无花空折枝。”

歌彻秋娘金缕，醉扳织女云车。（宋·石孝友《西江月·歌彻秋娘金缕》）

吕lǚ

古上声，六语。逆背～大～鼎～费～傅～干～皋～宫～姬～嵇～六～律～命～南～轻～曲～泰～西周～衔～心～伊～阴～音～玉～岳阳～中～钟～仲～诸～顺～傅～葛～公～管～后筵～霍～巨～览～律～虔刀～氏～望～渭～翁～仙翁～相～刑～牙～砚～伊～召～政例能将此道助皇风，自可殊途并伊吕。（唐·权德舆《奉送孔十兄》）君试按、秦筝未必如钟吕。（宋·柴望《摸鱼儿·问长江》）

典**伊吕** 指经邦纬国的辅臣。《汉书·董仲舒传赞》：“刘向称‘董仲舒有王佐之材，虽伊吕亡以加’。”颜师古注：“伊，伊尹。吕，吕望也。”

伊吕深可慕，松乔定是虚。（唐·杜淹《召拜御史大夫赠袁天纲》）

嵇吕 借指挚友。《晋书·嵇康传》：“东平吕安服康高致，每一相思，辄千里命驾，康友而善之。”

尝闻嵇吕辈，尤悔生疏顽。（唐·白居易《晚归香山寺因咏所怀》）

岳阳吕 用以咏仙。宋·郑伯熊《蒙斋笔谈》卷下：“世传神仙吕洞宾，名岩，洞宾其字也。唐吕渭之后，五代间从钟离权得道。权，汉人。迩者，自本朝以来，与权更出没人间。权不甚多见，而洞宾踪迹数见。好道者，每以为口实。余记童子时，见大父魏公，自湖外罢官还，道岳州，客有言洞宾事者云，近岁常过城内一古寺，题二诗壁间而去。其一云：‘朝游岳鄂暮苍梧，袖有青蛇胆气粗。三入岳阳人不识，朗吟飞过洞庭湖。’”

恰黄鹤飞来，月明三弄，仍是岳阳吕。（宋·刘辰翁《摸鱼儿·更比他》）

黄钟大吕 形容文辞或音乐华美、庄严。《周礼·春官·大司乐》：“乃奏黄钟，歌大吕，舞云门，以祀天神。”郑玄注：“以黄钟之钟，大吕之声为均者，黄钟阳声之首，大吕为之合。”

恍如听乐周太庙，黄钟大吕皦且纯。（宋·张舜民《书节孝先生事实》）

膂lǚ ①脊骨。②体力；力气。

古上声，六语。逆背～肝～肱～共～贯～脊～江～筋～心～腰～要～顺～力例汉守分麾，尧庭请瑞，方面凭心膂。（宋·柳永《永遇乐·天阁英游》）

屡(屢)lǚ

古去声，七遇。逆屡～厌～顺～复～骄～空～盟～迁～舞～月例仙事与世隔，冥搜徒已屡。（唐·宋之问《景龙四年春祠海》）长卿消渴再，公干沉绵屡。（唐·杜甫《送高司直寻封阆州》）玉彝雕俎，楼外更筹屡。（宋·洪咨夔《点绛唇·花事无多》）

褛(褸)lǚ

古《广韵》：上声，麌韵。逆褴～顺～裂

铝(鋁)lǚ 金属元素。

逆镈～顺～材

女nǚ 另见446页nü。

古上声，六语。逆罢～班～榜～褒～奔～嬖～辩～材～采～彩～蔡～妊～姹～倡～斥～出～春～帝～凤～伏～扶床～卯～妫～寒～汉～行～河～红～虹～宦～黄姑～黄家～机～伎～季～绩～假～鲛～金～禁～静～拘～旷～老～獠～灵～卢～鹿～螺～纳～逆～漂～青～蕊～商～蜃～霜～硕～桃叶～髫～僮～无盐～婺～息～奚～觋～绣～燕～冶～佚～柑～逸～媵～攸～幽～游～舆～媛～云～棹～甄～振～正～顺～魃～嬖～表～倡～丑～床～弟～堞～丁～娥～夫～冠～郭～戒～酒～君～口～隶～伶～萝～闾～媒～妹～猱～鸟～孽～牛～陴～妻～歧～墙～妾～曲～戎～事～顺～孙～图～奚～校书～兄～匽～谒～夷～英～忧～垣～职～贽～宗例白首垂钓翁，新妆浣纱女。（唐·孟浩然《耶溪泛舟》）入夜殊赫然，新秋照牛女。（唐·杜甫《火》）艳唱召燕姬，清弦待卢女。（唐·皇甫冉《见诸姬学玉台体》）

典**牛女** 指牛郎织女。亦作“七夕女”“牵牛河汉女”。《诗经·小雅·大东》：“跂彼织女，终日七襄。……睆彼牵牛，不以服箱。”

殷勤寄牛女，河汉正相望。（唐·元稹《新秋》）

秦女 借指公主或仙女。亦作“秦王女”“嬴女”“箫声飞去”。《列仙传》卷上：“萧史者，秦穆公时人也，善吹箫，能致孔雀、白鹤于庭。穆公有女字弄玉，好之，公遂以女妻焉。日教弄玉作凤鸣，居数年，吹似凤声，凤凰来止其屋。公为作凤台，夫妇止其上，不下数年，一旦，皆随凤凰飞去。故秦人为作凤女祠于雍宫中，时有箫声而已。”

湘娥拊琴瑟。秦女吹笙竽。（三国魏·曹植《仙人篇》）

素女 指仙女。《史记·封禅书》：“太帝使素女鼓五十弦瑟，悲，帝禁不止，故破其瑟为二十五弦。”太帝，即泰帝，太昊伏羲氏。

素女鸣珠佩，天人弄彩毬。（唐·李白《杂曲歌辞》其七）

神女 指艳质而多情的女子，也指妓女。亦作“巫山女”“阳台女”“楚云巫雨”“高阳暮雨”“阳台行雨”“朝云暮雨”“行雨”“峡雨”。宋玉《高唐赋》序：“昔者先王尝游高唐，怠而昼寝，梦见一妇人，曰：‘妾巫山之女也，为高唐之客，闻君游高唐，愿荐枕席。’王因幸之。去而辞曰：‘妾在巫山之阳，高丘之岨，旦为朝云，暮为行雨，朝朝暮暮，阳台之下。’”

神女色姱丽，乃出巫山湄。（南朝宋·江淹《悼室人诗》）

天女 指织女。《史记·天官

书》："婺女，其北织女。织女，天女孙也。"司马贞索隐："织女，天孙也。案：《荆州占》云：'织女，一名天女，天子女也。'"

向来倾艳时，天女几夺织。（宋·张埴《雨后见酴醾》）

谢女 指晋女诗人谢道韫，泛指女郎或才女。也指门风优雅、家族雅集，此时亦作"咏絮""散盐飞絮"。谢安侄女谢道韫，才思敏捷，尝居家遇雪，安曰："何所似也？"安兄子朗曰："散盐空中差可拟。"道韫曰："未若柳絮因风起。"谢安十分赞赏。见《世说新语·言语》。

好是照身宜谢女，嫦娥飞向玉宫来。（唐·姚合《咏镜》）

贾女香 指异香或男女定情之物。《晋书·贾充传》："韩寿，字德真，南阳堵阳人。魏司徒暨曾孙，美姿貌，善容止。贾充辟为司空掾。充每讌宾寮，其女辄于青璅中窥之。见寿而悦焉，问其左右：'识此人不？'有一婢说寿姓字，云是故主人。"经此婢牵线，贾女、韩寿幽会定终身。"家中莫知，惟充觉其女悦畅异于常日。时西域有贡奇香，一著人则经月不歇。帝甚贵之，惟以赐充及大司马陈骞。其女密盗以遗寿，充寮属与寿燕处闻其芬馥，称之于充。自是充意知女与寿通。"

忍寒宁死饿宁僵，不去偷它贾女香。（宋·方蒙仲《和刘后村梅花百咏》）

漆室女 指心忧天下的女子。《列女传·鲁漆室女传》："漆室女者，鲁漆室邑之女也。过时未适人……吾闻河润九里，渐洳三百步。今鲁君老悖，太子少愚，愚伪日起。夫鲁国有患者，君臣父子皆被其辱，祸及众庶，妇人独安所避乎！吾甚忧之。"

况复漆室女，浪为鲁国忧。（宋·王铚《送和斜川诗二首》其一）

籹nǔ
粔籹，古代一种食品，类似今之麻花、馓子。

古上声，六语。逆粔～粮～

取qǔ

古上声，七麌。逆聱～掣～趁～窜～断～剟～发～丰～俯～改～丐～公～关～规～核～护～货～缉～籍～简～禁～魁～揽～躐～貌～拗～票～捋～掊～哀～搴～撻～情～逑～曲～铨～榷～攘～识～束～梯～体～徒～唾～问～侥～遗～弋～挹～渔～约～责～腴～顺～办～必～毙～便～别～裁～称～成～次～当～覆～告～贵～合～会～济～鉴～节～进～径～境～具～勘～快～类～累～戾～怜～履～美～纳～怒～女～遣～诮～诎～扰～日～容～事～适～室～帅～燧～讨～透～途～象～效～湮～意～应～尤～则～正～志～重～拙例四句了自性，一音亦非取。（唐·储光羲《同房宪部应旋》）冥冥子规叫，微径不复取。（唐·杜甫《法镜寺》）隔篱呼取，举杯对影，有唱更凭谁和。（宋·李弥逊《永遇乐·曲径通幽》）

典**刘表焉取** 指请隐士出仕而不得。《后汉书·庞公传》："庞公者，南郡襄阳人也。……荆州刺史刘表数延请不能屈。……表指而问曰：'先生苦居畎亩而不肯官禄，后世何以遗子孙乎？'庞公曰：'世人皆遗之以危，今独遗之以安。虽所遗不同，未为无所遗也。'表叹息而去。后遂携其妻子，登鹿门山，因采药不反。"

举家依鹿门，刘表焉得取。（唐·杜甫《遣兴五首》其二）

王维画取 指自然山水优美如画。《新唐书·王维传》："维工草隶，善画。……画思入神，至山水平远，云势石色，绘工以为天机所到，学者不及也。"《唐朝名画录》以神、妙、能、逸四等划分唐代画家，将王维列入"妙品上"，注明王维所画为"写真、山水、松石、树木"。

一片樵林钓浦。是天教、王维画取。（宋·史达祖《水龙吟·梦回虚白》）

娶qǔ

古去声，七遇。逆毕～妻～丧～完～议～姻～迎～元～顺～亲例小妹日成长，兄弟未有娶。（唐·王维《偶然作六首》）一梦何足云，良时事婚娶。（唐·元稹《梦游春七十韵》）

典**毕娶** 指办完子女婚事，避世优游。《后汉书·向长传》："向长，字子平，河内朝歌人也。隐居不仕，性尚中和，好通老易……建武中男女娶嫁既毕，敕断家事勿相关：'当如我死也。'于是，遂肆意与同好北海禽庆，俱游五岳名山。竟不知所终。"

毕娶何时竟，消中得自由。（唐·杜甫《西阁二首》其二）

龋(齲)qǔ
蛀牙。

古上声，七麌。逆蚛～顺～齿笑～挛～痛

许(許)xǔ
另见366页hǔ。

古上声，六语。逆裁～巢～敕～酬～赐～底～恶～尔～负～鉴～矜～来～里～亮～那～能～逆～宁～器～然～忍～若～设～申～似～顺～遂～唐～听～谐～心～幸～许～依～逸～优～怎～忠～诸～作～顺～鄗～处～父～负～郭～国～笄～剑～肯～来～洛～聘～娉～人～认～赛～少～身～史～事～天～与～中～重～字例襄露摘香园，感味怀心许。（唐·张说《寄姚司马》）神物亦岂孤，佳期竟何许。（唐·张九龄《杂诗五首》）江乡鲭鲊不寄来，秦人汤饼那堪许。（唐·王维《赠吴官》）

典**巢许** 借指隐居不仕的高人。《庄子·逍遥游》：尧让天下于许由，"许由曰：'子治天下，天下既已治也，而我犹代之，吾将为名乎？名者，实之宾也，吾将为宾乎？'"又晋·皇甫谧《高士传》："巢父者，尧时隐人也。山居，不营世利。年老，以树为巢而寝其上，故时人号曰'巢父'。尧之让许由也，由以告巢父，巢父曰：'汝何不隐汝形，藏汝光？若非吾友也。'"

巢许蔑四海。商贾争一钱。（三国魏·曹植《乐府》）

煦xǔ

古上声，七麌。又：去声，七遇同。逆吹～春～恩～发～拂～含～涵～和～灵～明～暖～呕～谦～轻～晴～柔～濡～陶～微～温～响～煦～暄～阳～余～妪～众～顺～风～涵～寒～景～沫～暖～濡～润～物～嘘～旭～煦～养～喁～愉～妪～育～愿～蒸例岩曲月斜照，林寒春晚煦。（唐·刘禹锡《月窟》）嶰管变青律，帝里阳和新布。晴景

回轻煦。（宋·柳永《迎新春》）

诩(詡)xǔ

古上声，七麌。逆称～华～骄～矜～夸～眉～诩～眩～扬～虞～妪～顺～畜～然～笑～诩～扬～张例礼物生光辉，宸章备恩诩。（唐·源乾曜《奉和圣制送张尚书巡边》）

栩xǔ

古上声，七麌。逆称～栩～苞～顺～栩～栩园例颇因忠信全，客心犹栩栩。（唐·陶翰《乘潮至渔浦作》）一滴东风，怎生消得，翠苞红栩。（宋·杨樵云《水龙吟·多情不在》）

醑xǔ 美酒。

古上声，六语。逆芳～桂花～酣～欢～黄～椒～酒～菊～渌～醁～篦～露～绿～清～宴～肴～玉～顺～觥例东邻借种鸡，西舍觅芳醑。（唐·唐彦谦《宿田家》）天孙东处，牵牛西望，劝汝一杯清醑。（宋·葛胜仲《鹊桥仙·凉飙破暑》）劝阿母、偏与金桃，教酒星、剩斟琼醑。（宋·朱敦儒《聒龙谣·凭月携箫》）

典**脱貂贳醑** 指洒脱旷达、出尘傲世。《晋书·阮孚传》："（孚）迁黄门侍郎、散骑常侍，尝以金貂换酒，复为所司弹劾。"

脱貂贳桂醑，射雁与山厨。（唐·王维《过崔驸马山池》）

糈xǔ ①古代祭神用的精米。②米饭。③粮饷。④粮食。

古上声，六语。又：上平，六鱼同。逆边～播～夺～俸～怀椒～椒～军～粮～禄～牲～饷～驿～粢～例野风旋芝盖，饥乌衔椒糈。（唐·皮日休《圣姑庙》）忆生平、既纫兰佩，更怀椒糈。（宋·刘克庄《贺新郎·深院榴花吐》）

典**怀椒糈** 借指修养品德。椒糈是指以椒香拌精米制成的祭神的食物。《楚辞·离骚》："巫咸将夕降兮，怀椒糈而要之。"

夕帐怀椒糈，蠲景洁膋芗。（南朝齐·谢朓《赛敬亭山庙喜雨诗》）

咻xǔ 噢咻，抚慰病人的声音。另见463页xīu。

古上声，七麌。逆噢～

雨yǔ 另见449页yù。

古上声，七麌。逆白～辨～车～痴～冲～楚～触～慈～蜑～断～顿～飞～伏～膏～鬼～过云～行～好～和～红～虹～话～淮～慧～霁～椒花～解～锦～鸠～旧～潟～梨花～潦～灵～凌～陵～龙～梦～闵～鸣～冥～沫～凝～片～其～青～如～润～沙～社～甚～驶～试～澍～酥～桃～洗车～宵～渫～星～杏～啰～岩～云～霣～泽～珠～注～霆～顺～霭～备～槎～簟～冻～毒～堕～盖～谷～户～晦～集～鸠～绝～立～潦～灵～泺～蒙～暝～沫～暮～派～旆～濡～散～施～泗～堂～帷～粞～霰～星～岫～旸～影～泽～棹～阵～汁～子～足例书栋朝飞南浦云，珠帘暮卷西山雨。（唐·王勃《滕王阁》）车骑践香草，仆人沐花雨。（唐·储光羲《同房宪部应旋》）犹酣新丰酒，尚带霸陵雨。（唐·韦应物《相逢行》）

典**花雨** 用为称颂佛法影响或咏佛门灵异。《法华经·分别功德品》："佛说是诸菩萨摩诃萨得大法利时，于虚空中，雨曼陀罗华，摩诃曼陀罗华。以散无量百十万亿众宝树下师子座上诸佛。"

日暮香风时，诸天散花雨。（唐·顾况《题山顶寺》）

云雨 指神女出行之景象。后世又用来借指男欢女爱。宋玉《高唐赋》："昔者先王（楚怀王）尝游高唐，怠而昼寝，梦见一妇人，曰：'妾巫山之女也，为高唐之客，闻君游高唐，愿荐枕席。'王因幸之，去而辞曰：'妾在巫山之阳，高丘之阴，旦为朝云，暮为行雨，朝朝暮暮，阳台之下。'旦朝视之，如言，故为立庙，号曰'朝云'。"

星河好夜闻清珮，云雨归时带异香。（唐·刘禹锡《巫山神女庙》）

洗兵雨 表示顺利结束战争。《说苑·权谋》："武王伐纣……风霁而乘以大雨，水平地而啬。散宜生谏阻说：'此其妖欤？'武王曰：'非也，天洒兵也。'"后，武王灭商。

对床夜雨 指兄弟或亲友久别重逢，彻夜欢聚。亦作"共话连床雨"。唐·韦应物《示全真元常》诗："宁知风雨夜，复此时床眠。"

孤负当年林下意，对床夜雨听萧瑟。（宋·苏轼《满江红·清颍东流》）

角巾沾雨 指雅士衣冠。亦作"纶巾攲雨""角巾垫雨"。《后汉书·郭太传》："郭太，字林宗，太原界休人也。……身长八尺，容貌魁伟，褒衣博带，周游郡国。尝于陈梁间行遇雨，巾一角垫。时人乃故折巾一角，以为'林宗巾'，其见慕皆如此。"

唯有角巾沾雨至，手持残菊向西招。（唐·李益《九月十日雨中》）

宇yǔ

古上声，七麌。逆奥～八～畈～碧～标～卜～宸～茨～德～地～第～法～邪～福～复～干～绀～公～桂～海～衡～黉～基～阶～结～襟～局～谲～峻～开～阃～琳～泯～甍～旻～宁～乾～丘～区～厦～苫～神～肆～邃～泰～坛～土～西～遐～廨～澥～胥～玄～延～檐～燕～仪～伛～韵～珍～芝～中～姿～顺～庇～达～甸～寰～量～溜～庙～穹～室～守～庭～下～县～荫例闻道白云居，窈窕青莲宇。（唐·陈子昂《酬晖上人夏日林泉》）长风散繁云，万里静天宇。（唐·储光羲《同房宪部应旋》）

典**杜宇** 指杜鹃。晋·阚骃《十三州志》："其后有王曰杜宇，称帝，号望帝。……有一死者名鳖令，其尸亡至汶山却是更生，见望帝，以为蜀相。时巫山壅江，蜀地洪水，望帝使鳖令凿巫山治水，有功。望帝自以德薄，乃委国于鳖令，号曰开明。遂自亡去，化为子规。故蜀人闻鸣云：'我望帝也。'"又云："望帝使鳖令治水而淫其妻，令还，帝惭，遂化为子规。"

含桃花谢杏花开，杜宇新啼燕子来。（唐·齐己《春寄尚颜》）

紫芝眉宇 称赞高人雅士清奇之相。亦作"芝宇"。《新唐书》卷一九四《卓行传·元德秀传》："元德秀字紫芝……善文辞，作《蹇士赋》以自况。房琯每见德秀，叹息曰：'见紫芝眉宇，使人名利之心都尽。'"

渺然今日望人材，每见紫芝眉宇开。（宋·黄庭坚《次韵子瞻送穆父二绝》）

羽yǔ

【古】上声，七麌。【逆】八～变～便～尘～毳～斗～顿～凡～反～风～蜉蝣～负～干～还～挥～积～羁～戢～嚼～芥～旌～惊～决～楛～括～流～六～旄～没～绵～木～穆～片～轻～琼～全～日～瑞～弱～沙～树～讨～调～突～析～牺～檄～宿～玄～巽～阳～养～一～仪～逸～饮～月～篷～帜～滞～螽～酌～【顺】～葆～杯～从～纛～觥～翰～翮～楫～驾～节～爵～括～流～轮～旄～孽～帔～佩～旆～磬～翣～觞～士～卫～舞～物～檄～乡～钥～仪～鹢～翟～仗【例】三春湿黄精，一食生毛羽。（唐·杜甫《太平寺泉眼》）古苔凝青枝，阴草湿翠羽。（唐·柳宗元《再至界围岩水帘遂宿岩下》）

【典】**鳞羽**　代称鱼和雁，借指书信。见431页“烹鱼”。

竹里樵青应是怪，目断鸣榔去路。料为我、羞烦鳞羽。（宋·王千秋《贺新郎·短艇横烟渚》）

饮羽　指发箭的力量极大，亦指将帅勇猛。亦作“石没羽”“射石饮羽”。《史记·李广列传》：“广出猎，见草中石，以为虎而射之。中石没镞，视之石也。因复更射之，终不能复入石矣。”

饮羽惊开石，中叶遽凋丛。（唐·许敬宗《奉和九月九日应制》）

语(語)yǔ　另见449页yù。

【古】上声，六语。【逆】冰～参～伧～侈～敕～刺～妲～的～钓～钝～伐山～翻～放～非～风～高～苟～謦～犷～过～合～鹤～诙～回～会～机～迥～隽～款～阑～谰～了～丽～俪～詈～率～曼～眯～脑～拗～耦～俳～屏～泼～齐东～蛩～鹊～三～痁～世～市～廋～踏～同～徒～枉～险～些～形～妍～眼～艳～燕～溢～咏～优～游～遮～筝～擿～铸～【顺】～弊～别～冰～谶～度～怪～铃～令～脉～默～难～涩～数～偷～致【例】相看似相识，脉脉不得语。（唐·孟浩然《耶溪泛舟》）倚棹对沧波，归心共谁语。（唐·刘长卿《夕次檐石湖》）

【典】**三语**　指富有才学，应答机敏。《世说新语·文学》：阮宣子有令闻，太尉王夷甫见而问曰：‘老、庄与圣教同异？’对曰：‘将无同。’太尉善其言，辟之为掾。世谓‘三语掾’。卫玠嘲之曰：‘一言可辟，何假于三？’宣子曰：‘苟是天下人望，亦可无言而辟，复何假一？’遂相与为友。”

更闻台阁求三语，遥想风流第一人。（唐·王维《同崔傅答贤弟》）

二星无语　指牛郎、织女星。《文选》卷二九《古诗十九首》（其十）：“迢迢牵牛星，皎皎河汉女。纤纤擢素手，札札弄机杼。终日不成章，泣涕零如雨。河汉清且浅，相去复几许。盈盈一水间，脉脉不得语。”

玉兔迷离，金鸡嘲哳，二星无语空惆怅。（宋·刘克庄《踏莎行·驱鹊营桥》）

与(與)yǔ　另见449页yù。

【古】上声，六语。【逆】胞～不我～裁～常～称～俦～储～敌～敷～弗～扶～寡～过～行～合～嘉～交～眷～谩～漫～难～乞～亲～取～权～容～溶～孰～所～天～同～徒～推～无～心～许～巽～夷～易～优～右～辄～【顺】～地～点～夺～璠～告～国～么～能～人～时～手～属～天～同～徒～闻～助【例】澄明爱水物，临泛何容与。（唐·孟浩然《耶溪泛舟》）旧游几客存，新宴谁人与。（唐·白居易《和三月三十日四十韵》）香靥深深，姿姿媚媚，雅格奇容天与。（宋·柳永《击梧桐·香靥深深》）

【典】**书籍相与**　指爱惜并资助人才。《三国志·魏书·王粲传》：蔡邕：“闻（王）粲在门，倒屣迎之。粲至，年既幼弱，容状短小，一坐尽惊。邕曰：‘此王公孙也，有异才，吾不如也。吾家书籍文章，尽当与之。’”

书籍终相与，青山隔故园。（唐·杜甫《赠虞十五司马》）

屿(嶼)yǔ

【古】上声，六语。【逆】白～鼍～凫～孤～海～江～蓼～鹭～浦～沙～浯～烟～瀛～鱼～云～洲～竹～纻～【例】桂楫满中川，弦歌振长屿。（唐·李世民《帝京篇十首》）忽闻吼蒲牢，落日下云屿。（唐·唐彦谦《游南明山》）但月落、荒洲绝屿。（宋·吴泳《贺新凉·额扣龙墀苦》）

禹yǔ

【古】上声，七麌。【逆】伯～命～神～舜～汤～微～夏～缵～【顺】～步～甸～渎～功～迹～绩～稷～门～谟～启～契～膳～书～汤～跳～刑～穴～域【例】不是望金山，我自思量禹。（宋·辛弃疾《生查子·悠悠万世功》）逝水移川，高陵变谷，那识当时神禹。（宋·吴文英《齐天乐·三千年》）

庾yǔ

【古】上声，七麌。【逆】敖～鲍～边～禀～仓～漕～大～釜～官～贵～浑～积～夹～京～库～廪～秋～困～帑～陶～天～万～王～我～小～徐～亿～掌～钟～【顺】～曹～肠～尘～愁～弓～鲑～积～郎～吏～廪～岭～楼～徐～亿～园【例】饱闻经瞿塘，足见度大庾。（唐·杜甫《龙门阁》）老蟾应记，旧时人物，孙刘陶庾。（宋·李曾伯《水龙吟·楚乡三载》）

【典】**小庾**　本指庾信，借指才华横溢的庾姓人士。《北史·庾信传》：“父肩吾，为梁太子中庶子，掌管记。东海徐摛为右卫率。摛子陵及信并为抄撰学士。父子在东宫，出入禁闼，恩礼莫与比隆。既文并绮艳，故世号为徐、庾体焉。”

文体此时看又别，吾知小庾甚风流。（唐·韩翃《送故人赴江陵寻庾牧》）

徐庾　指徐摛父子和庾肩吾父子。参见“小庾”。

尘埃徐庾词，金玉曹刘名。（唐·孟郊《赠苏州韦郎中使君》）

窳yǔ　①器物质量粗劣。②败坏；腐败。③器中空虚。④懒惰。

【古】上声，七麌。【逆】败～笨～瘪～病～侈～怠～堕～惰～浮～腐～槁～行～粪～苦～楛～羸～俚～良～隆～偏～浅～疏～偷～窕～朽～猰～窦～淫～媮～呰～呰～呰～滓～【顺】～败～薄～敝～窆～怠～堕～惰～隳～苦～楛～滥～劣～隆～陋～民～农～曲～弱～下～朽～圔～呰～呰

圄yǔ　①牢狱。②马圈。③边境。

④圉圉,(鱼儿)困而未舒之貌。

古上声,六语。逆蔽～边～敦～顿～扞～贵～捍～豢～疆～禁～居～隶～灵～囹～马～牧～仆～强～守～西～应～幽～圉～柷～顺～臣～夺～空～门～牧～人例三个明珠,膝上王文度,放尽穷鳞看圉圉。(宋·苏轼《蝶恋花·泛泛东风》)银鳞不忍供盘俎。掷向清波方圉圉。(宋·史浩《渔夫舞·不是神仙》)

噢yǔ

古《广韵》:上声,麌韵。逆咿～顺～咻例门客思彷徨,家人泣咿噢。(唐·白居易《和梦游春诗一百韵》)鸡犬并淋漓,儿童但咿噢。(唐·皮日休《吴中苦雨因书一百韵寄鲁望》)

瘐yǔ ①囚以饥寒而死曰瘐。②瘐瘐,忧郁病。

古《集韵》:上声,噳韵。逆瘐～顺～死～困～虢～弊

龉(齬)yǔ 牙齿参差不齐。

古上声,六语。又:上平,六鱼同。又:上平,七虞同。逆龃～孽～龉～顺～龃例秦卫两不成,失时成龃龉。(唐·寒山《诗三百三首》)

典**方圆龃龉** 指双方存在很大矛盾,无法融合。《楚辞·九辩》:"圆凿而方枘兮,吾固知其鉏铻而难入!"

方圆既龃龉。贫贱岂怨尤。(南北朝·何逊《还渡五洲诗》)

圄yǔ ①监狱。②囚禁。

古上声,六语。逆犴～狴～敦～牢～图～马～守～幽～狱～柷～祝～顺～犴～空～囹例马迁下蚕室,嵇康就囹圄。(唐·白居易《读史五首》)

典**草生囹圄** 指官员施行德政,使民风淳朴,无人犯法。《隋书·刘旷传》:"刘旷不知何许人也。性谨厚,每以诚恕应物。开皇初,为平乡令,单骑之官。人有争讼者,辄丁宁晓以义理,不加绳劾,各自引咎而去。所得俸禄,赈施穷乏。百姓感其德化,更相笃励,曰:'有君如此,何得为非!'在职七年,风教大洽,狱中无系囚,争讼绝息,囹圄尽皆生草,庭可张罗。"

年丰官舍闲,芳草生囹圄。(宋·孔武仲《奉酬李时发岳麓见寄》)

伛(傴)yǔ 曲背。

古上声,七麌。逆拊～俯～蹇～尪～伛～再命～顺～背～步～伏～拊～肩～偻～伸～翼～伛～宇

仄声·去声

敔yù 古乐器。用于在雅乐结束时击以止乐。

古上声,六语。逆柷～祝～戛～

具jù

古去声,七遇。逆拜～办～薄～被～辨～不～才～材～乘～储～爨～大～盗～佃～顿～方～敷～服～干～共～冠～国～赍～济胜～具～科～口～鲙～龙～弄～取～塞～什～生～诗～识～受～完～顽～校～笑～信～凶～修～选～严～馌～隐～玉～阅～招～贽～终～资～作～顺～案～草～臣～带～尔～耳～供～官～剑～戒～具～君～乐～礼～理～僚～寮～列～论～美～明～圃～庆～区～然～人～疏～数～位～文～物～修～叙～眼～囿～狱～造～瞻～装～奏～足～罪例伸缩四肢全,勤听六根具。(唐·寒山《诗三百三首》)井灶任尘埃,舟航烦数具。(唐·杜甫《咏怀二首》)

典**济胜具** 亦作"济胜之具""许询胜具"。指身体强健轻捷,善于攀登。《世说新语·栖逸》:"许掾好游山水,而体便登陟。时人云:'许非徒有胜情,实有济胜之具。'"

寻幽已得济胜具,傍险更策扶危勋。(宋·曾几《钱生遗筇竹斑杖戏作》)

廊庙之具 指经邦纬国的才俊。《三国志·蜀书·许靖等传赞》:"许靖夙有名誉,既以笃厚为称,又以人物为意,虽行事举动,未悉允当,蒋济以为'大较廊庙器'也。"

廊庙之具裴施州,宿昔一逢无此流。(唐·杜甫《寄裴施州》)

据(據)jù 另见426页jū。

古去声,六御。逆保～本～逼～参～酬～窜～叨～蹈～盗～的～定～扼～非～攻～轨～稽～疾～僭～进～经～跨～龙～蟠～偏～跂～窃～侵～碎～饕～讨～抟～吞～袭～讯～义～拥～援～镇～指～中～衷～专～准～灼～资～顺～鞍～床～地～凡～古～蒺～经～梁～乱～旅～凭～窃～式～恃～轼～守～梧～虚～依～掌～杖～争～证～重例伊昔天地屯,曹公独中据。(唐·孟云卿《邺城怀古》)吴苑仆寻罢,越城公尚据。(唐·白居易《和三月三十日四十韵》)旧恨前欢,心事两无据。(宋·苏轼《祝英台近·挂轻帆》)

炬jù

古上声,六语。逆宝～楚～灯～法～飞～凤～膏～花～慧～金～蜡～莲～燎～列～烈～麻～猛～蜜～秦～青～然～束～松～庭～晚～一～脂～智～顺～火～炭～眼～焰例玉床翠羽帐,宝袜莲花炬。(唐·张柬之《大堤曲》)百子流苏,千枝宝炬。(宋·苏轼《殢人娇·别贺来时》)何日迎门,小槛朱笼报鹦鹉。共剪西窗蜜炬。(宋·周邦彦《荔枝香近·照水残红》)

典**祖龙一炬** 祖龙指秦始皇,他曾听从李斯建议,下令焚烧传世典籍。因以"祖龙一炬"借指对典籍、文物、胜迹的人为破坏。《史记·秦始皇本纪》:"丞相李斯曰:'……臣请史官非秦纪皆烧之;非博士官所职,天下敢有藏《诗》、《书》、百家语者,悉诣守尉杂烧之,有敢偶语《诗》《书》,弃市;以古非今者,族;吏见知不举者,与同罪。令下三十日,不烧,黥,为城旦。所不去者,医药、卜筮、种树之书,若欲有学法令,以吏为师。'制曰:'可。'"

祖龙一炬灰坟丘,烛龙昼暝天帝瞀。(清·邵长蘅《袁州谒昌黎祠》)

聚jù

古上声,七麌。逆谶～逼～并～部～曹～巢～城～崇～畜～蹙～繁～辐～府～改～关～海～环～结～鸠～眷～麇～块～鬙～连～良～鳞～陵～鹿～麋～鸟～旁～骈～萍～捊～掊～裒～酺～楼～森～哨～生～市～属～四～绥～贪～天～调～抟～完～翕～啸～星～墟～训～邑～营～麕～鹳～冤～臧～譟～钟～州～赘～资～掫～顺～畜～唇～观～汇～口～偻～

米～纳～砂～收～讼～晤～饮～萤～麀～足㊄林茂鸟有归，水深鱼知聚。（唐·杜甫《遣兴五首》）山下水声深，水边山色聚。（唐·司马扎《沧浪峡》）

㊇**贤人聚** 指贤人雅士的聚会。《世说新语·德行》："陈太丘诣荀朗俊，贫俭无仆役。乃使方元将车，季方持杖后从。长文尚小，载箸车中。既至，荀使叔慈应门，慈明行酒，余六龙下食。文若亦小，坐箸膝前。于是太史奏：'真人东行。'"南朝梁刘孝标注引《续晋阳秋》："陈仲弓从诸子侄造荀父子，于是德星聚。太史奏：'五百里贤人聚。'"

知得客星来，知得贤人聚。（宋·翁合《卜算子·口诵百中经》）

拒jù

㊂上声，六语。㊃拔～闭～撑～掌～辞～抵～觝～防～扞～格～梗～捍～九～峻～旅～逆～排～欺～谦～色～搪～螳～推～外～违～隐～迎～拥～阻～㊅～隘～闭～斥～敌～地～陀～斧～扞～格～捍～后～讳～谏～抗～轮～马～命～逆～却～塞～守～霜～违～物～险～战～张～辙～止㊄君贤他见容，不贤他亦拒。（唐·寒山《诗三百三首》）淮蔡雄藩联四郡，千里公然旅拒。（宋·李纲《念奴娇·晚唐姑息》）

句jù

另见458页gōu"勾"、499页gòu。

㊂去声，七遇。㊃鲍家～笔～弊～标～成～齿～捶～窜～淡～德～的～点～发～飞～费～管～过～活～棘～捷～截～迥～倨～隽～刻～乐～累～冷～俪～留～镂～胪～落～觅～拗～排～片～频～破～敲～青牛～筌～骚～赏～深～省～属～束～四～搜～索～往～毋～析～洗～险～谐～雄～雪～言～燕台～瑶～冶～遗～逸～音～隐～媵～怨～折腰～只～拙～琢～足～㊅～逗～读～度～断～格～偈～解～绝～胪～律～脉～投～图～限～眼㊄开轩御衣服，散帙理章句。（唐·王维《丁寓田家有赠》）清谈慰老夫，开卷得佳句。（唐·杜甫《送高司直寻封阆州》）

㊇**春草句** 亦作"池塘句""池塘春草句""梦赋佳句"。指咏春景之佳句。《南史·谢惠连传》："年十岁能属文，族兄灵运嘉赏之，云'每有篇章，对惠连辄得佳语'。尝于永嘉西堂思诗，竟日不就，忽梦见惠连，即得'池塘生春草'，大以为工。常云'此语有神功，非吾语也'。本州辟主簿，不就。"

双成解后兰舟驻，索纸大书春草句。（宋·陈起《贺友人丝桐复归》）

黄绢句 用以称美诗文佳作。《世说新语·捷悟》："魏武尝过曹娥碑下。杨修从碑上见题作'黄绢幼妇外孙齑臼'八字，魏武谓修曰：'解否？'答曰：'解。'魏武曰：'卿未可言，待我思之。'行三十里，魏武乃曰：'吾已得。'令修别记所知。修曰：'黄绢，色丝也，于字为绝。幼妇，少女也，于字为妙。外孙，女子也，于字为好。齑臼，受辛也，于字为辤，所谓'绝妙好辞'也。'魏武亦记之，与修同。乃叹曰：'我才不及卿，乃觉三十里。'"

便好剩留黄绢句。谁赋。银钩小草晚天凉。（宋·辛弃疾《定风波·仄月高寒水石乡》）

锦囊佳句 亦作"呕心囊句"。指用心于诗歌创作。唐·李商隐《樊南文集》卷八《李贺小传》："每旦日出，与诸公游，未尝得题，然后为诗，如他人思量牵合，以及程限为意。恒从小奚奴骑距驴，背一古破锦囊，遇有所得，即书投囊中。及暮归，太夫人使婢受囊，出之，见所书多，辄曰：'是儿要当呕出心始已耳！'上灯与食，长吉从婢取书，研墨叠纸足成之，投他囊中。非大醉及吊丧日，率如此，过亦不复省。"

把平生、香奁软语，锦囊佳句。（元·张翥《金缕词·送王季境还广陵》）

秋扇留句 用以吟咏弃妇。汉·班婕妤《怨歌行》："新裂齐纨素，皎洁如霜雪。裁为合欢扇，团团似明月。出入君怀袖，动摇微风发。常恐秋节至，凉风夺炎热。弃捐箧笥中，恩情中道绝。"

记并刀剪翠，秋扇留句。信那回轻道，而今归否。（宋·张矩《梅子黄时雨·去宿江楼》）

惧(懼)jù

㊂去声，七遇。㊃凛～惭～惩～耻～悼～慄～感～骇～寒～荷～淮南～皇～惶～悔～恚～嗟～兢～儆～敬～窘～匡～恇～懔～谦～慊～怯～悛～扰～荣～三～慴～耸～悚～竦～靦～喜～欣～匈～汹～汹～恟～訹～恂～寅～詟～追～㊅～怖～惮～服～骇～惑～怯～然～慑～思～悚～选～詟～震㊄未辞炎瘴毒，摆落跋涉惧。（唐·杜甫《咏怀二首》）渐到帘幕间，裴回意犹惧。（唐·元稹《梦游春七十韵》）

㊇**临深惧** 指警戒或恐惧的心态。《诗经·小雅·小旻》："战战兢兢，如临深渊，如履薄冰。"

岂唯垂堂戒，兼以临深惧。（唐·耿湋《发南康夜泊赣石中》）

季常之惧 指惧怕妻子。宋·洪迈《容斋三笔·陈季常》："陈慥，字季常……自称'龙丘先生'，又曰'方山子'。好宾客，喜畜声妓，然其妻柳氏绝凶妒，故东坡有诗云：'龙丘居士亦可怜，谈空说有夜不眠。忽闻河东师(狮)子吼，拄杖落手心茫然。'"

屦(屨)jù 鞋。

㊂去声，七遇。㊃弊～倒～鞮～屝～葛～冠～还～黄～菅～进～巨～决～客～蒯～捆～敛～履～芒～轻～絇～绳～疏～税～王乔～小～纠～踊～游～簪～杖～织～坠～㊅～缕～企～舄～校～杖㊄消中日伏枕，卧久尘及屦。（唐·杜甫《雨》）唤取故人来，伴先生、风烟杖屦。（宋·辛弃疾《蓦山溪·小桥流水》）

遽jù ①驿车，驿马。②疾速。③匆忙，仓猝。④遂，就。

㊂去声，六御。㊃薄～边～怖～仓～传～匆～忿～忽～丛～促～飞～蜚～骇～何～慌～皇～偟～遑～惶～惊～凌～陵～忙～迫～岂～驲～奚～夭～庸～躁～偬～卒～㊅～步～篨～传～尔～惶～即～亟～几～忙～宁～迫～戚～切～然～人～容～色～惕～委～淹～央～遥～驿～卒㊄山闲苦积雨，木落悲时遽。（唐·张说《杂诗四首》）

扪萝披翳荟，路转夕阳遽。（唐·刘长卿《题虎丘寺》）憔悴天涯，故人相遇情如故。别离何遽。（宋·赵彦端《点绛唇·憔悴天涯》）

巨（*鉅）jù

古上声，六语。逆创～繁～丰～锋～鉤～闳～宏～吕～岂～纤～轩～重～顺～棓～擘～查～川～狄～陡～蠹～憨～防～公～觥～观～函～猾～会～积～楫～迹～浸～屦～爵～槛～块～魁～丽～鳞～略～溟～拇～年～孽～璞～千～卿～区～阙～识～黍～唐～橐～万～伟～细～相～舋～雄～虚～铤～亿～鹢～踊～驵～跖～子例扶日勋高，更补天力巨。（宋·李商英《醉蓬莱·庆朋良相遇》）

锯（鋸）jù

古去声，六御。逆刀～斧～削～鼎～解～顺～牙～佣～屑～霏屑例女墙城似灶，雁齿桥如锯。（唐·白居易《和三月三十日四十韵》）

踞jù ①蹲。②伸开腿坐。③倚，依靠。

古去声，六御。逆蹲～高～贵～虎～箕～偃～骄～矜～进～跨～蟠～棲～踑～窃～肆～屯～袭～雄～偃～夷～占～顺～敖～傲～厕～齿～蹲～伏～觚～见～慢～嫚～盘～蟠～守～肆～牙～峙～住～坐例秘谶得神谋，因高思虎踞。（唐·钱起《归义寺题震上人壁》）八表神游，浩然相对，酒酣箕踞。（宋·苏轼《水龙吟·古来云海》）

倨jù 傲。

古去声，六御。逆骜～诞～贵～浩～箕～简～骄～矜～句～倨～伉～廉～骂～轻～偃～顺～敖～骜～慠～佝～固～贵～忽～见～骄～拘～句～倨～立～侵～嫚～曲～肆～侮～贤～牙例但令乐不荒，何必游无倨。（唐·白居易《和三月三十日四十韵》）

典**赵禹廉倨** 指为官清廉倨傲。《汉书·赵禹传》："赵禹者，斄人也。以佐史补中都官，用廉为令史，事太尉周亚夫。亚夫为丞相，禹为丞相史，府中皆称其廉平。……武帝时禹以刀笔吏积劳，迁为御史。上以为能，至中大夫。……禹为人廉倨，为吏以来，舍毋食客。公卿相造请禹，禹终不报谢，务在绝知友宾客之请，孤立行一意而已。见文法辄取，亦不覆案，求官属阴罪。"

俱jù 全，都。另见426页jū。

古上平，七虞。

距jù

古上声，六语。逆拔～跋～笔～超～撑～掌～觝～蹲～锋～凤～钩～后～鸡～角～金～九～离～旅～石～双～腾～脱～违～奚～相～销～濬～牙～严～踊～障～鸷～鞘～顺～闭～冲～恶～关～国～捍～户～击～谏～境～绝～来～路～难～逆～破～塞～石～守～黍～衰～趯～跳～脱～违～险～虚～言～堙～踊～跃～战例玉床翠羽帐，宝袜莲花距。（唐·张柬之《大堤曲》）雪木宛冰瓯凝灏露。自涤紫毫鸡距。（宋·扬无咎《清平乐·开心暖胃》）

典**钩距** 指治理有方。《汉书·赵广汉传》："赵广汉字子都，涿郡蠡吾人也，故属河间。……迁颍川太守。……从军还，复用守京兆尹，满岁为真。……广汉为人强力，天性精于吏职。见吏民，或夜不寝至旦。尤善为钩距，以得事情。钩距者，设欲知马贾，则先问狗，已问羊，又问牛，然后及马，参伍其贾，以类相准，则知马之贵贱不失实矣。唯广汉至精能行之，它人效者莫能及也。"晋晋灼注："钩，致；距，闭也。使对者无疑，若不问而自知，众莫觉所由以闭，其术为距也。"

推诚废钩距，示耻用蒲鞭。（唐·白居易《七年春题府厅》）

金距 指公鸡。《左传·昭公二十五年》："季、郈之鸡斗，季氏介其鸡。郈氏为之金距。平子怒，益宫于郈氏，且让之。"

陌喧金距斗，树动彩绳悬。（唐·白居易《会昌春连宴即事》）

苣jù

古上声，六语。逆白～苦～束～同心～莴～顺～藤

讵（詎）jù 岂。

古上声，六语。又：去声，六御同。逆何～奚～庸～顺～得～敢～几～可～肯～料～耐～能～期

飓（颶）jù 台风。

古《集韵》：去声，遇韵。逆风～海～顺～潮～风～母例天容海色，浪平风稳，何尝有飓。（宋·李纲《水龙吟·际天云海》）红藕洲塘，黄葵庭院，渚风时动清飓。（宋·赵长卿《满庭芳·红藕洲塘》）

足jù 过，过分。另见407页zú。

古去声，七遇。顺～共～志～言～容～恭

醵jù ①凑钱聚饮。②聚集。

古去声，六御。又：上平，六鱼同。又：入声，十药同。逆合～进～醵～扛～科～敛～餔～宴～顺～费～分～集～饯～借～金～醵～敛～率～钱～宴～饮～助～赀～资例穷天贡琛异，匝海赐酺醵。（唐·韩愈《晚秋郾城夜会联句》）乌令骖凫，瑶仙跨凤，喜聚家人醵。（宋·陈著《念奴娇·翠云弄晓》）

窭（窶）jù 贫寒。另见474页lóu。

古上声，七麌。逆单～凋～雕～孤～寒～羁～艰～鶉～困～瓯～贫～穷～受～屯～终～顺～蹙～短～乏～妇～国～艰～困～陋～民～贫～人～生～室～数～叟～薮～狭～小～子

瞿jù 惊视。另见430页qú。

古去声，七遇。逆骙～瞿～顺～然

沮jù 湿，湿润。另见426页jū、437页jǔ。

古去声，六御。顺～溺～泞～洳～湿～淤～泽

虑（慮）lǜ

古去声，六御。逆伯～尘～陈～宸～澄～筹～怆～殚～澹～涤～笃～度～发～繁～防～浮～更～罣～关～规～迴～机～嘉～燋～衿～恐～渺～谟～逆～畔～魄～杞～潜～轻～清～情～摧～锐～睿～散～设～神～沈～识～事～输～孰～属～顺～惕～危～息～洗～须～悬～雅～遗～异～役～猷～预～欲～斋～轸～至～志～缀～顺～变～表～猜～过～化～患～祸～计～恐～率～免～难～始～私～思～叹～外～微～问～忆～佚～远例肃事祠春溟，宵斋洗蒙虑。（唐·宋之问《景龙四年春祠海》）触石满堂侈，洒我终夕虑。（唐·张说

《杂诗四首》）向夕临大荒，朔风轸归虑。（唐·王昌龄《从军行二首》）

典**宋景三虑**　指统治者勤于政务。《吕氏春秋·制乐》："宋景公之时，荧惑在心（心宿）。公惧，召子韦而问焉，曰：'荧惑在心何也？'子韦曰：'荧惑者，天罚也；心，当宋之分野也。祸当于君。虽然，可移于宰相。'公曰：'宰相，所以治国家也，而移死焉，不详（祥）。'子韦曰：'可以移民。'公曰：'民死，寡人将谁为君乎？宁独死！'子韦曰：'可移于岁。'公曰：'岁害则民饥，民饥必死。为人君而杀其民以自活也，其谁以我为君乎？是寡人之命固尽矣，子无复言矣！'子韦还走，北面再拜曰：'臣敢贺君！天之处高而听卑，君有至德之言三，天必三赏君。今夕荧惑其徙三舍，君延年二十一岁。'……是岁，荧惑果徙三舍。"

滤（濾）lù

古《集韵》：去声，御韵。逆澄～筛～顺～过～罗例春酒新泼醅，香美连糟滤。（唐·张直《宿顾城二首》）

女nǜ

嫁女于人。另见439页nǚ。

古去声，六御。

趣qù

古去声，七遇。逆奥～本～澄～辞～大～道～得～恶～赴～高～古～归～鹤～寄～嘉～见～精～景～九～理～媚～清～涉～神～适～殊～天～通～微～细～谐～心～要～野～遗～义～逸～意～幽～余～歙～真～知～恉～顺～操～会～寄～解～尚～识～向～兴～造～旨～致例一论白云心，千里沧洲趣。（唐·钱起《蓝田溪与渔者宿》）明涵客衣净，细荡林影趣。（唐·杜甫《太平寺泉眼》）

典**东山趣**　指游赏山水的乐趣。《晋书·谢安传》："寓居会稽，与王羲之及高阳许询、桑门支遁游处，出则渔弋山水，入则言咏属文，无处世意。"《世说新语·排调》篇亦有记载。

已符东山趣，况值江南秋。（唐·独孤及《同徐侍郎》）

酒中趣　用以咏嗜酒。《晋书·桓温传》附《孟嘉传》："嘉好酣饮，愈多不乱。温问嘉：'酒有何好，而卿嗜之？'嘉曰：'公未得酒中趣耳。'"

但得酒中趣，勿为醒者传。（唐·李白《月下独酌四首》其二）

武陵趣　指归隐的意趣。东晋·陶渊明《桃花源记》：晋太元年间，武陵渔人沿溪捕鱼，忽逢一处桃花林，芳草鲜美，落英缤纷。渔人甚异之，在林尽水源处发现一个山洞，里面别有天地："土地平旷，屋舍俨然，有良田美池桑竹之属。阡陌交通，鸡犬相闻。其中往来种作，男女衣著，悉如外人。黄发垂髫，并怡然自乐。"洞中人"自云先世避秦时乱，率妻子邑人来此绝境，不复出焉，遂与外人间隔"。渔人停数日辞去，后欲复寻其处，遂迷不复得路。

宁知武陵趣，宛在市朝间。（唐·祖咏《题韩少府水亭》）

渐入佳趣　比喻人之处境渐入顺境。《世说新语·排调》："顾长康啖甘蔗，先食尾。问所以，云：'渐至佳境。'"按：《晋书》卷九二作"渐入佳境。"

欢娱渐入佳趣，算画在、屏帏邃处。（宋·杨泽民《宴清都·早作听晨鼓》）

去qù

古去声，六御。又：上声，六语异。逆藏～斥～大～放～革～还～好～化～简～蠲～决～诀～敛～屏～去～却～三～圣～疏～跳～亡～委～仙～相～向～星～遗～以～逸～臧～转～顺～斥～妇～归～国～后～就～来～来今～离～讫～取～去～日～失～事～手～思～岁～梯～位～住例客鸟怀主人，衔花未能去。（唐·张说《杂诗四首》）槐雾暗不开，城鸦鸣稍去。（唐·王维《早朝》）

典**星去**　指官员出使。《后汉书·李郃传》："和帝即位，分遣使者，皆微服单行，各至州县，观采风谣。使者二人当到益部，投郃候舍。时夏夕露坐，郃因仰观，问曰：'二君发京师时，宁知朝廷遣二使邪？'二人默然，惊相视曰：'不闻也。'问何以知之？郃指星示云：'有二使星益州分野，故知之耳。'"

前驱二星去，开险五丁忙。（唐·杜牧《奉和门下相公送西川相公》）

赤松去　指学道求仙。《史记·留侯世家》："留侯乃称曰：'家世相韩，及韩灭，不爱万金之资，为韩报仇强秦，天下振动。今以三寸舌为帝者师，封万户，位列侯，此布衣之极，于良足矣。愿弃人间事，欲从赤松子游耳。'"

张良未逐赤松去，桥边黄石知我心。（唐·李白《扶风豪士歌》）

凤吹去　指人去世，也用来咏仙。《列仙传·王子乔》："王子乔者，周灵王太子晋也。好吹笙，作凤凰鸣。游伊洛之间，道士、浮丘公接以上嵩高山。三十余年后，求之于山上。见桓良曰：'告我家，七月七日待我于缑氏山巅。'至时，果乘白鹤驻山头，望之不得到，举手谢时人。数日而去。"

空嗟凤吹去，无复鸡鸣朝。（唐·权德舆《惠昭皇太子挽歌词二首》其一）

五湖去　指功成隐退或弃官优游。汉·赵晔《吴越春秋》卷一〇："三十四年九月丁未，范蠡辞于王曰：'……幸赖宗庙之神灵，大王之威德，以败为成，斯汤武克夏商而成王业者，定功雪耻，臣所以当席日久，臣请从斯辞矣。'越王恻然，泣下沾衣……范蠡曰：'……王其勉之。臣从此辞！'乃乘扁舟，出三江，入五湖，人莫知其所适。范蠡既去，越王愀然变色，召大夫种曰：'蠡可追乎？'种曰：'不及也。'"

谓一朝遭遇，云龙风虎，五湖归去，月艇烟蓑。（元·李齐贤《沁园春·将之成都》）

客槎来去　用以咏乘船，或咏神仙，也指朋友久别。晋·张华《博物志》卷一〇："旧说云天河与海通。近世有人居海渚者，年年八月有浮槎去来，不失期，人有奇志，立飞阁于查上，多赍粮，乘槎而去。十余日中犹观星月日辰，自后茫茫忽忽亦不觉昼夜。去十余日，奄至一处，有城郭状，屋舍甚严。遥望宫中多织妇，见一丈夫牵牛渚次饮之。牵牛人乃惊问曰：'何由至此？'此人具说来意，并问此是何处，答曰：'君还至蜀郡访严君平则知之。'竟不上岸，因还如期。后至蜀，问君平，曰：'某年月日有客星犯牵牛宿。'计年月，正是此人到天河时也。"

海东头，山尽处。自古客槎来去。槎有信，赴秋期。使君行不归。（宋·苏轼《更漏子·水涵空》）

秋风归去 指归隐。《世说新语·识鉴》："张季鹰辟齐王东曹掾，在洛，见秋风起，因思吴中菰菜羹、鲈鱼脍，曰：'人生贵得适意尔，何能羁宦数千里以要名爵！'遂命驾便归。俄而齐王败，时人皆谓为见机。"

不待秋风便归去，紫阳山下是吾庐。（唐·许浑《姑孰官舍》）

觑（覰、*覻、覷）qù 看，瞧。

古去声，六御。逆饱～觇～点～胡～迥～见～近～狙～瞟～厮～巡～张～照～正～顺～边～便～步～当～定～付～见～绝～望～问～觑例狂吟惊林壑，猿鸟皆窥觑。（唐·白居易《山中独吟》）生憎繁杏绿阴时，正碍粉墙偷眼觑。（宋·晏几道《木兰花·小莲未解》）

絮 xù

古去声，六御。逆布～春～叨～烦～繁～方～粉～故～聒～会～击～鸡～巾～金～纩～乱～冒～泥～披～漂～晴～弱～散～霜～丝～琐～苔～雪～烟～盐～咏～玉～缊～缯～顺～袄～帛～烦～繁～刮～聒～咶～巾～酒～旧～缕～暖～气～泣～说～谈～缯例楚岸柳何穷，别愁纷若絮。（唐·杜牧《题安州浮云寺楼》）池塘浅蘸烟芜，帘幕闲垂风絮。（宋·柳永《斗百花·煦色韶光》）

典**飞絮** 亦作"谢家轻絮""谢庭飞絮"。用以咏飞雪。《世说新语·言语》："谢太傅寒雪日内集，与儿女讲论文义。俄而雪骤。公欣然曰：'白雪纷纷何所似？'兄子胡儿曰：'撒盐空中差可拟。'兄女曰：'未若柳絮因风起。'公大笑乐。即公大兄无奕女，大将军王凝之妻也。"

独忆飞絮鹅毛下，非复青丝马尾垂。（北周·庾信《杨柳歌》）

叙（*敘、敍）xù

古上声，六语。逆班～代～登～惇～敦～分～纪～进～九～列～伦～品～谱～诠～申～时～收～晤～燕～彝～攸～甄～擢～资～顺～哀～报～悲～别～才～齿～次～功～觏～话～会～绩～经～款～阔～离～礼～录～钦～情～效～心～言～意～用～斋～致～擢～坐例这回错综处，堪详叙。（宋·程大昌《感皇恩·措大做生朝》）果峻秩、升褒叙。（宋·无名氏《金缕词·瑞气重闽宇》）

序 xù ①正屋两侧东西厢房。②古代地方办的学校。③顺序；依序排列。④一种文体。

古上声，六语。逆班～褒～不～布～倡～朝～辰～承～澄～齿～撮～诞～党～笃～端～惇～芳～风～乖～贯～桂～鸿～黉～火～积～即～纪～胶～阶～进～景～九～客～腊～令～流～鹭～麦～旻～暮～平～凄～迁～愆～清～诠～荣～散～商～上～式～霜～天～文～物～禊～相～庠～祥～校～协～星～修～轩～宣～玄～选～炎～雁～瑶～彝～寅～应～鸳～元～运～赞～鳣～征～证～政～治～中～胄～擢～资～顺～班～别～宾～成～齿～第～定～绩～进～爵～客～累～立～迁～食～事～室～顺～位～兴～引～志例渐觉一叶惊秋，残蝉噪晚，素商时序。（宋·柳永《竹马子·登孤垒荒凉》）阁雪云低，卷沙风急，惊雁失序。（宋·吴文英《永遇乐·阁雪云低》）

典**雁序** 指兄弟情义。唐·苏鹗《杜阳杂记》卷中："以涯执相权，遂跨蹇驴至京师索米，僦舍经三十余日，始得一见涯于门屏，所望不过一簿尉耳。涯潦倒无雁序之情。"

每怜双阙下，雁序入鸳鸾。（唐·包何《和苗员外寓直中书》）

悲岁序 指怀念故友，亦指友人才华出众。《文选》卷四一东汉孔文举《论盛孝章书》："岁月不居，时节如流。五十之年，忽焉已至。公为始满，融又过二。海内知己，零落殆尽，唯有会稽盛孝章尚存。"

莫怪孔融悲岁序，五侯门馆重娄卿。（唐·武元衡《酬谈校书》）

绪（緒）xù ①丝头；开端。②次序。③情绪；思绪。

古上声，六语。逆别～抽～触～端～风～继～令～妙～丕～万～遗～意～坠～缵～顺～成～次～存～风～功～行～咶～理～密～年～使～飓～信～业～音～余～正～胄例送君不相见，日暮独愁绪。（唐·孟浩然《送辛大之鄂渚不及》）春困厌厌，抛掷斗草工夫，冷落踏青心绪。（宋·柳永《斗百花·煦色韶光明媚》）

婿（*壻）xù

古去声，八霁。（以"壻"字）逆乘龙～儿～寒～快～僚～窗～甥～孙～猥～翁～小～友～岳～主～赘～子～顺～甥例别求醪醪怜，将归见夫婿。（唐·寒山《诗三百三首》）伫骖鸾，称得花前弄玉，与吟箫婿。（宋·陈著《水龙吟·杜鹃啼正忙时》）

典**东床婿** 指岳丈中意的女婿，或指不俗气且为女方父母中意的女婿。《世说新语·雅量》："郗太傅（郗鉴）在京口，遣门生与王丞相（王导）书，求女壻。丞相语郗：'信君往东厢任意选之。'门生归，白郗曰：'王家诸郎亦皆可嘉，闻来觅婿，咸自矜持。唯有一郎在东床上坦腹卧，如不闻。'郗公云：'正此好！'访之，乃是逸少（王羲之），因嫁女与焉。"

东床坦腹真佳婿，俗客多惭数月陪。（宋·李处权《奉怀养源士特似表》）

溆 xù ①水名。②水滨。

古上声，六语。逆海～林～绿～浦～沙～烟～洲～顺～浦例水际见鹭鸟，一对对、眠沙溆。（宋·张先《山亭宴·碧波落日》）寒汀古溆。尽日无人唤渡。（宋·张炎《清波引·江涛如许》）

酗 xù 发酒疯。

古去声，七遇。逆沉～浇～沈～凶～淫～醉～顺～酣～骂～虐～淫～饮

鱮 xù 鲢鱼。

古上声，六语。逆素～鲂～鲋～得～

遇 yù

古去声，七遇。逆爱～被～标～摽～齿～崇～宠～辏～大～对～恩～逢～抚～遭～顾～诡～过～嘉

～奖～接～节～矜～谨～眷～客～款～怜～隆～眄～冥～虐～盼～匹～器～遣～邛～任～荣～赏～胜～时～识～视～殊～推～晚～委～位～无～谐～信～宿～意～引～运～值～宗～顺～谤～臣～厄～逢～否～合～会～机～蹇～酷～礼～偻～目～谴～巧～犬～时～屯～物～巷～缘～知例昔从九春徂，方此三秋遇。（唐·任希古《和李公七夕》）此情不可道，此别何时遇。（唐·李白《金乡送韦八之西京》）

典**西河遇** 借指丧子之遭遇。《史记·仲尼弟子传》："子夏居西河教授，为魏文侯师。其子死，哭之失明。"

东门忧不入，西河遇亦深。（唐·顾况《大茅岭东新居》）

三朝臣不遇 指久沉下寮，未被重用。《后汉书·张衡传》："尉龙眉而郎潜兮，逮三叶而遘武。"李贤注："尉谓都尉颜驷也。龙，苍杂色。遘，遇也。《汉武故事》曰：'上至郎署见一老郎，鬓眉皓白，问："何时为郎？何其老也？"对曰："臣姓颜名驷，以文帝时为郎。文帝好文而臣好武，景帝好老而臣尚少，陛下好少而臣已老，是以三叶不遇也。"上感其言擢为会稽都尉也。'"

三朝臣不遇，无复好文时。（宋·刘辰翁《临江仙·老去尚呼张丈》）

誉（譽）yù

古去声，六御。又：上平，六鱼同。逆阿～爱～标～冰～才～材～谄～逞～驰～传～诞～党～导～道～德～登～飞～风～讽～浮～负～干～鼓～光～广～含～华～徽～籍～嘉～贾～奸～荐～交～洁～借～咎～俊～隽～骏～跬～廉～令～流～买～明～佞～窃～庆～曲～取～劝～人～仁～赏～诗～时～世～市～收～淑～私～俗～素～腾～推～威～伟～文～闻～物～息～喜～暇～凶～休～修～循～延～燕～扬～邀～要～遗～饮～游～早～章～走～顺～臣～称～处～毁～籍～髦～美～目～墓～说～叹～望～闻～问～言～扬～谀～誉例江上易优游，城中多毁誉。（唐·白居易《和三月三十日四十韵》）论长校短，总是非闲誉。（宋·廖刚《蓦山溪·论长校短》）

典**纸贵之誉** 本指左思构思十年作成《三都赋》，人们争相传抄，导致洛阳纸贵。因借指作品精湛，受到推崇。见《晋书·文苑·左思传》。

御[1] yù

①驾驭车马。②统治（天下）。③使用，食用。④特指皇帝的使用、食用；又作修饰词，加在与皇帝有关的各种名词前。⑤抵挡。⑥阻止。

古去声，六御。逆败～跸～嬖～飙～宾～骖～臣～侈～出～达～当～登～对～返～房～奉～服～傅～贡～供～官～馆～诡～贵～患～缉～戢～监～检～简～饯～僭～进～近～禁～九～控～匡～隶～临～领～龙～率～内～配～秋～权～日～戎～饍～上～射～摄～神～施～守～绥～调～僮～徒～维～五～徙～献～相～享～亵～瞀～幸～训～要～移～义～逸～媵～壅～远～月～张～长～帐～珍～镇～正～执～制～贽～周～诸～总～驺～撙～顺～爱～宝～奔～本～跸～辩～兵～策～朝～刀～堤～冬～风～夫～府～干～沟～瞽～宄～轨～衮～裹～衡～极～驾～奸～将～节～寇～勒～李～历～隶～廪～柳～龙～辔～仆～期～气～前～穷～人～容～觞～省～世～事～手～守～书～汤～题～天～亭～物～闲～羞～朽～宿～叶～液～营～宇～圆～云～札～仗～帐～者～正～政～舟～馔～佐例倦此山路长，停骖问宾御。（唐·王昌龄《山行入泾州》）胜如西子妖绕，更比太真澹泞。铅华不御。（宋·吴文英《东风第一枝·倾国倾城》）

典**日御** 亦作"羲和御""日驭""羲驭"。指岁月流逝，也指帝王出行。《楚辞·离骚》："吾令羲和弭节兮，望崦嵫而勿迫。"东汉王逸注："羲和，日御也。"

龙驾有驰策。日御不停阴。（南北朝·沈约《梁甫吟》）

列子御 用以咏仙。《庄子·逍遥游》："夫列子御风而行，泠然善也，旬有五日而后反。"

呼天招仙游，同学列子御。（宋·董嗣杲《舟中对月》）

铅华不御 指颜容自然美丽，不用化妆。三国魏·曹植《洛神赋》："芳泽无加，铅华不御。"李善注："铅华，粉也。"

玉容寂寞，铅华不御，别饶幽艳。（清·殷秉玑《水龙吟·白秋海棠》）

御[2]（禦）yù

义同"御"之⑤、⑥。

古去声，六御。

裕 yù

古去声，七遇。逆博～冲～垂～惇～丰～干～光～广～和～弘～宏～谨～康～平～谦～清～饶～容～恬～威～温～暇～闲～休～雅～衍～怡～遗～盈～优～由～猷～余～玉～裕～顺～德～蛊～和～宽～利～民～然～饶～如～裕例韦门正全盛，出入多欢裕。（唐·元稹《梦游春七十韵》）宫锦机中春富裕。劝玉环休妒。（宋·史达祖《留春令·秀肌丰靥》）

预（預）yù

古去声，六御。逆备～关～侵～无～淫～引～犹～游～顺～膀～卜～愁～筹～杜～度～断～奉～耕～及～觉～决～虑～难～拟～蕲～日～事～图～凶～许～养～议～早～沾～占～政～烛～走～坐例准拟强追随，管领风光，人生只、欢期难预。（宋·周紫芝《洞仙歌·江梅吹尽》）举香山晏会，才先一载，愚深幸、获叨预。（宋·程霁岩《水龙吟·夏秋晦朔》）

喻 yù

古去声，七遇。（以"谕"字下亦作）逆安～逼～称～敦～方～风～抚～高～嘿～诲～假～谏～降～教～解～诫～开～来～六～勉～默～拟～逆～呕～旁～嗙～辟～企～钦～曲～设～审～讬～慰～象～兴～响～训～言～引～诱～云～招～征～旨～指～自～顺～跗～教～勉～名～意～愿～旨～指例意得两契如，言尽共忘喻。（唐·宋之问《雨从箕山来》）题诗昔佳士，清风二林喻。（唐·黄滔《送僧归北岩寺》）红白莲房生一处。雪肌霞艳难为喻。（宋·张孝祥《渔家傲·红

白莲房》)

愈yù　①更加。②胜过。③痊愈。此义亦作"瘉"。

古上声,七麌。逆病～曹风～沈～愈～顺～风～更～饥～扇～益～愈例二者存一端,愆阳不犹愈。(唐·杜甫《雷》)宿酲初愈。更花焰频催,叶蕉重举。(宋·孙居敬《喜迁莺·宿酲初愈》)

典**曹风愈**　指文章文笔极好。《三国志·魏书·王粲传》附《陈琳传》:"军国书檄,多琳、瑀所作也。"裴松之注引《典略》:"琳作诸书及檄,草成呈太祖。太祖先苦头风,是日疾发,卧读琳所作,翕然而起曰:'此愈我病。'数加厚赐。"

曹风虽觉愈,陈草始知名。(唐·李峤《檄》)

寓(*庽)yù

古去声,七遇。逆邸～感～海～行～羁～寄～蹇～久～僦～客～流～旅～默～漂～飘～萍～棲～侨～区～属～税～讬～外～宿～移～隐～营～游～尊～作～做～顺～泊～乘～辞～公～贯～怀～籍～迹～祭～精～客～令～名～命～木～目～憩～情～人～赏～食～士～世～视～书～思～托～望～物～息～锡～贤～形～兴～姓～谑～游～葬～斋～直～职～止例乘闲喜临眺,感物伤游寓。(唐·高适《自淇涉黄河途中作十三首》其六)鹤书飞下,鸡竿高耸,恩霈均寰寓。(宋·柳永《御街行·燔柴烟断》)

豫yù　①安乐,安逸。②巡游。③预先。④欺诳。

古去声,六御。逆安～备～厕～迟～侈～冲～出～厎～底～二～贰～奋～丰～弗～富～关～和～恺～康～诳～茂～鸣～冥～庞～谦～潜～清～秋～赏～奢～时～说～调～戏～暇～闲～忻～欣～休～燕～阳～怡～佚～逸～冘～淫～雍～优～由～游～悦～蚤～顺～必～卜～参～敕～筹～怠～吊～抚～附～观～祸～藉～冀～贾～建～交～教～戒～具～乐～力～论～盟～期～寝～然～让～慎～事～视～顺～图～闻～席～暇～闲～形～严～言～养～议～游～御～悦～早～蚤～章邮～震～政例笙歌籥舞属年韶,鹭鼓凫钟展时豫。(唐·魏征《舒和》)我行滞宛许,日夕望京豫。(唐·孟浩然《南归阻雪》)满城歌吹,也似春和豫。(宋·叶梦得《蓦山溪·一年春事》)

与(與)yù　另见442页yǔ。

古去声,六御。逆关～侵～无～犹～与～顺～参～存～谋～期～闻～与～知

驭(馭)yù

古去声,六御。逆飙～宾～骖～策～弛～叱～宠～防～风～服～抚～鹤～鹄～检～进～临～六～龙～鸾～青～驱～鹊～日～善～射～升～绥～台～通～徒～五～羲～曦～仙～象～轩～炎～驿～逸～月～云～执～制～治～驺～左～顺～宝～边～变～风～国～教～空～历～吏～篇～气～人～戎～射～生～世～手～俗～天～外～文～下～朽索～宇～御～远～政～制～竹例银烛已成行,金门俨驺驭。(唐·王维《早朝》)向玉霄东望,蓬莱晻霭,有云驾、骖凤驭。(宋·苏轼《水龙吟·古来云海》)

典**鹤驭**　亦作"吹笙去"。指仙人或太子的车驾。《列仙传·王子乔》:"王子乔者,周灵王太子晋也。好吹笙,作凤凰鸣。游伊洛之间,道士、浮丘公接以上嵩高山。三十余年后,求之于山上。见桓良曰:'告我家,七月七日待我于缑氏山巅。'至时,果乘白鹤驻山头,望之不得到,举手谢时人。数日而去。"

漆园老子蝶魂飞,缑氏仙人鹤驭归。(宋·方回《戴帅初赋道人萧了空》)

语(語)yù　语告。另见442页yǔ。

古去声,六御。

芋yù

古去声,七遇。逆冻～栗～岷下～雀～煨～轩～萉～顺～荷～火～魁～栗～渠例应为拨,懒残芋。(宋·冯取洽《贺新郎》)

典**煨芋**　亦作"懒残煨芋"。借指友情,也用以咏高僧。唐·李蘩《邺侯家传》:"(李)泌在衡岳,有僧明瓒,号懒残,泌察其非凡人也,中夜前往谒焉。懒残命坐,发火煨芋以啗之曰:勿多言,领取十年宰相。"

清谈煨芋夜,陈梦种花年。(宋·戴表元《久客鹿顶承张景山寄诗次韵奉答》)

吁(籲)yù　另见428页yū。

古去声,七遇。(以"籲"字)逆哀～呼～率～仰～顺～祷～告～号～俊～恳～留～请～求～天

谕(諭)yù

古去声,七遇。逆班～榜～牓～宝～徧～陈～敕～宠～导～敦～风～讽～抚～海～寄～嘉～谏～奖～解～戒～诫～镌～钧～开～来～勉～明～拟～譬～谯～曲～劝～善～申～省～说～讬～违～慰～温～兴～呴～训～诱～悦～顺～查～饬～导～告～诲～祭～教～解～令～蒙～劝～然～示～说～帖～慰～檄～晓～义～意～招～知～旨～指～咨例帘开侍儿起,见我遥相谕。(唐·元稹《梦游春七十韵》)自古已冥茫,从今尤不谕。(唐·白居易《薛中丞》)

雨yù　落下。另见441页yǔ。

古去声,七遇。顺～花～华～泪～袂～面～色～涕～星

饫(飫)yù　①宴饮。②饱食。

古去声,六御。逆饱～肥～膏～槁～酣～欢～犒～嗢～温～厌～宴～猒～餍～饮～顺～饱～餐～赐～禘～肥～经～宁～饶～膳～听～闻～沃～眼～宴～饮～足例圣贤清浊醉,水陆鲜肥饫。(唐·白居易《和三月三十日四十韵》)

妪(嫗)yù

古去声,七遇。逆媪～村～道～富～覆～瞽～黄牛～酒～老～邻～乳～少～神～巫～姁～昫～煦～煦～妪～顺～妪

典**神妪**　指歌女、乐人。晋·干宝《搜神记》卷四:"永嘉中,有神见兖州,自称樊道基。有妪,号成夫人。夫人好音乐,能弹箜篌,闻人弦歌,辄便起舞。"

梦入坤山教神妪,老鱼跳波瘦蛟舞。(唐·李贺《李凭箜篌引》)

澦(澦)yù

古去声,六御。逆滟～

蓣(蕷)yù　薯蓣,山药。

古去声,六御。逆山～薯～茵～

仄声·入声

锔(鋦)jū 用抓钉接补有裂缝的器物。

【古】《广韵》:入声,烛韵。【顺】～碗～子【例】勃勃生湿气,人人牢于锔。(唐·皮日休《吴中苦雨因书一百韵寄鲁望》)

曲qū 另见451页qú、qǔ。

【古】入声,二沃。【逆】陂～层～曾～城～顿～繁～坊～勾～诘～颉～井～樛～拘～跼～句～倨～款～悃～缭～挛～媚～盘～蟠～崎～倾～诎～桡～輮～深～水～私～讼～邃～猷～枉～隈～微～猥～物～纤～险～详～邪～心～墟～歆～抑～隐～窳～辕～榛～【顺】～阿～爱～包～备～庇～蔽～辨～辩～兵～畅～鬯～陈～城～垂～赐～贷～当～肱～恭～躬～故～行～荷～讳～惠～脊～伎～节～谨～静～鞠～局～沮～均～戾～梁～谅～临～录～瞒～谬～谋～挠～拗～盘～譬～平～期～巧～情～琼～曲～取～全～拳～桡～塞～绳～胜～恕～水～俗～算～遂～覃～袒～突～限～畏～锡～席～县～献～详～邪～谢～心～须～悬～学～徇～衍～颐～议～营～踊～宥～隅～谕～原～允～枕～轸～致～智【例】面白如削玉,猖狂曲江曲。(唐·贯休《少年行三首》)筑室俯涧滨,开扉面岩曲。(唐·李峤《和同府李祭酒休沐田居》)

屈qū

【古】入声,五物。【逆】阿～謷～驳～谄～充～楚～摧～挫～大～殚～奉～否～诡～耗～环～回～讳～蠖～佶～降～嗟～诘～沮～刻～愧～劳～挛～冥～挠～盘～蟠～谦～亲～穷～虬～屈～日～慑～沈～绳～讼～罔～消～销～淹～偃～夭～邀～要～抑～儗～郁～怨～谪～指～制～滞～周～訾～【顺】～笔～避～躄～辨～产～沉～处～钝～厄～法～害～行～蠖～迹～贾～驾～蹇～矫～节～客～礼～缭～马～埋～挠～盘～蟠～桥～情～诎～屈～曲～染～让～桡～人～柔～色～沈～声～士～首～戍～束～私～宋～沱～枉～威～下～心～戌～恤～眴～曳～抑～佚～轶～意～郁～笮～柘～志～致～滞～庄～佐～座【例】泓澄白龙卧,宛转青蛇屈。(唐·白居易《湖亭晚望残水》)曾洗乾坤,问何事、雄图顿屈。(宋·陈亮《满江红·曾洗乾坤》)

蛐qū 另见451页qú。

【古】《广韵》:入声,烛韵。【逆】步～【顺】～蛐儿

诎(詘)qū

【古】入声,五物。【逆】避～贬～充～辞～挫～道～讥～诘～敬～沮～俛～木～屈～取～身～受～议～隐～诱～支～撙～【顺】～道～乏～法～服～节～免～强～曲～人～容～柔～辱～申～伸～身～体～膝～信～抑～意～折～指～志

戌xū

【古】入声,四质。【逆】戊～甲～屈～建～【顺】～日～时～削【例】凝走弄香奁,拔脱金屈戌。(唐·李商隐《骄儿诗》)

【典】**雪堂壬戌** 指与朋友一起游赏。苏轼《赤壁赋》:"壬戌之秋,七月既望,苏子与客泛舟游于赤壁之下。清风徐来,水波不兴。举酒属客,诵明月之诗,歌窈窕之章。"又,苏轼《雪堂记》:"苏子得废圃于东坡之胁,筑而垣之,作堂焉,号其正曰雪堂。堂以大雪中为之,因绘雪于四壁之间,无容隙也。起居偃仰,环顾睥睨,无非雪者。苏子居之,真得其所居者。"

局jú ①局促;狭小。②弯曲;卷。③棋盘。④量词,用于棋类等。⑤局部;单位。

【古】入声,二沃。【逆】卑～褊～才～曹～创～丹～抵～翻～方～风～伏～覆～公～官～寒～鸡黍～捡～检～近～拘～局～倦～款～了～冷～敛～奇～气～器～浅～曲～拳～蜷～踡～识～世～势～事～顺～司～私～体～踠～伪～猥～形～意～越～长～植～志～质～置～准～【顺】～背～步～操～察～定～度～段～断～方～分～干～格～蹐～脊～节～局～力～奁～量～戚～趣～任～守～束～数～碎～缩～琐～套～体～调～戏～影～牖(?)～囿～宇～镇～正～致～滞【例】仙人古石坛,苔绕青瑶局。(唐·李益《入华山访隐者经仙人石坛》)此恨难平君知否,似琼台、涌起弹棋局。(宋·蒋捷《贺新郎·梦冷黄金屋》)背画栏、脉脉悄无言,寻棋局。(宋·周邦彦《满江红·昼日移阴》)

【典】**看局** 亦作"柯山棋局""石室棋半局"。指忘怀世事,或时过境迁,喻指人世沧桑。旧题南朝梁·任昉《述异记》卷上:"信安郡石室山,晋时王质伐木至,见童子数人棋而歌,质因听之,童子以一物与质,如枣核。质含之,不觉饥。俄顷,童子谓曰:'何不去?'质起视,斧柯尽烂。尽归,无复时人。"

更橘外、安排棋局。(宋·赵必瑑《贺新郎·寿酒浮萸菊》)

橘jú

【古】入声,四质。【逆】比～变～橙～丹～邓～甘～柑～怀～黄～嫁～卢～绿～千头～霜～徙～香～枳～朱～【顺】～柑～核～黄～井～酒～颗～露～络～奴～浦～山～童～心～性～中乐～洲【例】石渠流雪水,金子耀霜橘。(唐·孟浩然《疾愈过龙泉寺精舍》)晓窗晴日。一点黄金橘。(宋·黄机《清平乐·晓窗晴日》)

【典】**怀橘** 亦作"比橘"。喻指归省、孝顺。《三国志·吴书·陆绩传》:"绩年六岁,于九江见袁术,术出橘,绩怀三枚,去,拜辞堕地。术谓曰:'陆郎作宾客而怀橘乎?'绩跪答曰:'欲归遗母。'术大奇之。"

孝廉因岁贡,怀橘向秦川。(唐·孟浩然《送张参明经举兼向泾州觐省》)

江陵橘 三国吴李衡生前为其子种下千株橘树,以维持其将来的生计,称这些橘树为"千头木奴",后世以此事代指实实在在的营生。《三国志·吴书·孙休传》裴松之注引《襄阳记》:"衡每欲治家,妻辄不听,后密遣客十人于武陵龙阳汜州上作宅,种甘橘千株。临死,敕儿曰:'汝母恶我治家,故穷如是。然吾州里有千头木奴,不责汝衣食,岁上一匹绢,亦可足用耳。'……吴末,衡甘橘成,岁得绢数千匹,家道

殷足。”

无贪合浦珠，念守江陵橘。（唐·杨衡《送王秀才往安南》）

渡江之橘 亦作“橘性应化”“徙橘”“晏子橘”。指环境对人影响很大，可改变人的品性。《晏子春秋》卷六《内篇杂下》：“王视晏子曰：‘齐人固善盗乎？’晏子避席对曰：‘婴闻之，橘生淮南则为橘，生于淮北则为枳，叶徒相似，其实味不同。所以然者何？水土异也。今民生长于齐不盗，入楚则盗，得无楚之水土使民善盗耶？’”

渡江之橘踰汶貉，反时易性安能长。（唐·元稹《和李校书新题乐府十二首·驯犀》）

菊jú

古入声，一屋。逆丹～寒～黄～晋～兰～林～墨～圃～杞～时～陶～亭～岩～栽～簪～紫～顺～部～酒～篱～醴～泉～水～坛～潭～天～醑～月～盏～酎例鸟雀依茅茨，藩篱带松菊。（唐·杜甫《赤谷西崦人家》）摇落废井梧，荒凉故篱菊。（唐·白居易《和梦游春诗一百韵》）奇香袭春桂，嫩色凌秋菊。（唐·陆龟蒙《茶灶》）

典**采菊** 指隐居生活。晋·陶渊明《饮酒二十五首》其五：“采菊东篱下，悠然见南山。”

登原忻时稼，采菊行故墟。（唐·韦应物《秋郊作》）

东篱菊 亦作“篱东菊”“篱菊”“晋菊”“晋人为菊”“陶潜菊”“陶令菊”“陶菊”“陶姓菊”“菊在陶家”“渊明菊”“陶诗黄金实”。①指重阳节。②指菊花。③指闲情雅致的隐逸生活。④咏陶渊明。《艺文类聚》卷四引南朝宋檀道鸾《续晋阳秋》：“（陶潜）尝九月九日无酒，宅边菊丛中，摘菊盈把，坐其侧久，望见白衣至，乃王弘送酒也。即便就酌，醉而后归。”又，《饮酒二十首》其五：“采菊东篱下，悠然见南山。”

自有东篱菊，年年解作花。（唐·刘长卿《过湖南羊处士别业》）

偈jú

古《广韵》：入声，烛韵。顺～促

跼jú 迫屈不伸。

古入声，二沃。逆隘～畚～羁～鸣～蹒～曲～拳～踡～耸～震～踯～顺～步～尺～促～踧～蹙～蹴～顿～顾～踖～脊～迹～骥～敛～念～屈～蠼～曲～跧～身～趚～蹜～缩～蹄～天～跳～影～滞～躅～足例云雷此不已，艰险路更跼。（唐·杜甫《三川观水涨二十韵》）只有方丈居，其中踖且跼。（唐·皮日休《吴中苦雨因书一百韵寄鲁望》）

掬jū 捧取。

古入声，一屋。逆半～击～拮～堪～可～手～一～挹～盈～顺～诚～蹙～抛～壤～示～缩～指例白云遥入怀，青霭近可掬。（唐·宋之问《游陆浑南山》）摘花不插发，采柏动盈掬。（唐·杜甫《佳人》）

典**指可掬** 指战败后的惨烈场面。见158页“掬指”。

舟中指可掬，城上骸争爨。（唐·李白《南奔书怀》）

鞠jū

古入声，一屋。逆按～捕～哺～蹙～蹴～抚～拊～覆～击～鸡～勘～块～贫～穹～曲～踏～廷～推～育～顺～爱～按～报～部～草～歌～恭～拱～磤～护～花～诲～径～旅～弭～恧～戚～遣～壤～人～视～通～问～戏～系～凶～讻～讯～养～育～狱～域～治～稚～粥～子～罪

踘jū ①蹋，踢。②古代在皮囊中塞草絮做成的球，类似今天之足球。

古入声，一屋。逆蹴～击～踏～顺～蹴～圃～踴

鞫jū 审问。

古入声，一屋。逆按～案～逮～读～会～勘～考～拷～面～乞～穷～审～廷～推～询～讯～严～研～育～杂～顺～按～案～报～断～劾～决～勘～考～理～情～囚～人～审～实～誓～系～讯～谳～引～狱～正～治例簿书常自领，缧囚每亲鞫。（唐·白居易《和梦游春诗一百韵》）

䴗（鶪*鵙）jú 伯劳。

古入声，十二锡。逆鸣～啼～鵙～

蛐qú 另见450页qū。

古《广韵》：入声，烛韵。顺～蟮

曲（麯、*麴）qú 酒母。另见450页qū、本页qǔ。

古入声，一屋。逆踩～红～酒～神～香～新～糟～枕～顺～部～车～尘～店～行～酒～君～米～蘖～糁～神～生～室～王～院～滓

曲qǔ 另见450页qū、本页qú。

古入声，二沃。逆按～巴～促～度～法～凤～赴～顾～和～里～俚～丽～俪～灵～令～慢～念～讴～抛～琴～瑞～睿～塞～散～觞～声～时～踏～调～文～武～西～仙～雅～谣～遗～逸～音～郢～众～顺～本～部～操～度～儿～工～解～律～拍～破～谱～腔～情～胤～韵～章例朝朝翠山下，夜夜苍江曲。（唐·王勃《寒夜思友三首》）春女颜如玉，怨歌阳春曲。（唐·刘希夷《春女行》）

典**巴曲** 见750页“巴人”。

南翁巴曲醉，北雁塞声微。（唐·杜甫《社日两篇》其一）

雪曲 指《白雪》歌，很少人能应和这首歌，因以雪曲指高雅的作品。宋玉《对楚王问》：“客有歌于郢中者，其始曰《下里巴人》，国中属而和者数千人。其为《阳阿薤露》，国中属而和者数百人。其为《阳春白雪》，国中属而和者不过数十人。引商刻羽，杂以流徵，国中属而和者不过数人而已。是其曲弥高，其和弥寡。”

惭无白雪曲，难答碧云篇。（唐·白居易《奉酬淮南牛相公思黯》）

郢曲 见71页“郢歌”。

蜀琴抽白雪，郢曲发阳春。（南北朝·鲍照《玩月城西门廨中诗》）

拔山曲 亦作“霸王别姬”。喻英雄末路。《史记·项羽本纪》：“项王则夜起，饮帐中。有美人名虞，常幸从，骏马名骓，常骑之。于是项王乃悲歌慷慨，自为诗曰：‘力拔山兮气盖世，时不利兮骓不逝，骓不逝兮可奈何，虞兮虞兮奈若何！’歌数阕，美人和之。项王泣数行下，左右皆泣，莫能仰视。”

时时长歌拔山曲，醉倒聊慰穷途艰。（宋·陆游《项王祠》）

大风曲 见71页“大风歌”。

欣承大风曲，窃预小童讴。

（唐·郑愔《奉和幸大荐福寺》）

求凰曲 亦作“求凰操”。喻男子向意中人表达爱慕。《玉台新咏》卷九《琴歌二首》并《序》：“司马相如游临邛，富人卓王孙有女文君新寡，窃于壁间窥之，相如鼓琴以挑之曰：（其一）凤兮凤兮归故乡，遨游四海求其凰。……（其二）皇兮皇兮从我栖，得托孳尾永为妃。……”

绝笔无求凰曲，痴心有返魂香。（宋·刘克庄《风入松·残更难睚抵年长》）

凤翻箫曲 见526页“吹箫”。见526页“吹箫”。

彩凤翻箫曲，祥鳣入馆名。（唐·钱起《过杨驸马亭子》）

鱼出听曲 亦作“老鱼跳波”“鱼吹燕蹴”“鱼跃闻曲”“弦奏跃鱼”。咏音乐。《荀子·劝学》：“昔者瓠巴鼓瑟而流鱼出听，伯牙鼓琴而六马仰秣。”流鱼，《大戴礼记》作“沉鱼”。

灯前往往大鱼出，听曲低昂如有求。（唐·杜甫《陪王侍御同登东山》）

剧（劇）jù ①甚，表示程度深。②繁多，（事务）繁杂。③疾速。④嬉戏；开玩笑。

古入声，十一陌。逆案～卑～边～冲～匆～凋～笃～儿～烦～繁～纷～干～广～豪～华～幻～机～激～简～寝～寇～苦～狂～困～劳～理～绵～疲～贫～趣～饶～沈～枢～碎～谈～危～五～侮～显～雄～谑～要～殷～优～则～增～治～众～骤～剸～顺～部～骖～曹～疵～盗～敌～地～读～恶～烦～繁～郡～口～劳～吏～寮～令～虏～路～论～难～旁～秦～权～然～任～赏～圣～事～谈～屯～戏～黠～县～宪～邑～役～易～饮～语～月～韵～战～镇～职～州～子例谑浪万古贤，以为儿童剧。（唐·李白《赠友人三首》）江上秋已分，林中瘴犹剧。（唐·杜甫《驱竖子摘苍耳》）

律 lǜ

古入声，四质。逆被～标～不～草～程～吹～典～风～凤～圭～轨～过～寒～行～鸿～灰～计～葭～讲～谨～焌～开～科～夔～六～论～吕～律～鸣～谋～暮～内～年～拗～暖～气～乾～青～戎～如～人～桑～绳～师～时～事～受～司～素～岁～天～调～贴～通～同～尉～温～文～析～谐～星～玄～雅～阳～爻～叶～仪～移～疑～阴～应～幽～余～玉～郁～月～早～正～中～钟～朱～竹～邹～诹～顺～本～乘～度～风～讽～管～贯～行～候～家～均～科～魁～吕～律～切～身～手～文～仪～则～准～坐～座例徐动合礼仪，和鸣中音律。（唐·寒山《诗三百三首》）一雁飞吴天，羁人伤暮律。（唐·刘长卿《吴中闻潼关失守》）

典**暖律** 指温暖的气候。唐·罗隐《岁除夜》：“厌寒思暖律，畏老惜残更。”

铜仪一夜变葭灰，暖律还吹岭上梅。（唐·韦庄《铜仪》）

郢律 见71页“郢歌”。

因酬郢中律，霜鬓数茎新。（唐·杜荀鹤《和高秘书早春对雪登楼见寄之什》）

邹衍吹律 亦作“邹律”“邹氏律”。传说战国时齐人邹衍吹律使北地转暖，五谷得以生长。《列子·汤问》：“师襄乃抚心高蹈曰：‘微矣，子之弹也！虽师旷之清角，邹衍之吹律，亡以加之。’晋张湛注：“北方有地，美而寒，不生五谷，邹子吹律暖之，而禾黍滋也。”

蓑乎鼓之轩乎舞，亲见邹衍吹律回。（清·周亮工《群鸦寒话图歌》）

率 lǜ 另见328页shuài。

古入声，四质。逆倍～顺～更～计～刻～数

绿（緑）lǜ 另见416页lù。

古缺。逆采～澄～赤～黛～滴～豆～娥～蛾～萼～繁～绯～粉～挂～官～桂～黑～结～静～空～黎～平～漆～沁～轻～柔～森～石～松～吐～细～缃～小～蚁～阴～鹦～油～黝～郁～涨～稚～朱～

氯 lǜ 化学元素。顺～气

垒（壘）lǜ 另见271页léi、278页lěi。

古《集韵》：入声，术韵。逆郁～荼～

恧 nǜ 自愧。

古入声，一屋。又：入声，十三职同。逆惭～哽～顾～渐～鞠～愧～内～懦～恧～悚～竦～缩～退～羞～中～顺～步～怩～恧～然～缩

衄（*衂、䶊）nǜ ①鼻出血。②挫败。

古入声，一屋。逆摧～挫～沮～蹶～势～心～顺～挫～然～血～痍～折例外熏性易染，内战心难衄。（唐·白居易《和梦游春诗一百韵》）

阒（闃）qù 寂静。

古入声，十二锡。逆隘～寂～空～寥～幽～顺～尔～黑～寂～静～旷～寥～灭～默～其～阒～然～如～若～沈例高斋坐林杪，信宿游衍阒。（唐·杜甫《白水县崔少府十九翁高斋三十韵》）笑谏又惊凄鹊，南飞傍林阒。（宋·张矩《应天长·候蛩探暝》）

续（續）xù

古入声，二沃。逆补～承～触～存～貂～赓～更～狐～假～胶～解～久～绝～鸾～络～缕～绍～似～收～属～顺～嗣～续～寻～引～胤～踵～转～撰～缀～顺～成～貂～短～断～后～魂～继～麻～篇～魄～然～世～室～寿～弦～续～长～终例平阳妙舞处，日暮清歌续。（唐·郑愔《侍宴长宁公主东庄应制》）边愁殊浩荡，离思空断续。（唐·刘长卿《赠别于群投笔赴安西》）鸿归鹤舞送，猿叫莺声续。（唐·赵冬曦《奉和张燕公早霁南楼》）

典**断弦续** 指传说中汉武帝以鸾胶接续断弦，用以咏别离。见旧题汉·东方朔《海内十洲记》。

回肠无奈别愁煎，待得鸾胶续断弦。（宋·黄庭坚《再和元礼春怀十首》其十）

金貂续 亦作“华貂难续”。指事物前后好坏差别大，不相连接。《后汉书·舆服志下》：“武冠，一曰武弁大冠，诸武官冠之。侍中、中常侍加黄金珰，附蝉为文，貂尾为饰，谓之‘赵惠文冠’。胡广说曰：‘赵武灵王效胡服，以金珰饰首，前插貂尾，为贵职。秦灭赵以其君冠赐近臣。’”

绝唱人间知不知，零落金貂谁续。（宋·韩元吉《念奴娇·湖山泥影》）

旭 xù 日出。

古入声，二沃。逆朝～晨～初～春

～颠～东～负～红～昏～朗～黎～明～清～晴～煦～曛～阳～朱～醉～顺～旦～光～卉～霁～景～旭～月例风条洒余霭，露叶承新旭。（唐·韦应物《芳树》）物华荡暄气，春景媚晴旭。（唐·赵冬曦《奉和张燕公早霁南楼》）

畜xù 另见411页chù。

古入声，一屋。逆畜～豢～聚～牧～仁～容～养～役～顺～爱～畜～道～德～发～愤～恨～秽～火～家～君～怒～妻～仁～锐～食～缩～田～菀～幸～养～义～意～勇～怨～长～枕～志～智～置例逢时念既济，聚学思大畜。（唐·白居易《和梦游春诗一百韵》）

蓄xù

古入声，一屋。逆包～抱～闭～采～蹙～黛～怀～聚～廪～潜～生～霜～私～素～韬～停～土～养～余～韫～蕴～旨～顺～艾～菜～藏～发～家～贾～禄～内～逆～念～怒～锐～私～思～缩～菀～泄～养～疑～毓～怨～志例含西崖峤壮，雷雨蔚含蓄。（唐·杜甫《课伐木》）怀英笼，须君蓄。（宋·无名氏《满江红·旧日皆春号皆春》）

恤（*卹）xù

古入声，四质。逆哀～爱～安～禀～不～惨～慈～恩～访～顾～国～惠～检～简～矜～经～旌～眷～宽～劳～怜～悯～明～念～钦～勤～庆～仁～任～赡～省～送～慰～温～衔～淹～隐～营～优～忧～赠～昭～振～拯～周～追～顺～病～功～孤～顾～患～矜～劳～录～民～然～慎～事～纬～物～刑～恤～削～养～隐～远例且知皆自然，高下无相恤。（唐·张九龄《彭蠡湖上》）恩未报，家何恤。（宋·陈亮《满江红·曾洗乾坤》）

典**恩未报，家何恤** 指杀敌报国的雄心壮志。见125页“匈奴未灭”。

诸老尽，郎君出。恩未报，家何恤。（宋·陈亮《满江红·曾洗乾坤》）

勖（*勗）xù 勉励。

古入声，二沃。逆教～敬～懋～勉～期～训～珍～顺～厉～励～率～勉～帅例折芳愧遥忆，永路当日勖。（唐·李白《金门答苏秀才》）既去诚莫追，将来幸前勖。（唐·白居易《和梦游春诗一百韵》）莫量汉祖德，空受项君勖。（唐·何儒亮《亚父碎玉斗》）

洫xù 田间水沟；河渠。

古入声，十三职。逆城～封～沟～石～田～洫～顺～洫例浮云蔽川原，新流集沟洫。（唐·储光羲《同王十三维偶然作十首》其九）为别讵几时，伊予坠沟洫。（唐·元稹《寄吴士矩端公五十韵》）

魆xù 暗貌。

逆黑魆～顺～黑～蜮～魆

育yù

古入声，一屋。逆阿～安～苞～奔～贲～产～成～齿～宠～存～诞～敷～扶～孚～俯～复～丐～含～函～涵～贺～诲～惠～济～矜～浸～鞠～坤～理～卵～率～茂～庆～仁～乳～时～顺～嗣～陶～提～亭～停～推～熙～夏～训～遗～颐～妪～育～甄～资～滋～子～字～作～顺～贲～材～德～获～鞠～鞫～类～遗～育～孕例始知皇天意，积水在亭育。（唐·皎然《奉和陆使君长源夏月游太湖》）板怀玉燕，此时嘉梦重育。（宋·赵长卿《念奴娇·桂华蟾魄》）

典**贲育** 借指勇猛的人。《史记·袁盎传》：“虽贲育之勇不及陛下。”裴骃集解：“孟康曰：‘孟贲、夏育，皆古勇者也。’”司马贞索隐：“贲，孟贲；育，夏育也。《尸子》云：‘孟贲水行不避蛟龙，陆行不避兕虎。’《战国策》曰：‘夏育叱呼骇三军，身死庸夫。’”

或如贲育伦，赌胜勇前购。（唐·韩愈《南山诗》）

结绶逢育 指结下交情。见343页“萧朱”。

结绶还逢育，衔杯且对刘。（唐·陈子昂《江上暂别萧四刘三旋欣接遇》）

浴yù

古入声，二沃。逆辨～漕～淬～凫～盥～鹤～火～浃～浸～汤～新～薰～澡～顺～湢～波～蚕～德～殿～佛～斛～浣～兰～沐～禽～日～神～水～铁～童～洗～沂～院例起向月下行，来就潭中浴。（唐·白居易《香山寺石楼潭夜浴》）悄无人、桐阴转午，晚凉新浴。（宋·苏轼《贺新郎·乳燕飞华屋》）闲寻双杏凝伫，池塘暖、鸳鸯浴。（宋·晁端礼《雨霖铃·槐阴添绿》）

欲（*慾）yù

古入声，二沃。逆逞～寡～货～节～绝～六～耆～情～嗜～私～外～无～凶～意～窒～顺～根～海～壑～界～念～情～事～心～障例月下横宝琴，此外将安欲。（唐·王绩《古意六首》）不见充所求，空闻肆耽欲。（唐·元结《寿翁兴》）久负青山诺，今还获所欲。（唐·李益《入华山访隐者经仙人石坛》）

玉yù

古入声，二沃。逆哀～抱～贝～比～币～卞～冰～餐～仓～苍～赪～尺～楚～炊～大～倒～抵～钓～鼎～燔～丰年～风～冯～服～改～攻～贯～冠～龟～珪～桂～含～皓～合～和～横～红～虹～怀～鬟～积～吉～嘉～检～解～荆～鋗～窥～昆～辣～兰～朗～冷～礼～六～鹿～埋～蟒～珉～鸣～腻～弄～喷～缥～破～泣～秋～球～群～润～拭～授～庶～漱～双～宋～碎～庭～头～颓～拖～唾～万～温～五～浙～香～萧～小～屑～谢～瑄～玄～璇～燕～夷～移～疑～倚～瘗～莹～瑜～元～藻～赵～贞～振～执～种～自～醉～顺～琫～陛～编～标～鬓～参差～岑～姹～尘～宸～琤～成～城～螭～池～虫～除～蜍～楮～吹～摧～粹～弹～德～邸～堞～蝶～房～棐～桴～符～府～皋～膏～躬～沟～骨～关～馆～桂～海～痕～壶冰～华～怀～环～晖～徽～玑～机～笈～尖～检～娇～界～锦～京～粳～景～扃～局～举～珂～窟～郎～勒～沥～潋～埒～裂～鳞～灵～溜～旒～栊～庐～辂～峦～鸾～銮～吕～袂～茗～纽～傩～魄～铃～清～虬～蛆～荣～蕤～锐～散～色～沙～绳～瘦～署～槊～髓～笋～闼～梯～颓～唾～辋～纬～温～献～相～晶～薤～滢～星～虚～酯～溆～絮～押～烟～言

～艳～滟～羊～蚁～扆～瑛～霙～影～猷～腴～宇～裕～誉～韵～瓒～藻～灶～章～帐～真～轸～振～镇～芝～种～幢㊟落日游南湖，果掷颜如玉。（唐·宋之问《春湖古意》）夫婿轻薄儿，新人美如玉。（唐·杜甫《佳人》）

㊥**桂玉** 又作"然桂"。指因乱世灾荒导致米价腾跃，柴薪难得，生活艰难。《战国策·楚策三》：苏秦对楚王曰："楚国之食贵于玉，薪贵于桂，谒者难得见如鬼，王难得见如天帝。今令臣食玉炊桂，因鬼见帝。"张景阳《杂诗十首》："沈液漱陈根，绿叶腐秋茎。里无曲突烟，路无行轮声。环堵自颓毁，垣间不隐形。尺烬重寻桂，红粒贵瑶琼。"

事堪煎桂玉，时莫倚诗书。（唐·齐己《送卢说乱后投知己》）

弄玉 春秋时秦穆公之女，后借以指仙女或公主。《列仙传·萧史》："萧史者，秦穆公时人也，善吹箫，能致孔雀、白鹤于庭。穆公有女字弄玉，好之。公遂以女妻焉。日教弄玉（吹箫）作凤鸣。居数年，吹似凤声。凤凰来止其屋。公为作凤台。夫妇止其上，不下数年，一日，皆随凤凰飞去。故秦人为作凤女祠于雍宫中，时有箫声而已。"

弄玉秦家女。箫史仙处童。（隋·江总《箫史曲》）

献玉 亦作"献璞""怀玉""抱玉""卞玉""卞山璞""和氏玉""和玉""荆玉""荆山玉""泣玉""楚家玉""楚山玉""楚人随玉""楚山珍""楚卞"。喻指怀才不遇，不受知遇，也指贤才和美玉。《韩非子·和氏》："楚人和氏得玉璞楚山中，奉而献之厉王。厉王使玉人相之。玉人曰：'石也。'王以和为诳而刖其左足。及厉王薨，武王即位。和又奉其璞而献之武王。武王使玉人相之。又曰：'石也。'王又以和为诳而刖其右足。武王薨，文王即位，和乃抱其璞而哭于楚山之下。三日三夜，泣尽而继之以血。王闻之，使人问其故，曰：'天下之刖者多矣，子奚哭之悲也？'和曰：'吾非悲刖也，悲夫宝玉而题之以石，贞士而名之以诳，此吾所以悲也。'王乃使玉人理其璞而得宝焉，遂命曰：'和氏之璧。'"

哀哀献玉人，楚国同悲辛。（唐·王昌龄《为张僓赠阎使臣》）

种玉 亦作"种田生玉"。①指仙隐。②指聘嫁。晋·干宝《搜神记》卷一一："杨公伯雍……性笃孝。父母亡，葬无终山，遂家焉。……作义浆于阪头，行者皆饮之。三年，有一人就饮，以一斗石子与之，使至高平好地有石处种之，云：'玉当生其中。'杨公未娶，又语云：'汝后当得好妇。'语毕不见。乃种其石，数岁，时时往视，见玉生石上，人莫知也。有徐氏者……公乃试求徐氏，徐氏笑以为狂，因戏云：'得白璧一双来，当听为婚。'公至所种玉田中，得白璧五双，以聘。徐氏大惊，遂以女妻焉。"

种玉能延命，居山易学仙。（宋·张镃《南歌子·种玉能延命》）

山颓玉 亦作"倒玉""颓玉"。山涛谓嵇康的醉态像高大的玉山将要崩塌，后用作咏醉酒。见274页"玉山颓"。《世说新语·容止》："嵇康身长七尺八寸，风姿特秀。见者叹曰：'萧萧肃肃，爽朗清举。'或云：'肃肃如松下风，高而徐引。'山公曰：'嵇叔夜之为人也，岩岩若孤松之独立；其醉也，傀俄若玉山之将崩。'"

饮疑金盏漏，醉到玉山颓。（宋·戴复古《胡粹送羊烹以会客》）

楚山囚玉 见76页"卞和"。

纵燕巾滥宝，楚山囚玉。（宋·魏了翁《满江红·月上南箕》）

三日烧玉 喻品质坚贞，经得起考验。《吕氏春秋·士容》："故君子之容，纯乎其若钟山之玉，桔乎其若陵上之木。"高诱注："纯，美也。钟山之玉，燔以炉炭，三日三夜，色泽不变。"

宋人不辨玉 见177页"燕石"。

宋人不辨玉，鲁贱东家丘。（唐·李白《送薛九被谗去鲁》）

域yù

㊂入声，十三职。㊉奥～薄～惨～尘～大～兑～艮～光～和～宏～华～化～兼～静～九～鞠～阃～离～裂～灵～谴～穷～日～儒～桑～圣～世～寿～殊～庶～思～素～通～同～土～遐～先～象～墟～玄～逸～茔～营～禹～域～月～兆～肇～畛～正～中～竺～㊒～内～外～域～兆～中㊟厩马散连山，军容威绝域。（唐·李白《君子有所思行》）松声扫白月，霁夜来静域。（唐·李群玉《湘中别成威阇黎》）

㊥**开仁寿域** 亦作"开八荒寿域""开寿域"。指国君圣明，世事太平繁盛。《汉书·王吉传》："吉上疏言得失，曰：'……臣愿陛下承天心，发大业，与公卿大臣延及儒生，述旧礼，明王制，驱一世之民济之仁寿之域，则俗何以不若成康，寿何以不若高宗？'"颜师古注："以仁抚下，则群生安逸而寿考。"

初开仁寿域，重立太平功。（宋·范祖禹《司马温公挽词五首》其三）

狱(獄)yù

㊂入声，二沃。㊉岸～按～蔽～弊～变～察～弛～楚～逮～党～典～对～法～烦～丰～鄷～覆～贯～归～鬼～国～黑～画～缓～积～谨～静～鞠～滥～梁～留～乱～埋～卖～平～起～攘～沈～慎～诗～市～书～鼠～庶～讼～速～威～系～凶～宿～雪～讯～淹～议～阴～幽～由～鬻～阅～造～战～诏～折～哲～执～制～滞～㊒～犴～豻～词～辞～牍～法～汉～户～货～具～气～情～深～史～市～事～讼～诉～庭～系～刑～谳～圄㊟勤操丹笔念黄沙，莫使饥寒囚滞狱。（唐·白居易《和自劝二首》）梅润侵束杖，和气生空狱。（唐·皮日休《吴中苦雨因书一百韵寄鲁望》）

㊥**三字狱** 亦作"莫须有"。借指被污蔑陷害造成的冤案。《宋史·岳飞传》："狱之将上也，韩世忠不平，诣桧诘其实，桧曰：'飞子云与张宪书虽不明，其事体莫须有。'世忠曰：'"莫须有"三字，何以服天下？'"

缚虎已成三字狱，骑驴独绕孤山曲。（清·赵函《韩蕲王翠微亭石刻》）

郁[1](鬱)yù

㊂入声，五物。㊉哀～埃～蔼～霭～奥～悲～勃～苍～畅～冲～葱～蹙～达～遏～发～沸～芬～纷～忿～愤～佛～弗～拂～感～洪

～崛～茏～隆～闷～朦～祕～冥～沤～盘～蟠～骈～屈～荣～森～深～陶～腾～委～滃～蓊～销～宣～淹～湮～妍～炎～掩～泱～鞅～快～夭～窈～噎～伊～依～壹～噫～浥～翳～氤～隐～萦～拥～纡～余～蒸～滞～阻～**顺**～霭～闭～愤～抒～穆～朴～然～热～缩～伊～呷～咿～悒～攸～郁～毓～滞**例**吾今意何伤，顾步独纡郁。（唐·杜甫《画鹘行》）回望青门道，目极心郁郁。（唐·白居易《别李十一后重寄》）

典 佳城郁郁 借指墓地。晋·张华《博物志·异闻》："汉滕公薨，求葬东都门外，公卿送丧，驷马不行，踢地悲鸣，跑蹄下地，得石，有铭，曰：'佳城郁郁，三千年，见白日，吁嗟滕公居此室！'遂葬之。"

郁郁佳城闭，终天配寿丘。（宋·陈师道《钦圣宪肃皇后挽词二首》其二）

郁[2] yù 古代只作"郁"。香气浓烈义，古今只作"郁"。其他意思上郁[1]、郁[2] 通用。

古入声，一屋。**逆**彬～芬～纷～丰～馥～酷～浓～赡～淑～温～荧～郁～窒～**顺**～芬～纷～氛～弗～馥～烈～铁～夷

鬻 yù

古入声，一屋。**逆**博～传～盗～典～饭～贩～货～贱～誇～买～卖～贸～麋～市～收～私～天～炫～眩～衒～熏～薰～獯～淫～鬻～孕～质～转～自～**顺**～笔～博～财～采～弹～德～第～度～渡～歌～工～卦～官～贵～货～伎～技～居～举～爵～猎～骆～卖～奇～钱～权～容～色～室～手～私～题～文～邪～衔～言～业～义～狱～子**例**山夫折盈抱，抱来早市鬻。（唐·白居易《食笋》）

毓 yù 生养；养育。

古入声，一屋。**逆**产～诞～抚～浸～利～萌～提～亭～蓄～养～拥～郁～孕～照～锺～**顺**～粹～丹～德～金～精～圣～养**例**寥廓寒分和气到，知是花神全毓。（宋·姚述尧《念奴娇·早春时候》）

煜 yù 照耀。

古入声，一屋。**逆**炳～晃～晖～炜～晔～烨～熠～月～**顺**～明～炜～耀～熠～煜～爚～雪**例**亲宾盛辉赫，妓乐纷晔煜。（唐·白居易《和梦游春诗一百韵》）半月弦、南极躔高，寿星明煜。（宋·卫宗武《金缕曲·强半秋澄穆》）

燠 yù 暖。另见559页ào。

古入声，一屋。又：上声，十九皓异。又：去声，二十号异。**逆**安～残～常～烦～风～寒～和～开～凉～暖～且～晴～时～温～暄～炎～旸～郁～**顺**～敷～馆～沐～暖～热～日～溽～若～室～暑～炎～阳～暍～煜～蒸～质**例**一别难与期，存亡易寒燠。（唐·孟郊《哭卢贞国》）九江地卑湿，四月天炎燠。（唐·白居易《孟夏思渭村旧居寄舍弟》）塞北氍毹，江南图障，是处温燠。（宋·周邦彦《蕙兰芳引·寒莹晚空》）

蜮（*魊）yù 传说中一种害人的动物，似狐似鳖，在水中对人含沙射影，使人生病。

古入声，十三职。**逆**鬼～含沙～螟～蛇～射～水～溪～**顺**～党～民～射～祥**例**山无杀草霜，水有含沙蜮。（唐·白居易《寄元九》）

鹬（鷸）yù 水鸟名。

古入声，四质。**逆**蚌～翠～鷸～**顺**～蚌～冠～聚

尉 yù 尉迟，复姓。另见302页wèi。

古入声，五物。**顺**～迟～迟杯～犁

蔚 yù 地名。另见303页wèi。

古入声，五物。**顺**～县

熨 yù 另见303页wèi、783页yùn。

古入声，五物。**逆**砭～毒～攻～汤～澡～针～灸～**顺**～安～齿～炉～手～帖～贴～眼**例**舞裙金斗熨。绛襭鸳鸯蜜。（宋·贺铸《菩萨蛮·粉香映叶》）更时把、荷衣芰制，从容平熨。（宋·魏了翁《满江红·物象芸芸》）道人衾帐，不用沉烟熨。（宋·郑域《蓦山溪·道人衾帐》）

谷 yù 另见408页gǔ。

古《广韵》：入声，烛韵。**顺**吐～浑

峪 yù ①山谷。②山（多作地名）。

古《集韵》：入声，烛韵。**逆**嘉～**顺**～势

钰（鈺）yù 坚金。

鹆（鵒）yù 鸲鹆，即"八哥"。

古入声，二沃。**逆**鸲～舞鸲～鹦～**顺**～歌～研～眼**例**酩酊歌鹧鸪，颠狂舞鸲鹆。（唐·白居易《和梦游春诗一百韵》）

澳 yù 水涯深曲处。另见559页ào。

古入声，一屋。**逆**兰～淇～幽～**例**只恨风冲雁序，使分飞隈澳。（宋·程大昌《好事近·我里比侨居》）

典 淇澳 指人品德美好。亦作"淇澳叟""淇澳君子"。《诗经·卫风·淇奥》："瞻彼淇奥，绿竹青青。""淇澳"同"淇奥"，《淇奥》歌颂周相卫武公的美德。

淇澳风清，渭川月朗，此时天产耆英。（元·袁士元《满庭芳·淇澳风清》）

汩 yù 迅疾貌。另见410页gǔ。

古入声，四质。**逆**汩～洄～**顺**～徂～淈～滵～湟～活～潏～流～起～涌～淢～越**例**不肯信受寒山语，转转倍加业汩汩。（唐·寒山《诗三百三首》）

粥 yù 另见423页zhù、467页zhōu。

古入声，一屋。**逆**荤～粥～**顺**～卖～权～粥

阈（閾）yù 门槛。

古入声，十三职。**逆**层～城～闺～桂～户～践～境～阃～间～履～门～屏～堂～听～庭～闱～限～逾～造～**顺**～闱**例**日月淇上游，笑人不逾阈。（唐·张南容《静女歌》）

棫 yù 木名。

古入声，十三职。**逆**芃～栖～柞～梓～**顺**～朴～阳宫

十二侯

三韵书对照表

诗韵新编 / 佩文诗韵 / 词林正韵		十二侯(平声)	
		阴平	阳平
第十二部[十一尤]	下平声十一尤	抽瘳紬搊兜篼沟钩勾(勾结)篝緱韝齁纠鸠阄湫(音鸠。潭湫)啾樛抠搂(手提)讴瓯鸥欧沤(音欧。水泡)呕(音欧。呕哑)区(音欧。姓)秋丘蚯龟(音丘。龟兹)邱鹙楸收搜飕溲锼廋偷修脩休羞咻(音休。喧扰)髹貅庥鸺悠攸幽优忧呦麀耰舟周州洲啁赒辀譸诌驺邹緅陬诹鲰蒐鳅	筹愁酬绸仇(报仇)稠畴俦踌惆雠裯芣侯喉猴篌瘊糇流留榴骝刘浏瘤硫旒鹠楼娄蒌偻蝼髅谋缪(音谋。绸缪)眸蛑牟侔鍪牛抔裒求泅球裘囚虬酋遒逑赇柔揉糅蹂鞣头投骰尤游油由邮犹莸辅蝣疣猷蚰窭(音楼。瓯窭)仇(音求。姓)
第十二部[二十五有]	上声二十五有	殴	
第十五部[一屋]	入声一屋		熟(口语音)轴(音妯)
未检到的字		丢枸(枸橘)究(音鸠。去声同)揪蝤(音由。蝤蛑)轇(音鸠。又读)眍溜(又同熘去声)熘喽(语助词)妞馊艘(音搜)嗖粥(音州)郰剖(今读)	琉耧喽(喽啰)蝤(蝤蛴)犰鱿铀舳(音妯。船头)

诗韵新编 / 佩文诗韵 / 词林正韵		十二侯(仄声)	
		上声	去声
第十二部[二十五有][二十六宥]	上声二十五有	丑斗抖陡蚪枓否(音缶。可否)缶苟狗笱枸(音狗)耇吼久酒九纠(音九。又读)韭赳玖口柳绺罶篓嵝嵝某纽钮扭狃忸偶藕呕(音藕,作呕)剖瓿掊(击破,破开)培(音剖。培塿)糗手守首叟薮擞溲(音叟。用水拌和)嗾朽有友酉莠牖黝羑卣帚肘走瞍	垢咎臼舅叩受纣诱
	去声二十六宥	灸	臭(香臭)凑辏腠斗(战斗)豆窦读(音豆。句读)逗脰饾构购彀诟媾遘冓雊逅(音后。邂逅)厚后候堠鲎就救旧疚柩究(音旧。又读)厩鹫僦扣(折扣)寇蔻觳溜(音馏)馏遛漏陋镂瘘谬缪(音谬。纰缪)沤(音怄。久浸)寿授瘦兽售绶狩漱(音嗽。又读)嗽透秀袖岫宿(音袖。星宿)绣锈嗅宥幼右又佑侑囿柚鼬狖宙昼骤胄绉皱咒甃籀味酎僽奏勾(音构。勾当)逅(音够。又读)臭(音袖。气味)

续表

诗韵新编 / 佩文诗韵 / 词林正韵		十二侯（仄声）	
		上声	去声
第十五部[一屋]	入声一屋		六陆（"六"的大写）肉（口语音）
未检到的字		瞅岣犹搂（音篓。搂抱）宿（音朽。夜）	逗够柏佝笱露（音漏。显现）拗耨怄溴釉蚴繇揍

平声·阴平

抽chōu

古下平，十一尤。逆刀～丁～风～勾～空～签～纱～水～税～丝～探～闲～象～芽～油～顺～拔～拨～肠～掣～导～分～丰～冯～讽～割～贯～翰～毫～解～进～课～厘～列～裂～马～那～盘～沙～收～思～蘲～恸～暇～胁～写～心～绪～演～扬～绎～引～援～簪～征～擢例靡靡芳草积，稍稍新篁抽。（唐·韦应物《答崔主簿问兼简温上人》）酒思凄方罢，诗情耿始抽。（唐·姚合《酬任畴协律夏中苦雨见寄》）

瘳chōu ①病愈。②减损；消除。

古下平，十一尤。逆不～疾～痊～夷～顺～差～疾～减～健～痊～损～愈例嘉言忽见赠，良药同所瘳。（唐·韦应物《答畅参军》）礼宽心有适，节爽病微瘳。（唐·杜甫《立秋雨院中有作》）头风目眩乘衰老，只有增加岂有瘳。（唐·白居易《病眼花》）

典**怒激病瘳** 见173页"烹文挚"。

紬chōu ①抽引。②缀集。

古下平，十一尤。逆白～贯～杭～黄～斠～绵～平～山～絁～绎～顺～次～绩～绎例野蚕自成茧，缲络为山紬。（宋·王禹偁《黑裘》）斗帐裁青毡，重衾拥黄紬。（宋·陆游《睡乡》）兵形敌计何英识，胍络岂从经外紬。（宋·陈藻《送陈智叔舍人赴召》）

搊chōu ①拨弄乐器。②束紧。

顺～弹～弹词～弹家～琵琶～杀～拾～瘦～搜～飕～抬～扎例吾眼恨不见，心肠痛如搊。（唐·卢仝《寄男抱孙》）经略彴时冠暂亚，佩笭箵后带频搊。（唐·陆龟蒙《新夏东郊闲泛有怀袭美》）

丢diū ①丧失。②抛弃。

顺～搭～丁～盹～卦～空～灵～溜～抹～撇～生

兜dōu

古下平，十一尤。逆橐～共～红～驩～锦～眍～篼～惼～鍪～山～鱼～伛～兜～云～竹～顺～眵～夫～鞬～搅～离～铃～零～娄～罗～罗被～罗绵～络～率～率宫～率天～末香～牟～鏊～取～艄～术天～玄国～舁例地尽炎荒瘴海头，圣朝今又放驩兜。（唐·裴夷直《崇山郡》）既似牺牛乳，又如铃马兜。（唐·李贞白《咏罂粟子》）

典**驩兜** 亦作"欢兜""驩头"。古代传说中的三苗族首领，传说因为与共工、鲧一起作乱，而被舜流放至今湖南张家界市的崇山。后来代指因罪被流放的官员。《书·舜典》："流共工于幽州，放欢兜于崇山。"

地尽炎荒瘴海头，圣朝今又放欢兜。（唐·裴夷直《崇山郡》）

篼dōu 山轿。

古下平，十一尤。逆庳～篼～篼～裧～驾～兜～顺～笼

沟（溝）gōu

古下平，十一尤。逆陂～碧瓦～城～鸥～葛～宫～鸿～激～涧～楬～金～禁～浚～曲～墒～梢～天～通～铜～推～瓦～沿～檐～羊～阳～杨～汙～玉～御～章～顺～塍～渎～防～封～贯～郭～隍～浍～瘠～境～垒～娄～溇～楼～陌～畎～施～涂～溪～洫～沿～堰～墉～洫～中瘠例斗酒贻朋爱，踌躇出御沟。（唐·张说《送李问政河北简兵》）生狞弄影风随起，蹀躞冲尘汗满沟。（唐·秦韬玉《紫骝马》）

典**金沟** 喻豪奢。《世说新语·汰侈》："济好射马，买地作埒，编钱匝地竞埒。时人号曰金沟。"

桂子秋风应早发，好携彩笔渡金沟。（清·陈凯永《依韵酬念祖弟归应省试》）

割鸿沟 指划地割据，也指边界。亦作"鸿沟"。《史记·项羽本纪》："项王乃与汉约，中分天下，割鸿沟以西者为汉，鸿沟而东者为楚。"

儿女相携看市优，纵谈楚汉割鸿沟。（宋·刘克庄《田舍即事十首》其九）

钩（鉤、*鉤）gōu

古下平，十一尤。逆病～藏～蟾～捶～纯～淳～钓诗～钓文～富～挂心～禾～棘～检～交～絜～酒～莲～撩～灵～龙～轮～牵～窃～珊瑚～射～伸～沈～兔～吞～驼～吴～纤～銛～香～悬～钥～一～遗～刈～玉簾～直～中～诸～顺～剥～察～沉～陈～谶～牒～端～盾～楯～访～葛～贯～喙～稽～棘～检～巨～拒～距～抉～考～阑～摹～逆～鞶～佩～牝～奇～牵～铃～箝～染～刃～深～沈～探～撢～藤～挽～绾～吻～弦～校～星～弋～援～月～云～赜～栈～箴～械～止～治～致～擿～钠～斫例蔡女菱歌移锦缆，燕姬春望上琼钩。（唐·上官仪《咏画障》）暧暧笼铃阁，纤纤上玉钩。（唐·李峤《帘》）

典**蟾钩** 见347页"蟾蜍"。

云里蟾钩落凤窝，玉郎沈醉也摩挲。（唐·夏侯审《咏被中绣鞋》）

吴钩 借指宝剑或利器。春秋吴人善铸钩，有人贪图吴王阖闾赏金，杀子铸钩以献吴王而得重赏。见东汉赵晔《吴越春秋·阖闾内

传》。

麒麟锦带佩吴钩，飒沓青骊跃紫骝。（唐·王维《燕支行》）

银钩 指书法墨迹。《晋书·索靖传》："又作《草书状》，其辞曰：'……盖草书之为状也，婉若银钩，飘若惊鸾。'"

初睹银钩还启齿，细吟琼什欲沾巾。（唐·白居易《得潮州杨相公》）

直钩 指姜尚用直钩钓于渭滨，代指君臣不期而遇。《文苑英华》卷一二四引唐蒋防《吕望钓玉璜赋》："昔太公之未遇也，隐于渭之滨，钓于渭之津。坐磻石而不易其操，垂直钩而不挠其神。波万重而我心惟一，岁三周而吾道方申。"

吕望当年展庙谟，直钩钓国更谁如。（唐·罗隐《题磻溪垂钓图》）

钓诗钩 喻指酒。苏轼《洞庭春色》："应呼钓诗钩，亦号扫愁帚。"

箸下浮君霜露旦，岂应虚诧钓诗钩。（宋·苏籀《秋冷一首》）

珊瑚钩 喻指人的文采好、品行高洁。杜甫《奉同郭给事汤东灵湫作》："飘飘青琐郎，文彩珊瑚钩。"

江湖茫茫隔尘土，吾欲远挂珊瑚钩。（明·李东阳《彭学士先生所藏刘进画鱼》）

起舞看吴钩 亦作"中宵舞"。指奋发图强。见373页"刘琨舞"。

平生壮志，长啸起舞看吴钩。（宋·韩元吉《水调歌头·落日淡芳草》）

勾 gōu 另见499页gòu、444页jù"句"。

古下平，十一尤。逆单～返～根～管～机～检～尽～开～挠～盼辰～阙～摄～双～厮～炎～营～赢～予～欲～折～顺～碍～拨～剥～补～差～陈～抽～担～牒～钉～盾～赴～核～呼～唤～稽～甲～检～绞～接～决～军～考～括～栏～阑～脸～龙～漏～罗～芒～萌～面～抹～牌～配～讫～迁～牵～曲～染～扰～摄～神～使～肆～索～填～问～吴～戏～校～押～越～征～致～追～捉～卒例堪叹从来，误了词赋，进取才能，桂枝难勾。（宋·仲殊《醉蓬莱·骤西风凄惨》）

枸 gōu 另见485页gǒu、437页jǔ。

古上平，七虞。逆株～顺～橘～根～榔～木～肆～肆语

篝 gōu 竹笼。

古下平，十一尤。逆满～秦～麝～香～蟹～熏～衣～阴～顺～车～灯～篓～炉～石～衣例报道归调汤剂，不知谁护衣篝。（宋·冯取洽《木兰花慢·叹年光婉晚》）欹枕困寻药里，薰衣慵讯香篝。（宋·黄升《木兰花慢·问潘郎两鬓》）

缑(緱) gōu 地名。

古下平，十一尤。逆蒯～顺～峰～蒯～岭～山鹤～氏瓜～氏鹤～氏山例栖迟背世同悲鲁，浏亮如笙碎在缑。（南唐·李煜《秋莺》）

典**蒯缑** 指用蒯草做的绳子缠绕剑把。《史记·孟尝君传》："冯先生甚贫，犹有一剑耳，又蒯缑。"索隐："蒯，草名……缑谓把剑之物，言其剑无物可装，但以蒯绳缠之，故云蒯缑也。"

瓦屋三间非易借，蒯缑长铗莫我弹。（宋·程公许《和史子修》）

鞲 gōu 古代射箭时所戴革制臂套。

古下平，十一尤。逆臂～巾～金～射～脱～鹰～顺～采～马～扇～鹰例一生自猎知无敌，百中争能耻下鞲。（唐·杜甫《见王监兵马使》）鹤笼闲警露，鹰缚闷牵鞲。（唐·元稹《酬许五康佐》）兰省换班青作绶，柏台前引绛为鞲。（唐·罗隐《上鄂州韦尚书》）

齁 hōu ①喘息声。②很，非常。

古下平，十一尤。逆鼾～齁～提～顺～喘～鼾～齁～苦～喽～寝～熟～睡～酸～咸例灯影稀疏两岸楼，市声已寂睡声齁。（宋·方回《次韵君泽夜坐示子侄三首》其三）

纠(糾) jiū ①缠绕；纠缠。②收聚；集结。③矫正；督察。

古上声，二十五有。逆暗～裁～惩～弹～纷～讽～匡～缭～霓～盘～绳～推～相～邑～黝～顺～按～案～白～驳～参～曹～黜～弹～耳～发～罚～缚～告～劾～核～互～会～检～讦～禁～纠～举～勒～理～戾～缭～蓼～列～捩～戮～论～率～缦～谬～缪～墨～虔～曲～扰～摄～绳～拾～帅～绥～慝～剔～逖～听～问～掾～约～杂～摘～折～枝～治～擿～奏～族～坐例丹青一诖误，白黑相纷纠。（唐·白居易《青冢》）

究 jiū

古去声，二十六宥。逆谙～备～毕～驳～博～参～测～察～阐～澈～单～洞～该～革～跟～核～检～诘～进～拘～刊～窥～览～练～面～磨～默～拏～披～迫～切～稔～上～沈～省～送～提～体～通～委～下～宣～寻～讯～源～质～重～顺～测～畅～陈～访～观～归～怀～极～诘～镜～览～明～年～切～升～识～涂～微～味～悉～险～心～宣～寻～掩～意～欲～正～证例太项冥虚极，微远不可究。（唐·吴筠《高士咏·项橐》）东西两际海，巨细难悉究。（唐·韩愈《南山诗》）

鸠(鳩) jiū 聚集。

古下平，十一尤。逆鹁～成～鵽～鹘～邯郸～皓～滑～鸤～鸲～荆～雎～鹛～鸫～林～青～晴～始～爽～啼桑～鸮～王～五～献～雄～学～莺～雨～祝～拙～顺～兵～财～采～僝～车～妇～工～鹄～辑～计拙～勒～敛～僚～率～民～募～盘茶～署～形～营～雨～垣～阅～占～杖～拙～兹～资例野老堪成鹤，山神或化鸠。（唐·卢照邻《过东山谷口》）

典**邯郸鸠** 咏放生。《列子·说符》："邯郸之民以正月之旦献鸠于简子，简子大悦，厚赏之。客问其故。简子曰：'正旦放生，示有恩也。'客曰：'民知君之欲放之，竞而捕之，死者众矣。君如欲生之，不若禁民勿捕。捕而放之，恩过不相补矣。'简子曰：'然。'"

齐王不忍觳觫牛，简子亦放邯郸鸠。（唐·柳宗元《放鹧鸪词》）

揪 jiū 扭结。

古下平，十一尤。逆采～肐～顺～采～捽～撮～结～撇～搿

阄(鬮) jiū

古下平，十一尤。逆藏～拈～诗～探～顺～定～还～题～戏～韵例楚

妃交荐枕，汉后共藏阄。（唐·李商隐《拟意》）记流觞亭北，偷拈酒戏，凌云台上，暗度诗阄。（宋·黄机《沁园春·问讯西园》）

湫 qiū ①水池。②凉。另见551页jiǎo。

㊀下平，十一尤。㊁大～山～㊂～底～尽～然～淤

啾 jiū

㊀下平，十一尤。㊁嘈～嘲～啾～聊～喧～啁～㊂～嘈～嘲～耳～号～哗～锌～嘍～唧～飕～喧～啁㊃出处各有时，众议徒啾啾。（唐·孟郊《百忧》）

㊄**百鸟喧啾** 喻琴声美妙动听。韩愈《听颖师弹琴》："浮云柳絮无根蒂，天地阔远随飞扬。喧啾百鸟群，忽见孤凤凰。"

噤彼百鸟喧啾啁，何有多声春鹘旋。（明·王彝《癸酉岁徐枢密第赏雪》）

樛 jiū 向下弯曲的树木。

㊀下平，十一尤。㊁樛～相～㊂～缠～葛～结～嶱～流～萝～盘～蟠～曲㊃憩棠疑勿剪，曳葛似攀樛。（唐·骆宾王《至分陕》）

抠（摳）kōu 指挖。

㊀下平，十一尤。㊁瓯～瓦～㊂～搂～请～趋～裳～索～土～谒～衣～迎

眍（瞘）kōu 眼珠深陷。

㊀《广韵》：平声，尤韵。㊁深～㊂～兜

溜 liū 另见503页liù。

㊀下平，十一尤。㊁滴～光～忽～鲶～私～匀～直～㊂～达～净～明～平～湫～势～索～须～严

搂（摟）lōu ①用手或工具将物往自己面前聚集。②招揽；包揽。另见490页lǒu。

㊀下平，十一尤。㊁阿～抖～胡～扣～离～吞～挽～㊂～把～包～伐～揽～罗～搜～揪～算～头～账㊃有时浴赤日，光抱空中搂。（唐·杜甫《奉同郭给事汤东灵湫作》）归欤偃旧丘，无为牛所搂。（宋·方回《牛触马》）

喽（嘍）lou 语助词。另见474页lóu。

㊁吐～吱～

妞 niū 女孩。

㊀《集韵》：上声，有韵。㊁白～妞～吱～㊂～妞～子

讴（謳）ōu

㊀下平，十一尤。㊁奥～倡～楚臣～村～东～汾～绋～酣～江～朗～甿～名～齐～樵～清～山～调～吴～五袴～谣～遗～于～歈～赵～棹～㊂～和～曲～士～书～思～鸦～谚～谣～吟～唫～轧㊃汀洲归棹晚，箫鼓杂汾讴。（唐·李乂《奉和晦日幸昆明池应制》）野人善竹器，童子能溪讴。（唐·王昌龄《出郴山口》）

㊄**齐讴** 借指优美的歌声。李白《古风》五十九首其十八："香风引赵舞，清管随齐讴。"清王琦注引《初学记》："梁元帝《纂要》曰：'齐歌曰讴，吴歌曰歈。'"

赵琴素所嘉，齐讴世称绝。（唐·皎然《观李中丞洪二美人唱歌轧筝歌》）

牛下讴 喻指怀才不遇。屈原《离骚》："宁戚之讴歌兮，齐桓闻以该辅。"王逸注："宁戚，卫人。宁戚修德不用，退而商贾，宿齐东门外，桓公夜出，宁戚放饭牛，叩角而商歌。桓公闻之，知其贤，举用为客卿，备辅佐也。"

牛下悲哀宁戚讴，捐汤置禹此何由。（宋·方回《夏商》）

瓯（甌）ōu ①瓦器。②地名。

㊀下平，十一尤。㊁升～东～击～玉～冰～西～汾～金～茶～闽～越～瓻～碧～㊂～卜～子～穴～杓～臾～金～蚁～宰～绣～脱～雪～楼～宴～檥㊃客迎携酒榼，僧待置茶瓯。（唐·白居易《想东游五十韵》）下床先仗屐，汲井恐飘瓯。（唐·姚合《酬任畴协律夏中苦雨见寄》）逍遥方罢郡，高兴接东瓯。（唐·郑巢《送姚郎中罢郡游越》）

㊄**金瓯** 喻指完整巩固的国土。《梁书·侯景传》："及太清二年，景果归附，高祖欣然自悦，谓与神通，乃议纳之，而意犹未决。曾夜出视事，至武德阁，独言'我家国犹若金瓯，无一伤缺，今便受地，讵是事宜；脱致纷纭，非可悔也。'"

玉井已乾龙不起，金瓯虽破虎曾争。（唐·罗隐《台城》）

鸥（鷗）ōu

㊀下平，十一尤。㊁凫～浮～盟～眠～浦～轻～人～狎～信～银～远～㊂～保～波～泛～阁～鹭盟～盟～梦～情～社～心～驯㊃奋翼笼中鸟，归心海上鸥。（唐·张九龄《登乐游原春望书怀》）暂惊河女鹊，终狎野人鸥。（唐·李峤《同赋山居七夕》）为政日清净，何人同海鸥。（唐·李颀《寄万齐融》）

㊄**盟鸥** 亦作"白鸥盟"。指相亲禽鸟，归隐山林。黄庭坚《登快阁》："痴儿了却公家事，快阁东西倚晚晴。落木千山天远大，澄江一道月分明。朱弦已为佳人绝，青眼聊因美酒横。万里归船弄长笛，此心吾与白鸥盟。"

老思旧隐盟鸥社，寒涉深流信马蹄。（宋·马廷鸾《与三儿涉穰田》）

海客白鸥 ①亦作"鸥鸟忘机""狎鸥""狎鸟""海上鸥""海鸥""鸥鸟情""训鸥""忘机鸥""白鸥"。指人要以诚相待，勿生机心。②指忘怀尘事，无心名利，喻指出世闲逸生活。《列子·黄帝篇》："海上之人有好沤鸟者，每旦之海上，从沤鸟游，沤鸟之至者百住而不止。其父曰：'吾闻沤鸟皆从汝游，汝取来，吾玩之。'明日之海上，沤鸟舞而不下也。"

仙人有待乘黄鹤，海客无心随白鸥。（唐·李白《江上吟》）

天地一沙鸥 喻指漂泊无依之感。杜甫《旅夜书怀》："名岂文章著，官应老病休。飘飘何所似，天地一沙鸥。"

泽畔行吟处，天地一沙鸥。（宋·张元干《水调歌头·落景下青嶂》）

欧（歐）ōu

㊀下平，十一尤。㊁韩～老～南～仆～噎～㊂～碧～曾～褚～刀～侯～剑～骆～梅～墨～母～姆～秦～人～书～苏～脱～西～阳～冶～隅～虞法～越～轧～瞻㊃一经通明传节侯，小楷精绝规摹欧。（宋·苏轼《代书答梁先》）韩柳继李杜，黄陈绍苏欧。（宋·方回《学诗吟十首》其九）潋水昔三子，庐陵旧一欧。（宋·张明中《谢惠三贤文集三

首》其三)

沤(漚)ōu ①水泡。②通“鸥”。另见504页òu。

古下平,十一尤。逆池～风～浮～涪～海～幻～漂～青～轻～霜～旋～顺～泊～点～钉～鹭～梦～鸟 例飘丝交殿网,乱滴起池沤。(唐·许敬宗《奉和咏雨应诏》)阵急如酣战,点粗成乱沤。(唐·李咸用《和殷衙推春霖即事》)

殴(毆)ōu

古上声,二十五有。逆棰～逗～凌～逆～扭～伤～凶～攒～顺～詈～攘～挞～挝～曳～杖～逐～作

呕(嘔)ōu ①呕哑,像小儿语。②通“讴”。另见491页ǒu、429页xū。

古下平,十一尤。逆哑～顺～唱～呪～嘎～鸦～哑～夷～吟

区(區)ōu 姓。另见426页qū。

古下平,十一尤。顺～田～种

剖pōu 今读。另见491页pǒu。

逆辨～辩～擘～裁～拆～攻～瓜～核～刳～伸～玉～例盛香莲近拆,新味瓜初剖。(唐·王湾《晚夏马嵬卿叔池亭即事》)尚书当毕功,礼记速须剖。(唐·卢仝《寄男抱孙》)酒酣肝胆露,恨不眼前剖。(唐·元稹《说剑》)

秋[1](*烁)qiū

古下平,十一尤。逆百～悲～笔～春～登～杜～富春～高～觥～桂～寒～汉宫～横～黄茅～季～兼～劲～九～来～兰～凛～廪～绿～麦～杪～前～青～穷～闰～三～伤～商～上～盛～首～霜～思～四～素～讨～天～秃～万木～望～新～寻～严～阳～一叶～阴～迎～有～余～逾～怨～长～正～稚～竹～顺～榜～碧～标～飙～鬓～伯～程～澄～祠～坻～帝～典～娥～风客～祓～贡～姑～骨～闺～豪～昊～鸿～怀～计～祭～霁～荚～稼～荐～螿～捷～解～科～籁～浪～醪～泪～潦～令～律～孟～杪～旻～明～篑～溟～柠～蓬～鼙～魄～浦～祺～清～蛩～蕖～稔～荣～穑～扇～社～深～绳～省～石～士～室～输～孰～朔～堂～蜩～荼～箨～闱～芜～曦～禊～稧～侠～祫～猕～县～霰～享～畠～心～信～序～绪～烟～眼～谳～旸～刈～吟～蛩～引～颖～庾～御～豫～芸～鲊～砧～酎～子 例此处别离同落叶,朝朝分散敬亭秋。(唐·李白《寄崔侍御》)高亭凭古地,山川当暮秋。(唐·韦应物《襄武馆游眺》)洗药朝与暮,钓鱼春复秋。(唐·岑参《终南东谿中作》)

典**皮里阳秋** 指虽然不对人事物作公开评论,但内心自有褒贬。阳秋,即“春秋”,指史策,作史策,作褒贬。《世说新语·赏誉》:“恒茂伦云:‘褚季野皮里阳秋。’谓其裁中也。”

我病床头但周易,人谁皮里著阳秋。(宋·陈造《次韵高宾王见投四首》其一)

宋玉悲秋 亦作“宋玉多情”“悲同楚大夫”“悲秋”。①指伤感秋景之萧索。②伤感身世之凄凉,也指离别伤怀。《楚辞·九辩》:“悲哉秋之为气也!萧瑟兮,草木摇落而变衰。憭慄兮,若在远行。登山临水兮,送将归。”

万众天涯同怅望,岂容宋玉独悲秋。(清·翁同龢《次韵刘香石寄怀》其一)

团扇悲秋 亦作“团扇”“团扇怨秋风”。见698页“班女纨扇”。

莫道君恩长不休,婕妤团扇苦悲秋。(唐·李嘉祐《古兴》)

雁影涵秋 指秋日天空之飞雁。杜牧《九日齐山登高》:“江涵秋影雁初飞,与客携壶上翠微。尘世难逢开口笑,菊花须插满头归。”

雁影涵秋趁晓风,壮游难得一门同。(清·翁端恩《送玉甫兄》)

一叶知秋 亦作“一叶惊秋”“一叶鸣秋”“一叶秋风”“一叶秋字”。指见叶落而知秋季到来。后用指见微知著。《淮南子·说山训》:“见一叶落,而知岁之将暮;睹瓶中之冰,而知天下之寒。”

铮然一叶,天下已知秋。(宋·辛弃疾《满庭芳·西崦斜阳》)

鹤语寄春秋 亦作“鹤归华表”“天寒白鹤归”。①咏桥。②咏仙鹤。南朝宋刘敬叔《异苑》卷三:“晋太康二年冬大寒,南洲人见二白鹤语于桥下,曰:‘今兹寒不减尧崩年也。’于是飞去。”

人间华表堪留语,剩向秋风寄一声。(唐·李縠《和皮日休悼鹤》其一)

秋[2](鞦)qiū

古下平,十一尤。顺～千

丘(*坵)qiū

古下平,十一尤。逆哀～安～苞～贝～乘～崇～楚～戴～丹～帝～东家～敦～方～汾～阜～故～寒～蒿～狐首～狐枕～壶～瓠～画～环～皇～稷～蓟～椒～旧～孔～昆仑～龙～闾～亩～蓬～青～融～三～桑～神～首～松～宛～梧～五比～咸～萧～谢～轩～轩辕～玄～雁～阳～遗～云～陨～韫～糟～珠～菹～顺～阿～坂～侧～城～乘～旦～祷～甸～垤～樊～封～阜～赋～盖～荒～甲～锦～井～轲～窟～林～笼～陇～垄～落～门～民～木～墓～牛～壤～首～树～索～坛～亭～吾～虚～墟～役～螾～隅～宇～兆～植 例向迹虽愚谷,求名异盗丘。(唐·张九龄《候使登石头驿楼作》)玉膏从此泛,仙驭接浮丘。(唐·宋之问《幸少林寺应制》)会从玄石饮,云雨出圆丘。(唐·李峤《酒》)

典**聃丘** 指老子和孔子。见《史记·老子列传》《史记·孔子世家》。

莫作袈裟看,吾道惯聃丘。(宋·王之道《水调歌头·败屋拥破衲》)

葵丘 借指将士戍守。《左传·庄公八年》:“齐侯使连称、管至父戍葵丘。瓜时而往,曰:‘及瓜而代。’”杜预注:“连称、管至父,皆齐大夫。戍,守也。葵丘,齐地,临淄县西有地名葵丘。”

更怜羁旅客,从此罢葵丘。(唐·王纬《喜陆侍御破石埭草寇》)

昆丘 ①喻指仙境。②咏美玉。《山海经·西山经》:“昆仑之丘,是实唯帝之下都,神陆吾司之。”

汉武迎仙紫禁秋,玉笙瑶瑟祀昆丘。(唐·许浑《学仙二首》其一)

一丘 喻指隐居之地。《汉书·叙传上》:“(班)嗣报曰:‘若夫严子者,绝圣弃智,修生保真,清虚澹泊,归之自然,独师友造化,而不为世俗所役者也。渔钓于一壑,则万

物不奸其志；栖迟于一丘，则天下不易其乐。'"

苟安一丘上，何必三山外。（唐·韦夏卿《和丘员外题湛长史旧居》）

蚁丘 指隐居之地。《庄子·则阳》："孔子之楚，舍于蚁丘之浆。其邻有夫妻臣妾登极者。……孔子曰：'是圣人仆也。是自埋于民，自藏于畔……是其市南宜僚邪？'子路请往召之。孔子曰：'已矣！彼知丘之著于己也，知丘之适楚也，以丘为必使楚王召己也……'子路往视之，其室虚矣。"唐成玄英疏："螘(蚁)丘，丘名也，浆，卖浆水之家也。"

振影希鸿陆，逃名谢蚁丘。（唐·骆宾王《晚泊江镇》）

糟丘 咏饮酒。王充《论衡·语增》："传语曰：'纣沉湎于酒，以糟为丘，以酒为池，牛饮者三千人，为长夜之饮，亡其甲子。'……周公封康叔，告以纣用酒，期于悉极，欲以戒之也。而不言糟丘、酒池，悬肉为林，长夜之饮，亡其甲子。圣人不言，殆非实也。"

尝行曲封内，稍系糟丘泊。（唐·皮日休《奉和添酒中六咏·酒船》）

知丘 指对知己的文章和为人很理解。《孟子·滕文公下》："世衰道微，邪说暴行有作，臣弑其君者有之，子弑其父者有之。孔子惧，作《春秋》。《春秋》，天子之事也；是故孔子曰：'知我者其惟《春秋》乎！罪我者其惟《春秋》乎！'"

杯酒英雄君与操，文章微婉我知丘。（唐·白居易《哭刘尚书梦得二首》其一）

东家丘 亦作"东家""东丘""家丘"。①指孔子。②指不识贤愚。《三国志·魏书·邴原传》裴松之注引《邴原别传》："诣安丘孙嵩。嵩辞曰：'君乡里郑君，君知之乎？'原答曰：'然。'嵩曰：'郑君学览古今，博闻强识，钩深致远，诚学者之师模也。君乃舍之，蹑屣千里，所谓以郑为东家丘者也。君似不知而曰然者何？'原曰：'……君谓仆以郑为东家丘，君以仆为西家愚夫邪？'"

瞿昙李耳东家丘，不生虞夏生衰周。（宋·释善珍《题三教三隐三仙三贤画轴》）

羽人丘 亦作"羽人""丹丘"。指仙人居住之地。屈原《远游》："仍羽人于丹丘兮，留不死之旧乡。"王逸注："《山海经》言'有羽人之国，不死之民'；或曰：'人得道，身生毛羽也。'"

病依居士室，梦绕羽人丘。（唐·柳宗元《酬娄秀才》）

狐死守丘 喻指思念故乡、不忘根本。《礼记·檀弓上》："乐，乐其所自生；礼，不忘其本。古之人有言曰：'狐死正丘首，仁也。'"孔颖达疏："所以正首而向丘者，丘是狐窟穴根本之处，虽狼狈而死，意犹向此丘。"

华屋山丘 指对盛衰兴亡、人生短暂的慨叹。三国魏·曹植《箜篌引》："惊风飘白日，光景驰西流。盛时不可再，百年忽我遒。生在华屋处，零落归山丘。"

怕上芝桥桥上望，山丘华屋倍凄然。（清·劳乃宽《还嘉兴视玉初疾》其一）

蚯 qiū

【古】《广韵》：平声，尤韵。【顺】～蚓～螾

鳅(鰍) qiū

【古】下平，十一尤。（以"鰌"字）【逆】海～鳗～鲵～鲯～【顺】～鲂～海～罗～蝥～溟～蝉～鳝～鱼～蚖～鳣【例】一钓蓬山鳌，复连东海鳅。（宋·苏颂《与丘程凌林四君同赋食河豚》）

龟(龜) qiū 另见 263 页 guī、723 页 jūn"皲"。

【古】下平，十一尤。【顺】～兹～兹板～兹伎

邱 qiū ①地名。②姓。

【古】下平，十一尤。【逆】秘～比～曹～楚～丹～故～寒～和～圜～蓟～家～介～金～九～昆～阆～林～陵～尼～青～首～寿～松～嵩～谢～宴～遗～寅～昭～【顺】～垤～樊～阜～壑～井～陇～明～墓～区～嫂～山～索～隰～虚～墟～螾～茔～园【例】晚遇玉霄仙子，授我王屋奇书，归路指蓬邱。（宋·李光《水调歌头·独步长桥上》）独凭江槛思悠悠。斜日堕林邱。（宋·陈亮《诉衷情·独凭江槛思悠悠》）

【典】**八马入丹邱** 指皇帝出游，也用以委婉表达帝王之死。《列子·周穆王》："(穆王)肆意远游。命驾八骏之乘，右服骅骝而左绿耳，右骖赤骥而左白䍀。主车则造父为御，离𦙋为右；次车之乘，右服渠黄而左逾轮，左骖盗骊而右山子柏夭。……驰驱千里，至于巨蒐氏之国。……已饮而行，遂宿于昆仑之阿，赤水之阳。别日升于昆仑之丘，以观黄帝之宫；而封之以诒后世。遂宾于西王母，觞于瑶池之上。"

那知羽驾忽难留。八马入丹邱。（宋·无名氏《永裕陵歌》）

鹙(鶖) qiū 水鸟名，其头颈无毛，性贪恶。

【古】下平，十一尤。【逆】秃～鸧～【顺】～鸧～鹫～梁～子～子衣

【典】**秃鹙** 指脱发秃头之人。《南史·废帝东昏侯本纪》："明帝崩……太中大夫羊阐入临，无发，号恸俯仰，帻遂脱地。帝辍哭大笑，谓宦者王宝孙曰：'此谓秃鹙啼来乎！'"

露顶秃鹙堪笑，垂头病鹤可怜。（宋·刘克庄《竹溪再和余亦再作》）

楸 qiū ①一种落叶乔木。②棋盘。

【古】下平，十一尤。【逆】侧～刺～寒～划～山～松～纹～梧～弈～长～【顺】～函～桁～户～槚～局～陌～枰～棋～线～叶～英～玉局～子～梓【例】露积吴台草，风入郢门楸。（唐·骆宾王《宿山庄》）顿骖飘赤汗，跼蹐顾长楸。（唐·杜甫《玉腕骝》）

收(*収) shōu

【古】下平，十一尤。【逆】被～藏～倒～点～顶～方～浮～功～含～黄～俊～井～拏～捃～廪～灭～旁～稔～蓐～散～杀～善～赏～霜～田～推～屯～乡～邑～逸～坐～【顺】～拔～悲～簿～才～襘～齿～簇～灯～籴～掇～恩～缚～管～合～劾～华～辑～籍～迹～继～结～解～禓～禁～驹～捃～缆～泪～利～缭～虏～桑榆～赡～祭～田鼓～殄～挽～问～系～叙～恤～续～岩～靥～瘗～榆～誉～鬻～缘～臧～掌～召～执～摭～置

～贮～拙～擢～赍～族例东隅诚已谢，西景惧难收。（唐·王绩《晚年叙志示翟处士》）雨落不上天，水覆难再收。（唐·李白《妾薄命》）移恩向何处，暂妒不容收。（唐·戴叔伦《长门怨》）

典**蓐收**　咏秋。《礼记·月令》："孟秋之月……其帝少皞，其神蓐收。"郑玄注："少皞，金天氏。蓐收，少皞氏之子曰该，为金官。"孔颖达疏："该为蓐收，是为金神，佐少皞于秋。蓐收者，言秋时万物摧蓐而收敛。"

蓐收肃金气，西陆弦海月。（唐·李白《古风》其三二）

覆水难收　亦作"水覆难收"。①喻指夫妻离异后难以复合。②指事定后难以改变。《鹖冠子》："太公即封齐侯，道过前妻，再拜求合。公取盆水覆地，令收之，惟得少泥。公曰：'谁言离更合，覆水定难收。'"

奉盈一覆水难收，尚其无愧于屋漏。（清·宋景卫《修身尽伦歌示诸娣侄》）

鸾鉴分收　指各持分镜的一半，喻夫妻离别。见唐·孟棨《本事诗·情感》。

正佩解湘腰，钗孤楚鬓，鸾鉴分收。（宋·张孝祥《木兰花慢·送归云去雁》）

搜sōu　参见本页sōu"蒐"。

古下平，十一尤。逆搊～雕～抉～罗～旁～偏～穷～渠～搜～遐～研～幽～甄～征～邹～顺～拔～才～肠～乘～斥～访～伏～缉～辑～简～搅～句～撅～刔～抉～枯～揽～寥～觅～苗～哀～奇～狩～疏～漱～刷～慝～剔～遏～田～畋～贤～弥～觑～遗～吟～阅～整～擿例真隐岂长远，至道在冥搜。（唐·白居易《永崇里观居》）我乘驿骑到中部，古闻此地为渠搜。（唐·舒元舆《桥山怀古》）

馊(餿)sōu

古《集韵》：平声，尤韵。逆菜～酸～顺～臭～饭

艘sōu　船只量词。另见524页sāo。

古下平，十一尤。逆千～文～龙～贡～运～征～客～轻～海～楚～漕～例绝域远烟外，高浪舞连艘。（宋·李公昴《水调歌头·万顷黄湾口》）巨浸膏千亩，余波济万艘。（宋·袁说友《练湖》）

飕(颼)sōu

古下平，十一尤。逆搊～雕～啾～利～亮～飋～萧～顺～飗～飕例闲立春塘烟淡淡，静眠寒苇雨飕飕。（唐·郑谷《鹭鸶》）

溲sōu　小便。另见495页sǒu。

古下平，十一尤。逆大～后～解～牛～前～撒～少～匽～偃～遗～顺～勃～浡～渤～恶～膏～话～箕～酒～器～刷～溲例曲巷公渝滥，通衢乱溺溲。（宋·曾丰《广州二首》其二）

蒐sōu　①打猎。②阅兵。参见本页sōu"搜"。

古下平，十一尤。逆出～大～东～讲～巨～茅～旁～岐～前～秋～讨～巡～顺～拔～补～采～乘～集～辑～简～括～练～猎～罗～苗～哀～狩～索～讨～慝～田～畋～弥～阅例故人西掖寮，同扈岐阳蒐。（唐·贾至《巴陵早秋寄荆州崔司马》）云梦谁夸猎，岐阳枉议蒐。（宋·宋庠《从幸飞山教场阅武奏御》）

嗖sōu

逆利～嗖～顺～的

锼(鎪)sōu

古下平，十一尤。逆虫～雕～镂～顺～镵～刻～镂～啮～剔例人将引天钐，人将持天锼。（唐·元结《闵荒诗》）橘苞从自结，藕孔是谁锼。（唐·白居易《想东游五十韵》）彩树转灯珠错落，绣檀回枕玉雕锼。（唐·李商隐《富平少侯》）

廋sōu　隐藏。

古下平，十一尤。逆测～渠～顺～蔽～语～辞～伏～人～疏～索～文～隐例凡学患不强，苟至将焉廋。（宋·欧阳修《送黎生下第还蜀》）德人抱衡石，铢黍安可廋。（宋·苏轼《贫家净扫地》）

偷¹tōu

古下平，十一尤。逆怠～惰～放～苟～寇～世～鼠～淫～语～顺～薄～弛～存～堕～惰～儿～耳～风～苟～乖～光～合～睛～刻～空～快～霖～漏～禄～免～嫩～懦～期～浅～巧～青～曲～忍～荣～儒～声～肆～俗～托～息～香～幸～营～窳～长例先移白额横，更息赭衣偷。（唐·高适《奉酬睢阳李太守》）毒蛇护其下，樵者不可偷。（唐·王建《酬柏侍御》）

典**三偷**　亦作"三摘"。咏桃。《太平御览》卷三七八引旧题东汉·班固《汉武故事》："东郡送一短人……因指朔谓上曰：'王母种桃，三千年一作子，此儿不良，已三过偷之矣。遂失王母意，故被谪来此。'上大惊，始知朔非世中人。"

人许风流自负才，偷桃三度到瑶台。（唐·韩偓《自负》）

偷²(*媮)tōu　苟且，怠惰；轻薄，不厚道。

古下平，十一尤。顺～安

修(*脩)xiū　修饰、修长。"束脩"之"脩"不可用"修"。

古下平，十一尤。逆秉～藏～操～陈～饬～醇～雕～敦～顿～焚～奉～革～广～浩～积～蹇～洁～谨～钧～刊～孔～姱～莅～懋～逆～前～儒～设～省～事～述～顺～肃～素～遐～熏～寻～聿～载～贞～证～祇～追～阻～缵～钻～遵～顺～备～本～表～畅～饬～勅～除～短～蛾～迩～福～亘～绠～贡～古～刮～官～广～毫～嫮～篁～缉～激～己～醮～洁～今～襟～谨～近～禁～敬～举～具～筠～峻～浚～阔～礼～厉～立～丽～励～利～廉～列～龄～罗～曼～茂～敏～名～明～眸～睦～能～配～辟～聘～气～衢～然～染～褷～塞～善～尚～绍～蛇～摄～慎～士～寿～述～硕～祀～耸～竦～态～剔～途～涂～伟～文郎～问～皙～隙～先～纤～孝～刑～序～雅～夜～谒～义～艺～肄～意～营～甬～誉～原～怨～月～增～轸～证～政～执～直～忮～治～栉～赀～竹～筑～综～阻例弱龄慕奇调，无事不兼修。（唐·王绩《晚年叙志示翟处士》）众情累外物，恕己忘内修。（唐·张九龄《感遇十二首》其六）一台推往妙，三史伫来修。（唐·沈佺期《饯唐郎中洛阳令》）

典**灵修**　借指君王。屈原《离

骚》："余固知謇謇之为患兮，忍而不能舍也。指九天以为正兮，夫唯灵修之故也。"王逸注："灵，神也；修，远也。能神明远见者，君德也，故以喻君。"

贾傅有才悲鹏鸟，楚骚终古怨灵修。（宋·祖无择《琵琶亭》）

蹇修 ①借指媒人。②喻渴求知遇。屈原《离骚》："吾令丰隆乘云兮，求宓妃之所在。解佩纕以结言兮，吾令蹇修以为理。"王逸注："蹇修，伏羲氏之臣也。理，分理也，述礼意也。言已既见宓妃，则解我佩带之玉以结言语，使古贤蹇修而为媒理也。"

永日徒离忧，临风怀蹇修。（唐·张九龄《感遇十二首》其二）

杨修 修字德祖，今陕西华阴人，太尉杨彪之子，东汉末年的文学家。杨修学问渊博，极聪慧，任丞相府主簿。史载，"是时，军国多事，修总知外内，事皆称意"。后借指才俊之士。见《后汉书·杨震传》附《杨修传》。

意薄杨修唤小儿，孤舟自笑发成丝。（宋·陆游《夜归舟中作》）

脩xiū ①干肉。特指学生赠与老师之酬金。②干枯。

古下平，十一尤。逆 腵～干～脯～束～素～肴～枣～顺～金～脯～脡～鱼

休xiū

古下平，十一尤。逆 懊～彪～兵～承～恩～番～服～浮～福～归～行～合～弘～洪～鸿～祜～皇～积～极～解～老～勒～灵～买～卖～噢～丕～匹～戚～乞～前～且～竭～三～神～甚～诉～提～天～王～闲～咸～显～玄～偃～燕～扬～贻～遗～佚～逸～余～燠～蚤～贞～祯～中～自～顺～宝～畅～辰～成～宠～代～殆～旦～德～典～范～福～告～革～官～光～归～会～嘉～驾～景～咎～居～决～绝～姱～老～离～历～烈～令～隆～马～美～民～名～明～命～谋～沐～宁～平～妻～戚～气～庆～市～泰～外～务～暇～下～夏～显～祥～享～休亭～延～偃～宴～扬～已～逸～懿～应～佑～誉～豫～运～泽～兆～祯～征～证～祉～致～足～卒～坐～祚例 出入千门里，年年乐未休。（唐·崔颢《相逢行》）人事一朝尽，荒芜三径休。（唐·孟浩然《寻陈逸人故居》）

典**浮休** 指生死。《庄子·刻意》："圣人之生也天行，其死也物化……其生若浮，其死若休。"

万事无心偶然耳，久将身世付浮休。（宋·方回《予丁亥生壬寅年七十六留杭十二年》）

三休 亦作"表圣宜休"。指辞官隐居。《旧唐书》卷一九〇下《文苑传·司空图传》："晚年为文，尤事放达，尝拟白居易《醉吟传》，为《休休亭记》，曰：'司空氏祯贻溪之休休亭，本名濯缨亭，为陕军所焚。天复癸亥岁，复葺于坏垣之中，乃更名曰休休。休，休也，美也，既休而具美存焉。盖量其才一宜休，揣其分二宜休，耄且聩三宜休。又少而惰，长而率，老而迂，是三者皆非济世之用，又宜休也。'"

世道已如寒日晚，惟消把酒赋三休。（宋·刘黻《和薛仲止渔村杂诗十首》其八）

汤惠休 亦作"汤休""汤公""汤师""惠休"。指有文才的僧人。《宋书·徐湛之传》："时有沙门释惠休，善属文，辞采绮艳，湛之与之甚厚。世祖命使还俗。本姓汤。"

古松吟绕石磷磷，汤惠休辞岂易闻。（宋·释重显《和颀书记见寄》）

下笔不自休 亦作"武仲不休""下笔不休"。指文字冗长。曹丕《典论·论文》："傅毅之于班固，伯仲之间耳。而固小之，与弟超书曰：'武仲以能属文，为兰台令史，下笔不能自休。'"

下笔非能不自休，清谈不足第三流。（宋·吴璋《上人陈情十首之一》）

羞[1]xiū 不好意思；羞辱。

古下平，十一尤。逆 百～包～惭～常～出～担～奠～芳～丰～鲑～寒～汗～好～花见～怀～嘉～荐～洁～进～馐～可～兰～牢～立本～内～炰～起～忍～神～识～水～腾～香～雪见～掩～贻～遗～御～猿鹤～赞～重～顺～薄～笾～鳖～丑～蛾～燔～服～汗～恨～戮～明～恧～炰～缩～祖～畏～霞～献～颜～月～晕～怍例 幸听熏风曲，方知霸道羞。（唐·刘宪《奉和幸长安故城未央宫应制》）艳舞全知巧，娇歌半欲羞。（唐·李白《宫中行乐词八首》其六）

典**花见羞** 指女子容貌非常美丽。《新五代史·唐淑妃王氏传》："淑妃王氏，邠州饼家子也，有美色，号'花见羞'。少卖梁故将刘鄩为侍儿，鄩卒，王氏无所归。是时，明宗夏夫人已卒，方求别室，有言王氏安重诲者，重诲以告明宗而纳之。"

君不闻东家女子花见羞，十六未嫁便悲忧。（宋·徐积《答李端叔》）

兰山羞 代指战争失败。《汉书·李广传》：天汉二年，贰师将军伐匈奴。李陵自请带一队人马"到兰千山南以分单于兵"，遭到匈奴数万人的包围。"汉军南行，未至鞮汗山，一日五十万矢皆尽，即弃车去"。李陵与韩延年突围，韩战死。"陵曰：'无面目报陛下！'遂降。"

莫作兰山下，空令汉国羞。（唐·骆宾王《夕次蒲类津（一作晚泊蒲类）》）

陇西羞 指李陵战败投降使陇西居门下之士觉羞。《史记·李将军列传》附《李陵传》："单于既得陵，素闻其家声，及战又壮，乃以其女妻陵而贵之。汉闻，族陵母妻子。自是之后，李氏名败，而陇西之士居门下者皆用为耻焉。"

月正圆时固好，人欲闲时须早，毋作陇西羞。（宋·李曾伯《水调歌头·敢问辽天月》

羞[2]（*馐）xiū 精美的食品。

古下平，十一尤。

咻xiū 喧扰。另见441页xǔ。

古下平，十一尤。逆 嘲～楚人～噢～咆～咻～嘘～呀～燠～众楚～顺～气～咻例 如傅一齐人，以万楚人咻。（宋·王安石《寓言九首》其二）竭来与世评，众口忽起咻。（宋·王令《山阳思归书寄女兄》）

典**楚咻** 指受到外界干扰。见359页"众齐咻楚"。

被他聒得浑无旬，独力难胜众楚咻。（宋·史弥宁《蛩蟹》）

髹(*髤)xiū ①黑漆。②涂漆。

古下平,十一尤。逆朱～顺～壁～钵～帛～采～垩～发～工～画～几～沐～牌～盆～漆～器～饰～彤～筒～涂～匣～研～朱～箸例荷衣晓挂惭官吏,菱镜秋窥讶鬓髹。(唐·刘兼《送二郎君归长安》)

貅xiū

古下平,十一尤。逆罴～貔～例千里曜戈甲,万灶宿貔貅。(宋·陆游《水调歌头·江左占形胜》)

典**貔貅** 指猛士。《礼记·曲礼上》:"前有士师,则载虎皮。前有挚兽,则载貔貅。"郑玄注:"载,谓举于旌首以警众也。……貔貅亦挚兽也。"孔颖达疏:"貔貅是一兽,亦有威猛也。"

罗绮舞中收雨点,貔貅阃外卷云根。(唐·贾岛《观冬设上东川杨尚书》)

庥xiū ①庇荫。②喜庆。

古下平,十一尤。逆庇～恩～抚～洪～鸿～神～天～袭～荫～楷～顺～庇～隆～命～荫～映例私恩重血肉,官法难庇庥。(宋·陈襄《寄弟衮》)龙宫煌煌俯湍流,抠衣再拜忻神庥。(宋·章甫《采石》)

鸺(鵂)xiū

古下平,十一尤。逆鸱～顺～留～鹠～枭

悠yōu

古下平,十一尤。逆飙～颤～谬～缪～飘～遐～猋～窈～优～幽～郁～长～顺～打～短～缓～旷～阔～漫～缅～邈～谬～缪～溶～柔～逖～婉～暇～夐～修～徐～阳～漾～奕～逸～裔～永～优～忧～游～运例我行背城阙,驱马独悠悠。(唐·卢照邻《晚渡渭桥寄示京邑游好》)

典**日月悠悠** 指惜别思念之情。《诗经·邶风·雄雉》:"瞻彼日月,悠悠我思。"郑玄笺:"日月之行,迭往迭来,今君子独久行役而不来,使我心悠悠然思之。女怨之词。"

明便关河杳杳,去应日月悠悠。(宋·辛弃疾《雨中花慢·马上三年》)

吾道悠悠 指理想渺茫。杜甫《发秦州》:"磊落星月高,苍茫云雾浮。大哉乾坤内,吾道长悠悠。"

美人渺渺空动梦,吾道悠悠莫问天。(宋·徐瑞《次韵金璧夫见寄》)

攸yōu ①所。②疾走的样子。

古下平,十一尤。逆邓～令～相～猋～攸～有～郁～顺～崇～尔～隔～关～归～乐～女～然～县～心～游～远～长例往年鬓已同潘岳,垂老年教作邓攸。(唐·元稹《哭子十首》其七)

幽yōu

古下平,十一尤。逆八～敝～闼～弊～阐～超～澄～斥～出～楚～黜～达～大～遁～鬼～昒～九～拘～灵～六～昧～明～冥～谬～蟠～峭～穷～隧～讨～颓～托～玩～遐～岩～研～黝～贞～竹径～烛～缒～顺～霭～暧～薄～碧～敞～澹～觌～都～遁～厄～芬～纷～伏～府～隔～诡～国～褐～衡～蘅～薨～弘～怀～荒～篁～蕙～婚～蓟～缄～蹇～荐～迥～窘～绝～隽～圹～旷～觋～阃～籁～辽～寥～鳞～囹～流～陇～陋～珉～佩～凄～期～蹊～禽～阒～阙～壤～润～若～瑟～埏～士～菽～素～愫～邃～闼～涂～亡～枉～坞～痦～穸～系～岫～虚～崖～涯～艳～阳～窅～窈～悒～裔～翳～慵～忧～囿～冤～源～愿～约～赜～蛰～贞～执～絷～旨～致～滞～衷～篆～拙例雨歇林光变,塘绿鸟声幽。(唐·韦应物《月晦忆去年与亲友曲水游宴》)草木未黄落,况闻山水幽。(唐·杜甫《发秦州》)

典**曲径通幽** 指由曲折的小径通往幽深僻静之处。常建《题破山寺后禅院》:"清晨入古寺,初日照高林。曲径通幽处,禅房花木深。"

优(優)yōu ①丰饶;宽裕。②胜任(其事)而有余力;悠然。③优秀。④优伶,古戏子。

古下平,十一尤。逆褒～才～楚～逴～大～德～观～诙～伶～弄～俳～排～齐～清～示～孰～谈～相～小～伊～艺～悠～游～谀～娱～侏～尊～顺～拔～博～策～倡～崇～宠～除～绌～恩～歌～格～给～贡～宦～诨～假～简～谏～借～矜～课～宽～赉～劳～隆～茂～孟～免～闵～敏～命～佞～偶～俳～普～洽～饶～容～缛～润～赡～尚～深～慎～升～仕～文～稳～傒～锡～戏～暇～贤～显～许～恤～养～佚～逸～悠～犹～游～余～与～裕～豫～远～允～旃～诏～旨～制～秩～衷～重～转～壮～擢～子～恣～纵～足例帝子威仪绝,储妃礼度优。(唐·胡元范《奉和太子纳妃太平公主出降三首》其一)任智诚则短,守任固其优。(唐·王维《献始兴公》)大府才能会,诸公德业优。(唐·杜甫《暮秋将归秦留别湖南幕府亲友》)

忧(憂)yōu

古下平,十一尤。逆百～边～大～躭～邓攸～丁～恫～端～发～繁～负～过～蒿～横～后～黄屋～惛～兢～躅～蓤～懔～买～眘～闵～偏～戚～杞～遣～切～饶～三～搔～骚～沈～生～省～纾～舒～私～思～速～天～危～违～先～销～写～宿～贻～阴～殷～慇～娱～郁～宅～长～兆～轸～顺～逼～惭～惨～耻～忡～怵～悴～瘁～怛～悼～恫～端～服～耿～怀～皇～惶～急～棘～纪～寄～襟～沮～葵～栗～闵～悯～难～挠～杞～勤～阙～世～属～悚～天～望～危～畏～务～绪～谑～颜～抑～邑～悒～纾～鱼～虞～愠～詟～轸～惴～灼例杳蔼江天外,空堂生百忧。(唐·刘长卿《长沙馆中与郭夏对雨》)客中遇知己,无复越乡忧。(唐·孟浩然《陪张丞相登嵩阳楼》)

典**北门忧** 亦作"北门客"。代指怀才不遇,生活艰难。《诗经·邶风·北门》:"出自北门,忧心殷殷。终窭且贫,莫知我艰。"

一自塞垣无李蔡,何人为解北门忧。(唐·翁绶《雨雪曲》)

地埋忧 亦作"寄愁天上,埋忧地下"。指抛弃忧愁、使至达观。《后汉书·仲长统传》:"又作诗二篇,以见其志。辞曰:'……百虑何为,至要在我。寄愁天上,埋忧地下。叛散《五经》,灭弃《风》、《雅》。'"

九州谁土是吾乡，无地埋忧问佛忙。(清·丘逢甲《雨中游祥云庵五用前韵》其一)

东门忧 亦作“东门吴”。代指丧失孩子而自我宽慰。《列子·力命》：“魏人有东门吴者，其子死而不忧，其相室曰：‘公之爱子，天下无有。今子死不忧，何也?’东门吴曰：‘吾常无子，无子之时不忧。今子死，乃与向无子同，臣奚忧焉?’”

东门忧不入，西河遇亦深。(唐·顾况《大茅岭东新居忆亡子从真》)

陈思多忧 指怀才不遇而求进用。见547页“陈王抗表”。

赵壹赋命薄，陈思多世忧。(唐·李群玉《将之京国赠薛员外》)

呦 yōu

古下平，十一尤。逆暖～咿～嘤～顺～咽～嘤～呦例声华尽冥寞，麋鹿徒呦呦。(唐·皎然《南湖春泛有客自北至》)

典**麋鹿呦呦** 见341页“麋鹿姑苏”。

可怜荒堞晚冥濛，麋鹿呦呦达遗址。(唐·刘商《姑苏怀古》)

麀 yōu 牝鹿。

古下平，十一尤。逆聚～顺～聚～鹿

耰 yōu ①古农具，形似榔头，用于碎土。②用耰平土。

古下平，十一尤。逆锄～耡～耕～熟～鉏～顺～锄～耦例我为罗列陈前修，芟蒿斩蓬利锄耰。(唐·韩愈《刘生诗》)

舟 zhōu

古下平，十一尤。逆柏～榜～宝～不系～藏～沉～骋～单～鄂君～方～访～舫～蜂～凫～负～皋～革～桂～斛～胶～解～芥～进～鲸～酒～僦～刻～刳～兰～纚～李郭～灵～舲～鸾～鸣鹤～木兰～挐～樵～青翰～青雀～琼～沙棠～水云～太乙～通～吞～维～文～犀～系～霞～仙～虚～烟～燕～杨～漾～叶～舣～檥～逸～鹢～膺～鱼～玉～御～云～云母～在～藻～造～棹～竹叶～顺～次～杭～壑～鲛～梁～牧～桥～人～师～旋～虞～舆～张～渚例岘山思驻马，汉水忆回舟。(唐·徐安贞《题襄阳图》)竹喧归浣女，莲动下渔舟。(唐·王维《山居秋暝》)

典**藏舟** 亦作“壑舟”。指人难以逃脱的命运。《庄子·大宗师》：“夫藏舟于壑，藏山于泽，谓之固也。然而夜半有力者负之而走，昧者不知也。”

题剑恩方重，藏舟事已非。(唐·张九龄《故刑部李尚书挽词三首》其二)

麦舟 亦作“助麦”。指以财物助人治丧事。宋释惠洪《冷斋夜话·麦舟助丧》：“范文正公在睢阳，遣尧夫于姑苏取麦五百斛。尧夫时尚少，既还，舟次丹阳，见石曼卿，问寄此久近。曼卿曰：‘两月矣。三丧在浅土，欲丧之西北归，无可与谋者。’尧夫以所载舟付之，单骑自长芦捷径而去。到家，拜起，侍立良久。文正曰：‘东吴见故旧乎?’曰：‘曼卿为三丧未举，留滞丹阳。时无郭元振，莫可告者。’文正曰：‘何不以麦舟付之?’尧夫曰：‘已付之矣。’”

石椁悬知非尔力，麦舟今岂乏斯人。(宋·刘克庄《赠浦城陈贡士适》)

同舟 喻指患难与共。旧题孙武《孙子·九地》：“敢问：‘兵可使如率然乎?’曰：‘可。夫吴人与越人，相恶也。当其同舟而济，遇风，其相救也如左右手。’”

减米散同舟，路难思共济。(唐·杜甫《解忧》)

傅说舟 亦作“傅舟”。①咏舟。②借指宰相。见585页“济巨川”。

孙弘阁闹无闲客，傅说舟忙不借人。(唐·白居易《宿裴相公兴化池亭》)

木兰舟 亦作“木兰楫”“木兰桡”“木兰船”。借指船。旧题南朝梁任昉《述异记》卷下：“在浔阳江中，多木兰树，昔吴王阖闾植木兰于此，用构宫殿也。七里洲中，有鲁班刻木兰为舟，舟至今在洲中。诗家云‘木兰舟’，出于此。”

枫树林中经楚雨，木兰舟上踽江湖。(唐·韩翃《兖州送李明府》)

太乙舟 亦作“太乙仙”“太乙真人”。①指莲叶。②指泛舟。宋胡仔《苕溪渔隐丛话·韩子苍》：“李伯时画太一真人，卧一大莲叶中，手执书卷仰读，萧然有物外思。韩子苍有诗题其上云：‘太一真人莲叶舟，脱巾露发寒飕飕。轻风为帆浪为楫，卧看玉宇浮中流。中流荡漾翠绡舞，稳如龙骧万斛举。不是峰头千丈花，世间那得叶如许。……’子苍此语，语意妙绝，真能咏尽此画也。”

太乙虚舟想莲叶，玄都活计问桃花。(宋·刘宰《代李居士谒王去非制干三首》其二)

万斛舟 借指大船，或喻指有大才能、大器量的人。宋路振《九国志》：“王审知闻徐寅名，辟居幕下，寅不乐，一旦拂衣去，曰：‘丈尺之水，前坡后堰，焉能容万斛之舟乎?’”

蜀麻吴盐自古通，万斛之舟行若风。(唐·杜甫《夔州歌十绝句》其七)

野人舟 亦作“野人船”。①指小船。②指未仕之士。《晋书·郭翻传》：“(郭翻)咸康末，乘小船暂归武昌省坟墓，安西将军庾翼以帝舅之重，躬往造翻，欲强起之。翻曰：‘人性各有所短，焉可强逼!’翼又以其船小狭，欲引就大船。翻曰：‘使君不以鄙贱而辱临之，此固野人之舟也。’翼俯屈入其船中，终日而去。”

终愧神仙友，来接野人舟。(唐·陈子昂《江上暂别萧四刘三旋欣接遇》)

不系之舟 亦作“不系舟”“舟不系”“不系虚舟”“附舟不系”。①指居无定所、漂泊无依。②喻指逍遥自适的生活。《庄子·列御寇》：“巧者劳而智者忧，无能者无所求，饱食而敖游，泛若不系之舟，虚而敖游者也。”

心似已灰之木，身如不系之舟。(宋·苏轼《自题金山画像》)

范蠡乘舟 亦作“范蠡舟”“五湖舟”“五湖棹”“五湖心”“五湖去”“五湖客”“泛五湖”“钓五湖”“爱五湖”。指功成身退、隐逸江湖。《国语·越语下》：“范蠡辞于王曰：‘君王勉之，臣不复入越国矣。’遂承轻舟以浮于五湖，莫知其所终极。”

乘舟范蠡惧，辟谷留侯饥。

（唐·白居易《裴侍中晋公》）

济河焚舟 亦作“焚舟”。指自断退路，决一死战。《左传·文公三年》：“秦伯伐晋，济河焚舟。”杜预注：“示必死也。”

济河先焚舟，预卖冠与袍。（明·吴宽《送杨君谦致仕》）

李郭同舟 亦作“仙舟”“郭泰舟”“李膺舟”“李郭舟”。指知己相处，亲密无间。《后汉书·郭太传》：“郭太字林宗，太原界休人也。家世贫贱……乃游于洛阳。始见河南尹李膺，膺大奇之，遂相友善，于是名震京师。后归乡里，衣冠诸儒送至河上，车数千辆。林宗唯与李膺同舟而济。众宾望之，以为神仙焉。”

同舟李郭喜相亲，尽日赓酬夜至分。（宋·卫宗武《舟行分途次野渡韵》）

西子扁舟 指吴国灭亡后，西施与范蠡泛舟五湖而去。见唐·陆广微《吴地记》。

浮玉北堂三万顷，扁舟西子二千年。（宋·王阮《龙塘久别乘月再到奉呈同社一首》）

张翰扁舟 借指任性自适。《世说新语·任诞》：“贺司空入洛赴命，为太孙舍人，经吴阊门，在船中弹琴。张季鹰本不相识，先在金阊亭，闻弦甚清，下船就贺，因共语，便大相知说。问贺：‘卿欲何之?’贺曰：‘入洛赴命，正尔进路。’张曰：‘吾亦有事北京。’因路寄载，便与贺同发。初不告家，家追问乃知。”

扁舟不独如张翰，白帽还应似管宁。（唐·杜甫《严中丞枉驾见过》）

周[1] zhōu

㊄下平，十一尤。㊂比～偏～博～不～成～充～聖～聃～道～贯～寓～还～化～环～回～迴～姬～近～京～克～孔～廓～隆～轮～梦～密～敏～期～岐～千～山～试～岁～土～相～星～严～伊～营～有～运～杖～兆～宗～㊅～阿～班～髀～弁～布～藏～驰～储～传～党～道～德～典～鼎～镐～诰～阁～给～亘～公～宫～圭～涵～汉～后～圜～遑～惶～回～惠～亟～急～浃～京～孔～览～姥～庐～露～轮～络～迈～袤～绵～眄～敏～南～内～普～溥～谱～器～洽～求～屈～曲～饶～仁～容～挺～赡～觞～身～慎～省～施～薇～帷～委～文～闻～渥～悉～细～庠～星～恤～轩～宣～训～燕～易～盈～墉～御～垣～原～月～帀～匝～泽～张～章～赈～政～制～挚～致～柱史～柱下～谆～咨～宗～晬㊀腾云八际满，飞雨四溟周。（唐·李峤《晚秋喜雨》）冠冕如星罗，拜揖曹与周。（唐·王昌龄《放歌行》）

㊆**马周** 亦作“御史除周”。指平民受到赏识和重用，从此发迹，仕途得意。据《旧唐书·马周传》载，马周少孤贫，嗜学，善《诗》《春秋》，高祖武德中补州助教。后至长安，为中郎将常何家客。太宗贞观三年诏百官言得失，代何为疏，所论二十余事，皆切于时。何武人不涉学，太宗怪问，何曰：“家客马周为之。”即召见，与语，大悦，令直门下省。累拜监察御史、中书侍郎，官至中书令。

徒步常何起马周，落河房琯任刘秩。（宋·方回《送赵无已之临川》）

梦周 指思慕缅怀先人。《论语·述而》：“甚矣吾衰矣，久矣吾不复见周公。”

凄其望吕葛，不复梦周孔。（唐·杜甫《晚登瀼上堂》）

闵周 指伤叹王室衰微。见700页“黍稷叹”。

入洛声华当世重，闵周章句满朝吟。（唐·韦庄《和陆谏议避地寄东阳进退未决见寄》）

三周 指迎娶新人。《礼记·昏义》：“昏礼者，将合二姓之好。”“婿执雁入，揖让升堂。……降出，御妇车，而婿授绥，御轮三周，先俟于门外。妇至，婿揖妇以入，共牢而食，”孔颖达疏：“御轮三周者，谓婿御妇车之轮三匝，然后御者代婿御之。”

三周御后谐红烛，华屋金堂伴珠玉。（清·希光《述志》）

伊周 指执掌朝政的大臣。《汉书·张陈王周传赞》：“周勃……至登辅佐，匡国家难，诛诸吕，立孝文，为汉伊周。”颜师古注：“处伊尹、周公之任。”

不必伊周地，皆知屈宋才。（唐·杜甫《秋日荆南述怀三十韵》）

庄周 亦作“庄生”“庄叟”“蒙邑先生”。指庄子，借指出世、放达情志之士。见《史记·老子列传》附《庄周传》。

从他笑轻事，独自忆庄周。（唐·齐己《渚宫自勉二首》其二）

不事周 指坚持操守、不事二主。亦作“周粟不顾”。见213页“伯夷”。

公方伯夷操，事殷不事周。（唐·元稹《阳城驿》）

褒女惑周 亦作“褒姒烽火”“褒女灭周”“褒女笑”。代指因女祸而亡国。《史记·周本纪》：“幽王得褒姒，爱之，欲废申后，并去太子宜臼，以褒姒为后，以伯服为太子。周太史伯阳读史记曰：‘周亡矣。’”“褒姒不好笑，幽王欲其笑万方，故不笑。幽王为烽燧大鼓，有寇至则举烽火。诸侯悉至，至而无寇，褒姒乃大笑。幽王说之，为数举烽火。其后不信，诸侯益亦不至。……申侯怒，与缯、西夷犬戎攻幽王。幽王举烽火征兵，兵莫至。遂杀幽王骊山下。”

妲己灭纣，褒女惑周。（唐·李白《雪谗诗赠友人》）

周[2]（*週）zhōu

①周遭。②周期。周围。

㊄下平，十一尤。

州 zhōu

㊄下平，十一尤。㊂八～傍～北～边～并～宸～亶～刀～道～帝～帝王～杜荆～方～隑～故～鬼～皇～火～冀～监～九～剧～军～连～凉～灵～刘随～刘豫～留～六～卯～南～内～偏～齐～嵊～青～穷～琼～散～沙～山～神～石～四百～沃～仙～雄～延～炎～弇～偃～阳～伊～瀛～柱～专～子～佐～㊅～伯～处～党～都～端～纲～国～家～聚～里～闾～壤～人～手～同～涂～乡～巷～廨～序～学～宰～治～倅～尊㊀暗发前军连夜战，平明旌旆入襄州。（唐·戎昱《收襄阳城二首》其一）

【典】**刀州**　指益州。《晋书·王濬传》:“濬夜梦悬三刀于卧屋梁上,须臾又益一刀,濬惊觉,意甚恶之。主簿李毅再拜贺曰:‘三刀为州字,又益一者,明府其临益州乎?’及贼张弘杀益州刺史皇甫晏,果迁濬为益州刺史。”

雾中远树刀州出,天际澄江巴字回。(唐·王维《送崔五太守》)

中州　指洛阳。王充《论衡·谈天》:“雒阳,九州之中也。”庾亮《让中书令表》:“昔以中州多故,旧邦丧乱。”李善注:“中州为洛阳。”

洛阳宫阙当中州,城上峨峨十二楼。(唐·张籍《洛阳行》)

杜荆州　亦作“杜当阳”。指晋杜预。见721页“杜将军”。

朝瞻孔北海,时用杜荆州。(唐·高适《奉酬睢阳李太守》)

借荆州　指急需但难得之物。《三国志·吴书·鲁肃传》:“后备诣京见权,求都督荆州,惟肃劝权借之,共拒曹公。”《汉晋春秋》:“吕范劝留备,肃曰:‘不可。将军虽神武命世,然曹公威力实重,初临荆州,恩信未洽,宜以借备,使抚安之。’”

甥馆刘郎舅仲谋,并绝瓜葛借荆州。(宋·洪咨夔《九月十八日夜泊刘郎浦二绝》其一)

赤县神州　亦作“神州”。借指中国。《史记·孟子荀卿列传》附《驺衍传》:“(驺衍)以为儒者所谓中国者,于天下乃八十一分居其一分耳。中国名曰赤县神州,赤县神州内自有九州。禹之序九州是也,不得为州数。中国外如赤县九州者九,乃所谓九州也。”

心寒赤县神州远,兴入胡庭沙漠浓。(宋·白玉蟾《三衢舟次二首》其一)

一斛凉州　亦作“五斗凉州”“西凉州”。指通过行贿得到官职,亦以咏酒。汉孟伯郎以葡萄酒一斛贿赂中常侍张让,得拜凉州刺史。事见《三国志·魏书·明帝纪》裴松之注引《三辅决录》。

合教马乳酦新醅,一斛凉州夜光泻。(清·张云璈《相府蒲桃歌》)

骑鹤上扬州　亦作“扬州鹤”“腰缠骑鹤扬州”。指欲占尽天地间一切好处的妄想。南朝梁殷芸《殷芸小说》:“有客相从,各言所志:或愿为扬州刺史,或愿多资财,或愿骑鹤上升。其一人曰:‘腰缠十万贯,骑鹤上扬州。’欲兼三者。”

不应携妓女,骑鹤上扬州。(宋·王庭圭《临江仙·寂寞久无红袖饮》)

洲 zhōu

【古】下平,十一尤。【逆】鳌～白蘋～百花～碧～沧～亶～芳～凤麟～孤～瓜～寒～荒～魂～橘～连～蓼～麟～溟～青～鹊～三～瞻～赡部～神～十～汀～沃～西～仙～星～玄～烜～烟～炎～夷～鹦鹉～瀛～幽～长～磔～中～祖～【顺】～场～岛～际～浦～溆～淤～屿～址～沚～渚【例】仿佛蒙颜色,崇兰隐芳洲。(唐·杨衡《秋夜闲居即事寄庐山郑员外蜀郡符处士》)云木梦回多感叹,不惟惆怅至长洲。(唐·李绅《姑苏台杂句》)

【典】**沧洲**　指隐士隐居之处。阮籍《为郑冲劝晋王笺》:“临沧洲而谢支伯,登箕山而揖许由,岂不盛乎?”

初放到沧洲,前心讵解愁。(唐·灵澈《初到汀州》)

十洲　咏仙境或岛屿。旧题汉东方朔《海内十洲记》:“汉武帝既闻王母说:八方巨海之中,有祖洲、瀛洲、玄洲、炎洲、长洲、元洲、流洲、生洲、凤麟洲、聚窟洲。有此十洲,乃人迹所稀绝处。”

欲问灵踪无处所,十洲空阔阆山遥。(唐·韦庄《尹喜宅》)

瀛洲　指传说中的海上仙山,用以咏仙境。《史记·秦始皇本纪》:“齐人徐市等上书,言海中有三神山,名曰蓬莱、方丈、瀛洲,仙人居之。”

驭风过阆苑,控鹤下瀛洲。(唐·慧净《与英才言聚赋得升天行》)

登瀛洲　喻指士人得到恩宠。《旧唐书·褚亮传》:“始太宗既平寇乱,留意儒学,乃于宫城西起文学馆,以待四方之士。……寻遣图其状貌,题其名字、爵里,乃命亮为之像赞,号《十八学士写真图》,藏之书府,以彰礼贤之重也。诸学士并给珍膳,分为三番,更直宿于阁下,每军国务静,参谒归休,即便引见,讨论坟籍,商略前载。预入馆者,时所倾慕,谓之‘登瀛洲’。”

君老登瀛洲,讲筵赐重席。(宋·五迈《书怀奉简黄成甫史君》)

粥 zhōu。　①粥饭。②软弱。另见455页yù、423页zhù。

【逆】茶～粗～淡～放～佛～焦～桴～膏～贾～餰～浆～酵～鞠～酪～麻～糜～麋～茗～设～送～饧～薰～獯～颜公～云母～馇～赈～粥～自～【顺】～饭僧～鼓～卖～糜～权～饧～鱼～馇～粥

啁 zhōu　啁啾,鸟鸣声。

【古】下平,十一尤。【逆】嘲～嗥～哗～诙～啾～谈～戏～啁～【顺】～唧～噍～啾～啁【例】生狞多忿很,辞舌纷嘲啁。(唐·韩愈《赴江陵途中寄赠王二十补阙》)赖有雨声宽百感,忽如孤凤见群啁。(宋·陈傅良《初夏有感》)

赒(賙) zhōu　接济。

【古】下平,十一尤。【逆】相～【顺】～赐～给～荒～急～济～救～全～赡～施～委～饩～恤～养～赈～助【例】兵无敢惰身为率,民有独饥惠亟赒。(宋·李曾伯《寿陈制垣》)儿女号饥寒,亲友寡馈赒。(宋·苏轼《送宋君用游辇下》)天长地远莽无极,虽有缺坏谁能赒。(宋·苏辙《息壤》)

辀(輈) zhōu　车辕。

【古】下平,十一尤。【逆】车～钩～行～衡～华～挟～鞬～句～梁～龙～倾～軥～倚～驻～【顺】～人～张～转【例】神京背紫陌,缟驷结行辀。(唐·朱子奢《文德皇后挽歌》)寄泪无因波,寄恨无因辀。(唐·孟郊《车遥遥》)落尽残红雨乍收。新篁静院叫钩辀。(宋·仇远《思佳客·落尽残红雨乍收》)

譸 zhōu　譸张,欺诳。

【古】《广韵》:平声,尤韵。【逆】张～【顺】～幻～欺～嚚～张

诌(謅) zōu

【古】下平,十一尤【逆】文～【顺】～谎～诗～札～咤

驺(騶) zōu　车驾随从者。

【古】下平,十一尤。【逆】八～步～唱～车～行～绛～梁～铃～轮～鸣～前～田～彤～仙～引～皂～中～

左～顺～导～殿～发～辐～驾～傔～珂～列～辔～骑～矢～竖～寺～僮～徒～吾～伍～牙～虞～舆～驭～御～皂～子例歌谣随举扇，旌旆逐鸣驺。（唐·高适《东平旅游》）

典**鸣驺**　古时达官贵人出行时有人在前喝道，因以之喻贵官出行。孔稚珪《北山移文》："及其鸣驺入谷，鹤书赴陇，形驰魄散，志变神动。"李善注："臧荣绪《晋书》曰：'驺，六人。'"

岛夷传露版，江馆候鸣驺。（唐·王维《送祢郎中》）

邹（鄒）zōu　①古国名。②姓。

古下平，十一尤。逆乐～梁～枚～顺～辩～查～家～夹～鲁～律～马～枚～孟～生～氏律～书～谈～谭～屠～虞～子～子律例三贤推侍从，卓荦倾枚邹。（唐·韩愈《赴江陵途中寄赠王二十补阙》）舆隶知周孔，章缝盛鲁邹。（宋·方回《送徐如心如婺源三十韵》）篇篇秀润东南竹，落落珠玑小大邹。（宋·王洋《伯氏临江使君寄芗林次韵》）

鄹zōu　古地名。

古《广韵》：平声，尤韵。顺～里～阙

緅zōu　浅绛色。

古下平，十一尤。

陬zōu　角落。

古下平，十一尤。逆暗～卑～毕～边～城～干～海～荒～江～郊～林～蛮～孟～溟～僻～偏～穷～区～山～遐～炎～夷～隅～掎～顺～见～落～芒～滏～隧～维～邑～隅～隅句～喁～月～訾～嘴例西扼弱水道，南镇枹罕陬。（唐·杜甫《送韦十六评事充同谷郡防御判官》）奔迸历畏途，缅邈赴偏陬。（唐·刘太真《顾十二况左迁过韦苏州》）远游历燕蓟，独戍边城陬。（唐·戴叔伦《从军行》）

诹（諏）zōu　询问。

古下平，十一尤。又：上平，七虞同。逆访～鬼～呵～旁～先～咨～谘～顺～辰～定～度～访～吉～律～谋～日～询～议～治～咨～訾例从来姑息难为好，到底依栖总是诹。（唐·牟融《寄范使君》）汉庭高论著，周原出咨诹。（宋·王遂《送李果州归蜀》）熙事将兴举，彝章预讲诹。（宋·秦观《进南郊庆成诗》）

鲰（鯫）zōu　小鱼。

古下平，十一尤。又：上声，二十五有异。逆狂～顺～鳞～论～浅～儒～生～士～愚例渔师猎鱼去，数获惟芒鲰。（宋·李新《杨村四十韵》）不似沼沚间，四合狱万鲰。（宋·苏轼《送宋君用游辇下》）

平声·阳平

筹（籌）chóu

古下平，十一尤。逆碧～边～兵～策～唱～持～殚～罚～费～更～觥～海～海屋～行～鹤～画～机～计～箭～借～酒～军～莲～良～灵～拈～屏～前～散～神～诗～输～探～铜～象～晓～夜～遗～预～豫～远～长～执～转～走～顺～笔～边～兵～拨～策～厝～垫～国～河～回～昏～局～决～历～量～虑～马～枚～谟～饶～室～思～算～帷～维～运～攒～箸～酌例灰琯应新律，铜壶添夜筹。（唐·刘禹锡《早秋集贤院即事》）风引春心不自由，等闲冲席饮多筹。（唐·元稹《宿醉》）花时同醉破春愁，醉折花枝当酒筹。（唐·白居易《同李十一醉忆元九》）

典**前筹**　亦作"借箸""前箸""暂借良筹"。指出谋划策。《史记·留侯世家》："汉王方食，曰：'子房前！客有为我计桡楚权者。'……张良对曰：'臣请借前箸为大王筹之。'"箸，筷子。

穷途愧知己，暮齿借前筹。（唐·杜甫《立秋雨院中有作》）

子房筹　亦作"子房"。子房是刘邦谋臣张良的字，借指谋臣。见《史记·留侯世家》。

子房筹策汉时功，身退超然慕赤松。（宋·王安石《送张卿致仕》）

海屋添筹　恭祝长寿。苏轼《东坡志林·三老语》："尝有三老人相遇，或问之年……一人曰：'海水变桑田时，吾辄下一筹，尔来吾筹已满十间屋。'"

但期天河远抱石，不记海屋曾添筹。（明·刘崧《登王氏承庆楼歌》）

魏舒画筹　亦作"画筹"。指才能未能充分施展。《晋书·魏舒传》："舒为钟毓长史，毓每与参佐射，舒常为画筹而已。后遇朋友不足，以舒满数。毓初不知其善射。舒容范闲雅，发无不中，举坐愕然，莫有敌者。毓叹而谢曰：'吾之不足以尽卿才，有如此射，亦岂一事哉！'"

今日竞飞杨叶箭，魏舒休作画筹人。（唐·唐彦谦《试夜题省廊桂》）

愁chóu

古下平，十一尤。逆熬～抱～边～别～常～愁～春～担～毒～感～割～孤～古～含～怀～积～羁～寄～缄～焦～客～浪～牢～离～旅～莫～攀～破～牵～乾～侵～清～穷～散～万斛～无～遐～遗～萦～幽～庾～猿～顺～黯～抱～鬓～惨～城～楚～悰～促～蹙～悴～翠～黛～滴～惵～蛾～海～红～环～惛～疾～寂～煎～结～襟～沮～惧～绝～客～垒～霖～轮～旅～脉脉～慕～魄～凄～戚～泣～人～色～霜～丝～诉～损～雾～乡～心～辛～烟～颜～艳～悒～阴～吟～慵～予～约～惴～咨～坐例语命心堪醉，伤离梦亦愁。（唐·卢纶《卧病寓居龙兴观枉冯十七著作书知罢》）近闻江老传乡语，遥见家山减旅愁。（唐·章八元《归桐庐旧居寄严长史》）日暖风微南陌头，青田红树起春愁。（唐·司空曙《寄胡居士》）

典**班姬愁**　亦作"班姬饮恨"。指宫人失宠。《汉书·孝成班婕妤传》："孝成班婕妤，帝初即位选入后宫。始为少使，蛾而大幸，为婕妤，居增成舍。……鸿嘉三年，赵飞燕谮告许皇后，班婕妤挟媚道，祝诅后宫，詈及主上。许皇后坐废。……赵氏姊弟骄妒，婕妤恐久见危，求共养太后长信宫，上许焉。"

班姬此夕愁无限，河汉三更看斗牛。（唐·崔颢《七夕》）

长沙愁　见87页"长沙谪"。

岘首羊公爱，长沙贾谊愁。（唐·孟浩然《送王昌龄之岭南》）

江淹愁　指对人生无常的感伤和愁闷。南朝宋·江淹《恨赋》："试望平原，蔓草萦骨，拱木敛魂。人生到此，天道宁论？于是仆本恨人，心惊不已，直念古者，伏恨而死。……自古皆有死，莫不饮恨而吞声。”

　　艰难阮籍穷途哭，憔悴江淹去国愁。（清・冷士嵋《寄刘令言》）

张衡愁　亦作“张衡四愁诗”“平子赋愁”“四愁”。指忧思愁绪。张衡《四愁诗》：“我所思兮在太山，欲往从之梁父艰，侧身东望涕沾翰。……何为怀忧心烦劳。……我所思兮在桂林，欲往从之湘水深，侧身南望涕沾襟。……何为怀忧心烦伤。”诗序云：“时天下渐弊，郁郁不得志，为《四愁诗》。……思以道术相报，贻于时君，而惧谗邪不得以通。”

　　宋玉怨三秋，张衡复四愁。（唐・李嘉祐《暮秋迁客增思寄京华》）

马上离愁　亦作“马上琵琶”“马上弦哀”。指宫人沦落塞外之悲愁。石崇《王明君词序》：“王明君者，本是王昭君，以触文帝讳改焉。匈奴盛，请婚于汉，元帝以后宫良家子昭君配焉。昔公主嫁乌孙，令琵琶马上作乐，以慰其道路之思，其送明君，亦必尔也。”

　　马上离愁三万里，望昭阳、宫殿孤鸿没，弦解语，恨难说。（宋・辛弃疾《贺新郎・凤尾龙香拨》）

酬（*酧、*醻）chóu

古下平，十一尤。逆倡～唱～奠～奉～赓～还～行～和～计～交～进～眷～论～旅～取～劝～通～同～献～相～饷～侑～甄～志未～顺～币～辨～辩～宾～倡～待～德～地～奠～对～恩～奉～复～赓～功～和～寄～价～奖～接～诘～酒～沮～据～决～抗～犒～赉～酧～论～纳～劝～赛～赏～神～荅～物～献～效～心～许～勋～燕～应～庸～愿～证～直～志～咨～谘～酢例施余尽酤酒，客来相献酬。（唐・元稹《阳城驿》）

典**玉枕酬**　指贫困之时得到神人相助。南朝宋刘义庆《幽明录》：“余杭人沈纵，素贫。与父同入山，还，未至家，见一人，左右导从四百许，前车辎重，马鞭夹道，卤簿如二千石。遥见纵父子，便唤住，就纵手中燃火。纵因问是何贵人，答曰：‘斗山王，在余杭县南。’纵知是神，叩头云：‘愿见祐助。’遂去。后入山，得一玉枕，纵从此如意。”

杂佩酬　借指相赠之物。《诗经・郑风・女曰鸡鸣》：“知子之来之，杂佩以赠之。知子之顺之，杂佩以问之。知子之好之，杂佩以报之。”

　　谬委双金重，难征杂佩酬。（唐・柳宗元《酬娄秀才》）

绸（綢）chóu　①缠缚。②丝绸。③通“稠”。

古下平，十一尤。逆采～绸～纺～宫～杭～绵～宁～柞～顺～绸～固～厚～绢～缪～沓～直例磨玉藉沙石，以故交情绸。（宋・方回《孟君复赠王侯元俞诗两皆英妙神奇次韵》）听暗柳啼莺，新篁弄巧，如度秦讴。谁绸。（宋・周密《木兰花慢・晴空摇翠浪》）

仇chóu　另见478页qiú。

古下平，十一尤。逆避～党～公～寡～国～挟～解～寇～卖～民～强～亲～事～私～夙～素～随～同～无～相～雪～血～养～怨～章～执～顺～耻～仇～雠～词～对～货～疾～忌～虏～矛～隙～饷例黄犬空叹息，绿珠成衅仇。（唐・李白《古风》）会向伍员潮上见，气充顽石报心仇。（唐・元稹《相忆泪》）

典**举仇**　指直臣举贤无私。《左传・襄公三年》：“祁奚请老，晋侯问嗣焉。称解狐，其仇也，将立之而卒。……君子曰：‘祁奚于是能举善矣。称其仇，不为谄。’”

　　举仇且不弃，何必论亲疏。（唐・萧颖士《仰荅韦司业垂访五首》其四）

九世仇　借指累世之仇。见《公羊传・庄公四年》：“九世犹可以复仇乎？虽百世可也。”

　　九世旧仇犹有憾，百年中国岂无人。（宋・陈宓《嘉定间赠丁寺丞使虏》）

稠chóu

古下平，十一尤。逆繁～沸～花～人烟～岁月～穗～万绿～稀～星～云～粥～顺～迭～概～林～木～闹～穰～人～缛～庶～沓～饧～涎～直～缀例迥旷烟景豁，阴森棕楠稠。（唐・岑参《登嘉州凌云寺作》）巢多众鸟斗，叶密鸣蝉稠。（唐・杜甫《夏日李公见访》）

畴（疇）chóu　①已经耕作的田地。②领域；种类。③畴昔，往日，从前。④谁。

古下平，十一尤。逆陈～稻～服～膏～耕～故～瓜～龟～罕～禾～鸿～荒～箕～交～结～九～君～绿～民～匹～青～桑～失～田～同～西～先～相～新～营～原～珍～中～諮～顺～辰～代～阜～古～官～合～怀～类～量～陇～垄～亩～曩～年～偶～匹～骑～人～墅～昔～野～庸～咨～谘～昨例草木委林甸，禾黍悴原畴。（唐・李峤《晚秋喜雨》）陕西开胜壤，召南分沃畴。（唐・骆宾王《至分陕》）兔起马足间，苍鹰下平畴。（唐・李白《送族弟凝至晏堌》）

典**九畴**　指传说中上天赐予大禹的治水之法。《书・洪范》：“天乃锡禹洪范《九畴》，彝伦攸叙。初一曰五行，次二曰敬用五事，次三曰农用八政，次四曰协用五纪，次五曰建用皇极，次六曰乂用三德，次七曰明用稽疑，次八曰念用庶征，次九曰向用五福，威用六极。”

　　洛河自契千年运，更拟波中出九畴。（唐・和凝《宫词百首》其二）

俦（儔）chóu　①辈；同类。②匹敌；相当。

古下平，十一尤。逆比～常～故～寡～罕～鸿～良～鸾～鸾凤～逆～朋～匹～品～前～失～同～无～吾～仙～相～啸～伊～鸳～征～顺～伴～比～策～俪～伦～侣～拟～匹～人～似～伍～亚～夷～与例名与日月悬，义与天壤俦。（唐・卢照邻《咏史四首》其四）侵星违旅馆，乘月戒征俦。（唐・王勃《焦岸早行和陆四》）若得金膏遂，飞云亦可俦。（唐・王昌龄《放歌行》）

典**文畅俦**　借指人有文才。《梁书・柳恽传》：“柳恽字文畅，河东解人也。少有志行，好学，善尺牍。……少工篇什。……琅邪王元长见而嗟赏，因书斋壁。至是预曲宴，必被诏赋诗。尝奉和高祖《登景阳楼》中篇……深为高祖所美，当时咸共称传。”

　　逸荡子山匹，经奇文畅俦。（唐・皎然《读张曲江集》）

踌(躊)chóu

〔古〕《广韵》:平声,尤韵。〔逆〕踟~踷~蹰~〔顺〕~踷~蹰~论~伫〔例〕桑野蚕忙时,怜君久踟踌。(唐·李颀《送裴腾》)

惆chóu

〔古〕下平,十一尤。〔逆〕怊~氐~乞~〔顺〕~惕~惋〔例〕时催鬓飒飒,岁尽老惆惆。(唐·寒山《诗三百三首》其一四七)

雠chóu(讎、*讐)

①对答。②相当;俦匹。③报复;酬偿。④校勘。⑤同“仇”。

〔古〕下平,十一尤。〔逆〕报~避~敌~恩~攻~辜~寡~国~解~寇~冥~棋~亲~深~世~夙~速~讨~天~同~相~宿~雪~怨~重~〔顺〕~扳~仇~党~怼~忿~愤~覆~姤~古~国~害~憾~疾~嫉~忌~劫~克~寇~虏~民~难~视~隙~隟~嫌~衅~夷~冤〔例〕密亲仕燕冀,连年迩寇雠。(唐·张说《送李问政河北简兵》)谗谤潜来起百忧,朝承恩宠暮仇雠。(唐·翁绶《婕好怨》)

裯chóu

单被。

〔古〕下平,十一尤。又:上平,七虞异。〔逆〕衾~同~蚊~祇~重~〔顺〕~衽〔例〕凉轩辞夏扇,风幌揽轻裯。(唐·李益《宿冯翊夜雨赠主人》)字字朝看轻碧玉,篇篇夜诵在衾裯。(唐·鱼玄机《和友人次韵》)

侯hóu

〔古〕下平,十一尤。〔逆〕阿~柏~豹~布~采~昌~彻~弛~大~地~甸~方~粉~丰~负~故~关~贯~鬼~河~虎~祭~建~绛~进~鞠~康~麋~明~莫~木~宁~欧~彭~皮~偏~前~屈~三~散~邵~射~史~兽~蜀~素~条~通~五~袭~细~夏~屑~熊~悬~阳~隐~元~长~重~〔顺〕~白~波~伯~道~甸~度~封~服~冈~刚~弓~龟~国~畿~籍~家~爵~牧~圻~鲭~禳~社~史~氏~卫~印~蝓~者〔例〕苍生谢安石,天子富平侯。(唐·高适《古乐府飞龙曲留上陈左相(陈希烈)》)身为百里长,家宠五诸侯。(唐·戴叔伦《送李明府之任》)

〔典〕**崇侯** 指佞臣。《史记·殷本纪》:“九侯有好女,入之纣。九侯女不憙淫,纣怒,杀之,而醢九侯。鄂侯争之强,辨之疾,并脯鄂侯。西伯昌闻之,窃叹。崇侯虎知之,以告纣,纣囚西伯羑里。”

崇侯入辅严陵退,堪忆啼猿万仞峰。(唐·徐夤《西寨寓居》其二)

粉侯 三国魏何晏美仪容,面如傅粉,尚魏公主,封列侯,人称粉侯、粉郎。后因称驸马为“粉侯”,亦用作心爱郎君的爱称。见《三国志·魏书·何晏传》《世说新语·容止》。

故事凄凉说粉侯,西风梧落梵宫秋。(清·丘逢甲《王姑庵绝句十六首(有序)》其七)

绛侯 指周勃。见《史记·绛侯周勃世家》。

绛侯与博陆,忠朴受遗顾。(唐·李华《杂诗六首》其五)

条侯 指汉周亚夫。《史记·绛侯周勃世家》:“文帝乃择绛侯勃子贤者河内守亚夫,封为条侯,续绛侯后。”

文帝銮舆劳北征,条侯此地整严兵。(唐·胡曾《咏史诗·细柳营》)

五侯 借指公卿权贵。《汉书·元后传》:“河平二年,上悉封舅谭为平阿侯,商成都侯,立红阳侯,根曲阳侯,逢时高平侯。五人同日封,故世谓之‘五侯’。”

五侯新拜罢。七贵早朝归。(隋·江总《长安道》)

武侯 指诸葛亮,借指有大才的辅弼重臣。见《三国志·蜀书·诸葛亮传》。

独把一樽和泪酒,隔云遥奠武侯祠。(唐·韦庄《喻东军》)

定远侯 亦作“封班”。指出使或驻守边地的功臣。《后汉书·班超传》:“先帝重元元之命,惮兵役之兴,故使军司马班超安集于窴以西。超遂逾葱领,迄县度,出入二十二年,莫不宾从。改立其王,而绥其人。不动中国,不烦戎士,得远夷之和,同异俗之心,而致天诛,蠲宿耻,以报将士之雠。司马法曰:‘赏不逾月,欲人速睹为善之利也。’其封超为定远侯,邑千户。”

我欲思投笔,期封定远侯。(宋·寇准《塞上》)

东陵侯 亦作“东门瓜”“东陵瓜”“种瓜侯”。借指隐士或遗民。见3页“邵平瓜”。

成名苟有地,何必东陵侯。(唐·储光羲《夏日寻蓝田唐丞登高宴集》)

访葛侯 指皇帝寻访贤臣。见757页“抱膝吟”。

帝幄期松子,臣庐访葛侯。(唐·苏颋《奉和幸韦嗣立山庄应制》)

郭细侯 亦作“细侯”。本指东汉郭伋,借指循吏。《后汉书·郭伋传》:“(郭伋)更始素闻伋名,征拜左冯翊,使镇抚百姓。世祖即位,拜雍州牧,再转为尚书令,数纳忠谏争。……伋前在并州,素结恩德。及后入界,所到县邑,老幼相携,逢迎道路。所过问民疾苦,聘求耆德雄俊,设几杖之礼,朝夕与参政事。”

郡人重得黄丞相,童子争迎郭细侯。(唐·刘禹锡《奉送浙西李仆射相公赴镇。)

万户侯 亦作“封万户”。指达官贵人。《战国策·齐策四》:“有能得齐王头者,封万户侯,赐金千镒。”

楼前立仗看宣赦,白璧黄金万户侯。(宋·戴栩《上丞相寿》)

万里侯 亦作“封侯”“燕颔封侯”“万里觅封侯”。指胸怀壮志以立功边塞或异域而得封侯,也指富贵腾达之相。《后汉书·班超传》:“(班超)尝辍业投笔叹曰:‘大丈夫无它志略,犹当效傅介子、张骞立功异域,以取封侯,安能久事笔研间乎?’左右皆笑之。超曰:‘小子安知壮士志哉!’其后行诣相者,曰:‘祭酒,布衣诸生耳,而当封侯万里之外。’超问其状,相者指曰:‘生燕颔虎须,飞而食肉,此万里侯相也。’”

贾谊三年谪,班超万里侯。(唐·李白《田园言怀》)

吹箫封侯 指出身低微而终至封侯。《汉书·周勃传》:“周勃,沛人。勃以织薄曲为生,常以吹箫给丧事,材官引强。……赐爵列侯,剖符世世不绝。食绛八千二百八十户。”

相国有折胁，封侯或吹箫。（宋·苏轼《刘丑厮诗》）

九合诸侯 指称霸功业。《论语·宪问》：“桓公九合诸侯，不以兵车，管仲之力也！如其仁！如其仁！”

三尘上相逢明主，九合诸侯愧昔贤。（唐·王铎《罢都统守镇滑州作》）

李广不侯 亦作“不封侯”“不侯”“未封侯”。指怀才不遇、赏罚不公、有功不得赏。《史记·李将军列传》：“诸广之军吏及士卒或取封侯。广尝与望气王朔燕语，曰：‘自汉击匈奴而广未尝不在其中，而诸部校尉以下，才能不及中人，然以击胡军功取侯者数十人，而广不为后人，然无尺寸之功以得封邑者，何也？岂吾相不当侯邪？且固命也？’”

卫青去病何足数，李广不侯已千古。（清·魏乃勷《陈将军歌》）

立谈封侯 指仕途顺利、立得封侯。扬雄《解嘲》：“夫上世之士……或七十说而不遇，或立谈而封侯。”李善注：“《史记》曰：‘虞卿说赵孝成王，再见，为赵上卿，故号为虞卿。’”

燕窠泥土一春衔，惭愧封侯止立谈。（宋·苏辙《再和三首》其二）

十字封侯 指识字甚少同样富贵封侯。《三国志·蜀书·王平传》：“（王平）进位讨冠将军，封亭侯。……平生长戎旅，手不能书，其所识不过十字。”

昔人识不过十字，富贵封侯渠自如。（宋·陆游《读史有感》）

天授留侯 亦作“留侯”“万户封留”。指汉张良，也指辅佐君王的重臣。《史记·留侯世家》：“良曰：‘始臣起下邳，与上会留，此天以臣授陛下。陛下用臣计，幸而时中，臣愿封留足矣，不敢当三万户。’乃封张良为留侯。”

庆中兴机会，天生山甫，非常事业，天授留侯。（宋·洪咨夔《沁园春·饮马咸池》）

雍齿先侯 亦作“齿且先侯”。汉高祖封赏功臣，与之为敌的雍齿侥幸首先获封。《史记·留侯世家》：“留侯曰：‘上平生所憎，群臣所共知，谁最甚者？’上曰：‘雍齿与我故，数尝窘辱我。我欲杀之，为其功多，故不忍。’留侯曰：‘今急先封雍齿以示群臣，群臣见雍齿封，则人人自坚矣。’于是上乃置酒，封雍齿为什方侯。”

竹马细侯 亦作“竹马拜迎”“竹马”“细侯竹马”。颂美受人欢迎的到任官吏。《后汉书·郭伋传》：“郭伋字细侯……始至行部，到西河美稷，有童儿数百，各骑竹马，道次迎拜。伋问：‘儿曹何自远来。’对曰：‘闻使君到，喜，故来奉迎。’”

竹马迎细侯，大钱送刘宠。（宋·苏轼《次前韵再送周正孺》）

缁衣诸侯 指州郡长官或节度使。《论语·乡党》：“缁衣羔裘。”清刘宝楠《论语正义》引郑玄注云：“缁衣羔裘，诸侯视朝之服，亦卿大夫士祭于君之服。其服缁布衣而素裳。”

缁衣诸侯谅称美，白衣尚书何可比。（唐·权德舆《太原郑尚书远寄新诗》）

喉hóu

㊀下平，十一尤。㊁触～扼～棘～娇～衿～襟～抗～空～枯～调～莺～玉～振～珠～转～㊂～唇～蛾～衿～襟～吭～嗉～吻～转～㖃㊃刁斗严更军耳目，戈铤长控国咽喉。（唐·许浑《中秋夕寄大梁刘尚书》）银河扑醉眼，珠串咽歌喉。（唐·李商隐《拟意》）

猴hóu

㊀下平，十一尤。㊁楚～棘～金～懒～猫～猕～棉～沐～弄～㊂～查～池～冠～姜～玃～葵～栗～梅～年～瘦～蒜～猨～枣～楂㊃投竿出比目，掷果下猕猴。（唐·白居易《想东游五十韵》）数家春碓硙，几处浴猿猴。（唐·贯休《东西二林寺流水》）

篌hóu 箜篌，古代拨弦乐器。

㊀下平，十一尤。㊁笙～箜～筝～㊃虽同锦步障，独映钿箜篌。（唐·李商隐《代赠》）

瘊hóu 瘊子，小瘤。

㊀《广韵》：平声，侯韵。㊂～赘～子

糇（*餱）hóu 干粮。

㊀下平，十一尤。㊁负～裹～乾～㊂～粮㊃唯有太学生，各具粮与糇。（唐·元稹《阳城驿》）黎明抱应器，禺中饫乾糇。（宋·宋祁《浮屠》）

流liú

㊀下平，十一尤。㊁奔～碧～飙～别～播～逋～傧～禅～承～遄～春～淳～辍～负～干～高～归～鸿～荒～皇～黄～津～惊～浚～派～旁～品～穷～沈～诗～仕～漱～颓～枉～文～仙～贤～祥～迅～驯～雅～仰～漪～遗～异～阴～殷～饮～幽～余～羽～玉～运～韵～杖～枕～争～重～诛～珠～转～淄～㊂～蔼～爱～谤～杯～飙～别～槎～唱～尘～黜～川～丹～宕～电～蠹～遁～遯～芳～风～莩～丐～梗～观～恨～荒～黄～潢～晖～徽～彗～惠～景～澜～揽～漓～丽～亮～潦～略～僈～美～媚～靡～沔～眄～湎～目～内～殍～品～虬～泉～伤～觞～声～势～匙～输～戍～霜～铄～澌～凘～酥～泝～素～遡～愬～岁～眺～恸～霰～响～绚～循～亚～延～衍～揄～演～艳～耀～叶～议～易～裔～阴～英～羽～誉～远～悦～越～谪～赭～征～郑～祉～㖃～子㊃关西老将不胜愁，驻马听之双泪流。（唐·王维《陇头吟》）老舌百般倾耳听，深黄一点入烟流。（南唐·李煜《秋莺》）

㊄**漱流** 喻指隐逸生活。《三国志·蜀书·彭羕传》：“唯敬同郡秦子敕，荐之于太守许靖曰：‘……伏见处士绵竹秦宓，膺山甫之德，履隽生之直，枕石漱流，吟咏缊袍，偃息于仁义之途，恬惔于浩然之域，高概节行，守真不亏。”

漱流复濯足，前对钓鱼翁。（唐·王维《纳凉》）

沧海横流 喻指社会动荡不安。晋·范宁《春秋穀梁传·序》：“孔子睹沧海之横流，乃喟然而叹曰：‘文王既没，文不在兹乎！’”唐杨士勋疏：“今以为沧海是水之大者；沧海横流，喻害万物之大，犹言在上残虐之深也。”

沧海横流血作津，犬羊角出竟称真。（宋·苏轼《读〈晋史〉（补编）》）

砥柱中流 亦作“中流砥柱”“中

流底柱”。指在动荡环境中能支撑局面的人或力量。《晏子春秋·内篇谏下》：“吾尝从君济于河，鼋衔左骖，以入砥柱之中流。”

君今有志继绝学，砥柱中流见孤注。（明·管讷《墨窗为赵总谦赋》）

击楫中流　亦作“击楫誓”“击楫誓中流”“击中流楫”“击楫盟江水”“中流击楫”。喻指下定决心去办某事。《晋书·祖逖传》：“（祖逖）仍将本流徙部曲百余家渡江，中流击楫而誓曰：‘祖逖不能清中原而复济者，有如大江。’”

便当击楫中流誓，莫使鞭为祖逖先。（宋·刘过《上金陵章侍郎》）

孺子风流　借指德行高洁之士。《后汉书·徐稺传》：“徐稺字孺子，豫章南昌人也。家贫，常自耕稼，非其力不食。恭俭义让，所居服其德，屡辟公府，不起。”

孺子风流陈，孟尝门地田，合下相当。（宋·无名氏《柳梢青·孺子风流陈》）

石马汗流　亦作“石马助战”“昭陵石马”。喻指有外力助战而取得胜利。《佩文韵府》卷七四引《天宝遗事》：“潼关之战，禄山将崔乾祐领白旗军左右驰突，又见黄旗军数百人，官军潜谓是贼，不敢逼之。须臾，见与乾祐斗，黄旗军不胜，退而又战者不一。俄不知所在。后昭陵奏：是日灵宫前石人马汗流。”

漱石枕流　亦作“枕流漱石”。指隐逸生活。《世说新语·排调》：“孙子荆年少时，欲隐；语王武子云：‘当枕石漱流。’误曰‘漱石枕流。’王曰：‘流可枕，石可漱乎？’子荆曰：‘所以枕流，欲洗其耳；所以漱石，欲砺其齿。’”

枕流漱石真吾事，买片闲田就此耕。（宋·释慧远《南翔寺》）

文彩风流　称颂人得其先祖之风韵气质。杜甫《丹青引赠曹将军霸》：“将军魏武之子孙，于今为庶为清门。英雄割据虽已矣，文彩风流犹尚存。”

英雄割据虽已矣，文彩风流犹尚存。（唐·杜甫《丹青引赠曹将军霸》）

笑傲中流　①指泛舟。②指不惧艰险。《世说新语·雅量》：“谢太傅盘桓东山时，与孙兴公诸人泛海戏。风起浪涌，孙、王诸人色并遽，便唱使还。太傅神情方王，吟啸不言。舟人以公貌闲意说，犹去不止。既风转急，浪猛，诸人皆喧动不坐。公徐云：‘如此，将无归！’众人即承响而回。于是审其量，足以镇安朝野。”

尽缘云鸟道，跻攀绝顶，拍天鲸浸，笑傲中流。（宋·刘克庄《沁园春·岁暮天寒》）

荀氏风流　指一门才俊、全家出名。《三国志·魏书·荀彧传》：“荀彧字文若，颍川颍阴人。祖父淑，字季和，朗陵令。当汉顺、桓之间，知名当世。有子八人，号曰八龙。彧父绲，济南相。叔父爽，司空。彧年少时，南阳何颙异之，曰：‘王佐才也。’”

勋业耿家盛，风流荀氏均。（唐·李端《送路司谏侍从叔赴洪州》）

一柱中流　指独立支撑局面的人。《书·禹贡》：“厎柱析城，至于王屋。……南至于华阴，东至于厎柱。”旧题汉孔安国传：“此三山在冀州南，河之北，东行。”又：“厎柱，山名。河水分流包山而过，山见水中若柱然，在西虢之界。”

中流一柱当霄汉，南土诸蕃拱将坛。（明·万白《赠播州田宣慰》）

异世风流　指人名望高、声誉好。《后汉书·郭太传》：“郭太字林宗，太原界休人也。……共刻石立碑，蔡邕为其文，既而谓涿郡卢植曰：‘吾为碑铭多矣，皆有惭德，唯郭有道无愧色耳。’”

爱竹旧称王子猷，今君异世等风流。（宋·戴复古《叶宗裔为令叔求竹山诗》）

张范风流　指践守承诺、交情深厚。见943页“元伯巨卿千里从”。

当时张范风流在，况一尊浮雪。（宋·苏轼《好事近·烟外倚危楼》）

张绪风流　亦作“张绪门前柳”“张绪”“张郎”。①咏柳。②指风度不俗。《南史·张裕传》附《张绪传》：“绪吐纳风流，听者皆忘饥疲，见者肃然如在宗庙。虽终日与居，莫能测焉。刘悛之为益州，献蜀柳数株，枝条甚长，状若丝缕。时旧宫芳林苑始成，武帝以植于太昌灵和殿前，常赏玩咨嗟，曰：‘此杨柳风流可爱，似张绪当年时。’其见赏爱如此。”

风流似张绪，别后见垂杨。（唐·韩翃《送张渚赴越州》）

留（*畱）liú

【古】下平，十一尤。【逆】逋～裁～处～传～辍～忖～费～封～逢～扶～羁～际～驹～句～苛～宽～栗～匿～攀～频～迁～牵～圈～若～石～汰～蜕～屯～王～慰～息～笑～须～淹～延～奄～邀～贻～抑～余～占～招～遮～周～【顺】～碍～壁～骖～藏～曹～迟～储～处～邸～都～犊～犊～芳～府～馆～行～侯～欢～黄～计～笺～精～句～决～客袂～客雨～苦～髡～犁～联～落～马～目～牧～幕～难～年～鸟～牛～盼～舍～身～使～事～视～授～瘦～戍～司～思～台～退～屯～务～吁～徐剑～颜～眼～夷～荑～淫～园～运～攒～葬～爪～镇～志～质～州～子嗟【例】夜分起踯躅，时逝曷淹留。（唐·张九龄《感遇十二首》其八）塔似神功造，龛疑佛影留。（唐·李适《奉和九日登慈恩寺浮图应制》）鸡鸣常问膳，今恨玉京留。（唐·王维《恭懿太子挽歌五首》其二）

【典】**封留**　喻指功成名就。见471页“天授留侯”。

一念为韩非为汉，无功何必愿封留。（宋·于石《子房》）

白驹留　亦作“白驹催”“白驹隙光”。见252页“白驹过隙”。指时运出现转机。

簟易暗惊鸣鹤远，赋诗深望白驹留。（宋·范仲淹《送吴安道学士知崇州》）

怨不留　指官吏受到百姓拥戴。《晋书·邓攸传》：邓攸治吴，“在郡刑政清明，百姓欢悦，为中兴良守。后称疾去职。……百姓数千人留牵攸船，不得进。攸乃小停，夜中发去。吴人歌之曰：‘统如打五鼓，鸡鸣天欲曙。邓侯拖不留，谢令推不去。’”

空使吴儿怨不留，青山漫漫七闽路。（宋·苏轼《送张职方吉甫赴闽漕六和寺中作》）

张良择留 指不以功邀赏，不贪图名利。《史记·留侯世家》："汉六年正月，封功臣。良未尝有战斗功，高帝曰：'运筹策帷帐中，决胜千里外，子房功也。自择齐三万户。'良曰：'始臣起下邳，与上会留，此天以臣授陛下。陛下用臣计，幸而时中，臣愿封留足矣，不敢当三万户。'乃封张良为留侯，与萧何等俱封。"

榴 liú

古下平，十一尤。逆安～丹～海～红～楠～若～山～石～珠～顺～房～红～花～花樽～环台～火～锦～颗～裙～实～廇例金子悬湘柚，珠房折海榴。（唐·崔湜《唐都尉山池》）夜杵鸣江练，春刀解若榴。（唐·李商隐《拟意》）

典**远致石榴** 指开创与异域的交流。潘岳《闲居赋》："石榴蒲陶之珍。"李善注引晋张华《博物志》："张骞使大夏，得石榴。"

宁如凿空使，远致石榴花。（唐·王翰《奉和圣制送张尚书巡边》）

骝（騮）liú

古下平，十一尤。逆驳～春～果～华～骅～骅～黄～马～骐～宛～紫～顺～骅～马例麒麒锦带佩吴钩，飒沓青骊跃紫骝。（唐·王维《燕支行（时年二十一）》）天下何曾有山水，人间不解重骅骝。（唐·杜甫《存殁口号二首》其二）

典**骅骝** ①咏马。②喻指优秀的人才。《庄子·秋水》："骐骥骅骝一日而驰千里。"张华《博物志》卷六《物名考》："周穆王八骏：赤骥……华骝……盗骊。"

殿前群公赐食罢，骅骝蹋路骄且闲。（唐·韩愈《雪后寄崔二十六丞公（斯立）》）

刘（劉）liú 杀。

古下平，十一尤。逆遏～剪～虔～乾～屠～咸～

浏（瀏）liú

古下平，十一尤。又：上声，二十五有同。逆浏～清～顺～飙～滥～漓～莅～栗～溧～涟～亮～浣～浏～如

瘤 liú

古下平，十一尤。又：去声，二十六宥同。逆垂～根～楠～杉～树～衔～宿～顺～结～魁例公虽未显谏，惴惴如患瘤。（唐·元稹《阳城驿》）把疑伤虺节，用恐破蛇瘤。（唐·皮日休《五贶诗·乌龙养和》）

琉（*瑠）liú

古《集韵》：平声，尤韵。顺～精～璃～瑠

旒 liú ①古代旌旗上飘带之类饰物。②旌旗。③冠冕上悬垂的玉串。

古下平，十一尤。逆蔽～采～辰～扆～垂～丹～画～旌～九～龙～冕～凝～旗～前～邃～韬～玉～珠～缀～顺～旌～纩～冕～旗～翣～苏～扆～旐～缀例崇朝方浃宇，扆盼俯凝旒。（唐·许敬宗《奉和咏雨应诏》）青潭晓霭笼仙跸，红屿晴花隔彩旒。（唐·徐彦伯《奉和兴庆池戏竞渡应制》）

典**凝旒** 借指皇帝。《旧唐书·刘洎传》："洎上书谏曰：'帝王之与凡庶……陛下降恩旨，假慈颜，凝旒以听其言，虚襟以纳其说，犹恐群下未敢对扬。'"

拜恩稽首纷无已，凝旒前席皇情喜。（唐·权德舆《奉和张仆射朝天行》）

舜禹让旒 指逊让帝位。《史记·五帝本纪》："舜子商均亦不肖，舜乃豫荐禹于天。十七年而崩。三年丧毕，禹亦乃让舜子，如舜让尧子。诸侯归之，然后禹践天子位。"

伊皋争负鼎，舜禹让垂旒。（唐·徐夤《依御史温飞卿华清宫二十二韵》）

鹠（鶹）liú

古下平，十一尤。逆鸺～顺～鹠

楼（樓）lóu

古下平，十一尤。逆白～百～百尺～宝～碧～岑～倡～翠～丹～樊～梵～飞～凤～关～鹤～红～虹～离～柳～龙～迷～南～瓯～骑～起～绮～谯～秦～青～沈～蜃～市～书～戍～水～铜～危～谢～星～燕～伊～隅～庾～针～雉～重～顺～舡～船～葱～堞～艓～额～烦～观台～航～护～护智～脊～季～槛～犁～橹～罗历～辇～阙～桑～桑里～上妆～松～心～阴～雉～子例谁家今夜扁舟子，何处相思明月楼。（唐·张若虚《春江花月夜》）暮拟经过石渠署，朝将出入铜龙楼。（唐·李颀《缓歌行》）空将旧时意，长望凤凰楼。（唐·戴叔伦《长门怨》）

典**凤楼** 亦作"凤凰楼""秦楼""教箫楼"。指女子居处。《乐府诗集》卷五一引江总《萧史曲》："弄玉秦家女，萧史仙处童。来时兔月照，去后凤楼空。"

萧郎不顾凤楼人，云涩回车泪脸新。（唐·上元夫人《留别》）

秦楼 咏美女或指男女寻欢之地，也指公主居所。《玉台新咏》卷一《古乐府六首》其一《日出东南隅行》："日出东南隅，照我秦氏楼。秦氏有好女，自言名罗敷。"

箫管秦楼应寂寂，彩云空惹薜萝衣。（唐·无名氏《吟》其二）

青楼[1] 指妓院。南朝梁刘邈《万山见采桑人诗》："倡妾不胜愁，结束下青楼。"

十年一觉扬州梦，赢得青楼薄幸名。（唐·杜牧《遣怀》）

青楼[2] 指贵族女子住处。三国魏·曹植《美女篇》："青楼临大路，高门结重关。"

君爱龙城征战功，妾愿青楼歌乐同。（唐·张籍《妾薄命》）

庾楼 亦作"庾亮楼""庾公楼""南楼"。咏庾亮或咏赏月。见135页"元规爱月"。

伤心最是江头月，莫把书将上庾楼。（唐·元稹《凭李忠州寄书乐天》）

百尺楼 喻指登高望远，志向远大。见51页"玄德对卧"。

烽火城西百尺楼，黄昏独上海风秋。（唐·王昌龄《从军行七首》其一）

波撼楼 指湖光城影的景色。孟浩然《望洞庭湖赠张丞相》："八月湖水平，涵虚混太清。气蒸云梦泽，波撼岳阳城。"

山绕平湖波撼城，湖光倒影浸山青，水晶楼下欲三更。（宋·张元

干《浣溪沙·山绕平湖波撼城》）

穿针楼 咏七夕。旧题晋葛洪《西京杂记》卷一："汉彩女常以七月七日穿七孔针于开襟楼，俱以习之。"

穿针楼上闭秋烟，织女佳期又隔年。（唐·李群玉《秋登涔阳城二首》其二）

访江楼 亦作"江楼作诔"。喻指伤悼故友。《世说新语·文学》："桓玄尝登江陵城南楼云：'我今欲为王孝伯作诔。'因吟啸良久，随而下笔。"

海蜃楼 亦作"吐气成楼"。指蜃吐气而成空中楼阁，喻指虚幻不实。《史记·天官书》："海旁蜃气象楼台；广野气成宫阙然。云气各象其山川人民所聚积。"

海蜃楼高，仙蛾钿小，缥缈结成心字。（宋·唐艺孙《天香·螺甲磨星》）

乞巧楼 咏七夕。南朝梁宗懔《荆楚岁时记》："七月七日为牵牛织女聚会之夜。是夕，人家妇女结彩楼，穿七孔针，或以金银鍮石为针，陈瓜果于庭中以乞巧。有喜子网于瓜上，则以为符应。"

问谁曾见天孙驾，辜负人间乞巧楼。（清·许钺《七夕雨》）

十二楼 亦作"五城十二楼"。指神仙的楼阁。《史记·封禅书》："方士有言'黄帝时为五城十二楼，以候神人于执期，命曰迎年'。"

谢家楼 亦作"谢家风光"。用以咏柳或咏春光。谢灵运《登池上楼》："初景革绪风，新阳改故阴。池塘生春草，园柳变鸣禽。"

南望愁云锁翠微，谢家楼阁雨霏霏。（唐·韦庄《旅中感遇寄呈李秘书昆仲》）

燕子楼 借指不幸女子的住处。白居易《燕子楼诗序》："徐州故尚书有爱妓曰盼盼，善歌舞，多风态。尚书既没，彭城有旧第，第中有小楼名燕子，盼盼念旧爱而不嫁，居是楼十余年。"

燕子楼中霜月夜，秋来只为一人长。（唐·白居易《燕子楼三首》其一）

长笛倚楼 亦作"赵倚楼""笛声人倚楼""短笛长歌独倚楼"。借指闻笛怀人。赵嘏《长安晚秋》："云物凄凉拂曙流，汉家宫阙动高秋。残星几点雁横塞，长笛一声人倚楼。……鲈鱼正美不归去，空戴南冠学楚囚。"

曳履商声怜此老，倚楼长笛问谁家。（宋·曾几《八月十五夜月二首》其一）

金谷堕楼 亦作"金谷楼中人""金谷"。指落花或红颜薄命。杜牧《金谷园》："繁华事散逐香尘，流水无情草自春。日暮东风怨啼鸟，落花犹似堕楼人。"

绿珠坠楼 亦作"坠楼""坠楼人""绿珠"。指绿珠跳楼事。见本页"金谷堕楼"。

安用金谷园，坠楼烦绿珠。（宋·张元干《奉酬陈端中明府长韵》）

十二玉楼 亦作"十二琼楼"。指仙境。旧题汉东方朔《海内十洲记》：昆仑山"其一角有积金为天墉城，而方千里。城上安金台五所，玉楼十二所。……西王母之所治也。"旧题汉桓驎《西王母传》："所居宫阙，在龟山春山西那之都，昆仑之圃，阆风之苑，有城千里，玉楼十二，琼华之阙，光碧之堂。"

十二玉楼寻不见，手攀仙鹤步烟霞。（宋·释妙伦《偈颂八十五首》其二二）

王粲登楼 亦作"王粲赋荆州""王粲楼""仲宣楼""登楼""登楚""登楼赋"。指登高伤怀。王粲《登楼赋》："登兹楼以四望兮，聊暇日以销忧。……情眷眷以怀旧兮，孰忧思之可任。凭轩槛以遥望兮，向北风而开襟。……悲旧乡之壅隔兮。涕横坠而弗禁。"李善注引盛弘之《荆州记》："当阳县城楼。王仲宣登之而作赋。"

王粲登楼犹有赋，杜陵作客竟无家。（清·祖攀龙《寄子愚》）

耧（耬）lóu 耧车，下种器。

古《广韵》：平声，侯韵。逆耙～锄～顺～播～锄～犁～种

娄（婁）lóu

古下平，十一尤。逆部～兜～扶～符～附～赣～沟～钩～贺～降～卷～库～离～娄～黔～属～维～曳～伊～邾～顺～公～瓜～郝～金～山关～宿例遗墟当少昊，悬象逼奎娄。（唐·高适《东平旅游奉赠薛太守二十四韵》）贫中有等级，犹胜嫁黔娄。（唐·白居易《赠内子》）鸣玉锵登降，衡牙响曳娄。（唐·温庭筠《病中书怀呈友人》）

典**黔娄** 借指安贫乐道的隐士。《列女传·鲁黔娄妻》："鲁黔娄先生之妻也。先生死，曾子与门人往吊之。……见先生之尸在牖下，枕墼席槁，缊袍不表，覆以布被，首足不尽敛，覆头则足见，覆足则头见。……曾子曰：'先生在时，食不充口，衣不盖形，死则手足不敛，旁无酒肉，生不得其美，死不得其荣。……'曾子曰：'唯斯人也而有斯妇。'君子谓黔娄妻为乐贫行道。"

黔娄固穷士，妻贤忘其贫。（唐·白居易《赠内》）

喽（嘍）lóu 另见459页lou。

古《广韵》：平声，侯韵。逆喽～啰～顺～啰～罗

窭（窶）lóu 瓯窭，狭小的高地。另见445页jù。

古下平，十一尤。例何处设瓜果，香动帻沟窭。（宋·刘辰翁《水调歌头·何处设瓜果》）

典**祝瓯窭** 见422页"瓯窭祝"。

稻未分秧麦已秋，豚蹄不用祝瓯窭。（宋·陆游《初夏》）

蒌（蔞）lóu

古下平，十一尤。又：上平，七虞同。又：上声，七麌异。逆瓜～括～顺～蒿～室～藤

偻（僂）lóu 曲背。

古下平，十一尤。又：上声，七麌同。又：去声，二十六宥同。逆背～俯～末～曲～拳～上～偃～伛～顺～俯～行～指例真龙竟寂寞，土梗空俯偻。（唐·杜甫《雷》）

蝼（螻）lóu

古下平，十一尤。逆土～蟹～腥～蚁～顺～蛄～蝈～蚁～蚓～螟～蝗

典**流水不腐，户枢不蝼** 喻指经常运动的物体不易受侵蚀。《吕氏春秋·尽数》："流水不腐，户枢不蝼，动也。"

髅（髏）lóu

古下平，十一尤。逆髑～枯～骷～撒～例如何卢行者，镕铁护枯髅。

(宋·刘克庄《病中杂兴五言十首》其六)谁知老卧江湖上,犹枕当年虎髑髅。(宋·陆游《醉歌》)

典**妖狐戴髑髅** 亦作"冠髑髅"。指妖怪以假象害人。段成式《酉阳杂俎》卷一五:"旧说野狐名紫狐,夜击尾火出,将为怪,必戴髑髅拜北斗,髑髅不坠,则化为人矣。"

老狐戴髑髅,夜拜北斗神。(明·童轩《感寓》)

谋(謀)móu

古下平,十一尤。逆弊～猜～倡～唱～宸～成～骋～创～大～道～稻粱～定～多～发～反～非～干～功～寡～过～好～和～宏～稽～集～绩～嘉～狡～进～谲～狂～连～乱～祕～庙～内～逆～匿～虐～铺～器～钦～寝～区～曲～稔～睿～设～身～圣～时～首～硕～贪～通～威～微～诬～无～显～效～协～训～雅～演～贻～遗～义～淫～隐～英～余～与～豫～渊～原～允～运～赞～造～诈～兆～折～至～周～谘～顺～变～才～材～朝～臣～道～度～夫～府～龟～国～虹～欢～迹～结～克～谟～畔～阙～人～身～生～始～筮～孙～夕～新～养～野～翼～犹～元～约～谮～章～长～志例行藏惟圣节,福祸在人谋。(唐·张说《赠崔公》)所不卖公器,动为苍生谋。(唐·王维《献始兴公》)纵怀济时策,谁肯论吾谋。(唐·高适《东平路中遇大水》)

典**稻粱谋** 亦作"稻粱求"。指生活艰辛。杜甫《同诸公登慈恩寺塔》:"君看随阳雁,各有稻粱谋。"

才薄难任家国忧,年衰未免稻粱谋。(宋·黄公度《春日书怀》)

羊孙谋 指谋继帝位。《史记·梁孝王世家》:"梁王怨袁盎及议臣,乃与羊胜、公孙诡之属阴使人刺杀袁盎及他议臣十余人。逐其贼,未得也。于是天子意梁王,逐贼,果梁使之。乃遣使冠盖相望于道,覆按梁,捕公孙诡、羊胜。……王乃令胜、诡皆自杀,出之。"

牛祸衅将发,羊孙谋始回。(唐·李德裕《清冷池怀古》)

上兵伐谋 指以谋克敌方为上策。《孙子·谋攻》:"故上兵伐谋,其次伐交,其次伐兵,其下攻城。"

上兵贵伐谋,此道不能为。(唐·储光羲《同诸公秋日游昆明池思古》)

诒厥孙谋 亦作"贻厥孙谋"。指为长远出谋划策。《诗经·大雅·文王有声》:"诒厥孙谋,以燕翼子。"郑玄笺:"诒犹传也;孙,顺也。"

明明维后,诒厥孙谋。(宋·真宗《宁宗朝享三十五首》其七)

筑室道谋 指因顾忌太多人的意见而办事不成。《诗经·小雅·小旻》:"如彼筑室于道谋,是用不溃于成。"

筑室道谋须勇决,养鱼沸鼎益烦苛。(宋·沈继祖《送合学袁尚书帅蜀》)

缪(繆)móu 另见504页miù、569页miào。

古下平,十一尤。逆绸～顺～书～思～斯～篆例宿昔同文翰,交分共绸缪。(唐·韦应物《寄别李儋》)

典**未雨绸缪** 喻指事先做好准备。《诗经·唐风·绸缪》:"绸缪束薪,三星在天。"《诗经·豳风·鸱鸮》:"迨天之未阴雨,彻彼桑土,绸缪牖户。"

未雨绸缪彻桑土,御冬旨蓄备桃诸。(清·黄遵宪《和钟西耘庶常德祥律门感怀诗》)

眸móu 瞳仁。

古下平,十一尤。逆冰～病～寸～电～凤～含～横～回～火～睫～金～抉～敛～灵～六～明～凝～青～清～秋～染～双～星～修～悬～吟～迎～远～注～醉顺～光～瞩例妖歌慢舞烂不收,倒心回肠为青眸。(唐·韩愈《刘生诗》)萝屋萧萧事事幽,临风搔首远凝眸。(唐·牟融《题山庄》)

典**水剪双眸** 指水灵而有神的眼睛。李贺《唐儿歌》:"头玉硗硗眉刷翠,杜郎生得真男子。骨重神寒天庙器,一双瞳人剪秋水。"

双眸剪秋水,十指剥春葱。(唐·白居易《筝》)

蛑móu

古下平,十一尤。逆侵～鳅～蝤～顺～螯～蝤～贼

牟[1]móu

古下平,十一尤。逆曹～岑～兜～顿～根～架～来～卢～弥～牟～侵～头～相～悬～夷～顺～利～尼例功名早,便貂蝉猎猎,飞出兜牟。(宋·洪咨夔《沁园春·饮马咸池》)万古沧江波不尽,风流。谁似监州旧姓牟。(宋·吴淇《南乡子·十日借春留》)

牟[2](*麰)móu 来牟。

古下平,十一尤。逆蚕～来～麰～麦～顺～麦

典**来牟** 指麦。《诗经·周颂·思文》:"思文后稷,克配彼天,立我烝民,莫匪尔极。贻我来牟,帝命率育。无此疆尔界,陈常于时夏。"毛氏传:"牟,麦率用也。"

来牟知帝力,含哺有衢歌。(唐·汪极《奉试麦垄多秀色》)

侔móu 相等。

古下平,十一尤。逆比～不～揣～敌～功～混～力～侵～势～顺～德～迹～利～名～莫～拟～状～訾～尊例令行山川改,功与玄造侔。(唐·元结《闵荒诗》)雷霆助光怪,气象难比侔。(唐·韩愈《赴江陵途中寄赠王二十补阙》)谁道金风能肃物,因何厚薄不相侔。(唐·刘兼《木芙蓉》)

鍪móu ①古代炊器。②古代武士的头盔。

古下平,十一尤。逆兜～象～顺～甲例伫继贞观烈,边封脱兜鍪。(唐·韩愈《赴江陵途中寄赠王二十补阙》)

典**貂蝉出兜鍪** 指年老之荣耀源于少壮之武功战绩。《南齐书·周盘龙传》:"出为持节都督兖州缘淮诸军事、平北将军、兖州刺史。进爵侯。……加领东平太守。盘龙表年老才弱,不可镇边,求解职,见许。还为散骑常侍、光禄大夫。世祖戏之曰:'卿著貂蝉,何如兜鍪?'盘龙曰:'此貂蝉从兜鍪中出耳。'"

一纸短书劳远祝,貂蝉到底出兜鍪。(宋·朱翌《寄刘明道》)

牛niú

古下平,十一尤。逆白～百～伯～车～喘～玳～帝～斗～饭～风～风马～负～牯～函～汗～豪～火～稷～郊～解～金～荆～犒～快

～侩～夔～坤～累～黎～连～留～马～牤～眠～木～牧～泥～朴～期～蹊～齐～牵～青～丘～因～求～全～孺子～沙～烧～射～沈～石～食～嵩～索～特～童～土～吞～纨～问～无～吴～五～箱～享～刑～休～逸～殷～杖～椎～梓～顺～哀～背笛～兵～涔～埭～戴牛～刀～笛～鼎～湩～斗～铎～腹书～宫～闺～行～后～祸～藿～矶～蘘～胶～金～觔～津～茎～酒～拘～具～客～口～侩～牢～犁～吏～领～录～马风～马走～眠～鸣～驽～女～耦～旁～篋～山～山悲～山客～山泪～山木～山叹～牲～矢～首～蓑～桃～田～童～囤～弯～王～屋～下歌～享～心炙～骍～宿～鞅～腰～衣～衣客～衣泪～蚁～折齿～炙～种～渚怪～渚矶～渚犀～渚咏～子～觜例金勒银鞍控紫骝，玉轮珠幰驾青牛。（唐·崔液《上元夜六首（一作夜游诗）》）惊涛疑跃马，积气似连牛。（唐·骆宾王《渡瓜步江》）

典**饭牛**　亦作“宁戚饭牛”“饭牛歌”。见459页“牛下讴”。

否去泰来终可待，夜寒休唱饭牛歌。（唐·韦庄《湘中作》）

火牛　喻指出奇制胜。《史记·田单列传》：“田单乃收城中得千余牛，为绛缯衣，画以五彩龙文，束兵刃于其角，而灌脂束苇于尾，烧其端。凿城数十穴，夜纵牛，壮士五千人随其后。牛尾热，怒而奔燕军，燕军夜大惊。牛尾炬火光明炫燿，燕军视之皆龙文，所触尽死伤。五千人因衔枚击之，而城中鼓噪从之，老弱皆击铜器为声，声动天地。燕军大骇，败走。”

即墨门开纵火牛，燕师营里血波流。（唐·胡曾《咏史诗·即墨》）

泥牛　指春牛，咏立春。宋孟元老《东京梦华录》：“立春前一日，开封府进春牛入禁中鞭春。开封、祥符两县，置春牛于府前，至日绝早，府僚打春，如方州仪。府前左右，百姓买卖小春牛，往往花装栏坐，上列百戏人物，春幡雪柳，各相献遗。”

村妇祈蚕分面茧，老农占岁说泥牛。（宋·刘蒙山《春日田园杂兴》）

青牛　亦作“道士牛”。①咏道士。②喻指西行出关。《史记·老子列传》：“居周久之，见周之衰，乃遂去。至关，关令尹喜曰：‘子将隐矣，强为我著书。’于是老子乃著书上下篇，言道德之意五千余言而去，莫知其所终。”司马贞索隐引《列仙传》：“老子西游，关令尹喜望见有紫气浮关，而老子果乘青牛而过也。”

青牛谩说函关去，白马亲从印土来。（唐·无名氏《题焚经台》）

土牛　咏立春。《礼记·月令》：“季冬之月，日在婺女。……（天子）命有司，大难旁磔，出土牛，以送寒气。”

布泽木龙催，迎春土牛助。（唐·白居易《和微之诗二十三首·和三月三十日四十韵》）

问牛　指宰相燮理阴阳，关心大事。《汉书·丙吉传》：“吉又尝出，逢清道群斗者，死伤横道，吉过之不问，掾史独怪之。吉前行，逢人逐牛，牛喘吐舌。吉止驻，使骑吏问：‘逐牛行几里矣？’掾史独谓丞相前后失问，或以讥吉，吉曰：‘民斗相杀伤，长安令、京兆尹职所当禁备逐捕，岁竟丞相课其殿最，奏行赏罚而已。宰相不亲小事，非所当于道路问也。方春少阳用事，未可大热，恐牛近行，用暑故喘，此时气失节，恐有所伤害也。三公典调和阴阳，职当忧，是以问之。’掾史乃服，以吉知大体。”

倚马才高犹爱艺，问牛心在肯容私。（唐·卢延让《逢友人赴阙》）

风马牛　指事物之间没有关系。《左传·僖公四年》：“齐侯以诸侯之师侵蔡，蔡溃，遂伐楚。楚子使与师言曰：‘君处北海，寡人处南海，唯是风马牛不相及也。不虞君之涉吾地也，何故？’”杜预注：“牛马风逸，盖末界之微事，故以取喻。”

闭门读书卧岁晚，世事敢云风马牛。（宋·张栻《和张荆州所寄》）

景升牛　喻指表面强大实则无用的人或物。《晋书·桓温传》：“温作色问四座曰：‘颇闻刘景升有千斤大牛，噉刍豆十倍于常牛，负重致远，曾不若一羸牸。’”

痴如景升牛，莫保尻与领。（宋·苏轼《和陶饮酒二十首》其一三）

气食牛　亦作“气吞牛”。指胸怀豪迈、人小志大。旧题周尸佼《尸子》卷下：“虎豹之驹，未成文，而有食牛之气；鸿鹄之鷇，羽翼未合，而有四海之心。”

虎生三日食牛气，马走千里随母驹。（宋·释正觉《禅人并化主写真求赞》）

归马放牛　指不复战争。《书·武成》：“乃偃武修文，归马于华山之阳，放牛于桃林之野，示天下弗服。”孔颖达疏：“次是战时牛马，放牧之，示天下不复乘用。”

放牛归马予素志，凯献何期此见双。（清·乾隆《高宗纯皇帝》其二三）

襟裾马牛　亦作“裾马襟牛”。喻指无知之人。韩愈《符读书城南》：“人不通古今，马牛而襟裾。”

只有简编遮眼在，马牛犹得远襟裾。（宋·曹彦约《余干史子固本知县》其四）

卖刀买牛　亦作“卖剑买犁”“卖剑买牛”。指弃武从农、重视农耕。见612页“刀剑化耕蚕”。

蒿街伫见悬酋豪，买牛卖剑犊卖刀。（宋·王之道《和刘春卿夏日闵旱次韵》）

庖丁解牛　亦作“解牛”“宰牛”。①指养生、处世之道。②指运用自如，办事得心应手。③喻指居官治事能力强。《庄子·养生主》：“庖丁为文惠君解牛，手之所触，肩之所倚，足之所履，膝之所踦，砉然响然，奏刀騞然，莫不中音。合于桑林之舞，乃中经首之会。……今臣之刀十九年矣，所解数千牛矣，而刀刃若新发于硎。彼节者有间而刀刃者无厚，以无厚入有间，恢恢乎其于游刃必有余地矣。”

庖丁解牛妙世故，监市履狶知民心。（宋·黄庭坚《寄上叔父夷仲三首》其三）

去马来牛　亦作“不分牛”。①喻指事物难以分辨。②喻指虚幻易逝的东西。《庄子·秋水》：“秋水时至，百川灌河。径流之大，两涘渚崖之间，不辩牛马。”“不分牛”指水面很宽。

暖日喧风酣独卧，来牛去马乱相撞。（明·陈宪章《春日偶成》）

吴分星牛 亦作“吴分”。指牵牛、婺女星为吴地之分野。《周礼·春官·保章氏》：“以星土辨九州之地所封，封域皆有分星，以观妖祥。”《史记·天官书》：“牵牛、婺女，扬州。”

况青岗不助，晋家风鹤，黑云直卷，吴分星牛。（宋·陈著《沁园春·人生功名》）

笔势回万牛 指文才杰出。黄庭坚《以团茶洮州绿石砚赠无咎文潜》：“晁子智囊可以括四海，张子笔端可以回万牛。”

岁月易忘，姓名须载，笔势翩翩回万牛。（宋·黄机《沁园春·问讯西园》）

蚁喧床下闻牛 亦作“蚁动闻牛”“殷师斗牛”“殷牛”“牛蚁”。指认识有误。《世说新语·纰漏》：“殷仲堪父病虚悸，闻床下蚁动，谓是牛斗。孝武不知是殷公，问仲堪有一殷病如此不？仲堪流涕而起曰：‘臣进退维谷。’”

石卧山前认虎，蚁喧床下闻牛。（宋·辛弃疾《雨中花慢·旧雨常来》）

抔 póu

以手掬物。

古下平，十一尤。逆一～顺～土～饮

掊 póu

①挖掘。②聚敛。③量词，捧。另见491页pǒu。

古平声，尤韵。又：平声，肴韵同。逆锄～搜～一～例庭草佣工薙，园蔬稚子掊。（唐·元稹《江边四十韵》）胜致通幽感，灵泉有虎掊。（唐·周繇《题东林寺虎掊泉》）

裒 póu

①聚。②拿取；搜集。

古下平，十一尤。逆兼～顺～剥～畜～次～撮～对～掇～割～合～汇～会～积～集～辑～聚～克～刻～览～类～录～率～取～索～沓～啸～艺～益～责～整～缀

求 qiú

古下平，十一尤。逆按～博～财～参～驰～吹～祠～奉～敷～苟～规～诡～稽～籍～冀～假～检～简～讲～进～眷～考～刻～类～流～论～缅～敏～冥～默～旁～聘～期～取～深～审～收～守～调～外～详～胁～须～选～羊～养～侥～应～幽～由～远～责～正～征～重～周～诛～谘～顺～哀～艾～旦～盗～丐～匄～皇～凰～间～竭～旧～楼～禄～逸～觅～名～瘼～牛～配～聘～娉～愆～情～容～伸～思～田～通～瑕～心～信～须～言～羊～正～仲

例归来教乡里，童蒙远相求。（唐·卢照邻《咏史四首》其四）升平贵论道，文墨将何求。（唐·王昌龄《放歌行》）以兹感激辞旧游，更于时事无所求。（唐·高适《邯郸少年行》）

典**茂陵求** 亦作“茂陵书”“茂陵遗稿”。指至死忠于朝廷，用以伤悼文士。《史记·司马相如传》：“相如既病免，家居茂陵。天子曰：‘司马相如病甚，可往从悉取其书；若不然，后失之矣。’使所忠往，而相如已死，家无书。问其妻，对曰：‘长卿固未尝有书也。时时著书，人又取去，即空居。长卿未死时，为一卷书，曰有使者来求书，奏之。无他书。’其遗札书言封禅事，奏所忠，忠奏其书，天子异之。”

陈迹他年循吏传，遗文何日茂陵求。（宋·黄公度《挽方仲及签判二首》其二）

向古人求 指人之超群难比。《三国志·魏书·吕布传》附《陈登传》：“陈登者，字元龙，在广陵有威名。又掎角吕布有功，加伏波将军，年三十九卒。……备因言曰：‘若元龙文武胆志，当求之于古耳，造次难得比也。’”

科甲翻令吾辈重，史编应向古人求。（明·吴宽《送张兼素出知施宗州》）

泅 qiú

游泳。

古下平，十一尤。顺～渡～浮～水

球 qiú

古下平，十一尤。逆彩～尘～蹴～村～灯～灯～断～寰～钩～泪～琳～柳～柳～鸣～跷～清～松～松～天～珠～筑～顺～琲～璧～带～胆～刀～灯～府～锽～璜～猎～琳～琳器～楼～路带～路锦～露锦～图～音～鱼～玉～仗～杖

例金锤玉蓥千金地，宝杖雕文七宝球。（唐·蔡孚《打球篇》）素女鸣珠佩，天人弄彩球。（唐·李白《宫中行乐词》）锦袋归调箭，罗鞋起拨球。（唐·张祜《少年乐》）

裘 qiú

古下平，十一尤。逆白～豹～贝～敝～表～布～翠～貂～冬～焚～风～羔～弓～鹤～黑～狐～箕～锦～良～鹿～披～千金～秦～轻～僧～同～菟～驼～委～文～乌～袭～亵～轩～晏～羊～衣～英～云～皂～珍～征～雉～重～顺～带～葛～褐～罽～领～马～莽～帽～冕～茸～钟例三晨宁举火，五月镇披裘。（唐·王绩《晚年叙志示翟处士》）河宗来献宝，天子命焚裘。（唐·沈佺期《和崔正谏登秋日早朝》）绛帻鸡人送晓筹，尚衣方进翠云裘。（唐·王维《和贾舍人早朝大明宫之作》）

典**鹿裘** 借指隐士的装束。晋·皇甫谧《高士传》卷上：“荣启期者，不知何许人也。鹿裘带索，鼓琴而歌。孔子游于泰山，见而问之曰：‘先生何乐也？’对曰：‘……贫者士之常也，死者民之终也，居常以待终，何不乐也。’”

归卧养天真，鹿裘乌角巾。（唐·许浑《赠王处士》）

羊裘 亦作“披羊裘”。指安于穷困，不慕权贵的隐士生涯。《后汉书·严光传》：“严光字子陵，一名遵，会稽余姚人也。少有高名，与光武同游学。及光武即位，乃变名姓，隐身不见。帝思其贤，乃令以物色访之。后齐国上言：‘有一男子，披羊裘钓泽中。’帝疑其光，乃备安车玄纁，遣使聘之。”

蝇利薄于青纸扇，羊裘暖甚紫罗衣。（唐·詹琲《追和秦隐君辞荐之韵上陈侯乞归凤山》）

黑貂裘 亦作“黑貂敝”“黑裘”“貂裘”“敝黑貂裘”“敝貂裘”“裘敝”“敝裘”“尘暗旧貂裘”“秦貂没”“季子裘”“季子貂裘”。指落魄无依、壮志未酬。苏秦，字季子。《战国策·赵策一》：“李兑送苏秦明月之珠，和氏之璧，黑貂之裘，黄金百镒。苏秦得以为用，西入于秦。”《战国策·秦策一》：“苏秦始将连

横，说秦惠王……说秦王书十上而说不行。黑貂之裘弊，黄金百斤尽，资用乏绝，去秦而归。赢縢履蹻，负书担橐，形容枯槁，面目犁黑，状有愧色。"

关河梦断何处，尘暗旧貂裘。(宋·陆游《诉衷情令·当年万里觅封侯》)

晏子裘 亦作"晏裘"。指大臣生活简朴。《晏子春秋·内篇杂下》："景公饮酒，田桓子侍，望见晏子，而复于公曰：'请浮晏子。'公曰：'何故也？'无宇对曰：'晏子衣缁布之衣，麋鹿之裘，栈轸之车，而驾驽马以朝，是隐君之赐也。'"

庾郎三韭不妨饱，晏子一裘何恨贫？(宋·陆游《闲昧》)

一葛一裘 指生活简单。韩愈《送石处士序》："有荐石先生者。公曰：'先生何如？'曰：'先生居嵩、邙、瀍、谷之间，冬一裘，夏一葛，食朝夕饭一盂，蔬一盘。人与之钱则辞。'"

一葛一裘经岁，一钵一瓶终日，老子旧家风。(宋·辛弃疾《水调歌头·万事几时足》)

囚qiú

㊀下平，十一尤。㊀报～闭～逋～楚～村～凡～俘～击～羁～禁～拷～累～论～虑～免～木～禽～轻～穷～山～诗～天～徒～推～王～系～献～休～宿～讯～要～邑～幽～狱～诏～执～滞～纵～㊀～籍～髻～解～梁～录～命～牛～山～首～饮～执～絷～制～桎㊀忆昨京华子，伤今边地囚。(唐·沈佺期《从驩州廨宅移住山间水亭赠苏使君》)讼简知能吏，刑宽察要囚。(唐·高适《奉酬睢阳李太守》)报状拆开知足雨，赦书宣过喜无囚。(唐·王建《赠华州郑大夫》)

㊀**楚囚** 见749页"钟仪琴"。

正怜东道感贤侯，何幸南冠脱楚囚。(唐·徐铉《移饶州别周使君》)

渭水囚 指已近死期或已被杀的囚犯。汉刘向《新序》："卫鞅一日临渭而论囚七百余人，渭水尽赤。"

只今便作渭水囚，食粟已是西山羞。(宋·文天祥《去年十月九日》)

仇qiú

①匹配。②姓。另见469页chóu。

㊀下平，十一尤。㊀好～㊀～池～仇～方～牧～尼～牛～偶～匹～首～吾～香～繇～由～犹

蝤qiú

蝤蛴，天牛的幼虫。

㊀《广韵》：平声，尤韵。㊀～领～蛴～蛴颈～蛴领～蛴项～蚓

虬(虯)qiú

虬龙。

㊀上平，十一尤。㊀白～苍～绛～蛟～金～灵～龙～盘～蟠～神～松～素～腾～逸～阴～银～蚴～玉～云～㊀～螭～床～盖～宫～虎～户～甲～驾～箭～角～结～劲～卷～柯～栏～立～龙～炉～拳～盘～蟠～屈～曲～髯～髯公～髯客～髯翁～兽～梭～文～蜈～须客～钟～髭㊀露香浓结桂，池影斗蟠虬。(唐·钱起《赋得池上双丁香树》)青鲸高磨波山浮，怪魅炫曜堆蛟虬。(唐·韩愈《刘生诗》)

酋qiú

㊀下平，十一尤。㊀边～敌～贵～豪～魁～蛮～渠～㊀～党～耳～豪～健～魁～腊～矛～酋～渠～首～帅～望～种㊀山河据形胜，天地生豪酋。(唐·孟浩然《送张祥之房陵》)坛宇宽帖帖，符彩高酋酋。(唐·杜牧《洛中送冀处士东游》)洪迈被拘留。稽首垂哀告彼酋。(宋·太学诸生《南乡子·洪迈被拘留》)

㊀**篁竹之酋** 指越人首领。《汉书·严助传》："淮南王安上书谏曰：'……臣闻越非有城郭邑里也，处溪谷之间，篁竹之中，习于水斗，便于用舟，地深昧而多水险……"

遒qiú

㊀下平，十一尤。㊀逼～警～清～遒～语～㊀～拔～宕～铎～放～古～悍～豪～华～浑～健～捷～紧～谨～尽～进～举～绝～俊～峻～隽～丽～利～炼～迈～茂～美～媚～密～迫～然～人～润～上～深～爽～肃～婉～伟～文～迅～雅～艳～佚～逸～越～泽～章～整～正～直～旨～壮㊀云起将歌发，风停与管遒。(唐·李世民《冬宵各为四韵》)感激空如此，芳时屡已遒。(唐·张九龄《江上》)水淀还相阅，菱歌亦故遒。(唐·张九龄《经江宁览旧迹至玄武湖》)

㊀**张华史汉遒** ①指博学之人。②咏修禊。《世说新语·言语》："诸名士共至洛水戏。还，乐令问王夷甫曰：'今日戏乐乎？'王曰：'裴仆射善谈名理，混混有雅致；张茂先论《史》《汉》，靡靡可听；我与王安丰说延陵、子房，亦超超玄著。'"刘孝标注引《晋阳秋》："华博览洽闻，无不贯综。世祖尝问汉事，及建章千门万户。华画地成图，应对如流，张安世不能过也。"

束皙言谈妙，张华史汉遒。(唐·沈佺期《三日独坐欢州思忆旧游》)

犰qiú

㊀《广韵》：平声，尤韵。㊀～狳

逑qiú

匹配。

㊀下平，十一尤。㊀好～诸～㊀～好～耦～匹～取㊀平生附我者，诗人称好逑。(唐·元稹《阳城驿》)

㊀**好逑** 指好配偶。见589页"关关"。

好逑得偶天官胄，嗣子能传月窟芳。(宋·陈淳《挽孙少卿四首》其一)

赇(賕)qiú

贿赂。

㊀下平，十一尤。㊀行～贿～货～请～受～售～贪～通～责～追～㊀～官～贿～货～吏～赂～纳～请～托～饷～谢～谒～嘱㊀买舟俟一竞，竞敛贫者赇。(唐·元稹《竞舟》)

柔róu

㊀下平，十一尤。㊀卑～宾～槽～丰～抚～甘～欢～徽～辑～克～宽～丽～佞～谦～屈～扰～绕指～仁～桑～善～守～思～调～韦～熙～鲜～谐～新～驯～夭～懿～幽～玉～贞～执～直～㊀～安～从～娥～革～冠～规～翰～毫褥～缓～黄～魂～嘉～甲～奸～立～利～良～讷～佞～懦～辔～齐～祇～悫～穰～桡～扰～仁～濡～淑～胎～调～铁～握～煦～驯～逊～巽～艳～冶～荑～毅～莹～腴～远～愿～指～中㊀起行视天宇，春气渐和柔。(唐·杜甫《晦日寻崔戢李封》)枕上眠常戴，风前醉恐柔。(唐·王建《答寄芙蓉冠子》)

倦寝意蒙昧，强言声幽柔。（唐·孟郊《卧病》）

〖典〗**绕指柔** 亦作"绕指"。指因受挫而意志薄弱、无能为力。后用来比喻使火暴强硬的性情变得柔顺。刘琨《重赠卢谌》："功业未及建，夕阳忽西流。……何意百炼钢，化为绕指绕。"

五斗折腰人，百炼绕指柔。（宋·岳珂《山中书怀》）

揉róu

〖古〗下平，十一尤。〖逆〗错～纷～和～摩～磨～隐～造～〖顺〗～错～耳～辐～革～和～恩～藉～莒～蓝～炼～摩～磨～弄～挪～砑～制～斫～濯〖例〗霰雪讵能侵，烟岚自相揉。（唐·李德裕《春暮思平泉杂咏二十首·海石楠》）八片尖裁浪作球，火中焊了水中揉。（唐·归氏子《答日休皮字诗》）穿针楼上未眠人，应自把、荷花挼揉。（宋·吴潜《鹊桥仙·银河半隐》）

糅róu

〖古〗去声，二十六宥。〖逆〗驳～错～纷～混～集～腾～肴～业～〖顺〗～合～莒〖例〗朱维方烧日，阴霰纵腾糅。（唐·韩愈《南山诗》）

蹂róu

〖古〗下平，十一尤。又：去声，二十六宥异。〖逆〗簸～驰～蹈～攻～践～杂～〖顺〗～促～蹈～蹀～藉～籍～轹～辚～蹸～躏～掠～踏～若～损～剔～抑〖例〗从别后。但暗忆娉婷，几把垂杨蹂。（宋·刘埙《买陂塘》）

鞣róu 熟皮。

〖古〗下平，十一尤。又：去声，二十六宥同。〖顺〗～料～酸

熟shóu 口语音。另见405页shú。

头（頭）tóu

〖古〗下平，十一尤。〖逆〗鳌～遨～奔～并～采～苍～草～孱～出～春～戴～丹～担～锴～道～抵～店～钿～凤～扶～浮～丐～根～艮～贯～圭～裹～颔～横～红～鸿～鹄～黄～髻～江～浇～焦～津～襟～景～科～魁～临～峦～芒～髦～梅～摩～陌～纳～衲～蓬～樵～俏～曲～鹊～搔～穗～湾～戏～瑕～香～绡～宿～虚～悬～噱～邀～隅～雨～浴～月～攒～〖顺〗～被～编～鬓～槎～醋～抵～肚～耳～方～纲～篙～羹～谷～黑～会～鸡～髻～颊～甲～角～巾～戒～巾气～颈～蜡～佬～里～卢～锣～绿～马～面～匹～品～前～秋～容～额～纱～晌～梢～稍～虱～食～市～势～蹄～挑～童～陀碑～陀行～午～香～项～囟～须～眼～衣～役～营～影～壅～由～鱼宴～至〖例〗去此从黄绶，归欤任白头。（唐·高适《古乐府飞龙曲留上陈左相（陈希烈）》）日色隐孤戍，乌啼满城头。（唐·杜甫《发秦州》）

〖典〗**遨头** 借指年头的第一次出游。苏轼《次韵刘景文周次元寒食同游西湖》："蓝尾忽惊新火后，遨头要及浣花前。"作者自注："成都太守，自正月二日出游，谓之遨头，至四月十九日浣花乃止。"

千里溪山记诗伯，一年莺燕识遨头。（宋·毛滂《代张兰送太守》）

抽头 指脱身退隐。苏轼《与辩才禅师》其五："某幸于闹中抽头，得此闲郡，虽未能超然远引，亦退老之渐也。"

鹤在鸡群空有志，鸿罹鱼网莫抽头。（宋·陈著《次韵里人纾愤》）

刀头 亦作"大刀头""刀环"。喻指还家。《汉书·李广传》附《李陵传》："（昭帝）遣陵故人陇西任立政等三人俱至匈奴招陵。立政等至，单于置酒赐汉使者，李陵、卫律皆侍坐。立政等见陵，未得私语，即目视陵，而数自循其刀环，握其足，阴谕之，言可还归汉也。"

破镜徒相问，刀头恐隔年。（唐·李群玉《初月二首》其二）

龙头 指杰出人物的首领，亦借指状元。《三国志·魏书·华歆传》："歆为吏，休沐出府，则归家阖门。议论持平，终不毁伤人。"裴松之注引《魏略》曰："歆与北海邴原、管宁俱游学，三人相善，时人号三人为'一龙'，歆为龙头，原为龙腹，宁为龙尾。"

龙头龙尾前年梦，今日须怜应若神。（唐·黄滔《辄吟七言四韵攀寄翁文尧拾遗》）

石点头 指讲论极有说服力。《莲社高贤传·道生法师》："师并摈南还，入虎丘山，聚石为徒，讲《涅槃经》……群石皆为点头。"

不惜虚空开口说，肯教顽石点头听。（宋·释绍昙《送节操翁住阁寺》）

土馒头 喻指坟墓。阮阅《诗话总龟·前集·诙谐门》引《东坡诗话》："王梵志诗曰：'城外土馒头，馅草在城里。每人吃一个，莫嫌没滋味。'（己）且为馅草，当使谁食之？为易其后两句云：'预先着酒浇，图教有滋味。'"

不问征西并处士，山中一样土馒头。（宋·戴表元《因营张村蛮窝并书所见》）

著帩头 指少年男子见到美丽女子时自我整饬貌。《宋书·乐志三》引《古歌·艳歌罗敷行》："行者见罗敷，下担捋髭须。少年见罗敷，脱帽著帩头。"

见说自能裁衵腹，不知谁更著帩头。（唐·段成式《嘲飞卿七首》其四）

百尺竿头 喻指道行、学问很高。《五灯会元·径山杲禅师法嗣·天童净全禅师》："百尺竿头须进步，十方世界现全身。"按，《景德传灯录·景岑禅师》"尺"作"丈"。

欲参最上真乘法，百尺竿头进步前。（清·释敬安《论道》）

独占鳌头 指夺得第一。清洪亮吉《北江诗话》卷三："又俗语谓状元独占鳌头，语非尽无稽。胪传毕，赞礼官引东班状元、西班榜眼二人，前趋至殿陛下，迎殿试榜。抵陛，则状元稍前，进立中陛石上，石正中镌升龙及巨鳌，盖禁跸出入所由，即古所谓螭头矣。俗语所本以此。"

须惩牛后羞余子，独占鳌头下九天。（宋·刘宰《送恭叔兄赴省二首》其一）

唤不回头 指贪恋富贵浮华，迷不知返。胡仔《苕溪渔隐丛话》前集卷五七："雪窦禅师尝作偈云：'三分光阴二早过。灵台一点不揩磨，贪生逐日区区去，唤不回头争奈何？'世人贪着爱境，以妄为真，迷而不返，读此偈者，宜如何哉！"

甲子平头 指六十岁。白居易《除夜》："火销灯尽天明后，便是平

头六十人。”

甲子平头才一过，未说汾阳考。（宋·陈合《宝鼎现·神龟谁断》）

丽锦缠头 指以锦等作为赠品。杜甫《即事》：“百宝装腰带，真珠络臂鞲。笑时花近眼，歌罢锦缠头。”清仇兆鳌注引《通鉴注》：“旧俗赏歌舞人以锦彩，置之头上，谓之锦缠头。”

长记曾陪燕游。酬妙舞清歌，丽锦缠头。（宋·秦观《梦扬州·晚云收》）

马上墙头 借指恋爱。白居易《井底引银瓶》：“妾弄青梅凭短墙，君骑白马傍垂杨。墙头马上遥相顾，一见知君即断肠。知君断肠共君语，君指南山松柏树。感君松柏化为心，暗合双鬟逐君去。”

墙头马上初相见，不准拟、恁多情。（宋·柳永《少年游·层波潋滟远山横》）

门外楼头 喻指王朝兴衰。杜牧《台城曲二首》其一：“整整复斜斜，隋旗簇晚沙。门外韩擒虎，楼头张丽华。谁怜容足地，却羡井中蛙。”

念往昔、繁华竞逐，叹门外楼头，悲恨相续。（宋·王安石《桂枝香·登临送目》）

木奴千头 指柑橘。《三国志·吴书·孙休传》裴松之注引晋习凿齿《襄阳记》：“（李衡）于武陵龙阳泛洲上作宅，种甘橘千株。临死，敕儿曰：‘汝母恶我治家，故穷如是。然吾州里有千头木奴，不责汝衣食，岁上一匹绢，亦可足用耳。’……吴末，衡甘橘成，岁得绢数千匹，家道殷足。’”

木奴千头化封户，秋实付与江风催。（宋·杨时《和钱济明游官园》）

漂母矶头 指漂母赠食困顿时的韩信一事。见727页“寄食王孙”。

漂母矶头春水阔，扁舟何处系东风。（宋·周弼《赠别水云翁》）

头上安头 喻指繁复、因袭。《景德传灯录·元安禅师》：“十二月一日告众曰：‘吾非明即后也，今有一事问汝等，若道遮个是，即头上安头；若道遮个不是，即斩头求活。’”

学诗浑似学参禅，头上安头不足传。（宋·吴可《学诗》）

饮月氏头 指战胜庆功。《史记·大宛列传》：“是时天子问匈奴降者，皆言匈奴破月氏王，以其头为饮器。”

幄中已断匈奴臂，军前可饮月氏头。（宋·黄庭坚《和游景叔月报三捷》）

朱衣点头 指科举中选。明陈耀文《天中记》卷三八引宋赵令畤《侯鲭录》：“欧阳修知贡举日，每遇考试卷，坐后尝觉一朱衣人时复点头，然后其文入格……始疑侍吏，及回顾之，一无所见。因语其事于同列，为之三叹。尝有句云：‘唯愿朱衣一点头。’”

我悲日色谩迷眼，君喜朱衣皆点头。（宋·姚勉《送胡从甫刘仲山入京》）

黄鹤旧山头 亦作“矶头黄鹤”。指鄂州（今武昌）。《南齐书·州郡志下》：“夏口城据黄鹄矶，世传仙人子安乘黄鹄过此上也。”

今年新梦，忽到黄鹤旧山头。（宋·范成大《水调歌头·细数十年事》）

投 tóu

㊀下平，十一尤。㊁闇～暗～报～奔～博～大～访～归～皈～九～句～来～浪～弃～情～拾～侍～薯～探～相～依～隐～珍～中～走～㊂～拜～版～报～笔～畀～鞭～兵～步～策～谗～棰～词～刺～窜～厝～地～钓～牒～分～绂～斧～赴～竿～告～戈～阁～供～钩～瓜～冠～匭～果～劾～壶～笏～环～缳～荒～殛～藉～迹～寄～艰～胶～金～酒～款～匮～醪～林～卵～纶～袂～明～命～暮～蜺～霓～栖～漆～旗～弃～契～洽～签～琼～躯～身～石～首～书～鼠～死～梭～体～托～文～檄～隙～狭～辖～下～闲～险～献～香～晓～效～心～谒～义～裔～渊～殒～簪～斋～擿～止～至～贽～杼～砖～状～子～足㊃金丸向鸟落，芳饵接鱼投。（唐·沈佺期《三日独坐驩州思忆旧游》）宇内皆安乐，天涯独远投。（唐·卢僎《稍秋晓坐阁》）黄金消众口，白璧竟难投。（唐·李白《送薛九被谗去鲁》）

㊄**明珠暗投** 亦作“暗投”“明珠怯再投”“明月暗投”“投珠见疑”。喻指怀才不遇。《史记·邹阳列传》：邹阳于狱中上书梁孝王曰：“臣闻明月之珠，夜光之璧，以暗投人于道路，人无不按剑相眄者。何则？无因而至前也。……故无因至前，虽出随侯之珠，夜光之璧，犹结怨而不见德。”

美玉宜深韫，明珠谢暗投。（宋·胡寅《示临川曾革》）

骰 tóu

㊀下平，十一尤。㊁掐～掷～㊂～局～盘～盆～钱～子～子格～子令～子选

尤（*尢）yóu

①特异。②过失；罪过。③怨恨；责怪。④尤其；更加。

㊀下平，十一尤。㊁拔～常～蚩～寡～过～何～悔～祸～离～慢～愆～取～身～深～石～释～殊～淑～庶～速～无～瑕～相～效～溢～隐～冤～择～招～最～㊂～谤～恶～罚～功～诟～悔～讳～祸～嫉～苦～累～戾～良～泥～其～诮～态～违～隙～效～杨～异～滞～最㊃戴天惟庆幸，选地即殊尤。（唐·宋璟《奉和圣制同二相已下群官乐游园宴》）降吴复归蜀，不到莫相尤。（唐·王维《与胡居士皆病寄此诗兼示学人二首》其二）举善必称最，持奸当去尤。（唐·李颀《龙门送裴侍御监五岭选》）

㊄**蚩尤** 蚩尤为上古九黎族部落酋长，因作乱被杀。《史记·五帝本纪》：“蚩尤作乱，不用帝命。于是黄帝乃征师诸侯，与蚩尤战于涿鹿之野，遂禽杀蚩尤。”晋崔豹《古今注》卷上《舆服》：“大驾指南车，起于黄帝。帝与蚩尤战于涿鹿之野，蚩尤作大雾，士皆迷四方。”

剑锋挥太皞，旗焰拂蚩尤。（唐·温庭筠《过华清宫二十二韵》）

游[1] yóu

㊀下平，十一尤。㊁遨～敖～薄～飙～宾～畅～宸～串～钓～鼎～惰～汎～高～贵～行～扈～宦～久～拘～居～矩～倦～俊～幕～朋～匹～贫～亲～散～善～胜～

四～望～卧～喜～戏～狎～遐～先～骁～雅～艳～宴～燕～冶～佚～逸～英～雍～攸～囿～娱～月～皂～长～真～至～昼～转～追～缀～作～顺～槎～处～词～辞～赐～从～岱～宕～睇～惰～放～蜂～夫～服～丐～舸～光～合～户～宦～屐～基～极～集～楫～贾～践～缰～徼～精～竞～旧～居～廊～逻～履～媚～眄～幕～泥～女～盘～泮～牝～骐～墙～阙～刃～日～溶～润～神～生～矢～士～世～仕～事～视～丝～书～肆～谈～桃～田～畋～眺～息～习～狎～夏～闲～弦～乡～庠～幸～宴～扬～漾～冶郎～谒～衣冠～仪～佚～奕～逸～意～勇～优～虞～语～寓～豫～造～瞻～长～兆～侦～趾～志～躅～瞩～赀～恣～卒例连山断处大江流，红旆逶迤镇上游。（唐·白居易《行次夏口先寄李大夫》）九衢双阙拟何去，玉垒铜梁空旧游。（唐·罗隐《下第寄张坤》）高寺懒为携酒去，名山长恨送人游。（唐·韩偓《游江南水陆院》）

典**赤松游** 亦作“赤游伴”“伴赤松行”“赤松志”“赤松期”“赤松去”“追赤松”“慕赤松”。指功成身退、出世求仙。《史记·留侯世家》：汉高祖立萧何为相，“留侯乃称曰：‘……今以三寸舌为帝师，封万户，位列侯，此布衣之极，于良足矣。愿弃人间事，欲从赤松子游耳。’乃学辟穀，道引轻身。”司马贞索隐引《列仙传》：“神农时雨师也，能入火自烧，昆仑山上随风雨上下也。”

老臣预陪县圃宴，余年方共赤松游。（唐·狄仁杰《奉和圣制夏日游石淙山》）

鼓腹游 亦作“鼓腹”。指食饱凸腹，生活适意。《庄子·马蹄》：“夫赫胥氏之时，民居不知所为，行不知所之，含哺而熙，鼓腹而游，民能以此矣。”

泽民事业无多子，要使人人鼓腹游。（宋·邓肃《紫芝和来》）

汗漫游 指游于无边之地。《淮南子·道应训》：“卢敖游乎北海……见一士焉。……若士者齤然而笑曰：‘……其余一举而千万里，吾犹未能之在。今子游始于此，乃语穷观，岂不亦远哉？然子处矣，吾与汗漫期于九垓之外，吾不可以久驻。’若士举臂而竦身，遂入云中。”高诱注：“汗漫，不可知之也。九垓，九天之外。”

复见陶唐理，甘为汗漫游。（唐·杜甫《奉送王信州崟北归》）

麋鹿游 指隐逸生活。见750页“麋鹿群”。

虽无别馆虹蜺带，但有荒台麋鹿游。（宋·程师孟《入涌泉道中》）

禽庆游 借指避世隐居。晋皇甫谧《高士传》卷中《向长》：“建武中，男女娶嫁既毕……于是遂肆意，与同好北海禽庆俱游五岳名山，竟不知所终。”

题诗莫笑飘零客，禽庆初为五岳游。（明·佘翔《舟中寄别诸同社》其二）

秉烛夜游 亦作“垂烛游”“秉烛游”。指宴饮寻欢或感叹生命短暂。《古诗十九首》其一五：“生年不满百，常怀千岁忧。昼短苦夜长，何不秉烛游。为乐当及时，何能待来兹。”

但愁秉烛虚夜游，庭下百虫警秋露。（清·祝哲《雷雨连日愁卧作歌与厚石》）

季重旧游 咏叹旧友零落。曹丕《与吴质书》：“昔年疾疫，亲故多离其灾。徐、陈、应、刘，一时俱逝，痛可言邪！昔日游处，行则连舆，止则接席，何曾须臾相失？……谓百年已分，可长共相保。何图数年之间，零落略尽。言之伤心！”

季重旧游多丧逝，子山新赋极悲哀。（唐·韩偓《乱后春日途经野塘》）

诸阮英游 指名士群集。《世说新语·任诞》：“诸阮皆能饮酒，仲容至宗人间共集，不复用常杯斟酌，以大瓮盛酒，围坐相向大酌。时有群猪来饮，直接去上，便共饮之。”

诸阮英游，尽千钟饮量，百丈词源。（宋·晁补之《金盏倒垂莲·诸阮英游》）

竹马同游 亦作“共骑竹马”。指幼年玩伴。《锦绣万花谷》卷一六引晋张华《博物志》：“小儿五岁曰鸠车之戏，七岁曰竹马之戏。”《世说新语·方正》：“诸葛靓……与武帝有旧，帝欲见之而无由，乃请诸葛妃呼靓。既来，帝就太妃间相见。礼毕，酒酣，帝曰：‘卿故复忆竹马之好不？’”

小来竹马同游客，惯听清歌。（宋·晏几道《采桑子·红窗碧玉新名旧》）

主父西游 亦作“主父”。指先前困顿，而后获知遇而荣登高位。《汉书·主父偃传》：“游齐诸子间，诸儒生相与排傧，不容于齐。家贫，假贷无所得，北游燕、赵、中山，皆莫能厚，客甚困。以诸侯莫足游者，元光元年，乃西入关见卫将军，卫将军数言上，上不省。资用乏，留久，诸侯宾客多厌之，乃上书阙下。朝奏，暮召入见。……乃拜偃……为郎中。偃数上书言事，迁谒者，中郎、中大夫。岁中四迁。”

主父西游困不归，家人折断门前柳。（唐·李贺《致酒行》）

玄都观中游 亦作“玄都看花”“玄都前度”“玄都人去”。指唐宪宗朝刘禹锡曾两次为玄都观桃花赋诗事。见500页“刘郎去后”。

问海棠花下，又何如、玄都观中游。（宋·刘辰翁《八声甘州·问海棠花下》）

父母在，不远游 指尽孝道。《论语·里仁》：“子曰：‘父母在，不远游，游必有方。’”

游[2]（*遊）yóu

①闲逛，漫游。②游览的地方。③交往。④出外求学、求官或游说。

古下平，十一尤。

油 yóu

古上平，十一尤。逆柏～碧～碧于～赤～黑～面～青～溶～乌～杏～印～顺～碧车～壁车～璧车～草～单～铛～殿～鼎～墩～粉～盖～花卜～火～镬～戟～旌～绢～口～凌～蛉～幎～舱～帔～如～粇～素～椭～幄～幰～奕～裔～翼～罽～晕～云～幢车～紫例山柏张青盖，江蕉卷绿油。（唐·沈佺期《从驩州廨宅移住山间水亭》）树暖然红烛，江清展碧油。（唐·李益《送襄阳李尚书》）朱架早朝立剑戟，绿槐残雨看张油。（唐·王建《送裴相公上太原》）

典**碧油** 指车上的帷幕。唐张仲素《塞下曲五首》其二："猎马千行雁几双，燕然山下碧油幢。"

碧油幢下捧新诗，荣贱虽殊共一悲。（唐·白居易《留别赵端公》）

由 yóu

古下平，十一尤。逆巢～何～奸～率～且～事～帅～所～往～冶～夷～元～仲～顺～敖～白～本～巢～单～聃～房～昉～庚～归～行～径～礼～历～鹿～枋～蘖～宁～辟～求～趣～然～圣～始～守～田～帖～文～问～喜～闲～绪～廵～旬～衙～延～衍～仪～夷～以～义～绎～狱～裕～豫～中～忠～状～准氏～子例风俗因纾慢，江山成易由。（唐·张九龄《经江宁览旧迹至玄武湖》）秦人辨鸡犬，尧日识巢由。（唐·綦毋潜《题沈东美员外山池》）

典**巢由** 亦作"巢许"。巢父、许由的合称，借指隐士。《汉书·鲍宣传》附《薛方传》："及莽以安车迎方，方因使者辞谢曰：'尧舜在上，下有巢由，今明主方隆唐虞之德，小臣欲守箕山之节也。'"

却笑巢由辈，何须隐白云。（唐·贾岛《易州过郝逸人居》）

许由 借指隐逸高士。《庄子·逍遥游》："尧让天下于许由，曰：'……夫子立而天下治，而我犹尸之，吾自视缺然。请致天下。'许由曰：'子治天下，天下既已治也，而我犹代子，吾将为名乎？名者，实之宾也，吾将为宾乎？鹪鹩巢于深林，不过一枝；偃鼠饮河，不过满腹。归休乎君，予无所用天下为，庖人虽不治庖，尸祝不越樽俎而代之矣。'"

谁将许由事，万古留与君。（唐·鲍溶《经隐叟》）

养由 即"养由基"之省称，借指射技高超之人。见834页"穿杨"。

齐观百步透短门，谁羡养由遥破的。（唐·张建封《酬韩校书愈打毬歌》）

邮(郵) yóu

古下平，十一尤。逆鞭督～玷～都～杜～庚～惠～街～客～丽～秦～轻～山～诗～石～书～孙～外～无～效～星～音～置～罪～顺～便～表～罚～夫～符～堠～片～篯～庭～檄人～置～子例孤莺吟远墅，野杏发山邮。（唐·王维《送祢郎中》）甘从投辖饮，肯作置书邮。（唐·杜甫《晚秋长沙蔡五侍御饮筵送殷六参军归澧州觐省》）聚散真漂梗，光阴极转邮。（唐·杜牧《牧陪昭应卢郎中在江西宣州佐今吏部沈公幕罢》）

典**平原督邮** 喻指劣酒。《世说新语·术解》："桓公有主簿善别酒，有酒辄令先尝。好者谓'青州从事'，恶者谓'平原督邮'。青州有齐郡，平原有鬲县。'从事'言'到脐'，'督邮'言'在鬲上住'。"

瓮边吏部应欢喜，殊胜平原老督邮。（宋·李曾伯《曾总干以乃尊侍郎二诗见示和韵》）

洪乔宁作置书邮 亦作"致书邮"。借指捎信。《世说新语·任诞》："殷洪乔作豫章郡，临去，都下人因附百许函书。既至石头，悉掷水中，因祝曰：'沉者自沉，浮者自浮，殷洪乔不能作致书邮。'"

欲寄一函聊问讯，洪乔宁作置书邮。（唐·陆龟蒙《送友人之湖上》）

犹(猶) yóu

古下平，十一尤。又：去声，二十六宥同。逆不～仇～谋～丕～譬～且～尚～相～宣～夷～彝～优～远～顺～父～和～猢～龙～女～然～人～尚～是～闲～言～夷～犹～与例胡为首归路，旅泊尚夷犹。（唐·韩愈《赴江陵途中寄赠王二十补阙》）

莸(蕕) yóu 臭草。

古下平，十一尤。逆兰～薰～例因疾鼻又塞，渐能等薰莸。（唐·韩愈《赴江陵途中》）

𬨎(輶) yóu 轻车。

古下平，十一尤。又：去声，二十六宥同。逆德～轩～例协心辅齐圣，致理同毛𬨎。（唐·韩愈《赴江陵途中》）驰深鼓利楫，趋险惊蜚𬨎。（唐·韩愈《远游联句》）

蝣 yóu 蜉蝣，一种朝生而夕死的昆虫。

古下平，十一尤。逆浮～蜉～蚍～顺～晷～羽例大年方橐籥，小智即蜉蝣。（唐·储光羲《题辛道士房》）

典**天地一蜉蝣** 喻指人之渺小。苏轼《赤壁赋》："客曰：'……况吾与子渔樵于江渚之上，侣鱼虾而友麋鹿，驾一叶之扁舟，举匏樽以相属。寄蜉蝣于天地，渺沧海之一粟。哀吾生之须臾，羡长江之无穷。'"

人生百年内，天地一蜉蝣。（明·郭谏臣《余干道中》）

疣(*肬) yóu

古下平，十一尤。逆疮～驸～悬～痣～缀～赘～顺～疮～痏～赘～子～足例酸寒何足道，随事生疮疣。（唐·韩愈《赴江陵途中》）降官司成署，俾之为赘疣。（唐·元稹《阳城驿》）

猷 yóu ①谋略；计划。②大道；法则。

古下平，十一尤。逆才～材～帝～芳～风～高～光～国～宏～鸿～皇～徽～机～嘉～骏～孔～良～令～茂～民～谟～谋～器～前～清～尚～神～声～圣～王～威～武～先～显～相～宣～玄～训～英～玉～元～贞～忠～壮～资～子～宗～顺～绩～虑～略～为～裕例微躬趋直道，神甸忝清猷。（唐·卢僎《稍秋晓坐阁》）有诏征草泽，微臣献谋猷。（唐·王昌龄《放歌行》）为报诗人道，丰年颂圣猷。（唐·钱起《禁闱玩雪寄薛左丞》）

典**子猷** 指王徽之。《晋书·王羲之传》附《王徽之传》："徽之字子猷。性卓荦不羁，为大司马桓温参军，蓬首散带，不综府事……人问其故，徽之曰：'本乘兴而行，兴尽而反，何必见安道邪！'雅性放诞，好声色，尝夜与弟献之共读《高士传赞》，献之赏井丹高洁，徽之曰：'未若长卿慢世也。'其傲达若此。"

家贫惟好月，空愧子猷过。（唐·刘长卿《月下呈章秀才》）

凤垂鸿猷 指辅佐皇帝、兴盛帝业。南朝宋刘敬叔《异苑》卷四："东莞刘穆之字道和，小字道人，世居京口，隆安中凤凰集其庭，相人韦薮谓之曰：'子必协赞大猷。'"

图以奉至尊，凤以垂鸿猷。（唐·杜甫《凤凰台》）

鱿(魷) yóu 鱼名。

逆鱼～顺～鱼

蚰yóu 蚰蜒，草鞋虫，似蜈蚣而略小。
古下平，十一尤。逆蜒～顺～蜒～蜒草～蜒壕～蜒路～蜒堑

轴（軸）zhóu 今读。①轮轴。②古代一种织具。③中枢。另见407页zhú、513页zhòu。
古入声，屋韵。逆当～杼～顺～车～衬～带～金～轳～诗～文～辖～杼例百壶渌酒千斤肉，大道连延障锦轴。（唐·张说《安乐郡主花烛行》）乘陵破山门，回斡裂地轴。（唐·杜甫《三川观水涨二十韵》）鸟困避锦帆，龙跄防铁轴。（唐·皮日休《太湖诗·练渎（吴王所开）》）

典**当轴** 亦作"秉轴""当车轴"。喻指官居要职。《汉书·车千秋传》："赞曰：'车丞相履伊吕之列，当轴处中，括囊不言，容身而去。'"

大君年小丞相少，当轴自请都旌旗。（唐·陆龟蒙《江湖散人歌》）

穿坤轴 指入地极深。晋张华《博物志》卷一："昆仑山北，地转下三千六百里，有八玄幽都方二十万里。地下有四柱，四柱广十万里。地有三千六百轴。犬牙相举。"

根老大，穿坤轴。（宋·辛弃疾《满江红·半山佳句》）

群轻折轴 喻指积累小问题会导致大祸害。《战国策·魏策一》："臣闻积羽沉舟，群轻折轴，众口铄金，故愿大王之熟计之也。"

铄金在众口，折轴由群轻。（宋·晁补之《感兴五首次韵和李希孝三》）

自出机轴 诗文的构思和布局别出心裁。

或自出机轴，或工一窃剽。（宋·五迈《殿廷初考扩同舍约共赋诗》）

莱公同鼎轴 指毕士安与寇准同登相位事。宋李焘《续资治通鉴长编》卷五七《真宗·景德元年》："（八月）己未，以参知政事吏部侍郎毕士安、三司使兵部侍郎寇准并依前官平章事。"

引饮莱公同鼎轴，共定澶渊一著。（宋·碧虚《贺新郎·衮衮登台阁》）

舳zhóu 船头。另见407页zhú。
古《集韵》：去声，宥韵。顺～舻

妯zhóu 家庭主妇、内当家，长子的媳妇。另见407页zhú。
顺～娌

仄声·上声

丑[1]chǒu ①子丑。②小丑。③姓。
古上声，二十五有。逆白～黑～建～女～文～武～鬶～子～顺～宝～地～肉～座

典**跳梁小丑** 借指捣乱的、无所成的坏人。《庄子·逍遥游》："子独不见狸狌乎？卑身而伏，以候敖者，东西跳梁，不避高下。"

小丑跳梁谁殄灭，中原揽辔望澄清。（清·林则徐《次韵答陈子茂德培》）

丑[2]（醜）chǒu ①难看。②不光彩。
古上声，二十五有。逆謷～逋～残～粗～大～地～伏～诟～诡～鬼～花～毁～获～极梼～咎～类～廉～辽～缪～狞～僛～倛～黔～群～忍～戎～嘶～倠～无～五～险～邪～凶～雪～妍～贻～遗～亿～余～元～憎～鱃～顺～比～博～叉～差～姹～侪～辞～悴～旦～诞～诋～地～点～乖～讦～羯～沮～厉～詈～虏～慢～名～末～逆～娸～扇～声～史～谥～俗～徒～土～问～诬～险～媟～谑～言～仪～异～裔～音～语～杂～谮～正～质例诬善不足悲，失听一何丑。（唐·储光羲《狱中贻姚张薛李郑柳诸公》）苏秦憔悴人多厌，蔡泽栖迟世看丑。（唐·高适《九日酬颜少府》）指挥过无礼，未觉村野丑。（唐·杜甫《遭田父泥饮美严中丞》）

典**百丑** 指相貌丑陋。韩愈《月蚀诗效玉川子作》："尝闻古老言，疑是虾蟆精。径圆千里纳女腹，何处养女百丑形？"

三英何处同行乐，百丑无堪独自机。（宋·晁说之《浮甘亭上》）

蔡泽丑 亦作"蔡泽诡怪"。指因貌丑而影响仕途。《史记·蔡泽列传》："蔡泽者，燕人也。游学干诸侯小大甚众，不遇，而从唐举相。……唐举孰视而笑曰：'先生曷鼻，巨肩，魋颜，蹙齃，膝挛，吾闻圣人不相，殆先生乎？'……去之赵，见逐。之韩、魏，遇夺釜鬲于涂。……秦昭王召见，与语，大说之，拜为客卿。"

苏秦憔悴人多厌，蔡泽栖迟世看丑。（唐·高适《九日酬颜少府》）

齐王门下丑 咏丑女。《韩诗外传》卷九第二十八章："齐王厚送女，欲妻屠牛吐，屠牛吐辞以疾。其友曰：'子终死腥臭之肆而已乎，何谓辞之？'吐应之曰：'其女丑。'其友曰：'子何以知之？'吐曰：'以吾屠知之。'其友曰：'何谓也？'吐曰：'吾肉善，如量而去苦少耳。吾肉不善，虽以他附益之，尚犹贾不售。今厚送子，子丑故耳。'其友后见之，果丑。"

为照齐王门下丑，何如汉帝掌中轻。（唐·张南容《静女歌》）

瞅chǒu 看。
逆睬～溜～顺～睬～紧～问～粘

斗dǒu ①古代酒器。②星宿名。③量器。另见498页dòu。
古上声，二十五有。逆阿～北～草～朝～辰～冲～岱～刀～抵～刁～犯～泛～风～负～椢～贯～戽～火～科～魁～礼～墨～南～牛～匏～山～筲～枢～曙～威～维～无梁～无量～五～蚬～象～橡～瑶～玉～煴～皂～珠～杼～转～顺～盎～拔～笔～袯～躔～磴～方～纲～秏～机～极～检～脚～绝～君～魁～力～历～量～禄～锣～姆～南～纽～僻～然～色～山～筲～杓～升肠～枢～水～筲～文～锡～献～香～象～胸～甬～余～折～转～紫例搔首向南荒，拭泪看北斗。（唐·沈佺期《初达驩州》）随云拜东皇，挂席上南斗。（唐·杜甫《将适吴楚》）天翻地覆谁得知，如今正南看北斗。（唐·刘商《琴曲歌辞·胡笳十八拍》）

典**阿斗** 指软弱无能之人。《三国志·蜀书·后主传》："后主讳禅，字公嗣，先主子也。……诸葛亮虽达于为政，凡此之类，犹有未周焉。"

阿斗生来十五年，未曾一日去翁前。（宋·楼钥《送杓孙随侍上虞》）

北斗 咏尚书。《后汉书·李固传》："今陛下之有尚书，犹天之有北斗也。斗为天喉舌，尚书亦为陛下喉舌。斗斟酌元气，运平四时。尚书出纳王命，赋政四海，权尊势

重，责之所归。”

陌上尧樽倾北斗，楼前舜乐动南薰。（唐·王维《大同殿赐宴乐敢书即事》）

冲斗 亦作“冲天剑”“斗牛光”“牛斗气”。见687页“丰城剑”。

成丹始见金无滓，冲斗方知剑有神。（唐·韦庄《题安定张使君》）

科斗 喻指古奥的文字。旧题汉孔安国《尚书序》：“至鲁共王好治宫室，坏孔子旧宅，以广其居，于壁中得先人所藏古文虞夏商周之书，及传《论语》《孝经》，皆科斗文字。”

壁间科斗字，秦火岂能焚？（宋·陆游《读书》）

碎玉斗 指有谋略而未被任用。《史记·项羽本纪》：“张良入谢，曰：‘……谨使臣良奉白璧一双，再拜谢大王足下；玉斗一双，再拜奉大将军足下。’……项王则受璧，置之坐上。亚父受玉斗，置之地，拔剑撞而破之，曰：‘唉！竖子不足与谋。夺项王天下者，必沛公也，吾属今为之虏也。’”

忆昔范增碎玉斗，未使吴兵著白袍。（唐·杜甫《久雨期王将军不至》）

胆大如斗 亦作“胆如斗”。指气概豪迈雄壮。《三国志·蜀书·姜维传》：“魏将士愤怒，杀会及维，维妻子皆伏诛。”裴松之注：“《世语》曰：维死时见剖，胆如斗大。”

虽然诗胆大如斗，争奈愁肠牵似绳。（唐·陆龟蒙《早秋吴体寄袭美》）

金印如斗 亦作“金印斗大”“印大如斗”“印垂金斗”“印窠如斗”“印如斗”“印垂大斗”“黄金印如斗”。指破敌立功，官至显位。《世说新语·尤悔》：“及出，诸王故在门。周曰：‘今年杀诸贼奴，当取金印如斗大系肘后。’”

金印如斗封王侯，何如烂漫江南游。（宋·李若水《次颜博士游紫罗洞五首》其一）

龙光牛斗 用以咏南昌。王勃《秋日登洪府滕王阁饯别序》：“物华天宝，龙光射牛斗之墟。人杰地灵，徐孺下陈蕃之榻。”

龙光射牛斗，日影化虹蜺。（宋·邵雍《观棋大吟》）

南箕北斗 喻指不切实际。《诗经·小雅·大东》：“维南有箕，不可以簸扬；维北有斗，不可以挹酒浆。”

绛帐先生应抚掌，南箕北斗只虚名。（宋·王炎《次韵答熊朝英》）

杓回摇斗 指黎明时分。《史记·天官书》：“北斗七星。”司马贞索隐引《春秋运斗枢》云：“斗，第一天枢，第二璇，第三玑，第四权，第五衡，第六开阳，第七摇光。第一至第四为魁，第五至第七为杓，合而为斗。”

爱景欲挂扶桑，漏残银箭，杓回摇斗。（宋·李清照《长寿乐·微寒应候》）

十千一斗 亦作“十千斗酒”。指珍贵的美酒。三国魏·曹植《名都篇》：“我归宴平乐，美酒斗十千。”

十千一斗犹赊饮，何况官供不著钱。（唐·白居易《府酒五绝·自劝》）

泰山北斗 喻指被众人敬仰之人。《新唐书·韩愈传赞》：“自愈没，其言大行，学者仰之如泰山北斗云。”

泰山北斗人皆仰，和气春风德有邻。（宋·赵蕃《呈刘通判》）

掷地玉斗 指佳作。见875页“金石声”。

掷地刘郎玉斗，挂帆西子扁舟。（宋·辛弃疾《破阵子·掷地刘郎玉斗》）

酌酒援北斗 亦作“援北斗”。指饮酒情景的豪迈不凡。屈原《九歌·东君》：“操余弧兮反沦降，援北斗兮酌桂浆。”

酌酒援北斗，我亦虱其间。（宋·辛弃疾《水调歌头·我志在寥阔》）

抖 dǒu

古《广韵》：上声，厚韵。逆抟～伸～战～整～顺～劲～瑟～闪～觫～索～战

陡 dǒu

古上声，二十五有。逆逼～笔～顺～壁～顿～峻～立～乱～峭～险～削

蚪 dǒu

古上声，二十五有。逆蛇～玄～阴～银～顺～峰～蝌

枓 dǒu 柱上支持大梁的方木。

古上声，二十五有。逆拱～铜～顺～栱

否 fǒu 另见218页pǐ。

古上声，二十五有。逆当～否～果～来～然～疑～已～以～在～知～顺～否例弃置谁怨尤，自我招此否。（唐·王绩《古意六首》其三）数瓮犹未开，明朝能饮否。（唐·储光羲《田家杂兴八首》其八）

典**献可替否** 亦作“进可替否”。指下对上的劝善纠过。《左传·昭公二十年》：“君所谓可而有否焉，臣献其否以成其可。君所谓否而有可焉，臣献其可以去其否。是以政平而无干，民无争心。”

愿子提携与之登瀛洲，献可替否近冕旒。（宋·史伯强《送歙砚与裴唐卿》）

缶 fǒu 瓦器。

古上声，二十五有。逆盎～抚～拊～鼓～击～酒～木罂～陶～土～瓦～西～罂～质～庄～例高唱荆卿歌，乱击相如缶。（唐·元稹《说剑》）那人家，有竹芭瓦缶。（宋·王质《倦寻芳·断崖树老》）

典**鼓缶** 亦作“庄子击缶”。指以达观态度对待生死。《庄子·至乐》：“庄子妻死，惠子吊之，庄子方箕踞鼓盆而歌。”成玄英疏：“盆，瓦缶也。庄子知生死之不二，达哀乐之为一，是以妻亡不哭，鼓盆而歌，垂脚箕踞，敖然自乐。”

虽老仍思鼓缶歌，庶几都未丧天和。（宋·邵雍《戊申自贻》）

相如缶 亦作“秦王击缶”。指蔺相如迫使秦王击缶事。《史记·廉颇蔺相如列传》：赵王与秦王会渑池，“蔺相如前曰：‘赵王窃闻秦王善秦声，请奏盆缶秦王，以相娱乐。’秦王怒，不许。于是相如前进缶，因跪请秦王。秦王不肯击缶。相如曰：‘五步之内，相如请得以颈血溅大王矣！’左右欲刃相如，相如张目叱之，左右皆靡。于是秦王不怿，为一击缶。”

高唱荆卿歌，乱击相如缶。（唐·元稹《说剑》）

苟 gǒu

古上声，二十五有。逆不～苟～狗

～权～若～偷～臾～支～顺～辨～辞～或～简～贱～进～敬～禄～冒～美～免～容～若～随～偷～完～妄～惜～徇～言～异～语～欲～悦～止例颁条风有自，立事言无苟。（唐·刘禹锡《和浙西李大夫晚下北固山》）凭风谢长者，敢不愧心苟。（唐·卢仝《冬行三首》其二）劝君慎所用，所用无或苟。（唐·元稹《说剑》）

狗gǒu

古上声，二十五有。逆悲烹～仓～苍～豺～刍～盗～吠～功～谷～冠～国～海～环～瘈～猳～狡～梨～鬣～庐～跑～烹～杞～丧～沙～噬～守～松～天～屠～瓦～五～傒～溪～庸～鱼～玉～泽～猘～瘈～周～顺～邦～宝～才～盗～窦～坊～附～功～苟～国～后～脊～忌～加～监～马～髀～奴～烹～窃～曲～舌～生～尸～虱～矢～市～态～偷～屠～犀～豨～站～彘～中～截～走例始知物外情，簪绂同刍狗。（唐·李颀《裴尹东溪别业》）天上浮云如白衣，斯须改变如苍狗。（唐·杜甫《可叹》）

典**刍狗**　喻指轻贱之物。《老子》第五章："天地不仁，以万物为刍狗；圣人不仁，以百姓为刍狗。"

刍狗无由学圣贤，空持感激终昏旦。（唐·李绅《南梁行》）

功狗　功劳相当于能按主人指令追杀兔子的猎狗。《史记·萧相国世家》："高帝曰：'诸君知猎乎？'曰：'知之。''知猎狗乎？'曰：'知之。'高帝曰：'夫猎，追杀兽兔者狗也，而发踪指示兽处者人也。今诸君徒能得走兽耳，功狗也。至如萧何，发踪指示，功人也。……'群臣皆莫敢言。"

信越功名高似狗，裴王气力大于牛。（唐·罗隐《关亭春望》）

国多狗　喻指朝廷多奸邪小人。《左传·哀公十二年》："国狗之瘈，无不噬也。而况大国乎？"杜预注："瘈，狂也。"《韩非子·外储说右上》："术之不行，有故。不杀其狗则酒酸。夫国亦有狗，且左右皆社鼠也。"

泱泱泥污人，听听国多狗。（唐·杜甫《大云寺赞公房四首》其四）

丧家狗　喻指落魄失意之状。《史记·孔子世家》："郑人或谓子贡曰：'东门有人，其颡似尧，其项类皋陶，其肩类子产，然自要以下不及禹三寸，累累若丧家之狗。'子贡以实告孔子。孔子欣然笑曰：'形状，末也。而谓似丧家之狗，然哉！然哉！'"

意绪丧家狗，形骸槁木枝。（宋·陆游《贫居即事》）

白云苍狗　亦作"白衣苍狗""素云苍狗"。喻指世事变化无常。杜甫《可叹》："天上浮云如白衣，斯须改变为苍狗。古往今来共一时，人生无事无不有。"

江南故事可知否，白云霙霙变苍狗。（元末明初·王冕《金陵行送余局官》）

斗鸡走狗　亦作"斗鸡走犬"。指嬉戏玩乐、游手好闲。《史记·袁盎晁错列传》："袁盎病免居家，与闾里浮沈，相随行，斗鸡走狗。"

斗鸡走狗轻薄儿，衣裾相鲜气相许。（宋·黄庭坚《饮城南即事》）

车如鸡栖马如狗　指官微位卑，不讲排场。《后汉书·陈蕃传》附《朱震传》："震字伯厚，初为州从事，奏济阴太守单匡臧罪，并连匡兄中常侍车骑将军超。桓帝收匡下廷尉，以谴超，超诣狱谢。三府谚曰：'车如鸡栖马如狗，疾恶如风朱伯厚。'"

车如鸡栖马如狗，闭门常多出门少。（宋·黄庭坚《赠张仲谋》）

峋gǒu　峋嵝，山名。

古《广韵》：上声，厚韵。顺～嶁～嵝～嵝碑

笱gǒu　篾织的捕鱼篓子，敞口窄颈大腹，鱼进而不能出。

古上声，二十五有。逆梁～鱼～渔～罾～竹～顺～妇～梁例缺处欲随波，波中先置笱。（唐·陆龟蒙《渔具诗·鱼梁》）

枸gǒu　另见458页gōu、437页jǔ。

古上声，二十五有。顺～骨～棘～檵～芑～杞

耇（*耉、耈）gǒu　老寿。

古上声，二十五有。逆鄙～负～胡～黄～眉～耆～寿～遐～遗～顺～德～耋～老～造～长

吼hǒu

古上声，二十五有。又：去声，二十六宥同。逆挂～海～蛟龙～鲸～阚～雷～鸣～喷～狮～鼍～哮～吟～顺～疾～雷～隆～沫～怒～啸～咤～掷例开拆秋天光，崩腾夏雷吼。（唐·李华《仙游寺》）江涛簸岸黄沙走，云雪埋山苍兕吼。（唐·杜甫《复阴》）烟散隋宫出，涛来海门吼。（唐·刘禹锡《和浙西李大夫晚下北固山》）

典**狮子吼**　1.指勇猛威严。《涅盘经》："佛说偈言：狮子一吼众兽伏，金刚一杵群蜂碎，修罗无数一轮降，世间黑暗一日破。"

浙江涛惊狮子吼，稽岭峰疑灵鹫飞。（唐·刘禹锡《送元简上人适越》）

2.亦作"河东狮子吼"。指妇人既爱嫉妒又凶悍。宋洪迈《容斋三笔·陈季常》："陈慥字季常……自称'龙丘先生'，又曰'方山子'。好宾客，喜畜声妓，然其妻柳氏绝凶妒，故东坡有诗云：'龙丘居士亦可怜，谈空说有夜不眠。忽闻河东师子吼，拄杖落手心茫然。'"

犼hǒu　兽名。

古《集韵》：上声，厚韵。

久jiǔ

古上声，二十五有。逆弊～陈～迟～亘～恒～积～坚～简～将～浸～禁～可～弥～奈～柰～顷～少～为～遐～县～修～淹～延～遥～迤～引～迂～终～滋～顺～策～次～大～道～坟～格～固～故～惯～后～稽～袴～困～阔～利～龄～且～屈～丧～生～时～替～息～稀～习～系～许～淹～湮～延～旸～要～已～佚～逸～淫～盈～约～之～直～竹例此时空床难独守，此日别离那可久。（唐·骆宾王《代女道士王灵妃赠道士李荣》）妾容与此同盛衰，何必君恩独能久。（唐·乔知之《折杨柳》）

典**天长地久**　指历经久远。《老子》第七章："天长地久，天地所以能长且久者，以其不自生，故能长生。"

天长地久有时尽，此恨绵绵无绝期。（唐·白居易《长恨歌》）

我去羲农久　指追怀前贤、追怀

淳朴之世。陶渊明《饮酒二十首》其二〇："羲农去我久，居室少复真。……若复不快饮，空负头上巾。"

欲辨忘言当年意，慨遥遥、我去羲农久。（宋·辛弃疾《贺新郎·路入门前柳》）

酒jiǔ

【古】上声，二十五有。【逆】案～巴～白羊～白衣～被～碧～碧芳～边～冰堂～病～沧州～菖蒲～鬯～澄～持～崇～酬～村～耽～酖～杜～对～鹅～鹅雏～鹅黄～法～芳～扶头～甘～浇～椒～椒柏～角～醮～金～金谷～金屑～秬～酹～醽～沥～猎～临邛～刘伶～鸬鹚～虏～渌～漉～醁～绿～蛮～蘗～牛～女～平阳～齐～耆～千里～千日～青田～麹～曲阿～阮氏～桑落～觞～社～麝～生～松肪～岁～缩～投～酴～土～文～文君～乌程～衔～销肠～新醅～湑～絮～玄～雪～血～窨～巡～噀～醃～羊～宜城～颐～蚁～醳～玉～早秫～醆～鸩～卮～旨～止～置～中～中山～重～重阳～渍～尊～【顺】～半～榜～悲～标～兵～病～逋～瓿～材～藏～肠～场～潮～城～酲～醽～筹～荈～慈～甗～铛～党～舠～颠～董～湩～舫～缶～赋～膏～功～觥～钩～辜～酤～骨～光～果～海～痕～胡～荒～价～监～禁～经～纠～臼～爵～军～榼～课～狂～阑～醪～姥～罍～醴～利～帘～鳞～伶～龙～卢～垆～录～篚～螺～幔～米～缗～蘗～醅～旆～癖～魄～齐～枪～情～榷～容～色天～觞～社～升～圣～式～适～树～思～算～椀～望～瓮～酭～艳～餍～衣～蚁～逸～隐～罂～影～盂～正～政～卮～直～帜～炙～中趣～中蛇～馔～子～蒧～佐【例】篙工密逞巧，气若酣杯酒。（唐·杜甫《上水遣怀》）还家不落春风后，数日应沽越人酒。（唐·韩翃《送客还江东》）

【典】**春酒** 指祝寿。见505页"介寿"。

独与秦山老，相欢春酒前。（唐·宋之问《蓝田山庄》）

杜酒 亦作"杜康""杜康造酒"。指酒。《书·酒诰》："惟天降命，肇我民惟元祀。"孔颖达疏引汉应劭《世本》："杜康造酒。"

杜酒偏劳劝，张梨不外求。（唐·杜甫《题张氏隐居二首》其二）

鲁酒 指淡酒。《庄子·胠箧》："唇竭则齿寒，鲁酒薄而邯郸围，圣人生而大盗起。"唐陆德明《经典释文》："楚宣王朝诸侯，鲁恭公后至而酒薄，宣王怒，欲辱之，恭公不受命……遂不辞而还。宣王怒，乃发兵与齐攻鲁。梁惠王常欲击赵，而畏楚救。楚以鲁为事，故梁得围邯郸。"

鲁酒近来无奈薄，秦筝别后苦闻夸。（宋·苏辙《除夜会饮南湖怀王巩》）

止酒 指戒酒。陶渊明《止酒》："居止次城邑，逍遥自闲止。……平生不止酒，止酒情无喜。暮止不安寝，晨止不能起。日日欲止之，营卫止不理。徒知止不乐，未知止利己。始觉止为善，今朝真止矣。从此一止去，将止扶桑涘。清颜止宿容，奚止千万祀。"

谁知止酒停云老，独立斜阳数过鸿。（宋·辛弃疾《鹧鸪天·万事纷纷一笑中》）

步兵酒 亦作"阮氏酒""步兵饮""步兵厨""步兵觞""步兵"。咏饮酒，也指嗜酒。《晋书·阮籍传》："（阮籍）嗜酒能啸……籍本有济世志，属魏晋之际，天下多故，名士少有全者，籍由是不与世事，遂酣饮为常。"阮籍曾官至步兵校尉，史称阮步兵、步兵。

美酒步兵厨，古人尝宦游。（唐·权德舆《寄临海郡崔稚璋》）

曹参酒 借指官员信奉"无为而治"，饮酒不视事。《史记·萧相国世家》："（曹参代何为汉相国，举事无所变更，一遵萧何约束。）择郡国吏木诎于文辞，重厚长者，即召除为丞相史。吏之言文刻深，欲务声名者，辄斥去之。日夜饮醇酒。卿大夫已下吏及宾客，见参不事事，来者皆欲有言。至者，参辄饮以醇酒，间之，欲有所言，复饮之，醉而后去，终莫得开说，以为常。"

西伯最怜耕让畔，曹参空爱酒盈樽。（唐·贯休《大蜀皇帝潜龙日述圣德诗五首》其五）

船贮酒 亦作"酒满船"。借指嗜酒。《晋书·毕卓传》："卓尝谓人曰：'得酒满数百斛船，四十甘味置两头，右手持酒杯，左手持蟹螯，拍浮酒船中，便足了一生矣。'"

若无船贮酒，将奈斛量愁。（宋·陆游《忽忽》）

鹅儿酒 指色如小鹅的美酒。杜甫《舟前小鹅儿》："鹅儿黄似酒，对酒爱新鹅。"

忽惊午盏兔毫斑，打作春瓮鹅儿酒。（宋·苏轼《送南屏谦师》）

扶头酒 指烈酒。白居易《早饮湖州酒寄崔使君》："一榼扶头酒，泓澄泻玉壶。"

一榼扶头酒，泓澄泻玉壶。（唐·白居易《早饮湖州酒寄崔使君》）

婪尾酒 亦作"婪尾""蓝尾酒"。指劝酒。唐苏鹗《苏氏演义·下》："今人以酒巡匝为婪尾……婪，贪也，谓处于座末，得酒为贪婪。"

华宴虽思奉婪尾，粗官何敢作遨头。（宋·岳珂《与高紫微雪溪饯客虽已预盟》）

乌程酒 借指美酒。张协《七命》："乃有荆南乌程，豫北竹叶。"李善注引盛弘之《荆州记》："渌水出豫章康乐县，其间乌程乡有酒官，取水为酒，酒极甘美。与湘东酃湖酒，年常献之，世称酃渌酒。"

百年烂醉乌程酒，千首新吟晋宋诗。（宋·祝从龙《题汪水云诗卷》）

新丰酒 指美酒。王维《少年行四首》其一："新丰美酒斗十千，咸阳游侠多少年。"

英僚携出新丰酒，半道遥看骢马归。（唐·王昌龄《送郑判官》）

中山酒 见304页"千日醉"。

闻道中山酒，一杯千日醒。（唐·鲍溶《范真传侍御累有寄因奉酬十首》其五）

白衣送酒 亦作"送酒""白衣酒""白衣""王弘送酒""陶令酒""陶宰酒""陶家酒""陶潜杯""陶潜酒""彭泽酒""渊明酒""渊明爱重九""渊明重九""渊明风流""渊明醉倒""渊明把菊"。咏重阳节，指重阳宴饮，也指嗜酒。《艺文类聚·

续晋阳秋》："陶潜尝九月九日无酒，宅边菊丛中，摘菊盈把，坐其侧久，望见白衣至，乃王弘送酒也。即便就酌，醉而后归。"

不见白衣来送酒，但令黄菊自开花。（唐·皇甫冉《重阳日酬李观》）

不如杯酒　指不重荣名、放达不羁。《世说新语·任诞》："张季鹰纵任不拘，时人号为江东步兵。或谓之曰：'卿乃可纵适一时，独不为身后名邪？'答曰：'使我有身后名，不如即时一杯酒。'"

据见目前无个识，不如杯酒混凡流。（唐·吕岩《七言》其二八）

茶荈当酒　指以茶代酒。《三国志·吴书·韦曜传》："韦曜字弘嗣，吴郡云阳人也。……皓每饗宴，无不竟日，坐席无能否率以七升为限，虽不悉入口，皆浇灌取尽。曜素饮酒不过二升，初见礼异时，常为裁减，或密赐茶荈以当酒，至于宠衰，更见偪彊，辄以为罪。"

昌蒲蘸酒　亦作"菖蒲酒"。用以咏端午。南朝梁宗懔《荆楚岁时记》："五月五日……以菖蒲或镂或屑，以泛酒。"

恰归来、昌蒲蘸酒，祝兄千岁。（宋·魏了翁《贺新郎·幸有天遮蔽》）

鸱夷载酒　指酒。汉·扬雄《酒箴》："子犹瓶矣，观瓶之居，居井之湄，处高临深，动常近危。酒醪不入口，藏水满怀，不得左右，牵于缠徽。自用如此，不如鸱夷。鸱夷滑稽，腹大如壶，尽日盛酒，人复藉酤，常为国器，托于属车，出入两宫，经营公家。"

鸱夷载酒莺花处，古锦囊诗簿领余。（宋·陈造《简单宰二首》其一）

腐肠是酒　指嗜酒对身体有害。《吕氏春秋》卷一《孟春纪·本生》："肥肉厚酒，务以自强命之曰烂肠之食。"

腐肠是酒。伐性蛾眉徒损寿。（宋·沈瀛《减字木兰花·且安汝止》）

葛巾漉酒　亦作"漉酒""渊明漉酒""漉酒未巾""漉酒巾""漉酒人""把纶巾漉"。形容爱酒成痴、嗜酒如命的人，亦比喻其人率真超脱。

葛巾漉酒何妨湿，破帽沾泥亦足欢。（宋·项安世《次韵重阳值雨》）

黄鸡白酒　指乡野生活。李白《南陵别儿童入京》："白酒新熟山中归，黄鸡啄黍秋正肥。呼童烹鸡酌白酒，儿女嬉笑牵人衣。"

黄鸡白酒可劳劝，青笋乌椑未绝贫。（宋·韩元吉《闻吴端朝作真率集》）

金钗换酒　指妻子拔金钗换酒。元稹《遣悲怀三首》其一："谢公最小偏怜女，嫁与黔娄百事乖。顾我无衣搜画箧，泥他沽酒拔金钗。"

归来紫陌东头，金钗换酒消愁。（宋·晏几道《清平乐·波纹碧皱》）

金貂换酒　亦作"金貂不抵银瓶贵""莫惜金貂""金貂取酒""脱貂贳醑"。指放旷不羁。《晋书·阮孚传》："孚字遥集……迁黄门侍郎、散骑常侍，尝以金貂换酒，复为所司弹劾。"

金貂有时换美酒，玉麈但摇莫计钱。（唐·卢照邻《行路难》）

金龟换酒　金龟，袋名，唐代官员的一种佩饰。解下金龟换美酒。形容为人豁达，不在乎身外之物，唯求与好友欢饮取醉。李白《劝酒忆贺监二首》并《序》："太子宾客贺公，于长安紫极宫一见余，呼余为'谪仙人'，因解金龟，换酒为乐，怅然有怀，而作是诗。"其一："昔好杯中物，今为松下尘。金龟换酒处，却忆泪沾巾。"

最好金龟换酒，相与醉沧州。（宋·秦观《望海潮·秦峰苍翠》）

卖薪买酒　用以咏高士。五代沈汾《续仙传·许宣平传》："或负薪以卖，薪担常挂一花瓢，每醉吟曰：'负薪朝出卖，沽酒日西归。'"

薄雪初消野未耕，卖薪买酒看升平。（宋·苏轼《上元侍饮楼上三首呈同列》）

齐山诗酒　亦作"齐山诗妙""齐山高兴""齐山杜牧""齐山客"。指重阳抒怀。见唐·杜牧《九日齐山登高》诗。

与牧之高会，齐山诗酒，谪仙同载，采石风涛。（宋·刘克庄《沁园春·我梦见君》）

鹔鹴换酒　亦作"相如鹔鹴""鹔鹴换酒""鹔鹴裘贳酒""成都贳酒""貂裘换酒"。指家贫嗜酒。旧题晋·葛洪《西京杂记》卷二："司马相如初与卓文君还成都，居贫愁懑。以所着鹔鹴裘就市人杨昌贳酒，与文君为欢。"

鹔鹴换美酒，舞衣罢雕龙。（唐·李白《怨歌行》）

瓦盆盛酒　借指田园生活。杜甫《少年行二首》其一："莫笑田家老瓦盆，自从盛酒长儿孙。倾银注玉惊人眼，共醉终同卧竹根。"

扫洒门庭拂床几，瓦盆盛酒荐豚肩。（宋·陆游《山村经行因施药》）

吴姬压酒　指女子取酒劝饮。李白《金陵酒肆留别》："风吹柳花满店香，吴姬压酒唤客尝。"

光浮椀面啜先春，何须美酒吴姬压。（宋·张炎《踏莎行·清气崖深》）

西南喷酒　亦作"栾巴噗酒"。用以咏酒且暗指蜀地。晋·葛洪《神仙传·栾巴》："栾巴者，蜀郡成都人也。少而好道。……后征为尚书郎。正旦大会，巴后到有酒容，赐百官酒，又不饮，而西南向噀之。有司奏不敬。诏问巴。巴曰：'……臣适见成都市上火，臣故漱酒为雨救之。……'乃发驿书问成都。奏言：'正旦食后大失火，须臾有大雨三阵，从东北来，火乃止，雨着人皆酒气。'"

西南如喷酒，遥向雨中看。（唐·岑参《醴泉东溪送程皓元镜微入蜀》）

咽以卮酒　指嗜好读书。宋·龚明之《中吴纪闻·苏子美饮酒》："子美豪放，饮酒无算，在妇翁杜正献家，每夕读书，以一斗为率。正献深以疑，使子弟密察之。闻读《汉书·张子房传》，至'良与客狙击秦皇帝，误中副车'，遽抚案曰：'惜乎！击之不中。'遂满引一大白。又读至'良曰：始臣起下邳，与上会于留，此天以臣授陛下'。又抚案曰：'君臣相遇，其难如此！'复举一大白。正献知之，大笑曰：'有如此下酒物，一斗诚不为多也。'”

一篇齐物，读时咽以卮酒。（宋·刘克庄《念奴娇·梦中忘却》）

有客无酒 指苏轼与客携酒与鱼游赤壁下之事。苏轼《后赤壁赋》：“是岁十月之望……二客从予，过黄泥之坂，霜露既降，木叶尽脱。人影在地，仰见明月。顾而乐之，行歌相答。已而叹曰：‘有客无酒，有酒无肴，月白风清，如此良夜何？’客曰：‘今者薄暮，举网得鱼……顾安所得酒乎？’……于是携酒与鱼，复游于赤壁之下。”

闲居有客无酒，有酒又无鱼。（宋·刘辰翁《水调歌头·夫子惠收我》）

只鸡絮酒 亦作“絮酒”。指祭品很薄，借指吊唁故旧，尽心而已。《后汉书·徐穉传》：“穉前后为州郡选举诸公所辟，虽不就。及其死，万里赴吊。常于家预炙鸡一只，以一两绵絮渍酒，日中暴干以裹鸡，径到所赴冢隧外，以水渍绵，使有酒气，斗米饭，白茅为藉，以酒置前，酹酒毕，留谒即去，不见丧主。”

只鸡絮酒纵有时，双鱼素书长已矣。（宋·陆游《闻王嘉叟讣报有作》）

好事为携酒 亦作“数杯资好事”。指被遗忘的贤者偶有人携酒造访。《汉书·扬雄传赞》：“雄以病免，复召为大夫。家素贫，嗜酒。人希至其门。时有好事者载酒肴从游学，而钜鹿侯芭常从雄居，受其《太玄》《法言》焉。”

贫穷老瘦家卖屐，好事就之为携酒。（唐·杜甫《可叹》）

九 jiǔ

古上声，二十五有。逆昌～赤～出～黄～庐～梦～罴～乾～上～十八～鸦～筵～燕～阳～窈～用～元～重～顺～奥～苞～变～辩～傧～伯～宸～成宫～畴～春～冬～厄～服～符～垓～纲～皋～闳～纮～侯～华～回～阍～畿～极～禁～京～骏～逵～馗～旒～龙～隆～罗～洛～芒～旻～冥～溟～陌～牧～葩～阡～峤～清～邱～秋～衢尘～曲～阙～塞～埏～韶～升～室～逝～司～死魂～驷～薮～天～通～涂～畹～围～维～纬～五～溪～遐～霞～夏～玄～阳～钥～曜～仪～裔～阴～垠～英～婴～楹～瀛～幽～囿～虞～域尘～御～罭～隩～元～缘～章～章衣～箴～芝～雉～钟～重～转～子～祖～钻～佐例次问最少年，虬髯十八九。（唐·杜甫《送重表侄王砅评事使南海》）欧冶子死千年后，精灵闇授张鸦九。（唐·白居易《鸦九剑》）

典**黄九** 指黄庭坚。陈师道《后山诗话》：“退之以文为诗，子瞻以诗为词，如教坊雷大使之舞，虽极天下之工，要非本色。今代词手，惟秦七、黄九耳，唐诸人不迨也。”

黄九陈三外，诸人总解诗。（宋·杨万里《和文明主簿叔见寄之韵二首》其一）

食鲑三九 亦作“庾郎食韭”“庾郎贫”。见488页“三韭”。

力微覆悚有明诫，食鲑三九元非贫。（宋·敖陶孙《再赋薄薄酒》）

灸 jiǔ

古去声，二十六宥。逆艾～砭～刺～关～内～天～温～注～顺～草～发～客～眉～师～许～炷～灼例或乱若抽笋，或嵲若注灸。（唐·韩愈《南山诗》）

韭 jiǔ

古上声，二十五有。逆春～葱～根～祭～剪～翦～翦春～鹿～秋～三～温～乌～禹～顺～白～花～黄～菁～菹例腰镰欲何之，东园刈秋韭。（唐·王昌龄《题灞池二首》其一）我见被人瞒，一似园中韭。（唐·寒山《诗三百三首》其二〇八）乘凉劝奴婢，园里耨葱韭。（唐·卢仝《寄男抱孙》）

典**三韭** ①隐指二十七。②亦作“庾郎食韭”“食鲑三九”。指贫寒之人。《南齐书·庾杲之传》：“（杲之）清贫自业，食唯有韭葅、瀹韭、生韭杂菜，或戏之曰：‘谁谓庾郎贫，食鲑常有二十七种。’言三九也。”

衣笥无复裈，食案有三韭。（宋·陆游《寓规》）

黄柑青韭 用以咏立春。苏轼《立春日小集戏李端叔》：“辛盘得青韭，腊酒是黄柑。”

浑未办、黄柑荐酒，更传青韭堆盘。（宋·辛弃疾《汉宫春·春已归来》）

夜雨剪春韭 亦作“剪春韭”“剪韭”。指以酒菜款待多年不见的老朋友。杜甫《赠卫八处士》：“问答乃未已，驱儿罗酒浆。夜雨剪春韭，新炊间黄粱。主称会面难，一举累十觞。十觞也不醉，感子故意长。”

夜雨剪残春韭，明日重斟别酒。（宋·辛弃疾《昭君怨·夜雨剪残春韭》）

玖 jiǔ

古上声，二十五有。逆出～佩～琼～顺～镜例剑可剸犀兕，剑可切琼玖。（唐·元稹《说剑》）

典**木李先琼玖** 亦作“琼玖”。指互赠物品。《诗经·卫风·木瓜》：“投我以木李，报之以琼玖。匪报也，永以为好也。”毛氏传：“琼玖，玉名。”

轻投无惜万金酬，木李旧先琼玖。（宋·王之道《西江月·黄菊正怀彭泽》）

口 kǒu

古上声，二十五有。逆百～彪～赤～杜～哆～凡～樊～蜚狐～甘～挂～贯～鹤～壑～横～鸿～花～黄～鸡～京～垒～蠡～丽～辽～鲁～率～弭～南～逆～佞～溢～辟～浦～箝～黔～阙～髯～濡～弱～矢～饰～螯～戍～铄～岁～檀～天～妄～诿～諴～香～绣～悬～窨～讯～崖～檐～奄～弇～揜～贬～业～驿～逸～应～游～舆～嚚～缘～悦～运～啧～张～折～郑～注～转～纵～顺～案～澳～白～辩～兵～材～藏～谗～敞～沉～陈～碜～疢～承～敕～川～达～大～歹～德～分～疳～给～过～滑～画～回～惛～颊～井～具～刺～利～率～马～糜～米～蘑～钱～体～调～腕～弦～涎～象～断～谀～占～栈～脂～中～虱～重～珠例送别未能旋，相望连水口。（唐·崔国辅《杂曲歌辞·今别离》）斋时不乞食，定应空漱口。（唐·王维《胡居士卧病遗米因赠》）凶徒侧耳潜惬心，悍臣破胆皆杜口。（唐·柳宗元《东门行》）

典**黄口** 指儿童。《淮南子·氾论

训》："古之伐国，不杀黄口。"高诱注："黄口，幼也。"

黄口小儿口莫凭，逡巡看取第三名。（唐·杨莱儿《荅小子弟诗》）

鸡口 喻指小而位尊。《战国策·韩策一》："臣闻鄙谚曰：'宁为鸡口，无为牛后。'今大王西面交臂而臣事秦，何以异于牛后乎？"

宦情哂鸡口，世路倦羊肠。（唐·窦群《东山月下怀友人》）

箝口 指不让别人说话或自己不说话。《汉书·爰盎传》："盎曰：'善，君自谓弗如。……而君自闭箝天下之口，而日益愚。'"《汉书·晁错传》："邓公曰：'且臣恐天下之士拑口不复言矣。'"

晤语契深心，那能总钳口。（唐·杜甫《大云寺赞公房四首》其四）

檀口 指女子之红唇。唐张祜《黄蜀葵花》："名花八叶嫩黄金，色照书窗透竹林。无奈美人闲把嗅，直疑檀口印中心。"

黛眉印在微微绿，檀口消来薄薄红。（唐·韩偓《余作探使以缭绫手帛子寄贺》）

箕张口 主口舌和谗言的箕星显现天际，古人以为预兆将遭口舌之灾。《史记·天官书》："箕为敖客，曰口舌。"司马贞索隐："《诗》云'维南有箕，载翕其舌'。又《诗纬》云'箕为天口，主出气'。是箕有舌，象谗言。"

簸扬且听箕张口，丈夫壮气须冲斗。（宋·文天祥《生日和谢爱山长句》）

四目两口 指奇异之相。《三国志·魏书·武帝纪》注引《魏书》："贼将见公，悉于马上拜，秦、胡观者，前后重沓，公笑谓贼曰：'汝欲观曹公邪？亦犹人也，非有四目两口，但多智耳！'"

我无四目与两口，但在人间更事久。（宋·陆游《长歌行》）

子真谷口 亦作"谷口子真"。借指隐逸高士。《汉书·王贡两鲍传》："其后谷口有郑子真，蜀有严君平，皆修身自保，非其服弗服，非其食弗食。成帝时，元舅大将军王凤以礼聘子真，子真遂不诎而终。"

子真谷口今成趣，不为红尘枉白头。（宋·艾可叔《浮梁金鳌山》）

惠死庄杜口 指哀悼亡友。《庄子·徐无鬼》："庄子送葬，过惠子之墓。顾谓从者曰：'郢人垩慢其鼻端若蝇翼，使匠石斫之。……宋元君闻之，召匠石曰："尝试为寡人为之。"匠石曰："臣则尝能斫之。虽然，臣之质死久矣！"自夫子之死也，吾无以为质矣，吾无与言之矣。'"

惠死庄杜口，钟殁师废琴。（唐·白居易《哭崔常侍晦叔》）

柳 liǔ

㊀上声，二十五有。㊁柽～春月～冻～锻～高～古～官～广～鬼～柜～韩～黄～躏～翦～金城～禁～榉～灵和～刘～绿～梅～年～蒲～青门～人～弱～三春～沙～褭～蛇～射～隋家～陶～菀～王恭～韦～乌～五～武昌～纤～相～雪～颜～移～银～永丰～御～张～章台～肘生～㊂～安～八～栝～编～车～床～祠～翠～带～黛～堤～甸～斗～耳～范～芳历～管～郭～鬓～黄～惠～火～颊～桊～菌～课～郎～浪～脸～楼～蒲～浦～绒～塞～三变～色～褭～士师～市～思～台～塘～汀～屯田～幄～下～下惠～下季～线～箱～信～星～性～宿～絮风～衙～眼～腰～叶篆～靥～衣～意～营～枝词～跖～洲～子祠㊃路傍时卖故侯瓜，门前学种先生柳。（唐·王维《老将行》）池畔花深斗鸭栏，桥边雨洗藏鸦柳。（唐·韩翃《送客还江东》）

㊄**韩柳** 韩愈和柳宗元，借指文章大家。唐·杜牧《冬至日寄小侄阿宜》："李杜泛泛浩浩，韩柳摩苍苍。近者四君子，与古争强梁。"

时无韩柳道难穷，也觉天公不至公。（唐·郑谷《赠杨夔二首》其二）

蒲柳 借指人老迈体弱。《世说新语·言语》："顾悦之与简文同年而发早白。简文曰：'卿何以先白？'对曰：'蒲柳之姿，望秋而落；松柏之质，经霜弥茂。'"

风云才子冶游思，蒲柳老人惆怅心。（唐·卢纶《和崔侍郎游万固寺》）

五柳 亦作"先生柳""归来柳""门前柳""陶家柳""陶柳""陶潜影""陶家门外柳""陶柳""先生柳""渊明柳""靖节门柳""种柳""种柳先生"。指陶渊明，有时也指柳树，也借以指隐逸高人。《宋书·陶潜传》："潜少有高趣，尝著《五柳先生传》以自况，曰：'先生不知何许人，不详姓字，宅边有五柳树，因以为号焉。……短褐穿结，箪瓢屡空，晏如也。尝著文章自娱，颇示己志。忘怀得失，以此自终。'其自序如此，时人谓之实录。"

复值接舆醉，狂歌五柳前。（唐·王维《辋川闲居赠裴秀才迪》）

移柳 指怀念故乡。北周庾信《哀江南赋》："钓台移柳，非玉关之可望。"

战场今始定，移柳更能存。（唐·杜甫《春日梓州登楼二首》其二）

折柳 亦作"折赠行人"。借指惜别。《三辅黄图》卷六《桥》："霸桥在长安东，跨水作桥，汉人送客至此桥，折柳赠别。"

此夜曲中闻折柳，何人不起故园情。（唐·李白《春夜洛城闻笛》）

官渡柳 借指感物伤怀之情。《艺文类聚》卷八九引三国魏曹丕《柳赋序》："昔建安五年，上与袁绍战于官渡时，余始植斯柳，自彼迄今，十有五载矣，感物伤怀，乃作斯赋。"

日暮风吹官渡柳，白鸦飞出石头墙。（唐·张萧远《残句》）

金城柳 指时光流逝、睹物伤怀。《世说新语·言语》："桓公北征，经金城，见前为琅琊时种柳，皆已十围，慨然曰：'木犹如此，人何以堪！'攀枝执条，泫然流泪。"

悲来唯见金城柳，醉后曾乘海客槎。（宋·蔡襄《耕园驿》）

隋堤柳 亦作"隋堤""隋岸""隋柳""隋河堤上柳"。指能引发人们物是人非感觉的旧柳树。白居易《隋堤柳》："隋堤柳，岁久年深尽衰朽。风飘飘兮雨萧萧，三株两株汴河口。老枝病叶愁杀人，曾经大业年中春。大业年中炀天子，种柳成行夹流水。西自黄河东至淮，绿阴一千三百里。"宋佚名《炀帝开河记》:"时恐盛暑,翰林学士虞世基献计,请用垂柳栽于汴渠两堤上,一则树根四散,鞠护河堤,二乃牵舟之人护其阴,三则牵舟之羊食其叶。上大喜,诏民间有柳一株,赏一缣,百姓竞献之,又令亲种,帝自种一株,群臣次第种,方及百姓。时有谣言曰:'天子先栽,然后万姓栽。'栽毕,帝御笔写赐垂杨柳姓杨,曰'杨柳'也。"

庾岭梅先觉,隋堤柳暗惊。(唐·郑谷《咸通十四年府试木向荣》)

王恭柳 亦作"春月柳""王恭""君如春柳"。指人仪表不凡、风华正茂。《晋书·王恭传》:"王恭字孝伯,光禄大夫蕴子,定皇后之兄也。少有美誉,清操过人,自负才地高华,恒有宰辅之望。……恭美姿仪,人多爱悦,或目之云:'濯濯如春月柳。'尝被鹤氅裘,涉雪而行,孟昶窥见之,叹曰:'此真神仙中人也!'"亦见《世说新语·容止》。

诸生个个王恭柳,从事人人庾杲莲。(唐·李商隐《行至金牛驿寄兴元渤海尚书》)

武昌柳 亦作"盗柳""官柳"。指官家柳树。《晋书·陶侃传》:"侃性纤密好问,颇类赵广汉。尝课诸营种柳,都尉夏施盗官柳植之于己门。侃后见,驻车问曰:'此是武昌西门柳,何因盗来此种?'施惶怖谢罪。"

缘忧武昌柳,遂忆洛阳花。(唐·李商隐《病中闻河东公乐营置酒口占寄上》)

营门柳 指治军严明的将领。见900页"细柳营"。

灞水楼船渡,营门细柳开。(唐·李贺《送秦光禄北征》)

永丰柳 亦作"永丰坊畔"。喻指悲苦孤寂之女子。唐·孟棨《本事诗·事感》:"白尚书……年既高迈,而小蛮方丰艳,因为杨柳之词以托意,曰:'一树春风万万枝,嫩于金色软于丝。永丰坊里东南角,尽日无人属阿谁。'及宣宗朝,国乐唱是词,上问谁词,永丰在何处,左右具以对之。遂因东使,命取永丰柳两枝,植于禁中。白感上知其名,且好尚风雅,又为诗一章,其末句云:'定知此后天文里,柳宿光中添两枝。'"

永丰柳,无人尽日飞花雪。(宋·张先《千秋岁·数声鶗鴂》)

章台柳 亦作"章台"。代指妓女。唐·孟棨《本事诗·情感》:"韩翃少负才名,天宝末举进士。孤贞静默,所与游皆当时名士。然而荜门圭窦,室唯四壁。邻有李将妓柳氏。李每至,必邀韩同饮。……酒酣,谓韩曰:'秀才当今名士,柳氏当今名色,以名色配名士,不亦可乎?'遂命柳从坐接韩。……俄就柳居。来岁成名。后数年,淄青节度侯希逸奏为从事。以世方扰,不敢以柳自随,置之都下,期至而迓之。连三岁,不果迓,因以良金买练囊中寄之,题诗曰:'章台柳,章台柳,往日青青今在否?纵使长条似旧垂,亦应攀折他人手。'"

千言万语,毕竟总成虚,章台柳。(宋·李之仪《蓦山溪·青楼薄幸》)

百发碎柳 指箭法高超。见834页"穿杨"。

百发乌号遥碎柳,七尺龙文迥照莲。(唐·骆宾王《从军中行路难二首》其二)

歌翻杨柳 指《杨柳枝》新曲。白居易《杨柳枝词八首》其一:"六么水调家家唱,白雪梅花处处吹。古歌旧曲君休听,听取新翻杨柳枝。"

歌翻杨柳金尊沸,饮散凭阑无限意。(宋·苏轼《木兰花令·高平四面开雄垒》)

肘后生柳 指生病。《庄子·至乐》:"支离叔与滑介叔观于冥伯之丘,昆仑之虚,黄帝之所休。俄而柳生其左肘,其意蹶蹶然恶之。"唐成玄英疏:"二叔游于昆仑,观于变化,俄顷之间,左臂生柳,蹶然惊动,似欲恶之也。"

肘后俄生柳。叹人生、不如意事,十常八九。(宋·辛弃疾《贺新郎·肘后俄生柳》)

灞陵原上柳 亦作"灞陵别后"。指折柳送别。李白《忆秦娥》:"箫声咽,秦娥梦断秦楼月。秦楼月,年年柳色,灞陵伤别。"见113页"灞桥怨别"。

不见灞陵原上柳,往来过尽蹄轮。(宋·许庭《临江仙·不见灞陵原上柳》)

绺(綹)liǔ

㊀上声,二十五有。㊁剪～一～㊂～鬏

罶 liǔ 捕鱼具。

㊀上声,二十五有。㊁罛～鱼～㊃可怜山前客,倏忽星过罶。(宋·苏轼《岘山》)风帆遂北上,解缆星在罶。(元·郑元祐《张彦冲北上》)

搂(摟)lǒu 搂抱。另见459页lōu。

㊀《正字通》:郎斗切。㊂～抱～处～带

篓(簍)lǒu

㊀上声,二十五有。又:下平,十一尤同。又:上声,七麌同。㊁笆～篝～酒～筐～篾～箬～驮～鱼～竹～㊂～籔～子㊃日晚相笑归,腰间佩轻篓。(唐·皮日休《茶中杂咏·茶人》)

塿 lǒu 培塿,小土丘。

㊀上声,二十五有。㊁培～㊃王生早曾拜颜色,高山之外皆培塿。(唐·杜甫《可叹》)

嵝(嶁)lǒu 岣嵝,山巅。

㊀上声,二十五有。又:上声,七麌同。㊁岣～连～㊂～领㊃便应寻瀑布,乘兴上岣嵝。(唐·齐己《送刘秀才南游》)

某 mǒu

㊀上声,二十五有。㊁某～谁～㊂～等～甫～家～门～屏～舍～矣～者～子

纽(紐)niǔ ①纽襻。②连接。

㊀上声,二十五有。㊁傍～秤～螭～地～斗～厄～反～纲～龟～含枢～鹤头～环～解～筋～蟠～旁～圮～乾～石～通～同～玄～压～印～玉～正～㊂～襻～星㊃银星钉称衡,绿丝作称纽。(唐·拾得《诗》)杀杀霜在锋,团团月临纽。(唐·元稹《说剑》)合卺同牢,二姓欢佳耦。凭谁手。鬓丝同纽。(宋·廖行之《点绛唇·玉树芝兰》)

钮(鈕)niǔ ①姓。②钮扣。

㊀上声,二十五有。㊁鼻～龟～镮～镣～锁～驼～压～印～㊂～枢㊃璀璨珊瑚钩,盘屈蛟螭钮。(宋·

姜特立《送虞察院》)述作协穆如,亦莫秘关钮。(宋·曹勋《和钱处和扇车》)北窗书册久不开,筐箧黄尘生锁钮。(宋·黄庭坚《还家呈伯氏》)

扭niǔ

古上声,二十五有。逆蹩～瘪～结～撇～牵～钳～生～吱～执～顺～摆～别～搐～捽～搭～绞～解～捻～殴～搜

狃niǔ 习惯。

古上声,二十五有。又:去声,二十六宥同。逆无～习～狎～顺～恩～捷～胜～忕～习～狎～娩例悠悠舒而安,兀兀狂以狃。(唐·韩愈《南山诗》)

忸niǔ

古上声,二十五有。逆惭～顺～恩～捷～胜～忕～习～狎～娩例省躬念前哲,醉饱多惭忸。(唐·白居易《春寒》)

偶ǒu

古上声,二十五有。逆按～辈～不～参～曹～侪～仇～畴～党～敌～妃～非～桂～合～会～机～踦～觭～伉～抗～丽～俪～鸾～密～命～俳～匹～媲～少～诗～索～桃～未～相～相人～偕～谐～幸～阴～应～优～鸳～运～珍～顺～倡～成～辞～发～耕～攻～行～或～俪～年～寝～时～世～视～属～俗～题～戏～影～语～作～坐例宗贤开别业,形胜代希偶。(唐·王湾《晚夏马嵬卿叔池亭即事》)入幕未展材,秉钧孰为偶。(唐·杜甫《奉赠李八丈判官(曛)》)

典**胜偶** 指战胜对手。《左传·襄公二十五年》:"太叔文子闻之,曰:'……今宁子视君不如弈棋,其何以免乎?弈者举棋不定,不胜其耦,而况置君而弗定乎?必不免矣!'"

弈棋知胜偶,射策请焚舟。(唐·李端《送潘述宏词下第归江外》)

藕(*蕅)ǒu

古上声,二十五有。逆碧～丹～果～华～莲～菱～陆～蜜～素～踏～雪～玉～顺～肠～覆～合～荷～煤例西风吹垂杨,条条脆如藕。(唐·孟郊《暮秋感思》)引水灌竹中,蒲池种莲藕。(唐·卢仝《寄男抱孙》)

呕(嘔)ǒu 另见460页ōu、429页xū。

古《广韵》:上声,厚韵。逆吹～发～唠～呛～啘～噎～顺～风～家～逆～心～血例阴风喜复怒,野雾吞且呕。(宋·文同《和仲蒙石龙涡》)先生老傀谁使然,天孙安能司唾呕。(宋·毛滂《和郭倅见寄》)珍丸起病瘠,鲙虫随泄呕。(宋·王安石《赠陈君景初》)

剖pǒu 旧读。另见460页pōu。

古上声,二十五有。又:上声,七麌同。

瓿pǒu 小瓮。

古《广韵》:上声,厚韵。又:平声,虞韵同。逆安～复～覆～酱～酒～瓯～倾～例高低过反坫,大小随圆瓿。(唐·陆龟蒙《奉和袭美酒中十咏·酒垆》)

掊pǒu 击、击破、破开。另见477页póu。

古上声,二十五有。逆击～攘～顺～斥～攻～击

培pǒu 另见273页péi。

古上声,二十五有。顺～塿

糗qiǔ ①熟米。②麦粉。

古上声,二十五有。逆浆～粮～粱～脯～宿～枣～顺～糒～餈～饵～芳～粮～粻例何人能捃嚼,饵以代浆糗。(唐·陆龟蒙《奉和袭美太湖诗二十首·入林屋洞》)

手shǒu

古上声,二十五有。逆毕～抃～并～不～不龟～辞～捽～厝～措～大垂～丹垩～丹铅～凤楼～拊～负～篙～阁～龟～号～皓～呵～合～化～换鹅～藉～经纶～精～巨～绝～蕨～鲙～拿云～黏～盆～霹雳～匹～启～搴～去～绕～热～鳖～授～书～水犀～肆～调鼎～调元～拓～拓书～绾～五斤～五袴～檄～悬～旋～妍～荑～颖脱～玉堂～鬻～云～熨～泽～抵～炙～斲垩～斲轮～斲泥～顺～八叉～拜～榜～本～毕～禀～搏～策～钞～车～敕～刺～额～分～藁～翰～行～号～号军～痕～集～戟～柬～剑～教～卷～勠～理～历～袂～民～命～墨～杻～扇～稍～实～疏～谈～题～尾～文～戏～线～讯～泽～轴～烛～状例始愿今不从,春风恋携手。(唐·宋之问《送赵六贞固》)西北风来吹细腰,东南月上浮纤手。(唐·刘希夷《捣衣篇》)

国手 指棋艺高超的棋手。唐·裴说《棋》:"十九条平路,言平又险巇。人心无算处,国手有输时。"

棋轻国手知难敌,诗是天才肯易酬。(唐·齐己《寄欧阳侍郎》)

唾手 指易得。《后汉书·公孙瓒传》:"天下指麾可定。"李贤注引《九州春秋》:"瓒曰:'始天下兵起,我谓唾掌而决。'"

新淬鱼肠玉似泥,将军唾手取河西。(宋·秦观《次韵出省马上有怀蒋颖叔》)

援手 指帮助他人。《孟子·离娄上》:"天下溺,援之以道;嫂溺,援之以手。子欲手援天下乎?"

独济恐难安,人危敢援手。(宋·孔武仲《蔡州三首》其二)

炙手 指气焰嚣张的权豪贵要。杜甫《丽人行》:"炙手可热势绝伦,慎莫近前丞相嗔。"

昨日屋头堪炙手,今朝门外好张罗。(唐·白居易《放言五首》其四)

八叉手 唐代温庭筠才思敏捷,每次参加科举考试作律赋,叉手构思,凡八叉手而成八韵,时号"温八叉"。见宋孙光宪《北梦琐言》卷四。后因以"手八叉"形容文思敏捷。

赋就八叉手,文高三折肱。(宋·楼钥《胡监岳挽词》)

补天手 喻指有勇气,有智慧,造福于民的大人物。《淮南子·览冥训》:"往古之时,四极废,九州裂。天不兼覆,地不周载,火爁炎而不灭,水浩洋而不息;猛兽食颛民,鸷鸟攫老弱。于是女娲氏炼五彩石以补苍天,断鳌足以立四极,杀黑龙以济冀州,积芦灰以止淫水。苍天补,四极正,淫水涸,冀州平,狡虫死,颛民生。"

待试平生补天手,为君明镜再安台。(宋·岳珂《予归示省松楸》其一)

不龟手 喻指小技艺用得恰当能得大利益,不会巧妙运用则一辈子受穷。《庄子·逍遥游》:"庄子曰:'夫子固拙于用大矣。宋人有善为不龟手之药者,世世以洴澼絖

为事。客闻之，请买其方百金。聚族而谋曰：'我世世为洴澼絖，不过数金；今一朝而鬻技百金，请与之。'客得之，以说吴王。越有难，吴王使之将，冬与越人水战，大败越人，裂地而封之。能不龟手，一也：或以封，或不免于洴澼絖，则所用之异也。'"

穷途政似不龟手，与世羞为西子颦。（宋·苏轼《赠李兕彦威秀才》）

穿兔手 指善射之人。《太平御览》卷九〇七引《三国典略》："周命尉迟迥伐蜀，帅甲士一万二千，骑万疋，自散关由固道而入。太祖送于城西，见一走兔，命弟中领军网射之。网誓曰：'若获此兔，必当破蜀。'俄而获兔。"

穿兔手，落雕材，狭邪衢路共徘徊。（宋·程正同《思越人·曾把隋珠抵鹊来》）

春风手 借指琴艺、书画技艺高超的女子。王安石《明妃曲二首》其二："黄金杆拨春风手，弹看飞鸿劝胡酒。"

黄金捍拨春风手，帘幕重重音韵透。（宋·黄庭坚《玉楼春·黄金捍拨春风手》）

缚虎手 指勇猛之人。《诗经·郑风·大叔于田》："襢裼暴虎，献于公所。"毛氏传："暴虎，空手以搏之。"

我家阿连缚虎手，更得退堂方外友。（宋·楼钥《钱清王千里得王大令保母》）

摸棱手 指对事不做决断、持模棱两可态度的人。《新唐书·苏味道传》："尝谓人曰：'决事不欲明白，误则有悔，摸棱持两端可也。故世号摸棱手。'"

唯阿似是摸棱手，虚静初无照物心。（宋·刘子翚《奇仲德华》）

霹雳手 指断案快而准的人。《旧唐书·裴漼传》："裴漼，绛州闻喜人。世为著姓。父琰之，永徽中，为同州司户参军，时年少，美容仪，刺史李崇义初甚轻之。先是，州中有积年旧案数百道，崇义促琰之使断之，琰之命书吏数人，连纸进笔，斯须剖断并毕，文翰俱美，且尽与夺之理。崇义大惊，谢曰：'公何忍藏锋以成鄙夫之过！'由是大知名，号为'霹雳手'。"

未试霹雳手，低回从此君。（宋·秦观《送张和叔兼简鲁直》）

射雕手 指人技艺高超。《史记·李将军列传》："匈奴大入上郡，天子使中贵人从广勒习兵击匈奴。中贵人将骑数十纵，见匈奴三人，与战。三人还射，伤中贵人，杀其骑且尽。中贵人走广。广曰：'是必射雕者也。'"

必鞬前队射雕手，载笔初筵倚马才。（宋·杨亿《大名温尚书之任》）

薰风手 指善作辞清意足诗句之人。《旧唐书·柳公权传》："文宗夏日与学士联句，帝曰：'人皆苦炎热，我爱夏日长。'公权续曰：'薰风自南来，殿阁生微凉。'时丁、袁五学士皆属继，帝独讽公权两句，曰：'辞清意足，不可多得。'乃令公权题于殿壁。"

几时一试薰风手，今日桐阴又满庭。（宋·赵彦端《鹧鸪天·忆醉君家倚翠屏》）

燕公手 指文章名家高手。《新唐书·苏瓌传》附《苏颋传》："自景龙后，与张说以文章显，称望略等，故时号'燕许大手笔'。"

翼然新榜高亭，翰林铁画燕公手。（宋·严仁《水龙吟·翼然新榜高亭》）

医国手 见56页"上医医国"。

吃药未逢医国手，听琴谁见赏音人。（宋·胡仲弓《寄戴石屏》）

左右手 指很重要的帮手。《史记·淮阴侯列传》："有人言上曰：'丞相何亡。'上大怒，如失左右手。"

汉日左右手，尧年忠孝侯。（宋·宋祁《遣吏视诸公茔树回有感·文正王丞相》）

低眉信手 亦作"低眉数曲"。指女子弹琵琶之状。白居易《琵琶引》："低眉信手续续弹，说尽心中无限事。"

低眉信手续续弹，弹看飞鸿劝胡酒。（宋·王安石《胡笳十八拍十八首》其一四）

二京赋手 指文章高手，也借以咏都城或楼观。《后汉书·张衡传》："时天下承平日久，自王侯以下，莫不踰侈。衡乃拟班固《两都》，作《二京赋》，因以讽谏。精思傅会，十年乃成。"张衡《西京赋》李善注："杨泉《物理论》曰：'平子《二京》，文章卓然。'"

便有二京赋手，也须费力铺张。（宋·汪莘斗《朝中措·人言楼观似寥阳》）

河东赋手 指扬雄。《汉书·扬雄传》："其三月，将祭后土，上乃帅群臣横大河，凑汾阴。……雄以为临川羡鱼不如归而结网，还，上《河东赋》以劝。"

少日河东赋手，醉里新丰对草，谈笑上金台。（宋·刘辰翁《水调歌头·鹤会正阳后》）

孝经在手 指好学重孝。《南史·庾域传》附《庾子舆传》："子舆字孝卿，幼而歧嶷。五岁读《孝经》，手不释卷。或曰：'此书文句不多，何用自苦？'答曰：'孝，德之本，何谓不多。'"

群书万卷常暗诵，孝经一通看在手。（唐·杜甫《可叹》）

凤楼修造手 亦作"五凤楼手""凤楼手"。指善写文章之人。宋曾慥《类说》卷五三引宋黄鉴《杨文公谈苑》："韩浦、韩洎咸有词学，洎尝轻浦，语人曰：'吾兄为文，譬如绳枢草舍，聊庇风雨。予之为文，是造五凤楼手。'浦窃闻其言，偶得蜀笺，以诗赠洎曰：'十样蛮笺出益州，寄来新自浣溪头。老兄得此全无用，助尔添修五凤楼。'"

阁老凤楼修造手，笑谈间、突出凌云厦。（宋·刘克庄《贺新郎·绝顶规危榭》）

守shǒu

㊀上声，二十五有。㊁宝～葆～病～雌～错～笃～遁～贰～番～恒～会～阍～徼～谨～儆～救～局～距～踞～逻～名～墨～牧～南～弩～迫～穷～全～弱～善～申～神～审～慎～顺～嗣～填～完～偎～贤～悬～循～遗～御～远～宰～谪～争～征～止～株～拙～宗～㊂～白～病～藏～成～雌～寸～淡～邸～度～藩～府～庚申～宫槐～龟～阍～徼～洁～介～静～具～困～礼～盟～名～命～

墨～默～陴～璞～朴～气～鼙～谦～阙～柔～善～舍～慎～生～胜～事～视～适～室～筮～戍～数～司～死～祀～素～天～祧～兔～危～委～位～文～习～险～械～心～形～虚～序～玄～训～要～义～邑～意～愚～宇～御～愿～障～折～真～正～直～止～志～中～助㊎色声何谓客，阴界复谁守。（唐·王维《胡居士卧病遗米因赠》）因成日既久，事济身不守。（唐·崔颢《赠怀一上人》）

㊉**谢守**[1]　指晋谢安，他曾出任吴兴太守。见《晋书·谢安传》。

久是吴门客，尝闻谢守贤。（唐·卢纶《送从叔士准赴任润州司士》）

谢守[2]　亦作“宣城守”“宣城逸韵”。指南齐谢朓，他曾出任宣城太守。见《南齐书·谢朓传》。

遥知咏史夜，谢守月中听。（唐·皎然《送薛逢之宣州谒废使》）

谢守[3]　指南朝宋谢灵运，他曾出为永嘉太守。见《宋书·谢灵运传》。

谢守通诗宴，陶公许醉过。（唐·卢纶《送宁国夏侯丞》）

株守　指死守狭隘经验，不知变通。见《韩非子·五蠹》。

坎流行止忌株守，敢薄绅笏高山林。（宋·陈造《再次前韵呈林郎中五首》其四）

阮太守　指识解音律之人。《晋书·阮籍传》附《阮咸传》：“咸妙解音律，善弹琵琶。虽处世不交人事，惟共亲知弦歌酣宴而已。……荀勖每与咸论音律，自以为远不及也，疾之，出补始平太守。”

方知阮太守，一听识其微。（唐·皎然《奉和裴使君》）

东阳太守　亦作“东阳沈”。指沈约，也借指地方长官。《梁书·沈约传》：“沈约字休文，吴兴武康人。……隆昌元年，除吏部郎，出为宁朔将军、东阳太守。”

东阳太守，携家远去，方溯桐江。（宋·张纲《朝中措·年时生日宴高堂》）

南柯太守　亦作“南柯印绶”。指仕宦的虚幻不实。见73页“一枕南柯”。

南柯太守知人意，休问陶陶塞上翁。（唐·刘兼《偶有下殇因而自遣》）

逆取顺守　指以武力夺政权而以文治守天下。《汉书·陆贾传》：“贾曰：‘马上得之，宁可以马上治乎？且汤、武逆取而以顺守之。文武并用，长久之术也。’”

一麾出守　亦作“一麾”。指出任地方长官。颜延之《五君咏·阮始平》：“屡荐不入官，一麾乃出守。”李善注：“麾，指麾也。言为勗所指麾也。傅畅《诸公赞》曰：‘勖性自矜，因事左迁咸为始平太守。’”

一麾出守著威名，凶讣西来上为惊。（宋·秦观《俞公达待制挽词二首》其一）

一钱太守　借指抚恤百姓的廉吏。《后汉书·刘宠传》：“宠简除烦苛，禁察非法，郡中大化。征为将作大匠。山阴县有五六老叟，龙眉皓发，自若邪山谷间出，人赍百钱以送宠。宠劳之曰：‘父老何自苦？’对曰：‘山谷鄙生，未尝识郡朝。它守时吏发求民间，至夜不绝，或狗吠竟夕，民不得安。自明府下车以来，狗不夜吠，民不见吏。年老遭值圣明，今闻当见弃去。故自扶奉送。’宠曰：‘吾政何能及公言邪？勤苦父老！’为人选一大钱受之。”

一钱太守今贪吏，五柳先生歙富民。（宋·方岳《残句》）

云中上功守　亦作“云中守”。指郡守受到不合理对待。《史记·冯唐列传》：“唐对曰：‘……今臣窃闻魏尚为云中守，其军市租尽以飨士卒，（出）私养钱，五日一椎牛，飨宾客军吏舍人，是以匈奴远避，不近云中之塞。……且云中守魏尚坐上功首虏差六级，陛下下之吏，削其爵，罚作之。由此言之，陛下虽得廉颇、李牧，弗能用也。臣诚愚，触忌讳，死罪死罪！’文帝说，是日令冯唐持节赦魏尚，复以为云中守。”

不得文章力，白首防秋，谁念云中上功守。（宋·黄庭坚《洞仙歌·月中丹桂》）

首 shǒu

㊂上声，二十五有。又：去声，二十六宥异。㊐案～颁～斑～碑～北～弁～伯～谄～倡～陈～称～螭～吹剑～鹑～催～道～氐～地～东～端～番～反～奋～丐～竿～纲～菰～官～圭～函～行～豪～浩～鹤～狐～狐丘～华～缳～稽～疾～建～剑～娇～九～举～卷～科～空～枯～髡～雷～狸～黎～里～敛～陇～麋～弭～幂～俛～帓～南～囊～内～尼～帕～辔～腨～篇～跂～启～乾～螓～青～倾～情～丘～渠～鬈～濡～山～授～束～竦～犀～岘～相～骧～衅～旬～徇～延～鹢～艋～正丘～枳～彘～杼～鬘～状～追～擢～姿～㊈～本～参～曹～从～珰～道～嫡～绖～铤～端～禾～悔～甲～稼～简～揆～夔～楞～戾～路～露～南鸟～匿～虐～丘～秋～摄～鼠～术～岁～望～尾吟～夏～阳～原～掾～种～祚㊎自从弃置便衰朽，世事蹉跎成白首。（唐·王维《老将行》）岸雪清城阴，水光远林首。（唐·李颀《裴尹东溪别业》）孤云忽无色，边马为回首。（唐·韦应物《拟古诗十二首》其四）

㊉**虎首**　喻指身居显位之人。《南史·陈本纪下·宣帝纪》：“高宗孝宣皇帝讳顼，字绍世。……帝貌若不慧，魏将杨忠门客张子煦见而奇之，曰：‘此人虎头，当大贵也。’”

敢向宦途争虎首，尚嫌身累爱猪肝。（唐·薛能《洛下寓怀》）

马首　指前进的方向，喻指追随向前。《左传·襄公十四年》：“荀偃令曰：‘鸡鸣而驾，塞井夷灶，唯余马首是瞻！’栾黡曰：‘晋国之命，未是有也。余马首欲东。’乃归。”

猪肝无足累，马首敢辞勤。（唐·独孤及《答李滁州》）

面首　亦作“山阴清婿”“置面首”。指男宠，喻指淫荡的行为。《宋书·前废帝纪》：“山阴公主淫恣过度，谓帝曰：‘妾与陛下，虽男女有殊，俱托体先帝。陛下六宫万数，而妾唯驸马一人。事不均平，一何至此！’帝乃为主置面首左右三十人。”

面首不闻左右设，秦家老妇羞蛾眉。（清·吴存楷《阿都行》）

黔首　指平民百姓。《礼记·祭

义》："因物之精，制为之极，阴命鬼神，以为黔首则。"郑玄注："黔首，谓民也。"

黔首不愚尔益愚，千里函关囚独夫。（唐·杜牧《过骊山作》）

翘首 指深切盼望。阮籍《奏记诣蒋公》："群英翘首，俊贤抗足。"

拥传咸翘首，称觞竞比肩。（唐·杜审言《和李大夫嗣真奉使存抚河东》）

丘首 喻指不忘故乡。屈原《九章·哀郢》："鸟飞反故乡兮，狐死必首丘。"《礼记·檀弓上》："大公封于营丘，比及五世，皆反葬于周。君子曰：'乐，乐其所自生；礼，不忘其本。古之人有言曰：狐死正丘首。仁也。'"

丘首可怜迷故土，帝羓空用起腥风。（宋·苏轼《送玉面狸》）

月氏首 指少数民族首领。《汉书·西域传上·大月氏国》："大月氏本行国也，随畜移徙，与匈奴同俗。……至冒顿单于攻破月氏，而老上单于杀月氏，以其头为饮器。"

诗墨淋漓不负酒，但恨未饮月氏首。（宋·林景熙《书陆放翁诗卷后》）

蛾眉螓首 亦作"蛾眉""螓首"。指美女。《诗经·卫风·硕人》："手如柔荑，肤如凝脂，领如蝤蛴，齿如瓠犀。螓首蛾眉，巧笑倩兮，美目盼兮。"

螓首蛾眉天上人，不知何事到红尘。（宋·白玉蟾《赠紫华侍经周希清》）

冯唐白首 亦作"冯唐老""笑冯唐"。指年老。《史记·冯唐传》："唐以孝著，为中郎署长，事文帝。文帝辇过，问唐曰：'父老何自为郎？家安在？'……而拜唐为车骑都尉，主中尉及郡国车士。七年，景帝立，以唐为楚相，免。武帝立，求贤良，举冯唐。唐时年九十余，不能复为官，乃以唐子冯遂为郎。"

冯唐白首尚含香，卫武谆谆肯惰荒。（宋·刘克庄《戊辰重阳绝句》）

独步诗千首 本指李白，后以喻人诗才敏捷。唐李阳冰《草堂集序》："李白字太白，陇西成纪人。……其言多似天仙之辞，凡所著述，言多讽兴。自三代以来，风骚之后，驰驱屈宋，鞭挞扬马，千载独步，唯公一人。"

剩妙墨淋漓，清歌发越，未应独步诗千首。（宋·李曾伯《哨遍·大块赋形》）

投分须白首 指情谊深厚、生死与共。《世说新语·仇隙》："孙秀既恨石崇不与绿珠，又憾潘岳昔遇之不以礼。后秀为中书令……岳于是始知必不免。后收石崇。欧阳坚石，同日收岳。石先送市，亦不相知。潘后至，石谓潘曰：'安仁，卿亦复尔邪？'潘曰：'可谓"白首同所归！"'潘《金谷集诗》云：'投分寄石友，白首同所归。'乃成其谶。"

投分须白首，黄金散与亲和旧。（宋·马子严《归朝欢·听得提壶沽美酒》）

叟（*变）sǒu

古上声，二十五有。逆瞽～逋～沧浪～斗～杜陵～瞽～国～浣花～江～橘中～窭～崆峒～李～梁～林～鲁～漫浪～矇～耆～弃瓢～失马～于～支离～赘～缁～紫芝～顺～兵例垂白乱南翁，委身希北叟。（唐·杜甫《奉赠李八丈判官（曛）》）岂学屈大夫，忧惭对渔叟。（唐·戴叔伦《同兖州张秀才过王侍御参谋宅赋十韵（柳字）》）

典**枚叟** 指汉枚乘。见884页"枚乘"。

当时置酒延枚叟，肯料平台狐兔走。（唐·岑参《梁园歌送河南王说判官》）

迂叟[1] 指迂腐的老人。白居易《迂叟》："一辞魏阙就商滨，散地闲居八九春。初时被目为迂叟，近日蒙呼作隐人。"

迂叟馁缣宁冻死，伯夷种粟几时秋。（宋·杨万里《题刘道原墓次刚直亭》）

迂叟[2] 指宋司马光。宋叶梦得《石林燕语》卷一〇："司马温公自少称迂叟，著《迂书》四十一篇。"

坐观邸报谈迂叟，闲说滁山忆醉翁。（宋·苏轼《小饮公瑾舟中》）

负暄叟 指无知无识，自得其乐的人。宋沈括《梦溪笔谈》卷二三《讥谑》："梅询为翰林学士。一日，书诏颇多，属思甚苦，操觚循阶而行。忽见一老卒卧于日中，欠伸甚适，梅忽叹曰：'畅哉！'徐问之曰：'汝识字乎？'曰：'不识字。'梅曰：'更快活也。'"

输与茅檐负暄叟，时时睡觉一频伸。（宋·陆游《杂感》）

延盖叟 指礼待贤士。《史记·曹相国世家》："闻胶西有盖公，善治黄老言，使人厚币请之。既见盖公，盖公为言治道贵清静而民自定，推此类具言之。参于是避正堂，舍盖公焉。"

闻道堂中延盖叟，定应床下拜梁松。（宋·苏轼《和欧阳少师会老堂次韵》）

延枚叟 指帝王招待文士。谢惠连《雪赋》："梁王不悦，游于兔园。乃置旨酒，命宾友，召邹生，延枚叟。"李善注引《汉书》："枚乘为弘农都尉，去官游梁。"

当时置酒延枚叟，肯料平台狐兔走。（唐·岑参《梁园歌送河南王说判官》）

羊裘叟 借指隐士。《后汉书·严光传》："严光字子陵，一名遵，会稽余姚人也。少有高名，与光武同游学。及光武即位，乃变名姓，隐身不见。帝思其贤，乃令以物色访之。后齐国上言：'有一男子，披羊裘钓泽中。'帝疑其光，乃备安车玄纁，遣使聘之。三反而后至。……除为谏议大夫，不屈，乃耕于富春山。"

羊裘冲雨露，我是渔樵侣。（宋·邓肃《菩萨蛮·骑鲸好向云端去》）

支离叟 指无有劳绩却能安享国家各种恩惠之人。《庄子·人间世》："支离疏者，颐隐于脐，肩高于顶，会撮指天，五管在上，两髀为胁。挫针治繲，足以糊口；鼓荚播精，足以食十人。上征武士，则支离攘臂而游于其间；上有大役，则支离以有常疾不受功；上与病者粟，则受三钟与十束薪。夫支离其形者，犹足以养其身，终其天年，又况支离其德者乎！"

薪米支离叟，蹄盂炙毂髡。（宋·张伯玉《蓬莱阁闲望写怀》）

南阳耕叟 指诸葛亮。《三国志·蜀书·诸葛亮传》："亮躬耕陇亩，好为《梁父吟》。"裴松之注："《汉晋春秋》曰：亮家于南阳之邓县，在襄阳城西二十里，号曰隆中。”

更恨南阳耕叟，擅掇紫髯翁。（宋·黎廷瑞《八声甘州·恨巨灵》）

朝歌屠叟 亦作“朝歌鼓刀叟”。姜太公吕尚，喻指起于贱业之人。《韩诗外传》卷八第二十四章：“太公望少为人婿，老而见去，屠牛朝歌，赁于棘津，钓于磻溪，文王举而用之。封于齐。……此四子者，皆尝卑贱穷辱矣，然其名声驰于后世，岂非学问之所致乎？”

朝歌屠叟无与语，一日投纶见明主。（宋·魏了翁《次韵永平令江叔文》）

薮（藪）sǒu ①湖泽，特指有浅水、茂草的沼泽地带。②人或物齐聚的地方。

㊂上声，二十五有。㊃奥～八～弊～逋～逋逃～材～财～巢～楚～川～盗～斗～伏～皋～故～翰～郊～九～宴～薮～窟～利～林～陵～麓～穷～区～泉～山～邃～谈～逃～岩～幽～冤～渊～泽～增～蓁～榛～诤～潴～竹～菹～罪～㊅～牧～泽㊄左右会稽镇，出入具区薮。（唐·崔融《登东阳沈隐侯八咏楼》）水行儋耳国，陆行雕题薮。（唐·沈佺期《初达驩州》）

㊀**裴頠谈薮** 指善谈之人。《世说新语·赏誉》：“裴仆射时人谓为言谈之林薮。”《晋书·裴秀传》附《裴頠传》：“頠字逸民。弘雅有远识，博学稽古，自少知名。……頠通博多闻，兼明医术。……乐广尝与頠清言，欲以理服之，而頠词论丰博，广笑而不言。时人谓頠为言谈之林薮。”

擞（擻）sǒu

㊂上声，二十五有。㊃斗～抖～㊅～抖㊄居士素通达，随宜善抖擞。（唐·王维《胡居士卧病遗米因赠》）

溲 sǒu ①浸。②用水拌和。另见462页sōu。

㊂上声，二十五有。㊃水～泡～糔～㊅～面

瞍 sǒu 瞎；瞎子。

㊂上声，二十五有。㊃瞽～蒙～矇～

嗾 sǒu 教唆。

㊂上声，二十五有。又：去声，二十六宥同。㊃谗～擑～唧～使～嗾～指～㊅～使

朽 xiǔ

㊂上声，二十五有。㊃罢～樗～垂不～摧～凋～雕～蠹～顿～浮～骨～贯～护～灰～拉～露～耄～年～驽～疲～速～臬～枵～销～庸～愚～窳～驭～御～㊅～暗～薄～笔～弊～陈～瘁～頵～蠹～钝～革～骼～绠～骨～关～贯～贯钱～脊～绝～殼～劳～裂～灭～缗～墨～柎～染～壤～散～索～骀～炭～下～谢～痈～窳～折～胔㊄若使学萧曹，功名当不朽。（唐·高适《自淇涉黄河途中作十三首》其一二）摧颓苍松根，地冷骨未朽。（唐·杜甫《述怀一首》）酒声欢闲入雪销，雪声激切悲枯朽。（唐·孟郊《夷门雪赠主人》）

宿 xiǔ 夜。另见510页xiù、421页sù。

㊂去声，二十六宥。㊃隔～三～再～

㊀**三宿** 三晚，借指逗留、眷恋。《孟子·公孙丑下》：“孟子去齐。尹士语人曰：‘……三宿而后出昼，是何濡滞也？……’（孟子）曰：‘夫尹士恶知予哉？……予三宿而出昼，于予心犹以为速，王庶几改之！’”

世缺一来应薄命，雨留三宿是前缘。（唐·薛能《自广汉游三学山》）

有 yǒu

㊂上声，二十五有。㊃保～伯～常无～独～丰～抚～赋～割～故～何～居～空～跨～领～略～妙～蔑～能～强～区～群～饶～三～煞～识～庶～说～素～万～亡～无何～五～稀～形～幸～奄～责～中～众～诸～主～㊅～邦～巢氏～朝～故～汉～行～昊～恒～扈～怀～讳～漏～禄～苗～缗～奇～窃～郄～亲～顷～穷～秋～日～戎～容～色～身～莘～施～似～室～守～司～思～娀～宋～苏～素～部～体～同～土～亡～为～法～位～谓～隙～侠～夏～相～信～衅～兴～性～熊～湋～姚～以～易～殷～攸～于～虞氏～章～正～政～豸～致～秩～周～主～住～状～自～宗㊄物外知何事，山中无所有。（唐·王绩《山中叙志》）黄金两印双花绶，富贵婚姻古无有。（唐·张说《安乐郡主花烛行》）浮生信如寄，薄宦夫何有。（唐·王维《资圣寺送甘二》）

㊀**莫须有** 代指凭空捏造的罪名。《宋史·岳飞传》：“狱之将上也，韩世忠不平，诣桧诘其实。桧曰：‘飞子云与张宪书虽不明，其事体莫须有。’世忠曰：‘莫须有三字何以服天下？’”

可怜身死莫须有，从此王墓未得宽。（宋·释行海《次徐相公韵十首·岳飞》）

无何有 指虚幻迷蒙的境界。《庄子·逍遥游》：“今子有大树，患其无用，何不树之于无何有之乡，广莫之野。”成玄英疏：“无何有，犹无有也。莫，无也。谓宽旷无人之处，不问何物，悉皆无有，故曰无何有之乡也。”

乡入无何有，时还上古初。（唐·卢僎《奉和李令扈从温泉宫赐游骊山韦侍郎别业》）

子虚乌有 亦作“乌有子虚”“乌有先生”“乌有”。指实际不存在的虚拟的人或物。见165页“亡是”。

俯仰之间成陈迹，亡是子虚乌有。（宋·方岳《贺新郎·一笑君知否》）

此身非我有 亦作“身非吾有”。指人无法把握自己的命运。《庄子·知北游》：“舜问乎丞曰：‘道可得而有乎？’”曰：‘汝身非汝有也，汝何得有夫道？’舜曰：‘吾身非吾有也，孰有之哉？’曰：‘是天地之委形也；生非汝有，是天地之委和也；性命非汝有，是天地之委顺也；孙子非汝有，是天地之委蜕也。’”

此身非我有，在世聊尔为。（宋·白玉蟾《秋宵辞》）

友 yǒu

㊂上声，二十五有。㊃不～秤～帝～棣～蠹鱼～敦～法～方外～豪～和～鹤林～花～嘉～结～金～金谷～金兰～金石～俊～空门～狂～寮～龙须～鸾凤～论～名～莫逆～幕～昵～佣～戚～契～洽～青云～求～取～三～少～生～胜～死～泗滨～松～素～孙～悌～秃～亡～相～小～燮～心～玄

～逸～莺～玉～执～顺～党～弟～分～恭～规～纪～教～结～敬～旧～密～民～穆～昵～洽～仁～生～声～悌～堉～学～于～执～直例书词苦人吏，馈食劳交友。（唐·储光羲《狱中贻姚张薛李郑柳诸公》）逢迎车马客，邀结风尘友。（唐·戴叔伦《同兖州张秀才过王侍御参谋宅》）

典**红友**　酒的别称。宋罗大经《鹤林玉露·八》："常州宜兴县黄土村，东坡南迁北归，尝与单秀才步田至其地。地主携酒来饷，曰：'此红友也。'"

宅边岂必白衣至，瓮里不妨红友香。（宋·岳珂《小春六花·黄菊》）

金友　①指兄弟并贤。②指知己好友。《南史·王彧传》附《王铨传》："字公衡，美风仪，善占吐，尚武帝女永嘉公主，拜驸马都尉。铨虽学业不及弟锡，而孝行齐焉，时人以为铨、锡二王，可谓玉昆金友。"

礼将金友等，情向玉人偏。（唐·李端《酬丘拱外甥览余旧文见寄》）

石友　指关系非常好的朋友。潘岳《金谷集作》："投分寄石友，白首所同归。"李善注引《史记》："苏秦谓齐王曰：'此弃仇雠而得友交者。'"

游苏多石友，题赠满瑶华。（唐·贾彦璋《苏著作山池》）

玉友　指美酒。宋张能臣《酒名记》："洺州：玉瑞堂、夷白堂，又玉友。"宋张表臣《珊瑚钩诗话》卷三："近时以黄柑酝酒，号'洞庭春色'，以糯米药曲作白醪，号'玉友'，皆奇绝者。"

五字每将称玉友，一尊曾不顾金囊。（唐·卢纶《题贾山人园林》）

金谷友　亦作"二十四友"。泛指富有才华之至友。晋惠帝时以文才而屈节出入于秘书监贾谧之门的石崇、欧阳建、陆机、陆云、刘琨、左思、潘岳等二十四人。他们常在征虏将军石崇河南金谷涧的别庐中集结，故亦称"金谷友"。见《晋书·刘琨传》。

珍重昔年金谷友，共来泉际话幽魂。（唐·李玖《噀玉泉冥会诗八首·四丈夫同赋》）

神仙友　见605页"李郭仙"。

终愧神仙友，来接野人舟。（唐·陈子昂《江上暂别萧四刘三旋欣接遇》）

泗滨友　指磬，用以比喻志趣清高。《澄怀录》："江南李建勋尝蓄一玉磬，大尺余，以沈香节按柄叩之，声极清越，客有谈及秽俗之语者，则急起击玉磬数声，曰：聊代清耳。名曰'泗滨友'。"

忘年友　指年岁悬殊的朋友。《后汉书·祢衡传》："衡始弱冠，而融年四十，遂以为交友。"

南山自是忘年友，谷口徒称郑子真。（唐·温庭筠《题李处士幽居》）

郦寄卖友　指郦寄骗朋友吕禄事。《史记·郦商列传》附《郦寄传》："商事孝惠、高后时，商病，不治。其子寄，字况，与吕禄善。及高后崩，大臣欲诛诸吕，吕禄为将军，军于北军，太尉勃不得入北军，于是乃使人劫郦商，令其子况绐吕禄，吕禄信之，故与出游，而太尉勃乃得入据北军，遂诛诸吕。是岁商卒，谥为景侯。子寄代侯。天下称郦况卖友也。"

郦寄卖友人，得毋君倡始。（清·何彤云《韩侯岭》）

松竹朋友　指以松竹作为朋友。唐元结《元次山集》卷四《丐论》："古人乡无君子，则与云山为友；里无君子，则与松竹为友；座无君子，则与琴酒为友。"

一松一竹真朋友，山鸟山花好弟兄。（宋·辛弃疾《鹧鸪天·不向长安路上行》）

岁寒三友　指梅、松、竹。也用以喻指浊世之傲然君子。宋林景熙《五云梅舍记》："即其居累土为山，种梅百本，与乔松、修篁为岁寒友。"

岁寒三友要君知，不比凡花儿女姿。（宋·姜特立《道堂以梅结屏》）

文房四友　指笔墨纸砚。宋马永卿《懒真子》卷五："文房四物，见于传记者，若纸笔墨，皆有据，至于砚，即不见之……盖古无砚字。"

交游少，约文房四友，泛浩摩苍。（宋·刘克庄《沁园春·帝赐玄圭》）

莺声呼友　指莺鸟啼叫声。见683页"求友莺相唤"。

迁木莺呼友，营垒燕将雏。（宋·卫宗武《水调歌头·风雨卷春去》）

酉yǒu

古上声，二十五有。逆大～啰～二～鬼～过～画～卯～三～岁在～五～寅～月～顺～藏～馆～山～室～穴～阳～泽～仲例朝来偶然出，自卯将及酉。（唐·杜甫《遭田父泥饮美严中丞》）

典**二酉**　亦作"书通二酉"。指藏书丰富、读书很多、学识渊博。《太平御览》卷四九盛弘之《荆州记》："小酉山上石穴中有书千卷，相传秦人于此而学，因留之。故梁湘东王云'访酉阳之逸典'是。"

五丁驱得神功尽，二酉搜来秘检疏。（唐·陆龟蒙《寄淮南郑宝书记》）

莠yǒu　恶草。

古上声，二十五有。逆谗～禾～稂～藜～莨～茅～苗～榛～顺～民～命～言例念尔形影干，摧残没藜莠。（唐·杜甫《枯棕》）曾经铸农器，利用翦稂莠。（唐·元稹《说剑》）

牖yǒu　①木窗。②通"诱"，引导。

古上声，二十五有。逆暗～导～东～风～蜂～闺～寒～扃～决～龛～默～纳～启～窍～疏～朔～瓮～星～虚～轩～穴～训～岩～阴～殷～玉～云～朱鸟～朱雀～顺～道～户～进～民～启～下～向～育～衷例盘桓徙倚夜已久，萤火双飞入帘牖。（唐·刘希夷《捣衣篇》）苍茫古木连穷巷，寥落寒山对虚牖。（唐·王维《老将行》）明霞烂复阁，霁雾搴高牖。（唐·杜甫《大云寺赞公房四首》其四）

典**曲肱北牖**　指安贫乐道、恬淡自适。《论语·述而》："子曰：'饭蔬食，饮水，曲肱而枕之，乐亦在其中矣。不义而富且贵，于我如浮云。'"陶渊明《与子俨等疏》："尝言五、六月中北窗下卧，遇凉风暂至，自谓是羲皇上人。"

对绿水青山依旧，曲肱北牖，舒啸东皋，放眼西楼。（元·王德信

〔商调·集贤宾〕《退隐》）

黝 yǒu　淡黑色。

【古】上声，二十五有。【逆】暗～沉～澄～丹～昏～青～阴～黝～【顺】～蔼～黯～赍～碧～赤～葱～犊～垩～纠～驹～绿～面～然～润～牲～瘦～倏～颜～黔～黝～泽～制【例】邻舟瞢冒去，胆碎面黧黝。（宋·陈造《富池庙》）华榱翳广坐，仰视眩丹黝。（宋·韩维《与张仲巽游善护院》）

羑 yǒu　羑里，古地名。

【古】上声，二十五有。【顺】～里

卣 yǒu　古酒器。

【古】上声，二十五有。【逆】凤～

帚（*箒）zhǒu

【古】上声，二十五有。【逆】宝～敝～弊～疮～待箕～独～垩～风～奉～奉箕～篲～箕～鸾～马～千金～扫愁～梳～诵～天～苕～文～筅～享～拥～执箕～【顺】～姑～貄～星【例】家贫无供给，客位但箕帚。（唐·杜甫《送重表侄王砅评事使南海》）臣妾气态间，唯欲承箕帚。（唐·李贺《赠陈商》）

肘 zhǒu

【古】上声，二十五有。【逆】被～掣～跟～见～衿～露～拟～牵～曲～系～悬～杨枝～【顺】～腋～掣～行～后～后方～生柳～翼～足【例】昔时飞箭无全目，今日垂杨生左肘。（唐·王维《老将行》）麻鞋见天子，衣袖露两肘。（唐·杜甫《述怀一首》）

【典】**柳生肘**　亦作"垂杨生肘""杨枝肘""垂杨生肘""枯杨生肘""杨生左肘"。咏生病或灾变。《庄子·至乐》："支离叔与滑介叔观于冥伯之丘，昆仑之虚，黄帝之所休。俄而柳生其左肘，其意蹶蹶然恶之。"

花发眼中犹足怪，柳生肘上亦须休。（唐·白居易《病眼花》）

走 zǒu

【古】上声，二十五有。又：去声，二十六宥异。【逆】北～犇～迸～逋～谄～超～趁～大～铤～凡～反～飞～蜚～狗～还～互～竭～绝～骏奔～浪～俪～陆～马～马牛～逆～牛马～破～趣～却～三～挺～透～脱～下～先马～跣～翔～翾～旋～循～逸～佣～逐～【顺】～坂～报～北～币～藏～车～筹～伏～舸～狗烹～辊～函～黄～魂～集～戟～柬～解～介～缬～空～礼～吏～龙蛇～卤～露～驴～麦城～匿～卿～犬～书～庶～俗～索～透～丸～亡～望～文～檄～线～相～谢～胥～谒～役～逸～影～誉～圆～跃～章～章台～指～智～骤～珠～作【例】夜则忍饥卧，朝则抱病走。（唐·沈佺期《初达驩州》）怳怳如闻神鬼惊，时时只见龙蛇走。（唐·李白《草书歌行》）既未免羁绊，时来憩奔走。（唐·杜甫《大云寺赞公房四首》其四）

【典】**三走**　指失意、受挫。《史记·管仲列传》：管仲曰："吾尝三仕三见逐于君，鲍叔不以我为不肖，知我不遭时也。吾尝三战三走，鲍叔不以我为怯，知我有老母也。"

吾闻壮夫重心骨，古人三走无摧捽。（唐·李贺《送沈亚之歌》）

下走　指仆役。《汉书·萧望之传》："朋奏记望之曰：'将军体周召之德……若管晏而休，则下走将归延陵之皋，修农圃之畴……没齿而已矣。'"颜师古注："应劭曰：'下走，仆也。'……师古曰：'下走者，自谦言趋走之役也。'"

下走误传宣室召，上前谁进子虚辞。（宋·贺铸《题彭城南台寺苏眉山诗刻后》）

牛马走　指自谦为仆役。司马迁《报任少卿书》："太史公牛马走司马迁再拜言。少卿足下。"李善注："走，犹仆也。……自谦之词也。"

小臣久去孔鸾庭，太史曾供牛马走。（宋·高斯得《次韵刘养源见寄》）

中风走　指盲目狂奔、失去理智。《后汉书·朱浮传》："朱浮，字叔元，为幽州牧，有《彭宠书》云：'方今天下适定，海内愿安，士无贤不肖，皆乐立名于世。而伯通独中风狂走，自捐盛时。……岂不误哉！'"

穷迫挫曩怀，常如中风走。（唐·杜甫《上水遣怀》）

胡骑北走　借指思念故乡。《晋书·刘琨传》："在晋阳，尝为胡骑所围数重，城中窘迫无计。琨乃乘月登楼清啸，贼闻知，皆凄然长叹。中夜奏胡笳，贼又流涕歔欷，有怀土之切。向晓复吹之，贼并弃围而走。"

胡骑中宵堪北走，武陵一曲想南征。（唐·杜甫《吹笛》）

六骡西走　指战败溃逃。《史记·卫将军骠骑列传》："大将军令武刚车自环为营，而纵五千骑往当匈奴。匈奴亦纵可万骑。会日且入，大风起，沙砾击面，两军不相见，汉益纵左右翼绕单于。单于视汉兵多，而士马尚强，战而匈奴不利，薄莫，单于遂乘六骡，壮骑可数百，直冒汉围西北驰去。"

明年看取，锋旗南下，六骡西走。（宋·韩元吉《水龙吟·南风五月江波》）

两轮屋角走　指时光易逝。王安石《临川先生文集·客至当饮酒二首》其二："天提两轮光，环我屋角走。自从红颜时，照我至白首。"

两轮屋角走如梭，争奈樗翁老病何。（宋·刘克庄《狂吟》）

仄声·去声

臭 chòu　另见 510 页 xiù。

【古】去声，二十六宥。【逆】赤～附～鹘～胡～焦～香～贻～遗～余～逐～【顺】～椿～棋【例】专心忆平道，脱险逾避臭。（唐·韩愈《南山诗》）唯君枉车辙，以逐海上臭。（唐·陆龟蒙《读襄阳耆旧传》）

【典】**遗臭**　指在后世留下恶名。见本页"流芳遗臭"。

流芳斜谷出师表，遗臭樊城受禅碑。（宋·刘克庄《芳臭》）

流芳遗臭　指在后世留下好名和恶名。《晋书·桓温传》："桓温字元子，宣城太守彝之子也。性俭，每燕惟下七奠柈茶果而已。然以雄武专朝，窥觎非望，或卧对亲僚曰：'为尔寂寂，将为文景所笑。'众莫敢对。既而抚枕起曰：'既不能流芳后世，不足复遗臭万载邪！'"亦见《世说新语·尤悔》。

叹息知人真未易，流芳遗臭尽书生。（宋·陆游《过广安吊张才叔谏议》）

凑（*湊）còu

【古】去声，二十六宥。【逆】奔～并～波～车～丛～凑～大～斗～饾～繁～纷～肤～幅～辐～附～归～节～鳞～骈～輧～迁～题～阗～狭～险～相～殷～臻～直～指～左

～【顺】～泊～凑～会～亟～理～密～浅～韵【例】炎凉几迁贸，川陆疲臻凑。（唐·骆宾王《在江南赠宋五之问》）或散若瓦解，或赴若辐凑。（唐·韩愈《南山诗》）秋槛祝融微，阴轩九江凑。（唐·陈陶《和西江李助副使早登开元寺阁》）

辏（輳）còu　聚集。

【古】去声，二十六宥。【逆】奔～犇～飽～幅～辐～鳞～厮～【顺】～泊～合～积～集～况～巧～挽～遇【例】岂惟此菊有佳色，上有南山日夕佳。佳友。金英辏。（宋·曾慥《调笑令·五柳门前三径斜》）

腠còu　肌肤纹理。

【古】去声，二十六宥。【逆】肤～肌～营～【顺】～会～理【例】大哉立天地，经纪肖营腠。（唐·韩愈《南山诗》）

斗（鬥、*鬭）dòu　另见483页dǒu。

【古】去声，二十六宥。【逆】鏖～搬～辩～笞～侈～抵～蛾～忿～赴～酣～疾～家～健～解～戒～进～救～困～麟角～龙～牛～破～骑～麒麟～确～速～调～心～喧～狗～蚁～邑～引～迎～远～痕～转～佐～【顺】～城～耗～机～健～脚～绝～君～力～历～锣～色～水～筲～薮～粟～象～印～甬～余～紫【例】怎掩得众人口，待收了孛罗。罢了从来斗。（宋·秦观《满园花·一向沈吟久》）七子八仙三教，耍队相挨。管箫笙簧相间斗。（宋·吴潜《昼锦堂·绮縠团成》）

【典】**两虎斗**　喻指两强相争。《史记·廉颇蔺相如列传》："相如每朝时，常称病，不欲与廉颇争列。已而相如出，望见廉颇，相如引车避匿。……相如曰：'……顾吾念之，强秦之所以不敢加兵于赵者，徒以吾两人在也。今两虎共斗，其势不俱生。'"

赵倚两虎斗，晋为六卿分。（唐·李白《古风》其五三）

日月相斗　喻指战乱。《晋书·天文志中》："愍帝建兴……五年正月庚子，三日并照，虹蜺弥天。日有重晕，左右两珥。占曰：'白虹，兵气也。三四五六日俱出并争，天下兵作'"。又，"元帝太兴……四年二月癸亥，日斗"。

日月还相斗，星辰屡合围。（唐·杜甫《伤春五首》其三）

殷师牛斗　亦作"殷牛"。喻指病重耳鸣，精神恍惚。《世说新语·纰漏》："殷仲堪父病虚悸，闻床下蚁动，谓是牛斗。孝武不知是殷公，问仲堪：'有一殷，病如此不？'仲堪流涕而起曰：'臣进退维谷。'"

豆dòu　①古代食器、礼器，形似高足盘。②古容量单位。③豆类作物。

【古】去声，二十六宥。【逆】边～笾～藕～傧～刍～箪～登～佛～国～寒～槐～祭～结缘～金～糠～貍～黎～恋～龙～萁～鹿～稆～马～木～鹊～觞～舍缘～泰～贤～献～羞～宴～燕～玉～元～栈～俎～【顺】～笾～卢～觞～实～俎【例】凄凄陈述圣，披褐钽俎豆。（唐·李贺《赠陈商》）势端唯金茎，质古乃玉豆。（唐·皮日休《鲁望读襄阳耆旧传》）

【典】**恋豆**　指贪恋仕途官位。《三国志·魏书·曹爽传》："爽于是遣允、泰诣宣王，归罪请死，乃通宣王奏事。"裴松之注引晋干宝《晋书》："桓范出赴爽，宣王谓蒋济曰：'智囊往矣。'济曰：'范则智矣，驽马恋栈豆，爽必不能用也。'"

恋豆岂能劳远驾，临流端欲赋清诗。（宋·谢伋《怀天台》）

杨郎种豆　亦作"杨恽种豆""南山豆"。指直臣被黜，闲居生活。《汉书·杨敞传》附杨恽："恽，宰相子，少显朝廷，一朝（以）晻昧语言见废，内怀不服，报会宗书曰：'……田彼南山，芜秽不治，种一顷豆，落而为萁。'"

不学杨郎，南山种豆，十一征微利。（宋·姜夔《永遇乐·我与先生》）

驽马恋栈豆　指没有能力的人贪恋眼前的微利。见本页"恋豆"。

常憎驽马恋栈豆，今见苍鹰掣臂鞲。（宋·释善珍《送孚老再游浙》）

痘dòu

【逆】痦～烂～洋～种～【顺】～瘢～疮～花～痂～浆～客～苗～神～疹

窦（竇）dòu　孔穴。

【古】去声，二十六宥。【逆】筚～弊～獘～丹～圭～闺～径～决～空～梁～乾～潜～嵌～窍～情～泉～乳～觞～石～田～瓦～无底～性～倖～雪～烟～岩～玉～云～凿～【顺】～窌～窖～锦～径【例】韩康虽复在人间，王霸终思隐岩窦。（唐·李颀《答高三十五留别便呈于十一》）逍遥越坤位，诋讦陷乾窦。（唐·韩愈《南山诗》）

【典】**田窦**　田蚡与窦婴，借指争夺权势的贵戚。见55页"田窦倾夺"。

田窦长留醉，苏辛曲护岐。（唐·杜牧《少年行二首》其一）

燕窦　指渔阳窦禹钧，其五子均登科第，借指子弟通显。宋释文莹《玉壶清话》卷二："窦禹钧生五子：仪、俨、侃、称、僖等，相继登科，冯瀛王赠禹钧诗，有'灵椿一树老，丹桂五枝芳'。时号'窦氏五龙'。"

常思芳桂攀燕窦，未见童乌继子云。（宋·洪适《鹧鸪天·两塾弦歌日日春》）

季羔窦　借指逃避动乱。《孔子家语》卷二《致思》："季羔为卫之士师，刖人之足，俄而卫有蒯聩之乱。季羔逃之，走郭门，刖者守门焉，谓季羔曰：'彼有缺。'季羔曰：'君子不逾。'又曰：'彼有窦。'季羔曰：'君子不隧。'又曰：'于此有室。'季羔乃入焉。"

魂销季羔窦，衣化子张绅。（唐·李商隐《送从翁东川弘农尚书幕》）

读（讀）dòu　另见400页dú。

【古】去声，二十六宥。【逆】句～传～【例】拓本来军中，南昌辨其读。（清·阮元《题五代马楚复溪州铜柱拓本》）创造自孙吴，残碑不可读。（清·舒瞻《秋日同龙威游金粟山》）君犹住燕山，缥缈亲句读。（清·潘高《晋陵喜闻于子遂庵归里却寄十二韵》）

逗dòu

【古】去声，二十六宥。【逆】不～点～顿～回～句～漏～拖～迨～騃～迤～引～云～【顺】～彻～趁～哏～教～遛～拢～漏～落～馊～苗～挠～晚～晓～宿～延～药～引【例】桂露对仙娥，星星下云逗。（唐·李贺《感讽五首》其五）花心偏向蜂儿有。莺共燕、吃他拖逗。（宋·柳永《红窗迥·小园东》）

脰dòu　颈。

【古】去声，二十六宥。【逆】白～颈～决～绝～躯～蹜～刎～延～莺～【顺】～鸣【例】初从蓝田入，顾眄劳颈脰。（唐·韩愈《南山诗》）遇险必伸足，逢诛将引脰。（唐·皮日休《鲁望读襄阳耆旧传》）或喜掉直舌，或乐斩邪脰。（唐·陆龟蒙《读襄阳耆旧传》）

餖dòu 飣餖，堆叠于器皿中的蔬菜水果，一般只用于陈设。

古去声，二十六宥。逆飣～顺～版～凑～飣例或如临食案，肴核纷飣餖。（唐·韩愈《南山诗》）

垢gòu

古上声，二十五有。逆埃～八～尘～疵～荡～氛～含～秽～解～离～偻～蒙～面～泥～腻～秦～轻～忍～三～贪～无～纤～嚣～心～宿～有～中～滋～滓～眦～顺～坌～敝～尘～黩～蠹～纷～氛～秽～累～厉～染～辱～俗～玩～污～洿～误～浊～滓例入来殊景物，行复洗纷垢。（唐·王湾《晚夏马嵬卿叔池亭》）庶与达者论，吞声混瑕垢。（唐·杜甫《上水遣怀》）担舁来郡内，洗刷去泥垢。（唐·白居易《双石》）

典**无垢** 佛语，指心净无尘。《维摩诘所说经·佛道品》："维摩诘以偈答曰：'……八解之浴池，定水湛然满，布以七净华，浴此无垢人。'"

释子身心无垢纷，独将衣钵去人群。（唐·皇甫冉《李万晚望南岳寺怀普门上人》）

足垢 指古代奇人肮脏、不整洁且善为其行为找理由。《南史·阴子春传》："阴子春字幼文，武威姑臧人也。……子春虽无他才行，临人以廉洁称。闺门混杂，而身服垢污，脚数年一洗，言每洗则失财败事。云在梁州，以洗足致梁州败。"

幅巾鞶带不挂身，头脂足垢何曾洗。（唐·杜甫《狂歌行赠四兄》）

构（構）gòu ①架屋。泛指构造，缔造。②屋宇。③交合。④草拟。⑤图谋。⑥挑拨，离间。

古去声，二十六宥。逆别～谗～承～崇～缔～斗～独～飞～黼～傅～改～高～功～规～华～翚～魂～挤～计～基～佳～杰～经～精～巨～克～肯～空～离～理～鳞～灵～丕～绮～前～乾～潜～桥～窃～倾～鹊～煽～扇～擅～神～衰～嵩～夙～素～贪～堂～天～危～徙～仙～先～宿～遗～云～谮～筑～祖～顺～变～兵～巢～辞～党～合～画～患～毁～祸～间～结～精～抉～橑～立～连～乱～木～难～拟～逆～厦～缮～赏～死～堂～慝～天～屯～隙～象～衅～言～妖～意～云～谮～争～致～置～砖～撰～缀例神灵日歆歔，云气争结构。（唐·韩愈《南山诗》）六成清庙音，一柱明堂构。（唐·皮日休《鲁望读襄阳耆旧传》）

购（購）gòu ①悬赏征求。②买。

古去声，二十六宥。逆访～急～讲～开～派～套～县～悬～争～征～重～追～顺～备～并～捕～辑～募～求～取～煽～赏～收～书～问～线～悬～诱例或如贲育伦，赌胜勇前购。（唐·韩愈《南山诗》）易政疾似欻，求贤甚于购。（唐·皮日休《鲁望读襄阳耆旧传》）幽埋力须掘，遗落赀必购。（唐·陆龟蒙《读襄阳耆旧传》）

勾（*句）gòu 另见458页gōu。

古去声，二十六宥。顺～当～干～中

彀gòu ①拉满弓。②箭靶。③箭能射及的范围。

古去声，二十六宥。逆不～的～机～尽～密～入～缇～羿～游～顺～当～弓～率～马～弩～骑～彉～张～中例忽然遗相印，如羿卸其彀。（唐·皮日休《鲁望读襄阳耆旧传》）专场射策时，缚虎当羿彀。（唐·陆龟蒙《读襄阳耆旧传》）

典**入英雄彀** 喻指高中进士。五代王定保《唐摭言》卷一《述进士上篇》："而进士，隋大业中所置也。……然彰于武德而甲于贞观。盖文皇帝修文偃武，天赞神授，尝私幸端门，见新进士缀行而出，喜曰：'天下英雄入吾彀中矣！'"

今日功名乘机会，笑谈间、首入英雄彀。（宋·咏槐《贺新郎·绿长阶蒉九》）

诟（詬）gòu

古去声，二十六宥。逆谗～嘲～嗔～笞～喫～疵～诋～含～诃～呵～稽～交～罹～詈～凌～怒～欧～谯～攘～忍～辱～谇～威～謑～奊～喧～疑～尤～责～訾～罪～顺～悖～叱～斥～丑～讟～讥～唧～疾～忌～诘～靳～厉～詈～嫚～怒～诮～让～数～谇～侮～戏～笑～责～訾～租～诅例自兹失所往，豪英共为诟。（唐·元稹《说剑》）知者竞欲戴，嫉者或将诟。（唐·皮日休《鲁望读襄阳耆旧传》）

够（*夠）gòu

古《广韵》：平声，侯韵。逆伙～尽～能～厮～顺～本～格～劲～呛～味

媾gòu ①交合。②婚媾。③交好；讲和。④遭遇。

古去声，二十六宥。逆欢～昏～婚～媒～姻～顺～兵～合～和～接例或戾若仇雠，或密若婚媾。（唐·韩愈《南山诗》）弱水蓬莱，河车忽动，万顷金波皱。红铅墨汞相交媾。（宋·黎道静《城头月·阳光子夜开清昼》）

遘gòu 遇见。

古去声，二十六宥。逆豺～叠～罕～机～解～潜～适～诬～邂～婴～中～迍～顺～谗～辰～纷～患～会～祸～罹～愍～难～逆～扇～时～慝～屯～迕例延延离又属，夬夬叛还遘。（唐·韩愈《南山诗》）

冓gòu 本义为结构；假借为"篝"，宫室深密处。逆内～中～

雊gòu 雉鸣。

古去声，二十六宥。逆孤～震～雉～顺～鸣～鸲～雉例或妥若弭伏，或竦若惊雊。（唐·韩愈《南山诗》）

逅hòu

古去声，二十六宥。逆迦～解～邂～顺～适～遹例前年遭谴谪，探历得邂逅。（唐·韩愈《南山诗》）

厚hòu

古上声，二十五有。又：去声，二十六宥同。逆哀～褒～备～博～侧～冲～崇～醇～单～亶～典～归～贵～过～行～和～弘～闳～积～极～简～结～谨～敬～静～眷～坤～豊～凉～隆～庬～美～蒙～昵～凝～醲～契～强～消～情～穹～擅～沈～慎～松～嵩～腆～通～退～忳～渥～无～贤～相～信～雅～淹～延～颜～业～殷～隐～腴～隩～长～质～重～周～自～尊～顺～报～币～泊～藏～诚～地～毒～非～费～奉～俸～福～货～

结～贶～坤～密～朴～情～扰～善～生～施～亡～望～问～诬～下～幸～言～颜～养～夜～载～泽～直～秩例涕泪授拾遗，流离主恩厚。（唐·杜甫《述怀一首》）八元邦族盛，万石门风厚。（唐·刘禹锡《和浙西李大夫晚下北固山》）

后[1]hòu ①上古称君主为后。②帝王的妻子。③后土，土神。

古上声，二十五有。又：去声，二十六宥异。逆白～邦～并～赤～储～川～东～二～藩～风～高～宫～古～汉～坤～灵～明～女～齐～青～群～睿～叡～三～神～圣～娲～徯～夏～褒～轩～羿～幽～元～哲～正～主～顺～党～皇～稷～夔～坤～辟～戚～祇～庭～土～辛～羿～族例六宫师柔顺，法则化妃后。（唐·杜甫《送重表侄王砅评事使南海》）君王纵有情，不奈陈皇后。（唐·于濆《宫怨》）

典**川后** 用以咏河川和水波。三国魏·曹植《洛神赋》：“于是屏翳收风，川后静波。”

去梦随川后，来风贮石邮。（唐·李商隐《拟意》）

风后 借指宰相。《史记·五帝本纪》：黄帝轩辕氏“举风后、力牧、常先、大鸿以治民”。裴骃集解：“郑玄曰：‘风后，黄帝三公也。’”唐张守节《史记正义》引晋皇甫谧《帝王世纪》：“黄帝梦大风吹天下尘垢皆去……帝寤而叹曰：‘风为号令，执政者也。垢去土，后在也。天下岂有姓风名后者哉？’于是依二占而求之，得风后于海隅，登以为相。”

吾辈碌碌饱饭行，风后力牧长回首。（唐·杜甫《可叹》）

萧后 指隋炀帝萧皇后。见《隋书·后妃传·炀帝萧皇后传》。

萧后去扬州，突厥为阏氏。（唐·杜牧《杜秋娘诗》）

陈皇后 借指后宫争宠。《汉书·外戚传上·孝武陈皇后》：“孝武陈皇后，长公主嫖女也。……及帝即位，立为皇后，擅宠骄贵，十余年而无子，闻卫子夫得幸，几死者数焉。上愈怒。后又挟妇人媚道，颇觉。”

恩情莫比陈皇后，宠爱全胜赵飞燕。（唐·崔颢《邯郸宫人怨》）

魏家品是君王后 亦作“魏家品”。指牡丹花名品魏紫。宋·欧阳修《洛阳牡丹记·花释名》：“魏家花者，千叶肉红花，出于魏相仁溥家。钱思公尝曰：‘人谓牡丹花王。今姚黄真可为王，而魏花为后也。’”

魏家品是君王后，岂比昭容袖。（宋·刘辰翁《虞美人·魏家品是君王后》）

后[2]（後）hòu

古上声，二十五有。又：去声，二十六宥异。逆落～前～先～顺～进～昆～门～唐～王例月到柳梢头，人约黄昏后。（宋·欧阳修《生查子》）

典**牛后** 喻指居于从属地位。见489页“鸡口”。

那能作牛后，更拟助洪基。（唐·元稹《酬翰林白学士代书一百韵》）

毕万有后 祝颂子孙昌盛。《左传·闵公元年》：“赐毕万魏，以为大夫。……卜偃曰：‘毕万之后必大。万，盈数也，魏，大名也，以是始赏，天启之矣。天子曰兆民，诸侯曰万民，今名之大，以从盈数，其必有众。’”

毕万从来有后，释氏果然抱送，丹穴凤生雏。（宋·程节斋《水调歌头·秋色在潇洒》）

刘郎去后 亦作“刘郎未见”“刘郎已老”“刘郎前度”。吟抚今追昔之感。刘郎指刘禹锡。唐·孟棨《本事诗·事感》：“刘尚书自屯田员外左迁朗州司马，凡十年始征还。方春，作《赠看花诸君子》诗曰：‘紫陌红尘拂面来，无人不道看花回。玄都观里桃千树，尽是刘郎去后栽。’其诗一出，传于都下。……重游玄都，荡然无复一树，唯兔葵燕麦动摇于春风耳。因再题二十八字，以俟后再游。时太和二年三月也。诗曰：‘百亩庭中半是苔，桃花尽净菜花开。种桃道士归何处？前度刘郎今又来。’”

刘郎去后谁复来，花下有人心断绝。（宋·苏轼《用前韵作雪诗留景文》）

卢前王后 杨炯自认才华逊于卢照邻而优于王勃，故有此语。后因以“卢前”为自愧不敢当的谦词。《旧唐书·杨炯传》：“炯与王勃、卢照邻、骆宾王以文词齐名，海内称为王杨卢骆，亦号为‘四杰’。炯闻之，谓人曰：‘吾愧在卢前，耻居王后。’当时议者亦以为然。”

慛术雍容讲艺时，卢前王后感心期。（清·汪由敦《赠张公子》）

驴前马后 喻指前后奔走，受人驱使。《景德传灯录·良价传》：“师曰：‘苦哉，苦哉，今时人例皆如是，只是认得驴前马后将为自己，佛法平沈之是也。’”

死中得活珠离蚌，甘作驴前马后人。（宋·释慧开《郁山主赞》）

钟闻饭后 指受到冷落、嫌恶。五代·王定保《唐摭言》卷七《起自寒苦》：“王播少孤贫，尝客扬州木兰院，随僧斋餐。诸僧厌怠，播至，已饭矣。后二纪，播自重位出镇是邦，因访旧游，向之题已皆碧纱幕其上。播继以二绝句曰：‘二十年前此院游，木兰花发院新修。而今再到经行处，树老无花僧白头。’‘上堂已了各西东，惭愧阇黎饭后钟。二十年来尘扑面，如今始得碧纱笼。’”

机蹉面前，钟闻饭后，我上堂时众下堂。（宋·刘克庄《沁园春·历事三朝》）

人约黄昏后 指情人约会。宋·欧阳修《生查子》：“去年元夜时，花市灯如昼。月到柳梢头，人约黄昏后。”

比及客散锦堂中，准备人约黄昏后。（元·乔吉杂剧《杜牧之诗酒扬州梦》）

思发花前，人归雁后 亦作“人归落雁后，思发在花前”。借指思归。唐刘𫗧《隋唐嘉话》卷上：“薛道衡聘陈，为人日诗云：‘入春才七日，离家已二年。’南人嗤之曰：‘是底言？谁谓此虏解作诗！’及云：‘人归落雁后，思发在花前。’乃喜曰：‘名下固无虚士。’”

思发花前，人归雁后，误记归帆天际舟。（宋·陈坦之《沁园春·睡起闻莺》）

候hòu

古去声，二十六宥。逆安～表～参～觇～常～潮～谶～承～斥～春～谍～风～烽～奉～伏～匐～卦～关～晷～过～鹄～机～积～羁～假～监～疆～徼～届～进～景～狙～军～腊～里～逻～律～麦

～脉～梅～门～愆～怯～清～三～省～视～淑～霜～顺～司～俟～岁～堂～亭～望～纬～形～凶～延～邀～要～谒～移～驿～阴～应～邮～虞～雨～远～占～证～祇～秪～致～伫～状～咨～**顺**～比～簿～潮～虫～道～对～风～府～官～函～贺～灰～火～徼～接～景～敬～吏～楼～逻～马～脉～骑～气～情～铨～舍～省～时～视～司～伺～台～蹄～听～望～温～问～坞～物～星～诇～奄～雁～谒～仪～驿～札～长～遮～者～正～证～置～钟～卒**例**乘闲息边事，探异怜春候。（唐·崔元翰《清明节郭侍御偶与李侍御》）皎月映高梧，轻风发凉候。（唐·李德裕《早入中书行公主册礼事毕》）爰从景升死，境上多兵候。（唐·皮日休《鲁望读襄阳耆旧传》）

典燕归可候　见704页“石燕”。

燕归犹可候，羊起自成群。（唐·苏味道《咏石》）

莺莺相候　指《莺莺传》中崔莺莺等待张生相会事。

墙头月下，似旧日莺莺相候。（宋·杨泽民《玉烛新·梨花寒食后》）

堠hòu　①古代记里程的土堆。②古代瞭望敌情的土堡。

古去声，二十六宥。**逆**边～兵～拆～辰～斥～墩～封～烽～官～津～狼～里～岭～鹭～石～双～亭～土～望妇～延鹭～野～驿～邮～只～**顺**～程～鼓～馆～火～吏～楼～烟～子**例**其余文武家，相望如斥堠。（唐·陆龟蒙《读襄阳耆旧传》）野外一声钟起，送孤蓬。添衣策马寻亭堠。（宋·周邦彦《虞美人·疏篱曲径田家小》）清兴与谁同，探梅萼、溪桥驿堠。（宋·刘一止《蓦山溪·王家人地，奕奕争高秀》）

鲎(鱟)hòu　一种生活在海洋里的节肢动物，有足六对，壳似鳖而形似蟹。

古去声，二十六宥。**顺**～虫～帆～醢～酱～媚～簰～杓～鱼～珠～樽

就jiù

古去声，二十六宥。**逆**保～葆～避～滨～不～草～果～监～兼～奬～金～进～近～就～句～隆～率～俛～昵～辟～亲～轻～趋～撊～三～生～私～夙～速～贴～徒～晚～五～相～养～已～营～杂～组～纂～**顺**～班～伴～草～第～佃～法～丰～封～抚～傅～缚～贡～谷～馆～化～驾～歼～酒～就～举～决～款～理～吏～利～粮～列～令～禄～路～僇～戮～名～木～辟～亲～罄～日～蓐～试～室～书～田～涂～席～闲～新～堉～养～枕～征**例**万里长飘飘，十年计不就。（唐·袁瓘《鸿门行》）天空浮修眉，浓绿画新就。（唐·韩愈《南山诗》）是非既自分，泾渭不相就。（唐·皮日休《鲁望读襄阳耆旧传》）

典十征不就　指多次拒绝征召。《全上古三代秦汉三国六朝文·全陈文》卷九引南朝陈徐陵《答周处士书》：“所恐有道三辟，公车十征，若斯者终当不屈。”

直卷经纶，十征不就，争羡先生出处高。（宋·无名氏《沁园春·五岳三光》）

咎jiù

古上声，二十五有。**逆**谤～避～变～参～大～过～害～后～咔～患～逭～悔～获～奸～离～罹～念～偏～弃～愆～訾～谴～塞～思～速～天～讬～委～畏～无～瑕～谢～衅～凶～休～殃～妖～伊～贻～怨～灾～责～谪～执～征～重～訾～**顺**～败～丑～恶～罚～过～害～患～悔～毁～教～戒～累～戾～吝～魅～愆～谴～省～氏～祟～慝～祥～谢～衅～釁～言～殃～誉～责～谪～征～证～罪**例**妄计苟不生，是身孰休咎。（唐·王维《胡居士卧病遗米因赠》）归欤绌微官，惆怅心自咎。（唐·王维《晦日游大理韦卿城南别业四声依次用各六韵》）

救(*捄)jiù

古去声，二十六宥。**逆**拔～表～超～存～打～贷～覆～改～捍～后～借～矜～进～惊～躏～康～论～悯～愍～拗～申～调～远～轸～抍～正～赒～追～**顺**～安～拔～败～敝～弊～存～搭～答～颠～斗～度～夺～乏～焚～抚～鸽～给～过～祸～接～解～经～苦斋～溺～倾～取～全～奢～失～施～时～释～守～水～息～熄～饷～恤～暍～月～正～止～族**例**塞北胡霜下，营州索兵救。（唐·崔国辅《从军行》）吁嗟呼苍生，稼穑不可救。（唐·杜甫《九日寄岑参》）林柯有脱叶，欲堕鸟惊救。（唐·韩愈《南山诗》）

旧(舊)jiù

古去声，二十六宥。**逆**笔研～齿～党～笃～敦～恩～访～改～感～鹤～交～款～劳～里～僚～流～论～率～门～曩～朋～戚～耆～弃～侨～勤～情～求～如～少～失～耆～世～述～庶～思～夙～素～通～托～往～违～惟～无～先～贤～乡～宿～雅～伊～义～肄～姻～游～友～远～长～昭～知～追～祖～遵～**顺**～革～逋～常～倡～齿～楮～德～坊～防～分～格～管～贯～欢～绩～京～井～矩～眷～腊～来～劳～雷～垒～隶～僚～寮～落～闾～侣～醅～匹～契～愆～丘～染～山～生～史～史氏～手～司～屯～望～污～洿～乡～心～姓～墟～勋～雅～要～仪～醳～姻～隐～宇～雨～瘴～哲～帙～治～踪**例**出门复入门，两脚但如旧。（唐·杜甫《九日寄岑参》）开元歌舞古草头，梁州乐人世嫌旧。（唐·王建《行宫词》）忆昔东邻宅初构，云甍彩栋皆非旧。（唐·白居易《劝酒》）

典迎新送旧　亦作“送旧迎新”。指职位变动，也指迎新年。见《汉书·王嘉传》。

送旧迎新也辛苦，一番辛苦两年闲。（宋·杨万里《宿城外张氏庄早起入三首》其一）

臼jiù　①舂米器。②臼状物。

古上声，二十五有。**逆**败～并～畅～舂～杵～炊～丹～捣～碓～鬼～齑～井～九～酒～科～门～木～石～霜～鸦～婴～玉～砧～踵～镈～**顺**～齿～杵～科～窠**例**松龛藏药裹，石唇安茶臼。（唐·王维《酬黎居士淅川作》）苍山入百里，崖断如杵臼。（唐·杜甫《九成宫》）

典杵臼　本指春秋晋人公孙杵臼。后指义士信友。亦借指为别人保

全后嗣的人。晋景公佞臣屠岸贾残杀世卿赵氏全家，灭其族，复大索赵氏遗腹孤儿。赵氏门客公孙杵臼舍出生命保全了赵氏孤儿。事见《史记·赵世家》。

杵臼论交世谁数，翟公勒门吁可怜。（宋·李洪《新交行》）

儿女探井臼 指冯衍妻悍忌，儿女因此操持家务。《后汉书·冯衍传》："衍娶北地任氏女为妻，悍忌，不得畜媵妾，儿女常自操井臼，老竟逐之，遂坎壈于时。"

儿女相悲探井臼，前功岂在他人后。（唐·韩翃《送别郑明府》）

舅jiù

古上声，二十五有。逆伯～豺～从～嫡～父～姑～虎～皇～继～家～郎～母～甥～叔～外～乌～先～谢～鸦～鱼～哲～仲～诸～祖～顺～弟～父～公～姑～母～嫂～氏～兄～爷～子～祖例父兄未许人，畏妾事姑舅。（唐·于溃《宫怨》）任汝恼弟妹，任汝恼姨舅。（唐·卢仝《寄男抱孙》）

典**庾舅** 本指晋庾亮，借指贵戚权臣。东晋庾亮为晋明帝妻庾后之兄。明帝立，奉遗诏辅政，成帝朝为中书令，政事一决于亮，平苏峻之乱，拜征西将军，后代陶侃镇武昌，遥执朝政。时晋室偏安，亮力图恢复中原，未成而卒。事见《晋书·庾亮传》《晋书·成帝纪》。

庾舅已能窥帝室，王都还是预人家。（唐·罗隐《建康》）

无忌胜如舅 亦作"外甥似舅"。赞颂外甥杰出。《晋书·何无忌传》："何无忌，东海郯人也。少有大志，忠亮任气，人有不称其心者，辄形于言色。州辟从事，转太学博士。镇北将军刘牢之，即其舅也……初，桓玄闻裕等及无忌之起兵也，甚惧。其党曰：'刘裕乌合之众，势必无成，愿不以为虑。'玄曰：'刘裕勇冠三军，当今无敌。……何无忌，刘牢之之甥，酷似其舅。共举大事，何谓无成！'其见惮如此。"

蚤晚成名，雁行亲膝，无忌胜如舅。（宋·李处全《醉蓬莱·政余春眷眷》）

疚jiù

古去声，二十六宥。逆哀～抱～悲～病～惭～耻～遁～负～疾～艰～矜～孔～劳～利～茕～衔～心～凶～宿～遗～灾～在～顺～病～惭～负～怀～疾～愧～愆～茕～心例创兹朴而巧，戮力忍劳疚。（唐·韩愈《南山诗》）今代澄清妙手。为公家、忧心如疚。（宋·京镗《水龙吟·夜来井络参躔》）

柩jiù

古去声，二十六宥。逆輀～扶～负～衬～棺～椁～灵～起～丧～神～尸～停～幽～顺～殡～车～辂～路～尸～室例又如游九原，坟墓包椁柩。（唐·韩愈《南山诗》）

厩（*廐、廄）jiù 马房。

古去声，二十六宥。逆法～闲～亹～御～顺～肥～人～置例阛阓树墙垣，巘巘驾库厩。（唐·韩愈《南山诗》）既见陆夫子，驽心却伏厩。（唐·皮日休《鲁望读襄阳耆旧传》）

鹫（鷲）jiù 雕。

古去声，二十六宥。逆雕～灵～鹰～云～顺～岛～殿～堞～窟～翎～岭～山～石～室～台～岩～岳～章例或蜿若藏龙，或翼若搏鹫。（唐·韩愈《南山诗》）

桕jiù

逆枫～红～乌～顺～油～脂～烛

僦jiù 租赁。

古去声，二十六宥。逆逼～和～赁～侨～佣～庸～顺～车～船～椽～邸～丁～度～渡～房～费～工～功～雇～柜～居～匮～民～倩～人～舍～税～田～屋～寓～运～载～直～舟例鸿荒竟无传，功大莫酬僦。（唐·韩愈《南山诗》）

叩kòu

古《广韵》：上声，厚韵。逆哀～参～抚～干～跪～九～叩～款～漫～起～询～咨～顺～安～别～诚～齿～辞～阍～叩～阙～颡～丧～愬～心～询～咨例泪裛回纹皱。好在章台柳。洞户隔，凭谁叩。（宋·李之仪《千秋岁·万红暄昼》）但一曲溪流，数枝野菊，自把唾壶叩。（宋·秦观《摸鱼儿·傍湖滨》）

扣kòu

古去声，二十六宥。又：上声，二十五有同。逆暗～逼～裁～参～查～搭～打～待～风纪～环～击～机～检～脚～解～克～刻～扣～领～谩～钮～死～贪～摊～铜～微～详～引～顺～跋～背～边～布～齿～刀～抵～定～额～扉～合～户～阍～寂～剑～角～缴～扃～克～刻～浪～留～马～捺～肉～算～天～厅～心～绣～宅～折～钟例滴滴洞穴中，悬泉响相扣。（唐·李华《仙游寺》）况擎宝剑出，重以雄心扣。（唐·元稹《说剑》）青霄上何阶，别剑空朗扣。（唐·鲍溶《夏日华山别韩博士愈》）

寇kòu

古去声，二十六宥。逆袄～暴～避～边～兵～逋～尝～雠～荡～反～犯～伏～梗～害～积～鲸～剧～聚～蛮～内～蹑～平～骑～潜～侵～稔～山～生～死～速～通～土～响～凶～宿～养～夷～遗～蚁～游～余～隃～御～粤～造～赭～资～顺～暴～虣～逼～场～抄～钞～雠～丹～盗～凫～害～患～贾～奸～劫～儆～警～境～莱～莱公～粮～令～虏～乱～掠～略～孽～虐～叛～剽～窃～攘～扰～戎～势～偷～脱～先～勦～心～战～雉例鱼虾可俯掇，神物安敢寇。（唐·韩愈《南山诗》）晨兴念始辱，夕惕思致寇。（唐·李德裕《早入中书行公主册礼事毕》）

典**借寇** 亦作"借河内""借留"。指官吏得民心。《后汉书·寇恂传》："（建武）七年，代朱浮为执金吾。明年，从车驾击隗嚣，而颍川盗贼群起……即日车驾南征，恂从至颍川，盗贼悉降，而竟不拜郡。百姓遮道曰：'愿从陛下复借寇君一年。'乃留恂长社，镇抚吏人，受纳余降。"

湘西不得归关羽，河内犹宜借寇恂。（唐·杜甫《奉寄章十侍御》）

萧寇 指善于理财供给的官吏。《后汉书·寇恂传》："寇恂字子翼，上谷昌平人也，世为著姓。……光武南定河内，而更始大司马朱鲔等盛兵据洛阳。及并州未定，光武难其守，问于邓禹曰：'诸将谁可使守河内者？'禹曰：'……寇恂文武备足，有牧人御众之才，非此子莫可使也。'乃拜恂河内太守，行大将军事。光武谓恂曰：'河内完富，吾将因是而起。昔高祖留萧何镇关中，吾今委公以河内，坚守转运，给足军粮，率厉士马，防遏它兵，勿令北度而已。'光武于是复北征燕、代。恂移书属县，讲兵肄射，伐淇园之竹，为矢百余万，养马二千匹，收租四百万斛，转以给军。"又，《赞》曰："子翼守温，萧公是埒。系兵转食，以集鸿烈。"

萧寇勋名，龚黄模样，入拜行趋堤上沙。（宋·王千秋《沁园春·豆蔻娇春》）

木直自寇 指因有用而得祸。《庄子·人间世》："山木自寇也，膏火自煎也。"唐陆德明《经传释文》："司马（彪）云：'木为斧柄，还自伐；膏起火，还自消。'崔（譔）云：'山有木，故火焚也。'"

木直几自寇，石坚亦他攻。（唐·张九龄《杂诗五首》其五）

蔻kòu 豆蔻，多年生常绿草本植物，外形像芭蕉。

古去声，二十六宥。逆豆～顺～丹～蔻例十年梦里婵娟，二月花中豆蔻。（宋·吕渭老《扑蝴蝶近·分钗绾髻》）

佝kòu。佝瞀，愚昧无知。

古《广韵》：去声，候韵。顺～愁～瞀

瞉kòu 雏鸟。

古去声，二十六宥。逆哺～巢～雏～鹑～鹗～爵～鸟～青～雀～探～遗～例争衔弯环飞，投弃急哺瞉。（唐·韩愈《南山诗》）低摧护中兴，若凤视其瞉。（唐·皮日休《鲁望读襄阳耆旧传》）

筘（簆）kòu 织布机上的一种机件，经线从筘齿间通过，把纬线推到织口。

六liù 另见414页lù。

古入声，一屋。逆百～二～龟藏～黄～九～开～连～六～三～三十～四～滕～象～阳～阴～用～丈～郑～顺～鳌～博～采～曹～尘～尺～冲～丑～德～典～丁～骓～服～符～府～辅～傅～宫～骸～合～翮～甲～监～教～界～军～骏～郎～乐～礼～醴～陵～吕～律～梦～命～辔～戚～卿～衢～趣～泉～戎～容～如～瑞～韬～体～玺～一老～一翁～义～艺～鹢～鹖～姻～宇～羽～玉～驭～贽～挚～钟～州铁～铢衣～祝～箸例行年五十余，出守数已六。（唐·韩愈《送诸葛觉往随州读书》）无媒不得选，年忽过三六。（唐·白居易《续古诗十首》其五）从来道生一，况伴龟藏六。（唐·陈陶《题僧院紫竹》）

典**滕六** 指雪神，用以咏雪。唐·牛僧孺《玄怪录·萧志忠》："老麋即屈膝哀请黄冠曰：'萧使君从仁心，恤其饥寒，若祈滕六降雪，巽二起风，即不复游猎矣。'"

滕六晚来方命驾，千山无影飞禽怕。（宋·洪适《渔家傲引·腊月行舟冰凿罅》）

洞天三十六 亦作"三十六洞天"。指神仙的居室。旧题南朝梁·任昉《述异记》卷下："人间三十六洞天，知名者十耳，余二十六天出《九微志》，不行于世也。"

别有洞天三十六，水晶台殿冷层层。（唐·章谒《对月》）

宫殿三十六 指帝王宫殿。见932页"三十六宫"。

沈香花萼事，潇然伤□，宫殿三十六。（宋·韩玉《曲江秋·明轩快目》）

溜liù ①迅速的水流。②瞥视，扫视。③量词。另见459页liū。

古去声，二十六宥。逆大～承～檐～一～顺～急～撒～孰～刷～淌～烟～腰～雨例攀崖到天窗，入洞穷玉溜。（唐·钱起《登覆釜山遇道人二首》其一）佳人向晚新妆就。圆腻歌喉珠欲溜。（宋·欧阳修《玉楼春·阴阴树色笼晴昼》）

馏（餾）liù 把凉了的食品再蒸热。

古去声，二十六宥。逆馈～炸～例或如火熹焰，或若气饙馏。（唐·韩愈《南山诗》）

遛liù

逆逗～独～闲～顺～步～搭～达～脚～马～腿～弯～早例寄语食肉汉，食时无逗遛。（唐·寒山《诗三百三首》其二六八）

漏lòu ①漏壶，古代计时器。②更次；时刻。③泄漏。

古去声，二十六宥。逆残～唱～传～春～促～待～灯～玷～叠～洞～讹～更～勾～鼓～瞽～锢～挂～罣～絓～官～晷～寒～行～箭～禁～刻～莲花～淋～谬～清～泉～阙～替～天～田～颓～沃～罅～罅～仙～销～晓～湌～移～逸～银～隐～永～有～早～长～钟～昼～诸～转～顺～板～策～窗～滴～逗～断～夺～发～分～鼓～积～迹～箭～尽～刻～理～露～落～略～名～目～匿～脯～穷～阙～刃～勺～声～师～天～亡～屋～夕～下～渫～言～眼～逸～语～月～越～绽～卮～转例安得诛云师，畴能补天漏。（唐·杜甫《九日寄岑参》）团辞试提挈，挂一念万漏。（唐·韩愈《南山诗》）金门列葆吹，钟室传清漏。（唐·李德裕《早入中书行公主册礼事毕》）

典**屋漏** 指房子的西北角。《诗经·大雅·抑》："相在尔室，尚不愧于屋漏。无日不显，莫予云觏。"毛氏传："西北隅谓之屋漏。觏，见也。"郑玄笺："有神见人之为也。女无谓是幽昧不明无见我者，神见女矣。"

穆穆屋漏尊，虚堂与神寂。（宋·宋庠《正月望夕供养大阿罗汉画像作》）

陋lòu

古去声，二十六宥。逆隘～闇～黯～库～褊～伧～侧～孱～僝～尘～蚩～粗～村～蓬～矬～单～菲～肤～戆～怪～寒～荒～俭～简～谫～浇～寖～拘～居～窭～枯～率～盲～昧～蒙～蔑～朴～寝～湫～阙～塞～僿～琐～侻～顽～尪～微～委～猥～狭～陋～弇～揜～幽～窳～远～仄～专～椎～蕞～顺～邦～薄～才～诚～短～固～行～疾～迹～举～俚～闾～略～氓～目～躯～身～生～素～侻～亡～妄～狭～心～野～仪～邑～易～庸～宇～远～约～制～忠例尚贤非至理，尧舜固为陋。（唐·吴筠《高士咏·洞灵真人》）前寻径杜墅，岔蔽毕原陋。（唐·韩愈《南山诗》）化作憔悴翁，抛身在荒陋。（唐·白居易《不二门》）

典**独学陋** 指无人一起切磋导致见识少。《礼记·学记》："独学而无友，孤陋而寡闻。……此六者，教之所由废也。"

礼称独学陋，易贵不远复。

（唐·韩愈《招杨之罘》）

镂（鏤）lòu

古去声，二十六宥。逆宝～虫～错～丹～彫～雕～斗～錏～金～镌～刊～刻～铭～青～钑～疏～属～锼～彤～文～羸～镯～镞～顺～板～榜～本～臂～冰～襜～尘～错～肤～骨～管～梘～绘～肌～甲～粢～金～句～镌～衢～身～饰～剔～体～象～心～牙～膺～章～篆例冬行虽幽墨，冰雪工琢镂。（唐·韩愈《南山诗》）物象悉摧藏，精灵畏雕镂。（唐·陆龟蒙《读襄阳耆旧传》）

典**锲而不舍，金石可镂** 指只要坚持就能成功。《荀子·劝学》："锲而舍之，朽木不折；锲而不舍，金石可镂。"

露lòu 显现出来。另见387页lù。

古去声，七遇。顺～底～脸～马脚

瘘（*瘻、瘺）lòu ①颈肿病。②痔漏。

古去声，二十六宥。逆痀～鼠～痔～顺～管

谬（謬）miù

古去声，二十六宥。逆暗～悻～纰～鄙～弛～斥～舛～踳～诞～讦～翻～浮～诖～诡～过～憨～悍～纠～匡～狂～戾～陋～迷～辟～僻～偏～愆～浅～曲～缺～阙～宂～疏～衰～佻～顽～晚～枉～违～芜～贻～遗～悠～迂～愚～踵～顺～爱～辞～诞～得～登～赎～遁～恶～恩～工～官～汉～会～惑～冀～加～荐～进～举～滥～浪～沴～戾～盭～略～耄～巧～阙～然～容～宂～算～忒～为～诬～悮～药～异～易～幽～悠～迂～越～彰～职例执宪纠奸邪，刊书正讹谬。（唐·崔元翰《清明节郭侍御偶与李侍御》）既正北极尊，遂治众星谬。（唐·皮日休《鲁望读襄阳耆旧传》）

典**事大谬** 指事与愿违。司马迁《报任安书》："仆以为戴盆何以望天，故绝宾客之知……务一心营职，以求亲媚于主上。而事乃有大谬不然者。"

宁知事大谬，举步得狼狈。（宋·苏轼《闻子由为郡僚所捃恐当去官》）

缪（繆）miù ①欺诈；虚伪。②不相同。③通"谬"，错误，荒谬。另见475页móu、569页miào。

古去声，二十六宥。逆悖～悻～纰～鄙～勃～舛～踳～剌～大～狂～迷～纰～浅～爽～贪～刓～误～虚～贻～遗～悠～灾～顺～丑～恩～惑～节～戾～陋～乱～巧～缺～数～妄～紊～悠～政例亦曾登玉陛，举措多纰缪。（唐·白居易《不二门》）

拗（*抝）niù ①固执；倔强。②扭；拧。另见545页ǎo、559页ào。

古去声，十九效。逆憋～鳖～偏～曲～撤～违～直～阻～顺～别～劲～捩～强～项～性～执～转

典**十拗** 指人老后的反常情态。宋·周必大《二老堂诗话》："朱新中《鄞川志》载：郭公父老人十拗，谓'不记近事，记得远事；不能近视，能远视；哭无泪，笑有泪；夜不睡，日睡；不肯坐，多好行；不肯食软，要食硬；儿子不惜，惜孙子；大事不问，碎事絮；少饮酒，多饮茶；暖不出，寒即出。'"

而今衰飒，形骸百丑，情怀十拗。（宋·刘克庄《水龙吟·当年玉立清扬》）

耨（*鎒）nòu ①一种除草的农具。②除草。

古去声，二十六宥。逆锄～铫～耕～耒～易～顺～耕例去恶犹农夫，稂莠须耘耨。（唐·舒元舆《坊州按狱》）孔明卧龙者，潜伏躬耕耨。（唐·陆龟蒙《读襄阳耆旧传》）

典**冀缺耨** 指高人隐居。《左传·僖公三十三年》："初，臼季使过冀，见冀缺耨。其妻馌之，敬，相待如宾。与之归。言诸文公曰：'敬，德之聚也，能敬必有德。德以治民，君请用之，臣闻之，出门如宾，承事如祭，仁之则也。'……文公以为下军大夫。"

遁迹便同冀缺耨，移情虚寄子春弦。（清·罗有高《过茧云庐》）

沤（漚）òu 久浸。另见460页ōu。

古去声，二十六宥。顺～肉～菅～库～椰～麻～朴～泄～罨～郁～苎～纻

怄（慪）òu 怄气。

顺～气～人

肉ròu 今读。另见419页rù。

古入声，一屋。逆熬～白～鳖～赤～丑～鼎～豆～断～墦～膰～燔～飞～丰～风～伏～刮～画～怀～火～兼～禁～酪～廉～粱～灵～龙～笼～脔～餟～脯～肉～濡～膻～社～视～丝～祖～贴～土～顽～瘜～祥～宿～一～臆～瘀～余～宰～择～着～镇～炙～重～竹～作～胙～顺～鞍～案～薄～称～飞～封～父～羹～果～醢～好～臛～髻～趼～角～攫～玃～雷～厘～理～燎～林～马～磨～辟～屏～圃～谱～鲭～亲～声～试～袒～痛～痿～消～刑～杏～圆～阵～症～芝～竹～柱～鬃例始知神龙别有种，不比俗马空多肉。（唐·杜甫《李鄠县丈人胡马行》）嫖姚夜出军，霜雪割人肉。（唐·戎昱《塞下曲》）

典**委肉** 亦作"肉投馁虎"。指作无谓的牺牲。《史记·魏公子列传》："侯生笑曰：'公子喜士，名闻天下。今有难，无他端而欲赴秦军，譬若以肉投馁虎，何功之有？'"

委肉本知居几上，剪翎何恨著笼中。（宋·陆游《放怀亭独立有感》）

羹舍肉 指孝敬母亲。《左传·隐公元年》："颍考叔为颍谷封人，闻之，有献于公。公赐之食。食舍肉。公问之，对曰：'小人有母，皆尝小人之食矣，未尝君之羹，请以遗之。'"

何必羹舍肉，便可车载脂。（宋·李清照《上枢密韩公工部尚书胡公》）

花映肉 指人面容美好。杜甫《暮秋枉裴道州手札》："忆子初尉永嘉去，红颜白面花映肉。"

离亭花映肉，醉眼鹭窥莲。（宋·苏轼《至真州再和二首》其一）

机上肉 喻指任人宰割。《三国志·魏书·王粲传》裴松之注引《吴质别传》："质案剑曰：'曹子丹，汝非屠机上肉，吴质吞尔不摇喉，咀尔不摇牙，何敢恃势骄耶？'"

身为机上肉，手复乱挝鼓。（宋·李新《送高执中赴文州槵林》）

举骨肉 指荐人唯贤。《左传·襄公三年》："祁奚请老，晋侯问嗣焉。称解狐，其仇也，将立之而卒。又问焉，对曰：'午也可。'……君子谓：'祁奚于是能举善矣。称其仇，

不为谄。立其子，不为比。'"

奉公举骨肉，诛叛经寒温。（唐·杜甫《览柏中允兼子侄数人除官制词》）

生髀肉　亦作"摩挲髀肉"。喻指蹉跎岁月、壮志未酬。《三国志·蜀书·先主传》："荆州豪杰归先主者日益多，表疑其心，阴御之。"裴松之注引《九州春秋》："备住荆州数年，尝于表坐起至厕，见髀里肉生，慨然流涕。还坐，表怪问备，备曰：'吾常身不离鞍，髀肉皆消。今不复骑，髀里肉生。日月若驰，老将至矣，而功业不建，是亦悲耳。'"

青衫老从事，坐稳生髀肉。（宋·苏轼《罢徐州往南京马上走笔寄子由五首》其四）

消髀肉　亦作"无髀肉""鞍马销髀肉"。喻指劳苦功高。见本页"生髀肉"。

马上固惭消髀肉，幄中由羡愈头风。（唐·罗隐《魏博罗令公附卷有回》）

一块肉　喻指唯一的子嗣。《宋史·瀛国公纪》："帝母杨太后闻之，大恸，曰：'我忍死艰关至此者，正为赵氏一块肉耳，今无望矣！'"

皇天不遗一块肉，一瓣香焚海舟覆。（元末明初·张宪《厓山行》）

陈平分肉　亦作"宰肉"。指公平待人。《史记·陈丞相世家》："里中社，平为宰，分肉食甚均。父老曰：'善，陈孺子之为宰！'平曰：'嗟乎，使平得宰天下，亦如是肉矣！'"

陈平亦分肉，太史竟论功。（唐·杜甫《社日两篇》其二）

东坡思肉　亦作"东坡肉"。指苏轼爱吃猪肉。宋·周紫芝《竹坡诗话》："东坡性喜嗜猪，在黄冈时，尝戏作《食猪肉诗》云：'黄州好猪肉，价贱等粪土。富者不肯吃，贫者不解煮。慢著火，少著水，火候足时他自美。每日起来打一碗，饱得自家君莫管。'此是东坡以文滑稽耳。"

问东坡、何独饮松醪，还思肉。（宋·黎廷瑞《满江红·赋竹樽》）

诙谐割肉　亦作"怀肉""割肉""拔剑割肉"。指汉东方朔割肉事。《汉书·东方朔传》："伏日，诏赐从官肉。太官丞日晏不来，朔独拔剑割肉，谓其同官曰：'伏日当早归，请受赐。'即怀肉去。大官奏之。朔入，上曰：'昨赐肉，不待诏，以剑割肉而去之，何也？'朔免冠谢。上曰：'先生起自责也。'朔再拜曰：'朔来！朔来！受赐不待诏，何无礼也！拔剑割肉，壹何壮也！割之不多，又何廉也！归遗细君，又何仁也！'上笑曰：'使先生自责，乃反自誉！'复赐酒一石，肉百斤，归遗细君。"

尚想东方朔，诙谐割肉归。（唐·杜甫《社日两篇》其一）

寝皮食肉　亦作"食肉寝皮"。指非常仇恨。《左传·襄公二十一年》："臣为隶新。然二子者，譬于禽兽，臣食其肉而寝处其皮矣。"

寝皮食肉志不厌，亦戕其母烹其儿。（宋·苏泂《猛虎行》）

晚食当肉　指安于淡泊、隐逸不仕。《战国策·齐策四》："斶愿得归，晚食以当肉，安步以当车。"

傥知晚食足当肉，一饱何苦多营求。（宋·张元干《赋漳南李几仲安斋诗》）

医疮剜肉　指生活窘迫。唐·聂夷中《咏田家》："二月卖新丝，五月粜新谷。医得眼前疮，剜却心头肉。"

愿得明年蚕叶平，剜肉医疮为汝办。（宋·周南《蚕妇怨》）

饥餐胡虏肉　指歼灭敌人。《汉书·王莽传》："缘边大饥，人相食。谏大夫如普行边兵，还言'军士久屯塞苦，边郡无以相赡。今单于新和，宜因是罢兵。'校尉韩威进曰：'以新室之威而吞胡虏，无异口中蚤虱。臣愿得勇敢之士五千人，不赍斗粮，饥食虏肉，渴饮其血，可以横行！'莽壮其言，以威为将军。"

壮志饥餐胡虏肉，笑谈渴饮匈奴血。（宋·岳飞《满江红·怒发冲冠》）

饱看修竹何妨肉　指在物质上、精神上都不缺乏。苏轼《於潜僧绿筠轩》："可使食无肉，不可居无竹。无肉令人瘦，无竹令人俗。人瘦尚可肥，士俗不可医。旁人笑此言，似高还似痴。"

细读离骚还痛饮，饱看修竹何妨肉。（宋·辛弃疾《满江红·几个轻鸥》）

悬羊头，卖狗肉　亦作"挂羊头，卖狗肉"。指人言行不一。《晏子春秋·内篇杂下一》："晏子对曰：'君使服之于内，而禁之于外，犹悬牛首于门，而卖马肉于内也。'"

高悬羊头卖狗肉，秤头斤两惜如玉。（宋·释昙华《满禅人画临济像请赞》）

寿（壽、*壽）shòu

㊀上声，二十五有。又：去声，二十六宥同。㊁避～称～椿～赐～得～德～登～耋～多～富～官～龟～贵～韩～鹤～胡～极～介～借～进～考～克～兕～老～灵～买～迈～曼～没～眉～麋～冥～南山～南岳～暖～耆～强～庆～全～三～山～舍～圣～天～为～无量～遐～献～享～象～形～雅～养～遗～永～玉～远～中～驻～自～尊～㊂安～媪～斑～藏～昌～梼～对～宫～耇～光～国～亳～华～画～皇～纪～毕～爵～坎～康～客～圹～类～联～陵～麻～靡～母～屏～岂～潜～丘～邱～觞～身～诗～世～水～算～藤～文～西～相～序～燕～阳妆～夭～茔～域～元～岳～幛～征～祉～冢～轴～烛～尊㊃声明动天乐无有，千秋万岁南山寿。（唐·李峤《汾阴行》）挝钟高饮千日酒，却天凝寒作君寿。（唐·李贺《河南府试十二月乐词·十一月》）

㊄**椿寿**　亦作"椿年""椿岁""椿同""椿菌年""大椿"。指长寿。《庄子·逍遥游》："朝菌不知晦朔，蟪蛄不知春秋，此小年也。……上古有大椿者，以八千岁为春，八千岁为秋。"

但求椿寿永，莫虑杞天崩。（唐·杜甫《寄刘峡州伯华使君四十韵》）

韩寿　亦作"韩郎"。借指男女偷情。见802页"窃香"。

昨宵绮帐迎韩寿，今朝罗袖引潘郎。（唐·乔知之《倡女行》）

介寿　亦作"眉寿""春酒"。指祝寿。《诗经·豳风·七月》："八月剥枣，十月获稻。为此春酒，以介眉寿。"毛氏传："春酒，冻醪也。眉寿，豪眉也。"郑玄笺："介，助也。"

巢莲龟同岁，介寿酒融春。（宋·洪适《临江仙·瓜瓞绵绵储庆远》）

三寿　借指长寿。《诗经·鲁颂·閟宫》："三寿作朋，如冈如陵。"《左传·昭公三年》："三老冻馁。"杜预

注:"三老,谓上寿、中寿、下寿,皆八十以上,不见养遇。"

清闲自可齐三寿,忿恨还须戒一朝。(唐·李咸用《依韵修睦上人山居十首》其四)

延寿[1] 见本页"毛延寿"。

画愁延寿丹青误,赋欠相如笔墨工。(宋·陆游《画读香奁集诗戏效其体》)

延寿[2] 东汉王延寿,借指有文才之人。《后汉书·王逸传》附《王延寿传》:"子延寿,字文考,有俊才。少游鲁国,作《灵光殿赋》。后蔡邕亦造此赋,未成,及见延寿所为,甚奇之,遂辍翰而已。曾有异梦,意恶之,乃作《梦赋》以自厉。后溺水死,时年二十余。"

自静其心延寿命,无求于物长精神。(唐·白居易《不出门》)

尧寿 指祝帝王长寿。《史记·五帝本纪》:"帝尧者,放勋。"裴骃集解:"皇甫谧曰:'尧以甲申岁生,甲辰即帝位……辛巳崩,年百一十八,在位九十八年。'"

微臣欲献唐尧寿,遥指南山对衮(唐·王涯《献寿辞》)

毛延寿 ①借指画师。②咏宫怨。旧题晋·葛洪《西京杂记》卷二:"元帝后宫既多,不得常见,乃使画工图形,案图召幸之。诸宫人皆赂画工,多者十万,少者亦不减五万。独王嫱不肯,遂不得见。匈奴入朝,求美人为阏氏,于是上案图以昭君行。及去召见,貌为后宫第一,善应对,举止闲雅。帝悔之,而名籍已定,帝重信于外国,故不复更人。乃穷案其事,画工皆弃市,籍其家资皆巨万。画工有杜陵毛延寿,为人形,丑好老少必得其真。"

毛延寿画欲通神,忍为黄金不顾人。(唐·李商隐《王昭君》)

南阳寿 指人长寿。晋葛洪《抱朴子·内篇·仙药》:"南阳郦县山中有甘谷水,谷水所以甘者,谷上左右皆生甘菊,菊花堕其中,历世弥久,故水味为变。其临此谷中居民,皆不穿井,悉食甘谷水,食者无不老寿,高者百四五十岁,下者不失八九十,无夭年人,得此菊力也。故司空王畅、太尉刘宽、太傅袁隗,皆为南阳太守,每到官,常使郦县月送甘谷水四十斛以为饮食。此诸公多患风痹及眩冒,皆得愈,但不能大得其益,如甘谷上居民,生小便饮食此水者耳。"

仙方上说南阳寿,异色新添霅水寒。(宋·项安世《又次王醇甫闻人主簿二首》其一)

彭祖寿 亦作"彭寿"。指长寿。屈原《天问》:"彭铿斟雉,帝何飨?受寿永多,夫何久长?"王逸注:"彭铿,彭祖也,好和滋味,善斟雉羹,能事帝尧……尧飨食之以寿考,彭祖至八百岁犹自悔不寿。"

假使真如彭祖寿,蒙叟犹嗤渠夭。(宋·刘克庄《贺新郎·何必游嵩少》)

仁者寿 指仁而高寿。《论语·雍也》:"子曰:'智者乐水,仁者乐山。知者动,仁者静。知者乐,仁者寿。'"宋邢昺疏:"言仁者少思寡欲,性常安静,故多寿考也。"

后凋仁者寿,独往圣之清。(宋·刘克庄《哭章泉二首》其二)

上雅寿 指敬酒贺寿。《后汉书·吴良传》:"吴良字大仪,齐国临淄人也。初为郡吏,岁旦与掾史入贺,门下掾王望举觞上寿,谄称太守功德。良于下坐勃然进曰:'望佞邪之人,欺谄无状,愿勿受其觞。'"李贤注引《东观记》:"王望言曰:'齐郡败乱,遭离盗贼,不闻鸡鸣犬吠之音。明府视事五年,土地开辟,盗贼灭息,五谷丰熟,家给人足。今日岁首,请上雅寿。'掾史皆称万岁。"

何以上雅寿,敢用此为规。(宋·无名氏《水调歌头·金兽袅香穗》)

张子寿 指唐张九龄。《旧唐书·张九龄传》:"张九龄字子寿,一名博物。……玄宗在东宫,举天下文藻之士,亲加策问,九龄对策高第,迁右拾遗。……初,张说知集贤院事,常荐九龄堪为学士,以备顾问。说卒后,上思其言,召拜九龄为秘书少监、集贤院学士,副知院事。再迁中书侍郎。常密有陈奏,多见纳用。"

醉而强酒,有愧多闻张子寿。(宋·沈瀛《减字木兰花·锦囊送上》)

爱香韩寿 用以咏香。见802页"窃香"。

独喜爱香韩寿,能来同醉花阴。(宋·向子諲《清平乐·吴头楚尾》)

梦龄增寿 亦作"九龄之梦"。祝人长寿。《礼记·文王世子》:"文王谓武王曰:'女何梦矣?'武王对曰:'梦帝与我九龄。'"

松乔之寿 亦作"乔松之寿"。祝人长寿。《汉书·王吉传》:"大王诚留意如此。则心有尧舜之志,体有松乔之寿。"

受 shòu

古上声,二十五有。逆拜~被~笔~禀~禅~触~辞~大~躭~诞~登~顶~耳~肤~还~函~涵~继~交~禁~聆~冒~貌~面~盘~情~擎~请~屈~取~饶~任~容~商~摄~升~授~瘦~顺~听~稳~翕~相~辛~信~虚~挹~迎~慢~诱~正~祗~指~谘~坐~顺~币~册~茶~禅~廛~尘~成~持~绌~黜~词~辞~代~给~恩~法~服~符~福~耕~祜~祸~计~记~纪~节~经~具~窭~爵~块~禄~箓~律~民~名~目~纳~盘~赇~诎~屈~取~任~嬗~室~誓~授~书~署~岁~田~图~土~姓~学~言~遗~钺~阅~责~知~直~祉~终~胙~祚例来往本无归,别离方此受。(唐·王维《资圣寺送甘二》)

大来敢遐望,小往且虚受。(唐·储光羲《狱中贻姚张薛李郑柳诸公》)

生离抱多恨,方寸安可受。(唐·鲍溶《夏日华山别韩博士愈》)

典**疏受** 代指任太子少傅者。《汉书·疏广传》:"疏广字仲翁,东海兰陵人也。……广兄子受字公子,亦以贤良举为太子家令。受好礼恭谨,敏而有词。宣帝幸太子宫,受迎谒应对,及置酒宴,奉觞上寿,词礼闲雅,上甚欢说。顷之,拜受为少傅。"

留侯爵秩诚虚贵,疏受生涯未苦贫。(唐·白居易《从同州刺史改授太子少傅分司》)

归斯受 指对有心前来求教的人来者不拒。《孟子·尽心下》:"夫子之设科也,往者不追,来者不拒。苟以是心至,斯受之而已矣。"

求则得之青糁饭,归斯受矣白云乡。(宋·洪咨夔《次李绵州和丁兴元韵二首》其一)

授 shòu

古去声,二十六宥。逆禀~钵~补

～册～禅～敕～宠～除～封～符～付～改～感～诰～给～更～归～涵～横～换～诲～简～交～进～晋～敬～例～量～论～美～迁～亲～铨～色～升～实～试～受～私～天～调～推～显～相～幸～褒～虚～宣～选～遥～移～遗～迎～责～嘱～注～擢～左～顺～兵～餐～读～方～馆～记～甲～简～孑～节～经～历～木～能～器～任～赏～时～室～手～首～堂～田～位～刑～勋～衣～衣假～衣月～用～玉～钺～正～政～职～指～梓例孔父惭至理，颜生赖真授。（唐·吴筠《高士咏·项橐》）歌讴互激远，回斡明受授。（唐·杜甫《上水遣怀》）

典文翁教授 指倡导教化的循吏。《汉书·文翁传》："文翁庐江舒人也。少好学，通《春秋》，以郡县吏察举。景帝末，为蜀郡守，仁爱好教化。见蜀地辟陋有蛮夷风，文翁欲诱进之，乃选郡县小吏开敏有材者张叔等十余人亲自饬厉，遣诣京师，受业博士，或学律令。……又修起学官于成都市中，招下县子弟以为学官弟子，为除更繇，高者以补郡县吏，次为孝弟力田。常选学官童子，使在便坐受事。每出行县，益从学官诸生明经饬行者与俱，使传教令，出入闺阁。县邑吏民见而荣之，数年，争欲为学官弟子，富人至出钱以求之。繇是大化，蜀地学于京师者比齐鲁焉。至武帝时，乃令天下郡国皆立学校官，自文翁为之始云。"

文翁翻教授，不敢倚先贤。（唐·王维《送梓州李使君》）

瘦shòu

古去声，二十六宥。逆～贬～病～搊～东阳～寒～鹤～猴～黄～黄花～减～焦～羸～梅～疲～贫～憔～秋～日～省～诗～诗肩～疏～松～损～琐～腰～玉～月～顺～薄～病～悴～瘁～岛～骨～鹤～脊～减～健～金书～劲～客～龙～马～米～懦～怯～筇～臞～癯～容～生～石～受～损～田～雪～状例夜里偷道行，将军马亦瘦。（唐·崔国辅《从军行》）盘烧天竺春笋肥，琴倚洞庭秋石瘦。（唐·陆龟蒙《丁隐君歌》）

典沈约瘦 亦作"休文瘦""腰宽带易垂""腰瘦移带"。指文人憔悴消瘦。《梁书·沈约传》："初，约久处端揆，有志台司，论者咸谓为宜，而帝终不用，乃求外出，又不见许。与徐勉素善，遂以书陈情于勉曰：'吾弱年孤苦……而开年以来，病增虑切……解衣一卧，支体不复相关。上热下冷，月增日笃，取暖则烦，加寒必利，后差不及前差，后剧必甚前剧。百日数旬，革带常应移孔，以手握臂，率计月小半分。以此推算，岂能支久？'"

张衡愁浩浩，沈约瘦愔愔。（唐·李商隐《自桂林奉使江陵途中感怀》）

环肥燕瘦 指各擅其美、各有所长。宋苏轼《孙莘老求墨妙亭诗》："杜陵评书贵瘦硬，此论未公吾不凭。短长肥瘦各有态，玉环飞燕谁敢憎。"

品在环肥燕瘦间，三千粉黛料难攀。（清·林朝崧《无题次邱工部韵八首》其三）

郊寒岛瘦 亦作"岛瘦郊寒""贾岛瘦"。指以孟郊、贾岛为代表的清峭瘦硬诗风。苏轼《祭柳子玉文》："元轻白俗，郊寒岛瘦。"

寒郊瘦岛，尘衣风帽，诗在灞陵桥。（元·张可久〔越调·小桃红〕《忆疏斋学士郊行》）

上官马瘦 亦作"意不在马"。指忠心耿耿。《汉书·孝昭上官皇后》附"上官桀"："孝昭上官皇后，祖父桀，陇西上邽人也。……上奇其材力，迁未央厩令。上尝体不安，及愈，见马，马多瘦，上大怒：'令以我不复见马邪！'欲下吏，桀顿首曰：'臣闻圣体不安，日夜忧惧，意诚不在马。'言未卒，泣数行下。上以为忠，由是亲近。"

兽(獸)shòu

古去声，二十六宥。逆白～百～宝～碑～比肩～赤～讹～二～风生～封～孤～犷～归～皓～红～火光～祭～狡～金～阱～开明～槛～困～雷～六～倮～毛～木～寝～青～轻～虬～仁～任～十二～庶～四～瓦～畏～文～吻～屋～五～狎～香～牙～药～馌～逸～寅～鱼～娱～羽～原～蛰～鸷～顺～暴～补～材～臣～铤～盾～伏～符～藁～工～罟～鼓～骇～行～侯～环～镮～火～舰～碣～锦～居～君～铠～口～圈～扰～睡～兕～炭～糖～挺～瓦～吻～物～香～心～穴～烟～炎～焰～虞～灾～子～樽例大明韬日月，旷野号禽兽。（唐·杜甫《九日寄岑参》）因缘窥其湫，凝湛閟阴兽。（唐·韩愈《南山诗》）

典舞兽 指和谐动人之音乐感及百兽，使之随节拍起舞。往往以此歌颂帝德普惠，化及禽兽。《书·舜典》："帝曰：'夔，命汝典乐……八音克谐，无相夺伦，神人以和。'夔曰：'于予击石拊石，百兽率舞。'"唐孔颖达疏："百兽率舞，即《大司乐》云'以作动物'、《益稷》云'鸟兽跄跄'是也。人神易感，鸟兽难感，百兽相率而舞则神人和可知也。……言帝德及鸟兽也。"

笙磬分均上下堂，游鱼舞兽自奔忙。（宋·苏轼《景仁和赐酒烛诗复次韵谢之》）

香兽 指一种用炭屑加杂香料制成的兽形炭。《晋书·羊琇传》："琇性豪侈，费用无复齐限，而屑和作兽形以温酒，洛下豪贵咸竞效之。"

自烧熟火添香兽，旋把寒泉注砚蟾。（宋·陆游《八月三日骤凉有感》）

山川草木，虫鱼鸟兽 指不遇之士往往留心虫鱼草木、风云鸟兽，发而为诗。宋·欧阳修《梅圣俞诗集序》："凡士之蕴其所有而不得施于世者，多喜自放于山巅水涯外，见虫鱼草木风云鸟兽之状类，往往探其奇怪，内有忧思感愤之郁积，其兴于怨刺以道羁臣寡妇之所叹而写人情之难言，盖愈穷而愈工。然则，非诗之能穷人，殆穷者而后工也。"

有山川草木，纵横纸上，虫鱼鸟兽，飞动毫端。（宋·陈人杰《沁园春·诗不穷人》）

售shòu ①卖出。②实现。

古去声，二十六宥。又：下平，十一尤同。逆获～贾～交～进～贸～起～轻～求～投～未～惜～消～运

～顺～诱～迹～奸～赇～世～用例巨灵与夸蛾，远贾期必售。（唐·韩愈《南山诗》）持冠适瓯越，敢怨不得售。（唐·陆龟蒙《读襄阳耆旧传》）

绶(綬)shòu　用以拴系玉饰或印玺的丝带。

古上声，二十五有。又：去声，二十六宥同。逆艾～宝～螭～赤～公～挂～龟～槐～解印～金～锦～进～卷～蓝～緌～墨～青～释～双～桃花～玺～霞～衣～银～印～缨～章～紫～组～顺～带～花～囊～乌～笥～繭例前驱锦带鱼皮鞮，侧佩金璋虎头绶。（唐·韩翃《送巴州杨使君》）坐石代琼茵，制荷捐艾绶。（唐·皎然《答裴集阳伯明二贤》）燕丹卷地图，陈平绾花绶。（唐·元稹《说剑》）

典**黄绶**　喻官卑秩下。《汉书·百官公卿表上》："凡吏秩比二千石以上，皆铜印青绶……比二百石以上，皆铜印黄绶。"《汉书·朱博传》颜师古注："丞尉职卑，皆黄绶。"

青山方远别，黄绶初从仕。（唐·白居易《初见白发》）

两绶　借指少年贵盛封侯。《汉书·金日磾传》："日磾两子，赏，建，俱侍中，与昭帝略同年，共卧起。赏为奉车，建附马都尉。及赏嗣侯，佩两绶，上谓霍将军曰：'金氏兄弟两人不可使俱两绶邪？'霍光对曰：'赏自嗣父为侯耳。'……时年俱八九岁。"

腰间带两绶，转盼生光辉。（唐·崔颢《古游侠呈军中诸将》）

铜章墨绶　亦作"铜章吏"。借指县令。王融《永明十一年策秀才文》："妙简铜墨。"李善注："《汉书》曰：'县令、长，皆秦官，秩六百石以上，皆铜印墨绶。'"

铜章纡墨绶，茜服佩银鱼。（宋·彭叔夏《水调歌头·铜章纡墨绶》）

萧朱结绶　亦作"结绶"。指朋友之间相互举荐。《汉书·萧望之传》："(萧育)少与陈咸、朱博为友，著闻当世。往者有王阳、贡公，故长安语曰：'萧、朱结绶，王、贡弹冠。'言相荐达也。"

向故乡怀印绶　亦作"会稽章""露绶"。指仕途发迹后微服回乡。西汉朱买臣为会稽吴人，早年家贫，为乡里人所轻视，常常寄食于当地守邸小吏。后朱买臣官拜会稽太守，仍着旧衣，将官印藏于怀中回乡，被守邸吏发觉震惊之事。见《汉书·朱买臣传》。

犹向故乡怀印绶，相过何日又。（宋·魏了翁《谒金门·那复有》）

狩shòu

古去声，二十六宥。逆薄～北～搏～帝～冬～高～行～浩郁～进～苗～南～蒐～狸～田～畋～西～弥～远～岳～顺～地～取～人～田例或屹若战阵，或围若蒐狩。（唐·韩愈《南山诗》）重闻章陵幸，再见岐阳狩。（唐·皮日休《鲁望读襄阳耆旧传》）或如百千骑，合沓原野狩。（唐·陆龟蒙《读襄阳耆旧传》）

嗽sòu

古入声，三觉。逆喘～寒～欬～咳～讪～杂～子～顺～月例云锦摇香吹散酒。细听清谈，玉屑津津嗽。（唐·王质《苏幕遮·水风轻》）

透tòu

古去声，二十六宥。逆澈～春～电～风～寒～惊～精～伶～取～深～围～香～月～正～走～顺～背～碧空～碧霄～达～骨草～骨金～剑门～井～空～快～切～情～爽～髓～索～体～头～脱～悟～晰～泄～心～颖锥～远～越～掷～走例蒸岚相澒洞，表里忽通透。（唐·韩愈《南山诗》）酥亚蛮觥奉君寿，玉山三献春红透。（唐·陈陶《将进酒》）醉折嫩房和蕊嗅。天丝不断清香透。（宋·晏殊《渔家傲·楚国细腰元自瘦》）

秀xiù

古去声，二十六宥。逆标～禀～才～层～巉～朝～冲～诞～叠～端～发～丰～敷～高～孤～广～闺～诡～贵～含～合～黄～慧～积～简～杰～警～竟～楷～魁～揽～嬴～攞～络～迈～麦～髦～民～秾～酴～朴～凄～岐～耆～颀～气～儒～三～善～韶～沈～疏～爽～耸～竦～特～腾～条～髫～挺～擷～雄～宿～轩～妍～夭～遗～隐～英～余～岳～造～长～贞～整～植～稚～擢～濯～顺～霸～产～彻～澈～出～粹～葶～发～峰～孚～格～骨～华～惠～甲～简～桀～劲～颈～绝～筠～峻～隽～刻～旷～羸～立～良～岭～令～迈～曼～毛～髦～骐～人～润～上～实～士～世～爽～特～伟～蔚～悟～晤～项～孝～削～彦～业～靥～嶷～异～逸～媛～造～峙～擢例南浦去莫归，嗟嗟蔑孙秀。（唐·张说《五君咏五首·李赵公峤》）秦城岁芳老，越国春山秀。（唐·李益《送诸暨王主簿之任》）岑中月归来，蟾光挂空秀。（唐·李贺《感讽五首》其五）

典**络秀**　亦作"络秀赐觞"。借指贤母。《晋书·周顗母李氏传》："周顗母李氏，字络秀，汝南人也。少时在室，顗父浚为安东将军，时尝出猎，遇雨，过止络秀之家。会其父兄不在，络秀闻浚至，与一婢于内宰猪羊，具数十人之馔，其精办而不闻人声。浚怪使觇之，独见一女子甚美，浚因求为妾。其父兄不许，络秀曰：'门户殄瘁，何惜一女！若连姻贵族，将来庶有大益矣。'父兄许之。遂生顗及嵩、谟。……中兴时，顗等并列显位。尝冬至置酒，络秀举觞赐三子曰：'吾本渡江托足无所，不谓尔等并贵，列吾目前，吾复何忧！'"

但使伯仁长，还兴络秀家。（宋·苏轼《次韵黄鲁直〈嘲小德〉》）

弥天秀　亦作"弥天对"。①借指高僧。②借指佛理。《高僧传·晋释道安传》："时襄阳习凿齿锋辩天逸，笼罩当时。……及闻安至即往修造。即坐，称言：'四海习凿齿。'安曰：'弥天释道安。'时人以为名答。"

释子弥天秀，将军武库才。（唐·孟浩然《与张折冲游耆阇寺》）

生裴秀　指母亲卑贱而生佳儿。《晋书·裴秀传》："裴秀，字季彦，河东闻喜人也。……秀少好学，有风操，八岁能属文。叔父徽有盛名，宾客甚众。秀年十余岁，有诣徽者，出则过秀。然秀母贱，嫡母宣氏不之礼，尝使进馔于客，见者皆为之起。秀母曰：'微贱如此，当应为小儿故也。'宣氏知之,后遂止。"

未拟生裴秀,如何乞郑玄。(唐·郑还古《赠柳氏妓》)

孤城麦秀 指故城萧条,暗寓伤时情怀。《史记·宋微子世家》载周武王灭商后,"乃封箕子于朝鲜而不臣也。其后箕子朝周,过故殷墟,感宫室毁坏,生禾黍。箕子伤之,欲哭则不可,欲泣为其近妇人,乃作《麦秀之诗》以歌咏之。其诗曰:'麦秀渐渐兮,禾黍油油。彼狡僮兮,不与我好兮!'"

孤城麦秀,常愧葛洪丹未就。(宋·韩淲《减字木兰花·一杯易足》)

后来之秀 亦作"后起之秀"。指后来兴起的优秀青年人才。《世说新语·赏誉》:"范豫章(范宁)谓王荆州(王忱):'卿风流俊望,真后来之秀。'"

定知此地难为士,后来之秀说彭子。(宋·杨万里《赠彭云翔长句》)

马良并秀 指兄弟五人齐名并秀。《三国志·蜀书·马良传》:"马良字季常,襄阳宜城人也。兄弟五人,并有才,乡里为之谚曰:'马氏五常,白眉最良。'良眉中有白毛,故以称之。先主领荆州,辟为从事。……先主称尊号,以良为侍中。"

更东汉、马良并秀。(宋·无名氏《剔银灯·古来五子伊谁》)

苗而不秀 亦作"苗秀"。指人未成长而早夭。《论语·子罕》:"子曰:'苗而不秀者有矣夫!秀而不实者有矣夫!'"这是孔子痛惜弟子颜回早死而发出的悲慨。

苗而不秀岂其天,不使童乌与我玄。(宋·苏轼《悼朝云》)

黍离麦秀 指亡国之痛以及对故国魂牵梦萦的怀念之情。《诗经·王风·黍离·序》:"黍离,闵宗周也。周大夫行役至于宗周,过故宗庙宫室,尽为禾黍,闵周室之起颠覆,彷徨不忍去,而作是诗也。"《史记·宋微子世家》:"箕子朝周,过故殷墟感宫室毁坏,生禾黍,箕子伤之,欲哭则不可……乃作麦秀之诗以歌咏之。"

黍离麦秀从来事,且置兴亡近酒缸。(宋·王安石《金陵怀古四首》其四)

一门双秀 北周苏亮、苏湛兄弟皆举秀才。后人以一门双秀加以称道。见《周书·苏亮传》。

争是一门双秀,又是一朝双喜。(宋·无名氏《喜迁莺·物中双美》)

岳神钟秀 亦作"岳神钟聚"。指贤才降生。《诗经·大雅·崧高》:"维岳降神,一甫及申。"唐杜甫《望岳》:"岱宗夫如何,齐鲁青未了。造化钟神秀,阴阳割昏晓。"钟神秀,指集中了大自然的神秀之气。后世遂用"岳神钟秀"颂誉贤才降生。

昨长庚入梦,昴宿呈祥,岳神钟秀。(宋·刘仙伦《醉蓬莱·昨长庚入梦》)

袖 xiù

古去声,二十六宥。逆豹～别～楚～翠～貂～断～奋～凤～拂～歌～宫～归～皓～和～鹤～红～狐～怀～衿～襟～禁～敛～龙～裸～貉～霓～翘～攘～水～韬～挽～舞～雾～小～治～盈～玉～鄣～障～柘～征～拙～顺～被～呈～锤～刺～锋～蜂～观～幕～琴～袪～章例散发便迎客,采芝仍满袖。(唐·钱起《登覆釜山遇道人二首》其一)藻匠如见酬,终身致怀袖。(唐·陆龟蒙《读襄阳耆旧传》)

典**断袖** 指对宠爱的人照顾入微。《汉书·董贤传》:"董贤字圣卿,云阳人也。父恭为御史。任贤为太子舍人。哀帝立,贤随太子官为郎。……哀帝望见,悦其仪貌……拜为黄门郎,由是始幸。……贤宠爱日甚,为驸马都尉侍中……常与上卧起。尝昼寝,偏藉上袖,上欲起,贤未觉,不欲动贤,乃断袖而起。其恩爱至此。"

分桃断袖绝嫌猜,翠被红裈兴不乖。(元·滕宾《瑞鹧鸪·分桃断袖绝嫌猜》)

郑袖 战国时楚怀王夫人。《史记·屈原贾生列传》:"(张仪)如楚,又因厚币用事者臣靳尚,而设诡辩于怀王之宠姬郑袖。怀王竟听郑袖,复释去张仪。……怀王以不知忠臣之分,故内惑于郑袖,外欺于张仪,疏屈平而信上官大夫、令尹子兰。"

郑袖风流今已尽,屈原辞赋世空悲。(宋·曾巩《晚望》)

昭容袖 昭容为宫廷女官,昭容袖为紫色。后人以"昭容袖"借指紫海棠。唐·杜甫《紫宸殿退朝口号》:"户外昭容紫袖垂,双瞻御座引朝仪。"

魏家品是君王后,岂比昭容袖。(宋·刘辰翁《虞美人·魏家品是君王后》)

季彦领袖 亦作"后进领袖"。指风操不凡的后进楷模。《世说新语·赏誉》:"谚曰:'后来领袖有裴秀。'"南朝梁刘孝标注引虞预《晋书》:"秀字季彦,河东闻喜人,父潜,魏太常。秀有风操,八岁能著文,叔父徽,有声名。秀年十余年,有宾客诣徽,出则过秀,时人为语曰:'后进领袖有裴秀。'大将军辟为掾。父终,推财与兄。年二十五,迁黄门侍郎。晋受禅,封巨鹿公。后累迁左光禄、司空。"

元礼模楷,季彦领袖。(唐·李瀚《蒙求》)

荆钗布袖 亦作"荆钗""裙布钗荆"。借指贫寒女子。《太平御览》卷七一八引晋皇甫谧《列女传》:"梁鸿妻孟光荆钗布裙。"

早办荆钗布袖,共为云水闲人。(宋·侯寘《朝中措·年年重午近佳辰》)

灵蛇满袖 亦作"握蛇吐"。喻文才高妙。三国魏·曹植《与杨德祖书》:"然今世作者可略而言也。昔仲宣独步于汉南……足下高视于上京。当此之时,人人自谓握灵蛇之珠,家家自谓抱荆山之玉。"

烦君更枉骚人句,白凤灵蛇满袖中。(唐·罗隐《秋日汴河客舍酬友人》)

岫 xiù

①山洞;岩穴。②峰峦。

古去声,二十六宥。逆出～楚～川～叠～断～峰～黄～霁～金～峻～崑～岚～骊～林～灵～龙～峦～峭～穷～穹～沙～山～深～危～吴～霞～香～霄～穴～雪～烟～岩～阳～幽～雨～玉～远～云～云出～鳣～重～顺～壑～幌～居～玉例积水架吴涛,连山横楚岫。

（唐·骆宾王《在江南赠宋五之问》）从知偶东下，帆影拂吴岫。（唐·陆龟蒙《读襄阳耆旧传》）

典云无心出岫 亦作“云出岫”“无心云”“无心”。借指闲适情怀，后喻隐士出山。晋陶渊明《归去来兮辞》：“云无心以出岫，鸟倦飞而知还。”

云无心出岫，游戏间、声名掀揭宇宙。（宋·陈著《瑞鹤仙·云无心出岫》）

臭 xiù 气味。另见497页chòu。

古去声，二十六宥。逆蠢～酒～兰～容～乳～声～无～五～香～馨～顺～败～味例幽兰生深林，不佩亦自臭。（宋·王令《答友人》）鱼水时暂欢，芝兰近同臭。（宋·叶茵《耐久交》）

典交情兰臭 指朋友志同道合，交情深厚。《易·系辞上》：“‘同人先号咷而后笑’，子曰：‘君子之道，或出或处，或默或语。二人同心，其利断金；同心之言，其臭如兰。’”

赖交情兰臭，绸缪相好，宦情云薄，得失何知。（宋·李曾伯《沁园春·水北洛南》）

宿 xiù 星辰；星座。另见495页xiǔ、421页sù。

古去声，二十六宥。逆昂～北～毕～壁～参～常～辰～德～斗～房～鬼～河～角～井～景～亢～奎～列～柳～娄～落～牛～女～氐～室～水～台～同～土～文～心～虚～玄～翼～余～顺～度例离骚既日月，九辩即列宿。（唐·陆龟蒙《读襄阳耆旧传》）出不还良媒，生本值恶宿。（宋·晁说之《和胡少汲游山》）

典列宿 指郎官之职。《后汉书·明帝纪》：“馆陶公主为子求郎，不许，而赐钱千万。谓群臣曰：‘郎官上应列宿，出宰百里，有非其人，则民受其殃，是以难之。’”

浮萍漂泊三千里，列宿参差十五人。（唐·白居易《京使回累得南省诸公》）

南辰尊宿 亦作“南极老人”“南极老”“南极真仙”“南极仙翁”。指南极星。传说此星出现预示人长寿、国运昌。《史记·天官书》：“狼比地有大星，曰南极老人。老人见，治安；不见，兵起。常以秋分时候之于南郊。”唐张守节《史记正义》：“老人一星，在孤南，一曰南极，为人主占寿命延长之应。常以秋分之曙见于景，春分之夕见于丁。见则国长命，故谓之寿昌，天下安宁；不见，人主忧也。”

紫绶青春如许，是南辰尊宿，北斗天官。（宋·詹玉《八声甘州·从黄石容履》）

萧何昴宿 亦作“昴降”。相传汉相萧何为昴星精降生，后遂以此指萧何非凡。《初学记》卷一引《春秋佐助期》：“汉相萧何，长七尺八寸，昴宿精。”

汉萧何昴宿分英，李靖唐时行雨。（元·冯子振［正宫·鹦鹉曲］《黄阁清风》）

绣（繡）xiù

古去声，二十六宥。逆采～绨～错～繁～黻～斧～黼～顾～衮～罽～金～锦～绛～灵～蟒～綦～绮～缛～洒～绨～缇～文～衣～藻～缯～章～豸～朱～蠋～组～纂～顺～葆～褓～补～茶～肠～床～刺～错～佛～服～斧～腑～工～瓜～闺～虎～户～画～屣～口～岭～陌～囊～壤～裳～舌～使～市～丝～闼～文～胸～筵～衣～衣吏～羽～梓～作例禁兵夺得明堂后，长闭桃源与绮绣。（唐·王建《行宫词》）晴明出棱角，缕脉碎分绣。（唐·韩愈《南山诗》）

典衮绣 借指三公或宰相。《诗经·豳风·九罭》：“衮衣绣裳。”毛氏传：“衮衣，卷龙衣也。”清陈奂传疏：“天子上公皆有之。”

衮绣公归去，宰路筑堤沙。（宋·赵师侠《水调歌头·金鼎调元手》）

蒙锦绣 亦作“庄王爱马”。指宠爱非同一般。《史记·滑稽列传》：“楚庄王之时，有所爱马，衣以文绣，置之华物之下，席以露床，啗以枣脯。”

驽骀蒙锦绣，尘土浴潺湲。（唐·杜牧《往年随故府吴兴公夜泊芜湖口今赴官西去》）

平原绣 指对人表示敬重仰慕。唐李贺《浩歌》：“买丝绣作平原君，有酒惟浇赵州土。”买好丝线来绣成平原君的像，以表尊仰之意。

贾岛铜为像，平原绣作容。（宋·徐照《题单丙文画像》）

心肝锦绣 亦作“心锦绣”“肝肠锦绣”“肚肠掞文摛锦”。指人富于文才。唐李白《冬日于龙门送从弟京兆参军令问之淮南觐省序》：“紫云仙季，有英风焉。……常醉目吾曰：‘兄心肝五脏，皆锦绣耶！不然，何开口成文，挥翰雾散。’吾因抚掌大笑，扬眉当之。”

心肝皆锦绣，落笔尽云烟。（宋·吕渭老《水调歌头·心肝皆锦绣》）

胸中锦绣 指诗才或诗兴。《南史·江淹传》：“淹少以文章显，晚节才思微退，云为宣城太守时罢归，始泊灵寺渚，夜梦一人自称张景阳，谓曰：‘前以一匹锦相寄，今可见还。’淹探怀中得数尺与之，此人大恚曰：‘那得割截都尽。’顾见丘迟谓曰：‘余此数尺既无所用，以遗君。’自尔淹文章踬矣。”

应是阳侯薄相，催我胸中锦绣，清唱和鸣鸥。（宋·葛郯《水调歌头·帆腹饱天际》）

锈（鏽）xiù

古《集韵》：去声，宥韵。逆转～刮～银～黝～顺～斑～病～彩～然～涩

嗅 xiù

古去声，二十六宥。逆饱～鼻～触～歆～顺～觉～石～闻例尝闻于祠官，芬苾降歆嗅。（唐·韩愈《南山诗》）此会应须烂醉，仍把紫菊茱萸，细看重嗅。（宋·苏轼《醉蓬莱·笑劳生一梦》）吴云楚雁浑依旧。更把金英嗅。（宋·吴则礼《虞美人·真香秀色盈盈女》）

典三嗅 指鼻歆其气。《论语·乡党》：“色斯举矣，翔而后集。曰：‘山梁雌雉，时哉时哉！’子路共之，三嗅而后作。”邢昺疏：“嗅，谓鼻歆其气。”

堂上书生空白头，临风三嗅馨香泣。（唐·杜甫《秋雨叹三首》其一）

溴 xiù 化学元素。

宥 yòu ①宽恕；赦免。②宽待；原谅。

古去声，二十六宥。逆哀～保～别

～参～慈～刺～大～贷～荡～恩～放～分～抚～含～涵～弘～获～降～矜～蠲～怜～谅～悯～霈～平～乞～曲～全～仁～三～赦～申～十世～释～恕～肆～完～洗～在～顺～弼～贷～德～地～府～过～密～谧～免～器～宓～全～善～赦～世～释～恕～卮～纵～罪例在人忠所奉，恶我诚将宥。（唐·张说《五君咏五首·李赵公峤》）勃然思坼裂，拥掩难恕宥。（唐·韩愈《南山诗》）

典**三宥**　指统治阶级对犯罪者的宽恕。《周礼·秋官·司刺》：“司刺三刺、三宥、三赦之法，以赞司寇听狱讼……一宥曰不识，再宥曰过失，三宥曰遗忘。”

圣代逢三宥，营魂空九迁。（唐·顾况《寄上兵部韩侍郎奉呈李户部卢刑部杜三侍郎》）

十世宥　本指功臣后裔即使有罪，也应予宽恕。后亦以赞美重臣才德。春秋时晋范宣子杀叔向之弟羊舌虎等而囚叔向，祁奚见宣子，曰：“夫谋而鲜过、惠训不倦者，叔向有焉，社稷之固也，犹将十世宥之，以劝能者。今壹不免其身，以弃社稷，不亦惑乎？”见《左传·襄公二十一年》。

苗裔当蒙十世宥，岂谓贻厥无基址。（唐·韩愈《寄卢仝》）

幼yòu

古去声，二十六宥。逆卑～成～冲～出～慈～孤～孩～荒～积～蒙～谦～三～顺～骙～髫～童～小～携～养～稚～顺～艾～布～齿～冲～妇～妇碑～妇词～妇辞～功～孤～海～君～累～蒙～钱～弱～色～少～碎～学～秧～愿～志～穉～壮例禀量合太初，返形寄童幼。（唐·吴筠《高士咏·项橐》）却视五霸图，股掌弄孩幼。（唐·陆龟蒙《读襄阳耆旧传》）

诱(誘)yòu

古上声，二十五有。逆敦～恩～蛊～鼓～化～簧～羁～教～开～夸～诳～略～觅～启～牵～顷～扇～说～询～循～训～招～知～赚～顺～怵～动～伏～化～激～谲～赂～率～略～慕～纳～迫～骑～愒～巧～诎～煽～善～射～说～慰～狎～吓～胁～喻～召～致～衷例鬼哭知己冤，鸟言诚所诱。（唐·储光羲《狱中贻姚张薛李郑柳诸公》）低颜下色地，故人知善诱。（唐·杜甫《上水遣怀》）碧霞气争寒，黄鸟语相诱。（唐·鲍溶《夏日华山别韩博士愈》）

右yòu

古去声，二十六宥。又：上声，二十五有异。逆卜～朝～车～出其～髡～道～鼎～端～关～海～豪～河～开～辽～邻～陇～闾～启～权～群～戎～三～山～尚～祖～庭～享～拥～座～顺～榜～骖～藏～地～貂～飞～符～府～辅～更～广～行～拒～军～科～客～揆～列～戚～契～迁～牵～寝～券～哨～省～师～史～署～袒～文～武～席～辖～贤～相～飧～序～选～学～掖～臆～尹～鱼～与～垣～援～宰～仗～职～主～族～座例幽云澹徘徊，白鹭飞左右。（唐·李颀《裴尹东溪别业》）

典**帨设门右**　指生女。《礼记·郊特牲》：“孔子曰：‘士使之射，不能则辞以疾，悬弧之义也。”郑玄注：“男子生而设弧于门左，示有射道而未能也。女子设帨。”又，《礼记·内则》：“妻将生子，及月辰，居侧室。……子生，男子同弧于门左，女子设帨于门右。”郑玄注：“表男女也。弧者，示有事于武也。帨，事人之佩巾也。”

戏彩华堂宴，设帨朱门右。（宋·翁溪园《洞仙歌·几番梅雨》）

无出其右　指才华卓越，无人能及。《史记·田叔列传》：“孟舒、田叔等十余人，随赵王至长安，上召与语，汉廷臣无能出其右者。上说，尽拜为郡守诸侯相。”据颜师古注，古者以右为尊，言材无能过之者，故云无出其右。

绰绰言之，无出其右。（宋·邵雍《瓮牖吟》）

又yòu

古去声，二十六宥。逆复～三～一～顺～及～且例拘官计日月，欲进不可又。（唐·韩愈《南山诗》）玉佩丁东别后，怅佳期、参差难又。（宋·秦观《水龙吟·小楼连远横空》）而今藏取持螯手。林下独居闲散又。（宋·王炎《玉楼春·往年糊口谋升斗》）

佑(*祐)yòu

古去声，二十六宥。逆垂～敷～孚～邻～冥～默～纳～啓～拥～赞～佐～顺～庇～命～启例或背若相恶，或向若相佑。（唐·韩愈《南山诗》）传与东坡尊舅。欲作栏干护佑。（宋·秦观《如梦令·传与东坡尊舅》）天基佳节后。又诗咏嵩生，贤歌天佑。（宋·哀长吉《瑞鹤仙·天基佳节后》）

侑yòu

古去声，二十六宥。逆酬～登～独～降～进～乐～配～劝～三～升～妥～献～娱～诏～胙～顺～币～宾～酬～祠～欢～斝～柬～酒～觞～神～食～谈～享～飧～宴～饮～卮～尊～樽～坐例厥初孰开张，黾勉谁劝侑。（唐·韩愈《南山诗》）想华堂、胜醉眉春酒。惭斐句，为觞侑。（宋·石麟《金缕词·欲上南楼寿》）

典**敧器之侑**　亦作“宥坐敧器”。指处理事情应求适中，防止自满。《荀子·宥坐》：“孔子观于鲁桓公之庙，有敧器焉。孔子问于守庙者曰：‘此为何器？’守庙者曰：‘此盖为宥坐之器。’孔子曰：‘吾闻宥坐之器者，虚则敧，中则正，满则覆。’孔子顾谓弟子曰：‘注水焉！’弟子挹水而注之。中而正满而覆，虚而敧。孔子喟然而叹曰：‘吁！恶有满而不覆者哉！’”

囿yòu

古去声，二十六宥。又：入声，一屋同。逆辨～辩～别～场～词～繁～花～郊～禁～九～局～具～林～灵～鹿～罗～区～儒～上～射～玄～学～野～逸～籞～中～顺～人～台～游～苑例吾闻京城南，兹惟群山囿。（唐·韩愈《南山诗》）庐罗遵古俗，鄘郢迷昔囿。（唐·皮日休《鲁望读襄阳耆旧传》）高当轸翼分，化作英髦囿。（唐·陆龟蒙《读襄阳耆旧传》）

柚yòu

古去声，二十六宥。逆橙～楚～橘～杼～顺～子

鼬yòu 鼬鼠。

古去声，二十六宥。逆鼪～飞～皋～鼯～鼷～顺～獾～鼠例峥嵘跻冢顶，倏闪杂鼯鼬。（唐·韩愈《南山诗》）

釉yòu

古《集韵》：去声，宥韵。逆彩～光～上～顺～陶～质～子

狖yòu 猴属。

古去声，二十六宥。逆哀～林～猱～酸～啼～啸～猿～蝯～顺～轭例侧径蹲怪石，飞萝掷惊狖。（唐·钱起《登覆釜山遇道人二首》其一）微澜动水面，踊跃躁猱狖。（唐·韩愈《南山诗》）霜浓果熟未容收，往往儿童杂猿狖。（唐·陆龟蒙《丁隐君歌》）

蚴yòu 绦虫、血吸虫等的幼体。

古《集韵》：去声，幼韵。逆毛～尾～顺～蜕

宙zhòu

古去声，二十六宥。逆层～浃～穷～区～世～紫～顺～合～始～外例参差相叠重，刚耿陵宇宙。（唐·韩愈《南山诗》）

典**廓清宇宙** 指统一天下、恢复河山。《宋书·王僧达传》："（王僧达）上表解职，曰：'……幸属圣武，克复大业，宇宙廓清，四表靖晏。'"

整顿乾坤，廓清宇宙，男儿此志会须伸。（宋·张元干《陇头泉·少年时》）

昼（晝）zhòu

古去声，二十六宥。逆白～朝～彻～出～春～旦～当～昏～继～攫～开～连～平～遣～清～晴～穷～日～巡～炎～永～再～正～顺～分～晷～会～晦～鸡～见～接～锦～进～景～扃～居～攫～漏～瞑～寝～荣～色～食～暑～退～星～绣～阴～永～昃～馔例刀光照塞月，阵色明如昼。（唐·崔国辅《从军行》）沉吟坐西轩，饮食错昏昼。（唐·杜甫《九日寄岑参》）江汉称炳灵，克明嗣清昼。（唐·皮日休《鲁望读襄阳耆旧传》）

典**出昼** 亦作"行昼"。本指孟子游说落空后的无奈离去。后遂以指离开求官之地。《孟子·公孙丑下》："孟子去齐。尹士语人曰：'不识王之不可以为汤武，则是不明也；识其不可，然且至，则是干泽也。千里而见王，不遇故去。三宿而后出昼，是何濡滞也？士则兹不悦。'高子以告。曰：'夫尹士恶知予哉？千里而见王，是予所欲也；不遇故去，岂予所欲哉？予不得已也。予三宿而出昼，于予心犹以为速，王庶几改之！王如改诸，则必反予。夫出昼而王不予追也，予然后浩然有归志。'"

去年逾月方出昼，为君剧饮几濡首。（宋·苏轼《次韵舒教授寄李公择》）

锦衣行昼 见801页"衣锦还乡"。

亦有千里归，锦衣行白昼。（宋·梅尧臣《寄题庐陵董氏桂林书斋》）

骤（驟）zhòu ①迅疾。②屡次。③突然。

古去声，二十六宥。逆孱～驰～忽～迴～决～飘～轻～驱～骛～翔～雨～走～顺～步～断～发～革～贵～合～化～跻～谏～进～剧～令～面～迁～胜～盛～暑～徙～兴～战～涨～至例君子强逶迤，小人困驰骤。（唐·杜甫《九日寄岑参》）翼卫两舜趋，钩陈十尧骤。（唐·皮日休《鲁望读襄阳耆旧传》）囊乏向咸镐，马重迟步骤。（唐·陆龟蒙《读襄阳耆旧传》）

胄zhòu ①盔，古代战士戴的帽子。②帝王或贵族的子孙。

古去声，二十六宥。逆宝～贝～齿～村～地～帝～高～冠～贵～国～鸿～华～皇～甲～介～景～铠～龙～苗～名～末～清～神～士～氏～世～试～望～系～遐～鲜～贤～绪～玄～悬～血～训～遥～遗～裔～胤～英～鱼～远～支～枝～顺～阀～监～科～嗣～序～绪～裔～胤～子～族例杉篁咤蒲苏，杲耀攒介胄。（唐·韩愈《南山诗》）檀溪试戈船，岘岭屯贝胄。（唐·皮日休《鲁望读襄阳耆旧传》）缅思齐梁降，寂寞寡清胄。（唐·陆龟蒙《读襄阳耆旧传》）

绉（縐）zhòu ①细葛布。②皱缩。③一种有皱纹的丝织品。

古去声，二十六宥。逆湖～縠～双～文～线～洋～顺～布～绸～纱～折～纸例日似新刮膜，天如重熨绉。（唐·皮日休《鲁望读襄阳耆旧传》）象床稳，鸳衾谩展，浪翻红绉。（宋·周邦彦《花心动·帘卷青楼》）

皱（皺）zhòu

古去声，二十六宥。逆波～蹙～皴～吹～圪～疙～红～縠～黛～栗～眉～水～窊～忔～褶～顺～白～襞～縠～眉～胃～文～褶例前低划开阔，烂漫堆众皱。（唐·韩愈《南山诗》）黄昏访我来，苦节青阳皱。（唐·李贺《赠陈商》）饥鼠掀菱壳，新蝉避栗皱。（唐·贯休《湖头别墅三首》其一）

典**一池春皱** 指春风吹动池水，也表现春心被搅动的情怀。五代冯延巳《谒金门》："风乍起，吹皱一池春水。闲引鸳鸯香径里，手挼红杏蕊。斗鸭阑干独倚，碧玉搔头斜坠。终日望君君不至，举头闻鹊喜。"

水与东风俱秀，一池春皱。（宋·杨泽民《一落索·水与东风俱秀》）

咒（*呪）zhòu

古去声，二十六宥。逆持～遁～发～梵～讽～禁～经～咀～秘～谴～神～诵～诅～顺～禁～诀～詈～念～誓～水～说～文～延～厌～愿～祝例得非施斧斤，无乃假诅咒。（唐·韩愈《南山诗》）一句难忘处，怎忍辜、耳边轻咒。（宋·秦观《青门饮·风起云间》）想画栏，倚遍东风，闲负却、桃花咒。（宋·刘镇《水龙吟·三山腊雪才消》）

甃zhòu 井壁。

古去声，二十六宥。逆碧～冰～鹤～荒～金～井～甓～青～石～苔～瓦～瑶～玉～鸳～鸩～顺～城～地～理～甓～砌～石例攀缘脱手足，蹭蹬抵积甃。（唐·韩愈《南山诗》）阶上一眼泉，四边青石甃。（唐·张籍《上士泉瓶》）日长庭院无人到。琅玕翠影摇寒甃。（宋·姜特立《菩萨蛮·日长庭院无人到》）

纣（紂）zhòu

古上声，二十五有。逆避～村～桀～商～直～助～顺～棍例清不止尧舜，浊不止桀纣。（明·陈子升《止酒》）

典**武王击纣** 武王曾用剑轻击殷纣王的尸体。《史记·周本纪》:"武王驰之,纣兵皆崩畔纣。纣走,反入登于鹿台之上,蒙衣其珠玉,自燔于火而死。…… 武王至商国……至纣死所。武王自射之,三发而后下车,以轻剑击之,以黄钺斩纣头,县大白之旗。"

太古初断鳌,武王亲击纣。(唐·元稹《说剑》)

繇 zhòu 卦兆之占辞。

古去声,二十六宥。逆暴～巢～仇～大～隍～东～发～皋～根～姑～龟～皇～吉～咎～孔～宽～平～起～帅～外～无～五～相～象～许～爻～优～占～踪～顺～词～辞～文例或如龟拆兆,或若卦分繇。(唐·韩愈《南山诗》)调鼎名家,吹箫贤胄,新卜凤皇佳繇。(宋·葛立方《夜行船·百尺雕堂悬蜀绣》)

籀 zhòu ①读书。②抽绎。③汉字的一种字体,又名大篆。

古去声,二十六宥。逆充～讽～古～颉～鸟～史～佚～篆～顺～书～斯～诵～文～绎～篆例或错若绘画,或缭若篆籀。(唐·韩愈《南山诗》)

咮 zhòu 鸟嘴。

古去声,二十六宥。逆短～凤～鸟～濡～咮～顺～濡

酎 zhòu 醇酒。

古去声,二十六宥。逆尝～春～醇～贡～菊～腊～露～绿～买～名～醅～齐～清～秋～四～温～玄～饮～斋～馔～顺～贾～金～饮例岩峦虽崔崒,软弱类含酎。(唐·韩愈《南山诗》)执热濯清风,忘忧饮醇酎。(唐·陆龟蒙《读襄阳耆旧传》)

轴(軸) zhòu 另见 407 页 zhú,483 页 zhóu。

逆压～顺～子

奏 zòu

古去声,二十六宥。逆白～陛～边～幽～迭～发～飞～封～敷～伏～附～傅～宫～关～籍～计～记～缴～讦～纠～九～举～具～钧天～凯～露～鸾～蒙～面～配～骈～剖～洽～青～入～腾～徒～晓～协～谐～须～劾～谳～疑～议～逸～淫～羽～杂～占～张～正～郑～执～指～顺～案～白～版～表～补～裁～草～钞～陈～床～当～刀～对～覆～稿～藁～告～歌～公～劾～计～记～伎～绩～假～笺～荐～讦～捷～决～凯～可～明～目～阕～闻～舞～销～削～刻～谳～荫～庸～正～最例别愁已万绪,离曲方三奏。(唐·李益《送诸暨王主簿之任》)将生皮夫子,上帝可其奏。(唐·陆龟蒙《读襄阳耆旧传》)

典**楚奏** 亦作"钟仪楚奏""钟仪恋楚""絷钟仪""南冠""梦囚南冠"。指楚国音乐,或用为怀旧之典。见《左传·成公九年》。

就日秦京远,临风楚奏烦。(唐·刘禹锡《武陵书怀五十韵》)

芝房雅奏 借指对帝王的赞美。《汉书·武帝纪》:"(元封二年)六月,诏曰:'甘泉宫内中产芝,九茎连叶。上帝博临,不异下房,赐朕弘休。其赦天下,赐云阳都百户牛酒。'作《芝房之歌》。"

芝房雅奏,仪凤矫首听笙竽。(宋·毛滂《水调歌头·九金增宋重》)

掫 zòu 打。

古《集韵》:去声,候韵。逆挨～狠～顺～掇～人

十三　豪

三韵书对照表

诗韵新编 佩文诗韵 词林正韵		十三豪(平声)	
		阴平	阳平
第八部[二萧][三肴][四豪][十七筱][十八啸][十九效][二十号]	下平声二萧	标镳瀌摽(音彪)杓飙超雕凋刁貂焦蕉娇骄浇椒礁嶕(音交。嶕杀)鷦撩猫漂(音飘)飘嫖(音飘。嫖姚)僄跷橇锹烧(音稍。火烧)挑(音掏。挑达)佻消销宵霄萧箫潇嚣枭绡硝骁蟏蛸枵道鸮翛哓魈歊邀腰要(音妖)夭妖幺喓朝(音招)招昭钊挑(音佻。肩挑。)	朝(王朝)潮聊寥辽嘹撩(撩拨)寮僚燎(音辽)鹩獠镣膋苗描桡瓢桥憔樵翘嫖(音瓢。嫖赌)乔侨荞趫谯荍饶荛桡蛲韶调(协调)条蜩迢苕鲦髫岧(高貌)摇遥谣瑶尧姚飖徭侥峣陶(音瑶。皋陶)鳐鹞(音瑶。雉类)轺
	下平声三肴	坳凹包胞苞炮(音包)抄钞交教(音交。莫教)郊茭胶蛟咬(音交。鸟声)姣鲛鸡轇(音交。轇轕)抛泡(发泡)脬敲梢捎艄蛸(音稍。蟏蛸)筲哮嘐抓(音招)	謷巢嘲茅铙呶硇跑(兽扒土)庖匏炮(炮制)咆刨(音庖)淆(混淆)肴爻峣
	下平声四豪	熬(音凹。慢火熬)褒操(体操)刀忉高膏糕羔篙皋槔蒿薅尻捞骚搔缫艘臊(音骚。腥臊)叨(贪叨)掏滔韬弢饕慆绦遭糟	翱遨熬(音遨。煎熬)螯嗷鳌鏖敖璈謷獒骜(音敖。又读)曹槽漕嘈豪毫号(音毫)壕濠嗥蠔劳牢痨捞(音劳。又读)唠(唠叨)毛醪牦旄髦挠猱袍逃桃啕陶(音桃)涛(音桃。阴平同)淘萄鼗绹洮梼(音桃。上声同)醄
	上声十七筱		晁缭娆
	去声十八啸	骠僬	疗潦
	去声十九效	稍	窑
	去声二十号	糙	捯
第十二部[十一尤][二十六宥]	下平声十一尤	彪尨	矛
	去声二十六宥		飂
未检到的字		剥(口语音)镖膘叨(唠叨)叼碉罩噍跤喵孬螵雀(音敲。雀斑)硗悄(音敲)繑涛(音滔。又读)削(削皮的削)吆哟着(音招)嘲(又读)	厫薄(口语音)雹(口语音)螬貉(音毫。口语音)嚼(口语音)崂憦锚毷蝨瞄憹朴(姓)瞧勺(口语音)芍(口语音)笤龆洨淆(又读)凿(口语音)着(音茁。穿着)

词林正韵	佩文诗韵	诗韵新编：十三豪(仄声) 上声	去声
第八部[十七筱][十八巧][十九皓]	上声十七筱	表皎矫缴湫(音铰。狭小)了(终了)蓼(红蓼)燎(烧毛)渺缈眇杪秒藐鸟袅鹩殍(饿殍)缥摽(音瞟。落)悄(音巧)愀扰绕(缠绕)少(多少)挑(音窕。轻挑)窕小晓筱夭(音杳。早夭)窈杳舀沼	坳(又读)撟瞭(音料。瞭望)绍赵兆肇
	上声十八巧	拗(摧拗)饱炒吵搅狡绞佼铰卯泖昴巧咬(音杳。牙咬)爪(音找。指爪)找	鲍
	上声十九皓	祆媪宝保堡(音保。城堡)葆褓鸨草倒(音岛)岛捣祷稿槁搞缟镐(音稿。锄镐)杲好(美好)考拷栲老潦栳脑恼瑙扫嫂讨早澡枣藻蚤	抱道稻浩皓昊镐灏皂燥
第八部[十八啸][十九效][二十号]	去声十八啸	俵裱梼(又读)剿茑漂(水漂)	调(腔调)钓掉吊铫藋叫轿徼醮峤噭爝(口语音)料燎(火炬)廖镣(又读)妙庙票漂(漂亮)剽俏窍诮峭鞘嗷绕(绕口令)少(年少)哨劭邵召(音绍。姓)烧(野烧)跳眺粜朓笑肖啸要(必要)耀曜鹞照召(音照)诏
	去声十九效		拗(音傲。又读)豹爆刨(音豹)趵教(音叫。文教)觉(睡觉)校(考校)较窖酵貌闹淖炮(枪炮)泡爆(花爆)疱效校(学校)孝乐(音耀。喜爱)药(口语音)勒棹罩笊
	去声二十号		傲奥澳(音傲。港澳)燠(音傲。又读)懊骜(阳平同)奡报暴(音爆。残暴)瀑(疾雨)操(操守)到倒(音到。颠倒)悼盗导(音到)纛(姑韵入声阳平同)告膏(音告。滋润)诰号好(爱好)耗靠犒劳(犒劳)涝冒(假冒)帽耄旄媢套造噪灶躁慥
第十二部[十一尤][二十六宥]	下平声十一尤		帱
	去声二十六宥		茂懋贸瞀袤
未检到的字		导(音岛。去声同)蹈郝(口语音)脚(口语音)饺侥(侥幸)烤姥(姥姥)佬邈跑(奔跑)瞟雀(音巧。口语音)	吞煲鳔锦窎嚼(反刍)瞧(音窖)铐唠(闲谈)络(络子)酪(口语音)落(莲花落)烙(烙印)撂钌尥缪(音庙。姓)溺(小便)壳(音窍。口语音)翘(音峭)撬扫(扫帚)臊(害臊)潲咆罾

平声·阴平

坳(*坳、垇)āo　低洼处。另见559页ào。

〔古〕下平，三肴。〔逆〕螭～泓～沧～盘～堂～溼～砚～汙～云～枕～〔顺〕～垤～泓～胡～堂～窊〔例〕补天残片女娲抛，扑落禅门压地坳。(唐·姚合《天竺寺殿前立石》)绽云梢，清香却暑置堂坳。(宋·张镃《杨柳枝·绿蜡芽疏雪一包》)

凹āo

〔古〕下平，三肴。〔逆〕低～湫～山～〔顺〕～答～洼～险〔例〕桂魄吟来满，蒲团坐得凹。(唐·归仁《酬沈先辈卷》)宇宙低迷，倩谁分、浅凸深凹。(宋·姚云文《玲珑玉·开岁春迟》)

包bāo

〔古〕下平，三肴。〔逆〕敖～馋～弹～发～饭～跟～黑老～浸～麇～搂～绿荷～麻～麦粞～牧～浓～蒲～潜～窍～曲～软～霜～随～席～献世～玄～〔顺〕～畜～弹～篚～戈～亘～公～贡～瓜～贯～匦～虎～荒～慌～浆～苴～橘～举～龙图～络～茅～蒙～青天～桑～粟～羞～胥～元～韫～竹〔例〕钓罢孤舟系苇梢，酒开新瓮鲊开包。(唐·无名氏《绝句》)绿蜡芽疏雪一包，绽云梢。(宋·张镃《杨柳枝·绿蜡芽疏雪一包》)

〔典〕**红泪一包**　亦作"红巾寄泪""红绡粉泪"。指女子的相思之情。见唐·韦庄《伤灼灼》。

书寄与、天涯去，并相思、红泪一包。(宋·萧𠮷《恋绣衾·倚阑闲看燕定巢》)

胞bāo

〔古〕下平，三肴。〔逆〕腹～血～衣～玉～转～〔顺〕～波～裹～络～衣～衣地～族〔例〕欲销毁后骨，空转坐来胞。(唐·皮日休《新秋言怀》)未能丹作

髓，谁相紫为胞。（唐·陆龟蒙《奉和袭美新秋言怀》）

典转胞 指因性情疏狂懒惰而憋尿。嵇康《与山巨源绝交书》："吾每读尚子平、台孝威传，慨然慕之，想其为人。少加孤露，母兄见骄，不涉经学，性复疏懒，筋驽肉缓，头面常一月十五日不洗，不大闷痒，不能沐也。每常小便，而忍不起，令胞中略转乃起耳。"指嵇康作书以自身骄懒为拒绝山涛举荐的理由，并与之绝交。

正寝初停午，频眠欲转胞。（唐·元稹《江边四十韵》）

苞bāo

古下平，三肴。逆芳～负～黄～兼～渐～金～锦～九～琼～霜～素～天～脱～遗～顺～篚～苴～举～稂～栎～芦～乱～茅～蒙～纳～枘～孽～蘖～片～丘～容～荫～育～殖～贮例余亦罘罝人，获麇今尚苞。（唐·常建《空灵山应田叟》）庭院余寒，帘栊清晓，东风初破丹苞。（宋·秦观《满庭芳·庭院余寒》）

褒(襃)bāo

古下平，四豪。逆躄～称～宠～鄂～旌～荣～腾～罔～一字～顺～贲～禅～成～妲～答～大～德～封～功～后～厚～讳～讥～绩～旌～厉～命～睦～纳～迁～荣～善～圣侯～朔～姒～叹～慰～锡～显～雄～叙～恤～衣～义～益～引～优～增～忠～重例谁当青史上，卒为显词褒。（唐·张祜《哭汴州陆大夫》）帝语丁宁，曾被华衮亲褒。（宋·张阁《凤凰台上忆吹箫·长天霞散》）

典一字褒 指言简意赅、褒扬鲜明又严谨的语言文字。晋·范宁《榖梁传集解序》："一字之褒，宠逾华衮之赠；片言之贬，辱过市朝之挞。"

幕府三年远，春秋一字褒。（唐·李商隐《献寄旧府开封公》）

炮 bāo 急火炒。另见538页páo、569页pào。

古下平，三肴。顺～干～羊肉例高堂搥钟饮，到晓闻烹炮。（唐·孟郊《寒地百姓吟》）

剥 bāo 口语音。另见51页bō。

标(標)biāo

古下平，二萧。逆漕～层～觇～崇～督～芳～抚～阁～孤～黄～建～军～峻～立～连～灵～龙～奇～清～容～素～团～雄～贞～顺～称～程～颠～舵～高～格～鹄～寄～检～鉴～揭～碣～峻～流～率～梅～容～胜～塔～特～望～悟～鲜～雄～悬～扬～颖～遇例坐看霞色晓，疑是赤城标。（唐·孟浩然《舟中晓望》）夫人先即世，令子各清标。（唐·杜甫《哭王彭州抡》）

典错认颜标 亦作"冬烘先生"。指头脑糊涂，凭主观行事。五代·王定保《唐摭言·误放》："郑侍郎熏主文，误谓颜标乃鲁公之后。时徐方未宁，志在激动忠烈，即以标为状元。谢恩日，从容问及庙院。标曰：'寒畯也，未尝有庙院。'熏始大悟，塞默而已。寻为无名子所嘲曰：'主司头脑太冬烘，错认颜标作鲁公。'"

胡儿一似冬烘眼，错认颜标作鲁公。（宋·文天祥《林附祖》）

镖(鏢)biāo

古《广韵》：平声，宵韵。逆鸣～起～走～顺～发～行例三军歌按堵，万骑驰鸣镖。（唐·陈元光《修文语土民》）向年事，记艳质平堤，曾共听镖。（宋·杨泽民《忆旧游·念区区远宦》）

彪biāo ①虎纹。②文彩鲜明。③小虎。④健壮魁梧貌。

古下平，十一尤。逆彬～炳～刺～黑～亨～虎～空～顺～被～彪～发～赫～虎～焕～列～蒙～蔚～文～休～耀～章例佗年叱驭事，直笔寄歆彪。（宋·司马光《又和留题定襄驿》）射生持虎归，熟视俱老彪。（宋·李新《杨村四十韵》）

镳(鑣)biāo 马勒。

古下平，二萧。逆镳～骖～分～还～行～花～华～回～迴～鞿～鞬～惊～龙～鸾～鸣～齐～轻～扬～游～走～顺～镳～宫～驾～局～客～辔～旗～杀例少年飞翠盖，上路动金镳。（唐·李百药《少年子》）平原已从猎，日暮整还镳。（唐·李峤《十一月奉教作》）

瀌biāo 瀌瀌，雨雪盛貌。

古下平，二萧。逆瀌～顺～瀌例冬之宵，霰雪斯瀌。（唐·萧颖士《有竹一篇七章》其四）乱声还蔌蔌，猛势尚瀌瀌。（宋·释文珦《禁体咏雪》）

骠(驃)biāo 黄色而有白斑的马，或黄身白鬃尾的马。

古去声，十八啸。逆黄～马～陀罗～逸～顺～马例妻子山中哭向天，须公枥上追风骠。（唐·杜甫《徒步归行》）

典追风骠 借指良马。晋·崔豹《古今注》卷中《鸟兽》："秦始皇有名马七：一曰追风，二曰白兔，三曰蹑景，四曰奔电，五曰飞翮，六曰铜爵，七曰晨凫。"

才高君策追风骠，计急吾陈背水兵。（宋·刘克庄《答章林伯(樵)》）

摽 biāo 挥之使去。另见561页biào。

古下平，二萧。

膘(*臕)biāo 肥肉。

古下平，二萧。逆扑～脂～顺～浇～满～情～息例岭峤松增秀，原田麦长膘。（宋·释文珦《禁体咏雪》）令人羡，新鲜净洁，款款起皮膘。（元·王哲《满庭芳·选子奇瑰》）

杓biāo ①北斗星斗柄。②引，拉开。另见541页sháo。

古下平，二萧。逆斗～拂～衡～魁～星～顺～棒～斗～衡～建～角～云例巫峡长云雨，秦城近斗杓。（唐·杜甫《哭王彭州抡》）想翠軿珠轮，归途望断，斗转斜杓。（宋·张镃《木兰花慢·喜秋回霁宇》）

飙(飆、*飇、飈)biāo

古下平，二萧。逆曾～春～寸～丹～冻～寒～迴～金～凉～灵～浏～龙～盲～梅～狞～雾～凄～青～轻～清～秋～商～神～霜～朔～松～素～梯～顽～鲜～祥～凶～严～炎～阳～阴～英～长～朱～顺～骖～尘～焚～光～骇～疾～举～离～流～轮～飘～起～驱～然～锐～扫～霆～欻～焰～烨～旃～驭～御例叠花开宿浪，浮叶下凉飙。（唐·骆宾王《晚泊河曲》）端居念往事，倏忽苦惊飙。（唐·韦应

物《闲斋对雨》)

操cāo

古下平，四豪。逆八公～别鹤～采芝～常～成～城～冲～楚～砥～方～抚～躬～轨～鹤～齋～坚～将归～介～劲～拘幽～局～尅商～苦～梁山～妙～末～盘～岐山～骑～挈～秋～趋～神凤～挺～微子～文王～猗兰～异～逸～隐～英～幽～渔阳～远～执～植～至～志～中～驻～醉翁～顺～暴～畅～嗔～次～蹈～度～断～兑～恶～割～觚～弧～江～介～斤客～决～剌～立～量～烈～履～缦～袂～坪～奇～铅～切～尚～舍～神～衣～意～嬴～右券～宰～张～植～舟～筑～剸～总～揔～左券例清琴有古调，更向何人操。(唐·刘长卿《客舍赠别》)辔待袁丝揽，书期蜀客操。(唐·李德裕《述梦诗四十韵》)

典**别鹤操**　借指夫妻别离。晋崔豹《古今注·音乐》："《别鹤操》，商陵牧子所作也。娶妻五年而无子，父兄为之改娶。妻闻之，仲夜起，倚户而悲啸。牧子闻之，怆然而悲，乃歌曰：'将乖比翼隔天端，山川悠远路漫漫，揽衣不寝食忘餐！'后人因以为乐章。"

因送别鹤操，赠之双鲤鱼。(唐·常建《送楚十少府》)

柏霜操　亦作"柏操""柏舟操""柏舟节""柏舟之节"。指孀妇坚贞守节。《诗经·鄘风·柏舟》序："卫世子共伯蚤死，其妻共姜守义。父母欲夺而嫁之，誓而弗许，故作是诗以绝之。"《幼学琼林》卷二"女子"："兰蕙质，柳絮才，皆妇人之美誉；冰雪心，柏霜操，悉孀妇之清声。"见233页"柏舟节义"。

柏舟高节冠乡邻，绛帐清风耸搢绅。(宋·苏轼《胡完夫母周夫人挽词》)

岁寒操　亦作"岁寒松柏"。喻品德坚贞高尚。《论语·子罕》："子曰：'岁寒，然后知松柏之后凋也。'"

霜霣万木凋，孰秉岁寒操？(宋·陆游《读吕舍人诗追次其韵》)

渔阳操　鼓曲名。东汉末祢衡曾裸身击此曲羞辱曹操。《后汉书·祢衡传》："(曹操)闻衡善击鼓，乃召为鼓史，因大会宾客，阅试音节……衡方为《渔阳》参挝，蹀躞而前，容态有异，声节悲壮，听者莫不慷慨。"

笑伊渔阳操，空恃文章多。(唐·孟郊《送淡公》其三)

糙cāo

古去声，二十号。逆米～顺～粮～米～漆例铁裼罫有文，糌粑米杂糙。(清·吴存楷《从观察使者》)

超chāo

古下平，二萧。逆超～功～孤～技～迥～龙～鹿～名～遐～悬～顺～拜～补～步～辰～程～踔～登～洞～鞚～离～躐～迁～石～授～摅～突～伍～形～雪～摇～野～轶～影～用～逾～踰～陟～转～擢～足例闲游忽无累，心迹随景超。(唐·韦应物《沣上西斋寄诸友》)云中谩夸魏尚，请休论、定远说班超。(宋·吕胜己《木兰花慢·对轩辕古镜》)

典**郄超**　借指参军。《世说新语·宠礼》："王珣、郄超并有奇才，为大司马所眷拔。珣为主簿，超为记室参军。超为人多须，珣状短小。于时荆州为之语曰：'髯参军，短主簿。能令公喜，能令公怒。'"

玉勒侍行襜，郄超未有髯。(唐·卢纶《送张调参军》)

抄chāo

古下平，三肴。又：去声，十九效异。逆邸～兜～发～附～瓜蔓～集～监～节～日～入～讨～盐～辕门～顺～白～暴～盗～道～断～估～化～击～集～籍～劫～截～虏～掠～没～名～内～数～胥～札～直～擿例长思碧洞云窗下，曾借黄庭雪夜抄。(唐·熊皎《怀三茅道友》)探水人回移帐就，射雕箭落著弓抄。(唐·赵延寿《塞上》)

典**瓜蔓抄**　指一人获罪，与之有关系的人互相牵连。《明史·景清传》："一日早朝，清衣绯怀刃入……(明成祖)命搜之，得所藏刀，诘责。清奋起曰：'欲为故主报仇耳。'成祖怒，磔死，族之。籍其乡，转相攀染，谓之瓜蔓抄。"

零雨师岂应风雷，瓜蔓抄乃连禾莠。(清·杨履晋《宣统己酉十月》)

刀dāo

古下平，四豪。逆白阳～百辟～卑手～劖～并～并州～慧～鸡～交股～金错～进～莒～捃～圌～剞～脍～鲙～昆～昆吾～黎～劙～柳叶～銮～梦～陌～蕣～欧～铍～泼风～虔～青～韶～杇～吴～宿铁～悬～畬～錾～湛卢～鄣～烛～顺～欘～瘢～敕～咀～豆～圭～圭药～火～机～几～鲚～榼～麻～门～梦～蜜～墨～铍～钱～稍～槊～头蜜～鸭～叶～鱼～札～枯～碪～州梦例不知细叶谁裁出，二月春风似剪刀。(唐·贺知章《咏柳》)饮马渡秋水，水寒风似刀。(唐·王昌龄《塞下曲四首》其二)

典**错刀**　指钱币。王莽篡权后变汉制，造大钱，又造契刀、错刀。错刀是以黄金错其文，曰"一刀直五千"。见《汉书·食货志》下。

闻道松醪贱，何须吝错刀。(唐·韩愈《潭州泊船呈诸公》)

牛刀　借指县令。《论语·阳货》："子之武城，闻弦歌之声。夫子莞尔而笑曰：'割鸡焉用牛刀。'"

却笑泸溪如斗大，肯把牛刀试手不。(宋·辛弃疾《破阵子·掷地刘郎玉斗》)

铅刀　亦作"驽马铅刀"。喻才质低劣无用，借指自谦才逊，谬承任用。见汉桑弘羊《盐铁论·殊路》，又见《后汉书·隗嚣传》。

金剑淬来长透匣，铅刀磨尽不成锋。(唐·白居易《喜与韦左丞同入》)

驽马但能追十驾，铅刀奚可断千牛。(宋·李廌《答孔矩处度见赠》)

锥刀　喻微薄小利。《左传·昭公六年》："锥刀之末，将尽争之。"杜预注："锥刀末，喻小事。"

所适在鱼鸟，焉能徇锥刀。(唐·岑参《巩北秋兴寄崔明允》)

吕虔刀　指能致位三公的法宝。见518页"王祥贻刀"。

乍辞王俭幕，行佩吕虔刀。(宋·郭印《送赞可参议》其三)

笑中刀　亦作"笑中有刀""笑里刀"。喻外表温和谦逊却内心歹毒。见《新唐书·李义府传》。

氓苦税外缗，吏忧笑中刀。

(唐·舒元舆《坊州按狱》)

鱼隐刀　春秋时，吴人专诸把匕首藏在蒸鱼腹中，借进献之机，替公子光刺杀吴王僚报仇。鱼隐刀后为咏刺客的典故。见《史记·刺客列传·专诸》。

燕南壮士吴门豪，筑中置铅鱼隐刀。(唐·李白《结袜子》)

王祥赠刀　亦作"赠宝刀""宝刀赠""尚书佩刀""吕虔刀"。指授人以致位三公的法宝。旧时以"吕虔刀"为宝刀之美称，称颂辅相之语，又借指功名仕途。吕虔有一宝刀，铸工相之，以为必三公始可佩。虔以赠王祥，祥后位列三公。祥临终，复以刀授弟王览，览后仕至太中大夫。览后奕世多贤才。见《晋书·王祥传》附《王览传》。

自蒙半夜传衣后，不羡王祥得佩刀。(唐·李商隐《谢书》)

叨 dāo　述说。另见524页tāo。

逆叨～劳～哰～唠～念～磨～顺～叨～登～蹬～唠～念

忉 dāo　忉忉，忧愁貌。

古下平，四豪。逆惨～忉～顺～怛～咄～利～利天例动人名赫赫，忧国意忉忉。(唐·白居易《寄献北都留守裴令公》)长缨羁虏岂无计，策虑未献心徒忉。(宋·苏颂《送王秀才出京》)

雕[1]（*彫）diāo　①雕琢；刻画。②雕刻艺术或雕刻艺术品。③通"凋"，衰败。"彫"另见下条diāo"凋"。

古下平，二萧。逆彩～花～镌～刻～镂～荣～斫～琢～顺～彩～城～悴～当～锻～攻～刿～华～缋～今～金～璃～腊～阑～榱～丽～励～翎～栊～砻～辂～琭～履～靡～柈～青～人～缛～丧～觞～搜～锼～彤～刓～伪～蔚～辒例邯郸饮来酒未消，城北原平掣皂雕。(唐·王昌龄《城傍曲》)江塔眺山青入佛，边城履雪白连雕。(唐·李洞《怀张乔张霞》)

雕[2]（*鵰）diāo　猛禽名。

古下平，二萧。

凋（彫）diāo　谢落。"彫"另见上条diāo"雕"。

古下平，二萧。逆半～后～俭～枯～秋～未～顺～变～兵～徂～讹～固～胡～换～瘠～剧～沦～年～槭～罄～疏～索～替～刓～微～严～渝～瘵例万里同为客，三秋契不凋。(唐·卢照邻《还京赠别》)双剑来时合，孤桐去日凋。(唐·顾况《晋公魏国夫人柳氏挽歌》)

典**后凋**　亦作"寒不凋"。喻品质坚贞高尚。《论语·子罕》："子曰：'岁寒，然后知松柏之后凋也。'"何晏《集解》："喻凡人处治世，亦能自修整，与君子同。在浊世，然后知君子之正，不苟容。"

昔饶春桂长先折，今伴寒松取后凋。(唐·白居易《梦得前所酬篇》)

老松寒不凋，古井风无波。(宋·王炎《答韩毅伯五首》其二)

玉树凋　喻英才逝世。《世说新语·伤逝》："庾文康亡，何扬州临葬云：'埋玉树箸土中，使人情何能已已！'"

天上文星落，林端玉树凋。(唐·窦牟《故秘监丹阳郡公延陵包公挽歌》)

刁 diāo

古下平，二萧。逆刁～击～奸～竖～顺～带～蹬～顿～风～拐～健～讦～酒～决～厥～空～墨～调～黠～萧～小～罪例星球明戏马，歌管杂鸣刁。(宋·刘辰翁《意难忘·角动寒谯》)

貂（鼦）diāo

古下平，二萧逆八～补～蝉～传～珥～丰～凫卢～宫～贵～鼲～七叶～轻～阮孚～侍中～竖～水～脱～香～续～右～左～顺～参～襜～蝉～蝉冠～珰～铛～丁～珥～行～毫～鹖～褐～金～锦～蟟～却～侍～鼠～寺～文～熊～续～鼹～褕例浪晓浮青雀，风温解黑貂。(唐·司空曙《送人游岭南》)诏书前日下丹霄，头戴儒冠脱皂貂。(唐·武元衡《送张六谏议归朝》)

典**珥貂**　亦作"金貂""缀貂"。借指达官显贵。《后汉书·舆服志下》："武冠，一曰武弁大冠，诸武官冠之。侍中、中常侍加黄金珰，附蝉为文，貂尾为饰，谓之'赵惠文冠'。胡广说曰：'赵武灵王效胡服，以金珰饰首，前插貂尾，为贵职。秦灭赵，以其君冠赐近臣。'"

珥貂七叶贵，何妨戎虏支。(唐·杜牧《杜秋娘诗》)

侍中貂　借指朝廷珍贵的赏赐。见本页"珥貂"。

殊锡曾为大司马，总戎皆插侍中貂。(唐·杜甫《诸将五首》其四)

叼 diāo　嘴衔。

顺～唆～羊

碉 diāo

逆石～顺～房～卡～磡例顾盼今通道，周巡昨战碉。(清·查礼《金川归化恭纪一百韵》)

高 gāo

古下平，四豪。逆柏～扳～伯～澄～当涂～盖～归～坚～矜～寝～荆～绝～抗～廉～料～瞭～妙～期～穷～盛～斯～性～雄～颜～燕雀～养～贞～足～顺～碧～蝉～躔～敞～春～崔～粹～梵～凤～闬～闳～胡～徽～骞～搴～揭～结～裎～京～良姜～灵～流～鲁～橹～慢～祺～旻～谟～暮～衲～睨～鸟～蹑～庞～辟～契～阡～阙～狩～疏～戍～斯～邃～闱～骧～敻～虚～晏～印～衣～嶷～挹～庸～猷～腴～秩～跱～躅～斫～訾例乐奏天恩满，杯来秋兴高。(唐·张说《奉萧令嵩酒并诗》)昨夜风开露井桃，未央前殿月轮高。(唐·王昌龄《春宫曲》)

典**曲高**　亦作"曲高和寡""唱高"。指高雅不凡，清高自赏。宋玉《对楚王问》："客有歌于郢中者，其始曰《下里》《巴人》，国中属而和者数千人；其为《阳阿》《薤露》，国中属而和者数百人；其为《阳春》《白雪》，国中属而和者不过数十人；引商刻羽，杂以流徵，国中属而和者，不过数人而已。是其曲弥高，其和弥寡。"唐李周翰注："《下里》《巴人》，下曲名也；《阳春》《白雪》，高曲名也。"

古人重义不重金，曲高和寡勿知音。(唐·法藏《歌行一首》)

赋登高　指士大夫生活风雅。《汉书·艺文志》："不歌而诵谓之赋，登高能赋，可以为大夫。"

峻极云端潇洒寺，赋我登高意。(宋·陈亮《醉花阴·峻极云端潇洒寺》)

纸价高 指作品影响广泛，为世人所重。《晋书·左思传》："复欲赋三都，……遂构思十年，门庭藩溷皆著笔纸，遇得一句，即便疏之。自以所见不博，求为秘书郎。及赋成……司空张华见而叹曰：'班张之流也。使读之者尽而有余，久而更新。'于是豪贵之家竞相传写，洛阳为之纸贵。"

障成定被人争写，从此南中纸价高。（唐·白居易《题诗屏风绝句》）

何氏三高 指隐遁不仕。《南史·何胤传》："胤字子季……而纵情诞节，时人未之知也，唯瓛与汝南周颙深器异之。……胤以会稽山多灵异，往游焉，居若邪山云门寺。初，胤二兄求、点并栖遁，求先卒，至是胤又隐，世号点为'大山'，胤为'小山'，亦曰'东山'。兄弟发迹虽异，克终皆隐，世谓何氏三高。"

欲往结庐嗟未得，羡他何氏有三高。（宋·朱长文《次韵蒲左丞游虎丘十首》其一）

膏gāo 另见 564 页 gào。

古下平，四豪。逆鹂鹒～波律～地～恩～瑶～含～火～甲乙～兰～狼膰～楸叶～蛇衔～鹂～天雨～屯～狶～狶～玄明～研～银～玉龙～蚖～云～针～雉～竹～顺～畴～发～馥～晷～环～兰～理～明～饧～芗～映例麝气随兰泽，霜华入杏膏。（唐·李德裕《述梦诗四十韵》）天香夜浮院宇，看亭亭、雨槛渍春膏。（宋·张矩《木兰花慢·渐稠红飞尽》）

典**龙膏** 借指灯脂。《初学记》卷二五引晋王嘉《拾遗记》："海人乘霞，以雕囊盛数升龙膏，献燕昭王。王坐通云之堂，然龙膏为灯火，色曜百里，烟色如丹。"

漫咏续弦求凤髓，休夸辟谷献龙膏。（宋·洪皓《和送双鸭》）

糕（餻）gāo

古下平，四豪。逆艾～糍～饵～龙凤～黏～松～题～顺～饼～干例因感秋英、饷我菊共糕。（宋·王迈《南歌子·家里逢重九》）

典**题糕** 咏重阳。亦以比喻文人冲破旧的格局限制，大胆写作。指唐刘禹锡重阳题诗不敢用"糕"字的故事。刘梦得作《九日》诗，欲用糕字，以五经中无之，辍不复为。宋子京以为不然，便作《九日食糕》诗：飙馆轻霜指曙袍，糗糍花饮斗分曹。刘郎不敢题糕字，虚负诗中一世豪。见宋邵博《邵氏闻见后录》卷一九。

题糕酒外豪心在，吹帽风前素发稀。（宋·张蕴《九日》）

羔gāo

古下平，四豪。逆璧～接～炰～炮～饰～松～豚～紫～顺～币～儿酒～裘例左右抗槐棘，纵横罗雁羔。（唐·柳宗元《游南亭夜还》）去去走犬归，来来坐烹羔。（唐·李贺《感讽六首》其四）

典**羔雁** 指订婚或征聘贤才的礼品。《礼记·曲礼下》："凡贽，天子鬯，诸侯圭，卿羔，大夫雁。"《仪礼·士相见礼》："下大夫相见以雁，饰之以布，维之以索，如执雉。上大夫相见以羔，饰之以布，四维之结于面，左头如麛执之。"

才雄望羔雁，寿促背貂蝉。（唐·王维《哭祖六自虚》）

篙gāo

古下平，四豪。逆半～阑～头～著～顺～痕～楫～律～眼例暗浪春楼堞，惊风破竹篙。（唐·韩愈《潭州泊船呈诸公》）兰野凝香管，梅洲动翠篙。（唐·李德裕《述梦诗四十韵》）

皋（*臯）gāo ①岸；水边地。②沼泽。③水田。

古下平，四豪。逆城～春～东～汉～鹤～蘅～江～洁～颉～九～九方～夔～兰～林～诺～平～挈～青～秋～神～霜～烟～伊～云～湋～顺～比～傅～皋～鼓～浒～鸡～稽～夔～兰～牢～卢～陆～洛～落～吕～门～貌～圃～契～禽～檠～壤～朔～薮～苏～陶～亭～隰～摇～繇～伊～阴～鼬～鱼～原～泽～舟～渚例水激沉碑岸，波骇弄珠皋。（唐·李百药《渡汉江》）孤舟向广武，一鸟归成皋。（唐·岑参《巩北秋兴》）

典**九皋** 亦作"九皋鸣""皋通鹤"。喻声名远扬。《诗经·小雅·鹤鸣》："鹤鸣于九皋，声闻于天。"毛氏传："皋，泽也。言身隐而名著也。"

静巢孤岛月，寒梦九皋云。（唐·齐己《水鹤》）

夔皋 亦作"皋夔"。指贤臣。《尚书·虞书·舜典》："帝曰：'夔，命女典乐。'"《尚书·虞书·大禹谟》："帝曰：'皋陶，惟兹臣庶，罔或于予正，汝作士，明于五刑，以弼五教，期于予治。'"

昨者州前捶大鼓，嗣皇继圣登夔皋。（唐·韩愈《八月十五夜赠张功曹》）

亭皋 指沃野。汉司马相如《上林赋》："散涣夷陆，亭皋千里，靡不被筑。"

晚景临汎美，亭皋轻霭红。（唐·李颀《与诸公游济渎泛舟》）

伊皋 伊指伊尹，皋指皋陶。伊皋代指贤相、贤臣。见《后汉书·班固传》。

皋垂训皆王度，周召陈诗尽国风。（宋·司马光《读颍公清风麻》）

九方皋 指善于发现人才的人。秦穆公让年老的伯乐推荐一位本姓的和伯乐一样有才的人。伯乐没有推荐自己的儿子，而是推荐了九方皋，并且说九方皋的才华不在他之下。事见《列子·说符》。

世上岂无千里马，人中难得九方皋。（宋·黄庭坚《过平舆》）

陶令东皋 借指归隐游乐之地。晋·陶渊明《陶渊明集》卷五《归去来兮辞》："登东皋以舒啸，临清流而赋诗。"

徜徉处，有晋公绿野，陶令东皋。（宋·无名氏《沁园春·五岳三光》）

槔（*橰）gāo

古下平，四豪。逆桔～例草际成棋局，林端举桔槔。（唐·王维《春园即事》）近竹开方丈，依林架桔槔。（唐·白居易《寄献北都留守裴令公》）

典**无桔槔** 亦作"汉阴嗤""汉阴老""汉阴机"。喻指隐士或古朴之人的返璞归真。桔槔是古代一种原始的汲水工具。《庄子·天地》："子贡南游于楚，反于晋，过汉阴，见一丈人方将为圃畦，凿隧而入进，抱瓮而出灌，搰搰然用力甚多而见功寡。子贡曰：'有械于此，一日浸百畦，用力甚寡而见功多，夫子不欲乎？'为圃者仰而视之曰：'奈何？'曰：'凿木为机，后重前轻，挈水若抽，数如泆汤，其名为槔。'为圃者忿然作色而笑曰：'吾闻之吾师，有机械者必有机事，有机事者必有机心。……吾非不知，羞而不为也。'"

井无桔槔事，门绝刺绣文。（唐·李白《赠张公洲革处士》）

睾gāo 通"皋"，高。又音hào，广大。逆睾～

蒿hāo

古下平，四豪。逆莪～焦～角～牡～蓬～皤～束～松～同～君～茵陈～顺～宫～箭～露～目～恼～丘～然～君～忧～蒸～子～子秆例还持鹿皮几，日暮隐蓬蒿。（唐·王维《春园即事》）应念潜郎守贫病，常悲休沐对蓬蒿。（唐·钱起《重赠赵给事》）

典**蓬蒿**[1] 亦作"蓬莱"。借指隐士的家。见晋皇甫谧《高士传》卷中《张仲蔚》。

寄书寂寂於陵子，蓬蒿没身胡不仕。（唐·李颀《答高三十五留别便呈于十一》）

蓬蒿[2] 指蓬草与蒿草，省称蓬蒿。这是田野中常见的两种野草。古人因以之咏草野，或径作草野田舍之代称。

群雏襹褷睥睨高，举翅不及坠蓬蒿。（唐·韦应物《乌引雏》）

嚆hāo 呼叫。

古《集韵》：平声，爻韵。顺～矢例撅食冻鼠甘如蔗，织罽为甲蓬为嚆。（明·王彝《癸酉岁徐枢密第赏雪》）

薅hāo 去草。

古下平，四豪。逆科～荼蓼～顺～马～恼～耨～田～栉例螟蛑愿亲燎，荼堇甘自薅。（唐·柳宗元《游南亭夜还》）酒醅晴易熟，药圃夏频薅。（唐·刘禹锡《酬乐天晚夏闲居》）

交jiāo

古下平，三肴。逆吃～杵臼～处～打～方外～管～回～货～款～兰～连～摺～鸾～纳～南～昵～齐～石～市～市道～硕～素～缩～泰～通～无外～五～息～养～阴～有分～豫～争～枝柯～中～自～总髫～顺～变～摈～镝～牒～乎～甫～搁～藉～掎～戟～浃～儆～胫～竞～戾～勉～明～拏～歧～侵～穷～刃～衽～嬗～觞～赊～食～蚀～市～疏～讼～绥～委～绡～卸～亵～媟～修～眩～牙～颜～颐～疑～倚～异～引～缨～誉～匝～杂～赞～造～潜～政～执～址～至～质～峙～酢例蓬莱时人梦，知子忆贫交。（唐·钱起《东皋早春寄郎四校书》）我有清风高节在，知君不负岁寒交。（唐·牟融《题赵支》）

典**淡交** 亦作"淡若水""交淡水""君子之交淡若水"。指道义之交，友谊高尚。《庄子·山木》："且君子之交淡若水，小人之交甘若醴。君子淡以亲，小人甘以绝。"晋郭向注："无利故淡，道合故亲。"

始信淡交宜久远，与君转老转相亲。（唐·白居易《赠皇甫宾客》）

死交 指至死不变的友情。见《后汉书·赵岐传》。

清论不知庄叟达，死交空欢赵岐忙。（唐·罗隐《经故友所居》）

金石交 喻交情坚贞不渝。见《汉书·韩信传》。

此君雅有冰雪操，阿堵难为金石交。（宋·方岳《此君亭》）

忘形交 亦作"忘形之交""忘形之契"。指不拘身份、形迹的知心朋友。《新唐书·孟郊传》："孟郊者，字东野，湖州武康人。少隐嵩山，性介，少谐合。（韩）愈一见为忘形交。"

忘形论交喜有得，杯酒邂逅今良时。（宋·王安石《和刘贡甫燕集之作》）

文字交 指以诗文相交的友人。《宋史·陆游传》："范成大帅蜀，游为参议官，以文字交，不拘礼法。"

遂使文字交，远迈为人师。（宋·卫宗武《和南塘贻林丹岩》）

刎颈交 指生死患难的朋友。见《史记·廉颇蔺相如列传》。

张陈刎颈交，竟以势不完。（唐·白居易《和答诗十首》其六）

焦jiāo

古下平，二萧。逆巴～跋～爨下～发～煎～枯～上～团～沃～闲～心～遗～炙勃～中～顺～杯～比～笔～坼～耳～肺～釜～鬲～聒～雷～面王～明～先～侥～元～原～枣～咆～砟～子例九月芦花新，弥令客心焦。（唐·岑参《青山峡口泊舟》）富贵自絷拘，贫贱亦煎焦。（唐·韩愈《与张十八同效》）

典**爨下焦** 亦作"爨下劳薪"。借指琴。《后汉书·蔡邕传》："吴人有烧桐以爨者，邕闻火烈之声，知其良木，因请而裁为琴，果有美音，而其尾犹焦，故时人名曰'焦尾琴'焉。"

老夫时作白头吟，爨下焦桐孰赏音。（宋·戴复古《寄玉溪林逢吉六首》其二）

蕉jiāo

古下平，二萧逆胆瓶～番～覆～覆鹿～甘～金～龙牙～罗～蛮～铁～顺～白～书～叶白～衣例无事将心寄柳条，等闲书字满芭蕉。（唐·李益《逢归信偶寄》）客来且拨浮明瓮，事过真成覆鹿蕉。（宋·方岳《次韵郑佥判》）

典**写芭蕉** 指勤奋地练习书法。宋·曾糙《类说》卷五八引陆羽《怀素传》："疏放不拘细行，饮酒以养性，草书以畅志。酒酣兴发，遇寺壁里墙，衣裳器皿，靡不书之。贫无纸，乃种芭蕉万余株，以供挥洒。"

吟成秃笔写芭蕉，何如沉香亭北醉挥毫。（宋·戴复古《伏龙山民宋正甫》）

教jiāo 另见565页jiào。

古下平，三肴。逆错～苦～莫～争～顺～唱～课例鸟兽不曾看本草，谙知药性是谁教。（唐·白居易《禽虫十二章》其十）欲求不死长生诀，骨里无仙不肯教。（唐·许浑《亡题》）

典**孟母教** 指贤母教子有方。孟子生有淑质，夙丧父，幼受慈母三迁之教。见《列女传》卷一《母仪·邹孟轲母传》。

凛凛共姜当日誓，谆谆孟母平生教。（刘克庄《满江红·八十加三》）

轲亲机教 指贤母教子严格有方。孟母以刀断织布机为例，教育孟子学习不要中道而废。见《列女传》卷一《母仪·邹孟轲母传》。

未逊轲亲机教力，且如络秀声煊赫。（宋·无名氏《满江红·王母当年》）

郊 jiāo

古下平，三肴。逆卜～常～楚～春～鹑～帝～禘～二～芳～寒～迦梨～金～乐～满～命～农～配～七～圻～亲～青～穷～玄～逊～烟～云～中～顺～保～鄗～廛～禘～芳～扉～邪～寰～畿～饯～赉～劳～禖～逆～霈～坰～薮～岁～特～畋～菟～隰～享～飨～迓～禋～虞～兆～陬～楸例间出人三秀，平临楚四郊。（唐·宋之问《宋公宅送宁谏议》）背郭堂成荫白茅，缘江路熟俯青郊。（唐·杜甫《堂成》）

典**戎马生郊** 喻战争频繁。《老子》第四十六章："天下有道，却走马以粪；天下无道，戎马生于郊。"

戎马生郊日，贤人避地初。（唐·张南史《早春书事》）

诗穷孟郊 指孟郊的诗多穷愁之辞。唐·韩愈《荐士》："有穷者孟郊，受材实雄骜……酸寒溧阳尉，五十几何耄。孜孜营甘旨，辛苦久所冒。"

文魔贾岛，诗穷孟郊，酒困山涛。（元·张可久《次马致远先辈韵》）

小队出郊 亦作"小队郊坰""小队春行""小队红旗""小队登临""小队钲鼓"。指军帅或地方长官出行。唐·杜甫《严中丞枉驾见过》："元戎小队出郊坰，问柳寻花到野亭。川合东西瞻使节，地分南北任流萍。"

小队出郊还许从，清诗首唱讵容攀。（宋·谢伋《某昨日赴景伯通判》）

娇（嬌）jiāo

古下平，二萧。又：上声，十七筱异。逆阿～爱～百～百般～半天～步步～藏～宠～楚～春～黛～多～风～拂拂～含～花～黄～娇～俊～柳～满池～媚～念奴～弄～女～拼～千～倩～瘦香～态～殢～烟～艳～夭～妖～一团～姻～莺～鹦哥～余～玉～作～顺～艾～姹～脆～妒～寒～嫮～鬟～黄～利～泥～细～性～冶～荑～慵例夜台无戏伴，魂影向谁娇。（唐·张说《伤妓人董氏四首》其二）乘羊稚子看，拾翠美人娇。（唐·沈佺期《洛阳道》）

典**阿娇** 指宠妃或美女。见旧题汉班固《汉武故事》。

此时阿娇正娇妒，独坐长门愁日暮。（唐·李白《白头吟》）

金屋藏娇 指娶妻纳妾或有外宠。见旧题汉班固《汉武故事》。

当年乐事朝朝，曾锦鞯呼妓，金屋藏娇。（宋·刘辰翁《意难忘·角动寒谯》）

骄（驕）jiāo

古下平，二萧。逆侈～繁～偾～悍～狠～揭～寖～倨～羸～吝～屡～马蹄～无～歇～凶～虚～轩～宣～顺～霸～暴～愎～臣～崇～骢～代～宕～伐～放～忿～憨～惑～忌～坚～蹇～骞～僭～节～讦～桀～倨～狷～觖～亢～伉～空～姱～陵～卤～虏～马～嫚～汰～泰～偷～王～熙～骧～亵～虚～冶～佚～易～盈～庸～愚～约～诈～战～专例蓬莱殿前诸主将，才如伏波不得骄。（唐·杜甫《自平》）饮罢更怜双袖舞，试来偏爱五花骄。（唐·韩翃《赠王随》）

典**天骄** 指强盛的边地少数民族。《汉书·匈奴传上》："单于遣使遗汉书云：'南有大汉，北有强胡。胡者，天之骄子也，不为小礼以自烦。今欲与汉闿大关，取汉女为妻，岁给遗我糵酒万石，稷米五千斛，杂缯万匹，它如故约，则边不相盗矣。'"

弯弓辞汉月，插羽破天骄。（唐·李白《塞下曲六首》其三）

茭 jiāo

①干饲料。②草索。③茭白。

古下平，三肴。逆刍～寒～吕公～青～苇～玉～长～竹～顺～白～刍～葑～米～牧例桥横老颠枿，马病裛刍茭。（唐·元稹《江边四十韵》）

胶（膠）jiāo

古下平，三肴。去声，十九效同。逆阿～东～对～傅致～寒～皓～黄明～集弦～秋～世～投～西～弦～续弦～烟～阴～折～顺～杯～鳔～菜～黐～船～附～革～膈～葛～固～黄～胶～木～漆契～浅～青～清～让～瑟～饧～庠～序～续～牙～牙饧～言～执～致～滞例天外凤凰谁得髓，无人解合续弦胶。（唐·杜牧《读韩杜集》）折尽冰弦，何用鸾胶。（宋·史达祖《一剪梅·秦客当楼泣凤箫》）

典**投胶** 亦作"投漆"。指爱情稳固。《古诗十九首·客从远方来》："著以长相思，缘以结不解。以胶投漆中，谁能别离此？"

一心一意无穷已，投漆投胶非足拟。（唐·骆宾王《代女道士王灵妃》）

折胶 亦作"胶折"。指适于用兵的秋季。《汉书·晁错传》："欲立威者，始于折胶，来而不能困，使得气去，后未易服也。"三国魏苏林注："秋气至，胶可折，弓弩可用，匈奴常以为候而出军。"

青紫从来岂异端，要看同傲折胶寒。（宋·周必大《紫竹》）

凤麟胶 见本页"续弦胶"。

凤麟胶尽夜如何，共叹先生剑解多。（唐·张贲《奉和袭美伤开元观顾道士》）

续弦胶 亦作"煎胶续弦""凤觜"。汉东方朔《海内十洲记》："凤麟洲在西海之中央，地方一千五百里。洲四面有弱水绕之，鸿毛不浮，不可越也。洲上多凤麟，数万各为群。又有山川池泽，及神药百种，亦多仙家。煮凤喙及麟角，合煎作膏，名之为续弦胶，或名连金泥。此胶能续弓弩已断之弦、刀剑断折之金，更以胶连续之，使力士掣之，他处乃断，所续之际终无断也。……时武帝幸华林园，射虎而弩弦断。使者时从驾，又上胶一分，使口濡以续弩弦。帝惊曰：'异物也！'乃使武士数人，共对掣引之，终日不脱，如未续时也。"

引之入汉朝，谁为续弦胶。（宋·黄庭坚《次韵杨明叔见饯十首》其十）

蛟 jiāo

古下平，三肴逆螭～翠～虎～怀～怒～蟠～玄～顺～螭～电～凤～革～关～毫～患～蛸～精～兕～鐔～鼍～鞶～鼋～螈～篆例但使故乡三户在，彩丝谁惜惧长蛟。（唐·李商隐《楚宫》）岁暮灵泉水未饶，苍崖无复舞飞蛟。（宋·王之望《题前诗》）

浇（澆）jiāo

①灌溉；淋。②浇铸。③浮薄。

古下平，二萧逆膘～淳～醇～浮～

精～情～文～顺～薄～弊～驳～弛～祷～莫～诡～裹～激～竞～苛～客～醨～陋～靡～墓～暮～懦～散～舌～手～书～俗～慝～危～伪～酾～异～用～濯例诗变齐梁体已浇，香奁新制出唐朝。（宋·刘克庄《鹧鸪天·诗变齐梁体已浇》）一片春愁待酒浇，江上舟摇。（宋·蒋捷《一剪梅·一片春愁待酒浇》）

椒jiāo ①花椒。②辣椒。③山巅。

古下平，二萧逆秉～层～单～芳～焚～浮～桂～郭～汉～合口～开口～兰～茅～申～颂～握～岩～引～顺～阿～岸～柏～柏酒～杯～茶～墀～德～第～奠～葶～葶梅～房～房殿～房亲～风～宫～桂～合～花颂～瑾～阃～聊～目～寝～椴～觞～颂～闼～图～涂～闱～糈～酯～烟～眼～掖～瑛～瘴～子～俎例故人无与晤，安步陟山椒。（唐·骆宾王《冬日野望》）移壁回窗费几朝，指镮偷解博红椒。（唐·孙棨《题妓王福娘墙》）

典**涂椒** 借指皇后。汉·应劭《汉官仪》："皇后称椒房，取其实蔓延盈升，以椒涂室，取温暖，除恶气也，犹天子朱泥殿上曰丹墀。"

百堵涂椒接青琐，九华阁道连洞房。（唐·崔颢《邯郸宫人怨》）

颂春椒 亦作"椒花颂""颂椒"。指新年献词。《晋书·列女传·刘臻妻陈氏传》："刘臻妻陈氏者，亦聪辩属文。尝正旦献《椒花颂》，其词曰：'……圣容映之，永寿于万。'"

金屋瑶筐开宝胜，花笺彩笔颂春椒。（唐·崔日用《奉和人日重宴》）

咬jiāo 鸟鸣声。另见557页yǎo。

古下平，三肴逆咬～顺～咬例泊舟问溪口，言语皆哑咬。（唐·常建《空灵山应田叟》）宜城酒熟花覆桥，沙晴绿鸭鸣咬咬。（唐·温庭筠《常林欢》）

礁jiāo

逆浮～海～乱～顺～蛲～砂～滩～峣

嘄jiāo 嘄杀，声急而微。另见566页jiào。

古下平，二萧顺～聱～杀例虚空了无味，强作吴粘嘄。（宋·方回《释临邛记方物戏作》）空廊病马卧，枯草老牛嘄。（宋·陆游《夜兴》）

姣jiāo 美好。

古下平，三肴。又：上声，十八巧异。逆娥～姣～夸～佻～纤～长～顺～娥～服～贵～姬～弱～娃～妍～冶例静观天宝间，脂泽逞淫姣。（宋·张九成《罢禄》）煌煌中央色，严丽谢浮姣。（宋·张耒《庭菊》）

鲛（鮫）jiāo 沙鱼。

古下平，三肴逆灵～马～舟～顺～緎～革～工～宫～馆～国～函～泪～帕～丝～鞡～绡～帐～织～珠例莫徭射禽兽，浮客烹鱼鲛。（唐·常建《空灵山应田叟》）晒篆看沙鸟，磨刀绽海鲛。（唐·元稹《江边四十韵》）

跤jiāo

古下平，三肴逆贯～掼～摺～载～顺～术

艽jiāo 秦艽，草名。

古下平，三肴逆秦～顺～兰～野

僬jiāo

古《广韵》：平声，宵韵。逆僬～顺～僚～眇～侥

鷦（鷦）jiāo

古下平，三宵。逆鹏～青～顺～金～鸠～鷯～明～螟～蚊

鸡（鸡）jiāo

古下平，三肴。逆青～鱼～顺～鹊～衔例箧余笼白鹤，枝剩架青鸡。（唐·元稹《江边四十韵》）

轇jiāo 轇輵（葛）。广大深远；纵横交错。

古下平，三肴。逆輵～顺～葛～结～轧例蓬莱海水若不浅，日桑月桂枝叶行相轇。（清·永理《望松歌·连冈叠巘何嶕峣》）

尻kāo 脊骨末端。

古下平，四豪逆黑～肩～孔雀～顺～骨～驾～轮～马～神～脽～坐例传呼趣拜声色厉，一已俯首昂其尻。（宋·洪咨夔《送交代王公辅》）

捞（撈）lāo 另见534页láo。

古下平，四豪。逆揽～渔～顺～采～家～铃～凌～菱～龙～笼～拢～摊～漉～攘～梢～缯例山秃逾高采，水穷益深捞。（唐·舒元舆《坊州按狱》）

撩liāo ①提。②掀起。另见535页liáo。

古下平，二萧。顺～发～水～衣

猫（貓）māo

古下平，二萧逆斑～称～郎～狸～貍～灵～木～女～人～騙～铁～香～迎～枣～戲～顺～蹲～儿房～儿食～儿眼～猴～睛～睛石～狸～腻例若解捉老鼠，不在五白猫。（唐·拾得《诗》）停潦鱼招獭，空仓鼠敌猫。（唐·元稹《江边四十韵》）

典**李猫** 亦作"人猫"。喻外表恭顺而内心阴险的人。《旧唐书·李义府传》："时人言义府笑中有刀，又以柔而害物，号曰李猫。"

李猫初劾犹全命，梁犬重评竟断肠。（宋·胡震雷《追和叔祖自述韵》）

迎猫 亦作"迎祭猫虎"。周代腊月祭神礼之一。《礼记·郊特牲》："古之君子，使之必报之。迎猫，为其食田鼠也。迎虎，为其食田豕也。迎而祭之也。"

周郊奉犬用刑樽，尧蜡迎猫似捕神。（宋·项安世《丁教授家猫狗皆相乳二首》其二）

孬nāo ①坏。②怯懦。

顺～包～好～种

抛（拋）pāo

古下平，三肴逆掬～浪～难～岁月～未能～顺～别～泊～车～躲～弹～废～割～荒～空～离～脸～梁～露～沦～落～撇～腔～青春～闪～舍～声～石～数～调～堉～文～盏～置～砖例新句有时愁里得，古方无效病来抛。（唐·雍陶《秋居病中》）转令栖遁者，真境逾难抛。（唐·周繇《题东林寺虎掊泉》）

泡pāo ①松软。②湖泊。另见570页pào。

古下平，三肴逆松～

脬pāo 膀胱。

古下平，三肴。逆呵～鱼～

漂piāo ①浮游。②流浪在外。③冲走；冲毁。④同"飘"。另见555页piǎo、570页piào。

古下平，二萧逆波～发～焚～凫～沦～麦～没～穷～遐～炎～顺～薄～杵～泛～梗～汩～激～决～凌～

卤～橹～沦～沫～蓬～撇～萍～轻～杀～摇～摇草～遥～曳～坠例之官方玉折，寄葬与萍漂。（唐·杜甫《哭王彭州抡》）六年悲梗断，两地各萍漂。（唐·罗隐《大梁见乔诩》）

飘（飄、*飃）piāo

古下平，二萧逆飙～电～纷～坟～风～浮～高～孤～花～迴～惊～流～飔～沦～蓬～翩～飘～萍～轻～要～香～虚～絮～雪～衣～游丝～云～顺～薄～簸～残～电～堕～泛～鼓～击～疾～迹～寄～泠～凌～沦～轮～没～沐～溺～枭～蓬～篷～瞥～飒～瓦～萧～歘～迅～寓～翥例日晚春风里，衣香满路飘。（唐·刘长卿《少年行》）路人纷雨泣，天意飒风飘。（唐·杜甫《故武卫将军挽歌三首》其三）

螵piāo

古《广韵》：平声，宵韵。顺～蛸

嫖piāo 另见538页piáo。

古下平，二萧顺～姚

敲qiāo

古下平，三肴。又：上声，十七筱同。逆晨钟～鼓～刻～乱～旁～棋～轻～推～杖～顺～榜～比～剥～才～弹～点～火～尖～句～搕～磕～铿～枰～朴～棋～日～杀～诗～石～矢～丝～头～削～牙～吟例苔黏月眼风挑剔，尘结云头雨磕敲。（唐·姚合《天竺寺殿前立石》）露荷香自在，风竹冷相敲。（唐·郑谷《池上》）

典**推敲** 指反复斟酌研究。有一天贾岛在驴上吟得两句诗：鸟宿池边树，僧敲月下门。初欲作“推”字，或欲着“敲”字，炼之未定。遂于驴上作“推”字手势，又作“敲”字手势。不觉冲撞当时代理京兆尹韩愈，韩立马良久思之，谓岛曰：“作‘敲’字佳矣。”见五代后蜀·何光远《鉴戒录》卷八《贾忤旨》。

吟诗未稳推敲字，为西湖捻断髭。（元·马致远［双调·湘妃怨］《和卢疏斋》）

雀qiāo 另见555页qiǎo、128页què。

古入声，十药。顺～斑～子

跷（蹺、蹻）qiāo 举足。

古《广韵》：平声，宵韵。逆踏～踩～蹊～躧～顺～垫～蹀～敲～跨～减～趹～脉～蹊～奇～球～身～生生

悄qiāo 另见555页qiǎo。

古上声，十七筱。逆孤～魂～洁～静～空～梦～凄～清～哑～幽～顺～怆～地～寂～静～密～默～戚～蒨～切～悒～语

典**长门灯悄** 亦作“长门灯暗”。借以咏雁。唐·杜牧《早雁》：“仙掌月明孤影过，长门灯暗数声来。”

银河秋晚，长门灯悄，一声初至。（宋·苏轼《水龙吟·露寒烟冷蒹葭老》）

硗（磽）qiāo 地坚硬。

古《广韵》：平声，爻韵。逆肥～瘠～硗～顺～皦～聱～薄～埆～瘠～脊～戛～硗～埆～峣～确～秃～狭例土俗不尚农，岂暇论肥硗。（唐·常建《空灵山应田叟》）本图闲种植，那要择肥硗。（唐·元稹《江边四十韵》）

典**头玉硗硗** 指小孩子相貌不凡。唐·李贺《唐儿歌》：“头玉硗硗眉刷翠，杜郎生得真男子。”

五峰，秀气攸钟，更头玉硗硗天性聪。（宋·无名氏《沁园春·蛮柳眠风》）

橇qiāo 另见287页cuì。

古下平，二萧。又：入声，九屑同。逆冰～高～滑～鏐～泥～跚～踏～例十日九雨垂垂雪，马僵仆病泥乘橇。（宋·陈傅良《赴桂阳道中喜晴书事》）需粮迟木马，涉水弃泥橇。（清·查礼《金川归化恭纪一百韵》）

锹（鍬、*鍫）qiāo

古下平，二萧。逆铧～灭～泥～洋～顺～铺～锄～撅～掘～镢例梦中妄语浑闲事，眼晕生花好一锹。（宋·周必大《甲申四月》）哀鸿盍归来，春麦亟荷锹。（清·王荫槐《自盱眙至金陵道中作》其三）

缲qiāo 一种缝纫法。

古《广韵》：平声，宵韵。

骚（騷）sāo

古下平，四豪。逆嗷～除～楚～楚人～刁～雕～风～赶～疥～惊～离～骚～诗～肆～萧～选～绎～驿～震～庄～顺～笔～弊～策～肠～赋～牯～骇～魂～激～搅～徼～经～困～垒～离～奴～虐～攘～人～骚～瑟～杀～士～思～苏～坛～体～头～文～携～屑～兴～学～雅～驿～音～忧～语～怨～杂～章～旨～子～踪例江亭当废国，秋景倍萧骚。（唐·祖咏《晚泊金陵水亭》）帝城谁不恋，回望动离骚。（唐·岑参《送赵侍御归上都》）

典**离骚** 借指屈原或借咏花草。《史记·屈原列传》：“屈平疾王听之不聪也，谗谄之蔽明也，邪曲之害公也，方正之不容也，故忧愁幽思而作《离骚》。离骚者，犹离忧也。”

闲弄水芳生楚思，时时合眼咏离骚。（唐·白居易《湖上闲望》）

北郭骚 亦作“北郭贫”。春秋时，齐人北郭骚家贫，为养母曾乞米于晏子。闻晏子被疑出走，自刎向齐君为晏子辩白。齐王遂追回晏子。后指知恩图报之人，也喻家贫有养亲之忧。

日暖自萧条，花悲北郭骚。（唐·李贺《感春》）

续离骚 苏轼夸美松醪的奇异，以为饮过此酒后足可使人气清才茂，续写《离骚》。后因用为典实。宋·苏轼《苏轼文集》卷一《中山松醪赋》：“收薄用于桑榆，制中山之松醪。……味甘余而小苦，叹幽姿之独高。知甘酸之易坏，笑凉州之蒲萄。……使夫嵇阮之伦，与八仙之群豪。或骑麟而翳凤，争榼掣而瓢操。颠倒白纶巾，淋漓宫锦袍。追东坡而不可及，归哺歠其醨糟。漱松风于齿牙，犹足以赋《远游》而续《离骚》也。”

深谷修兰楚楚，续离骚，载歌初度。（宋·陈深《水龙吟·此翁疑是香山》）

痛饮读《离骚》 指情志高雅洒脱。《世说新语·任诞》：“王孝伯（恭）言：‘名士不必须奇才。但使常得无事，痛饮酒，熟读《离骚》，便可称名士。’”

洗尽人间尘土，扫去胸中冰炭，痛饮读《离骚》。（宋·张元干《水调歌头·柱策松江上》）

搔sāo

古下平，四豪。逆把～隔～疥～蚧～爬～首频～徒～抑～玉～顺～把～瓜～扪～摩～爬～耙～掐～屑

～忧【例】中禁鸣钟日欲高，北窗欹枕望频搔。（唐·杨凌《即事寄人》）慕士情未忘，怀人首徒搔。（唐·柳宗元《游南亭夜还》）

缫（繅）sāo 抽茧出丝。

【古】下平，四豪。【逆】蚕～山～【顺】～车～丝～丝娘～演【例】绕郭看秧插，寻街听茧缫。（唐·李频《送许棠归泾县作尉》）

艘 sāo 又读。另见462页sōu。

臊 sāo ①腥臭之气。②恶名。另见571页sào。

【古】下平，四豪。【逆】狐～辣～羶～生～腥～腋～【顺】～气～膻～声～腥【例】谁云遗毒螫，已是沃腥臊。（唐·杜甫《喜闻官军已临贼境二十韵》）轩裳亦云华，唾去如腹臊。（宋·洪迈《女贫苦难妍》）

烧（燒）shāo 另见571页shào。

【古】下平，二萧。【逆】白～宝～残～插～锄～摧～燔～火～劫～狂～里～烈～穷～热～山～生～霞～熏～烟～延～野～远～灼～【顺】～焞～春～丹～灯节～地～掇～燔～割～汞～劫～金～空～炼～马～炳～爇～铄～田～尾～心～心壶～研～眼～砚～燕～夷～银～胤～畲【例】居延城外猎天骄，白草连天野火烧。（唐·王维《出塞》）高出军营远映桥，贼兵曾斫火曾烧。（唐·薛能《杨柳枝》）

梢 shāo

【古】下平，三肴。【逆】边～辫～兵～春～丁～豆蔻～碓～后～花～黄～枷～炕～寥～六～没下～鸣～蒲～森～椮～上～四～通～维～萧～新～玉～阵～执～【顺】～靶～泊～当～工～公～瓜～间～空～梁～林～门～婆～槭～人～杀～天～条～头～尾～摇～云～长～子【例】露荷秋变节，风柳夕鸣梢。（唐·宋之问《宋公宅送宁谏议》）夜来霁山雪，阳气动林梢。（唐·钱起《东皋早春寄郎四校书》）

稍 shāo ①禾的顶端。②小。③渐渐。④逐月发的俸禄。

【古】去声，十九效。【逆】俸～枷～寥～廪～手～四～头～脱～维～饩～乡～眼～枝～秩～【顺】～伯～带～袋～地～房～工～公～瓜～间～礼～秣～婆～漆～迁～侵～人～杀～芟～事～属～水～天～物～饩～子【例】余初不下喉，近亦能稍稍。（唐·韩愈《答柳柳州食虾蟆》）

捎 shāo 捎带。

【古】下平，三宵。【逆】掉～风～撟～蒲～扎～长～舟～【顺】～泊～捩～漆～星【例】高门受车辙，华厩称蒲捎。（唐·元稹《江边四十韵》）

艄 shāo 艄公，舵手。

【古】《集韵》：平声，肴韵。【逆】船～兜～退～鸭～【顺】～公【例】邮签鸣水驿，舟子解维艄。（清·金志章《江行望枞阳镇》）

蛸 shāo 蟏蛸，长脚蜘蛛。另见527页xiāo。

【古】下平，三宵。【逆】蟏～【例】庭除植蓬艾，隟牖悬蟏蛸。（唐·柳宗元《游朝阳岩》）瘿挂眼开欺鸲鹆，花缘网结妒螵蛸。（唐·章孝标《题朱秀城南亭子》）

筲 shāo 竹器。

【古】下平，三肴。【逆】斗～菅～绿～瓶～竹～【顺】～袋～斗～箕～箩～桶～子【例】制榻容筐篚，施关拒斗筲。（唐·元稹《江边四十韵》）摩肩蹑足吁屠贩，接衽骈颅坌驵筲。（宋·苏籀《近市一首》）

【典】**斗筲** 喻人见识浅薄、气量狭小。《论语·子路》："（子贡）曰：'今之从政者何如？'子曰：'噫！斗筲之人，何足算也？'"

薄躯信无庸，琐屑剧斗筲。（唐·柳宗元《游朝阳岩》）

叨 tāo ①贪。②谦辞。犹"忝"。另见518页dāo。

【古】下平，四豪。【逆】横～谬～贪～忝～【顺】～光～教～冒～陪～扰～荣【例】名窃久自欺，食浮固云叨。（唐·柳宗元《游南亭夜还》）荔枝来自远，卢橘赐仍叨。（唐·李德裕《述梦诗四十韵》）

掏（搯）tāo 探取。

【古】《广韵》：平声，豪韵。【顺】～道～底～换～唤～火～渌～搋～漉～炭【例】李君南来久有日，我始得见试搯掏。（宋·王令《答李公安》）

滔 tāo

【古】下平，四豪。【逆】不～沧～滔～【顺】～荡～风～涸～朗～漭～赡～腾～天～窕～土～瀁【例】如今便是征人妇，好织回文寄窦滔。（唐·窦巩《从军别家》）愿言未果身益老，起望东北心滔滔。（唐·柳宗元《寄韦珩》）

韬（韜）tāo ①剑套；弓套。②纳弓入袋。③隐藏。④用兵之谋略。

【古】下平，四豪。【逆】豹～车～橐～弓～虎～晦～六～龙～钤～潜～戎～深～【顺】～笔～采～藏～尘～词～伏～符～戈～弓～光～含～涵～翰～辉～晦～戢～藉～迹～精～谲～敛～略～邈～默～匿～奇～潜～情～戎～舌～袭～瑕～弦～袖～养～钥～轶～吟～隐～颖～瑜～云～韫～蕴～真【例】斯道难为偕，沉忧安所韬。（唐·柳宗元《游南亭夜还》）不劳孙子法，自得太公韬。（唐·李德裕《寒食日三殿侍宴》）

【典】**豹韬** 亦作"豹篇""六韬""龙韬"。指用兵韬略，通晓兵法。《隋书·经籍志三》："《太公六韬》五卷。"注："周文王师姜望撰。"汉时人托名姜太公著的兵书《太公六韬》，分文、武、龙、虎、豹、犬六韬。

元帅归龙种，司空握豹韬。（唐·杜甫《喜闻官军已临贼境二十韵》）

弢 tāo ①弓袋。②囊；套子。③同"韬"。

【古】下平，四豪。【逆】豹～伏～剑～锦～天～【顺】～藏～弓～光～迹～敛～钤～轶【例】剑用雄开匣，弓闲蛰受弢。（唐·刘禹锡《浙西李大夫》）宛马嘶寒枥，吴钩在锦弢。（唐·李德裕《述梦诗四十韵》）

饕 tāo 饕餮。

【古】下平，四豪。【逆】风～果～老～吏～虐～贪～【顺】～诐～兵～残～恶～逢～据～戾～湎～虐～窃～沓～贪～殄～餮～淫【例】及骭足为温，满腹宁复饕。（唐·柳宗元《游南亭夜还》）牛尾狸兼马蹄鳖，消得坡仙赋老饕。（宋·方回《思家五首》其一）

慆 tāo 怠惰。

【古】下平，四豪。【逆】不～流～慢～日月～慆～【顺】～耳～滥～慢～慆～淫【例】处贱无溷浊，固穷匪淫慆。（唐·柳宗元《游南亭夜还》）

涛(濤)tāo 另见542页táo。

逆风～松～顺～声例山藏伯禹穴，城压伍胥涛。（唐·孟浩然《与杭州薛司户登樟亭楼作》）樽前遇风雨，窗里动波涛。（唐·岑参《陕州月城楼送辛判官入奏》）

典**山涛** "竹林七贤"之一，曾久任晋吏部尚书，故又称"山吏部"。见《晋书·山涛传》。

明白山涛鉴，嫌疑陆贾装。（唐·杜甫《送魏二十四司》）

怒为涛 亦作"子胥涛""子胥潮""伍员潮""子胥弃江""伍胥潮""伍生传谬"。传说伍子胥忠而见杀，死后愤怒之气化作江涛，往来激荡。后因用为咏伍子胥的故事，也借指钱塘江潮。东汉·赵晔《吴越春秋·夫差内传》："（子胥）伏剑而死。吴王乃取子胥尸，盛以鸱夷之器，投之于江中，言曰：'胥，汝一死之后，何能有知？'……子胥因随流扬波，依潮来往，荡激崩岸。"

庙前江水怒为涛，千古恨犹高。（宋·潘阆《酒泉子·长忆吴山》）

酒困山涛 指怀才不遇，借酒浇愁。《晋书·山涛传》："涛饮酒至八斗方醉，帝欲试之，乃以酒八斗饮涛，而密益其酒，涛极其本量而至。"

文魔贾岛，诗穷孟郊，酒困山涛，他得志笑闲人，他失脚闲人笑。（元·张可久[双调·庆东原]《次马致远先辈韵九篇九首·杀三士》

绦(縧、*絛縚)tāo 丝带。

古下平，四豪。逆赤～宫～铃～鸾～吕公～麻～鄜～盘～束～仙人～衣～皂～顺～辫～带～钩～褐～笼～绒～脱～旋～子例碧玉妆成一树高，万条垂下绿丝绦。（唐·贺知章《咏柳》）华堂日渐高，雕槛系红绦。（唐·杜牧《鹦鹉》）

挑tāo 另见本页tiāo、556页tiǎo。

古下平，四豪。顺～达～刀～痧～水坝～挞～闼

挑tiāo 另见本页tāo、556页tiǎo。

古下平，二萧。逆扁～大～肩～揭～抉～谲～老～零～木～挠～捻～头～窝～顺～补～撮～脚～缺～头～眼例漏因歌暂断，灯为雨频挑。（唐·唐彦谦《汉代》）为有柔荑可坐，野菜时挑。（宋·刘子寰《昼锦堂·思纵步》）

典**琴挑** 亦作"援琴之挑"。指以琴传情求爱。《史记·司马相如传》："是时卓王孙有女文君新寡，好音，故相如缪与令相重，而以琴心挑之。"

琴挑何曾动，梭投未免惭。（宋·刘克庄《杂咏一百首·投梭女》）

佻tiāo ①轻浮，不庄重。②窃取。

古下平，二萧。又：上声，十七筱同。逆不～猥～狂～纤～儇～愚～顺～薄～达～宕～浮～诡～横～急～姣～狡～捷～率～谬～佞～剽～巧～窃～然～弱～挞～佻～侻～脱～狎～险～偎～易～勇～躁例同乐期重赏，赓歌视不佻。（元·吴当《守冻徐州腊月八日大雪》）

消xiāo

古下平，二萧。逆白～撤～道～兜～浮～骨～骇～含～合～火～缴～金～惊～鲸～龙～鹭～芒～朴～溶～熔～肉～三～摇～阴～隐～折～铸～顺～黯～藏～承～瘅～伏～功～寒会～涸～花～患～隳～豁～醨～绝～梨～縻～靡～摩～泮～屈～任～日～杀～煞～沈～释～疏～烁～铄～澌～匮～殄～委～咸～详～熊～夜果～夜图～夷～御～越～症～中例南雪不到地，青崖沾未消。（唐·杜甫《又雪》）逢迎人易合，时日酒能消。（唐·司空曙《送人游岭南》）

典**魂消** 亦作"魂销"。指为情所感，如魂魄离散。南朝宋·江淹《别赋》："黯然销魂者，唯别而已矣。"

夜夜魂消梦峡，年年泪尽啼湘。（宋·晏几道《河满子·绿绮琴中心事》）

髀肉未消 指生活安逸，壮志被岁月消磨。《三国志·蜀书·先主传》："荆州豪杰归先主者日益多，表疑其心，阴御之。"裴松之注引《九州春秋》："备住荆州数年，尝于表坐起至厕，见髀里肉生，慨然流涕。还坐，表怪问备，备曰：'吾常身不离鞍，髀肉皆消。今不复骑，髀里肉生。日月若驰，老将至矣，而功业不建，是以悲耳。'"

髀肉未消仪舌在，向樽前、莫洒英雄泪。（宋·张矩《贺新郎·四马钟山路》）

瓦解冰消 指事物彻底瓦解或消失。《初学记》卷一引晋·成公绥《云赋》："于是玄风仰散，归云四旋，冰消瓦解，奕奕翩翩。去则灭轨以无迹，来则幽暗以杳冥，舒则弥纶覆四海，卷则消液入无形。"

忽然富贵贪财色，瓦解冰消不可陈。（唐·寒山《诗三百三首》其三八）

销(銷)xiāo

古下平，二萧。逆充～动～燔～繁～骨～官～核～煎～缴～金～蠲～客～冒～逆～坯～鉟～沈～榫～题～拓～旺～溢～志未～朱～奏～顺～黯～兵～荡～氛～伏～患～黄～隳～豁～瘠～缴～金纸～旷～烂～漏～落～率～靡～明草～难～匿～凝～懦～日～㬉～释～烁～澌～缩～索～匮～殄～刓～微～委～息～衅～朽～偃～遗～银～印～用～郁～照例一生几许伤心事，不向空门何处销。（唐·王维《叹白发》）不知近水花先发，疑是经春雪未销。（唐·张谓《早梅》）

典**膏自销** 指因要名节而牺牲。《汉书·两龚传》："龚胜字君宾，楚人也。好学明经，为郡吏。后因王莽篡国，胜以受汉家厚恩，岂能以一身事二姓，遂不饮食，积十四日死，死时七十九矣。门人衰绖治丧者百数。有父老来吊，哭甚哀，既而曰：'嗟呼！薰以香自烧，膏以明自销。龚生竟夭天年，非吾徒也。'遂趋而出，莫知其谁。"

膏以明自销，翟以文故鬻。（宋·王淹《吾兄文夫》其八）

黯黯魂销 亦作"黯然魂销""无魂可销"。指离愁别恨使人黯然失色，魂魄离散。南朝宋·江淹《别赋》："黯然销魂者，唯别而已矣。……虽渊云之墨妙，严乐之笔精……谁能摹暂离之状，写永诀之情者乎。"

叹断梗难停，暮云渐杳。但黯黯魂消，寸肠凭谁表。（宋·柳永《轮台子·一枕清宵好梦》）

竹帛烟销 指秦始皇下令焚书的史实。《史记·秦本纪》："丞相李斯曰：'……臣请史官非秦记皆烧之。非博士官所职，天下敢有藏

《诗》、《书》、百家语者，悉诣守、尉烧之。'……制曰：'可'。"

竹帛烟销黔首愚，紫芝一曲老商于。（明·赵滂《古箭渡夜谈送金元忠》）

削xiāo 另见112页xuē。

顺～面

宵xiāo

古下平，二萧。逆百～半～碧～残～春～隔～寒～花～可怜～连～明～前～清～秋～深～神～夙～通～闲～昕～玄～淹～严～迎～永～幽～长～中～终～昨～顺～晨～程～床～遁～分～旰～晖～会～晦～济～熠～金帐～锦～衤～警～溃～练～漏～昧～寐～迷～明～明草～盘～魄～檠～壤～夙～柝～夕～小～兴～宿～雅～烟～宴～燕～衣～逸～熠～游宫～雨～征～直～中例岁暮阴阳催短景，天涯霜雪霁寒宵。（唐·杜甫《阁夜》）岁晚流芳歇，思君在此宵。（唐·皎然《冬日送颜延之》）

霄xiāo

古下平，二萧。逆昂～半～奔～逼～登～洞～犯～丰～干～横～绛～黔～丽～灵～陵～鸾～摩～鹏～缥～凭～青～轻～清～晴～庆～三～森～神～太～腾～天～透碧～微～遐～玄～璇～因～真～中～顺～半～宸～霓～堮～凡～房～峰～盖～盱～阁～光～汉～翰～鸿～晖～极～驾～见～客～练～岭～路～露～门～明～衢～壤～上～涂～岫～崖～渊～元～峥～峙例瑞雪惊千里，同云暗九霄。（唐·李峤《雪》）石桥通小洞，竹路上青霄。（唐·王训《独不见》）

典**赤霄** 喻志向高远，前程无量。《淮南子·人间训》："夫鸿鹄之未孚于卵也，一指蔑之，则靡而无形矣。及至其筋骨之已就，而羽翮之既成也，则奋翼挥䎃，凌乎浮云，背负青天，膺摩赤霄，翱翔乎忽荒之上，析惕乎虹霓之间。"

击水翻沧海，抟风透赤霄。（唐·岑参《和刑部成员外》）

青霄 亦作"青云"。喻高官显位。见《史记·范雎列传》。

摄身凌青霄，松风拂我足。（唐·李白《题舒州司空山瀑布》）

紫霄 借指帝王所居。南朝梁简文帝《围城赋》："升紫霄之丹地，排玉殿之金扉。"

一炬咸阳机冢赤，紫霄巍立晓云间。（唐·王昌龄《云山清晓》）

耸壑昂霄 喻大展鸿图、飞黄腾达。《新唐书·房玄龄传》："吏部侍郎高孝基名知人，谓裴矩曰：'仆观人多矣，未有如此郎者。当为国器，但恨不见其耸壑昂霄云。'"

未论耸壑昂霄事，且与衰翁慰暮年。（宋·仲并《鹧鸪天·间世麒麟降自天》）

萧（蕭）xiāo

古下平，二萧。逆邓～二～管～焦～聊～胥～寥～蓼～飘～翘～炳～森～山～纬～萧～顺～曹～车～辰～晨～澹～帝寺～放～斧～关～何律～豁～寂～郎～凉～梁～寥～律～曼～娘～屏～齐～槭～墙～丘～飒～骚～森～惨～梢～摵～史～疏～爽～寺～飕～闲～相～萧～屑～玉～斋～张～朱例况临松日暮，悲吹坐萧萧。（唐·袁晖《铜雀妓》）东西潮渺渺，离别雨萧萧。（唐·刘长卿《赴江西》）

典**八萧** 借指世代显贵的家族。《新唐书·萧瑀传》："萧瑀字时文，后梁明帝子也。……赞曰：'梁萧氏兴江左，实有功在民，厥终无大恶，以寝微而亡，故余祉及其后裔。自瑀逮遘，凡八叶宰相，名德相望，与唐盛衰。世家之盛，古未有也。'"

八萧终鼎鼐，二贾且丝纶。（宋·黄彦平《胡帅见和用韵再寄》）

管萧 指春秋齐桓公的良相管仲和汉高祖的贤相萧何。见《三国志·蜀书·诸葛亮传》。

因读管萧书，窃慕大有为。（唐·白居易《和微之诗二十三首》其二）

汉庭萧 指汉丞相萧何。见《史记·萧相国世家》。

庙堂自有、擎天一柱，功比汉庭萧。（宋·无名氏《高宗郊祀》其三）

箫（簫）xiāo

古下平，二萧。逆鼻～碧～凤～凰～笳～角～林～鸾～齐～秦～琼～饧～文～循～顺～干～笳～局～籁～铙歌～勺～韶～史～台例遂有冯夷来击鼓，始知嬴女善吹箫。（唐·杜甫《玉台观》）悬冰滴滴依虬箭，清吹泠泠杂凤箫。（唐·李乂《侍宴安乐公主山庄应制》）

典**吹箫** 亦作"凤去遗箫""弄玉吹箫"。指男女婚姻美满，后世也用萧史弄玉吹箫事咏驸马和公主。见《列仙传》卷上《萧史》。

吹箫人去玉楼空，肠断与谁同倚。（宋·李清照《孤雁儿藤床》）

凤楼吹箫 亦作"凤箫""跨凤吹箫""秦楼吹箫""嬴女吹箫""瀛女弄箫"。喻伉俪情深。《列仙传》卷上《萧史》："萧史者，秦穆公时人也，善吹箫，能致孔雀白鹤于庭。穆公有女字弄玉，好之。公遂以女妻焉。日教弄玉作凤鸣，居数年，吹似凤声，凤凰来止其屋。公为作凤台。夫妇止其上，不下数年，一旦皆随凤凰飞去。故秦人为作凤女祠于雍宫中，时有箫声而已。"

烟锁凤楼空，问吹箫、人今何处。（宋·朱敦儒《蓦山溪·东风不住》）

吴市吹箫 亦作"吹箫乞食"。指街头行乞。《史记·范雎蔡泽列传》："伍子胥橐载而出昭关，夜行昼伏，至于陵水，无以糊其口，膝蒲伏，稽首肉袒，鼓腹吹篪，乞食于吴市，卒兴吴国，阖闾为伯。"

已罢东风乘汐汛，那知吴市有吹箫。（清·徐枋《怅望》其三）

潇（瀟）xiāo

古下平，二萧。逆潇～雨潇～顺～飒～散～瑟～森～疏～爽～水～条～湘例绕壁旧诗尘漠漠，对窗寒竹雨潇潇。（唐·许浑《送薛秀才南游》）惨惨凄凄秋渐紧，风雨更潇潇。（宋·吴潜《武陵春·惨惨凄凄秋渐紧》）

嚣（囂、*譊）xiāo

古下平，二萧。逆骜～避～嘈～尘～譸～斗～烦～繁～纷～氛～棼～浮～哗～讙～空～闹～旁～甚～市～顽～嚣～虚～轩～諠～玄～炎～淫～遮～者～顺～埃～谤～薄～暴～鄙～谗～尘～动～黩～尔～繁～纷～氛～聒～悍～华～会～竞～凌～陵～祥～湫～书～庶～讼～俗～腾～阒～听～涂～外～闻～务～险～虚～争～滓例傲

睆非吾土，踌躇适远器。（唐·沈佺期《登瀛州南城楼寄远》）顾瞻想岩谷，兴叹倦尘嚣。（唐·韩愈《和李相公摄事南郊》）

哮 xiāo 今读 xiào

古下平，三肴。逆嘲～訇～咆～炰～哓～顺～呷～悍～唬～阚～咆～噬～哓例日入闻虎斗，空山满咆哮。（唐·常建《空灵山应田叟》）阴风振寒郊，猛虎正咆哮。（唐·刘禹锡《壮士行》）

枭（梟）xiāo ①泛指猫头鹰一类的鸟。②豪雄，不驯。③魁首，首领。④斩头并悬以示众。⑤古代博戏的胜彩名。

古下平，二萧。逆博～鸱～呼～湖～激～獍～老～三～鸬～桃～土～鸺～悬～鸷～顺～骜～薄～悖～弁～鸱～贩～风～狐～获～剪～杰～桀～捷～鲸～景～獍～镜～决～克～窜～裂～令～卢～鸾～灭～棋～群～锐～散～帅～私～桃～殄～黠～枭～鸮～笑～星～悬～羊～阳～夷～鸢～磔～雉例舍矢同瞻鹄，当筵共赛枭。（唐·刘禹锡《酬杨八庶子喜韩吴兴》）已观云似鹿，即报首皆枭。（唐·贯休《避地毗陵上王慥使君》）

绡（綃）xiāo 生丝织物。

古下平，二萧。逆冰～窗～翠～单～飞～凤～宫～海～交～鲛～绞～泪～轻～生～霜～微～苇～吴～雾～研红～鸳～缯～顺～楮～黼～宫～縠～幌～练～幕～帕～绮～素～头～纨～帐例帝女飞衔石，鲛人卖泪绡。（唐·顾况《送从兄使新罗》）曙钟催入紫宸朝，列炬流虹映绛绡。（唐·殷尧藩《早朝》）

典**鲛绡** 喻精美的织品。左思《吴都赋》："泉室潜织而卷绡，渊客慷慨而泣珠。"晋刘逵注："俗传鲛人从水中出，曾寄寓人家，积日卖绡。绡者，竹孚俞也。"

掌中无力舞衣轻，剪断鲛绡破春碧。（唐·温庭筠《张静婉采莲歌》）

硝 xiāo

古下平，二萧。逆朴～焰～顺～石～熟～子例海峰风高云散卤，塞垣寒极地生硝。（宋·项安世《雪中得两聊不难成篇》）

骁（驍）xiāo 勇捷。

古下平，二萧。逆百～骏～骁～雄～扬～作～顺～暴～犷～果～悍～壶～猾～杰～桀～捷～劲～隽～烈～率～媒～名～骑～骑营～棋～气～强～勍～锐～帅～腾～徒～卫～武～黠～骁～雄～艺～毅～游～鸷～壮～卒例翕习英豪集，振奋士卒骁。（唐·韦应物《广陵行》）

蟏（蠨）xiāo 蟏蛸，一种长脚小蜘蛛。

古《集韵》：平声，萧韵。顺～蛸

蛸 xiāo 另见 524 页 shāo。

古下平，二萧。逆列～蜱～螵～蟏～例迎霜听蟋蟀，向月看蟏蛸。（唐·长孙佐辅《山行书事》）傍砌绿苔鸣蟋蟀，绕檐红树织蟏蛸。（唐·韦庄《早秋夜作》）

枵 xiāo 空虚。

古下平，二萧。逆腹～饥～空～枵～玄～中～顺～肠～腹～骨～羸～然～如～枵～朽～虚～枣～张例后来一辈枵枵。甚声响都如鹦鹉娇。（宋·冯取洽《沁园春·有孤竹君》）

逍 xiāo

古下平，二萧。顺～遥

鸮（鴞）xiāo

古下平，二萧。逆鸱～飞～饥～泮～狍～鹰～顺～鸱～王～响～音～张～炙～子例直御魑将魅，宁论鸱与鸮。（唐·宋之问《早发韶州》）县楼朝见虎，官舍夜闻鸮。（宋·欧阳修《初至夷陵》）

典**问鸮** 亦作"问鹏灾"。形容对未来吉凶的担忧。贾谊为长沙王太傅三年，有鸮飞入其舍，止于坐隅。贾谊乃为赋以自广，赋中有向鸮问吉凶的词曰："予去何之？吉乎告我，凶言其灾。淹数之度兮，语予其期。"见《史记·贾生列传》。

自可捐忧累，何须强问鸮。（唐·韩愈《叉鱼招张功曹》）

翛 xiāo ①羽毛凋敝貌。②萧条冷落貌。

古下平，二萧。逆翛～顺～然～如～飒～翛例峨冠蝉尾翛翛，整衣鹤骨影影。（宋·吴泳《清平乐·梅霖未歇》）坐想草亭新竹上，一林碎月玉翛翛。（宋·方岳《热》）

哓（嘵）xiāo ①因恐惧而发出的叫声。②唠叨。

古下平，二萧。逆纷～哓～哮～顺～喋～聒～论～呶～哓～哮～咋例海人狂顾迭相招，鬭衣蜚首声哓哓。（唐·刘禹锡《踏潮歌》）

嘐 xiāo 鸡鸣声。

古下平，二肴。逆誇～嘐～顺～嘐例犬惊狂浩浩，鸡乱响嘐嘐。（唐·元稹《江边四十韵》）

魈 xiāo 旧谓山怪。

古下平，二萧。逆林～山～顺～魑～鬼～魅例溪行防水弩，野店避山魈。（唐·张祜《寄迁客》）时讹竞淫祀，丝竹醉山魈。（唐·杜荀鹤《题历山舜祠》）

歊 xiāo ①气上升。②热气；炎热。

古下平，二萧。逆烦～凌～午～歊～炎～阳～瘴～顺～尘～烦～氛～然～热～溽～雾～歊～炊～歔～阳～云～瘴～蒸例平芜望已极，况复倚凌歊。（唐·许棠《登凌歊台》）

邀 yāo

古下平，二萧。逆重～固～见～相～招～遮～顺～断～伏～会～惠～集～冀～劫～结～颉～截～竞～沮～君～勒～励～利～凉～赂～买～名～难～蹑～辟～屈～射～时～饰～帖～伪～险～勋～迓～延～迎～遇～誉～泽～召～遮～致～准～斫～阻例南湖秋月白，王宰夜相邀。（唐·李白《寄王汉阳》）

腰 yāo

古下平，二萧逆白～楚～楚宫～垫～峰～蜂～宫～海～呵～横～虹～黄～回～夹～鞬～静婉～袴～廊～领～溜～柳～龙～绿～蛮～毛～拿～墙～青～帬～沈～沈郎～素～虾～撷～亚～岩～厌～吟～甑～顺～别～彩～绖～顿～房～袱～龟～锅～黄～脚～袯～金～膂～门～袅～襻～品～髂～墙～襦～厅～橐～俞～舆～铡～站～章～舟例君爱本相饶，从来似舞腰。（唐·袁晖《铜雀妓》）锦字沾愁泪，罗裙缓细腰。（唐·袁晖《七月闺情》）

典**弓腰** 借指舞姬。唐·段成式

《酉阳杂俎·前集》卷一四《诺皋记》："元和初，有一士人失姓字，因醉卧厅中。及醒，见古屏上妇人悉于床前踏歌，歌曰：'长安女儿踏春阳，无处春阳不断肠。舞袖弓腰浑忘却，蛾眉空带九秋霜。'其中双鬟者问曰：'如何是弓腰？'歌者笑曰：'汝不见我作弓腰乎？'乃反首，髻及地，腰势如规焉。"

多情须倩梁间燕，问吟袖弓腰在否？（宋·姜夔《月下笛·与客携壶》）

青腰　指主管霜雪的女神。《淮南子·天文》："至秋三月，地气不藏，乃收其杀，百虫蛰伏，静居闭户，青女乃出，以降霜雪。"高诱注："青女，天神，青霄玉女，主霜雪也。"青腰，即青女，原称青霄玉女，后人写作青腰玉女。

天上鸡鸣海日红，青腰侍女扫朱宫。（唐·曹唐《小游仙诗九十八首》其二八）

沈腰　借指身体消瘦、腰围减损。《南史·沈约传》："初，约久处端揆，有志台司，论者咸谓为宜。而帝终不用，乃求外出，又不见许。与徐勉素善，遂以书陈于勉，言己老病，'百日数旬，革带常应移孔；以手握臂，率计月小半分。'欲谢事，求归老之秩。"

一旦归为臣虏，沈腰潘鬓销磨。（南唐·李煜《破阵子·四十年来家国》）

细腰　亦作"楚腰""楚女腰""楚宫腰"。借指楚地女子，也指女子身材苗条纤细。《墨子·兼爱中》："昔者，楚灵王好士细要（腰），故灵王之臣皆以一饭为节，胁息然后带，扶墙然后起；比期年，朝有黧黑之色。"又《韩非子·二柄》："楚灵王好细腰，而国中多饿人。"

鲛丝雾吐渐收，细腰无力转娇慵。（宋·柳永《临江仙引·画舸荡桨》）

折腰　亦作"屈腰""腰折"。指做官或忍受屈辱侍奉权贵，也用作咏县令县吏的典故。见《宋书·陶潜传》。

黄帽映青袍，非供折腰具。（唐·杜甫《有怀台州郑十八司户》）

静婉腰　借指细腰。《南史·羊侃传》："侃性豪俊，善音律，自造采莲、棹歌两曲，甚有新致。姬妾列侍，穷极奢靡。舞人张净（或作静）婉腰围一尺六寸，时人咸推能掌上舞。"

金羁白马临风望，认得羊家静婉腰。（唐·牛峤《杂曲歌辞》其三）

宓妃腰　三国魏·曹植《洛神赋》中描绘宓妃"腰如约素"。曹植《洛神赋并序》："古人有言斯水之神，名曰宓妃。感宋玉对楚王神女之事，遂作斯赋，其词曰：……肩若削成，腰如约素。"

宓妃腰细才胜露，赵后身轻欲倚风。（唐·李商隐《蜂》）

十万缠腰　形容富极。南朝梁·殷芸《殷芸小说》卷六《吴蜀人》："有客相从，各言所志，或愿为扬州刺史，或愿多赀财，或愿骑鹤上升。其一人曰：'腰缠十万贯，骑鹤上扬州。'欲兼三者。"

愁怕沈郎销瘦，不堪十万缠腰。（宋·赵必象《朝中措·凤凰台上听吹箫》）

要 yāo

另见 574 页 yào。

㊂下平，二萧。㊃固～久～伸～相～一～招～㊄～带～敌～绖～杜～服～复～躬～候～荒～击～褷～挟～劫～结～截～绝～览～揽～离～膂～蛮～盟～靡～觅～眇～妙～募～请～囚～屈～绍～射～时～誓～束～索～途～幸～嫈～引～御～誉～斩～章～招～遮～支～知～执～质～致～舟㊅西辕自兹异，东逝不可要。（唐·杜甫《桔柏渡》）不知久不死，悯悯尚谁要。（唐·韩愈《与张十八同效》）

㊆**故要**　指恳切邀请。《南齐书·褚伯玉传》："褚伯玉少有隐操……在山三十余年，隔绝人物。王僧达为吴郡，苦礼致之，伯玉不得已，停郡信宿，裁交数言而退。守朔将军丘珍孙与僧达书……僧达答曰：'褚先生从白云游旧矣……近故要其来此，冀慰日夜。'"

问子能来宿，今疑索故要。（唐·杜甫《西阁三度期大昌严明府同宿不到》）

夭[1] yāo

①美盛貌。②同"妖"。另见 557 页 ǎo。

㊂下平，二萧。㊃柏～颠～靡～桃～形～夭～㊄～采～红～嫖～魔～年～鸟～枭～秾～乔～绍～桃～摇～冶㊅明朝何处逢娇饶，门前桃树空夭夭。（唐·李咸用《轻薄怨》）倚帘高柳弱，乘露小桃夭。（唐·罗隐《春居》）

夭[2]（*殀）yāo

①短命；夭折。②摧残。③灾祸。

㊂上声，十七筱。㊃鄙～残～殂～道～横～薨～昏～燋～殇～寿～天～遐～凶～蚤～中～㊄～瘥～殂～促～摧～顇～阏～遏～伐～横～昏～疾～矫～撟～遽～绝～厉～疠～丧～伤～殇～寿～遂～枉～谢～殈～殃～疫～郁～札～椓㊅安得永兹乐，彭铿尚为夭。（宋·陈与义《再赋》）老去爱持齐物论，谁管彭殇寿夭。（宋·刘克庄《贺新郎·忆昔俱年少》）

㊆**彭铿夭**　指寿命长短是相对的，喻人生虚幻。《庄子·齐物论》："莫寿于殇子，而彭祖为夭。"唐成玄英疏："人生在于襁褓而亡，谓之殇子。"彭铿即传说中活了八百岁的彭祖。

生同胥靡遗，寿比彭铿夭。（唐·柳宗元《与崔策登西山》）

蒙叟嗤夭　指长寿不值得夸耀。庄子者，蒙人也，史称蒙叟。见《庄子·齐物论》。

假使真如彭祖寿，蒙叟犹嗤渠夭。（宋·刘克庄《贺新郎·何必游嵩少》）

潘岳瘗夭　喻丧子之痛。潘岳《西征赋》："夭赤子于新安，坎路侧而瘗之。亭有千秋之号，子无七旬之期。虽勉励于延吴，实潜恸乎余慈。"

瘗夭追潘岳，持危觅邓林。（唐·杜甫《风疾舟中》）

妖 yāo

㊂下平，二萧。㊃逞～魃～氛～妇～甘～构～鼓～鸿～胡～黄～践～木～蜺～平～凭～眚～诗～姝～文～物～娴～祥～妍～谣～夜～淫～幽～灾～㊄～变～魑～氛～彗～姬～娇～祲～咎～丽～沴～么～韶～眚～调～童～僮～玩～伪～闲～娴～祥～星～幸～冶～野㊅含春笑日花心艳，带雨牵风柳

态妖。（唐·雍陶《状春》）怪石难为古，奇花不敢妖。（唐·李咸用《览文僧卷》）

幺（么）yāo

古下平，二萧。逆臬～单～告～六～绿～弦～小～杨～装～粧～顺～贝～凤～陋～么～蔑～魔～匿～袅～篇～钱～厮～算～微～弦例久孤得聚气遂振，张目视人皆幺幺。（宋·王令《寄王正叔》）羽曲清三叠，痴弦碎六幺。（明·陈子升《南柯子·羽曲清三叠》）

吆 yāo

古《集韵》：平声，萧韵。顺～呼～唤～卖

哟（哟）yāo　语助词。

逆啊～哎～嗳～嗨～

喓 yāo　喓喓，虫声。

古下平，二萧。逆喓～顺～喝～嘟例徒为送公诗，有如草虫喓。（宋·文同《送范尧夫》）

遭 zāo

古下平，四豪。逆逢～假～千万～相～遇～顺～谗～嗔～触～厄～阨～风～逢～会～忌～际～济～艰～离～罹～历～戮～命～伤～时～事～随～獭～荼～杖～执～值～踬～周～诛～迍例行在仅闻信，此生随所遭。（唐·杜甫《避地》）盛德终难过，明时岂易遭。（唐·白居易《寄献北都留守裴令公》）

典**贺此丘遭**　感叹胜景的被发现与人才的被任用，全在于偶然的机遇。柳宗元在《钴鉧潭西小丘记》里庆幸自己得钴鉧谭西小丘，有"所以贺兹丘之遭也"之语。唐柳宗元《钴鉧潭西小丘记》："噫！以兹丘之胜，致之沣、镐、鄠、杜，则贵游之士争买者，日增千金而愈不可得。今弃是州也，农夫渔夫过而陋之，贾四百，连岁不能售。而我与深源、克己独喜得之，是其果有遭乎！书于石，所以贺兹丘之遭也。"

叹息频年廪未高，新词空贺此丘遭。（宋·辛弃疾《鹧鸪天·叹息频年廪未高》）

糟 zāo

古下平，四豪。逆懊～捕～楚～红～糠～腊～馕～清～食～稀～香～顺～床～蛋～堤～坊～糕～害～行～醨～丘～塌～淹～腌例喧阗夙驾君脂辖，酩酊离筵我藉糟。（唐·白居易《醉送李二十常侍》）历遍贵游无此味，韭和春雨笋和糟。（宋·叶绍翁《访隐者》）

典**枕曲藉糟**　亦作"藉糟枕曲"。指沉湎于饮酒之乐。刘伶《酒德颂》："有大人先生，以天地为一朝，万期为须臾，日月为扃牖，八荒为庭衢；行无辙迹，居无室庐，幕天席地，纵意所如；止则操卮执觚，动则挈榼提壶，唯酒是务，焉知其余。有贵介公子，搢绅处士，闻吾风声，议其所以，乃奋袂攘襟，怒目切齿，陈说礼法，是非锋起。先生于是方捧瓮承槽，衔杯漱醪，奋髯踑居，枕曲藉糟，无思无虑，其乐陶陶。"

藉糟枕曲浮酒池，瓮间篱下卧不移。（唐·严维《酒语联句各分一字》）

朝 zhāo　另见531页cháo。

古下平，二萧。逆朝～参～崇～春～二～花～霁～诘～戒～涝～丽～连～期～晴～三～生～素～岁～霞～雪～终～顺～霭～晡～晡鼓～采～彩～参～彻～酲～旦～觐～旰～鼓～光～沆～华～晖～讲～槿～来～岚～莫～荣～膳～涉～生～市～事～薅～暾～乌～夕乌～夕乌～祥～饷～衙～颜～饔～蛴～中措～昼～馔例地势使之然，由来非一朝。（晋·左思《咏史》）风月清江夜，山水白云朝。（唐·卢照邻《还京赠别》）

典**养军千日，用在一朝**　亦作"养兵千日，用兵一时""养兵千日，用在一朝"。指平时长期培养训练军队，一旦国家需要，就要让它发挥作用。元·高文秀《渑池会》二折："自古道，养军千日，用在一朝。"

招 zhāo

古下平，二萧。逆柏～倍～避～成～承～宠～楚～大～翻～冯～感～弓～供～嘉～交～角～旌～九～类～情～商～射～书～戏～相～心～谕～折简～征～顺～册～潮～称～成～萃～对～伏～服～附～合～怀～挥～麾～毁～缉～辑～谏瓯～箭～解～进～卷～徕～礼～理～留～拢～罗～买～弭～辟～权～涉～世～速～提～慰～舞～显～延～宴～邀～要～引～饮～隐～应～尤～诱～谕～喻～悦～箦～飐～帜～质～置～状～赘～擢～尊例邂逅款良宵，殷勤荷胜招。（唐·萧翼《答辨才探得招字》）身屈只闻词客说，家贫多见野僧招。（唐·张籍《赠王秘书》）

典**大招**[1]　借指挽留或召唤还乡。《楚辞·大招》东汉·王逸序："《大招》者，屈原之所作也，或曰景差，疑不能明也。屈原放流九年，忧思烦乱，精神越散与形离别，恐命将终，所行不遂，故愤然大招其魂，盛称其国之乐，崇怀、襄之德，以比三王能任用贤公卿，明察能荐举，人宜辅佐之，以兴至治，因以风谏达己之志也。"

太息晚犹条世务，大招未易返骚魂。（宋·刘克庄《挽吴君谋少卿二首》其二）

大招[2]　借指乐曲。相传五帝三王都做过乐曲，其中舜有《大韶》。东汉·蔡邕《独断》："五帝三代乐之别名。舜曰《大韶》，一曰《大招》。"

愁多病多腰素消，倚清琴，调大招。（宋·周密《江城梅花引·雁霜苔雪冷飘萧》）

冯招　指被朝廷招用作官。左思《咏史八首》其二："冯公岂不伟，白首不见招。"李善注："荀悦《汉纪》曰：'冯唐白首，屈于郎署。'"

贡喜音容间，冯招病疾缠。（唐·杜甫《哭韦大夫之晋》）

白璧招　指楚襄王遣使持金十斤，白璧百双，聘庄子为相，庄子不慕荣华富贵，固辞不受之事。后遂用以为典实。见《太平御览》卷八〇引《韩诗外传》。

十年长自青衿识，千里来非白璧招。（宋·王安石《送项判官》）

折简招　指待人轻慢，不拘礼节。见《三国志·魏书·王凌传》。

豆粥萍齑，鲙羹鳞脯，湖海人常折简招。（宋·无名氏《沁园春·冰壑平生》）

抓 zhāo　现代汉语读zhuā。①用爪或手取物。②搔。另见10页zhuā。

古下平，三肴。逆搔～痒处～例霹雳划深龙旧攫，屈槃痕浅虎新抓。（唐·姚合《天竺寺殿前立石》）杜诗

韩集愁来读，似倩麻姑痒处抓。（唐·杜牧《读韩杜集》）

着（*著）zhāo ①下棋时下一子或走一步。②招数；计策；手段。另见545页zháo、58页zhuó、80页zhē。395页zhù“著”。

逆对～妙～上～失～顺～法～数

昭zhāo

古下平，二萧。逆柏～大～诞～登～光～厥～孔～灵～马～明～亲～曲～戎～融～师～式～太～泰～文～武～显～燕～顺～布～焯～答～代～胆～登～恶～华～焕～揭～列～烈～灵～露～懋～美～昧～名～缪～启～清～情～丘～邱～融～如～洒～述～祀～苏～稣～速～台～泰～潭～文～文带～文馆～武～皙～晰～夏～星～恤～衍～仪～懿～庸～余祁～嫒～在～章～兆～哲～晰～整～祉～质～灼例皇心美阳泽，万象咸光昭。（南北朝·谢灵运《从游京口北固应诏诗》）影殿山寂寂，寥天月昭昭。（唐·皎然《宿道士观》）

典**师昭** 指怀篡位之心的权臣。师，即三国时魏臣司马懿长子司马师；昭，即师之弟司马昭。司马师于魏嘉平四年，迁大将军，正元元年九月，废魏帝曹芳，立曹髦。司马师死后，司马昭继任大将军、录尚书事，继续控制魏国军政大权，于甘露五年，进位相国，受封晋公，死前已形成篡位之势。见《三国志·魏书·三少帝纪》。

袁董非徒尔，师昭岂偶然。（唐·韩偓《感事三十四韵》）

嘲zhāo。形容鸟鸣、乐器声。另见532页cháo。

逆嘲～啾～顺～嘲～啾～喧～哳

钊（釗）zhāo 勉。

古下平，二萧。逆佐～顺～文袋

平声·阳平

翱（翶）áo

古下平，四豪。逆翱～翔～顺～翔

例中川恣超忽，漫若翔且翱。（唐·柳宗元《游南亭夜还》）

遨áo 遨游。

古下平，四豪。逆酣～连～陶～嬉～逸～遊～顺～师～翥例杀人如剪草，剧孟同游遨。（唐·李白《白马篇》）已晓青霞志，方从碧落遨。（唐·张博望《送贺秘监归会稽诗》）

熬áo

古下平，四豪。逆熬～车～淳～炮～设～顺～熬～波～愁～稃～谷～活～困～累～然～审～刑～盐～炙

例何物中长食，胡麻慢火熬。（唐·王建《隐者居》）去燕来鸿，寻梅问柳，寸念从他寒暑熬。（宋·葛长庚《沁园春·暂聚如萍》）

螯áo 蟹类动物。

古下平，四豪。逆车～持～海～江～蝆～双～霜～顺～胶～蟹例惊怪儿童呼不得，尽冲烟雨漉车螯。（唐·皮日休《钓侣二章》其一）来逢春雨长鱼苗，去见秋风擘角螯。（宋·刘过《借陈调翁》）

典**蟹螯** 亦作“把蟹螯”。借指嗜酒之乐。《晋书·毕卓传》：“毕卓字茂世，新蔡鲖阳人也。……太兴末，为吏部郎，常饮酒废职。……卓尝谓人曰：‘得酒满数百斛船，四时甘味置两头，右手持酒杯，左手持蟹螯，拍浮酒船中，便足了一生矣。’”

蟹螯即金液，糟丘是蓬莱。（唐·李白《月下独酌四首》其四）

嗷áo

古下平，四豪。逆嗷～嘈～嗟～鸣～啸～呰～顺～嗷～曹～嘈～嚎～鸿～然～骚～咷例西蜀冬不雪，春农尚嗷嗷。（唐·杜甫《大雨》）索钱多门户，丧乱纷嗷嗷。（唐·杜甫《遣遇》）

典**嗷嗷** 指众人愁苦之声。汉·贾谊《新书》卷一《过秦下》：“夫寒者利短褐，而饥者甘糟糠，天下之嗷嗷，新主之资也。”《汉书》卷七〇《陈汤传》：“国家罢敝，府臧空虚，下至众庶，熬熬苦之。”颜师古注：“熬熬，众愁声。”熬熬，同嗷嗷。

嗷嗷万族中，唯农最辛苦。（唐·白居易《夏旱》）

鳌（鼇、*鰲）áo 传说中的海中大龟或大鳖。

古下平，四豪。逆彩～戴～钓～驾～连～灵～六～顺～抃～戴～钓～峰～极～禁～丘～阙～署～天～掖～柱例羽化如乘鲤，楼居旧冠鳌。（唐·刘禹锡《浙西李大夫》）山叠好云藏玉鸟，海翻狂浪隔金鳌。（唐·齐己《逢进士沈彬》）

典**抃鳌** 指大龟背负蓬莱之山在沧海中击手而舞。《楚辞·天问》：“鳌戴山抃，何以安之？”东汉王逸注：“鳌，大龟也，击手曰抃。”

广乐初跄凤，神山欲抃鳌。（唐·李德裕《寒食日三殿侍宴》）

钓鳌 亦作“连鳌”。喻有志功名，抱负远大。《列子·汤问》：“渤海之东不知几亿万里，有大壑焉……其中有五山焉：一曰岱舆，二曰员峤，三曰方壶，四曰瀛洲，五曰蓬莱。……而五山之根无所连著，常随潮波上下往还，不得暂峙焉。仙圣毒之，诉之于帝。帝恐流于西极，失群仙圣之居，乃命禺强使巨鳌十五举首而戴之。迭为三番，六万岁一交焉。五山始峙而不动。而龙伯之国有大人，举足不盈数步而暨五山之所，一钓而连六鳌，合负而趣归其国，灼其骨以数焉。于是岱舆员峤二山流于北极，沉于大海，仙圣之播迁者巨亿计。”

空持钓鳌心，从此谢魏阙。（唐·李白《同友人舟行游台越作》）

斩鳌 指女娲斩断鳌足以立天地四极。《列子·汤问》：“然则天地亦物也，物有不足，故昔者女娲氏练五色石以补其阙，断鳌之足以立四极。”

尘暗人亡鹿，溟翻帝斩鳌。（宋·苏轼《次韵张安道读杜诗》）

鏖áo ①激战。②激烈。

古《广韵》：下声，豪韵。逆酣～顺～馘～剪～扑～突～糟例岷凶既云捕，吴虏亦已鏖。（唐·柳宗元《游南亭夜还》）

敖áo 姓

古下平，四豪。逆敖～暴～仓～出～怠～放～煎～骄～连～莫～若～嬉～笑～燕～愉～顺～敖～包～仓～曹～荡～库～廪～粟～嬉～戏～详～庾例寝谋惭汲黯，秉羽贵孙敖。（唐·李德裕《寒食日三殿侍宴》）当时不有樊姬问，令尹何由进叔敖。（唐·周昙《樊姬》）

典**卢敖** 借指隐士游仙或漫游。见《淮南子·道应训》。

先期汗漫九垓上，愿接卢敖游太清。（唐·李白《庐山谣寄卢侍御

虚舟》）

璈áo　仙家乐器名。

古下平，四豪。逆琅～龙～云～顺～曹～管例浮图近，更玉铃金铎，初奏琅璈。（宋·施翠岩《沁园春·披紫菀裘》）本支期衍瓞，嘉会负弹璈。（清·吴观礼《西征》）

典**琅璈**　代指乐器。《太平广记》卷三《汉武帝》引旧题汉班固《汉武帝内传》："王母乃命诸侍女王子登弹八琅之璈。"

仙翁旧游处，琅璈韵灵曲。（宋·范成大《游金牛洞题石壁上》）

云璈　借指仙乐。宋曾慥《类说》卷一引旧题东汉·班固《汉武帝故事》："上元夫人自弹云林之璈，歌《步玄》之曲，于是酒酣宴毕，与王母同乘而去。"

怡然辍云璈，告我希夷言。（唐·吴筠《步虚词十首》其九）

謷áo　①众口愁怨声。②诋毁。

古下平，三肴。又：下平，四豪异。逆謷～暴～訾～顺～丑～然～訾例符移空浩浩，榜楚镇謷謷。（宋·司马光《喜圣民得登州》）比于《梼杌》可垂戒，何待后世相訾謷。（清·王昶《观魏大飨受禅二碑》）

獒áo　猛犬。

古下平，四豪。逆金～狂～旅～神～嗾～鹰～例草诏令归马，批章答献獒。（唐·刘禹锡《浙西李大夫》）夕阅梨园骑，宵闻禁仗獒。（唐·李德裕《述梦诗四十韵》）

典**嗾獒**　指唆使人做坏事。《左传·宣公二年》："秋九月，晋侯饮赵盾酒，伏甲将攻之。其右提弥明知之，趋登曰：'臣侍君宴，过三爵，非礼也。'遂扶以下。公嗾夫獒焉。明搏而杀之。"杜预注："獒，猛犬也。"

友义何须换鹅帖，邻墙防有嗾獒人。（宋·陈造《傅商卿借鹅》）

西旅獒　借指远国所贡之特产。《尚书·周书·旅獒》："惟克商，遂通道于九夷八蛮，西旅底贡厥獒。"旧题汉孔安国传："西旅之长致贡其獒。犬高四尺曰獒，以大为异。"

重来越裳雉，再返西旅獒。（唐·柳宗元《游南亭夜还》）

聱áo　①不接受别人的意见。②文辞不顺畅。

古下平，三肴。逆聱～嘐～倔～顺～屈～叟例吾闻庄生善齐物，平日吐论奇牙聱。（宋·欧阳修《绿竹堂独饮》）

廒（*厫）áo　贮存粮食的仓库。

逆仓～汉～进～顺～间～商例人将委沟壑，谁肯发仓廒。（宋·戴复古《嘉熙己亥》）

薄báo　口语音。厚度小。另见47页bó、53页bò。

古入声，十药。逆地～情～味～顺～片～田

雹báo　另见54页bó。

古入声，二觉逆蹉～电～飞～风～降～雷～散～雨～灾～

曹cáo

古下平，四豪。逆敖～班～北～兵～部～府～公～功～宫～官～毫～豪～军～客～郎～马～牧～骑～秋～铨～若～散～僧～商～侍～属～寺～讼～孙～天～田～文～乌～西～仙～萧～星～伊～仪～议～庾～袁～张～智～顺～仓～党～洞～娥～恶～干～公～官～国舅～局～聚～吏～刘～侣～马～瞒～牟～偶～耦～丘～邱～全碑～社～沈～事～属～署～司～孙～王～魏～伍～务～溪～谢～掾～长～主例伯仲之间见伊吕，指挥若定失萧曹。（唐·杜甫《咏怀古迹五首》其五）几日西陵路，应逢谢法曹。（唐·皎然《送刘司法之越》）

典**豪曹**　借指利剑。越王勾践有五把宝剑，命取其中的豪曹剑让能相剑的薛烛相剑。薛烛对曰：豪曹已擅名矣，非宝剑也。见《越绝书·越绝外传记宝剑》。

瘦尽骨毛终裹裹，蚀来锋刃转豪曹。（宋·林逋《舒城僧舍呈赠李仲宣文学》）

萧曹　指功臣、良相。《汉书·魏相丙吉传赞》："近观汉相，高祖开基，萧（何）、曹（参）为冠"。

耿贾扶王室，萧曹拱御筵。（唐·杜甫《秋日夔府咏怀》）

槽cáo

古下平，四豪。逆布～钓～渡～方～后～槐～架～涧～烧～檀～退～药～顺～道～碓～户～口～历～枥～矛～柔例方托麋鹿群，敢同骐骥槽。（唐·柳宗元《游南亭夜还》）海鹏终负日，神马背眠槽。（唐·罗隐《寄虔州薛大夫》）

典**三马食一槽**　亦作"三马同槽"。借指外姓篡权谋位。《晋书·宣帝纪》："（魏武帝）尝梦三马同食一槽，甚恶焉，因谓太子丕曰：'司马懿非人臣也，必预汝家事。'"

天教三马食一槽，老马啼啮暂咆哮。（宋·李兴宗《观八陈图有感》）

螬cáo　蛴螬，金龟子的幼虫，乳白色。

古下平，四豪。逆蛴～顺～行～蛴例舞鬟金翡翠，歌颈玉蛴螬。（唐·白居易《寄献北都留守裴令公》）

典**三咽李螬**　指清廉之士。《孟子·滕文公下》："匡章曰：'陈仲子岂不诚廉士哉？居于陵，三日不食，耳无闻，目无见也。井上有李，螬食实者过半矣，匍匐往，将食之；三咽，然后耳有闻，目有见。"

退想于陵子，三咽资李螬。（唐·柳宗元《游南亭夜还》）

漕cáo　水运。

古下平，四豪。又：去声，二十号异。逆边～丁～额～钱～戍～岁～通～饷～折～征～转～总～顺～标～藏～灌～府～赋～谷～国～耗～斛～计～荐～截～魁～粮～米～平～试～司～艘～粟～台～挽～闸～庾～赠～折例通波非难图，尺地易可漕。（唐·韩愈《荐士》）万束刍茭供旦暮，千钟菽粟长牵漕。（唐·元稹《阴山道》）

嘈cáo

古下平，四豪。逆嗷～嘈～豪～胡～啾～劳～嘹～热～嚣～心～啁～顺～嗷～嘈～啐～喝～啾～唛～嚣例夜寒眠半觉，鼓笛闹嘈嘈。（唐·韩愈《潭州泊船呈诸公》）目眩绝浑浑，耳喧息嘈嘈。（唐·柳宗元《游南亭夜还》）

朝cháo　另见529页zhāo。

古下平，二萧。逆跛～罢～霸～班～本～柄～趁～充～辍～辞～大～蕃～敷～归～会～郡～慢～门～庙～末～谋～内～设～侍～视～受～私～逊～晏～燕～闻～顺～部～辰～端～奉～觐～拱～轨～

贵～汉台～行～衡～笏～化～婚～裾～眷～珂～谟～佥～日莲～上～省～朔～箄～闼～天～纬～巘～宪～享～飧～宿～序～玄～靴～彦～燕～阳～要～冶～英～缨～苑～宰～簪～长～直～制～众～轴例宜将岁酒调神药，圣祚千春万国朝。（唐·沈佺期《守岁应制》）隋家力尽虚栽得，无限春风属圣朝。（唐·薛能《杨柳枝》）

典赤舄飞朝 借指地方官朝见。《后汉书·方术传上·王乔传》："王乔者，河东人也。乔有神术，每月朔望，常自县诣台朝。帝怪其来数，而不见车骑，密令太史伺望之。言其临至，辄有双凫从东南飞来。于是候凫至，举罗张之，但得一只舄焉。"

都人望，回班赐第，赤舄飞朝。（宋·刘辰翁《八声甘州·记前朝、鹤会又重来》）

万玉来朝 指附属国君主或使臣朝见天子。唐张说《舞马词六首》其一："万玉朝宗凤扆，千金率舞龙媒。"

修合答、万玉来朝。（宋·无名氏《天圣二年南郊鼓吹歌曲三曲·十二时》）

巢cháo

古下平，三肴。逆层～曾～大～盗～构～故～龟～箕～寄～居～辽～橹～鸾～同～香～夷～营～由～云～榛～顺～菜～车～父～光～龟～涧～居～居子～聚～幕～笙～书～薮～燧～许～繇～夷～饮～由例枳棘鸾无叹，梧梧凤必巢。（唐·孙逖《和左卫》）暂止飞乌将数子，频来语燕定新巢。（唐·杜甫《堂成》）

典凤凰巢 借以称誉别人的居所。唐·韩愈《南山有高树行赠李宗闵》："南山有高树，花叶何衰衰，上有凤凰巢，凤凰乳且栖。"

凤凰巢稳许为邻，潇湘烟暝来何晚。（宋·陈尧佐《踏莎行·二社良辰》）

黄雀徙巢 喻江山易主、改朝换代。《汉书·五行志中之上》："成帝时歌谣又曰：'邪径败良田，谗口乱善人。桂树华不实，黄爵巢其颠。故为人所羡，今为人所怜。'桂，赤色，汉家象。华不实，无继嗣也。王莽自谓黄象，黄爵巢其颠也。"

黄雀徙巢桂，青门逐种瓜。（唐·骆宾王《帝京篇》）

鸟覆危巢 喻处于险境。《诗经·豳风·鸱鸮》："予室翘翘，风雨所漂摇。"郑玄笺："巢之翘翘而危，以其所托枝条弱也。"

鱼游沸鼎知无日，鸟覆危巢岂待风。（唐·李商隐《行次昭应县道上》）

潮cháo

古下平，二萧。逆乘～待～返～汎～观～归～候～惊～泪～上～射～顺～送～沓～踏～伍～新～信～鱼～招～中～主～顺～白～搖～鼓～痕～红～候～户～鸡～解～剧～闷～面～腻～平～期～田～信～烟～音～银～勇例林藏初过雨，风退欲归潮。（唐·祖咏《泊扬子津》）远帆背归鸟，孤舟抵上潮。（唐·钱起《送昆山孙少府》）

典射潮 借指英勇的壮举或雄心壮志。《群书类编故事》卷三《钱王射潮》："梁开平四年，武肃王钱氏，始筑捍海塘，在候潮通江门之外，潮水昼夜冲激，版筑不就，因命强弩数百，以射潮头；又致祷于胥山，词既，而潮水避钱塘东击，西陵遂成堤岸。"

安得夫差水犀手，三千强弩射潮低。（宋·苏轼《八月十五日看潮五绝》其五）

嘲（*謿）cháo 另见530页zhāo。

古下平，三肴。逆白～谤～胡～诙～解～客～旁～谈～谑～吟～顺～傲～薄～摈～拨～嘈～诟～晗～诙～诨～讦～竞～詈～慢～难～诮～讪～哂～诉～咍～哮～谐～亵～咻～嚎～谑～咏～啁例牧童唱巴歌，野老亦献嘲。（唐·常建《空灵山应田叟》）最便陶静饮，还作解愁嘲。（唐·元稹《江边四十韵》）

典解嘲 亦作"扬雄嘲""扬子解嘲"。指仕途偃蹇，也指被人嘲笑而自作辩解。见《汉书·扬雄传下》。

扬子解嘲徒自遣，冯唐已老复何论。（唐·王维《重酬苑郎中》）

饭山嘲 亦作"饭山瘦"。指嘲讽人瘦弱或作诗拘谨。唐·李白《戏赠杜甫》："饭颗山头逢杜甫，头戴笠子日卓午。借问别来太瘦生，总为从前作诗苦。"

不独饭山嘲我瘦，也应糠核怪君肥。（宋·苏轼《次韵沈长官三首》其一）

山林嘲 指对贪恋荣华富贵的讽刺。孔稚珪《北山移文》："于是南岳献嘲，北陇腾笑；列壑争讥，攒峰竦诮。"

会有圭组恋，遂贻山林嘲。（唐·柳宗元《游朝阳岩》）

晁（鼌）cháo 姓。

古下平，二萧。逆会～阳～顺～董例汉廷急士将亲策，想见诸儒避董晁。（宋·刘克庄《送方郎唐卿漕试》）

捯dáo ①两手轮流收线。②追究。

古《集韵》：上声，皓韵。

豪háo

古下平，四豪。逆白～百代～边～部～畜～丰～风～刚～贵～横～骄～矜～巨～涓～誇～鳌～里～民～名～清～秋～酋～遒～柔～山～势～纤～小～凶～宿～邑～意气～躁～彘～种～宗～醉～顺～拔～暴～曹～嘈～骋～诞～宕～端～夺～梗～光～犷～贵～翰～赫～忽～猾～劲～崛～隽～厘～梁～芒～末～奴～濮～戚～酋～肆～素～汰～忲～淘～湍～黠～心～幸～彦～唫～右～占～直～植～忮～制～致～鸷～彘～锥～子例龙马花雪毛，金鞍五陵豪。（唐·李白《白马篇》）但见陵与谷，岂知贤与豪。（唐·陶翰《南楚怀古》）

典诗豪 指诗情豪迈的杰出诗人。唐·白居易《刘白唱和集解》："彭城刘梦得，诗豪者也，其锋森然，少敢当者。予不量力，往往犯之。"

风雨每掀清宇宙，林峦长似涌波涛。吟咏有诗豪。（宋·张继先《望江南·西源好》）

四豪 亦作"四公子"。指战国时魏、赵、齐、楚四国的贵族公子：信陵君、平原君、孟尝君、春申君。见《汉书·游侠传》。

仙尉赵家玉，英风凌四豪。（唐·李白《送当涂赵少府赴长芦》）

文豪 指文才杰出的大作家。宋·欧阳修《归田录》卷一："杨大年每欲作文，则与门人宾客饮博、投壶、弈棋，语笑喧哗，而不妨构思。以小方纸细书，挥翰如飞，文不加点，每盈一幅，则命门人传录，门人疲于应命，顷刻之际，成数千言，真一代之文豪也。”

恶客未尝知酒圣，高人何止擅文豪。（宋·王之道《和富公权宗丞十站》）

希乐豪 指豪赌。《晋书·刘毅传》：“刘毅，字希乐，彭城沛人也。……(毅)后在东府，聚摴蒱大掷。一判应至数百万，余人并黑犊以还，惟刘裕及毅在后。毅次掷得雉，大喜，褰衣绕床，叫谓同坐曰：‘非不能卢，不事此耳！’”

冰壑平生，如伯伦狂，似希乐豪。（宋·无名氏《沁园春·冰壑平生》）

毫háo

古下平，四豪。逆白～驰～抽～丹～弹～貂～冻～锋～凤～腐～管～光～含～挥～兼～健～涓～枯～狼～鳌～敛～拈～栖～弱～诗～手～寿～鼠～霜～吮～仙～修～宣～玄～逸～吟～援～紫～醉～顺～巴～帛～曹～楮～管～光～翰～忽～笺～芥～露～芒～牦～墨～黍～忒～铦～犀～相～心～洋～颖～龇～铢～锥～子例孤飞一片雪，百里见秋毫。（唐·李白《观放白鹰二首》其一）乐游春苑望鹅毛，宫殿如星树似毫。（唐·司空曙《雪二首》其一）

典**紫毫** 古代宣城(今属安徽)所产的一种名贵毛笔，用紫色兔毛制成。见唐·白居易《紫毫笔》。

紫毫粉壁题仙籍，柳色箫声拂御楼。（唐·刘沧《及第后宴曲江》）

五色毫 亦作“五色笔”“江毫”“江笔”“江淹笔”。喻出色的文才。《南史·江淹传》：“又尝宿于冶亭，梦一丈夫自称郭璞，谓淹曰：‘吾有笔在卿处多年，可以见还。’淹乃探怀中得五色笔一以授之。尔后为诗绝无美句，时人谓之才尽。”

征南幕下带长刀，梦笔深藏五色毫。（唐·李商隐《江上忆严五广休》）

月兔笔毫 兔毫为汉代诸郡进献的名笔，赵地所献尤其好。后世用为咏笔的典故。《艺文类聚》卷五八《广志》：“汉诸郡献兔毫，书鸿门题，唯赵国毫中用。”

蜀笺金屑腻，月兔笔毫精。（唐·姚合《省直书事》）

号(號)háo ①呼叫。②大声哭。另见564页hào。

古下平，四豪。逆风～行～狼～乾～神～万木～顺～嗄～蹿～顿～弓～号～嗷～慕～呶～擗～泣～群～然～嘶～诉～怨～天～恸～唫～踊～噪～踯例寒日外澹泊，长风中怒号。（唐·杜甫《飞仙阁》）丹旐发江皋，人悲雁亦号。（唐·权德舆《湖南观察使》）

典**乌号** 黄帝乘龙飞升时，攀附者与黄帝之弓一起坠落，众既不得随黄帝，乃抱弓而号哭，故名此弓为乌号。后遂因以乌号代指神弓。《史记·封禅书》：“黄帝采首山铜，铸鼎于荆山下。鼎既成，有龙垂胡髯下迎黄帝。黄帝上骑，群臣后宫从上者七十余人，龙乃上去。余小臣不得上，乃悉持龙髯。龙髯拔，堕，堕黄帝之弓。百姓仰望黄帝既上天，乃抱其弓与胡髯号，故后世因名其处曰鼎湖，其弓曰乌号。”

百发乌号遥碎柳，七尺龙文迥照莲。（唐·骆宾王《从军中行路难二首》其二）

壕háo

古《广韵》：平声，豪韵。逆城～坑～外～寨～战～顺～沟～堑例鸦噪暮云归古堞，雁迷寒雨下空壕。（唐·许浑《故洛城》）城里北风连夜号，平湖卷绿上枯壕。（宋·陈杰《东湖晚步》其三）

濠háo ①护城河。②水名。

古下平，四豪。逆城～穿～观～林～临～柳～门～石～游～顺～沟～隍～梁～堑～上例夕照明残垒，寒潮涨古濠。（唐·祖咏《晚泊金陵水亭》）萧萧鸣夜角，驱马背城濠。（唐·皎然《送刘司法之越》）

典**临濠** 《庄子》中有庄子游于濠水拦河堰上，赞赏鱼之乐的描写。后世多用以表现闲适逍遥的生活志趣。《庄子·秋水》：“庄子与惠子游于濠梁之上。庄子曰：‘鯈鱼出游从容，是鱼之乐也。’惠子曰：‘子非鱼，安知鱼之乐？’……庄子曰：‘请循其本。子曰“汝安知鱼乐”云者，既已知吾知之而问我。我知之濠上也。’”

相如元并世，惠子谩临濠。（宋·苏辙《和张安道读杜集》）

嗥(嘷)háo 咆哮。

古下平，四豪。逆风～嗥～狂～狼～鸣～兽～猿～顺～吠～鸣～嘶～咷～啼～啸～啁例此夕溪山对明月，不成长啸但成嗥。（唐·李微《无题》）有千年枯井，龙沉凤怨，数邱黄壤，兔走猿嗥。（宋·施翠岩《沁园春·披紫菟裘》）

蚝(蠔)háo 牡蛎。

逆海～龙～顺～白～场～房～甲～壳～壳窗～蛎～莆～浦～山～田～珠例莫言昨夜南风急，今日登盘有海蚝。（明·汪广洋《岭南杂录十二首》其六）

嚼jiáo 另见119页jué。

逆餐～馋～缠～啖～含～胡～啃～马～木～吟～

典**屠门大嚼** 亦作“大嚼屠门”“屠门嚼”“西笑”。指通过想象满足自己的欲望，聊以自慰。三国魏·曹植《与吴季重书》：“过屠门而大嚼，虽不得肉，贵且快意。”李善注引东汉桓谭《新论·琴道》：“人闻长安乐，则出门向西而笑；知肉味美，对屠门而大嚼。”

骥足争先真老矣，屠门大嚼亦快哉。（宋·陈造《次韵解禹玉》）

劳(勞)láo 另见566页lào。

古下平，四豪。逆罢～奔～伯～博～乘～骋～存～惮～道～吊～夺～肺～告～汗马～奖～郊～解～矜～旌～旧～坎～孔～馈～孟～靡～勉～闵～逆～偏～劬～劝～赏～枉～忘～微～问～无～贤～享～飨～朽～虚～恤～勋～熏～宴～燕～养～遗～议～佚～逸～饮～迎～优～远～暂～赞～赠～执～忠～顺～爱～惫～弊～步～嘈～臣～成～承～悴～瘁～方～歌～毁～积～绩～结～竭～金～窘～旧～疚～剧～倦～爵～考～课～烈～能～平～勤～屈～劬～冗～辱～生～勋～勚～政～止～拙～醉～尊例客心既多绪，长歌且代劳。（唐·李百药《渡汉江》）相思灞

陵月，只有梦偏劳。（唐·岑参《陕州月城楼送辛判官入奏》）

典**劬劳** 指父母养育儿女的辛劳。《诗经·小雅·蓼莪》："哀哀父母，生我劬劳。"

庶以勤苦志，报兹劬劳显。（唐·杜甫《八哀诗》）

东飞伯劳 借指别离。《玉台新咏》卷九《歌词二首》其一："东飞伯劳西飞燕，黄姑织女时相见。"

借问使乎何时来，莫作东飞伯劳西飞燕。（唐·岑参《青门歌送东台张判官》）

十大功劳 指韩信为汉立下的功劳。元无名氏杂剧《随何赚风庵蒯通》第四折："一不合明修栈道，暗度陈仓；二不合击杀章邯等亡秦王，取了关中之地；三不合涉西河，掳魏王豹；四不合渡井陉，杀陈余并赵王歇；五不合擒夏悦斩张仝；六不合袭破齐历下军，击走田横；七不合夜堰淮河，斩周兰、龙且二大将；八不合广武山小会垓；九不合九里山十面埋伏；十不合追项王阴陵道上，逼他乌江自刎。"

勇猛韩彭。十大功劳空有名。（宋·王观《减字木兰花·三皇五帝》）

牢 láo ①关牲畜的栏圈。②古代祭祀或宴享时所用牲畜。③监狱。④包罗。⑤坚固；牢固。

古下平，四豪。逆哀～百～不～九～栏～阑～畔～骈～蒲～七～齐～秦～三～上～少～牲～诗～实～豕～太～天～同～五～武～西～牺～押～越～皂～彘～中～顺～犴～狴～髀～成～诚～承～辞～鼎～扉～固～户～护～藉～坚～姐～坑～拉～礼～醴～利～良～络～落～脉～密～盆～羌～切～让～朋～牲～蔬～稳～饩～栈～直～彘～馔～俎例始知天地间，万物皆不牢。（唐·孟郊《杏殇》）花迷瓜步暗，石固蒜山牢。（唐·李德裕《述梦诗四十韵》）

典**天牢** 星宿名。《晋书·天文志上》："天牢六星，在北斗魁下，贵人之牢也。……贯索九星在其前，贱人之牢也。一曰连营，一曰天牢，主法律，禁暴强也。"

研丹擘石天不知，愿得天牢锁冤魄。（唐·李商隐《燕台四首·春》）

同牢 古代婚礼仪式的一种，新婚夫妇在卧室中同食一牲。见《礼记·昏义》。

礼娶嗣明德，同牢夙所钦。（唐·杨衡《夷陵郡内叙别》）

痨（癆）láo

古《集韵》：平声，豪韵。逆防～骨～酒～钱～乾～虚～顺～刺～怯～伤～嗽～瘵

捞（撈）láo 又读。另见522页lāo。

唠（嘮）láo 另见566页lào。

古下平，三肴。逆叨～顺～叨～哆～噪例何人图四皓，如语话唠唠。（唐·贯休《四皓图》）

崂（嶗）láo

古《集韵》：平声，豪韵。顺～山（山名）

醪 láo 浊酒

古下平，四豪。逆白～尝～澄～楚～春～醇～郫～村～冬～冻～芳～甘～宫～家～江～绿～浓～缥～清～秋～山～牲～时～松～岁～投～豚～仙～新～彝～载～顺～酒～纩～醴～膳～药～糟～醑～馔～俎例荚房颁彩笋，菊蕊荐香醪。（唐·李适《奉和圣制》）雪鬓衰髯白布袍，笑携赪鲤换村醪。（唐·李中《渔父二首》其二）

典**单醪** 亦作"投醪"。指将帅与士兵同甘共苦。张协《七命》："单醪投川，可使三军告捷。"李善注引《黄石公记》："昔良将之用兵也，人有馈一箪之醪，投河，令众迎流而饮之。夫一箪之醪，不味一河，而三军思为致死者，以滋味及之也。"

巡寒重挟纩，酌水胜单醪。（南北朝·庾信《侍从徐国公殿下军行诗》）

周醪 喻善交友，也借以咏酒。《三国志·吴书·周瑜传》："（周瑜）唯与程普不睦。"裴松之注引《江表传》："普颇以年长，数陵侮瑜。瑜折节容下，终不与校。普后自敬服而亲重之，乃告人曰：'与周公瑾交，若饮醇醪，不觉自醉。'时人以其谦让服人如此。"

周醪忽同醉，牙弦乃共挥。（唐·许敬宗《冬日宴于庶子宅》）

聊 liáo

古下平，二萧。逆不～不自～椒～亡～顺～城箭～尔～尔尔～复尔～啾～浪～亮～落～虑～且～萧例雨微吟思足，花落梦无聊。（唐·司空图《下方》）还经岁，问怎生禁得，如许无聊。（宋·柳永《临江仙·梦觉小庭院》）

寥 liáo

古下平，二萧。逆伴～碧～参～阔～森～沈～搜～无～萧～顺～寥～汉～豁～迥～纠～泬～狼～朗～戾～唳～亮～落～翘～阒～梢～稍～邃～索～天～萧～寥～敻例越裳翡翠无消息，南海明珠久寂寥。（唐·杜甫《诸将五首》其四）玉树郁玲珑，天籁韵萧寥。（唐·神颖《和王季文题九华山》）

典**扬子寂寥** 指仕途失意。《汉书·扬雄传赞》："雄年四十余，自蜀来至游京师。……除为郎，给事黄门，与王莽、刘歆并。哀帝之初，又与董贤同官。当成、哀、平间，莽、贤皆为三公，权倾人主，所荐莫不拔擢，而雄三世不徙官。"

贾生流寓日，扬子寂寥时。（唐·张九龄《酬王六寒朝见诒》）

疗（療）liáo

古去声，十八啸。逆处～攻～灸～蜡～摄～施～体～下～养～淫～营～顺～护～饥～饥草～渴～狂～理～贫～穷～视～贪～忧～治例纻衣岂寒御，蔬食非饥疗。（唐·韦应物《题从侄成绪》）

辽（遼）liáo

古下平，二萧。逆边～超～迥～辽～宜～幽～阻～顺～板～参～巢～城～丑～党～滇～丁～东丁～东鹤～东帽～东豕～队～海～鹤～患～蓟～江～碣～警～迥～迥～口～旷～阆～朗～浿～绕～衽～豕白～视～俗～索～天翮～狶～险～敻～窅～掖～卓～阻～祖例护羌校尉朝乘障，破虏将军夜渡辽。（唐·王维《出塞》）含泪坐春宵，闻君欲度辽。（唐·李商隐《清夜怨》）

典**草檄征辽** 用为称誉文才之典。《隋书·虞世基传》："虞世基字茂世，会稽余姚人也。……世基至省，方为敕书，日且百纸，无所遗谬。辽东

之役……又下伐辽之诏。”

依稀记，曾请缨系粤，草檄征辽。（宋·刘克庄《沁园春·一卷阴符》）

潦 liáo　另见553页lǎo。

古《集韵》：“平声，宵部”顺～草～倒～河～洌

缭（繚）liáo

古下平，二萧。逆掉～环～回～屈～绍～收～相～萦～赵～支～顺～掉～祭～纠～戾～惊～墙～曲～眺～嫈～垣～转例是时江空初上潮，淡白尽处青为缭。（清·钱林《醉后放舟》）

嘹 liáo

古下平，二萧。逆唳～嘹～顺～嘈～朗～呖～唳～亮～哓～嘹～乱例晚荷犹展卷，早蝉遽萧嘹。（唐·元稹《遣兴十首》其五）

撩 liáo　另见522页liāo。

古下平，二萧。逆边～搅～氓～相～顺～碧～拨～掉～丁～斗～逗～毒～风～拂～钩～詈～虎～理～零～乱～弄～惹～舍～水～牙～摘例梅吐芳心半笑，柳含青眼相撩。（宋·张纲《朝中措·休惊初腊冻全消》）

寮 liáo　①小窗。②僧舍。③同“僚”，指一起做官的人。

古下平，二萧。逆百～班～宾～参～草～茶～禅～娼～臣～窗～耕～皇～寂～具～剧～郡～茅～幕～陪～朋～棚～篷～绮～群～散～僧～山～诗～疏～属～庶～松～太史～同～望～下～新～英～渔～元～员～顺～采～宷～房～廓～吏～亮～列～民～棚～人～舍～属～庶～司～位～檐～友～掾～宰～子～佐例列郡何足数，趋拜等卑寮。（唐·韦应物《广陵行》）翩翩幽鸟随风展，炯炯寒灯伴夜寮。（宋·王之道《和周少隐》其二）

僚 liáo

古下平，二萧。又：上声，十七筱异。逆霸～百～班～采～参～达～端～革～皇～局～具～末～幕～宁～朋～卿～外～王～文～熊～宜～邑～英～元～员～佐～顺～采～宷～从～党～故～机～介～旧～俊～类～吏～隶～列～侣～幕～朋～品～仆～侍～属～庶～贤～婿～友～职～志～佐例右率馥时誉，秀出冠朋僚。（南北朝·沈约《怀旧诗》梅福惭仙吏，羊公赏下僚。（唐·张子容《九日陪润州邵使君》）

典**月人共僚**　指月与人共美。《诗经·陈风·月出》：“月出皎兮，佼人僚兮。舒窈纠兮，劳心悄兮。……月出照兮，佼人燎兮。舒夭绍兮，劳心惨兮。”毛氏传：“僚，好貌。”唐孔颖达疏：“言月之初出，其光皎然而白兮，以兴妇人白皙，其色亦皎然而白兮，非徒面色白皙，又是佼好之人，其行貌僚然而好兮。”

莫教空度可怜宵，月与佳人共僚。（宋·苏轼《西江月·闻道双衔凤带》）

燎 liáo　①火炬；大烛。②延烧；烧。另见553页liǎo、567页liào。

古下平，二萧。逆沉～炽～甸～毒～桂～寒～门～束～熛～宣～薪～延～炎～阳～野～遗～荧～余～焰～照～烛～灼～顺～火～炬～原～炉～熏～烛例归途风雨作，一洗红日燎。（宋·苏轼《与客游道场何山》）樵删草根变，客玩茶烟燎。（宋·苏颂《天禧寺竹》）

典**庭燎**　亦作“庭有燎”。古代宫廷的照明火炬。借指帝王勤政。《诗经·小雅·庭燎》：“夜如何其？夜未央，庭燎之光。”郑玄笺：“于庭高大烛，使诸侯早来朝。”《周礼·秋官·司烜氏》：“凡邦之大事，共坟庭燎。”

沈香甲煎为庭燎，玉液琼苏作寿杯。（唐·李商隐《隋宫守岁》）

鷯（鹩）liáo　鷦鷯，一种小鸟，善编巢居。又名巧妇、工雀。

古下平，二萧。又：去声，十八啸异。逆百～伯～鷦～例流年疲蟋蟀，体物幸鷦鷯。（唐·杜甫《奉赠卢五丈参谋》）

典**鷦鷯**　喻无力进取的无才者。《庄子·逍遥游》：“尧让天下于许由。……许由曰：‘……鷦鷯巢于深林，不过一枝；偃鼠饮河，不过满腹。归休乎君，予无所用天下为！”

且欲同鷦鷯，焉能志鸿鹄。（唐·高适《淇上酬薛三据》）

憭 liáo　憭，空貌。憭慄，凄怆。

古下平，二萧。逆情～顺～栗～慄

獠 liáo　①凶恶貌。②夜猎；又泛指打猎。

古下平，二萧。逆馋～村～洞～憨～蛮～氓～生～夷～顺～猎～徒～者例吟歇后诗，说无生话，热瞒村獠。（宋·刘克庄《水龙吟·依然这后村翁》）

典**扑杀此獠**　武则天骂褚遂良的话，犹言打死这个家伙。《新唐书·褚遂良传》：“谏曰：‘……昭仪昔事先帝，身接帷第，今立之，奈天下耳目何？’……武后从幄后呼：‘何不扑杀此獠！’”

可怜祸水起波澜，扑杀此獠方快意。（清·蒋湘培《褚仆射洗笔池》）

镣（鐐）liáo　又读liào。

古下平，二萧。顺～盎～琫～铫～金～靠～杻～钮～铣～灶～质例中规仍毁璧，鋈槁尚敷镣。（元·吴当《守冻徐州腊月八日大雪》）

飉 liáo　飉戾，指风声；又形容疾速貌。

古下平，二萧。又：下平，十一尤异。又：去声，二十六宥异。逆寒～飉～顺～泪～戾例请行初日皎，承命北风飉。（清·查礼《金川归化恭纪一百韵》）

膋 liáo　肠脂。

古下平，二萧。逆肝～龙～萧～血～顺～芗～萧～血例吾子何日回，遗子一粒换肝膋。（宋·石介《送赵泽》）郊社虔笾豆，园陵肃血膋。（清·查礼《金川归化恭纪一百韵》）

毛 máo

古下平，四豪。逆鬓～不～吹～疵～粹～翠～大～地～颠～二～凡～风～附～刚～翰～豪～红～鸿～涧～奇～拳～群～茹～三～山～双～田～髫～西～溪～骍～秀～旋～业～雨～炸～珠～诸～锥～鬃～顺～板～本～槎～碴～传～疵～毳～戴～丁～谷～毴～褐～姬～髻～罽～举～蓝～愣～厘～连～鬣～乱～脉～牦～嫔～起～嫱～膺～窍～圊～渠～拳～群～毹～啬～诗～实～悚～索～太～条～头星～丸～犀～薛～蚴～元～锐～员鼓～皂～泽～郑～挚～鸷～中书～铢～子～宗例塞迥翻榆叶，关寒落雁毛。（南北朝·庾信

《侍从徐国公殿下军行诗》)感君恩重许君命,泰山一掷轻鸿毛。(唐·李白《结袜子》)

典**吹毛** 喻故意挑人毛病加以陷害。《韩非子·大体》:"不吹毛而求小疵,不洗垢而察难知。"《汉书·景十三王传》附《中山靖王刘胜传》:"今或无罪,为臣下所侵辱,有司吹毛求疵,笞服其臣,使证其君,多自以侵冤。"

腾口因成痏,吹毛遂得疵。(唐·白居易《代书诗一百韵寄微之》)

二毛 指头发斑白,也借指老人。《左传·僖公二十二年》:"(宋)公曰:'君子不重伤,不禽二毛。"杜预注:"二毛,头白有二色。"

萧条秋兴苦,渐近二毛年。(唐·白居易《社日关路作》)

凤毛 亦作"五色毛"。指继承先人之美,有先人遗风。见《世说新语·容止》。

萧史幽栖地,林间蹋凤毛。(唐·杜甫《崔驸马山亭宴集》)

各拔五色毛,意重泰山轻。(唐·李白《献从叔当涂宰阳冰》)

鸿毛 喻极轻微的事物。见《战国策·楚策四》。

此生飘荡何时定,一缕鸿毛天地中。(唐·白居易《风雨晚泊》)

吹布毛 用为吹嘘佛法无量的典故,引申指宣扬自身。《景德传灯录》卷四《杭州鸟窠道林禅师》:"有侍者会通,忽一日欲辞去。师问曰:'汝今何往?'对曰:'……今往诸方学佛法去。'师曰:'若是佛法,吾此间亦有少许。'(会)曰:'如何是和尚佛法?'师于身上拈起布毛吹之。会通遂领悟玄旨。"

支颐静坐神不劳,鸟窠无端吹布毛。(宋·释遇臻《秋夜坐》)

九牛毛 喻人与人之间差异悬殊,是自谦之辞。《晋书·华谭传》:"或问谭曰:'谚言人之相去,如九牛毛,宁有此理乎?'谭对曰:'昔许由、巢父让天子之贵,市道小人争半钱之利,此之相去,何啻九牛毛也!'闻者称善。"

今夜子陵滩下泊,自惭相去九牛毛。(唐·权德舆《宿严陵》)

轻鸿毛 喻极轻微而不足道。司马迁《报任安书》:"人固有一死,死有重于泰山,或轻于鸿毛,用之所趋异也。"

世人见我轻鸿毛,力排南山三壮士,齐相杀之费二桃。(唐·李白《梁甫吟》)

不见睫毛 指能明察别人的小过错,却看不到自己的缺点。亦作"目论"。《史记·越王勾践世家》:"当楚威王之时,越北伐齐,齐威王使人说越王……齐使者曰:'幸也越之不亡也!吾不贵其用智之如目,见豪毛而不见其睫也。今王知晋之失计,而不自知越之过,是目论也。'"

兔角龟毛 指有名无实或不可能存在的东西。晋干宝《搜神记》卷六:"商纣之时,大龟生毛兔生角,兵甲将兴之象也。"

乌玄鹄白从来事,兔角龟毛本自无。(宋·韩元吉《航弟自广润省坟》)

茅máo

古下平,三肴。逆放~分~封~缚~寒~衡~汇~菅~焦~结~菁~蕾~灵~前~三~田~铁~团~仙~香~隐~责~瘴~诛~顺~庵~卜~鸱~橡~赋~菅~焦~旌~君~龙~靡~蒲~茹~司~搜~缩~绹~盈~菹例欲竞连城玉,翻征缩酒茅。(南北朝·庾信《拟咏怀诗》其十)落构垂云雨,荒阶蔓草茅。(唐·杜甫《陪诸公上白帝城》)

典**编茅** 指人勤奋好学。旧题晋王嘉《拾遗记》卷六:"任末年十四时,学无常师,负笈不远峻阻。每言:'人而不学,则何以成?'或依林木之下,编茅为庵,削荆为笔,克树汁为墨,夜则映星望月,暗则缕麻蒿以自照,观书有合意者,题其衣裳以记其事。门徒悦其勤学,更以净衣易之。"

除地编茅作小亭,一川风露对青冥。(宋·陆游《小亭》)

分茅 亦作"裂土分茅""分茅裂土""分茅胙土"。指封爵封官。《书·禹贡》:"厥贡惟土五色。"唐孔颖达疏引东汉蔡邕《独断》:"天子大社,以五色土为坛。皇子封为王者,授之大社之土,以所封之方色,苴以白茅,使之归国以立社,谓之茅社。"

盛时常注意,南雍暂分茅。(唐·杜牧《送牛相出镇襄州》)

三茅 喻修仙访道。《梁书·陶弘景传》:"(弘景)于是止于句容之句曲山。恒曰:'此山下是第八洞宫,名金坛华阳之天,周回一百五十里。昔汉有咸阳三茅君得道,来掌此山,故谓之茅山。'乃中山立馆,自号华阳隐居。"

久向三茅穷艺术,仍传五柳旧琴书。(唐·李群玉《送陶少府赴选》)

罢贡包茅 借指得罪某人而遭受惩罚。《左传·僖公四年》:"管仲对曰:'……尔贡包茅不入,王祭不共,无以缩酒,寡人是征。'"

惭愧清朝,罢贡包茅,住发牙璋。(宋·刘克庄《沁园春·惭愧清朝》)

矛máo

古下平,十一尤。逆仇~电~飞~戈~横~酋~蛇~霜~穴~夷~丈八~竹~顺~叉~舛~楯~弧~戟~骹~稍~槊~头~渝~子例中若莹龙剑,外唯叠蛇矛。(唐·皮日休《太湖诗》其二十)颜子夭穷巷,季路戕凶矛。(宋·方回《次韵汪以南》其一)

牦(氂)máo 牦牛。

古下平,四豪。又:下平,四支异。逆毫~豪~结~马~毛~丝~长~顺~牛

旄máo 牦牛尾;常用在旗杆头作为装饰。

古下平,四豪。逆白~秉~采~翠~颠~幡~氛~竿~干~黄~建~节~旌~郡~霓~旗~设~庶~素~文~星~骍~玄~英~拥~云~朱~顺~车~狄~端~敦~麾~节~旌~俊~旒~马~骑~丘~人~山~头~舞~象~星~钺~毡~麈~幢例诗书遂墙壁,奴仆且旌旄。(唐·杜甫《避地》)南康太守负才豪,五十如今未拥旄。(唐·张籍《寄虔州韩使君》)

典**干旄** 指乐于招纳贤才。《诗经·鄘风·干旄》:"《干旄》,美好善也。卫文公臣子多好善贤者,乐告以善

道也。”

远迹荒郊谢俊豪，春风谁与驻干旄。（宋·王安石《次韵酬宋妃六首》其三）

髦máo ①毛发中的长毫。②出类拔萃的人物。

古下平，四豪。逆白～弁～才～垂～拂～昏～节～俊～两～蛮～弭～群～时～童～贤～香～秀～英～誉～云～哲～朱～顺～蔽～髡～耋～皇～昏～节～杰～俊～隽～蛮～民～倪～期～峤～士～硕～髟～髫～徒～秀～彦～英～哲～稚～子例海浪扶鹏翅，天风引骥髦。（唐·刘禹锡《浙西李大夫》）后生可畏吾知子，南北何时见两髦。（宋·王安石《李君昆弟》）

锚（錨）máo

逆起～启～铁～顺～地～纲～链～爪

酕máo 酕醄，大醉貌。

古下平，四豪顺～醄

蟊máo 食稻害虫。

古下平，十一尤。逆斑～根～谷～螟～侵～蛇～顺～虿～疾～螟～食～蜮例齿牙属为猾，禾黍暗生蟊。（唐·元稹《阳城驿》）池清漉螃蟹，瓜蠹拾蝥蟊。（唐·元稹《江边四十韵》）

苗miáo

古下平，二萧。逆宝～保～场～愁～楚～村～获～定～蹲～格～汉～嘉～箭～金～矿～昆～括～黎～灵～孽～情～秋～全～三～时～食～事～条～遐～夏～心～揠～烟～养～遗～有～余～玉～云～顺～床～茨～父～嫭～扈～稼～姜～脉～米～末～木～圃～狩～嗣～田～绪～胤～胄例逐流牵荇叶，缘岸摘芦苗。（唐·储光羲《江南曲四首》其二）野竹初生笋，溪田未得苗。（唐·王建《原上新居十三首》其四）

典**窜苗** 指统治者放逐反朝廷的部族势力。《尚书·虞书·舜典》：“窜三苗于三危。”《史记·五帝本纪》：“三苗在江淮、荆州数为乱。于是舜……迁三苗于三危，以变西戎。”

窜苗犹有孽，戮负自贻辜。（唐·许敬宗《奉和执契静三边应诏》）

揠苗 亦作“揠长伤苗”。喻急于求成有害无益。《孟子·公孙丑上》：“宋人有闵其苗之不长而揠之者，芒芒然归，谓其人曰：‘今日病矣！予助苗长矣！’其子趋而往视之，苗则槁矣。天下之不助苗长者寡矣。……助之长者，揠苗者也，非徒无益，而又害之。”

揠苗不待长，卖菜苦求益。（宋·苏轼《次韵王郎子立风雨有感》）

荑苗 借指女子的手。《诗经·卫风·硕人》：“手如柔荑，肤如凝脂。”

暗握荑苗，乍尝樱颗，犹恨侵阶芳草。（宋·史达祖《换巢鸾凤·人若梅娇》）

描miáo

古下平，二萧。逆画～生～顺～笔～黛～红～花～金～摸～模～诗～手～述～绣～叙～朱～状例瑟瑟罗裙金缕腰，黛眉偎破未重描。（唐·和凝《杨柳枝》）褪粉轻盈琼靥，护香重叠冰绡。数枝谁带玉痕描。（宋·王沂孙《西江月·褪粉轻盈琼靥》）

瞄miáo

顺～准

铙（鐃）náo ①古军乐器，似铃而无舌，以木从外击之而鸣。②打击乐器，似钹，中间隆起的部分较小。

古下平，三肴。逆鼓～金～鸣～舞～箫～钲～顺～部～吹～铎～歌～鼓～管～鼙～挽例汉臣来绛节，荆牧动金铙。（唐·宋之问《宋公宅送宁谏议》）临风敞丽谯，落日听吹铙。（唐·刘长卿《登迁仁楼》）

挠（撓）náo

古下平，四豪。又：上声，十八巧同。逆阿～悲～北～曾～谗～大～掉～栋～逗～纷～风～干～聒～惶～回～昏～混～惑～惊～窘～沮～括～旁～怯～侵～倾～屈～曲～色～调～痛～退～枉～危～无～纤～陷～邪～循～忧～郁～躁～振～顺～败～北～词～辞～挫～荡～动～渎～法～格～虎～滑～混～节～酒～沮～闷～情～屈～曲～弱～退～骫～秧～折～正～志例往事追思多少。赢得空使方寸挠。（宋·柳永《倾杯·水乡天气》）歌里眠香，酒酣喝月，壮怀无挠。（宋·史达祖《龙吟曲·道人越布单衣》）

桡（橈）náo 曲木。另见541页ráo。

古去声，十九效。逆栋～兰～枉～顺～败～词～辞～法～沮～乱～蔑～情～曲～桡～人～弱～散～色～衰～意～旃～折例大战元鼎年，孰强孰败桡。（唐·韩愈《答柳柳州食虾蟆》）

猱náo ①猕猴。②戏耍。

古下平，四豪。逆飞～狡～教～沐～女～山～生～调～悬～吟～猿～顺～儿～进～玃～狞～升～狖～援～杂例弓摧宜山虎，手接泰山猱。（唐·李白《白马篇》）澄潭涌沉鸥，半壁跳悬猱。（唐·柳宗元《游南亭夜还》）

呶náo 喧闹。另见368页nǔ“努”。

古下平，三肴。逆吩～纷～咕～酣～号～哗～詉～鸣～呶～哓～嚣～汹～諠～顺～号～拿～呶～嚷例里中欣害除，贺酒纷号呶。（唐·刘禹锡《壮士行》）醉里谪仙兴逸，夜深归骑声呶。（宋·姚述尧《西江月·红叶漫随风舞》）

憹náo 懊憹，痛悔。另见953页nóng。

古《集韵》：平声，四豪。逆懊～煎～

硇（*碙）náo 硇砂，矿物名。亦作“卤砂”。

逆矿～鏓～顺～砂

跑páo 兽足扒土。另见555页pǎo。

古下平，三肴。逆虎～鹿～足～顺～地～土～糟例吾宗手葺幽栖处，雪径依衡认虎跑。（宋·刘克庄《题刘生雪巢》）

袍páo

古下平，四豪。逆敝～衬～春～貂～夺～方～绯～衮～鹤～红～鹄～黄～锦～客～绿～衲～青～鹊～霜～素～绨～田～同～韦～猩～靴～缊～皂～赠～沾～赭～顺～表～笏～花～甲～钾～茧～界～铠～绔～袴～裥～帔～靴～鱼～泽～襗～仗～杖例秋霜切玉剑，落日明珠袍。（唐·李白《白马篇》）渚

花兼素锦，汀草乱青袍。（唐·杜甫《渡江》）

典白袍　指陈庆之部下皆穿白袍，屡立战功之事。《南史·陈庆之传》："庆之麾下悉著白袍，所向披靡。先是洛中谣曰：'名军大将莫自牢，千兵万马避白袍。'"

愿君闻此添蜡烛，门外白袍如立鹄。（宋·苏轼《催试官考较戏作》）

鹄袍　指宋代应试的士子所穿的一种白袍。宋·岳珂《桯史》卷一〇"万春伶语"条："胡给事既新贡院，嗣岁庚子适大比，乃侈其事，命供帐考校者，悉倍前规。鹄袍入试，茗卒馈浆，公庖继肉，坐案宽洁，执事恪敬，誾誾于于，以鬯于文，士论大惬。"

鹄袍林里过芳辰，闻道春来不识春。（宋·杨万里《上巳同沈虞卿》其一）

绨袍　借指不忘旧交情。《史记·范雎列传》："须贾意哀之，留与坐饮食，曰：'范叔一寒如此哉！'乃取一绨袍以赐之。……范雎曰：'汝罪有三耳。……然公之所以得无死者，以绨袍恋恋，有故人之意，故释公。'"

传君遇知己，行日有绨袍。（唐·高适《别王八》）

同袍　喻好友。《诗经·秦风·无衣》："岂曰无衣，与子同袍。王于兴师，修我戈矛，与子同仇。"

所是同袍者，相逢尽衰老。（唐·王昌龄《长歌行》）

赭袍　亦作"赭黄袍"。借指天子。唐杜牧《长安杂题长句六首》其一："觚稜金碧照山高，万国珪璋捧赭袍。"清冯集梧注引唐·封演《封氏闻见记》："国家承隋氏火运，故为土德，衣服贵黄，旂帜尚赤，常服赭赤也。"

六宫争近乘舆望，珠翠三千拥赭袍。（唐·陆龟蒙《杂伎》）

青布袍　亦作"青袍""青布"。指下级官员的服装。《南史·贼臣传·侯景》："又启求锦万疋为军人袍……送青布以给之。……景涡阳之败，求锦，朝廷所给青布，及是皆用为袍。"

郁轮袍　借指乐曲佳品。唐·薛用弱《集异记》载王维曾为一公主演奏《郁轮袍》之曲，并献诗卷，后因此名声大作，一举登第。

新曲翻从《玉连锁》，旧声终爱郁轮袍。（宋·苏轼《宋叔达家听琵琶》）

庖páo

古下平，三肴。逆充～大～代～寒～庙～烹～山～天～吴～野～移～远～掌～珍～中～族～佐～顺～厨～代～鼎～阉～脍～庖～霜～突～娲～屋～西书～牺～牺氏～羲～戏～羞～宰～正～炙～馔～子例池水观为政，厨烟觉远庖。（唐·杜甫《题新津北桥楼》）虎过遥知阱，鱼来且佐庖。（唐·李商隐《自喜》）

匏páo

①葫芦的一种。②葫芦做的乐器。③古代八音之一，指笙、竽之类乐器。

古下平，三肴。逆哀～风～寒～合～金～苦～笙～霜～陶～系～弦～悬～顺～巴～巢～斗～革～簧～爵～琴～勺～笙～陶～土～罂～竹～尊～樽例简便书露竹，尊待破霜匏。（唐·陆龟蒙《袭美见题郊居十首》其二）茂丛罗宅菊，长柄庾园匏。（宋·宋庠《小园》）

典系匏　喻求仕不得或闲置不用。《论语·阳货》："子曰：'……吾岂匏瓜哉？焉能系而不食！'"

坚辞羽葆与吹铙，翻向天涯困系匏。（唐·韩偓《有感》）

炮páo

另见516页bāo、569页pào。

古下平，三肴。逆煨～炙～顺～格～烙～炼～制～炙例宫事无穷类海潮，寸肠忍使自煎炮。（宋·吴泳《果山春郊即事七首》其二）鲛绡从剪制，火布任焚炮。（宋·胡寅《阻雪慈云有怀叔夏》）

咆páo

古下平，三肴。逆雷～怒～顺～勃～哮～咻～炰～跃例老虫干铁鸣，惊兽孤玉咆。（唐·孟郊《秋怀十五首》之十二）

刨páo

①挖掘。②除去。另见561页bào。

古《集韵》：平声，爻韵。逆镑～刷～顺～除～食例方础荆山采，修掾郢匠刨。（唐·元稹《江边四十韵》）

瓢piáo

古下平，二萧。逆箪～风～宫～挂～合～鹤～箕～老～鲁～脑～泼～弃～雀～诗～天～团～五石～悬～颜～椰～饮～顺～栝～箪～冠～笠～囊～笙～堂～觯～尊～樽例昨日钟山甘露降，玻璃满赐出宫瓢。（唐·殷尧藩《早朝》）客来无酒饮，搔首掷空瓢。（唐·姚合《春日闲居》）

典箪瓢　亦作"一箪瓢""陋巷箪瓢"。指孔子的弟子颜回能够安贫乐道。《论语·雍也》："子曰：'贤哉，回也！一箪食，一瓢饮，在陋巷，人不堪其忧，回也不改其乐。'"

何似伯鸾携德耀，箪瓢未足清欢足。（宋·苏轼《满江红·忧喜相寻》）

挂瓢　亦作"风瓢""悬瓢""枝上瓢"。指栖隐山林。东汉·蔡邕《琴操》："《箕山操》，许由作也。许由者，古之贞固之士也。尧时为布衣，夏则巢居，冬则穴处，饥则仍山而食，渴则仍河而饮。无杯器，常以手捧水而饮之。人见其无器，以一瓢遗之。由操饮毕以瓢挂树。风吹树动，历历有声。由以为烦扰，遂取损之。"

松上挂瓢枝几变，石间洗耳水空流。（唐·钱起《谒许由庙》）

挈瓢　亦作"廖凝挈瓢"。指归隐不仕。廖凝《彭泽解印》："五斗徒劳谩折腰，三年两鬓为谁焦。今朝官满重归去，还挈来时旧酒瓢。"

挈瓢戴雪逢遗老，著屐寻诗有故人。（清·函可《丙戌元旦顾家楼》）

嫖(闝)piáo

另见523页piāo。

古《广韵》：皮妙切，又抚招切，宵部。顺～娼～妓～经～客

朴piáo

姓。另见52页pō、64页pò，410页pǔ。

桥(橋)qiáo

古下平，二萧。逆鞍～霸～灞～拜～抱～冰～乘～赤阑～道～东～段～法～汾～封～甘四～官～横～红～虹～画～颉～津～巨～蓝～浪～连～六～洛～门～脑～偏～平～秦～屈～躺～题～填～午～阳～野～仪～阴～指～仲～走

～顺～道～丁～肚～阁～公钺～涵～桁～虹～君学～吏～陵～门～山～市～死～松～涂～埦～星～栅～鄣～冢～彴～梓例泉声喧后涧，虹影照前桥。（唐・王勃《上巳浮江宴韵得遥字》）鹤舞千年树，虹飞百尺桥。（唐・陈子昂《春日登金华观》）

典**长桥**　借指勇士除害。《晋书・周处传》："周处字子隐，义兴阳羡人也。…… 不修细行 …… 谓父老曰：'今时岁丰，何苦而不乐耶？'父老叹曰：'三害未除，何乐之有！'处曰：'何谓也？'答曰：'南山白额猛兽，长桥下蛟，并子为三矣。'处曰：'若此为患，吾能除之。'……处乃入山射杀猛兽，因投水搏蛟。……处遂励志好学。"

谁看挟剑赴长桥，谁看浸发题春竹。（唐・李贺《听颖师琴歌》）

鹊桥　亦作"乌鹊填""织女桥""星桥""乌鹊桥"。借指男女约会的场所。唐・韩鄂《岁华纪丽》卷三引东汉应劭《风俗通义》(佚文)："织女七夕当渡河，使鹊为桥。"

柔情似水，佳期如梦，忍顾鹊桥归路。（宋・秦观《鹊桥仙・纤云弄巧》）

题桥　指为取荣显而发誓言下决心。《太平御览》卷七三引晋・常璩《华阳国志》："升仙桥在成都县北十里，即司马相如题桥柱曰：'不乘驷马高车，不复过此桥！'"今本《华阳国志・蜀志》："(成都)城北十里有升仙桥，有送客观。司马相如初入长安也，题市门（'市门'《艺文类聚》卷六三引作'斯门'）曰：'不乘赤车驷，不过汝下也！'"

最惭僧社题桥处，十八人名空一人。（唐・白居易《春忆二林寺旧游因寄朗满晦三上人》）

午桥　借指贵族园林，或喻闲适的情趣。《旧唐书・裴度传》："度以年及悬舆，王纲版荡，不复以出处为意。东都立第于集贤里，筑山穿池，竹禾丛萃，有风亭水榭，梯桥架阁，岛屿回环，极都城之胜概。又于午桥创别墅，花木万株，中起凉台暑馆，名曰绿野堂。引甘水贯其中，酾引脉分，映带左右。度视事之隙，与诗人白居易、刘禹锡酣宴终日，高歌放言，以诗酒琴书自乐，当时名士，皆从之游。"

忆昔午桥桥上饮，坐中多是豪英。（宋・陈与义《临江仙・忆昔午桥桥上饮》）

赤阑桥　长安桥名。借指等候情人的地方，衬托思春情怀。唐・温庭筠《杨柳枝》："宜春苑外最长条，闲袅春风伴舞腰。正是玉人肠断处，一渠春水赤栏桥。"清曾益注引唐杜佑《通典》："隋开皇三年，筑京城，引香积渠水自赤阑桥经第五桥西北入城。"

当时相候赤阑桥，今日独寻黄叶路。（宋・周邦彦《玉楼春・桃溪不作从容住》）

情尽桥　唐代长安的桥名，后常用为咏叹离情别绪的典故。宋计有功《唐诗纪事》卷六五"雍陶"载：雍陶典阳安，送客至情尽桥。问其故，左右曰："送迎之情止至，故桥名情尽，"陶命笔为一诗《题情尽桥》云："从来只有情难尽，何事名为情尽桥？自此改名为折柳，任他离恨一条条。"

斩蛟桥　指宜兴溪渚长桥。祖台之《志怪》："义兴郡溪渚长桥下有苍蛟，吞噉人。周处执剑桥侧伺，久之，遇出，于是悬自桥上投下蛟背，而刺蛟数创，流血满溪。自郡渚至太湖句浦乃死。"

斩蛟桥下溪烟碧，射虎亭边草路清。（唐・徐铉《送冯侍郎》）

秦皇架石桥　亦作"秦王构石""秦桥""秦王树石桥""秦帝桥""石桥""东海桥""祖龙不成桥"。传说秦始皇在海中造石桥，因为负约触怒海神，以致石桥没有建成。晋伏琛《三齐略记》："秦始皇于海中作石桥，海神为之竖柱，始皇求为相见。神云：'我形丑，莫图我形，当与帝相见。'乃入海四十里见海神，左右莫动手，工人潜以脚画其像。神怒曰：'帝负约，速去。'始皇转马还，前脚犹立，后脚随崩，仅得登岸，画者溺死于海，众山之石皆倾注，今犹岌岌不趣。"

曾见秦皇架石桥，海神忙迫涨惊潮。（唐・徐钧者《自吟》）

瞧 qiáo

逆观～偷～顺～白～看～科

憔(*顦) qiáo

古下平，二萧。顺～悴～瘁～迫～瘦

樵 qiáo

古下平，二萧。逆采～负～荷～丽～木～农～三～山～薪～鱼～渔～顺～采～刍～爨～风～鼓～海～汲～柯～侣～畛～门～米～牧～女～讴～仆～青～山～舍～拾～室～树～竖～苏～苏客～炭～童～头～途～薪～烟～隐～渔～蒸～舟～子例地富鱼为米，山芳桂是樵。（唐・田澄《成都为客作》）取适琴将酒，忘名牧与樵。（唐・李商隐《秋日晚思》）

典**负樵**　指暂处贫困，以待时机。《汉书・朱买臣传》："朱买臣字翁子，吴人也。家贫，好读书，不治产业，常艾薪樵，卖以给食，担束薪，行且诵书。……其后，买臣独行歌道中，负薪墓间。"

渔艇息悠悠，夷歌负樵客。（唐・杜甫《雨二首》其二）

翘(翹) qiáo

①鸟尾上的长羽毛。②举起、抬起。③才能突出。另见570页 qiào。

古下平，二萧。逆翠～风～鸡～连～翘～秀～英～云～擢～顺～拔～材～车～诚～楚～待～弓～关～馆～惶～揭～结～捷～敬～举～俊～隽～陆～敏～跂～企～翘～思～悚～竦～特～腾～舞～想～肖～萧～心～秀～袖～彦～遥～异～英～颙～瞻～伫～驻～滋例楚鸿行尽直，沙鹭立偏翘。（唐・杜牧《题吴兴消暑楼十二韵》）吴市蠙蛛甲，巴賨翡翠翘。（唐・李商隐《碧瓦》）

典**鸡翘**　指鸾旗，帝王仪仗之一。《后汉书・舆服志上》："乘舆法驾……侍中参乘。属车三十六乘。前驱有九斿云罕，凤皇闟戟，皮轩鸾旗，皆大夫载。鸾旗者，编羽旄，列系幢旁。民或谓之鸡翘，非也。"

内苑只知含凤觜，属车无复插鸡翘。（唐・李商隐《茂陵》）

云翘[1]　乐舞名。《后汉书・祭祀志中》："先立秋十八日，迎黄灵于中兆，祭黄帝后土……八佾舞《云翘》、《育命》之舞。"

朱户未闻迎彩燕，东郊先报舞

云翘。（宋·晏殊《辛春日词》）

云翘[2] 仙女名，借指美女。唐裴铏《传奇·裴航》："后有仙女，鬟髻霓衣，去是妻之姊耳。航拜讫，女曰：'裴郎不相识耶？'航曰：'昔非姻好，不醒拜侍。'女曰：'不忆鄂渚同舟回而抵襄汉乎？'航深惊怛，恳悃陈谢。后问左右，曰：'是小娘子之姊云翘夫人，刘纲仙君之妻也。已是高真，为玉皇之女吏。'"

夜久露落琼浆，神京归路，有云翘前迹。（宋·赵磻老《念奴娇·冰蟾驾月》）

乔(喬)qiáo

㊂下平，二萧。㊃豹～曾～吃～大～二～发～附～洪～看～拿～迁～乾～乔～轻～王子～小～虚～阳～夭～莺～重～子～作～㊉～才～材～干～画～话～桀～柯～扦～腔～乔～怯～山～势～竦～素～性～衙～样～岳～陟～妆～梓～做㊄东风不与周郎便，铜雀春深锁二乔。（唐·杜牧《赤壁》）陵迁谷变如须问，控鹤山人字子乔。（唐·吴融《和张舍人》）

㊇**杜乔** 借指耿直的忠臣。杜乔因为耿直，不愿与小人梁冀受贿之事遮掩，遂被冀怀恨在心，且以莫须有的罪名陷害入狱，后杜乔死狱中。见《后汉书·李杜列传》。

跋扈以成梁冀在，简书难问杜乔归。（唐·罗隐《经故洛阳城》）

二乔 亦作"两乔""大小乔"。指并蒂的花朵或美丽的两姐妹。《三国志·吴书·周瑜传》："（孙）策欲取荆州，以瑜为中护军，领江夏太守，从攻皖拔之。时得桥公两女，皆国色也。策自纳大桥，瑜纳小桥。"小乔一作小桥。

最怜乌鹊南飞句，不解风流见二乔。（宋·辛弃疾《鹧鸪天·叹息频年廪未高》）

松乔 借指仙人或幽居山林的隐士。班固《西都赋》："庶松乔之群类，时游从乎斯庭。实列仙之攸馆，非吾人之所宁。"唐李善注："《列仙传》曰：'赤松子者，神农时雨师也。服水玉以教神农。'又曰：'王子乔者周灵王太子晋也。道人浮丘公接以上嵩高山。'"

新文生沈谢，异骨降松乔。（唐·杜甫《哭王彭州抡》）

王乔[1] 亦作"王子乔""子乔"。借指仙人。孙绰《游天台山赋》："王乔控鹤以冲天，应真飞锡以蹑虚。"《列仙传》："王子乔者，周灵王太子晋也。"古代传说中的仙人王子乔又被称作王乔。

眷言王乔舄，婉娈故人情。（唐·李白《淮阴书怀寄王宗成》）

王乔[2] 借指县令。《后汉书·方术传上·王乔》："王乔者，河东人也。显宗世，为叶令。乔有神术，每月朔望，常自县诣台朝。"

天落白玉棺，王乔辞叶县。（唐·李白《赠王汉阳》）

侨(僑)qiáo ①客居异乡。②客居异乡的人。

㊂下平，二萧。㊃国～时～外～王～征～子～㊉～鄙～汇～家～旧～僦～躆～军～郡～客～立～流～庐～论～氓～墓～人～士～松～吴～肸～徙～寓～札～治～置～住～装㊄邦伯如今安得结，国人它日会思侨。（宋·刘克庄《送杨彦极提刑二首》其二）惠而知政今如此，拈起桥名问国侨。（宋·孙应凤《惠政桥》）

㊇**郑侨** 春秋时郑国相，姓公孙，名侨，字子产，出身于郑国贵族，自郑简公时开始执政，历定公、献公、声公三朝，维系了郑国的生存。见《史记·郑世家》。

入幕知孙楚，披襟得郑侨。（唐·杜甫《奉赠卢五丈参谋》）

张子侨 借指文学侍臣。《汉书·王褒传》："宣帝时……召高材刘向、张子侨、华龙、柳褒等待诏金马门。"《汉书·楚元王传》附《刘向传》："更生以通达能属文辞，与王褒、张子侨等并进对。"颜师古注："子侨官至光禄大夫。"

金门待诏何逍遥，名儒早问张子侨。（唐·李德裕《雨中自秘书省访王三侍御》）

荞(蕎)qiáo

㊂下平，二萧。㊉～巴～麦～面～丝㊄潮壮知多蟹，霜迟不损荞。（宋·陆游《秋晚村舍杂咏》）老病不堪心力倦，甫田勿叹莠荞荞。（宋·岳珂《己亥十二月》其二）

趫qiáo ①矫健；敏捷。②善于行走、攀援。③足往上翘。

㊂下平，二萧。㊃翅～悍～女～趫～轻～跳～长～㊉～才～荡～夫～悍～疾～健～捷～猛～敏～轻～腾～雄～迅～勇㊄军中多宴乐，马上何轻趫。（唐·高适《睢阳酬别畅大判官》）

谯(譙)qiáo ①谯楼，即城门上的望楼。②谯谯，凋敝。

㊂下平，二萧。㊃城～诋～诃～诘～丽～南～谯～㊉～阁～鼓～居～楼～橹～门～谯～倞㊄七月坐凉宵，金波满丽谯。（唐·袁晖《七月闺情》）日暮还城邑，金笳发丽谯。（唐·刘禹锡《连州腊日观莫徭猎西山》）

㊇**黄龙见谯** 古人以之为江山易主、改朝换代的祥兆。《三国志·魏书·文帝纪》："初，汉熹平五年，黄龙见谯，光禄大夫桥玄问太史令单飏：'此何祥也？'飏曰：'其国后当有王者兴，不及五十年，亦当复见。天事恒象，此其应也。'内黄殷登默而记之。至四十五年，登尚在。三月黄龙见谯，登闻之曰：'单飏之言，其验兹乎！'"

飞燕潜来赵，黄龙岂见谯。（唐·唐彦谦《咸通中始闻褚河南》）

荍qiáo 锦葵。

㊂下平，二萧。㊉～麦

饶(饒)ráo ①饱；多，丰富。②宽裕。③肥沃。④任凭；尽管。⑤宽容，宽恕。

㊂下平，二萧。㊃安～白～不～布～筹～担～耽～地～肥～广～假～宽～民～情～庶～岁～天下～沃～相～夭～殷～盈～优～余～裕～直～周～总～纵～㊉～饱～本～辩～财～侈～道～多～乏～放～给～广～果～假～减～借～剧～利～免～培～情～取～让～赡～奢～舌～赦～士～受～爽～头～先～羡～雄～言～衍～野～益～溢～盈～勇～忧～远～纵㊄杏堂歌吹合，槐路风尘饶。（隋·江总《洛阳道》）行乐光辉寒食借，太平歌舞晚春饶。（唐·沈佺期《和上巳连寒食有怀京洛》）

㊇**董娇饶** 借指美丽的青年女子。《玉台新咏》卷一东汉宋子侯《董娇饶》："不知谁家子，提笼行采桑。

纤手折其枝，花落何飘飏。请谢彼姝子，何为见损伤。”

酒醒梦回清漏永，隐床无限更潮。佳人不见董娇饶。（宋·苏轼《临江仙·多病休文都瘦损》）

盖宽饶 借指谏臣。《汉书·盖宽饶传》：“平恩侯许伯入第，丞相、御史、将军、中二千石皆贺，宽饶不行。许伯请之，乃往，从西阶上，东乡特坐。许伯自酌曰：‘盖君后至。’宽饶曰：‘无多酌我，我乃酒狂。’丞相魏侯笑曰：‘次公醒而狂，何必酒也？’”

无限玄言一杯酒，可能容得盖宽饶。（唐·皮日休《秋夕文宴得遥字》）

娆(嬈)ráo

古下平，二萧。又：上声，十七筱异。又：去声，十八啸异。逆娇～苛～娆～夭～妖～窈～赵～例著雨胭脂点点消，半开时节最妖娆。（唐·何希尧《海棠》）

典**烧烛看妖娆** 指对花充满爱惜之情。宋苏轼《海棠》：“东风袅袅泛崇光，香雾空濛月转廊。只恐夜深花睡去，故烧高烛照红妆。”

可惜随风面旋飘，直须烧烛看娇娆，人间花月更无妖。（宋·葛胜仲《浣溪沙·可惜随风面旋飘》）

荛(蕘)ráo 柴草。

古下平，二萧。逆刍～苕～薪～询～顺～牧～竖～子例一屏直耸耸，万里直荛荛。（宋·方岳《有以晦庵真迹》）

典**刍荛** 指野语村言或草野之民，常用作自谦之词。《诗经·大雅·板》：“我言维服，勿以为笑。先民有言，询于刍荛。”毛氏传：“刍荛，采薪者。”郑玄笺：“服，事也。我所言乃今之急事，女无笑之。古之贤者有言：‘有疑事当与薪采者谋之。’匹夫匹妇或知及之，况于我乎？”

贫贱侵凌富贵骄，功名无复在刍荛。（宋·王安石《韩信》）

采善询荛 指从草野之中听取意见。见《诗经·大雅·板》。

勤中昃、采善询荛。五风飘。（宋·无名氏《天圣二年南郊鼓吹歌曲三首》其三）

桡(橈)ráo 船桨。另见537页náo。

古下平，二萧。逆桂～画～停～征～顺～歌～姬～楫～客例日出三竿春雾消，江头蜀客驻兰桡。（唐·刘禹锡《竹枝》）猩猩血彩系头标，天上齐声举画桡。（唐·张祜《上巳乐》）

蛲(蟯)náo 腹中虫。

古下平，二萧。逆蛔～跂～顺～虫～蛔～瘕

韶sháo

古下平，二萧。逆春～大～帝～凤～九～康～灵～聆～年～青～清～舜～闻～仙～咸～箫～雅～妖～仪～英～韺～虞～云～顺～艾～齿～陔～钧～朗～丽～龄～曼～茂～妙～敏～年～娘～绮～山～石～武～舞～夏～箫～雅～艳～阳～仪～英～韺～虞～苑～运～稚例御炉分兽炭，仙管弄云韶。（唐·包佶《元日观百僚朝会》）古耳有未通，新词有潜韶。（唐·孟郊《晚雪吟》）

典**九韶** 指君主圣明时的宫廷音乐。唐成玄英疏：“《九韶》，舜乐名也。”

乐九韶兮人神感，美七德兮天地清。（唐·张说《唐享太庙乐章·舒和》）

钧韶 借指宫廷乐曲。《史记·赵世家》：“居二日半，(赵)简子寤。语大夫曰：‘我之帝所甚乐，与百神游于钧天，广乐九奏万舞，不类三代之乐，其声动人心。’”《庄子·至乐》：“昔者海鸟止于鲁郊，鲁侯御而觞之于庙，奏《九韶》以为乐。具太牢以为膳。”钧韶，即天帝之“钧天广乐”与舜《韶乐》的合称。

岳湛有仙姿，钧韶无俗音。（宋·欧阳修《鹤联句》）

闻韶 指欣赏优美的音乐和诗文佳作。《论语·述而》：“子在齐闻《韶》，三月不知肉味，曰：‘不图为乐之至于斯也。’”

岂是闻韶解忘味，迩来三月食无盐。（宋·苏轼《山村五绝》其三）

仙韶 借指宫廷乐曲。《新唐书·礼乐志十二》：“文宗好雅乐，诏太常卿冯定采开元雅乐制《云韶法曲》及《霓裳羽衣舞曲》。《云韶乐》……遇内宴乃奏。……自是臣下功高者，辄赐之。乐成，改法曲为仙韶曲。”

一弦弹尽仙韶乐，曾破千金学。（宋·晏几道《虞美人·一弦弹尽仙韶乐》）

箫韶 亦作“韶乐”“舜韶”“虞韶”。借指宫廷乐曲。《书·益稷》：“《箫韶》九成，凤皇来仪。”旧题汉孔安国传：“《韶》，舜乐名，言‘箫’见细器之备。”唐孔颖达疏：“箫是乐器之小者。‘言箫见细器之备’，谓作乐之时，小大之器皆备也。”

新莺飞绕上林苑，愿入箫韶杂凤笙。（唐·李白《侍从宜春苑奉诏》）

勺sháo ①勺子。②容量单位。另见65页zhuó。

古入声，十药。逆半～涔～翠～涓～龙～匏～蒲～疏～一～顺～药～饮例银瓶贮寒泉，当顶倾一勺。（唐·白居易《嗟发落》）屏山掩，沈水倦熏，中酒心情怕杯勺。（宋·张元干《兰陵王·卷朱箔》）

杓sháo ①杓子。②杯杓。另见516页biāo。

古入声，十药。逆杯～翠～壶～瓯～樽～桸～盏～柘～尊～鸬鹚～顺～秉～子例坐看莺斗枝，轻花满尊杓。（唐·元稹《遣春十首》其九）家僮解弦管，骑从携杯杓。（唐·白居易《西行》）

典**鸬鹚杓** 酒具，借指豪饮情怀。唐李白《襄阳歌》：“鸬鹚杓，鹦鹉杯，百年三万六千日，一日须倾三百杯。”

病来孤负鸬鹚杓，禅板蒲团入眼中。（宋·黄庭坚《戏答王子予》其二）

芍sháo 另见65页shuò。

古入声，十药。逆赤～顺～药例房名药，陂名芍。（清·董元恺《满江红·月白荒荒》）

逃(迯)táo

古下平，四豪。逆逋～不目～遁～惊～目～匿～辟～迁～闪～讬～形～逸～隐～诱～顺～败～杯～背～迸～逋～禅～臣～宠～佃～顿～反～伏～乖～归～号～河～户～汇～降～劫～酒～绝～爵～禄～免～墨～疟～秦～山～伤～时～世～逝～释～首～塾～薮～俗～田～突～屋～伍～席～限～相～形～虚～扬～杨～尧～移～佚

例月黑雁飞高，单于夜遁逃。（唐·钱起《和张仆射塞下曲》）汉庭重少身宜退，洛下闲居迹可逃。（唐·白居易《初到洛下闲游》）

典**董逃** 东汉灵帝时的歌谣。《后汉书·五行志一》："灵帝中平中，京都歌曰：'承乐世董逃，游四郭董逃，蒙天恩董逃，行谢恩董逃，整车骑董逃，垂欲发董逃，与中辞董逃，出西门董逃，瞻宫殿董逃，望京城董逃，日夜绝董逃，心催伤董逃。'"

古来诗律推曹氏，不数河梁与董逃。（宋·刘克《曹路分赠诗次韵一首》）

桃táo

古下平，四豪。逆碧～扁～匾～冰～二～放～绯～肥～分～麸～宫～鬼～含～寒～洪～花～环～金～荆～灵～露～盘～扑～葡～蒲～蹊～神～天～投～苇～缃～枭～小～鸭～阳～夭～英～莺～游～玉～御～越～顺～拔～棓～波～部～丹～簟～都～蠹～符～戈～观～孩～红妆～弧～花命～棘～橛～康～莱～茢～卯～片～蹊～圈～雀～穰～沛～笙～绥～殳～水～汤～枭～心～叶渡～叶妓～杙～源～枝簟～朱术～诸～竹簟～菹例后骑萦堤柳，前旌拂御桃。（唐·李适《奉和圣制九日侍宴》）开畦分白水，间柳发红桃。（唐·王维《春园即事》）

典**碧桃** 传说中仙人吃的仙果。常用作咏仙家或祝寿的典故。《艺文类聚》卷八六引《尹喜内传》："老子西游，省太真王母，共食碧桃紫梨。"

可羡瑶池碧桃树，碧桃红颊一千年。（唐·李商隐《石榴》）

分桃 借指帝王男宠。《说苑·杂言》："弥子瑕爱于卫君……君游果园，弥子瑕食桃而甘，不尽而奉君。君曰：'爱我而忘其口味。'"

观桃 借指讽喻政事。唐·刘禹锡《元和十一年自朗州召至京戏赠看花诸君子》："紫陌红尘拂面来，无人不道看花回。玄都观里桃千树，尽是刘朗去后栽。"

何郎情思逋仙骨。观桃墙杏成疏阔。（宋·赵必瑑《一斛珠·西园饮歇》）

木桃 借指相互酬答、馈赠。《诗经·卫风·木瓜》："投我以木桃，报之以琼瑶。匪报也，永以为好也。"

能迁驺驭寻蜗舍，不惜瑶华报木桃。（唐·钱起《重赠赵给事》）

蟠桃 古代神话中的仙桃。常用作祝寿之词。《太平御览》卷九六七引《汉旧仪》："《山海经》称：东海之中，度索山，山上有大桃，屈盘三千里。"《艺文类聚》引作"东海有山，名度索山，有大桃树，屈蟠三千里，曰蟠桃。"

披山穷木禾，驾海逾蟠桃。（唐·柳宗元《游南亭夜还》）

偷桃 亦作"窃桃""摘桃""偷取蟠桃""蟠桃偷折""曼桃""曼倩三偷""曼倩"。传说东方朔曾三次偷西王母的仙桃。后世多用作咏桃或咏东方朔的典故，也多借用为祝寿的典故。旧题东汉·班固《汉武故事》："东郡送一短人，长五寸，衣冠具足。上疑其精，召东方朔至，朔呼短人曰：'巨灵，阿母还来否？'短人不对，因指谓上：'王母种桃，三千年一结子，此儿不良，已三过偷之，失王母意，故被谪来此。'上大惊，始知朔非世中人。"

偷桃窃药事难兼，十二城中锁彩蟾。（唐·李商隐《月夜重寄宋华阳姊妹》）

绥山桃 亦作"绥岭桃"。借指仙果。《列仙传·葛由》："葛由者，羌人也。周成王时，好刻木羊卖之。一旦，骑羊而入西蜀。蜀中王侯贵人追上，上绥山。绥山在峨眉山西南，高无极也。随之者不复还，皆得仙道。故里谚曰：'得绥山桃，虽不得仙，亦足以豪。'"

我闻绥山桃，酝彼灵胎养。（明·王夫之《熊男公过访》）

王母桃 亦作"王母仙桃""千年桃"。传说中王母曾赠送三千年一结实的仙桃与汉武帝。诗文中常借以咏仙境，咏桃，也作用以祝贺寿诞的典故。见旧题东汉·班固《汉武帝内传》。

愿为王母桃，千岁奉至尊。（唐·张彪《敕移橘栽》）

啕táo 哭。

古下平，四豪。逆嚎～号～嗷～顺～呼～笑

陶táo ①瓦器。②制造瓦器。③化育。④培养。⑤喜悦貌。另见545页yáo。

古下平，四豪。逆白～彩～复～皋～耕～黑～洪～解～咎～钧～匏～坯～蒲～镕～融～陶～温～雄～宣～熏～薰～一～咏～釉～郁～甄～蒸～铸～作～顺～遨～白～畅～陈～成～春～诞～顿～旃～旃～桴～葛～和～泓～瓠～化～家～巾～居士～菊～均～钧～乐～练～炼～令～柳～母～沐～匏～洽～琴～情～丘～然～埏～氏～梭～世～淑～遂～唐～韦～卫～兀～心～欣～性～煦～养～衣～猗～怡～阴～隐～婴～渔～郁～育～远～运～缊～埴～植～朱～子例胜概日相与，思君心郁陶。（唐·岑参《巩北秋兴》）折腰彭泽不归去，未必东坡肯和陶。（宋·方回《病后夏初杂书近况十首》其一）

涛（濤）táo 另见525页tāo。

古下平，四豪。逆八月～百尺～奔～风～观～广陵～弄～秋～石～万顷～顺～波～濑～澜～泷例霜随驱夏暑，风逐振江涛。（唐·岑参《送赵侍御归上都》）独夜相思但自劳，阮生吟罢梦云涛。（唐·栖白《月夜怀刘秀才》）

淘táo

古下平，四豪。逆豪～槐～开～浪～冷～顺～伴～鹅～坏～浚～虏～渌～碌～漉～篓～摸～融～沙～神～潩～索～物～写～虚～渲～战～真～濯

萄táo

古下平，四豪。逆葡～蒲～例美香焚湿麝，名果赐干萄。（唐·刘禹锡《浙西李大夫》）但今年此日，疏了醉葡萄。（宋·刘辰翁《八声甘州·记前朝、鹤会又重来》）

鼗（鞉、鞀）táo 摇鼓。

古下平，四豪。逆播～雷～灵～路～弦～钟～顺～鼓～鼙～武

绹（綯）táo ①绳索。②用绳索捆绑。

古下平，四豪。逆茅～索～顺～绞例日砖有影占花隐，风铎无声引索绹。（宋·马廷鸾《恭和御制诗》）喜有奇才追宋轼，光膺圣制胜唐绹。

（宋·宋度宗《恭和御制》）

洮táo　水名。

【古】下平，四豪。【逆】临～洮～【顺】～盥～河～颒～靧～沫～洮～研～砚【例】近闻犬戎远遁逃，牧马不敢侵临洮。（唐·杜甫《近闻》）金带连环束战袍，马头冲雪度临洮。（唐·马戴《出塞》）

梼（檮）táo　梼杌：①断木。②传说中的远古恶人"四凶"之一。③楚史名。

【古】下平，四豪。【逆】楚～公～【顺】～昧～杌～戭

醄táo

【古】下平，四豪。【逆】酕～醄～【顺】～醄【例】千古功名输慷慨，百年荣辱付酕醄。（宋·吴芾《题养浩轩》）晚对南山饮浊醪，少舒幽愤醉醄醄。（元·叶颙《至正戊戌九日感怀赋》其五）

调（調）tiáo　另见563页diào。

【古】下平，二萧。【逆】琴瑟～【顺】～处～唇～鼎～腼～风月～幅～良～排～脾～息～谑～引～元～资【例】急节迎秋韵，新声入手调。（南北朝·庾信《咏画屏风诗》其一一）曲房珠翠合，深巷管弦调。（唐·刘长卿《少年行》）

条（條）tiáo

【古】下平，二萧。【逆】摆～被～赤～敕～春～翠～繁～飞～丰～风～凤～敷～刚～瓜～寒～鸿～黄～梨～六～麻～毛～麫～篾～鸣～南～乾～青～轻～情～荣～生～衰～霜～违～无～先～新～沿～艳～逸～阴～应～游～玉～辕～远～中～【顺】～衵～鬯～次～达～定～端～风～谷～贯～翩～侯～华～集～籍～菅～举～柯～流～苗～命～蘖～品～祈～苓～戎～绒～褥～森～师～脱～析～晰～循～衣～议～肆～支～职～指～治～秩～卓～综【例】以彼径寸茎，荫此百尺条。（魏晋·左思《咏史》）旧俗吴三让，遗风汉六条。（唐·徐安贞《送丹阳采访》）

【典】**倡条**　亦作"冶叶倡条"。倡，通"娼"。因杨柳的枝叶婀娜多姿，任人玩赏攀折，故借指妓女。

月香传瘦影，露脸凝清泪。笑倡条冶叶，怕冷尚贪睡。（宋·仇远《早梅芳近·碧溪湾》）

六条　借指刺史督察州郡。《汉书·百官公卿表上》："武帝元封五年置部刺史，掌奉诏条察州。"颜师古注："《汉官典职仪》云：刺史班宣，周行郡国，省察治状，黜陟能否，断治冤狱，以六条问事，非条所问，即不省。一条，强宗豪右田宅逾制，以强凌弱，以众暴寡。二条，二千石不奉诏书遵承典制，倍公向私，旁诏守利，侵渔百姓，聚敛为奸。三条，二千石不恤疑狱，风厉杀人，怒则任刑，喜则淫赏，烦扰刻暴，剥截黎元，为百姓所疾，山崩石裂，妖祥讹言。四条，二千石选署不平，苟阿所爱，蔽贤宠顽。五条，二千石子弟恃怙荣势，请托所监。六条，二千石违公下比，阿附豪强，通行货赂，割损正令也。"

此瑟新更击巨贪，六条察吏首言赃。（宋·王义山《谒按察马佥事》）

蜩tiáo　蝉的别名。

【古】下平，二萧。【逆】不～残～承～寒～金～良～马～鸣～鹏～青～秋～时～【顺】～范～沸～螽～甲～螃～梁～蜋～蛹～螗～螳～蜕～蚬～鼹～翼～蛰【例】街径多坠果，墙隅有蜕蜩。（唐·张籍《雨中寄元宗简》）带月啼春鸟，连空噪暝蜩。（唐·张乔《兴善寺贝多树》）

迢tiáo

【古】下平，二萧。【逆】迢～【顺】～递～遰～断～渺～邈～峣～遥～远～越【例】日短天寒愁送客，楚山无限路迢迢。（唐·贾岛《冬夜送人》）秦女梦余仙路遥，月窗风簟夜迢迢。（唐·许浑《秦楼曲》）

苕tiáo　①凌霄花。②草名。又名紫云英。

【古】下平，二萧。【逆】红～剪～兰～连～陵～苕～苇～玉～折～【顺】～递～华～荛～荣～水～苕～亭～溪～峣～颖～霅～帚【例】已矣玄凤叹，严霜集灵苕。（唐·李益《答郭黄中孤云首章见赠》）远翠天涯经夜雨，冷痕沙上带昏潮。谁梦与兰苕。（宋·王琪《望江南·江南草》）

【典】**翡翠兰苕**　指游仙学道之士所处的美妙的环境。郭璞《游仙诗七首》其三："翡翠戏兰苕，容色更相鲜。"李善注："言珍禽芳草遞相辉映，可悦之甚也。兰苕，兰秀也。"

或看翡翠兰苕上，未掣鲸鱼碧海中。（唐·杜甫《戏为六绝句》其四）

笤tiáo

【逆】灵～圣～讨～【顺】～箕～篱

鲦（鰷、鯈）tiáo　鱼名。

【古】下平，二萧。【逆】白～轻～纤～游～

髫tiáo　小孩下垂的短发。

【古】下平，二萧。【逆】垂～髦～霜～蜗～玄～【顺】～辫～龀～初～髻～丱～冠～羁～髻～龄～孺～童～秀～稚【例】宿昔朱颜成暮齿，须臾白发变垂髫。（唐·王维《叹白发》）兰玉自垂髫。拜命当朝。（宋·高登《浪淘沙·璧月挂秋宵》）

岧（岹）tiáo　高貌。

【古】下平，二萧。【逆】岧～【顺】～嵽～嵉～岧～峣～直

龆（齠）tiáo　①儿童换牙的过程或状态。②年幼。③通"髫"。

【古】下平，二萧。【逆】垂～玄～【顺】～龀～齿～耋～发～丱～龄～年～绮～日～容～岁～稚【例】翁既死于寒，客亦易此龆。（宋·苏轼《刘丑厮诗》）嗟哉生事垂箪瓢，母齿豁豁群儿龆。（宋·陈舜俞《太湖一首和姚子张》）

淆xiáo　另见544页yáo。

【古】下平，三肴。【逆】纷～绲～浑～溷～泾渭～庞～霧～紊～玉石～【顺】～舛～荡～讹～溷～惑～乱～紊～杂【例】怪鹏频栖息，跳蛙颇混淆。（唐·元稹《江边四十韵》）

洨xiáo　水名。

【古】下平，三肴。

摇yáo

【古】下平，二萧。【逆】超～齿～独～蜚～皋～金～惊～精～窥～迁～煽～心～星～须～夭～疑～郁～云～【顺】～板～宝～襞～槌～唇～旦～狄～毒～顿～风～鼓～光～幌～会～惑～江～旌～民～溶～水～摊～丸～尾～兀～消～心～牙～演～艳～滟～易～裔～刖～悦～翟～战～震【例】五更鼓角声悲壮，三峡星河影动摇。（唐·杜甫《阁夜》）暖傍离亭静拂桥，入流穿槛绿摇

摇。(唐·孙魴《杨柳枝》)

典**蹑扶摇**　喻前程远大,仕途得意。《庄子·逍遥游》:"南冥者,天池也。……《谐》之言曰:'鹏之徙于南冥也,水击三千里,抟扶摇而上者九万里,去以六月息者也。'……风之积也不厚,则其负大翼也无力。故九万里则风斯在下矣,而后乃今培风。"

方期全拥肿,岂望蹑扶摇。(唐·权德舆《户部王曹长杨考功崔刑部二院长》)

遥yáo

古下平,二萧。逆超～梦魂～入望～山～赊～水～岁月～顺～碧～岑～祠～带～堤～睇～芬～汉～缄～袅～青～署～夕～香草～衍～艳～夜～役～裔～源～长～制～胄例碧海桑田何处在,笙歌一听一遥遥。(唐·薛曜《送道士入天台》)玉枕夜残鱼信绝,金钿秋尽雁书遥。(唐·胡曾《车遥遥》)

典**寄与路遥**　指遥念亲友。《太平御览》卷九七〇引南朝宋盛弘之《荆州记》:"陆凯与范晔相善,自江南寄梅花一枝,诣长安与晔。并赠范诗曰:'折花逢驿使,寄与陇头人。江南无所有,聊寄一枝春。'"

叹寄与路遥,夜雪初积。(宋·姜夔《暗香·旧时月色》)

谣(謠)yáo

古下平,二萧。逆迭～飞～风～阜财～复陂～鬼～行～康衢～里～俚～町～貊～讴～清～衢～褥袴～三户～山～踏～僮～吴～五袴～音～余～舆～诼～紫芝～顺～谶～谍～讟～喙～謷～妖～诼例愿言除疾苦,天子听歌谣。(唐·徐安贞《送丹阳采访》)惜别耐取醉,鸣榔且长谣。(唐·李白《送殷淑三首》其一)

典**云谣**　即"白云谣",后亦借指颂歌。《穆天子传》卷三:"天子觞西王母于瑶池,西王母为天子谣:'白云在天,山陵自出。'"后人编录诗集,题之曰《白云谣》,省称《云谣》。

一曲云谣为寿,倒尽金壶碧酒。(宋·柳永《巫山一段云·萧氏贤夫妇》)

尺布谣　亦作"一斗粟"。借指统治集团内部兄弟相争。汉文帝与其弟淮南王互相争斗,后来淮南王不食而死。孝文十二年,民有作歌,歌淮南厉王曰:"一尺布,尚可缝;一斗粟,尚可舂。兄弟二人不能相容。"见《史记·淮南王列传》。

汉兴尺布谣,郑有誓泉言。(宋·黄叔美《宝善堂为薛玄卿题》)

五裤谣　借指地方长官政绩出色。《后汉书·廉范传》:"廉范字叔度,是赵将廉颇之后。任蜀郡太守造福一方。百姓为便,乃歌之曰:'廉叔度,来何暮?不禁火,民安作。平生无襦今五裤。'"

歌乐虽盈耳,惭无五裤谣。(唐·白居易《西楼喜雪命宴》)

窑(窰、窯)yáo

古下平,二萧。逆成～磁州～地～弟～定～封～哥～寒～建～隆庆～民～内～年～彭～瓶～青～汝～西～虾蟆～越～臧～章～顺～变～户～课～笮～器～神～台～调～务～烟例刘生望都民,病羸寄空窑。(宋·苏轼《刘丑厮诗》)炎炎赤日当空烧,簿书围坐如居窑。(宋·陆游《急雨》)

典**瓦窑**　借指多生女孩的妇女。清褚人获《坚瓠集》:"无锡邹光大连年生女,俱招翟永龄饮。翟作诗曰:'去岁相招因弄瓦,今年弄瓦又相召;作诗上覆邹光大,令正原来是瓦窑。'"

瑶yáo

古下平,二萧。逆碧～丹～姑～江～鸣～青～清～琼～沙～文～瑛～顺～岸～軷～编～波～彩～岑～斗～篚～峰～海～衡～徽～斝～缄～界～津～京～簾～空～饼～砌～器～签～阙～蕊～色～篸～縢～天～图～兔～象～星～烟～颜～叶～音～月～枕～帙～轴～甃～篆～俎例表里通明不假雕,冷于春雪白于瑶。(唐·薛逢《石膏枕》)可惜一溪明月,莫教踏破琼瑶。(宋·苏轼《西江月·照野弥弥浅浪》)

典**琼瑶**　喻他人寄赠的诗文。《诗经·卫风·木瓜》:"投我以木桃,报之以琼瑶。匪报也,永以为好也。"毛氏传:"琼瑶,美玉。"

忽枉琼瑶作,乃深平生眷。(唐·高适《酬别薛三蔡大留简韩十四主簿》)

肴(餚)yáo　做熟了的肉类荤菜。

古下平,三肴。逆甘～蕙～溷～酒～兰～盘～绮～山海～上～旨～顺～核～溷～乱～糅～蔌～修～羞～醑～醳～馔～胾～葅～俎例白水可洗心,采薇可为肴。(唐·常建《空灵山应田叟》)长啸赋赤壁,有酒更无肴。(宋·李曾伯《水调歌头·一段太清境》)

淆yáo　又读。另见543页xiáo。

尧(堯)yáo

古下平,二萧。逆驳～吠～歌～匡～匿～犬吠～神～十～逃～轩～祝～遵～顺～禅～封～老～陵～龄～蓂～天～心例羽翼怀商老,文思忆帝尧。(唐·杜甫《收京三首》其二)愿将亿兆庆,千祀奉神尧。(唐·鲍君徽《奉和麟德殿宴百僚应制》)

典**逃尧**　喻隐士。尧让天下于许由,由不受而逃去。见晋皇甫谧《高士传》卷上《许由》。

回头一吊箕山客,始信逃尧不为名。(唐·李商隐《览古》)

祝尧　亦作"尧人祝""祝帝尧"。指祝颂帝王。《庄子·天地》:"尧观乎华,华封人曰:'嘻,圣人!请祝圣人,使圣人寿。'尧曰:'辞。''使圣人富。'尧曰:'辞。''使圣人多男子。'尧曰:'辞。'封人曰:'寿、富、多男子,人之所欲也。女独不欲,何邪?'尧曰:'多男子则多惧,富则多事,寿则多辱。是三者,非所以养德也,故辞。'"

不独华封老,千年喜祝尧。(唐·张说《皇帝降诞日集贤殿赐宴》)

羹墙见尧　指思慕前贤。《后汉书·李固传》:"昔尧殂之后,舜仰慕三年,坐则见尧于墙,食则睹尧于羹,斯所谓聿追来孝,不失臣子之节者。"

穷耽世味不期骄,安得羹墙暂见尧。(宋·李吕《澹轩》)

桀犬吠尧　亦作"欺尧犬狞""吠尧"。指恶人的走狗反对贤者,欺侮良善。见《战国策·齐策六》。

桀犬尚吠尧,匈奴笑千秋。(唐·李白《忆旧游书怀赠江夏韦太守良宰》)

姚yáo

古下平，二萧。逆骠～二～剽～飘～嫖～票～魏～有～远～顺～花～黄～姒～宋～魏～冶～远例居然双捕虏，自是一嫖姚。（唐·杜甫《寄董卿嘉荣十韵》）到时应变俗，新政满余姚。（唐·戴叔伦《送谢夷甫宰余姚县》）

典**霍嫖姚** 亦作"献凯惭霍""霍骠骑""嫖姚"。借指边将。大将军卫青姊子霍去病勇猛善战，受诏为剽姚校尉，后又为骠骑将军，屡立战功。见《史记·卫将军骠骑将军列传》。

玉靶角弓珠勒马，汉家将赐霍嫖姚。（唐·王维《出塞》）

爻yáo

古下平，三肴。逆财～出～六～上～生～世～屯～文书～羲～阳～阴～重～顺～变～辰～楦～辞～错～分～画～闰～律～彖～位～系～象例兴欲添玄测，狂将换易爻。（唐·皮日休《新秋言怀》）冬至一阳来服，三旬增一阳爻。（宋·张伯端《西江月·冬至一阳来服》）

飖（飆）yáo

古下平，二萧。逆飘～顺～扬～拽例晓渡明镜中，霞衣相飘飖。（唐·孟郊《送谏议》）

徭（傜）yáo

古下平，二萧。逆差～飞～更～家～均～科～蛮～莫～依～戍～外～王～兴～顺～编～夫～力～人～使～戍例独有辛苦者，屡为州县徭。（唐·司马扎《锄草怨》）冬至一阳来服，三旬增一阳爻。（宋·张伯端《西江月·冬至一阳来服》）

典**莫徭** 西南地区的一个少数民族。见《隋书·地理志下》。

渔父天寒网罟冻，莫徭射雁鸣桑弓。（唐·杜甫《岁晏行》）

侥（僥）yáo 焦侥，古代传说中的矮人。另见 551 页 jiǎo。

古下平，二萧。逆焦～僬～佋～例人事岂易料，勿轻此僬侥。（宋·苏轼《刘丑厮诗》）

峣（嶢）yáo 高。

古下平，二萧。逆焦～嶕～礁～嶚～崎～苕～岧～迢～峣～顺～嵲～辥～崎～峭～阙～然～岏～嵘～榭～嶷～峥例清川下逦迤，茅栋上岧峣。（唐·韦应物《沣上西斋寄诸友》）惊湍蹙缩悍而骄，大陵高岸失岧峣。（唐·刘禹锡《踏潮歌》）

崤yáo 山名。

古下平，三肴。逆二～函～双～顺～坂～陂～底～陀～函～陵～渑～嵚～潼例辱泥疑在绛，避雨想经崤。（唐·元稹《江边四十韵》）时事方千蝎，公途正二崤。（唐·皮日休《新秋言怀》）

陶yáo 通"窑"，窑灶。另见 542 页 táo。

古下平，二萧。逆皋～顺～子例丈人鲁诸生，明刑如皋陶。（宋·陈师道《寄外舅郭大夫》）

典**皋陶** 借指狱官。见唐张守节《史记正义》："皋陶作士，正平天下罪恶也。"

既非皋陶吏，空食沈狱魂。（唐·孟郊《峡哀》其五）

鳐（鰩）yáo

古下平，二萧。逆飞～海～江～文～例南溟垂大翼，西海饮文鳐。（唐·顾况《送从兄使新罗》）尝过西王母，曾殊北海鳐。（宋·梅尧臣《和刘原甫白鹦鹉》）

典**文鳐** 指飞鱼。《山海经·西山经》："又西百八十里，曰泰器之山。观水出焉，西流注入流沙。是多文鳐鱼，状如鲤鱼，鱼身而鸟翼，苍文而白首，赤喙，常行西海，游于东海，以夜飞。其音如鸾鸡，其味酸甘，食之已狂，见则天下大穰。"

珠蛤吐玲珑，文鳐翔旖旎。（唐·刘禹锡《韩十八侍属和》）

鹞（鷂）yáo 雉类。另见 575 页 yào。

古下平，宵部逆白～木～票～雀～铁～鹰～鱼～纸～顺～雉

轺（軺）yáo 轻车。

古下平，二萧。逆贰～方～锋～停～星～云～顺～传～毂～辂～旆例百粤临南海，儒冠任使轺。（唐·陈元光《酬裴使君王探公》）承诏选嘉宾，慨然即驰轺。（唐·高适《睢阳酬别畅大判官》）

典**乘轺** 借指高官。丘希范（迟）《与陈伯之书》："今功臣名将，雁行有序。佩紫怀黄，赞帷幄之谋；乘轺建节，奉疆场之任。"

休夸上直吟红药，多羡乘轺听子规。（宋·王禹偁《送冯学士入蜀》）

凿（鑿）záo （又读 zuó）凿子。另见 66 页 zuò。

古入声，十药。逆不～镵～充～楦～淙～斗～镮～翦～斤～金～精～垦～空～栗～批～牵～窍～碻～枘～疏～榫～刓～诬～五～熏～研～錾～崭～顺～楮～颠～溉～干～行～坏～巾～客～栗～龙～培～纰～窍～枘～说～台～蹄～脱～虚～言～眼～意～楹～照～窒

典**六凿** 指耳、目、鼻、口、心、知。六孔。一说指"六情"，即喜、怒、哀、乐、爱、恶。《庄子·外物》："目彻为明，耳彻为聪，鼻彻为颤，口彻为甘，心彻为知，知彻为德。……心无天游，则六凿相攘。"

君知六凿皆为赘，我有一言能决疣。（宋·苏轼《次韵王都尉偶得耳疾》）

枘凿 喻方正的品格难与圆滑的世事相容。屈原《离骚》："不量凿而正枘兮，固前修以菹醢。"宋洪兴祖补注："枘……刻木端所以入凿。"

时文窘枘凿，俗好厌冰炭。（宋·洪咨夔《送赵处士游方》）

着（*著）zháo ①受到。②中（箭）。③接触。④燃烧。另见 530 页 zhāo、58 页 zhuò、80 页 zhē、参见 395 页 zhù"著"。

古入声，十药。逆猜～燃～顺～慌～极～忙～恼

仄声·上声

袄（襖）ǎo

古上声，十九皓。逆胖～凤～红衲～黄～箭～铠～衲～袢～袍～青衲～襦～顺～子例卷收貂襜锦袄。且行拾遗穗，醉藉芳草。（宋·刘克庄《解连环·左弧悬了》）凤皇城外横门道，小妓军装金线袄。（元·杨维桢《春侠杂词》其八）

拗（*抝）ǎo 折断。另见 559 页 ào、504 页 niù。

古上声，十八巧。逆风～摧～顺～断～折例爪抬山脉断，掌托石心拗。（唐·周繇《题东林寺虎掊泉》）困尽蜂须莺爪。拟倩玉纤和露拗。（宋·

程垓《谒金门·春悄悄》)

媪ǎo 老妇。

🅖上声,十九皓。🅝保～楚～道～地～负～富～皇～黄～灵～尼～汤～先～牙～🅢～神～相～妪🅛万古黄龙真天矫。斩背后勘破台山媪。(宋·李彭《渔歌》)醉里吴音相媚好。白发谁家翁媪。(宋·辛弃疾《清平乐·茅檐低小》)

宝(寶、*寳)bǎo

🅖上声,十九皓。🅝卞～賝～丑～出～错～符～附～鸿～怀～髻～俭～巨～六～马～灭～冥～纳～偏～魄～轻～玮～休～耀魄～驭～杂～贽～赀～🅢～镈～忏～乘～持～吹～纛～幡～方～凤～跗～管～翰～泓～赆～姥～勒～历～利～埒～灵～录～路～箓～露～络～秘～冕～猊～镊～堑～衢～阙～胜～势～守～绶～笥～肆～算～唾～玩～挝～幄～婺～惜～屧～星～性～铉～曜～叶～靥～谕～篽～寘～重～庄～子～踪～祚🅛珍祥委天贶,灵物开地宝。(南北朝·沈约《梁鞞舞歌》其六)幸得师季良,欣留箧笥宝。(唐·姚发《送萧颖士赴东府》)

🅓鸿宝 亦作"枕中鸿宝"。指汉淮南王刘安撰写的谈神仙道术之文,泛指珍贵秘藏的书籍。《汉书·楚元王传》附《刘向传》:"上复兴神仙方术之事,而淮南有《枕中鸿宝》、《苑秘书》。"颜师古注:"《鸿宝》《苑秘书》,并道术篇名。藏在枕中,言常存录之不漏泄也。"晋葛洪《抱朴子·内篇》卷二《论仙》:"夫作多金皆在神仙集中,淮南王抄出,以作《鸿宝枕中书》,虽有其文,然皆秘其要文,必须口诀,临文指解,然后可为耳。"

清晨朝凤京,静夜思鸿宝。(唐·沈佺期《同工部李侍郎》)

灵宝 指道家长生仙术。晋·葛洪《抱朴子·内篇》卷一二《辨问》:"《灵宝经》有《正机》、《平衡》、《飞龟授袟》凡三篇,皆仙术也。"

不有古仙启其秘,今日安知灵宝经。(唐·皎然《奉同颜使君真卿》)

燕巾滥宝 喻不辨真伪。宋之愚人得燕石梧台之东,归而藏之,以为大宝。周客闻而观之,主人父斋七日,端冕之衣,衅之以特牲,革匮十重,缇巾十袭。客见之,俯而掩口卢胡而笑。见《后汉书·应劭传》。

叹自古、燕巾滥宝,楚山迷璧。(宋·魏了翁《满江红·世道何常》)

保bǎo

🅖上声,十九皓。🅝阿～边～城～慈～洊～大～诞～迪～都～对～辅～格～宫～沽～管～缄～郊～列～赁～灵～落～曚～鸥～铺～容～乳～驿～庸～召～植～中～🅢～阿～艾～媪～白～抱～弼～藏～城～赤～僬塔～揣～大～福～傅～扞～辜～光～归～和～衡～惠～极～甲～教～结～介～勘～厘～明～禳～摄～申～氏～世～绥～惜～乂～役～引～膺～庸～宥～泽～章🅛荣辱应无间,欢娱当共保。(唐·孟浩然《襄阳公宅饮》)不学蒲柳凋,贞心尝自保。(唐·李白《慈姥竹》)

🅓羊玄保 指棋艺高超的人。《宋书·羊玄保传》:"(羊玄保)为黄门侍郎。善弈棋,棋品第三,太祖与赌郡戏,胜,以补宣城太守。"

金门若召羊玄保,赌取江东太守归。(唐·陆龟蒙《送棋客》)

饱(飽)bǎo

🅖上声,十八巧。🅝笔～层～充～顿～耳～丰～求～饶～软～私～素～宿～狗～眼～餍～佚～殷～盈～赢～余～愉～饫～中～侏儒～租～🅢～谙～病～参～啜～德～呃～更～禄～掠～秣～目～馁～暖～卿～觑～识～朔～腾～闻～嗅～餍～扬～佚～饫～阅～载～绽～涨～贮🅛野人对膻腥,蔬食常不饱。(唐·杜甫《赠李白》)看取次、颤引薰风,想无奈、露餐清饱。(宋·陈著《绮罗香》)

🅓侏儒饱 指世道不公,小人得志而贤才受屈。据《汉书·东方朔传》载,侏儒们对皇上说:"东方朔言上欲尽诛臣等。"皇上知朔多端,召问朔:"何恐朱儒为?"朔对曰:"臣朔生亦言,死亦言。朱儒长三尺余,奉一囊粟,钱二百四十。臣朔长九尺余,亦奉一囊粟,钱二百四十。朱儒饱欲死,臣朔饥欲死。臣言可用,幸异其礼;不可用,罢之,无令但索长安米。"皇上大笑,因使待诏金马门,稍得亲近。

三冬足用侏儒饱,千里从看跛鳖行。(宋·梅尧臣《和王景彝寄吕缙叔》)

倾身一饱 指为生计出仕。晋·陶渊明《饮酒二十首》其一〇:"此行谁使然,似为饥所驱。倾身营一饱,少许便有余。恐此非名计,息驾归闲居。"

浑未办、倾身一饱,淅米矛头。(宋·辛弃疾《雨中花慢·马上三年》)

堡bǎo 另见359页bǔ。

🅖上声,十九皓。🅝边～别～顿～荒～逻～燧～砦～寨～障～🅢～壁～堠～聚～团～坞～砦🅛干戈碍乡国,豺虎满城堡。(唐·岑参《行军诗二首》其一)嘶马悲寒碛,朝阳照霜堡。(唐·温庭筠《边笳曲》)

葆bǎo ①车盖。②隐藏。

🅖上声,十九皓。🅝鬓～出～丛～翠～幡～凤～符～桂～麾～蓬～强～襁～文～绣～幢～🅢～爱～车～祷～盖～宫～光～和～就～力～塞～啬～守～颐～佾～臧🅛苒袅转鸾旗,萎蕤吹雉葆。(唐·温庭筠《嘲春风》)别来人事如秋草。应有吴霜侵翠葆。(宋·周邦彦《玉楼春·当时携手城东道》)

褓(緥)bǎo 小儿抱被。

🅖上声,十九皓。🅝锦～鳞～襁～孺～文～香～绣～🅢～被～姆～襁～裙～乳～衣🅛春粳但僃翁作糜,储帛才堪孙裂褓。(宋·陆游《自嘲》)祥呈香褓,尝记翁生当巳卯。(宋·无名氏《减字木兰花·祥呈香褓》)

鸨(鴇)bǎo ①鸟名。似雁而大,善走不善飞。②旧时称老妓女或开设妓院的妇女。

🅖上声,十九皓。🅝乘～鸿～花～集～老～沙～雁～🅢～奥～儿～妇～公～行～合～妓～姏～母～子🅛回泽腾麋麈,沧洲叫凫鸨。(宋·宋庠《岁暮北亭》其一)燕石鱼目重如宝,凤逐山鸡雁随鸨。(清·孙元衡《杂谣十首》其十)

表[1]biǎo

🅖上声,十七筱。🅝八～邦～牓～

边～尘～饬～大～东～鹗～发～蕃～梵～符～公～过君～海～鹤～后～话～桓～赍～贱～江～旌～陵～岭～露～伦～袍～谱～奇～阡～诠～让～绳～树～双～四～俗～睟～天～犀～夷～瀛～腴～顺～襮～崇～次～掇～符～格～海～翰～候～极～旌～菴～欵～勒～礼～灵～间～貉～木～曝～起～裘～色～式～谥～抒～疏～树～帅～俗～台～题～微～鄮～致～缀～啜～埻～擢～左例昔闻山下蒙，今乃林峦表。（唐·张九龄《入庐山仰望瀑布水》）如今沦弃念故乡，悔不当初放林表。（唐·刘商《胡笳十八拍》）

典**两表**　亦作“孔明表”。指前后《出师表》。诸葛亮《前出师表》是诸葛亮第一次出征北伐前向后主刘禅进忠言、陈壮志所作。见《三国志·蜀书·诸葛亮传》。《后出师表》见《三国志·蜀书·诸葛亮传》裴松之注。

两表蜀天开日月，三军汉地出旌旗。（宋·谌祐《残句》）

向淮头蜀口，一时做就，安石传、孔明表。（宋·李曾伯《水龙吟·明堂一柱擎天》）

潮州表　韩愈被贬潮州刺史后上表陈述潮州环境险恶，乞求宪宗哀怜。见《新唐书·韩愈传》。

集无韩子潮州表。数当时、南迁者众，北归人少。（宋·刘克庄《贺新郎·行乐尤宜少》）

风尘表　指人超然世外、高雅脱俗。《晋书·王戎传》：“戎有人伦鉴识，尝目山涛如璞玉浑金，人皆钦其宝，莫知名其器；王衍神姿高彻，如瑶林琼树，自然是风尘表物。”

安和风尘表，偶与琼瑶亲。（唐·独孤及《庚子岁避地》）

衡依表　指祢衡依附刘表一事。曹操不满祢衡对己傲慢，送祢衡至荆州牧刘表处，刘表初礼遇之，后亦对衡不满，将衡遣往黄祖处，衡遂被黄祖杀害。见《三国志·魏书·荀彧传》裴松之注引张衡《文士传》。

孔璋客绍衡依表。有谁怜、戴花翁病，插萸人少。（宋·刘克庄《贺新郎·人老难重少》）

陈王抗表　亦作“陈思多忧”。指请求受任用。《三国志·魏书·陈思王植传》：“太和元年，徙封浚仪。二年，复还雍丘。植常自愤怨，抱利器而无所施，上疏求自试。”

陈王抗表日，毛遂请行秋。（唐·窦常《求自试》）

鹤归华表　亦作“华表”“鹤鸣华表”“白鹤归”“鹤语冢难录”。喻学道成仙，或感慨世事沧桑。旧题晋陶渊明《搜神后记》卷一：“丁令威本辽东人，学道于灵虚山。后化鹤归辽，集城门华表柱。时有少年举弓欲射之，鹤乃飞，徘徊空中而言曰：‘有鸟有鸟丁令威，去家千年今始归。城郭如故人民非，何不学仙冢垒垒。’遂高上冲天。今辽东诸丁云其先也有仙者，但不知名耳。”

鹤归华表山河在，气返青云雨露全。（唐·赵嘏《舒州献李相公》）

表[2]（錶）biǎo

逆钟～

俵biǎo　分给。

古去声，十八啸。逆分～老～买～支～顺～拨～分～给～济～寄～解～马～卖～散～施～扬～养～与

裱biǎo

古去声，十八啸。逆褙～分～帍～苏～托～顺～褙～褙铺～褫～匠～卷～绫～手～首～托～轴

草（艸）cǎo

古上声，十九皓。逆奥～百～嵒～齝～茈～茨～黛～蓍～冻～洞冥～斗～妒母～藁～横～荭～虹～环～浣～离合～丽～隶～掠～论～媚～梦～秘～披～漂摇～启～却睡～染～仁～诗～视～踏百～汀～通～通泉～舞～宵明～缬～谢～宿～谖～喧～玄～旋～偃～演～砚～遗～殷～薀～展～章～诏～珍～真～指佞～制～众～醉～顺～跋～緶～蔀～次～苁蓉～猝～蹙～奠～垡～藁～莞～行～苴～驹～属～窠～莱～立～隶～寮～骡～码～昧～迷～窃～困～圣～头王～洼～檄～贤～玄～偃～异～止～制～薙～螽～篆～酌例出塞入塞寒，处处黄芦草。（唐·王昌龄《塞下曲四首》其一）自笑镜中人，白发如霜草。（唐·李白《览镜书怀》）

典**颠草**　指张旭草书。张旭饮醉辄草书，挥毫大叫，以头揾水墨中，人称“张颠”，醒后自视，以为神异，不可复得。见唐张怀瓘《书断》卷三《张旭》。

尝闻扫垩生雪白，颠草亲承担夫力。（宋·曾几《吴傅朋出游丝书求诗》）

斗草　亦作“斗百草”。借指节日郊游。南朝梁宗懔《荆楚岁时记》：“五月五日，四民并蹋百草，又有斗百草之戏。采艾以为人，悬门户上以避毒气。”

斗草寻花正及时，不为容易见芳菲。（宋·朱淑真《春日杂书十首》其六）

焚草　指做官谨慎小心、注意保密。谢弘微做官谨慎，每有献论及嘉谋谠议时，必手书焚其草，人莫之知。见《宋书·谢弘微传》。

一封未奏先焚草，三黜归来便种蔬。（宋·苏辙《李诚之待制挽词二首》其二）

腐草　亦作“腐叶”“萤分草”。喻境遇改善，柳暗花明。《礼记·月令》：“温风始至，蟋蟀居壁，鹰乃学习，腐草为萤。”

吾不如腐草，翻飞作萤火。（唐·岑参《秋思》）

结草　借指报恩。《左传·宣公十五年》：“魏颗败秦师于辅氏，获杜回，秦之力人也。初，魏武子有嬖妾，无子。武子疾，命颗曰：‘必嫁是。’疾病，则曰：‘必以为殉。’及卒，颗嫁之。曰：‘疾病则乱。吾从其治也。’及辅氏之役，颗见老人结草以亢杜回。杜回踬而颠，故获之。夜梦之曰：‘余，而所嫁妇人之父也。尔用先人之治命，余是以报。’”

老我孤主恩，结草以为期。（宋·王安石《夜梦与和甫别》）

蔓草　借指事成难变或势力扩张难以铲除。《左传·隐公元年》：“姜氏何厌之有？不如早为之所，无使滋蔓，蔓难图也。蔓草犹不可除，况君之宠弟乎？”

此事成蔓草，我来逢古丘。（唐·岑参《骊姬墓下作》）

视草　指为皇帝起草重要文件、参与机要。《汉书·淮南王传》：“时

武帝方好艺文，以安属为诸父，辩博善为文辞，甚尊重之。每为报书及赐，常召司马相如等视草乃遣。”颜师古注：“草谓为文之稿草。”

诚知视草贵，未免对花愁。（唐·白居易《中书连直寒食不归因怀元九》）

萱草 亦作“忘忧草”“忘忧芳草”。借指愁思难解。《诗经·卫风·伯兮》：“焉得萱草，言树之背。”毛氏传：“谖草令人忘忧。背，北堂也。”旧题南朝梁任昉《述异记》卷下：“萱草一名紫萱，又呼为忘忧草。”

萱草忧可树，合欢忿益蠲。（唐·张九龄《题画山水障》）

偃草 亦作“草偃”。指官员为政注重德化。《论语·颜渊》：“季康子问政于孔子曰：‘如杀无道，以就有道，何如？’孔子对曰：‘子为政，焉用杀？子欲善而民善矣。君子之德，风；小人之德，草。草上之风，必偃。’”

坐堂风偃草，行县雨随辀。（唐·高适《奉酬睢阳李太守》）

遗草 亦作“封禅书”“封禅文”“封禅草”“茂陵遗稿”。借指对文士命运的伤悼。《史记·司马相如传》：“相如既病免，家居茂陵。天子曰：‘司马相如病甚，可往从悉取其书；若不然，后失之矣。’使所忠往，而相如已死，家无书。问其妻，对曰：‘长卿固未尝有书也。时时著书，人又取去，即空居。长卿未死时，为一卷书，曰有使者来求书，奏之，无他书。’其遗札书言封禅事，奏所忠。忠奏其书，天子异之。”

箧中遗草是琅玕，对此空令洒泪看。（唐·护国《伤蔡处士》）

却睡草 传说中一种食之能使人不睡的草。汉·郭宪《洞冥记》三：“有五味草，初生味甘，花时味酸，食之使人不眠，名曰却睡草。未多国献此草。”

何劳却睡草，不验返魂香。（唐·张祜《南宫叹亦述》）

三春草 喻儿子孝敬母亲的心意。唐·孟郊《游子吟》：“慈母手中线，游子身上衣。临行密密缝，意恐迟迟归。谁言寸草心，报得三春晖。”

极浦三春草，高楼万里心。（唐·贾至《岳阳楼宴王员外贬长沙》）

吴台草 指亡国遗迹之荒芜状况。东汉·赵晔《吴越春秋·夫差内传》：“吴王闻子胥之怨恨也，乃使人赐属镂之剑。子胥受剑，徒跣褰裳，下堂中庭，仰天呼怨，曰：‘吾始为汝父忠臣……今汝不用吾言，反赐我剑。吾今日死，吴宫为墟，庭生蔓草，越人掘汝社稷，安忘我乎！’”

露积吴台草，风入郢门楸。（唐·骆宾王《宿山庄》）

宜男草 传说佩之能令孕妇产男的草。《艺文类聚》卷八一引晋周处《风土记》：“宜男，草也。高六七尺，花如莲，宜怀妊妇人佩之，必生男。”

二月饮酒采桑津，宜男草生兰笑人。（唐·李贺《河南府试十二月乐词·二月》）

忧百草 指忧虑一己才能未及发挥就已衰老。屈原《离骚》：“及年岁之未晏兮，时亦犹其未央。恐鹈鴂之先鸣兮，使夫百草为之不芳。”

劝子不须忧百草，四周维、自著灵鳌柱。（宋·吴潜《贺新郎·晚打西江渡》）

指佞草 亦作“尧庭草”。借指直臣反对奸佞。晋·张华《博物志》卷三：“尧时有屈佚草，生于庭，佞人入朝，则屈而指之，一名指佞草。”

愿同指佞草，生向帝尧前。（唐·王贞白《宫池产瑞莲》）

刘郎春草 刘禹锡曾作诗表示要买小妓名为春草，使她步步相随。唐·刘禹锡《寄赠小樊》：“花面丫头十三四，春来绰约向人时。终须买取名春草，处处将行步步随。”

不似刘郎春草小，能步步，伴人行。（宋·晁补之《江城子·娉娉闻道》）

讼庭生草 亦作“草生囹圄”。指以德治民，民风淳朴。刘旷为平乡令，在职七年，风教大洽，狱中无系囚，争讼绝息，囹圄尽皆生草，庭可张罗。见《隋书·循吏传·刘旷》。

讼庭生草数开樽，过客如云牢闭口。（宋·苏轼《送孔郎中赴陕郊》）

王孙春草 亦作“王孙未还”“王孙寻芳草”“王孙芳草”“芳草”“王孙草”。借指惜别友人或思慕远游未归者。《楚辞·招隐士》：“王孙游兮不归，春草生兮萋萋。”

一片王孙春草绿，临邛谁向壁边寻。（清·金甡《卓文君印》）

园公芝草 园公等四人原为秦博士，遇世乱而深隐商雒山中，植紫芝而食。紫芝，木耳的一种。《史记·留侯世家》：“留侯曰：‘此难以口舌争也。顾上有不能致者，天下有四人。四人者年老矣，皆以为上慢侮人，故逃匿山中，义不为汉臣。’”司马贞索隐：“四人，四皓也，谓东园公、绮里季、夏黄公、甪里先生。”

不茹园公芝草。不曾餐、安期瓜枣。（宋·刘克庄《水龙吟·依然这后村翁》）

真娘墓草 借以抒发悼惜之情。唐·白居易《真娘墓》：“真娘墓，虎丘道。不识真娘镜中面，唯见真娘墓头草。”唐·范摅《云溪友议》卷六：“真娘者，吴国之佳人也，时人比于钱塘苏小小。死葬吴宫之侧，行客感其华丽，竞为诗题于墓树，栉比鳞臻。”

真娘墓草几回青，问著寒潮不应。（宋·王同祖《西江月·往事星移物换》）

池塘生春草 亦作“池塘春草”“池塘草”“池塘梦”“池塘诗梦”“满塘春草”“谢家春草”。代指春景、春草。南朝宋·谢灵运《登池上楼》：“池塘生春草，园柳变鸣禽。”“池塘”指池堤。塘者，堤也。

炒chǎo

古上声，十八巧。逆斗～棋～厮～顺～刺～风～更～聒～戚～青～铁～团

吵chǎo

古《广韵》：上声，巧韵逆打～圪～鼓～鬼～聒～厮～顺～聒～扰～喜～子

导(導)dǎo

古去声，二十号。逆弼～傧～补～阐～傅～溉～感～诃～呵～阖～

哄～笄～儆～浚～闾～潜～帅～绥～犀～消～养～缨～牖～谀～玉～谕～簪～赞～诏～驺～顺～发～非～官～呵～款～寂～泄～延～养～译～翊～意～牖～谀～谕～誉～源～择～仗～驺例东都渐弥漫，派别百川导。（唐・韩愈《荐士》）为农榜告春，引意在劝导。（宋・王之道《告春亭诗》）

倒 dǎo 另见562页dào。

古上声，十九皓。逆八～痴～丛～邋～傎～丁～估～回～敧～健～绝～恳～澜～老～路～卖～眠～默～盘～起～却～私～四～文～消～小～欹～阴～中～顺～拔～败～板～仓～曹～茬～阁～嚼～溃～喇～马～沫～盆～嗓～寿～死～薤～心～颠例绿杨不自持，从风欲倾倒。（唐・李白《寓言三首》其三）吏诃单绞自可更，儿笑接䍦从复倒。（宋・晁补之《过刘季孙》）

典**三倒** 指口才非凡，令人叹服。《世说新语・赏誉》："每闻卫玠言，辄叹息绝倒。"梁刘孝标注引《卫玠传》："玠少有名理，善通《老》、《庄》。琅邪王平子高气不群，迈世独傲，每闻玠之语议，至于理会之间，要妙之际，辄绝倒于坐。前后三闻，为之三倒。时人遂曰：'卫君谈道，平子三倒。'"

谈笑光六义，发论明三倒。（唐・孟浩然《襄阳公宅饮》）

甑倒 亦作"甑破"。喻事情难以补救，惋惜无益。《后汉书・郭太传》："孟敏字叔达，巨鹿杨氏人也。客居太原。荷甑堕地，不顾而去。林宗见而问其意。对曰：'甑已破矣，视之何益？'林宗以此异之，因劝令游学。十年知名，三公俱辟，并不屈云。"

囊空甑倒谁救之，我今一食日还并。（唐・韩愈《寒食日出游》）

岛（島）dǎo

古上声，十九皓。逆别～池～东～蜉蝣～鬼～鹫～溟～琼～三～瘦～田横～仙～香～徐福～烟～瑶～郁～顺～叉～洞～可～夷～跱例北林积修树，南池生别岛。（唐・孟浩然《襄阳公宅饮》）野竹攒石生，含烟映江岛。（唐・李白《慈姥竹》）

典**寒酸郊岛** 借指穷酸的文士。宋・苏轼《祭柳子玉文》："元轻白俗，郊寒岛瘦。嘹然一吟，众作卑陋。"

万壑千岩天付与，一洗寒酸郊岛。（宋・崔敦礼《念奴娇》）

田横海岛 亦作"田横号齐"。指避世以远离祸害。《史记・田儋列传》附《田横传》："后岁余，汉灭项籍，汉王立为皇帝，以彭越为梁王。田横惧诛，而与其徒属五百余人入海，居岛中。高帝闻之，以为田横兄弟本定齐，齐人贤者多附焉，今在海中不收，后恐为乱，乃使使赦田横罪而召之。"

苏武天山上，田横海岛边。（唐・李白《奔亡道中五首》其一）

捣（搗、*擣）dǎo

古上声，十九皓。逆碓～进～批～熟～细～心如～夜～撞～顺～大～碓～臼～喇～练～气～替～虚～治～装例失脚入三途，粉骨遭千捣。（唐・寒山《诗三百三首》其二八二）碧脑浮冰，红薇染露，骊宫玉唾谁捣。（宋・周密《天香・碧脑浮冰》）

典**惄焉心如捣** 亦作"忧心如捣"。指心情忧伤悲痛。《诗经・小雅・小弁》："我心忧伤，惄焉如捣。"唐孔颖达疏："惄焉悲闷如有物之捣心。"

川路日浩荡，惄焉心如捣。（唐・陶翰《早过临淮》）

蹈 dǎo

古去声，二十号。逆白刃～踏～跐～犯～高～躬～钦～蹟～袭～遐～忻～远～允～遵～顺～抃～夔～德～迪～敌～方～古～和～机～籍～矩～据～厉～利～躐～流～青～仁～实～躧～隙～瑕～凶～虚～雅～义～雍～咏～用例国朝盛文章，子昂始高蹈。（唐・韩愈《荐士》）仁言暖于帛，失喜至舞蹈。（宋・王之道《告春亭诗》）

祷（禱）dǎo

古上声，十九皓。又：去声，二十号同。逆葆～步～恶～分～焚～攻～浇～謳～祃～企～启～情～请～塞～桑林～厌～禜～雩～至～醽～顺～襘～切～塞～赛～牲～雩例上言愧无路，日夜惟心祷。（唐・韩愈《荐士》）遥想蓝桥何日到，暗把心期自祷。（宋・秦观《念奴娇・画桥东过》）

典**丘祷** 指虔诚的祈祷。《论语・述而》："子疾病，子路请祷。子曰：'有诸？'子路对曰：'有之，《诔》曰：祷尔于上下神祇。'子曰：'丘之祷久矣。'"三国魏・何晏《集解》："孔安国曰：'孔子素行合于神明，故曰丘之祷久矣。'"

丘祷虽已久，氓心难重违。（唐・张九龄《洪州西山祈雨》）

稿（*稾）gǎo

古上声，十九皓。逆刍～窗～创～的～房～近～枯～拉～默～馁～属～属草～水～削～顺～案～副～干～荐～稭～门～面～壤例成汤昔在上，剪发救枯稿。（宋・张镃《杂兴》）浅溪浮薄觞，短屏糊旧稿。（宋・陈傅良《止斋曲廊初成》）

典**一囊诗稿** 指写诗刻苦勤奋。唐・李商隐《李贺小传》："每旦日出，与诸公游，未尝得题然后为诗，如他人思量牵合，以及程限为意。恒从小奚奴骑距驴，背一古破锦囊，遇有所得，即书投囊中。及暮归，太夫人使婢受囊，出之，见所书多，辄曰：'是儿要当呕出心乃已耳！'上灯与食，长吉从婢取书，研墨叠纸足成之，投他囊中。非大醉及吊丧日，率如此，过亦不复省。"

有一编书传，一囊诗稿，一枰棋谱，一卷茶经。（宋・吴泳《沁园春・鶗鴂鸣兮》）

槁（*槀）gǎo

古上声，十九皓。逆春～干～管～黄～灰～藉～箭～僵～燋～立～荣～席～振～顺～衲～壤～丧～师～箨～卧～杌～枭～项～窳～磔～坐例日月终销毁，天地同枯槁。（唐・李白《拟古十二首》其八）西湖处士骨应槁，不复龙蛇看挥扫。（宋・方回《题张长卿》）

搞 gǎo

逆难～专～顺～惦～法～价

缟（縞）gǎo 白生绢。

古上声，十九皓。又：去声，二十号同。逆阿～穿～鲁～綦～射～吴～祥～纻～顺～皓～鹤～铬～纰～綦～纻例青冥送吹嘘，强箭射鲁缟。（唐・韩愈《荐士》）霁景、对霜蟾乍升，素烟如扫。千林夜缟。（宋・周邦彦《倒犯》）

典**赠缟** 亦作"留缟带"。指建立深厚的情谊。《左传·襄公二十九年》:"聘于郑,见子产,如旧相识,与之缟带,子产献纻衣焉。"杜预注:"吴地贵缟,郑地贵纻。故各献己所贵,示损己而不为彼货利。"

缔交君赠缟,投分我忘筌。(唐·骆宾王《夏日游德州赠高四》)

镐(鎬)gǎo 另见565页hào。

逆锄~顺~头

典**在镐** 亦作"酆镐""宴镐"。借指君臣欢宴。《诗经·小雅·鱼藻》:"王在在镐,岂乐同酒。"郑玄笺:"岂,亦乐也。天下平安,万物得其性,武王何所处乎?处于镐京,乐八音之乐,与群臣饮酒而已。"

应言在镐乐,不让横汾秋。(唐·张九龄《经江宁览旧迹至玄武湖》)

杲gǎo ①明亮。②白貌。

古上声,十九皓。逆杲~顺~杲

例岁晚林始敷,日晏崖方杲。(唐·张九龄《与生公寻幽居处》)水霞晚犹鲜,山日寒更杲。(宋·林景熙《秋日榴花》)

好hǎo 另见564页hào。

古上声,十九皓。逆阿~鸷~便~成~崇~淳~笃~敦~妇~佼~狡~谩~盟~昵~女~朋~艳~逑~群~少~式~儇~嫚~妍~宴~燕~寅~月~贞~祇~顺~彩~仇~姱~逑~寿~住例芳春桃李时,京都物华好。(唐·崔湜《饯唐州高使君赴任》)今日时清两京道,相逢苦觉人情好。(唐·杜甫《戏赠阌乡秦少公短歌》)

典**好好** 亦作"张好好"。借指落魄的歌伎。唐·杜牧《张好好诗序》:"牧太和三年,佐故吏部沈公江西幕。好好年十三,始以善歌来乐籍中。后一岁,公移镇宣城复置好好于宣城籍中,后二岁,为沈著作述师以双鬟纳之。后二岁,于洛阳东城,重睹好好,感旧伤怀,故题诗赠之。"

浣花笺纸桃花色,好好题诗咏玉钩。(唐·李商隐《送崔珏往西川》)

影亦好 指赞美人形貌美好。见《世说新语·纰漏》。

相逢只怪影亦好,归去始惊身染香。(宋·陆游《梅花》)

司马称好 亦作"万事称好""对客称好"。指明哲保身,诸事称好。见刘孝标注引《司马徽别传》。

乏琼琚可报,惟有声声,司马称好。(宋·刘克庄《解连环·左弧悬了》)

一双两好 指夫妻般配或两种事物同样美好。宋·曾慥《高斋漫录》:"毗陵有成郎中,宣和中为省官,貌不扬而多髭。再娶之夕,岳母陋之曰:'我女如菩萨,乃嫁一麻胡。'命成作举蒙诗。成乃操笔大书曰:'一床两好世间无,好女如何得好夫?高卷朱帘明点烛,试教菩萨看麻胡。'其女亦能安分随缘,和鸣偕老,儿女成行,各以寿终。"

一笑相迎,一双两好恰厮称。(宋·哀长吉《齐天乐·青鸾海上》)

郝hǎo 口语音。另见94页hè。

逆郝~娄~顺~蝉~钟

搅(攪)jiǎo

古上声,十八巧。逆兜~烦~风~浪~盘~骚~诗肠~厮~掀~顺~缠~车~刺~给~聒~裹~害~合~计~撩~盆~首~搜~团~旋例才春思已乱,始秋悲又搅。(唐·韩愈《答孟郊》)拟倩玉纤和露拗。情多愁易搅。(宋·程垓《谒金门·春悄悄》)

角 jiǎo 口语音。另见117页jué。参见416页lù"角"。

逆背~鹁~辰~斗~乖~岬~厥~狼~邻~芒~毛~明~暮~七~清~秋~虬~雀~日~调~乌盐~晓~丫~燕~隅~月~豸~总~嘴犄~顺~匕~婢~槎~鸱~鸹~簟~端牛~饭~觡~卯~蒿~家~节~进~酒~亢~睐~鲤~立~戾~列~芒~抿~膜~佩~人~刃~声~手~黍~束~梱~吻~握~物~犀~仙~箭~星~宿~洋~鹰~隅~泽~觜

典**大角** 指人君。《史记·天官书》:"大角者,天王帝延。"唐张守节《史记正义》:"大角一星,在两摄提间,人君之象也。占:其明盛黄润,则天下大同也。"

大角缠兵气,钩陈出帝畿。(唐·杜甫《伤春五首》其三)

挂角 指学习刻苦、孜孜不倦。《新唐书·李密传》:"(密)闻包恺在缑山,往从之。以蒲鞯乘牛,挂《汉书》一帙角上,行且读。越国公杨素适见于道,按辔蹑其后,曰:'何书生勤如此?'密识素,下拜。问所读,曰:《项羽传》。因与语,奇之。"

掎角 指分兵牵制或夹击敌人。见《左传·襄公十四年》。

辅车排胜阵,掎角搴降旗。(唐·白居易《代书诗一百韵寄微之》)

扣角 亦作"扣牛角"。指失意求用。《楚辞·离骚》:"宁戚之讴歌兮,齐桓公闻以该辅。"东汉王逸注:"宁戚,卫人。该,备也。宁戚修德不用,退而商贾,宿东门外。桓公夜出,宁戚方饭牛,扣角而商歌,桓公闻之,知其贤,举用为客卿,备辅佐也。"

扣角干名计已疏,剑歌休恨食无鱼。(唐·韦庄《东游远归》)

折角 喻遭受挫折。见《汉书·朱云传》。

听风听雨看成龙,牛羊折角入朝饷。(宋·黄庭坚《觉范师种竹颂》)

豸角 亦作"豸冠"。借指执法官员。《太平御览》卷八九〇引东汉王充《论衡》:"獬豸者,一角之羊,性识有罪。皋繇治狱,有罪者令羊触之。皋繇敬羊,跪坐事之。"《晋书·舆服志》:"或谓獬豸,神羊,能触邪佞,《异物志》云:'北荒之中,有兽名獬豸,一角,性别曲直,见人斗,触不直者。闻人争,咋不正者。楚王尝获此兽,因象其形以制衣冠。'"

洞主参承惊豸角,岛夷安集慕霜威。(唐·元稹《送岭南崔侍御》)

马生角 亦作"马头觅角"。喻某事很难实现。见《史记·刺客列传》。

乡心几夜马生角,世味一时龟脱筒。(宋·戴表元《归自西关》)

龟毛兔角 喻有名无实。《楞严经》一:"世间虚空,水陆飞行,诸所物象,名为一切,汝不著者,为在为无,无则同于龟毛兔角,云何不著?"

龟毛兔角号空虚,既被无收岂是无。(宋·苏辙《答孔平仲二偈》)

天涯海角 亦作"海角天涯""天

涯地角”。喻极边远的地方。南朝梁徐陵《武皇帝作相时与岭南酋豪书》:“天涯藐藐,地角悠悠。言面无由,但以情企。”

曲台殿里官虽冷,须胜天涯海角时。(宋·曾巩《北归三首》其三)

乌纱折角 借指隐逸。见《后汉书·郭太传》。

斑竹过头杖,乌纱折角巾。(明·丁鹤年《春日海村三首》其一)

车轮生四角 亦作“车轮生角”“车轮四角”“车生角”“轮四角”“车角生”。喻惜别之情或滞留之忿。唐陆龟蒙《古意》:“君心莫淡薄,妾意正栖托。愿得双车轮,一夜生四角。”

路断车轮生四角,此地行人销骨。(宋·辛弃疾《贺新郎·把酒长亭》)

脚(腳)jiǎo 口语音。另见117页 jué。

逆百~豹~卑~膑~波~驳~春~打~担~旦~电~貂~斗~顿~趺铁~泔~戈~工~供~还~鬟~鸠~酒~抗~袴~旷~跂~旗~秦长~衢~认~日~入~石~熟~贴~通~驮~稳~焐~信~盐~元祐~杂~住~坠~滓~作~做~顺~绷~絣~乘~店~杆~给~钩~管~行~耗~户~花~货~家~价~客~驴~面~牛~膀~片~婆~涩~心~叶~佣~柞~桩~子

典**伸脚** 指讽刺人无礼或不知亡国之耻。《晋书·王济传》:“帝尝与济弈棋,而孙皓在侧,谓皓曰:‘何以好剥人面皮?’皓曰:‘见无礼于君者则剥之。’济时伸脚局下,而皓讥焉。”孙皓为亡国之君,降晋不自愧疚,反借他人之过以掩己暴行,后遂以“伸脚”讥刺不知亡国之耻者,言正应剥其面皮。

草头木脚 借指奸臣。《宋史·苏绅传》:“绅与梁适同在两禁,人以为险诐,故语曰:‘草头木脚,陷人倒卓。’”“草头木脚”,隐指“苏”“梁”二姓,此二人阴险害人。

看傀儡,卖痴呆。草头木脚满槐街。(清·文廷式《鹧鸪天·腊鼓声中醉一杯》)

长须赤脚 用以指粗笨的奴婢。唐·韩愈《寄卢仝》:“玉川先生洛城里,破屋数间而已矣。一奴长须不裹头,一婢赤脚老无齿。”韩愈诗对卢仝的奴婢有“长须不裹头,赤脚老无齿”的描写。

岂惟百世之下知卢仝,并使长须赤脚名无穷。(宋·方回《题画卢仝长须赤脚》)

皎jiǎo

古上声,十七筱。逆晶~明月~清~晶~铮~顺~察~蟾~澈~澄~镜~厉~日~爽~雪骢~质~茁

例闪闪青崖落,鲜鲜白日皎。(唐·张九龄《入庐山》)鹊桥仙偶,天津轻渡,却笑嫦娥孤皎。(宋·葛胜仲《鹊桥仙·鹊桥仙偶》)

狡jiǎo

古上声,十八巧。逆狙~巨~猥~朦~剽~彯~僄~强~轻~倾~佻~兔~顽~憸~雄~宿~儇~庸~智~壮~顺~暴~宾~逞~蠹~愤~伏~悍~好~横~慧~桀~捷~竞~刻~启~扇~竖~数~筭~慝~童~獝~穴~泽~展

饺(餃)jiǎo

古《集韵》:去声,效韵。逆油~蒸~顺~饵~子

绞(絞)jiǎo

古上声,十八巧。逆单~勾~盘~手~绹~问~揄~顺~车~纷~急~讦~脸~盘~切~鲔~绡~缬~心~缢~直例思焦面如病,尝胆肠似绞。(唐·李贺《春归昌谷》)仁者行严厉,夫何伤急绞。(清·寿富《送赞臣之山东》其四)

矫(矯)jiǎo

古上声,十七筱。逆猜~奋~沽~孤~诡~羣~奸~惊~抗~匡~灵~奇~轻~清~屈~腾~痛~违~诬~遐~霞~虚~夭~顺~敕~诞~伐~法~拂~复~革~翰~翮~惑~激~迹~假~奸~洁~捷~介~躩~上~尾~异~易

例侧惊猿猱捷,仰羡鹳鹤矫。(唐·杜甫《聂耒阳》)烟暖丰瑶草。金井碧梧雏凤矫。(宋·毛滂《清平乐·九重寒少》)

典**胡质矫** 指为官刻意清俭,矫情作态,以博取名誉。见《三国志·魏书·胡质传》。

肯随胡质矫,方恶马融奢。(唐·柳宗元《同刘二十八院长述旧言怀》)

剿(勦)jiǎo

古《集韵》:上声,小韵。逆陈言~雕~兜~腐~攻~进~驱~痛~居~严~顺~定~抚~截~绝~戮~扑~洗~饷例扫却烟尘寇初剿,深水高林放鱼鸟。(唐·雍裕之《了语》)贪降纳侮理固宜,泥淖华容几尽剿。(宋·岳珂《赤壁》)

缴(繳)jiǎo 另见58页 zhuó。

古《广韵》:上声,筱韵。逆掣~倒~解~进~面~盘~完~微~消~销~顺~驳~还~进~凭~寝~绕~销~照~奏

佼jiǎo 美好。

古上声,十八巧。逆都~肥~佼~私~养~壮~顺~佻~佼~人~黠~易

侥(僥)jiǎo 另见545页 yáo。

古《集韵》:上声,筱韵。逆焦~僬~闽~岩~远~佋~顺~薄~会~觊~冀~滥~利~躐~奇~僥~求~忝~望~傒~觎

铰(鉸)jiǎo 剪刀。剪断。

古上声,十八巧。逆宝~裁~钉~胡钉~蝴蝶~铰~顺~铰

湫jiǎo 低洼,狭小。另见459页 jiū。

古上声,十七筱。顺~隘例云露相飘飘,尘途忘湫湫。(宋·江休复《谨次韵和呈垂览拙诗之作》)华屋诚爽垲,田舍诚隘湫。(清·林朝崧《寄居三首》其三)

考[1] kǎo

古上声,十九皓。逆妣~伯~程~传~逮~道~房~汾阳~覆~勾~钩~胡~皇~击~稽~检~讲~镜~鞫~句~具~劳~理~烈~满~宁~盘~彭~期~遣~窍~穷~铨~三~深~神~圣~识~寿~亡~文~五~先~显~宪~信~夷~翼~引~抎~追~资~祖~顺~案~妣~卜~步~辰~楚~次~典~覆~格~贡~击~稽~极~检~见~鞫~立~练~满~庙~牧~盘~任~杀~慎~省~实~室~死~寿~亭~文~系~限~选~谳~绎~引~庸~

语～政～质～秩～终命例皤然七十翁，亦足称寿考。（唐·白居易《逸老》）古诗宛犹在，遗处不可考。（宋·苏辙《和子瞻》）山人书姓名，欲使好事考。（宋·周文璞《丘庆余画兔》）

典**二十四考** 亦作“中书考”“廿四中书考”“汾阳考”“二十四考中书令”“汾阳福寿”“汾阳老”。唐代京官和外官每年都要经过考绩。具体考绩工作，属于考功郎中掌管，由朝廷另派有声望的高官两人主持。汾阳郡王郭子仪任中书令时，曾主持官吏的考绩达二十四次，郭子仪“权倾天下而朝不忌，功盖一代而主不疑”。后因以“廿四考”谓人长期担任要职，也作赞美宰臣富贵长生、官高爵永的祝寿之辞。见《旧唐书·郭子仪传》。

看公身任安危，二十四考。（宋·毛滂《绛都春·余寒尚峭》）

考[2]（*攷）kǎo 敲击；考察；考核；思考。

古上声，十九皓。

拷kǎo

古《集韵》：上声，皓韵。逆逼～楚～掠～情～四～挞～追～顺～绸～较～鞫～掠～纱～治

栲kǎo ①木名。②栲胶。③同“拷”。

古上声，十九皓。逆讯～顺～楚～胶～栳～栎～掠～讯～折

烤kǎo

逆烘～灼～顺～电～麸～烟

老lǎo

古上声，十九皓。逆罢～白～孛～毕～春～辞～单～钓璜～顿～房～耇～鹤～回～火～寄～绛～介～犁～癃～渌～睩～僻～摉～乔～躯～赊～莘～投～退～尪～乌～悉～圯下～颐～佚～逸～引～优～娱～长乐～爪～自～顺～罢～躄～参～伧～倒～赶～扈～趼～健～蹇～溜～癃～蓍～瞒～满～眛～湫～臞～确～人星～上～寿～饕～鸮～駞～瓦～勿大～阳～易～寅台～慵～鼋～稚～拙～斫轮～尊例从来幽并客，皆共尘沙老。（唐·王昌龄《塞下曲四首》其一）兰眼抬露斜，莺唇映花老。（唐·陆龟蒙《夏歌》）

典**国老** 指朝中位高望重资格老的大臣。见《礼记·王制》。

不知负国有奸雄，但说成功尊国老。（宋·李清照《浯溪中兴颂诗和张文潜》）

佚老 喻天予暮年，使人享受清闲。《庄子·大宗师》：“夫大块载我以形，劳我以生，佚我以老，息我以死。”唐成玄英疏：“老既无能，暂时闲逸。”

岂是林泉堪佚老，祗缘蒲柳不禁秋。（宋·杜衍《林下书怀》）

长乐老 冯道自号长乐老，历仕五代的后唐、后晋、后汉、后周四朝，皆得高位，著书数百，陈已更事四姓及契丹所得阶勋官爵以为荣。后世常借指依靠阿谀长保官位、不顾名节的人。见《新五代史·杂传·冯道》。

未应长乐老，饮酒又吟诗。（宋·刘克庄《咏史五言二首》其一）

商山老 亦称“商山翁”“商山芝”“紫芝商隐皓”“商老”“商岩”“商山四老”“四翁”“四老”“四皓”“绮皓”“商山四皓”。指秦末隐居于商山的四位高人雅士。《汉书·王贡两龚鲍传序》：“汉兴有东园公、绮里季、夏黄公、甪里先生，此四人者，当秦之世，避而入商雒深山，以待天下之定也。”

常怪商山老，兼存翊赞功。（唐·杜甫《秋峡》）

颜郎老 喻际遇难逢，不获知遇，也喻年老。亦称“悲颜驷”。汉班固《汉武故事》：“上尝辇至郎署，见一老翁，须鬓皓白，衣服不整。上问曰：‘公何时为郎？何其老也！’对曰：‘臣姓颜名驷，江都人也，以文帝时为郎。’上问曰：‘何其老而不遇也？’驷曰：‘文帝好文，而臣好武；景帝好老，而臣尚少；陛下好少，而臣已老。是以三世不遇，故老于郎署。’上感其言，擢拜会稽都尉。”

花烧中潬城，颜郎身已老。（唐·李贺《河阳歌》）

江潭树老 喻岁月流逝，人生易老。《世说新语·言语》：“桓公北征经金城，见前为琅邪时种柳，皆已十围，慨然曰：‘木犹如此，人何以堪！’攀枝执条，泫然流泪。”

倚阑干不语，江潭树老，风挟波鸣。（宋·张炎《八声甘州·空山弹古瑟》）

染髭藏老 指以化妆求年轻。唐·刘禹锡《与歌者米嘉荣》：“近来时世轻先辈，好染髭鬚事后生。”

肯学痴人，据鞍求用，染髭藏老。（宋·刘克庄《水龙吟·依然这后村翁》）

天下大老 借以称誉德高望重的长者。《孟子·离娄上》：“孟子曰：‘伯夷辟纣，居北海之滨。……太公辟纣，居东海之滨。……二老者，天下之大老也，而归之，是天下之父归之也。’”

醉为天下大老，睡则吾辈神兵。（宋·李石《扇子诗》）

五更三老 借指敬养老人。《礼记·文王世子》：“适东序释奠于先老，遂设三老五更群老之席位焉。”郑玄注：“三老五更各一人也，皆年老更事致仕者也，天子以父兄养之，示天下之孝悌也。名以三五者，取象三辰五星，天所因以照明天下者。”

五更三老待白日，八十一女居深宫。（唐·鲍溶《辞辇行》）

西山遗老 指孤竹君二子伯夷、叔齐。《史记·伯夷列传》：“伯夷、叔齐，孤竹君之二子也。父欲立叔齐，及父卒，叔齐让伯夷。伯夷曰：‘父命也。’遂逃去。叔齐亦不肯立而逃之。国人立其中子。于是伯夷、叔齐闻西伯昌善养老，盍往归焉。及至，西伯卒，武王载木主，号为文王，东伐纣。伯夷、叔齐叩马而谏曰：‘父死不葬，爰及干戈，可谓孝乎？以臣弑君，可谓仁乎？’左右欲兵之。太公曰：‘此义人也。’扶而去之。武王已平殷乱，天下宗周，而伯夷、叔齐耻之，义不食周粟，隐于首阳山，采薇而食之。及饿且死，作歌。其辞曰：‘登彼西山兮，采其薇矣。以暴易暴兮，不知其非矣。神农、虞、夏忽焉没兮，我安适归矣？于嗟徂兮，命之衰矣！’遂饿死于首阳山。”

西山伤遗老，东陵有故侯。（唐·陈子昂《感遇诗三十八首》其三）

玉关人老　亦作“玉关归老”。喻守疆边帅思还。见《后汉书·班超传》。

岁华向晚愁思，谁念玉关人老。（宋·蔡挺《喜迁莺·霜天清晓》）

潦lǎo　①积水。②雨水大。另见535页liáo。

㊀上声，十九皓。逆沉～海～行～黑～黄～浸～潦～淋～霖～流～淖～泞～秋～渟～停～涂～污～夏～淫～霪～鱼～雨～顺～潮～车～淖～水～污～雨例敷柔肆纡余，奋猛卷海潦。（唐·韩愈《荐士》）我欲江东去，匏樽酌行潦。（宋·苏轼《哭刁景纯》）

典**无根潦**　指写文章当以经训为本，不然就像没有水源的积水，朝满夕枯。唐·韩愈《符读书城南》：“文章岂不贵，经训乃菑畬。潢潦无根源，朝满夕已除。”

濩落我材无所用，易除殆类无根潦。（宋·辛弃疾《满江红·汉节东南》）

栳lǎo　用柳条或竹篾编成的盛物器具，形似斗。

㊀上声，十九皓。逆栲～例回波尔时栲栳，怕妇也是大好。（唐·裴谈《回波乐》）海南奇宝，铸出团团如栲栳。（宋·苏轼《减字木兰花·海南奇宝》）

姥lǎo　另见368页mǔ。

逆姥～顺～姥～娘

佬lǎo　成年的男子，常含贬义。

逆赤～鼓～寡～木佬～喃呒～穷～头～顺～佬

了liǎo　另见74页le。

㊀上声，十七筱。逆便～净～康～顺～不～局～事～无～悟～账例洗意归清净，澄心悟空了。（唐·崔颢《游天竺寺》）岱宗夫如何，齐鲁青未了。（唐·杜甫《望岳》）

典**康了**　落榜的讳称。宋·范正敏《遯斋闲览·谐噱·应举忌落字》：“柳冕秀才性多忌讳，应举时，同辈与之语，有犯落字者，则忿然见于词色。仆夫误犯，辄加杖楚。常语‘安乐’为‘安康’。忽闻榜出，亟遣仆视之。须臾，仆还，冕即迎问曰：‘我得否乎?’仆应曰：‘秀才康了也。’”

昏嫁了　亦作“婚嫁了”“婚嫁毕”。指安排妥儿女婚事后拟隐遁出世。见《后汉书·向长》。

若待一生昏嫁了，更须采药十年迟。（宋·刘辰翁《忆江南·添一岁》）

为僧不了　指作僧人也难以了却尘缘。唐·杜荀鹤《赠僧》：“利门名路两何凭，百岁风前短焰灯。只恐为僧僧不了，为僧得了总输僧。”

煞为僧不了，下梢犹要，紫衣师号。（宋·刘克庄《水龙吟·病夫鬓秃颜苍》）

小时了了　亦作“大未必佳”“文举少”“文举才”“推文举”。指幼时聪慧伶俐，大未必佳。有时也用作称美晚辈早慧，此时不含贬义。见《世说新语·言语》。

不合小时了了，可堪长夜茫茫。（宋·刘克庄《兑女余》其一）

不轻文举少，深叹子云疲。（唐·崔融《哭蒋詹事俨》）

蓼liǎo　另见416页lù。

㊀上声，十七筱。逆薵～甘～红～火～集～马～水～荼～香～顺～虫～风～蓝～扰例逸目骈甘华，羁心如荼蓼。（唐·李贺《春归昌谷》）岸曲侧黄葵，沙际排红蓼。（宋·洪适《生查子·七月到盘洲》）

典**钟阜蓼**　喻励志复仇，济世复国。东汉·赵晔《吴越春秋·勾践归国外传》：“越王念复吴仇非一旦也。苦身劳心，夜以接日，目卧则攻之以蓼，足寒则渍之以水，冬常抱冰，夏还握火。”

好移钟阜蓼，莫种首阳薇。（唐·吴融《和睦州卢中丞题茅堂十韵》）

燎liǎo　烘烤，烧焦。另见535页liáo、567页liào。

㊀上声，十七筱。又：去声，十八啸同。逆火～肉～顺～衣～炙

卯mǎo

㊀上声，十八巧。逆比～唱～犯～画～金～露～榫～桃～退～脱～违～误～阴～子～顺～羹～金～酒～君～困～上～生～榫～眼～饮～酉～云～醉例朝餐动及午，夜讽恒至卯。（唐·韩愈《答孟郊》）吾家二老。前有高平生癸卯。（宋·邹应龙《木兰花·吾家二老》）

泖mǎo　平静的湖。

㊀上声，十八巧。逆湖～青～三～长～顺～塔

昴mǎo　星名。

㊀上声，十八巧。逆毕～参～金～蚀～应～兆～顺～毕～降～精～灵～星～宿例败墙破屋秋雨多，夜视阴精过毕昴。（宋·苏辙《次韵子瞻》）跋前疐后竟何成，赢得清名占箕昴。（宋·王迈《读坡诗》）

典**应昴**　喻贤才降生。相传汉相萧何应昴星而生，后用为颂扬宰辅之典。司马贞索隐引《春秋纬》：“萧何感昴精而生，典狱制律。”

应昴酂侯依汉日，骑箕傅说作商霜。（宋·冰壶《寿右丞相》）

渺miǎo

㊀上声，十七筱。逆奥～风波～宏～幻～旷～莽～绵～缅～淼～邈～轻～森～深～迢～微～消～杳～窅～窈～幽～云～顺～虑～漫～莽～漭～弥～绵～沔～湎～邈～冥～漠～视～远例风花日将老，佳期犹渺渺。（唐·薛涛《春望词四首》其三）独驾一舟千里去，心与长天共渺。（宋·秦观《念奴娇·画桥东过》）

典**予愁渺渺**　亦作“眇眇愁予”。指远望心上人却不见的愁思。见《楚辞·九歌·湘夫人》。

非但予愁渺渺，料那人，自应有、一襟愁。（宋·仇远《庆清朝·山东滩声》）

缈（緲）miǎo

㊀上声，十七筱。逆缈～缥～僄～顺～渺例羽幢泛明霞，升降何缥缈。（唐·吴筠《步虚词十首》其六）小院春风不老。鹊碧霓裳缥缈。（宋·史浩《如梦令·小院春风不老》）

眇miǎo　偏盲。

㊀上声，十七筱。逆暗～跛～冲～闳～鸿～幻～僬～隆～盲～莽～么～曚～绵～瞈～翩～轻～茕～深～琐～眑～窅～窈～要～幽～幼～渊～元～哲～至～蓦～顺～薄～跛～冲～徂～觌～风～躬～忽～蹇～劲～绝～略～芒～莽～么～昧～邈～冥～末～睨～年～少～身～生～岁～志～质例唯言故人

远，不念乡川眇。（唐·储光羲《巩城南河作》）孤山梅下吟魂冷，说甚那时苏小。沧波眇。（宋·刘辰翁《摸鱼儿·醉与君》）

杪miǎo ①树梢；木末。②末尾；末端。③微小。

古上声，十七筱。逆残～春～颠～发～分～竿～忽～末～年～秋～岁～天～顺～春～颠～冬～旨～忽～末～黍～岁～头例花龛瀑布侧，青壁石林杪。（唐·崔颢《游天竺寺》）高鬟照影翠烟摇。白纻一声云杪。（宋·张先《西江月·泛泛春船载乐》）

邈miǎo

古入声，三觉。逆尘～澄～冲～崇～古～迥～眷～峻～旷～辽～寥～缅～泯～茗～冥～溟～凝～清～深～疏～邃～韬～迢～遐～轩～杳～窅～迂～逾～渊～元～顺～古～行～绝～廓～掠～蛮～绵～群～然～如～散～世～视～殊～思～俗～永～踰～远～真～志例霓裳何飘飖，凤吹转绵邈。（唐·李白《赠嵩山焦炼师》）杳杳桃源仙路邈。晴日晓窗红薄薄。（宋·舒亶《木兰花·十二栏杆褰画箔》）

秒miǎo

古上声，十七筱。逆分～铢～顺～忽～末例物之显晦固有数，巧历谁能穷忽秒。（宋·张恪《安定山》）晨门传放钥，坌入荒庭秒。（宋·黄庭坚《和冕仲观试进进士》）

藐miǎo

古上声，十七筱。逆冲～高～孤～眇～欺～三～庸～悠～稚～顺～躬～孤～姑～姑射～视～玩～小例神翁神翁莫轻藐，植物虽微功不小。（宋·王该《昭惠庙黄柏歌》）饮啖但如常，遂谓病可藐。（明·郑胤骥《己酉赴试白下》其三）

脑(腦)nǎo

古上声，十九皓。逆冰～潮～沉～丹～凤～斧～肝～贯～龟～间～卷～磕～脸～龙～络～马～梅花～雀～鹊～热～瑞～瑞龙～韶～麝～书～髓～延～玉～障～罪～顺～词～府～根～合～户～华～精～镜～揪～疸～气～麝～识例目见难噬脐，心通可亲脑。（唐·孟云卿《放歌行》）白玉花骢金络脑。十里华灯相照。（宋·吕渭老《惜分飞·白玉花骢金络脑》）

典**瑞脑** 借用作香的美称。见唐段成式《酉阳杂俎》前集卷一《忠志》。

薄雾浓云愁永昼，瑞脑消金兽。（宋·李清照《醉花阴·薄雾浓云愁永昼》）

恼(惱)nǎo

古上声，十九皓。逆敖～逼～嗔～吃～刺～道～蒿～薅～激～搅～可～肯～空自～懊～消～侵～娆～热～葶～宛～躁～障～着～罪～顺～犯～公～聒～害～悔～激～人～丧～懆～杀～煞～鸦例去何有顾恋，住亦无忧恼。（唐·白居易《逸老》）

典**被花恼** 借指惜春情怀。唐·杜甫《江畔独步寻花七绝句》："江上被花恼不彻，无处告诉只颠狂。"

东坡先生心已灰，为爱君诗被花恼。（宋·苏轼《和秦太虚梅花》）

瑙nǎo

古《集韵》：上声，皓韵。逆龙～马～玛～码～例日烘古锦囊，露浥红玛瑙。（宋·范成大《石榴》）

鸟(鳥)niǎo

古上声，十七筱。逆暗～白鸩～避株～鸱～翠～凡～飞～服～河曲～鹖～桓山～黄～极乐～祭～驾～攫～鸲～雷～离～龙～孟～梦～迷～木客～孽～鸥～频伽～青～圣～蜀～霜～星～烟～翳～越～征～知来～朱～顺～背～泊～策～陈～虫书～毳～囮～聒～纪～迹文～咔～觳～澜～历～申～伸～俗～外～文～信～星～眼绫～彝～旟～占～章～折～味～注例春眠不觉晓，处处闻啼鸟。（唐·孟浩然《春晓》）荡胸生曾云，决眦入归鸟。（唐·杜甫《望岳》）

典**凡鸟** 喻平庸之辈。典源见911页"题凤"。

到门不敢题凡鸟，看竹何须问主人。（唐·王维《春日与裴迪过新昌里》）

青鸟 亦作"青禽""青雀""三鸟""仙家鸟"。指仙使或信使。《山海经·西山经》："又西二百二十里，曰三危之山，三青鸟居之。"又，《海内北经》："西王母梯几而戴胜，其南有三青鸟，为西王母取食。"旧题东汉·班固《汉武故事》："七月七日，上于承华殿斋正中，忽有一青鸟从西方来，集殿前。上问东方朔，朔曰：'此西王母欲来也。'有顷王母至，有二青鸟如乌夹侍王母旁。"（据《艺文类聚》卷九一引）

蓬山此去无多路，青鸟殷勤为探看。（唐·李商隐《无题》）

蜀鸟 指杜鹃鸟，喻心系故国之情。晋·常璩《华阳国志》卷三《蜀志》："鱼凫王……忽得仙道……后有王曰杜宇，教民务农，一号杜主……七国称王，杜宇称帝，号曰望帝，更名蒲卑……会有水灾，其相开明，决玉垒山以除水害。帝……遂禅位于开明，升西山隐焉。时适二月，子鹃鸟鸣，故蜀人悲子鹃鸟鸣也。"

啼花蜀鸟春同苦，叫雪巴猿昼共饥。（唐·杜荀鹤《酬张员外见寄》）

朱鸟 亦作"赤鸟"。南方星宿名。二十八宿中南方七宿（井、鬼、柳、星、张、翼、轸）的总称。七宿相联呈鸟形；朱色象火，南方属火，故名。《书·尧典》："日中星鸟。"旧题汉孔安国传："鸟，南方朱鸟七宿。"

三年鸟 喻将有所作为。《史记·滑稽列传》："齐威王之时喜隐……淳于髡说之以隐曰：'国中有大鸟，止王之庭，三年不蜚又不鸣，王知此鸟何也？'王曰：'此鸟不飞则已，一飞冲天；不鸣则已，一鸣惊人。'"

迹类三年鸟，心驰五达庄。（唐·陈去疾《赋得骐骥长鸣》）

衔木鸟 亦作"衔石"。喻难以实现的志向。相传炎帝之少女女娃游于东海，溺而不返，化为精卫鸟。精卫常衔西山之木石，以堙于东海。见《山海经·北山经》。

拂波衔木鸟，偶宿泣珠人。（唐·陶翰《送金卿归新罗》）

喈喈黄鸟 指光明美景。《诗经·周南·葛覃》："黄鸟于飞，集于灌木，其鸣喈喈。"毛氏传："喈喈，和声之远闻也。"

喈喈黄鸟，更看壶中春日。（宋·王之道《石州慢·磔攘送寒》）

惊弦飞鸟 喻人受过伤害，惊心未定。《战国策·楚策四》："更嬴与魏王处京台之下，仰见飞鸟。更嬴谓魏王曰：'臣为王引弓虚发而下鸟。'……有间，雁从东方来，更羸以虚发而下之。"

叹惊弦、飞鸟尚知还，安巢宿。（宋·赵善括《满江红·一雨连春》）

日中星鸟 指仲春。《书·尧典》："分命羲仲，宅嵎夷，曰旸谷。寅宾出日，平秩东作。日中星鸟，以殷仲春。"旧题汉孔安国传："日中，谓春分之日。鸟，南方朱鸟七宿。殷，正也。春分之昏，鸟星毕见，以正仲春之气节，转以推季孟则可知。"

一点日中星鸟，想尧民如醉。（宋·汪莘《好事近·春早不知春》）

相忘鸥鸟 指人与鸟兽的无有机心的相处。《列子·黄帝》："海上之人有好沤鸟者，每旦之海上，从沤鸟游，沤鸟之至者百数而不止。其父曰：'吾闻沤鸟皆从汝游，汝取来，吾玩之。'明日之海上，沤鸟舞而不下也。"晋张湛注："心和而形顺者，物所不恶。"按：沤鸟即海鸥。

吴松江畔，对烟波浩渺，相忘鸥鸟。（宋·崔敦礼《念奴娇·吴松江畔》）

袅(裊、*嫋、*嬝)niǎo

古上声，十七篠。逆骠～颤～风～裹～排～盘～飘～青～清～苒～娲～窱～闲～香～幺～夭～腰～遥～杳～嫽～騕～簪～顺～骖～朵～弹～脚～裹～娉～绕～丝～骲～蹄～宛～騕～篆例秋思高萧萧，客愁长袅袅。（唐·杜牧《赴京初入汴口》）木落淮南，雨晴云梦，月明风袅。（宋·苏轼《水龙吟·楚山修竹如云》）

典**秋风袅** 指秋风落叶的景象。《楚辞·九歌·湘夫人》："帝子降兮北渚，目眇眇兮愁予。袅袅兮秋风，洞庭波兮木叶下。"

茱萸满宫红实垂，秋风袅袅生繁枝。（唐·张籍《吴宫怨》）

娉娉袅袅 指女子体态轻盈美好。唐·杜牧《赠别》："娉娉袅袅十三余，豆蔻梢头二月初。春风十里扬州路，卷上珠帘总不如。"

娉娉袅袅，恰近十三余，春未透。（宋·黄庭坚《蓦山溪·鸳鸯翡翠》）

茑(蔦)niǎo 寄生木。

古上声，十七篠。逆萝～松～顺～萝例泛若逐水萍，居为附松茑。（唐·元稹《忆云之》）风月几年恨，山光惨萝茑。（宋·任续《赋玩珠岩》）

嬲niǎo ①戏弄。②纠缠。

古上声，十七篠。逆沓～剔～戏～相～谑～顺～恼～戏例君子所可道，小人以为嬲。（元·黄玠《感怀》其一）生年不贯病，疟鬼或见嬲。（明·郑胤骥《己酉赴试白下》其三）

跑pǎo 另见537页páo。

古入声，三觉。逆驰～蹴～溜～迅～顺～冰～碴～搭～跶～红～楼～青～圈～山～墒～滩～腾～突～躁～种

殍piǎo ①饿死的人的尸体。②饥饿。另见349页fú"莩"。

古上声，十七篠。逆饿～浮～饥～流～馁～冤～顺～饿～殣～殕例我独唤酒杯，醉死胜流殍。（宋·苏轼《与客游道场何山》）

瞟piǎo 斜视。

古《广韵》：上声，小韵。顺～见～眇～觑～扫～闪

漂piǎo 冲洗。另见522页piāo、570页piào。

古去声，十八啸。逆清～水～顺～布～亮～母～女～絮

巧qiǎo

古上声，十八巧。逆便～卜～谗～谄～尝～程～逞～骋～吃～迟～赐～丛～犊～雕～繁～逢～浮～丐～伎～渐～狡～金梭～迥～娟～猥～捔～隽～勒～利～俪～另～密～谬～缪～佞～俳～琦～蒨～倾～情～榷～施～饰～输～司～铦～佻～贴～颓～托～危～微～细～黠～憸～性～儇～妍～研～遗～营～余～谀～遇～中～众～作～顺～薄～便～迟～垂～倕～辞～诋～对～额～儿～法～繁～工～故～果～合～宦～籍～匠～节～捷～劲～历～丽～侮～媚～敏～佞～任～士～饰～丸～伪～卫～文～夕～心～谀～遇～月～诈例规模背时利，文字觑天巧。（唐·韩愈《答孟郊》）只恨银杯小。新作金荷工献巧。（宋·黄庭坚《清平乐·冰堂酒好》）

典**穿针乞巧** 亦作"乞巧""乞天孙巧""天孙与巧"。指妇女于阴历七月七日夜间，穿针设供果向织女星乞求女红巧智。天孙即织女。见南朝梁宗懔《荆楚岁时记》。

每年宫里穿针夜，敕赐诸亲乞巧楼。（唐·王建《宫词一百首》其九十四）

悄qiǎo ①静寂。②忧愁貌。另见523页qiāo。

古上声，十七篠。顺～寂～然～声

雀qiǎo 口语音。另见128页què、523页qiāo。

愀qiǎo 变容。

古上声，十七篠。逆嵺～叹～顺～悲～惨～怆～戚～如～问

扰(擾)rǎo

古上声，十七篠。逆安～崩～逼～猜～草～缠～憧～道～恫～渎～顿～烦～分～棼～聒～骇～耗～和～荷～横～荒～遑～惶～挥～昏～溷～饥～激～煎～胶～教～进～警～沮～苛～寇～恇～蓼～凌～冗～慅～兽～四～肆～五～嚣～汹～循～驯～撄～郁～杂～遭～蹧～噪～躁～震～重～追～浊～顺～逼～弊～畜～从～服～挂～聒～害～化～惑～劫～叛～穰～躟～亢～柔～绥～紊～习～狎～驯～乂～毅例漆炬迎新人，幽圹萤扰扰。（唐·李贺《感讽五首》其三）

典**胶胶扰扰** 指世事烦扰。《庄子·天道》："舜曰：'天德而出宁……'尧曰：'胶胶扰扰乎！子，天之合也；我，人之合也。'"唐成玄英疏："胶胶，扰扰，皆扰乱之貌也。"

敢吟莫莫休休句，且佚胶胶扰扰身。（宋·周必大《奉词还家侄驿以诗相迎次韵》）

绕(繞)rǎo 弯曲。另见570页rào。

古上声，十七篠。

扫(掃)sǎo 另见571页sào。

古上声，十九皓。又：去声，二十号同。逆笔～闭～飙～绰～淡～电～风～贯～麾～彗～箕～稽～祭～进～净～静～犁～瞟～清～驱～却～如～梳～魏公～旋～汛～叶～竹～顺～白～边～黛～涤～殿～定～断～拂～阁～刮～光～轨～

醎～迹～解～疥～境～括～犁～脸～眉～难～数～刷～松～塌～榻～殄～听～庭～头～箨～望～兀～兴～穴～学～雪～掩～叶～夷例关河望已绝，氛雾行当扫。（唐·李白《荆州贼平》）笼中娇鸟暖犹睡，帘外落花闲不扫。（唐·温庭筠《春晓曲》）

典**闭门却扫**　指谢绝世俗交往。晋·潘岳《寡妇赋》："静阖门以穷居兮，块茕独而靡依。"李善注引三国魏丁仪妻《寡妇赋》："静闭门以却扫，块孤惸以穷居。"

闭门却扫谁与语，昼梦时作钧天游。（宋·苏辙《次韵子瞻见寄》）

嫂 sǎo

古上声，十九皓。逆报～从～盗～梵～巨～丘～邱～如～宋～桐严～牙～顺～嫂例其下有孤侄，其上有孀嫂。（唐·曹邺《翠孤至渚宫寄座主相公》）忆昔玉雪时，最感邻媪嫂。（宋·周文璞《过旧居》）

典**鱼羹宋嫂**　借指食铺的生意因君王的光顾品尝而红火。周密《武林旧事·西湖游幸》："小舟时有宣唤赐予，如宋五嫂鱼羹，尝经御赏，人所共趋，遂成富媪。朱静佳六言诗云：'柳下白头钓首，不知生长何年？前度君王游幸，卖鱼收得金钱。'"

鱼羹宋嫂六桥无，原是樊楼旧酒垆。（清·黄任《西湖杂诗》）

少 shǎo　另见 571 页 shào。

古上声，十七筱。逆薄～齿～单～乏～共～寡～贵～耗～简～见～浸～匮～眇～轻～阙～少～失～事～疏～衰～微～希～些～许～音书～至～众～顺～半～别～步～才～采～差～待～多～广～好～间～久～可～刻～款～垒～礼～偶～气～谴～欠～顷～人～容～弱～杀～文～息～闲～胥～需～叙～旋～选～焉～住～驻～字例南方二月半，春物亦已少。（唐·韩愈《同冠峡》）京国心烂漫，夜梦归家少。（唐·李贺《春归昌谷》）

典**共少**　指上下同甘苦，共享少许东西。《北齐书·兰陵王孝瓘传》："兰陵武王长恭，一名孝瓘，文襄第四子也。……为将躬勤细事，每得甘美，虽一瓜数果，必与将士共之。"

食新先战士，共少及溪老。（唐·杜甫《园人送瓜》）

插萸人少　亦作"插茱萸"。咏重阳及兄弟情义。王维《九月九日忆山东兄弟》："独在异乡为异客，每逢佳节倍思亲。遥知兄弟登高处，遍插茱萸少一人。"

有谁怜、戴花翁病，插萸人少。（宋·刘克庄《贺新郎·人老难重少》）

讨（討）tǎo

古上声，十九皓。逆按～伯～捕～参～蹴～电～恶～奋～公～攻～国～简～讲～进～精～究～领～论～冥～命～平～扑～禽～擒～取～攘～搜～蒐～天～推～寻～训～掩～邀～游～瞻～战～招～镇～征～诛～追～自～顺～暴～悖～差～抄～雠～春～撮～店～贰～负～海～核～奸～贱～僭～笺～绝～愧～类～力～练～平～俏～亲～禽～秋～戎～臊～胜～顺～绥～索～探～替～箬～头～檄～闲～详～嚣～信～要～议～绎～幽～羽～原～源～阅～赜～摘～召～正～治例清朗悟心术，幽遐备瞻讨。（唐·丘均间《临水亭》）东陵迹芜绝，楚汉休征讨。（唐·杜甫《园人送瓜》）

挑 tiǎo　另见 525 页 tāo 和 tiāo。

古上声，十七筱。又：下平，二萧异。逆高～顺～动～花～弄～牙～嘴例翩翩白马将，手把青丝挑。（宋·苏辙《次韵子瞻》）欲题红叶凭谁寄，独抱孤桐无心挑。（宋·马子严《鱼游春水·池塘生春草》）

典**琴挑**　亦作"琴心""援琴之挑"。指男子借琴传情表达爱意。《史记·司马相如传》："是时卓王孙有女文君新寡，好音，故相如缪与令相重，而以琴心挑之。"裴骃集解："以琴中音挑动之。"

琴挑何曾动，梭投未免惭。（宋·刘克庄《投梭女》）

窕 tiǎo

古上声，十七筱。逆不～褭～窍～清～睭～滔～闲～杳～窅～窈～顺～货～名～邃～儇～言例雷吼何喷薄，箭驰入窈窕。（唐·张九龄《入庐山》）绿阴满地青梅小。南陌采桑何窈窕。（宋·欧阳修《渔家傲·四月芳林何悄悄》）

典**舒窈窕**　指美人的窈窕身姿。亦以咏月。见《诗经·陈风·月出》。

缺月向人舒窈窕，三星当户照绸缪。（宋·苏轼《浣溪沙·风卷珠帘》）

小 xiǎo

古上声，十七筱。逆爱～稗～鄙～庳～褊～痴～赤～伏～弓～窭～懦～辟～僻～贫～迫～普～起～器～佥～浅～寝～臞～输～苏～算～碎～髫～猥～陋～黠～嗛～些～迂～月～迮～众～顺～版～毖～补～参～飧～祠～次～德～服～复～拱～共～故～寡～讳～蓟～价～蹇～梅～明～囡～惕～阕～侥～弱～牲～水～司～祀～竢～挺～奚～偠～鳙～须～汛～颜～鹞～舆～语～庾～愈～月氏～棹～谪～正～至～拄～礿～祖例徒怜野心旷，讵恻浮年小。（唐·李峤《早发古竹馆》）会当凌绝顶，一览众山小。（唐·杜甫《望岳》）

典**痴小**　指年少无知。白居易《井底引银瓶》："寄言痴小人家女，慎勿将身轻许人。"

黠小　指聪慧少年。见《后汉书·刘盆子传》。

叹时人，怜黠小，笑鲐黄。（宋·刘克庄《水调歌头·岁晚太玄草》）

江东小　指不肯忍辱偷生的气概。项羽兵败，不肯过江东，自刎而死。见《史记·项羽本纪》。

柳枝却学腰肢袅。好似江东小。（宋·毛滂《虞美人·柳枝却学腰肢袅》）

躯干小　指武将虽其貌不扬，但却抚兵有方，受人爱戴，得人拥护。见《晋书·刘曜载记》。

子虽躯干小，老气横九州。（唐·杜甫《送韦十六评事充同谷郡防御判官》）

苏小小　亦作"苏小""苏小妹"。钱塘歌伎，后代指才色双优的歌伎。《乐府诗集》卷八五古辞《苏小小歌·解题》引《乐府广题》："苏小小，钱塘名倡也，盖南齐时人。"

苏小小坟今在否，紫兰香径与招魂。（唐·李商隐《汴上送李郢之苏州》）

泰山小　指大小的相对性。《庄

子·齐物论》:“天下莫大于秋毫之末,而泰山为小;莫寿于殇子,而彭祖为夭。”

独佩一壶游,秋毫泰山小。(唐·杜牧《独酌》)

半分臂小 借指心情抑郁,身体瘦弱。沈约向徐勉陈述自己的病情:百日数旬,革带常应移孔,以手握臂,率计月小半分。以此推算,岂能支久?见《梁书·沈约传》。

左车牙落,半分臂小,几茎须白。(宋·刘克庄《水龙吟·即令七十平头》)

晓(曉)xiǎo

㊀上声,十七筱。㊁谙～白～薄～报～遍～彻～撤～敕～逗～敦～风～寒～户～晦～昏～鸡鸣～诘～解～开～连～凌～明～逆～譬～平～侵～清～善～升～失～霜～邃～踏～投～透～五～闲～向～曛～暂～谆～㊂～晡～蟾～畅～谬～唱～筹～发～梵～告～鼓～惠～昏～谏～解～来～籁～泠～领～漏～譬～气～洽～劝～色～舌～声～识～世～事～术～成～说～俗～天～暾～纬～寤～夕～析～刁～信～阳～夜～语～止㊃红粉邀君在何处,青楼苦夜长难晓。(唐·孟浩然《长乐宫》)造化钟神秀,阴阳割昏晓。(唐·杜甫《望岳》)

筱(篠)xiǎo 小竹。

㊀上声,十八巧。㊁碧～丛～丰～风～孤～篁～彗～绿～密～雪～盐～贞～㊂～簃～簜～篱～屋㊃门前泊舟楫,行次入松筱。(唐·王昌龄《何九于客舍集》)沟渠通疏荷,浦屿隐浅筱。(唐·皮日休《奉酬鲁望夏日四声四首》其二)

咬(*齩、*骹)yǎo 另见522页jiāo。

㊀上声,十八巧。㊁扳～炒～撺～龁～啮～吐～咿～㊂～扳～春～定～筋～秋～噬～瓦～盏～字㊃见倒谁肯扶,从嗔我须咬。(唐·韩愈《答孟郊》)

夭ǎo 初生的、幼嫩的植物或动物。另见528页yāo。

㊀上声,皓韵。㊁麛～胎～

窈yǎo

㊀上声,十七筱。㊁浮～宏～泓～深～窕～岩～窈～幽～㊂～殂～深～亡～札㊃新篁摇动翠葆。曲径通深窈。(宋·周邦彦《隔浦莲近拍·新篁摇动翠葆》)梅雨初晴,画栏开遍忘忧草。兰堂清窈。(宋·蔡伸《点绛唇·梅雨初晴》)

杳yǎo

㊀上声,十七筱。㊁关河～幻～空～青～深～微～雾～玄～杳～窈～音书～㊂～蔼～霭～沉～尔～隔～纠～九～昧～蒙～淼～冥～溟～寞～娘～裹～峭～娆～绕～若～深～邃～窕～寤～停～拖～微～隗～蔚～窅～窈～恸㊃远信沈沈,离魂杳杳。(宋·柳永《留客住·偶登眺》)故国佳人,千里信沈音杳。(宋·黄庭坚《逍遥乐·春意渐归芳草》)

舀yǎo 用瓢取水。

㊀《集韵》:上声,小韵。㊁水～㊂～酒～子㊃社瓮酿成微笑。半缺瘿瓢共舀。(宋·秦观《添春色·唤起一声人悄》)

早zǎo

㊀上声,十九皓。㊁称～春～黑～即～急～诘～绝～可～遛～明～平～侵～守～闻～向～豫～原～越～在～㊂～参～迟～旦～惠～昏～尖～间～角～漏～律～茂～暮～墙～世～是～秫酒～水～夜～誉～月～賁～则～智～作㊃注想待元老,识君恨不早。(唐·李昂《上巳日赐裴度》)锦荐金炉梦正长,东家呃喔鸡鸣早。(唐·温庭筠《常林欢》)

㊄**高山白早** 指头发虽白,但身体强健。

雪里高山头白早,海中仙果子生迟。(唐·刘禹锡《苏州白舍人》)

安仁头白早 亦作“安仁鬓早秋”“安仁愁鬓”。指岁月流逝,感叹衰老。潘岳《秋兴赋序》:“晋十有四年,余春秋三十有二,始见二毛。”春秋时人称头发斑白的人为二毛。

莫讶安仁头白早,天若有情,天也终须老。(宋·张先《苏幕遮·柳飞绵》)

澡zǎo ①洗手。②洗浴;洗涤。③整治。

㊀上声,十九皓。㊁盥～灌～沐～濯～㊂～荡～涤～豆～祓～盥～罐～练～洒～身～塘～心～形～雪～用～瀹～熨～濯㊃竹林净如灌,流水清可澡。(宋·苏辙《和子瞻》其七)仪刑静独秀,精神雨中澡。(宋·陈文蔚《观物二首》其二)

枣(棗)zǎo

㊀上声,十九皓。㊁安期～白～鬓～番～海～猴～火～棘～嫁～胶～焦～金～京～巨～乐氏～乐毅～良～灵～龙～南～糯～千年～锓～樵～如瓜～乳～软～弱枝～三更～枵～盐官～羊～羊矢～缨络～樽～仲思～重～咒～㊂～精～本～行～华～昏～径～栗～猫～圈～穰金～实～槊～下～心笔～修～油～榛㊃村落皆无人,萧条空桑枣。(唐·岑参《行军诗二首》其一)瑶池会,金盘剩荐安期枣。(宋·杨炎正《千秋岁·五云缥缈》)

㊄**啖枣** 亦作“瓜样枣”“如瓜大枣”“安期枣”。传说仙人安期生食用大如瓜的巨枣,吃后可长生不老,后用来咏仙。《史记·封禅书》:“少君言上曰:‘臣常游海上,见安期生。安期生食臣枣,大如瓜。安期生仙者,通蓬莱中,合则见人,不合则隐。’于是天子始亲祠灶,遣方士入海求蓬莱安期生之属。”

壶中主人知为谁,啖枣仙伯雪鹤姿。(宋·乐雷发《壶中天歌赠侯明父》)

金枣 指古人入殓时塞于耳鼻等处如枣般大小的黄金。《太平御览》卷八一〇引《抱朴子》:“吴景帝时,戍将于广陵掘一大冢,棺中人面如生,两耳及鼻孔中皆有黄金,大如枣许。此假物不朽之效也。”

金枣银蚕葬故乡,梅花犹绕墓门香。(清·郑王臣《过江妃村》其二)

豳风葵枣 指农民丰收安乐的景象。《诗经·豳风·七月》:“六月食郁及薁,七月亨葵及菽,八月剥枣,十月获稻,为此春酒,以介眉寿。”

谈笑顷、又十年生聚,处处豳风葵枣。(宋·陈合《宝鼎现·神鳌谁断》)

藻zǎo

㊀上声,十九皓。㊁才～采～彩～

宸～骋～摛～春～辞～粹～典～雕～粉～奋～丰～风～凤～敷～凫～服～黻～斧～黼～高～光～衮～寒～翰～洪～鸿～华～辉～缋～嘉～菁～奎～狸～丽～连～流～龙～蔓～枚～葩～品～苹～萍～前～芹～清～情～诠～铨～锐～睿～弱～山～赡～神～圣～盛～诗～速～天～文～仙～鲜～雄～修～玄～艳～掞～逸～玉～云～韵～蕰～甄～振～棁～**顺**～拔～抃～采～翰～行～绘～缋～火～藉～兼～鉴～井～镜～扃～朗～厉～丽～练～率～綷～密～苹～缛～饰～思～蔚～雅～咏～玉～仗～舟～棁**例**栖凤安于梧，潜鱼乐于藻。（唐·白居易《玩松竹二首》其一）万宇均欢，示慈颁燕，寿祝南山，庆均凫藻。（宋·葛胜仲《醉蓬莱·望葱葱佳气》）

典凫藻 喻欢喜和悦。《后汉书·杜诗传》：“陛下起兵十有三年，将帅和睦，士卒凫藻。”李贤注：“言其和睦欢悦，如凫之戏于水藻也。”

将睹虞巡陪法从，幸同凫藻乐昌辰。（宋·寇准《奉和御制奉祀述怀歌》）

荐藻 虽微贱之物，亦可心诚敬献。《左传·隐公三年》：“苟有明信，涧溪沼沚之毛，蘋蘩蕴藻之菜，筐筥锜釜之器，潢污行潦之水，可荐于鬼神，可羞于王公。”

献芹则小小，荐藻明区区。（唐·杜甫《槐叶冷淘》）

枚藻 指词臣文藻华美。《汉书·枚乘传》：“复游梁，梁客皆善属辞赋，乘尤高。”

枚藻清词律，邹谈耀辩锋。（唐·李峤《夏晚九成宫呈同僚》）

玉藻 指帝王冕冠上悬垂的贯以珠玉的五彩丝绳。借以咏帝王行祭礼。见《礼记·玉藻》。

千官不起金縢议，万国空瞻玉藻声。（唐·曹唐《三年冬大礼五首》其四）

鱼在藻 喻适性自得。《诗经·小雅·鱼藻》：“鱼在在藻，有颁其首。”毛氏传：“鱼以依蒲藻为得其性。”

洁如凤食竹，乐若鱼在藻。（宋·范仲淹《依韵和襄阳王源叔龙图见寄》）

蚤 zǎo

①蚤虱。②通“早”。

古上声，十九皓。**逆**格～蛇～獝～狗～鼓上～明～豫～**顺**～成～达～服～孤～寡～计～济～临～虑～暮～虱～世～岁～图～休～晏～夜～豫～蚊**例**兹日颇所惬，扪虱反得蚤。（宋·梅尧臣《扪虱得蚤》）客游南海曲，坐见韶阳蚤。（唐·钱起《南中春意（一作思）》）情知梦非真，颇恨觉来蚤。（元末明初·郭钰《梦觉》）

爪 zhǎo

另见 20 页 zhuǎ。

古上声，十八巧。**逆**拔～鳖～兵～赤龙～断～鹗～合～黑～鸿～华～翦～金～句～留～麻姑～葩～嗜～霜～系～牙～**顺**～臣～翦～鬝～老～幕～士～吻～寻～杖～揹**例**弱拒喜张臂，猛拿闲缩爪。（唐·韩愈《答孟郊》）梦入瑶台，搔背麻姑爪。（宋·徐瑞《点绛唇·多事春风》）

典剪爪 指态度决断。《史记·蒙恬列传》：“昔周成王初立，未离襁褓。周公旦负王以朝，卒定天下。及成王有病，甚殆，公旦自揃其爪以沉于河。曰：‘王未有识，是旦执事，有罪殃，旦受其不祥。’乃书而藏之记府，可谓信矣。及王能治国，有贼臣言周公旦欲为乱久矣，王若不备必有大事。王乃大怒，周公旦走而奔于楚。成王观于记府，得周公旦沉书，乃流涕曰：‘孰谓周公旦欲为乱乎？’杀言之者而反周公旦。”

鳞爪 比喻事物的片断或点滴。宋计有功《唐诗纪事·刘禹锡》：“长庆中，元微之、梦得、韦楚客同会乐天舍，论南朝兴废，各赋《金陵怀古》诗。刘满引一杯，饮已即成……白公览诗，曰：‘四人探骊龙，子先获珠，所余鳞爪，何用耶！’于是罢唱。”

穴空龙已去，鳞爪迹依然。（宋·赵汝燧《雷潭寺》）

麻姑爪 亦作“麻仙爪”。麻姑的手。晋葛洪《神仙传》：“麻姑鸟爪，蔡经见之，心中念言：‘背大痒时，得此爪以爬背，当佳。’方平已知经心中所念，即使人牵经鞭之，谓曰：‘麻姑神人也，汝何思谓爪可以爬背耶！’但见鞭着经背，亦不见有人持鞭者。”

道成若见王方平，背疗莫念麻姑爪。（宋·苏辙《赠吴子野道人》）

握拳透爪 指愤怒到极点。《晋书·卞壶传》：“卞壶拒苏峻，父子战死。其后盗发壶墓，尸僵，鬓发苍白，面如生，两手悉拳，爪甲穿达手背。”

挝钟饮酒皆儿嬉，握拳透爪真男儿。（宋·蒲寿宬《送沈保叔国谕试艺右庠》）

雪泥鸿爪 比喻事情过后留下的痕迹。宋苏轼《和子由渑池怀旧》：“人生到处知何似，应似飞鸿踏雪泥。泥上偶然留指爪，鸿飞那复计东西。”

雪泥鸿爪不再至，侧身东望成阻修。（清·钟大源《寄题武林郡署》）

找 zhǎo

逆遍～零～清～探～寻～**顺**～篙～寻**例**稍能悟晓。财色难相找。（元·王哲《蓦山溪·凡躯四假》）

沼 zhǎo

古上声，十七筱。**逆**碧～璧～东～锻～凤～宫～镜～莲～莲～林～灵～磬～曲～石～瓦～研～雁～咏～玉～渊～鹓～园～源～**顺**～吴～沚**例**青翠满寒山，藤萝覆冬沼。（唐·崔颢《游天竺寺》）槛里青梅数枝小。新荷长池沼。（宋·杜安世《菊花新·怎奈花残又莺老》）

典凤沼 借指中书省及宰相职位。见 150 页“荀池”。

龙城凤沼棠阴在，只恐归鸿更北飞。（唐·许浑《贺少师相公致政》）

季伦沼 指豪华精美的园林。见 644 页“季伦园”。

今知季伦沼，旧是辟疆园。（唐·楼颖《东郊纳凉》其一）

灵囿沼 借指帝王园林。《诗经·大雅·灵台》：“王在灵囿，麀鹿攸伏。……王在灵沼，於牣鱼跃。”毛氏传：“沼，池也。灵沼，言灵道行于沼也。”

修梦想，去游灵囿沼，入望夷宫。（宋·刘克庄《沁园春·驯于蹇驴》）

画地成沼 传说一种方士法术。

旧题晋葛洪《西京杂记》卷三："淮南王好方士，方士皆以术见。遂有画地成江河，撮土为山岩，嘘吸为寒暑，喷嗽为雨雾。"

意将画地成幽沼，势拟驱山近小台。（唐·秦韬玉《亭台》）

仄声·去声

傲 ào

古去声，二十号。逆悖～褊～侈～诞～惰～放～寄～简～蹇～謇～僭～矜～狷～凌～陵～癖～气～轻～奢～疏～顽～违～侮～兀～黠～险～啸～偃～直～顺～岸～悖～愎～侈～达～诞～尔～忽～桀～览～倪～睨～弄～僻～撇～人～散～上～世～霜～肆～俗～态～听～顽～侮～兀～狎～雅～易例结茅次烟水，用以资啸傲。（唐·陆龟蒙《渔庵》）

典**陶潜啸傲**　亦作"陶令舒啸"。借指自由洒脱的隐居情怀。晋·陶渊明《陶渊明集》卷五《归去来兮辞》："倚南窗以寄傲，审容膝之易安。……登东皋以舒啸，临清流而赋诗。"

陶潜能啸傲，贺老最风流。（宋·朱敦儒《临江仙·纱帽篮舆》）

奥 ào

古去声，二十号。逆博～沉～淳～道～典～房～府～古～闳～宏～洪～壶～华～秽～浑～鉴～禁～精～诀～窾～旷～阃～朗～灵～雷～龙～媚～秘～明～排～僻～窍～清～穷～曲～山～神～圣～室～枢～邃～覃～潭～堂～猥～温～遐～闲～险～雄～雅～窔～宧～隅～援～缊～旨～质～阻～顺～壁～庳～博～藏～草～处～大～敦～府～姑～古～诡～秽～蒇～绝～窟～阃～美～渺～内～僻～峭～窍～区～壤～涩～山～赡～深～室～枢～水～薮～邃～屯～雅～衍～窔～隅～宇～郁～域～援～蕴～灶～赜～祉～主～助～阻～阼例中间数鲍谢，比近最清奥。（唐·韩愈《荐士》）白日沿沟渠，中宵隐堂奥。（宋·蒲寿宬《蚊二首》其二）

典**媚奥**　亦作"媚灶"。喻攀迎权势。《论语·八佾》："王孙贾问曰：'与其媚于奥，宁媚于灶。何谓也？'孔子曰：'不然。获罪于天，无所祷也。'"奥：指设于室内西南角的神主。灶，指灶神。灶神直接通天。

家传自许已跨灶，庭对相期毋媚奥。（宋·曾丰《王元宾之子》）

澳 ào　水湾可停船处。另见455页yù。

古去声，二十号。逆蹙～海～河～江～口～澜～湾～鱼～顺～甲～抗～门～溟～清～闸

拗（抝）ào　不顺，违背。另见545页ǎo、504页niù。

古去声，十九效。逆违～顺～处～蛮例而今衰飒，形骸百丑，情怀十拗。（宋·刘克庄《水龙吟·当年玉立清扬》）幅巾短褐，有些野逸，有些村拗。（宋·刘克庄《水龙吟·不须更问旁人》）

坳（*坳、垇）ào　又读。另见515页āo。

燠 ào　又读。另见455页yù。

懊 ào

古去声，二十号。逆后～悔～惊～恼～悒～郁～怨～顺～蔼～怅～悴～恨～怀～愣～闷～腻～依～依歌～依曲～憹～心～绪～糟～躁例善善不汲汲，后时徒悔懊。（唐·韩愈《荐士》）

骜（驁）ào

古去声，二十号。又：下平，四豪异。

逆骜～暴～悖～不～怠～放～梗～犷～悍～骥～骄～杰～倨～夸～黠～枭～雄～轩～游～鸷～恣～顺～岸～骜～愎～放～很～狠～忽～猾～蹇～杰～倨～亢～辟～肆～倪～侮～夏～嚣～主例有穷者孟郊，受材实雄骜。（唐·韩愈《荐士》）盗亦有道者，仁里敢桀骜。（宋·五迈《寄陈士登元》）

岙 ào　山间平地。

逆山～悬～

奡 ào　①古代相传的力士。②傲慢。③矫健有力。④傲岸；突兀。

古去声，二十号。逆叫～桀～排～泰～兀～羿～顺～兀例横空盘硬语，妥帖力排奡。（唐·韩愈《荐士》）雅言类旃孟，给御坚羿奡。（宋·陈普《荆公东坡》）

报（報）bào

古去声，二十号。逆白～边～遍～觇～雠～待～德～邸～耳～供～顾～关～规～果～海～喝～后～厚～花～缓～黄雀～祭～儆～鞠～鞫～涓～诳～冥～捏～配～平安～祈～迁～琼～秋～鹊～微～衔～飨～效～诇～讯～谳～阳～移～应～羽～冤～攒～造～章～侦～烝～蒸～忠～重～追～咨～谘～罪～酢～顺～罢～差～呈～雠～船～春～当～点～丁～端～佛～伏～覆～更～花～荒～捷～捐～君知～可～况～贶～礼～李～罗～庙～名～命～年～喏～囚～塞～赛～嫂～条～帖～头～闻～享～晓～衙～验～谒～佑～允～章～蒸～政～知～主～状～子～最例荣华肖天秀，捷疾逾响报。（唐·韩愈《荐士》）行人莫羡长安道。丹禁漏声衢鼓报。（宋·欧阳修《渔家傲·暖日迟迟花袅袅》）

典**琼报**　亦作"琼瑶之报"。指回赠之物。

如许簿书花一到，便成琼报碧云词。（宋·张镃《王倅德远有诗谢送菊因酬二绝》其一）

黄雀报　亦作"黄雀衔"。喻知恩图报。《后汉书·杨震传》："父宝。"李贤注引《续齐谐记》："宝年九岁时，至华阴山北，见一黄雀为鸱枭所搏，坠于树下，为蝼蚁所困。宝取之以归，置巾箱中，唯食黄花，百余日毛羽成，乃飞去。其夜有黄衣童子向宝再拜曰：'我西王母使者，君仁爱救拯，实感成济。'以白环四枚与宝：'令君子孙洁白，位登三事，当如此环矣。'"

灵鸟酬德辉，黄雀报仁慈。（唐·储光羲《上长史王公责躬》）

灵蛇报　亦作"灵蛇吐"。喻知恩图报。晋干宝《搜神记》卷二〇："隋县溠水测，有断蛇丘。隋侯出行，见大蛇被伤中断，疑其灵异，使人以药封之。蛇乃能走。因号其处断蛇丘。岁余，蛇衔明珠以报之。珠盈径寸，纯白，而夜有光明，如月之照，可以烛室。故谓之'隋侯珠'，亦曰'灵蛇珠'，又曰'明月珠'。"

怪犬穴潜知牧贵，灵蛇池报为恩衔。（清·王铁珊《和檗坞四丈杂感诗》其四）

秣陵报　亦作“报秣陵书”。借指哀挽亡友的撰文。刘峻《重答刘秣陵沼书》：“刘侯既重有斯难，值余有天伦之戚，竟未之致也。寻而此君长逝，化为异物，绪言余论，蕴而莫传。或有自其家得而示余者。余悲其音徽未沫而其人已亡，青简尚新，而宿草将列，泫然不知涕之无从也。”

今日难裁秣陵报，薤歌寥落柳车边。（唐·权德舆《张工部至薄寒山下》）

喜鹊报　指发生喜事的预兆。旧题晋葛洪《西京杂记》卷三：“乾鹊噪而行人至，蜘蛛集而百事喜。”旧题晋张华注《禽经》：“灵鹊兆喜。”《注》：“鹊噪则喜生。”

门前喜鹊来相报，知有骚人委色丝。（宋·杜范《刘百十六兄》其四）

一饭报　亦作“一餐报”“翳桑之报”。指受恩思报。

尚迟一饭报，又愧五浆先。（宋·陈杰《还家父老见迓境上》）

竹边新报　喻平安家信。唐段成式《酉阳杂俎》续集卷一〇《支植下》：“童子寺竹：卫公言北都惟童子寺有竹一窠，才长数尺，相传其寺纲维，每日报竹平安。”

犹幸红旗破贼，有竹边新报，喜听平安。（宋·李曾伯《八声甘州·上巍楼》）

抱[1] bào

古 上声，十九皓。逆 保～鄙～尘～丹～烦～伏～孤～孩～鸿～圜～积～衿～襟～旷～朗～离～旅～奇～器～清～情～摅～素～偎～伟～遐～翔～携～心～胸～宿～雅～野～疑～臆～盈～萦～影～幽～渊～远～蕴～贞～抮～志～中～周～ 顺 ～璧～冰～补～哺～惭～产～撮～戴～担～德～牒～独～犊～牍～珥～忿～风～棘～嫁～燋～景～理～磨～领～锣～默～癖～魄～璞～椠～桥～衾～痣～厦～神～暑～蜀～素～同～围～衅～疊～蓄～学～一～膺～影～瘵～真～疹～直～志～拙～子～罪 例 参差树若插，匼匝云如抱。（唐·白居易《仙娥峰下作》）谁云倚天剑，含霜在怀抱。（唐·贯休《上顾大夫》）

典 **相如怀抱**　指智勇非凡能屈能伸的胸怀气概。《史记·廉颇蔺相如列传》：“太史公曰：知死必勇，非死者难也，处死者难。方蔺相如引璧睨柱，及叱秦王左右，势不过诛，然士或怯懦而不敢发。相如一奋其气，威信敌国，退而让颇，名重太山，其处智勇，可谓兼之矣！”

秦王强暴，赵王懦弱，相如何以为怀抱。（元·张养浩［中吕·山坡羊］《渑池怀古》）

中年怀抱　亦作“中年丝竹”“中年别”“中年怕踏长亭路”“欢事中年如水薄”。指中年伤别、感伤的情怀。《世说新语·言语》：“谢太傅语王右军曰：‘中年伤于哀乐，与亲友别，辄作数日恶。’王曰：‘年在桑榆，自然至此，正赖丝竹陶写。恒恐儿辈觉，损欣乐之趣。’”

记风流、中年怀抱，长携歌舞。（宋·辛弃疾《贺新郎·下马东山路》）

抱[2]（菢）bào　孵。

古 去声，二十号。逆 春～啄～ 顺 ～伏～鸡～卵～窝～子 例 鹤翎不天生，变化在啄抱。（唐·韩愈《荐士》）

豹 bào

古 去声，十九效。逆 白～半～变～惭～赤～独～飞～伏～鸿～虎～户～豢～窥～南山～全～雀～三～叔～王～文～雾～西门～熊～玄～毅～隐～元～云～ 顺 ～变～别～采～藏雾～策～幨～乘～祠～房～革～关～管～侯～胡～环～鞹～论～旅～略～囊～奴～钱～乔～裘～祛～襦～饰～髓～胎～弢～韬～尾～尾旛～蔚～文～雾～席～舄～袖～褎～隐～枕～脂～直～犆 例 而君复何为，甘食比豢豹。（唐·韩愈《答柳柳州食虾蟆》）射虎将军搴绣帽，西园公子南山豹。（宋·石孝友《渔家傲》）

典 **半豹**　喻读书不多。《晋书·殷仲文传》：“仲文善属文，为世所重，谢灵运尝云：‘若殷仲文读书半袁豹，则文才不减班固。’言其文多而见书少也。”

未见半豹书，安敢道一班。（宋·晁说之《还资道斯立诗卷》）

豢豹　借指珍贵的美食。枚乘《七发》：“山梁之餐，豢豹之胎。小饭大歠，如汤沃雪。此亦天下之至美也。太子能强起尝之乎？”

柳侯比豢豹，赖以韩诗传。（宋·晁说之《柳集亡食虾蟆诗因有作》）

单豹　指修养心性之人。《庄子·达生》：“鲁有单豹者，岩居而水饮，不与民共利，行年七十而犹有婴儿之色，不幸遇饿虎，饿虎杀而食之。有张毅者，高门县薄，无不走也，行年四十而有内热之病以死。豹养其内而虎食其外，毅养其外而病攻其内。此二子者，皆不鞭其后者也。”

色婴单豹偶然耳，带索启期焉怨哉。（宋·方回《丁酉生日二首》其一）

隐豹　亦称“隐雾”“藏雾豹”“南山豹”“雾中豹”。喻指隐居避世。《列女传·陶荅子妻》：“荅子治陶……居五年，从车百乘归休，宗人击牛而贺之。其妻独抱儿而泣，姑怒曰：‘何其不祥也！’妇曰：‘……妾闻南山有玄豹，雾雨七日而不下食者，何也？欲以泽其毛而成文章也，故藏而远害，犬彘不择食以肥其身，坐而须死耳。’”

隐豹深愁雨，潜龙故起云。（唐·杜甫《戏寄崔评事》）

西门豹　指制止巫术的地方长官。魏文侯时，西门豹为邺令，制止地方盛行的害人的为河伯娶妇的巫术。见《史记·滑稽列传》。

讥诃西门豹，仁智未得完。（宋·苏辙《和子瞻》）

九关虎豹　亦作“九关”。喻仕途难登，宫门难入。《楚辞·招魂》：“魂兮归来，君无上天些！虎豹九关，啄害下人些。”东汉·王逸注：“言天门凡有九重，使神虎豹执其关闭，主啄啮天下欲上之人而杀之也。”

九关虎豹君休问，已向人间得地仙。（宋·陆游《湖村秋晓》）

暴 bào　另见 419 页 pù。

古 去声，二十号。逆 悖～避～猜～

骋～猝～迭～叠～鼓～犷～极～疾～践～怀～狡～峻～毚～亢～伉～炕～寇～酷～栗～陵～露～猛～逆～狞～飘～忍～懆～疏～吞～违～污～五～骜～显～险～崄～骁～严～愚～躁～振～鸷～恣～纵～顺～敖～暜～崩～勃～察～钞～抶～夺～贵～暵～集～桀～禁～厥～蹶～伉～苛～陵～掠～落～谩～慢～嫚～蔑～缪～内～逆～迫～晴～上～世～事～速～威～物～习～下～泻～迅～繇～益～溢～子例勃兴得李杜，万类困陵暴。（唐·韩愈《荐士》）早是被、晓风力暴。（宋·秦观《迎春乐·菖蒲叶叶知多少》）

瀑bào ①水飞溅。②水名。另见419页pù。

古去声，二十号。逆迸～渍～湍～瀺～顺～河～流～沫～泉

爆bào 另见570页pào。

古去声，十九效。又：入声，三觉同。逆熇～鞭～炳～灯～耗～花～火～煎～栗～震～竹～顺～趋～弹～竿～谷～花～击～烈～烞～炭～腾～仗～直～竹例巨堪朋类多，沸耳作惊爆。（唐·韩愈《答柳柳州食虾蟆》）喜搀先、椒盘竹爆。（宋·方岳《烛影摇红·辇路融晴》）

煲bào 文火煮。

逆铜～

鲍(鲍)bào ①鳆。②盐腌鱼。

古上声，十八巧。逆二～腐～管～江～鲲～沈～翫～谢～颜～顺～孤雁～姑～姑井～酪～气～清风～人～舍～氏骢～室～夕阳～谢～庚

典**管鲍** 喻交谊深厚的朋友。《史记·管仲列传》："管仲夷吾者，颍上人也。少时常与常鲍叔牙游，鲍叔知其贤。管仲贫困，常欺鲍叔，鲍叔终善遇之，不以为言。……管仲曰：'生我者父母，知我者鲍子也。'"《艺文类聚》卷三〇引晋傅咸《感别赋》："悦朋友之攸摄，慕管鲍之遐踪。"

不见管鲍贫时交，此道今人弃如土。（唐·杜甫《贫交行》）

沈鲍 诗人沈约与鲍照的合称，指有诗才的文人。见《梁书·沈约传》以及《宋书·宗室传·刘义庆传》附《鲍照传》。

诗岂江山助，名成沈鲍行。（宋·陈师道《寄张宣州》）

刨(*鉋、*鑤)bào 削木器。另见538页páo。

逆镑～刷～顺～冰～床～刀～花～子

趵bào 跳跃。

古《集韵》：去声，效韵。逆趵～蹄～顺～突～突泉

摽biào 落下。另见516页biāo。

古上声，十七筱。又：去声，十八啸同。顺～抶～拂～季～戒～落～梅～辟～陨

鳔(鰾)biào

古《广韵》：上声，小韵。逆胶～鲞～鱼～粘～顺～胶～清

道dào

古上声，十九皓。逆安～阪～榜～牓～褒～跸～秉～伯～驰～当～谛～钓～梵～凤～公～诡～衡～横～弘～圜～诲～稽～汲～饯～涧～碉～阶～解～戒～进～靳～径～窥～逵～阑～论～昧～蜎～弥～箐～绕～任～埏～问～闻～迕～象～衺～宣～徇～颐～牖～纡～远～贞～正～轵～知～至～志～治～中～朱～顺～爱～安～岸～媪～奥～白～拜～班～伴～扮～本～边～柄～布～藏～曹～碴～岔～鳖～床～道～地～典～店～钉～定～度～儿～乏～法～藩～范～方～肥～封～佛～茀～府～副～纲～搿～根～沟～古～故～果～合～席～咸～衔～宪～韵～簪～碓～斋～丈～真～正～知～职～止～志～帙～质～中～终～衷～祖～罪例为岳岂不贵，所悲涉远道。（唐·崔湜《饯唐州高使君赴任》）白云谢归雁，驰怀洛阳道。（唐·张均《和尹懋登南楼》）

典**安道** 喻高洁有操守的人。见《晋书·隐逸传·戴逵》。

知止信无辱，身安道亦隆。（唐·刘知几《读〈汉书〉作》）

钓道 喻知人善任。阳昼向宓子贱论钓鱼之道，以此喻用人治国之道。见《说苑·政理》。

尧舜禹汤钓道微，宋玉一去今安归。（清·罗衔炳《垂钓图为胡少伯茂才题》）

轵道 指亡国出降。《史记·秦始皇本纪》："子婴为秦王四十六日，楚将沛公破秦军入武关，遂至霸上，使人约降子婴。子婴即系颈以组，白马素车，奉天子玺符，降轵道旁。"

凋柳萧骚，又如轵道，故老何颜对。（宋·王质《笛家弄·凌乱败荷》）

遮道 民众拥戴地方官，在其离任时拦道欲挽留之。《后汉书·寇恂传》："（建武）七年，代朱浮为执金吾。明年，从车驾击隗嚣，而颍川盗贼群起……即日车驾南征，恂从至颍川，盗贼悉降，而竟不拜郡。百姓遮道曰：'愿从陛下复借寇君一年。'乃留恂长社，镇抚吏人，受纳余降。"

玉皇今年唤渠还，州民遮道不得前。（宋·杨万里《送丁卿季吏部赴召》）

绝驰道 指皇帝对太子的褒礼。《汉书·成帝纪》："元帝即位，帝为太子。……初居桂宫，上尝急召，太子出龙楼门，不敢绝驰道。西至直城门，得绝乃度，还入作室门。上迟之，问其故，以状对。上大说，乃著令，令太子得绝驰道云。"应劭注："驰道，天子所行道也，若今之中道。"颜师古注："绝，横度也。"

虽蒙绝驰道，京兆别开阡。（唐·王维《恭懿太子挽歌五首》其一）

龙尾道 亦作"龙尾"。借指宫中殿前通道。《太平御览》卷一八四引唐韦述《两京新纪·西京记》："西京大明正中含元殿，殿东西翔鸾栖凤阁……左右龙尾道。"宋吴曾《能改斋漫录》卷七："盖唐含元殿前龙尾道，自平阶地凡诘曲七转。由丹凤门北望，宛如龙尾下垂于地焉。两垠栏悉以青石为之，故谓之龙尾道。"

身贵早登龙尾道，功高自破鹿头城。（唐·张籍《赠赵将军》）

寻安道 亦作"寻戴""何必见安道""问安道"。指念友访友。《世说新语·任诞》："王子猷居山阴，夜大雪，眠觉，开室，命酌酒。四望皎

然，因起彷徨，咏左思《招隐诗》。忽忆戴安道，时戴在剡，即便夜乘小船就之。经宿方至，造门不前而返。人问其故，王曰：'吾本乘兴而行，兴尽而返，何必见戴？'"此事又见《晋书·王羲之传》附《王徽之传》。

雪晴须去寻安道，不作经宵兴尽还。（宋·陆经《丁中允宰剡》）

白发公道 不论富贵贫贱，人一样都要变老。杜牧《送隐者一绝》："无媒径路草萧萧，自古云林远市朝。公道世间唯白发，贵人头上不曾饶。"

难将白发期公道，不觉丹枝属别人。（唐·罗隐《东归》）

豺狼横道 亦称"豺狼当辙"。喻奸邪权贵持政。见《后汉书·张皓传》附《张纲传》。

豺狼敢横道，草木要知名。（宋·石孝友《水调歌头·君恩九鼎重》）

老马知道 亦作"老马"。喻富有经验。《韩非子·说林上》："管仲、隰朋从桓公伐孤竹，春往冬返，迷惑失道，管仲曰：'老马之智可用也。'乃放老马而随之，遂得道。"

老马夜知道，苍鹰饥著人。（唐·杜甫《观安西兵过赴关中待命二首》其一）

老罴当道 喻猛士英勇待发。《北史·王罴传》："（北周华州刺史王罴）尝修州城未毕，梯在城外。（北齐帝）神武遣韩轨、司马子如从河东宵济袭罴，罴不觉。比晓，轨众已乘梯入城。罴尚卧未起，闻阁外汹汹有声，便袒身露髻徒跣，持一白棒，大呼而出，谓曰：'老罴当道卧，貉子那得过！'敌见，惊退。"

是处老罴当道卧，何人春燕倚楼看。（清·沈钦韩《华州》）

松间喝道 喻败杀风景、使人扫兴。唐李商隐《义山杂纂·煞风景》："松下喝道。看花泪下。苔上铺席。斫却垂杨。花下晒裈。游春重载。石笋系马。月下把火。步行将军。背山起高楼。果园种菜。花架下养鸡鸭。妓筵说俗事。"

时贤飞盖，松间喝道挟胡床。（宋·汪晫《水调歌头·落日水亭静》）

文武之道 指治国宽严相济，松紧得当。《礼记·杂记下》："张而不弛，文武弗能下；弛而不张，文武弗为也。一张一弛，文武之道也。"

商君入秦祸始大，文武之道几灭亡。（宋·释宝昙《病寓灵芝寺》）

要言妙道 指切要而精微的言谈理论。枚乘《七发》："客曰：'将为太子奏方术之士有资略者，若庄周、魏牟、杨朱、墨翟、便蜎、詹何之伦，使之论天下之精微，理万物之是非；孔老览观，孟子持筹而算之，万不失一。此亦天下要言妙道也，太子岂欲闻之乎？'于是太子据几而起曰：'涣乎若一听圣人辩士之言。'涊然汗出，霍然病已。"

有要言妙道，往问北山愚。（宋·辛弃疾《六州歌头·晨来问疾》）

醉卧官道 指酒醉失礼。宋·陆游《南唐书·毛炳传》："得钱即沽酒，尝醉卧道旁，有里正掖起之，炳瞋目呵之曰：'醉者自醉，醒者自醒，亟去，毋扰予睡。'"

讫事散去喜若狂，醉卧相枕官道傍。（宋·陆游《秋获歌》）

稻dào

古上声，十九皓。逆白～滮～打～旱～耗～禾～红～火～江～界～秔～粳～糯～生～秋～田～香～中～啄～租～顺～鳖～饼～畤～藁～稷～稼～糠～醴～庐～麻～芒～畦～菽～秫～粟～穗～穟～孙～稌～尾～香～蟹～芽～雁～云～栽～泽例高原种菽粟，陂泽满粳稻。（宋·苏辙《和子瞻》）恩休到松槚，庆色满粱稻。（宋·徐元杰《馆中分韵》）

到dào

古去声，二十号。逆八～笔～待～缜～颠～过～还～精～剀～恳～老～连～两～率～冥～默～念～辱～三～沈～剩～头～投～稳～详～药～一～阴～乍～折～臻～直～至～顺～伴～彼岸～差～错～大～得～的～地～耳～敢～公石～官～加～口～临～悬～眼～月～坐例唯愁苦花落，不悟世衰到。（唐·李贺《感讽六首》其六）咫尺凤衾鸳帐，欲去无因到。（宋·柳永《隔帘听·咫尺凤衾鸳帐》）

典**春脚到** 喻官吏有德政，爱民恤物。五代·王仁裕《开元天宝遗事》卷下《有脚阳春》："宋璟爱民恤物。朝野归美，时人咸呼璟为有脚阳春，言所至之处，如阳春煦物也。"

春脚到寒枝，诗情满雪篱。（宋·张道洽《池州和同官咏梅花》）

倒dào 另见549页dǎo。

古去声，二十号。顺～彩～持～刺～空～映～置～转

悼dào

古去声，二十号。逆悲～惨～怅～怛～感～嘉～荐～嗟～惊～怜～耄～眊～闵～悯～愍～凄～伤～沈～叹～恸～痛～笑～隐～忧～郁～赞～轸～震～顺～悲～怅～龀～楚～怵～怆～词～辞～惕～恩～恨～悔～祭～惧～栗～耄～没～愍～念～屈～丧～伤～慑～逝～叹～痛～亡～文～息～惜～心～唁～稚～灼例况承归与张，二公迭嗟悼。（唐·韩愈《荐士》）孤臣白首困西南，有志不伸空自悼。（宋·陆游《夜读东京记》）

盗dào

古去声，二十号。逆邦～抄～钞～篡～抵～递～断～攻～狗～豪～化～诲～赍～缉～激～迹～贾～僭～江～诘～谨～巨～剧～攘～寇～窥～鸣～剽～侵～勍～求～驱～攘～上～失～突～黠～显～宿～逸～淫～远～祝～朘～顺～暴～边～柄～骖～巢～篡～道～典～端～恩～发～根～庚～耕～宄～环～患～醽～颉～截～金～居～据～决～掘～课～窟～夸～跨～魁～骊～禄～明～摩～目～囊～丘～袪～渠～泉～攘～塞～声～视～讼～薮～索～帑～天～枭～乞～位～竽～鬻～源～臧～葬～憎～诈～铸例搜春摘花卉，沿袭伤剽盗。（唐·韩愈《荐士》）霜严鸡报晨，月落犬警盗。（宋·陆游《家居自戒》）

典**鸡鸣狗盗** 亦作"鸡鸣函谷""鸡鸣试关""鸡鸣夫""多一字伪鸡鸣"。后称有卑微技能者。《史记·孟尝君列传》："囚孟尝君，谋欲杀之。孟尝君使人抵昭王幸姬求解。幸姬曰：'妾愿得君狐白裘。'裘已献昭

王，孟尝君门下客有能为狗盗者，夜入秦宫窃归，献之幸姬。孟尝君得脱即驰去，"夜半至函谷关……关法鸡鸣而出客，孟尝君恐追至，客之居下坐者有能为鸡鸣，而鸡齐鸣，遂发传出。出如食顷，秦追果至关，已后孟尝君出，乃还。"

鼠目獐头登要地，鸡鸣狗盗策奇功。（宋·贺铸《题任氏传德集》）

开门揖盗 在危难之时仍讲求礼节，不合时宜。《三国志·吴书·孙权传》："（建安）五年，策薨，以事授权；权哭未及息，策长史张昭谓权曰：'孝廉，此宁哭时邪？……况今奸宄竞逐，豺狼满道，乃欲哀亲戚，顾礼制，是犹开门而揖盗，未可以为仁也。'"

帱（幬）dào 覆盖。

㊂《广韵》：去声，号韵。㊃贲～宾～丹～翡～覆～椁～怙～罗～蜕～衾～素～载～㊄～察～载㊅独处招燎烟，几人有良帱。（宋·蒲寿宬《蚊二首》其二）

㊀**覆帱** 亦作"覆焘"。喻德高望重。《中庸》："仲尼祖述尧舜，宪章文武，上律天时，下袭水土。譬如天地之无不持载，无不覆帱。"

阘庐固非避寒暑，大厦万间均覆帱。（宋·赵蕃《别韩尚书》）

纛 dào 古代军中大旗。另见401页dú。

㊂去声，二十号。又：入声，二沃同。㊃白～宝～鼓～横海～麾～六～鸾～祃～旌～押～牙～羽～皂～坐～㊄～遨～章京㊅悠悠我之思，扰扰风中纛。（唐·韩愈《荐士》）喜人乐丰年，波澄瀚海，星斗焕牙纛。（宋·陈允平《摸鱼儿·过重阳》）

调（調）diào 另见543页tiáo。

㊂去声，十八啸。㊃边～别～才～材～常～出～楚～创～辞～促～大石～对～发～翻～凡～梗～慢～末～拗～俳～排～抛～品～殊～双～水～套～体～贴～推～息～移～遗～役～逸～意～阴～荫～郢～优～渊～谪～姿～资～祖～㊄～白～摆～笔～兵～拨～补～布～茬～充～当～发～繁～符～赋～格～官～号～聚～开～坎～类～立～敛～马～门～弄～排～腔～求～驱～取～身～审～省～食～授～署～役～易～益～征～直～旨㊅曲房珠翠合，深巷管弦调。（唐·刘长卿《少年行》）佩刀看日晒，赐马傍江调。（唐·窦群《黔中书事》）

㊀**巴人调** 借指民间通俗的文艺作品。宋玉《对楚王问》："客有歌于郢中者，其始曰《下里巴人》，国中属而和者数千人。"

《竹枝》已听巴人调，桂树仍闻楚客歌。（明·陈基《题玉山草堂》）

千年调 指长远之计，作久远的安排。唐范摅《云溪友议》卷一一："（王）梵志者生于西域林木之上，因以梵志为名，其言虽鄙，其理归真，所谓归真悟道，徇俗乖真也。其诗……又曰：'众生头兀兀，常住无明窟。心里惟欺瞒，口中佯念佛。世无百年人，拟作千年调。打铁作门限，鬼见拍手笑。'"

一生也作千年调，两脚犹须万里回。（宋·陈师道《卧疾绝句》）

曲吹别调 借指因被猜疑、不受信任而使得正事不能完成。宋孙光宪《北梦琐言》卷七："太尉骈……镇蜀日，以蛮蜑侵暴，乃筑罗城，城四十里，朝廷虽加恩赏，亦疑其固护。或一日闻奏乐声，知有改移，乃题风筝寄意曰：'夜静弦声响碧空，宫商信任往来风。依稀似曲才堪听，又被移将别调中。'旬日报到，移镇渚宫。"刘克庄《贺新郎·再和前韵》："梦断钧天宴。怪人间、曲别吹调，局翻新面。"

又紫箫一曲，还吹别调，楚际吴旁。（宋·吴文英《木兰花慢·润寒梅细雨》）

钓（釣）diào

㊂去声，十八啸。㊃把～百～秉～持～纯～淳～凤～耕～国～和～衡～洪～鸿～化～六～冥～韶～枢～细～冶～弋～员～运～㊄～榜～采～槽～查～槎～差～车～川～船～道～饵～歌～耕～国～户～璜～矶～楫～几～家～角～碣～客～濑～利～纶～罗～侣～缗～名～篷～奇～射～声～师～士～水～阒～滩～藤～筒～徒～位～渭～贤～乡～星～语～玉～誉～月～战～樟～罩～筑㊅感对怀拂衣，胡宁事渔钓。（唐·王昌龄《观江淮名胜图》）天风从此上扶摇，回首不劳耕钓。（宋·廖行之《西江月·试数阶蓂有几》）

㊀**渔钓** 亦称"垂钓""磻溪钓""垂竿""垂纶""吕叟钓""太公钓""太公八十遇文王""渭水钓""渭川垂钓""渭川""渭川遇主""渭川遗老""渭川叟""渭川图""渭滨人"。喻隐士遇圣主，得到重用。《史记·齐太公世家》："吕尚盖尝穷困，年老矣，以鱼钓奸周西伯。……于是周西伯猎，果遇太公于渭之阳。"

圣主搜渔钓，林岩今已空。（宋·司马光《秋日寄山中友人》）

任公钓 亦作"巨缗东钓""巨海钓"。喻远大豪放的抱负或胸襟。《庄子·外物》："任公子为大钩巨缁，五十犗以为饵，蹲乎会稽，投竿东海，旦旦而钓，期年不得鱼。已而大鱼食之，牵巨钩，錎没而下，骛扬而奋鬐，白波若山，海水震荡，声侔鬼神，惮赫千里。"

谁人与作任公钓，要使东人厌若鱼。（宋·李处权《次韵民瞻端礼二首》其二）

巨鳌连钓 喻才力非凡，轻易获取功名。《列子·汤问》："帝恐流于西极，失群仙圣之居，乃命禺强使巨鳌十五举首而戴之。迭为三番，六万岁一交焉。五山始峙而不动。而龙伯之国有大人，举足不盈数步而暨五山之所，一钓连六鳌，合负而趣归其国，灼其骨以数焉。"

更愿巨鳌连钓，枫宸第一胪传。（宋·葛立方《清平乐·文章惊世》）

严滩垂钓 借指隐居生活。北魏·郦道元《水经注》卷四〇《渐江水》："东南流迳桐庐县……自县至于潜凡十有六濑，第二是严陵濑。濑带山，山下有一石室，汉光武帝时，严子陵之所居也，故山及濑皆即人姓名之。"

归来好，向严滩垂钓，谷口躬耕。（宋·赵善括《沁园春·千里风湍》）

掉 diào ①摆动；摇动。②卖弄。③转。④落下。

㊂上声，十七筱。又：去声，十八啸同。㊃簸～不～颤～踔～荡～颠～撩～缭～腾～眩～巡～运～战～振～㊄～臂～荡～刀～动～过～谎～讦～搅～栗～缭～挠～弄～俏～磬～罄～趣～捎～舌～首～脱

～歪～文～窝～眩～谑～眼～鞅～淆～羽**例**会待春日晏，丝车方掷掉。（唐·李贺《感讽五首》其一）华堂深处，满满觥船掉。（宋·晁元礼《蓦山溪·广寒宫殿》）

吊（*弔）diào

古去声，十八啸。**逆**哀～绷～赗～弗～赴～干～沽～行～鹤～会～讥～吉～祭～郊～开～了～撩～马～陪～盆～鹏～撇～评～凭～庆～设～塔～通～铜～慰～无～下～相～谢～修～豫～展～诛～自～**顺**～棒～场～祠～辞～奠～动～恶～伐～抚～赙～古～诡～国～鹤～环～会～祭～脚楼～颈～卷～客～哭～兰～篮～劳～礼～临～毛～勉～面～民～愍～名～幕～铺～奇～庆～生～省～书～水～襚～塔～挽～慰～文～惜～线～孝～恤～夜～引～瘾～影～葬～赠～纸～装～子**例**返真难合道，怀旧仍无吊。（唐·钱起《过温逸人旧居》）傍苍林却恨，储风养月，须我辈、新诗吊。（宋·史达祖《龙吟曲·夜寒幽梦飞来》）

典鹤吊　见92页"吊鹤"。

鸾离暮年恨，鹤吊冻云迷。（宋·刘克庄《挽郑郎公卫夫妇二首》其一）

铞（銱）diào

逆钌～**顺**～子

铫（銚）diào

古去声，十八啸。又：下平，二萧异。**逆**茶～镣～石～水～铜～鏄～瓦～珧～药～长～**顺**～铛～盏～子

窎（窵）diào　①深邃貌。②远长貌。

古《广韵》：去声，啸韵。**逆**丢～僻～深～**顺**～远～长**例**淮左旧游，记送行人，归来山路窎。（宋·周邦彦《倒犯·霁景》）身在九霄，独步丹梯，飘飘轻雾窎。（宋·陈允平《倒犯·百尺凤皇楼》）

藋diào　藜类植物。

古去声，十八啸。**逆**灰～藜～蓬～

告gào　另见414页gù。

古去声，二十号。**逆**班～颁～抱～变～遍～辨～辩～禀～播～捕～策～柴～辰～陈～诞～底～渎～燔～反～放～风～讽～敷～符～赴～诰～归～皇～迴～假～见～教～醮～讦～戒～谨～进～纠～举～恳～诳～拦～类～燎～露～纶～论～罗～买～明～默～逆～捏～入～褥～谥～愬～腾～投～衔～飨～晓～谢～兴～休～仰～予～谕～豫～在～赠～长～旨～指～祝～转～**顺**～哀～帮～报～窆～变～便～禀～茶～蒇～成～敕～词～殂～存～代～贷～籴～牒～奉～负～归～行～劾～荒～回～饥～教～讦～捷～竭～近～诀～绝～匮～类～礼～理～燎～猎～令～论～麻～祢～朔～讼～送～诵～愬～天～托～脱～文～飨～谢～言～幺～谒～揖～引～语～谕～喻～月～札～止～至～志～助～祝～坐**例**胡为久无成，使以归期告。（唐·韩愈《荐士》）爱品相思调。声声似把芳心告。（宋·柳永《隔帘听·咫尺凤衾鸳帐》）

膏gào　①滋润。②轴上涂油。另见519页gāo。

古去声，二十号。**顺**～笔～车～发～锏～面～秣～墨～沐～润～身～泽

诰（誥）gào

古去声，二十号。**逆**璧～禅～垂～辞～赐～大～典～封～官～恒～鸿～花～结～金～金花～九云～灵～鸾～纶～命～谟～七～申～誓～庭～通～往～文～五～五花～玺～训～雅～言～演～遗～制～周～紫～**顺**～毖～策～敕～词～辞～封～籍～教～箓～命～券～誓～授～语～谕～赠～章～轴**例**举目关河，惊心弧矢，顾我岂堪戎纛。几番风诰。（宋·李曾伯《齐天乐·少年塞上秋来早》）青云香里共清风，消得金花诰。（宋·陈著《烛影摇红·潇洒琴帘》）

典金花诰　古代以金花绫罗纸书制的赐爵封赠的诰书。见《宋史·职官志三》。

黯淡金花诰，凄凉柏叶觞。（宋·虞俦《缪夫人挽诗》）

号（號）hào　另见533页háo。

古去声，二十号。**逆**宝～卑～博～拆～禅～唱～称～敕～传～打～德～帝～店～顶～讹～番～烦～孚～府～高～革～更～弓～官～诡～鬼～汗～鸿～涣～皇～徽～诨～纪～祭～嘉～假～建～僭～降～进～晋～禁～爵～郡～聊～文～乌～锡～席～显～谚～仪～邑～印～远～越～攒～掌～招～召～诏～治～齍～**顺**～板～兵～辞～火～戒～军～坎～帘～脉～名～旗～色～哨～舍～谥～筒～位～纸

典孚号　喻君王的诏命和制诰。《易·夬卦》："夬，扬于王庭，孚号有厉，告自邑，不利即戎，利有攸往。"唐孔颖达疏："号，号令也。行决之法先须号令。夬，以刚决柔，则是用明信之法而宣其号令。如此即柔邪者危，故曰'孚号有厉'也。"

孚号兴王泽，尊名象日畿。（宋·苏颂《元日鸿庆宫朝拜二十韵》）

典书甲子，书年号　咏忠心。《宋书·陶潜传》："潜弱年薄宦，不洁去就之迹，自以曾祖晋世宰辅，耻复屈身后代，自高祖王业渐隆，不复肯仕。所著文章，皆题其年月，义熙以前，则书晋氏年号，自永初以来唯云甲子而已。"

题诗信意，也书甲子，也书年号。（宋·刘克庄《水龙吟·平生酷爱渊明》）

好hào　另见550页hǎo。

古去声，二十号。**逆**爱～同～喜～謣～自～**顺**～古～利～强～善～尚～生～施～闲～音～譹

典从吾好　指不求富贵的闲逸适意生活。《论语·述而》："子曰：'富而可求也，虽执鞭之士，吾亦为之。如不可求，从吾所好。'"

寄语邻墙翁，岁晚从吾好。（宋·贺铸《从吾好和钱适德循寓怀二首》其一）

浩hào　大；多。

古上声，十九皓。**逆**侈～繁～浩～浑～滂～穰～深～骀～太～养～渊～**顺**～博～仓～倡～唱～侈～初～宕～荡～歌～广～汗～洏～瀚～浩～劫～居～裾～倨～慨～旷～丽～露～落～漫～茫～莽～漭～弥～眇～淼～渺～邈～闹～蜺～滂～穰～壤～生～首～思～态～叹～唐～涛～皛～星～汹～虚～学～言～衍～洋～淆～漾～溔～赜**例**日夕望三山，云涛空浩浩。

（唐·孟浩然《宿天台桐柏观》）

典殷浩 代指边关大吏。《晋书·殷浩传》："征西将军庾亮引为记室参军，累迁司徒左长史……简文帝时在藩，始综万儿，卫将军褚裒荐浩，征为建武将军、扬州刺史……及石季龙死，胡中大乱，朝廷欲遂荡平关河，于是以浩为中军将军、假节、都督扬、豫、徐、兖、青五州军事。"

却嫌殷浩南楼夕，一带秋声入恨长。（唐·陆龟蒙《新定陪太守》）

皓（*皜、*暠）hào ①明亮。②形容色白。

古上声，十九皓。逆放～缟～暠～汉～皓～华～箕～南山～绮～商～霜～四～太～五～西～夷～贞～顺～白～壁～彩～苍～齿～侈～翅～带～荡～锷～发～皔～旰～管～皓～皜～颢～华～晃～胶～洁～鸠～乐～丽～练～露～皤～魄～然～髯～日～纱～手～首～兽～素～体～天～腕～翁～霰～皛～袖～雪～溔～曜～耀～夜～衣～羽～玉～月～质～足例旷哉远此忧，冥冥商山皓。（唐·储光羲《效古二首》其一）鬓云虽瘦，未有一根华皓。（宋·程大昌《感皇恩·七十在前头》）

典留侯烦商皓 指留侯招请商山四皓辅助太子之事。见《史记·留侯世家》。

末著留侯难办，算除非、烦他商皓。（宋·刘克庄《水龙吟·祁公一度貂蝉》）

耗hào

古《广韵》：去声，号韵。逆暗～白～逋～残～漕～偿～称～打～单～登～戢～凋～雕～斗～蠹～毂～官～慌～迴～嘉～减～脚～近～寖～謦～空～枯～亏～困～羸～煤～縻～麋～密～目～罴～贫～訾～侵～劝～雀鼠～确～仍～煞～蚀～鼠～信～凶～虚～抑～戮～音～盈～远～造～赠～照虚～折～正～朘～作～顺～爆～惫～敝～病～额～荡～稻～登～蠹～顿～废～耗～涸～荒～匮～粮～縻～米～磨～弃～屈～扰～散～少～射～土～问～误～息～羡～戮～子例透迤抵晋宋，气象日凋耗。（唐·韩愈《荐士》）已是断弦尤续，覆水难收，常向人前诵谈，空遣时传音耗。（宋·柳永《八六子·如花貌》）

昊[1]hào 天。

古上声，十九皓。逆苍～层～革～昊～孔～类～清～晴～穷～穹～泰～轩～玄～有～中～顺～苍～干～昊～空～穹～枢～天～英例长叫天可闻，吾将问苍昊。（唐·李白《荆州贼平》）青毡堂外瑞峰高，云气拂晴昊。（宋·韩淲《好事近·黄发享颐期》）

典太昊 即天帝太皞，主管春天。《吕氏春秋·孟春》："孟春之月……其帝太皞。"高诱注："太皞，伏羲氏以木德王天下之号，死，祀于东方，为木德之帝。"

得陪桃李植芳丛，别感生成太昊功。（唐·姚合《杏园宴上谢座主》）

昊[2]（*皞、*暤）hào

古上声，十九皓。逆大～少～太～西～熙～炎～顺～皞～天

镐（鎬）hào 西周初年的国都。另见550页gǎo。

古上声，十九皓。逆丰～西～周～顺～池～池君～镐～京～洛～宴～饮

典酆镐 见765页"镐饮"。

酆镐舒曜灵，干戈藏武库。（唐·储光羲《贻王侍御出台掾丹阳》）

灏（灝）hào 通"浩"。

古上声，十九皓。逆瀚～灏～浑～顺～博～噩～汗～瀚～灏～乎～露～漫～茫～气～瀁～溔例飘摇逾岩岑，淫翳混鸿灏。（宋·刘奉世《过都》）

教jiào 另见520页jiāo。

古去声，十九效。逆保～弼～骋～敕～垂～慈～待～怠～德～典～敦～番～犯～奉～敷～服～妇～富～诰～宫～闺～鬼～恒～鸿～候～阃～来～聆～六～率～妙～末～默～姆～女～攀～七～浅～清～趋～侍～束～帅～台～穜～颓～枉～往～违～五～祆～显～象～像～幸～遗～彝～义～翊～翼～阴～膺～余～驭～喻～豫～元～圆～攒～贞～争～至～制～智～中～竺～麈～顺～本～场～乘～答～辞～当～道～迪～典～督～读～法～范～服～改～告～官～管～护～皇～会～谏～戒～诫～禁～军～理～勉～命～墨～扰～示～手～首～术～数～顺～帖～卫～席～象～刑～勖～驯～言～演～义～益～肄～诱～喻～阅～泽～长～招～诏～旨～指～治～忠～胄～卒例周公所不堪，洒灰垂典教。（唐·韩愈《答柳柳州食虾蟆》）嗟哉此乐乡，毋乃姜子教。（宋·苏轼《留题峡州甘泉寺》）

典西方教 指佛教。隋·王通《文中子·周公篇》："或问佛，子曰：'圣人也！'曰：'其教何如？'曰：'西方之教也，中国则泥。轩不可以适越，冠冕不可以之胡，古之道也'。"

吾非西方教，怜子狂且醇。（唐·韩愈《送惠师》）

觉（覺）jiào ①醒；睡醒。②一次睡眠全过程。另见117页jué。

古去声，十九效。逆大～独～寐～梦～眠～晌～无～寤～小～新～醒～一～中～顺～皓～寝～卧～悟～寤

典蘧蘧觉 亦作"蘧蘧栩栩"。惊怪而醒。《庄子·齐物论》："昔者庄周梦为胡蝶，栩栩然胡蝶也。自喻适志与，不知周也。俄然觉，则蘧蘧然周也。不知周之梦为胡蝶与胡蝶之梦为周与？"

蘧蘧一觉直千金，雅赠徒知感激深。（宋·刘子翚《清泉亨老寄鼓枕二首》其一）

叫（*呌）jiào

古去声，十八啸。逆碍～抃～畅～唱～叱～鼓～管～酣～嗥～豪～欢～驩～极～急～绝～灭～秋虫～山～嘶～相～嚣～啸～噪～战～顺～嘄～嗷～更～聒～嗥～噑～欢～阍～魂～叫～街～劲～局～名～呶～曲～取～咷～窸～头～啸～应～噪～战～真～阵～子～做例胡床紫玉笛，却坐青云叫。（唐·李白《经乱后将避地剡中》）不记雕梁，旧日恩多少。匝近清明檐外叫。（宋·汪宗臣《蝶恋花·年去年来来去早》）

校jiào ①较量。②比较。③校对；考订。④查点；考核。另见573页xiào。

古去声，十九效。逆按～案～比～不～钞～程～雠～初～二～分～

覆～格～勾～鉤～估～衡～计～捡～检～讲～钧～课～量～料～排～披～评～铨～省～推～相～详～研～译～隐～争～朱～综～顺～簿～曹～察～饬～雠～次～德～登～定～督～度～覆～贯～核～籍～计～迹～绩～笺～竞～练～埒～猎～抡～缗～骑～棋～旗～诠～人～石～实～试～释～文～武～叙～巡～业～益～肄～勇～语～怨～证～缀～梓～综～作例强号为蛙哈，于实无所校。（唐·韩愈《答柳柳州食虾蟆》）

较(較)jiào ①较量。②比较。③考核。

古去声，十九効。逆程～雠～揣～大～端～鉤～辜～稽～检～简～角～金～课～猎～批～披～平～期～齐～诠～痊～商～推～轩～扬～彰～顺～辨～别～炳～驳～雠～订～覆～估～辑～捷～可～论～略～名～明～能～弩～亲～然～射～胜～士～试～通～尉～文～要～艺～议～约～争～证～著～箸例尊俎全稀，风情终较。（宋·毛滂《踏莎行·芳气霏微》）孤硬云峰无计较。大愚滩上曾垂钓。（宋·李彭《渔歌》）

典猎较　泛指打猎。《孟子·万章下》："(孟子)曰：'……孔子之仕于鲁也，鲁人猎较，孔子亦猎较。'"

猎较趣时终琐琐，画墁营职信悠悠。（宋·王安石《次韵杨乐道述怀之作》）

轿(轎)jiào

古去声，十八啸。又：下平，二萧同。逆綵～车～兜～发～凤～花～魂～凉～骡～明～暖～山～扇～顺～梯～驮～驼～显～象～煖～竹～椶～顺～班～番～封～杠～柜～行～帘～铺～厅～帏～幰～衣例明朝指绣谷，裹足登凉轿。（宋·孔武仲《宿天池》）夕阳西下，沈醉尽归来，鞭宝马，闹竿随，簇著花藤轿。（宋·卢炳《蓦山溪·淡妆西子》）

徼jiào ①巡查；巡逻。②边界；边境。

古去声，十八啸。逆北～边～楚～方～故～关～海～行～荒～江～疆～警～岭～庐～闽～南～塞～沙～山～守～亭～谿～险～巡～夷～游～越～鄣～障～周～顺～道～极～觊～进～天～外～幸～巡～迎例双鹅飞洛阳，五马渡江徼。（唐·李白《经乱后将避地剡中》）花蔓阂行輈，縠烟暝深徼。（唐·李贺《春归昌谷》）

窖jiào

古去声，十九効。逆仓～丹～窦～发～机～掘～窟～困～诗～唐～无～雪～银～顺～藏～穴例清泉不可挹，涸尽空石窖。（宋·苏轼《留题峡州甘泉寺》）空中日月笼中鸟，万古贤愚尘一窖。（宋·姜特立《赏花醉吟》）

醮jiào ①古代冠礼、婚礼时用酒祭神的仪式。②祭祀；僧道设坛祈祷。③女子出嫁。特指寡妇再嫁。

古去声，十八啸。逆初～祠～大～符～改～冠～建～科～平安～戚～清～设～水～新～修～元～愿～再～斋～章～尊～顺～拔～词～祠～辞～告～供～会～火～祭～荐～酒～醴～命～器～禳～设～事～疏～祀～诉～台～坛～文～席～享～筵～仪～章例远山谁放烧，疑是坛边醮。（唐·顾况《古仙坛》）有龙窟其趾，贝珠丽宫醮。（宋·陈造《榆进望磕山》）

峤(嶠)jiào 尖山。

古去声，十八啸。又：下平，二萧同。逆边～楚～丹～断～孤～海～鹤～衡～壶～九～岭～领～炉～峦～髦～闽～僻～千～山～松～梯～危～五～仙～崖～烟～炎～员～圆～粤～云～顺～道～鬟～角～路～路～南～外～岳例缅怀赤城标，更忆临海峤。（唐·孟浩然《题终南翠微寺空上人房》）峤南江浅红梅小。小梅红浅江南峤。（宋·苏轼《菩萨蛮·峤南江浅红梅小》）

噭jiào ①同"叫"。呼喊；鸣叫。②哭声。另见570页qiào。

古去声，十八啸。逆号～呵～激～嗥～噭～啼～蹄～顺～嗥～号～呼～嘷～謈～咷～啕～訆～哮～音～应～噪

酵jiào

古去声，十九効。逆酒～酸～起～顺～母～素～头～粥～子例老班性嗜酒，藻思发余酵。（明·刘基《题杂画卷子》）

噍jiào ①同"嚼"。②噍类，指活着的人或动物。③通"譙"，责备。另见522页jiāo。

古去声，十八啸。逆咀～镌～遗～余～啁～顺～嚼～类～让

撟jiào 翘起。

古上声，十七筱。逆担～撟～舌～夭～顺～舌～首

靠kào

古去声，二十号。逆挨～捱～傍～得～老～青～贴～稳～衣～倚～扎～指～主～顺～班～帮～傍～泊～常～得～肚～阁～己～旗～褥～色～身～实～天～托～准～子例稳生涯、都自心田，自有老天堪靠。（宋·陈著《瑞鹤仙·对南山翠峭》）个个疏来无倚靠。各各惺惺，虮虱须教少。（元·马钰《苏幕遮·闹角儿》）

犒kào

古去声，二十号。逆颁～酬～大～丰～逢～给～激～谢～宴～燕～饮～支～祖～顺～赐～功～军～馈～赉～勤～设～师～锡～享～迎～饫例救死具八珍，不如一箪犒。（唐·韩愈《荐士》）铙吹发，回庑连屯饮犒。（宋·李公昂《措鱼儿·绕西园》）

铐(銬)kào

逆镣～手～顺～镣～子

劳(勞)lào （旧读）犒劳、慰劳。另见533页láo。

古去声，二十号。逆厚～犒～馈～慰～顺～兵～赐～酒～军～来～徕～勉～民～农～师～慰～问～犒～恤～遗

涝(澇)lào

古去声，二十号。逆防～飞～干～沥～内～秋～水～夏～衍～一～雨～灾～螽～顺～朝～池～地～害～涝～田～灾例卜室有鄠杜，名田占泮涝。（唐·柳宗元《游南亭夜还》）潮汐来无时，民庐陷泥涝。（宋·五迈《远毡行》）

唠(嘮)lào 闲谈。另见534页láo。

逆谈～闲～顺～扯～咯～咯～嗑

络(絡)lào 另见61页luò。

顺～子

酪 lào 口语音。另见 62 页 luò。

逆 鲍～狄～干～合～醨～醴～马～木～牛～酥～卧～骍～杏～羊～重～顺～浆～奴～乳～苏～酥～素～酸～粥 例 耻论方士小还丹，好饮仙人太玄酪。（唐·韩翃《赠别华音道士》）群孙轻绮纨，下客丰醴酪。（唐·韩愈《晚秋郾城夜会联句》）

典 **夸羊酪** 指夸耀家乡特产。亦作"问羊酪""羊酪不嫌膻"。《世说新语·言语》："陆机诣王武子，武子前置数斛羊酪，指以示陆曰：'卿江东何以敌此？'陆云：'有千里莼羹，但未下盐豉耳！'"

若逢广坐问羊酪，从此知名在一言。（唐·刘禹锡《送周鲁儒赴举诗》）

落 lào 落子，莲花落，一种曲艺形式。另见 24 页 là、61 页 luò。

逆 莲花～顺～汗～价～架～炕～忍～子

烙 lào 另见 62 页 luò。

古 入声，十药。顺～饼～花～铁～印

料 liào ①料理。②计点；清查。③估量。④原料。

古 去声，十八啸。又：下平，二萧异。逆 备～禀～揣～春～忖～谛～垫～迭～度～俸～敷～功～骨～焊～雀～鹤～餬～节～讵～课～理～炼～禄～慕～难～逆～品～齐～青云～秋～诗～熙～想～悬～血～驿～臆～豫～约～月～整～执～直～指～浊～自～顺～槽～次～道～得～定～度～估～鬼～壶～及～计～拣～束～检～简～来～力～吏～戾～量～面～民～莫～气～器～峭～球～取～然～人～石～世～视～数～算～田～物～校～选～应～玉～择～整～珠 例 羁旅虽同白社游，诗书已作青云料。（唐·高适《留别郑三韦九兼洛下诸公》）奔驰五百里而遥。行止非人所料。（宋·郭应祥《西江月·令节无过七夕》）

燎 liào ①烧柴祭天。②夜猎。另见 535 页 liáo、553 页 liǎo。

古 去声，十八啸。逆 柴～高～升～望～槱～顺～祡～燔～祭～猎～烟～禋

撂（*撩）liào 参见 522 页 liāo "撩"、535 页 liáo "撩"。

逆 乱～顺～地～荒～跤～手～下

瞭 liào 瞭望。另见 553 页 liǎo "了"。

顺～哨～望

钌（釕）liào 钌铞，用来扣住门窗的铁扣。

古《广韵》：上声，筱韵。顺～铞

尥 liào 尥蹶子，骡马跳踢。

古《广韵》：去声，啸韵。又：平声，肴韵同。顺～蹶子

廖 liào 姓。

古 去声，二十六宥。

冒 mào 另见 64 页 mò。

古 去声，二十号。逆 悖～被～布～尘～叨～抵～玷～毒～浮～覆～干～苟～函～怙～昏～混～溷～僭～溃～滥～廉～冒～蒙～懵～丕～胼～掊～沓～焘～腆～突～罔～帷～猥～袭～眩～衔～掩～搶～侥～瞢～郁～占～直～顺～暗～拜～绷～惨～尘～宠～处～当～地～渎～黩～度～遁～恩～酕～法～烦～忿～锋～詷～贯～贵～寒～行～混～疾～禁～橛～愧～滥～礼～乱～履～率～冒～没～懵～难～炮～碰～破～钱～亲～刃～荣～涉～势～受～愬～替～突～妄～猥～位～袭～嫌～崄～饷～销～幸～姓～絮～眩～颜～夜～荫～越～躁～占～赈～制～撞～子 例 孜孜营甘旨，辛苦久所冒。（唐·韩愈《荐士》）清溪无尘滓，奇峰有云冒。（宋·陆游《幽居记今昔事》）

帽 mào

古 去声，二十号。逆 侧～朝～吹～翠～戴～道～貂～顶～短～风～胡～篾～暖～帢～裘～裙～箬～纱～衫～帏～帷～纬～温～乌～席～雪～油～皂～骔～鬃～醉～顺～翅～顶～钉～兜～花～徽～镜～笼～凭～裙～套～筒～准 例 霜风破佳菊，嘉节迫吹帽。（唐·韩愈《荐士》）来时柳上浅金黄，归路玉绵吹帽。（宋·晁补之《御街行·年年不放春闲了》）

典 **侧帽** 歪戴帽子，洒脱不羁。《北史·独孤信列传》卷六一："独孤信，云中人也，本名如愿。……信在秦州，尝因猎日暮，驰马入城，其帽微侧，诘旦而吏人有戴帽者，咸慕信而侧帽焉。其为邻境及士庶所重如此。"

已伴春衫辞侧帽，不怕娇啼随意笑。（宋·张耒《寿阳歌》）

黄帽[1] 借指年高。《隋书》卷九《礼仪志四》："都下及外州人年七十已上，赐鸠杖黄帽。"

安得敧黄帽，相从却白头？（宋·杨万里《送黄仲委秉少卿知泸州二首》其一）

黄帽[2] 代称船夫。《汉书·佞幸传·邓通》："邓通，蜀郡南安人也，以濯船为黄头郎。"颜师古注："濯船，能持濯行船也。土胜水，其色黄，故刺船之郎皆著黄帽，因号曰黄头郎也。"

沸浪有声黄帽动，春风无力彩旗垂。（宋·张耒《次韵王敏仲至西池会饮》）

眉山帽 指东坡帽。宋·胡仔《苕溪渔隐丛话》前集卷四〇《东坡三》引《王直方诗话》："东坡尝令门人辈作《人不易物赋》，或人戏作一联曰：'伏其几而升其堂，曾非孔子；袭其书而戴其帽，未是苏公。'盖元祐之初，士大夫效东坡顶短簷高桶帽，谓之子瞻样，故云。"

谁向进贤冠底说，画出来、不似眉山帽。（宋·刘克庄《贺新郎·行乐尤宜少》）

孟嘉落帽 亦作"吹帽""堕帽""孟嘉帽""孟嘉""孟公""孟参军""落帽""帽逐秋风""落乌纱""老嘉破帽""重阳帽""龙山帽""南朝狂客帽""龙山吹帽""龙山落帽""龙山宴""龙山胜集""龙山"。指九月九日登高游玩，游兴酣畅，兴致很高，虽帽落发裸而浑然不觉。晋陶渊明《晋故征西大将军长史孟府君传》："再为……征西大将军谯国桓温参军。君色和而正，温甚重之。九月九日，温游龙山，参佐毕集，四弟二甥咸在坐。时佐吏并著戎服。有风吹君帽堕，温目左右及宾客勿言，以观其举止。君初不自觉，良久如厕。温命取以还之。"

孟嘉落帽是何年，岸帻西风感前哲。（宋·赵宗德《九日宴浮金亭》）

谢郎著帽 指受上级的重视而异其礼数。《晋书·谢安传》："征西大将军桓温请为司马……（安）既

到，温甚喜……温后诣安，值其理发。安性迟缓，久而方罢，使取帻。温见留之曰：'令司马著帽进。'其见重如此。"

礼数由他，谢郎著帽，王郎穿屐。（宋·刘克庄《水龙吟·先生避谤山栖》）

貌mào

古去声，十九效。逆变～谄～春～词～辞～瘁～道～风～骨～光～诡～绝～开～黧～腼～庙～拟～年～品～朴～戚～气～器～躯～身～诗～饰～姝～淑～颂～素～态～伟～文～仙～肖～笑～写～遗～佚～意～玉～月～云～梔～质～顺～禅～定～恭～冠～敬～匮～喏～侵～寝～色～受～托～望～象～肖～形～言～阅～执～状 例虾蟆虽水居，水特变形貌。（唐·韩愈《答柳柳州食虾蟆》）满头聊插片时狂，顿减十年尘土貌。（宋·周邦彦《玉楼春·玉奁收起新妆了》）

典**留侯貌** 形容男子面貌姣好柔弱似妇人。《史记·留侯世家》："余以为其人计魁梧奇伟，至见其图，状貌如妇人好女。盖孔子曰：'以貌取人，失之子羽。'"

诸葛事繁那得久，留侯貌弱到今疑。（明·王稚登《任公祠》）

南国貌 亦作"南国佳人"。指美女。三国魏·曹植《杂诗六首》其四："南国有佳人，容华若桃李。"

占将南国貌，恼杀别家人。（唐·徐铉《赠浙西妓亚仙》）

卫玠琼瑶色 亦作"卫玠貌"。指文士貌美。《世说新语·容止》："卫玠从豫章至下都，人久闻其名，观者如堵墙。玠先有羸疾，体不堪劳，遂成病而死，时人谓看杀卫玠。"

卫玠琼瑶色，玄成鼎鼐姿。（唐·耿湋《春日书情》）

争询裴令貌 亦作"争问今年貌""裔夷争问年貌"。颂美朝廷重臣。《旧唐书·裴度传》："度状貌不逾中人，而风彩俊爽，占对雄辩，观听者为之耸然。时有奉使绝域者，四夷君长必问度之年龄几何，状貌孰似，天子用否？其威名播于憬俗、为华夷畏服也如此。"

重译争询裴令貌，御诗也祝汾阳考。（宋·刘克庄《满江红·礼乐衣冠》）

茂mào

古去声，二十六宥。逆畅～鬯～炽～充～崇～纯～淳～醇～葱～丛～蘩～翠～德～端～敦～闳～宏～洪～鸿～嘉～俊～峻～隽～骏～僪～美～敏～明～秾～朴～气～清～遒～韶～深～沈～遂～邃～挺～伟～尉～温～蓊～熙～鲜～修～秀～妍～掩～翳～懿～优～幽～郁～早～哲～孳～滋～顺～才～材～齿～德～典～范～功～行～化～绩～烈～陵～龄～茂～美～年～迁～亲～识～实～士～遂～渥～绪～选～学～勋～衍～彦～业～异～庸～猷～育～豫～苑～宰 例来远赏不行，锋交勋乃茂。（唐·李益《五城道中》）灯火荧荧山悄悄。芝兰佳气松筠茂。（宋·张继先《渔家傲·草草开尊资一笑》）

典**荆枝茂** 亦作"荆树"。喻兄弟关系和美。《艺文类聚》卷八九引周景式《孝子传》："古有兄弟，忽欲分异，出门见三荆同株，接叶连阴，叹曰：'木犹欣聚，况我而殊哉？'还为雍和。"

来敦棣萼，今此茂荆枝。（唐·明皇帝《游兴庆宫作》）

松柏之茂 喻生命力旺盛。《诗经·小雅·天保》："如松柏之茂，无不尔或承。"

松柏以之茂，江湖亦自忘。（唐·储光羲《奉酬张五丈垂赠》）

懋mào ①勤勉。②勉励。③盛大；美。

古去声，二十六宥。逆邦～昌～德～丰～骏～孔～灵～懋～美～肃～伟～长～昭～顺～册～成～德～典～甸～敦～功～官～轨～化～迹～绩～建～戒～敬～历～列～懋～明～能～迁～赏～修～选～学～勋～扬～业～易～膺～庸～长～昭～着 例超超出犹奔，蠢蠢骇不懋。（唐·韩愈《南山诗》）明时无滞才，子行当勉懋。（宋·苏颂《送赵君权中》）

贸（貿）mào ①交换；交易。②杂乱。③蒙昧不明貌。

古去声，二十六宥。逆诡～化～贱～交～居～贸～迁～讬～相～移～转～顺～卜～粜～费～功～化～换～货～理～乱～贸～迁～取～然～市～说～位～袭～鬻～载～折～致 例吁嗟信奇怪，峙质能化贸。（唐·韩愈《南山诗》）少妇颜如花，居肆日中贸。（明·张元凯《吴趋谣十二首》其五）

耄mào ①年龄八九十曰耄；泛指年老。②年老昏乱。

古去声，二十号。逆悖～齿～悼～耋～耗～荒～黄～昏～惛～老～耄～谬～衰～晚～野～婴～重～顺～悼～耋～夫～荒～昏～倦～聩～老～乱～耄～倪～年～皤～期～勤～儒～孺～衰～思～朽～学 例酸寒溧阳尉，五十几何耄。（唐·韩愈《荐士》）我欲求子诗，并以示倪耄。（宋·王之道《告春亭诗》）

眊mào ①老眼昏花。②昏愦糊涂。

古去声，二十号。入声，三觉同。逆白～悖～翠～钝～耗～昏～惛～愦～聩～老～瞭～眊～瞢～目～愚～顺～悖～悼～瞶～荒～昏～聩～瞭～乱～眊～目～然～弱～矂～眩～眼～燥 例孟轲分邪正，眸子看了眊。（唐·韩愈《荐士》）感此万物时，吾年迫衰眊。（宋·王之道《告春亭诗》）

典**眸子瞭眊** 指凭眸子判断人的邪正。《孟子·离娄上》："孟子曰：'存乎人者，莫良于眸子。眸子不能掩其恶。胸中正，则眸子瞭焉；胸中不正，则眸子眊焉。听其言也，观其眸子，人焉廋哉？'"东汉赵岐注："瞭，明也。眊者，蒙蒙目不明之貌。"

孟轲分邪正，眸子看瞭眊。（唐·韩愈《荐士》）

媢mào 媢嫉，嫉妒。

古去声，二十号。又：上声，十九皓同。逆谗～妒～悍～嫉～忌～骄～排～权～贪～噎～顺～妬～功～恨～嫉～忌～克～贤～怨 例其心不能容，未免含疾媢。（宋·五迈《远毡行》）

瞀mào ①眼睛昏花。②糊涂愚昧。

古去声，二十六宥。又：下平，十一尤同。又：入声，三觉同。逆闇～覭～梦～风～佝～沟～瞶～昏～惛～交～怐～狂～愦～盲～瞀～昧～闷～蒙～迷～浅～区～沈～眩～眴～噱～愚～顺～病～瘛～惑～

见～厥～乱～瞀～闷～迷～暝～容～儒～芮～视～妄～眩～慢例思齐胡可望，庶以宽容瞀。（宋·晏殊《巢父井》）怀中二新篇，幸出洗昏瞀。（宋·梅尧臣《答张子卿秀才》）

袤mào 南北距长度。

古去声，二十六宥。逆修～高～广～连～绵～邃～斜～延～长～周～顺～广～僻～延～远例新曦照危峨，亿丈恒高袤。（唐·韩愈《南山诗》）

妙miào

古去声，十八啸。逆逞～冲～粗～道～端～二～敷～闳～宏～华～简～娇～姣～角～微～劲～警～空～烂～丽～嫽～曼～秘～敏～墨～凝～浅～窍～窃～轻～清～穷～入～上～韶～深～胜～殊～熟～谈～童～宛～婉～伟～下～纖～协～谐～写～新～秀～妍～妖～要～英～幽～幼～渊～元～圆～造～顺～材～采～操～达～弹～当～谛～娥～格～管～果～翰～好～华～姬～偈～简～键～觉～教～节～诀～楷～乐～力～丽～略～鬘～靡～墨～能～年～弄～璞～气～契～器～勤～染～色～善～赏～识～实～瞬～说～思～速～土～物～喜～肖～义～异～英～珍～质～峙～斫例耿公山岳秀，才杰心亦妙。（唐·张说《赵耿公彦昭》）忽思剡溪去，水石远清妙。（唐·李白《经乱后将避地剡中》）

典**观妙** 指认识道的微妙。《老子》一章："故常无欲以观其妙，常用欲以观其徼。"

学禅超后有，观妙造虚无。（唐·白居易《和微之春日》）

君房语妙 亦称"君房语""君房天下妙""君房妙绝文章语"。借指文笔美妙绝伦。《汉书·贾捐之传》："贾捐之，字君房，贾谊之曾孙也。……而长安令杨兴新以才能得幸，与捐之相善。捐之欲得召见……兴曰：'……君房下笔，言语妙天下，使君房为尚书令，胜五鹿充宗远甚。'"

报答秋光无一字，虚说君房语妙。（宋·刘克庄《贺新郎·人老难重少》）

束皙言妙 指上巳曲水修禊。南朝梁·吴均《续齐谐记》："晋武帝问尚书郎挚虞仲治：'三月三日曲水，其义何者？'……尚书郎束皙进曰：'……昔周公成洛邑，因流水泛酒，故逸诗云："羽觞随波流。"又秦昭王三月上巳置酒河曲，见金人自河而出，捧水心剑曰："令君制有西夏。"及秦霸诸侯，乃因此处，立为曲水。二汉相缘，皆为盛集。'"

束皙言谈妙，张华史汉遒。（唐·沈佺期《三日独坐欢州思忆旧游》）

一台二妙 亦作"一台绝妙""台中妙""二妙"。指同一部门中才名相当、声名并美的两个人。《晋书·卫瓘传》："咸宁初，征拜尚书令，加侍中。……瓘学问深博，明习文艺，与尚书郎敦煌索靖俱善草书，时人号为'一台二妙'。"

谁拟一台称二妙，如公才气本无双。（宋·王灼《次韵米太初》）

庙（廟）miào

古去声，十八啸。逆报～别～辞～二～房～俘～复～祔～告～公～宫～灌～鹤～徽～极～稷～郊～近～九～龛～灵～陵～祢～七～迁～亲～寝～清～群～仁～赛～三～社～世～水～私～四～太～坛～特～天～祧～庭～五～武～祆～飨～学～巖～谒～仪～遗～邑～宇～园～原～远～岳～召～顺～朝～攻～官～户～画～会～讳～见～廊～乐～论～律～略～貌～谟～谋～庖～屏～器～瑟音～牲～胜～祏～祀～筭～算～田～祧～廷～庭～卫～幄～祫～象～像～穴～学～议～院～战～祝～濯例千毂鸣镝发胡弓，万片清球击虞庙。（唐·元稹《五弦弹》）玉麟堂上神仙，算来便合归廊庙。（宋·陈著《水龙吟·玉麟堂上神仙》）

典**廊庙** 代指朝廷。《孙子·九地》："厉于廊庙之上，以诛其事。"

何为廊庙器，至今居外藩。（唐·岑参《潼关镇国军句覆使院早春》）

修高庙 指恢复社稷。《后汉书·光武帝纪上》："（建武）二年春正月……起高庙，建社稷于洛阳，立郊兆于城南，始正火德，色尚赤。"李贤注引《汉礼制度》："光武都洛阳，乃合高祖以下至平帝为一庙，藏十一帝主于其中。"

世祖修高庙，文公赏从臣。（唐·杜甫《寄张十二山人彪三十韵》）

郜鼎在庙 指把贿赂物放在神圣的地方。《左传·桓公二年》："夏四月，取郜大鼎于宋。戊申，纳于大庙，非礼也。臧哀伯谏曰：'君人者将昭德塞违，以临照百官，犹惧或失之，故昭令德以示子孙……官之失德，宠赂章也。郜鼎在庙，章孰甚焉？'"

贵如郜鼎宜在庙，祭酒却谓韩生狂。（明·王叔承《石鼓歌》）

缪（繆）miào 姓。另见475页mòu、504页miù。

顺～生

闹（鬧）nào

古去声，十九效。逆挨～嘈～趁～稠～刺～讹～蜂～割～海～浩～合～和～横～哗～混～搅～愦～掠～嚷～宂～三～刷～厮～讨～颓～蛙～嚣～諠～寻～醉～作～顺～标～茶～场～丛丛～鹅～蛾～泛～垓～竿～杆～濩铎～花～荒～慌～镬铎～九垓～阔～篮～龙～麻～猛～魔～枪～腔～丧～扫～社～说～台～粜～头～香～嚣～虚～阳～银～油～妆～装～装花例浓霭迷岸草，蛙声闹。（宋·周邦彦《隔浦莲·新篁摇动翠葆》）扁舟系缆垂杨杪，渔网横江灯火闹。（宋·周紫芝《渔家傲·月黑波翻江浩渺》）

淖nào ①烂泥；泥沼。②泥泞。③湿润。

古去声，十九效。逆浮～滑～积～濊～潦～霖～泞～渍～普～三～渟～涂～泽～濯～渍～顺～湴～冰～尔～潦～糜～溺～泞～沙～田～衍～泽例跳踯虽云高，意不离泞淖。（唐·韩愈《答柳柳州食虾蟆》）

溺niào 同"尿"。另见250页nì。

古去声，十八啸。逆龟～顺～壶～尿～器

炮（*砲、*礮）pào 另见516页pāo、538页páo。

古去声，十九效。逆礼～枪～试～重～顺～车～铳～捻～衣～竹～子例江楼曾见落星石，几回试发将军炮。（唐·贯休《龚光大师草书歌》）

泡pào 另见522页pāo。

【古】下平，三肴。【逆】撮～浮～潦～燎～梦～铜～烟～【顺】～灯～花～幻～影～鱼

爆pào 另见561页bào。

【古】去声，十九效。又：入声，三觉同。

疱(*皰)pào

【古】去声，十九效。【逆】皴～燎～【顺】～疮～疹

票piào

【古】《集韵》：去声，笑韵。【逆】白～标～拆～串～賗～典～浮～阁～关～官～鬼～海～红～火～驾～架～截～金～客～令～龙～论～拟～牌～票～扑～起～佥～欠～赏～说～玩～宪～销～引～印～整～质～朱～朱笔～庄～走～【顺】～臂～布～查～发～法～红～活～记～健～将～拟～骑～禽～轻～取～帅～帖～贴～武～写～雄～洋～姚～鹞～引～勇～友～摘～旨【例】饵玄霜、醉琼西票。（宋·《倒犯·百尺凤皇楼》）

僄piào ①轻。②僄狡：轻捷勇猛。

【古】下平，二萧。又：去声，十八啸同。【逆】汎～轻～【顺】～悍～急～狡～弃～轻～声～速～突～勇【例】蠢兹尤溪民，习俗攻险僄。（宋·陈襄《送李惟肖尉尤溪》）

漂piào 另见522页piāo、555页piǎo。

【古】去声，十八啸。【顺】～疾～历～亮

剽piào

【古】去声，十八啸。【逆】本～剥～钞～盗～刭～耳～汎～焚～浮～刚～攻～行～劫～寇～卤～模～轻～驱～攘～散～肆～佻～五～勇～躁～椎～【顺】～薄～便～剥～尘～刭～掇～敓～分～奋～拂～攻～捍～悍～猾～获～急～疾～狡～劲～利～裂～卤～虏～戮～略～模～拟～轻～攘～蹂～锐～杀～伤～声～拾～俗～遬～闻～态～系～削～姚～勇～缀

俏qiào

【古】《广韵》：去声，笑韵。【逆】波～绰～撮～掉～发～俌～花～疾～尖～娇～俊～夸～嫽～灵～卖～倩～轻～要～讨～甜～香～衒～雅～【顺】～醋～簇～泛～洁～俊～丽～俐～脸～媚～皮～式～眼～影～语～倬【例】稳着舞衣行动俏。走向绮筵呈曲妙。（宋·欧阳修《玉楼春·金雀双鬟年纪小》）管取没人嫌，便总道、先生俏。（宋·朱敦儒《忆帝京·元来老子曾垂教》）

窍(竅)qiào

【古】去声，十八啸。【逆】奥～八～丹～骨～关～痕～机～节～九～空～窟～窾～灵～毛～迷～情～上～石～识～天～万～隙～瑕～下～玄～穴～要～阴～蚓～有～余～凿～知～中～众～椓～【顺】～奥～包～藏～镫弩～窦～合～瓠～会～坎～理～领～脉～妙～木～气～窕～隙～星～穴～眼～要～牖～凿～中【例】天之发遐籁，大小随万窍。（唐·陆龟蒙《杂讽九首》其七）佛手驴蹄人不晓。无关窍。（宋·李彭《渔歌》）

【典】**凿窍** 亦作“凿混沌”“凿破浑沌”“凿开浑沌”“无孔窍”。指斫伤自然之性，导致严重后果。《庄子·应帝王》：“南海之帝为儵，北海之帝为忽，中央之帝为浑沌。儵与忽时相与遇于浑沌之地，浑沌待之甚善。儵与忽谋报浑沌之德，曰：‘人皆有七窍以视听食息。此独无有，尝试凿之。’日凿一窍，七日而浑沌死。”

漱涤泥沙出山骨，混沌凿窍物状完。（宋·黄庭坚《次韵叔父台源歌》）

诮(誚)qiào

【古】去声，十八啸。【逆】鄙～嘲～嗤～诽～负～诟～汉阴～诃～嗟～诘～解～镌～夸～陵～面～取～让～姗～讪～竦～调～痛～侮～相～雅～诒～贻～尢～訾～【顺】～薄～嗤～斥～讽～呵～恨～厚骂～哗～毁～诘～累～难～恼～然～让～辱～姗～讪～石～侮～戏～项～笑～噪～责【例】华发长折腰，将贻陶公诮。（唐·李白《经乱后将避地剡中》）家在武陵溪，无限蛩讥峰诮。（宋·向滈《如梦令·直面雨轻风峭》）

【典】**移文诮** 讽刺隐士弃隐出仕。孔稚圭《北山移文》唐吕向注：“钟山在都北。其先，周彦伦隐于此山，后应诏出为海盐县令，欲却过此山，孔生乃假山灵之意移之，使不许得至。”

欲同朱轮载，勿惮移文诮。（唐·韦应物《题从侄成绪西林精舍书斋》）

峭(*陗)qiào

【古】去声，十八啸。【逆】奥～奔～碧～波～逋～峬～巉～崇～村～方～丰～刚～高～鲠～骾～孤～古～简～紧～劲～峻～苛～刻～冷～廉～拗～痛～清～森～深～要～耸～竦～危～巍～险～崄～小～严～窈～逸～庸～正～倬～【顺】～坂～薄～逼～惨～措～诋～崿～发～法～帆～鲠～汉～行～壑～急～健～涧～讦～洁～劲～绝～崛～峻～快～冷～裂～僻～蒨～峭～深～危～屼～狭～险～崄～岫～严～巘～异～幽～直～阤～峙～卓【例】赵璧五弦弹徵调，徵声巉绝何清峭。（唐·元稹《五弦弹》）梅花初谢，雪后寒微峭。（宋·毛滂《蓦山溪·梅花初谢》）

壳(殼)qiào 口语音。另见84页ké。

【逆】地～甲～躯～

翘(翹、*趬)qiào 一头向上昂起。另见539页qiáo。

【古】《广韵》：去声，笑韵。【逆】寥～【顺】～尾～舌

撬qiào 用棒拨挑。

【古】《集韵》：平声，萧韵。【逆】儿～踏～【顺】～边～杠～棍

鞘qiào 刀套。

【古】去声，十八啸。【逆】铎～赶～腱～鸣～皮～鞦～沙鱼～脱～鸣～饷～银～鱼～【顺】～段～室～子【例】花骢躞蹀游龙骄，连连宝节挥长鞘。（唐·李咸用《轻薄怨》）窗外剑光初出鞘。斜窥梦断人年少。（宋·黄裳《渔家傲·已送清歌归去后》）

噭qiào 口。另见566页jiào。

【古】去声，十八啸。【逆】蹄～

绕(繞遶)rào ①缠绕。②环绕；围绕。③不从正面而是迂回地走。④(问题、事情)纠缠。另见555页rǎo。

【古】去声，十八啸。【逆】电～叠～拱～还～迴～夹～徼～缴～连～辽～撩～缪～裹～蟠～蜿～侠～霞～悬～夭～营～迂～纡～遮～週～【顺】～殿雷～结～梁～缭～溜～绕～手～腾～罔～膝～袭～越～朝～指【例】节谢客来稀，回塘方独绕。（唐·

韦应物《慈恩寺南池秋荷咏》)素餐无补益，朱绶虚缠绕。(唐·白居易《西掖早秋直夜书意》)

典鹊绕 亦作"鹊飞""鹊栖""鹊惊""鹊南飞""南枝鹊绕""鹊无枝""绕树"。喻贤者未归明主，无处栖身。曹操《短歌行》："月明星稀，乌鹊南飞。绕树三匝，何枝可依。"

鹊绕风枝急，萤藏露草深。(唐·罗隐《思故人》)

扫(掃)sào 扫帚的扫。另见555页 sǎo。

顺～把～帚～竹

臊sào 害羞。另见524页 sāo。

逆花～讨～羞～顺～皮～子

少shào 另见556页 shǎo。

古去声，十八啸。逆齿～返～贵～还～豪～鸿～三～善～四～遗～逸～英～幼～顺～艾～齿～雏～帝～府～傅～俊～隽～康～客～来～牢～吏～陵～民～内～嫩～蓬～寝～卿～弱～色～微～翁～习～相～形～勋～扬～阳～阴～尹～御～宰～正～作例与君生此世，不合长年少。(唐·白居易《清调吟》)绿水悠悠天杳杳。浮生岂得长年少。(宋·晏殊《渔家傲·画鼓声中昏又晓》)

典三少[1] 三公的副职，少保、少傅、少师，合称三少，也称三孤。见《大戴礼·保傅》。

从今次第登三少，左右青娥来巧笑。(宋·王之道《渔家傲·岩电晶荧君未老》)

三少[2] 指三位同时知名的年轻人。《晋书·王羲之传》："时陈留阮裕有重名，为敦主簿。敦尝谓羲之曰：'汝是吾家佳子弟，当不减阮主簿。'裕亦目羲之与王承、王悦为王氏三少。"《旧唐书·李嗣真传》："李嗣真，滑州匡城人也。……时左侍极贺兰敏之受诏于东台修撰，奏嗣真弘文馆参预其事。嗣真与同时学士刘献臣、徐昭俱称少俊，馆中号为'三少'。"

岩头橘树经百黄，三少不生诸老亡。(宋·魏了翁《题石兴宗读书岩》)

洛阳年少 指西汉贾谊，后喻为怀才不遇或年少才高。见《史记·贾生列传》。

华发我何感，洛阳年少时。(宋·梅尧臣《和王待制清凉院观牡丹赋诗》)

五陵年少 亦作"五陵侠少""五陵公子""五陵俊客""五陵狂""五陵儿"。指豪侠少年或富豪权贵子弟。《汉书·游侠传·原涉》："郡国诸豪及长安、五陵诸为气节者皆归慕之。"唐李白《少年行二首》："五陵年少金市东，银鞍白马度春风。"

五陵年少争缠头，一曲红绡不知数。(唐·白居易《琵琶引》)

乌衣年少 咏王、谢或贵族子弟。《宋书·谢弘微传》："混风格高峻，少所交纳，唯与族子灵运、瞻、曜、弘微并以文义赏会。尝共宴处，居在乌衣巷，故谓之乌衣之游。"

想乌衣年少，芝兰秀发，戈戟云横。(宋·叶梦得《八声甘州·故都迷岸草》)

不见卢郎年少 亦作"卢郎年少"。少妻嫌丈夫老的委婉说法。宋钱易《南部新书》丁卷："卢家有子弟，年已暮而犹为校书郎。晚娶崔氏子，崔有词翰，结褵之后，微有慊色。卢因请诗以述怀为戏，崔立成诗曰：'不怨卢郎年纪大，不怨卢郎官职卑。自恨妾身生较晚，不见卢郎年少时。'"

风情遗恨几时消。不见卢郎年少。(宋·张先《西江月·泛泛春船载乐》)

哨shào

古去声，十八啸。逆呼～啯～交～进～瞭～芦～逻～马～鸣～烟～营～右～侦～征～左～顺～棒～弁～遍～船～官～箭～卡～口～楼～鹿～骑～守～厮～探～长

绍(紹)shào

古上声，十七筱。逆拔～陈～花～会～继～克～媒～木～入～嗣～修～续～忝～要～遗～寅～远～肇～浙～追～缵～纂～顺～承～复～缭～隆～昧～世～述～统～熙～袭～续～衣～祚例昔怀沧洲兴，斯志果已绍。(唐·吴筠《登庐山东峰》)光无渗漏方灵妙。活计现成谁管绍。(宋·惠洪《渔父词·野鹤精神云格调》)

劭shào

古去声，十八啸。另：下平，二萧同。逆德～高～孤～光～宏～美～敏～清～顺～令～美～农～劝

邵shào ①姓。②古地名。

古去声，十八啸。逆方～清～深～懿～周～顺～伯～杜～父～瓜～侯～南～圃～生例世间有王傅，莫把同周邵。(唐·寒山《诗三百三首》其三〇一)

典张邵 指州郡佐吏。《宋书·隐逸传·戴颙传》："衡阳王义季镇京口，长史张邵与颙姻通，迎来止黄鹄山。"

自此辞张邵，何由见戴逵。(唐·刘长卿《哭张员外继》)

潲shào ①淘米水制成的猪食。②雨点斜洒。

古《广韵》：去声，效韵。顺～水～雨

召shào ①姓。②古地名。另见577页 zhào。

古去声，十八啸。顺～伯树～伯棠～杜～公棠～平瓜～棠

典周召 亦作"周召分陕""召南分沃畤"。喻指有辅弼之才的贤臣。《公羊传·隐公五年》："自陕而东者，周公主之。自陕而西者，召公主之。"《史记·燕召公世家》："召公奭与周公同姓，姓姬氏。周武王之灭纣，封召公于北燕。其在成王时，召公为三公。自陕以西，召公主之；自陕以东，周公主之"。裴骃集解："何休曰：'陕者，盖今弘农陕县是也。'"

穷似丘轲休叹息，达如周召亦尘埃。(唐·罗隐《水边偶题》)

周公留召 指有容人的度量。《史记·燕召公世家》："成王既幼，周公摄政，当国践祚，召公疑之，作《君奭》。《君奭》不说周公。周公乃称'汤时有伊尹，假于皇天；在太戊时，则有若伊陟、臣扈，假于上帝，巫咸治王家；在祖乙时，则有若巫贤；在武丁时，则有若甘般：率维兹有陈，保乂有殷'。于是召公乃说。"

周公留召，娄公容狄。(宋·刘克庄《水龙吟·此翁饱阅人间》)

烧(燒)shào 野火。另见524页 shāo。

古去声，十八啸。逆秋～山～野～顺～痕～火～烬～薙

套tào

古上声，十九皓。逆碑～策～陈～法～浮～腐～格～绠～活～镜～局

～科～陋～落～南北～金～谦～褥～散～涉～绳～石～世～熟～习～信～循～院～整～直～【顺】～板～版～播～裁～菜～房～服～改～耕～供～红～间～括～牢～礼～曲～圈～色～衫～式～索～套～调～文～问～习～袭～袖～叙

跳 tiào

【古】下平，二萧。【逆】阑～进～踣～出～蹿～赌～飞～赅～憨～活～疾～惊～跼～駻～距～踉～龙～莽～轻～闪～踢～跣～掩～踊～禹～【顺】～白～版～帮～波～博～蹙～搭～达～跶～磴～端～风～歌～攻～鬼～号～花～激～蹶～浪～踉～鳞～峦～沫～蛐～蹼～趫～踃～升～石～挞～天～突～丸～嬉～戏～萧～音～银～月～躁～踯～躅【例】隔巢黄鸟并，翻藻白鱼跳。（唐·杜甫《绝句六首》其四）蒙蒙暮雨春鸡唱，漠漠寒芜雪兔跳。（唐·韦庄《尹喜宅》）

【典】**龙跳**　借指青年才俊脱颖而出。《晋书·文苑传·褚陶》："张华见之，谓陆机曰：'君兄弟龙跃云津，顾彦先凤鸣朝阳，谓东南之宝已尽，不意复见褚生。'"

杜家碧山银鱼诗，黄家虎卧龙跳字。（宋·杨万里《题眉山程俟》）

眺 tiào　远望。

【古】去声，十八啸。【逆】觇～登～独～俯～顾～观～还～迥～极～迥～览～缭～临～流～凝～旁～清～赏～升～视～四～遐～闲～邪～延～遥～野～殷～游～瞻～长～【顺】～览～听～瞻～瞩～注【例】绿野变初黄，旸山开晓眺。（唐·卢照邻《七日登乐游故墓》）目极千里，闲倚危樯回眺。（宋·柳永《古倾杯·冻水消痕》）

粜（糶）tiào　卖出粮食。

【古】去声，十八啸。【逆】闭～出～盗～发～贩～籴～减～闹～平～散～市～私～腾～义～赈～【顺】～谷～米【例】我行奉天县，叟以百钱粜。（宋·文同《秦诏》）

朓 tiào　晦而月见西方。

【古】上声，十七筱。【逆】朒～朒～谢～昃～

笑 xiào

【古】去声，十八啸。【逆】抃～博～谄～嘲～电～诶～二～诽～腹～诟～顾～閧～哗～讙～驩～诙～毁～极～疾～矫～堪～咳～僇～戮～闵～匿～睨～浓～俳～嚬～颦～山～姗～趉～索～哈～谭～坦～咷～侮～熙～献～枭～谐～媟～欣～诩～宴～燕～黯～阳城～冶～贻～迁～余～语～指～竹～紫～訾～【顺】～敖～抃～粲～耻～次～刺～悼～电～端～枋～海～颔～唤～毁～疾～具～剧～菌～科～课～乐～雷～林～领～留～僇～戮～嫔～嚬～颦～气～恰～诮～散～姗～讪～睃～侮～嗎～效～忻～妍～盐【例】两心相喜得，毕景共谈笑。（唐·孟浩然《题终南翠微寺空上人房》）清风生虚空，明月见谈笑。（唐·李白《与元丹丘方城寺谈玄作》）

【典】**独笑**　指苦读忘形。《三国志·蜀书·谯周传》："谯周字允南，巴西西充国人也。周幼孤，与母兄同居。既长，耽古笃学，家贫未尝问产业，诵读典籍，欣然独笑，以忘寝食。"

偶有会心成独笑，一林春笋放烟梢。（宋·陆游《书南堂壁》）

蛾笑　指美人的笑貌。《诗经·卫风·硕人》："齿如瓠犀，螓首蛾眉。巧笑倩兮，美目盼兮。"《楚辞·大招》："娭目宜笑，娥眉曼只。"

舞态弓弯，一声低唱，蛾笑绿分烟岫。（宋·洪适《选冠子·雨脚报晴》）

买笑　指狎妓。《贾氏说林》："（汉）武帝与丽娟看花，而蔷薇始开，态若含笑。帝曰：'此花绝胜佳人笑也。'丽娟戏曰：'笑可买乎？'帝曰：'可。'丽娟遂命侍者取黄金百斤作买笑钱奉帝，为一日之欢。"

自言买笑掷黄金，月堕云中从此始。（唐·刘禹锡《泰娘歌》）

三笑　泛指欢乐。宋陈舜俞《庐山记》卷二："流泉匝寺下，入虎溪，昔远师送客过此，虎辄号鸣，故名焉。陶元亮居栗山，山南陆修静亦有道之士。远师尝送此二人，与语合道，不觉过之，因相与大笑。今世传《三笑图》盖起此。"

天笑　亦作"天一笑"。喻得到皇帝的欢颜。旧题汉东方朔《神异经·东荒经》："东荒山中有大石室，东王公居焉，长一丈，头发皓白，人形鸟面而虎尾，载一黑熊，左右顾望。恒与一玉女投壶，每投千二百矫，设有人不出者，天为之唏嘘；矫出而脱误不接者，天为之笑。"晋张华注："言笑者，天口流火炤灼，今天上不雨而有电光，是天笑也。"

胡人虽获多，天笑不为新。（唐·杜甫《八哀诗·赠太子师汝阳郡王琎》）

褒姒笑　亦作"烽火戏诸侯"。咏女祸。《史记·周本纪》："褒姒不好笑，幽王欲其笑万方，故不笑。幽王为烽燧，大鼓，有寇至则举烽火。诸侯悉至，至而无寇，褒姒乃大笑。幽王说之，为数举烽火。其后不信，诸侯益亦不至。"

彼欲褒姒笑，焉知周人哭。（宋·李曾伯《和清汀蒋省干酒色财气韵》）

长安西笑　亦作"西笑""出门西笑"。指对帝都的仰慕和欣羡。三国魏·曹植《与吴季重书》："过屠门而大嚼，虽不得肉，贵且快矣。'李善注引东汉桓谭《新论》："人闻长安乐，则出门向西而笑；知肉味美，对屠门而大嚼。"

长安日西笑，朝夕衮衣迎。（唐·钱起《送蒋尚书居守东都》）

的皪宜笑　指女子笑时鲜明美丽的样子。《史记·司马相如列传》司马相如《上林赋》："若夫青琴宓妃之徒，绝殊离俗……皓齿粲烂，宜笑的皪。"

韵胜仙风缥缈，的皪娇波宜笑。（宋·辛弃疾《如梦令·韵胜仙风缥缈》）

黄金买笑　亦作"量金买笑"。借指花钱狎妓行乐。刘禹锡《泰娘歌》："蕲州刺史张公子，白马新到铜驼里。自言买笑掷黄金，月堕云中从此始。"

自言夫婿心不骨，黄金买笑轻侯王。（唐·李涉《赠苏小》）

千金一笑　亦作"千金笑""千金买笑"。指美人笑貌难得。《艺文类聚》卷五七引东汉崔骃《七依》："酒酣乐中，美人进以承宴，调欢欣以解容。四顾百万，一笑千金。"

美酒壮人如敌国，千金一笑买倾城。（宋·黄庭坚《再和元礼春怀十首》其四）

香兰如笑 咏箜篌。李贺《李凭箜篌引》："昆山玉碎凤凰叫，芙蓉泣露香兰笑。"

蠹损歌纨人去久，漫泪沾、香兰如笑。（宋·吴文英《真珠帘·蜜沈烬暖萸烟袅》）

掀髯一笑 指开怀激动的笑貌。宋苏轼《次韵刘景文见寄》："淮上东来双鲤鱼，巧将诗信渡江湖。细看落墨皆松瘦，想之掀髯正鹤孤。"旧题宋王十朋注："（赵）次公曰：'掀髯，言笑也。景文美髯，故谓之髯刘。"

掀髯一笑吾真足，不为无锥更叹贫。（宋·陆游《夏日》）

巡檐索笑 亦作"巡檐一笑""巡檐共笑""巡檐""梅奴索笑""索檐花笑""索尽梅花笑""索梅兄一笑""梅花索巡檐笑""梅花尊前索笑"。咏梅花。杜甫《舍弟观赴蓝田取妻子到江陵喜寄三首》其二："马度秦关雪正深，北来肌骨苦寒侵。他乡就我生春色，故国移居见客心。賸欲提携如意舞，喜多行坐白头吟。巡檐索共梅花笑，冷蕊疏枝半不禁。"

正喜巡檐来索笑，已悲临水送将归。（宋·陆游《别梅》）

嫣然一笑 亦作"嫣然凝笑""嫣然如巧笑"。指女子笑貌迷人，美丽绝伦。宋玉《登徒子好色赋》："东家之子……嫣然一笑，惑阳城，迷下蔡。"李善注："王逸《楚辞注》曰：'嫣，笑貌。'……阳城、下蔡，二县名，盖楚之贵介公子所封，故取以喻焉。"

嫣然一笑竹篱间，桃李漫山总粗俗。（宋·苏轼《寓居定惠院之东》）

效[1] xiào

㊄去声，十九效。㊂边～不～采～策～陈～程～成～寸～答～法～傚～放～符～课～灵～明～摹～模～慕～拟～颦～企～勤～儒～师～施～事～视～殊～输～罔～显～象～信～勋～阳～依～尤～余～远～则～责～征～致～智～忠～众～追～自～祖～遵～㊅～报～程～德～功～官～获～伎～技～驾～力～灵～慕～能～颦～芹～情～瑞～率～试～祥～验～业～益～愚～尤～祉～志～贞～足～作㊀桂林寒色在，苦节知所效。（唐·王昌龄《送任五之桂林》）虽蒙勾践礼，竟不闻报效。（唐·韩愈《答柳柳州食虾蟆》）步武青云缭绕。斯文近有成效。（宋·蔡士裕《浦湘曲·功名早》）

效[2]（*効）xiào 呈献。献出。

㊄去声，十九效。

效[3]（*傚）xiào 效劳。功效。

㊄去声，十九效。

校 xiào 另见565页jiào。

㊄去声，十九效。㊂八～宾～伯～部～鸿～黉～虎～列～祕～末～偏～七～旗～亲～戎～四～缇～退～五～午～庠～小～牙～衙～营～优～谪～中～诸～幢～㊅～室～务～序～学～役㊀端能败笙磬，仍工乱学校。（唐·韩愈《答柳柳州食虾蟆》）

肖 xiào ①相貌相似。②仿效。

㊄去声，十八啸。㊂逼～不～僭～克～酷～貌～妙～摹～翘～曲～生～宛～相～象～㊅～化～貌～神～似～题～物～象～形～子㊀壮士走马去，镫前弯玉弓肖。（唐·刘禹锡《壮士行》）数贤者，一不肖。（宋·王迈《贺新郎·忆昔同时召》）

啸（嘯、*歗）xiào

㊄去声，十八啸。㊂悲～登～独～讽～凤～高～歌～鬼～嗥～吼～虎～欢～狂～朗～鸾～曼～命～牧～朋～哀～清～秋～舒～屯～永～坐～㊅～嗷～俦～萃～风～父～歌～合～呼～会～叫～结～聚～乱～侣～命～诺～术～台～天～叶～引～咏～狖～召～指㊀独坐幽篁里，弹琴复长啸。（唐·王维《竹里馆》）辞雄皓鹤警露啼，失子哀猿绕林啸。（唐·元稹《五弦弹》）

㊆**长啸** ①亦作"孙登长啸""孙登"。指隐士的高雅情怀。《晋书·阮籍传》："籍尝于苏门山遇孙登，与商略终古及栖神导气之术，登皆不应，籍因长啸而退。至半岭，闻有声若鸾凤之音，响乎岩谷，乃登之啸也。"②喻用世壮志。《三国志·蜀书·诸葛亮传》注引《魏略》："亮在荆州，以建安初与颍川石广元、徐元直、汝南孟公威等俱游学，三人务于精熟，而亮独观其大略。每晨夜从容，常抱膝长啸，而谓三人曰：'卿三人仕进可至刺史郡守也。'三人问其所至，亮但笑而不言。"

严子垂钓日，苏门长啸时。（唐·白居易《秋池独汎》）

长啸万里风，扫清胸中忧。（唐·李白《留别贾舍人至二首》其一）

坐啸 指州郡长官从容治郡。《后汉书·党锢传序》："后汝南太守宗资任功曹范滂，南阳太守成瑨亦委功曹岑晊，二郡又为谣曰：'汝南太守范孟博，南阳宗资主画诺。南阳太守岑公孝，弘农成瑨但坐啸。'"

莺声随坐啸，柳色唤行春。（唐·岑参《陪使君早春东郊游眺》）

登楼啸 亦作"清啸解围""吹笳退敌""刘琨啸""吹笳清啸""刘郎清啸"。指将帅临敌不惧，借指报国杀敌的壮志和慷慨激昂的情感。《晋书·刘琨传》："（愍帝）拜琨为司空、都督并、冀、幽三州诸军事。琨上表让司空，受都督。……在晋阳，尝为胡骑所围数重，城中窘迫无计，琨乃乘月登楼清啸，贼闻之，皆凄然长叹。中夜奏胡笳，贼又流涕歔欷，有怀土之切。向晓复吹之，贼并弃围而走。"

苏门啸 借指隐士的歌吟长啸，或隐者不拘礼法、狂傲处世的态度。《三国志·魏书·王粲传》附《阮籍传》裴松之注引《魏氏春秋》："籍少时尝游苏门山，苏门山有隐者，莫知名姓，有竹实数斛、臼杵而已。籍从之，与谈太古无为之道，及论五帝三王之义，苏门生萧然曾不经听。籍乃对之长啸，清韵响亮，苏门生逌尔而笑。籍既降，苏门生亦啸，若鸾凤之音焉。至是，籍乃假苏门先生之论以寄所怀。其歌曰：'日没不周西，月出丹渊中，阳精蔽不见，阳光代为雄。亭亭在须臾，厌厌将复隆。富贵俯仰间，贫贱何必终。'"

敢为苏门啸，庶作梁父吟。（唐·杜甫《上后园山脚》）

草庐长啸 喻不求闻达，怡情适志。见《三国志·蜀书·诸葛亮传》。

何似草庐长啸罢，从容起立汉家基。（宋·姜特立《赋张舍人抱啸堂五首》其一）

孝 xiào

㊄去声，十九效。㊂被～诚～出～

除～淳～慈～达～递～吊～笃～发～非～恭～挂～广～含～节～借～谨～旌～廉～暖～破～热～睿～生～淑～顺～死～脱～五～贤～谢～修～秀～义～赠～昭～贞～追～作～顺～爱～帛～称～诚～服～感～恭～和～假～谨～敬～绢～决～恺～恪～理～帘～烈～陵～履～门～幕～睦～慕～男～鸟～棚～器～情～裙～思～祀～笋～帏～乌～熙～享～缞～烝～治～竹例猎较务同俗，全身斯为孝。（唐·韩愈《答柳柳州食虾蟆》）整顿乾坤济时了，奉板舆、拜国夫人号。可谓忠，可谓孝。（宋·戴复古《贺新郎·说与黄花道》）

典**江革忠孝** 指忠孝双全。《南史·江革传》："江革字休映，济阳考城人也。……革幼而聪慧，早有才思，六岁就解属文。父柔之深加赏器，曰：'此儿必兴吾门。'九岁丁父艰……十六丧母，以孝闻。……中兴元年，梁武帝入石头，时吴兴太守袁昂据郡拒义不从，革制书与昂，于坐立成，辞义典雅，帝深赏叹之。……后为镇北豫章王长史、广陵太守。时魏徐州刺史元法僧降附，革被敕随府王镇彭城。城既失守，革素不便马，泛舟而还。途经下邳，为魏人所执。魏徐州刺史安丰王延明闻革才名，厚加接待。革称脚疾不拜，延明将害之，见革辞色严正，更加敬重。……延明知不可屈，乃止。日给脱粟三升，仅余性命。会魏帝请中山王元略反北，乃放革及祖暅还朝。上大宴，举酒劝革曰：'卿那不畏延明害？'对曰：'臣行年六十，死不为夭，岂畏延明。'帝曰：'今日始见苏武之节。'"

江革忠孝，王览友弟。（唐·李瀚《蒙求》）

孟孙问孝 孝道重在依礼侍奉亲人。《论语·为政》："孟懿子问孝。子曰：'无违。'樊迟御，子告之曰：'孟孙问孝于我，我对曰，无违。'樊迟曰：'何谓也？'子曰：'生，事之以礼；死，葬之以礼，祭之以礼。'"

孟孙唯问孝，莱子复辞官。（唐·皇甫冉《刘侍御朝命许停官归侍》）

要yào 另见528页yāo。

古去声，十八啸。逆八～本～比～宠～辞～从～粹～撮～达～大～待～道～得～典～端～法～凡～繁～反～妨～关～归～贵～国～合～覈～宦～会～畿～计～津～近～禁～径～窾～练～窍～切～亲～世～势～适～守～枢～四～突～威～微～须～玄～役～殷～元～约～月～招～遮～着～指～旨～治～宗～尊～顺～便～处～待～谛～端～厄～扼～凡～非～机～极～急～津～近～径～局～具～剧～口～末～闹～窍～切～且～屈～趣～缺～壤～图～途～涂～需～则～着～镇～证～政～之～指～秩～重～子～自～最例回帆觊赏延，佳处领其要。（唐·杜甫《次空灵岸》）一见桃花参学了。呈法要。（宋·黄庭坚《渔家傲·三十年来无孔窍》）

典**王戎简要** 指为人简约。《三国志·魏书·裴潜传》裴松之注引《晋诸公赞》："楷少与琅邪王戎俱为掾发名，钟会致之大将军司马文王曰：'裴楷清通，王戎简要。'文王即辟为掾，进历显位。"

朴略其风，裴楷王戎简要通。（宋·沈瀛《减字木兰花·老而不止》）

耀yào

古去声，十八啸。逆赍～宠～垂～电～二～发～耿～皓～赫～闳～华～幻～焕～煌～晃～煇～矜～惊～晶～颎～夸～诳～焜～靓～流～卖～明～穆～匿～七～潜～神～升～势～文～渥～皙～鲜～衔～晶～轩～玄～璇～烜～绚～衒～遗～隐～英～荧～颖～映～余～玉～昭～炤～贞～振～震～中～灼～顺～斑～兵～采～灿～蝉～德～光～锦～焜～亮～灵～芒～名～明～魄～威～武～炫～艳～耀～夜～晔～颖例绝粒感楚囚，丹衷犹照耀。（唐·戴叔伦《曾游》）此际欢虞，门庭自有，辉光荣耀。（宋·韦骧《醉蓬莱·漏新春消耗》）

典**后必耀** 喻子孙昌盛。见《左传·庄公二十二年》。

空言今无救，奇志后必耀。（宋·苏轼《曹既见和复次其韵》）

伯鸾德耀 喻夫妻恩爱、志趣投合。梁鸿字伯鸾，娶同县女孟光（字德耀）为妻，二人志趣投合，共入霸陵山中，不以清贫为苦，以耕织为业，咏《诗》《书》，弹琴，以自娱。事见晋皇甫谧《高士传》卷下。

何似伯鸾携德耀，箪瓢未足清欢足。（宋·苏轼《满江红·忧喜相寻》）

曜yào ①同"耀"。②日、月、星都称"曜"。

古去声，十八啸。逆宝～阐～宸～晨～驰～垂～淳～诞～德～登～电～二～符～干～高～晷～焕～九～诳～两～列～灵～龙～木～匿～三～双～文～五～晞～熙～曦～衒～艳～阳～义～引～隐～昭～贞～重～顺～兵～德～晃～甲～精～灵～名～明～魄～奇～日～师～象～仪～煜例明月出海底，一朝开光曜。（唐·李白《古风》）凭危阁、新蟾吐曜。（宋·史浩《瑞鹤仙·霁天风露好》）

乐（樂）yào 喜爱。另见96页lè、137页yuè。

古去声，十九效。逆仁智～三～顺～山～水

药（藥）yào 口语音。另见138页yuè。

古入声，十药。逆白～焙～成～杵～粗～大～弹～捣～锭～逗～恶～饵～发～方～汗～行～合～和～黄～剧～峻～狂～蓝～醪～媚～魅～懵～面～末～偏～铅～乳～善～生～圣～侍～司～兔～五～香～喑～莳～祝～灼～子～坐～顺～案～叉～饵～封～裹～衡～箭～金～栏～笼～録～齐～球～石～兽～帖～筒～头～王～物～械～烟～言～雨～玉船～疹例风高大夫树，露下将军药。（唐·张说《药园》）紫府先生旧同学，腰垂彤管贮灵药。（唐·韩翃《赠别华阴道士》）

典**百药** 指唐奇童李百药。《新唐书·李百药传》："李百药字重规，定州安平人。隋内史令德林子也。幼多病，祖母赵以'百药'名之。七岁能属文，父友陆乂等共读徐陵文，有'刘琅邪之稻'之语，叹不得其事。百药进曰：'《春秋》"郧子藉稻"，杜预谓在琅邪。'客大惊，号奇童。"

奇称符百药，童号迈终军。（宋·无名氏《水调歌头·燕分炳箕宿》）

捣药　亦作"捣药轮"。借指月亮。《太平御览》卷四晋傅玄《拟天问》："月中何有？白兔捣药。"

　捣药声繁驱白兔，漏天孔正透清风。（宋·方岳《月岩》）

发药　用善言劝人以作药石，来治疗思想上的病。《庄子·列御寇》："列子提屦跣而走，暨乎门，问曰：'先生既来，曾不发药乎？'"

　佳友在门忘燕寝，故人发药见平生。（宋·黄庭坚《赠别几复》）

偷药　嫦娥窃后羿仙药。见75页"嫦娥"。

　常娥应悔偷灵药，碧海青天夜夜心。（唐·李商隐《常娥》）

白兔捣药　玉兔在娑罗树下捣仙药。《乐府诗集·相和歌辞·董陶行五解》之四："教敕凡吏受言，采取神药若木端。白兔长跪捣药虾蟆丸，奉上陛下一玉柈，服此药可得神仙。"

　白兔捣药秋复春，嫦娥孤栖与谁邻。（唐·李白《把酒问月》）

韩康卖药　①指神医良药。②喻说话算数。晋张方《楚国先贤传·韩康》："韩康字伯休，京兆霸陵人也。常游名山，采药卖于长安市中，口不二价者，三十余年。"

　若非宗测图山后，即是韩康卖药回。（唐·陆龟蒙《和袭美寄毗陵魏处士朴》）

庞公采药　亦作"鹿门采药"。咏隐士。《后汉书·庞公传》："庞公者，南郡襄阳人也。居岘山之南，未尝入城府。夫妻相敬如宾。荆州刺史刘表数延请，不能屈。……表叹息而去。后遂携其妻子登鹿门山，因采药不反。"

　庞公采药去，莱氏与妻行。（唐·皇甫冉《赠郑山人》）

鹞(鷂)yào　另见545页yáo。

古去声，十八啸。逆白～海～击～木～票～雀～霜～铁～鹰～鱼～纸～鸷～顺～雏～坊～琴～鹰～子例哀怜世间儿，细黠似黄鹞。（宋·秦观《寄陈季常》）

钥(鑰)yào　又读。另见135页yuè。顺～匙

瀹yào　口语音。另见138页yuè。

靿yào　靴筒。

古去声，十九效。逆高～靴～顺～袜

造zào　①至；到。②所到大的境界。③仓促。④制作；建立。

古上声，十九皓。又：去声，二十号异。逆办～宸～成～敕～慈～大～登～缔～督～杜～恩～盖～革～更～者～鼓～彀～贵～涵～横～洪～鸿～俊～隽～空～坤～良～屈～趣～升～收～首～殊～述～司～推～拓～晚～往～仙～心～兴～秀～虚～玄～选～演～臆～印～营～游～雨～元～再～早～肇～治～置～撰～尊～顺～道～反～府～行～极～见～理～林～昧～妙～奇～清～请～阙～然～入～胜～士～市～适～思～微～膝～谢～秀～玄～谒～影～子例崎岖待漏恩，怵惕司言造。（唐·沈佺期《同工部李侍郎》）此行收遗甿，风俗方再造。（唐·杜甫《送长孙九侍御》）

典**良造**　指善于驾车马的人。《淮南子·览冥》："昔者王良、造父之御也，上车摄辔，马为整齐而敛谐，投足调均，劳逸若一。"

　四十八监选龙媒，时贡天庭付良造。（唐·元稹《阴山道》）

噪[1] zào

古去声，二十号。逆憨～蝉～大～鼓～号～合～呼～花～嚾～讙～讥～叫～惊～唠～雷～啰～怒～鸣～棲～鹊～群～嘶～譁～喧～鸦～嚘～噪～啄～啅～顺～变～聒～呼～哗～欢～叫～聚～嚷～扰～啾～天～喧～音～吟～杂～噪～逐～嘴例齐梁及陈隋，众作等蝉噪。（唐·韩愈《荐士》）凤去台空箫声断，惟有疏林鸦噪。（宋·万俟绍之《贺新郎·决眦入飞鸟》）

典**鹊噪**　亦称"鹊报"。指喜兆、喜讯。旧题晋葛洪《西京杂记》卷三："乾鹊噪而行人至，蜘蛛集而百事喜。"旧题晋张华注《禽经》："灵鹊兆喜。"《注》："鹊噪则喜生。"

　池面芙蕖红散绮。鹊噪朱门喜。（宋·李弥逊《醉花阴·池面芙蕖红散绮》）

噪[2](*譟)zào　①嘈杂。②传扬。

古去声，二十号。

灶(竈)zào

古去声，二十号。逆奥～背～避～茶～祠～辞～丹～倒～都～锻～釜～户～镬～祭～监～减～接～解～金～墐～井～敬～酒～跨～燎～镣～聋～垄～媚～贫～起～黔～上～蜃～慎～祀～送～陶～天～亭～烓～乌～仙～谢～穴～炀～药～野～夷～隐～迎～玉～中～顺～婢～词～地～丁～肚～额～釜～公～觚～鬼～鸡～籍～间～界～陉～具～君～坑～栏～燎～廪～马～眉～墨～泡～披～妾～人～神～尸～税～突～团～养～爷～甬～瘃例行身践规矩，甘辱耻媚灶。（唐·韩愈《荐士》）清饮一瓢寒，又何妨、分傍茶灶。（宋·张炎《法曲献仙音·梅失黄昏》）

典**丹灶**　亦作"黄叶丹灶"。指炼丹修道的生活。南朝宋·江淹《别赋》："守丹灶而不顾，炼金鼎而方坚。"

　山中旧有仙姥家，十里飞泉绕丹灶。（唐·元结《宿无为观》）

减灶　指用计向敌人示弱。《史记·孙子列传》附《孙膑传》："孙子谓田忌曰：'使齐军入魏地为十万灶，明日为五万灶，又明日为三万灶。'庞涓行三日，大喜，曰：'我固知齐军怯，入吾地三日，士卒亡者过半矣！'乃弃其步军，与其轻锐倍日并行逐之。孙子度其行，暮当至马陵。……于是令齐军善射者万弩夹道而伏。"

　万幕从兹无减灶，笑看卧鼓旧边城。（宋·陈亮《送文子转漕江东二首》其二）

增灶　指用计向敌人示强。《后汉书·虞诩传》："后羌寇武都，邓太后以诩有将帅之略，迁武都太守，引见嘉德殿，厚加赏赐。羌乃率众数千，遮诩于陈仓、崤谷，诩即停军不进，而宣言上书请兵，须到当发。羌闻之，乃分钞傍县，诩因其兵散，日夜进道，兼行百余里。令吏士各作两灶，日增倍之，羌不敢逼。或问曰：'孙膑减灶而君增之。兵法日行不过三十里，以戒不虞，而今日且二百里。何也？'诩曰：'虏众多，吾兵少。徐行则易为所及，速进则彼所不测。虏见吾灶日增，必谓郡兵来迎。众多行速，必惮追我。孙膑见弱，吾今示强，势有不同故也。'"

　貔貅野宿日增灶，鼪鼯陆梁夜鸣镝。（宋·方岳《送少卿奉使淮西》）

媚灶 喻巴结执政者，依附权贵。《论语·八佾》："王孙贾曰：'与其媚于奥，宁媚于灶，何谓也？'子曰：'不然。获罪于天，无所祷也。'"唐孔颖达疏："奥，内也，谓室内西南隅也。……以喻近臣虽尊不执政柄……灶者……以喻国之执政。……此二句世俗之言也。……以喻其求于无事之近臣，宁若求于用权之执政。"

行身践规矩，甘辱耻媚灶。（唐·韩愈《荐士》）

炀灶 喻奸佞擅权，欺瞒国君。《韩非子·内储说上》："卫灵公之时，弥子瑕有宠，专于卫国。侏儒有见公者曰：'臣之梦践矣。'公曰：'何梦？'对曰：'梦见灶，为见公也。'公怒曰：'吾闻见人主者梦见日，奚为见寡人而梦见灶？'对曰：'夫日兼烛天下，一物不能当也。人君兼烛一国，一人不能壅也，故将见人主者梦见日。夫灶，一人炀焉，则后人无从见矣。今或者一人，有炀君者乎？则臣虽梦见灶，不亦可乎！'"

笔床茶灶 借指高士潇洒超脱、江湖漂寄的生活。《新唐书·陆龟蒙传》："陆龟蒙，字鲁望。……不喜与流俗交，虽造门不肯见。不乘马，升舟设蓬席，赍束书、茶灶、笔床、钓具往来。时谓江湖散人，或号天随子、甫里先生，自比涪翁、渔父、江上丈人。后以高士召，不至。"

紫绶金章被宠荣，笔床茶灶伴参苓。（宋·蔡襄《诗一首》）

向栩隐灶 指独行脱俗的隐士。《后汉书·向栩传》："向栩，字甫兴，河内朝歌人，向长之后也。少为书生，性卓诡不伦。恒读《老子》，状如学道。又似狂生，好被发，著绛绡头。常于灶北坐板床上，如是积久，板乃有膝踝足指之处。不好语言而喜长啸。宾客从就，辄伏而不视。"

向栩非才徒隐灶，田文有命那关户。（唐·李端《杂歌》）

皂（*皁）zào

①皂斗，可以染黑。②黑色。③去污品。④古代奴隶的一个等级。⑤牛马食槽。

古上声，十九皓。逆白～憨～不～丹～番～焦～毛～门～末～卿～软～厮～同～胰～舆～展～驺～顺～白～班～褙～櫜～地～貂～雕～斗～幡～盖～君～绔～快～襕～牢～李～历～吏～枥～隶～鲢～领～罗～履～囊～旗～钱～裘～舃～汤～绨～靴～役～游～舆～栈～帐～脂～制～驺例跻攀寡俦侣，扶接念舆皂。（唐·陈陶《旅次铜山途中》）怎禁他、孟婆合皂。（宋·蒋捷《解佩令·春晴也好》）

躁 zào

古去声，二十号。逆懊～鄙～褊～卞～谄～蠢～丹～恶～忿～肤～刚～刮～诡～鬼～果～简～矜～进～劲～竞～静～决～刻～砾～凌～率～冒～闷～跑～起～浅～轻～倾～遒～视～疏～贪～佻～恌～跳～无～险～崄～淫～浊～顺～薄～褊～卞～趁～辞～蹙～忿～愤～悍～豪～猾～激～极～疾～健～进～劲～竞～静～遽～狷～戾～露～率～闷～猛～挠～虐～剽～迫～戚～气～切～怯～轻～求～锐～舍～盛～释～速～望～险～心～药～易～欲～越～恣～足～作例狭行无廓落，壮士徒轻躁。（唐·李贺《春归昌谷》）骂女嗔男，呼奴喝爪。新来司户多心躁。（宋·晁端礼《踏莎行·骂女嗔男》）

燥 zào

古上声，十九皓。逆鳖～发～风～高～豪～僵～亢～卯～眊～明～炮～千～闲～邪～旸～顺～笔～坼～发～刚～涸～坚～劲～莽～皮～脾～气～涩～吻～叶～战例人非冢已荒，海变田应燥。（唐·沈佺期《同工部李侍郎》）浔阳多美酒，可使杯不燥。（唐·白居易《首夏》）

唣（唕）zào

逆焦～啰～罗～

慥 zào

古去声，二十号。逆粗～慥～顺～慥

照 zhào

古去声，十八啸。逆案～逼～碧～偏～部～地～点～管～寒～慧～极～缴～浚～开～焜～离～沦～磨～末～默～普～青～情～善～刷～韬～通～陨～乌～犀～遐～斜～玄～循～夜～逸～余～渊～援～月～运～凿～照～知～质～智～坐～顺～杯～庇～补～察～车～彻～乘～澄～袋～胆～得～登～牒～度～对～覆～骨～呼～护～焕～会～记～認～勘～旷～览～烂～朗～量～燎～邻～临～觑～日～石～世～数～刷～岁～台～厅～望～微～席～闲～晌～雪～眼～验～毓～运～知～瞩～灼例柳色摇岁华，冰文荡春照。（唐·卢照邻《七日登乐游故墓》）深林人不知，明月来相照。（唐·王维《竹里馆》）

典**埋照** 喻贤才遭到埋没。颜延之《五君咏五首·阮步兵》："阮公虽沦迹，识密鉴亦洞。沉醉似埋照，寓辞类托讽。"

空山埋照凡几年，古色苍痕宛自然。（唐·钱起《片玉篇》）

雪照 亦作"雪窗""练囊不照""夜窗陈编相照"。指勤学苦读。任昉《为萧扬州荐士表》："至乃集萤映雪，编蒲缉柳。"李善注："檀道鸾《晋阳春秋》曰：'车胤，字武子，学而不倦，贫不常得油，夏月则练囊盛数十萤火，夜以继日焉。'《孙氏世录》曰：'孙康家贫，常映雪读书，清介，交游不杂。'"

夜学事须凭雪照，朝厨争奈绝烟何。（唐·方干《偶作》）

凿照 亦作"凿壁"。指刻苦夜读。旧题晋葛洪《西京杂记》卷二："匡衡字稚圭，勤学而无烛，邻舍有烛而不逮，衡乃穿壁引其光，以书映光而读之。"

两京贫病若为居，四壁皆成凿照余。（唐·王泠然《夜光篇》）

擎高烛照 亦作"照妆醒睡"。咏海棠。宋苏轼《海棠》："东风袅袅泛崇光，香雾空濛月转廊。只恐夜深花睡去，故烧高烛照红妆。"

更擎高烛照，惊搅夜深眠。（宋·魏了翁《临江仙·自有天然真富贵》）

棹（*櫂、*艄）zhào

古去声，十九效。逆暗～别～春～刺～促～发～反～返～汎～放～飞～风～孤～鼓～归～桂～还～迴～急～楫～江～进～兰～离～理～菱～弭～鸣～命～青翰～轻～枉～骛～小～烟～野～倚～引～雨～玉～战～征～整～植～纵～顺～唱～舡～歌～歌行～海～楫

～郎～力～女～讴～舟～卒㊀南楼西下时，月里闻来棹。（唐·李端《荆州泊》）暄风迟日春光闹。蒲萄水绿摇轻棹。（宋·谢逸《菩萨蛮·暄风迟日春光闹》）

㊉**雪溪小棹** 亦作“山阴回棹”“山阴道回”“山阴一叶舟”“山阴溪船”“山阴月”“山阴兴”“山阴游”“徽之棹”“徽之问寂寥”。指雪中泛舟访友、遨游。《世说新语·任诞》：“王子猷居山阴，夜大雪，眠觉，开室，命酌酒。四望皎然，因起彷徨，咏左思《招隐诗》。忽忆戴安道，时戴在剡，即便夜乘小船就之。经宿方至，造门不前而返。人问其故，王曰：‘吾本乘兴而行，兴尽而返，何必见戴？’”

莲社轻舆，雪溪小棹，有兴何妨寻弟兄。（宋·朱敦儒《沁园春·七十衰翁》）

赵(趙)zhào

㊁上声，十七筱。㊂璧～伯～唉～二～奉～孤～归～后～坑～龙～罗～马～前～完～吴～阎～燕～张～㊃～璧～草～盾～法～服～孤～后～客～坑～括～录～母～囊～女～讴～瑟～社～书～宋～体～卫～舞～燕～营～玉～媛～字㊀人非西喻蜀，兴在北坑赵。（唐·杜甫《聂耒阳》）对樽前、上客邹枚，小鬟燕赵。（宋·黄庭坚《逍遥乐·春意渐归芳草》）

㊉**二赵** 汉室后妃赵飞燕姐妹。后借指受宠后妃或美女。《汉书·孝成赵皇后》：“孝成赵皇后，本长安宫人。初生时，父母不举，三日不死，乃收养之。及壮，属阳阿主家，学歌舞，号曰飞燕。成帝曾微行出，过阳阿主，作乐。上见飞燕而说之，召入宫，大幸。有女弟复召入，俱为倢伃，贵倾后宫。”“皇后既立，后宠少衰，而弟绝幸，为昭仪。……姊弟颛宠十余年，卒皆无子。”

二乔二赵俱倾国，女弟娇强意自先。（宋·石延年《咏小桃》）

怀赵 指怀念故国。《史记·廉颇蔺相如列传》：“廉颇居梁久之，魏不能信用。赵以数困于秦兵，赵王思复得廉颇，廉颇亦思复用于赵。……赵王以为老，遂不召。楚闻廉颇在魏，阴使人迎之。廉颇一为楚将，无功，曰：‘我思用赵人。’廉颇卒死于寿春。”

顾土虽怀赵，知天讵畏匡。（唐·柳宗元《弘农公以硕德伟材屈于诬枉左官三岁》）

坑赵 亦作“坑降”。指杀降卒。《史记·赵世家》：“赵遂发兵取上党。廉颇将军军长平。……廉颇免而赵括代将。秦人围赵括，赵括以军降，卒四十余万皆阬之。王悔不听赵豹之计，故有长平之祸焉。”

肯谓破齐存即墨，能胜坑赵尽长平。（宋·邵雍《观七国吟》）

燕赵 古称燕赵多佳人，后泛指美女或舞女歌姬。《古诗十九首·东城高且长》：“燕赵多佳人，美者颜如玉。”

燕赵有秀色，绮楼青云端。（唐·李白《古风》其二七）

窃符救赵 亦作“救赵”。指仗义解救危难。《史记·魏公子列传》：“魏安釐王二十年，秦昭王已破赵长平军，又进兵围邯郸。……魏王使将军晋鄙将十万众救赵。……名为救赵，实持两端以观望。”魏公子“至邺，矫魏王令代晋鄙。晋鄙合符，疑之……欲无听。朱亥袖四十斤铁椎击杀晋鄙，公子遂将晋鄙军。……进兵击秦军。秦军解去，遂救邯郸，存赵。”

窃符方救赵，击筑正怀燕。（唐·虞羽客《结客少年场行》）

罩zhào

㊁去声，十九效。㊂玻～钓～端～覆～笼～蒙～袍～青～纱～手～外～雾～罾～罩～烝～㊃～褂～甲～笼～罗～袍～棚～衫～汕～袖～衣～罩～子㊀韩鸟处矰缴，湘鯈在笼罩。（唐·李贺《春归昌谷》）酒面粉酥融，香袖金泥罩。（宋·毛滂《生查子·钗上燕犹寒》）

召zhào 另见571页shào。

㊁去声，十八啸。㊂齿～宠～除～方～赴～关～行～贺～呼～节～内～起～迁～钦～请～冥～啸～启～摄～聘～简～辟～征～麾～邀～严～役～驿～诱～招～祗～㊃～拜～保～佃～对～发～符～贡～箕～赁～勐～猛～庙～命～盘～辟～遣～权～试～引～谕～擢～租㊀崔子贤主人，欢娱每相召。（唐·李白《经乱后将避地剡中》）费尽柳金梨雪句，问沈香亭北何时召。（宋·刘过《贺新郎·睡觉莺啼晓》）

㊉**环召** 指被放逐之臣或京城之外的臣僚被召回朝廷。《荀子·大略》：“聘人以珪，问士以璧，召人以瑗，绝人以玦，反绝以环。”唐杨琼注：“反绝谓反其将绝者。”

政成环召事未晚，天子日夜开延英。（宋·楼钥《送王道州》）

蒲召 指礼敬人才。《汉书·武帝纪》：“议立明堂。遣使者安车蒲轮，束帛加璧，征鲁申公。”颜师古注：“以蒲裹轮，取其安也。”

已见儿荣，更看孙贵，茅分蒲召。（宋·姚勉《水龙吟·芰荷香雨初收》）

宣室召 亦作“宣室夜”“宣室对”“宣室”。指贤臣受到皇帝的重新召见。《史记·贾生列传》：“贾生名谊，洛阳人也，年十八，以能诵诗属书闻于郡中。……文帝召以为博士。……孝文帝说之，超迁，一岁中至太中大夫。……于是天子后亦疏之，不用其议，乃以贾生为长沙王太傅。……后岁余，贾生征见。孝文帝方受釐，上因感鬼神事，而问鬼神之本。贾生因具道所以然之状。至夜半，文帝前席。既罢，曰：‘吾久不见贾生，自以为过之，今不及也。’居顷之，拜贾生为梁怀王太傅。”

竟无宣室召，徒有茂陵求。（唐·杜甫《过故斛斯校书庄二首》其一）

兆zhào

㊁上声，十七筱。㊂拆～谶～端～发～方～丰～凤～陔～卦～龟～规～贵～鹤～火～佳～奸～郊～祲～京～开～课～圹～兰～裂～灵～陵～魄～阡～丘～微～伟～未～衅～休～遗～茔～玉～豫～哉～宅～贞～朕～眹～众～缀～踪～㊃～端～古～广～龟～积～基～奸～见～类～黎～灵～乱～昴～萌～蒙～梦～民～谋～人～日～始～守～庶～数～祀～头～位～文～物～献～相～祥～象～亹～形～姓～忧～域～占～长～朕～众～周～祚㊀岂能脱负檐，刻鹤曾无兆。（唐·李贺《春归昌谷》）调和铅汞不终朝。早睹玄珠形兆。（宋·张伯端《西江月·此道至神至圣》）

㊉**凤兆** 婚姻美满的吉兆。《左传·庄公二十二年》：“初，懿氏卜妻敬仲，其妻占之，曰：‘吉，是谓凤皇于飞，和鸣锵锵。有妫之后，将育于姜。五世其昌，并于正卿。八世之后，莫之与京。”杜预注：“雄曰凤，雌

曰皇，雄雌俱飞，相和而鸣，锵锵然，犹敬仲夫妻相随适齐，有声誉。”

鸾歌不重闻，凤兆从兹卜。（唐·白居易《和梦游春诗一百韵》）

兰兆　亦作“兰梦”。指得子怀孕的征兆。《左传·宣公三年》：“郑文公有贱妾曰燕姞，梦天使与己兰，曰：‘余为伯儵。余，而祖也，以是为而子。以兰有国香，人服媚之如是。’既而文公见之，与之兰而御之。辞曰：‘妾不才，幸而有子，将不信，敢征兰乎？’公曰：‘诺。’生穆公，名之曰兰。”

离前吉梦成兰兆，别后啼痕上竹生。（唐·骆宾王《艳情代郭氏答卢照邻》）

怜京兆　指追念曾治理一方的廉能官员。《汉书·赵广汉传》：“广汉虽坐法诛，为京兆尹廉明，威制豪强，小民得职，百姓追恩，歌之至今。”

君不见将军昔忍跨下辱，京兆晚为人所怜。（宋·陆游《忆荆州旧游》）

天京兆　借指逝世。《晋书·王机传》附《王矩传》：“机兄矩，字令式。美姿容，每出游，观者盈路。初为南平太守，豫讨陈恢有功，迁广州刺史。将赴职，忽见一人持奏谒矩，自云京兆杜灵之。矩问之，答称：‘天上京兆，被使召君为主簿。’矩意甚恶之。至州月余卒。”

忽访天京兆，空传汉伏波。（唐·权德舆《故司徒兼侍中》）

熊罴兆　孕妇将生男孩的祥兆。《诗经·小雅·斯干》：“乃寝乃兴，乃占我梦。吉梦维何，维熊维罴，维虺维蛇。大人占之，维熊维罴，男子之祥。维虺维蛇，女子之祥。”

熊罴兆中见，鹅鹳阵前程。（宋·宋祁《孟冬驾狩近郊》）

风流京兆　亦作“张敞画”“张眉”。指西汉张敞。他任京兆尹时虽有政绩，但喜欢为妻子画眉，又常至章台街冶游。《汉书·张敞传》：“敞为京兆，朝廷每有大议，引古今，处便宜，公卿皆服，天子数从之。然敞无威仪，时罢朝会，过走马章台街，使御吏驱，自以便面拊马。又为妇画眉，长安中传张京兆眉怃。有司以奏敞。上问之，对曰：‘臣闻闺房之内，夫妇之私，有过于画眉者。’上爱其能，弗备责也。”

眉黛两山谁为扫，风流京兆江南调。（宋·刘过《蝶恋花·帘幕闻声歌已妙》）

肇（*肈）zhào　①开始；创始。②发生；引起。

古上声，十七筱。逆初～开～阮～顺～昌～称～创～旦～定～端～分～国～祸～基～迹～建～乱～敏～判～辟～启～秋～绍～始～岁～台～新～兴～因～禋～域～造～自～祖

诏（詔）zhào

古去声，十八啸。逆哀～八～被～摈～裁～承～尺～赤～丹～丹凤～对～飞～讽～凤～凤凰～凤尾～阁～还～花～画～涣～赍～嘉～宽～蜡～六～鸾～纶～轮台～茫～命～墨～南～内～睿～山东～申～温～五色～衣带～银～应～优～预～中～追～紫～紫泥～罪己～顺～跸～草～敕～除～稿～告～诰～格～函～号～黄～诲～记～家～检～举～卷～爵～禄～纶～盟～墨～体～文～檄～相～选～筵～议～音～用～侑～狱～召～征～志～祝例晨趋紫禁中，夕待金门诏。（唐·李白《翰林读书言怀》）惟愿增高，龟年鹤算，鸿恩紫诏。（宋·韦骧《醉蓬莱·漏新春消耗》）

典**还诏**　借指古代谏官规谏、纠正皇帝诏书中的违误过失。见《汉书·王嘉传》。

两度呼来，也曾批敕，也曾还诏。（宋·刘克庄《水龙吟·不须更问旁人》）

哀痛诏　亦作“轮台诏”。指帝王追悔的罪己诏书。《汉书·西域传下》：“上（汉武帝）乃下诏，深陈既往之悔，曰：‘前有司奏，欲益民赋三十助边用，是重困老弱孤独也。而今又请遣卒田轮台……乃者贰师败，军士死略离散，悲痛常在朕心。’”又，《西域传赞》：“孝武之世……是以末年遂弃轮台之地，而下哀痛之诏，岂非仁圣之所悔哉！”

愿闻哀痛诏，端拱问疮痍。（唐·杜甫《有感五首》其五）

山东诏　对诏书的美称。《汉书·贾山传》载贾山《至言》：“臣闻山东吏布诏令，民虽老羸癃疾，扶杖而往听之，愿少须臾毋死，思见德化之成也。”

玉堂待草山东诏，解缆春江莫放迟。（宋·韩元吉《季元衡寄示三池戏藁》）

刘毅答诏　指敢于谏诤。《晋书·刘毅传》：“帝尝南郊，礼毕，喟然问毅曰：‘卿以朕方汉何帝也？’对曰：‘可方桓、灵。’帝曰：‘吾虽德不及古人，犹克己为政。又平吴会，混一天下。方之桓、灵，其已甚乎！’对曰：‘桓、灵卖官，钱入官库；陛下卖官，钱入私门。以此言之，殆不如也。’帝大笑曰：‘桓、灵之世，不闻此言。今有直臣，故不同也。’”

郭钦上书见大计，刘毅答诏惊群臣。（唐·杜甫《暮秋枉裴道州手札》）

十行丹诏　亦作“十行天书”。指皇帝给周边附属国的诏书。《后汉书·循吏传序》：“其以手迹赐方国者，皆一札十行，细书成文。”李贤注：“《说文》曰：‘札，牒也。’”

看袍将赐锦，带仍佩玉，十行丹诏，单骑红尘。（宋·赵福元《沁园春·斗柄御寅》）

西山八诏　指西南地区的少数民族。《新唐书·南诏传上》：“南诏……本哀牢夷后，乌蛮别种也。夷语王为‘诏’。其先渠帅有六，自号‘六诏’。……蜀诸葛亮讨定之。蒙舍诏在诸部南，故称南诏。”又，同书卷二二二中《南诏下》：唐西川节度使高骈“筑戎州马湖、沐源川、大度河三城，列屯拒险，料壮卒为平夷军，南诏气夺。……先是，有时傍、矣川罗识二族，通号‘八诏’。”

贤将开关。威竦西山八诏蛮。（宋·黄庭坚《采桑子·马湖来舞钗初赐》）

笊zhào　笊篱，用竹篾或铁丝编的在汤或水中捞东西的漏勺。

古去声，十九效。顺～篱

曌zhào　同“照”。武则天为自己名字造的字。

古《集韵》：去声，笑韵。逆武～

十四　寒

三韵书对照表

词林正韵	佩文诗韵	诗韵新编：十四寒（平声）阴平	诗韵新编：十四寒（平声）阳平
第六部［十三阮］	上声十三阮	烜	
第七部［十三元（半）］［十四寒］［十五删］［一先］	上平声十三元（部分）	番（音帆。几番）翻繙幡反（反切）鞬犍蜿掀喧轩萱暄谖鸳冤鹓宛（音冤。大宛）眢	烦繁樊蕃藩蘩矾墦燔洹言援园源元原辕猿黿垣袁沅爰嫄湲媛（婵媛）芫
	上平声十四寒	安鞍般瘢餐单丹殚郸箪瘅（音单。火瘅）端干（音甘）竿肝杆（音甘。栏杆）玕观（音关。主观）冠（音关。衣冠）官棺倌莞（音关。青莞）欢獾讙奸看（音刊。看守）刊宽潘薍（又读）番（音潘。番禺）跚姗珊酸狻摊滩啴湍剜钻（钻营）	残攒（眉攒）韩汗（可汗）榦寒桓萑兰栏阑澜拦谰峦鸾銮栾漫（音蛮。旧读）瞒鳗馒谩难（困难）盘蟠磐胖（音盘。体胖）弁（小弁）磻弹（指弹）坛檀团抟漙完丸纨汍刓
	上平声十五删	班斑扳颁关纶（音关。纶巾）鳏擐间（音尖。中间）艰菅攀悭山删潸弯湾殷（赤黑色）蔄	孱潺还环鬟寰镮阛锾斓蛮鬘顽闲娴鹇颜
	下平声一先	边鞭编鳊笾穿川颠巅滇（音颠。云南省简称）坚肩煎笺溅（溅溅）湔鞯戋钱鹃捐涓娟悁镌蠲朘蔫篇偏翩扁（音偏。扁舟）千牵迁铅阡愆芊仟搴骞悛棬卷圈（圆圈）膻扇（音珊。扇惑）天先仙鲜（音仙。新鲜）籼躚祆宣揎儇翾烟咽嫣焉燕（幽燕）鸢渊蜎嬛（柔美）毡旃饘邅鹯鳣专砖颛	禅（参禅）蝉缠婵廛躔单（单于）瀍澶船传（宣传）椽遄嬛连莲涟怜联鲢挛棉绵眠年便（腹便便）楩胼骈钱前乾（乾坤）虔全权泉拳痊荃颧蜷鬈踡诠筌铨佺然燃埏田填阗滇（滇滇）畋贤弦涎舷蚿旋（音闲。凯旋）悬玄璇漩延研沿筵妍蜒埏缘（有缘）圆员橼
第七部［十五翰］［十六铣］［十六谏］	去声十五翰	撺	玩（音丸。游玩）
	上声十六铣		脔
	去声十六谏		孪
第十三部［十二侵］	下平声十二侵	簪	
第十四部［十三覃］［十四盐］［十五咸］	下平声十三覃	谙庵媕参骖担（音单。负担）耽眈聃湛（音单。喜乐）甘柑泔坩酣憨蚶鼾堪勘（音刊。去声同）龛戡三毵贪探（音贪）	蚕惭含函涵岭邯岚蓝（天蓝）篮褴婪男南楠谈潭痰昙覃谭澹（音坛。澹台）醰蟫（又读）郯
	下平声十四盐	砭觇兼尖渐（音尖。东渐）缣歼蒹鹣燅拈签谦佥苫觇痁添纤（纤维）铦淹腌奄（音烟。息微）阉崦厌（厌厌）占瞻沾粘（音瞻。糊粘）詹	蟾镰廉帘奁鬑粘（胶粘）鲇潜钳钤黔髯蚺甜恬嫌炎严檐盐（煮盐）阎
	下平声十五咸	搀帆缄监（音尖。监察）衫芟杉掺（音先。掺掺）	谗馋镵巉欃劖凡喃衔咸岩
未检到的字		鹌桉搬蝙蹿氽镩掂癫疳（病）尴瘝顸身（身毒）嵌（音千。又读）扦鸽叁舢闩拴栓瘫坍偲豌荟氙埙（音宣。又读）胭阏（音烟。阏氏）湮（又读）糌谵鳟躜	僝邗缳濂裢圞薍（音蛮。阴平同）蹒蹣蹁（蹁跹）掮钿（珠钿）瘌鶒咱（多咱）荃

诗韵新编 / 佩文诗韵 / 词林正韵		十四寒(仄声)	
		上声	去声
第十四部[十三覃]	下平声十三覃		探(音炭。浩叹)
第七部[十三阮(半)][十四旱][十五潸][十六铣][十四愿(半)][十五翰][十六谏][十七霰]	上声十三阮(部分)	反返蹇阮晚婉宛(宛然)菀畹娩(婉娩)绻巘偃鼹远	苑
	上声十四旱	短秆管馆脘罕缓侃款窾懒卵满暖散(音伞。松散)伞坦袒疃碗趱纂缵	伴诞但旱浣算
	上声十五潸	板版蝂产莞(音馆。东莞)睆简柬拣赧莞(音婉。莞尔)眼盏	羼睅限
	上声十六铣	扁匾褊阐蒇喘舛典茧剪謇翦趼笕卷(卷起)娈免勉冕腼沔眄湎缅捻辇浅遣缱犬畎软殄腆觍显鲜(音显。少)藓蚬跣燹洗(音显。姓)筅铣选癣演衍兖展辗转(旋转)	辨辩辫件践键隽鳝善单(音善。姓)岘泫谳篆
	去声十四愿	挽郾	饭贩畈健建曼蔓(蔓延)劝券圈(音绢。羊圈)绻万献宪楦堰怨愿远(音愿。避开)
	去声十五翰	攒杆(音感。木杆)	案岸按犴半绊粲灿璨窜爨旦弹(子弹)惮断段锻干(才干)旰冠(冠军)观(音贯。道观)罐灌贯盥鹳汗(流汗)汉悍翰捍闬焊瀚暵唤换焕涣逭奂漶看(看待)烂乱惋漫缦谩幔墁难(危难)畔叛判泮散(扩散)蒜叹炭彖腕晏赞钻锻玩(音万。阳平同)
	去声十六谏	铲	办瓣扮串篡骭惯丱患幻宦豢擐间(离间)涧谏慢盼襻讪汕疝苋雁鷃赝绽栈
	去声十七霰	碾谴啭	变遍便卞緶忭抃汴弁颤(颤动)钏电殿奠甸佃钿淀靛见荐饯箭贱溅(音荐。飞溅)洊倦眷绢卷(书卷)圈(音劝。城圈)罥鄄狷睊练炼恋楝面瞑(音面。瞑眩)偭拚片倩蒨茜扇(音善。电扇)膳缮禅(禅让)擅鄯现羡线县霰俔炫眩旋(音眩。旋风)绚眴燕砚谚彦咽宴唁院媛掾缘战颤传(自传)转撰馔纤(拉纤)
第九部[二十一个]	去声二十一箇		瘅
第十四部[二十七感][二十八俭][二十九豏][二十八勘][二十九艳][三十陷]	上声二十七感	惨胆感敢橄澉喊坎欿览揽榄罱糁毯荚晻	萏赣撼菡颔嵌
	上声二十八琰	贬谄点俭检脸敛染苒冉闪陕忝险掩魇奄俨剡琰黡飐	玷簟渐(音荐。逐渐)歉芡剡焰
	上声二十九豏	阚(音喊。虎声)减槛斩	黯掺(音灿。鼓曲)范犯槛(音荐。水槛)舰湛
	去声二十八勘		缆暗淡担(重担)啖绀淦憾勘瞰阚(音瞰。姓)滥三(三思)暂錾
	去声二十九艳	俺窆	店垫坫痁剑僭殓潋念埝欠堑椠赡苫(又读)艳厌验滟餍酽盐(昔昔盐)占(口占)譫敛
	去声三十陷		忏泛梵鉴监(音荐。国监)陷站蘸赚
第十七部[十四缉]	入声十四缉		廿
未检到的字		揞坂皈疸掸(音胆。拂除)碘赶擀硷捡睑裥锏(音剪。锏锏)谫砍壈荅娩(分娩)腩撵馔黴睒忐舔餂皖罨扊厣湕掺崭掘	拌爿划蛋氮瘢惦踮箭掼瘓毽腱锏(音荐。车轴铁)垡链荅(又读)骗蟮掸骟嬗涮碳掭馅腺渲攥裥

平声·阴平

安ān

【古】上平，十四寒。【逆】艾～便～禀～常～承～福～抚～阜～富～归～怀～槐～惠～积～即～建～近～久～居～凯～康～临～宁～潘～僻～容膝～柔～谥～寿～舒～顺～绥～台～恬～媮～慰～习～闲～相～悬～讯～晏～养～遗～永～贞～镇～撰～子～自～尊～【顺】～邦～边～泊～步～藏～插～禅～昌～常～车～处～措～坻～谛～阜～富～和～候～戢～集～辑～恋～流～榴～履～寐～谥～命～穆～所～坦～体～恬～帖～怗～托～卧～席～暇～下～娴～翔～恤～循～晏～宴～燕～业～怡～宜～乂～宅～贞～祯～镇～足【例】半月分弦出，丛花拂面安。（唐·李峤《琵琶》）莫道秋江离别难，舟船明日是长安。（唐·王昌龄《重别李评事》）

【典】**道安**　道安本为南北朝高僧。后用以称美僧人。亦作"道安神器"。见《高僧传》卷五。

兴尽崔亭伯，言忘释道安。（唐·陈子昂《秋日遇荆州府崔兵曹使宴》）

潘安　代指美男子。《晋书·潘岳传》："岳美姿仪……少时常挟弹出洛阳道，妇人遇之者，皆连手萦绕，投之以果，遂满车而归。"

闻说潘安方寓直，与君相见渐难期（唐·李端《山中寄苗员外》）

谢安　谢安是东晋著名政治家。后遂用以代指文武兼备的将相之才。亦作"谢安石""谢傅""谢太傅"。见《晋书·谢安传》。

南阳葛亮为友朋，东山谢安作邻里。（唐·任华《寄杜拾遗》）

一枝安　喻并无奢望，退居保身。亦作"一枝眠稳""一枝粗稳"。《庄子·逍遥游》："尧让天下于许由……许由曰：'子治天下，天下既已治也。而我犹代子，吾将为名乎？名者，实之宾也。吾将为宾乎？鹪鹩巢于深林，不过一枝；偃鼠饮河，不过满腹。归休乎君，予无所用天下为！'"

自怜千虑短，所愿一枝安。（宋·杨万里《仲良见和再和谢焉四首》其二）

斩成安　指出奇制胜，奇兵破敌。汉韩信善于用兵，他曾出奇兵，以区区数万之兵大败赵王与成安君陈余的二十万大军，斩杀成安君、擒获赵王。见《史记·淮阴侯列传》。

今朝拜韩信，计日斩成安。（唐·王涯《从军词三首》其一）

报竹平安　代指家信。亦作"种竹日报平安"。唐·段成式《酉阳杂俎》续集卷一〇《支植下》："卫公言北都惟童子寺有竹一窠，才长数尺，相传其寺纲维，每日报竹平安。"

客路不知花代谢，家书只报竹平安。（宋·方岳《得家信》）

庞公遗安　指甘受清贫、无财物留给后辈，也因此能使后辈过上安稳的日子。亦作"遗安"。庞公即庞德公，东汉襄阳人。躬耕于岘山之南，其贤德与诸葛亮等人齐名。荆州刺史刘表多次请他做官，他都推辞不去。刘表亲至其家，问他缘由，他说："世人皆遗之以危，今独遗之以安，虽所遗不同，未为无所遗也。"见《后汉书·庞公传》。

勤力汉疏傅，遗安庞德公。（宋·赵蕃《赋刘子澄墨庄》）

容膝之安　本指安身之地狭小，后指甘于贫困。亦作"仲子辞相"。《韩诗外传》卷九："今如结驷列骑，所安不过容膝；食方丈于前，所甘不过一肉。"

倚南窗以寄傲，审容膝之易安。（晋·陶渊明《归去来兮辞》）

书记平安　杜牧在扬州时常微服逸游，其长官派人暗随保护，日报平安。唐·丁用晦《芝田录》："牛奇章公帅维扬，杜牧在幕中，夜多微服逸游，公闻之，以街子数辈潜随牧之，以防不虞。后牧之以拾遗召，临别，公以纵逸为戒，牧之始犹讳之，公命取一篋来，皆街子报帖，云'杜书记平善'，乃大感服。"

甚都无人诵，何郎诗句，也无人报，书记平安。（宋·刘克庄《沁园春·辽鹤重来》）

泰山之安　喻稳固安定。汉·枚乘《上书谏吴王》："以居泰山之安，而欲乘累卵之危。"

收身薄冰释，置枕泰山安。（宋·黄庭坚《奉同子瞻韵寄定国》）

谙（諳）ān　①熟悉；知晓。②熟记；背诵。③经受。

【古】下平，十三覃。【逆】饱～初～洞～旧曾～深～熟～素～通～未～详～晓～【顺】～版～尝～达～分～行～乎～忽～记～解～究～历～练～识～实～事～熟～诵～通～委～悉～习～闲～详～晓～忆～知【例】家山泉石寻常忆，世路风波子细谙。（唐·白居易《除夜寄微之》）

鞍ān

【古】上平，十四寒。【逆】鞁～尘～从～雕～发～归～回～解～金～据～鞚～跨～暖玉～狨～释～税～歇～杏叶～绣～银～玉～云～征～驻～【顺】～鞴～韂～花～鞿～甲～鞯～铠～勒～笼～帕～辔～桥～鞒～屉～驮～衔～座【例】晓战随金鼓，宵眠抱玉鞍。（唐·李白《塞下曲六首》其一）风光不见桃花骑，尘土空留杏叶鞍。（唐·白居易《出使在途》）

【典】**据鞍**　骑马。借指行军作战，亦咏老将勇健。《后汉书·马援传》："武威将军刘尚击武陵五溪蛮夷，深入，军没，援因复请行。时年六十二，帝愍其老，未许之。援自请曰：'臣尚能被甲上马。'帝令试之。援据鞍顾眄，以示可用。帝笑曰：'矍铄哉是翁也！'"

垂泪方投笔，伤时即据鞍。（唐·杜甫《送杨六判官使西蕃》）

庵（*菴）ān　①草屋。②小寺庙。

【古】下平，十三覃。【逆】禅～村～道～坟～荒～筠～茅～尼～荣～僧～山～寺～松谷～野～永息～云～竹～【顺】～庐～堂～子【例】客闲明月阁，僧闭白云庵。（唐·喻凫《宿石窟寺》）减尽晴岚。微云生处是茅庵。（宋·惠洪《浪淘沙·城里久偷闲》）

媕ān　媕婴，犹豫不决貌。

【古】下平，十三覃。【顺】～阿～婀～婴～娿～陋～浅

鹌（鵪）ān　鸟名。

【顺】～鹑～子羹

桉ān　木名。

【逆】捕～彻～牒～断～几～举～柳～

槃～食～顺～油～树例惯倚胡床闲寄傲,妥腹难凭琴桉。(宋·李好古《贺新郎·人物风流远》)

班 bān ①分开。②分给;赏赐。③铺开。④次第;位次。⑤通"斑"。

古上平,十五删。逆边～草台～常～朝～趁～齿～崇～楚～从～玳瑁～道～蛾眉～放～黻～高～官～鹤～虎～徽～匠～轿～就～军～靠～科～阑～立～禄～马～南～铺～齐～清～琼枝～趋～荣～散～史～侍～疏～随～跕～微～文武～仙～新～星～序～押～鱼～玉～鸳～鸩～杂～皂～知～豸～周～顺～辈～本～笔～禀～簿～彩～操～曹～禅～朝～齿～春～赐～打～狄～第～范～哥～贡～姑～管～行～贺～虎～荆～镜～爵～军～赉～阑～烂～联～僚～寮～列～璘～瞵～禄～鹭～轮～茅～命～墨～女～品～期～妾～荣～如～瑞～散～扇～声～序～叙～宣～旋～迓～谒～衣～迎～谕～张～政～直～指～秩～组～左例清江锦石伤心丽,嫩蕊浓花满目班。(唐·杜甫《滕王亭子》)临江一嶂白云间,红绿层层锦绣班。(唐·白行简《在巴南望郡南山呈乐天》)

典**封班** 代指边将立功封赏。见470页"定远侯"、667页"班定远"。

班超封定远,之子去思齐。(唐·钱起《送张管书记》)

槐班 指三公之类的高官。亦作"槐阴下""槐庭"。周代宫庭外有三棵槐树,三公朝天子时,面向三槐。后因以借指三公。《周礼·秋官·朝士》:"面三槐,三公位焉。"

槐班鼎辅膺荣柬,玉阶封章究远猷。(宋·苏籀《楼枢密挽词二首》其一)

星班 指朝中各省的郎官。见818页"星郎"。

汉符新寄近天畿,便别星班下曙扉。(宋·王珪《送向防御出守淮阳》)

七人班 咏文士宴集。见291页"山阳会"。

珍重加餐顺风土,归来高步七人班。(宋·徐铉《送施州单员外》)

鵷鹭班 代指朝廷达官贵人。旧题晋·张华注《禽经》:"寀寮雝雝,鸿仪鹭序。"《注》:"鹭,白鹭也,小不逾大,飞有次序,百官缙绅之象。《诗》以振比百寮,雍容喻朝美。"

真人下悯羁靮旧,琳馆许辞鵷鹭班。(宋·曹勋《谢李伯时自临安见过台州二首》其二)

玉笋班 借以称美朝官中风神秀朗的才俊。唐·赵璘《因话录》卷三:"李相国武都公知贡举,门生多清秀俊茂,唐冲、薛庠、袁都辈,时谓之玉笋。"

龙楼笑启瑶池宴,鹓序欣趋玉笋班。(宋·楼钥《雪中迎驾》)

紫宸班 代指朝中要员。紫宸本为唐宋时皇帝为接见群臣及外国使者朝见庆贺的内朝正殿。后遂以"紫宸"为皇帝、朝廷之代称,以"紫宸班"代指朝中要员,以"缀紫宸"指在朝中担任要职。

流落爱君心未已,梦魂犹缀紫宸班。(宋·陆游《登楼》)

斑 bān ①灿烂多彩貌。②分,别,通"班"。

古上平,十五删。逆白～斑～斒～彬～鬓～玳～锦～筠～阑～澜～斓～烂～两鬓～谱～鹊～诗～寿～霜～苔～血～一～鱼～玉～鷓～朱～竹～顺～鬓～彩～苍～犊～縠～管～红～篁～厮～剑～筠～兰～狸～林～璘～龙～猫～蝥～奴～蟠～虬～然～扇～裳～石～首～丝～尾～文～犀～瑕～衣～鱼～杖～竹～骓～子例风和树色杂,苔古石文斑。(唐·尹懋《秋夜陪张丞相赵侍御游灉湖二首》其二)雨痕连地绿,日色出林斑。(唐·包何《同舍弟佶班韦二员外秋苔对之成咏》)

典**稚子斑** 指娱亲之孝行。《太平御览》卷四一三引南朝宋·师觉授《孝子传》:"老莱子者,楚人,行年七十,父母俱存,至孝蒸蒸,常着斑兰之衣,为亲取饮上堂,脚跌,恐伤父母之心,因僵仆为婴儿啼。"

欲见宁亲孝,儒衣稚子斑。(唐·钱起《送李栖桐道举擢第还乡省侍》)

竹上斓斑 传说舜之二妃闻舜死讯,涕泪沾竹成斑痕,后因称斑竹。晋·张华《博物志》卷八《史补》:"尧之二女,舜之二妃,曰湘夫人。舜崩,二妃啼,以涕挥竹,竹尽斑。"

竹上斓斑,总是相思泪。(宋·赵令畤《蝶恋花·尺素重重封锦字》)

新霜点鬓斑 咏叹衰老。唐·李贺《还自会稽歌》:"吴霜点归鬓,身与塘蒲晚。"

雄剑对尘匣,新霜点鬓斑。(清·王鸣盛《秋感》)

般 bān ①搬,运。②种,样。③一样,相同。④通"班"。另见52页 bō。

古上平,十四寒。又:上平,十五删异。逆般～箇～官～几～津～九～两～鬟～面～千～甚～万～下～者～转～顺～比～剥～倕～担～当～尔～匠～斤～爵～弄～首～输～调～演例浮生聚散云相似,往事冥微梦一般。(唐·张继《重经巴丘》)阴云万里昼漫漫,愁坐关心事几般。(唐·戎昱《早春雪中》)

搬 bān

逆硬～顺～兵～驳～场～唱～逗～配～迁～唆～拱～挑～调～戏～杴～演～用～指～庄

瘢 bān ①疤痕。②斑点。③缺点,过失。

古上平,十四寒。逆疮～创～刀～枪～伤～诗～树～索～战～顺～疵～迹～疤～耆～夷～痍～疣～痏～胝～疻例不信沙场苦,君看刀箭瘢。(唐·王昌龄《代扶风主人答》)碛暗更无岩树影,地平时有野烧瘢。(唐·谭用之《塞上》)

典**玉灭瘢** 相传玉屑可修复疤痕。后亦以喻指风景中俊能掩丑。《汉书·王莽传》:"后莽疾,(孔)休候之,莽缘恩意,进其玉具宝剑,欲以为好,休不肯受。莽因曰:'诚见君面有瘢,美玉可以灭瘢,欲献其瑑耳。'"

台倚崩崖玉灭瘢,青山却作捧心颦。(宋·辛弃疾《浣溪沙·台倚崩崖玉灭瘢》)

扳 bān ①拨动。②扭转。

古上平,十五删。逆仇～错～高～跻～牵～推～诬～仰～咬～指～

嘱～㊀～本～驳～道～翻～絙～留～平～位～詈～缯～闸～指～庄㊁无人与向群儒说，岩桂枝高亦好扳。（唐·贯休《山居诗二十四首》其一）

颁（頒）bān ①鬓。②发布。③通"斑"。

㊂上平，十五删。㊃春～赐～匪～分～行～平～荣～下～遗～㊀～白～榜～斌～鬓～冰～常～定～方～付～告～给～官～行～驾～降～金～犒～赉～历～马～禽～师～示～式～朔～条～锡～宣～学～扬～衣～正～政～职～秩㊁月请公王封，冰受天子颁。（唐·元稹《台中鞫狱》）闻道天边雨露，持橐诏新颁。（宋·张元干《水调歌头·缥缈九仙阁》）

边（邊）biān

㊂下平，一先。㊃挨～安～傍～备～鬓～乘～充～筹～厝～盗～道～典～犯～防～抚～警～静～九～开～客～控～扣～寇～款～窥～馈～篱～连～联～敛～辽～逆～宁～配～穷～蛩～觑～日～骚～实～守～戍～双～谁～朔～绥～跳～拓～豁～徙～镶～饷～雄～巡～雁～倚～益～吟～银～驭～缘～远～阅～云～竹～助～走～㊀～隘～备～鄙～蔽～弊～兵～部～漕～侧～愁～筹～吹～陲～词～谍～埵～蕃～藩～氛～烽～锋～俸～服～符～府～附～赋～腹～干～戈～歌～功～堠～户～画～淮～患～寇～款～阃～旅～略～马～町～氓～戎～帅～朔～司～燧～屯～维～隙～遐～罅～舷～畔～邑～役㊁忆随鸿向暖，愁学马思边。（唐·张九龄《秋怀》）相逢意气为君饮，系马高楼垂柳边。（唐·王维《少年行四首》其一）

㊄**日边** 喻京都或皇帝。亦作"日下""日远"。见184页"长安日"。

渭水流关内，终南在日边。（唐·杜甫《览镜呈柏中丞》）

门里桃边 咏男女深情，亦借指多情少女或桃花。

追想墙头梅下，门里桃边，名利为伊都忘了。（宋·晁补之《斗百草·别日常多》）

谢傅棋边 指将帅指挥若定。《世说新语·雅量》："谢公与人围棋，俄而谢玄淮上信至。看书竟，默然无言，徐向局。客问淮上利害？答曰：'小儿辈大破贼。'意色举止，不异于常。"

谢傅棋边，莱公骰畔，淝水澶渊送捷旗。（宋·刘克庄《沁园春·载籍以来》）

相如垆边 本指西汉卓文君当垆卖酒，司马相如与佣人洗涤酒器之事。后指从事卑贱的工作或借指失意蹉跎。《汉书·司马相如传》："（相如）尽卖车骑买酒舍，乃令文君当卢。"颜师古注："卖酒之处，累土为卢，以居酒瓮，四边隆起，其一面高形如锻垆，故名垆耳。"

叹少日相如，垆边老去，能赋上林否。（宋·刘辰翁《摸鱼儿·待欲归》）

朱雀桥边 借指世事变迁。刘禹锡《乌衣巷》："朱雀桥边野草花，乌衣巷口夕阳斜。旧时王谢堂前燕，飞入寻常百姓家。"

朱雀桥边野草，白鹭洲边江水，遗恨几时终。（元·白朴《水调歌头·苍烟拥乔木》）

鞭biān

㊂下平，一先。㊃秉～赤～吹～电～法～反～赶～鼓～后～火～击～接丝～净～静～狂～蜡～联～灵～龙～笼～蛮～蒲～七宝～绕朝～丝～笋～停～投～先～摇～吟～榆～玉～赠～掌～赭～着～征～栀～执～制～著～箸～祖～醉～㊀～板～爆～草～耻～叱～扶～楚～捶～棰～春～靮～彫～督～拊～杠～行～呼～铜～箭～节～勒～励～帽～弭～杻～辔～撚～扑～朴～鞘～驱～弰～梢～稍～声～石～丝～桶～血～影～约～杖～磔㊁醉别何须更惆怅，回头不语但垂鞭。（唐·王昌龄《留别郭八》）野花迎短褐，河柳拂长鞭。（唐·岑参《送胡象落第归王屋别业》）

㊄**蒲鞭** 以蒲草为鞭。常用以指刑罚宽仁。《后汉书·刘宽传》："吏人有过，但用蒲鞭罚之，示辱而已，终不加苦。"

蒲鞭挂檐枝，示耻无扑抶。（唐·李白《赠清漳明府侄聿》）

投鞭 形容兵众势大。东晋时前秦苻坚意欲南征，太子左卫率石越认为晋有长江天险，不可轻动。苻坚说："以吾之众旅，投鞭于江，足断其流！"见《晋书·苻坚载记下》。

投鞭可填江，一扫不足论。（唐·李白《登金陵冶城西北谢安墩》）

执鞭 手拿马鞭为人驾车。多借以表示卑贱的差役，亦指侍奉或敬仰追随贤者。见本页"仲尼执鞭"。

讲序居重席，群儒愿执鞭。（唐·张籍《赠殷山人》）

着鞭 勉人努力进取。亦作"先鞭""施鞭""下鞭""著鞭""着祖生鞭""祖逖后施鞭"。《世说新语·赏誉》："刘琨称祖车骑为朗诣，曰：'少为王敦所叹。'"刘孝标注引《晋阳秋》："刘琨与亲旧书曰：'吾枕戈待旦，志枭逆虏，常恐祖生先吾着鞭耳！'"

富贵空回首，喧争懒着鞭。（唐·杜甫《秋日夔府咏怀》）

绕朝鞭 喻有先见的谋略。亦作"绕朝策""秦人策"。春秋晋大夫士会因事奔秦，为秦所用。晋人患秦之用士会，使魏寿余伪以魏叛而入秦，诱士会返晋。计得逞，士会欲行，秦大夫绕朝赠之以策，曰："子无谓秦无人，吾谋适不用也。"见《左传·文公十三年》。策，指马鞭。

莫道词人无胆气，临行将赠绕朝鞭。（唐·李白《送羽林陶将军》）

仲尼执鞭 指寻求合于道义的富贵。也借指服贱役。亦作"夫子执鞭"。《论语·述而》："子曰：'富而可求也，虽执鞭之士，吾亦为之。如不可求，从吾所好。'"

化佛示持帚，仲尼称执鞭。（唐·顾况《归阳萧寺有丁行者》）

编（編）biān

㊂下平，一先。㊃贝～裁～残～彻～尘～陈～城～玳瑁～点～蠹～断～额～觚～故～鸿～华～黄石～绩～金～经～旧～巨～绝～开～龙～民～末～蟠～齐～青～琼～盛～诗～史～头～外～韦～纬～霞～闲～祥～徭～瑶～遗～逸

～银～玉～芸～摘～竹～助～棕～顺～廛～划～创～凑～牒～町～管～绘～缉～集～菅～检～简～结～剧～拦～栏～阑～类～列～柳～马～町～氓～民～摩～挽～捏～弄～配～蓬～遣～磬～室～述～数～随～韦～伍～校～修～削～演～余～舆～着～整～织～帙～置～珠～竹～缀例凤池伤旧草，麟史泣遗编。（唐·张说《崔司业挽歌二首》其二）虚牖传寒柝，孤灯照绝编。（唐·李季何《除夜长安客舍》）

典**绝编** 指勤奋读书。亦作"韦编"。《史记·孔子世家》："孔子晚而喜《易》，序《彖》《系》《象》《说卦》《文言》。读《易》，韦编三绝。"

孔壁采遗篆，周韦考绝编。（唐·崔日知《冬日述怀奉呈韦祭酒张左丞兰台名贤》）

老人书一编 本指张良通过黄石公考验，得到兵法秘书一编之事。后咏在军事领域得贵人相助。亦形容人精熟兵法、富于韬略。见《史记·留侯世家》。

万里勒燕然，老人书一编。（宋·辛弃疾《菩萨蛮·功名饱听儿童说》）

砭biān ①用砭石刺穴以治病。②批评；指正。

古下平，十四盐。又：去声，二十九艳同。逆攻～规～诃～深～痛～针～箴～针～顺～剥～割～骨～剂～灸～磨～焫～石～俗～顽～削～药～愚～熨～针～治～灼例又如心中疾，针石非所砭。（唐·韩愈《喜侯喜至赠张籍张彻》）凶飙搅宇宙，铓刃甚割砭。（唐·韩愈《苦寒》）

鳊(鯿、*鯾)biān 鱼名。

古下平，一先。顺～鱼～鱼舟例鸟泊随阳雁，鱼藏缩项鳊。（唐·孟浩然《冬至后过吴张二子檀溪别业》）

典**张孟鲈鳊** 指美味佳肴，张是张翰，孟是孟浩然。《晋书·文苑列传·张翰》："翰因见秋风起，乃思吴中菰菜、莼羹、鲈鱼脍，曰：'人生贵得适志，何能羁宦数千里以要名爵乎！'遂命驾而归。"唐·孟浩然《岘潭作》："石潭傍隈隩，沙岸晓夤缘。试垂竹竿钓，果得槎头鳊。美人骋金错，纤手脍红鲜。因谢陆内史，莼羹何足传。"

慰我吟情归思，都忘却、张孟鲈鳊。（宋·李曾伯《满庭芳·八足横戈》）

蝙biān 蝙蝠，哺乳动物。

古《广韵》：平声，先韵。顺～蝠～獭

笾(籩)biān 古代祭祀或宴会时用以盛干食品的竹器。

古下平，一先。逆豆～加～嘉～羞～顺～豆～簠～祭～笋～铏例平羌无一术，候吏莫加笾。（唐·薛能《舟行至平羌》）每愧闻钟磬，多惭接豆笾。（唐·李胄《文宣王庙古松》）

餐(*飡、湌)cān

古上平，十四寒。逆朝～晨～传～辞～风～甘～共～壶～加～减～可～狼～廊～廊下～粝～弃～圣～授～素～飧～堂～忘～秀可～饔～饫～佐～顺～柴～啖～饵～饭～风～服～和～痂～嚼～胜～食～事～薇～卫～霞～仰～苡～挹～英～玉～毡～芝～豚例野人寻烟语，行子傍水餐。（唐·杜甫《寒硖》）世上无诸苦，林间只一餐。（唐·姚合《寄白阁默然》）薄俸虽休入，明霞自足餐。（唐·陆龟蒙《送人罢官归茅山》）

典**加餐** 谓多进饮食，保重身体。常用作勉励保重之语。《古诗十九首》其一："弃捐勿复道，努力加餐饭。"

伏枕神余劣，加餐力未强。（唐·沈佺期《答魑魅代书寄家人》）

握雪餐 指塞外生活艰苦。《汉书·苏建传》附《苏武传》："单于愈益欲降之，乃幽武置大窖中，绝不饮食。天雨雪，武卧啮雪与旃毛并咽之，数日不死，匈奴以为神。"

握雪海上餐，拂沙陇头寝。（唐·李白《塞下曲六首》其二）

尸位素餐 指空守禄位而不理其事。亦作"尸禄""尸素""素餐"。《书·五子之歌》："太康尸位，以逸豫，灭厥德。"《诗经·魏风·伐檀》："彼君子兮，不素餐兮。"

尸位素餐，难以成居。（三国魏·曹植《矫志》）

参(叅、*曑)cān ①成三个的事物。②配合。③等同。④杂。⑤加入，参加。⑥商讨。⑦下见上。另见714页cēn、726页shēn。

古下平，十三覃。逆朝～辰～丞～打～弹～貂～督～放～公～跪～行～交～揭～讦～进～纠～科～离～面壁～闪～冥～趋～髯～仁～日～散～少～审～首～数～提～题～通～望～伍～相～详～擎～须～衙～疑～中～追～谘～顺～秉～部～厕～察～朝～撤～承～乘～触～弹～革～贯～劾～贺～衡～候～互～画～迹～较～诘～解～觐～咎～据～叩～耦～契～卿～取～三～随～覃～提～题～天～图～微～谢～燮～谒～疑～诣～择～谪～正～知～质～治～逐～酌～咨～左例野人时独往，云木晓相参。（唐·杜甫《朝二首》其一）

骖(驂)cān ①古代驾在辕马两边的马。②乘；驾驭。

古下平，十三覃。逆飙～骖～朝～盗～浮～归～鹤～解～剧～羸～联～留～龙～鸾～袅～驽～疲～戎～税～说～素～脱～象～篆～逸～右～雨～云～征～驻～左～顺～镳～乘～驔～骓～服～驾～靳～驹～鸾～仆～星～驭～御～左例正是太平行乐处，春风花下且停骖。（唐·牟融《春游》）系帆留宿客，吟句任羸骖。（唐·陆龟蒙《京口与友生话别》）

典**解骖** 谓以财物救人困急，亦指荐拔人才。亦作"脱骖""晏婴骖"。《晏子春秋·内篇杂上》："晏子之晋，至中牟。睹弊冠反裘负刍息于涂侧者，以为君子也。使人问焉……晏子曰：'为仆几何?'对曰：'三年矣!'晏子曰：'可得赎乎?'对曰：'可。'遂解左骖以赎之，因载而与之俱归。"

解骖荐渠登相门，立谈封作糟丘君。（宋·杨万里《偶生得牛尾狸》）

搀(攙)chān ①刺；插入。②搀扶。③混杂。④抢夺。

古下平，十五咸。逆打～夹～相～雨～长～顺～搓～错～搭～夺～管～挤～掬～落～枪～抢～亲～搣～天～袭～先～星～言～燕～腰～预～越～占～逐例莫上孤峰尽处，

萦望眼、云海相搀。（宋·苏轼《满庭芳·三十三年》）山泼黛，水挼蓝。翠相搀。（宋·黄庭坚《诉衷情·小桃灼灼柳鬖鬖》）

觇(覘)zhān 窥视。

古下平，十四盐。逆参～观～窥～密～伺～侦～顺～报～标～察～睹～国～行～候～见～决～窥～览～逻～譬～觑～人～视～伺～探～眺～听～望～觎～侦～知例羲和送日出，恇怯频窥觇。（唐·韩愈《苦寒》）

穿chuān ①开凿，挖掘。②通过。③孔，洞。

古下平，一先。又：上声，十七霰异。逆百～弹～道～洞～方～关～贯～蛱蝶～磨～木榻～旁～日光～蛇～丝～天～铁砚～望～纤～线～想～眼～砚～燕子～顺～败～崩～绷～敝～弊～壁～窆～秉～彻～城～带～担～蠹～方～缟～宫～关～贯～角履～接～结～决～掘～空～廊～连～漏～落～求～取～塞～蹄～通～望～胸～夜～窬～踰～域～章～执～治～斸～筑例愁人独有夜灯见，一纸乡书泪滴穿。（唐·孟郊《闻夜啼赠刘正元》）空巢霜叶落，疏牖水萤穿。（唐·贾岛《旅游》）

典**履穿** 鞋子磨破了。形容生活贫困。亦作“履弊”。《庄子·山木》：“庄子衣大布而补之，正緳系履而过魏王。魏王曰：‘何先生之惫邪？’庄子曰：‘贫也，非惫也。士有道德不能行，惫也；衣弊履穿，贫也，非惫也，此所谓非遭时也。’”

过懒从衣结，频游任履穿。（唐·杜甫《春日江村五首》其二）

管宁坐穿 咏勤学，或指人行事端正。据晋·皇甫谧《高士传》卷下记载：三国时魏人管宁有贤德，“常坐一木榻上，积五十五年，未尝箕踞。榻上当膝皆穿”。

管宁久坐常穿榻，郭泰微行自垫巾。（清·陆懋修《丁卯初夏薄游梨里》）

汉武眼穿 本指汉武帝思念死去的李夫人之事。后因以指哀挽思念之情。见《汉书·外戚传上·孝武李夫人传》。

绿珠语尽身欲投，汉武眼穿神渐灭。（唐·元稹《山枇杷》）

铁砚磨穿 形容立志不移，持久不懈。亦喻勤奋苦读，终有所成。五代晋桑维翰初考进士时，主考官以为桑、丧同音，故不予录取。有人劝他用别的方法求仕，他铸铁砚来表明自己的志向，说：“砚弊则改而他仕。”见《新五代史·桑维翰传》。

生穴藜床，磨穿铁砚，自有人知己。（金·段成己《大江东去·干戈蛮触》）

川chuān

古下平，一先。逆八～霸～百～常～川～徂～大金～堤～钓～樊～防～寒～行～横～回～迴～济～蛟～锦～泾～经～惊～镜～口～丽～辽～临～灵～蛉～流～裸～洛～绿～迷～米粮～闽～南～盘～平～前～秦～琴～青～晴～穰～桑麻～沈酿～逝～蜀～泗～通～辋～渭～吸～禊～霞～湘～斜～谢临～星宿～玄～潘～瑶～伊～颍～玉～阅～云～霅～长～浙～支～稚～顺～岑～程～党～坻～砥～地～奠～渎～防～府～阜～冈～馆～光～归～壑～衡～红～后～华～货～口～吏～梁～鳞～灵～陆～路～马～湄～墨～祇～气～禽～甽～塞～色～师～室～逝～守～水～薮～堂～途～涂～土～骛～岫～岩～盐～游～域～原～岳～泽～沚～渚～资例舒华光四海，卷叶荫三川。（唐·李世民《探得李》）河山鉴魏阙，桑梓忆秦川。（唐·杜审言《春日怀归》）离堂思琴瑟，别路绕山川。（唐·陈子昂《春夜别友人二首》其一）

典**逝川** 喻逝去的时光。亦作“川上逝”“逝波”“逝水”“阅川”“仲尼在川上”“叹逝”“逝者如斯夫”。《论语·子罕》：“子在川上曰：‘逝者如斯夫，不舍昼夜。’”

逝川与流光，飘忽不相待。（唐·李白《古风》其一一）

辋川 借指风景优胜的隐居之地。亦作“辋川图”。唐·朱景玄《唐朝名画录》：“王维字摩诘，官尚书右丞，家于蓝田辋川。……复画辋川图，山谷郁郁盘盘，云水飞动，意出尘外，怪生笔端。”

疏枝不入辋川画，暗香不到东山棋。（宋·文天祥《题张景召簿尉梅墅并饯入南》）

稚川 咏仙家道术。晋葛洪字稚川，好神仙之事，死后，人以为其成仙。见《晋书·葛洪传》。

阴符伪书实荒唐，稚川金丹空有方。（宋·陆游《读老子》）

黄颍川 指良吏、能臣。见21页“黄霸”。

昔在尧四岳，今之黄颍川。（唐·杜甫《赠李十五丈别》）

济巨川 喻辅佐帝王治理天下。亦作“巨川才”“巨川舟”“济川”“傅说舟”。《书·说命序》：“高宗（武丁）梦得（傅）说，使百工营求诸野，得诸傅岩。”《说命上》：“命之曰：‘朝夕纳诲，以辅台德。若金，用汝作砺。若济巨川，用汝作舟楫。若岁大旱，用汝作霖雨。’”

不恨依穷辙，终期济巨川。（唐·王维《哭祖六自虚》）

满目山川 抒发兴亡盛衰之感。唐·孟棨《本事诗·事感》：“天宝末，玄宗尝乘月登勤政楼，命梨园弟子歌数阕。有唱李峤诗者云：‘富贵荣华能几时，山川满目泪沾衣。不见只今汾水上，惟有年年秋雁飞。’时上春秋已高，问是谁诗，或对曰李峤，因凄然泣下，不终曲而起，曰：‘李峤真才子也。’”

满目山川谁是客，无情天地若为家。（宋·陈著《次韵帅初渐西回及得新居三首》其三）

撺(攛)cuān ①扔；抛掷。②怂恿；教唆。③伸出；长出。

古去声，十五翰。逆打～点～乱～顺～椽～道～断～顿～红～哄～角～瞒～弄～耸～嗾～梭～调～厢～箱～越～嘴

蹿(躥)cuān 向上跳。

逆点～撵～顺～奔～拨～跶～动～火～劲～升～跳～血

氽cuān 氽汤，一种烹调方法。另见764页 tǔn。

顺～汤～子

镩(鑹)cuān 凿冰工具。

古《广韵》：去声，换韵。逆冰～顺～冰～子

单(單)dān 另见614页 chán、699页 shàn。

古上平，十四寒。逆拜～稟～钵～部～访～贡～挂～寒～羁～阑～黎～鸾～门～排～疲～贫～凄～起～衾～轻～僧～食～孀～消～虚～幽～谕～知～顺～覂～弊～诚～𫄨～刺～蹩～刀～舸～寒～耗～厚～惠～藉～袷～绞～孑～竭～窭～醪～羸～陋～露～眠～贫～破～栖～茕～然～疏～缞～帖～席～鲜～弦～衔～绡～心～虚～绪例孤灯亭亭公署寒，微霜凄凄客衣单。（唐·韩偓《寄远》）

担（擔）dān　①肩挑；肩扛。②背负；负载。③承担。④举。另见675页dàn。

古下平，十三覃。逆般～抱～步～车～穿～打～当～束～招～顺～差～缠～愁～带～簦～鼓～荷～笈～免～名～缨～仆～饶～受～锡～险～羞～延～舁～幢例登高已约上崭岩，世事相担。（宋·陈德武《一剪梅·新酒初香菊半含》）

丹dān

古上平，十四寒。逆八卦～成～唇～东～范～飞～枫叶～鬼～还～寒～虹～黄～激～金～黔～九～卷～寇～蔻～流～罗～马缨～青～仁～书～苏～桃～彤～外～渥～霞～杏～玄～雪～燕～一寸～毓～月～云～章～折～枕中～朱～顺～魅～白～跸～碧～飙～册～墀～聪～道～殿～窦～扉～凤～黻～歌～毂～麾～火～霍～臒～甲～徼～襟～禁～醴～溜～旒～楼～镂～碌～箓～墨～母～木～鸟～耦～藕～魄～旗～气～禽～丘～鹊～阙～鳃～裳～石～史～书～霜～水～愫～台～童～头～文～渥～乌～溪～曦～霞～霄～心～穴～叶～楹～黝～愚～躁～甑～赭～芝～篆～镞例长安年少惜春残，争认慈恩紫牡丹。（唐·裴士淹《白牡丹》）酿玉当成酒，烧金且转丹。（唐·韦渠牟《步虚词》）春酒养眉寿，童颜如渥丹。（宋·欧阳修《寄题洛阳致政张少卿静居堂》）

典**毂丹**　借指贵官。汉·扬雄《解嘲》：“客嘲扬子曰：‘吾闻上世之士……生必上尊人君，下荣父母……纡青拖紫，朱丹其毂。’”

诸父声名塞两间，圭分青白毂朱丹。（宋·周必大《胡涣季亨示寿诗二首次韵答之》）

黑牡丹　牛的别称。宋·苏轼《墨花》：“独有狂居士，求为黑牡丹。”宋·程演注：“唐末刘训者，京师富人。梁氏开国，尝假贷以给军。京师春游，以观牡丹为胜赏，训邀客赏花，乃系水牛数百在前，指曰：‘此刘氏黑牡丹也。’”

牡丹花下连宵醉，今日闲看黑牡丹。（宋·戴复古《题牛图》）

握中丹　咏朋友间肝胆相照。南朝宋·鲍照《赠故人马子乔六首》其五：“皎如川上鹄，赫如握中丹。宿心谁不欺，明白古所难。”

何以写此心，赠君握中丹。（唐·孟郊《赠姚怤别》）

耽（*躭）dān　①承受；担负。②快乐。③喜好。④沉溺；迷恋。⑤滞留；耽搁。

古下平，十三覃。逆安～沉～耽～管～怀～荒～酷～乐～深～士～私～苏～玩～暹～心～淫～永～顺～爱～禅～宠～待～耽～道～读～搁～古～好～话～怀～荒～昏～惑～惊～酒～乐～恋～沦～湎～溺～盘～情～饶～色～尚～嗜～书～玩～味～习～心～学～延～研～意～淫～饮～欲～悦～志例二年疏放饱江潭，水物山容尽足耽。（唐·皮日休《寄同年韦校书》）幽岩君独爱，玄味我曾耽。（唐·徐铉《题碧岩亭赠孙尊师》）

眈dān　虎视；雄视。

古下平，十三覃。又：上声，二十七感同。逆眈～睒～顺～眈～乐～盼～视～昤～恤～学～研～悦例丹臒浮空，琉璃耀日，上云楼阁眈眈。（宋·吕胜己《满庭芳·丹臒浮空》）

殚（殫）dān　竭尽。

古上平，十四寒。逆财～骇～阑～力～疲～飘～岁～涂～详～心～智～顺～弊～残～筹～褚～绌～蹩～瘁～乏～极～技～竭～尽～精～均～空～匮～力～虑～闷～洽～罄～穷～屈～弱～述～亡～微～心～形～虚例天地龙初见，风尘虏未殚。（唐·刘长卿《瓜洲驿奉饯张侍御公拜膳部郎中》）池荷叶正圆，长历报时殚。（唐·罗隐《早秋宿叶堕所居》）

典**林残鱼殚**　喻统治暴虐。《淮南子·说山》：“楚王亡其猨，而林木为之残；宋君亡其珠，池中鱼为之殚。”

聃（*耼）dān　①吐舌貌。②用于人名。

古下平，十三覃。逆孔～老～尼～彭～瞿～史～释～由～顺～周例积行依颜子，和光则老聃。（唐·陆龟蒙《京口与友生话别》）荣莫羡，富休贪。寿龄也不慕彭聃。（宋·郭应祥《鹧鸪天·屈指新年五十三》）

湛dān　①喜乐。②沉醉；迷恋。另见709页zhàn。

古下平，十三覃。顺～乐～沈

郸（鄲）dān　邯郸，地名。

古上平，十四寒。逆邯～顺～城例悬知偶然是梦，梦醒来、未必是邯郸。（宋·张炎《木兰花慢·目光牛背上》）

箪（簞）dān　盛饭的竹器。

古上平，十四寒。逆蚕～空～瓢～一～珠～顺～豆～壶～瓢～瓢士～食～笥～竹例原生衣百结，颜子食一箪。（唐·白居易《效陶潜体诗十六首》其九）

瘅（癉）dān　热症。另见675页dàn。

古上平，十四寒。逆消～顺～疟～疾

颠（顛）diān

古下平，一先。逆崩～标～踣～层～曾～沉～春风～徂～倒～顶～堕～放～风～逢～扶～阜～覆～华～滑～隳～极～疾～酒～旧～救～狂～阆～连～楼～米～杪～倾～瑞～诗～霜～塔～童～陨～殒～凿～柘枝～蹎～阻～醉～顺～跋～狈～沉～驰～齿～舛～蹩～瘁～答～跌～堕～番～匐～歌～隳～跻～挤～蹶～困～詈～岭～乱～迷～杪～瞑～沛～奇～首～算～题～颓～危～委～旭～窨～颜～颐～逸～越～陨～窒～蹎～坠～阻例梁子工文四十年，诗颠名过草书颠。（唐·贾至《赠陕掾梁宏》）君初霜鬓，我已华颠。（宋·晁元礼《行香子·别恨绵绵》）

典**华颠**　白了头，喻年老。《后汉书·崔骃传》：“唐且华颠以悟秦，甘罗童牙而报赵。”李贤注：“《尔雅》曰：‘颠，顶也。’华颠谓白首也。”

到处相逢是偶然，梦中相对各华颠。（宋·苏轼《与莫同年雨中饮湖上》）

张颠 指唐代草书大家张旭。亦作“草颠”“书颠”。见唐·张怀瓘《书断》卷三《张旭》。

吴郡张颠夸草书，草书非古空雄壮。（唐·杜甫《李潮八分小篆歌》）

巅（巓）diān ①山顶。②头部。③泛指物体的顶端。

古下平，一先。逆层～曾～翠微～顶～疯～峰～阆风～山～树～万寻～危～顺～峰～疾～末～崖～一～越～壛例莺花随世界，楼阁寄山巅。（唐·杜甫《陪四使君登惠义寺》）烧烽碧云外，牧马青坡巅。（唐·孟郊《边城吟》）阴云带雨连山脊，湿气成岚滴树巅。（唐·殷尧藩《暮春述怀》）

典**童巅** 指山上不长草木。《荀子·王制》：“斩伐养长不失其时，故山林不童而百姓有余材也。”

山有时而童巅。水有时而回川。（宋·苏轼《醉翁操·琅然》）

掂（*敁）diān 用手托东西估量轻重。

古《广韵》：平声，添韵。逆扎～顺～度～对～掇～量～算～提～详～折

癫（癲）diān ①精神病。②癫痫。

古《广韵》：平声，先韵。逆痴～风～诗～书～顺～鬼～疾～狂～眩例许求聪慧者，童稚捧应癫。（唐·杜甫《从人觅小胡孙许寄》）

滇 diān 云南别称。另见634页tián。

古下平，一先。逆辽～顺～池～海～红～剧

端 duān

古上平，十四寒。逆白～百～谤～弊～弁～兵～朝～愁～储～盗～端～鄂～锋～根～毂～豪～棘～藉～僭～箭～节～靖～酒～揆～离～利～梁～论～履～旄～匿～偏～篇～寝～情～锐～善～舌～设～讼～素～台～谈～探～跳～伪～问～席～先～笑～邪～衅～玄～寻～遗～疑～异～造～詹～兆～肇～贞～顺～拜～诚～饬～醇～辞～粹～道～贰～副～拱～盒～慧～简～箭～洁～谨～劲～净～靖～静～恪～揆～理～良～亮～谅～量～僚～茂～蒙～冕～妙～敏～默～倪～凝～慎～淑～衰～爽～肃～闱～委～溪～闲～序～崖～涯～雅～言～妍～俨～砚～壹～嶷～懿～颖～忧～紫例乱烟笼碧砌，飞月向南端。（唐·王勃《江亭夜月送别二首》其二）满月临弓影，连星入剑端。（唐·骆宾王《送郑少府入辽》）逶迤南川水，明灭青林端。（唐·王维《北垞》）

典**三端** 指文士之笔端，武士之锋端，辩士之舌端。《韩诗外传》卷七：“鸟之美羽勾喙者，鸟畏之。鱼之侈口垂腴者，鱼畏之。人之利口赡辞者，人畏之。是以君子避三端：避文士之笔端，避武士之锋端，避辩士之舌端。”

三端固为累，事物反徽束。（唐·权德舆《数名诗》）

帆 fān

古下平，十五咸。逆八字～蚌～楚～飞～高～孤～鼓～挂～归～海～行～贾～江～解～锦～惊～开～客～来～旅～满～篷～蒲～浦～千～前～樯～峭～轻～秋～石～晚～席～轩～雪～烟～飏～渔～远～云～战～张～征～转～足～顺～船～幅～腹～楫～脚～力～幔～樯～势～索～帏～席～叶～影例青山不断三湘道，飞鸟空随万里帆。（唐·刘长卿《送孙逸归庐山》）夜火连淮市，春风满客帆。（唐·闾丘晓《夜渡江》）

典**送我布帆** 借指旅人平安。亦作“布帆无恙”。《晋书·文苑传·顾恺之传》：“仲堪在荆州，恺之尝因假还，仲堪特以布帆借之。至破冢，遭风大败。恺之与仲堪笺曰：‘地名破冢，真破冢而出。行人安稳，布帆无恙。’”

求归得请，特地送我布帆东。（宋·京镗《水调歌头·衮衮长江水》）

番 fān ①更替；轮值。②量词。③旧时对西方各少数民族和边境的称呼。另见44页pān、596页pó。

古上平，十三元。逆北～边～当～颠～迭～短～放～分～更～过～和～轿～今～老～旗～驱～生～素十～通～外～卧～细十～小～押～长～顺～邦～舶～部～次～代～蚨～汉～行～户～祸～降～椒～蕉～教～客～乐～罗～落～氓～目～情～茹～塞～守～首～戍～寺～头～文～校～休～宿～学～夷～异～易～银～语～芋～阵～捉～字～族例记李陌看花，光阴冉冉，风雨番番。（宋·刘辰翁《木兰花慢·午桥清夜饮》）

翻 fān

古上平，十三元。逆缤～波～颠～跌～兜～抖～翻～放～飞～风～覆～赶～耕～鼓～海～洪～湖～活～捆～澜～浪～联～磨～攀～鹏～翩～青～驱～曲～惹～拾～腾～天～调～卧～翔～新～星～翾～鸦～云～辗～捉～做～顺～白～簸～布～雕～斗～番～飞～覆～羹～更～古～卦～环～黄～簧～检～截～口～澜～蔓～谬～摹～扑～腔～切～然～梢～手～苏～腾～誊～囤～戏～翔～撷～轩～雪～眼～异～意～印～跃～正～梓例玉花含霜动，金衣逐吹翻。（唐·李峤《橘》）秋日光能淡，寒川波自翻。（唐·王维《达奚侍郎夫人寇氏挽词二首》其二）

典**弃虞翻** 指因直言而反遭贬谪。见734页“虞翻骨相屯”。

宁嗟人世弃虞翻，且喜江山得康乐。（唐·钱起《送毕侍御谪居》）

雨瓢翻 指急雨、暴雨。杜甫《白帝》：“白帝城中云出门，白帝城下雨翻盆。高江急峡雷霆斗，翠木苍藤日月昏。”

久晴雨瓢翻，忽暖冰柱泮。（宋·刘克庄《赋西淙瀑布得断字》）

繙 fān ①反复。②声音杂乱。③翻动。④翻阅。

古上平，十三元。逆缤～连～顺～核～经～书～讨～绎～纡～援～阅

幡（*旛）fān 直挂之旗。

古上平，十三元。逆白～宝～豹尾～彩～春～荡～佛～绀～画～黄～魂～火～降～绛～节～金～旌～灵～铃～龙～罗～翩～旗～青～青龙～丧～胜～素～童～文～仙～信～熊～悬～云～皂～执～纸～中～朱～朱鸟～珠～幢～驺

虞～顺～薄～布～刹～幡～盖～竿～虹～花～华～麾～缉～戟～节～纚～旒～旄～旆～旗～棨～然～洒～伞～胜～舞～信～织～纸～帜～幢～子例柏叶轻浮重醑，梅枝巧缀新幡。（宋·葛立方《锦堂春·气应三阳》）已把宜春缕胜，更将长命题幡。（宋·范成大《朝中措·东风半夜度关山》）

典心动风幡 指修佛应净心，不可有杂念。宋·释道原《景德传灯录》卷五：“（慧能）寓止廊庑间，暮夜风飏刹幡，闻二僧对论，一曰幡动，一曰风动，往复酬答，曾未契理。师曰：‘可容俗流辄预高论否。直以风幡非动，动自心耳。’”

非风幡动惟心动，依旧埋身草莽中。（宋·释文礼《六代祖师赞》）

藩fān ①篱笆。②屏障。③封建王朝的属国或属地。另见615页fán。

古上平，十三元。逆边～车～称～触～道～德～典～分～奉～归～还～棘～翦～巨～篱～列～笼～芦～门～名～内～逆～屏～破～戚～啓～潜～墙～亲～戎～守～殊～外～韦～惟～维～遐～贤～雄～削～偃～杝～移～游～重～宗～顺～触～篱～属～胥～镇例洛下思招隐，江干厌作藩。（唐·刘禹锡《和浙西李大夫伊川卜居》）

典拔藩 形容有德义，处世谦让。《四明丛书》第七集晋·虞预《会稽典录》卷上《陈嚣》：“陈嚣字子公，山阴人也。嚣与民纪伯为邻，伯夜窃嚣藩地自益。嚣见之，伺伯去后，密拔其藩一丈，以益伯。伯觉之，惭惧，既还所侵，又却一丈。太守周府君高嚣德义，刻石旌表其间号曰‘义里’。”

再徙得陋巷，藩拔井亦眢。（宋·李洪《移居》）

触藩 亦作羝触藩，指处于进退两难之地。《易·大壮》：“九三……羝羊触藩，羸其角。”“上六，羝羊触藩，不能退，不能遂。”

高鸟能择木，羚羊漫触藩。（唐·孟浩然《寄赵正字》）

反fān 旧读。①反切的反。②纠正错案。另见650页fǎn。

古上平，十三元。又：上声，十三阮异。

干[1]gān ①古代指盾牌。②冒犯。③水边。④涉及；牵连。⑤追求（职位）。⑥天干的干。另见680页gàn。

古上平，十四寒。逆河～江～天～相～顺～盾～戈～进～禄～求～涉～谒

典旄干 指舞蹈。《周礼·春官·乐师》：“乐师掌国学之政，以教国子小舞。凡舞，有帗舞，有羽舞，有皇舞，有旄舞，有干舞，有人舞。”

兰皋彻夜树旄干，战渴望梅酸。（宋·吴潜《朝中措·兰皋彻夜树旄干》）

舞舜干 指庙堂舞蹈，亦象征礼乐文化。《书·大禹谟》：“帝乃诞敷文德，舞干羽于两阶，七旬，有苗格。”

玉城金阶舞舜干，朝野多欢。（宋·柳永《看花回·玉城金阶舞舜干》）

干[2]（乾、*乹、乾）gān ①干燥；干枯。②正。③安。另见680页gàn、628页qián“乾”。

古上平，十四寒。逆杯～淡墨～汗～枯～舌～血～阴～折～顺～嗌～糒～鳖～颤～愁～槁～海～耗～糇～瘠～倔～腊～痨～涝～雷～漠～浅～条～溪～鲜～薪～修～雪～溢～雨～浴～折～肺例不辞横绝漠，流血几时干。（唐·卢照邻《紫骝马》）城头铁鼓声犹振，匣里金刀血未干。（唐·王昌龄《出塞二首》其二）

竿gān

古上平，十四寒。逆爆～叉～刹～穮～幡～旛～风～篙～鸽～钩～滑～鸡～揭～筋～旌～纶～轮～密～幕～闹～拍～炮～栖～旗～枪～樯～青～柔～霜～踏～橦～投～望～危～桅～文～险～牙～义～舆～缘～粘～斩～执～朱～幢～走～顺～叉～城～榱～牍～旌～累～纶～旄～杪～摩～木～首～殳～网～棖～影～旗～蔗例联翩依月树，迢递绕风竿。（唐·李峤《乌》）蒲海晓霜凝剑尾，葱山夜雪扑旌竿。（唐·岑参《凯歌六首》其二）

典上竿 俗说鲇鱼能上竹竿，然鲇鱼黏滑无鳞，爬竿困难。后遂以喻仕途难以升迁。或比喻羁身仕途、难以自脱。亦作“上长竿”“鱼上竹竿”“鲇鱼悬竿”。宋·欧阳修《归田录》卷二：“梅圣俞以诗知名，三十年终不得一馆职。晚年与修《唐书》，书成未奏而卒，士大夫莫不叹惜。其初受敕修《唐书》，语其妻刁氏曰：‘吾之修书，可谓猢狲入布袋矣。’刁氏对曰：‘君于仕宦，亦何异鲇鱼上竹竿耶！’闻者皆以为善对。”

笑狂生，还笏易，上竿难。（宋·刘克庄《最高楼·辛亥后》）

投竿[1] 投钓竿于水。谓垂钓。《庄子·外物》：“任公子为大钩巨缁，五十犗以为饵，蹲乎会稽，投竿东海，旦旦而钓，期年不得鱼。”

投竿堪寄兴，何事叹飘蓬。（清·陈梦雷《雨夜泊桐庐》）

投竿[2] 丢掉钓竿。谓罢钓，喻弃隐出仕。相传吕尚钓于渭滨，周文王出猎相遇，与语大悦，同载而归，以为师。见《史记·齐太公世家》。

未肯投竿起，惟欢负米归。（唐·李商隐《崔处士》）

犊鼻挂长竿 指名士家贫而旷达。《世说新语·任诞》：“阮仲容、步兵居道南，诸阮居道北。北阮皆富，南阮贫。七月七日，北阮盛晒衣，皆纱罗锦绮。仲容以竿挂大布犊鼻裈于中庭。人或怪之，答曰：‘未能免俗，聊复尔耳！’”

小阮贫尤甚，犊鼻挂长竿。（宋·吕渭老《水调歌头·秋斋多梦谒》）

肝gān

古上平，十四寒。逆雕～伏龙～鬲～虮～夹～刳～龙～马～纳～披～平～青～石～食～獭～胸～忠～顺～肠～胆～腑～鬲～膈～花～怀～家～厥～劳～膂～膂～脉～木～脑～气～腧～素～阳～阴～俞～榆～郁例蜡梅开尽菊花干。清香收拾贮诗肝。（宋·洪咨夔《浣溪沙·小雨轻霜作嫩寒》）

典食马肝 马肝味美却有毒，本不当食，此处反用其义，比喻为追求极致而义无反顾。《汉书·辕固传》：“上曰：‘食肉毋食马肝，未为不知味也；言学者毋言汤武受命，不为愚。’”

我知屠龙不屠猪，食马政欲食

马肝。（宋·刘学箕《萧长公来访示以诸公诗卷》）

甘gān

㊀下平，十三覃。㊁贬～传～飞～肥～分～丰～甘～和～滑～回～绝～露～蜜～情～泉～陕～甜～同～香～言～余～腴～愿～珍～旨～自～作～㊂～陈～虫～辞～鼎～芳～分～丰～伏～膏～瓠～蕉～节～井～口～腊～醪～酪～乐～醴～利～蓼～临～霖～溜～露～冥～瞑～木～霈～寝～壤～润～膳～石～嗜～酸～棠～鲜～香～辛～馨～言～颜～妖～液～意～腴～雨～渊～约～战～柘～旨～霍～馔～滋～足～罪㊃秋茶垂露细，寒菊带霜甘。（唐·许浑《送段觉归东阳兼寄窦使君》）乘屐著来幽砌滑，石罂煎得远泉甘。（唐·陆龟蒙《药名离合夏日即事三首》其一）

㊄**分甘**　喻慈爱、友好、关切等。《后汉书·杨震传》："虽有推燥居湿之勤。"李贤注引《孝经·援神契》："母之与子也，鞠养殷勤，推燥居湿，绝少分甘。"

花折园夫时送客，饧留孙女尚分甘。（宋·苏辙《寒食二首》其二）

不竞牛甘　指坐收渔翁之利。《史记·张仪列传》附《陈轸传》："韩魏相攻，期年不解。秦惠王欲救之，问于左右。……陈轸对曰：'亦尝有以夫卞庄子刺虎闻于王者乎？庄子欲刺虎，馆竖子止之，曰：两虎方且食牛，食甘必争，争则必斗，斗则大者伤，小者死，从伤而刺之，一举必有双虎之名。'"

不竞牛甘令买患，免遭狐假妄凭威。（唐·李绅《寿阳罢郡日有诗十首》其四）

杆gān　杆子。另见651页gǎn。

㊀上平，十四寒。㊁滑～栏～桅～鱼～㊂～塔㊃一把柳丝收不得，和风搭在玉栏杆。（唐·徐仲雅《宫词》）

柑gān　①木名。②果名。

㊀下平，十三覃。㊁变～栟～藏～传～斗～广～壶～黄～金～木～乳～双～霜～涂～香～真～朱～㊂～果～酒㊃玉封千挺藕，霜闭一筒柑。（唐·陆龟蒙《京口与友生话别》）爨动晓烟烹紫蕨，露和香蒂摘黄柑。（唐·韦庄《西塞山下作》）

㊄**传柑**　北宋上元夜宫廷设宴，贵戚以黄柑赠近臣，谓之"传柑"。宋·苏轼《上元侍饮楼上》之三："归来一点残灯在，犹有传柑遗细君。"自注："侍饮楼上，则贵戚争以黄柑遗近臣，谓之传柑。"

侍史传柑玉座傍，人间草木尽天浆。（宋·苏轼《戏答王都尉传柑》）

玕gān　美石。

㊀上平，十四寒。㊁翠琅～瓓～琅～明～青琅～㊂～石㊃更向眉中分晓黛，岩边染出碧琅玕。（唐·和凝《宫词百首》其二二）

泔gān　①淘米、洗刷锅碗用过的水。②食物放久而变味。

㊀下平，十三覃。㊁米～潘～淅二～㊂～汁～鱼

疳gān　疳积，中医指小儿面黄肌瘦、腹部膨大的病。

㊀《集韵》：平声，谈韵。㊁口～软下～牙～眼～走马～㊂～疮～积

坩gān　陶器。

㊀下平，十三覃。㊂～埚～埚炉㊃蜀酒时倾瓿，吴虾遍发坩。（唐·陆龟蒙《京口与友生话别》）

尴（尷、*尲）gān　尴尬的尴。

㊀《广韵》：平声，咸韵。㊂～尬

观（觀）guān　另见681页guàn。

㊀上平，十四寒。㊁壁上～博～达～大～概～旧～历～通～雅～仰～游～综～纵～坐～㊂～觇～潮～池～德～鼎～读～风～顾～化～稼～客～窥～览～梅～美～民～傩～觐～睄～省～世～试～视～俗～眺～想～衅～颐～音～游～渔～瞻～占～阵～政～瞩㊃府中连骑出，江上待潮观。（唐·孟浩然《与颜钱塘登障楼望潮作》）九重宫阙参差见，百二山河表里观。（唐·卢宗回《登长安慈恩寺塔》）九天星象帘前见，六代城池直下观。（唐·李建勋《登升元阁》）

㊄**壁上观**　指置身事外，坐观成败。《史记·项羽本纪》："当是时，楚兵冠诸侯。诸侯军救钜鹿下者十余壁，莫敢纵兵。及楚击秦，诸将皆从壁上观。楚战士无不一以当十，楚兵呼声动天，诸侯军无不人人惴恐。于是已破秦军，项羽召见诸侯将，入辕门，无不膝行而前，莫敢仰视。"

关（關、*関）guān

㊀上平，十五删。㊁抱～豹～博～柴～禅～钞～重～除～楚～都～攻～鬼～寒～鹤～键～蛟～津～九～距～款～蓝～灵～鹿头～梅～门～迷～闽～命～破～翘～秦～轻～清～请～衢～榷～儒～塞～散～山～杉～松～送～铁～潼～乡～萧～新～雄～掩～拚～雁～雁门～银～榆～斩～真～㊂～碍～廛～鄘～穿～陲～牒～覆～格～鬲～河～阂～候～徼～接～解～借～津～荆～睢～聚～镉～戾～粮～捩～脉～南～亲～榷～繻～塞～煞～山～陕～涉～试～思～燧～索～鏁～通～席～崄～相～饷～眼～宴～燕～钥～移～预～豫～原～源～政～轴～咨～奏㊃白云度汾水，黄河绕晋关。（唐·李峤《又送别》）羌笛何须怨杨柳，春光不度玉门关。（唐·王之涣《出塞》）

㊄**抱关**　指职位低微俸禄少的官吏。《史记·信陵君列传》："嬴乃夷门抱关者也。"

青衫别泪尚斓斑，十载江湖困抱关。（宋·苏轼《次韵胡完夫》）

关关　咏男女恋情。亦作"关雎"。《诗经·周南·关雎》："关关雎鸠，在河之洲。窈窕淑女，君子好逑。"毛氏传："关关，和声也。雎鸠，王鸠也，鸟挚而有别。"

可怜河树叶萋萋，关关河鸟声相思。（唐·张说《离会曲》）

九关　神话中天帝所居天宫之门有九重，称九关或九阍。亦作"九阍"。《楚辞·招魂》："魂兮归来，君无上天些！虎豹九关，啄害下人些。"

昔人抱璞经三献，今子排云叫九关。（宋·刘克庄《送赴省诸友·何德明》）

三关　指目、耳、口。《淮南子·主术训》："夫目妄视则淫，耳妄听则惑，口妄言则乱。夫三关者，不可不慎守也。"

天边有仙药，为我补三关。

（唐·施肩吾《句》）

贤关　指入仕的途径。《汉书·董仲舒传》："故养士之大者，莫大庠太学；太学者，贤士之所关也，教化之本原也。"颜师古注："关，由也。"

几年深道要，一举过贤关。（唐·钱起《送李栖桐道举擢第还乡省侍》）

叫帝关　指臣子不为君王理解，有冤难诉之情。见717页"叫阍"。

神理今难问，予将叫帝关。（唐·张乔《哭陈陶》）

百二秦关　指山河险峻。见77页"百二山河"。

营屯绣错，山形米聚，襟喉百二秦关。（元·邓千江《望海潮·云雷天堑》）

青牛度关　指有道之人归隐，亦指有道之人降临或祥瑞来临。亦称"青牛出函关""驾青牛""柱史出关""出函关"。《史记·老子韩非列传》："老子修道德，其学以自隐无名为务。居周久之，见周之衰，乃遂去。至关，关令尹喜曰：'子将隐矣，强为我著书。'于是老子乃著书上下篇，言道德之意五千余言而去，莫知其所终。"

高谈妙理妙道本，定是青牛度关老。（宋·李廌《张居士歌》）

翁伯入关　称颂侠义之士。翁伯是汉代侠客郭解的字。《汉书·游侠传·郭解传》："解徙，诸公送者出千余万。……解入关，关中贤豪知与不知，闻声争交驩。"

翁伯入关倾意气，林宗异世想风流。（宋·黄庭坚《郭明甫作西斋请予赋诗二首》其一）

西出阳关　指送行伤别。亦作"一曲阳关"。王维《渭城曲》："渭城朝雨浥轻尘，客舍青青柳色新。劝君更尽一杯酒，西出阳关无故人。"

叹西出阳关，故人何处，愁在渭城柳。（宋·张炎《摸鱼儿·向天涯》）

生入玉门关　指边将久戍思还。亦作"玉关情"。《后汉书·班超传》载：班超戍守西域，凡三十一年。年老思归，上和帝疏云："臣不敢望到酒泉郡，但愿生入玉门关。"

可怜班定远，生入玉门关。（唐·令狐楚《从军词五首》其五）

冠 guān

①帽子。②形状像帽子或顶在头上的东西。③姓。另见680页guàn。

㊄上平，十四寒。㊃白～冲～楮～楚～貂～缟～鹖～华～觟～圜～极～角～解～笼～鹿～溺～齐～戎～儒～纱～投～危～巍～霞～玄～衣～羽～玉～簪～长～朱～竹～㊁～弁～珥～皃～服～绂～盖～挂～剑～巾～裾～缦～冕～絻～帔～佩～绥～裳～绅～石～绶～缨～玉～簪～胄㊆月镜如开匣，云缨似缀冠。（唐·李峤《八月奉教作》）此地别燕丹，壮士发冲冠。（唐·骆宾王《于易水送人》）白首相知犹按剑，朱门先达笑弹冠。（唐·王维《酌酒与裴迪》）

㊇**冲冠**　指情绪激昂。《战国策·燕策三》："高渐离击筑，荆轲和而歌，为变征之声，士皆垂泪涕泣。又前而为歌曰：'风萧萧兮易水寒，壮士一去兮不复还。'复为忼慨羽声，士皆瞋目，发尽上指冠。于是荆轲遂就车而去，终已不顾。"

士皆冲冠怒，人挟报国私。（宋·杨万里《古路》）

挂冠　指辞官归隐。亦作"挂蓬冠"。汉王莽杀逢萌子，逢萌以为祸将累人，乃解冠挂东都城门而去。见《后汉书·逢萌传》。

迟尔同携手，何时方挂冠。（唐·孟浩然《题云门山寄越府包户曹徐起居》）

圜冠　儒者戴的圆形帽子，又称鹬冠。后遂以代指儒生。《庄子·田子方》："周闻之，儒者冠圜冠者知天时，履句屦者知地形，缓佩玦者事至而断。"

圜冠博带不知本，樗栎安可施青黄。（宋·蔡襄《四贤一不肖诗·右欧阳永叔》）

南冠　本为春秋时楚人之冠。后借指羁留异地之人或囚犯。《左传·成公九年》："晋侯观于军府，见钟仪，问之曰：'南冠而絷者谁也？'有司对曰：'郑人所献楚囚也。'"

一生判却归休，谓着南冠到头。（唐·柳宗元《奉酬杨侍郎丈戏赠》其二）

弹冠　喻即将做官。亦作"弹贡禹冠""禹贡冠"。《汉书·王吉传》："吉与贡禹为友，世称'王阳在位，贡公弹冠'，言其取舍同也。"颜师古注："弹冠者，且入仕也。"

感激遂弹冠，安能守固穷。（唐·孟浩然《书怀贻京邑同好》）

铁冠　古代御史所戴法冠。后以代指御史。《汉书·张敞传》："梁国大都，吏民凋敝，且当以柱后惠文弹治之耳。"应劭注："柱后，以铁为柱，今法冠是也。"晋·晋灼注："《汉注》法冠也，一号柱后惠文，以缅裹铁柱卷。秦制执法服，今御史服之。"

绣衣柱史何昂藏，铁冠白笔横秋霜。（唐·李白《赠潘侍御论钱少阳》）

戴刘冠　刘冠即刘氏冠，为汉高祖刘邦所制斑竹皮冠。他常以此作为一种荣宠赐人，后遂以之借指皇家恩宠。亦作"竹皮冠""汉主冠"。见《汉书·高帝纪上》。

翠筠不乐湘娥泪，斑箨堪裁汉主冠。（唐·王睿《竹》）

溺儒冠　指轻视儒生。《史记·郦食其传》："骑士曰：'沛公不好儒，诸客冠儒冠来者，沛公辄解其冠，溲溺其中。'"

秦皇焚旧典，汉祖溺儒冠。（宋·王禹偁《四皓庙二首》其二）

切云冠　高冠名，一说是上与云齐。极言其高。亦以喻美好的品德。《楚辞·九章·涉江》："余幼好此奇服兮，年既老而不衰。带长铗之陆离兮，冠切云之崔嵬。"

剥啄扣君容膝户，巍峨笑我切云冠。（宋·苏轼《次秦少游韵赠姚安世》）

獬豸冠　御史所戴冠。后用以代指御史。亦作"豸冠""獬豸姿""冠豸"。见《淮南子·主术训》："楚文王好服獬冠，楚国效之。"高诱注："獬豸之冠如今御史冠。"

新登麒麟阁，适脱獬豸冠。（唐·岑参《送张秘书充刘相公通汴河判官便赴江外觐省》）

官 guān

㊄上平，十四寒。㊃霸～稗～畤～除～黜～祠～鼠～窜～道～恩～番～赴～宫～瘝～贵～寒～候～隳～积～羁～疾～贾～监～谏～

解～滥～莅～躐～懋～辟～品～骑～遣～秋～赇～射～摄～神～省～属～送～素～遂～通～徒～奚～夏～显～效～谢～星～要～荫～逾～鬻～越～赠～谪～秩～钟～逐～祝～尊～顺～曹～槽～程～储～第～牒～都～断～阀～封～符～赋～诰～阁～给～耗～斛～槐～绩～驾～禁～寮～廪～楼～梅～醅～骑～契～桥～榷～绅～式～书～寺～粟～帑～廷～亭～僮～橐～暇～衔～销～校～廨～休～饔～勇～庾～酝～韵～攒～呰～寨～章～箴～铸～撰～族例桃源迷汉姓，松径有秦官。（唐·卢照邻《酬杨比部员外》）东溟道路通秦塞，北阙威仪识汉官。（唐·皇甫冉《送钱唐路少府赴制举》）

典**苍官**　松或柏的别称。樊宗师《绛守居园池记》："有柏苍官青士拥列，与槐朋友。"

岁晚苍官才自保，日高青女尚横陈。（宋·王安石《红梨》）

汉材官　代指位卑职小的武官或勇健的武卒。西汉时，各郡国根据地方特点训练兵种，在平原及山阻地区训练步卒，称为"材官"。应劭《汉官仪》："高祖命天下郡国选能引关蹶张材力武猛者，以为轻车、骑士、材官、楼船。常以立秋后讲肄课试，各有员数。平地用车骑，山阻用材官，水泉用楼船。"后世多用以指武卒或供差遣的低级武官。

都尉部千弩，旧事汉材官。（宋·程节斋《水调歌头·都尉部千弩》）

林下休官　指辞官归隐。也指口头说归隐的官员。亦作"林下词客"。据唐·范摅《云溪友议》卷四载：韦丹与灵辙上人为忘形之交，韦丹曾撰《思归》诗寄灵辙曰："王事纷纷无暇日，浮生冉冉只如云。已为平子归休计，五老岩前必共君。"灵辙答曰："年老身闲无外事，麻衣草座亦容身。相逢尽道休官去，林下何曾见一人。"

林下休官已七年，新闻偶到白云边。（元·方回《寄伯宣尚书士常吏侍二首》其二）

梦尸得官　古代以梦尸为得官之征兆。《世说新语·文学》："人有问殷中军：何以将得位而梦棺器，将得财而梦矢秽。殷曰：官本是臭腐，所以将得而梦棺尸；财本是粪土，所以将得而梦秽污。"

居官死职战死绥，梦尸得官真古语。（宋·苏轼《秦少游梦发殡而葬之者》）

棺 guān

古上平，十四寒。逆白玉～殡～采～抚～盖～革～阖～金～里～命～凭～起～饰～属～同～桐～瓦～杝～舆～玉～斲～梓～顺～榇～钉～椟～盖～郭～椁～函～椾～柩～具～敛～殓～木～椑～器～钱～衾～尸～饰～束～题～罩例汉陵帝子黄金碗，晋代神仙白玉棺。（唐·戴叔伦《赠徐山人》）

典**天地为棺**　指达观处世，不谋厚葬。亦作"乌鸢食"。《庄子·列御寇》："庄子将死，弟子欲厚葬之。庄子曰：'吾以天地为棺椁，日月为连璧，星辰为珠玑，万物为赍送。吾葬具岂不备邪？何以加此？'"

烂醉是生涯，天地为棺椁。（宋·冯观国《临终颂》）

倌 guān

①小臣。②旧时在茶坊、饭馆服杂役的人。③农村中饲养家畜的人员。

古上平，十四寒。逆宝～浑～看～门～堂～顺～人

莞 guān

①蒲草。②用蒲草编的席。另见 652 页 guǎn、663 页 wǎn。

古上平，十四寒。逆编～草～黄～桔～蒲～青～苇～顺～草～簟～蒻

纶（綸）guān

①纶巾，一种青丝带编织而成的头巾。②海草名。另见 744 页 lún。

古上平，十五删。顺～布～组～巾

鳏（鰥）guān

男子无妻。

古上平，十五删。顺～处～夫～孤～寡～官～居～旷～老～嫠～民～男～穷～惸～鱼例在亡均寂寞，零落间惸鳏。（唐·柳宗元《酬韶州裴曹长使君》）当初若欲酬三顾，何不无为似有鳏。（唐·薛能《筹笔驿》）

瘝 guān

病；疾苦。

逆恫～旷～民～痌～

酣 hān

①饮酒尽兴。②畅快。③（战斗）激烈④清爽。⑤盛；浓。

古下平，十三覃。逆半～笔～草木～沉～春～高～贯～酣～黑～昏～酒～婪～乐～沈～微～虾～兴～酗～雪意～曛～醺～战～长～顺～遨～鏖～嵈～沉～春～荡～斗～放～歌～欢～豢～湎～讴～酺～洽～寝～然～觞～赏～沈～适～嗜～爽～肆～酡～卧～嬉～狎～媟～兴～醑～湑～谑～醺～艳～宴～燕～游～饫～悦～战～中客～紫～恣～纵例苔石随人古，烟花寄酒酣。（唐·张九龄《故刑部李尚书荆谷山集会》）东风朝日破轻岚，仙棹初移酒未酣。（唐·羊士谔《泛舟入后溪》）

典**春醉方酣**　唐玄宗以睡未足的海棠比拟酒后新起的杨贵妃。后遂用以为典实。亦以形容花之颜色浓丽如美人醉酒。宋·佚名《海录碎事》卷一〇《后妃门》引《太真外传》："上皇登沉香亭，诏太真妃子。妃子时卯醉未醒，命力士从侍儿扶掖而至。妃子醉颜残妆，鬓乱钗横，不能再拜。上皇笑曰：'岂是妃子醉，真海棠睡未足耳。'"

晓妆无力胭脂重，春醉方酣酒晕深。（宋·尤袤《瑞鹧鸪·两行芳蕊傍溪阴》）

憨 hān

古下平，十三覃。又：去声，二十八勘异。逆痴～村～呆～憨～娇～骄～狂～猛～强～骙～愚～顺～诚～痴～葱～戆～害～厚～急～健～郎～伶～谬～皮～寝～涩～生～实～跳～顽～嬉～戏～笑～真～直例渔歌起，从他两岸，齐笑老翁憨。（宋·吕胜己《满庭芳·丹雘浮空》）

顸（頇）hān

粗。

古《广韵》：平声，寒韵。逆颟～顺～实例休儱侗，莫颟顸。（宋·沈瀛《捣练子·放下著》）

蚶 hān

蚶子，一种软体动物。

古下平，十三覃。逆白～螺～蛛～醉～顺～菜～壳～田～鲊～子

鼾 hān

鼻息声。

古《广韵》：平声，寒韵。又：去声，翰韵同。逆齁～沈～顺～齁～呼～眠～寝～睡～哈～卧～息

欢(歡、*懽)huān

㊀上平，十四寒。逆成～承～割～故～寡～酣～活～极～讲～徼～结～尽～旧～两相～留～胪～买～谋～昵～洽～强～轻～清～情～孺子～沈～失～市～所～贪～腾～通～衔～谐～忻～邀～幽～侑～虞～逐～追～坠～顺～伯～忱～炽～悰～感～浃～敬～聚～眷～康～邻～盟～睦～慕～昵～戚～期～惬～趣～容～柔～赏～适～释～说～泰～腾～慰～啸～谐～忻～酣～嚎～燕～嬉～腷～意～踊～游～虞～饫～欲～豫～跃例俱叹三秋阻，共叙一宵欢。(唐·李治《七夕宴悬圃二首》其一)举杯聊劝酒，破涕暂为欢。(唐·杨炯《送梓州周司功》)丘陵一起恨，言笑几时欢。(唐·骆宾王《乐大夫挽词五首》其一)

典**梦尽失欢**　本指楚王在高唐梦见巫山神女，醒后怅然若失之事。后代指男女欢爱后失意。见宋玉《神女赋序》。

曲留明怨惜，梦尽失欢娱。(唐·杜甫《大历三年春白帝城放船出瞿塘峡》)

獾(*貛、貆)huān　兽名。

㊀上平，十四寒。逆狗～獾～狼～狸～沙～穴～顺～脯～子

讙(*嚾)huān　喧哗。

㊀上平，十四寒。逆悲～哗～讙～极～趋～蛙～虓～喧～噪～众～顺～敖～嗷～谤～传～动～沸～骇～呼～哗～嚾～叫～惊～聚～流～露～呶～扰～声～讼～嚣～譊～言～谣～噪

擐huān　又读。贯穿。另见684页huàn。

㊀上平，十五删。

间(間、*閒)jiān　①方位词。②房间。另见686页jiàn。"閒"另见636页xián"闲"。

㊀上平，十五删。逆厩～初～庋～河～居～篱～两～林～冥～顷～人～桑～梢～舍～俗～田～轩～阳～阴～灶～坐～顺～架～量例清光无远近，乡泪半书间。(唐·戴叔伦《关山月二首》其一)日照堆岚迥，云横积翠间。(唐·蜀太后徐氏《丈人观谒先帝御容》)

典**虱其间**　自谦之辞，指置身其中。韩愈《泷吏》："得无虱其间，不武亦不文。仁义饰其躬，巧奸败群伦。"

酌酒援北斗，我亦虱其间。(宋·辛弃疾《水调歌头·我志在寥阔》)

材不材间　指明哲保身，中庸处世。庄子看到山中大树因"不材"(没有用处)而得以保全其身；家中之雁却因"不材"(不能鸣叫)而为人所烹，遂由此生发出"周将处乎材与不材之间"的处世哲理。见《庄子·山木》。

味无味处求吾乐，材不材间过此生。(宋·辛弃疾《鹧鸪天·不向长安路上行》)

广厦千间　指关切广大寒士的情怀。唐·杜甫《茅屋为秋风所破歌》："安得广厦千万间，大庇天下寒士俱欢颜。"

安得四方寒畯彦，归吾广厦千间里。(宋·吕胜己《满江红·雪压山颓》)

天上人间　仙界和人间。多比喻境遇悬殊。五代·李煜《浪淘沙·帘外雨潺潺》："落花流水春去也，天上人间。"

便当日亲见《霓裳》，天上人间梦里。(宋·刘辰翁《宝鼎现·红妆春骑》)

兼jiān

㊀下平，十四盐。又：去声，二十九艳同。逆并～得～该～更～两～难～守～四美～吞～相～藻～长～顺～爱～苞～倍～才～材～采～乘～畜～道～副～覆～赅～官～国～怀～济～金～利～列～路～罗～美～明～品～裒～圻～洽～遗～秋～儒～善～裳～摄～施～士～宿～言～衣～疑～诣～韵～珍～馔～资例云势将峰杂，江声与屿兼。(唐·卢纶《送张调参军侍从归觐荆南》)人皆置庄身不到，富贵难与逍遥兼。(唐·刘禹锡《和牛相公南溪醉歌见寄》)

典**痴黠相兼**　指人内秀，外表痴愚而内心聪慧。《世说新语·文学》南朝梁·刘孝标注引宋明帝刘彧《文章志》："桓温云：'顾长康体中痴黠各半，合而论之，正平平耳。'"

如含瓦砾竟何功，痴黠相兼似得中。(唐·韩偓《味道》)

尖jiān

㊀下平，十四盐。逆逼～城～出～春～蹴～翠～黛～峰～供～孤～毫～合～角～溜～毛～眉～暮寒～掐～青～沙～山～双～提～香～新～玉～顺～薄～兵～叉～脆～担～风～锋～毫～滑～快～冷～利～奴～脐～巧～俏～峭～弱～耍～团～纤～新～音～颖～站例两行秦树直，万点蜀山尖。(唐·杜甫《送张二十参军赴蜀州》)还似天台新雨后，小峰云外碧尖尖。(唐·章孝标《僧院小松》)

坚(堅)jiān

㊀下平，一先。逆城～持～摧～腹～刚～悍～涸～甲～金石～牢～冒～弥～凝～披～清～融～实～完～相～燥～贞～症～中～忠～自～顺～白～壁～秉～操～车～陈～诚～附～刚～高～孤～悍～垎～瓴～滑～洁～劲～久～峻～垒～励～利～良～密～凝～僻～峭～穷～确～刃～润～完～顽～心～意～毅～莹～营～阵～执～直～致～重～壮例弯弓绿弦开，满月不惮坚。(唐·李白《赠宣城宇文太守兼呈崔侍御》)白发俱生欢未再，沧洲独往意何坚。(唐·独孤及《答李滁州见寄》)

肩jiān

㊀下平，一先。逆比～臂～差～乘～戴～迭～附～鹤～及～胦～驾～连～联～摩～帔～骈～释～竦～随～踏～袒～特～铁～颓～豚～脱～息～翕～歙～衔～胁～卸～吟～伛～鸢～彘～顺～拜～背～比～髀～膊～差～赪～承～荷～井～靡～摩～辇～排～迫～随～吾～息～项～舁～舆～章例致远终无胫，怀贪遂息肩。(唐·独孤绶《投珠于泉》)阶庭宽窄才容足，墙壁高低粗及肩。(唐·白居易《题新居寄元八》)

典**胁肩**　借指逢迎讨好。《孟子·滕文公下》："胁肩谄笑。"东汉·赵岐注："胁肩，竦体也。谄笑，强笑也。"

胁肩难黾勉，搔首易嗟吁。(唐·温庭筠《病中书怀呈友人》)

斗酒彘肩　指言行豪壮，勇敢无畏。《史记·项羽本纪》："项王曰：'壮士，赐之卮酒。'则与斗卮酒。哙拜谢，起，立而饮之。项王曰：'赐之彘肩。'则与一生彘肩。樊哙覆其盾于地，加彘肩上，拔剑切而啖之。"

斗酒彘肩，风雨渡江，岂不快哉。（宋·刘过《沁园春·斗酒彘肩》）

拍洪崖肩　指求仙学道，咏游仙。晋·郭璞《游仙诗七首》其三："赤松临上游，驾鸿乘紫烟。左挹浮丘伯，右拍洪崖肩。"

勿追赤松游，勿拍洪崖肩。（唐·白居易《题裴晋公女几山刻石诗后》）

艰(艱)jiān

古上平，十五删。逆丁～陀～父～国～后～济～家～稼穑～居～窭～孔～履～民～母～内～贫～时～私～投～屯～外～危～维～衔～忧～遭～贞～拙～阻～顺～碍～楚～瘁～地～毒～厄～乏～否～服～梗～关～诡～阂～患～晦～祸～急～棘～季～蹇～诘～窘～疚～窭～酷～勤～劬～食～屯～危～险～噎～虞～贞～迍～拙～子～阻例少年当效用，远道岂辞艰。（唐·独孤及《送阳翟张主簿之任》）得失虽由命，世途多险艰。（唐·刘驾《送人登第东归》）

煎jiān

古下平，一先。逆燋～百虑～百药～茶～愁～斗～烦～沸～焚～河～甲～煎～焦～枯～苦～黏～炰～炮～烹～贫～恹～厌～忧～孜～顺～逼～茶～熘～促～蹙～悴～灯～点～堆～烦～沸～聒～和～唧～剂～厥～泪～糜～靡～米～憹～迫～情～扰～镕～烁～铄～调～销～心～炙～灼例饱食缓行新睡觉，一瓯新茗侍儿煎。（唐·裴度《凉风亭睡觉》）酒用林花酿，茶将野水煎。（唐·姚合《和元八郎中秋居》）

典**膏明自煎**　喻事物因有用而受害。亦作"膏明易煎"。《庄子·人间世》："山木，自寇也；膏火，自煎也。桂可食，故伐之；漆可用，故割之。"

木直终难怨，膏明只自煎。（唐·温庭筠《感旧陈情五十韵献淮南李仆射》）

奸(*姦)jiān

古上平，十四寒。逆倍～辨～除～锄～讦～破～橐～阴～顺～暴～敝～弊～便～谗～猖～胆～盗～道～刁～谍～毒～蠹～端～故～宄～轨～诡～行～豪～猾～滑～渐～狡～咎～谲～猃～吏～媚～谋～匿～孽～佞～朋～欺～巧～权～声～竖～说～私～愬～态～顽～枉～威～伪～黠～憸～相～邪～衅～幸～胥～言～誉～臧～状例后羿遍寻无觅处，谁知天上却容奸。（唐·袁郊《月》）

典**象物知奸**　夏禹时把各种妖魔神怪形象铸在鼎上，使人们易于识别，加以防备。见《左传·宣公三年》。

余闻古夏后，象物知神奸。（唐·韩愈《谢自然诗》）

缄(緘)jiān　①封闭。②扎束；捆扎。③收；敛。④书信；信函。

古下平，十五咸。逆裁～发～芳～封～华～机～简～开～鸾～秘～密～泥～披～启～三～慎～书～题～通～讯～遥～瑶～幽～鱼～顺～保～闭～藏～愁～唇～封～翰～嘿～护～鐍～口～秘～密～默～情～绳～书～素～锁～鏁～縢～题～帖～音～怨～札～制例曲江荷花盖十里，江湖生目思莫缄。（唐·韩愈《酬司门卢四兄云夫院长望秋作》）

典**三缄**　指慎于言辞以避祸。《说苑·敬慎》："孔子之周，观于太庙。右阶之前，有金人焉。三缄其口，而铭其背曰：'古之慎言人也。'"

因思周庙当时诫，金口三缄示后昆。（唐·徐夤《上卢三拾遗以言见黜》）

笺[1](箋)jiān　注解。

古下平，一先。顺～释～疏～训～注

笺[2](箋、*牋、椾)jiān　①写信的纸。②信札。

古下平，一先。逆表～采～尺～传～寸～粉～毫～画～金粟～锦～情～肃～檀～通～吴～霞～校～雪浪～郇～砑～衍波～邮～玉版～玉泉～云龙～朱～子母～顺～札例游雾千金字，飞云五色笺。（唐·杨炯《和郑雠校内省眺瞩思乡怀友》）楼上春云水底天，五云章色破巴笺。（唐·李商隐《行至金牛驿寄兴元渤海尚书》）

典**蛮笺**　即蜀笺。亦作"十样蛮笺"。唐·齐己《谢人惠十色花笺并棋子》："陵州棋子浣花笺，深愧携来自锦州。"

蛮笺象管休凝思，且放春心入醉乡。（唐·刘兼《春宴河亭》）

鱼笺　代指书信。唐·王勃《七夕赋》："握犀管，展鱼笺，顾执事，招仲宣。"唐·李肇《唐国史补》卷下："纸则有越之剡藤、台戕，蜀之麻面、屑末、滑石、金花、长麻、鱼子、十色笺。"

蜀国鱼笺数行字，忆君秋梦过南塘。（唐·羊士谔《寄江陵韩少尹》）

渐(漸)jiān　①流入。②沾湿；浸润；浸泡。③习染；影响。④诈骗。另见689页jiàn。

古下平，十四盐。逆东～教化～顺～导～毒～涵～行～化～及～浸～靡～摩～磨～巧～染～濡～洳～润～涂～淤～泽～诈～渍

监(監)jiān　①监察；监视。②牢狱。另见689页jiàn。

古下平，十五咸。逆督～官～捐～临～神～镇～顺～谤～厨～祠～德～典～董～房～抚～锢～规～河～候～籍～检～酒～郡～括～理～莅～临～领～盟～牧～纳～趣～铨～榷～摄～侍～室～誓～伺～统～系～押～斋～战～知～治～铸～总～卒例君门羽林万猛士，恶若哮虎子所监。（唐·杜甫《魏将军歌》）

典**狗监**　本指官卑职微之人。后亦代指能引荐人才的皇帝近臣。《史记·司马相如传》："蜀人杨得意为狗监，侍上。上读《子虚赋》而善之，曰：'朕独不得与此人同时哉！'得意曰：'臣邑人司马相如自言为此赋。'上惊，乃召问相如。"

再入龙楼称绮季，应缘狗监说相如。（唐·刘禹锡《酬宣州崔大夫见寄》）

缣(縑)jiān 细绢。

古下平,十四盐。逆禀~残~尺~断~豪~黄~廪~青~赎~熟~束~霜~素~吴~湘~细~新~缯~织~顺~帛~布~彩~楮~简~巾~纩~练~绫~纶~墨~囊~蒲~钱~素~缃~箱~衣例探汤无所益,何况纩与缣。(唐·韩愈《苦寒》)透手击吴练,凝冰笑越缣。(唐·康翊仁《鲛人潜织》)

典**问缣** 指慎于择友。亦作“寄缣”。据《后汉书·王丹传》载,王丹同郡河南太守陈遵友人丧亲,遵赙助甚丰。丹乃怀缣一匹,陈之于主人前,曰:“如丹此缣,出自机杼。”遵闻而有惭色。丹子有同门生丧亲,家在中山,白丹欲往奔慰。丹不许,令寄缣以祠。人问其故,丹举古人交游之例说明交道之难。

叨承解榻礼,更得问缣游。(唐·高适《东平旅游奉赠薛太守二十四韵》)

新缣 借指离婚再娶之新妇。《玉台新咏》卷一《古诗八首》其一:“新人工织缣,故人工织素。织缣日一匹,织素五丈余。将缣来比素,新人不如故。”

倒提新缣成慊慊,翻将故剑作平平。(唐·骆宾王《艳情代郭氏答卢照邻》)

一字三缣 指文酬极高或文采出众。亦作“裴度千缣”。据《新唐书·皇甫湜传》载,裴度修福先寺,将立碑。皇甫湜即请斗酒,饮酣,援笔立就。度赠以车马、缯彩甚厚。湜大怒曰:“自吾为《顾况集序》,未常许人。今碑字三千,字三缣,何遇我薄邪?”度笑,酬以绢九千疋。

尚无一字得三缣,何如卖之不龟手。(宋·毛滂《和郭倅见寄》)

溅(濺)jiān 溅溅,水疾流貌。另见690页jiàn。

古下平,一先。逆溅~例缘岸蒙笼出见天,晴沙沥沥水溅溅。(唐·皎然《赤松》)

湔jiān 洗。

古下平,一先。逆刮~湔~洗~雪~濯~顺~拔~贷~涤~拂~祓~改~澣~浣~磨~裙~润~洒~裳~拭~刷~汰~洗~雪~衣~濯例寒泉得日景,吐雷鸣湔湔。(唐·独孤及《初晴抱琴登马退山作》)

典**舞裙未湔** 旧俗民间男女于春日正月元日至月底,酹酒洗衣于水边,以避灾度厄,洗掉晦气。南朝梁·宗懔《荆楚岁时记》:“元日至于月晦,并为酺聚饮食,每月皆有弦望晦朔,以正月初年,时俗重以为节士,女汎舟或临水宴乐。”注:“《玉烛宝典》曰:‘元日至月晦,今并酺食,渡水。士女悉湔裳、酹酒于水湄,以为度厄。’今世人唯晦日临河解除,妇人或湔裙。”

只欠山阴修禊帖,却比兰亭有管弦。舞裙香未湔。(宋·范成大《破阵子·漂泊天隅佳节》)

鞬jiān 盛弓矢器。

古上平,十三元。又:上声,十六铣同。逆兜~弓~锦~橐~腰~顺~镳~服~櫜~弭例玉人垂玉鞭,百骑带櫜鞬。(唐·卢纶《送马尚书郎君侍从归觐太原》)

鞯(韉)jiān 衬托鞍的垫子。

古下平,一先。逆鞍~金~锦~马~皮~蒲~狨~香~杏叶~游~珠~顺~盖~汗~勒~面~辔例马寒防失道,雪没锦鞍鞯。(唐·杜甫《送人从军》)自怜输厩吏,余煖在香鞯。(唐·韩偓《马上见》)

典**许公鞯** 代指权贵坐骑。《隋书·宇文述传》附《云定兴传》:“述素好着奇服,炫耀时人。定兴为制马鞯,于后角上缺方三寸,以露白色。世轻薄者争放(仿)学之,谓为许公缺势。”

韩嫣金丸莎覆绿,许公鞯汗杏粘红。(唐·杜牧《长安杂题长句六首》其二)

犍jiān 阉牛。

古上平,十三元。又:下平,一先同。逆八~尼~千斤~诸~顺~度~槌~椎

蔄(*蕑)jiān 兰草。

古上平,十五删。逆秉~蒲~顺~屦

歼(殲)jiān

古下平,十四盐。逆齿~敌~凋~尽~就~聚~克~身~师~殄~痛~凶~顺~剥~残~除~荡~夺~覆~殛~良~戮~扑~伤~殄~夷~殒例芒砀大包内,生类恐尽歼。(唐·韩愈《苦寒》)

菅jiān 草名。

古上平,十五删。逆编~草~丛~翠~黄~茅~沤~霜~条~野~蓁~榛~顺~菲~荐~蒯~履~茅~蒲~蘧~筲例月光摇浅濑,风韵碎枯菅。(唐·柳宗元《酬韶州裴曹长使君寄道州吕八大使》)茅舍半欹风雨横,荒径晚,乱榛菅。(宋·叶梦得《江城子·生涯何有但青山》)

典**蒯菅** 喻低贱之人或物。《左传·成公九年》引《诗》曰:“虽有丝麻,无弃菅蒯。虽有姬姜,无弃蕉萃。”

巨用须桴栋,旁搜及蒯菅。(宋·程公许《到阙政府以辟郡未下隔对》)

戋(戔)jiān 戋戋:①少。②委积。

古下平,一先。逆贲~戋~顺~帛

篯(籛)jiān 马具,指鞍鞯。

古下平,一先。逆老~彭~寿~顺~铿~芽

蒹jiān 蒹葭的蒹。

古下平,十四盐。逆苍~秋~顺~葭~苇例岂徒兰蕙荣,施及艾与蒹。(唐·韩愈《苦寒》)

鹣(鶼)jiān 比翼鸟。

古下平,十四盐。逆鹣~云~顺~钗~蝶~餍例蜀红衫,双绣蝶,裙缕鹣鹣。(宋·欧阳修《于飞乐令·宝奁开》)

熸jiān ①火熄灭。②军队溃败。

古下平,十四盐。逆龟~毁~火~军~宵~顺~灰~灭~炮~然~煽~燧~亡

鹃(鵑)juān 杜鹃,鸟名。

古下平,一先。逆愁~春~杜~化~鸣~泣~山~啼~闻~子~顺~魂~啼~血例蜀客帆樯背归燕,楚山花木怨啼鹃。(唐·李郢《江亭春霁》)

典**望帝杜鹃** 据晋·常璩《华阳国志·蜀志》等载,望帝,传说中的古代蜀国国王,名杜宇,在周朝末季称帝,号望帝;死后魂魄化为鸟,名杜鹃,啼声凄哀。

庄生晓梦迷蝴蝶,望帝春心托杜鹃。(唐·李商隐《锦瑟》)

捐juān

古下平,一先。逆报~逼~出~当

～废～费～共～开～厘～縻～麋～起～弃～迁～秋扇～上～输～岁月～唐～题～脱～完～委～相～虚～遗～郑工～中～顺～班～背～宾～废～复～馆～国～骸～灰～瘠～甲～荐～阶～金～驹～局～玦～廉～廪～落～袂～闷～縻～命～募～纳～佩～弃～商～舍～生～失～世～势～输～俗～忘～委～位～项～业～怨～赠～赈～赀例访戴客愁随水远，浣纱人泣共埃捐。（唐·陆龟蒙《伤越》）

典**秋扇见捐**　喻妇女因色衰而失宠。班婕妤《怨歌行》："常恐秋节至，凉风夺炎热，弃捐箧笥中，恩情中道绝。"

心似春鸿宁久住，身如秋扇合长捐。（宋·陆游《小雨出西门五里至东岳庙》）

涓juān　①水流细缓。②洒扫；清除。③选择。

古下平，一先。逆尘～涓～溜～末～彭～清～师～瘦～微～无～细～中～顺～埃～塯～报～波～辰～滴～涤～毫～豪～浍～吉～洁～涟～溜～露～缕～浅～壤～人～日～勺～微～细～选～注例春歌已寂寂，古水自涓涓。（唐·皎然《前溪作》）独随朝宗水，赴海输微涓。（唐·李白《安州应城玉女汤作》）

娟juān

古下平，一先。逆便～婵～娟～连～联～璇～延～幽～顺～好～洁～丽～媚～妙～倩～秀～嬛～妍例离人正惆怅，新月愁婵娟。（唐·刘长卿《宿怀仁县南湖》）兵戈尘漠漠，江汉月娟娟。（唐·杜甫《秋日夔府咏怀》）

典**人月两婵娟**　指佳人和明月的形态美好。亦作"婵娟""月婵娟""四婵娟"。孟郊《婵娟篇》："花婵娟，泛春泉。竹婵娟，笼晓烟。妓婵娟，不长妍。月婵娟，真可怜。"

云彩冰光似去年，云年人月两婵娟。（宋·宋白《中秋感怀二首》其一）

镌（鎸、*鐫）juān

古下平，一先。逆镵～雕～金石～磨～姓名～顺～裁～劖～镵～斥～黜～错～荡～诋～雕～发～罚～功～官～行～诲～级～减～降～阶～诘～戒～勒～砻～镂～灭～铭～磨～椠～谯～诮～切～石～识～说～损～汰～题～心～谕～载～凿～责～治～秩～琢例逼观疑鬼功，其迹非雕镌。（唐·白居易《游悟真寺诗》）

蠲juān　①免去；除去。②洁净；使清洁。③虫名。

古下平，一先。逆不～赐～荡～丰～吉～洁～量～马～明～议～顺～醒～弛～荡～涤～丁～法～烦～忿～祓～符～复～赋～阁～化～缓～豁～吉～疾～瘠～减～洁～絜～理～弃～欠～容～赦～省～使～释～疏～损～汰～息～恤～削～疑～忧～宥～增～振～赈～烝～正～纸例哀痛丝纶切，烦苛法令蠲。（唐·杜甫《秋日夔府咏怀》）

朘juān　①剥削。②减少。

古下平，一先。逆削～顺～薄～剥～盗～耗～刻～利～衄～取～蚀～损例算行开改会，限田放籴，生民凋瘵，膏血既朘。（宋·萧某《沁园春·士籍令行》）

身juān　身毒，印度古译名。另见725页shēn。

顺～毒

看kān　①守护照料。②看押。另见692页kàn。

古上平，十四寒。又：去声，十五翰同。顺～场～护～守例蓬山此去无多路，青鸟殷勤为探看。（唐·李商隐《无题》）

堪kān

古下平，十三覃。逆不～差～弗～何～堪～可～克～七不～岂～任～谁～无～真～仲～自～顺～布～坏～火～堪～可～能～忍～士～笑～岩～舆例汉阳云树清无极，蜀国风烟思不堪。（唐·司空曙《送郑锡》）

典**七不堪**　三国时嵇康不满当时执政的司马师、司马昭等。司马集团的山涛推荐他做选曹郎，他致书山涛表示拒绝，列陈自己不能出仕的原因，以抨击官场，卑薄礼俗，"有必不堪者七，甚不可者二"。后来诗文中把"七不堪"作为疏懒或才能不称的典故。见嵇康《与山巨源绝交书》。

故人莫觅新诗卷，都似嵇康七不堪。（宋·梅尧臣《李廷老祠部寄荆柑小》）

勘kān　①校订，核对。②推究。③审讯；问罪。④实地查看。

古去声，二十八勘。逆保～比～驳～查～察～雠～打～谛～点～对～覆～归～行～覈～会～计～简～鞫～窥～履～磨～契～取～审～收～刷～送～踏～体～听～推～枉～委～验～斩～照～制～质～追～顺～当～对～覆～合～劾～会～剪～箭～界～鞠～鞫～契～实～同～问～误～校～验～灾～正例不如觑文字，丹铅事点勘。（唐·韩愈《秋怀诗十一首》其七）

刊（*栞）kān

古上平，十四寒。逆不～雠～丛～党～刀～雕～附～改～集～辑～季～明～影～重～顺～板～剥～补～布～裁～除～窜～道～剟～改～革～行～缉～刻～勒～立～镂～落～旅～灭～墨～木～人～润～山～删～石～书～刷～校～修～削～约～载～摘～章～正～职～薙～铸～琢～字例游夏无措词，阳秋垂不刊。（唐·刘禹锡《送韦秀才道冲赴制举》）

龛（龕）kān　供奉神佛的小格子。

古下平，十三覃。逆壁～禅～灯～佛～黄～金～克～莲～灵～龙～蒲～山～神～诗～石～松～檀～仙～香～星～银～玉～顺～暴～虣～壁～灯～镫～敌～定～火～翦～靖～居～窟～乱～庙～难～鬖～世～室～像～影～牖～赭～座例小涧香为刹，危峰石作龛。（唐·沈佺期《九真山净居寺谒无碍上人》）积霭生泉洞，归云锁石龛。（唐·徐铉《题碧岩亭赠孙尊师》）

戡kān　平定。

古下平，十三覃。逆何～顺～定～复～济～翦～戮～乱～难～天～殄～夷

宽（寬）kuān

古上平，十四寒。逆百忧～绰～恩～姑～酒杯～平～容～水云～松～天～通～外～衣～优～纡～裕～展～政～自～顺～博～绰～程～

弛～慈～诞～德～典～度～断～割～惠～豁～疾～简～谨～靖～垲～旷～廓～勉～民～悯～默～平～朴～情～叡～缮～舍～贯～适～释～纾～舒～疏～肆～邃～痛～暇～闲～详～懈～信～徇～狗～雅～言～衍～繇～易～饮～隐～宥～愉～韵～泽～政～纵㊞喜逐行前至,忧从望里宽。(唐·骆宾王《望乡夕泛》)猿声湘水静,草色洞庭宽。(唐·刘长卿《却赴南邑留别苏台知己》)

㊕**衣带宽** 指因伤别而消瘦。亦作"衣宽"。《玉台新咏》卷七南朝梁·萧纲《赋得当垆》:"迎来挟瑟易,送别但歌难。讵知心恨急,翻令衣带宽。"

愁绪促眉端。不随衣带宽。(宋·黄公度《菩萨蛮·高楼目断南来翼》)

颟(顢)mān 又读。颟顸,糊涂。另见622页mán。

拈niān

㊍下平,十四盐。㊣轻～手～休～指～重～醉～㊌笔～筹～撮～竿～毫～花～酒～连～弄～线～相～香～向～韵㊞几案随宜设,诗书逐便拈。(唐·元稹《开元观闲居》)

蔫niān 花草干枯。另见609页yān。

㊍下平,一先。㊣打～枯～萎～蔫～㊌～红～烟～绵～蔫㊞坐侵天井黑,吟久海霞蔫。(唐·贯休《怀四明亮公》)

攀pān

㊍上平,十五删。㊣不可～奉～附～供～跻～交～柳堪～牵～趋～升～诬～许～仰～指～追～㊌柏～绊～扯～愁～凤～奉～傅～高～光～桂～鸿～胡～花～跻～隮～交～槛～栏～橑～累～例～连～恋～林～鳞～留～龙～路～挛～轮～摩～慕～拟～蹑～弄～牵～亲～禽～髯～染～送～条～玩～望～违～问～诬～想～依～倚～翼～引～拥～辕～云～折～止～指～陟～追㊞年华妾自惜,杨柳为君攀。(唐·崔湜《折杨柳》)

潘pān 姓。

㊍上平,十四寒。㊣两～米～㊌～安～鬓～车～妃～泔～谷墨～果～花～将军～澜～李～令～陆～沐～年～仁～生～室～翁～杨～鱼～舆～园～掾～子～左㊞北上频伤阮,西征未学潘。(唐·郑愔《贬降至汝州广城驿》)腰艳楚、鬓成潘。(宋·吴文英《木兰花慢·步层丘翠莽》)

㊕**慕潘** 指男子貌美受到女子青睐。《世说新语·容止》:"潘岳妙有姿容,好神情。少时挟弹出洛阳道,妇人遇者,莫不连手共萦之。"南朝梁·刘孝标注引晋·裴启《语林》曰:"安仁至美,每行,老妪以果掷之满车。"

慕潘应有捧心颦。谁是相看楚润。(宋·郭应祥《西江月·妙句春云多态》)

吟潘 潘安闲居园林,不事宦途,"乃作《闲居赋》,以歌事遂情焉"。后喻闲适之情。见潘岳《闲居赋序》。

风光未老吟潘。嘶骑征尘,衹付凭阑。(宋·吴文英《高阳台·春屋围花》)

鬓成潘 指鬓发斑白。潘岳《秋兴赋》:"斑鬓彪以承弁兮,素发飒以垂领。"

年年,叶外花前。腰艳楚、鬓成潘。(宋·吴文英《木兰花慢·步层丘翠莽》)

西征想潘 咏自洛阳至长安的行程。亦作"潘生赋"。《晋书·潘岳传》:"选为长安令,作《西征赋》,述所经人物山水,文清旨诣。"

登高北望嗤梁叟,凭轼西征想潘掾。(唐·骆宾王《畴昔篇》)

番pān 番禺,地名。另见44页fān、587页pó。

㊍《广韵》:平声,桓韵。㊌～禺

篇piān

㊍下平,一先。㊣豹～残～侧～常～陈～程～楚～单～道～发～高～歌～冠～豪～鸿～华～积～佳～连～临～灵～命～谋～曩～青苔～琼～什～史～属～完～往～遐～仙～闲～新～刑～雄～续～雅～瑶～遗～逸～玉～驭～终～㊌～帛～册～辞～次～第～典～端～法～翰～籍～记～技～家～简～句～卷～联～什～述～数～题～体～条～统～业～叶～页～咏～语～韵～帙～制～秩～衷㊞默识若记,下笔成篇。(晋·左思《悼离赠妹诗二首》其二)晓漏追飞青琐闼,晴窗点检白云篇。(唐·杜甫《赠献纳使起居田舍人》)

㊕**白云篇** 借指宫廷吟宴。亦作"白云谣"。《穆天子传》卷二:"乙丑,天子觞西王母于瑶池之上。王母为天子谣曰:'白云在天,山陵自出……山川间之。将子无死,尚能复来。'"

不知瑶水宴,谁和白云篇。(唐·李群玉《九日陪崔大夫宴清河亭》)

柳花篇 咏雪或指女子赋诗。亦作"柳絮联章"。《世说新语·言语》:"谢太傅寒雪日内集,与儿女讲论文义。俄而雪骤,公欣然曰:'白雪纷纷何所似?'兄子胡儿曰:'撒盐空中差可拟。'兄女曰:'未若柳絮因风起。'"

招邀菊酒会,属和柳花篇。(唐·权德舆《和九日从杨氏姊游》)

王会篇 指诸国来朝,后用以泛指朝会。《旧唐书·南蛮传》:"中书侍郎颜师古奏言:'昔周武王时,天下太平,远国归款,周史乃书其事为《王会篇》。'"

不登王会篇中物,便好从今永绝踪。(宋·晁说之《病中思建茶不可得因作呈胡季和》)

原上篇 借指兄弟间寄赠之作。《诗经·小雅·棠棣序》:"《棠棣》,燕兄弟也。"有"脊令在原"之句,古人称《原上篇》。

沈劣本多感,况闻原上篇。(唐·卢纶《奉和陕州十四翁中丞寄雷州二十翁司户》)

偏piān

㊍下平,一先。㊣阿～大～党～地～东～掎～枯～颇～奇～日影～无～西～相～小～心～一～遗～幽～㊌～隘～闇～霸～稗～傍～背～愎～裨～蔽～辨～驳～察～陲～辞～裻～端～惰～宫～躬～孤～轨～讳～惠～疾～驾～鉴～解～精～敬～举～绝～军～枯～苦～滥～离～露～昵～佞～拗～陪～毗～颇～栖～任～厦～善～师～恃～琐～枉～威～伍～弦～险～眼～倚～异～意～拥～壅～忧～隅～越～灾～载～憎～战～执～挚～智～滞～舟～恣㊞玉袖凌风并,金壶隐浪偏。(唐·杜甫《数陪

李梓州泛江》)摇落潮风早,离披海雨偏。(唐·皇甫冉《赋得海边树》)

翩piān ①疾飞。②摇曳貌。

古下平,一先。逆连～联～翩～飘～逸～顺～幡～翻～反～飞～连～联～绵～眇～翩～飘～然～仙～跹～翔～翾～旋～妍例遥林浪出没,孤舫鸟联翩。(唐·张九龄《江上使风呈裴宣州耀卿》)行尽柳烟下,马蹄白翩翩。(唐·李贺《代崔家送客》)

扁piān ①扁舟的扁。②通"偏",僻远。另见648页biǎn。

古下平,一先。顺～乘～枯～舟

千qiān

古下平,一先。逆半～打～大～挂～巨～罗～千～三～万～盈～游～逾～顺～次～迭～度～帆～夫指～古～和～钧～籁～里～龄～虑～眠～名～亩～酿～牛～鞶～骑～切～秋～日红～霜～瓦～文～寻～溢～载～折～钟例翱翔曾在玉京天,堕落江南路几千。(唐·南卓《赠副戎》)

典**大千** 泛指广阔的世界。王巾《头陀寺碑文》:"奄有大千,遂荒三界。"李善注引《法华经》:"其佛以恒河沙等三千大千世界为一佛土。"

大千一息八十返,笑厉东海骑鲸鱼。(宋·苏轼《送杨杰》)

沙界三千 指数量多得不可计算的佛的世界。《金刚经·无为福胜分第十一》:"但诸恒河尚多无数,何况其沙?……以七宝满尔所恒河沙数三千大千世界,以用布施。"

眼高胸次大,沙界眇三千。(宋·曾丰《游乌石寺》)

珠履三千 指门客、幕宾。亦称"珠履"。《史记·春申君列传》:"赵平原君使人于春申君,春申君舍之于上舍。赵使欲夸楚,为瑇瑁簪,刀剑室以珠玉饰之,请命春申君客。春申君客三千余人,其上客皆蹑珠履以见赵使,赵使大惭。"

君为珠履三千客,我是青衿七十徒。(唐·杜牧《送王侍御赴夏口座主幕》)

牵(牽)qiān

古下平,一先。逆缠～尘～赤～风～勾～钩～挂～羁～锦缆～拘～连～龙～挛～梦魂～攀～气～牲～事～丝～飧～通～挽～效～一线～意～引～萦～右～追～顺～蔽～掣～持～愁～撮～顿～复～顾～罣～红～羁～疾～裾～课～缆～累～离～裂～挛～虑～蔓～漫～梦～勉～牛蹊～扭～攀～惹～裳～涉～束～俗～挽～绾～畏～陷～携～叙～盐～萦～诱～援～凿～掌～絷～致～滞～置～踬～缀例对酒但知饮,逢人莫强牵。(唐·王绩《过酒家五首》其四)桃花气暖眼自醉,春渚日落梦相牵。(唐·杜甫《昼梦》)分从珠露滴,愁见隙风牵。(唐·赵嘏《暗牖悬蛛网》)

典**羁牵** 喻入仕任职。《后汉书·申屠蟠传》:"(何进)使蟠同郡黄忠书劝曰:'……今颍川荀爽载病在道,北海郑玄北面受署。彼岂乐羁牵哉,知时不可逸豫也。'"

罗网幸免伤,蒙君复羁牵。(唐·萧颖士《仰答韦司业垂访五首》其一)

左牵 咏狗。《礼记·曲礼上》:"效马效羊者,右牵之。效犬者,左牵之。"

老夫聊发少年狂,左牵黄,右擎苍。(宋·苏轼《江城子·密州出猎》)

迁(遷)qiān

古下平,一先。逆褒～避～波～播～逋～超～俶～徂～代～递～迭～放～腐～勾～国～贺～化～劫～境～君～峻～乐～离～吏～流～屡～茂～贸～懋～美～内～排～乔～秋～稍～神～史～思～覃～腾～祧～推～外～斡～瘖～稀～徙～胁～序～叙～延～易～莺～永～优～右～远～长～重～骤～逐～左～顺～拔～拜～避～窆～变～播～藏～臣～宠～黜～徂～殂～鼎～法～封～奉～祔～革～隔～固～国～悔～惑～迹～寂～蹇～京～捐～绝～爵～隶～虏～戮～落～满～迷～绵～念～排～情～逡～染～惹～善～嬗～赏～舍～神～逝～腾～替～祧～席～项～谢～歆～幸～雄～叙～削～摇～迻～易～渝～怨～越～展～谪～陟～滞～转～擢～座例讵知文字力,莫记日月迁。(唐·孟郊《山老吟》)满堂虚左待,众目望乔迁。(唐·张籍《赠殷山人》)

典**鼎迁** 喻改朝换代或迁都。见《左传·桓公二年》。

寄奴谈笑取秦燕,愚智皆知晋鼎迁。(宋·陆游《书陶靖节桃源诗后》)

九迁 喻官职晋升极快。又作"一日九迁"。汉·焦赣《易林·履之节》:"安上宜官,一日九迁,升擢超等,牧养常山。"

邻里才三徙,云霄已九迁。(唐·温庭筠《感旧陈情五十韵献淮南李仆射》)

三迁 指母教有方。见844页"三迁教养"。

为国生贤子,三迁备母慈。(宋·楼钥《太淑人叶氏挽词》)

莺迁 亦作"莺啭乔林"。见409页"迁谷"。

莺迁犹待销冰日,鹏起还思动海风。(唐·李咸用《冬日喜逢吴价》)

盘庚迁 咏迁都。见《史记·殷本纪》。

盘庚五迁方择利,昆阳一战何当卜。(宋·刘子翚《望京谣》)

扬雄未迁 汉扬雄因文才卓越,先被大司马王音召为门下史,推荐为待诏。后经蜀人杨庄引荐,应成帝召,任给事黄门郎。哀帝之初,又与董贤同官。然而他的官职一直很低微,历成、哀、平"三世不徙官"。后遂以指仕途失意。亦作"滞扬云""扬子寂寥"。见《汉书·扬雄传赞》。

贾谊才方达,扬雄老未迁。(唐·胡皓《同蔡孚起居咏鹦鹉》)

签(簽、籤)qiān

古下平,十四盐。逆草～掣～传～发～封～浮～符～笯～红～神～书～题～通～铜～完～斜～芸～纸～朱～硃～烛～顺～补～筹～厨～踔～告～函～记～诀～牌～谱～声～省～诗～疏～帅～縢～题～厅～筒～筩～爪～帙～轴例蠹生腾药纸,字暗换书签。(唐·王建《贫居》)

典**三万签** 指藏书丰富。亦作"架签""万轴牙签"。韩愈《送诸葛觉往随州读书》:"邺侯家多书,插架三万轴。一一悬牙签,新若手未触。"

残年唯有读书癖,尽发家藏三万签。(宋·陆游《次韵范参政书怀》)

谦(謙)qiān

古下平,十四盐。逆卑~冲~福~富~恭~和~刻~劳~流~履~貌~鸣~谦~让~柔~守~推~退~㧑~逊~执~自~顺~崧~避~褊~柄~持~饬~冲~崇~惮~道~德~亨~俭~贱~降~兢~敬~靖~惧~恪~廉~良~亮~率~明~默~牧~匿~洽~屈~仁~柔~弱~慎~饰~顺~肃~素~损~泰~套~题~退~婉~㧑~畏~喜~雅~言~揖~抑~挹~益~裕~豫~愿~约~祗~执~尊例威慑万人长凛凛,礼延群客每谦谦。(唐·殷文圭《赠战将》)

典**黄女持谦** 指名实相违。或指有美质者因过谦而被埋没。《尹文子·大道上》:"齐有黄公者,好谦卑。有二女,皆国色。以其美也,常谦辞毁之,以为丑恶。丑恶之名远布,年过而一国无聘者。卫有鳏夫时冒娶之,果国色。"

黄女持谦齿发高,汉妃恃丽天庭去。(唐·李白《鞠歌行》)

铅(鉛)qiān

古下平,一先。逆百鍊~操~樗~丹~反~飞~膏~红~华~怀~磨~驽~烧~握~置~朱~顺~白~察~黛~丹~刀~鼎~钝~锷~粉~锋~膏~汞~红~虎~花~华~黄~镴~泪~墨~母~幕~驽~砌~椠~容~色~砂~霜~水~丝~素~铦~药~泽~摘~擿~筑例心爱阮郎留不住,独将珠泪湿红铅。(唐·武元衡《代佳人赠张郎中》)云飞海面龙吞汞,风击岩巅虎伏铅。(唐·吕岩《七言》)

典**怀铅** 咏校书。亦作"铅简"。旧题晋·葛洪《西京杂记》卷三:"扬子云好事,常怀铅提椠,从诸计吏,访殊方绝域四方之语,以为裨补《辖轩》所载,亦洪意也。"

色向怀铅白,光因翰简融。(唐·包融《和陈校书省中玩雪》)

磨铅 喻才拙难成器。亦作"持铅砺锋"。《史记·贾谊传》:"世谓伯夷贪兮,谓盗跖廉;莫邪为顿兮,铅刀为铦。"

磨铅辱利用,策蹇愁前程。(唐·钱起《县内水亭晨兴听讼》)

阡qiān 田间小路。

古下平,一先。逆东城~高~行~横~迴~吉~郊~九~开~连~林~麦盈~陌~平~阡~山~术~松~新~遗~义~幽~岳~越~顺~表~塍~陇~眠~绵~陌~亩~阡~巷~原~张~兆~纸例南岭横爽气,高林绕遥阡。(唐·韦应物《晚归沣川》)

愆qiān ①超过。②罪过;过失。③失掉;错过。

古下平,一先。逆不~疵~辞~伏~负~盖~概~顾~乖~归~过~悔~获~积~骄~旧~咎~疚~前~轻~请~求~三~省~眚~十~赎~思~无~衅~宿~贻~遗~引~尤~宥~余~震~罪~顺~弊~程~错~怠~堕~乏~犯~伏~负~和~候~悔~咎~亢~缧~戾~令~面~谬~目~期~晴~罔~失~时~素~忒~忘~违~位~紊~误~瑕~邪~衅~序~悬~殃~阳~旸~仪~义~佚~尤~虞~滞~诛~罪例爱景人方乐,同雪候稍愆。(唐·李商隐《四年冬以退居蒲之永乐》)

悭(慳)qiān ①吝啬。②缺失。

古上平,十五删。逆寒~老~吝~命~囊~偏~贫~破~悭~酸~贪~天~雨露~顺~滥~吝~囊~悭~钱~涩~啬~贪例早泊云物晦,逆行波浪悭。(唐·杜甫《铜官渚守风》)石响铃声远,天寒弓力悭。(唐·王贞白《度关山》)

芊qiān 草木茂盛貌。

古下平,一先。逆葱~眠~绵~萋~芊~青~芊~郁~顺~丽~眠~绵~瞑~蔚例野庙向江春寂寂,古碑无字草芊芊。(唐·李群玉《黄陵庙》)卷帘聊举目,露湿草绵芊。(唐·李白《对雨》)

嵌qiān 又读。另见697页qiàn。

仟qiān "千"的大写。

古下平,一先。顺~伯

扦qiān ①插。②扦子,一头尖的器物。

逆仟~顺~插~门~剔~住例步携手林间,笑挽扦扦。(宋·苏轼《满庭芳·三十三年》)

鸽(鴿)qiān 鸟啄物。

古下平,十五咸。逆鸟~物~

搴qiān ①揭起。②拔取。

古下平,一先。又:上声,十六铣同。逆拔~顺~采~芳~旗~取~裳~手~帷~撷~陟例日暮造深原。异芳谁与搴。(宋·郭祥正《醉翁操·冷冷潺潺》)

骞(騫)qiān ①亏损;损坏。②仰首貌。③高。④通"搴"。另见654页jiǎn。

古下平,一先。逆崩~飞~风云~高~孤~鸿~骞~鲸~亏~联~陵~龙~鹏~腾~退~无~霞~翔~云~顺~崩~荡~短~谔~飞~腹~翮~骞~举~林~扑~期~墙~树~损~腾~拷~污~舞~骧~翔~衣~越~翥例层飙振六翮,不日思腾骞。(唐·李白《书情题蔡舍人雄》)见人若闲暇,蹶起忽低骞。(唐·韦应物《述园鹿》)

典**不崩不骞** 不会亏损也不会毁坏,多用作赞美祝愿之词。《诗经·小雅·天保》:"如南山之寿,不骞不崩。"

仰看垂露姿,不崩亦不骞。(唐·杜甫《观薛稷少保书画壁》)

佥(僉)qiān ①皆。②众。

古下平,十四盐。逆朝~点~轮~面~送~酥~顺~簿~解~谋~判~妻~然~人~壬~士~事~属~套~同~望~宪~小~邪~谐~押~言~议~院~允~赞~佐~坐

圈quān 另见691页juàn、697页quàn。

古《集韵》:平声,元韵。逆杯~风~梨~柳~笼~挛~门~山~市~桃~团~瓦~晕~枣~顺~阓~缋~圆~樻~识~围~椅~阅

悛quān 悔改。

古下平,一先。逆不~顺~改~革~换~悔~戢~惧~容~慎~惕~悟~心~移~志例旧物森犹在,凶徒恶未悛。(唐·杜甫《秋日夔府咏怀奉寄郑监李宾客一百韵》)

棬quān 曲木盂。

古下平，一先。逆杯～柳～箕～顺～杯～柩

弮quān 弩弓。

古下平，一先。又：去声，十七霰异。逆空～捺～张～例合聚千羊毳，施张百子弮。（唐·白居易《青毡帐二十韵》）

典空弮 即矢尽，形容御敌作战之艰辛。《汉书·司马迁传》："李陵一呼劳军，士无不起，躬流涕，沫血饮泣张空弮，冒白刃，北首争死敌。"颜师古注引李奇曰："弮，弩弓也。"又曰："陵时矢尽，故张弩之空弓，非是手拳也。"

短刃犹枭冠，空弮尚背城。（宋·刘克庄《寄题邵武死事胡将祠堂》）

三sān 另见697页sàn。

古下平，十三覃。逆登～函～黑～连～沙～生～食～攒～重～顺～拜～邦～边～表～晡～黜～典～鼎～蠹～餔～覆～竿～归～皈～珪～虎～徽～杰～镜～爵～窟～腊～赢～吏～蒹～露～茅～苗～墨～器～秦～秋～驱～衢～善～觞～圣～寿～霜～素～叹～畏～魏～仙～贤～刑～雄～曜～仪～易～翼～英～影～幼～匝～鳣～重～珠～尊例花枝似雪春虽半，桂魄如眉日始三。（唐·徐铉《宿蒋帝庙》）

典三眠 ①指蚕自生至成蛹时的三次蜕皮期，其间不食不动，呈眠状。②指杨柳（人柳）。清·张澍《二酉堂丛书》载《三辅旧事》："汉苑中有柳，状如人形，号曰'人柳'，一日三眠三起。"

正是三眠三起日，送蚕小妇出烘房。（宋·舒岳祥《十村绝句》）

明月影成三 形容孤独无侣。李白《月下独酌四首》其一："花间一壶酒，独酌无相亲。举杯邀明月，对影成三人。"

君去我谁饮，明月影成三。（宋·辛弃疾《水调歌头·寒食不小住》）

叁sān "三"的大写。

毵(毿)sān 毛发或枝条等细长物披散貌。

古下平，十三覃。逆白毵～黑毵～黄毵～褴～毵～顺毵～例松盖遮门寒黯黯，柳丝妨路翠毵毵。（唐·徐铉《宿蒋帝庙》）

山shān

古上平，十五删。逆奥～拔～霸～碧～博～采～残～槎～朝～楚～触～春～戴～丹～道～东～斗～断～伐～梵～焚～凤～浮～负～孤～孤～姑～阂～鹤～湖～怀～篁～嵇～稽～霁～践～荆～景～旧～鹫～崛～橘～君～空～骊～黎～历～丽～连～峦～鸾～间～买～茅～梅～梦笔～密～绵～冥～墨～排～蓬～披～屏～祁～乔～樵～琼～丘～鹊～梯～颓～文～屋～吾～岘～乡～湘～崤～玄～鸦～崖～砚～黟～移～羽～玉～岳～云～赭～智～重～祖～顺～霭～岙～岅～鄙～壁～岑～雌～翠～黛～嶝～甸～殿～隋～额～樊～甫～阜～膏～礬～蓟～精～扃～橘～君～槛～窠～客～夔～籁～醪～灵～溜～陇～楼～麓～侣～魅～盟～蜜～墙～峤～樵～箐～曲～鹊～阙～人～缫～麝～墅～水～薮～沓～堂～题～童～颓～翁～坞～香～岫～墟～芽～颜～杨～邑～意～樱～楹～影～嵎～虞～舆～园～源～藻～泽～鲊～斋～寨～长～障～照～鹧～宗～足例太液天为水，蓬莱雪作山。（唐·宗楚客《奉和人日清晖阁宴群臣遇雪应制》）但使龙城飞将在，不教胡马度阴山。（唐·王昌龄《出塞》）黄沙直上白云间，一片孤城万仞山。（唐·王之涣《出塞》）

典拔山 形容气概神勇。《史记·项羽本纪》："于是项王乃悲歌慷慨，自为诗曰：'力拔山兮气盖世，时不利兮骓不逝。骓不逝兮可奈何，虞兮虞兮奈若何！'"

隔岸故乡归不得，十年空负拔山名。（唐·汪遵《项亭》）

冰山 比喻一时显赫，终难长久。杨国忠权倾天下，时人争相依附。进士张彖才高志远，不肯折腰事国忠，说："尔辈以为杨公之势倚靠如太山，以吾所见，乃冰山也。或皎日大明之际，则此山当误人耳。"后其言果中。见五代·王仁裕《开元天宝遗事》卷上《依冰山》。

富贵冰山何用倚，功名盘石自须钻。（宋·洪咨夔《次洪漕韵二首》其一）

博山 博山炉的简称，古代用以焚香。旧题晋·葛洪《西京杂记》卷一："长安巧工丁缓者，为常满灯……又作九层博山香炉，镂为奇禽怪兽，穷诸灵异，皆自然运动。"

下有锦铺翠被之粲烂，博山吐香五云散。（唐·韦应物《长安道》）

春山 形容女子眉毛秀丽。亦作"眉山""远山""遥山""眉似春山"。旧题晋·葛洪《西京杂记》卷二："文君姣好，眉色如望远山，脸际常若芙蓉，肌肤柔滑如脂。"

总把春山扫眉黛，不知供得几多愁。（唐·李商隐《代赠二首》其二）

龟山 传说中西王母和其他得道女仙所居之地。旧题东汉·桓驎《西王母传》："西王母者，九灵太庙龟山金母也。……为阴极之元，位配西方，母养群品，天上天下，三界十方，女子之登仙者、得道者咸所隶焉。"

羽车潜下玉龟山，尘世何由睹蕣颜。（唐·严休复《唐昌观玉蕊花折二绝》其二）

缑山 即缑氏山。相传王子乔（即周灵王太子晋）于缑山乘鹤成仙。后用以咏太子、鹤或升仙。见《列仙传》卷上《王子乔》。

苍苍秦树云，去去缑山鹤。（唐·元稹《别李三》）

历山 传说舜尝耕作于此，后因以成典。《史记·武帝本纪》："舜，冀州之人也。舜耕历山。"

沧海举歌夔是相，历山回禅舜为君。（唐·曹唐《三年冬大礼五首》其五）

骊山 在陕西省临潼县东南，因山形似骊马，呈纯青色而得名（一说古骊戎居此得名）。相传山上有烽火台，为周幽王举烽火戏诸侯处。周幽王死于山下，秦始皇葬于此。山下有温泉，唐明皇。置温泉宫，后改名为华清宫。后遂以咏秦始皇。亦以代指唐宫殿。见《史记·秦始皇本纪》《新唐书·地理志一·京兆府昭应》。

墓接骊山土未干，瑞光已向芒砀起。（唐·常楚老《祖龙行》）

一声玉笛向空尽，月满骊山宫漏长。（唐·张祜《华清宫四首》其二）

买山 指归隐山林。《世说新语·排调》："支道林因人就深公买印山，深公答曰：'未闻巢、由买山而隐。'"

支遁初求道，深公笑买山。（唐·孟浩然《宿立公房》）

蓬山[1] 见本页"三山"。

蓬山此去无多路，青鸟殷勤为探看。（唐·李商隐《无题》）

蓬山[2] 喻指秘书省或集贤殿书院。南朝齐·王元长《三月三日曲水诗序》："纪言事于仙室。"李善注引华峤《后汉书》："学者称东观为老氏藏室、道家蓬莱。"

蓬山有佳句，喜气在新题。（唐·权德舆《酬张秘监阁老》）

桥山 指帝王陵墓。《史记·武帝本纪》："黄帝崩，葬桥山。"

谁开黄帝桥山冢，明月飞光出九泉。（唐·徐夤《追和贾浪仙古镜》）

三山 指蓬莱、方丈、瀛洲等三座海外仙山，后代指仙境。亦作"蓬山""海上山""海中山"。见《史记·封禅书》。

三山来往寻常事，不省曾惊市井人。（唐·刘得仁《赠道人》）

烧山 形容求贤之急切心情。《三国志·魏书·阮瑀传》裴松之注引《文士传》："太祖雅闻瑀名，辟之，不应，连见逼促，乃逃入山中。太祖使人焚山，得瑀，送至，召入。"

饮水临人易，烧山觅士难。（唐·贯休《闻知闻赴成都辟请》）

绥山 代指仙境。《列仙传》卷上《葛由》："葛由者，蜀羌人也。周成王时，好刻木作羊卖之。一旦乘木羊入蜀。蜀中王侯贵人追之，上绥山。在峨眉山西南，高无极也。随之者不得复还，皆得仙道。绥山多桃，故里谚曰：'得绥山一桃，虽不得仙，亦足以豪。'"

经餐林卢李，旧食绥山桃。（南北朝·庾信《道士步虚词》其十）

巫山 山名。战国时楚怀王、襄王皆有游高唐、梦巫山神女荐寝事。后多用以咏美女或男女欢会。亦作"云雨巫山"。见宋玉《高唐赋序》《神女赋序》。

神女向高唐，巫山下夕阳。（唐·王无竞《巫山》）

下山 指弃妇。《玉台新咏·古诗八首》其一："上山采蘼芜，下山逢故夫。长跪问故夫，新人复何如？"

踟蹰下山妇，共申别离久。（唐·徐之才《下山逢故夫》）

小山 代指像淮南王那样善于招揽门客或文学之士的人。或指诗文高手。亦作"大小山""淮南大小山"。《楚辞·招隐士》东汉·王逸《序》："《招隐士》者，淮南小山之所作也。昔淮南王安博雅好古，招怀天下俊伟之士，自八公之徒，咸慕其德而归其仁，各竭才智，著作篇章，分造辞赋，以类相从，故或称小山，或称大山，其意犹《诗》有《大雅》《小雅》也。"

既荷大君恩，还蒙小山遇。（唐·张说《修书院学士奉敕宴梁王宅赋得树字》）

雪山 喻指佛寺。《艺文类聚》卷七六引《宋元嘉起居注》："阿罗单国王毗沙跋摩遣使云：'诸佛世尊，长乐安稳，处雪山阴。雪水流注，百川洋溢，以味清净，周围屈曲，从趣大海，一切众生，咸得受用。'"

愿寻五百仙人去，一世清凉住雪山。（唐·李群玉《文殊院避暑》）

中山 中山毫的省称。以中山兔毛所制之笔。常用作名笔的代称。晋·王羲之《笔经》："诸郡毫，惟中山兔肥而毫长，可用练熟绢也。"

洒染中山毫，光映吴门练。（唐·李白《殷十一赠栗冈砚》）

八公山 指战争失利之地。亦以咏战争。前秦苻坚于淝水之战时，登寿阳城望八公山草木，皆以为晋兵，乃大败。见《晋书·苻坚载记下》。

千载八公山下，尚断崖草木，遥拥峥嵘。（宋·叶梦得《八声甘州·故都迷岸草》）

北邙山 亦作邙山，指墓地，亦隐喻死亡。《后汉书·桓帝邓皇后纪》："诏废后，送暴室，以忧死。立七年，葬于北邙。"

北邙山头少闲土，尽是洛阳人旧墓。（唐·王建《北邙行》）

赐铜山 指因获宠而致富。亦作"金穴铜山""邓通铜山"。《史记·佞幸列传》："文帝时时如邓通家游戏。然邓通无他能，不能有所荐士，独自谨其身以媚上而已。上使善相者相通，曰'当贫饿死'。文帝曰：'能富通者在我也。何谓贫乎？'于是赐邓通蜀严道铜山，得自铸钱，'邓氏钱'布天下。其富如此。"

欢宴瑶台镐京集，赏赐铜山蜀道移。（唐·薛稷《奉和幸安乐公主山庄应制》）

画远山 指画眉毛，亦常用以形容夫妻或情侣之间感情的恩爱、甜蜜。《汉书·张敞传》："敞为京兆……又为妇画眉，长安中传张京兆眉怃。有司以奏敞，上问之，对曰：'臣闻闺房之内，夫妇之私，有过于画眉者。'上爱其能，弗责备也。"

更教谁画远山眉，又是陌头风细、恼人时。（宋·晏几道《虞美人·玉箫吹遍烟花路》）

哭阴山 原指汉武帝时匈奴因失去阴山而痛哭，后世因以指边塞战争，或御边胜利。《汉书·匈奴传下》："臣闻北边塞至辽东，外有阴山，东西千余里，草木茂盛，多禽兽，本冒顿单于依阻其中，治作弓矢，来出为寇，是其苑囿也。至孝武时，出师征伐，斥夺此地，攘之于幕北……边长老言匈奴失阴山之后，过之未尝不哭也。"

曾是五年莲府客，每闻胡虏哭阴山。（唐·武元衡《单于罢战却归题善阳馆》）

首阳山 指栖隐之地。相传伯夷、叔齐不食周粟，采薇于首阳山。见《史记·伯夷列传》。

永惟孤竹子，拂衣首阳山。（唐·白居易《访陶公旧宅》）

万岁山 即河南嵩山。咏帝王巡游。《汉书·武帝纪》："元封元年……诏曰：'朕用事华山，至于中岳。……翌日亲登嵩高，御史乘属，在庙旁吏卒咸闻呼万岁者三。登礼罔不答。其令祠官加增太室祠，禁无伐其草木。以山下户三百为之奉邑，名曰崇高，独给祠，复亡所与。'"颜师古注："荀悦曰：'万岁，山神称之也。'"

君王谦让泥金事，苍翠空高万岁山。（唐·杜牧《洛阳长句二首》其一）

望夫山　以咏思妇。北魏·郦道元《水经注》卷一〇《浊漳水》："漳水又东北历望夫山，山之南有石人，伫于山上，状有怀于云表，因以名焉。"

白玉高楼看不见，相思须上望夫山。（唐·李白《别内赴征三首》其一）

蚊负山　亦作负山，喻指不能胜任职务。《庄子·应帝王》："狂接舆曰：'日中始何以语女？'肩吾曰：'告我：君人者以己出经式义度人，孰敢不听而化诸！'狂接舆曰：'是欺德也。其于治天下也，犹涉海凿河而使蚊负山也。'"

楼台寂寞鼠成穴，岩石崔嵬蚊负山。（宋·高翥《过方孚若寺丞故庐》）

采药名山　指归隐山林。东汉襄阳人庞公，躬耕于岘山之南，其贤德与诸葛亮等人齐名。荆州刺史刘表多次请他做官，他都推辞不去。后携妻隐居鹿门山，采药以终。见晋·皇甫谧《高士传》卷下《庞公》。

寻诗野寺云黏屐，采药名山露湿衣。（宋·释文珦《收怀》）

带砺河山　帝王封赏功臣的誓词，后用以称颂获得晋封。《史记·高祖功臣侯者年表序》："封爵之誓曰：'使河如带，泰山若厉。国以永宁，爰及苗裔。'"

箭铁未销券未磨，带砺河山当复见。（明·林弼《题钱氏铁券卷》）

堕泪岘山　晋羊祜掌管荆州诸军事，驻襄阳。死后，其部属在岘山祜生前游息之地建碑立庙，每年祭祀。见碑者莫不流泪。杜预因称此碑为堕泪碑。见259页"堕泪碑"。

空思羊叔子，堕泪岘山头。（唐·李白《忆襄阳旧游赠马少府巨》）

覆篑成山　指持之以恒就能取得成功。《论语·子罕》："子曰：'譬如为山，未成一篑，止，吾止也。譬如平地，虽覆一篑，进，吾往也。'"

莫言贫贱长可欺，覆篑成山当有时。（唐·李颀《别梁锽》）

高卧东山　指晋谢安隐居东山，不肯出仕之事。后用以指隐居不仕。亦作"东山"。见《世说新语·排调》。

高卧东山岁将晚，何如一起为苍生。（宋·杨冠卿《次韵王宣干秋怀》）

巨灵开山　传说河神巨灵曾劈开华山以通黄河。张衡《西京赋》："缀以二华，巨灵赑屃，高掌远跖，以流河曲，厥迹犹存。"三国吴·薛综注："巨灵，河神也。……古语云，此本一山，当河水过之而曲行，河之神以手擘开其上，足蹋离其下，中分为二，以通河流，手足之迹，于今尚在。"

巨灵开山龙徒水，山魈水怪纷相牵。（清·陈德荣《焦山瘗鹤铭》）

刻铭天山　本指东汉窦宪领兵出塞，大破北匈奴，登燕然山，刻石记功事。后指立功边塞。见《后汉书·窦宪传》附《窦融传》。

洗剑青海水，刻铭天山石。（唐·杜甫《八哀诗·赠司空王公思礼》）

马向华山　指结束战争，恢复和平。《尚书·武成》："乃偃武修文，归马于华山之阳，放牛于桃林之野，示天下弗服。"旧题汉·孔安国传："山南曰阳，桃林在华山东，皆非养牛马之地，欲使自生自死，示天下不复乘用。"

马向华山烽冷，人安草亦千年。（宋·毛滂《清平乐·九茎为寿》）

气涌如山　形容十分气愤。《三国志·吴书·吴主传》："权终不听。渊果斩弥等，送其首于魏，没其兵资。权大怒，欲自征渊。"裴松之注引《江表传》："朕年六十，世事难易，靡所不尝，近为鼠子所前却，令人气涌如山。"

气涌如山白浪掀，声悲动地终风作。（宋·吴泳《洪都病中梦》）

三诏出山　指君主礼敬贤士。唐·刘肃《大唐新语·隐逸》："玄宗征嵩山隐士卢鸿，三诏乃至。及谒见，不拜，但磬折而已。问其故，鸿对曰：'臣闻老子云："礼者，忠信之薄。"不足可依。山臣鸿，敢不忠信奉见。'玄宗异之，诏入赐宴，拜谏议大夫，赐以章服，并辞不受。乃给米百石，绢五百疋，还隐居之所。"

三诏出山，一言悟主。古人料得皆虚语。（宋·侯彭老《踏莎行·十二封章》）

社结庐山　用以指高僧，亦可指文士结社。《五朝小说大观·魏晋小说》卷五《杂传家》引晋·佚名《莲社十八高贤传·不入社诸贤传》："谢灵运……至庐山，一见远公，肃然心伏，乃即寺筑台，翻《涅盘经》，凿池植白莲，时远公诸贤同修净土之业，因号白莲社。"

那应更结庐山社，见说心闲胜远公。（唐·赵嘏《寄浔阳赵校书》）

寿祝南山　祝寿之词。《诗经·小雅·天保》："君曰：卜尔，万寿无疆。……如月之恒，如日之升。如南山之寿，不骞不崩。"

寸心瞻北阙，万寿祝南山。（宋·胡仲弓《戊午天基圣节口号》）

耸膊成山　喻指体形瘦削。宋·刘悚《隋唐嘉话》："太宗宴近臣，戏以嘲谑，赵公无忌嘲欧阳率更曰：'耸髆成山字，埋肩不出头，谁家麟阁上，画此一猕猴。'"

捉衿见肘贫无敌，耸膊成山瘦可知。（宋·陆游《衰疾》）

宋玉登山　代指悲秋之情。见460页"宋玉悲秋"。

江风正摇落，宋玉莫登山。（唐·李端《送司空文明归江上旧居》）

天作高山　以咏山。《诗经·周颂·天作》："天作高山，大王荒之。彼作矣，文王康之。彼徂矣，岐有夷之行。子孙保之。"毛氏传："作，生。荒，大也。天生万物于高山，大王行道能安天之所作也。"

天作高山谁得料，解嘲试倩扬雄。（宋·辛弃疾《临江仙·莫笑吾家苍壁小》）

文章泰山　指受人仰戴的文学大师。《新唐书·韩愈传赞》："昔孟轲拒杨、墨，去孔子才二百年。愈排二家，乃去千余岁，拨衰反正，功与齐而力倍之，所以过况、雄为不少矣。自愈没，其言大行，学者仰之如泰山、北斗云。”

今代又尊韩。道吏部、文章泰山。（宋·辛弃疾《太常引·君王著意履声间》）

种豆南山　指罢官闲居。《汉书·杨敞传》附《杨恽传》：“恽，宰相子，少显朝廷，一朝以晻昧语言见废，内怀不服，报会宗书曰：‘……臣之得罪，已三年矣。田家作苦，岁时伏腊，烹羊炮羔，斗酒自劳。……其诗曰：田彼南山，芜秽不治，种一顷豆，落而为萁。人生行乐耳，须富贵何时！’”

种豆南山下，草盛豆苗稀。（晋·陶渊明《归园田居》其三）

拄笏看山　形容虽在高位，却不视官事，颇得闲情雅致。《世说新语·简傲》：“王子猷作桓车骑参军。桓谓王曰：‘卿在府久，比当相料理。’初不答，直高视，以手版拄颊云：‘西山朝来，致有爽气。’”

思君怕倚阑干北，拄笏看山竟落晖。（宋·仇远《寄朱饮冰》）

醉玉颓山　形容醉态，喻指醉酒。《世说新语·容止》：“嵇康身长七尺八寸，风姿特秀。见者叹曰：‘萧萧肃肃，爽朗清举。’或云：‘肃肃如松下风，高而徐引。’山公曰：‘嵇叔夜之为人也，岩岩若孤松之独立；其醉也，傀俄若玉山之将崩。’”

明年此会知何处，醉玉颓山不用辞。（宋·宋祁《九日宴射》）

三箭定天山　指大将武艺高强。亦用以称美将帅靖边立功。唐薛仁贵领兵击九姓突厥于天山，时九姓有众十余万，令骁骑数十人前来挑战，仁贵发三箭射杀三人，威慑敌营，使之俯首请降。见《旧唐书·薛仁贵传》。

已闻三箭定天山，何啻积甲齐熊耳。（宋·陆游《中夜闻大雷雨》）

张载勒铭山　以咏剑阁或蜀道。张孟阳（载）《剑阁铭》李善注：“臧荣绪《晋书》曰：‘张载父收，为蜀郡太守。载随父入蜀，作《剑阁铭》。益州刺史张敏见而奇之，乃表上其文。世祖遣使镌石记焉。’”

江绕武侯筹笔地，雨昏张载勒铭山。（唐·唐彦谦《兴元沈氏庄》）

衫shān

古下平，十五咸。逆白～褊～縠～朝～春～绯～复～官～袷～蕉～客～袴～蓝～罗～绿～蟒～蒙～衲～披～偏～青～轻～裙～舞～戏～油～云～皂～毡～罩～柘黄～征～紫～顺～带～褙～帽～袍～裙～袖～褑例莲子数杯尝冷酒，柘枝一曲试春衫。（唐·白居易《三月三日》）

典春衫　指为游赏春光，不惜典衣沽酒。唐·杜甫《曲江二首》之一：“朝回日日典春衣，每日江头尽醉归。”

人家谁有酒，吾与典春衫。（金·元好问《临江仙·试上古城城上望》）

火浣衫　火浣布（石棉）织成的衣服。因可用火燃法除去布上的污渍，故名。《列子·汤问》：“火浣之布，浣之必投于火。”《后汉书·西域传》《魏略·西戎传》均载大秦国出火浣布，《晋书·苻坚载记》载东晋时天竺献火浣布于苻坚。又《太平御览》卷四九三“奢”引《晋书》：“惠帝知富无以夸之，时外国进火浣布，天下更无，帝为衫，来幸（石）崇家。崇奴仆五十人皆衣火浣布衫祇承，帝大惭。”

抛却火浣衫，为把龙须麈。（明·王叔承《黑雪行苦旱遣闷》）

删shān

古上平，十五删。逆笔～繁文～节～刊～阑～讨～要～斩～顺～本～裁～采～次～窜～存～定～繁～割～革～缉～翦～节～举～掠～落～略～抹～弃～取～润～省～诗～拾～述～汰～洗～修～叙～削～刈～易～着～正～薙～撰例好境无处住，好处无境删。（唐·皮日休《明月湾》）

芟shān

①除草；割。②削去；除去。③大镰刀。

古下平，十五咸。逆裁～锄～戴～节～勤～芟～梢～稍～夷～刈～耘～斩～顺～除～定～剪～翦～芟～削～荑～刈～柞～正～薙例珠玉砂同弃，松筠草共芟。（唐·许浑《维舟秦淮过温州李给事宅》）

杉shān

木名。另见8页shā。

古下平，十五咸。逆池～高～古～桧～红～冷～秋～松～铁～云～长～稚～紫～顺～船～关～锦～径～科～篱～萝～松～月～赘～子例彭蠡湖边香橘柚，浔阳郭外暗枫杉。（唐·刘长卿《送孙逸归庐山》）

清晨云抱石，深夜月笼杉。（唐·严维《送桃岩成上人归本寺》）

膻（*羶、羴）shān

像羊肉的气味。

古下平，一先。逆慕～气～臊～腥～顺～秽～气～乡～芗～腥例骨肉清成瘦，莴蔓老觉膻。（唐·卢仝《自咏三首》其一）干戈未定，悲咤河洛尚腥膻。（宋·张元干《水调歌头·戎虏乱中夏》）

典慕膻　喻指仰戴贤人，并向之靠拢。《庄子·徐无鬼》：“卷娄者，舜也。羊肉不慕蚁，蚁慕羊肉，羊肉膻也。舜有膻行，百姓悦之，故三徙成都，至邓之虚而十有万家。”

鸳鹭皆回席，皋夔亦慕膻。（唐·韩偓《感事三十四韵》）

扇（*搧）shān

①摇动扇子或其他薄片。②用手掌打。③煽动。④宣扬；传播。⑤炽盛。另见698页shàn。

古下平，一先。逆波～搆～鼓～骄～狡～驱～战～顺～荡～拂～构～汗～和～赫～惑～奖～结～聚～酷～烈～虐～迫～席～訹～扬～摇～耀～诱例万万不成眠后、有谁扇。（宋·辛弃疾《南歌子·万万千千恨》）

跚shān

蹒跚，行不进貌。

古上平，十四寒。逆般～蹁～阑～盘～槃～蹒～跚～腾～顺～马～橇例天钧鸣响亮，天禄行蹒跚。（唐·皮日休《上真观》）

姗shān

古上平，十四寒。逆便～消～姗～笑～贻～顺～谤～诮～侮～笑～议例每上春泥向晓干。花间幽鸟舞姗姗。（宋·曾觌《鹧鸪天·每上春泥向晓干》）

珊shān

珊瑚的珊。

古上平，十四寒。逆阑～盘～槃～毵～珊～响珊～顺～钩～瑚～珊～网例又是重阳过了，东篱下、黄菊阑珊。（宋·舒亶《满庭芳·红叶飘零》）凭陵残醉步花间。风绰佩珊珊。（宋·贺铸《诉衷情·凭陵残醉

步花间》)

苫 shān 草垫,用草编织的覆盖物。另见699页shàn。

古下平,十四盐。又:去声,二十九艳异。逆草～茅～例虽有远心长拥篲,耻将新剑学编苫。(唐·韦庄《冬日长安感志二十韵》)

舢 shān 舢板,小船。

顺～板～舨

潸(*潸)shān 流泪。

古上平,十五删。又:上声,十五潸同。逆长～潸～顺～怅～慨～泪～流～然～泫例梨花带雨难并,似玉妃、寂寞微潸。(宋·李弥逊《十月桃·一枝三四》)中原旧游何在,频入梦、老眼空潸。(宋·张元干《十月桃·年华催晚》)

痁 shān 疟疾。另见677页diàn。

古下平,十四盐。又:去声,二十九艳同。

闩(閂、*櫦)shuān ①锁门。②锁门的木棍或铁棍。

古《广韵》:平声,删韵。逆门～顺～门

拴 shuān 缚系。

逆打～弯～顺～缚～束～通～线

栓 shuān ①器物上可开关的机件。②塞子。

古《广韵》:平声,仙韵。逆门～木～顺～皮

酸 suān

古上平,十四寒。逆哀～棓～悲～鼻～楚～甘～含～寒～鹄～酪～梅～拈～捻～念～捏～贫～凄～鞣～儒～痛～细～咸～心～辛～焉～酽～早禾～顺～哀～悲～鼻～惨～恻～楚～怆～丁～风～感～耿～哽～骨～寒～号～恨～怀～齑～急～苦～懒～泪～呜～凄～悭～柔～儒～伤～声～士～霜～俗～态～涕～咸～酾～赚～辛～削～酽～噎～吟～迂～衷例黯然何所为,相对但悲酸。(唐·高适《送蔡十二之海上》)

狻 suān 狻猊,传说中的一种猛兽。

古上平,十四寒。顺～猊～麑

贪(貪)tān

古下平,十三覃。逆倍～豺～叨～苟～激～骄～狼～廉～疗～悭～禽～去～攘～书～杳～饕～顽～罔～心～凶～酌～顺～爱～霸～暴～悖～鄙～愎～惼～褊～残～嗔～瞋～痴～侈～矗～黩～妬～蠹～惰～悍～壑～横～猾～荒～慌～祸～忌～觊～苛～赖～懒～滥～戾～遴～凌～陋～满～昧～命～缪～慕～囊～溺～佞～悭～巧～怯～赇～忍～茸～荣～啬～擅～奢～仕～势～嗜～骇～饕～餍～餮～枉～黠～憸～贤～幸～庸～谀～渔～躁～诈～占～忮～恣例近贫日益廉,近富日益贪。(唐·姚合《新昌里》)

典**羊狠狼贪** 喻指凶狠贪婪之人。《史记·项羽本纪》:"(宋义)因下令军中曰:'猛如虎,很如羊,贪如狼,强不可使者,皆斩之。'"

奴颜婢舌诚堪耻,羊狠狼贪自合羞。(宋·刘沆《述怀》)

摊(攤)tān

古上平,十四寒。又:去声,十五翰异。逆浮～画～冷～棚～软～散～舒～文～匀～顺～本～场～挡～档～底～赌～番～馆～还～簧～家～派～盆～破～蒲～认～软～书～损～头～戏～征例搅回砀、蛩吟似织,留恨意、月彩如摊。(宋·李之仪《玉蝴蝶·坐久灯花开尽》)

滩(灘)tān

古上平,十四寒。又:去声,十五翰异。逆黯淡～碧～叱～钓～赣～河～河漫～皇恐～惶恐～回～急～礁～惊～蓼～芦～明～鸣～盘～浦～瞿塘～使君～苏～溯～退～危～豁～险～雪～雁宿～滟滪～淤～渔～涨～顺～船～地～工～户～黄～簧～碛～声～潬～头～涂～响～子例迁客归人醉晚寒,孤舟暂泊子陵滩。(唐·刘长卿《使还》)惭愧梦魂无远近,不辞风雨到长滩。(唐·元稹《长滩梦李绅》)

典**七里滩** 即七里濑,严光隐居垂钓之所,借指隐逸。《后汉书·严光传》:"(严光)乃耕于富春山,后人名其钓处为严陵濑焉。"李贤注引顾野王《舆地志》:"七里濑在东阳江下,与严陵濑相接,有严山。"

短棹夷犹七里滩,人亡依旧水光寒。(宋·章才邵《题严子陵钓台》)

瘫(癱)tān

逆跛～单～风～疯～软～松～顺～废～风～痪～软～睡

探 tān 旧读。另见700页tàn。

古下平,十三覃。

坍 tān

古《广韵》:平声,谈韵。逆岸～崩～倒～天～顺～江～缩～台～颓～陷

您 tān 方言,"他"的敬称。

啴(嘽)tān ①喘息貌。②喜乐貌。③众多而威武貌。

古上平,十四寒。逆啴～顺～敦～哼例封侯自有处,征马去啴啴。(唐·张九龄《送赵都护赴安西》)

天 tiān

古下平,一先。逆鳌～碧～承～赤～冲～垂～刺～洞～梵～飞～拂～干～高～告～革～亘～关～贯～光～号～昊～皓～颢～横～胡～壶～皇～回～极～霁～镜～钧～开～丽～凉～辽～寥～撩～龙～罗～扪～迷～旻～侵～擎～穹～誓～霜～水～司～娲～问～瓮～舞～熙～晓～刑～形～吁～玄～悬～熏～薰～巡～阳～尧～遥～瑶～移～倚～玉～远～攒～占～长～终～朱～烛～顺～跸～碧～槎～车～墀～垂～锤～铎～飞～扉～风～垓～干～罡～戈～弓～公～功～阖～阶～京～景～钧～乐～末～畔～衢～阙～人～士～市～水碧～梭～维～问～锡～下～墟～天～钥～衣～乙～垠～隐～隅～宇～元～钺～云～泽～中～钟例他乡共酌金花酒,万里同悲鸿雁天。(唐·卢照邻《九月九日登玄武山》)浮云不系名居易,造化无为字乐天。(唐·李忱《吊白居易》)

典**冲天**[1] 本指周代王子乔控鹤冲天登仙之事,后遂以指仙客,或代指王子。见《列仙传》卷上《王子乔》。

闻有冲天客,披云下帝畿。(唐·崔融《和梁王众传张光禄是王子晋后身》)

冲天[2] 比喻才华一经施展,即有非凡表现。《韩非子·喻老》:"虽无飞,飞必冲天;虽无鸣,鸣必惊人。"

长吟空抱膝,短翮讵冲天。

(唐·骆宾王《叙寄员半千》)

垂天 本形容大鹏翅膀之广大,后以喻人才高志远。见253页“垂天翼”。

抢榆敢羡垂天翼,倚市从嗤刺绣文。(宋·陆游《龙钟》)

二天 称美地方官吏。或喻官员不徇私情,秉公办事。亦作“两重天”。汉冀州刺史苏章在巡视部属,查办老友清河太守不法受贿之案时,不以其罪而忘旧交,仍然宴请太守以叙往日之谊。太守感慨说:“人皆有一天,我独有二天。”见《后汉书·苏章传》。

二天开宠饯,五马烂生光。(唐·杜甫《江亭王阆州筵饯萧遂州》)

钧天 本为天帝居所,后借以指帝王。又为“钧天广乐”之省,代指仙乐或宫廷音乐。《史记·赵世家》:“赵简子疾,五日不知人,大夫皆惧。……居二日半,简子寤。语大夫曰:‘我之帝所甚乐,与百神游于钧天,广乐九奏万舞,不类三代之乐,其声动人心。’”

微臣从此醉,还似梦钧天。(唐·苏味道《初春行宫侍宴应制》)

射天 指犯上作乱或荒淫无道。《史记·殷本纪》:“帝武乙无道,为偶人,谓之天神。与之博,令人为行。天神不胜,乃僇辱之。为革囊,盛血,卬而射之,命曰‘射天’。”

浪作禽填海,那将血射天。(唐·杜甫《寄岳州贾司马六丈巴州严八使君两阁老五十韵》)

尺五天 比喻离帝王极近。清·王谟《汉唐地理书钞》辑辛氏《三秦记》:“城南韦杜,去天尺五。”汉韦曲、杜曲皆三辅地,为贵族豪门聚居之地。后遂以“天尺五”极言与宫廷相近。

翼挎北海三千里,身在西雍尺五天。(宋·姚勉《送同窗赵章甫上舍入京》)

飞龙在天 喻指帝王在其位。《易·干》:“九五,飞龙在天,利见大人。”孔颖达疏:“谓有圣佑之人得居王位。”

飞龙在天今十祀,重译来庭无远迩。(元·周伯琦《天马行应制作》)

呵壁问天 亦作“问天”“问青天”,指抒发胸中之忧思、愤懑。《楚辞·天问》王逸序:“屈原放逐……见楚有先王之庙及公卿堂,图画天地山川神灵,琦玮僪佹,及古贤圣怪物行事,周流罢倦,休息其下,仰见图画,因书其壁,呵而问之,以渫愤懑,舒泻愁思。”

分明犹惧公不信,公看呵壁书问天。(唐·李贺《公无出门》)

黄帝上天 帝王之死的讳称。《史记·封禅书》:“黄帝采首山铜,铸鼎于荆山下。鼎既成,有龙垂胡须下迎黄帝。黄帝上骑,群臣后宫从上者七十余人,龙乃上去。”

当时黄帝上天时,二十三管咸相随。(唐·李贺《苦篁调啸引》)

三十三天 梵语忉利天的意译。为欲界六天之二,在须弥山顶上。中央为帝释天,四方各有八天。故合成三十三天。后形容最高的地方。《智度论》卷九:“须弥山高八万四千由旬,上有三十三天城。”

一百八句在贝叶,三十三天长雨花。(唐·李商隐《安平公诗》)

添tiān

㊀下平,十四盐。㊁暗~白发~潮~加~凉~平~生~岁月~香~㊂~案~仓~差~乘~传~答~都~房~坟~附~革~给~换~祸~酒~力~觅~盆~梯~线~箱~削~展~妆~倅㊃宠行舟远泛,怯别酒频添。(唐·杜甫《东津送韦讽摄阆州录事》)别歌缘剑起,客泪是愁添。(唐·项斯《龙州与韩将军夜会》)

㊄**宫线添** 谓冬至后白昼渐长。宋·陈元靓《岁时广记》卷三八引《岁时记》:“晋魏间,宫中用红线量日影,冬至后日添长一线。”

宫线添尺余,朝来日未永。(宋·黄庭坚《饮润父家》)

湍tuān 急流。

㊀上平,十四寒。㊁奔~崩~城~驰~飞~风~鼓~豪~洪~回~洄~激~江~惊~浚~林~流~鸣~湍~清~弱~逝~束~松~素~悬~雪~迅~涌~争~㊂~波~洑~悍~回~激~急~决~快~濑~流~泷~鸣~怒~渍~瀑~驶~水~涛~险~渚㊃陇头闻戍鼓,岭外咽飞湍。(唐·卢照邻《早度分水岭》)积雪飞霜此夜寒,孤灯急管复风湍。(唐·杜甫《夜闻觱篥》)

弯(彎)wān

㊀上平,十五删。㊁打~弓~蹿~路~眉~牛~弯~膝~纤~月儿~肘~㊂~犇~弹~度~蛾~弓~躬~弧~环~矩~碕~跧~拴~卒㊃似见霜姿白,如看月彩弯。(唐·丁泽《上元日梦王母献白玉环》)几折湘裙烟缕细,一钩罗袜素蟾弯。(宋·晏几道《浣溪沙·已拆秋千不奈闲》)草堂松桂已胜攀。梢梢新月几回弯。(宋·向子諲《浣溪沙·乐在烟波钓是闲》)

㊄**虚弯** 假装弯弓射鸟,亦作“遥弯”。见636页“惊弦”。

涸鳞惊照辙,坠羽怯虚弯。(唐·骆宾王《途中有怀》)

湾(灣)wān

㊀上平,十五删。㊁港~拐~河~江~柳~深~腿~湾~溪~销夏~银~渔~转~㊂~澳~泊~环~澴~回~浦~碕~曲~然~头㊃晚风清近壑,新月照澄湾。(唐·王勃《长柳》)日日芙蓉生夏水,年年杨柳变春湾。(唐·姜皎《享龙池乐章》)

蜿wān 蜿蜒的蜿。

㊀上平,十三元。㊁盘~蟠~蜷~蛇~蜿~蜒~蝠~㊂~蝉~蜷~绕~蜒~蝘~蠌

豌wān 豌豆的豌。

㊀《广韵》:平声,桓韵。㊂~豆

剜wān 刀挖。

㊀上平,十四寒。㊁雕~神~挑~剜~㊂~补~改~挑㊃妙哉天造地设,谁复谓神剜。(宋·张友仁《水调歌·石屋势平旷》)

先xiān

㊀下平,一先。又:去声,十七霰异。㊁必~搀~唱~承~导~德~范~奉~福~古~贵~化~机~急~几~僭~促~居~寇~逆~驱~取~让~饶~儒~身~神~圣~帅~忘~无~相~享~修~依~豫~远~越~昨~㊂~媪~本~妣~鞭~蚕~策~倡~朝~畴~炊~春~慈~道~德~登~典~芬

～庚～公～功～构～姑～古～故～轨～汉～河～毂～觉～戒～景～酒～灵～零～令～龙～陇～垄～辂～路～论～民～鸣～铭～牧～年～配～妾～秦～卿～情～驱～容～儒～啬～赏～神～声～圣～胜～师～施～世～祀～嗣～条～通～系～醒～兄～绪～勋～严～业～医～茔～游～猷～友～域～远～泽～兆～哲～喆～郑～政～职～赀～资例一闻边烽动，万里忽争先。（唐·孟浩然《送陈七赴西军》）琼枝应比净，鹤发敢争先。（唐·钱起《省中对雪寄元判官拾遗昆季》）

典**霸先** 指陈高祖陈霸先。《南史·陈武帝本纪》："陈高祖武皇帝讳霸先，字兴国，小字法生，吴兴长城下若里人……九月辛丑，梁帝进帝位相国，总百揆，封十郡为陈公……位在诸侯王上……辛未，梁帝禅位于陈。"

霸先国破孟郊死，寂寞篷船到武康。（清·吕留良《舟次看武康山溪》）

顾彦先 代指郎官。陆机《赠尚书郎顾彦先二首》李善注引王隐《晋书》曰："顾荣，字彦先，吴人也，为尚书郎。"

谁识蔡姬贤。江南顾彦先。（宋·苏轼《菩萨蛮·城隅静女谁人见》）

举最先 称美州郡长官之词。《汉书·京房传》："元帝于是以房为魏郡太守，秩八百石，居得以考功法治郡。房自请，愿无属刺史，得除用它郡人，自第吏千石已下。"如淳注："令长属县，自课第殿最。"

不作临岐恨，惟听举最先。（唐·杜甫《送梓州李使君之任》）

仙（*僊）xiān

古下平，一先。逆八～笔～逋～不羡～茶～斥～词～丹～登～洞～遁～肥～凤～高～拐～海～鹤～乩～箕～剑～绛～金～九～酒～浪～李～列～灵～龙～吕～梅～墨～默～翩～坡～棋～潜～求～癯～儒～三～散～扇～诗～睡～思～苏～胎～梯～铁～通～铜～鼍～希～仙～谢～玄～学～养～瀛～游～玉～谪～真～证～顺～班～笔～跸～岑～槎～氅～倡～尘～俦～椿～谍～娥～梵～佛～凫～府～舸～馆～桂～翰～航～毫～卉～骥～阶～禁～旌～裾～龛～客～窟～流～楼～舻～箓～露～闾～侣～貌～袂～奴～葩～篇～圃～谱～峤～桥～卿～磬～雀～阙～桡～韶～师～史～使～室～释～手～书～姝～薮～闼～台～梯～庭～僮～蜕～尉～雾～霞～仙～心～萱～穴～芽～掖～仪～音～隐～游～舆～宇～羽～驭～域～园～媛～岳～韵～藻～造～仗～障～镇～芝～秩～钟～种～舟～主～馔～幢～樽例山暝行人断，迢迢独泛仙。（唐·卢照邻《葭川独泛》）岸傍花柳看胜画，浦上楼台问是仙。（唐·张九龄《奉和圣制龙池篇》）

典**逋仙** 指北宋隐士林逋。亦以咏梅。宋林逋隐于西湖孤山，不娶，种梅养鹤以自娱，人谓之"梅妻鹤子"，后世常以"逋仙"称誉之。见宋·梅尧臣《林和靖先生诗集序》。

寄语逋仙诗侣至，搀先开着数枝梅。（宋·王柏《舟中和陈子东》）

地仙 方士称住在人间的仙人。喻指闲逸栖隐之人。晋·葛洪《抱朴子·论仙》："《仙经》云，上士举形升虚，谓之天仙。中士游于名山，谓之地仙。下士先死后蜕，谓之尸解仙。"

望水寻山二里余，竹林斜到地仙居。（唐·李涉《秋日过员太祝林园》）

凫仙 东汉王乔会道术，任叶县令，上朝不乘车骑，只以官履所化双凫往来，后借指县令。见《后汉书·方术传上·王乔传》。

梅花香里倾杯酒，略与凫仙一探春。（宋·王炎《招诸宰饭六客堂以小诗代折简》）

梅仙 相传汉南昌尉梅福去官后成仙，故称为"梅仙"。后世遂用以代指县尉，亦用以指绝世仙隐。见《汉书·梅福传》。

梅仙自是青云客，莫羡相如却到家。（唐·温庭筠《送陈嘏之侯官兼简李常侍》）

臞仙 指在野文士，或形容身体清瘦。亦作"儒仙""山泽儒仙"。《汉书·司马相如传下》："相如见上好仙……以为列仙之儒居山泽间，形容甚臞，此非帝王之仙意也，乃遂奏《大人赋》。"

相看会作两臞仙，还乡定可骑黄鹄。（宋·苏轼《闻子由瘦》）

散仙 喻指放荡形骸、不受拘检之人。白居易《雪夜小饮赠梦得》："久将时背成遗老，多被人呼作散仙。"

轻鸥飞下仍飞去，汝在江湖是散仙。（宋·李流谦《即事》）

水仙 指泛游江湖或隐居自适。《太平广记》卷四二〇《陶岘》："陶岘者，彭泽令孙也。开元中，家于昆山，富有田业，则家人不欺能守事者，悉付之家事。身则泛游于江湖，遍行天下，往往数载不归，见其子孙成人，皆不辨其名字也。……岘且名闻朝廷。又值天下无事，经过郡邑，无不招延。岘拒之……吴越之士，号为'水仙'。"

漂泊南庭老，只应学水仙。（唐·杜甫《舟中》）

胎仙 指鹤。古代以鹤为仙禽，又相传胎生，故名。鲍照《舞鹤赋》："散幽经以验物，伟胎化之仙禽。"李善注引《相鹤经》："盖羽族之宗长，仙人之骐骥也。"

胎仙谁遣到尘寰，尽日清吟伴我闲。（宋·张釜《送鹤还齐云》）

稚仙 指葛洪。洪字稚川，传说其得道成仙，故称。见《晋书·葛洪传》。

山川道，如稚仙肯出，当拜君言。（宋·李君行《沁园春·三岛十洲》）

酒中仙 指李白，亦形容嗜酒。杜甫《饮中八仙歌》："李白一斗诗百篇，长安市上酒家眠，天子呼来不上船，自称臣是酒中仙。"

诗中日月酒中仙，平地雄飞上九天。（唐·殷文圭《经李翰林墓》）

李郭仙 亦作"李仙""人在舟中便是仙""舟中是仙"。指知己同游，或名流泛舟。《后汉书·郭太传》："（郭太）乃游于洛阳。始见河南尹李膺，膺大奇之，遂相友善，于是名震京师。后归乡里，衣冠诸儒送至河上，车数千辆。林宗唯与李膺同舟而济，众宾望之，以为神仙焉。"

江上舟中月，遥思李郭仙。（唐·岑参《送郭司马赴伊吾郡请示李明府》）

李谪仙　亦作谪仙，指李白，亦喻指才识高迈之人。唐·李白《对酒忆贺监二首·序》："太子宾客贺公，于长安紫极宫一见余，呼余为'谪仙人'，因解金龟换酒为乐。"

文章落落昌黎老，风物萧萧李谪仙。（宋·释仲渊《上苏子瞻》）

捉月仙　指李白。宋·洪迈《容斋随笔》卷三《李太白》："世俗多言李太白在当涂采石，因醉，泛舟于江，见月影，俯而取之，遂溺死。故其地有捉月亭。"

骚魂洒落沉湘客，玉色依稀捉月仙。（宋·刘克庄《水仙花》）

桂馆求仙　指帝王求仙。《汉书·郊祀志下》："公孙卿曰：'仙人可见……且仙人好楼居。'于是上令长安则作飞廉、桂馆，甘泉则作益寿、延寿馆，使卿持节设具而候神人。"

竹宫时望拜，桂馆或求仙。（唐·杜甫《覆舟二首》其二）

入海求仙　比喻祈求长生而终不可得。亦作"徐市求仙"。《史记·秦始皇本纪》："齐人徐市等上书，言海中有三神山，名曰蓬莱、方丈、瀛洲，仙人居之。请得斋戒，与童男女求之。于是遣徐市发童男女数千人，入海求仙人。……徐市等入海求神药，数岁不得，费多，恐谴，乃诈曰：'蓬莱药可得，然常为大鲛鱼所苦，故不得至……'"

故老皆言家即寺，痴儿误入海求仙。（宋·刘克庄《蒲涧寺》）

脱屣登仙　指弃家以求登仙。《史记·孝武本纪》："申功曰：'汉主亦当上封，上封则能仙登天矣。……'于是天子曰：'嗟乎！吾诚得如黄帝，吾视去妻子如脱躧耳。'"

明朝无一事，脱屣或登仙。（宋·郑獬《挽仁宗皇帝辞五首》其三）

鲜[1]（鲜）xiān　姓。另见664页xiǎn。

㊥下平，一先。㊣～于

鲜[2]（鲜、*鱻）xiān　另见664页xiǎn

㊥下平，一先。㊣百花～碧～冰～澄～楚～蕃～芳～膏～阁～贯～红～华～惠～击～嘉～艰～江～洁～絜～介～露华～明～烹～绮罗～轻～清～荣～蕤～色～森～韶～霜～微～霞～鲜～小～贞～珍～研～㊣～白～苞～灿～车～澄～楚～翠～滴～发～繁～芳～芬～肤～馥～膏～颢～华～辉～卉～霁～絜～晶～朗～磊～凉～茂～媚～秾～醲～绮～荣～柔～缛～色～盛～饰～爽～水～素～温～文～醒～妍～眼～肴～曜～耀～冶～逸～英～莹～腴～虞～羽～云～藻～泽～枝～妆～紫㊡冻柳含风落，寒梅照日鲜。（唐·刘孝孙《冬日宴于庶子宅各赋一字得鲜》）点绿斜蒿新叶嫩，添红石竹晚花鲜。（唐·王建《题花子赠渭州陈判官》）晴霜丽寒芜，微月露碧鲜。（唐·权德舆《酬穆七侍郎早登使院西楼感怀》）

㊥**击鲜**　宰杀活的牲畜禽鱼，充作美食。指饮食精美。《汉书·陆贾传》："数击鲜，毋久溷女为也。"颜师古注："鲜谓新杀之肉也。"

老子斋居罢击鲜，木盘竹箸每随缘。（宋·陆游《秋思》）

烹小鲜　比喻治国之道。《老子》第六十章："治大国若烹小鲜。"

何幸逢大道，愿言烹小鲜。（唐·高适《过卢明府有赠》）

纤（纖）xiān　细小。另见696页qiàn。

㊥下平，十四盐。㊣春～诞～毫～豪～洪～鸿～尖～巨～连～廉～眉～秾～轻～柔～水纹～纸～微～纤～修～腰～玉～指～㊣～白～草～绨～蠹～发～缟～弓～垢～珪～毫～翮～华～姣～芥～枯～纩～丽～鳞～柳～芒～媚～靡～妙～凝～秾～懦～魄～绮～曲～茸～柔～缛～软～疏～粟～碎～佻～婉～微～隙～瑕～小～形～秀～妍～艳～腰～冶～翳～隐～影～玉～约～月～云～仄～旨～指～质～足㊡舍西柔桑叶可拈，江畔细麦复纤纤。（唐·杜甫《绝句漫兴九首》其八）

㊥**宋纤**　指隐居高士。《晋书·隐逸传·宋纤传》："宋纤字令艾，敦煌效谷人也。少有远操，沈靖不与世交，隐居于酒泉南山。……酒泉太守马岌，高尚之士也，具威仪，鸣铙鼓，造焉。纤高楼重阁，距而不见。岌叹曰：'名可闻而身不可见，德可仰而形不可睹，吾而今而后知先生人中之龙也。'"

居山别有非山意，莫错将予比宋纤。（唐·贯休《山居诗二十四首》其五）

掀xiān

㊥上平，十三元。㊣波～风～力～腾～掀～抓～㊣～播～簸～动～发～番～轰～瓯～搅～揭～然～髯～射～腾～天～舞～掀～焰～扬～涌～擢㊡泉清或戏蛟龙窟，殿豁数尽高帆掀。（唐·唐扶《使南海道长沙》）

籼（*秈）xiān　籼稻，水稻的一类。

㊥下平，一先。㊣白～霜～洋～早～㊣～稻～米

躩xiān　蹁躩，旋行。

㊥下平，一先。㊣蹁～㊣～躩

掺（摻）xiān　女子手美貌。另见673页càn。

㊥下平，十五咸。㊣掺～㊣～手

莶（薟）xiān　豨莶，草名，菊科。另见656页lián、693页liàn。

㊥《广韵》：平声，盐韵。㊣莃～豨～

铦（銛）xiān　锋利。

㊥下平，十四盐。㊣宝刀～锋～毫～剑铓～铅～㊣～兵～达～锷～锋～钢～钩～利～铓～磨～锐～颖～锥㊡渚蒲抽芽剑脊动，岸荻迸笋锥头铦。（唐·刘禹锡《和牛相公南溪醉歌见寄》）

祆xiān　拜火教神名。

㊥下平，一先。㊣～教

氙xiān　气体元素。

㊣～灯

宣xuān

㊥下平，一先。㊣白～班～颁～笔～不～布～鬯～承～传～道～蕃～藩～风～敷～辅～光～恢～讲～降～节～谨～究～孔～明～穆～披～述～送～文～遐～相～泄～宣～旬～言～翼～彰～昭～正～重～自～㊣～隘～辨～播～畅～鬯～陈～敕～慈～赐～达～德～夺～风～敷～父～付～光～毫～弘～华～徽～惠～绩～节～劳～燎～流～漏～露～美～募～尼～平～洽～情～请～曲～取～劝～

散～赦～省～圣～使～示～室～授～疏～调～慰～锡～协～谢～榭～宴～窑～曜～夜～翼～引～饮～犹～游～猷～郁～源～赞～葬～章～昭～哲～臻～制～坐 例 诗情茶助爽，药力酒能宣。（唐·刘禹锡《酬乐天闲卧见寄》）

典 **仲宣** 王粲字。代指诗人、才士或幕宾。见《三国志·魏书·王粲传》。

江畔玉楼多美酒，仲宣怀土莫凄凄。（唐·韦庄《江上逢故人》）

周宣 即周宣王。刘孝标《辩命论》："周宣祈雨，珪璧斯罄。"刘良注："周宣王大旱祈雨，罄尽珪璧于神明而雨不至。"

作霖期傅说，为旱听周宣。（唐·苏颋《奉和马常侍寺中之作》）

喧（*諠）xuān 声音大。

古 上平，十三元。逆 避～蝉～嘲～车马～尘～烦～沸～浮～赫～厖～笳～惊～啾～篱～弄～山～声～世～市～俗～谇～涛～譁～喧～諠～夜雨～噪～震～作～ 顺 ～谤～卑～悖～播～勃～嗔～传～黩～繁～沸～纷～忿～聒～赫～哄～呼～厖～竞～啾～呶～然～热～诉～填～阗～譊～喧～妍～杂～噪～争 例 岂知人事静，不觉鸟声喧。（唐·王勃《春庄》）树接前驱拥，岩传后骑喧。（唐·韦嗣立《自汤还都经龙门北溪》）山观空虚清静门，从官役吏扰尘喧。（唐·王昌龄《武陵开元观黄炼师院三首》其三）

轩（軒）xuān ①车子的通称。②长廊。③楼板。④高。⑤窗。⑥屋檐。

古 上平，十三元。逆 层～甍～宸～乘～赤～輴～帝～雕～东～楯～輀～翻～幡～方～飞～风～高～还～鹤～鸿～华～皇～回～迴～金～锦～旌～开～连～凉～临～麟～铃～軨～櫺～雷～龙～銮～轮～茅～眉～梅～軿～秦～琴～青～轻～琼～戎～使～松～素～亭～庭～网～帏～文～犀～曦～象～小～星～轩～玄～轺～瑶～輶～鱼～玉～云～簪～征～轾～重～周～朱～珠～竹～驻～ 顺 ～岸～昂～骜～甓～敞～车～乘～达～帝～殿～帆～扉～盖～宫～鹤～户～皇～幌～榥～豁～鉴～颉～景～镜～举～巨～峻～槛～喾～旷～郎～廊～朗～礼～溜～龙～辂～箓～露～眉～宁～辔～屏～岐～骑～旗～砌～丘～裘～渠～裳～世～室～爽～耸～邃～台～唐～堂～特～腾～天～庭～铜～图～伟～牺～县～嚣～榭～秀～序～檐～尧～曜～耀～掖～毅～楹～輶～虞～宇～驭～芋～辕～越～峙～跱～朱 例 御苑残莺啼落日，黄山细雨湿归轩。（唐·郭震《寄刘校书》）塞草迎军幕，边云拂使轩。（唐·岑参《河西太守杜公挽歌四首》其三）

典 **乘轩** 指宠遇不当。亦作"大夫轩"。见92页"乘轩鹤"。

在野傅岩君不梦，乘轩卫懿鹤何功。（唐·郑启《严塘经乱书事》其一）

熊轩 指公侯或州郡长官。见187页"熊轼"。

麒阁一代良，熊轩千里躅。（唐·刘祎之《酬郑沁州》）

輶轩 本指使臣所乘之车，后以代指使臣。东汉·应劭《风俗通义·序》："周、秦常以岁八月遣輶轩之使，求异代方言。"

近臣远作輶轩使，法从臞于陋巷儒。（宋·刘克庄《挽礼侍中舍朔斋刘公三首》其二）

鱼轩 代指贵族夫人。《左传·闵公二年》："立戴公以庐于曹。许穆夫人赋《载驰》。齐侯……归夫人鱼轩。"杜预注："鱼轩，夫人车，以鱼皮为饰。"

锦衣余翟茀，绣毂罢鱼轩。（唐·王维《故南阳夫人樊氏挽歌》）

九折回轩 形容路途艰难，山势险要。见《汉书·王尊传》。

撕游傥为胜，九折幸回轩。（唐·李商隐《明禅师院酬从兄见寄》）

萱（*藼、萲、蕿、蕙）xuān 萱草。

古 上平，十三元。逆 北堂～椿～慈～树～堂～忘忧～无～仙～紫～尊～ 顺 ～草～亲～室～苏～堂～帏～闱 例 献替常焚藁，优闲独对萱。（唐·刘长卿《奉和杜相公新移长兴宅》）

典 **堂萱** 指母亲。亦作"北堂萱""慈萱"。《诗经·卫风·伯兮》："焉得谖草，言树之背。"毛氏传："谖草令人忘忧。背，北堂也。"

眼看庭玉成名后，身及堂萱未老时。（宋·范成大《致政承奉卢君挽词》）

暄 xuān ①温暖。②春末。

古 上平，十三元。逆 春～冬～负～寒～和～凉～流～凝～晴～日～沙～石～微～小～ 顺 ～风～寒～和～红～霁～凉～美～明～暖～萋～气～热～腾～席～新～煦～妍～燠～浊 例 家山一离别，草树匝春暄。（唐·杜荀鹤《冬末投长沙裴侍郎》）草鞁无尘心地闲，静随猿鸟过寒暄。（唐·杜荀鹤《山寺老僧》）

揎 xuān 捋袖出臂。

古 下平，一先。逆 排～ 例 头依苍鹘裹，袖学柘枝揎。（唐·路德延《小儿诗》）

埙（塤、*壎）xuān 又读。另见730页xūn。

烜 xuān 又读。①曝晒；晒干。②明亮；显著。③火盛貌。

古 上声，十三阮。逆 赫～日～ 顺 ～赫～烈～然～日～耀～奕～爚～洲～卓

谖（諼）xuān ①忘。②欺诈。

古 上平，十三元。逆 不～弗～怀～私～无～谖～造～诈～ 顺 ～草～浮～言 例 独有山阳宅，平生永不谖。（唐·钱起《经李蒙颍阳旧居》）

儇 xuān ①慧黠。②轻浮。

古 下平，一先。逆 便～轻～拳～佻～窕～儇～装～ 顺 ～薄～才～恶～浮～好～慧～狡～捷～丽～利～媚～目～浅～巧～狎～调～诈～子

翾 xuān 飞翔。

古 下平，一先。逆 便～翩～轻～翾～ 顺 ～翻～飞～风～轻～翔～翥～走 例 林幽不逢人，寒蝶飞翾翾。（唐·白居易《游悟真寺诗》）

嬛 xuān 便嬛，清丽貌。另见618页huán。

古 下平，一先。逆 便～嬛～琅～ 顺 ～薄～好～绵～佞 例 亦或尚华缛，亦曾为便嬛。（唐·皮日休《鲁望昨以五百言见贻》）

烟[1](*煙)yān

【古】下平，一先。【逆】苍～晨～冲～爨～村～飞～非～霏～孤～桂～含～寒～堠～荒～狼～林～凌～零～流～柳～蠓～暝～暮～暖～漆～樵～轻～人～瑞～兽～霜～松～素～晚～乌～无～夕～雪～野～云～榛～篆～紫～【顺】～霭～岸～陂～杯～鬓～波～岑～塍～船～翠～村～洞～帆～霏～氛～峰～烽～皋～阁～谷～光～壑～痕～虹～鸿～鬟～篁～幌～际～景～径～岚～浪～林～柳～露～峦～萝～缕～苗～杪～墨～霓～浦～峤～清～阙～容～蕊～沙～舍～曙～树～松～穗～蓑～涛～汀～艇～瓦～芜～骛～溪～艳～霞～霰～硝～销～霄～岫～雪～焰～野～影～屿～雨～月～云～帐～嶂～棹～舟～洲～竹～渚～姿【例】绿野明斜日，青山澹晚烟。（唐·虞世南《侍宴应诏赋韵得前字》）前望陇山屯剑戟，后凭巫峡锁烽烟。（唐·李衎《过白卫岭和韩昭》）洛桥晴影覆江船，羌笛秋声湿塞烟。（唐·薛能《杨柳枝》）

【典】**非烟**[1]　指吉兆。《史记·官书》："若烟非烟，若云非云，郁郁纷纷，萧索轮囷，是谓卿云。卿云，喜气也。若雾非雾，衣冠而不濡，见则其域被甲而趋。"

甘露盈条降，非烟向日生。（唐·卢渥《赋得寿星见》）

非烟[2]　代指美丽多才的姬妾。唐·皇甫枚《三水小牍·步飞烟》："临淮武公业，咸通中任河南府功曹参军。爱妾曰非烟，姓步氏。容止纤丽，若不胜绮。善秦声，好文墨，尤工击瓯，其韵与丝竹合。公业甚嬖之。"

记小江、风月佳时，屡约非烟游伴。（宋·贺铸《望湘人·厌莺声到枕》）

玉生烟　形容祥和气氛。唐·李商隐《锦瑟》："沧海月明珠有泪，蓝田日暖玉生烟。"

花石掩光龙吐气，芝田散彩玉生烟。（元·王冕《玄真观》）

紫玉成烟　春秋时，吴王夫差之女紫玉与韩重相恋，因父阻挠，郁闷而死。韩重归来吊唁，紫玉现身，与之成夫妇之礼。临别时，紫玉取明珠送给韩重。韩重后将此事告知夫差，示以明珠，夫差认为韩重盗墓，要逮捕他。紫玉为洗脱韩重罪名，现身相见，夫差夫人想要抱紫玉，紫玉却化烟散去。见晋·干宝《搜神记》卷一六。

前度刘郎重到日，那时紫玉已成烟。（清·于源《鹤秀塔》）

烟[2](*煙、菸)yān　烟草。

【古】下平，一先。【逆】卷～香～纸～【顺】～叶

淹yān

【古】下平，十四盐。【逆】沉～迟～该～涵～稽～亟～寂～久～遽～睽～漫～淹～滞～骤～【顺】～薄～被～泊～博～藏～缠～迟～冲～次～粹～睇～笃～阁～贯～晷～弘～厚～徊～缓～回～积～稽～疾～纪～济～寂～渐～禁～旷～留～流～沦～穆～屈～润～沈～识～逝～数～思～速～岁～涕～替～息～系～详～翔～消～雅～延～移～抑～游～远～蕴～中～驻～阻【例】日暮田家远，山中勿久淹。（唐·孟浩然《赠王九》）柳腰入户风斜倚，榆荚堆墙水半淹。（唐·韩偓《春尽日》）

【典】**才减江淹**　指文才衰退。见《南史·江淹传》。

谁信无聊为伊，才减江淹，情伤荀倩。（宋·周邦彦《选冠子·水浴清蟾》）

咽yān　咽喉的咽。另见705页yàn、133页yè、732页yīn。

【古】下平，一先。【逆】鲠～喉～吭～控～【顺】～颔～喉～吭～领～塞～项

胭(*臙)yān　胭脂的胭。

【古】《广韵》：平声，先韵。【顺】～粉～花～脂～脂花～脂井～脂山

嫣yān　①巧笑貌。②颜色浓艳。③连续；连接。

【古】下平，一先。【逆】婵～蝉～韩～【顺】～红～媚～绵～然～润～香～妍

焉yān　语助词。

【古】下平，一先。【逆】恻～蝉～儳～欻～嗒～忽～介～眷～喟～飘～阙～飒～少～乌～于～斩～【顺】～尔～耳～逢～乃～耆～酸～提～支【例】陆氏称龙终妄矣，汉家得鹿更空焉。（唐·贯休《山居诗二十四首》其十八）眼前富贵余事，所乐不存焉。（宋·魏了翁《水调歌头·万里蜀山险》）

【典】**终焉**　指隐居不仕。《南史·刘慧斐传》："慧斐少博学，能属文，起家梁安成王法曹行参军。尝还都，途经寻阳，游于匡山，遇处士张孝秀，相得甚欢，遂有终焉之志。因不仕，居东林寺。又于山北构园一所，号曰离垢园，时人仍谓为离垢先生。"

灌园曾取适，游寺可终焉。（唐·杜甫《回棹》）

殷yān　赤黑色。另见732页yīn、767页yǐn。

【古】上平，十五删。【逆】青～血～朱～【顺】～怪～痕～红～鲜～妍【例】故人薄暮公事闲，玉壶美酒琥珀殷。（唐·岑参《醉题匡城周少府厅壁》）映日纱窗深且闲，含桃红日石榴殷。（唐·刘复《夏日》）白珠垂露凝，赤珠滴血殷。（唐·白居易《游悟真寺诗》）

腌(*醃)yān　另见2页ā、787页āng。

【古】下平，十四盐。【逆】韭新～盐～糟～【顺】～藏～造～胙【例】或时熬，或时煮，或时腌。（宋·刘学箕《行香子·雪白肥鳒》）

燕yān　①周朝国名。②地名，河北北部。③姓。另见704页yàn。

【古】下平，一先。【逆】北～后～南～幽～【顺】～臣～陲～邸～甸～盖～歌～弓～公～谷～骨～关～馆～邯～弧～姬～佳～笳～謦～裾～砾～路～珉～阙～然～山～石～市～霜～说～驷～台～隗～犀～许～郢～咏～余～越～云～昭～智【例】开通州县斜连海，交割山河直到燕。（唐·王建《寄贺田侍中东平功成》）

【典】**游秦滞燕**　指奔波求仕，失意受挫。《史记·苏秦列传》："乃西至秦。秦孝公卒。说惠王……方诛商鞅，疾辩士，弗用。……去游燕，岁余而后得见。"

游秦复滞燕，不觉近衰年。（唐·许棠《冬杪归陵阳别业五首》其五）

奄yān　同"阉"。另见666页yǎn。

【逆】内～逆～权～刑～【顺】～党～官～

人～竖～寺～尹例奄堂新翻燕子笺，乌丝玉版谱朱弦。（明·刘中柱《题桃花扇传奇》）

阉(閹)yān　阉割。

古下平，十四盐。逆宦～权～寺～天～顺～珰～党～官～宦～阍～洁～九～茂～奴～然～人～使～侍～竖～寺～谒～尹～稚

崦yān　崦嵫，山名。

古下平，十四盐。逆青～山～西～斜～云～顺～嵫例宛转若游丝，浅深栽绿崦。（唐·顾况《山径柳》）

厌(厭)yān　安闲；安稳。另见29页yàn、704页yā。

古下平，十四盐。逆厌～例暮雨自归山悄悄，秋河不动夜厌厌。（唐·李商隐《楚宫二首》其二）白石桥高吟不足，红霞影暖卧无厌。（唐·贯休《山居诗二十四首》其五）

蔫yān　又读。另见596页niān。

阏(閼)yān　①干支中"甲"的别称。②阏氏，匈奴王后的称号。另见91页è。

古《广韵》：平声，先韵。又：平声，仙韵同。顺～逢～蓬～氏

湮yān　①埋没②淤塞。另见732页yīn。

古《广韵》：平声，先韵。顺～沉～沦～灭～没

鸳(鴛)yuān　鸳鸯，鸟名。

古上平，十三元。逆彩～风～孤～鸿～鹭～青～沙～双～文～枕～顺～班～被～彩～钗～池～俦～雏～篼～凤～行～鸿～湖～会～机～鹭～鸾～侣～盟～梦～偶～排～匹～绮～衾～寝～情～色～树～瓦～帏～文～绡～屧～序～鸯～掖～帐～枕～氂～杼例况值新晴日，芳枝度彩鸳。（唐·李君何《曲江亭望慈恩寺杏园花发》）

鸢(鳶)yuān　鸟名，即鸱，也称老鹰。

古下平，一先。逆鸱～跕～雕～断～飞～风～鸣～木～乌～枭～鱼～纸～顺～鸱～蹲～堕～肩～鸣～梯～尾～鱼例落日明沙岸，微风上纸鸢。（唐·刘得仁《访曲江胡处士》）

典**跕鸢**　喻指险恶的处境。见281页"鸢跕水"。

寄书地正当回雁，晤语身方走跕鸢。（宋·曾几《吴元中少宰复官守长沙以诗贺之》）

渊(淵)yuān

古下平，一先。逆沧～澶～澄～池～赴～甘～桂～宏～洪～浸～穽～静～骊～临～龙～魄～堑～弱～塞～山～善～神～沈～潭～渟～通～投～颓～洧～湘～星～玄～旋～璇～严～义～禹～虞～羽～玉～郁～渊～员～云～重～坠～紫～顺～奥～碧～冰～泊～才～禅～沉～淳～粹～岱～黛～澹～洞～放～府～富～谷～广～轨～海～涵～浩～弘～宏～寄～鉴～匠～襟～浸～旷～朗～流～沦～昧～密～眇～邈～妙～谟～漠～谋～穆～凝～洽～虬～泉～壤～儒～塞～沈～圣～识～淑～薮～肃～邃～损～泰～潭～听～停～通～涂～微～伟～洿～猷～心～信～雅～严～嶷～义～诣～意～懿～映～咏～涌～隅～虞～跃～云～泽～沼～照～旨～衷～渚例萍实空随浪，珠胎不照渊。（唐·石殷士《日华川上动》）

典**颜渊**　孔子弟子，品行高尚，安贫乐道。亦作"子渊"。见269页"颜回"。

咫尺颜渊坐，高风无古今。（宋·毛滂《题陈用中行藏楼》）

虞渊　指太阳。《淮南子·天文训》："至于虞渊，是谓黄昏。至于蒙谷，是谓定昏。日入于虞渊之汜，曙于蒙谷之浦。"

我兴视夜不复眠，坐看朝暾浴虞渊。（宋·陆游《夏日五鼓起戏书》）

人笑褚渊　指大臣失节。褚渊字彦回，南朝宋文帝婿。本受宋明帝遗命，与袁粲同辅苍梧王（后废帝），后参与萧道成代宋的活动。南齐建立，被封为南康郡公。时人讥讽其身事二朝，曰："可怜石头城，宁为袁粲死，不作彦回生。"事见《南史·褚裕之传》附《褚彦回传》。又《南齐书·乐颐传》附《乐预传》："人笑褚公，至今齿冷。"

人笑褚渊今齿冷，只有袁公不死。（宋·杜旟《酹江月·江山如此》）

冤(*寃、寃)yuān

古上平，十三元。逆辨～偿～沉～称～雠～窦娥～断～负～呼～家～埋～孽～剖～侵～秦～寝～情～伸～深～沈～释～讼～怨～洗～衔～泄～宿～雪～讯～业～缧～饮～幽～遭～直～顺～报～谗～沉～单～兜～篼～对～怼～氛～伏～害～恨～横～怀～揭～结～句～聚～滥～戾～鸟～虐～殍～魄～牵～愆～谴～亲～屈～塞～伤～沈～首～薮～痛～诬～侮～系～釁～延～业～抑～谮～滞～状例湘波无限泪，蜀魄有余冤。（唐·李商隐《哀筝》）

典**孝妇冤**　东海孝妇蒙冤被杀，郡中大旱三年，后冤情被雪，天降霖雨。后遂以"孝妇冤"代指女子遭受不白之冤，或用以为久旱无雨之典。见《说苑·贵德》。

不见东海郡，孝妇冤欲伸。（宋·赵蕃《闵雨》）

薏苡冤　指人遭受谤毁、蒙受冤屈。见845页"薏苡谤"。

功成自合分茅土，何事翻衔薏苡冤。（唐·胡曾《咏史诗·铜柱》）

鹓yuān　鹓雏，古书上凤凰一类的鸟。

古上平，十三元。逆彩～飞～凤～楼～鹭～鸣～文～顺～班～步～彩～池～墀～雏～鶵～毳～邸～凤～扶～鸽～阁～行～鸿～鹄～禁～胪～鹭～鸾～轮～侣～鹏～绮～实～纹～序～舆～羽～鸳～沼～氂例夔龙一顾重，矫翼凌翔鹓。（唐·李白《赠宣城赵太守悦》）

宛yuān　古县名。另见663页wǎn。

古上平，十三元。逆大～顺～县～叶～郢例今日歌天马，非关征大宛。（唐·储光羲《和张太祝冬祭马步》）

典**征大宛**　指汉武帝遣使求大宛所产汗血宝马不得，兴师伐宛之事。后遂用以咏骏马。见《汉书·西域传上》。

今日歌天马，非关征大宛。（唐·储光羲《和张太祝冬祭马步》）

蜎yuān　①孑孓。②蜎蜎，虫类蠕动爬行貌。

古下平，一先。又：上声，十六铣同。

逆蝉～蟺～蜎～蝙～顺～蝼～蠋

眢yuān ①眼睛枯陷。②枯竭。古上平，十三元。又：上平，十四寒同。逆井～顺～谷～井～井翁～窟例罅处似天裂，朽中如井眢。（唐·皮日休《上真观》）

悁yuān ①气愤。②忧郁。③通"痟"，疲乏。

古下平，一先。逆悲～便～烦～忿～愤～悁～忧～顺～忿～劳～闷～勤～想～邑～悒例还如旧相识，倾壶畅幽悁。（唐·韩愈《送灵师》）

簪zān 别住发髻的条状物。

古下平，十二侵。又：下平，十三覃同。逆笔～碧～朝～抽～翠～道～堕～凤～冠～合～横～华～鬟～髻～解～髡～落～梅～朋～瓶～琼～散～著～投～脱～亡～犀～瑶～衣～遗～缨～玉～簪～豸～珠～顺～笔～弁～带～戴～导～朵～珥～绂～挂～冠～珪～盍～笏～花～环～徽～笄～裾～菊～屦～履～冕～枭～裹～佩～裳～绅～剃～头～橐～轩～缨～组例早朝非晚起，束带异抽簪。（唐·孟浩然《京还赠张维》）

典**抽簪** 指弃官隐退。张景阳《咏史》："抽簪解朝衣，散发归海隅。"

万一差池似前事，又应追悔不抽簪。（唐·白居易《戊申岁暮咏怀三首》其三）

玳簪 即玳瑁簪。形容衣饰华美，亦用以指幕僚。《乐府诗集》卷六七晋·张华《轻薄篇》："横簪刻玳瑁，长鞭错象牙。"

十载归来鬓未凋，玳簪珠履见常僚。（唐·温庭筠《寄河南杜少尹》）

华簪 华簪为贵官所用，故常用以指高官。亦可以代指头部。晋·陶渊明《和郭主簿二首》其一："此事真复乐，聊用忘华簪。"

睥睨三层连步障，茱萸一朵映华簪。（唐·卢纶《九日奉陪侍郎登白楼》）

朋簪 指朋辈。亦作"盍朋簪"。《易·豫卦》："九四，由豫，大有得，勿疑。朋盍簪。"唐·孔颖达疏："盍，合也。簪，疾也。若有不疑于物以信待之，则众阴群朋合聚而疾来也。"

几年寥落负秋光，剩喜朋簪列耐堂。（宋·卫宗武《赴野渡招赏桂》）

蓍簪 以蓍草做的簪子，后常用以指故物或故旧。又以"不忘蓍簪"指不忘故旧。亦作"遗簪"。《韩诗外传》卷九载，孔子出游少源之野，遇因遗失蓍草做的簪子而悲泣的妇人，使弟子问其缘故，妇人曰："乡者刈蓍薪而亡吾蓍簪，吾是以哀也。""非伤亡簪也，吾所以悲者，盖不忘故也。"

既闻留缟带，讵肯掷蓍簪。（唐·韦庄《同旧韵》）

投簪 指弃官。亦作"弃华簪"。孔稚圭《北山移文》："昔闻投簪逸海岸，今见解兰缚尘缨。"

解佩投簪，求田问舍。黄鸡白酒渔樵社。（宋·苏轼《踏莎行·山秀芙蓉》）

把菊满头簪 指重阳佳节。唐·杜牧《九日齐山登高》："江涵秋影雁初飞，与客携壶上翠微。尘世难逢开口笑，菊花须插满头归。"

醉也从他儿女手，争把菊，满头簪。（宋·陈著《江城子·人生难满百年心》）

糌zān 糌粑，青稞麦炒熟后磨成的面。

顺～粑

占zhān ①占卜。②窥察。③推测。④验证。⑤揣度。另见709页zhàn。

古下平，十四盐。逆高～顾～观～惊～旷～窥～视～眺～仰～遥～瞻～顺～步～察～辞～法～风～覆～工～卦～龟～候～家～决～梦～墓～年～气～人～日～色～射～蓍～视～筮～书～术～算～岁～天～问～谕～相～辛～验～繇～应～月～云～兆～者～状例清词一一侵真宰，甘取穷愁不用占。（唐·皮日休《奉和鲁望病中秋怀次韵》）

瞻zhān 往前或往上看。

古下平，十四盐。逆傍～驰～高～顾～观～迴～惊～具～俱～旷～窥～马首～欧～旁～平～企～翘～式～视～天下～眺～喜～遐～斜～欣～仰～遥～游～瞻～顺～拜～避～博～察～驰～迟～戴～谛～睇～睹～奉～顾～观～韩～笏～怀～见～觐～敬～渴～窥～揆～赖～览～礼～恋～眄～慕～念～跂～企～涉～省～侍～视～瞬～思～颂～眺～听～望～闻～乌～晤～羡～谢～巡～徇～言～仰～养～谒～依～仪～逸～迎～重～诸～瞩例三飞四回顾，欲去复相瞻。（唐·李白《秋浦感主人归燕寄内》）

毡(氈、*氊)zhān 羊毛压制物。

古下平，一先。逆白～拜～半～餐～池～地～寒～蛮～旃～罽～青～蛩～戎～王～无～雨～针～桌～顺～案～笔～车～城～毳～邸～房～盖～冠～毦～褐～罽～巾～笠～帘～庐～炉～墨～幕～墙～裘～厦～衫～毹～堂～韦～幄～屋～席～乡～雪～针例晨朝降白露，遥忆旧青毡。（唐·杜甫《与任城许主簿游南池》）

典**半毡** 指顾怜寒士，或咏寒士好学。亦作"半席寒毡"。见610页"谢毡"。

半毡未暖还伤别，一臂初交又解携。（唐·胡宿《赵宗道归辇下》）

谢毡 指向人施恩。《梁书·江革传》："江革字休映，济阳考城人也。……十六丧母，以孝闻。服阕，与观俱诣太学，补国子生，举高第。齐中书郎王融、吏部谢朓雅相钦重。朓尝宿卫，还过候革，时大雪，见革弊絮单席，而耽学不倦，嗟叹久之，乃脱所著襦，并手割半毡与革充卧具而去。"

开口人皆信，凄凉是谢毡。（唐·郑谷《寄左省张起居》）

子敬毡 美称儒者世家。《晋书·王羲之传》附《王献之传》："夜卧书斋中，而有人入其室，盗物都尽。献之徐曰：'偷儿，青毡我家旧物，可特置之。'群偷惊走。"王献之，字子敬。

渊明柳老秋多雨，子敬毡寒夜有霜。（宋·张耒《官舍岁暮感怀书事五首》其五）

坐无毡 形容官吏清廉贫素。《晋书·吴隐之传》："寻拜度支尚书、太常，以竹篷为屏风，坐无毡席。"

坎壈如公莫怨天，谪居端是坐

无毡。(宋·张元干《和杨聪父闻雨书怀》)

啮雪吞毡 原指汉代苏武被匈奴囚禁，睡在雪地里，吃毛毡，却不向匈奴屈服之事。后以此指生活穷困、节操坚贞。亦以咏雪。又作“雪里餐毡”。见《汉书·苏武传》。

剑淅矛炊几生死，啮雪吞毡终铁石。(清·汤贻汾《文丞相松风炉歌》)

沾zhān

古下平，十四盐。逆不～赐～均～露～普～濡～沾～顺～背～被～补～扯～唇～逮～带～溉～干～寒～化～济～浃～渐～接～衿～襟～赉～恋～漉～袍～霈～泣～洽～亲～濡～润～识～渥～涔～锡～恤～益～浥～臆～缨～膺～沾～粘～滞～足～醉例村晚惊风度，庭幽过雨沾。(唐·杜甫《晚晴》)修廊架空远岫入，弱柳覆槛流波沾。(唐·刘禹锡《和牛相公南溪醉歌见寄》)水恨同心隔，霜愁两鬓沾。(唐·陆龟蒙《秋日遣怀十六韵寄道侣》)

粘zhān 另见626页nián。

古下平，十四盐。逆汗～糊～落花～霜～顺～竿～连～贴例立久病足折，兀然黐胶粘。(唐·贾岛《玩月》)

旃zhān ①古代赤色、无饰、曲柄的旗子。②代词。

古下平，一先。逆白～采～徂～翠～行～虹～画～旌～鸾～靡～勉～旆～曲～桡～戎～使～细～拥～优～张～顺～帛～车～毳～廗～褐～罽～旌～罗含～蒙～冕～旆～裘～戎～蒻～厦～檀～荼罗～席～衣～茵～帐例刹风回雕辇，帆虹间彩旃。(唐·李峤《闰九月九日幸总持寺登浮图应制》)吟处美人擎笔砚，行时飞鸟避旌旃。(唐·方干《献浙东王大夫二首》其一)

邅zhān ①难行不进貌。②转；改变方向。

古下平，一先。逆乘～迴～屯～远～月～迍～顺～厄～徊～回～蹇～漫～穷～途～涂～屯～危～迍例楚云何掩郁，湘水亦回邅。(唐·赵冬曦《奉酬燕公见归田赋垂赠之作》)生涯已寥落，国步乃迍邅。(唐·杜甫《秋日夔府咏怀奉寄郑监李宾客一百韵》)

饘(饘*飦)zhān 稠粥。

古下平，一先。逆臝～羹～梁～麦～橐～饔～粥～顺～粑～臛～麋～食～蔬～饩～酏～饮～鬻～粥～酎例徒步求秋赋，持杯给暮饘。(唐·卢嗣业《致孙状元诉醵罚钱》)

詹zhān ①多言。②至；到达。③供给。④姓。

古下平，十四盐。逆宾～宫～顾～翰～詹～顺～卜～草～端～公～敬～慕～事～唐～糖～望～香～尹～詹～诸～子例禹步星纲动，焚符灶鬼詹。(唐·元稹《开元观闲居》)

谵(譫)zhān 病中胡言。

古《广韵》：平声，盐韵。逆昏～渠～呓～语～顺～妄～言～呓～语～谆

鹯(鸇)zhān 猛兽。

古下平，一先。逆苍～化～霜～鹰～鸷～顺～雀～鱼例夕阳悲病鹤。霜气动饥鹯。(唐·张籍《赠殷山人》)

典效鹰鹯 鹰鹯，喻忠勇之人。效鹰鹯指讨伐叛逆。《左传·文公十八年》：“见有礼于其君者，事之如孝子之养父母也。见无礼于其君者，诛之如鹰鹯之逐鸟雀也。”

乘威灭蜂虿，戮力效鹰鹯。(唐·杜甫《秋日夔府咏怀奉寄郑监李宾客一百韵》)

鳣(鱣)zhān 大鱼名。

古下平，一先。逆有～顺～岫～鱼例何地无江湖，何水无鲔鳣。(唐·刘禹锡《有獭吟》)雪迸起白鹭，锦跳惊红鳣。(唐·白居易《游悟真寺诗》)

专(專、*耑)zhuān

古下平，一先。逆不敢～猜～独～笃～行～红～骄～精～静～开～夘～农事～情～擅～万～心～业贵～造～贞～志虑～专～自～顺～爱～偪～愎～兵～柄～策～朝～臣～诚～辞～道～端～封～功～固～僭～谨～经～精～敬～据～决～君～阃～泑～勒～吏～陋～戮～乱～美～蒙～命～佞～弄～平～悫～擅～赦～势～室～署～司～肆～威～习～信～刑～勋～颛～责～掌～折～辄～征～知～志～诛～恣例汲书荀勖定，汉史蔡邕专。(唐·卢纶《和常舍人》)顾影无依倚，甘心守静专。(唐·元稹《酬窦校书二十韵》)

典一壑自专 指对浅薄自足之人的嘲讽，亦用以自嘲。《庄子·秋水》：“子独不闻夫埳井之蛙乎？谓东海之鳖曰：‘吾乐与！出跳梁乎井干之上，入休乎缺甃之崖；赴水则接腋持颐，蹶泥则没足灭跗；还虷蟹与科斗，莫吾能若也。且夫擅一壑之水，而跨跱埳井之乐，此亦至矣，夫子奚不时来入观乎！’东海之鳖左足未入，而右膝已絷矣。”

一壑自专，五柳笑人，晚乃归田里。(宋·辛弃疾《哨遍·一壑自专》)

砖(磚、*甎、塼)zhuān

古下平，一先。逆八～八花～茶～雕～纺～缸～构～汉～花～怀～擂～镁～面～秦～铜～投～顽～望～文～押～砚～漾～玉～运～顺～茶～雕～褐～匠～镜～口～甓～塔～位～线～砚例人归三岛路，日过八花砖。(唐·韩偓《感事三十四韵》)古寺拆为修寨木，荒坟开作甃城砖。(唐·杜荀鹤《旅泊遇郡中叛乱示同志》)

典八砖 指翰林学士。见166页“八砖学士”。

驰名早已超三院，侍直仍忻步八砖。(唐·邓洵美《答同年李昉见赠次韵》)

怀砖 喻指百姓势利，翻脸无情。北魏·杨衒之《洛阳伽蓝记》卷二：“太傅李延实者，庄帝舅也。永安年中除青州刺史。临去，奉辞，帝谓实曰：‘怀砖之俗，世号难治。舅宜好用心，副朝廷所委。’……齐土之民，风俗浅薄，虚论高谈，专在荣利。太守初欲入境，百姓皆怀砖叩首，以美其意。及其代下还家，以砖击之。言其向背速于反掌。是以京师谣语云：狱中无系囚，舍内无青州。假令家道恶，服中不怀愁。怀砖之义，起于此也。”

怀砖大舰如迎日，供帐阊门胜去时。(宋·王安石《公辟枉道见过获闻新诗因叙叹仰》)

鱄zhuān 鱼名。

古《广韵》：平声，仙韵。又：上声，獮

韵同。逆洞庭～

颛（顓）zhuān ①拘谨；老实。②善良。③同"专"。

古下平，一先。逆颛～顺～兵～醇～辞～笃～断～对～固～国～很～已～家～决～君～阃～利～美～门～蒙～面～名～命～寝～权～擅～事～童～项～学～意～庸～臾～征～政～制～恣

钻（鑽）zuān ①穿过；进入。②钻研。③钻营。另见710页zuàn。

古上平，十四寒。逆刁～雕～攻～铁凿～衔内～研～仰～顺～充～刺～动～发～访～干～攻～龟～疾～劲～窥～懒～厉～砾～砺～炼～摩～磨～谋～弄～皮～求～腮～沙～思～瓦～味～修～玄～擘～仰～咏～踰～缘～阅～灼例虽至负乘寇，初无挟术钻。（唐·张九龄《荆州作二首》其二）

躜（躦）zuān 向上跳或向前冲。

古《集韵》：平声，桓韵。顺～路～行

平声·阳平

残（殘）cán

古上平，十四寒。逆百～碑～鬓～逋～逞～除～春～蕖～殚～掸～凋～雕～冬～花～隳～歼～酒～脍～阑～懒～零～慢～梦～飘～破～棋～侵～秋～驱～阙～胜～衰～岁～饕～颓～尪～夕阳～香～刑～朽～夜～夷～遗～月～诛～蕞～顺～薄～杯～碑～编～步～草～蝉～春～悴～党～伐～芳～俸～釭～膏～稿～寒～河～横～红～虹～壶～花～荒～晖～魂～机～疾～迹～碣～酒～菊～卷～苛～刻～客～困～腊～黎～烈～僇～戮～露～掠～梅～猛～梦～民～年～篇～品～魄～棋～弃～戕～秋～躯～阙～热～山～生～岁～息～席～霞～香～心～刑～凶～削～雪～艳～雁～阳～夜～邑～佚～英～莺～雨～月～云～照～竹～妆～酌～恣～醉～尊～樽例璜亏夜月落，靥碎晓星残。（唐·李治《七夕宴悬圃二首》其一）

蚕（蠶）cán

古下平，十三覃。逆冰～草石～樗～春～椿～红～槐～家～僵～金～课～眠～起～竖～熟～天～野～浴～柞～樟～顺～薄～箔～池～箪～儿～凫～耕～宫～官～馆～禾～候～户～花～姬～家～礼～笼～缕～麻～麦～眉～命～母～女～缫～妾～曲～人～桑～缫～穑～神～蚀～矢～事～室～书～术～胎～台～头～屋～乡～蟹～芽～崖～盐～叶～衣～渔～月～攒～贼～织～纸～种～作～座例太行青草上白衫，匣中章奏密如蚕。（唐·李贺《酒罢张大彻索赠诗》）

典**刀剑化耕蚕** 指地方官治政有绩。汉宣帝时，渤海因饥荒，居民多带持刀剑为盗，龚遂为太守后，劝民"卖剑买牛，卖刀买犊"，遂移风易俗，人民富安。见《汉书·循吏传·龚遂》。

文字起骚雅，刀剑化耕蚕。（宋·辛弃疾《水调歌头·寒食不小住》）

惭（慚、*慙）cán

古下平，十三覃。逆抱～不～词～负～感～顾～怀～惶～悔～惊～兢～疚～愧～内～靦～无～谢～心～羞～忧～余～震～自～顺～豹～悲～怖～恻～怅～耻～蹙～德～丁～忿～愤～伏～服～负～感～胲～骇～汗～荷～恨～皇～惶～悔～讳～恚～魂～急～悸～惊～疚～沮～惧～慷～慨～栗～赧～赧～讷～忸～怒～恧～企～怯～顺～悚～叹～惕～忝～腆～惋～谢～幸～嚎～颜～隐～仄～震～灼～罪～怍例地首地肺何曾拟，天目天台倍觉惭。（唐·李旦《石淙》）

典**胡广惭** 指大臣辱节。《后汉书·李固传》："中常侍曹腾等闻而夜往说冀曰：'……不如立蠡吾侯，富贵可长保也。'冀然其言。明日重会公卿，冀意气凶凶，而言辞激切。自胡广、赵戒以下，莫不慑惮之。……（冀）畏固名德终为己害，乃更据奏前事，遂诛之，时年五十四。临命，与胡广、赵戒书曰：'……公等受主厚禄，颠而不扶，倾覆大事，后之良史，岂有所私？……'广、戒得书悲惭，皆长叹流涕。"

孔光尊董贤，胡广惭李固。（唐·李华《杂诗六首》其五）

蟾 chán ①蟾蜍，两栖动物。②借指月亮。

古下平，十四盐。逆白玉～半～冰～步～彩～窗～钓～孤～桂～海～寒～皎～金～景～亏～凉～灵～明～清～琼～秋～缺～霜～素～铜～乌～西～仙～小～晓～新～砚～瑶～银～玉～圆～髭～顺～背～彩～蜍～跛～妃～宫～钩～光～桂～壶～户～辉～精～镜～窟～轮～盘～魄～阙～兔～吻～砚～影～月～枝～诸例偷桃窃药事难兼，十二城中锁彩蟾。（唐·李商隐《月夜重寄宋华阳姊妹》）

典**兔蟾** 代指月。亦作"寒蟾""化蟾""金蟾""老蟾""凉蟾""清蟾""秋蟾""霜蟾""素蟾""银蟾""小蟾""蟾蜍"。《艺文类聚》卷一引刘向《五经通义》："月中有兔与蟾蜍何？月，阴也；蟾蜍，阳也，而与兔并明，阴系于阳也。"

兔蟾迸作双轮现，金火溶成一鉴秋。（宋·汪莘《中秋月五首》其五）

乌蟾 代指日与月。《史记·龟策传》："孔子闻之曰：'神龟知吉凶，而骨直空枯。日为德而君于天下，辱于三足之乌。月为刑而相佐，见食于虾蟆。'"

乌蟾俱沈光，昼夜恨暗度。（唐·陆龟蒙《奉酬袭美苦雨四声重寄三十二句》）

禅（禪）chán 泛指佛教事物。另见699页shàn。

古下平，一先。逆参～打～谈～逃～悟～坐～顺～庵～伯～刹～床～道～德～灯～定～法～扉～锋～阁～宫～关～观～规～和～户～话～慧～机～偈～寂～家～经～居～句～铠～龛～客～窟～寮～林～侣～律～门～魔～衲～念～栖～师～士～室～数～思～寺～榻～谈～庭～味～悟～心～眼～衣～意～友～宇～语～源～悦～杖～真～旨～钟～众～子～宗～祖～坐例人疑白楼赏，地似竹林禅。（唐·陈子昂《夏日游晖上人房》）

典**玉版禅** 代指笋。宋·惠洪《冷斋夜话》卷七："（苏轼）尝要刘器之（安世）同参玉版和尚。……至廉泉寺，烧笋而食。器之觉味胜，问

此笋何名？东坡曰：‘即玉版也。此老师善说法，要令人得禅悦之味。’于是器之乃悟其戏，为大笑。”

园蔬入市不论钱，忍口休参玉版禅。（宋·王炎《偶行后圃成三绝》其一）

一指头禅 佛教禅宗用语，指万法终归于一。宋俱胝和尚向天龙和尚询问佛教教义，天龙竖一手指，俱胝大悟。此后凡有人向俱胝求教，他也常竖一指。临死前曰：“吾得天龙一指头禅，一生用不尽。”见《景德传灯录·俱胝和尚》。

何似一指头禅，一生受用不尽。（宋·释心月《偈颂一百五十首》其八十）

蝉（蟬）chán 昆虫。

㊍下平，一先。㊐鬓～残～翠～玳瑁～钿～貂～飞～高～寒～槐～金～枯～凉～孟家～鸣～青～秋～蜩～听～蜿～衔～新～玄～燿燿～喑～银～玉～蝓～㊑～弁～鬓～唱～翅～貂～珥～冠～花～化～槐～鬟～嘒～机～急～娟～攫～露～冕～鸟～佩～清～匾～緌～纱～啼～纹～嫣～衣～翼～吟～饮～蜎～媛～韵～噪～紫～组㊒将秋数行雁，离夏几林蝉。（唐·李世民《秋日二首》其一）散影玉阶柳，含翠隐鸣蝉。（唐·李世民《赋得弱柳鸣秋蝉》）

㊓**貂蝉** 代指达官显宦。《后汉书·舆服志下》：“武冠，一曰武弁大冠，诸武官冠之。侍中、中常侍加黄金珰，附蝉为文，貂尾为饰，谓之‘赵惠文冠’。”

昔滥貂蝉长，同承雨露霏。（唐·张说《岳州别赵国公王十一琚入朝》）

绿蝉 指妇女的鬓发。晋·崔豹《古今注》卷下《杂注》：“魏文帝宫人绝所宠者，有莫琼树、薛夜来、田尚衣、段巧笑四人，日夕在侧。琼树乃制蝉鬓，缥眇如蝉翼，故曰蝉鬓。”

新客下马故客去，绿蝉秀黛重拂梳。（唐·李贺《夜来乐》）

齐蝉 代指蝉。晋·崔豹《古今注》卷下《问答释义》：“牛亨问曰：‘蝉名齐女者何?’答曰：‘齐王后忿而死，尸变为蝉，登庭树，嘒唳而鸣。王悔恨。故世名蝉曰齐女也。’”

阮啸经时尽，齐蝉度日吟。（宋·李宗谔《清风十韵》）

七叶貂蝉 比喻祖孙世代为高官，安享富贵。左思《咏史八首其二》：“金张籍旧业，七叶珥汉貂。”李善注：“《汉书·金日磾赞》曰：‘夷狄亡国，羁虏汉庭，七叶内侍，何其盛也。’七叶，自武至平也。又《张汤传赞》曰：‘张氏之子孙相继，自宣元已来，为侍中、中常侍者凡十余人，功臣之后，唯有金氏、张氏亲近贵宠，比于外戚。’珥，插也。董巴《舆服志》曰：‘侍中、中常侍，冠武弁，貂尾为饰。’”

金张七叶貂蝉贵，寂寞子云谁数。（元·王结《摸鱼儿·快秋风飒然来此》）

缠（纏）chán

㊍下平，一先。又：去声，十七霰异。㊐扳～般～版～包～臂～搭～担～封～附～鉤～瓜蔓～鬼～和～徽～羁～搅～缴～锦～樛～拘～连～恋～麻～迷～绵～磨～牵～软～丝～斯～餔～藤～拖～歪～涎～香～星～淹～银～婴～萦～支～㊑～蔽～错～达～带～袋～缚～骨～回～混～疾～嚼～缴～结～经～累～令～络～縻～绵～缅～磨～迫～牵～染～惹～商～声～束～说～挽～弦～陷～萦～纡～约～札～仗～帐～障～织～絷～滞㊒朽骨穴蝼蚁，又为蔓草缠。（唐·杜甫《遣兴三首》其一）

谗（讒）chán 说别人坏话。

㊍下平，十五咸。又：去声，三十陷同。㊐谤～避～猜～谄～塈～萋～工～遘～毁～讥～奸～进～口～圣～贪～听～投～顽～诬～嚣～邪～慵～忧～遇～冤～遭～㊑～谤～臣～唇～诋～妒～妬～诽～夫～构～诟～蛊～害～惑～讥～姬～嫉～计～忌～客～戮～谋～逆～孽～佞～怒～欺～巧～杀～舌～书～说～徒～枉～妄～诬～阋～隙～幸～凶～言～焰～谀～语～贼～谮㊒水石应容病，松篁未听谗。（唐·陆龟蒙《和袭美江南书情二十韵》）

馋（饞）chán

㊍下平，十五咸。㊐击～解～老～清～手～贪～慵～㊑～扠～灯～鼎～风～鬼～魂～火～嚼～渴～劳～痨～獠～佞～食～嗜～水～态～唾～吻～涎～相～眼～鱼～脂㊒驰坑跨谷终未悔，为利而止真贪馋。（唐·韩愈《酬司门卢四兄云夫院长望秋作》）

孱 chán 瘦弱；软弱。另见673页 càn。

㊍上平，十五删。又：下平，一先同。㊐病～孱～肤～高～孤～惊～空～莱～老～羸～驽～懦～贫～气～青～清～尫～猥～虚～愚～㊑～孱～德～钝～夫～妇～昏～肌～羸～孱～昧～懦～躯～弱～僮～王～细～质㊒俾其羁旅死，实觉天地孱。（唐·皮日休《鲁望昨以五百言见贻》）

婵（嬋）chán 婵娟。①姿态美好。②指月亮。

㊍下平，一先。㊐婉～㊑～娟～连～联～婉～嫣～媛

廛 chán ①古代民居之区域。②泛指房屋。

㊍下平，一先。㊐百～编～村～附～耕～关～郊～灵～氓～区～市～贯～受～肆～通～一～邑～园～征～㊑～布～邸～沽～郭～闬～居～廊～里～路～人～舍～市～税～肆～野～宅㊒狐兔同三径，蒿莱共一廛。（唐·白居易《新昌新居书事四十韵因寄元郎中张博士》）

潺 chán 潺潺，形容水流动的声音。

㊍上平，十五删。又：下平，一先同。㊐潺～淙～潈～潦～水～幽～㊑～潺～淙～颜～湲～沄㊒斜对寺楼分寂寂，远从溪路借潺潺。（唐·王建《昭应官舍》）

躔 chán 兽的行迹。

㊍下平，一先。㊐次～踆～斗～高～行～经～魁～龙～廿八～青～日～顺～跕～新～星～榆～月～灾～㊑～陛～次～度～结～离～探㊒辉华侵月影，历乱写星躔。（唐·温庭皓《观山灯献徐尚书》）

镵（鑱）chán ①铁制刨土工具。②刺。

㊍下平，十五咸。又：去声，三十陷异。㊐白木～采药～花～镌～犁～

锼～雪～长～顺～鼎～朕～镌～刻～入～石～天～削～云～凿～针

巉chán 山势高险貌。

古下平，十五咸。又：上声，二十九豏同。逆巉～断厓～嵌～崖～崭～顺～剥～差～巉～巘～绝～刻～空～立～峭～然～耸～岏～屼～险～崄～秀～削～岩～崀～崪～岨例紫气氤氲捧半岩，莲峰仙掌共巉巉。（唐·温庭筠《老君庙》）

单(單)chán ①单于，匈奴君主的称号。②单阏，古纪年用名。另见585页dān、699页shàn。

古下平，一先。顺～于～阏

欃chán ①木名，即檀。②欃枪，彗星的别名。

古下平，十五咸。逆天～顺～枪～檀～云

瀍chán 水名，在河南。

古下平，一先。逆涧～伊～顺～河～涧～洛～邙例归云已落涪江外，还雁应过洛水瀍。（唐·骆宾王《艳情代郭氏答卢照邻》露菊班丰镐，秋蔬影涧瀍。（唐·杜甫《秋日夔府咏怀奉寄郑监李宾客一百韵》）

僝chán ①烦恼；忧愁。②摧残；折磨。

古《广韵》：平声，山韵。逆昏～饥～顺～僽～陋～弱～憸～骤

澶chán 澶渊，古湖泊名。

古下平，一先。逆漫～宛～顺～湉～渊～湲

劖chán ①凿。②刺。③剜；割。

古下平，十五咸。逆刀～镌～削～顺～刀～刻～削～刈例逸翮怜鸿翥，离心觉刃劖。（唐·元稹《送崔侍御之岭南二十韵》）

船(*舩)chuán

古下平，一先。逆帮～榜～冰～并～拨～裁～漕～茶～楚～艖～蜑～渡～凫～革～舭～贡～官～贯～归～红～画～金～酒～蹶～空～苦～浪～雷～莲～舲～龙～泷～拢～楼～艛～陆～蛮～碾～旗～绮～师～踏～霆～蚊～系～孝廉～巡～烟～摇～野～移～檥～驿～银～鹰～玉～罾～斋～棹～捉～柉～顺～帮～步～埠～乘～丁～舫～宫～户～楫～骥～家～舰～匠～民～篷～钱～桥～艄～师～台～头～位～坞～闸～主～子例大孤山远小孤出，月照洞庭归客船。（唐·顾况《小孤山》）海雨沾隋柳，江潮赴楚船。（唐·耿沣《送郭秀才赴举》）

典**金船** 指酒杯。北周·庾信《北园新斋成应赵王教诗》："文弦入舞曲，月扇掩歌儿。玉节调笙管，金船代酒卮。"

朝朝沈醉引金船，不觉西风满树蝉。（唐·韦庄《绛州过夏留献郑尚书》）

赤马船 代指快船。晋·崔豹《古今注》卷下《杂注》："孙权名舸为赤马，言其飞驰如马之走陆也。"

钓丝风里瓜皮稳，不上吴江赤马船。（清·陆费瑔《春游杂兴》）

邓侯船 邓攸为政清廉，怜恤百姓，离任时"百姓数千人留牵攸船，不得进，攸乃小停，夜中发去"。见《晋书·良吏传·邓攸传》。

津亭路，犹如五鼓，难驻邓侯船。（宋·李洤《满庭芳·麦秀连云》）

鄂君船 楚王母弟鄂君子皙泛舟湖上，越女为之操舟，并作歌赞之。后因以"鄂君船"为泛舟之典。见《说苑·善说》。

回看帝子渚，稍背鄂君船。（唐·陆龟蒙《江南曲五首》其五）

五湖船 指取得事功而后归隐江湖。范蠡助越王勾践伐吴之后辞官归隐，乘扁舟，入三江，泛五湖，隐姓埋名。事见东汉·赵晔《吴越春秋·勾践伐吴外传》。

非思鲈鱼脍，且弄五湖船。（唐·李群玉《将之吴越留别坐中文酒诸侣》）

杨仆楼船 亦作"楼船"。代指朝廷出师南征。《汉书·酷吏传·杨仆传》："杨仆者，宜阳人也。……稍迁至主爵都尉，上以为能。南越反，拜为楼船将军，有功，封将梁侯。"

黄香省闼登朝去，杨仆楼船振旅归。（唐·皇甫冉《送袁郎中破贼北归》）

传(傳)chuán ①传达。②传播。③传染。另见709页zhuàn。

古下平，一先。逆宾～宸～称～单～沸～感～孤～轰～讙～赍～急～寄～讲～节～惊～久～绝～浪～胪～谬～缪～模～散～觞～神～盛～师～世～送～俗～投～习～袭～遐～心～薪～宿～虚～喧～周～梓～宗～顺～案～本～禀～布～湌～草～禅～称～灯～镫～貂～读～讹～番～芳～风～烽～讽～服～福～付～甘～歌～庚～观～国～化～火～籍～继～家～箭～讲～戒～刻～空～馈～蜡～劳～领～留～流～摹～派～签～声～矢～示～世～首～述～水～嗣～诵～颂～飧～揭～踏～汤～帖～锡～习～贤～香～写～心～薪～馨～信～宣～衍～业～遗～疑～艺～影～咏～语～谕～誉～运～盏～掌～诏～政～卮～烛～奏～嘴例亲朋云雾拥，生死岁时传。（唐·沈佺期《哭苏眉州崔司业二公》）

典**一灯传** 比喻传授佛法精要，亦指以精要秘诀相传授。《维摩诘所说经》卷上《菩萨品》："于是诸女问维摩诘，我等云何止于魔宫？维摩诘言：诸姊有法门名无尽灯，汝等当学。无尽灯者，譬如一灯燃百千灯，冥者皆明，明终不尽。"

参井黄昏云雾里，光明犹有一灯传。（宋·释宝昙《呈胡舍人二首》其一）

妙处不传 指精妙之处语言无法表达。见《世说新语·文学》。

丹青妙处不可传，轮扁斫轮如此用。（宋·黄庭坚《题画扇》）

圯上家传 指兵法韬略不凡，深得高人相授。《史记·留侯世家》载张良游邳圯上，遇一老父，得其传兵书一编，诵习之，后为汉高祖师。

韬略故家传圯上，行藏高志似隆中。（宋·姜特立《赋张舍人抱啸堂五首》其五）

椽chuán ①椽子，安在檩上连接屋面板和瓦的条。②房屋间数。

古下平，一先。逆笔如～碧玉～采～椺～尺～撺～榱～架～僦～茅～楪～荣～神～数～危～屋～一～竹～顺～笔～樽～栋～桷～栾～杙～烛例几杖将衰齿，茅茨寄短椽。（唐·杜甫《回棹》）

典**笔如椽** 称人能文。《晋书·王导传》附《王珣传》："珣梦人以大笔如椽与之，既觉，语人云：'此当有

大手笔事。'俄而帝崩，哀册谥议，皆珣所草。"

古人浪语笔如椽，何人解把笔题天。（宋·杨万里《谢邵德称示淳熙圣孝诗》）

遄chuán　迅速。

古下平，一先。顺～返～飞～行～急～疾～流～迈～奭～逝～水～死～速～涂～往～迅～征

攒（攢、*欑）cuán　①聚在一起，拼凑。②待葬的棺柩。另见668页zǎn。

古上平，十四寒。逆蚕～斗～蜂～花～迴～剑戟～龙～麦芒～眉～启～起～青～云～竹～顺～殡～动～集～聚～射例九陌浮埃减，千峰爽气攒。（唐·司空曙《和王卿立秋即事》）

凡（*凢）fán

古下平，十五咸。逆百～尘～都～发～锦～荆～举～据～临～圣～世～是～私～思～脱～仙～胥～要～愚～治～诸～总～最～顺～暗～薄～卑～辈～笔～鄙～蔽～宾～才～曹～草～尘～俦～底～典～歌～骨～花～迹～家～旧～枯～类～俚～吏～僚～鳞～流～笼～碌～伦～侣～念～鸟～驽～品～轻～情～僧～殇～世～庶～数～调～徒～微～响～裔～臆～翼～音～愚～宇～羽～语～缘～韵～智～主例危言昔日尝无隐，壮节今来信不凡。（唐·徐铉《送元帅书记高郎中》）

烦（煩）fán

古上平，十三元。逆悲～便～不惮～酲～愁～丛～惮～黩～发～烦～费～奉～浩～昏～夥～激～煎～解～剧～倦～苛～冒～溷～迷～民～磨～奈～捻～啓～扰～骚～相～嚣～虚～絮～喧～雪～殷～忧～冤～憎～窒～中～重～作～顺～暴～悖～鄙～察～肠～酲～楚～舛～错～黩～富～聒～缓～惑～积～几～襟～倦～峻～苛～渴～刻～苦～酷～匮～困～滥～礼～敛～笼～虑～袪～溷～缪～难～腻～茹～缛～散～伤～省～碎～文～芜～务～悉～细～惬～言～疑～殷～缨～膺～纡～郁～狱～冤～缘～奏例切切别思缠，萧萧征骑烦。（唐·韦夏卿《别张贾》）

典**楼烦**　古代北方部族名，精于骑射。后泛指北方边疆少数民族或以借指善射的将士。《史记·匈奴列传》："秦穆公得由余，西戎八国服于秦。……而晋北有林胡、楼烦之戎。"

天阶分斗极，地理接楼烦。（唐·骆宾王《早秋出塞寄东台详正学士》）

繁fán

古上平，十三元。逆便～拨～昌～冲～春～丛～纷～阜～浩～夥～济～笳～椒～旌～剧～浓～秾～骈～巧～寝～冗～挐～桑麻～阗～调～物～鲜～器～星～雄～喧～諠～殷～枝～重～蒯～滋～顺～博～茂～密～难～闹～盛～体～星～育例移家深入桂水源，种柳新成花更繁。（唐·戴叔伦《柳花歌送客往桂阳》）数派清泉黄菊盛，一林寒露紫梨繁。（唐·卢纶《晚次新丰北野老家书事呈赠韩质明府》）

樊fán　①关鸟兽的笼子。②篱笆。③边缘。④纷杂貌。

古上平，十三元。逆差～尘～楚～防～衡～篱～林～笼～前～丘～邱～山～脱～玉～顺～篱～笼～然～垣～中例新松引天籁，小柏绕山樊。（唐·储光羲《昭圣观》）

典**小樊**　代指歌女、家妓等。唐·刘禹锡《寄赠小樊》："花面丫头十三四，春来绰约向人时。终须买取名春草，处处将行步步随。"

楚观云归，重见小樊惊。（宋·晁补之《江城子·娉娉闻道似轻盈》）

蕃fán　①（草木）茂盛。②滋生；繁殖。③众多。

古上平，十三元。逆八～北～边～便～车～称～储～阜～富～归～还～翰～和～六～面～南～逆～骈～戚～啓～青～睿～守～四～土～吐～外～西～下～衍～养～远～竹～孳～滋～宗～顺～昌～茂～息～衍

藩fán　莸藩，药草名，即知母。另见588页fān。

古上平，十三元。逆莸～

蘩fán　白蒿。

古上平，十三元。逆采～洁～绿～苹～例月落清湘棹不喧，玉杯瑶瑟奠蘋蘩。（唐·杜牧《闻开江相国宋下世二首》其二）

矾（礬）fán　化学名词。

古上平，十三元。逆打～胆～黑～黄～绛～枯～榷～山～生～土～香～朱～例幽过溪兰，清胜山矾。（宋·韩玉《行香子·一剪梅花》）

墦fán　坟。

古上平，十三元。逆春～东郭～乞～丘～

燔fán　①焚烧。②烤。③通"膰"。

古上平，十三元。逆焚～攻～燎～灵～炰～炮～烹～脯～烧～煨～羞～灾～顺～荡～告～骨～祭～溃～燎～瘗～烈～灭～溺～炰～炮～破～器～燃～爇～丧～烧～石～祀～燧～煨～销～刑～瘗～玉～指例持杯收水水已覆，徙薪避火火更燔。（唐·李益《汉宫少年行》）心如木中火，忧至常自燔。（唐·鲍溶《山行经樵翁》）

含hán

古下平，十三覃。逆半～苞～窗～饭～含～迴～浑～混～泪～敛～情～润～山～视～韬～渊～月色～顺～哀～悲～笔～哺～藏～嗔～赪～齿～愁～楚～辞～翠～忖～道～德～愤～风～膏～歌～梗～诟～光～红～花～怀～景～灵～露～眸～纳～情～忍～荣～沙～伤～噬～吮～思～素～态～桃～啼～涕～味～文～笑～欣～羞～秀～蓄～煦～熏～饴～英～颖～咏～玉～贞～珠～姿例清旭楚宫南，霜空万岭含。（唐·杜甫《朝二首》其一）烟洞几年悲尚在，星桥一夕帐空含。（唐·威《联句》）

韩（韓）hán

古上平，十四寒。逆报～边～弁～辰～富～呼～孟～慕～～三～商～申～识～瞻～张～追～子～顺～哀～白～杯～碑～才～蝶～杜～娥～范～风～冯～国～康～令～柳～卢～獹～马～孟～欧～朋～彭～凭～檠～山石～诗～寿～坛～魏～香～湘～徐～掾～岳～张～终～众～子

例出山因觅孟，踏雪去寻韩。（唐·贯休《怀诸葛珏二首》其一）文章俊伟，颖露囊锥，名动万里呼韩。（宋·高观国《雨中花·旆拂西风》）

典**呼韩**　代指敌对部落之首领。《汉书·匈奴传上》：“姑夕王恐，即与乌禅幕及左地贵人共立稽侯狦为呼韩邪单于。”

百万逐呼韩，频年不解鞍。（唐·皎然《从军行五首》其三）

窥韩　指女子对男子恋慕而有私情。又作“贾氏窥帘”。晋贾充属吏韩寿姿容秀美，贾充女在门帘后窥见而悦之，两人私通。贾女窃异香与寿，贾充闻香而察其事，遂嫁女与寿。见《世说新语·惑溺》。

休问望宋墙高，窥韩路隔。（宋·廖莹中《个侬》）

三韩　指马韩、辰韩与弁辰，代指朝鲜。见《后汉书·东夷传》。

三韩初静乱，八桂始披襟。（唐·褚遂良《辽东侍宴山夜临秋同赋临韵应诏》）

金锤报韩　代指报国仇。《史记·留侯世家》：“留侯张良者，其先韩人也。……秦灭韩。……良尝学礼淮阳，东见仓海君，得力士，为铁椎重百二十斤。秦皇帝东游，良与客狙击秦皇帝博浪沙中，误中副车。秦皇帝大怒，大索天下，求贼甚急，为张良故也。”

宝剑思存楚，金锤许报韩。（唐·骆宾王《咏怀》）

函（凾）hán

古下平，十三覃。又：下平，十五咸异。逆宝～贝～驰～尺～寸～钿～凤～覆～候～诲～惠～剑～谏～鲛～金～镜～巨～空～琅～类～龙～鸾～密～木～签～琼～诗～施～石～书～私～肃～潼～犀～崤～修～讯～瑶～银～印～鱼～玉～珍～真～枕～崗～走～顺～藏～陈～催～达～答～道～牍～方～封～复～稿～谷～关～管～翰～和～弘～开～列～令～洛～冒～片～秦～濡～塞～商～生～师～矢～使～首～受～授～书～思～索～托～渭～问～犀～席～匣～心～询～掩～邀～隐～舆～宇～育～丈～杖～阵～知～钟～轴～装例长安雨洗新秋出，极目寒镜开尘函。（唐·韩愈《酬司门卢四兄云夫院长望秋作》）

典**空函**　指书信没有写文字。《晋书·殷浩传》：“后温将以浩为尚书令，遗书告之，浩欣然许焉。将答书，虑有谬误，开闭者数十，竟达空函，大忤温意，由是遂绝。”

经岁空函无一字，侵朝明镜有千丝。（宋·刘克庄《寄冯初心给事》）

涵hán　①浸润；润泽。②包容；包含。③涵洞。

古下平，十三覃。逆并～涵～泓～恢～浑～渐～江～矜～浸～静～镜～桥～清～秋影～沈～石～韬～渟～停～虚～煦～隐～泳～渊～周～顺～察～畅～畜～淡～澹～涤～管～灌～涵～胡～潢～浸～咀～空～亮～忍～容～溶～濡～润～沈～受～水～肆～星研～虚～蓄～煦～淹～衍～演～养～意～映～泳～宥～育～造～闸～潴～渍例清霜散漫似轻岚，玉阙参差万象涵。（唐·翁承赞《晓望》）

峆hán　峆岈，山深谷空貌。

古下平，十三覃。顺～岈

汗hán　可汗的简称。另见682页hàn。

古上平，十四寒。逆可～克～顺～位例献捷见天子，论功俘可汗。（唐·高适《东平留赠狄司马》）

邗hán　①邗沟，水名。②古国名。③古城名。

古《广韵》：平声，寒韵。顺～城～沟～关～江～溟～溟沟～水

邯hán　邯郸，地名，在河北。

古下平，十三覃。逆燕～顺～郸

榦hán　井栏上用以支撑辘轳的构件。

古上平，十四寒。

寒hán

古上平，十四寒。逆薄～残～侧～朝～迟～赤～触～盪～犯～高～孤～广～鹤～家～笳～郊～娇～戒～枯～凛～凌～隆～露～冒～盟～嫩～凝～溟～暖～脾～辟～泼～破～凄～祁～乞～峭～轻～清～散～沈～盛～霜～司～岁～汤～晚～微～违～温～新～嘘～煦～暄～煖～烟～酽～迎～余～沾～竺～顺～霭～薄～碧～壁～岑～蝉～川～窗～吹～翠～笛～邸～渡～氛～馥～谷～花～晖～卉～饥～瘠～涧～井～径～菊～腊～籁～栗～冽～芒～茅～梅～门～木～鸟～女～醅～蓬～魄～蒲～浦～栖～乞～峭～泉～鹊～日～儒～蕊～色～沙～山～声～士～霜～水～寺～松～素～蓑～潭～蜩～汀～微～乌～芜～溪～霰～香～星～雪～芽～烟～岩～焰～叶～衣～吟～影～牖～玉～月～云～藻～毡～钟～竹～姿～樽例江浦雷声喧昨夜，春城雨色动微寒。（唐·杜甫《遣闷戏呈路十九曹长》）吴门秋露湿，楚驿暮天寒。（唐·韩翃《送皇甫大夫赴浙东》）

典**范叔寒**　代指贫寒之士。亦用为眷念故旧之典。战国时魏人范雎早年事魏中大夫须贾，因辞谢齐襄王的邀请，受须贾怀疑，笞辱几死。后逃秦，改名张禄，仕秦为相。须贾出使秦国，范雎乔装，以敝衣相见。须贾怜其贫困，与之饮食，赐以绨袍。后须贾知范雎是秦相，便肉袒请罪，范雎亦因须贾有绨袍之赠，未加害于他。见《史记·范雎蔡泽列传》。

故人恋恋绨袍意，岂为哀怜范叔寒。（宋·王安石《和耿天骘以竹冠见赠四首》其三）

易水寒　咏送别。见72页“易水歌”。

旧说泾关险，犹闻易水寒。（唐·皎然《送韦秀才》）

八百孤寒　指亟待救助的贫寒之士。五代·王定保《唐摭言》卷七《李德裕》：“李太尉德裕颇为寒畯开路。及谪官南去，或有诗曰：‘八百孤寒齐下泪，一时南望李崖州。’”

孤寒八百沦草莽，大帙三万开穷愁。（清·李刚己《辟置以诗送别即次原韵答之》）

岛瘦郊寒　指清峭瘦硬之诗风。亦作“郊寒”。见507页“郊寒岛瘦”。

近来绝洗了和样，岛瘦郊寒渠得之。（宋·史弥宁《野塘秋鹭》）

还（還）huán　①返回。②恢复；还原。③回头。④后退。

古上平，十五删。逆璧～断～对～封～复～给～缴～锦～九～凯～派～挈～清～秋～让～摊～腾～

填～跳～往～旋～循～依～掷～周～珠～【顺】～安～拜～报～笔～璧～镳～兵～步～朝～酬～睇～殿～东～都～陵～蕃～藩～锋～复～顾～衡～籍～祭～锦～径～敬～来～流～睦～睆～琴～射～师～世～赎～嗣～眺～童～途～土～望～心～醒～轩～旋～言～阳～揖～忆～羽～诏～辙～真～挚～舟～周～轴～珠～走【例】月明潮渐近，露湿雁初还。（唐·张继《晚次淮阳》）空林有雪相待，古道无人独还。（唐·顾况《归山作》）

【典】**合浦珠还**　颂美地方政治清明。东汉合浦郡因盛产珍珠闻名，当地百姓以采珠为生，然贪官污吏趁机盘剥，使珠民大肆捕捞，珠蚌产量越来越低，民不聊生。顺帝派孟尝当合浦太守，他兴利除弊。不到一年，合浦又盛产珍珠了。见《后汉书·循吏传·孟尝传》。

预听桐城谣，合浦珠还乡。（宋·陈宓《送真右史守泉》）

倦羽飞还　借指厌倦仕途，有心归返。亦作"鸟倦飞还""飞鸟知还""飞鸟倦未还"。晋·陶渊明《归去来兮辞》："云无心以出岫，鸟倦飞而知还。"

静中闲看，倦羽飞还，游云出岫。（宋·吴文英《烛影摇红·新月侵阶》）

天道好还　指恶有恶报。《老子》："以道作人主者，不以兵强天下，其事好还：师之所处，荆棘生。"

物情有报复，天道则好还。（宋·朱翌《送郑公绩赴试金陵》）

环（環）huán

【古】上平，十五删。【逆】碧～鬟～步～钗～愁～赐～翠～珰～珥～发～翻～凤～鉤～棘～解～巾～金～琅～娜～鸾～鸣～佩～貔～穹～曲～雀～兽～锁～探～筒～投～湾～锡～仙～衔～熊～綖～瑶～瀛～游～玉～渊～簪～攒～辙～珠～【顺】～拜～碧～璧～布～衬～钏～簇～翠～刀～绖～钩～锢～骇～护～絙～激～珓～秸～玦～瞰～琨～理～缭～邻～林～目～睆～纽～帔～佩～泣～丘～屈～曲～挐～深～蚀～侍～视～守～枢～属～素～岁～涛～桃～瑱～涂～旋～翊～瀛～纡～宇～辙～镇～峙～洲～瞩～瀯【例】好看落日斜衔处，一片春岚映半环。（唐·白居易《和元八侍御升平新居》）风月似孤山。千树斜横水一环。（宋·张炎《南乡子·风月似孤山》）

【典】**阿环**[1]　指仙女。旧题东汉·班固《汉武帝内传》："王母乃遣侍女郭密香与上元夫人相问……须臾郭侍女返。上元夫人又遣一侍女答（王母）问，云：'阿环再拜，上问起居。'……王母敕帝曰：'此真元之母，尊贵之神，女当起拜。'"

如何汉殿穿针夜，又向窗中觑阿环。（唐·李商隐《曼倩辞》）

阿环[2]　指杨玉环。宋·委心子《新编分门古今类事·谶兆下·遐周阿环》："盖玉妃小名阿环，山下鬼乃马嵬之兆。"

略如荔子仍同姓，直恐前身是阿环。（宋·方岳《效茶山咏杨梅》）

探环　借指转世。晋·干宝《搜神记》卷一五："羊祜年五岁时，令乳母取所弄金镮。乳母曰：'汝先无此物。'祜即诣邻人李氏东垣桑树中探得之。主人惊曰：'此吾亡儿所失物也，云何持去！'乳母具言之，李氏悲惋。时人异之，谓李氏子则祜之前身也。"

死生往复犹康庄，树穴探环知姓羊。（宋·梅尧臣《采石月赠郭功甫》）

衔环　汉时杨宝曾救治遭鸱枭袭击的黄雀，后黄雀伤愈飞走。后有黄衣童子自称西王母使者，赠杨宝白环四枚。后遂以"衔环"为报恩之典。见《搜神记》卷二〇。

日夕依仁全羽翼，空欲衔环非报德。（唐·韦应物《宝观主白鸲鹆歌》）

予环　指召还逐臣。亦作"赐环""召环"。《荀子·大略》："聘人以珪，问士以璧，召人以瑗，绝人以玦，反绝以环。"唐·杨琼注："古者臣有罪，待放于境，三年不敢去，与之环则还，与之玦则绝，皆所以见意也。反绝谓反其将绝者。"

湖海飘摇误召环，春风入缀紫宸班。（宋·程公许《归班之明日以六参人趁起居》）

玉环　借指美女、宠姬等，亦用以比拟海棠花。宋·乐史《杨太真外传》卷上："杨贵妃小字玉环，弘农华阴人也。"

玉环一笑百媚生，能使渔阳鞞鼓惊玄宗。（宋·宋伯仁《丑女歌》）

水佩风环　常用以咏吊女子亡灵。李贺《苏小小墓》："草如茵，松如盖，风为裳，水为佩。油碧车，夕相待。"

思君持羽扇，来伴微吟，水佩风环饮松露。（宋·赵子发《洞仙歌·荒山明月》）

鬟 huán

①环形发髻。②婢女。

【古】上平，十五删。【逆】鬓～蝉～雏～楚巫～垂～翠～黛～低～点～峨～蛾～风～高～宫～合～花～髻～娇～柳～螺～绿～峤～青～山～侍～双～颓～雾～小～雅～烟～玉～云～长～【顺】～凤～花～髻～脚～结～露～丝～心～烟～影～玉～云～簪【例】朱唇一点桃花殷，宿妆娇羞偏髻鬟。（唐·岑参《醉戏窦子美人》）

寰 huán

①广大的地域。②居住。

【古】下平，十五删。【逆】尘～赤～鬼～海～畿～郊～九～区～人～喧～烟～瀛～宇～【顺】～甸～海～极～界～内～区～埏～遂～土～县～瀛～宇～域～中【例】一石雄才独占难，应分二斗借人寰。（唐·方干《赠郑仁规》）

镮（鐶）huán

圆圈形物。

【古】下平，十五删。【逆】钗～车～刀～黄金～剑～连～镣～门～兽～锁～探～铁～铜～玉～【顺】～饼～钏～贯～鐶～钮～铜～凿【例】何物最伤心，马首鸣金镮。（唐·李贺《送韦仁实兄弟入关》

桓 huán

①用作表识的柱子。②盘桓。

【古】下平，十四寒。【逆】般～桓～赳～鲩～盘～槃～磐～齐～檀～相～【顺】～碑～表～拨～宫～圭～桓～灵～孟～缪～蒲～文～楹～友【例】何乡为乐土，安敢尚盘桓。（唐·杜甫《垂老别》）

【典】**柳老悲桓**　指痛惜岁月流逝。《世说新语·言语》："桓公北征经金城，见前为琅邪时种柳，皆已十围，慨然曰：'木犹如此，人何以堪！'攀枝执条，泫然流泪。"

柳老悲桓，松高对阮。未办为邻地。（宋·姜夔《永遇乐·我与先生》）

缳（繯）huán 以绳索缠绕。

㊀《广韵》：上声，铣韵。又：去声，谏韵异。㊁绞～投～㊂首～诛

阛huán ①环绕市区的墙。②借指市区。

㊀下平，十五删。㊁尘～阛～市～通～㊂～闬～阓～里～闾～阛～市～肆

嬛huán ①传说中天帝藏书处。②女子人名用字。另见607页xuān。

㊀下平，一先。㊁琅～瑯～

洹huán 水名。

㊀上平，十三元。又：上平，十四寒异。㊁洹～泥～淇～祇～㊂～河～水

萑huán 荻类植物。

㊀上平，十四寒。㊁编～泽～㊂～苻～兰～蒲～苇～泽

锾（鍰）huán ①量词，约六两。②钱。

㊀上平，十五删。㊁百～罚～赎～例哀哉剧部职，唯数赃罪锾。（唐·元稹《台中鞫狱忆开元观旧事》）

典罚锾 指因罪被罚。《书·吕刑》："五刑之疑有赦……墨辟疑赦，其罚百锾，阅实其罪。"旧题汉·孔安国传："疑则赦，从罚。六两曰锾，锾，黄铁也。阅实其罪，使与罚名相当。"

圣理高悬象，爰书降罚锾。（唐·柳宗元《酬韶州裴曹长使君寄道州吕八大使》）

兰（蘭）lán

㊀上平，十四寒。㊁白～碧～擘～采～崇～楚～春～丛～丁～芳～皋～膏～红～萑～蕙～椒～解～金～九～空谷～林～铃～龙～楼～马～梦～墨～木～沐～佩～秋～纫～赛～麝～石～素心～丸～芄～汍～握～香～言～燕～伊～猗～幽～盂～玉～浴～泽～遮～芝～芷～朱～珠～滋～㊂～艾～薄～灯～阁～芳～房～焚～陔～缸～闺～桂～槐～蕙～桨～金～襟～烬～客～梦～盆～谱～秋～桡～若～奢～麝～石～室～荪～台～汤～堂～苕～亭～香～羞～熏～讯～芽～烟～言～焰～肴～掖～夜～鹢～英～莸～舆～玉～月～泽～章～棹～芝～芷～舟～渚～炷例我当二十不得意，一心愁谢如枯兰。（唐·李贺《开愁歌》）悠悠万古皆如此，秋比松枝春比兰。（唐·杨衡《赠庐山道士》）

典采兰 指思亲。西晋束皙《南陔》："循彼南陔，言采其兰。"李善注："采兰，以自芬香也。循陔以采香草者，将以供养其父母。喻人求珍异以归。"

如何飘梗处，又到采兰时。（唐·李端《下第上薛侍郎》）

金兰 比喻志趣投合的朋友。《易·系辞上》："君子之道，或出或处，或默或语。二人同心，其利断金。同心之言，其臭如兰。'"

金兰徒有契，玉树已埋尘。（唐·陈子昂《同旻上人伤寿安傅少府》）

梦兰 据《左传·宣公三年》载，春秋时郑文公妾燕姞梦天使赐兰而生穆公。后因以"梦兰"称妇女怀孕。亦作"征兰"。

何年迎弄玉。今朝得梦兰。（南北朝·庾信《奉和赐曹美人诗》）

佩兰 以兰草为佩饰，表示志趣高洁。屈原《离骚》："扈江离与辟芷兮，纫秋兰以为佩。"东汉·王逸注："纫，索也。兰，香草也，秋而芳。佩，饰也。所以象德。"

兰香佩兰人，弄兰兰江春。（唐·李群玉《送萧绾之桂林》）

畹兰 咏兰，亦喻指美好的节操。屈原《离骚》："余既滋兰之九畹兮，又树蕙之百亩。"

有韵和宫漏，无香杂畹兰。（唐·吴融《玉堂种竹六韵》）

握兰 称美郎官。东汉·蔡质《汉官典仪》："尚书郎怀香握兰，趋走丹墀。"

握兰中台并，折桂东堂春。（唐·权德舆《伏蒙十六叔寄示喜庆感怀三十韵因献之》）

猗兰 即"猗兰操"，古琴曲名，多抒生不逢时、怀才不遇之情。《乐府诗集·猗兰操》宋·郭茂倩题解："《猗兰操》，孔子所作。孔子历聘诸侯，诸侯莫能任，自卫反鲁，隐谷之中，见香兰独茂，喟然叹曰：'兰当为王者香，今乃独茂，与众草为伍。'乃止车，援琴鼓之，自伤不逢时，托辞于香兰云。"

猗兰自欠倾城色，空作深林一味香。（宋·孙应时《和郑信卿》）

斩楼兰 指杀敌建功立业。见《汉书·傅常郑甘陈段列传》。

愿将腰下剑，直为斩楼兰。（唐·李白《塞下曲六首》其一）

玉树芝兰 颂美优秀子弟或资质出众人才。亦作"阶砌芝兰""满砌芝兰""砌底芝兰"。《艺文类聚》卷八一引晋·裴启《语林》："谢太傅问诸子侄：'子弟何预人事，而政欲使其佳？'诸人莫有言者，车骑答曰：'譬如芝兰玉树，欲使生于阶庭。'"

玉树芝兰为公喜，庭空千丈影婆娑。（宋·仲并《用汪彦章内翰诸公韵二首呈信字》）

栏（欄）lán

㊀上平，十四寒。㊁碧～边～编～低～雕～勾～钩～构～鼓～画～回～楼～攀～凭～虬～曲～通～危～乌丝～药～倚～玉～匝～遮～重～朱～朱丝～竹～㊂～船～楯～竿～槐～角～槛～牢～笼～门～骑～栅例得钱只了还书铺，借宅常时事药栏。（唐·张籍《送杨少尹赴凤翔》）

阑（闌）lán ①将尽。②擅自（出入）。③同"栏"。

㊀上平，十四寒。㊁班～斑～碧～边～编～差～车～鸥～春～当～雕～干～歌～更～勾～钩～画～回～槿～井～酒～门～凭～失～石～岁～乌～闲～向～星～兴～夜～倚～玉～月～月色～遮～朱～烛～㊂～班～斑～残～出～单～殚～道～得～楯～胡～截～槛～牢～篱～圈～入～散～山～删～珊～跚～暑～夕～遗～逸～语～遮～纵例不得同舟望，淹留岁月阑。（唐·李端《送丁少府往唐上》）乱余山水半凋残，江上逢君春正阑。（唐·戴叔伦《赠徐山人》）

典软语更阑 指朋友关系密切，话语投机。唐·杜甫《赠蜀僧闾丘师兄》："景晏步修廊，而无车马喧。

夜阑接软语，落月如金盆。”

　更阑共软语，秋花上青灯。（明·宋公濂《义侠歌》）

澜（瀾）lán　大波浪；波浪。

古上平，十四寒。又：去声，十五翰同。逆安～碧～层～澄～翻～泛～海～横～洪～回～急～既倒～惊～狂～溃～澜～历～流～漫～米～鸟～潘～情～晴～汰～涛～恬～颓～汍～微～文～漪～余～源～顺～澳～波～倒～翻～汗～清～汍～文例山明迷旧径，溪满涨新澜。（唐·许浑《看雪》）长恨人心不如水，等闲平地起波澜。（唐·刘禹锡《竹枝词九首》其六）

典**力障狂澜**　比喻挽回颓靡之风，领导社会潮流。亦作“障狂澜”。唐·韩愈《进学解》：“先生之业，可谓勤矣。抵排异端，攘斥佛老；补苴罅漏，张皇幽眇；寻坠绪之茫茫，独旁搜而远绍；障百川而东之，回狂澜于既倒。先生之于儒，可谓有劳矣。”

　五峰相顾若枝撑，力障狂澜与海争。（元·陈基《游狼山寺三首》其三）

岚（嵐）lán　山林的雾气。

古下山平，十三覃。逆层～朝～澄～春～翠～冻～风～峰～浮～孤～霁后～林～峦～毗～青～晴～秋～山～霜～随～雾～夕～溪～晓～烟～遥～阴～云～顺～彩～翠～霏～峰～光～岚～气～雾～岫～烟～瘴例一刹古冈南，孤钟撼夕岚。（唐·喻凫《宿石窟寺》）鞭羸去暮色，远岳起烟岚。（唐·贾岛《二月晦日留别鄠中友人》）霜晓更凭阑。减尽晴岚。微云生处是茅庵。（宋·惠洪《浪淘沙·城里久偷闲》）

蓝（藍）lán

古下平，十三覃。逆跋～板～擘～出～翠～法～伽～迦～精～蓼～麻～马～名～木～品～蒲～奇～秋～柔～揉～僧～蛇～菘～挼～随～吴～相～映～郁～云～朱～顺～菜～单～点颏～淀～靛～关～翎～蒌～罗～缕～袍～婆～青～衫～绶～田～蔚～尹～舆例千里嘉陵江水色，含烟带月碧于蓝。（唐·李商隐《望喜驿别嘉陵江水二绝》其二）

典**春水如蓝**　赞美春江绿水。白居易《忆江南》：“日出江花红胜火，春来江水绿如蓝。”

　春水如蓝垂柳醉，和风无力袅金丝。（五代·和凝《宫词百首》其五十）

篮（籃）lán

古下平，十三覃。逆孛～乘～都～荆～筠～考～闹～箪～盘～筐～蒲～相～香～携～顺～笋～胁～舁～舆例仍道不愁罗与绮，女郎初解织桑篮。（唐·韦庄《姬人养蚕》）

拦（攔）lán

古上平，十四寒。逆把～编～打～当～抵～隔～关～拘～句～巡～攒～遮～顺～词～当～挡～告～工～关～横～击～驾～门钟～劝～税～头～约～占～障～遮～子军～子马～纵例花病等闲瘦弱，春愁没处遮拦。（宋·黄庭坚《西江月·断送一生惟有》）

斓（斕）lán　颜色驳杂。

古上平，十五删。逆班～斑～斒～顺～斑～斒例以我文章卷，文章甚斒斓。（唐·元稹《台中鞫狱忆开元观旧事》）

褴（襤）lán　（衣服）破烂。

古下平，十三覃。逆薄～顺～缕～褛～毵～襂

婪lán　贪。

古下平，十三覃。逆婪～顺～官～酣～墨～取～肆～索～沓～尾～尾春～尾酒～贼～诈～浊

谰（讕）lán　①诬赖。②抵赖。

古上平，十四寒。又：去声，十五翰同。逆诋～抵～诡～满～谩～欺～诬～顺～词～辞～谩～调～躛～言～语

连（連）lián

古下平，一先。逆璧～波～参～婵～错～褡～缔～颠～迭～叠～亘～勾～钩～贯～环～黄～回～简～交～嫪～逦～留～流～纶～蔓～绵～攀～毗～翩～青～桑柘～属～丝～霞～相～星～姻～萦～珠～株～缀～顺～杯～比～璧～镳～波～蝉冠～蝉锦～昌宫～朝～车～城～池～船～床～春～村～搭～堤～蒂～冬～萼～舫～阁～舸～环～衿～襟～旌～旃～空～廊～理～舻～峦～袤～眉～袂～门～绵～盘～翩～圻～阡～翘～绻～阙～壤～山～史～书～岁～闼～头～夕～宿～轩～延～叶～茵～营～楹～月～云～藻～宅～章～障～嶂～枝～踵～舳～缀例青草湖中月正圆，巴陵渔父棹歌连。（唐·张志和《渔父歌》）白云随浪散，青壁与城连。（唐·卢纶《送夔州班使君》）

典**阿连**　对弟弟的美称。南朝宋诗人谢灵运从弟谢惠连工诗，灵运甚爱之，常呼之为“阿连”。后因借以指弟弟。见《宋书·谢灵运传》。

　昨日池塘春草生，阿连新有好诗成。（唐·白居易《和敏中洛下即事》）

潘郎白璧连　指两件同样美好的事物或两位才华并美之人。亦作“玉相连”。《世说新语·容止》：“潘安仁、夏侯湛并有美容，喜同行，时人谓之‘连璧’。”

　徐邈能中酒圣贤，刘伶席地幕青天。潘郎白璧为谁连。（宋·苏轼《浣溪沙·徐邈能中酒圣贤》）

镰（鎌、*鐮）lián　镰刀，农具。

古下平，十四盐。逆蚌～刀～钩～挂～挥～开～磨～钐～石～腰～月如～长～顺～采～锷～利例晴云如擘絮，新月似磨镰。（唐·韩愈《晚寄张十八助教周郎博士》）

廉（*亷、廉）lián

古下平，十四盐。逆不～察～方～飞～蜚～俸～刚～高～公～觚～寒～秽～鸡～简～降～矫～节～洁～谨～劲～精～句～捐～刻～廉～鸣～内～朴～谦～庆～劝～伤～守～私～堂～抟～伪～小～孝～兴～修～养～蚓～贞～忠～顺～隘～鄙～操～察～蟾～度～法～风～俸～夫～干～鲠～悍～贾～俭～简～姜～絜～谨～劲～敬～靖～倨～恪～空～愧～乐～棱～厉～吏～利～良～蔺～贫～平～峭～勤～清～善～深～慎～升～声～胜～石～士～视～嗜～守～恕～顺～素～贪～堂～退～畏～武～纤～宪～孝～选～循～逊～印～勇～誉～贞～镇～直～制～质～忠～卓例脱屣将相守冲谦，唯于山水独不廉。（唐·刘禹锡《和牛相公南溪醉歌见寄》）冥搜呼直

使，章奏役飞廉。（唐·元稹《开元观闲居，酬吴士矩侍御三十韵（十八时作）》）

典**飞廉**　风神。一说能致风的神禽名。《楚辞·离骚》："前望舒使先驱兮，后飞廉使奔属。"王逸注："飞廉，风伯也。"

飞廉戢其威，清晏息纤纩。（唐·韩愈《岳阳楼别窦司直》）

莲（蓮）lián

古下平，一先。逆爱～白～半边～宝～碧～采～池～楚～翠～法～凤眼～跌～宫～龟～旱～合欢～红～湖～火生～火中～嘉～金～枯～榴～马～木～目～千叶～青～秋～瑞～石～双～水～睡～同心～香～雪～玉～玉井～渚～子午～顺～瓣～邦～步～唱～池～筹～船～药～锷～房～府～根～宫～钩～井～境～炬～龛～脸～漏～幕～女～腮～社～实～台～铜～像～心～宇～掌～沼～舟～烛～宗～座例绿叶红花媚晓烟。黄蜂金蕊欲披莲。（宋·晏殊《浣溪沙·绿叶红花媚晓烟》）

典**金莲**　形容帝王的荒淫无度，亦用称咏女子步姿优美，或代指美人纤足或女子的缠足。亦作"步步莲"。南朝齐废帝宠爱潘妃，曾以金莲饰地，令潘妃行于其上，曰："此步步生莲华也。"见《南史·齐废帝东昏侯本纪》。

南朝天子欠风流，却重金莲轻绿齿。（唐·韩偓《屐子》）

结社中莲　咏高僧或文士结社。亦作"社结白莲"。据《五朝小说大观·魏晋小说》卷五《杂传家》引晋·佚名《莲社十八高贤传·不入社诸贤传》："谢灵运……至庐山，一见远公，肃然心伏。乃即寺筑台，翻《涅盘经》，凿池植白莲，时远公诸贤同修净土之业，因号白莲社。"

同是瀛州册府仙，只今聊结社中莲。（宋·张孝祥《浣溪沙·同是瀛州册府仙》）

金莲花炬　金饰莲花形灯炬。亦作"金莲华炬"。省称"金莲炬""金莲"。《新唐书·令狐绹传》："（绹）夜对禁中，烛尽，帝以乘舆、金莲华炬送还，院吏望见，以为天子来。"后用以形容天子对臣子的特殊礼遇。

看君稳步过花砖。归院引金莲。（宋·张元干《喜迁莺·文倚马》）

涟（漣）lián　①风吹水面形成的波纹。②泪流不断的样子。

古下平，一先。逆碧～波～洏～风～洪～涓～泪～涟～浏～流～沦～青～清～涕～漪～顺～波～而～洏～沦～落～泣～如～洳～纹～猗例埼岸堕萦带，微风起细涟。（唐·徐铉《临石步港》）暮雨并深流细草，暖风交颈傍清涟。（宋·杜安世《浣溪沙·横画功夫想未全》）

怜（憐）lián

古下平，一先。逆哀～爱～悲～逞～垂～慈～赐～独～恩～顾～憨～记～见～娇～矜～惊～眷～绝～可～谩～闵～悯～愍～偏～骈～乞～轻～取～伤～生～收～偎～相～小～邑～忧～憎～震～知～钟～自～顺～哀～爱～悲～才～恻～察～宠～悼～抚～顾～见～鉴～嗟～矜～眷～闵～愍～憋～念～伤～恕～松～惜～下～香～恤～养～宥～遇～拯例顾步已相失，裴回各自怜。（唐·虞世南《飞来双白鹤》）镜中衰谢色，万一故人怜。（唐·杜甫《览镜呈柏中丞》）

典**小怜**　本指齐后主淑妃冯小怜，因她善弹琵琶，工歌舞，后人遂以"小怜"为弹琵琶的典故，或代指歌女。见《北史·后妃传·冯淑妃传》。

小怜玉体横陈夜，已报周师入晋阳。（唐·李商隐《北齐二首》其一）

司马堪怜　借以指贬谪情怀。唐·白居易《琵琶引》："今夜闻君琵琶语，如听仙乐耳暂明。莫辞更坐弹一曲，为君翻作琵琶行。感我此言良久立，却坐促弦弦转急。凄凄不似向前声，满座重闻皆掩泣。座中泣下谁最多，江州司马青衫湿。"

司马更堪怜，掩金觞、琵琶催泪。（宋·晁补之《蓦山溪·谯园幽古》）

我见犹怜　形容女子美丽动人。晋大将军桓温平定蜀地，娶李势女儿为妾。桓温之妻善妒，知道后拔刀前往蜀地，欲杀之。后见其当窗梳头，姿容端庄秀丽，遂丢下刀说："我见汝亦怜，何况老奴。"见《世说新语·贤媛》。

早知我见犹怜妆，却恨图穷已误卿。（清·刘寿萱《昭君叹》）

联（聯）lián

古下平，一先。逆扳～邦～璧～婵～褡～叠～段～缝～颔～贺～后～结～襟～锦～颈～警～輓～绵～盘～蟠～毗～篇～翩～骈～起～前～诗～寿～属～束～堂～挽～尾～喜～衔～县～星～楹～珠～竹～顺～臂～璧～鞭～镳～步～骖～曹～蝉～貉～辞～第～翻～飞～竿～亘～横～肩～骞～衿～襟～裾～娟～魁～类～吏～袂～绵～佩～辔～骑～拳～蜷～诗～事～属～署～屯～衔～延～姻～吟～韵～职～宗例周流三十六洞天，洞中日月星辰联。（唐·顾况《悲歌六》）篆垂朝露滴，诗缀夜珠联。（唐·元稹《献荥阳公诗五十韵》）

典**蝉联**　指官爵累世不断。《梁书·王筠传》："沈少傅约语人云：'吾少好百家之言，身为四代之史，自开辟以来，未有爵位蝉联，文才相继，如王氏之盛者也。'"

高踪逸韵不容攀，家声世德以蝉联。（宋·吴儆《赠吴令君》）

帘[1] lián　用布做成的望子。

古下平，十四盐。逆村店～酒～青～杏～

典**青帘**　代指酒馆。唐·刘禹锡《鱼腹江中》："风樯好住贪程去，斜日青帘背酒家。"

前村有酒青帘远，强饮岩间水一钟。（宋·孔武仲《喜至亭》）

帘[2]（簾）lián　有遮蔽作用的器物。

古下平，十四盐。逆篦～冰～垂～翠～玳～隔～谷～画～锦～卷～筠～麟毫～芦～鸟窥～暖～软～收～疏～水～水晶～水精～素～帷～虾须～掀～湘～箱～孝～缬衣～蟹～绣～夜明～雨～玉～毡～重～朱～珠～顺～波～箔～布～额～钩～官～幌～旌～眷～栊～笼～幕～内～试～肆～外～帏～帷～庑～柙～押～衣～政例细声闻玉帐，疏翠近珠帘。（唐·杜甫《严郑公阶下新松》）天开紫石屏，泉缕

明月帘。(唐·孟郊《喷玉布》)

典**撤帘** 旧制,皇帝年幼,由其祖母或母亲执政,谓之垂帘。归政谓之撤帘。宋·王明清《挥麈后录》一:"元祐八年九月三日,崇庆撤帘,泰陵亲政。"

和熹应愧常称制,光献犹多一撤帘。(清·赵翼《题长椿寺九莲菩萨画像》)

谷帘 指庐山康王谷瀑布。其状如帘,故名。陆羽《茶经》以其水为天下第一。后遂以咏茶。唐·张又新《煎茶水记》:"庐山康王谷水帘水第一,无锡县惠山寺石泉水第二。"

龙焙今年绝品,谷帘自古珍泉。(宋·苏轼《西江月·龙焙今年绝品茶词》)

贾氏窥帘 代指男女私情。见616页"窥韩"。

贾氏窥帘韩掾少,宓妃留枕魏王才。(唐·李商隐《无题二首》其二)

十里珠帘 形容都市之繁华。唐·杜牧《赠别》:"娉娉袅袅十三余,豆蔻梢头二月初。春风十里扬州路,卷上珠帘总不如。"

十里珠帘都卷上,少城风物似扬州。(宋·范成大《三月二日北门马上》)

奁(奩、*匳、匲、籢)lián 用以梳妆的镜匣。

古下平,十四盐。逆宝～冰～螭～房～粉～凤～闺～行～嫁～金～镜～局～陪～赔～棋～却～石～霜～文～香～缃～箱～象～压～印～玉～妆～装～资～顺～币～具～田～匣～箱～资例浮云万里收尽,人在水晶奁。(宋·吴泳《临江仙·皎月亦长有》)鹦鹉惊人促下帘。碧纱如雾隔香奁。(宋·贺铸《减字浣溪沙·鹦鹉惊人促下帘》)

典**魏宫妆奁** 代指弹棋。《世说新语·巧艺》:"弹棋始自魏宫内,用妆奁戏。文帝于此戏特妙,用手巾角拂之,无不中。"

修门象棋不复贵,魏宫妆奁世所弃。(唐·柳宗元《龟背戏》)

濂lián 水名,在江西。

古《广韵》:平声,添韵。顺～江～洛～溪

鲢(鰱)lián 鱼名。

古下平,一先。逆江～皂～顺～鱼～子

裢(褳)lián 褡裢,一种口袋。

逆搭～褡～捎～

鬑lián 须发长貌。

古下平,十四盐。逆鬑～顺～鬑

峦(巒)luán 连绵的山。

古上平,十四寒。逆层～崇～翠～封～峰～冈～岗～回～连～林～陵～青～晴～山～石～嵩～跳～危～烟～岩～玉～远～攒～长～重～顺～冈～谷～壑～岚～峤～丘～山～头～岏～纹～岫～穴～嶂例一顾恩深荷道安,独垂双泪下层峦。(唐·刘沧《龙门留别道友》)云冻鸟飞灭,春意著林峦。(宋·袁去华《水调歌头·云冻鸟飞灭》)

鸾(鸞)luán ①凤凰一类的鸟。②借指贤人、君子。

古上平,十四寒。逆八～伯～彩～骖～苍～钗～乘～丹～飞～分～凤～扶～孤～和～鹤～红～鸿～鹄～金～惊～镜～镜中～离～龙～鸣～栖～青～轻～琼～文～舞～祥～翔～枭～玄～仪～游～玉～鸳～鹓～朱～紫～顺～鎞～篦～步～骖～钗～巢～车～翅～刀～堤～殿～氛～凤～盖～歌～阁～孤～闺～鹤～衡～花～环～凰～髻～驾～笺～鉴～阶～锦～旌～惊～镜～林～铃～绫～龙～门～冕～鸣～辇～偶～佩～坡～栖～旗～衾～情～雀～鹊～裙～山～扇～觞～声～笙～驷～台～绦～庭～尾～文～舞～弦～翔～绡～箫～霄～啸～续～掖～衣～鹥～翼～音～裀～缨～影～舆～驭～旃～筝～枝～舟～帚～渚～幢～鹭～姿～奏例霜降幽林沾蕙若,弦惊翰苑失鸳鸾。(唐·钱起《送李九贬南阳》)长眉凝绿几千年,清凉堪老镜中鸾。(唐·李贺《贝宫夫人》)

典**乘鸾** 喻成仙或求得佳偶。春秋时秦有萧史善吹箫,穆公女弄玉慕之,穆公遂以女妻之。史教玉学箫作凤鸣声,后凤凰飞止其家,穆公为做凤台。一日,夫妇俱乘凤凰升天而去。见《列仙传》卷上《萧史》。

遗殿空长闭,乘鸾自不回。(唐·司空曙《唐昌公主院看花》)

孤鸾 指失偶或夫妇、情人的分离。亦以咏镜。又作"镜鸾""临镜舞鸾"。范泰《鸾鸟诗序》:"昔罽宾王结置峻卯之山,获一鸾鸟。王甚爱之,欲其鸣而不致也。乃饰以金樊,享以珍羞,对之愈戚。三年不鸣,其夫人曰:'尝闻鸟见其类而后鸣,何不县镜以映之?'王从其意,鸾睹形悲鸣,哀响冲霄,一奋而绝。"

侍儿不遣照,恐学孤鸾死。(唐·鲍溶《旧镜》)

栖鸾 咏县吏,亦喻贤士。《后汉书·循吏传·仇香传》:"仇览字季智……时考城令河内王涣,政尚严猛,闻览以德化人,署为主簿。谓览曰:'主簿闻陈元之过,不罪而化之,得无少鹰鹯之志邪?'览曰:'以为鹰鹯,不若鸾凤。'涣谢遣曰:'枳棘非鸾凤所栖,百里岂大贤之路?今日太学曳长裾,飞名誉,皆主簿后耳。以一月奉为资,勉卒景行。'"

栖鸾往已屈,驯雀今可嗣。(唐·刘长卿《送薛据宰涉县》)

青鸾 即青鸟。指信使。唐·曹邺《梅妃记》:"妃乃自作《楼东赋》,略曰:'……温泉不到,忆拾翠之旧游;长门深闭,嗟青鸾之信修。'"

犹自待,青鸾传信,乌鹊成桥。(宋·张孝祥《雨中花慢·一叶凌波》

枳棘鸾 咏县吏,或比喻大材小用。见911页"枳棘栖凤"。

枳棘鸾无叹,梧桐凤必巢。(唐·孙逖《和左卫武仓曹卫》)

佩玉鸣鸾 指贵族气派。王勃《滕王阁诗》:"滕王高阁临江渚,佩玉鸣鸾罢歌舞。"

佩玉鸣鸾歌舞罢,门前依旧夕阳斜。(宋·释智远《偈》)

銮(鑾)luán ①铃铛。②皇帝的车驾。

古上平,十四寒。逆八～保～凤～和～华～回～金～龙～鸣～陪～启～起～青～清～彤～旋～迎～游～玉～驻～装～顺～跸～刀～殿～和～驾～江～旌～迥～铃～辂～旆～坡～旗～轩～仪卫～音～舆～躅例帝里佳期频赋颂,长留故事在金銮。(唐·徐铉《观吉王从谦花烛》)

典**和銮** 代指帝王车驾。《诗经·小雅·蓼萧》："和銮雍雍，万福攸同。"毛氏传："在轼曰和，车镳曰銮。"郑玄笺："此说天子之车饰者。"

日动萧烟上泰坛，帝从黄道整和銮。（唐·鲍溶《郊天回》）

脔（臠）luán　块肉。

古上声，十六铣。逆大～禁～卷～剸～牛～三～市～碎～形～议～玉～炙～顺～割～股～截～解～卷～脍～肉～杀～胥～制～炙例因循过时光，浑是痴肉脔。（唐·寒山《诗三百三首》其二三九）

典**禁脔**　比喻珍贵，他人不得染指之物。亦用以指帝婿。《世说新语·排调》："孝武属王珣求女婿，曰：'王敦、桓温，磊砢之流，既不可复得；且小如意，亦好豫人家事，酷非所须。正如真长、子敬比，最佳。'珣举谢混。后袁山松欲拟谢婚，王曰：'卿莫近禁脔！'"

君为禁脔婿，争看玉人游。（唐·李颀《赠别张兵曹》）

尝鼎一脔　比喻根据部分可以推知全体。《吕氏春秋·察今》："尝一脟肉，而知一镬之味，一鼎之调。"

尝鼎一脔已知味，始知用工久已成。（宋·楼钥《林德久秘寄楚辞故训传》）

栾（欒）luán　①木名。②栱，建筑物上的承重结构。

古上平，十四寒。逆椽～栾～木～生～檀～突～团～香～攒～重～朱～顺～茶～车～城～川～公社～栱～华～棘～栌～栾～社～树～睃～子例成韵含风已萧瑟，媚涟凝渌更檀栾。（唐·王睿《竹》）

圞（*圝）luán　①圆。②整个的。

古《广韵》：平声，桓韵。顺～蛋～桌逆团～

挛（攣）luán　①蜷曲不能伸直。②拘系；牵系。

古下平，一先。逆风～筋～拘～卷～枯～挛～绵～胼～牵～龋～拳～团～膝～系～胝～顺～躄～废～格～蹇～结～拘～牵～囚～屈～朐～曲～圈～拳～弱～缩～索～踠～卧～株～缀例逸志不拘教，轩腾断牵挛。（唐·韩愈《送灵师》）

孪（孿）luán　双生。

古去声，十六谏。顺～生～子

娈（孌）luán　美好。

古上声，十六铣。又：去声，十七霰异。逆蓄～婉～婉～顺～童～婉例当送腊初归，迎春欲至，芳姿偏婉娈。（宋·无名氏《宝鼎现·东君著意》）

蛮（蠻）mán

古上平，十五删。逆边～逋～湜～触～村～放～横～蛮～绵～邈～缗～菩萨～戎～狮～小～凶～要～鱼～舟～顺～鞭～舶～茶～缠～唱～楚～畜～触～船～垂～村～狄～服～歌～功～鼓～犷～果～横～笺～江～蕉～锦～荆～军～君～寇～隶～虏～落～民～莫～奴～圻～声～书～藤～庭～童～土～王～溪～夏～弦～性～靴～烟～蜒～腰～徭～夷～裔～音～勇～语～毡～珍～纸～妆例独上西楼尽日闲，林烟演漾鸟蛮蛮。（唐·张籍《登楼寄胡家兄弟》）池塘鱼拨刺，竹径鸟绵蛮。（唐·刘禹锡《奉和裴令公新成绿野堂即书》）

典**绵蛮**　用以咏黄鸟（黄莺）。《诗经·小雅·绵蛮》："绵蛮黄鸟，止于丘阿。"

绵蛮黄鸟不堪听，触目离愁怕酒醒。（五代·李中《和夏侯秀才春日见寄》）

小蛮　代指歌伎或侍妾。亦作"阿蛮"。唐·孟棨《本事诗·事感》："白尚书姬人樊素，善歌；妓人小蛮，善舞。尝为诗曰：'樱桃樊素口，杨柳小蛮腰。'"

还携小蛮去，试觅老刘看。（唐·白居易《晚春酒醒寻梦得》）

征蛮　比喻为名利等而起的微不足道之争。《庄子·则阳》："惠子闻之而见戴晋人。戴晋人曰：'有所谓蜗者，君知之乎？'曰：'然。''有国于蜗之左角者曰触氏，有国于蜗之右角者曰蛮氏，时相与争地而战，伏尸数万，逐北旬有五日而后反。'"

谁在冰壶玉界上，眇视征蛮战蚁。（宋·吴潜《贺新郎·月绽浮云里》）

八诏蛮　泛指西南地区少数民族。隋唐时期永昌、姚州地区有蒙嶲诏、越析诏、浪穹诏、邆赕诏、施浪诏、蒙舍诏，又有时傍、矣川罗识二族，通号"八诏"。《新唐书·南诏传》。

殿前传点各依班，召对西来八诏蛮。（唐·王建《宫词一百首》其二）

谢阿蛮　代指歌女。宋·乐史《杨太真外传》："新丰进女伶谢阿蛮，善舞。"

红儿生在开元末，羞杀新丰谢阿蛮。（唐·罗虬《比红儿诗》其九十四）

漫mán　旧读。另见693页màn。

古上平，十四寒。

瞒（瞞）mán

古上平，十四寒。逆撺～过～诳～买～瞒～瞑～曲～贤～遮～顺～藏～产～哄～唬～落～昧～人汉～心～隐～怨例却笑英雄无好手，一篙春水走曹瞒。（宋·姜夔《满江红·仙姥来时》）

典**阿瞒**　曹操小字阿瞒。《三国志·魏书·武帝纪》："太祖一名吉利，小字阿瞒。"

阿瞒气慑周瑜陈，樊素心贪白传诗。（宋·王洋《和秀实答仲嘉》）

鳗（鰻）mán　鳗鲡，鱼名。

古上平，十四寒。逆风～河～泥～顺～骨～井～鲡～丝

鬘mán　形容头发秀美。

古上平，十五删。逆雏～垂～花～华～髻～妙～菩萨～顺～花～华～饰～陀～云例叠霜为袈裟，贯雹为华鬘。（唐·白居易《游悟真寺诗》）

馒（饅）mán

古上平，十四寒。顺～首～头

颟（顢）mán　颟顸，糊涂。另见596页mān。

古《广韵》：平声，桓韵。顺～顸

谩（謾）mán　欺骗。另见694页màn。

古上平，十四寒。又：去声，十五翰同。又：去声：十六谏同。逆诞～过～诳～面～欺～私～坐～顺～蔽～诚～词～辞～诞～訑～謼～諫～谰～昧～欺～神～天口～侮～言～谀～语～诈～正例定笑芙蓉骚客，认作东风桃杏，醉眼自相谩。（宋·陈造《水调歌头·胜日探梅去》）

蔓mán　蔓菁，菜名。另见694页màn。

古《广韵》：平声，桓韵。顺～菁例紫

曲门荒，沿败井、风摇青蔓。（宋·吴文英《三姝媚·湖山经醉惯》）

埋 mán　埋怨的埋。另见314页mái。

顺～冤～怨

棉 mián

古下平，一先。逆白～草～红～柳～木～软～吴～絮～顺～薄～纺～甲～蕾～力～连～纸例蜀魂寂寞有伴未，几夜瘴花开木棉。（唐·李商隐《燕台四首·夏》）

绵（綿、*緜）mián

古下平，一先。逆白～蚕～缠～沉～纯～粉～火～火蚕～击～柳～龙～绵～眇～渺～邈～木～蔫～披～翩～铺～阡～芊～牵～轻～丝～吴～香～烟～嫣～折～顺～暧～薄～龛～帛～缠～绸～笃～顿～隔～亘～甲～茧～矩～纩～里针～力～历～丽～联～劣～络～蛮～衺～蒙～密～眇～森～渺～邈～软～山～叹～天～甜～望～微～旋～延～药～野～宇～羽～远～纸～缀例风泠露坛人悄悄，地闲荒径草绵绵。（唐·元结《橘井》）双蚕成茧共缠绵。更结后生缘。（宋·张先《庆金枝·青螺添远山》）

典**封绵**　本指晋文公为介子推封绵上田之事。后因以为功臣未能及时受到封赏的典实。见《左传·僖公二十四年》。

春风寒食夜，遗恨在封绵。（宋·葛胜仲《临江仙·宝观岂峣飞雉堞》）

公干沉绵　建安七子之一刘桢，字公干，曾卧病漳滨达十余旬。见909页“公干病”。

公干沉绵自懒陈，黄能入梦是何神。（宋·洪皓《次韵学士重阳雪中见招十六首》其三）

瓜瓞绵绵　比喻子孙众多。《诗经·大雅·绵》：“绵绵瓜瓞。民之初生，自土沮漆。”毛氏传：“绵绵，不绝貌。……瓞，瓝也。”

瓜瓞绵绵储庆远，闲平代有名人。（宋·洪适《临江仙·瓜瓞绵绵储庆远》）

眠 mián

古下平，一先。逆蚕～成～初～春～单～独～甘～高～酣～鼾～鹤～惊～龙～瞑～牛～千～仟～阡～芊～清～曲肱～入三～熟～四～停～头～小～眩～晏～一向～慵～欲～枕戈～炙地～昼～醉～顺～蚕～床～倒～觉～梦～牛～起～芊～食～睡～桅～卧～息～宿～眩～羊～药～音～舆～云例皓首江湖客，钩帘独未眠。（唐·杜甫《舟月对驿近寺》）月落乌啼霜满天，江枫渔火对愁眠。（唐·张继《枫桥夜泊》）

典**吏部眠**　指嗜酒废事。亦以形容醉态。《晋书·毕卓传》：“卓少希放达，为胡毋辅之所知。太兴末，为吏部郎，常饮酒废职。比舍郎酿熟，卓因醉夜至其瓮间盗饮之，为掌酒者所缚，明旦视之，乃毕吏部也，遽释其缚。卓遂引主人宴于瓮侧，致醉而去。”

厌就成都卜，休为吏部眠。（唐·杜甫《游子》）

光逸偷眠　咏县吏或被子。《晋书·光逸传》：“光逸字孟祖，乐安人也。初为博昌小吏，县令使逸送客，冒寒举体冻湿，还遇令不在，逸解衣炙之，入令被中卧。令还，大怒，将加严罚。逸曰：‘家贫衣单，沾湿无可代。若不暂温，势必冻死，奈何惜一被而杀一人乎！君子仁爱，必不尔也，故寝而不疑。’令奇而释之。”

光逸偷眠稳，王章泣恨长。（唐·李峤《被》）

我醉欲眠　形容人真率自然。《宋书·陶潜传》：“贵贱造之者，有酒辄设。渊明若先醉，便语客：‘我醉欲眠，卿可去。’其真率如此。”

我醉欲眠卿且去，明朝有意抱琴来。（唐·李白《山中与幽人对酌》）

吴蚕三眠　蚕初生至成蛹，蜕皮三四次。蜕皮时不食不动，成睡眠状态。第三次蜕皮谓之三眠。比喻相思之情绵长愁恨，亦借以点明时令、地域。唐·李白《寄东鲁二稚子》：“吴地桑叶绿，吴蚕已三眠。……春事已不及，江行复茫然。”

一日三眠　指柽柳（即人柳）的柔弱枝条在风中时时伏倒。亦作“汉柳三眠”“人柳三眠”“杨柳三眠”。《三辅旧事》：“汉苑中有柳，状如人形，号曰‘人柳’，一日三眠三起。”

殢烟尤雨索春饶，一日三眠夸得意。（宋·柳永《木兰花·黄金万缕风牵细》）

画船听雨眠　形容江南泛舟之情趣。唐·韦庄《菩萨蛮·人人尽说江南好》：“春水碧于天，画船听雨眠。”

谁爱松林水似天，画船听雨奈无眠。（宋·贺铸《鹧鸪天·谁爱松林水似天》）

男 nán

古下平，十三覃。逆百～成～次～嫡～丁～多～夫～耕～鳏～近事～立～鲁～奇～前～圣～庶～嗣～天～髫～童～息～小～孝～宜～遗～义～愚～震～侄～中～顺～拜～邦～德～弟～风～夫～服～花～华～畿～家～教～口～折～钱～妾～青～事～饰～巫～觋～贽例百味炼来怜益母，千花开处斗宜男。（唐·光威裒《联句》）恐向瑶池曾作女，谪来尘世未为男。（唐·鱼玄机《光威裒姊妹三人少孤而始妍》）

典**宜男**　指宜男草。传说孕妇佩戴萱草则生男，故称萱草为“宜男”。又旧时祝颂妇人多子亦曰“宜男”。见《艺文类聚》卷八一引晋·周处《风土记》《北齐书·崔㥄传》。

宜男漫作后庭草，不似樱桃千子红。（唐·温庭筠《生禖屏风歌》）

贵寿多男　寿命长，儿子多。《庄子·天地》：“尧观乎华。华封人曰：‘嘻，圣人！请祝圣人。’‘使圣人寿。’尧曰：‘辞。’‘使圣人富。’尧曰：‘辞。’‘使圣人多男子。’尧曰：‘辞。’封人曰：‘寿、富、多男子，人之所欲也。女独不欲，何邪？’尧曰：‘多男子则多惧，富则多事，寿则多辱。是三者，非所以养德也，故辞。’”

华封西祝尧，贵寿多男子。（唐·权德舆《哭李晦群崔季文二处士》）

嵇氏幼男　指稚子丧母。嵇康《与山巨源绝交书》：“吾新失母兄之欢，意常凄切。女年十三，男年八岁，未及成人，况复多病，顾此恨恨，如何可言。”

嵇氏幼男犹可悯，左家娇女岂能忘。（唐·李商隐《王十二兄与畏之员外相访见招小饮》）

陶令五男 指多子。晋·陶渊明《责子》："白发被两鬓，肌肤不复实。虽有五男儿，总不好纸笔。"

陶令五男曾不有，蒋生三径枉相过。（唐·裴迪《春日与王右丞过新昌里访吕逸人不遇》）

难（難）nán ①与"易"相对。②表使人不满意的性质。另见695页nàn。

㊍上平，十四寒。㊎碍～迟～惮～二～烦～繁～告～寒～后～鞿～蹇～见～谏～遴～贫～穷～涩～设～所～停～屯～微～无～五～先～嫌～险～崄～语～障～知～重～做～㊏～行～晦～进～亏～老～名～任～言～义～阻㊐藏器待时少，知人自古难。（唐·钱起《长安客舍赠李行父明府》）

㊑**八难** 指汉张良向刘邦所陈八件难以做到的事。楚汉战争期间，郦食其说刘邦立六国后以树党，张良为陈八难，乃止：一、难以制项籍之死命；二、难以得项籍之头；三、难以封圣人之墓、表贤者之闾、式智者之门；四、难以散府库以赐贫穷；五、难以偃武行文不复用兵；六、难以休马无所用；七、难以放牛不复输积；八、难以不使天下游士离去。见《史记·留侯世家》。

八难掉舌枢，三略役心机。（唐·白居易《和答诗十首·答四皓庙》）

二难 指贤主人与宾客。王勃《秋日登洪府滕王阁饯别序》："四美具，二难并。"

今日二难俱大夜，当时三幅谩高才。（唐·罗隐《暇日感怀因寄同院吴蜕拾遗》）

二俱难 称赞人兄弟。《世说新语·德行》："陈元方子长文有英才，与季方子孝先，各论其父功德，争之不能决，咨于太丘，太丘曰：'元方难为兄，季方难为弟。'"

刘氏风流设此冠，今谁将去伴珠鬟。君家兄弟二俱难。（宋·赵磻老《浣溪沙·刘氏风流设此冠》）

南 nán 另见13页ná。

㊍下平，十三覃。㊎巢～楚～戴～二～樊～夫～公～关～汉～和～湖～淮～剑～江～荆～离～岭～领～马金～漠～幕～宁～奇～黔～峤～塞～山～邵～社～石～双～水～朔～司～天～图～五～夏～雍～征～直～终～周～㊏～邦～碑～鄙～蔽～琛～楚～川～床～垂～地～帝～董～斗～渡～端～讹～蕃～藩～方～风～服～府～冠～国～户～华～淮～荒～畿～极～江～郊～柯～客～蛮～面～溟～陌～亩～牧～屏～荣～省～史～士～守～狩～台～庭～图～土～威～翁～溪～戏～鲜～乡～燕～野～音～雍～园～院～岳～越～诏～征～郑～枝～中～珠～子～宗～祖㊐夕阳红透樱桃粒。掩映深沉碧。成都事事似江南。（宋·王质《虞美人·翠阴融尽毵毵雪》）

㊑**二南** 本指《诗》的《周南》和《召南》。比喻王业德化。《毛诗序》："《周南》《召南》，正始之道，王化之基。"

二南风化承遗爱，八咏声名蹑后尘。（唐·刘禹锡《赴苏州酬别乐天》）

图南 本指大鹏背负青天，上凌霄汉，飞往遥远的南冥。后比喻抱负宏伟，志向远大。《庄子·逍遥游》："风之积也不厚，则其负大翼也无力。故九万里，则风斯在下矣，而后乃今培风；背负青天而莫之夭阏者，而后乃今将图南。"

图南不可御，惆怅守薄暮。（唐·钱起《送李大夫赴广州》）

北斗以南 用以称美贤相。《新唐书·狄仁杰传》："狄公之贤，北斗以南，一人而已。"

长安之西过万里，北斗以南惟一人。（宋·陆游《感昔》）

花落江南 寄寓丧乱漂泊之感。唐·杜甫《江南逢李龟年》："岐王宅里寻常见，崔九堂前几度闻。正是江南好风景，落花时节又逢君。"

花落江南，柳青客舍，多少旧愁新怨。（宋·扬无咎《夜行船》）

留滞周南 指滞留在外。《史记·太史公自序》："是岁天子始建汉家之封，而太史公留滞周南，不得与从事，故发愤且卒。"

留滞周南隔要津，尚余家传付坚珉。（宋·李石《挽何与时》）

一别汉南 用以咏叹岁月流逝，亦借以咏柳树。北周·庾信《枯树赋》："桓大司马闻而叹曰：'昔年种柳，依依汉南；今看摇落，凄怆江潭。树犹如此，人何以堪！'"

怎知道，自一别汉南，遗恨多少。（宋·王沂孙《扫花游》）

鄢郢在城南 指不愿屈辱投降。《战国策·齐策六》："齐王建入朝于秦，雍门司马横戟当马前，曰：'……鄢郢大夫不欲为秦，而在城南下者百数。'"

昔时鄢郢人，犹在城南间。（清·顾炎武《秋山》）

楠（*枏、柟）nán 木名。

㊍下平，十三覃。又：下平，十四盐同。㊎伽～古～迦～楩～杞～石～香～㊏～榴～瘤～木㊐恋阙劳肝肺，论材愧杞楠。（唐·杜甫《楼上》）

喃 nán 连续不断小声说话的声音。

㊍下平，十五咸。㊎呋～喃～呢～㊏～呒佬～喃㊐今日雄图又何在，野花香径鸟喃喃。（唐·贯休《读〈吴越春秋〉》）听小绵蛮，新格磔，旧呢喃。（宋·辛弃疾《行香子·云岫如簪》）

蝻 nán 蝗的幼虫。

㊎蝗～螟～跳～㊏～虫～蝗～虸

年（*秊）nián

㊍下平，一先。㊎报～碧玉～避～卜～残～昌～沉～垂～椿～徂～彫～丁～芳～分～逢～浮～高～亘～故～官～龟～华～积～籍～季～嘉～假～交～经～究～旷～论～履～茂～耄～弥～妙～暮～偶～潘～频～祈～耆～绮～歉～清～稔～孺～瑞～桑榆～煞～韶～生～时～始～世～逝～寿～熟～衰～太平～桃李～龆～颓～旺～希～牺～锡～髗～遐～飧～淹～延～艳阳～夭～尧～宜～移～颐～益～引～永～逾～蕴～匝～增～占～稚～仲～坐～㊏～班～辈～鬓～菜～茶～辰～程～齿～春～德～登～额～芳～分～丰～高～庚～羹～谷～光～宦～荒～计～家～稼～俭～馑～敬～酒～课～腊～来～例～流～柳～律～貌

～杪～命～暮～盘～期～耆～器～侵～稔～弱～韶～赊～深～始～事～首～疏～祀～算～帖～统～翁～物～息～禧～祥～涯～载～造～长～侄～纸～秩～祝～状～尊～祚例腹中无一物，高话羲皇年。（唐·储光羲《同王十三维偶然作十首》其三）谪去宁留恨，思归岂待年。（唐·钱起《送薛八谪居》）

典**卜年** 用以称颂国祚绵长。《左传·宣公三年》："楚子问鼎之大小轻重焉。对曰：'在德不在鼎。……成王定鼎于郏鄏，卜世三十，卜年七百，天所命也。周德虽衰，天命未改，鼎之轻重，未可问也。'"

秦后徒闻乐，周王耻卜年。（唐·王维《奉和圣制庆玄元皇帝玉像之作应制》）

大年 喻指长寿者。《庄子·逍遥游》："小知不及大知，小年不及大年。奚以知其然也？朝菌不知晦朔，蟪蛄不知春秋，此小年也。楚之南有冥灵者，以五百岁为春，五百岁为秋；上古有大椿者，以八千岁为春，八千岁为秋。"

大年方橐籥，小智即蜉蝣。（唐·储光羲《题辛道士房》）

丁年 泛指少壮之年。李陵《答苏武书》："且足下……丁年奉使，皓首而归。"李善注："丁年，谓丁壮之年也。"

丁年游蜀道，班鬓向长安。（唐·卢照邻《早度分水岭》）

龟年 代指高龄。亦作"龟鹤年""龟龄鹤年"。晋·郭璞《游仙诗》："借问蜉蝣辈，宁知龟鹤年。"

龟年鹤岁犹嫌少，献与尊堂别纪春。（宋·叶适《和王宗卿白兔诗》）

希年 亦作稀年，指七十岁。唐·杜甫《曲江二首》其二："朝回日日典春衣，每日江头尽醉归。酒债寻常行处有，人生七十古来稀。"

晚岁但知书甲子，希年徒自富春秋。（宋·卫宗武《和叶千庆七秩诗》）

小年 借以指人生命短促，亦用作自谦之词。见本页"大年"。

老怀岂复小年乐，病骨不禁清晓寒。（宋·陆游《春晚园中作》）

龟鹤年 见本页"龟年"。

谁识天地意，独与龟鹤年。（唐·白居易《伤杨弘贞》）

贾生年 贾谊才高命短。见412页"贾生脆促"。

才高未及贾生年，何事孤魂逐逝川。（唐·郑立之《哭林杰》）

钱铿年 用以祝人长寿。《论语·述而》："子曰：'述而不作，信而好古，窃比于我老彭。'"宋·邢昺疏："老彭即庄子所谓彭祖也。李云：名铿，尧臣，封于彭城，历虞、夏至商，年七百岁，故以久寿见闻。《世本》云：姓篯名铿，在商为守藏史，在周为柱下史，年八百岁，篯音翦，一云即老子也。"

更九番、屈指篯铿年，为君祝。（宋·锦溪《满江红·蓬岛仙翁》）

破瓜年 旧称女子十六岁为"破瓜"。"瓜"字拆开为两个八字，即二八之年，故称。《艺文类聚》卷四三引晋·孙绰《情人诗》："碧玉破瓜时，郎为情颠倒。"

正是破瓜年几，含情惯得人饶。（五代·和凝《何满子·正是破瓜年几》）

桃李年 喻指女子的青春和美貌。《诗经·召南·何彼襛矣》："何彼襛矣，华如桃李？"

酒是芳菲节，人当桃李年。（唐·柳中庸《寒食戏赠》）

惨绿少年 惨绿，浅绿，指服色。原指穿浅绿衣服的少年。后代指风度翩翩的青年男子。唐·张固《幽闲鼓吹》："客至，夫人垂帘视之。既罢会，喜曰：'皆尔之俦也，不足忧矣！末坐惨绿少年何人也？'答曰：'补阙杜黄裳。'夫人曰：'此人全别，必是有名卿相。'"

朱颜老去犹如此，惨绿当时是少年。（清·汪祚《雁来红》）

管辂无年 指中年亡故。《三国志·魏书·管辂传》："辂长叹曰：'吾自知有分直耳，然天与我才明，不与我年寿，恐四十七八间，不见女嫁儿娶妇也。'""是岁八月，为少府丞。明年二月卒，年四十八。"

刘桢徒有气，管辂独无年。（唐·张九龄《眉州康司马挽歌词》）

怀袖三年 指珍惜情谊。《古诗十九首》其十七："客从远方来，遗我一书札。上言长相思，下言久离别。置书怀袖中，三岁字不灭。一心抱区区，惧君不识察。"

长吟字不灭，怀袖且三年。（唐·李白《酬崔十五见招》）

黄骢少年 指英勇善战的青年将领。《北史·裴果传》："永安末，盗贼蜂起，果从军征讨，乘黄骢马，衣青袍，每先登陷阵，时人号为'黄骢年少'。永熙中，授河北郡守。"

黄骢少年舞双戟，目视旁人皆辟易。（唐·韩翃《送孙泼赴云中》）

绛老问年 绛老，绛县老人。据《左传·襄公三十年》载：晋绛县有一年长无子老人，问其年龄，老人答曰："臣小人也，不知纪年。臣生之岁，正月甲子朔，四百有四十五甲子矣，其季于今三之一也。"士文伯推算说"然则二万六千六百有六旬也"。后遂以为称人高寿之典。

绛老问年须算字，庾公逢月要题诗。（唐·杨巨源《送绛州卢使君》）

锦瑟华年 喻指美好青春年华。唐·李商隐《锦瑟》："锦瑟无端五十弦，一弦一柱思华年。"

紫燕红楼歌断。锦瑟华年一箭。（宋·吴文英《谒金门·鸡唱晚》）

刻楮三年 喻技艺工巧或治学刻苦。《韩非子·喻老》："宋人有为其君以象为楮叶者，三年而成。丰杀茎柯，毫芒繁泽，乱之楮叶之中而不可别也。"

不劳刻楮三年力，攻破刘郎五字城。（宋·王洋《再赋前韵五首》其二）

面壁九年 指坐禅。《古今逸史》引《神僧传》卷四《达摩》："帝不省玄旨，师知机不契，十九日遂去梁，折芦一枝渡江，二十三日北趋魏境，寻至洛邑，初止嵩山少林寺，终日面壁而坐，九年遂逝焉。"

面壁九年曾悟道，观棋一局偶成仙。（宋·方岳《山中》）

裙屐少年 束裙着屐是六朝时贵族子弟盛行的装束。后遂以泛指大家子弟。或代指胸无大志，不谙政务、专尚衣饰的青少年。《北史·邢峦传》："萧深藻是裙屐少年，未洽政务。"

冶春裙屐多少年，醉拂银鞍柳

边去。（清·林澍蕃《游平山堂》其一）

师尚父年 指老年发迹，亦借以咏八十老翁。《诗经·大雅·大明》："维师尚父，时维鹰扬。"毛氏传："师，太师也。尚父，可尚可父。鹰扬，如鹰之飞扬也。"郑玄笺："尚父，吕望也，尊称焉。"

师尚父年浑未艾，中书令考犹为少。（宋·刘克庄《满江红·屈指耆英》）

舜日尧年 指明君统治之时。见185页"尧天舜日"。

佩服瑶草驻容色。舜日尧年欢无极。（南北朝·沈约《四时白纻歌·夏白纻》）

五陵少年 指官宦纨绔轻薄子弟。亦作"五陵轻薄儿"。《汉书·原涉传》："郡国诸豪及长安、五陵诸为气节者皆归慕之。"

五陵少年铜乳臭，哲肃何甘作牛后。（宋·苏籀《国士一首》）

一醉三年 本指刘玄石因饮"千日醉"酒，一醉三年之事。后因用以咏美酒或醉饮。晋·张华《博物志》卷一〇《杂说下》："玄石饮酒，一醉千日。"

一醉三年那易得，应须大白同浮。（宋·叶梦得《临江仙·一醉三年那易得》）

跃马岁年 亦作"跃马年"，指做官荣显富贵。《史记·蔡泽列传》："蔡泽者，燕人也。游学干诸侯小大甚众，不遇。而从唐举相…唐举曰：'先生之寿，从今以往者四十三岁。'蔡泽笑谢而去，谓其御者曰：'吾持粱刺齿肥，跃马疾驱，怀黄金之印，结紫绶于要，揖让人主之前，食肉富贵，四十三年足矣。'"

话到辛酸，居然慷慨，跃马岁年心自知。（宋·陈人杰《沁园春·塞外江山》）

狐裘三十年 指生活简朴。亦作"一裘三十年"。《孔子家语·曲礼子贡问第三十九》："孔子曰：'晏平仲祀其先祖，而豚肩不揜豆，一狐裘三十年，贤大夫也。'"

一寒如此空形影，独赖狐裘三十年。（宋·毛滂《道上口占》）

今夕是何年 用以表现忘情、忘怀之感受。《诗经·唐风·绸缪》："今夕何夕，见此良人。"又，据《太平广记》卷四八九引《周秦行记》（韦瓘）："余真元中举进士落第……至一宅。……应命作诗曰：'香风吹到大罗天，月地云阶拜洞仙。共道人间惆怅事，不知今夕是何年。'"

已悟化城非乐界，不知今夕是何年。（唐·戴叔伦《二灵寺守岁》）

梁魁擢第年 指晚年才得志。宋·洪迈《容斋随笔·四笔》卷一四《梁状元八十二岁》："陈正敏《遁斋闲览》：梁颢八十二岁，雍熙二年，状元及第。其启云：'白首穷经，少伏生之八岁；青云得路，多太公之二年。'后终秘书监，卒年九十余。"

莫言大器韬藏久，犹是梁魁擢第年。（宋·石麟《鹧鸪天·欲寿中山不老仙》）

七十欠三年 自叹衰老。唐·白居易《与梦得沽酒闲饮且约后期》："四时犹不忧生计，老后谁能惜酒钱。共把十千沽一斗，相看七十欠三年。"

较香山、七十欠三年，吾衰矣。（宋·吴泳《满江红·手摘桐花》）

粘 nián 旧同"黏"。另见611页zhān。

【古】下平，十四盐。【逆】黐～稠～面～青～失～【顺】～据～菌～空～涩～天～涂～叶【例】立久病足折，兀然黐胶粘。（唐·贾岛《玩月》）

鲇（鲶、鯰）nián 鱼名。

【古】下平，十四盐。【逆】鼠～【顺】～溜～鱼～缘竹【例】雪白肥鳒。墨黑修鲇。（宋·刘学箕《行香子·雪白肥鳒》）

盘（盤）pán

【古】上平，十四寒。【逆】层～愁～错～交～踞～龙～涅～栖～虬～曲～石～围～涡～雄～旋～萦～郁～攒～【顺】～擘～螭～磴～亘～墼～互～桓～回～绞～结～踞～龙～络～虬～屈～绕～山～头氏～陀～膝～岩～萦～迂～纡～跱【例】石势虎蹲伏，山形龙屈盘。（唐·张继《城西虎跑寺》）暮云收尽溢清寒。银汉无声转玉盘。（宋·苏轼《阳关曲·中秋月》）

【典】**甘盘** 用以咏宰相。《书·说命下》："王曰：'来！汝说。台小子旧学于甘盘。'"孔安国传："甘盘，殷贤臣，有道德者。"

圣君宵旰念生民，重命甘盘秉国钧。（宋·王禹偁《寄献仆射相公》）

蟠 pán ①盘曲；环绕。②遍及。

【古】上平，十四寒。【逆】螭～根～樛～踞～龙～泥～潜～虬～屈～山～蛇～巍～萦～郁～渊～【顺】～螭～虫～错～道～伏～根～亘～固～极～际～结～踞～攫～夔～联～蟉～龙～络～满～木～拏～泥～辟～潜～虬～屈～曲～绕～挐～蛇～石～桃～蜿～委～胸～萦～瘿～幽～纡～郁～蛰～枝～峙～株【例】谁知闭匣长思用，三尺青蛇不肯蟠。（唐·白居易《鸦九剑》）楼台瑞气晴萧索，杉桧龙身老屈蟠。（唐·章孝标《题上皇观》）

磐 pán 大石头。

【古】上平，十四寒。【逆】鸿～考～磐～石～硬～【顺】～礴～错～固～互～桓～结～磐～辟～石～陀石～维～牙～萦【例】连澌光比镜，囚墨腻于磐。（唐·李成用《谢友生遗端溪砚瓦》）

蹒（蹣）pán 蹒跚，走路缓慢、摇摆的样子。

【古】《广韵》：平声，桓韵。【顺】～蹡～马～局～连～跚～行

胖 pán 安泰舒适。另见852页pàng。

【古】上平，十四寒。【逆】体～

弁 pán 乐，高兴。另见673页biàn。

【古】上平，十四寒。【逆】小～

磻 pán 磻溪，水名。

【古】上平，十四寒。【逆】礚～流～溪～【顺】～礴～石～溪～溪河～溪叟【例】遁迹岂劳登远岫，垂丝何必坐谿磻。（唐·张浑《七老会诗》）

便 pián ①安适。②腹部肥满。③善辩。另见672页biàn。

【古】下平，一先。【逆】便～【顺】～嬖～辞～蕃～烦～繁～腹～娟～悁～媚～孽～佞～辟～僻～譬～然～柔～散～姗～体～席～偎～嬛～翾～旋～言～妍～宜【例】卧龙髯乍磔，栖蝶腹何便。（唐·李端《晚春过夏侯校书值其沉醉戏赠》）

【典】**一腹便便** 用以咏儒士。亦作"腹便便""空腹便便"。汉代边韶曾白天睡觉，弟子嘲笑他肚子大，说"边孝先，腹便便。懒读书，但欲眠"。边韶回答："边为姓，孝为字。腹便便，《五经》笥。但欲眠，思经

事。寐与周公通梦，静与孔子同意。师而可嘲，出何典记?”见《后汉书·文苑传·边韶传》。

十载醺酣犹未醒。一腹便便。也读春秋也爱眠。（宋·陈瓘《减字木兰花·华胥月色》）

楩pián 木名。

古下平，一先。逆楠～顺～枫～桴～楠～梓

胼pián 手脚上的厚皮。

古下平，一先。顺～挛～胃～胝例苟无切玉刀，难除指上胼。（唐·皮日休《鲁望昨以五百言见贻》）

骈（騈）pián 并列的；对偶的。

古下平，一先。逆丛～党～拇～骈～上～填～阗～翕～云～支～顺～傍～逼～陛～臂～矗～词～错～叠～蕃～繁～跗～赋～骨～厚～化～集～接～句～聚～丽～怜～联～邻～蔓～门～拇～偶～盛～首～耸～穗～杳～胎～体～填～阗～文～衍～演～溢～翼～语～殒～斩～臻～枝～植～字例宵旰忧虞轸，黎元疾若骈。（唐·杜甫《秋日夔府咏怀奉寄郑监李宾客一百韵》）长伴瑶池母宴，蟠桃花下驾云骈。（宋·无名氏《望江南·阶蓂舞》）

蹁pián 足不正。

古《广韵》：平声，先韵。逆联～顺～跹

钱（錢）qián

古下平，一先。逆白～壁～擘～簸～卜～翠～刀～典～飞～蚨～赙～官～荷～缣～翦～解～醵～犒～口～六～绿～梅～母～撚～女～绮～青～石～苔～帑～箱～廨～朽～牙～一～义～瘗～榆～玉～鬻～皂～撰～子～顺～帛～镈～卜～布～漕～唇～刀～垛～法～范～封～纲～贯～斛～会～货～局～埒～流～龙～镘～缗～陌～幕～奴～癖～品～清～黥～券～神～署～树～肆～粟～帖～筒～文～物～席～心～义～狱～质～资例石明如挂镜，苔分似列钱。（唐·骆宾王《出石门》）金樽清酒斗十千，玉盘珍羞直万钱。（唐·李白《行路难三首》其一）

典**簸钱** 即掷钱，是古代一种游戏。王建《宫词一百首》其九五：“春来睡困不梳头，懒逐君王苑北游。暂向玉花阶上坐，簸钱赢得两三筹。”

阶下簸钱工姹女，堂前挟瑟艳秦娥。（清·谢震《蹉跎》）

沈钱 代指酒。晋·崔豹《古今注》卷下《草木》载：“沈酿者，汉郑弘为灵文乡啬夫，行官京洛。未至，宿一埭，埭名沈酿。于埭逢故旧友人，四顾荒郊，村落绝远，酤酒无处，情抱不伸。乃以钱投水中，依口而饮，饮尽酣畅，皆得大醉，因更为沈酿川。”

款交欣散玉，洽友悦沈钱。（唐·骆宾王《咏云酒》）

榆钱 榆树未生叶前先生荚，形似钱而小，联缀成串，有“榆钱”之称。北周·庾信《燕歌行》：“桃花颜色好如马，榆荚新开巧似钱。”

深红落尽东风恶，柳絮榆钱不当春。（宋·苏轼《次韵田国博部夫南京见寄二绝》其一）

大农钱 指国库钱财。《史记·平准书》：“于是以东郭咸阳、孔仅为大农丞，领盐铁事。”“大农上盐铁丞孔仅、咸阳言：‘山海，天地之藏也，皆宜属少府，陛下不私，以属大农佐赋。’”

年登谷价贱，散以大农钱。（宋·林光朝《代陈季若上仓使》）

点青钱 形容溪中荷叶的形态。杜甫《绝句漫兴九首》其七：“糁径杨花铺白毡，点溪荷叶叠青钱。”

萦绿带，点青钱。东湖春水碧连天。（宋·辛弃疾《鹧鸪天·聚散匆匆不偶然》）

买山钱 指豪爽助人。唐·范摅《云溪友议》卷上《襄阳杰》：“又有匡卢符载山人，遣三尺童赍数幅文书，乞买山钱百万，公遂与之。”

陆居无屋江无船，谁人乞与买山钱。（宋·冯时行《自开江归依山结茅以居偶成长句》）

沈郎钱 喻指榆荚。唐·李贺《残丝曲》：“榆荚相催不知数，沈郎青钱夹城路。”

素柰花开西子面，绿榆枝散沈郎钱。（唐·王建《故梁国公主池亭》）

使鬼钱 指万能的钱。《晋书·隐逸传·鲁褒传》“谚曰：‘钱无耳，可使鬼。’凡今之人，惟钱而已。”

既无使鬼钱，又无封侯骨。（宋·黄庭坚《再和答为之》）

水衡钱 指俸禄。《汉书·宣帝纪》：“二年春，以水衡钱为平陵，徙民起第宅。”颜师古注引应劭曰：“水衡与少府皆天子私藏耳。县官公作，当仰给司农，今出水衡钱，言宣帝即位为异政也。”

月分梁汉米，春得水衡钱。（唐·杜甫《寄岳州贾司马六丈巴州严八使君两阁老五十韵》）

三百青钱 咏酒或酒钱。唐·杜甫《逼仄行赠毕曜》：“速宜相就饮一斗，恰有三百青铜钱。”

三百青钱杖上挑，黄公垆头醉春酒。（明·王稚登《阮将军龙杖歌》）

饮马投钱 比喻廉洁不苟取。亦作“掷三钱”。唐·徐坚《初学记》卷六《渭水第八》引汉·赵岐《三辅决录》：“安陵清者有项仲仙，饮马渭水，每投三钱。”

磨刀共敛甲，饮马并投钱。（明·唐寅《陇头水》）

雷颠不论钱 咏侠义之士。《后汉书·独行传·雷义传》：“雷义字仲公，豫章鄱阳人也。初为郡功曹……尝济人死罪，罪者后以金二斤谢之，义不受。金主伺义不在，默投金于承尘上。后葺理屋宇，乃得之。金主已死，无所复还，义乃以付县曹。……举茂才，让于陈重，刺史不听，义遂阳狂被发走，不应命。乡里为之语曰：‘胶漆自谓坚，不如雷与陈。’三府同时俱辟二人。”

作雷颠。不论钱。谁问旗亭，美酒斗十千。（宋·贺铸《梅花引·缚虎手》）

颜公付酒钱 咏嗜酒。《宋书·陶潜传》：“颜延之为刘柳后军功曹，在寻阳，与潜情款。后为始安郡，经过，日日造潜，每往必酣饮致醉。临去，留二万钱与潜，潜悉送酒家，稍就取酒。”

颜公二十万，尽付酒家钱。（唐·李白《赠宣城宇文太守兼呈崔侍御》）

前qián

古下平，一先。逆车～春～次～刚～光～行～后～护～花～火～忌

～见～阶～进～军～腊～楼～卢～明～顷～堂～亡～望～无～膝～现～歇～衙～依～迎～雨～预～御～在～趱～瞻～直～尊～顺～辈～跸～册～策～车～尘～筹～除～此～埭～登～敌～典～殿～睹～度～对～额～恶～阀～锋～符～妇～歌～古～光～徽～悔～疾～纪～家～鉴～军～例～料～烈～令～流～虑～民～秋～驱～荣～圣～失～搜～算～绥～岁～堂～题～调～庭～涂～望～武～溪～膝～席～贤～衔～宵～星～休～修～绪～训～筵～彦～业～疑～楹～缘～韵～载～藻～哲～辙～政～知～躅～主～注～祝～箸～缀～准～资例似絮还飞垂柳陌，如花更绕落梅前。（唐·宗楚客《奉和圣制喜雪应制》）何曾一霎离心上，怎得而今在眼前。（宋·向子諲《鹧鸪天·斗帐欢盟不计年》）

典**愧卢前** 指文人间的相互谦让。《旧唐书·杨炯传》："炯与王勃、卢照邻、骆宾王以文词齐名，海内称为'王杨卢骆'，亦号为'四杰'。炯闻之，谓人曰：'吾愧在卢前，耻居王后。'当时议者，亦以为然。……（张）说曰：'杨盈川文思如悬河注水，酌之不竭，既优于卢，亦不减王。耻居王后，信然；愧在卢前，谦也。'"

鳣堂惭愧始，熊轼愧卢前。（宋·楼钥《曾侍郎挽词》）

崔九堂前 借指朋友忆旧，亦以咏音乐。唐·杜甫《江南逢李龟年》："岐王宅里寻常见，崔九堂前几度闻。正是江南好风景，落花时节又逢君。"

十八年间，黄公垆下，崔九堂前。（宋·刘辰翁《沁园春·十八年间》）

儿女灯前 形容家人团聚的情景。宋·黄庭坚《寄上叔父夷仲二首》其二："百书不如一见面，几日归来两慰心。弓刀陌上望行色，儿女灯前语夜深。"

隔邻儿女灯前笑，客舍愁中正独眠。（明·高启《客夜闻女病》）

忽到窗前 指相思或念友。唐·卢仝《有所思》："当时我醉美人家，美人颜色娇如花。今日美人弃我去，青楼珠箔天之涯。……翠眉蝉鬓生别离，一望不见心断绝。……美人兮美人，不知为暮雨兮为朝云？相思一夜梅花发，忽到窗前疑是君。"

几度黄昏，忽到窗前，重想故人初别。（宋·王沂孙《疏影·琼妃卧月》）

月下花前 借指良辰美景。唐·白居易《老病》："昼听笙歌夜醉眠，若非月下即花前。如今老病须知分，不负春来二十年。"

月下花前不暂离，暂离已抵银河远。（宋·梅尧臣《花娘歌》）

子后寅前 指岁除之夜。唐·韦庄《岁除对王秀才作》："雪向寅前冻，花从子后春。到明追此会，俱是来年人。"

子后寅前东向坐，冥心琢齿鸣鼍。（宋·曾慥《临江仙·子后寅前东向坐》）

蛾眉淡扫至尊前 指不施脂粉，天然秀美。唐·张祜《集灵台二首》其二："虢国夫人承主恩，平明骑马入宫门。却嫌脂粉污颜色，淡扫蛾眉朝至尊。"

衣带水，隔风烟。铅华不御凌波处，蛾眉淡扫至尊前。（宋·陈亮《最高楼·春乍透》）

潜（*濳）qián

古下平，十四盐。又：去声，二十九艳同。逆播～沉～发～飞～龟～衡～郎～龙～蹑～蟠～潜～赏～深～寿～韬～逃～陶～退～遐～心～淹～阴～幽～渊～顺～避～帛～藏～畅～德～堤～邸～窦～遁～藩～服～浮～光～鹄～怀～晖～辉～晦～迹～济～寂～惊～精～究～亢～朗～林～鳞～灵～龙～虑～名～默～谋～匿～蟠～启～契～洽～蛰～虬～然～壤～润～鳃～深～升～师～识～思～隧～韬～听～袭～蓄～穴～研～耀～逸～隐～英～颖～影～映～泳～豫～源～跃～蕴～蛰～珍～志～跱～踪例宅近青山同谢朓，门垂碧柳似陶潜。（唐·李白《题东谿公幽居》）

典**郎潜** 指为官久不升迁。张衡《思玄赋》："尉龙眉而郎潜兮，逮三叶而遘武。"

莫叹郎潜生白发，圣朝求旧鄙鸢肩。（宋·苏轼《次天字韵答岑岩起》）

龙潜 喻指即位前的帝王。《易·干卦》："初九，潜龙勿用。"

三千里外帝王乡，当日龙潜泾水旁。（宋·陈天麟《风光阁》）

乾 qián

①八卦之一，代表天。②代表男性。③指君主。另见588页gān"干"。

古下平，一先。逆笔～乘～昊～皇～九～康～坤～连～临～隆～配～乾～式～体～饷～应～御～凿～造～宅～竺～顺～安～步～策～车～道～栋～方～风～符～覆～刚～岗～顾～光～行～晖～基～吉～健～精～景～局～钧～坤～灵～陵～律～马～昧～明～命～男～纽～启～穹～施～矢～始～式～首～台～统～陀～唯～位～文～象～心～音～宇～灾～造～则～轴～竺例盖代名高方赫赫，恋恩心切更乾乾。（唐·徐铉《奉和宫傅相公怀旧见寄四十韵》）

虔 qián

①恭敬而有诚意。②劫掠；夺取。③杀害。

古下平，一先。逆标～摽～不～诚～村～风～恭～撟～娇～洁～精～敬～纠～恪～虔～勤～肃～通～心～寅～郑～祇～忠～顺～刀～奉～恭～洁～敬～恪～恳～刘～婆～切～竦～肃～娃～信～夷～祇例恳谏留匡鼎，诸儒引服虔。（唐·杜甫《秋日夔府咏怀奉寄郑监李宾客一百韵》）

钳（鉗、*箝、拑）qián

钳子。

古下平，十四盐。逆闭～楚～楚人～锻～飞～管～拘～髡～钳～强～踏脚～顺～掣～锤～耳～盖～固～梏～击～忌～键～劫～结～噤～口～髡～勒～戾～卢～罗～马～扭～奴～且～塞～市～束～锁～铁～徒～网～语～赭～桎例赳赳容皆饰，幡幡口尽钳。（唐·刘禹锡《和汴州令狐相公到镇改月偶书所怀》）

掮 qián

肩扛。

顺～木梢～客

钤（鈐）qián

①盖印；盖章。②锁。③管束。④图章。

古下平，十四盐。逆兵～钩～合～

机～拘～龙～路～弢～韬～印～鱼～玉～珠～顺～别～察～缝～符～盖～干～记～键～结～决～匮～括～来～勒～律～谋～奴～山～摄～识～束～韬～尾～辖～下～蓄～压～印～制例援毫动星宿，垂钓取韬钤。（唐·刘禹锡《和汴州令狐相公到镇改月偶书所怀》）

黔 qián ①贵州简称。②黑色。

古下平，十四盐。又：下平，十二侵同。逆苍～黎～黧～突～乌～羊～邑中～蒸～顺～苍～丑～刺～黑～喙～江～剧～口～雷～黎～黧～娄～娄妻～落～驴～民～南～首～庶～突～巫～细～劓～羸～愚～阜～灶～烝例济物便同川上楫，慰心还似邑中黔。（唐·韦庄《冬日长安感志二十韵》）

全 quán

古下平，一先。逆百～成～纯～存～贷～得～德～苟～归～行～浑～获～矜～救～亏～乐～力～难～启～曲～神～生～双～顺～私～天～图～瓦～无～修～养～拥～宥～圆～赒～资～自～顺～安～豹～备～璧～别～宾～兵～策～粹～道～德～独～福～功～贵～行～壶～护～毁～浑～活～济～简～节～洁～精～具～礼～禄～率～麻～貌～美～譬～器～躯～丧～色～声～牲～胜～盛～师～蚀～守～寿～遂～通～影～优～佑～宥～羽～烝～整～旨～众～周～浊例长沙遇太守，问旧几人全。（唐·沈佺期《哭苏眉州崔司业二公》）

典**天全** 保全天性。指不假雕饰而浑成天然的状态。《庄子·达生》："夫若是者，其天守全，其神无郤，物奚自入焉！夫醉者之坠车，虽疾不死。骨节与人同而犯害与人异，其神全也，乘亦不知也，坠亦不知也，死生惊惧不入乎其胸中，是故忤物而不慑。彼得全于酒而犹若是，而况得全于天乎？'"

身闲得天全，一息了万古。（宋·文同《独游》）

玉碎瓦全 玉碎，喻指人品高贵，性格坚强，能保持气节而勇于牺牲。瓦全，喻指人不顾名节，苟且偷生。《北齐书·元景安传》："大丈夫宁可玉碎，不能瓦全。"

尔不玉碎乃瓦全，表墓聊志延陵阡。（清·朱紫贵《赤乌砖歌》）

权（權）quán

古下平，一先。逆避～变～秉～柄～操～朝～称～承～乘～逞～秤～持～从～党～盗～豪～衡～怙～颊～酒～剧～谲～钧～揽～略～拿～窃～轻～煽～善～擅～顺～天～通～铜～威～微～委～胁～凶～雄～悬～鬻～招～铨～顺～嬖～秉～柄～策～宠～词～辞～厝～珰～党～道～敌～度～断～夺～府～骨～诡～贵～豪～横～衡～宦～藉～计～谲～略～门～谋～佞～强～人～士～首～帖～通～相～荣～象～蝎～星～幸～焰～要～宜～疑～议～益～勇～舆～御～暂～诈～政～智～轴～准～族～尊例寓言本多兴，放意能合权。（唐·刘禹锡《题淳于髡墓》）

泉 quán

古下平，一先。逆暗～阪～悲～迸～币～碧～璧～冰～层～澄～淙～丹～盗～冻～汸～飞～沸～伏～甘～膏～寒～虹～鸿～黄～慧～火～金～井～菊～浚～枯～狂～泪～冷～澧～醴～立～廉～冽～林～廪～灵～柳～龙～鸣～酿～暖～瀑～清～穷～秋～乳～神～石～汤～天～听～吴～香～响～象～心～悬～掩～谒～阴～涌～幽～余～雩～玉～渊～源～云～忠～珠～壮～紫～顺～船～布～扉～府～骨～壑～户～花～华～火～金～扃～客～流～漏～路～脉～门～明～冥～瀑～曲～壤～绅～石～世～澌～薮～台～帖～窝～穸～乡～穴～眼～音～涌～鱼～雨～原～源～云～韵～泽例数曲迷幽嶂，连圻触暗泉。（唐·张九龄《自始兴溪夜上赴岭》）荷叶荷花水底天。玉壶冰酒酿新泉。（宋·叶梦得《浣溪沙·荷叶荷花水底天》）

典**酒泉** 邑名，杜康曾任其太守。多用为嗜酒之典。三国魏·曹操《短歌行》："何以解忧？唯有杜康。"李善注："张华《博物志》：'杜康作酒。'王著《与杜康绝交书》：'康字仲宁。或云：黄帝时宰人，号酒泉太守。'"

黄须康兄酒泉客，平生出入王侯宅。（唐·李端《赠康洽》）

龙泉 泛指宝剑，也借以喻指杰出的人才。三国魏·曹植《与杨德祖书》："有龙泉之利，可以议其断割。"

羁络骏马，锦带横龙泉。（唐·李白《留别广陵诸公》）

贪泉 泉名。在广东省南海县。相传饮此水，纵廉士亦贪。晋吴隐之酌而饮之，赋诗曰："古人云此水，一歃怀千金；试使夷齐饮，终当不易心。"其后为官，清操愈厉。后遂用以标榜官吏清廉。事见《晋书·良吏传·吴隐之》。

尚书清白临南海，虽饮贪泉心不回。（唐·白居易《广府胡尚书频寄诗因答绝句》）

侍甘泉 用以咏文学侍从之臣。《汉书·扬雄传》："孝成帝时，客有荐雄文似相如者，上方郊祠甘泉泰畤，汾阴后土，以求继嗣，召雄待诏承明之庭。正月，从上甘泉还，奏《甘泉赋》以风。"

好为花王作花相，不应只遣侍甘泉。（宋·杨万里《多稼亭前两槛芍药红白对开二百朵》）

思如泉 赞人文思充沛。唐·刘肃《大唐新语》卷一《匡赞》："苏颋，神龙中给事中，并修弘文馆学士，转中书舍人。时父瑰为宰相，父子同掌枢密，时人荣之。属机事填委，制诰皆出其手。中书令李峤叹曰：'舍人思如泉涌，峤所不及也。'"

旅食京华诗思尽，羡公落笔思如泉。（宋·陆游《次林伯玉侍郎韵赋西湖春游》）

杖出泉 咏高僧。《高僧传·晋庐山释慧远》："及届浔阳，见庐峰清静，足以息心，始住龙泉精舍。此处去水大远，远乃以杖扣地，曰：'若此中可得栖止，当使朽壤抽泉。'言毕，清流涌出。后卒成溪。"

到处花为雨，行时杖出泉。（唐·郎士元《送大德讲时河东徐明府招》）

渴骥奔泉 形容书法笔势矫健。《新唐书·徐浩传》："尝书四十二幅屏，八体皆备，草隶尤工；世状其法曰'怒猊抉石，渴骥奔泉'云。"

笔势矫矫传海邦，渴骥奔泉无蜷局。（清·金永爵《纪晓岚紫石砚歌》）

移封酒泉 用为嗜酒之典。亦作"移家向酒泉"。旧题晋·王嘉《拾遗记》卷九:"及晋武践位,忽见馥立于阶下,帝奇其倜傥,擢为朝歌邑宰。馥辞曰:'氏羌异域,远隔风化,得游中华,已为殊幸。请辞朝歌之县,长充马圉之役。时赐美酒,以乐余年。'……即迁为酒泉太守。其地有青泉,其味如酒。馥乘酒而拜之。"

汝阳三斗始朝天,道逢曲车口流涎,恨不移封向酒泉。(唐·杜甫《饮中八仙歌》)

拳 quán

古下平,一先。逆北～查～搽～嗔～村～斗～短～奋～鹘～花～豁～焦～拘～蕨～空～老～连～联～挛～毛～梅花～美人～迷踪～南～搳～勤～擎～曲～拳～攘～蛇～神～双～霜～太平～调～外家～仙人～鹰～长～醉～尊～顺～棒～菜～参～铳～蹩～斗～发～服～果～跽～捷～经～局～偻～挛～马～毛～猛～母～曲～拳～石～腕～握～偎～揖～勇～挚～足例舒可弥宇宙,揽之不盈拳。(唐·陈子昂《赠赵六贞固二首》其二)谁家扫雪满庭前,万壑千峰在一拳。(唐·柳藏经《东阳夜怪诗》)

痊 quán 病愈。

古下平,一先。逆安～病～瘳～大～较～就～头风～幸～顺～安～差～瘥～瘳～除～复～和～济～减～较～疴～瘸～可～平～损例观文心未衰,勿药疾当痊。(唐·韦应物《酬张协律》)

荃 quán 香草名,即菖蒲。

古下平,一先。逆芳～蘅～蕙～金～兰～青～香～顺～察～荪～蹄～宰例谪居东南远,逸气吟芳荃。(唐·陶翰《赠房侍御》)秋风晨夜起,零落愁芳荃。(唐·钱起《海畔秋思》)

颧(顴)quán 颧骨。

古下平,一先。逆高～颊～双～隐～顺～辅～颊

蜷(*跧)quán 蜷曲。

古下平,一先。逆局～连～联～蜿～顺～伏～局～曲～缩～蜿～卧

鬈 quán 头发弯曲。

古下平,一先。逆虿～发～美且～云髻～顺～发～笄～髻～曲～首～心～须

跧 quán ①蜷曲不伸。②亏损。

古下平,一先。逆连～联～跼～缩～顺～嵯～伏～跽～局～屈～曲～蹜～卧

诠(詮)quán ①详细解释。②道理;真理。③选择。

古下平,一先。逆秘～妙～评～所～校～玄～言～遮～贞～真～顺～笔～辩～表～补～除～词～次～第～谛～订～度～发～贯～拣～简～较～解～量～论～明～品～评～识～授～疏～述～说～索～序～叙～言～义～译～用～藻～择～真～正～证～旨～注例闲将酒为偶,默以道自诠。(唐·韦应物《岁日寄京师诸季端武等》)

筌 quán 捕鱼的竹器。

古下平,一先。逆风～寄～空～冥～罤～蹄～忘～言～遗～意～鱼～真～顺～句～拾～罤～蹄～相～象～筲～绪～意～鱼例惊鸿絓蒲弋,游鲤入庄筌。(唐·任希古《和东观群贤七夕临泛昆明池》)如何临逝水,白发未忘筌。(唐·徐凝《问渔叟》)

典**排冥筌** 谓摆脱拘束,遗世遁隐。冥筌,谓无形的拘束。南朝宋·江淹《许征君询自叙》:"一时排冥筌,泠然空中赏。"李善注:"筌,捕鱼之器。言鱼之在筌,犹人之处尘俗;今既排而去之,超在埃尘之外,故泠然涉空,得中而留也。"

何当共携手,相与排冥筌。(唐·李白《赠饶阳张司户燧》)

得鱼忘筌 喻悟道者忘其形骸。又转以喻人成功或达到目的就忘本背恩。《庄子·外物》:"荃者所以在鱼,得鱼而忘荃;蹄者所以在兔,得兔而忘蹄;言者所以在意,得意而忘言。"

走马共知难看锦,得鱼自笑已忘筌。(宋·冯时行《诗呈监试》)

铨(銓)quán ①称重量的器具。②度;衡量。③选授官职。

古下平,一先。逆曹～春～典～钉～赴～衡～候～监～蒋士～遴～平～评～省～试～锁～小～需～中～顺～别～柄～补～采～臣～除～次～定～度～覆～格～贡～管～贯～核～衡～简～考～括～历～量～录～拟～判～配～取～事～试～授～汰～调～廷～文～席～校～序～叙～选～引～藻～择～掌～政～注～擢例金篦空刮眼,镜象未离铨。(唐·杜甫《秋日夔府咏怀奉寄郑监李宾客一百韵》)

佺 quán 偓佺,古代传说中的仙人。

古下平,一先。逆期～偓～顺～乔例本自依迦叶,何曾藉偓佺。(唐·杜甫《秋日夔府咏怀奉寄郑监李宾客一百韵》)

然 rán

古下平,一先。逆黯～昂～盎～勃～惨～灿～粲～恻～怅～琤～诚～侈～斥～怵～矗～怆～怛～沸～忿～拂～抚～莞～炅～酣～浩～哗～欢～涣～浑～豁～寂～戛～蹇～皎～井～迥～炯～旷～朗～乐～泠～荦～茫～渺～泯～冥～瞑～赧～翩～飘～凄～戚～惬～茕～柔～潸～释～帅～肃～索～倓～倘～倜～恬～枉～惘～巍～炜～未～怃～俙～翕～欣～炫～嫣～奄～燕～杳～窅～窈～怡～亦～毅～熠～莹～攸～悠～犹～油～乍～湛～昭～卓～顺～赤～除～灯～顶～否～腹～膏～谷～故～桂～后～花～灰～火～即～炬～可～蜡～眉～蜜～明～纳～乃～诺～脐～且～如～爇～石～始～虽～物～犀～信～许～疑～已～煴～赞～则～脂例横空一鸟度,照水百花然。(唐·虞世南《侍宴应诏赋韵得前字》)

典**勒燕然** 指建立边功。亦作"铭功燕然"。《后汉书·窦宪传》载:东汉窦宪领兵出塞,大破北匈奴,登燕然山,刻石勒功以纪汉之威德。

何况班家有超固,应封定远勒燕然。(宋·黄庭坚《次韵奉答廖袁州怀旧隐之诗》)

想当然 指凭主观想象认为如此,但与事实并不相符。《后汉书·孔融传》:"初,曹操攻屠邺城,袁氏妇子多见侵略,而操子丕私纳袁熙妻甄氏。融乃与操书,称'武王伐纣,以妲己赐周公'。操不悟。后问出何经典,对曰:'以今度之,想

当然耳。'"

想当然尔霸勾践,岂俟再顾倾夫差。(宋·苏籀《节妇吟》)

一笑嫣然 形容女子美丽绝伦,笑貌迷人。宋玉《登徒子好色赋》:"东家之子……嫣然一笑,惑阳城,迷下蔡。"

倚东风,一笑嫣然,转盼万花羞落。(宋·辛弃疾《瑞鹤仙·雁霜寒透幕》)

髯(髥)rán ①两颊的胡须。

古下平,十四盐。逆鬓~苍~奋~丰~鼓~皓~黑~胡~戟~蛟客~鳞~龙~美~攀~青~虬~髯~衰~霜~松~掀~须~黲~银~玉~长~鬒~髭~顺~鬓~参~参军~断~夫~公~胡~戟~客~丽~鬣~龙~美~奴~怒~髯~茹~蛇~士~叟~苏~孙~狎~须~阉~主簿例应怜郡斋老,旦夕镊霜髯。(唐·刘禹锡《和汴州令狐相公到镇改月偶书所怀》)

典**紫髯** 孙权紫须碧眼,曾射虎。后用指将士勇猛。见848页"紫髯将"。

紫髯将军晓射虎,吓杀胡儿箭似椽。(宋·陆游《军中杂歌》)

燃rán

古下平,一先。逆宝炬~爆~沉~灯~洞~燔~火~烬~脐~犀~隐~顺~爆~灯佛~点~顶~鼎~放~耗~灰~火~糠~藜~眉~脐~石~犀~香~薪~指~灼例江碧鸟逾白,山青花欲燃。(唐·杜甫《绝句二首》其二)光风千日暖,寒食百花燃。(唐·韩翃《送蒋员外端公归淮南》)

典**寒灰重燃** 喻指死灭之旧事物获得新生。《史记·韩长孺列传》:"其后安国坐法抵罪,蒙狱吏田甲辱安国。安国曰:'死灰独不复然乎?'田甲曰:'然即溺之。'"

且随浮俗贪趋世,肯料寒灰亦重燃。(唐·马云奇《同前以诗代书》)

蚺(*蚦)rán 蟒蛇。

古下平,十四盐。逆花~蟒~顺~胆~蛇~蛇胆~蛇藤

堧(*壖)ruán 城郭旁、宫殿庙宇外或河边的空地。

古下平,一先。逆城~海~河~淮~洄~江~津~颓~隈~瀛~顺~田~垣

谈(談)tán

古下平,十三覃。逆褒~笔~鄙~偏~禅~畅~称~侈~促膝~诞~雕~浮~鼓~瞽~恒~横~胡~诙~讥~鸡~僭~接~街~静~剧~聚~倦~隽~恳~夸~款~美~冥~谬~攀~绮~倾~清~謦~趣~荣~善~胜~盛~时~世~肆~俗~琐~痛~妄~晤~乡~谐~雄~虚~叙~絮~玄~悬~噱~哑~雅~妍~燕~夜~轶~瀛~游~迂~余~娱~舆~珠~麈~纵~族~顺~辩~宾~兵~柄~驳~禅~词~辞~道~端~霏~锋~诟~古~机~鸡~稼~荐~剑~讲~交~津~经~客~空~唠~理~料~妙~名~年~俳~绮~僧~赏~舌~士~述~薮~诉~谈~微~慰~吻~晤~犀~戏~羡~啸~谐~屑~星~虚~叙~绪~玄~噱~谑~言~筵~演~宴~燕~扬~义~议~咏~优~语~誉~证~麈~助~宗例一叶扁舟卷画帘。老妻学饮伴清谈。(宋·黄庭坚《浣溪沙·一叶扁舟卷画帘》)三十六峰玉立,隔尘听玄谈。(宋·邓剡《八声甘州·笑钗符》)

典**霏谈** 比喻人健谈或谈吐不俗;也借以称颂人佳咏迭出。晋胡毋辅之字彦国,他言语高妙,知人善任、才名远扬。友人王澄在写给别人的信中称赞他说:"彦国吐佳言如锯木屑,霏霏不绝,诚为后进领袖也。"见《晋书·胡毋辅之传》。

才子霏谈更五鼓。剩看走笔挥风雨。(宋·葛胜仲《蝶恋花·已过春分春欲去》)

手谈 指下围棋。《世说新语·巧艺》:"王中郎以围棋是坐隐,支公以围棋为手谈。"

坐隐不知岩穴乐,手谈胜与俗人言。(宋·黄庭坚《弈棋二首·呈任渐》)

麈谈 指清谈。《晋书·王戎传》附《王衍传》:"妙善玄言,唯谈《老》《庄》为事,每捉玉柄麈尾,与手同色。"

宴玉麈谈宾,倚琼枝、秀挹雕觞满。(宋·张先《倾杯乐·飞云过尽》)

刘表坐谈 指性多忌,不能听用人言,从而坐失良机。《三国志·魏书·郭嘉传》:"太祖将征袁尚及三郡乌丸,诸下多惧刘表使刘备袭许以讨太祖,嘉曰:'……表,坐谈客耳,自知才不足以御备,重任之则恐不能制,轻任之则备不为用,虽虚国远征,公无忧矣。'"

刘表坐谈,深源轻进,机会失之弹指间。(宋·陈人杰《沁园春·谁使神州》)

弹(彈)tán ①发射;弹射。②拨弄或敲击物体。③弹劾;抨击。④弹性。另见675页dàn。

古上平,十四寒。逆吹~回~讥~纠~乱~抨~评~轻~绳墨~五弦~指~顺~包~冰~驳~唱~诋~兑~歌~冠~劾~击~激~铗~剑~禁~纠~举~泪~墨~拍~抨~曲~雀~舌~肃~隋~枉~正~指~治~奏~坐例瑶琴山水曲,今日为君弹。(唐·陈子昂《秋日遇荆州府崔兵曹使宴》)倩人传语问平安。省愁烦。泪休弹。(宋·黄庭坚《江城子·画堂高会酒阑珊》)

典**虚弹** 假装弹鸟。见604页"虚弯"。

高风摧秀木,虚弹落惊禽。(唐·李白《赠崔侍郎》)

贡公弹 喻指准备做官。《汉书·王吉传》:"吉与贡禹为友,世称'王阳在位,贡公弹冠'。言其取舍同也。"颜师古注:"弹冠者,且入仕也。"

市将梅子隐,冠尚贡公弹。(宋·姚勉《和姜明甫》)

长铗歌弹 借指自伤不遇或失意思归。战国时齐国人冯谖,在孟尝君门下当食客时不受重视,冯谖乃倚柱弹剑而高歌:"长铗归来乎!食无鱼。"孟尝君乃依其要求而给予较好的待遇。见《战国策·齐策四》。

长铗歌弹明月堕,对萧萧、客鬓闲携手。(宋·葛长庚《贺新郎·且尽杯中酒》)

坛[1](壇)tán ①举行大典用的台。②讲学或发表言论的场所。③某

些职业、专业活动领域。

古上平，十四寒。逆拜～词～道～登～法～坟～封～佛～高～耕～宫～觚～灌～韩～黄～乩～鸡～稷～嘉～将～讲～郊～教～醮～戒～净～坎～蜡～雷～燎～禖～盟～青～日～骚～沙～社～石～书～祀～踏～泰～王～仙～香～星～杏～宿～宣～玄～瑶～艺～吟～银～雩～元～月～糟～斋～雉～竹～筑～紫～顺～场户～靖～卷～坎～庙～山刻～墠～社～事～堂～壝～位～席～宇～域～谕～宅～琖～兆～畤例隐暖源花迷近路，参差岭竹扫危坛。（唐·苏味道《嵩山石淙侍宴应制》）九光倒影腾青简，一气回春绕绛坛。（宋·张孝祥《鹧鸪天·咏彻琼章夜向阑》）

典**登坛**　指授予要职，委以重任。亦以咏大将军。又作"筑坛"。汉刘邦曾设立拜将坛，用极为隆重的仪式拜韩信为大将军。见《史记·淮阴侯列传》。

塞北征儿谙用剑，关西宿将许登坛。（唐·李端《题故将军庄》）

句龙坛　指祭祀后土之坛。《左传·昭公二十九年》："颛顼氏有子曰犁，为祝融；共工氏有子曰句龙，为后土，此其二祀也。后土为社。"

元礼门前劳引望，句龙坛下阻欢娱。（唐·权德舆《和王祭酒太社宿斋》）

杏花坛　泛指授徒讲学之处。《庄子·渔父》："孔子游乎缁帷之林，休坐乎杏坛之上。弟子读书，孔子弦歌鼓琴。"

杏花坛上授书时，不废中庭趁蝶飞。（唐·王建《送司空神童》）

坛[2]（罎、*墰、罈、壜）tán　坛子。

逆醋～酒～耍花～瓦～顺～子

檀 tán　木名。

古上平，十四寒。逆白～宝～櫰～伐～黄～锦～灵～逻～气如～青～麝～沈～速～檀～悉～香～阎浮～椅～旃～真～枕～紫～顺～板～槽～车～床～唇～点～粉～褐～痕～桓～慧～鸡～笺～君～龛～郎～脸～林～栾～密～奴～蕊～腮～舍～施～桐～维～溪～香～心～信～杏～袖～烟～印～英～越～晕～柘～轴～主～炷～篆～妆例泉滴胜清磬，松香掩白檀。（唐·齐己《东林作寄金陵知己》）新月上，怯轻寒。香心破紫檀。（宋·曹勋《阮郎归·谁将春信到长安》）

潭 tán

古下平，十三覃。逆碧～参～沉～澄～池～沸～寒～黑～江～椒～浸～菊～浚～空～沏～凉～龙～罗～碕～清～沈～石～潭～楔～雪～鱼～玉～渊～云～珠～顺～奥～府～壑～积～涧～井～镜～濑～湫～思～笋～帖～拖～陁～沲～沱～渊～瀹～竹～渚例待君消瘦尽，日暮碧江潭。（唐·宋之问《江南曲》）陵阳秋尽多归思，红树萧萧覆碧潭。（唐·许浑《秋晚怀茅山石涵村舍》）

典**饮菊胡潭**　咏长寿。菊水在今河南省内乡县。传说饮之可长寿。汉太尉胡广本患风疾，却因长期饮用此水而病愈，一直活到八十二岁。见《后汉书·胡广传》。

知谁健，且茹芝商岭，饮菊胡潭。（宋·赵以夫《沁园春·自笑声来》）

痰 tán　下呼吸道粘膜分泌出来的黏液。

古下平，十三覃。逆化～祛～顺～病～喘～火～火司～厥～迷～沫～癖～气～涎～饮～症

昙（曇）tán　①云彩密布，多云。②昙花。

古下平，十三覃。逆彩～瞿～昙～悉～羊～优～云～顺～花～笼～摩～无～阳

覃 tán　①蔓延；延长。②深；长。另见750页qín。

古下平，十三覃。逆参～访～功～广～化～普～庆～曲～荣～思～覃～遐～研～远～追～顺～爱～奥～被～图～恩～敷～惠～及～精～均～霈～平～迁～庆～思～心～吁～研～志～转例大朝名益重，后进力皆覃。（唐·贯休《和毛学士舍人早春》）

谭（譚）tán　①连接；附着。②通"谈"。

古下平，十三覃。逆参～常～浮～高～衡～讥～静～口～夸～美～鸟～奇～清～善～时～谭～闲～玄～逸～纵～邹～尊～顺～腿例戏问将何对所耽，滑稽无骨是常谭。（唐·周昙《春秋战国门·再吟》）

典**常谭**　指听惯了的没有新意的话。三国时魏人管辂精通《易经》，尚书何晏和邓飏请管辂为他们算命何时才能升到三公之位。管辂看了卦象，说忠于职守、体察民情、广施恩德，才能位列三公。邓飏很不高兴地说"此老生之常谭"。事见《三国志·魏书·管辂传》。

盛时陈力要接淅，庶莫常谭嗤老生。（宋·陈造《次韵张守垂虹小驻》）

澹 tán　澹台，复姓。

古下平，十三覃。顺～台

醰 tán　①酒味长。②醇；浓。

古下平，十三覃。又：上声，二十七感同。逆醇～醰～渊～顺～粹～酞～醰～渥

蟫 tán　又读。鱼名。另见758页yín。

古下平，十三覃。

郯 tán　古国名。

古下平，十三覃。顺～城。

田 tián

古下平，一先。逆悲～璧～边～潮～乘～池～驰～春～祠～赐～杜～恩～丰～福～甫～溉～膏～谷～官～归～圭～海～禾～湖～畿～瘠～藉～祭～架～江～井～军～均～客～课～垦～腊～涝～良～料～陵～陆～赂～鹿～禄～露～骆～美～麋～庙～盘～辟～漂～脯～圃～蹊～畦～旗～侵～琼～秋～渠～畎～穰～壖～桑～善～赡～赏～士～狩～授～瘦～书～秫～熟～黍～屯～洼～晚～沃～羡～饷～宵～新～杏～砚～秧～羊～瑶～馌～遗～义～驿～意～隐～营～幽～游～腴～园～辕～耘～造～赈～芝～畤～冢～庄～族～顺～塝～陂～表～兵～采～蚕～册～赐～车～塍～畴～畜～稻～典～佃～丁～法～畈～服～父～妇～赋～皋～歌～埂～功～宫～谷～鼓～官～户～籍～祭～稼～阱～捐～畯～科～课～猎～廪～陇～垄～卢～路～律～畦～茅～陌～牧～牛～农～奴～畔～坪～圃～齐～圻～契～器～青～

犬～券～壤～桑～穑～舍～社～豕～狩～熟～戍～税～讼～叟～僮～翁～饩～邑～役～渔～泽～宅～塍～秩～彘～稚～烛～赀㊥芜没青园寺，荒凉紫陌田。（唐・杨炯《和旻上人伤果禅师》）倚门白水平田。看数点青山无尽天。（宋・陈人杰《沁园春・懒学冯君》）

㊩**让田**　种田的人把田界让给对方。谓礼让已成为社会风气。《史记・五帝本纪》："舜耕历山，历山之人皆让畔。"《史记・建元以来侯者年表》："黄霸……以贤良举为扬州刺史、颍川太守。善化，男女异路，耕者让畔。"

威惩治粟尉，恩洽让田人。（唐・卢纶《寄赠库部王郎中》）

三田　指人身上的三丹田。《上清黄庭内景经・口为章》："三田之中精气微。"《注》："三田，三丹田也。两眉之间为上丹田，心下为中丹田，脐下为下丹田。"

气养三田传未得，药非八石许还曾。（唐・贯休《送道友归天台》）

秫田　借以咏陶渊明，亦以咏嗜酒。《晋书・陶渊明传》："在县公田悉令种秫谷，曰：'令吾常醉于酒足矣。'妻子固请种粳，乃使一顷五十亩种秫，五十亩种粳。"

阮籍供琴韵，陶潜余秫田。（唐・李端《晚春过夏侯校书值其沉醉戏赠》）

芝田　借指仙乡。三国魏・曹植《洛神赋》："尔乃税驾乎蘅皋，秣驷乎芝田。"李善注引《十洲记》："钟山仙家，耕田种芝草。"

芝田玉水春云伴，可得乘轩是所荣。（宋・刘筠《鹤》）

东陂田　咏耕隐。《后汉书・周燮传》："有先人草庐结于冈畔，下有陂田，常肆勤以自给。……宗族更劝之曰：'夫修德立行，所以为国。自先世以来，勋宠相承，君独何为守东冈之陂乎？'"

还因北山径，归守东陂田。（唐・陈子昂《落第西还别魏四懔》）

济西田　指瓜分来的土地。《左传・僖公三十一年》："三十一年春，取济西田，分曹地也。使臧文仲往，宿于重馆。重馆人告曰：'晋新得诸侯，必亲其共，不速行，将无及也。'从之，分曹地，自洮以南，东傅于济，尽曹地也。"

已闻天下泰，谁为济西田。（唐・张聿《余瑞麦》）

举力田　举，推举；力田，努力耕田。指朝廷为发展农耕而要求地方举荐努力耕作的人加以褒奖。《汉书・惠帝纪》："春正月，举民孝弟力田者复其身。"

南迁欲举力田科，三径初成乐事多。（宋・苏轼《次韵周邠》）

辽东田　指隐耕。《三国志・魏书・管宁传》："管宁字幼安，长八尺，美须眉。天下大乱，闻公孙度令行于海外，遂与原（邴原）及太原王烈等至于辽东。度虚馆以候之。既往见度，乃庐于山谷。"

方弃汝南诺，言税辽东田。（南北朝・谢朓《宣城郡内登望诗》）

宋玉田　相传宋玉作《小言赋》，楚襄王赐以云梦之田。后遂以"宋玉田"代指云梦或云梦一带的田地。见《古文苑》卷一战国楚・宋玉《小言赋》。

散下楚王国，分浇宋玉田。（唐・李白《安州应城玉女汤作》）

汶阳田　指农耕田产。《左传・僖公元年》："公赐季友汶阳之田。"杜预注："汶阳田，汶水北地。汶水出泰山莱芜县。"

羞过灞陵树，归种汶阳田。（唐・岑参《送孟孺卿落第归济阳》）

沧海桑田　用以咏叹世事巨变。亦作"沧海成尘""洪涛成桑""海生桑""海变田""桑田变""桑海变""沧桑变""东海成田"。晋・葛洪《神仙传・麻姑》："麻姑自说云：'接待以来，已见东海三为桑田。向到蓬莱，水又浅于往者，会时略半也，岂将复还为陵陆乎？'方平笑曰：'圣人皆言，海中复扬尘也。'"

绛阙清都何时到，沧海桑田谁与怜。（宋・白玉蟾《偶书二首》其一）

二顷良田　指赖以谋生的田产，宋词中常借以表示弃官归田。亦作"负郭田""二顷季子田"。《史记・苏秦列传》："苏秦喟然叹曰：'此一人之身，富贵则亲戚畏惧之，贫贱则轻易之，况众人乎！且使我有洛阳负郭田二顷，吾岂能佩六国相印乎！'"

不如归去。二顷良田无觅处。归去来兮。（宋・苏轼《减字木兰花・贤哉令尹》）

耕十亩田　指务农避世。《庄子・让王》："孔子谓颜回曰：'回，来！家贫居卑，胡不仕乎？'颜回对曰：'不愿仕。回有郭外之田五十亩，足以给飦粥；郭内之田十亩，足以为丝麻；鼓琴足以自娱，所学夫子之道者足以自乐也。回不愿仕。'"

誓耕十亩田，不取万乘相。（唐・韩愈《岳阳楼别窦司直》）

莲叶田田　形容荷叶茂密相连的样子。古乐府《江南曲》："江南可采莲，莲叶何田田。"

水精帘卷夜光浮，莲叶田田梧叶愁。（清・徐嘉炎《丁巳新秋宴集李客部园亭》）

平子归田　用以咏归隐。亦作"归田""平子田""平子归休""平子去""平子赋归田""平子赋""赋归田"。张衡《归田赋》："游都邑以永久，无明略以佐时……谅天道之微昧，追渔父以同嬉。"

伯伦嗜酒还因乱，平子归田不为穷。（唐・韦庄《将卜兰芷村居留别郡中在仕》）

甜tián

㊄下平，十四盐。㊃肥～和～黑～口～蜜～睡～鲜～心～蔗～㊅～差～淡～甘～和～净～静～酒～露～梅～蜜～娘～俏～醺～软～润～睡～俗～沃沃～物～乡～香～心～雪～言～叶菊㊥人生几何春已夏，不放香醪如蜜甜。（唐・杜甫《绝句漫兴九首》其八）草木不复抽，百味失苦甜。（唐・韩愈《苦寒》）

填tián

㊄下平，一先。又：去声，十七霰异。㊃厕～充～刺～粉～勾～坑～廓～赔～配～砌～私～填～委～喧～殷～优～支～㊅～隘～榜～报～褊～凑～阏～坟～宫～骨～河～壑～红～户～画～讳～积～街～具～料～列～门～命～纳～赔～骈～漆～砌～桥～牣～书～帖～污～限～陷～谢～咽～溢～引～膺～盈～涌～扎～置～篆㊥西飞精卫鸟，东海何由填。（唐・李白《江夏寄汉阳辅录事》）古雪无销铄，新冰

有堆填。（唐·孟郊《送卢汀侍御归天德幕》）

典乌鹊填 乌鹊聚集成桥，以助牛郎、织女相会。见539页“鹊桥”。

乌鹊填应满，黄公去不归。（唐·李峤《桥》）

钿（鈿）tián ①用金宝镶成的花形首饰。②花钿，贴在鬓夹上的花形薄金片。③钱。另见677页diàn。

古《广韵》：平声，定韵。逆翠～拂～宫～花～金～碎～遗～玉～珠～顺～波～钗～蝉～黛～朵～头～窝～璎例杨柳入楼吹玉笛，芙蓉出水妒花钿。（唐·李端《赠郭驸马》）

典合金钿 传说，杨贵妃死后，唐玄宗旧情难忘，派方士寻求亡灵。方士在仙山寻到成仙的玉环，玉环取金钗钿合各分一半交方士带回，并追忆生前七夕在长生殿曾与唐玄宗共盟爱情誓约，后指情侣离合。见白居易《长恨歌》。

想玉篦偷付，珠囊暗解，两心长在，须合金钿。（宋·陈睦《沁园春·小雪初晴》）

阗（闐）tián ①充满；填塞。②盛大。

古下平，一先。逆骈～軿～阗～嚣～喧～殷～于～鼛～顺～池～凑～道～繁～门～骈～然～塞～阗～委～咽～噎～溢～拥

滇tián 水流貌。另见587页diān。

古下平，一先。逆滇～顺～滇

恬tián ①安静；清净。②安逸；舒适。③淡泊；淡漠。④安然；坦然。

古下平，十四盐。逆安～冲～静～轻～清～熙～心～虚～养～易～雍～贞～顺～安～波～泊～畅～冲～脆～怠～淡～澹～惔～荡～惰～豁～寂～简～靖～酒～旷～澜～乐～美～谧～敏～漠～默～穆～然～如～适～素～泰～倓～惔～卧～熙～嬉～虚～雅～养～夷～逸～娱～愉～裕例古今相共失，语默两难恬。（唐·孟郊《喷玉布》）苦笋鲥鱼乡味美，梦江南。阊门烟水晚风恬。（宋·贺铸《梦江南·九曲池头三月三》）

畋tián 打猎。

古下平，一先。逆出～郊～山～搜～翔～佚～游～渔～中～顺～猎～马～犬～食～狩～弋～游～渔例业成陈始王，兆喜出于畋。（唐·杜甫《秋日夔府咏怀奉寄郑监李宾客一百韵》）

典西伯来畋 姜尚以八十之年得遇外出田猎的周文王，成就一番伟业。后常用此典以咏八十老翁或高龄显达的贤者。见《史记·齐太公世家》。

争知道、副车已办，西伯来畋。（宋·游慈《多丽·约梅花》）

团（團、*糰）tuán

古上平，十四寒。逆白～冰～春～畚～打～风～凤～鹤～欢～黄～尖～鉴～搅～锦～癞～龙凤～缕金～蒲～麝～水～团～乡～绣水～银～隅～玉～杬～月～云～顺～案～苞～扁～茶～城～粉～凤～红～花～黄～集～焦～蕉～窠锦～粒～龙～栾～挛～圞～茅～貌～弄～搦～瓢～蒲～圈～纱～衫～扇～书～酥～香～宴～营～鱼～缘～转～坐例瑟瑟松风急，苍苍山月团。（唐·卢照邻《早度分水岭》）峰晴雪犹积，涧深冰已团。（唐·卢象《乡试后自巩还田家因谢邻友见过之作》）

抟（摶）tuán ①捏聚成团。②积聚。③圆形；圆的。④盘旋。

古上平，十四寒。逆斗～风～扶～骞～九霄～控～鹏～抟～顺～飞～风～扶～国～换～结～聚～空～力～廉～炉～谜～泥～弄～鹏～食～黍～土～丸～摇～翼～影～跃～埴～治例去年见君处，见君已风抟。（唐·岑参《送张秘书充刘相公通汴河判官》）

典陈抟 五代北宋间的著名隐士。《旧五代史·周书·世宗纪》：“（显德三年十一月）放华山隐者陈抟归山，帝素闻抟有道术，征之赴阙，月余放还旧隐。”

白云深处学陈抟，一枕清风天地宽。（宋·白玉蟾《玉壶昨起》）

鹏抟 喻指奋发向上。《庄子·逍遥游》：“鹏之徙于南冥也，水击三千里，抟扶摇而上者九万里，去以六月息者也。”

士生万里合鹏抟，憔悴青衫且自宽。（宋·陆游《送子修入闽》）

漙tuán 露多貌。

古上平，十四寒。逆漙～顺～漙

完wán

古上平，十四寒。逆保～备～独～富～工～攻～苟～塈～坚～谨～了～临～盘～日～缮～神～天～完～纤～鲜～雄～修～养～贞～整～重～自～顺～璧～逋～采～粹～德～瓶～肤～福～复～富～功～婚～活～辑～计～浃～坚～健～洁～镜～聚～捐～卷～竣～垒～理～丽～粮～卵～履～密～免～配～璞～茸～签～亲～娶～锐～善～缮～盛～实～士～饰～书～熟～妥～惜～罅～雄～裔～姻～愿～帐～治～壮～租～足例王师涉河洛，玉石俱不完。（唐·韦应物《广德中洛阳作》）

丸wán

古上平，十四寒。逆冰～帛～赤～椟～飞～古～和香～黑～红～黄金～击～金～橘～牢～流～毛～梅～蜜～墨～木～弄～棋～巧～沙～诗～双～水晶～松～送～探～抟～丸～乌～犀黄～下坂～绣～须～一～掷～珠～转～走～顺～赤白～丹～封～扦～鼓～捍～髻～剑～兰～卵～墨～泥～散～熊例忧愁费晷景，日月如跳丸。（唐·韩愈《秋怀诗十一首》其九）木客提蔬束，江乌接饭丸。（唐·张祜《送韦整尉长沙》）

典探丸 用以咏游侠。亦作“赤丸”“黑丸”。《汉书·酷吏传·尹赏传》：“长安中奸猾浸多，闾里少年，群辈杀吏，受赇报仇，相与探丸为弹，得赤丸者斫武吏，得黑丸者斫文吏，白者主治丧。”

挟弹飞鹰杜陵北，探丸借客渭桥西。（唐·卢照邻《长安古意》）

一丸 喻指边关险要，易守难攻。见207页“一丸泥”。

系越有长缨，封关只一丸。（唐·独孤及《贾员外处见中书贾舍人巴陵诗集》）

逐金丸 比喻穷奢极欲。亦作“金丸”“黄金作弹圆”。旧题汉·刘歆《西京杂记》卷四：“韩嫣好弹，常以金为丸，所失者日有十余，长安为之语曰：‘苦饥寒，逐金丸。’京师儿童，每闻嫣出弹，辄随之；望丸之所落，辄拾焉。”

且知无玉馔，谁肯逐金丸。金

丸玉馔盛繁华，自言轻侮季伦家。（唐·骆宾王《畴昔篇》）

日月跳丸 跳丸，跳动的弹丸。形容时间过得极快。韩愈《秋怀诗十一首》其九："忧愁费晷景，日月如跳丸。"

日月跳丸，光阴脱兔。登临不用深怀古。（宋·刘克庄《踏莎行·日月跳丸》）

顽（頑）wán

㊥上平，十五删。㊦傲～痹～砭～尘～逞～痴～蠢～矗～村～敌～订～笃～钝～顿～梗～犷～憨～悍～昏～奸～坚～骄～迷～冥～驽～疲～强～软～撒～石～恃～疏～庶～童～土～顽～尪～袭～凶～遗～嚣～愚～滞～㊧～暗～傲～薄～悖～惫～鄙～飙～谗～痴～愁～钝～惰～腐～梗～犷～狠～横～忽～扈～疾～健～狡～军～劣～陋～鲁～蒙～冥～谬～驽～懦～癖～璞～朴～石～士～疏～黠～游～愚～燥～滞～拙～尊㊨交无是非责，且得任疏顽。（唐·韦应物《郊居言志》）

纨（紈）wán ①白色细绢。②幼小。

㊥上平，十四寒。㊦阿～冰～锦～袴～绫～流～罗～齐～绮～轻～霜～素～绨～缇～香～绡～拥～㊧～绔～袴～裤～牛～绮～扇～素～质㊨欲向楼中萦楚练，还来机上裂齐纨。（唐·刘希夷《捣衣篇》）

玩[1] wán ①玩耍。②耍弄，施展（不正当的方法、手段）。③做某项文体活动。

㊥去声，十五翰。㊧～巧～球～耍㊨辰经几十万，邈与灵寿玩。（唐·陆龟蒙《次追和清远道士诗韵》）

玩[2]（*翫）wán ①轻视；戏弄。②观赏；玩赏。③供观赏的东西。

㊥去声，十五翰。㊦把～宝～耽～对～讽～服～抚～垢～古～观～积～看～摩～凝～攀～披～奇～清～赏～饰～侮～狎～闲～携～循～淹～研～吟～游～娱～渊～瞻～展～珍～作～㊧～爱～兵～臣～弛～辞～怠～耽～敌～黩～讽～服～好～忽～话～寇～令～赏～神～世～饰～视～思～诵～俗～侮～物～误～习～狎～泄～谑～延～易～绎～影～咏～幽～月～占～志～治㊨台殿暖宜攀，风光晴可玩。（唐·白居易《和微之诗二十三首·和望晓》）

汍wán 汍澜，泣貌。

㊥上平，十四寒。㊦澜～汍～㊧～波～兰～澜～汍㊨万里故乡云缥缈，一春生计泪澜汍。（唐·罗隐《送臧渍下第谒窦鄜州》）

刓wán ①圆顿无棱角貌。②削。③损坏。

㊥上平，十四寒。㊦劖～凋～雕～屐齿～磨～销～印～㊧～敝～弊～弛～渎～蠹～钝～碣～刻～困～泐～缪～缺～阙～弱～饰～剔～团～脱～隐～印～凿～琢

贤（賢）xián

㊥下平，一先。㊦蔽～避～才～朝～传～达～待～登～钓～妨～访～辅～高～贡～古～豪～后～集～嫉～简～见～降～进～旌～举～巨～倨～俊～隽～渴～礼～僚～猎～论～名～明～慕～曩～聘～七～栖～耆～前～钦～亲～清～情～求～群～群～让～仁～任～容～儒～塞～上～时～噬～淑～硕～搜～遂～通～推～希～下～先～乡～象～兴～宿～选～勋～养～野～遗～颐～议～逸～引～英～用～优～愚～寓～贞～至～众～竹林～尊～左～㊧～辈～妣～伯～才～材～臣～祠～达～德～弟～藩～范～夫～辅～妇～歌～阁～惠～家～疆～交～杰～君～俊～昆～吏～僚～灵～令～流～妙～民～名～明～谟～内～能～朋～匹～辟～契～强～巧～亲～仁～阮～甥～胜～识～士～室～守～首～书～淑～嗣～武～相～孝～星～雅～言～彦～义～谊～逸～裔～懿～胤～英～勇～友～媛～缊～蕴～宰～长～哲～知～质～智～重～胄～主～助～尊～佐㊨玺书傍问俗，旌节近推贤。（唐·杜审言《和李大夫嗣真奉使存抚河东》）得相能开国，生儿不象贤。（唐·刘禹锡《蜀先主庙》）

㊩**董贤** 西汉云阳人董贤为哀帝所宠幸，二十二岁官至大司马，操纵朝政。其父、弟及妻父等并官至公卿，建第宅，造坟墓，费钱以万万计。见《汉书·佞幸传·董贤传》。

董贤三公谁复惜，侯景九锡行可叹。（唐·韩愈《永贞行》）

进贤 古冠名。原为儒者所戴的黑布冠。《后汉书·舆服志》："进贤冠，古缁布冠也，文儒者之服也。"

去年簪进贤，赞导法宫前。（唐·权德舆《省中春晚忽忆江南旧居》）

酒贤 用以咏酒。亦作"圣贤""中圣中贤""徐邈中圣贤"。《艺文类聚》卷七二引《魏略》："太祖禁酒，而人窃饮之，故难言酒，以白酒为贤者，清酒为圣人。"《三国志·魏书·徐邈传》："魏国初建，为尚书郎。时科禁酒，而邈私饮至于沉醉。校事赵达问以曹事，邈曰：'中圣人。'达白之太祖，太祖甚怒。度辽将军鲜于辅进曰：'平日醉客谓酒清者为圣人，浊者为贤人，邈性修慎，偶醉言耳。'"

象贤 称赞人子之贤。《礼记·郊特牲》："继世以立诸侯，象贤也。"郑玄注："贤者子孙恒能法其先父德行。"

梅野先生子象贤，向来心印得单传。（宋·刘克庄《送徐守寺正二首》其二）

回也贤 代指有才华、有贤德的英才。《论语·雍也》："子曰：'贤哉回也！一箪食，一瓢饮，在陋巷，人不堪其忧，回也不改其乐。贤哉回也！'"

秀才何翩翩，王许回也贤。（唐·李白《同吴王送杜秀芝赴举入京》）

少君贤 用以咏贤妇。少君是东汉鲍宣的贤妻。见《后汉书·列女传·鲍宣妻》。

嫁为贫士妻，殆类少君贤。（明·陶安《悼故妻喻氏》）

乐毅贤 用以咏贤臣。《史记·乐毅传》："乐毅贤，好兵，赵人举之。及武灵王有沙丘之乱，乃去赵适魏……乐毅于是为魏昭王使于燕，燕王以客礼待之。乐毅辞让，遂委质为臣，燕昭王以为亚卿，久之。"

无人不重乐毅贤，何敌能当鲁连啸。（唐·钱起《送傅管记赴蜀军》）

开阁延贤 指招揽贤才，或礼遇宾客。《汉书·公孙弘传》："时上方兴功业，娄(屡)举贤良。弘自见为举首，起徒步，数年至宰相封侯，于是起客馆，开东阁以延贤人，与参谋议。弘身食一肉，脱粟饭，故人宾客仰衣食，奉禄皆以给之，家无所余。"

开阁广延贤，负扆勤求旧。(宋·刘克庄《卜算子·开阁广延贤》)

陶孟母贤 咏贤母。《晋书·陶侃传》："侃早孤贫，为县吏。鄱阳孝廉范逵尝过侃，时仓卒无以待宾，其母乃截发得双髲，以易酒肴，乐饮极欢，虽仆从亦过所望。"

自古人言，陶孟母贤，文行曹家，衣冠苗裔。(宋·无名氏《醉蓬莱·后端阳六日》)

燕相举贤 借以咏烛或荐举贤能之士。《韩非子·外储说左上》："郢人有遗燕相国书者，夜书，火不明，因谓持烛者曰：'举烛。'云而过书举烛。举烛，非书意也。燕相受书而说之，曰：'举烛者，尚明也；尚明也者，举贤而任之。'燕相白王，王大悦。国以治。治则治矣，非书意也。今世举学者多似此类。"

若逢燕国相，持用举贤人。(唐·李峤《烛》)

野无遗贤 用以咏清明盛世。《书·大禹谟》："帝曰：'俞，允若兹。嘉言罔攸伏，野无遗贤，万邦咸宁。'"

善随类举皆可观，野无遗贤静岩穴。(宋·毛滂《出都寄二苏》)

竹林七贤 借指雅士之间的宴游交往。亦作"七贤""竹林贤"。《世说新语·任诞》："陈留阮籍、谯国嵇康、河内山涛三人年皆相比，康年少亚之。预此契者，沛国刘伶、陈留阮咸、河内向秀、琅邪王戎。七人常集于竹林之下，肆意酣畅，故世谓'竹林七贤'。"

竹林七贤六有子，何独无闻刘伯伦。(宋·方回《武林书事九首》其八)

闲[1](閑)xián ①木栏；栅栏。②马厩。③限制；防御。④规范。⑤大。

古上平，十五删。逆大～登～帝～防～检～谨～马～内～天～王～新～逾～御～顺～检～节～厩～驹～强～邪

典**何必养天闲** 指贤才未必能受到朝廷的重用。天闲，皇家马厩。宋·陆游《感秋》："古来真龙驹，未必置天闲。"

江湖水草空旷，何必养天闲。(宋·刘克庄《水调歌头·半世惯歧路》)

闲[2](闲、*閒)xián ①空闲。②清闲；悠闲。③静；安静。"閒"另见592页jiān"间"、686页jiàn"间"。

古上平，十五删。逆罢～帮～敞～冲～抽～等～放～赋～赶～革～官～广～归～静～就～居～枯～宽～靓～鸥～贫～破～乞～遣～轻～身～市～私～停～偷～投～退～暇～心～晏～燕～养～优～幽～悠～游～照～蚤～贞～顺～奥～伴～博～步～畅～愁～处～独～宫～馆～花～缓～寂～洁～径～静～居～旷～吏～禄～敏～暮～袅～清～趣～冗～润～散～时～适～舒～素～岁～窕～庭～婉～望～文～物～宵～休～绪～雅～夜～逸～吟～游～语～园～远～月～云～滞～置～住例归客楚山远，孤舟云水闲。(唐·钱起《送虞说擢第南归觐省》)政成人野皆不扰，遂令法侣性安闲。(唐·皇甫冉《庐山歌送至弘法师兼呈薛江州》)

典**赋闲** 指罢官闲居。《晋书·潘岳传》："(潘岳)既仕宦不达，乃作《闲居赋》。"

空园歌独酌，春日赋闲居。(唐·王勃《郊兴》)

嵇康闲 指养生之道。魏晋时人嵇康擅长养生之道，闲居常修养性服食之事，弹琴赋诗，自足于怀，著有《养生论》。嵇康《幽愤诗》："采薇山阿，散发岩岫。永啸长吟，颐性养寿。"

古有焕辉句，嵇康闲婆娑。(唐·孟郊《访疾》)

嫌xián

古下平，十四盐。逆避～变～猜～嗔～瞋～嗤～仇～雠～恶～烦～防～构～瓜李～怪～恨～讥～挟～捐～决～冒～昵～辟～弃～前～亲～取～时～释～疏～私～夙～特～微～无～隙～宿～疑～引～远～怨～责～憎～自～顺～鄙～猜～贰～好～恨～乎～唬～惑～忌～甚～间～难～怕～郄～微～隟～闲～衅～舋～厌～怨～韵～责～憎例属和才虽浅，题高免客嫌。(唐·姚合《和座主相公西亭秋日即事》)大厦已成须庆贺，高门频入莫憎嫌。(唐·刘兼《春燕》)

弦[1](*絃)xián ①弓弦。②乐弦。③弹奏弦乐；弹弦奏出的乐音。④半圆的月亮。

古下平，一先。逆哀～悲～冰～伯牙～操～缠～楚～雌～摧～丹～单～定～断～繁～分～风～凤～拂～抚～拊～改～管～和～徽～急～角～锦～绝～钧～控～扣～鲲～老～笼～蛮～鸣～佩～秦～琴～青～商～觞～上～丝～诵～素～调～危～下～湘～心～续～雪～牙～雅～遗～应～游～虞～贞～顺～吹～词～歌～筦～徽～胶～节～栝～匏～琴～师～诗～矢～诵～索～簸～桐～心～幺～音～轸～柱～子例长歌欲对酒，危坐遂停弦。(唐·卢照邻《赠益府裴录事》)兰气熏山酌，松声韵野弦。(唐·王勃《圣泉宴》)

典**撤弦** 古代礼仪，父母有病，撤琴瑟，以示心忧。后喻指死亡。《仪礼·既夕礼》："有疾，疾者齐。养者皆齐。撤琴瑟。"郑玄注："去乐。"

撤弦惊物故，庀具见家贫。(唐·权德舆《哭刘四尚书》)

惊弦 曾受箭伤，遂闻弓弦声而惊惶。比喻受挫者心有余悸，难以平复。亦作"怯弦""空弦"。据《战国策·楚策四》载，魏国射箭能手更羸仅是拉动弓弦，不用箭，一只受过箭伤的大雁便因过度惊惧而落下。

转蓬方不定，落羽自惊弦。(唐·陈子昂《落第西还别魏四懔》)

绝弦 喻指失去知音。亦作"伯牙弦"。《列子·汤问》："(钟)子期死，伯牙绝弦，以无知音者。"《吕氏春秋·本味》："伯牙鼓琴，钟子期听之。方鼓琴而志在太山，钟子期曰：'善哉乎鼓琴！巍巍乎若太山。'少选之间，而志在流水，钟子期又曰：'善哉乎鼓琴！汤汤乎若流水。'钟子期死，伯牙破琴绝弦，

终身不复鼓琴。”

良马足因无主踠，旧交心为绝弦哀。（唐·崔珏《哭李商隐》其二）

鸣弦　本谓孔子弟子子游以礼乐为教，故邑人皆弦歌。后泛指官吏治政有道，百姓生活安乐。《论语·阳货》：“子在武城，闻弦歌之声。”又《吕氏春秋·开春论》：“宓子贱治单父，弹鸣琴，身不下堂，而单父治。”

闻君小邑暂鸣弦，隐几灰心有岁年。（唐·李昂《题雍丘崔明府丹灶》）

商弦　指金秋时节。《列子·汤问》：“（师文）于是当春而叩商弦以召南吕，凉风忽至，草木成实。”晋·张湛注：“商，金音，属秋。南吕，八月律。”

先拂商弦后角羽，四郊秋叶惊摵摵。（唐·李颀《听董大弹胡笳声兼寄语弄房给事》）

舜弦　据《孔子家语·辩乐解》载，舜做五弦琴，歌咏《南风》诗，希望百姓生活富足，天下太平。后遂以“舜弦”指帝王之歌，亦用以指帝王政治清明，广行德政。又《礼记·乐记》亦载：“昔者舜作五弦之琴以歌《南风》。”

帝泽倾尧酒，宸歌掩舜弦。（唐·李峤《奉和天枢成宴夷夏群僚应制》）

么弦　琵琶上的第四弦，亦代指琵琶。

不谢铅华更清素。倚筠窗，弄么弦，娇欲语。（宋·周邦彦《夜游宫·一阵斜风横雨》）

一弦　比喻隐士清简自适的生活。《晋书·隐逸传·孙登传》：“孙登字公和……于郡北山为土窟居之，夏则编草为裳，冬则被发自覆。好读《易》，抚一弦琴，见者皆亲乐之。”

孙登一弦百韵足，有山便足同苏门。（宋·晁补之《和东坡先生梅花三首》其一）

虞弦　指琴。亦喻指解暑之清风。见637页“舜弦”。

晴牧楚峤千峰雨，熏奏虞弦万籁风。（宋·廖行之《和石鼓宴士二首》其二）

广陵弦　见661页“广陵散”。

独悲形解后，谁听广陵弦。（唐·李德裕《房公旧竹亭闻琴缅慕风流神期如在》）

霹雳弦　咏人之孔武有力。《南史·曹景宗传》：“景宗谓所亲曰：‘我昔在乡里，骑快马如龙，与年少辈数十骑，拓弓弦作霹雳声，箭如饿鸱叫……此乐使人忘死，不知老之将至。’”

马作的卢飞快，弓如霹雳弦惊。（宋·辛弃疾《破阵子·醉里挑灯看剑》）

十三弦　指筝。《隋书·音乐志下》：“丝之属四：一曰琴……四曰筝，十三弦，所谓秦声，蒙恬所作者也。”

飞雁一行挑玉柱，十三弦上语嘤嘤。（唐·白居易《新艳》）

武城弦　用以颂扬县宰。《论语·阳货》：“子之武城，闻弦歌之声。夫子莞尔而笑曰：‘割鸡焉用牛刀。’”

遥闻彭泽宰，高弄武城弦。（唐·卢照邻《于时春也慨然有江湖之思寄赠柳九陇》）

五十弦　指瑟，亦可泛指乐器。《史记·封禅书》：“太帝使素女鼓五十弦瑟，悲，帝禁不止，故破其瑟为二十五弦。”

逡巡又过潇湘雨，雨打湘灵五十弦。（唐·李商隐《七月二十八日夜与王郑二秀才听雨》）

燥湿弦　比喻技艺娴熟，或善于随机应变。《韩诗外传》卷七：“使者曰：‘调则可记其柱。’王曰：‘不可。天有燥湿，弦有缓急，柱有推移，不可记也。’使者曰：‘臣请借此以喻。楚之去赵也千有余里，亦有吉凶之变。凶则吊之，吉则贺之，犹柱之有推移，不可记也。’”

分流易作东西水，合曲须和燥湿弦。（清·林朝崧《次和谢雪渔》）

直如弦　比喻为人耿介正直。《后汉书·五行志一》：“顺帝之末，京都童谣曰：‘直如弦，死道边。曲如钩，反封侯。’……（李）固是日幽毙于狱，暴尸道路，而太尉胡广封安乐乡侯、司徒赵戒厨亭侯、司空袁汤安国亭侯云。”

公与朝端清到底，人言次相直如弦。（宋·方岳《悼祭酒徐仁伯》）

二十五弦　指瑟。《庄子·徐无鬼》：“鲁遽曰：‘于是乎为之调瑟，废一于堂，废一于室，鼓宫宫动，鼓角角动，音律同矣。夫或改调一弦，于五音无当也，鼓之，二十五弦皆动，未始异于声，而音之君已。’”

二十五弦弹夜月，不胜清怨却飞来。（唐·钱起《归雁》）

鸾胶续弦　据《海内十洲记·凤麟洲》载，西海中有凤麟洲，多仙家，煮凤喙麟角合煎作膏，能续弓弩已断之弦，名续弦胶，亦称“鸾胶”。后喻指男人娶继室。《汉武外传》：“西海献鸾胶，武帝弦断，以胶续之，弦两头遂两著。终日射，不断。帝大悦。”

古来往人多薄命，不见鸾胶能续弦。（宋·王炎《白头吟》）

仁祖弹弦　指擅长演奏音乐。《世说新语·容止》：“或以方谢仁祖不乃重者，桓大司马曰：‘诸君莫轻道，仁祖企脚北窗下弹琵琶，故自有天际真人想。’”

弹弦本自称仁祖，吹管由来许季长。（唐·司马逸客《雅琴篇》）

堂上五弦　用以称美县宰。《吕氏春秋·开春论》：“宓子贱治单父，弹鸣琴，身不下堂，而单父治。”

堂上五弦销暇日，邑中千室有阳春。（唐·独孤及《酬常郿县见赠》）

雷雨起鹍弦　指琵琶。亦作“鹍弦”“鲲弦”。古人以鹍鸡筋做琵琶弦，弹拨起来，共鸣之声如雷。唐·段成式《酉阳杂俎前集》卷六《乐》：“古琵琶弦用鹍鸡筋。开元中，段师能弹琵琶，用皮弦，贺怀智破拨弹之，不能成声。”

绣屏深、丽人乍出，坐中雷雨起鹍弦。（宋·晁补之《多丽·新秋近》）

弦[2] xián　①钟表的发条。②数学名词。

古下平，一先。逆上～钟～

涎（*次）xián　①口水。②浆汁；黏液。③羡慕；贪图。

古下平，一先。逆馋～稠～垂～飞～刮～蛟～龙～漫～黏～清～蛇～沈～失～痰～拖～唾～顽～蜗～香～邪～野狐～迤～顺～缠～蹬～滴～滑～利～脸～缕～漫～沫～睨～吐～唾～濊例藤折霜来子，

蜗行雨后涎。（唐·张籍《和左司元郎中秋居十首》其十）山藏罗刹宅，水杂巨鳌涎。（唐·贯休《送人之渤海》）

典**蜗涎** 即蜗牛爬行时留下的涎液。蜗牛往往向高处爬行，涎枯则死。喻指生命有限，或屋宇破败荒凉。唐·杜牧《华清宫》："鸟啄摧寒木，蜗涎蠹画梁。"

秋池对门莲子枯，野壁剥月蜗涎涂。（宋·梅尧臣《奉和寄宣州广教文鉴师》）

野狐涎 喻指迷惑人的话。宋·曾敏行《独醒杂志》卷七："捷能使人随所思想，一一有见，人故惑之。大抵皆南法，以野狐涎与人食而如此。其法：以小口罂盛肉埋于野，狐欲食而喙不得入，馋涎流滴罂内，渍入肉中。取其肉晒为脯末，而置人饮食间。"

一拳打破鬼门关，一笑吐却野狐涎。（宋·黄庭坚《为黄龙心禅师烧香颂三首》其二）

衔[1]（銜、*衘）xián 行政、军事、教学或科研等系统中人员的等级或称号。

古下平，十五咸。逆冰～带～道～宫～故～官～阶～具～空～列～名～入～台～头～署～系～新～序～学～职～顺～称～灯～级～揭～名～牌～片～位例独有咏诗张太祝，十年不改旧官衔。（唐·白居易《重到城七绝句·张十八》）萧何归旧印，鲍永授新衔。（唐·元稹《送崔侍御之岭南二十韵》）

典**冰衔** 喻指闲散官职。宋·晁载之《续谈助》卷三引《圣宋掇遗》："陈彭年在翰林，所兼十余职，皆文翰清秘之目，时人谓其署衔为'一条冰'。"

九分雪发功名晚，一寸冰衔去就轻。（宋·李新《登城望江边》）

衔[2]（銜、*啣、衘）xián ①用嘴含。②存在心里。③接受；奉。④相连接。⑤马嚼子。

古下平，十五咸。逆杯～镝～蹲～负～金～口～连～联～麋～密～鸟～辔～蛇～深～释～尾～相～鸡～心～曳～玉～撙～顺～哀～报～杯～悲～璧～哺～策～蝉～胆～恩～愤～凤～奉～荷～恨～欢～环～悔～羁～葭～肩～箭～接～酒～疚～泪～鳞～令～芦～梦～命～泥～怒～佩～泣～觞～哂～石～霜～思～诉～啼～体～涕～土～恤～训～烟～勇～羽～玉～冤～怨～知～志～珠～烛例门静尘初敛，城昏日半衔。（唐·白居易《奉和汴州令狐令公二十二韵》）绿油貔虎拥，青纸凤凰衔。（唐·刘禹锡《和汴州令狐相公到镇改月偶书所怀》）

典**雁衔** 指雁和芦苇。《淮南子·修务训》："夫雁顺风，以爱气力，衔芦而翔，以备矰弋。"高诱注："衔芦所以令缴不得截其翼也。"

两岸水枯鸥宿处，一天雪衮雁衔时。（宋·董嗣杲《芦花》）

黄雀衔 喻知恩图报。见559页"黄雀报"。

黄雀知恩在，衔飞亦上楼。（唐·卢纶《九日奉陪令公登白楼同咏菊》）

娴（嫺、*㜪）xián ①文雅。②熟练。

古上平，十五删。逆安～词令～精～静～丽～熟～心～雅～妖～媖～幽～贞～顺～都～静～丽～靡～穆～适～淑～婉～习～雅～妖例开筵试歌舞，别宅宠妖娴。（唐·元稹《台中鞫狱忆开元观旧事呈损之》）羞向眼前供妩媚，独于静处惬幽娴。（宋·魏了翁《浣溪沙·试问伊谁若是班》）

咸[1] xián ①全；都。②普遍。③和睦；同心。

古下平，十五咸。逆阿～大～道～都～二～季～阮～巫～杖～贞～顺～池～感～和～濩～頀～华～皆～京～洛～鸟～平～秦～丘～若～韶～唐～同～夏～阳～英～渊～云～陟～秩～擢例谢才偏许朓，阮放最怜咸。（唐·陆龟蒙《和袭美江南书情二十韵》）

典**阿咸** 即阮咸。三国魏阮籍侄阮咸，有才名，后因称侄为"阿咸"。

朝回两袖天香满，头上银幡笑阿咸。（宋·苏轼《和子由除夜元日省宿致斋三首》其二）

阮咸 一种古乐器，似琵琶而圆，传说为阮咸所造，故以其名称之。唐·杜佑《通典》卷一四四《乐四·丝》："阮咸，亦秦琵琶也，而项长过于今制。列十又三柱。武太后时，蜀人蒯朗于古墓中得之，晋《竹林七贤图》阮咸所弹与此类同，因谓之阮咸。咸世实以善琵琶、知音律称。"

阮咸别曲四座愁，赖是春风不是秋。（唐·皎然《康造录事宅送太祝侄之虔吉访兄弟》）

萧咸 借指太守或翁婿间的关系。《汉书·萧望之传》附《萧咸传》："咸字仲，为丞相史，举茂材，好畤令，迁淮阳、泗水内史，张掖、弘农、河东太守……至大司农，终官。"《汉书·张禹传》："上亲拜禹床下，禹顿首谢恩，因归诚，言'老臣有四男一女，爱女甚于男，远嫁为张掖太守萧咸妻，不胜父子私情，思与相近'。上即时徙咸为弘农太守。"

为兄怜庾翼，选婿得萧咸。（唐·刘禹锡《和汴州令狐相公到镇改月偶书所怀》）

咸[2]（鹹）xián ①像盐的味道。②苦。

古下平，十五咸。逆鹾～甘～海～苦～舄～酸～味～顺～草～潮～池～鹾～淡～解～苦～卤～泉～壤～涩～酸～舄～菹例陆珍熊掌烂，海味蟹螯咸。（唐·白居易《奉和汴州令狐令公二十二韵》）石梯迎雨润，沙井带潮咸。（唐·许浑《维舟秦淮过温州李给事宅》）

鹇（鷴、*鷳）xián 鸟名。

古上平，十五删。逆白～飞～孤～笼～例请以双白璧，买君双白鹇。（唐·李白《赠黄山胡公求白鹇》）

舷 xián 船、飞机等两侧的边缘。

古下平，一先。逆边～归～刻～叩～扣～鸣～启～顺～窗例日落数归鸟，夜深闻扣舷。（唐·岑参《汉上题韦氏庄》）卷丝丝、雨织半晴天，析歌发清舷。（宋·姚云文《八声甘州·卷丝丝》）

痫（癇）xián 癫痫，病名。

古《广韵》：平声，山韵。逆瘨～癫～发～惊～子～顺～病～痓～瘛～疾～痉～厥～眩～证～瘈

蚿 xián 马蚿，虫科。

古下平，一先。逆夔～怜～马～鸣～顺～蝝

典**夔怜蚿** 喻指以不足羡有余。亦作"夔乃怜蚿"。《庄子·秋水》："夔

怜蛇，蛇怜蛇，蛇怜风，风怜目，目怜心。"

小黠大痴螳捕蝉，有余不足夔怜蚿。（宋·黄庭坚《寺斋睡起二首》其二）

旋 xuán ①旋转。②返回；归来。③不久；很快地。④圆，圈儿。⑤漫然；随意。另见703页xuàn。

古下平，一先。逆般～跸～便～锤～东～俄～飞～风～归～规～还～横～轰～徊～环～洄～搅～锦～螺～面～磨～盘～蟠～喷～辟～漂～飘～生～天～往～蜗～斡～旋～言～蚁～迎～萦～游～圆～运～折～舟～逐～转～顺～背～避～波～步～采～反～返～宫～观～归～还～行～衡～胡～环～即～济～驾～卷～流～螺～律～马～迈～门～沫～蓬～曲～绕～日～扫～师～时～斡～舞～眩～翼～渊～折～走～足例代北鸾骖至，辽西鹤骑旋。（唐·王勃《八仙径》）

典**七步师旋** 借指熊罴。《尚书·牧誓》："今予发惟恭行天之罚。今日之事，不愆于六步、七步，乃止齐焉。勖哉夫子！不愆于四伐、五伐、六伐、七伐，乃止齐焉。勖哉夫子！尚桓桓如虎、如貔、如熊、如罴，于商郊弗迓克奔，以役西土，勖哉夫子！"

列射三侯满，兴师七步旋。（唐·李峤《熊》）

悬（懸）xuán

古下平，一先。逆笔～标～逋～彻～诚～弛～鹑～倒～到～灯～帆～方寸～浮～宫～购～庋～弧～洄～解～金～乐～民～跂～愆～清～罄～磬～穷～曲～日月～设～殊～望～相～厢～枭～虚～轩～悬～意～鱼～争～植～钟～顺～薄～笔～臂～璧～冰～布～策～巢～沉～垂～胆～刀～峰～浮～釜～阁～光～河～衡～壶～鹄～户～剑～节～金～旌～景～镜～居～绝～口～阔～帘～梁～流～禄～门～邈～眸～慕～旆～瀑～桥～琴～磬～泉～绕～乳～山～石～首～书～熟～思～素～榻～涛～梯～天～途～湍～泻～心～眼～仰～钥～饮～涌～鱼～帐～照～针～珠～缀例云光波处动，日影浪中悬。（唐·任希古《和东观群贤七夕临泛昆明池》）夜雨尘初灭，秋空月正悬。（唐·张九龄《奉和吏部崔尚书雨后大明朝堂望南山》）

玄 xuán ①赤黑色。②深；厚。③神妙；深奥。

古下平，一先。逆参～苍～草～曾～朝～冲～奉～高～钩～汲～极～衿～空～丽～灵～邈～弄～齐～青～穷～穹～儒～入～上～尚～深～升～守～思～太～泰～谈～体～通～悟～象～虚～缥～幽～渊～云～造～袗～重～朱～钻～顺～奥～璧～冰～波～泊～采～苍～策～蝉～池～垂～达～丹～淡～澹～道～德～扉～风～蜂～凤～服～宫～谷～冠～龟～海～昊～鹤～华～晖～寂～解～金～津～精～景～静～镜～驹～黎～灵～庐～鸾～门～邈～妙～名～冥～幕～鸟～凝～旗～穹～泉～色～水～思～肆～素～谭～天～兔～微～味～武～悟～仙～象～霄～心～雅～言～宴～燕～杳～夜～仪～义～音～英～友～羽～语～玉～渊～元～远～云～韵～泽～宅～仗～哲～芝～旨～祉～胄～珠～烛～尊例杀气西衡白，穷阴北暝玄。（唐·杜审言《和李大夫嗣真奉使存抚河东》）黄金狮子乘高座，白玉麈尾谈重玄。（唐·李白《峨眉山月歌，送蜀僧晏入中京》）

典**上玄** 指天，常用于言及祭祀或承天受命的语境下。扬子云（雄）《甘泉赋》："惟汉十世，将郊上玄。"李善注："上玄，天也。"

翠华入五云，紫气归上玄。（唐·刘禹锡《华清词》）

思玄 借指排遣忧烦苦闷之情。《后汉书·张衡传》："后迁侍中，帝引在帷幄，讽议左右……阉竖恐终为其患，遂共谗之。衡常思图身之事，以为吉凶倚伏，幽微难明，乃作《思玄赋》，以宣寄情志。"

苍苍不可问，余亦赋思玄。（唐·张继《酬李书记校书越城秋夜见赠》）

太玄 扬雄仿《周易》所作《太玄经》，在此书中寄寓了作者的淡泊心志。后用以指高雅情志。亦作"上玄""泰玄""子云玄"。见《汉书·扬雄传》。

两床茵席一素几，仰卧高声吟太玄。（唐·皮日休《苦雨杂言寄鲁望》）

郑玄 代指博学通经之士。东汉高密人郑玄为经学大家，时称郑君，又称后郑。其弟子自远方来者数千人。笺注《毛诗》《周礼》《仪礼》《礼记》等书，为汉学家所尊。见《后汉书·郑玄传》。

君居麻源谷，学礼如郑玄。（宋·梅尧臣《送李泰伯归建昌》）

酱瓿玄 指著作没什么价值，不受重视，多用于自谦。见849页"玄文覆酱"。

莫问盐车骏，谁看酱瓿玄。（唐·陆龟蒙《袭美见题郊居十首因次韵》其八）

提要钩玄 指从庞杂的材料中阐明要旨和精微。唐·韩愈《进学解》："记事者必提其要，纂言者必钩其玄。"

经年矻矻事编纂，提要钩玄戒冗长。（清·沈德潜《赠吴琳岩孝廉》）

玉麈谈玄 指谈玄论道，风度翩然。亦作"麈尾谈玄"。亦泛指闲居谈论。《世说新语·容止》："王夷甫容貌整丽，妙于谈玄，恒捉玉柄麈尾，与手都无分别。"

玉麈谈玄，叹坐客、多少风流名胜。（宋·姜夔《湘月·五湖旧约》）

璇（*璿）xuán ①美玉。②星名。

古下平，一先。逆玑～金～琼～顺～榜～膀～弁～柄～墀～除～鼎～蓴～盖～宫～闺～瑰～衡～花～玑～机～极～阶～娟～穹～室～枢～树～台～题～庭～图～霄～星～钥～曜～耀～扆～玉～渊～源～珠

漩 xuán 回旋的水流。另见703页xuàn。

古下平，一先。又：去声，十七霰同。逆鬟～回～洄～泡～喷～撇～涡～顺～洑～澓～洄～流～纹～涡例故人情义晚谁似，令我手脚轻欲漩。（唐·杜甫《病后遇王倚饮赠歌》）

言 yán

古上平，十三元。逆褒～薄～鄙～辨～察～谶～德～鼎～矗～繁～

犯～蜚～鲠～寡～豪～鹤～衡～互～欢～簧～徽～诲～惠～急～疾～偈～寄～佳～嘉～谏～僭～谨～靖～静～苦～诳～兰～谰～滥～立～谩～密～妙～谬～谋～怒～辟～乞～强～巧～琴～深～慎～誓～颂～俗～甜～窕～亡～危～饗～希～鲜～闲～献～详～谐～信～绪～諠～玄～巽～雅～要～谒～遗～呓～溢～隐～咏～誉～愿～韵～凿～噪～谮～谵～瞻～真～诤～缀～赘～纵～纂～㊀顺～笔～表～策～称～喘～德～端～废～讽～服～诰～观～官～欢～谏～教～金～竞～绝～空～路～乱～纶～脉～貌～默～讷～念～破～巧～禽～鲭～诠～筌～容～瑞～色～声～使～事～誓～枢～数～爽～肆～提～调～吐～文～晤～戏～象～笑～心～信～宣～旋～噱～谑～宴～燕～意～咏～喻～愿～章～者～旨～志～制～致～智～重～状㊀例东阁谬容止，予心君冀言。（唐·卢纶《送姨弟裴均尉诸暨（此子先君元相旧判官）》）伫见公车起，圣代待乞言。（唐·权德舆《酬别蔡十二见赠》）悲故国，念尘寰。事难言。（宋·朱敦儒《诉衷情·老人无复少年欢》）

㊀典**鸟言** 指少数民族的语言，人听不懂，有似鸟语。《后汉书·度尚传》："初试守宣城长，悉移深林椎髻鸟语之人，置于县下，由是境内无复盗贼。"

鸟言夷面吾氓耳，岂弟公清渠自理。（宋·苏籀《送范比部持节广东》）

忘言 指高层次的思维境界。《庄子·大宗师》："堕肢体，黜聪明，离形去智，同于大通，此谓坐忘。"又《外物》："言者所以在意，得意而忘言。"

溪花与禅意，相对亦忘言。（唐·刘长卿《寻南溪常山道人隐居》）

危言 正直之言。《论语·宪问》："子曰：'邦有道，危言危行；邦无道，危行言孙。'"

危言宁免班行忌，已死犹闻海内推。（宋·王柏《挽徐郎中》）

微言 借指深邃的言论。《汉书·艺文志》："昔仲尼没而微言绝，七十子丧而大义乖。"

妙质不为平世得，微言唯有故人知。（宋·王安石《思王逢原三首》其二）

不知言 指不善于分辨别人的言语。《论语·尧曰》："孔子曰：'不知命，无以为君子也；不知礼，无以立也；不知言，无以知人也。'"

千古遗文，我不知言，以我非子。（宋·辛弃疾《哨遍·池上主人》）

登徒言 原指战国时楚国人登徒子在楚王面前诽谤宋玉的话。后用以代指谗言。宋玉《登徒子好色赋序》："大夫登徒子侍于楚王，短宋玉曰：'玉为人体貌贤丽，口多微词，又性好色，愿王勿与出入后宫。'"

一感登徒言，恩情遂中绝。（唐·李白《感遇四首》其四）

范汪言 指臣子所献良策嘉言。《晋书·范汪传》："（汪）弱冠，至京师，属苏峻作难，王师败绩，汪乃逃遁西归。庾亮、温峤屯兵寻阳，时行李断绝，莫知峻之虚实，咸恐贼强，未敢轻进。及汪至，峤等访之，汪曰：'贼政令不一，贪暴纵横，灭亡已兆，虽强易弱。朝廷有倒悬之急，宜时进讨。'峤深纳之。"

上国已留虞寄命，中朝应听范汪言。（唐·罗隐《送光禄崔卿赴阙》）

任公言 指韬光养晦，不与世争，全身远害。《庄子·山木》记载孔子被围于陈蔡之间，困厄将死，大公任前往慰问，告诉孔子韬光养晦以远离灾祸的道理，说："直木先伐，甘井先竭。子其意者饰知以惊愚，修身以明污，昭昭乎如揭日月而行，故不免也。"

请附任公言。终然谢天伐。（南北朝·谢灵运《游赤石进帆海诗》）

五千言 指《道德经》，或代指道家、道教。《史记·老子列传》："至关，关令尹喜曰：'子将隐矣，强为我著书。'于是老子乃著书上下篇，言道德之意五千余言而去，莫知其所终。"

吾家五千言，至道悬日月。（唐·李群玉《别尹炼师》）

鹦鹉言 形容在罗网密布的氛围下要慎言。唐·朱庆余《宫词》："寂寂花时闭院门，美人相并立琼轩。含情欲说宫中事，鹦鹉前头不敢言。"

鹦鹉巧言终掇祸，麒麟高举亦知几。（宋·冯时行《鄂州南楼其下为黄鹤楼故基》）

周任言 指为官应尽职尽责。《论语·季氏》："周任有言曰：'陈力就列，不能者止。'"三国魏·何晏《集解》引马融曰："周任，古之良史。言当陈其才力，度己所任，以就其任；不能则当止。"

既负潘生拙，俄从周任言。（唐·张九龄《酬王履震游园林见贻》）

刍荛之言 草野之人的言论，多用作谦辞。《诗经·大雅·板》："先民有言，询于刍荛。"

巧匠何曾弃樗栎，刍荛之言或有益。（宋·李清照《上枢密韩肖胄诗》）

西邻责言 西邻，西部的邻国；责言，问罪的话。原指秦国向晋国问罪。后以之代指邻里外人的责备。《左传·僖公十五年》："西邻责言，不可偿也。"

西邻责言众积毁，热血未冷霜盈颅。（清·张之洞《塔尔巴哈台参赞大臣》）

绣鸭解言 唐陆龟蒙借鸭能自呼其名以为戏，后以成典。因龟蒙为苏州吴县人，又借以指吴地。宋·曾慥《类说》卷五三引杨亿《杨文公谈苑》："问曰：'此鸭何言？'龟蒙曰：'常自呼其名。'"

嗟绣鸭解言，香鲈堪钓，尚庐人境。（宋·吴文英《十二郎·素天际水》）

朱云直言 咏敢言直谏之臣。汉代朱云直言敢谏，他曾上书指斥朝臣尸位素餐，请斩佞臣安昌侯张禹以厉其余。成帝要定其死罪，他用手攀殿前栏杆致使折断。后成帝觉悟，命保留折坏的殿槛，以旌直臣。事见《汉书·朱云传》。

十载丈夫堪耻处，朱云犹掉直言旗。（唐·杜牧《洛中监察病假满送韦楚老拾遗归朝》）

子犯有言 指牢骚或试探之言。《左传·僖公二十四年》:"及河,子犯以璧授公子,曰:'臣负羁绁从君巡于天下,臣之罪甚多矣。臣犹知之,而况君乎?请由此亡。'公子曰:'所不与舅氏同心者,有如白水。'投其璧于河。"

子犯亦有言,臣犹自知之。(唐·韩愈《除官赴阙至江州寄鄂岳李大夫》)

周公惧流言 指贤者受人诽谤。《史记·鲁周公世家》:"周公恐天下闻武王崩而畔,周公乃践阼代成王摄行政当国。管叔及其群弟流言于国曰:'周公将不利于成王。'"

周公恐惧流言后,王莽谦恭未篡时。(唐·白居易《放言五首》其三)

延yán

古下平,一先。逆捱~壁~博~迟~躭~宕~逗~鼓~横~鸿~呼~回~积~旌~久~款~揽~连~流~蔓~漫~衺~迁~牵~庆~赏~师~寿~邃~宛~遐~详~休~修~淹~延~邀~遗~迤~游~逾~玉~冤~缘~祝~转~顺~捱~昌~待~宕~道~敌~亘~顾~候~缓~回~嘉~荐~结~娟~眷~瞰~览~龄~留~路~露~蔓~漫~衺~目~慕~纳~年~迁~日~赏~生~声~世~寿~属~祀~祟~眺~宛~望~喜~休~续~仰~养~益~英~迎~永~誉~缘~远~致~滞~伫~驻~灼例欲逐将军取右贤,沙场走马向居延。(唐·王维《送韦评事》)前瞻路已穷,既诣喜更延。(唐·韦应物《经少林精舍,寄都邑亲友》)

颜(顏)yán

古上平,十五删。逆鬓~冰~惭~惨~苍~潺~谄~尘~承~愁~慈~摧~颠~雕~丰~汗~和~花~毁~瘠~霁~娇~解~酒~开~抗~魁~丽~龙~隆~赧~破~启~泣~清~容~柔~韶~圣~盛~姝~舒~衰~蕣~斯~鲐~天~觍~酡~熙~羞~秀~瑶~怡~黝~玉~赭~驻~姿~醉~顺~鲍~彪~鬓~采~曾~额~法~范~高~钩~厚~霁~角~睽~李~柳~沧~皃~貌~闵~坯~瓢~魄~帢~情~容~弱~生~书~题~体~帖~武~巷~谢~徐~杨~原~泽~跖~状例曙云林下客,霁月池上颜。(唐·卢僎《初出京邑有怀旧林》)魂是湘云骨是兰。春风冰玉注芳颜。(宋·高观国《浣溪沙·魂是湘云骨是兰》)

典**商颜** 相传汉初商山四皓,年过八十,而童颜鹤发,体格强健。后用以形容年老而体格健朗。见《史记·留侯世家》。

只应闲过商颜老,独自吹箫月下归。(宋·苏轼《题毛女真》)

蕣颜 指美好的容颜。见12页"蕣华"。

羽车潜下玉龟山,尘世何缘睹蕣颜。(唐·何兆《玉蕊花》)

铸颜 指陶铸、培养人才。汉·扬雄《法言·学行》:"或问:'世言铸金,金可铸与?'曰:'吾闻觌君子者,问铸人,不问铸金。'或曰:'人可铸与?'曰:'孔子铸颜渊矣。'"

独愧铸颜恩未报,捧觞为寿献声诗。(宋·范仲淹《过陈州上晏相公》)

孔与颜 指孔子与颜回,皆被视为道德高尚的圣贤。晋·陆机《君子行》:"掇蜂灭天道,拾尘惑孔颜。"

夷居巷处何尝陋,但看当年孔与颜。(宋·刘克庄《次韵二首》其二)

咫尺颜 距龙颜只有咫尺。形容离皇帝很近。亦指天子之颜。《左传·僖公九年》:"天威不违颜咫尺。"杜预注:"言天鉴察不远,威严常在颜面之前。八寸曰咫。"

奇谋不吐将何用,况是归临咫尺颜。(宋·文同《再送师厚》)

研yán

古下平,一先。又:去声,十七霰异。逆眈~耽~高~攻~钩~精~究~摩~磨~潜~穷~覃~讨~细~助~顺~辨~博~察~澄~揣~复~覆~膏~核~检~括~览~理~练~炼~虑~摩~磨~弄~穷~求~推~桑~赏~省~疏~述~思~搜~索~覃~玩~微~味~校~心~寻~艳~幽~凿~赜~治~琢~综例地远易骄崇,用刑匪精研。(唐·刘言史《苦妇词》)诗礼不外学,兄弟相攻研。(唐·王建《送于丹移家洺州》)

炎yán

古下平,十四盐。逆避~冲~附~光~黄~毁~焦~亢~酷~昆~滥~爁~三~上~祥~炎~阳~余~燠~蒸~朱~顺~霭~邦~鄙~飙~彩~辰~炽~德~氛~光~汉~昊~赫~蜜~荒~晖~辉~精~景~驹~昆~冷~燎~烈~灵~陆~冥~漂~日~神~烁~宋~唐~天~庭~威~炜~雾~曦~轩~烟~焰~阳~暍~野~雨~郁~云~灾~烝~蒸~昼~烛~灼~浊例工琴闲度昼,耽酒醉销炎。(唐·元稹《开元观闲居酬吴士矩侍御三十韵》)槛外藕花无数,妆点休祥嘉应,不觉有秋炎。(宋·王之道《水调歌头·暑雨湿修竹》)

严(嚴)yán

古下平,十四盐。又:下平,十五咸同。逆閟~辨~兵~宸~崇~诋~凋~端~丰~高~鼓~贵~华~积~霁~坚~简~谨~禁~兢~精~警~静~钧~峻~苛~夸~溜~凝~潜~峭~清~深~失~肃~速~邃~夜~寅~幽~豫~渊~贞~整~祇~庄~顺~暴~愎~壁~冰~憯~察~辰~程~饬~霏~风~关~悍~讥~简~谨~敬~静~峻~科~苦~酷~丽~冽~烈~凝~峭~秋~阙~塞~善~慎~盛~霜~速~邃~威~献~宵~颜~毅~缜~祖~尊例妻愁耽酒僻,人怪考诗严。(唐·王建《闲居即事》)齿伤朝水冷,貌苦夜霜严。(唐·白居易《劝酒十四首》其一)

檐(*簷)yán

屋顶向旁伸出的边沿部分。

古下平,十四盐。逆板~碧~层~滴水~飞~风~画~街~廊~橑~笠~连~寮~茅~穷~虬~雀噪~伞~堂~瓦~危~虚~巡~眼~遮~重~顺~陛~扁~步~滴~铎~沟~阶~口~铃~溜~鲁~马~甍~声~铁~头~梧~隙~牙~翼~宇~雨~子例悬乳零落堕,晨光入前檐。(唐·韩愈《苦

寒》)箫声吟茂竹,虹影逗虚檐。(唐·元稹《开元观闲居酬吴士矩侍御三十韵》)

典**侧帽檐**　斜戴帽子。形容仪止潇洒,风度不凡。《北史·独孤信传》:"信美风度,雅有奇谋大略。……在秦州,尝因猎,日暮,驰马入城,其帽檐微侧。诘旦而吏人有戴帽者,咸慕信而侧帽焉。"

新人桥上著春衫,旧主江边侧帽檐。(唐·李商隐《饮席代官妓赠两从事》)

索笑画檐　用以指梅花或雪。唐·杜甫《舍弟观赴蓝田取妻子到江陵喜寄三首》其二:"马度秦关雪正深,北来肌骨苦寒侵。他乡就我生春色,故国移居见客心。剩欲提携如意舞,喜多行坐白头吟。巡檐索共梅花笑,冷蕊疏枝半不禁。"

梅花酷似,索笑画檐看。(宋·葛立方《满庭芳·庾信何愁》)

沿(*㳂)yán

古下平,一先。逆洄～阶～攀～旁～泝～溯～袭～相～循～遮～顺～波～褫～创～道～牒～讹～泛～房～改～革～贯～洄～口～历～例～流～络～纳～涉～身～守～顺～溯～途～涂～袭～心～曳～依～注例洞庭潇湘意渺绵,三江七泽情洄沿。(唐·李白《当涂赵炎少府粉图山水歌》)时坐盘陀石,偃仰攀萝沿。(唐·拾得《诗》)

筵yán　①垫底的竹席。②席位;座位。③宴会。

古下平,一先。逆儤～贝～别～宾～陈～宸～齿～玳～雕～法～梵～黼～歌～宫～觥～广～花～华～几～饯～讲～郊～醮～锦～经～九～酒～开～离～礼～列～灵～盘～绮～琼～盛～石～寿～书～舞～喜～狎～下～象～谢～星～绣～虚～宴～扆～银～玉～御～斋～张～诏～震～祖～坐～顺～床～会～几～九～阑～肆～席～羞～宴～燕～第例九春风景足林泉,四面云霞敞御筵。(唐·薛稷《奉和圣制春日幸望春宫应制》)试出褰罗幌,还来著锦筵。(唐·郑愔《春怨》)

典**陈筵**　指饮宴。《汉书·游侠列传·陈遵传》:"遵嗜酒,每大饮,宾客满堂……遵大率常醉,然事亦不废。"

孔坐洽良俦,陈筵几献酬。(唐·李峤《酒》)

玳筵　用玳瑁装饰的宴席坐具,借指宴会。《初学记》卷一〇引三国魏·刘桢《瓜赋序》:"布象牙之席,熏玳瑁之筵,凭彤玉之几,酌缥碧之樽。"

命舞燕翩翩,歌珠贯串,向玳筵前,尽是神仙流品。(宋·柳永《宣清·残月朦胧》)

鸟降筵　用鸟降临祭筵表示死者前来享用祭品,后指纪念死于节义的亲友。宋遗民谢翱祭文天祥诗《登西台恸哭记》:"魂朝往兮何极?暮归来兮关塞黑。化为朱鸟兮有咮(嘴)焉(何)食?"

梦中失哭儿呼我,天末招魂鸟降筵。(清·黄宗羲《卧病旬日未已闲书所忆》其一)

陈暄侍筵　指侍宴近臣。《南史·陈庆之传》附《陈暄传》:"暄以落魄不为中正所品,久不得调。……(陈)后主之在东宫,引为学士。及即位,迁通直散骑常侍,与义阳王叔达、尚书孔范……等恒入禁中陪侍游宴,谓为狎客。暄素通脱,以俳优自居,文章谐谬,语言不节,后主甚亲昵而轻侮之。"

江总参文会,陈暄侍狎筵。(唐·韩偓《感事三十四韵》)

妍yán　美丽。

古下平,一先。逆避～便～骋～媸～春～斗～端～芳～丰～孤～佳～娇～姣～精～景物～娟～梅～翩～凄～嫣～秦～轻～清～霜～态～桃李～纤～鲜～详～笑～暄～喧～嫣～妍～夭～妖～遗～殷～余～珠～顺～鄙～倡～唱～媸～丑～词～辞～芳～歌～好～华～洁～捷～静～丽～茂～美～媚～靡～妙～暖～巧～容～柔～森～赡～声～姝～淑～谈～稳～妩～黠～详～秀～雅～艳～冶～音～影～语～郁～泽～状～姿例清镜烛无盐,顾惭西子妍。(唐·李白《答族侄僧中孚赠玉泉仙人掌茶》)赐宴文逾盛,征歌物更妍。(唐·杨巨源《春日奉献圣寿无疆词十首》其三)

典**丹青变丑妍**　丹青指绘画,王昭君不肯贿赂画师,画师就不将她画得漂亮。汉元帝仅凭画像之美丑召见妃子,遂一直不见王昭君,乃至将她许给匈奴单于当夫人。见旧题晋·葛洪《西京杂记》卷二。

丹青能令丑者妍,无盐翻在深宫里。(唐·李白《于阗采花》)

盐(鹽)yán　食盐。另见707页yàn。

古下平,十四盐。逆熬～白～边～池～赤～川～狄～堆～返～飞～行～红～虎～驾～奸～煎～硇～解～金～颗～炼～绿～梅～末～拟～畦～牵～榷～戎～撒～散～砂～石～蜀～嘶～吴～香～笑～崖～饴～印～鱼～种～煮～顺～捕～菜～藏～策～豉～道～典～丁～蠹～风～纲～根～醯～汗～户～花～缉～籍～监～客～课～酪～吏～利～龙～绿～梅～米～茗～嫫～盘～铺～浦～曝～桥～丘～泉～榷～神～署～酥～滩～铁～徒～屯～羡～乡～屑～心～絮～牙～药～冶～院～枕～政～辎～宗～酢例连天唯白草,野饼有红盐。(唐·贯休《送僧之灵夏》)闲招好客斟香蚁,闷对琼花咏散盐。(唐·韦庄《冬日长安感志寄献虢州崔郎中二十韵》)

典**堆盐**　喻指雪。亦作"白盐""拟盐""撒盐""散盐"。《世说新语·言语》:"谢太傅寒雪日内集,与儿女讲论文义。俄而雪骤,公欣然曰:'白雪纷纷何所似?'兄子胡儿曰:'撒盐空中差可拟。'"

青莲削玉浮云外,白雪堆盐翠霭间。(明·赵贞吉《春日游华山》)

虀盐　喻指生活清苦。虀盐,咸菜也。虀,同齑。唐·韩愈《韩昌黎文集》卷八《送穷文》:"太学四年,朝虀暮盐。惟我保汝,人皆汝嫌。"

灯火残编雨,齑盐短褐风。(宋·文天祥《挽王叔远》)

无盐　指丑女。汉·刘向《新序》卷二《杂事之二》:"齐有妇人极丑无双,号曰'无盐女'。其为人也,臼头深目,长壮大节,昂鼻结喉,肥项少发,折腰出胸,皮肤若漆。"

清镜烛无盐,顾惭西子妍。(唐·李白《答族侄僧中孚赠玉泉仙人掌茶》)

赤米白盐 赤米，即粗糙的米。白盐，即粗盐。形容淡泊简陋的生活。《南齐书·周颙传》："卫将军王俭谓周（颙）曰：'卿山中何食？'颙曰：'赤米白盐，绿葵紫蓼。'"

白盐赤米已过足，早韭晚菘犹恐奢。（宋·陆游《村居书事》）

刻画无盐 指不恰当地以丑比美，抬高丑，贬低美。《世说新语·轻诋》："庾元规语周伯仁：'诸人皆以君方乐。'周曰：'何乐？谓乐毅邪？'庾曰：'不尔，乐令耳。'周曰：'何乃刻画无盐，以唐突西子也。'"

姓名曾落荐书中，刻画无盐自不工。（宋·陈师道《别黄徐州》）

梅子荐盐 用以咏宰相。《书·说命下》："尔惟训于朕志，若作酒醴，尔惟麴糵；若作和羹，尔惟盐梅。"旧题汉·孔安国传："盐咸梅醋，羹须咸醋以和之。"

画省中书，半红梅子荐盐新。（宋·吴文英《凤池吟·万丈巍台》）

岩（巖、*嵒、巗）yán

㊀下平，十五咸。㊁苍～岑～翠～绝～灵～熔～危～仙～悬～岩～云～㊂～岸～陛～滨～岑～处～隥～磴～坻～窦～房～谷～壑～疆～径～扃～居～坎～客～窟～棱～岭～陆～路～麓～峦～梦～庙～栖～嵌～峤～岖～曲～溶～室～薮～堂～巍～溪～峡～岫～轩～崖～腰～窈～野～邑～隐～楹～幽～牖～屿～雨～峿～泽～瞻～嶂～筑～崒～阻㊃渔去风生浦，樵归雪满岩。（唐·白居易《劝酒十四首》其一）行尽吴头楚尾，空惭万壑千岩。（宋·周紫芝《雨中花令·山雨细》）萧萧乌帽黄衫。烟水拍云岩。（宋·王质《泛兰舟·萧萧乌帽黄衫》）

㊄**版岩** 指帝王访贤，或贤才隐遁待时。版是筑墙的工具。见本页"傅岩"。

版岩合辞故隐，霖雨慰当今。（宋·无名氏《水调歌头·何以作公寿》）

傅岩 喻指贤才隐遁的地方。亦作"耕岩"。《孟子·告子下》："傅说举于版筑之间。"东汉·赵岐注："傅说筑傅岩，武丁举以为相。"

赭衣居傅岩。垂纶在渭川。（南北朝·庾信《拟咏怀诗》其二）

阎（閻）yán 里巷的门。

㊀下平，十四盐。㊁褒～衡～里～闾～民～穷～㊂～扶～浮～君～罗～闾～摩～亲～术～伍～妖～易～赵㊃仁风扇道路，阴雨膏闾阎。（唐·白居易《奉和汴州令狐令公二十二韵》）

蜒 yán ①蜿蜒，龙蛇爬行貌。②蜒蚰，虫名。

㊀下平，一先。㊁寒～蝱～爬～蛇～蜿～宛～蜗～蜓～蝘～蚰～㊂～蜿～蜓～蚰～蚰螺㊃复归泉窟下，化作龙蜿蜒。（唐·白居易《游悟真寺诗》）

芫 yán 芫荽，植物名。另见647页 yuán。

㊂～荽

埏 yán 边际。

㊀下平，一先。㊁八～坟～垓～海～寰～九～穷～幽～周～㊂～道～垓～路～隧～闼㊃飘飘瑞雪下山川，散漫轻飞集九埏。（唐·宗楚客《奉和圣制喜雪应制》）兰陵士女满晴川，郊外纷纷拜古埏。（唐·郭郧《寒食寄李补阙》）

缘（緣）yuán ①器物的边缘。②围绕；缠绕。③牵连。④循；沿。⑤机遇；缘分。另见708页 yuàn。

㊀下平，一先。㊁边～尘～道～登～法～凡～烦～福～华～幻～简～静～空～楞～离～冥～盘～旁～仆～奇～亲～情～山水～善～神～生～胜～世～适～夙～所～题～天～外～万～文～习～仙～业～依～夤～由～诸～㊂～边～便～簿～道～底～督～法～附～傅～果～何～会～跻～间～觉～界～理～力～例～木～气～契～情～生～石～始～事～手～私～橦～务～习～隙～闲～心～姓～循～延～业～因～夤～坐㊃富贵日成疏，愿言杳无缘。（唐·李白《赠宣城宇文太守兼呈崔侍御》）昨宵结得梦夤缘。水云间。悄无言。（宋·朱淑真《江城子·斜风细雨作春寒》）

㊄**香火因缘** 香火，香烛也；因缘，佛教语，佛教谓使事物生起、变化和坏灭的主要条件为因，辅助条件为缘。亦作"香火缘"。《北史·陆法和传》："法和求佛之人，尚不希释梵天王坐处，岂规王位？但于空王佛所与主上有香火因缘，见主上应有报至，故救援耳。"

香火因缘知有在，草庵蔬粥不他求。（宋·贺铸《寄金陵和上人》）

援 yuán

㊀上平，十三元。又：去声，十七霰异。㊁奥～跋～捕～策～抽～大～掸～党～蕃～藩～樊～缅～辅～附～赴～根～钩～交～接～结～解～篱～媒～猱～攀～畔～朋～戚～请～荣～势～手～树～私～推～托～系～相～形～营～右～拯～枝～植～资～宗～㊂～案～奥～拔～笔～庇～持～牍～枹～桴～附～翰～毫～剿～接～进～举～据～立～免～纳～溺～琴～拾～噬～送～推～系～验～照～拯～卒㊃云泉非所濯，萝月不可援。（唐·韦应物《云阳馆怀谷口》）

㊄**马援** 东汉大将，曾南征交趾。见《后汉书·马援列传》。

赵佗西拜已登坛，马援南征土宇宽。（唐·许浑《朝台送客有怀》）

园（園）yuán

㊀上平，十三元。㊁词～村～道～稻～邸～淀～杜～绀～故～花～家～郊～禁～静～空～窥～琅～乐～礼～梁～陵～留～庐～鹿～漫～名～漆～祇～淇～绮～沁～舍～睢～兔～文～戏～仙～闲～香～雪～义～茔～庾～祇～冢～竹～㊂～廛～池～地～丁～公～官～户～客～吏～林～陵～令～庐～庙～圃～绮～妾～寝～舍～田～头～墟～艺～邑～茔～囿～苑～宅㊃芙蓉秦地沼，卢橘汉家园。（唐·宋之问《春日芙蓉园侍宴应制》）琴爵留佳境，山池借好园。（唐·张说《同王仆射山亭饯岑广武羲得言字》）

㊄**灌园** 浇灌园圃。后指隐遁不出仕。亦作"于陵子灌园、仲子蔬园"。《史记·邹阳传》：邹阳狱中上书："于陵子仲辞三公为人灌园。"

髡钳为台隶，灌园变姓名。（唐·卢照邻《咏史四首》其一）

梁园 即梁苑。西汉梁孝王的东苑。借指皇室的宅第园林。《史记·梁孝王世家》："于是孝王筑东苑，方三百余里。广睢阳城七十里。大治宫室，为复道，自宫连属于平台三十余里……招延四方豪杰，自山以东游说之士，莫不毕至。”

到处无留滞，梁园花欲稀。（唐·韦应物《送开封卢少府》）

潘园 晋潘岳之园，后以代指养亲之所。潘安仁《闲居赋》：“爰定我居，筑室穿池，长杨映沼，芳枳树槅，游鳞瀺灂，菡萏敷披，竹木蓊蔼，灵果参差……太夫人乃御版舆，升轻轩，远览王畿，近周家园。”

潘园枕郊郭，爱客坐相求。（唐·宋之问《春日郑协律山亭陪宴》）

淇园 借以咏竹。南朝梁·任昉《述异记》卷下：“卫有淇园，出竹，在淇水之上。《诗》云：‘瞻彼淇奥，绿竹猗猗。’是也。”

陋哉徐铉说茶苦，鸨民淇园竹同种。（宋·晁冲之《陆元钧寄日注茶》）

沁园 园林名。本为东汉明帝女沁水公主所有。建初二年被窦宪所夺。后泛称公主的园林为“沁园”。见《后汉书·皇后纪下》《后汉书·窦宪传》。

不言沁园好，独隐武陵花。（唐·储光羲《玉真公主山居》）

兔园 即梁园，乃汉梁孝王与宾客宴游之所。后以指贵人宴请宾客之地。《史记·梁孝王世家》唐·张守节《正义》引《括地志》：“兔园在宋州宋城县东南十里。晋·葛洪《西京杂记》云‘梁孝王苑中有落猿岩、栖龙岫、雁池、鹤洲、凫岛。诸宫观相连，奇果佳树，瑰禽异兽，靡不毕备’。俗人言梁孝王竹园也。”

有客怀兔园，吟诗绕城内。（唐·曹邺《贺雪寄本府尚书》）

文园 司马相如曾任孝文园令，后因以喻指司马相如或文士。又，文园为汉文帝刘恒的陵园，后因以指帝王陵墓。《史记·司马相如传》：“相如拜为孝文园令。”

文园老令难堪酒，蜜炬垂花知夜久。（宋·贺铸《呈纤手·秦弦络络呈纤手》）

西园 三国时魏邺都西园为文帝曹丕与文士游宴、赏月之所，后因以指宴游或赏月。

西园徒自赏，南飞终未安。（唐·骆宾王《秋月》）

杏园 唐时长安曲江池西南，新及第进士常宴游于此，后用以指进士或进士及第。唐·康骈《剧谈录》卷下：“曲江池本秦世隑州，开元中疏凿，遂为胜境。……其西有杏园、慈恩寺。花卉环周，烟水明媚，都人游玩，盛于中和、上巳之节。”

知有杏园无路入，马前惆怅满枝红。（唐·温庭筠《春日将欲东归寄新及第苗绅先辈》）

馆陶园 汉武帝姑、汉文帝女馆陶公主，号窦太主。有园在长门，称长门园，世亦名“馆陶园”。后遂以代指贵族园林。见《汉书·东方朔传》。

猎逢韩嫣骑，树识馆陶园。（唐·杜牧《忆游朱坡四韵》）

季伦园 即金谷园。季伦为晋石崇之字。后借指奢华绮丽之园林。见644页“金谷园”。

季伦园里，逸少亭前。（唐·高球《三月三日宴王明府山亭》）

金谷园 指贵族园林。石崇于金谷涧中筑园，并写《金谷诗序》记其事曰：“余以元康七年，从太仆出为征虏将军，有别庐在河南界金谷涧中，有清泉茂树、众果竹柏、药草蔽翳。”

铜驼路上柳千条，金谷园中花几色。（唐·骆宾王《艳情代郭氏答卢照邻》）

辟疆园 晋顾辟疆的名园，唐时尚存。后用以称美园林胜地。《世说新语·简傲》：“王子敬自会稽经吴，闻顾辟疆有名园。”南朝梁·刘孝标注引《顾氏谱》曰：“辟疆，吴郡人，历郡功曹、平北参军。”

柳深陶令宅，竹暗辟疆园。（唐·李白《留别龚处士》）

杀李园 指佞人。《战国策·楚策四》：“（朱英）曰：‘君（春申君黄歇）先仕臣为郎中，君王崩，李园先入，臣请为君劓其胸杀之。此所谓无妄之人也。’”

春申还道三千客，寂寞无人杀李园。（唐·张祜《感春申君》）

邵平园 见3页“邵平瓜”。

僻殊萧相宅，芜胜邵平园。（唐·李吉甫《夏夜北园即事寄门下武相公》）

向秀园 指名人逸士遁隐之所。《晋书·向秀传》：“（嵇）康善锻，秀为之佐相对欣然，傍若无人。又共吕安灌园于山阳。”

暮雨扬雄宅，秋风向秀园。（唐·李郢《园居》）

庾信园 庾信在其《小园赋》中所描写的敝园庐。亦作“庾园”。北周·庾信《小园赋》：“余有数亩敝庐，寂寞人外，聊以拟伏腊，聊以避风霜。”

却寻庾信小园中，闲对数竿心自足。（唐·张南史《竹》）

仲长园 代指景致优美、能令人乐志忘忧的园林。《后汉书·仲长统传》：“欲卜居清旷，以乐其志，论之曰：‘使居有良田广宅，背山临流，沟池环市，竹木周布，场圃筑前，果园树后。……濯清水，追凉风，钓游鲤，弋高鸿。……如是，则可以陵霄汉，出宇宙之外矣。岂羡夫入帝王之门哉！’”

风烟彭泽里，山水仲长园。（唐·卢照邻《三月曲水宴得尊字》）

梓泽园 指园林。《晋书·石苞传》附《石崇传》：“崇有别馆，在河阳之金谷，一名梓泽。”

壮丽华林苑，欢娱梓泽园。（宋·司马光《杏解嘲》）

积雪卧园 见123页“袁安卧雪”。

挂缨守贫贱，积雪卧郊园。（唐·韦应物《奉酬处士叔见寄》）

栗里田园 陶渊明曾在此隐居，后以咏陶或指隐居。《宋书·隐逸传·陶渊明传》：“潜尝往庐山，弘令潜故人庞通之赍酒具于半道栗里要之。”

栗里田园，乌衣门巷，别来几换星霜。（宋·葛立方《满庭芳·栗里田园》）

雪满梁园 见25页“梁王雪下”。

花开茂苑谁同醉，雪满梁园独掩关。（宋·王禹偁《岁暮偶书寄苏台旧僚友》）

梦五藏神曰：‘羊踏破菜园。’”

仲子蔬园 见643页“灌园”。

这仲子蔬园，三公不换，况东陵自来瓜美。（宋·陈韡《哨遍·多病倦游》）

积金满西园 汉灵帝于西园所

造万金堂，用以堆积搜刮来的民财。后因以形容朝廷贪暴，大肆搜刮聚敛民财。《后汉书·张让传》："又造万金堂于西园，引司农金钱缯帛，牣积其中。"李贤注："牣，满也。"

仲舒不窥园 形容学习刻苦专一，用志不移。《汉书·董仲舒传》："董仲舒，广川人也。少治《春秋》，孝景时为博士。下帷讲诵，弟子传以久次相授业，或莫见其面。盖三年不窥园，其精如此。"颜师古注："虽有园圃，不窥视之，言专学也。"

且逍遥，还酩酊。仲舒漫不窥园井。（唐·刘言史《放萤怨》）

源 yuán

古上平，十三元。逆百～禅～淳～醇～辞～导～道～法～河～洪～鸿～花～回～祸～极～澧～灵～蜜～潜～清～穷～泉～神～诗～殊～疏～思～溯～探～桃～桃花～讨～通～仙～宣～璇～濬～遥～瑶～阴～幽～语～源～远～真～祖～顺～花～津～究～澜～理～陆～派～泉～涼～统～绪～渊～沼 例息阴无恶木，饮水必清源。（唐·王维《济上四贤咏·郑霍二山人》）迈世超高躅，寻流得真源。（唐·韦应物《酬李儋》）

典**花源** 见本页"桃花源"。

今宵竹林下，谁觉花源远。（唐·钱起《酬王维春夜竹亭赠别》）

巨源 山涛字，"竹林七贤"之一。《晋书·山涛传》："山涛，字巨源，河内怀人也。"

翰林词人呼巨源，笑谈通夜倒清樽。（宋·苏辙《雪中访王定国感旧》）

仙源[1] 指仙境。见《太平御览》卷四一南朝宋·刘义庆《幽明录》。

仙人一笑春风起，开尽仙源万桃李。（宋·杨万里《戏作司花谣呈詹进卿大监郎中》）

仙源[2] 陶渊明所虚构的世外桃源。王维《桃源行》："渔舟逐水爱山春，两岸桃花夹去津。……居人未改秦衣服，居人共住武陵源。……春来遍是桃花水，不辨仙源何处寻。"

梦入仙源，桃红似火，李莹如玉。（宋·扬无咎《柳梢青·小阁深沈》）

寻源 指向西部边塞开拓。亦作"寻河源""河源"。《史记·大宛列传》："而汉使穷河源……其山多玉石，采来，天子案古图书，名河所出山曰昆仑云。"

泄井怀边将，寻源重汉臣。（唐·骆宾王《西行别东台详正学士》）

桃花源 喻指隐居胜地，有时亦指仙境。亦作"花源""桃源""武陵源"。晋·陶渊明《桃花源记》："晋太元中，武陵人捕鱼为业。缘溪行，忘路之远近。忽逢桃花林，夹岸数百步，中无杂树，芳草鲜美，落英缤纷……土地平旷，屋舍俨然，有良田美池桑竹之属。阡陌交通，鸡犬相闻。其中往来种作，男女衣着，悉如外人。黄发垂髫，并怡然自乐。"

杏树坛边渔父，桃花源里人家。（唐·王维《田园乐七首》其三）

潢潦无源 喻指不切实的虚名。《孟子·离娄下》："徐子曰：'仲尼亟称于水，曰"水哉，水哉！"何取于水也？'孟子曰：'源泉混混，不舍昼夜，盈科而后进，放乎四海。有本者如是，是之取尔。苟为无本，七八月之间雨集，沟浍皆盈，其涸也，可立而待也。故声闻过情，君子耻之。'"

潢潦无根源，朝满夕已除。（唐·韩愈《符读书城南》）

三峡词源 形容文思敏捷，词锋壮健。唐·杜甫《醉歌行》："陆机二十作文赋，汝更小年能缀文。……词源倒流三峡水，笔阵独扫千人军。"

搜搅胸中万卷，还倾动、三峡词源。（宋·黄庭坚《满庭芳·北苑春风》）

圆（圓）yuán

古下平，一先。逆璧～匾～补～簿～成～初～蹴～对～复～高～光～广～规～浑～镜～蜡～梅月～梦～弄～偏～青～轻～清～穹～缺～踏～踢～通～文～乌～旋～影～御～月～长～志～智～重～珠～转～走～顺～备～变～便～苍～蟾～珰～雕～泛～范～扉～坟～符～腹～蛤～寂～鉴～觉～劲～精～景～镜～览～丽～灵～绫～颅～美～媚～门～密～妙～明～魄～峤～亲～轻～情～磬～丘～缺～阙～纱～扇～社～舒～熟～坛～通～土～稳～象～旋～眼～影～晕～宰～枕～转～锥 例霜重鳞胶劲，风高月影圆。（唐·杨师道《奉和咏弓》）折藕丝能脆，开花叶正圆。（唐·徐彦伯《采莲曲》）

典**高圆** 指天空。《诗经·小雅·正月》："谓天盖高，不敢不局。"《大戴礼记·曾子天圆》："曾参闻之夫子曰：'天道曰圆，地道曰方。'"

坐送落霞还杳霭，倚看明月上高圆。（宋·王之道《和秦寿之中秋玩月三首》其二）

琼珠碎却圆 咏荷叶上水珠。唐·杜甫《宇文晁尚书之甥崔彧司业之孙尚书之子重泛郑监前湖》："尊当霞绮轻初散，棹拂荷珠碎却圆。"

玉盆纤手弄清泉，琼珠碎却圆。（宋·苏轼《阮郎归·绿槐高柳咽新蝉》）

元 yuán

古上平，十三元。逆案～八～榜～朝～初～春～淳～词～丹～德～鼎～奉～根～羹～归～含～汉～僭～焦～觉～解～凯～魁～坤～梨～犁～黎～历～灵～谋～穹～上～寿～思～泰～探～霄～新～虚～玄～亚～阳～允～赞～贞～中～状～顺～白～辰～春～冬～服～符～父～功～亨～会～基～吉～甲～匠～教～精～君～老～理～门～妙～年～鸟～女～气～穹～戎～善～身～神～始～士～思～胎～天～象～宵～序～勋～要～夜～阴～音～元～约～运～造～子～祖 例煌煌逾涿鹿，穆穆更坤元。（唐·储光羲《奉别长史庾公太守徐公应召》）忧愤激忠勇，悲欢动黎元。（唐·刘长卿《旅次丹阳郡遇康侍御》）

典**八元** 指贤能之重臣。《左传·文公十八年》："高辛氏有才子八人，伯奋、仲堪、叔献、季仲、伯虎、仲熊、叔豹、季狸，忠肃共懿，宣慈惠和，天下之民谓之八元。……舜臣尧……举八元，使布五教于四方，父义、母慈、兄友、弟共、子孝，内平外成。"

早入八元数，尝承三接恩。

(唐·刘禹锡《和浙江李大夫伊川卜居》)

员(員)yuán

㊀下平,一先。㊁备~常~大~道~弟子~定~访~废~阁~鼓~广~河~见~解~京~景~军~吏~遴~末~能~遣~清~阙~冗~散~设~生~省~剩~司~随~驼~微~乌~无~武~闲~校~严~谳~运~正~周~赘~赀~㊂~弁~呈~程~圆~次~额~方~幅~官~郎~僚~寮~领~录~美~品~峤~丘~缺~阙~锐~润~石~数~司~通~位~役~舆~渊~园~员~栅㊃秩比司空位,官临御史员。(唐·杜审言《和李大夫嗣真奉使存抚河东》)幕府初交辟,郎官幸备员。(唐·杜甫《秋日夔府咏怀奉寄郑监李宾客一百韵》)

原yuán

㊀上平,十三元。㊁百~碧~川~春~村~当~砥~端~皋~关~寒~鸿~基~鹘~见~鉴~姜~郊~焦~矜~九~开~枯~旷~辽~燎~鸰~陵~乱~莽~酶~内~阡~秦~青~清~穷~丘~秋~曲~泉~三~沙~山~赦~首~松~邃~桃~讨~推~万~乡~修~胥~依~骃~在~中~周~追~宗~㊂~被~伯~蚕~察~尝~畴~词~辞~荡~度~额~防~放~鸽~供~官~降~卷~刻~粮~燎~陵~陆~梦~蜜~免~庙~谋~年~念~契~遣~情~赦~省~兽~恕~诉~素~田~宪贫~详~心~薪~刑~雪~盐~羊~繇~野~壄~宥~畇~韵~早~址~仲~祖㊃渔舟胶冻浦,猎火烧寒原。(唐·王维《酬虞部苏员外过蓝田别业不见留之作》)声连鸩鹊观,色暗凤凰原。(唐·王维《和陈监四郎秋雨中思从弟据》)

㊄**九原** 指墓地。《礼记·檀弓下》:"赵文子与叔誉观乎九原。"又,"是全要领以从先大夫于九京也"。郑玄注:"晋卿大夫之墓地在九原。京盖字之误,当为原。"

白露空沾九原草,青山犹闭数株松。(唐·刘长卿《双峰下哭故人李宥》)

吊屈原 用以伤叹贬谪。《史记·贾生列传》:"以贾生为长沙王太傅。贾生既辞往行,闻长沙卑湿,自以寿不得长,又以适去,意不自得。及渡湘水,为赋以吊屈原。"

城头栋宇恰三间,楚望凄凉吊屈原。(宋·苏辙《再次前韵四首》其一)

辕(轅)yuán

㊀上平,十三元。㊁版~北~车~东~督~短~断~返~方~偾~凤~伏~抚~负~改~还~函~行~轘~击~驾~叩~来~雷~灵~铃~龙~轮~南~攀~上~推~轩~偃~折~征~直~㊂~轭~缚~驹~骡~马~门~期~骑~堂~田~条~下~议~垣~辙~子㊃边风引去骑,胡沙拂征辕。(唐·武元衡《出塞作》)任锦溪溪上,卧辙攀辕。(宋·熊则轩《满庭芳·波有颓澜》)

㊄**改辕** 指在半途改道。《左传·宣公十二年》:"王病之,告令尹,改乘辕而北之,次于管以待之。"

几回南向望蒲轮,闻引而西忽改辕。(宋·刘克庄《送洪侍御二首》其一)

击辕 喻指村野生活。汉·崔骃《崔亭伯集·上四巡颂表》:"唐虞之世,樵夫牧竖,击辕中韶,感于和也。"

覆瓿书成空自苦,击辕歌罢遣谁听?(宋·陆游《病起镜中见白发偶得长句》)

猿(*猨、蝯)yuán 哺乳动物名。

㊀上平,十三元。㊁白~楚~断~断肠~猴~金丝~狙~玃~林~沐~清~情~霜~腾~啼~通臂~巫峡~心~玄~㊂~臂~藏~愁~父~公~肱~鹤~鹤羞~洒~狙~玃~马意~猱~骑~戏~啸~心~吟~引~饮~狖㊃的的明月水,啾啾寒夜猿。(唐·陈子昂《宿空舲峡青树村浦》)万里湖南月,三声山上猿。(唐·元稹《送王十一南行》)笑桃花流落晴川。石楼高处,夜夜啼猿。(宋·葛长庚《行香子·满洞苔钱》)

㊄**白猿** 见928页"猿公"。

弓鸣苍隼落,剑动白猿悲。(唐·李峤《军师凯旋自邕州顺流舟中》)

心猿 比喻人心浮躁。《维摩诘所说经·香积佛品》:"以难化之人,心如猿猴,故以若干种法,制御其心,乃可调伏。"

他年纵使重来此,息得心猿鬓已霜。(唐·罗邺《夏日宿灵岩寺宗公院》)

槛中猿 形容失意的境况。鲍照《东武吟》:"昔如鞲上鹰,今似槛中猿。"李善注:"《淮南子》曰:'置猿槛中,则与豚同,非不巧捷也,无所肆其能也。'"

叹槛中猿,笼中鸟,辙中鳞。(宋·高登《行香子·瘴气如云》)

三声猿 形容悲剧气氛,或巫峡景色。亦作"三峡无猿"。北魏·郦道元《水经注》卷三四《江水》:"自三峡七百里中,两岸连山……每至晴初霜旦,空谷传响,哀转久绝。故渔者歌曰:'巴东三峡巫峡长,猿鸣三声泪沾裳。'"

三声猿后垂乡泪,一叶舟中载病身。(唐·白居易《舟夜赠内》)

访鹤寻猿 指隐士生活。南朝梁·孔稚珪《北山移文》:"使我高霞孤映,明月独举,青松落阴,白云谁侣?涧石摧绝无与归,石径荒凉徒延伫。至于还飙入幕,写雾出楹,蕙帐空兮夜鹤怨,山人去兮晓猨惊。"

唤家僮、访鹤寻猿。(宋·汪莘《行香子·策杖溪边》)

意马心猿 指心思浮躁,悬思不定。唐·慧立、彦悰《大慈恩寺三藏法师传》卷九:"法师请入少林寺翻译。表曰:'……玄奘少来颇得专精教义,唯于四禅九定未暇安心。今愿托虑禅门,澄心定水,制情猿之逸躁,挚意马之奔驰,若不敛迹山中,不可成就。"

百年光景云浮,把意马心猿须早收。(宋·刘学箕《沁园春·浮利虚名》)

怨鹤惊猿 写出仕后旧居的凄凉。见"访鹤录猿"。

问讯怨鹤惊猿,不妨俱隐,且逍遥丈室。(宋·吴季子《念奴娇·雪罗初试》)

嬉戏冠沐猿 指逢迎失礼之举。

《汉书·盖宽饶传》："酒酣乐作，长信少府檀长卿起舞，为沐猴与狗斗，坐皆大笑。宽饶不说，卬视屋而叹曰：'美哉！然富贵无常，忽则易人，此如传舍，所阅多矣。唯谨慎为得久，君侯可不戒哉！'因起趋出，劾奏长信少府以列卿而沐猴舞，失礼不敬。"

巧为柔媚学优孟，儒衣嬉戏冠沐猿。（唐·李益《汉宫少年行》）

鼋（鼋）yuán ①大鳖。②通"蚖"，蜥蜴。

古上平，十三元。逆鳌～白～尝～浮～蛟～巨～癞头～老～潜～染～玄～鱼～顺～鳖～鼇～鼎～羹～蜃～鼍～梁～桥～鳝～头～头渚～鼍～鱼例神龙厌流浊，先伐鼍与鼋。（唐·元稹《赛神》）

垣yuán ①墙；矮墙。②古代官署的代称。③粮仓。④城市。⑤天文学术语，星座范围。

古上平，十三元。逆边～宸～崇～词～帝～东～堵～短～鄂～藩～粉～冯～宫～馆～垝～行～会～棘～谏～疆～禁～鸠～奎～篱～吏～缭～埒～门～女～墙～埢～壖～塞～三～省～师～市～枢～属～帅～四～琐～颓～微～薇～维～西～辛～新～星～穴～羊马～掖～遗～驿～墉～右～逾～辕～重～周～紫～顺～堵～宫～翰～穷～屏～墙～屋～衣～墉例溪月明关陇，戎云聚塞垣。（唐·骆宾王《早秋出塞寄东台详正学士》）尘销营卒垒，沙静都尉垣。（唐·员半千《陇头水》）逢人未免腰如磬，议政常防耳属垣。（宋·杨亿《郡中即事书怀》）

典**西垣** 指中书省。又称西掖。刘桢《赠徐干》："谁谓相去远，隔此西掖垣。"

西垣草诏罢，南宫忆上才。（唐·韦应物《和张舍人夜直中书寄吏部刘员外》）

凿垣 指深居简出，不乐交游。亦作"孝绪凿垣"。《南史·阮孝绪传》："阮孝绪字士宗，陈留尉氏人也。……自是屏居一室，非定省未尝出户，家人莫见其面，亲友呼为居士。……王尝命驾欲就之游，孝绪凿垣而逃，卒不肯见。王怅然叹息。"

凿垣种蒿蓬，嘉谷谁复省。（宋·苏轼《送程建用》）

耳属垣 指遭谗言，受陷害。《诗经·小雅·小弁》："君子无易由言，耳属于垣。"郑玄笺："由，用也。王无轻用谗人之言，人将有属耳于壁而听之者，知王有所受之，知王心不正也。"

徒欲心存阙，终遭耳属垣。（唐·李商隐《哭遂州萧侍郎二十四韵》）

王家破垣 指遭抄家，家财被掠劫。《新唐书·王涯传》："涯居永宁里，乃杨凭故第，财贮巨万，取之弥日不尽。家书多与秘府侔，前世名书画，尝以厚货钩致，或私以官，凿垣纳之，重复秘固，若不可窥者，至是为人破垣剔取奁轴金玉，而弃其书画于道。"

君不见长安永宁里，王家破垣谁复修。（宋·苏轼《次韵米黻二王书跋尾二首》其一）

袁yuán

古上平，十三元。逆二～乞～三～顺～安睡～安卧～曹～纥～公～门～孙～许～张

沅yuán 水名，在湖南。

古上平，十三元。逆澧～湘～攒～顺～江～陵～湘～州例空令数行泪，来往落湘沅。（唐·刘长卿《重推后却赴岭外待进止寄元侍郎》）

橼（櫞）yuán 木名，即枸橼，又名佛手柑。

古下平，一先。逆黄～枸～香～

爰yuán ①代词，何处。②连词，于是。③爰爰，舒缓貌。④改易；更换。

古上平，十三元。逆亶～傅～满～绥～郢～爰～顺～金～居～立～书～田

嫄yuán 周祖先后稷母名。

古上平，十三元。逆姜～

湲yuán 水流貌。

古上平，十三元。又：上平，十五删同。又：下平，一先同。逆潺～澶～湲～顺～湲例西峰峥嵘喷流泉，横石蹙水波潺湲。（唐·李白《当涂赵炎少府粉图山水歌》）

媛yuán 婵媛，牵引貌。另见708页yuàn。

古上平，十三元。逆婵～例虎口何婉娈，女媭空婵媛。（唐·李白《古风》）

芫yuán 落叶灌木，花先叶开。另见643页yán。

古上平，十三元。顺～花～华

鹓yuán 鹓鹐，海鸟。

古《广韵》：平声，元韵。顺～鹐

咱（*喒、偺）zán 另见16页zá。

逆多～顺～各～每～们

仄声·上声

俺ǎn 我。

揞ǎn 按覆。

古《广韵》：上声，感韵。逆扑～顺～青盲～揜

板[1] bǎn

古上声，十五潸。逆薄～碑～鞭～琛～赤～传～赐～凤～歌～毂～鼓～龟～桂～鹤～虹桥～鹄～虎爪～笏～僵～经～绝～蜡～雷～梨～敛～镂～漏～露～缕～慢～墨～腔～桥～锓～青～琼～舢～扇～绳～诗～书～檀～桃～陶～图～响～象～靴～牙～盐～艈～印～迂～渔～玉～元～云～诏～执～钟～祝～顺～芭～榜～壁～册～插～齿～刺～搭～荡～定～扉～腐～阁～鼓～官～胡～笏～花～荒～籍～僵～角～结～巾～槛～肋～厘～栗～令～录～墨～墙～桥～弱～实～授～刷～囟～榻～梯～题～田～桐～瓦～袭～箱～心～学～檐～眼～印～舆～闸～仗～职～滞～渚～筑～卒例遏云更倩雪儿歌，从教拍碎红牙板。（宋·欧阳澈《踏莎行·雁字书空》）

典**铜琶铁板** 指文辞豪雄劲健。宋·俞文豹《吹剑续录》："东坡在玉堂，有幕士善讴，因问：'我词比柳词何如？'对曰：'柳郎中词，只好十七八女孩儿执红牙拍板，唱杨柳岸晓风残月；学士词，须关西大汉执铁板，唱大江东去。'公为之绝倒。"《历代诗余》引作"须关西大汉，铜琵琶铁绰板，唱大江东去。"

铜琶铁板，许依也吐豪气。（清·宗婉《大江东去·海波不作》）

板[2]（闆）bǎn

〔逆〕老～

版bǎn　①木板。②筑土墙用的夹板。③名册；户籍。④官吏上朝用的笏。⑤授予官职。⑥计量单位。⑦印刷板。

〔古〕上声，十五潸。〔逆〕谙～凹～碑～禅～撤～瓷～饾～封～负～歌～更～龟～贺～鹤～鹄～户～笏～计～假～金～搢～聚珍～绝～溃～敛～镂～露～履～冕～摹～墨～嫩～锓～琼～神～诗～石～仕～市～书～缩～桃～投～凸～望～位～息～乡～象～牙～玉～云～闸～诏～祝～筑～奏～〔顺〕～部～簿～曹～臿～缠～齿～刺～荡～牍～盖～国～行～籍～口～纳～式～授～瓦～位～屋～檄～心～谒～尹～舆～辕～章～职～筑～奏〔例〕昨因有缘事，上马插手版。（唐·韩愈《赠张籍》）

〔典〕**玉版**　指皇家文书典籍。《韩非子·喻老》："周有玉版，纣令胶鬲索之，文王不予；费仲来求，因予之。"

玉版征书洞里看，沈羲新拜侍郎官。（唐·司空图《贺翰林侍郎二首》其二）

抽还手版　喻指去官退隐。唐·韩愈《卢郎中云夫寄示送盘谷子诗两章歌以和之》："我今进退几时决，十年蠢蠢随朝行。家请官供不报答，何异雀鼠偷太仓。行抽手版付丞相，不等弹劾还耕桑。"

抽还手版，受用处，十分轻省。（宋·刘克庄《转调二郎神·抽还手版》）

新亭倒持手版　指经不住考验而举止失态。《世说新语·雅量》："桓公伏甲设馔。"南朝梁·刘孝标注引宋明帝《文章志》："桓温止新亭，大陈兵卫，呼（谢）安及（王）坦之，欲于坐害之。王入失厝，倒执手版，汗流沾衣。"

待得新亭，倒持手版，何似抽还政事堂。（宋·刘克庄《沁园春·惭愧清朝》）

坂（*岅）bǎn　山坡；斜坡。

〔古〕《广韵》：上声，阮韵。〔逆〕赤～达～冈～横～黄～骥～九折～峻～岭～陇～泥～平～峭～青～青羌～丘～山～石～吴～遐～崤～斜～盐～羊肠～长～走～〔顺〕～坻～田～险～崄〔例〕渡头恶天两岸远，波涛塞川如叠坂。（唐·王建《公无渡河》）阴沈过连树，藏昂抵横坂。（唐·韩愈《南溪始泛三首》其一）

〔典〕**困坂**　指贤才受到压抑，难以施展才智。亦作"盐坂"。《战国策·楚策四》："夫骥之齿至矣，服盐车而上太行。蹄申膝折，尾湛胕溃，漉汁洒地，白汗交流；中阪迁延，负辕不能上。伯乐遭之，下车攀而哭之，解纻衣以幂之。骥于是俯而喷，仰而鸣，声达于天，若出金石声者，何也？彼见伯乐之知己也。"

困坂思回顾，迷邦辄问津。（唐·贾岛《送令狐绹相公》）

蝂bǎn　蝜蝂，小虫名。

〔古〕上声，十五潸。〔逆〕负～蝜～

贬（貶）biǎn

〔古〕上声，二十八琰。〔逆〕褒～惩～黜～窜～弹～诃～讥～瘠～降～科～流～迁～损～痛～违～刑～抑～臧～责～谪～诛～追～〔顺〕～谤～剥～驳～裁～撤～斥～绌～黜～辞～弹～夺～放～废～骨～毁～晦～讥～贱～降～解～绝～累～流～戮～落～匿～诎～辱～杀～膳～俗～素～损～退～望～笑～削～颜～议～责～谪～职～秩～逐〔例〕静思屈原沈，远忆贾谊贬。（唐·韩愈《陪杜侍御游湘西两寺独宿有题一首》）

〔典〕**贾谊贬**　贾谊才高遭谗，被贬至长沙。见《史记·屈原贾生列传》。

追回贾谊贬，唤起屈原沉。（宋·叶适《施翔父掌教长沙》）

扁biǎn　①在门户上题字。②平而薄。另见597页piān。

〔古〕上声，十六铣。〔逆〕仓～和～华～卢～轮～马～堂～题～团～稀～鲜～檐～俞～〔顺〕～柏～榜～表～仓～对～额～骨～巾～卢～螺～率～青～鹊～心～针

〔典〕**卢扁**　"扁"即扁鹊，因其住在卢国，故称其为"卢扁"。后指医术高明的医师。见《史记·扁鹊仓公列传》。

卢扁不世出，死生非在人。（宋·方洵武《题宁国院十全堂》）

匾biǎn

〔古〕上声，十六铣。〔逆〕蚕～挂～蜾～横～阔～门～牌～上～神～〔顺〕～短～对～介～毛～蒲～式～桃～文～圆～扎～窄

窆biǎn　①下葬。②墓穴。

〔古〕去声，二十九艳。〔逆〕安～穿～祔～改～告～孤～归～合～机～客～临～埋～迁～悬～营～窳～窀～〔顺〕～措～封～圹～器～丧～石～葬

褊biǎn　①狭小。②急躁。

〔古〕上声，十六铣。〔逆〕变～刚～忌～贫～气～谦～歉～轻～贪～袒～填～严～愚～躁～〔顺〕～隘～傲～薄～逼～察～促～宕～短～阨～阸～乏～忿～激～急～堉～忌～介～慽～局～狷～刻～匮～量～悭～陋～率～迫～浅～塉～鹊～狭～陿～小～性～衣～躁～窄～直～忮～衷〔例〕泊渚烦为媒，多才怨成褊。（唐·张说《赠赵侍御》）

惨（慘）cǎn

〔古〕上声，二十七感。〔逆〕哀～黯～惨～愁～黛～凋～风云～服～灰～昏～积～惊～苛～酷～冒～墨～恓～戚～愀～峭～伤～舒～霜～缌～酸～黤～阴～忧～愉～〔顺〕～暗～黯～暴～怖～恻～楚～怆～醋～黪～悴～黛～忉～悼～毒～黩～恶～服～腹～恨～怀～惶～急～棘～悸～嗟～节～劫～结～沮～刻～苦～酷～愦～愧～厉～栗～冽～裂～懔～戮～目～怒～虐～僻～然～容～杀～伤～舒～肃～惕～恸～羞～恤～狱～域～遇～怨～紫〔例〕狂词肆滂葩，低昂见舒惨。（唐·韩愈《送无本师归范阳》）

产（產）chǎn

〔古〕上声，十五潸。〔逆〕宝～抱～豹～畜～寸～荡～倒～第～丁～断～飞～豐～毂～官～诡～行～化～活～货～籍～甲～骞～居～军～看～理～陆～民～末～木～逆～贫～钦～屈～慎～世～事～试～庶～死～嗣～天～同～讬～析～秀～胥～血～养～异～营～优～余～腴～造～珍～治～赀～滋～訾～坐～〔顺〕～媪～程～额～蝦～疾～利～马～母～牧～难～气～蓐～褥～穑～莳～毻～翁～物～羊～育～植～殖〔例〕古凿岩居人，一廛

称有产。（唐·于渍《山村叟》）只琼花一种，传来仙苑。独许扬州作珍产。（宋·马子严《贺新郎·客里伤春浅》）

铲（鏟、*剗）chǎn

古去声，十六谏。逆洛阳～药～顺～革～迹～铗～马～刷～斜～削～刈～薙

谄（諂）chǎn

古上声，二十八琰。逆阿～卑～谗～奸～竞～佞～欺～巧～倾～诬～献～邪～胁～谀～顺～暗～薄～俾～侧～谗～辞～德～渎～黩～奉～附～羹～骨～诡～害～惑～嫉～祭～交～竞～敬～口～谇～泪～谩～目～佞～巧～屈～曲～容～诉～妄～伪～狎～邪～心～颜～意～诱～谀～语～誉～诈例椒兰争妒忌，绛灌共谗谄。（唐·韩愈《陪杜侍御游湘西两寺独宿有题一首》）

阐（闡）chǎn

古上声，十六铣。逆表～光～恢～开～阖～丕～推～遐～再～昭～证～顺～导～发～敷～弘～化～缓～济～教～究～抉～辟～士～示～释～述～说～提～鼍～悟～校～谐～衍～扬～曜～绎～幽～择～证～综例抚戎金阵廓，贰极瑶图阐。（唐·无名氏《凯安》）

骣（驏、*骣）chǎn　笑貌。

古《集韵》：上声，狝韵。顺～尔～衮～然

蒇（蕆）chǎn　完毕。

古上声，十六铣。逆告～护～顺～工～功～事

喘chuǎn

古上声，十六铣。逆奄～喘～发～汗～齁～假～羸～牛～热～息～延～言～余～顺～喘～汗～喙～急～咳～鸣～逆～牛～栗～蠉～嗽～吓～嘘～噎例长安米万钱，凋丧尽余喘。（唐·杜甫《故秘书少监武功苏公源明》）

典**牛喘**　指宰相尽职责，关心民生。《汉书·丙吉传》载：丙吉为相，见人逐牛，牛喘吐舌。吉问牛行几里。或谓牛喘为细事。吉曰："方春少阳用事，未可大热，恐牛近行用暑故喘，此时气失节，恐有所伤害也。三公典调和阴阳，职当忧，是以问之。"

凤巢方得地，牛喘最关心。（唐·包佶《奉和柳相公中书言怀》）

舛chuǎn

古上声，十六铣。逆驳～差～错～颠～顿～讹～烦～纷～乖～坏～回～蹇～交～矛～命途～谬～疏～违～无～淆～殽～遗～余～顺～剥～驳～差～驰～错～讹～和～互～滥～戾～螯～令～谬～缪～逆～殊～文～斡～午～迕～忤～误～舛～倚～杂～张

胆（膽）dǎn

古上声，二十七感。逆鼻～笔～尝～彻～赤～独～赌～夺～放～肝～刚～孤～挂～鬼～骇～寒～豪～隳～魂～甲～奸～精～酒～狂～沥～龙～落～披～瓶～情～蚺～丧～身～失魂～诗～试～嗜～鼠～獭～铁～托～衔～象～心～薪～胸～雄～熊～悬～义～饮～云～张～仗～昭～照～震～镇～志～壮～紫～醉～顺～薄～当～道～砚～敢～干～管～寒～悸～决～力～栗～练～量～烈～裂～落～略～门～娘～瓶～破～魄～怯～慑～识～守～水～土～武～薪～虚～义～意～硬～勇～俞～战～志～智～壮例无本于为文，身大不及胆。（唐·韩愈《送无本师归范阳》）笑倚银屏施宝靥。良人少有平戎胆。（宋·郑仅《调笑转踏·春艳》）

典**尝胆**　指誓报国仇，亦比喻刻苦自励。亦作"悬胆""饮胆""卧薪尝胆"。《史记·越王勾践世家》："越王句践反国，乃苦身焦思，置胆于坐，坐卧即仰胆，饮食亦尝胆也。曰：'女忘会稽之耻邪？'"

报仇只是闻尝胆，饮酒不曾防刮骨。（唐·王维《燕支行》）

诗胆　形容诗人超常的胆识。唐·刘叉《自问》："自问彭城子，何人授汝颠。酒肠宽似海，诗胆大于天。"

虽然诗胆大如斗，争奈愁肠牵似绳。（唐·陆龟蒙《早秋吴体寄袭美》）

一斗之胆　指勇将。《三国志·蜀书·姜维传》："维妻子皆伏诛。"裴松之注引《世语》曰："维死时见剖，胆如斗大。"

一斗之胆撑脏腑，如碟之筋碍臂骨。（唐·施肩吾《壮士行》）

一身都是胆　形容神勇无比。《三国志·蜀书·赵云传》裴松之注引《赵云别传》："先明旦自来，至云营围，视昨战处，曰：'子龙一身都是胆也。'"

子龙一身都是胆，更有仁心并义肝。（宋·陈普《咏史下·赵云》）

掸（撣、*撢）dǎn　拂除。另见699页shàn。

逆鸡毛～顺～尘～尘会

疸dǎn　黄疸病。

古《广韵》：上声，旱韵。又：去声，翰韵同。逆黄～酒～胃～

典diǎn

古上声，十六铣。逆百～邦～操～察～程～黜～垂～祠～辞～当～盗～道～惇～佛～革～故～行～鸿～徽～会～慧～吉～祭～教～解～禁～旌～旧～旷～坤～乐～礼～丽～六～率～茂～妙～铭～谟～僻～篇～庆～权～阙～荣～儒～瑞～赏～圣～盛～事～释～谥～书～数～霜～司～祀～通～图～文～五～先～宪～新～刑～休～训～尧～药～仪～遗～逸～溢～语～祝～综～遵～顺～案～奥～宝～赍～变～博～簿～裁～册～策～程～辞～度～法～藩～范～坟～该～诰～故～雇～冠～核～厚～笏～籍～借～经～据～郡～柯～馈～乐～礼～理～例～论～律～蒙～谟～牧～票～契～商～祏～史～试～视～誓～书～祀～肆～贴～统～图～宪～象～校～学～训～押～雅～言～砚～要～谒～衣～仪～狱～章～掌～治～秩～综例辍膳玩三坟，晖灯披五典。（唐·李世民《赋尚书》）

典**六典**　古代六个方面的治国之法，分别为：治典、教典、礼典、政典、刑典、事典。《周礼·天官·大宰》："大宰之职，掌建邦之六典，以佐王治邦国。"

六典未新周礼乐，三河正想汉官仪。（宋·姚颖《句》）

点（點）diǎn

古上声，二十八琰。逆斑～迸～抄

～撤～尘～嗤～丑～传～戳～疵～窜～黕～更～宫～寒～煎～检～简～进～静～梅花～批～千～敲～钦～秋～烧～焊～时～树～霜～水～檀～汤～铜～微～细～瑕～星～雪～胭脂～萤～蝇～月～争～终～朱～硃～驻～妆～装～粧～缁～自～㊀～笔～壁～编～鬓～菜～苍～茶～查～簇～擶～蹿～翠～黛～逗～额～鼓～翰～划～画～鬓～检～将～绛唇～睛～景～就～勘～看～留～磨～抹～墨～募～撇～漆～砌～金～青～觑～染～辱～瑟～施～酥～素～苔～题～污～悟～洗～戏～校～验～阅～照～纸～妆～缀㊃山楼黑无月，渔火灿星点。（唐·韩愈《陪杜侍御游湘西两寺独宿有题一首》）不堪零落春晚，青苔雨后深红点。（宋·欧阳修《凉州令·翠树芳条飐》）离肠暗逐车轮转。古木荒烟鸦点点。（宋·秦观《渔家傲·刚过淮流风景变》）

㊄**误点**　形容绘画技艺高超。亦作"屏风误点"。《三国志·吴书·赵达传》裴松之注引《吴录》："曹不兴善画，权使画屏风，误落笔点素，因就以作蝇。既进御，权以为生蝇，举手弹之。……及范、惇、达八人，世皆称妙，谓之八绝云。"

屏风误点惑孙郎，团扇草书轻内史。（唐·王维《故人张諲工诗善易卜》）

不加点　形容文思敏捷，文章精美妙绝。亦作"文不加点"。《初学记》卷十七引晋·张隐《文士传》："吴郡张纯，少有令名，尝谒骠骑将军朱据，据令赋一物然后坐，纯应声便成，文不加点。"

落笔千言不加点，班荆百榼命割鲜。（宋·陆游《忆荆州旧游》）

催诗点　指雨点。唐·杜甫《陪诸贵公子丈八沟携妓纳凉晚际遇雨二首》其一："片云头上黑，应是雨催诗。"

公庭休吏重门掩。细听催诗点。（宋·陈克《虞美人·踏车不用青裙女》）

飞红万点　本指落花，后多以喻指愁思。亦作"飞花万点""故飘万点"。唐·杜甫《曲江二首》其一："一片花飞减却春，风飘万点正愁人。且看欲尽花经眼，莫厌伤多酒入唇。"

料相思此际，浓似飞红万点。（宋·方千里《过秦楼·柳拂鹅黄》）

齐烟九点　指中国。唐·李贺《梦天》："遥望齐州九点烟，一泓海水杯中泻。"

万古齐州烟九点，五更沧海日三竿。（元·张养浩《登泰山》）

碘 diǎn　化学元素。

㊁黄～㊀～酊～盐

短 duǎn

㊂上声，十四旱。㊁隘～阘～暗～覇～蔽～匾～褊～补～才～谗～诋～乏～凡～覆～盖～绠～毁～讥～汲～骞～揭～沮～窭～亏～理～陋～梦～蹑～贫～浅～侵～穷～屈～缺～阙～日～缨～讪～世～私～思～损～宵～谢～幸～凶～修～续～夭～衣～阴～庸～悠～愚～暂～谮～折～纸～智～烛～訾～噂～㊀～暗～袄～榜～笔～兵～簿～才～策～池～丑～笛～犊～恶～乏～番～封～绠～功～袖～晷～行～褐～狐～弧～怀～黄～毁～楫～计～笺～简～角～景～篱～李～历～笠～陋～论～虑～帽～陌～蓬～屏～浅～墙～檠～笫～弱～丧～衫～生～世～书～算～岁～蓑～榻～调～亭～箫～学～言～衣～辕～韵～札～章～棹～折～状～拙～足～祚㊃鸟去天路长，人愁春光短。（唐·李白《流夜郎至西塞驿》）不愁前路长，只畏今宵短。（唐·裴夷直《席上夜别张主簿》）

㊄**才短**　指才干庸短。《世说新语·识鉴》："周嵩起，长跪而泣曰：'不如阿母言。伯仁为人志大而才短，名重而识暗，好乘人之弊，此非自全之道。'"

才短难自力，惧终莫洗湔。（唐·韩愈《示爽》）

佐军髯短　借咏参军。《世说新语·宠礼》："王珣、郗超并有奇才，为大司马所眷拔。珣为主簿，超为记室参军。超为人多须，珣状短小。于时荆州为之语曰：'髯参军，短主簿。能令公喜，能令公怒。'"

佐军髯尚短，掷地思还新。（唐·李端《送郭参军赴绛州》）

鹤长凫短　喻指物各有天性，应顺其自然。《庄子·骈拇》："长者不为有余，短者不为不足。是故凫胫虽短，续之则忧；鹤胫虽长，断之则悲。故性长非所断，性短非所续，无所去忧也。"

南柯蚁穴酰鸡天，鹤长凫短谁亏全。（宋·姜特立《古风送郑路钤》）

增之太长，减之太短　形容女子身段形容之美，不容增减。战国楚·宋玉《登徒子好色赋》："天下之佳人，莫若楚国；楚国之丽者，莫若臣里；臣里之美者，莫若臣东家之子。东家之子，增一分则太长，减一分则太短；着粉则太白，施朱则太赤；眉如翠羽，肌如白雪，腰如束素，齿如含贝；嫣然一笑，惑阳城、迷下蔡。"

增之太长，减之太短，出群风格。施朱太赤，施粉太白，倾城颜色。（宋·欧阳修《盐角儿·增之太长》）

反 fǎn　另见588页fān。

㊂上声，十三阮。㊁辨～倒～反～复～顾～乖～归～诡～还～互～连～论～内～叛～批～翩～起～时～逃～忘～现～旋～隅～杂～诈～自～作～㊀～霸～暴～北～背～鼻～璧～鞭～齿～初～刍～唇～辞～道～德～坫～跌～尔～服～戈～躬～古～骨～顾～户～惑～激～籍～监～剪～接～诘～景～据～寇～哭～戾～路～旅～袂～命～谋～逆～纽～畔～璞～朴～铅～群～善～省～诗～噬～首～书～素～锁～心～形～颜～掩～掖～意～膺～庸～隅～虞～语～狱～照～政～种～踵～宗㊃谬官辞获免，滥狱会平反。（唐·戴叔伦《临川从事还别崔法曹》）

㊄**京兆平反**　比喻执法严正而能爱人。

洛滨侍从三人贵，京兆平反一笑春。（宋·苏轼《和苏州太守王规甫之什》其一）

返 fǎn

㊂上声，十三阮。㊁璧～返～复～顾～还～回～倾～鹊～生～十～逃～忘～相～旋～㊀～本～哺～步

～倒～道～缚～耕～躬～顾～观～归～魂～迹～驾～金～锦～景～老～路～袂～迷～命～旆～朴～期～善～舌～舍～生～视～俗～素～盐～影～御～辕～葬～掌～棹～照～辙～政～衷～轴㊀榜舟南山下，上上不得返。（唐·韩愈《南溪始泛三首》其一）客路度年华，故园云未返。（唐·李季何《春日途中寄故园所亲》）

㊂**九还七返** 道教丹法术语，道教以"七"代表火，以"九"代表金。谓以火炼金，使金返本还原，成为仙丹。多用以咏修道炼丹、追求长生。亦作"还丹七返"。旧题东汉·魏伯阳《周易参同契》卷上："九还七返，八归六居。"

九还七返保长年。好个逍遥闲汉。（宋·夏元鼎《西江月·太一画前是道》）

感gǎn

㊀上声，二十七感。㊁哀～百～悲～崩～惭～诚～愁～触～洞～恶～饭～孚～荷～怀～欢～激～愧～类～冥～铭～默～凄～潜～眷～善～神～顺～私～外～微～咸～衔～相～欣～觑～玄～遥～忧～幽～豫～怨～杂～珍～知己～至～追～㊃～惭～恻～畅～愁～触～怆～悰～戴～宕～悼～德～愕～恩～奋～忿～愤～讽～概～格～哽～顾～悔～疾～惧～慨～愧～励～恋～麟～梦～铭～目～慕～逆～念～佩～泣～劝～士～逝～思～悚～颂～涕～恸～痛～悟～喜～羡～兴～咽～怿～咏～郁～遇～寓～悦～召～致㊀家住幽都远，未识气先感。（唐·韩愈《送无本师归范阳》）怕唤起西湖，那时春感。（宋·张炎《法曲献仙音·云隐山晖》）

敢gǎn

㊀上声，二十七感。㊁到～多～果～豪～何～横～讵～莫～怕～慓～骁～雄～争～㊃～待～断～悍～谏鼓～决～莫～怕～情～任～士～是～死士～往～许～言～毅～勇～则～直～自㊀自无飞仙骨，欲度何由敢。（唐·韩愈《梯桥》）

杆（*桿）gǎn 器物上像棍子的细长部分。另见589页gān。

㊀《集韵》：平声，寒韵。㊁称～木～枪～㊃～称～菌～子㊀阳复寒根，气回枯杆。前村昨夜梅初绽。（宋·张泰《踏莎行·阳复寒根》）

秆（*稈）gǎn 禾本植物的茎。

㊀上声，十四旱。㊁稻～根～禾～茎～桔～麦～㊃～草～子

赶（趕）gǎn

㊁跟～后～热～厮～㊃～摆～步～唱～程～赴～早～及～礼～碌～鞘～热～山～山鞭～熟～趱～缯船～斋～逐

橄gǎn 橄榄，常绿乔木。

㊀上声，二十七感。㊃～榄～榄子～榄仙～榄香～榄石

澉gǎn 地名，在浙江。

㊀上声，二十七感。㊃～浦

擀gǎn 用棒棍来回碾。

㊀《集韵》：上声，旱韵。㊁丸～㊃～毡～杖

管（*筦）guǎn

㊀上声，十四旱。㊁璈～斑～宝～豹～笔～冰～驰～持～楚～脆～翠～都～鹅～风～凤～歌～管～函～涵～毫～皓～横～衡～花～羁～急～笳～葭～笺～金～筠～袴～窥～离～麟～翎～柳～龙～芦～吕～律～妙～鸣～羌～青～清～琼～桑～商～笙～枢～丝～素～锁～陶～彤～秃～微～炜～握～犀～辖～弦～湘～象～箫～星～袖～穴～牙～瑶～伊～阴～银～玉～云～箴～竹～㊃～保～鲍～鲍交～蔡～城～待～眈～道～顿～橐～葛～顾～雇～翰～毫～见～窥～蠡～领～络～内～宁榻～请～推～擅～商～摄～丝～隰～辖～响～萧～须～穴～晏～钥～音～营～韵～照～执～准～综～总㊀空将泽畔吟，寄尔江南管。（唐·李白《流夜郎至西塞驿》）轻烟渐结华，嫩蕊初成管。（唐·陆龟蒙《茶笋》）

㊂**赤管** 常咏尚书省官员。据《太平御览》卷六〇五引《汉官仪》："尚书令、仆、丞、郎，月给赤管大笔一双。"

赤管随王命，银章付老翁。（唐·杜甫《春日江村五首》其三）

昭华管 代指珍贵的乐器。旧题晋·葛洪《西京杂记》卷三："高祖初入咸阳宫，周行府库，金玉珍宝，不可称言。其尤惊异者，有……玉管长二尺三寸，二十六孔，吹之则见车马山林隐辚相次，吹息亦不复见，铭曰：昭华之管。"

闲吹玉殿昭华管，醉折梨园缥蒂花。（唐·杜牧《出宫人二首》其一）

微管 倘若没有管仲。《论语·宪问》："子曰：'管仲相桓公，霸诸侯，一匡天下，民到于今受其赐。微管仲，吾其被发左衽矣。'"

垂死成功亦未晚，安知无人叹微管！（宋·陆游《读书》）

犀管 用犀角制的毛笔管。后多用以代指毛笔。晋·傅玄《傅子·校工》："汉末一笔之柙，雕以黄金，饰以和璧，缀以隋珠，发以翠羽。此笔非文犀之植，必象齿之管，丰狐之柱，秋兔之翰。"唐·王勃《七夕赋》："握犀管，展鱼笺，顾执事，招仲宣。"

飙轮不驻劳宸眷，犀管裁章与世传。（宋·杨亿《送张无梦归天台山》）

嶰管 传说黄帝命泠纶取嶰谷之竹制律管。古人用律管以测节候。故诗词中常被用以咏节候之变化。见《汉书·律历志上》。

酒缩楚茅三献毕，灰飞嶰管一阳新。（宋·杨亿《奉和御制南郊七言六韵诗》）

馆（館、*舘）guǎn

㊀上声，十四旱。又：去声，十五翰同。㊁边～别～茶～池～楚～川～词～祠～辞～翠～道～府～歌～阁～宫～孤～桂～行～衡～槐～驪～籍～饯～鲛～碣～就～捐～考～客～离～丽～琳～留～楼～鲁～旅～南～女～憩～芹～泉～儒～三～散～僧～山～史～水～邃～台～亭～文史～吴～舞～禊～霞～仙～新～轩～学～烟～燕～阳～瑶～野～驿～瀛～游～玉～月～云～芸～斋～重～珠～竹～㊃～伴～宾～粲～递～第～殿～阁～谷～官～客～馈～劳～僚～券～使～室～陶园～僮～娃～饩～选～学～驿～宇～御～院～宅～真㊀门依楚水岸，身寄洋州馆。

(唐·窦裕《洋州馆夜吟》)小桃零落春将半。双燕却来池馆。(宋·晁元礼《水龙吟·小桃零落春将半》)

典**捐馆** 抛弃馆舍。讳指去世。《战国策·赵策二》:"今奉阳君捐馆舍,大王乃今然后得与士民相亲。"

微之捐馆将一纪,杓直归丘二十春。(唐·白居易《感旧》)

琳馆 本是传说中神仙所居之地,诗文中常用以指道观或高人雅士之住宅。宋·范祖禹《送郑闳中待制提举洞霄宫》:"琳馆遥瞻霄汉外,秋风一鹤上空虚。"

琳馆清晨蔼瑞氛,玉旒朝罢奏韶钧。(宋·欧阳修《景灵朝谒从驾还宫》)

鲁馆 春秋时,鲁庄公主持周王姬的婚事,派大夫把王姬迎到鲁国,在城外(一说在宫外)筑馆住下,然后送至齐国与齐侯成婚。后因以"鲁馆"称贵族女子出嫁时外住之所。《左传·庄公元年》:"秋,筑王姬之馆于外。"

龙楼光曙景,鲁馆启朝扉。(唐·李治《太子纳妃太平公主出降》)

燕馆 代指招纳贤才的馆舍。《战国策·燕策一》:"于是昭王为隗筑宫而师之。乐毅自魏往,邹衍自齐往,剧辛自赵往,士争凑燕。"

兴欲倾燕馆,欢终到习家。(唐·李商隐《病中闻河东公乐营置酒口占寄上》)

月馆 传说舜筑望月之馆,后借指园林馆阁。晋·王嘉《拾遗记》卷一《高辛》:"舜迁宝瓮于衡山之上,故衡山之岳有宝露坛。舜于坛下起月馆,以望夕月。"

白露沾衣隋主宫,云亭月馆楚淮东。(唐·鲍溶《隋帝陵下》)

弘文馆 指文秘馆阁。《新唐书·百官志二》弘文馆:"学士,掌详正图籍,教授生徒;朝廷制度沿革、礼仪轻重,皆参议焉。"注:"武德四年,置修文馆于门下省;九年,改曰弘文馆。……神龙元年,改弘文馆曰昭文馆……二年曰修文馆。……开元七年曰弘文馆,置校书郎,又有校理、雠校错误等官。"

向弘文馆里,熏风殿上,亲属和、微凉句。(宋·刘克庄《水龙吟·麕斋不是凡人》)

平津馆 指招贤纳士之所。《汉书·公孙弘传》:"时上方兴功业,屡举贤良。弘自见为举首,起徒步,数年至宰相封侯(平津侯),于是起客馆,开东阁以延贤人,与参谋议。"

初登平津馆,晚入征西幕。(宋·陆游《书感》)

买栽池馆 借以咏牡丹。罗邺《牡丹》:"落尽春红始着花,花时比屋事豪奢。买栽池馆恐无地,看到子孙能几家。门倚长衢攒绣毂,幄笼轻日护香霞。歌钟满座争观赏,肯信流年鬓有华。"

买栽池馆多何益。莫虚把、千金抛掷。(宋·辛弃疾《杏花天·牡丹比得谁颜色》)

脘 guǎn 胃的内腔。另见664页wǎn。

古上声,十四旱。逆胃~中~

莞 guǎn 东莞,地名。另见663页wǎn、591页guān。

古上声,十五潸。逆东~

喊 hǎn

古上声,二十七感。又:上声,二十九豏同。逆发~高~喝~吼~纳~吆~顺~山~堂威

罕 hǎn

古上声,十四旱。逆毕~察~答剌~飞~罘~罕~见~旌~堪达~米~纳~前世~萨那~希~稀~修~云~驻~顺~毕~车~俦~达犴~发~父~遘~觏~俪~伦~漫~旗~事~闻~物~稀~异例何满能歌能宛转,天宝年中世称罕。(唐·元稹《何满子歌》)

阚(闞) hǎn 虎声。另见692页kàn。

古上声,二十九豏。逆虓~呼~虎~阚~哮~顺~喝~吼~阚~虓

缓(緩) huǎn

古上声,十四旱。逆安~逋~啴~阐~弛~冲~赐~怠~烦~风~稽~简~蹇~謇~矜~静~蠲~宽~款~迂~凝~驽~疲~僻~秦~轻~柔~儒~散~赊~纾~疏~松~瘫~坦~荼~闲~详~需~徐~淹~医~优~悠~迂~展~纵~顺~报~步~带~怠~辨~耳~服~歌~行~火~颊~箭~决~军~款~留~脉~漫~辔~贫~气~声~师~死~土~骛~限~泻~心~醒~役~音~狱~辙~征~纵例钓鱼竭来春日暖,沿溪不厌舟行缓。(唐·李涉《春山三竭来》)

典**罗带缓** 闺中女子因思念远行的郎君而日渐消瘦,衣带变缓,有"衣带日已缓""衣带日趋缓"语。《古诗十九首》其一:"行行重行行,与君生别离。……相去日已远,衣带日已缓。"李善注引《古乐府歌》:"离家日趋远,衣带日趋缓。"

本是细腰人,别来罗带缓。(唐·陆龟蒙《赠远》)

臣舒迂缓 西汉官员路温舒多次上书进言,被视为无可取而不受重用,后用以指迂腐无用之言。见《汉书·路温舒传》。

笑臣舒迂缓,臣山愚直。(宋·刘克庄《满江红·往日封章》)

睆 huǎn ①眼睛突出貌。②美好貌。③明亮貌。

古上声,十五潸。逆华~睆~蜗~睍~烛~顺~睆~目~然例喜气排寒冬,逼耳鸣睍睆。(唐·韩愈《赠张籍》)

典**莺睍睆** 形容鸟鸣叫声。《诗经·邶风·凯风》:"睍睆黄鸟,载好其音。有子七人,莫慰其心。"

双蝶蹁跹林外去,一莺睍睆树间鸣。(清·方芳佩《春兴》其一)

简(簡) jiǎn ①古代用于书写的竹片。②书籍。③简单。④质朴。⑤怠惰;放荡。⑥轻视。

古上声,十五潸。逆白~碧~编~鞭~博~残~策~澄~尺~崇~辍~寸~错~丹~淡~澹~蠹~端~断~繁~风~赅~高~槁~隔笔~觚~古~汉~汗~行~鹤~槐~笺~缃~检~简~旌~静~琅~廉~量~遴~绿~密~珉~木~凝~劈棱~篇~片~漆~青~清~铨~蕊~慎~手~授~疏~霜~搜~素~撢~腾~通~脱~文~稀~闲~缃~象~信~虚~靴~牙~偃~瑶~遗~逸~鱼~玉~约~阅~芸~赘~顺~傲~奥~慠~板~薄~帛~卜~册~策~察~尺~黜~撮~淡~澹

～第～牒～牍～断～惰～服～符～赅～隔～寡～圭～贵～翰～驩～缓～惠～稽～籍～济～寂～缄～贱～鉴～絜～敬～靖～静～峻～隽～阔～懒～廉～落～率～慢～嫚～墨～默～募～穆～佩～僻～堑～峭～缺～阙～锐～散～深～剩～书～疏～缩～帖～脱～微～兮～亵～信～恤～雅～彝～逸～御～缘～愿～躁～札～翟～照～纸～帙～擢【例】饥从漂母食，闲缀羽陵简。（唐·李白《玉真公主别馆苦雨》）有儿虽甚怜，教示不免简。（唐·韩愈《赠张籍》）自怜不羁者，写物心常简。（唐·曹邺《从天平节度使游平流园》）

【典】**白简** 指弹劾他人的奏章。唐人以“白简”和“霜简”在诗中合用，作“白简霜”。沈约《奏谈王源》：“源官品应黄纸，臣辄奉白简以闻。”

殿上风霜生白简，下殿扁舟已具。（宋·刘克庄《贺新郎·宣引东华去》）

铅简 咏校书。见598页“怀铅”。

陋学叨铅简，弱龄许翰场。（唐·王湾《晚春诣苏州敬赠武员外》）

山简 指晋代名士山简，他镇守襄阳时，终日与当地豪族饮酒嬉游，酩酊大醉，浑然不觉。后用为名士醉饮的典故。亦作“山太守”。见《晋书·山涛传》附《山简传》。

爱酒晋山简，能诗何水曹。（唐·杜甫《北邻》）

授简 给予简札。谓嘱人写作。语出南朝宋·谢惠连《雪赋》：“梁王不悦，游于兔园……授简于司马大夫，曰：‘抽子秘思，骋子妍辞，侔色揣称，为寡人赋之。’”

白头授简焉能赋，愧似相如为大夫。（唐·杜甫《又作此奉卫王》）

霜简 喻御史的弹劾奏章，后用作咏御史的典故。《文苑英华》卷二四七引南朝陈·江总《诒孔中丞奂》：“故人名宦高，霜简肃权豪。”

宠借飞霜简，威加却月营。（唐·钱起《送张中丞赴桂州》）

齐太史简 齐太史兄弟奋不顾身、秉笔直书，后用作咏“良史”的典故。《左传·襄公二十五年》：“太史书曰：‘崔杼弑其君。’崔子杀之。其弟嗣书，而死者二人。其弟又书，乃舍之。南史氏闻太史尽死，执简以往，闻既书矣，乃还。”

时穷节乃见，一一垂丹青。在齐太史简，在晋董狐笔。（宋·文天祥《正气歌》）

减（*減）jiǎn

【古】上声，二十九豏。【逆】秕～不～擦～财～瘳～春～贷～顿～繁～分～割～耗～核～节～进～镌～蠲～科～克～刻～扣～宽～揽～免～末～跷～清～痊～色～膳～申～省～瘦～束～损～汰～退～未～味～兴～雪～折～追～【顺】～薄～漕～产～彻～黜～等～动～耗～河～户～毁～贾～贱～降～脚鹅～竭～克～刻～勒～廪～却～杀～膳～瘦～衰～水河～死～算～损～汰～粜～铁～息～削～样～银～约～灶～折～妆～字【例】燕归碧海珠帘掩。沈臂昌霜潘鬓减。（宋·欧阳修《渔家傲·八月微凉生枕簟》）触目千点飞红，问春争得春愁，也随春减。（宋·扬无咎《解蹀躞·迤逦韶华将半》）

【典】**花飞春减** 花飞一片便减掉了春色，而成为“残春”。亦作“花飞减半”“花飞几片”。见650页“飞红万点”。

花飞春减绿阴成，不住风光绕禁城。（宋·周弼《西湖初夏》）

俭（儉）jiǎn

【古】上声，二十八琰。【逆】鄙～冲～崇～淳～慈～敦～腹～恭～寒～旱～荒～饥～积～节～谨～居～克～刻～空～羸～廉～率～名～年～宁～贫～朴～乞～谦～歉～勤～清～穷～省～示～世～疏～霜～水～岁～纤～凶～灾～贞～质～忠～【顺】～薄～宝～卑～鄙～德～凋～雕～乏～腹～恭～固～谨～静～居～克～刻～恪～苦～礼～力～莲～吝～陋～率～貌～年～贫～朴～戚～勤～色～啬～设～省～时～素～岁～汰～泰～狭～用～月～葬～政【例】礼贤道何优，奉己事苦俭。（唐·韩愈《陪杜侍御游湘西两寺独宿有题一首》）衲子家风存古俭。一条楖栗如天堑。（宋·吕渭老《渔家傲·顶上铁轮飞火焰》）放迟开、不肯婿梅花，羞寒俭。（宋·刘克庄《满江红·压倒群芳》）

茧（繭、*璽、絸）jiǎn

①蚕或某些昆虫在变成蛹之前吐丝做成的壳。②丝线。③丝绵袍。

【古】上声，十六铣。【逆】壁～冰～剥～擘～抽～春～奠～独～犊角～粉～棘～茧～金～绵～袍～丝～探春～探官～同功～同宫～香～心～骍～雪～曳～鱼～玉～作～【顺】～盎～薄～卜～蚕～绸～犊～观～馆～栗～眉～税～丝～瓮～物～衣～纸【例】秀麦连冈桑叶贱。看看尝面收新茧。（宋·范成大《蝶恋花·春涨一篙添水面》）山鸟劝酤官酒贱。炊烟深巷听缫茧。（宋·陈三聘《蝶恋花·阛阓城西山四面》）

【典】**不作茧** 指不入仕，亦喻女子不怀孕。唐·张鷟《朝野佥载》六：“王显与文武皇帝有严子陵之旧，每掣裈为戏，将帽为欢。帝微时，常戏曰：‘王显抵老不作茧。’及帝登极而显谒奏曰：‘臣今日得作茧耶？’”

又不见贞观故人有王显，抵老摧颓不作茧，一时戏语今尚传。（宋·陆游《姜总管自筑墓舍名茧庵求诗》）

瓮样茧 古代神话传说中的园客得到仙女的帮助，所养之蚕如瓮之大。亦作“翁茧”。见《列仙传·园客》。

筛样饼、瓮样茧，长须赤脚供樵任。（宋·刘克庄《摸鱼儿·便披蓑》）

茧（繭）jiǎn

茧子，脚掌或手掌因摩擦而成的硬皮。

【古】上声，十六铣。【逆】老～累～生～曾～【顺】～子

剪 jiǎn

【古】上声，十六铣。【逆】鏖～背～并州～裁～刀～倒～钩～寒蔬～剪～金～蜡～鸾～禽～驱～如～芟～删～霜～剃～勿～枭～燕～燕尾～玉～诛～烛～【顺】～春罗～靛花～伐～拂～辑～迹～江～捷～截～径～绝～刻～刘～柳～绺～路～僇～落～摵～弃～葺～窃～秋罗～绒～剔～桐～筒～屠～削～叶～抑～殪～影～枝～薤～烛【例】飞沙四面连天卷。霜拆冻髭如利剪。（宋·秦观《渔家傲·刚过淮流风景变》）独倚阑干凝望远。一川烟草平如剪。（宋·谢逸《蝶恋花·豆蔻

梢头春色浅》)

【典】**画烛共剪**　指亲友久别后相聚畅谈。唐·李商隐《夜雨寄北》:"君问归期未有期,巴山夜雨涨秋池。何当共剪西窗烛,却话巴山夜雨时。"

算犹忆、兰房画烛,醉时共剪。(宋·韩元吉《永遇乐·池馆春归》)

秋波如剪　形容女子双眸如同剪取来的秋水般明净。后代指女子美目。见475页"水剪双眸"。

蕣华浓,山翠浅,一寸秋波如剪。(宋·晏殊《更漏子·蕣华浓》)

一缕青丝为君剪　指女子忠于爱情。相传杨贵妃忤旨后被送归外第,曾剪发一缕献于唐玄宗,玄宗遂将杨贵妃召还。亦作"鬟剪"。见《旧唐书·后妃上·玄宗杨贵妃传》。

宝钗翠滑,一缕青丝为君剪。别情谁更排遣。(宋·陈允平《荔枝香近·脸霞香销粉薄》)

检(檢)jiǎn

【古】上声,二十八琰。【逆】案～标～参～抄～澄～督～翻～防～风～钩～乖～规～国～稽～羁～监～禁～纠～拘～考～兰～礼～秘～清～神～慎～失～识～收～送～素～探～挑～通～犀～细～衔～详～修～寻～研～仪～玉～诏～自～佐～【顺】～波～驳～裁～操～偿～饬～敕～雠～促～督～遏～法～访～放～缚～劾～核～诲～集～计～谨～禁～镜～勘～看～考～刻～扣～练～量～料～审～慎～省～式～事～书～署～搜～素～文～辖～校～恤～押～玉～驭～御～愿～责～择～照～征～正～制～质～治～摘～坐【例】群行忘后先,朋息弃拘检。(唐·韩愈《陪杜侍御游湘西两寺独宿有题一首》)

柬jiǎn

【古】上声,十五潸。【逆】酬～函～红～寄～料～遴～名～慎～手～书～肃～小～谢～信～修～侑～折～走～【顺】～拔～房～寄～汰～帖～择～札～擢

拣(揀)jiǎn

【古】上声,十五潸。又:去声,十七霰同。【逆】不～抽～翻～料～遴～披～汰～选～【顺】～拔～罢～别～刺～点～发～练～汰～退～相～信生～选～阅～择【例】吾爱其风骨,粹美无可拣。(唐·韩愈《赠张籍》)

蹇jiǎn　①跛脚。②驽马;跛驴。③难;不顺利。④言语不流利。⑤停留。⑥傲慢。

【古】上声,十三阮。又:上声,十六铣同。【逆】骜～跛～策～筞～迟～刚～高～孤～乖～诡～寒～羁～艰～蹇～謇～骄～跨～困～羸～连～联～蹥～癃～挛～眇～命～秣～凝～驽～疲～痞～贫～奇～跂～迁～穷～驱～屈～劬～时～疏～衰～骙～调～屯～往～危～刑～修～淹～偃～幽～迂～遇～邅～忠～驻～迍～【顺】～碍～傲～薄～躄～剥～跛～步～才～策～产～浐～巉～吃～舛～辞～蹩～羝～钝～顿～厄～咢～鄂～谔～愕～乏～犯～废～分～服～行～缓～瘠～蹇～蹶～亢～客～困～连～劣～落～驴～马～难～讷～跂～浅～缺～然～弱～謇～散～涩～士～数～蹄～兔～卫～修～偃～曳～伛～寓～运～仄～支～直～窒～滞～踬～拙～纵～足【例】清川兴悠悠,空林对偃蹇。(唐·王维《戏赠张五弟諲三首》其一)不因身病久,不因命多蹇。(唐·白居易《寄元九》)

【典】**策蹇**　鞭策蹇驴,指乘跛足驴。喻工具不利,行动迟缓。或用作谦辞,喻勉力而为。亦径谓骑坐驽劣牲口出行。北魏·温子升《为西河王谢太尉表》:"臣闻拂羽决起,力谢摩天;策蹇载驰,功微送日,将短翮难以陵高,驽乘无由致远。"

访人留后信,策蹇赴前程。(唐·孟浩然《唐城馆中早发寄杨使君》)

謇jiǎn　①口吃。②正直;忠诚。③(文辞)艰涩。④骄傲。

【古】上声,十六铣。【逆】博～刚～诡～謇～骄～衍～连～屯～忠～【顺】～傲～愕～博～吃～鄂～谔～愕～犯～缓～谏～烈～讷～切～然～涩～正～直【例】治惟尚和同,无俟于謇謇。(唐·韩愈《赠别元十八协律六首》)

骞(騫)jiǎn　劣马。另见598页qiān。

【古】《集韵》:上声,狝韵。【逆】策～驽～

硷(鹼、*礆、鹻)jiǎn　盐卤。【逆】刮～汗～【顺】～荒～瘠～气～土

捡(撿)jiǎn

【古】《广韵》:上声,琰韵。【逆】收～探～【顺】～察～场～点～幅～核～挍～局～勘～看～括～拾～式～校～押～阅【例】儿夫心肠多薄幸,百计思、难为拘捡。(宋·杜安世《菊花新·坐卧双眉镇长敛》)

脸(臉)jiǎn　眼皮。

【古】《广韵》:上声,琰韵。【逆】目～眼～【例】密意欲传,娇羞未敢。斜偎象板还偷脸。(宋·张先《踏莎行·波湛横眸》)

裥(襉)jiǎn　①衣服上的褶子。②杂;不纯。另见690页jiàn。

【古】《广韵》:去声,裥韵。【逆】打～细～【顺】～斑～裙

锏(鐧)jiǎn　古兵器名。另见690页jiàn。

【逆】鞭～煞手～双～四棱～铜～舞～

鬋jiǎn　妇女垂鬓貌。

【古】上声,十六铣。又:下平,一先同。又:去声,十七霰同。【逆】曼～盛～蚤～爪～鬋～【顺】～鬓～发～髻～鬘～鬟【例】驳藓净铺筵,低松湿垂鬋。(唐·陆龟蒙《开元寺楼看雨联句》)

趼jiǎn　手足生硬皮。

【古】上声,十六铣。【逆】累～马～肉～手～胝～重～足～【顺】～拆～子～足～趾【例】晨趋阊阖内,足蹋宿昔趼。(唐·杜甫《故秘书少监武功苏公源明》)

谫(譾、*謭)jiǎn　浅薄。

【逆】谫～拘～【顺】～薄～才～材～刻～劣～陋～能～浅～然～僿～识～微～庸～愚～智

笕(筧)jiǎn　饮水的竹管。

【古】上声,十六铣。【逆】翠～分溜～连云～山～石～通～竹～【顺】～水

卷(*捲)juǎn　①把物弯转成圆筒形。②量词。③收;藏。④把别的东西带动或撮起。另见691页juàn。

【古】上声,十六铣。【逆】翻～风～浪～帘～龙～漫～飘～舒～雾～袖～云～【顺】～波～藏～地～覆～回～迹～甲～款～帘～领～蓬～鉎～绶～舒～束～逃～席～须～叶～衣～涌～云～云冠～云纹～帻【例】林与西山重,云因北风卷。(唐·张九龄《临泛东湖》)有时白云起,天际自

舒卷。(唐·李白《望终南山》)

典**珠帘暮卷** 用以描写楼阁之高。见971页"雨帘云栋"。

知时润物最关心,不作珠帘暮卷吟。(宋·方回《寄题陈公辅听雨轩》)

十里珠帘卷 形容扬州繁华之景。或用以咏妓女。亦作"扬州珠帘尽卷"。唐·杜牧《赠别二首》其一:"娉娉袅袅十三余,豆蔻梢头二月初。春风十里扬州路,卷上珠帘总不如。"

春风十里珠帘卷,但看竹西歌吹楼。(宋·杨冠《上扬州太守》)

一片闲云舒卷 舒卷,原指浮云时舒时卷的形状变化。李山甫诗以"闲云一片情"喻闲适情怀,后指退隐山林,悠闲自适的生活。唐·李山甫《方干隐居》:"问人远岫千重意,对客闲云一片情。"

少待中原开霁了,一片闲云舒卷。(宋·无名氏《念奴娇·今年秋早》)

砍kǎn

逆刀~斧~剑~拔~顺~脍~砢~营

坎[1]kǎn ①卦名。②台阶形状的东西。

古上声,二十七感。逆乘~关~河~焦~阶~井~掘~坎~离~凛~懔~堑~石~屯~习~巽~崖~重~顺~德~毒~宫~鼓~侯~精~壈~劳~离~廪~懔~路~男~深~音~止例遂来长安里,时卦转习坎。(唐·韩愈《送无本师归范阳》)

典**乘流遇坎** 贾谊赋写顺其自然、乐天知命。《汉书·贾谊传》:"乘流则逝,得坎则止;纵躯委命,不私与己。"颜师古注:"孟康曰:'《易》"坎为险",遇险难而止也。'张晏曰:'谓夷易则仕,险难则隐也。'"

伏枥过都从野马,乘流遇坎任虚舟。(宋·曾丰《过严关》)

坎[2](*埳)kǎn 低洼的地方,坑。

古上声,二十七感。逆机~坎~坑~空~马~满~穷~寿~坛~同~洼~窊~蛙~陷~穴~岩~掩~瘗~幽~顺~窞~井~轲~坷~室~坛~蛙~陷

侃(*偘)kǎn ①刚直。②和乐貌。

古上声,十四旱。又:去声,十五翰同。逆斗~侃~訚~英~顺~尔~快~乐~然~直

典**羊侃** 南朝梁泰山人羊侃,历官云麾将军、都官尚书,能文善舞,为人豪奢,蓄妓享乐。《梁书·羊侃传》:"侃性豪侈,善音律,自造采莲、棹歌两曲,甚有新致。姬妾侍列,穷极奢靡。有弹筝人陆太喜,著鹿角爪长七寸。时人张净琬,腰围一尺六寸,时人咸推能掌中舞。又有孙荆玉,能反腰帖地,衔得席上玉簪。"

羊侃多应自古豪,解盘金稍置纤腰。(唐·陆龟蒙《自遣诗三十首》其九)

槛(檻)kǎn 另见688页jiàn。

古上声,二十九豏。逆户~门~

欿kǎn ①不满足。②忧愁;不得意。

古上声,二十七感。逆欿~顺~傺~憾~切~然~视

款(*欵)kuǎn ①亲密。②诚恳。③臣服。④招待。⑤缓慢。⑥款式。⑦钱财。⑧法令。

古上声,十四旱。逆摆~边~表~部~参~磅~诚~答~丹~单~导~额~恩~供~行~厚~缓~讲~降~解~进~就~醵~卷~恳~悾~控~款~悃~留~门~密~铭~内~昵~披~潜~慊~勤~情~软~睿~少~设~十~事~首~输~顺~送~谈~题~通~吐~宛~文~昔~献~效~谐~心~修~虚~叙~延~燕~谒~游~愚~愿~赈~忠~衷~周~谆~顺~爱~案~备~边~表~别~步~恻~陈~诚~辞~待~单~睇~冬~笃~段~额~藩~缝~伏~服~贡~顾~话~怀~缓~会~计~交~徼~节~结~襟~局~眷~空~跨~列~留~率~慢~密~纳~昵~启~契~洽~遣~情~曲~塞~实~书~顺~谈~托~望~纹~问~悉~狎~歇~谢~心~徐~叙~迓~延~言~颜~宴~燕~样~要~谒~仪~意~引~语~遇~愿~约~制~致~卓~字~纵~足例迢迢击磬远玲玲,一一贯珠匀款款。(唐·元稹《何满子歌》)何人有酒身无事,谁家多竹门可款。(唐·韩愈《游青龙寺赠崔大补阙》)正连山玉枕,回波瑶席,漏长更款。(宋·林季仲《倾杯乐·璧月初圆》)

窾kuǎn ①孔穴;空隙。②空;不实。③使物中空。④法则;规矩。

古上声,十四旱。逆导~空~窾~綮~隙~中~顺~奥~会~坎~枯~窾~理~木~贫~窍~郄~曲~缺~言~要例南山逼冬转清瘦,刻画圭角出崖窾。(唐·韩愈《游青龙寺赠崔大补阙》)

览(覽)lǎn

古上声,二十七感。逆傲~八~傍~便~遍~采~觇~登~泛~访~放~俯~该~高~躬~顾~关~观~贯~宏~恢~极~记~究~钧~快~历~临~领~流~吕~批~披~哀~奇~强~亲~青~清~穷~荣~涉~圣~胜~诵~眺~通~遐~祥~玄~循~要~乙~淫~元~瞻~瞩~综~纵~顺~察~读~古~观~核~见~镜~究~揆~历~取~省~胜~示~试~眺~物~阅~照~政~瞩~总例山水敛。称霜晴披览。(宋·李之仪《天门谣·天堑休论险》)

典**乙览** 唐文宗言晚上读书,后用以指皇帝御览。唐·苏鹗《杜阳杂编》卷中:唐文宗曾对左右说:"若不甲夜视事,乙夜观书,何以为人君耶?"

奏篇希乙览,刷羽迟南图。(宋·宋庠《杨寺丞掌务西洛访别》)

懒(嬾、*孏)lǎn

古上声,十四旱。逆惫~避~边韶~痴~笃~骈~堕~惰~放~简~娇~倦~懒~疲~软~散~身~疏~贪~托~脱~意~慵~幽~钻~顺~残~待~怠~放~妇~几~架~倦~困~龙~慢~怯~意~拙例冰含远溜咽还通,莺泥晚花啼渐懒。(唐·元稹《何满子歌》)

典**论懒** 三国魏名士嵇康为人狂放不羁,在拒绝山涛举荐的长信中,曾自述疏懒之性,自称"疏懒"。后用作散漫懒怠的典故。三国魏名士嵇康,亦作"嵇康""嵇康懒"。见嵇康《与山巨源绝交书》。

寓书先论懒,读易反求蒙。

（唐·李端《长安感事呈卢纶》）

下床懒 唐传奇《莺莺传》中的女主人公崔莺莺爱情受挫后赋诗，有“万转千回懒下床”之句，表现出她的疏懒情态。见唐·元稹《莺莺传》。

可堪妒柳羞花，下床都懒，便瘦也教春知道。（宋·王琪《祝英台近·可堪妒柳羞花》）

揽（攬）lǎn

古上声，二十七感。逆把～博～承～叨～掉～兜～顾～广～积～兼～结～流～搂～揽～凭～挈～亲～搜～延～要～抓～综～顺～抱～笔～督～察～承～持～撮～凳～掇～户～桓须～减～脚～结～镜～揆～蔓～纳～揽～破～泣～惹～塞～摄～胜～涕～统～撷～秀～延～衣～引～月～载～执～诸～转～缀例数点寒英，为谁零落，楚魄难招，暮寒堪揽。（宋·王沂孙《醉蓬莱·扫西风门径》）

缆（纜）lǎn

古去声，二十八勘。逆船～春～发～风～结～解～锦～篾～牵～绳～系～细～悬～腰～油～植～竹～顺～索～系～鱼～舟～桩例问何人又卸，片帆沙岸，系斜阳缆。（宋·辛弃疾《水龙吟·举头西北浮云》）

典**风缆** 喻漂泊不定的生活。唐·韩愈《秋怀诗十一首》之七：“有如乘风船，一纵不可缆。”

此生独何幸，风缆欣初泊。（宋·苏轼《十月十四日以病在告独酌》）

榄（欖）lǎn 橄榄，木名。

古上声，二十七感。逆巴～橄～柯～杷～乌～顺～酱～仁～糖～香

典**食榄** 食橄榄。橄榄初食其味苦涩，嚼久便觉清香甘甜。后用以喻对忠正之言的认识。《五朝小说大观·魏晋小说》卷八《杂志家》引晋·嵇含《南方草木状·果类·橄榄》：“橄榄，树身耸枝，皆高数丈，其子深秋方熟，味虽苦涩，咀之芳馥，胜含鸡骨香。”

画脂敢谓名堪惜，食榄今知味更长。（宋·曹勋《和孙倅见贻八首》其七）

壈（*壈）lǎn 坎壈，形容困顿，不得志。

古《广韵》：上声，感韵。逆坎～

罱 lǎn 捕鱼具，捞河泥。

古上声，二十七感。逆冬～顺～泥～泥船

脸（臉）liǎn

古上声，二十八琰。逆冰～赤～丹～粉～勾～顾～含～红～花～桦皮～回～酒～泪～莲～柳～梅～清水～檀～桃～桃花～霞～涎～杏～仰～迎～玉～匀～朱～醉～顺～波～潮～道～急～貌～脑～嫩～软～腮～神～霞～硬例谁令悲生肠，坐使泪盈脸。（唐·韩愈《陪杜侍御游湘西两寺独宿有题一首》）岁华一任委西风，独有春红留醉脸。（宋·秦观《玉楼春·秋容老尽芙蓉院》）

典**贵妃醉脸** 唐玄宗以为杨妃酒酣时的红晕可比牡丹，后遂用“贵妃醉脸”以咏牡丹。见唐·李浚《松窗杂录》。

也不似、贵妃醉脸，也不似、孙寿愁眉。（宋·李清照《多丽·小楼寒》）

敛（斂）liǎn ①聚集。②约束。③征收。④收缩。

古上声，二十八琰。逆薄～暴～剥～抽～储～促～蹙～措～低～烦～赋～耕～躬～含～横～虹～厚～获～积～谨～惊～揪～聚～苛～课～敛～率～眉～气～穷～秋～山容～摄～税～调～翕～削～掩～殷～雩～预～云～攒～顺～臂～殡～兵～剥～材～藏～策～弛～持～翅～唇～翠～黛～毫～迹～甲～聚～泪～埋～芒～眸～目～揽～气～容～散～色～神～手～首～缩～退～威～雾～膝～席～笑～衣～翼～影～怨～资～踪～足例月濛濛兮山掩掩，束束别魂眉敛敛。（唐·元稹《通州夜别李景信三首》其一）

典**头会箕敛** 秦末赋税苛刻，民不聊生。《史记·张耳陈余列传》：“秦为乱政虐刑以残贼天下……头会（按人头数收税）箕敛（用畚箕装取所征得谷物），以供军费，财匮力尽，民不聊生。”

衡石程书括户口，头会箕敛生干戈。（宋·舒岳祥《老儒不用忧歌》）

莶（薟）liǎn 蔓草名。另见693页liàn、606页xiān。

古《广韵》：平声，盐韵。逆白～赤～乌～

卵 luǎn

古上声，十四旱。又：上声，二十哿同。逆抱～蚕～赪～赪虬～雕～覆～鹤～鹄～画～禁麛～累～龙～麛～麑～剖～乳～石～投～吞～丸～完～压～燕～遗～翼～玉～重～椎～顺～白～民～幕杯～鸟～色～石～蒜～塔～危～息～盐～砚～翼～育例然云烧树火实骈，金乌下啄赪虬卵。（唐·韩愈《游青龙寺赠崔大补阙》）

典**荆鸡卵** 传说周时郑交甫在汉皋遇二仙女，她们佩戴的珍珠大如荆鸡之卵，后指珍珠。张衡《南都赋》：“游女弄珠于汉皋之曲。”李善注引《韩诗内（按，原误作外）传》：“郑交甫将南适楚，遵彼汉皋台下，乃遇二妇，佩两珠，大如荆鸡之卵。”

饮风衣日亦饱暖，老翁掷却荆鸡卵。（唐·鲍溶《采珠行》）

危如累卵 韩非子言情况极为危急，随时可能毁灭。亦作“危于累卵”“城危如卵”。《韩非子·十过》：“重耳即位三年，举兵而伐曹矣。……故曹小国也，而迫于晋、楚之间，其君之危犹累卵也。”

苻坚举国出西秦，东晋危如累卵晨。（唐·胡曾《八公山》）

满（滿）mǎn

古上声，十四旱。逆被～遍～膘～常～潮～持～侈～春～辞～烦～愤～俸～服～浮～傅～腹～官～贯～贵～何～河～花～骄～戒～界～矜～亢～考～快～隆～闷～弥～穆～脑～拍～蟠～裴～平～期～旗～迁～实～岁～贪～秃～陀～挽～虚～稿～厌～业～役～意～溢～殷～引～盈～忧～月～秩～子～顺～博～布～潮～帆～服～弓～怀～假～解～坎～培～谰～理～密～拧～品～魄～期～清～散～盛～实～数～算～堂～替～听～望～孝～虚～衍～溢～引～饮～盈～爱～愿～杖～志～秩～中～珠～子例宫似瑶林匝，庭如月结满。（唐·张说《奉和圣制温汤

对雪应制》）佳期大堤下，泪向南云满。（唐·李白《大堤曲》）岚横秋塞雄，地束惊流满。（唐·韦应物《西塞山》）

典持满 指谦虚谨慎以自持。《荀子·宥坐》："孔子曰：'吾闻宥坐之器者，虚则欹，中则正，满则覆。'孔子顾谓弟子曰：'注水焉！'弟子挹水而注之。中而正，满而覆，虚而欹。孔子喟然而叹曰：'吁！恶有满而不覆者哉！'子路曰：'敢问持满有道乎？'孔子曰：'聪明圣知，守之以愚；功被天下，守之以让；勇力抚世，守之以情；富有四海，守之以谦。此所谓挹而损之之道也。'"

怀卑运深广，持满守灵长。（唐·李世民《春日望海》）

三平二满 指平淡的生活，或用以形容平庸无奇。亦作"四休居士"。宋·黄庭坚《四休居士诗序》："粗茶淡饭，饱即休；被破遮寒，暖即休；三平二满，过即休；不贪不妨，老即休。"

三平二满人间少，此乐唯应属老夫。（宋·姜特立《效乐天体》）

三千行满 道家认为做善事积功满千，即可成仙。又说，通过内丹炼功，功满三千，也可成仙。后用以指成仙或长寿。见《真诰》卷五《甄命授》。

蓬莱路，仗三千行满，独趁鸾归。（宋·张继先《沁园春·急急修行》）

西风尘满 晋人庾亮（字符规）把持朝政，丞相王导对此不满，一次西风扬尘，王导举扇遮面，说："元规尘污人。"讽刺庾亮。后用王导事以称美不趋附权势的正直朝臣。见695页"一箑西风掩面"。

谁念南楼老子，倚西风尘满，心事悠悠。（宋·刘辰翁《八声甘州·看团团》）

一声何满 唐代诗人张祜《宫词》有"一声何满子，双泪落君前"之句，表现深居宫中的女子，不得君王宠幸的哀怨。后借以表现悲切情怀。唐·张祜《宫词二首》其一："故国三千里，深宫二十年。一声何满子，双泪落君前。"

秋江晚，但一声何满，我自潸然。（宋·刘辰翁《沁园春·十八年间》）

阴成子满 杜牧诗有"绿叶成阴子满枝"之句，感叹心仪的女子已嫁人生子。

不辞他日醉琼姿，又只恐、阴成子满。（宋·无名氏《忆人人·前村深雪》）

黄气珠庭渐满 古代相术，认为人两眉之间呈黄色为喜庆之兆。韩愈诗有"眉间黄色见归期。幕中无事惟须饮，即是连镳向阙时"。后指喜庆之兆或喜讯。

黄气珠庭渐满。望红日、长安殊不远。（宋·毛滂《天香·进止详华》）

免miǎn

古上声，十六铣。逆拜～病～裁～册～策～斥～除～黜～辞～遁～恩～废～复～告～规～护～讳～豁～疾～降～解～捐～控～宽～虑～闵～诎～饶～赦～赎～恕～缌～袒～逃～停～偷～幸～削～遗～倚～援～责～甄～稚～走～坐～顺～罢～避～册～臣～黜～赐～得～经～丁～放～夫～赋～梏～冠～归～患～祸～减～解～虑～辟～遣～强～囚～却～乳～丧～赦～身～省～输～俗～粟～调～退～脱～席～刑～选～削～役～胄～逐～坐例君子盈天阶，小人甘自免。（唐·王维《李处士山居》）行人去了莺声怨。此度关心未免。（宋·史达祖《杏花天·古城官道花如霰》）独醒何为，持杯自劝。未能免。（宋·赵以夫《薄媚摘遍·桂香消》）

典富贵未免 东晋丞相谢安隐居东山时，弟兄中已有富贵者，夫人问：大丈夫不应该这样吗？他诙谐地答以"但恐不免耳"。后指对自己将来定会富贵的自信。见192页"正恐未免耳"。

富贵他年，直饶未免，也应无味。（宋·辛弃疾《水龙吟·老来曾识渊明》）

勉miǎn

古上声，十六铣。逆褒～策～饬～淬～低～吊～敦～奋～讽～抚～共～规～和～激～加～嘉～交～教～诫～矜～警～克～剋～宽～困～劳～励～率～黾～勉～劻～闵～偪～牵～强～勤～庆～劝～慰～幸～勖～训～喻～顺～劳～励～农～慰～勖～谕～喻～旃例垂之俟来者，正始征劝勉。（唐·杜甫《故秘书少监武功苏公源明》）

冕miǎn

①古代帝王、诸侯及卿大夫戴的礼帽。②像冕的事物。

古上声，十六铣。逆宝～裨～韠～弁～蝉～毳～带～貂～端～峨～凤～服～绂～绋～黻～挂～珪～衮～黄～火～降～解～襟～卷～旒～露～鸾～麻～裘～荣～山～绅～释～衰～文～希～象～轩～玄～衣～缨～舆～云～簪～旃～珠～顺～版～弁～带～服～绂～黻～冠～笏～旒～绅例幽鸟不识人，时来拂冠冕。（唐·曹邺《从天平节度使游平流园》）歌钟沸激香尘散，晨旗隐隐罗轩冕。（唐·李咸用《煌煌京洛行》）

典蝉冕 古代近侍之臣冠加貂蝉，称蝉冠或蝉冕。后指代近侍之臣，也泛指贵官。张景阳（协）《咏史》："咄此蝉冕客，君绅宜见书。"李善注引蔡邕《独断》："太尉已下冠惠文，侍中加貂蝉。"

蝉冕金貂侍帝廷，格天勋业不谭兵。（宋·李洪《陈丞相诞日》）

轩冕 古时卿大夫戴冕、乘轩，因用"轩冕"借指官位爵禄或显贵的人。《庄子·缮性》："古之所谓得志者，非轩冕之谓也，谓其无以益其乐而已矣。今之所谓得志者，轩冕之谓也。"谅非轩冕族，应对多差参。（唐·韩愈《孟生诗》）

裂冠毁冕 指忘其本，喻指不支持朝廷。亦作"拔本塞源"。《左传·昭公九年》："王使詹桓伯辞于晋曰：'我自夏以后稷，魏、骀、芮、岐、毕，吾西土也。……我在伯父，犹衣服之有冠冕，木水之有本源，民人之有谋主也，伯父若裂冠毁冕、拔本塞原、专弃谋主，虽戎狄岂何有余一人？'"

裂冠毁冕嗟何有，礼教无逾视短垣。（清·叶昌炽《宣统己酉范祠春祭纪事》其二）

南州冠冕 三国司马徽言庞统才华超群，为荆州士人之首，后用以指才识卓绝的人。《三国志·蜀书·庞统传》："颍川司马徽清雅有知人鉴，统弱冠往见徽，徽采桑于树上，坐统在树下，共语自昼至夜。

徽甚异之，称统当为南州士之冠冕，由是渐显。”

傥来轩冕 无意而得来的官爵，后指功名利禄。见657页“轩冕”。

傥来轩冕，问还是、今古人间何物。（宋·辛弃疾《念奴娇·傥来轩冕》）

腼（*靦）miǎn 腼腆，害羞貌。“靦”另见662页tiǎn“靦”。

古上声，十六铣。逆惭～愧～缅～腆～顺～怀～腆

沔miǎn ①水名。②地名。

古上声，十六铣。逆沉～汉～流～沔～渺～湛～顺～沔～水～阳例战伐何当解，归帆阻清沔。（唐·杜甫《故秘书少监武功苏公源明》）

眄miǎn ①斜视。②看；望。

古上声，十六铣。又：去声，十七霰同。逆宠～慈～瞪～睇～恩～高～顾～鹄～监～奖～眷～流～隆～睩～眄～俛～内～盼～识～矘～渥～意～游～瞻～长～周～转～顺～睐～睨～饰～视～伺～庭～望～眩～遇例君子每垂眷，江山共流眄。（唐·尹懋《奉陪张燕公登南楼》）冰条耸危虑，霜翠莹遐眄。（唐·孟郊《石淙》）良会忘淹留，千龄才一眄。（唐·吴筠《步虚词十首》其二）

娩（*㝃）miǎn 妇女生孩子。另见664页wǎn。

古《广韵》：上声，狝韵。又：去声，问韵同。逆分～顺～出～怀～难～身～娠

湎miǎn

古上声，十六铣。逆沉～耽～酣～荒～昏～流～湎～渺～饕～淟～淫～醟～湛～顺～乱～湎～演～淫例寒心睹肉林，飞魄看沉湎。（唐·李世民《赋尚书》）

缅（緬）miǎn 远。

古上声，十六铣。逆缠～崇～回～辽～缅～冥～遐～湮～遥～遗～悠～顺～隔～怀～鉴～绝～迈～腼～渺～邈～慕～求～然～述～思～诉～惟～维～想～忆～远例乘流坐清旷，举目眺悠缅。（唐·张九龄《临泛东湖》）

赧nǎn 因羞愧而面红。

古上声，十五潸。逆惭～痒～愧～媿～腼～赧～色～羞～颜～顺～汗～愧～面～赧然～怒～然～容～色～献～颜～作例惧其无所知，见则先愧赧。（唐·韩愈《赠张籍》）

典**沦周赧** 东周末代君主周赧王死后，东周被秦国所灭。《史记·周本纪》：“周君王赧卒，周民遂东亡。秦取九鼎宝器，而迁西周公于惮狐。后七岁，秦庄襄王灭东周。东西周皆入于秦，周既不祀。”

三季沦周赧，七雄灭秦嬴。（唐·陈子昂《感遇诗三十八首》其十七）

腩nǎn 肚子上松软的肉。

古《广韵》：上声，感韵。逆牛～顺～炙

碾niǎn

古去声，十七霰。逆辊～海青～硙～细～滞～顺～船～窝～械～玉匠～玉作例拢鬓步摇青玉碾。缺样花枝，叶叶蜂儿颤。（宋·谢逸《蝶恋花·豆蔻梢头春色浅》）酒阑未放宾朋散。自拣冰芽教旋碾。（宋·扬无咎《玉楼春·酒阑未放宾朋散》）

捻niǎn 用手指搓。

古上声，十六铣。逆灯～都～发～飞～火～蜡～笼～拢～拿～扭～轻～细～药～纸～髭～顺～具～色～绳～头例消瘦沈约诗腰，仿佛堪捻。（宋·黄子行《西湖月·湖光冷浸玻璃》）

典**轻拢慢捻** 白居易诗形容船上商人妇弹琵琶的动作，有“轻拢慢捻抹复挑”之句。后常用作弹琵琶的典故。亦作“轻拢”“细捻轻拢”。唐·白居易《琵琶行》：“轻拢慢捻抹复挑，初为《霓裳》后《六幺》。”

拨胡琴语，轻拢慢捻总㧐利。（宋·苏轼《哨遍·睡起画堂》）

辇（輦）niǎn ①帝王后妃乘坐的车。②用手抬的车。③搬运。

古上声，十六铣。逆宝～步～城～辞～从～簇～翠～丹～帝～琱～雕～都～方～凤～胡～扈～华～畿～肩～降～龙～楼～鹿～鸾～马～平～平头～蒲～起～输～同～彤～铜～香～象～轺～遥～舆～玉～御～云～云母～朱～驻～辎～顺～跸～乘～从～道～夫～阁～毂～合～脚～郎～辂～路～洛～篷～上～输～送～席～舆～御～运～致～重例崇文时驻步，东观还停辇。（唐·李世民《赋尚书》）须臾万乐喧天，群仙扶辇。（宋·晁元礼《金人捧露盘·天锡禹圭尧瑞》）

典**辞辇** 汉班倢伃贤淑守礼，有“辞辇”之举。后世用以称颂后妃之德。亦作“避辇”“班姬辞辇”“共辇”。见《汉书·外戚传下·孝成班倢伃传》。

应是帝王，当初怪妾辞辇。（宋·柳永《斗百花·飒飒霜飘鸳瓦》）

撵（攆）niǎn 驱逐；追赶。

顺～山～逐～转

暖（*煖、煗、㬉）nuǎn

古上声，十四旱。逆采～趁～春～存～打～冬～风～寒～和～龢～花～冷～曼～暖～破～轻～晴～庆～日～融～柔～桑榆～晒～笙～水～送～稳～香～絮～煦～暄～曛～妍～一室～衣～燠～乍～知～骤～醉～顺～霭～碧～尘～池～翠～殿～阁～国～寒～赫～霁～轿～景～帘～灵～律～帽～目～皮～泉～热～色～室～寿～酥～堂～暾～屋～雾～席～香～孝～鞋～袖～煦～鞲～烟～眼～艳～衣～玉～云～宅～坐～座例出门时雨润，对酒春风暖。（唐·殷少野《送萧颖士赴东府》）无人柳自春，草渚鸳鸯暖。（唐·李贺《经沙苑》）鶗鴂初鸣洲渚满，龙蛇洗鳞春水暖。（唐·陈陶《春日行》）

典**襦温裤暖** 东汉蜀郡太守廉范，体恤民情，剔除旧例，准许百姓夜间劳作，百姓作歌称颂，有“平生无襦今五裤”语，表现“丰衣”之乐。后用以称美地方官有善政的典故。亦作“襦裤歌咏”“民心襦裤”。见《后汉书·廉范传》。

致讼简时丰，继日欢游。襦温裤暖，已扇民讴。（宋·柳永《瑞鹧鸪·吴会风流》）

席不暇暖 孔墨先贤为了天下之治而奔走，无暇休息。形容做事情忙得很。语出《淮南子·修务训》：“孔子无黔突，墨子无暖席。”亦作“席不暖”。

寝席不暇暖，箪瓢困穷庐。（宋·曹勋《长夜吟·舜枯槁》）

餪nuǎn ①送食物给初嫁之女。

②设宴于喜庆事前。

古《广韵》:上声,缓韵。逆送～顺～房～女～生

浅(淺)qiǎn

古上声,十六铣。逆婞～闇～卑～鄙～避～褊～才～草～孱～初～春～凑～矗～凡～俸～敷～浮～干～阁～寡～管～谫～蹇～交～胶～近～涓～狷～空～俚～撩～陋～鹿～漫～浅～青～轻～清～日～涉～疏～偷～危～微～芜～狭～鲜～献～虚～儇～学～眼～黥～庸～迂～愚～智～拙～鲰～阻～顺～隘～暗～鄙～蔽～弊～才～察～尝～春～促～蹙～黛～诞～淀～短～钝～恩～戆～固～海～话～豁～机～近～劣～露～虑～略～瞀～昧～梦～妙～明～谬～缪～颦～情～阙～儒～弱～涩～深～声～识～视～熟～霜～说～滩～图～妄～微～闻～务～狭～鲜～笑～屑～学～言～要～易～饮～庸～愚～语～躁～智～稚～衷～妆～拙～酌～醉例野杏依寒拆,余云冒岚浅。(唐·韦应物《自蒲塘驿回驾经历山水》)风送出山钟,云霞度水浅。(唐·钱起《远山钟》)

典**兴不浅** 晋庾亮镇守武昌期间,曾与属吏登楼赏月,有“老子于此兴复不浅”语。指赏月、谈笑很有雅兴。亦作“老子兴不浅”“老子个中不浅”“兴方不浅”。见《世说新语·容止》。

庾公兴不浅,黄霸镇每静。(唐·杜甫《八哀诗·故右仆射相国张公九龄》)

银河清浅 古诗以“河汉清且浅”表现牵牛、织女二星为银河所阻隔。后世用作咏夫妻异地、恋人相隔的典故。《古诗十九首》其十:“迢迢牵牛星,皎皎河汉女。……河汉清且浅,相去复几许。盈盈一水间,脉脉不得语。”

银河清浅夜纵横,鱼钥传呼锁禁城。(宋·王仲修《宫词》)

东海水清浅 神话中仙人麻姑曾用“东海水浅于往日”形容人间的巨变。亦作“蓬莱水浅”“蓬莱清浅”“蓬莱浅”“蓬壶清浅”。晋·葛洪《神仙传·麻姑》:“麻姑自说:‘接侍以来,已见东海三为桑田。向到蓬莱,水又浅于往者会时略半也。岂将复还为陵陆乎?’方平笑曰:‘圣人皆言,海中行复扬尘也。’”

青鸟更不来,麻姑断书信,乃知东海水,清浅谁能问。(唐·鲍溶《怀仙二首》其一)

遣qiǎn

古上声,十六铣。逆罢～逼～拨～裁～斥～黜～赐～断～敦～放～分～附～割～行～兼～解～津～鞫～决～款～离～理～临～密～免～逆～平～迫～弃～驱～散～使～送～退～休～益～迎～原～杖～召～谪～支～诛～赀～资～纵～顺～哀～差～车～愁～除～辞～动～恶～犯～俘～官～归～行～怀～纪～寄～价～嫁～具～决～军～令～闷～情～日～声～施～使～适～释～书～暑～戍～闲～信～言～意～遇～员～召～谪～制～昼～罪例无复昔时人,芳春共谁遣。(唐·李世民《望送魏征葬》)酒侵花脸娇波慢。一捻闲愁无处遣。(宋·欧阳修《渔家傲·二月春期看已半》)

谴(譴)qiǎn ①责问。②罪过。③官吏被贬或谪戍。

古去声,十七霰。逆薄～朝～笞～斥～负～告～诃～呵～厚～获～祸～羁～咎～僇～怒～青～少～深～私～微～刑～严～阴～幽～遇～冤～灾～谪～诛～罪～顺～笞～斥～敕～出～黜～夺～发～罚～负～告～诃～呵～何～毁～诘～戒～诫～咎～举～考～客～勒～累～怒～弃～却～让～辱～死～祟～悟～讶～域～谪～咒～逐例寄言旋目与旋心,有国有家当共谴。(唐·元稹《胡旋女》)

缱(繾)qiǎn 缱绻,形容情投意合,难舍难分。

古上声,十六铣。又:去声,十七霰同。逆绻～顺～绻～绻司

犬quǎn

古上声,十六铣。逆白～当门～吠～縠～黄～卉～鸡～寄书～狡～桀～警～狼～邻～卢～露～驽～丧家～食～噬～舜～田～畋～豚～亡家～洗～义～邑～狺～鹰～玉～遇～战～走～顺～齿～服～祸～鸡～马～铺～戎～豕～书～台宫～牙～羊～夷～毚例虽沾巾覆形,不及贵门犬。(唐·于濆《山村叟》)红英满地溪流浅。渐听云中鸡犬。(宋·郑仅《调笑转踏·烟暖》)

典**白犬** 晋神仙家葛洪言,白犬是方士求仙药时所携之畜。后因用白犬咏道术之士。见《抱朴子·内篇·仙药》:“欲求芝草,入名山,必以三月九月,此山开出神药之月也。……带灵宝符,牵白犬,抱白鸡,以白盐一斗,及开山符檄,着于大石上,执吴唐草一把以入山,山神喜,必得芝也。”

春山杳杳日迟迟,路入云峰白犬随。(唐·李群玉《送隐者归罗浮》)

豚犬 曹操言刘表的儿子蠢劣无能,后用以谦称自己的儿子。《三国志·吴书·吴公孙权传》:“曹公望权军。”裴松之注引《吴历》:“公见舟船器仗军伍整肃,喟然叹曰:‘生子当如孙仲谋,刘景升儿子若豚犬耳!’”

毕竟江东儿女好,刘家豚犬太堪怜。(清·俞樾《三女堆》)

逢猰犬 指欲见君王而奸佞当道。战国楚·宋玉《九辩》:“岂不郁陶而思君兮,君之门以九重。猛犬狺狺而迎吠兮,关梁闭而不通。”

洛风送马入长关,阖扇未开逢猰犬。(唐·李贺《仁和里杂叙皇甫湜》)

忆黄犬 秦丞相李斯遭诬陷。服刑前,感慨再也不能牵黄犬出上蔡东门逐猎。后世借以咏叹仕途凶险。亦作“叹黄犬”“东门黄犬”“黄犬应闻李斯笑”。《史记·李斯列传》:“二世二年七月,具斯五刑,论腰斩咸阳市。斯出狱,与其中子俱执,顾谓其中子曰:‘吾欲与若复牵黄犬俱出上蔡东门逐狡兔,岂可得乎!’遂父子相哭,而夷三族。”

范晔顾其儿,李斯忆黄犬。(唐·杜甫《八哀诗·故秘书少监武功苏公源明》)

丹鸡白犬 越人以白犬、丹鸡为誓,后用作盟誓的典故。亦作“丹鸡盟”。唐·段公路《北户录·鸡卵卜》崔龟图注引《风土记》:“越俗性

率朴，意亲好合，即脱头上手巾，解要间五尺刀以与之，为交拜亲。跪妻定交有礼俗，皆当于山间大树下封土坛，祭以白犬一，丹鸡一，鸡子三，名曰木下鸡犬五。”

野老看来存古意，丹鸡白犬缔新盟。（明·袁中道《灯下有感》）

淮南鸡犬 相传汉淮南王刘安得道成仙，家中鸡犬也因吃剩下的药一起升天。后遂以“淮南鸡犬”为咏仙道的典故，亦用以喻攀附别人而得势。亦作“淮南鸡舐药”“淮王鸡犬”“刘安鸡犬”“舐丹鸡犬”“一人得道，鸡犬升天”。东汉·王充《论衡·道虚》：“（淮南王）遂得道，举家升天，畜产皆仙，犬吠于天上，鸡鸣于云中。”

壶中日月自天地，淮南鸡犬皆神仙。（宋·梁竑《湖山楼》）

绻（綣）quǎn ①收缩；屈曲。②殷勤；恳切。另见697页quàn。

㊀上声，十三阮。又：去声，十四愿同。逆连～缱～情～绻～善～顺～结～恋～领～慕～缱～绻例人生万事，回首悲凉，都成梦幻。芳心缱绻。（宋·洪瑹《瑞鹤仙·听梅花吹动》）

畎quǎn ①田间小沟。②山谷通水处。③疏通。

㊀上声，十六铣。逆塍～沟～浍～畿～疆～畦～阴～羽～顺～渎～谷～壑～浍～疆～陇～垄～亩～戎～遂～田～夷例鸣鸠拂红枝，初服傍清畎。（唐·钱起《罢章陵令山居过中峰道者二首》其二）

染rǎn

㊀上声，二十八琰。逆爱～襞～播～缠～尘～皴～点～玷～勾～钩～垢～翰～烘～浣～挥～积～浸～旧～连～练～面～妙～目～攀～迁～牵～侵～驱～屈～荏～濡～擩～绳～石～丝～所～贪～陶～题～贴～涴～揾～洿～诬～无～习～闲～写～修～朽～薰～障～薤～缁～渍～顺～爱～笔～采～草～尘～逮～鼎～锷～法～服～古～翰～毫～后～化～画～潢～缋～惑～疾～家～绛～洁～滥～累～练～眸～逆～溺～铺～茜～蒨～戕～青～惹～濡～尚～涉～事～署～霜～丝～素～物～溪～习～夏～写～渲～削～熏～衣～舆～羽～翫～院～缯～纸～指～渍例梅房小白裹，柳彩轻黄染。（唐·白居易《开元寺东池早春》）楚乡淮岸迢递，一霎烟汀雨过，芳草青如染。（宋·柳永《安公子·长川波潋滟》）芳心一点。瘴雾难侵尘不染。（宋·李光《减字木兰花·芳心一点》）

典**素衣尘染** 指宦途浊恶，清廉的操守遭受污染，又作“缁尘染”。晋·陆机《为顾彦先赠妇》：“京洛多风尘，素衣化为缁。”见737页“衣化客尘”。

空暗忆、醉走铜驼，闲敲金镫，倦迹素衣尘染。（宋·方千里《选冠子·柳拂鹅黄》）

湘竹泪染 舜死后，其妃湘夫人啼哭，眼泪洒在竹子上使之染上斑点。后多以指夫妻间钟情思念、感情笃深。晋·张华《博物志》卷八：“尧之二女舜之二妃曰湘夫人。舜崩，二妃啼，以涕挥竹，竹尽斑。”

湘竹几时休染泪，楚旌终日自摇风。（宋·刘筠《送客不及》其二）

一尘不染 指佛教徒身心纯洁的境界，也指事物纯净无瑕。亦作“一点红尘不染”。宋·释道原《景德传灯录·弘忍大师》：“（神秀）乃于廊壁书一偈云：‘身是菩提树，心如明镜台。时时勤拂拭，莫遣有尘埃。’……（慧）能自秉烛令童子于（神）秀偈之侧，写一偈云：‘菩提本无树，明镜亦非台。本来无一物，何处惹尘埃！’”

一尘不染，一毫不现，真空妙洽。（宋·曹勋《水龙吟·冻云阁雨》）

苒rǎn 草茂盛貌。

㊀上声，二十八琰。逆渐～苒～荏～掩～顺～袅～苒～惹～荏～若～弱～蒻例蝉树无情风苒苒。燕归碧海珠帘掩。（宋·欧阳修《渔家傲·八月微凉生枕簟》）

冉（*冄）rǎn 冉冉；柔软下垂貌或渐进貌。

㊀上声，二十八琰。逆晻～黯～渐～冉～淹～奄～掩～顺～季～弱～颜～遗例清愁冉冉。酒唤红潮登玉脸。（宋·张孝祥《减字木兰花·一尊留夜》）

典**颜冉** “颜冉”为春秋时颜渊、冉伯牛的合称，二人均为孔子弟子，皆以德行著称。后用以称颂有德之士。《论语·先进》：“德行：颜渊，闵子骞，冉伯牛，仲弓。”

颜冉德无邻，分忧浙水滨。（唐·贯休《上杭州令狐使君》）

老冉冉 《离骚》有“老冉冉其将至”语，后用以感叹年华将逝。

老冉冉兮花共柳，是栖栖者蜂和蝶。（宋·辛弃疾《满江红·折尽荼》）

软（軟、*輭）ruǎn

㊀上声，十六铣。逆罢～草～掸～和～红尘～活～娇～赢～懦～纰～轻～清～柔～软～沙～熟～苏～酸～瘫～温～细～纤～香～选～巽～莺声～玉～顺～绊～碧～壁～步～缠～颤～车～尘～脆～缎～弹～风～红～滑～脚～绢～款～困～浪～帘～美～媚～磨～默～懦～盘～骗～怯～润～声～湿～熟～俗～摊～梯～舞～席～笑～言～茵～舁～舆～语～玉～指例青苔石上净，细草松下软。（唐·王维《戏赠张五弟諲三首》其一）睡脸寒未开，懒腰晴更软。（唐·崔护《五月水边柳》）

阮ruǎn ①乐器，古琵琶的一种。②殷商国名。③姓。

㊀上声，十三阮。逆北～拨～擘～大～大小～二～嵇～荆～刘～龙～马～南～琴～笙～陶～贤～小～应～摘～顺～步～孚貂～妇～何～屐～籍途～家～狂～郎～林～刘～囊～琴～曲～舍～途～咸～巷～瑀～宅～肇～宗例知心岂忘鲍，咏怀难和阮。（唐·元稹《酬杨司业十二兄早秋述情见寄》）空一似、零落桃花，又等闲、误他刘阮。（宋·王沂孙《绮罗香·夜滴研朱》）

典**二阮** 三国阮籍、阮咸叔侄同为名士，均属“竹林七贤”，后咏叔侄。《晋书·阮籍传》附《阮咸传》：“咸字仲容。父熙，武都太守。咸任达不拘，与叔父籍为竹林之游。”

二阮年来知健否，季真老去尽归休。（宋·贺铸《再送潘仲宝兼寄彭城交旧》）

嵇阮 三国嵇康、阮籍嗜酒放达、放荡不羁、疾恶如仇，被合称为“嵇阮”，后用以喻愤世嫉俗之士。

夫子嵇阮流，更被时俗恶。（唐·杜甫《有怀台州郑十八司户》）

刘阮 东汉刘晨和阮肇的并称。相传永平年间，刘阮至天台山采药迷路，遇二仙女，蹉跎半年始归。时已入晋，子孙已过七代。后复入天台山寻访，旧踪渺然。后咏游仙艳遇。见《太平御览》卷四十一引南朝宋刘义庆《幽明录》。

相逢自是松乔侣，良会应殊刘阮郎。（唐·权德舆《桃源篇》）

南阮 晋阮籍与其侄阮咸皆为名士，并列"竹林七贤"，因其居道南，被称为"南阮"。后因借指叔侄。《世说新语·任诞》："阮仲容、步兵居道南，诸阮居道北。北阮皆富，南阮贫。七月七日，北阮盛晒衣，皆纱罗绮锦。仲容以竿挂大布犊鼻裈于中庭。人或怪之，答曰：未能免俗，聊复尔耳！'"

南阮贫无酒，唯将泪湿衣。（唐·李端《送别驾赴晋陵即舍人叔之兄》）

小阮 三国魏名士阮籍之侄阮咸，与其叔并有名声，世称小阮。后喻称侄子。见660页"二阮"。

我家小阮贤，剖竹赤城边。（唐·李白《送杨山人归天台》）

啸阮 三国名士阮籍，其善啸，曾于苏门山长啸。后用为文人雅兴之典。《世说新语·栖逸》："阮步兵啸，闻数百步。苏门山中，忽有真人，樵伐者咸共传说。阮籍往观，见其人拥膝岩侧。……籍因对之长啸。良久，乃笑曰：'可更作。'籍复啸。"

风来应啸阮，波动可琴嵇。（宋·田游岩《弘农清岩曲有盘石可坐》）

散sǎn ①没有约束；松散。②零碎的；不集中的。③闲散的。④粉末状药物。另见697页sàn。

古上声，十四旱。逆傲～便～樗～怠～烦～鹤～简～蹇～漫～麋～邈～驽～披～骈～清～桡～任～冗～石～霜～碎～琐～汤～丸～稀～萧～潇～笑～宣～游～迂～玉～元～置～煮～顺～板～兵～材～差～畅～车～樗～辞～从～旦～诞～淡～宕～荡～地～放～附～缓～记～吏～落～略～马～漫～木～片～弃～冗～儒～沙～圣～手～殊～碎～袒～位～紊～序～勇～杂～职～质～秩～逐～拙

典**樗散** 《庄子》寓言以樗木、散木喻指无用或不为世用之材，多用作自谦之词。《庄子·逍遥游》："惠子谓庄子曰：'吾有大树，人谓之樗。其大本拥肿而不中绳墨，其小枝卷曲而不中规矩。立之涂，匠者不顾。今子之言，大而无用，众所同去也。'"

广文遗韵留樗散，鸡犬图书共一船。（唐·杜牧《郑瓘协律》）

广陵散 《广陵散》为古代著名琴曲，三国名士嵇康工于此曲，他临刑时，曾弹奏《广陵散》，并伤叹此曲将要失传，后咏琴艺。亦作"广陵客""广陵故事""广陵弦""广陵"。《世说新语·雅量》："嵇中散临刑东市，神气不变。索琴弹之，奏《广陵散》。曲终曰：'袁孝尼尝请学此散，吾靳固不与，《广陵散》于今绝矣！'"

嵇康昔弹广陵散，商声高与宫声缓。（宋·梅尧臣《读黄莘秘校卷》）

嵇中散 即嵇康，中散是其官职。见795页"嵇康"。

琴待嵇中散，杯思阮步兵。（唐·元稹《病减逢春期白二十二辛大不至十韵》）

三秀悲中散 嵇康曾用"煌煌灵芝，一年三秀"来感叹自己"有志不就"，后用为咏忧伤感愤之典。嵇康《幽愤诗》："煌煌灵芝，一年三秀。予独何为，有志不就。"

三秀悲中散，二毛伤虎贲。（唐·刘禹锡《武陵书怀五十韵》）

伞（傘、*繖）sǎn

古上声，十四旱。逆布～幡～方～覆～红～花～黄～火～珂～凉～罗～旗～扇～獭～跳～杏黄～绣～仪～顺～盖～簳～檫～扇～头～幄～檐例莲叶层层张绿伞。莲房个个垂金盏。（宋·晏殊《渔家傲·越女采莲江北岸》）

典**火伞** 韩愈诗用火神张起的火伞喻太阳酷热的光照。唐·韩愈《游青龙寺赠崔大补阙》："光华闪壁见神鬼，赫赫炎官张火伞。然云烧树火实骈，金乌下啄赪虬卵。"

火伞这这当午立，雷车隐隐半天来。（宋·王迈《夏雨》）

馓（饊）sǎn 馓子，油炸食品。

古《广韵》：上声，旱韵。逆油～顺～饭～子～枝

糁（糝）sǎn ①米和其他食物制成的食品。②米饭粒。③混杂。

古上声，二十七感。逆不～饭～红～米～雪～杂～顺～粒～盆例雨后一分春减。深院落红如糁。（宋·贺铸《如梦令·雨后一分春减》）

典**藜不糁** 孔子困于陈蔡时曾吃不掺粮食的藜羹。后用以喻处境艰难，生活困窘。亦作"讵糁藜"。《庄子·让王》："孔子穷于陈蔡之间，七日不火食，藜羹不糁，颜色甚惫，而弦歌于室。"

吾安藜不糁，汝贵玉为琛。（唐·杜甫《风疾舟中伏枕书怀三十六韵奉呈湖南亲友》）

闪（閃）shǎn

古上声，二十八琰。逆错～电～抖～发～风～光～霍～窥～敛～抛～撇～热～闪～失～倏～铄～逃～腾～天～畏～踜～仙～眨～诈～飐～顺～颤～槌～挫～荡～红～绝～诳～离～露～面～目～魄～然～飒～色～倏～铄～缩～脱～误～异～熠～映～揄～榆～展～缀～灼～走例荒花穷漫乱，幽兽工腾闪。（唐·韩愈《喜侯喜至赠张籍张彻》）

陕（陝）shǎn 地名。

古上声，二十八琰。逆迩～广～顺～服～津～洛～塞～输例珥貂藩维重，政化类分陕。（唐·韩愈《陪杜侍御游湘西两寺独宿有题一首》）

典**周召分陕** 周公、召公是辅佐周成王的贤臣，曾分陕而治。后世常用"分陕"指有辅弼之才的贤臣。亦作"分陕""周召""召南分沃畴"。《公羊传·隐公五年》："自陕而东者，周公主之。自陕而西者，召公主之。"

周召尝分陕，诗书空复传。（唐·张说《奉和圣制途次陕州应制》）

睒shǎn ①暂视。②闪烁。③窥看。

古《广韵》：上声，琰韵。逆矆～曜～睒～睗～瞬～顺～忽～闪～睒～烟

～睥～睗～瞲例展转岭猿鸣，曙灯青睒睒。（唐·韩愈《陪杜侍御游湘西两寺独宿有题一首》）

坦tǎn

古上声，十四旱。逆安～东～东床～腹～护～开～履～舒～坦～险～夷～意～顺～床～腹～怀～缓～漫～平～朴～气～遂～涂～笑～夷～易～直～挚例寓言情思惬，适兴真意坦。（唐·张说《行从方秀川与刘评事文同宿》）

毯tǎn

古上声，二十七感。逆壁～花如～罽～黎～棉～绒～驼～线～绣～毡～棕～顺～布例染为红线红于蓝，织作披香殿上毯。（唐·白居易《红线毯》）

袒（*襢）tǎn

古上声，十四旱。逆鄙～臂～补～衩～钩～露～倮～裸～曲～肉～散～徒～膝～右～左～左右～顺～庇～臂～褊～膊～荡～服～缚～割～肩～开～哭～括～露～裸～免～裘～肉～裼～跣～踊～右～帻～谪～左

典右袒　汉太尉周勃入宫平定诸吕之乱时，曾令北军成员：支持吕氏者“右袒”，即露出右臂。后世用“右袒”喻愿为篡逆者效力的人。见本页“左袒”。

左牵犬马诚难测，右袒簪缨最负恩。（唐·韩偓《八月六日作四首》其一）

左袒　汉高祖刘邦死后，吕后专政。高后八年，吕后死，右丞相陈平与太尉周勃谋诛诸吕。周勃号令北军曰：“为吕氏右袒，为刘氏左袒。”军皆左袒，勃遂统领北军。后世用作维护王室清除后党的典故。《史记·吕太后本纪》：“太尉将之入军门，行令军中曰：‘为吕氏右袒，为刘氏左袒。’”

烈烈张汉阳，左袒清诸武。（唐·皇甫湜《中书令汉阳王张柬之》）

菼tǎn　初生的荻，草本植物，形状像芦苇。

古上声，二十七感。逆翠～葭～秋～如～沙～掩～野～例芝英擢荒榛，孤翮起连菼。（唐·韩愈《送无本师归范阳》）

忐tǎn　忐忑，心神不定。

顺～忑

忝tiǎn　①辱没；有愧于。②谦词。

古上声，二十八琰。又：去声，二十九艳同。逆不～惭～尘～叨～负～僭～愧～谬～荣～尸～无～虚～侥～职～顺～官～眷～累～冒～窃～然～辱～私～污～幸～颜～踰～越～职例我欲自嗟还不敢。向来三郡宁非忝。（宋·苏轼《渔家傲·些小白须何用染》）

殄tiǎn　灭绝。

古上声，十六铣。逆暴～不～摧～歼～剿～戡～克～凌～沦～平～破～扑～禽～清～驱～扫～收～速～饕～瑕～枭～消～销～刑～湮～妖魔～夷～谊～斩～诛～顺～败～毙～除～悴～瘁～沌～废～歼～绝～戮～没～靡～灭～平～伤～世～息～熄～夷～殪～坠

舔tiǎn

逆舌～顺～舐

腆[1]tiǎn

古上声，十六铣。逆不～惭～丰～荒～精～覥～腼～面～无～洗～鲜～小～顺～嘿～愧～冒～腼～默～然～颜

腆[2]tiǎn　丰盛；丰厚。

古上声，十六铣。顺～厚～盛～洗～养～赠

覥（覥）tiǎn　①惭貌。②同“靦”。另见658页miǎn“腼”。

古上声，十六铣。逆惭～愧～缅～顺～惭～汗～惧～愧～冒～貌～瞢～面～赧～然～颜～怍例帘影沈沈，只有双飞燕。心事向人犹勔覥。（宋·贺铸《蝶恋花·小院朱扉开一扇》）

餂tiǎn　诱取。

古《集韵》：上声，忝韵。逆叨～利～言～顺～弄

畽（*疃、畻）tuǎn　田边空地。

古上声，十四旱。逆村～町～畦～

晚wǎn

古上声，十三阮。逆半～薄～逼～朝～迟～垂～春～旦～逗～寒～恨～昏～近～侵～秋～日～生～守～衰～霜～岁～通～投～晼～婉～下～向～星～淹～蚤～治～顺～霭～晡～蚕～朝～春～鬓～翠～稻～登～雕～渡～帆～谷～光～果～寒～禾～红～晖～霁～驾～嫁～稼～节～粳～景～炬～来～籁～漏～逻～耄～谬～末～暮～魄～憩～憩～晴～磬～秋～日～荣～色～杀～晌～世～霜～菘～岁～飧～笋～堂～途～晚～寤～夕～香～饷～歇～兴～衙～艳～阳～夜～诣～阴～英～遇～月～照～志～智～钟例夕阳带归路，霭霭秋稼晚。（唐·李颀《晚归东园》）苍苍竹林寺，杳杳钟声晚。（唐·刘长卿《送灵澈上人》）故取花落时，悠扬占春晚。（唐·刘禹锡《柳花词三首》其一）

典起晚　三国时嵇康自述有七不堪，其一即为“卧喜晚起”而被扰。后用作不出仕的典故。嵇康《与山巨源绝交书》：“有必不堪者七，甚不可者二：卧喜晚起，而当关呼之不置，一不堪也。”

起晚堪从事，行迟更学仙。（唐·杜甫《览镜呈柏中丞》）

歌来晚　东汉人贾琮任交趾刺史，郡民作歌称颂，有“贾父来晚”之语。后世用作称美地方官体恤民情的典故。《后汉书·贾琮传》：“琮即移书告示，各使安其资业，招抚荒散……岁间荡定，百姓以安。巷路为之歌曰：‘贾父来晚，使我先反；今见清平，吏不敢饭。’”

梁国歌来晚，徐方怨不留。（唐·高适《奉酬睢阳李太守》）

宫车晚　古人婉称天子之死为宫车晚出，后用作古代对天子之死的婉称。南朝宋·江淹《恨赋》：“一旦魂断，宫车晚出。”

忽觉宫车晚，乘云御帝乡。（宋·王圭《仁宗皇帝挽词五首》其五）

恨相知晚　汉代灌夫与魏其武安侯窦婴一见如故，互叹相识太晚，后用以指朋友间交情深厚，以相识太迟为憾。亦作“相知恨晚”“恨相见晚”。《史记·魏其武安侯列传》：“灌夫亦倚魏其而通列侯宗室为名高，两人相为引重，其游如父子然。相得欢甚，无厌，恨相知

晚也。"

常恨相知晚，朝来枉数行。（唐·秦系《山中枉张宙员外书期访衡门》）

相见恨晚 用以指对方已嫁、相识太晚的典故。唐·张籍《节妇吟》有"还君明珠双泪垂，何不相逢未嫁时"的诗句，表现节妇虽然恪守妇道，但是对赠珠男子婉转含情、相见恨晚的复杂心情。

当时相见恨晚，彼此萦心目。（宋·方千里《六么令·照人明艳》）

身与塘蒲共晚 李贺诗有"身与塘蒲晚"句，以香蒲自比，来抒写南朝梁庾肩吾在侯景之乱时的身心感受。后用作感叹年华逝去的典故。唐·李贺《还自会稽歌》："吴霜点归鬓，身与塘蒲晚。"

叹事逐孤鸿尽去，身与塘蒲共晚。（宋·周邦彦《西平乐·稚柳苏晴》）

挽[1] wǎn ①拉。②扭转；挽回。③向上卷。

古《广韵》：上声，阮韵。逆碍～缠～捽～扶～救～牵～收～输～维～邀～移～引～撄～遮～顺～弓～毂～角～狂澜～裂～溜～鹿～路～满～强～袖～须～掖～正～转～捉～卒例石粗肆磨砺，波恶厌牵挽。（唐·韩愈《南溪始泛三首》其一）

挽[2]（*輓）wǎn ①牵引（车辆）。②哀悼。

古《广韵》：上声，阮韵。又：去声，愿韵同。逆哀～漕～车～楚～辕～吊～飞～蜚～赍～馈～陆～辂～饶～输～脱～饷～顺～掣～词～辞～代～道～夫～歌～近～郎～联～辂～赁～任～丧～诗～世～士～送～僮～推～章～幛例翠云开处，隐隐金舆挽。（宋·苏易简《越江吟·神仙神仙瑶池宴》）

碗（*椀、盌、甇）wǎn

古上声，十四旱。逆碧～斗～盖～宫～海～黄沙～金～满～捧～七～渠～折～注～顺～泥～脱～窑～盏例雉子班奏急管弦，心倾美酒尽玉碗。（唐·李白《雉朝飞操》）

典**金碗** 传说范阳人卢充入崔少府墓穴，与崔氏女幽灵成婚返家。四年后，崔氏女于水边送还所生男孩及金碗，遂不见。金碗为崔氏殉葬物。后世用以咏墓葬。事见晋·干宝《搜神记》卷一六。

玉环金碗到城市，土花不蚀余千秋。（宋·杨友夔《吴孙王墓》）

七碗 卢仝谢人赠茶诗说，七碗茶饮下之后，人便两腋生风，飘然欲仙。亦作"卢仝碗"。见110页"清风生两腋"。

七碗煎尝病未能，两腋风生空自笑。（宋·苏辙《梦中谢和老惠茶》）

挥金碗 杜甫诗写友朋宴集醉饮的情景，有"客醉挥金碗"之句。后用以指友朋挥杯醉饮的典故。唐·杜甫《崔驸马山亭宴集》："客醉挥金碗，诗成得绣袍。"

赢得锦囊诗句满，兴来豪饮挥金碗。（宋·曹冠《凤栖梧·桂棹悠悠分浪稳》）

茂陵金碗 汉武帝刘彻生前好仙术，死葬茂陵后，时常有其随葬明器在市面上出现。有人认为汉武帝并未死，而是成了神仙，持明器而卖者正是他本人。后世遂用"茂陵金碗"喻指出土的帝王随葬物，也用以表现战乱对帝王陵寝的破坏。又作"汉陵金碗"。见旧题东汉·班固《汉武故事》。

千古不传谁好事，忽茂陵、金碗人间见。（宋·李好古《贺新郎·人物风流远》）

婉 wǎn

古上声，十三阮。逆哀～悲～婵～沉～和～华～娇～静～隽～流～娈～曼～平～凄～谦～轻～清～遒～柔～深～淑～婉～微～委～温～婐～纤～闲～婀～详～谐～秀～徐～宴～燕～嫣～幽～悠～愉～愿～贞～顺～婵～词～辞～笃～和～画～晦～慧～妗～静～丽～恋～娈～曼～美～媚～娩～妙～娜～佞～切～惬～曲～然～容～柔～缛～弱～商～淑～顺～晚～委～谐～谢～秀～言～冶～仪～奕～愉～约～悦～折～转例闲步露草，偏爱幽远。花气清婉。（宋·周邦彦《绕佛阁·暗尘四敛》）湿烟吹霁木兰轻，照波底、红娇翠婉。（宋·张镃《鹊桥仙·连汀接渚》）

典**燕婉** 春秋时，卫宣公给儿子伋娶齐国之女，见新娘貌美，半路上截为己有。相传《新台》即卫人为此讽刺卫宣公所作。诗云，齐女本来想得到美好的郎君（燕婉之求），结果却嫁给了鸡胸的丑丈夫。后世以"燕婉"喻夫妻和爱之情。亦作"嬿婉"。《诗经·邶风·新台》："燕婉之求，籧篨不鲜。"

但愿新人同燕婉，桃花长春月长满。（宋·王炎《白头吟》）

张静婉 一作张净琬，南朝梁都官尚书羊侃的歌舞姬，以腰细肢柔、体态轻盈著称。宋词中常借咏歌伎舞女，也用以咏花。见《梁书·羊侃传》。

莫是羊家张静婉，抱月飘烟，舞得腰肢倦。（宋·蒋捷《蝶恋花·我爱荷花花最软》）

宛 wǎn ①仿佛。②曲折。另见609页yuān。

古上声，十三阮。逆东～宛～委～延～萦～粤～顺～比～澶～畅～亶～笃～尔～虹～款～类～丽～曼～媚～妙～脾～平～丘～渠～曲～缛～若～蟺～舌～似～首～顺～态～童～委～肖～蜒～约～折～转～足例楚南饶风烟，湘岸苦萦宛。（唐·杜牧《长安送友人游湖南》）

菀 wǎn 紫菀，菊科。

古上声，十三阮。又：入声，五物同。逆白～紫～

畹 wǎn ①古代地积单位。②花圃；园地。

古上声，十三阮。又：去声，十四愿同。逆楚～大～蕙～九～亩～戚～畦～松～香～盈～芝～滋兰～顺～中例瑶音动清韵，兰思芬盈畹。（唐·李骘《自惠山至吴下寄酬南徐从事》）

典**九畹** 《离骚》有"滋兰之九畹"语，以形容兰花种得很多。后世用作咏植兰的典故，也借指美好的情操。亦作"楚畹"。屈原《离骚》："余既滋兰之九畹兮，又树蕙之百亩。"

树兰盈九畹，栽竹逾万个。（唐·韩愈《合江亭》）

皖 wǎn 安徽别称。

古《广韵》：上声，缓韵。逆皖～顺～公～南～派～山

莞 wǎn 莞尔的莞。另见652页

guǎn、591 页 guān。
〔古〕上声，十五潸。〔逆〕一～〔顺〕～尔～然〔例〕薄暮归见君，迎我笑而莞。（唐·韩愈《赠张籍》）

娩wǎn 容貌媚好。另见 658 页 miǎn。
〔古〕上声，十三阮。〔逆〕婉～〔顺〕～媚～泽〔例〕三月清明天婉娩。晴川祓禊归来晚。（宋·欧阳修《渔家傲·三月清明天婉娩》）

脘wǎn 又读。胃的内腔。见 652 页 guǎn。

显（顯）xiǎn
〔古〕上声，十六铣。〔逆〕褒～标～表～呈～崇～达～登～丰～敷～高～光～贵～赫～鸿～华～焕～徽～晦～旌～举～夸～离～灵～令～隆～冥～丕～浅～清～穹～荣～融～天～通～推～微～贤～休～要～隐～映～幽～彰～招～昭～甄～尊～〔顺〕～昂～暴～昌～称～宠～黜～达～道～德～服～功～故～官～赫～宦～焕～晦～迹～荐～爵～考～客～旷～丽～亮～列～令～禄～戮～美～媚～民～明～命～默～目～器～浅～亲～庆～荣～融～善～赏～圣～盛～士～仕～饰～文～闻～武～贤～选～学～曜～耀～义～意～懿～佑～誉～允～赠～彰～昭～旨～志～秩～重～擢～族～祖～尊〔例〕孤山疏钞频舒卷。事理圆融文义显。（宋·可旻《渔家傲·曾讲弥陀经十遍》）但教福寿喜双全。直看子孙荣显。（宋·无名氏《西江月·良月才经四日》）

〔典〕**恭显** 弘恭、石显的合称，二人均为汉元帝宠信的宦官，擅权谋私，后指弄权的宦官。《汉书·楚元王传》附《刘向传》："患苦外戚许、史在位放纵，而中书宦官弘恭、石显弄权。"

恭显诚甘罪，韦平亦恃权。（唐·韩偓《感事三十四韵》）

名自张华显 指张华能识才。见 180 页"张华识"。

名自张华显，词因葛亮吟。（唐·韦庄《和薛先辈见寄初秋寓怀即事之作二十韵》）

鲜（鮮、*尟、尠）xiǎn 少。另见 606 页 xiān。
〔古〕上声，十六铣。〔逆〕不～单～寡～浅～轻～〔顺〕～薄～德～乏～耗～见～俪～民～浅～洪～腆～希～言～肯〔例〕纵情昏主多，克己明君鲜。（唐·李世民《赋尚书》）

〔典〕**吾过何由鲜** 北齐黄门侍郎崔瞻，因与好友离别而有"于何闻过"的感慨。后作友人惜别的典故。亦作"于何闻过"。《北齐书·崔㥄传》附《崔瞻传》："与赵郡李概为莫逆之友。概将东还，瞻遗之书曰：'仗气使酒，我之常弊，诋诃指切，在卿尤甚。足下告归，吾于何闻过也？'"

相舍嚣譊中，吾过何由鲜。（唐·杜牧《长安送友人游湖南》）

险（險）xiǎn
〔古〕上声，二十八琰。〔逆〕隘～阪～波～巉～城～崇～担～蹈～颠～铤～陡～扼～浮～负～赴～傅～梗～攻～鼓～怪～诡～豁～艰～狡～狙～拒～距～绝～谲～峻～跨～猃～狂～历～辽～履～蹑～佞～凭～棲～奇～崎～峭～轻～倾～穷～山～涉～升～守～疏～蜀～肆～邃～贪～佻～挺～投～湍～遐～娍～邪～凶～雄～严～羊肠～邀～要～夷～忧～幽～纡～遭～躁～重～走～阻～〔顺〕～隘～傲～奥～拔～坂～薄～暴～陂～侧～丑～诞～毒～妒～厄～扼～峰～固～怪～害～悍～狠～猾～诨～棘～徼～劲～迥～句～谲～峻～猃～丽～戾～陆～佞～虐～僻～叵～魄～巧～峭～曲～塞～涩～士～世～蟠～俗～坦～屯～畏～文～巇～狭～幸～言～要～夷～易～诣～谀～语～远～韵～仄～诈～窄～战～折～征～峙～妆～纵～阻〔例〕鸿羽不低飞，龙津徒自险。（唐·钱起《送李四擢第归觐省》）泪消语尽还暂眠，唯梦千山万山险。（唐·元稹《通州丁溪馆夜别李景信三首》其一）

〔典〕**五尺险** 即五尺道。滇池一带自古与中土相隔甚远，秦时曾打通险路，宽才五尺，故名。《汉书·西南夷传》："蹻至滇池，方三百里，旁平地肥饶数千里，以兵威定属楚。欲归报，会秦击夺楚巴、黔中郡，道塞不通，因乃以其众王滇，变服，从其俗，以长之。秦时尝破，略通五尺道，诸此国颇置吏焉。"

途轻五尺险，水爱双流净。（唐·权德舆《送袁中丞持节册南诏五韵》）

公孙恃险 指汉代公孙述依仗蜀地地势险要，聚众起事自立为帝之事。《后汉书·公孙述传》："述恃其地险众附，有自立志，乃使其弟恢于绵竹击宝、忠，大破走之，由是威震益都。……于是自立为蜀王，都成都。"

公孙初恃险，跃马意何长。（唐·杜甫《上白帝城》）

五丁开险 传说古蜀国有五丁，曾开山成道。亦作"五丁""壮士死"。北魏·郦道元《水经注·沔水》："秦惠王欲伐蜀而不知道，作五石牛，以金置尾下，言能屎金。蜀王负力，令五丁引之成道。"

前驱二星去，开险五丁忙。（唐·杜牧《奉和门下相公送西川相公》）

在德不在险 战国时，魏将吴起曾对魏武侯阐述保国之道，认为国家的保障是美好的德行而不是险要的地势。亦作"在德何险夷"。见《史记·孙子吴起列传》。

在德不在险，成败良有因。（唐·吴筠《建业怀古》）

藓（蘚）xiǎn 苔藓植物一类。
〔古〕上声，十六铣。〔逆〕碧～驳～苍～黑～砌～萍～青～秋～桑～石～苔～铁～瓦～阴～玉～〔顺〕～驳〔例〕晴湖泻峰嶂，翠浪多萍藓。（唐·孟郊《春集越州皇甫秀才山亭》）入竹藤似蛇，侵墙水成藓。（唐·曹邺《从天平节度使游平流园》）

蚬（蜆）xiǎn 软体动物名。
〔古〕上声，十六铣。又：去声，十七霰同。〔逆〕白～蛤～蜩～虾～鲜～〔顺〕～壳～妹～木～子

跣xiǎn 光脚。
〔古〕上声，十六铣。〔逆〕被～赤～行～揭～科～魁～髡～露～裸～袒～徒～〔顺〕～剥～步～跗～附～行～脚～露～跳～脱～揖～子～走～足

燹xiǎn 野火。
〔古〕上声，十六铣。〔逆〕兵～烽～锋～野～灾～

洗xiǎn 姓。另见219页xǐ。

【古】上声，十六铣。【顺】～马～犬～然～洗

筅（*筅）xiǎn ①筅帚，洗碗工具。②兵器。

【古】上声，十六铣。【逆】茶～狼～筤～松～【顺】～帚

铣（銑）xiǎn 有光的金属。另见220页xǐ。

【古】上声，十六铣。【逆】金～镣～铁～鋈～瑶～【顺】～银～树～铁～鋧～珧～泽

选（選）xuǎn

【古】上声，十六铣。又：去声，十七霰异。【逆】邦～驳～博～部～采～察～常～春～德～登～典～浮～赴～高～革～贡～馆～贵～覈～横～嘉～检～简～解～金～谨～进～俊～考～魁～郎～历～粒～廉～良～料～吝～领～茂～懋～免～妙～明～墨～谋～辟～品～清～铨～任～摄～省～时～试～搜～穗～汰～堂～提～调～廷～脱～万～显～乡～秀～延～谒～英～膺～瀛～应～月～择～诏～甄～征～坐～【顺】～补～布～部～簿～草～差～场～除～德～登～底～牒～费～锋～付～格～宫～雇～官～昏～籍～拣～建～解～金～具～君～考～郎～理～吏～练～良～流～楼～录～论～名～命～募～纳～配～辟～权～日～蠕～骚～尚～甚～胜～诗～士～侍～试～收～授～书～刷～司～徒～望～委～舞～仙～贤～叙～学～扬～引～育～置～众～擢～卒【例】叹息书林友，才华天下选。（唐·张说《右侍郎集贤院学士徐公挽词二首》其二）呼婢取酒壶，续儿诵文选。（唐·杜甫《水阁朝霁》）

【典】**休征选** 三国时王祥被魏国徐州刺史吕虔授以别驾之职，政绩出色，后用作咏州郡佐吏的典故。《晋书·王祥传》："王祥字休征，琅琊临沂人。""徐州刺史吕虔檄为别驾，祥年垂耳顺，固辞不受。览劝之，为具车牛，祥乃应召，虔委以州事。于时寇盗充斥，祥率励兵士，频讨破之。州界清净，政化大行。"

国为休征选，舆因仲举题。（唐·卢藏用《饯许州宋司马赴任》）

东床俊选 晋太傅郗鉴选中袒腹于东床的王羲之为婿，后用来称美贤婿。亦作"东床禁脔""东床佳客""东床佳选""羲之当选"。晋·王隐《晋书》："王羲之幼有风操，郗虞卿闻王氏诸子皆俊，令使选婿。诸子皆饰容以待客，羲之独坦腹东床，啮胡饼，神色自若。使具以告。虞卿曰：'此真吾子婿也！'问为谁？果是逸少。乃妻之。"

东床俊选，南溟归信，一时俱到。（宋·侯寘《水龙吟·夜来霜拂帘旌》）

雀屏中选 北周武帝姊襄阳公主为女儿择婿，射中门屏上所画孔雀之目者当选。见《周书·武帝纪》。

应是雀屏曾中选。新近东床禁脔。（宋·无名氏《清平乐·繁弦急管》）

癣（癬）xuǎn 由真菌引起的皮肤病统称。

【古】上声，十六铣。【逆】疮～脚～手～【顺】～驳～疥

眼yǎn

【古】上声，十五潸。【逆】傍～逼～碧～侧～禅～赤～触～春～词～慈～法～凡～放～凤～佛～隔～鹘～刮～鬼～过～阖～鹤～横波～虎～嫮～槐～环～惠～慧～麂～娇～经～巨～倦～抉～俊～困～刺～泪～冷～历～凌～柳～漏～露～满～眉～梅花～媚～矇眬～明～茗～凝～偏～千里～俏～青～泉～雀～诗～石～世～手～睡～俗～饧～桃花～啼～偷～望～雾～鲜～缬～醒～杏～悬～雪～移～鹰～映～遊～鱼～远～云～匝～照～遮～驻～拙～醉～【顺】～辨～波～藏～尘～碜～穿～毒～钝～乖～睫～界～近～精～境～诀～枯～帘～芒～眯～睫～明～脉～眸～目～瞥～前～青～泉～稍～识～势～瞷～饧～瞳～望～尾～笑～缬～学～语～缘～中～眦【例】秀色难为名，苍翠日在眼。（唐·李白《望终南山》）池塘静于寺，俗事不到眼。（唐·曹邺《从天平节度使游平流园》）

【典】**白眼** 魏晋名士阮籍见流俗之士，斜目而视，施以白眼，表示对他的轻蔑；见意气相投者，施以青眼，表示对他的赏识。亦作"青眼""青白眼"。见《晋书·阮籍传》《世说新语·简傲》。

懒为阅世青白眼，写出无声水墨诗。（宋·刘克庄《赠林信夫》）

刮眼 古人治眼疾的典故。《北史·孝行传·张元》："其祖丧明三年。元恒忧泣，昼夜读佛经礼拜，以祈福佑。后读《药师经》，见'盲者得视'之言。遂请七僧，然七灯，七日七夜转《药师经》行道。……经七日，其夜梦见一老翁，以金镵疗其祖目，于梦中喜跃，遂即惊觉，乃遍告家人。三日，祖目果明。"

金篦刮眼宁无赖，况是墙西有德公。（宋·刘子翚《奇仲和致中棋诗》）

诗眼 指诗人的观察力。宋·苏轼《次韵吴传正〈枯木歌〉》："龙眠居士本诗人，能使龙池飞霹雳。君虽不作丹青手，诗眼亦自工识拔。"

木末翠楼出，诗眼巧安排。（宋·辛弃疾《水调歌头·木末翠楼出》）

洗眼 本指洗清眼目，用作仔细观看之典。唐·杜甫《赠王二十四侍御契四十韵》："洗眼看轻薄，虚怀任屈伸。"

洗眼看旧书，怡然忘宇内。（宋·梅尧臣《河南受代前一日希深示诗》）

蟹眼 古人煮茶时，蟹眼为煮茶近沸时水面浮现的小水泡，借以观察煮茶的火候。《五朝小说大观·宋人小说》引宋·蔡襄《茶录·茶论》："候汤：候汤最难，未熟则沫浮，过熟则茶沉，前世谓之蟹眼者，过熟汤也。"

鹰爪新茶蟹眼汤，松风鸣雪兔毫霜。（宋·杨万里《以六一泉煮双井茶》）

千里眼 形容目光敏锐，看得极远。《魏书·杨播传》附《杨逸传》："逸为政爱人，尤憎豪猾，广设耳目。其兵吏出使下邑，皆自持粮。人或为设食者，虽在暗室，终不进。咸言杨使君有千里眼，那可欺之！"

望处定无千里眼，断来能有几

回肠。（宋·贺铸《减字浣溪沙·烟柳春梢蘸晕黄》）

移带眼 南朝梁沈约自述身体病弱，有"百日数旬，革带常应移孔"之语，后作身体病弱的典故。亦作"罗宽带眼"。

况是频频移带眼，沈郎不复旧时腰。（明·瞿佑《暮春有感》）

故园心眼 咏思乡之情。唐·杜甫《秋兴八首》其一："丛菊两开他日泪，孤舟一系故园心。"

天涯倦客，山中归路，望断故园心眼。（宋·苏轼《永遇乐·明月如霜》）

琉璃笼眼 喻见远不见近，能见他人，却不能见自己。《楞严经》："彼人当以琉璃笼眼，当见山河，见琉璃不？"

莫取琉璃笼眼界，举头争忍见山河。（清·钱曾《秋夜宿破山寺绝句》）

玄花生眼 指两眼发花，视物不明。唐·韩愈《寄崔二十六立之》："我虽未耋老，发秃骨力羸。所余十九齿，飘飘尽浮危。玄花着两眼，视物隔褷褵。"

玄花生眼，新霜点鬓，不肯遮藏老态。（宋·刘克庄《鹊桥仙·戊戌生朝》）

掩（*揜）yǎn

㊀上声，二十八琰。逆毕～蔽～博～搏～捕～驰～持～反～覆～函～户～护～讳～究～跨～凌～陵～绿～埋～铍～屏～扑～权～扫～收～双～讨～雾～相～斜～虚～掩～隐～拥～妪～云～遮～追～顺～蔼～暧～鼻～闭～蔽～捕～藏～踔～聪～耳～赴～覆～骼～关～获～殣～卷～绝～口～敛～埋～茂～没～袂～迷～秘～面～匿～泣～泉～冉～苒～日～缛～身～涕～息～袭～瑕～笑～屑～心～亚～咽～抑～翳～荫～映～郁～攒～障～妆例裙长步渐迟，扇薄羞难掩。（宋·吕渭老《生查子·裙长步渐迟》）暮雨生寒，鸣蛩劝织，深阁时闻裁剪。云窗静掩。（宋·周邦彦《齐天乐·绿芜凋尽台城路》）

典**袁扉掩** 指雪日居于家。见123页"袁安卧雪"。

谢庭赏方逸，袁扉掩未开。（唐·骆宾王《寓居洛滨对雪忆谢二》）

演 yǎn

㊀上声，十六铣。逆般～布～操～唱～崇～抽～传～爨～递～敷～光～涵～幻～教～课～流～论～漫～湎～妙～派～披～骈～谱～潜～庆～缫～舒～述～谈～梼～天～通～推～蜕～宛～涴～宣～摇～游～籀～装～滋～顺～草～畅～陈～辞～道～迪～递～梵～诰～行～教～经～连珠～纶～略～门～谋～念～派～史～试～释～述～思～诵～台～武～兴～延～言～漾～迤～义～译～易～肄～溢～造～展～阵～证～志～撰例并辔躧郊郭，方舟玩游演。（唐·张说《赠赵侍御》）

衍 yǎn

㊀上声，十六铣。又：去声，十七霰同。逆案～奥～波～博～昌～袒～串～繁～坟～赓～涵～闳～宏～焕～空～宽～旷～连～流～满～曼～蔓～茂～弥～淖～骈～铺～曲～散～申～熟～庶～推～虚～偃～晏～遥～仪～贻～盈～赢～游～有～昭～孳～滋～顺～奥～波～笺～策～处～辞～蕃～封～功～化～辑～凯～涝～曼～蔓～箧～庆～数～说～嗣～忒～賁～沃～误～习～羡～漾～夷～迤～义～绎～逸～溢～盈～裕～陾～注例晚秀复芬敷，秋光更遥衍。（唐·张九龄《临泛东湖》）

典**谈天衍** 形容健谈善辩。《史记·荀卿列传》："驺衍之术迂大而闳辩；奭也文具难施；淳于髡久与处，时有得善言。故齐人颂曰：'谈天衍，雕龙奭，炙毂过髡。'"

那将坐井蛙，而比谈天衍。（宋·苏轼《南禅长老和诗不已》）

巘（巚）yǎn ①形状像甑的山。②山峰。

㊀上声，十三阮。又：上声，十六铣同。逆碧～苍～层～翠～黛～丹～叠～峰～绝～峻～林～峭～青～晴～琼～梯～霞～崄～秀～崖～巘～阴～云～陟～重～顺～崿～崎～巘例何当造幽人，灭迹栖绝巘。（唐·李白《望终南山》）古岸生新泉，霞峰映雪巘。（唐·钱起《仲春晚寻覆釜山》）

偃 yǎn ①仰面倒下；放倒。②停止。

㊀上声，十三阮。逆草～倒～低～风～蹇～偃～枯～楼～旗～憩～倾～清～商～水～退～武～息～销～休～徐～偃～靡～顺～傲～薄～闭～兵～伯～草～侧～宕～倒～顿～风～伏～斧～盖～戈～革～鼓～户～化～涸～戢～甲～简～蹇～偃～架～倨～偻～媚～靡～俛～仆～憩～寝～屈～然～弱～塞～商～师～肆～帖～柝～卧～武～息～休～衍～仰～辕～月～折～跖例丘壑趣如此，暮年始栖偃。（唐·钱起《罢章陵令山居过中峰道者二首》其一）点点暮雨飘，梢梢新月偃。（唐·韩愈《南溪始泛三首》其一）

典**草偃** 以德治民之典。又作"风行草偃"。见548页"偃草"。

德风边草偃，胜气朔云平。（唐·宋璟《奉和圣制送张说巡边》）

要识坐禅不动尊，风行草偃悉皆论。（唐·大义《坐禅铭》）

兖 yǎn 地名。

㊀上声，十六铣。逆河～齐～青～徐～顺～水～州例武功少也孤，徒步客徐兖。（唐·杜甫《故秘书少监武功苏公源明》）

晻 yǎn 阴暗不明。

㊀上声，二十七感。逆蔼～晻～鄙～黑晻～磨～雾～顺～霭～暧～薆～晻～忽～莫～然～冉～翳～映

罨 yǎn ①捕鸟或捕鱼的网。②掩盖；覆盖。

㊀《广韵》：上声，琰韵。逆冷～讴～温～斜～顺～画～黄～靸～映～盂

魇（魘）yǎn 梦中惊骇。

㊀上声，二十八琰。又：入声，十六叶同。逆病～鬼～禁～惊～寐～梦～梦成～魔～沙～睡～睡中～眼～受～诅～顺～蛊～劾～昧～寐～魅～梦～迷～魔～术～祟～呓～语～镇例月白风高不得眠，枯苇丛边钓师魇。（唐·贯休《泊秋江》）

奄 yǎn ①覆盖；包括。②忽然；突然。另见608页yān。

㊀上声，二十八琰。逆奄～顺～蔼

～霭～被～蔡～欸～奠～隔～乖～忽～化～昏～混～口～沦～莫～弃～然～冉～逝～谢～抑～有～宅～治例濛濛夕烟起,奄奄残晖灭。南朝梁·何逊《范广州宅联句》

鼴(*鼹)yǎn　哺乳动物,外形像鼠。

古上声,十三阮。逆貂～蝈～饮河～隐～顺～腹～鼠

俨(儼)yǎn　庄重;庄严。

古上声,二十八琰。逆车徒～端～俨～顺～存～尔～恪～然～如～若～束～肃～雅～正～重例路穷台殿辟,佛事焕且俨。(唐·韩愈《陪杜侍御游湘西两寺独宿有题一首》)

扊yǎn　扊扅,门闩。

古《广韵》:上声,琰韵。顺～扅～扅豆～扅歌

剡yǎn　①削。②锋利。另见699页 shàn。

古上声,二十八琰。逆翠～圭～荐～刻～刳～平～剡～剸～奏～顺～撕～牍～锋～荐～利～麻～锐～耜～剡～移～章～注～奏例行及瓜期,荣趋花县,百里民怀德。交腾荐剡。(宋·三槐《百安谣·武夷秀气》)

琰yǎn　美玉名。

古上声,二十八琰。逆璧～蔡～崔～翠～丰～怀～刘～琬～琰～瑶～贞～顺～圭～琬～琰例深林高玲珑,青山上琬琰。(唐·韩愈《陪杜侍御游湘西两寺独宿有题一首》)

典**蔡琰**　字文姬,东汉学者蔡邕之女,善音乐,通典籍,战乱中被掳入匈奴,后为曹操赎归。曾感笳之音作诗言志,相传《胡笳十八拍》即其所作。后世用以咏战乱颠沛流离。亦作"蔡女""蔡女胡笳""蔡女没胡""蔡文姬"。见《后汉书·列女传·董祀妻传》。

蔡琰没去造胡笳,苏武归来持汉节。(唐·李益《塞下曲》)

崔琰　三国魏崔琰,曾任尚书,清正廉明,用以咏尚书。见《三国志·魏书·崔琰传》。

人思崔琰议,朝掩祭遵公。(唐·张九龄《和姚令公哭李尚书乂》)

厣(厴)yǎn　①螺类壳口圆片状的盖。②蟹腹下面的薄壳。

古《广韵》:上声,琰韵。逆螺～蟹～

黡(黶)yǎn　黑痣。

古上声,二十八琰。逆黑～顺～合～记～翳～子

鄢yǎn　地名,在河南。

古去声,十四愿。顺～城

渰yǎn　云雨貌。

古《广韵》:上声,琰韵。逆陂～胡～掬～渰～有～顺～浸～烂～漏～没～溺～杀～渰～殪～云

远(遠)yuǎn　另见708页 yuàn。

古上声,十三阮。逆褒～边～澄～冲～逴～踔～淡～澹～端～迩～高～孤～古～光～广～弘～宏～鸿～怀～荒～回～惠～积～寄～寖～绝～隽～空～圹～旷～睽～雷～辽～寥～辽～流～陋～漫～弥～绵～渺～邈～妙～明～慕～穆～凝～僻～偏～朴～穷～饶～日～融～柔～涉～深～识～适～思～邃～迢～微～骛～遐～险～崄～心～敻～玄～遥～杳～夷～意～殷～隐～攸～幽～悠～迂～渊～悦～贞～烛～追～卓～阻～顺～邦～鄙～播～操～岑～筹～黛～蹈～德～蕃～藩～汉～翰～怀～宦～荒～暨～鉴～郊～节～境～旧～旷～黎～流～虑～迈～民～模～目～幕～朋～僻～器～迁～趣～日～戎～塞～色～山～涉～识～属～术～戍～数～算～天～听～图～土～遐～想～岫～烟～遥～业～夷～忆～裔～意～忧～游～猷～踰～誉～源～愿～韵～谪～钟～躅～瞩例荷笠带夕阳,青山独归远。(唐·刘长卿《送灵澈上人》)叠嶂入云多,孤峰去人远。(唐·刘长卿《石围峰》)行随新树深,梦隔重江远。(唐·皇甫冉《送陆鸿渐赴越》)

典**雷远**　雷次宗与释慧远的合称。南朝儒士雷次宗信佛并师事慧远。后用作咏儒释之交的典故。《宋书·隐逸传·雷次宗传》:"雷次宗字仲伦,豫章南昌人也。少入庐山,事沙门释慧远,笃志好学,尤明《三礼》《毛诗》,隐退不交世务。"

既得庐霍趣,乃高雷远情。(唐·皎然《杼山禅居寄赠东溪吴处士冯一首》)

宣远　南朝宋谢瞻之字,瞻六岁能诗文,长而有文采,官至安成相。《宋书·谢瞻传》:"谢瞻字宣远,一名檐,字通远,陈郡阳夏人……寻为高祖镇军、琅琊王大司马参军,转主簿,安成相。……瞻善于文章,词采之美,与祖叔混、族弟灵运相抗。"

他日新诗应见报,还如宣远在安成。(唐·韩翃《送中兄典邵州》)

班定远　班超字仲升,东汉扶风平陵人,少有立功万里之志,出使西域三十一年,使西域五十余国内属,官至都护,封定远侯,后用作咏志士赴边立功的典故。亦作"定远""班超封侯"。见《后汉书·班超传》。

宁知班定远,犹是一书生。(唐·陈子昂《和陆明府赠将军重出塞》)

鸿鹄远　见945"冥鸿"。

矰缴鸿鹄远,雪霜松桂新。(唐·权德舆《严陵钓台下作》)

庐山远　即晋代高僧慧远,居庐山东林寺时与刘遗民、宗炳等曾结白莲社,世称远公。后代指高僧。亦作"慧远""惠远"。见《高僧传》卷六《晋庐山释慧远》。

高人往来庐山远,隐士往来张长公。(唐·李颀《送刘四赴夏县》)

爱君许远　许远,杭州人,安禄山之乱时被唐玄宗召见,拜睢阳太守。与张巡共同守城,为国捐躯。后用作誓死报国的典故。见《旧唐书·忠义列传下·许选》。

骂贼睢阳,爱君许远,留得声名万古香。(宋·文天祥《沁园春·为子死孝》)

地偏心远　陶渊明诗有"心远地自偏"语,后作避世隐逸之典。

地偏心远无车马,赖有吾儿与剧谈。(宋·陆游《数日不出门偶赋》)

鼎湖龙远　古代传说,黄帝在鼎湖骑龙上天,成仙而去。后以咏黄帝飞升或帝王之死。亦作"鼎湖龙去""鼎湖龙""鼎湖遗弓"。

鼎湖龙去远,银海雁飞深。(唐·杜甫《骊山》)

寒英慰远　以梅花赠人,担心寒

梅凋落，无以安慰远客。唐·柳宗元《早梅》："欲为万里赠，杳杳山水隔。寒英坐销落，何以慰远客。"

准拟寒英聊慰远，隔山水，应销落，赴愬谁。（宋·洪皓《江梅引·天涯除馆忆江梅》）

蓬山不远 用以咏男女爱情将偕之典。唐·李商隐《无题》："蓬山此去无多路，青鸟殷勤为探看。"

须识蓬山不远，梨云路杳无踪。（宋·仇远《西江月·小立画桥西畔》）

室迩人远 用以抒发思念远人，或悼念逝者之情。《诗经·郑风·东门之墠》："东门之墠，茹藘在阪。其室则迩，其人甚远。东门之栗，有践家室。岂不尔思？子不我即。"

室迩叹人远，一朝脱笼樊。（宋·楼钥《沿檄柯山归别张特秀》）

态浓意远 杜甫《丽人行》描写踏青贵族妇女之美丽，有"态浓意远"语，后用以咏美人或咏春花。

态浓意远，眉颦笑浅，薄罗衣窄絮风软。（宋·辛弃疾《醉太平·态浓意远》）

无胫致远 孔融以"珠玉无胫自至"喻指贤人与君主的关系。《三国志·吴书·孙韶传》："孙权杀吴郡太守盛宪。"裴松之注引《会稽典录》："融忧其不免祸，乃与曹公书曰：'……珠玉无胫而自至者，以人好之也，况贤者之有足乎？'"

致远终无胫，怀贪遂息肩。（唐·独孤绶《投珠于泉》）

营丘平远 宋画家李成居于营丘，以山水画知名。其《寒林平远》是山水画的精品，后用为典实。宋·王辟之《渑水燕谈录》卷七《书画》："成画平远寒林，前人所未尝为，气韵萧洒，烟林清旷，笔势颖脱，墨法精绝，高妙入神，古今一人，真画家百世师也。"

摩诘丹青，营丘平远，一望穷千里。（宋·张元干《永遇乐·月仄金盆》）

仲宣怀远 咏"登楼思归"之典。见474页"王粲登楼"。

秋已尽，日犹长，仲宣怀远更凄凉。（宋·李清照《鹧鸪天·寒日萧萧上锁窗》）

日近长安远 比喻向往帝都而不得至。亦指帝京路途遥远。《世说新语·夙惠》："晋明帝数岁，坐元帝膝上。有人从长安来，元帝问洛下消息，潸然流涕。明帝问何以致泣？具以东渡意告之。因问明帝：'汝意谓长安何如日远？'答曰：'日远。不闻人从日边来，居然可知。'元帝异之。明日集群臣宴会，告以此意，更重问之。乃答曰：'日近。'元帝失色，曰：'尔何故异昨日之言邪？'答曰：'举目见日，不见长安。'"

茫茫八表聊纵目，情知日近长安远。（宋·李熏《十五日同登大慈寺楼得远字》）

刘郎已恨蓬山远 指对所爱女子的相思之情。亦作"刘郎蓬山难到"。唐·李商隐《无题四首》其一："刘郎已恨蓬山远，更隔蓬山一万重。"

刘郎已恨蓬山远，更隔蓬山几万重。（宋·宋祁《鹧鸪天·画毂雕鞍狭路逢》）

攒（攢、*儹）zǎn 积累。另见615页cuán。

古去声，十五翰。逆筹～斗～类～顺～办～催～积～那～造

拶（*桚）zǎn 旧时酷刑，用拶子夹手指。

古《集韵》：入声，曷韵。逆逼～夹～顺～夹～鞫～指～子例骂佛骂人新孟八。是非窟里和身拶。（宋·李彭《渔歌》）

趱（趲）zǎn 快走。

古上声，十四旱。逆促～催～赶～积～急～挤～紧～那～挣～顺～逼～程～驰～工～行～快～路～那～前～趱例高楼三弄休吹趱。一片惊人肠欲断。（宋·莫将《木兰花·眼前欲尽情何限》）

展zhǎn

古上声，十六铣；仄声，铣韵。逆愁眉～敷～和～蕉心～狡～宽～连～眉～鹏～披～飘～平～亲～渠～申～施～舒～疏～添～宣～延～言～演～玉～展～张～招～转～顺～拔～拜～辩～布～采～草～陈～翅～促～读～放～奉～歌～怀～缓～季～骥～见～竭～觐～敬～卷～宽～赖～露～轮～眉～目～平～亲～日～省～诗～施～事～视～手～舒～思～诵～缩～拓～玩～晤～限～笑～效～泄～谢～叙～眼～养～业～谒～诣～阅～直例摇空条已重，拂水带方展。（唐·崔护《五月水边柳》）春水徒荡漾，荷花未开展。（唐·孟郊《乐府三首》其三）晴嘶卧沙马，老去悲啼展。（唐·李贺《经沙苑》）

辗（輾）zhǎn

古上声，十六铣。逆轮～玉～顺～动～翻～顾～然～移～转

斩（斬）zhǎn

古上声，二十九豏。逆不～处～寸～剉～断～服～俘～格～击～剑～利刃～律～骈～齐～擒～如～市～衰～屠～问～枭～雨～斩～阵～中～终～诛～斫～顺～艾～冰～捕～除～毒～伐～竿～关～获～蛟～截～绝～勘～戮～马～袂～灭～齐～旗～祛～芟～删～挞～殄～枭～新～刈～薙～斫

盏（盞、*醆）zhǎn

古上声，十五潸。逆把～冰～赤～传～灯～递～翻～飞～觥～鼓～红螺～花～交杯～金～酒～梨花～龙～满～盘～蓬莱～葡萄～七～千～石～送～汤～铜～碗～洗～瑶～蚁～鹦鹉～玉～朱～顺～碟～斝～面～托例乘兴挈一壶，折荷以为盏。（唐·曹邺《从天平节度使游平流园》）情亲难语离，且尽玻璃盏。（宋·谢薖《生查子·情亲难语离》）

典**七盏** 即七碗。传说饮茶七盏后两腋生风，飘然欲仙。见110页"清风生两腋"。

七盏能醒千日卧，扶起瑶山，嫌怕香尘涴。（宋·毛滂《蝶恋花·花里传觞飞羽过》）

崭（嶄、*嶃）zhǎn ①高峻；高出。②优异；好。

古《广韵》：上声，豏韵。逆嶒～崭～顺～巉～截～绝～立～齐～嵌～然～阢～崖～凿～崒例赠君喷玉布，一濯高崭崭。（唐·孟郊《喷玉布》）

飐（颭）zhǎn 风吹使颤动。

古上声，二十八琰。逆飏～惊～浪～乱～漫～磨～女～飘～旗～倾

～飐～招～顺～飙～动～拂～闪～艳～滟例夜风一何喧，杉桧屡磨飐。（唐·韩愈《陪杜侍御游湘西两寺独宿有题一首》）

搌 zhǎn　轻擦或按压以吸去湿处的液体。

古《广韵》：上声，狝韵。顺～布

转（轉）zhuǎn　①改换方向、位置、形式、情况等。②一方传到另一方。③回还；辗转。另见710页zhuàn。

古上声，十六铣。逆百～傍～变～拨～漕～承～递～兜～斗～兑～返～风～改～还～化～换～回～九～馈～揽～雷～例～流～龙～漏～路～轮～明～磨～拗～旁～蓬～迁～荣～使～输～戍～蜿～婉～斡～午～莛～偃～移～遗～优～语～玉～辗～折～轴～走～顺～薄～步～漕～侧～筹～辞～道～登～牒～斗～读～舵～帆～贩～讽～附～顾～规～海～行～合～圜～回～劫～解～句～馈～历～炼～粮～邻～流～眄～目～念～盼～蓬～萍～魄～迁～商～伸～师～轼～首～瞬～粟～托～脱～物～席～徙～盻～衔～饷～续～眴～训～延～阳～易～益～语～鬻～圆～责～辗～战～辙～致～置～烛～擢～资例山势远涛连，江途斜汉转。（唐·张说《赠赵侍御》）岩潭多屈曲，舟楫屡回转。（唐·孟浩然《登鹿门山》）馆宿风雨滞，始晴行盖转。（唐·韦应物《自蒲塘驿回驾经历山水》）

典**不可转**　形容心志坚定不可转移。亦作"石转"。《诗经·邶风·柏舟》："我心匪石，不可转也。"

有眼不识夫君面，妾心如石不可转。（明·朱朴《沈列女》）

蛾眉宛转　指杨贵妃在马嵬坡被处死之事。唐·白居易《长恨歌》："翠华摇摇行复止，西出都门百余里。六军不发无奈何，宛转蛾眉马前死。"

从公论，合去妖类。蛾眉宛转，竟殒鲛绡。（宋·董颖《薄媚·哀诚屡吐》）

风光流转　杜甫诗有"传语风光共流转"语，用以抒写惜春情怀。唐·杜甫《曲江二首》其二："穿花蛱蝶深深见，点水蜻蜓款款飞。传语风光共流转，暂时相赏莫相违。"

风光流转浑如昨，志气低摧只自伤。（宋·陆游《晚春感事》）

萍浮蓬转　指人生不平多风波。潘安仁（岳）《西征赋》："陋吾人之拘挛，飘萍浮而蓬转。"

契阔死生三十载，萍浮蓬转常崎岖。（宋·仲并《陈行之得之》）

啭（囀）zhuǎn　鸟鸣悦耳。

古去声，十七霰。逆哀～百～凤～喉～黄鹂～流～妙～鸣～鸟～悽～清～嘶～遗～莺～顺～喉～呖呖例钩帘宿鹭起，丸药流莺啭。（唐·杜甫《水阁朝霁》）长廊朝雨毕，古木时禽啭。（唐·顾况《独游青龙寺》）

纂[1]（*篹、籑、籫）zuǎn　①汇集。②编辑。③赤色丝带。④彩绣。

古上声，十四旱。逆编～纂～顺～补～修～辑～绣～组例桃源迷路竟茫茫，枣下悲歌徒纂纂。（唐·韩愈《游青龙寺赠崔大补阙》）

纂[2]（*䰖）zuǎn　妇女梳在头后边的发髻。

古上声，十四旱。逆扬州～顺～心

缵（纘）zuǎn　继承。

古上声，十四旱。逆承～灯～恢～继～排～入～营～载～顺～承～服～缉～继～历～明～戎～绍～述～嗣～图～袭～修～绪～续～衍～业～膺

仄声·去声

案 àn

古去声，十五翰。逆抱～簿～辞～逮～典～洞～断～堆～凡～伏～抚～腹～覆～稿～公～劾～鸿～画～黄～几～鞫～举～具～科～款～连～梁鸿～领～龙～脉～眉～逆～盘～齐眉～琴～绳～诗～食～侍～书～推～香～雪～谳～药～医～疑～萤～玉～狱～御～援～毡～掌～赭～滞～追～卓～斫～奏～罪～顺～杯～辨～兵～部～察～典～牒～椟～牍～堵～队～法～抚～覆～轨～晷～行～缉～籍～几～记～甲～检～剑～节～酒～鞫～具～剧～据～考～览～理～吏～列～临～脉～省～时～事～视～首～沓～头～土～屯～卫～陷～校～讯～衍～验～元～掾～责～志～治～桌～坐例蓬壶来轩窗，瀛海入几案。（唐·李白《莹禅师房观山海图》）东屯大江北，百顷平若案。（唐·杜甫《行官张望补稻畦水归》）

典**举案**　形容夫妻恩爱，相敬如宾。又作"眉案""齐眉举案"。《后汉书·逸民传·梁鸿传》："遂至吴，依大家皋伯通，居庑下，为人赁舂。每归，妻为具食，不敢于鸿前仰视，举案齐眉。伯通察而异之，曰：'彼佣能使其妻敬之如此，非凡人也。'"

日日齐眉举案，年年劝酒持觥。（宋·吕胜己《西江月·日日齐眉举案》）

孙案　形容读书之勤苦。任昉《为萧扬州荐士表》："至乃集萤映雪，编蒲辑柳。"李善注："《孙氏世录》曰：'孙康家贫，常映雪读书，清介，交游不杂。'"

孙案袁门，不妨高卧，足娱书史。（宋·李曾伯《水龙吟·玉龙飞下残鳞》）

斫案　三国时期，孙权当众斫案，表示与曹操势不两立，后指英勇果断的行为。《三国志·吴书·周瑜传》："孤与老贼，势不两立。君言当击，甚与孤合，此天以君授孤也。"裴松之注引《江表传》："权拔刀斫前奏案曰：'诸将吏敢复有言当迎操者，与此案同！'"

帐前斫案决大议，赤壁火船烧战旗。（宋·郑獬《赤壁》）

青玉案　古代一种珍贵的食器，为青玉所制，用以置放杯箸，后作为答诗的典故。张衡《四愁诗四首》其四："美人赠我锦绣段，何以报之青玉案。"

诗题青玉案，衣赠黑貂裘。（唐·高适《奉酬睢阳李太守》）

青州公案　北宋仁宗时，富弼镇守青州时，逢大水，赈济安置妥当，救活五十余万人。后用以称美地方官恤民救灾。亦作"富公公案"。见宋·苏轼《富郑公神道碑》。

南州指使，青州公案一般仁。（宋·包恢《水调歌头·羽觞随曲水》）

乌台旧案　宋神宗元丰年间，湖州知州苏轼，被劾以作诗"谤讪朝

廷”之罪，入御史狱。宋人朋九万编辑案卷，题名《乌台诗案》，后成为咏诗文之狱的典故。宋·周必大《二老堂诗话》：“元丰己未，东坡坐作诗谤讪，追赴御史狱。当时所供诗案，今已印行，所谓《乌台诗案》是也。”见361页“乌府”。

乌台旧案累汝，牵惹随司。（宋·刘克庄《汉宫春·酷爱名花》）

虚皇香案 唐代朝日，殿上设熏炉、香案。元稹曾任宰相，在诗中自称“玉皇香案吏”。后指皇帝的近侍之臣。亦作“侍玉皇香案”。

满酌琼舟。即上虚皇香案头。（宋·张孝祥《丑奴儿·十分济楚邦之媛》）

岸（*屽）àn

(古)去声，十五翰。(逆)傲～鹜～霸～阪～彼～边～驳～塍～赤～楚～垂杨～登～堤～断～风～高～隔～古～瑰～鹄～蒹葭～江～津～绝～魁～雷～林～柳～抹～拍～泮～畔～碕～器～墙～青～曲～鹊～沙～山～水～隋～邃～塌～颓～嵬～伟～梧～兀～斜～轩～崖～涯～烟～岩～瑶～野～驿～阴～坠～(顺)～谷～忽～巾～然～埽～头～限～异～狱～帻(例)日暮待情人，维舟绿杨岸。（唐·储光羲《杂咏五首·钓鱼湾》）街心若流水，城角如断岸。（唐·白居易《和微之诗二十三首·和望晓》）

(典)**乌江岸** 见765页“乌江自刎”。

美人自刎乌江岸，战火曾烧赤壁山，将军空老玉门关。（元·张可久《中吕·卖花声》）

丹枫落尽吴江岸 唐人崔信明以“枫落吴江冷”之句描绘江南秋色。

九月芦香霜旦旦，丹枫落尽吴江岸。（宋·洪适《渔家傲引·九月芦香霜旦旦》）

暗àn

(古)去声，二十八勘。(逆)暗～黯～鄙～蔽～谄～尘～服～戆～寡～黑～花～灰～涸～晦～昏～惑～亮～岭～柳～蒙～瞢～迷～明～冥～驽～偏～千山～浅～日～识～疏～衰～顽～朽～虚～银烛～庸～幽～愚～郁～月～云～质～(顺)～蔼～隘～薄～鄙～敝～愎～蔽～淡～钝～惰～戆～合～晦～秽～惑～将～陋～乱～昏～没～昧～眇～暝～墨～穆～懦～魄～浅～涩～伤～蚀～世～书～俗～汶～夕～相～修～虚～野～黝～彰～政～质～拙(例)秋夜不可晨，秋日苦易暗。（唐·韩愈《秋怀诗十一首》其六）塞月征尘，鞭丝帽影，常把流年虚占。藏鸦柳暗。（宋·陆游《齐天乐·角残钟晚关山路》）

按[1] àn ①按压。②抑制。③搁下。④依照。

(古)去声，十五翰。(逆)抚～摩～调～新～抑～(顺)～兵～部～歌～甲～剑～节～酒～军～乐～脉～拍～辔～蹻～曲～觞～舞～眼～撅～鹰～置(例)虚白亭前湖水畔，前后只应三度按。（唐·白居易《霓裳羽衣歌》）

按[2] àn ①查考；核对。②巡行；巡视。③加按语。

(古)去声，十五翰。(逆)察～出～复～覆～劾～检～谨～纠～鞫～举～考～廉～临～抨～凭～绳～推～寻～巡～询～召～(顺)～本～比～察～惩～辞～牍～抚～行～几～检～决～练～临～省～视～讨～田～味～县～选～巡～讯～验～语～阅～章

黯àn 昏暗。

(古)上声，二十九豏。(逆)黯～惨～苍～低～黑～晦～昏～枯～泥～匿～凄～情方～消～销～掩～依～阴～幽～黝～愚～黤～云～赭～黮～智～滞～(顺)～暧～敝～惨～忖～默～淡～澹～尔～黑～红～寂～旧～沮～陋～黣～昧～漠～默～然～冉～弱～色～蔚～约～云～湛～黮(例)望处旷野沉沉，暮云黯黯。（宋·柳永《安公子·长川波潋滟》）

犴àn 监狱。

(古)去声，十五翰。(逆)狴～貙～牢～类～亡～囹～狱～重～(逆)～狴～户～噬～讼～庭～囹～狱(例)皮肤坼甲胄，枝节擒貙犴。（唐·皮日休《太湖诗·上真观》）

半bàn

(古)去声，十五翰。(逆)倍～参～尺～春～功～鼓～酒～居～科～路～强～秋～软～山～少～事～太～泰～天～途～夏～相～霄～夜～寅～余～逾～月～云～中～(顺)～豹～壁～蟾～筹～除～床～丁～腹～垓～更～弓～古～规～合～纪～贾～解～景～镜～空～岭～轮～魄～霎～山～晌～舍～升～世～菽～途～夏～仙～宵～歇～星～阴～影～月～毡～仗～照～纸～妆(例)征帆飘空中，瀑水洒天半。（唐·李白《莹禅师房观山海图》）天寒荒野外，日暮中流半。（唐·杜甫《白沙渡》）

(典)**英雄半** 犹半英雄，指才士庞统。《三国志·魏书·刘表传》：“（刘）备走奔夏口。”裴松之注引《傅子》：“巽字公悌，瑰伟博达，有知人鉴。辟公府，拜尚书郎，后客荆州。……巽在荆州，目庞统为半英雄，证裴潜终以清行显；统遂附刘备，见待次于诸葛亮，潜位至尚书令，并有名德。”

酒里逢花须细看，人生谁似英雄半。（宋·葛胜仲《蝶恋花·百紫千红今烂熳》）

百年强半 指年过半百。唐·白居易《冬夜对酒寄皇甫十》：“十月苦长夜，百年强半时。”

百年强半，来日苦无多。（宋·苏轼《满庭芳·归去来兮》）

股钗还一半 《长恨歌》描写杨贵妃死后成仙，把金钗的一半给临邛道士，转交给唐玄宗作为爱情的信物，后用以咏恋人的诀别。

分明诀绝，股钗还我一半。（宋·郑觉斋《念奴娇·卷帘酒醒》）

办（辦）bàn

(古)去声，十六谏。(逆)安～备～参～逞～措～迭～订～访～供～核～恢～计～济～剿～精～静～究～立～密～排～取～商～审～书～通～外～完～襄～修～讯～严～倚～营～责～闸～征～整～职～指～制～治～置～酌～走～遵～(顺)～备～道～东～给～护～集～济～解～具～吏～买～纳～取～严～造～治～装～梓～罪(例)却欲便买茅庐，短篷轻楫，尊酒犹能办。（宋·叶梦得《竹马儿·与君记》）

伴bàn

(古)上声，十四旱。(逆)趁～俦～党～道～等～高阳～歌～光～行～合

～鹤～浣纱～火～贾～监～结～酒～良～侣～旅～鸥～鸥鸟～朋～青灯～人～失～诗～随～徒～卧云～闲～相～香山～萧史～学～押～饮～游～宗～醉～作～顺～当～党～等～换～驾～酒～灵～流～偶～食～随～同～伍～游例去岁羁帆湘水明，霜枫千里随归伴。（唐·韩愈《游青龙寺赠崔大补阙》）鹧鸪声苦晓惊眠，朱槿花娇晚相伴。（唐·李商隐《偶成转韵七十二句赠四同舍》）

典高阳伴 见151页“高阳池”。

今朝偶得高阳伴，从放山翁醉似泥。（唐·张贲《奉和袭美题褚家林亭》）

鸥鸟伴 《列子》寓言记载了海边有一位喜欢与鸥鸟为伴的人，后用作遁世隐居的典故。

寄言鸥鸟伴，从此莫相猜。（清·吴绮《泊八里滩》）

萧史伴 指弄玉，相传秦穆公时人萧史善吹箫，穆公把女儿弄玉嫁给他，两个人在凤台吹箫引凤成仙而去。亦作“萧史忆”，后用以咏夫妻或男女爱情。见526页“凤楼吹箫”。

宜推萧史伴，消得东阳瘦。（宋·李之仪《千秋岁·万红暄昼》）

青春作伴 指趁着春天返回故乡。唐·杜甫《闻官军收河南河北》：“白日放歌须纵酒，青春作伴好还乡。即从巴峡穿巫峡，便下襄阳向洛阳。”自注：“余田园在东都。”

不知何事未还乡，除却青春谁作伴。（宋·赵长卿《玉楼春·江村百六春强半》）

病与乐天相伴 白居易，字乐天，晚年疾病缠身，赋诗自叹，有“病共乐天相伴住”之句。唐·白居易《春尽日宴罢感事独吟》：“病共乐天相伴住，春随樊子一时归。”

丈室萧然，独病与、乐天相伴。（宋·刘克庄《解连环·悬弧之旦》）

梧桐半死，鸳鸯失伴 用以赞美夫妻恩爱生死与共。唐·孟郊《烈女操》：“梧桐相待老，鸳鸯会双死。”

梧桐半死清霜后，头白鸳鸯失伴飞。（宋·贺铸《鹧鸪天·重过阊门万事非》）

瓣bàn

古去声，十六谏。逆根～瓜～花～莲～门～双～香～顺～香例明师未遇肯安闲。几度拈香一瓣。（宋·林自然《西江月·二十余年访道》）

典心香一瓣 佛教禅宗长老开堂讲道，焚香，有“此一瓣香，敬献（授法于己的）某法师”的话。北宋陈师道对其师曾巩致敬，诗中用“向来一瓣香，敬为曾南丰”表示心意，后用以表示礼敬或贺寿的典故。见802页“一瓣香”。

有心香一瓣，心声一阕，更携阿艾，同寿灵椿。（宋·冯取洽《沁园春·禀气之中》）

扮bàn

古去声，十六谏。逆穿～道～乔～刷～文～杂～扎～整～妆～顺～会～戏～相～妆～装例见个人人、越格风流，饶济济、入时打扮。（宋·扬无咎《两同心·月可中庭》）

拌bàn

逆难～顺～和～磕～匀例独房莲子没有看，偷折莲时命也拌。（唐·裴诚《新添声杨柳枝词》）

绊(絆)bàn

古去声，十五翰。逆车～根～羁～鞿～继～拘～拉～笼～纽～攀～牵～惹～冗～缧～脱～系～绁～亵～鞅～萦～顺～翻～鞿～韁～脚～索～拘～马坑～马索～惹例相望山隔碍，欲去官羁绊。（唐·白居易《和微之诗二十三首·和望晓》）

爿bàn 量词。

逆一～

变(變)biàn

古去声，十七霰。逆豹～惨～禅～处～蹙～凋～讹～蕃～翻～蜚～风云～感～革～贯～诡～国～横～虎～化～幻～祸～惑～畸～激～降～节～惊～镜～谲～睽～雷～历～隶～灵～流～龙～虑～弭～谋～逆～鹏～丕～欺～迁～巧～穷～权～桑田～嬗～神～生～时～识～世～天～屯～物～翕～祥～新～星～衍～妖～祆～爻～异～应～幽～渝～玉～驭～遇～灾～遭～折～众～顺～褊～兵～裁～察～除～辞～端～法～服～复～改～告～怪～贯～骇～悔～惑～急～节～警～咎～局～橘～理～例～乱～貌～面～谋～难～弄～齐～弃～迁～巧～趋～权～容～商～省～势～事～饰～数～颂～俗～泰～体～通～侮～物～悟～嫌～象～衅～眩～雅～颜～移～易～意～应～狱～造～则～诈～争～征～证～置～转～作例草共林一色，云与峰万变。（唐·张说《岳阳石门墨山二山相连有禅堂观天下绝境》）

典豹变 指豹文变美，《革卦》爻辞借以喻改革之时“君子”的变化，后指地位升迁。《易·革卦》：“上六，君子豹变，小人革面……象曰：‘君子豹变，其文蔚也。’”

豹变焉能及，莺鸣非可求。（唐·张九龄《登乐游原春望书怀》）

虎变 虎身花纹斑驳多彩，《革卦》有“大人虎变”之语，因以“虎变”喻杰出之士发迹显名。《易·革卦》：“九五，大人虎变，未占有孚。象曰：‘大人虎变，其文炳也。’”

朝歌鼓刀叟，虎变蟠溪中。（唐·李白《鞠歌行》）

龙变 喻人飞黄腾达。《史记·外戚世家》：“褚先生曰：‘丈夫龙变。’……丈夫当时富贵，百恶灭除光耀荣华，贫贱之时何足累之哉！”

龙变洞中千谷冷，剑横天外八风清。（唐·谭用之《约张处士游梁》）

三变 北宋词人柳永，本名三变。亦作“柳家三变”。宋·王辟之《渑水燕谈录》卷八：“柳三变，景祐末登进士第，少有俊才，犹精乐章，后以疾更名永，字耆卿。”

尚歌得新词，柳家三变。（宋·刘澜《齐天乐·玉钗分向金华后》）

陵谷变 本指地形巨变，后比喻世事变迁，高下易位。亦作“陵谷改”“谷变陵迁”。《诗经·小雅·十月之交》：“百川沸腾，山冢崒崩。高岸为谷，深谷为陵。”

三十年来陵谷变，耕人犹识旧铜铺。（明·刘绩《经钱塘故址》）

国风之变 即变风，《诗经》中的“变风”是衰世民心民情的反映，它抒写了处于衰世人民对于当时社会的不满，又能“发乎情止乎礼义”,不是毫无节制的宣泄,后用以咏衰世诗作。《毛诗序》:“至于王道衰、礼义废、政教失、国异政、家殊俗,而变风变雅作矣。”

自和山歌、国风之变、离骚之裔。(宋·刘克庄《水龙吟·病翁一榻萧然》)

遍(*徧)biàn

㊀去声,十七霰。逆布～该～行～红～急～绿～溥～秋阴～绕～岁～问～寻～周～顺～报～徧～赐～读～睹～覆～告～观～行～祭～见～诫～览～礼～历～拍～赊～施～祀～搜～谈～闻～谢～循～游～谕～赞～照～知～周例岸深翠阴合,川回白云遍。(唐·洪子舆《严陵祠》)抽剑步霜月,夜行空庭遍。(唐·李白《江夏寄汉阳辅录事》)

典**桃红千遍** 形容时间长久,人生短暂。唐·李贺《浩歌》:“王母桃花千遍红,彭祖巫咸几回死。”

蓬壶旧约,人间舒笑,桃红千遍。(宋·吕渭老《鼓笛慢·拍肩笑别洪崖》)

十二阑干闲倚遍 咏寂寞怀人之典。亦作“十二曲阑闲倚遍”。《乐府诗集》卷七二《西洲曲》:“忆郎郎不至,仰首望飞鸿。鸿飞满西洲,望郎上青楼。楼高望不见,尽日栏干头。栏干十二曲,垂手明如玉。卷帘天自高,海水摇空绿。海水梦悠悠,君愁我亦愁。”

十二阑干闲倚遍,黄莺啼上内人斜。(明·蒋平阶《浣溪沙·柳外高楼一带遮》)

辨biàn

㊀上声,十六铣。逆案～别～驳～裁～察～畅～澄～酬～谛～该～宫商～慧～机～极～季札～较～均～考～立～廉～明～判～偏～剖～屈～认～审～识～索～通～微～问～五色～细～详～心～宣～眼～臆～昭～甄～至～擿～顺～变～才～裁～测～察～尝～达～钧～订～断～对～讹～复～告～合～画～慧～惑～激～诘～谲～括～理～丽～利～明～难～洽～切～人～日～色～识～似～释～疏～诉～愬～位～味～物～悟～析～学～雪～言～验～异～囿～雨～约～章～照～争～正～志～治～智～奏例虚声万籁分,水色千里辨。(唐·张说《赠赵侍御》)沙禽近方识,浦树遥莫辨。(唐·孟浩然《登鹿门山》)

典**季札辨** 指欣赏品评音乐、舞蹈。见72页“季札听歌”。

跆滞难令季札辨,迟回但恐文侯卧。(唐·元稹《和李校书新题乐府十二首》其七)

楮叶莫辨 喻指技艺精良。亦作“刻楮”“楮叶”。《韩非子·喻老》:“宋人有为其君以象为楮叶者,三年而成。丰杀茎柯,毫芒繁泽,乱之楮叶之中而不可别也。”

良工巧费真为累,楮叶成来不直钱。(唐·李商隐《一片》)

辩(辯)biàn

㊀上声,十六铣。逆辩～博～才～材～察～陈～逞～骋～驰～持～酬～词～辞～聪～诋～服～高～龟～诡～好～和～闳～宏～华～机～诘～解～精～警～九～俊～口～夸～论～靡～妙～敏～名～佞～强～巧～清～曲～诠～申～饰～思～讼～诉～谈天～条～廷～庭～析～小～谐～泻～雄～悬～殊～逸～英～责～遮～折～争～知～直～忮～质～智～纵横～顺～白～驳～博～畅～辞～答～道～雕～断～对～锋～富～覆～告～画～惠～慧～惑～诘～解～据～决～谲～俊～客～类～理～略～敏～难～剖～巧～善～赡～舌～士～事～释～说～讼～通～问～诬～武～悟～析～哲～黠～献～雪～言～眼～验～逸～囿～诈～争～智～谘例或闻通鬼魅,怪祟立可辩。(唐·陆龟蒙《孤雁》)

典**非马辩** 战国时,宋国人兒说持名家“白马非马”的观点。韩非子说,兒说过关口,不能以“白马非马”的论断为自己所乘的白马免税,照样要为白马纳税。后用作咏过关的典故。见《韩非子·外储说左上》

关令莫疑非马辩,道安还跨赤驴行。(唐·齐己《送胤公归阙》)

便biàn ①方便;便利。②非正式的。另见626页pián。

㊀去声,十七霰。逆常～称～乘～从～带～德～风～告～公～惯～行～鸿～机～疾～简～交～捷～借～近～径～空～快～立～利～廉～两～伶～流～宁～巧～清～取～任～擅～省～私～伺～稳～形～悬～要～宜～因～赢～缘～辄～疐～顺～安～地～风～附～好～鸿～计～捷～近～览～利～马～美～门～面～敏～幕～巧～人～时～水～私～文～习～榭～信～衣～宜～易～音～羽～中～坐例声随羽仪远,势与归云便。(唐·王昌龄《送刘昚虚归取宏词解》)

典**周郎便** 杜牧诗有“东风不与周郎便,铜雀春深锁二乔”之句,对赤壁之战中周瑜险胜曹操表示庆幸。见540页“二乔”。

攀花落雨祝东风,消不借、周郎便。(宋·陈师道《洛阳春·酒到横波娇满》)

辫(辮)biàn

㊀上声,十六铣。逆垂～发～结～解～南～绦～髻～竹～顺～发～髻～

卞biàn ①急躁。②法度。

㊀去声,十七霰。逆楚～大～刚～疏～隋～薛～躁～顺～宝～璧玺～忿～和～急～克～璞～泣～射～随～严～毅～躁～庄

典**楚卞** 咏和氏璧。见454页“献玉”。

越欧百炼时,楚卞三泣地。(唐·吕温《古兴》)

緶biàn 编成辫子状。

㊀下平,一先。逆麻～

抃biàn 鼓掌。

㊀去声,十七霰。逆鳌～蹈～歌～股～呼～欢～快～雷～连～起～庆～荣～悚～竦～武～舞～喜～响～笑～忻～欣～踊～藻～顺～蹈～贺～叫～栗～牛～手～舞～僛～笑～踊～悦～跃～掌～祝～转例都人游玩。万井山呼欢抃。(宋·无名氏《绕池游·渐春工巧》)

典**鳌抃** 传说渤海之东的海中,有巨龟待仙山而抃。后多用以形容臣民向皇帝激动欢呼之状。屈原《天问》:“鳌戴山抃。何以安之?”东汉·王逸注:“击手曰抃。”

天长地久千秋节,鳌抃欢呼四海人。(宋·周必大《金国贺会庆圣

节》)

忭biàn 欢喜;快乐。

古去声,十七霰。逆感～鼓～呼～欢～快～雷～庆～雀～荣～舞～欣～顺～舞～忻～幸～踊～跃例龙章亲献龟台祝,与中宫、同诚欢忭。(宋·曹勋《大椿·梅拥繁枝》)

汴biàn 古地名。

古去声,十七霰。逆残～古～河～梁～清～顺～宫～京～梁例城上层楼叠巘。城下清淮古汴。(宋·苏轼《如梦令·城上层楼叠巘》)

弁biàn ①古代成年男子戴的帽子。②武官。③放在前面。④惊惧。另见626页pán。

古去声,十七霰。逆卑～兵～侧～蝉～朝～楮～大～峨～股～冠～鹖～护～瑲～将～解～爵～鹿～马～冕～末～皮～綦～琼～雀～哨～突～屯～韦～武～枭～璇～汛～狗～野～缨～营～员～运～簪～整～顺～兵～辰～带～绖～丁～端～服～韩～栗～论～髦～冕～目～琼～裳首～田～言～勇～语～组例使君情在,暮云合处,卧看碧峰峨弁。(宋·刘一止《鹊桥仙·春风真个》)

典侧弁 《诗经》中以“侧弁”(戴歪帽子)讽君臣上下饮酒无度,后用以咏醉饮。《诗经·小雅·宾之初筵》:“是曰既醉,不知其邮。侧弁之俄,屡舞傞傞。”

从车贮酒传呼出,侧弁簪花倒载回。(宋·司马光《和吴省副梅花半开招凭由张司封饮》)

鹖弁 即鹖冠,为武冠,故以称武士。《后汉书·舆服志下》:“武冠俗谓之大冠,环缨无蕤,以青系为绲,加双鹖尾,竖左右,为鹖冠云。五官、左右虎贲、羽林、五中郎将、羽林左右监皆冠鹖冠,纱縠单衣。……鹖者,勇雉也。其斗对,一死乃止。故赵武灵王以表武士,秦施之焉。”

晚锡蓝衫更鹖弁,径分蒲璧镇龙泉。(宋·王柏《挽赵龙泉》)

戴武弁 汉制,武官戴武冠,又称武弁大冠,后因用“戴武弁”喻指身任武职。《后汉书·舆服志下》:“武冠,一曰武弁大冠,诸武官冠之。”

刘侯戴武弁,政则心吾儒。(宋·周敦颐《题浩然阁》)

粲càn ①鲜明。②盛笑貌。

古去声,十五翰。逆白～白石～炳～采～粲～齿～葱～璀～翠～馆～辉～角枕～锦～精～南山～绮～三英～王～霞～笑～薪～星～一～一笑～玉～灼～綷～顺～粲～谷～花～烂～丽～然～如～者例伤时愧孔父,去国同王粲。(唐·杜甫《通泉驿南去通泉县十五里山水作》)

典王粲 字仲宣,“建安七子”之一,东汉末曾依附荆州刘表,后归曹操,官至侍中,以诗赋著称。后借指诗人、才士或幕宾。见《三国志·魏书·王粲传》。

零雨悲王粲,清尊别孔融。(唐·卢照邻《西使兼送孟学士南游》)

一笑粲 亦作“一粲”“笑粲”。《穀梁传·昭公四年》:“军人粲然皆笑。”晋·范宁集解:“粲然,盛笑貌。”

辽哉千岁后,发我一笑粲。(宋·苏轼《诅楚文》)

灿(燦)càn

古去声,十五翰。逆白～灿～翠～光～华～焕～明～熣～鲜～星～晏～耀～荧～顺～灿～错～焕～黄～炬～烂～亮～熳～然～日～铄～蔚～艳～爛例问使君、记纪绛人年,耆颐半。天付与,文章灿。(宋·无名氏《满江红·好景欣逢》)

璨càn ①美玉。②灿烂;鲜明。

古去声,十五翰。逆北斗～璨～璀～蒨～顺～璨～璀～瑳～烂～绮～然例俯视趋朝客,簪佩何璀璨。(唐·储光羲《贻刘高士别》)

掺(摻)càn 鼓曲。另见606页xiān。

古去声,二十九豏。逆渔阳～顺～鼓～挝

孱càn 孱头,怯弱者。另见613页chán。

顺～头

忏(懺)chàn 忏悔的忏。

古去声,三十陷。逆拜～宝～词～皇～经～开～愧～礼～梁皇～梁武～祈～起～水～顺～拔～陈～除～涤～度～法～礼～摩～七～祈～舌～事～洗～谢～仪

羼chàn 混杂;掺杂。

古上声,十五潸。逆傀～傅～混～顺～补～厕～和～名～入～提～戏～杂

颤(顫)chàn 颤动的颤。另见709页zhàn。

古去声,十七霰。逆颤～胆～动～抖～风荷～寒～花光～悸～软～闪～战～振～震～捉～顺～笔～掣～掉～悸～恐～凛～袅～涩～声～索～脱～悠～杖～震例剪烛蜡烟香,促席花光颤。(唐·欧阳彬《生查子》)

刬(剗)chàn 一刬,一味地。

逆一～

串chuàn

古去声,十六谏。逆宝～茶～贯～惯～贿～戚～亲～商～闲～香～游～炙～珠～顺～彻～访～贯～合～炮～瓦～烟～衍～饮～游～月～珠例旧时月底秋千,吟香醉玉,曾细听、歌珠一串。(宋·李彭老《祝英台近·杏花吹》)

典歌珠贯串 指称美歌喉宛转动听的典故。亦作“歌珠一串”“歌珠累累”“歌珠”。见673页“贯珠”“一串歌珠”。

命舞燕翩翻,歌珠贯串,向玳筵前,尽是神仙流品,至更阑、疏狂转甚。(宋·柳永《宣清·残月朦胧》)

钏(釧)chuàn 镯子。

古去声,十七霰。逆宝～臂～钗～翠～环～镮～金～龙～手～腕～玉～顺～臂～镯例恁花映春风面。相思不用宽金钏。(宋·毛滂《青玉案·今宵月好来同看》)

窜(竄)cuàn

古去声,十五翰。逆奔～迸～贬～逋～斥～穿～窜～颠～遁～讹～伏～骇～解～惊～麋～刊～溃～狼～流～旅～逆～匿～鸟～屏～栖～迁～潜～黥～跧～山～删～深～首～缩～投～涂～脱～亡～闲～穴～逸～隐～谪～雉～诛～走～顺～避～贬～藏～斥～黜～掇～恶～伏～附～锢～官～迹～寄～句～绝～流～乱～名～命～谋～匿～跑～屏～窃～取～扰～辱～散～逃～投～突～亡～徙～削

～言～易～轶～益～逸～越～杂～责～谪例荆杞虽云梗，烟霞尚容窜。（唐·皮日休《追和虎丘寺清远道士诗》）

爨cuàn 烧火煮饭。

古去声，十五翰。逆匕～晨～炽～饎～春～厨～炊～蹈～典～分～釜～供～骸～举～馈～劳新～起～樵～琴下～入～司～踏～同～桐～铜～晚～析～薪～烟～一～异～雍～杂～执～炙～竹里～顺～本～婢～爂～炊～涤～鼎～夫～妇～桂～火～镬～具～馈～蜡～弄～琴～人～室～桐～犀～下～薪～星～烟～演～灶～炙～濯例舟中指可掬，城上骸争爨。（唐·李白《南奔书怀》）

典**骸爨** 凶年饥岁或战乱时，百姓到了人吃人的处境。《左传·宣公十五年》载：公元前594年，楚庄王发兵围困宋国，"宋人惧，使华元夜入楚师，登子反之床，起之，曰'寡君使元以病告，曰：敝邑易子而食，析骸以爨。虽然，城下之盟，有以国毙，不能从也。去我三十里，唯命是听'"。

舟中指可掬，城上骸争爨。（唐·李白《南奔书怀》）

入爨 东汉人蔡邕所制之琴名，传说此名是因所用桐木尚有烧焦痕迹而得，后用以咏琴。见283页"焦尾"。

翠桐犹入爨，青镜未辞尘。（唐·项斯《落第后归觐喜逢僧再阳》）

篡（簒）cuàn

古去声，十六谏。逆改～行～陵～谋～窃～弋者～顺～臣～辞～代～盗～夺～夫～国～解～据～绝～立～乱～逆～虐～叛～畔～窃～取～杀～煞～事～弑～统～伪～贼～政～逐～子例况是婚礼须，忧为弋者篡。（唐·陆龟蒙《孤雁》）

典**弋者篡** 汉代扬雄以鸿飞远空，弋者不能加害，喻君子脱离羁绊、远避危害，后用为典实。亦作"弋者何篡""弋者慕"。汉·扬雄《法言·问明》："治则见，乱则隐。鸿飞冥冥，弋人何篡焉？"晋·李轨注："君子潜神重玄之域，世网不能制御之。"

肯效屠门嚼，久嫌弋者篡。（唐·韩愈《崔十六少府摄伊阳以诗及书见投》）

旦dàn ①天明。②天；日。③戏剧中扮演女性的角色。

古去声，十五翰。逆悲～曾～朝～晨～城～乘～迟～初～春～达～待～旦～拂～谷～縠～禾～贺～华～昏～吉～浃～节～诘～景～警～朗～浪～犁～黎～凌～令～昧～明～清～庆～丘～日～散～盛～寿～叔～霜～爽～水～朔～岁～通～味～熙～霞～昕～休～旭～伊～优～月～岳～昭～肇～振～震～郑～质～顺～彩～朝～儿～过寮～过僧～会～昏～明～莫～暮～气～日～爽～晚～望～夕～昔～月～云～宅～昼例泄云多表里，惊潮每昏旦。（唐·宋之问《称心寺》）

典**曾旦** 北宋王曾与王旦的并称。他们都是北宋真宗、仁宗朝先后主持朝政的名宰相，二人死后的谥号都叫"文正"。后指王姓人家先祖显赫。宋·赵与时《宾退录》卷三："王孝先曾谥文正。王子明旦谥文贞，避仁庙嫌讳，亦称文正。后来称孝先者，多称其封国以为别；王子明封魏国，人罕称也。韩参政亿谥忠宪，韩魏公谥忠献，字虽不同，音则莫辨。此四臣者，皆名臣也。"

有本朝曾旦，移春手段，旧家羲献，补月心肠。（宋·葛长庚《沁园春·锦绣文章》）

縠旦 即吉日良辰，后作庆贺之词。《诗经·陈风·东门之枌》："縠旦于差，南方之原。"毛氏传："縠，善也。"唐·孔颖达疏："见朝日善明，无阴云风雨，则曰可以相择而行乐矣。"

月旦 指品评人物。亦作"汝南月旦"。见894页"月旦评"。

星台秀士，月旦诸子。（唐·陈子昂《春台引》）

震旦 中国在佛经中的译称。《一切经音义》卷七二《杂阿毘昙心论二·振旦》："或作震旦……旧译云汉国。经中亦作脂那，今作支那，此无正翻，直云神州之总名。"

金输风火转无涯，震旦观光渡海沙。（宋·李复《天竺僧金总持》）

信誓旦旦 表示誓言诚挚可信。亦作"旦旦信誓"。《诗经·卫风·氓》："总角之宴，言笑晏晏，信誓旦旦，不思其反。"

枕戈待旦 枕着兵器，等待天亮。形容杀敌报国心切。或指高度警惕。亦用以表现军旅生涯。亦作"枕戈""先鞭"。《晋书·刘琨传》："与范阳祖逖为友。闻逖被用，与亲故书曰：'吾枕戈待旦，志枭逆虏，常恐祖生先吾着鞭。'其意气相期如此。"

横槊赋诗虽昔事，枕戈待旦取徒劳。（宋·曹勋《和黄南嘉相贺》）

零雨回公旦 公旦即周公，周公遭人诽谤，滞留在外，后得澄清，重获任用。亦作"公旦驾回"。《诗经·豳风·东山》："我徂东山，慆慆不归。我来自东，零雨其蒙。"

零雨已回公旦驾，挽须聊听野王筝。（宋·魏泰《荆门别张天觉》）

淡dàn

古去声，二十八勘。逆暗～黯～惨～黪～澄～淳～醇～粗～淡～甃～澉～高～孤～古～寡～邯～涵～昏～简～交～净～枯～苦～旷～冷～凝～浓～平～朴～凄～浅～轻～柔～散～沈～渗～食～疏～肃～素～恬～甜～颓～褪～味～温～稀～闲～萧～虚～玄～雅～烟～夷～阴～幽～渊～晕～云～湛～贞～顺～霭～薄～泊～淡～宕～荡～蛾～饭～服～澉～古～忽～话～寂～简～见～洁～净～静～句～客～冷～漠～默～泞～朴～晴～然～书名～素～退～滟～沱～味～雅～烟～冶～易～远～约～月～泞例我觉山高，潭空水冷，月明星淡。（宋·辛弃疾《水龙吟·举头西北浮云》）

典**经营惨淡** 本指绘画前先用淡淡颜色勾勒轮廓，苦心经营。后指艺术创作中的苦心构思。唐·杜甫《丹青引》："先帝天马玉花骢，画工如山貌不同。是日牵来赤墀下，迥立阊阖生长风。诏许将军拂绢素，意匠惨淡经营中。须臾九重真龙出，一洗万古凡马空。"

花余歌舞欢娱外，诗在经营惨淡中。（宋·辛弃疾《鹧鸪天·点尽苍苔色欲空》）

诞(誕)dàn ①诞生。②生日。③荒唐的;不合情理的。④大。⑤欺诈。

古上声,十四旱。逆傲～慠～背～鄙～丑～矗～放～浮～覆～乖～佹～诡～贵～悍～豪～闳～宏～华～幻～荒～恢～昏～驾～简～贱～降～骄～矫～讦～矜～谲～空～夸～宽～狂～诳～旷～阔～令～谩～漫～慢～冥～谬～庞～丕～欺～奇～浅～庆～任～散～神～生～寿～疏～陶～妄～诬～仙～闲～险～邪～信～雄～虚～谚～妖～迂～谀～愚～诈～纵～顺～傲～布～畅～辞～宕～荡～德～登～笃～伐～放～敷～告～诡～幻～滮～基～将～降～节～矜～静～谲～诳～率～略～谩～漫～弥～命～谬～僻～铺～欺～庆～日～膺～涩～圣～受～授～说～肆～谈～罔～妄～喜～纤～信～兴～秀～虚～序～言～曜～逸～意～英～膺～育～欲～誉～毓～月～孕～载～诈～章～昭～哲～质～恣～纵例帝子吹笙,洛妃起舞,应喜蓬宫仙诞。(宋·陈深《齐天乐·秋涛欲涨西陵渡》)

担(擔)dàn 担子。另见586页dān。

古去声,二十八勘。逆步～弛～穿～禾～货郎～尖～经～箩～樵～仙人～竹～顺～子

弹(彈)dàn ①弹弓。②弹丸。另见631页tán。

古去声,十五翰。逆飞～弓～火～挟～金～蜡～射～弯～玉～柘～珠～顺～丸～子涡～子窝

典**公子挟弹** 战国时,庄辛以黄雀被击落作比,讽劝楚襄王不要淫逸侈靡,不顾国政。后指悲惨的结局。见307页"黄雀哀"。

林间公子挟弹弓,一丸致毙花丛里。(唐·庄南杰《黄雀行》)

潘郎挟弹 晋时,少年潘岳常挟弹弓外出打鸟为戏,后作少年玩乐之典。《晋书·潘岳传》:"(潘岳)少时常挟弹出洛阳道。"

延尉张罗自不关,潘郎挟弹无情损。(唐·刘禹锡《百舌吟》)

蛋dàn

逆红～文～喜～顺～丁～户～划～家～民～青色～人～市

惮(憚)dàn

古去声,十五翰。逆逼～猜～崇～宠～辞～惮～恶～服～顾～回～忌～敬～沮～惧～倦～可～愧～谦～慑～深～畏～无～信～严～疑～忧～耆～惴～尊～顺～避～惮～烦～服～警～恐～劳～漫～明～难～劬～色～慑～事～惕～畏～直例王室不肯微,凶徒略无惮。(唐·杜甫《舟中苦热遣怀》)

萏dàn 菡萏,荷花。

古上声,二十七感。逆菡～例蜂蝉碎锦缬,绿池披菡萏。(唐·韩愈《送无本师归范阳》)

但dàn

古上声,十四旱。逆何～可～媒～拍～岂～顺～歌～见～可～马～凭～已

石dàn 量词。另见177页shí。

古入声,十一陌。逆八千～二千～

典**二千石** 是汉代官员俸禄的一个等级,分中二千石、二千石、比二千石三种,上自太常,下至郡尉均属此级,后指郡尉等高级官吏。见《汉书·百官公卿表上》。

十万户州尤觉贵,二千石禄敢言贫。(唐·白居易《题新馆》)

啖(*啗、噉)dàn 吃或给别人吃。

古去声,二十八勘。逆白～蚕～啖～龁～健～进～酒～咀～啮～食～调～吞～饮～咂～炙～顺～尝～啜～啖～饭～龁～健～嚼～名～啮～食～舐～噬～吞～养～饮～咋～赵～蔗例鲸鹏相摩窣,两举快一啖。(唐·韩愈《送无本师归范阳》)

典**遇炙先啖** 王羲之少年时受到周颉的赏识,颉曾在坐客都还未吃的情况下,首先割牛心炙给他吃,便引人注目而出了名,后用以指因名人的赏识而出名。《晋书·王羲之传》:"王羲之字逸少,司徒导之从子也。……羲之幼讷于言,人未之奇。年十三,尝谒周颉,颉察而异之。时重牛心炙,坐客未啖,颉先割啖羲之,于是始知名。"

遇炙谁先啖,逢齑即便吹。(唐·李商隐《咏怀寄秘阁旧僚二十六韵》)

瘅(癉)dàn ①因劳致病。②痛恨。③热;湿热。④通"疸"。另见586页dān。

古去声,二十一箇。又:上声,二十哿同。逆瘁～黄～彰～顺～恶～热～暑

氮dàn 化学元素。

顺～气～肥

店diàn

古去声,二十九艳。逆车～邨～村～道～灯火～邸～坊～孤～行～贾～浇～脚～街～客～楼～马～茅～起～曲～山～市～讨～投～下～歇～押～野～驿～捉～顺～底～东～房～舍～肆～堂～头～友例依依梦归路,历历想行店。(唐·韩愈《喜侯喜至赠张籍张彻》)

典**鸡声茅店** 形容羁旅山村野店,凌晨赶路的情景。唐·温庭筠《商山早行》:"晨起动征铎,客行悲故乡。鸡声茅店月,人迹板桥霜。"

今夜梦中重聚首,鸡声茅店已三更。(宋·陈普《赠清叟行》)

电(電)diàn

古去声,十七霰。逆奔～犇～掣～乘～驰～赤～大～飞～感～骇～激～急～蛟～惊～绝～狂～流～露～蹑～飘～轻～收～霜～烁～霆～笑～迅～岩～岩下～眼～游～玉～震～鳌～逐～追～紫～顺～雹～奔～鞭～采～策～察～掣～驰～瞛～光～骇～赫～虹～挥～激～戟～铁～甲～鉴～旌～举～烂～雷～临～露～矛～沫～眸～母～目～怒～泡～旆～飘～旗～顷～驱～阙～绕～扫～闪～射～逝～舒～透～威～尾～骛～笑～烻～焰～钥～耀～跃～陨～照～骘～烛～转例雕弓写明月,骏马疑流电。(唐·李世民《帝京篇十首》其三)

典**岩电** 形容目光明亮射人。亦作"寒眸激电""王戎似电"。《世说新语·容止》:"裴令公曰:'王安丰眼烂烂如岩下电。'"

老夫垂八十,岩电尚烂烂。(宋·陆游《秋夜读书》)

枢旋大电 古代传说中黄帝之母附宝感受闪电绕北斗枢星(枢为北斗七星第一星)而怀孕,遂生黄帝,

后用以称美君主降生。亦作“璇枢绕电”。见341页“电绕璇枢”。

枢旋大电，虹流华渚，阳春天气。（宋·曹勋《水龙吟·翠帘迟晚》）

垫（墊）diàn

㊄去声，二十九艳。㊂拜～愁～筹～昏～惛～流～沦～漂～沈～湿～颓～踒～下～淤～㊀隘～财～昏～角～巾～裂～没～陌～溺～濡～洳～湿～沃～陷～溢㊅丁香体柔弱，乱结枝犹垫。（唐·杜甫《江头四咏·丁香》）

殿diàn ①高大的房子。②行军走在最后。③镇守。

㊄去声，十七霰。㊂阿房～柏～拜～陛～碧～璧～别～层～楚～丹～梵～飞云～佛～复～阁～桂～韩王～寒～行～虎～画～稽～架～椒～金～金銮～禁～镜～鹫～兰～离～凉～麟～凌霄～龙～楼～鲁～鸾～銮～茅～秘～幕～琪～绮～清虚～琼～秋～鹊～三清～森罗～山～石～书～霜～水～邃～彤～瓦～帷～未央～吴～香～轩～宴～燕～瑶～掖～银～影～玉～御～鸳鸯～月～云～长生～帐～珍～重～朱～珠～竹～妆～紫～椶～㊀邦～陛～兵～春～阁～喝～后～虎～脚～军～魁～寝～阙～上虎～舍～省～使～屎～闼～堂～廷～庭～岩～宇～元～院～撰～最㊅暮云成积雪，晓色开行殿。（唐·李隆基《校猎义成喜逢大雪率题九韵以示群官》）团扇复团扇，奉君清暑殿。（唐·刘禹锡《相和歌辞·团扇郎》）

㊆**柏殿** 指柏梁台，用指宫廷宴饮赋诗之事。见822页“柏梁”。

杨宫先上赋，柏殿几连诗。（唐·张说《李工部挽歌三首》其一）

棘生殿 咏王朝更替。东晋十六国时，后赵灭亡前，后赵主石虎（季龙）设宴宫廷，发现殿石下有棘生长。佛图澄因此预言后赵将会灭亡。其后，石虎之养孙棘奴（冉闵）果然灭亡后赵。后世遂用“棘生殿”指王朝灭亡。见《晋书·艺术传·佛图澄传》。

棘生石虎殿，鹿走姑苏台。（唐·李白《对酒》）

水精殿 传说，吴王阖闾曾建水精宫，后用以咏宫殿。旧题南朝梁·任昉《述异记》卷上：“阖闾构水精宫，尤极珍怪，皆出自水府。”

苑外江头坐不归，水精春殿转霏微。（唐·杜甫《曲江对酒》）

九华宫殿 汉代长安、三国魏之洛阳均有九华殿，后用以咏宫殿。旧题晋·葛洪《西京杂记》卷一：“汉掖庭有月影台、云光殿、九华殿、鸣鸾殿、开襟阁、临池观，不在簿籍，皆繁华窈窕之所栖宿焉。”

九华宫殿燕王府，百辟门庭成卒家。（明·宋讷《壬子秋过故宫》其七）

蓬莱宫殿 指古代传说中蓬莱等东海三仙山上的金、银宫阙。见600页“三山”。

鸳鹭簪裾上龙尾，蓬莱宫殿压鳌头。（唐·姚合《和卢给事酬裴员外》）

翠笼明光殿 唐代诗人韩愈诗有“香随翠笼”“汉家旧种明光殿”等语，用以咏樱桃。唐·韩愈《和水部张员外宣正衙赐百官樱桃诗》：“汉家旧种明光殿，炎帝还书本草经。岂似满朝成雨露，共看传赐出青冥。香随翠笼擎初到，色映银盘写未停。食罢自知无所报，空然惭汗仰皇扃。”

江湖清梦断，翠笼明光殿。（宋·辛弃疾《菩萨蛮·香浮奶酪玻璃碗》）

玷diàn 白玉上的斑点。

㊄上声，二十八琰。㊂白圭～尘～疵～公～圭～毁～滥～躐～泯～倾～辱～微～猥～诬～无～瑕～贻～㊀尘～渎～秽～累～漏～冒～名～缺～阙～染～辱～伤～瑕～翳～邮㊅翻飞乏羽翼，指摘困瑕玷。（唐·韩愈《陪杜侍御游湘西两寺独宿有题一首》）

㊆**白圭无玷** 《诗经》有“白圭之玷，尚可磨也”之语，后指清白无辜。见263页“三复白圭”。

良药有功方利病，白圭无玷始称珍。（宋·邵雍《诫子吟》）

簟diàn 竹席。

㊄上声，二十八琰。㊂碧～冰～床～翠～笛～底～风～宫～莞～几～角～筠～凉～露～篾～蕲～衾～青～清～秋～晒～暑～桃～筒～文～犀～夏～湘～象～牙～雨～玉～珍～枕～竹～㊀冰～茀～文～纹～席～竹～子㊅客堂喜空凉，华榻有清簟。（唐·韩愈《陪杜侍御游湘西两寺独宿有题一首》）岸如洞庭山似剡，船漾清溪凉胜簟。（唐·贯休《泊秋江》）

奠diàn

㊄去声，十七霰。㊂安～拜～薄～布～草～酬～吊～发～菲～奉～祭～荐～浇～椒～进～栞～哭～馈～酹～路～梦～辟～迁～清～壤～丧～觞～舍～设～释～朔～夕～享～飨～谢～奄～唁～雁～野～谒～殷～营～醊～酌～祖～㊀～安～酬～鼎～定～都～分～祭～酒～居～馈～酹～礼～立～牧～位～文～献～享～飨～羞～雁～赝～仪～楹～挚～馔～醊

㊆**两楹奠** 孔子将死，梦见自己在两楹中受祭，遂大病七日而卒。后用以咏孔子或名臣之死。亦作“两楹”。《礼记·檀弓上》：“‘予（孔子）畴昔之夜，梦坐奠于两楹之间，夫明王不兴，而天下其孰能宗予，予殆将死也。’盖寝疾七日而没。”

今看两楹奠，当与梦时同。（唐·李隆基《经邹鲁祭孔子而叹之》）

生刍奠 指祭奠死者称颂死者德行。亦作“生刍之奠”。《后汉书·徐穉传》：“及林宗（郭泰字林宗）有母忧，穉往吊之，置生刍一束于庐前而去。众怪，不知其故。林宗曰：‘此必南州高士徐孺子也。《诗》不云乎，“生刍一束，其人如玉”。吾无德以堪之。’”

眼底生刍奠，身前泛柏舟。（宋·杨万里《四十九祖母朱氏挽词》）

甸diàn ①郊外。②王田。

㊄去声，十七霰。㊂碧～楚～春～芳～封～海～侯～候～花～华～寰～荒～畿～江～郊～林～麟～柳～罗～螺～懋～平～青～王～遐～燕～野～宇～禹～中～㊀～地～服～官～侯～畿～聚～燎～农～圻～师～粟～邑～宇㊅郡宅枕层岭，春湖绕芳甸。（唐·宋之问《郡宅中斋》）读书嵩岑间，作吏沧海甸。（唐·高适《酬别薛三蔡大留简

韩十四主簿》）

典禹甸　指梁山，是古代韩国最高的山，在今陕西省韩城县西北。《诗经·大雅·韩奕》："奕奕梁山，维禹甸之。"

秦山禹甸，缥缈真奇观。（宋·苏轼《点绛唇·再和送钱公永》）

佃 diàn　农民向地主租中土地。

古去声，十七霰。逆大～革～耕～就～吕～侵～田～佣～召～治～种～顺～东～户～科～客～农～仆～人～作

钿（鈿）diàn　以金宝介壳镶嵌器物。另见634页tián。

古去声，十七霰。又：下平，一先同。逆宝～翠～宫～花～金～金花～井～螺～青～碎～贴花～遗～玉～珠～顺～车～尺～翠～朵～函～合～盒～金～筐～螺～鸟～砌～雀～扇～粟～头～涂～匣～针～轴

淀 diàn　浅水湖泊。

古去声，十七霰。逆陂～碧～迴～酒～蓝～雷～凝～浅～水～堙～淤～长～滞～顺～塞～园例松瘦石棱棱，山光溪淀淀。（唐·韩偓《南亭》）

癜 diàn　皮肤上长斑的病名。

逆白～紫～顺～风

坫 diàn　放置食物、酒器的土台子。

古去声，二十九艳。逆崇～反～坫～盘～撤～设～坛～

靛 diàn　深蓝色。

古去声，十七霰。逆蓝～青～顺～草～缸～颔～花～花青～颏～蓝～青

惦 diàn　挂念。

逆搞～顺～挂～念

踮 diàn　用脚尖着地。

顺～步～踵

痁 diàn　又读。疟疾。另见603页shān。

古去声，二十九艳。又：下平，十四盐同。

阽 diàn　危险。

古下平，十四盐。逆逼～撤～危～顺～苦～切～身～死～危

断（斷）duàn

古去声，十五翰。又：上声，十四旱异。逆迸～笔～辨～辩～裁～憯～操～察～柴～常～宸～敕～撺～寸～弹～定～独～顿～堕～访～斧～高～割～梗～寡～横～鸿～画～魂～机～检～结～界～禁～镜～诀～科～宽～理～灵～漏～梦～迷～敏～明～谟～目～内～逆～藕～偏～屏～剖～凄～牵～乾～强～轻～曲～权～髯～任～睿～杀～善～神～声～识～霜～丝～肆～速～迢～望～威～弦～朽～续～悬～烟～邀～义～意～臆～吟～英～勇～鲩～责～遮～骤～专～斫～顺～霭～岸～碑～笔～闭～壁～编～察～肠～楮～道～堤～渡～港～割～隔～绠～毁～魂～戟～截～碣～竭～金～烬～酒～决～绝～籁～离～流～垄～漏～落～蟒～梅～梦～灭～木～目～蜺～霓～念～篷～片～碛～遗～峤～桥～琴～清～阙～然～塞～山～裳～水～丝～碎～腕～望～文～纹～雾～席～霞～纤～弦～线～香～响～想～袖～续～崖～烟～雁～鞅～意～鸢～辕～约～云～绽～章～嶂～织～渚例春来秋去移灰琯，兰闺柳市芳尘断。（唐·骆宾王《从军中行路难二首》其二）孤帆泣潇湘，望远心欲断。（唐·贾至《送李侍御》）

典肠断　亦作"愁肠成寸寸"。见本页"猿肠寸断"。

寒雁春深归去尽，出门肠断草萋萋。（唐·王昌龄《春怨》）

谋断　唐初，房玄龄和杜如晦皆在皇帝左右辅佐，房玄龄擅长谋，杜如晦擅于断，后指多谋善断。亦作"房谋杜断"。见《新唐书·杜如晦传》。

临事见谋断，时亦赖杜房。（清·吴清鹏《送董通副南归》）

弦断　传说春秋时楚人伯牙善弹琴，他的演奏，深为钟子期所理解，钟子期死后，便不再弹琴，后用以咏知音。亦作"弦绝"。见636页"绝弦"。

坐来山水操，弦断吊遗埃。（唐·郑浣《和李德裕房公旧竹亭闻琴》）

沟中断　庄子以为，弃在沟中的断木和用木头做成的祭祀用的酒器，两者美恶虽然不同，但都失去了本性。《庄子·天地》："百年之木，破为牺尊，青黄而文之，其断在沟中。比牺尊于沟中之断，则美恶有间矣，其于失性一也。"

青黄未胜沟中断，宫征何殊爨下焦？（宋·陆游《书怀》）

剪不断　离愁难消除，李煜词有"剪不断，理还乱，是离愁"之句。亦作"剪断愁痕"。

闲愁剪不断，剩欲借并刀。（宋·陆游《对酒》）

临事断　指临事果断。《礼记·乐记》："师乙曰：'……明乎商之音者，临事而屡断。明乎齐之音者，见利而让。临事而屡断，勇也。"

壮公临事断，顾步涕横落。（唐·杜甫《过郭代公故宅》）

大蛇中断　传说汉高祖刘邦起事前，曾在丰县斩蛇，后用以咏刘邦。见160页"赤帝子"。

大蛇中断丧前王，群马南渡开新主。（唐·韩愈《桃源图》）

房谋杜断　亦作"房杜"。见本页"谋断"。

房谋兼杜断，萧律继曹遵。（元·雅琥《上执政四十韵》）

槖泉梦断　唐·任藩《梦游录·沈亚之》载，沈亚之在陕西槖泉邸舍，梦入春秋秦穆公之国，与公主弄玉成婚，拜左庶长。公主病逝，沈被逐还，遂梦醒。后指梦境破灭。

结绮诗成江令醉，槖泉梦断沈郎愁。（宋·陆游《无题》）

庾梅信断　大庾岭上多梅树，因称为"庾梅"。南朝宋陆凯与范晔交善，范晔在长安，陆凯寄诗有"折梅逢驿使，寄与陇头人"之句。后指寄书信。见714页"一枝春"、见272页"岭梅"。

湘瑟声沈，庾梅信断，谁念画眉人瘦。（宋·秦观《青门饮·风起云间》）

玉簪中断　白居易诗有"石上磨玉簪，玉簪欲成中央折"之句，以玉簪中断喻指夫妻被迫分离。亦作"石上玉簪脆"。见895页"井引银瓶"。

念璧月长亏，玉簪中断，覆水难收。（宋·张孝祥《木兰花慢·紫箫吹散后》）

猿肠寸断　父母爱子女之深情。

晋·干宝《搜神记》卷二〇："临川东兴，有人入山，得猿子，便将归。猿母自后逐至家。此人缚猿子于庭中树上，以示之。其母便搏颊向人，欲乞哀状，直谓口不能言耳。此人既不能放，竟击杀之。猿母悲唤，自掷而死。此人破肠视之，寸寸断裂。未半年，其家疫死，灭门。"

我哭不成声，猿肠寸断矣。（清·马春田《惜抱于九月十三日谢世》）

汉廷夸击断 汉代多酷吏，以施行严刑酷法为能，《汉书》有"酷吏击断"的记述。后用以咏酷吏。《汉书·刑法志》："及至孝武即位，外事四夷之功，内盛耳目之好，征发烦数，百姓贫耗，穷民犯法，酷吏击断，奸轨不胜。"

不要汉廷夸击断，要史家、编入循良传。（宋·刘克庄《贺新郎·南国秋容晚》）

旧恨春风吹不断 喻愁思别恨如春草之生生不息，绵绵不绝。唐·白居易《赋得古原草送别》："离离原上草，一岁一枯荣。野火烧不尽，春风吹又生。……又送王孙去，萋萋满别情。"五代·李煜《清平乐·别来春半》："离恨却如春草，更行更远还生。"

旧恨春风吹不断，新恨重重还又。（宋·柴望《念奴娇·登高回首》）

段duàn

㊂去声，十五翰。㊂阿～半～不～彩～段～顿～楇～过～今～锦～锦绣～局～科～窠～款～毛～袍～匹～鞘～身～飔～体～烟成～㊁～段～干～家桥～联～匹～桥～氏～疋～修㊃霏微雨罢残阳院。洗出都城新锦段。（宋·柳永《木兰花·东风催露千娇面》）

㊄**款段** 东汉马少游曾劝其兄马援满足于掾吏生涯，认为能"乘下泽车，御款段马"就可以了，后指掾吏生涯。《后汉书·马援传》："御款段马，为郡掾史，守坟墓，乡里称善人，斯可矣。"李贤注："款犹缓也，言行段迟缓也。"

昔骑天子大宛马，今乘款段诸侯门。（唐·李白《江夏赠韦南陵冰》）

飔段 指口齿不清。北齐·颜之推《颜氏家训·音辞》："梁世有一侯，尝对元帝饮谑，自陈'痴钝'，乃成'飔段'。元帝答之云：'飔异凉风，段非干木。'"

杨柳夸身段 见622页"小蛮"。

安得红颜为老伴，妙舞花前，杨柳夸身段。（宋·葛胜仲《蝶恋花·百紫千红今烂熳》）

锻（鍛）duàn

㊂去声，十五翰。㊂锤～雕～洪炉～考～炼～柳下～烹～镕～山阳～推～冶～铸～椎～㊁～捶～淬～打～坊～工～砺～练～湅～柳～炉～钳～矢～铁～锡～修～灶～沼～铸～罪

㊄**山阳锻** 三国魏嵇康借山阳锻铁慢待贵公子钟会。亦作"锻柳"。《晋书·嵇康传》：嵇康拜中散大夫，居山阳。"性绝巧而好锻。宅中有一柳树甚茂，乃激水圜之，每夏月，居其下以锻。""初，康居贫，尝与向秀共锻于大树之下，以自赡给。颍川钟会，贵公子也，精练有才辩，故往造焉。康不为之礼，而锻不辍。"

中散山阳锻，愚公野谷村。（唐·杜甫《赠比部萧郎中十兄》）

缎（緞）duàn

㊂去声，十五翰。㊂紬～贡～古香～杭～花～锦～罗～蟒～软～倭～羽～云～织绵～㊁～匹～疋～疋库

簖（籪）duàn 水里的木栅栏。

㊂溪～虾～蟹～鱼～渔～竹～

范[1] fàn 姓。

㊂上声，二十九豏。㊂班～二～韩～何～廉～柳～沈～小～颜～张～㊁～蔡～丹～釜～冉～史～叔～甑～张

㊄**韩范** 韩琦与范仲淹的合称，都曾在西部边境为主帅，率兵抵御西夏的侵扰，名重一时，人心归附。《宋史·韩琦传》："琦与范仲淹在兵间久，名重一时，人心归之，朝廷倚以为重，故天下称为'韩范'。"

正韩范安边，欧苏领客，红芳庭院，绿荫窗扉。（宋·洪咨夔《风流子·锦幄醉茶》）

何范 何逊与范云的合称，因二人交好，后因之作咏诗友的典故。《梁书·文学传上·何逊传》："逊八岁能赋诗，弱冠州举秀才，南乡范云见其对策，大相称赏，因结忘年交好。自是一文一咏，云辄嗟赏，谓所亲曰：'顷观文人，质则过儒，丽则伤俗，其能含清浊，中今古，见之何生矣。'沈约亦爱其文，尝谓逊曰：'吾每读卿诗，一日三复，犹不能已。'"

不妨何范尽诗家，未解当年重物华。（唐·李商隐《漫成三首》其一）

颜范 颜延之、范泰的合称，二人皆官居显位。后指同时在位的朝廷重臣。颜延之事见《宋书·颜延之传》。范泰事见《宋书·范泰传》。

此时颜范贵，十步旧连行。（唐·杨凝《和直禁省》）

富韩文范 富弼、韩琦、文彦博、范仲淹并称，因他们皆是北宋中期赫赫有名的正直贤能、政绩卓著的宰辅重臣，故经常被并提和称颂，后指朝廷重臣。宋·朱熹《三朝名臣言行录》卷一《韩琦》："禺与范公同召拜枢密使副。""熙宁七年春……帝遣中使赐富弼、韩琦、文彦博、曾公亮手诏，问以计策。"又，朱熹《五朝名臣言行录》卷七《范仲淹》："公为参政，与韩、富二枢并命，锐意天下之事。"

惟断乃成，非贤罔任，真是富韩文范俦。（宋·曾寓轩《沁园春·运在东南》）

范[2]（範）fàn ①模范。②范围。

㊂上声，二十九豏。㊂百工～表～驰～垂～村～道～德～典～高～格～闺～鸿～晖～徽～家～教～矩～楷～科～壶～礼～令～茂～美～明～母～内～拟～器～清～人～容～柔～睿～身～圣～时～使～世～式～淑～万世～围～文～物～贤～宪～型～训～雅～样～仪～贻～遗～懿～渊～圆～远～尊～作～㊁～畴～度～防～轨～金～民～模～器～人～容～镕～世～式～铜～物～先～闲～像～形～型～样～域～铸～准㊃宫云丽晓，人日应钟，庆符闺范。（宋·曹勋《宴清都·凤苑东风软》）

犯fàn

㊂上声，二十九豏。㊂傍～本～斥

～冲～触～词～抵～渎～访～锋～负～故～过～哄～激～奸～监～蹇～謇～讦～惊～军～抗～凌～陵～麻～昧～蒙～命～难～恼～逆～扑～期～欺～愆～遣～窃～侵～情～惹～认～入～散～伤～诗～首～唆～调～违～尾～无～迕～忤～误～相～轶～逸～杂～赃～贼～斩～真～【顺】～輚～暴～齿～愁～怵～触～斗～恶～罚～寡～官～害～患～讳～忌～奸～谏～教～戒～界～禁～科～寇～垒～厉～吏～猎～躏～鳞～乱～律～冒～门～命～难～逆～怒～色～伤～舌～事～私～岁～土～威～违～忤～霄～衅～言～疑～赃～斋～政～治～众～拙

饭(飯)fàn

【古】去声，十四愿。又：上声，十三阮异。【逆】稗～餐～茶～炊～麤～毳～村～啖～噉～稻～雕胡～饙～蜂化～甘露～羹～觥～菰～鲑～裹～河东～荷包～红莲～呼沱～化～火～浆～焦～燋～进～秔～烂～轑～黎～粝～粱～龙华～砻～卯～能～酿～蟠桃～喷～乞～强～寝～青精～青泥～清风～善～食～蔬～黍～粟～索～摊～堂～桃花～讨羹～田文～抟～乌～香～饷～皛～野～玉屑～玉虚～饡～斋～【顺】～餕～钵～床～稻～豆～感～羹～鼓～含～颗～坑～篮～粱～篓～米～囊～牛～器～秦～磬～糗～曲～糁～僧～山～石～食～蔬～饲～飧～筒～丸～瓮～物～肴～银～饮～盂～玉～鬻～甑～钟～帚～祝【例】上言少愁苦，下道加餐饭。(唐·白居易《寄元九》)

【典】**裹饭**　子舆与子桑交好，子舆裹饭去照顾生病的子桑，后用以咏友情。《庄子·大宗师》："子舆与子桑友，而霖雨十日。子舆曰：'子桑殆病矣！'裹饭而往食之。"

载醪问字今牢落，犹有邻翁裹饭来。(宋·陆游《村居即事》)

喷饭　指遇到极为可笑的事难以自禁。宋·苏轼《筼筜谷偃竹记》："筼筜谷在洋州。与可尝令予作《洋州三十咏》，《筼筜谷》其一也。予诗云：'汉川修竹贱如蓬，斤斧何曾赦箨龙。料得清贫馋太守，渭滨千亩在胸中。'与可是日与其妻游谷中，烧笋晚食，发函得诗，失笑喷饭满案。"

何须喷饭笑当时。筼筜谷，盈尺小鹅溪。(宋·张炎《小重山·阴过云根冷不移》)

强饭　勉励保重身体，祝愿前途光明之语。《汉书·外戚传·卫皇后传》："帝独说子夫。帝起更衣，子夫侍尚衣轩中，得幸。……(平阳)主拊其背曰：'行矣！强饭勉之。即贵，愿无相忘！'"

握手祝君能强饭，华簪常得从鸡翘。(宋·王安石《送项判官》)

甘露饭　佛教称如来佛的斋饭为甘露饭，喻指佛门中最好的斋饭。《维摩诘所说经·香积佛品》："时维摩诘语舍利弗等诸大声闻，仁者可食如来甘露味饭。"

犹同甘露饭，佛事熏毗耶。(唐·柳宗元《巽上人以竹间自采新茶见赠酬之以诗》)

胡麻饭　刘晨、阮肇采药遇仙，得胡麻饭而食。见《太平广记》卷六一引《神仙论》。

渴与石榴羹，饥惬胡麻饭。(唐·皮日休《雨中游包山精舍》)

青精饭　道教徒修炼时所食用的食物，系用南烛木之汁浸泡粳米炊制而成，久服可以延年益寿，后指求仙学道。

午窗一钵青精饭，拣得香薪手自炊。(宋·陆游《有所懷》)

廉颇能饭　战国时，赵国良将廉颇老了之后身体还很强壮，赵王派使者去探望他，他当着使者的面一次吃了一斗米的饭和十斤肉，后用以称赞老当益壮。或指年虽老而不忘报国。亦作"廉颇""廉颇纵强"。《史记·廉颇列传》："赵使者既见廉颇，廉颇为之一饭斗米，肉十斤，被甲上马，以示尚可用。赵使还报王曰：'廉将军虽老，尚善饭，然与臣坐，顷之三遗矢矣。'"

犀首空好饮，廉颇尚能饭。(唐·韩愈《秋怀诗十一首》其三)

青刍白饭　指欢迎朋友来访。唐·杜甫《入奏行赠西山检查使窦侍御》："江花未落还成都，肯访浣花老翁无？为君酤酒满眼酤，与奴白饭马青刍。"

岂有文章，漫劳车马，待唤青刍白饭来。(宋·辛弃疾《沁园春·和吴尉子似》)

田文比饭　田文即孟尝君，孟尝君的食客怀疑自己的饭食与他人不同而罢食，孟尝君持饭与他相比，客羞愧自杀。亦作"田文饭"。见《史记·孟尝君列传》。

共食田文饭，先之梅福官。(唐·李端《送丁少府往唐上》)

蒸沙成饭　指本不正，事无成。《楞严经》卷六四："若不断淫，修禅定者，如蒸沙石，欲成其饭，经百千劫，只名热沙。何以故？此非饭本，砂石成故。"

蒸沙成饭无，磨砖将为镜。(唐·拾得《颂》其二)

千金酬一饭　汉初，韩信曾以千金酬报漂母一饭之恩，后用作厚酬报恩的典故。亦作"漂母饭"。《史记·淮阴侯列传》："(韩)信钓于城下，诸母漂，有一母见信饥，饭信，竟漂数十日。信喜，谓漂母曰：'吾必有以重报母。'"汉五年，信为楚王，都下邳。"信至国，召所从食漂母，赐千金。"

徒用千金酬一饭，不知明哲重防身。(唐·李绅《却过淮阴吊韩信庙》)

泛[1](*汎)fàn

①透出；冒出。②肤浅；不深入。

【古】去声，三十陷。又：上平，一东同。【逆】泛～肤～空～挑～宂～调～虚～杂～【顺】～红～驾～论～声

泛[2](*汎、氾)fàn

①漂浮。②广泛；一般地。③泛滥。

【古】《广韵》：去声，梵韵。【逆】非～凫～浮～梗～恒～横～洪～滥～旅～弥～鸥～漂～飘～萍～清～沿～溢～【顺】～称～滥～舟【例】顺气草熏熏，适情鸥泛泛。(唐·白居易《开元寺东池早春》)

【典】**梗泛**　喻无安居之所。见751页"木偶人"。

似舟飘不定，如梗泛何从。(唐·骆宾王《浮槎》)

贩(販)fàn

【古】去声，十四愿。【逆】百～稗～裨～盗～负～估～沽～行～货～贾～肩～居～客～掠～买～贸～商～市～输～水～调～屠～文～枭～

兴～营～佣～游～运～驵～转～㊥～春～儿～夫～负～妇～沽～酤～官～国～海～贾～君～客～路～贸～弄～商～输～竖～肆～贴～徒～鲜～易～佣～鬻～质～舟

畈fàn 平田。

㊦去声，十四愿。㊣厂～田～㊥～田

梵fàn 与佛教有关的事物。

㊦去声，三十陷。㊣贝～梵～高～清～释～午～仙～晓～演～鱼～赞～钟～锺～作～㊥～贝～本～册～策～刹～唱～殿～法～行～花～皇～迹～偈～寂～夹～界～襟～经～境～居～乐～林～铃～楼～轮～侣～门～秘～衲～磬～容～僧～山～世～事～释～书～树～诵～俗～塔～堂～香～响～像～心～学～言～筵～音～宇～语～云～志～帙～钟～众～呪～咒～字

干[1]（幹、*榦）gàn 事物的主体或重要部分。另见 588 页 gān。

㊦去声，十五翰。㊣骨～强～勤～树～桢～直～㊥～本～河～翮～桢～植㊙寂寂琴台晚，秋阴入井干。（唐·上官仪《故北平公挽歌》）

㊞**公干** 东汉末刘桢，字公干，东平人，曹操辟为丞相掾属，为"建安七子"之一，有诗才。亦作"刘公干"。

旧时邺下刘公干，今日辽东管幼安。（宋·陈与义《寄季申》）

强干 东汉博士丁恭，以"强干弱枝"比拟他认为合理的分封诸侯的原则。《后汉书·光武帝纪》："博士丁恭议曰：'古帝王封诸侯不过百里，故利以建侯，取法于雷，强干弱枝，所以为治也。今封诸侯四县，不合法制。'"

由来强干地，未有不臣朝。（唐·杜甫《有感五首》其四）

峄山干 见 418 页"峄阳木"。

材抽峄山干，徽点昆丘玉。（唐·王绩《古意六首》其一）

逸气刘公干 见本页"公干"。

高谈闵仲叔，逸气刘公干。（唐·储光羲《贻刘高士别》）

干[2]（幹）gàn ①做事。②能干，有能力。另见 588 页 gān。

㊦去声，十五翰。㊣才～公～精～廉～勤～㊥～办～才～材～臣～持～辅～济～将～捷～局～具～剧～理～吏～练～员～治～佐

赣（贑、*贛、灨）gàn 江西的简称。

㊦上声，二十七感。又：去声，一送同。又：去声，二十八勘同。㊥～江～巨人～滩

旰gàn 天色晚。

㊦去声，十五翰。㊣朝～晨～晧～澔～烂～日～宵～霄～㊥～日～食～宵～云～昃㊙举棹未宵分，维舟方日旰。（唐·李绅《泛五湖》）

㊞**宵旰** 指勤于政事，无暇吃饭。亦作"宵衣"。《左传·昭公二十年》："（伍）奢闻员不来，曰：'楚君大夫其旰食乎！'"杜预注："将有吴忧，不得早食。"

塞外偷儿塞内兵，圣君宵旰望升平。（唐·罗隐《塞外》）

骭gàn ①小腿。②肋骨。

㊦去声，十六谏。又：去声，十五翰异。㊣及～骿～秃～玄～㊥～毛～疡㊙娇儿好眉眼，袴脚冻两骭。（唐·韩愈《崔十七少府摄伊阳以诗及书见投》）

㊞**及骭** 骭指小腿，及骭言衣服之短，不足覆胫。用以表示衣着朴素。《史记·邹阳列传》："宁戚饭牛车下。"裴骃集解引应劭语："齐桓公夜出迎客，而宁戚疾击其牛角商歌曰：'南山矸，白石烂，生不遭尧与舜禅。短布单衣适至骭，从昏饭牛薄夜半，长夜漫漫何时旦？'公召与语，说之，以为大夫。"

及骭足为温，满腹宁复饕。（唐·柳宗元《游南亭夜还叙志七十韵》）

绀（紺）gàn 稍微带红的黑色。

㊦去声，二十八勘。㊣发～黄绀～玄～紫～㊥～碧～殿～蝶～发～幡～坊～宫～青～幰～宇～园～珠～紫

淦gàn 水名。

㊦去声，二十八勘。又：下平，十三覃同。㊣新～㊥～水㊙看谁夺得标。明年归紫淦。（宋·郭应祥《菩萨蛮·泉江三遇昌阳节》）

惯（慣）guàn

㊦去声，十六谏。㊣不～宠～顾～饥～积～见～久～熟～㊥～便～曾～常～串～渎～捷～经～历～世～事～熟～习～狎～一～纵㊙高歌意气在，贳酒贫居惯。（唐·韦应物《野居》）

㊞**司空见惯** 指习以为常。亦作"司空惯""司空常见""司空笑问"。见唐·孟棨《本事诗》。

司空见惯浑闲事，断尽苏州刺史肠。（唐·刘禹锡《赠李司空妓》）

冠guàn ①戴帽。②古代男子成年行冠礼。③冠名。④第一位的。另见 590 页 guān。

㊦去声，十五翰。㊣标～摽～初～独～猴～虎～笄～及～沐～沐猴～清～入～弱～始～首～挺～未～勇～逾～卓～㊥～部～蝉～辞～代～德～古～昏～婚～笄～巾～绝～礼～冒～年～篇～群～士～世～事～首～岁～霞～轶～栉～子～族～座

㊞**花魁柳冠** 唐人称狎妓猎艳为"花柳之游"，后以"花魁柳冠"喻指名妓。亦作"花柳债"。《酉阳杂俎》卷一二《语资》："某少年常结豪族，为花柳之游，竟蓄亡命，访城中名姬，如蝇袭膻，无不获者。"

已是花魁柳冠。更绝唱、不容同伴。（宋·扬无咎《雨中花令·已是花魁柳冠》）

沐猴而冠 猕猴戴上人的帽子，徒具人形，用以讽刺人徒具虚名而无实才。亦作"猴冠""沐猴冠"。《史记·项羽本纪》："人或说项王曰：'关中阻山河四塞，地肥饶，可都以霸。'项王见秦宫室皆以烧残破，又心怀思欲东归，曰：'富贵不归故乡，如衣绣夜行，谁知之者！'说者曰：'人言楚人沐猴而冠耳，果然。'项王闻之，烹说者。"

沐猴而冠不足言，身骑土牛滞东鲁。（唐·李白《单父东楼秋夜送族弟沈之秦》）

督邮才弱冠 东汉朱穆字公叔，二十岁任郡督邮，后用以咏督邮。《后汉书·朱晖传》附《朱穆传》："初举孝廉。"李贤注引三国吴·谢承《后汉书》："穆少有英才，学明《五经》。性矜严疾恶，不交非类。年二十为郡督邮。"

借问督邮才弱冠，府中年少不

如君。(唐·皇甫冉《送李录事赴饶州》)

观(觀)guàn ①道教的庙宇。②古代宫门外高台上的望楼。③泛指高大的建筑。另见589页guān。

古去声,十五翰。逆白虎～别～层～禅～池～楚～道～邸～洞～蜚～风～高～宫～鹤～虎～华～京～鲸～离～历～连～凉～两～琳～灵～楼～庐～门～阙～日～山～水～寺～耸～台～桃～亭～魏～霞～仙～雄～玉～月～云～筑～顺～阁～阙～寺～魏～榭～宇例步陟招提宫,北极山海观。(唐·宋之问《称心寺》)

典**东观** 汉代洛阳南宫有东观,为宫中著述及藏书之处,后用以咏馆阁之臣。《后汉书·孝安帝纪》:"(永初四年二月)乙亥……诏谒者刘珍及五经博士,校定东观《五经》、诸子、传记、百家艺术,整齐脱误,是正文字。"

分职南台知礼重,辍书东观见才难。(唐·权德舆《送张阁老中丞持节册吊回鹘》)

京观 古代战争中得胜者积尸封土以示战功。《左传·宣公十二年》:"潘党曰:'君盍筑武军,而收晋尸以为京观。臣闻克敌必示子孙,以无忘武功。'"又,"古者明王伐不敬,取其鲸鲵而封之,以为大戮,于是乎有京观,以惩淫慝。"

大庭终反朴,京观且僵尸。(唐·杜甫《夔府书怀四十韵》)

两观 指行刑正法之处。亦作"两观之诛"。《孔子家语·始诛》:"于是朝政七日而诛乱政大夫少正卯,戮之于两观之下。"

吁嗟夫子没,两观无刑章。(宋·李觏《读史》)

月观 南朝宋时,南兖州(治所广陵,在今扬州市西北)刺史在广陵修建月观、风亭等,招集文士来此游宴,后用以咏扬州。《宋书·徐湛之传》:"广陵城旧有高楼,湛之更加修整,南望钟山。城北有陂泽,水物丰盛,湛之更起风亭、月观、吹台、琴室,果竹繁茂,花药成行,招集文士,尽游玩之适,一时之盛也。"

吴客到应忘月观,淮乡胜不数平山。(宋·陈造《壮观亭为真州作》)

唐昌观 寺观名,在长安安业坊南,以唐昌公主而命名。旧传观中有玉蕊花,传为公主手植,花开时美若琼林瑶树,曾引得仙女来游赏,后用以咏花。亦作"唐昌花蕊""唐昌宫""唐昌仙观""唐昌"。见唐·康骈《剧谈录》卷下、宋·宋敏求《长安志》卷九。

唐昌观中树,曾降九天人。(宋·宋祁《琼花》)

桃满观 用以讽刺朝中新贵,唐代诗人刘禹锡诗有"玄都观里桃千树,尽是刘郎去后栽"之句。参见500页、820页"刘郎去后""桃花误刘郎"。

看贞元、朝士谁存者,桃满观,几开谢。(宋·刘克庄《贺新郎·飞诏从天下》)

罐(*鑵、鏆)guàn

古去声,十五翰。逆积受～凉～柳～砂～乌～澡～顺～子玉

灌guàn

古去声,十五翰。逆百川～鉏～赐～丛～樊～溉～耕～涵～汉阴～汲～既～绛～浸～流～畦～输～醍醐～沃～涯～引～荥～营～拥～澡～斟～滇～顺～燹～畅～丛～荡～涤～地～顶～渎～沸～瓜～灌～激～汲～浸～寖～口～莽～沐～辟～濡～澍～坛～滕～沃～洗～溢～园～澡～尊例插秧适云已,引溜加溉灌。(唐·杜甫《行官张望补稻畦水归》)

典**绛灌** 绛侯周勃与灌婴的合称,皆是汉代的开国功臣,他们能武但少文。后指功臣勋将或武夫。亦作"绛灌无文"。见《史记·灌婴列传》。

也知绛灌轻才子,好谒尤常醉少年。(唐·罗隐《送臧濆下第谒窦鄜州》)

韩信羞比灌 汉高祖刘邦察觉楚王韩信有谋反意,将他逮捕后赦为淮阴侯。韩信以同颍阴侯灌婴、绛侯周勃同列为羞。后因以指不甘屈尊身份。《史记·淮阴侯列传》:"信知汉王畏恶其能,常称病不朝从。信由此日夜怨望,居常鞅鞅,羞与绛、灌等列。"

韩信羞将绛灌比,祢衡耻逐屠沽儿。(唐·李白《答王十二寒夜独酌有怀》)

贯(貫)guàn ①钱串。②贯穿;贯通。③连贯。④世代居住的地方。⑤事例;成例。

古去声,十五翰。逆傍～本～博～参～诚～穿～串～洞～附～纲～钩～横～宏～虹～积～羁～旧～律～满～名～前～钱～清～诠～荣～融～世～条～通～统～脱～徙～校～新～淹～沿～业～一～盈～鱼～逾～寓～直～珠～综～族～顺～百～蔽～弗～澈～船～戴～道～顶～洞～斗～渎～额～恶～耳～割～古～酣～虹～鹄～甲～跤～结～肩～矩～绝～类～连～联～练～络～脉～满～缗～木～脑～治～日～射～涉～绳～石～矢～世～熟～属～隼～索～天～铁～统～纬～午～悉～习～系～鲜～心～胸～朽～序～叙～穴～颐～溢～盈～鱼～玉～狱～越～珠～烛～综～族例太白夜食昴,长虹日中贯。(唐·李白《南奔书怀》)

典**羁贯** 古代成童发式,女曰羁,男曰贯。后借指童年。《穀梁传·昭公十九年》"羁贯成童",晋·范宁注:"羁贯,谓交午剪发以为饰。成童,八岁以上。"

羁贯分灯读,论交若弟兄。(宋·张登辰《挽赵秋晓》)

珠贯 指歌喉美妙圆润。见344页"贯珠"。

急声圆转促不断,轹轹辚辚似珠贯。(唐·白居易《小童薛阳陶吹觱栗歌》)

白虹贯 传说聂政行刺时,曾出现白虹贯日的天象,后用作精诚之心感动上天之典。亦作"长剑彩""长虹贯日"。《战国策·魏策四》:"夫专诸之刺王僚也,彗星袭月;聂政之刺韩傀也,白虹贯日;要离之刺庆忌也,仓鹰击于殿上。此三子者,皆布衣之士也,怀怒未发,休祲降于天。"

白虹贯日当年事,遂拜孤坟凭吊深。(清·颜元《吊赵处士琰墓》)

盥guàn

古去声,十五翰。又:上声,十四旱

同。【逆】涤～焚～溉～靧～巾～进～清～梳～漱～洮～沃～洗～澡～栉～濯～【顺】～涤～耳～溉～澣～浣～颒～馈～濑～沐～盘～盆～器～饰～漱～薇～献～浴～澡～栉～濯

攒(攢)guàn 掷；扔。

【古】《广韵》：去声，谏韵。【顺】～交

鹳(鸛)guàn 鸟名。

【古】去声，十五翰。【逆】鹤～老～野～【顺】～鹅～鹅军～鹤～鹄～井～鸣～雀～雀楼～鹊～鹊楼～崖～阵～子【例】依稀占井邑，嘹唳同鹅鹳。（唐·李绅《泛五湖》）

丱 guàn 儿童束发。

【古】去声，十六谏。【逆】笄～羁～角～两～两角～韶～髫～童～总～总角～【顺】～齿～发～羁～髫～角～髦～女～日～岁～童【例】世所重巾冠，何妨野夫丱。（唐·陆龟蒙《孤雁》）

汗 hàn ①出汗。②汗液。③用火烤竹子。另见616页hán。

【古】去声，十五翰。【逆】白～拨～惭～赤～喘～鞮～反～粉～佛～骇～汗～浩～灏～黑～红～涣～惶～挥～麾～恚～浃～鞲～简～绛～惊～愧～澜～浪～漫～濛～靦～赧～洽～青～热～额～石～悚～惕～通～渥～羞～血～盐～颜～弇～掩～雨～玉枝～障～赭～震～朱～珠～【顺】～涔涔～喘～泚～沟～挂～汗～浃～简～洒～栗～马～漫～牛～牛马～洽～青～帨～丝～席～下～星～羞～血～颜～衣～雨～竹【例】冰肌玉骨，自清凉无汗。（宋·苏轼《洞仙歌·冰肌玉骨》）

【典】**涣汗** 《涣卦》有"涣汗其大号"语，后指君王的号令。《易·涣卦》："九五，涣汗其大号。"唐·孔颖达疏："九五处尊履正，在号令之中，能号令以散险厄者也。"

涣汗几时流率土，扁舟西下共归田。（唐·张署《赠韩退之》）

汉(漢)hàn

【古】去声，十五翰。【逆】阿罗～班～碧～层～辰～宸～赤～冲～楚～村～钝～番～河～横～鸿～华～皇～潢～姬～季～江～金～迥～军～狂～丽～隶～连～凉～两～寥～烈～灵～罗～莽～懞～岷～谬～樵～峭～青～清～穹～秋～鹊～散～山～史～蜀～天～涒～闲～湘～霄～斜～星～烟～炎～遥～银～游～狱～远～云～长～中～周～紫～【顺】～廄～碑～壁～表～策～臣～道～地～帝～牍～恩～儿～法～赋～傅～纲～皋～阁～宫～关～光～皓～后～皇～鸡～姬～籍～家～简～剑～将～津～京～镜～爵～军～刻～腊～礼～隶～陵～胪～虏～律～女～佩～浦～僧～圣～史～室～誓～思～庭～土～王～文～武～燕～阳～仪～沂～阴～印～元～月～震～帜～制～畤～渚～篆～祖～祚【例】起来琼户寂无声，时见疏星渡河汉。（唐·孟昶《避暑摩诃池上作》）秦地平如掌，层城出云汉。（唐·沈佺期《横吹曲辞·长安道》）东林月未升，廓落星与汉。（唐·王昌龄《赠史昭》）

【典】**风汉** 刘蕡直言相谏，遭到中官的嫉妒，仇士良谓之"风汉"。喻指不畏权势敢于直谏的人。唐佚名《玉泉子·真录》："刘蕡，杨嗣复门生也，对策以直言忤时，中官尤甚嫉忌。中尉仇士良谓嗣复曰：'奈何以国家科第放此风汉耶？'嗣复惧而答曰：'嗣复昔与刘蕡及第时，犹未风耳。'"

未恨名风汉，惟求拜醉侯。（宋·陆游《自述》）

河汉 用以感叹夫妻分离，《古诗十九首》有"迢迢牵牛星，皎皎河汉女"之句。亦作"星河""天河"。见76页"隔银河"。

河汉秋期远，关山世路难。（唐·元稹《春别》）

不知有汉 《桃花源记》故事中的隐居者，他们不知外面王朝已几次改朝换代，后指隐居避世。亦作"不知秦"。见748页"避秦"。

不知今有汉，唯言昔避秦。（唐·王绩《田家三首》其二）

词倾河汉 《庄子》中，肩吾曾用"犹河汉而无极"来形容楚狂人接舆的言论，后指文势浩瀚。《庄子·逍遥游》："肩吾问于连叔：'吾闻言于接舆，大而无当，往而不反；吾惊怖其言，犹河汉而无极也。'"见645页"三峡词源"。

笔走龙蛇，词倾河汉，妙年德艺双成。（宋·石孝友《满庭芳·笔走龙蛇》）

金仙泣汉 传说魏明帝时，拆迁汉武帝时建立在西汉皇宫神明台上的金铜仙人。金铜仙人被拆时"声闻数十里，金狄（即铜人）或泣"，后借指兴衰存亡之感。见294页"仙人泪"。

有泪金仙还泣汉，无心玉马已朝周。（宋·杨舜举《浣溪沙·残照西风一片愁》）

韦贤相汉 韦贤，字长儒，汉鲁国邹人，质朴少欲，号称邹鲁大儒，曾教授昭帝《诗》，宣帝时任丞相五年，八十二岁致仕，后指良臣辅佐国君治国。见《汉书·韦贤传》。

韦贤初相汉，范叔已归秦。（唐·杜甫《上韦左相二十韵》）

燕支落汉 咏边地战争。燕支，亦作焉支。在今甘肃永昌县西、山丹县东南。山名，因产燕支草得名。燕支草可作染料，匈奴妇女用以化妆。汉代骠骑将军霍去病击匈奴，收复燕支山。见《史记·匈奴列传》。

燕支落汉家，妇女无华色。（唐·李白《塞上曲》）

张良辞汉 张良居高位后适时地退隐，后用作急流勇退、明哲保身的典故。《史记·留侯世家》："留侯乃称曰：'家世相韩，及韩灭，不爱万金之资，为韩报仇强秦，天下振动。今以三寸舌为帝者师，封万户，位列侯，此布衣之极，于良足矣。愿弃人间事，欲从赤松子游耳。'乃学辟谷，道引轻身。"

张良辞汉全身计，范蠡归湖远害机。（元·白朴《中吕·阳春曲·知几》）

旱 hàn

【古】上声，十四旱。【逆】被～涔～赤～春～风～暵～涸～蝗～焦～亢～枯～潦～七年～热～水～汤～天～凶～炎～阳～旸～炀～灾～湛～【顺】～魃～队～干～谷～海～暵～熯～荒～祸～祭～俭～军～亢～雷～沴～龙～麓～霾～母～虐～气～歉～桥～石～象～殃～云～菑～湛【例】有如流传上古时，九轮照

烛乾坤旱。(唐·韩愈《游青龙寺赠崔大补阙》)

典于公三年旱 汉代,东海孝妇蒙冤,于定国为她辩白未果,妇终被杀。死后,当地三年大旱,后用以指冤情。见《汉书·于定国传》。

于公恸哭三年旱,邹衍含愁五月霜。(唐·王巨仁《愤怨诗》)

悍hàn ①勇敢;勇猛。②凶暴。

古去声,十五翰。又:上声,十四旱同。逆骜~暴~悖~鄙~蠢~粗~呆~惕~刁~雕~妒~敢~刚~犷~果~豪~猾~坚~骄~狡~桀~劲~精~倨~谲~亢~狂~戾~廉~蛮~猛~狞~驽~剽~泼~朴~轻~情~锐~湍~顽~伟~武~黠~险~枭~骁~凶~雄~迅~严~阴~英~勇~愚~躁~贼~诈~忮~鸷~壮~椎~顺~骜~暴~诞~党~妒~梗~犷~害~横~激~疾~坚~将~骄~狡~劲~睛~厉~吏~戾~虏~民~谬~目~逆~怒~虐~泼~气~趫~然~锐~塞~石~士~室~顽~卫~勇~御~战~志~鸷~壮~卒例士卒既辑睦,启行促精悍。(唐·杜甫《舟中苦热遣怀奉呈阳中丞通简台省诸公》)

憾hàn

古去声,二十八勘。逆抱~悲~怅~逞~雠~怼~发~忿~愤~怪~怀~悔~歆~快~释~私~叹~无~隙~宿~蓄~遗~隐~余~怨~震~追~顺~恨~悔~恚~轲~然~事~惜~怨

撼hàn

古上声,二十七感。逆摆~波~动~顿~风~蚍蜉~山易~声~摇~振~顺~顿~雷~落~滕~摇~撞例狞飙搅空衢,天地与顿撼(唐·韩愈《送无本师归范阳》)

翰hàn ①羽毛。②毛笔。③书信。④高飞。

古去声,十五翰。又:上平,十四寒异。逆邦~宝~笔~表~彩~操~宸~摛~驰~尺~翅~抽~楮~辍~词~辞~翠~藩~繁~芳~飞~高~觚~鼓~管~还~函~毫~豪~翮~华~挥~诲~笺~缄~简~娇~锦~来~骊~良~鳞~灵~龙~纶~妙~弄~搦~篇~屏~青~琼~染~柔~濡~锐~弱~洒~诗~史~手~书~霜~嗣~台~韬~天~调~兔~托~惟~维~文~吻~仙~霄~新~鬣~雁~遗~逸~音~羽~玉~垣~援~远~云~藻~扎~札~珍~整~中~作~顺~蔽~采~草~池~词~登~牍~蕃~飞~桧~海~翮~迹~厉~林~毛~墨~墨缘~屏~染~薮~素~学~音~苑~院~藻~札~詹~纸例至言题睿札,殊渥洒仙翰。(唐·苏颋《奉和圣制漕桥东送新除岳牧》)

典青翰 古代一种青色的刻以鸟形的船,用以指船。《说苑·善说》:"庄辛迁延盥水而称曰:'君独不闻夫鄂君子皙之泛舟于新波之中也?乘青翰之舟。'"颜延之《三月三日曲水诗序》:"龙文饰辔,青翰侍御。"唐·吕延济注:"青翰,船名。御,泛也。"

青翰棹舣,白蘋洲畔,尽目临皋飞观。(宋·贺铸《望湘人·厌莺声到枕》)

捍(*扞)hàn 保卫;防御。

古去声,十五翰。逆蔽~避~边~堤~抵~雕~对~蕃~藩~防~锋~拒~距~拟~逆~批~剽~屏~抢~跄~戎~射~守~卫~险~厌~迎~御~招~镇~顺~蔽~拨~城~遏~格~隔~护~救~拒~马~难~逆~屏~塞~索~圉~御~制

菡hàn 菡萏,荷花。

古上声,二十七感。逆玉~顺~萏~苗

闬(閈)hàn ①里巷的门。②墙垣。③乡里。

古去声,十五翰。逆廛~城~高~关~阛~井~里~闾~戚~穷~同~乡~邑~顺~闳~里~闾

焊(*銲、釬)hàn ①用熔化的金属粘合金属器物。②通"暵"。

古上声,十五翰。逆阳~顺~花

瀚hàn 广大貌。

古去声,十五翰。逆浩~灏~顺~海~灏~漫~漠

颔(頷)hàn ①下巴。②点头。

古上声,二十七感。又:下平,十三覃异。逆鬓~顿~丰~虎~黄~顑~颏~龙~面~探龙~下~笑~燕~颐~顺~车~词~颏~命~首~头~雪~颐例天阳熙四海,注视首不颔。(唐·韩愈《送无本师归范阳》)

典龙颔 《庄子》谓骊珠是从深渊骊龙颔下取下的宝珠,喻宝贵的人才。亦作"探龙颔"。见344页"骊珠"。

龙颔摘珠同泳海,凤衔辉翰别升天。(唐·黄滔《寄同年封舍人渭》)

虎头燕颔 古人认为"虎头"为富贵之相,东汉班超贫贱时,相者认为他"燕颔虎颈"有封侯之相,后指显贵之相。亦作"虎头""燕颔"。见470页"万里侯"。

羞把龙钟鹤发,来对虎头燕颔,年少总英雄。(宋·蔡戡《水调歌头·肃霜靡衰草》)

暵hàn ①曝晒。②干燥。

古去声,十五翰。又:上声,十四旱同。逆暴~旱~暵~亢~干~夕~炎~顺~魃~地~旱~暵~赫~热

睅hàn 目突出。

古上声,十五潸。逆裂~顺~目

唤huàn

古去声,十五翰。逆唱~晨鸡~敕~渡头~高~隔岸~勾~顾~科~鸣~遣~请~呻~声声~啼~听~玺~相~宵~笑~宣~鹦鹉~招~鸩~顺~娇娘~门~取~审~铁~问~应~雨鸠~则~仗~质~作~做例千秋流夕景,万籁含宵唤。(唐·上官仪《奉和颍川公秋夜》)半烟半雨溪桥畔。渔翁醉著无人唤。(宋·黄庭坚《菩萨蛮·半烟半雨溪桥畔》)明眸似水,妙语如弦,不觉晓霜鸡唤。(宋·吕渭老《选冠子·雨湿花房》)

典千呼万唤 谓再三催促。多指女子矜持忸怩。唐·白居易《琵琶行》:"千呼万唤始出来,犹抱琵琶半遮面。"

情知别有真真在,试与千呼万唤看。(宋·范成大《戏题赵从善两画轴三首》其二)

求友莺相唤 咏友情。亦作"求声"。《诗经·小雅·伐木》:"嘤其鸣矣,求其友声。"毛氏传:"君子虽迁

于高位，不可以忘其朋友。”

柳摇金线。求友莺相唤。（宋·赵长卿《点绛唇·轻暖轻寒》）

换huàn

古去声，十五翰。逆伴～拨～驳～博～超～抽～穿～抵～递～凋～回～借～金不～镜奁～贸～叛～畔～迁～悛～搠～岁～孀～贴～抟～推～脱～物～星霜～修～移～易～顺～白鹅～变～朝～鹅～鹅经～符～骨～过～借～锦～马～妾～授～体～羊书～移～易～转例沉沉青岁晚，霭霭秋云换。（唐·储光羲《贻刘高士别》）人生百年我过半，天生才定不可换。（唐·皎然《寓言》）

典**镜奁换**　东汉明帝刘庄祭阴太后，睹亡母故物，不胜悲哀，曾令更换祭品镜奁中的妆具，用以祭祀哀挽之情。见《后汉书·皇后纪·光烈阴皇后纪》。

镜奁换粉黛，翠羽犹葱胧。（唐·杜甫《往在》）

焕huàn　光明；光亮。

古去声，十五翰。逆北～彪～昺～炳～彩～燦～雕～赫～华～焕～晖～辉～景～轮～明～日～散～天章～巍～蔚～文～霞～显～谐～绚～严～耀～昭～照～灼～顺～别～炳～灿～耳～赫～景～烂～朗～丽～目～绮～然～缛～若～烁～蔚～显～衍～扬～阳昌～曜～耀～奕～映～彰例星河稍隅落，宫阙方轮焕。（唐·白居易《和微之诗二十三首·和望晓》）

患huàn

古去声，十六谏。又：上平，十五删同。逆备～避～边～盗～毒～笃～犯～公～构～遘～国～害～祸～疾～艰～蛟～近～咎～救～巨～寇～苦～羸～利～辽～乱～虑～弭～免～内～批～贫～染～人～任～生～时～实～世～贯～水～思～速～天～通～同～外～危～违～显～消～心腹～凶～宿～恤～厌～养～贻～遗～忧～遭～众～顺～惙～毒～恶～害～祸～急～疾～忌～咎～苦～累～吏～难～气～失～肆～险～忧～御～子例卷舒混名迹，纵诞无忧患。（唐·王丘《咏史》）

典**养虎遗患**　比喻纵容敌人，自留后患。《史记·项羽本纪》：“汉欲西归。张良、陈平说曰：‘汉有天下大半，而诸侯皆附之。楚兵罢食尽，此天亡楚之时也，不如因其机而遂取之。今释弗击，此所谓“养虎自遗患”也。’”

不知养虎自遗患，只道求鱼无后灾。（宋·范成大《题夫差庙》）

幻huàn

古去声，十六谏。逆变～尘～譸～大～诞～多～讹～浮～怪～诡～鬼～荒～境～空～诳～灵～流～漫～梦～迷～秘～冥～泡～奇～青～森～善～世～戏～心～虚～玄～焰～妖～隐～诈～顺～变～茶～尘～诞～法～怪～观～海～忽～化～惑～劫～景～境～剧～梦～眇～渺～灭～泡～巧～躯～设～师～士～世～视～术～伪～戏～象～心～形～演～杳～药～耀～异～影～缘～蕴～造～执～质例几日无书，举头欲问西来燕。世情梦幻。（宋·黄庭坚《点绛唇·几日无书》）

宦huàn　①做官。②阉人；太监。

古去声，十六谏。逆薄～从～达～公～孤～官～贵～国～寒～豪～婚～羁～交～进～冷～旅～门～名～末～纳～年～戚～巧～清～权～入～善～商～士～仕～事～素～随～台～天～通～微～位～显～乡～学～优～游～远～谪～拙～资～顺～场～成～程～达～牒～夫～海～籍～迹～家～客～况～吏～路～侣～门～囊～牛～女～评～骑～情～人～孺～室～术～寺～途～橐～网～味～学～要～业～裔～意～游～辙～者～族例旧赏轻抛，到此成游宦。（宋·柳永《迷神引·一叶扁舟轻帆卷》）

典**巧宦**　西汉司马安善于钻营，潘岳赋称其为“巧宦”，后用以咏仕途钻营。亦作“马安巧宦”。见《史记·汲黯列传》潘安仁《闲居赋序》。

汉庭荣巧宦，云阁薄边功。（唐·陈子昂《题祀山烽树赠乔十二侍御》）

许靖羁宦　董卓掌政后，许靖为避杀身之祸，四处投奔，后用以咏羁旅困顿。见《三国志·蜀书·许靖传》。

许靖犹羁宦，安仁复悼亡。（唐·李商隐《属疾》）

涣huàn　①流散；离散。②水盛貌。

古去声，十五翰。逆冰～宸～成～风～号～涣～离～判～泮～叛～畔～散～澌～渥～消～懈～漪～紫～顺～弛～发～汗～号～解～烂～离～鳞～落～漫～靡～灭～命～泮～然～散～释～渥～衍～扬～泽～彰～诏例乔木转夕阳，文轩划清涣。（唐·宋之问《称心寺》）

豢huàn　①喂养牲畜。②以利收买。

古去声，十六谏。逆刍～犓～恩～酣～嘉～笼～禄～水～咻～顺～爱～豹～池～畜～牢～龙～龙氏～縻～扰～身～牺～养～腴～圉例闲看麋鹿志，了不忧刍豢。（唐·陆龟蒙《孤雁》）

逭huàn　逃避。

古去声，十五翰。顺～遁～咎～劳～暑～死～役～责～诛

擐huàn　贯穿。另见592页huān。

古去声，十六谏。又：上平，十五删同。逆躬～甲胄～顺～甲例上言酒味酸，冬衣竟未擐。（唐·韩愈《崔十七少府摄伊阳以诗及书见投》）

浣（*澣）huàn　洗。

古上声，十四旱。逆薄～暴～涤～盥～浣～湔～扑～上～手～漱～洗～下～休～浴～中～濯～顺～涤～花～花溪～练～染～纱～拭～水～慰～溪纱～雪～衣～濯例临泉照影，清寒沁骨，客尘都浣。（宋·吴文英《水龙吟·艳阳不到青山》）

奂（*奐）huàn　①盛；多。②文采鲜明。

古去声，十五翰。逆伴～雕～奂～轮～美～判～泮～巍～顺～奂～烂～然～若～衍

典**轮奂**　本为春秋时，张老称赞晋文子新房屋落成的话，用以指房屋高大华美。《礼记·檀弓下》：“晋献文子成室，晋大夫发焉。张老曰：‘美哉轮焉！美哉奂焉！’”

楼阁参差美轮奂，神仙隐显知有无。（宋·白玉蟾《道过成蹊庵偶成旧风一篇》）

痪huàn　瘫痪。

古《广韵》：上声，缓韵。逆瘓～

【顺】～痈

漶 huàn　漫漶，文字图像等磨灭、模糊。

【古】去声，十五翰。【逆】剥～诞～曼～漫～磨～黮～【顺】～化～漫～灭

见（見）jiàn

【古】去声，十七霰。【逆】暴～鄙～币帛～博～察～绰～朝～呈～赐～错～迭～洞～独～笃～短～断～对～肤～腐～高～瞽～锢～寡～花里～亟～觐～渴～窥～类～蠡～怜～瞭～流萤～龙～露～论～裸～旅～昝～妙～谬～僻～瞥～潜～浅～强～情～觑～群～日～深～时～识～俗～夙～岁～安～望～习～喜～献～霄～宿～悬～宴～燕～遥～谒～臆～隐～迂～隅～愚～御～豫～远～愠～赞～蚤～乍～照～谪～证～咫～智～昼～骤～拙～灼～卓～【顺】～哀～爱～背～便～称～存～胆～道～德～独～睹～端～短～扼～恶～法～访～讽～告～梗～顾～话～会～惠～讥～教～㬉～来～怜～亮～猎～临～论～难～拟～弃～亲～情～趣～觑～任～容～赏～事～恕～说～微～委～谓～闻～喜～贤～哯～新～星～性～许～颜～贻～遗～疑～异～谕～遇～御～原～责～赠～阵～证～知～重～罪【例】叹息春风起，飘零君不见。（唐·沈佺期《芳树》）初日映城时，相思忽相见。（唐·李端《春游乐二首》其一）

【典】**张正见**　指南朝诗人，字见赜，清河东武城人，以五言诗著称。《陈书·张正见传》："正见幼好学，有清才。梁简文在东宫，正见年十三，献颂，简文深赞赏之……其五言诗尤善，大行于世。"

远过张正见，诗兴自依依。（唐·耿沣《会凤翔张少尹南亭》）

长安不见　感叹小人当道，报国无门。唐·李白《登金陵凤凰台》："总为浮云能蔽日，长安不见使人愁。"见668页"日近长安远"。

我望长安犹不见，愁君何处访慈颜？（清·顾炎武《瞿公子玄錥将往桂林不得达而归》）

枚皋相见　汉代枚乘离梁东归时，其妾携子枚皋未跟随同归，后指夫妇父子离合。《汉书·枚乘传》附《枚皋传》："皋字少孺。乘在梁时取皋母为小妻。乘之东归也，皋母不肯随乘，乘怒，分皋数千钱，留与母居。"

待得枚皋相见日，自应妆镜笑蹉跎。（唐·杜牧《见刘秀才与池州妓别》）

竹儿争见　见899页"骑竹欢迎"。

诗叟未相识，竹儿争见君。（唐·孟郊《寄洺州李大夫》）

曲终人不见　亦作"曲终人散""曲终人去"。《旧唐书·钱徽传》附《钱起传》："天宝十年登进士第。起能五言诗。初从乡荐，寄家江湖，尝于客舍月夜独吟，遽闻人吟于庭曰：'曲终人不见，江上数峰青。'起愕然，摄衣视之，无所见矣，以为鬼怪，而志其十字。起就试之年，李暐所试《湘灵鼓瑟诗》，题中有'青'字，起即以鬼谣十字为落句，暐深嘉之，称为绝唱。是岁登第，释褐秘书省校书郎。"

隐隐棹歌，渐被蒹葭遮断，曲终人不见。（宋·柳永《河传·淮岸》）

望高城不见　指对故地的难舍之情，李季何有"高城已不见，况复城中人"之句。亦作"高城望断"。

日暮，望高城不见，只见乱山无数。（宋·姜夔《长亭怨慢·渐吹尽》）

一子千年见　神话传说中的王母仙桃，三千年结果一次，且只能生长于仙界。西王母曾赠汉武帝四个。后用以祝愿长寿。见旧题汉·班固《汉武故事》。

碧落蟠桃，春风种在琼瑶苑，几回花绽，一子千年见。（宋·陈亮《点绛唇·碧落蟠桃》）

玉麟天上谪见　庆贺生子或祝贺男子寿诞。亦作"玉麟行地""玉麟坠地""玉麒麟世间希有"。见742页"绂麟"。

玉麟天上谪见，帏薄贯长虹。（宋·韩玉《水调歌头·间世真贤出》）

不恨古人吾不见　南朝齐中书侍郎张融曾感叹："不恨我不见古人，所恨古人又不见我。"后指傲视古今的豪情。亦作"古人吾不见"。见《南史·张荣传》。

不恨古人吾不见，恨古人、不见吾狂耳。（宋·辛弃疾《贺新郎·甚矣我衰矣》）

健 jiàn

【古】去声，十四愿。【逆】安～保～悲～笔～笔力～步～沉～粗～斗～肥～富～刚～官～犷～憨～行～豪～鹤～鸿～活～急～简～佼～矫～桀～筋骨～紧～劲～精～謷～俊～峻～康～魁～率～猛～乾～强～峭～轻～清～遒～身～诗骨～瘦～爽～竦～素～天行～通～顽～旺～闻～稳～武～黠～纤～鲜～枭～骁～雄～雅～阳～勇～腴～躁～整～陟～壮～作～【顺】～拔～笔～步～啖～倒～斗～犊～儿～饭～妇～鹘～毫～翮～疾～剑～将～节～捷～举～决～朗～浪～吏～马～美～名～仆～强～舌～爽～谈～陀罗～武～舞～偕～侠～黠～羡～仰～翼～勇～壮～足～卒【例】酷见冻馁不足耻，多病沈年苦无健。（唐·杜甫《病后遇王倚饮赠歌》）

【典】**天行健**　谓天体运行不息，后借以比喻帝王的出行。《易·乾卦》："象曰：天行健，君子以自强不息。"唐·孔颖达疏："天行健者，谓天体之行，昼夜不息，周而复始，无时亏退。"

玉辂天行健，金壶书漏长。（宋·杨亿《咸平六年二月十八日扈从宸游》）

雄深雅健　韩愈称赞柳宗元的文风雄深雅健，有如西汉大作家司马迁。后指雄健的文风。《新唐书·柳宗元传》："宗元少时嗜进，谓功业可就。既坐废，遂不振。然其才实高，名盖一时。韩愈评其文曰：'雄深雅健，似司马子长，崔、蔡不足多也。'"

雄深雅健何可得，我一把咏身如轻。（明·虞堪《吕彦贞以诗见寄江舍次韵奉答》其二）

此会明年谁健　杜甫于重阳节同友朋宴集赋诗，有"明年此会知谁健"之句，担心来年再聚难免有人已不健在。后用作重九抒怀之典。亦作"今年身健""明年谁健"。唐·杜甫《九日蓝田崔氏庄》："老去悲秋强自宽，兴来今日尽君欢。羞将短发还吹帽，笑倩旁人为正冠。

蓝水远从千涧落，玉山高并两峰寒。明年此会知谁健，醉把茱萸仔细看。”

明年谁健，更把茱萸再三嘱。(宋·周邦彦《六么令·快风收雨》)

件jiàn

古上声，十六铣。逆名～品～七事～前～钦～上～是～讼～顺～别～举～目～物

建jiàn

古去声，十四愿。逆常～敕～俶～创～登～鼎～斗～分～奋～封～盖～规～黄～基～开～匡～利～论～懋～起～迁～善～杓～设～殊～树～庶～塑～统～选～厌～营～豫～月～肇～筑～子～顺～安～安骨～白～本～弼～标～策～茶～倡～陈～齿～丑～春～疵～德～定～都～分～橐～功～鼓～官～亥～号～侯～画～麾～家～节～兰～类～礼～历～瓴～马～明～茗～木～缮～生～事～首～树～竖～嗣～统～溪～星～戍～牙～言～阳～窑～义～寅～旗～元～章～置例密竹翦轻绡，华堂初建。(宋·李弥逊《感皇恩·密竹翦轻绡》)

典**奋建**　石奋、石建父子的合称。西汉石奋一生谨慎，官至二千石。其子石建等四人亦孝谨，皆官至二千石，后用以指富贵、孝谨。见《汉书》卷四六《石奋传》。

有此重重盛事，未羡石门奋建，韦氏姓名齐。(宋·无名氏《水调歌头·谷旦垂弧矢》)

子建　三国魏陈思王曹植，字子建，以诗文著称。《三国志·魏书·陈思王植传》："陈思王植字子建。年十岁余，诵读《诗》《论》及辞赋数十万言，善属文……时邺铜爵台新成，太祖悉将诸子登台，使各为赋。植援笔立成，可观，太祖甚异之。"

子建文笔壮，河间经术存。(唐·杜甫《别李义》)

践(踐)jiàn　①踩踏。②履行。

古上声，十六铣。逆踩～乘～踹～蹴～蹈～登～更～勾～行～混～克～历～躏～凌～陵～鲁勾～履～攀～蹊～侵～荣～蹂～胜～踏～腾～微～游～越～云壑～遭～顺～暴～冰～踩～蹈～德～登～帝～国～跻～藉～迹～境～居～礼～历～莅～躐～临～蹒～履～盟～灭～墨～年～蹑～诸～盘～期～弃～蹂～辱～山～跚～升～绳～石～事～踏～统～土～危～位～污～席～袭～校～信～修～言～妖～约～运～踖～翟～政～跖～陟～作例丝长鱼误恐，枝弱禽惊践。(唐·张又新《五月水边柳》)

典**鲁勾践**　战国时游侠，曾与荆轲在博戏中发生争执，后指强横跋扈的游侠。见《史记·刺客列传·荆轲传》。

因击鲁勾践，争博勿相欺。(唐·李白《少年行二首》其一)

间(間、*閒)jiàn　①空隙。②嫌隙；隔阂。另见592页jiān。“閒”另见636页xián“闲”。

古去声，十六谏。逆猜～谗～承～乘～得～谍～反～构～乖～诡～行～离～内～青红～求～少～设～疏～司～投～无～希～嫌～相～疑～因～用～潛～顺～拔～谤～壁～厕～错～代～道～伏～行～毁～介～离～路～期～郄～缺～然～色～生～声～使～世～事～伺～岁～探～脱～息～言～衣～者～执～阻～罪

剑(劍、*劒)jiàn

古去声，二十九艳。又：去声，三十陷同。逆按～拔～班～斑～别～楚～雌雄～赐～弹～刀～短～遁～锋～冯谖～伏～拂～服～抚～负～腹～弓～孤～鼓～故～挂～惠～慧～解～借～襟～扣～蒯～昆～浪～利～砺～灵～龙～鹿～论～埋～鸣～佩～萍～蒲～弃～千金～琴～青～请～求～尚方～神～石～试～誓～书～双～霜～水～私～竦～谈～题～跳～丸～吴～舞～犀～玺～匣～象～星～雄～袖～悬～烟～仪～遗～倚～义～拥～鱼～玉～长～仗～蛰～铸～顺～壁～跗～服～歌～函～花～华～化～戟～吷～客～龙～轮～履～芒～铓～鸣～南～佩～骑～气～器～士～首～术～树～槊～镡～外～舞～玺～侠～仙～衣例地遐物奇怪，水镜涵石剑。(唐·韩愈《喜侯喜至赠张籍张彻》)举头西北浮云，倚天万里须长剑。(宋·辛弃疾《水龙吟·举头西北浮云》)

典**楚剑**　以锋利著称，后指利剑或有抱负的人。《说苑·指武》："秦昭王中朝而叹曰：'夫楚剑利，倡优拙。夫剑利则士多慓悍；倡优拙，则思虑远也。'"

金刀赫灵汉剑奋，乌江落日楚剑空。(宋·汪宗臣《鸿门舞剑歌》)

弓剑　传说黄帝仙去，只留下弓剑在人间，后用以追缅亡帝。北魏·郦道元《水经注》卷三《河水篇》："水出西南长城北阳周县故城南桥山，昔二世赐蒙恬死于此，王莽更名上陵畤，山上有黄帝冢故也。帝崩，惟弓剑存焉。故世称黄帝仙矣。"

先帝弓剑远，小臣余此生。(唐·杜甫《送覃二判官》)

故剑　汉宣帝刘询曾诏求微时故剑，借以表示愿立微时所娶许婕妤为皇后。喻指结发妻子。亦作“微时故剑”。见《汉书·外戚传上·孝宣许皇后传》。

一闻汉主思故剑，使妾长嗟万古魂。(唐·王昌龄《行路难》)

龙剑　传说晋张华、雷焕得双剑，二人死后，剑化为双龙。后用以咏剑。见687页“延平剑”。

张公两龙剑，神物合有时。(唐·李白《梁甫吟》)

请剑　汉成帝时朱云请剑斩张禹，后指敢于直谏的朝臣。亦作“斩马剑”。见687页“断马剑”。

直言请剑斩安昌，勿谓朱游只素狂。(宋·张耒《朱云》)

书剑　项羽少时学书剑皆不成，亦作“书剑无成”。《史记·项羽本纪》："项籍少时学书不成，去学剑，又不成，项梁怒之。籍曰：'书，足以记名姓而已；剑，一人敌，不足学，学万人敌。'于是项梁乃教籍兵法，籍大喜，略知其意，又不肯竟学。"

遑遑三十载，书剑两无成。(唐·孟浩然《自洛之越》)

双剑　相传春秋时干将、莫邪(一作莫耶)夫妇曾造雌雄双剑，以干将、莫邪为名。后喻指夫妻。亦作“别剑”。晋·干宝《搜神记》卷十一："楚干将、莫邪夫妻为楚王作剑，三年乃成。……剑有雄雌。"

双剑来时合，孤桐去日凋。(唐·顾况《晋公魏国夫人柳氏挽

歌》）

提剑 汉高祖刘邦自称“以布衣提三尺剑取天下”乃是“天命”，后指帝王取得天下。《史记·高祖本纪》：“吾以布衣提三尺剑取天下，此非天命乎？命乃在天，虽扁鹊何益！”

高文会隋季，提剑徇天意。（唐·杜牧《感怀诗一首》）

题剑 东汉章帝刘炟曾在宝剑上题名，赐尚书剑于尚书令韩棱等三人。后作称美尚书受宠的典故。亦作“济南剑”。见《东观汉记·章帝纪》。

题剑恩方重，藏舟事已非。（唐·张九龄《故刑部李尚书挽词三首》其二）

雄剑 春秋时吴王阖闾使匠人干将莫邪、夫妇造剑二把，雄剑名干将，雌剑名莫邪，后用“雄剑”代指宝剑。见848页“干将”。

雄剑四五动，彼军为我奔。（唐·杜甫《前出塞九首》其八）

悬剑 春秋时，季札承诺徐君将剑相赠。返回时，徐君已死，季札将剑悬挂于徐君冢树上。后作哀悼亡友的典故。亦作“剑悬”“挂剑”“送剑”“留剑”“遗剑”“季札剑”“挂徐君剑”。见《史记·吴太伯世家》。

叹嗟悬剑陇，谁识梦刀祥。（唐·李隆基《过王浚墓》）

吹毛剑 言剑锋利无比，加毛于刃，吹之可断，借以表现战势锐不可当。唐·杜甫《喜闻官军已临贼境二十韵》：“锋先衣染血，骑突剑吹毛。”

当时已有吹毛剑，何事无人杀奉春。（唐·胡曾《平城》）

断马剑 汉成帝时，朱云求赐尚方斩马剑，以除掉张禹。后指诛杀佞臣之志。亦作“断佞臣”。见《汉书·朱云传》。

尝闻断马剑，每壮朱云贤。（唐·李华《咏史十一首》其一）

丰城剑 咏剑，亦以赞美杰出人才，或谓杰出人才有待识者发现。又作“丰剑”“埋剑”“冲天剑”“丰城气”“丰狱剑”“雷氏剑”“丰城双剑”。《晋书·张华传》谓吴灭晋兴之际，天空斗牛之间常有紫气。张华闻雷焕妙达纬象，乃邀与共观天文。焕曰：“斗牛之间颇有异气”，是“宝剑之精，上彻于天耳”，并谓剑在豫章丰城。华即补焕为丰城令，“焕到县，掘狱屋基，入地四丈余，得一石函，光气非常，中有双剑，并刻题，一曰龙泉，一曰太阿。其夕斗牛间气不复见焉”。

远寻丰城剑，虚负历山月。（宋·叶适《送孙伟夫》）

冯谖剑 战国时，孟尝君门客冯谖弹铗而歌，表示对待遇不满，后指穷困求助。亦作“冯铗”“冯驩”“弹剑”。《战国策·齐策四》

客里冯谖剑，歌中宁戚牛。（唐·钱起《新丰主人》）

韩王剑 战国时，韩宣王听到苏秦的游说，不甘屈辱于秦而按剑长叹。后指不甘屈辱而悲愤。见《史记·苏秦列传》。

凄断韩王剑，生死翟公罗。（唐·骆宾王《夏日游德州赠高四》）

旌阳剑 晋时许逊字敬之，曾为旌阳县令。传说他修道成仙，令弟子以剑砍杀蛟蜃之精。后用以咏仙道。亦作“旌阳”。见《太平广记》卷一四引《十二真君传·许真君》。

便念旌阳剑，枉自染蛟腥。（宋·葛长庚《水调歌头·草涨一湖绿》）

昆吾剑 用昆吾石冶炼成铁制作的剑。传说昆吾山产适于铸剑的矿石，自春秋时起，即采以铸剑，可以切金断玉，故有此说。后用以咏宝剑或杰出的人才。见旧题晋·王嘉《拾遗记》卷一〇《昆吾山》。

大花雪舞昆吾剑，一索珠县斛律琴。（元·杨维桢《联句书桂隐主人斋壁》）

雷氏剑 传说埋藏于丰城的宝剑，因剑气冲天而被雷焕发现。后用以咏剑。亦作“雷焕张华”“雷令剑龙”。见本页“丰城剑”。

不知雷氏剑，何处更冲天。（唐·卢骈《题青龙精舍》）

辘轳剑 一种古剑，形状似辘轳。后指宝剑。见《汉书·隽不疑传》。

辘轳剑折虬髯白，转战功多独不侯。（唐·皇甫曾《赠老将》）

欧冶剑 指宝剑。见160页“欧冶子”。

无意漫提欧冶剑，有心长放吕嘉船。（清·吴梅村《寄房师周芮公先生》）

切玉剑 “切玉”形容剑之锋利，喻优秀才俊。亦作“切玉刃”“切泥”。《列子·汤问》：“周穆王大征西戎，西戎献锟铻之剑，火浣之布。其剑长尺有咫，炼钢赤刃，用之切玉如切泥焉。”

秋霜切玉剑，落日明珠袍。（唐·李白《白马篇》）

延平剑 ①传说晋张华、雷焕得双剑，二人死后，剑化为双龙飞入延平津中。后用以咏剑。亦作“龙剑”“延平”“两龙剑”。②喻离合复合。《晋书·张华传》：“（雷焕）遣使送一剑并土与华，留一自佩……华诛，失剑所在。焕卒，子华为州从事，持剑行经延平津，剑忽于腰间跃出堕水。使人没水取之，不见剑，但见两龙各长数丈，蟠萦有文章，没者惧而反。须臾光彩照水，波浪惊沸，于是失剑。”

咄咄延平剑，英英江夏黄。求声方出谷，一别各他乡。（清·曾国藩《寄弟三首》之二）

斩蛟剑 春秋时有佽非，乘船渡江，遇蛟为患。他持剑入江，斩断蛟首，后用以称赞武士除害。亦作“刺蛟”。见《淮南子·道应》。

徒闻斩蛟剑，无复爨犀船。（唐·杜甫《覆舟二首》其二）

高冠长剑 指高尚的情操，屈原《离骚》有“高余冠之岌岌兮，长余佩之陆离”之句。

高冠长剑浑闲物，世上切身唯酒。（宋·刘克庄《摸鱼儿·怪新年》）

金人捧剑 传说战国时，秦昭王三月三日在河边置酒，曾见到水心有金人捧剑，后指帝王春禊。见258页“洛水流杯”。

金人来捧剑，画鹢去回舟。（唐·王维《奉和圣制与太子诸王三月三日龙池春禊应制》）

马武弹剑 马武之徒尚武，后用以咏战将。《后汉书·吴盖陈臧列传》：“至于山西既定，威临天下。戎羯丧其精胆，群帅贾其余壮，斯诚雄心尚武之儿，先志玩兵之日。臧宫、马武之徒，抚鸣剑而抵掌，志驰于伊吾之北矣。"

雄如马武皆弹剑，少似终军亦请缨。(唐·杜牧《东兵长句十韵》)

漆园说剑 庄子说服赵文王停止斗剑为戏。后用作谈兵咏剑之典。亦作"说剑"。见《庄子·杂篇·说剑》。

说剑尝宗漆园吏，戎严应笑棘门军。(唐·独孤及《得柳员外书封寄近诗书》)

学书学剑 项羽少时学书剑皆不成，要学"万人敌"。后用以咏志向远大。见《史记·项羽本纪》。

学书学剑两茫然，空过浮生五十年。(宋·连文凤《无题二首》其一)

倚天长剑 宋玉《大言赋》有长剑可倚天外的夸张描写。后用以咏将士、侠客或高耸入云的事物。亦作"倚剑""倚刃""倚天剑""长剑倚昆仑""长剑倚太行""长剑倚天外""长剑频倚""倚空长剑"。《古文苑》卷二引战国楚·宋玉《大言赋》："宋玉曰：'方地为车，圆天为盖，长剑耿耿倚天外。'"

倚天长剑，夜寒光透银阙。(宋·韩元吉《念奴娇·定交最早》)

袁丝伏剑 汉时，袁丝(袁盎字丝)因向景帝进言反对立梁王为太子，被梁王派刺客暗杀于安陵郭门外。后指良臣勇于进谏。见925页"安陵谁辨削砺功"。

袁丝徒伏剑，长孺欲成灰。(唐·李德裕《清冷池怀古》)

槛(檻)jiàn ①关禽兽的木栏。②囚车。另见655页kǎn。

古上声，二十九豏。逆阑～顺～车～送～羊例漠漠秋云澹，红藕香侵槛。(唐·顾夐《醉公子》)

涧(澗)jiàn 山间流水的沟。

古去声，十六谏。逆白～北～碧～漉～瀍～巢～春申～沟～寒～鹤～皇～急～绝～浚～枯～流～洛～南～盘～平～峭～青～曲～山～深～石～松～潭～溪～雪～阴～饮～幽～云～雉～重～竹～顺～阿～槽～茶～瀍～道～底松～芳～房～沟～谷～壑～户～井～流～毛～门～盘～栖～松～隈～溪～峡～烟～阴～饮～沚例赤岸杂云霞，绿竹缘溪涧。(唐·宋之问《自湘源至潭州衡山县》)

典**盘涧** 喻指隐居山林。《诗经·卫风·盘涧》："考槃在涧，硕人之宽。"毛氏传："考，成。盘，乐也。山夹水曰涧。"郑玄笺："有穷处成乐在于此涧者，形貌大人而宽然有虚乏之色。"

虽拜龙图号，自称盘涧翁。(宋·刘克庄《挽陈北山二首》其二)

鉴(鑒、*鍳、鑑)jiàn

古去声，三十陷。逆百炼～宝～冰～秉～裁～辰～澄～垂～聪～洞～耳～纲～古～龟～规～寒～衡～皇～慧～魂～霁～金～矜～精～镜～炯～钧～朗～理～怜～临～灵～鸾～缅～明～冥～品～千秋～前～秦～清～情～穷～取～鹊～睿～商～赏～深～神～审～圣～识～史～水～通～透光～心～歆～雄～轩～玄～雅～贻～殷～英～萤～幽～玉～渊～昭～照～箴～智～衷～顺～奥～拔～辨～裁～采～察～彻～澈～澄～断～格～古～观～核～衡～湖～戒～诫～局～亮～谅～临～鸾～略～昧～寐～明～取～赏～世～洼～微～畏～悟～许～选～原～允～昭～照～知～止～衷例金盘露洗秋光淡。池上月华开宝鉴。(宋·欧阳修《渔家傲·八月微凉生枕簟》)

典**殷鉴** 本谓夏桀的亡国是殷纣的一面镜子，而殷纣的亡国亦是西周的镜子。后喻指可作借鉴的旧事。《诗经·大雅·荡》："殷鉴不远，在夏后之世。"

千年兴坏真暮旦，殷鉴讵应如许远。(宋·俞畴《跋山谷书范滂传帖》)

山公鉴 指能识别、举荐贤才之人。见851页"山涛识量"。

山公鉴裁，水曹诗兴，功业行飞霄汉。(元·蔡松年《永遇乐·正始风流》)

狂吟老鉴 贺知章，会稽永兴人，曾任秘书监，晚年自号"四明狂客"，玄宗天宝初，还乡为道士，诏赐鉴(镜)湖剡川一曲以为放生池。后指闲适的生活。亦作"狂鉴""狂客鉴湖头"。

陶侃明鉴 晋陶侃为八州都督时，治军严整，明于识鉴，时人称其"机神明鉴似魏武"，后用以咏将帅。见《晋书·陶侃传》。

拥七州都督，虽然陶侃机明神鉴，未必能诗。(宋·刘过《沁园春·古岂无人》)

荐(薦)jiàn ①推举；介绍。②献；祭。③草垫子。

古去声，十七霰。逆哀～褒～表～宾～彩～草～称～春～祠～鼎～鹗～丰～附～覆～高～槁～公～贡～华～嘉～菅～交～解～锦～进～捐～口～夸～馈～遴～领～论～罗～明～谬～评～蒲～秋～荣～首～蔬果～黍～岁～谈～腾～廷～推～尉～席～飨～象～延～谒～幽～预～阅～昭～珍羞～重～追～资～顺～拔～璧～瘥～陈～宠～达～导～悼～奠～牍～度～鹗～福～告～藉～蒋～进～居～举～口～礼～梦～辟～寝～绅～师～食～书～亡～席～献～享～新～信～羞～延～言～扬～引～誉～章～臻～枕～擢例谢公念苍生，同忧感推荐。(唐·宋之问《郡宅中斋》)春愁凝思结眉心，绿绮懒调红锦荐。(唐·顾夐《木兰花·拂水双飞来去燕》)

典**鹗荐** 孔融《荐祢衡表》将祢衡比作鹗。后指推举人才。亦作"鹗书""鹗表""存鹗""祢鹗"。

宪府两飞鹗荐，士林竞赋怀辞。(宋·张先《西江月·肃肃秾侯清慎》)

锥自荐 战国时平原君的门客毛遂以锥若早处囊中，则必能颖脱而出为喻，表明自己有才能但没得到机会。见《史记·平原君列传》。

炉锥难自荐，关捩只心通。(宋·王千秋《临江仙·者也之乎真太错》)

饯(餞)jiàn

古去声，十七霰。又：上声，十六铣同。逆班～出～赐～都门～贺～降～郊～醵～贶～临～青门～设～送～宴～燕～野～寅～饮～迎～赠～帐～追～祖～顺～别～春～道～馆～行～花～客～腊～泪～离～路～幕～觞～送～岁～席～筵～宴～饮～御～赠例尚缠漳水疾，永负蒿里饯。(唐·杜甫《八哀诗·故秘书少监武功苏公源明》)

典**都门饯** 汉宣帝时，疏广为太子太傅，其侄疏受为太子少傅，后两人同时告老还乡，公卿大夫于东都门外饯行。后用以咏送行。亦作"都门帐饮"。见801页"二疏还乡"。

载酒都门饯，行当迓归辀。(宋·范祖禹《四月三十日送子敦都运待制赴河北》)

舰(艦)jiàn 大型军用船只。

㊂上声，二十九豏。㊃船～斗～凤～舸～韩～黄龙～连～列～凌波～龙～楼～青龙～轻～戎～沙裳～兽～斋～舟～㊅～船～只

㊉**韩舰** 宋高宗建炎四年，抗金名将韩世忠以八千水军迎击金军的十万大军，以海舰进泊金山下，一举击败敌军。后用以咏抗金事迹。见宋·李心传《建炎以来系年要录》卷三二。

郄兵强，韩舰整，说徐州。(宋·吴潜《水调歌头·勋业竟何许》)

陶公战舰 晋江夏太守陶侃以运船为战舰，击败陈恢军。后用以咏水军。见《晋书·陶侃传》

陶公战舰空滩雨，贾傅承尘破庙风。(唐·李商隐《潭州》)

箭 jiàn

㊂去声，十七霰。㊃暗～白羽～百～笔～鞭～馋～传～春～丛～刀～雕翎～端～发～飞～风流～浮～更～鼓～鬼～蒿～壶～鹄～画～缓～激～棘～金～筠～冷～丽～连～铃～令～流～柳～漏～鲁连～马步～美～鸣～嫩～逆～鸟～弩～破叶～契～秋～虬～如～三才～哨～神～石～收～水～夏～弦上～衔～髇～晓～篠～信～星～修～遗～银～羽～玉～越～折～钟～竹～㊅～袄～波～筹～窗～道～滴～端～房～风～服～竿～笴～干～槁～壶～笄～脚～金～径～决～诀～刻～括～楼～漏～萌～苗～旗～矢～室～手～书～水～笋～筒～弦～袖～眼～衣～羽～张～竹～镞㊋月兔落高矰，星狼下急箭。(唐·李隆基《校猎义成喜逢大雪率题九韵以示群官》)岂知驱车复同轨，可惜刻漏随更箭。(唐·杜甫《湖城东遇孟云卿复归刘颢宅》)

㊉**天山箭** 唐高宗时，右领军郎将薛仁贵，奉诏领兵击九姓突厥于天山，他连发三箭，射杀骁健三人，军中有"将军三箭定天山"之歌。后指将士守关建功。见602页"三箭定天山"。

引弦连发天山箭，举手高攀月窟枝。(宋·刘克庄《送赴省诸友·林汝大》)

弦上箭 喻大势所趋，不可逆转。《太平御览》卷五九七引《魏书》："太祖(曹操)平邺，谓陈琳曰：'君昔为本初(袁绍字)作檄书，但罪孤而已，何乃上及父祖乎？'琳谢曰：'矢在弦上，不得不发。'"

君看白日驰，何异弦上箭。(唐·李益《游子吟》)

由基箭 楚人养由基擅长射箭，能百步穿杨，后指善射。亦以喻指科举及第。《史记·周本纪》："楚有养由基者，善射者也。去柳叶百步而射之，百发而百中之。左右观者数千人，皆曰善射。"

才怜曼倩三冬后，艺许由基一箭中。(唐·罗隐《隐尝在江陵忝故中令白公叨蒙知遇》)

南金东箭 古代认为南方的金石和东方的竹箭是贵重物品，喻精英人才。《尔雅·释地》："东南之美者，有会稽之竹箭焉……西南之美者，有华山之金石焉。"

南金东箭谁堪拟？绿水青山尽可悲。(元·王冕《悼止斋王先生》其一)

监(監)jiàn ①古代官府名。②阉人的简称。③通"鉴"。另见593页jiān。

㊂去声，三十陷。㊃阿～洞～反～宫～狗～后～监～降～镜～酒～前～清～睿～赏～神～水～俗～天～武～锡～因～主～㊅～本～察～地～牒～规～户～诫～刻～牧～生～史～学～元～院～宅～照～烛～子㊋谏垣几见迁遗补，宪府频闻转殿监。(唐·白居易《重到城七绝句·张十八》)

㊉**荀秘监** 指荀勖，因其曾任秘书监，故有此说。荀勖，字公曾，颍川人，仕曹魏为侍中，入晋封济北郡公，拜中书监，进光禄大夫，领秘书监，后守尚书令。见《晋书·荀勖传》。

官秩旧参荀秘监，樽罍今伴霍嫖姚。(唐·罗隐《寄渭北徐从事》)

渐(漸)jiàn 另见593页jiān。

㊂上声，二十八琰。㊃大～杜～端～顿～防～害～鸿～积～奸～阶～浸～流～木～平～疏～衰～微～无～遐～淹～迤～沾～湛～渍～㊅～包～次～耳～鸿～积～寝～离～恶～冉～染～悟～营～远㊋四畔人来攀折去，一番雨有离披渐。(宋·刘克庄《满江红·压倒群芳》)

㊉**鸿渐** 《易·渐卦》六爻均以"鸿渐于×"领起，谓鸿(水鸟)依次从干(水畔)升高到陆。后喻指仕途升迁。《易·渐卦》："初六，鸿渐于干，小子厉有言，无咎。"

凤雏皆五色，鸿渐又双飞。(唐·刘商《送李元规昆季赴举》)

谏(諫)jiàn

㊂去声，十六谏。㊃笔～鄙～愎～兵～伯游～裁～陈～诚～触～杜～犯颜～讽～给～鼓～规～謇～降～教～讦～进～拒～谲～苦～匡～窥～力～论～密～面～悯～默～纳～逆～强～切～劝～善～尸～顺～说～司～死～诵～锁～台～微～违～味～问～显～晓～言～箴～争～正～证～诤～直～指～忠～骤～㊅～曹～草～臣～楚～词～当～辅～工～鼓～官～果～过～函～诲～戒～诫～沮～珂～郎～列～猎～路～难～囊～坡～切～劝～舍～省～士～书～疏～署～说～司～笋～帷～宪～训～言～议～谕～垣～苑～院～章～折～争～正～诤～止～纸～阻㊋汝惟材性下，嗜好不可谏。(唐·陆龟蒙《孤雁》)

㊉**笔谏** 柳公权以笔劝谏，后指借题发挥进行劝谕。亦作"诚悬笔谏"。《旧唐书·柳公权传》："穆宗政僻，尝问公权笔何尽善，对曰：'用笔在心，心正则笔正。'上改容，知其笔谏也。"

何当火急传家法，欲见诚悬笔谏时。(宋·苏轼《柳氏二外甥求笔迹》)

三谏 指臣谏君以三次为度，即可谓尽责。《礼记·曲礼下》："为人臣之礼，不显谏，三谏而不听，则逃之。"

三谏不从为逐客，一身无累似虚舟。(唐·徐铉《贬官泰州出城作》)

尸谏 指臣以死谏君。《韩诗外传》卷七："昔者卫大夫史鱼病且

死，谓其子曰：'我数言蘧伯玉之贤而不能进，弥子瑕不肖而不能退，为人臣生不能进贤而退不肖，死不当治丧正堂，殡我于室足矣。'魏君问其故，子以父言闻。君造然召蘧伯玉而贵之，而退弥子瑕。徙殡于正堂，成礼而后去。生以身谏，死以尸谏，可谓直矣。"

遗草烧残事可怜，谁令尸谏昧当年。（清·陈克家《记事》）

五谏 古代人臣谏君的五种方式，后用以称颂皇帝近臣。《说苑·正谏》谓五谏为正谏、降谏、忠谏、戆谏、讽谏。见《后汉书·李云传论》李贤注。

何当火急传家法，欲见诚悬笔谏时。（宋·苏轼《柳氏二外甥求笔迹》）

九龄疏谏 唐玄宗朝宰相张九龄预见安禄山将谋反，进谏唐玄宗对战败当斩的安禄山不予宽赦。唐玄宗不听，认为张九龄误害忠良。后用以咏直谏。见《旧唐书·张九龄传》。

昔九龄疏谏，禄山必叛。更生累奏，王氏为危。（宋·国学生《沁园春·三学上书》）

伍员忠谏 春秋时伍子胥多次进谏吴王夫差，乘胜灭越，夫差不听，并听信浮言，命伍子胥使齐，临行时伍子胥叹息吴之将亡。见《史记·伍子胥列传》。

伍员结舌长嘘嚱，忠谏无因到君耳。（唐·刘商《姑苏怀古送秀才下第归江南》）

主文谲谏 指以含蓄的方式劝谏。《诗经序》："上以风化下，下以风刺上，主文而谲谏，言之者无罪，闻之者足以戒，故曰风。"郑玄笺："主文，主与乐之宫商相应也，谲谏，咏歌依违不直谏。"

悯时政得失，主文而谲谏。（明·蔡汝楠《创建大复何先生祠记》）

茅焦脱衣谏 秦时，齐人茅焦冒死谏秦始皇迁母不孝，谏后脱衣就刑，后用以咏直臣切谏。见《说苑·正谏》。

茅焦脱衣谏，先生无一言。（唐·元稹《四皓庙》）

贱（賤）jiàn

[古]去声，十七霰。[逆]安～卑～鄙～贬～刍～疵～悴～逮～氏～诋～黩～凡～浮～甘～苟～孤～贵～寒～秽～羁～减～简～狂～澜～连～良～凌～陋～沦～蔑～贫～平～谦～轻～穷～荣～冗～辱～散～疏～衰～素～琐～贪～微～猥～污～乡～厌～野～遗～逸～庸～幽～鱼米～愚～贼～征～滓～罪～[顺]～薄～辈～鄙～表～材～臣～辰～耻～酬～恶～服～俘～庚～躬～获～伎～迹～贾～价～简～降～荆～客～累～劣～凌～流～陋～蔑～贫～品～弃～穷～躯～取～冗～儒～辱～弱～事～视～嗜～疏～司～肆～同～侮～物～息～相～恙～役～易～庸～勇～愚～造～直～质～姿[例]一朝歌舞荣，夙昔诗书贱。（唐·徐贤妃《长门怨》）后生相动何寂寥，君有长才不贫贱。（唐·杜甫《短歌行送祁录事归合州因寄苏使君》）

[典]**宓子贱** 春秋时鲁人，孔子弟子，任单父宰，善于任人而治，受到孔子与时人的称赏，后用以称美县令。亦作"宓生""宓侪""单父琴""宓贱琴"。见《吕氏春秋·开春论·察贤》。

何惭宓子贱，不减陶渊明。（唐·李白《赠闾丘宿松》）

溅（濺）jiàn 另见594页jiān。

[古]去声，十七霰。[逆]迸～飞～水花～污～雪～血～银浪～雨～珠玑～[顺]～泪～落～沫～裙[例]却将尘土衣，一任瀑丝溅。（唐·皮日休《太湖诗·雨中游包山精舍》）

[典]**漱石齿溅** 形容退隐山泉之乐。亦作"枕流"。见178页"枕流漱石"。

一径幽通邃竹，松风漱、石齿溅溅。（宋·杨泽民《满庭芳·春过园林》）

毽 jiàn 毽子的毽。

[顺]～儿～子

键（鍵）jiàn ①鼎上贯通两耳的横杠。②车辖。③门闩。

[古]上声，十六铣。又：下平，一先同。[逆]封～拊～管～机～扃～铃～门～妙～钤～钳～辖～幽～鱼～[顺]～闭～橐～关～阖～辖～钥[例]披揭覆载枢，捭阖神异键。（唐·皮日休《鲁望昨以五百言见贻》）

腱 jiàn 附骨筋肉。

[古]《广韵》：去声，愿韵。又：平声，元韵同。[逆]跟～肌～[顺]～鞘～子

锏（鐧）jiàn 车轴铁。另见654页jiǎn。

[古]《广韵》：去声，谏韵。[逆]膏～

裥（襇）jiàn 又读。另见654页jiǎn。

洊 jiàn 屡次。

[古]去声，十七霰。[逆]饥馑～水旱～[顺]～保～逼～登～迭～饥～跻～经～雷～历～密～迫～升～岁～膺～臻～至～陟～擢

牮 jiàn 正屋之倾斜。

僭 jiàn 超越身份。

[古]去声，二十九艳。[逆]不～侈～乖～昏～假～骄～狂～凌～陵～欺～强～冗～上～奢～讨～妄～凶～逸～优～逾～专～[顺]～傲～臣～称～持～侈～宠～盗～夺～服～贵～居～君～客～狂～乐～礼～立～乱～冒～名～逆～叛～窃～上～奢～述～竖～肆～谈～忝～王～妄～位～物～言～易～轶～溢～用～踰～越～诈～恣～纵[例]人生但如此，朱紫安足僭。（唐·韩愈《喜侯喜至赠张籍张彻》）

倦 juàn

[古]去声，十七霰。[逆]罢～惫～笔～怠～发～乏～烦～飞～后～宦游～昏～饥～羁～骄～解～拘～客游～困～懒～劳～力～耄～闷～迷～秘～鸟～疲～勤～神～衰～岁时～退～忘～无～相如～懈～厌～遗～慵～余～志～昼～醉～[顺]～败～惫～笔～程～出～怠～惮～盹～乏～烦～飞～极～局～客～苦～困～懒～劳～令～路～旅～略～闷～魔～目～憩～勤～容～色～世～谈～听～午～响～眼～厌～意～慵～游～政～致～妆[例]金缕霞衣轻褪，似觉春游倦。（宋·柳永《荔枝香·甚处寻芳赏翠》）

[典]**宦游倦** 指疲于在外求官或做官。《史记·司马相如列传》："（王）吉曰：'长卿久宦游不遂，而来过我。'于是相如往，舍都亭。"见本页"相如倦"。

几载宦游倦，素来生事微。（宋·赵蕃《书事》）

相如倦 喻才士不得志。《史记·司马相如列传》："今文君已失身于

司马长卿，长卿故倦游，虽贫，其人材足依也。"

愁同平子多，游比相如倦。（宋·张嵲《山中雪后颇有春意》）

眷[1] juàn ①回视。②关心；关怀。③亲属。

古去声，十七霰。逆哀～朝～宸～承～冲～宠～垂～存～笃～恩～法～荷～怀～欢～迴～奖～降～矜～旧～眷～款～礼～怜～簾～灵～隆～末～乃～昵～悽～清～睿～深～殊～思～天～渥～宪～宿～延～异～优～幽～余～允～伫～顺～爱～齿～忡～宠～酬～存～待～顾～好～荷～恨～厚～怀～惠～寄～奖～接～聚～眷～客～口～睐～礼～怜～恋～留～眄～邈～命～慕～念～盼～求～任～赏～识～属～私～望～委～渥～相～想～心～歆～幸～恤～言～倚～异～姻～佑～与～遇～宅～仗～知～重例老马为驹信不虚，当时得意况深眷。（唐·杜甫《病后遇王倚饮赠歌》）

眷[2]（*睠）juàn 关心；怀念。

古去声，十七霰。逆回～顺～爱～顾～恋例报国有壮心，龙颜不回眷。（唐·李白《江夏寄汉阳辅录事》）

绢（絹）juàn 丝织品。

古去声，十七霰。逆白～冰～绸～东～鹅～鹅溪～古～官～杭～禾～胡威～虎斑～画～黄～蛟女～扃～蜡～绫～宓机～软～纱～生～诗～束～素～问～吴～小～孝～遗～银～婴～硬～油～油丝～顺～本～帛～布～绸～地～幅～估～光～花～扇～丝～素～帖～子

典**黄绢** 称美诗文佳作。《世说新语·捷悟》："魏武尝过曹娥碑下，杨修从，碑背上见题作'黄绢幼妇，外孙齑臼'八字。魏武谓修曰：'解不？'答曰：'解。'……修曰：'黄绢，色丝也，于字为绝。幼妇，少女也，于字为妙。外孙，女子也，于字为好。齑臼，受辛也，于字为辞。所谓'绝妙好辞'也。"

雅词黄绢妙，渥泽紫泥分。（唐·薛存诚《御制段太尉碑》）

问绢 三国魏人胡质任荆州刺史，其子胡威赴荆州觐省，临归，质赐绢，胡威问清此绢来路清白方才接受。后因用以咏清廉之官。亦作"胡威绢""胡威推缣"。见《三国志·魏书·胡质传》。

采兰度汉水，问绢过荆州。（唐·岑参《送陶铣弃举荆南觐省》）

遗绢 陈寔见盗贼不像恶人，遗绢于他。亦作"陈寔遗盗"。《后汉书·陈寔传》："盗大惊，自投于地，稽颡归罪。寔徐譬之曰：'视君状貌，不似恶人，宜深克己反善。然此当由贫困。'令遗绢二匹。自是一县无复盗窃。"

鹅溪雪绢 产于四川省盐亭县鹅溪的绢帛。唐代为贡品，宋人书画尤重之。《新唐书·地理志六·剑南道》："陵州仁寿郡，本隆山郡，天宝元年更名。土贡：麸金、鹅溪绢、细葛、续髓、苦药。"

素手转罗酥作颗，鹅溪雪绢云腴堕。（宋·毛滂《蝶恋花·花里传觞飞羽过》）

卷 juàn ①卷轴；书籍。②试卷。③案卷。④量词。另见654页juǎn。

古去声，十七霰。逆裱～不释～残～彻～呈～辍～词～读～短～废～行～横～画～黄～绘～巾～锦～经～卷～开～临书～落～秘～末～墨～披～篇～弃～秋～阙～善～诗～释～手～首～书～素～图～万～文～宣～压～掩～赝～遗～吟～展～长～招～贽～朱～顺～次～第～端～头～尾～折～帙～秩～中人～轴例耳目何所娱，白云与黄卷。（唐·皎然《兵后早春登故鄣南楼望昆山寺白鹤观》）

典**黄卷** 指书籍，古时以黄蘗染纸防蠹，故有此说。《世说新语·赏誉》："张华见褚陶。"南朝梁·刘孝标注引《褚氏家传》："弱不好弄，清淡闲默，以坟典自娱。语所亲曰：'圣贤备在黄卷中，舍此何求？'"

小亭中何有？素琴对黄卷。（唐·白居易《朝课》）

善卷 虞舜时隐士，他拒不接受舜之禅让。后用以称美隐者。见《庄子·让王》。

善卷让位寻丹丘，逍遥居此岩之幽。（明·陆师道《善权洞》）

三万卷 指藏书颇多。唐·韩愈《送诸葛觉往随州读书》："邺侯家多书，插架三万轴。一一悬牙签，新若手未触。"

家书三万卷，独取服食诀。（宋·苏轼《和陶郭主簿二首》其一）

五千卷 喻博览群书。《北史·崔儦传》："（崔儦）大署其户曰：'不读五千卷书者，无得入此室。'"

手携拄下五千卷，来擅一世文章豪。（宋·崔与之《寿李参政壁》）

露萤清夜照书卷 晋人车胤家贫，以练囊盛萤火虫照明夜读，后指勤学苦读。亦作"临书卷"。任昉《为萧扬州荐士表》："至乃集萤映雪，编蒲缉柳。"李善注："檀道鸾《晋阳春秋》曰：'车胤，字武子，学而不倦，贫不常得油，夏月则练囊盛数十萤火，夜以继日焉。'"

尚有綀囊，露萤清夜照书卷。（宋·周邦彦《齐天乐·绿芜凋尽台城路》）

圈 juàn 圈养牲畜的棚和栏。另见697页quàn、598页quān。

古上声，十三阮。逆畜～虎～笼～棚～兽～顺～槛～牢～养

罥 juàn 捕取鸟兽的网。

古去声，十七霰。逆高～挂～萝～蒙～丝～网～张～顺～挂～结～索例蟾蜍正向清夜流，蛱蝶须教堕丝罥。（唐·吴融《古别离》）

鄄 juàn 地名。

古去声，十七霰。

隽（*雋）juàn ①美味。②意味深长。③射中；考中。另见775页jùn。

古上声，十六铣。逆超～简～冷～灵～雅～顺～词～脆～洁～句～快～流～美～妙～品～巧～声～爽～谈～婉～伟～味～蔚～雅～燕～永～语～誉～远～壮

狷（*獧）juàn ①拘谨。②偏激；急躁。③耿直；固执。

古去声，十七霰。又：上声，十六铣同。逆隘～褊～刚～高～骄～狷～狂～灵～轻～清～迂～愚～躁～顺～隘～傲～暴～察～独～笃～忿～愤～刚～给～固～行～激～急～洁～介～狷～狂～厉～戾～迫～浅～士～狭～直～志例子性剧弘和，愚衷深褊狷。（唐·杜牧《长安送友人游湖南》）

典**狂狷** 指偏激的言行，《论语·子路》："子曰：'不得中行而与之，必

也狂狷乎！狂者进取，狷者有所不为也。'"

乐祸忘怨敌，树党多狂狷。（唐·李商隐《行次西郊作一百韵》）

睊 juàn 侧目而视貌。

㊀去声，十七霰。逆睊～顺～怒

看 kàn 另见595页kān。

㊀去声，十五翰。又：上平，寒韵同。逆饱～痴～点～督～访～覆～顾～惯～行～横～画里～监～检～惊～静～镜中～窥～懒～留～梦中～怕～频～平～轻～觑～燃犀～试～熟～睃～踏～贪～探～体～望～卧～雾中～躧～细～闲～相～详～晓～笑～休～羞～寻～巡～验～遥～倚栏～远～伫～坐～顺～承～当～风～顾～官～馆～果～候～花～阶～街～街楼～镜～客～冷暖～理～脉～墓～破～亲～取～觑～杀～煞～设～视～伺～玩～望～详～验～养～议～长～竹例珠铅滴尽无心语，强把花枝冷笑看。（唐·张祜《长门怨》）日月每从肩上过，山河长在掌中看。（唐·李忱《百丈山》）

典**镜慵看** 杜甫诗有"勋业频看镜，行藏独倚楼"之句，用以感叹岁月流逝，亦作"镜频看"。

微吟怕有诗声翳。镜慵看、但小楼独倚。（宋·吴文英《玉京谣·蝶梦迷清晓》）

作杏花看 用以咏红梅。亦作"把做杏花看"。宋·蔡绦《西清诗话》："红梅清艳两绝，昔独盛于姑苏，晏元献始移植西冈第中，特称赏之。……公尝与客饮花下，赋诗曰：'若更迟开三二月，北人应作杏花看。'"

北人初未识，浑作杏花看。（宋·王安石《红梅》）

花似镜中看 佛教用"水月镜像"喻指由人们自心幻化出来的一切，后喻虚幻不可捉摸。《维摩诘所说经》卷中《观众生品》："尔时文殊师利问维摩诘言：'菩萨云何观于众生？'维摩诘言：'譬如幻师见所幻人，菩萨观众生为若此，如智者见水中月，如镜中见其面像，如热时焰。"见本页"老年花似梦中看"。

水上月如天样远，眼前花似镜中看。（宋·向子諲《浣溪沙·姑射肌肤雪一团》）

细把茱萸看 杜甫诗有"醉把茱萸仔细看"之句，描写重九宴集的情景。见685页"此会明年谁健"。

不须细把茱萸看，且尽丰年酒一杯。（宋·韩元吉《鹧鸪天·老去休惊节物催》）

海棠花谢卷帘看 描写女子春情慵懒。唐·韩偓《懒起》："昨夜三更雨，今朝一阵寒。海棠花在否？侧卧卷帘看。"

一夕东风，海棠花谢，楼上卷帘看。（宋·周邦彦《少年游·南都石黛扫晴山》）

老年花似梦中看 形容视力减弱。亦作"雾中看"。唐·杜甫《小寒食舟中作》："春水船如天上坐，老年花似雾中看。"

老年花似梦中看。厌浥一枝溥晓露，珠泪阑干。（宋·王之道《浪淘沙令·高髻堕香鬟》）

瞰（*矙）kàn ①俯视。②窥；视。

㊀去声，二十八勘。逆飞～俯～鬼～环～回～窥～临～鸟～遐～下～延～鱼～顺～临～睨～视～下

阚（闞）kàn ①望；视。②临。另见652页hǎn。

㊀去声，二十八勘。逆城～斗～窥～顺～月

烂（爛）làn

㊀去声，十五翰。逆班～炳～灿～璀～霏～光～焕～晃～焦～柯～枯～磷～流～漫～糜～穷～软～熹～霞～星辰～朽～煊～绚～炎～艳～鱼～昭～照～灼～顺～斑～肠～额～腐～红～精银～柯～溃～漫～靡～妙～目～若～杀～赏～椹～石～熟～碎～脱～蔚～烨～逸～银盘～饮～游～云～灼～紫例遥夜何漫漫，空歌白石烂。（唐·李白《南奔书怀》）一夕如再升，含毫星斗烂。（唐·李德裕《追和太师颜公同清远道士游虎丘寺》）

典**柯烂** 亦作"樵柯烂"。见73页"烂柯"。

适情岂待樵柯烂，罢局还应屐齿隳。（唐·李中《石棋局献时宰》）

郦其焦烂 汉初，郦食其为汉王游说齐王，齐王田广怀疑郦食其出卖自己，便把他烹死.后指含冤而死。见《史记·郦生列传》。

君看齐鼎中，焦烂者郦其。（唐·白居易《和答诗十首》其五）

滥（濫）làn

㊀去声，二十八勘。逆暴～鄙～波～驳～舛～叨～涤～讹～恶～烦～泛～放～浮～乖～诡～横～秽～苛～酷～溃～浏～流～漭～冒～靡～谬～僻～偏～漂～欺～悭～侵～染～冗～觞～斯～厮～俗～贪～慆～通～颓～枉～猥～污～诬～亵～幸～侥～淫～竽～逾～愚～冤～赃～真～浊～顺～厕～尘～侈～充～吹～词～恶～泛～官～过～行～巾～劣～冒～觞～尸～士～熟～调～伪～污～胁～刑～言～炎～溢～饮～竽～狱～职例自剖多是非，流滥将何归。（唐·孟郊《吊元鲁山》）

典**阿滥** 即阿滥堆，指笛曲，本为鸟名，唐玄宗采其声为曲。南唐·尉迟偓《中朝故事》卷上："骊山多飞禽，名阿滥堆，明皇帝御玉笛采其声，翻为曲子名焉。左右皆传唱之，播于远近，人竟以笛效吹。"

待月上潮，平波滟滟，塞管轻吹新阿滥。（宋·贺铸《天门谣·牛渚天门险》）

练（練）liàn

㊀去声，十七霰。逆暗～白～被～博～彩～沉～澄～楚～达～捣秋～飞～幅～缟～挂～皓～鹤～黑～浣～缣～简～江如～界～精～净～朗～箓～敏～凝～匹～朴～瀑～秋～洒～霜～素～陶～稳～习～洗～闲～宵～绡～霄～谢～绚～雪～雅～研～曳～澡～藻～缯～珍～整～顺～波～帛～才～材～达～带～丹～禫～冠～行～核～红～祭～简～戒～巾～究～就～句～明～衲～囊～洽～鹊～裙～染～锐～若～色～师～石～士～饰～帨～丝～素～文～悉～祥～形～要～衣～影～勇～异～阅～择～缯～真～朱～紫～字例银山碛口风似箭，铁门关西月如练。（唐·岑参《银山碛西馆》）

典**吴练** 春秋时颜回误认吴阊门外白马为练，后借指白马。汉·王充《论衡·书虚》："颜渊与孔子俱上鲁泰山。孔子东南望吴阊门外有系白

马，引颜渊指以示之，曰：'若见吴阊门乎？'颜渊曰：'见之。'孔子曰：'门外何有？'曰：'有如系练之状。'"

吴练已知随影没，朔风犹想带嘶闻。（唐·刘威《伤曾秀才马》

组练 即组甲、被练，皆指将士的衣甲服装。因以"组练"借指精锐的部队或军士的武装军容。《左传·襄公三年》："（楚子重）使邓廖帅组甲三百，被练三千以侵吴。"唐·孔颖达疏引贾逵曰："组甲，以组缀甲，车士服之；被练，帛也，以帛缀甲，步卒服之。"

羽林东下雷霆怒，楚甲南来组练明。（唐·杜牧《东兵长句十韵》）

一匹练 形容白马飞驰。亦作"匹练白马""吴门曳练"。《艺文类聚》卷九三引《韩诗外传》："颜回望吴门马，见一匹练。孔子曰：'马也。然则马志光景，一匹长耳。'故后人号马为一匹。"

马如一匹练，明日过吴门。（唐·李白《赠武十七谔并序》）

长江澄练 咏江流。亦作"江练""江似练""长江澄练""清淮铺练""吴波静练""解道澄江如练"。谢朓《晚登三山还望京邑》："灞涘望长安，河阳视京县。白日丽飞甍，参差皆可见。余霞散成绮，澄江静如练。"

最好是、长江澄练，远山新雨。（宋·王千秋《满江红·楼压层城》）

炼（煉、*鍊）liàn

【古】去声，十七霰。【逆】熬～百～锤～砥～煅～锻～飞～服～化～简～洁～矜～精～警～刻～砻～磨～内～凝～烹～遒～熔～镕～融～揉～涩～烧～升～试～刷～陶～调～洗～消～销～修～雅～研～养～运～整～铸～转～椎～琢～钻～【顺】～百～锤～达～度～锻～风～格～骨～行～话～火～金客～久～句～力～厉～蜜～磨～魔～贫～魄～气～熔～砂～山～烧～师～石～饰～术～思～炭～提～翁～形～性～颜～养～意～狱～真～指～质～铸～字【例】欲知求友心，先把黄金炼。（唐·孟郊《求友》）

【典】**越欧百炼** 欧冶子为春秋时越国著名铸剑师，曾造鱼肠、湛卢等利剑，后咏剑师。见160页"欧冶子"。

越欧百炼时，楚卞三泣地（唐·吕温《古兴》）

恋（戀）liàn

【古】去声，十七霰。【逆】哀～安～悲～怅～驰～眈～感～鲠～顾～挂～惶～积～眷～恳～嫪～恋～留～慕～念～凝～攀～盼～凄～牵～清夜～情～绻～赏～贪～贴～晚～婉～违～遐～欣～厌～仰～依～遗～忆～沾～瞻～栈～遮～追～【顺】～班～本～缠～豆～恩～恨～空桑～嫪～恋～留～慕～念～朐～阙～群～诗～土～惜～轩～阜～栈～战～枕～滞【例】骑来云气迎，人去鸟声恋。（唐·张说《岳阳石门墨山二山相连有禅堂观天下绝境》）

【典】**子美游蜀无心恋** 蜀地海棠虽盛，居蜀多年的杜甫却无诗咏及，为此，郑谷诗有"子美无心为发扬"之句。后咏海棠。唐·郑谷《蜀中赏海棠》："浓淡芳春满蜀乡，半随风雨断莺肠。浣花溪上堪惆怅，子美无心为发扬。"自注："杜工部居西蜀，诗集中无海棠之题。"

子美当年游蜀苑，又岂是、无心眷恋。（宋·王十朋《二郎神·深深院》）

殓（殮）liàn

【古】去声，二十九艳。【逆】闭～殡～成～大～棺～含～埋～入～盛～收～送～小～攒～装～【顺】～葬

链（鏈）liàn

【逆】锁～【顺】～环

楝 liàn 木名。

【古】去声，十七霰。【逆】苦～【顺】～花风～实

潋（瀲）liàn 潋滟，水波流动貌。

【古】去声，二十九艳。又：上声，二十八琰同。【逆】碧～萃～泛～潋～滟～玉～【顺】～潋～滟【例】天连翠潋。九折玻璃软。（宋·毛滂《清平乐·天连翠潋》）

莶（薟）liàn 又读。另见656页 lián、606页 xiān。

乱（亂）luàn

【古】去声，十五翰。【逆】暴～悖～崩～弊～避～兵～播～驳～嘈～春灯～窜～篡～颠～烦～繁～反～犯～纷～风絮～覆～鼓～乖～聒～酣～豪～横～哗～猾～荒～昏～祸～僭～惊～靖～克～狂～溃～离～罹～历～缭～凌～迷～糜～湎～谬～酿～宁～叛～蓬～僻～攘～稔～冗～散～丧～骚～煽～伤～衰～水纹～碎～霆～蛙声～危～雾～嚣～淆～星～眩～言～躁～辙～整～治～【顺】～败～邦～悖～毙～常～朝～辞～黩～端～法～烽～根～患～昏～祸～惑～迹～家～将～军～君～溃～愦～离～流～略～麻～媒～萌～民～谋～逆～溺～孽～虐～群～色～神～首～丝～嗣～俗～梯～徒～亡～物～项～营～狱～原～源～云～灾～贼～政～志～族【例】帘开明月独窥人，欹枕钗横云鬓乱。（唐·孟昶《避暑摩诃池上作》）

【典】**关雎乱** 《关雎》的结尾，是合乐。《论语·泰伯》："子曰：'师挚之始，《关雎》之乱，洋洋乎盈耳哉！'"

熙熙大雅歌，洋洋关雎乱。（宋·魏了翁《次韵薛秘书见遗玉臂格谢书则堂扁额》）

风灯零乱 用以描绘风雨中灯火闪烁的情景。唐·杜甫《船下夔州郭宿雨湿不得上岸别王十二判官》："依沙宿舸船，石濑月娟娟。风起春灯乱，江鸣夜雨悬。"

似楚江暝宿，风灯零乱，少年羁旅。（宋·周邦彦《锁窗寒·暗柳啼鸦》）

漫 màn 另见622页 mán。

【古】去声，十五翰。又：上平，十四寒异。【逆】澶～沉～春水～诞～繁～浮～广～海～罕～汗～瀚～浩～灏～花气～缓～涣～恢～浸～烂～流～沦～漫～弥～迷～渺～牵～冗～撒～散～水～污～芜～雾～溪～羡～雪～烟～延～杳～夷～盈～悠～游～云～遮～滋～【顺】～暗～笔～波～步～澶～诞～渎～岗～歌～汗～壑～幻～漶～浸～卷～决～客～空～狂～溃～浪～理～流～录～乱～略～弥～靡～灭～抹～没～浅～散～沙～山～声～识～书～说～叟～谈～题～涕～天～文～污～戏～涎～羡～泄～兴～淹～延～言～衍～演～野～溢～吟～游～语～远～云～指～滋【例】湖月映大海，天空何漫漫。（唐·常建《赠三侍御》）

典**长夜漫漫** 宁戚有"长夜漫漫何时旦"之语,后用以感叹怀才不遇。亦作"叩角夜漫漫"。《史记·邹阳传》:"宁戚饭牛车下,而桓公任之以国。"裴骃集解引东汉·应劭曰:"齐桓公夜出迎客,而宁戚疾击其牛角商歌曰:'南山矸,白石烂,生不逢尧与舜禅。短布单衣适至骭,从昏饭牛薄夜半,长夜曼曼何时旦?'公召与语,说之,以为大夫。"曼,或作漫。

长夜漫漫起饭牛,飞鸢跕跕堕炎州。(宋·赵蕃《酬汤莘夫用怀孙温叟韵见贻》)

元郎太漫 唐代宗朝,著作郎元结由于"人以为浪者亦漫为官乎,呼为漫郎"。其后又有人说"公漫久矣,可以漫为叟",得名"漫郎"。后指不受拘束、放浪形骸。亦作"一官是漫"。见《新唐书·元结传》。

朅来十月九湖山,人笑元郎太漫。(宋·方信孺《西江月·碧洞青崖著雨》)

慢màn

古去声,十六谏。逆薄～暴～悖～鄙～残～谄～嘲～弛～迟～侈～丑～诞～渎～惰～废～乖～豪～骠～稽～简～僭～骄～桀～解～矜～倨～苦～夸～宽～款～狂～愦～懒～凌～披～欺～侵～轻～声声～舒～疏～肆～松～贪～违～污～诬～忤～侮～习～戏～闲～邪～谐～亵～心～凶～虚～易～游～远～政～顺～傲～倍～悖～残～藏～朝～弛～憧～辞～待～怠～诞～黩～法～服～行～缓～火～迹～讲～戾～脸～弃～然～声～世～视～书～说～忘～违～侮～舞～物～戏～狎～泄～谑～言～易～游～愚～滞例渐觉衔杯心绪懒。酒侵花脸娇波慢。(宋·欧阳修《渔家傲·二月春期看已半》)

幔màn 帐幕;帷幕。

古去声,十五翰。逆碧～彩～车～窗～垂～毳～翠～地～点蜡～帆～风～佛～黄～绛～绛纱～锦～酒～卷～黎～罗～木～绮～褰～纱～水～素～缇～通～帏～帷～下地～孝～虚～营～云～帐～重～朱～顺～城～幕～省～室～亭～帷～屋～帐～子例寒云度穷水,别业绕垂幔。(唐·钱起《秋夜作》)

典**胜隔绀纱尘幔** 见965页"红袖纱笼"。

联题在,频经翠袖,胜隔绀纱尘幔。(宋·吴文英《永遇乐·春酌沈沈》)

曼màn ①柔美;细腻。②长;远。

古去声,十四愿。又:上平,十四寒异。逆哀～邓～歌声～滑～烂～辽～曼～美～媚～靡～眇～凄～戎～冗～柔～韶～坛～头～宛～婉～萧～修～秀～须～延～衍～鸷～滋～顺～帛～绰～辞～睇～都～福～根～胡～姬～理～丽～睩～曼～靡～妙～暖～丘～声～寿～殊～陀～陀罗～婉～舞～羡～啸～延～衍～音～吟～缨～游～语～泽～赠～长～志～珠

典**邓曼** 春秋时楚武王夫人,因楚武王出征前心跳,预感到其命不长。借指有智慧的女性。见《左传·庄公四年》。

惧盈因邓曼,罢猎为樊姬。(唐·元稹《楚歌十首》其四)

缦(縵)màn 没有花纹的丝织品。

古去声,十五翰。又:去声,十六谏异。逆操～都～干～冠～花～纠～烂～缦～纰～丝～缇～夏～绚～顺～帛～布～胡～乐～立～密～然～田～缨～缯

漫(謾)màn ①轻慢;没有礼貌。②通"慢"。③通"漫"。另见622页mán。

古去声,十五翰。又:去声,十六谏同。又:上平,十四寒同。逆巴～暴～诋～负～夸～谰～漫～轻～坦～诬～侮～顺～藏～诧～怠～道～妒～附～荒～劳～怜～论～骂～生～视～书～说～索～学～语～彧～约

蔓màn 另见622页mán。

古去声,十四愿。逆扳～草～翠～诞～棘～枯～狂～揽～篱角～连～辽～露～萝～蔓～骈～牵～冗～柔～藤～条～芜～香～烟～延～衍～野～引～云～支～枝～株～滋～紫～顺～词～辞～连～生～延～衍～引～藻例遗穗及众多,我仓戒滋蔓。(唐·杜甫《行官张望补稻畦水归》)

墁màn 用砖、石等铺地面。

古去声,十五翰。逆垩～粉～画～瓦～圬～污～顺～地～平

面[1](*靣)miàn ①头的前部。②物体的表面。③向着;朝着。

古去声,十七霰。逆白云～半～薄～暴～逼～避～便～鬓～波～壁～潮～尘～赪～赤～春风～刺～黛～低～雕～粉～佛～芙蓉～拂～浮～膏～槁～革～垢～刮～还～海～鹄～花～回～鞯～江～娇～进～梨～黧～獠～庐山～满～漫～腼～墨～谋～南～赧～涅～劈～瞥～屏～泼～扑～漆～情～黥～如～山～扇～生～饰～水～素～桃花～题～铁～铜～头～涂～唾～文～污～晤～笑～颜～掩～翳～黝～玉～匀～黵～障～赭～直～炙～骤～颛～醉～顺～拜～背～壁～禀～陈～称～齿～触～辞～刺～弹～额～蕃～缚～垢～颔～稽～颊～谏～缴～讦～诘～课～恳～阔～里～谩～幂～谋～目～幕～涅～庞～朋～欺～洽～墙～诮～情～罄～热～容～柔～饰～首～授～数～腆～违～晤～谢～许～叙～旋～讯～颜～靥～乙～议～影～谀～谕～喻～誉～晕～折～争～诤～脂～质～妆～奏例千山纷满目,百川豁对面。(唐·张说《岳阳石门墨山二山相连有禅堂观天下绝境》)

典**半面** 指一面之缘。《后汉书·应奉传》注引谢承《后汉书》:"奉年二十时,尝诣彭城相袁贺。贺时出行闭门,造车匠于内开扇出半面视奉,奉即委去。后数十年于路见车匠,识而呼之。"

半面契始终,千金比然诺。(唐·元稹《别李二》)

便面 指扇子。古人不欲见人,以扇遮面而得自便,故称便面。见《汉书》卷七六《赵广汉传》。

蛾眉新作十分妍。走马归来便面。(宋·苏轼《西江月·别梦已随流水》)

素面 指不施脂粉。宋·乐史《杨太真外传》:"虢国不施妆粉,自炫美艳,常素面朝天。"

舍宠求仙畏色衰,辞天素面立天墀。(唐·韦应物《送宫人入道》)

芙蓉面 形容女子容貌姣好，白居易诗有“芙蓉如面”语。亦作“芙蓉”。

疏星淡月秋千院，愁云恨雨芙蓉面。（元·张可久《塞鸿秋·疏星淡月秋千院》）

徐妃面 南朝梁元帝萧绎一目失明，其妃徐昭佩尝作半面妆以嘲之。亦作“徐妆”“徐妃”。见807页“半面妆”。

新妆不比徐妃面。雪艳冰姿寒欲颤。（宋·莫将《玉楼春·一枝和露珍珠贯》）

一尺面 指人相怪异。亦指贵相。《旧五代史·桑维翰传》：“桑维翰，字国侨，洛阳人也。父拱，事河南尹张全义为客将。维翰身短面广，殆非常人。既壮，每对鉴自叹曰：‘七尺之身，安如一尺之面！’由是慨然有公辅之望。”

古云七尺驱，不及一尺面。（宋·李处权《送范才元》）

冰肤玉面 亦作“冰雪面”。《庄子·逍遥游》：“曰：‘藐姑射之山，有神人居焉，肌肤若冰雪，绰约若处子；不食五谷，吸风饮露；乘云气，御飞龙，而游乎四海之外。’”

冰肤玉面孤山裔。肯到人间世。（宋·魏杞《虞美人·冰肤玉面孤山裔》）

花娇半面 南朝梁元帝徐妃做半面妆接待元帝，后用以咏美女。亦作“花身半面”“新妆半面”“梅开半面”。见807页“半面妆”。

花娇半面。记蜜烛夜阑，同醉深院。（宋·翁元龙《绛都春·花娇半面》）

网开三面 喻法令宽大，恩泽遍施。亦作“祝网”。《史记·殷本纪》：“汤出，见野张网四面，祝曰：‘自天下四方皆入吾网。’汤曰：‘嘻，尽之矣！’乃去其三面，祝曰：‘欲左，左；欲右，右。不用命，乃入吾网。’诸侯闻之，曰：‘汤德至矣，及禽兽。’”

罗网开三面，闾阎问百年。（唐·张嘉贞《奉和早登太行山中言志应制》）

尹邢避面 汉武帝宠妃尹夫人与邢夫人同时被宠幸，汉武帝有诏二人不得相见。指彼此不相谋面。《史记·外戚世家》：“尹夫人与邢夫人同时并幸，有诏不得相见。”

避面尹邢花两行，天教重嫁左贤王。（清·胡延《明忠顺三娘子画象歌》）

画图春风面 杜甫诗有“画图省识春风面”语，“春风面”指美丽的容颜。后用以咏年轻的女子。亦作“披图一见春风面”。

画图中、旧识春风面。（宋·周邦彦《拜新月慢·夜色催更》）

鹿走未知局面 后赵石勒与东汉光武帝刘秀相敌，有“未知鹿死谁手”之语，后用以形胜负难定。见《晋书·石勒载记下》。

鹿走未知真局面，兽穷渐近空篱落。（宋·吴泳《满江红·元帅筹边》）

一箑西风掩面 箑，扇子。晋人庾亮（字元规）把持朝政，丞相王导对此不满，一次西风扬尘，王导举扇遮面，以“元规尘污人”讽刺庾亮。后用以称美不趋炎附势的正直朝臣。《世说新语·轻诋》：“庾公权重，足倾王公。庾在石头，王在冶城坐。大风扬尘，王以扇拂尘曰：‘元规尘污人！’”

一箑西风休掩面，白浪黄尘迷目。（宋·王奕《念奴娇·英雄老矣》）

面[2]（麵、*麪）miàn ①粮食磨成的粉。②粉末。③面粉制成的食品。

古去声，十七霰。逆麦～蜜～棋子～溲～榆～重罗～粥～顺～勃～床～饭～环～梨～牲～筒～雪～粮

瞑miàn 瞑眩，令人溃闷。另见892页míng、906页mǐng。

古去声，十七霰。顺～眩

偭miàn 违背。

古去声，十七霰。顺～背～规～越

难（難）nàn ①不幸的遭遇；灾难。②责备；质问。另见624页nán。

古去声，十五翰。逆被～避～辩～驳～厄～非～赴～攻～国～患～急～济～劫～解～靖～救～戡～罹～临～论～蒙～磨～魔～木～内～排～首～纾～死～危～问～徇～殉～遭～责～拯～阻～顺～胞～本～驳～弟～厄～患～极～诘～苦～世～素～危～问～星～兄～荫～荫生～灾～折～阻

典**毁家纾难** 为了大局舍弃小家的利益。《左传·庄公三十年》：“斗谷于菟为令尹，自毁其家，以纾楚国之难。”

君时奋臂南天隅，毁家纾难今其时。（清·梁启超《赠别郑秋蕃兼谢惠画》）

念[1]niàn ①想念。②念头。

古去声，二十九艳。逆哀～苍生～恻～唱～尘～宸～痴～持～春～慈～存～忖～祷～德～谛～笃～断～恩～繁～抚～感～顾～积～继～矜～锦～静～久～眷～客～恋～悯～念～凝～盼～牵～钦～曲～善～摄～深～省～誓～熟～数～说～思～诵～俗～夙～题～万～妄～息～宿～蓄～玄～演～遥～贻～疑～倚门～营～萦～忧～幽～原～瞻～长～真～执～重～驻～转～追～顺～道～顾～黄犬～记～咎～虑～曲～室～酸～望～物～珠例晚堕兰麝中，休怀粉身念。（唐·杜甫《江头四咏·丁香》）粥鼓未鸣灯火暗。无恩念。（宋·吕渭老《渔家傲·顶上铁轮飞火焰》）

典**一片白云关念** 喻指羁旅之思，狄仁杰赴任他乡，遥望家乡方向天空有白云孤飞，想到白云之下即是故乡。见唐·刘肃《大唐新语·举贤》。

一片白云关念，对床夜雨难留。（宋·李曾伯《朝中措·灯棋三载客边头》）

念[2]（*唸）niàn 读。

古去声，二十九艳。逆唱～祷～讽～讲～口～念～呻～说～诵～演～顺～白～词～道～佛珠～曲～诵

埝niàn 田里用以挡水的土埂。

古去声，二十九艳。逆坝～堤～进～塘～子～

廿niàn 二十。

古入声，十四缉。

盼pàn

古去声，十六谏。逆邠～瞋～齿～宠～垂～眈～睇～恩～顾～鹄～回～久～眷～渴～留～流～隆～美～美目～凝～盼～睥～倩～翘～切～青～清～瞬～频～休～悬～眼盼～英～忧～颙～远～瞩～伫～注～转～顺～睇～顾～接～睐～恋～眄～念～倩～切～识～饰

～想～遇～瞩例浮湘沿迅湍，逗浦凝远盼。（唐·宋之问《自湘源至潭州衡山县》）

典**美盼**　借以咏美人。亦作"美眄"。《诗经·卫风·硕人》："巧笑倩兮，美目盼兮。"毛氏传："盼，白黑分明。"

美盼低迷情宛转。爱雨怜云，渐觉宽金钏。（宋·周邦彦《蝶恋花·美盼低迷情宛转》）

畔pàn　①田界；界限。②旁边；边侧。③回避；躲避。④通"叛"。

古去声，十五翰。逆背～悖～边～傧～摈～鬓～侧～城～池～篡～村～耳～封～负～乖～海～河～横～回～际～江～疆～界～井～溃～篱～林～炉～谋～那～农～桥～身～水～天～田～亡～屋～溪～携～逊～崖～涯～怨～宅～枕～畛～顺～岸～臣～道～等～废～宫～换～涣～际～界～牢～离～戾～乱～虑～盟～逆～朋～散～弑～亡～心～衅～涯～喭～援～约～志例乾坤万里内，莫见容身畔。（唐·杜甫《逃难》）

典**让畔**　传说周文王（西伯）以仁义化民，民俗礼让成风，耕邻田者互让田埂。后咏德政教化。见《史记·周本纪》。

西伯最怜耕让畔，曹参空爱酒盈樽。（唐·贯休《大蜀皇帝潜龙日述圣德诗五首》其五）

灞陵桥畔　唐郑綮称"诗思在灞桥风雪中驴子上"，后指引发诗兴的景物。

想灞陵桥畔，苦吟缓辔，耸肩寒瘦。（宋·洪适《选冠子·雨脚报晴》）

叛pàn

古去声，十五翰。逆悖～奔～逋～唱～篡～遁～伐～翻～反～乖～僭～降～劫～寇～溃～离～谋～逆～侵～扰～散～逃～亡～违～委～携～痍～怨～诈～众～诛～顺～败～背～道～反～夫～服～附～换～涣～降～离～戾～乱～卖～命～逆～散～逃～亡～违～衍～镇例驱驰数公子，咸愿同伐叛。（唐·杜甫《舟中苦热遣怀奉呈阳中丞通简台省诸公》）

判pàn

古去声，十五翰。逆背～部～察～大～分～火～吉凶～迥～决～考～科～离～内～剖～区～铨～摄～书～未～戏～校～协～研～臆～迎～掌～肇～质～中～咨～顺～词～辞～牍～割～行～合～花～涣～迹～解～裂～令～袂～明～冥～命～妻～却～然～审～施～事～释～书～署～析～押～阴～语～阅～折～正～滞～自例清峭关心惜归去，他时梦到亦难判。（唐·方干《题报恩寺上方》）

襻pàn　①系衣裙的带子。②用布做的衣扣。

古去声，十六谏。逆纽～钮～书～腰～衣～顺～膊～带～舆例男寒涩诗书，妻瘦剩腰襻。（唐·韩愈《崔十七少府摄伊阳以诗及书见投》）

拚pàn　舍弃；不惜一切地争斗。

古去声，十七霰。顺～得～命～舍～死例落日西山近一竿，世间恩爱极难拚。（唐·李茂复《自叹》）

泮pàn　①融解。②泮宫，古代诸侯举行乡射所设的学宫。

古去声，十五翰。逆冰～春～待～涣～集～剖～未～消～携～顺～岸～拆～池～冻～宫～汗～奂～涣～林～芹～然～水～乡～鸮～宇例西日雪全销，东风冰尽泮。（唐·白居易《南池早春有怀》）

片piàn

古去声，十七霰。逆板～碧云～残～柴～鹅毛～粉～风～函～寒～花～翦～芥～金～锦～绿～梅～片～千～琼～拓～霞～香～雪～饮～云～竹～顺～楮～词～辞～帆～晷～合～红～鸿～记～甲～简～句～霎～善～晌～石～时～席～饷～许～言～影～羽～雨～玉～月～云～札～纸～字例野客漱流时，杯粘落花片。（唐·顾况《石窦泉》）空余古岸泥土中，零落胭脂两三片。（唐·施肩吾《叹花词》）

骗（騙）piàn

古《广韵》：去声，线韵。逆串～盗～掇～讹～棍～谎～诨～奸～局～诓～诳～冒～软～煽～说～调～脱～吓～诒～诱～占～赚～顺～词～端～害～哄～赖～马～取～石～吓～胁～诱～贼～诈～赚例长弓短度箭，蜀马临阶骗。（唐·张元一《嘲武懿宗》）

欠qiàn　①欠伸，打呵欠。②缺少。

古去声，二十九艳。又：去声，三十陷同。逆逋～陈～迟～短～风～负～挂～还～寒～积～撇～少～身～诗多～违～尾～悬～噫～遗～银～责～追～顺～安～东风～乏～负～挂～阙～伸～事～爽～体～通～雅～抑～折例解转春光入酒杯，莫菊谁云欠。（宋·程大昌《卜算子·春产不贪春》）

歉qiàn　①谷物收成不好。②少；缺少。③抱愧的心情。

古上声，二十八琰。又：上声，二十九豏同。逆丰～谷～旱～荒～饥～积～歉～岁～凶～灾～顺～薄～弊～褊～忱～绌～荒～俭～疚～年～迫～歉～然～收～岁～惜～疑～仄例经营诚少暇，游宴固已歉。（唐·韩愈《陪杜侍御游湘西两寺独宿有题一首》）

纤（縴）qiàn　拉船用的绳子。另见606页xiān。

古去声，十七霰。逆船～断～挽～顺～道～路～手

倩qiàn　美好；美丽。另见916页qìng。

古去声，十七霰。逆葱～丰～佳～娇～娟～曼～盼～倩～巧笑～轻～诸～顺～服～魂～娇～俊～朗～丽～浰～娘～女～盼～倩～巧～俏～人～善～笑～秀～影～语～妆～装例背立向人羞，颜破因谁倩。（宋·陈师道《卜算子·纤软小腰身》）

典**曼倩**　东方朔字曼倩，因其多博观外家语，后用以咏近臣或仙家。见《汉书·东方朔传》。

窃曼倩桃无复味，闻安期枣有谁逢。（宋·刘克庄《用强甫蒙仲韵十首》其五）

荀奉倩　荀粲，字奉倩，荀粲悦于妻子的美色，妻子病亡后，伤心不已，不久亦卒。用以咏夫妻情深。亦作"荀倩"。见《三国志·魏书·荀彧传》裴松之注引《晋阳秋》。

那知荀奉倩，体薄不胜寒。（宋·刘筠《霜月》）

蒨qiàn　①茜草。②绛色。③青葱貌。

古去声，十七霰。逆彩～葱～冬～蓝～萋～蒨～悄～峭～轻～染～

香～妍～顺～瑧～练～蒨～巧～蔚～绚例竹径入阴窅，松萝上空蒨。（唐·张说《岳阳石门墨山二山相连有禅堂观天下绝境》）

嵌qiàn ①山深貌。②下陷；陷入。③镶嵌。另见598页qiān。

古上声，二十七感。又：下平，十五咸同。逆佛郎～狐～湖～空～崆～嵚～穹～山～商～相～厢～岩～敧～崭～顺～巉～窞～窦～根～谷～合～金～空～崆～窟～岩例引泉疏地脉，扫絮积山嵌。（唐·韦庄《李氏小池亭十二韵》）

茜qiàn ①草名。②红色。

古去声，十七霰。逆彩～轻～染～顺～草～红～金～罗～裙～衫～素～意例绿野含曙光，东北云如茜。（唐·于溃《早发》）

堑(塹)qiàn 沟；壕沟。

古去声，二十九艳。逆城～池～沟～壕～濠～河～横～隍～巨～撅坑～浚～坑～枯～阔～渠～山～深～天～铁～铜～颓～崖～营～蚰蜒～云～长～重～竹～筑～顺～堵～谷～壕～绝～坎～垒～渊例衲子家风存古俭。一条榔栗如天堑。（宋·吕渭老《渔家傲·顶上铁轮飞火焰》）

典**天堑** 咏长江。《南史·恩倖传·孔范传》："随师将济江，群官请为备防。……（孔）范奏曰：'长江天堑，古来限隔，虏军岂能飞度？'"

金陵空壮观，天堑净波澜。（唐·李白《金陵三首》其一）

椠(槧)qiàn ①书版。②书的刻本。

古去声，二十九艳。又：上声，二十七感异。逆抱～笔～刀～觚～简～镌～蒲～铅～书～松～绨～脱～握～元～竹～顺～本～次～工～刻～人例以余经摧挫，固请发铅椠。（唐·韩愈《喜侯喜至赠张籍张彻》）

典**铅椠** 指写作校勘，亦指文章典籍。汉扬雄曾任校书，著有《辅轩使者绝代语释别国方言》一书，他曾携带铅椠（石墨和木简）到各地求访方言。亦作"怀铅提椠"。见598页"怀铅"。

卜邻扬雄宅，遂欲老铅椠。（宋·陆游《远游二十韵》）

芡qiàn 植物名。

古上声，二十八琰。逆擘～刺～肥～莲～菱～绿～秋～溪～野～顺～粉例涧蔬煮蒿芹，水果剥菱芡。（唐·韩愈《陪杜侍御游湘西两寺》）

劝(勸)quàn

古去声，十四愿。逆安～百姓～褒～惩～酬～怵～董～督～敦～风～讽～奉～感～革～鼓～规～激～谏～讲～奖～解～进～旌～警～沮～苦～拦～力～率～强～勤～赏～劭～申～绥～慰～晓～欣～宣～诱～谕～悦～责～陟～酌～顺～杯～惩～饬～酬～创～督～防～讽～耕～哄～化～诲～激～驾～稼～谏～讲～奖～降～教～戒～诫～儆～沮～劳～励～率～勉～募～农～善～赏～世～释～耸～慰～学～掖～诱～谕～喻～誉～赞～助例何必花下杯，更待他人劝。（唐·白居易《花下对酒二首》其二）

券quàn

古去声，十四愿。逆本～别～逋～操～操石～成～丹～地～短～焚～符～负～公～故～合～解～金～矩～立～凭～破～契～上～胜～诗～世～私～田～铁～文～悬～削～押～遗～印～右～责～宅～质～主～左～佐～顺～给～剂～马～内～契～食～书～台～帖～外～要～约～证～直例公与相，天皆愿。天施报，如符券。（宋·曾寓轩《满江红·细数班行》）

典**焚券** 冯谖烧掉钱券为孟尝君赢得民心，后指悯恤民苦。亦作"烧券"。《战国策·齐策四》："（冯谖）驱而之薛，使吏召诸民当偿者，悉来合券。券遍合，起矫命，以责赐诸民，因烧其券，民称万岁。"

酒垆好事能焚券，畲瓮无情未解围。（宋·陆游《南堂杂兴》）

金券 铁券，是帝王颁赐给功臣贵官的可以世代享受某种特权的契约，后用以咏功臣世家。《隋书·尧君素传》："监门直阁庞玉、武卫将军皇甫无逸前后自东都归义，俱造城下，为陈利害，大唐又赐以金券，待以不死，君素卒无降心。"

金券三王，玉堂四世，帝恩偏眷。（宋·刘过《四犯剪梅花·水殿风凉》）

圈quàn 另见691页juàn、598页quān。

古去声，十四愿。

绻(綣)quàn 旧读。另见660页quǎn。

散(*散)sàn ①分离；分散。②散布。③排除；排遣。另见661页sǎn。

古去声，十五翰。逆班～霭～迸～俵～播～布～窜～荡～递～凋～遁～泛～放～飞～费～风～给～积～解～惊～沮～聚～溃～阑～离～流～鹿～沦～脉～漫～弥～鸟～鸟兽～叛～披～飘～泼～破～剖～人～撒～森～慎～失～施～疏～霜～逃～颓～退～亡～雾～翕～徙～消～携～星～湮～遗～逸～云雨～顺～拜～播～布～财～场～传～赐～黛～发～馆～花～怀～涣～积～节～借～金～聚～绝～溃～虑～绮～气～释～说～丝～絮～衍～阳～佚～游～越～簪～赈例春风复无情，吹我梦魂散。（唐·李白《大堤曲》）微雨洒高林，尘埃自萧散。（唐·韦应物《雨夜感怀》）

典**俸钱散** 东汉魏郡太守黄香，水灾之年，将自己的俸禄分给饥民，后咏官吏恤民。见《后汉书·黄香传》。

俸钱时散士子尽，府库不为骄豪虚。（唐·杜甫《惜别行送刘仆射判官》）

风流云散 感叹伤别之典。亦作"风流云雨散""风流散"。王粲《赠蔡子笃诗》："风流云散，一别如雨。"

云散风流岁月迁，君恩曾不减当年。（宋·欧阳修《端午帖子·夫人合五首》）

兽惊禽散 汉代李陵令士卒趁黑夜逃出敌军的围困，有"鸟兽散"语，喻指人像鸟兽一样散去。《汉书·李广传》附《李陵传》："陵叹曰：'复得数十矢，足以脱矣。今无兵复战，天明坐受缚矣！各鸟兽散，犹有得脱归报天子者。'"

笑中宵、奚车毡屋，兽惊禽散。（宋·刘克庄《贺新郎·尽说番和汉》）

三sàn 旧读。多次；再三。另见599页sān。

古去声，二十八勘。逆再～顺～反

～复～申～思～思台～叹

善shàn

古上声，十六铣。又：去声，十七霰异。逆安～百～褒～辩～唱～诚～纯～从～粹～寸～登～独～返～访～福～贵～贺～厚～积～嘉～兼～矜～谨～尽～旌～精～举～乐～廉～令～履～美～妙～匿～懦～平～倩～亲～秋毫～劝～仁～柔～上～首～淑～顺～为～闻～稳～习～贤～献～相～小～性～修～宿～循～养～移～遗～翊～宥～云物～造～彰～贞～珍～真～止～至～忠～重～资～作～顺～败～鄙～便～才～策～辞～道～端～法～富～感～和～化～宦～惑～家～贾～价～谏～经～旌～静～举～卷～睐～吏～邻～谋～念～女～骑～绻～群～壤～柔～瑞～赏～事～顺～思～俗～通～物～习～相～详～信～星～性～学～谑～言～业～衣～意～诱～遇～喻～渊～缘～蕴～战～照～征～政～职～治～终例灭身资累恶，成名由积善。（唐·李世民《赋尚书》）

典**三善** 指臣事君，子事父，幼事长。见《礼记·文王世子》。

两宫今并事，三善此谁惭。（宋·周必大《庆东宫生辰》）

五善 用以咏射箭的技艺。亦作“射五善”。《论语·八佾》“射不主皮”何晏集解引马融注：“射有五善焉：一曰和志，体和；二曰和容，有容仪；三曰主皮，能中质；四曰和颂，合雅颂；五曰兴武，与舞同。”

所愧叔孙无五善，若为重拜晋君嘉。（宋·周必大《尚长道见和次韵二首》其二）

东平为善 东汉光武帝刘秀之子刘苍封东平王，其以“为善最乐”，后用以称美帝王及其宗室。亦作“东平茅土”。见《后汉书·东平宪王苍传》。

似东平为善，河间献雅，风流酝藉，西汉诸刘。（宋·翁溪园《沁园春·代寿宗室》）

多多益善 形容越多越好。《史记·淮阴侯列传》：“上（刘邦）常从容与信言诸将能不，各有差。上问曰：‘如我能将几何？’信曰：‘陛下不过能将十万。’上笑曰：‘于君何如？’曰：‘臣多多益善耳。’”

韩信兵多多益善，指挥方位争趋跄。（清·铁保《草书歌》）

吾无为善 用以哀悼知己之死。亦作“无为为善”。《左传·昭公十三年》：“子产归，未至，闻子皮卒，哭，且曰：‘吾已无为为善矣，唯夫子知我。’”

为善吾无矣，知音子绝焉。（唐·王维《哭祖六自虚》）

扇shàn ①扇子。②用于门窗。③板状或片状的东西。另见602页shān。

古去声，十七霰。逆芭蕉～班～悲鸾～丹～钿～凤～歌～宫～骨～鼓～荷～阖～鹤～画～挥～绢～葵～凉～翎～鸾～罗～绿～泥金～蒲～绮～箧～秦女～轻～秋～雀～鹊～撒～诗～书～蜀～素～檀香～桃花～题～团～团香～纨～舞～雪香～遗～倚～羽～袁宏～圆～月～赠～障尘～纸～雉～顺～对～扉～拂～骨～轿～箧～笼～马～面～伞～箑～翣～市～头～舞～仙～影～舆～月～坠～子仙例身轻逐舞袖，香暖传歌扇。（唐·戴叔伦《独不见》）

典**葵扇** 即蒲葵扇，是一种用蒲葵叶编制的扇子，因东晋宰相谢安使用过而声价大涨。后用以表达世态炎凉之感。亦作“蒲葵扇”。见270页“五万蒲葵”。

何人书破蒲葵扇，记著南塘移树时。（唐·李商隐《即目》）

羽扇 诸葛亮持白羽扇从容指挥三军作战，后用以咏将帅。《太平御览》卷七〇二引晋·裴启《裴子语林》：“诸葛亮与宣王在渭滨将战，武侯乘素舆，葛巾，白羽扇指麾三军，三军皆随其进止。”

羽扇纶巾，谈笑间，樯橹灰飞烟灭。（宋·苏轼《念奴娇·赤壁怀古》）

班女扇 班婕妤失宠后，以秋天扇子被捐弃比喻女子色衰被弃。亦作“班姬题扇”“汉姬纨扇”“班扇”“秋扇”“团扇”“班女怨”“班女恨”“班姬箧”“班家扇”。汉·班婕妤《怨诗》：“新裂齐纨素，鲜洁如霜雪。裁为合欢扇，团团似明月。出入君怀袖，动摇微风发。常恐秋节至，凉风夺炎热。弃捐箧笥中，恩情中道绝。”

素魄近成班女扇，清光远似庾公楼。（唐·李端《和李舍人直中书对月见寄》）

顾荣扇 顾荣为丹阳内史时，传说在江边用羽扇麾散叛军，后作据江歼敌的典故。见《晋书·顾荣传》。

长呼结浮云，埋没顾荣扇。（唐·李白《江夏寄汉阳辅录事》）

秦女扇 《古诗》有绫扇画作秦女形的吟咏，后用以咏扇子。《太平御览》卷七〇二引《古诗》：“绫扇如团月，出自机中素。画作秦女形，乘鸾入烟雾。”

为怯暗藏秦女扇，怕惊愁度阿香车。（唐·王涣《悼亡》）

袁宏扇 晋时，袁宏出任东阳郡守，谢安以一扇相赠，袁宏答以“当奉扬仁风”，后用以颂扬地方官。亦作“袁虎扇”“袁郎扇”“扬风赠扇”。见868页“仁风”。

远览初褰贾父帷，仁风已满袁宏扇。（宋·周麟之《与苏州守十诗》）

障尘扇 亦作“障尘”。见695页“一箑西风掩面”。

挟种树书，举障尘扇，著游山屐。（宋·刘克庄《水龙吟·即令七十平头》）

膳（*饍）shàn 饭食。

古去声，十七霰。逆贬～常～朝～晨～厨～登～鼎～饵～贰～丰～甘～供～鲑～果～和～积～极～加～家～嘉～减～金鼎～进～酒～馈～醪～美～庖～捧～寝～日～时～食～侍～视～素～调～问～邪～馨～羞～馐～宿～雁～养～肴～野～夜～异～殷～饮～饔～禹～玉～饫～蚤～造～珍～稚～重～滋～顺～部～啖～夫～服～府～荤～脯～堂～羞～宿～饮～宰例晨趋彩笔柏梁篇，昼出雕盘大官膳。（唐·丁仙芝《赠朱中书》）施稀无夏屋，境僻乏朝膳。（唐·皮日休《太湖诗》其四）

典**捧膳** 南朝谢瞻伺候母亲，极尽孝心，后用以咏孝亲之人。《宋书·谢瞻传》附《谢瞬传》：“（瞻）弟瞬字宣镜，幼有殊行。年数岁，所生母郭氏，久婴痼疾，晨昏温凊，尝药捧膳，不阙一时，勤容戚颜，未尝暂改，恐仆役营疾懈倦，躬自执劳。母为病畏惊，微践过甚，一家尊卑，感嚼至性，咸纳履而行，屏气而语，如此者十余年。"

执圭期已迫，捧膳步宁徐。（唐·卢纶《送浑鍊归觐却赴阙庭》）

视膳 春秋时，晋国里克曾向晋侯指出太子有察看父母饮食的职责。《左传·闵公二年》："里克谏曰：'大子奉冢祀社稷之粢盛，以朝夕视君膳者也。故曰冢子。'"

视膳铜楼下，吹笙玉座中。（唐·卢僎《上幸皇太子新院应制》）

问膳 周文王为太子时，很关心父王，每食毕，必问所膳，后用以称美太子。《礼记·文王世子》："文王之为世子，朝于王季日三，鸡初鸣而衣服，至于寝门外，问内竖之御者曰：'今日安否何如？'……食上，必在视寒暖之节；食下，问所膳。"

慈孝睽离怀问膳，试凭双鲤祝加餐。（宋·孙介《壬寅正月幼子黄岩尉任将满》）

太白珍膳 李白，字太白，曾受到唐玄宗的召见，赐食，后指皇帝所赐御膳。《新唐书·李白传》："（贺知章）言于玄宗，召见金銮殿，论当世事，奏颂一篇。帝赐食，亲为调羹，有诏供奉翰林。"

黄贴天香，太白珍膳，押赐传中旨。（宋·吴儆《念奴娇·东风着意》）

赡（贍）shàn ①富裕。②供给。

㊀去声，二十九艳。㊁奥～禀～博～才～充～典～丰～富～供～顾～豪～弘～宏～华～恢～精～俊～隽～朗～流～美～密～敏～明～朴～奇～绮～清～饶～散～深～滔～通～详～雄～雅～妍～养～逸～殷～营～优～赈～智～资～㊂～笔～博～畅～辞～赐～地～富～宏～护～济～家～救～举～老～礼～丽～美～敏～墨～洽～切～身～生～私～田～蔚～文～闻～恤～学～雅～养～遗～逸～腴～郁～育～裕～藻～赈～智～助～足㊃呼奴具盘餐，饤饾鱼菜赡。（唐·韩愈《喜侯喜至赠张籍张彻》）

缮（繕）shàn

㊀去声，十七霰。㊁传～急～建～浚～葺～戎～饰～书～誊～兴～修～营～征～治～㊂～兵～发～缉～甲～览～理～录～葺～人～生～饰～守～完～写～性～修～裔～营～造～治

鳝（鱔、*鱓）shàn 鳝鱼的鳝。

㊀上声，十六铣。㊁白～黄～鳅～舞鳅～㊂～脯～羹～丝

讪（訕）shàn ①讥讽。②羞愧；难为情。

㊀去声，十六谏。又：上平，十五删同。㊁谤～嘲～斥～搭～答～诋～恶～发～诽～讽～毁～讥～讦～惊～诮～讪～诬～下～乡～笑～讯～怨～造～指～咨～㊂～傲～谤～薄～鄙～驳～斥～黜～疵～刺～譊～短～毁～讥～讦～筋～谲～口～詈～脸～论～骂～怒～弃～诮～让～辱～讪～上～声～铄～嗽～妄～侮～笑～谑～议～音～语㊃白头趋走里，闭口绝谤讪。（唐·韩愈《崔十七少府摄伊阳以诗及书见投》）

禅（禪）shàn ①祭名。②禅让的禅。③替代。另见612页chán。

㊀去声，十七霰。㊁逼～避～承～登～递～封～化～交～进～内～唐虞～外～尧～㊂～变～草～除～代～诰～更～化～让～受～授～书～台～位～文～月～祚

擅shàn

㊀去声，十七霰。㊁操～独～管～豪～矫～跨～偏～私独～贪～雄～专～颛～自～㊂～爱～便～兵～柄～步～场～朝～宠～地～断～赋～干～构～管～国～行～厚～价～利～美～名～命～强～权～让～杀～声～师～市～势～事～适～室～退～斡～夕～兴～业～移～政～制～专～恣㊃依旧尘沙万里，河洛染腥擅。（宋·刘过《八声甘州·问紫岩去后汉公卿》）

蟮shàn 蛐蟮，蚯蚓。

㊀《集韵》：上声，狝韵。㊁曲～蛐～

鄯shàn 鄯善，地名，在新疆。

㊀去声，十七霰。㊂～善

单（單）shàn 姓。另见585页dān、614页chán。

㊀上声，十六铣。㊂～父～父琴

掸（撣）shàn 对傣族的称呼。另见649页dǎn。

骟（騸）shàn ①马、牛割去睾丸或卵巢。②接树。

㊂～割～匠

汕shàn ①地名。②渔具。

㊀去声，十六谏。㊁汕～洗～罩～㊃况住洛之涯，鲂鳟可罩汕。（唐·韩愈《崔十七少府摄伊阳以诗及书见投》）

疝shàn 心腹气痛。

㊀去声，十六谏。㊁膈～寒～狐～瘕～癃～牡～湧～㊂～瘕

剡shàn 地名。另见667页yǎn。

㊀上声，二十八琰。㊂～溪～溪船～溪藤～溪兴㊃大厦栋方隆，巨川楫行剡。（唐·韩愈《陪杜侍御游湘西两寺独宿有题一首》）

嬗shàn 更替。

㊀《广韵》：去声，线韵。又：上声，旱韵同。㊁传～代～递～迭～更～交～迁～神～受～推～蜕～相～㊂～变～代～递～更～替～易

苫shàn 用席、布等遮盖。另见603页shān。

㊀去声，二十九艳。㊂～布

涮shuàn ①洗涤。②鲜肉放入锅里略煮。

㊀《广韵》：去声，谏韵。㊁冲～洗～㊂～锅子

算（*祘）suàn

㊀上声，十四旱。又：去声，十五翰异。㊁卜～布～查～称～持～筹～撮～度～短～福～覆～高～鹤～洪～积～稽～减～狡～经～静～酒～科～课～窥～理～量～料～禄～虑～秘～谬～磨～谋～掐～榷～睿～商～思～天～通～握～武～遐～消～星～雄～悬～雅～遗～益～意～臆～豫～攒～占～智～祝椿～追～准～赀～㊂～部～程～筹～袋～道～定～发～馆～画～家～间～结～刻～课～口～历～录～禄～略～囊～器～商～寿～闲～学～应～择～子㊃情知白日不可私，一死一生何足算。（唐·王翰《古蛾眉怨》）

㊄**天算** 指天注定的命数。《后汉书·张纯传论》："孝章永言前王，明发兴作，专命礼臣，撰定国宪，洋洋乎盛德之事焉。而业绝天算，议黜异端，斯道竟复坠矣。"李贤注："业

绝天算谓章帝晏驾也。”

深深愿，万年天算，玉颗常来献。(宋·陈亮《点绛唇·碧落蟠桃》)

祝椿算 祝人长寿。《庄子·逍遥游》：“上古有大椿者，以八千岁为春，八千岁为秋。”

千里欢声和气满，祝公椿算寿齐箕。(宋·唐士耻《上余倅生辰唐律十章》其八)

龟年鹤算 传说龟、鹤的寿命可达千百年，因以喻长寿。郭璞《游仙诗》：“借问浮游辈，宁知龟鹤年。”李善注引《养生要论》：“龟鹤寿有千百之数，性寿之物也。道家之言，鹤曲颈而息，鹤潜匿而噎，此其所以为寿也。”

惟愿增高，龟年鹤算，鸿恩紫诏。(宋·韦骧《醉蓬莱·漏新春消耗》)

蒜 suàn 植物名。

古去声，十五翰。逆番～猴～胡～帘钩～卵～牙～雅～银～朱～顺～发～螯～酪～条～条金～押～子

叹(嘆、*歎) tàn

古去声，十五翰。又：上平，十四寒同。逆哀～懊～褒～悲～惭～唱～愁～楚妃～悼～愤～感～歌～顾～广武～骇～悔～嘉～嗟～矜～惊～绝～慨～堪～喟～愧～雷～鸾枳～虑～绵～悯～慕～赏～盛～诵～痛～颓～惋～晤～唏～嘻～啸～欣～歆～嘘～仰天～遗～吟～咏～忧～誉～怨～赞～赵鞅～顺～诧～词～佛～伏～服～骇～憾～恨～悔～奖～嗟～喟～蜡～美～佩～赏～诵～惋～息～惜～嘻～羡～想～笑～仰～异～咤～重例东山桂枝芳，明发坐盈叹。(唐·宋之问《称心寺》)人生百年夜将半，对酒长歌莫长叹。(唐·王翰《蛾眉怨》)

典**三叹** 指歌声乐曲悠扬婉转，感人至深。亦作“一奏三叹”。《礼记·乐记》：“清庙之瑟，朱弦而疏越，一倡而三叹，有遗音者矣。”

嗟予慕斯文，一咏复三叹。(唐·皮日休《追和虎丘寺清远道士诗》)

广武叹 指怀才不遇。《晋书·阮籍传》：“籍曾登广武，观楚汉交战处，叹曰：‘时无英雄，使竖子成名！’”

兴怀徒寄广武叹，薄福不挂云台名。(宋·陆游《秋怀》)

黍稷叹 感叹古今兴亡之典。亦作“黍离”。《诗经·王风·黍离》：“彼黍离离，彼稷之苗。行迈靡靡，中心摇摇。知我者谓我心忧，不知我者谓我何求。悠悠苍天，此何人哉？”

黍稷闻兴叹，琼瑶畏见投。(唐·武元衡《和杨弘微春日曲江南望》)

微禹叹 咏叹禹的功业，指歌颂丰功伟绩。《左传·昭公元年》：“天王使刘定公劳赵孟于颍，馆于雒汭。刘子曰：‘美哉禹功，明德远矣。微禹，吾其鱼乎！吾与子弁冕端委，以治民临诸侯，禹之力也。子盍亦远绩禹功，而大庇民乎？’”

缅维剪商后，岂独微禹叹。(唐·张九龄《奉和圣制幸晋阳宫》)

伊川叹 指对中原政权衰微的哀叹。《左传·僖公二十二年》：“初，平王之东迁也，辛有适伊川，见被发而祭于野者，曰：‘不及百年，此其戎乎！其礼先亡矣。’”杜预注：“辛有，周大夫。伊川，周地。伊，水也。被发而祭，有象夷狄。”

百年徒有伊川叹，五利宁无魏绛功。(唐·吴融《金桥感事》)

赵鞅叹 指对人类不能够随条件变化而变化的悲叹。《国语·晋语九》：“赵简子叹曰：‘雀入于海为蛤，雉入于淮为蜃。鼋、鼍、鱼、鳖，莫不能化，唯人不能。哀夫！’”

空怀赵鞅叹，变化良无由。(唐·李群玉《将之京国赠薛员外》)

庭槐兴叹 自伤衰老。《世说新语·黜免》：“桓玄败后，殷仲文还为大司马咨议，意似二三，非复往日。大司马府听前有一老槐，甚扶疏。殷因月朔，与众在听，视槐良久，叹曰：‘槐树婆娑，无复生意！’”听，同厅。

也莫为、庭槐兴叹，便伤摇落凄然。(宋·晁补之《金盏倒垂莲·休说将军》)

芝焚蕙叹 喻同类相怜，物伤其类。晋·陆机《叹逝赋》：“信松茂而柏悦，嗟芝焚而蕙叹。”

桃僵李为仆，芝焚蕙增叹。(宋·黄庭坚《再和寄子瞻闻得湖州》)

探 tàn 另见603页tān。

古下平，十三覃。逆暗～察～觇～蹰～此中～刺～登～敌～谍～钩～喝～缉～笺～解～窥～逆～穷～觑～讨～体～文～遐～闲～相～诇～莛～亿～幽～追～顺～采～策～肠～赤丸～抽～筹～揣～春～春茧～刺～撮～靓～端～符～钩～候～虎穴～花～环～捡～检～借～看～骊～流～马～梅～明～囊～奇～骑～取～丧～赏～胜～拾～使～事～索～汤～题～丸～玩～微～析～信～研～意～幽～源～赜～侦～真～知～擿～珠～撰～综例隔叶黄鹂传好音，唤入深丛中探。(宋·周邦彦《粉蝶儿慢·宿雾藏春》)

炭(*炭) tàn

古去声，十五翰。逆爆～鞴～熛～冰～柴～伐～锋～凤～麸～浮～桴～鸽～骨～骸～灰～火～焦～炬～炼～炉～履～樵～蜃～石～兽～送～隧～汤～铁～投～荼～涂～土～吞～煨～熹～香～薪～朽～雪里～烟～银骨～银霜～顺～冰～场～妇～画～墼～金～敬～疽～库～炉～室～薪例吾非丈夫特，没齿埋冰炭。(唐·杜甫《舟中苦热遣怀奉呈阳中丞通简台省诸公》)

典**涂炭** 喻极其困苦的境地。《尚书·仲虺之诰》：“有夏昏德，民坠涂炭。”孔传：“民之危险，若陷泥坠火。”

伤心秦汉，生民涂炭，读书人一声长叹！(元·张可久《中吕·卖花声》)

病嗜土炭 喻嗜好之深如病症。唐·柳宗元《报崔黯秀才论为文书》：“凡人好辞工书，皆病癖也……吾尝见病心入腹人，有思啖土炭嗜酸咸者，不得则大戚。”

乃知柳子语不妄，病嗜土炭如珍羞。(宋·苏轼《石苍舒醉墨堂》)

肠中冰炭 喻内心矛盾斗争激烈，不可调和。《庄子·人间世》：“事若成，则必有阴阳之患。”晋·郭象注：“人患虽去，然喜惧战于胸中，固已结冰炭于五藏矣。”

烦子指间风雨，置我肠中冰炭，起坐不能平。(宋·苏轼《水调歌头·昵昵儿女语》)

漆身吞炭 指为达到报恩、复仇等目的而残酷自戕的行为。战国

时韩、魏、赵合力攻杀智伯，智伯门客豫让要为智伯报仇，恐为人识，使漆身为癞，吞炭为哑，寻机刺杀赵襄子。见《战国策·赵策一》。

门客家臣义莫俦，漆身吞炭不能休。（唐·周昙《春秋战国门·豫让》）

碳tàn　化学元素。

㊉～化

掭tiàn　拨动。

㊈饱～横～浓～剔～

舔tiàn　舔舑，吐舌貌。

㊀去声，二十九艳。又：下平，十四盐同。㊈蛇～㊉～舑

彖tuàn　说卦之辞。

㊀去声，十五翰。㊈几～爻～易～㊉～传～系～定～辞

万（萬）wàn　另见 64 页 mò。

㊀去声，十四愿。㊈倍～吹～大～甲～巨～累～庭～相～盈～振～众～㊉～安～般～邦～乘～春～端～法～方～夫～福～古～官～贯～国～斛～户～笏～化～喙～机～家春～劫～金～钧～籁～类～灵～流～虑～民～难～年～品～窍～顷～石～世～事～寿～殊～死～微～舞～物～箱～象～姓～叶～有～宇～庾～原～缘～丈～雉～钟～众～状～族㊄说与行人，默默情千万。（宋·辛弃疾《蝶恋花·莫向城头听漏点》）

㊊**布衣百万**　形容豪赌。亦作"刘毅输百万"。《晋书·刘毅传》："后于东府聚摴蒱，大掷，一判应至数百万，余人并黑犊以还，唯刘裕及毅在后。"

布衣百万，看君一笑沈醉。（宋·辛弃疾《念奴娇·少年握槊》）

一字五万　指书法艺术水平高。唐·刘餗《隋唐嘉话》："褚遂良问虞监曰：'某书何如永师（僧智永）？'曰：'闻彼一字直钱五万，官岂得若此？'"

临池却忆永浮屠，一字时人输五万。（清·赵执信《索纸行》）

腕wàn

㊀去声，十五翰。㊈斗～断～扼～皓～解～弱～素～脱～悬～雪～玉～运～枕～㊉～钏～法～阑～脱㊄榴花依旧照眼。愁褪红丝腕。（宋·吴文英《隔浦莲近·榴花依旧照眼》）

㊊**壮士解腕**　喻在关键时候，能当机立断。亦作"断腕""壮士断腕"。《三国志·魏书·陈泰传》："古人有言：'蝮蛇螫手，壮士解其腕。'"

蝮蛇一螫手，壮士即解腕。（唐·陆龟蒙《别离曲》）

现（現）xiàn

㊀去声，十七霰。㊈白鳞～毕～浮～虹～黄龙～活～景星～流萤～起～潜～清～情～权～示～透～突～星～隐～映～踊～愠～乍～兆～㊉～报～化～境～局～量～露～弄～撇～前～生～时～时报～示～世～势～事～验～业～影㊄联坳各尽墨，多水递隐现。（唐·杜甫《石研诗》）

㊊**宰官身现**　见 725 页"见宰官身"。

自合宰官身现，谁知富贵由天。（宋·无名氏《西江月·良月才经四日》）

献（獻）xiàn　①献祭。②祭品。③进酒。④奉献；进贡。⑤文献。

㊀去声，十四愿。㊈白环～拜～辩～宾～琛～陈～呈～酬～初～赐～祷～登～奠～斗～俘～贡～盥～龟～跪～贺～赍～计～祭～荐～谨～靖～馈～酹～黎～礼～赂～民～宁王～曝～耆～芹～禽～倾～曲～入～三～时～熟～羲～饷～羞～遗～玉～渊～赞～兆～珍～贽～忠～酌～自～㊉～策～谄～琛～酬～楚～春～词～俘～赋～羔～功～馘～果～好～技～祭～捷～金～鸠～爵～凯～馈～履～媚～梦～谋～纳～璞～曝～旗～芹～勤～瑞～善～觞～神～豕～寿～书～熟～说～岁～土～享～飧～笑～新～言～仪～遗～疑～艺～议～饮～谀～玉～斟～祝～酢㊄深深愿。万年天算。玉颗常来献。（宋·陈亮《点绛唇·碧落蟠桃》）

㊊**羲献**　指晋代著名书法家王羲之和王献之父子的合称。唐·张怀瓘《书断》："孙过庭云：'元常专工于隶书，伯英犹精于草体，彼之二美，而羲、献兼之，并有得也。'"

大夸羲献将齐德，功比钟繇也不如。（唐·马云奇《怀素师草书歌》）

忠献　北宋名臣韩琦，出将入相，功勋卓著，身历仁宗、英宗、神宗三朝，卒谥"忠献"。宋·朱熹《三朝名臣言行录·丞相魏国韩忠献王》："韩琦，魏国忠献王。字稚圭，相州人。中进士第二人，事仁宗、英宗、神宗，官至丞相，配享英宗庙庭。"

玉立堂堂社稷臣，人言忠献是前身。（宋·刘过《代鸥阳丞上韩平章》）

限xiàn

㊀上声，十五潸。㊈岸～逼～边～常～程～大～定～断～额～恶～凡～方～防～分～赴～格～隔～关～何～户～稽～纪～际～剂～假～节～界～禁～句～科～刻～勒～立～丽～门～命～末～齐～起～恰～确～石～食～寿～死～铁门～崖～涯～逾～远～运～责～展～制～转～准～阻～㊉～碍～蔽～次～带～定～断～封～隔～管～阂～极～忌～剂～节～界～尽～禁～局～绝～列～令～末～难～内～齐～塞～式～险～役～域～阈～约～直～职～止㊄欲往咫尺途，遂成山川限。（唐·李白《玉真公主别馆苦雨赠卫尉张卿二首》其二）画堂帘卷张清宴，含香带雾情无限。（唐·郑谷《牡丹》）

㊊**铁门限**[1]　指来访请益者很多。唐·张彦远《法书要录》："智永禅师住吴兴永欣寺，人来觅书者如市，所居户限为穿穴，乃用铁叶裹之，谓之为铁门限。"

都人踏破铁门限，黄金白璧空堆床。（宋·苏轼《赠写御容妙善师》）

铁门限[2]　即铁做的门限，以其坚固比喻富贵性命之长久。亦以比喻为自己作长久打算。唐·王梵志《世无百年人》："世无百年人，强作千年调。打铁作门限，鬼见拍手笑。"

纵有千年铁门限，终须一个土馒头。（宋·范成大《重九日行营寿藏之地》）

羡（*羨）xiàn

㊀去声，十七霰。㊈倍～乘～驰～充～丰～富～耗～畸～嘉～进～惊～敬～堪～课～夸～流～漫～慕～奇～企～钦～庆～荣～生～岁～谈～叹～外～畏～锡～心～欣～歆～荀～衍～艳～阳～洋～遥～溢～盈～赢～余～赞～瞻～中～㊉～爱～赋～利～漫～田～息～溢～盈～赢～余～鱼～语～卒

例淮廪仁滋实，沂歌非所羡。（唐·宋之问《郡宅中斋》）当年携手，是处成双，无人不羡。（宋·晁补之《少年游·当年携手》）

典荀羡 指居功辞封。《晋书·荀崧传》附《荀羡传》："羡年十五，将尚寻阳公主，羡不欲连婚帝室，仍远遁去。监司追，不获已，乃出尚公主，拜驸马都尉。……除北中郎将、徐州刺史、监徐兖二州扬州之晋陵诸军事、假节。……时年二十八，中兴方伯，未有如羡之少者。……临阵，斩（慕容）兰。帝将封之，羡固辞不受。"

谁言荀羡爱功勋，年少登坛众所闻。（唐·温庭筠《赠李将军》）

司空羡 指人享有声誉，受人称羡。司空指张华，他才华出众，官位显赫，为世人所推崇。《晋书·张华传》："华名重一世，众所推服，晋史及仪礼宪章并属于华，多所损益，当时诏诰皆所草定，声誉益盛，有台辅之望焉。……代下邳王晃为司空，领著作。"

文独司空羡，书兼太尉能。（唐·司空曙《送翰林张学士岭南勒圣碑》）

九牧争羡 指人享有盛誉。《论盛孝章书》："今孝章，实丈夫之雄也。天下谈士，依以扬声。……孝章要为有天下大名，九牧之人所共称叹。"李善注："九牧，犹九州也。"

想九牧、闻风争羡。（宋·刘克庄《贺新郎·草草池亭宴》）

买田阳羡 苏轼晚年谪官，遭遇坎坷，有买田阳羡以终此生之愿。后因指辞官归田。宋·苏轼《菩萨蛮·买田阳羡吾将老》："买田阳羡吾将老，从来只为溪山好。"

买田阳羡苏公计，客舍并州贾岛心。（明·李东阳《卜居一首东南屏》）

陷 xiàn

古去声，三十陷。逆案～败～扳～崩～谗～缠～车～沉～冲～触～摧～颠～垫～翻～覆～攻～构～规～衡～机～屐齿～挤～架～阱～沮～克～坑～溃～陵～沦～谋～泥足～捏～排～辟～平～破～牵～侵～倾～屈～阙～丧～伤～摄～失～天～填～屠～推～注～枉～窃～营～诱～冤～蛰～足～顺～败～本～陈～城～敌～队～堕～锋～覆～毁～击～机～谏～将～扃～坎～刻～坑～累～裂～落～没～灭～歿～挠～逆～溺～破～刃～辱～锐～身～失～师～脱～围～文～误～瑕～刑～诈～阵

典绛灌谗陷 指贾谊受谗被贬。见87页"长沙谪"。

椒兰争妒忌，绛灌共谗谄。（唐·韩愈《陪杜侍御游湘西两寺独宿》）

线（綫、*線）xiàn

古去声，十七霰。逆风流～伏～购～禾～红～界～金～棱～菱～柳～墨～弱～生死～手～丝～添～铁～汀～袜～窝～五色～香～综～走～顺～车～春～道～符～画～溜～缕～篾～绨～香～鞋～靴～绚例头白眼暗坐有胝，肉黄皮皱命如线。（唐·杜甫《病后遇王倚饮赠歌》）管鲍化为尘，交友存如线。（唐·杨巨源《题赵孟庄》）

典袜线 谓艺多而无一精者。亦比喻才学短浅。宋·孙光宪《北梦琐言》卷五《商侧启事》："韩昭仕蜀。……粗有文章，至于琴、棋、书、算、射法悉皆涉猎，以此承恩于后主。时有朝士李瑕曰：'韩八座事艺如拆袜线，无一条长。'"

人笑铅刀那用割，自知袜线岂能长。（宋·陈造《再用前韵赠高司理共八首》其二）

五色线 旧时臣下规谏皇帝之过失为"补衮"，"补衮"需要用五色线。后指华美文章。亦作"胸中五纹线"。唐·杜牧《郡斋独酌》："平生五色线，愿补舜衣裳。"

公有胸中五色线，平生补衮用功深。（宋·黄庭坚《再次韵四首》其四）

不绝如线 指局势极度危急。《公羊传·僖公四年》："南夷与北狄交，中国不绝若线。"

长堤不绝才如线，南北冲冲是坦途。（宋·苏颂《行次塘堤》）

燕足红线 指为失去配偶的燕子所做的标记，后用作失偶伤情的典故。曾慥《类说》卷三九引《丽情集·燕女坟》："宋末，娼家女姚玉京嫁襄州小校敬瑜。敬瑜溺水而死，玉京守志养姑舅，常有双燕巢梁间，一日为鸷鸟所获，其一孤飞悲鸣，徘徊至秋。翔集玉京之臂，如告别然。玉京以红线系足，曰：'新春定来为吾侣也。'明年果至。……自尔秋归春来凡六七年。其年玉京病卒。明年复来，周章哀鸣，家人语曰：'玉京死矣。坟在南郭。'燕遂至葬所，亦死。每风清月明，襄人见玉京与燕同游河水之上。"

伤情燕足留红线，恼人鸾闲团扇。（元·张可久《正宫·塞鸿秋·春情》）

宪（憲）xiàn

①敏捷。②喜乐貌。③法令。

古去声，十四愿。逆邦～秉～播～朝～成～持～敕～垂～德～典～窦～法～风～奉～赋～纲～公～轨～国～恒～简～谨～禁～决～军～礼～明～模～谋～拟～申～深～枢～体～条～枉～违～文～宪～详～刑～遗～意～章～掌～执～作～顺～裁～曹～臣～典～牍～度～断～恩～范～方～防～访～府～纲～官～规～行～极～纪～简～节～廛～禁～矩～量～令～律～命～墨～辟～师～式～书～属～署～术～司～台～听～网～委～乌～檄～学～言～艺～意～谕～掾～则～长～制～治～秩～准～祖～坐例畴昔相知者，今兹秉天宪。（唐·殷寅《铨试后征山别业寄源侍御》）

典窦宪 后汉车骑将军窦宪，北伐匈奴，大破之，立功勒铭返朝。后称咏将帅。见《后汉书·窦宪传》。

曾向山东为散吏，当今窦宪是贤臣。（唐·王建《上李吉甫相公》）

黄宪 东汉贤士黄宪，年轻时凭借德识为人称道，比之于颜回，受征不仕，中年离世。指称颂贤士。亦作"叔度贤"。见《后汉书·黄宪传》。

人中黄宪与颜子，物表孤高将片云。（唐·皎然《送顾处士歌》）

县（縣）xiàn

古去声，十七霰。逆鄙～边～别～部～村～海～豪～花～怀～寰～京～剧～郡～旁～僻～平～山～世～乡～野～宇～州～壮～紫～顺～鄙～道～法～家～门～师～署～帅～帖～廷～亭～庭～僮～王～胥～邑～役～尹～宰～治～主～佐例天落白玉棺，王乔辞叶县。

（唐·李白《赠王汉阳》）

典**潘怀县** 因晋人潘岳曾任怀县县令，后用来借指其人，也指对县令的美称。亦作"怀县"。潘岳《闲居赋序》："逮事世祖武皇帝，为河阳、怀令，尚书郎，廷尉平。"

今日潘怀县，同时陆浚仪。（唐·杜甫《九日杨奉化会白水崔明府》）

泗亭沛县 汉高祖刘邦发迹前是沛县泗水亭的亭长，借指汉高祖刘邦。《史记·高祖本纪》："高祖，沛丰邑中阳里人，姓刘氏……及壮，试为吏，为泗水亭长。"

当年事，本是泗亭沛县。（宋·刘辰翁《摸鱼儿·懒能看》）

梁竦劳州县 指志趣高远。《后汉书·梁统列传》附《梁竦传》："竦生长京师，不乐本土，自负其才，郁郁不得意。尝登高远望，叹息言曰：'大丈夫居世，生当封侯，死当庙食。如其不然，闲居可以养志，《诗》《书》足以自娱，州郡之职，徒劳人耳。'后辟命交至，并无所就。"

王浚爱旌旗，梁竦劳州县。（唐·杨巨源《题赵孟庄》）

馅（餡）xiàn

逆馂～酸～填～顺～草

霰 xiàn 雪珠。

古去声，十七霰。逆雹～冰～冬～飞～风～寒～皓～花如～积皓～惊～流～秋～霜～素～庭～雪～烟～阴～银～雨～顺～子～雪例潮来杂风雨，梅落成霜霰。（唐·张翚《游栖霞寺》）东风艳阳色，柳绿花如霰。（唐·杨巨源《独不见》）

俔 xiàn 间谍；暗探。

古去声，十七霰。

晛（睍）xiàn ①晛睆，鸟色美好貌或鸣声清圆。②眼睛突出貌。

古上声，十六铣。逆晛～顺～睆

岘（峴）xiàn ①山名。②山小而险峻。

古上声，十六铣。逆大～陉～襄～小～羊～顺～山～山泪～山碑～首～首碑例清晓因兴来，乘流越江岘。（唐·孟浩然《登鹿门山》）

苋（莧）xiàn 苋菜，植物名。

古去声，十六谏。逆白～藜～马～人～石～鼠齿～野～猪～紫～顺～菜～陆例三年国子师，肠肚习藜苋。（唐·韩愈《崔十七少府摄伊阳以诗及书见投》）

腺 xiàn 生物名词。

逆汗～泪～顺～病质

炫[1] xuàn ①光明照耀。②夸耀。

古去声，十七霰。逆逞～电～光～骇～赫～矜～夸～榴花～榴火～倾～炫～耀～震～顺～博～彩～辞～伐～服～赫～红～煌～熿～晃～熀～惑～金～丽～露～美～名～目～弄～奇～巧～然～色～示～饰～视～罔～学～冶～异～鬻～沄～转～妆例蓬断霜根羊角疾，竿戴朱盘火轮炫。（唐·元稹《和李校书新题乐府十二首》其四）

炫[2]（*衒）xuàn 夸耀。

古去声，十七霰。逆估～夸～自～顺～博～才～辞～技～能～弄～示～学

泫 xuàn 泫然，水珠下滴貌。

古上声，十六铣。逆悲～花～泪～流～露～潸～泫～困～顺～流～露～目～泣～然～若～叹～泫～沄例望望情何极，浪浪泪空泫。（唐·李世民《望送魏征葬》）似醉烟景凝，如愁月露泫。（唐·崔护《五月水边柳》）

楦（*楥）xuàn 做鞋用的模型。

古去声，十四愿。逆柴～粉～麟～木～麒麟～顺～酿～排～麒麟例已发心忏悔，免去猴冠，卸下麟楦。（宋·刘克庄《解连环·悬弧之旦》）

典**麒麟楦** 喻虚有其表的人。唐·冯贽《云仙杂记》卷九引张鷟《朝野佥载》："杨炯每呼朝士为麒麟楦，或问之，曰：'今假弄麟麟者，必修饰其形，覆之驴上，宛然异物。及去其皮，还是驴尔。无德而朱紫，何以异是！'"

忽思麒麟楦，突兀使人惊。（宋·黄庭坚《次韵谢外舅食驴肠》）

渲 xuàn 渲染。

古《广韵》：去声，线韵。逆打～浮～黄渲～淋～磨～墨～染～水～淘～晕～顺～房～染

眩 xuàn ①眼睛昏花。②迷惑；迷乱。

古去声，十七霰。逆蚩～嗤～发～鼓～瞶～昏～惛～惑～矜～锦绣～惊～恇～迸～眊～瞀～瞢～迷～眠～眄～瞑～譁～旋～眩～疑～银海～荧～蝬～晕～震～顺～怖～眵～顿～夺～晃～疾～精～栗～乱～眊～冒～瞀～眠～灭～泯～愍～仆～奇～诩～眩～颜～曜～耀～移～疑～鬻～眩～真～转例晚色溟蒙，六出花飞遍。此际一枝红绿眩。（宋·王安中《蝶恋花·巧剪明霞成片片》）

旋[1] xuàn 旋转的。另见639页xuán。

古去声，十七霰。逆便～打～旋～顺～风～风笔～风脚～风叶

典**七步师旋** 咏熊罴。《尚书·牧誓》："今予发，惟恭行天之罚。今日之事，不愆于六步、七步，乃止，齐焉。夫子勖哉！不愆于四伐、五伐、六伐、七伐，乃止，齐焉。勖哉夫子！尚桓桓，如虎如貔，如熊如罴，于商郊。"

列射三侯满，兴师七步旋。（唐·李峤《熊》）

旋[2]（*鏇）xuàn 回旋着切削。另见639页xuán。

古去声，十七霰。逆玉～顺～工～锅儿～匠～子

漩 xuàn 又读。另见639页xuán。

绚（絢）xuàn 色彩多姿貌。

古去声，十七霰。逆炳～彩～丹青～点～光～绘～金沙～锦～流～明～遣～蒨～霜～素～吐～英～余～藻～顺～焕～缋～烂～练～缦～美～目～素～文～言～曜～耀～质例庙堂勋旧使台贤，领袖坐中争绚。（宋·王安中《御街行·清霜飞入蓬莱殿。》）

眴 xuàn 目动。另见779页shùn。

古去声，十七霰。又：上平，十一真同。逆颠～冥～瞑～眴～顺～焕～瞀～眴～转

艳（艷、*豔、豓）yàn

古去声，二十九艳。逆哀～嬖～彩～逞～摛～丰～芙蓉～浮～高～孤～古～光～闺～瑰～华～嘉～娇～槿～晶～酒～冷～靓～流～美～明～慕～浓～暖～凄～绮～青～轻～清～柔～睿～姝～霜～吐～顽～晚～文～仙～鲜～香～欣～新～歆～选～雪～雅～烟～妍～摇～遥～冶～野～逸～玉～争～稚～顺～波～才～采～唱～称

～词～辞～娣～葶～芳～粉～服～歌～红～姬～娇～景～绝～烂～茂～美～媚～靡～明～慕～葩～魄～容～色～射～声～饰～姝～思～态～闻～黠～羡～象～笑～雪～阳～耀～冶～曳～逸～裔～意～游～语～约～韵～藻～质～妆～装～姿～字例细叶带浮毛，疏花披素艳。（唐·杜甫《丁香》）

厌（厭）yàn ①饱，满足。②憎恶；嫌弃。另见29页yā、609页yān。

古去声，二十九艳。逆鄙～傧～充～怠～地～烦～隔～忌～倦～克～疲～弃～惹～冗～生～属～天～亡～无～嫌～欣～厌～盈～憎～足～顺～薄～鄙～兵～怠～旦～毒～钝～恶～愤～服～副～恨～患～秽～圂～祸～讥～极～忌～家鸡～建～贱～倦～绝～苦～快～离～恋～乱～满～恼～腻～弃～塞～色～世～事～衰～驼～伪～闻～物～歇～心～厌～宜～易～意～斁～饫～憎～战～足例携觞命侣极永日，此会虽数心无厌。（唐·刘禹锡《和牛相公南溪醉歌见寄》）

典**天厌** 指被上天所厌弃、弃绝。《论语·雍也》："子见南子，子路不悦。夫子矢之曰：'予所否者，天厌之！天厌之！'"邢昺疏："厌，弃也。"

桓温适自弊，苻坚方天厌。（宋·王安石《游土山示蔡天启秘校》）

验（驗、*騐）yàn

古去声，二十九艳。逆按～案～辨～参～察～掣～称～酬～倒～点～定～符～覆～感～古～贵～果～核～稽～吉～记～检～诘～解～勘～看～类～目～盘～凭～剖～期～奇～鹊～设～神～审～事～筮～踏～调～通～推～微～无～现～相～效～信～凶～讯～援～占～彰～昭～照～诊～征～质～治～顺～白～拆～定～方～覆～功～劾～核～见～诘～解～军～看～梦～明～审～实～事～试～视～数～问～校～讯～真～治～左例逢神多所祝，岂忘灵即验。（唐·韩愈《喜侯喜至赠张籍张彻》）

典**金环有验** 咏幼儿，常用以哀挽幼儿早逝。《晋书·羊祜传》："祜年五岁，时令乳母取所弄金环。乳母曰：'汝先无此物。'祜即诣邻人李氏东垣桑树中探得之。主人惊曰：'此吾亡儿所失物也，云何持去！'乳母具言之。李氏悲惋。时人异之，谓李氏子则祜之前身也。"

金环如有验，还向画堂生。（唐·王维《恭懿太子挽歌五首》其五）

燕（鷰）yàn 鸟类。另见608页yān。

古去声，十七霰。逆白～宾～彩～綵～钗～巢～雏～春～飞～归～海～汉～贺～鸿～胡～金～惊～劳～梁～旅～幕～泥～绮～轻～秋～沙～社～石～双飞～堂～吴～吴宫～舞～衔泥～新～燕～银～莺～雨～语～玉～越～泽～贞～紫～顺～颔～雀～戏～濯例荣光晴掩代，佳气晓侵燕。（唐·杜审言《和李大夫嗣真奉使存抚河东》）玉户看早梅，雕梁数归燕。（唐·戴叔伦《独不见》）

典**钗燕** 咏钗，后也指一朝飞黄腾达。相传汉武帝曾将神女所赠之玉钗转赠赵婕妤。昭帝年间，有宫女想打碎玉钗，玉钗化为白燕升天而去。事见东汉·郭宪《汉武洞冥记》卷二。

鉴鸾钗燕恨何穷，忍向银床空抱影。（唐·顾甄远《惆怅诗九首》其四）

飞燕 指赵飞燕，后借指后妃或者歌女。亦作"赵飞燕"。《汉书·外戚传下》："孝成赵皇后，本长安宫人。初生时，父母不举，三日不死，乃收养之。及壮，属阳阿主家，学歌舞，号曰'飞燕'。"

宫中谁第一，飞燕在昭阳。（唐·李白《宫中行乐词》其二）

贺燕 指贺人升迁或者新屋落成。《淮南子·说林训》："汤沐具而虮虱相吊，大厦成而燕雀相贺，忧别乐也。"

贺燕窥檐下，迁莺入殿飞。（唐·张说《赴集贤院学士上赐宴应制得辉字》）

幕燕 喻处境危险。《左传·襄公二十九年》："夫子之在此也，犹燕之巢于幕上。"

身世自怜巢幕燕，利名谁銮扑灯蛾。（宋·王之道《和胡德辉增明轩》）

石燕 咏雨之典。北魏·郦道元《水经注》卷三八《湘水》："（湘水）东南流迳石燕山东，其山有石，而绀状燕，因以名山。其石或大或小，若母子焉。及其雷风相薄，则石燕群飞，颉颃如真燕矣。"

石燕拂云晴亦雨，江豚吹浪夜还风。（唐·许浑《金陵怀古》）

紫燕 指良马，亦指贤才。葛洪《西京杂记》："文帝自代还，有良马九匹，皆天下之骏马也。一名浮云，一名赤电，一名绝群，一名逸骠，一名紫燕骝，一名绿螭骢，一名龙子，一名麟驹，一名绝尘，号为九逸。"

回头笑紫燕，但觉尔辈愚。（唐·李白《天马歌》）

泥落梁燕 形容女子空闺寂寞。亦作"空梁燕"。隋·薛道衡《昔昔盐》："飞魂同夜鹊，倦寝忆晨鸡。暗牖悬蛛网，空梁落燕泥。"

闻道管领多才，清词好句，泥落空梁燕。（宋·赵以夫《念奴娇·梅花度曲》）

雁（*鴈）yàn

古去声，十六谏。逆宾～残～晨～赤～稻～独～断～鹅～凫～羔～孤～归～寒～鸿～候～胡～金～惊～惊弦～客～落～旅～鸣～木～秋～塞～沙～失群～书～舒～霜～朔～送书～衔芦～斜～野～银～鱼～玉～云中～征～筝～朱～顺～宾～帛～采～钗～臣～城～程～池～灯～封～峰～关～海～翰～行～鸿～喙～家～锦～空～列～民～奴～碛～塞～山～使～书～税～塔～天～帖～头笺～鹜～信～翼～音～鱼～宇～苑～阵～渚～柱～字～足例手携双鲤鱼，目送千里雁。（唐·王昌龄《独游》）

典**羔雁** 指征招贤才或订婚的礼品。《礼记·曲礼下》："凡贽，天子鬯，诸侯圭，卿羔，大夫雁。"《仪礼·士相见礼》："下大夫相见以雁，饰之以布，维之以索，如执雉。上大夫相见以羔，饰之以布，四维之结于面，左头如麛执之。"

才雄望羔雁，寿促背貂蝉。（唐·王维《哭六组自虚》）

鸿雁 指歌颂帝王。《诗经·小

雅·鸿雁》:"鸿雁于飞,肃肃其羽。之子于征,劬劳于野。爰及矜人,哀此鳏寡。"《鸿雁序》:"《鸿雁》,美宣王也。万民离散,不安其居,而能劳来还定,安集之,至于矜寡,无不得其所焉。"

熊罴载吕望,鸿雁美周宣。(唐·杜甫《秋日夔府咏怀奉寄郑监李宾客一百韵》)

惊雁 魏国射箭能手更嬴仅是拉动弓弦,不用箭,一只受过箭伤的大雁便因过度惊惧而落下。比喻失败过的人因心有余悸、精神脆弱而不能很好地发挥自己的才能。亦作"空弦落雁""伤弓塞雁""虚弦落雁"。见《战国策·楚策四》。

旅思蓬飘陌,惊魂雁怯弦。(唐·钱起《寇中送张司马归洛》)

木雁 喻处于材与不材之间的处世哲学。《庄子·山木》:"(庄子)出于山,舍于故人之家。故人喜,命竖子杀雁而烹之。竖子请曰:'其一能鸣,其一不能鸣,请奚杀?'主人曰:'杀不鸣者。'明日,弟子问于庄子曰:'昨日山中之木,以不材得终其天年,今主人之雁,以不材死,先生将何处?'庄子笑曰:'周将处乎材与不材之间。'"

木雁才不才,吾知养生主。(唐·权德舆《八音诗》)

食雁 指对贪官污吏的讥讽。《后汉书·王符列传》:"渡辽将军皇甫规解官归安定,乡人有以货得雁门太守者,亦去职还家,书刺谒规,规卧不迎。既入而问:'卿前在郡食雁美乎?'"

食雁君应厌,驱车我正劳。(宋·苏轼《荆州十首》其六)

无雁 据说大雁南飞不过大庾岭,岭南无雁就不会因雁回而引起客愁。指客中之愁。唐·宋之问《始过岭》:"阳月南飞雁,传闻至此回。"

云南背一川,无雁到峰前。(唐·皮日休《奉和鲁望四明山九题·云南》)

鱼雁 借指书信。《饮马长城窟行》:"呼儿烹鲤鱼,中有尺素书。"

锦素沉沉两未期,鱼雁空相误。(宋·蔡伸《卜算子·重重雪外山》)

朱雁 指盛世升平。《汉书·武帝纪》:太始三年,"行幸东海,获赤雁,作朱雁之歌"。

池篽呈朱雁,坛场得白麟。(唐·元稹《代曲江老人百韵》)

衡阳雁 衡阳有回雁峰,雁不过此峰,遇春即返。东汉·张衡《鸿赋序》:"南寓衡阳,避祁寒也。"

此行得句须频寄,直到衡阳有雁归。(宋·楼钥《送胡巨济宰湘潭》)

能鸣雁 借指人的有才与无才。亦作"庄叟悲雁"。见本页"木雁"。

不及能鸣雁,徒思海上鸥。(唐·陈子昂《宿襄河驿浦》)

衔芦雁 指雁。《淮南子·修务训》:"夫雁顺风以爱气力,衔芦而翔,以备矰弋。"

衔芦雁起潇湘暮,卖炭人行烟火村。(宋·许月卿《归涂》)

砚(硯)yàn

㊂去声,十七霰。㊃鳌~蚌~蟾~澄泥~涤~典~冻~端~焚~风~宫~古~寒~几~金~枯~龙香~鲁~罗纹~吕~捧~漆~琴~石~书~水~铁~铜~洗~玉~月~柘~朱~㊈~北~冰~材~槽~草~蟾~池~滴~格~耕~海~农~屏~璞~山~石~水~田~瓦~席~匣~兄~友~子家 ㊉今夜何人吟古怨。清诗未就冰生砚。(宋·苏轼《蝶恋花·帘外东风交雨霰》)

㊇**焚砚** 指自谦文章不如别人。《晋书·陆机传》:"弟云尝与书曰:'君苗(崔君苗)见兄文,辄欲烧其笔砚。'"

三吴才隽应焚砚,万里风烟尽入诗。(宋·陈造《再次韵马主簿二首》其二)

留破砚 借指祖父去世。晋·江敞《陈留志》:"范乔年二岁,祖父馨卒,临终抚其首曰:'恨不见汝成人!以吾所用砚与之。'至五岁,祖母以此言告乔,便执砚啼哭。"

典尽寒衣未觉贫,独留破砚伴顽身。(宋·方回《晚春》)

安能守笔砚 指弃武从文。《后汉书·班超传》:"(班超)家贫,常为官佣书以供养。久劳苦,尝辍业投笔叹曰:'大丈夫无它志略,犹当效傅介子、张骞立功异域,以取封侯,安能久事笔研间乎?'"

丈夫三十未富贵,安能终日守笔砚。(唐·岑参《银山碛西馆》)

谚(諺)yàn

㊂去声,十七霰。㊃鄙~称~里~俚~讴~时~世~俗~夏~谐~谣~野~遗~㊈~诞~号~言~议

彦 yàn 贤士。

㊂去声,十七霰。㊃邦~才~材~朝~伏~闺~豪~后~金闺~俊~隽~魁~黎~猎~髦~茂~美~名~奇~耆~前~遗~翘~青云~群~儒~山林~诗~时~硕~往~伟~文~昔~贤~宿~秀~逸~英~哲~珍~诸~㊈~圣~士~哲 ㊉韩公有奇节,词赋凌群彦。(唐·高适《酬别薛三蔡大留简韩十四主簿》)

㊇**金闺彦** 指金马门。亦代指朝廷。彦指杰出的人才。南朝宋·江淹《别赋》:"虽渊、云之妙墨,严、乐之笔精,金闺之诸彦,兰台之群英,赋有凌云志称,辩有雕龙之声,谁能摹暂离之状,写永诀之情者乎!"李善注:"金闺,金马门也。"

晚遘金闺彦,传瑞提千兵。(宋·宋庠《留别知郡职方杨员外》)

咽(*嚥)yàn 吞食。另见608页yān、133页yè、732页yīn。

㊂去声,十七霰。㊃噉~含~嚼~漱~嗢~饮~㊈~哺 ㊉群鱼见。当头谁敢先吞咽。(宋·净端《渔家傲·浪静西溪澄似练》)

宴[1] yàn ①安逸;安闲。②宴请。③酒席;宴席。

㊂去声,十七霰。又:上声,十六铣同。㊃罢~朝~赐~玳~恩荣~房~镐~酣~贺~鸿门~欢~荒~嘉~金谷~醵~孔~款~离~鹿鸣~洛~旅~蟠桃~酺~绮~寝~清~琼华~琼林~曲江~觞~沈~盛~侍~寿~探花~禊~闲~飨~宵~小~旬~押~雅~言~筵~宴~邀~瑶池~夜~诒~饮~饫~御~竹林~㊈~安~殿~豆~堕~尔~服~镐~歌~馆~好~和~集~寂~驾~饯~居~聚~醵~衎~犒~客~赉~乐~礼~默~宁~寝~清~丘~邸~然~如~觞~赏~设~射~适~

室～瑱～玩～婉～慰～息～嬉～戏～享～飨～笑～幸～酺～言～筵～宴～逸～翼～饮～游～娱～语～饫㊀归心无昼夜，别事除言宴。（唐·高适《酬别薛三蔡大留简韩十四主簿》）兼求富豪且割鲜，密沽斗酒谐终宴。（唐·杜甫《病后遇王倚饮赠歌》）

㊇**镐宴** 表示君臣相聚一堂，饮酒宴乐。《诗经·小雅·鱼藻》："鱼在在藻，有颁其首。王在在镐，岂乐饮酒。"郑玄笺："岂，亦乐也。天下平安，万物得其性。武王何所处乎？处于镐京。乐八音之乐，与群臣饮酒而已。"

即此欢娱齐镐宴，唯应率舞乐薰风。（唐·崔湜《奉和春日幸望春宫》）

传柑宴 北宋上元夜宫中宴近臣，贵戚宫人以黄柑相赠，谓之"传柑"。亦作"帕柑传宴"。宋·苏轼《上元侍饮楼上》："归来一点残灯在，犹有传柑遗细君。"自注："侍饮楼上，则贵戚争以黄柑遗近臣，谓之传柑。"

他年同侍传柑宴，记取楼前掷果时。（宋·胡仲弓《上元观灯》）

琼林宴 宋琼林苑举办的为庆贺进士及第的宴会。宋·叶梦得《石林燕语》："琼林苑，乾德中置。……岁赐二府从官宴及进士闻喜宴，皆在其间。"

君王着意在经帷，无复琼林宴赏时。（宋·罗公升《春日夫人阁》）

曲江宴 咏进士及第。五代·王定保《唐摭言》："曲江大会……其日状元与同年相见后，便请一人为录事。……曲江大会，则先牒教坊请奏，上御紫云楼，垂帘观焉……故曹松诗云：'追游若遇三清乐，行从应妨一日春。敕下后人置被袋，例以图障酒器钱。……曲江之宴，行市罗列。长安几于半空公卿家。'"

曲江宴罢注官旋，亲旧肥家有酒船。（宋·陈藻《送谷准羊肩贺伯温》）

樱桃宴 始于唐代，为庆贺进士及第的宴会。五代·王定保《唐摭言》："新进士尤重樱桃宴。乾符四年，永宁刘公第二子覃及第……于是独置是宴，大会公卿。时京国樱桃初出；虽贵达未适口，而覃山积铺席，复和以糖酪者人享蛮一小盅，亦不啻数升。以至参御辈，靡不沾足。"

樱桃荣宴玉墀游，领群仙行缀。（宋·黄庭坚《贺圣朝·脱霜披茜初登第》）

竹林宴 喻亲密的友情或傲世脱俗、无拘无束的聚会、饮宴。《世说新语·任诞》："陈留阮籍、谯国嵇康、河内山涛，三人年皆相比，康年少亚之。预此契者沛国刘伶、陈留阮咸、河内向秀、琅邪王戎，七人常集于竹林之下，肆意酣畅，故世称'竹林七贤'。"

恭陪竹林宴，留醉与陶公。（唐·李白《流夜郎至江夏》）

九重春近，仙桃传宴 指春日里所见殿庭的景色。唐·杜甫《奉和贾至舍人早朝大明宫》："五夜漏声催晓箭，九重春色醉仙桃。"

天边岁华转躢九重春近，仙桃传宴。（宋·吴文英《瑞鹤仙·记年时茂苑》）

宴[2]（*醼）yàn ①宴请。②酒席。

㊁去声，十七霰。㊂春～赐～鹿鸣～私～筵～夜～游～竹林～㊃～会～席～享～飨～饮～游～酌

晏 yàn ①晴朗。②柔和；温和。③平静；安逸。④晚；迟。

㊁去声，十五翰。又：去声，十六谏同。㊂安～高～管～海～靖～静～朗～宁～清～晖～秋～日～时～暑～肃～岁～外～鲜～闲～小～玄～晏～夷～蚤～㊃～安～晡～灿～朝～处～灯～归～寂～驾～景～静～居～眠～宁～起～寝～青～清～裘～然～日～如～若～赏～食～室～岁～温～卧～息～闲～相～歇～衍～晏～旸～阴～游～语～子裘～坐㊀林卧情每闲，独游景常晏。（唐·王昌龄《独游》）

㊇**言笑晏晏** 谓和柔温顺。《诗经·卫风·氓》："总角之宴，言笑晏晏，信誓旦旦。"

低徊逢迎地，言笑纷晏晏。（宋·孙应时《和甲辱秋夜读书有感韵》）

著书玄晏 晋皇甫谧沉静寡欲，有高尚之志，隐居不仕，以著述为务，自号玄晏先生。后遂以指高人雅士或山林隐逸，亦以指安贫乐道，专心读书作文。见《晋书·皇甫谧传》。

平生慕用，著书玄晏，挂冠贞白。（宋·刘克庄《水龙吟·行藏自决于心》）

焰（*燄）yàn 火苗。

㊁上声，二十八琰。㊂宝～熛～谗～灯～毒～飞～高～光～豪～红～后～炬～冷～烈～芒～逆～虐～青～情～权～热～声～势～腾～吐～外～威～文～犀～熙～掀～凶～烟～炎～焰～萤～贼～㊃～地～段～光～红～幻～灰～蜡～然～势～室～腾腾～硝～焰㊀人言此地，夜深长见，斗牛光焰。（宋·辛弃疾《水龙吟·举头西北浮云》）

㊇**萤焰** 萤火虫的光。见900页"聚萤"。

萤焰烧心雪眼劳，未逢佳梦见三刀。（唐·李咸用《赠友弟》）

灰无焰 指消沉、失望的心情。《庄子·齐物论》："南郭子綦隐机而坐，仰天而嘘，荅焉似丧其耦。颜成子游立侍乎前，曰：'何居乎？形固可使如槁木，而心固可使如死灰乎？'"郭象注："死灰枯木，取其寂寞无情耳。"

心寒已分灰无焰，事往曾将水共流。（唐·罗隐《村桥》）

万丈文章光焰 称美作家及其诗文成就。亦作"笔头光焰""雄文光焰"。唐·韩愈《调张籍》："李杜文章在，光焰万丈长。不知群儿愚，那用故谤伤。"

万丈文章光焰里，一星飞堕从南极。（宋·杨炎正《满江红·寿酒如渑》）

堰 yàn 挡水的堤坝。

㊁去声，十四愿。又：去声，十七霰同。又：上声，十三阮同。㊂百尺～陂～隄～堤～地～高～沟～古～柳下～畦～渠～沙～石～水～塘～土～斜～筑～㊃～埭～塘～堨㊀森森枫树林，护此石门堰。（唐·姚合《杏溪十首·枫林堰》）

谳（讞）yàn ①审判定罪。②案件。

㊁上声，十六铣。又：入声，九屑同。㊂辩～刺～定～断～覆～会～进～静～鞫～决～考～论～平～请～秋～上～详～信～刑～讯～谳～

疑～议～狱～奏～左～顺～案～笔～驳～词～定～牍～法～稿～鞫～局～决～论～平～箧～囚～事～鼠～刑～讯～谳～疑～议～语～狱～员～正～治～奏

唁yàn 慰问遭遇丧事者。

古去声，十七霰。逆弔～吊～客～门～庆～慰～顺～奠～函～劳～慰

鷃(*鴳)yàn 小鸟名。

古去声，十六谏。逆鸽～尺～斥～鹑～低～寒～篱～鹏～幽～顺～鸿～爵～烂～鹏～雀～鷃～羽例漆园逍遥篇，中亦载斥鷃。（唐·陆龟蒙《孤雁》）

赝(贋、*贗)yàn 伪造的。

古去声，十六谏。逆伪～真～顺～碑～本～笔～鼎～古～迹～贾～卷～力～手～书～托～语～造～作例前计顿乖张，居然见真赝。（唐·韩愈《崔十七少府摄伊阳以诗及书见投》）

滟(灩)yàn 水满波动貌。

古去声，二十九艳。逆澹～汎～潋～顺～潋～滟～滪～滪堆～滪滩例池水暖温暾，水清波潋滟。（唐·白居易《开元寺东池早春》）

餍(饜)yàn ①吃饱。②满足。

古去声，二十九艳。逆饱～不～无～属～顺～饱～服～见～禄～食～饫～足

酽(釅)yàn ①味厚；汁浓。②颜色深。

古去声，二十九艳。逆茶～醇～明～浓～酸～味～酽～顺～白～茶～醋～寒～酒～冷～冽～念～酸～酽～紫～酢例孤怀谁与强遣。市垆沽酒，酒薄怎当愁酽。（宋·陆游《齐天乐·角残钟晚关山路》）

盐(鹽)yàn ①用盐腌。②通“艳”。另见642页yán。

古去声，二十九艳。

怨yuàn

古去声，十四愿。又：上平，十三元异。逆艾～懊～谤～报～暴～悲～避～别～惨～偿～嗔～仇～愁～春～悱～愤～讽～宫～寡～闺～含～憾～悔～羁～疾～嫉～寄～挟～嫁～缄～江亭～解～劳～离～敛～媒～讟～凄～悽～清～情～秋～塞～释～属～树～私～思～讼～夙～锁～叹～啼鸟～痛～颓～衔～嫌～相～湘妃～嚣～兴～蓄～雪～睚眦～雅～忧～幽～尤～遭～憎～长门～昭君～訾～顺～艾～懊～谤～背～猜～唱～嗔～耻～仇～黛～敌～笛～恫～毒～黩～恶～贰～诽～悱～忿～愤～感～歌～骨～怪～海～憾～恨～悔～魂～疾～嫉～家～嗟～结～苦～酷～旷～离～戾～讟～慕～怒～偶～叛～畔～魄～切～情～秋～色～声～思～叹～慝～啼鹃～调～痛～枉～望～惜～隙～嫌～咽～尤～郁～责～贼～憎～咨～资～訾～诅例青云杳渺不可亲，开囊欲放增余怨。（唐·刘言史《放萤怨》）草树争春红影乱。一唱鸡声千万怨。（宋·张先《木兰花·人意共怜花月满》）

典**长门怨** 指女子被人遗弃。乐府诗集《长门怨·解题》：“长门怨者，为陈皇后作也。后退居长门宫，愁闷悲思，闻司马相如工文章，奉黄金百斤，令为解愁之辞，相如为作《长门赋》，帝见而伤之，复得亲幸。后人因其赋而为长门怨也。”

不得已，长门怨。（唐·皎然《三言重拟五杂俎》）

苌弘怨 指青绿色或者用来指对冤魂的吟咏。《庄子·外物》：“苌弘死于蜀，藏其血，三年而化为碧。”唐·成玄英疏：“苌弘遭谮，被放归蜀，自恨忠而遭谮，遂刳肠而死。蜀人感之，以匮盛其血，三年而化为碧玉，乃精诚之至也。”

岁积苌弘怨，春深杜宇哀。（唐·雍陶《蜀中战后感事》）

昭君怨 指忍痛去国和亲。《汉书·匈奴传下》：“竟宁元年，单于复入朝，礼赐如初，加衣服锦帛絮，皆倍于黄龙时。单于自言愿婿汉氏以自亲。元帝以后宫良家子王嫱字昭君赐单于。单于欢喜，上书愿保塞上谷以西至敦煌，传之无穷，请罢边备塞吏卒，以休天子人民。”

弹到昭君怨处，翠蛾愁，不抬头。（唐·牛峤《西溪子·捍拨双盘金凤》）

儿女恩怨 表示缠绵的情怀、琐碎的恩怨。唐·韩愈《听颖师弹琴》：“昵昵儿女语，恩怨相尔汝。划然变轩昂，勇士赴敌场。”

总是离愁无近远，人间儿女空恩怨。（宋·辛弃疾《蝶恋花·莫向城头听漏点》）

玉壶敲怨 用以抒发苦闷、激愤之情。晋大将军王敦忧国忧民，却被皇帝厌弃。他心内不平，故常常在喝完酒后吟咏曹操“老骥伏枥，志在千里。烈士暮年，壮心不已”之句，并“以如意打唾壶为节，壶边尽缺”。见《晋书·王敦传》。

宝瑟弹愁，玉壶敲怨，触目堪愁绝。（宋·蔡伸《念奴娇·当年豪放》）

渔阳结怨 指彭宠以弹丸之城对抗刘秀，以致败亡。《后汉书·朱浮传》：“浮以书质责之（渔阳太守彭宠）曰：‘……今天下几里，列郡几城，奈何以区区渔阳而结怨天子？’”

比讶渔阳结怨恨，元听舜日旧箫韶。（唐·杜甫《夔州歌十绝句》其三）

猿吟鹤怨 指隐士违背初衷出仕，而惹得鸟兽惊怒。南朝齐·孔稚圭《北山移文》：“至于还飙入幕，写雾出楹，蕙帐空兮夜鹤怨，山人去兮晓猿惊。”

有时幽杳，仿佛猿吟鹤怨。（宋·楼钥《醉翁操·泠然》）

院yuàn

古去声，十七霰。逆禅～春～道～邸～殿～独～佛～府～高～宫～翰～翰林～画～棘～谏～椒兰～锦～禁～经～净～鞫～空～阆～密～庙～尼～偏～棋～曲～僧～山～深～试～松～锁～塔～亭～庭～仙～幽～浴～斋～钟～竹～顺～曹～公～画～君～吏～落～师～使～姝～台～体～宇～主例向夕稍无泥，闲步青苔院。（唐·白居易《秋霁》）海光悠容天路长，春风玉女开宫院。（唐·李绅《赠毛仙翁》）

典**悲田院** 指救济院。《旧唐书·武宗纪》：“悲田养病坊，缘僧尼还俗，无人主持，恐残疾无以取给，两京量给寺田赈济。”

复入悲田院，乞儿相混杂。（宋·白玉蟾《云游歌·尝记得洞庭一夜雨》）

愿(願)yuàn

古去声，十四愿。逆悲～本～鄙～苍生～诚～酬～初～寸～登～敦

～宏～怀～冀～嘉～谨～恳～款～良～满～民～冥～宁～平生～期～祈～洽～群～柔～赛～三生～奢～始～适～誓～私～夙～诉～素～遂～所～通～完～乡～香～宿～虚～煦～逊～宜～幽～舆～喻～顺～法～恭～洁～谨～款～谅～民～敏～朴～悫～婉～心～中例城下故人久离怨，一欢适我两家愿。（唐·王季友《酬李十六岐》）

典**丹山愿** 指有情人结为眷属的愿望。三国魏·阮籍《咏怀诗》："鸿鹄相随飞，随飞适荒裔。双翮凌长风，须臾万里逝。朝餐琅玕实，夕栖丹山际。抗身青云中，网罗孰能制。岂与乡曲士，携手共言誓。"

记取于飞厚约，丹山愿、别选安巢。（宋·蔡伸《满庭芳·秦洞花迷》）

富贵非吾愿 抛弃功名利禄复归自然的愿望。陶渊明《归去来兮辞》："富贵非吾愿，帝乡不可期。"

生前富贵非吾愿，肯学痴人问大钧。（宋·李涛《处事》）

远(遠)yuàn 避开。另见667页yuǎn。

古去声，十四愿。顺～背～鄙～斥～盗～害～祸～利～名～庖～亲～色～身～世～势～外～嫌～邪～心～正～志～罪

苑yuàn

古上声，十三阮。逆宝～别～池～芳林～凤～芙蓉～宫～闺～桂～汉～翰～鹤～胡～花～禁～京～阆～乐～离～梁王～林～鹿～鹿野～洛～茂～麋～畦～秦～琼～蕊～上～上林～韶～诗～石～思贤～睢～隋～兔～文～闻～吴～仙～杏～宜春～艺～萤～囿～玉～御～园～芝～顺～川～马～羊～囿～囿兵～籞例城头却望几含情，青亩春芜连石苑。（唐·温庭筠《雉场歌》）

典**阆苑** 指仙境。旧题汉·东方朔《海内十洲记》："周穆王云：咸阳去此四十六万里，山高平地三万六千里，上有三角，方广万里，形似偃盆，下狭上广，故名曰昆仑山三角。其一角正北，干辰之辉，名曰阆风颠。"

十二层城阆苑西，平时避暑拂虹霓。（唐·李商隐《九成宫》）

梁苑 亦作"梁王苑""兔苑"。见644页"梁园"。

郢宫梁苑徒有名，春草秋风伤我情。（唐·皎然《短歌行》）

茂苑 古代园林名，坐落于苏州，后借指苏州。晋·左思《吴都赋》："造姑苏之高台，临四远而特建。带朝夕之濬池，佩长洲之茂苑。"

茂苑绮罗佳丽地，女湖桃李艳阳时。（唐·白居易《长洲曲新词》）

望苑 指太子所住宫苑。《汉书·戾太子传》："戾太子据，元狩元年立为皇太子……及冠就宫，上为立博望苑，使通宾客。"

名参汉望苑，职述景题舆。（唐·杜甫《寄李十四员外布十二韵》）

萤苑 用以咏扬州。隋炀帝曾以萤火照遍苑囿。《隋书·炀帝纪》："十二年……上于景华宫征求萤火，得数斛，夜出游山，放之，光遍岩谷。"

秋风放萤苑，春草斗鸡台。（唐·杜牧《扬州三首》其二）

槐阴禁苑 指学士院或翰林院。宋·沈括《梦溪笔谈·故事》："学士院第三厅学士阁子，当前有一巨槐，素号槐厅。旧传居此阁者，多至入相。"

槐阴禁苑，药翻纶省。（宋·刘克庄《转调二郎神·一筇两屦》）

媛yuàn 美女。另见647页yuán。

古去声，十七霰。逆阿～班～才～楚～宫～令～名～嫱～淑～天～仙～贤～秀～英～贞～顺～德～女

典**邦之媛** 喻指美女。《诗经·鄘风·君子偕老》："子之清扬，扬且之颜也。展如之人兮，邦之媛也。"毛氏："展，诚也。美女为媛。"

十分济楚邦之媛，此日追游。（宋·张孝祥《丑奴儿·十分济楚邦之媛》）

掾yuàn 旧称属官。

古去声，十七霰。逆案～百六～曹～丞～故～韩～窥潘～冷～良～寮～潘～三语～首～廷～谢～许～仪～英～谪～顺～曹～吏～史～属～佐例既携赏心客，复有送行掾。（唐·张说《岳阳石门墨山二山相连有禅堂观天下绝境》）

典**谢掾** 指对下属的赞美。《晋书·王导传》附《王珣传》："珣字元琳。弱冠与陈郡谢玄为桓温掾，俱为温所敬重，尝谓之曰：'谢掾年四十，必拥旄杖节。……皆未易才也。'"

江南烟雨塞鸿飞，西府文章谢掾归。（唐·武元衡《送张侍御赴京》）

许掾 指晋许询，或代指高情远致。《世说新语·品藻》："支道林问孙兴公（绰）：'君何如许掾？'孙曰：'高情远致，弟子蚤已服膺；一吟一咏，许将北面。'"

尘外乡人为许掾，山中地主是茅君。（唐·皮日休《寄润卿博士》）

窥潘掾 指女子窥探俊朗之士。见45页"掷果"。

连手窥潘掾，分头看洛神。（唐·陈嘉言《上元夜效小庾体》）

三语掾 幕府官吏的美称。《世说新语·文学》："阮宣子有令闻，太尉王夷甫见而问曰：'老庄与圣教同异？'对曰：'将无同。'太尉善其言，辟之为掾。世谓'三语掾'。"

太末谩称三语掾，上林未借一枝栖。（宋·刘克庄《挽陈判官》）

缘(緣)yuàn 衣边镶条。另见643页yuán。

古去声，十七霰。逆金～锦～领～衣～顺～饬～缋～口～领～饰

赞(贊、賛)zàn ①辅佐；帮助。②称颂；赞美。③文体名。

古去声，十五翰。逆哀～褒～宾～参～嘈～传～讽～敷～扶～辅～高～光～宏～画～激～挟～奖～交～嗟～经～匡～礼～论～密～鸣～默～谋～偏～评～钦～曲～劝～赏～史～述～颂～叹～特～题～天～图～推～万人～协～序～宣～雪～仰～叶～翊～翼～引～应～咏～幽～余～杂～诏～嘱～祝～顺～弼～册～策～唱～称～词～辞～导～悼～读～佛～服～功～喝～贺～化～稽～激～劳～礼～理～路～论～命～谋～佩～评～庆～戎～善～世～书～述～说～诵～喜～羡～献～相～飨～协～兴～序～仰～议～益～引～咏～佑～语～谕～誉～元～阅～悦～者～治～祝～佐例挥手谢知己，知己莫能赞。（唐·储光羲《贻刘高士别》）

暂(暫)zàn

古去声，二十八勘。逆且～顷～权～时～顺～短～而～尔～欢～刻～来～劳～面～瞬～往～晓～寓～云

錾(鏨)zàn 雕刻。

㊀去声,二十八勘。又:上声,二十七感同。㊀~刀~金~刻~凿

战(戰)zhàn

㊀去声,十七霰。㊀暗~鏖~鏊~罢~背水~逼~笔~搏~采~察~雠~党~祷~敌~递~督~奋~赴~甘~格~耕~谷~股~骨~酣~疾~监~骄~燋~徼~截~解~惊~兢~酒~剧~距~客~寇~苦~浪~力~龙~论~拏~农~揣~偏~期~棋~强~秋~趋~嘶~索~淘~突~蜗~险~校~械~血~摇~野~夜~疑~御~燥~战~舟~骤~逐~涿鹿~㊀~笔~表~兵~驳~怖~掣~尘~陈~祷~道~端~阋~攻~骨~鼓~鬼~酣~汗~荷~惶~获~祸~籍~悸~将~兢~惧~克~恐~垒~殁~幕~袍~骑~旗~器~勤~取~容~色~扇~射~慑~诗~势~悚~惕~图~械~心~衅~眩~勋~庸~狱~阵~征~舟~灼~卒㊀日落沙尘昏,背河更一战。(唐·陶翰《古塞下曲》)白云归去来,何事坐交战。(唐·李白《赠王汉阳》)

㊀**白战** 指徒手作战,或指作诗时限制不能用某些常用字。宋·苏轼《聚星堂雪诗》:"与客会饮聚星堂,忽忆欧阳文忠公作守时,雪中约客赋诗,禁体物语,于艰难中特出奇丽。"

当时号令君听取,白战不许持寸铁。(宋·苏轼《聚星堂雪》)

涿鹿战 指黄帝与蚩尤之大战。《史记·五帝本纪》:"轩辕乃修德振兵,治五气,蓺五种,万民,度四方,教熊罴貔貅貙虎,以与炎帝战于阪泉之野。三战,然后得其志。蚩尤作乱,不用帝命。于是黄帝乃征师诸侯,与蚩尤战于涿鹿之野,遂禽杀蚩尤。"

不知涿鹿战,早晚蚩尤死。(唐·钱起《广德初銮驾出关后登高愁望二首》其一)

触蛮交战 见622页"征蛮"。

看人间、纷纷饥乌腐鼠,触蛮交战。(宋·程珌《贺新郎·袖手云溪畔》)

楼船习战 汉武帝曾在长安附近挖昆明池,用楼船来演习水战。《史记·平准书》:"是时越欲与汉用船战逐,乃大修昆明池,列观环之。治楼船,高十余丈,旗帜加其上,甚壮。"

楼船非习战,骢马是嘉招。(唐·顾况《送从兄使新罗》)

鲁酒邯郸战 指因牵连而得祸。《庄子·胠箧》:"唇竭则齿寒,鲁酒薄而邯郸围,圣人生而大盗起。"唐·陆德明释文:"楚宣王朝诸侯,鲁恭公后至而酒薄,宣王怒,欲辱之。恭公不受命……遂不辞而还。宣王怒,乃发兵与齐攻鲁。梁惠王常欲击赵,而畏楚救。楚以鲁为事,故梁得围邯郸。言事相由也。"

鲁酒薄如水,邯郸开战场。(唐·白居易《杂感》)

站zhàn

㊀去声,三十陷。㊀狗~海~马~尼~驲~台~宿~腰~驿~㊀~赤~定~夫~眙~驿

占(*佔)zhàn ①占据。②口授;口述文辞。另见610页zhān。

㊀去声,二十九艳。㊀霸~长~攻~口~强~抢~遗~㊀~鳌头~拜~板~毕~辞~断~对~固~护~籍~奸~景盘~据~魁~悋~留~冒~募~骗~破~强~巧~取~射~授~吐~系~谢~奏㊀不论平地与山尖,无限风光尽被占。(唐·罗隐《蜂》)

绽(綻)zhàn

㊀去声,十六谏。㊀苞~饱~补~断~放~缝~红~漏~梅~桃~吐~香~衣~㊀~裂~露~蕊㊀春风爱惜未放开,柘枝鼓振红英绽。(唐·郑谷《牡丹》)

栈(棧)zhàn

㊀去声,十六谏。又:上声,十五潸同。又:上声,十六铣异。㊀乘巧~磴~飞~鉤~虹~剑~牢~连云~恋~梁~马~木~秦~曲~烧~石~蜀~霜~梯~危~险~朽~阴~余~云~皂~栈~朱~竹~㊀~箔~车~豆~阁~谷~径~驹~恋~鹿~路~木~山~香~鬖~羊~舆~云~轸㊀岁穷寒气骄,冰雪滑磴栈。(唐·韩愈《崔十七少府摄伊阳以诗及书见投》)

㊀**烧栈** 项羽封刘邦于蜀中,张良建议刘邦烧掉栈道,以示无归意,从而麻痹项羽。亦作"张良烧栈"。见《史记·留侯世家》。

筑坛访遗址,烧栈想烈焰。(宋·陆游《远游二十韵》)

湛zhàn ①深厚貌。②清澈;清晰。另见586页dān。

㊀上声,二十九豏。㊀黯~澄~凝~清~深~沈~渊~湛~㊀~碧~波~泊~澈~淡~恩~蓝~凉~冽~露~明~清~然~如

蘸zhàn 沾水。

㊀去声,三十陷。㊀笔~黛~点~清波~燕尾~㊀~钢~火~甲~立~破

颤(顫)zhàn 发抖。另见673页chàn。

㊀去声,十七霰。㊀胆~寒~惊~冷~肉~㊀~栗

传(傳)zhuàn ①驿站。②驿站所备的车马。③传记。④注释或阐述经义的文字。⑤符信。另见614页chuán。

㊀去声,十七霰。㊀乘~驰~厨~典~发~符~孤~纪~笺~经~遽~内~谱~骑~棨~诗~史~书~停~贤~序~叙~训~韬~驿~邮~置~㊀~车~乘~刍~递~符~诂~馆~纪~笺~节~遽~诔~吏~马~癖~骑~舍~疏~说~信~叙~役~驿~宰~赞~志~注~状

㊀**乘传** 指官员出使。乘传是官员坐的车子。《史记·平准书》:"使孔仅、东郭咸阳乘传举行天下盐铁,作官府,除故盐铁家富者为吏。"

今看乘传去,那与问津同。(唐·张继《送窦十九判官使江南》)

佳传 指收入史书中具有美好内容的传记。《晋书·陈寿传》:"或云丁仪、丁廙有盛名于魏,寿谓其子曰:'可觅千斛米见与,当为尊公作佳传。'丁不与之,竟不为立传。"

细修佳传酬知己,曲就微生赖若人。(宋·方回《杂书五首》其三)

星传 喻指出使之臣。传是使臣坐的车子。《晋书·天文志上》:"毕附耳南八星曰天节,主使臣之所持者也。"

星传指湘江,瑶琴多楚调。(唐·权德舆《送崔端公赴度支江陵院三韵》)

刺客传 指司马迁于《史记》为刺客所立传记。《史记·太史公自序》:"曹子匕首,鲁获其田,齐明其信;豫让义不为二心。作《刺客列传》第二十六。"

何惭刺客传,不著报仇名。(唐·韩愈《学诸进士作精卫衔石填海》)

循良传 称颂奉法循理之好官。《史记》有《循吏列传》,司马贞索隐:"谓本法循理之吏也。"《史记·太史公自序》:"奉法循理之吏,不伐功矜能,百姓无称,亦无过行。作循吏列传第五十九。"

他日循良传,应留姓字香。(宋·陆文圭《送班同知》)

讽《左氏传》 指刻苦学习或记忆力非常好。《先贤行状》:"(延)笃欲写《左氏传》,无纸,唐溪典以废笺记与之。笃以笺记纸不可写《传》,乃借本讽之。粮尽辞归。典曰:'卿欲写《传》,何故辞归?'笃曰:'已讽之矣。'典闻之叹曰:'差乎延生!虽复端木闻一知二,未足为喻。若使尼父更起于洙、泗,君当编名七十,与游、夏争匹也。'"

相如拥传 指出使或衣锦还乡。西汉司马相如受汉武帝赏识,任命为中郎将,出使西南。相如是西南蜀人。《史记·司马相如列传》:"天子以为然,乃拜相如为中郎将,建节往使。副使王然於、壶充国、吕越人驰四乘之传,因巴蜀吏币物以赂西夷。……司马长卿便略定西夷,邛、筰、冉、駹、斯榆之君皆请为内臣。……还报天子,天子大说。"

相如拥传有光辉,何事阑干泪湿衣。(唐·武元衡《重送卢三十一起居》)

转(轉)zhuàn ①旋转。②绕着某物打转。③游览;转游。另见669页 zhuǎn。

【古】去声,十七霰。【逆】飞~轮~蓬~游~【顺】~灯~晃~辚~轮~弄~脐~石~式~水~旋~悠~游~跃【例】探窥石门断,缘越沙涧转。(唐·张说《岳阳石门墨山二山相连有禅堂观天下绝境》)

【典】**七还九转** 谓以火炼金,使金返本还原,成为仙丹。道教以"七"代表火,以"九"代表金。后以为咏炼丹修道之典。见唐·施肩吾《钟吕传道集·论还丹第十三》。

功成七还九转,挂仙裳、鹤羽轻轻。(元·马钰《满庭芳·因何绝利》)

三阳初转 正月或春天的标志。《书·洪范》:"一曰水,二曰火,三曰木,四曰金,五曰土。"唐·孔颖达疏:"冬至以及夏至,当为阳来。正月为春,木位也,三阳已生,故三为木数。"

残腊收寒,三阳初转,已换年华。(宋·胡浩然《东风齐著力·残腊收寒》)

撰(*譔)zhuàn

【古】去声,十七霰。又:上声,十六铣同。【逆】参~抄~敕~篡~殿~雕~杜~改~构~监~结~景~论~密~删~史~述~探~修~演~意~臆~制~著~箸~装~【顺】~安~碑~备~辞~次~定~集~辑~具~刻~勒~利~录~拟~祺~述~思~修~序~续~造~杖~著~作【例】中道方溯洄,迟念自兹撰。(唐·宋之问《自湘源至潭州衡山县》)

【典】**杜撰** 指无根据而凭空臆造。宋·王楙《野客丛书》:"杜默为诗多不合律,故言事不合格者为杜撰。……然仆又观俗有杜田、杜园之说,杜之云者,犹言假耳。如言自酿薄酒则曰杜酒。"

终日忙忙继月明,要看杜撰八阳经。(宋·释绍昙《为圆雪岸题侍月》)

馔(饌)zhuàn 饭食。

【古】去声,十七霰。【逆】薄~菜~常~朝~厨~赐~奠~法~芳~丰~甘~华~嘉~兼~进~净~酒~客~馈~醪~麟~美~南~盘~庖~绮~赛~盛~素~堂~仙~亵~馐~肴~野~饮~营~玉~御~斋~珍~昼~【顺】~宾~酒~具~馈~脯~食~饩~馐~殽~饮~玉~珍~炙【例】遣人向市赊香粳,唤妇出房亲自馔。(唐·杜甫《病后遇王倚饮赠歌》)

【典】**江鱼入馔** 喻指孝养父母。见217页"剖冰求鲤"。

青青竹笋迎船出,日日江鱼入馔来。(唐·杜甫《送王十五判官扶侍还黔中》)

篆zhuàn ①官印。②雕刻。③汉字的一种书体。

【古】上声,十六铣。【逆】宝~草~虫~丹~雕~凤~符~汉~鹤~鸿~楷~蝌~龙~镂~炉~铭~缪~鸟~褭~秦~署~素~檀~铜~蜗~香~烟~瑶~印~幽~玉~云~籀~朱~【顺】~霱~笔~愁君~鼎~额~法~盖~记~科~冷~隶~铭~盘~势~丝~素~题~体~文~蜗~务~香~形~烟~意~章【例】绿壤发欣颜,华年助虫篆。(唐·张说《赠赵侍御》)

【典】**鸟篆** 指外形像鸟迹的篆体古文字。《后汉书·蔡邕传》:"本颇以经学相招,后诸为尺牍及工书鸟篆者皆加引召,遂至数十人。"

青引嫩苔留鸟篆,绿垂残叶带虫书。(宋·刘子翠《和晁应之大暑书事》)

蜗篆 蜗牛所行处,留下的黏液痕迹,有如篆文,故称"蜗篆"。宋·王禹偁《寄题陕府南溪兼简孙何兄弟》:"萦砌水透迤,入檐山巃嵸。鲤翻自跃金,蜗篆烧余汞。"

泥银四壁盘蜗篆。明月一庭秋满院。(宋·毛滂《玉楼春》)

伯喈文篆 吟咏学者或书法家。伯喈是东汉书法家蔡邕的字。唐·张彦远《法书要录》卷一引南朝宋·羊欣《采能书人名》:"陈留蔡邕,后汉左中郎将。善篆隶,采斯(李斯)、喜(曹喜)之法,真定宜父碑文犹传于世,篆者师焉。"

伯喈文与篆,虚作汉家贤。(唐·李嘉祐《送从叔阳冰祗召赴都》)

赚[1](賺)zhuàn 获得利润。另见本页 zuàn。

【古】去声,三十陷。【逆】道~破~失~【顺】~色~杀~煞~手【例】人非事往眉空敛。谁把佳期赚。(宋·欧阳修《凉州令·翠树芳条飐》)

赚[2](賺)zuàn 诳骗。另见本页 zhuàn。

【逆】啜~掇~计~诓~诳~骗~闪~脱~虚~雅~【顺】~啜~哄~后生~漏~骗~脱~诱

钻(鑽、*鑚)zuàn ①穿孔的器具。②钻石。另见612页 zuān。

【古】去声,十五翰。【逆】宝~火~烈~木~灼~【顺】~珠

攥zuàn 手握。

【古】《广韵》:入声,末韵。【顺】~紧~住

十五　痕

三韵书对照表

<table>
<tr><td rowspan="2" colspan="2">诗韵新编 / 佩文诗韵 / 词林正韵</td><td colspan="2">十五痕（平声）</td></tr>
<tr><td>阴平</td><td>阳平</td></tr>
<tr><td rowspan="6">第六部[十一真][十二文][十三元（半）][十三阮（半）][十二震][十三问][十四愿]</td><td>上平声十一真</td><td>宾滨濒（濒危）槟（槟榔）傧彬缤豳（居豳）春椿皴巾津均钧抡（把刀抡）亲（音钦）逡踆囷身（音深）伸申莘（音申，莘莘，众多貌）绅呻娠侁神（音申。神荼）新辛薪因姻茵闉氤湮堙真珍臻甄榛振（音贞）蓁溱谆屯（音谆。卦名）迍窀遵</td><td>辰尘晨陈臣宸唇纯莼淳醇鹑漘邻麟鳞燐嶙辚磷瞵粼伦轮沦纶民缗珉岷旻贫濒频苹（藻苹）颦嫔秦螓麕人仁神旬洵荀询循巡驯峋郇恂紃银垠龂断嚚寅匀筠昀</td></tr>
<tr><td>上平声十二文</td><td>贲（虎贲）分芬纷氛雰荤斤筋军君皲（音军）麇（音军。獐）欣昕炘勋熏醺曛纁殷（音因）慇氲</td><td>焚坟汾贲（音焚）蒉渍棼枌勤芹群裙文闻蚊纹雯鄞狺龈訚云纭耘芸筼煴</td></tr>
<tr><td>上平声十三元</td><td>奔（飞奔）村敦（音墩）蹲（音墩，蹲坐）墩惇恩根跟昏婚惽阍昆坤鹍鲲琨髡裈喷（喷吐）森孙飧狲荪吞暾燉（音吞。温燉）啍温瘟辒埙（音熏。古乐器）尊樽</td><td>存蹲（音存，蹲蹲）痕魂浑（音魂）论（论语）抡门扪盆溢屯（音豚。野屯）囤（音豚）饨豚臀燉（音豚。火盛貌）芚</td></tr>
<tr><td>上声十三阮</td><td>焜</td><td></td></tr>
<tr><td>去声十二震</td><td></td><td>遴</td></tr>
<tr><td>去声十三问</td><td>拼</td><td></td></tr>
<tr><td rowspan="2">第十一部[八庚][十蒸]</td><td>下平声八庚</td><td>贞侦桢祯</td><td></td></tr>
<tr><td>下平声十蒸</td><td>矜</td><td></td></tr>
<tr><td>第十三部[十二侵]</td><td>下平声十二侵</td><td>郴参（参差）琛金今禁（音巾）襟衿祲侵钦骎綅深参（人参）心歆阴音喑愔针砧斟箴</td><td>岑涔沉忱临（登临）林霖琳淋琴禽擒衾檎任（音仁）壬纴妊寻焈浔鲟吟淫霪蟫崟</td></tr>
<tr><td colspan="2">未检到的字</td><td>锛嗔抻吨镦吩酚菜砷搎鳁馨（音辛）闷（声闷）芯（灯芯草）莘（音心，细莘，植物名）锌忻窨（音熏，窨茶。）荤（音熏，荤粥）咽（音因。咽咽）晕（音氲）搸肫</td><td>哏馄仑（昆仑）囵们您噙覃（音琴。姓）什（音甚。做什）饨鲀阌挦</td></tr>
</table>

续表

词林正韵	佩文诗韵（诗韵新编）	十五痕(仄声) 上声	去声
第六部[十一真][十三元(半)][十一轸][十二吻][十三阮(半)][十二震][十三问][十四愿(半)]	上平声十一真	闽	竣纫眴(音舜)
	上平声十三元 上声十二吻		蕴
	上声十一轸	蠢紧尽(音紧)敏泯悯闵黾忍哂楯(栏杆)吮笋隼引蚓尹允陨殒诊疹轸稹畛缜紾畛准	膑菌牝肾朕
	上声十二吻	粉谨巹堇槿吻刎隐殷(音引。震动)听(音引。听然，笑貌)	愤坟(音粪。黑坟)韫
	上声十三阮	本畚忖滚衮鲧绲辊混(音滚，混混，同滚滚)狠混(含混)垦恳啃阃梱捆悃壸损稳撙	笨盾沌棍混(音诨。混元)鲧
	去声十二震	仅瑾馑殣觐衫	鬓殡摈趁衬榇龀疢楯(盾牌)进尽烬晋墐荩搢俊峻浚骏畯睃馂吝躏蔺磷(音吝)认刃仞轫韧牣润闰慎蜃顺舜瞬蕣信衅迅汛讯徇(音讯)殉印胤镇振震阵赈
	去声十三问	紊	奋分(音奋。成分)忿粪偾近靳郡问紊(音问。乱)闻(音问。名誉)汶璺训隐(音印)运韵晕(音孕)愠酝缊郓
	去声十四愿		坌寸顿钝遁喷(喷香)艮恨恩溷困论(谈论)闷(烦闷)嫩喷(音奋。嚏喷)逊褪(音tùn。花褪)巽揾
第十一部[二十四迥][二十五径]	上声二十四迥	肯	
	去声二十五径		亘孕
第十三部[二十六寝][二十七沁]	上声二十六寝	禀(又读)锦凛廪懔品寝稔荏审沈(音审。姓)谂婶淰饮(音引。酣饮)怎枕	葚(音刃)饪恁
	去声二十七沁		谶禁噤浸赁临(音吝)沁任(音刃。责任)衽甚渗荫(音印。遮盖、庇护)饮(音印)窨(音印。地窖。深藏。)恽谮鸩枕揕
未检到的字		苯磅吨趸檩皿抿鳘渑(音闵)刬樺氽伈瘾譋壼鬒	奔(音笨)称(音趁)炖囤(音盾。谷囤)摁莨浑(音诨。浑沌)诨劲(音尽。巧劲)赆妗捃隽(音俊。隽拔)殡鷏揞瀵焖(音潆)聘(庚韵去声同)揿淋(音吝。过滤)葚(又读)芯(音信。蛇舌)囟蕈憖熨(熨斗)圳

平声·阴平

奔(*犇)bēn ①快跑；疾驰。②逃跑；逃亡。③崩落；陷落。另见768页bèn。

【古】上平，十三元。【逆】崩～迸～播～乘～出～鹑～蹿～遁～风～横～虎～角～惊～径～骏～克～溃～流～驱～神～外～星～遗～逸～御～走～【顺】～北～奔～进～飚～波～播～驰～荡～堤～电～放～沸～蜂～赴～浑～激～精～溃～雷～流～马～忙～命～女～迫～峭～趋～趣～蛇～逃～腾～突～湍～亡～袭～泻～星～逸～月～注～走～奏【例】五神趋雪至，双毂似雷奔。(唐·李峤《车》)大运有兴没，群动争飞奔。(唐·李白《古风》)旧欢尘自积，新岁电犹奔。(唐·李商隐《魏侯第东北楼堂郢叔言别聊用书所见成篇》)

贲(賁)bēn 虎贲，勇士之称。另见740页fén、222页bì。

【古】上平，十二文。又：上平，十三元同。【逆】虎～孟～武～【顺】～门～士【例】深木鸣驺驭，晴山曜武贲。(唐·严维《奉和独孤中丞游云门寺》)三

秀悲中散，二毛伤虎贲。（唐·刘禹锡《武陵书怀五十韵》）

典**孟贲** 指战国时候的著名勇士孟贲。《孟子·公孙丑上》："若是，则夫子过孟贲远矣。"东汉·赵岐注："贲，勇士也。"宋·孙奭疏引《帝王世纪》："秦武王好多力之人，齐孟贲之徒并归焉。孟贲生拔牛角，是为之勇士也。"

空弓难责养由射，快剑始堪孟贲击。（宋·方回《赠笔工冯应科》）

锛（錛）bēn 削木横斧。

逆石～

宾（賓、*賔）bīn

古上平，十一真。逆酬～大～东～贵～佳～介～礼～留～幕～蕤～上～舜～司～西～乡～延～邀～仪～寅～娱～虞～众～顺～白～傧～臣～墀～畴～词～次～道～帝～东～伏～服～贡～鸿～会～婚～祭～荐～敬～爵～老～礼～幕～荣～射～师～属～署～顺～天～位～献～飧～筵～燕～谒～仪～饮～驭～职～秩～佐～阼～座例千金散义士，四坐无凡宾。（唐·李白《赠崔司户文昆季》）甫昔少年日，早充观国宾。（唐·杜甫《奉赠韦左丞丈二十二韵》）杯里紫茶香代酒，琴中绿水静留宾。（唐·钱起《过张成侍御宅》）

典**上宾** 本指做客于天帝之所。后多代指帝王去世。道教亦以指羽化登仙。《逸周书·太子晋》："王子曰：'然。吾后三年将上宾于帝所，汝慎无言，殃将及汝。'师旷归，未及三年，告死者至。"孔晁注："言死必为宾于上帝之所。"

暂欲系船韶石下，上宾虞舜整冠裾。（唐·韩愈《从潮州量移袁州张韶州》）

舜宾 吟咏用武谋略。《尚书·舜典》："宾于四门，四门穆穆。"孔安国传："舜流四凶族，四方诸侯来朝者，舜宾迎之，皆有美德，无凶人。"

辟门通舜宾，比屋封尧德。（唐·骆宾王《夏日游德州赠高四》）

博望宾 代指太子的宾客。《三辅皇图》卷四《苑囿》："武帝立子据为太子，为太子开博望苑以通宾客。《汉书》：'武帝年二十九乃得太子，甚喜。太子冠，为立博望苑，使之通宾客从其所好。'又云：'博望苑在长安城南。杜门外五里有遗址。'"

昔曾对作承华相，今复连为博望宾。（唐·白居易《赠皇甫宾客》）

观国宾 咏入京朝见天子。《周易·观卦》："六四，观国之光，利用宾于王。"唐·孔颖达疏："最近至尊是观国之光。利用宾于王者，居在亲近，而得其位，明习国之礼仪，故曰利用宾于王庭也。"

君抛青霞去，荣资观国宾。（唐·皎然《送穆寂赴举》）

绿水宾 指幕府。见361页"莲花府"。

莲府才为绿水宾，忽乘骢马入咸秦。（唐·封彦卿《和李尚书命妓饯崔侍御》）

忆孙宾 指受恩图报。东汉赵岐逃难四方，于市售饼，孙嵩（字宾硕）游市偶见，迎入上堂，藏壁数年，后被朝廷重用。赵岐被派往荆州游说刘表，恰逢孙嵩不受刘表礼遇，岐遂称赞孙嵩品性诚厚刚正，于是与刘表一起上书举荐孙嵩为青州刺史。见《后汉书·赵岐传》。

青云傥可致，北海忆孙宾。（唐·陈子昂《酬李参军崇嗣旅馆见赠》）

截发留宾 称赞女性盛情待客。晋陶侃少家贫，一日大雪，同郡孝廉范逵往访，陶母湛氏剪发卖以治馔款客，并锉碎草荐以供其马。见《世说新语·贤媛》。

古来如此能有几，截发留宾书入史。（宋·姚勉《访李兴伯不遇》）

门无杂宾 指不随便结交朋友。《三国志·吴书·虞翻传》裴松之注引《会稽典录》："览字李连，八岁而孤，家又单微，清身立行，用意不苟，推财从弟，以义让称。仕郡至功曹，守始平长。为人精微洁净，门无杂宾。"

岷峨之阳一茅宇，门无杂宾况市贾。（宋·程公许《谢新胥口监生赵立之》）

郑驿留宾 称赞主人热情待客。《史记·郑当时列传》："郑当时者，字庄，陈人也……孝景时，为太子舍人。每五日洗沐，常置驿马长安诸郊，存诸故人，请谢宾客，夜以继日，至其明旦，常恐不遍。"

山阳无俗物，郑驿正留宾。（唐·杜甫《赠王二十四侍御契四十韵》）

滨（濱）bīn

古上平，十一真。逆池～河～九～路～率～水～泗～天～渭～岩～阳～阴～颍～漳～顺～江～近～就～塞～涯例一片孤帆无四邻，北风吹过五湖滨。（唐·包何《送乌程王明府贬巴江》）尚怜终南山，回首清渭滨。（唐·杜甫《奉赠韦左丞丈二十二韵》）青帐联延喧驿步，白头俯伛到江滨。（唐·刘禹锡《别夔州官吏》）

典**老汉滨** 喻指隐遁。《后汉书·荀爽传》："后遭党锢，隐于海上，又南遁汉滨，积十余年，以著述为事，遂称为硕儒。"

近更婴衰疾，空思老汉滨。（唐·李端《送友入关》）

病卧漳滨 指人生病或穷困孤寂。刘桢《赠五官中郎将》："余婴沉痼疾，窜身清漳滨。自夏涉玄冬，弥旷十余旬。常恐游岱宗，不复见故人。所亲一何笃，步趾慰我身。清谈同日夕，情眄叙忧勤。便复为别辞，游车归西邻。"

鸿春乖汉爵，桢病卧漳滨。（唐·贾岛《送令狐绹相公》）

濒（瀕）bīn。临近；接近。

古上平，十一真。逆海～淮～水～湘～顺～行～临～死～危～于

槟（檳、*梹）bīn 槟榔的槟。另见865页bīng。

古《广韵》：平声，真韵。逆鸡～顺～子

傧（儐）bīn 傧相，接引宾客的人。

古上平，十一真。逆宾～价～九～排～三～佐～顺～相

彬bīn 文质俱备。

古上平，十一真。逆彬～曹～璘～玉～顺～彬～炳～蔚～雅～郁～彧例风标自落落，文质且彬彬。（唐·杨炯《和刘长史答十九兄》）

缤（繽）bīn 繁盛；众多。

古《广韵》：平声，真韵。逆缤～顺～翻～纷

豳（*邠）bīn 古地名，在今陕西。

古上平，十一真。逆玢～吹～歔～

歌～居～璘～轮～去～珍～顺～风～风图～歌～公～谷～人～什～诗～颂～雅～钥～奏例杂虏同谋夏,宗周暂去豳。(唐·元稹《代曲江老人百韵》)去异封于巩,来宁避处豳。(唐·李商隐《送从翁东川弘农尚书幕》)

参(参叅)cēn 另见726页shēn、584页cān。

古下平,十二侵。顺～差例谅非轩冕族,应对多差参。(唐·韩愈《孟生诗》)

嗔chēn ①生气。②责怪;埋怨。

古上平,十一真。逆北风～操～嗔～妒～怪～含～呵～恚～可～骂～怒～若～生～贪～微～心～喧～佯～怨～遭～自～顺～叱～道～毒～妒～忿～愤～诟～怪～诃～呵～喝～恨～恚～面戏～目～恼～拳～色～视～嫌～心～鱼～责例生死向前去,不劳吏怒嗔。(唐·杜甫《前出塞九首》其四)自悲风雅老,恐被巴竹嗔。(唐·孟郊《自惜》)符下敛钱急,值官因酒嗔。(唐·元稹《旱灾自咎贻七县宰》)

典**乌鹊嗔** 喻喜讯将至。旧题晋·葛洪《西京杂记》卷三:"乾鹊噪而行人至,蜘蛛集而百事喜。"旧题晋·张华注《禽经》:"灵鹊兆喜。"《注》:"鹊噪则喜生。"

乌鹊不可嗔,论功当坐上。(宋·姜夔《待千岩》)

琛chēn 珍宝。

古下平,十二侵。逆楚～贡～国～海～赆～灵～龙～名～南～山～隋～天～遐～献～顺～板～宝～贝～琲～币～帛～册～贡～赆～缡～丽～赂～瑞～献例引烛窥洞穴,凌波睥天琛。(唐·顾况《游子吟》)待我持斤斧,置君为大琛。(唐·元稹《桐花》)北狄皆输款,南夷尽贡琛。(唐·贯休《寿春进祝圣七首·从谏如流》)

典**玉为琛** 赞美人品德高洁。《晋书·宋纤传》:"酒泉太守马岌,高尚之士也,具威仪,鸣铙鼓,造焉。纤高楼重阁,距而不见……(岌)铭诗于石壁曰:'可闻而身不可见,德可仰而形不可丹崖百丈,青壁万寻。奇木蓊郁,蔚若邓林。其人如玉,维国之琛。室迩人遐,实劳我心。'"

吾安藜不糁,汝贵玉为琛。(唐·杜甫《风疾舟中伏枕书怀》)

抻(*捵)chēn 拉长。

古《广韵》:去声,震韵。顺～练例八座钦懿躅,高名播乾抻。(唐·史仲宣《登岘山观李左相石尊联句》)

郴chēn 地名,在湖南。

古下平,十二侵。顺～县～州例五月巴陵值积阴,送君千里客于郴。(唐·徐夤《岳州端午日送人游郴连》)

春chūn

古上平,十一真。逆暗～拜～鞭～残～赤～次～当～殿～独～芳～放～酣～含～怀～季～饯～来～老～丽～连～临～买～孟～暮～弄～破～千～浅～轻～伤～上～烧～韶～生～盛～始～试～司～松～探～惜～熙～嬉～先～献～小～煙～咬～夜～宜～莺～游～余～逾～元～占～争～仲～驻～顺～霭～榜～焙～碧～波～残～岑～酲～黛～灯～帝～甸～幡～繁～服～赋～贡～桂～根～红～鸿～皇～霁～尖～茧～荐～襟～锦～酒～驹～岚～醪～醴～霖～廪～令～醁～满～忙～明～茗～陌～盘～醅～晕～圃～浅～容～柔～瑞～韶～深～盛～归～熟～素～霆～闱～温～瓮～芜～曦～纤～秀～序～煦～暄～选～烟～妍～眼～艳～秧～阳～野～英～影～慵～怨～衲～酝～藻～泽～枕～仲～酎～妆～酌～作例往日霜前花委地,今年雪后树逢春。(唐·张说《苏摩遮》)暮来青嶂宿,朝去绿江春。(唐·苏颋《晓发兴州入陈平路》)蒲如交剑风如熏,劳劳胡燕怨酣春。(唐·李贺《二月》)

典**阳春** 见16页"曲高和寡"。

懦夫仰高节,下里继阳春。(唐·杨炯《和刘长史答十九兄》)

瓮头春 指酒。唐·岑参《喜韩樽相过》:"三月灞陵春已老,故人相逢耐醉倒。瓮头春酒黄花脂,禄米只充沽酒资。"

汝亦知乎,吾今倦矣,瓮有余春可共斟。(宋·方岳《沁园春·尽为春愁》)

一枝春 代指梅花,亦用以咏对朋友的思念之情。南朝宋·盛弘之《荆州记》:"陆凯与范晔相善,自江南寄梅花一枝,诣长安与晔。并赠范诗曰:'折花逢驿使,寄与陇头人。江南无所有,聊寄一枝春。'"

欲问江南近消息,喜君贻我一枝春。(宋·黄庭坚《刘邦直送早梅水仙花四首》其四)

一座生春 指宴席上愉快欢乐的气氛。唐·韩愈《酒中留上襄阳李相公》:"眼穿长讶双鱼断,耳热何辞数爵频。银烛未销窗送曙,金钗半醉座添春。"

爽气泠然欲侵人。一座尽生春。(宋·葛胜仲《南乡子·秋水莹精神》)

有脚阳春 喻指施行仁政的地方官员。五代后周·王仁裕《开元天宝遗事·有脚阳春》:"宋璟爱民恤物。朝野归美,时人咸呼璟为有脚阳春,言所至之处,如阳春煦物也。"

号当今、有脚阳春,处处变愁成笑。(宋·吕胜己《瑞鹤仙·人生如意少》)

绿杨两家春 指结成邻舍。《南史·陆慧晓传》:"慧晓与张融并宅,其间有池,池上有两株杨柳。(何)点叹曰:'此池便是醴泉,此木便是交让。'……(刘)琎清介之士也。行至吴,谓人曰:'吾闻张融与慧晓并宅,其间有水,此必有异味。'故命驾往酌而饮之。曰:'饮此水,则鄙吝之萌尽矣。'"

明月好同三径夜,绿杨宜作两家春。(唐·白居易《欲与元八卜邻先有是赠》)

椿chūn 木名。

古上平,十一真。逆大～老～灵～冥～千～松～仙～香～庄～顺～桂～津～槿～菌～灵～龄～年～皮～期～囷～舍～寿～树～岁～堂～庭～象～萱～芽例晚岁多衰柳,先秋愧大椿。(唐·元稹《代曲江老人百韵》)从此见今日,丹桂伴灵椿。(宋·方岳《水调歌头·世不乏季子》)

典**杨椿** 称颂四世同堂、家人和美。《魏书·杨播传》:"播家世纯厚,并敦义让,昆季相事,有如父子……兄弟皆有孙,唯椿有曾孙,年十五六矣,椿常欲为之早娶,望见玄孙。自昱已下，率多学尚，时人莫不钦羡焉。一家之内，男女百口，缌服同爨，庭无间言；魏世以来，唯有卢渊兄弟及播昆季，当世莫逮焉。”

夔郡杨椿作状元，为文司权四十年。（唐·杨旬《呈史君》其一）

八千椿　喻长寿、高龄。亦作“松椿”“仙椿”“椿寿”“大椿”。《庄子·逍遥游》：“上古有大椿者，以八千岁为春，八千岁为秋。”

八千椿木应同寿，十五尧蓂莫纪年。（宋·李洪《追和下若大雄寺汪内相陈朝桧诗》）

村（*邨）cūn

古上平，十三元。逆边～樗～发～寒～剑～江～酒～空～连～蛮～民～南～鸟～穷～撒～沙～霜～水～西～厢～杏～烟～煙～遗～雨～云～竹～顺～堡～鄙～塍～春～笛～沽～酤～鲁～谷～郭～憨～豪～际～郊～径～酒～居～客～郎～醪～笠～伶～陋～垆～路～驴～闾～蛮～甿～氓～茁～酿～农～讴～醅～旆～僻～朴～圃～耆～旗～桑～社～塾～戍～墅～司～厮～叟～潭～童～顽～翁～伍～坞～巷～信～胥～墟～学～烟～言～谣～邑～驿～宇～垣～斋～砧～纣～浊～醉例渔商波上客，鸡犬岸旁村。（唐·王维《早入荥阳界》）中夜间道归，故里但空村。（唐·杜甫《后出塞五首》其五）鹿聚入田径，鸡鸣隔岭村。（唐·钱起《初黄绶赴蓝田县作》）

皴cūn　①皮裂。②国画画法。

古上平，十一真。逆冻～风～胡～皲～鳞～面～顺～剥～法～渴～厘～理～疱～劈～皮～皵～染～皱～瘃例终朝不盈掬，手足皆鳞皴。（唐·袁高《茶山诗》）肉嫌卢橘厚，皮笑荔枝皴。（唐·白居易《与沈杨二舍人阁老同食敕赐樱桃玩物》）玉寒方重涩，松古更青皴。（唐·贯休《赠抱麻刘舍人》）

敦（*敨）dūn　①厚重；笃实。②督促。③质朴；厚道。④亲密；和睦。⑤多；大；深。另见260页duī、288页duì。

古上平，十三元。逆啴～敦～覆～浑～金～可～克～困～隆～沦～旄～壑～懋～民～陪～培～铺～情～树～夙～瓦～相～玉～忠～顺～爱～本～崇～淳～笃～方～固～行～好～厚～化～惠～俭～教～洁～谨～进～乐～礼～励～良～论～率～茂～美～勉～敏～明～睦～慕～品～朴～让～仁～任～如～尚～硕～肃～素～慰～物～心～信～修～序～雅～颜～引～友～悦～祇～直～至～质～忠～重～壮～坐例丈人领宗卿，肃穆古制敦。（唐·杜甫《别李义》）子礼忽来献，臣心固易敦。（唐·孟郊《和钱侍郎甘露》）分以忘年契，情犹锡类敦。（唐·李商隐《哭遂州萧侍郎二十四韵》）

吨（噸）dūn

逆短～公～噸～千～万～英～顺～浬～税～位

蹲dūn　①蹲坐的蹲。②待着；闲居。另见739页cún。

古上平，十三元。逆鸱～龙～夷～拥～鸢～顺～步～鸱～裆～鹗～锋～距～龙～身～沓～踏～跕～街～夷～踆例君不见益州城西门，陌上石笋双高蹲。（唐·杜甫《石笋行》）一朝结雠奈后昆，时行当反慎藏蹲。（唐·韩愈《陆浑山火和皇甫湜用其韵》）酒量羡君如鹄举，寒乡怜我似鸱蹲。（宋·李之仪《浣溪纱·雨暗轩窗昼易昏》）

墩（*墪）dūn　土堆。

古上平，十三元。逆边～赐～烽～高～锦～青～沙～锁～煙～玉～坐～顺～堡～官～堠～锁～台例冶城访古迹，犹有谢安墩。（唐·李白《登金陵冶城西北谢安墩》）唯有关河渺，苍茫空树墩。（唐·高适《同李员外贺哥舒大夫破九曲之作》）农具弃道旁，饥牛死空墩。（唐·李商隐《行次西郊作一百韵》）

燉dūn　又读。火盛貌。另见754页tún、727页tūn。

古平声，二十三魂。

惇（*愔）dūn　笃厚；信实。

古上平，十三元。逆惇～树～顺～爱～博～淳～大～典～笃～固～厚～诲～惠～谨～敏～明～睦～朴～慎～史～帅～素～物～序～叙～懿～裕例大孝三朝备，洪恩九族惇。（唐·刘禹锡《武陵书怀五十韵》）

镦（鐓）dūn　阉割。

古《集韵》：平声，魂韵。

恩（*㤙）ēn

古上平，十三元。逆报～背～朝～宸～谌～酬～垂～慈～悼～割～宫～顾～寡～昊天～怀～欢～迴～积～旧～恳～旷～纶～冒～蒙～密～明～谬～缪～母～沐～偏～普～浅～曲～赦～深～沈～生～失～市～树～私～覃～特～渥～误～希～衔～宪～倖～宿～徇～邀～移～遗～异～优～霈～湛～诏～缀～顺～榜～除～俸～抚～府～覆～膏～顾～光～化～怀～辉～纪～家～假～奖～接～结～敬～旧～眷～客～贶～赉～礼～例～灵～纶～眄～命～念～盼～霈～戚～勤～庆～荣～润～生～实～台～田～慰～渥～相～信～幸～休～恤～煦～谊～宥～遇～造～沾～诏～政～知例通籍微躯幸，归途明主恩。（唐·张九龄《奉使自蓝田玉山南行》）舞袖垂新宠，愁眉结旧恩。（唐·岑参《长门怨》）不知移旧爱，何处作新恩。（唐·白居易《怨诗》）

典**馆陶恩**　咏公主。《后汉书·皇后纪》附《皇女》：“皇女红夫，十五年封馆陶公主，适驸马都尉韩光。”

早加于氏对，偏占馆陶恩。（唐·窦常《凉国惠康公主挽歌》）

襦袴恩　指在位者施行仁政，给人民恩惠。《梁书·昭明太子传》：“（昭明太子萧统）每霖雨积雪，遣腹心左右，周行闾巷，视贫困家，有流离道路，密加振赐。又出主衣绵帛，多作襦袴，冬月以施贫冻。”

宾客不见绨袍惠，黎庶未沾襦袴恩。（唐·白居易《醉后狂言酬赠萧殷二协律》）

明珠报恩　指报恩。晋·干宝《搜神记》卷二〇：“哙参，养母至孝。曾有玄鹤，为弋人所射，穷而归参。参收养，疗治其疮，愈而放之。后鹤夜到门外，参执烛视之，见鹤雌雄双至，各衔明珠，以报参焉。”

鹤吐明珠暂报恩，鹊衔金印空为瑞。（唐·刘禹锡《吐绶鸟词》）

要离报恩　要离于春秋时有勇

名，自愿以焚妻计骗取庆忌信任，为吴公子光刺杀公子庆忌，事成后自杀。后用以咏奋力完成任务的刺客。见东汉·赵晔《吴越春秋·阖闾内传》。

乃是要离客，西来欲报恩。(唐·李白《赠武十七谔并序》)

分fēn ①分开;分割。②分配;给予。③辨别;区分。另见771页fèn。

古上平，十二文。逆别～差～钗～错～鼎～分～蜂～凫～辐～骨～乖～毫～画～睹～节～金～离～临～漏～劝～缺～群～疏～霜～条～析～犀～宵～星～崖～爻～夜～肇～正～支～枝～昼～铢～自～族～顺～白～北～背～崩～曹～刌～寸～鼎～风～符～甘～羹～功～乖～虎～化～襟～镜～决～口～朗～理～另～鹿～袂～泥～判～破～日～润～沙～殊～司～岁～索～庭～土～物～弦～限～献～晓～雪～音～吟～宅～张～竹例幽明信难知，胜负理莫分。(唐·吴筠《经羊角哀墓作》)莫将离别为相隔，心似虚空几处分。(唐·齐己《荆渚感怀寄僧达禅弟三首》其三)九十日秋色，今秋已十分。(唐·曹松《中秋月》)

典**舜跖之分** 代指美恶之分。《孟子·尽心上》:"孟子曰:'鸡鸣而起，孳孳为善者，舜之徒也;鸡鸣而起，孳孳为利者，跖之徒也。欲知舜与跖之分，无他，利与善之间也。'"

细思量义利，舜跖之分，孳孳者，等是鸡鸣而起。(宋·辛弃疾《洞仙歌·贤愚相去》)

衣带中分 同"一衣带水"。指河流像衣带一样窄，形容极其狭窄或逼近。亦泛指江河湖海不足为阻。《南史·陈后主本纪》:"(祯明二年)隋文帝谓仆射高颎曰:'我为百姓父母，岂可限一衣带水不拯之乎?'命大作战船。"

因甚衣带中分，吾家自畦畛。(宋·岳珂《祝英台近·贤愚相去》)

芬fēn

古上平，十二文。逆苾～碧～镔～澄～齿～鞮～芬～敷～馥～高～鸿～怀～林～灵～流～凝～奇～清～荣～麝～霜～先～扬～遥～遗～余～郁～泽～争～众～顺～苾～菲～拂～馥～华～烈～葩～若～芗～馨～郁～氲～蕴例河柳低未举，山花落已芬。(唐·苏味道《单于川对雨二首》其一)老死阡陌间，何因扬清芬。(唐·李白《赠何七判官昌浩》)东野动惊俗，天葩吐奇芬。(唐·韩愈《醉赠张秘书》)

纷(紛)fēn

古上平，十二文。逆白～缤～尘～错～斗～栖～放～敷～梗～垢～遘～洪～鸿～交～绞～解～披～世～俗～肃～紊～相～嚣～喧～玄～幽～郁～缜～顺～蔼～薄～猋～泊～舛～错～繁～霏～敷～梗～更～诡～华～回～惑～结～竞～剧～纶～轮～罗～拏～呶～挠～葩～庞～披～溶～糅～挐～缛～若～帨～腾～委～嚣～淆～营～郁～员～缊～蕴～浊例千虑且犹失，万绪何其纷。(唐·张九龄《荆州作二首》其一)石涧泉声久不闻，独临长路雪纷纷。(唐·刘长卿《酬灵彻公相招》)平明空啸咤，思欲解世纷。(唐·李白《赠何七判官昌浩》)

典**适赵解纷** 见748页"却秦"。

适赵非解纷，游燕往无说。(唐·高适《赠别王十七管记》)

氛fēn

古上平，十二文。逆埃～边～楚～敌～寒～积～雰～江～祲～靖～凉～灵～流～鸾～谜～暝～魔～逆～清～塞～沈～蜃～世～霜～俗～祥～歊～嚣～腥～凶～烟～煙～炎～野～夷～遗～游～余～郁～冤～氲～灾～贼～瘴～重～顺～埃～霭～坌～垢～昏～雰～祲～厉～沴～霾～旄～霓～气～枪～偃～围～雾～祥～嚣～烟～焰～坱～祆～曀～翳～氲～浊～滓例江水天连色，无涯净野氛。(唐·张九龄《送窦校书见饯得云中辨江树》)离离间远树，蔼蔼没遥氛。(唐·陈子昂《入东阳峡与李明府舟前后不相及》)整驾升车望寥廓，垂阴荐祉荡昏氛。(唐·包佶《送神》)

典**楚氛** 代指恶劣、鄙俗之气。《左传·襄公二十七年》:"以藩为军，晋、楚各处其偏。伯夙谓赵孟曰:'楚氛甚恶，惧难。'"杜预注:"氛，气也。言楚有袭晋之气。"

闻道楚氛犹未灭，终须旌旆扫云雷。(唐·刘禹锡《南海马大夫远示著述兼酬拙诗》)

吩fēn 吩咐的吩。

逆叶～顺～咐～呶～示

雰fēn 雾气。

古上平，十二文。逆薄～雰～寒～绛～零～暮～浓～世～霜～雾～霞～雪～炎～妖～紫～顺～埃～霭～霏～虹～祲～霾～气～糅～雾～雩～雪～浊例金台隐隐陵黄道，玉辇亭亭下绛雰。(唐·阎朝隐《奉和圣制夏日游石淙山》)孤韵耻春俗，余响逸零雰。(唐·孟郊《奉报翰林张舍人见遗之诗》)

酚fēn 有机化合物的一类。

逆苯～顺～酞

棻fēn 香木。

古《广韵》:平声，文韵。逆敷～铺～

根gēn

古上平，十三元。逆爱～安～本～鬓～尘～陈～城～盗～道～钝～浮～附～孤～髻～节～结～金～枯～篱～灵～芦～露～乱～埋～曼～名～木～脑～年～孽～排～盘～蟠～萍～起～秋～泉～颡～臊～山～膻～善～身～深～神～石～守～书～霜～松～夙～腾～天～托～无～芜～心～宿～玄～岩～盐～移～意～有～渔～云～毡～贞～植～稚～诸～柱～追～髭～祖～顺～茇～绊～瓣～尘～疵～柢～蒂～钝～秆～格～痼～核～桓～缉～极～勘～魁～括～蔓～蠡～萌～谱～穷～实～式～嗣～素～索～体～统～菀～问～心～绪～业～引～由～元～援～苑～证～株～追～祖例深溪穷地脉，高嶂接云根。(唐·刘孝孙《游灵山寺》)蔓草蔽极野，兰芝结孤根。(唐·孟浩然《示孟郊》)吴烟暝长条，汉水啮古根。(唐·李白《金陵白下亭留别》)

典**金根** 代指帝王车驾。东汉·应劭《汉官仪》:"天子法驾，所乘曰金根车，驾六龙，以御天下也。"秦乃增饰而乘御，汉因而不改焉。"

从驾至梁汉，金根复京师。(唐·顾况《哭从兄长》)

仙李盘根 指家族繁衍昌盛。

唐·杜甫《冬日洛城北谒玄元皇帝庙》诗："仙李蟠根大，猗兰奕时光。"清·仇兆鳌注："《神仙传》：'老子生而能言，指李树曰：以此为我姓。'《老子内传》：'太上老君，姓李名耳，字伯阳，其母见日精下落入流星，飞入口中，因有娠。七十二岁，于陈涡水李树下，剖左腋而生。'"唐朝皇族与老子同姓李，杜甫用这句诗比喻皇族子孙繁衍，江山永固。

仙李盘根几百秋，我公勋业比伊周。（宋·喻良能《安抚大资李参政生辰》）

跟gēn

古上平，十三元。逆砌～蹑～顺～伴～捕～差～赶～挂～官～缉～即～劲～胫～局～履～马～声～兔～尾～问～胥～寻～衣～役～跖～止～踵～肘～足例斗巧猴雕刺，夸趫索挂跟。（唐·杜牧《昔事文皇帝三十二韵》）

昏（*昬）hūn

古上平，十三元。逆埃～伯～财～孱～朝～尘～成～眵～初～黜～耽～定～黩～氛～冠～合～乐～连～乱～论～买～髦～眊～耄～明～冥～破～气～请～神～沈～省～童～僮～顽～晓～凶～炎～奄～夭～夜～雨～枣～黮～智～顺～霿～惷～敝～愎～昌～朝～悴～盹～夺～惰～氛～戆～冠～酣～荒～恍～晦～浑～惑～僭～狡～祲～倦～坎～瞆～霾～迈～盲～茫～耄～昧～蒙～湎～瞑～缪～墨～默～暮～逆～孽～疲～弱～塞～曙～夙～替～忳～顽～晚～惘～忘～微～夕～晓～昕～旭～夜～逸～曀～黝～逾～踰～杂～昃～障例雪影含花落，云阴带叶昏。（唐·骆宾王《送费六还蜀》）欲寻轩槛列清尊，江上烟云向晚昏。（唐·张旭《春游值雨》）坐见幽州骑，长驱河洛昏。（唐·杜甫《后出塞五首》其五）

典**乘骡昏** 指昏庸亡国之君。《三国志·蜀书·后主传》裴松之注引《晋诸公赞》曰："刘禅乘骡车诣艾（邓艾），不具亡国之礼。"

上陈跃马壮，下斥乘骡昏。（宋·陆游《入瞿唐登白帝庙》）

婚hūn

古上平，十三元。逆别～宾～多～访～干～冠～国～和～后～降～交～惊～连～卖～眉～觅～偶～请～世～外～许～议～迎～幽～约～杂～正～捉～顺～对～媾～冠～宦～会～家～耦～戚～亲～室～书～娅～仪～友～族例我如禁之绝其飧，女丁妇壬传世婚。（唐·韩愈《陆浑山火和皇甫湜用其韵》）埒囊将旧识，制被异新婚。（唐·白居易《漂母岸》）

典**师婚** 指因出师立功而得以婚配。《左传·桓公六年》："齐侯欲以文姜妻郑太子忽。太子忽辞……及其败戎师也，齐侯又请妻之，固辞。人问其故，太子曰：'无事于齐，吾犹不敢。今以君命奔齐之急，而受室以归，是以师婚也。民其谓我何？'"

师婚古所病，合姓非用兵。（唐·柳宗元《韦道安》）

惛hūn 不明白；糊涂。

古上平，十三元。逆愁～钝～惛～口～老～瞀～智～顺～惷～垫～渎～惚～悗～惛～惑～沮～愦～乱～眊～耄～瞀～瞢～懵～迷～谬～惄～然～塞～俗～眩～愚例旅望花无色，愁心醉不惛。（唐·刘禹锡《武陵书怀五十韵》）主人恶淫祀，先去邪与惛。（唐·元稹《赛神》）

阍（閽）hūn ①门。②看门人。

古上平，十三元。逆阊～大～帝～键～叫～禁～叩～扣～昆～庖～守～司～天～重～顺～从～阍～吏～略～犬～人～侍～守～竖～寺～闼～阉～役～者～柝例金榜扶丹掖，银河属紫阍。（唐·沈佺期《送金城公主适西蕃应制》）涕泪溅我裳，悲气排帝阍。（唐·杜甫《贻华阳柳少府》）

典**九阍** 神话中天宫之门有九重，故称之为九关或九阍。亦以喻指朝廷。《楚辞·招魂》："魂兮归来，君无上天些！虎豹九关，啄害下人些。"东汉·王逸注："言天门凡有九重，使神虎豹执其关闭。"

上帝深宫闭九阍，巫咸不下问衔冤。（唐·李商隐《哭刘蕡》）

叫阍 指有冤难诉之心情。战国楚·屈原《楚辞·离骚》："吾令帝阍开关兮，倚阊阖而望予。"王逸注："帝，谓天帝也。阍，主门者。阊阖，天门也。言己求贤不得，嫉恶谗佞，将上诉天帝，使阍人开关，又倚天门望而距我，使我不得入也。"

昭代将垂白，途穷乃叫阍。（唐·杜甫《奉留赠集贤院崔于二学士》）

荤（葷）hūn ①与"素"相对。②粗俗。另见730页xūn。

古上平，十二文。逆大～开～破～去～茹～膻～膳～食～托～五～顺～辛～血例长安众富儿，盘馔罗膻荤。（唐·韩愈《醉赠张秘书》）折烟束露如相遗，何胤明朝不茹荤。（唐·皮日休《闻开元寺开笋园寄章上人》）

金jīn

古下平，十二侵。逆百～颁～标～衬～成～蹙～错～弹～钿～貂～雕～钝～飞～粉～浮～负～赋～鼓～贯～化～怀～徽～见～鹪～嗟～酿～库～帑～良～楚～钩～缕～卯～鸣～沐～泥～捻～瓯～盘～烹～锵～泉～辱～筛～山～渗～束～霜～粟～碎～炭～偷～投～橐～顽～献～鸽～祥～修～言～飏～腰～耀～遗～邑～鱼～郁～毓～跃～贞～织～轴～酎～筑～装～紫～顺～苞～蓓～波～彩～策～刹～尘～城～翅～窗～吹～带～堤～断～扉～分～风～凫～盖～诰～庚～觥～谷～骨～荷～泓～虎～笳～笺～茧～鉴～阶～节～晶～扃～珂～窠～脍～邻～路～缕～律～脉～迷～奴～诺～女～瓯～匏～珀～砌～翘～阙～瑞～商～觞～声～枢～飔～苏～素～堂～天～柝～椀～尾～衔～屑～絮～轩～悬～穴～言～摇～仪～溢～友～玉声～跃～晕～章～掌～贞～阵～政～卮～胄～禄～姿例飞泉如散玉，落日似悬金。（唐·卢照邻《酬张少府柬之》）琴鸣酒乐两相得，一杯不啻千钧金。（唐·李白《悲歌》）鬼神每瞰高明室，天地皆知暮夜金。（宋·刘克庄《贫居自警三首》其二）

典**分金** 散发金钱。《汉书·陆贾传》："有五男，乃出所使越橐中装，卖千金，分其子，子二百金，令为生产。贾常安车驷马,从歌舞鼓琴瑟侍者十人,宝剑直百金,谓其子曰:'与女约:过女,女给吾人马酒食极欲,十日而更。'……陈平乃以奴婢百人,车马五十乘,钱五百万,遗贾为饮食费。贾以此游汉廷公卿间,名声藉甚。"

陆贾分金将宴喜,陈遵投辖正留宾。(唐·骆宾王《帝京篇》)

九金 代称九鼎,并咏王朝兴盛。《左传·宣公三年》:"昔夏之方有德也,远方图物,贡金九牧,铸鼎象物。"杜预注:"使九州之牧贡金。"《汉书·郊祀志上》:"禹收九牧之金,铸九鼎,象九州。"

九金神鼎重丘山,五玉诸侯杂佩环。(唐·杜牧《道一大尹存之庭》)

卯金 代指刘姓。《后汉书·光武帝纪上》:"(建武元年)六月己未,即皇帝位。燔燎告天,禋于六宗,望于群神。其祝文曰:'……谶记曰:"刘秀发兵捕不道,卯金修德为天子。"秀……敢不敬承。'于是建元为建武。"李贤注:"卯金,刘字也。《春秋演孔图》曰:'卯金刀,名为"刘",赤帝后,次代周。'"

卯金竟握谶,反璧俄沦祀。(唐·王无竞《北使长城》)

散金 本指疏广不吝惜皇帝所赐黄金,与亲朋共享晚年之乐之事,后用以歌咏告老还乡者。据《汉书·疏广传》载:太子太傅疏广,汉东海郡人。后告老归里,宣帝赠黄金二十斤,太子复加赠五十斤。广归乡里,日以所赐金设宴召请族人、故旧,不留其余。曰:"此金者,圣主所以惠养老臣也,故乐与乡党宗族共飨其赐,以尽吾余日,不亦可乎!"《汉书·叙传下》:"疏克有终,散金娱老。"

故老空悬剑,邻交日散金。(唐·张说《和魏仆射还乡》)

生金 永嘉时期,贾逵石碑中生有金。后代指墓碑。《晋书》:"永嘉初,陈国项县贾逵石碑中生金。"

待得生金后,川原亦几移。(唐·李商隐《撰彭阳公志文毕有感》)

投金 喻指报恩。春秋时伍子胥由楚逃吴途中,于濑水旁向洗衣女乞食。食毕,嘱女掩其壶浆,以免暴露行踪。女以见疑于员,俟其去,即投水自杀,以示贞信。后伍员重过濑水,叹息不已,以无由报答,乃投百金于水而去。见东汉·赵晔《吴越春秋·阖闾内传》。

投金濑上能容我,贡玉堂中自有人。(宋·仇远《至后》)

遗金 指吴季子呼牧者取遗金,牧者谢绝之事。后亦以咏清高隐逸之士。见729页"披裘负薪"。

地绝遗金路,松悲悬剑枝。(南北朝·张正见《行经季子庙诗》)

掷金 指对文学作品或文学才能的称赞。《世说新语·文学》:"孙兴公作《天台赋》成,以示范荣期,云:'卿试掷地,要作金石声。'范曰:'恐子之金石,非宫商中声。'然每至佳句,辄云:'应是我辈语。'"

六义惊摛藻,三台响掷金。(唐·钱起《和范郎中宿直中书晓玩清池》)

不偷金 指清白却受诬陷。《史记·万石张列传》附《直不疑传》:"塞侯直不疑者,南阳人也。为郎,事文帝。其同舍有告归,误持同舍郎金去,已而金主觉,妄意不疑,不疑谢有之,买金偿。而告归者来而归金,而前郎亡金者大惭,以此称为长者。文帝称举,稍迁至太中大夫。"

人皆知饮水,公辈不偷金。(唐·杜甫《赠裴南部闻袁判官自来欲有按问》)

东海金 代指余俸、余金。汉疏广为东海郡人,官至太子太傅。他告老还乡时,宣帝赠黄金二十斤,太子复加赠五十斤。疏广回乡后,用皇帝及太子所赐黄金,与亲朋共享晚年之乐。见本页"散金"。

不散东海金,何争西辉匿。(唐·李白《君子有所思行》)

郭隗金 指以重礼聘用贤才。《史记·燕昭公世家》:"燕昭王于破燕之后即位,卑身厚币以招贤者……郭隗曰:'王必欲致士,先从隗始。况贤于隗者,岂远千里哉!'于是昭王为隗改筑宫而师事之。"

东门上相好知音,数尽台前郭隗金。(唐·吴仁璧《投谢钱武肃》)

陆贾金 本指汉陆贾出使南越所得馈赠价值千金。后遂以代指钱财。《史记·陆贾列传》:"高祖使陆贾赐尉他印为南越王……(尉他)乃大说陆生,留与饮数月。曰:'越中无足与语,至生来,令我日闻所不闻。'赐陆生橐中装直千金,他送亦千金。"

尊有陶潜酒,囊无陆贾金。(唐·白居易《闲居贫活计》)

双南金 代指宝贵之物。《诗经·鲁颂·泮水》:"憬彼淮夷,来献其琛。元龟象齿,大赂南金。"唐·孔颖达疏:"又广赂我以南方之金。"又,《文选》卷三〇晋·张载《拟四愁诗》:"佳人遗我绿绮琴,何以赠之双南金。"

何以报珍重,惭无双南金。(唐·白居易《酬张太祝晚秋卧病见寄》)

四知金 借指廉洁自持、不受非义馈赠。亦作"暮夜金"。东汉杨震任太守时,昌邑县令王密夜间欲赠十斤黄金于杨震,谓深夜无人知晓。杨震回答:"天知、神知、我知、子知,何谓无知!"不接受王密馈赠。见《后汉书·杨震传》。

应过数粒食,得近四知金。(唐·杜甫《风疾舟中伏枕书怀三十六韵奉呈湖南亲友》)

铸黄金 借咏大臣的不朽功名。《国语·越语下》:"(范蠡)遂乘轻舟以浮于五湖,莫知其所终极。王命工以良金写范蠡之状而朝礼之,浃日而令大夫朝之。"又见东汉·赵晔《吴越春秋·勾践伐吴外传》。

论道复论功,皆可黄金铸。(唐·司马扎《美刘太保》)

敝帚千金 喻指把自己的旧物或不值钱的物件视为珍宝。汉·刘珍《东观汉记·光武帝纪》:"上诏让汉将刘禹曰:'城降,孩儿、老母口数万,一旦放兵纵火,可谓酸鼻。家有敝帚,享之千金。'"

吁嗟咸阳市,敝帚希千金。(宋·韩元吉《子云见命赋禄隐》)

东箭南金 喻指有高洁人格或优秀之人才。《乐雅·释地》:"东南之美者,有会稽之竹箭焉。西南之美者,有华山之金石焉。"

空羡良朋尽高价,可怜东箭与南金。(唐·罗隐《秋夜寄进士顾荣》)

端木辞金 指仗义救人不求回报。《史记·仲尼弟子列传》:"端木赐,卫人,字子贡。"《孔子家语》卷二《致思》:"鲁国之法,鲁人有赎人臣妾于诸侯,皆取金于府,子贡赎人于诸侯而还其金。孔子闻之,曰:'赐失之矣!夫圣人举事也,可以移风易俗,而教导可以施于百姓,非独适身之行也。今鲁国富者寡而贫者众,赎人受金则为不廉,何以相赎乎?自今以后,不复赎人于诸侯矣。'"

赋换黄金 喻文学作品高妙绝伦,价值极高。见381页"买赋"。

赋成无处换黄金,却向春风动越吟。(唐·罗隐《送进士臧溃下第后归池州》)

鲁连逃金 代指重义轻利之士。《史记·鲁仲连列传》:"秦将闻之,为却军五十里……于是平原君欲封鲁连,鲁连辞让者三,终不肯受。平原君乃置酒,酒酣起前,以千金为鲁连寿。鲁连笑曰:'所贵于天下之士者,为人排患释难解纷乱而无所取也。即有所取者,是商贾之人也,仲连不忍为也。'遂辞平原君而去,终身不复见。"

鲁连逃千金,圭组岂可酬。(唐·李白《赠崔郎中宗之》)

露台百金 代指行为节俭朴素的帝王。《史记·孝文本纪》:"孝文帝从代来,即位二十三年,宫室苑囿狗马服御无所增益,有不便,辄弛以利民。尝欲作露台,召匠计之,直百金。上曰:'百金,中民十家之产,吾奉先帝宫室,常恐羞之,何以台为?'"

苍生偃卧休征战,露台百金以为费。(唐·高适《古歌行》)

铄石流金 指天气炎热,似可熔化金石。《淮南子·诠言训》:"夫寒之与暖相反,大寒地坼水凝,火弗为衰其暑;大热铄石流金,火弗为益其烈。"

铄石流金苦异常,行人谁不困秋阳。(宋·吴芾《喜雨三首》其三)

帖报泥金 代指登科之喜。五代·王仁裕《开元天宝遗事》卷下《天宝下·泥金帖子》:"新进士才及第,以泥金书帖子附家书中,用报登科之喜。至文宗朝,遂寝削此仪也。"又,同书《喜信》:"新进士每及第,以泥金书帖子附于家书中,至乡曲亲戚,例以声乐相庆,谓之喜信也。"

姓标红纸,帖报泥金,喜信归来俱捷。(宋·张元干《喜迁莺·雁塔题名》)

一饭千金 指知恩图报。《史记·淮阴侯列传》:"汉五年正月,徙齐王信为楚王,都下邳。信至国,召所从食漂母,赐千金。"

夜夜燃薪暖絮衾,禺中一饭直千金。(宋·陆游《春日杂兴》)

今 jīn

㊀下平,十二侵。㊁傍~雕~凡~方~及~即~见~近~来~乃~迺~起~日~伤~是~通~修~于~秖~祇~㊂~草~代~旦~段~分~夫~故~回~律~且~上~士~世~是~岁~王~下~向~样~雨~月~蚤~知~兹~字㊃鹏飞俱望昔,蠖屈共悲今。(唐·卢照邻《酬张少府柬之》)栖闲义未果,用拙欢在今。(唐·张九龄《出为豫章郡途次庐山东岩下》)梦魂无重阻,离忧因古今。(唐·顾况《游子吟》)

斤[1] jīn 砍物工具。

㊀上平,十二文。㊁成风~斧~匠~运~㊂~风~斧~磨~械~削㊃脱略磻溪钓,操持郢匠斤。(唐·杜甫《奉赠鲜于京兆二十韵》)只应既斩斯高后,寻被樵人用斧斤。(唐·李商隐《五松驿》)

典**郢斤** 指精妙的技艺或友人间的默契。《庄子·徐无鬼》:"庄子送葬,过惠子之墓,顾谓从者曰:'郢人垩漫其鼻端若蝇翼,使匠石斫之。匠石运斤成风,听而斫之,尽垩而鼻不伤。郢人立不失容。宋元君闻之,召匠石曰:"尝试为寡人为之。"匠石曰:"臣则尝能斫之。虽然,臣之死久矣。"自夫子之死也,吾无以为质矣,吾无与言之矣!'"

一运郢斤手,都无禹凿痕。(宋·晁冲之《僧舍小山三首》其二)

借斧斤 见849页"郢匠"。

暂借斧斤还旧观,依前万蕊吐新葩。(宋·袁燮《紫薇花二首》其二)

匠石操斤 指匠人石抡斧砍掉郢人鼻尖上的白灰,而没有碰伤郢人的鼻子。后用以形容技艺精湛。见《庄子·徐无鬼》。

匠石操斤游林下,便一举采之充栋梁。(宋·洪咨夔《沁园春·诗不云乎》)

斤[2](*觔)jīn 质量或重量单位。

㊀上平,十二文。㊁千~盐~㊂~两㊃虽然不及相如赋,也直黄金一二斤。(唐·王福娘《题孙棨诗后》)

巾 jīn

㊀上平,十一真。㊁岸~被~扁~绨~道~幅~幞~盖~葛~汗~鞨~红~桦~缣~角~结~解~郎~吏~练~龙~笼~漉~纶~幪~沐~佩~青~儒~山~生~释~帨~唐~乌~武~舞~霞~项~绡~絮~燕~扬~羽~皂~帻~折~㊂~车~褚~额~拂~服~褠~鞲~冠~盥~帼~裹~褐~环~机~笈~几~卷~幂~帔~篋~箪~帨~笥~舞~箱~絮~衍~帻~栉㊃无为在岐路,儿女共沾巾。(唐·王勃《杜少府之任蜀州》)对酒两不饮,停觞泪盈巾。(唐·李白《门有车马客行》)杨花雪落覆白蘋,青鸟飞去衔红巾。(唐·杜甫《丽人行》)

典**解巾** 指进入仕途。亦作"韦著解巾"。《后汉书·韦彪传》附《韦著传》:韦著多次被征仕,皆拒绝。后灵帝继位,中常侍曹节"白帝就家拜著东海相。诏书逼切,不得已,解巾之郡"。李贤注:"巾,幅巾也。既服冠冕,故解幅巾。"

解巾行作吏,尊酒谢离居。(唐·张九龄《送宛句赵少府》)

饰巾 指士人的居家生活。东汉·蔡邕《陈寔碑》:"时(寔)年已七十,遂隐丘山……大将军何公(进)、司徒袁公(隗)前后招辟,使人晓喻……先生曰:'绝望已久,饰巾待期而已。'皆遂不至。"

暮年已作饰巾客,它日那无挂剑贤。(宋·刘克庄《徐潭即事二首》其一)

垫角巾 借指仿效所慕之人。亦作"林宗巾""角巾垫雨"。《后汉书·郭泰传》:"(泰)尝于陈梁间行,遇雨,巾一角垫,时人乃故折巾一角以为林宗巾，其见慕皆如此。”郭太，字林宗，东汉名士。他外出遇雨，头巾一角陷下。时人仿效他，故意将头巾一角折下，称为“林宗巾”。

鲁阳莫试挥戈手，郭泰何妨垫角巾。（宋·邓肃《游鼓山》）

魏文手巾 指具有高超棋技之士。《三国志·魏书·文帝纪评》：“文帝天资文藻……才艺兼该。”裴松之注引《博物志》（佚文）：“帝善弹棋，能用手巾角。时有一书生，又能低头以所冠着葛巾角撇棋。”见621页“魏宫妆奁”。

联翩百中皆造微，魏文手巾不足比。（唐·李颀《弹棋歌》）

羽扇纶巾 代指淡定潇洒的儒将风度。南朝梁·殷芸《小说》：“武侯与宣王治兵，将战，宣王戎服莅事，使人密觇武侯，乃乘素舆葛巾，持白羽扇指麾，三军随其进止。宣王叹曰：‘真名士也。’”

羽扇纶巾，谈笑间，樯橹灰飞烟灭。（宋·苏轼《念奴娇·大江东去》）

走兔投巾 咏神仙方术。晋·葛洪《抱朴子·内篇·对俗》：“余数见人以方术求水于夕月，阳燧引火于朝日，隐形以沦于无象。易貌以成于异物，结巾投地而兔走，针缀丹带而蛇行……皆如说焉。”

驱羊先动石，走兔欲投巾。（唐·王勃《出境游山二首》其一）

筋（*觔）jīn

㊀上平，十二文。㊁藏～村～钉～丰～扶～弓～骨～骸～金～兰～郎～龙～鹿～露～麫～凝～弩～柔～讪～蛇～咬～斮～㊂～竿～干～革～骼～根～骨～骸～角～节～力～缕～膂～马～脉～纽～弩～皮～书～丝～髓～退～血～液～竹㊃雷霆霹长松，骨大却生筋。（唐·杜甫《敬寄族弟唐十八使君》）半租岂不薄，尚竭力与筋。（唐·元稹《旱灾自咎，贻七县宰》）桃熟多红墨，茶香有碧筋。（唐·贯休《刘相公见访》）

禁 jīn

①禁受。②忍耐。另见773页jìn。

㊀下平，十二侵。㊁不～寒～难～能～谁～自～㊂～持～春～当～害～久～奈～耐～虐～切～取～忍㊃巡簷索共梅花笑，冷蕊疏枝半不禁。（唐·杜甫《舍弟觐赴蓝田取妻子到江陵喜寄》）虚空梦皆断，歆唏安能禁。（唐·孟郊《晓鹤》）

津 jīn

①渡口。②有机体的体液。③润泽。

㊀上平，十一真。㊁沧～楚～椿～辍～道～芳～鬲～关～龟～海～含～汉～河～棘～惊～竞～狼～连～临～淋～灵～龙～蟆～盟～孟～冥～凝～前～轻～穷～琼～日～撒～生～松～谈～通～陶～唾～微～问～仙～邪～薪～星～玄～血～涯～烟～瑶～要～饴～鱼～玉～源～远～云～枝～知～指～㊂～隘～岸～般～步～逮～滴～渡～发～筏～干～鼓～关～航～堠～际～济～寄～径～吏～梁～流～楼～路～脉～沫～腻～铺～气～遣～桥～妾～渠～人～壖～润～涉～湿～水～税～涘～送～亭～通～童～头～途～唾～涯～要～驿～泽～主～渚～注～渍～卒㊃别酒青门路，归轩白马津。（唐·张九龄《送韦城李少府》）城阙辅三秦，风烟望五津。（唐·王勃《杜少府之任蜀州》）箫鼓哀吟感鬼神，宾从杂逐实要津。（唐·杜甫《丽人行》）

㊄**龙津** 即龙门。借指科举会试或仕宦腾达之路。见947页“登龙”。

欲逐风波千万里，未知何路到龙津。（唐·李商隐《春日寄怀》）

问津 借指探求途径或尝试。亦作“问长沮”。《论语·微子》：“长沮、桀溺耦而耕，孔子过之，使子路问津焉。长沮曰：‘夫执舆者为谁？’子路曰：‘为孔丘。’曰：‘是鲁孔丘与？’曰：‘是也。’曰：‘是知津矣。’问于桀溺。桀溺曰：‘子为谁？’曰：‘为仲由。’曰：‘是鲁孔丘之徒与？’对曰：‘然。’曰：‘滔滔者天下皆是也，而谁以易之？且而与其从辟人之士也，岂若从辟世之士哉？’耰而不辍。”

试把十年辛苦志，问津求拜碧油幢。（唐·方干《上越州杨严中丞》）

黑龙津 代指黄河。《史记·封禅书》：“‘昔秦文公出猎，获黑龙，此其水德之瑞。’于是秦更命河曰德水。”

遥瞻丹凤阙，斜望黑龙津。（唐·骆宾王《畴昔篇》）

高跃龙津 借指进士登科。汉·辛氏《三秦记》：“龙门之下，每岁春季有黄鲤鱼，自海及诸川争来赴之。一岁中，登龙门者不过七十二。初登龙门，即有云雨随之，天火自烧其尾，乃化为龙矣。”

记当年、曾游月殿，笑谈高跃龙津。（宋·卢炳《多丽·庆佳辰》）

驱石架津 传说中秦始皇想要造桥过海看日出，有神人用鞭驱使石头入海。晋·伏琛《三齐略记》：“始皇作石桥，欲过海观日出处，于时有神人，能驱石下海，城阳一山石，尽起立，嶷嶷东倾，状似相随而去，云石去不速，神人辄鞭之，尽流血，石莫不悉赤，至今犹尔。”

逐日巡海右，驱石架沧津。（唐·李白《古风》其四十八）

入饮牛津 古代传说，有海客乘槎浮至银河，见到牛郎饮牛。牛津，指银河。

棹寻闻犬洞，槎入饮牛津。（唐·韩偓《无题》其二）

三陟平津 指接连升职。《史记·平津侯列传》：西汉公孙弘应诏入朝对策，“天子擢弘对为第一。召入见，状貌甚丽，拜为博士”。“二岁中，至左内史。”“元朔三年，张欧免，以弘为御史大夫。”“天子以为谦让，愈益厚之。卒以弘为丞相，封平津侯。”

再取连城璧，三陟平津侯。（唐·陈子昂《答洛阳主人》）

襟 jīn

①上衣、袍子前面的部分。②胸怀。

㊀下平，十二侵。㊁尘～宸～澄～冲～愁～春～翠～丹～烦～梵～芳～分～风～抚～高～孤～闺～闳～鸿～喉～怀～静～开～款～朗～离～联～灵～流～弥～霓～青～倾～清～晴～曲～攘～赏～神～疏～俗～素～题～秃～推～遐～霞～修～宿～虚～逸～忧～幽～渊～贞～整～中～衷～重～㊂～抱～背～度～腑～概～鬲～怀～剑～裾～连～联～量～灵～袂～冕～屏～期～契～情～纫～尚～神～素～袖～要～宇～韵～章

～制例朝夕无荣遇，芳菲已满襟。（唐·刘希夷《江南曲八首》其一）泪如双泉水，行堕紫罗襟。（唐·李白《白头吟二首》其二）上德抚神运，冲和穆宸襟。（唐·王维《送韦大夫东京留守》）

典**一快披襟**　亦作“台上披襟”。战国楚·宋玉《风赋》：“楚襄王游于兰台之宫，宋玉、景差侍。有风飒然而至，王乃披襟而当之，曰：‘快哉此风！’”披襟即解开衣襟，常用来表现感受爽风吹拂的愉快。

万顷波光，岳阳楼上，一快披襟。（宋·戴复古《柳梢青·袖剑飞吟》）

矜jīn　①怜悯；同情。②谨慎。③自大；自夸。

古下平，十蒸。逆哀～安～畀～侈～垂～诞～恫～伐～腑～怀～棘～骄～憍～嗟～节～旧～堪～可～夸～怜～气～仁～恕～天～相～凶～恤～优～振～顺～哀～爱～傲～愎～慈～存～怛～诞～独～惰～法～奋～顾～涵～豪～缓～奖～骄～嗟～疚～踞～眷～峻～夸～立～怜～谅～吝～露～率～迈～满～勉～悯～纳～念～奇～容～赏～尚～奢～束～恕～肃～泰～诬～忤～惜～许～诩～恤～炫～谑～耀～勇～宥～躁～贞～赈～制

衿jīn　衣带。

古下平，十二侵。逆霸～悆～冰～褫～促～翠～分～抚～割～喉～联～敛～劣～罗～懦～佩～贫～凭～洽～青～倾～秋～绅～神～施～虚～婴～盈～子～顺～抱～带～服～棍～喉～计～裾～褵～灵～录～虑～鞶～佩～期～契～情～曲～绅～士～袖～要～缨～肘例池塘藉芳草，兰芷袭幽衿。（唐·杨师道《春朝闲步》）懦夫感达节，壮士激青衿。（唐·李白《陈情赠友人》）烟轻虢国颦歌黛，露重长门敛泪衿。（唐·刘兼《海棠花》）

典**青衿**　喻指学子、儒生。亦作“子衿”。《诗经·郑风·子衿》：“青青子衿，悠悠我心。”毛氏传：“青衿，青领也，学子之服。”

君为珠履三千客，我是青衿七十徒。（唐·杜牧《送王侍御赴夏口座主幕》）

祲jīn　①旧谓不祥之气。②盛。

古下平，十二侵。又：去声，二十七沁同。逆祅～边～赤～大～氛～雰～高～海～黑～黄～昏～精～气～眠～收～岁～祥～宵～凶～妖～遗～疫～云～灾～顺～氛～怪～厉～沴～容～盛～威～祥～象～寻～兆例曦光霁曙物，景曜铄宵祲。（唐·韩愈《同宿联句》）枭音亦云革，安得沴与祲。（唐·元稹《桐花》）

军（軍）jūn

古上平，十二文。逆鏖～拔～班～背～贲～边～别～驰～冲～殿～恩～防～伏～覆～将～还～合～后～缓～麾～回～匠～解～酒～客～临～马～蛮～排～偏～破～旗～迁～潜～亲～黥～穷～三～肃～天～铁～屯～顽～问～犀～厢～饷～校～悬～旋～巡～盐～疑～义～益～引～营～硬～用～右～怨～运～战～镇～正～支～止～台～制～终～踵～舟～追～左～顺～班～壁～簿～财～曹～陈～城～丁～都～烽～革～麾～健～角～捷～客～垦～劳～牢～垒～伶～率～目～幕～拏～铺～气～任～戎～声～实～使～首～帑～檄～宪～兴～勋～牙～灶～镇～主～咨～谘～倅例玉符征选士，金钺拜将军。（唐·韩休《奉和御制平胡》）迢迢万余里，领我赴三军。（唐·杜甫《前出塞九首》其五）曙质绝埃氛，彤庭列禁军。（唐·薛能《升平乐》）

典**杜将军**　喻指有卓越战功的将帅。杜将军即杜预，他有卓越的军事才能，长于谋略，用兵制胜，诸将莫及，深为羊祜赏识。平生博学多才，通晓政治、军事、经济、历法、律令、工程等，多有建树，被誉为“杜武库”。见《晋书·杜预传》。

莫被此心生晚计，镇南人忆杜将军。（唐·杨巨源《赠李傅》）

飞将军　代指矫健敏捷、英勇机智的将领。汉武帝时，名将李广骁勇善战，匈奴恐惧，称他为“飞将军”。因其姓李，后人又称其为李将军。亦作“李广”“李将军”。见《史记·李将军列传》。

挽弓骣马特余事，智勇未减飞将军。（宋·李吕《贺吴守被召》）

霍冠军　代指守护边疆的将领。亦作“冠军侯”。《史记·卫将军骠骑列传》：“天子诏曰：‘剽姚校尉去病斩首虏二千二十八级，及相国、当户，斩单于大行父籍若侯产，生捕季病罗姑比，再冠军，以千六百户封去病为冠军侯。’”

祥刑新佐张廷尉，出塞曾随霍冠军。（宋·杨亿《大理黄丞宗旦使颍州》）

棘门军　借指军纪松弛的军营。《史记·绛侯周勃世家》：“乃以宗正刘礼为将军，军霸上；祝兹侯徐厉为将军，军棘门……上自劳军至霸上及棘门军，直驰入，将以下骑送迎……文帝曰：‘嗟乎……曩者霸上、棘门军，若儿戏耳，其将固可袭而虏也。’”唐·张守节《史记正义》引《括地志》云：“棘门在渭北十余里，秦王门名也。”

归觐屡经槐里月，出师常笑棘门军。（唐·钱起《送马员外拜官觐省》）

李将军[1]　见本页“飞将军”。

君不见沙场征战苦，至今犹忆李将军。（唐·高适《燕歌行》）

李将军[2]　指唐代画家李思训，曾官左武卫大将军。亦作“将军著色”“著色山水”。唐·张彦远《历代名画记》卷九：“李思训……早以艺称于当时……书画称一时之妙。官至左武卫大将军，封彭城公。其画山水树石，笔格遒劲，云霞缥缈，时神仙之事，窅然岩岭之幽。时人谓之大李将军……思训子昭道，林甫从弟也，变父之势，妙又过之，官至太子中舍，创海图之妙。世上言山水者，称大李将军、小李将军。昭道虽不至将军，俗因其父呼之。”

石季伦家新步障，李将军画小园屏。（宋·项安世《常山县》）

张吾军　指陈列己方军阵，有威胁对方之意。《左传·桓公六年》：“斗伯比言于楚子曰：‘……我张吾三军而被吾甲兵，以武临之，彼则惧而协来谋我，故难间也。’”杜预注：“张，自侈大也。”

诗成使之写，亦足张吾军。（唐·韩愈《醉赠张秘书》）

黑矟将军　代指英勇将军。《魏

书·于栗磾传》:"刘裕之伐姚泓也,栗磾虑其北扰,遂筑垒于河上,亲自守焉。禁防严密,斥候不通。裕甚惮之,不敢前进。裕遗栗磾书,远引孙权求讨关羽之事,假道西上,题书曰:'黑矟公麾下。'栗磾以状表闻,太宗许之,因授黑矟将军。栗磾好持黑矟以自标,裕望而异之,故有是语。"

落雕都尉万人敌,黑矟将军一鸟轻。(唐·杜牧《东兵长句十韵》)

木罂渡军 指偷渡奇袭敌军。《史记·淮阴侯列传》:"六月,魏王豹谒归视亲疾,至国,即绝河关反汉,与楚约和……八月,以(韩)信为左垂相,击魏。……信乃益为疑兵,陈船欲渡临晋,而伏兵从夏阳以木罂缻渡军,袭安邑。魏王豹惊,引兵迎信,信遂虏豹,定魏为河东郡。"

木罂夜半飞渡军,缚筏驱丁命如蟻。(宋·陆文圭《已卯题吴江长桥二首》其二)

锐头将军 代指性格果敢的将领。亦作"锐头儿"。晋·孔衍《春秋后语·赵语》:"平原君对赵王曰:'渑池之会,臣察武安君之为人也,小头而锐,瞳子白黑分明,视瞻不转。小头而锐,断敢行也。瞳子白黑分明,见事明也。视瞻不转,执志强也,可以持久,难与争锋,廉颇足以当之。'"

锐头将军来何迟,令我心中苦不足。(唐·杜甫《久雨期王将军不至》)

均jūn

古上平,十一真。逆常~成~淳~殚~国~和~鸿~击~廉~灵~律~明~平~齐~清~曲~商~声~适~叔~淑~覃~天~调~庠~音~用~运~顺~偏~辨~产~扯~籴~敌~和~浃~节~科~拉~礼~齐~适~守~输~调~停~逸~钟~种例劳息本相循,悲欢理自均。(唐·褚亮《伤始平李少府正己》)早识来朝岁,涂山玉帛均。(唐·包佶《送日本国聘贺使晁巨卿东归》)洛下舟车入,天中贡赋均。(唐·杜甫《有感五首》其三)

典**吊灵均** 指凭吊屈原,后代指哀伤感叹遭贬谪之士。《史记·贾生列传》:"贾生名谊,雒阳人也……绛、灌、东阳侯、冯敬之属尽害之,乃短贾生曰:'雒阳之人,年少初学,专欲擅权,纷乱诸事。'于是天子后亦疏之,不用其议,乃以贾生为长沙王太傅。贾生既辞往行,闻长沙卑湿,自以寿不得长,又以适去,意不自得。及渡湘水,为赋以吊屈原。"司马贞索隐:"韦昭云:'适,谴也。"

好向昌时荐遗逸,莫教千古吊灵均。(唐·陈陶《寄兵部任畹郎中》)

君jūn

古上平,十二文。逆暗~成~侈~楮~储~此~倒~封~府~傅~假~净~具~克~匡~廪~庐~潜~日~如~失~师~时~史~树~水~嗣~岁~檀~桐~握~污~湘~心~佚~壅~宰~真~征~冢~顺~侧~道~德~国~家~门~人~上~统例明月留照妾,轻云持赠君。(唐·刘希夷《江南曲八首》其四)含情傲睨慰心目,何可一日无此君。(唐·宋之问《绿竹引》)誓开玄冥北,持以奉吾君。(唐·杜甫《后出塞五首》其三)

典**细君** 代指妻子。见723页"归遗细君"。

曲罢卿卿理驺驭,细君相望意何如。(唐·权德舆《朝回阅乐寄绝句》)

湘君 指舜帝二妃娥皇、女英。《列女传·有虞二妃》:"有虞二妃者,帝尧之二女也。长娥皇,次女英……舜既嗣位升为天子,娥皇为后,女英为妃……天下称二妃,聪明贞仁。舜陟方死于苍梧,号曰重华。二妃死于江湘之间,俗谓之湘君。"

日落长沙秋色远,不知何处吊湘君。(唐·李白《陪族叔刑部侍郎晔及中书贾舍人五首》其一)

严君 指东汉著名隐士严光,后用来代指隐逸之士。东汉初会稽余姚人严光,字子陵。曾与刘秀同学。刘秀即位后,他改名隐居。后被召到京师洛阳,任为谏议大夫,他不肯受,归隐于富春山。见《后汉书·严光传》。

百代公卿嘲哂遍,清溪石上想严君。(宋·李廌《钓台》)

九真君 代指仙家、仙道。《黄庭内景经》:"泥丸九真皆有房。"《注》:"三元隐化则成三宫,三三如九,故有三丹田,又有三洞房,合上元为九宫,中有九真君。"

茜璨玉琳华,翱翔九真君。(唐·李商隐《戊辰会静中出贻同志二十韵》)

孟尝君 指战国四公子之一、齐国宗室大臣田文,因他封于薛而称薛公,号孟尝君。他在当时因好客养士而闻名,宁肯舍弃家业也给门客丰厚的待遇,因此使天下的贤士无不倾心向往。后用来代指虽居高位却对他人礼让谦好之人。见《史记·孟尝君列传》。

门前食客乱浮云,世人皆比孟尝君。(唐·李白《与诸公送陈郎将归衡阳》)

平原君 指战国四公子之一、赵国贵族赵胜,他是赵武灵王之子、惠文王之弟,号平原君。他礼贤下士,以贤能而闻名。后用来代指居高位而对下士礼让尊重的人。见《史记·平原君列传》。

未知肝胆向谁是,令人却忆平原君。(唐·高适《邯郸少年行》)

信陵君 指战国四公子之一、魏国政治家、军事家魏无忌,他是魏昭王少子,安釐王异母弟。因被封于信陵而后世皆称其为信陵君。他效仿孟尝君田文、平原君赵胜的辅政方法,延揽食客,养士数千人,自成势力。并礼贤下士、急人之困,曾在军事上两度击败秦军,分别挽救了赵国和魏国危局,但屡遭魏安釐王猜忌而未能予以重任。见《史记·魏公子列传》。

海峤新辞永嘉守,夷门重见信陵君。(唐·刘禹锡《酬令狐相公赠别》)

百里邦君 代指人才,或喻指有才之人屈居县令这样的小官。《三国志·蜀书·庞统传》:"先主领荆州,统以从事守耒阳令,在县不治,免官。吴将鲁肃遗先主书曰:'庞士元非百里才也,使处治中、别驾之任,始当展其骥足耳。'"又,卷四四《蜀书·蒋琬传》:"诸葛亮请曰:'蒋琬,社稷之器,非百里之才也。”

万人都督鸣骝送，百里邦君枉骑过。（唐·韩翃《鲁中送从事归荥阳》）

归遗细君 代指赠送东西给妻子。亦作“遗细君”。《汉书·东方朔传》：“伏日，诏赐从官肉。大官丞日晏不来，朔独拔剑割肉……即怀肉去。大官奏之。朔入，上曰：‘昨赐肉，不待诏，以剑割肉而去之，何也？’朔免冠谢。上曰：‘先生起自责也。’朔再拜曰：‘朔来！朔来！受赐不待诏，何无礼也！拔剑割肉，一何壮也！割之不多，又何廉也！归遗细君，又何仁也！’”颜师古注：“细君，朔妻之名。一说细，小也。朔自比于诸侯，谓其妻曰小君。”

归遗细君真得计，随缘灯火任卿卿。（宋·陈棣《使君馈食戏少蒙教授》）

汲黯匡君 汲黯是西汉时的名臣，他为人耿直，好直谏廷诤，武帝称为“社稷之臣”。后用来代指敢于直谏帝王的大臣。见《史记·汲黯列传》。

汲黯匡君切，廉颇出将频。（唐·杜甫《奉和严中丞西城晚眺十韵》）

越甲鸣君 咏为国赴死的爱国烈士。《说苑·立节》：“越甲至齐，雍门子狄请死之……遂刎颈而死。”

愿得燕弓射天将，耻令越甲鸣吾君。（唐·王维《老将行》）

钧（鈞）jūn ①古代重量单位。②制陶器用的转轮。③敬词。④乐调。

㊄上平，十一真。㊃百～秉～持～纯～淳～大～凤～国～和～衡～洪～冥～鸿～化～六～乾～镕～韶～枢～陶～天～细～冶～员～运～执～㊁～柄～播～材～裁～吹～慈～德～敌～辅～衡～鉴～解～金～眷～览～乐～礼～令～录～牌～平～启～曲～权～容～声～石～适～枢～驷～台～听～席～弦～校～谐～修～严～窑～冶～谕～甄～旨～轴㊀腰间宝剑七星文，掌上弯弓挂六钧。（唐·韦皋《赠何遐》）微风吹木石，澎湃闻韶钧。（唐·韩愈《送惠师》）裴王持藻镜，姚宋斡陶钧。（唐·元稹《代曲江老人百韵》）

㊅**大钧** 比喻大自然缔造万物的造化。《汉书·贾谊传》载贾谊《鹏鸟赋》：“大钧播物，坱圠无垠。”颜师古注：“如淳曰：‘陶者作器于钧上，此以造化为大钧也。’师古曰：‘今造瓦者谓所转者为钧，言造化为人，亦犹陶之造瓦耳。’”

一家何啻十朱轮，诸父双飞秉大钧。（唐·刘禹锡《送李庚先辈赴选》）

国钧 指国家重臣。亦作“秉国之钧”。《诗经·小雅·节南山》：“尹氏大师，维周之氐。秉国之均，四方是维。天子是毗，俾民不迷。”“均”，《汉书·律历志上》引作“钧”，颜师古曰：“言尹氏居太师之官，执持国之权量，维制四方，辅翼天子，使下无迷惑也。”

伫见飞还诏，重烦秉国钧。（宋·吴芾《范丞相生日》）

洪钧 指天。亦作“鸿钧”。张茂先（华）《答何劭二首》其二：“洪钧陶万类，大块禀群生。”李善注：“洪钧，大钧，谓天也。大块，谓地也。”

八荒开寿域，一气转洪钧。（唐·杜甫《上韦左相二十韵》）

陶钧 本指制作陶器所用的转轮，喻指治理国家或治国大道，也可喻指圣王或天地造化。《史记·邹阳列传》：“（邹阳）乃狱中上书曰：‘是以圣王制世御俗，独化于陶钧之上，而不牵于卑乱之语，不夺于众多之口。’”裴骃集解引《汉书音义》曰：“陶家名模下圆转者为钧，以其能制器为大小，比之于天。”司马贞索隐：“崔浩云：‘以钧制器万殊，故如造化也。’”

裴王持藻镜，姚宋斡陶钧。（唐·元稹《代曲江老人百韵》）

天钧 即钧天广乐，传说中之仙乐。喻指美乐。见604页“钧天”。

天钧鸣响亮，天禄行蹒跚。（唐·皮日休《太湖诗·上真观》）

微缕悬千钧 喻指境地危急。《汉书·枚乘传》：“吴王之初怨望谋为逆也，乘奏书谏曰：……夫以一缕之任系千钧之重，上县无极之高，下垂不测之渊，虽甚愚之人犹知哀其将绝也。”

高堂委金玉，微缕悬千钧。（唐·陈子昂《感遇诗三十八首》其四）

皲（皸）jūn 皮肤冻裂。

㊄上平，十二文。㊃皲～手～㊁～坼～皴～裂～瘃

麇（*麏）jūn 獐。另见750页qún。

㊄上平，十一真。又：上平，十二文同。㊃死～野～㊁～包～窜～麚～惊～聚～舌～鼯～獐㊀世治则麟，世乱则麇。（唐·韦表微《池州夫子庙麟台》）

昆[1] kūn ①兄。②子孙；后嗣。③群；众。

㊄上平，十三元。㊃弟～粉～后～金～来～母～贤～元～哲～㊁～布～从～刀～弟～娣～后～阍～鸡～季～剧～苗～蚑～腔～仍～孙～蹶～娟～裔～友～仲㊀心疑游北极，望似陟西昆。（唐·王绩《游仙四首》其三）穷愁一挥泪，相遇即诸昆。（唐·杜甫《赠蜀僧闾丘师兄》）帝命泽诸夏，不弃虫与昆。（唐·元稹《竞渡》）

㊅**玉季金昆** 指南朝梁时的王铨和其弟王锡，两人都才德兼备。《南史·王铨传》：“铨虽学业不及弟锡，而孝行齐焉，时人以为铨、锡二王，可谓玉昆金友。”

玉季金昆霄汉侣，平步鸾坡挥麈。（宋·张镃《贺新郎·桂隐传杯处》）

昆[2]（*崑、峎）kūn 昆仑的昆。

㊄上平，十三元。㊁～岭～仑～丘～山～岫～墟～玉～岳

坤（*堃）kūn ①八卦之一。②指女性的。

㊄上平，十三元。㊃后～厚～履～乾～西～仪～翼～转～㊁～表～策～车～成～道～德～典～干～厚～极～角～伶～灵～马～倪～牛～顺～维～仪～垠～隅～舆～育～元～载～造～则～珍～轴㊀携手追凉风，放心望乾坤。（唐·王维《瓜园诗》）

鹍（鵾、*鶤）kūn 鹍鸡，古书上像鹤的一种鸟。

㊄上平，十三元。㊃金～鹏～㊁～化～鸡～鲸～鹏～皮～瑟～丝～

弦～翔～柱㊅华烛罢然蜡，清弦方奏鹍。（唐·孟浩然《夜登孔伯昭南楼，时沈太清、朱升在座》）水龙鼍龟鱼与鼋，鸦鸱雕鹰雉鹄鹍。（唐·韩愈《陆浑山火和皇甫湜用其韵》）

鲲（鯤）kūn　传说中的一种大鱼。

㊄上平，十三元。㊂鲕～鲸～灵～鹏～青～脩～㊆～鲍～池～鲕～凤～鲠～海～鳌～化～鸡～鲸～鳞～龙～鹏～身～弦～洋～鱼～子㊅萤光起腐草，云翼腾沉鲲。（唐·钱起《初黄绶赴蓝田县作》）巢幕方犹燕，抢榆尚笑鲲。（唐·刘禹锡《武陵书怀五十韵》）醉凭青琐窥韩寿，闲掷金梭恼谢鲲。（唐·赵光远《题妓莱儿壁》）

㊇**北溟鲲**　即鲲鹏。比喻才能高卓、志向高远的人。《庄子·逍遥游》："北冥有鱼，其名为鲲。鲲之大，不知其几千里也。化而为鸟，其名为鹏，鹏之背，不知其几千里也。"

仁鸣南岳凤，欲化北溟鲲。（唐·杜甫《赠虞十五司马》）

琨kūn　美玉。

㊄上平，十三元。㊂环～琅～刘～佩～瑶～㊆～庭～珸～瑶～夷～瑜㊅鹤鸣山下去，满箧荷瑶琨。（唐·唐求《送友人归邛州》）渡河何所适，终是怯刘琨。（唐·斑寅《二斑与宁茵赋诗》）

㊇**刘琨**　亦作"刘越石"。见373页"刘琨舞"。

刘琨坐啸风清塞，谢朓题诗月满楼。（唐·武元衡《酬严司空荆南见寄》）

髡（*髠）kūn　古时男子剃头发的刑罚名。

㊄上平，十三元。㊂笞～钳～黥～群～㊆～笞～顿～髡～放～褐～接～截～流～颅～裸～躶～髦～牝～髯～钳～僧～首～树～剔～徒～翁～跣～削～簪～薙～祝～缁㊅妇懦咨料拣，儿痴谒尽髡。（唐·韩愈《和侯协律咏笋》）筑台先自隗，送客独留髡。（唐·刘禹锡《武陵书怀五十韵》）从容一衲分若有，萧瑟两鬓吾能髡。（唐·唐扶《使南海道长沙，题道林岳麓寺》）

裈（褌、*幝裩）kūn　满裆裤。

㊄上平，十三元。㊂犊鼻～复～曝～㊆～带～裆～袴～裤～虱～褶㊅其中长者子，个个总无裈。（唐·寒山《诗三百三首》其二九）一车白土将泥项，十幅红旗补破裈。（唐·杜牧《嘲妓》）

焜kūn　焜耀，辉煌貌。

㊄上声，十三阮。㊂煌～焜～耀～㊆～黄～煌～晃～焜～烂～上～耀～烨～奕～昱～照

抡（掄）lūn　用力挥动。另见744页lún。

㊄上平，十一真。又：上平，十三元同。㊆～打～刀～斧～起～枪～拳～算

闷（悶）mēn　①闷热。②沉默；不作声。③声音低沉。另见777页mèn。

㊄《集韵》：平声，魂韵。㊂闷～㊆～绝～雷～气～然～若～头～香～痒～躁～窒

焖（燜）mēn　又读。另见777页mèn。

喷（噴）pēn　①吐气。②急遽涌出。另见772页fèn、777页pèn。

㊄上平，十三元。又：去声，十四愿同。㊂刺～撒～涕～嚏～跳～雾～星～㊆～薄～沸～吼～激～浸～沫～嘶～腾～噀～溢～振～注㊅灵药逡巡尽，黑波朝夕喷。（唐·元稹《赛神》）

拼（拚）pīn

㊄《广韵》：平声，耕韵。㊂难～㊆～刺

亲（親）qīn　另见916页qìng。

㊄上平，十一真。㊂爱～安～白～傍～保～避～宾～搀～慈～党～嫡～笃～对～房～附～乖～官～归～贵～怙～欢～会～继～见～就～赖～隆～禄～茂～穆～宁～旁～期～强～钦～穷～舍～侍～衰～顺～私～缌～贴～投～先～贤～显～谢～萱～严～遗～懿～隐～有～圆～展～治～重～周～赘～尊～㊆～蔼～傍～嬖～表～蚕～策～宠～祠～慈～嫡～藩～服～贵～厚～羁～交～郊～敬～客～馈～赖～览～揽～累～礼～庙～穆～纳～期～强～屈～仁～乐～赏～识～熟～庭～闱～委～渥～贤～嫌～献～飨～要～谒～谊～懿～舆～与～遇～誉～豫～缘～展～知～炙～智～众㊅风期嵇吕好，存殁范张亲。（唐·褚亮《伤始平李少府正己》）秦晋积旧匹，潘徐有世亲。（唐·李百药《戏赠潘徐城门迎两新妇》）三荆忽有赠，四海更相亲。（唐·杨炯《和刘长史答十九兄》）

㊇**蔡家亲**　指姑表的亲戚关系。晋·张华《博物志》卷六《人名考》："蔡伯喈母，袁公妹曜卿姑也。"

平生自有分，况是蔡家亲。（唐·司空曙《喜外弟卢纶见宿》）

霍家亲　代指外戚。《汉书·霍光传》："光长女为桀子安妻，有女年与帝相配，桀因帝姊鄂邑盖主内安女后宫为倢仔，数月立为皇后。"

翩翩不知处，传是霍家亲。（唐·司空曙《观猎骑》）

大义灭亲　指为了维护公平正义而不顾私情。《左传·隐公四年》：春秋时，卫国石碏之子石厚与公子州吁商谋弑君夺位，为稳定民心，石厚求助于父亲。而石碏因而设计在陈桓公帮助下趁石厚二人逃亡陈国之机派人将石厚杀死。《左传》因而称赞："君子曰：'石碏纯臣也，恶州吁而厚与焉。大义灭亲，其是之谓乎。'"

恶吁及厚笃忠纯，大义无私遂灭亲。（宋·洪皓《石碏大义灭亲》）

葭莩之亲　葭莩为芦苇秆内壁的薄膜。葭莩之亲喻指关系疏远的亲戚。《汉书·中山靖王传》："今群臣非有葭莩之亲，鸿毛之重。"颜师古注："葭，芦也。莩者，其筒中白皮至薄者也。葭莩喻薄。"

寄迹葭莩亲，妇子共一室。（清·李长霞《辛酉纪事一百韵》）

天道无亲　指上天公正无私。亦作"天道无私"。《国语·晋语六》："吾闻之'天道无亲，唯德是授'。吾庸知天下之不授晋且以劝楚乎？君与二三臣其戒之！"

人心诚未去，天道亦无亲。（唐·李商隐《送从翁东川弘农尚书幕》）

侵qīn

㊄下平，十二侵。㊂尘～愁～大～寒～交～骄～进～克～临～貌～

年～欺～迁～侵～驱～稍～霜～厮～贪～颓～诬～相～香～雪～淫～渔～语～顺～薄～蔽～晨～愁～渎～黩～割～毁～践～沮～据～克～刻～寇～凌～乱～冒～没～牟～挠～恼～叛～迫～驱～染～攘～噬～晚～枉～罔～紊～侮～陷～晓～星～削～寻～佚～虞～预～冤～怨～越～杂～恣例镜前红粉歇，阶上绿苔侵。（唐·虞世南《怨歌行》）风响高窗度，流痕曲岸侵。（唐·杨炯《和骞右丞省中暮望》）一点分明值万金，开时惟怕冷风侵。（唐·李昇《咏灯》）

钦(欽)qīn

古下平，十二侵。逆徽～久～可～夙～所～畏～歆～叙～仰～遵～顺～爱～案～岑～柴～承～迟～崇～除～怆～戴～蹈～罚～风～奉～伏～服～贵～和～嘉～隆～录～率～明～命～谋～慕～年～念～派～企～器～倾～若～赏～尚～身～慎～顺～叹～贤～限～羡～心～刑～幸～恤～仰～颐～翼～蓥～喻～悦～赞～召～诏～重～瞩～伫～遵例鱼鸟好自逸，池笼安所钦。（唐·张九龄《在郡秋怀二首》其二）宸翰三光烛，朝荣四海钦。（唐·崔湜《奉和幸韦嗣立山庄侍宴应制》）

骎(駸)qīn　迅疾貌。

古下平，十二侵。逆驰～骎～顺～骎～寻～淫例却过蓬壶啸傲，世间岁月骎骎。（宋·陆游《木兰花慢·阅邯郸梦境》）

衾qīn　①被子。②覆盖尸体的单被。

古下平，十二侵。逆抱～被～承～翠～单～鄂～凤～复～孤～棺～寒～褐～绞～锦～抗～客～敛～鸾～齐～寝～麝～同～霞～携～夷～遗～拥～鸳～重～醉～顺～材～裯～单～帱～簟～服～寞～纩～褥～裳～襚～帏～衣～枕例旖旎光首饰，葳蕤烂锦衾。（唐·陈子昂《感遇诗三十八首》其二十三）弱体鸳鸯荐，啼妆翡翠衾。（唐·李华《长门怨》）何惜刀尺余，不裁寒女衾。（唐·李白《送杨少府赴选》）

典**抱衾**　指小吏辛劳，日夜奔波，难以安寝。有"抱衾与裯"语。《诗经·召南·小星》："嘒彼小星，维参与昴。肃肃宵征，抱衾与裯，寔命不犹。"毛氏传："衾，被也。"

吟来携笔砚，宿去抱衾裯。（唐·白居易《重修香山寺毕题二十二韵以纪之》）

逡qūn　①退让；退。②复；往来。

古上平，十一真。逆东郭～迁～逡～阴逡～顺～遁～逡～速～缩～巡～迍

踆qūn　①行走貌。②运行。

古上平，十一真。逆躔～踆～例焉能心怏怏，只是走踆踆。（唐·杜甫《奉赠韦左丞丈二十二韵》）

囷qūn　圆形谷仓。

古上平，十一真。又：上声，十一轸同。逆仓～草～椿～倒～京～嶙～辚～轮～米～盘～囷～石～抟～盈～指～顺～仓～府～窌～窖～京～廪～鹿～簏～轮～囷～庾例廪禄二百石，岁可盈仓囷。（唐·白居易《初除户曹，喜而言志》）浊酒盈瓦缶，烂谷堆荆囷。（唐·李商隐《行次西郊作一百韵》）

典**指囷**　指慷慨帮助他人。《三国志·吴书·鲁肃传》："周瑜为居巢长，将数百人故过候肃，并求资粮。肃家有两囷米，各三千斛，肃乃指一囷与周瑜。"

见义必许死，临危当指囷。（唐·李咸用《古意论交》）

森sēn

古下平，十二侵。逆棱～淋～清～森～松～肃～条～遐～萧～脩～竹～顺～蔼～薄～壁～标～敞～萃～动～风～拱～桂～聚～朗～棱～立～凉～列～凛～绿～芒～茂～渺～锵～峭～荣～盛～衰～爽～耸～悚～竦～肃～邃～挺～蔚～鲜～萧～霄～秀～翳～映～指～峙例江城何寂历，秋树亦萧森。（唐·张九龄《郡舍南有园畦杂树聊以永日》）石路青苔花漫漫，雪檐垂溜玉森森。（唐·卢纶《和崔侍郎游万固寺》）

身shēn　另见595页juān。

古上平，十一真。逆爱～拔～白～薄～报～藏～撤～持～除～窜～存～厝～当～蹲～迩～法～番～奉～付～膏～顾～害～鹤～羁～济～检～降～金～居～枯～鲲～羸～累～立～列～留～偻～陋～镂～率～蟒～妙～灭～萍～破～漆～潜～钦～勤～荣～容～润～赡～耸～腾～铜～退～托～忘～危～纤～闲～歇～许～业～颐～役～逸～映～涌～纡～元～殒～攒～宅～湛～折～治～顺～伴～傍～薄～裁～服～光～圭～火～肌～教～壳～灵～貌～命～谋～派～坯～器～钱～欠～亲～穷～热～瑞～色～识～帖～挺～图～相～星～殉～腰～役～意～银～尤～源～章～状～自例送徒既有长，远戍亦有身。（唐·杜甫《前出塞九首》其四）独去沧洲无四邻，身婴世网此何身。（唐·顾况《幽居弄》）罗巾今在手，日得随妾身。（唐·聂夷中《杂怨三首》其三）

典**旦暮身**　指风烛残年，行将就木。《史记·晋世家》："骊姬泣曰：'太子何忍也！其父而欲弑代之，况他人乎？且君老矣，旦暮之人，曾不能待而欲弑之！'"

七十三翁旦暮身，誓开险路作通津。（唐·白居易《开龙门八节石滩诗二首》其二）

见宰官身　原是佛经中谓观世音菩萨以官吏的身形现身说法，以超度官吏入佛。常借以称颂宰臣或县宰。《法华经·普门品》："应以宰官身得度者，即现宰官身而为说法。"

愿公且见宰官身，一宅常与轩冕寓。（宋·王之望《刘侍郎见和再用韵》）

年算六身　喻指高寿。《左传·襄公三十年》："史赵曰：'亥有二首六身，下二如身，是其日数也。'"杜预注："史赵，晋太史。亥字二画在上，并三六为身，如算之六。""下亥上二画，竖置身旁。"

门看五柳识，年算六身知。（唐·王维《慕容承携素馔见过》）

伍员杀身　指春秋末期吴国大夫伍子胥，因吴王听信伯嚭谗言而被冤杀一事，后因用作冤杀忠臣的典故。亦作"伍员死""伍胥仗剑"。见《史记·伍子胥列传》。

伍员杀身谁不冤，竟看墓树如所言。（唐·刘长卿《登吴古城歌》）

无身有身 《老子》有“吾有身”“吾无身”等语，说人之所以有祸患，是由于有自己的身体，如果没有了身体，也就无从有祸患。《老子》第十三章：“吾所以有大患者，为吾有身，及吾无身，吾有何患？故贵以身为天下，若可寄天下；爱以身为天下，若可托天下。”

除是无身方了，有身长有闲愁。（宋·刘克庄《清平乐·休弹别鹤》）

象齿焚身 指财多招祸。《左传·襄公二十四年》：“夫诸侯之贿聚于公室，则诸侯贰；若吾子赖之，则晋国贰。诸侯贰，则晋国坏；晋国贰，则子之家坏。何没没也！将焉用贿？象有齿以焚其身，贿也。”

独喜葵阴能卫足，翻嗟象齿竟焚身。（明·许谷《杂兴次罗赞善韵四首》其二）

深（*滨）shēn

古下平，十二侵。又：去声，二十七沁异。逆层～澄～淳～醇～村～笃～钩～孤～闳～洪～汲～寖～靖～静～迥～窥～廉～临～隆～虑～凝～潜～清～遒～思～隧～苔～文～遐～雄～雅～言～研～遥～杳～窈～意～忧～迂～渊～源～湛～旨～重～阻～顺～薄～壁～采～察～淳～醇～辞～粹～耽～房～耕～壑～闳～晦～豁～解～禁～炯～眷～考～烈～论～虑～莽～茂～昧～秘～密～眇～邈～妙～敏～暝～墨～默～目～念～喏～契～洽～谴～堑～赡～省～邃～谈～堂～通～透～婉～味～渥～芜～悟～瑕～秀～虚～玄～杳～窈～揖～诣～隐～郁～樾～赜～执～旨～至～挚～衷例寂寞平阳宅，月冷洞房深。（唐·上官仪《高密长公主挽歌》）片云自孤远，丛筱亦清深。（唐·张九龄《晨出郡舍林下》）秦商重沓云岩近，河渭萦纡雾壑深。（唐·李乂《奉和春日幸望春宫应制》）

典**交浅言深** 指对交情不深的人说知心话。《战国策·赵策四》：“客有见于服子者。已而请其罪。服子曰：‘公之客有三罪：望我而笑，是狎也。谈语而不称师，是倍也；交浅而言深，是乱也。’客曰：‘不然。夫望人而笑，是和也；言而不称师，是庸说也，交浅而言深，是忠也。’”

交浅言已深，胜处相磨镌。（宋·李处权《翠微堂》）

伸 shēn

古上平，十一真。逆虹～蠖～久～眉～频～求～诎～柔～蛇～探～伛～志～转～顺～弛～道～抖～恩～覆～钩～恨～敬～卷～恳～理～眉～剖～欠～屈～舒～述～坦～玩～歇～谢～雪～延～要～曳～乂～意例出处两不合，忠贞何由伸。（唐·王昌龄《送韦十二兵曹》）一展慰久阔，寸心仍未伸。（唐·刘长卿《送姨子弟往南郊》）主上顷见征，欻然欲求伸。（唐·杜甫《奉赠韦左丞丈二十二韵》）

典**尺蠖求伸** 本指尺蠖用弯曲来求得伸展。比喻以退为进的策略。《易·系辞下》：“尺蠖之屈以求信也，龙蛇之蛰，以存身也。”

而今谐顾遇，尺蠖愿求伸。（唐·李中《献中书潘舍人》）

位屈道伸 指宁可不当官也要保持高洁的操守和志向。汉·孔鲋《孔丛子》卷上“抗志”：“曾申谓子思曰：‘屈己以伸道乎？抗志以贫，贱乎？’子思曰：‘道伸，吾所愿也，今天下王侯孰能哉？宁与屈己以富贵，不若抗志以贫贱。屈己则制于人，抗志则不愧于道。’”

于时公淡如，位屈道则伸。（宋·陆游《送陈德邵宫教赴行在二十韵》）

申 shēn

古上平，十一真。逆保～递～虹～获～类～露～面～穷～屈～未～指～珠～顺～白～辩～畅～呈～黜～达～旦～祷～牒～定～断～愤～贺～恨～豁～鉴～奖～禁～儆～敬～救～礼～理～励～驱～纾～舒～挺～徒～枉～闻～析～鲜～宪～宥～谕～制～治～致～重～杼～祝～状～酌～擢例玉塞边烽举，金坛庙略申。（唐·李峤《送骆奉礼从军》）轩宫帝图盛，皇极礼容申。（唐·陈子昂《奉和皇帝上礼抚事述怀应制》）求友殊损益，行道异穷申。（唐·张说《送宋休远之蜀任》）

典**生申** 西周时申伯因功封于谢，周宣王大加赏赐。大臣尹吉甫写诗表示赞美，并为申伯送行。后为生日之祝辞。亦作“嵩降申”。《诗经·大雅·嵩高》：“嵩高维岳，骏极于天。维岳降神，生甫及申。维申及甫，维周之翰，四国于蕃，四方于宣。”毛氏传：“岳降神灵和气，以生申甫之大功。”

帝梦求良弼，生申属圣明。（唐·李洞《述怀二十韵献覃怀相公》）

参[1]（參）shēn

二十八宿之一。另见714页cēn、584页cān。

古下平，十二侵。逆横～扪～商～顺～毕～柴～辰～伐～罚～横～虎～回～骞～井～苓～昴～旗～商～星～宿～虚～墟～野

典**参商** 喻指二人不能和睦共处，或指二人各在东西，不能相见。亦作“商与参”。《左传·昭公元年》：“昔高辛氏有二子，伯曰阏伯，季曰实沈，居于旷林，不相能也，日寻干戈，以相征讨。后帝不臧，迁阏伯于商丘，主辰。商人是因，故辰为商星。迁实沈于大夏，主参。”

五年同昼夜，一别似参商。（唐·白居易《渭村退居寄礼部崔侍郎翰林钱舍人诗一百韵》）

参[2]（參、*蓡、葠）shēn

人参。另见714页cēn、584页cān。

古下平，十二侵。逆红～老～千岁～顺～茸～术～须例岚光薰鹤诏，茶味敌人参。（唐·栖蟾《寄问政山聂威仪》）

莘 shēn

①莘莘，众多之貌。②古诸侯国名。另见730页xīn。

古上平，十一真。逆耕～莘～有～顺～莘～野

典**渭与莘** 指有志之士隐居的地方。《孟子·万章上》：“伊尹耕于有莘之野。”

晁子胸中开典礼，平生自期莘与渭。（宋·黄庭坚《以小团龙及半挺赠无咎》）

访莘 本指商汤以礼访聘伊尹之事。后以“访莘”代指君主诚心寻访贤才。商代大臣伊尹初隐居，躬耕于有莘之国。商王汤曾多次派人以礼聘任之，伊尹被商汤的诚意感动，遂为商汤之相，助汤灭夏桀。见《孟子·万章上》。

迹岩劳傅想，窥野访莘情。（唐·太宗皇帝《春日登陕州城楼俯眺原野》）

绅(紳)shēn ①古代士大夫系在腰间的大带子。②绅士。

古上平，十一真。逆财～朝～垂～侪～富～冠～豪～黄～荐～衿～锦～晋～搢～缙～冕～逆～耆～绮～泉～儒～书～束～天～拖～邑～缨～簪～族～顺～带～笏～衿～冕～耆例肃肃皆鹓鹭，济济盛簪绅。（颜师古《奉和正日临朝》）玉帛委奄尹，斧锧婴缙绅。（唐·卢照邻《咏史四首》其二）石壁堪题序，沙场好解绅。（唐·孟浩然《上巳日涧南园期王山人、陈七诸公不至》）

典**书绅** 喻指记下警句格言或别人重要的赠言。《论语·卫灵公》："子张问'行'。子曰：'言忠信，行笃敬，虽蛮貊之邦行矣。言不忠信，行不笃敬，虽州里行乎哉？立，则见其参于前也；在舆，则见其倚于衡也，夫然后行。'子张书诸绅。"

世路快心无好事，恩门嘉话合书绅。（唐·司空图《漫书五首》其四）

呻shēn

古上平，十一真。逆悲～唱～寒～频～嚬～颦～酸～吟～顺～毕～楚～恫～呼～唤～鸣～嘶例寡鹤清唳，饥鼯颦呻。（唐·李白《鸣皋歌，送岑征君》）众蕴有余采，寒泉空哀呻。（唐·孟郊《奉报翰林张舍人见遗之诗》）

娠shēn 怀孕。

古上平，十一真。又：去声，十二震同。逆怀～娩～任～妊～万物～有～

侁 shēn ①侁侁，众多貌。②行走。

古上平，十一真。逆虎豹～有～顺～侁～仕

神shēn 神荼，旧谓门神。另见753页 shén。

古上平，十一真。顺～荼

孙(孫)sūn

古上平，十三元。逆承～慈～从～稻～耳～逢～宫～归～家～课～理～麟～龙～门～弥～末～谋～髯～礽～森～申～士～世～适～室～顺～嗣～童～文～闻～系～贻～裔～犹～鱼～臧～只～质～稚～冢～诸～宗～祖～顺～妇～金～络～息例别有青山路，策杖访王孙。（唐·王绩《酬薛舍人万年宫晚景寓直怀友》）庆膺神武帝，业付皇曾孙。（唐·苏颋《奉和圣制过晋阳宫应制》）恶名幸脱免，穷老无儿孙。（唐·杜甫《后出塞五首》其五）

典**卖饼孙** 借指避世的高洁之人或因避难而隐姓埋名之人。东汉赵岐逃难四方，于市售饼，孙嵩（字宾硕）游市偶见，将其迎入上堂，赵岐遂藏孙嵩家壁中数年，后被朝廷重用。见《后汉书·赵岐传》。见713页"忆孙宾"。

卖卜严将卖饼孙，两贤高趣恐难伦。（唐·韩偓《两贤》）

含饴弄孙 指老年人的悠闲舒适生活。东汉·班固等编纂《东汉观记·明德马皇后》："穰岁之后，惟子之志，吾但当含饴弄孙，不能复知政事。"

坐中投辖时留客，膝上含饴日弄孙。（宋·王灼《三和谢娱亲堂扁》）

寄食王孙 指落难而寄人篱下。《史记·淮阴侯列传》："（信）常数从其下乡南昌亭长寄食。数月，亭长妻患之，乃晨饮蓐食。食时信往，不为具食，信亦知其意，怒竟绝去。信钓于城下，诸母漂，有一母见信饥，饭信，竟漂数十日。信喜，谓漂母曰：'吾必有以重报母。'母怒曰：'大丈夫不能自食，吾哀王孙而进食，岂望报乎！'"

寄食王孙，丧家公子，谁握周公发。（宋·辛弃疾《念奴娇·论心论相》）

飧(*飱)sūn ①熟食。②晚饭。

古上平，十三元。逆传～奉～篡～壶～洁～馈～盘～蔬～素～小～饔～鱼～致～顺～餐～牵～钱～泄～泻～饔～粥例努力慎风水，岂惟数盘飧。（唐·杜甫《别李义》）夺我席上酒，掣我盘中飧。（唐·白居易《宿紫阁山北村》）

狲(猻)sūn 猴孙，猕猴的一种。

古《广韵》：平声，魂韵。逆猴～猢～

荪(蓀)sūn 香草。

古上平，十三元。逆春～芳～兰～荃～若～溪～顺～美～桡例重惭前日句，陋若莸并荪。（唐·元稹《酬东川李相公十六韵》）矗竹为篱松作门，石楠阴底藉芳荪。（唐·段成式《题石泉兰若》）朱桥通竹树，香径匝兰荪。（唐·李中《春晏寄从弟德润》）

吞tūn

古上平，十三元。逆暗～包～并～波～潮～豪～兼～嚼～鲸～咀～囊～声～噬～吐～温～顺～哀～暴～悲～笔～吃～敌～夺～风～钩～航～恨～景～咀～据～搂～墨～啮～舌～声～食～炭～象～爻～毡～占～舟～纵例深荷故人相厚处，天行时气许教吞。（唐·李郢《戏答朝士》）吴头雄莫遏，汉口壮堪吞。（唐·齐己《潇湘二十韵》）依稀纵有寻香饵，知是金钩不肯吞。（唐·李舜弦《钓鱼不得》）

暾tūn ①日始出。②渐出貌。

古上平，十三元。逆朝～晨～初～海～齐～晴～瑞～温～夕～晓～顺～暾例借问松禅客，日轮何处暾。（唐·拾得《诗》）主人念我尘眼昏，半夜号令期至暾。（唐·唐扶《使南海道长沙，题道林岳麓寺》）

燉tūn 暖。另见715页 dūn、754页 tún。

古上平，十三元。逆温～

哼tūn 哼哼，迟重貌。

古上平，十三元。逆啴～哼～

温wēn

古上平，十三元。逆春～醇～辞～慈～粹～灯～地～冬～寒～和～谨～静～栗～凉～流～炉～泉～柔～湿～土～鲜～香～晏～玉～直～重～顺～蔼～奥～淳～醇～辞～慈～德～风～馥～谷～厚～霁～洁～谨～静～卷～丽～茂～美～敏～念～朴～然～仁～濡～软～深～慎～实～食～适～淑～舒～菘～暾～伟～慰～犀～香～秀～恤～煦～恂～驯～巽～颜～毅～莹～瑜～语～饫～郁～谕～裕～燠～直～旨～中～重～酎例威棱高腊冽，煦育极春温。（唐·贾岛《寄沧州李尚书》）镜拂铅华腻，炉藏桂烬温。（唐·李商隐《杏花》）虎到甲边风浩浩，龙居庚内水温温。（唐·吕岩《七言》）

瘟wēn

古《集韵》:平声,魂韵。逆行～降～时～顺～鬼～气

辒(輼)wēn　辒车,古代一种卧车。

古上平,十三元。逆琱～顺～车～凉～凉车～辌～辌车～辂

鰛(鰮)wēn　沙丁鱼。

逆沙～顺～鲸

心xīn

古下平,十二侵。逆哀～霸～避～秉～波～瞋～尘～宸～澄～骋～持～词～德～恫～蠹～敦～奋～抚～拊～贯～豪～鬓～隳～羁～坚～瞰～谨～兢～镜～镌～均～筠～客～扣～灵～镂～慢～魔～劈～魄～朴～牵～钦～曲～鬈～戎～如～圣～师～诗～适～誓～霜～思～素～檀～托～沃～希～叙～逊～言～研～尧～萦～攸～幽～语～渊～远～愿～攒～躁～贞～执～治～壮～顺～辩～波～裁～潮～楚～慈～粗～德～度～断～寄～茧～解～界～襟～旌～景～竞～懒～莲～领～膂～虑～略～慢～盟～密～凝～诺～魄～期～契～窍～琴～趣～散～尚～誓～数～忪～素～愫～髓～稳～息～犀～衔～象～颜～恙～臆～影～慵～源～悦～造～斋～醉例裁纨凄断曲,织素别离心。(唐·虞世南《怨歌行》)主人若也勤挑拨,敢向尊前不尽心。(唐·李昪《咏灯》)相对终无语,争先各有心。(唐·李从谦《观棋》)

典**蓬心**　比喻知识浅薄,不能通达事理。后常用作谦辞,自喻见识浅陋。《庄子·逍遥游》:"今子有五石之瓠,何不虑以为大樽而浮于江湖,而忧其瓠落无所容?则夫子犹有蓬之心也夫!"唐·成玄英疏:"蓬,草名,拳曲不直也……而惠生既有蓬心,未能直达玄理。"

蓬心犹是客,华发欲成翁。(唐·王适《蜀中言怀》)

琴心　寄寓于琴声的心思,多指男女情思。亦作"琴挑"。《史记·司马相如传》:"是时卓王孙有女文君新寡,好音,故相如缪与令相重,而以琴心挑之。"裴骃集解引郭璞曰:"以琴中音挑动之。"

烦君玉指分明语,知是琴心佯不闻。(唐·白居易《和殷协律琴思》)

猿心　佛家用以喻指人心浮躁,不沉稳。《维摩经·香积佛品》:"以难化之人,心如猿猴,故以若干种法,制御其心,乃可调伏。"

乱猿心本定,流水性长闲。(唐·戴叔伦《送少微上人入蜀》)

半死心　代指琴或桐,或喻指人悲伤痛苦之情。枚叔(乘)《七发》:"龙门之桐,高百尺而无枝,中郁结之轮菌,根扶疏以分离。上有千仞之峰,下临百丈之溪,湍流溯波,又澹淡之,其根半死半生……使琴挚斫斩以为琴。"

独怜半死心,尚有寒松直。(唐·张说《巡边在河北作》)

老臣心　指诸葛亮,或代指像诸葛亮那样辅弼多朝、忠心为主的忠臣。典故系从诸葛亮前、后《出师表》中归纳出来。

三顾频烦天下计,两朝开济老臣心。(唐·杜甫《蜀相》)

蚌鹬心　战国时苏代用"蚌鹬相争"作喻,劝赵惠王不要陷于对燕作战而使秦国得利。亦作"蚌鹬喧竞"。《战国策·燕策二》:"赵且伐燕,苏代为燕谓惠王曰:'今者臣来,过易水,蚌方出曝,而鹬啄其肉,蚌合而莫过甘其喙。'鹬曰:'今日不雨,明日不雨,即有死蚌。'蚌亦谓鹬曰:'今日不出,明日不出,即有死鹬。'两者不肯相舍,渔者得而并禽之。今赵且伐燕,燕、赵久相支,以弊大众,臣恐强秦之为渔父也。"

波浑未辨鱼龙迹,雾暗宁知蚌鹬心。(唐·许浑《新兴道中》)

子牟心　指思念朝廷之心。《庄子·让王》:"中山公子牟谓瞻子曰:'身在江海之上,心居乎魏阙之下,奈何?'瞻子曰:'重生。重生则利轻。'……魏牟,万乘之公子也,其隐岩空也,难为于布衣之士。虽未至乎道,可谓有其意矣。"

回瞻魏阙路,空复子牟心。(唐·孟浩然《初下浙江舟中口号》)

比干剖心　借以抒发对忠臣因直谏而反遭杀害的怨愤。《史记·殷本纪》:"纣淫乱不止。微子数谏不听,乃与大师、少师谋,遂去。比干曰:'为人臣者,不得不以死争。'迺强谏纣。纣怒曰:'吾闻圣人心有七窍。'剖比干,观其心。"

比干剖心兮夫子佯狂,蒙难以正兮大明其伤。(宋·鲜于侁《九诵·箕子》)

匪石之心　喻意志坚定,不可动摇。《诗经·邶风·柏舟》:"我心匪石,不可转也。"唐·孔颖达疏:"石虽坚,尚可转;我心坚,不可转也。"

断金之义兮谁与相同,匪石之心兮独能如此。(宋·释正觉《颂古一百则》)

瓜冷镇心　咏瓜,或立志于学。亦以指天气炎热。《南史·儒林传·郑灼传》:"灼性精勤,讲授多苦心热。若瓜时,辄卧,以瓜镇心.起便诵读,其笃志如此。"

七盘妙舞频挥汗,五色嘉瓜冷镇心。(宋·刘筠《苦热》)

西施捧心　形容女子病态之美。《庄子·天运》:"故西施病心而其里,其里之丑人见而美之,归亦捧心而其里。"

一片野心　指不追求功名,超尘脱俗,放浪山水的野兴逸志,与追权逐势的"野心"相反。据元·辛文房《唐才子传·陈抟》载:陈抟少有奇才,举进士不第,遂隐居华山云台观,朝廷屡次征召他做官,他都辞官不受,说自己"性同猿鹤,心若土灰","一片野心,已被白云留住"。后凿石室于莲华峰下,羽化而去。

一片野心云出岫,几茎吟发雪侵梳。(宋·王禹偁《寄潘阆处士》)

新xīn

古上平,十一真。逆布～抽～从～簇～鼎～斗～履～秋～赏～诗～时～试～图～争～自～顺～鬓～蝉～蟾～楚～翠～登～第～蛾～谷～寒～翰～篁～羁～霁～醮～禁～筠～醪～雷～僚～林～茗～醅～萍～魄～清～晴～容～尚～熟～朔～题～渥～曦～禧～闲～衔～雪～雅～燕～英～咏～酝～雉～筑例野花看欲尽,林鸟听犹新。(唐·张九龄《送韦城李少府》)洞晚秋泉冷,岩朝古树新。(唐·王勃

《出境游山二首》其一）可怜明镜来相向，何似恩光朝夕新。（唐·高蟾《长门怨》）

典**白头如新** 指虽长在一起但形同陌路，交情不深。《史记·邹阳传》："谚曰：有白头如新，倾盖如故。何则？知与不知也。"

白头有如新，倾盖或如故。（宋·王之望《汉南晤魏侯彦诚魏侯赠诗离襄阳舟中追和》）

欣xīn

古上平，十二文。逆悲～含～怀～欢～乐～民～戚～同～欣～幽～顺～悲～怛～德～服～附～感～欢～嘉～惧～慨～可～快～赖～乐～恋～戚～企～庆～劝～说～悚～颂～叹～羡～笑～幸～厌～艳～仰～怿～愉～豫～悦～跃～赞例儒道匪远理，意胜聊自欣。（唐·许景先《征君宅》）愿推此惠及天下，无远无近同欣欣。（唐·白居易《昆明春一思王泽之广被也》）高歌返故室，自罔非所欣。（唐·柳宗元《登蒲州石矶望横江口潭岛深迥斜对香零山》）

辛xīn

①辣味。②辛苦；困苦。③酸痛。④天干的第八位。

古上平，十一真。逆百～悲～愁～得～甘～革～含～后～荤～吉～苦～辣～秘～贫～去～茹～商～上～苏～酸～微～五～细～下～衔～薰～迂～占～顺～毒～俸～癸～艰～刻～辣～凉～冽～盘～切～螯～受～心～夷～勚～尹～垣～资例哀哉两决绝，不复同苦辛。（唐·杜甫《前出塞九首》其四）

典**苏辛** 代指有威望的武将。《汉书·赵充国辛庆忌传》："杜陵苏建、苏武……狄道辛武贤、庆忌，皆以勇武显闻。苏、辛父子着节，此其可称列者也。"

田窦长留醉，苏辛曲护岐。（唐·杜牧《少年行二首》其一）

薪xīn

①做燃料的木材。②薪酬；薪金。

古上平，十一真。逆抱～采～传～炊～爨～错～胆～雕～负～鬼～熯～后～获～积～棘～减～荆～评～起～樵～青～燃～桑～烧～束～松～炭～停～卧～析～徙～衔～香～野～衣～樵～舆～原～柞～烝～蒸～执～秩～爼～顺～采～粲～柴～传～爨～胆～给～尽～橑～燎～樵～荛～炭～楢～蒸例被褐有怀玉，佩印从负薪。（唐·张九龄《叙怀二首》其一）欲折月中桂，持为寒者薪。（唐·李白《赠崔司户文昆季》）

典**负薪**[1] 喻寒士遭厄，或喻世态炎凉。亦以勉励后生勤苦读书以自强。亦作"负樵"。汉代朱买臣家贫，靠砍柴、卖柴维持家计，其妻因不堪贫穷而离去，其后买臣独自卖柴为生，直到五十岁才显扬功名，官拜会稽太守。见《汉书·朱买臣传》。

买臣负薪日，妻亦弃如遗。（唐·白居易《读史五首》其五）

负薪[2] 见本页"披裘负薪"。

垂钓甘成白首翁，负薪何处逢知己。（唐·骆宾王《畴昔篇》）

积薪[1] 感叹仕途不顺、遭受困苦，或喻指新进人才后来居上。亦作"后薪"。《史记·汲黯列传》："始黯列为九卿，而公孙弘、张汤为小吏。及弘、汤稍益贵，与黯同位，黯又非毁弘、汤等。已而弘至丞相，封为侯；汤至御史大夫；故黯时丞相史皆与黯同列，或尊用过之。黯褊心，不能无少望，见上，前言曰：'陛下用群臣如积薪耳，后来者居上。'上默然。"

且嫌游昼短，莫问积薪长。（唐·杜牧《春日言怀寄虢州李常侍十韵》）

积薪[2] 喻指处在危境之中。汉·贾谊《新书·数宁》："进言者皆曰：'天下已安矣。'臣独曰：'未安。'……夫抱火措之积薪之下，而寝其上，火未及燃，因谓之安，偷安者也。方今之势，何以异此？"。

畏闻巢幕险，宁寤积薪然。（唐·韩偓《感事三十四韵》）

从官负薪 指君臣上下齐心一同治理黄河之患。《史记·河渠书》："自河决瓠子后二十余岁……旱，乾封少雨。天子乃使汲仁、郭昌发卒数万人塞瓠子决。于是天子已用事万里沙，则还自临决河，沈白马玉璧于河，令群臣从官自将军已下皆负薪填决河。是时东郡烧草，以故薪柴少，而下淇园之竹以为楗。"

天子忽惊悼，从官皆负薪。（唐·高适《自淇涉黄河途中作十三首》其十）

戴封积薪 东汉大臣戴封，因为地方大旱乃积薪自焚，火起而大雨暴至。后用以赞颂地方官吏为惠利百姓而感天动地的一些事迹。见《后汉书·戴封传》。

披裘负薪 喻指清高隐逸之士。亦作"负薪""负薪裘""负裘""披裘公""五月披裘"。春秋时期延陵季子见路上有金子。呼叫过路的樵夫为其拾取。樵夫怒目回答："子居之高视之下；貌之君子而言之野也。吾有君不君，有友不友，当暑衣裘，君疑取金者乎？"见《韩诗外传》卷一〇。

伏枕多尝药，披裘且负薪。（明·佘翔《山中避暑和游元封夏日闲居十首》其七）

曲突徙薪 喻事先采取措施，防患于未然。有一客人看见主人家直灶旁有一堆木柴，劝告主人将烟囱改建成弯的，并将木柴搬走，以免发生火灾。主人不听其劝告，后来果然失火。《说苑·权谋》："曲其突，远徙其薪；不者将有火患。"又见《汉书·霍光传》。

曲突徙薪人不会，海边今作钓鱼翁。（唐·杜牧《李给事中敏二首》其一）

馨xīn

另见878页xīng。

古下平，九青。逆播～传～德～尔～芳～芬～丰～风～甘～桂～含～怀～椒～洁～兰～宁～清～如～素～微～温～歆～扬～遗～幽～余～顺～德～烈～荣～膳～祀～香～逸～语例谁向晴窗伴素馨。兰芽初秀发，紫檀心。（宋·张元干《小重山·谁向晴窗伴素馨》）时平天时俱清晏，兼丰年和气，品物达芳馨。（宋·崔敦诗《六州·商秋吉》）

典**宁馨** 本指"这样"，为晋宋时俗语，后指称赞卓越出色的人才。《晋书·王戎传》附《王衍传》："衍字夷甫，神情明秀，风姿详雅。总角尝造山涛，涛嗟叹良久，既去，目而送之曰：'何物老妪，生宁馨儿！然误天下苍生者，未必非此人也。'"

为问中华学道者，几人雄猛得宁馨。（唐·刘禹锡《赠日本僧智藏》）

芯xīn ①灯芯草。②物体的中心。另见781页xìn。

古《集韵》：平声，侵韵。逆灯～笔～岩～顺～盒～砂

昕xīn 日将出。

古上平，十二文。逆迟～初～大～吻～霞～昕～顺～旦～庭～夕～宵～昕～谒例侍坐驰梦寐，结怀积昏昕。（唐·权德舆《伏蒙十七叔寄示喜庆感怀三十韵因献之》）咿喔天鸡鸣，扶桑色昕昕。（唐·刘禹锡《有僧言罗浮事，因为诗以写之》）

莘xīn 细莘，植物名。另见726页shēn。

古上平，十一真。

锌(鋅)xīn 金属元素。

逆白～纯～顺～白～板～版～钡白～粉～矿

炘xīn 热气盛。

古上平，十二文。逆炘～顺～然

歆xīn ①祭祀时鬼神享受祭品的香气。②喜爱；喜悦。③欣羡。

古下平，十二侵。逆嘉～居～眷～来～灵～迁～歆～噫～顺～爱～尝～动～固～鉴～美～慕～然～叹～唏～羡～享～飨～向例羽以类万物，袄物神不歆。（唐·元稹《桐花》）军令未闻诛马谡，捷书惟是报孙歆。（唐·李商隐《随师东》）

典**德馨神歆** 比喻帝王善纳贤才或有容贤才之德。《尚书君陈》："至治馨香，感于神明。黍稷非馨，明德惟馨。"

竹实凤所食，德馨神所歆。（唐·韩愈《孟生诗》）

忻xīn 喜悦。

古《广韵》：平声，欣韵。逆悲～忭～欢～笑～忻～欣～顺～抃～畅～戴～蹈～欢～乐～慕～戚～翘～庆～然～适～悚～望～慰～舞～羡～幸～艳～怿～愉～豫～悦～跃例丈夫岂恨别，一酌且欢忻。（唐·韦应物《送刘评事》）鸟声尽依依，兽心亦忻忻。（唐·孟郊《游枋口》）

勋(勛、*勳)xūn

古上平，十二文。逆策～酬～垂～帝～放～高～功～洪～鸿～华～懋～奇～司～遗～元～顺～臣～德～伐～阀～附～格～官～贵～华～级～籍～迹～绩～阶～旧～爵～劳～力～烈～门～品～戚～望～卫～贤～效～业～荫～庸例知几道可尚，隐括成元勋。（唐·吴筠《高士咏·商山四皓》）东守文不赏，西征武不勋。（唐·寒山《诗三百三首》其七）只恐老身衰朽速，他年不得颂鸿勋。（唐·齐己《荆州新秋寺居写怀诗五首上南平王》）

典**寇邓勋** 寇邓是东汉光武中兴名将寇恂、邓禹的并称。后以此代指有功之臣。《后汉书·中兴二十八将传论》："虽寇、邓之高勋，耿、贾之鸿烈，分土不过大县数四，所加特进、朝请而已。"见502页"借寇"、见265页"邓禹分麾"。

吾慕寇邓勋，济时信良哉。（唐·杜甫《述古三首》其三）

窨xūn 同"熏"。以茉莉等花置茶叶中使染其香。另见782页yìn。

顺～茶

熏xūn

古上平，十二文。逆草～风～光～袿～兰～岚～炉～南～晴～如～麝～熏～衣～余～昼～顺～禅～池～炽～风～袚～赫～黄～晦～火～掘～劳～笼～目～沐～裳～腾～剔～天～土～夕～习～修～穴～熏～凿～灼～子～渍例骑仗联联环北极，鸣笳步步引南熏。（唐·张说《扈从温泉宫献诗》）早行芳草迥，晚憩好风熏。（唐·崔翘《奉和圣制答张说南出雀鼠谷》）阿娇初失汉皇恩，旧赐罗衣亦罢熏。（唐·胡曾《妾薄命》）

醺xūn ①醉。②浸染。

古上平，十二文。逆半～初～酣～微～余～顺～风～酣～黄～浓～醺～饮～醉例去远留诗别，愁多任酒醺。（唐·杜甫《留别贾严二阁老两院补阙》）风吟蟋蟀寒偏急，酒泛茱萸晚易醺。（唐·权德舆《九日北楼宴集》）胸前瑞雪灯斜照，眼底桃花酒半醺。（唐·李群玉《同郑相并歌姬小饮戏赠》）

埙(塤、*壎)xūn 古乐器。另见607页xuān。

古上平，十三元。逆吹～鸣～颂～篪～雅～顺～篪

曛xūn ①日落。②昏暗。

古上平，十二文。逆薄～凉～林～暮～晴～日～夕～隙～斜～曛～炎～顺～逼～酣～黑～黄～晦～昧～暮～暖～然～日～晓～旭～曛～烟例飒飒风叶下，遥遥烟景曛。（唐·长孙无忌《灞桥待李将军》）琴尊方待兴，竹树已迎曛。（唐·王勃《山居晚眺赠王道士》）功多地远无人纪，汉阁笙歌日又曛。（唐·沈彬《入塞曲》）

纁(纁)xūn 浅绛色。

古上平，十二文。逆赤～黄～深～玄～元～例龙篆拜时轻诰命，霓襟披后小玄纁。（唐·陆龟蒙《和袭美寄广文先生》）

典**玄纁** 指黑色和浅红色的布帛，也指帝王用作延聘贤士的礼品。见376页"安车纁组"。

天子锡玄纁，倾山礼隐沦。（唐·皎然《送穆寂赴举》）

荤(葷)xūn 荤粥，古种族名。另见717页hūn。

古上平，十二文。顺～允～粥

阴(陰、*隂)yīn

古下平，十二侵。逆碑～壁～惨～沉～愁～垂～伏～寒～行～涸～淮～积～厥～蹶～篱～连～凉～凌～陵～流～隆～冥～暝～凝～墙～清～群～盛～湿～时～岁～调～停～晚～微～息～惜～新～檐～遗～曀～翳～幽～重～竹～烛～顺～霭～岸～奥～愎～飚～滨～岑～吹～澹～冻～霏～敷～拱～晷～壑～虹～候～惠～籍～霁～涧～维～浸～景～谲～岚～厉～霖～岭～溜～戮～漠～霓～匿～祇～潜～谴～秋～泉～壤～戎～润～声～数～燧～邃～藤～挺～威～微～溪～羲～霞～藓～霰～谐～星～岩～巘～悒～曀～翳～霪～隐～映～暎～忧～牖～黝～隅～源～政～枝～鸷例殿帐清炎气，辇道含秋阴。（唐·上官仪《奉和山夜临秋》）走马还相寻，西楼下夕阴。（唐·王昌龄《少年行二首》其二）何处鹧鸪飞，日斜斑竹阴。（唐·李涉《鹧鸪词》）

典**桑阴** 指桑榆之阴。喻指老年人

的光阴。南朝齐·王融《三月三日曲水诗序》："桑榆之阴不居，草露之滋方渥。"李善注："桑榆，日所入也。"

频年事，虚掷桑阴，祎允诸人竟何策。（宋·李曾伯《兰陵王·问梁益》）

屈淮阴 比喻有志者能够忍辱负重。亦作"淮阴欺韩信""屈淮阴""淮阴辱"。淮阴，指西汉淮阴人韩信，年轻时曾忍少年胯下之辱，后助汉高祖伐魏、举赵、降燕、破齐，封为齐王，后徙封楚王，高祖疑其背叛，伪作云梦之会，擒置咸阳，降封淮阴侯。见《史记·淮阴侯列传》。

岂无横腰剑，屈彼淮阴人。（唐·李白《鲁郡尧祠送张十四游河北》）

蔽芾棠阴 喻惠政或称颂有德化的官员，亦作"甘棠""棠花""棠茂""棠叶""棠颂""棠树""棠影"。《诗经·召南·甘棠》："蔽芾甘棠，勿剪勿伐，召伯所茇。"毛氏传："甘棠，杜也。"郑玄笺："茇，草舍也。召伯听男女之讼，不重烦劳百姓，止舍小棠之下而听断焉。国人被其德，悦其化，思其人，敬其树。"

共君友契非今日，蔽芾棠阴自剑南。（宋·苏辙《次韵毛国镇赵景仁唱和三首》）

绿叶成阴 传说杜牧感叹昔日爱赏的少女业已嫁人生子，赋诗有"绿叶成阴子满枝"句。后多借叹惜佳时消逝。见宋·计有功《唐诗纪事·杜牧》。

前贤亦有留佳句，绿叶成阴子满枝。（宋·陈著《与弟侄观小圃梅花二首》其一）

一气排阴 古人认为冬至是阳气始动之日，在诗词中常用"一阳生"代指冬至。《易·复卦》："象曰：'雷在地中，复，先王以至日闭关，商旅不行，后不省方。'"唐·孔颖达疏："冬至一阳生，是阳动用而阴复于静也。夏至一阴生，是阴动用而阳复于静也。"《史记·律书》："日冬至则一阴下藏，一阳上舒。"

昨夜伶伦声里，一气排阴直上，阳德与时新。（宋·魏了翁《水调歌头·宇宙一大物》）

荫（蔭）yīn 树荫、日影。另见782页 yìn。

古《集韵》：平声，侵韵。逆层～花～槐～夹道～林～柳～楼～森～十亩～松～棠～栎～顺～蔽～翳例金绳界宝地，珍木荫瑶池。（李白《舍利弗》）架虹施广荫，构云眺八区。（韦应物《庄严精舍游集》）

音 yīn

古下平，十二侵。逆裁～朝～潮～宸～楚～德～逋～遏～繁～芳～浮～感～管～寒～翰～鹤～鸿～徽～诲～惠～寄～佳～嘉～缄～伉～灵～聆～流～鸾～曼～妙～琼～蛩～秋～鹊～散～骚～赏～适～殊～疏～嗣～素～唐～通～桐～威～徯～遐～嚣～新～绪～妍～雁～瑶～野～诒～遗～衷～顺～步～尘～词～辞～格～官～翰～耗～华～徽～诲～伎～技～监～景～句～均～觇～吕～名～气～曲～容～使～势～吐～闻～问～息～谣～仪～驿～影～邮～语～障～旨～指～制～姿～字～奏例文章负奇色，和鸣多好音。（唐·陈子昂《鸳鸯篇》）悄悄夜正长，空山响哀音。（唐·李群玉《乌夜啼》）丝竹发歌响，假器扬清音。（唐·陆龟蒙《大子夜歌二首》其二）

典**巴音** 喻言论和作品不通俗，能理解的人很少。见16页"曲高和寡"。

非高仅比巴音下，少味还同鲁酒漓。（宋·欧阳修《和太傅杜相公宠示之作》）

知音 指知道自己心声的人。《列子·汤问》："伯牙善鼓琴，钟子期善听。伯牙鼓琴，志在高山。钟子期曰：'善哉！峨峨兮若泰山！'志在流水，钟子期曰：'善哉，洋洋兮若江河！'……子期死，伯牙绝弦，以无知音者。"

空为梁甫吟，谁竟是知音。（唐·方干《暮冬书怀呈友人》）

闻足音 代指怀念亲人朋友，盼望有人来访。《庄子·徐无鬼》："子不闻夫越之流人乎？去国数日，见其所知而喜；去国旬月，见所尝见于国中者喜；及期年也，见似人者而喜矣。不亦去人滋久，思人滋深乎？夫逃虚空者，藜藋柱乎鼪鼬之径，踉位其空，闻人足音跫然而喜矣。"

闲居念亲友，所愿闻足音。（宋·陆游《久雨道怀》）

咸池音 代指优美的乐曲或诗作，或指君王圣主之乐。另有"金玉音"。《礼记·乐记》："咸池，备矣。"郑玄注："咸，皆也，池之言施也，言德之无不施也。"《庄子·天运》："北门成问于黄帝曰：'帝张咸池之乐于洞庭之野。'"

作诗三百首，窅默咸池音。（唐·韩愈《孟生诗》）

流水车音 沈约诗有"相逢洛阳道，系声流水车"语，后人化咏路遇。南朝梁·沈约《相逢狭路间》："相逢洛阳道，系声流水车。路逢轻薄子，伫立问君家。"

远山眉样认心期，流水车音牵目送。（宋·贺铸《玉楼春·清琴再鼓求凰弄》）

听鹊求音 古人认为喜鹊噪叫为喜兆，或有行人将归。后常用"听鹊求音"喻指渴望佳音。晋·葛洪《西京杂记》卷三："乾鹊噪而行人至，蜘蛛集而百事喜。"晋·张华注《禽经》："灵鹊兆喜。"《注》："鹊噪则喜生。"

挑灯占信，听鹊求音，不禁春弱。（宋·俞国宝《瑞鹤仙·春衫和泪著》）

因 yīn

古上平，十一真。逆常～陈～词～根～何～昏～积～结～净～旧～良～灵～眇～能～撒～赛～胜～时～顺～夙～袭～相～宿～业～依～远～造～证～宗～罪～顺～报～便～尘～承～地～附～革～藉～监～明～母～任～声～是～提～习～袭～霄～心～循～依～应～由～缘～诸例导以微妙法，结为清净因。（唐·孟浩然《还山贻湛法师》）路傍已窃笑，天路将何因。（唐·李白《赠崔司户文昆季》）烟翠薄情攀不得，星芒浮艳采无因。（唐·高蟾《长门怨二首》其一）

姻（*婣）yīn

古上平，十一真。逆毕～缔～国～旧～眷～良～临～灵～密～末～睦～内～戚～亲～世～私～天～

通～讬～完～诒～议～邑～宗～族～顺～爱～表～伯～臣～党～媾～故～家～娇～旧～眷～类～里～连～昵～戚～契～属～私～通～亚～娅～谊～懿～援～族例还同内斋暇，登赏及诸姻。（唐·卢纶《题苗员外竹间亭》）疏傅不朝悬组绶，尚平无累毕婚姻。（唐·白居易《百日假满，少傅官停，自喜言怀》）光武休言战，唐尧念睦姻。（唐·元稹《代曲江老人百韵》）

殷yīn ①大。②多；富足。③中；正。另见767页yǐn、608页yān。

古上平，十二文。逆孔～民～情～庶～殷～有～顺～土～士～大～切～正～户～同～充～草～厚～盈～昌～殷～盛～然～渥～强～富～聘～烦～溢～赈～润～积～膳～挚～繁～赡～饶～旷～鉴～阗～恳～足～剧～忧例烦恼业顿舍，山林情转殷。（唐·孟浩然《还山贻湛法师》）邙风噫孟郊，嵩秋葬卢殷。（唐·孟郊《吊卢殷》）高门左右日月环，四方错镂棱层殷。（唐·李贺《瑶华乐》）

茵（*裀）yīn 垫子。

古上平，十一真。逆草～车～乘～帱～床～翠～嵯～貂～芳～红～花～卉～罽～锦～累～连～飘～衲～软～素～苔～吐～文～幄～香～绣～旃～枕～重～顺～陈～蔯～墀香～鼎～冯～伏～溷～幕～蓐～褥～轼～席～蒴～蒀例映日成华盖，摇风散锦茵。（唐·刘长卿《题灵祐上人法华院木兰花》）侍儿催画烛，醉客吐文茵。（唐·白居易《题周皓大夫新亭子二十二韵》）树影便为廊庑屋，草香权当绮罗茵。（唐·徐夤《新葺茆堂》）

典**污车茵** 指酒后之失，亦以称赞人胸襟广博，不计小过。亦作"吐锦茵""吐茵""丙驭吐茵""吐车茵"。《汉书·丙吉传》："于官属掾史，务掩过扬善。吉驭吏耆酒，数逋荡，尝从吉出，醉呕丞相车上。西曹主吏白欲斥之，吉曰：'以醉饱之失去士，使此人将复何所容？西曹地忍之，此不过污丞相车茵耳。'遂不去也。"

犹思御朱辂，不惜污车茵。（唐·王维《故太子太师徐公挽歌四首》其三）

𬮱（闉）yīn 古代瓮城的门。

古上平，十一真。逆层～城～登～帝～郊～九～里～龙～丘～曲～市～天～吴～巷～重～顺～池～阇～厄～隍～跂～阙～市～支例鼓鼙鸣九域，风火集重𬮱。（唐·杨炯《和刘长史答十九兄》）英豪若云集，饯别塞城𬮱。（唐·韦应物《送宣州周录事》）

氤yīn 氤氲，形容烟或云气浓郁。

古上平，十一真。逆氛～氲～顺～郁

湮yīn ①沉没；没落。②液体着物四处散开。另见609页yān。

古上平，十一真。逆沉～代～迹～沦～埋～年～舒～郁～顺～沉～厄～阨～放～伏～汩～隳～晦～枯～沦～落～埋～昧～缅～泯～殁～圮～弃～缺～塞～散～替～微～芜～佚～轶～郁～远～坠

喑（*瘖）yīn ①失音病；哑。②缄默；不作声。

古下平，十二侵。逆耳～狂～聋～齐～哑～阳～喑～顺～蝉～付～聋～默～畏～鸣～哑～咽～药～噫～噫～约例清琴试一挥，白鹤叫相喑。（唐·孟郊《同宿联句》）注定一生知有命，老来万事付无心。巧语不如喑。（宋·戴复古《望江南·石屏老》）

典**万马齐喑** 所有的马都沉寂无声。后喻指沉重烦闷的气氛或局面。宋·苏轼《三马图赞引》："时西域贡马，首高八尺，龙颅而凤膺，虎脊而豹章，出东华门，入天驷监，振鬣长鸣，万马齐喑。父老纵观，以为未始见也。"

九州生气恃风雷，万马齐喑究可哀。（清·龚自珍《己亥杂诗》其一二五）

慇yīn 忧痛。

古上平，十二文。逆慇～顺～勤～殷～忧

咽yīn 鼓节声。另见133页yè、608页yān、705页yàn。

古《集韵》：平声，十八谆。

堙（*陻）yīn ①堵塞；填塞。②土山。

古上平，十一真。逆乘～方～广～井～距～埋～通～郁～筑～顺～暖～沉～淀～厄～阏～废～绝～陵～沦～没～昧～灭～塞～替～紊～翳～郁～窒～坠～阻例皇帝尚巡狩，东郊路多堙。（唐·袁高《茶山诗》）幽踪邈难得，圣路嗟长堙。（唐·韩愈《送惠师》）村落空垣坏，城隍旧井堙。（唐·元稹《代曲江老人百韵》）

愔yīn 安详和悦之貌。

古下平，十二侵。逆德～愔～顺～然～嫕～翳例张衡愁浩浩，沈约瘦愔愔。（唐·李商隐《自桂林奉使江陵途中感怀寄献尚书》）

氲yūn ①烟；云气。②气盛而充貌。

古上平，十二文。逆芬～氛～炉～茵～氤～氲～顺～氛～熅例江山空窈窕，朝暮自纷氲。（唐·乔备《秋夜巫山》）乾坤既昭泰，烟景含氤氲。（唐·李适《中春麟德殿会百僚观新乐诗》）

晕（暈）yūn 昏倒。另见783页yùn。

顺～倒～厥

煴yūn ①烟煴。②火无焰。

古上平，十二文。逆烟～棼～然～富～煴～耀～顺～火～恭例衣香拂面，扶醉卸簪花，满袖余煴。（宋·张先《泛青苕·绿净无痕》）

真zhēn

古上平，十一真。逆禅～道～登～鼎～贵～憨～怀～徽～精～灵～履～率～梅～迷～邈～栖～清～情～舍～神～圣～识～淑～韬～淘～誊～脱～西～虚～遗～颐～顺～常～乘～初～淳～粹～澹～道～鼎～笃～馆～归～魂～偈～寂～解～谨～楷～悃～腊～侣～履～率～朴～然～儒～僧～赏～胜～识～嗣～髓～态～檀～堂～帖～霄～意～隐～影～游～腴～源～则～章～智例缀绿奇能似，裁红巧逼真。（唐·李峤《立春日侍宴内殿出剪彩花应制》）惠风吹宝瑟，微月忆清真。（唐·陈子昂《喜遇冀侍御珪崔司议泰之二使》）迹峻不容俗，才多反累真。（唐·王维《过太乙观贾生房》）

典**一真** 一真，犹真如，佛教用以指

永恒不灭的实体。《楞严经》卷八:"清净无漏,一真无为,性本然。"《成唯识论》卷二:"真谓真实,显非虚妄,如谓如常,表无变易,谓此真实于一切法,常如共性,故曰真如。"

一真不凿若不愚,四体安然如止水。(宋·张矩《题刘直孺拙逸轩》)

懒是真 杜甫诗有"近识峨眉老,知予懒是真"之句,自叙年老疏懒情态。宋人化用入词。唐·杜甫《漫成二首》其二:"江皋已仲春,花下复清晨。仰面贪看鸟,回头错应人。读书难字过,对酒满壶频。近识峨眉老,知予懒是真。"

自笑平生懒是真,闭门高枕动兼旬。(宋·陆游《春雨》)

紫气逢真 指喜遇有贤才之人。旧题汉·刘向《列先传》卷上:"老子西游,只有真人当过,物色而遮之,果得老子。"《关令内传》:"关令登楼四望,见东极有紫气西迈,喜曰:'……法应有圣人经过京邑。'至期,乃斋戒,其日果见老子。"

今朝紫气新,物色果逢真。(唐·陈子昂《酬李参军崇嗣旅馆见赠》)

珍(*珎)zhēn

㊂上平,十一真。㊣宝～财～常～厨～擣～鹅～方～丰～敷～甘～鲑～贵～怀～极～嘉～兼～骏～坤～林～陆～蛮～祕～妙～内～珮～琦～潜～琼～时～市～殊～隋～天～稀～席～馐～袖～遗～余～蚖～远～掌～众～珠～自～㊅～阙～侈～畴～赐～丛～错～殿～簟～感～瑰～鲑～翰～好～禾～华～会～籍～恡～美～魄～器～裘～群～瑞～篚～膳～摄～调～闻～锡～鲜～祥～象～新～勖～彦～宜～异～腴～御～馔～滋㊄大名贤所尚,宝位圣所珍。(唐·吴筠《高士咏·许先生》)春暖江南景气新,子鹅炙美就中珍。(唐·孙元晏《咏史诗·庾悦鹅炙》)断续殊乡泪,存亡满席珍。(唐·李商隐《送从翁东川弘农尚书幕》)

㊇**席上珍** 本指筵席上的珍品,喻指贤才美德。亦作"席上儒""席珍"。《礼记·儒行》:"哀公命席,孔子侍曰:'儒有席上之珍以待聘。夙夜强学以待问,怀忠信以待举,力行以待取,其自立有如此者。'"

逢僧便出衣中宝,待士多陈席上珍。(宋·韩维《答李正议见贻》)

针(針、*鍼)zhēn

㊂下平,十二侵。㊣鳌～鼻～弼～鑱～垂～刺～焠～钿～对～铎～格～钩～鬼～棘～忌～罗～绿～芒～磨～南～拈～盘～双～松～玄～悬～秧～毡～㊅～组～艾～鼻～砭～磁～对～饵～妇～膏～姑～箍～剂～芥～绝～科～喇～列～鬣～楼～路～缕～芒～耨～巧～射～神～生～师～虱～石～史～视～术～帖～药～衣～颖～熨～毡～指～凿～治～缀㊄乌几重重缚,鹑衣寸寸针。(唐·杜甫《风疾舟中伏枕书怀三十六韵》)彼美回清镜,其谁受曲针。(唐·李商隐《自桂林奉使江陵途中感怀寄献尚书》)树列千秋胜,楼悬七夕针。(唐·温庭筠《洞户二十二韵》)

㊇**穿针** 汉时风俗,妇女常于七月七日登楼穿针以乞巧。后因以穿针为咏七夕。葛洪《西京杂记》卷一:"汉彩女常以七月七日穿七孔针于开襟楼,俱以习之。"

儿女穿针夜向分,楼头月落尚炉薰。(宋·朱继芳《七夕》)

砧(*碪)zhēn ①捣衣石。②锻造时用铁铸成的受锤的垫具。

㊂下平,十二侵。㊣杵～楚～槌～村～刀～铁～斧～高～寒～玟～暮～清～秋～石～疏～霜～晚～鱼～玉～远～㊅～杵～铁～斧～骨～基～几～臼～声～石～响～韵～锧㊄江童暮理楫,山女夜调砧。(唐·王勃《深湾夜宿》)笛声随晚吹,松韵激遥砧。(唐·韦庄《三用韵》)白云野寺凌晨磬,红树孤村遥夜砧。(唐·方干《桐庐江阁》)

斟 zhēn ①用壶倒(酒或茶)。②考虑;择取。

㊂下平,十二侵。㊣罢～不～二～共～孤～行～堇～满～浅～轻～同～献～羊～酌～自～㊅～裁～忱～灌～诲～剂～量～勺～泻～寻～汋～雉～酌㊄前席惊虚辱,华樽许细斟。(唐·李商隐《自桂林奉使江陵途中感怀寄献尚书》)埜下翠蛾须强展,尊中绿蚁且徐斟。(唐·郑史《秋日零陵与幕下诸宾游河夜饮》)重阳未到已登临,探得黄花且独斟。(唐·司空图《丁巳重阳》)

㊇**羊斟** 代指因私而误国之人。《左传·宣公二年》:"将战,华元杀羊食士,其御羊斟不与。及战,曰:'畴昔之羊,子为政;今日之事,我为政。'与入郑师,故败。君子谓:'羊斟非人也,以其私憾,败国殄民。'"

昔日羊斟曾不预,今朝为政事如何。(唐·周昙《春秋战国门·华元》)

贞(貞)zhēn ①占卜。②忠于原则。③贞洁。

㊂下平,八庚。㊣安～诚～持～丹～敦～方～福～孤～含～亨～怀～嘉～矜～静～居～廉～良～凝～强～清～师～淑～顺～童～效～玄～永～幽～至～㊅～蔼～安～淳～粹～刚～恭～固～果～行～皜～华～晖～徽～悔～惠～魂～纪～济～俭～简～曒～襟～谨～静～筠～恪～朗～丽～廉～谅～履～敏～明～铭～默～穆～凝～魄～气～器～勤～仁～容～柔～瑞～慎～守～顺～肃～邃～恬～婉～蔚～悟～香～祥～筱～孝～信～虚～逊～琰～燕～曜～怡～毅～懿～颖～幽～悦～运～韵～则～整㊄愤烈身先死,敷扬气益贞。(唐·贯休《赠抱麻刘舍人》)

㊇**师贞** 谓用兵之道,利于得正。亦以代指军队。《易·师卦》:"师贞,丈人,吉,无咎。"唐·孔颖达疏:"师,众也,贞,正也。丈人谓严庄尊重之人,言为师之正,唯得严庄丈人监临主领,乃得吉无咎。"

圣祚雄图广,师贞武德虔。(唐·高适《信安王幕府诗》)

侦(偵、*遉)zhēn

㊂下平,八庚。㊣觇～间～逻～探～诇～游～㊅～报～察～觇～刺～谍～候～壶～缉～量～逻～骑～哨～视～伺～探～听～问～诇～巡～者～知～卒

桢(楨)zhēn ①刚木;坚木。②古代筑墙时树立在两端的木柱。

㊂下平,八庚。㊣邦～干～国～基～乾～松～万寻～㊅～弼～材～臣

～干～固～子

典**国桢** 喻指朝廷重臣。《诗经·大雅·文王》:"思皇多士,生此王国,王国克生,维周之桢。"任彦升(昉)《出郡传舍哭范仆射》:"平生礼数绝,式瞻在国桢。"唐·李周翰注:"实为国家桢干。"

巨镇为邦屏,全材作国桢。(唐·白居易《和渭北刘大夫借便秋遮虏寄朝中亲友》)

祯(禎)zhēn 吉祥。

古下平,八庚。逆安～邦～国～鸿～嘉～啓～淑～祥～休～顺～符～命～祺～瑞～石～泰～祥～休～异

箴zhēn 劝告;劝诫。

古下平,十二侵。逆钩～官～规～闺～金～九～苦～良～令～六～纫～世～司～文～心～虞～忠～资～自～顺～砭～补～疵～刺～赌～讽～功～管～盥～规～诲～谏～鉴～教～戒～诫～儆～警～绂～铭～末～切～阙～石～诵～瑱～训～言～尹～鱼例长怀五羖赎,终著九州箴。(唐·李商隐《自桂林奉使江陵途中感怀寄献尚书》)任达嫌孤愤,疏慵倦九箴。(唐·温庭筠《洞户二十二韵》)

典**虞人箴** 古代虞人劝诫君主打猎的箴谏之辞。后用作谏诤之代称。《左传·襄公四年》:"昔周辛甲之为太史也,命百官,官箴王阙。于《虞人之箴》曰:'芒芒禹迹,画为九州。经启九道,民有寝庙,兽有茂草,各有攸处,德用不扰。在帝夷羿,冒于原兽,忘其国恤,而思其麀牡。武不可重,用不恢于夏家。兽臣司原,敢告仆夫。'《虞箴》如是,可不惩乎?"

功高虞人箴,痛甚骚人辞。(唐·白居易《寄唐生》)

臻zhēn 到。

古上平,十一真。逆并～不～洊～荐～荐～克～来～鳞～骈～軿～响～休～宣～云～臻～顺～备～凑～萃～到～臻～至例冯异献赤伏,邓生倏来臻。(唐·李白《赠张相镐二首》其一)物幽夜更殊,境静兴弥臻。(唐·韦应物《秋夕西斋与僧神静游》)宝贵亲仁与善邻,邻兵何要互相臻。(唐·周昙《春秋战国门·少孺》)

甄zhēn

古上平,十一真。又:下平,一先同。逆采～二～感～旌～钧～两～双～陶～甄～追～自～左～顺～拔～被～表～采～察～饬～酬～访～奖～进～举～论～明～沐～品～赏～升～识～述～陶～晰～显～叙～冶～育～载～藻～择～正～擿～擢～综例至化无苦窳,宇宙将陶甄。(唐·萧颖士《过河滨,和文学张志尹》)

典**阿甄** 代指失宠宫人。阿甄本指魏文帝曹丕之妻甄后。她原是袁绍儿媳,容貌出众,后被曹丕纳为妻。曹丕即位后,甄氏失宠被赐死。见《三国志·魏书·文昭甄皇后传》。

啼蛄吊月钩栏下,屈膝铜铺锁阿甄。(唐·李贺《宫娃歌》)

榛zhēn 木名。

古上平,十一真。逆荒～荆～蓬～披～狉～墟～枣～榛～顺～碍～薄～草～巢～楚～丛～梗～故～荒～卉～荟～秽～笄～棘～菅～荆～楛～蒯～旷～莱～林～苓～路～莽～迷～密～狉～脯～杞～曲～穰～塞～实～薮～芜～墟～烟～莠～樾～榛～枳～株例荒榭苔胶砌,幽丛果堕榛。(唐·贾岛《题刘华书斋》)苍茫金谷园,牛羊龁荆榛。(唐·贯休《洛阳尘》)莺啭商郊百草新,殷汤遗迹在荒榛。(唐·胡曾《咏史诗·商郊》)

振zhēn ①鸟群飞貌。②兴盛貌。另见784页zhèn。

古上平,十一真。逆振～例辟土虽未远,规模亦振振。(唐·吴筠《建业怀古》)

典**白鹭振振** 《有駜》咏鲁僖公宴饮群臣,诗中用"振振鹭,鹭于下"之句以为起兴。后常咏宴饮。《诗经·鲁颂·有駜》:"振振鹭,鹭于下。鼓咽咽。""振振鹭,鹭于飞。鼓咽咽。"毛氏传:"振振,飞貌。鹭,白鸟也,以兴洁白之士。咽咽,鼓节也。"

白鹭振振,鼓咽咽。(宋·辛弃疾《六州歌头·西湖万顷》)

蓁zhēn ①草木茂盛貌。②荆棘丛生貌。

古上平,十一真。逆荐～荆～深～葳～蓁～顺～菅～莽～薮～芜～子

獉zhēn 獉狉,指文化未开的原始景象。

古上平,十一真。逆狉～

溱zhēn 水名。

古上平,十一真。逆溱～

谆(諄)zhūn

古上平,十一真。又:去声,十二震同。逆海～谵～耆～周～谆～顺～诚～笃～复～戒～款～芒～朴～切～勤～请～然～熟～沓～托～悉～详～晓～谕～挚～嘱例吾嫉惰游者,怜子愚且谆。(唐·韩愈《送惠师》)劳生常矻矻,语旧苦谆谆。(唐·元稹《代曲江老人百韵》)

肫zhūn ①诚恳。②鸟类的胃。

古《广韵》:平声,谆韵。逆黍～肫～顺～恻～诚～笃～宏～恳～切～然～挚

屯zhūn ①艰难;艰险。②吝惜。③卦名。④盈;充满。另见753页tún。

古上平,十一真。顺～诐～弊～变～悴～钝～厄～膏～亨～疾～棘～艰～蹇～謇～坎～苦～困～雷～沴～乱～蒙～闵～圮～平～奇～穷～屯～危～险～夷～窒～滞～踬

典**虞翻骨相屯** 三国吴人虞翻因耿直敢谏,不随流俗而被贬,自叹"骨体不媚"。后常用以代指官员遭受贬谪。《三国志·吴书·虞翻传》引《虞翻别传》:"翻放弃南方,云'自恨疏节,骨体不媚,犯上获罪'。"

久钦江总文才妙,自叹虞翻骨相屯。(唐·韩愈《韶州留别张端公使君》)

迍zhūn 难行不进貌。

古上平,十一真。逆艰～贱～逡～途～险～灾～遭～迍～顺～败～剥～厄～否～遭～羁～蹇～贱～蹶～轗～难～穷～塞～殃～灾～邅～滞～踬～迍例见僧心暂静,从俗事多迍。(唐·贾岛《落第东归逢僧伯阳》)得罪钟多故,投荒岂是迍。(唐·贯休《赠抱麻刘舍人》)

窀zhūn 窀穸,墓穴。

古上平,十一真。逆穸～

尊zūn ①古代盛酒礼器。②敬重;尊崇。③地位或辈分高。

㊀上平,十三元。㊁傍～常～崇～道～芳～奉～府～孤～灌～降～金～敬～酒～恪～劳～罍～离～履～绿～侔～匏～瓢～谦～钦～琴～青～清～衢～融～酾～盛～殊～推～席～贤～献～象～雄～严～瑶～壹～侑～余～萸～玉～郁～招～㊂～爱～阍～诚～齿～慈～赐～范～服～甫～府～高～庚～卦～官～厚～华～奖～节～介～爵～罍～累～履～门～明～慕～年～前～亲～攘～任～荣～尚～胜～盛～寿～属～肃～堂～威～贤～向～像～信～幸～宿～萱～仰～养～仪～彝～异～意～优～寓～远～造～章～正～觯㊃终藉叔孙礼,方知皇帝尊。(唐·魏征《赋西汉》)燕姝对明月,荆艳促芳尊。(唐·上官仪《酬薛舍人万年宫晚景寓直怀友》)是节暑云炽,纷吾心所尊。(唐·张九龄《奉使自蓝田玉山南行》)

㊄**衢尊** 指设酒于通衢,行人自饮。喻指仁政。《淮南子·缪称训》:"圣人之道,犹中衢而致尊邪,过者斟酌,多少不同,各得其所宜。是故得一人,所以得百人也。"高诱注:"尊,酒器也。""一人来得其心,百人来亦得其心。"

衢尊不重饮,白首独余哀。(唐·杜甫《千秋节有感二首》其一)

北海尊 咏饮酒,亦喻主人之好客。亦作"融酒""孔融尊""满座空樽""孔坐多绿醽"。汉末孔融为北海相,时称孔北海。融性宽容少忌,好士,喜诱益后进。及退闲职,宾客日盈其门。常叹:"坐上客恒满,尊中酒不空,吾无忧矣。"见《后汉书·孔融传》。

手栽渭川竹,坐对北海尊。(宋·曾惇《清閟堂》)

等闲吟笑而已,赖有孔融尊。(宋·韩淲《水调歌头·嘉节已吹帽》)

郭隗尊 指以礼聘请有才德之人。亦作"郭隗始""郭隗金""郭隗台""隗始""隗贵重"。《史记·燕召公世家》:"燕昭王于破燕之后即位,卑身厚币以招贤者……郭隗曰:'王必欲致士,先从隗始。况贤于隗者,岂远千里哉!'于是昭王为隗改筑宫而师事之。"

卧多共息嵇康病,才劣虚同郭隗尊。(唐·秦系《山中枉皇甫温大夫见招书》)

狱吏尊 汉周勃被人诬告谋反,身陷囹圄,后以千金贿赂狱吏,才得以洗脱冤情,因感叹:"吾尝将百万军,然安知狱吏之贵乎!"见《史记·周勃世家》。后遂以"狱吏尊"咏冤狱或狱吏。

寄谢韩安国,何惊狱吏尊。(唐·陈子昂《宴胡楚真禁所》)

爵齿俱尊 爵,官爵;齿,年龄;德,道德。孟子说这三项是天下所共同尊敬的。《孟子·公孙丑下》:"(孟子)曰:'岂谓是与? ……天下有达尊三:爵一,齿一,德一。朝廷莫如爵,乡党莫如齿,辅世长民莫如德。'"

爵齿俱尊惟此老。诗词笔力谁能到。(宋·王之道《渔家傲·爵齿俱尊惟此老》)

满座空尊 孔融曾说:"坐上客恒满,尊中酒不空,吾无忧矣。"见735页"北海尊"。

看满座空尊,轻裘缓带,绿鬓朱颜。(宋·刘辰翁《木兰花慢·自崆峒麦熟》)

樽(*罇)zūn 盛酒器。

㊀上平,十三元。㊁残～出～翠～芳～桂～寒～合～鸳～角～金～开～雷～罍～离～盘～匏～朋～瓢～琴～倾～清～衢～山～上～兽～窊～洼～牺～仙～玄～瑶～移～彝～义～禋～侑～越～云～倅～㊂～篚～桂～斝～节～酒～榼～罍～杓～彝～约～中～斝～酌～俎㊃日色促归人,连歌倒芳樽。(唐·李白《鲁郡尧祠送吴五之琅琊》)庭前空倚杖,花里独留樽。(唐·韦应物《期卢嵩,枉书称日暮无马不赴,以诗答》)闲鹭惊箫管,潜虬傍酒樽。(唐·岑参《与鄠县群官泛渼陂》)

遵zūn

㊀上平,十一真。㊁奉～恪～率～钦～示～守～述～顺～咸～依～永～祗～准～㊂～承～敕～崇～蹈～道～德～遁～法～复～行～鸿～候～晦～迹～教～节～禁～理～例～路～率～凭～钦～生～绳～式～述～条～途～向～修～序～学～巡～养～尧～业～谕～执～职～制～渚～酌㊃急涧岂易揭,峻途良难遵。(唐·韦应物《山行积雨,归途始霁》)旧好盟还在,中枢策屡遵。(唐·李商隐《送从翁东川弘农尚书幕》)乔木如在望,通衢良易遵。(唐·朱均《贻常夷诗》)

㊄**祭遵** 原指东汉立国时的功臣祭遵,后喻指德高望重的大臣。《后汉书·祭遵传》:"遵为人廉约小心,克己奉公,赏赐辄尽与士卒,家无私财。""虽在军旅,不忘俎豆,可谓好礼悦乐,守死善道者也。""博士范升上疏,追称遵曰:'……清名闻于海内,廉白著于当世。"

人思崔琰议,朝掩祭遵公。(唐·张九龄《和姚令公哭李尚书乂》)

平声·阳平

岑cén ①小而高的山。②山石险峻貌。

㊀下平,十二侵。㊁碧～苍～岑～储～楚～川～春～丹～飞～峰～艮～故～寒～鹤～睿～荆～峻～林～陵～岭～嵚～钦～嶔～青～嵩～苔～冈～危～巍～雾～细～仙～香～烟～岩～遥～瑶～崟～玉～远～云～㊂～崿～巩～壑～寂～立～岭～楼～牟～峭～锐～石～蔚～翳～郁㊃暮登蓟楼上,永望燕山岑。(唐·陈子昂《登蓟丘楼送贾兵曹入都》)湾潭幽意深,杳霭涌寒岑。(唐·张均《和尹懋秋夜游灉湖二首》其二)

㊄**卖畚嵩岑** 本指王猛卖畚遇仙之事。后遂以为咏贤士虽暂贫贱而终将发迹之典。南朝宋·何法盛《晋中兴书》:"王猛少贫贱,鬻畚为事。尝至洛阳货畚,有人于市贵买其畚,云:'家近在此,可随我取直。'随去,忽至深山。此人曰:'且住,当先启道君。'须臾猛进,见一公踞胡床,头白,将从十许人。有一人引猛,云:'大司马公可进。'猛因拜老公。公曰:'王公何缘拜。'即十倍售畚直,发人送猛出。既出顾视,乃嵩高山也。"

呼鹰过上蔡，卖畚向嵩岑。（唐·李白《留别王司马嵩》）

涔cén ①久雨而渍。②汗、泪、水落不止貌。

古下平，十二侵。逆涔～淳～洪～黄～淋～牛～蹄～渟～洼～顺～滴～旱～勺～水～蹄～淫～云～潏例江生魂黯黯，泉客泪涔涔。（唐·李商隐《自桂林奉使江陵途中感怀寄献尚书》）

典**蹄涔** 指容量、体积等微小。《淮南子·氾论训》："夫牛蹄之涔，不生鳣鲔。"高诱注："涔，雨水也，满牛蹄迹中，言其小也。"

和气浃寰海，易若溉蹄涔。（唐·元稹《桐花》）

辰chén

古上平，十一真。逆比～弁～参～昌～朝～冲～俶～铎～芳～逢～伏～庚～拱～贯～弧～花～计～佳～嘉～良～灵～令～贸～曩～穷～弱～圣～霜～顺～私～泰～觽～休～严～炎～爻～业～移～余～贞～指～朱～诹～顺～参～地～斗～告～光～晷～韩～汉～衡～堠～极～驾～鉴～角～阶～精～居～刻～旒～马～牡～暮～牌～旆～砂～时～事～巳～太～尾～纬～象～宿～序～选～夜～仪例禁漏虚传点，妖星不振辰。（唐·司空图《庚子腊月五日》）晴轩分楚汉，夜酒揖星辰。（唐·虚中《庚楼》）繁阴连曙景，瑞雪洒芳辰。（唐·徐铉《春雪应制》）

典**拱北辰** 指群臣围绕在帝王身边，或指百姓跟随明主。《论语·为政》："子曰：'为政以德，譬如北辰，居其所，而众星共之。'"按，共为"拱"的本字。

相印昔辞东阁去，将星还拱北辰来。（唐·刘禹锡《和令狐相公初归京国赋诗言怀》）

怀燕良辰 唐宰相张说之母梦玉燕投入怀中而孕，生张说。后遂用此事比喻贵子降生。五代·王仁裕《开元天宝遗事》卷上《梦玉燕投怀》："张说母梦有一玉燕自东南飞来，投入怀中而有孕，生说，果为宰相，其至贵之祥也。"

长记怀燕良辰，华堂称庆，皓齿清歌发。（宋·林横舟《念奴娇·一黉呈秀》）

死为星辰 代指贤明之相。亦作"光为列星""传说星"。《庄子·大宗师》："傅说得之，以相武丁，奄有天下，乘东维，骑箕尾，而比于列星。"唐·陆德明《经典释文》："崔（譔）云：'傅说死，其精神乘东维，托龙尾，乃列宿。今尾上有傅说星。'"

死为星辰终不灭，致君尧舜焉肯朽。（唐·杜甫《可叹》）

尘（塵）chén

古上平，十一真。逆避～飙～车～玷～法～烽～抚～根～垢～幻～徽～劫～芳～金～静～客～空～镂～露～蹑～凝～暖～辟～飘～轻～祛～麴～软～塞～世～素～韬～纤～嚣～煖～业～驿～轶～逸～萦～庾～玉～障～织～珠～缁～踪～顺～谤～蠹～烦～氛～毂～轨～怀～寰～羁～迹～芥～界～襟～境～客～览～劳～笼～陋～露～侣～梦～面～邈～腻～念～壤～冗～琐～忝～顽～妄～微～委～雾～响～颜～鞅～役～曀～翳～缨～羽～韵～杂～甑～障～辙～躅～缁例昔时昔时洛城人，今作茫茫洛城尘。（唐·贯休《游洛阳尘》）南山初过雨，北阙净无尘。（唐·曹松《武德殿朝退望九衢春色》）枝低无宿羽，叶静不留尘。（唐·钱众仲《贡院楼北新栽小松》）

典**芳尘** 指有芳香的尘土，后喻指人的美名。旧题晋·王嘉《拾遗记》卷九载："晋末后赵石虎于大极殿前起楼，高四十丈，舂杂宝异香为屑，使数百人于楼上吹散之，名曰'芳尘'。"

甲科推令名，延阁播芳尘。（唐·韦应物《送云阳邹儒立少府侍奉还京师》）

劫尘 喻指历史的遗迹，或指佛家对世界生与灭的解释。《高僧传·汉洛阳白马寺竺法兰》："昔汉武穿昆明池底，得黑灰，问东方朔。朔云：'不知，可问西域胡人。'后法兰既至，众人追以问之。兰云：'世界终尽，劫火洞烧，此灰也。'"

喜归商岭寻仙药，忍见秦宫化劫尘。（宋·仇远《勾龙爽毛女》）

清尘 敬称地位或辈分高的人。《汉书·司马相如传》：司马相如上书谏猎曰："卒然逸材之兽，骇不存之地，犯属车之清尘。"颜师古注："尘，谓行而起尘也。言清者，尊贵之意也。"

桐上知音日下身，道光谁不仰清尘。（唐·刘威《赠欧阳秀才》）

拾尘 指产生误解，或被猜疑。《吕氏春秋·审分览·任数》："孔子穷乎陈蔡之间，藜羹不糁，七日不尝粒，昼寝。颜回索米，得而爨之，几熟。孔子望见颜回攫其甑中而食之。选间，食熟，谒孔子而进食。孔子佯为不见之。孔子起曰：'今者梦见先君，食洁而后馈。'颜回对曰：'不可，向者煤尘入甑中，弃食不祥，回攫而饭之。'孔子叹曰：'所信者目也，而目犹不可信；所恃者心也，而心犹不足恃。弟子记之，知人固不易矣。'"

机事齐飘瓦，嫌猜比拾尘。（唐·柳宗元《酬娄秀才将之淮南见赠之什》）

望尘 指阿谀谄媚显贵。《晋书·藩岳传》："岳性轻躁，趋世利，与石崇等谄事贾谧，每候其出，与崇辄望尘而拜。"

望尘非吾事，入赋且迟留。（唐·王昌龄《放歌行》）

庾尘 晋庾亮权势倾人，宰相王导不满，遇西风尘起，曰"元规（庾亮字）尘污人"。后以"庾尘"比喻宦途的鄙俗、势焰。或喻指有权势的大臣傲慢自大、盛气凌人。亦作"庾公尘""庾亮尘""元规尘"。《世说新语·轻诋》："庾公权重，足倾王公。庾在石头，王（导）在冶城坐。大风扬尘，王以扇拂尘曰：'元规尘污人。'"

北牖已安陶令榻，西风还避庾公尘。（宋·苏轼《次韵王廷老退居见寄》）

范甑尘 代指清苦贫困的生活。亦以比喻官吏清廉自守。亦作"甑生尘""甑中尘"。汉范冉遭阉党禁锢，弃官后家境清苦，久不能烧饭，以致炊器积满尘埃，锅生蠹鱼，然清贫自守，时人歌之："甑中生尘范史云，釜中生鱼范莱芜。"见《后汉书·范冉传》。

范甑欲尘贫亦甚，陶腰未折计

何如。（宋·王琮《客中从厚禄故人乞米》）

洛浦尘 咏美人。《洛神赋》描写洛神行态有"凌波微步，罗袜生尘"之语。

清寒不类巫山梦，素艳全非洛浦尘。（宋·方回《梅魂次周斐然韵》）

旧榻悬尘 东汉太守陈蕃以殊礼接待乡里名士徐稺、周璆，设专用榻，只供他们使用。后常用"陈蕃榻"表示礼遇贤士。《后汉书·徐稺传》："时陈蕃为太守……蕃在郡不接宾客，唯稺来特设一榻，去则县之。"按，县同"悬"。

半掩闲门草，看长松落荫，旧榻悬尘。（宋·张炎《忆旧游·笑铭崖笔倦》）

梁绕飞尘 称赞歌声嘹亮。亦作"梁上动""梁尘"。陆士衡（机）《拟东城一何高》："一唱万夫叹，再唱梁尘飞。"

郢中吟白雪，梁上绕飞尘。（唐·李峤《歌》）

衣化客尘 陆机诗句以素衣被尘土污染变黑，描绘宦游洛京、风尘道路的情景。后人常用来表现羁旅情怀和游宦京都的生活。陆士衡（机）《为顾彦先赠妇二首》其一："辞家远行游，悠悠三千里。京洛多风尘，素衣化为缁。"

衣化客尘今古道，柳含春意短长亭。（宋·晏几道《浣溪沙·午醉西桥夕未醒》）

竹马望尘 东汉并州牧郭伋巡视部属途中，受到数百骑竹马儿童的夹道欢迎。常用来颂美州郡长官。见《后汉书·郭伋传》。

竹马望尘去，倦客亦随车。（宋·杨炎正《水调歌头·踏碎九街月》）

晨chén

古上平，十一真。逆登～风～凤～花～极～诘～戒～金～开～来～陵～凌～鸣～农～牝～侵～侍～霜～伺～通～乡～向～向～宵～萧～协～莺～迎～玉～蚤～顺～步～餐～唱～炊～爨～旦～发～凫～服～裸～鹄～昏～极～戒～精～离～昧～门～明～暝～暮～牝～禽～趋～膳～省～事～退～瞰～乌～兴～羞～旭～衙～曜～夜～婴～斋～征～正～轴～妆～装 例艇子愁冲夜，骊驹怕拂晨。（唐·吴融《倒次元韵》）梦狂翻惜夜，妆懒厌凌晨。（唐·韩偓《无题》）

典**牝鸡司晨** 喻指女子掌权或当政乱国。《书·牧誓》："古人有言曰：牝鸡无晨，牝鸡之晨，惟家之索。"

牝鸡司晨足才致，蛾眉文墨争蝉娟。（宋·薛绍彭《秘阁观书》）

沉chén

参见764页shěn"沈"。

古下平，十二侵。逆沉～独～钩～酣～积～浸～陆～绿～迷～汩～溟～漂～平～屈～日～麝～升～昇～陞～水～响～销～悬～湮～杳～幽～榆～冤～渊～月～珠～顺～奥～悲～璧～藏～醇～悼～德～遁～酣～涵～黑～晖～晦～魂～谨～籁～蓝～潦～鳞～埋～魅～密～谧～绵～敏～冥～暝～墨～穆～淖～匿～溺～漂～燃～塞～邃～檀～恸～婉～微～犀～湘～翔～想～销～雄～逊～雅～湮～懿～隐～忧～游～玉～陨～蕴～滞～姿～滓 例复见林上月，娟娟犹未沉。（唐·张九龄《晨出郡舍林下》）魄散珠胎没，芳销玉树沉。（唐·王勃《伤裴录事丧子》）谬接鹓鸿陪赏乐，还欣鱼鸟遂飞沉。（唐·李乂《奉和春日幸望春宫应制》）

典**陆沉** 代指隐居，或喻人才被埋没、没得到重视。《庄子·则阳》："仲尼曰：'……是自埋于民，自藏于畔。其声销，其志无穷，其口虽言，其心未尝言。方且与世违，而心不屑与之俱。是陆沉者也，是其市南宜僚邪？'"晋·郭象注："人中隐者，譬无水而沉也。"

今来正叹陆沉久，见君此画思前程。（唐·齐己《观李琼处士画海涛》）

屈原沉 比喻忧国忧民，为国家的危难而献出生命的人，亦作"沉楚臣""水底魂""楚臣悲"。见8页"怀沙"。

追回贾谊贬，唤起屈原沉。（宋·叶适《施翔父掌教长沙》）

陈（陳）chén

①行列；排列。②向上述说。③显示；呈现。

古上平，十一真。逆暴～背～悖～毕～逋～谗～敷～拂～负～附～复～感～梗～钩～乖～龟～捍～行～羁～翦～荐～僭～郊～骄～沮～拒～抗～临～留～乱～嫚～迷～莫～畔～铺～驱～曲～首～顺～肆～条～廷～吐～微～违～迮～袭～陷～蓄～祆～亿～迎～杂～造～诈～直～重～诛～作～顺～宝～弊～编～辩～表～策～诚～赤～畴～刍～牍～对～娥～发～凤～伏～腐～根～耕～羹～故～贺～红～晦～迹～谏～结～进～举～具～烂～露～虑～昧～谟～篇～祈～器～诗～事～首～熟～说～粟～套～条～托～文～闻～物～献～效～写～修～宿～序～玄～训～逊～筵～议～挹～谊～因～谕～黤～臧～政～状～紫～奏～俎 例忽然富贵贪财色，瓦解冰消不可陈。（唐·寒山《诗三百三首》其三十八）吞并宁唯汉，凄凉莫问陈。（唐·贯休《秋末江上望》）进退生自知，得丧吾不陈。（唐·徐铉《咏梅子真送郭先辈》）

典**钩陈** 指紫微垣内一星，靠近北极，常喻指后宫。亦作"句陈"。班孟坚（固）《西都赋》："周以钩陈之位，卫以严更之署。"李善注引《乐汁图》曰："钩陈，后宫也。"

森森列干戚，济济趋钩陈。（唐·权德舆《奉和圣制中春麟德殿会百寮观新乐》）

渚莲参法驾，沙鸟犯句陈。（唐·李商隐《陈后宫》）

雷陈 指东汉的雷义与陈重，二人有深厚的友谊，为时人所称。《后汉书·雷义传》："雷义字仲公，豫章鄱阳人也……举茂才，让于陈重，刺史不听，义遂阳狂被发走，不应命。乡里为之语曰：'胶漆自谓坚，不如雷与陈。'三府同时俱辟二人。"又见同书《陈重传》。

荣辱升沈影与身，世情谁是旧雷陈。（唐·元稹《寄乐天二首》其一）

徐陈 徐干、陈琳的合称，后喻指有文才的幕僚。《三国志·魏书·王粲传》："时文帝为五官将，及平原侯植皆好文学。粲与北海徐干字伟长、广陵陈琳字孔璋……并见友善。干为司空军谋祭酒掾属，五官将文学。琳前为何进主簿……袁氏败，琳归太祖。"曹丕《与吴质书》："昔年疾疫，亲故多离其灾。徐、陈、应、刘，一时俱逝。"

鲁卫弥尊重，徐陈略丧亡。（唐·杜甫《戏题寄上汉中王三首》其三）

一榻依陈　指礼贤下士。见36页"悬榻"。

一榻偶依陈太守，三年深忆祢先生。（唐·罗隐《安陆赠徐砺》）

臣chén

【古】上平，十一真。【逆】霸～弼～嬖～边～宾～材～侧～辞～鼎～迩～蕃～阁～贵～豪～鸿～机～羁～吉～寄～家～谏～僭～将～疆～禄～盲～民～谟～佞～陪～耆～迁～强～清～铨～任～戎～稿～师～时～世～枢～硕～素～廷～望～信～幸～雁～燕～议～姻～媵～谀～愚～誉～阅～谪～贞～镇～诤～直～宗～【顺】～畜～道～附～官～节～礼～隶～僚～寮～邻～虏～孽～仆～使～仕～事～属～术～庶～朔～司～卫～役～御～制～佐【例】疾风知劲草，板荡识诚臣。（唐·李世民《赋萧瑀》）古来贵重缘亲近，狂客惭为侍从臣。（唐·广宣《驾幸圣容院应制》）词赋离骚客，封章谏诤臣。（唐·徐铉《哭刑部侍郎乔公诗》）

【典】**鼎臣**　指三公要臣。《汉书·叙传下》："凋落洪支，底剧鼎臣。"东汉·服虔注："《易》曰：'鼎折足……凶'，谓诛朱博、王嘉之属也。"

鹳鹤相呼绿野宽，鼎臣闲倚玉栏干。（唐·卢纶《春日喜雨奉和马侍中宴白楼》）

吊楚臣　指自伤身世或指遭受贬谪。《史记·贾生列传》："贾生名谊，雒阳人也……绛、灌、东阳侯、冯敬之属尽害之，乃短贾生曰：'雒阳之人，年少初学，专欲擅权，纷乱诸事。'于是天子后亦疏之，不用其议，乃以贾生为长沙王太傅。贾生既辞往行，闻长沙卑湿，自以寿不得长，又以适去，意不自得。及渡湘水，为赋以吊屈原。"

漫逐江鱼吊楚臣，风骚今见出吾闽。（宋·李弥逊《次韵陈蹈元见和之作》）

牧羊臣　指忠臣。见115页"苏武节"。

可嗟牧羊臣，海上久为客。（唐·崔湜《塞垣行》）

忱chén

【古】下平，十二侵。【逆】寸～丹～匪～棐～贺～悃～歉～倾～输～微～下～谢～血～蚁～斟～【顺】～辞～悃～恂【例】内讼诚知止，外言犹匪忱。（唐·张九龄《郡舍南有园畦杂树聊以永日》）五者苟不乱，天命乃可忱。（唐·元稹《桐花》）

宸chén　①深奥的房屋。②帝王的住处。③王位、帝王的代称。

【古】上平，十一真。【逆】丹～帝～枫～黼～槐～禁～九～圣～霄～玉～中～紫～【顺】～笔～跸～宠～传～慈～聪～断～扉～歌～汉～翰～怀～极～驾～鉴～阶～襟～廑～景～睠～历～旒～路～纶～虑～谟～谋～阙～赏～声～枢～算～题～听～网～卫～严～筵～曜～仪～游～舆～藻～赠～瞩【例】诘旦违清道，衔枚别紫宸。（唐·李商隐《送从翁东川弘农尚书幕》）

【典】**枫宸**　代指君王的宫殿，或借指君王。三国魏·何晏《景福殿赋》："云若充庭，槐枫被宸。"宋·苏轼《次韵少悴李通直》之一："回首天涯一惆怅，却登梅岭望枫宸。"

已办书生场屋缘，枫宸入对字三千。（宋·魏了翁《燕新进士》）

唇（*脣）chún

【古】上平，十一真。【逆】补～谗～吹～弹～点～沸～膏～鼓～喉～湖～花～缄～讲～绛～交～焦～聚～敛～龙～钱～青～缺～入～檀～田～调～脱～碗～莺～攒～【顺】～齿～舌～吻～脂【例】银烛煌煌半醉人，娇歌宛转动朱唇。（唐·陈羽《同韦中丞花下夜饮赠歌人》）九重黯已隔，涕泗空沾唇。（唐·李商隐《行次西郊作一百韵》）烟柳半眠藏利脸，雪梅含笑绽香唇。（唐·韩偓《早起探春》）

纯（純）chún

【古】上平，十一真。【逆】不～诚～浑～精～铿～思～肃～一～懿～渊～真～忠～【顺】～备～臣～粹～德～笃～化～谨～钧～吏～丽～明～全～悫～然～仁～儒～善～实～淑～素～牺～熙～雅～阳～衣～懿～阴～至～质【例】虚座怜王述，遗篇恸景纯。（唐·褚亮《伤始平李少府正己》）戍烟生不见，村竖老犹纯。（唐·元稹《代曲江老人百韵》）省可清言挥玉尘，真须保器全真。风流何似道宋纯。（宋·苏轼《临江仙·谁道东阳都瘦损》）

莼（蒓、*蓴）chún　植物名。

【古】上平，十一真。【逆】菰～湖～江～思～吴～忆～【顺】～菜～羹～鲈【例】网聚粘圆鲫，丝繁煮细莼。（唐·杜甫《赠王二十四侍御契四十韵》）越桂留烹张翰鲙，蜀姜供煮陆机莼。（唐·李商隐《赠郑谠处士》）

【典】**为莼**　指思乡之情。见325页"莼羹鲈脍"。

莫为莼鲈美，天涯滞尔才。（唐·李频《明州江亭夜别段秀才》）

陆机莼　见567页"夸羊酪"。

陆机不作莼羹在，雷焕无踪剑气寒。（宋·方回《用夹谷子括吴山晚眺韵十首》其八）

千里莼　见567页"夸羊酪"。

陆云尝夸千里莼，便轻羊酪同埃尘。（宋·梅尧臣《送罗职方知秀州》）

淳（*湻）chún

【古】上平，十一真。【逆】安～敦～丰～还～化～轻～清～深～雅～渊～元～贞～真～质～忠～【顺】～奥～博～诚～粹～德～笃～刚～古～好～和～华～俭～洁～谨～劲～精～静～漓～鲁～茫～茂～美～浓～悫～仁～善～深～实～淑～熟～素～熙～信～雄～雅～言～耀～意～懿～源～越～直～至～质～致【例】地远官无法，山深俗岂淳。（唐·刘长卿《送侯御赴黔中充判官》）愿从吾道禧文运，再使河清俗化淳。（唐·殷尧藩《金陵上李公垂侍郎》）蒸黎今得请，宇宙昨还淳。（唐·李商隐《送从翁东川弘农尚书幕》）

醇（*醕）chún　①浓厚。②纯粹。

【古】上平，十一真。【逆】沉～端～鸿～化～精～浓～朴～轻～清～深～雅～饮～挚～酎～【顺】～薄～备～碧～德～碬～固～和～浇～精～峻～醪～醽～醴～冽～氓～茂～醲～儒～善～驯～俗～味～熙～修～雅～酽～懿～源～旨～质【例】花绶光连榻，朱颜畅饮醇。（唐·张说

《恩赐乐游园宴》)潜驱东汉风，日使薄者醇。(唐·权德舆《严陵钓台下作》)万钱才下箸，五酘未称醇。(唐·元稹《代曲江老人百韵》)

鹑(鶉)chún ①鹌鹑，小鸟名。②破烂的衣服。

㊀上平，十一真。㊁鹌～奔～飞～鸣～沙～县～悬～野～㊂～奔～贲～甸～服～褐～火～郊～居～裾～鷇～腊～笼～鸟～旗～雀～鴽～首～兔～尾～纬～星～刑～悬～鸩～野～衣㊃君看海上鹤，何似笼中鹑。(唐·李白《对雪奉饯任城六父秩满归京》)书成无过雁，衣故有悬鹑。(唐·杜甫《赠王二十四侍御契四十韵》)翻身迎过雁，劈肘取回鹑。(唐·元稹《代曲江老人百韵》)

㊄**悬鹑** 喻指衣服破烂不堪。亦作"悬鹑百结""衣有悬鹑""衣如飞鹑""鹑衣"。《荀子·大略》："子夏贫，衣若悬鹑。"

只是从前疏拙身，而今结驷昔悬鹑。(宋·刘克庄《兼诸司二首》其一)

漘chún 水边。

㊀上平，十一真。㊁海～河～湖～江～溪～㊃青草洞庭湖，东浮沧海漘。(唐·杜甫《寄薛三郎中》)琳琅铺柱础，葛藟茂河漘。(唐·元稹《代曲江老人百韵》)绿网缒金铃，霞卷清池漘。(唐·李贺《出城别张又新，酬李汉》)

存cún

㊀上平，十三元。㊁安～并～操～宠～点～匪～抚～赅～告～苟～孤～顾～过～麾～诲～兼～矜～静～救～具～眷～临～默～盘～偏～平～普～起～哂～诗～收～司～思～图～慰～温～相～绪～俨～佚～翼～贮～㊂～爱～安～庇～泊～查～诚～处～赐～访～抚～覆～孤～顾～候～记～济～荆～救～聚～眷～栏～劳～立～目～暖～品～润～省～守～思～慰～问～谢～雄～恤～义～意～育～谕～札～拯～执～志～追㊃有此宗师在，应知我法存。(唐·皎然《乌程李明府水堂同卢使君幼平送荚上人游五台》)园林经难别，桃李几株存。(唐·齐己《酬元员外》)

㊄**皮存** 喻指依附者与被依附者之间的关系。《左传·僖公十四年》："秦饥，使乞籴入晋，晋人弗与。庆郑曰：'背施无亲，幸灾不仁，贪爱不祥，怒邻不义。四德皆失，何以守国？'虢射曰：'皮之不存，毛将安傅？'"

幸得皮存矣，须劳翼长之。(唐·李端《下第上薛侍郎》)

夜气存 儒家称晚上静思所产生的良知善念为"夜气"。以"夜气存"喻指保持友善真诚清正的天性。《孟子·告子上》："虽存乎人者，岂无仁义之心哉？其所以放其良心者，亦犹斧斤之于木也，旦旦而伐之，可以为美乎？其日夜之所息，平旦之气，其好恶与人相近也者几希；则其旦昼之所为，有梏亡之矣；梏之反覆，则其夜气不足以存；夜气不足以存，则其违禽兽不远矣。"

神清存夜气，天阔数秋毫。(元·杨载《中秋》)

赵孤存 春秋时晋国司寇屠岸贾欲诛灭赵盾的家族，韩厥应赵盾之子赵朔的请求，暗中保护了赵氏孤儿赵武，以后又向晋景公进言，归还了赵家原先的田邑，使赵氏宗祀得以延续。后代指托孤。见《史记·韩世家》。

君不见，韩献子，晋将军，赵孤存。(宋·辛弃疾《六州歌头·西湖万顷》)

灵光岿然存 灵光殿，汉景帝之子鲁恭王余所建，故址在今山东省。汉殿未央、建章皆于西汉末毁于战火，只有"灵光岿然独存"。庾信作赋以"灵光岿然"喻指江南故交死亡殆尽，唯有他自己还存在于世。见王延寿《鲁灵光殿赋序》。

鹏舍曾嗟经岁谪，灵光空念岿然存。(唐·徐铉《送阮殿丞之静海》)

蹲cún ①腿脚猛然落地而受伤。②蹲蹲，起舞貌；茂密。另见715页dūn。

㊀上平，十三元。㊂～蹲

焚fén

㊀上平，十二文。㊁飚～膏～熯～灰～火～救～兰～烧～手～惔～香～芝～㊂～笔～帛～荡～祷～燔～膏～稿～椒～枯～燎～裘～券～爇～煞～石～烁～铄～诵～巫～尪～修～削～研～炀～逸～鱼～芝～掷～薙～舟㊃金汤既失险，玉石乃同焚。(唐·孔绍安《别徐永元秀才》)陵庙路因朝去扫，御炉香每夜来焚。(唐·子兰《寄乾陵杨侍郎》)鼎水看山汲，台香扫雪焚。(唐·李洞《冬日题觉公牛头兰若》)

㊄**玉石同焚** 指好坏同归于尽，或借指烈火。《书·胤征》："火炎昆冈，玉石俱焚。天吏逸德，烈于猛火。"旧题汉·孔安国传："山脊曰冈。昆山出玉，言火逸而害玉。"

大底鷃鹏须自适，何尝玉石不同焚。(唐·吴融《闲书》)

坟(墳)fén ①坟墓。②堤岸；高地。另见772页fèn。

㊀上平，十二文。㊁白～崇～丹～典～方～封～汲～醮～久～骊～陵～旅～起～前～丘～壤～汝～三～省～添～托～响～墟～谒～遗～岳～埴～㊂～庵～仓～策～典～封～花～籍～记～井～窠～垒～陇～垆～坜～壤～埏～史～首～寺～素～索～坛～衍～羊～腴～院～兆～烛㊃旧馆何人宅，空山远客坟。(唐·刘长卿《哭魏兼遂》)携酒花林下，前有千载坟。(唐·韦应物《与友生野饮效陶体》)唯有山僧与樵客，共舁孤榇入幽坟。(唐·于鹄《哭李暹》)

㊄**典坟** 原是《三坟》《五典》两种上古书籍的合称，后泛指古代典籍，亦作"三坟"。《左传·昭公十二年》："左史倚相趋过。王曰：'是良史也，子善视之。是能读《三坟》、《五典》、《八索》、《九丘》。'"杜预注："皆古书名"。

百尺典坟随丧乱，一家风雅独完全。(唐·齐己《贺行军太傅得白氏东林集》)

汾fén 水名，在山西。

㊀上平，十二文。㊁大～关～河～横～沮～临～温～㊂～祠～鼎～浍～晋～酒～沮～葵～潞～讴～丘～曲～射～神～亭～王㊃北风吹白云，万里渡河汾。(唐·苏颋《汾上惊秋》)愿以醍醐参圣酒，还将祇苑当秋汾。(唐·沈佺期《从幸香山寺应制》)揽涕步脽上，登高见彼汾。

（唐·李适《汾阴后土祠作》）

典**横汾** 代指帝王舟宴、赋诗之举。亦作“济汾”。旧题东汉·班固《汉武故事》：“上幸河东，欣言中流，与群臣饮宴。顾视帝京，乃自作《秋风辞》曰：‘泛楼船兮汾河，横中流兮扬素波。箫鼓吹，发棹歌，极乐欢兮哀情多！’”

横汾宴镐欢无极，歌舞年年圣寿杯。（唐·李适《帝幸兴庆池戏竞渡应制》）

贲（賁）fén ①大。②通“坟”。另见712页bēn、222页bì。

古上平，十二文。又：上平，十三元同。逆典～～畴～典～鼓～龟～羊～庸～镛～彘

蕡fén 草木果实繁盛硕大貌。

古上平，十二文。顺～实例为亲近君侧者，见万言策子甚刘蕡。（宋·刘克庄《木兰花慢·瀛洲真学士》）

濆（濆）fén 水边高地。

古上平，十二文。逆泛～河～淮～江～溯～清～水～汀～湍～幽～顺～衍例投金翠山曲，奠璧清江濆。（唐·卢照邻《赠李荣道士》）荒村残腊相逢夜，月满鸿多楚水濆。（唐·齐己《酬答退上人》）

棼fén ①楼阁。②纷乱。

古上平，十二文。逆棼～宫～解～林～楼～泯～丝～重～顺～乘～刍～错～秽～集～橑～纚～梁～橹～乱～轮～訾～楣～迷～然～扰～丝～嚣～烟～翳～煴～组～杂～争例众口金可铄，孤心丝共棼。（唐·张九龄《荆州作二首》其一）飞流透嵌隙，喷洒如丝棼。（唐·刘禹锡《海阳十咏·棼丝瀑》）谕鹿车虽设，如蚕绪正棼。（唐·元稹《大云寺二十韵》）

典**丝棼** 比喻事物繁杂难解或心绪纷乱难解。《左传·隐公四年》：鲁大夫众仲对鲁隐公说：“臣闻以德和民，不闻以乱。以乱，犹治丝而棼之也。”杜预注：“丝见棼缊，益所以乱。”

冥心试观化，世故如丝棼。（唐·权德舆《感寓》）

枌fén 白榆。

古上平，十二文。逆桑～乡～榆～顺～栱～槚～橑～社～巷～邑～榆～梓

哏gén 滑稽，有趣。

逆逗～哏～捧～抓～顺～儿～哏

痕hén

古上平，十三元。逆瘢～残～创～蹩～黛～篙～魂～屐～江～浪～离～履～眉～秋～日～沙～烧～诗～手～霜～苔～檀～啼～蹄～温～蜗～瑕～香～新～遗～殷～玉～月～涨～褶～枕～指～顺～废～秽～瘢～累～路～沫～窍～挞～璺～瑕～衅～翳～影例阴兵为客祟，恶酒发刀痕。（唐·贯休《古塞下曲七首》其七）梅寒争雪彩，日冷让冰痕。（唐·齐己《荆门病中寄怀贯微上人》）欲知别后情多少，点点凭君看泪痕。（唐·钟谟《代京妓越宾答徐铉》）

魂（*䰟）hún

古上平，十三元。逆别～冰～沉～醒～楚～蝶～返～芳～附～宫～归～花～羁～精～客～离～敛～龙～旅～埋～梅～梦～凝～倩～清～日～柔～骚～伤～摄～神～蜀～忘～显～香～消～怡～遗～吟～引～荧～营～游～月～贞～驻～醉～顺～胆～蝶～幡～骸～痕～鉴～交～精～景～楼～梦～气～人～色～神～识～守～爽～髓～台～亭～庭～想～销～衣～意～舆～质～洲例望水知柔性，看山欲断魂。（唐·宋之问《江亭晚望》）送行奠桂酒，拜舞清心魂。（唐·李白《鲁郡尧祠送吴五之琅琊》）

典**湘魂** 《渔父》记载屈原曾对渔父说要赴湘流而死，后来他果然自沉湘中汨罗江而死。杜甫因称屈原为“湘水魂”。后人遂以“湘魂”代指冤死的屈原，有时亦指一般死者之魂。唐·杜甫《建都十二韵》：“永负汉庭哭，追怜湘水魂。”

万里潇湘魂，夜夜南枝鸟。（唐·元稹《忆云之》）

江生魂 咏别离。亦作“江淹别魂”。南朝宋·江淹《别赋》：“黯然销魂者，唯别而已矣。”李善注：“言黯然魂将离散者，为别而然也……明恨深也。”

江生魂黯黯，泉客泪涔涔。（唐·李商隐《自桂林奉使江陵途中感怀寄献尚书》）

九逝魂 魂魄几度飞逝。本以抒发屈原对郢都的眷念。后多用以比喻因深思而心灵不安。《楚辞·九章·抽思》：“唯郢路之辽远兮，魂一夕而九逝。”

浮云终负三余学，流水难追九逝魂。（宋·李弥逊《郭君建挽》）

蜀帝魂 见441页“杜宇”。

终朝疑笑梁王雪，尽日慵飞蜀帝魂。（唐·郑璧《奉和陆鲁望白菊》）

水底魂 见8页“怀沙”。

二女竹上泪，孤臣水底魂。（唐·韩愈《晚泊江口》）

虞帝魂 见358页“苍梧”。

目伤平楚虞帝魂，情多思远聊开樽。（唐·沈传师《游道林岳麓寺题示》）

九辨招魂 《九辩》（一作《九辨》）抒写悲愁失意情怀，王逸认为此篇为宋玉悯屈原放逐而作，认为《招魂》也是宋玉的作品，是为招还屈原放佚的魂魄而作。后人常将《九辩》《招魂》融为一典，用“九辩招魂”表现伤别念远的愁怀，也单用“九辩”表现悲凉情怀。见战国楚·宋玉《楚辞·九辩》、《楚辞·招魂》东汉·王逸《序》。

烟水茫茫斜照里，是骚人、九辨招魂处。（宋·韩玉《贺新郎·绰约人如玉》）

易水离魂 本指荆轲，后以咏离别，或抒发悲壮之情。亦以代指侠勇之人。荆轲等为燕太子丹报仇，入秦行刺秦王，于易水饯别。临行，唱《易水歌》“风萧萧兮易水寒，壮士一去兮不复还”，然后登车而去，一往不顾。见《战国策·燕策三》。

翻嫌易水上，细碎动离魂。（唐·齐己《剑客》）

临春阁上魂 指陈后主，用以抒发朝代更替，历史兴亡之感。《南史·后妃传下·张贵妃》：“至德二年，乃于光昭殿前起临春、结绮、望仙三阁……后主自居临春阁，张贵妃居结绮阁……”后陈后主因荒淫亡国。

清溪天水相澄映，便是临春阁上魂。（宋·张耒《怀金陵三首》其二）

熊虺食人魂 喻危险、险恶。《楚辞·招魂》：“雄虺九首，往来倏

忽，吞人以益其心些。”东汉·王逸注：“言复有雄虺，一身九头，往来奄忽，常喜吞人魂魄，以益其贼害之心也。”

熊虺食人魂，雪霜断人骨。（唐·李贺《公无出门》）

馄（餛）hún

古《广韵》：平声，魂韵。逆餛～ 顺～饨

浑（渾）hún　①浑浊，不清。②糊涂；不明事理。③天然的。④全；满。另见772页hùn。

古上平，十三元。逆奔～沉～大～蕃～高～含～昏～浑～酒～胚～朴～气～清～遒～全～深～铜～吐～退～雄～玄～顺～成～粹～大～古～浩～洪～厚～化～乱～沦～芒～穆～朴～然～人～素～天～屯～雄～雅例凤藏丹霄暮，龙去白水浑。（唐·杜甫《赠蜀僧闾丘师兄》）亭柯见荣枯，止水知清浑。（唐·权德舆《晨坐寓兴》）羊角风头急，桃花水色浑。（唐·白居易《送友人上峡赴东川辟命》）

邻（鄰、*隣）lín

古上平，十一真。逆八～傍～宝～逼～壁～卜～楚～德～飞～富～宫～古～旧～和～欢～金～紧～买～卖～孟～抹～排～旁～骈～乞～迁～强～切～亲～三～善～殊～贴～涒～望～无～遐～涯～邑～吟～择～照～周～转～顺～宝～保～壁～并～杵～敌～笛～藩～封～光～好～和～火～家～甲～交～角～菌～曲～首～熟～私～伍～虚～亚～姻～右～长例草色迷三径，风光动四邻。（唐·卢照邻《元日述怀》）海内存知己，天涯若比邻。（唐·王勃《杜少府之任蜀州》）生苦百战役，死托万鬼邻。（唐·李白《门有车马客行》）

典**买邻**　指因为有好邻居而买宅。《南史·吕僧珍传》：“初，宋季雅罢南康郡，市宅居僧珍宅侧。僧珍问宅价，曰‘一千一百万’。怪其贵，季雅曰：‘一百万买宅，千万买邻。’”

买邻有志嗟无力，肯与羊昙共睹不。（宋·刘克庄《寄题赵广文南墅》）

被发忧邻　比喻虑事太过，超出本分。《孟子·离娄下》：“今有同室之人斗之，虽被发缨冠而救之，可也；乡邻有斗者，被发缨冠而往救之，则惑也，虽闭户可也。”

谩被发忧邻，汗颜笑斩，客邪终岂婴元气。（宋·李曾伯《哨遍·天限长江》）

临（臨）lín　另见776页lìn。

古下平，十二侵。逆按～案～贲～逼～濒～博～慈～刺～赐～到～登～抚～俯～顾～光～规～兼～践～鉴～进～瞰～控～摹～凭～迫～溥～屈～曲～辱～嗣～填～统～威～屑～远～暂～昭～照～镇～烛～纂～尊～顺～按～贲～逼～笔～表～察～柴～冲～楮～春～存～当～迩～谷～顾～祭～饯～局～决～绝～瞰～困～览～路～履～民～明～命～难～逆～睨～篇～期～岐～遣～侵～戎～蓐～觞～摄～使～送～拓～途～涂～问～飧～虚～轩～颖～雍～驭～照～症～制～质～组～祚例青山云路深，丹壑月华临。（唐·卢照邻《赠益府裴录事》）檐迥松萝映，窗高石镜临。（唐·李峤《刘侍读见和山邸十篇重申此赠》）台上冰华澈，窗中月影临。（唐·孟郊《出塞曲》）

典**王谢登临**　指游赏吟咏。亦作“王谢侣”。《晋书·谢安传》：“寓居会稽，与王羲之及高阳许询、桑门支遁游处，出则鱼弋山水，入则言咏属文，无处世意。”

王谢登临处，依依今尚存。（唐·李嘉祐《送越州辛法曹之任》）

林lín

古下平，十二侵。逆暗～斑～宝～禅～稠～丛～澹～峰～高～梗～故～归～寒～翰～鹤～黑～红～鹄～嘉～旧～居～旷～麓～鸾～茂～墨～攀～泮～平～穹～琼～儒～社～圣～仕～书～疏～霜～燧～邃～投～香～笑～缬～新～学～烟～瑶～鹦～羽～玉～郁～渊～造～杖～珍～植～重～珠～株～缁～顺～霭～岸～薄～表～岑～丛～樊～扉～霏～棼～谷～馆～壑～衡～篁～菁～籁～庐～麓～峦～落～莽～茂～圃～阡～丘～梢～墅～薮～塘～湍～屋～坞～箫～牙～衣～幽～囿～虞～珍～烝～植～沚～渚～阳例绝迹遗世务，栖真入长林。（唐·吴筠《高士咏·郭文举》）从师只拟寻司马，访道终期谒奉林。（唐·杜光庭《题空明洞》）山围四面才容寺，月到中宵始满林。（唐·齐己《寄匡阜诸公二首》其一）

典**桃林**　喻指停止战争，或咏牛。桃林为周武王放牛处。《书·武成》：“乃偃武修文，归马于华山之阳，放牛于桃林之野。示天下弗服。”汉·孔安国传：“山南曰阳，桃林在华山东，皆非长养牛马之地，欲使自生自死，示天下不复乘用。”

闻道雪晴丰荞麦，行看放犊满桃林。（宋·仇远《和南仲见寄》）

瑶林　即玉林，泛指仙境，诗词中常以喻雪后的树林。晋·陆云《九愍·纡思》：“结琼蕤之芳襟，袭凌华之藻裳。怀瑶林之珍秀，握兰野之芳香。命巫咸以启期，访百神而考祥。”

独翅耸琼枝，群舞倾瑶林。（宋·欧阳修《鹤联句》）

竹林　指叔父与侄子的关系。《晋书·阮籍传》附《阮咸传》：“咸任达不拘，与叔父籍为竹林之游，当世礼法者讥其所为。”

阮公留客竹林晚，田氏到家荆树春。（唐·许浑《与郑秀才叔侄会送杨秀才昆仲东归》）

赋上林　指凭文才进入仕途。《史记·司马相如传》：“上读《子虚赋》而善之……乃召问相如。相如曰：‘……此乃诸侯之事，未足观也，请为天子游猎赋，赋成奏之。’”“赋奏，天子以为郎。”（赋即《上林赋》）

常笑相如赋上林，肯为子政铸黄金。（宋·陆游《纵笔》）

应桑林　指技艺娴熟、高超。《庄子·养生主》：“庖丁为文惠君解牛，手之所触，肩之所倚，足之所履，膝之所踦，砉然响然，奏刀騞然，莫不中音，合于《桑林》之舞，乃中经首之会。”唐·成玄英疏：“桑林，殷汤乐名也。经首，咸池乐章名，则尧乐也。”

亚相素所重，投刃应桑林。（唐·李白《赠从孙义兴宰铭》）

枳棘林　代指县吏，或指大材小

用。《后汉书·仇览传》:"时考城令河内王涣,政尚严猛,闻(仇)览以德化人,署为主簿。谓览曰:'主簿闻陈元之过,不罪而化之,得无少鹰鹯之志邪?'览曰:'以为鹰鹯,不若鸾凤。'涣谢遣曰:'枳棘非鸾凤所栖,百里岂大贤之路?今日太学曳长裾,飞名誉,皆主簿后耳。以一月奉为资,勉卒景行。'"

更得芝兰地,兼营枳棘林。(唐·高适《同郭十题杨主簿新厅》)

把臂入林 指和朋友一起归隐。《世说新语·赏誉》:"谢公道:'豫章若遇七贤,必自把臂入林。'"

会须把臂入林去,山王掉首麾去之。(宋·程公许《杨子春酌饮清节亭示诸公旧赋索和》)

诗入鸡林 指作品价值高和流传广泛。唐·元稹《白氏长庆集序》:"然而二十年间,(白居易的诗)禁省观寺、邮候墙壁之上无不书,王公妾妇、牛童马走之口无不道。至于缮写模勒,悬卖于市井,或持之以交酒茗者,处处皆是……又鸡林(即新罗,朝鲜古国名)贾人,求市颇切,自云,本国宰相每以百金换一篇,其甚伪者,宰相辄能辨别之。自篇章以来,未有如是流传之广者。"

诗入鸡林市,书邀道士鹅。(宋·黄庭坚《自咸平至太康鞍马间得十小诗寄怀》)

麟(*麐)lín ①大雄鹿。②麒麟,古代传说中的神兽名。

㊎上平,十一真。㊍白~炳~赤~翠~凤~绂~感~龟~黄~获~金~绝~龙~鲁~泣~伤~石~硕~天~祥~逸~游~玉~㊉~笔~德~殿~牒~凤~服~符~管~鸿~迹~罽~嘉~驾~胶~经~旌~驹~鹿~袅~瓶~脯~泣~瑞~省~史~书~髓~孙~韦~文~楦~游~振~止~趾~跱~家~馔㊇裙翻绣鸂鶒,梳陷钿麒麟。(唐·白居易《题周皓大夫新亭子二十二韵》)斯文虚梦鸟,吾道欲悲麟。(唐·李商隐《送从翁东川弘农尚书幕》)

㊕**绂麟** 庆贺生辰。亦作"天上石麒麟""梦应麒麟"。东晋·王嘉《拾遗记》卷三载:孔子未生时,"有麟吐玉书于阙里人家,文云:'水精之子,系衰周而素王。'故二龙绕室,五星降庭。征在贤明,知为神异,乃以绣绂系麟角,信宿而麟去"。

门无宾客临罗爵,庭有儿孙贺绂麟。(宋·刘克庄《居厚弟生日》)

泣麟 指哀叹世衰道穷。亦作"麟何来哉""反袂伤麟""伤麟""抱麟"。《孔子家语》卷四《辨物》:"叔孙氏之车士曰子曰商,采薪于大野,获麟焉,折其前左足,载以归,叔孙以为不祥,弃之于郭外。使人告孔子曰:'有麕而角者何也?'孔子往观之,曰:'麟也,胡为来哉?胡为来哉?'反袂拭面,涕泣沾衿。叔孙闻之,然后取之。子贡问曰:'夫子何泣尔?'孔子曰:'麟之至,为明王也,出非其时而害,吾是以伤焉。'"

泣麟犹委吏,歌凤更佯狂。(唐·李商隐《赠送前刘五经映三十四韵》)

玉麟 本指刻有麒麟的玉质符信。后泛指符信。隋炀帝嘉樊子盖之功,特为造玉麟符,以代铜兽,表示殊遇。见《隋书·樊子盖传》。

天禄阁非真学士,玉麟符是假诸侯。(宋·曾巩《人情》)

画麒麟 指建立功业以留名于青史。《汉书·李广苏建传》:"上思股肱之美,乃图画其人于麒麟阁,法其形貌,署其官爵姓名。……皆有功德,知名当世,是以表而扬之,明著中兴辅佐……"颜师古注引张晏曰:"武帝获麒麟时作此阁,图画其像于阁,遂以为名。"

谁谓文章财小技,计功端合画麒麟。(宋·赵蕃《贺周待制兼直学士院》)

吐书麟 见339页"玉麟吐书"。

天开岳渎,储瑞重见吐书麟。(宋·无名氏《水调歌头·燕分炳箕宿》)

绝笔获麟 喻指著作的绝笔。亦以咏孔子。春秋鲁哀公十四年西狩,猎获麒麟,相传孔子作《春秋》至此而辍笔。亦作"绝麟""获麟"。《春秋·哀公十四年》:"西狩获麟。"杜预注:"麟者仁兽,圣王之嘉瑞也。世无明王出而遇获。仲尼伤周道之不兴,感嘉瑞之无应,故因鲁春秋而脩中兴之教,绝笔于'获麟'之一句,所感而作,固所以为终也。"《公羊传·哀公十四年》:"西狩获麟,孔子曰:'吾道穷矣。'"

希圣如有立,绝笔于获麟。(唐·李白《古风》其一)

凤凰麒麟 传说君主贤明,社会安定繁荣,则有麒麟、凤凰出现。故以之代太平之世。《艺文类聚》卷九八引《孝经援神契》:"德至鸟兽,凤凰翔。"

干戈兵革斗未止,凤凰麒麟安在哉?(唐·杜甫《又观打鱼》)

鳞(鱗)lín

㊎上平,十一真。㊍冰~采~沉~池~翠~奋~挂~海~涸~鸿~华~化~涣~活~戢~结~锦~劲~枯~逆~攀~披~潜~穷~石~竖~霜~肆~素~韬~跳~瓦~文~忤~纤~鲜~修~雪~烟~隐~撄~游~玉~跃~震~纵~㊉~被~彩~藏~册~差~塍~凑~蹙~萃~皴~错~附~构~翰~鸿~集~迹~接~介~列~沦~罗~朋~砌~切~伤~蛇~施~鼠~素~苔~僮~文~物~屑~亚~翼~游~杂~臻~卒~族㊇鸦黄双凤翅,麝月半鱼鳞。(唐·韩偓《倒押前韵》)省郎门似龙门峻,应借风雷变涸鳞。(唐·张蠙《投所知》)樽阔最宜澄桂液,网疏殊未损霜鳞。(唐·徐夤《谢主人惠绿酒白鱼》)

㊕**涸鳞** 水干了的车沟里的小鱼。喻指等待救援的落难之人。亦作"涸辙""涸鲋""枯鳞""穷鳞""辙中鳞"。庄周向监河侯借粮食,监河侯推说等赋税征得后借给他一大笔钱,庄周说,车辙中的鲋鱼需要的是斗升之水,如果延误时间去取西江之水来救它,就等于置鲋鱼于枯鱼之肆。见《庄子·外物》。

涸鳞惊照辙,坠羽怯虚弯。(唐·骆宾王《途中有怀》)

鸿鳞 指代书信。亦作"书鳞""寄鳞""锦鳞""素鲤"。见217页"素鲤""双鲤"、337页"尺素书""锦鳞书"。

慈溪隔楚云,问不接鸿鳞。(宋·沈说《送周堂长归慈溪寄何赞

府》）

逆鳞 指直谏君主而触犯其威严。或借以咏忠谏致祸。亦作“婴鳞”“犯龙鳞”“犯鳞”“批龙鳞”。《韩非子·说难》：“夫龙之为虫也，柔可押而骑也。然其喉下有逆鳞径尺，若人有婴之者，则必杀人。人主亦有逆鳞，说者能无婴人主之逆鳞，则几矣。”

论心未忍遗横目，千世还忧近逆鳞。（宋·王安石《次韵酬邓子仪二首》其二）

鞭锦鳞 见432页“琴高鱼”。

走天呵白鹿，游水鞭锦鳞。（唐·李贺《兰香神女庙》）

三十六鳞 指鲤鱼，代指书信。唐·段成式《酉阳杂俎》前集卷一七《广动植·鳞介篇》：“鲤，脊中鳞一道，每鳞有小黑点，大小皆三十六鳞。”宋·计有功《唐诗纪事·段成式与温庭筠云蓝纸》：“三十六鳞充使时，数番犹得裹相思。”

三十六鳞空自好，乘潮不寄一封书。（清·王士禛《涪州石鱼》）

霖lín 久雨。

古下平，十二侵。逆愁～甘～洪～积～苦～狂～连～梅～商～时～偷～沃～阴～作～顺～渍～沥～潦～铃～漉～乱～淖～澍～雨～霆 例蝉鸣木叶落，兹夕更愁霖。（唐·高适《东平路作三首》其一）客堂无丝桐，落叶如秋霖。（唐·顾况《游子吟》）礼闱后人窥作镜，庙堂前席待为霖。（唐·黄滔《投刑部裴郎中》）

典**为霖** 代指宰相，或指施恩泽于百姓。亦作“作霖雨”“作霖”。《书·说命上》：“（高宗）命之（傅说）曰：‘朝夕纳诲，以辅台德……若岁大旱，用汝作霖雨。’”旧题汉·孔安国传：“霖，三日雨。霖以救旱。”

新有受恩江海客，坐听朝夕继为霖。（唐·丁棱《和主司王起》）

燐lín 化学元素，同“磷”。

古上平，十一真。逆碧～鬼～寒～化～燐～青～烟～野～遗～阴～顺～火～烂～乱～虾 例曙潮云斩斩，夜海火燐燐。（唐·元稹《和乐天送客游岭南二十韵》）

遴lín 慎选。

逆贪～无～庸～顺～拔～补～才～登～柬～考～派～弃～汰～调～委～选～用～员～择

嶙lín 嶙峋，山石突兀、重叠貌。

古上平，十一真。又：上声，十一轸同。逆岭～峋～峭～隐～顺～困～峋～嶒 例烟景昼清明，九峰争隐嶙。（唐·孙逖《和登会稽山》）

辚（轔）lín 车行走的声音。

古上平，十一真。逆户～蹂～轩～殷～隐～转～顺～辚 例沸天雷殷殷，匝地毂辚辚。（唐·元稹《代曲江老人百韵》）

磷（*燐、粦）lín 化学元素。另见776页lìn。

古上平，十一真。逆赤～鬼～黄～磷～青～顺～火～虾 例丘坟被宿莽，坛圯缘飞磷。（唐·徐彦伯《比干墓》）树深烟幂幂，滩浅石磷磷。（唐·席豫《江行纪事二首》其一）

瞵lín 注视；瞪眼看。

古上平，十一真。又：去声，十二震同。逆班～鹰～顺～眈～睨～视～伺

粼lín 水明净清澈貌。

古上平，十一真。逆波～粼～清～ 例漆园多乔木，睢水清粼粼。（唐·高适《答侯少府》）

琳lín 美玉。

古下平，十二侵。逆碧～华～琅～曼德～琼～球～璆～瑶～顺～碧～房～宫～观～馆～珪～琅～珉～琼～球～阙～玙～宇～札～篆 例层城发云韶，玉府锵球琳。（唐·顾况《游子吟》）固惭非贾谊，惟恐后陈琳。（唐·李商隐《自桂林奉使江陵途中感怀寄献尚书》）

典**陈琳** 用以称赞他人诗文杰出。见339页“孔璋檄书”。

共许陈琳工奏记，知君名宦未蹉跎。（唐·皇甫冉《送孔巢父赴河南军》）

淋lín 另见776页lìn。

古下平，十二侵。逆滴～浇～漓～淋～露～飘～潜～顺～涔～灰～津～浪～沥～潦～漏～漉～露～润～洒～森～渗～淫 例赪景宣叠丽，绀波响飘淋。（唐·顾况《大茅岭东新居忆亡子从真》）眼随片片沿流去，恨满枝枝被雨淋。（唐·韩偓《惜花》）

伦（倫）lún

古上平，十一真。逆拔～比～伯～不～侪～俦～等～黩～敦～冠～罕～脊～加～连～伶～迈～名～拟～齐～清～群～生～时～殊～司～索～天～同～无～相～颜～夷～彝～异～轶～逸～英～中～顺～辈～表～侪～次～党～等～肤～脊～鉴～经～魁～类～理～列～拟～匹～色～徒～望～伍～物～叙～绪～要～彝～谊～质～族 例行藏既异迹，语默岂同伦。（唐·吴筠《高士咏·长沮桀溺》）绣难相似画难真，明媚鲜妍绝比伦。（唐·方干《朱秀才庭际蔷薇》）佳卉挺芳辰，夭容乃绝伦。（唐·孙鲂《主人司空后亭牡丹》）

典**石季伦** 代指权贵或富豪。石崇字季伦，以生活豪奢著称。见《晋书·石苞传》附《石崇传》。见644页“金谷园”。

我闻富有石季伦，楼台五色干星辰。（唐·贯休《洛阳尘》）

洁身乱伦 指对隐居的批评。《论语·微子》：“子路曰：‘不仕无义。长幼之节，不可废也；君臣之义，如之何其废之？欲洁其身，而乱大伦。君子之仕也，行其义也。’”

故知忠孝生天性，洁身乱伦安足拟。（唐·韩愈《寄卢仝》）

论（論）lún ①《论语》的论。②通“抡”。另见776页lùn。

古上平，十三元。逆鲁～三～顺～比～才～材～除～官～进～举～理～孟～人～堂～托～贤～秀～择

轮（輪）lún

古上平，十一真。逆班～飙～冰～赤～愁～丹～雕～钓～冻～娥～法～梵～纷～棼～扶～桂～行～鹤～红～火～劫～晶～径～镜～雷～橹～攀～飘～蒲～囷～桑～霜～踏～檀～藤～蹄～兔～硙～乌～舞～夕～曦～香～阳～瑶～倚～幽～逾～舆～羽～玉～鹓～征～重～周～朱～珠～驻～椎～斫～足～顺～笔～扁～豳～彩～藏～尺～崇～铎～盖～竿～膏～钩～毂～光～翮～化～奂～辉～甲～匠～菌～佥～扇～裳～蹄～王～辋～文～相～箱～轩～鞅～窑～辕～运～铡～枝～指～驺 例天地

山河从结沫，星辰日月任停轮。(唐·吕岩《得火龙真人剑法》)十二铜鱼尊画戟，三千犀甲拥朱轮。(唐·陈陶《赠容南韦中丞》)

典**冰轮** 唐人以"冰轮"比喻月亮，后人沿典。唐·王初《银河》诗："历历素榆飘玉叶，涓涓清月湿冰轮。年来若有乘槎客，为吊波灵是楚臣。"亦作"桂轮""捣药轮"。

夜半老僧呼客起，云峰缺处涌冰轮。(宋·苏轼《宿九仙山》)

埋轮 指敢于弹劾权贵，无所畏惧。汉顺帝时，大将军梁冀专权。汉安元年选派张纲等八人巡视全国，纠察吏治，余人皆受命之部，而纲独埋其车轮于洛阳都亭，曰："豺狼当路，安问狐狸！"遂上书弹劾梁冀，揭露其罪，京都为之震动。见《后汉书·张纲传》。

破柱行持斧，埋轮立驻车。(唐·白居易《和春深二十首》其八)

蘧轮 代指贤臣。《列女传》卷三："(卫)灵公与夫人夜坐，闻车声辚辚，至阙而止，过阙复有声。公问夫人曰：'知此谓谁?'夫人曰：'此必蘧伯玉也。'公曰：'何以知之?'夫人曰：'妾闻礼，下公门，式路马，所以广敬也。夫忠臣孝子，不为昭昭信节，不为冥冥堕行。蘧伯玉卫之贤大夫也，仁而有智，敬于事上，此其人必不以暗昧废礼，是以知之。'公使视之，果伯玉也。"

郑履下天去，蘧轮满路声。(唐·钱起《送蒋尚书居守东都》)

软轮 古人为了尊敬和重视老人，把他们乘坐的车轮用蒲草裹起来，以减少行车时的振荡。这种车子叫"软轮"，后遂代指敬老尊贤。《后汉书·明帝纪》：永平二年"冬十月壬子幸辟雍，初行养老礼，诏曰：'……令月元日，复践辟雍，尊事三老，兄事五更，安车软轮，供绥执授。'"李贤注引宋均曰："软轮，以蒲裹轮。"

前诏许真秩，何如巾软轮。(唐·权德舆《戏和三韵》)

斫轮 指技艺精湛，亦以代指技艺精湛的人。轮扁斫轮，其技艺源于长期实践，故得心应手，然口不能传其中奥秘。后遂以"斫轮"指技艺高超，亦以代指技艺精湛之人。见《庄子·天道》。

妙哉斫轮手，堂下笑桓公。(宋·苏轼《嘲子由》)

沦(淪)lún

古上平，十一真。逆崩～耽～凋～顿～隳～混～鳞～零～弥～抛～漂～飘～潜～倾～清～颓～消～淹～湮～颜～奄～漪～抑～堙～沍～隐～幽～奫～顺～蔼～坳～波～殂～荡～敦～伏～覆～化～惑～寂～浃～降～卷～漫～昧～殁～暮～匿～飘～破～倾～辱～塞～伤～逝～澌～碎～滔～殄～退～芜～湮～猗～夷～逸～翳～阴～隐～薀～蛰～谪～滞～踬～滓

例三殿失恩宜放弃，九宫推命合漂沦。(唐·白居易《对镜吟》)木梗随波荡，桃源斁隐沦。(唐·元稹《代曲江老人百韵》)

纶(綸)lún ①青丝绶带。②钓丝。③喻皇帝的旨意。另见591页guān。

古上平，十一真。逆宸～触～吹～慈～翠～丹～帝～缔～鼎～恩～纷～敷～竿～经～弥～缗～明～耐～投～微～维～温～纤～言～演～婴～掌～诏～顺～册～恩～扉～绋～竿～诰～阁～翰～经～连～命～省～书～闱～言～掖～音～章～诏～旨～至例次韵千言曾报答，直词三道共经纶。(唐·元稹《酬乐天余思不尽加为六韵之作》)移舟过蓼岸，待月正丝纶。(唐·李中《渔父》)

典**垂纶** 借指隐居或退隐，或指隐士。吕尚未出仕时曾隐居垂钓于渭水之滨，后得遇文王。见《史记·齐太公世家》。

看君孤舟去，且欲歌垂纶。(唐·王昌龄《送韦十二兵曹》)

经纶 喻指制定国策和治理国家。《易·屯卦》："《象》曰：'云雷，屯，君子以经纶。'"孔颖达疏："经谓经纬，纶谓纲纶。言君子法此屯象，有为之时，以经纶天下，约束于物。故云君子以经纶也。"

经纶精微言，兼济当独往。(唐·王昌龄《裴六书堂》)

丝纶 代指君王的诏书。《礼记·缁衣》："子曰：'王言如丝，其出如纶。王言如纶，其出如綍。故大人不倡游言。'"郑玄注："言言出弥大也。纶，今有秩，啬夫所佩也。綍，引棺索也。"

从辞凤阁掌丝纶，便向青云领贡宾。(唐·广宣《贺王起》)

仑[1](侖)lún 伦理；次序。

古《广韵》：平声，谆韵。

仑[2](侖、*崙、崘)lún 昆仑的仑。

古《广韵》：平声，魂韵。逆昆～离～顺～头例世传闾丘笔，峻极逾昆仑。(唐·杜甫《赠蜀僧闾丘师兄》)

典**采竹昆仑** 传说黄帝乐官伶伦自昆仑山采竹为管，据凤凰之鸣以定音律，遂咏音乐。见《吕氏春秋·古乐》。

采竹昆仑，有时吹作凤凰鸣。(宋·陈德武《望海潮·南冠一载》)

长剑倚昆仑 咏将士、侠客，或剑，亦喻事物高耸。《古文苑·楚·宋玉〈大言赋〉》："宋玉曰：'方地为车，圆天为盖，长剑耿耿倚天外。'"

军人歌无胡，长剑倚昆仑。(唐·鲍溶《述德上太原严尚书绶》)

囵(圇)lún

逆鹘～囫～

抡(掄)lún 选择。另见724页lūn。

古上平，十一真。又：上平，十三元同。逆校～选～顺～才～材～魁～捆～选～元～择

门(門)mén

古上平，十三元。逆霸～筚～壁～倡～茨～道～德～恩～坊～孤～圭～海～闳～黉～宦～慧～戟～祭～稷～监～郊～教～京～净～军～阅～夔～垒～篱～礼～吏～连～列～鸾～孟～妙～排～蓬～骈～樵～窍～穷～权～戎～儒～桑～善～圣～诗～仕～朔～素～踏～台～霞～闲～贤～羡～相～庠～霄～孝～轩～学～勋～炎～仪～夷～义～诣～辕～云～翟～踵～颛～宗～尊～顺～榜～簿～彩～朝～藩～范～功～馆～合～阖～衡～宦～畿～籍～戟～家～教～臼～眷～爵～阑～礼～流～牡～幕～旗～墙～窍～衢～阙～扇～势～侍～首～枢～塾～司～隧～帖～廷～庑～向～楔～谢～绪～壻～业～义～荫～尹～墉～宇～阈～阅～正～胄～状～卒～族

～祚例君王嫌妾妒，闭妾在长门。(唐·岑参《长门怨》)月悬三雀观，霜度万秋门。(唐·薛奇童《怨诗二首》其二)经年不见君王面，花落黄昏空掩门。(唐·罗隐《宫词》)

典**长门**　代指冷宫。长门本为汉武帝时陈皇后失宠所居住的宫殿。后遂以"长门"代指冷宫。见《汉书·孝武陈皇后传》。

叶落长门静，苔生永巷幽。(唐·王贞白《长门怨二首》其二)

九门　代指宫廷或都城。亦作"九重门""九重""丹凤门""五门"。《礼记·月令》："田猎罝罘，罗罔，毕翳，餧兽之药，毋出九门。"郑玄注："天子九门者，路门也，应门也，雉门也，库门也，皋门也，城门也，近郊门也，远郊门也，关门也。"

九门洞启延高论，百辟联行挹大儒。(唐·卢纶《敬酬大府二十四舅览诗卷因以见示》)

扫门　指求见权贵以谋仕途。汉魏勃少时欲求见齐相曹参，贫无以自通，常早起为齐相舍人扫门。齐相舍人怪而为之引见。见《史记·齐悼惠王世家》。

悔作扫门事，还吟招隐诗。(唐·钱起《送杨錥归隐》)

于门　西汉时，县狱吏于公认为自己治狱有阴德，子孙必能通显，决定扩大里门，使门能容下贵官所乘的驷马高盖车。其子定国果然官至丞相。后常用此事称颂德荫家门，子孙贵盛。见《汉书·于定国传》。

谢族风流盛，于门福庆多。(唐·卢纶《宴赵氏昆季书院因与会文并率尔投赠》)

云门　代指乐曲。《周礼·春官·大司乐》："以乐舞教国子，舞云门，大卷、大咸、大韶、大夏、大濩、大武。"郑玄注："此周所存六代之乐。黄帝曰：'云门大卷'。"又，《周礼·春官·大司乐》："乃奏黄钟，歌大吕，舞云门，以祀天神。"

云门曲谱不分明，赵瑟齐竽各自名。(宋·杨冠卿《赤玉箫》)

登龙门　本指鱼登龙门而成龙，后指科举及第或经人举荐而踏入青云仕途。亦作"登门"。《太平广记》卷四六六引辛氏《三秦记》："河津一名龙门，水险不通，鱼鳖之属莫能上，江海大鱼薄集门下数千，不得上，上则为龙。"

有翼劝尔升九天，有鳞劝尔登龙门。(唐·元稹《有酒十章》其五)

金马门　代指朝廷，或指学士待诏之处。亦作"金门""金马""待诏金门"。金马门本为汉未央宫宫门，门旁竖有金马，故名"金马门"，汉武帝曾使学士待诏于此。见《史记·东方朔传》褚少孙补。

金马门开侍从归，御香犹惹赐来衣。(唐·和凝《宫词百首》其九十七)

哭寝门　指对朋友逝去的哀悼。《礼记·檀弓上》："伯高死于卫。赴于孔子。孔子曰：'吾恶乎哭诸？兄弟，吾哭诸庙；父之友，吾哭诸庙门之外；师，吾哭诸寝；朋友，吾哭诸寝门之外。'"

平生风义兼师友，不敢同君哭寝门。(唐·李商隐《哭刘蕡》)

席为门　借指贫居或家贫。亦作"席门"。《史记·陈丞相世家》："陈丞相平者，阳武户牖乡人也。少时家贫……张负女孙五嫁而夫辄死，人莫敢娶。平欲得之。……(张)负随平至其家，家乃负郭穷巷，以弊席为门，然门外多有长者车辙。"

还思长者辙，恐避席为门。(唐·杜甫《弊庐遣兴奉寄严公》)

布鼓雷门　指在高手面前卖弄其本领。《汉书·王尊传》："毋持布鼓过雷门。"颜师古注："雷门，会稽城门也，有大鼓，越击此鼓，声闻洛阳……布鼓，谓以布为鼓，故无声。"

拟把铅刀侔巨阙，却惭布鼓过雷门。(宋·陈棣《汝平诸公见和复用韵二首》其一)

大嚼屠门　指自我安慰。亦作"屠门嚼"。三国魏·曹植《与吴季重书》："过屠门而大嚼，虽不得肉，贵且快意。"

高歌酒市非狂者，大嚼屠门亦偶然。(唐·罗隐《黄鹤驿寓题》)

桃李公门　指培养和提携后辈、学生。《资治通鉴·唐纪·则天后久视元年》："仁杰又尝荐夏官侍郎姚元崇、监察御史曲阿桓彦范、太州敬晖等数十人，率为名臣。或谓仁杰曰：'天下桃李，悉在公门矣。'仁杰曰：'荐贤为国，非为私也。'"

铃阁尽无事，桃李满公门。(宋·姚述尧《水调歌头·泽国正秋杪》)

相如蓬门　指文人陷入穷困、落魄的境地。《史记·司马相如列传》："家居徒四壁立……相如与俱之临邛，尽卖其车骑，买一酒舍酤酒，而令文君当垆。相如身自著犊鼻裈，与保庸杂作，涤器于市中。"

唯见相如宅，蓬门度岁华。(唐·皇甫冉《长安路》)

袁生闭门　指困雪居家，亦以咏苦寒天气。或指高士生活清贫但有操守。《后汉书·袁安传》李贤注引《汝南先贤传》："时大雪积地丈余，洛阳令身出案行，见人家皆除雪出，有乞食者。至袁安门，无有行路。谓安已死，令人除雪入户，见安僵卧。问何以不出，安曰：'大雪人皆饿，不宜干人。'令以为贤，举为孝廉。"

谢监逢酒时，袁生闭门月。(唐·杨巨源《奉酬窦郎中早入省苦寒见寄》)

翟公署门　指在荣辱富贵变化之中见人情交往。《史记·汲郑列传》："始翟公为廷尉，宾客阗门；及废，门外可设雀罗。翟公复为廷尉，宾客欲往，翟公乃大署其门曰：'一死一生，乃知交情。一贫一富，乃知交态。一贵一贱，交情乃见。'汲、郑亦云，悲夫！"

田文唾面嗔小儿，翟公署门良可嗤。(宋·潘良贵《可友以书求诗为赋一首》)

海鸟避鲁门　指躲避灾难。《国语·鲁语上》："海鸟止于鲁东门之外三日，臧文仲使国人祭之……展禽曰：'今海鸟至，己不知而祀之，以为国典，难以为仁且智矣……今兹海其有灾乎？夫广川之鸟兽，恒知而避其灾也。'是岁也，海多大风，冬暖。"

海鸟避风聊一至，漫劳属目鲁东门。(清·俞樾《入都门口占》)

衣冠神武门　南朝齐时，陶弘景将自己的朝服挂于神武门，上表辞官，获准。常用以咏辞官。见《南史·陶弘景传》。

归来趁别陶弘景，看挂衣冠神

武门。(宋·苏轼《再送蒋颖叔帅熙河二首》其二)

逾垣与闭门 指无心仕途,甘愿过清淡的隐居生活。《孟子·滕文公下》:"公孙丑问曰:'不见诸侯,何义?'孟子曰:'古者不为臣不见。段干木逾垣而辟之,泄柳闭门而不内,是皆已甚。迫,斯可以见矣……'"事又见晋·皇甫谧《高士传·段干木》。

古来真遁何曾遁,笑杀逾垣与闭门。(宋·苏轼《监洞霄宫俞康直郎中所居四咏》其三)

们(們)mén

逆渠~他~例玉楼不怕歌茵湿,笑语纷纷。须放他们。(宋·王之道《丑奴儿·青腰似诧天公富》)

扪(捫)mén 摸;按。

古上平,十三元。逆抚~拊~高~可~搔~手~醉~顺~参~腹~萝~摸~舌~涉~虱~索~天~膝~心~钥~攖~月~足例白日自中吐,扶桑如可扪。(唐·独孤及《观海》)松深引闲步,葛弱供险扪。(唐·陆羽《登岘山观李左相石尊联句》)

民mín

古上平,十一真。逆敖~薄~弊~编~苍~蠹~遁~惰~害~寒~豪~猾~滑~化~怀~靖~静~篓~骏~畯~羸~犁~理~猎~流~率~募~穆~疲~旗~黴~仁~散~啬~穑~善~商~绅~晢~黍~属~顺~息~徙~黠~献~宵~恤~遗~逸~裔~殷~银~隐~营~游~莠~载~兆~谪~烝~重~顺~爱~编~病~臣~畴~村~道~德~典~讹~烦~服~负~纲~膏~官~害~行~豪~疾~籍~纪~寄~艰~监~爵~快~溃~困~累~黎~礼~率~亩~牧~讴~器~社~时~室~输~庶~思~讼~听~庭~徒~务~献~性~秀~墟~窑~业~夷~彝~役~英~庸~猷~语~则~贼~祇~脂~志~治~智~主~壮~资~宗例但恐人间为长物,不如林下作遗民。(唐·白居易《狂吟七言十四韵》)去兽未胜除狡吏,还珠争似复逋民。(唐·齐己《寄澧阳吴使君》)善政空多尚淹屈,不知谁是解忧民。(唐·徐铉《和王明府见寄》)

典**葛天民** 代指治世之民。葛天氏为传说中的上古帝王,有德政,其世不言而信,不化而行,有葛天氏之乐,共八曲。见《吕氏春秋·古乐篇》。见71页"葛天歌"。

世态纷纷翻覆手,不图复见葛天民。(宋·蔡戡《送葛谦问》)

缗(緍、䋋)mín ①钓丝。②穿铜钱用的绳子。

古上平,十一真。逆艾~逋~沉~垂~钓~房~蚨~赋~告~钩~贯~见~酒~敛~配~千~钱~青~丝~算~校~朽~有~顺~课~纶~绵~繦~泉例迟暮堪帷幄,飘零且钓缗。(唐·杜甫《谒先主庙》)吏来官税迫,求质倍称缗。(唐·元稹《赛神》)酒家债负有填日,恣意颇敢排青缗。(唐·李涉《却归巴陵途中走笔寄唐知言》)

珉(*瑉、碈)mín 似玉之石。

古上平,十一真。逆白~翠~瑰~坚~贱~刻~琳~青~琼~燕~幽~瑜~贞~顺~陛~采~砆~玒~简~阶~佩~砌~石~珣~瑶~玉例登坛仰生一,舍宅叹珣珉。(唐·颜真卿《刻清远道士诗,因而继作》)羽翼皆随风,圭璋肯杂珉。(唐·元稹《代曲江老人百韵》)流水潺潺处,坚贞玉涧珉。(唐·贾岛《送李登少府》)

典**燕珉** 即燕石。喻不足珍贵之物。亦以咏人不分真假,不辨贤愚。《阚子》:"宋之愚人得燕石于梧台之东,归而藏之以为大宝。周客闻而观焉。主人端冕玄服以发宝,华匮十重,缇巾十袭。客见之,卢胡而笑曰:'此燕石也,与瓦甓不异。'主人大怒,藏之愈固。"

时人弃此物,乃与燕珉齐。(唐·李白《赠范金卿二首》其一)

岷mín 山名,在四川。

古上平,十一真。逆嶓~峨~梁~蜀~西~庸~贞~顺~嶓~渎~峨~汉~江~岭~邛~山~蜀~下~芋~益例来朝拜休命,述职下梁岷。(唐·杨炯《和刘长史答十九兄》)回临浙江涛,屹起高峨岷。(唐·韩愈《送惠师》)

旻mín ①秋天。②天空。

古上平,十一真。逆碧~苍~澄~高~火~九~青~清~穹~秋~上~霜~小~烟~顺~苍~灵~穹~天~序~宇~云例文质相炳焕,众星罗秋旻。(唐·李白《古风》)高秋却束带,鼓枻视青旻。(唐·杜甫《寄薛三郎中》)鸷鸟得秋气,法星悬火旻。(唐·刘禹锡《早秋送台院杨侍御归朝》)

您nín

顺~好

盆pén

古上平,十三元。逆冰~虿~戴~倒~翻~覆~革~鼓~棘~焦~兰~临~令~沐~缫~蕨~三~生~收~松~添~铜~香~泻~鬃~血~仪~银~映~栽~照~顺~盎~草~成~池~吊~缶~覆~山~手~汤~堂~下~湓例安得仙人九节杖,拄到玉女洗头盆。(唐·杜甫《望岳》)照胆常悬镜,窥天自戴盆。(唐·杜牧《昔事文皇帝三十二韵》)羽白风交扇,冰清月映盆。(唐·李商隐《魏侯第东北楼堂郢叔言别,聊用书所见成篇》)

典**覆盆** 指社会的黑暗,亦指陷入艰难之境或蒙受冤屈。亦作"戴盆"。汉·司马迁《报任少卿书》:"仆少负不羁之才,长无乡曲之誉。主上幸以先人之故,使得奉薄技,出入周卫之中。仆以为戴盆何以望天?故绝宾客之知,忘室家之业。日夜思竭其不肖之才力,以求亲媚于主上。"

自我栖幽谷,逢君翳覆盆。(唐·张九龄《酬王履震游园林见贻》)

鼓庄盆 道家自以为通达的一种悼念亡人的方式。《庄子·至乐》:"庄子妻死,惠子吊之,庄子则方箕踞鼓盆而歌。"成玄英疏:"盆,瓦缶也。庄子知生死之不二,达哀乐之为一,是以妻亡不哭,鼓盆而歌,垂脚箕踞,敖然自乐。"

相逢且问昭州事,曾鼓庄盆对逝川。(唐·赵嘏《送韩绛归淮南寄韩绰先辈》)

湓pén ①水往上涌。②水名,在江西。

㊂上平，十三元。㊀青～㊉～口～浦～浦口～噎～溢～涌㊄华实自苍老，流采长倾溢。（唐·李贺《出城别张又新，酬李汉》）

贫（貧）pín

㊂上平，十一真。㊀笃～厄～甘～寒～羁～瘠～窭～乐～廉～仕～素～恤～学～中～逐～㊉～隘～惫～褊～孱～悴～惰～瘠～铁～艰～俭～蹇～交～洁～衿～窘～鞠～窭～客～匮～乐～羸～累～蒌～黎～衲～迫～破～栖～罄～阙～儒～啬～庶～素～微～闲～贤～辛～虚～灶～稚～蹶～族㊄纵有千斤金，不如林下贫。（唐·寒山《诗三百三首》其一七一）翻腾造化山曾竭，采掇珠玑海几贫。（唐·齐己《谢人惠〈十才子图〉》）对山开户唯求静，贳酒留宾不道贫。（唐·徐铉《和王明府见寄》）

㊅**长卿贫**　咏贤士贫贱。《史记·司马相如》："司马相如者，蜀郡成都人也，字长卿。少时好读书，学击剑……会梁孝王卒，相如归，而家贫，无以自业。""相如乃与驰归成者。家居徒四壁立。"

莫道还家不惆怅，苏秦羁旅长卿贫。（唐·黄滔《新野道中》）

原宪贫　称赞贤士安贫乐道。《庄子·让王》："原宪居鲁，环堵之室，茨以生草，蓬户不完，桑以为枢而瓮牖，二室，褐以为塞，上漏下湿，匡坐而弦歌。子贡乘大马，中绀而表素，轩车不容巷，往见原宪。原宪华冠縰履，杖藜而应门。子贡曰：'嘻！先生何病？'原宪应之曰：'宪闻之，无财谓之贫，学而不能行谓之病。今宪贫也，非病也。'"

自知原宪贫非病，莫问琴张达是闻。（宋·陶梦桂《次韵汪子与》）

知我贫　管仲穷困时曾和鲍叔牙做生意，分红利时管仲给自己多分，然鲍叔牙不认为这是管仲贪婪，而知道此乃其贫穷的缘故，后用以对相交情深的称赞。见《史记·管晏列传》。

相对不言寒，哀哉知我贫。（宋·苏轼《大寒步至东坡赠巢三》）

庀具见贫　称咏做官清廉、克己尽忠之死者。《左传·襄公五年》："季文子卒。大夫入敛。公在位，宰庀家器为葬备，无衣帛之妾，无食粟之马，无藏金玉，无重器备。君子是以知季文子之忠于公室也。相三君矣，而无私积，可不谓忠乎？"杜预注："庀，具也。"

撤弦惊物故，庀具见家贫。（唐·权德舆《哭刘四尚书》）

堕贡生贫　喻指出仕。西汉贡禹为王吉好友，为人贤明有才，然屡被罢官，贫困潦倒。后汉元帝征王吉做官，贡禹亦出仕。《汉书·贡禹传》："元帝初即位，征禹为谏大夫，数虚己问以政事。…顷之，禹上书曰：'臣禹年老贫穷，家訾不满万钱，妻子糠豆不赡，裋褐不完。有田百三十亩，陛下过意征臣，臣卖田百亩以供车马。'"

看焚芰裂荷，起钟山笑，卖田僦马，堕贡生贫。（宋·刘辰翁《沁园春·六十一翁》）

陈平不久贫　指人有长远眼光，或谓人前途无量。陈平少时家贫，想娶当地富人张负的孙女为妻。张负通过陈平办理丧事的言行，察觉到陈平的不凡之处，愿将孙女嫁给他，说："人固有好美如陈平而长贫贱者乎？"见《史记·陈丞相世家》。

也闻阮籍寻常醉，见说陈平不久贫。（唐·崔峒《赠元秘书》）

频（頻）pín

㊂上平，十一真。㊀可～频～仁～长～㊉～并～传～次～蹙～行～句～留～年～仍～日～伸～世～数～岁㊄暑阑炎气息，凉早吹疏频。（唐·李治《太子纳妃太平公主出降》）此去多应收故地，宁辞沙塞往来频。（唐·韦应物《送常侍御却使西蕃》）曝露墙壁外，终嗟风雨频。（唐·杜甫《通泉县署屋壁后薛少保画鹤》）

苹（蘋）pín　大苹，蕨类植物。另见895页píng。

㊂上平，十一真。㊀白～采～大～流～绿～水～

颦（顰、*嚬）pín　皱眉。

㊂上平，十一真。㊀工～孤～含～娇～柳～凝～弄～千～浅～轻～笑～效～敩～攒～㊉～蹙～蛾～眉～呻～笑～效㊄愁来好自抑，念切已含颦。（唐·刘元济《怨诗》）舞衫未换红铅湿，歌扇初移翠黛颦。（唐·许浑《观章中丞夜按歌舞》）十口系心抛不得，每回回首即长颦。（唐·李群玉《金塘路中》）

㊅**施颦**　传说古越国美人西施常捧心皱眉，这种自然流露，愈增其美。后因咏美女。亦用以形容别具风韵，或病困愁苦的样子。亦作"西子颦""捧心颦"。见本页"效颦"。

施颦托倾国。金缕尊前劝客。（宋·叶隆礼《兰陵王·大堤直》）

霜鬓不堪痟首疾，翠蛾常作捧心颦。（宋·范成大《次胡经仲知丞赠别韵》）

效颦　指盲目模仿，弄巧成拙。亦指仿效他人，用以自谦。亦作"东施效颦"。《庄子·天运》："故西施病心而矉其里，其里之丑人见而美之，归亦捧心而矉其里。其里之富人见之，坚闭门而不出；贫人见之，挈妻子而去走。彼知颦美而不知颦之所以美。"

持谢邻家子，效颦安可希。（唐·王维《西施咏》）

笑颦　欢笑或皱眉。见本页"效颦"。

后车百两载美人，巾褠鲜丽工笑颦。（宋·陆游《神君歌》）

嫔（嬪）pín

㊂上平，十一真。㊀宫～贵～和～降～九～良～六～雒～毛～太～笑～㊉～从～德～娥～妇～贡～俪～嫱～然～侍～物～息～媵～御～则㊄三星宿已会，四德婉而嫔。（唐·李百药《戏赠潘徐城门迎两新妇》）仍为泉下骨，不作楚王嫔。（唐·宋之问《息夫人》）桂宫男掌仆，兰殿女升嫔。（唐·赵良器《郑国夫人挽歌词》）

勤qín

㊂上平，十二文。㊀酬～耽～笃～厄～恩～服～公～功～恭～共～积～俭～焦～谨～精～敬～倦～劬～悁～犒～恪～劳～力～廉～耄～妙～翘～勤～清～释～输～肆～肃～宿～遗～勚～逸～慇～忧～贞～祗～忠～重～谆～㊉～诚～饬～悴～德～笃～干～厚～济～绩～进～剧～倦～恪～匮～力～厉～廉～略～密～黾～敏～纳

～难～能～恁～虔～渠～劝～慎～事～思～肃～王～效～心～恤～役～约～直～志～重～伫～拙【例】饯离驻高驾，惜别空殷勤。（唐·李白《对雪奉饯任城六父秩满归京》）唯当存令德，可以解悁勤。（唐·韦应物《送宣州周录事》）我虽消渴甚，敢忘帝力勤。（唐·杜甫《别蔡十四著作》）

芹qín

①菜名。②微薄。

【古】上平，十二文。【逆】采～掇～甘～蒿～美～泮～曝～食～微～献～效～撷～野～一～【顺】～诚～宫～馆～敬～茅～泥～曝～舍～献～意～藻【例】雨泻暮檐竹，风吹青井芹。（唐·杜甫《大云寺赞公房四首》其二）飞来两白鹤，暮啄泥中芹。（唐·杜甫《暇日小园散病，将种秋菜，督勒耕牛，兼书触目》）夜宿东华榻，朝餐泮水芹。（宋·家铉翁《水调歌头·瀛台居北界》）

【典】**采芹** 指入学，或指中秀才。古时学宫有泮水，入学则可采水中之芹以为菜，故称入学为“采芹”“入泮”。《诗经·鲁颂·泮水》：“思乐泮水，薄采其芹。”

何时采芹处，永日看凫鸥。（宋·苏辙《阴晴不定简唐觐秘校并敖吴二君五首》其一）

献芹 本指所献之物微不足道，后指所献之物虽微但心诚，故又谦指忠君报国之心。亦作“美芹”“芹献”。晋·嵇康《与山巨源绝交书》：“野人有快炙背而美芹子者，与献之至尊。虽有区区之意，亦已疏矣。”

徒有献芹心，终流泣玉啼。（唐·李白《赠范金卿二首》其一）

秦qín

【古】上平，十一真。【逆】暴～避～帝～遁～饭～苻～过～函～后～胡～逃～西～先～咸～仪～嬴～越～周～椎～【顺】～笔～璧～钗～洞～娥～虢～海～蘅～祸～稽～家～椒～镜～炬～客～垒～梁～楼～鹿～芊～桥～青～裘～缺～瑟～声～石～肆～素～庭～铜～头～望～文～乌～箫～轩～学～雪～妍～艳～医～仪～嬴～雍～邮～余～原～栈～筝～正～畤～痔～珠～柱～篆～赘～醉【例】缉芰知还楚，披榛似避秦。（唐·骆宾王《同辛簿简仰酬思玄上人林泉四首》其一）帝尧平百姓，高祖宅三秦。（唐·杨炯《和刘长史答十九兄》）川途犹在晋，车马渐归秦。（唐·李隆基《南出雀鼠谷答张说》）

【典】**避秦** 本指为避乱而隐居。后亦以“避秦”为隐居之代称。又作“嫌秦”“逃秦”“不知秦”。晋·陶渊明《桃花源记》：“村中闻有此人，咸来问讯。自云先世避秦时乱，率妻子邑人来此绝境，不复出焉，遂与外人间隔。问今是何世，乃不知有汉，无论魏晋。”

何用深求避秦客，吾家便是武陵源。（唐·吴融《山居即事四首》其四）

却秦 指扶弱抗强、仗义救世。据《史记·鲁仲连列传》载：秦兵围赵，魏王派辛垣衍赴赵，劝告赵尊秦为帝以退兵，齐人鲁仲连请见赵公子平原君，力驳此议，使辛垣衍“不敢复言帝秦”。秦将闻之，为却军五十里。

围棋别墅却秦军，千载功名一窖尘。（宋·黄庚《东山谢太命傅祠蔷薇》）

苏秦 指战国时苏季子，后代指有政干之才的人。《史记·苏秦传赞》：“苏秦兄弟三人，皆游说诸侯以显名，其术长于权变……夫苏秦起闾阎，连六国从亲，此其智有过人者。”见782页“六印”。

五湖范蠡才堪重，六印苏秦道不同。（唐·刘兼《春宵》）

新秦 代指边境。《汉书·食货志》：“徙贫民于关以西，及充朔方以南新秦中七十余万口。”颜师古注引应劭曰：“秦始皇遣蒙恬攘却匈奴，得其河南造阳之北千里地甚好，于是为筑城郭，徙民充之，名曰新秦。四方杂错，奢俭不同，今俗名新富贵者为新秦，由是名也。”

传道五原烽火急，单于昨夜寇新秦。（唐·贾至《出塞曲》）

一秦 指跟原来的强者差不多的另一强者。《史记·张耳陈余列传》：“陈王大怒，欲尽族武臣等家，而发兵击赵。陈王相国房君谏曰：‘秦未亡而诛武臣等家，此又生一秦也。’”

鸿门若遂樽前计，又一商君又一秦。（宋·钱舜选《项羽》）

滞秦 见608页“游秦滞燕”。

玄草终疲汉，乌裘几滞秦。（唐·骆宾王《春日离长安客中言怀》）

相如折秦 指战国时蔺相如使秦，在章台之上，挫败秦昭王骗取赵国“和氏璧”的阴谋，完璧归赵之事，后指屈辱强大之势力或不畏强权的才智之士。见《史记·廉颇蔺相如列传》。

相如章华巅，猛气折秦嬴。（唐·李白《自广平乘醉走马六十里至邯郸登城楼览古书怀》）

繇余讽秦 繇余战国时作为戎王使臣出使秦，对秦穆公的不恤平民以修宫室不以为然，同时夸耀了戎夷之治。后世用以对少数民族国家或相邻国家政治文化的颂赞。见《史记·秦本纪》。

郯子昔时遭孔圣，繇余往代讽秦宫。（唐·徐夤《渤海宾贡高元固先辈闽中相访》）

子年救秦 前秦主将符坚南征东晋前，曾向方术之士王嘉求问成败，子年既欲救秦，又不敢泄露天机，只得以“未央”暗示，符坚不解其意，反以为吉祥，故终遭败亡。见《晋书·王嘉传》。

赤精既迷汉，子年何救秦。（唐·陈子昂《感遇诗三十八首》其二十二）

琴qín

【古】下平，十二侵。【逆】抱～楚～爨～抚～故～桂～还～鹤～嵇～绿～宓～鸣～囊～破～青～清～阮～蜀～舜～亡～袖～薰～雅～瑶～幽～援～月～枕～郑～坠～斲～【顺】～案～德～钓～好～鹤～壶～徽～甲～剑～客～理～囊～趣～觞～书～堂～心～绪～轩～言～砚～弈～意～引～隐～轸～卮～挚～柱～樽【例】凄风移汉筑，流水入虞琴。（唐·上官仪《奉和山夜临秋》）君有数斗酒，我有三尺琴。（唐·李白《悲歌》）不同三尺剑，应似五弦琴。（唐·薛能《升平乐》）

【典】**抚琴** 哀悼逝去之友。《世说新语·伤逝》：“顾彦先平生好琴，及丧，家人常以琴置灵床上。张季鹰往哭之，不胜其恸，遂径上床，鼓琴作数曲竟，抚琴曰：'顾彦先颇复赏此不？'因又大恸，遂不执孝子手而出。"

抚琴犹可绝，况此故无弦。（唐·李益《闻亡友王七嘉禾寺得素琴》）

鸣琴　见690页"宓子贱"。

宓子昔为政，鸣琴登此台。（唐·高适《宓公琴台诗三首》其一）

破琴[1]　毁琴断弦，不再鼓琴。喻知音断绝。《吕氏春秋·本味》："钟子期死，伯牙破琴绝弦，终身不复鼓琴，以为世无足复为鼓琴者。"

世上若无钟子期，破琴勿为俗子嗤。（宋·方回《丹青歌赠王春阳用其神丹歌韵》）

破琴[2]　指志行高洁，不依附于权贵。亦作"戴逵破琴"。《晋书·戴逵传》："太宰、武陵王晞闻其善鼓琴，使人召之，逵对使者破琴曰：'戴安道不为王门伶人！'"

乍可破琴栖剡曲，谁能抱瑟立齐门。（宋·刘克庄《和陈生投赠》其一）

薰琴　本指舜作五弦琴以歌《南风》之事，后遂以为典实，咏为政者抚恤百姓、政治清明。《礼记·乐记》："昔者舜作五弦之琴以歌南风。"《史记·乐书》："以歌《南风》。"裴骃集解："王肃曰：'《南风》，育养民之诗也。其词曰'南风之薰兮，可以解吾民之愠兮'。"

未应久作诸侯客，帝有薰琴待汝谐。（宋·刘克庄《送方善夫赴鹭洲山长二首》其二）

伯牙琴　指知己相知。《吕氏春秋·孝行览·本味》："伯牙鼓琴，钟子期听之，方鼓琴而志在泰山，钟子期曰：'善哉乎鼓琴！巍巍乎若泰山。'少时而志在流水。钟子期曰：'善哉鼓琴，洋洋乎若流水。'钟子期死，伯牙摔琴绝弦，终身不复鼓琴，以为世无足复为鼓琴者。"

庄周高论伯牙琴，闲夜思量泪满襟。（唐·罗隐《重过随州故兵部李侍郎恩知因抒长句》）

陶翁琴　咏闲情逸趣。陶渊明性情直率，常抚弄无弦琴以寄托怡悦之情。亦作"无弦琴""手空挥"。《宋书·陶潜传》："潜不解音声，而畜素琴一张，无弦，每有酒适，辄抚弄以寄其意。"

陶令若能兼不饮，无弦琴亦是沽名。（唐·司空图《书怀》）

远老池边，陶翁琴里，此情何极。（宋·陈瓘《醉蓬莱·问东州何处》）

相如琴　咏爱情。卓文君喜爱音乐，司马相如弹琴向她表示爱慕之情，赢得了她的好感。后因以"相如琴"为男女求爱之典。亦作"司马弹琴""相如台"。见《史记·司马相如列传》。见815页"凤求凰"。

相如琴罢朱弦断，双燕巢分白露秋。（唐·鱼玄机《左名场自泽州至京使人传语》）

钟仪琴　指囚人，或喻对故国家园之思念。《左传·成公九年》载，楚钟仪被俘，囚于晋。晋侯命仪奏琴，仪操南音。晋大臣范文子说，钟仪"乐操土风，不忘旧也"。

钟仪琴未奏，苏武节犹新。（唐·杨炯《和刘长史荅十九兄》）

蔡琰辨琴　借指通晓音律。《艺文类聚》卷四四引《蔡琰别传》："琰，字文姬，蔡邕之女，年六岁，夜鼓琴，弦断，琰曰：第二弦，邕故断一弦，而问之，琰曰：第四弦，邕曰：偶得之矣，琰曰：吴札观化，知兴亡之国，师旷吹律，识南风之不竞，由此观之，何足不知？"

惜哉辨琴智，不辨华与夷。（宋·林景熙《蔡琰归汉图》）

送目鸣琴　见945页"目送飞鸿"。

送目鸣琴，裁诗挑锦，此恨此情无尽。（宋·康与之《喜迁莺·秋寒初劲》）

子敬遗琴　指哀悼逝去之人。《世说新语·伤逝》："王子猷、子敬俱病笃，而子敬先亡。子猷问左右：'何以都不闻消息？此已丧矣！'语时了不悲。便索舆来奔丧，都不哭。子敬素好琴，便径入坐灵床上，取子敬琴弹，弦既不调，掷地云："子敬，子敬，人琴俱亡！"因渤绝良久。月余亦卒。"事亦见于《晋书·王徽之传》。

徒闻子敬遗琴在，不见相如驷马归。（唐·戴叔伦《吊畅当》）

禽qín

①捕获；捉拿。②鸟、兽类总名。③礼物。

㊄下平，十二侵。㊣彩～乘～翠～飞～皋～惊～良～林～笼～鸣～暮～青～轻～瑞～沙～霜～朔～祥～翔～枭～信～逸～幽～游～浴～原～越～征～鸷～祝～追～㊤～犊～俘～缚～馘～华～荒～获～疾～剪～截～罝～猎～虏～旅～色～贪～讨～殄～猕～献～星～羞～言～仪～夷～语～芝㊅庭摇北风柳，院绕南溟禽。（唐·卢照邻《宿玄武二首》其二）遂出合欢被，同为交颈禽。（唐·李端《王敬伯歌》）故枥思疲马，故巢思迷禽。（唐·顾况《游子吟》）

㊇**从禽**　指狩猎。《易·屯卦》："六三……往吝。象曰：'即鹿无虞，以从禽也。君子舍之，往吝穷也。'"唐·孔颖达疏："即鹿当有虞官，即有鹿也。若无虞官，以从逐于禽，亦不可得也。"

故人断弦心，稚齿从禽乐。（唐·元稹《杨子华画三首》其二）

鲁伯禽　指提倡礼仪以化百姓。《史记·鲁周公世家》："（周公）于是卒相成王，而使其子伯禽代就封于鲁。周公戒伯禽曰：'我文王之子，武王之弟，成王之叔父，我于天下亦不贱矣。然我一沐三捉发，一饭三吐哺，起以待士，犹恐失天下之贤人。子之鲁，慎无以国骄人。'""鲁公伯禽之初受封之鲁，三年而后报政周公。周公曰：'何迟也？'伯禽曰：'变其俗，革其礼，丧三年然后除之，故迟。'"

礼乐遥传鲁伯禽，宾客争过魏公子。（唐·高适《题李别驾壁》）

幕上禽　见704页"幕燕"。

安羡仓中鼠，危同幕上禽。（唐·韦庄《同旧韵》）

华佗五禽　指养生之法。亦作"五禽""五禽戏"。东汉名医华佗创五禽戏，模仿虎、鹿、熊、猿、鸟五种动物动态，可以养生却病。见《三国志·魏书·华佗传》。

所以亲逋客，兼能助五禽。（唐·陆龟蒙《奉和袭美赠魏处士五贶诗·乌龙养和》）

擒qín

㊄下平，十二侵。㊣成～俘～计～剿～就～鹏～七～亲～生～手～讨～追～纵～㊤～绑～捕～捽～戮

～生～讨～执～治～擿～捉～纵 例席帆聊问罪，卉服尽成擒。（唐·王维《送从弟蕃游淮南》）公孙仍恃险，侯景未生擒。（唐·杜甫《风疾舟中伏枕书怀三十六韵，奉呈湖南亲友》）廉颇还国李牧在，安得赵王为尔擒。（唐·周昙《春秋战国门·郭开》）

典**七擒** 喻指善运策略，使对方心服。三国时，诸葛亮出兵南方，将当地酋长孟获捉住七次，放了七次，使他真正服输，不再为敌。见《三国志·蜀书·诸葛亮传》裴松之注引《汉晋春秋》。

握奇如枢运无穷，七纵七擒仍敢攻。（宋·王刚中《滩石八阵图行》）

噙qín 口含。

顺～口钱

螓qín 绿色小蝉。

古上平，十一真。逆胡～顺～蛾～首

檎qín 树名。

古下平，十二侵。逆黑～林～例最忆东坡红烂熳，野桃山杏水林檎。（唐·白居易《西省对花忆忠州东坡新花树》）

覃qín 姓。另见632页tán。

群（*羣）qún

古上平，十二文。逆拔～背～害～鹤～鸡～冀～绝～俊～空～孔～睽～离～乱～马～匹～全～善～殊～庶～霜～枭～穴～咬～轶～逸～意～营～逾～羽～珍～逐～顺～谤～辈～萃～抵～国～后～籍～季～类～黎～灵～流～落～氓～萌～迷～庙～牧～辟～巧～情～舒～祀～徒～枉～望～伍～愉～翔～形～学～雅～饮～噪～治 例藉草人留酌，衔花鸟赴群。（唐·张九龄《三月三日申王园亭宴集》）拔剑击大荒，日牧胡马群。（唐·杜甫《后出塞五首》其三）俯仰愧灵颜，愿随鸾鹤群。（唐·皎然《步虚词》）

典**鸡鹜群** 喻指小人。战国楚·屈原《九章·怀沙》："变白以为黑兮，倒上以为下，凤皇在拔兮，鸡鹜翔舞。"又《卜居》："宁与黄鹄比翼乎？将与鸡鹜争食乎？"

老鹤终辞鸡鹜群，谁将断绠绊浮云。（宋·贺铸《答僧讷》）

麋鹿群 喻指高逸之士隐居。南朝梁·刘孝标《广绝交论》："是以耿介之士，疾其若斯。裂裳裹足，弃之长骛，独立高山之顶，欢与麋鹿同群。"李善注："《论语》：'子曰："鸟兽不可与同群。"'孔安国曰：'隐居山林，是同群也。'"

朝与城阙别，暮同麋鹿归。（唐·马戴《山中寄姚合员外》）

鹘入鸦群 比喻骁勇无敌。《北史·齐宗室诸王传上·高思宗传》附《高思好传》："思宗弟思好，本浩氏之子也，思宗养以为弟，遇之甚薄。少以骑射事文襄。及文宣受命，为左卫大将军。本名思孝，天保五年讨蠕蠕，文宣悦其骁勇，谓曰：'尔击贼如鹘入鸦群，宜思好事。'故改名焉。"

左盘右射红尘中，鹘入鸦群有谁敌。（唐·韩翃《寄哥舒仆射》）

裙（*帬、裠）qún

古上平，十二文。逆裸～床～翠～蝶～飞～复～画～溅～绛～锦～练～鸾～马～衲～茜～青～沙～生～书～蓑～通～秃～湘～孝～羊～曳～晕～皂～中～作～顺～布～刀～房～幅～屐～裾～帽～门～帔～腰 例春生翡翠帐，花点石榴裙。（唐·李元纮《相思怨》）苔痕断珠履，草色带罗裙。（唐·刘长卿《湘妃庙》）宫前叶落鸳鸯瓦，架上尘生翡翠裙。（唐·胡曾《妾薄命》）

典**书裙** 称誉人的书法，或指文人间的相互雅赏爱慕。亦作"写羊裙"。晋代著名书法家王献之，曾在昼寝的羊欣裙子上书写数幅。羊欣视为珍宝，揣摩学习，书法因此大进。见《宋书·羊欣传》。

爱竹只应怜直节，书裙多是为奇童。（唐·徐夤《山阴故事》）

麇（麕）qún 成群。另见723页jūn。

古上平，十一真。又：上平，十二文同。顺～至～居～集～聚

人rén

古上平，十一真。逆巴～弊～嬖～璧～豳～陈～豪～羁～蹇～绛～鲛～矜～荆～靖～鞠～窭～黎～獠～廪～橹～佞～耦～漆～谦～樵～磬～儒～啬～穑～素～燧～糖～瞳～侮～仙～饷～行～熏～雅～伊～媵～雍～舆～羽～梓～顺～保～表～道～范～纲～功～寰～患～皇～火～籍～迹～鉴～节～经～径～境～镜～眷～爵～籁～乐～黎～理～灵～龙～虏～谋～牧～耦～亲～瑞～神～胜～时～豕～世～术～庶～祀～俗～听～蜕～望～文～舞～衔～枭～雄～烟～彝～役～意～隐～英～誉～正～资 例孤儿去慈亲，远客丧主人。（唐·孟云卿《悲哉行》）夜悬明镜青天上，独照长门宫里人。（唐·李白《长门怨二首》其二）关情命曲寄惆怅，久别江南山里人。（唐·顾况《幽居弄》）

典**巴人** 见16页"曲高和寡"。亦作"巴曲""巴里""巴歌""巴音"。

举国莫能和，巴人皆卷舌。（唐·李白《感遇四首》其四）

陈人 《庄子》称年老缺乏为人之道者为陈腐之人，犹言老朽。诗词中常以"陈人"嘲讽他人或自嘲。《庄子·寓言》："是为耆艾，年先矣，而无经纬本末以期来者，是非先也。人而无以先人，无人道也；人而无人道，是之谓陈人。"晋·郭象注："直是陈久之人耳。"

徒得襄阳齿耆旧，却惭庄子号陈人。（宋·卫宗武《寄兴》）

鲛人 见527页"鲛绡"。

举目凄凉入破门，鲛人一饭尚知恩。（唐·方干《题故人废宅二首》其一）

荆人 见454页"献玉"。

下山幽石产奇璞，荆人至死采不著。（唐·皎然《桃花石枕歌赠康从事》）

行人 《列子》有"生人为行人"说法，意思是活着的人有如旅途上的人。《列子·天瑞》："古者谓死人为归人。夫言死人为归人，则生人为行人矣。行而不归，失家者也。"

羽人 指神仙。《楚辞·远游》："仍羽人于丹丘兮，留不死之旧乡。"王逸注："《山海经》言'有羽人之国，不死之民'；或曰'人得道，身生毛羽'也。"

东林何殿是西邻，禅客垣墙接羽人。（唐·广宣《安国寺随驾幸兴

唐观应制》）

方瞳人　代指神仙道士。亦作“方瞳翁”。旧题晋·王嘉《拾遗记》卷三：“老聃在周之末，居反景日室之山，与世人绝迹。惟有黄发老叟五人，或乘鸿鹤，或衣羽毛，耳出于顶，瞳子皆方，面色玉洁，手握青筠之杖，与聃共谈天地之数。”《南史·陶弘景传》：“仙书云：‘眼方者寿千岁。’弘景末年一眼有时而方。”

自非方瞳人，不敢窥洞口。（唐·陆龟蒙《奉和袭美太湖诗二十首·入林屋洞》）

郭舍人　代指有专长技艺之士。晋·葛洪《西京杂记》卷五：“武帝时，郭舍人善投壶，以竹代矢不用棘也。古之投壶，取中而不求还，故实小豆，恶其矢之跃而出也。郭舍人则令还，一矢百余反，谓之为骁。言如博之竖枭于掌中，为骁杰也。每为武帝投壶，辄赐金帛。”

侏儒饱愧东方朔，妪母呼回郭舍人。（宋·郑清之《家园即事十三首》其八）

浣纱人　传说春秋时越国美女西施曾于会稽苎罗山若耶溪浣纱。后因以“浣纱”为咏怀西施之典。《太平御览》卷四七引晋·孔烨《会稽记》：“勾践索美女以献吴王，得诸暨卖薪女西施郑旦，先教习于土城山，山边有石，云是西施浣纱石。”又，“诸暨县北界有罗山，越时西施郑旦所居，所在有方石，是西施晒纱处，今名纻罗山。”

今逢浣纱石，不见浣纱人。（唐·西施《王轩题西施石诗》）

卷绡人　见344页“泣珠”。

欢沾赐帛老，恩及卷绡人。（唐·王维《送元中丞转运江淮》）

烂柯人　喻指人世倏忽，世事变迁。梁·任昉《述异记》卷上：“信安郡石室山，晋时王质伐木至，见童子数人棋而歌，质因听之。童子以一物与质，如枣核，质含之不觉饥。俄顷，童子谓曰：‘何不去？’质起视，斧柯尽烂。既归，无复时人。”

怀旧空吟闻篴赋，到乡翻似烂柯人。（唐·刘禹锡《酬乐天扬州初逢席上见赠》）

老成人　代指年高有德的老臣。《诗经·大雅·荡》：“文王曰咨，咨女殷商。匪上帝不时，殷不用旧。虽无老成人，尚有典型。”郑玄笺：“老成人谓若伊尹、伊陟、臣扈之属。虽无此臣，犹有常事故法可案用也。”

莫为流年嗟白发，济时须仗老成人。（宋·曾巩《酬吴仲庶龙图暮春感怀》）

龙头人　指有才能之友中的领头者。《三国志·魏书·华歆传》：“歆为吏，休沐出府，则归家阖门。议论持平，终不毁伤人。”裴松之注引《魏略》曰：“欲与北海邴原、管宁俱游学，三人相善，时人号三人为‘一龙’，歆为龙头，原为龙腹，宁为龙尾。”

往还谁是龙头人，公主遣秉鱼须笏。（唐·李贺《酒罢张大彻索赠诗》）

芦中人　指逃亡藏匿之人。汉·赵晔《吴越春秋·王僚使公子光传》：‘子胥既渡，渔父乃视之，有其饥色，乃谓曰：‘子俟我此树下，为子取饷。’渔父去后，子胥疑之，乃潜身于深苇之中。有顷，父来，持麦饭、鲍鱼羹、盎浆，求之树下，不见，因歌而呼之曰：‘芦中人！芦中人！岂非穷士乎？’如是者再，子胥乃出芦而应。”

芦中人，芦中人，渔父相逢浔水津。（宋·连文凤《伍相公庙存丁亥被燬》）

木偶人　指生活动荡不安，行止没有安定。《战国策·齐策三》：“孟尝君将入秦，止者千数而弗听。苏代欲止之……谓孟尝君曰：“今者臣来，过于淄上，有土偶人与桃梗相与语。桃梗谓土偶人曰：‘子，西岸之土也，挺子以为人，至岁八月，降雨下，淄水至，则汝残矣。’土偶曰：‘不然。吾西岸之土也，土则复西岸耳。今子，东国之桃梗也，刻削子以为人，降雨下，淄水至，流子而去，则子漂漂者将何如耳。’今秦四塞之国，譬若虎口，而君入之，则臣不知君所出矣。’孟尝君乃止。”见903页“泛梗”。

且求容立锥头地，免似漂流木偶人。（唐·白居易《卜居》）

纳肝人　指忠诚于君主。《韩诗外传》：“狄人逐卫懿公于荣泽，见杀，尽食其肉，独舍其肝。宏演使还，哭毕，因自出其肝，纳卫懿公之肝。齐恒公闻之。曰：‘宏演可谓忠臣矣。’”

捧心人　见747页“效颦”。

世上悠悠不识真，姜芽尽是捧心人。（唐·柳宗元《重赠二首》其二）

七十人　代指孔门弟子，或喻指门生。《孟子·公孙丑上》：“以德服人者，中心悦而庄服也，如七十子之服孔子也。”《史记·仲尼弟子列传》：“孔子曰‘受业身通者七十有七人’，皆异能之士也。”

从军暮下三千客，闻礼庭中七十人。（唐·许浑《和人贺杨仆射致政》）

五百人　指壮士殉主。《史记·田儋列传》附《田横传》：“田横惧诛，而与其徒属五百余人入海。居岛中，高帝闻之……乃使使赦田横罪而召之……田横乃与其客二人乘传诣雒阳。未至三十里……遂自刭，令客奉其头，从使者驰奏之高帝。”“既葬，二客穿其頫旁孔，皆自刭，下从之。高帝闻之，乃大惊，大田横之客皆贤。吾闻其余尚五百人在海中，使使召之。至则闻田横死，亦皆自杀。于是乃知田横兄弟能得士也。”

三千客里宁无义，五百人中必有恩。（唐·许浑《闻边将刘皋无辜受戮》）

羲皇人　咏隐居生活之乐。《宋书·陶潜传》：“（陶渊明）与子书以言其志，并为训戒曰：‘……尝言五六月北窗下卧，遇凉风暂至，自谓是羲皇上人。’”

日耽田园趣，自谓羲皇人。（唐·孟浩然《仲夏归汉南园寄京邑耆旧》）

臧丈人　指功成身退而归隐之人。文王至臧地巡视，见臧丈人钓，乃授之以政，三年而国家大治；文王问可否扩而广之，以至统治整个天下，臧丈人当夜逃遁。见《庄子·田子方》。

登楼君似庾老子，挟策我为臧丈人。（宋·李复《中秋客至不赴郡会次范君武韵》）

斩美人　指尊重贤者，礼遇士

人。赵国平原君为了招揽人才，而斩杀其耻笑跛足人的姬妾，亦作“楼头斩美人”“楼前斩爱姬”。见《史记·平原君列传》。

蛾眉笑躄者，宾客去平原。却斩美人首，三千还骏奔。（唐·李白《送薛九被谗去鲁》）

竹林人 嵇康等七人相与友善，常一起游于竹林之下，肆意欢宴。后以“竹林人”指不同流俗的文人。《三国志·魏书·王粲传》裴松之注引《魏氏春秋》：“（嵇康）寓居河内之山阳县，喻指游者，未尝见其喜愠之色。与陈留阮籍、河内山涛、河南向秀、籍兄子咸、琅邪王戎、沛人刘伶相与友善，游于竹林，号为‘七贤’。”

时有桃源客，来访竹林人。（唐·骆宾王《畴昔篇》）

捉刀人 指替人做事或作文之人。《世说新语·容止》：“魏武将见匈奴使，自以形陋，不足雄远国，使崔季珪代帝，自捉刀立床头。既毕，令间谍问曰：‘魏王何如？’使答曰：‘魏王信雅望非常；然床头捉刀人，此乃英雄也。’魏武闻之，追杀此使。”

龙翔大耳儿，虎视捉刀人。（宋·刘子翚《建康六感·吴》）

白发欺人 感叹青春消逝、鬓发变色。唐·薛能《春日使府寓怀二首》其一：“一想流年百事惊，已抛渔父戴尘缨。青春背我堂堂去，白发欺人故故生。道困古来应有分，诗传身后亦何荣。谁怜合负清朝力，独把风骚破郑声。”

欢娱尽属少年事，白发欺人作老翁。（宋·黄庭坚《再赠陈季张拒霜花二首》其二）

白马故人 东汉人范式忽梦至交张劭托梦，告以身死及下葬之日。届时发丧，张劭灵柩不肯进，待范式白马素衣赶到送葬，灵柩才能移动。后因以“白马”喻指送葬，用作哀挽亡友的典故。见《后汉书·独行传·范式传》。

青乌新兆去，白马故人来。（唐·骆宾王《乐大夫挽词五首》其四）

斗南一人 指人才能或品德突出，独步于当时。《新唐书·狄仁杰传》：同府参军郑崇质母老且疾，当使绝域。仁杰谓曰：“君可贻亲万里忧乎？”诣长史蔺仁基请代行，仁基咨美其谊。时方与司马李孝廉不平，相语曰：“吾等可少愧矣！”则相待如初，每曰：“狄公之贤，北斗以南，一人而已。”

眼底高年，如老曾仙，斗南一人。（宋·无名氏《沁园春·眼底高年》）

功狗功人 刘邦以狩猎为喻，指众将如有功之狗，是事情成功的直接执行者，而萧何如猎人是指挥者。《史记·萧相国世家》：“夫猎，追杀兽免者，狗也；而发踪指示兽处者，人也。今诸君徒能得走兽者，功狗也。至如萧何，发踪指示，功人也。”

功人功狗两无益，徒受亭公谩骂名。（清·王昙《留侯祠》）

寒暑煎人 李贺诗感叹时光流逝，人生短促。唐·李贺《苦昼短》：“吾不识青天高，黄地厚。唯见月寒日暖，来煎人寿。”谓日月通过寒暑变化，不断消磨人的生命。

向劳生辛苦，寒暑煎人，争不老，空想秋堂夜静。（宋·黄裳《洞仙歌·杳无风色》）

南极老人 指南极星，后指吉祥的预兆或祝寿词。《史记·天官书》：“狼比地有大星，曰南极老人。老人见，治安；不见，兵起。常以秋分时候之于南郊。”唐·张守节《史记正义》：“老人一屋，在孤南，一曰南极，为人主占寿命延长之应。常以秋分之曙见于景，春分之夕见于丁。见，国命长，故谓之寿昌，天下安宁；不见，人主忧也。”

北门骄子常输赆，南极老人方效祥。（宋·傅察《天宁节前筵口号》）

贫贱骄人 指不屈于权贵。《史记·魏世家》：“子击逢文侯之师田子方于朝歌，引车避，下谒。田子方不为礼。子击因问曰：‘富贵者骄人乎？且贫贱者骄人乎？’子方曰：‘亦贫残者骄人耳。夫诸侯骄人则失其国，大夫骄人则失其家。贫残者，行不合，言不用，则去之楚、越，若脱屣然，奈何其同之故！’子击不怿而去。”

音书差慰我，贫贱莫骄人。（清·钟令嘉《腊日寄铨儿》其一）

香草美人 “香草”指忠臣，“美人”指君王，后以象征忠君爱国的思想。汉·王逸《楚辞章句·离骚序》：“《离骚》之文，依《诗》取兴，引类譬谕，故善鸟香草，以配忠贞；恶禽臭物，以比谗佞，灵修美人，以媲于君。”

惆怅平生莫我知，美人香草寄幽思。（清·吴世晋《壬戌述怀》）

著白山人 指隐士谋者。《新唐书·李泌传》：“李泌字长源……肃宗即位灵武，物色求访，会泌亦自至。已谒见，陈天下所以成败事，帝悦，欲授以官，固辞，愿以客从。入议国事，出陪舆辇，众指曰：‘著黄者圣人，著白者山人。’”

误遗汗青成国史，未妨著白号山人。（宋·陆游《赠传神水监》）

白鹤报乡人 指修道升仙或感叹人世的沧桑。旧题晋·陶渊明《搜神后记》卷一：“丁令威本辽东人，学道于灵虚山。后化鹤归辽，集城门华表柱。时有少年举弓欲射之，鹤乃飞，徘徊空中而言曰：‘有鸟有鸟丁令威，去家千年今始归。城郭如故人民非，何不学仙冢垒垒。’遂高上冲天。今辽东诸丁云其先世有升仙者，但不知名字耳。”

不为碧鸡称使者，唯令白鹤报乡人。（唐·王维《送王尊师归蜀中拜埽》）

东西南北人 指居无常处、奔波四方之人。亦作“南北人”。《礼记·檀弓上》：“吾闻之，古也墓而不坟。今丘也，东西南北之人也，不可以弗识也。”郑玄注：“东西南北，言居无常处也。”

东西南北人，高迹自相亲。（唐·李频《过四皓庙》）

述作究天人 指对人学识渊博的称赞。《汉书·报任安书》：“仆窃不逊，近自托于无能之辞，网罗天下放失旧闻，略考其行事，稽其成败兴坏之理，凡百三十篇，亦欲以究天人之际，通古今之变，成一家之言。”

网罗穷象系，述作究天人。（唐·刘升《奉和圣制送张说上集贤学士赐宴》）

仁rén

古上平，十一真。逆垂～纯～淳～慈～蹈～笃～敦～归～鸿～怀～积～宽～磏～隆～履～闵～潘～谦～强～生～温～贤～效～修～依～遗～苡～咏～贞～质～顺～参～恻～策～祠～笃～果～厚～诲～惠～矜～谨～决～频～朴～强～让～柔～瑞～弱～善～恕～闻～贤～恤～隐～宥～宇～育～誉～泽例白鹭亦白非纯真，外洁其色心匪仁。（唐·李白《白鸠辞》）得罪风霜苦，全生天地仁。（唐·刘长卿《负谪后登干越亭作》）两河开地山川正，四海休兵造化仁。（唐·王建《上李吉甫相公》）

典**鸤鸠仁**　喻指以仁德待下。三国魏·曹植《上责躬诗表》："七子均养者，鸤鸠之仁也。"李善注："《毛诗》曰：'鸤鸠在桑，其子七兮。'毛传曰：'鸤鸠之养其子，朝从上下，莫从下上，平均如一。'"

毁坼维鹊巢，不行鸤鸠仁。（唐·卢仝《感古四首》其三）

妇人之仁　指做事优柔寡断不大气果断。《史记·淮阴侯列传》：秦亡后楚汉相争，萧何推荐韩信给刘邦为将军。韩刘谈论天下之事，说到项羽之人，韩信曰："……项王见人恭敬慈爱，言语呕呕，人有疾病，涕泣分食饮；至使人有功，当封爵者，印刷敝，忍不能予，此所谓妇人之仁也。"

摧刚作柔随物转，妇人之仁仍可见。（宋·王铚《会稽杨梅雄天下其佳者皆出项里》）

求仁得仁　指果如其所愿。《论语·述而》："冉有曰：'夫子为卫君乎？'子贡曰：'诺。吾将问之。'入曰：'伯夷、叔齐何人也？'曰：'古之贤人也。'曰：'怨乎？'曰：'求仁而得仁，又何怨！'"

我生不辰逢百罹，求仁得仁尚何语。（宋·文天祥《言志》）

杀身成仁　指追求正义的事业而不惜牺牲自己。《论语·卫灵公》："志士仁人，无求生以害仁，有杀身以成仁。"

杀身可成仁，舍生甘取义。（宋·五迈《简复斋陈寺丞子表夫知丞并呈真西山》）

任rén　①姓。②地名。另见777页rèn。

古下平，十二侵。顺～鄅～城～父～公～君～黎～丘～县

壬rén　①天干第九位。②奸佞。

古下平，十二侵。逆庚～奸～孔～六～佥～三～有～长～顺～遁～夫～公～林～佞～奇～人例奸声不入耳，巧言宁孔壬。（唐·元稹《桐花》）

典**扪腹有三壬**　喻指人长寿。《三国志·魏书·管辂传》："辂长叹曰：'……但恐至太山治鬼，不得治生人，如何！'辰问其故，辂曰：'吾额上无生骨，眼中无守精，鼻无梁柱，脚无天根，背无三甲，腹无三壬，此皆不寿之验。又吾本命在寅，加月食夜生。天有常数，不可得讳，但人不知耳。吾前后相当死者过百人，略无错也。'……明年二月卒，年四十八。"

鉴容称四皓，扪腹有三壬。（唐·刘禹锡《乐天是月长斋鄅夫此时愁卧里闾》）

神shén　另见727页shēn。

古上平，十一真。逆遨～蚕～骋～春～道～定～洞～遁～梵～骇～和～河～鹤～画～魂～积～羁～稷～降～焦～金～襟～经～净～静～类～敛～脸～灵～留～洛～率～鸣～摹～默～傩～配～凄～潜～清～麹～啬～煞～诗～释～疏～属～耸～竦～损～桃～淘～疃～威～骛～豨～祆～湘～消～炎～盐～养～窑～怡～遗～颐～疫～影～游～侑～岳～真～征～注～姿～宗～祖～顺～獒～奥～飙～裁～采～藏～察～驰～筹～聪～粹～道～德～鼎～福～感～潢～惠～魂～藉～骥～箭～脚～衿～襟～旌～精～骏～籁～溜～盟～谟～幕～蓬～魄～巧～寝～清～躯～阙～瑞～睿～煞～嫜～著～髓～邃～威～微～幄～渥～霄～墟～怡～逸～隐～鹰～颖～影～猷～舆～欲～遇～御～渊～缘～源～越～藻～照～知～致～畤～渚～骓例述作纷无已，言谈妙入神。（唐·褚亮《伤始平李少府正己》）璇闺羽帐华烛陈，方士夜降夫人神。（唐·鲍溶《李夫人歌》）青苔竟埋骨，红粉自伤神。（唐·温庭筠《邯郸郭公辞》）

典**洛神**　指美女或女神。三国魏·曹植《洛神赋序》："黄初三年，余朝京师，还济洛川。古人有言：斯水之神，名曰宓妃。感宋玉对楚王神女之事，遂作斯赋。"

昨日屯军还夜遁，满车空载洛神归。（唐·韦庄《睹军回戈》）

啬神　爱惜精神。指高士不慕荣禄，不求仕进。《后汉书·周盘传》："昔方回、支父啬神养和，不以荣利滑其生术。吾亲以没矣，从物何为？"李贤注："《列仙传》曰：'方回，尧时隐人也。尧聘之，练食云母，隐于五柞山……'《高士传》曰：'尧舜各以天下让支父，支父曰：'予适有劳忧之病，方且疗之，未暇理天下也。''"

几年辞宠解华绅，佛忍庄恬共啬神。（宋·宋庠《次韵和丁右丞因赠致政张少卿二首》其二）

紫姑神　神话中厕神名。又称子姑、坑三姑。相传为人家妾，为大妇所嫉，每以秽事相役。正月十五日激愤而死。故世人以其日作其形，夜于厕间或猪栏边迎之，占卜诸事。见南朝宋·刘敬叔《异苑》卷五。

昨日紫姑神去也，今朝青鸟使来赊。（唐·李商隐《昨日》）

顾氏传神　咏画，或赞美画家。《世说新语·巧艺》："顾长康画人，或数年不点目精。人问其故，顾曰：'四体妍蚩，本无关于妙处；传神写照，正在阿堵中。'"

生公吐辩真无敌，顾氏传神实有灵。（唐·李群玉《规公业在净名得甚深义》）

鲁褒钱神　讽刺对钱财贪婪。《晋书·鲁褒传》："鲁褒字元道，南阳人也。好学多闻，以贫素自立。元康之后，纲纪大坏。褒伤时之贪鄙，乃隐姓名，而著《钱神论》以刺之。"

什（*甚）shén　另见180页shí、另见779页shèn"甚"。

逆可～是～说～为～有～作～做～顺～么～人～事

屯tún　①聚集；储存。②驻守。③村庄。另见734页zhūn。

古上平,十三元。逆边～别～兵～分～蜂～耕～宫～构～行～进～剧～军～联～留～民～商～退～温～雾～盐～野～移～疑～引～营～云～顺～堡～壁～弁～泊～部～仓～次～萃～达～邸～封～夫～官～行～合～候～籍～聚～垒～利～留～落～农～骑～戍～慝～坞～夕～啸～宿～衙～咽～御～云～扎～札～砦～正～政～住～庄例驱传渭桥上,观兵细柳屯。(唐·魏徵《赋西汉》)西秦百万众,戈甲如云屯。(唐·李白《登金陵冶城西北谢安墩》)

囤 tún 囤积的囤。另见 771 页 dùn。

古《集韵》:平声,魂韵。顺～货～聚～粮

饨(飩)tún

古上平,十三元。逆断～馄～

豚(*豘)tún 小猪。

古上平,十三元。逆贲～放～孤～归～鳜～豭～江～炮～圈～黍～土～杨～饮～蒸～珠～顺～胎～耳～肩～解～醪～拍～佩～臑～尾～胁～鱼～栅～肘例寒风疏落木,旭日散鸡豚。(唐·杜甫《刈稻了咏怀》)常慕古人道,仁信及鱼豚。(唐·白居易《赎鸡》)中原困屠解,奴隶厌肥豚。(唐·李商隐《行次西郊作一百韵》)

典**人乳蒸豚** 指生活豪华奢侈。《世说新语·汰侈》:"武帝尝降王武子家。武子供馔,并用琉璃器。婢子百余人皆绫罗绔襬,以手擎饮食。烝豚肥美,异于常味。帝怪而问之,答曰:'以人乳饮豚。'帝甚不平,食未毕便去。"

诸公日饫万钱厨,人乳蒸豚玉食无。(宋·陆游《读晋书》)

臀 tún

古上平,十三元。逆胐～窟～腰～顺～尖～鳍～疣～杖

燉 tún 火盛貌。另见 715 页 dūn、727 页 tūn。

古上平,十三元。逆赤～～

芚 tún 木始生貌。

古上平,十三元。逆浑～愚～

忳 tún 忧伤苦闷。

古《广韵》:平声,魂韵。逆昏～忳～顺～忳

鲀(魨)tún 河豚鱼。

逆河～

文 wén 另见 780 页 wèn。

古上平,十二文。逆宸～赪～程～螭～黛～祷～簟～凤～敷～黻～鹤～衡～鸿～桓～徽～惠～醮～峻～澜～鳞～麟～鸾～绿～俳～披～铺～绮～乾～潜～巧～清～琼～睿～润～骚～殊～属～霜～颂～腾～羲～檄～霞～闲～缬～绚～谳～谒～靥～鹥～懿～胤～邕～鬻～鸳～赞～翟～质～逐～跩～撰～缀～顺～薄～葆～备～敝～弊～辨～簿～察～墀～道～德～簟～牒～鼎～旙～锋～翰～衡～縠～华～辉～籍～简～锦～旌～静～康～魁～澜～礼～僚～履～律～貌～谟～谱～绮～裘～儒～瑞～摄～蜃～疏～颂～艘～舞～檄～庠～箫～榭～雄～勋～彦～验～瑶～曜～耀～漪～绎～谊～鞧～咏～舆～誉～缘～镇～致例缘阶起素沫,竟水聚圆文。(唐·苏味道《单于川对雨二首》其一)野日分戈影,天星合剑文。(唐·骆宾王《从军行》)井汲铅华水,扇织鸳鸯文。(唐·李贺《五月》)

典**广文** 代指清苦闲散的儒学教官。唐玄宗时设广文馆,置博士、助教,主持国子监事务。当时被看作清苦闲散的职务。后遂以"广文"指儒学教官。见《新唐书·百官志三》。

君不闻靖节先生尊长空,广文先生饭不足。(唐·白居易《春寒》)

回文 见 337 页"锦书"。

遗挂空留壁,回文日覆尘。(唐·王维《达奚侍郎夫人寇氏挽词二首》其一)

留文 张良和萧何的合称,后代指功臣。《史记·留侯世家》:"汉六年正月……乃封张良为留侯。"《史记·萧相国世家》:"孝惠二年,相国何卒,谥为文终侯。"

吟寄短篇追往事,留文功业不寻常。(唐·翁承赞《文明殿受册封闽王》)

五千文 代指《道德经》或咏道家。《史记·老子列传》:"于是老子乃著书上下篇,言道德之初意五千余言而去,莫知其所终。"

若道老君是知者,缘何自著五千文。(唐·白居易《读老子》)

谢玄文 指臣下请求离职归山的文字。东晋谢玄曾都督七州军事,患疾后,上疏请求解职归隐。见《晋书·谢安传》附《谢玄传》。

名逃郤诜策,兴发谢玄文。(唐·钱起《送李秀才落第游荆楚》)

北海归文 伯夷、叔齐避居于北海之滨,听说周文王善养老者,遂前往投奔。《孟子·离娄上》:"孟子曰:'伯夷辟纣,居北海之滨,闻文王作,兴曰:"盍归乎来！吾闻西伯善养老者。"'"

试说北海归文,西山何事,犹不甘臣武。(宋·林式之《念奴娇·桐皋东去》)

地下修文 指有才能的文人早亡。亦作"修文地下"。《太平御览》卷八八三引晋·王隐《晋书》载:中牟令苏韶死后现形,对其堂弟苏节说,颜渊、卜商现为地下修文郎;修文郎凡八人,皆鬼之圣者。韶今亦守其职。

地下修文著作郎,生前饥处倒空墙。(唐·司空图《狂题十八首》其九)

天丧斯文 本指礼乐制度灭亡。后多指文化或文人不受尊重或文人自甘堕落。《论语·子罕》:"子畏于匡,曰:'文王既没,文不在兹乎？天之将丧斯文也,后死者不得与于斯文也;天之未丧斯文也,匡人其如予何？'"

天未丧斯文,杜老乃独出。(宋·陆游《宋都曹屡寄诗且督和答作此示之》)

织锦回文 指妻子的情诗或书信。亦以指代妇女的绝妙才思。《晋书·列女传》:"窦滔妻苏氏,始平人也。名蕙,字若兰。善属文。滔,苻坚时为秦州刺史,被徙流沙。苏氏思之,织锦为回文旋图诗以赠滔,宛转循环以读之,词甚凄婉,凡八百四十字。"

织锦作短书,肠随回文结。(唐·李白《代赠远》)

闻(聞)wén 另见 780 页 wèn。

古上平,十二文。逆备～禀～布～侧～朝～陈～创～达～登～敷～

服～高～瑰～罕～合～嘉～简～浸～浪～领～流～瞑～瞽～治～清～稔～赡～夙～诉～素～腾～逖～微～嚣～宿～遗～倚～音～豫～瞻～章～彰～伫～著～顺～彻～道～得～笛～化～慧～健～教～雷～令～命～人～善～韶～声～识～说～诵～问～信～样～义～誉～早～诊～知～奏例转蓬飞不息,悲松断更闻。(唐·褚亮《在陇头哭潘学士》)远离弦易转,幽咽水难闻。(唐·孔绍安《别徐永元秀才》)虏地寒胶折,边城夜柝闻。(唐·骆宾王《宿温城望军营》)

典直谅多闻 指对己有利的三类朋友:正直的、诚实的和见多识广的,后用以颂赞友人。《论语·季氏》:"孔子曰:'益者三友,损者三友。友直、友谅、友多闻,益矣。友善柔,友便佞,损矣。'"

迩来友义渐隳颓,直谅多闻贵不回。(宋·司马光《和景文议交绝句》)

东家尼父叹无闻 代指四十岁。亦作"四十无闻"。东家尼父即孔子。孔子曾说,人如果到了四十岁、五十岁还没有声名,不为别人所知,这种人是不值得惧怕的。《论语·子罕》:"子曰:'后生可畏,焉知来者之不如今也?四十、五十而无闻焉,斯亦不足畏也已。'"

正东家尼父,叹无闻日,鄹人孟子,不动心时。(宋·魏了翁《沁园春·四十之年》)

蚊(*蟁、蟁)wén

古上平,十二文。逆鹪～聚～辟～秋～蝇～蚤～顺～蟵～裯～厨～船～负～毫～幌～脚～睫～聚～雷～力～蟆～眉～虻～蚋～螨～市～首～树～响～烟～翼～吟～阵～麈例我实门下士,力薄蚋与蚊。(唐·韩愈《送陆畅归江南》)强敌纤手浴金盆。却因凉思谢飞蚊。(宋·李之仪《浣溪沙·雨暗轩窗昼易昏》)

纹(紋)wén

古上平,十二文。逆摆～冰～蝉～簟～斗～断～风～簻～谷～龟～鹤～縠～回～笺～雷～帘～涟～峦～腒～螺～绮～饰～蜀～松～雾～犀～缬～漩～靴～阴～鶒～褶～真～枕～绉～足～顺～縠～浪～理～路～木～枰～禽～楸～饰～丝～银～章例声破寒窗梦,根穿绿藓纹。(唐·杜牧《题刘秀才新竹》)飘飖被青霓,婀娜佩紫纹。(唐·李商隐《戊辰会静中出贻同志二十韵》)粉蝶团飞花转影,彩鸳双泳水生纹。(唐·温庭筠《博山》)

典锦纹 喻妻子之信或情书。亦指妇女的诗文佳作。见754页"织锦回文"。

扇中纨素制,机上锦纹回。(唐·李峤《诗》)

雯wén 呈花纹的云彩。

古上平,十二文。逆苍～锦～青～素～彤～晓～顺～盖～华

阌(閿)wén 阌乡,地名,在河南。

古上平,十二文。

焨(燖)xún 古代祭祀时把肉放入水中煮至半熟。

古下平,十二侵。逆炮～烹～温～顺～剥～毛～温～绎

旬xún

古上平,十一真。逆波～初～寸～公～积～既～浃～兼～经～累～连～弥～七～涉～十～试～宣～旬～淹～盈～逾～元～阅～匝～顺～呈～次～晦～浃～假～节～课～年～期～日～时～始～首～朔～岁～头米～休～修～虚～宣～宴～液～阴～余～月～阅例落花迎二月,芳树历三旬。(唐·孙逖《晦日湖塘》)揽辔穷登降,阴雨遘二旬。(唐·韦应物《山行积雨,归途始霁》)曲水闲销日,倡楼醉度旬。(唐·元稹《代曲江老人百韵》)

典由旬 佛教中的长度单位,原为古印度帝王一日行军的路程。北周·庾信《奉和法筵应诏》:"千柱莲花塔,由旬紫绀园。"唐·玄奘《大唐西域记》:"逾缮那("由旬"的另一译法)者,自古圣王一日运行也。旧传一逾缮那四十里矣,印度国俗乃三十里。"

但觉虚空无障碍,不知高下几由旬。(唐·白居易《春日题乾元寺上方最高峰亭》)

寻(尋、*尋)xún

古下平,十二侵。逆按～百～参～登～访～敷～跟～行～浸～祲～究～考～谋～蹑～棲～侵～骎～熟～思～退～温～相～研～忧～斟～重～抓～阻～顺～按～案～尝～趁～戴～度～端～芳～非～斧～环～检～究～矩～履～盟～觅～摸～闹～情～声～省～胜～诗～时～事～诵～俗～橦～玩～微～味～析～隙～香～修～续～绎～幽～约～真～综例那能有余兴,不作剡溪寻。(唐·韦应物《酬秦征君徐少府春日见寄》)门外可罗雀,长者肯来寻。(宋·沈瀛《水调歌头·门外可罗雀》)

典枉尺直寻 喻指在小处谦让,以求得大的利益,后指贪谋利益。《孟子·滕文公下》:"陈代曰:'不见诸侯,宜若小然;今一见之,大则以王,小则以霸。且《志》曰:"枉尺而直寻",宜若可为也。'孟子曰:'……且夫枉尺而直寻者,以利言也。如以利,则枉寻直尺而利亦可为与?'"

枉尺直寻何必较,此心都大不求全。(宋·邵雍《有客吟》)

洵xún 诚然。

古上平,十一真。顺～美～然～涕～直

荀xún ①草名。②姓。

古上平,十一真。逆班～二～孟～顺～草～令香～卿～香例雄推三虎贾,群擢八龙荀。(唐·元稹《代曲江老人百韵》)鹏埸宁唯白,龙多岂止荀。(唐·贯休《赠抱麻刘舍人》)

询(詢)xún

古上平,十一真。逆博～呈～垂～大～访～奉～函～诘～究～叩～谋～探～瞷～详～研～征～质～追～咨～诹～顺～按～采～查～察～刍～诘～究～鞫～考～叩～觅～谋～纳～请～求～荛～审～视～索～闻～仰～议～诱～质～咨例车骑归萧督,云林识许询。(唐·丘丹《萧山祇园寺》)杞梓无遗用,刍荛不忘询。(唐·元稹《代曲江老人百韵》)元子当传启,皇孙合授询。(唐·李商隐《送从翁东川弘农尚书幕》)

循xún

古上平,十一真。逆阿～安～遍～持～法～奉～抚～拊～顾～徼～

看～廉～流～率～扪～慕～切～省～条～循～依～缘～贞～周～遵～顺～本～步～持～揣～带～度～法～蜚～抚～拊～复～陔～古～绩～阶～谨～览～理～良～默～挠～墙～情～扰～善～尚～省～诵～通～玩～袭～性～序～雅～沿～依～易～诱～誉～政～滞～转～卓～资例多才自劳苦，无用只因循。（唐·韩愈《酬裴十七功曹巡府西驿途中见寄》）

典**亲临贺循** 指君王哀悼其宠臣。《晋书·贺循传》："疾渐笃，表乞骸骨，上还印绶，改授光禄大夫，开府仪同三司。帝临轩，遣使持节，加印绶。循虽口不能言，指麾左右，推去章服。车架亲幸，持手流涕。太子亲临者三焉，往还皆拜。儒者以为荣。"

宠赠追胡广，亲临比贺循。（唐·苏颋《赠司徒豆卢府君挽词》）

巡（*廵）xún

古上平，十一真。逆按～从～胆～当～东～分～抚～拊～更～儌～警～睃～亲～逡～时～梳～数～私～厢～校～驿～邮～游～缉～侦～周～顺～备～边～禅～绰～陈～船～逴～蹉～道～遁～防～抚～覆～功～行～核～护～缉～驾～检～简～徼～禁～儆～靖～旬～历～陵～觑～绕～属～梭～睃～尉～问～锡～檄～檐～仪～营～远～展～仗～阵例丹泥因未控，万劫犹逡巡。（唐·李商隐《戊辰会静中出贻同志二十韵》）得见明时下寿身，须甘岁酒更移巡。（唐·司空图《新岁对写真》）

典**张巡李巡** 喻指文臣武将建功立业，声名传于后世。《旧唐书·张巡传》："张巡，蒲州河东人……禄山之乱，巡为真源令……召募豪杰，同为义举……巡神气慷慨，每与贼战，大呼誓师，眥裂血流，齿牙皆碎。"《后汉书·宦者传》："汝阳李巡……五人称为清忠，皆在里巷，不争威权。巡以为诸博士试甲乙科，争弟高下，更相告言，至有行赂定兰台漆书经字，以合其私文者，乃白帝，与诸儒共刻《五经》文于石，于是诏蔡邕等正其文字。自后《五经》一定，争者用息。"

最懊恨，张巡李巡。（宋·董德元《柳梢青·满腹文章》）

驯（馴）xún 旧读。另见782页xùn。

古上平，十一真。逆比～抚～和～教～灵～笼～马～鸥～谦～扰～柔～调～温～雅～雉～顺～从～粗～德～行～驾～谨～警～静～良～流～率～美～懦～朴～扰～柔～弱～善～熟～庭～习～狎～心～雅～增～翟～至～致例凤歌空有问，龙性讵能驯。（唐·陈子昂《酬李参军崇嗣旅馆见赠》）江鱼不池活，野鸟难笼驯。（唐·韩愈《送惠师》）晴寺野寻同去好，古碑苔字细书匀。（唐·陆龟蒙《晓起即事因成回文寄袭美》）

典**乳雉驯** 见173页"鲁雉"。

爱君修政若修身，鳏寡来归乳雉驯。（唐·独孤及《酬常郿县见赠》）

车至鹿驯 代指官运亨通。《艺文类聚》卷九五引晋·谢承《后汉书》："郑弘为临淮太守，行春，有两白鹿随车，侠毂而行。弘怪问主薄黄国：'鹿为吉凶？'国拜贺曰：'闻三公车辎画作鹿。明府当为宰相。'弘果为太尉。"

郡移棠转茂，车至鹿还驯。（唐·钱起《送王使君移镇淮南》）

龙性讵能驯 指赞美人品质坚毅，不为逆境所动摇。南朝宋·颜延之《五君咏·嵇中散》："鸾翮有时铩，龙性谁能驯。"李善注引《嵇康别传》："康美音气，好容色，龙章凤姿，天质自然。"

凤歌空有问，龙性讵能驯。（唐·陈子昂《酬李参军崇嗣旅馆见赠》）

峋 xún 嶙峋，山石突兀、重叠貌。

古上平，十一真。逆嶙～峻～顺～嶙例总干形屹崒，戛敌背嶙峋。（唐·元稹《代曲江老人百韵》）

郇 xún ①古国名。②姓。

古上平，十一真。顺～厨～公厨～国厨～笺～庖～瑕

恂 xún ①诚实；恭顺。②恐惧。

古上平，十一真。逆忱～温～恂～顺～达～谨～惧～然～栗～蒙～目～实～恂例湘西不得归关羽，河内犹宜借寇恂。（唐·杜甫《奉寄章十侍御》）

典**借寇恂** 称颂官吏政绩卓著，受百姓拥戴。汉代寇恂治理颍川有政绩，离任后随光武帝再至颍川，百姓请求再借寇恂留任一年。见《后汉书·寇恂传》。

那知不隔岁，重借寇恂来。（唐·白居易《喜钱左丞再除华州以诗伸贺》）

浔（潯）xún ①水边。②水名。

古下平，十二侵。逆碧～寒～潢～江～浸～龙～南～侵～鲨～水～天～烟～顺～江～阳～州

挦 xún ①摘取。②拔毛。

古下平，十四盐。逆扯～揪～镊～撕～

鲟（*鱘、鱏）xún 鱼名。

古下平，十二侵。逆横江～江～鲸～顺～鳇～龙～鱼

纠（紃）xún 细带。

古上平，十一真。逆粗～履～组～顺～察～履例钗头燕，胜金纠。（宋·刘辰翁《鹧鸪天·去年太岁田间土》）

吟（*唫）yín

古下平，十二侵。又：去声，二十七沁同。逆愁～分～高～歌～寒～行～豪～笳～噤～枯～冷～曼～漫～默～敲～清～蛩～秋～搜～韬～鼍～微～闲～箫～啸～谣～野～咏～越～醉～顺～鞭～窗～断～讽～稿～怀～魂～笺～蜇～嚼～卷～课～论～盟～眸～蛩～蛬～僧～声～榻～叹～玩～席～啸～兴～研～绎～髭～醉例别路琴声断，秋山猿鸟吟。（唐·卢照邻《送梓州高参军还京》）五起鸡三唱，清晨白头吟。（唐·李白《白头吟二首》其二）

典**龙吟** 喻指乐音，如笛声、琴声、笙声等。《北齐书·郑述祖传》："述祖能鼓琴，自造《龙吟》十弄，云尝梦人弹琴，寤而写得，当时以为绝妙。"

凤鸣何雍雍，龙吟尤历历。（宋·释文珦《羌笛》）

越吟 指思念故国或家乡。亦作"越人吟""越宾歌"。《史记·张仪列传》附《陈轸传》："越人庄舄仕

楚执珪，有倾而病，楚王曰：'舄故越之鄙细人也，今仕楚持珪，贵富矣，亦思越不？'中谢对曰：'凡人之思故，在其病也。彼思越则越声，不思越则楚声。'使人往听之，犹尚越声也。"

美人清江畔，是夜越吟苦。（唐·王昌龄《同从弟销南斋玩月忆山阴崔少府》）

白头吟[1] 后世常以此典寄寓男有二心，女表哀怨决绝之意。《西京杂记》卷三："相如将聘茂陵人女为妾，卓文君作《白头吟》以自绝，相如乃止。"

风月寂寥思往事，暮春空赋白头吟。（唐·李绅《新楼诗二十首·城上蔷薇》）

白头吟[2] 喻指人生失意，有志难酬，处境维艰。《乐府诗集》卷四一《相和歌辞·白头吟》解题："宋鲍照'直如朱丝绳'，陈张正见'平生怀直道'……皆自伤清直芬馥而遭铄金玷玉之谤，君恩以薄，与古文近焉。"

勿听白头吟，人间易忧怨。（唐·王昌龄《悲哉行》）

抱膝吟 指抒发心中的不快之情。《三国志·蜀书·诸葛亮传》："亮躬耕陇亩，好为《梁父吟》……裴松之注引《魏略》："（诸葛亮）每晨夜从容，常抱膝长啸。"

扫迹衡门下，终朝抱膝吟。（宋·辛弃疾《即事示儿》）

梁甫吟 《梁甫吟》本为挽歌，咏人死葬于梁甫。后借指情感悲凉的诗作。亦作"梁甫""梁父吟"。《三国志·蜀书·诸葛亮传》："亮躬耕陇亩，好为《梁父吟》。"

可怜后主还祠庙，日暮聊为梁甫吟。（唐·杜甫《登楼》）

乐职吟 本为汉王褒所作诗篇名，后用为称颂太守之词。《汉书·王褒传》："益州刺史王襄欲宣风化于众庶，闻王褒有俊材，请与相见，使褒作《中和》《乐职》《宣布诗》，选好事者令依《鹿鸣》之声习而歌之。"

闲似淮阳卧，恭闻乐职吟。（唐·羊士谔《上元日紫极宫门观州民然灯张乐》）

泽畔吟 形容臣子被贬，亦代指贬官失意时所作诗文。《楚辞·渔父》："屈原既放，游于江潭，行吟泽畔，颜色憔悴，形容枯槁。"

空将泽畔吟，寄尔江南管。（唐·李白《流夜郎至西塞驿寄裴隐》）

庄舄吟 指思念故乡或故地。亦作"庄舄思乡""舄吟"。《史记·张仪列传》附《陈轸传》："越人庄舄仕楚执珪，有倾而病。楚王曰：'舄故越之鄙细人也，今仕楚执珪，贵富矣，亦思越不？'中谢对曰：'凡人之思故，在其病也。彼思越则越声，不思越则楚声。'使人往听之，犹尚越声也。"

岂待庄舄吟，方知倦羁旅。（唐·李德裕《夏晚有怀平泉林居》）

银（銀）yín

[古]上平，十一真。[逆]潮～顶～额～赋～戳～廪～镂～墨～烧～赎～算～缩～销～烛～[顺]～艾～榜～薄～篦～编～箔～缠～错～旛～绯～膏～篝～管～礶～函～红～潢～会～珂～锞～亮～柳～漏～缕～囊～朴～棨～阙～髯～胜～粟～涛～湾～象～筵～雁～燕～诏～筝～朱～幢～髭[例]宫征谐鸣石，光辉掩烛银。（唐·杨炯《和刘长史答十九兄》）舞珮剪鸾翼，帐带涂轻银。（唐·李贺《兰香神女庙》）高铎数声秋撼玉，霁河千里晓横银。（唐·杜牧《宿长庆寺》）

垠 yín 界限；边际。

[古]上平，十一真。又：上平，十二文同。又：上平，十三元异。[逆]边～苍～床～地～海～江～绝～坤～邳～山～石～天～亡～崖～涯～沂～逾～朕～朱～[顺]～鄂～垾～崿～锷～际～崖～垠[例]探元入窅默，观化游无垠。（唐·李白《送岑征君归鸣皋山》）

淫[1]（*滛）yín ①逐渐扩展蔓延。②过度；过分。③放纵；纵欲。

[古]下平，十二侵。[逆]诐～涔～沉～耽～诞～烦～泛～浮～酣～花～华～诲～晦～祸～浸～夸～丽～连～淋～留～流～陋～蛮～湎～朋～漂～愆～山～渗～诗～书～慆～饕～涕～听～沃～诬～歆～凶～宣～雨～[顺]～悖～奔～察～獒～祠～错～盗～非～风～浮～蛊～祸～祭～狡～康～览～厉～丽～利～潦～猎～流～僇～戮～掠～泺～略～曼～谋～怒～辟～僻～商～失～烁～肆～泰～慝～隈～猥～洿～衍～冶～业～逸～裔～噎～酱～隅～雨～窳～遇～杂～长～烝～蒸～智～濯～奏[例]慷慨动颜魄，使人成荒淫。（唐·李白《古风》）郁郁冬炎瘴，濛濛雨滞淫。（唐·杜甫《风疾舟中伏枕书怀三十六韵奉呈湖南亲友》）致身不似笙竽巧，悦耳宁如郑卫淫。（唐·李山甫《赠弹琴李处士》）

[典]**书史淫** 指人好学或读书入迷、嗜书成癖。亦作"书淫"。晋·皇甫谧《玄晏春秋》："余学或兼夜不寐，或对食忘餐，或不觉日夕……方之好色，号余为书淫。"

书淫传癖穷欲死，譊譊何必频相仍。（唐·皮日休《奉和鲁望早秋吴体次韵》）

郑声淫 借指流荡、活泼的俗乐或文学作品。《论语·卫灵公》："颜渊问为邦。子曰：'行夏之时，乘殷之辂，服周之冕。乐则韶舞，放郑声，远佞人。郑声淫，佞人殆。'"

多因淡然无味，不比郑声淫。（宋·张抡《诉衷情令·闲中一弄七弦琴》）

羲和湎淫 指沉迷于酒，荒废工作。《史记·夏本纪》："帝中康时，羲、和湎淫，废时乱日。"裴骃集解："孔安国曰：'羲氏、和氏，掌天地四时之官。太康之后，沉湎于酒，废天时，乱甲乙也。'"

羲和湎淫失宾饯，掩覆白日为元天。（宋·王奕《孔庙既拜之后》）

淫[2]（*婬）yín 指不正当的性关系。

[古]下平，十二侵。

霪 yín 久雨。

[古]下平，十二侵。[逆]霖～阴～滞～[顺]～甫～潦～霖～雨[例]暗沟夜滴滴，荒庭昼霪霪。（唐·杨衡《南海苦雨，寄赠王四侍御》）

夤 yín ①敬畏。②深；远。

[古]上平，十一真。[逆]八～岑～缘～[顺]～亮～畏～夜～缘[例]烝烝我后，享献惟夤。（唐·张说《封泰山乐章·寿和》）

鄞 yín 地名，在浙江。

[古]上平，十一真。又：上平，十二文

同。顺～鄂～县

狺yín　狗吠貌。

古上平，十一真。又：上平，十二文同。逆狂～狺～顺～吠～犬

龈（齦）yín　牙根肉。

古上平，十二文。逆齿～龙～牙～龈～重～顺～腭～齴～龈

典**嚼齿穿龈**　形容对敌人恨之入骨。唐朝大将张巡守睢阳，被人尊称为"张睢阳"。他作战英勇，善于指挥领导。在平定安史之乱的战争中，他大声呼喊以鼓舞士气，竟咬破了牙龈。《新唐书·张巡传》："子奇谓巡曰：'闻公督战，大呼辄眦裂血面，嚼齿皆碎，何至是？'答曰：'吾欲气吞逆贼，顾力屈耳。'"

　　餔糟啜醨乃吾味，嚼齿穿龈未渠恶。（宋·郑清之《糟蟛蜞送茸芷》）

龂（齗）yín　①同"龈"。②龂龂，露齿貌；争辩。

古上平，十一真。逆齶～口～牙～龂～重～顺～腭例天槐徒昭昭，箕舌虚龂龂。（唐·孟郊《寒溪》）

蟫yín　蠹鱼。另见632页tán。

古下平，十二侵。又：下平，十三覃同。逆蠹～秋～书～鱼～顺～虫～蠹～函～鱼

崟（*崯）yín　山石高峻奇特貌。

古下平，十二侵。逆岑～嶜～崎～嵚～钦～嵚～岖～崖～岩～崟～顺～岑～岌～崎～嵚～巇～岩～嵚～崟例小园背高冈，挽葛上崎崟。（唐·杜甫《上后园山脚》）

嚚yín　①愚蠢而顽固。②奸诈。

古上平，十一真。逆昏～顽～凶～愚～顺～暗～固～猾～昏～浇～昧～人～讼～童～顽～威～杌～凶～暗例所残必忠良，所宝皆凶嚚。（唐·吴筠《览古十四首》其四）奸心兴桀黠，凶丑比顽嚚。（唐·元稹《代曲江老人百韵》）

訚（誾）yín　和悦而正直地争辩。

古上平，十一真。又：上平，十二文同。逆訚～顺～侃

寅yín　①恭敬。②地支的第三位。

古上平，十一真。又：上平，四支同。逆八～庚～建～上～同～推～惟～顺～半～车～诚～好～阶～亮～念～虔～清～丘～邱～人～绍～生～时～台～畏～夕～兄～序～雅～严～夜～谊～惧～西～谀～缘～丈～重例腊尽星回次，寒余月建寅。（唐·冷朝阳《立春》）井泉王相资重九，麴蘖精灵用上寅。（唐·白居易《咏家酝十韵》）乐喧丝杂竹，露渍卯连寅。（唐·孙鲂《主人司空后亭牡丹》）

云[1]yún　说。

古上平，十二文。

云[2]（雲）yún　云彩的云。

古上平，十二文。逆黯～崩～碧～鬓～步～裁～昌～稠～慈～翠～岱～稻～德～登～雕～断～遏～繁～蜚～拂～孤～鸿～慧～霁～髻～锦～缙～景～静～密～眠～旻～蜺～蹑～凝～暖～攀～盘～鹏～披～破～绮～瑞～蜃～湿～石～梳～霜～颓～鲜～燕～疑～翳～游～御～裔～渊～阵～烝～仲～顺～霭～鞍～鳌～篦～壁～篪～愁～矗～萃～带～磴～雕～栋～旛～飘～浮～归～翰～翮～壑～鸿～縠～鬟～髻～骥～笺～涧～居～屩～旝～浪～露～缕～履～霾～蔓～幔～湄～渺～霓～輣～屏～绮～樯～峤～衢～瑞～髾～髓～潭～腾～庭～栈～蔚～罅～箫～岫～涯～烟～巘～翳～翼～荫～影～渊～藻～嶂～辙～臻～蒸～渚～篆～幢～滋～樽例莫辨啼猿树，徒看神女云。（唐·卢照邻《巫山高》）落花舞袖红纷纷，朝霞高阁洗晴云。（唐·刘希夷《江南曲八首》其八）细响风凋草，清哀雁落云。（唐·鲍溶《陇头水》）

典**乘云**　喻指超凡脱俗。《庄子·天地》："封人曰：'……千岁厌世，去而上仙，乘彼白云，至于帝乡。'"

　　御宇方无事，乘云遂不还。（唐·刘禹锡《文宗元圣昭献孝皇帝挽歌三首》其二）

风云　代指高官显位。《汉书·叙传上》载东汉·班固《答宾戏》："卒不能摅首尾，奋翼鳞，振拔洿涂，跨腾风云，使见之者景骇，闻之者响震。"

　　分随烟霞老，岂有风云求。（唐·李群玉《洞庭驿楼雪夜宴集奉赠前湘州张员外》）

孤云　代指仕途失意、贫困潦倒之士。晋·陶渊明《咏贫士诗》："万族各有托，孤云独无依。"李善注："孤云，喻贫士也。"

　　莫言举世无知己，自有孤云识此情。（唐·方干《赠钱塘湖上唐处士》）

截云　咏利剑。亦作"剑决浮云"。《庄子·说剑》："此剑直之无前，举之无上，案之无下，运之无旁，上决浮云，下绝地纪。此剑一用，匡诸侯，天下服矣。此天子之剑也。"

　　曾贺截云翻栅远，仍闻斸冻下营深。（唐·杨巨源《圣恩洗雪镇州寄献裴相公》）

披云　咏人神思清澈，善于言谈。亦作"披云雾""披雾"。《世说新语·赏誉》："卫伯玉为尚书令，见乐广与中朝名士谈议，奇之曰：'自昔诸人没已来，常恐微言将绝。今乃复闻斯言于君矣！'命子弟造之曰：'此人，人之水镜也，见之若披云雾睹青天。'"

　　虽披云雾逢迎疾，已恨趋风拜德迟。（唐·戎昱《赠岑郎中》）

卿云　指一种云气，古人认为它是祥瑞征象。《史记·天官书》："若烟非烟，若云非云，郁郁纷纷，萧索轮囷，是谓卿云。卿云，喜气也。"

　　礼成中岳陈金册，祥报卿云冠玉峰。（唐·李绅《庆云见》）

停云　指对亲友的怀思。晋·陶渊明《停云序》："停云，思亲友也。"诗曰："霭霭停云，濛濛时雨。八表同昏，平路伊阻。静寄东轩，春醪独抚。良朋悠邈，搔首延伫。"

　　相思不相见，愁绝赋停云。（唐·牟融《寄张源》）

望云　指仰望贤君。《史记·五帝本纪》："帝尧者，放勋，其仁如天，其知如神。就之如日，望之如云。"司马贞索隐："如云之覆渥，言德化广大而浸润生人，人咸仰望之，故曰如百谷之仰膏雨也。"

　　望云思圣主，披雾隐群贤。（唐·王维《游悟真寺》）

遏行云　指歌声嘹亮动听。亦作"遏云""遏流云""遏彩云""行云驻""云欲断""云不去""绕行云"。

《列子·汤问》："薛谭学讴于秦青，未穷青之技，自谓尽之；遂辞归。秦青弗止，饯于郊衢，抚节悲歌，声振林木，响遏行云。薛谭乃谢，求反，终身不敢言归。"

腰肢欲趁杨花去，歌声能遏行云住。（宋·邓肃《菩萨蛮·腰肢欲趁杨花去》）

驻行云　喻指歌声嘹亮动听。亦作"声拂行云""声入青云""响遏行云"。见758页"遏行云"。

风流妙舞，樱桃清唱，依约驻行云。（宋·晏殊《少年游·谢家庭槛晓无尘》）

苍狗浮云　喻世事人情变幻莫测。唐·杜甫《可叹》："天上浮云如白衣，斯须改变如苍狗。古往今来共一时，人生万事无不有。"

世情苍狗浮云外，客思孤鸿落日边。（宋·柴元彪《和僧啸云双插法藏寺韵》）

春树暮云　指对朋友的思念。亦作"云树之恩"。唐·杜甫《春日忆李白》："渭北春天树，江东日暮云。何时一樽酒，重与细论文。"

不到天风海涛地，空吟春树暮云诗。（宋·赵汝腾《怀史计使》）

干吕青云　本指阴气调和，后借指吉日良辰。旧题汉·东方朔《海内十洲记》："臣国去此三十万里。国有常占。东风入律，百旬不休；青云干吕，连月不散者：当知中国时有好道之君。'"

干吕青云垂宝露，结邻恰挂初弦。（宋·洪适《临江仙·干吕青云垂宝露》）

就日瞻云　喻指崇敬地谒见帝王。《史记·五帝本纪》："帝尧者，放勋，其仁如天，其知如神。就之如日，望之如云。"

披云睹日兮日则明，就日瞻云兮心若惊。（唐·李邕《日赋附歌》）

攀槛朱云　借指敢于直谏之忠臣，称颂其非凡的气节。汉成帝时朱云，曾上书切谏，指斥朝臣尸位素餐，请斩佞臣成帝的师傅安昌侯张禹，以厉其余。成帝大怒，欲诛云，朱云攀折了殿堂上的栏杆。后来成帝觉悟，命保留折坏的殿槛，以旌直臣。见《汉书·朱云传》。

攀槛朱云头未白，不知流落向何州。（宋·黄庭坚《仓后酒正厅昔唐林夫谪官所作》）

犬吠白云　咏神仙。亦作"犬入五云"。东汉·王充《论衡·道虚》："儒书言：淮南王学道，招会天下有道之人，倾一国之尊，下道术之士。是以道术之士，并会淮南，奇方异术，莫不争出。王遂得道，举家升天，畜产皆仙，犬吠于天上，鸡鸣于云中。此言仙药有余，犬鸡食之，并随王而升天也。"

春日莺啼脩竹里，仙家犬吠白云间。（唐·杜甫《滕王亭子》）

唾手燕云　喻指战胜敌人非常容易。《宋史·岳飞传》："（绍兴）九年，以复河南，大赦。飞表谢，寓和议不便之意，有'唾手燕云，复仇报国'之语。"

唾手燕云会有时，伫看大将建旗鼓。（宋·李吕《贺吴守被召》）

渭树江云　喻指对朋友聚散的感慨之情。唐·杜甫《春日忆李白》："白也诗无敌，飘然思不群。清新庾开府，俊逸鲍参军。渭北春天树，江东日暮云。何时一尊酒，重与细论文。"

渭树江云春复冬，安知今夕一尊同。（宋·刘克庄《次韵庾使左史中书行部二首》其一）

纭（紜）yún　多而乱。

㊂上平，十二文。㊂分～纷～纭～㊂～纷㊋机梭声札札，牛驴走纭纭。（唐·白居易《朱陈村》）风波欻潜构，遗恨意纷纭。（唐·柳宗元《咏史》）

耘yún

㊂上平，十二文。㊂锄～耕～火～枯～鸟～释～夏～耘～植杖～㊂～艾～耔～除～锄～荡～耕～鼓～秽～获～笠～耨～耙～艺～耘～爪～治～薙～籽～鉏㊋至宝不雕琢，神功谢锄耘。（唐·韩愈《醉赠张秘书》）新英蜂采掇，荒草象耕耘。（唐·元稹《大云寺二十韵》）

㊇**象耕鸟耘**　咏帝王德政或指帝王丧葬，或形容民俗古朴。亦作"象鸟"。传说舜死苍梧，象为之耕；禹葬会稽，鸟为之耘。见东汉·王充《论衡·书虚篇》。

忆昔虞舜德动天，象为耕地鸟耘田。（宋·刘敞《褒信新蔡两令言》）

芸[1] yún　芸香，多年生草本植物。

㊂上平，十二文。㊂芳～耕～古～决～灵～农～秋～书～水～香～湘～芸～㊂～编～草～锄～窗～夫～阁～馆～合～辉～简～扃～吏～耨～签～人～生～省～署～庶～台～香～帙

芸[2]（蕓）yún　芸薹，油菜。

㊂《广韵》：平声，文韵。㊂～薹㊋威容冠是铁，图画阁名芸。（唐·刘商《送庐州贾使君拜命》）酒瓮凝余桂，书签冷旧芸。（唐·张嗣初《春色满皇州》）

匀yún

㊂上平，十一真。㊂端～丰～钢～平～齐～轻～渗～霜～调～亭～停～香～圆～匀～㊂～饬～兑～画～净～静～面～实～摊～调～亭～停～圆～整～注㊋李杜诗篇敌，苏张笔力匀。（唐·元稹《代曲江老人百韵》）密发虚鬟飞，腻颊凝花匀。（唐·李贺《兰香神女庙》）晴寺野寻同去好，古碑苔字细书匀。（唐·陆龟蒙《晓起即事因成回文寄袭美》）

㊇**獭髓轻匀**　喻容颜娇美。相传孙和于月下舞水精如意，误伤其宠妾邓夫人之颊，太医说白獭的骨髓与玉屑、琥珀和合可灭疤痕。后来配药的时候，琥珀放得过多，使得邓夫人的脸上留下了如朱砂一样的红点，更添娇媚。事见旧题晋·王嘉《拾遗记·吴》。

争似此、花如姝丽，獭髓轻匀。（宋·葛立方《雨中花慢·寄径滩阳》）

筠yún　竹。

㊂上平，十一真。㊂斑～丛～翠～风～浮～孤～绿～青～书～疏～霜～松～庭～文～湘～新～修～秀～野～贞～竹～㊂～庵～斑～窗～床～簟～篚～粉～风～管～篁～箭～篮～廊～帘～笼～炉～梯～筒～溪～席～心～竹㊋落景摇红壁，层阴结翠筠。（唐·武平一《奉和幸韦嗣立山庄侍宴应制》）穷秋正摇落，回首望松筠。（唐·杜甫《寄张十二山人彪三十韵》）

㊇**无波古井，有节秋筠**　喻友人坚

贞品格和真挚情谊。唐·白居易《赠元稹》:"自我从宦游,七年在长安。所得惟元君,乃知定交难。岂无山上苗,径寸无岁寒。岂无要津水,咫尺有波澜。之子异于是,久处誓不谖。无波古井水,有节秋竹竿。一为同心友,三及芳岁兰。"

　　无波真古井,有节是秋筠。(宋·苏轼《临江仙·一别都门三改火》)

昀yún　田地整齐貌。

【古】上平,十一真。【逆】原～昀～【顺】～昀【例】南郊礼天地,东野辟原昀。(唐·元稹《代曲江老人百韵》)

筼(篔)yún　筼筜,竹子的一种。

【古】上平,十二文。【逆】～当【顺】～筜～筜谷～筜笋～筜亭～簦～房

仄声·上声

本běn

【古】上声,十三阮。【逆】按～邦～报～碑～弊～崇～爨～道～德～敦～法～贵～槐～辑～监～建～嚼～搢～精～净～蜡～镂～祕～墨～评～栞～锓～穷～曲～桑～夙～溯～摊～题～通～推～稀～修～循～赝～影～御～执～擢～赀～宗～【顺】～标～操～察～诚～待～柢～第～俸～服～格～行～怀～惠～籍～纪～觉～教～据～爵～立～流～躯～趣～瑞～穑～誓～数～象～要～谊～营～缘～源～约～政～枝～知～直～旨～指～志～治～秩～资～自【例】赋形苦不同,无路寻根本。(唐·韩愈《嘲鼾睡》)细想多情,多才多貌,总是多愁本。(宋·无名氏《永遇乐·孤衾不暖》)

【典】**天上人间惟一本**　指琼花。宋·王辟之《渑水燕谈录》卷八《事志》:"扬州后土庙有花一株,洁白可爱,岁久,木大而花繁,俗目为'琼花',不知实何木也,世以为天下无之,惟此一株。孙冕使访之山中,甚多,但岁苦樵斧野烧,故木不得大,而花不能盛,不为人贵。"

　　天上人间惟一本,倒千钟、琼露花前酌。(宋·刘克庄《贺新郎·辜负东风约》)

畚běn　盛土器。

【古】上声,十三阮。【逆】负～荷～货～箕～卖～千～【顺】～插～锸～斗～箕～挶～局～土～筑【例】何能堙其源,惟有土一畚。(唐·韩愈《嘲鼾睡》)

【典】**王猛畚**　代指英雄暂时失意。《艺文类聚》卷四七引南朝宋·何法盛《晋中兴书》:"王猛少贫贱,鬻畚为事。尝至洛阳货畚,有人于市贵买其畚,云:'家近在此,可随我取直。'随去,忽至深山。此人曰:'且住,当先启道君。'须臾猛进,见一公踞胡床,头白,将从十许人。有一人引猛,云:'大司马公可进。'猛因拜老公。公曰:'王公何缘拜。'即十倍售畚直,发人送猛出山。既出顾视,乃嵩高山也。"

　　病怜王猛畚,愚笑隗嚣泥。(唐·罗隐《南园题》)

苯běn

【古】《广韵》:上声,混韵。

禀(*稟)bǐn　又读。另见902页bǐng。

碜[1](磣、*硶)chěn　食物中有沙子。

【古】《广韵》:上声,寝韵。【逆】口～眼～

碜[2](磣)chěn　丑;难看。

【古】《集韵》:上声,寝韵。【逆】碜～出～害～可～【顺】～黩～磕磕～可可～款

蠢(*惷)chǔn

【古】上声,十一轸。【逆】坌～蠢～粗～村～寒～窘～菌～狂～老～跂～顽～韫～浊～【顺】～驳～动～戆～愚【例】窃料二途必处一,岂比恒人长蠢蠢。(唐·韩愈《赠崔立之评事》)

忖cǔn

【古】《广韵》:上声,混韵。【逆】黯～猜～含～量～默～思～追～【顺】～测～恻～度～夺～量～料～留～摸～念～沙～势～思～想【例】迥然忽长引,万丈不可忖。(唐·韩愈《嘲鼾睡》)哀笳慢指董家本,姜生得之妙思忖。(唐·元稹《小胡笳引》)

盹dǔn

【古】《广韵》:去声,稕韵。【逆】昏～倦～迷～【顺】～困～寐～睡

趸(躉)dǔn　整批。

【顺】～船～当～货～积～批～柱

粉fěn

【古】上声,十二吻。【逆】薄～焙～丹～锻～蜂～傅～葛～宫～骨～官～光～桂～海～蔺～浆～节～筠～绿～麦～糜～粦～腻～捻～墙～轻～琼～蕊～韶～麝～剩～施～受～檀～调～团～箨～雪～烟～银～莺～油～鱼～玉～匀～硃～【顺】～板～壁～糍～黛～蝶～定～堵～饵～沸～拂～阁～骨～汗～侯～绘～缋～笺～茧～节～金～昆～郎～泪～绿～米～牌～墙～身～省～署～态～题～图～箨～席～线～絮～楦～藻～泽【例】瓜头绿染山光嫩。弄色金桃新傅粉。(宋·苏轼《木兰花令·经旬未识东君信》)两点遥山新恨。和泪暗弹红粉。(宋·黄庭坚《桃源忆故人·碧天露洗春容净》)

【典】**争粉**　萧纲形容梅花洁白芳香,说它可以同闺楼女子化妆用的香粉争胜。后咏梅花。南朝梁·萧纲《梅花赋》:"梅花特早,偏能识春……标半落而飞空,香随风而远度。挂靡靡之游丝,杂霏霏之晨雾。争楼上之落粉,夺机中之织素。"(据《艺文类聚》卷八六引)

　　春风满城花满树,落日花光争粉光。(宋·欧阳修《戏赠》)

滚(*滾)gǔn

【古】《集韵》:上声,混韵。【逆】百～飞～沸～滚～石～【顺】～坝～催～单～灯～木～纳～说～调～同～岩～运～杂～转

衮(*袞)gǔn　①古代君主及公侯所穿的礼服。②衮衮:连续不断;众多貌。

【古】上声,十三阮。【逆】拜～补～法～衮～华～文～详～绣～英～御～宗～【顺】～遍～迭～服～斧～黼～华～敛～龙～命～球～阙～然～师～司～舄～绣～钺～藻～章～职【例】泛徽胡雁咽萧萧,绕指辘轳圆衮衮。(唐·元稹《小胡笳引》)主宾和气敌春温。雄辩高谈衮衮。(宋·郭应祥《西江月·巧节已成昨梦》)

【典】**补衮**　代指贤相或谏官拾遗补阙。亦作"补龙衣""衮职"。《诗经·大雅·烝民》:"衮职有阙,惟仲山甫补之。"毛氏传:"有衮冕者,君之上服也。仲山甫补之,善补过也。"

　　补衮周官贵,能名汉主思。(唐·皎然《酬姚补阙南仲云溪馆中戏题随书见寄》)

诸公衮衮 指官场得意。唐·杜甫《醉时歌》："诸公衮衮登台省，广文先生官独冷。甲第纷纷厌粱肉，广文先生饭不足。先生有道出羲皇，先生有才过屈宋。德尊一代常轗轲，名垂万古知何用。"

云霄直上，诸公衮衮，乃作道边苦李。（宋·姜夔《永遇乐·我与先生》）

五线补衮 指入朝为官，辅佐君王。唐·杜牧《郡斋独酌》："平生五色线，愿补舜衣裳。"

手有五色之彩线，为君补衮成天文。（元·杨维桢《钟离春》）

鲧(鮌、*鯀)gǔn ①大鱼。②夏禹父名。

㊀上声，十三阮。㊁共～殛～㊄黄河弄渍薄，梗涩连拙鲧。（唐·韩愈《嘲鼾睡》）

绲(緄)gǔn ①织成的带子。②绲边。

㊀上声，十三阮。㊁后～束～镶～荀～㊂边～带

辊(輥)gǔn 车毂匀整貌。

㊀上声，十三阮。㊁毂～辊～雷～走～㊂～弹～雷～碾～辗～轴

混gǔn 混混，同滚滚。另见772页hùn。

㊀《集韻》：上声，混韵。㊁混～

狠hěn

㊀上声，十三阮。㊁骜～愎～猜～谗～赌～刚～犷～骄～狡～狼～强～疏～险～野～专～㊂～暗～愎～恶～刚～刻～劣～命～虐～强～切～石～突～悻～骜

谨(謹)jǐn

㊀上声，十二吻。㊁沉～诚～纯～笃～敦～恭～和～戒～矜～谨～敬～恪～宽～良～朴～清～遒～仁～儒～审～慎～详～孝～信～修～恂～循～贞～真～质～专～㊂～备～閟～禀～材～察～承～持～敕～德～独～笃～钝～躬～惠～疾～祭～节～警～敬～静～恪～励～廉～敛～良～凛～媚～默～诺～朴～洽～强～勤～悫～善～摄～慎～识～顺～思～肃～徒～微～翕～献～详～信～修～宣～养～抑～庸～愿～阅～直～志～质～忠～卓㊄细人尚姑息，吾子色愈谨。（唐·杜甫《赠郑十八贲》）

锦(錦)jǐn

㊀上声，二十六寝。㊁巴～襞～裁～摛～翠～窦～返～斐～枫～晕～阛～库～黎～丽～榴～鸾～蛮～衲～凝～披～萋～青～鹊～瑞～伤～诗～熟～碎～苔～荼～文～霞～雁～耀～玉～缯～织～重～濯～㊂～柏～斑～苞～标～彩～襜～肠～塍～蟫～墩～幅～歌～归～翰～绘～缋～笺～韛～窠～葵～缆～鲤～幪～念～屏～砌～壤～绅～石～绶～素～檀～骳～橐～箨～纨～文～幄～席～霞～缣～缬～心～轩～旋～筵～臆～茵～裀～缘～笮～章～筝～帙～质㊄银鞍白鼻騧，绿地障泥锦。（唐·李白《白鼻騧》）山花雨打尽，满地如烂锦。（唐·贯休《春野作五首》其二）美人闭红烛，烛坐裁新锦。（唐·薛维翰《古歌》）

㊆**背锦** 喻人颇有诗才，多有佳作。亦作"背锦"。唐代诗人李贺七岁便能做辞章，常骑瘦驴，背锦囊，遇有灵感即作诗，投入囊中。见唐·李商隐《樊南文集》卷八《李贺小传》。

千里行秋，支筇背锦，顿怀清友。（宋·张炎《月下笛·千里行秋》）

残锦 指文士才思减退。《南史·江淹传》："淹少以文章显，晚节才思微退，云为宣城太守时罢归，始泊禅灵寺渚，夜梦一人自称张景阳，谓曰：'前以一匹锦相寄，今可见还。'淹探怀中得数尺与之，此人大恚曰：'那得割截都尽。'顾见丘迟谓曰：'余此数尺既无所用，以遗君。'自尔淹文章踬矣……尔后为诗绝无美句，时人谓之才尽。"

未把彩毫还郭璞，乞留残锦与丘迟。（唐·李群玉《寄长沙许侍御》）

丘迟锦 指人文才不凡。亦作"文作锦"。相传江淹晚年才思枯竭，曾梦一人自称张景阳，向其索要之前寄放于其身的锦缎，江淹探怀取锦数尺还之，并将残存之锦转赠丘迟以助其文思。见《南史·江淹传》，见761页"残锦"。

少瑜镂管丘迟锦，从此西垣使凤凰。（唐·罗隐《送陆郎中赴阙》）

诗字锦 指妻子对丈夫的思念之情。亦作"鸳机寄锦"。《晋书·列女传·窦滔妻苏氏》："窦滔妻苏氏，始平人也，名蕙，字若兰。善属文。滔，苻坚时为秦州刺史，被徙流沙，苏氏思之，织锦为回文旋图诗以赠滔。宛转循环以读之，词甚凄惋，凡八百四十字。"

枉裁诗字锦，悔寄泪痕笺。（宋·朱敦儒《临江仙·几日春愁无意绪》）

萋斐贝锦 指谗言。亦作"贝锦萋斐"。《诗经·小雅·巷伯》："萋兮斐兮，成是贝锦。"

萋斐暗成，贝锦粲然。（唐·李白《雪谗诗赠友人》）

紧(緊、*緊)jǐn

㊀上声，十一轸。㊁冲～唇～蹙～风～拘～克～快～麻～凄～乞～勤～清～遒～十～水～铁～望～鲜～性～雄～着～著～㊂～促～固～关～健～卷～綦～脉～媚～峭～切～事～窄～治㊄汀长花满正回船，暮来浪起风转紧。（唐·崔颢《川上女》）川光昼昏凝，林气夕凄紧。（唐·李白《北山独酌，寄韦六》）朝为百赋犹郁怒，暮作千诗转遒紧。（唐·韩愈《赠崔立之评事》）

卺jǐn 一个瓠剖成的两个瓢，古婚礼中新婚夫妇交杯饮酒的酒器。

㊀上声，十二吻。㊁合～㊂～饮

堇jǐn 菜名。

㊀上声，十二吻。㊁避～荼～赤～苦～葵～模～三色～㊂～菜～色～荼

仅(僅)jǐn

㊀去声，十二震。㊁不～孔～仅～㊂～存～见～然～事

㊆**孔仅** 借指管盐铁事的官员。《汉书·食货志下》："于是以东郭咸阳、孔仅为大农丞，领盐铁事，而桑弘羊贵幸。咸阳，齐之大鬻盐，孔仅，南阳大冶，皆致产累千金。"

乘轺参孔仅，按节服侯狦。（唐·柳宗元《酬韶州裴曹长使君寄道州二十韵一首》）

瑾jǐn 美玉。

㊀去声，十二震。㊁怀～椒～美～瑶～㊂～瑕～瑶～瑜

典**周公瑾** 借指文才武略之人。《三国志·吴书·周瑜传》："周瑜字公瑾，庐江舒人也……瑜长壮有姿貌……十三年春，权讨江夏，瑜为前部大督……权遂遣瑜及程普等与备并力逆曹公，遇于赤壁……权拜瑜偏将军，领南郡太守……瑜还江陵，为行装，而道于巴丘病卒，时年三十六岁。"

志略周公瑾，才名陆敬舆。（宋·孙应时《和答张衡仲》）

槿jǐn 木名。

古上声，十二吻。逆朝～赤～椿～黄～篱～露～木～暮～桑～榆～朱～紫～顺～阑～篱～荣～心～艳

典**篱槿** 喻生命短暂。亦作"槿花"。东汉·许慎《说文解字·草部》："蕣，木堇。朝华暮落者。"

两旬绿秀承红嫩，一日篱槿何能淑。（宋·胡寅《和叔夏海棠次东坡韵》）

尽（儘）jǐn 尽管的尽。另见773页jìn。

古上声，十一轸。顺～管～快～量～先～早

馑（饉）jǐn 菜蔬欠收。

古去声，十二震。逆兵～菜～除～饿～荒～饥～馁～年～疲～歉～凶～灾～

垦（墾）kěn

古上声，十三阮。逆偿～耕～进～譽～修～鉏～顺～草～除～发～垡～复～耕～民～耨～辟～田～艺～菑～殖～种～租

恳（懇）kěn

古上声，十三阮。逆哀～拜～悲～驰～丹～敦～精～恳～悃～沥～面～虔～勤～懃～惓～伸～详～吁～血～央～遗～殷～愚～忠～衷～肫～谆～顺～愊～恻～诚～怛～倒～祷～到～笃～恩～愤～告～激～谏～苦～款～悃～恋～迫～祈～曲～悫～托～血～愿～直～至～志～挚例乍如斗呶呶，忽若怨恳恳。（唐·韩愈《嘲鼾睡》）

肯[1] kěn

古上声，二十四迥。逆讵～宁～朋～剩～首～问～详～谢～心～许～允～争～顺～道～分～干～构～酒～可～恼～认～首～说～堂～心～正例帘外冷红成阵。银釭挑尽睡未肯。（宋·李吕《前调·红臂韝》）休说我命通，待他心肯。（宋·赵必象《齐天乐·东南半壁乾坤窄》）花孤冷。海棠聘与花应肯。（宋·黎廷瑞《秦楼月·花孤冷》）

肯[2]（*肎）kěn 贴附在骨头上的肉。

古上声，二十四迥。逆中～顺～綮

啃kěn

逆啮～硬～顺～嚼～青

阃（閫）kǔn ①门槛。②妇女住房。③统兵在外的将帅或机构。

古上声，十三阮。逆奥～出～藩～分～关～闺～桂～将～椒～禁～灵～令～前～戎～帅～司～俗～天～外～文～贤～玄～移～幽～制～中～主～专～颛～总～尊～顺～奥～才～臣～德～范～公～寄～教～郡～令～闑～命～幕～内～署～术～帅～望～威～闱～席～业～仪～宇～阈～陬～正～政～职例盗贼虽狡狯，亡魂敢窥阃。（唐·韩愈《嘲鼾睡》）

典**分阃** 指委任将帅在外统兵。亦作"画阃""阃外"。《史记·冯唐列传》："上以胡寇为意，乃卒复问（冯）唐曰：'公何以知吾不能用廉颇、李牧也？'唐对曰：'臣闻上古王者之遣将也，跪而推毂，曰阃以内者，寡人制之；阃以外者，将军制之……'"

帝念深分阃，军须远算缗。（唐·杜甫《奉和严中丞西城晚眺十韵》）

梱kǔn 门中竖木为限。

古上声，十三阮。逆梐～高～门～天～逾～顺～复～内～阃～心

捆（*綑）kǔn

古上声，十三阮。逆稻～抢～顺～风～缚

悃kǔn 真心诚意。

古上声，十三阮。逆哀～忱～诚～赤～丹～单～敦～积～竭～恳～款～悃～鸣～匿～凝～情～输～谢～蚁～愚～真～忠～顺～愊～恻～忱～诚～悰～恳～款～悃～曲～愚～质～衷

壸（壼）kǔn ①宫里的路。②妇女居住的内室。

古上声，十三阮。逆楚～慈～宫～闺～椒～内～庭～中～尊～顺～奥～德～范～阁～术～闱～训～彝～则～政

凛（*凜）lǐn

古上声，二十六寝。逆冰～风～谨～凛～凄～清～森～顺～承～寒～结～坎～栗～秋～然～如～肃～畏～严～遵例夜深草诏罢，霜月凄凛凛。（唐·白居易《冬夜与钱员外同直禁中》）江头日暮痛饮。乍雪晴犹凛。（宋·陆游《清商怨·江头日暮痛饮》）

廪（*廩）lǐn 粮仓。

古上声，二十六寝。逆边～补～仓～厨～祠～发～焚～高～公～谷～减～捐～牢～米～农～庖～困～日～私～帑～田～饩～学～衣～庾～御～月～灶～顺～藏～赐～贡～籍～假～继～君～库～粮～米～秋～泉～膳～赡～稍～生～收～粟～台～帑～锡～饩～蓄～庾～增～秩～竹例我麦根已濡，各得在仓廪。（唐·元结《雪中怀孟武昌》）

懔（*懍）lǐn 敬畏。

古上声，二十六寝。逆惨～憯～儆～坎～毛～瘆～危～严～祗～顺～惧～厉～栗～懔～然～畏～忧～遵

檩（*檁）lǐn 屋上横木。

古《集韵》：上声，寝韵。逆脊～顺～条

敏mǐn

古上声，十一轸。逆博～传～惇～敦～刚～恭～和～弘～华～谨～精～警～隽～骏～闿～恪～内～强～巧～翘～轻～清～睿～深～神～恬～通～温～文～武～悟～闲～详～谐～秀～迅～逊～颖～优～愿～肇～贞～质～智～忠～顺～博～达～行～惠～慧～活～疾～济～捷～决～绝～隽～括～丽～迈～茂～妙～洽～强～思～速～悟～晤～惜～黠～谐～学～逊～智例能赋丘尝闻，和歌参不敏。（唐·孙逖《和登会稽山》）抱病排金门，衰容岂为敏。（唐·杜甫《赠郑十八贲》）

典**豆萁才敏** 称美才思敏捷，即兴成章。《世说新语·文学》："文帝（曹丕）尝令东阿王（丕弟曹植）七

步中作诗，不成者行大法。应声便为诗曰：'煮豆持作羹，漉菽以为汁。萁在釜下然，豆在釜中泣。本自同根生，相煎何太急。'帝深有惭色。"

豆萁才敏俊，羽猎正峥嵘。(唐·元稹《答姨兄胡灵之见寄五十韵》)

皿mǐn 另见906页mǐng。

古上声，二十三梗。逆北～金～南～顺～金～卷～器

抿mǐn ①刷括鬓发。②合唇。

古《集韵》：平声，真韵。逆角～刷～顺～耳～镜～泣～刷～笑～嘴

泯mǐn 消灭；丧失。

古渊声，十一轸。又：上平，十一真同。逆堕～灰～毁～积～迹～灭～澌～亡～未～眩～湮～夷～遗～音～顺～除～荡～玷～棼～合～化～绝～没～靡～邈～弃～亡～息例古人日以远，青史字不泯。(唐·杜甫《赠郑十八贲》)逍遥不外求，尘虑从兹泯。(唐·钱起《自终南山晚归》)庶氏有嘉草，攻禬事久泯。(唐·柳宗元《种白蘘荷》)

悯(憫)mǐn

古上声，十一轸。逆爱～悲～恻～垂～慈～嘉～矜～可～宽～悯～凄～仁～隐～轸～顺～哀～恻～悼～护～急～忌～谏～嗟～救～愧～怜～默～念～贫～切～伤～浉～叹～恸～惜～笑～凶～恤～宥

闵(閔)mǐn ①哀怜；怜悯。②忧虑；担心。

古上声，十一轸。逆哀～曾～钝～遘～覯～矜～可～漠～屯～惜～凶～颜～隐～优～咨～顺～参～茶～察～悼～悔～骞～酷～褛～劳～怜～马～懑～绵～免～勉～默～念～然～仁～慰～惜～笑～凶～忧～雨～子例羁离交屈宋，牢落值颜闵。(唐·杜甫《赠郑十八贲》)窜逐新归厌闻闹，齿发早衰嗟可闵。(唐·韩愈《赠崔立之评事》)

典**颜闵** 借指贤德之士。《论语·先进》："德行：颜渊、闵子骞、冉伯牛、仲弓。"又，"子曰：'孝哉闵子骞！人不间于其父母昆弟之言。'"

儒风久沦弊，颜闵寿不长。(唐·刘商《哭韩淮端公兼上崔中丞》)

闽(閩)mǐn ①古代少数民族名。②福建的简称。

古上平，十一真。逆八～洛～七～顺～川～关～海～荒～隶～岭～洛～派～峤～学～侥～越～粤～中例翠毛开越巂，龙眼弊瓯闽。(唐·元稹《代曲江老人百韵》)便便书腹德无邻，健笔从知又入闽。(唐·贯休《送郑阁赴闽辟》)

典**七闽** 借指福建。《周礼·夏官·职方氏》："掌天下之图，以掌天下之地，辨其邦国、都、鄙、四夷、八蛮、七闽、九貉、五戎、六狄之人民。"贾公彦疏："叔熊居濮如蛮，后子从分为七种，故谓之七闽。"

天晴遥见七闽关，万仞丹梯莫可攀。(宋·王迈《闽岭遥岑》)

鳘(鰵)mǐn 鱼名。

古《广韵》：上声，轸韵。

黾(黽)mǐn 黾勉，努力。

古上声，十一轸。又：上声，二十三梗异。逆耿～勤～顺～俛～勉

品pǐn

古上声，二十六寝。逆标～才～材～彩～程～第～敦～福～诡～豪～恒～鸿～佳～阶～戒～俊～隽～魁～灵～流～伦～满～妙～谬～碁～清～情～诠～荣～儒～时～殊～庶～素～题～锡～相～勋～仪～遗～异～逸～员～甄～证～诸～顺～裁～次～搭～笛～第～定～度～服～概～官～核～衡～爵～令～流～录～论～绿～貌～排～齐～式～庶～胎～题～脱～象～选～学～谊～韵～藻～择～章～致～秩～骘～柱～馔～族例若得伴琴书，吾将著闲品。(唐·皮日休《酒枪》)堪爱晚来韶景甚，宝柱秦筝方再品。(五代·欧阳炯《木兰花·日照玉楼花似锦》)

典**清流浊品** 指品格高尚的士大夫和品性卑污的俗士。《新五代史·李振传》："振常举进士咸通、乾符中，连不中，尤愤唐公卿，及裴枢等七人赐死白马驿，振谓太祖曰：'此辈尝自言清流，可投之河，使为浊流也。'太祖笑而从之。"

清流浊品。尽扫去胸中，置诸膜外，对酒莫辞饮。(宋·刘克庄《摸鱼儿·便披蓑》)

寝(寢、寑)qǐn

古上声，二十六寝。逆安～柏～避～别～草～殿～复～甘～高～孤～锢～桂～憨～画～假～荐～椒～焦～缴～就～灵～庐～路～露～略～貌～媚～偶～辟～神～视～适～颓～忘～兴～偃～晏～移～遗～豫～鸳～园～斋～昼～颛～追～顺～端～罢～病～藏～弛～顿～遏～繁～伏～格～合～疾～迹～荐～馈～庐～寐～弭～默～谋～衾～容～膳～衰～幄～想～兴～湮～燕～园～瘵～滞～座例握雪海上餐，拂沙陇头寝。(唐·李白《塞下曲六首》其五)朝结故乡念，暮作空堂寝。(唐·元稹《遣病十首》其十)

典**清香燕寝** 韦应物任苏州刺史时，与文士宴集，赋诗有"兵卫森画戟""海上风雨至"等句。后世化用其语咏州郡长官。唐·韦应物《郡斋雨中与诸文士燕集》："兵卫森画戟，宴寝凝清香。海上风雨至，逍遥池阁凉……吴中盛文史，群彦今汪洋。方知大藩地，岂曰财赋强。"

清香燕寝多佳致，远影楼台发妙词。(宋·王之望《和眉守五郎中》)

锓(鋟)qǐn 雕刻。

古上声，二十六寝。逆雕～镂～模～顺～板～版～本～画～木～枣～梓

忍rěn

古上声，十一轸。逆爱～安～百～残～充～慈～甘～刚～涵～坚～矜～禁～堪～刻～酷～睦～戕～强～柔～贯～相～凶～争～鸷～顺～爱～罢～暴～悖～顿～夺～饿～遏～伏～阁～格～訽～害～疾～迹～荐～铠～馈～愧～寐～梦～谋～虐～衾～情～弱～绳～食～衰～涕～停～想～屑～湮～宴～燕～抑～冤～斋～瘵～止～鸷～滞例卑飞欲何待，捷径应未忍。(唐·杜甫《赠郑十八贲》)把酒临风千万恨。欲扫残红犹未忍。(宋·欧阳修《玉楼春·东风本是开化信》)

典**仲颖残忍** 东汉董卓官至相国，以残忍嗜杀著称，终于众叛亲离而

亡。后用以指残暴不仁。《三国志·魏书·董卓传》:"董卓字仲颖,陇西临洮人也……卓性残忍不仁,遂以严刑胁众,睚眦之隙必报,人不自保。"

仲颖恣残忍,废兴良在躬。(唐·卢照邻《咏史四首》其三)

稔 rěn ①庄家成熟。②年。③熟悉。

古上声,二十六寝。逆登~恶~丰~积~累~历~连~年~期~秋~失~素~岁~习~中~顺~成~究~寇~乱~谋~腻~年~收~岁~泰~闻~悉~知~转例常羡荜门翁,所思惟岁稔。(唐·李德裕《思乡园老人》)

典左思十稔 喻艰苦磨砺写文章。亦作"左思裁赋""左伯驰芳名""左思""左太冲"。《晋书·文苑传》:"造《齐都赋》,一年乃成。复欲赋三都……遂构思十年,门庭藩溷皆著笔纸,遇得一句,既便疏之……及赋成……豪贵之家竞相传写,洛阳为之纸贵。"

百篇辈李白,十稔嗤左思。(宋·吴芾《和何倅游雁荡》)

荏 rěn ①植物名,白苏。②软弱。

古上声,二十六寝。逆桂~葵~馁~内~苒~葤~柔~苏~顺~苒~染~弱~菽~油

审(審)shěn

古上声,二十六寝。逆熬~驳~朝~刺~谛~端~覆~革~研~唤~诘~矜~精~拘~鞫~靓~凝~批~清~热~申~体~调~稳~详~译~振~证~质~顺~备~别~博~察~处~当~敌~谛~端~覆~顾~观~行~画~稽~鉴~交~结~究~鞫~决~考~克~览~礼~练~量~料~律~密~谋~拟~期~求~权~时~识~实~饰~谌~思~悉~细~详~信~音~语~谕~喻~责~择~知~质~重例一樽齐死生,万事固难审。(唐·李白《月下独酌四首》其三)

哂 shěn ①微笑。②讥嘲。

古上声,十一轸。逆鼻~嘲~謿~微~衔~笑~阴~自~顺~存~纳~然~笑~谑例念君风尘游,傲尔令自哂。(唐·李白《北山独酌,寄韦六》)高怀见物理,识者安肯哂。(唐·杜甫《赠郑十八贲》)知音自古称难遇,世俗乍见那妨哂。(唐·韩愈《赠崔立之评事》)

沈[1] shěn 姓。参见737页chén"沉"。

古上声,二十六寝。顺~范~宋~国~羲~谢~腰~犹~园

典瘦尽东阳沈 喻指人消瘦的病体。见507页"沈约瘦"。

云峰得句怀真赏,瘦尽东阳沈隐侯。(宋·杨亿《再次首唱韵和》)

沈[2](瀋)shěn ①汁液。②沈阳。另见737页chén"沉"。

古上声,二十六寝。逆白~沸~辽~墨~顺~墨~阳~液

谂(諗)shěn ①知道。②劝告。

古上声,二十六寝。逆来~密~顺~悉~知

婶(嬸)shěn

古上声,二十六寝。逆表~大~寡~婶~小~顺~母~娘~婶~子

淰 shěn 群鱼惊散貌。

古上声,二十六寝。又:上声,二十八豏异。逆惊~淰~鱼~鱼不~顺~跃

矧 shěn 况且。

古《广韵》:上声,轸韵。逆新~

楯 shǔn ①栏杆横木。②栏杆。另见771页dùn。

古上声,十一轸。逆栏~阑~荣~危~顺~槛~栏~梯~轩~楹~柱例气清天近。云日温阑楯。(宋·毛滂《点绛唇·手抚归鸿》)

吮 shǔn 口吸。

古上声,十一轸。又:上声,十六铣同。逆含~嗽~吻~吸~饮~咂~啃~顺~笔~疮~喋~毫~疽~墨~奶~取~乳~舐~血~痈~卒~嘬

损(損)sǔn

古上声,十三阮。逆败~惫~崩~逼~拨~剥~裁~冲~瘳~愁~触~箠~蹙~登~彫~堕~感~贵~隳~疾~加~骞~节~镌~蠲~刻~枯~恼~谦~清~痊~蹂~踏~摧~消~虚~役~挹~萦~汙~渊~约~酌~顺~败~薄~敝~彻~撤~绌~德~短~兑~费~怀~惠~瘠~脉~气~阙~辱~膳~神~生~瘦~思~污~心~挹~怨~折~证例吾尝闻其声,深虑五藏损。(唐·韩愈《嘲鼾睡》)廷尉张罗自不关,潘郎挟弹无情损。(唐·刘禹锡《百舌吟》)漏短日长人乍困。裙腰减尽柔肌损。(宋·欧阳修《渔家傲·五月薰风才一信》)

笋(*筍)sǔn

古上声,十一轸。逆暗~斑~苞~迸~笾~冰~茶~抽~楚~错~丹~荻~冻~斗~孚~过~寒~谏~箭~茭~接~篮~篾~明~杞~束~潭~涂~土~箨~晚~伪~纤~孝~牙~燕~银~樱~玉~贞~稚~顺~城~蒂~笥~屐~虡~枯~箩~脯~蒲~条~箨~鞋~业例十岁手如芽子笋。固爱弄妆偷傅粉。(宋·张先《天仙子·十岁手如芽子笋》)青杏已成双,新尊荐樱笋。(宋·吕渭老《握金钗·风日困花枝》)

典冬笋 咏孝子。亦作"哭竹生笋""孝笋""泣笋"。《三国志·吴书·孙皓传》:"司空孟仁卒。"裴松之注《吴录》曰:"仁字恭,本名宗,避皓字易焉。"又引《楚国先贤传》曰:"宗母嗜笋,冬节将至。时笋尚未生,宗入竹林哀叹,而笋为之出,得以供母,皆以为至孝之所致感。"

种竹常疑出冬笋,开池故合涌寒泉。(宋·王安石《庆老堂》)

隼 sǔn 猛兽,鸟纲。

古上声,十一轸。逆雕~鹗~飞~贯~集~秋~射~鹰~顺~击~旆~旗~旟~张~质例魏侯骨耸精爽紧,华岳峰尖见秋隼。(唐·杜甫《魏将军歌》)走章驰檄在得贤,燕雀纷拏要鹰隼。(唐·韩愈《赠崔立之评事》)

榫 sǔn 连接。

古《集韵》:上声,轸韵。逆接~顺~卯~头~眼

氽 tǔn ①漂浮。②用油炸。另见585页cuān。

逆水上~油~顺~子

稳(穩)wěn

古上声,十三阮。逆步~工~孤~骄~骏~马~谧~凝~栖~清~

深～铁～息～详～谐～心～妍～鞅～优～圆～㊀～便～步～称～到～疾～丽～利～密～暖～平～切～惬～请～身～审～实～受～顺～帖～贴～下～协～约～韵～展～重～子～足㊄新霞点破秋蟾晕。罗袖挹残心不稳。（宋·欧阳修《渔家傲·昨日采花花欲尽》）琪树长青资玉润。鸳鸯不老眠沙稳。（宋·扬无咎《渔家傲·昨日小春才得信》）

吻（*脗）wěn

㊀上声，十二吻。㊁馋～鸱～蚩～凤～鉤～鼓～虎～戟～渴～枯～利～诗～谈～燥～㊂～创～翰～角～噤～流～莽～儒㊄纵燃竹烹泉，亦自清肠吻。（宋·李曾伯《摸鱼儿·对楼头》）算合付元龙，举白浇谈吻。（宋·陈策《摸鱼儿·倚危梯》）

刎wěn

㊀上声，十二吻。㊁屠～自～㊂～胆～颈

㊅**乌江自刎**　喻失败后自毁。《史记·项羽本纪》："于是项王乃欲东渡乌江，乌江亭长檥船待，谓项王曰：'江东虽小，地方千里，众数十万人，亦足王也，愿大王急渡，今独臣有船，汉军至，无以渡。'项王笑曰：'天之亡我，我何渡为！且籍与江东子弟八千人渡江而西，今无一人还，纵江东父兄怜而王我，我何面目见之！纵彼不言，籍独不愧于心乎！'……乃自刎而死。

时不利，骓不逝，乌江自刎虞兮泪。（清·赵希璜《楚王庙碑》）

紊wěn　乱。另见 780 页 wén。

㊀去声，十三问。㊁不～尘～弛～雕～讹～繁～妨～乖～隳～僭～亏～缪～目～愆～侵～散～颓～枉～淆～遗～堙～㊂～烦～纷～裂～弃～碎～淆～绪～斁

伈xǐn　伈伈，形容恐惧。

㊀《广韵》：上声，寝韵。㊁伈～

饮（飲、*歙）yǐn　另见 782 页 yìn。

㊀上声，二十六寝。㊁鼻～蝉～巢～耽～啾～放～酣～鹤～虹～洪～会～饯～涧～郊～节～鲸～剧～醵～乐～露～茗～朋～瓢～倾～膳～觞～设～社～射～沈～嗽～禊～献～飨～宣～醺～雅～燕～遗～溢～游～侑～猿～凿～酎～馔～㊂～柏～伴～杯～被～博～储～醇～啜～酖～胆～啖～德～服～光～河～齕～虹～候～会～惠～祸～饯～涧～浆～局～馂～客～令～流～美～盟～默～贫～齐～器～忍～刃～扇～膳～石～饰～禊～霞～兴～燕～羽～誉～冤～泽～烝～政～至～酎～馔～酌～啄～宗㊄细雨春风花落时，挥鞭直就胡姬饮。（唐·李白《白鼻䯄》）晨兴步岩径，更酌寒泉饮。（唐·李德裕《思乡园老人》）昔愁凭酒遣，今病安能饮。（唐·元稹《遣病十首》其十）

㊅**镐饮**　指君臣宴饮。亦作"在镐""鄷镐""宴镐"。《诗经·小雅·鱼藻》："王在在镐，岂乐饮酒。"

镐饮周文乐，汾歌汉武才。（唐·宋之问《奉和晦日幸昆明池应制》）

虹饮　喻饮酒海量。《异苑》卷一："晋义熙初，晋陵薛愿，有虹饮其釜澳，须臾噏响便竭。愿辇酒灌之，随投随涸。随咽便吐金满釜。于是灾弊日祛，而丰富岁臻。"

猿啼山馆晓，虹饮江皋霁。（唐·宋之问《自衡阳至韶州谒能禅师》）

河朔饮　指酣畅饮酒，或指借饮酒避暑。亦作"本初朔饮"。三国魏·魏文帝《典论》："大驾都许，使光禄大夫刘松北镇袁绍军，与绍子弟日共宴饮，常以三伏之际，昼夜酣饮，极醉，至于无知。云以避一时之暑，故河朔有避暑饮。"

不须河朔饮，煮茗自忘归。（宋·梅尧臣《中伏日陪二通判妙觉寺避暑》）

三日饮　指款待宾客的盛宴。《史记·高祖本纪》："高祖还归，过沛，留……高祖欲去，沛父兄固请留高祖。高祖曰：'吾人众多，父兄不能给。'乃去。沛中空县皆之邑西献。高祖复留止，张饮三日。沛父兄皆顿首曰：'沛幸得复，丰未复，唯陛下哀怜之。'"

三日饮不散，杀尽西村鸡。（宋·苏轼《西新桥》）

文字饮　指与友人的诗酒之交。唐·韩愈《醉赠张秘书》："人皆劝我酒，我若耳不闻。今日到君家，呼酒持劝君。为此座上客，及余各能文……所以欲得酒，为文俟其醺……此诚得酒意，余外徒缤纷。长安众富儿，盘馔罗膻荤，不解文字饮，惟能醉红裙。虽得一饷乐，有如聚飞蚊。"

聊将文字饮一盏，不待月影成三人。（宋·喻良能《追和陈子高赠王法曹韵》）

玄石饮　指酣饮沉醉。晋·张华《博物志·杂说下》："昔刘玄石与中山酒家酤酒，酒家与'千日酒'，忘言其节度。归至家大醉，而家人不知，以为死也。权葬之。酒家计千日满，乃忆玄石前来沽酒，醉当醒耳。往视之，云：'玄石亡来三年，已葬。'于是开棺，醉始醒。俗云：'玄石饮酒，一醉千日。'"

会从玄石饮，云雨出圆丘。（唐·李峤《酒》）

过陈遵饮　指交往酒友、优游宴乐的生活。《汉书·陈遵传》："遵耆酒，每大饮，宾客满堂，辄关门，取客车辖投井中，虽有急，终不得去。尝有部刺史奏事，过遵，值其方饮，刺史大穷，候遵沾醉时，突入见遵母，叩头自白当对尚书有期会状，母乃令从后阁出去。"

兴狂时、过陈遵饮，对孙登啸。（宋·刘克庄《贺新郎·犹记臣之少》）

三旬九饮　形容生活贫困。孔子之孙孔伋居卫时三十天中只能吃上九顿饭。《说苑·立节》："子思居于卫，缊袍无表，二旬而九食。"按，"二旬"，一作"三旬"。

三旬九过饮，每食唯旧贫。（唐·孟郊《长安羁旅行》）

公荣不与饮　代指为饮酒而择人。亦作"不饮公荣"。《世说新语·简傲》："王戎弱冠诣阮籍，时刘公荣在坐，阮谓王曰：'偶有二斗美酒，当与君共饮。彼公荣者无预焉。'二人交觞酬酢，公荣遂不得一杯，而言语谈戏，三人无异。或有问之者，阮答曰：'胜公荣者不得不与饮酒。'"

不与公荣同饮酒，只留禹锡独看花。（宋·刘克庄《小园即事五首》其四）

平原十日饮　指朋友连日尽情

欢聚。亦作“十日饮”“十日之饮”。《史记·范雎蔡泽列传》:“秦昭王闻魏齐在平原君所,欲为范雎必报其仇,乃详为好书遗平原君曰:‘寡人闻君之高义,愿与君为布衣之友,君幸过寡人,寡人愿与君为十日之饮。’”

愿学平原十日饮,此时不忍歌骊驹。(唐·韩翃《赠兖州孟都督》)

相呼十日饮,不负百年身。(宋·陆游《对酒作》)

引yǐn

古上声,十一轸。又:去声,十二震异。逆褒～边～部～漕～倡～称～承～抽～触～道～斗～度～敦～访～奉～歌～隳～监～绛～结～旌～鞫～溃～揽～礼～满～蔓～秘～妙～辟～前～挈～铨～煽～胜～首～疏～属～调～推～宛～锡～啸～绪～宣～悬～寻～雅～游～熨～赞～召～诤～征～擢～顺～避～臂～布～持～道～睇～度～对～遁～楯～伏～附～归～过～汲～籍～鉴～缴～节～镜～裾～诀～考～类～路～迈～满～墨～纳～譬～慭～磬～觞～审～餍～藤～托～挽～闲～贤～嫌～谢～曜～掖～曳～谒～翼～谕～遇～赞～争～致～擢～骀～奏例门横群岫开,水凿众泉引。(唐·李白《北山独酌,寄韦六》)本自寻人至,宁因看竹引。(唐·皎然《喜义兴权明府自君山至,集陆处士羽青塘别业》)九华锦衾无复情,千金宝镜谁能引。(唐·刘方平《代宛转歌二首》其二)

典**银瓶引** 伤叹女子为男子所抛弃。唐·白居易《井底引银瓶》:“井底引银瓶,银瓶欲上丝绳绝。石上磨玉簪,玉簪欲成中央折。瓶沉簪折知奈何,似妾今朝与君别。”

别后信音浑不定。银瓶何处引。(宋·郑觉斋《谒金门·秋夜永》)

双衣对引 指宠居显位。宋制,中书省与枢密院两府的官员出行,有朱衣吏二人引马。后遂用“双衣对引”或“朱衣双引”代指宠居显位。宋·魏泰《东轩笔录》卷二:“旧制:学士以上,并有一人朱衣吏引马,所服带用黄金,而无鱼,至入两府,则朱衣二人引马,谓之双引,金带悬鱼,谓之重金矣。”

明年会,双衣对引,谈笑秉钧衡。(宋·张元干《满庭芳·梁苑春归》)

隐(隱)yǐn 另见782页yìn。

古上声,十二吻。逆安～惭～恻～慈～赐～遁～遏～恩～伏～高～磁～回～讳～假～酒～宽～禄～民～骍～硼～辟～欺～栖～潜～樵～曲～仁～容～山～习～射～深～市～殊～遂～韬～天～通～刓～微～窝～雾～纤～恤～雪～徇～岩～遗～逸～隐～幽～赜～郫～招～震～坐～顺～蔼～庇～蔽～操～辞～道～抵～恫～遁～忿～耕～涵～憾～虹～厚～怀～解～介～静～句～诀～谲～嶙～辚～鳞～沦～略～冒～昧～盟～悯～愍～谋～辟～僻～欺～切～塞～实～首～微～雾～消～秀～恤～曜～耀～颐～义～翳～尤～虞～隩～跃～赈～知～帙～衷～戚～拙～背～床～机～几～具～囊～膝～依～灶例遭乱意不归,窜身迹非隐。(唐·杜甫《赠郑十八贲》)处喧虑常澹,作吏心亦隐。(唐·元晟《送萧颖士赴东府,得引字》)歌舞未终涕双陨,旧宫坡阤才嶙隐。(唐·李叔卿《江南曲》)

典**豹隐** 喻指隐居避世以全德养性。亦作“玄豹隐”“玄豹情”。《列女传·陶荅子妻》:“妇曰:‘……妻闻南山有玄豹,雾雨七日而不下食者,何也?欲以泽其毛而成文章也,故藏而远害,犬彘不择食以肥其身,坐而须死耳。’”

鹤鸣蛙跃正及时,豹隐兰凋亦可悲。(唐·钱起《秋霖曲》)

真隐 指不以隐居来沽名的真正隐士。《南史·何尚之传》:“(尚之)致仕,于方山著《退居赋》以明所守,而议者咸谓尚之不能固志……尚之既任事,上待之愈隆。于是袁淑乃录古来隐士有迹无名者,为《真隐传》以嗤焉。”

由来朝市为真隐,可要栖身向薜萝。(唐·方干《题桐庐谢逸人江居》)

伯通隐 指隐居避世。亦作“梁鸿赁舂”。汉贫士梁鸿,有高节,娶妻偕隐,因讽刺朝廷被追拿,逃至吴,依皋伯通,为人赁舂。见《后汉书·梁鸿传》。

徒怀伯通隐,多谢买臣归。(唐·骆宾王《夕次旧吴》)

绵上隐 指弃禄退隐。亦作“隐绵山”。《左传·僖公二十四年》:“晋侯赏从亡者,介之推不言禄,禄亦弗及……遂隐而死。晋侯求之,不获,以绵上为之田。”

子推绵上终身隐,叔度颜回一辈人。(宋·陆游《寄赠湖中隐者》)

墙东隐 指隐于市井之中。《后汉书·逢萌传》:“初,萌与同郡徐房、平原李子云、王君公相友善,并晓阴阳,怀德秽行。房与子云养徒各千人,君公遭乱独不去,侩牛自隐。时人谓之论曰:‘避世墙东王君公。’”

墙东隐者在,淇上逸僧来。(唐·皎然《晦夜李侍御萼宅集招潘述汤衡海上人饮茶赋》)

芙蓉寄隐 咏男女相爱。古乐府民歌中常以“芙蓉”代称“莲花”,而“莲”谐“怜”,取男女相爱怜之意。这种暗中寄情之法为文人效仿,借以表达男女相爱。《乐府诗集》卷四六《清商曲辞·读曲歌》:“侬心常慊慊,欢行由预情。雾露隐芙蓉,见莲讵分明。”

芙蓉寄隐,豆蔻传香,便许翠鬟偷剪。(宋·利登《选冠子·眉黛山分》)

肝胆难隐 咏镜。喻为官清正,秉公断案,亦用以喻考官取士。亦作“秦镜”。传说中秦宫内有一面宝镜,可以照彻人的脏腑,辨别是非善恶。见旧题晋·葛洪《西京杂记》卷三。

肝胆诚难隐,妍媸信易穷。(唐·无名氏《府试古镜》)

彭成仙隐 咏仙家或年高德劭的隐士。传说彭祖会神仙补导之术,年近八百岁而不衰老。殷王得其术而欲加害之,彭祖遂隐遁,不知所之。见旧题晋·葛洪《神仙传·彭祖》。

见说彭成仙隐,对此庆生辰。(宋·无名氏《水调歌头·橘记一年景》)

王霸思隐 指守志归隐。王霸

在王莽篡汉后，不愿作官，隐居乡里，不应征召。《后汉书·王霸传》："王霸字儒仲，太原广武人也。少有清节。及王莽篡位，弃冠带，绝交宦……隐居守志，茅屋蓬户。连征不至，以寿终。"

韩康虽复在人间，王霸终思隐岩窦。（唐·李颀《荅高三十五留别便呈于十一》）

蚓 yǐn　蚯蚓的蚓。

古上声，十一轸。逆春～断～寒～结～蟮～丘～邱～蛸～山～蛇～蜗～蛙～衍～顺～结～廉～窍例才豪气猛易语言，往往蛟螭杂蝼蚓。（唐·韩愈《赠崔立之评事》）

典**秋蛇春蚓**　形容书法拙劣，缺乏骨力。亦作"秋蚓"。《晋书·王羲之传论》："（萧）子云近出，擅名江表，然仅得成书，无丈夫之气，行行若萦春蚓，字字如绾秋蛇。"

家鸡野鹜同登俎，春蚓秋蛇总入奁。（宋·苏轼《书刘景文所藏王子敬帖绝句》）

瘾（癮）yǐn

古《集韵》：上声，隐韵。逆吊～毒～官～过～酒～上～烟～顺～民～头～疹

尹 yǐn　①主管；治理。②古代官名。

古上声，十一轸。逆百～阪～版～道～端～贰～府～关～环～郊～京～蓝～里～连～明～卿～师～庶～辛～邢～亚～阉～奄～伊～芋～宰～詹～箴～顺～班～祭～京～氏～寺～邢～长例数杯资好事，异味烦县尹。（唐·杜甫《赠郑十八贲》）勿嫌法官未登朝，犹胜赤尉长趋尹。（唐·韩愈《赠崔立之评事》）

典**沈尹**　春秋时，楚国沈令尹听到樊姬对自己不进贤的议论，遂举荐孙叔敖治楚，使得楚国称霸于天下。见《韩诗外传》卷二。后遂以"沈尹"借指能举荐贤能的官员。

不怀沈尹禄，谁谙叔敖贤。（唐·张说《登九里台是樊姬墓》）

伊尹　借指贤相。伊尹为商代相官。一名挚，号阿衡，他作为有莘氏女的陪嫁之臣来到商汤手下，成为汤的"小臣"。他身为庖人（厨师），便乘机用"割烹"作比喻向商汤陈说，要他"伐夏救民"。后被商汤委以国政，助汤灭桀。见《史记·殷本纪》。

伊尹佐兴王，不藉汉父资。（唐·李商隐《井泥四十韵》）

五日尹　借指任期短暂的官吏。亦作"五日京兆"。《汉书·张敞传》："为京兆九岁，坐与光禄勋杨恽厚善，后恽坐大逆诛……使贼捕掾絮舜有所案验，舜以敞劾奏当免，不肯为敞竟事……曰：'……今五日京兆耳，安能复案事。'"

翻同五日尹，遽见一星亡。（唐·卢照邻《哭金部韦郎中》）

休官令尹　指罢官退居。《论语·公冶长》："子张问曰：'令尹子文三仕为令尹，无喜色；三已之，无愠色。旧令尹之政，必以告新令尹。何如？'子曰：'忠矣。'"

归来也，是休官令尹，有发瞿昙。（宋·赵以夫《沁园春·客问吾年》）

殷 yǐn　①象雷声。②震动。另见732页yīn、608页yān。

古上声，十二吻。逆雷～殷～顺～磅～訇～雷～然～殷

听 yǐn　听然，笑貌。另见876页tīng、917页tìng。

古上声，十二吻。顺～然～听

讔 yǐn　暗话；谜语。

古《集韵》：上声，隐韵。逆好～谐～顺～谜～言～语

檃（*檼）yǐn　檃栝，矫正，修改。

古《广韵》：上声，隐韵。顺～括

允 yǔn

古上声，十一轸。逆报～成～从～俯～覆～该～共～荦～简～鑑～矜～开～慨～明～内～丕～批～平～佥～惬～清～曲～通～推～显～详～谐～淹～优～忠～顺～备～蹈～德～迪～孚～符～龚～怀～辑～眷～恪～赖～厘～亮～谋～穆～纳～洽～切～惬～情～溶～塞～淑～顺～铄～嗣～遂～帖～武～翕～袭～襄～宜～膺～俞～元～臧～哲～着～直～衷

陨（隕）yǔn

古上声，十一轸。逆崩～摽～殂～颠～电～幅～薨～灰～九～枯～流～倾～荣～丧～沈～失～霜～夙～涕～推～星～夷～顺～败～背～踣～颠～覆～功～获～节～惧～绝～蹶～溃～零～仆～泣～丘～缺～世～首～泗～隧～涕～铁～箨～谢～意～越～踬例云从海天去，日就江村陨。（唐·孙逖《和登会稽山》）

殒（殞）yǔn　死。

古上声，十一轸。逆崩～殂～颠～凋～彫～薨～灰～歼～惊～九～灭～骈～倾～伤～夙～投～屠～销～心～玉～顺～毙～颠～骨～获～绝～溃～裂～落～没～灭～命～殁～泣～身～逝～碎～涕～亡～谢～越～坠～胔例晖晖檐日暖且鲜，摵摵井梧疏更殒。（唐·韩愈《赠崔立之评事》）

怎 zěn

逆多～顺～当～得～的～地～价～么～奈～生～说～向～许～样例枉劳人方寸，眼前推辞怎。（宋·沈瀛《驻马听·人都道四者难并》）

枕 zhěn　①枕头。②车后横木。另见785页zhèn。

古上声，二十六寝。逆安～豹～被～畜～春～瓷～磁～奠～方～伏～附～轨～凰～羁～惊～警～菊～客～恋～旅～梦～篋～衾～琴～曲～扇～麝～神～侍～水～通～中～同～瓦～午～相～项～谢～瑶～引～迎～鸳～赠～长～醉～顺～簟～函～近～木～畔～屏～衾～山～上～檀～纹～席～匣～茵～鸳例离绪千重，角声偏著羁人枕。（宋·赵长卿《点绛唇·离绪千重》）湘筠展梦，还是带恨欹枕。（宋·卢祖皋《丑奴儿慢·湘筠展梦》）

典**粲枕**　悼亡，或追忆旧日欢情。亦咏男女欢会。亦作"角枕"。《诗经·唐风·葛生》："角枕粲兮，锦衾烂兮。予美亡此，谁与独旦。"

忆当时、纹衾粲枕，未尝暂孤鸳侣。（宋·解昉《永遇乐·风暖莺娇》）

奠枕　犹安枕。喻生活安定。汉·扬雄《法言·寡见》："昔在姬公，用于周而四海皇皇，奠枕于京。"

奠枕江淮无一事，留都宫殿千门晓。（宋·刘仙伦《满江红·凤历更端》）

金枕　咏虎，亦用作报恩之典。据《太平广记·周义》载，郑人周义

曾收留一个老虎变化而成的少年於其家，后虎又化作少年，投一金枕于周义家以报其救命之恩。

君不见南山白额曾报恩，墙头金枕投何人。（宋·岳珂《病虎行》）

炊黍枕 喻指人生如梦。唐·沈既济《枕中记》叙写卢生于邸舍枕仙枕，梦中经历荣华富贵，其入睡前，"主人方蒸黍"，而卢生梦醒，"主人蒸黍悉未熟"遂悟人生如梦。

不用借他炊黍枕，何梦非空。（宋·陈著《浪淘沙·春事紫和红》）

宓妃枕 咏男女情恋，亦作"宓妃留枕"。最初想娶甄妃的是曹植，结果却被曹丕抢了先，曹植一直念念不忘。在甄妃死后，曹植入朝去见曹丕，曹丕拿出甄妃曾用过的金缕玉带枕给他看，曹植睹物思人，大哭一场。到了晚上，甄后之子曹睿摆宴请自己叔叔，便把这个枕头送给他。曹植揣着枕头返回封城，途经洛水时梦见甄妃前来与之幽会，有感而发，遂作《感甄赋》。见《文选》卷一九曹植《洛神赋》李善注。

贾氏窥帘韩掾少，宓妃留枕魏王才。（唐·李商隐《无题四首》其二）

黑甜一枕 指酣睡。苏轼《苏轼诗集》卷三八《发广州》："朝市日已远，此身良自如。三杯软饱后，一枕黑甜余。"

栩栩尚忘飞蝶想，黑甜一枕更优游。（宋·曹勋《梁洁夫幽居林宇靓深画幽邃不类贵第》）

髑髅作枕 咏威猛。亦作"虎头枕"。旧题汉·刘歆《西京杂记》卷下："李广与兄弟共猎于冥山之北，见卧虎焉，射之，一矢即毙。断其髑髅以为枕，示服猛也。"曳归拥路千人观，髑髅作枕皮蒙鞍。（宋·陆游《大雪歌》）

诊（診）zhěn

古上声，十一轸。又：去声，十二震同。逆覆～集～叩～善～四～危～五～应～御～顺～病～察～度～法～候～疾～藉～籍～切～视～验

疹 zhěn

古上声，十一轸。逆斑～抱～疮～痞～痘～积～疾～羸～丘～素～宿～药～灾～顺～粟

轸（軫）zhěn ①车后横木。②悲痛。

古上声，十一轸。逆促～彤～发～风～归～桂～鹤～衡～徽～迥～记～继～接～结～连～灵～鸾～悽～齐～前～琴～曲～戎～伤～殊～蜀～停～文～絃～修～玄～旋～瑶～仪～翼～殷～隐～犹～纡～玉～轸～灾～栈～轸～驻～顺～恻～悼～方～怀～救～慨～虑～悯～慕～念～琴～丘～石～粟～叹～恸～望～惜～心～恤～翼～忧～玉～域～辙～转例坐月观宝书，拂霜弄瑶轸。（唐·李白《北山独酌，寄韦六》）曾从关外来上都，随身卷轴车连轸。（唐·韩愈《赠崔立之评事》）

典**翼轸** 翼与轸是二十八宿中的两宿。后喻指云台上的二十八将。《淮南子·天文训》："天有九野，九千九百九十九隅，去地五亿万里，五星，八风，二十八宿。"高诱注："二十八宿：东方角、亢、氐、房、心、尾、箕，北方斗、牛、女、虚、危、室、壁，西方奎、娄、胃、昴、毕、觜、参，南方井、鬼、柳、星、张、翼，轸也。"

使星下照翼轸旁，西山南浦回风光。（宋·杨万里《古风敬饯都运焕章雷吏部祇召入觐》）

鬒（*黰）zhěn 发乌黑。

古上声，十一轸。逆云～顺～鬓～髫～发～黑～髻～美～鬒～云～泽

典**卫后发鬒** 咏女子的美发。张衡《西京赋》："卫后兴于鬒发，飞燕宠于体轻。"李善注引《汉武故事》："子夫得幸。头解。上见其美发，悦之。"

稹 zhěn 稠密；细密。

古上声，十一轸。逆元～

眕 zhěn 忍貌。

古上声，十一轸。逆憾能～轸～顺～盱～眼

袗 zhěn 单衣。

古上声，十一轸。又：去声，十二震同。顺～玄～衣

缜（縝）zhěn 细致。

古上声，十一轸。逆范～严～顺～发～纷～栗～密～润～匝～致

畛 zhěn ①田里的小路。②界限；疆界。

古上声，十一轸。又：上平，十一真同。逆防～封～疆～交～郊～接～径～连～蹊～畦～区～隐～畛～顺～封～畎～略～陌～畔～畦～挈～隰～崖～营～域～畛～畷例因甚衣带中分，吾家自畦畛。（宋·岳珂《祝英台近·瓮城高》）

准[1] zhǔn 准许。

古《广韵》：上声，准韵。逆敕～覆～请～题～邀～

准[2]（準）zhǔn ①标准。②准确。③依据；依照。

古上声，十一轸。又：入声，九屑异。逆程～瞅～法～丰～蜂～概～管～国～恒～浣～斠～令～隆～明～平～趋～权～绳～诗～识～世～相～仪～彝～瞻～直～指～作～顺～裁～程～当～的～法～格～衡～鹄～家～局～据～揆～量～模～拟～平～绳～式～提～望～限～验～矱～折～正～执～直～遵例冥搜信冲漠，多士期标准。（唐·孙逖《和登会稽山》）墙根菊花好沽酒，钱帛纵空衣可准。（唐·韩愈《赠崔立之评事》）西楼淡月凉生晕。明日潮来无定准。（宋·苏轼《渔家傲·送客归来灯火尽》）

典**高阳酒徒揖隆准** 咏豪放嗜酒之士。或用作才士寻求知遇的典故。亦作"高阳酒徒"。汉郦食其才学过人，性狂傲不羁。刘邦驻守陈留，郦食其前去投奔，刘邦因其是儒生就不接见。郦食其怒斥使者："走！复入言沛公，吾高阳酒徒也，非儒人也。"刘邦一听赶忙接见。后来郦食其成为刘邦的得力谋士。见《史记·郦生陆贾列传》。

君不见高阳酒徒起草中，长揖山东隆准公。（唐·李白《梁甫吟》）

撙 zǔn 节约。

古上声，十三阮。逆裁～荐～撙～顺～裁～绌～当～度～节～诎～辱～衔～用～御～约～制～撙

仄声·去声

笨 bèn

古《广韵》：上声，混韵。逆痴～鲁～顺～伯～胶～曲～窳～滞

奔（*逩）bèn 朝；向。另见712页bēn。

古《广韵》:去声,慁韵。逆投～直～顺～命

坌bèn ①聚集。②涌出貌。

古去声,十四愿。逆尘～贔～氛～垢～冗～颓～心～顺～并～勃～愤～工～集～没～塺～起～冗～沓～息～溢～涌～至

鬓(鬢、*髩)bìn 脸旁靠近耳朵的头发。

古去声,十二震。逆斑～愁～楚～翠～髻～宫～鹤～鹄～华～髫～翳～客～绿～抿～镊～潘～蓬～漆～青～秋～水～素～雾～星～玄～鸦～烟～玉～云～鬟～顺～葆～蝉～垂～钿～朵～根～颔～花～华～鬟～髫～脚～鬣～麋～目～畔～蓬～髯～霜～头～鸦～烟～颜～影～鬟～髭例长叹未终极,秋风飘素鬓。(唐·杨师道《侍宴赋得起坐弹鸣琴二首》其二)皎皎青铜镜,斑斑白丝鬓。(唐·白居易《照镜》)岚光双双雷隐隐,愁为衣裳恨为鬓。(唐·罗隐《巫山高》)

典**蝉鬓** 借指女子的鬓发,亦借指妇女。晋·崔豹《古今注》卷下《杂注》:"魏文帝宫人绝所宠者,有莫琼树、薛夜来、陈尚衣、陈巧笑四人,日夕在侧。琼树乃制蝉鬓。缥缈如蝉,故曰蝉鬓。"见613页"绿蝉"。

片片行云著蝉鬓,纤纤初月上鸦黄。(唐·卢照邻《长安古意》)

镊鬓 谓拔除白发和白须。喻指有意居官。亦作"镊须""镊白"。晋·左思《白发赋》:"星星白发,生于鬓垂。虽非青蝇,秽我光仪。策名观国,以此见疵。将拔将镊,好爵是縻。"

莫笑衰翁频镊鬓,雕虫更拟入贤关。(宋·陈藻《平江送王腾叔》)

潘鬓 指中年鬓发斑白。亦作"潘年""潘郎白发""潘郎秋发""潘生白发""潘岳老""潘岳哀""安仁鬓""河阳衰鬓"。晋·潘岳《秋兴赋·序》:"晋十有四年,余春秋三十有二,始见二毛。"

欲知潘鬓愁多少,一夜新添白数茎。(唐·王毂《秋》)

颜鬓 指鬓发早白。《史记·仲尼弟子传》:"回年二十九,发尽白,蚤死。"

文章工巧谋愈疏,颜鬓衰迟进无策。(宋·张耒《感春三首》)

汉殿鬓 咏美发。张衡《西京赋》:"卫后兴于鬒发。"李善《文选注》引《汉武故事》:"(卫)子夫得幸,头解,上见其美发,悦之。"

无双汉殿鬓,第一楚宫腰。(唐·李商隐《碧瓦》)

河阳衰鬓 指鬓发斑白。《晋书·潘岳传》:"潘岳,字安仁,荥阳人……才名冠世,为众所疾,遂栖迟十年,出为河阳令。"

换得河阳衰鬓,一帘烟雨梅黄。(宋·谢懋《风入松·老年长忆少年狂》)

殡(殯)bìn

古去声,十二震。逆黜～祓～改～寄～客～敛～临～旅～埋～啓～迁～虞～在～攒～顺～服～宫～棺～阶～敛～殓～埋～丧～窆～攒～葬例骨骸谁与殡,腐烂出尸虫。(元·方回《七月初一日淮浙大潮巨风亘古所无二首》其二)

典**虞殡** 古代送葬歌曲,后因用作哀挽死者。《左传·哀公十一年》:"公孙夏曰:'二子必死。'将战,公孙夏命其徒歌《虞殡》。"杜预注:"《虞殡》,送葬歌曲。示必死。"

荆江春梦断,虞殡夜魂孤。(宋·魏了翁《仲女挽诗》)

史鱼黜殡 咏忠谏。春秋时,卫大夫史鱼临死不忘谏君匡国,遗言不殡于正堂,引起卫君的重视而达到谏君的目的。见《韩诗外传》卷七。

摈(擯)bìn 抛弃。

古去声,十二震。逆嘲～承～斥～负～构～交～解～凌～旅～排～驱～上～逐～顺～薄～斥～黜～兑～厄～放～废～嘿～迹～绝～僇～落～排～畔～弃～却～士～退～相～压～抑～赞～诏～逐

膑(臏)bìn 古代去膝盖之刑。

古上声,十一轸。逆绝～顺～骨～脚～辟例尔来但欲保封疆,莫学庞涓怯孙膑。(唐·韩愈《赠崔立之评事》)

称(稱)chèn 适当;相当。另见865页chēng、909页chèng。

古去声,二十五径。逆相～顺～身～手～体～心～愿～职例心事都无定。才致元相称。(宋·吕渭老《千秋岁·宝蟾悬镜》)老插黄花不称,节物撩人且任。(宋·李流谦《如梦令·老插黄花不称》)

趁(*赿)chèn

古去声,十二震。逆逼～打～驱～四～随～睃～相～寻～营～佣～游～远～顺～办～常～朝～程～坊～赴～行～怀～脚～景～拍～期～取～社～试～体～贴～途～闲～虚～衙～意～欲～韵～旨～逐～走例风日困花枝,晴蜂自相趁。(宋·吕渭老《握金钗·风日困花枝》)辛苦移家聊处静。扫除花径歌声趁。(宋·张炎《渔家傲·辛苦移家聊处静》)

衬(襯)chèn

古去声,十二震。逆背～表～补～合～环～铺～天～贴～霞～叶～顺～背～供～甲～金～袍～铺～施～手～贴～字例纤纤芳草嫩。微步轻罗衬。(宋·赵善扛《重叠金·楚宫杨柳依依碧》)

榇(櫬)chèn 棺。

古去声,十二震。逆焚～扶～抚～槁～骨～灰～敛～旅～面～攀～神～舆～重～祖～

谶(讖)chèn 迷信的人指将来能应验的预言、预兆或文字图箓。

古去声,二十七沁。逆符～鹏～鉤～鹤～佳～经～梦～秘～冥～秦～鹊～诗～私～图～星～訞～谣～遗～应～顺～步～词～辞～符～候～记～箓～目～瑞～书～术～纬～文～言～语～兆例匡鼎惟说诗,桓谭不读谶。(唐·韩愈《同宿联句》)

典**桓谭非谶** 指反对迷信,直言进谏。亦作"桓谭之涕"。东汉时,光武帝刘秀迷信图谶,欲以谶语决事,征求桓谭的意见,桓谭当面加以非议,触怒了刘秀。见《后汉书·桓谭传》。

龀(齔)chèn 自乳齿变为成人齿。

古去声,十二震。又:上声,十二吻同。逆悼～毁～既～龆～髫～童～顺～齿～年～岁～髫～童

疢chèn 病。

古去声,十二震。逆感～疾～痾～叩～羸～美～衰～尪～灾～顺～毒

～疾～疠～瘠

寸cùn

古去声，十四愿。逆成～赤～丹～得～肤～扶～环～火～积～兼～径～累～廉～眉～守～盈～运～铢～顺～白～报～碧～飙～禀～补～忱～诚～楮～丹～功～晷～函～毫～辉～笺～简～介～劲～敬～绝～楷～莲～廪～禄～眸～情～壤～刃～善～赏～铁～效～旬～言～义～斩～长～折～磔～纸～志～衷～资例长云数千里，倏忽还肤寸。（唐·王昌龄《悲哉行》）偶得凶丑降，功劳愧方寸。（唐·元结《忝官引》）

典**方寸**　本指一寸见方的极小之地。三国时徐庶用以指心，有“方寸乱矣”语。后世用以典实。《三国志·蜀书·诸葛亮传》：“先主在樊闻之，率其众南行，亮与徐庶并从，为曹公所追破，获庶母。庶辞先主而指其心曰：‘本欲与将军共图王霸之业者，以此方寸之地也。今已失老母，方寸乱矣，无益于事，请从此别。’”

六尺安敢主，方寸自由调。（唐·元稹《酬刘猛见送》）

黄杨长寸，闰年倒寸　喻时运不济，身陷困厄。宋·苏轼《监洞霄宫俞康直郎中所居四咏》其一：“百丈休牵上濑船，一钩归钓缩头鳊。园中草木春无数，只有黄杨厄闰年。”作者自注：“俗说，黄杨一岁长一寸，遇闰退三寸。”

但黄杨长寸，闰年倒寸，似凭得到梧宫甚时候。（宋·刘辰翁《洞仙歌·有客从余》）

顿（頓）dùn

①以头叩地。②稍停。③放置；安顿。④立刻；忽然。⑤疲乏。另见401页dú。

古去声，十四愿。逆哀～掣～程～棰～惙～撺～挫～刁～乏～放～废～供～官～圭～撼～行～毁～稽～寄～疆～浇～羸～矇～南～排～潜～寝～商～沈～收～腾～提～推～委～宿～眩～淹～偃～摇～猗～抑～营～振～政～准～顺～堡～惫～笔～躄～踣～殚～次～悴～挫～跌～逗～段～夺～防～伏～功～毂～颔～豁～积～寄～甲～驾～教～节～解～绝～羸～留～碌～落～履～昧～牟～擗～契～曲～阙～然～辱～颡～师～肃～顽～罔～委～息～锡～膝～相～修～朽～宿～逊～咽～曳～缨～营～愚～羽～圉～整～峙～滞～置～踬～舟～筑～壮～自例始取驴饱足，却令狗饥顿。（唐·寒山《诗三百三首》其一一四）

典**猗顿**　代指富翁。猗顿本为鲁人，陶朱公教以畜牧，他到猗氏（今山西临猗南）大畜牛羊，十年成为巨富，因称猗顿。见《史记·货殖列传》。

黎庶已同猗顿富，烟花却为相公贫。（唐·章孝标《上浙东元相》）

盾dùn

古上声，十一轸。又：上声，十三阮异。逆藩～鸧～戈～勾～鉤～乖～韇～戟～甲～孑～句～龙～矛～磨～潜～兽～五～犀～胁～拥～赵～中～顺～鼻～卤～橹～矛～墨～威

典**磨盾**　借指军旅生活，尤指在军队做文书工作。亦作“磨盾鼻”。《北史·荀济传》：“荀济字子通……济初与梁武帝布衣交，知梁武帝当王，然负气不服，谓人曰：‘会楯上磨墨作檄文。’”

贪磨盾鼻檄，重冠玳簪筵。（宋·宋祁《送高记室广州幕》）

钝（鈍）dùn

古去声，十四愿。逆闇～暗～鄙～孱～痴～砥～戆～根～蹇～谨～静～羸～卤～鲁～蒙～讷～懦～疲～朴～铅～屈～柔～衰～骙～顽～销～厌～庸～滞～拙～顺～敝～弊～兵～迟～根～惛～角～金～鲁～眊～闷～蒙～闵～冥～拟～衰～顽～闻～学～颜～语～折～磔～直～滞～置～拙～浊例天下昔无事，僻居养愚钝。（唐·元结《忝官引》）人根性不等，高下有利钝。（唐·寒山《诗三百三首》其二一六）

遁（*遯）dùn

①逃走。②隐藏；消失。

古上声，十三阮。又：去声，十四愿同。逆奔～飞～蜚～肥～高～归～行～嘉～吏～流～冥～栖～潜～深～鼠～水～逃～退～遐～宵～玄～逊～遗～隐～幽～贞～顺～败～奔～变～词～辞～法～害～荒～晦～疾～戢～迹～节～疚～溃～乐～流～迈～免～名～命～匿～叛～栖～弃～情～荣～散～舍～神～饰～守～思～俗～违～尾～形～隐～影～幽～芝～志例著挠节朋俦，便成嘉遁。（宋·曾觌《燕山亭·玉立明光》）

典**肥遁**　《周易》有“肥遁”语，晋人依旧解用以指隐居避世，后世用为典实。《易·遁卦》：“上九，肥遁，无不利。”孔颖达疏：“子夏传曰：‘肥，饶裕也……上九最在外极，无应于内，心无疑顾，是遁之最优，故曰肥遁。”

荣枯无路入千峰，肥遁谁谐此志同。（唐·李山甫《早秋山中作》）

嘉遁　称美避世隐退。《遁卦》第五爻有“嘉遁贞吉”语，意思是嘉美遁去，正而且吉利。《易·遁卦》：“九五，嘉遁贞吉。《象》曰：嘉遁贞吉，以正志也。”

园绮值秦末，嘉遁此山阿。（唐·张九龄《商洛山行怀古》）

支遁　借指僧人。亦作“支道林”。《世说新语·言语》南朝梁·刘孝标注引《高逸沙门传》：“支遁，字道林，河内林虑人，或曰陈留人。本姓关氏，少而任心独往，风期高亮。家世奉法。尝于余杭山沉思道行，泠然独畅。年二十五始释形入道。年五十三终于洛阳。”

韩康助采君臣药，支遁同看内外篇。（唐·司空曙《过卢秦卿旧居》）

伯阳遁　老子字伯阳，周衰，西游隐遁，不知所终。故以“伯阳遁”代指隐居遁世。《史记·老子列传》：“老子……居周久之，见周之衰，乃遂去。至关，关令尹喜曰：‘子将隐矣，强为我著书。’于是老子乃著书上下篇，言道德之意五千余言而去，莫知其所终。”

仲尼溺东鲁，伯阳遁西溟。（唐·陈子昂《感遇诗三十八首》其二七）

骑猪遁　嘲讽人惊惶逃窜之状。唐张元一嘲讽武懿宗怯敌逃遁，有“忽然逢着贼，骑猪向南窜”语。“骑猪”意为“夹豕走”，“豕”“屎”音同，“夹豕走”犹为“夹屎走”，极写

武懿宗惊恐逃遁之状。后因用为嘲人惊惶逃窜的故实。见唐·孟棨《本事诗·嘲戏》。

蒙鞑残兵骑猪遁,永绝生猺侵省。(宋·刘克庄《转调二郎神·近来塞上》)

沌dùn 混沌的沌。

古上声,十三阮。逆沌～浑～混～殄～顺～沌例南帝初奋槌,凿窍泄混沌。(唐·韩愈《嘲鼾睡》)刚柔相会气均匀。妙在无过浑沌。(宋·薛式《西江月·一炁初回遇朔》)

典**凿混沌** 喻破坏自然,改变原貌。见570页"凿窍"。

一堆盘石东西向,凿破混沌中心虚。(宋·黄诰《题道岩二十韵》)

炖(*燉)dùn 隔汤煮物。"燉"另见715页dūn、727页tūn、754页tún。

逆清～顺～酒

囤dùn 竹制盛放粮食的器具。另见754页tún。

古《广韵》:上声,混韵。逆仓～谷～火～积～露～石～窝～

楯dùn 盾牌,同"盾"。另见764页shǔn。

古去声,十二震。逆刀～脿～戈～鉤～戟～甲～鲶～卤～橹～矛～犀～杨～引～掷～顺～纷～郎～橹～矛～瓦

典**矛楯** 亦作"矛盾"。喻互相抵触,不可并存。《韩非子·难一》:"楚人有鬻楯与矛者,誉之曰:'吾楯之坚,物莫能陷也。'又誉其矛曰:'吾矛之利,于物无不陷也。'或曰:'以子之矛陷子之楯何如?'其人弗能应也。"

念昔尘埃两相逢,争名龃龉持矛楯。(唐·韩愈《赠崔立之评事》)

摁èn 手按。

顺～钉～扣

奋(奮)fèn

古去声,十三问。逆昂～感～高～亨～激～矜～竞～亢～刻～雷～六～龙～猛～剽～齐～勤～腾～霆～蜎～兴～雄～轩～迅～震～争～自～顺～臂～功～翮～恚～激～迹～矫～节～矜～裾～厉～旅～袂～懑～勉～怒～权～拳～髯～势～首～竦～蹄～翔～效～信～衅～兴～袖～讯～迅～扬～衣～逸～翼～庸～勇～豫～越～藻～轧～张～志例汝今妙岁已能文。早折高枝荣奋。(宋·曹冠《西江月·秋霁婠娥二八》)

典**石奋** 代指居官谨慎之人。石奋又称万石君,历事汉高祖、文帝、景帝三朝,以居官小心谨慎、至为恭谨为时人所称道。《史记·万石列传》:"恭谨无与比……过宫门阙,万石君必下车趋,见路马必式焉。子孙为小吏,来归谒,万石君必朝服见之,不名……上时赐食于家,必稽首俯伏而食之,如在上前。"

慎微参石奋,决密与张汤。(唐·白居易《渭村退居寄礼部崔侍郎诗一百韵》)

愤(憤)fèn

古上声,十二吻。逆抱～崩～惭～愁～悱～鲠～恚～忌～狡～沮～狷～恳～酷～愧～懑～穷～释～摅～惋～遐～衔～泄～宿～遗～忧～余～郁～躁～滞～忠～顺～兵～耻～毒～怼～悱～忿～怫～憾～恚～积～激～疾～结～悁～忾～溃～烈～涛～痛～惋～抑～邑～悒～盈～踊～郁～怨～愠～咤～争

典**赋幽愤** 咏叹志士仁人失意悲伤。《后汉书·崔骃传》附崔寔《政论》:"斯贾生之所以排于绛、灌,屈子之所以摅其幽愤者也。"李贤注:"孝文帝时,贾谊请更定律,令列侯就国,周勃、灌婴等毁之。屈原为楚三闾大夫,上官靳尚妒害其能,忧愁愤懑,遂作《离骚经》。"

君莫赋幽愤,一语试相开。(宋·辛弃疾《水调歌头·君莫赋幽愤》)

韩非孤愤 代指愤世忧时之思。《史记·韩非列传》:"(韩)非见韩之削弱,数以书谏韩王,韩王不能用。于是韩非……悲廉直之不容于邪枉之臣,观往者得失之变,故作《孤愤》《五蠹》《内外储》《说林》《说难》十余万言。"司马贞索隐:"孤愤,愤孤直不容于时也。"

韩非死孤愤,虞叟坐穷愁。(元·白朴《水调歌头·韩非死孤愤》)

九歌忠愤 指因忠被逐的郁愤之情。《楚辞·九歌》东汉·王逸序:"屈原放逐窜伏其域,怀忧苦毒,愁思沸郁,出见俗人祭祀之礼、歌舞之乐,其词鄙陋,因为作《九歌》之曲。上陈事神之敬,下见己之冤结,托之以风谏。故其文意不同,章句杂错而广异义焉。"

唤起九歌忠愤,拂拭三闾文字,还与日争光。(宋·张孝祥《水调歌头·濯足夜滩急》)

分fèn ①成分。②职责、权利的限度。③情分;情谊。另见716页fēn。

古去声,十三问。逆安～本～处～非～情～守～投～位～宿～逾～职～顺～内～外

典**三旌有分** 指人淡泊名利,不慕禄位。三旌,指三公。屠羊说拒绝了楚昭王以三旌之位的聘请,甘愿继续屠羊。后世常用此典表现人襟怀淡泊,不慕荣禄。《庄子·让王》:"屠羊说曰:'夫三旌之位,吾知其贵于屠羊之肆也;万钟之禄,吾知其富于屠羊之利也;然岂可以贪爵禄而使吾君有妄施之名乎!说不敢当,愿复反吾屠羊之肆。'遂不受也。"

三旌还有分,万事付无心。(宋·王之道《临江仙·鼓棹正逢江雪霁》)

侨札之分 喻朋友之交。亦作"侨札之好"。《左传·襄公二九年》:"(吴公子札)聘于郑,见子产如旧相识,与之缟带,子产献纻衣焉。"

忿fèn 恨。

古去声,十三问。又:上声,十二吻同。逆褊～猜～瞋～惩～逞～耻～雠～感～刚～恚～积～激～交～蠲～愧～闷～乔～私～肆～遂～衔～宿～喧～疑～隐～余～躁～鸷～顺～隘～恻～毒～怼～愤～憾～恚～激～疾～嫉～竞～額～詈～塞～丧～速～痛～阋～隙～性～言～郁～愠～诤～忮～鸷～疐～懥

典**合欢蠲忿** 古人认为合欢草可以使人消除怨忿互相合好。后喻指消除怨忿,心情愉快。晋·嵇康《养生论》:"合欢蠲忿,萱草忘忧,愚智所共知也。"李贤注引《神农本草》:"合欢蠲忿,萱草忘忧。"

合欢蠲忿亦休论,梦蝶翩翩逐

怨魂。（宋·杨亿《无题三首》其二）

喷（噴）fèn　吹奏管乐器。另见777页 pèn、724页 pēn。

古去声，十四愿。顺～笛例楼外指点渔村近。笛声谁喷。（宋·扬无咎《品令·水寒江静》）

粪（糞）fèn

古去声，十三问。逆尝～文～顺～除～棋～壤～土～丸例将家瀛海滨，自弃同刍粪。（唐·元结《忝官引》）

典**尝粪**　代指忍辱负重的韬晦之计。赵晔《吴越春秋·勾践入臣外传》载：吴灭越后，越王向谋臣范蠡求脱身之计，范蠡便为越王谋划了"问疾尝粪"的韬晦之计。越王去问疾，"适遇吴王之便（指正碰上吴王解大小便）。太宰嚭奉溲恶以出（溲，此特指小便；恶，粪便），逢户中，越王因拜，请尝大王之溲（溲，便溺），以决吉凶，即以手取其便与恶而尝之"。越王尝粪迷惑了吴王，得到赦免回归越国，后终于兴越灭吴，雪会稽之耻。

惊心已云异，尝粪不妨难。（宋·林同《贤者之孝二百四十首·庾黔娄》）

偾（僨）fèn　僵仆。

古去声，十三问。逆车～颠～孤～溃～马～倾～身～顺～败～踣～发～国～将～骄～蹶～起～升～事～兴～辕～张～辙

坟（墳）fèn　土膏肥。另见739页 fén。

古上平，十二文。逆地～埴～顺～壤

亘（*亙）gèn　（空间或时间上）通连。

古去声，二十五径。逆包～层～崇～横～虹～经～连～聊～弥～绵～盘～蟠～上～沇～遐～邪～修～悬～延～远～云～周～追～顺～代～带～地～隔～古～久～绝～历～连～年～屏～舒～天

茛 gèn　药草。

古《广韵》：去声，恨韵。逆毛～

艮 gèn　①卦名。②停止；静止。③坚固；坚硬。

古去声，十四愿。逆止～顺～背～岑～峰～头～维～音～隅～域～岳～止

棍 gùn

古上声，十三阮。逆把～丐～棍～虎～猾～积～流～撬～善～商～市～枭～学～游～顺～棒～蠹～棍～虎～精～类～骗～术～徒～团

恨 hèn

古去声，十四愿。逆哀～暗～猜～裁～惨～嗔～瞋～愁～怆～悼～订～笃～怼～负～顾～憾～赍～计～寄～惊～眷～慨～客～流～忸～诮～茹～沈～酸～吞～惋～违～衔～销～洩～雪～怏～贻～遗～引～忧～余～冤～赠～顺～怅～骨～海～悔～恚～苦～色～事～惋～望～嫌～血～悒～咤例冤辞何者深，孤弱亦哀恨。（唐·元结《忝官引》）叹息襟怀无定分，当时怨来归又恨。（唐·刘商《胡笳十八拍》）裴回扶桑路，白日生离恨。（唐·鲍溶《怀仙二首》其一）

典**江淹恨**　指悲愁情怀。南朝宋·江淹《恨赋》："试望平原，蔓草萦骨，拱木敛魂。人生到此，天道宁论！于是仆本恨人，心惊不已；直念古者，伏恨而死……自古皆有死，莫不饮恨而吞声。"

肯顾江淹恨，焉知庾信愁。（宋·方回《怪梦十首》其七）

临岐恨　代指羁旅伤别情怀。唐·杜甫《送梓州李使君之任》："籍甚黄丞相，能名自颍川。近看除刺史，还喜得吾贤……不作临岐恨，惟听举最先。"

及道须相别，临岐恨有余。（唐·刘得仁《送蔡京侍御赴大梁幕》）

班姬饮恨　代指宫中后妃失宠。亦作"班姬愁"。《汉书·孝成班婕妤传》："孝成班婕妤，帝初即位选入后宫。始为少使，俄而大幸，为婕妤，居增成舍。""鸿嘉三年，赵飞燕谮告许皇后，班婕妤挟媚道。祝诅后宫，詈及主上。许皇后坐废……赵氏姊弟骄妒，婕妤恐久见危，求供养太后长信宫，上许焉。"

飞燕侍寝昭阳殿，班姬饮恨长信宫。（唐·沈佺期《凤箫曲》）

属镂忠恨　指伍子胥的冤死。春秋时吴王夫差荒淫昏聩，大臣伍子胥忠心为国，担心国家将亡于越王句践之手，再三劝谏。夫差不但不听，反而猜忌子胥，赐"属镂"剑迫令其自杀。后遂用为典实。见《史记·吴太伯世家》。

属镂忠恨腾腾。要句践城台都荡平。（宋·陈人杰《沁园春·日薄风狞》）

蜀纸寄恨　喻情人之间的离恨。唐·韩偓《寄恨》："秦钗枉断长条玉，蜀纸虚留小字红。死恨物情难会处，莲花不肯嫁春风。"

有蜀纸、堪凭寄恨，等今夜、洒血书词，剪烛亲封。（宋·周邦彦《塞翁吟·暗叶啼风雨》）

王章泣恨　咏贫士困厄的凄凉生活。亦以咏被。汉代王章为诸生学于长安，生病无被，躺在牛衣中向妻子涕泣、诀别。见《汉书·王章传》。

光逸偷眠稳，王章泣恨长。（唐·李峤《被》）

混 hùn　混同。另见761页 gǔn。

古上声，十三阮。逆弊～顿～丰～掴～鸿～冒～朦～挠～闹～胚～牵～融～饰～诿～相～玄～奄～阳～殽～阴～元～顺～并～补～成～错～澈～耗～澒～焜～践～沦～漫～芒～茫～冒～洽～蒙～名～冥～溟～侔～齐～糅～堂～通～殽～壹～舆～沄例疏风紧。甘草闲相混。（宋·郭讵《河传·大官无闷》）

浑（渾）hùn　①同"混"。②糊涂；胡乱。另见741页 hún。

古上声，十三阮。顺～漫～淆～殽

慁 hùn　①忧患。②扰乱。

古去声，十四愿。逆慁～揉～厌～顺～慁

溷 hùn　①混乱。②污浊。

古去声，十四愿。逆尘～藩～干～溷～抒～相～淆～旋～匽～偃～遗～茵～粧～滋～顺～称～错～渎～藩～漫～屏～器～揉～辱～濶～亵～轩～殽～章

诨（諢）hùn　戏弄之言。

古《广韵》：去声，慁韵。逆唱～嘲～諢～取～险～谐～优～作～顺～官～裹～经～要～衣～语

鲩 hùn　鱼名。

古上声，十三阮。顺～鱼～子

进(進)jìn

〔古〕去声,十二震。〔逆〕拔～博～补～策～呈～催～德～登～督～孤～鼓～跪～寒～疾～荐～奖～徼～阶～竞～密～谬～攀～骈～强～遒～趋～荣～赏～特～晚～献～楔～旋～衔～移～隐～营～牖～诱～逾～援～躁～甄～秩～昼～骤～逐～〔顺〕～拔～壁～表～禀～泊～登～抵～牍～封～俸～服～耕～规～驾～荐～缴～经～馈～利～略～迈～纳～拟～蹑～品～破～脯～驱～趋～攘～扰～容～觞～舍～设～涉～诗～授～疏～戍～祀～颂～素～围～武～玺～庠～飧～项～胁～幸～序～勋～揖～议～膺～侑～驭～御～运～造～躁～战～折～旨～质～治～陟～秩～馔～状～酌～擢〔例〕生平荷恩信,本为荣华进。(唐·乔知之《从军行》)二纪尚雌伏,徒然忝先进。(唐·萧颖士《留别二三子,得韵字》)外学宗硕儒,游焉从后进。(唐·皎然《奉和颜使君真卿修〈韵海〉毕会诸文士东堂重校》)

〔典〕**深源轻进**　喻指轻于进取、导致失败。东晋殷深源,虽为都督五州军事,但只会高谈阔论。曾发兵攻秦,结果先锋倒戈,他弃军而逃。见《晋书·殷浩传》。

刘表坐谈,深源轻进,机会失之弹指间。(宋·陈人杰《沁园春·谁使神州》)

尽(盡)jìn　①完。②达到极端。③死亡。④所有的。另见762页jǐn。

〔古〕上声,十一轸。〔逆〕备～憯～赤～饬～粗～待～单～凋～乏～涸～归～划～焦～溘～腊～漏～面～蔑～罄～遒～屈～日～矢～守～同～兴～赭～周～资～足～〔顺〕～哀～爱～辞～瘁～底～都～端～法～规～行～欢～节～境～礼～命～善～觞～实～势～室～死～夕～意～志～致～醉〔例〕倾壶事幽酌,顾影还独尽。(唐·李白《北山独酌,寄韦六》)燕姬有恨楚客愁,言之不尽声能尽。(唐·韦应物《五弦行》)无事垂鞭信马头,西南几欲穷天尽。(唐·岑参《与独孤渐道别长句,兼呈严八侍御》)

〔典〕**风流尽**　指对才士的哀悼。《南齐书·张绪传》:"从弟融敬重绪,事之如亲兄,赍酒于绪灵前酌饮,恸哭曰:'阿兄风流顿尽!'"

风流今尽矣,天理旧茫然。(宋·强至《王子直挽词二首》其一)

黄金尽　喻怀才不遇,落魄贫困。亦作"裘弊金尽"。《战国策·秦策一》:"(苏秦)说秦王书十上而说不行,黑貂之裘弊,黄金百斤尽。"

久客黄金尽,思归白发添。(宋·赵蕃《和祖上人见贻》)

豪华荡尽　借以表达古今兴衰,沧桑之感。唐·许浑《金陵怀古》:"玉树歌残王气终,景阳兵合戍楼空……英雄一去豪华尽,唯有青山似洛中。"

豪华荡尽,只有青山如洛。(宋·汪元量《传言玉女·一片风流》)

江淹才尽　喻指文人才思减退。亦作"江郎才尽"。见761页"残锦"。

但相如老去,江淹才尽,有何人赋。(宋·刘辰翁《水龙吟·何须银烛红妆》)

鹔裘解尽　指当衣买酒。旧题晋·葛洪《西京杂记》卷二:"司马相如,初与卓文君还成都。居贫愁懑,以所著鹔鹴裘,就市人阳昌贳酒,与文君为欢。"

兔颖吟苦,鹔裘解尽,何意此□游梁。(宋·赵文《望海潮·云外梅阴》)

心肝吐尽　喻待人真诚,语出肺腑。唐·韩愈《送穷文》:"又其次曰交穷:磨肌戛骨,吐出心肝,企足以待,寘我雠冤。"

心肝吐尽无余事,口腹安然岂远谋。(宋·陈亮《鹧鸪天·落魄行歌记昔游》)

近jìn

〔古〕上声,十二吻。又:去声,四寘异。又:去声,十三问异。〔逆〕卑～鄙～滨～濒～侧～矗～駸～俯～傅～贵～截～寖～俚～祕～密～摩～强～侵～枢～琐～晚～輓～狎～幸～修～庸～愚～枕～醉～〔顺〕～爱～安～班～谤～比～弼～边～便～臣～珰～党～服～邪～辅～故～关～官～行～怀～畿～佳～间～捷～戒～局～郡～理～莅～列～履～密～庙～名～戚～器～浅～顷～坰～属～署～俗～台～晚～务～狎～效～信～幸～血～易～忧～虞～御～缘～真～制～周〔例〕竹涧入山多,松崖向天近。(唐·孙逖《和登会稽山》)白水到初阔,青山辞尚近。(唐·钱起《自终南山晚归》)绿蘋白芷遥相引,孤兴幽寻知不近。(唐·韩翃《送王侍御赴江西兼寄李袁州》)

〔典〕**日近长安近**　晋明帝幼时,他父亲曾问他,太阳和长安那个近,明帝回答太阳近,因为我们抬头可看见太阳,却见不到长安。后多以比喻向往帝都而不得至,多寓功名事业不遂,希望和理想不能实现。"日近长安近"为反用典。见《世说新语·夙惠》。

送君西去指秦关,看日近、长安近。(宋·王安中《一落索·塞柳未传春信》)

禁jìn　①禁止。②监禁。③旧时称皇帝居住的地方。另见720页jīn。

〔古〕去声,二十七沁。〔逆〕常～弛～触～道～抵～符～鹤～检～教～苛～科～阔～拦～礼～例～逦～罗～辟～清～驱～圈～善～舍～深～省～时～侍～枢～疏～斯～厮～通～威～限～淹～夜～谒～遗～幽～鹓～障～遮～执～重～紫～〔顺〕～奥～藏～察～宸～斥～黜～遏～扉～割～鼓～管～诃～劾～阍～甲～检～诘～诫～扃～漏～庐～路～密～缪～楄～阙～榷～塞～膳～署～屠～推～囹～微～闱～宪～袖～严～掖～抑～域～御～障～遮～执～指～阻〔例〕鹓行参绮陌,鸡唱闻清禁。(唐·孟郊《同宿联句》)清明月照羞无语,凉冷风吹势不禁。(唐·崔橹《岳阳云梦亭看莲花》)

〔典〕**鹤禁**　借指太子所居之处。《白孔六帖》卷三七"鹤禁"条:"《汉宫阙疏》曰:'白鹤,太子所居之地,凡人不得出入,故云鹤禁也。'"

鹤禁通霄凤辇备,鸡鸣问寝龙楼晓。(唐·杜甫《洗兵马》)

金吾不禁　指没有夜禁,通宵出入无阻。《太平御览》卷三十引唐·韦述《两京新记》:"正月十五日夜,敕金吾驰禁前后各一日以看灯,光若昼日。”

鸣珂篝烛竞游衍，金吾不禁春宵长。（宋·葛立方《闻行在今岁元夕放灯颇盛》）

噤jìn 不作声。

古上声，二十六寝。又：去声，二十七沁同。逆打～发～风～寒～悸～胶～冷～林～钳～厮～吻～吓～鸦～哑～顺～冻～害～口～娄～渗～龂～哑～咽～颐～吟～唫～窄～战例背银釭、孤馆乍眠，拥重衾、醉魄犹噤。（宋·柳永《宣清·残月朦胧》）

劲（勁、*励）jìn ①力气。②作用；效力。③精神；干劲。④趣味。另见911页jìng。

古去声，二十四敬。逆独～肥～口～老～眇～磨～轻～遒～热～险～逸～躁～长～顺～气～势～头

烬（燼）jìn

古去声，十二震。逆兵～尺～灯～短～焚～寒～花～劫～金～兰～炉～戎～遗～余～坠～顺～骨～灰～萌～灭～溺～燃～体～煨～余例荒坟护草木，刻桷吹煨烬。（唐·徐彦伯《比干墓》）冤辞何者苦，万邑余灰烬。（唐·元结《忝官引》）直疑青帝去匆匆，收拾春风浑不尽。（唐·王毂《刺桐花》）

赆（贐、*賮）jìn 赠别财物。

古去声，十二震。逆宝～财～琛～赇～见～馈～路～输～送～委～遐～赠～珍～顺～琛～行～货～敬～礼～钱～私～送～仪～遗～赠～贽～助～资

晋（晉）jìn

古去声，十二震。逆东～二～孟～秦～三～王子～魏～顺～祠～鼎～鼓～号～棘～接～年～绅～盛～授～竖～帖～谒～秩例更堆金积玉，石崇豪侈，当时望、倾西晋。（宋·赵长卿《水龙吟·曾著意斟量过》）空寒独倚天为主，天又几时曾定。今为晋。（宋·刘辰翁《摸鱼儿·道醉乡》）

典**击晋** 指仗义解难，建功济世。战国时，魏信陵君为了夺晋鄙军救赵，使朱亥以铁椎击杀晋鄙。《史记·魏公子列传》：“魏王使将军晋鄙将十万众救赵……名为救赵，实持两端以观望……至邺，矫魏王令代晋鄙。晋鄙合符，疑之……欲无听。朱亥袖四十斤铁椎击杀晋鄙，公子遂将晋鄙军……进兵击秦军。秦军解去，遂救邯郸，存赵。”

却秦不受赏，击晋宁为功。（唐·李白《赠从兄襄阳少府皓》）

王子晋 借指仙家。亦作“王子吹笙”。《逸周书·太子晋解》：“王子曰：‘太师何汝戏我乎？……且吾闻汝知人年之长短，告吾！’师旷对曰：‘汝声清汗，汝色赤白，火色不寿。’王子曰：‘然。吾后三年将上宾于帝所，汝慎无言，殃将及汝。’师旷归，未及三年，告死者至。”

莫学吹笙王子晋，一遇浮丘断不还。（唐·李白《凤吹笙曲》）

浸[1]jìn

古去声，二十七沁。逆丰～肤～溉～涵～积～稽～惊～巨～潦～漫～秋～熏～渊～湛～渍～顺～包～淬～荡～灌～害～涵～行～假～渐～潦～廪～令～溜～漉～漫～溺～洽～濡～使～想～益～溢～育～浴～毓～渊～泽～种

浸[2]（*寖）jìn ①液体渗入或渗出。②逐渐。

古去声，二十七沁。逆灌～渐～寝～顺～润～淫例眼波媚、向人相浸。（宋·欧阳修《夜行船·轻捧香腮低枕》）夜阑人静，任月华来浸。（宋·晁元礼《脱银袍·纤条绿沁》）岁晚归来，望丹极、新清氛浸。（宋·曾觌《燕山亭·玉立明光》）

殣jìn ①掩埋。②饿死。

古去声，十二震。逆道～行～殍～掩～遗～例周发次商郊，冤骸悲莫殣。（唐·徐彦伯《比干墓》）

觐（覲）jìn 朝见（君主）；朝拜（圣地）。

古去声，十二震。逆拜～参～归～宁～秋～趋～入～省～私～肆～王～谒～迎～瞻～展～顺～对～会～见～接～礼～亲～省～岁～飨～谒～岳

墐jìn 用泥涂塞。

古去声，十二震。又：上平，十一真同。逆塞～顺～户～涂～灶

靳jìn ①服马。②吝惜。③戏辱。

古去声，十三问。逆骖～嘲～笞～嗤～诟～雇～靳～凌～马～使～小～顺～薄～财～道～固～故～贵～靳～吝～令～秘～巧～色～啬～世～术～侮～惜～狎～直～指

荩（藎）jìn ①荩草。②忠诚。

古去声，十二震。逆诚～亮～忠～顺～草～臣～筹～谋～箧～献～言～猷

搢jìn ①插。②振动。

古去声，十二震。顺～版～本～铎～绂～笏～忽～笏～朴～绅～綎～挺～珽

妗jìn ①舅母。②妗子，妻兄弟之妻。

古《集韵》：去声，沁韵。逆妗～婉～顺～娘～子

俊（*儁、雋）jùn

古去声，十二震。逆拔～辩～标～超～谶～高～孤～贵～寒～豪～闳～慧～杰～桀～警～魁～僚～猎～隆～旄～髦～明～秾～奇～耆～翘～轻～清～遒～儒～神～诗～时～疏～爽～硕～贤～雄～秀～遗～逸～英～颖～顺～拔～弼～骨～鹘～捷～举～客～僚～烈～灵～流～侣～迈～髦～敏～品～耆～群～赏～悟～雄～选～眼～颖～游～语～誉～造～哲～智例遂令大奴守天育，别养骥子怜神俊。（唐·杜甫《天育骠骑歌》）虫娘举措皆温润。每到婆娑偏恃俊。（宋·柳永《木兰花·虫娘举措皆温润》）

菌jùn

古上声，十一轸。逆白～朝～瞋～椿～杆～藋～槐～黄～黄耳～雷～邻～辚～灵～柳～轮～崙～黴～黏～若～桑～山～石～细～笑～芝～顺～蠢～阁～桂～蟪～芫～人～芝～子例复闻王师西讨蜀，霜风洌洌摧朝菌。（唐·韩愈《赠崔立之评事》）

典**朝菌** 代指生命短暂之物。《庄子·逍遥游》：“小知不及大知，小年不及大年。奚以知其然也？朝菌不知晦朔，蟪蛄不知春秋，此小年也。楚之南有冥灵者，以五百岁为春，五百岁为秋；上古有大椿者，以八千岁为春，八千岁为秋。”

何以长惆怅，人生似朝菌。（唐·寒山《诗三百三首》其二五〇）

郡jùn

古去声，十三问。逆本～便～典～东～都～赌～恶～辅～关～畿～监～近～剧～绝～阃～列～旁～僻～侨～请～属～外～望～雄～营～枝～壮～佐～作～顺～兵～伯～朝～乘～郛～符～府～阁～郭～国～将～君～课～寮～旄～牧～试～属～庭～袭～庠～廨～学～斋～章～政～治～倅～佐例先生那久困。汤沐须名郡。（宋·苏轼《菩萨蛮·城隅静女何人见》）莫惊岁岁有双葩，仅真自古风流郡。（宋·赵温之《踏莎行·妖艳相偎》）

典**送人作郡** 感叹仕途失意。亦用作委婉求官之典。又作"罗友逢鬼"。晋罗友性情放诞不羁，以才学受知于桓温而未受重用，他向桓温发泄牢骚，自称受到鬼的揶揄（嘲弄）："我只见汝送人作郡，何以不见人送汝作郡？"桓温听后惭愧不已，后以罗友为襄阳太守，后来又任命他为广、益二州刺史。见《晋阳秋·穆帝》。

年年却送人作郡，嗟尔门荫可奈何。（清·徐时栋《门荫歌为孙通判作》）

峻jùn

古去声，十二震。逆标～波～嶒～澄～醇～孤～骨～宏～激～简～洁～矜～谨～崿～肯～刻～棱～灵～凝～岐～清～穹～遒～荣～沈～嵩～耸～邃～危～伟～巇～雄～修～秀～庸～幽～岳～陟～重～岨～顺～拔～阪～坂～逼～笔～壁～标～博～嶒～除～辞～德～诋～恶～阀～格～谷～激～疾～健～洁～举～绝～爵～科～酷～利～舻～论～迈～茂～邈～命～清～却～肃～速～特～望～峗～狭～雅～严～言～巘～药～谊～宇～责～折～整～直～制～秩～重～卓～擢～阻例伊昔太仆张景顺，监牧攻驹阅清峻。（唐·杜甫《天育骠骑歌》）恃以仁恕广，不学门栏峻。（唐·皎然《奉和颜使君真卿修〈韵海〉毕会诸文士东堂重校》）昆仑九层台，台上宫城峻。（唐·鲍溶《怀仙二首》其一）

浚（*濬）jùn

古去声，十二震。逆宏～急～浚～开～酾～疏～淘～挑～通～修～顺～财～导～都～发～沟～谷～恒～急～涧～窥～濑～利～洌～流～明～堑～渠～泉～湍～泻～渫～削～泽～照～治例绠汲岂无井，颠崖贵非浚。（唐·韦处厚《上士瓶泉》）

骏（駿）jùn

古去声，十二震。逆驳～骋～豪～闳～骥～桀～劲～径～龙～神～瘦～雄～逸～驵～至～顺～奔～犇～驳～彩～乘～德～概～骨～惠～骥～节～杰～快～良～烈～骡～迈～茂～懋～蒙～猛～敏～命～庞～骑～驱～爽～图～伟～稳～雄～业～异～逸～猷～誉～驵～泽～珍～壮例自尔衔幽酷，于嗟流景骏。（唐·徐彦伯《比干墓》）仙酝尝分玉斝浓，御闲更辍金羁骏。（唐·权德舆《奉和张仆射朝天行》）推太守，想区区百里，难淹良骏。（宋·曹宰《喜迁莺·岁华将近》）

典**市骏** 喻若真心求贤，贤士将闻风而至。亦作"买骨""市白骨""贵骏骨""郭隗无骏""燕昭求骏"。战国时郭隗以马作喻，劝说燕昭王招揽贤士，说古代君王悬赏千金买千里马，三年后得一死马，用五百金买下马骨，于是不到一年，得到三匹千里马。见《战国策·燕策一》。

始知物妙皆可怜，燕昭市骏岂徒然。（唐·高适《同鲜于洛阳于毕员外宅观画马歌》）

竣jùn

古上平，十一真。又：下平，一先同。逆告～功～事～竦～顺～尽～事～役例乐章轻鲍照，碑板笑颜竣。（唐·元稹《代曲江老人百韵》）

隽（雋）jùn 才智出众的。另见691页juàn。

古上声，十六铣。逆才～超～聪～得～寒～豪～朗～髦～敏～名～明～奇～峭～翘～轻～清～遒～少～疏～贤～骁～雄～秀～英～元～整～顺～拔～才～材～乘～楚～德～辅～功～轨～豪～蹶～客～迈～髦～茂～敏～气～器～赡～望～伟～武～雅～彦～异～逸～英～游～造～资例嵘黩皆佞谀，虔刘尽英隽。（唐·徐彦伯《比干墓》）

典**阮放八隽** 借指名士。《世说新语·雅量》："羊曼拜丹阳尹，客来早者，并得佳设……不问贵贱。"南朝梁·刘孝标注引《羊曼别传》："曼字延祖，泰山南城人。父暨，阳平太守。曼颓纵宏任，饮酒诞节，与陈留阮放等号兖州八达。"

畯jùn 古代管农事的官。

古去声，十二震。逆才～寒～畸～麋～农～田～顺～臣～德～良～民～明～儒～望

睃jùn 旧读。视。

古《集韵》：去声，稕韵。逆栾～矇～笑～斜～巡～顺～趁～见～看～拉～望

馂（餕）jùn 食余之物。

古去声，十二震。逆登～分～壶～受～饮～余～顺～馅～赚～羞～饔～余

捃（*攟）jùn 拾取。

古去声，十三问。逆采～掊～收～顺～采～刀～获～拾～收～诬～摘～摭

鵔jùn 鵔鸡，锦鸡。

古《广韵》：去声，稕韵。顺～鹗～鸡～鸟～鸃

掯kèn ①按；压。②刁难。

逆刁～诬～顺～除～勒

困kùn

古去声，十四愿。逆败～卑～弊～残～愁～颠～凋～彫～顿～烦～负～昏～急～济～艰～蹇～交～窘～酒～倦～匡～懒～孅～羸～临～排～磬～茕～软～善～沈～守～衰～刓～危～委～醒～淹～暍～慵～幽～瘐～折～振～重～醉～顺～隘～薄～惫～逼～敝～弊～踣～蹩～蹴～摧～悴～瘁～毒～笃～敦～废～耗～涸～亨～棘～蹇～窘～剧～窭～蹶～坷～控～匮～吝～蒙～勉～馁～穷～挠～辱～兽～索～畏～慰～抑～约～折～愀～阻例若分贫不平，中半富与困。（唐·寒山《诗三百三首》其一一四）巢栖燕子欲黄昏。花片不飞风力困。（宋·杜安世《渔家傲·微雨初收月映云》）

典**莲勺困** 代指皇孙遭困辱。汉宣帝刘询，初为皇曾孙，好游侠，曾于莲勺为人所困辱。《汉书·宣帝纪》："孝宣皇帝，武帝曾孙，戾太子孙也……号曰皇曾孙……喜游侠，斗鸡走马，具知闾里奸邪，吏治得失。数上下诸陵，周遍三辅，常困于莲勺卤中。"

皇孙犹曾莲勺困，卫庄见贬伤其足。（唐·杜甫《赤霄行》）

海棠贪困 指海棠，或代指杨妃，美人。亦作"一成春困"。宋·佚名《海录碎事》卷一〇《后妃门》引《太真外传》："上皇登沉香亭，诏妃子，时卯酒未醒，命侍儿扶掖而至，妃子醉韵残妆，鬓乱钗横，不能再拜。上皇笑曰：'是岂妃子醉，直海棠睡未足耳。'"

对溪桃羞语，海棠贪困，莺声唤醒愁仍旧。（宋·仇远《薄幸·眼波横秀》）

吝（*悋）lìn

古去声，十二震。逆爱～鄙～玼～疵～大～悔～俭～骄～节～介～矜～靳～咎～刻～困～偏～悭～慊～荣～时～贪～惜～系～狭～小～障～贞～执～足～顺～爱～道～顾～嫉～简～骄～口～悭～情～啬～细～选例抚膺誓陨越，知死故不吝。（唐·徐彦伯《比干墓》）到官只是推诚信，终日兢兢幸无吝。（唐·薛逢《镊白曲》）清净乐邦吾本郡。娑婆流浪因贪吝。（宋·可旻《渔家傲·清净乐邦吾本郡》）

赁（賃）lìn

古去声，二十七沁。逆常～负～沽～雇～假～借～僦～仆～輓～佣～庸～顺～保～春～假～金～僦～居～仆～钱～书～庑～银～佣～约～值～作例逸韵何嘈嗷，高名俟沽赁。（唐·孟郊《同宿联句》）

临（臨）lìn

因丧众哭。另见741页lín。

古去声，二十七沁。逆哀～奔～出～大～吊～哭～入～侍～视～顺～吊～时例昔有吴起者，母殁丧不临。（唐·白居易《慈乌夜啼》）

典**母殁不临** 讽不孝。《史记·吴起列传》："起之为人，猜忍人也……而东出卫郭门。与其母诀……遂事曾子。居顷之，其母死，起终不归。曾子薄之，而与起绝。"

昔有吴起者，母殁丧不临。（唐·白居易《慈乌夜啼》）

躏（躪）lìn

践踏。

古去声，十二震。逆横～践～蹂～顺～蹩～藉～践～轹～跞～蹂

蔺（藺）lìn

①编席之草。②姓。

古去声，十二震。逆蒯～廉～马～慕～营～顺～生～石～席～子例时清不及英豪人，三尺童儿重廉蔺。（唐·李白《醉后赠从甥高镇》）

典**廉蔺** 指将相贤明，能团结一心，精诚协作。《后汉书·孔融传》："昔廉、蔺小国之臣，犹能相下。"李贤注："赵惠文王与秦昭王会黾池，归，拜蔺相如为上卿，位在廉颇右。颇曰：'吾不忍为之下，必辱之。'相如每朝，常避之。颇闻之，肉袒负荆谢之，相与为刎颈之友。"见《史记·廉颇蔺相如列传》。

士初许身辈稷契，岁晚所立惭廉蔺。（宋·陆游《读书》）

慕蔺 指仰慕名人贤士。《史记·司马相如列传》："司马相如者，蜀郡成都人也，字长卿。少时好读书，学击剑，故其亲名之曰犬子。相如既学，慕蔺相如之为人，更名相如。"

慕蔺岂曩古，攀嵇是当年。（唐·李白《赠饶阳张司户燧》）

磷 lìn

①薄石。②瑕疵。另见743页lín。

古去声，十二震。逆淄～顺～薄～磷～磨～淄例风霜苦摇落，坚白无缁磷。（唐·刘禹锡《送华阴尉张苕赴邕府使幕》）

典**不涅不磷** 喻意志坚定的人不受环境影响。亦作"缁磷"。《论语·阳货》："佛肸召，子欲往。子路曰：'昔者由也闻诸夫子曰："亲于其身为不善者，君子不入也。"佛肸以中牟畔，子之往也，如之何？'子曰：'然，有是言也。不曰坚乎，磨而不磷；不曰白乎，涅而不缁。'"

青眼向来同醉醒，白头相望不缁磷。（宋·黄庭坚《次韵杜仲观二绝》其二）

淋 lìn

过滤。另见743页lín。

逆出～过～顺～盐

论（論）lùn

另见743页lún。

古去声，十四愿。又：上平，十三元异。逆案～霸～豹～边～捕～倡～酬～刍～矗～弹～道～典～笃～浮～赋～瞽～弘～宏～鸿～诙～接～謦～纠～剧～峻～阔～谩～麇～品～清～尚～摅～竦～颂～傥～廷～微～纤～嚣～休～绪～悬～宥～吟～盈～余～舆～豫～渊～讃～执～质～忠～重～麈～谘～纵～纂～顺～硋～病～驳～裁～藏～策～酬～辞～次～德～敌～抵～笃～端～法～锋～纲～歌～根～辜～劾～集～辑～家～建～谏～交～诘～解～经～究～救～决～量～难～辟～请～谥～授～疏～味～问～谑～演～谳～绎～谕～赞～诤～旨～治～鹭～主～著～撰～纂例云渊既已失，罗网与谁论。（唐·陈子昂《感遇诗三十八首》其三十一）紫台绵望绝，秋草不堪论。（唐·崔国辅《王昭君》）前路白云外，孤帆安可论。（唐·王维《早入荥阳界》）

典**鲁褒论** 指对世风的讽刺。《晋书·鲁褒传》："鲁褒字元道，南阳人也。好学多闻，以贫素自立。元康之后，纲纪大坏，褒伤时之贪鄙，乃隐姓名，而著《钱神论》以刺之……盖疾时者共传其文，褒不仕，莫知其所终。"

因看鲁褒论，何处是吾庐？（唐·杜牧《李给事中敏二首》其二）

承明谠论 借指正直的言论。汉·班固《西都赋》："又有承明、金马、著作之庭。大雅宏达，於兹为群。元元本本，殚见洽闻。启发篇章，校理秘文。"

好去承明谠论。照映金狨带稳。（宋·张元干《水调歌头·戎虏乱中夏》）

齿牙余论 指口头随意赞褒的话，多用于前辈赞扬、鼓励后辈。《南史·谢朓传》："朓好奖人才。会稽孔觊粗有才笔，未为时知，孔珪尝令草让表以示朓。朓嗟吟良久……谓珪曰：'士子声名未立，应共奖成，无惜齿牙余论。'"

谁为念孤独，齿牙借余论。（宋·郑侠《谢太守答诗莱州》）

五经纷论 指精通经学典籍。

亦作"井春五经"。《后汉书·井丹传》:"井丹字大春,扶风郿人也。少受业太学,通《五经》,善谈论,故京师为之语曰:'《五经》纷纶井大春。'性清高,未尝修刺候人。"

只因朋党排诸老,无复纷纶任五经。(宋·曹彦约《送钱文季国博赴召》)

闷(悶)mèn ①烦闷。②密闭;不透气。另见724页mēn。

古去声,十四愿。逆懊~潮~淳~殚~毒~钝~愤~悔~晦~拘~捐~悁~瞀~懑~迷~挠~排~破~遣~适~无~释~消~怏~疑~意~痟~幽~躁~滞~顺~逼~忿~怀~倦~绝~苦~默~吐~懑~怒~损~叹~郁例若用此理推,穷通两无闷。(唐·白居易《齐物二首》其一)别后不知君远近。触目凄凉多少闷。(宋·欧阳修《玉楼春·别后不知君远近》)

典**无闷** 代指隐居遁世。《易·乾卦·文言》:"初九日,潜龙勿用,何谓也?子曰:'龙德而隐者也,不易乎世。不成乎名,遯世无闷,不见是而无闷,乐则行之,忧则违之,确乎其不可拔,潜龙也。'"

全家遁世曾无闷,半俸资身亦有余。(唐·白居易《刑部尚书致仕》)

懑(懣)mèn 烦闷。

古上声,十四旱。逆愁~烦~忿~愤~积~闷~懑~气~沈~吐~惋~忧~幽~怨~滞~顺~烦~愤~乱~闷~怨

焖(燜)mèn 盖锅用微火煮。另见724页mēn。

顺~饭~肉

嫩(*嫰)nèn

古去声,十四愿。逆薄~春~黄~脸~绿~面~少~水~偷~稀~细~纤~雪~芽~顺~碧~风~寒~箭~凉~醅~气~晴~日~手~汤~艳~约例残暑昼犹长,早凉秋尚嫩。(唐·白居易《秋凉闲卧》)黄金弄色轻于粉。濯濯春条如水嫩。(宋·欧阳修《玉楼春·黄金弄色轻于粉》)

喷(噴)pèn 喷香。另见772页fèn、724页pēn。

古去声,十四愿。又:上平,十三元同。逆香~顺~鼻~香例春景抛人无处问。多谢石榴花又喷。(宋·杜安世《玉楼春·春景抛人无处问》)色染蔷薇犹嫩。枝上紫檀香喷。(宋·无名氏《桃源忆故人·寒苞初吐黄金莹》)

聘pìn

古去声,二十四敬。逆报~币~冰~财~朝~出~待~定~敦~归~过~行~交~科~历~匹~辟~盛~时~使~岁~汤~通~享~修~许~殷~征~正~致~顺~币~定~弓~贡~好~嫁~接~金~举~君~命~纳~妻~请~求~射~使~士~问~物~贤~享~选~召例雪返香魂,霜吹晓怨,肯受东君聘。(宋·刘辰翁《酹江月·西风处士》)管此去亲盟,镇长交聘。(宋·哀长吉《齐天乐·青鸾海上传芳信》)

典**征文聘** 指知人善任,录用贤才。《三国志·魏书·文聘传》:"文聘字仲业,南阳宛人也,为刘表大将,使御北方……太祖济汉,聘乃诣太祖……太祖为之怆然曰:'仲业,卿真忠臣也。'厚礼待之。授聘兵。使与曹纯追讨刘备于长阪。太祖先定荆州。江夏与吴接,民心不安,乃以聘为江夏太守,使典北兵,委以边事,赐爵关内侯。"

赤壁征文聘,中台拜郄诜。(唐·罗隐《投寄韦右丞》)

牝pìn ①雌性的(鸟兽)。②锁孔。③溪谷。

古上声,十一轸。逆晨~鉤~谷~駃~骊~牡~天~凶~虚~玄~淫~游~字~牸~顺~朝~晨~城~服~谷~户~鸡~牡~骐~铜~土例于焉摘朱果,兼得养玄牝。(唐·李白《北山独酌,寄韦六》)可怜无益费精神,有似黄金掷虚牝。(唐·韩愈《赠崔立之评事》)

典**虚牝** 沟壑为牝,"虚牝"指深不见底的沟壑。晋·殷仲文《南州桓公九井作》:"爽籁警幽律,哀壑叩虚牝。"

伐木响虚牝,我愿友褐夫。(宋·姜夔《以长歌意无极好为老夫听为韵奉别沔鄂亲友》)

沁qìn 渗入。

古去声,二十七沁。逆碧~尘~交~晶~凉~露~撤~顺~漉~绿~脾~润~透~心~溢~园例义泉虽至近,盗索不敢沁。(唐·孟郊《同宿联句》)归来愁未寝。黛浅眉痕沁。(宋·谢逸《菩萨蛮·暄风迟日春光闹》)

揿(撳、*搇)qìn 手按。

古《集韵》:去声,沁韵。顺~不定~喇叭

认(認)rèn

古去声,十二震。逆抱~谛~记~简~拷~买~谬~起~识~体~细~携~许~诈~志~顺~辨~睬~处~镫~犯~屐~觅~纳~旗~杀~息~业~义~状~族例早早使风来,沙头一眼认。(唐·刘禹锡《淮阴行五首》其三)暖风鞭袖尽闲垂,微月帘栊曾暗认。(宋·晏几道《玉楼春·斑骓路与阳台近》)待试写花笺,密寄教郎认。(宋·赵崇嶓《摸鱼儿·卷珠帘》)

任rèn ①担任。②听凭。另见753页rén。

古去声,二十七沁。逆保~备~柄~补~采~称~戴~道~抵~督~敦~烦~复~高~革~贵~稽~奖~眷~旷~礼~理~履~率~难~辟~偏~迁~巧~勤~摄~实~署~肆~送~随~琐~推~退~往~徙~显~协~意~载~杖~质~资~纵~尊~顺~便~兵~从~达~待~诞~断~放~负~过~患~寄~咎~具~堪~刻~良~率~锉~面~器~前~情~散~身~实~势~受~属~术~算~随~所~听~委~心~信~兴~恤~选~臆~遇~政~纵例荣达岂不伟,孤生非所任。(唐·张九龄《郡舍南有园畦杂树聊以永日》)葛洪尸定解,许靖力还任。(唐·杜甫《风疾舟中伏枕书怀三十六韵,奉呈湖南亲友》)如今果是梦中事,喜过悲来情不任。(唐·刘商《胡笳十八拍》)

典**姜任** 借指太后。《诗经·大雅·思齐》:"思齐大任,文王之母。思媚周姜,京室之妇。"

姜任盛德符青史,金屋千春奉圣朝。(宋·晏殊《辛春日词·内廷》)

燮和之任 指协调、治理国家。

《书·顾命》:"燮和天下,用答扬文武之光训。"

刃(*刄)rèn

古去声,十二震。逆发~失~甲~白~交~伏~兜~创~合~扬~曲~自~芒~行~齐~狂~角~迎~饮~郁~金~亭~冒~封~柔~相~郢~顺~梃~素~陷~顿~余~推~敛~淬~雪~智~游~琼~锥~漏~誓~蹈~霜~攒~顺~具例诗翁才刃。曾陷文场貔虎阵。(宋·黄庭坚《减字木兰花·诗翁才刃》)坠楼效死,轻车东市,头膏血刃。(宋·赵长卿《水龙吟·曾著意斟量过》)

纫(紉)rèn

古上平,十一真。又:去声,二十四敬异。逆补~缝~襟~敬~蒲~针~至~顺~缝~缉~兰~佩~针~箴例野杏浑休植,幽兰不复纫。(唐·元稹《代曲江老人百韵》)冷艳喜寻梅共笑,枯香羞与佩同纫。(宋·张炎《浣溪沙·半面妆凝镜里春》)

仞rèn 古代长度单位,八尺为一仞,亦说七尺。

古去声,十二震。逆百~充~九~累~门~女~千~墙~万~亿~盈~重~顺~积例老却新丰英俊。云外华山千仞。(宋·陆游《桃源忆故人·中原当日三川震》)

典**振衣千仞** 代指不染世情,自由自在的隐居生活。晋·左思《咏史诗八首》其五:"振衣千仞冈,濯足万里流。"

若士振衣千仞表,何人泛宅五湖间。(元·倪瓒《与伯雨登溪山胜概楼》)

葚(*椹)rèn 又读。另见779页shèn。

饪(飪、*餁)rèn 做饭菜。

古上声,二十六寝。逆鼎~失~调~茵~顺~鼎~熟~悚例象鼎格仍高,其中不烹饪。(唐·皮日休《奉和添酒中六咏·酒枪》)

纴(紝、*紃)rèn 纺织。

古去声,二十七沁。又:上平,十二侵同。逆戴~缝~结~织~例剑士还农野,丝人归织纴。(唐·元稹《桐花》)

妊(*姙)rèn 妊娠的妊。

古去声,二十七沁。又:下平,十二侵同。逆怀~顺~妇~身~娠

恁rèn ①思念;念及。②如此。③那。

古上声,二十六寝。逆陡~勤~一~只~直~自~顺~般~的~等~底~地~迭~凭~人~时~厮~样~约例大都薄宦足离愁,不放双鸳长恁恁。(宋·欧阳修《玉楼春·红楼昨夜相将饮》)

轫(軔)rèn 阻车之木。

古去声,十二震。逆发~风~玉~顺~车

韧(韌、*靭)rèn 不易折断。

古去声,十二震。逆茧~蔓~强~顺~干~战

衽(*袵)rèn ①衣襟。②睡觉用的席子。

古去声,二十七沁。又:上声,二十六寝异。逆床~带~敷~闺~怀~交~连~敛~缺~攘~摄~束~振~左~顺~发~服~接~金革~裳~席~左例少年何事负初心,泪滴缕金双衽。(唐·魏承班《满宫花》)

典**被发左衽** 指古代中原地区以外少数民族的装束。也指沦为夷狄。《论语·宪问》:"子曰:'管仲相桓公,霸诸侯,一匡天下,民到于今受其赐,微管仲,吾其被发左衽矣。'"

斩午揭旗扣并塞,被发左衽称遗黎。(宋·洪咨夔《送新婺州汪总领归歙》)

牣rèn 充满。

古去声,十二震。逆充~丰~实~填~盈~鱼~顺~积~充

润(潤)rùn

古去声,十二震。逆璧~苍~澄~楚~雕~覆~膏~鼓~瑰~涵~弘~惠~津~浸~刊~郎~淋~灵~流~靡~滂~雾~霈~潜~清~饶~柔~濡~溽~善~韶~漱~调~通~沃~渥~鲜~秀~煦~雅~淹~嫣~遗~泗~殷~莹~黝~余~郁~泽~滜~霑~湛~贞~缜~烝~顺~辞~黩~改~含~毫~镀~济~浃~朗~丽~利~赂~美~腻~气~溽~身~橐~文~玉~屋~息~下~养~益~淤~正~致例日敧诸天近,雨过三华润。(唐·皎然《杼山上峰和颜使君真卿》)愿洒尘垢余,一雨根茎润。(唐·韦处厚《上士瓶泉》)虫娘举措皆温润。每到婆娑偏恃俊。(宋·柳永《木兰花·虫娘举措皆温润》)

典**冰清玉润** 比喻人的品格才德高洁美好,谦逊温和。亦作"冰玉""玉润"。《世说新语·言语》:"卫洗马初欲渡江……"南朝梁·刘孝标注引《卫玠别传》:"娶乐广女。裴叔道曰:'妻父有冰清之姿,婿有璧润之望,所谓秦晋之匹也。'"

万卷书传,六奇计运,冰玉炯然清润。(宋·哀长吉《齐天乐·青鸾海上传芳信》)

分辉借润 喻指得到别人的关怀、帮助。《战国策·秦策二》:"甘茂亡秦,且之齐,出关,遇苏子曰:'江上之处女,有家贫而无烛者,处女相与语,欲去之。无烛者谓处女曰:'妾以无烛故,常先至,扫室布席。何爱于余明之照四壁者,幸以赐妾。'处女相语,以为然而留之。"唐·李商隐《为张周封上杨相公启》:"而独分光邻女,贷润监河。"

九里灵河,十分光烛。分辉借润须邻曲。(宋·王以宁《踏莎行·我自山中》)

脂膏不润 指为政清廉自守。亦作"不自润"。《东观汉记·孔奋》:"姑臧称为富邑通货,故羌市四合,每居县者,不盈数月,辄致丰积。奋在姑臧四年,财物不增……或嘲奋曰:'置脂膏中,亦不能自润。'"

终知不自润,何处用脂膏。(唐·骆宾王《挑灯杖》)

闰(閏)rùn

古去声,十二震。逆成~厄~积~计~立~没~偏~秋~岁~余~再~正~置~顺~变~察~朝~法~分~宫~集~继~秋~日~升~双~统~位~益~余~运~征

典**黄杨厄闰** 喻指人身处困厄。宋·苏轼《监洞霄宫俞康直郎中所居四咏·退圃》:"园中草木春无数,只有黄杨厄闰年。"自注曰:"俗曰黄杨岁长一寸,遇闰退三寸。"

旧说黄杨厄闰年，今年并厄菊花天。（宋·杨万里《九月菊未花》

慎（*昚）shèn

古去声，十二震。逆崄～避～裁～冲～底～笃～惇～敦～防～恭～稷～检～将～洁～敬～考～恪～恐～廉～明～讷～朴～钦～勤～清～悛～柔～淑～庶～妥～畏～温～稳～息～葸～详～信～修～脩～恤～豫～贞～祇～重～周～顺～崄～察～产～初～辞～德～独～法～固～厚～护～徽～缄～柬～检～简～将～交～戒～敬～静～举～恪～溃～虑～秘～密～墨～默～躯～容～散～时～守～肃～问～夏～修～狱～愿～灶～职～志

典秺侯清慎　汉代时匈奴休屠王太子金日磾入朝做官，处事审慎，为人谦恭。后咏少数民族官员处事谨慎笃实。见《汉书·金日磾传》。

肃肃秺侯清慎，温温契苾知诗。（宋·张先《西江月·肃肃秺侯清慎》）

甚shèn　另见180页shén"什"。

古上声，二十六寝。又：去声，二十七沁同。逆独～非～疾～藉～籍～颇～巧～食～泰～特～幸～选～逾～则～顺～备～病～都～口～且～设～生～实～泰～嚣～休～言～雨～者例横戈从百战，直为衔恩甚。（唐·李白《塞下曲六首》其五）南方瘴疠多，北地风霜甚。（唐·寒山《诗三百三首》其一三三）落尽秋槿花，离人病犹甚。（唐·元稹《遣病十首》其十）

典陆凯贵甚　指家世昌隆。《世说新语·规箴》："孙皓问丞相陆凯曰：'卿一宗在朝有几人？'陆曰：'二相，五侯，将军十余人。'皓曰：'盛哉！'陆曰：'君贤臣忠，国之盛也；父慈子孝，家之盛也。今政荒民弊，覆亡是惧，臣何敢言盛。'"

肾（腎）shèn

古上声，十一轸。逆肠～肝～外～腰～顺～痹～肠～气例尊卑简易汞中真，握固休推心肾。（宋·薛式《西江月·偃月炉中金鼎》）

渗（滲）shèn

古去声，二十七沁。逆噤～淋～泌～渗～血～顺～淡～涸～金～濑～瀨～沥～漉～泄例两峰高崒屼，一水下淫渗。（唐·张祜《题苏州思益寺》）纷葩欢屡填，旷朗忧早渗。（唐·韩愈《同宿联句》）

蜃shèn　①蛤类总称。②蜃楼的蜃。

古上声，十一轸。又：去声，十二震同。逆白～蚌～赤～归～蛤～海～黑～火～蛟～蜃～文～顺～贝～壁～车～窗～氛～风～綍～阁～蛤～醢～灰～精～景～浪～辂～霓～女～气～器～墙～阙～市～台～炭～卫～珧～云～灶例摇毫掷简自不供，顷刻青红浮海蜃。（唐·韩愈《赠崔立之评事》）

葚shèn　另见778页rèn。

古上声，二十六寝。逆烂～木～桑～食～新～紫～醉～

顺（順）shùn

古去声，十二震。逆安～卑～谄～常～处～达～道～附～乖～降～教～谨～静～康～恪～坤～礼～廉～宁～平～惬～钦～懃～清～请～容～善～随～悌～调～通～外～宛～婉～委～祥～效～循～驯～愻～依～雍～谀～豫～仗～祗～追～顺～安～变～潮～辰～成～齿～船～慈～奉～俯～革～和～桓～寂～接～矩～举～浪～理～媚～明～默～纳～逆～期～情～趋～善～适～守～祀～俟～俗～坦～悌～通～涂～祥～孝～信～性～修～叙～绪～延～易～游～育～悦～泽～斋～褶～贞～祗～旨～志～注～遵例孤卿帝叔父，特进贞而顺。（唐·徐彦伯《比干墓》）山野性所安，熙然自全顺。（唐·元结《忝官引》）虞宫礼成后，回驾仙风顺。（唐·鲍溶《怀仙二首》其一）

典耳顺　代指六十岁。《论语·为政》："子曰：'吾十有五而志于学……六十而耳顺，七十而从心所欲，不逾矩。'"邢昺疏："顺，不逆也。耳闻其言则知其微旨而不逆也。"

敦诗梦得且相劝，不用嫌他耳顺年。（唐·白居易《耳顺吟寄敦诗梦得》）

舜shùn

古去声，十二震。逆大～尧～虞～禹～顺～华～琴～犬～韶～颜～英～禹～跖例西母持地图，东来献虞舜。（唐·鲍溶《怀仙二首》其一）

典女中尧舜　称誉女子中的贤明人物。据《宋史·英宗宣仁圣烈高皇后传》及《道山诗话》载：宋英宗高皇后，在英宗死后，被宋神宗、哲宗尊为皇太后、太皇太后，她临政九年，"朝政清明，华夏绥定"，故人以为女中尧舜。

女中尧舜有几人，朝端平勃愁无计。（清·赵翼《题长椿寺九莲菩萨画像》）

致君尧舜　指人抱负远大、有匡主济世之志。亦作"致君尧汤"。《孟子·万章上》："伊尹耕于有莘之野，而乐尧舜之道焉……汤使人以币聘之，嚣嚣然曰：'我何以汤之聘币为哉？我岂若处畎亩之中，由是以乐尧舜之道哉？'汤三使往聘之，既而幡然改曰：'与我处畎亩之中，由是以乐其尧舜之道，吾岂若使是君为尧舜之君哉？吾岂若使是民为尧舜之民哉？'"

致君尧舜上，再使风俗淳。（唐·杜甫《奉赠韦左丞二十二韵》）

瞬shùn

古去声，十二震。逆不～俄～接～妙～清～倏～鹰～逾～暂～瞻～顺～忽～华～目～盼～然～霎～睒～视～瞚例奉国历三朝，观窍明一瞬。（唐·徐彦伯《比干墓》）雷声冲急波相近，两龙望标目如瞬。（唐·薛逢《观竞渡》）

典不瞬　不眨眼。形容人的功底深厚。《列子·汤问》："纪昌者，又学射于飞卫。飞卫曰：'尔先学不瞬，而后可言射矣。'纪昌归，偃卧其妻之机下，以目承牵挺。二年之后，虽锥末倒眦，而不瞬也。"

一箭穿杨，神目不瞬。（宋·释智愚《颂古一百首》其四四）

眴shùn　以目示意。另见703页xuàn。

古去声，十七霰。又：上平，十一真同。逆转～顺～目～视

蕣shùn　木槿。

古去声，十二震。逆白～朝～松～顺～华～荣～颜

褪tùn　①脱去衣装。②凋萎。

古去声，十四愿。逆粉～花～竟～墨～怯～微～香～消～衣～顺～落～去～套例朱帘卷尽画屏闲，云鬟半亸罗衣褪。（宋·曾协《踏莎行·柳眼传情》）

问（問）wèn

古去声，十三问。逆拜～禀～簿～抚～函～厚～诲～蕙～稽～吉～嘉～检～降～讦～謦～纠～究～鞫～绝～科～叩～扣～馈～廉～临～录～虑～磨～拿～攀～遣～谴～愀～切～穷～觑～荣～睿～商～摄～示～试～视～筮～淑～硕～谀～探～推～显～相～信～修～宿～言～谒～移～遗～由～遊～誉～赠～摘～展～章～侦～征～治～谆～资～訾～作～顺～策～察～端～发～答～革～绞～接～结～津～禁～经～荆～缉～军～课～劳～礼～理～盟～拟～宁～聘～遣～亲～寝～取～膳～省～数～俗～索～听～徒～途～涂～望～信～恤～遗～疑～语～状～坠例闻道秦时避地人，至今不与人通问。（唐·王昌龄《武陵开元观黄炼师院三首》其二）日日披诚奉昌运，王人织路传清问。（唐·权德舆《奉和张仆射朝天行》）乃知东海水，清浅谁能问。（唐·鲍溶《怀仙二首》其一）

典**举鞭问**　指醉酒后的情态。《世说新语·任诞》："山季伦为荆州，时出酣畅。人为之歌曰：'山公时一醉，径造高阳池。日莫倒载归，酩酊无所知。复能乘骏马，倒着白接篱。举手问葛彊，何如并州儿？'高阳池在襄阳。彊是其爱将，并州人也。"

举鞭问同来，扶桑在何许。（宋·洪咨夔《大云寺同王辈父晚归》）

墨翟问　代指问卜算命。《墨子·贵义》："子墨子北之齐，遇日者。日者曰：'帝以今日杀黑龙于北方，而先生之色黑，不可以北。'子墨子不听，遂北。至淄水不遂，而反焉。"

非同墨翟问，空滞杀龙川。（唐·陈子昂《赠严仓曹乞推命录》）

文wèn　旧读。修饰，掩饰。另见754页wén。

古《集韵》：去声，问韵。顺～过～饰～致

紊wèn　旧读。乱。见765页wěn。

古去声，十三问。

闻（聞）wèn　声誉；名声。另见754页wén。

古去声，十三问。逆令～顺～达～妇～家～名～孙～望～问

汶wèn　水名。

古去声，十三问。逆暗～汶～五～顺～上

揾wèn　①按。②没。③揩拭。

古《广韵》：去声，慁韵。又：上声，吻韵异。又：入声，没韵异。顺～钱～染～食例卷重帘憔悴，残妆泪洗，把罗襟揾。（宋·洪瑹《水龙吟·经年不见书来》）

璺wèn　破痕。

古去声，十三问。逆疵～龘～冻～痕～裂～石～微～瑕～顺～拆

信xìn

古去声，十二震。逆秉～布～潮～淳～德～谛～幡～庚～寒～鹤～鸿～怀～简～荐～旌～柳～麦～梅～梅花～昧～期～棨～遣～钦～秋～瑞～善～梢～誓～霜～爽～素～檀～委～温～晓～雅～雁～秧～遗～营～渊～贞～旨～质～竺～顺～布～步～潮～崇～符～鼓～官～耗～鸿～厚～简～箭～脚～解～考～鸥～旗～悫～瓤～瑞～赏～尚～慎～识～实～恃～誓～受～数～顺～听～望～玺～效～宿～言～验～谳～意～约～悦～越～杖～重～足例贞观戒北征，维皇念忠信。（唐·徐彦伯《比干墓》）兴来浪迹无远近，及至辞家忆乡信。（唐·岑参《与独孤渐道别长句，兼呈严八侍御》）

典**韩信**　代指将帅。《史记·淮阴侯列传》："（萧）何曰：'王计必欲东，能用信，信即留；不能用，信终亡耳。'王曰：'吾为公以为将。'何曰：'虽为将，信必不留。'王曰：'以为大将。'何曰：'幸甚。'于是王欲召信拜之。何曰：'王素慢无礼，今拜大将如呼小儿耳，此乃信所以去也。王必欲拜之，择良日，斋戒，设坛场，具礼，乃可耳。'王许之。诸将皆喜，人人各自以为得大将。至拜大将，乃韩信也，一军皆惊。"

漫教韩信兵涂地，不及刘琨啸解围。（唐·韦庄《睹军回戈》）

抱柱信　指坚守誓言约定。亦作"柱下留言"。《庄子·盗跖》："尾生与女子期于梁下，女子不来，水至不去，抱梁柱而死。"

尾生信女子，抱柱死不疑。（宋·梅尧臣《泊姑熟江口邀刁景纯相见》）

金钗信　咏爱侣之情。唐·白居易《长恨歌》："回头下望人寰处，不见长安见尘雾；惟将旧物表深情，钿合金钗寄将去。钗留一股合一扇，钗擘黄金合分钿；但令心似金钿坚，天上人间会相见。临别殷勤重寄词，词中有誓两心知。七月七日长生殿，夜半无人私语时：在天愿作比翼鸟，在地愿为连理枝。"

金钗钿合致缱绻，山海碧落追鸿濛。（清·叶观国《春仲八日皇十一子召集撷秀山房》）

追韩信　喻指任用贤才。《史记·淮阴侯列传》："至南郑，诸将行道亡者数十人，信度何等已数言上，上不我用，即亡。何闻信亡，不及以闻，自追之……上曰：'若所追者谁何？'曰：'韩信也。'上复骂曰：'诸将亡者以十数，公无所追；追信，诈也。'何曰：'诸将易得耳。至如信者，国士无双。王……必欲争天下，非信无所与计事者。'"

汉主追韩信，苍生起谢安。（唐·杜甫《宴王使君宅题二首》其一）

江南春信　喻指梅花，并代指遥思亲友。亦作"寒梅传驿信""一枝传远信"。南朝宋·盛弘之《荆州记》："陆凯与范晔相善，自江南寄梅花一枝，诣长安与晔。并赠花诗曰：'折花逢驿使，寄与陇头人。江南无所有，聊赠一枝春。'"（据《太平御览》卷九七〇引）

报与江南春信道，题诗寄处陇梅开。（明·徐渭《寿吴宣府》）

徙木为信　指说到做到，取信于人。《史记·商君列传》："令既具，未布，恐民之不信，已乃立三丈之木于国都市南门，募民有能徙置

北门者予十金。民怪之，莫敢徙。复曰能徙者予五十金。有一人徙之，辄予五十金，以明不欺。卒下令。”

伊独徙木信市人，殿下钤奴嬴得立。（宋·白玉蟾《易水辞》）

一番风信 代指春花、春风与春情。宋·程大昌《演繁录·花信风》：“三月花开时风名花信风。初而泛观，则似谓此风来报花之消息耳。按《吕氏春秋》曰：‘春之得风，风不信则其花不成。’乃知花信风者，风应花期，其来有信也。”

三月天涯芳草歇，一番风信落花争。（明·程嘉燧《緸云诗八首次韵》其七）

衅（釁）xìn

古去声，十二震。逆抱～雠～待～奋～负～构～搆～观～痕～祸～贾～咎～狂～窥～类～啓～愆～稔～隋～瑕～嫌～险～销～宿～忧～余～灾～臧～造～肇～顺～弊～圉～端～恶～鼓～故～过～秽～祸～洁～咎～厩～累～沐～难～孽～愆～情～辱～社～眚～首～阅～隙～隟～勇～钟例帝词书乐石，国馔罗芳衅。（唐·徐彦伯《比干墓》）

芯 xìn

①物体的中心部分。②蛇或羊的舌头。另见730页xīn。

逆蛇～烛～顺～子

囟（*顖）xìn

囟门，顶门。

古《广韵》：去声，震韵。顺～骨～门

训（訓）xùn

古去声，十三问。逆谌～垂～慈～道～督～敷～抚～格～光～规～闺～轨～嘉～笺～谏～讲～奖～解～苦～礼～灵～谟～丕～耆～前～柔～儒～睿～淑～诵～调～庭～遐～衔～宣～玄～雅～贻～彝～隐～诱～玉～箴～整～至～周～顺～爰～岦～裁～程～敕～传～德～迪～典～定～督～法～抚～辅～革～恭～故～狐～护～诲～戢～俭～教～解～儆～聚～课～厉～旅～名～谟～谋～齐～器～戎～师～识～塾～束～祀～俗～肃～徒～武～物～狎～谐～勖～学～雅～仪～绎～谊～肄～翼～猷～牖～诱～育～谕～喻～御～约～阅～则～杖～诏～谪～整～治～胄～卒例此言非所戒，此言敢贻训。（唐·元结《忝官引》）

典蓟子训 蓟子训于东汉末年在世，传说有仙术，能长生。后世用作称美道术之士的典故。亦作“蓟子”。见《后汉书·蓟子训传》。

光阴蓟子训，才术褚先生。（唐·高适《赠别褚山人》）

老氏训 讽叹游猎之典。《老子》第十二章：“五色令人目盲；五音令人耳聋；五味令人口爽；驰骋畋猎令人心发狂；难得之货令人行妨。是以圣人为腹不为目。故去彼取此。”

托之老氏训，辞禄偕归田。（宋·释文珦《二疏》）

生聚教训 喻指失败后不灰心，不气馁，积聚力量，发愤图强，以求富国强兵之道。亦作“十年生聚，十年教训”。《左传·哀公元年》：“越十年生聚，而十年教训，二十年之外，吴其为沼乎！”

生聚教训五十载，言无萌学今轮辕。（宋·项安世《贺杨枢密新建贡院三十韵》）

迅 xùn

古去声，十二震。逆暴～猋～飚～遄～奋～愤～机～激～疾～箭～雷～鲁～猛～敏～飘～趫～轻～爽～严～犹～云～振～震～顺～拔～笔～飙～波～步～动～奋～澓～晷～悍～行～翮～忽～激～急～疾～檝～驾～景～駃～濑～厉～烈～流～迈～敏～趋～商～驶～霆～湍～往～骜～猋～逸～翼～羽～雨～征～指～众～足例锋剑剿遗孽，报复一何迅。（唐·徐彦伯《比干墓》）

汛 xùn

古去声，十二震。逆潮～春～对～伏～海～凌～秋～三～塘～桃～夏～顺～弁～兵～地～防～房～界～口～扫～哨～守～廨～逐

讯（訊）xùn

古去声，十二震。逆按～案～傍～逮～芳～访～奋～覆～隔～寄～嘉～诘～拘～考～拷～兰～良～面～挞～廷～推～兕～验～谳～责～战～振～执～顺～安～案～报～捕～簿～察～疮～刺～牒～鼎～牍～覆～供～棍～馘～函～劾～疾～缄～检～结～决～理～录～掠～明～辱～实～堂～瘏～详～修～研～验～谳～狱～冤～杖～质～治～罪例有客山中至，言传故人讯。（唐·储光羲《田家即事答崔二东皋作四首》其二）恨天阔鸿稀，杳杳沈芳讯。（宋·王同祖《摸鱼儿·记年时》）

逊（遜）xùn

古去声，十四愿。逆卑～避～差～陈～冲～辞～雌～顿～归～和～挥～敬～廉～敏～谦～柔～沈～体～推～退～抝～相～虚～许～雅～揖～远～贞～谘～顺～避～朝～服～国～行～荒～季～迹～郊～接～抗～敏～懦～畔～清～攘～让～容～事～体～悌～逊～衣～愿～政～职～志～坐

典何逊 代指诗才、文士。《梁书·何逊传》：“何逊字仲言，东海郯人……逊八岁能赋诗……世祖著论论之云：‘诗多而能者沈约，少而能者谢朓、何逊。’”

定知何逊缘联句，每到城东忆范云。（唐·李商隐《送王十三校书分司》）

陆逊 代指将帅。《三国志·吴书·陆逊传》：“陆逊字伯言，吴郡吴人也……逊督促诸军四面蹙之，土崩瓦解，死者数万。备因夜遁，……仅得入白帝城。”

鲁连真义士，陆逊岂书生。（唐·高适《酬河南节度使贺兰大夫见赠之作》）

徇（*狥）xùn

①依从。②对众宣布。③同“殉”。

古去声，十二震。逆阿～苟～宽～偏～私～隐～瞻～周～顺～财～察～陈～达～道～地～铎～恩～罚～夫～国～行～节～利～禄～蒙～名～命～难～铺～齐～躯～书～通～外～务～物～葬～智例兵家未曾学，荣利非所徇。（唐·元结《忝官引》）

殉 xùn

古去声，十二震。逆阿～不～谄～出～从～苟～姑～看～宽～慕～偏～曲～杀～身～生～时～私～死～畏～物～瞻～顺～财～道～国～吉～教～节～利～禄～名～难～物～业～义～葬

驯(馴)xùn 见756页xún同。

蕈xùn 真菌的一类。

古《广韵》:上声,寝韵。逆玉～地～竹～麦～松～虾～香～黄～

巽xùn ①卦名。②卑顺,怯懦。

古去声,十四愿。逆刚～跨～谦～柔～温～震～重～顺～词～辞～地～二～风～宫～坎～令～命～懦～柔～软～顺～维～言～抑～隅～与～羽

噀(*潠)xùn 含在口中而喷出。

古去声,十四愿。逆龙～喷～淘～下～顺～金～酒～唾～血～雨

印yìn

古去声,十二震。逆跋～摆～板～祕～册～承～敕～次～夺～法～付～鸿～获～辑～监～交～节～解～金～禁～晶～景～镌～空～廉～镂～螺～密～蜜～名～弄～铅～钤～视～琐～锁～檀～桃～讨～条～通～拓～刓～匣～香～销～斜～余～玉～錾～凿～摘～掌～知～治～硃～主～铸～装～谘～足～祖～顺～本～曹～策～池～齿～次～存～定～绂～韨～官～行～合～灰～集～检～结～举～窠～可～佽～囊～纽～钮～牌～佩～谱～黥～施～识～绶～署～鏁～委～务～香～押～盐～照～政～朱～篆～踪～组例屡授不次官,曾与专征印。(唐·元结《忝官引》)丞相知怜为小心,忽然奏佩专城印。(唐·薛逢《镊白曲》)阑干倚遍重来凭。泪粉偷将红袖印。(宋·欧阳修《玉楼春·去时梅萼初凝粉》)

典**六印** 喻指权位显赫,致身显达。亦作"苏印""佩印""苏公悬印"。战国时,苏秦游说韩、魏、齐、楚、燕、赵六国合纵抗秦,任纵约长,相六国,佩六国相印。后世因用"六印"喻指权位显赫。见《史记·苏秦列传》。

五湖范蠡才堪重,六印苏秦道不同。(唐·刘兼《春霄》)

鹊印 传说东汉时,有似山鹊之鸟堕地化为圆石,石含金印。后因以"鹊印"代指金印,并用作咏将相贵臣。亦作"石印飞""怀印""张颢坠鹊""化金印"。见《搜神记》卷九。

丈夫鹊印摇边月,大将龙旗掣海云。(唐·岑参《献封大夫破播仙凯歌六首》其三)

银印 汉制,依官位高低分别授予金印、银印与铜印。相当于郡守的中级官员授银印。后用作高一级别官名号。亦作"银章"。《汉书·百官公卿表上》:"太初元年,更名中大夫为光禄大夫,秩比二千石……郡守,秦官,掌治其郡,秩二千石……郡尉,秦官,掌佐守典武职甲卒,秩比二千石……凡吏秩比二千石以上,皆银印青绶。"

我叹黑头白,君看银印青。(唐·杜甫《奉酬薛十二丈判官见赠》)

仇香印 借指主簿之印。《后汉书·仇览传》:"仇览字季智,一名香,陈留考城人也。年四十,县召补吏,选为蒲亭长。劝人生业,为制科令,至于果菜为限,鸡豕有数,农事既毕,乃令子弟群居,还就黉学。其剽轻游恣者,皆役以田桑,严设科罚。躬助丧事,赈恤穷寡。期年称大化……时考城令河内王涣,政尚严猛,闻览以德化人,署为主簿。"

南陵暂掌仇香印,北阙终行贾谊书。(唐·贾岛《送友人之南陵》)

国华取印 指幼异不凡。《宋史·曹彬传》:"曹彬字国华。真定灵寿人也。父芸,成都军节度都知兵马使。彬始生周岁,父母以百玩之具罗于席,观其所取。彬左手持干戈,右手取俎豆,斯须取一印,他无所视,人皆异之。及长,气质淳厚,汉乾祐中,为成德军牙将。节帅武行德见其端悫,指谓左右曰:'此远大器,非常流也。'"

荫(蔭、*廕)yìn 遮盖,庇护。另见731页yīn"阴"。

古去声,二十七沁。逆庇～补～承～慈～赐～道～恩～福～覆～官～禄～难～升～文～武～勋～遗～余～宇～资～奏～顺～庇～补～德～第～封～附～覆～官～户～藉～籍～监～生～势～授～赎～调～袭～庥～序～叙～映～佑～泽～子例山晴指高标,槐密骛长荫。(唐·韩愈《同宿联句》)君管取,有薇堪采松堪荫。(宋·刘克庄《摸鱼儿·便披蓑》)

隐(隱)yìn 凭倚;依据。另见766页yǐn。

古去声,十三问。顺～背～床～几～囊～膝～依

饮(飲)yìn 使喝。另见765页yǐn。

古去声,二十七沁。逆强～顺～鳖～场～犒～客～劳～马～人～豚～喂～子

窨yìn ①地室。②久藏。③忍住。另见730页xūn。

古去声,二十七沁。逆澄～地～顺～藏～酒～口～清

胤yìn 后代相承。

古去声,十二震。逆储～传～贵～洪～后～黄～来～令～苗～名～曲～烧～圣～嗣～体～微～息～锡～贤～血～遗～余～支～枝～青～滋～族～胙～祚～顺～辞～嗣～孙～文～息～绪～续～雅～胄～子～族

典**褚胤** 代指围棋高手。《宋书·羊玄保传》附《褚胤传》:"吴郡褚胤,年七岁,入高品。及长,冠绝当时。胤父荣期与臧质同逆,胤应从诛,何尚之请曰:'胤弈棋之妙,超古冠今……特乞与其微命,使异术不绝。'不许。时人痛惜之。"

褚胤死不死,将军飞已飞。(唐·贯休《观棋》)

慭(憖)yìn ①伤。②姑且。

古去声,十二震。逆不～慭～顺～留～暇～遗～置

运(運)yùn

古去声,十三问。逆榜～簸～步～漕～昌～乘～筹～储～德～帝～迭～抚～革～归～闰～晷～海～皇～极～嘉～蹇～践～解～匡～理～留～履～密～默～辇～蹑～鹏～丕～平～期～啓～潜～韶～盛～诗～顺～泰～贴～颓～托～玺～贤～饷～兴～玄～旋～翊～翼～膺～幽～照～贞～资～顺～柄～剥～裁～漕～策～筹～典～掉～度～否～纲～古～海～衡～均～钧～理～炼～流～迈～谋～辇～判～甓～期～渠～赏～神～世～数～思～艘～筭～通～同～腕～帷～握～斡～物～徙～限～序

～旋～奄～移～意～遇～职～指～智～置～舟～箸～佐～祚㊀往在乾元初，圣人启休运。（唐·元结《忝官引》）

典半千运 喻指仕途通达。唐时人员余庆受到王义方赏识，王说他"五百年一贤，足下当之矣"。员氏遂改名半千。后官至光禄大夫。后世因用"半千运"喻指仕途通显。见《旧唐书·员半千传》。

已叶半千运，仍亲五尺天。（宋·秦观《次韵莘老》）

韵（*韻）yùn

古去声，十三问。逆步～茶～蝉～尘～词～促～道～笛～风～高～格～赓～骨～管～诡～寒～洪～鹄～花～交～娇～角～襟～迥～酒～朗～冷～隶～联～列～流～品～气～前～清～穷～蛩～秋～曲～泉～疏～嘶～松～俗～限～香～晓～新～遗～逸～英～余～玉～月～长～贞～竹～姿～滓～恣～顺～牒～度～鼓～合～令～流～略～梅～牌～磬～人～胜～士～事～调～味～响～缬～叶～宇～藻～致例荡漾敷远情，飘飖吐清韵。（唐·储光羲《田家即事答崔二东皋作四首》其二）探讨始河图，纷纶归海韵。（唐·皎然《奉和颜使君真卿修〈韵海〉毕会诸文士东堂重校》）露荷散清香，风竹含疏韵。（唐·白居易《秋凉闲卧》）

典强压韵 代指有诗才。《梁书·王筠传》："筠为文能压强韵，每公宴并作，辞必妍美。"

下笔如神强压韵，遗恨都无毫发。（宋·辛弃疾《念奴娇·君诗好处》）

谢庭风韵 借指才女高雅的风度。《晋书·王凝之妻谢氏传》："王凝之妻谢氏，字道韫，安西将军奕之女也……（及遭孙恩之难）自尔嫠居会稽，家中莫不严肃。太守刘柳闻其名，请与谈议。道韫素知柳名，亦不自阻，乃簪髻素褥坐于帐中，柳束脩整带造于别榻。道韫风韵高迈，叙致清雅，先及家事，慷慨流涟，徐酬问旨，词理无滞。柳退而叹曰：'实顷所未见，瞻察言气，使人心形俱服。'"

谢庭风韵婕好才，天纵斯文去不回。（唐·窦常《过宋氏五女旧居》）

孕yùn

古去声，二十五径。逆包～避～别～诞～蕃～含～行～寄～内～骈～胎～遗～孳～字～顺～别～化～括～乳～穗～吐～毓～鬻～重～珠～孳

典南风掷孕 指妇人生性残酷暴虐。晋惠帝司马衷娶皇后贾南风，南风妒而残酷，曾以戟掷孕妾，使胎儿堕地。见《晋书·后妃传上·惠贾皇后》。

晕（暈）yùn

①头脑发昏。②光圈。③光影、色彩四周模糊的部分。另见732页yūn。

古去声，十三问。逆碧～波～春～倒～风～烘～环～泪～脸～面～破～气～青～晴～色～水～苔～贴～吐～藓～宵～晓～笑～缬～羞～虚～旋～圆～赭～重～醉～顺～池～淡～珥～高～光～红～目～裙～染～蚀～适～渲～月～状例坡上人呼霹雳惊，竿头彩挂虹蜺晕。（唐·张建封《竞渡歌》）中夜梦余消酒困。炉香卷穗灯生晕。（宋·晏殊《蝶恋花·南雁依稀回侧阵》）

愠yùn

含怒。

古去声，十三问。逆不～忿～愤～解～无～喜～忧～愠～顺～瓶～怼～恶～恚～怒～容～色～怍例江水似知孤客恨。南风为解佳人愠。（宋·苏轼《渔家傲·送客归来灯火尽》）

典风解愠 谓清风可以解暑，消除心头的烦恼。亦作"南风解愠""薰风解愠"。《孔子家语·辩乐解》："子路鼓琴。孔子闻之，谓冉有曰：'……昔者舜弹五弦之琴，造《南风》之诗，其诗曰："南风之薰兮，可以解吾民之愠兮！南风之时兮，可以阜吾民之财兮！"唯修此化，故其兴也勃焉。'"

况有薰风解愠，流霞泛、丝竹成行。（宋·王之道《满庭芳·翠盖千重》）

三已不愠 指宽宏大量，不计个人得失。《论语·公冶长》："子张问曰：'令尹子文三仕为令尹，无喜色；三已之，无愠色。旧令尹之政，必以告新令尹。何如？'子曰：'忠矣。'曰：'仁矣乎？'曰：'未知。焉得仁？'"

载践每若惊，三已无愠色。（唐·皇甫澈《赋四相诗·礼部尚书门下侍郎平章事李岘》）

酝（醞）yùn

酿酒。

古去声，十三问。逆春～杜～法～芳～佳～嘉～腊～良～梅～美～内～醲～清～仙～玉～顺～户～藉～籍～酒～造～织例明宵新月初生晕。又对寿觞斟九酝。（宋·扬无咎《渔家傲·昨日小春才得信》）

典九酝 借指美酒佳酿。汉·张衡《南都赋》："酒则九酝甘醴，十旬兼清。醪敷径寸，浮蚁若蓱。"刘良注："九酝，十旬，皆酒名。"

哥舒开府设高宴，八珍九酝当前头。（唐·元稹《和李校书新题乐府十二首·西凉伎》）

九霞奇酝 借指美酒。亦作"九霞清醑"。传说西王母有酒杯名"九霞觞"，用以饮仙酒。后遂用"九霞奇酝"指美酒。五代·沈汾《续神仙传》载：高阳人许碏晚学道于王屋山，周游五岳名山洞府，常醉吟"阆苑花前是醉乡，踏翻王母九霞觞"，后飞升而去。

满酌九霞奇酝，寿君两鬓长春。（宋·侯置《朝中措·年年重午近佳辰》）

蕴（藴）yùn

古上声，十二吻。又：上平，十三元异。逆奥～才～崇～柢～发～芬～葯～含～怀～幻～精～沦～秘～气～器～潜～情～庆～善～沈～束～素～韬～贤～淹～义～幽～余～余～顺～奥～抱～崇～椟～积～藉～籍～结～隆～酿～蓄～惱～蒸例既未出三界，犹应在五蕴。（唐·白居易《和送刘道士游天台》）词源三峡笔千军。尽出平生素蕴。（宋·郭应祥《西江月·锁棘方当拔士》）待到和羹，才明底蕴。（宋·刘镇《天香·漠漠江皋》）

熨yùn

①熨烫。②按压使平直。③按揉。另见303页wèi、455页yù。

古入声，五物。逆偎～澡～顺～安～齿～炉～手～眼

缊(緼)yùn 碎麻。

古去声，十三问。又：上平，十二文异。又：上平，十三元异。逆敝～才～纷～蚡～棼～风～埋～袍～褥～束～陶～贤～衣～絪～顺～奥～被～褚～畜～褐～藉～丽～缕～袍～枲～绪～絮～巡～着例耸城架霄汉，洁宅涵絪缊。（唐·孟郊《立德新居》）

韫(韞)yùn 包含；蕴藏。

古《广韵》：上声，吻韵。逆包～椟～含～怀～韬～玉～顺～藏～蠡～椟～怀～晦～藉～匮～箓～奇～丘～素～望～袭～蓄～玉

典**缘风絮韫** 借指多才能诗的女子。亦作"道韫"。见783页"谢庭风韵"。

当缘风絮韫，来赓唱。（宋·程大昌《感皇恩·身寿又康强》）

恽(惲)yùn 姓。

古上声，十二吻。

郓(鄆)yùn 地名，在山东。

古去声，十三问。

谮(譖)zèn 谗诬。

古去声，二十七沁。逆猜～丑～诋～飞～构～行～簧～毁～交～媒～巧～蝎～诼～柝～顺～谤～妒～短～恶～构～害～毁～间～虐～人～润～杀～说～讼～诉～愬～慝～言例自从别君来，远出遭巧谮。（唐·韩愈《同宿联句》）

镇(鎮)zhèn

古去声，十二震。逆宝～督～藩～封～符～抚～府～辅～环～节～进～静～廉～留～崧～望～文～卧～仙～雄～墟～压～魇～移～玉～岳～纸～自～总～顺～安～宝～标～城～遏～服～浮～抚～扞～国～捍～畿～集～辑～家～监～痉～靖～据～军～控～临～率～宁～慑～思～俗～绥～锁～讨～妥～慰～物～息～犀～星～夜～御～迮～笮～驻例大位天下宝，维贤国之镇。（唐·徐彦伯《比干墓》）错简记铅椠，阅书移玉镇。（唐·皎然《奉和颜使君真卿修〈韵海〉毕会诸文士东堂重校》）关辅回头煨烬，泪尽两河征镇。（宋·陆游《桃源忆故人·中原当日三川震》）

典**卧镇** 用以赞美虽然年老多病但威望很高的将帅、守令等。《后汉书·景丹传》："丹时病，帝以其旧将，欲令强起领郡事，乃夜召入谓曰：'贼迫近京师，但得将军威重，卧以镇之，足矣。'丹不敢辞，乃力疾拜命。"

相君卧镇群英集，一府翘然用楚材。（宋·宋祁《送马房》）

振zhèn 另见734页zhēn。

古去声，十二震。逆董～奋～汩～鸿～急～夹～蠲～匡～厘～麟～廪～隆～喷～丕～散～赡～施～肃～提～翕～遐～谐～雄～宣～抉～颖～玉～再～招～顺～拔～摆～兵～怖～策～耻～饬～旦～迭～顿～铎～发～槁～蛊～冠～骇～豪～核～济～祭～矜～敬～恐～理～厉～励～栗～廪～旅～履～袂～挠～起～穷～容～慑～饰～刷～悚～竦～肃～素～涾～武～锡～恤～讯～淹～扬～耀～业～缨～藻～滞例大汉昔云季，小人道遂振。（唐·卢照邻《咏史四首》其二）洄潭或动容，岛屿疑摇振。（唐·柳宗元《登蒲州石矶望横江口潭岛深迥斜对香零山》）汉业日已定，先生名亦振。（唐·元稹《四皓庙》）

典**玉振** 喻指人之文辞铿锵，辞藻出众。晋·潘岳《夏侯常侍诔》："英英夫子，灼灼其俊。飞辩摛藻，华繁玉振。"

两幅彩笺挥逸翰，一声寒玉振清辞。（唐·白居易《酬思黯相公晚夏雨后感秋见赠》）

震zhèn

古去声，十二震。逆爆～不～惭～颤～出～东～恫～敷～鼓～骇～汉～悸～惊～居～惧～雷～霹～声～竦～肃～霆～畏～武～摇～豫～远～震～诛～顺～爆～襮～怖～惭～诧～储～怛～旦～澹～悼～电～掉～迭～叠～愕～发～方～沸～服～蜚～汗～赫～訇～遑～惶～恚～惑～击～激～悸～矜～兢～局～惧～厉～铄～怜～鳞～凌～凝～扑～气～愆～洒～蚀～烁～悚～竦～肃～腾～惕～霆～恸～瓦～威～维～畏～吓～象～兴～炫～巽～筵～扬～曜～耀～业～仪～隐～越～泽～耆～灼例山鸣鬼又哭，地裂川亦震。（唐·徐彦伯《比干墓》）高云逐气浮，厚地随声震。（唐·储光羲《猛虎词》）

典**杨震** 借指清廉忠直的官员。东汉杨震任太守时，昌邑县令王密夜间欲赠十斤黄金于杨震，谓深夜无人知晓。杨震答："天知、神知、我知、子知，何谓无知！"不接受王密馈赠。后因不能除奸臣而饮鸩自杀，死后，有大鸟为其哭丧，葬毕乃去。见《后汉书·杨震传》。

杨震东来是宦游，政成登此自消忧。（唐·方干《登新城县楼赠蔡明府》）

三川震 借指国家有危难。《国语·周语上》："幽王二年，西周三川皆震。伯阳父曰：'周将亡矣！……'是岁也，三川竭，岐山崩。十一年，幽王乃灭，周乃东迁。"

三川皆震大灾异，汴水绝流上帝仁。（宋·晁说之《夜来枕上得四绝句》）

鸟哭杨震 见本页"杨震"。

有鸟哭杨震，无儿悲邓攸。（唐·元稹《阳城驿》）

阵(陣)zhèn

古去声，十二震。逆笔～愁～等～督～番～覆～鹳～函～横～鸿～花～欢～篁～获～坚～监～结～鲸～雷～连～掠～略～破～碁～起～强～戎～锐～霜～天～调～突～退～微～文～陷～香～心～雪～鸦～演～雁～营～圆～逐～顺～败～毙～车～纛～敌～风～俘～陔～脚～没～殁～气～容～色～杀～梢～身～士～首～痛～图～伍～影～云～斩～战～字～卒例忽逢暴兵起，闾巷见军阵。（唐·元结《忝官引》）船头大铜镮，摩挲光阵阵。（唐·刘禹锡《淮阴行五首》其三）使君出时皆有引，马前已被红旗阵。（唐·薛逢《观竞渡》）

典**天阵** 指古代一种用兵阵法。旧题周·吕望《六韬·虎韬·三阵》："武王问太公曰：'凡用兵为天陈、地陈、人陈，奈何？'太公曰：'日月星辰斗杓，一左一右，一向一背，此谓天阵；丘陵水泉，亦有前后左右

之列，此谓地阵；用车、用马、用文、用武，此谓人陈。'"

日羽廓游气，天阵清华野。（唐·许敬宗《奉和执契静三边应诏》）

鱼阵 "鱼丽之阵"的简称。借指军队的阵容。《左传·桓公五年》："秋，（周）王以诸侯伐郑，郑伯御之……祭仲足为左拒，原繁、高渠弥以中军奉公，为鱼丽之陈。先偏后伍，伍承弥缝。"杜预注："《司马法》：'车战二十五乘为偏，以车居前，以伍次之，承偏之隙，而弥缝缺漏也，五人为伍。'此盖鱼丽陈法。"陈，通"阵"。

惯听禽声浑可谱，饱观鱼阵已能排。（宋·辛弃疾《浣溪沙·熟时到几回》）

常山蛇阵 指用兵作战的一种阵法。《孙子·九地》："故善用兵者，譬如'率然'。'率然'者，常山之蛇也。击其首则尾至，击其尾则首至，击其中则首尾俱至。"

即墨龙文光照曜，常山蛇阵势纵横。（唐·杜牧《东兵长句十韵》）

吴宫红阵 春秋时军事家孙武曾于吴宫中教女兵习为阵，后用以形容群花簇拥、纷中尤有整的姿态。亦作"吴宫教阵"。见《史记·孙子吴起列传》。

将军闲试临边手，按出吴宫小阵图。（宋·陈耆卿《鹧鸪天·莫惜花前泥酒壶》）

鸩（鴆*酖）zhèn ①毒鸟名。②毒酒。③用毒酒害人。

古去声，二十七沁。逆赐～甘～黑～怀～进～仰～引～饮～顺～毒～酒～醴～媒～鸟～杀～弑～死～汤～翼～羽例毛奇睹象犀，羽怪见鹏鸩。（唐·韩愈《同宿联句》）

圳（甽）zhèn 深圳，地名。

古上声，十六铣。逆川～疆～清～深～

枕 zhèn 以头枕物。另见767页zhěn。

古去声，二十七沁。顺～干～戈～疾～藉～块～山～腕～席

朕 zhèn ①我。②皇帝自称。

古上声，二十六寝。又：上声，十一轸异。顺～躬～师～违～虞

赈（賑）zhèn ①以财物救济。②富裕。

古去声，十二震。又：上声，十一轸异。逆查～筹～赐～存～冬～发～急～济～假～矜～捐～蠲～冒～散～赡～施～遗～义～殷～隐～展～正～周～赒～助～顺～禀～赐～贷～澹～给～护～荒～惠～饥～籍～救～捐～粮～廪～穷～赡～施～粟～田～粜～务～物～锡～饷～恤～益～鬻～粥～助

揕 zhèn 刺击。

古去声，二十七沁。

十六唐

三韵书对照表

词林正韵 \ 佩文诗韵 \ 诗韵新编		十六唐(平声) 阴平	十六唐(平声) 阳平
第二部[三江][七阳][二十二养][二十三漾]	上平声三江	邦梆窗摐釭缸扛(两手共举重物,方言抬)杠(旗杆。桥)江豇茳矼腔双艭泷舡桩	撞(音幢,又读)幢扛(肩扛)哤龙庞降(受降)
	下平声七阳	帮傍(音邦。傍晚)苍仓舱沧鸧昌猖菖鲳伥阊创(受创)疮当铛(铃铛)珰裆筜方芳坊枋冈纲钢刚亢光胱洸荒肓疆僵将(恐将)浆螿姜缰康糠筐匡劻恇滂(滂滂)膀(奶膀)枪(手枪)跄(行走有节奏貌)锵羌蜣抢(抢风)斨戕桑丧商裳伤殇觞汤(水声)霜孀骦汤(羹汤)镗汪尪乡香相(互相)箱厢湘襄镶骧芗缃秧央鸯泱殃鞅(上声同)赃臧张章彰璋樟獐嫜漳庄装妆	昂藏长肠常尝偿裳(音常。古人穿的下衣。泛指衣服。)场(音常。场圃)苌床防妨(无妨)房肪鲂行(排行)航杭吭(音航。咽喉)颃黄煌皇凰蝗篁篁潢徨惶璜遑锽隍鳇湟艎喤狂郎狼廊琅榔琅浪踉(又读)稂粮良量(商量)粱凉梁莨忙芒茫邙囊娘彷旁戕磅螃膀(膀胱)雱强(坚强)墙樯嫱蔷攘瓤勷穰穰瀼堂塘糖唐棠螳螗搪溏王(帝王)亡忘(音王,去声同)详祥翔庠阳扬杨羊洋徉佯旸疡烊螂
	下平声七阳 上声二十二养	慌慷	
	上声二十二养	肮(肮脏)	
	去声二十三漾		诳阆(闶阆)酿(酒酿)
第十一部[八庚]	下平声八庚	伧(粗俗)	盲氓(流氓)饧(又读)
未检到的字		腌(腌臜)浜娼妨(何妨)肛罡桄夯啷乓呛镪(音腔。浓酸液)戗嚷(嚷嚷)裳(今音,仅用于"衣裳")墒鹴踹锡脏(不干净)臜	徜嫦喹绗蟥磺螂踉(跳踉)辌砼膛搪

词林正韵 \ 佩文诗韵 \ 诗韵新编		十六唐(仄声) 上声	十六唐(仄声) 去声
第二部[七阳][三讲][二十二养][三绛][二十三漾]	下平声七阳	岗(门岗)	倡眶(眼眶)
	上声三讲	港耩讲	蚌棒项

续表

诗韵新编 / 佩文诗韵 / 词林正韵		十六唐（仄声）	
		上声	去声
第二部［七阳］［三讲］［二十二养］［三绛］［二十三漾］	上声二十二养	榜（标榜）膀（翅膀）厂敞鳖袒党谠仿纺昉广犷谎晃幌恍滉奖桨蒋肮（又读）朗阆（音朗。阳平同）两魉裲莽蟒漭曩抢（强抢）强（勉强）襁镪壤攘颡磉赏上（上声）爽帑傥往枉网罔辋魍惘想享响鲞养仰痒氧鞅（音养，又读）脏（又读）驵掌长（音掌。生长）奘（腰奘）	榜（音棒。榜笞）蒡档沆强（倔强）象像橡丈杖
	去声三绛		戆（又读）降（下降）绛虹（音匠。又读）巷撞
	去声二十三漾	挡访舫饷涨（上涨）	盎傍（音棒。依傍）谤唱畅怅鬯创（独创）怆当（恰当，典当）荡宕挡砀放桄行（音沆。刚健貌）桁（音沆。衣架）将（大将）匠酱抗炕亢伉况旷纩觃圹浪亮量（度量）谅酿让丧（沦丧）上尚烫望忘（口语音）妄旺王（王天下）相（貌相）向养（音样）怏恙样漾脏（心脏）藏（西藏）葬仗帐障瘴嶂涨（弥漫。膨胀）胀长（长物的长）壮状
第七部［十五翰］	去声十五翰		胖（肥胖）
第十一部［二十三梗］	上声二十三梗		矿
第十三部［二十七沁］	去声二十七沁	闯	
未检到的字		绑场（音敞。场所）惝俩攮耪嗙嚷（喧嚷）嗓搡垧晌倘（倘或）躺淌惝（惝恍）仉	磅（过磅）镑杠（抬杠）逛晃（摇晃）糨（糨糊）犺框邝辆喨凉（使凉）晾踉（踉跄）齉呛跄（踉跄）戗（戗金）炝瀼（夔瀼）趟奘（音葬。玄奘）幛戆（愚直）僮（僮族）

平声·阴平

肮（骯）āng　肮脏的肮。

古《广韵》：平声，唐韵。顺～脏

腌āng　腌臜的腌。另见2页ā、608页yān。

逆糟～顺～臜

邦bāng　①古代诸侯的封国，也泛指国家。②分封。③大城镇，大地方。

古上平，三江。逆边～楚～唇齿～帝～殿～番～覆～故～海～晋～旧～客～乐～莲～列～邻～陋～盟～敉～名～偏～丧～神～殊～属～庶～提～万～遐～炎～异～友～鱼～造～宗～祖～顺～宝～表～伯～储～党～道～典～甸～栋～符～翰～绩～畿～极～籍～教～杰～桀～禁～经～理～禄～闾～略～论～懋～牧～朋～浦～圻～器～壤～瑞～颂～图～选～彦～仪～彝～宰～哲～桢～祯～治～族例四子醉时争讲习，笑论黄霸旧为邦。（唐·钱起《九日宴浙江西亭》）威令加徐土，儒风被鲁邦。（唐·韩愈《奉酬天平马十二仆射暇日言怀见寄之作》）因小以明大，借家可喻邦。（唐·白居易《凶宅》）

典**阖闾邦**　借指苏州。《史记·吴太伯世家》："吴太伯，太伯弟仲雍，皆周太王之子，而王季历之兄也。"唐·张守节《史记正义》："吴，国号也。太伯居梅里，在常州无锡县东南六十里。至十九世孙寿梦居之，号句吴。寿梦卒，诸樊南徙吴。至二十一代孙光，使子胥筑阖闾城都之，今苏州也。"

云绕阖闾邦，草迷于越垒。（宋·张栻《游灵岩》）

怀宝迷邦　指有才德却不出来为国家效力。《论语·阳货》："怀其宝而迷其邦，可谓仁乎？"朱熹集注："怀宝迷邦，谓怀藏道德，不救国之迷乱。"

何处挥金曾驻马，此身怀宝尚迷邦。（宋·董嗣杲《戏酬李勉之留江州怀琴窗之什》）

帮（幫）bāng　①鞋的边缘部分。②帮助。③增补。

古《广韵》：平声，唐韵。逆船～扶～告～厮～鞋～引～顺～岸～补～船～丁～缚～护～挈～同～闲～兴例柳雨花风，翠松裙褶，红腻鞋帮。（宋·蒋捷《柳梢青·学唱新腔》）

梆bāng　①梆子。②拟声词。③方言，敲击，打。

〔古〕上平，三江。〔逆〕传～更～寒～击～街～木～敲～三～系～〔顺〕～笛～鼓～锣

浜bāng　小河沟。

〔古〕《广韵》：平声，耕韵。〔逆〕草～池～河～水～小～

苍（蒼）cāng　①青色。②天，天空。③灰白色。④指百姓。

〔古〕下平，七阳。又：上声，二十二养异。〔逆〕斑～彼～鬓毛～苍～鹄～昊～皓～颢～坚～九～沮～空～浪～老～莽～旻～默～黔～青～清～穹～水～遐～雄～玄～郁～圆～重～〔顺〕～黯～岑～赤～猝～庚～昊～颢～黑～华～惶～极～劲～筤～黎～灵～龙～鹭～鸾～氓～盯～萌～旻～冥～溟～鸟～皤～祇～黔～虬～润～舒～兕～苔～唐～霞～秀～玄～哑～颜～垠～宇～郁～卒〔例〕北山烟雾始茫茫，南津霜月正苍苍。（唐·王勃《寒夜怀友杂体二首》其一）兵威冲绝漠，杀气凌穹苍。（唐·李白《出自蓟北门行》）

〔典〕**泛浩摩苍**　指前贤诗文水平很高，堪称典范。唐·杜牧《冬至日寄小侄阿宜诗》："李杜泛浩浩，韩柳摩苍苍。近者四君子，与古争强梁。愿尔一祝后，读书日日忙。"

交游少，约文房四友，泛浩摩苍。（宋·刘克庄《沁园春·帝赐玄圭》）

张苍饮乳　借指人长寿康健。《史记·张丞相列传》："张丞相苍者，阳武人也。……（汉文帝前元）四年，丞相灌婴卒，张苍为丞相。……苍之免相后，老，口中无齿，食乳，女子为乳母。……苍年百有余岁而卒。"

张苍饮乳元难学，绮季餐芝未免饥。（宋·陆游《邻人送菰菜》）

邹衍感彼苍　指蒙冤受屈。亦作"邹衍系狱"。《初学记》卷二引《淮南子》："邹衍事燕惠王，尽忠。左右谮之，王系之。仰天而哭，夏五月，天为之下霜。"

邹衍衔悲系燕狱，李斯抱怨拘秦桎。（唐·骆宾王《畴昔篇》）

左牵黄，右擎苍　指出猎。《梁书·张充传》："充少时，不持操行，好逸游。绪尝请假还吴，始入西郭，值充出猎，左手臂鹰，右手牵狗。遇绪船至，便放绁脱鞲，拜于水次。"

老夫聊发少年狂。左牵黄，右擎苍。（宋·苏轼《江城子·老夫聊发少年狂》）

仓（倉）cāng

〔古〕下平，七阳。〔逆〕敖～扁～藏～鹄～浩～饥～京～穹～佉～囷～太～义～盈～中～〔顺〕～敖～廒～扁～猝～蠹～腐～庚～鹒～黑～遑～急～颉～遽～廥～琅～廪～迫～囷～实～俗～粟～帑～箱～庾～玉～狱～卒〔例〕非熊从渭水，瑞翟想陈仓。（唐·魏知古《从猎渭川献诗》）亭午井灶闲，雀声响空仓。（唐·独孤及《山中春思》）家请官供不报答，何异雀鼠偷太仓。（唐·韩愈《卢郎中云夫寄示送盘谷子诗两章歌以和之》）

〔典〕**暗渡陈仓**　喻指暗中进行活动。见《史记·高祖本纪》。

明修栈道，暗渡陈仓。（宋·释大观《溢首座请赞》）

汲黯开仓　指良吏救灾恤民。《史记·汲黯列传》："汲黯字长孺，濮阳人也。……孝景帝崩，太子即位，黯为谒者。……河内失火，延烧千余家，上使黯往视之。还报曰：'家人失火，屋比延烧，不足忧也。臣过河南，河南贫人伤水旱万余家，或父子相食，臣谨以便宜，持节发河南仓粟以振贫民。臣请归节，伏矫制之罪。'上贤而释之，迁为荥阳令。"

自是鄭侯能给饷，从知汲黯可开仓。（元·杨维桢《送贡侍郎和籴还朝兼柬李治书同年二首》其一）

舱（艙）cāng　船或飞行器中乘人或置物的空间。

〔逆〕耳～房～官～夹剪～〔顺〕～室

伧（傖）cāng　①粗俗，鄙陋。②粗野的人。另见885页chen。

〔古〕下平，八庚。〔逆〕彼～楚～荒～狂～老～贫～〔顺〕～辈～鄙～才～楚～儿～夫～父～歌～鬼～荒～劣～陋～靡～儜～奴～气～攘～人～俗～言～语～重～子〔例〕本吴风俗剽，兼楚语音伧。（唐·刘禹锡《历阳书事七十韵》）顾予客兹地，薄我皆为伧。（唐·皮日休《初夏即事寄鲁望》）鹖冠难适越，羊酪未饶伧。（唐·陆龟蒙《江南秋怀寄华阳山人》）

沧（滄）cāng　①（水）青绿色。②同"滄"，寒，凉。

〔古〕下平，七阳。〔逆〕澄～漭～弦～渔～〔顺〕～波～渤～沧～耳～津～路～溟～热～澥～瀛～渊

鸧（鶬）cāng　鸧鹒的鸧。

〔古〕下平，七阳。〔逆〕鸧～鸹～逆～奇～鹙～云～〔顺〕～鹒～鸹～鸡～括～麋

昌chāng　①美善，美好。②兴旺，兴盛。③通"猖"，狂妄放肆。

〔古〕下平，七阳。〔逆〕白～百～伯～炽～鼎～番～蕃～丰～逢～福～光～归～贵～会～吉～纪～寝～克～连～宁～披～融～瑞～世～寿～文～延～殷～永～肇～〔顺〕～本～博～朝～辰～炽～辞～风～符～福～谷～光～侯～户～化～晖～辉～会～霍～基～教～乐～黎～茂～懋～濮～衢～容～瑞～舒～熟～泰～庭～熙～翔～延～衍～羊～洋～逸～胤～云～菹～作〔例〕穆矣熏风茂，康哉帝道昌。（唐·李世民《元日》）道隐前业衰，运开今化昌。（唐·李峤《奉使筑朔方六州城率尔而作》）闻道飞凫向洛阳，翩翩矫翮度文昌。（唐·李适《饯唐永昌赴任东郡自尚书郎为令》）

〔典〕**周昌**　借指敢于直言进谏的忠臣。《史记·张丞相列传》附《周昌传》："昌为人强力，敢直言，自萧、曹等皆卑下之。昌尝燕时入奏事，高帝方拥戚姬，昌还走，高帝逐得，骑周昌项，问曰：'我何如主也？'昌仰曰：'陛下即桀纣之主也。'于是上笑之。然尤惮周昌。……（赵）尧曰：'御史大夫周昌，其人坚忍质直，且自吕后、太子及大臣皆素敬惮之。'"

畋思获吕望，谏祗避周昌。（唐·薛能《华清宫和杜舍人》）

凤归昌　传说周朝兴起有"岐山鸣凤"的瑞应。凤鸣周兴，周文王名姬昌，故又说"凤归昌"。喻本朝应运而兴、国运昌隆。《国语·周语上》："周之兴也，鹙鷟鸣于岐山。"

分曹日抱戴，赴节凤归昌。（唐·张九龄《奉和圣制南郊礼毕酺宴》）

娼chāng　娼妓。

〔逆〕暗～公～流～世～私～宿～〔顺〕～夫～馆～家～寮～楼～门～女～优〔例〕身为平原客，家有邯郸娼。（唐·

王维《济上四贤咏·成文学》)青春犹未嫁,红粉旧来娼。(唐·屈同仙《乌江女》)

猖chāng　肆意妄为。

古下平,七阳。逆奸～披～狓～五～顺～悖～勃～炽～猾～獗～蹶～狂～披～肆～亡～洋例纷纷百家起,诡怪相披猖。(唐·韩愈《此日足可惜赠张籍》)

菖chāng　菖蒲。

古下平,七阳。逆泥～蒲～石～夏日～顺～歜～蒲

鲳(鯧)chāng　鱼名。

古下平,七阳。顺～鱼

伥(倀)chāng　①狂。②无所适从的样子。③传说中被虎咬死者的鬼魂。

古下平,七阳。逆伥～鬼～虎～盲～作～顺～伥～鬼例多岐空扰扰,幽室竟伥伥。(唐·李商隐《赠送前刘五经映三十四韵》)

阊(閶)chāng　阊阖的阊。

古下平,七阳。逆帝～阖～金～九～盘～穹～天～吴～顺～扉～风～阖～阊～门例并州汾上阁,登望似吴阊。(唐·欧阳詹《陪太原郑行军中丞登汾上阁》)

窗(*窓、窻)chuāng

古上平,三江。逆碧～灯～雕～短～篷～风～隔～槅～钩～鸡～槛～交～金～客～陋～绿～篷～栖～绮～晴～僧～鱿～蜃～石～书～疏～水～松～琐～听～透～文～霞～晓～轩～穴～雪～烟～瑶～阴～吟～莺～萤～映～月～云～芸～斲～顺～蟾～洞～扉～稿～阁～格～隔～槅～钩～槛～课～楞～寮～棂～笼～幔～门～禽～扇～望～帏～帷～绡～轩～眼～谊～友～牖例平明犹未醉,斜月隐书窗。(唐·岑参《送杨录事充潼关判官》)南京久客耕南亩,北望伤神坐北窗。(唐·杜甫《进艇》)渔浦浪花摇素壁,西陵树色入秋窗。(唐·钱起《九日宴浙江西亭》)

典**北窗**　借指悠然自乐的隐逸生活。亦作"北窗高卧""高枕北窗""北窗眠""北窗风""北窗兴""陶窗"。晋·陶渊明《与子俨等疏》:"常言:五六月中,北窗下卧,遇凉风暂至,自谓是羲皇上人。"

北窗桃李下,闲坐但焚香。(唐·王维《春日上方即事》)

鸡窗　借指书房。亦作"宋宗鸡窗"。《艺文类聚》卷九一引南朝宋·刘义庆《幽明录》:"晋兖州刺史沛国宋处宗尝买得一长鸣鸡。爱养甚至,恒笼着窗间。鸡遂作人语,与处宗谈论,极有玄致,终日不辍。处宗因此功业大进。"

鸡窗夜静开书卷,鱼槛春深展钓丝。(唐·罗隐《题袁溪张逸人所居》)

雪窗　见576页"雪照"。

闲来思学馆,犹梦雪窗明。(唐·郑谷《送太学颜明经及第东归》)

萤窗　见406页"萤烛"。

殷勤为谢南溪客,白首萤窗未见招。(唐·许浑《送前东阳于明府由鄂渚归故林》)

剪烛西窗　指亲友之间久别后相聚畅谈。亦作"西窗剪烛"。唐·李商隐《夜雨寄北》:"君问归期未有期,巴山夜雨涨秋池。何当共剪西窗烛,却话巴山夜雨时。"

洒空阶,夜阑未休,故人剪烛西窗语。(宋·周邦彦《锁窗寒·暗柳啼鸦》)

创(創)chuāng　①创伤。②伤害。③斩,劈。另见846页chuàng。

古下平,七阳。逆病～大～刀～负～裹～金～面～伤～受～树～吻～新～衷～重～顺～瘢～病～残～毒～痕～巨～戮～刃～寿～痛～痏～夷～痍～刈例妖孽关东臭,兵戈陇右创。(唐·杜甫《遣闷》)牒高身上职,碗大背边创。(唐·卢延让《哭亡将诗》)

疮(瘡)chuāng

逆病～补～裹～金～树～吮～痈～顺～瘢～残～疵～毒～害～痕～疾～家～痛～痏～痍例天寒远放雁为伴,日暮不收乌啄疮。(唐·杜甫《瘦马(一作老马)行》)蓬鬓哀吟古城下,不堪秋气入金疮。(唐·卢纶《逢病军人》)凤兮何当来,消我孤直疮。(唐·孟郊《答卢仝》)

典**吮疮**　指将帅关心体恤士卒。《史记·吴起列传》:"起之为将,与士卒最下者同衣食。卧不设席,行不骑乘,亲裹赢粮,与士卒分劳苦。卒有病疽者,起为吮之。卒母闻而哭之……曰:'……往年吴公吮其父,其父战不旋踵,遂死于敌。吴公今又吮其子,妾不知其死所矣。是以哭之。'"

谁为吮疮者,此事今人薄。(唐·刘长卿《从军六首》其六)

摐chuāng　撞。

古上平,三江。逆撑～冲～枪～抢～铮～顺～摐～金例扶几导之言,曲节初摐摐。(唐·韩愈《病中赠张十八》)饮荒情烂熳,风棹乐峥摐。(唐·元稹《泛江玩月十二韵》)

当[1](當)dāng　另见847页dàng。

古下平,七阳。逆般～裁～处～胆～当～丁～叮～玎～断～法～甫～革～咯～合～会～记～家～谏～交～教～禁～句～琅～临～莫～宁～排～配～屏～取～觑～容～问～幸～须～厌～要～宜～属～阻～顺～才～承～堵～对～番～锋～管～国～合～康～拦～阑～啷～琅～离～令～卢～垆～炉～颅～路～门～宁～匹～衢～人～丧～身～生～室～昔～行～胸～熊～巡～眼～依～膺～御～灾～轴～昼～壮例海潮南去过浔阳,牛渚由来险马当。(唐·李白《横江词六首》其二)天河悠悠漏水长,南楼北斗两相当。(唐·王建《秋夜曲二首》其二)晴日晓升金晃曜,寒泉夜落玉丁当。(唐·徐氏《丹景山至德寺》)

当[2](噹)dāng　叮当,拟声词。

铛(鐺)dāng　①女子耳饰。②拟声词,金属撞击的声音。另见866页chēng。

古下平,七阳。逆铛～钉～锒～鎯～银～顺～铛例夜深殿突兀,风动金锒铛。(唐·杜甫《大云寺赞公房四首》其三)独到辇前射双虎,君王手赐黄金铛。(唐·张籍《少年行》)

珰(璫)dāng　①耳坠。②指宦官。③瓦当。

古下平,七阳。逆璧～垂～翠～珰～貂～丁～玎～耳～珥～寒～华～金～琅～明～鸣～珮～文～瑶～银～玉～圆～珠～顺～珰～珥～环～琅～竖～珠～子例晴壑照金杷,秋云含璧珰。(唐·苏颋《敬和崔尚书大明朝堂雨后望终南

山》）兰舟桂楫常渡江，无因重寄双琼珰。（唐·张籍《寄远曲》）谁能共归去，流水似鸣珰。（唐·贯休《干霄亭晚望怀王棨侍郎》）

【典】**寄明珰** 指向对方表达爱意。三国魏·曹植《洛神赋》："余情悦其淑美兮，心振荡而不怡。……无微情以效爱兮，献江南之明珰。"

欲寄明珰非为怯。梦断兰舟桂楫。（宋·李之仪《清平乐·萧萧风叶》）

裆（襠）dāng

【古】下平，七阳。【逆】禅～祫～裲～【顺】～襦【例】索镜收花钿，邀人解袷裆。（唐·白居易《江南喜逢萧九彻》）

筜（簹）dāng 筼筜，一种皮薄、节长、竿高的竹子。

【古】下平，七阳。【逆】行～筼～【顺】～篁【例】影落三秋月，寒生六月霜。是谁幻出玉筼筜。（宋·朱晞颜《南歌子·影落三秋月》）

【典】**筼筜** 竹名，后以此代指竹子。《太平御览》卷九六三引晋·张勃《吴录》："始兴曲江县有筼筜竹，围尺五寸，节相去六七尺，夷人以为布葛。"

筼筜竞长纤纤笋，踯躅闲开艳艳花。（唐·韩愈《答张十一功曹》）

方 fāng

【古】下平，七阳。【逆】颁～辟～騣～边～辨～尺～赤～斗～端～敦～法～梵～刚～古～故～寡～乖～弘～济时～见～界～经～拘～矩～孔～乐～廉～履～蛮～迷～祕～名～宁～奇～清～却老～群～仁～枘～设～省～守～授～殊～疏～戍～顺～朔～司～随～头～推～违～物～遐～仙～鲜～向～雄～玄～巡～眼～医～仪～异～谊～翼～营～逾～圜～越～贞～轸～震～知～执～治～陟～忠～肘～朱～【顺】～碍～比～弼～彩～策～城～驰～垂～概～鲠～毂～轨～弘～厚～壶～畿～籍～诀～峻～客～棱～楞～厉～谋～目～牧～辇～袍～辔～蓬～奇～祇～峭～切～攘～枘～颣～邵～神～慎～朔～祀～挺～瞳～望～舄～限～骧～响～絜～轩～扬～颐～诣～裔～毅～殷～堙～游～隅～舆～域～辕～载～折～贞～珍～止～趾～峙～重～准～拙【例】金玉徒自宝，高贤无比方。（唐·刘商《哭韩淮端公兼上崔中丞》）龙韬何必陈三略，虎旅由来肃万方。（唐·杨巨源《送裴中丞出使》）五营兵转肃，千里地还方。（唐·韩愈《送李尚书赴襄阳八韵得长字》）

【典】**大方** 借指见识广博或学有专长的人。《庄子·秋水》中河伯见到北海，始感到自己的渺小，自称"长见笑于大方之家"。

悠悠想大方，此乃杯水滨。（唐·刘禹锡《有僧言罗浮事因为诗以写之》）

淮南方 代指修仙秘术。《艺文类聚》卷七八引《列仙传》："汉淮南王刘安，言神仙黄白之事，名为《鸿宝万毕》三卷，论变化之道。于是八公乃诣王，授《丹经》及三十六水方。"

枕中淮南方，床下阜乡舄。（唐·刘禹锡《游桃源一百韵》）

扫鬼方 指征讨边境敌对部族。亦作"伐鬼方""征鬼方"。《易·既济》："九三，高宗伐鬼方，三年克之。"鬼方是殷朝时北方部族所建立的国家，和殷发生过多次战争。

遥知百战胜，定扫鬼方还。（唐·李白《登邯郸洪波台置酒观发兵》）

肘后方 葛洪著《肘后备急方》四卷，为古时医方著作，后喻指仙人的医方，也泛指医方。亦作"肘后符""肘方""肘后药""肘后金壶"。见《晋书·葛洪传》。

腹中书籍幽时晒，肘后医方静处看。（唐·严武《寄题杜拾遗锦江野亭》）

季方元方 指兄弟并贤，难分高下。亦作"元方季方"。《世说新语·德行》："陈元方子长文，有英才，与季方子孝先各论其父功德，争之不能决。咨之太丘。太丘曰：'元方难为兄，季方难为弟。'"刘孝标注："一作'元方难为弟，季方难为兄'。"意谓元方卓尔不群，他人难为其兄；季方也俊异出众，他人难为其弟。后遂以此为典实。

邻无羊仲并求仲，家有元方与季方。（宋·刘克庄《与北山陈龙图》）

芳 fāng

【古】下平，七阳。【逆】碧～残～逞～驰～垂～斗～扶～甘～孤～含～徽～蕙～涧～椒～镜～来～兰～丽～林～令～沐～年～秾～搴～青～秋～糗～群～若～善～声～漱～水～肆～嗣～碎～踏～鲜～撷～研～扬～瑶～贻～幽～赠～贞～众～追～【顺】～蔼～苾～茝～辰～丛～甸～饵～风～馥～规～翰～蕙～魂～迹～缄～郊～椒～节～津～襟～醪～醴～洌～烈～邻～苓～流～醁～年～荃～蕤～润～声～树～岁～荪～鲜～芗～馨～信～醑～序～讯～芽～颜～意～懿～茵～音～猷～札～旨～芷～躅～馔～俎～尊～樽【例】叶疏犹漏影，花少未流芳。（唐·许敬宗《送刘散员同赋得陈思王诗山树郁苍苍》）沉钩摇兔影，浮桂动丹芳。（唐·卢照邻《江中望月》）宫城团回凛严光，白天碎碎堕琼芳。（唐·李贺《十二月乐辞·十一月》）

【典】**八叶联芳** 称誉世代显赫，官居高位。《新唐书·萧瑀传赞》："自瑀逮遘，凡八叶宰相，名德相望，与唐盛衰。世家之盛，古未有也。"

庆家传、八叶联芳，又添一叶。（宋·哀长吉《瑞鹤仙·小春天未雪》）

楚老惜兰芳 用以悼念、惋惜忠贤之士的早逝。亦作"楚老哭吊""楚老哭龚胜"。《汉书·龚胜传》记载楚人龚胜不肯应篡国者王莽的征辟，绝食而死，丧仪相当隆重，"门人衰绖，治丧者百数。有老父来吊，哭甚哀，既而曰：'嗟乎！薰以香自烧，膏以明自销。龚生竟夭天年，非吾徒也。'遂趋而出，莫知其谁"。

延州协心许，楚老惜兰芳。（南北朝·谢灵运《庐陵王墓下作》）

坊 fāng ①城镇中的街道里巷。②店铺。③牌坊。

【古】下平，七阳。【逆】宝～碧鸡～彩～茶～趁～村～梵～绀～更～酤～伎～教～京～静～酒～巨～客～砻～马～曲～僧～书～台～型～诸～【顺】～店～额～郭～酒～门～陌～曲～市～肆～厢～巷～隅～佐【例】闰月再重阳，仙舆历宝坊。（唐·宋之问《奉和圣制闰九月九日登庄严总持二寺阁》）草生季伦谷，花出莫愁坊。（唐·刘禹锡《和乐天

洛城春齐梁体八韵》)爱闲不向争名地,宅在街西最静坊。(唐·张籍《题杨秘书新居》)

典碧鸡坊 古代成都著名街巷。唐·杜甫《西郊》:"时出碧鸡坊,西郊向草堂。"清·仇兆鳌《杜诗详注》卷九注引《梁益记》:"成都之坊,百有二十,第四曰碧鸡坊。"

走马碧鸡坊里去,市人唤作海棠颠。(宋·陆游《花时遍游诸家园》)

枋fāng ①檀树。②筑堤堰用的大木桩。③两柱间起连接作用的方形横木。

古下平,七阳。逆槽～函～门～模～木～苏～槲～榆～顺～榆～子 例即此翔寥廓,非复控榆枋。(唐·赵中虚《游清都观寻沈道士得芳字》)

典抢榆枋 喻才疏学浅、志向卑微。《庄子·逍遥游》:"蜩与鸒鸠笑之曰:'我决起而飞,抢榆枋,时则不至而控于地而已矣,奚以之九万里而南为?'"

小鸟抢榆枋,大鹏激三千。(唐·权德舆《酬穆七侍郎早登使院西楼感怀》)

冈(岡)gāng ①山脊。②山坡。

古下平,七阳。逆崇～楚～川～东～高～迴～魁～昆～连～陵～泷～峦～螺～平～千仞～穷～沙～岩～阴～榆～郁～云～柘～陟～重～竹～顺～岑～阜～岵～脊～岭～陵～陇～峦～坡～陀～岩～隒 例乔木托危岫,积翠绕连冈。(唐·许敬宗《送刘散员同赋得陈思王诗山树郁苍苍》)试听紫骝歌乐府,何如騄骥舞华冈。(唐·张说《舞马千秋万岁乐府词三首》其一)斯须亦何益,终复委山冈。(唐·韦应物《送终》)

典陟冈 指思念兄弟。泛指思念亲友。《诗经·魏风·陟岵》:"陟彼冈兮,瞻望兄兮。"

谁怜陟冈者?西楚望南荆。(唐·白居易《自江陵之徐州路上寄兄弟》)

凤集高冈 喻指同友人宴集。《诗经·大雅·卷阿》:"凤凰鸣矣,于彼高冈。"郑玄笺:"凤凰鸣于山脊之上者,居高视下,观可集止,喻贤者待礼乃行。"

古戍有狐鸣夜月,高冈无凤集朝阳。(明·刘基《感兴七首》其六)

玉毁昆冈 喻指美好的事物被毁坏。《书·胤征》:"火炎昆冈,玉石俱焚。天吏逸德,烈于猛火。"

怪元和一事,韩公子者,归来斫去,玉毁昆冈。(宋·程珌《沁园春·消得雕栏》)

纲(綱)gāng ①提网的总绳。②比喻食物的总要或关键部分。③法度,秩序。④约束,限制。⑤唐宋时成批运输货物的组织。

古下平,七阳。逆步～持～帝～都～斗～国～汉～弘～纮～鸿～花石～皇～缉～举～魁～连～灵～民～乾～秦～权～台～天～条～颓～王～维～星～玄～云～周～顺～柄～法～贯～鉴～理～纽～首～条～网～维～辖～宪～佐 例冰坚成巨猾,火德遂颓纲。(唐·王绩《过汉故城》)邦牧今坐啸,群贤趋纪纲。(唐·高适《单父逢邓司仓覆仓库因而有赠》)督领不无人,提携颇在纲。(唐·杜甫《秋行官张望督促东渚耗稻》)

典张纲 借指敢于对抗权奸的直臣。亦作"张文纪"。张纲字文纪,顺帝朝任侍御史,曾上书弹劾大将军梁冀及其弟梁不疑"无君之心十五事"。帝不听。后被梁冀出为广陵太守。见《后汉书·张皓传》附《张纲传》。

浅深须揭厉,休更学张纲。(唐·杜牧《除官归京睦州雨霁》)

钢(鋼)gāng

古下平,七阳。逆百炼～点～剂～精～锟～鍊～銛～蘸～真～顺～肠～锋～火～口～唧～利～匀 例屈折孤生竹,销摧百炼钢。(唐·白居易《渭村退居》)

刚(剛)gāng

古下平,七阳。逆才～乘～淳～待～斗～侯～坚～狷～内～气～乾～清～吐～溢～榆～燥～贞～真～执～直～志～挚～尊～顺～隘～傲～暴～褊～卞～辩～瘴～德～忿～风～耿～梗～鲠～犷～悍～豪～急～忌～简～謇～蹇～健～讦～洁～狷～决～峻～克～酷～棱～厉～戾～廉～卤～猛～明～剽～朴～齐～峭～切～忍～塞～挺～武～险～獝～严～毅～躁～质～骘～壮～镞 例直用明销恶,还将道胜刚。(唐·柳宗元《弘农公》)指挥群儿辈,意气何坚刚。(唐·杜牧《冬至日寄小侄阿宜诗》)吟倚画栏怀李贺,笑持玉斧恨吴刚。(宋·毛珝《浣溪纱·绿玉枝头一粟黄》)

釭gāng ①车毂孔中用以穿轴的金属圈。②宫室壁带上的环状金属饰物。③油灯。另见933页gōng。

古上平,三江。逆壁～残～晨～春～冬～寒～红～金～兰～凝～青～秋～晓～夜～银～玉～顺～花～烛 例玄帷隔雪风,照炉钉明釭。(唐·韩愈《病中赠张十八》)生归话辛苦,别夜对凝釭。(唐·李商隐《因书》)居士先生老矣,真梦里、相对残釭。(宋·苏轼《满庭芳·三十三年》)

缸gāng

古上平,三江。逆春～翠～顶～封～寒～红～鸡～金～兰～青～星～银～玉～月～顺～花～面～瓦～砚 例狭室下珠箔,连宵倾玉缸。(唐·岑参《送杨录事充潼关判官》)已困连飞盏,犹催未倒缸。(唐·元稹《泛江玩月十二韵》)窗外正风雪,拥炉开酒缸。(唐·杜牧《独酌》)

扛gāng ①两手共举(重物)。②方言,抬。③横拦。④顶撞。⑤量词,两人抬一物为一扛。另见816页káng。

古上平,三江。逆笔力～千钧～顺～鼎～舁 例龙文百斛鼎,笔力可独扛。(唐·韩愈《病中赠张十八》)共推任笔,洪鼎力能扛。(宋·葛胜仲《满庭霜·百不为多》)

杠(*槓)gāng ①床前横木。②竹、木等做成的竿子。③车盖的柄。④桥。⑤通"扛",抬,举。另见847页gàng。

古上平,三江。逆长～画～金～锦～石～徒～云～顺～盖～毂～梁～首～衣～杓 例我欲为君说,安得笔如杠。(唐·林正大《括水调歌》)牛羊满田野,解旆束空杠。(唐·韩愈《病中赠张十八》)

肛gāng 肛门。

逆洞～胴～胖～膖～顺～门 例连日挟所有,形躯顿膖肛。(唐·韩愈

《病中赠张十八》)

亢gāng 古音。①喉咙。②比喻要害。另见850页kàng。

古下平,七阳。顺～颈

罡gāng ①星名,天罡星。②同"冈",山脊。

逆步～高～魁～连～天～榆～顺～风～气例守神保元气,动息随天罡。(唐·张籍《学仙》)空庭好待中宵月,独礼星辰学步罡。(唐·皮日休《寒日书斋即事三首》其一)

光guāng

古下平,七阳。逆飙～葆～参～藏～朝～辰～骋～驰～垂～淳～慈～洞～恩～敷～浮～耿～孤～豪～弘～虹～鸿～华～慧～吉～景～驹～奎～岚～雷～离～藜～丽～烈～邻～鳞～胧～露～埋～瞑～末～慕～匿～年～攀～魄～齐～谦～乾～潜～晴～容～融～洒～韶～寿～烁～朔～素～腾～威～文～希～晞～溪～曦～隙～祥～萧～霄～旭～轩～雪～延～严～扬～摇～瑶～颐～逸～银～游～昭～智～重～竹～顺～备～贲～弼～灿～阐～昌～尘～宠～德～觌～范～跌～敷～覆～晷～毫～赫～亨～惠～济～霁～驾～降～晶～精～丽～灵～隆～容～润～劭～施～饰～素～侻～统～熙～相～绚～勋～训～炎～颜～扬～仪～易～膺～猷～裕～誉～远～赞～藻～昭～烛～祚～例拂潮云布色,穿浪日舒光。(唐·李世民《春日望海》)微身奉日月,飘若萤火光。(唐·李白《秦女卷衣》)丁丁漏水夜何长,漫漫轻云露月光。(唐·张仲素《秋夜曲》)

典**藜光** 借指烛光。旧题晋·王嘉《拾遗记·后汉》:"刘向于成帝之末,校书天禄阁,专精覃思。夜有老人,着黄衣,植青藜杖,扣阁而进,见向暗中独坐诵书。老父乃吹杖端,烂然大明,因以照向,说开辟已前事。"

道荒芜羞对,宫中莲烛,昏花难映,阁上藜光。(宋·刘克庄《沁园春·寄竹溪》)

龙光[1] 指受到天子的恩宠。《诗经·小雅·蓼萧》:"既见君子,为龙为光。"毛氏传:"龙,宠也。"郑玄笺:"言天子恩泽光耀被及己也。"

共惊河洛初开奥,一日龙光四海知。(宋·夏竦《送太傅相公居留洛宅》)

龙光[2] 指宝剑的光芒。根据《晋书·张华传》,晋初,牛、斗二星之间常有紫气照射,据说是宝剑之精,上彻于天。张华命人寻找,果然在丰城牢狱的地下,掘出龙泉、太阿二剑。后这对宝剑入水化为双龙。

闲弓失月影,劳剑无龙光。(唐·鲍溶《苦哉远征人》)

孟光 借指贤妻。梁鸿娶妻孟光,孟光深知梁鸿之志,陪同丈夫隐居深山,为人舂米,每次梁鸿回家,孟光都将食物举到齐眉高处,送到他面前。见晋·皇甫谧《高士传》卷下。

梁鸿不肯仕,孟光甘布裙。(唐·白居易《赠内》)

偷光 指刻苦夜读。亦作"假余光""凿壁偷光""穿壁引光""穿壁借光""邻烛余光"。旧题晋·葛洪《西京杂记》卷二:"匡衡,字稚圭,勤学而无烛,邻舍有烛而不逮,衡乃穿壁引其光,以书映光而读之。"

惜日看圭短,偷光恨壁坚。(唐·元稹《献荥阳公诗五十韵》)

严光 代指隐逸高士。亦作"严君""严子""严陵""严家"。《后汉书·严光传》:"严光字子陵,一名遵,会稽余姚人也。少有高名,与光武同游学。及光武即位,乃变名姓,隐身不见。帝思其贤,乃令以物色访之。后齐国上言:'有一男子,披羊裘钓泽中。'帝疑其光,乃备安车玄纁,遣使聘之。三反而后至。……除为谏议大夫,不屈,乃耕于富春山。"

偶作客星侵帝座,却应虚薄是严光。(唐·司空图《狂题十八首》其四)

白毫光 指佛光。《妙法莲华经·序品》:"尔时佛放眉间白毫相光,照东方万八千世界,靡不周遍,下至阿鼻地狱,上至阿迦尼吒天。……是佛光明神通之相……于是弥勒菩萨欲重宣此义以偈问曰:'文殊师利,导师何故。眉间白毫,大光普照。'"

白毫光未灭,胜事百年中。(宋·张尧同《嘉禾百咏·景德禅院》)

九霞光 九天云霞之光。借指天庭,亦用以指道教建筑或宫殿。旧题汉·东方朔《海内十洲记》:"昆仑……又有墉城,金台玉楼,相鲜如流精之阙光;碧玉之堂,琼华之室,紫翠丹房,锦云烛日,朱霞九光。西王母之所治也。"

会宴瑶池阿母家,九霞光绕翠琼车。(宋·傅诚《妙庭观》)

颂灵光 借指有文才。《后汉书·王逸传》:"子延寿,字文考,有俊才。少游鲁国,作《灵光殿赋》。后蔡邕亦造此赋,未成,及见延寿所为,甚奇之,遂辍翰而已。"

正平赋鹦鹉,文考颂灵光。(唐·权德舆《从事淮南府过亡友杨校书旧厅感念愀然》)

惜余光 指居贫苦读。《晋书·车胤传》:"车胤字武子,南平人也。……太守王胡之名知人,见胤于童幼之中,谓胤父曰:'此儿当大兴卿门,可使专学。'胤恭勤不倦,博学多通。家贫不常得油,夏月则练囊盛数十萤火以照书,以夜继日焉。"

下帷如不倦,当解惜余光。(唐·骆宾王《秋萤》)

白驹隙光 见472页"白驹留"。

身如朝露无牢强,玩此白驹过隙光。(宋·黄庭坚《戏答赵伯充劝莫学书及为席子泽解嘲》)

分我余光 喻请求别人帮忙,而此人能不费力地行方便进行帮助。《史记·甘茂列传》:"甘茂之亡秦奔齐,逢苏代。代为齐使于秦。甘茂曰:'臣得罪于秦,惧而遁逃,无所容迹。臣闻贫人女与富人女会绩,贫人女曰:"我无以买烛,而子之烛光幸有余,子可分我余光,无损子明而得一斯便焉。"今臣困而君方使秦而当路矣。茂之妻子在焉,愿君以余光振之。'苏代许诺。遂致使于秦。"

余光幸分我,不死安可独。(宋·苏轼《陈季常见过三首》其三)

虎丘剑光 代指吴越春秋时吴宫旧事。汉·袁康《越绝书》卷二:"阖闾冢在阊门外,名虎丘,下池广六十步,水深丈五尺。铜椁三重……扁诸之剑三千,方圆之口三千,时耗、鱼肠之剑在焉。千万人筑治之，取土临湖口，筑三日而白虎居上，故号为虎丘。”

琴调冷声闲虎丘，剑光寒影动龙湫。（元・乔吉［双调・折桂令］《风雨登虎丘》）

鲁殿灵光 喻指硕果仅存的人或物。亦作“鲁灵光”。东汉・王延寿《鲁灵光殿赋序》：“鲁灵光殿者，盖景帝程姬之子恭王余之所立也。初，恭王始都下国，好治宫室，遂因鲁僖基兆而营焉。遭汉中微，盗贼奔突，自西京未央、建章之殿，皆见隳坏，而灵光岿然独存。”

鲁殿灵光屹然峙，长为圣代歌升平。（清・孙周《以辽参饷姚先生椿滕以长歌》）

入侍明光 指升迁为皇帝近侍重臣。东汉・应劭《汉官仪》卷上：尚书郎“奏事明光殿”。

愿君稳度三合溜，早归入侍明光宫。（宋・楼钥《送万耕道帅琼管》）

少微陨光 喻指处士之死。亦作“少微夜落”“少微堕”。《艺文类聚》卷三六引南朝宋・檀道鸾《续晋阳秋》：“谢敷隐居会稽山。初，月犯少微星，一名处士星，时戴逵名重于敷，时人忧之。俄而敷死，故会稽士人嘲吴人云：‘吴中高士，求死不得。’”

少微星夜落，高掌露朝晞。（唐・沈佺期《哭道士刘无得》）

谢家风光 借以咏柳。见474页“谢家楼”。

堤暖柳丝斜，风光属谢家。（唐・杨巨源《春日有赠》）

与日争光 喻人格高尚。《史记・屈原列传》：“其志洁，故其称物芳。其行廉，故死而不容自疏。濯淖污泥之中，蝉蜕于浊秽，以浮游尘埃之外，不获世之滋垢，皭然泥而不滓者也。推此志也，虽与日月争光可也。”

唤起《九歌》忠愤，拂拭三闾文字，还与日争光。（宋・张孝祥《水调歌头・濯足夜滩急》）

胱 guāng 膀胱的胱。

古下平，七阳。逆膀～

洸 guāng ①水波动荡闪光的样子。②威武的样子。

古下平，七阳。逆洸～汪～顺～朗

桄 guāng 桄榔的桄。另见847页 guàng。

顺～根～榔～面

夯 hāng ①用力扛。②砸实地基所用的工具。③用夯砸实地基。④方言，用力打。

逆迟～蠢～粗～鲁～愚～滞～顺～歌～汉～实～市～砣～硪

荒 huāng

古下平，七阳。逆哀～暴～边～伧～悴～怠～凋～雕～遁～匪～旱～鸿～怀～骄～揉～辽～龙～洛～漫～芒～眊～耄～闽～盘～丘～戎～色～沈～殊～田～投～帷～芜～西～隙～遐～虚～逊～淹～奄～夷～逸～幽～远～榛～赒～顺～白～饱～悖～弊～伧～畴～楚～耽～服～茀～梗～古～怪～悸～俭～徼～馑～憬～愧～莱～乐～陋～芒～耄～昧～湎～僻～歉～阙～沈～腆～庭～外～宴～裔～远～月～越～湛～榛～政～恣～陬～醉例晨宵怀至理，终愧抚遐荒。（唐・李世民《正日临朝》）百草死冬月，六龙颓西荒。（唐・李白《拟古十二首》其六）

典**周穆八荒** 指君王耽于游乐而误国。亦作“周后袭昆仑”。《列子・周穆王》：“王大悦，不恤国事，不乐臣妾，肆意远游。命驾八骏之乘……别日升昆仑之丘，以观黄帝之宫，而封之以诒后世。……乃观日之所入。一日行万里。王乃叹曰：‘於乎！予一人不盈于德而谐于乐，后世其追数吾过乎！’”

周穆八荒意，汉皇万乘尊。（唐・李白《古风》其四十三）

色禽合为荒 指帝王荒淫、好猎。《书・五子之歌》：“其二曰：‘训有之：内作色荒，外作禽荒，甘酒嗜音，峻宇彫墙。有一于此，未或不亡。’”

色禽合为荒，刑政两已衰。（唐・白居易《杂兴三首》其一）

五弟训禽荒 指谏止君王不要沉迷于畋猎，以免误国。《书・五子之歌》：“太康失邦，昆弟五人，须于洛汭，作《五子之歌》。”

尝闻夏太康，五弟训禽荒。（唐・魏知古《从猎渭川献诗》）

慌 huāng

古《集韵》：平声，唐韵。逆怆～鬼～骇～害～慌～急～落～失～懭～颓～着～顺～促～悴～错～慌～急～遽～迫～手～悚～速例胡为此水边，神色久懭慌。（唐・韩愈《泷吏》）

肓 huāng 中医指心脏与隔膜之间的位置。

古下平，七阳。逆高～膏～起～顺～膜例大军载草草，凋瘵满膏肓。（唐・杜甫《壮游》）殷牛常在耳，晋竖欲潜肓。（唐・韦庄《和郑拾遗秋日感事一百韵》）

典**膏肓** 借指不治之症。《左传・成公十年》：“公（晋侯）疾病，求医于秦，秦伯使医缓为之。未至，公梦疾为二竖子曰：‘彼良医也，惧伤我。焉逃之？’其一曰：‘居肓之上，膏之下，若我何？’医至，曰：‘疾不可为也，在肓之上，膏之下，攻之不可，达之不及，药不至焉，不可为也。’”

再拜药园翁，何以起膏肓？（宋・朱熹《题谢少卿药园二首》之二）

针膏肓 指针对性地进行批评帮助。《后汉书・郑玄传》：“时任城何休好《公羊》学，遂著《公羊墨守》《左氏膏肓》《谷梁废疾》。玄乃发《墨守》、针《膏肓》、起《废疾》。休见而叹曰：‘康成入吾室，操吾矛以伐我乎！’”

跻民仁寿则非职，且为老惫针膏肓。（宋・陆游《病起杂言》）

泉石膏肓 喻酷爱山石泉林，立志归隐。亦作“烟霞膏肓”“烟霞痼疾”。《旧唐书・田游岩传》：“调露中，高宗幸嵩山，遣中书侍郎薛元超就问其母，游岩山衣田冠出拜，帝令左右扶止之，谓曰：‘先生养道山中，比得佳否？’游岩曰：‘臣泉石膏肓，烟霞痼疾，既逢圣代，幸得逍遥。’”

泉石膏肓吾已甚，多病，堤防风月费篇章。（宋・辛弃疾《定风波・山路风来草木香》）

江 jiāng

古上平，三江。逆操～澄～枫～隔～鹤～横～荒～回～霁～夹～剪～锦～京～连～柳～銮～暮～潘～青～秋～曲～沈～暂～霜～松～碎～烟～饮～郁～远～云～枕～重～祖～顺～澳～鲍～壁～表～槎～溽～次～带～稻～甸～调～

娥～帆～腹～皋～歌～馆～郭～痕～浒～火～畿～槛～郊～酒～客～醪～离～骊～蓠～历～练～膂～梅～湄～靡～泌～讴～萍～圻～曲～桡～壖～色～身～势～滏～汜～汰～潭～天～湍～鼍～隈～尾～心～信～胥～驿～裔～垠～陾～月～棹～珠～陬㊀夫子方寸里，秋天澄霁江。（唐·岑参《送杨录事充潼关判官》）绮罗回锦陌，弦管入花江。（唐·柳中庸《春思赠人》）兰桡起唱逐流去，却恨山溪通外江。（唐·戴叔伦《临流送顾东阳》）

㊁**誓江**　喻矢志收复失地，安定国家。《晋书·祖逖传》："帝乃以逖为奋威将军、豫州刺史，给千人廪、布三千匹，不给铠仗，使自招募。仍将本流徙部曲百余家渡江，中流击楫而誓曰：'祖逖不能清中原而复济者，有如大江！'辞色壮烈，众皆慨叹。屯于江阴，起冶铸兵器，得二千余人而后进。"

帐当年空击，誓江孤楫。（宋·陈三聘《满江红·绀縠浮空》）

笔底三江　喻文才不凡。唐·杜甫《醉歌行》："陆机二十作文赋，汝更少年能缀文。……词源倒流三峡水，笔阵独扫千人军。"

笔底三江鲸浪注，胸次一瓯冰雪。（宋·张榘《金缕曲·枌社新相识》）

枫落吴江　代指诗文中的佳言警句。亦作"枫落句"。《新唐书·崔信明传》："（信明）尝矜其文，谓过李百药……（世翼）遇信明江中，谓曰：'闻公有"枫落吴江冷"，愿见其余。'信明欣然多出众篇。世翼览未终，曰：'所见不逮所闻！'投诸水，引舟去。"

才尽已无枫落句，身存又见雁来时。（宋·陆游《剑南诗稿·秋兴》）

陆海潘江　称美有文才的人。南朝梁·钟嵘《诗品》卷上《晋黄门郎潘岳》："谢混云：'潘诗烂若舒锦，无处不佳；陆文如披沙简金，往往见宝。'嵘谓：'益寿轻华，故以潘为胜；翰林（李充）笃论，故叹陆为深。'余尝言：'陆才如海，潘才如江。'"

今朝比潘陆，江海更滔滔。（唐·刘禹锡《浙西李大夫述梦四十韵》）

泥马渡江　喻指紧急情况下，不可能的事变成可能。宋·辛弃疾《南渡录》："康王，宋徽宗第九子，质于金，间道奔窜，倦息崔府君庙。有马在侧，王躍马南驰，一日行七百里。河既渡而马不前，下视之，乃泥马也。"

万里英魂归未得，不思泥马渡江来。（明·邵思文《白塔寺感怀》）

若弼酹江　指对着江水起誓。亦作"卮酒酹江"。《隋书·贺若弼传》："开皇九年，大举伐陈，以弼为行军总管。将渡江，酹酒而咒曰：'弼亲承庙略，远振国威，伐罪吊民，除凶翦暴，上天长江，鉴其若此。'"

白发萧条吹北风，手持卮酒酹江中。（宋·陆游《登灌口庙东大楼观岷江雪山》）

投鞭填江　比喻人马众多，兵力强大。亦作"投棰"。《晋书·苻坚载记下》：前秦苻坚率师号称百万将攻东晋，太子左卫率石越以为晋"国有长江之险。朝无昏贰之衅。……未宜动师"。"（苻）坚曰：'吾闻武王伐纣，逆岁犯星。……仲谋泽洽全吴。孙皓因三代之业，龙骧一呼，君臣面缚，虽有长江，其能固乎！以吾之众旅，投鞭于江，足断其流。'"

投鞭可填江，一扫不足论。（唐·李白《登金陵冶城西北谢安墩》）

铁锁沉江　指攻破敌人的设防。《晋书·王濬传》："太康元年正月，濬发自成都，率巴东监军、广武将军唐彬攻吴丹杨，克之，擒其丹杨监盛纪。吴人于江险碛要害之处，并以铁锁横截之，又作铁锥长丈余，暗置江中，以逆距船。先是，羊祜获吴间谍，具知情状。濬乃作大筏……以筏先行，筏遇铁锥，锥辄着筏去。又作火炬，长十余丈，大数十围，灌以麻油，在船前，遇锁，然炬烧之，须臾，融液断绝，于是船无所碍。"

千寻铁锁沉江底，一片降幡出石头。（唐·刘禹锡《西塞山怀古》）

五马渡江　指战乱。亦作"五马南浮"。《晋书·五行志中》："太安中，童谣曰：'五马游渡江，一马化为龙。'后中原大乱，宗藩多绝，唯琅邪、汝南、西阳、南顿、彭城同至江东，而元帝嗣统矣。"又见《晋书·元帝纪》。

双鹅飞洛阳，五马渡江徼。（唐·李白《经乱后将避地剡中留赠崔宣城》）

有如大江　指对着长江起誓以示自己的诚意和可信。见本页"誓江"。

笑问鸥盟，所不同心，有如大江。（宋·萧仲昺《沁园春·笑问鸥盟》）

子胥弃江　见525页"怒为涛"。

子胥既弃吴江上，屈原终投湘水滨。（唐·李白《行路难三首》其三）

疆jiāng　①边界，国界。②疆土，疆域。③整理田界，划定疆界。④极限，尽头。⑤通"强"，强大。⑥指新疆。

㊂下平，七阳。㊃安～鄙～辟～出～分～故～海～畿～翦～界～井～旧～开～连～启～侵～清～畎～守吾～寿无～殊～司～跳～土～无～遐～贤～新～岩～㊄～场～臣～塍～垂～地～度～顿～辅～干～固～郊～理～吏～梁～略～晦～圻～畎～治～易～禺～隅～宇～圉～泽～畛～直㊀气和皆有感，泽厚自无疆。（唐·张九龄《奉和圣制南郊礼毕酺宴》）道丧苦兵赋，时来开井疆。（唐·储光羲《晚次东亭献郑州宋使君文》）念彼荷戈士，穷年守边疆。（唐·杜甫《夏夜叹》）

㊁**齐人侵疆**　指敌人入侵。扬雄《法言·寡见》："或问：'鲁用儒而削，何也？'曰：'鲁不用儒也。昔在姬公，用于周而四海皇皇，奠枕于京。孔子用于鲁，齐人章章，归其侵疆。鲁不用真儒故也。如用真儒，无敌于天下。'"

鲁国方虚两社，齐人要复侵疆。（宋·周必大《西江月·三月群贤毕集》）

僵（*殭）jiāng　①倒下。②死。③僵硬。④表情动作呆滞。⑤意见难于调和，事情难以处理。"殭"不用于④⑤二义。

㊂下平，七阳。㊃板～颠～顿～寒欲～枯～木～事～手足～详～偃～㊄～毙～踣～伏～覆～槁～蹶～冷～梁～落～魄～偃～燥～滞～坠㊀楚屈入水死，诗孟踏雪僵。

(唐·孟郊《答卢仝》)今虽未即死,饿冻几欲僵。(唐·杜牧《冬至日寄小侄阿宜诗》)谁信蓬山仙子,天与经纶才器,等闲厌名僵。(宋·尹洙《水调歌头·万顷太湖上》)

典**宝瑟僵** 喻前行受阻。《汉书·金日磾传》:"是时上行幸林光宫,日磾小疾卧庐。何罗与通及小弟安成矫制夜出,共杀使者,发兵。明旦,上未起,何罗亡何从外入,日磾奏厕心动,立入坐内户下。须臾,何罗裒(袖)白刃从东厢上,见日磾,色变,走趋卧内欲入,行触宝瑟,僵。日磾得抱何罗……得禽缚之。"

笑怕蔷薇罥,行忧宝瑟僵。(宋·苏轼《南歌子·笑怕蔷薇罥》)

将(將)jiāng ①扶持,扶助。②奉养,调养。③持,拿。④带领。另见848页jiàng。

古下平,七阳。逆不~才~奉~扶~干~裸~取~输~肃~行~月~自~顺~爱~承~诚~雏~带~扶~护~具~牢~离~理~梁~美~明~命~摄~身~慎~顺~送~宿~妄~息~惜~养~意~欲~治~助例薏苡扶衰病,归来幸可将。(唐·王维《送李员外贤郎》)半啼封裹了,知欲寄谁将。(唐·孟浩然《闺情》)兹游无时尽,旭日愿相将。(唐·韦应物《池上怀王卿》)

浆(漿)jiāng

古下平,七阳。逆承~地~鬼~桂~含~寒~壶~椒~金~滥~酪~渌~梅~魔~神~水~松~桃~天~霞~香~玄~谒~饴~酏~玉~鸳~云~糟~顺~饭~壶~粮~人~水~荇例若能遥止渴,何暇泛琼浆。(唐·李峤《梅》)焚香布瑶席,鸣佩奠椒浆。(唐·李希仲《东皇太一词》)草木不可餐,饥饮零露浆。(唐·李白《北上行》)

典**五云浆** 喻指仙药。《艺文类聚》卷八一引旧题东汉·班固《汉武帝内传》:"西王母谓武帝曰:'其太上之药,乃有……其次药有丸丹金液、紫华红芝、五云之浆、玄霜绛雪,若得食之,白日升天。'"

酒库新修近水傍,泼醅初熟五云浆。(五代·花蕊夫人徐氏《宫词》其六十四)

汗逾水浆 形容出汗。亦作"汗出如浆""流汗翻浆"。《世说新语·言语》:"钟毓、钟会少有令誉。年十三,魏文帝闻之,语其父钟繇曰:'可令二子来。'于是敕见。毓面有汗,帝曰:'卿面何以汗?'毓对曰:'战战惶惶,汗出如浆。'复问会:'卿何以不汗?'对曰:'战战慄慄,汗不敢出。'"

老少多暍死,汗逾水浆翻。(唐·杜甫《贻华阳柳少府》)

螿jiāng 蝉属。

古下平,七阳。逆寒~鸣~蛩~秋~啼~闻~吟~例檐空愁宿燕,壁暗思啼螿。(唐·白居易《渭村退居》)哀砧捣秋色,晓月啼寒螿。(唐·李群玉《投员外从公虞》)寒声愁听杵,空馆厌闻螿。(唐·韦庄《和郑拾遗秋日感事一百韵》)

典**啼螿** 借指秋季。《艺文类聚》卷九七引西晋·周处《风土记》:"七月而蟪蛄鸣于朝,寒螿鸣于夕。"按,寒螿即寒蝉,鸣于秋初,故借鸣叫的螿来代指秋季。

满池明月思啼螿,高屋无人风张幕。(唐·元稹《夜池》)

姜[1]jiāng 姓。

古下平,七阳。逆不~恭~共~姬~三~庶~邑~玉~贞~顺~被~齐~戎~原~嫄~张例德配程休甫,名高鲁季姜。(唐·孙逖《故程将军妻南阳郡夫人樊氏挽歌》)云和不觉罢余怨,莲峰一夜啼琴姜。(唐·李沇《方响歌》)推阐家人一卦,迤逦齐家治国,鼎鼐得姬姜。(宋·无名氏《水调歌头·人道孰为大》)

典**姬姜** 借指贵族妇女或美女。《左传·成公九年》:"《诗》曰:'虽有丝麻,无弃菅蒯。虽有姬姜,无弃蕉萃。'"杜预注:"逸《诗》也。姬姜,大国之女;蕉萃,陋贱之人。"

王谢初飞盖,姬姜尽下山。(唐·段成式《和周繇见嘲》)

姜[2](薑)jiāng

古下平,七阳。逆茈~桂~芥~苗~山~蜀~顺~桂例鲂鳞白如雪,蒸炙加桂姜。(唐·白居易《偶吟赠妻弘农郡君》)穿霞逢黑冗鸟,乞食得红姜。(唐·贯休《春送禅师归闽中》)

缰(繮、*韁)jiāng 栓牵牲口的绳子。

古下平,七阳。逆垂~飞~控~名~丝~锁~鞅~游~紫~顺~靶~络~锁~系例玉瓶素蚁腊酒香,金鞭白马紫游缰。(唐·岑参《送张献心充副使归河西杂句》)但闻争曳组,讵见学垂缰。(唐·韦庄《和郑拾遗秋日感事一百韵》)

豇jiāng 豇豆的豇。

古上平,三江。顺~豆

茳jiāng 茳蓠的茳。

古上平,三江。顺~芏~蓠

矼jiāng 石桥。

古上平,三江。逆短~河~平~畦~石~水~鱼~例上戍看绵蕝,登村度石矼。(唐·皮日休《忆洞庭观步十韵》)竹伞遮云径,藤鞋踏藓矼。(唐·陆龟蒙《忆袭美洞庭观步奉和次韵》)

康kāng ①安乐,安宁。②丰盛,富足。③褒扬,赞美。④康健。⑤四通八达的大道。⑥虚,空。

古下平,七阳。逆艾~长~成~迪~杜~丰~弗~阜~富~韩~欢~惠~嵇~吉~靖~凯~乐~宁~平~三~寿~太~体~惟~夏~仪~亿~悦~治~顺~成~阜~歌~功~侯~瓠~荒~惠~济~靖~救~居~爵~逵~乐~梁~隆~庐~宁~平~韶~沈~盛~食~顺~涂~裕~豫例虽无舜禹迹,幸欣天地康。(唐·李世民《正日临朝》)下车惭政美,闭阁幸时康。(唐·崔湜《襄阳作》)贤能既俟进,黎献实伫康。(唐·李隆基《赐诸州刺史以题座右》)

典**杜康** 见486页"杜酒"。

何以解忧,唯有杜康。(三国魏·曹操《短歌行》)

韩康 借指隐逸高士。亦泛指采药、卖药者。韩康为东汉民间医生,字伯休,一名恬休。常采药名山,销售于长安市,三十余年,口不二价,桓帝派人请他做官,他逃入霸陵山中隐居,事见《后汉书·韩康传》。

病添庄舄吟声苦,贫欠韩康药债多。(唐·白居易《酬梦得贫居咏怀见赠》)

嵇康 借指名士。亦作"嵇叔夜""嵇家""嵇中散"。《晋书·嵇康传》："嵇康字叔夜，谯国铚人也……康早孤，有奇才，远迈不群。身长七尺八寸，美词气，有风仪，而土木形骸，不自藻饰，人以为龙章凤姿，天质自然。恬静寡欲，含垢匿瑕，宽简有大量。学不师受，博览无不该通，长好《老》《庄》。与魏宗室婚，拜中散大夫。常修养性服食之事，弹琴咏诗，自足于怀。"

嵇康不得死，孔明有知音。（唐·杜甫《遣兴五首》其一）

韦康 借指精通《诗经》之人。"韦康"即"韦匡"。宋人为避宋太祖赵匡胤的讳，改"匡"为"康"。"韦"指韦贤，"匡"指匡衡。《汉书·韦贤传》："贤为人质朴少欲，笃志于学，兼通《礼》《尚书》，以《诗》教授，号称邹鲁大儒。"《汉书·匡衡传》："诸儒为之语曰：'无说《诗》，匡鼎来；匡说《诗》，解人颐。'"

直谅无朋今魏汲，师承有法古韦康。（宋·项安世《挽程尚书词》）

穅（糠）kāng ①稻、谷等的皮壳。②内部发空，质地变松。

古下平，七阳。逆秕～簸～杵～粝～砻～燃～扬～顺～秕～菜～灯～粃～核～麋～市～粞～星～糟例戚属甘胡越，声名任秕穅。（唐·沈佺期《答魑魅代书寄家人》）昔为编户人，秉耒甘哺穅。（唐·刘禹锡《武夫词》）忆同牢卺初，家贫共糟穅。（唐·白居易《偶吟赠妻弘农郡君》）

典**糟穅** 喻夫妻伉俪情深。《后汉书·宋弘传》："（光武帝）因谓弘曰：'谚言贵易交，富易妻，人情乎？'弘曰：'臣闻贫贱之知不可忘，糟穅之妻不下堂。'"

珠玉买歌笑，糟穅养贤才。（唐·李白《古风》其一十五）

慷（*忼）kāng ①情绪激昂。②大方，不吝啬。

古上声，二十二养。逆忼～疏～顺～达～恺～慨～忾～喟～爽～惋例独居久寂默，相顾聊慨慷。（唐·孟郊《遣兴联句》）

筐 kuāng

古下平，七阳。逆承～戴～青～倾～顷～籧～提～蟹～虚～瑶～懿～盈～玉～顺～床～当～椟～篚～举～筥～笼～篓～篪～筬～缘例叙言情未尽，采菉已盈筐。（唐·乔知之《定情篇》）东蹈燕川食旷野，有馈木蕨芽满筐。（唐·韩愈《卢郎中云夫寄示送盘谷子诗两章歌以和之》）尘埃羯鼓索，片段荔枝筐。（唐·杜牧《华清宫三十韵》）

典**倾筐** 喻倾其所有、尽其所能。《世说新语·贤媛》："右军郗夫人谓二弟司空、中郎曰：'王家见二谢，倾筐倒庋；见汝辈来，平平尔。汝可无烦复往。'"

倾筐蒲鸽青，满眼颜色好。（唐·杜甫《园人送瓜》）

蟹筐 蟹的背壳，后泛指螃蟹。《礼记·檀弓下》："蚕则绩而蟹有匡。"唐·孔颖达疏："蟹背壳似匡，仍谓蟹背作匡。"

漫把尊中物，无人啄蟹筐。（唐·钱起《江行无题一百首》其五十一）

匡 kuāng ①"筐"的古字，筐子。②方正，端正。③纠正。④救助，扶助。⑤框子，边框。⑥环绕，约束。⑦亏损。⑧估算。⑨山名。

古下平，七阳。逆弼～跛～戴～靖～拘～墙～顷～谁～维～畏～蟹～胥～壹～云～顺～霸～备～裨～壁～饬～敕～鼎～奉～拂～阜～革～汲～继～建～教～纠～救～居～惧～困～廓～立～戾～庐～率～谬～宁～世～饰～俗～肃～危～围～维～相～尧～翊～翼～咏～御～运～赞～振～拯例顾土虽怀赵，知天讵畏匡。（唐·柳宗元《弘农公》）猩猩凝血点，瑟瑟蹙金匡。（唐·白居易《裴常侍以题蔷薇架十八韵见示》）贼去兵来岁月长，野蒿空满坏墙匡。（唐·徐夤《东京次新安道中》）

典**畏匡** 指面对困厄，毫不畏惧。《论语·子罕》："子畏于匡，曰：'文王既没，文不在兹乎？天之将丧斯文也，后死者，不得与于斯文也；天之未丧斯文也，匡人其如予何？'"

西伯困羑里，仲尼畏匡人。（宋·胡融《伏虎坛》）

尼甫麋匡 指圣贤遭受困厄。《史记·孔子世家》："（孔子）将适陈，过匡……匡人闻之，以为鲁之阳虎。阳虎尝暴匡人，匡人于是遂止孔子。孔子状类阳虎，拘焉五日。"

尼甫至圣贤，犹为匡所麋。（唐·李咸用《君子行》）

劻 kuāng 扶助。

古下平，七阳。顺～济～救～勷～襄

恇 kuāng ①恐惧。②虚弱的样子。③料到。

古下平，七阳。逆不～恇～怯～顺～骇～惶～惧～恇～挠～迫～怯～攘～侥～扰～弱～慑～悚～葸～眩

啷 lāng 拟声词。

逆钢～咣～哗～豁～吭～哐～

滂 pāng ①大水涌流的样子。②旺盛。

古下平，七阳。逆范～浩～混～滂～沛～淜～青～涕～膺～顺～被～浡～渤～薄～沲～敷～汩～浩～集～硠～流～母～葩～湃～沛～霈～洽～人～润～施～澍～溏～沱～洋～溢～泽～注例赫赫皇威振，油油圣泽滂。（唐·崔禹锡《奉和圣制送张说巡边》）话别心重结，伤时泪一滂。（唐·韦庄《和郑拾遗秋日感事一百韵》）万卷蟠胸，千钟蘸甲，衮衮词源三峡滂。（宋·王居安《沁园春·湖海襟期》）

乓 pāng 拟声词。

逆乒～

膀（*胮）pāng 浮胀。另见 826 页 páng、836 页 bǎng。

古下平，七阳。逆奶～涨～顺～肿

腔 qiāng

古上平，三江。逆词～翻～京～空～刳～枯～昆～排～乔～秦～躯～曲～尾～羊～贼～顺～板～调～窠～口～拍～派～音～子例雌声吐款要，酒壶缀羊腔。（唐·韩愈《病中赠张十八》）已甘三秀味，谁念百牢腔。（唐·陆龟蒙《忆袭美洞庭观步奉和次韵》）犹记春风庭院，桃花初识刘郎。绿腰传得旧官腔。（宋·仇远《西江月·犹记春风庭院》）

枪（槍、*鎗）qiāng 另见 866 页 chēng。

古下平，七阳。逆暗～茶～喉～金～铿～冷～马～旗～倩～神～沈～银～顺～材～城～筹～砀～花～戟～槊～累～篱～旗～术～烟～缨～榆例吟诗白羽扇，校猎绿沈枪。

（唐·杨巨源《上刘侍中》）野风结阴兵，千里鸣刀枪。（唐·卢仝《冬行三首》其三）马头拂柳时回辔，豹尾穿花暂亚枪。（唐·白居易《早春同刘郎中寄宣武令狐相公》）

典半段枪 喻指英勇善战。《新唐书·哥舒翰传》："吐蕃枝其军为三行，从山差池下，翰持半段枪迎击，所向辄披靡，名盖军中。"

跄（蹌）qiāng ①行走有节奏的样子。②起舞。另见 852 页 qiàng。

古下平，七阳。逆蹴～凤～济～浪～鸾～抹～跄～趋～踧～顺～地～跪～跻～济～跄～跭～扬～蹌例登朝思检束，入阁学趋跄。（唐·白居易《渭村退居》）

锵（鏘）qiāng 拟声词，形容金属、玉石等撞击声。

古下平，七阳。逆白～铿～鎮～凄～锵～趋～森～顺～訇～喤～金～鸣～然～如～耸～羊～洋～涌～钺例词源波浩浩，谏署玉锵锵。（唐·韦庄《和郑拾遗秋日感事一百韵》）定恐故园留不住，竹风松韵漫凄锵。（唐·黄滔《奉和翁文尧员外经过七林书堂见寄之什》）

典八鸾锵 借指帝王车驾。《诗经·大雅·烝民》："四牡彭彭，八鸾锵锵。王命仲山甫，城彼东方。"

八鸾锵锵渡银汉，九雏威凤鸣朝阳。（唐·刘禹锡《伤秦姝行》）

佩玉锵锵 指高贵女性的行头。《诗经·郑风·有女同车》："有女同行，颜如舜英。将翱将翔，佩玉将将。彼美孟姜，德音不忘。"

已化为胡蝶，穿花栩栩，懒陪鵷鹭，佩玉锵锵。（宋·刘克庄《沁园春·历事三朝》）

羌qiāng ①我国古代西部民族。②羌族。

古下平，七阳。逆氐～胡～颉～渴～青～蹄～黠～顺～笛～管～胡～零～人～戎～水～帖～语例坐看战壁为平土，近待军营作破羌。（唐·崔融《从军行》）威令兼宁朔，英声重护羌。（唐·皎然《因游支硎寺寄邢端公》）巢树禽思越，嘶风马恋羌。（唐·韦庄《和郑拾遗秋日感事一百韵》）

蜣qiāng 蜣螂的蜣。

古下平，七阳。逆结～蛣～顺～蜋～螂～丸～转

呛（嗆）qiāng 饮急气逆。另见 852 页 qiàng。

逆咳～哏～顺～喀～咳～喇～呕～呛～嗽

抢（搶）qiāng ①碰撞，冲撞。②通"戗"，逆。③推，搡。另见 840 页 qiǎng。

古下平，七阳。逆推～顺～揿～地～风～跪～呼～篱～水～替～佯～榆

镪（鏹）qiāng 具有强腐蚀性的浓酸液。另见 840 页 qiǎng。

顺～水

斨qiāng 古代一种柄孔是方形的斧子。

古下平，七阳。逆斧～

戕qiāng ①杀害，残杀。②毁坏，伤害。

古下平，七阳。逆残～摧～染～自～顺～败～残～伐～风～害～祸～柯～囊～忍～杀～生～夷～贼～折例虞衡相贺为祯祥，畏人采攫持殳戕。（唐·刘商《金井歌》）

戗（戧）qiāng ①逆。②言语冲突。另见 852 页 qiàng。

逆当～挡～戗～熏～硬～折～顺～风～戗～水

嚷rāng 另见 840 页 rǎng。

逆嚷～

桑sāng

古下平，七阳。逆包～苞～搏～沧～柴～否～扶～浮～榑～耕～郊～空～枯～陌上～女～穹～柔～台～田～条～惟～维～研～翳～争～稚～梓～顺～畴～蠹～枌～弓～公～谷～管～海～阖～弧～扈～蝬～屐～笄～间～槿～鸠～孔～里～陆～律～轮～落～蓬～濮～朴～丘～柔～实～枢～思～枭～薛～薪～眼～羊～野～业～雍～域～柘～魌～织～雉例依稀蜀杖迷新竹，仿佛胡床识故桑。（唐·崔融《从军行》）望绝园中柳，悲缠陌上桑。（唐·马怀素《奉和送金城公主适西蕃应制》）大招思复楚，于役限维桑。（唐·沈佺期《答魑魅代书寄家人》）

典沧桑 大海变成农田，农田变成大海，比喻世事变化很大。亦作"沧海桑田""海生桑""洪涛成桑"。东晋·葛洪《神仙传》载麻姑降蔡经家，对王方平说："接待以来，已见东海三为桑田。"

洪涛经变野，翠岛屡成桑。（唐·李世民《春日望海》）

柴桑 晋时陶渊明归隐其故里柴桑，后世常用来代指隐居之地或隐士。或用以代指故里。亦作"柴桑避俗翁""柴桑高隐""柴桑傲吏"。见梁·萧统《陶渊明传》。

爱杀柴桑隐，名溪近讼庭。（唐·皎然《九月十日》）

扶桑[1] 传说为东方旸谷中的神树，十日栖于此。日出于扶桑之下，拂其树杪而升，故谓日出之处为扶桑，又以扶桑代指太阳。亦作"扶桑九日"。《山海经·海外东经》："旸谷上有扶桑，十日所浴，在黑齿北。居水中，有大木，九日居下枝，一日居上枝。"

静摇扶桑日，艳对瀛洲霞。（唐·刘禹锡《崔元受少府自贬所还遗山姜花以诗答之》）

扶桑[2] 传说中东方海中之神仙国，按方向，位置约相当于日本，故后亦用以代指日本。旧题汉·东方朔《海内十洲记》："扶桑在碧海之中，地方万里，上有太帝宫，太真东王父所治处。"《梁书·诸夷传·扶桑国》："扶桑在大汉国东二万余里，地在中国之东，其土多扶桑木，故以为名。"

绝国将无外，扶桑更有东。（唐·徐凝《送日本使还》）

惟桑 指父祖所建的住宅，后世泛指住宅或指故乡。亦作"维桑"。《诗经·小雅·小弁》："维桑与梓，必恭敬止。靡瞻匪父，靡依匪母。不属于毛，不离于里。天之生我，我辰安在。"毛氏传："父之所树，已尚不敢不敬。"朱熹集传："桑梓二木，古者五亩之宅，树之墙下，以遗子孙给蚕食、具器用者也。"

争桑 比喻不知礼让，因小事而酿成大祸，后也用以指边境不宁。《史记·吴太伯世家》："初，楚边邑卑梁氏之处女与吴边邑之女争桑，二女家怒相灭，两国边邑长闻之，怒而相攻，灭吴之边邑。吴王怒，故遂伐楚，取两都（注：钟离、居巢）

而去。”

碧豆密争桑荫底，绿荷杂出稻花中。（宋·杨万里《过宜福桥》）

帝女桑 神话传说中的桑树。因赤帝之女居此桑升天，故名。见《山海经·中山经》。

花轻蕊乱仙人杏，叶密莺喧帝女桑。（唐·元万顷《奉和春日二首》其一）

生空桑 伊尹出生的故事，后多比喻贤人的出世。《吕氏春秋·本味》：“有侁氏女子采桑，得婴儿于空桑中，献之其君，其君令烰人养之。察其所以然，曰：其母居伊水上，孕，梦有神告之曰：‘臼出水而东走，毋顾。’明日视臼出水，告其邻，东走十里而顾其邑，尽为水，身因化为空桑，故命之曰伊尹。”

伊尹生空桑，捐庖佐皇极。（唐·李白《纪南陵题五松山》）

系扶桑 古代神话中有六龙系于东海扶桑神木之说，后比喻珍惜时光。汉·刘向《九叹·远游》：“贯澒濛以东揭兮，维六龙于扶桑。周流览于四海兮，志升降以高驰。”

揽流光，系扶桑。争奈愁来，一日却为长。（宋·贺铸《行路难·缚虎手》）

孤竹空桑 指孤竹做的乐管和空桑山所产桐木制造的琴瑟，后遂用以泛指管弦乐器。《周礼·春官·大司乐》：“雷鼓雷鼗，孤竹之管，云和之琴瑟……灵鼓灵鼗，孙竹之管，空桑之琴瑟。”郑玄注：“孤竹，竹特生者。”“云和、空桑、龙门，皆山名。”

赤图绿牒文字古，空桑孤竹音调希。（宋·汪莘《群玉堂即事》）

俎豆庚桑 形容对某人极度崇奉与尊敬，为其作生祠。《庄子·庚桑楚》：“老聃之役有庚桑楚者，偏得老聃之道，以北居畏垒之山。……居三年，畏垒大穰。畏垒之民相与言曰：‘……庶几其圣人乎？子胡不与相尸而祝之，社而稷之乎？’庚桑子闻之，南面而不释然。弟子异之。庚桑子曰：‘……吾闻至人尸居环堵之室，而百姓猖狂不知所如往。今以畏垒之细民，而窃窃焉欲俎豆于贤人之间，我其杓之人邪，吾是以不释于老聃之言。’”

多君俎豆庚桑子，不省今吾非故吾。（宋·史弥宁《老境》）

丧(喪)sāng 另见852页sàng。

㊂下平，七阳。㊟奔～窆～兵～成～持～崇～从～当～吊～扶～给～号～护～将～节～居～叩～理～临～全～挽～心～行～凶～迎～札～执～治～致～斫～祖～㊐～拜～谤～病～车～次～道～奠～幡～氛～冠～荒～祸～纪～祭～柩～居～哭～礼～灵～乱～门～取～人～煞～庭～仪～音～帻～钟㊕哀哉未申施，中年遽殂丧。（唐·张籍《祭退之》）祝融峰上月，几照北人丧。（唐·元稹《哭吕衡州六首》其四）彩仗三清路，麻衣万国丧。（唐·姚合《敬宗皇帝挽词三首》其一）

㊇**给丧** 周勃发迹前，曾为奏哀乐的吹鼓手。后用以指出身微贱。《史记·绛侯周勃世家》：“绛侯周勃者，沛人也。其先卷人，徙沛。勃以织薄曲为生，常为人吹箫给丧事。”

给丧未必无周勃，乞食谁能辨伍员。（明·丁鹤年《闻箫》）

庄生丧 指达观生死；亦以喻丧妻或丧妻之痛。亦作“鼓盆之戚”“鼓庄盆”“庄周泪莫多”。《庄子·至乐》：“庄子妻死，惠子吊之，庄子则方箕踞鼓盆而歌。惠子曰：‘与人居，长子老身，死不哭亦足矣，又鼓盆而歌，不亦甚乎！’”成玄英疏：“盆，瓦缶也。庄子知生死之不二，达哀乐之为一，是以妻亡不哭，鼓盆而歌。”

方倾谢公酒，忽值庄生丧。（唐·陆龟蒙《记事》）

商shāng

㊂下平，七阳。㊟悲～宾～参～筹～鉏～蠹～番～奉～宫～管～寒～好共～会～剪～金～暮～洽～清～榷～散～诗～素～铜～婉～舞～新～偃～邑～仲～转～酌～㊐～飙～舶～参～虫～筹～赐～灯～钓～顿～歌～庚～功～估～管～韩～皓～胡～货～监～检～节～蚷～决～侩～老～霖～龙～陆～侣～旅～略～洛～雒～冒～谜～民～暮～祈～秋～受～庶～肆～素～弦～校～辛～信～星～墟～序～偃～羊～叶～夷～意～余～羽～质㊕人皆有兄弟，尔独为参商。（唐·高适《宋中十首》其十）杳杳短亭分水陆，隆隆远鼓集渔商。（唐·耿湋《发绵津驿》）佳人梦余思，宝瑟愁应商。（唐·窦群《东山月下怀友人》）

㊇**卜商** 即子夏。见425页“子夏索居”。

空留左氏传，谁继卜商名。（唐·王维《故西河郡杜太守挽歌三首》其一）

剪商 本指周武王兴兵灭除殷商，后指推翻暴君改朝换代。《诗经·鲁颂·閟宫》：“后稷之孙，实为大王。居岐之阳，实始翦商。”

缅惟剪商后，岂独微禹叹。（唐·张九龄《奉和圣制幸晋阳宫》）

参商 传说古时高辛氏二子不和，分主参商二星，后因以指兄弟不能和睦相处，或各自东西，不能相晤。亦作“商与参”“阏伯实沈为参商”。《左传·昭公元年》：“昔高辛氏有二子，伯曰阏伯，季曰实沈，居于旷林，不相能也。日寻干戈，以相征讨。后帝不臧，迁阏伯于商丘，主辰。商人是因，故辰为商星。迁实沈于大夏，主参。唐人是因，以服事夏、商。”

五年同昼夜，一别似参商。（唐·白居易《渭村退居寄礼部崔侍郎翰林钱舍人诗一百韵》）

裳shang 今读，仅用于“衣裳”。另见810页cháng。

㊟衣～

伤(傷)shāng

㊂下平，七阳。㊟谤～迸～毙～憯～怆～怛～诋～玷～凋～雕～蠹～浮～裹～害～含～剪～翦～金～矜～沮～枯～困～劳～痨～鳞～流～闵～愍～剽～破～侵～青～驱～速～惕～殄～痌～惋～污～惜～夷～痍～遗～冤～增～诛～㊐～瘢～剥～惨～楚～触～创～辞～摧～悴～挫～诋～伐～犯～废～负～乖～耗～阂～悔～毁～嗟～锦～沮～蹶～枯～苦～离～沴～廉～命～暮～殴～破～禽～缺～违～惜～陷～绪～夷～痍～轸㊕苟能制侵陵，岂在多杀伤。（唐·杜甫《前出塞九首》其六）露裛

红兰死，秋凋碧树伤。（唐·刘方平《婕妤怨》）憔悴年来甚，萧条益自伤。（五代·李煜《病中感怀》）

典潘岳悼伤 见307页"潘岳哀"。

悼伤潘岳重，树立马迁轻。（唐·李商隐《五言述德抒情诗一首四十韵》）

视民如伤 指统治者对待百姓应十分爱护，就好像唯恐他们有伤痛疾苦而照料不周到那样。后常用以称美或谏戒统治者爱护民众。避唐太宗李世民的讳，亦作"视人如伤"。《左传·哀公元年》："臣闻国之兴也，视民如伤，是其福也。"杜预注："如伤，恐惊动。"

吾皇仁圣又薛俭，视民如子伤如饥。（宋·陈宓《檄中原》）

羊昙悲伤 指感旧兴悲、悼亡故人之情。亦作"泪下羊昙""西门洒泪""西州泪""羊昙泪""恸杀羊昙"等。晋太元十年，谢安病重从西州门回都，安死后，外甥羊昙感于谢安对其爱护，不再经过西州门。一日酒醉，误走西州门，悲感不已，以马鞭叩门，高呼曹子建诗："生存华屋处，零落归山丘。"恸哭而去。见《晋书·谢安传》。

季子生前别，羊昙醉后悲。（唐·司空曙《哭苗员外呈张参军》）

殇（殤）shāng

①未到成年（二十岁）而死。②为国战死。

古下平，七阳。逆国～彭～杏～夭～早～折～顺～服～宫～夭～殀～折～子例谁云经艰难，百口无夭殇。（唐·韩愈《此日足可惜赠张籍》）

典彭殇 犹言寿夭，本指寿命的长短，后用以指对虚幻人生的感叹。亦作"齐彭殇"。《庄子·齐物论》："天下莫大于秋毫之末，而太山为小；莫寿于殇子，而彭祖为夭。"唐·成玄英疏："人生在于襁褓而亡，谓之殇子。"

荣枯忧喜与彭殇，都是人间戏一场。（唐·白居易《老病相仍以诗自解》）

觞shāng

逆称～飞～奉～浮～行～金～滥～流～霞～盈～羽～顺～宾～传～次～奠～行～爵～客～滥～令～曲～弦～宴～咏～祝

墒shāng

土壤适合种子发芽和作物生长的湿度。

逆保～底～开～晾～领～起～失～透～验～顺～沟～垄～情

汤（湯）shāng

水声。另见800页tāng。

古下平，七阳。逆汤～例水滨不可问，日暮空汤汤。（唐·梁洽《观汉水》）

霜shuāng

古下平，七阳。逆傲～板桥～朝～愁～丹～凋～霏～负～孤～含～黑～迈～护～怀～经～拒～空～酷～琅～梨～两鬓～凌～陵～流～履～满船～庖～披～浅～青～清～却～鹔～碎～晚～微～吴～夏～衔～信～星～玄～严～燕～迎～玉～月如～早～蔗～终～顺～霭～鞞～标～飙～鬓～采～彩～铺～晨～毳～旦～镝～蝶～娥～锷～发～霏～氛～府～竿～皋～戈～骨～管～闺～翰～毫～皜～痕～鸿～縠～辉～菅～俭～节～臼～居～筠～籁～岚～棱～练～鳞～凌～翎～漏～缕～罗～梅～旻～明～葩～匏～佩～蓬～鞶～魄～蹊～砌～碛～侵～磬～髯～蕤～蕊～丝～飔～涛～髫～廷～庭～纨～威～霰～绡～筱～薤～鸦～妍～翼～英～影～栈～照～砧～质～姿～髭～醉例金井梧桐秋叶黄，珠帘不卷夜来霜。（唐·王昌龄《长信怨》）画角悲海月，征衣卷天霜。（唐·李白《出自蓟北门行》）夕殿别君王，宫深月似霜。（唐·刘方平《婕妤怨》）

典燕霜 战国时，邹衍事燕惠王，被人陷害下狱。邹衍在狱中仰天而哭，时正炎夏，天忽然降霜。后借指奇冤可以感天动地。亦作"飞霜""五月飞霜"。南朝宋·江淹《诣建平王上书》："昔者贱臣叩心，飞霜击于燕地。"下李善注引《淮南子》："邹衍尽忠于燕惠王，惠王信谮而系之。邹子仰天而哭，正夏而天为之降霜。"

燕霜终古愤，梁狱昔年书。（明·谢榛《岁暮卢次楩过邺有感》）

映雪衔霜 本为何逊咏扬州梅花之辞，后因用以指早梅。南朝梁·何逊《咏早梅》："兔园标物序，惊时最是梅。衔霜当路发，映雪拟寒开。枝横却月观，花绕凌风台。知应早飘落，故逐上春来。"

映雪衔霜、清绝绕风台。（宋·洪皓《江城梅花引·访寒梅》）

刘章令秋霜 指严酷的行酒之法。后借指寒秋使花凋落。汉代吕太后临朝时，城阳景王刘章侍宴宫廷为酒令，请求按军法行酒，将吕氏一名醉酒逃席者处斩。见《汉书·城阳景王章传》。

毕卓正思身夜瓮，刘章底用令秋霜。（宋·吴潜《浣溪沙·最好荼蘼白间黄》）

双（雙）shuāng

古上平，三江。逆叠～寡～闺～六～鸾～匹～无～月～顺～比～标～缠～成～趺～凫～柑～歌～环～鬟～尖～角～节～金～旌～鲤～莲～睩～枚～门～眸～南～清～阙～扇～生～胜～梭～台～丸～隗～文～夕～溪～峭～星～掩～曜～靥～引～饮～玉～针例良时信同此，岁晚迹难双。（唐·陈子昂《群公集毕氏林亭》）黄金数百镒，白璧有几双。（唐·李白《魏郡别苏明府因北游》）俱飞蛱蝶元相逐，并蒂芙蓉本自双。（唐·杜甫《进艇》）

典六双 本指秦赵等十二国，后亦用以比喻君明臣良，能够一统天下。《史记·楚世家》："十八年，楚人有好以弱弓微缴加归雁之上者，顷襄王闻，召而问之。对曰："小臣之好射鶀雁，罗鸗，小矢之发也，何足为大王道也。且称楚之大，因大王之贤，所弋非直此也。昔者三王以弋道德，五霸以弋战国。故秦、魏、燕、赵者，鶀雁也；齐、鲁、韩、卫者，青首也；驺、费、郯、邳者，罗鸗也。外其余则不足射者。见鸟六双，以王何取？王何不以圣人为弓，以勇士为缴，时张而射之？此六双者，可得而囊载也。"

孀shuāng

寡妇。

古下平，七阳。逆艾～孤～寡～居～遗～月中～嫠～顺～雌～单～娥～妇～姑～孤～寡～闺～节～居～嫠～妻例瘴中无子奠，岭外一妻孀。（唐·曹松《哭李频员外（时在建川）》）

典月中孀 传说姮娥偷食后羿所得不死之药，成仙，独处月中。后人因以指姮娥（嫦娥）。《淮南子·览冥训》:"譬若羿请不死之药于西王母,姮娥窃以奔月。"高诱注:"姮娥,羿妻,羿请不死之药于西王母,未及服之,姮娥盗食之,得仙,奔入月中,为月精也。"

夜气清时初傍枕,晓光分处未开窗。可怜人似月中孀。(宋·吴文英《浣溪沙·曲角深帘隐洞房》)

鹴(鸘)shuāng 鹔鹴的鹴。

逆鹔~顺~裘例杯净传鹦鹉,裘鲜照鹔鹴。(唐·杨巨源《上刘侍中》)

典**相如鹔鹴** 指司马相如以鹔鹴裘换酒之事,咏人性情豪放洒脱,不吝珍宝以换取豪饮。或形容人生活困窘。亦作"鹔鹴换酒"。《西京杂记》卷二:"司马相如初与卓文君还成都,居贫愁懑,以所着鹔鹴裘就市人阳昌贳酒,与文君为欢。"

送君应典鹔鹴裘,凭仗千钟洗别愁。(宋·苏轼《次韵孔常父送张天觉》)

骦(驦)shuāng 骕骦的骦。

古下平,七阳。逆骕~例闻说真龙种,仍残老骕骦。(唐·杜甫《秦州杂诗二十首》其五)

艭shuāng 小船。

古上平,三江。逆飞~艕~木兰~吴~吟~渔~例露稍千缕扑斜窗,黄笙藤枕梦吴艭。(明·袁宏道《和小修诗》)浮将碧鸡色,飞上木兰艭。(清·袁文揆《过安宁有怀》)江上青山山外江,远帆片片点归艭。(清·谭敬昭《粤秀峰晚望同黄香石诸子》)

泷(瀧)shuāng ①泷水,水名。②泷冈,山名。另见952页lóng。

古上平,三江。顺~冈~水例君乃昆仑渠,籍乃岭头泷。(唐·韩愈《病中赠张十八》)巴童唱巫峡,海客话神泷。(唐·元稹《泛江玩月十二韵》)端居换时节,离恨隔龙泷。(唐·许浑《喜远书》)

汤(湯)tāng 另见799页shāng。

古下平,七阳。逆长~成~传~沸~渹~滚~合~镬~金~兰~琅~灵~梅~嫩~商~探~桃~温~香~杏~雪~扬~液~泆~禹~御~跃~云~鸩~支~顺~媪~池~厨~殿~鼎~方~风~火~镬~井~罗~茗~沐~盘~瓢~聘~器~泉~散~社~神~孙~炭~网~武~刑~液~邑~盏例挂瓢余隐舜,负鼎尔干汤。(唐·骆宾王《秋日送尹大赴京》)得失鉴齐楚,仁思念禹汤。(唐·魏知古《从猎渭川献诗》)君臣忍瑕垢,河岳空金汤。(唐·杜甫《入衡州》)

典**镬汤** 本指古代酷刑把人投入滚汤中煮死,诗词中借以表示酷热,也形容虚幻之事。《史记·廉颇蔺相如列传》:"相如至,谓秦王曰:'……臣知欺大王之罪当诛,臣请就汤镬,唯大王与群臣熟计议之。'"

失脚落地狱,将身投镬汤。(宋·王安石《拟寒山拾得二十首》其八)

金汤 比喻坚固无比、防守严密的城市或工事。亦作"金城汤池"。《汉书·蒯通传》:"必将婴城固守,皆为金城汤池,不可攻也。"

冲冠入死地,攘臂越金汤。(南朝齐·孔稚圭《白马篇》)

探汤 意为将手伸进热水试探时条件反射似地迅速避开。比喻对些事自动警觉避开。《论语·季氏》:"孔子曰:'见善如不及,见不善如探汤,吾见其人矣,吾闻其语矣。隐居以求志,行义以达其道,吾闻其语矣,未见其人也。'"

探汤无所益,何况纩与缣。(唐·韩愈《苦寒》)

张汤 西汉中期人,用法严酷,为政清廉俭朴,后世常代指高级司法官员。《史记·酷吏列传》:"张汤者,杜人也。其父为长安丞。出,汤为儿守舍。还而鼠盗肉,其父怒,笞汤。汤掘窟得盗鼠及余肉,劾鼠掠治,传爰书,讯鞫论报,并取鼠与肉,具狱磔堂下。"

黄祖阴怀怒,张汤巧用文。(宋·司马光《送导江李主簿君俞》)

蹚(*蹚)tāng 蹚水、蹚地的蹚。

逆铲~顺~家~将

镗(鏜)tāng 拟声词,形容钟鼓、锣等的声音。

古下平,七阳。逆铿~锒~镗~顺~锣~鞳~镗~威

铴(鐋)tāng 小铜锣。

顺~锣

汪wāng 汪洋的汪。

古下平,七阳。逆汪~顺~波~洸~涵~湟~浪~芒~茫~然~肆~罔~翔~洋~漾例风柳春容袅袅,水花水影汪汪。(宋·张孝忠《破阵子·占气中涵清淑》)

尪(尫)wāng ①胸、背、胫骨骼弯曲症。②瘦弱,懦弱。

古下平,七阳。逆暴~弊~焚~瘠~羸~懦~尪~巫~纤~顺~弊~残~孱~疢~悴~顿~尬~瘠~老~羸~劣~陋~驽~懦~怯~柔~弱~顽~纤~伛~瘵~卒例壮夫一卧多不起,速死未必皆羸尪。(宋·陆游《病起杂言》)

乡(鄉)xiāng

古下平,七阳。逆爱~柏~邦~避~边~愁~楚~达~当~道~帝~钓~独~饿~福~负~阜~故~贵~寒~黑甜~怀~淮~祸~江~景~乐~鲈~魅~迷~冥~泮~飘~倾~趋~趣~柔~儒~诗~殊~睡~思~危~仙~羽~毡~杖~瘴~梓~醉~顺~邦~保~鄙~城~程~愁~达~耋~蠹~赋~贵~衮~豪~黉~基~籍~捷~旧~居~聚~眷~泪~厉~闾~论~落~梦~陌~傩~僻~戚~耆~器~壤~荣~稍~遂~谈~问~伍~物~贤~信~胥~谒~移~议~勇~愚~域~原~愿~属~馔~壮~梓~尊~佐例水冻频移幕,兵疲数望乡。(唐·李端《关山月》)不羡乘鸾入烟雾,此中便是五云乡。(唐·徐氏《丈人观(以下为太妃时作)》)陇水潺湲陇树黄,征人陇上尽思乡。(唐·翁绶《陇头吟》)

典**鲈乡** 晋张翰思家乡鲈鱼脍而辞官归吴中,后人为纪念他,于是称盛产鲈鱼的吴淞江一带为"鲈乡"。《世说新语·识鉴》:"张季鹰辟齐王东曹掾,在洛见秋风起,因思吴中菰菜羹、鲈鱼脍,曰:'人生贵得适意尔,何能羁宦数千里以要名爵!'遂命驾便归。"

橙蟹醉斟知已重,莼鲈乡话益人多。(宋·宋伯仁《别朱冷官》)

杖乡 上古敬老,年六十的人发给拐杖,以利行走。后世因以"杖乡"代指六十岁,也用来比喻尊敬

老人。《礼记·王制》:"五十杖于家,六十杖于乡,七十杖于国,八十杖于朝,九十者天子欲有问焉,则就其室,以珍从。"

壮岁栖迟守敝庐,策名已是杖乡余。(清·梁诗正《恭和御制和侍郎沈德潜纪恩诗四首元韵》其二)

白云乡　指神仙所居之地,或指人间美景有似仙乡。《庄子·天地》:"千岁厌世,去而上仙。乘彼白云,至于帝乡。"唐·成玄英疏:"精灵上升,与太一而冥合,乘云御气,届于天地之乡。"

一生占断白云乡,适意孤风志自强。(宋·释延寿《山居诗》)

不死乡　指神话传说中仙人居住的地方。亦作"不死庭"。屈原《远游》:"仍羽人于丹丘兮,留不死之旧乡。"晋·孙绰《游天台山赋》:"忽乎吾之将行,仍羽人于丹丘,寻不死之福庭。"

我无世上心,乃游不死乡。(宋·张耒《读太白感兴拟作二首》其一)

温柔乡　汉成帝宠爱赵飞燕姐妹,谓之"温柔乡"。后因用以比喻美色迷人之境。旧题汉·伶元《飞燕外传》:"是夜进合德,帝大悦,以辅属体,无所不靡,谓为温柔乡。"

妄爱温柔乡,荡然不回首。(宋·贺铸《怀寄周元翁十首》其八)

无何乡　用以指空想或虚幻的境界,也借指梦乡、醉乡等。亦作"亡何乡""无何有乡"。《庄子·逍遥游》:"今子有大树,患其无用,何不树之于无何有之乡,广莫之野。"

独携非有生,但醉无何乡。(宋·韩元吉《次韵韩子师游三洞过赤松》)

郑公乡　称颂人有德行学问,为人钦敬,后世也用以指儒者的乡里。亦作"郑公里"。《后汉书·郑玄传》:"国相孔融深敬于玄,屣履造门。告高密县为玄特立一乡……今郑君乡宜曰'郑公乡'。"

遥闻望帝国,重立郑公乡。(宋·晁公溯《师安抚生日》)

八十思乡　指久宦思乡之情。《汉书·贡禹传》:"元帝初即位,征禹为谏大夫,数虚己问以政事。……臣禹犬马之齿八十一,血气衰竭,耳目不聪明,非复能有补益,所谓素餐尸禄、洿朝之臣也。……不胜私愿,愿乞骸骨,及身生归乡里,死亡所恨。"

他年老,三千里外,八十思乡。(宋·刘辰翁《沁园春·笑贡生狂》)

二疏还乡　本指疏广、疏受叔侄二人辞官归乡之事,后世用以指人激流勇退,及时归隐。《汉书·疏广传》:"广谓受曰:'吾闻"知足不辱,知止不殆","功遂身退,天之道也"。今仕官至两千石,宦成名立,如此不去,惧有后悔,岂如父子相随出关,归老故乡,以寿命终,不亦善乎?'"

昔人风调谁高,二疏盛日还乡里。(宋·刘克庄《水龙吟·昔人风调谁高》)

买臣还乡　指衣锦还乡。亦作"买臣归""买臣乡""买臣乘轺"。《汉书·朱买臣传》:"朱买臣字翁子,吴人也。家贫,好读书,不治产业,常艾薪樵,卖以给食,担束薪,行且诵书。……上拜买臣稽太守。……会稽闻太守且至,发民除道,县长吏并送迎,车百余乘。"

乘牛不数鲁家侠,衣锦何妨买臣褰。(宋·傅察《送朱熙载改官还乡》)

王吉归乡　本指王吉上书言事,不称宣帝之意,即谢病归乡。后世用作咏失意退隐。《汉书·王吉传》:"复征为博士谏大夫。是时宣帝颇修武帝故事,宫室服盛于昭帝。……上以其言迂阔,不甚宠异也。吉遂谢病归琅琊。"

王吉归乡里,甘心长闭关。(唐·李华《杂诗六首》其一)

衣锦还乡　穿着锦绣衣服回乡,比喻富贵后荣耀乡里。亦作"衣锦赋荣归""衣锦归"。《史记·项羽本纪》:"人或说项王曰:'关中阻山河四塞,地肥饶,可都以霸。'项王见秦宫皆以烧残破,又心怀思欲东归,曰:'富贵不归故乡,如衣绣夜行,谁知之者!'"

几人衣锦还乡土。燕颔虎头封万户。(元·梵琦《渔家傲·听说娑婆无量苦》)

昼锦还乡　指富贵后还乡炫耀荣华富贵。亦作"昼归""昼锦游"。见本页"衣锦还乡"。

锁闱聊辍皂囊封,昼锦还乡意气雄。(宋·杨亿《并州王谏议》)

庄舄思乡　代指人思念故国或家乡。亦作"越吟""舄吟""庄舄吟"。《史记·张仪列传》:"越人庄舄仕楚执珪,有顷而病。楚王曰:'舄,故越之鄙细人也,今仕楚持圭,贵富矣,亦思越不?'中谢对曰:'凡人之思故,在其病也。彼思越则越声,不思越则楚声。'使人往听之,犹尚越声也。"

思乡比庄舄,遁世遇眭夸。(唐·柳宗元《同刘二十八院长述旧言怀时书事》)

香xiāng

【古】下平,七阳。【逆】瓣～宝～碧～菜根～尘～传～赐～盗～狄～断～枫～甘～膏～桂枝～跪～国～怀～积～馥～戒～括～洌～灵～龙～炉～盟～妙～腻～拈～捻～凝～暖～秋～瑞～神～声～试～疏～肃～团～退～晚～威～温～信～鰒～玄～寻～荀～衙～嫣～盐～夜～遗～异～印～游～余～越～芸～栈～贞～篆～【顺】～霭～被～彼～槽～岑～蝉～尘～杵～吹～莼～镫～钿～氛～馥～膏～钩～篝～菰～毂～合～蕙～积～鞯～茧～界～烬～净～朗～醪～荔～奁～蓼～冽～露～缕～栾～轮～罗～埋～蔓～绵～名～楠～醅～屏～蒲～骑～砌～俏～篋～虬～荃～绒～茸～葇～腮～刹～社～署～坛～筒～纨～幄～雾～霞～涎～巷～薪～岫～蕈～严～燕～浥～茵～印～璎～舆～圆～芸～韵～泽～缯～枝～脂～珠～烛～篆～字～鬟～祖【例】日丽参差影,风传轻重香。(唐·李世民《芳兰》)攒峦业崿射朱光,丹霞翠雾飘奇香。(唐·柳宗元《行路难三首》其三)行乐三春节,林花百和香。(唐·张仲素《春游曲三首》其三)

【典】**阿香**　指传说中的雷车女神,后借指雷神;诗词中常用以咏雷雨。旧题晋·陶渊明《搜神后记》卷五:"永和中,义兴人姓周,出都,乘马从两人行,未至村,日暮。……向一更中,闻外有小儿唤'阿香'声,女应诺,寻云:'官唤汝推雷车。'女乃辞云：'今有事，当去。'夜遂大雷雨。"

为怯暗藏秦女扇，怕惊愁度阿香车。（唐·王涣《悼亡》）

国香 指花中极香极美者，春秋时以兰花为国香，后世遂用以代指兰花。《左传·宣公三年》："郑文公有贱妾曰燕姞，梦天使与己兰，曰：'余为伯鯈。余，而祖也，以是为而子。以兰有国香，人服媚之如是。'既而文公见之，与之兰而御之。"

国香兰已歇，里树橘犹新。（唐·宋之问《过史正议宅》）

含香 汉时尚书郎奏事时口含鸡舌香，借指在朝中任郎官，后泛指在朝任职。亦作"汉署香""含鸡舌"。东汉·应劭《汉官仪》："尚书郎奏事明光殿，省中皆胡粉涂壁，其边以丹漆地，故曰丹墀。尚书郎含鸡舌香，伏其下奏事；黄门侍郎对揖而跪受。"

何幸含香奉至尊，多惭未报主人恩。（唐·王维《重酬苑郎中》）

黄香 指官员为政清美、德才兼备。《后汉书·黄香传》："黄香字文强，江夏安陆人也。年九岁，失母，思慕憔悴，殆不免丧，乡人称其至孝……遂博学经典，究精道术，能文章，京师号曰：'天下无双，江夏黄童。'"

澹澹沧海气，结成黄香才。（唐·孟郊《送黄构擢第后归江南》）

披香 西汉时后宫殿名，在长安。后世多用以指深宫。东汉·班固《西都赋》："后宫则有掖庭、椒房后妃之室。合欢、增城、常宁、茝若、椒风、披香、发越、兰林、惠草、鸳鸾、飞翔之列。"

披香殿前花始红，流芳发色绣户中。（唐·李白《阳春歌》）

窃香 本指贾充之女盗取其父之西域奇香赠予情人韩寿之事，后因以比喻男女之间偷情。亦作"惹香""偷香""薰香""着人香""韩寿香""满城香""贾袖传香""窃玉偷香"等。《世说新语·惑溺》载，贾充有御赐异香，其女贾午与韩寿私通，韩寿身染奇香，被发觉后，与贾午成婚。

早梅献笑尚窥邻，小蜜窃香如遗寿。（宋·黄庭坚《玉楼春·风开水面鱼纹皱》）

投香 指晋人吴隐之为官清廉，将妻子所带沉香投于水中之事，后世因用以颂扬官吏清廉。见《晋书·吴隐之传》："吴隐之字处默……后至自番禺，其妻刘氏赍沈香一斤，隐之见之，遂投于湖亭之水。"

江陵从种橘，交广合投香。（唐·李商隐《故番禺侯以赃罪致不辜事觉母者他日过其门》）

无香 指海棠。亦作"海棠无香"。宋·释惠洪《冷斋夜话》卷九："渊材迂阔好怪……乃答曰：'第一恨鲥鱼多骨；第二恨金橘大酸；第三恨莼菜性冷；第四恨海棠无香；第五恨曾子固不能作诗。'闻者大笑，而渊材瞠目曰：'诸子果轻易吾论也。'"

芍药多情，海棠无香，花不如窈窕娘。（元·张可久[中吕·朝天子]《席上有赠》）

返魂香 传说中能使人起死回生的一种香。后多用此以悼亡。亦作"却死香""返生香""还魂香""惊精香""神香"等。《太平御览》卷九五二引《十洲记》："聚窟洲中，申未地上，有大树，与枫木相似，而华叶香闻数百里，名为返魂树。于玉釜中煮取汁，如黑粘，名之为返生香。香气闻数百里，死尸在地，闻气乃活。"

拂拭丹青呼不醒，世间谁有返魂香。（宋·戴复古《题亡室真像》）

一瓣香 佛教用语，意谓虔诚敬礼，如焚香供佛，后用以指师承或仰慕某人。亦作"一炷香""一瓣心香""心香一瓣"。宋·陈师道《观兖国文忠公家六一堂书图》："向来一瓣香，敬为曾南丰。"

咄嗟有底千峰雨，珍重无多一瓣香。（宋·虞俦《和主簿王伯伦喜雨》）

鸾凤仇香 指官吏善以德政化民。亦作"香化陈元""鹰鹤如鸾凤"。东汉仇览别名仇香。其任蒲亭长时，曾以德行感化当地人陈元，使其为孝子。仇览亦因此被崇尚严政的考城令王涣任用为主簿。后王涣谓览曰："主簿闻陈元之过，不罪而化之，得无少鹰鹯之志邪？"仇览答曰："以为鹰鹯不若鸾凤。"见《后汉书·仇览传》。

兴尽清以岁月书，仇香洒墨鸾凤如。（宋·邓深《游方壶》）

卖履分香 指临死不忘妻妾；亦形容霸业已空，风流已散，凭吊怀古。亦作"分香""未忘履与香"。三国魏·曹操《遗令》："吾婢妾与伎人皆勤苦，使著铜雀台，善待之。于台堂上安六尺床，施繐帐……余香可分与诸夫人。诸舍中无所为，学作组履卖也。"

分香卖履事难言，望断西陵含隐痛。（清·永城《铜雀瓦砚歌》）

屈马艳香 比喻文辞优美华丽。唐·杜牧《冬至日寄小侄阿宜诗》："经书括根本，史书阅兴亡。高摘屈宋艳，浓熏班马香。"

笑杀竖儒，错翻故纸，屈马何曾有艳香。（宋·刘克庄《沁园春·安得奇材》）

太尉足香 形容奴颜婢膝，谄媚无比。亦作"足香"。宋·苏轼《仇池笔记·太尉足香》："李宪用事，士大夫或奴事之。彭孙本一劫盗……气凌公卿……然尝为李宪濯足，曰：'太尉足何香也。'宪以足踏头曰：'奴谄不太甚乎？'"

客喜大夫粪苦，奴夸太尉足香。（宋·刘克庄《冬夜读几案间杂书得六言二十首》其六）

罗含宅里香 本指罗含家中之菊香，后咏菊，亦喻花主之品德高尚。亦作"罗含菊"。《晋书·罗含传》："累迁散骑常侍、侍中，仍转廷尉、长沙相。年老致仕，加中散大夫，门施行马。初，含在官舍，有一白雀栖集堂宇，及致仕还家，阶庭忽兰菊丛生，以为德行之感焉。"

陶令篱边色，罗含宅里香。（唐·李商隐《菊》）

相xiāng ①质地，实质。②亲自观看。③互相。另见855页xiàng。

㊍下平，七阳。㊣递～端～更～关～还～交～连～争～自～㊫～敝～薄～禅～朝～成～俦～畴～佽～存～孚～扶～顾～厚～候～徽～浑～溷～兼～结～矜～抗～况～窥～俪～缭～埒～凌～乱～靡～觅～缪～摩～磨～侔～难～耦～戚～欺～契～挈～倾～觑～饶～扰～嬗～尚～授～投～晤～希～

衔～翔～形～胥～勖～寻～逊～掩～繇～揖～疑～杂～招～质～踵～状～准～訾～捽例长记湘皋春晓,仙路迥,冰钿翠带交相。(宋·周密《声声慢·瑶台月冷》)

箱 xiāng

古下平,七阳。逆仓～充～东～伏～服～高～火～缣～金～巾～镜～奁～两～柳～篚～轮～青～纱～斯～戏～行～瑶～盈～玉～帐～枕～重～朱～竹～棕～顺～笈～交～笤～奁～帘～笼～篚～囊～牛～篋～擎～筒例晓奏趋双阙,秋成报万箱。(唐·刘长卿《送营田判官郑侍御赴上都》)校缗阅帑藏,发廪欣斯箱。(唐·高适《单父逢邓司仓覆仓库因而有赠》)远放歌声分白纻,知传家学与青箱。(唐·刘禹锡《衢州徐员外使君遗以缟纻兼竹书箱》)

典**仓箱** 本指仓廪和载车,后世用以指丰收。亦作"万斯箱""万亿满仓箱"。《诗经·小雅·甫田》:"曾孙之稼,如茨如梁。曾孙之庾,如坻如京。乃求千斯仓,乃求万斯箱,黍稷稻粱,农夫之庆。"郑玄笺:"成王见禾谷之税,委积之多,于是求千仓以处之,万车以载之。是言年丰,收入踰前也。"

持之纳于官,私室无仓箱。(唐·皮日休《正乐府十篇·橡媪叹》)

青箱 南朝尚书令王彪之家世代以朝仪故事积累于青箱之中,人称"王氏青箱学";后因以"青箱"喻指世代相传的家学,或形容人家学渊源深远。《宋书·王准之传》:"曾祖彪之,尚书令。祖临之,父讷之,并御史中丞。彪之博闻多识,练悉朝仪,自是家世相传,并谙江左旧事,缄之青箱,世人谓之'王氏青箱学'。"

白芷寒犹采,青箱醉尚开。(唐·皮日休《药名联句》)

牛不服箱 原指牵牛星徒有牛名而不能驾车,后常用以嘲讽徒有虚名之人。《诗经·小雅·大东》:"睆彼牵牛,不以服箱。"

牛不见服箱,斗不挹酒浆。(唐·韩愈《三星行》)

厢(*廂)xiāng

古下平,七阳。逆八～边～城～登～坊～弓～关～里～木～西～瑶～玉～顺～长～村～房～公～官～军～吏～嵌～悬～巡～子例回车远归省,旧宅江南厢。(唐·王建《送张籍归江东》)仙仗环双阙,神兵辟两厢。(唐·白居易《渭村退居》)金节平分院落凉。黄昏帘幕卷西厢。(宋·谢逸《鹧鸪天·金节平分院落凉》)

典**西厢** 本是张生与莺莺私会之地,后指男女私会之处。亦作"待月西厢"。唐·元稹《莺莺传》:"……是夕红娘复至,持彩笺以授张,曰:'崔所命也。'题其篇曰《明月三五夜》。其词曰:'待月西厢下,迎风户半开。拂墙花影动,疑是玉人来。'张亦微喻其旨。"

回思欢娱处,人空老,花影尚占西厢。(宋·方千里《风流子·春色遍横塘》)

湘 xiāng

古下平,七阳。逆沉～韩～衡～湖～荆～漓～流～清～沈～淌～啼～投～潇～沅～顺～篁～娥～管～汉～筠～累～漓～帘～莲～灵～流～罗～汨～平～裙～瑟～神～水～文～吴～弦～燕～勇～鱼～渊～沅～月～芸～竹例客心仍在楚,江馆复临湘。(唐·王昌龄《送谭八之桂林》)迟迟立驷马,久客恋潇湘。(唐·刘长卿《送蔡侍御赴上都》)观涛壮枚发,吊屈痛沉湘。(唐·孟浩然《自浔阳泛舟经明海》)

典**沉湘** 屈原沉入湘江,指屈原之死;也指忠臣遭陷,为国而死。亦作"屈原沉湘""投汨""投湘"。《史记·屈原贾生列传》:"屈原至于江滨,被发行吟泽畔。颜色憔悴,形容枯槁。……屈原曰:'吾闻之,新沐者必弹冠,新浴者必振衣,人又谁能以身之察察,受物之汶汶者乎!宁赴常流,而葬乎江鱼腹中耳,又安能以皓皓之白而蒙世俗之温蠖乎!'乃作怀沙之赋。……於是怀石遂自投汨罗以死。"

骚魂洒落沉湘客,玉色依稀捉月仙。(宋·刘克庄《水仙花》)

啼湘 本指舜妃思舜的深切情怀,后世代指对人的思念。晋·张华《博物志·史补》:"尧之二女,舜之二妃,曰湘夫人。舜崩,二妃啼,以涕挥竹,竹尽斑。"

夜夜魂销梦峡,年年泪尽啼湘。(宋·晏几道《河满子·绿绮琴中心事》)

吊沉湘 悼念屈原。比喻遭贬而感伤自怀。亦作"吊长沙""吊灵均""吊楚臣""吊屈原"。《史记·屈原贾生列传》:"贾生名谊,洛阳人也。……贾生既辞往行,闻长沙卑湿,自以寿不得长,又以適去,意不自得。及渡湘水,为赋以吊屈原。"

欲赠佳人非泛洧,好纫幽佩吊沉湘。(宋·苏轼《刁景纯赏瑞香花忆先朝侍宴次韵》)

襄 xiāng

①升到高处,冲上。②高举,仰起。③高。④除去,扫除。⑤完成。⑥帮助,辅佐。

古下平,七阳。逆公～怀～荆～匡～勴～夔～七～顷～磬～师～士～文～咸～允～赞～顺～办～樊～礼～理～陵～事～羊～阳～野～赞～钟～助例腾身跨汗漫,不著织女襄。(唐·韩愈《调张籍》)自重文赋名,荒淫归楚襄。(唐·于渍《巫山高》)天语丁宁对未央。少摅素志向荆襄。(宋·曾觌《定风波·天语丁宁对未央》)

典**七襄** 本指织女星自旦至暮列换位置七次,后指赋诗作文。亦作"织女襄"。《诗经·小雅·大东》:"维天有汉,监亦有光。跂彼织女,终日七襄。虽则七襄,不成报章。"

谁知此日凭轩处,一笔工夫胜七襄。(唐·吴融《和座主尚书登布善寺楼》)

师襄 春秋时期鲁国音乐家,善弹琴、击磬,相传孔子曾学琴于师襄。后世常用以指擅长音乐之人。见《史记·孔子世家》。

王子停凤管,师襄掩瑶琴。(唐·李白《金陵听韩侍御吹笛》)

镶(鑲)xiāng

古下平,七阳。逆钩～金～挖～玉～顺～齿～滚～花～金～配

骧(驤)xiāng

①后右足白色的马。②上仰,上举。③奔驰,腾越。

古下平,七阳。逆超～方～奋～高～蹇～矫～龙～马～骞～腾～云～顺～眉～首～腾例绊之欲动转欹侧,此岂有意仍腾骧。(唐·杜甫《瘦马行(一作老马)》)玉塞含凄见雁行,北垣新诏拜龙骧。(唐·杨巨源《述旧纪勋寄太原李光颜侍中二

首》其一)

典**龙骧** 指晋龙骧将军王濬,或借指大船。《晋书·王濬传》:"武帝谋伐吴,诏濬修舟舰。濬乃作大船连舫,方百二十步,受二千余人。……拜濬为龙骧将军、监梁益诸军事。"

定是寰区又清宴。不见龙骧波上战。(宋·杜安世《凤栖梧·别浦迟留恋清浅》)

芗(薌)xiāng ①五谷的香气。②泛指芳香。③指紫苏之类的香草。

古下平,七阳。逆芳~芬~膏~膻~熏~顺~脯~合~剧~萁~泽 例赤足络绎来,大盘荐膻芗。(清·黄遵宪《番客篇》)

缃(緗)xiāng 浅黄帛。

古下平,七阳。逆缣~缥~青~绨~缇~顺~牒~荷~花~缣~简~节~衮~绿~梅~囊~缥~绮~缛~蕤~素~桃~帖~图~叶~衣~帻~枝~帙~轴 例朱门重棨戟,丹诏半缣缃。(唐·杨巨源《上刘侍中》)伫归蓬岛后,纶诏润青缃。(唐·韦庄《和郑拾遗秋日感事一百韵》)

舡xiāng 船。

逆戈~觥~海~画~课~泷~楼~马~战~棹~顺~人 例休谈人我。大限催煎如何弹。前酌觥舡。(宋·王观《减字木兰花·三皇五帝》)花光羞粉艳,敢争妍。笑歌声里捧金舡。(宋·李朝卿《小重山·春正浓时月正圆》)倾九酝,祝长年。休辞潋滟十分舡。(宋·陈日章《鹧鸪天·内乐清虚息万缘》)

秧yāng

古下平,七阳。逆菜~春~分~禾~黄~念~桑~莳~树~下~秧~鱼~栽~种~顺~稻~鼓~龄~马~苗~田~信~针 例溪水堪垂钓,江田耐插秧。(唐·高适《广陵别郑处士》)枳篱编刺夹,薤垄擘科秧。(唐·白居易《渭村退居》)

央yāng ①中间。②尽,完结。③请求,恳求。

古下平,七阳。逆拜~当~奉~渠~所~投~未~无~相~央~夜~中~顺~烦~告~及~极~恳~浼~浼~祈~倩~请~求~托~亡~央~属 例九州四海常无事,万岁千秋乐未央。(唐·卢照邻《登封大酺歌四首》其一)

典**夜未央** 喻指帝王勤于政事或代指夜深。亦作"夜如何"。《诗经·小雅·庭燎》:"夜如何其?夜未央,庭燎之光。君子至止,鸾声将将。"

明月愁人夜未央。篷窗如画水浪浪。(宋·蒲寿宬《渔父词·明月愁人夜未央》)

鸯(鴦)yāng

古下平,七阳。逆梁~文~鸳~顺~龟~浆~锦~摩 例风吹绿琴去,曲度紫鸳鸯。(唐·李白《代别情人》)

典**交颈鸳鸯** 比喻恩爱夫妻。亦作"并颈鸳鸯"。《玉台新咏》卷九载司马相如《琴歌二首》其一:"有艳淑女在闺房,室迩人遐毒我肠。何缘交颈为鸳鸯,胡颉颃兮共翱翔!"

鹭起暮天,几双交颈鸳鸯,入芦花深处宿。(唐·徐昌图《河传·秋光满目》)

西雍鸳鸯 指人的品德美好。《诗经·周颂·振鹭》:"振鹭于飞,于彼西雍。我客戾止,亦有斯容。"郑玄笺:"白鸟集于西雍之泽,言所集得其处也。兴者,喻杞、宋之君有洁白之德,来助祭于周之庙,得礼之宜也。"

竞爽谢庭兰玉,信美西雍鸳鸯。(宋·晁端礼《喜迁莺·清和时序》)

七十二鸳鸯 本指贵官宅园中鸳鸯之多,后常用以指世家贵族的豪华生活。《玉台新咏》卷一《古乐府诗·相逢狭路间》:"黄金为君门,白玉为君堂。……入门时左顾,但见双鸳鸯。鸳鸯七十二,罗列自成行。"

骥騄千万双,鸳鸯七十二。(唐·元稹《出门行》)

泱yāng 泱泱①水面广阔。②形容气魄宏大。

古下平,七阳。逆莽~漭~罔~泱~郁~顺~荡~瀼 例在昔胚浑凝,融为百川泱。(唐·薛据《西陵口观海》)薄暮欲归仍伫立,菖蒲风起水泱泱。(唐·李建勋《题魏坛二首》其二)

殃yāng ①灾难,祸害。②残害。

古下平,七阳。逆百~避~触~逢~火~祸~积~疾~贾~咎~苛~离~戮~念~庆~四~宿~天~谢~凶~夭~贻~遗~余~灾~造~贼~逐~罪~池鱼~顺~败~榜~毒~罚~祸~及~咎~僇~戮~民~孽 例位大招讥嫌,禄极生祸殃。(唐·王绩《赠梁公》)朱门任倾夺,赤族迭罹殃。(唐·杜甫《壮游》)有修终有限,无事亦无殃。(唐·元稹《悟禅三首寄胡果》其一)

典**城门自焚,池鱼罹殃** 指无端受祸或因牵连而遭害。汉·应劭《风俗通》:"城门失火,祸及池鱼。旧说,池仲渔,人姓字也,居宋城门,城门失火,延及其家,仲渔烧死。又云,宋城门失火,人汲池中水,以沃灌之。池中空竭,鱼悉露死。喻恶之滋,并伤良谨也。"

城门自焚爇,池鱼罹其殃。(唐·白居易《杂感》)

鞅yāng ①马颈带。②羁绊。另见844页yǎng。

古上声,二十二养。逆绊~尘~掉~断~归~羁~解~轮~斯~鞅~郁~征~众~顺~绊~轭~軨~缰~勒~斯~郁~掌 例渺然一水隔,何由税归鞅。(唐·李白《酬裴侍御对雨感时见赠》)剧谈王侯门,野税林下鞅。(唐·杜甫《八哀诗·故著作郎贬台州司户荥阳郑公虔》)兽返深山鸟构巢,鹰雕鹞鹘无羁鞅。(唐·元稹《和李校书新题乐府十二首·驯犀》)

脏(髒)zāng ①污秽、不干净。②弄脏。另见844页zǎng、858页zàng。

古上声,二十二养。逆污~腌~捉~顺~土~污

臜(臢)zāng 腌臜的臜。另见10页zā。

逆腌~

赃(贜、臟)zāng ①赃物。②贪污,受贿。

古下平,七阳。逆倒~平~退~吞~贼~追~顺~盗~害~贿~秽~滥~累~埋~墨~派~赇~私~贪~污~诬 例狡吏不畏刑,贪官不避赃。(唐·皮日休《正乐府十篇·橡媪叹》)

臧zāng ①奴隶,奴仆。②善,

好。③称许。④通"赃"。

古下平，七阳。逆宝～葆～不～陈～大～盗～冬～否～府～该～盖～宫～华～积～戢～挤～奸～禁～孔～龙～嫚～秘～谋～内～乞～帑～五～允～斋～顺～贬～不～仓～否～锢～贿～秽～弃～聚～赂～仆～污～物～衅～丈例辞满如脱屣，立言无否臧。（唐·李颀《送刘四》）尚恐主守疏，用心未甚臧。（唐·杜甫《秋行官张望督促东渚耗稻》）知命儒为贵，时中圣所臧。（唐·柳宗元《弘农公》）

张(張)zhāng

古下平，七阳。逆鼻～擘～称～鸱～弛～侈～赤帜～炽～舛～颠～返～范～肥～奋～敷～高～攻～供～赫～恢～箕～戟～矜～惊～拒～蹶～廓～目～怒～鹏～起～阡～设～隼～踏～涛～巍～霞～枭～雄～虚～诩～翼～争～舟～侏～顺～辟～郦～捕～布～睬～朝～打～单～胆～道～颠～独～范～风～盖～顾～韩～弧～惶～霍～急～见～睛～精～军～看～乐～雷～理～柳～禄～卖～满～眉～谋～目～幕～觑～瑟～声～示～事～势～宿～罔～歙～言～筵～疑～旃～磔～职～志～跱～譸～主例江如晓天净，石似暮霞张。（唐·张说《和朱使欣道峡似巫山之作》）告善雕旌建，收冤锦旆张。（唐·沈佺期《答魑魅代书寄家人》）地胜春逾好，恩深乐更张。（唐·崔沔《奉和圣制同二相已下群官乐游园宴》）

典**颠张**　形容书法艺术高超。唐人张旭长于醉后草书，有"张颠"之称。唐·张怀瓘《书断·张旭》："张旭书得笔法，传崔邈、颜真卿。……饮醉辄草书，挥毫大叫，以头揾水墨中，天下呼为'张颠'，醒后自视，以为神异，不可复得。"

颠张醉素两秃翁，追逐世好称书工。（宋·苏轼《题王逸少帖》）

范张　汉代范式与张劭的合称，两人友谊至笃、恪守信义、生死不变，后多用以喻重信义的挚友。见915页"张范通梦"。

风期嵇吕好，存殁范张亲。（唐·褚亮《伤始平李少府正己》）

关张　三国时蜀将关羽、张飞的合称，后人因用以指有威名的大将，亦常以此比喻如兄似弟的朋友关系。《南史·萧摩诃传》："（吴）明彻谓摩诃曰：'若殪此胡，则彼军夺气，君有关、张之名，可斩颜良矣。'"

管乐有才终不忝，关张无命欲何如。（唐·李商隐《筹笔驿》）

金张　本指汉代大臣金日磾与张安世，两家世代做高官，贵盛之极，后指豪门贵族或勋臣世家。晋·左思《咏史八首》其二："金张藉旧业，七叶珥汉貂。"李善注引《汉书·张汤传赞》："张氏之子孙相继，自宣元以来，为侍中、中常侍者凡十余人，功臣之后，唯有金氏、张氏亲近贵宠，比于外戚。"

朱绂谁家子，无乃金张孙。（唐·王维《寓言二首》其一）

蹶张　本指能以脚踏射强弩的勇士，或指出身低微而终致高位之人。《史记·张丞相列传》："申屠丞相嘉者，梁人，以材官蹶张，从高帝击项籍，迁为队率。"裴骃集解："如淳曰：'材官之多力，能脚踏强弩张之，故曰蹶张。'"

韩魏多锐士，蹶张在幕庭。（唐·储光羲《哥舒大夫颂德》）

苏张　战国时期的苏秦与张仪的合称，后常用以指足智多谋、胸怀天下之人。见《史记·苏秦列传》《史记·张仪列传》。

卫霍功名还有命，苏张才气久非时。（宋·王安石《酬慕容员外》）

萧张　指汉朝的开国功臣萧何与张良，萧何长于转漕供给，张良长于运筹参谋。后因用以指贤能之臣。见《史记·萧相国世家》《史记·留侯世家》。

王杨卢骆真何者，房杜萧张更是谁。（唐·贯休《赠杨公杜之舅》）

钟张　三国魏大书家钟繇与东汉"草圣"张芝的合称，后世用以代指书法精妙之人。晋·王羲之《自论书》："寻诸旧书，惟钟张故为绝伦，其余为是小佳，不足在意。"

应笑钟张虚用力，却教羲献枉劳魂。（唐·李都《戏答朝士》）

炊黍期张　准备食品款待朋友，后世遂用以指好友约期相访。《后汉书·范式传》："范式，字巨卿，山阳金乡人也，一名氾。少游太学为诸生，与汝南张劭为友。……乃共克期日。后期方至，元伯具以白母，请设馔以候之。母曰：'二年之别，千里结言，尔何相信之审耶？'对曰：'巨卿信士，必不乖违。'母曰：'若然，当为尔酝酒。'至其日，巨卿果到，升堂拜饮，尽欢而别。"

系舟偏忆戴，炊黍愿期张。（唐·李端《宿荐福寺东池有怀故园因寄元校书》）

章zhāng

古下平，七阳。逆昄～宝～暴～便～綵～宸～赤～宠～诞～雕～定～诽～焚～服～诰～衮～含～涸～急就～锦～郡～抗～奎～兰～灵～零～镂～露～绿～纶～密～明～铭～凝～佩～遒～戎～荣～尚～蛇～盛～绶～腾～条～铜～挽～輓～纹～霞～雄～瑶～仪～遗～彝～银～饮～隐～玉～豫～云～篆～走～尊～顺～本～采～草～彻～仇～丹～牍～度～逢～缝～服～绂～黻～黼～沟～估～华～皇～惶～醮～街～举～楷～理～露～旗～渠～荣～视～绶～书～疏～岁～武～檄～夏～绣～印～誉～月～灼～奏～组～左例武德舒宸眷，文思饯乐章。（唐·张九龄《饯王尚书出边》）绝壁横天险，莓苔烂锦章。（唐·杨炯《巫峡》）九苞应灵瑞，五色成文章。（唐·李峤《凤》）

典**铜章**　本指铜制的官银，借指县令。《汉书·百官公卿表上》："凡吏……秩比六百石以上，皆铜印墨绶，大夫、博士、御史、谒者、郎无。其仆射、御史治书尚符玺者，有印绶。比二百石以上，皆铜印黄绶。"

县花迎墨绶，关柳拂铜章。（唐·岑参《送宇文舍人出宰元城》）

银章　银质的印章，借指郡守或中级官职。亦作"银印"。《汉书·百官公卿表上》："太初元年，更名中大夫为光禄大夫，秩比两千石。""郡守，秦官，掌治其郡，秩两千石。……郡尉，秦官，掌佐守典武职甲卒，秩比两千石。""凡吏秩比两千石以上，皆银印青绶。"

赤管随王命，银章付老翁。

（唐·杜甫《春日江村五首》其三）

豫章 即枕树与樟树，皆为优质木材，后世因用以比喻出众的人才。《庄子·山木》："其得楠梓豫章也。"唐·成玄英疏："楠梓豫章，皆端直好木也。"

山朝豫章馆，树转凤凰城。（唐·王维《恭懿太子挽歌五首》其五）

知章 本指唐代诗人贺知章，后常用"知章"喻指富于才华之狂士或笃信道教之人。见《旧唐书·贺知章传》。

知章骑马似乘船，眼花落井水底眠。（唐·杜甫《饮中八仙歌》）

枯鱼章 本指南朝宋卞彬抒发自己不得志之文《枯鱼赋》，后以表示事后悔恨或自伤不遇。《南史·卞彬传》："卞彬字士蔚，济阴冤句人也。……彬险拔有才，而与物多忤。齐高帝辅政……彬大忤旨，因此摈废数年，不得仕进。乃拟赵壹《穷鸟》为《枯鱼赋》以喻意。"

咋笔话肝肺，咏兹枯鱼章。（唐·李群玉《自澧浦东游江表途出巴丘投员外从公虞》）

会稽章 西汉朱买臣早年落魄，后官至会稽太守，后世遂以"会稽章"指仕途发迹。《汉书·朱买臣传》："上拜买臣会稽太守。……拜为太守，买臣衣故衣，怀其印绶，步归郡邸。直上计时，会稽吏方相与群饮，不视买臣。买臣入室中，守邸与共食，食且饱，少见其绶，守邸怪之，前引其绶，视其印，会稽太守章也。……坐中惊骇，白守丞，相推排陈列中庭拜谒。……会稽闻太守且至，发民除道，县长吏并送迎，车百余乘。"

身外尽归天竺偈。腰间唯有会稽章。（羊士谔《郡中言怀寄西川萧员外》）

奏赤章 指人行为有亏缺，想要辩白。《梁书·沈约传》："（约）因病，梦齐和帝以剑断其舌，召巫视之，巫言如梦。乃呼道士奏赤章于天，称禅代之事，不由己出。高祖遣上省医徐奘视约疾，还具以状闻……（高祖）闻赤章事，大怒，中使谴责者数焉，约惧遂卒。"

幸然无事污青史，省得教人奏赤章。（宋·刘克庄《鹧鸪天·前度看花白发郎》）

八米诗章 借指文情并茂的作品。见 819 页"八米卢郎"。

百篇书判从饶白，八米诗章未伏卢。（唐·元稹《重酬乐天》）

韩愈文章 韩愈主张文体改革，颇以文章自负，故后人常以此称颂当代的大手笔。《旧唐书·韩愈传》："愈所为文，务反近体，抒意立言，自成一家新语。后学之士，取为师法。当时作者甚众，无以过之，故世称'韩文'焉。"

都从韩愈文章得，那借道宗公案翻。（清·爱新觉罗·弘历《游古中盘作》）

柳絮联章 指谢道韫咏雪之作，后借指才女的诗作。见 447 页"飞絮"。

柳絮联章敏，椒花属思清。（唐·吴融《个人三十韵》）

龙蛇之章 本指介子推从者为其被遗忘而打抱不平之语，后因以形容功臣遭受不公正的对待。《史记·晋世家》："介子推从者怜之，乃悬书宫门曰：'龙欲上天，五蛇为辅。龙已升云，四蛇各入其宇，一蛇独怨，终不见处所。'文公出，见其书。"

鸟雀荒庭无洒扫，龙蛇素壁有篇章。（明·程嘉燧《辛巳三月廿四日次韵一首》）

梦得文章 唐代文学家刘禹锡，字梦得，大和中曾为苏州刺史，以政绩赐金紫。后因喻指人有文采或代指苏州人物。《旧唐书·刘禹锡传》："刘禹锡，字梦得，彭城人。……禹锡精于古文，善五言诗，今体文章复多才丽。""大和中……授苏州刺史，就赐金紫。"

继梦得文章，乐天惠爱，布政优优。（宋·柳永《木兰花慢·古繁华茂苑》）

宋玉词章 本指宋玉的辞赋，后指文章有文采。《史记·屈原贾生列传》："屈原既死之后，楚有宋玉、唐勒、景差之徒者，皆好辞而以赋见称，然皆祖屈原之从容辞令，终莫敢直谏。"

宋玉词章，陶潜风概，况继前贤躅。（宋·王之望《念奴娇·蒙泉岁晚》）

倚马成章 形容人文思敏捷，作文迅速。亦作"倚马雄才"。《世说新语·文学》："桓宣武北征，袁虎时从，被责免官。会须露布文，唤袁倚马前令作。手不辍笔，俄得七纸，殊可观。东亭在侧，极叹奇才。"

风月襟怀，挥豪倚马成章。（宋·吴文英《高阳台·风袅垂杨》）

约法三章 本指刘邦入秦与关中父老共立约法之事，后人用以泛指事先与人约定必须信守的某些规定。亦省作"三章"。《史记·高祖本纪》："与父老约，法三章耳：杀人者死，伤人及盗抵罪。余悉除去秦法。"

约法三章在，收兵五国随。（宋·邵雍《观棋大吟》）

仲宣文章 见 382 页"仲宣赋"。

未作仲宣诗，先流贾生涕。（唐·李白《答高山人兼呈权顾二侯》）

子墨文章 子墨是扬雄在《长杨赋》中所虚拟的人物，后世用以指文士文章。《汉书·扬雄传下》："雄从至射熊馆，还，上《长杨赋》，聊因笔墨之成文章，故藉翰林以为主人，子墨为客卿以风。"

纵子墨文章，相如才调，骤觉雷声平地。（宋·刘弇《金明春·宝历延洪》）

彰 zhāng

①明显，显著。②表扬，表彰。③盛，多。

㊍下平，七阳。㊢暗～辨～不～弘～涣～焕～孔～弥～明～谬～文～显～彰～昭～知～㊤～败～暴～瘴～赫～煌～较～露～明～施～闻～宣～灼～着㊡九征书未已，十辟誉弥彰。（唐·王绩《赠李征君大寿》）辛甲今为史，虞箴遂孔彰。（唐·魏知古《从猎渭川献诗》）大明潜照耀，淑慝自昭彰。（唐·储光羲《晚次东亭献郑州宋使君文》）

璋 zhāng

玉器名。

㊍下平，七阳。㊢宝～赤～大～德～奉～圭～珪～裸～弄～牙～中～㊤～瓒㊡往往空室中，寤寐说珪璋。（唐·王建《山中寄及第故人》）十年小怨诛桓郈，一檄深雠怨孔璋。（唐·徐夤《魏》）畴昔遭逢，薰殿之琴，清庙之璋。（宋·刘克庄《沁园春·畴昔遭逢》）

㊥**珪璋** 珪和璋皆为朝会所执玉器，泛指贵重的玉器，后世亦用以

代指使节，或喻人品德高尚、才华出众。《诗经·大雅·卷阿》："颙颙卬卬，如圭如璋，令闻令望。岂弟君子，四方为纲。"

清庙圭璋璧，明堂枫柞樟。（宋·魏了翁《安大使生日》）

弄璋 旧时称生男孩为弄璋，亦作"弄璋之喜""弄璋之庆"。《诗经·小雅·斯干》："乃生男子，载寝之床，载衣之裳，载弄之璋。"

弄璋诗句多才思，愁杀无儿老邓攸。（唐·白居易《崔侍御以孩子三日示其所生诗见示因以二绝和之》）

牙璋 古代君王用以调动军队的兵符，玉制，边缘形似牙齿，故名。后借指用兵。《周礼·春官·典瑞》："牙璋以起军旅，以治兵守。"郑玄注："郑司农云：'牙璋瑑以为牙，牙齿兵象，故以牙璋发兵。'"

牙璋辞凤阙，铁骑绕龙城。（唐·杨炯《从军行》）

黄流在璋 代指美酒美杯。《诗经·大雅·旱麓》："瑟彼玉瓒，黄流在中。"毛氏传："玉瓒，圭瓒也，所以饰。流，鬯也。九命然后锡以黄金秬鬯圭瓒。"郑玄笺："瑟，洁鲜貌。黄流，秬鬯也。圭瓒之状，以圭为柄，黄金为勺，青金为外，朱中央也。"

少工艺文，朱丝练弦，黄流在璋。（宋·刘克庄《沁园春·少工艺文》）

樟 zhāng 樟树。

古 下平，七阳。逆 钓～洪～香～豫～顺～蚕～宫～亭～油

獐（麞）zhāng 兽名。

古 下平，七阳。逆 荒～狂～弄～牙～银～顺～皇～徨～狂～智～子 例 何为跧似鼠，而复怯于獐。（唐·李郢《即目》）

嫜 zhāng 古代称丈夫的父亲。

古 下平，七阳。逆 姑～尊～例 妾身未分明，何以拜姑嫜。（唐·杜甫《新婚别》）

漳 zhāng 水名。

古 下平，七阳。逆 病～二～河～衡～沮～临～清～顺～滨～缎～防～滏～河～江～橘～浦～绒～汝～州 例 延波接荆梦，通望迩沮漳。（唐·李百药《王师渡汉水经襄阳》）经岁别离心自苦，何堪黄叶落清漳。（唐·许浑《送元昼上人归苏州兼寄张厚二首》其二）卒岁贫无褐，经秋病泛漳。（唐·韦庄《和郑拾遗秋日感事一百韵》）

庄（莊）zhuāng ①端重，严肃。②四通八达的道路。③农庄，村落。

古 下平，七阳。逆 宝～别～成～达～都～丰～广～惠～矜～兢～筠～康～抗～美～斋～蒙～墨～齐～青～清～屈～诚～色～蜀～天～通～相～渔～云～贞～顺～诚～饬～樗～椿～词～蝶～缶～鲋～敬～静～丽～栗～列～论～蒙～士～饰～姝～顺～肃～言～毅～语～栉～庄 例 逖矣凌周诵，遥哉掩汉庄。（唐·李元嘉《奉和同太子监守违恋》）斜轮低夕景，归旆拥通庄。（唐·李治《九月九日》）上京无薄产，故里绝穷庄。（唐·沈佺期《答魑魅代书寄家人》）

装（裝）zhuāng

古 下平，七阳。逆 柏～宝～辨～薄～晨～春～鸿～饬～促～道～发～负～宫～孤～寒～鹤～红～花～急～具～密～倾～取～儒～束～速～腾～委～吴～杏～炫～严～摇～夜～倚～幽～云～贝～征～闹～赀～资～辎～顺～背～褾～池～褫～放～赍～界～具～理～奁～銮～砌～钱～遣～搸～堂～贴～橐～诬～演～佯～造～治～撰～缀～资 例 春山临渤海，征旅辍晨装。（唐·杨师道《奉和圣制春日望海》）宝马权奇出未央，雕鞍照曜紫金装。（唐·杨师道《咏马》）桑女淮南曲，金鞍塞北装。（唐·王翰《子夜春歌》）

典 **陆贾装** 指居官所得馈赠。《史记·陆贾列传》："高祖使陆贾赐尉他印为南越王。……（尉他）乃大说陆生，留饮数月。曰：'越中无足与语，至生来，令我日闻所不闻。'赐陆生橐中装直千金，他送亦千金。"

顾我何功惭陆贾，橐装聊复助归田。（宋·苏辙《奉使契丹二十八首·神水馆寄子瞻兄四绝》）

妆（妝、*粧）zhuāng ①修饰，打扮。②女子身上的妆饰。③妆饰的式样。④嫁妆。

古 下平，七阳。逆 白～半～薄～残～晨～楚～春～催～村～淡～道～娥～额～宫～古～毁～俭梳～理～露～梅～明～闹～凝～弄～浅～轻～时～试～送～宿～檀～啼～鲜～险～小～晓～徐～炫～严～掩～醉～顺～次～殿～阁～光～泪～奁～掠～楼～匣～样～域～治 例 山风凝笑脸，朝露泫啼妆。（唐·李峤《桃》）的的珠帘白日映，娥娥玉颜红粉妆。（唐·刘希夷《公子行》）一去边城路，何情更画妆。（唐·顾朝阳《昭君怨》）

典 **靓妆** 指女子美丽的妆饰，亦用作美女的代称。亦作"靓庄"。《史记·司马相如列传》引《上林赋》："靓庄刻饬，便嬛绰约。"裴骃集解："靓妆，粉白黛黑也。"晋·王廙《洛都赋》："若乃暮春嘉禊，三巳之辰，丽服靓妆，袚乎洛滨。"

靓妆才罢粉痕新，迨晓风回散玉尘。（唐·王贞白《春日咏梅花》）

梅妆 古时女子妆式，描梅花状于额上为饰。相传始于南朝宋寿阳公主。后用以形容女子容貌娇好，妆点入时。或喻梅花艳丽。亦作"宫妆""梅花妆""寿阳妆""梅粉华妆""蕊粉新妆""含章宫下妆"。《太平御览》卷九七〇引《宋书》："武帝女寿阳公主人日卧于含章檐下，梅花落公主额上，成五出之华，拂之不去，皇后留之。自后有梅花妆，后人多效之。"

侵夜可能争桂魄，忍寒应欲试梅妆。（唐·李商隐《对雪》其二）

啼妆 古代妇女的一种妆式。东汉时，妇女以粉拭目下，有似啼痕，称为啼妆。《后汉书·梁冀传》："冀妻孙寿……色美而善为妖态，作愁眉啼妆，堕马髻，折腰步，龋齿笑，以为媚惑。"

晓花擎露妒啼妆，红日永，风和百花香。（唐·和凝《小重山·春入神京万木芳》）

半面妆 指南朝梁元帝徐妃饰半张脸以待元帝事，后以此指女子梳妆，或指残缺不全的事物。亦作"半面分妆"。《南史·梁元帝徐妃传》："妃无容质，不见礼，帝三二年一入房。……妃以帝妙一目，每知帝将至，必为半面妆以俟。帝见则大怒而出。"

干戈揖逊一锡杖，社稷山川半面妆。（宋·晁说之《金陵二首》其二）

桩（樁）zhuāng ①桩子，全部或部分埋在地面下的柱子。②量词。件，宗。

㊀上平，三江。逆暗～船～抵～伏～符～脚～马～梅花～摹～水～星～朽～顺～办～歌～管～积～橛～科～配～手～主例幸愿终赐之，斩拔枿与桩。（唐·韩愈《病中赠张十八》）金鱼聊解带，画鹢稍移桩。（唐·张祜《投常州从兄中丞》）鼍惊入窟月，烧到系船桩。（唐·贯休《秋末入匡山船行八首》其六）

平声·阳平

昂áng ①抬起，抬高。②高，高涨。③情绪振奋。

㊀下平，七阳。逆藏～低～飞～丰～亢～魁～气～～巍～嵬～显～轩～应～顺～昂～藏～黛～奋～激～气～爽～耸～霄～扬～仰～屹例郁郁苦不展，羽翮困低昂。（唐·杜甫《壮游》）开缄忽睹送归作，字向纸上皆轩昂。（唐·韩愈《卢郎中云夫寄示送盘谷子诗两章歌以和之》）爪毛吻血百鸟逝，独立四顾时激昂。（唐·柳宗元《笼鹰词》）

藏cáng ①隐藏。②储藏。③通"臧"，善，认为好。另见858页zàng。

㊀下平，七阳。逆昂～奥～闭～豹～辟～壁～避～别～窜～遁～伏～覆～弓～锢～归～缄～禁～窟～鳞～廪～龙～霾～秘～瞒～漫～慢～匿～寝～跧～潜～锁～韬～退～行～穴～冶～遗～赢～余～猿～韫～遮～蛰～中～顺～昂～锋～伏～盖～钩～光～庋～机～娇～奔～彊～名～命～怒～去～往～行～幸～修～畜～蓄～掖～用～舟例终然不得意，去去任行藏。（唐·高适《鲁郡途中遇徐十八录事》）阴山骄子汗血马，长驱东胡胡走藏。（唐·杜甫《忆昔二首》其一）

典**鸟尽弓藏** 比喻事成后有功之人遭到抛弃和杀害。亦作"弓藏"。《史记·越王勾践世家》："范蠡遂去，自齐遗大夫种书曰：'蜚鸟尽，良弓藏，狡兔死，走狗烹。越王为人长颈鸟喙，可与共患难，不可与共乐。子何不去？'……信曰：'果若人言：狡兔死，良狗烹；高鸟尽，良弓藏；敌国破，谋臣亡。'"

病厌鸢飞鼓躁，晚悲鸟尽弓藏。（宋·刘克庄《读韩信马援传一首》）

用舍行藏 喻指被任用则出仕，不被任用则退隐。《论语·述而》："子谓颜渊曰：'用之则行，舍之则藏，唯我与尔有是夫！'"

明开暗合似知时，用舍行藏诚在兹。（宋·释智圆《戏题夜合树》）

论衡帐中藏 东汉学者蔡邕珍藏《论衡》于帐中隐处，秘玩以为谈助。后因以指奇书或泛指奇物。《后汉书·王充传》："充好论说，始若诡异，终有理实。……著《论衡》八十五篇，二十余万言。"李贤注："《袁山松书》（即袁山松《后汉书》）曰：'充所作《论衡》，中土未有传者，蔡邕如吴始得之，恒秘玩以为谈助。'"

论衡何必帐中藏。（宋·刘克庄《浪淘沙令·目力已茫茫》）

长（長）cháng ①（空间、时间）距离大。②长度。③长久，永远。④擅长。⑤长处，优点。另见844页zhǎng、861页zhàng。

㊀下平，七阳。逆鞭～齿～寸～道～短～丰～风～广～季～截～柳线～路～履～弥～柔～沈～舒～遐～纤～心～遥～曳～夜～一～迤～意味～引兴～永～用～元～真～仲～顺～苞～飙～别～禀～篇～薄～才～策～筹～道～狄～递～干～更～庚～赓～彀～顾～冠～酣～汉～鬓～徽～火～跽～髻～见～姣～结～津～裾～沮～决～绝～逵～阔～离～丽～烈～鬣～灵～龄～漏～峦～纶～莽～茂～懋～没～门～眄～陌～暮～蜺～霓～庆～楸～衢～日～稍～槊～素～隧～墟～汀～恸～涂～违～庑～骛～息～檄～心～休～秀～歔～筵～扬～揖～夷～迤～揎～引～缨～赢～嬴～墉～咏～御～圆～云～斋～翟～制～终～椎～彴例挽弓当挽强，用箭当用长。（唐·杜甫《前出塞九首》其六）景媚莺初啭，春残日更长。（唐·宋若宪《奉和御制麟德殿宴百官》）马嘶斜日朔风急，雁过寒云边思长。（唐·翁绶《陇头吟》）

典**道长** 东汉人有冬至日"君道长"之说，后世常用以咏冬至。《后汉书·礼仪志中》："文曰：'臣某言，今月若干日甲乙日冬至，黄钟之音调，君道得，孝道褒。'……日夏至礼亦如之。"南朝梁·刘昭注引东汉·蔡邕《独断》："冬至阳气起，君道长，故贺。夏至阴气起，君道衰，故不贺。"

一笑还游轻举，三叹道长世短，晦朔自秋春。（宋·马廷鸾《水调歌头·把酒对湘浦》）

季长 东汉马融字季长，博通经籍，曾几度因忤旨贬徙外地。后世用以借指仕途失意的学者。见《后汉书·马融传》。

苏台忆季长，飞棹历江乡。（唐·王湾《晚春诣苏州敬赠武员外》）

真长 本指晋丹阳尹刘惔，字真长。后世在诗词中喻指襟怀冲淡的官员。见《晋书·刘惔传》。

羡君好古慕羲皇，品流不减刘真长。（宋·邓肃《次韵师皋》）

凫短鹤长 凫胫短，鹤胫长，长短不一。比喻凡事物各有天性，无须改变。《庄子·骈拇》："长者不为有余，短者不为不足。是故凫胫虽短，续之则忧；鹤胫虽长，断之则悲。故性长非所断，性短非所续，无所去忧也。"

蝗黠蝉痴，鹤长凫短，总是一番消歇。（元·凌云翰《苏武慢·智不如愚》）

一日之长 指才能比别人稍强些，略胜人一筹。《世说新语·品藻》："顾邵尝与庞士元宿话，问曰：'闻子名知人，吾与足下孰愈？'曰：'陶冶世俗，与时浮沉，吾不如子。论王霸之余策，览倚伏之要害，吾似有一日之长。'"

则于数子，有一日之长。（宋·黄庭坚《写真自赞五首》其三）

周日迎长 冬至在周历正月，其日最短，次日即会增长；后用来代指冬至。隋·杜台卿《玉烛宝典·十一月仲冬》："十一月建子，周之正月，律当黄钟，其管最长，为万物之始，故至节有履长之贺。"

鲁云书瑞，周日迎长，晓占缇室飞灰。（宋·王之道《胜胜慢·鲁云书瑞》）

肠（腸）cháng ①肠子。②心地，情怀。③用肠衣制成的食品。

古下平，七阳。逆敝～别～菜～充～抽～愁～寸～涤～烦～腓～龟～黄～机～羁～浇～骄～锦～酒～蠲～绝～刳～宽～冷～离～鲤～沥～旅～履～梦～木～藕～盘～骚～诗～丝～探～拖～无～侠～盈～鱼～庾～中～衷～冰雪～铁石～顺～断～荒～绝～秘～绪～痈～臃～瘫例关河别去水，沙塞断归肠。（唐·卢照邻《陇头水》）紫骝嘶入落花去，见此踟蹰空断肠。（唐·李白《采莲曲》）风威侵病骨，雨气咽愁肠。（五代·李煜《病中感怀》）

典**寸肠** 本指猿母因思念猿子，极度伤心，致使肠子寸寸断开。后世用以指相思伤心之至。晋·干宝《搜神记》卷二〇：临川东兴有人得猿子，猿母乞归而不得，击杀猿子之时，"猿母悲唤，自掷而死。此人破肠视之，寸寸断裂。未半年，其家疫死，灭门"。又见《世说新语·黜免》。

三声啼妇卧床上，一寸断肠埋土中。（唐·元稹《感逝》）

龟肠 古人以为龟吸气而生，不食一物，因以龟肠喻饥肠。《南齐书·王僧虔传》："九流绳平，自不宜独苦一物，蝉腹龟肠，为日已久。饥彪能吓人遽与肉，饿骥不噬谁为落毛。"

漫夸鹤骨飞饶健，强说龟肠语转工。（宋·王洋《和苦寒韵》）

黄肠 以柏木黄心制作的棺椁，后世用以代指帝王坟墓。《汉书·霍光传》："光薨，上及皇太后亲临光丧。……梓宫、便房、黄肠、题凑各一具。"颜师古注："苏林曰：以柏木黄心致累棺外，故曰黄肠。"

壮躯闭幽隧，猛志填黄肠。（唐·柳宗元《咏三良》）

刳肠 本指神龟虽灵却不免被剖肚挖肠，后喻指世间的荣辱祸福常常变幻莫测、令人难以预料。《庄子·外物》："仲尼曰：'神龟能见梦于元君，而不能避余且之网；知能七十二钻而无遗筴，不能避刳肠之患。如是则知有所困，神有所不及也。'"

龟灵未免刳肠患，马失应无折足忧。（唐·白居易《放言五首》其二）

梦肠 梦见肠子流了出来，喻指诗文构思极其艰苦费神。桓谭《新论》："雄作《甘泉赋》一首，始成，梦肠出收而内之。明日遂卒。"

刮骨直穿由苦斗，梦肠翻出暂闲行。（唐·元稹《和乐天赠杨秘书》）

无肠 指螃蟹。晋·葛洪《抱朴子·登涉》："抱朴子曰：'……山中寅日，有自称虞吏者，虎也。……辰日称雨师者，龙也。称河伯者，鱼也。称无肠公子者，蟹也。"

无肠政要空虚腹，满贮芦花与月明。（宋·方岳《谢人致蟹》）

鱼肠 古代宝剑名，因其非常小可置于鱼腹中，或说剑之纹理屈襞蟠曲若鱼肠。后因以称精巧的匕首，或泛指锋利的刀剑。东汉·赵晔《吴越春秋·王僚使公子光传》："公子光佯为足疾，入窟室裹足，使专诸置鱼肠剑炙鱼中进之。"

晓匣鱼肠冷，春园鸭掌肥。（唐·罗隐《秋日怀贾随进士》）

九回肠 回环往复的忧思，形容忧思郁结难解，痛苦到了极点。也作"九回肠断""九曲回肠"。《汉书·司马迁传》中《报任少卿书》："是以肠一日而九回，居则忽忽若有所亡，出则不知其所往。"

世事忧千绪，家山肠九回。（宋·魏了翁《次韵王常博题江陵乐德佐》）

绣为肠 本为李白从弟称赞李白出口成章，富于文才之词，后用以形容文思敏捷非凡、辞藻优美富丽。亦作"锦绣肝肠""锦心绣肠""锦绣心肠"等。李白《冬日于龙门送从弟京兆参军令问之淮南觐省序》："紫云仙季，有英风焉。……常醉目吾曰：'兄心肝五脏，皆锦绣耶！不然，何开口成文，挥翰雾散。'吾因抚掌大笑，扬眉当之。"

烦锦绣肠施月斧，洗筝笛耳听云和。（宋·刘克庄《竹溪评余近诗发药甚多次韵》）

冰炭置肠 古人常以冰与炭不可同怀共容，喻指内心矛盾的不可调和，斗争十分激烈。《庄子·人间世》："事若成，则必有阴阳之患。"晋·郭象注："人患虽去，然喜惧战于胸中，固已结冰炭于五脏矣！"

烦子指间风雨，置我肠中冰炭，起坐不能平。（宋·苏轼《水调歌头·昵昵儿女语》）

愁入庾肠 北周庾信有《愁赋》，谓其愁苦之甚，后遂用以指愁肠。《周书·庾信传》："信虽位望通显，常有乡关之思。乃作《哀江南赋》以致其意云。"又《愁赋》："谁知一寸心，乃有万斛愁。"

奈愁入庾肠，老侵潘鬓，谩簪黄菊，花也应羞。（宋·张耒《风流子·亭皋木叶下》）

腐胁穿肠 古时有一种酒烧灼腐蚀力极强，周顗之酒友饮用过量以致穿胁而死。后因以指饮酒过度而毙命，或以"腐胁""穿肠"代指毒酒。《晋书·周顗传》："顗在中朝时，能饮酒一石，及过江，虽日醉，每称无对。偶有旧对从北来，顗遇之欣然，乃出酒二石共饮，各大醉。及顗醒，使视客，已腐胁而死。"

世言有毒在曲糵，腐胁穿肠凝血脉。（宋·陆游《饮酒》）

葵藿心肠 指忠贞之心。见833页"葵藿倾阳"。

抱梧桐绮实，葵藿心肠。（宋·陈德武《望海潮·山涯海角》）

三声断肠 形容啼声悲哀，后因用以写三峡景色或猿声。亦作"三声猿""猿三叫""三峡无猿"。北魏·郦道元《水经注·江水注·巴东三峡歌》："巴东三峡巫峡长，猿鸣三声泪沾裳。"

入耳便能生百恨，断肠何必待三声。（唐·韦庄《黄藤山下闻猿》）

常 cháng

古下平，七阳。逆百～倍～变～秉～朝～春～处～达～伯～汎～奉～古～故～官～国～何～恒～季～娇～旧～居～孟～旗～弃～昇～胜～守～殊～素～太～天～知～未～无～向～序～叙～循～佯～以为～庸～逾～元～越～载～顺～奥～辟～柄～才～材～操～朝～宠～俦～愁～处～川～从～德～棣～度～断～格～古～骨～恒～怀～祭～家～检～郊～禁～均～路～闾～满～寐～名～宁～品～器～沙～生～时～世～戍～顺～祀～箅～算～随～岁～谭～玩～违～饩～武～羲～宪～象～星

～羞～选～壹～仪～因～尤～与～雨～语～燠～愿～则～珍～馔～尊㊀韩夷愆奉赆,凭险乱天常。(唐·许敬宗《奉和春日望海》)别离不惯无穷忆,莫误卿卿学太常。(唐·苏颋《春晚紫微省直寄内》)此欲诚难纵,兹游不可常。(唐·魏知古《从猎渭川献诗》)

㊀季常 马良,字季常,在兄弟中才名突出,后喻指才能出众之人。《三国志·蜀书·马良传》:"马良,字季常,襄阳宜城人也。兄弟五人,并有才名,乡里为之谚曰:'马氏五常,白眉最良。'良眉中有白毛,故以称之。"

堪怜冻病如无已,不复狂游似季常。(宋·陈著《次韵前人重阳》)

元常 钟繇字元常,善书法。喻指书法出众,也借以称美钟姓之人。南朝齐·王僧虔《宋羊欣采古来能书人名》:"颍川钟繇,魏太尉。同郡胡昭,公车征。二子皆学于德昇,而胡书肥,钟书瘦。钟书有三体:一曰铭石之书,最妙者也。二曰章程书,传祕书教小学者也。三曰行押书,相闻者也。三法皆世人所善。"

元常有遗翰,求作箧中珍。(唐·徐铉《送长社胡明府》)

徐公有常 徐邈为人有原则,不随世俗而改变。后比喻不随风俗转移,处事有主见。《三国志·魏书·徐邈传》:"往者毛孝先、崔季珪等用事,贵清素之士,于时皆变易车服以求名高,而徐公不改其常,故人以为通。比来天下奢靡,转相仿效,而徐公雅尚自若,不与俗同,故前日之通,乃今日之介也。是世人之无常,而徐公之有常也。"

通介从流俗,徐公自有常。(宋·虞俦《宋宰不赴王倅招有诗次韵》)

抗行比元常 晋代书法家王羲之曾自称其书法当与三国魏书法家钟繇(字元常)不相上下,后形容书法高超。唐·张彦远《法书要录》卷一晋·王羲之《自论书》:"吾书比之钟张,当抗行。"《晋书·王羲之传》:"(羲之)每自称:'我书比钟繇,当抗行;比张芝草,犹当雁行也。'"

近来渐有临池兴,为报元常欲抗行。(唐·刘禹锡《答后篇》)

偿(償)cháng ①归还。②抵补。③代价。④回报。⑤满足。

㊀下平,七阳。又:去声,二十三漾,同。㊀酬～春～抵～负～庚～归～检～酷～清～取～责～折～质～㊀～逋～补～创～达～负～耗～清～赎～死～冤～怨～债㊀人都道,明明了了,强似个儿郎。幸偿。(唐·曹彦约《满庭芳·老子今年》)

尝(嘗)cháng ①辨别滋味。②试探,试验。③经历,承受。④副词,曾经。⑤通"常",经常。

㊀上平,七阳。㊀谙～饱～备～辨～不～大～迪～第～禘～奉～更～共～曷～居～孟～窃～亲～秋～先～享～新～歆～原～越～蒸～祖～㊀～敌～禘～谷～禾～驹～寇～醪～麦～巧～膳～受～鼋～酎～炷㊀山风犹满把,野露及新尝。(唐·杜甫《竖子至》)银罂深锁贮清光,无限来人不得尝。(唐·杨巨源《石水词二首》其一)藜羹尚如此,肉食安可尝。(唐·韩愈《重云李观疾赠之》)

㊀孟尝 指居高位而礼贤好客之人。《史记·孟尝君列传》:"孟尝君名文,姓田氏。文之父曰靖郭君田婴。……孟尝君在薛,招致诸侯宾客及亡人有罪者,皆归孟尝君。孟尝君舍业厚遇之,以故倾天下之士。"

秋风正萧索,客散孟尝门。(唐·王维《送岐州源长史归》)

裳 cháng 古人穿的下衣,又泛指衣服。另见798页shāng。

㊀下平,七阳。㊀白～斑～弁～襜～楚～丹～倒～断～风～黻～冠～圭～衮～荷～红～虹～黄～卉～甲～兼～湔～蹇～裂～客～抠～裂～龙～轮～罗～蜺～霓～皮～牵～搴～褰～衾～青～衽～衰～素～穗～韦～帏～帷～雾～下～绣～轩～玄～熏～缥～蚁～缨～羽～越～云～簪～帐～征～朱～㊀～服～裾～帏～帷～衣㊀山空夜猿啸,征客泪沾裳。(唐·杨炯《巫峡》)宫阙谁家域,蓁芜罥我裳。(唐·吴少微《过汉故城》)苦恨年年压金线,为他人作嫁衣裳。(唐·秦韬玉《贫女》)

㊀垂裳 穿着长大的衣服,指上古帝王以德化民、无为而治,后因用以歌颂帝王崇尚德治、不以苛政扰民。亦作"垂衣"。《易·系辞下》:"黄帝、尧、舜,垂衣裳而天下治,盖取诸乾坤。"

灯火当年记马行,一时人物玩垂裳。(宋·王之道《和许端夫兄弟二首时端夫出守当涂》)

褰裳 指帝王让出帝位。《竹书纪年》卷上:"(十四年卿云见,命禹代虞事)帝乃再歌曰:'日月有常,星辰有行…… 精华已竭,褰裳去之。'"

运终三百合褰裳,谁谓忧勤致覆亡。(清·唐孙华《读梅村先生〈鹿樵纪闻〉有感题长句》其五)

轩裳 轩车和裳服的合称,为卿大夫的身份标识。后喻指官禄。汉·扬雄《校猎赋》:"于兹虖鸿生巨儒,俄轩冕,杂衣裳,修唐典,匡雅颂,揖让于前。"

本无轩裳契,素以烟霞亲。(唐·李白《颍阳别元丹丘之淮阳》)

赤帷裳 汉代,大使车设红色帷裳,后遂用以指州郡长官。《后汉书·舆服志上》:"中二千石、二千石皆皂盖,朱两轓。"南朝梁·刘昭注:"旧典,传车骖驾乘赤帷裳,唯郭贺为荆州,敕去襜帷。"

白玉堂中旧演纶,赤帷裳底老班春。(宋·宋祁《祇答天平庞相公》)

舜衣裳 古代传说,舜盛为衣裳之服,后因用以指帝王的功业。《谯子法训》:"唐虞之衣裳文法,禹稷之沟洫耕稼,人至今被之。"

朝霞藻绘舜衣裳,天碧山青认赭黄。(宋·黄庭坚《晓出祥符趋府》)

五采裳 代指孝子。亦作"五采衣""老莱衣"。《列女传》:"老莱子孝养二亲,行年七十,婴儿自娱,着五色采衣,尝取浆上堂,跌仆,因卧地为小儿啼,或弄乌鸟于亲侧。"

君之去兮不可留,五采裳兮木兰舟。(唐·权德舆《杂言同用离骚体送张评事襄阳觐省》)

颠倒衣裳 本用来讽刺朝廷起居无节,号令不时,后人引用诗句,形容匆忙之状。《诗经·齐风·东方未明》:"东方未明,颠倒衣裳。颠之倒之,自公召之。东方未晞,颠倒裳衣，倒之颠之，自公令之。”

青鸾扶下五云车，颠倒衣裳冠荐履。（宋·洪咨夔《昭君行》）

望岘沾裳 见294页“岘山泪”。

临溪犹驻马，望岘欲沾裳。（唐·李百药《王师渡汉水经襄阳》）

天孙云锦裳 苏轼称颂韩愈能文，将其诗文比作织女所织云锦制成的衣裳，后世用以指文采出众。亦作“手抉天章”。宋·苏轼《潮州韩文公庙碑》：“潮人请书其事于石，因作诗以遗之，使歌以祀公。其词曰：‘公昔骑龙白云乡，手抉云汉分天章，天孙为织云锦裳。’”

黄姑曝惯黄绵袄，不领天孙云锦裳。（清·萧道管《七夕杂诗仿曝书亭体》其一）

徜 cháng 徜徉的徜。

逆 徉～ 顺 ～恍～徉

嫦 cháng 嫦娥的嫦。

顺 ～娥

场（場、*塲）cháng ①场圃。②泛指进行某种活动的场所（今此义读 chǎng）。③泛指某种领域。另见836页 chǎng。

古 下平，七阳。逆 涤～灵～鹿～ 顺 ～藿～苗～圃～师～屋～囿～园

例 路有从役倦，卧死黄沙场。（唐·乔知之《苦寒行》）玄龟埋卜室，彩凤灭词场。（唐·刘希夷《蜀城怀古》）大汉昔未定，强秦犹擅场。（唐·吴少微《过汉故城》）

苌（萇）cháng 苌楚的苌。

古 下平，七阳。顺 ～楚～弘～宏

例 如何铁如意，独自与姚苌。（唐·李商隐《张恶子庙》）

床（牀）chuáng

古 下平，七阳。逆 笔～并～剥～禅～尘～捶～笛～东～方～拊～供～鼓～龟～交～井～酒～楷～匡～筐～藜～连～凉～凌～柳～罗～蛮～眠～墨～南～女～琴～虬～乳～山～诗～书～松～素～檀～坦～侠～霞～象～绣～烟～筵～夷～隐～鱼～云～糟～折～支～竹～奏～足～ 顺 ～垂～箪～敷～棱～屏～衽～锐～闼～贴～筵～茵～垠～箦 例 砌冷虫喧坐，帘疏雨到床。（唐·岑参《赵少尹南亭送郑侍御归东台》）落日悲江汉，中宵泪满床。（唐·杜甫《暮春题瀼西新赁草屋五首》其五）夜竹深茅宇，秋庭冷石床。（唐·耿湋《夜寻卢处士》）

典 **东床** 指女婿，或指选婿。亦作“东坦”“坦腹”“坦腹东床”“东床坦腹”。《世说新语·雅量》：“郗太傅在京口，遣门生与王丞相书，求女婿。丞相语郗信：‘君往东厢，任意选之。’门生归，白郗曰：‘王家诸郎，亦皆可嘉，闻来觅婿，咸自矜持。唯有一郎，在床上坦腹卧，如不闻。’郗公云：‘正此好！’访之，乃是逸少，因嫁女与焉。”

赖有东床客，池塘免寂寥。（唐·刘长卿《登迁仁楼酬子婿李穆》）

龟床 以龟做足的床，后用以指隐者的卧具。《史记·龟策列传》：“南方老人用龟支床足，行二十余岁，老人死，移床，龟尚生不死。龟能行气导引。”

窗几薰炉摇篆字，龟床麈语对清温。（宋·释正觉《上元后二日过谦师庵》）

藜床 用藜木做的坐具，相传管宁曾坐穿藜床。后遂以“藜床”泛指简陋的坐榻。或以“藜床”“坐穴藜床”称美品行高洁之士。晋·皇甫谧《高士传》卷下：“管宁，字幼安……黄初中华歆荐宁，宁知公孙渊必乱，乃引征辞还。以为太中大夫，固辞不就。宁凡征命十至，舆服四赐。常坐一木榻上，积五十年，未尝箕股，其榻上当膝皆穿。”

飘零还柏酒，衰病只藜床。（唐·杜甫《元日示宗武》）

南床 唐宋侍御史之别称。《通典·职官六·侍御史》：“（侍御史）食坐之南设横榻，谓之南床。殿中监察不得坐也，唯侍御坐焉。凡侍御史之例，不出累月则迁登南省，故号曰南床。”

举幡北阙危三刖，抗疏南床忽十年。（宋·胡铨《上洪帅李伯纪丞相》）

女床[1] 本指传说中的女床山，后用以指世间升平的景象，或指仙境。《山海经·西山经》：“西南三百里，曰女床之山，其阳多赤铜，其阴多涅石，其兽多虎豹犀兕。有鸟焉，其状如翟而五采文，名曰鸾鸟，见则天下安宁。”

阆苑有书多附鹤，女床无树不栖鸾。（唐·李商隐《碧城三首》其一）

女床[2] 星名，共三星，在天纪星北，星占家谓主后宫、女事。《晋书·天文志》：“女床三星，在纪星北，后宫御也，主女事。”

纪北三星名女床，此坐还依织女傍。（唐·王希明《丹元子步天歌·天市垣》）

支床 本指用龟支床，益于阳衰养老之意，后世指乌龟，或形容人年老体健。同本页“龟床”。

鹦为能言长剪翅，龟缘难死久支床。（唐·白居易《寄微之》）

挂胡床 本指裴潜为官不贪之事，后因以借指为官廉洁，生活俭朴。《三国志·魏书·裴潜传》：“潜出为沛国相，迁兖州刺史。”裴松之注引《魏略》：“潜为兖州时，尝作一胡床，及其去也，留以挂柱。”

去时无一物，东壁挂胡床。（唐·李白《寄上吴王三首》其二）

七宝床 相传汉武帝宫中有七宝床、北朝魏宣武帝有七宝床、唐玄宗召见李白曾用七宝床赐食，后世诗词遂常用此咏宫廷珍物。旧题晋·葛洪《西京杂记》卷二：“武帝为七宝床、杂宝案、厕宝屏风、列宝帐，设于桂宫，时人谓之四宝宫。”

召见金銮殿，承恩七宝床。（宋·江湘《赠李崇义应童子科长歌》）

上下床 汉末许汜往见陈登，登轻视汜，自上大床卧，使汜卧下床。后因以指对自己瞧不起的人不加礼遇。亦作“元龙高卧”“高卧”“楼上元龙”“床上下”。《三国志·魏书·陈登传》：“（许）汜曰：‘昔遭乱过下邳，见元龙。元龙无客主之意，久不相与……而君求田问舍，言无可采，是元龙所讳也，何缘当与君语！如小人，欲卧百尺楼上，卧君于地，何但上下床之间邪！’”

满酌圣贤酒，虚争上下床。（宋·方回《次韵汪翔甫和西城吕全州见过四首》其三）

坐箦床 指人穷途绝命。《后汉书·袁术传》：“复走还寿春，六月，至江亭，坐箦床而叹曰：‘袁术乃至是乎！因愤慨结病，欧血而死。”

贫甘香火辞符竹，病整衣冠坐箦床。（宋·刘克庄《哭黄直卿寺丞二首》其一）

茶灶笔床 指高人逸士淡泊、脱俗的生活。亦作"笔床茶灶""茶灶""茶灶龟蒙""甫里笔床"。《新唐书·陆龟蒙传》:"初,病酒,再期乃已。其后客至,絜壶置杯不复饮。不喜与流俗交,虽造门不肯见。不乘马,升舟设蓬席,赍束书、茶灶、笔床、钓具往来。时谓江湖散人,或号天随子、甫里先生。"

茶灶笔床将雨屐,吟到梅花消息。(宋·方岳《酹江月·祈山底处》)

卫瓘抚床 本指卫瓘进谏之事,后世常用以指人臣巧谏帝王之事。《晋书·卫瓘传》:"惠帝之为太子也,朝臣咸谓纯质,不能亲政事。瓘每欲陈启废之,而未敢发。后会宴陵云台,瓘托醉,因跪帝床前曰:'臣欲有所启。'帝曰:'公所言何耶?'瓘欲言而止者三,因以手抚床曰:'此座可惜!'帝意乃悟,因谬曰:'公真大醉耶?'瓘于此不复有言。"

抚床卫瓘宁非醉,对策刘蕡恐是风。(宋·林泳《杂述》)

象笏堆床 唐开元中,崔神庆及其子琳等皆位至高官,每逢家宴象笏都堆满床,后因用以咏家门福禄昌盛。《旧唐书·崔义玄传》:"开元中,神庆子琳等皆至大官……每岁时家宴,组佩辉映,以一榻置笏,重迭于其上。"

象笏堆床,蝉冠满座,无此新诗传世间。(宋·陈人杰《沁园春·诗不穷人》)

撞 chuáng 旧读。另见862页zhuàng。

古上平,三江。

幢 chuáng ①古代用作仪仗的一种旗帜。②佛教的经幢。

古上平,三江。逆宝～碧～担～法～幡～佛～麾～戟～经～旌～灵～鸾～霓～旗～青～日～石～缇～彤～仙～绣～牙～银～油～羽～玉～云～幢～顺～葆～队～幡～盖～竿～麾～戟～将～节～旗～棨～相～校～牙～主例香透经窗笼桧柏,云生梵宇湿幡幢。(唐·顾况《宿湖边山寺》)远树悬金镜,深潭倒玉幢。(唐·元稹《泛江玩月十二韵》)却愿烟波阻风雪,待君同拜碧油幢。(唐·许浑《留别赵端公》)

噇 chuáng 大吃大喝。

顺～吃

防 fáng

古下平,七阳。又:去声,二十三漾,同。逆猜～弛～辍～大～顿～法～讥～旧～拘～巨～科～恐～礼～逆～清～曲～善～射～堂～贴～屯～宣～雍～壅～鱼～逾～豫～遮～汁～制～周～顺～表～猜～次～刺～冬～杜～遏～樊～封～夫～辅～隔～缉～忌～救～绝～利～录～逻～萌～弭～灭～拟～牌～旗～秋～塞～盛～侍～伺～肃～宿～托～拓～维～闲～限～抑～勇～虞～驭～援～畛例菜田初起烧,兰野正开防。(唐·李峤《奉和杜员外扈从教阅》)玉振先推美,金铭旧所防。(唐·杜审言《赠崔融二十韵》)当时历块误一蹶,委弃非汝能周防。(唐·杜甫《瘦马行(一作老马)》)

典**周防** 东汉周防曾任郡署小吏,后世因用作掾吏的代称。《后汉书·周防传》:"防年十六,仕郡小吏,世祖巡狩汝南,诏掾吏试经,防尤能通读,拜为守丞。防以未冠,谒去。"

盛时惭阮步,末宦知周防。(唐·高适《同诸公登慈恩寺浮图》)

妨 fáng

古下平,七阳。又:去声,二十三漾,同。逆不～何～未～无～相～刑～行～顺～蔽～害～克～紊～贤～要例人事盈虚改,交游宠辱妨。(唐·杜审言《赠崔融二十韵》)黄莺过水翻回去,燕子衔泥湿不妨。(唐·杜甫《即事》)轩然大波起,宇宙隘而妨。(唐·韩愈《岳阳楼别窦司直》)

房 fáng

古下平,七阳。逆豹～壁～槽～充～楚～氏～雕～藩～蜂～寒～河～壶～黄～蕙～洞～绛～椒～金～静～离～栗～连～莲～灵～榴～露～绿～蜜～尼～齐～茄～青～曲～群～沙～深～矢～疏～驷～松～邃～兔～温～蜗～象～霄～轩～宣～岩～瑶～驿～阴～莺～鹰～幽～萸～玉～芝～烛～颛～紫～顺～奥～祠～从～舫～葵～乐～累～陵～栊～笼～露～庙～内～生～省～祀～驷～宿～闼～望～魏～幄～心～宴～燕～掖～烝～植～组例遥闻行佩音锵锵,含娇欲笑出洞房。(唐·王琚《美女篇》)渔父歌金洞,江妃舞翠房。(唐·孙逖《寻龙湍》)燕息云满门,出游花隐房。(唐·储光羲《至岳寺即大通大照禅塔上温上人》)

典**椒房** 汉代皇后所居的宫殿,以椒和泥涂壁,取温香、多子之义,故称椒房。后世常用以指后宫,也借指后妃。亦作"椒宫"。《汉书·车千秋传》:"江充先治甘泉宫人,转至未央椒房。"颜师古注:"椒房,殿名,皇后所居也。"

明妃风貌最娉婷,合在椒房应四星。(唐·白居易《昭君怨》)

京房 汉代人,精于易学,善推衍之术,后世用于指易学中推衍灾祥的学问。《汉书·京房传》:"京房字君明,东郡顿丘人也。治《易》,事梁人焦延寿。……其说长于灾变,分六十四卦,更直日用事,以风雨寒温为候,各有占验。房用之尤精。"

京房洞幽赞,神奥咸发挥。(唐·吴筠《览古十四首》其一十一)

宣房 宫名,汉武帝塞瓠子决口而筑此宫,后世用以指代黄河。《史记·河渠书》:"自河决瓠子后二十余岁,岁因以数不登,而梁楚之地尤甚。……于是卒塞瓠子,筑宫其上,名曰宣房宫。而道河北行二渠,复禹旧迹,而梁、楚之地复宁,无水灾。"

宣房今安在,高岸空嶙峋。(唐·高适《自淇涉黄河途中作十三首》其十)

子房 张良字子房,为汉代开国之君刘邦的谋臣,后用作谋臣贤士的代称。见《史记·留侯世家》。

心轻马融帐,谋夺子房帷。(唐·元稹《酬翰林白学士代书一百韵》)

一炬阿房 本指项羽一把火烧了阿房宫,后常比喻兴衰无常,感慨沧海桑田之变。《史记·秦始皇本纪》:"乃营作朝宫渭南上林苑中,先作前殿前殿阿房……居数日,项羽引兵西屠咸阳,杀秦降王子婴,烧秦宫室,火三月不灭,收其货宝妇女而东。"

子羽一炬火，骊山三月红。（宋·王安石《读秦汉间事》）

肪fáng 脂肪。

古下平，七阳。逆鹅～膏～肌～截～流～松～熊～云～顺～脂例匝地如铺练，凝阶似截肪。（唐·李损之《都堂试贡士日庆春雪》）

典**截肪** 本指切开的脂肪，后常用以比喻美玉洁白温润。三国魏·曹丕《与钟大理书》："窃见玉书称美玉：白如截肪，黑譬纯漆。"

一谒征南最少年，虞卿双璧截肪鲜。（唐·杜牧《怀钟陵旧游四首》其一）

鲂(魴)fáng 鳊鱼。

古下平，七阳。逆嘉～劳～青～文～鱼～顺～赪～鲱～鳏～鲆～鱼例魏人宅蓬池，结网伫鳣鲂。（唐·于逖《野外行》）红粒陆浑稻，白鳞伊水鲂。（唐·白居易《饱食闲坐》）主人馈饷炊红黍，邻父携竿钓紫鲂。（唐·韦庄《山墅闲题》）

典**劳鲂** 本指游得很累的鲂鱼，古人认为这样的鱼尾巴是红的。后常用来形容人辛苦劳累，困苦不堪，也借以咏红色。亦作"赪尾""赪尾鲂""鲂鱼赪尾""劳鱼尾""鱼劳"。《诗经·周南·汝坟》："鲂鱼赪尾，王室如毁，虽则如毁，父母孔迩。"郑玄注："赪，赤也，鱼劳则尾赤。"

劳鲂莲渚内，汗马火旂间。（唐·雍裕之《四色》其三）

行háng ①道路。②行阵，行列。③辈分。④兄弟姐妹依长幼排列的次序。⑤行业。⑥辈，等。⑦量词。另见848页hàng、897页xíng、918页xìng。

古下平，七阳。逆班～半～当～断～启～戎～数～随～循～雁～鸳～鹓～兄弟～丈人～阵～周～顺～伴～敝～蔽～陈～次～队～夫～戈～伙～级～记～角～罗～枚～墨～曲～肆～伍～雁～佣～窳～阵～缀～作例览镜怜双鬓，沾衣惜万行。（唐·沈佺期《答魑魅代书寄家人》）迢递在半岭，参差非一行。（唐·储光羲《至岳寺即大通大照禅塔上温上人》）逶迤回溪趣，猿啸飞鸟行。（唐·王昌龄《送欧阳会稽之任》）

典**雁行** 并排行走而稍后，如大雁飞行时的排列，后来比喻兄弟。《礼记·王制》："父之齿随行，兄之齿雁行，朋友不相踰。"

沧海十年龙景断，碧云千里雁行疏。（唐·韦庄《寄从兄遵》）

鹓行 鹓鸟群飞，行列整齐。常用以指百官上朝的行列，或比喻整齐有肃。"鸳"，可通作"鹓"，故亦作"鸳行"。也作"鹓行鹭序"。《诗经·周颂·振鹭》："振鹭于飞，于彼西雝。我客戾止，亦有斯容。"旧题晋·张华注："鸿雁属大曰鸿，小曰雁，飞行有行列也。"

凤阙悲巢鹏，鹓行乱野麇。（唐·元稹《代曲江老人百韵》）

周行 周朝官员的行列，后泛指朝官。《诗经·周南·卷耳》："嗟我怀人，置彼周行。"毛氏传："行，列也。"

通籍微班忝，周行独坐荣。（唐·杜甫《奉送郭中丞兼太仆卿充陇右节度使三十韵》）

鸳鹭行 鸳鸯和白鹭，以其行动举止有序，常用以比喻朝官的行列。后世常用以指朝官的班行序列或指在朝廷任职。亦作"鸳鹭之行""鸳鹭群行""鹭序鸳行"。春秋·师旷《禽经》："寀寮雝雝，鸿仪鹭序。"晋·张华注曰："鸿雁属大曰鸿，小曰雁，飞行有行列也。"

归来不言功，低簪鸳鹭行。（宋·程珌《挽朱侍郎》）

七子成行 比喻子女众多。《诗经·邶风·凯风》："爰有寒泉，在浚之下。有子七人，母氏劳苦。"

会有九男事帝，谁夸七子成行。（宋·无名氏《清平乐·梅兄梅弟》）

长剑倚太行 指人有大志向、大才华，纵横凌绝世上。亦作"倚天长剑""倚天剑""长剑倚昆仑"。楚·宋玉《大言赋》："楚襄王与唐勒、景差、宋玉游于阳云之台。王曰：'能为寡人大言者上坐……宋玉曰：'方地为车，圆天为盖，长剑耿介倚天外。'"

是时新晴天井溢，谁把长剑倚太行。（唐·韩愈《卢郎中云夫寄示送盘谷子诗二章》）

航háng ①两船相并的方舟。②泛指船。③渡水，航行。

古下平，七阳。逆车～乘～慈～大～雕～法～飞～妓～津～连～楼～迷～桥～轻～沈～丝～梯～吞～万人～无～仙～野～一苇～蚁～云～舟～顺～船～桥～人～苇例乃神弘庙略，横海剪吞航。（唐·许敬宗《奉和春日望海》）巨川思欲济，终以寄舟航。（唐·李世民《元日》）鹤飞不去随青管，鱼跃翻来入彩航。（唐·张说《奉和圣制春日出苑应制》）

杭háng ①渡，渡船。②指杭州。

古下平，七阳。逆飞～杭～榔～萨～梯～天～舟～顺～本～绸～缎～筏～纺～绢～绝～纱～西～颖～越例吟望晓烟思桂渚，醉依残月梦余杭。（唐·谭用之《寄孟进士》）

典**一苇杭** 本指捆苇为筏以作船，后人因以为小船的代称。亦作"渡苇""杭苇""一苇"。《诗经·卫风·河广》："谁谓河广，一苇杭之。谁谓宋远，跂予望之。"唐·孔颖达疏："言一苇者，谓一束也；可以浮之水上而渡，若桴栰；然非一根苇也。"

渺渺孤鸿送，悠悠一苇杭。（宋·赵蕃《送赵成都五首》其四）

吭háng ①咽喉，颈项。②比喻险要之地。另见872页kēng。

古下平，七阳。又：上声，二十二养，同。又：去声，二十三漾，同。逆扼～弄～引～员～顺～嗌～嗓～首～咽～臆～啃例水雾芹香燕觜，林深风暖莺吭。（宋·胡翼龙《西江月·水雾芹香燕觜》）

颃(頏)háng 鸟上下飞翔。也泛指上下运动。

古下平，七阳。又：去声，二十三漾异。逆颉～鸟～顺～颉～颡例乞君飞霞佩，与我高颉颃。（唐·韩愈《调张籍》）

絎(絎)háng 粗缝。

顺～线

黄huáng

古下平，七阳。逆柏～惨～燦～苍～乘～橙～丁～豆～鹅～额～芳～飞～蜂～宫～粪～寡～官～鸿～怀～槐～娇～焦～鞠～焜～离～骊～黎～林～菱～流～龙～岐～歧～牵～轻～渠～柔～茹～蕊～始～衰～苏～鲐～腾～藤～团～宛～委～萎～羲～杏～轩～熏

～曛～醺～鸦～姚～靥～银～莺～硬～御～芸～栀～(顺)～阪～碧～标～彩～涔～鳖～初～德～额～旛～封～槁～耇～管～鹹～颔～禾～华～镮～麾～薋～棘～籍～稼～肩～菅～娇～祲～秔～驹～屦～卷～爵～潦～离～骊～连～麟～灵～流～卢～庐～垆～陆～履～落～霾～旄～茂～耄～醅～祇～耆～气～阙～蕤～蕊～瑞～润～眚～蓍～瘦～熟～素～闼～縢～图～雾～祥～星～骍～秀～岫～墟～醑～胤～鹰～淤～虞～月～芝～忠～钟～浊～缃～祖～祚(例)受节人逾老，惊寒菊半黄。(唐·李嘉祐《九日送人》)誓欲随君去，形势反苍黄。(唐·杜甫《新婚别》)好去花砖视草，珠庭喜见微黄。(宋·洪适《朝中措·当年召父治南阳》)

(典)**苍黄** 本指青色和黄色，后用以比喻事物变化很大、反复无常。亦作"染丝之叹"。《墨子·所染》："(墨子)见染丝者而叹曰：'染于苍则苍，染于黄则黄。所入者变，其色亦变。'"

朱紫衣裳浮世重，苍黄岁序长年悲。(唐·元稹《赠别杨员外巨源》)

雌黄 古代涂改文字用的黄颜料，晋时人称王衍随口更正话语为口中雌黄，后人因用以指妄事议论，也用以指评论。南朝梁·刘孝标《广绝交论》："见一善则盱衡扼腕，遇一才则扬眉抵掌。雌黄出其唇吻，朱紫由其月旦。"李善注引晋·孙盛《晋阳秋》："王衍字夷甫，能言，于意有不安者辄更易之。时号'口中雌黄'。"

未读十卷书，强把雌黄笔。(唐·寒山《诗三百三首》其二二九)

丁黄 古代对壮年人与幼儿的合称。唐·杜佑《通典·食货七·丁中》："大唐武德七年，定令男女始生为黄，四岁为小，十六为中，二十一为丁，六十为老。"

女红彩纴余，丁黄耘耔暇。(宋·陈造《出郊观稼》)

飞黄 传说中的长寿神马，后喻指良马。亦作"乘黄""腾黄""翠黄"。《淮南子·览冥训》："昔者，黄帝治天下……凤皇翔于庭，麒麟游于郊，青龙进驾，飞黄伏皂。"高诱注："飞黄，乘黄也。出西方，状如狐，背上有角，寿千岁。"

万乘飞黄马，千金狐白裘。(唐·张九龄《和姚令公从幸温汤喜雪》)

槐黄 唐俗，七月槐花黄是落第举子忙于准备下场科举考试的时间，后多用以咏下第举子。亦作"槐催举子""槐花黄举子忙""举子踏槐花"。唐·李淖《秦中岁时记》："进士下第，当年七月复献新文，求拔解，曰：'槐花黄，举子忙。'"

唤回十载槐黄梦，欲借灵槎去问津。(宋·万俟绍之《呈印主学》)

渠黄 古名马，周穆王八骏之一，后用以喻指才俊之士。《穆天子传》："天子之骏：赤骥、盗骊、白义、逾轮、山子、渠黄、华骝、绿耳。"

出无车，食无肉，宁复羡渠黄金屋。(宋·李兼《依韵和吴起季见寄》)

鲐黄 指老人。《诗经·大雅·行苇》："黄耇台背，以引以翼。"郑玄笺："台之言鲐也，大老则背有鲐文。"

叹时人，怜黠小，笑鲐黄。(宋·刘克庄《水调歌头·岁晚太玄草》)

银黄 银印与金印，后用以代指高官显爵。《汉书·杨仆传》："怀银黄，垂三组。"颜师古注："银，银印也；黄，金印也。"

繁华照旄钺，荣盛对银黄。(唐·刘禹锡《和令狐相公九日对黄白二菊花见怀》)

征黄 指地方官政绩优良，而受征召为京官。《汉书·黄霸传》："有诏归颍川太守官，以八百石居治如其前。……霸以外宽内明得吏民心，户口岁增，治为天下第一。征守京兆尹，秩二千石。……后数月，征霸为太子太傅，迁御史大夫。五凤三年，代丙吉为丞相，封建成侯，食邑六百户。"

桂林南面近征黄，又爱江乡出帝乡。(宋·孙觌《送新知永州陈秘丞瞻赴任》)

马玄黄 指奔波劳碌之苦。亦作"君马玄黄"。《诗经·周南·卷耳》："陟彼高冈，我马玄黄。我姑酌彼兕觥，维以不永伤。"

风烟鬓苍白，道路马玄黄。(宋·孙应时《挽杨子美侍郎》)

战玄黄 形容战争激烈残酷，或政局动荡不安。亦作"龙战玄黄""龙血玄黄"。《易·坤》："上六：龙战于野，其血玄黄。象曰：'龙战于野，其道穷也。'"

举国无人分智囊，满川龙血战玄黄。(宋·王阮《九日有感一首》)

酒垆姓黄 本指魏晋时王戎与阮籍、嵇康等竹林七贤于黄公酒垆会饮，后因以指朋友聚饮、抒发物是人非的感叹。亦作"酒垆论交""酒垆交友"。《世说新语·伤逝》："王濬冲为尚书令，着公服，乘轺车，经黄公酒垆下过。顾谓后车客：'吾昔与嵇叔夜、阮嗣宗共酣饮于此垆。竹林之游，亦预其末。自嵇生夭、阮公亡以来，便为时所羁绁。今日视此虽近，邈若山河。'"

粉壁已沉题凤字，酒垆犹记姓黄人。(宋·胡宿《感旧》)

佩紫怀黄 腰佩紫色印绶，怀揣黄金官印，汉代丞相、太尉等皆紫绶金印，后因以代指身居要职、官位显赫。南朝梁·丘迟《与陈伯之书》："今功臣名将，雁行有序，佩紫怀黄，赞帷幄之谋；乘轺建节，奉疆埸之任。"

不堪羁寓天一方，无心佩紫兼怀黄。(宋·葛立方《卫卿叔自青旸寄诗一卷，以饮酒、果核、肴味、烹茶、斋戒、清修、伤时等为题，皆纪一时之事，凡十七首为报》其二)

擎苍牵黄 形容打猎时臂托苍鹰，手牵黄犬。《梁书·张充传》："值充出猎，左手臂鹰，右手牵狗。"

老夫聊发少年狂。左牵黄。右擎苍。(宋·苏轼《江城子·老夫聊发少年狂》)

煌

煌 huáng ①火光。②明亮，鲜明。

(古)下平，七阳。(逆)炳～赫～煌～辉～焜～炜～熠～炫～荧～莹～(顺)～扈～焜～荣～耀～熠～荧～灼(例)驰辞对我策，章句何炜煌。(唐·韩愈《此日足可惜赠张籍》)千片赤英霞烂烂，百枝绛点灯煌煌。(唐·白居易《牡丹芳——美天子忧农也》)紫府真人饷露囊，猗兰灯烛未荧煌。(唐·陆龟蒙《奉和袭美病中庭际海石榴花盛发》)

皇 huáng　①大。②天，天神。③君主，帝王。④对先代或亡亲的敬称。⑤辉煌，美好。⑥鸟名，后作“凰”。⑦通“遑”，闲暇。⑧连词，何况。

古下平，七阳。逆柏～惭～苍～春～怠～地～娥～梵～方～匪～古～皇～回～吉～嘉～颉～觉～灵～鸾～髦～靡～木～农～栖～青～仁～寿～嗣～遂～燧～泰～娲～未～文～羲～牺～戏～虚～轩～仪～英～忧～於～余～玉～聿～章～室～紫～顺～陂～辟～驳～策～忏～戾～初～慈～德～都～度～娥～风～古～规～骇～祜～华～晖～惑～迹～基～畿～急～纪～涧～鉴～教～阶～劫～颉～介～经～扃～居～惧～遽～考～恐～僚～寮～流～路～虑～乱～谟～宁～迫～祇～器～情～庆～穹～衢～仁～神～师～世～书～枢～树～阅～统～图～闱～维～羲～隰～暇～想～休～轩～雅～繇～仪～彝～翼～胤～舆～章～政～治～质～胄～属～灼～佐～祚例还思北窗下，高卧偃羲皇。（唐·卢照邻《山林休日田家》）凉德惭先哲，徽猷慕昔皇。（唐·李隆基《早登太行山中言志》）侍臣鹄立通明殿，一朵红云捧玉皇。（宋·苏轼《上元侍饮楼上三首呈同列》其一）

典**娥皇**　相传为尧之女，与其妹女英俱嫁舜为妻。及舜继尧位，娥皇被立后，女英被立为妃。诗文中常借以喻指正妻。亦作“俔皇”“后育”“娥肓”等等。《列女传·有虞二妃》：“舜为天子，娥皇为后，女英为妃。”

茎端菡萏开两朵，忽似娥皇将女英。（宋·王禹偁《瑞莲歌》）

娲皇　神话传说中炼石补天的女娲氏，后常用以指力挽危局之人。《淮南子·览冥训》：“往古之时，四极废，九州裂，天不兼覆，地不周载……于是女娲炼五色石以补苍天，断鳌足以立四极，杀黑龙以济冀州，积芦灰以止淫水”。

斩鳌翼娲皇，炼石补天维。（唐·李白《窜夜郎于乌江留别宗十六璟》）

英皇　即娥皇、女英的合称。《史记·五帝本纪》：“众皆言于尧曰：‘有矜在民间，曰虞舜。’……于是尧妻之二女，观其德于二女。”

世无夔夔子，窈窕空英皇。（宋·陈普《拟古》）

傲羲皇　陶渊明高卧北窗，自称羲皇上人，后因以指傲视尘世、高雅脱俗的清高生活。亦作“傲羲轩”“北牖羲皇”“窗卧羲皇”。晋·陶渊明《与子俨等疏》：“常言：五六月中，北窗下卧，遇凉风暂至，自谓是羲皇上人。”

雪岭却思随博望，风窗犹欲傲羲皇。（宋·钱惟演《苦热》）

凰 huáng

古下平，七阳。逆凤～孤～鸾～鸣～求～逆～鸾例花间燕子栖鳷鹊，竹下鹓雏绕凤凰。（唐·苏颋《春晚紫微省直寄内》）

典**凤凰**[1]　指传说中的瑞鸟，雄曰凤，雌曰凰。《山海经·南山经》：“丹穴之山……有鸟焉。其状如鸡，五彩而文，名曰凤皇。”又《诗经·大雅·卷阿》：“凤凰鸣矣，于彼高岗。梧桐生矣，于彼朝阳。”

芳晨丽日桃花浦，珠帘翠帐凤凰楼。（唐·上官仪《咏画障》）

凤凰[2]　传说汉成帝皇后赵飞燕有琴名凤凰，后因用以代指琴。旧题晋·葛洪《西京杂记》：“赵后有宝琴，曰凤凰，皆以金玉隐起为龙凤螭鸾、古贤列女之象。”

遥相思，草徒绿，为听双飞凤凰曲。（唐·王勃《江南弄》）

卜凤凰　指选择佳婿，或代指幸福美满的婚姻。亦作“配凤凰”。《左传·庄公二十二年》：“初，懿氏卜妻敬仲，其妻占之，曰：‘吉，是谓：凤皇于飞，和鸣锵锵，有妫之后，将育于姜。五世其昌，并于正卿。八世之后，莫之与京。’”

万里卜凤凰，飘飘何时至。（宋·王安石《春从沙碛底》）

凤求凰　本为司马相如向卓文君求爱时所唱之恋歌，后常用以比喻男子向淑女求爱，多用于赞颂男女自由婚恋结合之事。亦作“彩凤求凰”。《艺文类聚》卷四三引司马相如《琴歌》：“相如游临邛，富人卓王孙家，有卓文君新寡，窃于壁间见之。相如因以琴歌挑之曰：‘凤兮凤兮归故乡，遨游四海求其皇。有艳淑女在此房，何缘交接为鸳鸯？凤兮凤兮从我栖，得托孳尾永为妃。交情通体心如谐，中夜相从知者谁？’”

行云行雨迷三峡，归凤求凰振九苞。（宋·黄庭坚《再和元礼春怀十首》其三）

骑凤凰　指成仙或夫妻和美。见526页“凤楼吹箫”。

吹笙骑凤凰，飞上芙蓉城。（宋·陈允平《游仙曲》）

蝗 huáng

古下平，七阳。逆除～飞～旱～流～螟～迁～讨～吞～遗～蝇～灾～顺～旱～螟～螨～孽～雨～蝝～螽例兴元兵欠伤阴阳，和气蛊蠹化为蝗。（唐·白居易《捕蝗》）州民言刺史，蠹物甚于蝗。（唐·曹邺《奉命齐州推事毕寄本府尚书》）

簧 huáng　①乐器中振动发声有弹性的薄片，用铜、竹等制成。②器物上有弹力的机件。

古下平，七阳。逆吹～调～鼓～金～箜～鸣～笙～丝～松～锁～天～铜～银～莺～幽～炙～奏～顺～蛊～鼓～惑～口～舌～言～诱～谮例惬心同笑语，入耳胜笙簧。（唐·刘禹锡《酬郑州权舍人见寄二十韵》）但见丹诚赤如血，谁知伪言巧似簧。（唐·白居易《天可度—恶诈人也》）蝶欲试飞犹护粉，莺初学啭尚羞簧。（唐·皮日休《闻鲁望游颜家林园病中有寄》）

典**如簧**　形容声音如笙般悦耳动听，亦比喻小人善为巧言迎合。亦作“舌弄笙簧”。《诗经·小雅·巧言》：“巧言如簧，颜之厚矣。”

惟有流莺当此际，舌弄笙簧如约。（宋·吴潜《念奴娇·午飙褪暑》）

篁 huáng　①竹林，竹田。②泛指竹子。

古下平，七阳。逆柏～斑～初～丛～翠～风～寒～阶～林～篾～嫩～笙～疏～丝～松～新～修～烟～业～幽～竹～顺～径～路～山～笋～筱～阵～竹例异县非吾土，连山尽绿篁。（唐·孟浩然《行出东山望汉川》）曲池荫高树，小径穿丛篁。（唐·岑参《东归留题太常徐卿草堂》）寒光生露草，夕韵出风篁。

（唐·武元衡《八月十五酬从兄常望月有怀》）

潢 huáng ①积水池。②（旧读huàng）染纸。

古下平，七阳。又：去声，二十三漾异。逆陂～池～涵～横～潢～绝～染～神～天～五～星～银～（天河）宗～顺～裱～池～海～汉～井～潦～饰～污～洿～星～浔～治 例水疑通织室，舟似泛仙潢。（唐·卢照邻《七夕泛舟二首》其一）道孤悲海澨，家远隔天潢。（唐·韦庄《和郑拾遗秋日感事一百韵》）蒨雾红云捧建章。鸣珂星使渡银潢。（宋·王安中《鹧鸪天·蒨雾红云捧建章》）

典**天潢** 古人认为天潢星主河渠，后人常用以指天河，或比喻皇族宗室。亦作"天潢宗派"。《史记·天官书》："汉中四星，曰天驷。……旁有八星，绝汉，曰天潢。"司马贞索隐："《元命包》曰：'潢主河渠，所以度神，通四方。'宋均云：'天潢，天津也。'"

萦波回地轴，激浪上天潢。（唐·褚遂良《春日侍宴望海应诏》）

徨 huáng 彷徨的徨。

古下平，七阳。逆傍～仓～彷～獐～例出南楼弹弦北户舞，行人到此多回徨。（唐·王建《斜路行》）抚事复怀昔，临风独彷徨。（唐·鲍溶《沛中怀古》）

惶 huáng 恐惧，惊慌。

古下平，七阳。逆哀～悲～惭～惨～诚～驰～孤～骇～惶～回～兢～敬～窘～愧～迷～恓～栖～悽～翘～疏～悚～忧～詹～战～章～震～周～顺～怖～惭～促～愕～顾～駴～悔～急～悸～窘～沮～愦～愧～栗～恋～挠～怒～迫～然～懔～扰～悚～惕～惋～畏～疑～越～灼例执板身有属，淹时心恐惶。（唐·韦应物《发广陵留上家兄兼寄上长沙》）所叹谬游东阁下，看君无计出恓惶。（唐·刘禹锡《赠同年陈长史员外》）乱山无数水茫茫。谁念塞垣风物、日煞凄惶。（宋·蔡伸《虞美人·彩旗摇曳樯乌转》）

璜 huáng 玉器名。

古下平，七阳。逆琮～钓～珩～衡～金～两～鸣～佩～珮～球～双～夏～玄～玉～顺～鼎～宫～佩～台～溪～渚例亏星凋夜靥，残月落朝璜。（唐·李治《七夕宴悬圃二首》其二）掌握尺余雪，劈开肠有璜。（唐·贾岛《双鱼谣》）折树休盘槊，沈钩且钓璜。（唐·唐彦谦《送樊琯司业归朝》）

典**钓璜** 指瑞应，为交好运受器重的征兆。亦作"钓玉"。梁·沈约《宋书·符瑞志上》："王至于磻溪之水，吕尚钓于涯，王下趋拜曰：'望公七年，乃今见光景于斯。'尚立变名答曰：'望钓得玉璜，其文要曰：姬受命，昌来提，撰尔雒钤报在齐。'"

取履桥边啼鸟换，钓璜溪畔落花初。（唐·李德裕《奉送相公十八丈镇杨州》）

蟥 huáng ①蟥蚲，一种甲虫，鸣声嘹亮，俗称"金钟子"。②蚂蟥的蟥。

逆马～蚂～顺～蚲

磺 huáng 硫磺。

逆硫～

遑 huáng ①闲暇。②怎能。③通"惶"，惊惧。

古下平，七阳。逆不～仓～怠～匪～遑～回～靡～旁～栖～悽～未～暇～聿～震～周～顺～安～怠～盬～骇～惑～急～遽～宁～迫～扰～息～暇～讶例子来多悦豫，王事宁怠遑。（唐·李峤《奉使筑朔方六州城率尔而作》）遵渚徒云乐，冲天自不遑。（唐·柳宗元《弘农公》）君心与我怀，离别俱回遑。（唐·孟郊《赠别崔纯亮》）

典**孔圣栖遑** 指生不逢时、怀才不遇，后常用以指忙碌奔波。汉·班固《答宾戏》："宾戏主人曰：'盖闻圣人有一定之论，烈士有不易之分，亦云名而已矣。故太上有立德，其次有立功。夫德不得后身而特盛，功不得背时而独彰。是以圣哲之治，栖栖遑遑，孔席不暖，墨突不黔。由此言之，取舍者昔人之上务，著作者前列之余事耳。'"

谓神福善人，孔圣竟栖遑。（唐·白居易《效陶潜体诗十六首》其一十六）

锽（鍠）huáng 锽锽，拟声词，形容钟鼓声。

古下平，八庚。逆锽～铿～球～仪～例幡旗既赫赫，钲鼓何锽锽。（唐·金真德《太平诗》）

隍 huáng 无水的护城壕。

古下平，七阳。逆城～池～复～沟～濠～河～浚～纳～陴～深～石～水～堂～遗～顺～阱～鹿～陴～堑例旗亭壮邑屋，烽橹蟠城隍。（唐·杜甫《入衡州》）乘运应须宅八荒，男儿安在恋池隍。（唐·李商隐《题汉祖庙》）下营依遁甲，分帅把河隍。（唐·贯休《古塞下曲七首》其一）

典**纳隍** 指君王具有出民于水火、救民于危难之心。东汉·张衡《东京赋》："天子乃以三揖之礼礼之……勤恤民隐，而除其眚，人或不得其所，若己纳之于隍。"三国·薛综注："隍，城下坑，无水者。"李善注："《孟子》曰：'伊尹思天下之民，匹夫匹妇，不与被尧舜之泽者，若己推而纳之于沟中也。'"

纳隍为永任，从谏契无为。（唐·贯休《寿春节进》）

鳇（鰉）huáng 鲟类鱼名。

古下平，七阳。逆鲟～顺～冰～糟

湟 huáng ①低洼积水的地方。②水名。

古下平，七阳。逆河～汨～汪～顺～水例水碧色兮石金光，滟熠熠兮濙湟湟。（唐·卢鸿一《嵩山十志十首·金碧潭》）何当提笔侍巡狩，前驱白旆吊河湟。（唐·杜牧《皇风》）

艎 huáng 大船。

古下平，七阳。逆飞～归～歙～余～艅～顺～冰～糟例须信孤云似孤宦，莫将乡思附归艎。（唐·王周《下瞿塘寄时同年》）

喤 huáng 拟声词，形容洪亮的声音。

古下平，七阳。又：下平，八庚，同。逆宫～喤～锵～引～顺～聒～呷

扛 káng 肩扛。另见791页gāng。

古上平，三江。逆擦～撑～肩～顺～荷～起

狂 kuáng

古下平，七阳。逆暴～悖～病～猜～楚～蜂～昏～疾～僭～狙～狷～谲～漫～迷～米～欺～清～阮

～诗～疏～喜欲～详～醒～凶～佯～雍～迂～愚～诈～獐～障～醉～顺～獒～背～悖～笔～鄙～愎～蔽～禅～尘～醒～逞～惷～达～诞～渎～斐～戆～蛊～瞽～怀～会～慧～昏～惑～疾～简～僭～谲～蹶～俊～客～厉～霖～慢～瞀～梦～迷～谬～缪～墨～谋～孽～佞～葩～癖～僻～魄～勦～攘～生～矢～疏～竖～谈～佻～侠～衅～兴～獝～异～逸～吟～狺～愚～裔～越～章～獐～猘～稚～瘈～穉～鲰例济水自清河自浊，周公大圣接舆狂。（唐·李颀《杂兴》）三杯容小阮，醉后发清狂。（唐·李白《陪侍郎叔游洞庭醉后三首》其一）蚩尤终戮辱，胡羯漫猖狂。（唐·杜甫《寄彭州高三十五使君適虢州岑二十七长史参三十韵》）

典**楚狂**　本指楚人接舆，他佯狂不仕，后因用为狂士的通称。《论语·微子》："楚狂接舆歌而过孔子，曰：'凤兮凤兮，何德之衰！'"宋·邢昺疏："接舆，楚人，姓陆名通。……昭王时政令无常，乃披发佯狂不仕，时人谓之楚狂也。"

高歌一曲垂鞭去，尽日无人识楚狂。（唐·吴融《灵宝县西侧津》）

醒狂　汉宣帝时盖宽饶，字次公。为人刚正不阿，被丞相讥为"醒狂"。后因以喻指人性格狂放不羁，藐视权贵。亦借指直谏之臣。亦作"次公狂""宽饶狂"。见《汉书·盖宽饶传》。

耻矜学步贻身患，岂慕醒狂蹑祸阶。（唐·李绅《州中小饮便别牛相》）

佯狂　指箕子进谏商纣而不获采纳，乃装疯以免灾之事。后因以喻指避世隐退。亦作"箕子佯狂""解发佯狂"。《史记·宋微子世家》："纣为淫逸，箕子谏，不听。人或曰：'可以去矣。'箕子曰：'为人臣谏不听而去，是彰君之恶而自说于民，吾不忍为也。'乃披发佯狂而为奴。"

今日逢君君不识，岂得不如佯狂人。（唐·李白《笑歌行》）

荡舟狂　指人恃宠狂放，最终招致罪责。亦作"荡舟""妖姬荡舟""摇舟咎。"《左传·僖公三年》："齐侯与蔡姬乘舟于囿，荡公。公惧变色，禁之不可。公怒，归之，未之绝也。蔡人嫁之。"

方资裂缯笑，可要荡舟狂。（宋·刘筠《宣曲二十二韵》）

宽饶狂　本指西汉盖宽饶性格刚直疏放。后指人性格狂纵，也指人酒醉发狂。见817页"醒狂"。

宽饶狂自比，汲黯直为邻。（唐·戴叔伦《奉天酬别郑谏议云逵卢拾遗景亮见别之作》）

毕卓醉狂　指人嗜酒如命，也指人酒后失态。亦作"毕卓卧瓮"。《晋中兴书》："毕卓，字茂世，新蔡人。少亦放达，泰兴末，为吏部郎，常饮酒废职。比舍郎酿熟，卓因醉，夜至其瓮间取酒饮。掌酒者不察，执而缚之，郎往视之，乃毕吏部也，遽释其缚。卓遂引主人宴于瓮侧，取醉而去。"

毕卓醉狂潘氏少，倾来掷去恰相宜。（唐·方干《袁明府以家酝寄余余以山梅答赠》）

酒圣诗狂　代指李白。唐·李白《月下独酌四首》其四："穷愁千万端，美酒三百杯。愁多酒虽少，酒倾愁不来。所以知酒圣，酒酣心自开。"五代·王仁裕《开元天宝遗事·醉圣》："李白嗜酒，不拘小节，然沉酣中所撰文章未尝错误，而与不醉之人相对议事，皆不出太白所见。时人号为'醉圣'。"

胜日诗狂输酒圣，转头渭北复江东。（宋·陈造《夏夜饮客》）

一国如狂　满都之人皆象发狂一般，指人们皆为追求某一事物而倾心。《礼记·杂记下》："子贡观于蜡。孔子曰：'赐也乐乎？'对曰：'一国之人皆若狂，赐未知其乐也。'"

牡丹妖艳乱人心，一国如狂不惜金。（唐·王毂《牡丹》）

诳(誆)kuáng

①欺骗。②谎话。古去声，二十三漾。逆诵～谄～诞～谲～誇～陵～流～欺～闪～说～虚～訾～顺～报～称～词～绐～诞～动～丐～告～骇～赫～呼～幻～惑～驾～具～乱～瞒～漫～谝～骗～欺～取～赏～上～世～饰～天～罔～妄～诬～侮～误～吓～胁～眩～言～曜～耀～诱～语～豫～诈～赚～子例奸猜畏弹射，斥逐恣欺诳。（唐·韩愈《岳阳楼别窦司直》）

郎láng

古下平，七阳。逆才～查～长～朝～村～冬～粉～凤～佛～歌～海～憨～壶～花～洁～锦～窟～猎～林～令～柳～漫～芒～内～辇～潘～钱～清～沈～省～石～栖～索～台～檀～田～望～文～仙～象～星～行～轩～牙～岩～颜～夜～鱼～渔～庾～玉～枣～斋～棹～支～中～重～诸～竹～祝～撞～顺～伯～曹～当～都～官～将～巾～君～亢～伉～吏～门～潜～舍～台～闱～位～庑～星～榆～子例幕中邀谢鉴，麾下得周郎。（唐·杨巨源《上刘侍中》）璧非真盗客，金有误持郎。（唐·柳宗元《弘农公》）荡舟游女满中央，采菱不顾马上郎。（唐·刘禹锡《采菱行》）

典**粉郎**　何晏美姿仪，面白如傅粉。后因用为喻指美男子。亦作"傅粉何郎""傅粉郎""何粉""汤饼试何郎"。《世说新语·容止》："何平叔美姿仪，面至白。魏明帝疑其傅粉，正夏月，与热汤饼，既啖，大汗出，以朱衣自拭，色转皎然。"

闺中莫妒新妆妇，陌上须惭傅粉郎。（唐·韦庄《白牡丹》）

老郎　指老于郎吏之官。见829页"冯唐"。

莫怪老郎呈滥吹，宦途虽别旧情亲。（唐·刘禹锡《途次华州陪钱大夫登城北楼春望》）

刘郎[1]　代指情郎。相传东汉刘晨和阮肇入天台山采药，为仙女所邀，留半年，求归，抵家子孙已七世。后复入天台山寻访，旧踪渺然。见《幽明录》。

刘郎去，阮郎行，惆怅恨难平。（唐·毛文锡《诉衷情·桃花流水漾纵横》）

刘郎[2]　本指刘公荣，后咏宴饮。《世说新语·简傲》："王戎弱冠诣阮籍，时刘公荣在坐。阮谓王曰：'偶有二斗美酒，当与君共饮。彼刘公荣者，无预焉。'二人交觞酬酢，公荣遂不得一杯，而言语谈戏，三人无异。或有问之者，阮答曰：'胜公荣者，不得不与饮酒；不如公荣者，不可不与饮酒；唯公荣，可不与饮酒。'"

漫郎 本为中唐诗人元结的别号，后比喻居官思退的放纵高逸之士。《新唐书·元结传》："授著作郎。益著书，作《自释》……后家瀼滨，乃自称浪士。及有官，人以为浪者亦漫为官乎，呼为漫郎。……又曰：'公之漫其犹聱乎？公守著作，不带笭箵乎？又漫浪于人间，得非聱齖乎？公漫久矣，可以漫为叟。'……彼聱叟不羞聱齖于邻里，吾又安能惭漫浪于人间？取而醉人议，当以漫叟为称。直荒浪其情性，诞漫其所为，使人知无所存有，无所将待。乃为语曰：'能带笭箵，全独而保生；能学聱齖，保宗而全家。聱也如此，漫乎非邪！'"

漫郎百事皆漫尔，独有溪山认作吾。（宋·文有年《题元子故宅》）

潘郎 晋潘岳字安仁，曾任郎官，后因以潘郎称潘岳。潘岳貌美，深受妇女爱慕，后又转以潘郎喻指女子爱慕的男子。晋·潘岳《闲居赋序》："仆少窃乡曲之誉，忝司空太尉之命……举秀才为郎。"《世说新语·客止》："潘岳妙有姿容，好神情。少时挟弹出洛阳道，妇人遇者莫不连手共萦之。"

推醉唯知弄花钿，潘郎不敢使人催。（唐·卢纶《古艳诗》其一）

彭郎 指澎浪矶，也喻指夫婿。宋·欧阳修《归田录》卷二："江南有大、小孤山，在江水中，嶷然独立，而世俗转'孤'为'姑'。江侧有一石矶，谓之澎浪矶，遂转为彭郎矶，云彭郎者，小姑婿也。"

倚天巉绝玉浮屠，肯与彭郎作小姑。（宋·苏轼《予初谪岭南过田氏水阁东南》）

三郎 唐玄宗李隆基在兄弟中排行第三，有"三郎"之称。唐·刘肃《大唐新语·谀佞》："睿宗与群臣呼公主为太平，玄宗为三郎。"

自是三郎真赝错，却将天宝换开元。（宋·邓林《张曲江祠》）

索郎 酒名，桑落酒的别称，后用以代指名酒。北魏·郦道元《水经注·河水四》："置河东郡。郡多流离，谓之徙民。民有姓刘名堕者，宿擅工酿，采挹河流，酝成芳酎，悬食同枯枝之年，排于桑落之辰，故酒得其名矣……自王公庶友，牵拂相招者，每云索郎有顾，思同旅语，索郎反语为桑落也。"

江长月白空痕在，一夜花神怨索郎。（宋·张子龙《碧筒》）

台郎 汉代尚书郎之别称。汉·孔融《荐祢衡表》："近日路粹严象，亦用异才。擢拜台郎，衡宜与为比。"李善注引《典略》："路粹，字文蔚，少学于蔡邕，高才，与京兆尹严象拜尚书郎。"

共褋台郎被，俱褰郡守帷。（唐·张谓《寄崔澧州》）

夕郎 汉朝黄门侍郎和给事黄门侍郎的别称。亦称"夕拜""青琐郎"。汉·应劭《汉官仪》卷上："黄门侍郎，每日暮，向青琐门拜，谓之夕郎。"

玉漏随铜史，天书拜夕郎。（唐·王维《春日直门下省早朝》）

萧郎[1] 本指萧衍，诗词中常用作对萧姓男子的美称，或用作情郎与夫君的代称。《梁书·武帝纪上》："迁卫将军王俭东阁祭酒。俭一见深相器异，谓庐江何宪曰：'此萧郎三十内当作侍中，出此则贵不可言。'"

况复萧郎有情思，可怜春日镜台前。（唐·王建《题花子赠渭州陈判官》）

萧郎[2] 指萧史，后世常用以称美男子。《列仙传·萧史》："萧史者，秦穆公时人也，善吹箫，能致孔雀。"

萧郎独宿落花夜，谢女不归明月春。（唐·刘沧《代友人悼姬》）

星郎 古人以为郎官上应天星，因称星郎，后用以借称朝中各省的郎官。《后汉书·明帝纪》："馆陶公主为子求郎，不许，而赐钱千万。谓群臣曰：'郎官上应列宿，出宰百里，有非其人，则民受其殃，是以难之。'"

小谏才埋玉，星郎亦逝川。（唐·齐己《乱中闻郑谷吴延保下世》）

庾郎[1] 本指南朝齐庾杲之。后用以代指情郎或贫士。杲之为尚书驾部郎，家清贫，食唯有韭薤、抃韭、生韭杂菜，人戏之曰："谁谓庾郎贫，食鲑常有二十七种。"三九二十七，音谐"三韭"。见《南齐书·庾杲之传》。

庾郎[2] 指北周诗人庾信，后多借指多愁善感之诗人。

庾郎年最少，青草妒春袍。（唐·李商隐《春游》）

枣郎 晋代枣嵩有才艺，时称"枣郎"。后世诗文中多用此赞喻年少有为之人。《晋书·王浚传》："时童谣曰：'十囊五囊入枣郎。'枣嵩，浚之子婿也。浚闻，责嵩而不能罪之也。"《晋书·枣据传》："弟嵩，字台产，才艺尤美，为太子中庶子、散骑常侍，为石勒所杀。"

路人桑干塞雁飞，枣郎年少有光辉。（唐·杨巨源《太原赠李属侍御》）

支郎 原指三国时吴国月支僧人支谦，后世用作对佛教僧人的雅称。《高僧传·康僧会传》："先有优婆塞支谦，字恭明，一名越。本月支人，来游汉境。……其为人细长黑瘦，眼多白而睛黄，时人为之语曰：'支郎眼中黄，形躯虽细是智囊。'"

酒薄恨浓消不得，却将惆怅问支郎。（唐·韦庄《下第题青龙寺僧房》）

周郎 三国吴周瑜的代称，并借以称美青年将领或年轻才俊之士。《三国志·吴书·周瑜传》："是岁，建安三年也。策亲自迎瑜，授建威中郎将，即与兵二千人，骑五十匹。瑜时年二十四，吴中皆呼为周郎。"

三十拥旄谁不羡，周郎少小立奇功。（唐·刘长卿《观校猎上淮西相公》）

竹郎 本指夜郎侯，后世泛指竹姓男子，亦指奇闻异事。传说夜郎侯生于大竹中，故名竹郎。《后汉书·南蛮西南夷列传》："夜郎者，初有女子浣于遁水，有三节大竹流入足间，闻其中有号声，剖竹视之，得一男儿，归而养之。及长，有才武，自立为夜郎侯，以竹为姓。"

竹郎有庙临江际，木客无家住箐中。（宋·陆游《纵游深山随所遇记之》）

撞郎 本指汉明帝以杖击郎药崧，后世常用以称美直臣。《后汉书·钟离意传》："（明帝）尝以事怒郎药崧，以杖撞之。崧走入床下，帝怒甚，疾言曰：'郎出！郎出！'崧曰：'天子穆穆，诸侯煌煌，未闻人君自起撞郎。'帝赦之。"

徒令永平帝，千载罢撞郎。（唐·卢照邻《哭金部韦郎中》）

哀乌郎　诗词中用作咏郎官。《汉书·天文志》："掖门内六星，诸侯。其内五星，五帝坐。后聚十五星，曰哀乌郎位；旁一大星，将位也。"

有我哀乌郎，新邑长鸣琴。（唐·储光羲《述韦昭应画犀牛》）

地下郎　指文人去世或伤悼早亡才士。亦作"地下修文郎""鬼修文""修文下泉""修文地下"。《太平广记》卷三一九："苏韶，字孝先，安平人也，仕至中牟令，卒。韶伯父承，为南中郎军司而亡，诸子迎丧还……韶曰：'言天上及地下事，亦不能悉知也。颜渊、卜商，今见在为修文郎。修文郎凡有八人，鬼之圣者。'"

不尽胸中蕴，犹堪地下郎。（宋·陈师道《王察院挽词二首》其二）

团扇郎　代指情郎，也指女子对恋人相思相忆之情。亦作"团扇才人"。《乐府诗集》卷四五《团扇郎》题解引《古今乐录》："《团扇郎歌》者，晋中书令王珉，捉白团扇与嫂婢谢芳姿有爱，情好甚笃。嫂捶挞婢过苦，王东亭闻而止之。芳姿素善歌，嫂令歌一曲当赦之。应声歌曰：'白团扇，辛苦五流连，是郎眼所见。'珉闻更问之：'汝歌何遗？'芳姿即改云：'白团扇，憔悴非昔容，羞与郎相见。'后人因而歌之。"

愁生半额不开靥，只为多情团扇郎。（唐·段成式《嘲飞卿七首》其三）

琢玉郎　对男性的美称，谓姿容美如玉；也代指多情男子。亦作"琢玉传情"。唐·卢仝《与马异结交诗》："是谓仝不往兮异不至，直当中兮动天地。白玉璞里琢出相思心，黄金矿里铸出相思泪。"

常羡人间琢玉郎，天教分付点酥娘。（宋·苏轼《定风波·常羡人间琢玉郎》）

八米卢郎　称美人有文才。亦作"八米诗章"。关中语岁以六米七米八米分上中下，八米取其又多又好之意；另说"米"当为"采"字之误。

文章天子文章别，八米卢郎未可看。（唐·韩偓《重和大庆堂赐宴元珰而有诗呈吴越王》）

白发潘郎　晋人潘岳，三十二岁时头发已开始花白。后用以比喻未老先衰，或功业不就、无所作为。亦作"潘岳二毛""潘岳白发""安仁鬓秋"。晋·潘岳《秋兴赋》序曰："晋十有四年，余春秋三十有二，始见二毛。以太尉掾兼虎贲中郎将，寓直于散骑之省。"

晓镜不须催白发，潘郎秋鬓久萧然。（宋·张耒《悼亡九首》其三）

白袷玉郎　泛指贵族子弟。《世说新语·轻诋》："支道林入东，见王子猷兄弟。还，人问：'见诸王何如？'答曰：'见一群白颈鸟，但闻唤哑哑声。'"

彩线结茸背复叠，白袷玉郎寄桃叶。（唐·李贺《染丝上春机》）

白首为郎　指久不升官、老而不遇之人。亦作"郎潜白发"。汉·张衡《思玄赋》："尉龙眉而郎潜兮，逮三叶而遘武。"李善注引《汉武故事》："颜驷，不知何许人也，汉文帝时为郎。至武帝尝辇过郎署，见驷龙眉皓发，上问曰：'叟何时为郎，何其老也？'答曰：'臣文帝时为郎，文帝好文，而臣好武；至景帝好美，而臣貌陋；陛下即位，好少，而臣已老。是以三代不遇，故老于郎署。'上感其言，擢拜会稽都尉。"

孤臣曾趣龙墀对，白首为郎只自伤。（宋·陆游《史院书事》）

赋罢为郎　指因有文才而得官。《史记·司马相如列传》："上读《子虚赋》而善之……上警，乃召问相如。相如曰：'有是。然此乃诸侯之事，未足观也。请为天子游猎赋，赋成奏之。'……故空借此三人为辞，以推天子诸侯之苑囿。其卒章归之于节俭，因以风谏。奏之天子，天子大说。……赋奏，天子以为郎。"

书成休逐客，赋罢遂为郎。（唐·张继《洛阳作》）

伏猎侍郎　唐户部侍郎萧炅，曾将"伏腊"读为"伏猎"，因被讥为"伏猎侍郎"。后因以泛指不学无术的官员。亦作"伏猎"。《旧唐书·颜挺之传》："（李）林甫引萧炅为户部侍郎，尝与挺之同行庆吊，客次有《礼记》，萧炅读之曰：'蒸尝伏猎'。炅早从官，无学术，不识'伏腊'之意，误读之。挺之戏问，炅对如初。挺之白九龄曰：'省中岂有伏猎侍郎！'由是出为岐州刺史，林甫深恨之。"

人间无事无奇对，伏猎今成两侍郎。（宋·范成大《耶律侍郎》）

记室何郎　南朝梁何逊曾任记室之职，后世常用以称美参佐官员。亦作"何记室""记室何逊"。《梁书·何逊传》："何逊，字仲言，东海郯人也。……逊八岁能赋诗，弱冠，州举秀才。……沈约亦爱其文，尝谓逊曰：'吾每读卿诗，一日三复，犹不能已。'其为名流所称如此。天监中，起家奉朝请，迁中卫建安王水曹行参军，兼记室。王爱文学之士，日与游宴，及迁江州，逊犹掌书记。"

论文谁可制，记室有何郎。（唐·司空曙《送庞判官赴黔中》）

临汝袁郎　指品行高洁之隐士。《后汉书·袁闳传》："（闳）少励操行，苦身修节。……卒于土室。"李贤注引《汝南先贤传》："闳临卒，敕其子曰：'勿设殡棺，但着裈衫疏布单衣幅巾，衬尸于板床之上，以五百墼为藏。'"

临汝袁郎得相见，闲云引到东阳县。（唐·刘言史《葛巾歌》）

少日卢郎　泛指年轻有为之人。《魏书·卢玄传》："元聿第五弟元明，字幼章。涉历群书，兼有文义，风彩闲润，进退可观。……少时尝从乡还洛，途遇相州刺史、中山王熙。熙博识之士，见而叹曰：'卢郎有如此风神，唯须诵《离骚》，饮美酒，自为佳器。'"

谁念才情未减，老来何逊，少日卢郎。（宋·胡翼龙《夜飞鹊·星桥度情处》）

一顾周郎　周瑜精通音乐，听曲有误必知；后用以泛指精通音乐之人。亦作"未怕周郎""曲误试周郎""误新声试周郎"。《三国志·吴书·周瑜传》："瑜少精意于音乐，虽三爵之后，其有阙误，瑜必知之，知之必顾，故时人谣曰：'曲有误，周郎顾。'"

曲中倚娇佯误，算只图、一顾周郎。（宋·吴文英《声声慢·春星当户》）

临邛卖赋郎 指司马相如，陈皇后为了重新获得汉武帝的宠爱，曾以黄金百斤买他的《长门赋》。后亦指文采出众之人。见《长门赋序》。

虽然不似王孙女，解爱临邛卖赋郎。（唐·崔珏《有赠》其一）

桃花误刘郎 本指刘禹锡因作诗咏桃花讥讽新权贵被出为连州刺史之事，后喻指官员误触权贵而遭贬。唐·孟棨《本事诗·事感》："刘尚书自屯田员外左迁朗州司马，凡十年征还。方春，作《赠看花诸君子》诗曰：'紫陌红尘拂面来，无人不道看花回。玄都观里桃千树，尽是刘郎去后栽。'其诗一出，传于都下。有素嫉其名者，白于执政，又诬其有怨愤。他日见时宰，与坐，慰问甚厚。既辞，即曰：'近者新诗，未免为累，奈何？'不数日，出为连州刺史。"

游女谩能歌白纻，使君不学野鸳鸯。桃花空解误刘郎。（宋·舒亶《浣溪沙·白鹭飞飞点碧塘》）

狼 láng

古下平，七阳。逆白～苍～地～封～烽～两～寥～秦～青～射～贪～天～枭～星～顺～跋～狈～惫～餐～虫～窜～当～纛～烽～顾～毫～豪～狠～埌～胡～扈～荒～火～角～巾～津～筋～竞～居～踞～亢～伉～抗～犺～戾～忙～抢～燧～头～突～吞～望～星～胥～须～章～跱～种例翠华拥英岳，螭虎啖豺狼。（唐·杜甫《壮游》）三秦千仓空，战卒如饿狼。（唐·独孤及《送相里郎中赴江西》）城远迷玄兔，川明辩白狼。（唐·杨巨源《上刘侍中》）

典**天狼** 星名，主侵掠，象征贪残、侵掠。后世借指叛臣、盗贼等。亦称"狼""狼星""封狼"。《楚辞·九歌·东君》："青云衣兮白霓裳，举长矢兮射天狼。"汉·王逸注："天狼，星名，以喻贪残。"

弯弧惧天狼，挟矢不敢张。（唐·李白《经乱离后天恩流夜郎》）

中山狼 指那些忘恩负义、恩将仇报之人。明·马中锡《中山狼传》载，赵简子猎于中山时，射伤一只狼，狼逃命之际遇墨者东郭先生，巧言一番得其救助，最后却恩将仇报。

取彼中山狼，归来充我庖。（清·张綦毋《秋日杂感》其二）

星弧射狼 比喻出师征讨敌人。《史记·天官书》："厕下一星，曰天矢……其东有大星曰狼。狼角变色，多盗贼。下有四星曰弧，直狼。"唐·张守节《史记正义》："弧九星，在狼东南，天之弓也。以伐叛怀远，又主备盗贼之知奸邪者……矢不直狼，又多盗。"

应须日驭西巡狩，不假星弧北射狼。（唐·杜牧《奉和白相公》）

廊 láng

①堂下周围的房屋。②屋檐下面的过道。

古下平，七阳。逆北～步～朵～房～风～宫～阶～庙～曲～绕～僧～四～通～西～厢～象～行～轩～严～岩～阴～游～月～顺～餐～第～阁～庙～室～肆～庑～檐～腰～宇例绿萝笑簪绂，丹壑贱岩廊。（唐·李白《闻丹丘子于城北营石门幽居》）疏松抗高殿，密竹阴长廊。（唐·韦应物《清都观答幼遐》）惊蝉出暗柳，微月隐回廊。（唐·钱起《静夜酬通上人问疾》）

典**岩廊** 本指高峻的山崖，因古代寺庙常建在山崖高峻之处，后世以此借指庙堂朝廷或宫殿。《汉书·董仲舒传》："盖闻虞舜之时，游于岩郎之上，垂拱无为，而天下太平。"

岩廊人望在，只得片时闲。（唐·刘禹锡《和李相公初归平泉过龙门南岭遥望山居即事》）

盐筴洒宫廊 指帝王荒淫，也用以借指妃嫔。《晋书·胡贵嫔》："（武帝）并宠者甚众，帝莫知所适，常乘羊车，恣其所之，至便宴寝。宫人乃取竹叶插户，以盐汁洒地，而引帝车。"

若见红儿此中住，不劳盐筴洒宫廊。（罗虬《比红儿诗》其五十四）

娜 láng

娜嫏的娜。

顺～环～嫏

琅（*瑯）láng

①琅玕，类似珠玉的美石。②洁白，有光彩。③拟声词。

古下平，七阳。逆八～炳～仓～苍～珰～玎～珐～豁～琅～琳～青～顺～璈～璁～当～珰～铛～玕～函～花～华～环～筊～简～琳～璆～然～书～疏～霜～诵～邪～园～帙例至乐无箫歌，金玉音琅琅。（唐·吴筠《步虚词十首》其八）平生千万篇，金薤垂琳琅。（唐·韩愈《调张籍》）一豆聊供游冶郎，去时忙唤锁仓琅。（唐·史凤《闭门羹》）

螂（*蜋）láng

虫名用字。

古下平，七阳。逆刀～蚂～蜣～顺～蜩～蚁例饱食房里侧，家粪集野螂。（唐·权龙褒《秋日述怀》）斜阳千万树，无处避螳螂。（唐·戴叔伦《画蝉》）

典**雀伺螳螂** 螳螂一心捉蝉，不知黄雀在后正打算吃它。形容只顾眼前利益，而不考虑其后的祸患。语本《说苑·正谏》："园中有树，其上有蝉，蝉高居悲鸣饮露，不知螳螂在其后也；螳螂委身曲附欲取蝉，而不知黄雀在其傍也。"

人心惊獬豸，雀意伺螳螂。（唐·韦庄《和郑拾遗秋日感事一百韵》）

榔 láng

榔头的榔。

古下平，七阳。又：上声，二十二养，同。逆槟～桄～恍～林～鸣～沤～鱼～渔～顺～槌～杭～榚～梅～榆例买得幽山属汉阳，槿篱疏处种桃榔。（唐·于鹄《买山吟》）戴花红石竹，帔晕紫槟榔。（唐·白居易《江南喜逢萧九彻》）映水酒帘斜扬日，隔林渔艇静鸣榔。（宋·李纲《望江南·归去客》）

典**求槟榔** 形容饥困乏食，或指诞节乞食。又喻不计前怨，或喻因贫困而遭戏弄。亦作"食槟榔""索槟榔""泪向槟榔""一斛槟榔"。刘穆之少时家贫，性放纵不拘，常到妻江氏之兄家乞食，吃完又索求槟榔，江氏兄弟嘲笑他说："槟榔消食，君乃常饥，何忽须此？"后穆之为丹阳县令，不计前嫌，延请江氏兄弟，说："本不匿怨，无所致忧。"并以金拌槟榔一斛相赠。见《南史·刘穆之传》。

泪向槟榔尽，身随鸿雁归。（唐·李嘉祐《送裴宣城上元所居》）

面有桄榔 指南方风物，也指生活困窘。汉·扬雄《蜀都赋》："布有榱华，面有桄榔。”晋·左思《蜀都赋》：“面有桄榔。”晋·刘逵注：“桄榔，树名也，木中有屑，如面，可食。出兴古。”

米惭无薏苡，面喜有桄榔。（唐·韦庄《和郑拾遗秋日感事一百韵》）

一斛槟榔 指酬赠之礼，也指贫者发达得意。亦作“槟榔一斛”“一斛贮槟榔”。见820页“求槟榔”。

怨调为谁赋，一斛贮槟榔。（宋·辛弃疾《水调歌头·高马勿捶面》）

浪 láng 流逝；流淌。另见850页 làng。

🅖下平，七阳。🅝博～沧～浪～淋～🅢～苍～汗～抗～浪～然🅛万里桥西一草堂，百花潭水即沧浪。（唐·杜甫《狂夫》）

🅓**沧浪** 本为水名，后用以泛指江湖等隐士居住的地方。《孟子·离娄上》：“有孺子歌曰：‘沧浪之水清兮，可以濯我缨；沧浪之水浊兮，可以濯我足。’”

扁舟乘月暂来去，谁道沧浪吴楚分。（唐·王昌龄《送李五》）

渔父濯沧浪 代指隐士。战国·屈原《楚辞·渔父》：“屈原既放，游于江潭，行吟泽畔，颜色憔悴，形容枯槁。……渔父莞尔而笑，鼓枻而去，歌曰：‘沧浪之水清兮，可以濯吾缨；沧浪之水浊兮，可以濯吾足。’遂去，不复与言。”

一杯同看月昏黄。放歌渔父濯沧浪。（宋·韩淲《浣溪沙·莫问星星染鬓霜》）

阆（閬）láng 阆阆。另见839页 lǎng、851页 làng。

踉 láng 又读。另见823页 liáng、852页 liàng。

稂 láng 害苗草。

🅖下平，七阳。🅝莨～秕～不～童～莠～🅢～秕～莠

粮（糧）liáng

🅖下平，七阳。🅝并～刍～裹～糇～餱～黄～米～粮～书～瓦～携～休～赀～资～🅢～糒～道～斛～馈～廪～秣～粮～石～涂～饩～械～胥～仗～重🅛兰英犹足酿，竹实本无粮。（唐·王绩《赠李征君大寿》）会待祆氛静，论文暂裹粮。（唐·杜甫《寄彭州高三十五使君适虢州岑二十七长史参三十韵》）觉少持经力，忧无养病粮。（唐·王建《题法云禅院僧》）

🅓**并粮** 指生死之交的友谊，也用以指旅途困迫。《列士传》：“六国时，羊角哀与左伯桃为友，闻楚王贤，俱往仕。至梁山，逢雪，粮尽，度不两全，遂并粮与角哀。角哀至楚，楚用为上卿。后来收葬伯桃。”

感子初并粮，我心正氛氲。（唐·吴筠《经羊角哀墓作》）

书粮 指读书求学的费用。亦作“柳积书粮”。唐·李冗《独异志》卷中：“柳积字德封。勤苦为学，夜燃木叶以代灯火。中夕，闻窗外有呼者，积出见之，有五六丈夫各负一囊，倾于屋下，如榆荚。语曰：‘与君为书粮，勿忧业不成。’明旦起视，皆汉古钱，计得一百七十千，乃终其业。”

生涯无一物，谁与读书粮。（唐·朱庆余《题任处士幽居》）

五斗粮 指陶渊明不为五斗米折腰。见217页“五斗米”。

既舍三山侣，来余五斗粮。（唐·曹邺《奉命齐州推事毕寄本府尚书》）

良 liáng

🅖下平，七阳。🅝邦～才～材～辰～丹～登～调～都～端～敦～膏～国～吉～佳～嘉～驾～坚～歼～谨～进～俊～骏～牢～廉～茂～明～平～前～强～清～驱～仁～任～柔～圣～遂～秀～温～选～驯～循～易～尤～元～贞～质～🅢～奥～宝～比～弼～常～倡～称～俦～畴～筹～觌～笃～法～辅～膏～功～肱～国～翰～吉～骥～谨～聚～梏～乐～谟～懦～嫔～平～裘～商～实～史～守～说～算～绥～孙～蜩～图～沃～晤～细～冶～逸～游～猷～寙～遇～愈～愿～酝～宰～造～哲～贞～针～箴～执～佐🅛还闻出将重，坐见即戎良。（唐·张九龄《饯王尚书出边》）价重三台俊，名超百郡良。（唐·苏颋《敬和崔尚书大明朝堂雨后望终南山见示之作》）耽乐岂予尚，懿兹时景良。（唐·李适《中和节赐群臣宴赋七韵》）

🅓**歼良** 春秋时秦穆公死，以大夫车氏的三个儿子奄息、仲行、针虎殉葬。后因用以表达对统治者残害忠良的愤慨。《诗经·秦风·黄鸟》序曰：“黄鸟，哀三良也，国人刺穆公以人从死，而作是诗也。”《诗》曰：“交交黄鸟，止于棘。谁从穆公？子车奄息。维此奄息，百夫之特。临其穴，惴惴其栗。彼苍者天，歼我良人！如可赎兮，人百其身。”

歼良从此恨，福善竟成虚。（唐·李端《哭张南史因寄南史侄叔宗》）

白眉马良 马良为三国时蜀国大臣，是兄弟中最为杰出的人才，后常用此典称兄弟中出众的人，也指兄弟，或泛指出类拔萃的人。见810页“季常”。

音尘黄耳间，梦想白眉良。（唐·沈佺期《答魑魅代书寄家人》）

车轻御良 比喻技术高超或才智优良；也用以讽刺人技艺才能虽好，但却不能成事。《战国策·魏策四》：“今者臣来，见人于太行，方北面而持其驾，告臣曰：‘我欲之楚。’……臣曰：‘马虽良，此非楚之路也。’曰：‘吾用多。’臣曰：‘用虽多，此非楚之路也。’曰：‘吾御者善。’‘此数者愈善，而离楚愈远耳。’”

车轻御良马力优，咄哉识路行勿休，往取将相酬恩仇。（唐·韩愈《刘生诗》）

友笑王良 指无过人能力却恋栈于仕途，被友不齿。此典常用来自嘲。《后汉书·王良传》：“王良字仲子，东海兰陵人也。……后以病归。一岁复征，至荥阳，疾笃不任进道，乃过其友人。友人不肯见，曰：‘不有忠言奇谋而取大位，何其往来屑屑不惮烦也？’遂拒之。良惭，自后连征，辄称疾。诏以玄纁聘之，遂不应。”

客难扬雄拓落，友笑王良来往，面汗背芒寒。（宋·刘克庄《水调歌头·遣作岭头使》）

郑国三良 春秋时郑国的叔詹、堵叔和师叔善于治理国家，被称为“三良”，后世常借以称美三个合享声名的人。亦作“郑公三良”。《左传·僖公七年》：“公曰：‘诸侯有讨于郑，未捷，今苟有衅，从之不亦可

乎?'对曰:'……郑有叔詹、堵叔、师叔三良为政,未可间也。'"

唯郑国三良,汉家三杰。(元·王恽《喜迁莺·古今三绝》)

量liáng ①用作为标准的东西(尺、斗、杯等)来测定事物的长短、大小、多少等。②估计,衡量。另见851页liàng。

㊀上平,七阳。㊁比~裁~斗~端~放眼~考~料~评~思~玉尺~丈~酌~㊂~地~度~金~具~校㊃裁缝无处等,以意忖情量。(唐·孟浩然《闺情》)若识二草心,海潮亦可量。(唐·李白《古意》)兄弟四人三百口,不堪闲坐细思量。(唐·李煜《渡中江望石城泣下》)

㊄**尺捶量** 一尺之捶,也即一尺长的杖。比喻难以计量。《庄子·天下》:"一尺之捶,日取其半,万世不竭。"唐·陆德明《经典释文》引晋司马彪曰:"捶,杖也。若其可折,则常有两;若其不可折,其一常存,故曰万世不竭。"

人言八十鹰扬。笑千岁如何尺捶量。(宋·刘克庄《沁园春·少工艺文》)

大秤量 祝人生贵女的贺词。《旧唐书·后妃传上》:"中宗上官昭容名婉儿。西台侍郎仪之孙也。……初,婉儿在孕时,其母梦人遗己大秤,占者曰:'当生贵子,而秉国权衡。'既生女,闻者嗤其无效,及婉儿专秉内政,果如占者之言。"

好述不数潘杨,占梦者曾言大秤量。(宋·刘克庄《沁园春·莫信人言》)

粱liáng ①古代指粟类中的优良品种。②指精美的主食。

㊀上平,七阳。㊁持~稻~饭~膏~黄~藿~俭岁~粳~沐~青~童~玉~㊂~饭~米~糗~肉~菽㊃无复能鸣分,空知愧稻粱。(唐·骆宾王《同张二咏雁》)今来从军乐,跃马饫膏粱。(唐·刘禹锡《武夫词》)越妇通言语,小姑具黄粱。(唐·李贺《感讽五首》其一)

㊄**膏粱** 本义是肥肉美谷,指精美的食物,后用来比喻豪门贵族。《孟子·告子上》:"《诗》云:'既醉以酒,既饱以德。'言饱乎仁义也,所以不愿人之膏粱之味也。"

崖谷野人羞自荐,膏粱公子莫知名。(宋·虞俦《石芥》)

凉(*凉)liáng 另见851页liàng。

㊀下平,七阳。㊁北窗~苍~初~怆~簟~风~浮~踽~麦风~南~嫩~沁~轻~取~森~疏~树~晚~五~鲜~小~辛~新~炎~邀~伊~迎~余~雨送~湛~招~逐~追~㊂~飙~波~驳~蝉~蟾~床~吹~德~殿~簟~菲~霏~氛~阁~观~光~汉~和~厚~花~节~旷~落~昧~能~沙~声~思~飔~素~榻~台~堂~天~轩~暄~叶~影~友~宇~燠~月~云㊃拂曙驱飞传,初晴带晓凉。(唐·卢照邻《至陈仓晓晴望京邑》)千里何萧条,草木自悲凉。(唐·李峤《奉使筑朔方六州城率尔而作》)舣舟乘潮去,风帆振早凉。(唐·刘希夷《江南曲八首》其五)

㊄**博西凉** 本指谋取州郡长官的职务,后世泛指谋取官位。亦作"西凉州"。《三国志·魏书·明帝纪》:"新城太守孟达反,诏骠骑将军司马宣王讨之。"裴松之注引《三辅决录》:"伯郎姓孟名他,扶风人。灵帝时,中常侍张让专朝政,让监奴典护家事。他仕不遂,乃尽以家财赂监奴,与共结亲,积年家业为之破尽。……他又以蒲桃酒一斛遗让,即拜凉州刺史。"

倘能藏斗酒,未暇博西凉。(宋·赵蕃《复次韵呈沅陵诸丈并怀在伯二首》其一)

万里看西凉 本指叶法善带唐玄宗腾空飞往千里之外的凉州观灯之事,后因用为借指道术玄妙。《太平广记》卷二六《叶法善》:"开元初,正月望夜,玄宗移仗于上阳宫以观灯。……师(叶法善)曰:'灯影之盛,固无比矣;然西凉府今夕之灯,亦亚于此。'"玄宗乃要求即刻前往,"于是令玄宗闭目,约曰:'必不得妄视,若误有所视,必有非常惊骇。'如其言,闭目距跃,已在霄汉。俄而足已及地。曰:'可以观矣。'既睹影灯,连亘数十里,车马骈阗,士女纷委。玄宗称其盛者久之,乃请回。复闭目腾空而上,顷之已在楼下,而歌舞之曲未终"。

结骑莫辞侵晓色,昔人万里看西凉。(宋·陆游《丁酉上元》)

梁[1]liáng ①断水拦鱼的堰。②桥。③物体或人体中间拱起成长条或弧形的部分。④姓。

㊀下平,七阳。㊁柏~卑~北~成~川~当~都~发~飞~蜚~凤~浮~高~歌~关~豪~濠~虹~狐~壶~瓠~将~僵~疆~金~津~据~康~榱~陆~梅~南~抛~飘~岐~秦~囚~曲~渠~鹊~山~石~松~锁~鹈~天~王~危~无~萧~杏~雄~修~虚~雍~游~鱼~渔~舆~玉~云~泽~仲~舟~㊂~埃~昌~倡~尘~陈~党~邸~鼎~窦~端~甫~傅~宫~笱~冠~虹~鸿~坏~津~桷~垒~丽~粝~欐~梠~孟~米~岷~丘~渠~肉~叟~台~武~星~雁~益~阴~颖~狱~园~苑~岳~馆~栈~珠~邹~驺㊃信亦胡为者,剑歌从项梁。(唐·王珪《咏淮阴侯》)

㊄**柏梁** 指柏梁台或柏梁体诗,后世亦用以指宫廷宴饮赋诗之事。《三辅黄图·台榭》:"柏梁台,武帝元鼎二年春起。此台在长安城中北关内。《三辅旧事》云:'以香柏为梁也,帝尝置酒其上,诏群臣和诗,能七言诗者乃得上。'"

君看旧日高台处,柏梁铜雀生黄尘。(唐·王勃《临高台》)

濠梁 指逍遥游乐之地。亦作"濠上"。《庄子·秋水》:"庄子与惠子游于濠梁之上。庄子曰:'鯈鱼出游从容,是鱼之乐也。'惠子曰:'子非鱼,安知鱼之乐?'庄子曰:'子非我,安知我不知鱼之乐?'惠子曰:'我非子,固不知子矣;子固非鱼也,子之不知鱼之乐,全矣。'庄子曰:'请循其本,子曰"汝安知鱼乐"云者,既已知吾知之而问我,我知之濠上也。'"

濠梁庄惠谩相争,未必人情知物情。(唐·白居易《池上寓兴二绝》其一)

囚梁 本指汉梁孝王谋士邹阳因谗言被下狱之事。后泛指含冤入狱。亦作"邹阳狱""邹阳入狱"。《史记·邹阳列传》:"邹阳者,齐人也。游于梁，与故吴人庄忌夫子、淮阴枚生之徒交。上书而介于羊胜、公孙诡之间。胜等嫉邹阳，恶之梁孝王。孝王怒，下之吏，将欲杀之。”

远蜀只无补，囚梁亦固扃。(唐·杜甫《秦州见敕目》)

游梁 指文人学者客游他乡。亦作“相如游梁”。《史记·司马相如列传》：“会景帝不好辞赋，是时梁孝王来朝，从游说之士齐人邹阳、淮阴枚乘、吴严忌夫子之徒，相如见而悦之，因病免，客游梁。梁孝王令与诸生同舍，相如得与诸生游士居数岁，乃著《子虚之赋》。”

小年为写游梁赋，最说汉江闻笛愁。(唐·元稹《使东川·汉江上笛》)

饮羽石梁 比喻射箭技术精良，也指追求事业精益求精的精神。南朝宋·鲍照《拟古三首》其一：“石梁有余劲，惊雀无全目。”李善注引《阚子》：“宋景公使工人为弓，九年乃成。公曰：‘何其迟也？’工人对曰：‘臣不复见君矣。臣之精尽于此弓矣。’献弓而归，三日而死。景公登虎圈之台，援弓东面而射，矢逾于西霜之山，集于彭城之东，其余力逸劲，犹饮羽于石梁。”

石梁饮羽未足夸，蜀国三犀漫欺绐。(明·刘基《钱王箭头篇》)

梁[2](*樑)liáng 架在墙上或柱子上支撑房屋的横木。

【古】下平，七阳。【逆】柏～雕～栋～画～旧～空～绕～屋～悬～云～【顺】～摧～栋～头～燕～倚【例】一片苍梧意，氤氲生栋梁。(唐·陈希烈《赋得云生栋梁间》)百谷聚雪色，莓苔侵屋梁。(唐·李颀《光上座廊下众山五韵》)万象分空界，三天接画梁。(唐·李白《秋日登扬州西灵塔》)

【典】**绕梁** 形容歌声或乐声优美高妙，令人久不能忘、回味无穷。亦作“余音绕梁”“长歌激梁”。《列子·汤问》：“秦青顾谓其友曰：昔韩娥东之齐，匮粮，过雍门，鬻歌假食。既去而余音绕梁欐，三日不绝，左右以其人弗去。”

飞鸣当户影悠扬，一绕檐头一绕梁。(唐·王建《春燕词》)

悬梁 形容发愤图强、勤苦读书。亦作“悬头”“悬头屋梁”。晋·张方《楚国先贤传》：“孙敬好学，时欲寤寐，奋志悬头屋梁以自课。常闭户，号为闭户先生。”

晓霜满地归心切，夜月悬梁梦不成。(宋·上官藻《寄友人张孝忠》)

踉 liáng 跳跃。另见 821 页 láng；另见 852 页 liàng。

【古】下平，七阳。【逆】跳～跃～【顺】～跳【例】盗负险固，距趯跃踉。(清·陈廷敬《平滇雅》之一)

辌(輬)liáng 古代的卧车。

【逆】轻～辒～轩～【顺】～车

莨 liáng 草名。

【古】下平，七阳。【逆】薯～【顺】～绸～菪～纱～薯

忙 máng

【古】下平，七阳。【逆】奔～拨～财～蚕～仓～苍～春～促～错～烦～飞～匆～荒～慌～即～疾～蹢～狼～忙～贫～牵～乾～穷～驱～速～田～游鱼～助～【顺】～并～促～急～遽～郎～乱～忙～迫～然～热～冗～身～祥【例】幅巾朝帝罢，杖策去官忙。(唐·王绩《赠李征君大寿》)岂要仁里誉，感此乱世忙。(唐·杜甫《秋行官张望督促东渚耗稻》)上象壶中阔，平生醉里忙。(唐·窦常《茅山赠梁尊师》)

【典】**举子忙** 见 814 页“槐黄”。

明年此日青云去，却笑人间举子忙。(宋·辛弃疾《鹧鸪天·白苎新袍入嫩凉》)

赵岐忙 本指后汉赵岐重视自己的安葬之事，后指人对生死之事时时萦怀或讥讽人生前空费心思安排后事。《后汉书·赵岐传》：“(赵岐)年三十余，有重疾，卧蓐七年，自虑奄忽，乃为遗令敕兄子曰：‘……可立一员石于吾墓前，刻之曰：汉有逸人，姓赵名嘉。有志无时，命也奈何。’其后疾瘳。……年九十余，建安六年卒。先自为寿藏，图季札、子产、晏婴、叔向四像居宾位，又自画其像居主位，皆为赞颂。敕其子曰：‘我死之日，墓中聚沙为床，布簟白衣，散发其上，覆以单被，即日便下，下讫便掩。’”

清论不知庄叟达，死交空欢赵岐忙。(唐·罗隐《经故友所居》)

盲 máng

【古】下平，八庚。【逆】发～晦～昏～乐～盲～明～目～偏～群～问～心～雪～昼～【顺】～飙～伥～臣～废～风～瞽～进～聩～聋～陋～瞀～昧～眇～明～冥～棋～圣～史～书～妁～谈～汤～翁～心～喑～雨～云～者～左【例】时闻关利钝，智亦有聋盲。(唐·刘禹锡《历阳书事七十韵》)所期人拭目，焉肯自佯盲。(唐·元稹《答姨兄胡灵之见寄五十韵》)免同去年春，兀兀聋与盲。(唐·姚合《寄陕府内兄郭冏端公》)

芒[1] máng ①多年生草本植物。②谷类种子壳上或草木上的细刺。③尖端。④光芒。⑤通“茫”，模糊不清。

【古】下平，七阳。【逆】北～草～垂～春～刺～刀～稻～负～毫～晦～浑～尖～角～精～九～句～廉～敛～冥～青～石～输～汪～微～纤～星～雄～耀～遗～谆～陬～【顺】～背～彩～草～刺～达～砀～锷～乎～忽～角～屦～屩～郎～履～芒～昧～然～刃～神～粟～芠～屣～鞋～炎～焰～羊～洋～颖～针【例】虏阵横北荒，胡星曜精芒。(唐·李白《出自蓟北门行》)举杯挹山川，寓目穷毫芒。(唐·高适《单父逢邓司仓覆仓库因而有赠》)行云星隐见，叠浪月光芒。(唐·杜甫《遗闷》)

【典】**负芒** 汉宣帝始立，忌惮大将军霍光，如背负芒刺。后因以喻局促不安。亦作“芒刺在背”。《汉书·霍光传》：“宣帝始立，谒见高庙，大将军光从骖乘，上内严惮之，若有芒刺在背。”

束带负芒刺，接居成阻修。(唐·杜甫《毒热寄简崔评事十六弟》)

句芒 古代祭祀的木神，主春，诗文中因用作指代春天。《礼记·月令》：“孟春之月……其神句芒。”孔颖达疏：“其神句芒者，谓自古以来主春立功之臣，其祀以为神。是句芒者主木之官，木初生之时句屈而有芒角，故云句芒。”

句芒爱弄春风权，开萌发翠无党偏。(唐·张碧《游春引三首》其一)

芒[2](*鋩)máng 刀、剑等的锋刃。

[古]下平，七阳。[逆]锋～戈～钩～光～寒～剑～金～刃～石～雄～针～[顺]～锷～锋～辉～锣～气～刃～颖[例]风摇花眊彩，雪艳宝戈芒。（唐·徐彦伯《奉和幸新丰温泉宫应制》）

茫máng ①广阔无边的样子。②模糊不清。

[古]下平，七阳。[逆]仓～沧～苍～淳～澹～沆～浩～灏～鸿～荒～昏～浑～混～茫～莽～弥～迷～瀰～淼～渺～冥～溟～暝～汪～微～泱～杳～[顺]～荡～乎～惚～浪～蛮～昧～渺～漠～然～如～洋～诏[例]巫山彩云没，高丘正微茫。（唐·陈子昂《感遇诗三十八首》其二十七）何堪万里外，云海已溟茫。（唐·沈佺期《答魑魅代书寄家人》）洞里有天春寂寂，人间无路月茫茫。（唐·曹唐《仙子洞中有怀刘阮》）

氓máng 流氓，原指无业游民，后指不务正业、为非作歹的人。另见890页méng。

[古]下平，八庚。[逆]流～

哤máng 言杂。

[古]上平，三江。[逆]纷～乱～喧～言～[顺]～聒～杂[例]将归乃徐谓，子言得无哤。（唐·韩愈《病中赠张十八》）

邙máng 山名。

[古]下平，七阳。[逆]北～嵩～[顺]～风～山[例]羲和趁日沉西海，鬼伯驱人葬北邙。（唐·白居易《二月五日花下作》）

[典]**北邙** 在洛阳东北，汉魏以来，王侯公卿等多葬于此。后泛指墓地，也常咏叹死亡。亦作"北邙山""邙山"。《后汉书·桓帝邓皇后纪》："诏废后，送暴室，以忧死。立七年，葬于北邙。"

今岁节唯南至在，旧交坟向北邙新。（唐·司空图《旅中重阳》）

硭máng 硭硝的硭。

[顺]～硝

囊náng ①口袋。②像口袋的东西。③用口袋装。

[古]下平，七阳。[逆]豹～怆～撮～盗～缝～浮～府～腹～怀～宦～藿～笈～缣～谏～绛～金～镜～疽～决～客～括～练～猎～漉～佩～缥～瓢～破～悭～戕～琴～青～罄～阮～诗～束～缩～贪～脱～奚～缃～泻～偃～银～隐～萤～颖～油～迂～萸～辄～珠～装～赀～资～辎～锥处～紫～[顺]～被～楮～底～风～赍～槛～空～笼～漉～米～莫～箧～琴～涩～沙～矢～书～筲～土～吞～橐～虚～衣～萤～载～贮～装～辎[例]千年魑魅逢华表，九日茱萸作佩囊。（唐·李颀《杂兴》）试吟青玉案，莫羡紫罗囊。（唐·杜甫《又示宗武》）远兴生斑鬓，高情寄缥囊。（唐·独孤及《奉和中书常舍人晚秋集贤院即事寄赠徐薛二侍御》）

[典]**翠囊** 指盛萤的绿色绢囊。见123页"萤雪"。

误我残编，翠囊空叹梦无准。（宋·王沂孙《齐天乐·碧痕初化池塘草》）

缝囊 三国时，魏方曾大做布囊，欲以之盛沙塞江南渡，后常用以指异想天开、不切实际的想法与做法。《三国志·吴书·步骘传》："骘前后荐达屈滞，救解患难，书数十上。"裴松之注引《吴录》云："骘表言曰：'北降人王潜等说，此相部伍，图以东向，多做布囊，欲以盛沙塞江，以大向荆州。夫备不豫设，难以应卒，宜为之防。'权曰：'此曹衰弱，何能有图？必不敢来。若不如孤言，当以牛千头，为君作主人。'后有吕范、诸葛恪为说骘所言，云：'每读步骘表，辄失笑。此江与开辟俱生，宁有可以沙囊塞理也！'"

魏帝缝囊真戏剧，苻坚投箠更荒唐。（唐·杜牧《西江怀古》）

青囊 古代卜筮人盛书的布袋，后亦借喻卜筮之术。《晋书·郭璞传》："有郭公者，客居河东，精于卜筮，璞从之受业。公以青囊中书九卷与之，由是遂洞五行、天文、卜筮之术。"

早岁爱丹经，留心向青囊。（唐·岑参《上嘉州青衣山中峰》）

诗囊 指装诗稿的袋子，后常用以喻指诗句众多或诗句优美动人。亦作"奚囊""秀句盈囊""一囊诗稿""锦囊佳句""佳句贮锦囊"。唐·李商隐《樊南文集》卷八《李贺小传》："每旦日出，与诸公游，未尝得题然后为诗如他人思量牵合以及程限为意。恒从小奚奴，骑距驴，背一古破锦囊，遇有所得，即书投囊中。及暮归，太夫人使婢受囊出之，见所书多，辄曰：'是儿要当呕出心乃已尔。'"

沧海无穷月无尽，从今收拾入诗囊。（宋·方信孺《金牛山》）

绣囊 锦绣口袋，比喻知识丰富、文采绚烂的人。唐·李冗《独异志》："《武陵记》曰：后汉马融勤学，梦见一林，花如绣锦，梦中摘此花食之。及寤，见天下文词，无所不知，时人号为'绣囊'。"

颖囊 指锥芒全部脱出，后以此形容才能得以显露施展；或反其意指不得机遇难显才干。亦作"颖脱""锥在囊""囊透锥""囊中锥""锥出囊中""锥处囊中"。战国时期，赵国平原君的门客毛遂主动自荐随同平原君前去与楚王谈判，平原君见他平时没有名气，说："夫贤士之处世也，譬若锥之处囊中，其末立见。"毛遂曰："臣乃今日请处囊中耳。使遂蚤得处囊中，乃颖脱而出，非特其末见而已。"见《史记·平原君虞卿列传》。

明时公道还堪信，莫遣锥锋久在囊。（唐·李咸用《赠陈望尧》）

皂囊 汉制群臣上章表，如事涉秘密，则封以皂囊。后因以借指谏辞。《后汉书·蔡邕传》："以邕经学深奥，故密特稽问，宜披露失得，指陈政要，勿有依违，自生疑讳。具对经术，以皂囊封上。"

谏书平日皂囊中，朝路争看一马骢。（宋·王安石《送沈兴宗察院出使湖南》）

智囊 喻指足智多谋之人。亦作"樗里智囊"。《史记·樗里子列传》："樗里子者，名疾，秦惠王之弟也，与惠王异母。母，韩女也。樗里子滑稽多智，秦人号曰'智囊'。"

举国无人分智囊，满川龙血战玄黄。（宋·王阮《九日有感一首》）

臭皮囊 旧时佛教以为人体中藏有涕、痰、粪、尿等污物，故用以指人的躯壳。亦作"臭皮袋"。《四十二章经》第二十四章："天神献玉女于佛，欲以试佛意、观佛道。佛言：革囊众秽，尔来何为？以可斯俗，难动六通。去！吾不用尔。天神踰敬佛，因问道意。佛为解释，即得须陀洹。”

一点如如至性，扑入臭皮囊。（元·丘处机《六么令·浑沦朴散》）

臂上萸囊 重阳节的风俗习惯，后常用来代指重阳节，亦指躲避灾祸。南朝·梁吴均《续齐谐记》：“九月九日汝家当有灾，宜急去，令家人各作绛囊，盛茱萸以系臂，登高饮菊花酒，此祸可除。”

臂上萸囊悬已满。杯中菊蕊浮无限。（宋·洪皓《渔家傲·臂上萸囊悬已满》）

锦袜罗囊 本指杨贵妃死后穿戴及包裹之物，后多用以指物是人非的感慨或咏叹杨贵妃之死。宋·乐史《杨太真外传》：“上皇密令中官潜移葬之于他所。妃之初瘗，以紫褥裹之。及移葬，肌肤已涣释矣，胸前犹有锦香囊在焉。中官葬毕以献，上皇置之怀袖。又令画工写妃形于别殿，朝夕视之而歔欷焉。”

锦袜罗囊，犹瘗当年驿路旁。（宋·李纲《减字木兰花·华清赐浴》）

娘（*孃）niáng ①少女，年轻女子。②母亲。③已婚妇女的通称。④称长一辈或年纪大的妇女。

㊀下平，七阳。㊁楚～船～胆～丁～禾～花～贾～驾～九～酒～蛮～倩～秦～秋～韶～耍～苏～泰～谈～甜～韦～卫～倭～吴～细～萧～谢～窈～隐～贞～珠～㊂～母～行～子㊃急挥舞破催飞燕，慢逐歌词弄小娘。（唐·元稹《筝》）愁生垂白叟，恼杀蹋青娘。（唐·白居易《酬郑侍御多雨春空过诗三十韵》）奔觥槌鼓助声势，眼底不顾纤腰娘。（唐·杜牧《大雨行》）

㊄**卫娘** 卫子夫入宫前是平阳公主府上的歌女，后世因此常用作歌女、美女的代称。见168页“子夫入侍”。

漏催水咽玉蟾蜍，卫娘发薄不胜梳。（唐·李贺《浩歌》）

谢娘[1] 本指东晋谢奕的女儿、王凝之的妻子谢道蕴。因其富有才名，后世常用作才女的代称。见447页“飞絮”、275页“谢娘解围”。

承颜陆郎去，携手谢娘归。（唐·韩翃《送李舍人携家归江东觐省》）

谢娘[2] 唐宰相李德裕家谢秋娘为名歌伎，后因以“谢娘”泛指歌伎。

谢娘休漫逞风姿，未必娉婷胜柳枝。（唐·罗虬《比红儿诗》其六十六）

马头娘 指蚕神。亦作“马头神”“马娘娘”“马明菩萨”“蚕花娘娘”“蚕姑”“蚕花老太”。《山海经·海外北经》：“欧丝之野在大踵东，一女子跪据树欧丝。”郭璞注：“言啖桑而吐丝，盖蚕类也。”杨慎补注：“世传丝神为女子，谓之马头娘。”

艰难衣食在农桑，年年拜祭马头娘。（清·郑任钥《春蚕词》）

雪衣娘 代指白鹦鹉。《事文类聚》后集卷四十三引唐·郑处诲《明皇杂录》：“开元中，岭南献白鹦鹉，养之宫中。岁久颇聪慧，洞晓言词。上及贵妃皆呼‘雪衣女’。……上每与贵妃及诸王博戏，上稍不胜，左右呼‘雪衣娘’，必飞入局中鼓舞，以乱其行列，或啄嫔御及诸王手，使不能争道。”

西邸阿环方病齿，金笼分赐雪衣娘。（元·杨维桢《宫词十二首》其四）

鸟爪侍娘 形容女子手指长而纤细。见844页“麻姑抓痒”。

羽衣使者峭于鹤，鸟爪侍娘飘若花。（唐·赵嘏《赠王先生》）

旁páng ①广泛，普遍。②旁边。③其他。④不正。⑤汉字的偏旁。

㊀《广韵》：平声，唐韵。㊁阿～边～从～光～海～剧～牛～旁～歧～四～无～岩～倚～㊂～爱～辟～薄～礴～参～畅～朝～嘲～跌～孚～格～谷～贯～光～合～皇～遑～祸～稽～激～寄～浃～救～聚～睐～戾～录～罗～靡～民～明～挠～睨～孽～畔～魄～其～骑～洽～射～生～省～视～收～搜～唐～剔～眺～委～忤～迕～骛～狎～嚣～行～雪～溢～游～喻～泽～瞻～磔～枝～烛～瞩～转～资～谘～诹～尊～佐～座㊃哀彼远征人，去家死路旁。（唐·杜甫《又上后园山脚》）濶日绝壁出，漾舟清光旁。（唐·杜甫《望岳》）何时诏此金钱会，暂醉佳人锦瑟旁。（唐·杜甫《曲江对雨》）

㊄**思旷旁** 指德行高超之人，凡夫俗子不敢高攀。亦作“争敢来近思旷旁”。《晋书·阮籍传》：“裕字思旷。宏达不及（阮）放，而以德业知名。……刘惔叹曰：‘我入东，正当泊安石渚下耳，不敢复近思旷旁。’”

我依争敢，来近思旷之旁。（宋·刘克庄《汉宫春·此老先生》）

傍 páng 同“旁”。另见845页bàng。

㊀下平，七阳。㊁车～道～路～偏～岐～㊂～薄～通㊃鸣珂屡度章台侧，细蹀经向濯龙傍。（唐·杨师道《咏马》）长戟今何在，孤坟此路傍。（唐·李隆基《过王濬墓》）愁人不寐畏枕席，暗虫唧唧绕我傍。（唐·张籍《秋夜长》）

龙páng 多毛犬。

㊀上平，三江。㊁村～吠～惊～乱～蒙～小～㊂～诡～降～眉～民～奇～然㊃赑屃左顾龟，狺狺欲吠龙。（唐·无名氏《纪游东观山（山在桂林府城外三里）》）

庞（龐、*庬）páng ①高屋。后泛指高大。②多而杂乱。③脸盘。

㊀上平，三江。㊁纯～淳～敦～纷～丰～鸿～居～俊～骏～眉～耆～穷～腮～孙～赘～㊂～驳～博～诞～道～公～洪～鸿～厚～厘～眉～庞～然～言～豫～赜㊃成龙须讲郡，展骥莫先庞。（唐·张祜《投常州从兄中丞》）路人争得识，空仰鬓眉庞。（唐·贯休《送庐山衲僧》）嘉遁有真隐，不羡鹿门庞。（宋·刘学箕《水调歌头·三载役京口》）

㊄**穷庞** 指智穷计绝之人。见826页“斫树收庞”。

回军与角逐，斫树收穷庞。（唐·韩愈《病中赠张十八》）

床下拜庞 本指诸葛亮造访庞德公时恭敬地在床边躬身拜望的情景，后世用以指景仰贤才，也形容关系融洽、密切。亦作“床下拜老庞”。《三国志·蜀书·庞统传》裴松之注引《襄阳记》曰：“诸葛孔明为卧龙，庞士元为凤雏，司马德操为水镜，皆庞德公语也。德公，襄阳人。孔明每至其家，独拜床下，德公初不令止。”

今日江东无贺老，去年床下拜庞公。（宋·吕祖谦《苏仁仲计议挽

章二首》其二）

斫树收庞 形容将帅计谋高妙，智略过人，克敌制胜。亦作"穷庞""庞涓怯孙膑"。《史记·孙子吴起列传》："孙子度其行，暮当至马陵。马陵道陕（狭），而旁多阻隘，可伏兵，乃斫大树白而书之曰'庞涓死于此树之下'。于是令齐军善射者万弩，夹道而伏，期曰'暮见火举而俱发'。庞涓果夜至斫木下，见白书，乃钻火烛之。读其书未毕，齐军万弩俱发，魏军大乱相失。庞涓自知智穷兵败，乃自刭，曰：'遂成竖子之名！'"

抱珍献楚何堪再，斫树收庞亦未迟。（明·刘基《病足戏呈石末公》）

彷（*徬）páng 彷徨、彷徉的彷。另见837页fǎng"仿"。

㊀下平，七阳。㊁～徨～佯～徉～洋

磅páng 磅礴的磅。另见846页bàng。

㊀下平，七阳。㊂砰～㊁～礴～唐～磄

螃páng 螃蟹的螃。

㊀下平，七阳。㊁～蜞～蟹

膀páng 膀胱的膀。另见796页pāng、836页bǎng。

㊀下平，七阳。㊁～胱

雱páng 雨雪盛貌。

㊀下平，七阳。㊂雱～

强（*強、彊）qiáng 另见840页qiǎng、849页jiàng。

㊀下平，七阳。㊂拗～保～逼～毕～辟～别～伯～炽～粗～挫～党～斗～发～丰～葛～梗～贵～横～怙～怀～狡～矫～矜～谨～寖～崛～康～亢～夸～戾～蛮～明～冥～迫～启～亲～轻～清～讪～权～仁～擅～恃～舌～盛～索～贪～挽～黠～贤～相～凶～衙～养～业～倚～殷～禺～治～质～众～㊁～白～半～笔～伯～察～车～臣～乘～炽～鉏～道～德～地～断～藩～非～奋～辅～根～梗～鲠～犷～聒～果～憨～佷～厚～扈～猾～怀～忌～济～僭～狡～劫～俊～楷～伉～老～立～良～梁～虏～膂～迈～名～明～钳～亲～如～识～仕～寿～死～岁～慝～文～梧～悟～阋～黠～形～衙～阳～執～圉～援～贞～正～政～植～志～鸷～宗㊃男儿行处是，客子斗身强。（唐·杜甫《寄彭州高三十五使君適虢州岑二十七长史》）儿扶犹杖策，卧病一秋强。（唐·杜甫《别常征君》）疏懒吾成性，才华尔自强。（唐·严维《送舍弟》）

㊄**吾意差强** 本指还算能振奋人的意志，后常用来指尚能使人满意。亦作"差强人意"。《后汉书·吴汉传》："汉性强力，每从征伐，帝未安，恒侧足而立。……帝时遣人观大司马何为，还言方修战攻之具，乃叹曰：'吴公差强人意，隐若一敌国矣。'"

眼中犹有公在，吾意亦差强。（宋·方岳《水调歌头·明日又重午》）

冶子田强 指勇猛且崇尚义气之人。《晏子春秋·内篇·谏下》："公孙接、田开强、古冶子事景公，以勇力搏虎……因请公使人少馈之二桃，曰：'三子何不计功而食桃？'……公孙接、田开强曰：'吾勇不子若，功不子逮，取桃不让，是贪也；然而不死，无勇也。'皆反其桃，挈领而死。古冶子曰：'二子死之，冶独生之，不仁；耻人以言，而夸其声，不义；恨乎所行，不死，无勇。虽然，二子同桃而节，冶专其桃而宜。'亦反其桃，挈领而死。"

且吟梁甫，谁管他、冶子田强。（宋·刘克庄《汉宫春·此老先生》）

墙（墻、*牆）qiáng

㊀下平，七阳。㊂韡～雕～东～边～粉～粪～扶～负～夔～挂～红～花～画～棘～葭～肩～窥～蛎～连～缭～漫～排～骞～山～蜃～诗～松～颓～西～夹～阋～萧～循～严～腰～驿～营～游～逾～圜～月～栅～毡～照～治～竹～㊁～岸～茨～藩～合～花～进～匡～篱～立～靡～屏～铺～仞～隈～腰～衣～阴～墉～宇～垣㊃故人惊逝水，寒雀噪空墙。（唐·韦应物《同李二过亡友郑子故第》）千峰带积雪，百里临城墙。（唐·岑参《陪狄员外早秋登府西楼因呈院中诸公》）东郊瘦马使我伤，骨骼硉兀如堵墙。（唐·杜甫《瘦马行（一作老马）》）

㊄**东墙** 亦作"宋玉墙""登墙"。见975页"窥宋"。

谢圣主恩波浩荡，却将个宋玉东墙，错猜做神女高唐。（明·王骥德《男王后》第二折）

循墙 指沿墙而走，孔子祖先正考父以之形容自己谦恭的姿态，后世常用以比喻恭谨谦卑。《左传·昭公七年》："及正考父佐戴、武、宣，三命兹益共。故其鼎铭云：'一命而偻，再命而伛，三命而俯。循墙而走，亦莫余敢侮。'"唐·成玄英《庄子注疏·列御寇》："伛曲循墙，并敬容极恭，卑退若此，谁敢将不轨之事而侮之也！"

夫子墙 本是子贡赞赏孔子学问道德极高之语，后世常用以比喻人的品德学识高不可攀。亦借指高墙。亦作"丘墙""数仞墙""及肩之墙"。《论语·子张》："叔孙武叔语大夫于朝曰：'子贡贤于仲尼。'子服景伯以告子贡，子贡曰：'譬之宫墙，赐之墙也及肩，窥见室家之好。夫子之墙数仞，不得其门而入，不见宗庙之美，百官之富。得其门者或寡矣，夫子之云，不亦宜乎！'"

重花不隔陈蕃榻，修竹能深夫子墙。（唐·钱起《寻司勋李郎中不遇》）

祸起萧墙 祸端发生在门屏之内，比喻祸患发生在内部。《论语·季氏》："季氏将伐颛臾。……孔子曰：'求！君子疾夫舍曰欲之而必为之辞。……今由与求也，相夫子，远人不服，而不能来也；邦分崩离析，而不能守也；而谋动干戈于邦内。吾恐季孙之忧，不在颛臾，而在萧墙之内也。'"

不知祸起萧墙内，虚筑防胡万里城。（唐·胡曾《咏史诗·长城》）

及肩之墙 亦作"赐墙"。见本页"夫子墙"。

方挥却日戈，耻窥及肩墙。（宋·陆游《喜郑唐老相过》）

立马窥墙 见480页"马上墙头"。

更唤得，月来香杀月。谁立马，更窥墙。（宋·辛弃疾《最高楼·花好处》）

五子恨雕墙 代指忠臣对帝王的劝谏。《书·五子之歌》："太康尸位，以逸豫，灭厥德……厥弟五人，御其母以从，徯于洛之汭，五子咸怨，述大禹之戒以作歌。……其二曰：'训有之：内作色荒，外作禽荒。甘酒嗜音，峻宇雕墙。有一于此，未或不亡。'"

丰蔀仲尼明演易，作歌五子恨雕墙。（唐·徐夤《客厅》）

樯（檣、*艢）qiáng　船桅。

古下平，七阳。逆帆～风～海～画～回～连～蛮～篷～起～去～危～桅～牙～云～顺～帆～竿～乌例草没栖洲鹭，天连映浦樯。（唐·耿沣《津亭有怀》）风波隐隐石苍苍，送客灵鸦拂去樯。（唐·徐凝《过马当》）塞接西山雪，桥维万里樯。（唐·杜牧《奉和门下相公送西川相公兼领相印出镇全蜀》）

嫱（嬙）qiáng　①古代宫廷女官。②女子人名用字。

古下平，七阳。逆毛～嫔～施～王～妖～媵～顺～施～媛例任道骄奢必败亡，且将繁盛悦嫔嫱。（唐·韩偓《北齐二首》其一）

典**毛嫱**　古代美女名，诗词中常用以咏美女，也借以咏花。亦作"毛啬"。《庄子·齐物论》："毛嫱、丽姬，人之所美也。鱼见之深入，鸟见之高飞，麋鹿见之决骤。"

终嫌独好，任毛嫱、西子差肩。（宋·陈景沂《新荷叶·艳态还幽》）

蔷（薔）qiáng　蔷薇的蔷。

古下平，七阳。逆东～红～顺～薇

攘ráng　攘夺、攘除的攘。另见840页rǎng。

古上声，二十二养。逆寇～攘～外～磔～顺～服～灾～择～磔例愤懑胸须豁，交加臂莫攘。（唐·白居易《渭村退居》）僭侈彤襜乱，喧呼绣鬓攘。（唐·韦庄《和郑拾遗秋日感事一百韵》）昨夜月明，应照芙蓉帐。空凝望。蜂劳蝶攘。（宋·毛滂《点绛唇·小院重帘》）

典**磔攘**　"攘"通"禳"，见本页"磔禳"。

磔攘毕春气，长赢换新绿。（宋·吴汝壹《酬玉汝》）

六凿相攘　指感官心灵受世事干扰影响。《庄子·外物》："目彻为明，耳彻为聪，鼻彻为颤，口彻为甘，心彻为知，知彻为德。……胞有重阆，心有天游。室无空虚，则妇姑勃溪，心无天游，则六凿相攘。大林丘山之善于人也，亦神者不胜。"成玄英疏："凿，孔也。攘，逆也。自然之道，不游其心。"

心无天游室不空，六凿相攘妇争席。（宋·苏轼《送蹇道士归庐山》）

瓤ráng　①瓜果皮内的肉。②泛指某些皮或壳里包着的东西。

古下平，七阳。逆丹～秋秸～松～桃～王～雪～顺～口～腴例紫罗裁衬壳，白玉裹填瓤。（唐·白居易《题郡中荔枝诗十八韵兼寄万州杨八使君》）独自收櫧叶，教童探柏瓤。（唐·贯休《桐江闲居作十二首》其四）

勷ráng　劻勷，急迫貌。

古下平，七阳。逆寇～匡～劻～狂～赞～顺～理例乐天无怨叹，倚命不劻勷。（唐·白居易《渭村退居》）

禳ráng　①祭名。②消除。

古下平，七阳。逆保～祷～祓～符～禬～侯～醮～解～弭～面～傩～祈～祛～消～修～厌～医～禜～雩～磔～顺～避～禜～除～祷～禬～祭～解～田～谢～星～厌～灾例福为深仁集，妖从盛德禳。（唐·柳宗元《弘农公》）已望东溟祷，仍封北户禳。（唐·白居易《酬郑侍御多雨春空过诗三十韵》）汉代中微亦再昌，忠臣忧国冀修禳。（唐·周昙《前汉门·夏贺良》）

典**磔禳**　指分裂牲体祭神以除不祥。亦作"磔攘"。《吕氏春秋·季春》："国人傩，九门磔禳，以毕春气。"高诱注："命国人傩，索宫中区隅幽暗之处，击鼓大呼，驱逐不祥，如今之正岁逐除是也。九门，三方九门也。嫌非王气所在，故磔犬羊以禳木气尽之，故曰以毕春气也。"

吁嗟雕兮不改行，收汝族兮磔以禳。（元·杨维桢《警雕》）

穰ráng　①繁盛，众多。②通"禳"，祈祷。

古下平，七阳。又：上声，二十二养，同。逆不～稠～大～繁～丰～福～富～浩～饥～金～农～穰～扰～柔～桑～黍～松～岁～穷～熙～凶～治～种～顺～川～俭～岁～子例七德九功咸已畅，明灵降福具穰穰。（唐·魏征《五郊乐章·舒和》）穑力嫌身病，农心愿岁穰。（唐·白居易《渭村退居》）黄云催熟，黄童老叟庆金穰。（宋·叶路钤《水调歌头·天启黄旗运》）

瀼ráng　露水多的样子。另见852页ràng。

古下平，七阳。逆零～顺～瀼例夜灯银耿耿，晓露玉瀼瀼。（唐·韦庄《和郑拾遗秋日感事一百韵》）

堂táng

古下平，七阳。逆柏～碑～碧～避～壁～禅～成～充～春～除～垂～辞～雌～雕～法～梵～丰～弗～福～歌～构～桂～合～烘～黉～华～槐～皇～黄～跻～浃～阶～静～扃～肯～孔～兰～离～廉～凉～龙～露～鲁～律～庙～明～暖～瓢～琴～寝～青～清～秋～沙～山～射～深～授～松～帷～西～溪～禊～霞～心～虚～轩～萱～玄～雪～衙～岩～燕～养～瑶～野～吟～膺～影～幽～雨～玉～辕～月～云～斋～毡～鳣～真～重～周～朱～竹～装～顺～奥～榜～陛～扁～除～对～防～房～封～幅～斧～构～花～皇～帘～联～廉～密～戺～涂～庑～溪～序～萱～筵～颜～斋～轴～属例冬夜夜寒觉夜长，沉吟久坐坐北堂。（唐·李白《夜坐吟》）何人此时不得意，意苦弦悲闻客堂。（唐·皎然《风入松歌》）自然君归晚，花落君空堂。（唐·鲍溶《蔡氏五弄·秋思三首》其一）

典**北堂**　古为母亲所居处，后因以为母亲或母亲居处的代称。亦作"萱堂"。《诗经·卫风·伯兮》："焉得谖草，言树之背。"毛氏传："背，北堂也。"

横桂枝于西第，绕菱花于北堂。（唐·卢照邻《明月引》）

弗堂　喻指儿子不能继承父业。《书·大诰》："王曰：'若昔朕其逝，朕言艰，日思：若考作室，既底法，厥子乃弗肯堂，矧肯构？厥父菑，厥子乃弗肯播，矧肯获？'"

郡人议叶来胥宇，兄子才高肯弗堂。（宋·刘克庄《题丁给事祠堂》）

画堂　汉成帝刘骜降生于汉宫画堂之中，后世因用以指皇子的出生。《汉书·元后传》:"(王政君)得御幸,有身。先是者,太子后宫娣妾以十数,御幸久者七八年,莫有子,及王妃一幸而有身。甘露三年,生成帝于甲馆画堂,为世適皇孙。宣帝爱之,自名曰骜,字太孙,常置左右。"

金环如有验,还向画堂生。(唐·王维《恭懿太子挽歌五首》其五)

黄堂 古时太守衙中的正堂,后因以代称太守。《后汉书·郭丹传》:"建武二年,遂潜逃去,敝衣间行,涉历险阻,求谒更始妻子,奉还节传,因归乡里。太守杜诗请为功曹,丹荐乡人长者自代而去。诗乃叹曰:'昔明王兴化,卿士让位,今功曹推贤,可谓至德。敕以丹事编署黄堂,以为后法。'"

伤心独有黄堂客,几度临风咏蓼莪。(唐·牟融《邵公母》)

琴堂 鼓琴之堂,后用以代指县衙,也用以称美县令的德政。《吕氏春秋·察贤》:"宓子贱治单父,弹鸣琴,身不下堂而单父治。"。

音容想在眼,暂若升琴堂。(唐·刘长卿《出丰县界寄韩明府》)

玉堂 苏轼曾任翰林学士,贬官广东时有诗自称"玉堂仙",后人因用"玉堂"咏苏轼。苏轼《舟行至清远县见顾秀才极谈惠州风物之美》:"到处聚观香案吏,此邦宜着玉堂仙。江云漠漠桂花湿,梅雨翛翛荔子然。"

半闲堂 本指南宋奸相贾似道园林中堂名,后用以比喻高官权贵奢华享乐的居所,也借指贾似道或泛指奸臣。亦作"蟋蟀堂"。见《宋史·贾似道传》。

尽逐元丰旧党人,半闲堂里烟尘起。(清·吴绮《青山下望黄将军墓道》)

不下堂[1] 本指妇人不出堂屋,后常用以指共患难的结发妻子不能抛弃。《东观汉记·宋弘传》:"时上姊胡阳公主新寡,上与共论朝臣,微观其意。……弘曰:'臣闻贫贱之交不可忘,糟糠之妻不下堂。'"

妇人由来不下堂,侧身西望涕沾裳。(元·陈秀民《送远曲》)

不下堂[2] 见本页"琴堂"。

遗老应相贺,知君不下堂。(唐·戴叔伦《送汶水王明府》)

审雨堂 比喻虚幻不实之事。《太平广记》卷四七四引《穷神秘苑》:"汾以三友俱入,见数十人各年二十余,立于大屋之中,其额号曰'审雨堂'。……忽闻大风至,审雨堂梁倾折,一时奔散。汾与三友俱走,乃醒。既见庭中古槐,风折大枝,连根而堕,因把火照所折之处,一大蚁穴,三四蝼蛄,一二蚯蚓,俱死于穴中。"

邯郸枕上占炊黍,审雨堂中慰望霓。(宋·赵希逢《和题泽民庙》)

偃月堂 唐李林甫常在居所之偃月堂内谋划陷害大臣,后因用以比喻权臣嫉害忠良之所。见唐·郑棨《开天传信记》。

战鼙非起自渔阳,到冠皆由偃月堂。(宋·刘克庄《书事十首》其二)

贝阙龙堂 指水神的宫殿。《楚辞·九歌·河伯》:"鱼鳞屋兮龙堂,紫贝阙兮珠宫。"王逸注:"言河伯所居,以鱼鳞盖屋,堂画蛟龙之文,紫贝作阙,朱丹其宫,形容异制,甚鲜好也。"

龙堂负贝阙,阴火春波热。(明·杨基《沧浪波》)

杜老草堂 杜甫在成都寓居时所居之地,后常用来指贫苦而自得的隐居生活。《旧唐书·杜甫传》:"上元二年冬,黄门侍郎、郑国公严武镇成都,奏为节度参谋、检校尚书工部员外郎,赐绯鱼袋。……甫于成都浣花里种竹植树,结庐枕江,纵酒啸咏,与田夫野老相狎荡,无拘检。"

卢仝茅屋面桃李,杜老草堂依柳梅。(宋·徐似道《竹枝》)

膛 táng
①胸腔。②器物的中空部分。

逆 脸～炉～胸～眼～ 顺 ～音

塘 táng
古 下平,七阳。逆 坳～陂～春～方～官～归～海～寒～捍海～荷～横～回～金～瞿～雷～蛎～莲～林～菱～柳～钱～青～山～石～霜～新～瑶～野～银～栅～椎～ 顺 ～岸～坳～坝～池～埭～火～泥～埝～堰～卒 例 苗深全覆陇,荷上半侵塘。(唐·卢照邻《初夏日幽庄》)朝鸣集银树,暝宿下金塘。(唐·刘希夷《饯李秀才赴举》)含愁复含笑,回首问横塘。(唐·温庭筠《江南曲》)

典 **雷塘** 隋炀帝死后埋葬在扬州的雷塘,后常用以代指隋炀帝的墓地。亦作"雷塘葬"。《隋书·炀帝纪下》:"上崩于温室,时年五十。萧后令宫人撤床箦为棺以埋之……大唐平江南之后,改葬雷塘。"

君王忍把平陈业,只博雷塘数亩田。(唐·罗隐《炀帝陵》)

习家塘 见151页"高阳池"。

逢君立五马,应醉习家塘。(唐·李颀《送皇甫曾游襄阳山水兼谒韦太守》)

谢家池塘 形容春天的光景,描写池塘或春草。也用来指代优美的诗句或非凡的诗才。亦作"春草池塘""梦草池塘""芳草池塘""阿连梦春草""梦中芳草"。南朝宋·谢灵运《登池上楼》:"初景革绪风,新阳改故阴。池塘生春草,园柳变鸣禽。"南朝梁·钟嵘《诗品》卷中引《谢氏家录》:"康乐每对惠连,辄得佳语。后在永嘉西堂,思诗竟日不就,寤寐间忽见惠连,即成'池塘生春草',故尝云:'此语有神助,非我语也。'"

一夜韶姿着水光,谢家春草满池塘。(唐·皮日休《闻鲁望游颜家林园病中有寄》)

糖(*餹)táng
古 下平,七阳。逆 蜂～桂～猊～兽～霜～饧～飨～詹～ 顺 ～房～浆～食～霜～蟹 例 燕不下口内涎,餂不着鼻凹糖。(《点绛唇·子弟收心》)

唐 táng
①大,广大。②空,虚空。③古代庭院中或宗庙门内的大路。④副词,突然,白白地。⑤朝代名。

古 下平,七阳。逆 白～磅～避～苍～堤～帝～放～高～歌～浩～横～荒～巨～马～美～明～南～旁～钱～青～三～四～陶～庭～羲～咸～行～轩～炎～虞～詹～ 顺 ～陂～碧～棣～风～贡～花～窖～巾～举～捐～猊～年～圃～丧～书～鼠～肆～体～文～许～尧～夷～音～殷～虞～园～中～子 例 旧官宁改汉,淳俗本归唐。(唐·杜甫《寄彭州高三十五使君适虢州岑二十七长史》)还希驻辇问,莫自叹冯

唐。（唐·权德舆《和职方殷郎中留滞江汉初至南宫呈诸公并见寄》）神仙有无何渺茫，桃源之说诚荒唐。（唐·韩愈《桃源图》）

典**冯唐** 汉代贤臣，常年不被重用。喻指年老不遇。亦作"老郎"。《史记·冯唐传》："唐以孝著，为中郎署长，事文帝。文帝辇过，问唐曰：'父老何自为郎？家安在？'唐具以实对。……是日令唐持节赦魏尚，复以为云中守，而拜唐为车骑都尉，主中尉及郡国车士。七年，景帝立，以唐为楚相，免。武帝立，求贤良，举冯唐。唐时年九十余，不能复为官，乃以唐子冯遂为郎。"

扬子解嘲徒自遣，冯唐已老复何论。（唐·王维《重酬苑郎中》）

高唐 战国时楚台观名。见441页"云雨"。

乱猿啼处访高唐，路入烟霞草木香。（唐·韦庄《谒巫山庙》）

陶唐 即帝尧，因曾封于陶与唐号陶唐氏，后世常用来代指贤君或借指圣明之世。《书·五子之歌》："惟彼陶唐，有此冀方。"孔安国传："陶唐，帝尧氏，都冀州，统天下四方。"

备知轻济道，高卧陶唐时。（唐·王维《送高适弟耽归临淮作》）

持节冯唐 代指获得赦免或受重用。亦作"云中遣冯唐"。见493页"云中上功守"。

问持节冯唐几时来，看再策勋名，印窠如斗。（宋·黄庭坚《洞仙歌·月中丹桂》）

云散高唐 指恋人离散或欢恋中断，欢乐成空。见441页"云雨"。

佩沈湘浦，云散高唐。（宋·晁冲之《玉蝴蝶·目断江南千里》）

棠táng ①棠树。②古地名。

古下平，七阳。逆爱～棣～雕～发～甘～海～蕙～雒～憩～青～如～棠～野～遗～召～顺～茇～棣～芾～干～户～华～梨～橹～树～颂～棠～铁～溪～阴例川原余让畔，歌吹忆遗棠。（唐·蔡希寂《陕中作》）敬逾齐国社，恩比召南棠。（唐·柳宗元《弘农公》）暂辍清斋出太常，空携诗卷赴甘棠。（唐·刘禹锡《送王司马之陕州》）

典**甘棠** 召伯在甘棠树荫下审理民间诉讼，借指为官清正、遗惠百姓。亦作"召公棠"。《诗经·召南·甘棠》："蔽芾甘棠，勿剪勿伐，召公所茇。蔽芾甘棠，勿剪勿败，召公所憩。蔽芾甘棠，勿剪勿拜，召公所说。"《史记·燕召公世家》："召公之治西方，甚得兆民和。召公巡行乡邑，有棠树，决狱政事其下，自侯伯至庶人各得其所，无失职者。召公卒，而民人思召公之政，怀棠树不敢伐，歌咏之，作《甘棠》之诗。"

古来分陕重，犹有召公棠。（宋·梅尧臣《送祖择之赴陕府》）

谏鱼棠 春秋时臧僖伯曾劝阻鲁隐公赴棠地观捕鱼，后世用以指谏猎。亦作"如棠"。《左传·隐公五年》："春，公将如棠观鱼者，臧僖伯谏曰：'凡物不足以讲大事，其材不足以备器用，则君不举焉。……'公曰：'吾将略地焉。'遂往，陈鱼而观之。僖伯称疾，不从。书曰：'公矢鱼于棠。'非礼也，且言远地也。"

如棠陈鱼观，略地辞实伪。（清·清仁宗颙琰《咏左传·臧僖伯谏观鱼》）

睡海棠 唐玄宗将酒后新起的杨贵妃比作睡未足的海棠，后世因用以描写海棠的娇态或比喻娇美的女子。亦作"海棠春睡""妃棠""唤醒海棠""破睡海棠"。宋·乐史《杨太真外传》："上皇登沉香亭，诏妃子，时卯酒未醒，命侍儿扶掖而至。妃子醉颜残妆，鬓乱钗横，不能再拜。上皇笑曰：'岂是妃子醉，真海棠睡未足耳。'"

看浴酒发春，海棠睡暖，笑波生媚，荔子浆寒。（元·仆散汝弼《风流子·三郎年少客》）

螳táng 螳螂的螳。

古下平，七阳。逆秋～蜩～顺～臂～斧～拒～蜋～轮～怒

螗táng 蝉属。

古下平，七阳。逆斧～蜩～顺～蜩～蛦例世务纷蜩螗，聆之本何益。（清·赵翼《耳聋》）

搪táng ①冲撞，接触。②抵御、抵挡。③支吾，敷衍。④混取，骗得。⑤撑开。⑥均匀地涂抹。

古下平，七阳。逆侈～抵～推～撞～顺～挨～撑～击～拒～塞～突～撞例蛟穿崖破碎，鲸蹴浪撞搪。（元·张翥《寄题顾仲瑛玉山诗一百韵》）

饧（餳）táng 又读。另见898页xíng。

溏táng ①水池。②不凝结。

古下平，七阳。逆滂～颓～鹜～顺～泱～泺～泄

糖táng 红色。多指人的脸色。

古《广韵》：平声，唐韵。逆紫～

王wáng 另见855页wàng。

古下平，七阳。逆宝～暴～辟～邠～宾～伯～孱～出～春～迭～独～鄂～法～蕃～梵～废～汾～谷～豪～淮～骄～荆～伉～空～令～卢～蛮～名～宁～僻～偏～勤～让～仁～僧～神～盛～诗～时～衰～思～图～危～显～相～象～鸮～心～兴～雄～玄～医～逸～应～幽～鱼～元～月～哲～钟～竹～尊～顺～豹～笔～宾～柄～伯～臣～德～邸～甸～鼎～都～度～风～封～铁～凫～辅～傅～赋～葛～功～轨～化～虺～迹～基～家～茧～教～节～觐～魁～礼～吏～僚～烈～辂～略～纶～圻～气～阙～瑞～蛇～事～书～税～岁～体～庭～统～涂～鲔～屋～务～闲～宪～徭～业～役～猷～舆～宇～御～宰～载～泽～毡～诛～资～佐例揽涕黄金台，呼天哭昭王。（唐·李白《经乱离后天恩流夜郎》）浑驱大宛马，系取楼兰王。（唐·岑参《武威送刘单判官赴安西行营便呈高开府》）

典**二王** 晋书法家王羲之、王献之父子的合称，后世因用以指代书法高超之人。北齐·颜之推《颜氏家训》卷七《杂艺》："梁氏秘阁散逸以来，吾见二王真草多矣。"赵曦明注："二王，羲之、献之也。"

书札二王争巧拙，篇章七子避风流。（唐·罗隐《寄酬邺王罗令公五首》其一）

轮王 佛家最有势力之王，后常用以代指佛灵。亦作"转轮王""转轮圣王"。《长阿含经》卷一《大本经》："时诸相师即白王言：'王所生子，有三十二相……在家当为转轮圣王，若其出家，当成正觉。十号俱足。'"

果渐轮王族，缘超梵帝家。

（唐·宋之问《游法华寺》）

天王　春秋时吴、楚等诸侯僭称王，因尊称周天子为天王。唐诗中以天王作为对当朝皇帝的敬称。《春秋·隐公元年》："天王使宰咺来归惠公、仲子之赗。"（按：天王指周平王）又《春秋·僖公二十四年》："冬，天王出居于郑。"（按：天王指周襄王）

文轩莺对桃李颜，天王贵宫不贮老。（唐·吴少微《怨歌行》）

文王　商末周部族的领袖，以贤明著称。后世常用以借指礼贤下士的贤君。《史记·周本纪》："西伯曰文王，遵后稷、公刘之业，则古公、公季之法，笃仁，敬老，慈少。礼下贤者，日中不暇食以待士，士以此多归之。"

还笑当时水滨老，衰年八十待文王。（唐·韦嗣立《上巳日祓禊渭滨应制》）

钟王　三国魏钟繇与晋王羲之的合称，借指善于书法之人。《晋书·王羲之传论》："伯英临池之妙，无复余踪；师宜悬帐之奇，罕有遗迹。逮乎钟、王以降，略可言焉。"

先贤草律我草狂，风云阵发愁钟王。（唐·皎然《张伯英草书歌》）

缚楚王　指汉高祖刘邦曾假借巡狩云梦会诸侯，逮捕楚王韩信之事。后常用来咏云梦泽之事。《史记·淮阴侯列传》："人有上书告楚王信反。高帝以陈平计，天子巡狩会诸侯，南方有云梦，发使告诸侯会陈：'吾将游云梦。'实欲袭信，信弗知。……（信）谒高祖于陈。上令武士缚信，载后车。"

日旗龙旆想飘扬，一索功高缚楚王。（唐·杜牧《云梦泽》）

馘名王　名王指匈奴单于中之有大名、多封土者；"馘名王"指馘杀敌人的首领。后世亦泛指屠杀敌人。《诗经·大雅·皇矣》："临冲闲闲，崇墉言言，执讯连连，攸馘安安。"毛氏传："馘，获也。不服者杀而献其左耳曰馘。"

少年有意伏中行。馘名王。扫沙场。（宋·李好古《江城子·平沙浅草接天长》）

殢襄王　殢，滞留。指楚襄王流连于巫山神女荐枕旧梦。见441页"云雨"。

待插一枝归斗帐，和云雨，殢襄王。（宋·邓肃《江城子·酒阑携手过回廊》）

左贤王　匈奴贵族的封号，后世诗词中常用来指称边塞战争中敌方的首领。亦称"左屠耆王"。《史记·匈奴列传》："然至冒顿而匈奴最强大，尽服从北夷，而南与中国为敌国，其世传国官号，乃可得而记云。置左右贤王、左右谷蠡王。……自左右贤王以下至当户，大者万骑，小者数千。"

夜半飞书报建章，交河新驻左贤王。（明·卢楠《云中曲四首》其三）

蝉怨齐王　用以咏蝉，也借以形容后妃或女子的愁怨。晋·崔豹《古今注》卷下《问答释义》："牛享问曰：'蝉名齐女者何也？'答曰：'齐王后忿而死，尸变蝉，登庭树，嘒唳而鸣，王悔恨。故世名蝉曰齐女也。'"

鸟应悲蜀帝，蝉是怨齐王。（唐·李商隐《韩翃舍人即事》）

楚甸供王　楚国曾向周王室进贡菁茅以滤酒。后世用以代指进贡，也用以咏茅。《左传·僖公四年》载桓公伐楚，使管仲责曰："尔贡苞茅不入，王祭不共，无以缩酒，寡人是征。"

楚甸供王日，衡阳入贡年。（唐·李峤《茅》）

蹑足封王　指刘邦封韩信为齐王的故事。《史记·淮阴侯列传》："韩信使者至，发书，汉王大怒。骂曰：'吾困于此，旦暮望若来佐我，乃欲自立为王！'张良、陈平蹑汉王足，因附耳语曰：'汉方不利，宁能禁信之王乎？不如因而立，善遇之，使自为守。不然，变生。'汉王亦悟，因复骂曰：'大丈夫定诸侯，即为真王耳，何以假为！'乃遣张良往立信为齐王，征其兵击楚。"

蹑足封王能早寤，岂恨淮阴食千户。（宋·黄庭坚《韩信》）

黥徒侯王　指黥徒而为王侯之事，后亦用以指身份地位低下或历经磨难而出人头地。亦作"当刑而王"。《史记·黥布传》："黥布者，六人也，姓英氏。秦时为布衣。少年，有客相之曰：'当刑而王。'及壮，坐法黥。布欣然笑曰：'人相我当刑而王，几是乎？'人有闻者，共俳笑之。……项王封诸将，立布为九江王。……四年七月，立布为淮南王。"

干戈暗宇县，黥徒化侯王。（宋·陆游《寓怀》）

唐室五王　代指五兄弟，亦指兄弟之间感情深厚。唐·郑棨《开天传信记》："上（李隆基）于诸王友爱特甚，常思作长枕，与诸王同起卧。诸王有疾，上辄终日不食，终夜不寝，忧形于色。左右或开谕进食，上曰：'弟兄，吾手足也，手足不理，吾身废矣。何暇更思美食安寝耶！'上于东都起五王宅，于上都制'花萼相辉之楼'，盖为诸王为会集宴乐之地。上与诸王靡日不会聚，或讲经义、论理道，间以球猎蒱博。赋诗饮食，欢笑戏谑，未尝怠惰。近古帝王友爱之道，无与比也。"

古来五子伊谁，有唐室、五王称首。（宋·无名氏《剔银灯·古来五子伊谁》）

无地与怀王　本指楚怀王被张仪所骗之事，后世用以指上当受骗。《史记·屈原贾生列传》："齐与楚从亲，惠王患之，乃令张仪详去秦，厚币委质事楚，曰：'秦甚憎齐，齐与楚从亲，楚诚能绝齐，秦愿献商、于之地六百里。'楚怀王贪而信张仪，遂绝齐，使使如秦受地。张仪诈之曰：'仪与王约六里，不闻六百里。'楚使怒去，归告怀王。怀王怒，大兴师伐秦。"

四皓有芝轻汉祖，张仪无地与怀王。（唐·杜牧《题青云馆》）

亡（*亾）wáng　①逃跑。②外出。③丢失，失去。④灭亡。⑤死亡。⑥通"忘"，忘记。

㊀下平，七阳。㊁暴～奔～犇～道～迸～播～逋～畔～残～昌～猖～垂～窜～殚～放～废～覆～梏～牿～乖～横～厚～隳～悔～讳～瘠～熸～荐～偭～陋～乱～偏～澌～送～遂～推～侮～削～偕～星～意～漏～陨～蚤～走～坐～㊂～犴～奔～敝～逋～臣～窜～地～故～过～机～将～荆～酒～绝～考～虏～鹿～民～殁～叛～

畔～破～亲～琴～缺～阙～散～身～室～死～徒～脱～衅～言～阳～佚～簪～征～政～珠～主～走㊥令申兵气倍，威憺虏魂亡。(唐·张九龄《饯王尚书出边》)凭轼讯古今，慨焉感兴亡。(唐·李峤《奉使筑朔方六州城率尔而作》)单于一平荡，种落自奔亡。(唐·李白《出自蓟北门行》)

㊥补亡 本指束皙作六首《补亡诗》之事，亦用来指写诗补缺某事的遗憾。晋·束皙《补亡诗六首序》："皙与同业畴人，肄修乡饮之礼。然所咏之诗，或有意无辞，音乐取节，阙而不备。于是遥想既往，存思在昔，补著其文，以缀旧制。"

笔下成释憾，卷中同补亡。(唐·白居易《洛中偶作》)

追亡 指萧何追回韩信并引荐于刘邦事，后世因用以指爱才、惜才。《史记·淮阴侯列传》："信数与萧何语，何奇之。至南郑，诸将行道亡者数十人，信度何等已数言上，上不我用，即亡。何闻信亡，不及以闻，自追之。……何曰：'臣不敢亡也，臣追亡者。'上曰：'若所追者谁？'何曰：'韩信也。'上复骂曰：'诸将亡者以十数，公无所追；追信，诈也。'何曰：'诸将易得耳。至如信者，国士无双。王必欲长王汉中，无所事信；必欲争天下，非信无所与计事者。顾王策安所决耳。'"

不向追亡羡萧相，却于援死著滕公。(宋·华岳《知遇》)

龚胜亡 指龚胜宁死不事新朝之事，后世亦用以指贤士之死。《汉书·龚胜传》："(王)莽既篡国……莽遣使者即拜胜为讲学祭酒，胜称疾不应征。后二年，莽复遣使者奉玺书、太子师友祭酒印绶，安车驷马迎胜。……至以印绶就加胜身，胜辄推不受。……遂不复开口饮食，积十四日死，死时七十九矣。"

楚国一老人，来嗟龚胜亡。(唐·李白《自溧水道哭王炎三首》其一)

安仁悼亡 见307页"潘岳哀"。

悼亡君有安仁戚，归隐依为老父吟。(宋·杨万里《谢淮东漕虞寿老宝文察院寄诗二首》其二)

人琴俱亡 人和琴都不存在了。伤悼已故亲友之辞。亦作"人琴并绝""人琴寂寞""人琴之感""人琴两亡""子敬与琴亡"。《世说新语·伤逝》："王子猷、子敬俱病笃，而子敬先亡。子猷问左右：'何以都不闻消息？此已丧矣。'语时了不悲，便索舆来奔丧，都不哭。子敬素好琴，便径入坐灵床上，取子敬琴弹。弦既不调，掷地云：'子敬，子敬，人琴俱亡！'因恸绝良久，月余亦卒。"

哀哉人琴俱亡天地覆，有刀有玉谁错砻。(宋·马廷鸾《次韵汤叔逊谢笔墨长句》)

忘wáng

旧读。另见854页wàng。

详(詳)xiáng

㊀下平，七阳。㊁谙～沉～呈～摭～检～精～考～宽～披～曲～趋～善～申～审～舒～顺～讨～通～推～闲～消～徐～淹～原～昭～重～转～谆～准～谘～㊂跛～驳～参～畅～处～殚～当～谛～典～度～夺～覆～贯～衮～华～缓～济～交～决～肯～恳～扣～括～理～丽～亮～料～梦～敏～明～平～洽～切～求～曲～缛～润～赡～省～试～恕～妥～婉～味～悉～晰～闲～宪～刑～雅～延～谳～允～择～正～中～重～准～酌㊥德义动鬼神，鉴用不可详。(唐·张籍《祭退之》)起草偏同视，疑文最共详。(唐·白居易《渭村退居》)闲里工夫，无中妙用，切休拟议参详。(宋·张继先《满庭芳·闲里工夫》)

祥xiáng

㊀下平，七阳。㊁常～逞～除～氛～符～福～龟～狐～禨～嘉～祲～景～咎～忙～美～年～农～祺～庆～善～殊～淑～陨～效～休～血～妖～遗～迎～蜮～远～兆～贞～珍～祯～征～致～钟～众～㊂～哀～编～变～飙～飏～氛～凤～缟～椵～禾～华～晖～荚～金～祲～览～练～麟～流～鸾～轮～蓂～琴～禽～庆～瑞～桑～眚～淑～顺～穟～泰～刑～序～炎～异～应～英～霙～佑～鳣～祯～正～芝～祉㊥履霜成坚冰，知足胜不祥。(唐·王绩《赠梁公》)访道灵山降圣祖，沐浴华池集百祥。(唐·韦应物《骊山行》)牲璧忍衰俗，神其思降祥。(唐·杜甫《望岳》)

㊥王祥 王祥生性笃孝，是著名的孝子，后世用以代指孝子；又因其曾任徐州别驾有善政，遂用以称美别驾。见《晋书·王祥传》。

王祥因就宦，莱子不违亲。(唐·司空曙《送鄂州张别驾襄阳觐省》)

斗储祥 颂扬明君或祝贺君主寿诞的贺辞。见341页"电绕璇枢"。

斗储祥，虹流祉，兆黄虞。(宋·贺铸《天宁乐·斗储祥》)

佳兵不祥 喜好用兵不是一件好事，意指反对随意发动战争。《老子》三一章："夫佳兵者，不祥之器，物或恶之。"清·王念孙《读书杂志·余编上》："佳当作隹，字之误也。隹，古唯字也，唯兵为不祥之器。"

佳兵不祥器，只为名使然。(宋·吴泳《和赵尚书无辩诗》)

翔xiáng

①盘旋而飞。②悠闲自在地行走或游动。③行走时张开双臂。④腾踊。多指物价上涨。⑤通"详"，详细。⑥通"祥"，吉祥。

㊀下平，七阳。㊁安～敖～翱～昌～沉～驰～亶～端～翻～蜚～奋～风～凤～浮～高～徊～回～佪～惊～鹍～龙～鸾～徘～翩～飘～栖～骞～趋～群～上～双～腾～驼～汪～相～翾～淹～羽～远～云～㊂～挨～抱～庳～步～风～贵～鸿～华～回～骧～鸾～起～洽～骞～禽～趋～手～畋～舞～嬉～阳～徉～逸～泳～踊～折～骤～翥～走㊥兴酣鸲鹆舞，言洽凤凰翔。(唐·杜审言《赠崔融二十韵》)岁岁相传指树日，翩翩来伴庆云翔。(唐·张说《舞马千秋万岁乐府词三首》其一)空余愿黄鹤，东顾忆回翔。(唐·马怀素《奉和送金城公主适西蕃应制》)

㊥时情弃仲翔 三国吴人虞翻字仲翔，他因耿直敢谏不随流俗而被贬。后世常用以指官员遭受贬谪。亦作"弃仲翔"。见734页"虞翻骨相屯"。

世议排张挚，时情弃仲翔。(唐·柳宗元《弘农公》)

降xiáng

①投降。②降伏。③悦服，平静。④通"详"，详细。另见

849 页 jiàng。

🅖上平，三江。🅝逼～出～服～归～还～坑～卖～纳～逆～叛～乞～侵～请～入～生～受～逃～望风～文～胁～心～迎～诱～约～招～🅢～北～变～表～城～旛～伏～俘～附～骨～户～集～节～口～款～龙～虏～路～纳～叛～旗～使～书～绥～文～奚～下～帐～帜🅛谁悟此生同寂灭，老禅慧力得心降。（唐·顾况《宿湖边山寺》）当时独宰割，猛志谁能降。（唐·孟郊《和令狐侍郎郭郎中题项羽庙》）胜事他年忆，愁心此夜降。（唐·元稹《泛江玩月十二韵》）

🅓**坑降** 指战争失败、损失惨重，也指对敌人毫不留情、全部歼灭。亦作“白起坑降”“坑赵”。《史记·白起列传》：“至九月，赵卒不得食四十六日，皆内阴相杀食。来攻秦垒，欲出。为四队，四五复之，不能出。其将军赵括出锐卒自搏战，秦军射杀赵括。……武安君计曰：‘前秦已拔上党，上党民不乐为秦而归赵。赵卒反复，非尽杀之，恐为乱。’乃挟诈而尽坑杀之。”

长平戈头土花碧，长平城下坑降卒。（明·袁华《长平戈》）

齐横降 指田横归顺汉王之事。《史记·田儋列传》：“横定齐三年，汉王使郦生往说下齐王广及其相国横。横以为然，解其历下军。”

势侔高阳翁，坐约齐横降。（唐·韩愈《病中赠张十八》）

庠 xiáng 古代学校。

🅖下平，七阳。🅝党～国～鸿～胶～进～儒～入～上～设～文～下～游～虞～在～周～🅢～黉～均～老～门～生～士～塾～校～教～序～学🅛建国宜师古，兴邦属上庠。（唐·李商隐《赠送前刘五经映三十四韵》）紫阏重开序，青衿再设庠。（唐·韦庄《和郑拾遗秋日感事一百韵》）

🅓**虞庠** 指周代的学校名，后世多用以指太学或官学。《礼记·王制》：“有虞氏养国老于上庠，养庶老于下庠。夏后氏养国老于东序，养庶老于西序。……周人养国老于东胶，养庶老于虞庠，虞庠在国之西郊。”郑玄注：“虞庠，亦小学也。……周之小学，为有虞氏之庠制，是以名庠云。”

独有虞庠客，无由拾落蓂。（唐·韩愈《和崔舍人咏月二十韵》）

阳（陽）yáng

🅖下平，七阳。🅝秉～惨～昌～常～初～纯～洞～独～端～二～凤～扶～浮～复～高～隔～毂～河～恒～积～极～建～将～旌～景～闿～亢～炕～孔～昆～灵～龙～隆～鲁～洛～曝～青～倾～清～蓝～散～商～尚～盛～时～首～顺～嵩～随～岁～昙～顽～微～渭～晞～羲～鲜～显～翔～浔～伊～倚～迎～幽～悠～渔～玉～燠～载～昭～正～仲～众～朱～🅢～飙～濒～冰～波～彩～察～黾～辰～吹～道～德～甸～冻～方～浮～复～戈～公～谷～馆～国～旱～熿～和～侯～华～晖～卉～会～疾～纪～季～霁～嘉～健～鉴～节～晶～精～景～狂～濑～燎～林～灵～陵～炉～禄～路～律～轮～鸟～辔～畦～砌～桥～禽～丘～秋～蓝～神～施～时～室～舒～堂～乌～曦～羡～歊～效～榭～旭～煦～芽～崖～雁～曜～喑～鱼～羽～豫～岳～占～政～止～址～主～宗🅛玄籥飞灰出洞房，青郊迎气肇初阳。（唐·马怀素《奉和立春游苑迎春应制》）九月寒砧催木叶，十年征戍忆辽阳。（唐·沈佺期《古意呈补阙乔知之》）征帆一流览，宛若巫山阳。（唐·朱使欣《道峡似巫山》）

🅓**昆阳** 东汉刘秀在昆阳之战中以少胜多，后世因用以指歼敌解围的胜仗。亦作“昆阳举”“昆阳功业”。见《汉书·王莽传下》。

庶同昆阳举，再睹汉仪新。（唐·李白《赠张相镐二首》其一）

平阳 喻指公主贵戚府第，亦指盛置歌舞的贵戚府第。《史记·卫将军骠骑列传》：“大将军卫青者，平阳人也。……而姊卫子夫自平阳公主家得幸天子。”

寂寞平阳宅，月冷洞房深。（唐·上官仪《高密长公主挽歌》）

青阳 代指春天，也指天子之东堂。《尔雅·释天》：“春为青阳。”郭璞注：“气清而温阳。”《礼记·月令》：“（孟春之月）天子居青阳左个。”胡三省注《资治通鉴》引郑氏曰：“青阳左个，大寝东堂北偏。”

青阳振蛰初颁历，白首衔冤欲问天。（唐·刘长卿《岁日见新历因寄都官裴郎中》）

首阳 伯夷、叔齐隐居之地，后世常用以代指隐士所居之地或形容隐士的高尚气节。亦作“薇老首阳”“夷齐饿首阳”。《论语·季氏》：“伯夷、叔齐，饿于首阳之下，民到于今称之。”《史记·伯夷列传》：“武王已平殷乱，天下宗周，而伯夷、叔齐耻之，义不食周粟，隐于首阳山，采薇而食之。”

世浊不可处，冰清首阳岑。（唐·吴筠《高士咏·伯夷叔齐》）

孙阳 孙阳即伯乐，古代善于相马的人。见96页“伯乐”。

此时若遇孙阳顾，肯服盐车不受鞭。（唐·殷尧藩《暮春述怀》）

舞阳 指秦舞阳，战国时燕国勇士。《战国策·燕策三》：“燕国有勇士秦舞阳，年十二杀人，人不敢与忤视。……荆轲奉樊于期头函，而秦舞阳奉地图匣，以次进。至陛下，秦舞阳色变振恐，群臣怪之。荆轲顾笑舞阳，前为谢曰：‘北蛮夷之鄙人，未尝见天子，故振慑。愿大王少假借之，使毕使于前。’”

舞阳死灰人，安可与成功。（唐·李白《结客少年场行》）

颍阳 许由曾隐居颍水之北，后因以指许由或指高士隐居之地。晋·皇甫谧《高士传》卷上《许由》：“尧让天下于许由……由于是遁耕于中岳颍水之阳，箕山之下，终身无经天下色。尧又召为九州长，由不欲闻之，洗耳于颍水滨。”

开轩临颍阳，卧视飞鸟没。（唐·王维《留别山中温古上人兄并示舍弟缙》）

昭阳 汉成帝皇后赵飞燕曾居昭阳殿，贵倾后宫，后世因以借指受宠后妃居住的宫殿。《三辅黄图》卷三《未央宫》：“武帝时后宫八区，有昭阳、飞翔、增成、合欢、兰林、披香、凤凰、鸳鸯等殿。……成帝赵皇后居昭阳殿……贵倾后宫。”

长信宫中秋月明，昭阳殿下捣衣声。（唐·王昌龄《长信秋词五首》其五）

卧淮阳 指地方长官威高望重，政清民安。亦作“淮阳病”“淮阳卧”。《史记·汲郑列传》：“上以为淮阳，楚地之郊，乃召拜黯为淮阳太守。黯伏谢不受印，诏数强予，然后奉诏。诏召见黯，黯为上泣曰：‘臣自以为填沟壑，不复见陛下，不意陛下复收用之。臣常有狗马病，力不能任郡事，臣愿为中郎，出入禁闼，补过拾遗，臣之愿也。’上曰：‘君薄淮阳邪？吾今召君矣。顾淮阳吏民不相得，吾徒得君之重，卧而治之。’……黯居郡如故治，淮阳政清。……令黯以诸侯相秩居淮阳。七岁而卒。”

淮阳卧阁生清风，梁园坐啸囹圄空。（宋·苏辙《次韵张刍谏议燕集》）

掺鼓渔阳 泛指击鼓奏乐，亦指击鼓相骂。亦作“渔阳掺挝”“渔阳掺”“祢衡掺挝”。《后汉书·祢衡传》：“（祢衡）少有才辩，而气尚刚傲，好矫时慢物。……操怀忿，而以其才名，不欲杀之。闻衡善击鼓，乃召为鼓史，因大会宾客，阅试音节。诸史过者，皆令脱其故衣，更着岑牟、单绞之服。次至衡，衡方为《渔阳》参挝……容态有异，声节悲壮，听者莫不慷慨。衡进至操前而止，吏诃之曰：‘鼓史何不改装，而轻敢进乎？’衡曰：‘诺。’于是先解衵衣，次释余服，裸身而立，徐取岑牟、单绞而着之，毕，复参挝而去，颜色不怍。操笑曰：‘本欲辱衡，衡反辱孤。’”

巢笙传曲沃，掺鼓发渔阳。（宋·刘筠《夜宴》）

凤鸣朝阳[1] 凤凰鸣于早晨太阳初升的时候，比喻贤才逢良时而出。亦作“凤朝阳”。《诗经·大雅·卷阿》：“凤皇鸣矣，于彼高冈；梧桐生矣，于彼朝阳。”《世说新语·赏誉》：“张华见褚陶，语陆平原曰：‘君兄弟龙跃云津，顾彦先凤鸣朝阳，谓东南之宝已尽，不意复见褚生。’”

八鸾锵锵渡银汉，九雏威凤鸣朝阳。（唐·刘禹锡《伤秦姝行》）

凤鸣朝阳[2] 指直臣敢谏。亦作“朝阳凤鸣”。《新唐书·韩瑗传》：“自瑗与遂良相继死，内外以言为讳将二十年。帝造奉天宫，御史李善感始上疏极言，时人喜之，谓之‘凤鸣朝阳’。”

力排党论开至公，凤鸣骇瞩朝阳桐。（宋·刘宰《送王常博归蜀》）

高卧南阳 指人怀有治世才干，暂时隐居，待时而起。亦作“葛亮”“躬耕南阳”“卧南阳”。《三国志·蜀书·诸葛亮传》：“诸葛亮字孔明，琅邪阳都人也。……亮躬耕陇亩，好为《梁父吟》。身长八尺，每自比于管仲、乐毅，时人莫之许也。”

高卧南阳，归来彭泽，借问风光还似无。（宋·陈草阁《沁园春·霜剥枯崖》）

葵藿倾阳 葵和藿都倾向着太阳，旧时比喻臣下对君主的忠心。亦作“葵藿心肠”“丹心葵向”。三国魏·曹植《求通亲亲表》：“臣伏以为犬马之诚不能动人，譬人之诚不能动天，崩城陨霜，臣初信之，以臣心况，徒虚语耳！若葵藿之倾叶太阳，虽不为之回光，然终向之者诚也。臣窃自比葵藿。若降天地之施，垂三光之明者，实在陛下。”

阴崖故国长安路，万里倾阳共葵藿。（宋·陈著《连山王开诗试子午花四首》其二）

骂贼睢阳 形容对敌人切齿痛恨。《旧唐书·张巡传》：“时许远为睢阳守，与城父令姚訚同守睢阳城，贼攻之不下。……十月，城陷，巡与姚訚、南霁云、许远，皆为贼所执。巡神气慷慨，每与贼战，大呼誓师，眥裂血流，齿牙皆碎。……巡曰：‘吾欲气吞逆贼，但力不遂耳！’子奇以大刀剔巡口，视其齿，存者不过三数。”

骂贼睢阳，爱君许远，留取声名万古香。（宋·文天祥《沁园春·为子死孝》）

人在浔阳 白居易曾在浔阳听琵琶，后常比喻琵琶演奏得优美动人，也借指人的凄凉身世或指官员被贬至偏远荒凉之地。白居易《琵琶行序》曰：“元和十年，予左迁九江郡司马。明年秋，送客湓浦口。闻舟中夜弹琵琶者，听其音，铮铮然有京都声。问其人，本长安倡女。……予出官二年，恬然自安，感斯人言，是夕始觉有迁谪意。因为长句，歌以赠之，凡六百一十二言，命曰《琵琶行》。”诗曰：“浔阳江头夜送客，枫叶荻花秋瑟瑟。……大弦嘈嘈如急雨，小弦切切如私语。嘈嘈切切错杂弹，大珠小珠落玉盘。……座中泣下谁最多？江州司马青衫湿。”

凤拨鹍弦鸣夜永，直疑人在浔阳。（宋·王安中《临江仙·凤拨鹍弦鸣夜永》）

归马华山阳 形容天下太平，不再用兵；也用以咏马、牛。《书·武成》：“王朝步自周，于征伐商。……乃偃武修文，归马于华山之阳，放牛于桃林之野，示天下弗服。”孔安国传：“山南曰阳，桃林在华山东，皆非长养牛马之地，欲使自生自死，示天下不复乘用。”

大君先息战，归马华山阳。（唐·杜甫《有感五首》其二）

召父治南阳 西汉召信臣任南阳太守受到百姓爱戴，被称为召父。后世常用以指州郡长官有政绩。见《汉书·召信臣传》。

当年召父治南阳。千室颂慈祥。（宋·洪适《朝中措·当年召父治南阳》）

王翦在频阳 指将军不被任用，遭到冷落。《史记·白起王翦列传》：“于是始皇问李信：‘吾欲攻取荆，于将军度用几何人而足？’李信曰：‘不过用二十万人。’始皇问王翦，王翦曰：‘非六十万人不可。’始皇曰：‘王将军老矣，何怯也！李将军果势壮勇，其言是也。’遂使李信及蒙恬将二十万南伐荆。王翦言不用，因谢病，归老于频阳。”

知爱鲁连归海上，肯令王剪在频阳。（唐·杨巨源《赠张将军》）

扬（揚、*敭）yáng

古下平，七阳。逆颁～褒～暴～标～飙～佒～播～簸～布～阐～唱～抽～答～蹈～道～对～蛾～沸～敷～浮～赓～扢～光～涣～焕～汲～荐～讲～讦～旌～懋～面～丕～铺～曝～戚～跄～摧～榷～筛～煽～扇～摄～饰～搜～谈～外～维～骛～遐～诩～选～摇～挹～鹰～游～揄～誉～爵～折～顺～白～班～暴～臂～鞭～镳～表～兵～簸～都～蛾～饭～沸～枹～浮～扢～汩～光～荷～衡～

花～辉～徽～火～疾～檝～浇～较～节～举～历～厉～踯～烈～灵～舲～露～美～麋～叛～清～推～榷～蕤～文～骁～馨～休～诩～玄～柤～意～音～旗～越～觯㊀诗人何所咏，尚父欲鹰扬。（唐·张九龄《饯王尚书出边》）潮平见楚甸，天际望维扬。（唐·刘希夷《江南曲八首》其五）明主不安席，按剑心飞扬。（唐·李白《出自蓟北门行》）

㊇**班扬** 班固、扬雄的合称，代指文才之士。亦作"班杨"。南朝宋·王僧达《祭颜光禄文》："义穷机彖，文蔽班杨。"李善注："班，班固；杨，扬雄。"

亦谓神仙同许郭，不妨才力似班扬。（唐·陆龟蒙《顾道士亡弟子奉束帛乞铭于袭美》）

明扬 指选拔或举用贤才。《书·尧典》："帝曰：'咨！四岳！朕在位七十载，汝能庸命，巽朕位？'岳曰：'否德忝帝位。'曰：'明明扬侧陋。'师锡帝曰：'有鳏在下，曰虞舜。'"

宰臣更献纳，郡守各明扬。（唐·沈佺期《答魑魅代书寄家人》）

严扬 扬雄对严君平赞扬无比，后世喻指对贤人隐士的褒扬。《汉书·王贡两龚鲍传》："其后谷口有郑子真，蜀有严君平，皆修身自保，非其服弗服，非其食弗食。……扬雄少时从游学，以而仕京师显名，数为朝廷在位贤者称君平德。……君平年九十余，遂以其业终，蜀人爱敬，至今称焉。及雄著书言当世士，称此二人。"

挥豪闲与细端相。记严扬。陋苏张。（宋·韩淲《江城子·天孙应为织云裳》）

鹰扬 比喻人威武或展露才干，亦用作称美将军英勇不凡。《诗经·大雅·大明》："维师尚父，时维鹰扬。凉彼武王，肆伐大商，会朝清明。"毛氏传："鹰扬，如鹰之飞扬也。"

借问胡为尔，列校在鹰扬。（唐·刘禹锡《武夫词》）

箕簸扬 比喻徒有虚名，不实用。亦作"斗挹箕扬"。《诗经·小雅·大东》："维南有箕，不可以簸扬。维北有斗，不可以挹酒浆。维南有箕，载翕其舌，维北有斗，西柄之揭。"孔颖达疏："言维此天上，其南则有箕星，不可以簸扬米粟。"

星骑箕簸扬糠秕，斗掌权衡表汉桓。（宋·苏轼《次韵借观〈睢阳老五图〉》）

八十鹰扬 吕望八十岁时被周文王任用，像鹰一样高飞，威武勇猛，大有作为。后世喻指老而有所作为或借以咏八十老翁。《孔丛子·记问》："太公勤身苦志，八十而遇文王。"见本页"鹰扬"。

人言八十鹰扬。笑千岁如何尺捶量。（宋·刘克庄《沁园春·少工艺文》）

狗监揄扬 指受到皇帝近臣的表扬推荐，也泛指得到别人的揄扬。《史记·司马相如列传》："蜀人杨得意为狗监，侍上。上读《子虚赋》而善之，曰：'朕独不得与此人同时哉！'得意曰：'臣邑人司马相如自言为此赋。'上惊，乃召问相如。"

何须狗监揄扬。这衡尺曾经圣手量。（宋·刘克庄《沁园春·帝赐玄圭》）

杨(楊)yáng

㊄下平，七阳。㊆长～常～穿～垂～堤～顿～宫～洪～荆～枯～绿～密～潘～蒲～青～三～桑～山～疏～水～逃～王～颜～移～尤～折～㊅～班～浮～沟～禾～荷～花～回～柳～墨～畔～岐～楯～吴～息～絮～颜～樰～纡～枝～舟～左㊀烈烈焚青棘，萧萧吹白杨。（唐·王绩《过汉故城》）天子旌旗过细柳，匈奴运数尽枯杨。（唐·崔融《从军行》）

㊇**长杨** 秦汉时皇帝的游猎之所，后世常用以指帝王游猎。《史记·司马相如列传》："（相如）常从上至长杨猎。是时天子方好自击熊彘，驰逐野兽，相如上书谏之。"

骊山风雪夜，长杨羽猎时。（唐·韦应物《逢杨开府》）

穿杨 形容人射术高超，也比喻人技艺、本领等精湛过人，也形容科考及第等。亦作"百步穿杨""射叶"。《史记·周本纪》："楚有养由基者，善射者也。去柳叶百步而射之，百发而百中之。左右观者数千人，皆曰善射。"

云烟但有穿杨志，尘土多无作吏心。（唐·韦庄《寄湖州舍弟》）

潘杨 西晋潘岳之妻杨氏，是杨绥之姑，两家为世亲联姻。后世因用以指称姻亲关系。亦作"潘杨之穆""潘杨之好"。晋·潘岳《杨仲武诔并序》："杨绥字仲武，荥阳宛陵人也。……既借三叶世亲之恩，而子之姑，余之伉俪焉。……乃作诔曰：'……潘杨之穆，有自来矣，矧乃今日，慎终如始。'"

为结潘杨好，言过鄢郢城。（唐·孟浩然《送桓子之郢城礼》）

王杨 王勃与杨炯的合称，常借以泛指文士，或用以称美有文才之士。《新唐书·文艺传序》："唐有天下三百年，文章无虑三变。高祖、太宗，大难始夷，沿江左余风，绨句绘章，揣合低卬，故王、杨为之伯。"

沈宋裁辞矜变律，王杨落笔得良朋。（唐·李商隐《漫成五章》其一）

赋长杨 指进献皇帝的作品，或指文辞不凡的作品。亦作"献长杨"。《汉书·扬雄传下》："明年，上将大夸胡人以多禽兽，秋，命右扶风发民入南山，西自褒斜，东至弘农，南驱汉中，张罗罔罝罘，捕熊罴、豪猪、虎豹、狖玃、狐菟、麋鹿，载以槛车，输长杨射熊馆。以罔为周阹，纵禽兽其中，令胡人手搏之，自取其获，上亲临观焉。是时，农民不得收敛。雄从至射熊馆，还，上《长杨赋》，聊因笔墨之成文章，故借翰林以为主人，子墨为客卿以风。"

愿闻歌画一，敢议赋长杨。（宋·范仲淹《依韵奉酬晏尚书见寄》）

羊yáng

㊄下平，七阳。㊆爱～猜～变～博～昌～触～羝～方～坟～羵～觥～豢～架～槛～蛟～羯～烂～骊～龙～芒～冥～羬～嗛～锵～桑～商～尚～童～万～望～饩～夏～相～翔～枭～压～哑～羱～夷～蚁～饮～玉～牂～栈～证～炙～坐～㊅～碑～城～灯～杜～傅～沟～毫～祸～酒～酪～陆～牺～歧～腔～求～裘～裙～说～孙～羧～昙～田～雍～斟～左㊀吹沙聊作鸟，动石试为羊。（唐·王绩《游

仙四首》其二）赤丸夜语飞电光，徼巡司隶眠如羊。（唐·柳宗元《东门行》）残月出林明剑戟，平沙隔水见牛羊。（唐·翁绶《陇头吟》）

典**爱羊**　比喻不为小节而废大事，重视礼制，也指形式上的虚文。"重饩羊""告朔饩羊""爱礼羊"。《论语·八佾》："子贡欲去告朔之饩羊。子曰：'赐也！尔爱其羊，我爱其礼。'"告朔之礼由来已久，古者天子常以季冬颁来岁十二月之朔于诸侯，诸侯受而藏之祖庙。月朔，诸侯照例以特羊告庙，请而行之。到子贡的时候，每月初一，鲁君不但不亲临祖庙，也不听政，只是杀一只活羊罢了。孔子认为，即使这样，仍应虚应故事，以晓后人。

爱礼谁为羊，恋主吾犹马。（唐·张九龄《忝官二十年尽在内职及为郡尝积恋因赋诗焉》）

骑羊　形容出世成仙之事。亦作"刻木成羊""骑羊成仙。"《列仙传》卷上："葛由者，羌人也。周成王时，好刻木羊卖之。一日骑羊而入西蜀，蜀中王侯贵人追之，上绥山。绥山在峨眉山西南，高无极也，随之者不复还，皆得仙道。故里谚曰：'得绥山一桃，虽不得仙，亦足以豪。'"

知恋峨眉去，弄景偶骑羊。（唐·李白《留别曹南群官之江南》）

攘羊　指偷羊，比喻张扬家人的过失、不为亲隐。《论语·子路》："吾党有直躬者，其父攘羊，而子证之。"

攘羊告罪言何直，舐犊牵情理岂虚。（唐·刘兼《贻诸学童》）

万羊　形容贵族之家饮食豪奢或喻指富贵奢华的生活。唐·张读《宣室志》卷九："相国李德裕为太子少保，分司东都。尝召一老僧问己之休咎。僧曰：'非立可尽，愿结坛设佛像。'僧居其中，凡三日，谓公曰：'公灾戾未已，当万里南行耳。'……因问：'南行诚不免矣，然乃终不还乎？'僧曰：'当还耳。'公讯其故。对曰：'相国平生当食万羊，今食九千五百矣，所以当还者，未尽五百羊耳。'"

丈夫穷达皆常事，富贵何妨食万羊。（宋·陆游《村居酒熟偶无肉食煮菜羹饮酒》）

饮羊　喻指商人的恶意欺诈行为。亦作"朝饮之羊"。《孔子家语》卷一《相鲁》："初，鲁之贩羊有沈犹氏者，常朝饮其羊以诈市人。……及孔子之为政也，则沈犹氏不敢朝饮其羊。"

斯民信君如诅盟，饮羊攫金皆用情。（宋·陈造《再次韵酬叶进卿》）

虎皮羊　比喻虚有其表、徒有浮名。汉·扬雄《法言·吾子》："羊质而虎皮，见草而悦，见豺而战，忘其皮之虎矣。"

惊疑豹文鼠，贪窃虎皮羊。（唐·李商隐《赠送前刘五经映三十四韵》）

歧路亡羊　比喻因情况复杂多变而迷失方向，误入歧途。亦作"多歧亡羊""亡羊歧路"。《列子·说符》："杨子之邻人亡羊，既率其党，又请杨子之竖追之。杨子曰：'嘻！亡一羊何追者之众？'邻人曰：'多歧路。'既反，问：'获羊乎？'曰：'亡之矣。'曰：'奚亡之？'曰：'歧路之中，又有歧焉，吾不知所之，所以反也。'"

深喜山阿无怨鹤，却悲歧路有亡羊。（清·李予望《北归漫兴》其四）

苏武牧羊　指人不畏艰辛、忠于朝廷，也形容环境艰苦或任务艰难、无法完成。亦作"塞北驱羊"。《汉书·李广苏建传》："单于使卫律召武受辞……律知武终不可胁，白单于。单于愈益欲降之，乃幽武，置大窖中，绝不饮食。天雨雪，武卧啮雪，与旃毛并咽之，数日不死。匈奴以为神，乃徙武北海上无人处，使牧羝，羝乳乃得归。别其官属常惠等，各置他所。武既至海上，廪食不至，掘野鼠去草实而食之。仗汉节牧羊，卧起操持，节旄尽落。"

牧羊边地苦，落日归心绝。（唐·李白《苏武》）

素丝羔羊　以白丝与羔羊皮制衣，比喻为官正直廉洁。亦作"羔羊"。《诗经·召南·羔羊》："羔羊之皮，素丝五紽，退食自公，委蛇委蛇。"毛氏传："古者素丝以英裘，不失其制。"朱熹《集传》："南国化文王之政，在位皆节俭正直，故诗人美其衣服有常，而从容自得如此也。"

素丝五緎咏羔羊，且是公余燕日长。（宋·吴泳《郫县春日吟》）

说返屠羊　指人位卑义高、返璞归真。亦作"屠羊""屠羊说"。《庄子·让王》："楚昭王失国，屠羊说走而从于昭王。昭王反国，将赏从者，及屠羊说。……王谓司马子綦曰：'屠羊说居处卑贱而陈义甚高，子綦为我延之以三旌之位。'屠羊说曰：'夫三旌之位，吾知其贵于屠羊之肆也；万钟之禄，吾知其富于屠羊之利也；然岂可以贪爵禄而使吾君有妄施之名乎！说不敢当，愿复反吾屠羊之肆。'遂不受也。"

事已论功殊未已，何如相贺返屠羊。（宋·陈杰《赠艾校尉》）

臧谷亡羊　比喻用心不专而忘记本来应做之事。亦作"亡羊""亡羊人""臧谷羊""谷亦亡羊"。《庄子·骈拇》："臧与谷二人，相与牧羊，而俱亡其羊。问臧奚事，则挟筴读书；问谷奚事，则博塞以游。二人者事业不同，其于亡羊均也。"

臧谷亡羊等是痴，塞翁失马浪成悲。（宋·王迈《聚物》）

金如粟，马如羊　喻指为官清正廉洁。亦作"马愿如羊""使马如羊""马不入厩""羌人之马"。《后汉书·张奂传》："羌豪帅感奂恩德，上马二十匹，先零酋长又遗金鐻八枚。奂并受之，而召主簿于诸羌前，以酒酹地曰：'使马如羊，不以入厩；使金如粟，不以入怀。'悉以金马还之。"

听说邕州暂驻航，有金如粟马如羊。（宋·项安世《送邕州高教授二首》其一）

洋yáng　①众多，盛大。②海洋。③外国的。

古下平，七阳。逆北～昌～猖～出～德～东～方～仿～彷～洸～浩～潢～鲲～汇～茫～盲～茫～漭～沕～滂～枪～锵～汪～瀁～望～洋～渔～顺～邦～场～船～蚨～海～红～金～泌～然～羡～洋～溢例吴中盛文史，群彦今汪洋。（唐·韦应物《郡斋雨中与诸文士燕集》）皓月浮金千里，把酒登楼对景，喜极自洋洋。（宋·林正大《括水调歌·欲状巴陵胜》）

徉yáng 徜徉、彷徉的徉。

㊀下平，七阳。㊁徜～方～彷～儴～相～儴～翔～徉～㊂～长～徜～狂～徉㊃目送千山爽气，帘卷一城风月，杖履合彷徉。（宋·毛滂《水调歌头·谢安涵雅量》）浓阴遮玉砌。桂影冰壶里。灭烛且徜徉。（宋·侯寘《菩萨蛮·绿帷剪剪黄金碎》）

佯yáng 假装。

㊀下平，七阳。㊁傍～倡～方～仿～彷～抢～儴～尚～倘～倪～望～相～翔～倚～隐～㊂～败～北～背～常～嗔～攻～狂～为～言～佯～愚㊃良辰上客徜佯。（宋·张孝祥《清平乐·向来省户》）

旸（暘）yáng ①日出。②晴天。

㊀下平，七阳。㊁常～恒～久～亢～愆～秋～日～晏～旸～雨～㊂～谷～旱～乌～旸～夷～燠～燥㊃碧玉烟塘，绛罗艳卉，朱清炎驭升旸。（宋·曹勋《凤凰台上忆吹箫·碧玉烟塘》）箕踞拥裘坐，半身在日旸。（唐·白居易《饱食闲坐》）

疡（瘍）yáng ①痈疮。②溃烂。

㊀下平，七阳。㊁病～疮～骭～寒～金～溃～疬～轩～肿～㊂～溃～微～医～痍

烊yáng 熔化。

㊁打～热～销～

仄声·上声

榜bǎng ①木片，木板。②牌匾，匾额。③题写（牌匾）④公开张贴的告示，文书。⑤张贴或悬挂（告示、牌子）。⑥公布、张贴的名单。另见846页bàng。

㊀上声，二十二养。㊁白～颁～碑～背～扁～标～驳～春～短～高～虎～揭～酒～两～镂～门～名～牌～旗～擎～秋～蕊～诗～石～手～署～堂～腾～题～同～文～乌～璇～押～银～豫～斋～张～诏～㊂～笔～标～簇～道～额～格～例～卖～募～示～首～书～题～帖～头～尾～文～谕～元～运～志～字㊃阊阖晴开昳荡荡，曲江翠幕排银榜。（唐·杜甫《乐游园歌》）忆昔西都，姚魏声名旺堪惆怅。醉翁何往。谁与花标榜。（宋·王十朋《点绛唇·庭院深深》）犹记不住称觞，挥毫著语，更与书扁榜。（宋·黄人杰《酹江月·年时今日》）

㊄**金榜**[1] 金色的匾额。传说中，西方的仙宫宫门上挂有黄金制成的金榜。后世多用作宫门的美称。亦作"黄金榜"。《太平御览》卷一七三引旧题汉·东方朔《神异经》："西方有宫，白石为墙，五色玄黄，门有金榜而银镂，题曰：天地少女之宫。中央有宫，以金为墙，门有金榜以银镂，题曰：天皇之宫。"

寺悬金榜半山隅，石路荒凉松树枯。（唐·卢纶《敩颜鲁公送挺赟归翠微寺》）

金榜[2] 旧时科举应试考中者的名单。亦作"御榜""黄榜""皇榜"。五代·王定保《唐摭言·今年及第明年登科》："何扶，太和九年及第。明年，捷三篇。因以一绝寄旧同年曰：'金榜题名墨尚新，今年依旧去年春。花间每被红妆问，何事重来只一人？'"

一朝逸翮乘风势，金榜高张登上第。（唐·白居易《劝酒》）

龙虎榜 科举时代称一时知名之士同登一榜，后因以赞美取士得人。亦作"虎榜"。《新唐书·欧阳詹传》："举进士，与韩愈……崔群、王涯、冯宿、庾承宣联第，皆天下选，时称'龙虎榜'。"

麒麟阁上登雄将，龙虎榜中收大贤。（元·杨维桢《寄宋景濂》）

绑（綁）bǎng

㊁背～缚～解～陪～擒～㊂～带～缚～劫～解～拖～扎

膀（*髈）bǎng 肩膀。翅膀。另见796页pāng、826页páng。

㊁臂～并～青～翼～有肩～㊂～臂

场（場、*塲）chǎng 场所。另见811页cháng。

㊀下平，七阳。㊁搬～兵～城～初～春～辞～登～敌～坻～都～断～坊～观～冠～集～教～警～迴～鞠～举～觉～科～寇～旷～猎～陵～落～名～平～起～秋～戎～试～踏～土～獮～玄～巡～银～游～贼～阵～雉～洲～筑～作～㊂～景～面～所

㊄**少年场** 本指游侠少年出没活动的场所，后喻指少年人欢聚活动之地。《汉书·尹赏传》："杂举长安中轻薄少年恶子……悉籍记之，得数百人。赏一朝会长安吏，车数百两，分行收捕，皆劾以为通行饮食群盗。……长安中歌之曰：'安所求子死？桓东少年场。生时谅不谨，枯骨后何葬？'"

结客少年场，意气何扬扬。（明·徐渭《侠客》）

厂（廠、*厰）chǎng ①没有墙壁的简易房屋。②许多人聚集在一起从事生产或加工的场所。③明代设立的特务机构"东厂""西厂"的简称。另见581页ān"庵"。

㊀上声，二十二养。㊁博～花～豁～廒～马～茅～篷～平～轩～子～㊂～臣～甸～畈～屋

敞chǎng

㊀上声，二十二养。㊁博～崇～洞～丰～高～广～弘～宏～闳～峻～开～空～旷～亮～明～平～清～森～疏～雾～遐～霞～闲～显～虚～轩～夷～幽～张～㊂～怳～豁～静～快～朗～丽～露～平～坪～声～网～罔～闲㊃散发乘夕凉，开轩卧闲敞。（唐·孟浩然《夏日南亭怀辛大》）孤光洲岛迥，净绿烟霞敞。（唐·权德舆《送韦中丞奉使新罗》）单衣颇新绰，虚室复清敞。（唐·元稹《春余遣兴》）

㊄**张敞** 张敞曾为其妻画眉，后世常用作如意郎君的代称。《汉书·张敞传》："然敞无威仪，时罢朝会，过走马章台街，使御史驱，自以便面拊马。又为妇画眉，长安中传张京兆眉抚。"

水外修眉横翠巘，试凭张敞画浓纤。（宋·王之道《秋日野步和王觉民十六首》其十四）

氅chǎng ①鹙鸟的羽毛。②羽毛制成的外衣。③外套。

㊀上声，二十二养。㊁白～大～道～凤～鹤～黄～旗～鹙～素～仙～雪～羽～㊂～毦～衣㊃庞眉扶寿杖。绿发披仙氅。（宋·张元干《千秋岁·相门出相》）

㊄**鹤氅** 比喻人仪表堂堂、洒脱不凡或指服饰高雅。《世说新语·企羡》："孟昶未达时，家在京口。尝见王恭乘高舆，披鹤氅裘。于时微雪，昶于篱间窥之，叹曰：'此真神

仙中人！'"

石立玉童披鹤氅，台施瑶席换龙须。（唐·元稹《酬乐天雪中见寄》）

昶chǎng ①日长。②通"畅"，舒畅。

古上声，二十二养。**逆**和～清～条～雅～**顺**～衍

惝chǎng 又读。另见841页tǎng。

闯（闖）chuǎng

古去声，二十七沁。**逆**闯～李～直～**顺**～荡～见～将～客～练～门～破～窃～然～事～突～王～席**例**儒门虽大启，奸首不敢闯。（唐·孟郊《同宿联句》）华胥梦，怕杀人惊晓枕。疏窗惟月来闯。（宋·刘克庄《摸鱼儿·便披蓑》）

党（黨）dǎng ①古代的地方基层组织单位。②亲族。③朋党，为私利而结成的集团。④偏私，袒护。⑤政党。

古上声，二十二养。**逆**比～部～曹～俦～雠～丑～盗～缔～放～匪～夫～父～妇～附～构～搆～锢～魁～寡～贵～果～豪～合～伙～儹～酒～聚～崑～连～梁～辽～僚～闾～伦～母～孽～仆～妻～酋～阙～儒～声～市～树～外～伪～巷～袄～遗～异～邑～逸～姻～引～蜮～枝～植～州～周～主～属～**顺**～阿～碑～辈～参～恶～伐～附～锢～护～甲～见～进～旧～魁～里～旅～莽～逆～偶～偏～骈～戚～羌～强～亲～权～事～塾～侠～庠～序～言～义～议～引～与～誉～援～正～植～众～助**例**鉴尔揖古风，终焉乃吾党。（唐·柳宗元《法华寺石门精舍三十韵》）尽水无所逃，川中有钩党。（唐·皮日休《奉和鲁望渔具十五咏·鸣桹》）春兰秋蕙作寻常。不与夭桃朋党。（宋·无名氏《西江月·翡翠枝头晚萼》）

典锢党 指东汉桓、灵两帝统治时期，官僚士大夫因反对宦官专权而遭禁锢的政治事件，也指遭禁锢之朋党中人。亦作"党锢之祸"。见《后汉书·党锢列传》。

锢党岂能留汉鼎，清谈空解识胡儿。（唐·杜牧《故洛阳城有感》）

甘陵旧党 本指东汉党锢之祸中的朋党，后世亦代指政治斗争中的各个党派。《后汉书·党锢传序》："初，桓帝为蠡吾侯，受学于甘陵周福，及即帝位，擢福为尚书。时同郡河南尹房植有名当朝。乡人为之谣曰：'天下规矩房伯武，因师获印周仲进。'二家宾客，互相讥揣，遂各树朋徒，渐成尤隙，由是甘陵有南北部，党人之议，自此始矣。……凡党事始自甘陵、汝南，成於李膺、张俭，海内涂炭，二十余年，诸所蔓衍，皆天下善士。"

甘陵旧党凋零尽，魏阙新知礼数崇。（唐·刘禹锡《白舍人见酬拙诗因以寄谢》）

挡（擋、*攩）dǎng 另见847页dàng。

古去声，二十三漾。**逆**摒～抵～顶～杜～空～拦～屏～擿～阻～**顺**～护～驾～拒～口～木～众

谠（讜）dǎng 正直，敢于直言。

古上声，二十二养。**逆**诚～辞～鸿～忠～**顺**～臣～词～辞～规～理～论～谋～切～人～言～议～正～直**例**颇似今之人，蟊贼陷忠谠。（唐·李白《酬裴侍御对雨感时见赠》）

仿[1]（*彷）fǎng 仿佛的仿。另见826页páng"彷"。

古上声，二十二养。**逆**比～相～**顺**～佛～像

仿[2]（*倣）fǎng 效仿。

古上声，二十二养。**逆**规～课～临～摹～慕～袭～萧～效～写～依～影～**顺**～古～若～书～习～像～效～行～学～依～影～纸～制**例**蓄志徒为劳，追踪将焉仿。（唐·柳宗元《法华寺石门精舍三十韵》）倩龙眠老手、为渠摹仿。（宋·林正大《括满江红·太一真人》）

访（訪）fǎng ①咨询，征求意见。②拜访。③寻求，调查。④谋议。

古去声，二十三漾。**逆**博～宠～刺～存～奉～钩～顾～关～过～迹～借～究～括～历～廉～拿～纳～踏～体～推谘～枉～躧～宪～讯～延～诣～甄～诹～钻～**顺**～别～泊～逮～戴～德～第～断～对～犯～珪～鹤～话～绘～接～乐～理～历～垄～论～落～觅～募～拿～善～实～事～书～宿～覃～提～投～恤～谒～义～引～英～宇～择～兆～知～质～舟～诹～族**例**先贤杳不接，故老犹可访。（唐·张九龄《九月九日登龙山》）敢投归山吟，霞径一相访。（唐·陶翰《望太华赠卢司仓》）回首唯白云，孤舟复谁访。（唐·刘长卿《奉使新安》）

典山阴访 描写友朋思念、见访。或指乘一时兴会所至而访朋问友。《世说新语·任诞》："王子猷居山阴，夜大雪，眠觉，开室，命酌酒。四望皎然，因起彷徨，咏左思招隐诗。忽忆戴安道，时戴在剡，即便夜乘小船就之。经宿方至，造门不前而返。人问其故，王曰：'吾本乘兴而行，兴尽而返，何必见戴？'"

何日山阴道，同寻访戴船。（宋·戴复古《赠孤峰长老》）

雪舟访 见本页"山阴访"。

看着白蘋芽欲吐，雪舟相访胜闲行。（唐·杜牧《湖南正初招李郢秀才》）

兴比乘舟访 见本页"山阴访"。

兴比乘舟访，恩怀倒屣亲。（唐·司空曙《送高胜重谒曹王》）

纺（紡）fǎng

古上声，二十二养。**逆**耕～杭～绩～罗～束～夜～**顺**～锤～绩～缉～纑～手～砖～缁**例**脱衣推食衣食之，不若男耕女令纺。（唐·元稹《和李校书新题乐府十二首·驯犀》）

舫fǎng ①竹木筏。②两船相并。

古去声，二十三漾。**逆**白～榜～彩～漕～螭～灯～凫～歌～官～湖～花～画～火～解～酒～客～蠡～连～龙～青～轻～诗～文～野～驿～游～醽～袁～云～斋～**顺**～人～舟**例**远水入帘幕，淅沥吹酒舫。（唐·元结《宴湖上亭作》）人生何处不儿嬉，看乞巧、朱楼彩舫。（宋·苏轼《鹊桥仙·乘槎归去》）香红飘没明春水，寒食万家游舫。（宋·吕渭老《齐天乐·香红飘没明春水》）

典袁舫 形容人年轻有才华，诗文俊逸；也形容人受到赏识推崇。《世说新语·文学》："袁虎少贫，尝为人佣载运租。谢镇西经船行，其夜清风朗月，闻江渚间估客船上有咏诗声，甚有情致；所咏五言，又其所未尝闻，叹美不能已。即遣委曲讯问，乃是袁自咏其所作咏史诗。

因此相要，大相赏得。"

庾楼袁舫何事，汩汩主和宾。（宋·李曾伯《水调歌头·幻出广寒境》）

昉 fǎng 日初明。引申为开始。

【古】上声，二十二养。【逆】李～迷～任～由～周～【顺】～始

港 gǎng

【古】上声，三讲。【逆】叉～汊～获～断～孤～河～阔～柳～鹿～内～曲～水～引～【顺】～埠～汊～渎～浦～湾～务

岗（崗）gǎng 另见 791 页 gāng "冈"。

【逆】崑～灵～岭～陵～漫～乾～沙～土～【顺】～地～卡

广（廣）guǎng

【古】上声，二十二养。【逆】褒～不～从～都～繁～泛～方～鄷～敷～浮～该～高～海天～汉～浩～河～胡～恢～交游～浸～开～扩～浪～岭～轮～袤～弥～普～饶～睿～少～奢～疏～拓～遐～心～修～宣～淹～殷～渊～众～自～纵～【顺】～爱～岸～被～贲～舶～敞～成～城～侈～斥～潒～道～度～额～厚～解～剧～乐～丽～利～柳～陌～莫～漠～牡～内～平～青～舄～舌～术～爽～嗣～覃～文～屋～舄～陕～夏～宵～孝～修～秀～绣～袖～盱～筵～衍～宴～燕～瀁～夷～易～益～裕～运～赜～坐【例】地迥古城芜，月明寒潮广。（唐·王维《送宇文太守赴宣城》）驱车到关下，欲往阻河广。（唐·岑参《潼关使院怀王七季友》）长江漫汤汤，近海势弥广。（唐·薛据《西陵口观海》）

【典】**汉广** 本指汉水广阔不可渡，后指男子对女子单恋的哀思。《诗经·周南·汉广》："南有乔木，不可休思。汉有游女，不可求思。汉之广矣，不可泳思。"《诗序》："《汉广》，德广所及也。文王之道被于南国，美化行乎江汉之域。无思犯礼，求而不可得也。"

洲长春色遍，汉广夕阳迟。（唐·刘长卿《赠别卢司直之闽中》）

李广 汉代名将，曾多次出击匈奴。后世常用以借指英勇善战的将领。见《史记·李将军列传》。

但见文翁能化俗，焉知李广未封侯。（唐·杜甫《将赴荆南寄别李剑州》）

疏广 疏广散金置办酒食以享用，后人因用作称美人善度告老余年。见《汉书·疏广传》。

疏广岂不怀，策杖还故乡。（唐·王绩《赠梁公》）

亭逢李广 指李广罢官受辱之事，也指对世态炎凉、人情冷暖的感慨。亦作"灞亭谁畏李将军""灞陵故将军""灞陵老将"。《史记·李将军列传》："于是至汉，汉下广吏。吏当广所失亡多，为虏所生得，当斩，赎为庶人。顷之，家居数岁。广家与故颍阴侯孙屏野居蓝田南山中射猎。尝夜从一骑出，从人田间饮。还至霸陵亭，霸陵尉醉，呵止广。广骑曰：'故李将军。'尉曰：'今将军尚不得夜行，何乃故也！'止广宿亭下。"

亭逢李广骑，门接邵平瓜。（唐·杨炯《送李庶子致仕还洛》）

犷（獷）guǎng ①野兽凶猛不驯服。②凶猛，粗野。

【古】上声，二十二养。又：上声，二十三梗，同。【逆】暴～残～粗～刚～犷～悍～豪～骄～狙～枯～蛮～狞～强～生～石～疏～顽～骁～憔～凶～愚～【顺】～骜～暴～敌～恶～獠～犷～悍～狠～横～健～厉～戾～烈～卤～狂～锐～盛～兽～俗～顽～野～勇～语～族【例】攀跻诚畏涂，习俗羡蛮犷。（宋·《欧阳修自岐江山行至平陆驿》）

谎（謊）huǎng

【逆】吊～调～掉～欺～支～诌～【顺】～词～告～假～捏～骗～人～势～说～厮～信～语～诈～状

晃 huǎng ①明亮，光亮。②闪耀。③很快地闪过。另见 848 页 huàng。

【古】上声，二十二养。【逆】光～皓～晃～晶～炯～爌～焜～明晃～虚～炫～眩～曜～月～烛～【顺】～晃～烂～朗～然～射～曜～耀～昱【例】青山绿水皆堪赏。满月当空川晃晃。（宋·吕胜己《渔家傲·闻道西洲梅已放》）乱舞翠绡云雾薄，卧看玉宇琉璃晃。（宋·林正大《括满江红·太一真人》）

幌 huǎng ①窗帘，帷幔。②古时店铺用来招引顾客的标志。③摇晃，挥动。

【古】上声，二十二养。【逆】碧～幨～襜～春～翠～飞～风～佛～黼～金～锦～酒～帘～灵～琴～寝～书～帏～帷～文～蚊～绡～岫～虚～轩～烟～油～月～云～珠～【顺】～漾【例】未曾寄官曹，突兀倚书幌。（唐·杜甫《八哀诗·故著作郎贬台州司户荥阳郑公虔》）试看池上动轻苔。林香半落沾罗幌。（唐·林滋《人日》）翠被华灯，夜夜空相向。寂寞起来褰绣幌。（宋·欧阳修《蝶恋花·面旋落花风荡漾》）

恍（*怳）huǎng ①模糊不清。②仿佛，好像。③失意的样子。

【古】上声，二十二养。【逆】徜～惝～忽～惚～恍～惊～傥～【顺】～荡～惚～恍～惑～然～如～若～惘～悟～疑

滉 huǎng 摇动。

【古】上声，二十二养。【逆】滉～漭～瀇～【顺】～荡～朗～漭～然～瀁～柈～漾～舟～柱

讲（講）jiǎng

【古】上声，三讲。【逆】禅～朝～登～都～断～发～费～覆～课～论～慢～暖～秋～僧～舍～世～熟～诵～素～谈～通～校～玄～游～约～斋～证～中～【顺】～拜～兵～场～陈～处～德～灯～殿～订～度～功～供～贡～购～贯～好～花～化～画～欢～家～剑～匠～考～款～律～蒙～命～谟～摩～戎～锐～散～僧～舍～射～使～事～室～树～寺～祀～亭～图～帏～闱～帷～文～闻～幄～武～物～息～席～隙～行～修～勖～轩～筵～业～仪～艺～绎～益～肄～宇～赞～帐～诏～制～治～主～宗～坐

【典】**许都讲** 见 708 页"许掾"。

深愧山阴许都讲，肯随支遁出尘嚣。（宋·吕夷简《送僧归护国寺》）

奖（奬）jiǎng ①劝勉，勉励。②辅助，帮助。③夸奖。④为表扬、鼓励而给予的荣誉或物品。

【古】上声，二十二养。【逆】褒～标～超～称～宠～酬～慈～存～砥～敦～恩～扶～高～共～弘～宏～鸿

～激～矜～进～旌～眷～赉～摩～睿～扇～申～饰～殊～抬～叹～陶～提～天～同～外～训～延～翼～优～誉～甄～知～奏～尊～顺～拔～成～崇～顾～护～激～寄～借～藉～进～眷～赉～劳～眄～任～饰～顺～说～渥～许～叙～异～挹～诱～育～谕～遇～助～擢例孔丘与之言，仁义莫能奖。（唐·王维《偶然作六首》其一）平生多感激，忠义非外奖。（唐·李白《酬裴侍御对雨感时见赠》）樽酒遗形迹，道言屡开奖。（唐·韦应物《晦日处士叔园林燕集》）

桨（槳）jiǎng 划船的用具。

古上声，二十二养。逆荡～飞～划～画～急～兰～轻～柔～双～棹～例秋月照潇湘，月明闻荡桨。（唐·刘长卿《湘中纪行十首·浮石濑》）老蒙台州掾，泛泛浙江桨。（唐·杜甫《八哀诗·故著作郎贬台州司户荥阳郑公虔》）水浸碧天风皱浪。菱花荇蔓随双桨。（宋·欧阳修《蝶恋花·永日环堤乘彩舫》）

蒋（蔣）jiǎng 姓。

古上声，二十二养。逆茭～弱～卧～顺～厉～山～生径例满岸秋风吹枳橘，绕陂烟雨种菰蒋。（唐·韦庄《赠渔翁》）

耩jiǎng 用耧播种。

古上声，三讲。顺～子

朗lǎng

古上声，二十二养。逆炳～敞～彻～洞～琯～洸～宏～洪～晃～滉～激～霁～洁～竞～炯～隽～闿～抗～旷～爣～寥～倩～融～润～森～韶～傥～滔～外～危～遐～鲜～香～秀～轩～宣～玄～雪～渊～月～藻～昭～照～贞～珠～卓～顺～奥～拔～抱～澈～达～旦～弹～笛～调～讽～霁～鉴～捷～镜～隽～抗～客～丽～练～烈～迈～密～讴～魄～然～赡～识～悟～夕～啸～心～秀～旭～晏～耀～夜～夷～诣～吟～咏～玉～韵～照～烛例重门相洞达，高宇亦遐朗。（唐·韦应物《慈恩伽蓝清会》）春深秦山秀，叶坠清渭朗。（唐·杜甫《八哀诗·故著作郎贬台州司户荥阳郑公虔》）超摅藉外奖，俯默有内朗。（唐·柳宗元《法华寺石门精舍三十韵》）

阆（閬）lǎng 阆苑、阆风的阆。另见821页láng、851页làng。

古去声，二十三漾。逆崑～辽～蓬～土～瀛～重～顺～颠～风～宫～邱～阙～山～苑例何由振玉衣，一举栖瀛阆。（唐·陆龟蒙《奉和袭美公斋四咏次韵·鹤屏》）争讶金华佳父子，飞下蓬莱昆阆。（宋·冯取洽《贺新郎·二老交相访》）

典**峤壶蓬阆** 指古代神话中的仙山员峤、方壶、蓬莱、阆风。《列子·汤问》："渤海之东，不知几亿万里，有大壑焉。……其中有五山焉：一曰岱舆，二曰员峤，三曰方壶，四曰瀛洲，五曰蓬莱。"

漫说神仙华屋好，缥缈峤壶蓬阆。（宋·冯取洽《贺新郎·往事休寻访》）

两（兩）liǎng

古上声，二十二养。逆百～参～储～兼～两～明～三～罔～魏～无～五～象～一～铢～作～顺～碍～榜～傍～便～骖～辞～当～登～牍～憧～珥～凤～服～观～岬～闺～虢～和～淮～济～兼～监～阶～喈～戒～魪～禁～京～楷～礼～林～灵～龙～髦～明～末～岐～亲～情～让～刃～善～舌～视～疏～塾～苏～袒～唐～听～亡～闱～握～庑～犀～喜～献～谢～雄～学～曜～耀～仪～义～谊～楹～誉～闸～甄～阵～政～中～属例何处寄相思，南风吹五两。（唐·王维《送宇文太守赴宣城》）神翰顾不一，体变钟兼两。（唐·杜甫《八哀诗·故著作郎贬台州司户荥阳郑公虔》）昔人叹违志，出处今已两。（唐·柳宗元《法华寺石门精舍三十韵》）

典**百两** 指古代贵族女子出嫁受到百辆车的迎迓。宋词中常用此典咏婚嫁。《诗经·召南·鹊巢》："维鹊有巢，维鸠居之。之子于归，百两御之。"

虽殊百两迓，同是九泉归。（唐·皇甫冉《赠恭顺皇后挽歌》）

五两[1] 古代候风器，以五两的鸡毛制作而成，故楚人称之"五两"。亦作"五緉"。郭璞《江赋》："觇五两之动静。"李善注："兵书曰：'凡候风法，以鸡羽重八两，建五丈旗，取羽系其巅，立军营中。'《淮南子》注曰：'綄，候风也，楚人谓之五两也。'"

竿头五两转天风，白日杨花满流水。（唐·王初《舟次汴堤》）

五两[2] 指两只配成一双。《诗经·齐风·南山》："葛屦五两，冠緌双止。"朱熹《诗集传》："两，二屦也。"王夫之疏："按此'五'字当与'伍'通，行列也。言陈屦者，必以两为一列也。乃与冠緌必双，男女有匹之义合。"

白蘋风起楼船暮，江燕双双五两斜。（唐·温庭筠《西江上送渔父》）

魉（魎）liǎng 魍魉的魉。

古上声，二十二养。逆魍～例天长眺东南，秋色余魍魉。（唐·杜甫《八哀诗·故著作郎贬台州司户荥阳郑公虔》）

俩（倆）liǎng 伎俩的俩。另见17页liǎ。

逆伎～技～例生生死死皆如梦，更莫别生妄想。没伎俩。（宋·葛长庚《摸鱼儿·这身儿》）

典**黔驴无伎俩** 指被人识破，遭到彻底失败；或比喻有限的一点技能也已经用完了。唐·柳宗元《黔之驴》："黔无驴，有好事者船载以入。至则无可用，放之山下。虎见之，庞然大物也。以为神。蔽林间窥之，稍出近之，慭慭然，莫相知。他日，驴一鸣，虎大骇，远遁，以为且噬己也，甚恐。然往来视之，觉无异能者。益习其声。又近出前后，终不敢搏。稍近益狎，荡倚冲冒。驴不胜怒，蹄之。虎因喜，计之曰：'技止此耳！'因跳踉大㘎，断其喉，尽其肉，乃去。"

自愧黔驴无伎俩，桑土绸缪盍早。（宋·李曾伯《贺新凉·晓听平安报》）

裲liǎng 裲裆的裲。

顺～裆

莽mǎng ①草，草丛。②广阔，深远。③大。④粗率，鲁莽。

古上声，二十二养。又：上声，七麌，同。逆蔡～丛～粗～斗～伏～梗～灌～蒿～积～荆～旷～林～卤～

眇～渺～平～裘～深～食～市～疏～衰～宿～傥～曭～虚～墟～烟～泱～块～郁～燥～蓁～榛～顺～苍～卤～草～宕～荡～眇～夺～沆～浪～鲁～茫～莽～沕～渺～然～泱～瀁～原～壮例白骨横千霜，嵯峨蔽榛莽。（唐·李白《古风》其一十四）死人成为阜，流血涂草莽。（唐·独孤及《季冬自嵩山赴洛道中作》）天冷日不光，太行峰苍莽。（唐·白居易《初入太行路》）

蟒 mǎng ①一种无毒的大蛇。②蟒袍的省称。

古上声，二十二养。逆白～赤～赐～毒～断～金～钱～热～素～修～绣～顺～缎～服～虺～袍～衫～身～绣～衣～玉例径转如修蟒，坡垂似伏鳌。（宋·苏轼《中隐堂诗》）

漭 mǎng ①水广大的样子。②宽广，辽阔。③渺茫。

古上声，二十二养。逆沉～灢～荡～沆～洪～忽～潢～旷～漫～溟～滔～泱～瀁～漾～顺～沧～荡～沆～滉～滥～卤～漭～弥～泱～瀁例映日雁联轩，翻云波泱漭。（唐·柳宗元《法华寺石门精舍三十韵》）

攮 nǎng ①推。②刀刺。

顺～糠～气～嗓～子

曩 nǎng 从前，过去。

古上声，二十二养。逆畴～缅～殊～顺～辰～代～分～古～怀～旧～列～烈～年～篇～日～时～岁～体～昔～贤～胥～叶～载～哲～踪例别离惨至今，斑白徒怀曩。（唐·杜甫《八哀诗·故著作郎贬台州司户荥阳郑公虔》）理会方在今，神开庶殊曩。（唐·柳宗元《法华寺石门精舍三十韵》）

耪 pǎng 用锄翻地。

顺～地

嗙 pǎng 方言，吹牛。

抢（搶）qiǎng ①抢夺。②赶紧。③刮，擦。另见 797 页 qiāng。

古上声，二十二养。逆抄～斗～洪～狼～掳～呸～生～行～顺～步～断～劫～快～掳～掠～满～秋～问

强（*強、彊）qiǎng ①勉力，勉强。②强行，强逼。另见 826 页 qiáng、849 页 jiàng。

古上声，二十二养。逆逼～矫～力～勉～牵～相～顺～葆～倔～步～啜～饭～扶～服～附～匄～耕～欢～济～贾～见～进～酒～览～勒～力～率～勉～名～难～屈～仁～劝～食～使～世～市～行～饰～孰～恕～听～通～言～制～致～中～醉～作

襁（*繦）qiǎng 襁褓的襁。

古上声，二十二养。逆赤～负～文～绣～顺～保～褓～抱～负～裼～属例继于长庆初，燕赵终舁襁。（唐·杜牧《感怀诗一首》）

镪（鏹）qiǎng 钱。另见 797 页 qiāng。

逆宝～藏～楮～缗～冥～钱～现～寓～纸～赀～顺～宝～道例化来老少皆归响。佛念一声分一镪。（唐·可旻《渔家傲·善导可嗟今已往》）

壤 rǎng

古上声，二十二养。逆奥～畿～毕～勃～尘～赪～撮～黛～烦～风～封～盖～甘～皋～膏～故～贵～浩～槐～击～吉～燋～界～锦～境～掬～鞠～涓～绝～垲～空～枯～连～辽～列～陵～腻～弃～潜～罄～衢～泉～善～胜～息～锡～遐～闲～霄～朽～绣～玄～遗～蚁～裔～腴～隩～渊～蒸～重～赀～顺～陛～策～虫～地～坌～奠～坟～父～歌～隔～芥～界～流～脉～末～壤～室～树～驷～童～翁～子例嗜酒益疏放，弹琴视天壤。（唐·杜甫《八哀诗·故著作郎贬台州司户荥阳郑公虔》）淹留值颓暮，眷恋睇遐壤。（唐·柳宗元《法华寺石门精舍三十韵》）万里桑乾傍，茫茫古蕃壤。（唐·贯休《战城南二首》其一）

典**示天壤** 指得道高深之人。《庄子·应帝王》："（列子）又与之见壶子。出而谓列子曰：'幸矣，子之先生遇我也！有瘳矣，全然有生矣！吾见其杜权矣。'列子入，以告壶子。壶子曰：'乡吾示之以天壤，名实不入，而机发于踵，是殆见吾善者机矣。'"

方将见身云，陋彼示天壤。（唐·王维《谒璿上人》）

剑埋龙壤 形容宝贵珍奇之物或杰出的人才，或形容人才遭到埋没、未被重用。亦作剑埋狱底、幽匣狱底埋、剑气射天。见 687 页"丰城剑"。

剑埋龙守壤，石卧虎司碑。（唐·陈元光《太母魏氏半径题石》）

嚷 rǎng ①喊叫，吵闹。②乱。③责备。另见 797 页 rāng。

逆嘈～叱～传～蜂～嚎～呵～呼～呶～扰～相～喧～扬～噪～责～顺～刮～聒～喝～叫～乱～闹

攘 rǎng ①止。②驱除，排斥。③侵犯，侵夺。④扰乱，纷乱。⑤盗窃。另见 827 页 ráng。

古上声，二十二养。逆夺～狂～抢～攘～扰～顺～背～步～斥～代～地～敚～肱～诟～患～翦～襟～卷～攫～略～美～袂～掊～弃～祛～却～扰～袪～善～手～贪～袖～抑～揄～羭～狱例封豕骤跧伏，巨象遥披攘。（唐·储光羲《同诸公送李云南伐蛮》）昨夜月明，应照芙蓉帐。空凝望。蜂劳蝶攘。（宋·毛滂《点绛唇·小院重帘》）一时林莽千险，蜂午要驱攘。（宋·张孝祥《水调歌头·鳌禁辍颇牧》）

嗓 sǎng

逆颈～吭～攮～声～食～顺～磕～门～音

搡 sǎng 用力推。

逆堵～推～

颡（顙）sǎng ①额头。②头。③叩头。④喉咙。后作"嗓"。⑤通"搡"，用力推。

古上声，二十二养。逆白～搏～泚～的～低～駒～碓～顿～頟～方～高～广～颃～黄金～稽～加～叩～阔～龙～隆～颅～启～束～头～尧～振～顺～泚～根～骨～汗例陈侯立身何坦荡，虬须虎眉仍大颡。（唐·李颀《送陈章甫》）微言信可传，申旦稽吾颡。（唐·柳宗元《法华寺石门精舍三十韵》）携妻负子来，北阙争顿颡。（唐·杜牧《感怀诗一首》）

典**尧颡** 尧的额头，喻指人长相不凡。《韩诗外传》卷九："子贡曰：'赐之师何如？'姑布子卿曰：'得尧之颡，舜之目，禹之颈，皋陶之喙，从前视之，盎盎乎似有王者；从后视之，高肩弱脊，此惟不及四圣

者也。”

辇路归来闻好语，共惊尧额类高辛。（宋·苏轼《次韵曾子开从驾二首》其一）

磉sǎng 柱子下的石墩。

古上声，二十二养。逆卑～础～基～石～柱～顺～磴～盘～石

赏（賞）shǎng

古上声，二十二养。逆爱～遨～本～边～标～宸～酬～额～符～赋～构～官～鸿～欢～击～机～僭～阶～矜～旌～爵～俊～赉～牢～礼～冒～懋～酺～偏～器～憩～洽～迁～倾～清～劝～睿～设～升～素～踏～托～威～悟～狎～谐～兴～刑～延～晏～燕～讌～邑～貤～吟～幽～寓～运～沾～珍～滞～咨～顺～爱～拔～觌～典～服～附～功～贡～怀～击～赍～激～际～监～鉴～节～襟～进～静～慨～客～劳～恋～率～募～纳～弄～契～潜～世～事～适～首～眺～慰～锡～兴～勋～延～燕～要～邑～意～音～咏～遇～豫～悦～阅～赞～赠～召～知～秩～钟～重～酌～擢例关河施芳听，江海徼新赏。（唐·储光羲《贻丁主簿仙芝别》）欲取鸣琴弹，恨无知音赏。（唐·孟浩然《夏日南亭怀辛大》）满日徒春华，思君罢心赏。（唐·岑参《潼关使院怀王七季友》）

典**中山赏** 指对美酒的赞赏。见486页“中山酒”。

无复中山赏，空吟吴会篇。（唐·骆宾王《咏云酒》）

击节叹赏 打着拍子赞叹。比喻对人诗文、艺术品或人的品德的赞叹。亦作击节称赏、击节称叹。晋·左思《蜀都赋》：“巴姬弹弦，叹女击节。”《旧唐书·封伦传》：“（扬）素负贵恃才，多所凌侮，惟击赏伦。”

朋来异卉与名章。击节何妨叹赏。（宋·郭应祥《西江月·为爱脸边着晕》）

两绶金赏 指金赏小时就佩戴两绶，后用以比喻少年贵盛。《汉书·金日磾传》：“日磾两子，赏、建，俱侍中，与昭帝略同年，共卧起。赏为奉车，建驸马都尉。及赏嗣侯，佩两绶，上谓霍将军曰：‘金氏兄弟两人不可使俱两绶邪？’霍光对曰：‘赏自嗣父为侯耳。’……时年俱八九岁。”

两绶藏不见，落花何处期。（唐·杜牧《少年行》）

山公游赏 见304页“山公醉”。

荀令园林好，山公游赏频。（唐·刘禹锡《酬令狐相公亲仁郭家花下即事见寄》）

兔园旧赏 谓文士宴集赏雪，吟诗作赋。南朝宋·谢惠连《雪赋》：“岁将暮，时既昏，寒风积，愁云繁。梁王不悦，游于兔园。乃置旨酒，命宾友。召邹生，延枚叟。相如末至，居客之右。俄而微霰零，密雪下。王乃歌北风于卫诗，咏南山于周雅。授简于司马大夫，曰：‘抽子秘思，骋子妍辞，侔色揣称，为寡人赋之。’”

兔园旧赏，怅遗踪、飞鸟千山都绝。（宋·辛弃疾《念奴娇·兔园旧赏》）

上shǎng 上声的上。另见852页shàng。

古上声，二十二养。顺～声

垧shǎng 地亩单位。

晌shǎng ①片时。②晌午的晌。

逆半～傍～片～起～时～晚～歇～一～顺～饭～觉～晴～睡～午例牛头努目瞋，出去始时晌。（唐·寒山《诗三百三首》其一五九）淡烟飞过，幽禽叫断，远钟嘹亮。为底事、沈吟一晌。（宋·葛长庚《桂枝香·楼前凝望》）

爽shuǎng ①明亮，清朗。②豪爽。③舒适。④差错，违背。⑤损伤，败坏。

古上声，二十二养。逆差～朝～澄～冲～端～高～乖～宏～鸿～昒～魂～健～皎～矜～精～竞～俊～隽～骏～闿～慨～慷～伉～利～灵～迈～昧～明～轻～情～遒～飒～森～椮～松～竦～樉～通～味～鲜～潇～携～秀～轩～荀～遗～嶷～逸～英～贞～顺～拔～别～畅～旦～德～发～号～和～笏～慧～惑～霁～鸠～垲～恺～闿～慨～理～利～练～灵～迈～明～缪～目～伤～神～失～实～适～曙～耸～脱～误～悟～黠～信～秀～迅～异～越～直～指例拘情病幽郁，旷志寄高爽。（唐·柳宗元《法华寺石门精舍三十韵》）云叶遥卷舒，风裾动萧爽。（唐·元稹《春余遣兴》）雨声萧瑟，初到梧桐响。人不寐，秋声爽。（宋·叶梦得《千秋岁·雨声萧瑟》）

典**荀爽** 本指荀爽其人，后世用以称美出色才士。亦作“荀氏头龙”。《后汉书·荀爽传》：“爽字慈明，一名谞。幼而好学，年十二，能通《春秋》《论语》。太尉杜乔见而称之，曰：‘可为人师。’爽遂耽思经书，庆吊不行，征命不应。颍川为之语曰：‘荀氏八龙，慈明无双。’”爽出仕后，累迁至司空。

直令爵齿如荀爽，晚节依然愧逸民。（宋·刘克庄《田舍二首》其二）

帑tǎng ①国家的金库。②国库里的钱财。③放钱财的袋子。

古上声，二十二养。逆不～部～财～仓～盗～府～公～官～国～寄～禁～军～库～廪～内～鸟～妻～收～私～银～正～中～重～顺～帛～簿～藏～储～椟～府～金～库～廥～廪～钱～舍～实～屋～项～银～庾例今闻馨香道，一以悟臭帑。（唐·元稹《冬夜怀李侍御王太祝段丞》）

傥（儻）tǎng ①怅然若失。②偏私，偏颇。③副词，或许。④连词，如果。

古上声，二十二养。逆假～光～清～傥～倜～通～英～顺～荡～恍～或～朗～阆～论～莽～漭～然～若～使～言～佯例黄生好古流，少小慕通傥。（明·李东阳《曲江韶石题广东黄瑛卷》）

倘tǎng 倘或的倘。

逆假～顺～或～来～然～如～若～使

躺tǎng 平卧。

逆田～顺～柜～桥

淌tǎng 水下流。

逆溜～流～顺～游

惝tǎng 惝恍的惝。另见837页chǎng。

逆惝～弘～怳～廓～顺～惝～怳～恍～悢～然～惘

往wǎng ①去，到。②从前。

③以后。④死去。

【古】上声，二十二养。【逆】藏～长～出～宕～电～反～敢～孤～古～瓜时～还～间～进～迈～乃～锐～生～逝～送～无～忤～心～迅～一～已～忆～游～暂～之～【顺】～初～辞～代～牒～牍～古～轨～化～怀～诲～迹～蹇～鉴～教～劫～句～莅～烈～路～略～宁～篇～任～时～逝～术～数～素～岁～体～谢～行～旋～言～彦～由～载～造～则～辙～止～志～躅【例】遮莫枝根长百丈，不如当代多还往。（唐·李白《少年行》）鸣钟悟音闻，宿昔心已往。（唐·韦应物《慈恩伽蓝清会》）山影乍浮沉，潮波忽来往。（唐·薛据《西陵口观海》）

【典】**辅嗣往** 本指三国魏人王弼的早逝，后比喻才士的早亡。王弼，字辅嗣。《三国志·魏书·钟会传》："会弱冠与山阳王弼并知名。弼好论儒道，辞才逸辩，注《易》及《老子》，为尚书郎，年二十余卒。"

辅嗣俄长往，颜生即短辰。（唐·褚亮《伤始平李少府正己》）

王良来往 比喻为功名利禄而不断奔波。《后汉书·王良传》："王良字仲子，东海兰陵人也……（良）后以病归。一岁复征，至荥阳，疾笃不任进道，乃过其友人。友人不肯见，曰：'不有忠言奇谋而取大位，何其往来屑屑不惮烦也。'遂拒之。良惭，自后连征，辄称病。"

客难扬雄拓落，友笑王良来往，面汗背芒寒。（宋·刘克庄《水调歌头·遣作岭头使》）

枉 wǎng

①弯曲。②不正直、不正派的。③歪曲，违背。④冤屈。⑤谦辞，称使对方受屈，屈就。⑥副词，白白地，徒然。

【古】上声，二十二养。【逆】措～弹～负～乖～回～驾～奸～矫～句～亏～理～连～侵～屈～权～群～桡～申～绳～讼～诉～贪～违～诬～邪～淹～抑～幽～冤～怨～遭～直～众～【顺】～谤～暴～笔～辟～策～刺～道～夺～遏～帆～访～伏～害～横～驾～教～结～禁～径～勘～刻～苦～酷～累～戾～流～路～殁～沐～辔～骑～曲～却～步～状～桡～伤～实～讼～紊～问～物～宪～欲～棹～辙～志～滞～诛～渚～自【例】子云窥未遍，方朔谐太枉。（唐·杜甫《八哀诗·故著作郎贬台州司户荥阳郑公虔》）寸进谅何营，寻直非所枉。（唐·柳宗元《法华寺石门精舍三十韵》）行地无疆费传驿，通天异物罹幽枉。（唐·元稹《和李校书新题乐府十二首·驯犀》）

【典】**直氏偷金枉** 比喻待人宽容忍让，或指遭诬蒙冤。亦作"不偷金"。《史记·万石张叔列传》："塞侯直不疑者，南阳人也。为郎，事文帝。其同舍有告归，误持同舍郎金去，已而金主觉，妄意不疑，不疑谢有之，买金偿。而告归者来而归金，而前郎亡金者大惭，以此称为长者。"

直氏偷金枉，于家决狱明。（唐·刘长卿《按覆后归睦州赠苗侍御》）

网（網）wǎng

【古】上声，二十二养。【逆】爱～尘～宸～虫～地～帝～罘～罟～挂～絓～国～扞～宦～徽～火～极～计～解～罝～峻～科～宽～阔～连～灵～铃～流～露～罗～蛰～密～名利～释～逆～凝～钳～榷～时～世～松～俗～苔～汤～文～雾～蟏～宪～邪～刑～悬～业～疑～逸～意～殷～政～周～朱～罣～祝～夏～【顺】～辟～捕～车～纲～罛～罟～户～禁～开～墨～目～师～轩～罭【例】誓从断臂血，不复婴世网。（唐·王维《谒璿上人》）不负林中期，终当出尘网。（唐·岑参《潼关使院怀王七季友》）时人趋缨弁，高鸟违罗网。（唐·皇甫冉《题高云客舍》）

【典】**触网** 触犯法网，比喻犯法。《南史·蔡廓传》："（蔡）兴宗奉旨慰劳广陵，州别驾范义（一作羲）与兴宗素善，在城内同诛。兴宗至，躬自收殡，致丧还豫章旧墓。上闻谓曰：'卿何敢故尔触网？'"

牵弋辞重海，触网去层峦。（唐·李义府《咏鹦鹉》）

龟触网 比喻人受到束缚，失去自由。《史记·龟策列传》："宋元王二年，江使神龟使于河，至于泉阳，渔者豫且举网得而囚之。置之笼中。夜半，龟来见梦于宋元王曰：'我为江使于河，而幕网当吾路。泉阳豫且得我，我不能去。身在患中，莫可告语。王有德义，故来告诉。'元王惕然而悟。"

信然龟触网，直作鸟窥笼。（唐·杜甫《遣闷奉呈严公二十韵》）

开三面网 商汤除去捕兽网的三面，比喻刑政宽大，也指商汤的宽大德政。亦作"解网""祝网""汤网""开汤网""网祛三面""网开三面"。《史记·殷本纪》："汤出，见野张网四面，祝曰：'自天下四方，皆入吾网。'汤曰：'嘻，尽之矣！'乃去其三面，祝曰：'欲左，左；欲右，右。不用命，乃入吾网。'"

幸因解网入鸟兽，毕命江海终游遨。（唐·柳宗元《寄韦珩》）

罗钳吉网 指罗希奭、吉温二人陷害无辜。后因用以指酷虐诬陷。《资治通鉴·唐玄宗天宝四载》："（李）林甫欲除不附己者，求治狱吏，炅荐温于林甫……又有杭州人罗希奭为吏……二人皆随林甫所欲深浅，锻炼成狱，无能自脱者，时人谓之'罗钳吉网'。"

人间漫诧朝阳凤，已落罗钳吉网中。（清·丘逢甲《纪事》其一）

珊瑚在网 比喻有才学的人或珍奇之物皆被收罗。亦作"铁网珊瑚"。《新唐书·拂菻国传》："拂菻，古大秦也，居西海上，一曰海西国。……海中有珊瑚洲……珊瑚初生磐石上……系网舶上，绞而出之。"

欲网珊瑚碧浪深，横塘斜日带秋阴。（宋·钱惟演《再赋七言》）

罔 wǎng

①同"网"。②法网。③编结。④蒙蔽，欺骗。⑤陷害。⑥没有。⑦莫，没有人。

【古】上声，二十二养。【逆】惝～敞～怅～罔～诞～顿～罘～公～回～昏～悖～解～禁～罝～诳～离～欺～侵～射～岁～贪～汪～文～诬～象～炫～营～榆～诈～遮～忮～蛛～【顺】～亵～辟～措～殆～道～渎～伏～罟～既～罝～觉～利～两～冒～沕～民～莫～念～屈～阙～人～上～替～象～效～泱～养～已～主

【典】**象罔** 《庄子》寓言中的虚拟人物，意为似有象而实无。亦作"罔

象”。《庄子·天地》:“黄帝游乎赤水之北,登乎昆仑之丘而南望。还归,遗其玄珠。使知索之而不得,使离朱索之而不得,使喫诟索之而不得也。乃使象罔,象罔得之。”成玄英疏:“罔象,无心之谓,离声色,绝思虑。”

赤水梦沉迷象罔,翠华恩断泣芙蓉。(唐·曹邺《题濮庙》)

辋(輞)wǎng 车轮的外框。

㊀上声,二十二养。㊁车~露~轮~铁~玉~重~㊂~川~口~水~图~幰

魍wǎng

㊀上声,二十二养。㊁夔~魔~㊂~魉~魅

惘wǎng 失意。

㊀上声,二十二养。㊁悖~惝~怅~慌~悦~恍~昏~迷~凄~丧~惘~愚~㊂~惑~然~惘㊃所悲异语言,笔舌均怳惘。(清·魏源《偶然吟》其八)

想xiǎng

㊀上声,二十二养。㊁侧~尘~沉~承~遑~驰~迟~存~断~烦~犯~放~非非~费~怀~积~记~结~浸~景~眷~抗~丽~隆~落~邈~目~攀~跂~企~翘~钦~寝~倾~情~睿~涉~叹~惕~颓~托~忘~希~霞~形~玄~悬~延~瑶~遥~遗~逸~意~吟~咏~游~余~豫~悁~造~滞~置~属~伫~注~驻~作~㊂~穿~度~方~见~来~料~慕~思~似~望~味~闻~忆~属㊃澹荡沧洲云,飘飖紫霞想。(唐·李白《春陪商州裴使君游石娥溪》)操纸终夕酣,时物集遐想。(唐·杜甫《八哀诗·故著作郎贬台州司户荥阳郑公虔》)云山隔路不隔心,宛颈和鸣长在想。(唐·钱起《病鹤篇》)

㊄**濠濮之想** 喻指心与物契的玄言妙想,也指悠然自得的情趣。亦作“濠濮闲想”。《庄子·秋水》:“庄子与惠子游于濠梁之上。庄子曰:‘鯈鱼出游从容,是鱼之乐也。’惠子曰:‘子非鱼,安知鱼之乐?’庄子曰:‘子非我,安知我不知鱼之乐?’惠子曰:‘我非子,固不知子矣;子固非鱼也,子之不知鱼之乐,全矣。’庄子曰:‘请循其本,子曰“汝安知鱼乐”云者,既已知吾知之而问我,我知之濠上也。’”

舟人叹艰阻,予意想濠濮。(明·郑胤骥《己酉赴试白下病归得杂咏五首》其五)

享xiǎng

㊀上声,二十二养。㊁报~不~朝~祠~大~奠~服~顾~荐~醮~靖~来~民~聘~秋~设~时~受~献~孝~歆~休~燕~讌~野~侑~月~烝~佐~坐~㊂~尝~祠~道~殿~鼎~会~荐~觐~礼~利~名~聘~祈~世~事~寿~嗣~堂~祧~眺~亭~先~仪~右~佑~御~烝~帚~祚㊃种德江南,宣威西夏,合宫陪享。(宋·黄庭坚《鼓笛慢·早秋明月新圆》)麻与麦,俱成长。蕉与荔,应来享。(宋·刘克庄《满江红·梅雨初收》)

响(響)xiǎng

㊀上声,二十二养。㊁赑~尘~驰~虫~春雷~钝~凡~泛~方~飞~风~凤~高~革~赓~洪钟~鹤~合~鹤~机声~屐~疾~迹~嘉~交~接~景~倦~厉~丽~连~流~靡~懦~棋~切~清~蛩~山~湿~硕~嗣~滩~同~颓~穑~无~夕~息~翕~锡~鸮~信~形~檐~遗~佚~逸~影~韵~砧~正~追~踪~驺~㊂~版~报~抃~黩~赴~骇~合~和~环~豁~集~箭~景~寇~廊~朗~马~慕~晴~泉~铁~铜~犀~效~屧~逸~玉~臻~字㊃铙吹发西江,秋空多清响。(唐·王维《送宇文太守赴宣城》)众岭猿啸重,空江人语响。(唐·刘长卿《湘中纪行十首·浮石濑》)平荷随波泛,回飙激林响。(唐·韦应物《慈恩伽蓝清会》)

㊄**绝响** 本指失传的音乐,后来泛指传统已断的事物,亦用指流风余韵不可复见。《晋书·嵇康传》:“康将刑东市,太学生三千人,请以为师,弗许。康顾视日影,索琴弹之,曰:‘昔袁孝尼尝从吾学《广陵散》,吾每靳固之,《广陵散》于今绝矣!’”又晋·葛洪《抱朴子·广譬》:“聪者料兴亡于遗音之绝响,明者觌机理于玄微之未形。”

千古风骚几绝响,一壶冰雪忽增光。(宋·艾性夫《酬杨簿正父子和诗》)

饷(餉)xiǎng ①供给食物。②军粮。也泛指薪金。③赠送。④用食物款待。

㊀去声,二十三漾㊁边~餔~参~朝~仇~储~馕~防~飞~贡~归~家~救~馈~劳~礼~廪~片~赇~省~时~晚~下~行~贻~遗~运~餫~造~种~转~㊂~边~酬~道~饭~给~军~榼~客~馈~劳~粮~米~幕~鞘~人~食~事~田~挽~午~物~献~糈~宴~馌~遗~亿~运~餫㊃细君知蚕织,稚子已能饷。(唐·韩愈《岳阳楼别窦司直》)病里贺丰登,鸡豚聊馈饷。(唐·陆龟蒙《记事》)酒阑莫遣笙歌放。此去青春都一饷。(宋·欧阳修《渔家傲·腊月年光如激浪》)

鲞(鮝、*鯗)xiǎng ①干鱼,腌鱼。②腌腊或加工精制的食品。

㊀上声,二十二养。㊁白~脯~腒~鳗~鱼~㊂~鳔~鹤~货~腊~铺~鱼㊃虚斋延洒扫,薄饭荐腒鲞。(宋·黄庭坚《送吴彦归番阳》)

养(養)yǎng 另见858页yàng。

㊀上声,二十二养。㊁便~充~炊~待~逮~豢~道~鼎~丰~覆~陔~甘~公~归~扈~晦~极~疾~技~寄~节~谨~井~鞠~客~空~理~丽~利~怜~露~禄~秣~谋~驱~容~濡~润~啬~盛~树~顺~绥~邃~韬~恬~腆~罔~望~违~息~豯~挟~携~恤~畜~煦~宣~延~燕~颐~义~役~引~迎~壅~诱~毓~瞻~至~治~致~终~周~赒~竹~訾~字~作~㊂~才~材~财~乘~仇~愁~粹~导~道~恩~乏~蓄~非~福~高~浩~化~济~金~精~静~疴~空~寇~劳~理~炼~龄~乱~略~器~强~情~求~仁~善~势~寿~衰~体~恬~徒~威~物~形~恤~殃~赢~痈~勇~羽~欲~源~政~志~治~稚~忠㊃事往安可悔,余生幸能养。

(唐·王维《谒璿上人》)孔翠望赤霄,愁思雕笼养。(唐·杜甫《八哀诗·故著作郎贬台州司户荥阳郑公虔》)置酒奉亲宾,树萱自怡养。(唐·元稹《春余遣兴》)

典**三迁教养** 指妇女贤德,善于教子。相传孟子幼年时,邻里环境不好,孟母三次迁居,使轲得到比较好的学习环境。见《列女传·邹孟轲母传》。

姆仪春煦,妇节冰清,道风夷旷。三迁教养。(宋·赵善括《瑞鹤仙·月华凝露掌》)

三时孝养 指辛勤孝养父母。《礼记·文王世子》:"文王之为世子,朝于王季日三。鸡初鸣而衣服,至于寝门外,问内竖之御者曰:'今日安否?何如?'内竖曰:'安。'文王乃喜。及日中又至,亦如之。及暮又至,亦如之。"

一纪尊名正,三时孝养荣。(唐·韩愈《大行皇太后挽歌词三首》其一)

单豹、张毅养 指张毅病死和单豹被饿虎扑食之事,后世常用以代指养生之道。亦作"养内与养外"。《庄子·达生》:"田开之曰:'鲁有单豹者,岩居而水饮,不与民共利,行年七十而犹有婴儿之色;不幸遇饿虎,饿虎杀而食之。有张毅者,高门县薄,无不走也,行年四十而有内热之病以死。豹养其内而虎食其外,毅养其外而病攻其内。此二子者,皆不鞭其后者也。'"

单豹养内虎食外,张毅养外病攻中。(清·陆奎勋《挽沈南疑》)

仰yǎng

古上声,二十二养。又:去声,二十三漾异。逆禀~餐~感~高~观~归~怀~稽~嘉~健~睽~俛~佩~跂~企~钦~倾~庆~山斗~师~式~叹~委~徯~系~遐~向~欣~悬~询~延~偃~遥~依~颙~瞻~昭~支~祗~属~注~资~宗~钻~尊~顺~哺~尘~承~齿~答~毒~服~告~给~荷~藉~赖~流~俛~秣~凭~企~山~食~思~屋~息~药~鸩~止~制~重~属~钻例申包哭秦庭,泣血将安仰。(唐·李白《酬裴侍御对雨感时见赠》)孤兴日自深,浮云非所仰。(唐·皇甫冉《题高云客舍》)

痒(癢)yǎng

古上声,二十二养。逆急~伎~技~疥~苛~疴~痾~闷~爬~痛~痏~心~支~顺~处~技~苛~心例贯穿无遗恨,荟蕞何技痒。(唐·杜甫《八哀诗·故著作郎贬台州司户荥阳郑公虔》)

典**技痒** 指急欲表现自己所擅长的技艺,比喻怀才思逞。亦作"伎痒""伎养""伎佯"。汉·应劭《风俗通》六《筑》:"渐离变名易姓,为人庸保……闻其家堂上客击筑,伎痒,不能毋出言,曰:'彼有善不善。'"

撼树蚍蜉自觉狂,书生技痒爱论量。(金·元好问《论诗三十首》其三十)

麻姑抓痒 比喻舒适快意。亦作"麻姑搔背""鸟爪侍娘"。晋·葛洪《神仙传·麻姑》:"麻姑鸟爪。蔡经见之,心中念言,背大痒时,得此爪以爬背,当佳。方平已知经心中所念,即使人牵经鞭之。谓曰:'麻姑神人也,汝何思谓爪可以爬背耶?'但见鞭着经背,亦不见有人持鞭者。"

杜诗韩集愁来读,似倩麻姑痒处抓。(唐·杜牧《读韩杜集》)

氧yǎng 化学元素。

顺~气

鞅yǎng 旧读。另见804页yāng。

古上声,二十二养。

典**断鞅** 比喻行事刚毅果断。《左传·襄公十八年》:"齐侯驾,将走邮棠。大(太)子与郭荣扣马,曰:'师速而急,略也。将退矣,君何惧焉?且社稷之主不可以轻,轻则失众。君必待之!'将犯之,大(太)子抽剑断鞅,乃止。"

挥戈群啄害,断鞅一精诚。(宋·魏了翁《费参政挽诗》)

脏(髒)zǎng 骯脏,刚直貌。另见804页zāng、858页zàng。

古上声,二十二养。逆骯~肮~例感物动牢愁,愤时频肮脏。(唐·陆龟蒙《记事》)

驵(駔)zǎng ①壮马。②马匹交易的经纪人。

古上声,二十二养。逆乘~椉~大~(牙行)繁~妇~巨~骏~侩~吏~黠~雄~严~顺~贩~工~棍~华~猾~会~阛~疾~骥~骏~酷~侩~狳~商~侠~黠~牙~诈~壮~卒

掌zhǎng

古上声,二十二养。逆抃~参~传~焠~抵~典~迭~独~对~返~附~复~覆~干~高~宫~股~关~庋~回~胶~金~巨~据~莲~灵~露~平如~牵~铨~视~收~梳~司~铁~通~唾~仙~纤~鞅~玉~云~支~职~治~专~顺~藏~灯~典~功~股~固~故~号~稽~计~教~节~理~练~领~纶~判~平~戎~书~武~宪~行~选~庾~珍~执~珠例崖倾景方晦,谷转川如掌。(唐·韦应物《蓝岭精舍》)药纂西极名,兵流指诸掌。(唐·杜甫《八哀诗·故著作郎贬台州司户荥阳郑公虔》)

典**金掌** 本指铜制承露盘,或代指宫殿。亦作"露掌""仙掌""金盘露"。《史记·封禅书》:"其后则又作柏梁、铜柱、承露仙人掌之属矣!"

仙掌月明孤影过,长门灯暗数声来。(唐·杜牧《早雁》)

鞅掌 比喻官事烦劳忙碌。《诗经·小雅·北山》:"或栖迟偃仰,或王事鞅掌。"毛氏传:"鞅掌,失容也。"孔颖达疏:"《传》以鞅掌为烦劳之状,故云'失容',言事烦鞅掌然,不暇为容仪也。今俗语以职烦为鞅掌,其言出于此《传》也。"

向来鞅掌真堪笑,烂熳如今独自眠。(宋·文天祥《偶成二首》其二)

长(長)zhǎng ①长大,成年。②年岁大。辈分高。③首领。④生长。⑤抚育,使成长。另见808页cháng、861页zhàng。

古上声,二十二养。逆宾~痴~侈~齿~崇~倅~侗~敦~泛~耇~贵~翰~弘~火~汲~进~魁~临~马齿~懋~民~牧~器~卿~渠~让~桑麻~收~守~枢~帅~顺~遂~条~徒~仙~贤~挟~兴~雄~畜~续~训~养~治~翼~尹~涌~游~隅~郁~元~越~兆~政~主~壮~滋~尊~顺~艾~傲~差~厚~杰~

旧～爵～俊～理～立～率～民～亲～善～世～帅～苏～遂～悌～贤～心～雄～胥～养～益～育～御～主～属～祖

典翼长 本指春秋时令尹子西对楚太子建之子芈胜的扶持、帮助，后因以比喻养育、庇护。亦作“翼而长之”“翼卵”。《左传·哀公十六年》：“子西曰：‘胜如卵，余翼而长之。楚国第，我死，令尹、司马，非胜而谁？”

秃鸧尚欲远飞去，何况鸳鸯羽翼长。（宋·梅尧臣《打鸭》）

长岑长 代指东汉崔骃；或借指被贬谪的地方长官。《后汉书·崔骃列传》：“（窦）宪擅权骄恣，骃数谏之。及出击匈奴，道路愈多不法，骃为主簿，前后奏记数十，指切长短。宪不能容，稍疏之，因察骃高第，出为长岑长。骃自以远去，不得意，遂不之官而归。”

闻道长岑令，奋翼宰旅门。（唐·张说《同王仆射山亭饯岑广武羲得言字》）

马齿加长 马的牙齿随着年龄的增长而增添，所以看马齿就可以知道马的年龄。后世指人的年岁增长或自谦年事已高而庸碌无为。亦作“马齿徒增”“马齿徒长”。《公羊传·僖公二年》：“虞公抱宝牵马而至，荀息见曰：‘臣之谋何如？’献公曰：‘子之谋则已行矣，宝则吾宝也，虽然，吾马之齿亦已长矣。’”

差惭马齿徒加长，自顾难为伏枥鸣。（清·颜鼎受《甲寅四月十五日值余生辰》）

滕薛争长 西周时滕侯与薛侯辩争位次，后因以指争席次。《左传·隐十一年》：“春，滕侯、薛侯来朝，争长。薛侯曰：‘我先封。’滕侯曰：‘我周之卜正也，薛，庶姓也，我不可以后之。’……薛侯许之，乃长滕侯。”

笋如滕薛争长，竹似夷齐独清。（宋·杨万里《看笋六言》）

揠苗助长 将苗拔起，以助其生长；比喻违反事情发展的客观规律，凭主观意志，急于求成，反而把事情弄糟。亦作“拔苗助长”。《孟子·公孙丑上》：“宋人有闵其苗之不长而揠之者，芒芒然归，谓其人曰：‘今日病矣，予助苗长矣。’其子趋而往视之，苗则槁矣。……助之长者，揠苗者也，非徒无益，而又害之。”

揠苗助长犹为害，况复芸人舍己田。（宋·孙应符《恭和家大人将赴季弟官舍》）

一日之长 指年龄稍长或资格稍老于别人。《论语·先进》：“子曰：‘以吾一日长乎尔，毋吾以也。’”

多惭一日长，不及二龙贤。（唐·李白《送二季之江东》）

涨（漲）zhǎng 上涨。另见 861 页 zhàng。

古去声，二十三漾。逆潮～尘～初～春～汎～飞～寒～回～江～溟～怒～清～秋～沙～山～升～潏～水～雪～余～雨～骤～潴～顺～潮～痕～进～溃～潦～绿～落～滩～溢例朝栖昆阆木，夕饮蓬壶涨。（唐·王绩《古意六首》其六）天清去鸟灭，浦迥寒沙涨。（唐·权德舆《晚渡扬子江却寄江南亲故》）云浦苍寒，烟堤幕翠，旧痕新涨。（宋·苏茂一《琐窗寒·云浦苍寒》）

仉zhǎng 姓。

奘zhuǎng 方言，粗而大。另见 858 页 zàng。

古上声，二十二养。逆麤～腰～

仄声·去声

盎àng ①一种腹大口小的瓦类盛器。②洋溢，充盈。

古去声，二十三漾。又：上声，二十二养，同。逆斗～汎～覆～爵～兰～镣～暖～盆～缇～土～瓦～甕～豁～罂～晬～顺～盎～齐～然～溢例余澜怒不已，喧聒鸣瓮盎。（唐·韩愈《岳阳楼别窦司直》）我非窃贼谁夜行，白日堂堂杀袁盎。（唐·元稹《侠客行》）

傍bàng ①靠近，临近。②依靠，依附。③沿着，顺着。另见 825 页 páng。

古去声，二十三漾。逆带～靠～偎～拢～骈～亲～侵～相～依～倚～资～顺～边～今～近～境～明～晌～实～险～眼～依～影～照例旋暖熏鑪温斗帐，玉树琼枝迤逦相偎傍。（宋·柳永《凤栖梧》词之三）勤勤嘱四邻，幸愿相依傍。（宋·梅尧臣《汝坟贫女》）《老》《庄》已云多，何况其骈傍。（宋·苏辙《和子瞻读道藏》）

谤（謗）bàng ①公开指责别人的过失。②毁谤。

古去声，二十三漾。逆避～辨～尘～浮～负～毁～讙～监～近～雷～离～流～罗～弭～姗～受～肆～速～腾～卫～息～相～嚣～喧～雪～掩～贻～尤～讪～谀～舆～遇～灾～遭～造～谮～众～訾～罪～顺～勃～嗤～刺～诋～黩～譀～端～嫉～忌～讦～咎～沮～口～累～詈～木～怒～弃～讪～声～史～铄～诵～亵～言～焰～政～訾～诅例爱才不择行，触事得谗谤。（唐·韩愈《岳阳楼别窦司直》）拊心却笑西子颦，掩鼻谁忧郑姬谤。（唐·长孙佐辅《宫怨》）识破浮生虚妄。从人讥谤。（宋·陆游《一落索·识破浮生虚妄》）

典卫谤 卫国人诽谤孔子。比喻遭受他人谗言，也指对仁人贤士的谤毁。《史记·孔子世家》：“孔子遂适卫，主于子路妻兄颜浊邹家。卫灵公问孔子：‘居鲁得禄几何？’对曰：‘奉粟六万。’卫人亦致粟六万。居顷之，或谮孔子于卫灵公。灵公使公孙余假一出一入。孔子恐获罪焉，居十月，去卫。”

终当灭卫谤，不受鲁人讥。（唐·李白《书怀赠南陵常赞府》）

薏苡谤 形容人遭受诬陷谤毁、蒙受冤屈。亦作“薏苡冤”“薏苡之谤”。《后汉书·马援列传》：“初，援在交阯，常饵薏苡实，用能轻身省欲，以胜瘴气。南方薏苡实大，援欲以为种，军还，载之一车。……及卒后，有上书谮之者，以为前所载还，皆明珠文犀。”

稻粱求未足，薏苡谤何频。（唐·杜甫《寄李十二白二十韵》）

蚌bàng 另见 909 页 bèng。

古上声，三讲。逆驳～蛤～河～老～灵～螺～剖～小～鱼～鹬～顺～帆～蛤～泪～镰～螺～蠃～盘～蜃～胎～舞～研～砚～珠

棒bàng

古上声，三讲。逆白～杓～赤～杵

～镫～骨～拐～枷～连～拳～使～梃～悬～杖～顺～棰～槌～毒～喝～香～杖

典**悬棒** 悬挂五色棒。比喻地方官作风严厉、执法刚正，亦指严刑峻法。亦作“垂棒”“五色棒”。《三国志·魏书·武帝纪》：“除洛阳北部尉，迁顿丘令。”裴松之注引《曹瞒传》：“太祖初入尉廨，缮治四门。造五色棒，悬门左右各十余枚，有犯禁者，不避豪强，皆棒杀之。”

苍黄五色棒，掩遏一阳生。（唐·李商隐《有感二首》其二）

磅bàng 衡名。另见826页páng。

逆地～过～顺～纸

镑（鎊）bàng 英国、爱尔兰等国的货币单位。

逆金～顺～亏～余

榜bàng ①船桨。②划船。另见836页bǎng。

古去声，二十四敬。逆渔～顺～板～船～舫～夫～歌～女～妾～人～声～师～童～信～榿～舟～子

蒡bàng

古上声，二十二养。逆菜～牛～顺～蒻菜

唱chàng ①领唱。②歌唱。③倡导。④大声叫呼。⑤曲调，歌曲。

古去声，二十三漾。逆蝉～嘲～晨～酬～梵～赓～鼓～浩～鹤～欢～鸡～极～讲～交～謦～凯～骊～丽～莲～菱～流～胪～蛮～名～讴～评～樵～沈～肃～随～推～晓～雪～妍～艳～阳～野～遗～逸～引～渔～怨～棹～珠～顺～拜～陈～筹～酬～道～第～嚎～好～吼～呼～凯～礼～理～漏～率～乱～卯～明～谋～念～诺～叛～偌～善～始～收～首～书～随～叹～檄～先～晓～演～义～议～游～于～月～云～造～驺例且泛篱下菊，还聆郢中唱。（唐·张九龄《九月九日登龙山》）月下扣舷声，烟中采菱唱。（唐·刘长卿《奉使新安》）

典**白雪唱** 指格调高雅、超凡脱俗之作。亦作“郢唱”“郢歌”“郢雪”“郢篇”。楚·宋玉《对楚王问》：“客有歌于郢中者，其始曰《下里巴人》，国中属而和者数千人；其为《阳阿》《薤露》，国中属而和者数百人；其为《阳春》《白雪》，国中属而和者不过数十人；引商刻羽，杂以流徵，国中属而和者不过数人而已。是其曲弥高，其和弥寡。”

吟君白雪唱，惭愧巴人肠。（唐·李绅《奉酬乐天立秋夕有怀见寄》）

玉树唱 指亡国之曲；或咏亡国之恨。《陈书·皇后传》：“后主每引宾客对贵妃等游宴，则使诸贵人及女学士与狎客共赋新诗，互相赠答，采其尤艳丽者以为曲词，被以新声，选宫女有容色者以千百数，令习而歌之，分部迭进，持以相乐。其曲有《玉树后庭花》《临春乐》等，大指所归，皆美张贵妃、孔贵嫔之容色也。其略曰：‘璧月夜夜满，琼树朝朝新。’”

景阳钟、那闻旧响，玉树唱、空有余音。（宋·李纲《玉蝴蝶·万古秣陵江国》）

船舷悲唱 晋隐士夏统叩船高歌，风至沙扬。喻指疏放散淡的行为。《晋书·夏统传》：“（夏）统于是以足叩船，引声喉啭，清激慷慨，大风应至，含水漱天，云雨响集，叱咤欢呼，雷电昼冥，集气长啸，沙尘烟起。王公已下皆恐，止之乃已。”

不用船舷悲唱，真俯阑干小海，乐事可忘年。（宋·程大昌《水调歌头·坐上羽觞醽》）

畅（暢）chàng

古去声，二十三漾。逆辩～博～操～诞～涤～调～丰～敷～感～鼓～涵～亨～宏～鸿～简～交～静～开～快～烈～穆～内～旁～平～溥～洽～潜～轻～清～晴～曲～荣～融～散～赡～淑～疏～陶～恬～条～宛～遐～闲～详～晓～协～谐～忻～欣～休～虚～宣～逊～雅～夷～怡～远～昭～旨～顺～辨～草～道～毂～好～和～见～教～利～茂～明～目～洽～惬～情～塞～盛～适～遂～泰～心～叙～颜～怿～意～郁～远～月～志例皇臣力牧举，帝乐箫韶畅。（唐·王绩《古意六首》其六）涤濯神魂醒，幽怀舒以畅。（唐·韩愈《岳阳楼别窦司直》）

典**文畅** 代指文才不凡之人。《梁书·柳恽传》：“柳恽字文畅，河东解人也。少有志行，好学，善尺牍。……少工篇什。始为诗曰：‘亭皋木叶下，陇首秋云飞。’琅琊王元长见而嗟赏，因书斋壁。至是预曲宴，必被诏赋诗。尝奉和高祖《登景阳楼》中篇……深为高祖所美。”

儒行合为文畅侣，诗名雅作贯休孙。（宋·薛奎《寄金绳院正因大师》）

倡chàng ①领唱，唱歌。②倡导。③指歌谣。

逆表～持～酬～鼓～故～浩～建～旧～绝～客～乐～良～俍～梁～名～女～俳～肃～随～倜～戏～仙～先～幸～妍～营～优～游～作～顺～办～辩～酬～答～道～扶～工～国～和～呼～率～乱～论～明～谋～诺～始～首～随～序～言～扬～义～议～引～踊～作例风流岘首客，花艳大堤倡。（唐·韩愈《送李尚书赴襄阳八韵得长字》）赞获一声连朔漠，贺杯环骑舞优倡。（唐·韩偓《边上看猎赠元戎》）

怅（悵）chàng 郁闷，懊恼；不如意。

古去声，二十三漾。逆懊～悲～惭～恻～怅～怊～忡～惆～愁～悼～鲠～恨～觖～慨～快～悽～潸～叹～惋～罔～心～忻～怏～遗～郁～怨～追～顺～怅～惘～触～悼～而～尔～憾～恨～怀～悦～慨～悢～恋～然～人琴～如～塞～惋～罔～惘～望～惜～怏～悒例聚散本相因，离情自悲怅。（唐·赵冬曦《酬燕公出湖见寄》）江信久寂寥，楚云独惆怅。（唐·刘长卿《自鄱阳还道中寄褚征君》）

鬯chàng ①祭祀用酒。②香草名，即郁金香。③通“畅”。

古去声，二十三漾。逆匕～冲～鼎～丰～灌～圭～酣～鸿～介～巨～秬～流～裸～明～溥～曲～肆～缩～覃～条～晓～谐～宣～玄～玉～郁～主～顺～碍～草～达～弓～圭～浃～酒～茂～然～遂～通～罔～行～宣

创（創、刱、剏）chuàng ①创造，开创。②初始。③写作，创作。④惩戒。另见789页chuāng。

【古】去声，二十三漾。【逆】偿～惩～规～劝～伤～始～手～特～沿～营～肇～【顺】～辟～草～惩～出～楚～垂～荡～调～定～端～格～观～駴～化～迹～基～见～匠～局～例～生～述～体～图～兴～义～议～筑～撰～纂【例】生还真可喜，克己自惩创。（唐·韩愈《岳阳楼别窦司直》）都缘新卜筑，是事皆草创。（唐·陆龟蒙《记事》）

怆（愴）chuàng　悲伤。

【古】去声，二十三漾。【逆】哀～悲～惨～恻～澄～怆～摧～悼～感～耿～含～寒～憾～惊～离～凄～悽～悄～愀～钦～伤～酸～惋～【顺】～恻～楚～怆～怛～动～恨～怀～慌～惶～结～凉～虑～囊～凄～情～然～伤～神～思～痛～惋～心～恤～怏【例】缅怀多杀戮，顾此生惨怆。（唐·高适《自淇涉黄河途中作十三首》其七）往事勿追思，追思多悲怆。（唐·白居易《有感三首》其三）玉洞花光，金城柳眼，何用生凄怆。（宋·秦观《念奴娇·满天风雪》）

当（當）dàng　①恰当。②抵充。③当作。④认为。⑤抵押。⑥抵押物。⑦当铺。⑧事情发生的那个时间。另见789页dāng。

【古】去声，二十三樣。【逆】得～的～抵～过～精～碻～亭～行～押～允～至～【顺】～时～晚～夜

【典】**玉卮无当**　玉杯没有底。指当权者不注意保密，后比喻事物华丽而不合实用。亦作“玉巵无当”。《韩非子·外储说右上》：“一曰，堂谿公见昭侯曰：‘今有白玉之卮而无当，有瓦卮而有当，君渴，将何以饮？’君曰：‘以瓦卮。’堂谿公曰：‘白玉之卮美，而君不以饮者，以其无当耶？’君曰：‘然。’堂谿公曰：‘为人主而漏其群臣之语，譬犹玉卮之无当也。’”

玉卮无当不以注，白刃倒持安用铦？（明·王廷陈《行路难五首》其二）

荡（蕩）dàng　①摇动。激荡。②洗涤，清除。③冲杀，冲撞。④放纵，放浪。⑤洼地，湖沼。

【古】上声，二十二养。【逆】敖～傲～板～陂～崩～播～博～渤～逋～倡～潮～诞～澹～迭～燔～焚～覆～感～鼓～灌～酣～豪～皓～荷～豁～歼～矜～浸～镌～蠲～谲～旷～沦～茫～漭～靡～泯～摩～挠～泥～排～棲～骞～清～神～疏～述～骀～滔～淘～恬～佻～虚～泱～冶～怡～遗～轶～逸～英～诛～恣～纵～【顺】～惑～检～心～志～佚～子【例】楚邦有壮士，鄢郢翻扫荡。（唐·李白《酬裴侍御对雨感时见赠》）他日访江楼，含凄述飘荡。（唐·杜甫《八哀诗·故著作郎贬台州司户荥阳郑公虔》）

【典】**板荡**　《板》《荡》是《诗经·大雅》中的两篇，讥刺周厉王无道，败坏国家。后因以指政局变乱或社会动荡，也指统治者昏暴失道。《诗经·大雅·板》序云：“《板》，凡伯刺厉王也。”又《诗经·大雅·荡》序云：“《荡》，召穆公伤周室大坏也。厉王无道，天下荡荡，无纲纪文章，故作诗也。”

中原重板荡，玄象失钩陈。（唐·李商隐《送从翁东川弘农尚书幕》）

宕 dàng　①洞屋。②放纵，不受拘束。③漂泊，飘荡。④拖延，搁置。

【古】去声，二十三漾。【逆】褊～诞～浮～感～豪～骄～俊～阔～莽～排～砰～偏～奇～遒～奢～疏～骀～佻～推～颓～拖～嬉～雄～延～偃～雁～逸～游～鱼～纵～【顺】～宕～涤～丽～落～迈～冥～仆～说～往～延～佚～轶～逸～子

档（檔）dàng　①器物上起支撑固定或分隔作用的木条。②带格子的橱架，多用以存放案卷。③档案。④货物的等级。⑤方言，时间或空间上的空隙。

【逆】横～后～枷～卷～旗～行～【顺】～册～调～子

挡（擋）dàng　摒挡的挡。另见837页dǎng。

【古】去声，二十三漾。【逆】摒～搭～摊～

砀（碭）dàng　①有花纹的石头。②流荡。③砀山，地名。

【古】去声，二十三漾。又：下平，七阳，同。【逆】沆～芒～枪～萧～至～【顺】～骇～基～极～瑞～山～突【例】西风收暮雨，隐隐分芒砀。（唐·刘长卿《出丰县界寄韩明府》）

放 fàng

【古】去声，三十三漾。【逆】傲～骛～剥～驰～待～诞～点～顿～废～高～酣～宏～闳～隳～昏～检～简～骄～捐～蠲～决～宽～旷～沦～撇～迁～清～秋～遒～驱～饶～任～容～散～奢～舍～摄～沈～纾～疏～松～索～贪～闲～相～萧～凶～雄～虚～雅～湮～依～遗～幽～游～渊～原～忠～诛～贮～恣～【顺】～敖～傲～骛～笔～臂～魄～臣～斥～黜～颠～顿～发～伐～歌～皓～横～迹～殛～甲～驾～娇～教～绝～鞚～旷～溜～率～论～迈～眉～麛～免～蔑～囊～麑～迁～遣～青～身～神～失～弑～恕～谈～唐～桃～蹄～体～退～锡～徙～屣～闲～懈～勋～野～轶～意～溢～鹞～鹰～慵～游～宥～语～远～越～仗～棹～啖～志～浊～恣～醉【例】但使雏卵全，无令矰缴放。（唐·王绩《古意六首》其六）圣代休甲兵，吾其得闲放。（唐·高适《自淇涉黄河途中作十三首》其七）

【典】**天放**　谓放任自然而自得。《庄子·马蹄》：“彼民有常性，织而衣，耕而食，是谓同德；一而不党，命曰天放。”郭象注：“放之而自一耳，非党也，故谓之天放。”

还将旧曲，重赓新韵，须信吾侪天放。（宋·苏轼《鹊桥仙·乘槎归去》）

驩兜流放　比喻官员遭到流放贬职。《尚书·舜典》：“流共工于幽洲，放驩兜于崇山，窜三苗于三危，殛鲧于羽山，四罪而天下咸服。”

地尽炎荒瘴海头，圣朝今又放驩兜。（唐·裴夷直《崇山郡》）

杠（*槓）gàng　①较粗的棍子。②抬杠。另见791页gāng。

【逆】发～抬～箱～行～竹～【顺】～房～夫～铺

戆（戇）gàng　又读。另见862页zhuàng。

逛 guàng　外出闲游。

【逆】散～闲～游～【顺】～厂～荡～灯～景～庙～青～逸～悠～游

桄 guàng　织机横木。另见793

页 guāng。

逆门～木～树～梯～线～顺～充～关～颎～桔～子～综

沆hàng ①形容水面辽阔无边。②白色霭气。

古上声，二十二养。逆朝～尘～沆～鸿～莽～漭～麈～顺～砀～溉～沆～浪～茫～漭～瀣～瀁～泽

行hàng 行行，刚健貌。另见 813 页 háng、897 页 xíng、918 页 xìng。

古去声，二十三漾。逆行～

桁hàng 衣架。另见 886 页 héng。

古去声，二十三漾。逆衣～

晃huàng ①摇动。②闲逛。另见 838 页 huǎng。

逆荡～蹈～摇～悠～转～顺～荡～动～瀁～摇～曳～悠

将(將)jiàng ①将领。②率领。③能手，能人。④军衔名。另见 795 页 jiāng。

古去声，二十三漾。逆瞀～班～本～裨～宾～参～闯～出～典～斗～法～偾～奉～福～寒～汉～扞～豪～记～节～举～礼～林～逻～明～鸣～命～票～耆～遣～亲～荣～宂～儒～慎～生～诗～世～肃～素～宿～贪～突～仙～陷～枭～骁～虓～新～须～牙～衙～驿～逸～迎～营～云～智～仲～幢～佐～顺～弁～材～臣～官～家～将～类～礼～吏～领～令～率～略～门～器～事～帅～台～位～尉～相～星～行～用～御～种～佐例东走到营州，投身似边将。(唐·张谓《同孙构免官后登蓟楼》)疾禁千里马，气敌万人将。(唐·杜甫《杨监又出画鹰十二扇》)

典**飞将**　良将。《史记·李将军列传》："广居右北平，匈奴闻之，号曰'汉之飞将军'，避之数岁，不敢入右北平。"

但使龙城飞将在，不教胡马度阴山。(唐·王昌龄《出塞二首》其一)

干将　春秋时吴人干将曾为吴王阖闾造雌雄宝剑，雄名干将。后世常用作宝剑的代称。东汉·赵晔《吴越春秋·阖闾内传》："干将者，吴人也，与欧冶子同师，俱能为剑。越前来献三枚，阖闾得而宝之，以故使剑匠作为二枚：一曰干将，二曰莫邪。莫邪，干将之妻也。"

我闻音响异，疑是干将偶。(唐·元稹《说剑》)

仲将　三国魏韦诞字仲将，善书法，为草圣张芝弟子。代指善于书法之人。《三国志·魏书·刘劭传》："光禄大夫京兆韦诞。"裴松之注引《文章叙录》曰："诞字仲将，太仆端之子。有文才，善属辞章。……初，邯郸淳、卫觊及诞并善书，有名。"

仲将一点容升堂，佳哉秀句来一方。(宋·袁说友《谢惠补之送梁杲墨》)

白马将　泛指英勇善战的将领。《三国志·魏书·庞德传》："后亲与(关)羽交战，射羽中额。时德常乘白马，羽军谓之白马将军，皆惮之。"

櫜戈未肯下灵州，白马将军今白头。(宋·晁说之《送知府张路钤还阙》)

横行将　代指樊哙或指勇将，也借指率意而行之人。《史记·季布栾布列传》："单于尝为书嫚吕后，不逊，吕后大怒，召诸将议之。上将军樊哙曰：'臣愿得十万众，横行匈奴中。'"

愿斩横行将，请烹乾没儿。(宋·苏轼《故李承诚之待制六丈挽词》)

楼烦将　楼烦人善骑射，唐诗中用以代指善射的武士。《史记·灌婴列传》："所将卒斩楼烦将五人。"裴骃集解："李奇曰：'楼烦，县名，其人善骑射，故以名射士为楼烦，取其美称，未必楼烦人也。'张晏曰：'楼烦，胡国名也。'"

结交楼烦将，侍从羽林儿。(唐·李白《宣城送刘副使入秦》)

三明将　代指关西猛将。《后汉书·段颎传》："段颎，字纪明，武威姑臧人也。……颎少便习弓马，尚游侠，轻财贿，长乃折节好学。……初，颎与皇甫威明、张然明，并知名显达，京师称为'凉州三明'云。赞曰：山西多猛，'三明'俪踪。"

匹马寸金都谢绝，三明何必数西凉！(清·曾国藩《次韵何廉昉太守感怀述事十六首》其六)

山西将　指崤山以西地区多出名将，比喻人杰地灵。亦作"山西出将"。《汉书·赵充国辛庆忌传赞》："秦汉以来，山东出相，山西出将。"

阀阅山西旧将家，一官沦落向天涯。(宋·李觏《赠韩侍禁》)

诗礼将　指读书明礼、德才兼备的儒雅将帅。《左传·僖公二十七年》："冬，楚子及诸侯围宋，宋公孙固如晋告急。……于是乎蒐于被庐，作三军，谋元帅。赵衰曰：'郤縠可。臣亟闻其言矣，说礼、乐而敦《诗》《书》。《诗》《书》，义之府也。礼、乐，德之则也。德、义，利之本也。《夏书》曰：赋纳以言，明试以功，车服以庸。君其试之。'乃使郤縠将中军，郤溱佐之。"

齑盐倦客愁无褐，诗礼将军许赠袍。(宋·张耒《刘景文许惠毡裘未至督之》)

天上将　指用兵如神的将军。《汉书·周亚夫传》："亚夫下车，礼而问之。(赵)涉曰：'……且兵事上神密，将军何不从此右去，走蓝田，出武关，抵洛阳，间不过差一二日，直入武库，击鸣鼓。诸侯闻之，以为将军从天而下也。'太尉如其计。"

忽闻天上将，关塞重横行。(唐·陈子昂《和陆明府赠将军重出塞》)

疑虎将　李广疑石为虎而射之，后世用以指善射之人。《史记·李将军列传》："广出猎，见草中石，以为虎而射之，中石没镞，视之，石也。因复更射之，终不能复入石矣。广所居郡闻有虎，尝自射之。及居右北平射虎，虎腾伤广，广亦竟射杀之。"

几逢疑虎将，应逐犯牛仙。(唐·韩琮《兴平县野中得落星石移置县斋》)

紫髯将　代指孙权或借指勇敢英武的将帅。《三国志·吴书·孙权传》："权乘骏马越津桥得去。"裴松之注引《献帝春秋》："张辽问吴降人：'向有紫髯将军，长上短下，便马善射，是谁？'降人答曰：'是孙会稽。'辽及乐进相遇，言不早知之，急追自得，举军叹恨。"按，孙权于汉末曾任讨虏将军，领会稽太守。

紫髯将军晓射虎，吓杀胡儿箭似椽。(宋·陆游《军中杂歌》)

灞陵老将　见 835 页"亭逢李广"。

灞陵老将无功业，犹忆当时夜猎归。（唐·罗隐《题新榜》）

二十八将 指东汉开国时的二十八位有功将军，后因用为中兴大业叱咤风云的战将，亦泛指将帅之才。亦作"云台二十八将"。《后汉书·朱景王杜马刘傅坚马列传》："论曰：中兴二十八将，前世以为上应二十八宿，未之详也。然咸能感会风云，奋其智勇，称为佐命，亦各志能之士也。"

二十八人初上牒，百千万里尽传名。（唐·张籍《喜王起侍郎放牒》）

杀妻求将 代指忍心害理以追求功名利禄。《史记·孙子吴起列传》："吴起者，卫人也，好用兵。尝学于曾子，事鲁君。齐人攻鲁，鲁欲将吴起，吴起取齐女为妻，而鲁疑之。吴起于是欲就名，遂杀其妻，以明不与齐也。鲁卒以为将。将而攻齐，大破之。"

又不见吴起杀妻为求将，母死不奔心早丧。（清·路德《赵州》）

筑坛拜将 汉刘邦筑坛拜韩信为大将，后指拜某人为将帅；也比喻以极为隆重的礼仪引进或尊拥人才。亦作"登台拜将"。《史记·淮阴侯列传》："于是王欲召信拜之。何曰：'王素慢无礼，今拜大将如呼小儿耳，此乃信所以去也。王必欲拜之，择良日，斋戒，设坛场，具礼，乃可耳。'王许之。"

大军当时若相援，拜将岂得重筑坛。（明·刘溥《王将军昭忠诗》）

降jiàng 另见831页xiáng。

㊔去声，三降。㊣颁～播～差～冲～出～黜～诞～登～递～叠～笃～而～光～家～节～镌～考～科～坑～宽～鸾～沦～昴～逆～乞～谦～陞～腾～虬～攸～原～岳～賈～责～谪～陟～左～㊥～拜～笔～薄～差～尘～逮～典～发～服～符～割～龈～红～乩～箕～集～辑～跽～假～监～戬～饯～谏～鉴～精～眷～厘～礼～戾～廉～灵～龙～辂～路～冕～年～辇～辔～魄～情～辱～丧～杀～圣～贯～授～送～榻～体～替～委～物～锡～袭～玺～禧～贤～香～祥～形～宣～挹～意～饮～佑～侑～宥～舆～喻～责～真～秩～衷～祚

㊖**昴降** 相传汉相萧何为昴星之精降生。后世常因此代指汉萧何。亦作"萧何昴宿""星昴降""昴星"。《初学记》卷一引《春秋纬·佐助期》："汉相萧何，长七尺八寸，昴星精，生耳参漏，月角大形。"

已觉地灵因昴降，更闻川媚有珠生。（唐·韦庄《饶州余干县琵琶洲有故韩宾客宣城裴尚书修行》）

岳降 借指辅弼重臣或国家栋梁之才。《诗经·大雅·嵩高》："嵩高维岳，骏极于天。维岳降神，生甫及申。维申及甫，维周之翰。四国于蕃，四方于宣。"

武夷深处有台仙，岳降元肖六日前。（宋·王迈《寿彭簿》）

匠jiàng ①木工。②在某一方面造诣或修养很深的人。③巧妙的构思、规划。

㊔去声，二十三漾。㊣班～般～崇～楚～创～词～大～代～法～番～蕃～轨～化～将～巨～眉～巧～人～镕～山～师～时～史～世～硕～遂～天～妄～文～心～意～营～郢～渊～元～云～宰～哲～制～杍～梓～宗～㊥～笔～伯～成～工～户～化～画～骊～理～气～人～师～石～氏～世～手～思～心～学～意～营～郢～宰～者～指～质～斫～作㊕投吊伤昔人，挥斤感前匠。（唐·张九龄《九月九日登龙山》）

㊖**郢匠** 形容人技术高超或指文学巨匠，也指衡文取士的考官或砥砺切磋的师友。亦作"郢斤"。《庄子·徐无鬼》："庄子送葬，过惠子之墓，顾谓从者曰：'郢人垩漫其鼻端，若蝇翼，使匠石斫之。匠石运斤成风，听而斫之，尽垩而鼻不伤，郢人立不失容。'"

欲托毫素通殷勤，郢匠旁瞩难挥斤。（宋·秦观《别贾耘老》）

酱（醬）jiàng ①用发酵后的麦、豆等加盐制成的糊状调味品。②像酱样的糊状食品。

㊔去声，二十三漾。㊣败～蚌～赤～脯～覆～盖～醢～梅～醯～鱼～鲊～鲊片～菹～㊥～瓿～赤～匠～蒙～齐～清～色～物～甒～紫～酵㊕中盘进橙栗，投掷倾脯酱。（唐·韩愈《岳阳楼别窦司直》）

㊖**玄文覆酱** 形容著作没什么价值，不受人重视，多用于自谦之语。亦作"酱瓿玄"。《汉书·扬雄传下》："雄以病免，复召为大夫。家素贫，耆酒，人希至其门。时有好事者载酒肴从游学，而巨鹿侯芭常从雄居，受其《太玄》《法言》焉。刘歆亦尝观之，谓雄曰：'空自苦！今学者有禄利，然向不能明《易》，又如《玄》何？吾恐后人用覆酱瓿也。'"

骏骨正牵盐，玄文终覆酱。（唐·陆龟蒙《记事》）

绛（絳）jiàng ①深红色。②染为绛色。③草名。

㊔去声，三绛。㊣汾～浮～高～晋～浅～青～染～魏～渥～衣～紫～㊥～鞴～采～房～氛～雰～趺～跗～服～符～府～宫～灌～汗～河～侯～麾～简～节～蜡～老～笼～缕～罗～膜～囊～气～虬～阙～裙～生～树～台～天～帷～仙～绡～霄～烟～英～云～帻～帐～紫～驺㊕石攒丛兮云锦淙，波连珠兮文沓绛。（唐·卢鸿一《嵩山十志十首·云锦淙》）

㊖**魏绛** 魏绛为春秋时晋大夫，献"和戎"之策，八年中九合诸侯，佐晋悼公成霸业。后因以指"和戎"功臣或善于议和者。见《左传·襄公四年》。

廉颇仍走敌，魏绛已和戎。（唐·杜甫《投赠哥舒开府(翰)二十韵》）

强（*強、彊）jiàng ①坚韧，不柔和。②犟，固执。另见826页qiáng、840页qiǎng。

㊣憨～别～横～倔～蛮～木～㊥～悖～愎～魂～口～气～忮

虹jiàng 单用时又读。另见944页hóng。

糨（*糡）jiàng 糨糊的糨。

㊣洗～㊥～糊

抗kàng ①抵抗。②违抗。③匹敌。④支撑。⑤救援。⑥高尚。

㊔去声，二十三漾㊣暴～逋～不～酬～答～高～衡～激～娇～骄～角～狡～诘～狼～朗～浪～挠～强～清～让～贤～相～逊～支～㊥～表～兵～策～尘～词～答～殿

～浮～高～古～衡～喉～怀～迹～极～矫～节～进～旌～湾～绝～圹～朗～浪～棱～厉～迈～眉～拟～偶～魄～衾～情～然～身～声～世～手～首～疏～竦～玩～心～言～颜～扬～臆～音～隐～越～脏～章～折～正～直～志～质～坠～足例公固论形势，衮衮到逊抗。（宋·楼钥《送张定叟尚书镇襄阳》）

炕 kàng ①烧烤，烘烤。②断绝。③北方用土坯或砖砌成的床。

古去声，二十三漾。逆爊～地～护～火～骄～熏～炙～坐～顺～暴～几～屏～琴～寝～梢～席～阳～枕

亢 kàng ①高。②举。③高傲。④遮蔽，庇护。⑤干燥，干旱。⑥极，过甚。⑦二十八宿之一。另见 792 页 gāng。

古去声，二十三漾。逆傲～骜～督～孤～简～蹇～骄～角～矫～颉～郎～狼～愆～潜～重～顺～昂～暴～藏～辞～答～轭～怫～扞～暵～衡～悔～急～见～节～进～朗～礼～厉～亮～龙～满～眉～木～强～热～山～爽～言～炎～扬～阳～旸～意～毅～燥～直～志～壮～宗例屠龙破千金，为艺亦云亢。（唐·韩愈《岳阳楼别窦司直》）

典**角亢** 二十八宿中角宿与亢宿的合称，古代认为是寿星，后因用来喻指长寿。《尔雅·释天》："寿星，角、亢也。"郭璞注："数起角亢，列宿之长，故曰寿。"

寿星合在角亢旁，为尔来临翼轸乡。（宋·项安世《十七弟生日用其韵》）

伉 kàng ①匹敌，相等。②承担。③高大。④高尚，正直。⑤通"抗"，抵挡。

古去声，二十三漾。逆暴～比～高～简～骄～伉～魁～郎～狼～朗～阆～强～爽～顺～暴～合～衡～健～礼～俪～偶～声～王～行～音～壮例狂歌互喧传，醉舞迭阆伉。（宋·苏舜钦《及第后与同年宴李丞相宅》）

犺 kàng ①健壮的狗。②健壮。③刺猬。

逆狼～

矿（礦、*鑛）kuàng ①矿石。②矿床。③开采矿物的场所。

古上声，二十三梗。逆顽～紫～顺～夫～璞～镤～穴～直例相国生南纪，金璞无留矿。（唐·杜甫《八哀诗·故右仆射相国张公九龄》）

况（況）kuàng ①比，比方。②情形。③副词，更加。④连词，何况。⑤通"贶"，赐予。

古去声，二十三漾。逆报～鄙～臻～德～订～而～官～宦～嘉～景～境～客～来～赉～旅～譬～贫～岂～清～世～事～无～相～兴～形～雅～意～准～自～顺～瘁～复～古～乎～汉～老～乃～趣～荣～施～味～于例魂交复目断，缥缈难比况。（唐·权德舆《杂诗五首》其二）泓澄湛凝绿，物影巧相况。（唐·韩愈《岳阳楼别窦司直》）

旷（曠）kuàng ①明朗，开朗。②广大，空阔。③荒废，耽搁。④久远，遥远。⑤男子到了成年没有妻室。⑥相互配合的物件之间空隙过大。

古去声，二十三漾。逆弛～冲～怠～孤～瞽～豪～浩～闳～洪～华～隳～简～魁～夔～离～凉～寥～弥～凝～青～清～省～师～疏～岁月～恬～通～芜～稀～遐～暇～闲～显～胸襟～雄～秀～虚～轩～雅～淹～夷～遗～殷～远～怨～昭～照～榛～阻～顺～奥～抱～别～弛～达～代～诞～淡～澹～度～惰～额～恩～隔～瘝～癏～贵～怀～痡～济～霁～竭～居～绝～快～廓～礼～亮～卤～迈～莽～漭～谧～渺～邈～年～阙～然～任～失～适～疏～岁～望～位～芜～误～衍～瀁～叶～仪～夷～遗～逸～载～瞻～坠～拙例白首无子孙，一生自疏旷。（唐·刘长卿《自鄱阳还道中寄褚征君》）谁言世缘绝，更惜知音旷。（唐·钱起《独往覆釜山寄郎士元》）

典**牙旷** 伯牙与师旷的合称，二人都是擅长音乐的人。后世喻指精通音律、品行高洁之士。《汉书·叙传上》："若乃牙、旷清耳于管弦。"颜师古注："牙，伯牙也。旷，师旷也。"

工师小贱牙旷稀，不辨邪声嫌雅正。（唐·元稹《和李校书新题乐府十二首·华原磬》）

纩（纊）kuàng 丝绵絮。

古去声，二十三漾。逆白～充～楚～统～耳～衡～夹～缣～醪～旒～绵～衾～丝～黈～纤～挟～缯～属～顺～服～纮～绵～息～絮～衣～缯例飞廉戢其威，清晏息纤纩。（唐·韩愈《岳阳楼别窦司直》）瘦骨倍加寒，徒为厚缯纩。（唐·陆龟蒙《记事》）

典**冕旒黈纩** 指君王应该明目达聪、体察下情。《汉书·东方朔传》载《答客难》："故曰：'水至清则无鱼，人至察则无徒，冕而前旒，所以蔽明；黈纩充耳，所以塞聪。'"颜师古注："黈，黄色也。纩，绵也。以黄绵为丸，用组悬之于冕，垂两耳旁，示不外听。"

蹇旒去耳纩，调和进梅盐。（唐·韩愈《苦寒》）

框 kuàng

古《广韵》：平声，阳韵。逆边～门～顺～定

眶 kuàng 眼眶。

古下平，七阳。逆目～眼～顺～睫间

贶（貺）kuàng ①赐予，赠。②赐赠之物。

古去声，二十三漾。逆拜～报～宠～赐～答～恩～符～干～鸿～厚～宦～惠～寄～嘉～君～馈～来～礼～灵～隆～明～冥～辱～神～施～淑～私～玄～学～雅～音～幽～赠～珍～重～顺～别～赐～饯～馈～临～施～室～寿～遗～佑～赠例衔环结草必须偿，终为犬马酬恩贶。（明·沈受先《三元记·博施》）

圹（壙）kuàng ①墓穴。②原野。③通"旷"。荒废；久远。

古去声，二十三漾。逆成～出～抗～圹～墓～舌～寿～兽走～无～新～野～幽～志～冢～顺～圹～埌～僚～茔～虚～野～远～兆～志

邝（鄺）kuàng 姓。

浪 làng 另见 821 页 láng。

古去声，二十三漾。逆跋～摆～崩～博～鼍～翠～沓～恶～鳄～负

～洸～骇～黑～横～荒～豁～积～健～蛟～惊～鲸～伉～抗～扣～旷～洴～垒～磊～连～聊～林～淋～柳～绿～漫～茫～莽～孟～谬～轻～秋～软～涩～蜃～束～素～宿～踏～桃～跳～颓～望～纹～雪～谑～游～鱼～玉～月～跃～炙～顺～猜～愁～传～船～当～宕～道～度～梗～广～华～剑～井～侃～客～莽～孟～沫～木～沤～跄～桥～穹～然～蕊～说～态～投～闻～翁～喜～谑～言～桅～游～语～战～掷～拽～子～走例古壁苔入云，阴溪树穿浪。（唐·钱起《独往覆釜山寄郎士元》）争多逐胜纷相向，时转兰桡破轻浪。（唐·刘禹锡《采菱行》）幽埋尽洸洸，滞旅免流浪。（唐·孟郊《吊元鲁山》）

典**三千击浪** 形容立志高远，奋发有为。《庄子·逍遥游》："鹏之徙于南冥也，水击三千里，抟扶摇而上者九万里。"

三千初击浪，九万欲抟空。（唐·明皇帝《巡省途次上党旧宫赋》）

禹门桃花浪 指应试或登科的举子。亦作"禹门桃浪"。辛氏《三秦记》："龙门山，在河东界。禹凿山断门阔一里余。黄河自中流下，两岸不通车马。每岁季春，有黄鲤鱼，自海及渚川争来赴之。一岁中，登龙门者，不过七十二。初登龙门，即有云雨随之，天火自后烧其尾，乃化为龙矣。"又，"河津一名龙门，桃花浪起，江海鱼集龙门下，跃而上之。"

禹门已准桃花浪，月殿先收桂子香。（宋·辛弃疾《鹧鸪天·白苎新袍入嫩凉》）

阆（閬）làng ①门高，泛指高大。②空隙。③隍，无水的城壕。另见821页láng、839页lǎng。

古去声，二十三漾。逆崑～辽～蓬～土～瀛～重～顺～颠～风～宫～邱～阙～山～苑例何由振玉衣，一举栖瀛阆。（唐·陆龟蒙《奉和袭美公斋四咏次韵·鹤屏》）争讶金华佳父子，飞下蓬莱昆阆。（宋·冯取洽《贺新郎·二老交相访》）

典**峤壶蓬阆** 指古代神话中的仙山员峤、方壶、蓬莱、阆风。《列子·汤问》："渤海之东，不知几亿万里，有大壑焉。……其中有五山焉：一曰岱舆，二曰员峤，三曰方壶，四曰瀛洲，五曰蓬莱。"

漫说神仙华屋好，缥缈峤壶蓬阆。（宋·冯取洽《贺新郎·往事休寻访》）

亮 liàng

古去声，二十三漾。逆灿～澈～诚～笃～端～方～俯～辅～耿～梗～鲠～公～涵～简～鉴～警～利～俐～浏～流～谦～韶～深～释～淑～疏～恕～爽～铄～贤～协～醒～婞～耀～翊～翼～寅～夤～瑜～庾～允～崭～贞～直～忠～灼～顺～拔～弼～采～督～察～彻～达～德～隔～槅～怀～迹～济～节～荩～溜～摩～气～爽～飔～头～许～照～直～钟例发秋青山夜，目断丹阙亮。（唐·孟郊《吊元鲁山》）烛花侵雾暗，瑟调寒风亮。（唐·杨衡《将之荆州南与张伯刚马惣钟陵夜别》）

典**庾亮** 见928页"庾公"。

庾亮楼头今夜好，张骞槎上几人归。（清·吴栻《中秋夜独酌》）

陶元亮 陶渊明不为五斗米折腰，后世喻指不向权贵低头、重返田园的隐士。亦作"元亮"。《晋书·陶潜传》："陶潜，字元亮……潜少怀高尚，博学善属文，颖脱不羁，任真自得，为乡邻之所贵。……以亲老家贫，起为州祭酒，不堪吏职，少日自解归。州召主簿，不就，躬耕自资，遂抱羸疾。……郡遣督邮至县，吏白应束带见之，潜叹曰：'吾不能为五斗米折腰，拳拳事乡里小人邪！'义熙二年，解印去县，乃赋《归去来兮辞》。"

漉酒陶元亮，名传尚有巾。（宋·戴表元《偶得巾样问老匠云正古漉酒巾也》）

量 liàng ①古代指测量物品多少的器物。②容纳或承受的限度。③度量。④数量。⑤估计，衡量。另见822页liáng。

古去声，二十三漾。逆陂～比～贬～褊～步～猜～操～程～秤～筹～带～端～方～杚～格～谷～轨～痕～弘～极～嘉～检～讲～节～矜～襟～论～密～谋～盘～品～评～齐～宇～浅～轻～情～躯～全～权～诠～铨～摧～绳～识～殊～硕～伟～蜗～宪～心～涯～议～逸～意～盈～逾～斟～酌～自～顺～猜～材～处～敌～定～罚～放～给～功～核～检～简～交～斸～决～揆～识～实～试～授～校～移～议～知～置～衷例常恐君不察，匣中委清量。（唐·张说《咏镜》）有酒今满盈，愿君尽弘量。（唐·韦应物《扈亭西陂燕赏》）

典**山涛识量** 喻指能识别、举荐贤才之人。亦作"山公鉴"。《晋书·山涛传》："涛再居选职十有余年，每一官缺，辄启拟数人……涛所奏甄拔人物，各有题目，时称《山公启事》。"任昉《为范尚书让吏部封侯第一表》："在魏则毛玠公方，居晋则山涛识量。"

新交得山涛，磊落多识量。（宋·郭印《次韵宋南伯见贻之什》）

谢安雅量 指谢安处事从容得体，度量宽宏。《晋书·谢安传》："尝与孙绰等泛海，风起浪涌，诸人并惧，安吟啸自若。舟人以安为悦，犹去不止。风转急，安徐曰：'如此将何归邪？'舟人承言即回。众咸服其雅量。"

谢安涵雅量，叔夜赋刚肠。（宋·毛滂《水调歌头·谢安涵雅量》）

谅（諒）liàng ①诚信，信实。②固执。③体谅。④料想。

古去声，二十三漾。逆弼～不～察～垂～打～端～鲠～简～矜～宽～悯～清～曲～容～恕～体～小～易～寅～友～宥～愿～约～贞～直～忠～子～顺～暗～察～节～解～情～实～士～阴～宥～直例颠沈在须臾，忠鲠谁复谅。（唐·韩愈《岳阳楼别窦司直》）

辆（輛）liàng 量词。

逆百～兼～舆～

喨 liàng 声音高亢清远。

逆嘹～响～

凉（涼）liàng ①辅佐。②使变凉。另见822页liáng。

顺～暗～贰～阴

晾 liàng ①晒东西。②搁置，冷落。

逆吹～晒～顺～墒～夏～鹰

踉liàng 另见 821 页 láng、823 页 liáng。
古《广韵》：去声，漾韵。逆跄～顺～锵

齉nàng 鼻塞不通气。
顺～鼻

酿(釀)niàng ①利用发酵作用制造。②酒。③比喻逐渐形成。
古去声，二十三漾。逆炽～楚～醇～村～都～酤～家～酴～醅～郫～市～私～屠苏～酴醾～猥～下～小～新～楦～野～翳～郁～造～斋～重～顺～采～辞～寒～花～祸～乱～泉～事～肆～瓮～雪～郁～泽例何时故山里，却醉松花酿。(唐·刘长卿《奉使新安》)开筵交履舄，烂漫倒家酿。(唐·韩愈《岳阳楼别窦司直》)万里长安回首望。山四向。澄江日色如春酿。(宋·晁冲之《渔家傲·浦口潮来沙尾涨》)

典倾家酿 倾尽家中之酒供人饮用，后以此典形容诚心以酒待人。亦作“欲倾家酿”“付家酿”“倾家酿酒”“刘惔倾酿”。《世说新语·赏誉》：“刘尹云：‘见何次道饮酒，使人欲倾家酿。’”《晋书·何充传》：“充能饮酒，雅为刘惔所贵。惔每云：‘见次道饮，令人欲倾家酿。’言其能温克也。”

力贫未办倾家酿，一酌亲颜也自欢。(宋·程公许《丙子重阳触事有赋绝句七》其二)

乌程新酿 乌程盛产美酒，后世常用以指代美酒。晋·张协《七命》：“乃有荆南乌程、豫北竹叶。”李善注：“盛弘之《荆州记》曰：‘渌水出豫章康乐县。其间乌程乡，有酒官取水为酒，酒极甘美。’”

千古乌程新酿美，玉觞风过粼粼。(宋·葛胜仲《临江仙·千古乌程新酿美》)

胖(*胮)pàng 另见 626 页 pán。
古去声，十五翰。逆膴～黄～青～顺～胀～壮

呛(嗆)qiàng 刺激呼吸。另见 797 页 qiāng。
逆够～顺～劲

跄(蹌、*蹡)qiàng 踉跄，跌跌撞撞，走路不稳。另见 797 页 qiāng。
逆踉～顺～捍～跄 例圣道庶经营，世途多踉跄。(唐·陆龟蒙《记事》)

戗(戧)qiàng ①支撑。②大堤外围对大堤起加固和保护作用的小堤。③支撑用的木头。④嵌进，填充。另见 797 页 qiāng。
逆撑～当～顺～金～柱

炝(熗)qiàng 一种烹饪法。

让(讓)ràng ①责备，责问。②谦让；退让。③推辞。④请，叫。⑤听任。
古去声，二十三漾。逆卑～薄～布～冲～慈～辞～诋～放～高～诟～固～诃～抟～诲～集～讲～交～胶～诘～牢～廉～民～逆～谴～诮～趋～仁～讪～擅～饰～嗣～肃～孙～恬～威～伪～信～諠～讯～揖～余～禹～豫～怨～质～诛～宗～诅～顺～辟～表～长～齿～登～帝～陵～居～爵～抗～禀～陆～禄～名～畔～品～谦～诮～衢～生～事～书～田～衅～叙～勖～揖～挹～章例临财不苟取，推分固辞让。(唐·李白《陈情赠友人》)傲春迟放。百卉皆推让。(宋·王十朋《点绛唇·庭院深深》)

典三让 指周泰伯三次以天下让其弟季历之事。亦作“泰伯让”。《论语·泰伯》：“子曰：‘泰伯，其可谓至德也已矣。三以天下让，民无得而称焉。’”邢昺疏引郑玄注云：“泰伯，周太王之长子，次子仲雍，次子季历。太王见季历贤，又生文王，有圣人表，故欲立之。而未有命。太王疾，泰伯因适吴越采药，太王殁而不返。季历为丧主，一让也；季历赴之，不来奔丧，二让也；免丧之后，遂断发文身，三让也。”

盛德弘三让，雄图枕九围。(唐·骆宾王《夕次旧吴》)

禹让 禹辞让帝位未成，遂即帝位，后世因用以指皇帝即位时的做派。《书·大禹谟》：“禹曰：‘枚卜功臣，唯吉之从。’……禹拜稽首，固辞，帝曰：‘毋，唯汝谐。’”孔安国传：“枚谓历，卜之而从其吉，此禹让之志。”

伊皋争负鼎，舜禹让垂旒。(唐·徐夤《依御史温飞卿华清宫二十二韵》)

瀼ràng ①流入江河的山溪水流。②水名。另见 827 页 ráng。
逆夔～顺～河～水～云

丧(喪、*丧)sàng ①失去。②逃亡。③忧伤，沮丧。④死亡。另见 798 页 sāng。
古去声，二十三漾。逆懊～悲～胆～悼～得～雕～废～忿～蛊～魂～沮～亏～愧～沦～恼～缺～弱～失～遗～賨～斫～阻～顺～胆～夺～斧～覆～纪～检～精～沮～律～没～门～灭～明～佩～魄～仆～躯～人～身～师～室～逝～亡～惘～陷～元～志～资例伊余孤且直，生平独沦丧。(唐·郑世翼《登北邙还望京洛》)谁念复刍狗，山河独偏丧。(唐·卢照邻《奉使益州至长安发钟阳驿》)干惟画肉不画骨，忍使骅骝气凋丧。(唐·杜甫《丹青引赠曹将军霸》)

典徐陈丧 “徐陈”为徐干、陈琳的合称。二人均属“建安七子”，受到曹氏父子的赏识与礼遇，同时死于疫病。后喻指有文才的幕宾的谢世。曹丕《与吴质书》：“昔年疾殁，亲故多离其灾。徐、陈、应、刘，一时俱逝。”

鲁卫弥尊重，徐陈略丧亡。(唐·杜甫《戏题寄上汉中王三首》其三)

斯文未丧 孔子在匡地被拘禁，认为上天不会消灭文化，因而自己作为文化的代表也不会遭到不幸。后咏叹文士的命运。《论语·子罕》：“子畏于匡，曰：‘文王既没，文不在兹乎？天之将丧斯文也，后死者不得与于斯文也；天之未丧斯文也，匡人其如予何？’”

斯文未丧予何畏，举世随流我独清。(宋·魏天应《和叠山先生韵》)

上shàng 另见 841 页 shǎng。
古去声，二十三漾。又：上声，二十二养异。逆安～傲～半～暴～倍～逼～鼻～查～斥～当～道～陡～遁～恶～番～赴～孤～贵～豪～濠～河梁～会～昏～娇～襟～谨～进～俊～焜～老～离～畳～凌～陵～令～隆～迈～劘～绵～明～犛～濮～怯～青云～遒～瞿～锐～讪～设～泗～腾～体～罔～污～诬～溪～相～享～霄～嚣尘～修～秀～炎～圯～卓～顺～摈～

晡～材～苍～池～齿～除～蔟～盗～邸～第～辅～功～古～衮～浣～澥～跻～隮～驾～槛～江～界～军～牢～厉～烈～灵～陵～偻～禄～戮～旅～略～妙～迁～荨～窍～穹～秋～壤～仁～衽～荣～瑞～刹～舍～世～驷～嗣～愬～遂～田～停～味～系～弦～宪～襄～详～庠～翔～项～信～寻～肴～意～囿～臾～愚～雨～御～圆～愿～宰～造～宅～知～指～志～秩～冢～昼～资～宗～族～罪～樽～佐㊀孤岛轻雾里，行舟白波上。（唐·赵冬曦《陪张燕公登南楼》）返景入深林，复照青苔上。（唐·王维《鹿柴》）驻马欲分襟，清寒御沟上。（唐·崔兴宗《留别王维》）

典绵上　春秋时晋国的介之推有功不受禄赏，与其母隐居于绵上山中，后因以指隐居。《左传·僖公二十四年》："晋侯赏从亡者，介之推不言禄，禄亦弗及。"后介之推与母偕隐，"遂隐而死。晋侯求之，不获，以绵上为之田，曰：'以志吾过，且旌善人。'"

欲追绵上隐，况近子平村。（唐·李德裕《近于伊川卜山居》）

濮上　古地名，旧时多以庄子垂钓濮上形容游心物外的逸士。《庄子·秋水》："庄子钓于濮水，楚王使大夫二人往先焉，曰：'愿以境内累矣。'"

吴中试良守，濮上继嘉声。（宋·苏辙《故濮阳太守赠光禄大夫王君正路挽词二首》其二）

十上　指多次上书言事。后世因用以形容奔走功名，其志不遂，困窘难耐。《战国策·秦策一》："（苏秦）说秦王书十上而说不行。黑貂之裘敝，黄金百斤尽，资用乏绝，资用乏绝，去秦而归。羸縢履蹻，负书担橐，形容枯槁，面目犁黑，状有归色。归至家，妻不下纫，嫂不为炊，父母不与言。苏秦喟叹曰：'妻不以为为夫，嫂不以我为叔，父母不以我为子，是皆秦之罪也！'"

计偕十上竟无成，忽忆岩居便独行。（唐·权德舆《送殷卿罢举归淮南旧居》）

乘桴海上　喻指避世隐遁。《论语·公冶长》："子曰：'道不行，乘桴浮于海。从我者，其由与？'子路闻之喜。"

浮名何足道，海上堪乘桴。（唐·岑参《酬成少尹骆谷行见呈》）

挥金陌上　秋胡调戏桑间女子，以黄金诱之。后世用以指轻浮无德的男子。见《列女传·鲁秋洁妇》。

挥金陌上郎，化石山头妇。（宋·贺铸《陌上郎·西津海鹘舟》）

鹡鸰原上　比喻兄弟友爱，急难相顾。亦作"脊令"。《诗经·小雅·常棣》："凡今之人，莫如兄弟。死丧之威，兄弟孔怀。原隰裒矣，兄弟求矣。脊令在原，兄弟急难。每有良朋，况也永叹。兄弟阋于墙，外御其务。每有良朋，烝也无戎。"

回首鹡鸰原上路，感怀赢得泪沾衣。（宋·刘学箕《二月二日东屯感怀》）

荆州座上　王粲在刘表处做客，喻指漂泊而不得展志。见474页"王粲登楼"。

想荆州座上，消磨岁月，唐风集里，收卷波澜。（宋·陈人杰《沁园春·把酒西湖》）

钱流地上　形容钱多得像水在地上流，比喻富有或指人善于理财。见《新唐书·刘晏传》。

尊前花落愁赊酒，地上钱流错认苔。（宋·虞俦《再用韵简王簿》）

三生石上　唐代李源与高僧圆泽禅师相约来世相见的故事。借指前世姻缘，来世重新缔结。据唐·袁郊《甘泽谣·圆观》：唐代李源和圆观是好友，圆观圆寂之前，和李约定，待他死后十二年，在杭州天竺寺相见。至期，李前往寺前践约，遇一牧童唱道："三生石上旧精魂，赏月吟风不要论。惭愧情人远相访，此身虽异性常存。"这个牧童就是圆观的托身。

一笑相逢同领会，三生石上不须猜。（清·德溥《黄山慈光寺》）

桑间濮上　桑间在濮水之上，古代卫国之地。原指淫邪音乐流行之地，后作男女幽会之所。《礼记·乐记》："桑间濮上之音，亡国之音也，其政散，其民流。"注："濮水之上，地有桑间者，亡国之音于此之水出也。昔殷纣使师延作靡靡之乐，已而自沉于濮水。"

稍提阙里西河意，尽扫桑间濮上音。（宋·曹勋《用徐谏议韵上谢参政》）

诗书马上　指取得治理天下的文才武略，借指文治与武功。亦作"安事诗书""刘郎马上"。《史记·郦生陆贾列传》："陆生时时前说称《诗》《书》。高祖骂之曰：'乃公居马上而得之，安事诗书？'陆生曰：'居马上得之，宁可以马上治之乎？汤、武逆取而以顺守之，文武并用，长久之术也。'"

长喜刘郎马上，肯听诗书说。（宋·辛弃疾《六么令·酒群花队》）

韦娘局上　唐中宗韦皇后曾与武三思博戏御床之上，后世比喻帝王对后妃的极尽宠爱或用以咏博戏。《新唐书·中宗韦皇后传》："中宗庶人韦氏，京兆万年人。……是时，上官昭容与政事，方敬晖等欲尽诛诸武，武三思惧，乃因昭容入请，得幸于后，卒谋晖等诛之。初，帝幽废，与后约：'一朝见天日，不相制。'至是与三思升御床博戏，帝从旁典筹，不为忤。三思讽群臣上后号为顺天皇后。"

武媚宫中，韦娘局上，休把兴亡记。（宋·辛弃疾《念奴娇·少年横槊》）

熙熙台上　比喻热闹非凡、令人愉快的情景。《老子》第二十章："众人熙熙，如享太牢，如春登台。"

熙熙台上柳青青，众乐亭前松植植。（宋·郑侠《上曹大夫》）

萧关北上　喻指帝王巡行。《汉书·武帝纪》："（元封）四年冬十月，行幸雍，祠五畤。通回中道，遂北出萧关，历独鹿、鸣泽，自代而还，幸河东。"

萧关迷北上，沧海欲东巡。（唐·杜甫《伤春五首》其四）

燕巢幕上　燕子将巢筑在幕帘上，比喻极其危险的处境。《左传·襄公二十九年》："（吴季札）自卫如晋，将宿于戚，闻钟声焉，曰：'异哉！吾闻之也，辩而不德，必加于戮。夫子获罪于君以在此，惧犹不足，而又何乐？夫子之在此也，犹燕之巢于幕上，君又在殡，而可以乐乎！'遂去之。文子闻之，终身不听琴瑟。"

燕巢幕上终非计，雉畜樊中政可怜。（宋·刘著《至日》）

蚁旋磨上 原指蚁随磨行，后指沉迷世故，毕生劳碌。《晋书·天文志》："日月实东行，而天牵之以西没。譬之于蚁行磨石之上，磨左旋而蚁右去，磨疾而蚁迟，故不得不随磨以左回焉。"

人生蚁旋磨，世故鸟印空。（宋·王炎《游南山寺题澹轩》）

尚 shàng ①上。②攀附匹配，专指娶公主为妻。③久远。④推崇。⑤喜好。⑥风尚。⑦主管。

㊀去声，二十三漾。㊁操～畅～耽～砥～笃～概～格～故～贵～豪～畸～嘉～健～骄～节～矜～襟～旌～敬～理～凌～履～齐～器～钦～清～情～趋～趣～荣～弱～奢～神～嗜～殊～衰～俗～夙～素～宿～台～推～微～遐～信～修～选～循～雅～业～仪～营～犹～杂～志～壮～㊂～白～齿～辞～尔～甫～父～古～口～论～年～平～气～卿～然～同～文～武～行～玄～犹～猷～友～远～章～志～子～自㊃自为本疏散，未始忘幽尚。（唐·张九龄《九月九日登龙山》）良友垂真契，宿心所微尚。（唐·陶翰《望太华赠卢司仓》）后世称其贤，英风邈难尚。（唐·李白《陈情赠友人》）

㊄**靳尚** 战国时楚国嬖臣，离间楚怀王与屈原的关系，使屈原遭到迫害，后世常用作奸佞之臣的代称。见《史记·屈原贾生列传》。

欲慰灵均恨，先烧靳尚祠。（唐·徐凝《浙西李尚书奏毁淫昏庙》）

趟 tàng ①量词。②步伐，步子。

㊁一～这～㊂～马～主

烫（燙）tàng 烫金、烫酒的烫。

㊁光～滚～㊂～花～酒～热

望 wàng ①看，远看。②视野。③名望。④古指祭祀山川。⑤埋怨，责怪。⑥希望，盼望。

㊀去声，二十三漾。又：下平，七阳，同。㊁贬～标～博～柴～称～骋～驰～待～旦～断～丰年～伏～鹄～归～瑰～国～豪～鹤～华～槐～徽～恚～晦～绩～羁～冀～繄～洁～巨～隽～眷～俊～畯～旷～岿～魁～隆～满～弥～眄～攀～蒲～跂～清～群～荣～赏～生～师～势～庶～硕～素～问～骛～息～睎～贤～忻～形～雄～雅～延～野～仪～意～懿～迎～盈～誉～韫～詹～秩～凖～卓～姿～资～㊂～拜～表～参～尘～祠～地～夷～帝～阀～氛～竿～国～衡～后～杏～获～祭～紧～苴～沮～绝～郡～空～礼～寮～燎～邻～橹～路～履～慕～祈～秋～实～舒～祀～岁～台～望～慰～幸～悬～雅～言～衍～佯～洋～养～夜～意～瘗～鱼～誉～苑～镇～重～胄～柱～宗㊃跻险方未夷，乘春聊骋望。（唐·卢照邻《奉使益州至长安发钟阳驿》）归舟归骑俨成行，江南江北互相望。（唐·王勃《秋江送别二首》其二）夜夜闻悲笳，征人起南望。（唐·崔融《关山月》）

㊄**东人望** 东人，原指周代东方诸侯国的居民，后世代指陕西以东地区的居民。后世用"东人望"比喻对帝王行幸的盼望。《诗经·小雅·大东》："东人之子，职劳不来；西人之子，粲粲衣服。"《毛诗序》曰："《大东》，刺乱也。东国困于役而伤于财，谭大夫作是诗以告病。"毛氏传："东人，谭人也。……西人，京师人也。"

东人望幸久咨嗟，四海于今是一家。（唐·李商隐《旧顿》）

黄琼望 本指东汉黄琼受到百姓爱戴，后世常用以称美当朝重臣。《后汉书》卷六十一《黄琼传》："黄琼，字世英，江夏安陆人。……永兴元年，迁司徒，转太尉。梁冀前后所托辟召，一无所用。……梁冀既诛，琼首居公位，举奏州郡素行贪污至死徙者十余人，海内由是翕然望之。"

华表廖王墓，菜地黄琼家。（唐·刘禹锡《晚岁登武陵城顾望水陆怅然有作》）

门闾望 比喻父母盼望子女归来的殷切心情。《战国策·齐策六》："王孙贾年十五，事闵王。王出走，失王之处。其母曰：'女朝出而晚来，则吾倚门而望；女暮出而不还，则吾倚闾而望。女今事王，王出走，女不知其处，女尚何归？'王孙贾乃入市中，曰：'淖齿乱齐国，杀闵王，欲与我诛者，袒右！'市人从者四百人，与之诛淖齿，刺而杀之。"

不记江城分袂初，几年东北望门闾。（宋·仲并《送郑公老少卿赴吉州三首》其三）

太公望 指吕尚。亦代指辅弼重臣。亦作"吕望""师望"。

八旬已过太公望，一旦俱为冥漠君。（宋·方回《闻汪翔甫八月十日卒》）

西陵望 喻指帝王之死；或形容霸业消逝，追吊怀古。三国魏·曹操《遗令》："吾婢妾与伎人皆勤苦，使著铜雀台，善待之。于台堂上安六尺床施繐帐，朝晡上脯备之属，月旦、十五日，自朝至午，辄向帐中作伎乐。汝等时时登铜雀台，望吾西陵墓田。"

试望西陵松柏里，夜来孤月为谁明。（清·梁佩兰《邺中》）

张博望 张骞曾封博望侯，唐诗中常用以喻指出境使臣。亦作"张骞"。《史记·卫将军骠骑列传》："将军张骞，以使通大夏，还，为校尉。从大将军有功，封为博望侯。三岁，为将军，出右北平，失期，当斩，赎为庶人。"

谁道我随张博望，悠悠空外泛仙槎。（唐·韦庄《夏口行寄婺州诸弟》）

篱边怅望 晋代隐士陶渊明曾因重阳无酒而坐在篱边惆怅，指陶渊明嗜酒，也泛指人喜爱饮酒。亦作"无酒成怅望"。南朝宋·檀道鸾《续晋阳秋》："陶潜九日无酒，出篱边怅望久之，见白衣人至，乃王弘送酒使也。即便就酌，醉而后归。"

黄菊篱边无怅望，白云乡里有温柔。（宋·苏轼《浣溪沙·画隼横江喜再游》）

忘 wàng ①忘记。②遗漏，舍弃。另见 831 页 wáng。

㊀下平，七阳。又：去声，二十三漾，同。㊁病～不～诚～大～忽～昏～捐～空～两～慢～弭～撇～迁～愆～阙～三～善～失～无～语～

坐～顺～家狗例耕田虞讼寝，凿井汉机忘。（唐·卢照邻《山林休日田家》）思极欢娱至，朋情讵可忘。（唐·杜审言《赠崔融二十韵》）揆拙迷三省，劳生昧两忘。（唐·骆宾王《在江南赠宋五之问》）

典**两忘**　本指忘掉尧与桀的是非，后人常用以表示看破世间毁誉，怡然自乐的心境。《庄子·大宗师》："与其誉尧而非桀也，不如两忘而化其道。"

忧与忧兮相积，欢与欢兮两忘。（唐·卢照邻《狱中学骚体》）

坐忘　庄子提倡的修身养性之法，指浑然端坐物我两忘、与道合一的精神境界。《庄子·大宗师》："（颜回）曰：'回坐忘矣。'仲尼蹴然曰：'何谓坐忘？……堕肢体，黜聪明，离形去知，同于大通，此谓坐忘。"

不学坐忘心，寂莫安可过。（唐·白居易《冬夜》）

妄 wàng　①胡乱，随便。②不法，非分。③荒谬，不合理。

古去声，二十三漾。逆悖～谗～谄～尘～蚩～谛～诞～苟～瞽～怪～诡～诙～昏～惑～僭～将～谲～陋～冒～訾～迷～谬～缪～纰～破～欺～浅～祛～讪～疏～险～邪～虚～妖～庸～迂～愚～元～躁～诈～谵～谶～真～诸～恣～顺～断～匠～进～境～念～求～取～施～死～谈～听～图～尉～心～行～妖～异～意～庸～予～折～执～诛～作例际会非有欲，往来是无妄。（唐·张九龄《九月九日登龙山》）司农惊觉忽惆怅，可惜所游俱是妄。（唐·萧祜《游石堂观》）臣惊欢叹不可放，愿赐一言释名妄。（唐·鲍溶《倚瑟行》）

旺 wàng　兴旺。

古去声，二十三漾。逆畅～发～豪～荣～神～盛～衰～业～杂～壮～顺～炽～地～健～茂～密～气～势～跳～相～兴～壮例遂与西域贾，逐利争衰旺。（清·黄遵宪《番客篇》）

王 wàng　①称王，统治天下。②封王，封为王爵。③通"旺"，兴旺。另见 829 页 wáng。

古去声，二十三漾。

相 xiàng　①仔细看。②相貌，状貌。③扶助，辅佐。④丞相，宰相。⑤主持礼节仪式。⑥照片。另见 802 页 xiāng。

古去声，二十三漾。逆暗～罢～宝～摈～薄～察～尘～春～出～楚～端～恩～法～梵～辅～骨～关～光～毫～鹤～花～家～金～景～巨～眷～夔～礼～连～灵～禄～妙～牧～贫～权～筌～鹊～儒～善～圣～师～时～势～枢～数～素～台～退～伍～仙～萧～形～晏～隐～贼～宅～瞻～兆～哲～执～姿～訾～自～顺～邦～步～杵～道～地～阀～法～方～府～观～基～家～君～蓝～篮～礼～吏～禄～轮～麻～品～圃～师～时～矢～事～室～筮～书～台～态～体～玺～星～形～验～业～攸～猷～宅～者～字～宗例鲍生荐夷吾，一举置齐相。（唐·李白《陈情赠友人》）弟子韩幹早入室，亦能画马穷殊相。（唐·杜甫《丹青引赠曹将军霸》）誓耕十亩田，不取万乘相。（唐·韩愈《岳阳楼别窦司直》）

典**计相**　汉代称丞相府中专司计簿之人，也用作张苍的代称或用以指相府官员。《史记·张丞相列传》："张丞相苍者，阳武人也。好书律历。秦时为御史，主柱下方书。……迁为计相，一月，更以列侯为主计四岁。是时萧何为相国，而张苍乃自秦时为柱下史，明习天下图书计籍。苍又善用算律历，故令苍以列侯居相府，领主郡国上计者。"

暂去长沙非贾谊，犹虚计相待张苍。（宋·王禹偁《送董谏议之任湘潭》）

内相　唐宋时对翰林学士的别称。《旧唐书·陆贽传》："贽初入翰林，特承德宗异顾，歌诗戏狎，朝夕陪游。及出居艰阻之中，虽有宰臣，而谋猷参决，多出于贽，故当时目为'内相'。"

吾州谁继龙溪老，内相宁论豹尾斑。（宋·方岳《内翰程端明挽诗》）

天相　指上天之助，后世多用作对别人的患病或遇到困难、不幸的安慰之词。《左传·昭公四年》："晋侯欲勿许。司马侯曰：'不可。楚王方侈，天或者欲逞其心，以厚其毒而降之罚，未可知也。其使能终，亦未可知也。晋、楚唯天所相，不可与争。君其许之，而修德以待其归。若归于德，吾犹将事之，况诸侯乎？若适淫虐，楚将弃之，吾又谁与争？'"

宅相　代指外甥。《晋书·魏舒传》："（魏舒）少孤，为外家宁氏所养。宁氏起宅，相宅者云：'当出贵甥。'外祖母以魏氏甥小而慧，意谓应之。舒曰：'当为外氏成此宅相。'久乃别居。……加右光禄大夫、仪同三司。及山涛薨，以舒领司徒，有顷即真。"

能成吾宅相，不减魏阳元。（唐·李白《赠别从甥高五》）

封侯相　代指班超或指富贵之相，亦指建功立业之志。亦作"封侯""封侯骨"。《后汉书·班超传》："班超字仲升，扶风平陵人，徐令彪之少子也。……超曰：'小子安知壮士志哉！'其后行诣相者，曰：'祭酒，布衣诸生耳，而当封侯万里之外。'超问其状。相者指曰：'生燕颔虎颈，飞而食肉，此万里侯相也。'"

不有封侯相，徒负幽并客。（唐·顾况《从军行二首》其二）

汤左相　指商汤之贤相伊尹，也用作贤相的代称。亦作"汤相"。《史记·殷本纪》："伊尹处士，汤使人聘迎之，五反然后肯往从汤，言素王及九主之事。汤举任以国政。"

位高汤左相，权总汉诸侯。（唐·韩翃《奉送王相公缙赴幽州巡边》）

万乘相　仕于帝王的公卿宰相。《汉书·东方朔传》："客难东方朔曰：'苏秦、张仪一当万乘之主，而都卿相之位，泽及后世。'"

不知万乘相，可易此乐无。（宋·韩维《答江邻几》）

此真汉相　这真是汉朝的丞相，用作赞誉丞相之辞，后世用来形容人有威仪，使人敬畏。《汉书·王商传》："明年，商代匡衡为丞相，益封千户，天子甚尊任之。为人多质有威重，长八尺余，身体鸿大，容貌甚过绝人。河平四年，单于来朝，引见白虎殿。丞相商坐未央廷中，单于前，拜谒商。商起，离席与言，单于仰视商貌，大畏之，迁延却退。天子闻而叹曰：'此真汉相矣！'"

何假通侯联八座，此真汉相惊单于。（宋·戴栩《程郎中生日》）

风流宰相　原为王俭赞谢安语，后世常用以称美宰辅之臣。《南史·王俭传》："俭尝谓人曰：'江左风流宰相，惟有谢安。'"

升平宰相风流盛，馆阁文章后辈推。（清·蒋湘垣《过李文正公墓》）

甘罗作相　比喻年少显达。亦作"添十岁为相""甘罗早荣禄"。《史记·甘茂列传》："甘罗者，甘茂孙也。茂既死后，甘罗年十二，事秦相文信侯吕不韦。……始皇召见，使甘罗于赵。赵襄王郊迎甘罗。……甘罗还报秦，乃封甘罗以为上卿，复以始甘茂田宅赐之。"

项橐称师日，甘罗作相年。（唐·路德延《小儿诗》）

广长舌相　原指佛无妄语，后世指言语真实，也比喻能说会道。亦作"舌相""广长轮相""长舌相""广长舌"。《智广论》卷八："问曰：'如佛世尊，大德尊重，何以故？出广长舌似如轻相。'答曰：'舌相如是，语必真实。如昔佛出广长舌，覆面上，至发际。语婆罗门言：汝见经书，颇有如此舌人而作妄语不？婆罗门言：若人舌能覆鼻无虚妄，何况至发际？我心信佛必不妄语。'"又《阿弥陀经》："恒河沙数诸佛各于其国，出广长舌相，遍覆三千大千世界，说诚实语。"

清净耳聆绝弦琴，广长舌相无生曲。（唐·陆善经《寓汨罗芭蕉寺》）

举十六相　指舜起用高阳氏才子八人及高辛氏才子八人，后世因用以指善于举贤。《左传·文公十八年》："昔高阳氏有才子八人：苍舒、隤敳、梼戭、大临、尨降、庭坚、仲容、叔达，齐圣广渊，明允笃诚，天下之民谓之八恺。高辛氏有才子八人：伯奋、仲堪、叔献、季仲、伯虎、仲熊、叔豹、季狸，忠肃共懿，宣慈惠和，天下之民谓之八元。此十六族也，世济其美，不陨其名，以至于尧，尧不能举。舜臣尧，举八恺，使主后土，以揆百事，莫不时序，地平天成。举八元，使布五教于四方，父义、母慈、兄友、弟共、子孝，内平外成。……是以尧崩而天下如一，同心戴舜以为天子，以其举十六相，去四凶也。"

舜举十六相，身尊道何高。（唐·杜甫《述古三首》其二）

列仙臞相　本指司马相如认为山泽间的仙人相貌清瘦。后世常代指在野儒生或失意文士。《史记·司马相如列传》："相如以为列仙之传居山泽间，形容甚臞，此非帝王之仙意也，乃遂就《大人赋》。"

悬知百年事已定，却笑列仙形甚臞。（宋·秦观《和东坡红鞓带》）

论心论相　衡量人时，心术重于形相。《荀子·非相》："相人，古之人无有也，学者不道也。……故相形不如论心，论心不如择术。形不胜心，心不胜术。术正而心顺之，则形相虽恶而心术善，无害为君子也；形相虽善而心术恶，无害为小人也。"

论相何如只论心，无心无相更难寻。（宋·许月卿六《送高安辛圣祥谒后林》）

梦卜庸相　指殷高宗武丁，由于梦见圣人而找到傅说；周文王有非熊之卜得到吕尚。后世指任用贤相。《史记·殷本纪》："帝小乙崩，子帝武丁立。帝武丁即位，思复兴殷，而未得其佐。……武丁夜梦得圣人，名曰说。以梦所见视群臣百吏，皆非也。于是乃使百工营求之野，得说于傅险中。……得而与之语，果圣人，举以为相，殷国大治。故遂以傅险姓之，号曰傅说。"《史记·齐太公世家》："西伯将出猎，卜之，曰：'所获非龙非螭，非虎非罴；所获霸王之辅。'于是周西伯猎，果遇太公于渭之阳，与语大说。"

伍旅拔雄儿，梦卜庸真相。（唐·杜牧《感怀诗一首》）

千乘卿相　代指诸侯，后世亦泛指位高权重之人。《孟子·梁惠王上》："万乘之国，弑其君者，必千乘之家。千乘之国，弑其君者，必百乘之家。"赵岐注："万乘，兵车万乘，谓天子也；千乘，诸侯也。"

致身千乘卿相，归把钓渔钩。（宋·朱熹《水调歌头·富贵有余乐》）

山东出相　崤山以东自古以来多出相才，喻指人杰地灵。亦作"关东出相"。《汉书·赵充国辛庆忌传》："秦汉已来，山东出相，山西出将。"谁闻济北传兵略，枉说山东出相才。（宋·林逋《深居杂兴六首》其四）

山中宰相　南朝陶弘景隐居山中，帝王常向其咨询国家大事。后常用以指隐士议政，借以表现隐士清高的情趣。《南史·陶弘景传》："永明十年，脱朝服挂神武门，上表辞禄。……乃中山立馆，自号华阳陶隐居。人间书札，即以隐居代名。……帝手敕招之，赐以鹿皮巾。后屡加礼聘，并不出，唯画作两牛，一牛散放水草之间，一牛着金笼头，有人执绳，以杖驱之。武帝笑曰：'此人无所不作，欲学曳尾之龟，岂有可致之理。'国家每有吉凶征讨大事，无不前以谘询。月中常有数信，时人谓山中宰相。"

笑傲，且山中宰相，平地蓬莱。（宋·张元干《夏云峰·涌冰轮》）

卫公入相　周平王时，年事已高的卫武公以平戎有功，由侯晋升为公；他九十五岁仍作诗自儆。后因用以指年迈而有功于国之人。亦作"武公入相"。《诗经·卫风·淇奥序》："《淇澳》，美武公之德也。有文章，又能听其规谏，以礼自防，故能入相于周。"

似太公出将，卫公入相，为苍生起。（宋·高观国《水龙吟·道山玉府真仙》）

向 xiàng

㊀去声，二十三漾。㊁爱～承～笃～归～襄～何～怀～环～迴～会～嵇～敬～隆～迷～慕～奈～蕲～前～趣～塞～私～希～歆～雄～贞～争～宗～尊～遵～㊂～背～壁～晨～道～笛～迩～方～非～风～服～附～火～口～阑～例～令～明～慕～暮～年～盘～平～蕲～遣～去～荣～事～曙～顺～揚～涂～望～午～物～夕～晓～仰～义～意～隅～早～瞩～注～壮㊃龙溪只

在龙标上，秋月孤山两相向。（唐·王昌龄《送崔参军往龙溪》）

典嵇向 嵇康与向秀、吕安二人交好，后世用以比喻深挚的友谊。《晋书·向秀传》："向秀，字子期，河内怀人也。……康善锻，秀为之佐，相对欣然，傍若无人。……秀乃自此役，作《思旧赋》云：余与嵇康、吕安居止接近，其人并有不羁之才，嵇意远而疏，吕心旷而放，其后并以事见法。"

嵇向林庐接，携手行将归。（唐·钱起《客舍赠郑贲》）

歆向 指西汉刘歆及其父刘向的合称，后世形容家学渊源、成就不凡。隋·王通《文中子·天地》："子曰：'使陈寿不美于史，迁、固之罪也。使范宁不尽美于《春秋》，歆、向之罪也。'裴晞曰：'何谓也？'子曰：'史之失，自迁、固始也，记繁而志寡。《春秋》之失，自歆、向始也，弃经而任传。'"阮逸注："刘向理《谷梁》，刘歆好《左氏》，各守一家而不能贯圣经之本，是古学之罪也。"

一门歆向传家学，二子机云并隽游。（宋·张焘《挽老苏先生》）

丹心葵向 见833页"葵藿倾阳"。

臣年虽老，臣卿尚少，一片丹心葵向。（宋·刘克庄《鹊桥仙·一封奏御》）

巷xiàng 街里的小路，胡同。

古去声，三绛。逆隘～陈～龃～达～陋～坊～枌～衡～家～逵～俚～柳～鹿～闾～门～鸣～贫～阡～曲～衢～阮～涂～委～猥～墟～颜～遇～袁～州～竹～顺～伯～党～歌～祭～哭～吏～陌～泣～说～言～野～咏～族例清旦里、鼓铙动地，车轮空巷。（宋·刘克庄《满江红·梅雨初收》）暗凝想。情共天涯秋黯，朱桥锁深巷。（宋·吴文英《解蹀躞·醉云又兼醒雨》）

典阮巷 阮咸与阮籍同居道南，唐诗中常用以喻指叔宅或侄宅。亦作"阮家南巷"。《世说新语·任诞》："阮仲容、步兵居道南，诸阮居道北。北阮皆富，南阮贫。"

阮巷久芜沉，四弦有遗音。（唐·刘禹锡《和令狐相公南斋小宴听阮咸》）

袁巷 指穷巷、陋巷。亦作"袁安穷巷"。见123页"袁安卧雪"。

袁巷萧条，冷光寒透，有人曾至。（宋·曹勋《水龙吟·冻云阁雨》）

铜驼巷 汉代洛阳的一条街，是贵族子弟游玩之处。后用以指膏梁子弟游冶之所。晋·陆机《洛阳记》："洛阳有铜驼街，汉铸铜驼二枚，在宫南四会道相对。俗语曰：'金马门外集众贤，铜驼陌上集少年。'"

金谷俊游，铜驼巷陌，新晴细履平沙。（宋·秦观《望海潮·梅英疏淡》）

笑桃门巷 见5页"人面桃花"。

垂柳楼台歌舞歇，笑桃门巷沧桑改。（清·吴藻《满江红·苏小钱塘》）

辙迹陈巷 见88页"长者辙"。

辙迹陈家巷，诗书孟子邻。（张九龄《与袁补阙寻蔡拾遗会此公出行》）

象xiàng ①大象。②形象，状貌。肖像，图像。③象征，征兆。④效法。

古上声，二十二养。逆贲～弊～辰～宸～成～秤～赤～虫～淳～词～鞮～典～鼎～斗～仿～骨～恒～浑～吉～寄～教～金～祲～魁～类～丽～隆～龙～镂～旄～秘～妙～庙～拟～僻～耦～取～权～筌～设～狮～实～事～试～燧～提～琬～罔～纬～文～武～舞～牺～犀～洗～系～飨～悬～言～瑶～曜～仪～译～余～圆～则～珍～震～征～证～政～症～制～治～质～朱～醉～顺～笔～篦～镳～表～齿～筹～床～辞～德～鞮～帝～篁～度～珥～粪～觚～管～果～弧～环～喙～寄～简～荐～教～军～刻～廊～奁～龙～弭～冕～鳌～尼～牌～器～阙～设～事～饰～寿～箭～燧～榻～态～揥～瑱～网～罔～纬～武～舞～牺～犀～系～贤～胥～轩～玄～筵～繇～舆～驭～载～则～兆～阵～制～栉～智～主～箸～俎例圆潭写流月，晴明涵万象。（唐·孙逖《葛山潭》）东南际万里，极目远无象。（唐·薛据《西陵口观海》）击残梦破惊魂荡。见说钱塘雄气象。（宋·石孝友《渔家傲·夜半潮声来枕上》）

典称象 喻指儿童聪慧，或借指疑难之事。亦作"曹冲称象"。《三国志·魏书·曹冲传》："邓哀王冲字仓舒，少聪察岐嶷，生五六岁，智意所及，有若成人之智。时孙权曾致巨象，太祖欲知其斤重，访之群下，咸莫能出其理。冲曰：'置象大船之上，而刻其水痕所至，称物以载之，则校可知矣。'太祖悦，即施行焉。"

射熊今梦帝，称象问何人。（王维《恭懿太子挽歌五首》其三）

燧象 在象尾系上燃烧的火绳，战争中用以冲击敌阵，后常用以咏大象或借指出奇制胜的战术。亦作"执燧奔"。《左传·定公四年》："鍼尹固与王同舟，王使执燧象以奔吴师。"杜预注："烧火燧以系象尾，使赴吴师惊却之。"

火牛入燕垒，燧象奔吴军。（宋·苏轼《云龙山观烧得云字》）

蛇吞象 传说古代有一种巴蛇，能吞掉大象，后世常用以比喻以小欺大，贪得无厌。《山海经·海内南经》："巴蛇食象，三岁而出其骨。君子服之，无心腹之疾。"

修蛇横洞庭，吞象临江岛。（唐·李白《荆州贼平临洞庭言怀作》）

太平无象 本指太平盛世并无一定标志，后世常用以指粉饰天下太平之语。《旧唐书·牛僧孺传》："时中尉王守澄用事，多纳纤人，窃议时政，禁中事密，莫知其说。一日，延英对宰相，文宗曰：'天下何由太平，卿等有意于此乎？'僧孺奏曰：'臣等待罪辅弼，无能康济，然臣思太平亦无象。今四夷不至交侵，百姓不至流散；上无淫虐，下无怨讟；私室无强家，公议无壅滞。虽未及至理，亦谓小康。陛下若别求太平，非臣等所及。'"

太平本无象，村舍炊烟浮。（宋·楼璹《耕图二十一首·登场》）

像xiàng ①相似。②仿效，依随。③形象，形状。④人物形象的拍摄、图画、雕塑等。⑤榜样。⑥比如。⑦似乎，好像。

㊄上声,二十二养。㊅宝~碑~本~道~帝~范~梵~仿~蛤~骨~光~经~龛~莲~灵~梦~庙~瑞~生~圣~示~释~罔~蝈~喜~银~映~造~质~㊆~阁~季~教~类~铭~煞~设~塔~态~运~赞㊇听之如可见,寻之定无像。(唐·张说《山夜闻钟》)今夜孤村,月明怎向。依还是、梦回绣幌。远山想像。(宋·毛滂《殢人娇·短棹犹停》)千岩高卧,五湖归棹,替却凌烟像。(宋·陆游《青玉案·西风挟雨声翻浪》)

㊈**黄金铸像** 用黄金铸造人像,指对人的纪念和敬仰。《国语·越语下》:"(越)王命工以良金写范蠡之状而朝礼之,浃日而令大夫朝之,环会稽三百里者以为范蠡地,曰:'后世子孙,有敢侵蠡之地者,使无终没于越国,皇天后土、四乡地主正之。'"

黄金万镒空铸像,飘然世外恣遨游。(清·杨绍基《芙蓉水涨歌》)

项(項)xiàng ①脖子的后部。②大,肥大。③事物的项目,种类。④款项,经费。⑤量词。

㊄上声,三讲。㊅拗~脖~楚~费~俯~槁~花~枷~肩~颈~刘~乱~诮~赏~上~说~缩~头~秀~绣~咽~燕~银~赢~用~直~㊆~背~城~颈~里~领~浦~氏~缩~橐~王~下~枕~跖~珠㊇月明长在烟波上。钓得活鳞鳊缩项。(宋·刘学箕《渔家傲·汉水悠悠还漾漾》)

㊈**强项** 指东汉董宣向权贵抗争之事,后指刚直不阿,亦指性格倔强、不肯屈服低头。亦作"强项令"。《后汉书·酷吏列传》:"后特征(董宣)为洛阳令,时湖阳公主苍头白日杀人,因匿主家,吏不能得,及主出行,而以奴骖乘,宣于夏门亭候之,乃驻车叩马,以刀画地,大言数主之失,叱奴下车,因格杀之。主即还宫诉帝,帝大怒,召宣……帝令小黄门持之,使宣叩头谢主。宣不从,强使顿之,宣两手据地,终不肯俯。主曰:'父叔为白衣时,藏亡匿死,吏不敢至门。今为天子,威不能行一令乎!'帝笑曰:'天子不与白衣同。'因敕强项令出,赐钱三十万。"

为负刚肠誉,还追强项名。(唐·张说《送王晙自羽林赴永昌令》)

说项 夸奖项斯,比喻到处赞扬某人或为某人讲情、说好话。亦作"逢人说项"。唐·李绰《尚书故实》:"杨祭酒敬之爱才,公心尝知江表之士项斯,赠诗曰:'处处见诗诗总好,及观标格过于诗。平生不解藏人善,到处逢人说项斯。'由此名震,遂登高科也。"

低头欲拜无东野,满耳惟闻说项斯。(宋·刘过《寄吕英父》)

橡xiàng ①栎树的果实。②树木名。

㊄上声,二十二养。㊅采~栗~落~拾~㊆~艾~斗~果~栗~实㊇覆穿四明雪,饥拾楢溪橡。(唐·杜甫《八哀诗·故著作郎贬台州司户荥阳郑公虔》)

养(養)yàng 供养,奉养。另见843页yǎng。

㊄上声,二十二养。㊅丰~供~㊇个个惜妻儿,爷娘不供养。(唐·寒山《诗三百三首》其一五九)

怏yàng ①不满,不高兴。②勉强,强求。

㊄去声,二十三漾。又:上声,二十二养,同。㊅怅~怆~烦~快~悒~郁~㊆~恨~闷~然~怏~悒~郁㊇所至对喑聋,重译殊烦怏。(清·魏源《偶然吟十八首》其八)

恙yàng ①忧虑。②疾病,灾祸。

㊄去声,二十三漾。㊅抱~风~贵~疾~贱~疴~清~宿~亡~微~心~灾~疹~㊇联翩事羁靮,辛苦劳疲恙。(唐·卢照邻《奉使益州至长安发钟阳驿》)春归迨秋末,固自婴微恙。(唐·陆龟蒙《记事》)此身恰似弄潮儿,曾过了、千重浪。且喜归来无恙。(宋·陆游《一落索·识破浮生虚妄》)

㊈**布帆无恙** 布帆安然无恙,后常用以指旅途平安。《世说新语·排调》:"顾长康作殷荆州佐,请假东还。尔时例不给布帆,顾苦求之,乃得发。至破冢,遭风大败。作笺与殷云:'地名破冢,真破冢而出。行人安稳,布帆无恙。'"

霜落荆门江树空,布帆无恙挂秋风。(唐·李白《秋下荆门》)

样(樣)yàng

㊄去声,二十三漾。㊅膀~别~底~翻~格~弓~宫~减~翦~京~绝~旷~另~眉~瞥~品~乔~巧~身~时~体~闻~演~魇~依~元~越~展~妆~状~㊆~当~度~米~田~物~制㊇宝镜如明月,出自秦宫样。(唐·张说《咏镜》)今为不孝子,世间多此样。(唐·寒山《诗三百三首》其一五九)金柔玉困,舞腰肢相向。似玉人、瘦时模样。(宋·李石《谢池春·烟雨池塘》)

㊈**修蛾章台样** 指张敞为妻子画眉与走马章台之事,后世因用以咏张敞或风流洒脱之人。《汉书·张敞传》:"敞为京兆,朝廷每有大议,引古今,处便宜,公卿皆服,天子数从之。然敞无威仪,时罢朝会,过走马章台街,使御吏驱,自以便面拊马。又为妇画眉,长安中传张京兆眉怃。"

修蛾忘了章台样。细思一饷。感事添惆怅。(宋·陆游《月照梨花·霁景风软》)

漾yàng ①水流长。②水波微微动荡。③(内心)激荡。④漂浮。⑤浮现,散发。⑥溢出。

㊄去声,二十三漾。㊅碧~波~滄~荡~汎~浮~浩~晃~幌~滉~流~迷~抛~飘~撇~屈~溶~汪~衍~演~漾~摇~悠~游~㊆~泊~驰~楫~漭~漾~影~舟~砖㊇南风日夜起,万里孤帆漾。(唐·刘长卿《自鄱阳还道中寄褚征君》)堑峭出蒙笼,墟险临滉漾。(唐·柳宗元《法华寺石门精舍三十韵》)长鬟弱袂动参差,钗影钏文浮荡漾。(唐·刘禹锡《采菱行》)

奘zàng ①壮大。②说话粗鲁,态度生硬。另见845页zhuǎng。

㊄上声,二十二养。壮大㊅玄~

脏(臟)zàng 身体内脏的总称。另见804页zāng、844页zǎng。

㊄去声,二十三漾。㊅膵~腑~五~血~㊆~腑~器~象

藏zàng ①储存财物的地方。

②内脏。③埋葬。④墓穴,陵墓。⑤佛教或道教经典的总称。⑥藏族,西藏。另见808页cáng。

古去声,二十三漾。逆贝～法～抚～孤～归～海～华～慧～积～经～敛～龙～密～冥～乞～迁～窍～释～守～宿～帑～同～卫～形～冶～瘗～翳～中～冢～自～顺～摧～府～户～蓝～埋～青～识～香～药例退笔成堆可冢藏,半生辛苦学钟王。(元·郭居敬《书》)

葬zàng 掩埋尸体。

古去声,二十三漾。逆碧～窆～敕～反～附～祔～槁～藁～归～还～俭～节～客～敛～留～羸～落～慢～徒～讫～斡～宣～徇～移～瘗～茔～营～鱼～寓～助～祖～顺～家～薶～师～式～术～巫～仪～虞例追思南渡时,鱼腹甘所葬。(唐·韩愈《岳阳楼别窦司直》)万里无人收白骨,家家城下招魂葬。(唐·张籍《征妇怨》)与世无情在速贫,弃尸于野由斯葬。(唐·鲍溶《倚瑟行》)

典**碧葬** 喻指忠贞之士的血葬。清·褚人获《坚瓠集·耳谈》:"新都殷司徒家,掘地得古冢。冢砖长寸许,皆有字,云:歙东肖司马碧葬。汪伯玉曰:'凡死忠而不得尸者,得血以葬,曰碧葬。本苌弘血化碧之义。'"

曾向秦台泣凤皇,红颜碧葬更凄凉。(清·俞樾《题黄韵珊孝廉桃溪雪传奇后》其一)

青山葬 指李白的墓葬。《新唐书·李白传》:"白晚好黄老,度牛渚矶至姑孰,悦谢家青山,欲终焉。及卒,葬东麓。元和末,宣歙观察使范传正祭其冢,禁樵采。访后裔,惟二孙女嫁为民妻,进止仍有风范,因泣曰:'先祖志在青山,顷葬东麓,非本意。'传正为改葬,立二碑焉。"

精爽乘鸾云外去,空留玉骨葬青山。(宋·王炎《念旧》)

丈zhàng ①长度单位。②丈量。③古代对老年男子的尊称。④丈夫的省称。多用于亲属。

古上声,二十二养。逆词～道～方～赋～馆～函～老～劣～墨～年～契～清～山～师～石～文～我～五～乡～寻～寅～盈～臧～执～宗～顺～尺～室～席～行例何处堪托身,为君长万丈。(唐·岑参《石上藤》)空闻紫芝歌,不见杏坛丈。(唐·杜甫《八哀诗·故著作郎贬台州司户荥阳郑公虔》)势拟抢高寻,身犹在函丈。(唐·陆龟蒙《奉和袭美公斋四咏次韵·鹤屏》)

典**方丈** 古代神话传说中的东海三座仙山之一。《史记·秦始皇本纪》:"齐人徐市等上书,言海中有三神山,名曰蓬莱、方丈、瀛洲。"

方丈三韩外,昆仑万国西。(唐·杜甫《奉赠太常张卿二十韵》)

臧丈 臧地的老人,《庄子》寓言中的人物,后世比喻无为而治、功成退隐的人。亦作"臧丈人"。《庄子·田子方》:"文王观于臧。见一丈夫钓,而其钓莫钓,非持其钓有钓者也,常钓也。……遂迎臧丈人而授之政。……文王于是焉以为大师,北面而问曰:'政可以及天下乎?'臧丈人昧然而不应,泛然而辞,朝令而夜遁,终身无闻。"

我老愿为臧丈人,君今少壮岂长贫。(宋·王安石《寄张谔招张安国金陵法曹》)

呼六丈 富弼对范仲淹的称呼,表示敬重;也比喻对品德高尚的圣贤之人的赞美。宋·朱熹《五朝名臣言行录》卷七《参政范文正公》:"劫盗张海将过高邮,知军晁仲约度不能御,谕军中富民出金帛牛酒迎劳之。事闻,朝廷大怒,富弼议欲诛仲约。……仁宗乃释之。弼愠曰:'方欲举法,而多方阻挠,何以整众。'仲淹密告之曰:'祖宗以来,未尝轻杀臣下,此盛德事,奈何欲轻坏之。他日手滑,恐吾辈亦未可保。'弼不谓然。及二人出按边,弼自河北还,及国门不得入,未测朝廷意,比夜彷徨绕床,叹曰:'范六丈,圣人也。'"

也莫爱、宫中请内相。也莫爱、堂中呼六丈。(宋·刘克庄《最高楼·辛亥后》)

食前方丈 吃饭时食物列于面前有一丈见方,形容生活豪华,饮食极其奢侈。亦作"食味方丈"。《孟子·尽心下》:"堂高数仞,榱题数尺,我得志,弗为也。食前方丈,侍妾数百人,我得志,弗为也。"

食前方丈罗珍怪,却讶犀燃牛渚矶。(宋·秦观《次韵裴秀才上太守向公二首》其二)

仗zhàng ①古代兵器的总称。②仪仗。③拿着。④凭借,依靠。⑤战斗,战事。

古上声,二十二养。又:去声,二十三漾异。逆笔～辟～彩～弛～持～春～镫～法～放～宫～汉～鹤～化～麾～禁～眷～铠～粮～排～袍～旗～器～森～深～释～霜～岁～委～细～仙～信～巡～牙～移～舆～羽～藻～斋～指～中～资～顺～策～胆～斧～家～节～气～舍～身～顺～托～卫～锡～钺～正例青春波浪芙蓉园,白日雷霆夹城仗。(唐·杜甫《乐游园歌》)公卿采虚名,擢拜识天仗。(唐·韩愈《岳阳楼别窦司直》)漫说神仙华屋好,缥缈峤壶蓬阆。这浮幻、也难凭仗。(宋·冯取洽《贺新郎·往事休寻访》)

典**云台仗** 指皇帝的亲兵甲仗。《三国志·魏书·高贵乡公纪》:"高贵乡公卒,年二十。"裴松之注引《魏氏春秋》曰:"戊子夜,帝自将冗从仆射李昭、黄门从官焦伯等下陵云台,铠仗授兵,欲因际会,自出讨文王。"

寂寞云台仗,飘飖沙塞旌。(唐·杜甫《八哀诗·赠左仆射郑国公严公武》)

杖zhàng ①手杖,拐杖。②泛指棍棒等兵器或棍状物。③鞭打。又专指杖刑。④通"仗",凭恃,依靠。

古上声,二十二养。逆哀～拜～斑～鞭～兵～彩～策～禅～笞～赐～函～鹤～机～寄～甲～苴～屦～黎～藜～龙～袍～旗～泣～器～襁～筇～束～衰～痛～苇～委～犀～锡～相～香～信～朽～瑶～野～依～银～玉～蔗～执～撰～棁～顺～钵～策～臿～朝～楚～经～断～父～革～格～鼓～国～化～机～楫～脊～家～节～林～牛～扑～气～钱～筇～仁～任～圣～顺～挝～头～威～舄～贤～咸～乡～信～揖～义～钺～者～

治～竹㊀形骸实土木，亲近唯几杖。（唐·杜甫《八哀诗·故著作郎贬台州司户荥阳郑公虔》）笑倚连枝花，恭扶瑞藤杖。（唐·元稹《春余遣兴》）无因得似灌园翁，十亩春蔬一藜杖。（唐·陆龟蒙《江边》）

㊀几杖 几案与手杖，老人居则凭几，行则凭杖，古时用以指尊老、敬老。亦作"操履杖"。《礼记·曲礼上》："谋于长者，必操几杖以从之。"孔颖达疏："杖可以策身，几可以扶己，俱是养尊者之物，故于谋议之时将就也。"

浩然机已息，几杖复何铭。（唐·刘禹锡《昼居池上亭独吟》）

鸠杖 古代朝廷赐予长者之手杖，以示敬仰之意，后世用以指养老、敬老。亦作"玉杖""延年杖"。《吕氏春秋·仲秋》："是月也，养衰老，授几杖，行糜粥饮食。"高诱注引《周礼·夏官·罗氏》："大罗氏掌献鸠杖以养老。"

耄齿阻陪鸠杖列，瞽言曾献兽樽前。（宋·刘克庄《戊午元日二首》其二）

弃杖 传说夸父所弃木杖化为邓林，后因用以比喻绝处逢生。《山海经·海外北经》："夸父与日逐走，入日。渴欲得饮，饮于河渭；河渭不足，北饮大泽。未至，道渴而死，弃其杖，化为邓林。"

荒唐夸父走弃杖，恍惚象罔行索珠。（宋·刘克庄《观社行，用实之韵再和》）

蔗杖 用甘蔗当作杖，借以比试武艺。《三国志·魏书·文帝纪》注引《典论·自叙》："尝与平虏将军刘勋，奋威将军邓展等共饮。宿闻展善有手臂，晓五兵；又称其能空手入白刃。余与论剑良久，谓言将军法非也，余顾尝好之，又得善术。固求与余对。时酒酣耳热，方食竿蔗，便以为杖，下殿数交，三中其臂。左右大笑。展意不平，求更为之。"

酒客狂曾挥蔗杖，书生弱亦弄枝戈。（明·于鉴之《闻警二首（乙亥三月）》其一）

伯俞泣杖 汉时韩伯俞因母笞不痛，担心母老而泣，后世因以指孝顺父母。《说苑·建本》："伯俞有过，其母笞之。泣，其母曰：'他日笞子未尝见泣，今泣何也？'对曰：'他日俞得罪，笞尝痛，今母之力不能使痛，是以泣。'"

你孝顺似那王祥卧冰，你恰似伯俞泣杖。（元·关汉卿《状元堂陈母教子》第三折[普天乐]）

仙人仙杖 传说中仙人的仙杖可变成大桥，后世因用以指仙桥。前蜀·杜光庭《神仙感遇传》："玄宗于宫中玩月，公远奏曰：'陛下莫要至月中看否？'乃取拄杖，向空掷之，化为大桥，其色如银。请玄宗同登。约行数十里，精光夺目，寒气侵人，遂至大城阙。公远曰：'此月宫也。'"

健翼垂云风用壮。扶摇得势，不借仙人仙杖。（宋·程大昌《感皇恩·变化属朝班》）

帐（帳）zhàng

①帐幕。②床帐。③账。

㊀去声，二十三漾。㊁步～部～楚～貂～雕～风～凤～黼～复～孤～聒～鹤～虎～蕙～罽～降～绛～鲛～锦～鸾～罗～旗～绮～穹～舍～神～诗～素～穗～帷～霞～香～行～悬～烟～移～羽～玉～御～远～云～旃～珠～族～组～祖～㊂～兵～词～殿～额～幅～饯～具～落～幔～眉～幕～裳～天～帷～幄～檐～帟～饮～御㊀罽茵饰地承雕履，花烛分阶移锦帐。（唐·张说《安乐郡主花烛行》）犹希虏尘动，更取林胡帐。（唐·张谓《同孙构免官后登蓟楼》）平坡驻马，虚弦落雁，思临虏帐。（宋·黄庭坚《鼓笛慢·早秋明月新圆》）

㊀供帐 古时指陈设供宴会用的帷帐、用具、饮食等物，后世用以指饯行。亦作"供张"。《汉书·疏广传》："广遂称笃，上乞骸骨。上以其年笃老，皆许之，加赐黄金二十斤，皇太子赠以五十斤。公卿大夫故人邑子设祖道，供张东都门外，送者车数百两，辞决而去。"

供帐荣恩饯，山川喜诏巡。（唐·张说《将赴朔方军应制》）

绛帐 亦作"绛纱帐""绛帐授徒"。见860页"马融帐"。

南郡生徒辞绛帐，东山妓乐拥油旌。（唐·元稹《奉和荥阳公离筵作》）

锦帐 见861页"锦步障"。

石家锦帐依然在，闲依狂风夜不收。（唐·杜牧《蔷薇花》）

悬帐 把字挂在帐子上，形容书法精妙传神，令人欣赏喜爱。晋·卫恒《四体书势》："魏武甚爱梁鹄书，尝悬着帐中，及以钉壁玩之。"

流传异日须悬帐，交质何人敢对棋。（宋·苏颂《再和三篇》其二）

金丝帐 一种极为华贵的帐子，比喻富贵人家的奢侈生活。唐·苏鹗《杜阳杂编》卷上："（元）载宠姬薛瑶英攻诗书，善歌舞，仙姿玉质，肌香体轻，虽旋波、摇光、飞燕、绿珠，不能过也。……及载纳为姬，处金丝之帐，却尘之褥。其褥出自勾骊国，一云是却尘之兽毛所为；其色殷鲜，光软无比。衣龙绡之衣，一袭无一二两，抟之不盈一握。"

奈傅粉英俊，梦兰品雅。金丝帐暖银屏亚。（宋·柳永《洞仙歌·嘉景》）

马融帐 指师长设教授徒，传授学业；也借指教学之所。亦作"绛帐"。东汉·刘珍等《东观汉记》："马融才高博洽，为通儒，教养诸生，常有千数。涿郡卢植、北海郑玄，皆其徒也。……常坐高堂，施绛纱帐，前授生徒，后列女乐，弟子以次相传，鲜有入其室者。"

心轻马融帐，谋夺子房帷。（唐·元稹《酬翰林白学士代书一百韵》）

季伦锦帐 见861页"锦步障"。

休说季伦锦帐，山南岸、更花密。（宋·高观国《霜天晓角·霜清水碧》）

账（賬）zhàng

①财务往来之记录。②债务；欠债。引申指"对……犯下的罪过"。

㊁查～混～结～赖～欠～细～销～总～㊂～本～房～户～目

障 zhàng

①阻塞，阻挡。②遮挡。③堤坝。④古代边塞用于戍守的城堡。⑤屏风。⑥卫护。⑦佛教用语，烦恼。⑧通"幛"，题

有书画的整幅绸布。⑨通“瘴”，瘴气。

㊥去声，二十三漾。又：下平，七阳，同。㊣板～陂～笔～碧～壁～步～缠～乘～沓～恶～遏～盖～孤～花～画～昏～徼～界～金～锦～篱～理～连～绮～情～守～宿～庭～亭～停～图～帷～雾～遐～仙～行～烟～岩～掩～拚～倚～翳～幽～枕～自～阻～罪～㊐闭～蔽～壁～堤～毒～遏～防～覆～骨～固～故～管～海～害～扞～阂～互～护～积～徼～距～狂～疠～吝～袂～难～塞～扇～溢～隧～溪～袖～翳～翳～壅～泽㊜汉兵开郡国，胡马窥亭障。（唐·崔融《关山月》）云腾浪走势未衰，鹤膝蜂腰岂能障。（唐·李渤《喜弟淑再至为长歌》）异花四季当窗放。出入分明在屏障。（宋·潘阆《酒泉子·长忆钱塘》）

㊫**锦步障** 石崇用精美贵重的锦缎设置长达五十里的布障，后常用以比喻夸豪斗富。亦作“锦帐”“锦障”“绫步障”“青步障”“齐奴布障”“石家锦障”“季伦锦帐”“紫丝作障”“千围步障”“十里锦丝步障”。《世说新语·汰侈》：“王君夫以饴糒澳釜，石季伦用蜡烛作炊。君夫作紫丝布步障碧绫裹四十里，石崇作锦步障五十里以敌之。石以椒为泥，王以赤石脂泥壁。”

尘生锦步障，花送玉屏风。（唐·郑遂初《别离怨》）

尽彻东平屏障 指官吏为政清简。《晋书·阮籍传》：“籍本有济世志，属魏、晋之际，天下多故，名士少有全者，籍由是不与世事，遂酣饮为常。……及文帝辅政，籍尝从容言于帝曰：‘籍平生曾游东平，乐其风土。’帝大悦，即拜东平相。籍乘驴到郡，坏府舍屏鄣，使内外相望，法令清简，旬日而还。”

尽彻东平屏障，不废南楼谈咏，宴寝自凝香。（宋·毛滂《水调歌头·谢安涵雅量》）

幛 zhàng ①帷帐。②幛子，题有书画的整幅绸布，用作庆贺或吊唁的礼物。

㊣箔～绸～串～叠～恶～祭～寿～素～挽～雾～喜～邪～㊐～蔽～词～子㊜花多处、少停兰桨。雪边花际，平芜叠幛。（宋·毛滂《殢人娇·雪做屏风》）

瘴 zhàng 热带或亚热带山林中湿热的空气。

㊥去声，二十三漾。㊣春～毒～氛～海～椒～江～岚～迷～山～雾～烟～炎～云～灾～作～㊐～氛～海～厉～疠～蛮～茅～母～气～色～雾～乡～歊～暍～雨～云㊜北别伤士卒，南迁死炎瘴。（唐·张谓《同孙构免官后登蓟楼》）西风挟雨声翻浪。恰洗尽、黄茅瘴。（宋·陆游《青玉案·西风挟雨声翻浪》）

嶂 zhàng 像屏障直立的山峰。

㊥去声，二十三漾。㊣百～碧～层～楚～沓～叠～断～崿～峰～复～孤～岚～连～列～岭～峦～屏～青～秋～山～崖～烟～玉～云～㊐～表～疠～气～崄㊜葱茏记星坛，明灭数云嶂。（唐·陶翰《望太华赠卢司仓》）绿野际遥波，横云分叠嶂。（唐·韦应物《扈亭西陂燕赏》）将寻洞中药，复爱湖外嶂。（唐·钱起《独往覆釜山寄郎士元》）

涨（漲）zhàng ①弥漫。②膨胀。③充血。另见845页zhǎng。

㊥去声，二十三漾。㊣饱～尘～高～鼓～滚～积～澎～烟尘～㊐～绿～闷㊜时当冬之孟，隙窍缩寒涨。（唐·韩愈《岳阳楼别窦司直》）穷秋朔风起，沧海愁阴涨。（唐·戴休珽《古意》）

㊫**尘涨** 指战火造成烟尘弥漫，比喻战事激烈。亦作“烟尘涨天”。《南史·陈本纪上·武帝纪》：“先是，太白自十一月丙戌不见，十二月乙卯出于东方。丙辰，帝尽命众军分部甲卒，对冶城日立航度兵，攻其水南二栅。柳达摩等度淮置阵，帝督兵疾战，纵火烧栅，烟尘涨天，齐人大溃，尽收其船舰。”

阳浮树外沧江水，尘涨原头野火烟。（宋·王安石《春风》）

胀（脹）zhàng ①身体内壁受到压迫而不舒服。②肌肉肿起。③膨胀，体积变大。

㊥去声，二十三漾。㊣饱～蛊～鼓～臌～洪～昏～胪～胖～痞～水～㊐～满～闷

长（長）zhàng ①多余，剩余。②盛，强盛。另见808页cháng、844页zhǎng。

㊥去声，二十三漾。㊐～钱～饰～物～余～语

壮（壯）zhuàng ①强健。②雄壮。③加强，使强壮。④壮年。

㊥去声，二十三漾。㊣艾～彪～膔～洪～冰～薄～长～逞～齿～充～崇～矗～鼓～瑰～豪～弘～闳～激～夹～嘉～坚～角～劲～惊～隽～亢～伉～克～牢～老益～猛～年～耆～气～清～艳～穷～遒～山河～神～沈～盛～体～完～鲜～骁～雅～勇～优～余～逾～远～驵～贞～志～忠～足～㊐～冰～采～长～齿～辞～发～固～悍～怀～佼～狡～节～郡～阔～浪～厉～龄～年～骑～气～强～情～容～盛～实～事～室～思～岁～图～伟～武～严～颜～意～毅～翼～游～猷～月～卒㊜月生西海上，气逐边风壮。（唐·崔融《关山月》）开轩聊直望，晓雪河冰壮。（唐·李白《冬夜醉宿龙门觉起言志》）惟天有设险，剑门天下壮。（唐·杜甫《剑门》）

㊫**汉家尚壮** 指生不逢时、贤才不遇。汉·班固《汉武故事》：“上尝辇至郎署，见一老翁，须鬓皓白，衣服不整。上问曰：‘公何时为郎？何其老也！’对曰：‘臣姓颜名驷，江都人也，以文帝时为郎。’上问曰：‘何其老而不遇也？’驷曰：‘文帝好文，而臣好武；景帝好老，而臣尚少；陛下好少，而臣已老。是以三世不遇，故老于郎署。’上感其言，擢拜会稽都尉。”

汉家尚壮今则老，发短心长知奈何。（唐·李端《赠康洽》）

状（狀）zhuàng ①样子，形状。②情况。③陈述。④向上级陈述意见或记载事实的文字。⑤诉讼状。⑥褒奖、委任等的文字凭证。

㊥去声，二十三漾。㊣陈～丑～词～辞～恶～附～概～功～骨～寡～诡～过～恒～迹～疾～奸～结～谨～进～诔～理～丽～连～貌～摹～模～侔～逆～年～品～平

～请～善～胜～失～实～事～暂～书～熟～俗～枉～伟～献～相～行～讯～妍～言～颜～议～逸～有～愿～晕～责～指～志～治～姿～奏～坐～顺～呈～牒～副～故～候～迹～结～况～类～略～皃～貌～匿～铺～容～式～首～头～物～写～样～招例万里度关山，苍茫非一状。（唐·崔融《关山月》）照日龙虎姿，攒空冰雪状。（唐·李颀《望鸣皋山白云寄洛阳卢主簿》）回转百里间，青山千万状。（唐·刘长卿《奉使新安》）

撞zhuàng ①撞击，碰撞。②闯，猛冲。③碰见。④试探。另见812页chuáng。

古去声，三绛。又：上平，三江，同。逆晨钟～杵～春～撼～横～击～陵～莽～冒～确～石～搪～挺～突～直～顺～城～春～筹～跌～郎～鹿～木～扰～岁～蹋～搪～筵～挺～突～席～吓～遇例文章自娱戏，金石日击撞。（唐·韩愈《病中赠张十八》）知君皆逸韵，须为应莛撞。（唐·元稹《泛江玩月十二韵》）醉舞影零乱，心逐浪春撞。（宋·刘学箕《水调歌头·三载役京口》）

典**杨仆船撞** 指王师南征。《汉书·杨仆传》："杨仆，宜阳人也。……稍迁至主爵都尉，上以为能。南越反，拜为楼船将军，有功，封将梁侯。东越反……（仆）与王温舒俱破东越。"

楼船忽见下杨仆，伏波更出湟溪泷。（清·戴文灯《度梅岭》）

戆（戇）zhuàng 刚直，固执。另见847页gàng。

逆暗～愎～憨～悍～昏～汲～狂～鲁～木～朴～骙～愚～直～顺～暗～鄙～钝～激～介～陋～昧～冥～讷～僻～朴～人～士～騃～勇～愚～直～鸷～拙

典**汲戆** 指汲黯戆直。《史记·汲黯列传》："汲黯字长孺，濮阳人也。……召以为主爵都尉，列于九卿。……天子方招文学儒者，上曰吾欲云云，黯对曰：'陛下内多欲而外施仁义，奈何欲效唐虞之治乎！'上默然，怒，变色而罢朝。公卿皆为黯惧。上退，谓左右曰：'甚矣，汲黯之戆也！'群臣或数黯，黯曰：'天子置公卿辅弼之臣，宁令从谀承意，陷主于不义乎？且已在其位，纵爱身，奈辱朝廷何？'"

竞言汲戆犹须复，或谓颜愚亦可如。（宋·文天祥《和朱衡守约山韵》）

王陵戆 指王陵戆直。《史记·高祖本纪》："吕后问：'陛下百岁后，萧相国即死，令谁代之？'上曰：'曹参可。'问其次，上曰：'王陵可。然陵少戆，陈平可以助之。'"

直似王陵戆，非如宁武愚。（唐·张九龄《登荆州城楼》）

僮zhuàng 僮族。另见961页tóng。

十七　庚

三韵书对照表

词林正韵 \ 佩文诗韵 \ 诗韵新编		十七庚(平声)	
		阴平	阳平
第一部[一东][二冬]	上平声一东	风枫疯丰酆沣翁嗡蒙(猜蒙)	蒙(昏蒙)濛(鸿濛)朦幪艨懵(懵然)蓬篷芃
	上平声二冬	峯蜂封锋烽葑(采葑)	逢缝(裁缝)
第十一部[八庚][九青][十蒸]	下平声八庚	绷伻兵并(并州)栟撑瞠琤赪枪(音撑。欃枪)蛏柽耕庚更(音庚。五更)羹粳(又读)鹒赓鶊坑絙亨精惊京睛旌晶鲸(海鲸)荆茎菁铿硁烹砰怦抨清轻卿晴蜻倾鲭(音青。青鱼)生声牲笙甥狌猩英莺婴嘤鹦缨樱撄瑛罂璎正(正月)争征筝钲峥铮狰丁(丁丁)鲭(音争。鱼肉什烩)更(音经。又读)	成城诚程盛(音程)橙呈酲伧裎枨横(纵横)衡蘅桁(音衡。屋上横木)珩令(使令)萌盟氓(音萌。愚氓)甍名明鸣洺狞棚彭膨澎蟛平评枰坪苹(苹果)情晴擎檠黥行(运行)迎营盈楹茔萦瀛嬴莹滢籯羸鲸(又读)勍饧(音形。唐韵阳平同)
	下平声九青	丁(人丁)钉叮仃疔玎经泾俜娉青听(倾听)厅汀星腥馨醒(又读)惺	龄零灵聆铃伶櫺苓蛉玲泠舲鸰翎囹瓴醽铭冥螟暝溟蓂瞑宁(康宁)咛萍屏瓶軿廷庭亭停霆蜓婷渟莛形刑型硎邢陉萤荧荥(音形。地名)荥(音迎。又读)
	下平声十蒸	崩冰噌(斥责)称(音撑。自称)登灯簦兢扔僧鬙昇升(斗升)胜(不胜)腾(慢腾腾)兴(振兴)应(料应)鹰膺增憎罾曾(音增。高曾)缯矰蒸烝症(症结)	曾(何曾)层嶒承乘澄惩丞塍冯恒姮崚楞菱绫陵凌鲮羚能凝朋鹏鬅凭仍绳渑藤疼誊腾縢滕蝇
未检到的字		槟屏(音兵)铛(音撑。温器)噌噔盯靪哼脝粳(香粳)吭(吭声)拎澎乒氢庼(又读)圊睁挣(挣扎)怔	甭宬稜檬虻柠拧(拧手巾)硼荸(又读)軿洴

词林正韵 \ 佩文诗韵 \ 诗韵新编		十七庚(仄声)	
		上声	去声
第一部[一董][二肿][一送][二宋]	上声一董	荸(阳平同)唪懵(音猛。懵懂)蓊滃	
	上声二肿	捧	奉
	去声一送	讽(讥讽)	凤讽(又读)梦瓮
	去声二宋		缝(墙缝)俸葑(湖葑)

续表

词林正韵 \ 佩文诗韵 \ 诗韵新编		十七庚(仄声)	
		上声	去声
第二部[三讲]	上声三讲		蚌(蚌埠)
第十一部[十蒸]	下平声十蒸		缯(捆扎缯)
第十二部[二十三梗][二十四迥][二十四敬][二十五径]	上声二十三梗	炳饼丙秉屏(音秉。屏除)逞骋梗耿鲠绠哽景警井颈憬阱冷领岭猛蜢艋蠓皿请顷省(名词)眚省(反省)影颖瘿颍郢整	静境靖幸杏荇悻
	上声二十四迥	等顶鼎酊到茗酩挺梃艇铤町醒(酒醒)拯	摒泞婞
	去声二十四敬	柄	进病并(音病。并肩)柄(音病。又读)更(更加)横(蛮横)敬劲(音敬)竞净镜竟清獍靓令(命令)孟命聘(又读)庆倩盛(茂盛)圣行(德行)性姓映硬正(清正)政证郑诤
	去声二十五径		秤蹭称(相称)蹬磴镫邓瞪凳定订锭钉(动词)飣径胫暝(又读)佞宁(姓宁)罄磬謦胜(常胜)乘(车乘)剩听(又读)庭(径庭)兴(高兴)应(反应)媵赠甑
第十三部[二十六寝]	上声二十六寝	禀(音秉。痕韵上声同)	
未检到的字		绷(绷脸)戥埂令(纸一令)蒙(蒙古)锰瞑(又读)拧(拧螺丝)庼苘搒	甏泵蹦澄(音凳。澄清)碇风(风吹)痉愣另拧(倔强)碰亲(亲家)綮嵊鼆蕹症(虚症)挣(挣钱)帧怔(怔怔)

平声·阴平

崩bēng

㊂下平,十蒸。㊃岸～暴～奔～崩～弛～堤～分～角～溃～霹雳～沙～山～石～天～土～㊄～背～奔～敝～波～剥～查～槎～拆～坼～城～弛～殂～摧～脆～荡～颠～动～沸～鲠～骇～号～洶～薨～骞～角～解～沮～离～乱～沦～落～圮～迫～倾～缺～阙～扰～丧～石～逝～损～坍～湍～颓～析～陷～心～云～殒～坠㊅但求椿寿永,莫虑杞天崩。(唐·杜甫《寄刘峡州伯华使君四十韵》)岁老阴沴作,云颓雪翻崩。(唐·韩愈《送侯参谋赴河中幕》)风翻波竟蹙,山压势逾崩。(唐·元稹《纪怀五十韵》)

㊆**鱼烂土崩** 指腐朽至极。《汉记·列侯传》:"百姓一乱,则鱼烂土崩,莫之匡救。"

鱼烂土崩俱自取,不须侯景到江东。(宋·孔武仲《读梁武帝纪二首》其二)

绷(綳、*繃)bēng ①拉紧。②张紧。另见 901 页 běng

㊂下平,八庚。㊃锦～霞～香～绣～棕～㊄～吊～定～藉～褯～席㊅有时若服匿,偪仄如见绷。(唐·皮日休《入林屋洞》)

伻bēng ①使;令。②使者。

㊂下平,八庚。㊃犀～走～㊄～头～图

兵bīng

㊂下平,八庚。㊃按～鏖～拔～罢～被～进～避～弁～草木～驰～持～斥～饬～筹～黜～祠～寸～盗～殿～凋～斗～黩～钝～饵～抚～候～护～戢～甲～骄～角～靖～鸠～酒～抗～罹～利～砺～敛～练～良～料～陵～弥～弭～墨～募～拏～辟～铺～箝～潜～穷～驱～权～任～戎～锐～洒～缮～设～慎～胜～盛～饰～试～释～首～授～属～戍～束～树～谈～探～饕～提～挑～投～徒～屯～甋～违～息～犀～洗～戏～銛～骁～休～宿～悬～严～偃～雁～扬～耀～曳～疑～议～醳～用～游～鱼～揄～御～灾～载～泽～长～招～振～征～踵～铸～颛～缀～捉～足～阻～㊄～弁～柄～簿～尘～冲～筹～储～道～端～厄～防～号～堠～毁～火～籍～戟～忌～匠～劫～解～烬～阑～棱～律～谋～钤～丧～梢～师～矢～势～守～首～输～燧～体～燹～衅～意～噪～质～秩～诛～资㊅俯视洛阳川,茫茫走胡兵。(唐·李白《古风》其十九)八百里分麾下炙,五十弦翻塞外声。沙场秋点兵。(宋·辛弃疾《破阵子·醉里挑灯看剑》)

㊆**酒兵** 指酒。古人认为酒能浇愁解闷,如兵能克敌制胜一样,故云。《南史·陈庆之传》附《陈暄与兄子秀书》:"故江咨议有言:'酒犹兵也,兵可千日而不用,不可一日而

不备;酒可千日而不饮,不可一饮而不醉。'美哉江公!可与共论酒矣。"

强借酒兵销别恨,却因诗债起新愁。(宋·王珉《舟行吴应求惜春次韵》)

晋阳兵 春秋时,晋国荀寅与士吉射叛乱,赵鞅未受君命就取晋阳之甲兵以驱逐二人。后借指平息叛乱。亦作"晋阳甲"。《公羊传·定公十三年》:"晋赵鞅取晋阳之甲,以逐荀寅与士吉射。荀寅与士吉射者曷为者也?君侧之恶人也。此逐君侧之恶人,曷为以叛言之?无君命也。"

仍亲后土祭,更理晋阳兵。(唐·苗晋卿《奉和圣制早登太行山中言志》)

草木皆兵 形容极度惊恐的神态。《十六国春秋·苻坚下》:"坚与融登寿春城望之,见晋兵部阵严整,将士精锐,又望见八公山上草木皆以为晋兵。顾谓融曰:'此亦劲敌,何谓弱也?'怃然始有惧色。"

乾坤若磨随旋转,草木皆兵听怒号。(清·林占梅《大雨飓夜宿官道小楼》)

赤壁鏖兵 指激烈的战争。《三国志·吴书·孙权传》:"是时曹公新得表众,形势甚盛,诸议者皆望风畏惧,多劝权迎之。惟瑜、肃执拒之议,意与权同。瑜、普为左右督,各领万人,与备俱进,遇于赤壁,大破曹公军。"

半勺兰膏暖焰生,恍疑赤壁夜鏖兵。(宋·吴潜《走马灯赓张枢副韵》)

潢池弄兵 指发动兵乱。《汉书·龚遂传》:"其民困于饥寒而吏不恤,故使陛下赤子盗弄陛下之兵于潢池中耳。"

潢池弄兵本赤子,渤海老臣能料理。(元·杨维桢《忆昔》)

孙膑伏兵 指孙膑用兵,又借指布局斗智。《史记·孙膑吴起列传》载:膑乃孙武的后世子孙,为齐威王军师,曾以退兵减灶之法诱敌,在马陵夹道设下伏兵,击杀魏将庞涓。

孙膑伏兵称有法,庞涓钻火一何愚。(宋·邵雍《孙庞二将》)

胸中甲兵 指胸有韬略。《魏书·崔浩传》:"又召新降高车渠帅数百人,赐酒食于前,世祖指浩以示之曰:'汝曹视此人,尪纤懦弱,手不能弯弓持矛,其胸中所怀,乃逾于甲兵。'"

胸中万甲兵,曾使西夏畏。(宋·赵孟坚《拜范文正公祠》)

冰(*氷)bīng

古下平,十蒸。逆颁~抱~藏~春~赐~弹~蹈~伐~负~红~狐~怀~鳇~践~乐~镂~履~木~淖~凝~烹~青~轻~释~斯~素~炭~甜~听~委~卧~夕~熙~心~玄~悬~疑~饮~语~玉~渊~凿~斩~壮~椎~斵~顺~案~笔~碧~檗~操~蟾~齿~簟~锷~斧~谷~骨~光~寒~合~縠~冱~华~晖~辉~魂~稼~鉴~胶~洁~衿~兢~井~镜~绢~籁~鲤~栗~奁~脸~鳞~轮~罗~霾~媒~眸~囊~蘖~凝~瓯~聘~魄~刃~蕤~麝~霜~槊~斯~澌~叟~碎~笋~台~惕~厅~兔~纨~翁~嬉~鲜~弦~衔~霰~消~绡~销~榭~牙~言~颜~夷~蚁~鱼~语~誉~盏~甃~箸~壮~姿例岁晏关雍空,风急河渭冰。(唐·张说《夕宴房主簿舍》)研寒金井水,檐动玉壶冰。(唐·杜甫《赠特进汝阳王二十韵》)

典**抱冰** 形容刻苦自勉。亦作"抱冰握火"。《吴越春秋·勾践归国外传》:"越王念复吴仇非一旦也。苦身劳心,夜以接日。目卧,则攻之以蓼,足寒,则渍之以水,冬常抱冰,夏还握火。愁心苦志,悬胆于户,出入尝之,不绝于口。"

共笑越王穷惴惴,夜夜抱冰寒不睡。(唐·元稹《冬白纻》)

饮冰 指心情惶恐不安。《庄子·人间世》:"叶公子高将使于齐,问于仲尼曰:'王使诸梁也甚重。齐之待使者,盖将甚敬而不急。匹夫犹未可动,而况诸侯乎!吾甚慄之。……今吾朝受命而夕饮冰,我其内热与!吾未至乎事之情,而既有阴阳之患矣!'"

饮冰朝受命,衣锦昼还乡。(唐·宋之问《送姚侍御出使江东》)

如履轻冰 指小心翼翼的心情。《诗经·小雅·小旻》:"不敢暴虎,不敢冯河。人知其一,莫知其他。战战兢兢,如临深渊,如履薄冰。"

及到门阑,小君猜忌,如履轻冰愁过违。(宋·无名氏《沁园春·小阁深沉》)

王祥卧冰 指至孝事亲。亦作"剖冰求鲤""楚僚卧冰"。《搜神记》卷一一:"王祥,字休征,琅琊人。性至孝。早丧亲,继母朱氏不慈……母常欲生鱼,时天寒,冰冻,祥解衣将剖冰求之,冰忽自解,双鲤跃出,持之而归。"

卧冰得鲤供亲养,至孝诚能上格天。(宋·徐钧《王祥》)

夏虫疑冰 喻指人囿于见识,知识短浅。《庄子·秋水》:"北海若曰:'……夏虫不可以语于冰者,笃于时也。'"

雾静不容玄豹隐,冰生惟恐夏虫疑。(唐·唐彦谦《中秋夜玩月》)

并 bīng 并州。另见 909 页 bìng。

古下平,八庚。逆幽~顺~刀~剪~翦~盐~州例排阁一少年,其气为幽并。(清·吴伟业《吴门遇刘雪舫》)

槟(檳、*梹)bīng 槟榔。见 713 页 bīn。

顺~榔例何时黄金盘,一斛荐槟榔。(唐·李白《赠卫尉张卿二首》其二)

屏 bīng 屏营,惶恐的样子。另见 894 页 píng、902 页 bǐng。

古下平,九青。顺~营例长叹即归路,临川空屏营。(唐·李白《献从叔当涂宰阳冰》)

栟 bīng 栟榈,指棕榈。

古下平,八庚。顺~闾~榈例远苞树蕉栟,鸿头排刺芡。(唐·孟郊韩愈《城南联句》)

噌 cēng 形容短促摩擦或快速行动的声音。另见 866 页 chēng。

古下平,十三耕。逆泓~

称(稱)chēng ①叫作。②名称。③赞扬。④测定重量。⑤举。另见 909 页 chèng、769 页 chèn。

古下平,十蒸。逆褒~报~卑~不足~垂~达~道~德~讹~浮~瑰~贵~鸿~徽~溷~极~嘉~兼~见~僭~矫~嗟~夸~诳~理~廉~良~列~令~流~命~辟~譬~清~取~权~认~荣~

盛～诗～时～殊～谈～天下～无～武～贤～显～孝～羞～虚～雅～遗～意～英～誉～诈～招～贞～甄～众口～著～追～足～顺～爱～褒～悲～比～兵～财～传～达～伐～伏～服～赋～戈～功～觥～孤～耗～贺～衡～讳～荐～奖～借～举～乐～列～临～乱～论～美～媚～名～慕～能～情～庆～权～觞～赏～身～声～盛～使～首～寿～述～诉～谈～叹～亭～玩～望～物～显～羡～谢～许～诩～栩～言～验～谚～扬～引～咏～谀～喻～誉～责～张～制～秩～尊例千金答漂母,万古共嗟称。(唐·李白《赠新平少年》)长策竟不用,高才徒见称。(唐·高适《饯宋八充彭中丞判官之岭南》)晚节嬉游简,平居孝义称。(唐·杜甫《赠特进汝阳王二十韵》)

撑(*撐)chēng

古下平,八庚。逆打～当～独～孤～苦～力～小舟～硬～支～顺～拨～肠～持～摐～刺～达～抵～扶～抉～口～里～目～舌～支～拄例麾令递束缚,缠索相拄撑。(唐·柳宗元《韦道安》)砚拨萍根洗,舟冲蓼穗撑。(唐·陆龟蒙《江南秋怀寄华阳山人》)幽根狂乱迸,劲叶动相撑。(唐·齐己《禅庭芦竹十二韵呈郑谷郎中》)

典**鳌足支撑** 古代关于天地形成的神话中,有女娲斩断大鳌四足,用以支撑天地的故事。见《淮南子·览冥训》。

地祇愁垫压,鳌足困支撑。(唐·牛僧孺《李苏州遗太湖石奇状绝伦因题二十韵》)

瞠chēng 瞪着眼看。

古下平,八庚。逆瞠～瞙～顺～愕～后～惑～目～然～视～眙

琤chēng 形容玉器相击声或水流声。

古下平,八庚。逆琤～瑽～淙～琮～玉～顺～璁～然例落盘珠历历,摇珮玉琤琤。(唐·白居易《和令狐仆射小饮听阮咸》)后夔如为听,从此振琮琤。(唐·潘存实《赋得玉声如乐》)

铛(鐺)chēng 温器,似锅,三足。另见789页dāng。

古下平,八庚。逆茶～瓷～鼎～酒～鏊～炉～茗～石～土～瓦～药～油～折～顺～鼎～高例暗网笼歌扇,流尘晦酒铛。(唐·刘禹锡《乐天少傅五月长斋》)别有一条投涧水,竹筒斜引入茶铛。(唐·马戴《题庐山寺》)角开香满室,炉动绿凝铛。(唐·齐己《咏茶十二韵》)

赪(赬、𧹞)chēng 赤色。

古下平,八庚。逆断霞～鲂～浃～童～玄～颜～鱼尾～顺～螯～肤～颊～肩～茎～柯～鲤～鳞～面～怒～盘～然～壤～蕊～桐～尾～文～霞～颜～玉盘例乌头因感白,鱼尾为劳赪。(唐·白居易《舟中示舍弟五十韵》)鹭毛浮岛白,鱼尾撇波赪。(唐·陆龟蒙《江南秋怀寄华阳山人》)更将剪彩发春荣。羞颜未醉已先赪。(宋·苏轼《浣溪沙·雪颔霜髯不自惊》)

枪(槍)chēng 欃枪,彗星。另见796页qiāng。

古下平,八庚。逆欃～天～顺～星例几时回节钺,戮力扫欃枪。(唐·杜甫《奉送郭中丞兼太仆卿充陇右节度使三十韵》)

典**欃枪** 彗星的别名,古人认为是凶星,主不吉。后借指邪恶势力或叛乱。《尔雅·释天》:"彗星为欃枪。"郭璞注:"亦谓之孛,言其形孛,孛似扫彗。"《淮南子·俶真训》:"欃枪衡杓之气,莫不弥靡而不能为害。"高诱注:"欃枪,彗孛也。"

几时回节钺,戮力扫欃枪。(唐·杜甫《奉送郭中丞兼太仆卿充陇右节度使三十韵》)

蛏(蟶)chēng 蚌属。

古下平,八庚。逆蚌～螺～鲜～顺～肠～干～苗～条

噌chēng 噌吰,形容钟鼓的声音。另见865页cēng。

顺～吰

登dēng

古下平,十蒸。逆拜～超～洊～诞～豆～翰～耗～红榜～汇～跻～践～降～捷足～进～峻～遴～名～谬～年～前～穷～秋～让～晚～新～新谷～延～衍～忔～鱼～昭～转～擢～顺～拔～簿～禅～臣～晨～程～崇～覆～歌～谷～衡～闳～纪～济～绩～建～荐～践～讲～降～戒～举～馂～科～览～揽～礼～历～临～留～龙～隆～迈～庙～纳～难～年～蹑～盘～陴～栖～祇～秋～稔～日～善～膳～涉～升～实～仕～寿～枢～祀～岁～损～坛～探～徒～望～位～巇～席～遐～霞～闲～显～献～相～霄～啸～心～兴～虚～叙～学～寻～延～衍～曜～仪～翼～盈～瀛～庸～游～侑～御～誉～缘～愿～载～宰～造～斋～昭～真～陟～轴～擢～阼～祚～座例大壑随阶转,群山入户登。(唐·王维《韦给事山居》)幕府日多暇,田家岁复登。(唐·高适《武威同诸公过杨七山人,得藤字》)

典**先登** 后世咏作战勇敢的典故。《左传·隐公十一年》:"公会齐侯、郑伯伐许。庚辰,傅于许。颍考叔取郑伯之旗蝥弧以先登。子都自下射之。颠。"

犹思脱儒冠,弃死取先登。(唐·韩愈《送侯参谋赴河中幕》)

愧孙登 指三国魏嵇康因未能采纳孙登的忠告,最后遇害的事。《世说新语·栖逸》:"嵇康游于汲郡山中,遇道士孙登,遂与之游。康临去,登曰:'君才则高矣,保身之道不足。'"

淮王门有客,终不愧孙登。(唐·杜甫《赠特进汝阳王二十韵》)

王粲南登 指感伤流离。亦作"王粲哀"。东汉·王粲《七哀诗二首》其一:"西京乱无象,豺虎方遘患。……出门无所见,白骨蔽平原。路有饥妇人,抱子弃草间。顾闻号泣声,挥涕独不还。……南登霸陵岸,回首望长安。悟彼下泉人,喟然伤心肝。"

我向秦人问路岐,云是王粲南登之古道。(唐·李白《灞陵行送别》)

灯(燈)dēng

古下平,十蒸。逆禅～绰～矗～传～戳～龊～慈～法～放～凤～佛～寒～号～回～慧～煎～剪～讲～焌～龛～兰～璃～灵～笼～轮～霓虹～碁～青～毬～衢～散～纱～山～商～上～上元～烧～麝

～鱿～收～衰～送～酥～踏～别～天～微～衔～香～斜～心～星～晏～雁～吟～玉～元～张～掌～正～炙～智～珠～转～走马～顺～爆～彩～词～挂～虎～伎～节～楼～漏～轮～马～捻～品～期～青～檠～山～市～事～树～穗～盌～椀～窝～夕～宵～灺～宴～语例入夜翠微里，千峰明一灯。（唐·刘长卿《龙门八咏·远公龛》）雕章五色笔，紫殿九华灯。（唐·杜甫《寄刘峡州伯华使君四十韵》）

噔dēng　象声词。

逆咘～咯～顺～楞

簦dēng　有柄的笠。

古下平，十蒸。逆担～簦～檐～贫～顺～笠例吹嘘期指掌，患难许檐簦。（唐·元稹《纪怀五十韵》）云门一万里，应笑又担簦。（唐·崔涂《入蜀赴举秋夜与先生话别》）

典**担簦**　指为干谒或求功名而不惜远程。《史记·虞卿列传》："虞卿者，游说之士也。蹑屩檐簦说赵孝成王。"按，"檐"通"担"。

惟昔不自媒，担簦西入秦。（唐·李白《赠崔司户文昆季》）

丁dīng　①成年男子。②人口。③姓。④遭逢；碰到。另见 882 页 zhēng。

古下平，九青。逆暗～白～半～帮～保～避～边～弁～不识～惭～成～次～单～登～宫～孤～红～户～火～及～祭～兼～渐～进～僦～斸～客～课～库～撩～灵～零～六～芦～炉～卤～内～宁～庖～铺～畦～强～秋～驱～全～身～识～侍～适～酸～随～天～添～圩～五～巡～遗～义～驿～渔～舆～运～灶～正～中～顺～册～差～产～辰～沉～珰～倒～东～冬～屐～籍～祭～艰～匠～坑～兰～栎～粮～灵～泠～零～荦～年～期～强～穷～塞～时～书～属～田～头～翁～星～胥～徭～夜～庸～忧～则～折～稚～中例殿上呼方朔，人间失武丁。（唐·刘宪《奉和七夕宴两仪殿应制》）即事壮重险，论功超五丁。（唐·杜甫《桥陵诗三十韵因呈县内诸官》）

典**六丁**　诗词中用六丁作神力的化身，借以表现作者的愿望和遐想。《后汉书·梁节王畅传》："畅性聪惠，然少贵骄，颇不遵法度。归国后，数有恶梦，从官卞忌自言能使六丁，善占梦，畅数使卜筮。"李贤注："六丁谓六甲中丁神也，若甲子旬中，则丁卯为神，甲寅旬中，则丁巳为神之类也。"

漫下祖龙鞭，六丁护舟府。（唐·张九龄《九度仙楼》）

庖丁　名叫丁的厨役。"庖丁解牛"为庄子中的一个故事，用此喻养生之道，或用以赞美神妙的技艺。《庄子·养生主》："庖丁为文惠君解牛，手之所触，肩之所倚，足之所履，膝之所踦，砉然响然，奏刀騞然，莫不中音。合于桑林之舞，乃中经首之会。"

会时要似庖丁刃，妙处应同靖节琴。（宋·邓允端《题社友诗稿》）

五丁开险　相传古蜀国有五丁，力能移山，曾开山成道。亦作"五丁""壮士死"。《水经注·沔水》："秦惠王欲伐蜀而不知道，作五石牛，以金置尾下，言能屎金。蜀王负力，令五丁引之成道。"

前驱二星去，开险五丁忙。（唐·杜牧《奉和门下相公送西川相公》）

钉（釘）dīng　另见 910 页 dìng。

古下平，九青。逆刺～道～斗～勾～鼓～棺～环～灰～门～命～沤～销～印～竹～琢～顺～锤～铛～铰～筋～铃～密～头～问～靴例秋娥点滴不成泪，十二玉楼无故钉。（唐·李商隐《杂曲歌辞·无愁果有愁曲》）肺枯似著炉鞲煽，脑热如遭锤凿钉。（唐·顾云《池阳醉歌赠匡庐处士姚岩杰》）

叮dīng

逆咭～顺～咛～问～嘱

仃dīng　伶仃，孤独。

古下平，九青。逆伶～顺～伶

盯dīng　注视。

逆眼盯～顺～人～视

疔dīng　疔疮。

逆鼻～顺～疮～瘇

靪dīng　补鞋底。

逆补～

玎dīng　玉声。

古下平，九青。逆玲～顺～珰～琅例人语散澒洞，石响高玲玎。（唐·皮日休《太湖诗·入林屋洞》）

风（風）fēng　另见 911 页 fèng。

古上平，一东。逆哀～八～拜～抱～悲～被～鞴～敝～飙～弊～变～便～熛～别～乘～乘长～逞～驰～迟～侈～赤～冲～出～楚王～传～纯～淳～醇～雌～从～徂～捽～撮～当～荡～刀～稻花～德～斗～讹～恶～恩～飒～芳～分～焚～感～刚～罡～高～光～广莫～闺～国～还～含～行～豪～黑～恒～鸿～候～胡～花信～华～绪～惠～蕙～接～金～凯～口～两袖～烈士～凌～南～樵～仁～天～闻～暄～翾～熏～严～偃～谣～一帆～贻～移～倚～鹰～攒～振～竹～追～顺～埃～岸～谤～飑～猋～表～勃～布～裁～槎～措～德～队～铎～法～盖～概～告～鲠～观～轨～豪～鹤～虹～虎～逸～鹢～音～影～猷～牖～雩～宇～羽～玉～驭～誉～鸢～藻～泽～榧～棹～政～枝～旨～指～志～制～致～烛～躅～缀例容华尚春日，娇爱已秋风。（唐·崔湜《婕妤怨》）高堂静秋日，罗衣飘暮风。（唐·王缙《古别离》）半夜翻营旗搅月，深秋防戍剑磨风。（唐·沈彬《入塞曲》）

典**乘风**　指称仙道。亦作"御风""驭风"。《庄子·逍遥游》："夫列子御风而行，泠然善也，旬有五日而后反。"成玄英疏："姓列，名御寇，郑人也……得风仙之道，乘风游行，泠然轻举，所以称善也。"

采药三山罢，乘风五日归。（唐·韩翃《赠张道者》）

南风　指仁德之政。《史记·乐书》："昔者舜作五弦之琴，以歌《南风》。"裴骃集解："王肃曰：'《南风》，育养民之诗也。其词曰：南风之薰兮，可以解吾民之愠兮。'"

于焉欢击筑，聊以咏南风。（唐·李世民《重幸武功》）

樵风　指若邪溪之风，后因以指乘风泛舟。《后汉书·郑弘传》："会稽山阴人。"李贤注引南朝宋·孔灵符《会稽记》："射的山南有白鹤山，此鹤为仙人取箭。汉太尉郑弘尝采薪，得一遗箭，顷有人觅，弘还之。问何所欲，弘识其为神人也，曰：'常患若邪溪载薪为难，愿旦南风，暮北风。'后果然。"

花县弹琴暇，樵风载酒时。（唐·刘长卿《陪王明府泛舟》）

仁风 指饯送官员或称颂地方官。亦作"一扇风"。《世说新语》引《续晋阳秋》："袁宏字彦伯，陈郡人……太傅谢安赏宏机捷辩速，自吏部郎出为东阳郡，乃祖之于冶亭，时贤皆集。安欲卒迫试之，执手将别，顾左右取一扇而赠之。宏应声答曰：'辄当奉扬仁风，慰彼黎庶。'合坐叹其要捷。"

仁风膏雨去随轮，胜境欢游到逐身。（唐·白居易《送刘郎中赴任苏州》）

快哉风 指风。亦作"雄风""兰台风""大王风""雌雄风""楚台风"。战国楚·宋玉《风赋》："楚襄王游于兰台之宫，宋玉景差侍，有风飒然而至，王廼披襟而当之曰：'快哉此风！寡人所与庶人共者邪？'"

一点浩然气，千里快哉风。（宋·苏轼《水调歌头·落日绣帘卷》）

鲤鱼风 指九月风，也指春夏之交的风。《玉台新咏》卷七南朝梁·萧纲《艳歌篇十八韵》："灯生阳燧火，尘散鲤鱼风。"

向晚鲤鱼风，断送彩帆何处。（宋·贺铸《忆仙姿·莲叶初生南浦》）

不竞南风 古人将音律与方位联系起来，双方作战前乐师各吹奏一方之乐，以音乐品质之高下预测其吉凶胜负。"不竞南风"即南方之音预兆其凶、其败。《左传·襄公十八年》："晋人闻有楚师，师旷曰：'不害。吾骤歌北风，又歌南风。南风不竞，多死声。楚必无功。'"

南风不竞多死声，鼓卧旗折黄云横。（唐·贾至《相和歌辞·燕歌行》）

空穴来风 指流言蜚语乘隙而入。战国楚·宋玉《风赋》："臣闻于师，枳句来巢，空穴来风，其所托者然，则风气殊焉。"

朽株难免蠹，空穴易来风。（唐·白居易《病中诗十五首·初病风》）

运斤成风 指神妙的技艺或超人的才能。亦作"挥斤斫垩"。

投刃皆虚有余地，运斤不辍自成风。（宋·苏轼《次韵钱穆父还张天觉行县诗卷》）

丰[1]（豐）fēng ①丰富。②大。

㊀上平，一东。㊁登～阜～甘～国～厚～就～隆～民～祈～清～时～五谷～物～席～凶～永～㊂～岸～昂～霸～败～豹～本～辩～博～蔀～敞～侈～炽～崇～厨～祠～粹～黛～貂～端～丰～阜～甘～格～椵～规～豪～亨～膴～嫮～混～伙～积～禨～藉～嘉～荐～洁～碣～浸～居～矩～镌～躅～爵～康～犒～柯～旷～硠～禄～露～茂～懋～末～凝～庞～颀～芑～强～峭～翘～㊃触石云呈瑞，含花雪告丰。（唐·张说《奉和圣制喜雪应制》）宸藻光盈尺，赓歌乐岁丰。（唐·沈佺期《奉和洛阳玩雪应制》）

㊄**倦客新丰** 借指有才而不得志之人。《旧唐书·马周传》："马周字宾王，清河茌平人也。少孤贫好学，尤精《诗》《传》，落拓不为州里所敬。武德中，补博州助教，日饮醇酎，不以讲授为事。刺史达奚恕屡加咎责，周乃拂衣游于曹、汴，又为浚仪令崔贤首所辱，遂感激西游长安，宿于新丰逆旅，主人唯供诸商贩而不顾待周，遂命酒一斗八升，悠然独酌，主人深异之。至京师，舍于中郎将常何之家。"后因常何而见知于唐太宗。

倦客新丰，貂裘敝、征尘满目。（宋·辛弃疾《满江红·倦客新丰》）

丰[2] fēng ①草木茂盛。②体态丰满。

㊀上平，一东。㊁昌～粤～㊂～标～裁～采～鉴～棱～貌～茸～容～神～妍～仪㊃我在钱塘拓湖渌，大堤士女争昌丰。（宋·苏轼《轼在颍州与赵德麟同治西湖未成改扬州三月十六日湖成德麟有诗见怀次其韵》）

㊄**昌丰** 形容人体魄健壮。《诗经·郑风·丰》："子之丰兮？俟我乎巷兮，悔予不送兮。子之昌兮？俟我乎堂兮，悔予不将兮。"

丹杏正媚妩，柳枝颇昌丰。（宋·陈造《赠章宰》）

峰（*峯）fēng 山峰。

㊀上平，二冬。㊁霭～鳌～冰～才～层～词～翠～艮～缑～极～雩～鹫～绝～昆～骊～闾～日观～势～数～霜～鹓～危～巫～险～悬～烟～雁～瑶～逸～远～云～攒～㊂～朵～腹～岠～距～峻～岚～胁～岫～巘～腰～颖～嶂㊃回銮青岳观，帐殿紫烟峰。（唐·张说《侍宴蘘荷亭应制》）芳心念我，也应那里，蹙破眉峰。（宋·张先《双燕儿·榴花帘外飘红》）

蜂（*蠭）fēng ①蜜蜂。②比喻成群的。

㊀上平，二冬。㊁奔～掇～壶～狂～芉～蟠～武～袖～玄～瑶～游～稚～狂～㊂～虿～臣～出～动～蠹～分～粉～骇～鹤～户～集～蛱～江～结～聚～窠～溃～利～铃～媒～目～旗～启～气～乳～锐～生～螫～台～衙～轶～牖～语～攒～帐～脂～至～舟～准㊃弄珠惊汉燕，烧蜜引胡蜂。（唐·李贺《恼公》）问狸将挟虎，歼虿敢虞蜂。（唐·韩琮《秋晚信州推院亲友或责无书，即事寄答》）远害终防雀，争先不避蜂。（唐·齐己《蝴蝶》）

封 fēng

㊀上平，二冬。又：去声，二宋异。㊁白云～百～褒～边～窆～标～部～尘～敕～大～道～钉～东～短～防～坟～抚～附～副～诰～沟～官～龟～函～花～华～环～畿～缄～槭～检～疆～降～阶～晋～就～魁～雷～累～邻～灵～鸾～弥～墨～囊～逆～平～启～书儿～烟雨～衍～雁～移～遗～蚁～荫～印～茔～鱼～逾～赠～畛～正～㊂～拜～版～宝～表～缠～崇～宠～传～陲～甸～垤～额～诰～割～锢～圭～匦～裹～恨～堠～护～畿～己～记～角～阶～界～境～蜡～狼～勒～留～禄～略～茅～绵～墓～内～泥～畔～圻～壤～戎～石～识～事～守～授～兽～疏～署～树～志～秩～冢～祝～篆～奏㊃万里逢归雁，乡书忍泪封。（唐·韦庄《寄江南诸弟》）药秘仙都诀，茶开蜀国封。（唐·虚中《献郑都官》）懒寄云中服，慵开海上封。（唐·朱琳《开缄怨》）

㊄**鱼封** 指书信。《古乐府·饮马长城窟行》："客从远方来，遗我双

鲤鱼。呼儿烹鲤鱼,中有尺素书。"

寄语虞卿谩多赋,九泉无路达鱼封。(宋·贺铸《和彭城王生悼歌人盼盼》)

比屋封 指圣明之朝。《新语·无为》:"尧舜之民,可比屋而封;桀纣之民,可比屋而诛者,教化使然也。"

辟门通舜宾,比屋封尧德。(唐·骆宾王《夏日游德州赠高四》)

枫(楓)fēng

古上平,一东。逆丹～江～林～楩～秋～霜～桠～顺～陛～宸～墀～鬼～胶～锦～岭～柳～木人～桥～人～叟～子例细管吟朝幌,芳醪落夜枫。(唐·李贺《恼公》)悠悠铺塞草,冉冉著江枫。(唐·元稹《春六十韵》)

典**楚臣伤江枫** 用为表达伤感情怀。《楚辞·招魂》:"湛湛江水兮上有枫,目极千里兮伤春心,魂兮归来哀江南。"王逸注:"言湛湛江水浸润枫木,使之茂盛,伤己不蒙君惠而身放弃,曾不若树木得其所也。"

楚臣伤江枫,谢客拾海月。(唐·李白《同友人舟行游台越作》)

锋(鋒)fēng

古上平,二冬。逆百炼～避～边～才～禅～触～词～辞～磁～催～挫～当～蹲～飞～钢～还～机～奸～交～冷～敛～冒～奇～铅～潜～青～锐～神～失～霜～谈～天～铦～推～蝟～文～先～衔～陷～邪～凶～袖～悬～选～剡～撄～迎～玉～攒～争～正～中～椎～顺～锷～犯～戈～骨～捍～剑～角～距～快～栝～棱～铓～面～旗～起～气～弭～锐～生～石～矢～手～铄～炭～铦～头～猬～侠～燹～韬～颖～钲～至～镞例枚藻清词律,邹谈耀辩锋。(唐·李峤《夏晚九成宫呈同僚》)落日熔金万顷,晴岚洗剑双锋。(宋·张孝祥《西江月·落日熔金万顷》)

烽fēng 烽火。

古上平,二冬。逆边～传～放～爟～海～燋～惊～桔槔～举～军～寇～连～夕～贼～宵～息～狼～顺～墩～鼓～爟～候～警～橹～逻～区～师～柝～燹～驿～砦～侦例行人醉出双门道,少妇愁看七里烽。(唐·张谓《送皇甫龄宰交河》)玉塞惊宵柝,金桥罢举烽。(唐·李商隐《昭肃皇帝挽歌辞三首》其二)清论尽应书国史,静筹皆可息边烽。(唐·徐夤《寄华山司空侍郎二首》其一)

典**举烽** 指女宠乱政。《史记·周本纪》:"幽王得褒姒,爱之……褒姒不好笑,幽王欲见笑万方,故不笑。幽王为烽燧大鼓,有寇至则举烽火。诸侯悉至,至而无寇,褒姒乃大笑。幽王说之,为数举烽火。其后不信,诸侯益亦不至。……申侯怒,与缯、西夷犬戎攻幽王。幽王举烽火征兵,兵莫至。遂杀幽王骊山下。"

几变雕墙几变灰,举烽指鹿事悠哉。(宋·苏轼《骊山三绝句》其二)

疯(瘋)fēng

逆文～发～撒～装～酒顺～蒙～气

酆fēng ①周都邑名。②姓。

古上平,一东。逆北～罗～顺～城气～城狱～都～宫～广～剑～琅～匣例下笑世上士,沉魂北罗酆。(唐·李白《访道安陵临别留赠》)

葑fēng 芜菁。另见911页fèng。

古上平,二冬。逆采～菲～青～例溪北画桥弯螮蝀。溪南古岸添青葑。(宋·洪适《渔家傲引·正月东风初解冻》)

沣(灃)fēng 水名。

古上平,一东。顺～水例忽复隔淮海,梦想在沣东。(唐·韦应物《答重阳十韵》)

耕gēng

古下平,八庚。逆备～秉～并～陈～晨～春～辍～催～代～刀～钓～东～遁～返～躬～归～寒～火～疾～进～客～课～垦～枯～楛～力～率～目～耨～偶～耦～强～青～权～让～舌～深～省～时～受～熟～析～巡～烟～岩～砚～隐～畲～雨～预～耘～杂～助～顺～蚕～廛～畴～锄～畜～道～钓～犊～发～垡～翻～父～灌～货～获～耤～藉～籍～力～敛～寮～垄～畦～牧～稿～莘～市～蓑～坛～童～械～学～烟～岩～艺～耰～畲～植～殖～种～斸～助～筑例夕阳临水钓,春雨向田耕。(唐·刘长卿《过前安宜张明府郊居》)农夫何为者,辛苦事寒耕。(唐·刘禹锡《相和歌辞·贾客词》)

典**谷口躬耕** 指隐居生活。《法言·问神》:"谷口郑子真,不屈其志,而耕乎岩石之下,名震于京师。"

谷口躬耕稼,盘中歌寿昌。(宋·戴复古《昭武刘圻甫以嵘篁隐居图求诗》)

庚gēng

古下平,八庚。逆仓～传～盗～订～斗指～庚～癸～红～呼～贱～金～六～那～年～商～生～岁在～同～先～夷～由～长～尊～顺～白～伯～偿～弟～伏～符～癸～虎～甲～泥～牌～壬～暑～帖～信～兄～穴～邮例六月金数伏,兹辰日在庚。(唐·皎然《酬薛员外谊苦热行见寄》)遐思常后已,下令必先庚。(唐·刘禹锡《历阳书事七十韵》)

典**大横庚** 指迎立皇帝。《史记·孝文本纪》:"丞相陈平、太尉周勃等使人迎代王。……代王报太后计之,犹与未定。卜之龟,卦兆得大横。占曰:'大横庚庚,余为天王,夏启以光。'代王曰:'寡人固已为王矣,又何王?'卜人曰:'所谓天王者,乃天子。'"

如无一战霸,安有大横庚。(唐·李商隐《送千牛李将军赴阙五十韵》)

更gēng ①改变。②经历。③古夜间计时单位。做此义亦音jīng。另见911页gèng。

古下平,八庚。逆报～残～禅～持～初～递～迭～定～断～番～纷～服～诡～过～禾～荐～践～叫～禁～老～留～轮～率～蟆～起～迁～敲～三～嬗～岁月～田～鼍～巡～严～移～乙～右～鱼～愈～支～知～直～值～中～走～租～卒～左～坐～顺～版～变～步～尝～成～筹～初～次～窜～点～动～端～覆～革～鼓～行～号～互～化～嫁～践～箭～尽～居～阑～老～历～立～练～楼～漏～履～虑～仆～涉～始～适～戍～爽～苏～调～徙～相～香～兴～休～巡～移～议～元～造～直～制～置～钟～妆例月下对云阙,风前闻夜更。(唐·韦嗣立《酬崔光

禄冬日述怀赠答》）江月去人只数尺，风灯照夜欲三更。（唐·杜甫《漫成一绝》）

典**五更**　古代乡官名，用以安置年老官员。后用为称赞长者。《礼记·文王世子》："遂设三老五更，群老之席位焉。"郑玄注："三老五更各一人也，皆年老更事致仕者也，天子以父兄养之，示天下之孝悌也。"

议论通三教，年颜称五更。（唐·韩偓《赠吴颠尊师》）

羹gēng

古下平，八庚。逆谄～尘～陈～惩～莼～啜～大～翻～沸～鹄～戛～颉～菁～藜～卯～芼～脯～撒～食～嚃～太～泰～调～蜩～吴～枭～铏～絮～遗～榆～鼋～造～鲊～胾～尊～顺～定～饭～沸～藿～臛～魁～藜～梅～墙～献～蟹～胾例运筹初减灶，调鼎未和羹。（唐·刘长卿《寄上浙西节度李侍郎中丞行营五十韵》）向来吟橘颂，谁欲讨莼羹。（唐·杜甫《与李十二白同寻范十隐居》）一钟菰葑米，千里水葵羹。（唐·刘禹锡《历阳书事七十韵》）

典**和羹**　指宰相协和政事。亦作"和羹梅"。《尚书·商书·说命下》："王曰：'来汝说……若作酒醴，尔惟麴糵。若作和羹，尔惟盐梅。'"

受脤新梁苑，和羹旧傅岩。（唐·刘禹锡《和汴州令狐相公到镇改月偶书所怀》）

千里莼羹　形容家乡风味，多指吴地的；也用以表示欲归隐回乡。晋·郭澄之《郭子》："陆士衡诣王武子，武子有数斛羊酪，指以示陆曰：'卿东吴何以敌此？'陆云：'千里莼羹，未下盐豉。'"

满眼秋风归未得，却惭千里话莼羹。（宋·虞俦《喜晴》）

粳（*稉、秔）gēng

又读。另见872页jīng。

古下平，八庚。逆白～黄～霜～稌～晚～香～新～玉～顺～稻～粮～粱

鹒（鶊）gēng

鸧鹒，黄鹂。

古下平，八庚。逆仓～鸧～春～鹂～例春至百草绿，陂泽闻鸧鹒。（唐·常建《渔浦》）

赓（賡）gēng

继续；连续。

古下平，八庚。逆酬～继～新～长～重～顺～本～唱～酬～歌～和～即～诗～响～衍～扬～咏～载

緪（*絙、縆）gēng

粗绳索。

古下平，十蒸。逆铁～顺～级～桥～人～瑟～升～索例信知后会时，日月屡环緪。（唐·韩愈《送侯参谋赴河中幕》）羸骥方辞绊，虚舟已绝緪。（唐·刘禹锡《牛相公见示新什》）的的三年梦，迢迢一线緪。（唐·杜牧《襄阳雪夜感怀》）

亨hēng

顺利。

古下平，八庚。逆大～丰～光～吉～嘉～困～龙～纳～能～配～彭～膨～谦～时～泰～屯～咸～元～顺～彪～畅～奋～会～嘉～利～路～衢～途～屯～贞例此诚患不至，诚至道亦亨。（唐·元稹《思归乐》）多知非景福，少语是元亨。（唐·白居易《舟中示舍弟五十韵》）

哼hēng

逆打～呛～顺～气～唷

脝hēng

膨脝，腹胀大貌。

逆膨～

精jīng

古下平，八庚。又：去声，十四静。逆奔～播～晨～驰～储～垂～春～淳～醇～殚～光～交～洁～竭～厉～励～烈～留～流～琉～龙～昴～乾～潜～勤～穷～劬～锐～丧～神～守～枢～素～覃～腾～通～彤～抟～瓮～雄～玄～眩～雪～炎～研～阳～曜～夜～英～用～游～娱～玉～寓～毓～渊～元～圆～月～云～斋～贞～忠～顺～奥～拔～辩～博～材～粲～达～胆～谛～笃～富～核～魂～记～甲～健～鉴～洁～劲～祲～警～克～恳～苦～朗～理～励～利～虑～芒～敏～沐～绮～赡～舍～涉～识～爽～思～诵～汰～讨～腆～悉～娴～详～晓～信～秀～雅～妍～摇～诣～约～择～照～志～制例中军才受律，妖寇已亡精。（唐·裴漼《奉和御制旋师喜捷》）侯家与主第，点缀无不精。（唐·元稹《相和歌辞·估客乐》）

典**赤精**　指刘邦。《汉书·哀帝纪》："待诏夏贺良等言赤精子之谶，汉家历运中衰，当再受命，宜改元易号。诏曰：'……其大赦天下。以建平二年为太初元将元年。号曰陈圣刘太平皇帝。漏刻以百二十为度。'"应劭注："高祖感赤龙而生，自谓赤帝之精，良等因是作此谶文。"

赤精斩白帝，叱咤入关中。（唐·李白《登广武古战场怀古》）

岳渎储精　用为咏贤臣贤相或杰出人才。见726页"生申"。

岳渎储精，冰壶里、精神可掬。（宋·刘浩《满江红·岳渎储精》）

惊（驚）jīng

古下平，八庚逆暗自～不～猜～惭～出～担～耽～愕～骨～鬼神～鹤～鸿～讙～嗟～凌～鸾～梦魂～麋～潜～三～失～四座～惕～退～畏～详～鱼～猿～着～顺～哀～懊～白～悖～迸～跸～镳～惨～孱～潮～尘～怵～怆～潨～窜～怛～惮～悼～黩～遁～帆～犯～烽～闺～诡～聒～汗～嗥～鸿～怳～恍～飚～惑～急～娇～劫～捷～愧～栗～怜～敛～泷～鸾～虑～靡～鸣～沫～目～慕～挠～淰～湃～佩～蓬～聋～讪～赏～倏～嘶～肃～滩～透～翔～绣～魇～耀～逸～踊～忧～羽～殒～战～灼例暂低逢辇度，还高值浪惊。（唐·李世民《赋得浮桥》）万里兵锋接，三时羽檄惊。（唐·刘长卿《寄上浙西节度李侍郎中丞行营五十韵》）溪松寒暂宿，露草滴还惊。（唐·陈季《鹤警露》）

典**弦惊**　用以指受挫者心有余悸，精神脆弱。见636页"惊弦"。

霜降幽林沾蕙若，弦惊翰苑失鸳鸾。（唐·钱起《送李九贬南阳》）

京jīng

古下平，八庚。逆宸～砥～附～高～贵～华～皇～晋～九～旧～陵～陪～迁～秦～困～三～上～神～四～嵩～五～仙～咸～许～瑶～郢～遗～尹～禺～玉～章～顺～仓～曹～察～朝～尘～储～邸～坻～甸～坊～蚨～府～辅～垓～歌～毂～关～观～花～华～畿～江～局～控～洛～雒～门～牧～辇～圻～钱～卿～丘～阙～囷～

省～室～台～堂～挺～闱～相～饷～绣～削～尹～鱼～庾～域～员～苑～运～枣～直～沚～峙～秩～冢㊞际晓投巴峡，余春忆帝京。（唐·王维《晓行巴峡》）感激动四极，联翩收二京。（唐·杜甫《八哀诗·赠左仆射郑国公严公武》）

㊥**凤京** 代指帝都。见883页"凤城"。

清晨朝凤京，静夜思鸿宝。（唐·沈佺期《同工部李侍郎适访司马子微》）

玉京 玉京为道家传说中的仙阙，为三十二帝之都。诗文中用为咏仙境之典。《魏书·释老志》："道家之原，出于老子。其自言也，先天地生，以资万类。上处玉京，为神王之宗；下在紫微，为飞仙之主。"

玉京真子名太一，因服日华心如日。（唐·皎然《赠张道士》）

经（經）jīng ①织物的纵线。②中医指人体内气血运行通路的主干。③经典。④经过。⑤禁受。

㊄下平，九青。又：去声，二十五径同。㊣白～邦～贝～倍～壁～表～不～禅～常～唱～朝～洊～丹～典～鹅～翻～讽～拂～孤～惯～国～含～横～鸿～互～皇～纪～交～进～救～离～莲～麟～鸾～民～葩～僻～契～穷～佉～善～世～事～守～树～同～图～牺～羲～仙～纤～叙～训～演～业～彝～逸～佣～饫～执～雉～竺～醉～㊀板～变～藏～躔～忏～谶～承～程～锄～川～渎～亘～构～官～行～画～怀～籍～纪～据～魁～纶～论～履～入～涉～时～实～霜～死～笥～塔～台～堂～童～途～涂～帏～幄～武～屑～信～恤㊞金奁调上药，宝案读仙经。（唐·张说《道家四首奉敕撰》）昔往今来归，绝景无不经。（唐·李白《赠僧崖公》）

㊥**匡衡引经** 指汉代匡衡引经典讨论政事。《汉书·匡衡传》："元帝初即位……有日蚀地震之变，上问以政治得失，衡上疏曰……上说其言，迁衡为光禄大夫、太子少傅。""衡为少傅数年，数上疏陈便宜，及朝廷有政议，傅经以对，言多法义。上以为任公卿，由是为光禄勋、御史大夫。"

贾谊昔流恸，匡衡常引经。（唐·杜甫《同元使君春陵行并序》）

仲舒通经 指汉代董仲舒博通经典。亦作"仲舒对策"。《汉书·董仲舒传》："董仲舒，广川人也。少治《春秋》，孝景时为博士。""及仲舒对册，推明孔氏，抑黜百家……仲舒所著，皆明经术之意，及上疏条教，凡百二十三篇。"

述圣鲁宣父，通经汉仲舒。（唐·钱起《奉和中书常舍人晚秋集贤院即事寄徐薛二侍御》）

睛 jīng ①眼珠。②眼睛。③视力。

㊄下平，八庚。㊣点～鹘～悍～迴～龙～鲸～猫～守～双～停～通～偷～圆～眼～张～重～不转～㊞露华凝在腹，尘点误侵睛。（唐·贾岛《病蝉》）戟立嗔髭鬓，星流忿眼睛。（唐·慕幽《剑客》）

㊥**鲸睛** 指明月珠。亦作"鲸目"。《艺文类聚》卷八四引裴氏《广州记》："鲸鲵目，即明月珠，故死不见有目精。"

海静天高景气殊，鲸睛失彩蚌潜珠。（唐·李群玉《中秋寄南海梁侍御》）

旌 jīng ①古代一种旗杆顶上用彩色羽毛做装饰的旗子。②表扬。

㊄下平，八庚。㊣宠～翠～丹～翻～风～凫～竿～弓～瓯～虹～麾～迴～获～节～抗～客～离～帘～簾～麟～旒～柳～龙～鸾～茅～旄～靡～明～铭～蜺～霓～旆～青～善～神～戍～绥～题～危～文～仙～心～扬～虞～云～旃～驻～㊀褒～贲～币～别～帛～车～崇～宠～纛～德～典～旄～盖～竿～鼓～罕～麾～戟～甲～简～节～旒～录～闾～密～铭～命～蒲～棨～劝～色～善～赏～尚～祀～帷～夏～贤～显～孝～信～叙～恤～轩～延～扬～异～椹～栧～引～庸～羽～招～甄～直～帜～擢㊞图云曲榭连缇幕，映日中塘间彩旌。（唐·马怀素《兴庆池侍宴应制》）寒日生戈剑，阴云拂旆旌。（唐·沈佺期《被试出塞》）

㊥**弓旌** 喻指招聘官员。《左传·庄公二十二年》："齐侯使敬仲为卿。辞曰：'……敢辱高位，以速公谤。请以死告。《诗云》：翘翘车乘，招我以弓，岂不愿往，畏我友朋。'"杜预注："逸《诗》也。翘翘，远貌。古者聘士以弓，言虽贪显命，惧为朋友所讥责。"

高逸虽成性，弓旌肯忘招。（唐·皎然《送沈居士还太原》）

悬旌 以悬挂旌旗的飘动喻指心神不定。《战国策·楚策一》：楚威王对来游说的苏秦说："寡人卧不安席，食不甘味，心摇摇如悬旌，而无所终薄。"

乡国殊渺漫，羁心目悬旌。（唐·刘禹锡《晚步扬子游南塘望沙尾》）

晶 jīng ①光亮。②水晶。③晶体。

㊄下平，八庚。㊣翠～寒～黑～皎～结～金～泪～霾～墨～清～融～腾～鲜～阳～余～㊀～饼～蟾～顶～华～晃～晖～帘～笼～轮～沁㊞湘江含碧虚，衡岭浮翠晶。（唐·刘禹锡《送李策秀才还湖南》）粉薄涂云母，簪寒篸水晶。（唐·吴融《个人三十韵》）

鲸（鯨）jīng ①水栖哺乳动物。②大。另见896页qíng。

㊄下平，八庚。㊣奔～掣～横～华～徽～翦～介～巨～木～鹏～蒲～骑～射～石～铜～鳂～枭～瑶～钟～诛～㊀～潮～鳄～膏～罟～鼓～观～海～猾～甲～骞～铿～口～寇～蜡～浪～力～鬣～浦～呿～溪～鱏～饮～钟～舟～珠㊞风尘生汗马，河洛纵长鲸。（唐·刘长卿《至德三年春正月寄上浙西节度李侍郎中丞行营五十韵》）困兽当猛虎，穷鱼饵奔鲸。（唐·李白《古风》其三十四）燕蓟奔封豕，周秦触骇鲸。（唐·杜甫《奉送郭中丞兼太仆卿充陇右节度使三十韵》）

㊥**掣鲸** 比喻才大气雄之人。唐·杜甫《戏为六绝句》其四："才力应难夸数公，凡今谁是出群雄？或看翡翠兰苕上，未掣鲸鱼碧海中。"杜甫在诗中慨叹时乏笔力雄健的诗人。

两翁虽老殊精悍，笔力纵横可掣鲸。（宋·刘克庄《竹溪生日二首》其二）

骑鲸 用以描写游仙情景。亦作"骑京鱼"。汉·扬雄《羽猎赋》："乘巨鳞，骑京鱼。"李善注："京鱼，大鱼也，字或为鲸。鲸亦大鱼也。"

清明笑语闻空虚，斗乘巨浪骑鲸鱼。（唐·李贺《杂曲歌辞·神仙曲》）

兢jīng ①竞，强劲貌。②小心谨慎貌。③颤动。

古下平，十蒸。逆冰～浮～凌～谦～怂～惕～鸦～顺～惭～持～怀～惶～悸～戒～惧～恪～惕～危～畏～忧～战～庄～灼例三杰贤更穆，百僚欢且兢。（唐·王湾《秋夜寓直即事怀》）单床瘤皎皎，瘦卧心兢兢。（唐·孟郊《秋怀》）

荆jīng ①灌木名，又名楚。②旧时对人称自己妻子的谦辞。

古下平，八庚。逆白～班～布～钗～柴披～成～存～大～负～关～寒～画～贱～金～老～蛮～牡～披～三～山～识～田～亡～西～榛～紫～拙～顺～宝～璧～布～岑～钗～樲～凡～飞～扉～妇～高～歌～革～关～冠～国～和～褐～红～虹～花～鸡～笄～姬～棘～芥～鸠～轲～楛～葵～蓝～篮～牧～聂～牛～璞～朴～妻～杞～卿～请～阮～山～尸～室～舒～台～桃～条～荼～文璧～巫～吴～筱～薪～艳～翼例斑红妆蕊树，圆青压溜荆。（唐·李世民《春日登陕州城楼》）闻君驰彩骑，躞蹀指南荆。（唐·孟浩然《送桓子之郢成礼》）

典**班荆** 指旧友重逢，共坐谈心。《左传·襄公二十六年》："初，楚伍参与蔡太师子朝友，其子伍举与声子相善也。……伍举奔郑，将遂奔晋。声子将如晋，遇之于郑郊，班荆相与食，而言复故。"杜预注："班，布也。布荆坐地，共议归楚事。朋友世亲。"

班荆逢旧识，斟桂喜深知。（唐·高峤《晦日重宴》）

负荆 指主动向别人赔罪认错。《史记·廉颇蔺相如列传》载：战国时，赵国的大将军廉颇居功自傲，不甘居于"完璧归赵"被拜为上卿的蔺相如之下。他宣言曰："我见相如，必辱之。"蔺相如从赵国大局出发，忍让克制，终于感动了廉颇。廉颇"肉袒负荆，因宾客至蔺相如门谢罪曰：'鄙贱之人，不知将军宽之至此也。'卒相与欢，为刎颈之交"。

两虎不可斗，廉公终负荆。（唐·李白《登城楼览古书怀》）

紫荆 指兄弟情义。《续齐谐记》："京兆田真兄弟三人共议分财，生资皆平均，唯堂上前一株紫荆树，共议欲破三片，明日就截之。其树即枯死，状如火然。真往见之大惊，谓诸弟曰：'树本同株，闻将分斫，所以憔悴，是人不如木也。'因悲不自胜，不复解树，树应声荣茂。兄弟相感，合财宝。遂为孝门。真仕至太中大夫。"

田氏仓卒骨肉分，青天白日摧紫荆。（唐·李白《相和歌辞·上留田》）

茎（莖）jīng

古下平，八庚。逆颓～发～飞～金～枯～连～菱～霜～微～文～枭～咸～英～玉～芝～鳞～顺～刺例春色舍芳蕙，秋风绕枯茎。（唐·孟郊《杂曲歌辞·伤歌行》）傅粉琅玕节，熏香菡萏茎。（唐·刘禹锡《和乐天闲园独赏八韵》）

菁jīng ①韭菜等的花。也泛指盛开的花。②华采。③菜名，即蔓菁。④水草。

古下平，八庚。逆葱～菁～韭～林～蔓～蒉～芜～飚～顺～翠～莪～羹～茅～藻例场黄堆晚稻，篱碧见冬菁。（唐·刘禹锡《历阳书事七十韵》）水餐红粒稻，野茹紫花菁。（唐·白居易《舟中示舍弟五十韵》）

泾（涇）jīng 水名。

古下平，九青。逆锦～四～渭～顺～川～河～流～渭～溪例未闻细柳散金甲，肠断秦川流浊泾。（唐·杜甫《即事》）峨豸忝备列，伏蒲愧分泾。（唐·韩愈《答张彻》）感君澄醴酒，不遣渭和泾。（唐·元稹《饮致用神麹酒三十韵》）

典**渭泾** 比喻两种事物十分分明，不容混淆。《诗经·邶风·谷风》："泾以渭浊，湜湜其沚。"毛氏传："泾渭相入，而清浊异。"

世间炎凉相渭泾，是非宠辱无限情。（宋·白玉蟾《闻鹤叹》）

粳（*秔、稉）jīng 粳稻。另见 870 页 gēng。

古下平，八庚。逆玉～白～香～晚～黄～师婆～稌～新～霜～玉粒～顺～米～粮～粱～稻例荷叶裹江鱼，白瓯贮香粳。（唐·李颀《赠张旭》）踏沙掇水蔬，树下烝新粳。（唐·张籍《祭退之》）

鹒（鶊）jīng 鸡鹒，水鸟名。

古下平，八庚。逆鸡～

坑kēng

古下平，八庚。逆长平～丁～饭～焚～饥～焦～金～满～梅花～秦～穷～万丈～雪～血～荫～银～赵～顺～岸～焚～谷～衡～降～戮～蒙～木～煞～探～冶～赵例美言不可听，深于千丈坑。（唐·卢仝《掩关铭》）风击水凹波扑凸，雨濛山口地嵌坑。（唐·姚合《恶神行雨》）感念殽尸露，咨嗟赵卒坑。（唐·李商隐《五言述德抒情诗一首四十韵》）

铿（鏗）kēng ①象声词。②撞击。

古下平，八庚。逆镂～鲸～揩～铿～砰～彭～敲～阴～顺～纯～拊～轰～訇～聇～锽～戛～金～亮～瞑～如～润～耸～镗～铮例土台游柱史，石室隐彭铿。（唐·刘禹锡《历阳书事七十韵》）雾帘深杳悄，云磬冷敲铿。（唐·陆龟蒙《江南秋怀寄华阳山人》）

硁（硜、*䃘）kēng ①击石声。②坚决；固执。③简陋。

古下平，八庚。逆硁～顺～执

吭kēng 出声。另见 813 页 háng。

逆伸～顺～唧～气～声

拎līng 手提。

蒙[1]（矇）mēng ①欺骗。②胡乱猜测。另见 889 页 méng、905 页 měng。

古上平，一东。顺～骗～事

蒙[2]mēng 昏迷；昏乱。另见 889 页 méng、905 页 měng。

古上平，一东。逆蒙～打～昏～顺～头

烹pēng

古下平，八庚。逆大～鼎～割～狗～活火～南～齐～鬺～五鼎～走狗～顺～熬～冰～啜～燔～割～醢～臛～金～鲤～炼～灭～庖～炮～杀～蛇～斡～小鲜～燓～银～瀹例我来御魑魅，自宜味南烹。（唐·韩愈《初南食贻元十八协律》）

骢马别已久，鲤鱼来自烹。（唐・权德舆《酬陆三十二参浙东见寄》）

典**五鼎烹** 指高官厚禄。见179页“五鼎食”。

孤芳安可住，五鼎几时烹。（唐・元稹《答姨兄胡灵之见寄五十韵》）

狡兔在，良犬烹反用“狡兔死，走狗烹”，指大敌尚未灭，竟然杀功臣。《史记・越王勾践世家》：“范蠡遂去，自齐遗大夫种书曰：‘蜚鸟尽，良弓藏；狡兔死，走狗烹。越王为人长颈鸟喙，可与共患难，不可与共乐。子何不去？’种见书，称病不朝。”

北望帝京，狡兔依然在，良犬先烹。（宋・刘过《六州歌头・中兴诸将》）

砰pēng 拟声词。

古下平，八庚。逆砰～硼～砯～顺～磅～宕～訇～磕～铿～朗～湃～隐

澎pēng 溅。另见894页péng。

顺～水

怦pēng

古下平，八庚。逆怦～顺～营例弱羽果摧颓，壮心郁怦怦。（唐・刘禹锡《送李策秀才还湖南》）

抨pēng ①弹；开弓。②弹劾；攻击。

古下平，八庚。逆弹～击～顺～按～弹～弓～劾～辟～棋～章例长戈莫舂，长弩莫抨。（唐・李贺《猛虎行》）

乒pīng

顺～乓

俜pīng

古下平，九青。逆伶～顺～伶～停例幕中虽策画，剑外且伶俜。（唐・李商隐《寄太原卢司空三十韵》）

娉pīng

古下平，九青。逆连～媒～袅～娉～求～婷～许～顺～妗～婷例养儿与娶妻，养女求媒娉。（唐・拾得《诗》）

青qīng

古下平，九青。逆辞～黛～蹈～灯～雕～管～广～逛～还～寒～汗～霁～蓝～柳～螺～灭～佩～缥～樵～秦～染～杀～拾～数峰～四时～送～天地～田～鸦～眼～遥～一抹～银～纡～元～竹叶～顺～阿～霭～艾～板～北～币～陛～壁～编～标～飙～鬓～丙～苍～岑～曾～孱～躔～尘～池～墀～畴～怵～唇～词～饕～刀～灯～坻～甸～殿～靛～簟～琱～都～娥～蕃～坊～芳～房～敷～凫～拂～绂～圻～祇～旗～芊～钱～樵～秦～琴～禽～穹～筇～琼～癯～阙～髯～润～蒻～箬～塞～莎～衫～裳～韶～使～士～绶～疏～髓～缇～童～瞳～橐～帏～闱～雯～乌～戊～螅～轩～崦～巘～焰～杳～黳～驭～籞～圆～樾～晕～毡～诏～鬒～纸～帜～甃～麈～纻～祝～组例日落江湖白，潮来天地青。（唐・王维《送邢桂州》）向晚波微绿，连空岸脚青。（唐・杜甫《巴西驿亭观江涨，呈窦使君二首》其二）

典**樵青** 指代侍女。《浪迹先生元真子张志和碑铭》：“肃宗尝赐奴婢各一，元真配为夫妇，名夫曰渔僮，妻曰樵青。人问其故，曰：‘渔僮使棒钓收纶，芦中鼓枻；樵青使苏兰薪桂，竹里煎茶。’”

樵青煎茶青竹里，汝欲过门鹊先喜。（宋・毛滂《友龙侄来别留诗次韵》）

秦青 用为称美歌声嘹亮动听。《列子・汤问》：“薛谭学讴于秦青，未穷青之技，自谓尽之，遂辞归。秦青弗止，饯于郊衢，抚节悲歌，声振林木，响遏行云。薛谭乃谢，求反，终身不敢言归。”

垂老秋歌出塞庭，遏云相付旧秦青。（唐・张祜《边上逢歌者》）

麟阁丹青 称赞有功于国从而得到殊荣。《汉书・苏建传》附《苏武传》：“甘露三年，单于始入朝。上思肱股之美，乃图画其人于麒麟阁，法其形貌，署其官爵姓名。”

著鞭往矣功名会，麟阁丹青上九霄。（宋・范成大《送洪景卢内翰使虏》）

清qīng

古下平，八庚。逆澳～碧～采～蝉～澄～粹～浮～公～孤～骨～寒～行～颢～和～河～华～怀～激～酱～矜～镜～峻～克～扩～廓～霁～澜～朗～撩～冽～浏～灵～密～穆～缥～凄～气～秋～神～誓～淑～霜～邃～太～泰～醾～拓～西～闲～皛～心～新～玄～烟～晏～宴～扬～杳～贻～乂～寅～余～玉～造～湛～昭～贞～忠～紫～晬～顺～哀～安～奥～拔～杯～跸～飙～才～材～裁～采～苍～操～孱～衬～敞～畅～超～澄～崇～吹～淳～醇～泚～粹～旦～澹～宕～荡～蹈～第～典～簟～铎～耳～泛～范～芬～氛～丰～富～馥～格～迥～狷～峻～隽～抗～克～刻～恪～旷～况～廓～籁～老～乐～羸～厉～立～唳～谅～谬～泠～零～令～浏～銮～虑～率～茂～靡～秘～密～眇～邈～旻～敏～冥～穆～年～宁～盼～醥～绮～勤～遒～臞～荧～暎～优～猷～腴～裕～誉～越～允～藻～湛～贞～旨～质～卓～樽例默念群疑起，玄通百虑清。（唐・张说《杂诗四首》其四）林居病时久，水木澹孤清。（唐・陈子昂《感遇诗三十八首》其十三）并照巫山出，新窥楚水清。（唐・杜甫《月三首》其二）

典**澄清** 见873页“范滂澄清”。

知公爱澄清，波静气亦肃。（唐・皎然《奉和陆使君长源夏月游太湖》）

骨清 指超凡脱俗。《搜神记》卷五：“蒋子文者，广陵人也。嗜酒好色，佻达无度。常自谓己骨清，死当为神。”

永日微吟在竹前，骨清唯爱漱寒泉。（唐・朱庆余《赠韩协律》）

河清 古代谶纬家认为河清为天下太平的祥瑞之兆。后用作称颂圣君或太平盛世。亦作“黄河清”“海晏河清”。《易纬・乾凿度下》：“天之将降嘉瑞应，河水清三日。”《拾遗记・高辛》：“又有丹邱，千年一烧，黄河千年一清，至圣之君，以为大瑞。”

河清谅嘉瑞，吾帝真圣人。（唐・元稹《遣兴十首》其十）

范滂澄清 咏身正节清，胸怀坦荡的官员。《后汉书・范滂传》：“范滂字孟博，汝南征羌人也。少厉清节，为州里所服，举孝廉、光禄四行。时冀州饥荒，盗贼群起，乃以

滂为清诏使，案察之。滂登车揽辔，慨然有澄清天下之志。及至州境，守令自知臧污，望风解印绶去。”

范滂雅志在澄清，今日廉车命阁名。（宋·祖无择《澄清阁》）

揽辔澄清 见873页“范滂澄清”

揽辔澄清慕古人，观风问俗按行频。（宋·吴芾《和刘正夫见寄》）

俟河之清 比喻期待的事情不能实现。《左传·襄公八年》：“《周诗》有之曰：‘俟河之清，人寿几何？’”

俟河之清不可得，聊自歌此讥愚顽。（宋·欧阳修《感春杂言》）

轻（輕）qīng

古下平，八庚。又：去声，二十四敬，异。逆訬～单～得失～凡～肥～浮～鸿毛～黄～积～驾～见～柳絮～马蹄～剽～漂～飘～票～僄～慓～气～趫～清～四～佻～恌～玩～相～絮～翾～遗～优～羽～圆～云～躁～顺～霭～暗～傲～毕～碧～褊～舆～镳～鬓～翅～滄～貂～渎～黩～断～惰～娥～飞～垢～孤～诡～果～翰～赍～楫～假～驾～狡～劲～狷～獧～俊～隽～楛～冷～丽～怜～流～鸾～螺～虑～媚～靡～眇～邈～妙～敏～明～末～沤～裴～剽～僄～倩～乔～俏～疏～飔～肆～速～恬～侻～婉～伪～骛～侠～黠～纤～险～霄～虚～徐～煦～轩～儇～翾～亚～妍～猋～冶～蚁～佚～阴～庸～圆～约～越～骤

例草枯鹰眼疾，雪尽马蹄轻。（唐·王维《观猎》）三杯吐然诺，五岳倒为轻。（唐·李白《侠客行》）细葛含风软，香罗叠雪轻。（唐·杜甫《端午日赐衣》）

典**马熟车轻** 指人谙熟道理。唐·韩愈《韩昌黎文集》卷四《送石处士序》：“与之语道理、辨古今事当否、论人高下、事后当成败，若河决下流而东注，若驷马驾轻车就熟路，而王良、造父为之先后也。”

马熟车轻，铃斋曾到，从容游戏。（宋·李曾伯《醉蓬莱·正阳生一脉》）

卿qīng

古下平，八庚。逆才～参～侈～春～冬～贰～芳～公～宫～孤～贵～花～槐～棘～继～介～京～荆～冏～巨～轲～客～乐～冷～绿～墨～内～七～卿～清～三～上～尚～世～睡～寺～苏～夏～仙～先～贤～倖～荀～亚～玉～冢～诸～宗～走～顺～霭～贰～衮～老～僚～寺～尹～渊～月～云～宰～皂～长～佐例香草为君子，名花是长卿。（唐·王维《春过贺遂员外药园》）贞心一任蛾眉妒，买赋何须问马卿。（唐·戴叔伦《宫词》）

典**卿卿** 指夫妻相爱或男女间的爱昵。《世说新语·惑溺》：“王安丰妇常卿安丰。安丰曰：‘妇人卿婿，于礼为不敬，后勿复尔。’妇曰：‘亲卿爱卿，是以卿卿。我不卿卿，谁当卿卿。’”

为报花时少惆怅，此生终不负卿卿。（唐·油蔚《赠别营妓卿卿》）

月卿 用为称朝中贵官。《尚书·周书·洪范》：“王省唯岁，卿士唯月，师尹唯日。”孔安国传：“卿士各有所掌，如月之有别。”

月卿临幕府，星使出词曹。（唐·高适《送柴司户充刘卿判官之岭外》）

四至九卿 指频居高位。《汉书·汲黯传》：“黯姊子司马安亦少与黯为太子洗马。安文深巧善宦，四至九卿，以河南太守卒。”

三入承明。四至九卿。问儒生、何辱何荣。（宋·苏轼《行香子·三入承明》）

蜻qīng

古下平，八庚。逆蛉～蜻～顺～虰～蛉～蜓

倾（傾）qīng

古下平，八庚。逆巢～定～扶～肝胆～秽～救～葵～沦～履～靡～内～批～崎～钦～权～山可～外～危～险～心～倚～顺～败～陂～背～诐～波～踣～谄～朝～车～忱～弛～迟～褚～黜～低～颠～玷～跌～动～顿～夺～堕～耳～返～偾～风～服～渴～亏～葵～匮～离～路～乱～沦～没～靡～灭～命～目～挠～弄～衄～排～圮～泼～崎～企～弃～巧～曲～容～觞～赏～生～时～世～逝～首～输～属～送～颓～陁～亡～望～危～微～瘖～膝～羲～险～陷～羡～献～炫～压～偃～阳～仰～摇～依～饮～诱～语～悦～陨～殒～轧～诈～飐～阤～志～踬～轵～瞩～伫～柱～祝～装～坠～阳例人随逝水没，波逐覆舟倾。（唐·孟浩然《陪张丞相祠紫盖山，途经玉泉寺》）呼吸走百川，燕然可摧倾。（唐·李白《书怀赠江夏韦太守良宰》）岂无成都酒，忧国只细倾。（唐·杜甫《八哀诗·赠左仆射郑国公严公武》）

典**扶倾** 指拯救国家于危亡之中。《后汉书·隗嚣传》：“将军操执款款，扶倾救危。”

半酣思救世，一手拟扶倾。（唐·韩偓《赠吴颠尊师》）

葵倾 指渴慕之情或对上的赤诚之心。三国魏·曹植《求通亲亲表》：“臣伏以为犬马之诚，不能动人……若葵藿之倾叶，太阳虽不为之回光，然终向之者，诚也。臣窃自比葵藿。若降天地之施，垂三光之明者，实在陛下。”

花染离筵泪，葵倾报国心。（唐·唐彦谦《留别》）

轩盖倾 指一见如故，友谊深厚。《史记·邹阳列传》：“谚曰：‘有白头如新，倾盖如故。’何则？知与不知也。”

有酒为谁花下满，相逢轩盖暂时倾。故人情。（宋·管鉴《酒泉子·清夜将分》）

鲭（鯖）qīng 鱼名。另见882页zhēng。

古下平，八庚。顺～鳀

氢（氫）qīng 化学元素。

顺～气～化

庼（廎、*高）qīng ①屋侧。②通“倾”。另见906页qǐng。

古《集韵》：平声，清韵。

圊qīng 厕所。

古《集韵》：平声，清韵。逆东～溷～毛～顺～厕～桶～牏

扔rēng

古下平，十蒸。逆抛～顺～崩～蹦～弃

僧sēng

古下平，十蒸。逆避～登～定～番～凡～梵～供～汉～行脚～讲～

九～客～枯～髡～林～律～门～衲～内～尼～入定～山～诗～谈～替～哑羊～野～依～云～斋～真～竺～主～醉～顺～庵～宝～残～曹～刹～厨～雏～窗～单～道～牒～坊～趺～纲～阁～格～宫～供～官～馆～行～户～会～籍～家～讲～戒～居～腊～蓝～廊～寮～楼～庐～录～律～门～盟～磬～裘～社～史～首～俗～榻～堂～统～王～夏～轩～英～宇～帐～正～制～钟～主～麈～字例残雪入林路，暮山归寺僧。（唐·皇甫曾《送普上人还阳羡》）三杯嵬峨忘机客，百衲头陀任运僧。（唐·白居易《戏赠萧处士、清禅师》）

典**雁门僧** 咏诗僧。《高僧传·晋庐山释慧远》：“释慧远，本姓贾氏，雁门楼烦人也，弱而好书。”“时沙门释道安立寺于太行恒山，宏赞象法，声甚著闻，远遂往归之。”

歌惭渔浦客，诗学雁门僧。（唐·许浑《行次白沙馆先寄上河南王侍御》）

鬙sēng 鬅鬙，头发披散。

古下平，十蒸。逆鬅～鬙～顺～儿～鬡例掩春睡腾腾，绿云堆枕乱鬅鬙。（宋·欧阳修《燕归梁》）

生shēng

古下平，八庚。逆百～保～苍～持～春水～徂～厝～达～待怎～扶～阜～赋～苟～含～鸿～厚～画～怀～嘉～建～窭～劳～理～旅～谩～每～眇～末～梼～怒～偏～迫～千～潜～戕～曲～全～雀～让～缮～赡～摄～守～受～瘦～庶～硕～嵩～遂～挺～外～罔～寤～闲～庠～腥～形～幸～修～宿～蠉～颐～佁～荫～寅～隐～驭～郁～芸～载～怎～斋～宅～正～治～专～孖～资～孳～宗～鲰～顺～霸～鄙～禀～才～材～藏～朝～臣～尘～齿～刍～代～法～阜～覆～梗～故～犷～卉～籍～肩～监～驹～具～聚～圹～赖～类～黎～禄～栾～伦～落～民～年～蘖～宁～狞～辟～品～期～巧～仁～荣～儒～色～申～什～识～受～遂～稊～添～条～往～务～犀～饩～闲～贤～羡～相～晓～蓄～业～运～造～支～知～植～质～姿～资例战地甘泉涌，阵处景云生。（唐·许敬宗《奉和行经破薛举战地应制》）寒依刀尺尽，春向绮罗生。（唐·沈佺期《剪彩》）

典**为苍生** 指出山用世。《世说新语·排调》：“谢公在东山，朝命屡降而不动。后出为桓宣武司马，将发新亭，朝士咸出瞻送。高灵时为中丞，亦往相祖。……戏曰：‘卿屡违朝旨，高卧东山，诸人每相与言：“安石不肯出，将如苍生何？”今亦苍生将如卿何？’谢笑而不答。”

惟公带砺长淮比，聊为苍生拂衣起。（宋·曹勋《王枢密见和复用前韵》）

一阳生 代指冬至。《易·复卦》：“象曰：‘雷在地中，复，先王以至日闭关，商旅不行，后不省方。’”孔颖达疏：“冬至一阳生，是阳动用而阴复于静也。夏至一阴生，是阴动用而阳复于静也。”

一阳生，当复卦。子后披衣，握固端然坐。（元·潜真子《苏幕遮·一阳生》）

两腋风生 指饮好茶后，人有清逸欲飞之感。《走笔谢孟谏议寄新茶》：“……一碗喉吻润，两碗破孤闷。三碗搜孤肠，唯有文字五千卷。四碗发轻汗，平生不平事，尽向毛孔散。五碗肌骨清，六碗通仙灵，七碗吃不得也，唯觉两腋习习清风生。蓬莱山，在何处？玉川子，乘此清风欲归去。”

清风生两腋，雪乳啜云团。（宋·喻良能《饮茶》）

牛角书生 称誉好学之士。《旧唐书·李密传》载李密好学，“尝欲寻包恺，乘一黄牛，被以蒲鞯，仍将《汉书》一帙挂于角上，一手捉牛靷，一手翻卷书读之”。

牛角书生，虬髯豪客，谈笑皆堪折简招。（宋·刘克庄《沁园春·一卷阴符》）

声（聲）shēng

古下平，八庚。逆班～榜～被～跸～边～宸～迟～侈～雌～从～盗～钓～繁～汎～过～还～寒～鸿～化～晖～徽～鸡犬～街～金石～钧～俊～凯～伉～抗～珂～空～枯～离～励～凉～流～漏～曼～慕～剽～僄～迁～签～潜～浅～遣～蛩～秋～屈～全～擅～射～沈～审～市～饰～树～顺～司～腾～天～希～遐～闲～弦歌～新～休～延～妍～艳～飏～怡～遗～轶～逸～因～引～英～蝇～应～游～友～余～折～郑～顺～比～裁～尘～传～地～度～芳～服～歌～呼～华～化～迹～绩～交～教～节～利～烈～灵～略～貌～情～屈～曲～荣～容～奢～诗～施～朔～玩～位～文～叙～焰～扬～饮～英～猷～云～章～姿例舜日谐鼗响，尧年韵土声。（唐·李峤《鼓》）岸昏涵蜃气，潮满应鸡声。（唐·骆宾王《早发淮口望盱眙》）长安一片月，万户捣衣声。（唐·李白《子夜吴歌·秋歌》）

典**履声** 咏尚书。《汉书·郑崇传》：“郑崇，字子游……弟立与高武侯傅喜同门学，相友善。喜为大司马，荐崇，哀帝擢为尚书仆射。数求见谏诤，上初纳用之。每见曳革履，上笑曰：‘我识郑尚书履声。’”

车骑新从梁苑回，履声佩响入中台。（唐·白居易《令狐相公拜尚书后有喜》）

步虚声 指学道或游仙。南朝宋·刘敬叔《异苑》卷五：“陈思王游仙，忽闻空里诵经声，清远遒亮。解音者则而写之，为神仙声，道士效之，作步虚声也。”

夜半星官朝北斗，步虚声在万花中。（明·敖英《太岳纪游二首》其二）

金石声 喻指文辞优美动人。《世说新语·文学》：“孙兴公作《天台赋》成，以示范荣期，云：‘卿试掷地，要作金石声。’范曰：‘恐子之金石，非宫商中声！’然每至佳句，辄云：‘应是我辈语。’”

知有锦绣章，来作金石声。（宋·罗公升《谢松野叔赠诗》）

鹤唳风声 指森严气氛。《晋书·谢安传》附《谢玄传》：“坚进屯寿阳，列阵临肥水，玄军不得渡……坚众奔溃，自相蹈藉投水者不可胜计，肥水为之不流。余众弃甲宵遁，闻风声鹤唳，皆以为王师已至，草行露宿，重以饥冻，死者十七八。”

灯火湖干别有天，风声鹤唳总茫然。（清·程畹《避寇由甘泉公道桥至东台》）

玉振金声 喻指人的知识渊博，才学精到。《孟子·万章下》："孔子之谓集大成。集大成也者，金声而玉振之也。金声也者，始条理也；玉振之也者，终条理也。始条理者，智之事也；终条理者，圣之事也。"

诗就金声玉振，书成虿尾银钩。（宋·黄庭坚《题子瞻书诗后》）

升[1] shēng 容量单位。

㊍下平，十蒸。㊣斗～盈～㊟～斗～勺～子

升[2]（*昇、陞）shēng 仅"（等级）提高"义可作"陞"。

㊍下平，十蒸。㊣褒～边～超～除～洊～递～关～化～跻～践～进～捐～廉～躐～龙～内～迁～荣～闰～题～推～晚霞～仙～游～陟～擢～㊟～补～差～沉～除～绌～黜～陑～过～甲～年～缺～赏～授～荫～用～则～帐～陟～擢㊖微月生西海，幽阳始代升。（唐·陈子昂《感遇诗三十八首》其一）大水淼茫炎海接，奇峰硉兀火云升。（唐·杜甫《多病执热奉怀李尚书》）

㊐**举家飞升** 相传淮南王刘安得道成仙，全家也一起飞升仙界。东汉·王充《论衡·道虚》："儒书言：淮南王学道，招会天下有道之人，倾一国之尊，下道术之士。是以道术之士，并会淮南，奇方异术，莫不争出。王遂得道，举家升天，畜产皆仙，犬吠于天上，鸡鸣于云中。此言仙药有余，犬鸡食之，并随王而升天也。"

看千龄，举家飞升，玉京更乐。（宋·张元干《瑞鹤仙·倚格天峻阁》）

胜（勝）shēng 能够承担或承受，旧读平声，今读去声。另见917页shèng。

㊍下平，十蒸。㊣不～力难～

牲 shēng ①供祭祀、盟誓用的牛、羊、猪。②家畜。③野生动物。

㊍下平，八庚。㊣爆～朝～饬～祷～帝～贵～黄～祭～稷～嘉～牢～丽～领～面～庙～逆～全～上～神～省～硕～物～夕～牺～骍～刑～血～黝～余～载～㊟～碑～币～璧～刍～犊～号～镬～豭～架～酒～馈～牢～醪～礼～醴～灵～盟～器～牵～牷～杀～歃～牲～石～事～体～头～腯～物～饩～腥～糈～用～鱼～玉～粢～俎㊖三老与五更，天王亲割牲。（唐·李华《咏史十一首》其二）阮高酣麹糵，庄达谢牺牲。（唐·陆龟蒙《江南秋怀寄华阳山人》）

笙 shēng ①管乐器名。②竹席，竹簟。

㊍下平，八庚。㊣巢～鹅～风～凤～歌～合～鹤～六～龙～芦～鸾～洛滨～暖～匏～瓢～瓶～嵩阳～桃～调～乌～牙～瑶～银～竽～玉～钟～㊟～篪～丛～管～鹤～篁～簧～籁～乐～弄～暖～匏～磬～诗～舞～箫～咽～钥～庸～镛～竽～钟～筑㊖驱驰翠虬驾，伊郁紫鸾笙。（唐·陈子昂《与东方左史虬修竹篇》）王子白云仙去久，洛滨行路夜吹笙。（唐·武元衡《缑山道中口号》）

㊐**跨鹤吹笙** 喻指洒脱不凡之人或仙人。《列仙传》卷上《王子乔》："王子乔者，周灵王太子晋也。好吹笙，作凤鸣，游伊洛之间，道人浮丘公接以上嵩山。十余年后，来于山上，告桓良曰：'告我家，七月七日待我缑氏山头。'果乘白鹤驻山颠，望之不得到，举手谢时人而去。"

唤取九霞飞佩，夜凉跨鹤吹笙。（宋·周密《清平乐·诗情画意》）

甥 shēng

㊍下平，八庚。㊣表～从～孤～馆～国～舅～弥～女～妻～三～贤～壻～重～诸～㊟～馆～舅～孙～徒～婿～姨～侄㊖过庭多令子，乞墅有名甥。（唐·李商隐《五言述德抒情诗一首四十韵》）谢氏怜儿女，郄家贵舅甥。（唐·陆龟蒙《江南秋怀寄华阳山人》）

狌 shēng 同"鼪"，黄鼠狼。

㊍下平，八庚。㊣飞～狸～狌～鼯～鼷～㊟～径～鼠～鼯

腾（騰）tēng 旧音。另见896页téng。

㊣慢腾～热腾～

鼟 tēng 鼓声。

㊍下平，十蒸。㊣鼟～

听（聽、*聼）tīng 另见917页tìng、767页yín。

㊍下平，九青。又：去声，二十五径。㊣哀～傲～采～参～侧～侧耳～察～彻～尘～宸～承～醇～聪～谛～督～飞～风～伏～俯～高～革～隔树～拱～姑妄～观～候～环～镜～纠～倦～钧～历～谬～默～逆～凝～秋～群～忍～睿～善～神～审～省～睎～眡～受～属～顺～肃～素～遨～眺～退～问～卧～洗耳～闲～宪～嚣～信～幸～隐～荧～莹～饫～渊～瞻～伫～㊟～冰～采～察～谗～朝～沉～窗～德～断～鼓～行～览～聆～履～纳～能～鹊～声～失～事～视～受～朔～伺～调～望～习～许～选～荧～莹～营～用～狱～阈～允～真～政～直～治～重～罪㊖烟屿宜春望，林猿莫夜听。（唐·张九龄《湘中作》）雨中禁火空斋冷，江上流莺独坐听。（唐·韦应物《寒食寄京师诸弟》）

厅（廳、*厛）tīng

㊍下平，九青。㊣冰～捕～簿～敞～都～公～聒～寒～鹤～花～轿～军～郡～开～幕～签～设～升～试～松～讼～锁～头～退～刑～腰～邑～驿～照～直～倅～㊟～房～事～屋～宇㊖勤来得晤语，勿惮宿寒厅。（唐·韩愈《答张彻》）荆州不遇高阳侣，一夜春寒满下厅。（唐·柳宗元《至驿却寄相送诸公》）乱沾细网垂穷巷，斜送阴云入古厅。（唐·章碣《雨》）

汀 tīng 水边平地，小洲。

㊍下平，九青。㊣寒～鹤～蓼～柳～芦～绿～鸥～雪～烟～渔～云～㊟～葭～江～沙～线～滢～洲～渚㊖金城蓄峻址，沙苑交回汀。（唐·杜甫《桥陵诗三十韵》）咽绝鹃啼竹，萧撩雁去汀。（唐·元稹《饮致用神麹酒三十韵》）山雨潇潇过，溪桥浏浏清。小园幽榭枕苹汀。（宋·苏轼《南歌子·山雨潇潇过》）

翁wēng ①鸟的颈毛。②祖父。③父亲。④对年长者的尊称。

㊀上平，一东。㊁悲～冰～伯～逋～曾～樗～村～大～道～东～封～凫～涪～妇～姑～海～皓～髡～乐～历～盲～皤～樵～壤～社～诗～世～寿～叔～殊～衰～蓑～堂～天～田～田舍～退～驼～外～文～翁～乡～星～野～姻～莺～岳～主～祖～尊～㊂～媪～伯～博～甫～姑～母～鞋～婿～妪～长～仲～主㊃勿使青衿子，嗟尔白头翁。（唐·陈子昂《登泽州城北楼宴》）十年一别流光速，白首相逢。莫话衰翁。（宋·欧阳修《采桑子·十年一别流光速》）

㊄**五翁** 古代传说中的五星之精，后用为咏星。亦作"五老"。《宋书·符瑞志上》：帝尧在位七十年，祥瑞迭出，"归功于舜，将以天下禅之，乃洁斋修坛场于河、洛，择良日，率舜等升首山，遵河渚。有五老游焉，盖五星之精也，相谓曰：'《河图》将来告帝以期，知我者重瞳黄姚。'五老因飞为流星，上入昴"。

洗花蒸叶滤清酒，待与夫人邀五翁。（唐·曹唐《小游仙诗九十八首》其二十八）

嗡wēng 拟声词。

㊀《集韵》平声，东韵。㊁嗡～㊂～营～鸣㊃叹弱息时当嗡曚。（明·沈鲸《双珠记》第二十四出）

星xīng

㊀下平，九青。㊁百～孛～奔～贲～犇～部～残～常～辰～赤～鹑～爨～戴～德～帝～丁～二～分～风～寒～河～虹～候～潢～极～将～经～酒～聚～连～列～灵～棂～零～令～孽～纽～披～屏～桥～穷～侵～秋～撒～善～捎～使～疏～曙～双～司～岁～台～纬～稀～枭～璇～瑶～燿～旜～幽～雨～玉～攒～长～周～㊂～布～彩～曹～槎～缠～躔～陈～驰～稠～错～灯～都～遁～发～翻～沸～分～风～敷～赴～纲～缸～拱～关～晷～海～汉～河～虹～华～晖～回～纪～家～剑～箭～阑～离～历～列～露～络～律～迈～芒～甍～眸～喷～骑～桥～驱～阙～散～势～霜～岁～燧～闱～纬～序～轺～旜～营～牖～舆～渊～垣～苑～陨～珠～烛～渚～宗～俎㊃作赋看神雨，乘槎辨客星。（唐·张说《道家四首奉敕撰》其二）兴来洒素壁，挥笔如流星。（唐·李颀《赠张旭》）

㊄**戴星** 指地方官勤劳政事。《吕氏春秋·察贤》："宓子贱治单父，弹鸣琴，身不下堂，而单父治。巫马期以星出，以星入，日夜不居，以身亲之，而单父亦治。"

五年苛政甚虫螟，深喜夫君已戴星。（唐·罗隐《送前南昌崔令替任映摄新城县》）

德星 见本页"聚星"。

游人莫觅杯盘分，此地才应聚德星。（唐·薛能《戏舸》）

将星 古人以为大将上应天星，后因以将星喻指大将。《三国志·蜀书·诸葛亮传》："其年八月，亮疾病，卒于军，时年五十四。"裴松之注："《晋阳秋》曰：'有星赤而芒角，自东北西南流，投于亮营，三投而还，往大还小。俄而亮卒。'"

还家卿月迥，度陇将星高。（唐·岑参《送张郎中赴陇右觐省卿公》）

酒星 借指嗜酒者。《后汉书·孔融传》："操表制酒禁，融频书争之，多侮慢之词。"李贤注："《融集》与操书云：'酒之为德久矣。古先哲王，类帝禋宗，和神定人，以济万国，非酒莫以也。故天垂酒星之耀，地列酒泉之郡，人著旨酒之德。'"《晋书·天文志上》："轩辕右角南三星曰酒旗，酒官之旗也，主宴飨饮食。"

龙头泻酒邀酒星，金槽琵琶夜枨枨。（唐·李贺《秦王饮酒》）

聚星 指贤人聚会。亦作"荀星""德星""聚德星"。《世说新语》引南朝宋檀道鸾《续晋阳秋》："陈仲弓从诸子侄造荀父子，于是德星聚，太史奏：'五百里贤人聚。'"

踏雪偶因寻戴客，论文还比聚星人。（唐·韦庄《新正日商南道中作寄李明府》）

使星 指帝王的使者。亦作"二星""一星""益州星"。《后汉书·方术传·李郃传》："李郃字孟节，汉中南郑人也。……善《河洛》风星……和帝即位，分遣使者，皆微服单行，各至州县，观采风谣。使者二人当到益部，投郃候舍。时夏夕露坐，郃因仰观，问曰：'二君发京师时，宁知朝廷遣二使邪？'二人默然，惊相视曰：'不闻也。'问何以知之。郃指星示云：'有二使星向益州分野，故知之耳。'"

将星夜落使星来，三省清臣到外台。（唐·刘禹锡《呈卢郎中李员外二副使》）

双星 指夫妇团聚。《续齐谐记》："桂阳成武丁有仙道，常在人间。忽谓其弟曰：'七月七日，织女当渡河，诸仙悉还宫。吾向已被召，不得停，与尔别矣。'弟问：'织女何事渡河？去当何还？'答曰：'织女暂诣牵牛。吾复三年当还。'明日失武丁。至今云织女嫁牵牛。"

相如才调逸，银汉会双星。（唐·杜甫《奉酬薛十二丈判官见赠》）

岁星 指皇帝侍臣。《东方朔传》："朔未死时，谓同舍郎曰：'天下人无能知朔，知朔者唯太王公耳。'朔卒后，武帝得其语，即召太王公问之，曰：'尔知东方朔乎？'公对曰：'不知。''公何所能？'曰：'颇善星历。'帝问诸星皆俱在否，曰：'诸星俱在，独不见岁星十八年，今复见耳。'帝仰天叹曰：'东方朔生在朕旁十八年，而不知是岁星哉！'"

谓我是方朔，人间落岁星。（唐·李白《留别西河刘少府》）

台星 指入仕的三公。亦作"泰阶星"。《晋书·天文志上》："三台六星，两两而居，起文昌，列抵太微。一曰天柱，三公之位也。在人曰三公，在天曰三台，主开德宣符也。西近文昌二星曰上台，为司命，主寿。次二星为中台，为司中，主宗室。东二星曰下台，为司禄，主兵，所以昭德塞违也。"

台星入朝谒，使节有吹嘘。（唐·杜甫《赠李八秘书别三十韵》）

妖星 古代以彗星为妖星，认为是人间灾祸的预兆。《左传·昭公十年》："居其维首，而有妖星焉，告邑姜也。……戊子，逢公以登，星斯于是乎出。"杜预注："妖星在婺女，齐得岁，故知祸归邑姜。"

蔡州城中众心死，妖星夜落照壕水。（唐·刘禹锡《平蔡州三首》其一）

河鼓星 指牵牛星。《尔雅·释天》："何鼓谓之牵牛。"《太象列星图》："河鼓三星，在牵牛北，主军鼓。……昔传牵牛织女七月七日相见者，则此是也。"

别离还有经年客，怅望不如河鼓星。（唐·徐凝《七夕》）

泰阶星 由六颗星组成，古时认为这些星分别代表天子、诸侯、卿大夫、和士庶人。泰阶星平正，天下就大治，称为泰平，后来写作太平；泰阶星斜则天下大乱。

云里泰阶星近远，天涯歧路草芊绵。（明·顾清《斋居览萩园杂记有感呈三江》）

紫气干星 指宝剑。《晋书·张华传》："初，吴之未灭也，斗牛之间常有紫气……及吴平之后，紫气愈明。华闻豫章人雷焕妙达纬象……因登楼仰观。焕曰：'仆察之久矣，惟斗牛之间颇有异气。'华曰：'是何祥也？'焕曰：'宝剑之精，上彻于天耳。'……因问曰：'在何郡？'焕曰：'在豫章丰城。'"

白虹时切玉，紫气夜干星。（唐·李峤《剑》）

兴（興）xīng ①起，起来。②出现，兴起。③昌盛。④发动。⑤创办，建立。⑥流行，盛行。另见 918 页 xìng。

古下平，十蒸。逆拔～拜～宾～勃～创～代～诞～登～递～迭～蜂～讽～敷～感～孤～讥～季～继～寄～寝～崛～军～隆～漫～朋～擅～神～时～嗣～苏～夙～宵～序～郁～云～肇～踵～骤～伫～顺～波～昌～朝～词～辞～代～道～德～发～富～功～国～行～怀～毁～家～嗟～名～慕～能～平～仆～启～寝～庆～赏～舍～生～师～事～叹～腾～替～文～舞～贤～学～咏～怨～跃～运～致～主～作例揽辔疲宵迈，驱马倦晨兴。（唐·骆宾王《北眺春陵》）太极生天地，三元更废兴。（唐·陈子昂《感遇诗三十八首》其一）问道图书盛，尊儒礼教兴。（唐·裴漼《奉和圣制送张说上集贤学士赐宴》）

腥 xīng ①生肉。②鱼虾或鲜血等难闻的气味。③鱼、肉等有腥味的食品。④比喻丑恶。

古下平，九青。逆赐～饭～肥～分～风～膏～海～花～祭～龙～麋～臊～膻～牲～石～水～铁～铜～咸～油～顺～翠～德～氛～风～腐～膏～秽～蝼～腻～窍～生～闻～污例谁矜坐锦帐，苦厌食鱼腥。（唐·杜甫《奉酬薛十二丈判官见赠》）月落云沙黑，风回草木腥。（唐·窦庠《夜行古战场》）

典**鲍鱼腥** 指秦始皇死之事，因以指掩盖事实真相。《史记·秦始皇本纪》："七月丙寅，始皇崩于沙丘平台。丞相斯为上崩在外，恐诸公子及天下有变，乃秘之，不发丧。棺载辒凉车中……会暑，上辒车臭，乃诏从官令车载一石鲍鱼，以乱其臭。"

风吹鲍鱼腥，兹事竟虚语。（宋·汪元量《阿房宫故基》）

馨 xīng 又读。见 729 页 xīn

醒 xīng 又读。见 907 页 xǐng

猩 xīng

古下平，八庚。逆猩～鹦～顺～唇～狒～红～袍～色～血～朱例桁排巢燕燕，屏画醉猩猩。（唐·陆龟蒙《江南秋怀寄华阳山人》）

惺 xīng ①清醒。②领会。③聪明，机灵。

古下平，九青。逆还～警～惺～顺～惚～忪～惚～悟例但自心无事，何处不惺惺。（唐·寒山《诗三百三首》其二四六）清泪九皋鹤，唤起梦魂惺。（宋·魏了翁《水调歌头·牛酒享宾客》）

应（應）yīng ①应当。②是。③答应，应声回答。④答应（做）。另见 919 页 yìng。

古下平，十蒸。逆不～乖～理～料～伺～厌～未～顺～当～得～分～该～是～须～有

英 yīng ①花。②美好。③矛上的羽饰。

古下平，八庚。逆白～璧～残～仓～朝～春～词～丹～诞～发～繁～飞～蜚～瑰～含～寒～花～绛～金～菁～晶～俊～兰～梨～林～流～露～落～梅～耆～翘～清～群～儒～时～世～霜～舜～檀～腾～天～文～贤～咸～香～祥～秀～玄～雪～延～瑶～遗～余～鱼～榆～玉～元～云～杂～芝～众～重～朱～紫～顺～辩～标～词～辞～风～概～骨～光～轨～华～惠～慧～鉴～吕～精～绝～隽～略～迈～髦～茂～妙～敏～谟～谋～盼～辟～奇～儒～蕤～锐～睿～飒～少～声～石～士～世～挺～图～伟～彦～艳～耀～业～异～奕～逸～毅～英～颖～游～媛～哲～阵～旨～重～胄～卓例投躯寄天下，长啸寻豪英。（唐·李白《邺中赠王大》）郊原浮麦气，池沼发荷英。（唐·张聿《赋得夏首犹清和》）南圃秋香过，东篱菊未英。（宋·李光《南歌子·南圃秋香过》）

典**六英** 古乐名，传说为古帝王颛顼之乐，后世用作咏宫廷乐曲的典故。《淮南子·齐俗训》："《咸池》《承云》《九韶》《六英》，人之所乐也。"高诱注："帝颛顼乐。"

海浪刷三岛，天风吹六英。（唐·陆龟蒙《奉酬袭美先辈初夏见寄次韵》）

琼英 琼英指似玉的美石，后因以喻优美的诗文或美女。《诗经·齐风·著》："俟我于堂乎而。充耳以黄乎而。尚之以琼英乎而。"毛氏传："琼英，美石似玉者，人君之服也。"

羞将片石文，斗此双琼英。（唐·孟郊《同从叔简酬卢殷少府》）

餐落英 用香洁的东西自给，来自己修身洁行。《楚辞·离骚》："朝饮木兰之坠露兮，夕餐秋菊之落英。苟余情其信姱以练要兮，长顑颔亦何伤？"

杯中要作茱萸伴，不是湘累餐落英。（宋·葛立方《题卧屏十八花·黄菊》）

万人英 赞美超越众人的人才。《诗经·魏风·汾沮洳》："彼其之子，美如英。美如英，殊异乎公行。"毛氏传："万人为英。"孔颖达疏："《礼运注》云：'英，俊选之尤者。'则英是贤才绝异之称。此传及《尹文子》皆'万人为英'，《大戴礼·辨名记》云'千人为英'，异人之说殊也。"

堂堂东坡公，文章万人英。（宋·滕岑《和陶渊明饮酒诗》）

张伯英 称美人精于书法。见147页“张芝”。

王逸少，张伯英，古来几许浪得名。（唐·李白《草书歌行》）

莺（鶯、*鸎）yīng ①鸟的羽毛有纹彩的样子。②鸟名。

古下平，八庚。逆百啭～残～藏～出谷～崔～孤～娇～金～流～柳～笼～迁～啼～闻～新～燕～顺～窗～春～唇～房～粉～谷～户～黄～娇～吭～帘～栊～弄～期～迁～乔～舌～时～粟～梭～桃～翁～徙～衣～吟～友～语～韵～枝例兰丛有意飞双蝶，柳叶无趣隐啼莺。（唐·杨师道《阙题》）社日双飞燕，春分百啭莺。（唐·权德舆《二月二十七日社兼春分端居有怀简所思者》）

典**出谷莺** 指升迁之人。《诗经·小雅·伐木》：“伐木丁丁，鸟鸣嘤嘤；出自幽谷，迁于乔木。”郑玄笺：“迁，徙也。谓乡（向）时之鸟出从深谷，今移处高木。”

更有迁乔意，翩翩出谷莺。（唐·李程《春台晴望》）

鹰（鷹）yīng

古下平，十蒸。逆按～白～臂～放～豪～呼～花～饥～秋～雀～神～调～脱～脱鞲～新～鹞～银～顺～鞴～猜～船～笛～鹗～坊～房～风～鹘～化～击～鸷～军～卢～马～目～睨～棚～拳～师～瞬～腾～武～鹞～俑～鹯～趾～跱～犕例中原驰困兽，万里栖饥鹰。（唐·刘长卿《冬夜宿扬州开元寺烈公房》）摧残槛中虎，羁绁鞲上鹰。（唐·李白《赠新平少年》）放蹄知赤骥，捩翅服苍鹰。（唐·杜甫《寄刘峡州伯华使君四十韵》）

典**脱鞲鹰** 喻官吏捉拿奸徒。《东观汉记·赵勤》：“（桓）虞乃叹曰：‘善吏如良鹰矣，下鞲即中！’”

今君得所附，势若脱鞲鹰。（唐·韩愈《送侯参谋赴河中幕》）

上蔡苍鹰 指达官贵人临刑时后悔进入官场，借以咏叹仕途艰险。《史记·李斯列传》：“二世二年七月，具斯五刑，论腰斩咸阳市。斯出狱，与其中子俱执，顾谓其中子曰：‘吾欲与若复牵黄犬俱出上蔡东门逐狡兔，岂可得乎！’”

华亭鹤唳讵可闻，上蔡苍鹰何足道？（唐·李白《杂曲歌辞·行路难三首》其三）

婴（嬰）yīng ①妇女的颈饰。②环绕；缠绕。③遭受。④通“撄”，触犯。⑤通“缨”，马缨。⑥才生下来的小孩儿。

古下平，八庚。逆晨～钩～还～孩～娇～九～咳～陶～啼～退～戏～香～遗～婴～玉顺～薄～病～缠～沉～城～触～丁～遘～怀～疾～衿～臼～绢～累～鳞～戮～纶～罗～耄～冥～母～年～人～孺～弱～石～守～提～忤～物～心～衅～意～婴～御～罪例予因谬忝出，君为沉疾婴。（唐·韦应物《寄职方刘郎中》）横溃非所壅，逆节非所婴。（唐·柳宗元《韦道安》）

典**杵臼程婴** 用作咏舍生行义。春秋时，晋大夫屠岸贾杀赵氏并灭其族，公孙杵臼、程婴舍身智救赵氏孤儿。后杵臼被杀，程婴在赵孤成年后自杀。见《史记·赵世家》。

提携袴中儿，杵臼及程婴。（唐·李白《自广平乘醉走马六十里至邯郸，登城楼览古书怀》）

嘤（嚶）yīng 拟声词。

古下平，八庚。逆流～鸣～时～噫～嘤～呦～顺～鸣～鸟～咛～然～声～喔～唔～呦～嘤例佳人天一涯，好鸟何嘤嘤。（唐·贯休《古意九首》其一）

典**伐木嘤嘤** 见本页“出谷莺”。

伐木嘤嘤出幽谷，问天之将丧斯文未。（宋·刘辰翁《金缕曲·吾鬓如霜蕊》）

鹦（鸚）yīng

古下平，八庚。逆架上～绿～能言～顺～歌～林～螺～绿～舌～树～猩～语～鸽～卮例北买党项马，西擒吐蕃鹦。（唐·元稹《估客乐》）

缨（纓）yīng 带子。

古下平，八庚。逆布～朝～尘～晨～垂～貂～顿～烦～樊～繁～飞～冠～鹄～华～羁～交～结～解～衿～拘～绝～猎～鸾～罗～马～曼～缦～氂～珮～影～请～蛇～绳～条～霞～香～衣～雨～玉～簪～摘～沾～振～征～珠～濯～紫～顺～弁～导～顶～毦～绂～绋～黻～冠～笏～徽～缴～络～帽～縻～冕～情～绥～蕤～裳～绅～绶～捽～绥～繐～縌～索～锁～网～纕～组例若使巢由知此意，不将萝薜易簪缨。（唐·张说《灉湖山寺》）愁闻出塞曲，泪满逐臣缨。（唐·李白《观胡人吹笛》）

典**垂缨** 指做官。《后汉书·章帝纪》：“诏曰：……往者妖言大狱，所及广远，一人犯罪，禁至三属，莫得垂缨仕宦王朝。”

百年夜销半，端为垂缨束。（唐·鲍溶《琴曲歌辞·秋思二首》其二）

绝缨 喻宽待臣下，或喻知恩图报。《韩诗外传》卷七：“楚庄王赐其群臣酒，日暮酒酣，左右皆醉。殿上烛灭，有牵王后衣者。后扢冠缨而绝之，言于王曰：‘今烛灭，有牵妾衣者，妾扢其缨而绝之，愿趣火视绝缨者。’王曰：‘止’。立出令曰：‘与寡人饮，不绝缨者，不为乐也。’于是冠缨无完者，不知王后所绝冠缨者谁。……后吴兴师攻楚，有人常为应行合战者……遂取大军之首而献之。王怪而问之曰：‘寡人未尝有异于子，子何为于寡人厚也？’对曰：‘臣先殿上绝缨者也，当时宜以肝胆涂地，负日久矣，未有所效。今幸得用于臣之义，尚可为王破吴而强楚。’”

寻思往岁绝缨事，肯向朱门泣夜长。（唐·曹生《献卢常侍》）

请缨 指自告奋勇，自荐以从事具有挑战性的工作。亦作“请长缨”“长缨缚”“长缨系”“长绳缚”。《汉书·终军传》：“南越与汉和亲，乃遣军使越南，说其王，欲令入朝，比内诸侯。军自请：‘愿受长缨，必羁南越王而致之阙下。’军遂往说越王，越王听许，请举国内属。”

请缨不系越，且向燕然山。（唐·李白《登邯郸洪波台置酒观发兵》）

振缨 喻入仕或居官。《艺文类聚》卷三八引南朝·陈沈炯《祭梁吴郡袁府君文》：“日者明德世彦，振缨王室，坐啸大邦，显治巨丽。”

振缨游省闼，锵玉宰京河。（唐·张说《送苏合宫颋》）

仲由结缨 表示临难不苟，从容

而死。亦作"结缨"。《左传·哀公十五年》:"子路曰:'君子死,冠不免。'结缨而死。"

幽囚苏武节,弃市仲由缨。(唐·李商隐《送千牛李将军赴阙五十韵》)

樱(櫻)yīng

古下平,八庚。逆春～寒～红～金～山～朱～珠～顺～花～笋～桃～薁～珠例上林天禁里,芳树有红樱。(唐·孙逖《和咏廨署有樱桃》)绕篱生野蕨,空馆发山樱。(唐·王维《游化感寺》)

撄(攖)yīng ①缠绕。②扰乱。③逼近,触犯。④取。⑤遭受,招致。

古下平,八庚。逆横～来～扪～退～相～顺～城～当～锋～拂～疾～鳞～挠～宁～扰～挽～心例隐身乐鱼钓,世网不可撄。(唐·吴筠《高士咏·高凤》)两鬓已衰时未遇,数峰虽在病相撄。(唐·罗隐《途中寄怀》)

膺yīng ①胸。②内心,胸臆。③承受,接受,承当。④抵挡,打击。

古下平,十蒸。逆保～抱～搏～出～诞～当～叨～烦～反～丰～凤～服～伏～拂～抚～拊～钩～光～寒～鹤～虎～进～李～镂～庆～属～嗣～肃～荣～特～填～允～沾～顺～惩～揲～蕃～肺～奉～贡～骨～荷～荐～教～历～录～箓～门～闷～难～滂～期～受～堂～庭～图～选～撝～臆～运～舟例登高徒欲赋,词殚独抚膺。(唐·骆宾王《北眺春陵》)玄晖难再得,洒洒气填膺。(唐·李白《秋夜板桥浦泛月独酌怀谢朓》)昔叹谗销骨,今伤泪满膺。(唐·李商隐《闻著明凶问哭寄飞卿》)

典**李膺** 代指标榜名节不与宦官、奸臣为伍的具有影响力的大臣《后汉书·党锢传·李膺传》:"李膺字元礼,颍川襄城人也。……再迁渔阳太守。寻转蜀郡太守……征为度辽将军……声振远域。延熹二年征,再迁河南尹。""再迁,复拜司录校尉。""是时朝廷日乱……膺独持风裁,以声名自高。……天下士大夫皆高尚其道,而污秽朝廷。""陈蕃为太傅……连谋诛诸宦官,故引用天下名士,乃以膺为长乐少府……后张险事起,收捕钩党……乃诣诏狱。"

于何车马日憧憧,李膺门馆争登龙。(唐·王季友《酬李十六岐》)

瑛yīng 玉光。

古下平,八庚。逆宝～椒～凝～琼～瑶～玉～顺～球～瑶～瑜例饰带以纹绣,装匣以琼瑛。(唐·刘禹锡《昏镜词》)砺缺知矛利,磨瑕见璧瑛。(唐·陆龟蒙《江南秋怀寄华阳山人》)

罂(罌、*甖)yīng 小口瓶。

古下平,八庚。逆釜～金～酒～粮～木～瓶～青～琼～瓦～银～油～玉～顺～盎～缶～瓶例溜匙兼暖腹,谁欲致杯罂。(唐·杜甫《江阁卧病走笔寄呈崔、卢两侍御》)原燎逢冰井,鸿流值木罂。(唐·元稹《答姨兄胡灵之见寄五十韵》)连钱嚼金勒,凿落写银罂。(唐·白居易《洛桥寒食日作十韵》)

璎(瓔)yīng ①像玉的石头。②"璎珞"的省称。

古下平,八庚。逆钿～香～珠～顺～玑～珞～珠例桃枝将辟秽,蒜壳取为璎。(唐·寒山《诗三百三首》其七十七)从此多逢大居士,何人不愿解珠璎。(唐·刘禹锡《送僧元暠东游》)鍮石打臂钏,糯米炊项璎。(唐·元稹《估客乐》)

增zēng ①更,更加。②通"憎",厌恶。③通"层",多层。

古下平,十蒸。逆百～补～附～价～蠲～马齿～气益～日～寿～私～岁月～修～虚～驯～月～追～顺～巢～成～防～奉～广～辉～年～泉～伤～饰～逝～薮～拓～息～欷～羡～益～置例留滞才难尽,艰危气益增。(唐·杜甫《泊岳阳城下》)会宿形骸远,论交意气增。(唐·元稹《纪怀,赠李六户曹、崔二十功曹五十韵》)古木苍苔坠几层,行人一望旅情增。(唐·刘沧《秋日望西阳》)

憎zēng

古下平,十蒸。逆爱～背～盗～好～积～疾～忌～贾～可～偏～仆～取～生～私～痛～嫌～相～厌～翳～怨～顺～毒～妒～愤～恨～毁～疾～嫉～忌～怜～命～人～畏～忤～厌例羌笮多珍宝,人言有爱憎。(唐·陈子昂《送魏兵曹使巂州得登字》)错判符曹群吏笑,乱书岩石一山憎。(唐·王建《谢田赞善见寄》)并香幽蕙死,比艳美人憎。(唐·王建《同于汝锡赏白牡丹》)

典**盗憎** 喻惹人忌恨,常用作咏尽职尽责而不顾个人安危的典故。《左传·成公十五年》:"晋三郤害伯宗,谮而杀之……初,伯宗每朝,其妻必戒之曰:'盗憎主人,民恶其上。子好直言,必及于难。'"

自古盗憎主,何异鸱辈流。(宋·李吕《古意》)

罾zēng ①渔网。②用罾捕捉。

古下平,十蒸。逆扳～挂～投～溪～下～顺～布～船～笱～罛～罟～缴～人～罱～罩例林居看蚁穴,野食行鱼罾。(唐·杜甫《寄刘峡州伯华使君四十韵》)坞湿云埋观,溪寒月照罾。(唐·贯休《寄新定桂雍》)持竿聊藉草,待月好垂罾。(唐·韦庄《渔塘十六韵》)

曾zēng ①高飞。②与自己隔两代的亲属。③副词,竟,竟然。④增加,增益。另见882页céng。

古下平,十蒸。逆惯～高～孔～欧～青～孙～颜～顺～臣～父～门～闵～史～翁～玄～颜～折～祝～祖

缯(繒)zēng ①丝织物的总称。②通"矰",带着丝绳的箭。③通"罾"。另见919页zèng。

古下平,十蒸。逆扳～采～彩～垂～粗～黄～笺～绛～金～锦画～捞～练～缦～染～饰～丝～绨～缇～文～香～絮～弋～纸～顺～帛～布～采～彩～楮～船～缣～锦～纩～绫～纶～绡～绣～絮例沙湾漾水图新粉,绿野荒阡晕色缯。(唐·王建《早登西禅寺阁》)寄书惟在频,无吝简与缯。(唐·韩愈《送侯参谋赴河中幕》)闲坊宅枕穿宫水,听水分衾盖蜀缯。(唐·李洞《赠曹郎中崇贤所居》)

典**裂缯** 指女子受宠。《太平御览》卷一三五引晋·皇甫谧《帝王世纪》:"(帝桀)日夜与妹喜及宫女饮酒,常置妹喜于膝上。妹喜好闻裂缯之声,桀为发裂缯之以顺适

其意。”

自从命向红儿去，不欲留心在裂矰。（唐·罗虬《比红儿诗》）

矰 zēng ①系有丝绳的箭，古代用来射飞鸟。②短箭。

古下平，十蒸。逆飞～缴～曼～微～弋～顺～碆～缴～罗～矢～罻～弋～雉例咄咄宁书字，冥冥欲避矰。（唐·杜甫《寄刘峡州伯华使君四十韵》）共展排空翼，俱遭激远矰。（唐·元稹《纪怀，赠李六户曹、崔二十功曹五十韵》）石小虚填海，芦铦未破矰。（唐·李商隐《北禽》）

正 zhēng ①正月。②箭靶的中心。③通“征”。另见919页zhèng。

古下平，八庚。逆春～夏～新～元～顺～朝～旦～会～晦～日～首～朔～岁例化历昭唐典，承天顺夏正。（唐·李百药《奉和正日临朝应诏》）大国礼乐备，万邦朝元正。（唐·王建《元日早朝》）病容非旧日，归思逼新正。（唐·白居易《除夜寄弟妹》）

争 zhēng

古下平，八庚。逆鄙～变～辨～驳～差～鼎～棼～奋～忿～愤～革～乖～规～讧～虎～哗～喙～疾～计～谏～交～角～较～劫～矜～据～军～口舌～论～逆～侵～全～攘～挺～蜗角～诬～息～喧～蚁～引～鹬蚌～政～逐～顺～标～伯～差～驰～持～筹～春～道～妬～恶～奋～赴～敢～构～衡～技～交～教～进～竞～抗～可～肯～理～列～流～鹿～路～门～年～辔～辟～奇～勍～驱～趣～桑～涉～守～死～诉～湍～骛～席～譊～校～心～悬～言～妍～艳～谮～语～张～长～政～知～职～秩例终古代兴没，豪圣莫能争。（唐·陈子昂《感遇诗三十八首》其一七）朝市成芜没，干戈起战争。（唐·刘长卿《寄上浙西节度李侍郎中丞行营五十韵》）翩翩一种天然艳，笑向人、不与春争。（宋·陈著《庆春泽·翔凤阑干》）

典**蜗角争** 见本页“蛮触之争”。

蜗角纷争来卧榻，鹃桥列戍动寒笳。（清·吴兆麟《秋日感怀》其三）

蛮触之争 指因极其微小的原因而引起的争端。《庄子·则阳》：“戴晋人曰：‘有所谓蜗者，君知之乎？’曰：‘然。有国于蜗之左角者，曰触氏；有国于蜗之右角者，曰蛮氏。时相与争地而战，伏尸数万，逐北旬有五日而后反。’”郭象注曰：“诚知所争者若此之细也，则天下无争矣。”

三豖鲁鱼曾未学，一蜗蛮触已争名。（宋·方岳《石孙试童子郡广文赠之诗代赓为谢》）

燕蝠相争 喻无意义的争吵。《东坡乌台诗案·寄周邠诸诗》：“舜举言，自来闻人说一小话云：燕以日出为旦，日入为夕。蝙蝠以日入为旦，日出为夕。争之不决，诉之凤凰，凤凰是百鸟之王。至路次逢一禽，谓燕曰：‘不须往诉，凤凰在假。’……舜举意以此讥笑王庭老等不知是非。”

苦吟动辄兼长夜，燕蝠休争口角雄。（清·黄景仁《十六夜》）

征[1] zhēng ①远行。②出兵征讨。

古下平，八庚。逆晨～遄～从～电～黩～飞～蜚～抚～孤～汇～击～力～迈～启～起～鹊～上～讨～天～调～无～遐～宵～迅～游～云～专～颛～顺～鞍～备～鞭～骖～车～尘～忡～俦～传～船～铎～罚～帆～骈～妇～盖～扞～行～鸿～麾～笳～驾～剿～驹～客～虏～路～轮～旅～马～迈～念～鸟～袍～旆～辔～蓬～鞶～期～侪～禽～裘～榷～桡～衫～缮～裳～哨～戍～思～艘～徒～橐～袖～轩～雁～鞅～轺～吟～缨～辕～棹～轴～诛例枥马苦踡跼，笼禽念遐征。（唐·张九龄《秋晚登楼望南江入始兴郡路》）君王行出将，书记远从征。（唐·杜审言《送崔融》）共悲来夏口，何事更南征。（唐·刘长卿《夏口送屈突司直使湖南》）

典**汤征** 喻指顺天应人的正义出师。《孟子·梁惠王》：“汤一征自葛始……东面而征西夷怨，南面而征北狄怨，曰：‘奚为后我。’”

汤征随北怨，舜咏起南风。（唐·袁朗《相和歌辞·饮马长城窟行》）

扈苗征 指征服叛乱。《书·夏书·甘誓序》：“启与有扈，战于甘之野，作甘誓。”旧题汉孔安国传：“夏启嗣禹位，伐有扈之罪。”《书·虞书·大禹谟》：“帝曰：‘咨禹，惟时有苗弗率，汝徂征。’”孔安国传：“三苗之民数干王诛。”

安得封域内，长有扈苗征。（唐·杜牧《感怀诗一首》）

大家东征 指曹大家随子出征。汉·曹大家《东征赋》：“惟永初之有七兮，余随子乎东征。孟春之吉日兮，撰良辰而将行。”

大家东征逐子回，风生洲渚锦帆开。（唐·杜甫《送王十五判官扶侍还黔中》）

卢绾须征 指讨伐叛臣。《汉书·卢绾传》：“汉既斩豨，其裨将降，言燕王绾使范齐通计谋豨所。上使使召绾，绾称病。……又得匈奴降者，言张胜亡在匈奴，为燕使。于是上曰：‘绾果反。’使樊哙击绾。”

卢绾须征日，楼兰要斩时。（唐·杜甫《暮冬送苏四郎徯兵曹适桂州》）

征[2]（徵）zhēng ①召至，征召。②索取，寻求。③征收（赋税）。④验证，证明。⑤迹象，预兆。“徵”另见158页zhǐ。

古下平，十蒸。逆暴～背～不足～地～妇～关～横～稽～开～苛～科～课～氓～门～明～秋～入～食～寿～输～衰～特～退～无～休～引～追～顺～拔～拜～办～责～表～剥～捕～材～采～漕～辞～廛～符～歌～怪～贵～核～候～黄～会～贿～货～迹～解～酒～咎～举～据～聚～科～课～理～吏～令～梦～命～纳～派～辟～起～请～瑞～商～摄～神～声～圣～实～使～士～事～守～授～书～输～系～祥～效～须～询～讯～言～徭～役～诣～引～应～庸～喻～怨～债～招～兆例愿与金庭会，将待玉书征。（唐·陈子昂《题李三书斋》）腾绛霄兮垂景祐，翘丹悬兮荷休征。（唐·武则天《归和》）

典**鹤书征** 喻指朝廷征辟贤士。南朝齐·孔稚珪《北山移文》：“及其鸣驺入谷，鹤书赴陇，形驰魄散，志变神动。”李善注引萧子良《古今篆隶文体》：“鹤头书与偃波书，俱诏板所用。在汉则谓之‘尺一简’，仿佛鹄头，故有其称。”

圣朝岩穴选，应待鹤书征。（唐·张九龄《饯陈学士还江南同用征字》）

筝zhēng

古下平，八庚。逆哀～凤～鼓～鸿～鸾～鸣～秦～琴～瑶～移～银～玉～云～轧～顺～妓～人～阮～雁～语例金弦挥赵瑟，玉指弄秦筝。（唐·陈子昂《于长史山池三日曲水宴》）明月照人苦，开帘弹玉筝。（唐·常建《高楼夜弹筝》）袅袅秋风起，萧萧败叶声。岳阳楼上听哀筝。（宋·李祁《南歌子·袅袅秋风起》）

钲（鉦）zhēng 打击乐器，锣。

古下平，八庚。逆锋～鼓～金～鸣～神～司～铜～箫～悬～银～云～顺～歌～鼓～铙～鼙～人例采石风传柝，新林暮击钲。（唐·刘禹锡《历阳书事七十韵》）举棹挥青剑，鸣榔扣远钲。（唐·陆龟蒙《江南秋怀寄华阳山人》）笔阵初临夜正清，击铜遥认小金钲。（唐·陆龟蒙《秋夕文宴》）

睁zhēng

逆睖～青～眼～顺～叉～瞭～睁

峥zhēng 高峻，高耸。

古下平，八庚。逆霄～峣～峥～顺～摐～嵘～嶒

蒸zhēng ①用麻秸、竹、木等作的火炬。②细小的木柴。③通“烝”，众多。

古下平，十蒸。逆报～烦～浮～裹～蒿～横～花气～黄～煎～黎～藜～林～龙～梅～气～樵～溽～暑～陶～王～熙～霞～薪～煦～熏～薰～炎～淫～郁～云～蕴～蒸～顺～报～畀～尝～裹～祭～黎～藜～闷～民～黔～壤～人～溽～湿～庶～陶～徒～薪～炎～禋～郁～烛例不逢君蹇涸，幽意长郁蒸。（唐·张说《夕宴房主簿舍》）五月山雨热，三峰火云蒸。（唐·岑参《出关经华岳寺，访法华云公》）花月穷游宴，炎天避郁蒸。（唐·杜甫《赠特进汝阳王二十韵》）

铮（錚）zhēng ①磨光，擦亮。②拟声词。

古下平，八庚。逆铮～（刚正貌）顺～鏦～淙～鍧～篢～皎～磨～枪例比琼虽碌碌，于铁尚铮铮。（唐·刘禹锡《历阳书事七十韵》）

典**铁中铮铮** 喻有才能之人。《后汉书·刘盆子传》：“帝曰：‘卿所谓铁中铮铮，佣中佼佼者也。’”李贤注：“铁中铮铮，言微有刚利也。……言佼佼者，凡佣之人稍为胜也。”

守节固穷匪易事，铁中谁许斗铮铮。（宋·欧阳献《赠田端彦》）

挣zhēng ①撞，击。②通“睁”。睁开。另见 920 页 zhèng。

逆吃～硬～顺～扎

狰zhēng 传说中的兽名。狰狞，凶恶。

顺～猛～狞

怔 zhēng 怔忡。另见 920 页 zhèng。

逆惊～愣～冷～愕～懵～魔～一～吃～顺～忡～忪～营

丁zhēng 丁丁，形容伐木、下棋、弹琴等的声音。另见 867 页 dīng。

古下平，八庚。逆丁～例青童撞金屑，杵臼声丁丁。（唐·于鹄《早上凌霄第六峰入紫豁礼白鹤观祠》）

烝zhēng ①祭祀。特指冬祭。②蒸发，火气或热气上升。③用蒸气加热。④进献。⑤众多。⑥指与母辈通奸的淫乱行为。⑦细柴。

古下平，十蒸。逆炊～大～蠲～黎～藜～林～黔～享～孝～熊～熏～炎～淫～饮～烝～顺～敖～报～尝～炊～皇～会～衎～黎～粮～乱～民～人～濡～润～涉～弑～暑～庶～徒～享～薪～夷～彝～淫～礿～云～罩～烝～烛例秉钧调造化，宣綍慰黎烝。（唐·王湾《秋夜寓直即事怀》）湖波连天日相腾，蛮俗生梗瘴疠烝。（唐·韩愈《永贞行》）十万军城百万灯，酥油香暖夜如烝。（唐·薛能《影灯夜二首》其二）

症（癥）zhēng 腹内结块的病。另见 920 页 zhèng。

古下平，十蒸。顺～痼～瘕～坚～结～癖～噎

鲭（鯖）zhēng 鱼肉什烩。另见 874 页 qīng。

古下平，八庚。顺～鲊例俄分上尊酒，骤厌五侯鲭。（唐·陆龟蒙《江南秋怀寄华阳山人》）

典**五侯鲭** 借指侯门贵族享用的美食，也指美味佳肴。《西京杂记》卷二：“五侯不相能，宾客不得来往。娄护丰辩，传食五侯间，各得其欢心，竞致奇膳。护乃合以为鲭，以为奇味焉。”

今君坐致五侯鲭，尽是猩唇与熊白。（宋·苏轼《次韵孔毅父集古人句见赠五首》其二）

平声·阳平

甭béng 方言，不用，不要，不必。

曾 céng ①副词，曾经。②通“层”，重叠。另见 880 页 zēng。

古下平，十蒸。逆不～何～几～记～旧～似～未～顺～经

层（層）céng

古下平，十蒸。逆百～层～裹～金～峻～楞～稜～崚～石～轩～云～浪千～密层～最高～顺～阿～陛～碧～壁～冰～波～巢～城～递～巅～殿～迭～栋～覆～阁～亘～构～甃～禁～峻～岚～甍～密～盘～朋～穹～曲～深～沓～涛～崄～霄～秀～轩～岩～巘～掖～阴～楹～隅～嶂～折～峙～宙例开门对西岳，石壁青棱层。（唐·岑参《出关经华岳寺，访法华云公》）瓢饮唯三径，岩栖在百层。（唐·杜甫《赠特进汝阳王二十韵》）迎日似翻红烧断，临流疑映绮霞层。（唐·杨巨源《和杜中丞西禅院看花》）

嶒céng 崚嶒，高而险峻的样子。

古下平，十蒸。逆峻～稜～嶙～凌～陵～崚～顺～嶝～峨～泓～峻～棱～崚～嶷～崩例荻洲素浩渺，碕岸澌崚嶒。（唐·孟郊《寒江吟》）

成chéng

古下平，八庚。逆邦～秉～财～裁～饬～垂～登～狄～典～鼎～堕～丰～奉～阜～鼓～观～国～果～滑～宦～获～济～坚～见～奖～匠～寝～居～康～克～亏～坤～兰～劳～乐～率～漫～美～默～目～譬～七步～秦～庆～秋～稔～视～司～夙～肃～西～心～休～胥～序～绪～血凝～仰～移～倚马～盈～羽翼～玉～蚤～展～招～织～志意～质～治～踵～助～纂～作～顺～比～毕～操～持～辞～德～典～丁～法～服～福～格～冠～光～裹～坏～涣～纪

～济～贾～鉴～结～戒～金～荆～康～科～圹～阔～劳～利～烈～卢～美～瘵～辟～器～寝～趣～衰～算～岁～童～绪～勋～训～议～益～姻～踊～幼～育～允～政～旨～轴～竹～庄～准㊀岁华尽摇落，芳意竟何成。（唐·陈子昂《感遇诗三十八首》其二）寂寞僧侣少，苍茫林木成。（唐·韦应物《答河南李士巽题香山寺》）药裹关心诗总废，花枝照眼句还成。（唐·杜甫《酬郭十五受判官》）

㊀目成 用为表现男女眉目传情。《楚辞·九歌·少司命》："满堂兮美人，忽独与余兮目成。"王逸注："言万民众多，美人并会，盈满于堂，而司命独与我睨而相视，成为亲亲也。"

本欲凌波去，翻为目成留。（唐·杜易简《湘川新曲二首》其一）

西成 指秋季农作物的收成。《尚书·虞书·尧典》："寅宾出日，平秩东作。……寅饯纳日，平秩西成。"孔安国传："秋，西方，万物成。"

见此令人饱，何必待西成。（唐·白居易《秋游原上》）

万宝成 指各种果实成熟，宋词中常用以咏丰收或表示时当秋令。《庄子·庚桑楚》："庚桑子曰：'弟子何异于予？夫春气发而百草生，正得秋而万宝成。夫春与秋，岂无得而然哉？天道已行矣。'"

巍巍舜汉浃嘉生，宴俎丰年万宝成。（宋·韩元吉《依韵和御制秋晚曲宴诗》）

九转功成 形容所下功夫很深，已卓有成就。后常以此比喻经过不懈的努力而终于获得成功。《抱朴子·金丹》："其一转至九转，迟速各有，日数多少，以此知之耳。"又说"一转之丹，服之三年得仙……九转之丹，服之三日得仙"。

可怜九转功成后，却把飞升乞内芝。（宋·苏轼《富阳妙庭观董双成故宅》）

七步诗成 喻才思敏捷，又有兄弟不和之意。

休论金谷罚，七步看诗成。（宋·林正大《临江仙·须信乾坤如逆旅》）

箫韶九成 喻优美的乐章。《书·益稷》："箫韶九成，凤凰来仪。"

梦回闻汝读书声，如听箫韶奏九成。（宋·陆游《睡觉闻儿子读书》）

城 chéng

㊀下平，八庚。㊀拔～霸～柏～宝～保～贝～背～崩～碧～层～柴～乘～崇～愁～穿～祠～丹～邸～帝～典～凤～管～贯～国～海～寒～荒～麾～佳～夹～疆～禁～联～列～龙～罗～凭～漆～倾～穷～丘～曲～任～属～戍～衰～司～台～维～芜～霞～陷～乡～香～雄～虚～轩～严～雁～瑶～邑～撄～墉～壅～幽～雉～朱～縋～宗～㊀阿～壁～编～柴～场～旦～第～雕～堞～郛～府～皋～鼓～闬～阇～狐～尖～建～角～脚～禁～阃～辇～陴～埤～铺～堑～谯～曲～圈～阙～壖～社～守～署～戍～寺～肆～湍～柝～卫～坞～险～厢～洫～牙～墉～隅～域～阈～垣～苑～治～雉～陬～阳㊀川原迷旧国，道路入边城。（唐·陈子昂《晚次乐乡县》）羽檄如流星，虎符合专城。（唐·李白《古风》）池上风回舫，桥西雨过城。（唐·岑参《临洮泛舟，赵仙舟自北庭罢使还京》）

㊀层城 即天庭，是神话中太帝的居处，在昆仑山最高层。后因用以指高山之巅、高大的城阙或京师。《水经注·河水一》："昆仑之山三级：下曰樊桐，一名板松；二曰玄圃，一名阆风；上曰层城，一名天庭，是为太帝之居。"

古寺传灯久，层城闭阁闲。（唐·皇甫曾《奉陪韦中丞使君游鹤林寺》）

凤城 代指帝都。《列仙传·萧史》："萧史者，秦穆公时人也，善吹箫，能致孔雀白鹤于庭。穆公有女字弄玉，好之。公遂以女妻焉。日教弄玉作凤鸣，居数年，吹似凤声，凤凰来止其屋。公为作凤台，夫妇止其上，不下数年，一旦皆随凤凰飞去。故秦人为作凤女祠于雍宫中，时有箫声而已。"

春仗过鲸沼，云旗出凤城。（唐·沈佺期《昆明池侍宴应制》）

龙城 "龙城"为匈奴夏季祭天地祖先的地方，唐诗中借以泛指塞外边远之地。《汉书·匈奴传》："五月，大会龙城，祭其先、天地、鬼神。"

但使龙城飞将在，不教胡马度阴山。（唐·王昌龄《出塞》）

倾国倾城 指美女。《汉书·外戚传·孝武李夫人传》载李延年歌："北方有佳人，绝世而独立。一顾倾人城，再顾倾人国。宁不知倾城与倾国，佳人难再得！"

步摇金翠玉搔头，倾国倾城胜莫愁。（唐·武元衡《赠佳人》）

舌卷齐城 称赞游说之功。《汉书·蒯通传》："（韩信）闻汉王使郦食其说下齐，信欲止。通说信曰：'将军受诏击齐，而汉独发间使下齐，宁有诏止将军乎？何以得无行！且郦生一士，伏轼掉三寸舌，下齐七十余城，将军将数万之众，乃下赵五十余城。为将数岁，反不如一竖儒之功乎！'于是韩信然之，从其计，遂渡河。"

异议蜂起弟子争，舌翻涛澜卷齐城。（宋·苏轼《次韵答刘泾》）

箭书取聊城 指以文克敌，不战而胜。见《战国策·齐策四》。

我以一箭书，能取聊城功。（唐·李白《五月东鲁行答汶上君》）

诚（誠）chéng

①真心，真实。②副词，果真，确实。③连词，如果。㊀下平，八庚。㊀本～纯～淳～寸～丹～单～笃～端～菲～公～贡～孤～归～憨～厚～积～坚～将～洁～精～掬～款～叩～牢～厉～立～陋～谩～内～披～朴～栖～翘～勤～睿～设～私～送～夙～素～特～通～吐～推～微～委～温～孝～血～蚁～寅～允～斋～正～志～质～注～专～谆～拙～尊～㊀～必～臣～纯～说～道～谛～笃～鲠～贯～归～厚～怀～谏～节～洁～谨～荩～敬～剀～恪～恐～款～理～力～砺～朴～祈～契～虔～慊～勤～悫～善～身～士～恕～谢～愿～悦～贞～职～志～质～庄㊀此夕一相望，君应知我诚。（唐·卢纶《偶宿山中忆畅当》）白日临尔躯，胡为丧丹诚。（唐·孟郊《感怀》）素杼冷，临风休织，深诉隔年诚。（宋·辛弃疾《绿头鸭·叹飘零》）

承chéng

古下平，十蒸。逆弼～禀～参～差～承～待～担～当～叨～风～共～供～轨～过～肩～将～交～看～克～口～劳～牢～凛～灵～领～媚～陪～丕～启～钦～趣～柔～绍～摄～师～石～嗣～贴～讬～尉～消～幸～宣～演～仰～疑～因～迎～允～责～招～准～资～谘～宗～总～纂～遵～顺～安～弼～禀～差～禅～宠～搭～答～抵～顶～尊～乏～奉～伏～福～辅～附～构～顾～光～荷～徽～基～藉～籍～继～家～间～教～睫～眷～阔～揽～吏～领～流～露～落～纳～逆～宁～破～衾～权～舍～授～衰～顺～祀～嗣～塌～祧～统～托～望～卫～檄～弦～休～宣～学～训～颜～业～意～荫～影～悦～招～诏～直～值～旨～指例长被有情邀唱和，近来无力更祇承。（唐·杨巨源《酬崔博士》）生期理行役，欢绪绝难承。（唐·韩愈《送侯参谋赴河中幕》）时惭大雅客，遗韵许相承。（唐·齐己《酬元员外见寄八韵》）

程chéng ①古时度量衡的总称。②称量，计量。③衡量，估计。④法式，规章。

古下平，八庚。逆倍～标～漕～常～初～川～村～登～典～度～法～方～幅～公～功～故～官～规～合～宦～稽～羁～兼～戒～经～倦～科～客～宽～离～陆～名～墨～暮～拟～鹏～仆～期～秋～取～山～世～书～水～算～贪～乡～宵～学～训～严～雁～遥～野～驿～邮～游～员～云～准～訾～顺～才～材～策～典～督～顿～法～方～功～行～敬～考～课～吏～露～律～糜～命～墨～能～篇～品～期～气～巧～日～书～途～位～文～校～歇～业～仪～役～荫～约～择～准～奏例春官含笑待，驱马速前程。（唐·李颀《送相里造入京》）盛德资邦杰，嘉谟作世程。（唐·岑参《故仆射裴公挽歌三首》其一）云开远见汉阳城，犹是孤帆一日程。（唐·卢纶《晚次鄂州（至德中作）》）

盛chéng ①祭祀时放入容器中的黍稷等祭品。②把食物等东西放进容器。③碗、盆之类的容器。④容纳，使在其中。另见917页shèng。

古下平，八庚。逆满～碗～粢～顺～积～粮～满～载～贮

乘（*乗、椉）chéng ①登，升。②驾驭；乘坐。③趁着，凭借。④践踏，欺压。⑤进攻，追逐，⑥乘法。⑦佛教的教派或教义。另见917页shèng。

古下平，十蒸。逆宝～豹～扁～参～禅～超～二～发～负～跪～帅～讬～托～伍～隙可～依～倚～鱼～寓～照～佐～顺～杯～奔～策～槎～潮～传～骢～电～钓～桴～急～驾～肩～践～垲～空～雷～鲤～利～凌～陵～龙～辂～鸾～门～木～蜺～蹑～骑～日～塞～石～属～轩～茵～月～云～驵～遭例永愿坐长夏，将衰栖大乘。（唐·杜甫《陪章留后惠义寺饯嘉州崔都督赴州》）烟舟忽自阻，风帆不相乘。（唐·孟郊《寒江吟》）

典**枚乘** 西汉著名辞赋家。喻指幕宾，也借以赞美文才。《汉书·枚乘传》："枚乘字叔，淮阴人也，为吴王濞郎中……吴王不用乘策，卒见禽灭。汉既平七国，乘由是知名。景帝召拜乘为弘农都尉。乘久为大国上宾，与英俊并游，得其所好，不乐郡吏，以病去官。复游梁，梁客皆善属辞赋，乘尤高。"

八月枚乘笔，三吴张翰杯。（唐·李白《送友人寻越中山水》）

照乘 喻极其名贵之物。亦作"照乘宝"。《史记·田敬仲完世家》："（齐）威王二十三年，与赵王会平陆。二十四年，与魏王会田于郊。魏王问曰：'王亦有宝乎？'威王曰：'无有。'梁王曰：'若寡人国小也，尚有径寸之珠照车前后各十二乘者十枚，奈何以万乘之国而无宝乎。'"

不取燔柴兼照乘，可怜光彩亦何殊。（唐·白居易《放言五首》其一）

澄（*澂）chéng ①水清澈而平静。②宁静；明净。③使清明。另见910页dèng。

古下平，十一蒸。逆碧～波～光～海～泓～鉴～皎～景～镜～凝～平～清～秋～肃～潭～鲜～心～研～玉宇～渊～月～照～顺～辨～波～泊～沧～察～彻～澈～怆～淡～澹～芬～高～泓～怀～晖～寂～霁～泱～检～鉴～襟～镜～酒～居～峻～空～廓～岚～澜～朗～醪～丽～冽～虑～绿～谧～邈～旻～明～穆～宁～凝～泉～润～思～肃～洗～心～虚～漪～意～莹～瀛～映～幽～黝～远～湛～浊例身同云虚无，心与谿清澄。（唐·岑参《寄青城龙谿奂道人》）勿惮九嶷险，须令百越澄。（唐·高适《饯宋八充彭中丞判官之岭南》）青松寒不落，碧海阔逾澄。（唐·杜甫《寄刘峡州伯华使君四十韵》）

橙chéng

古下平，八庚。逆柑～黄～金～破～霜～酸～梯～甜～香～新～朱～顺～丁～膏～红～黄～齑～韲～椒～圃～实～丝～蟹例衰年催酿黍，细雨更移橙。（唐·杜甫《遣意二首》其一）调以咸与酸，芼以椒与橙。（唐·韩愈《初南食贻元十八协律》）枝压离披瓠，檐垂礧磊橙。（唐·陆龟蒙《江南秋怀寄华阳山人》）

呈chéng

古下平，八庚。逆病～递～点～牒～奉～附～供～解～敬～具～旅～面～申～施～书～诉～肃～条～万象～献～袖～旬～议～员～中～状～咨～奏～顺～本～表～禀～稿～华～教～卷～览～露～面～纳～奇～请～瑞～身～生～味～文～显～详～祥～形～询～艺～应～政～纸～质～拽～状例罩云朝盖上，穿露晓珠呈。（唐·李世民《月晦》）愧捧芝兰赠，还披肺腑呈。（唐·元稹《答姨兄胡灵之见寄五十韵》）梦灵邀客解，剑古拣人呈。（唐·周贺《寄宁海李明府》）

惩（懲）chéng

古下平，十蒸。逆薄～不～枷～戒～科～劝～示～誓～痛～心～议～膺～重～诛～顺～艾～毖～贬～创～恶～忿～改～革～戒～诫～儆～警～沮～惧～难～劝～示～乂～刘～膺～御～责～窒例养生终自惜，伐数必全惩。（唐·杜甫《寄刘峡州伯华使君四十韵》）侵官固非是，妄作谴可惩。（唐·韩愈《送

侯参谋赴河中幕》）无乃天地意，使之行小惩。（唐·元稹《解秋十首》其二）

丞chéng ①辅佐。②辅佐天子的最高官吏。③古代各级主要官员的副手。④通"承"，秉承。⑤通"拯"，拯救。

古下平，十蒸。逆部～出～扶～府～果～海～后～火～畿～棘～家～郡～聋～骆～水～寺～五～县～疑～右～顺～弼～簿～参～辅～郎～史～属～尉～辖～倅例焚香兼御史，悬镜委中丞。（唐·王湾《秋夜寓直即事怀》）皆为百里宰，正似六安丞。（唐·杜甫《寄刘峡州伯华使君四十韵》）五侯三任未相称，头白如丝作县丞。（唐·王建《谢田赞善见寄》）

典**聋丞** 指虽身有疾病仍贤良廉洁的官吏。《汉书·黄霸传》："霸力行教化而后诛罚，务在成就全安长吏。许丞老，病聋，督邮白欲逐之，霸曰：'许丞廉吏，虽老，尚能拜起送迎，正颇重听，何伤？且善助之，毋失贤者意。'"

迟钝终须投劾去，使君何日换聋丞。（宋·苏轼《初到杭州寄子由二绝》其一）

酲chéng 醉酒而神志不清。

古下平，八庚。逆病～朝～酲～春～烦～解～酒～餲～狂～破～微～析～宿～余～中～顺～酲～烦～魂～解～困～梦～酞～醉例酒伴来相命，开尊共解酲。（唐·孟浩然《春中喜王九相寻》）闲从博陵游，畅饮雪朝酲。（唐·李白《登城楼览古书怀》）此愿良未果，永怀空如酲。（唐·权德舆《古意》）

典**刘伶解酲** 形容嗜酒善饮之人。《世说新语·任诞》："刘伶病酒，渴甚，从妇求酒。妇捐酒毁器，涕泣谏曰：'君饮太过，非摄生之道，必宜断之！'伶曰：'甚善。我不能自禁，唯当祝鬼神，自誓断之耳！便可具酒肉。'妇曰：'敬闻命。'供酒肉于神前，请伶祝誓。伶跪而祝曰：'天生刘伶，以酒为名，一饮一斛，五斗解酲。妇人之言，慎不可听。'便引酒进肉，隗然已醉矣。"

年来渐向深杯怯，强学刘伶欲解酲。（宋·张耒《醉宿慈氏院晨起》）

塍（*塖）chéng 田间土埂。

古下平，十蒸。逆村～稻～沟～行～疆～锦～连～鳞～马～满～阡～山～田～新～烟～驿～顺～岸～埒～陇～陌～区～畎例明朝复何见，莱草古沟塍。（唐·卢纶《题杨虢县竹亭》）

伧（傖）chéng 旧读。见788页cāng。

古下平，八庚。

裎chéng 裸体，光着身子。

古下平，八庚。逆倮～裸～羸～徒～

枨（棖）chéng 触，碰撞。

古下平，八庚。逆枨～顺～拨～触～橘～臬～子例龙头泻酒邀酒星，金槽琵琶夜枨枨。（唐·李贺《秦王饮酒》）金橐宁回顾，珠簟肯一枨。（唐·杜牧《寄内兄和州崔员外十二韵》）

宬chéng 藏书的屋子。

古《广韵》：平声，清韵。逆皇史～顺～室

逢féng ①碰上，遇到。②迎接。③迎合。

古上平，二冬。逆恭～过～忽～交～难～萍水～千载～泰～饕～喜相～欣～焉～一笑～迎～遇～月下～乍～重～顺～比～昌～辰～池～处～颠～遭～纷～福～合～会～吉～见～接～龙～罗～巧～世～倍～殃～掖～衣～意～殷～涌～源～占～长～值例挂席几千里，名山都未逢。（唐·孟浩然《晚泊浔阳望庐山》）世故多离别，良宵讵可逢。（唐·皇甫冉《秋夜宿严维宅》）东山别后，高唐梦短，犹喜相逢。（宋·张先《双燕儿·榴花帘外飘红》）

缝（縫）féng 用针线连缀。另见911页fèng。

古上平，二冬。逆裁～弥～顺～刺～工～缉～联～人～掖～绽～织～紩～缀例贫友远劳君寄附，病妻亲为我裁缝。（唐·白居易《元九以绿丝布白轻褣见寄》）蒲履谩从归后织，衲衣犹记别时缝。（唐·殷尧藩《送景玄上人还山》）罗带绣裙轻好系，藕丝红缕细初缝。（唐·徐夤《尚书筵中咏红手帕》）

冯（馮）féng 姓。

古上平，一东。逆百～抽～扶～归～韩～河～日～宛～徐～翼～茵～缃～诸～顺～岑～迟～邓～耳～妇～歌～公～宫～铗～郎～修～谖剑～循～夷～嫒～招～子例黄庭留卫瓘，绿树养韩冯。（唐·李贺《恼公》）宪摘无逃魏，冤申得梦冯。（唐·韩琮《秋晚信州推院亲友或责无书，即事寄答》）甘棠名异奭，大树姓非冯。（唐·吴融《赴阙次留献荆南成相公三十韵》）

恒（*恆）héng ①长久，固定不变。②恒心。③普通，通常。④副词，常常，经常。⑤山名，五岳中的北岳。

古下平，十蒸。逆浚～巫～无～永～有～逾～月～顺～蔽～裁～操～春～辞～德～典～度～娥～泛～分～风～干～诰～格～固～规～辉～交～教～碣～久～居～科～例～论～情～时～矢～士～数～态～谈～文～宪～象～训～阳～旸～业～医～庸～制～准例至柔反成坚，造化安可恒。（唐·韦应物《酬韩质舟行阻冻》）相知恨不早，乘兴乃无恒。（唐·高适《武威同诸公过杨七山人，得藤字》）一心吞渤澥，戮力拔嵩恒。（唐·元稹《纪怀，赠李六户曹、崔二十功曹五十韵》）

横héng ①拦门的横木。②挡阻，堵塞。③遮盖，充满。④广，广阔。⑤随意乱来，蛮横。另见911页hèng。

古下平，八庚。逆宝刀～参～从～大江～笛～斗柄～剑～交～离～连～陵～山～天～雄～云～舟～纵～顺～艾～拜～被～奔～波～陈～逞～驰～赐～徂～翠～敌～笛～睇～断～汾～功～拱～广～海～弧～潢～击～江～鲸～扃～举～决～绝～柯～阔～澜～览～跞～濡～流～戮～论～眉～命～眸～目～霓～逆～阡～堑～秋～塞～沙～施～世～势～逝～术～说～肆～谈～塘～涕～天～调～拓～骛～霄～旋～延～轶～逸～溢～玉～云～翥～彴～滋例匈奴屡不平，汉将欲纵横。（唐·窦威《出塞》）水光鞍上侧，马影溜中横。（唐·李世民《咏饮马》）万里舒霜

合，一条江练横。（唐·李白《雨后望月》）

【典】**哭田横**　指挽歌，表达对壮士的悲痛之情。亦作"田横感歌""田横客悲"。《史记·田儋列传》："（横）遂自刭，令客奉其头，从使者驰奏之高帝。"高帝以王者礼葬田横。《史记正义》引晋·崔豹《古今注》："《薤露》《蒿里》，送哀歌也，出田横门人。横自杀，门人伤之而作悲歌，言人命如薤上露，易晞灭。至李延年乃分为二曲，《薤露》送王公贵人，《蒿里》送士大夫庶人，使挽逝者歌之，俗呼为挽歌。"

　　纵使将军能伏剑，何人岛上哭田横。（唐·李涉《哭田布》）

衡 héng

【古】下平，八庚。【逆】阿～保～秉～参～朝～车～辰～称～持～川～从～错～登～敌～斗～负～玑～机～交～钧～揆～魁～离～连～陵～鸾～门～末～品～评～栖～齐～骑～乾～曲～铨～杓～枢～司～嵩～台～提～望～文～相～盱～悬～旋～璇～扬～瑶～伊～仪～倚～幽～虞～玉～运～宰～争～中～珠～准～【顺】～薄～苹～柄～尺～楚～緫～道～定～樊～栿～盖～馆～汉～玑～机～笄～计～纪～鉴～镜～决～钧～抗～纩～梁～庐～鹿～麓～闾～梠～茅～牧～辔～潜～瀯～峤～缩～谭～听～闱～文～巫～陷～巷～校～虚～阎～仪～雍～雝～游～虞～宇～岳～宰～芷～辀～轴～综【例】白日曜紫微，三公运权衡。（唐·李白《古风》）心计析秋毫，摇钩侔悬衡。（唐·刘禹锡《相和歌辞·贾客词》）求珠驾沧海，采玉上荆衡。（唐·元稹《相和歌辞·估客乐》）

【典】**阿衡**　指贤相。《诗经·商颂·长发》："实维阿衡，实左右商王。"毛氏传："阿衡，伊尹也。"郑玄笺："伊尹，汤所倚依而取平，故以为官名。"

　　雄图竟中夭，遗叹寄阿衡。（唐·陈子昂《蓟丘览古赠卢居士藏用七首·乐生》）

蘅 héng　杜蘅，香草。

【古】下平，八庚。【逆】杜～秦～幽～【顺】～皋～芜【例】霜信催杨柳，烟容袅杜蘅。（唐·陆龟蒙《江南秋怀寄华阳山人》）肠断洞庭叶下，倚西风、谁可寄芳蘅。（宋·胡翼龙《八声甘州·甚年年、心事占秋多》）

桁 héng　①屋上横木。②葬具。另见 848 页 hàng。

【古】下平，八庚。【逆】井～露～木～楸～瓦～【顺】～架～条

珩 héng　佩玉。

【古】下平，八庚。【逆】白～提～【顺】～瓛～璜～佩～组【例】未去师黄石，空能说白珩。（唐·陆龟蒙《江南秋怀寄华阳山人》）

【典】**楚白珩**　楚白珩为楚国所产美玉，后用为赞颂人才之典。《国语·楚语下》："王孙圉聘于晋，定公飨之。赵简子鸣玉以相，问于王孙圉曰：'楚之白珩犹在乎？'对曰：'然。'简子曰：'其为宝也，几何矣。'"

　　心托秦明镜，才非楚白珩。（宋·刘禹锡《历阳书事七十韵》）

姮 héng　姮娥，后称嫦娥，神话中的月中女神，借指月亮。

【顺】～娥

崚 léng　崚嶒，形容山高。

【古】下平，十蒸。【逆】嶒～崑～崚～【顺】～层～嶒

棱（＊稜）léng

【古】下平，十蒸。【逆】锋～觚～石～四～瓦～威～斜～【顺】～角～坎～木～缘

楞 léng　同"棱"。

【逆】白～冰～窗～地～锋～觚～惊～楞～模～目有～四～瓦～【顺】～迦～角～坎～楞～梨～梅～木～缘【例】洞壑閟金涧，欹崖盘石楞。（唐·郭密之《永嘉经谢公石门山作》）

蔆 léng　菠蔆，菠菜。

【逆】菠～

龄（齡）líng

【古】下平，九青。【逆】百～驰～冲～徂～促～浮～龟～鹤～九～久～茂～梦～妙～暮～奇～千～驱～睿～弱～韶～衰～松～夙～龆～髫～颓～稀～遐～性～修～延～养～尧～亿～益～幼～余～逾～长～稚～壮～【顺】～齿～梦【例】开封见千里，结念存百龄。（唐·高适《奉酬北海李太守丈人夏日平阴亭》）岂资金丹术，即此驻颓龄。（唐·权德舆《与道者同守庚申》）道途绵万里，日月垂十龄。（唐·韩愈《答张彻》）

【典】**龟龄**　比喻长寿。亦作"龟鹤年""龟年""龟鹤龄""龟龄鹤年"。晋·郭璞《游仙诗》："借问蜉蝣辈，宁知龟鹤年？"

　　天上阿环金篆秘。龟龄鹤寿三千岁。（宋·葛胜仲《蝶恋花·雨后春光浓似醉》）

零 líng　①下雨；也指露珠、泪珠落下。②凋落。③零碎。④数的空位。

【古】下平，九青。【逆】残～草木～蹙～凋～雕～丁～兜～孤～畸～交～泪～撩～零～露～漂～飘～凄～奇～羌～青～涕～颓～望秋～西～雨～陨～【顺】～败～逋～残～凋～堕～氛～孤～桂～花～毁～畸～藉～栗～沦～落～茂～雀～瀼～替～挑～香～歇～谢～削～烟～夷～余～章～支～坠【例】平生早偏露，万里更飘零。（唐·孟浩然《送莫甥兼诸昆弟从韩司马入西军》）荒岁儿女瘦，暮途涕泗零。（唐·杜甫《桥陵诗三十韵》）左右长松列，动摇风露零。（唐·李益《罢秩后入华山采茯苓逢道者》）

灵（靈）líng

【古】下平，九青。【逆】百～宝～炳～禀～波～苍～赤～宠～假～辞～葱～帝～恩～房～国～含～鸿～桓～皇～火～衿～襟～俊～空～倮～民～旻～丕～乞～乾～潜～清～情～庆～穹～鹊～声～诗～淑～爽～颂～素～托～万～威～仙～湘～祥～效～性～扬～阳～耀～移～遗～颐～玉～月～岳～长～昭～兆～真～忠～钟～资～【顺】～奥～保～焱～飙～波～彩～查～槎～琛～榇～承～宠～椿～輴～粹～德～輀～轜～扉～葑～凤～凫～纲～诰～闺～翰～祜～晖～辉～诲～慧～玑～匮～阃～籁～兰～露～茂～懋～昧～秘～魄～朴～奇～祇～契～輤～窍～寝～曲～瑞～润～韶～淑～爽～思～祀～素～琐～橐～威～纬～乌～虚～煦～玄～阳～曜～耀～绎～宇～羽～雨～圉～渊～源～辕～泽～昭～祉～志～质～洲～诛～

姿～宗～祖～祚㊀岚气浮渚宫，孤光随曜灵。（唐·储光羲《同诸公秋霁曲江俯见南山》）善鼓云和瑟，常闻帝子灵。（唐·钱起《省试湘灵鼓瑟》）雾雨沈云梦，烟波渺洞庭。可怜无处问湘灵。（宋·李祁《南歌子·袅袅秋风起》）

典巨灵 咏华山或黄河，或咏壮举。亦作"巨灵开山"。东汉·张衡《西京赋》："缀以二华，巨灵赑屃，高掌远蹠，以流河曲，厥迹犹存。"吴薛综注："华，山名也。巨灵，河神也。……古语云，此本一山，当河水过之而曲行，河之神以手擘开其上，足蹋离其下，中分为二，以通河流，手足之迹，于今尚在。"

自从巨灵开，流血千万秋。（唐·岑参《东归晚次潼关怀古》）

五灵 旧时称五灵为王者的嘉瑞之兆。《春秋左氏传序》："麟凤五灵，王者之嘉瑞也。"孔颖达疏："麟、凤与龟、龙、白虎，五者神灵之鸟兽，王者之嘉瑞也。"

瞻言五灵瑞，能救百谷萎。（唐·刘禹锡《诣九龙祠祈雨二十韵》）

湘灵 舜的后妃，死于江湘之间而为神灵者。亦作"湘娥""湘妃""湘君"。《列女传·母仪传·有虞二妃》："有虞二妃者，帝尧之二女也。长娥皇，次女英……舜既嗣位升为天子，娥皇为后，女英为妃……天下称二妃，聪明贞仁。舜陟方死于苍梧，号曰重华。二妃死于江湘之间，俗谓之湘君。"

宝瑟湘灵怨，清砧杜魄啼。（唐·韦庄《岁晏同左生作》）

陶壁精灵 指飞黄腾达。《异苑》卷一："钓矶山者，陶侃尝钓于此山下水中，得一织梭，还挂壁上，有顷雷雨，梭变成赤龙，从空而去。"

陶家壁上精灵物，风雨未来终是梭。（唐·李咸用《宿渔家》）

菱（*蔆）líng

古下平，十蒸。逆采～浮～浮根～红～湖～角～青～秋～霜～乌～顺～唱～盖～歌～花～华～黄～芰～鉴～角～镜～芡～丝～形㊀写月无芳桂，照日有花菱。（唐·骆宾王《咏镜》）蹑屐看秧稻，敲船和采菱。（唐·元稹《纪怀赠李六户曹崔二十功曹五十韵》）过溪遭恶雨，乞食得干菱。（唐·贯休《送衲僧之江西》）

绫（綾）líng 丝织品。

古下平，十蒸。逆白～彩～宫～鹤～缣～缭～鸾～罗～青～诗～束～文～吴～圆～缯～顺～机～绢～券～纨㊀夜裁鸳鸯绮，朝织蒲桃绫。（唐·施肩吾《杂曲歌辞·古曲五首》其三）厌裁鱼子深红缬，泥觅蜻蜓浅碧绫。（唐·段成式《戏高侍御七首》其五）

陵 líng

①大土山。②山头，隆起的地方。③特指帝王的陵墓。④登，升。⑤凌驾，超越。⑥欺凌，侵犯。⑦衰微。⑧磨砺。⑨严密。

古下平，十蒸。逆柏～暴～朝～乘～春～丹～雕～房～坟～风～冯～阜～冈～广～诃～骄～魁～历～冥～毗～清～瞿～鹊～寿～衰～贪～腾～替～威～献～嚣～孝～巡～严～谒～阴～禹～羽～裕～元～长～朱～顺～阿～傲～慠～暴～逼～敝～弊～波～岑～嶒～蹙～篡～蹈～德～诋～夺～伐～愤～岗～宫～谷～汩～海～壑～横～节～谨～京～竞～窘～聚～遽～夸～诳～轹～猎～迈～邈～蔑～懱～迫～诮～舄～壤～尚～社～师～室～铄～肆～薮～隧～威～溪～隰～霞～陷～霄～虚～衍～掩～曳～夷～抑～轶～踰～宇～域～政～冢～撞～纵～阻㊀荷蓧旋江澳，衔杯饯霸陵。（唐·张九龄《饯陈学士还江南同用征字》）暮帆背楚郭，江色浮金陵。（唐·刘长卿《冬夜宿扬州开元寺烈公房，送李侍御之江东》）枯杨映漳水，野火上西陵。（唐·刘禹锡《伤丘中丞》）

典商陵 指夫妻别离。见517页"别鹤操"。

阮籍惊长啸，商陵怨别弦。（唐·元稹《酬乐天江楼夜吟稹诗因成三十韵》）

王陵 指刚直重臣。《汉书·王陵传》："王陵，沛人也。始为县豪，高祖微时兄事陵。……陵为人少文任气，好直言。为右丞相二岁，惠帝崩。高后欲立诸吕为王，问陵，陵曰：'高皇帝刑白马而盟曰："非刘氏而王者，天下共击之。"今王吕氏，非约也。'太后不说。……于是吕太后欲废陵，乃阳迁陵为帝太傅，实夺之相权。陵怒，谢病免，杜门竟不朝请，十年而薨。

王陵固似戆，郭最遂非雄。（唐·李端《长安感事呈卢纶》）

武陵 喻指神仙世界和幽隐之地。见645页"桃花源"。

武陵溪口驻扁舟，溪水随君向北流。（唐·王昌龄《卢溪主人》）

信陵 用作咏居高位而好客之人。见722页"信陵君"。

魏王宫观尽禾黍，信陵宾客随灰尘。（唐·高适《古大梁行》）

子陵 指清高隐逸之士。见792页"严光"。

门前七里濑，早晚子陵过。（唐·刘长卿《对酒寄严维》）

哭昭陵 指忠而蒙冤者的喊冤方式。《娱书堂诗话》卷上："唐制，有冤者哭昭陵下，故李洞《策夜献帘诗》云：'公道此时如不得，昭陵痛哭一生休。'陆务观亦有此句云云。"

积愤有时歌易水，孤忠无路哭昭陵。（宋·陆游《遣怀》）

向雕陵 指领悟到动物或人见利忘形、不顾后患的教训。《庄子·山木》："庄周游于雕陵之樊，睹一异鹊自南方来者。翼广七尺，目大运寸，感周之颡，而集于栗林。庄周曰：'此何鸟哉！翼殷不逝，目大不睹。'蹇裳躩步，执弹而留之。睹一蝉方得美荫而忘其身，螳螂执翳而搏之，见得而忘其形。异鹊从而利之，见利而忘其真。庄周怵然曰：'噫！物固相累，二类相召也。'"

知来有乾鹊，何不向雕陵。（唐·李商隐《北禽》）

原尝春陵 "原尝春陵"为战国四君子的合称，他们均以好士著称，后用作礼贤下士之典。《史记·平原君列传》："平原君赵胜者，赵之诸公子也。""是时齐有孟尝，魏有信陵，楚有春申，故争相倾以待士。"

原尝春陵六国时，开心写意君所知。（唐·李白《扶风豪士歌》）

凌[1]（*淩）líng

①升高，攀登。②侵犯，欺侮。③近，逼近。④迎，顶着。⑤逾越，越过。

古下平，十蒸。逆超～乘～攻～隳

～驾～浸～冥～凭～侵～势～霜～贪～腾～挑～威～相～越～震～逐～顺～傲～慠～薄～逼～摈～波～嶒～潮～车～晨～锄～踔～趠～蹙～旦～蹈～冬～夺～犯～飞～风～诟～寒～藉～籍～驾～僭～节～劫～靳～惊～兢～竞～遽～空～历～猎～躐～迈～慢～蔑～摩～欺～晵～扰～人～霜～烁～铄～谇～踏～腾～替～掩～跃～翥例羽翮忽然就，风飙谁敢凌。（唐·高适《饯宋八充彭中丞判官之岭南》）神融蹑飞动，战胜洗侵凌。（唐·杜甫《寄刘峡州伯华使君四十韵》）风云潜会合，鬐鬣忽腾凌。（唐·元稹《赋得鱼登龙门》）

凌[2] líng 冰。

古下平，十蒸。逆冰～冬～冻～寒～凌～顺～澌～锥例曙爽行将拂，晨清坐欲凌。（唐·李商隐《别薛岩宾》）璧映圆光入，人惊爽气凌。（唐·王季友《玉壶冰》）

聆 líng 听。

古下平，九青。逆拜～侧～俯～聆～听～顺～风～教～受～玩～训～音例花树参差见，皋禽断续聆。（唐·韩愈《和崔舍人咏月二十韵》）拂拭鱼鳞见，铿锵玉韵聆。（唐·刘禹锡《和牛相公题姑苏所寄太湖石兼寄李苏州》）昼洒蝉将饮，宵挥鹤误聆。（唐·元稹《饮致用神麹酒三十韵》）

令 líng ①听从，后作“聆”。②通“零”，零碎。另见905页lǐng、913页lìng。

古下平，八庚。逆脊～令～（缨环声）顺～狐～利

典**脊令** 水鸟名，喻兄弟友爱。亦作“鹡鸰”。《诗经·小雅·常棣》：“脊令在原，兄弟急难。”毛氏传：“脊令，雝渠也，飞则鸣，行则摇，不能自舍耳。急难，言兄弟之相救于急难。”郑玄笺：“雝渠水鸟，而今在原，失其常处，则飞则鸣，求其类，天性也。犹兄弟之于急难。”

脊令鸣夜雨，常棣倚春晖。（宋·黄庭坚《黄颍州挽词三首》其三）

铃（鈴）líng

古下平，九青。逆宝～车～串～盗～钉～兜～铎～梵～护花～火～解～霖～铃～零～鸾～銮～马～鸣～盘～塔～提～驮～闻～系～檐～邮～雨～语～玉～顺～钹～铎～毦～旛～阁～合～架～箭～兰～吏～马～眊～镊～绦～轩～语～辕～斋～驺例翠羽装刀鞘，黄金饰马铃。（唐·卢照邻《刘生》）门响双鱼钥，车喧百子铃。（唐·司空曙《和耿拾遗元日观早朝》）点缀簿上字，趋跄閤前铃。（唐·韩愈《答张彻》）

典**夜霖铃** 指怀念恋情，也指惹人愁思的凄凉夜雨曲。宋·乐史《杨太真外传》卷下：“上发马嵬……又至斜谷口，属霖雨涉旬，于栈道雨中，隔山相应。上既悼念贵妃，因采其声为《雨霖铃曲》，以寄恨焉。”

断送得，人间夜霖铃，更叶落梧桐，孤灯成晕。（宋·陈亮《洞仙歌·琐窗秋暮》）

伶 líng ①古代乐官名。②旧指戏曲演员。③聪明，灵巧。

古下平，九青。逆倡～村～仃～歌～孤～乖～胡～机～禁～酒～军～坤～刘～名～女～使～瓦～优～顺～便～丁～仃～工～官～夔～伶～伦～俜～人～透例野膳随行帐，华音发从伶。（唐·杜甫《军中醉饮寄沈八、刘叟》）及去事戎辔，相逢宴军伶。（唐·韩愈《答张彻》）墙西明月水东亭，一曲霓裳按小伶。（唐·白居易《答苏庶子月夜闻家僮奏乐见赠》）

典**刘伶** 指不拘礼法、放达纵酒。《晋书·刘伶传》：“刘伶，字伯伦，沛国人也。身长六尺，容貌甚陋。放情肆志，常以细宇宙齐万物为心。淡默少言，不妄交游，与阮籍、嵇康相遇，欣然神解，携手入林。初不以家产有无介意。常乘鹿车，携一壶酒，使人荷锸而随之，谓曰：‘死便埋我。’其遗形骸如此。”

刘伶避世唯沉醉，宁戚伤时亦浩歌。（唐·韦庄《云散》）

棂（欞、櫺）líng 旧式窗户、栏杆上雕花的格子。

古下平，九青。逆窗～画～疏～虚～玉～顺～床～角～槛～星～星门～轩例暄晨蹑露舄，暑夕眠风棂。（唐·韩愈《答张彻》）尘埃辞马尾，城阙入窗棂。（唐·章孝标《游云际寺》）为分科斗亲铅椠，与说蜉蝣坐竹棂。（唐·陆龟蒙《寄怀华阳道士》）

苓 líng ①药草名。②茯苓。③香草名。

古下平，九青。逆参～吹～雕～芳～伏～茯～丝～松～榛～竹～顺～耳～龟～茏～落～通例每惭公府粟，却忆故山苓。（唐·窦庠《酬韩愈侍郎登岳阳楼见赠》）金门后俊徒相咺，且为人间寄茯苓。（唐·张祜《酬答柳宗言秀才见赠》）常思近圃看栽杏，拟借邻峰伴采苓。（唐·陆龟蒙《寄怀华阳道士》）

蛉 líng ①螟蛉。②白蛉。

古下平，九青。逆螟～青～蜻～油～顺～川～蜻～穷例渐阶群振鹭，入学诲螟蛉。（唐·韩愈《答张彻》）

典**螟蛉** 后世用螟蛉指代养子，也用以称代学生。《诗经·小雅·小宛》：“螟蛉有子，蜾蠃负之。教诲尔子，式谷似之。”

倩得司花来判断，不妨一姓养螟蛉。（宋·郑清之《南坡口号十八首》其十八）

玲 líng

古下平，九青。逆玎～急～玲～珑～顺～玎～琅～珑例紫树雕斐亹，碧流滴珑玲。（唐·韩愈《答张彻》）一道鹊桥横渺渺，千声玉佩过玲玲。（唐·徐凝《七夕》）每遇月圆开北户，神龟时饮碧瑶玲。（宋·陈朴《望江南·日精满》）

鲮（鯪）líng ①土鲮鱼。②鲮鲤，穿山甲。

古下平，十蒸。顺～鲤～鳢

泠 líng ①清凉。②明净。③形容声音清越。

古下平，九青。逆丁～叮～洁～泠～溟～飘～清～涕～西～晓～真～中～顺～波～风～冽～纶～落～毛～然～人～汰～支例金灶浮烟朝漠漠，石床寒水夜泠泠。（唐·李峤《石淙》）楚云来泱漭，湘水助清泠。（唐·陈季《湘灵鼓瑟》）

舲 líng ①有窗户的小船。②船窗。

古下平，九青。逆楚～风～虚～扬～鱼～渔～斋～顺～船～舟例赭圻将赤岸，击汰复扬舲。（唐·王维《送邢桂州》）从赋始分手，朝京忽同舲。（唐·韩愈《答张彻》）纷纷飚寥泬，远

近随虚舲。（唐·王周《巫庙》）

羚líng

逆挂角～顺～牛～羊

鸰（鴒）líng 鹡鸰，鸟。

古下平，九青。逆鹡～顺～原例湿云冷雨更愁绝，寂寞旅床思鹡鸰。（宋·葛绍体《怀元直弟》）

典**鹡鸰** 指兄弟情谊。亦作"脊令""鸰原"。见888页"脊令"。

欲陪鹰隼集，犹恋鹡鸰单。（唐·韦应物《李五席送李主簿归西台》）

翎líng ①鸟翅膀或尾巴上的羽毛。②翎子。

古下平，九青。逆白～翅～翠～雕～蝶～顶～鹅～凤～凤～鹤～花～翦～鹭～孔雀～蓝～毛～鸟～雀～梳～双～霜～雪～鸦～眼～羽～顺～顶～管～花～鬣～毛～扇～羽～枝～子例头戴鹖鸟冠，手摇白鹤翎。（唐·高适《遇冲和先生》）太史候凫影，王乔随鹤翎。（唐·杜甫《桥陵诗三十韵》）静称垂松盖，鲜宜映鹤翎。（唐·刘禹锡《和牛相公题姑苏所寄太湖石兼寄李苏州》）

典**放雪翎** 指放飞被羁之鹤，给予自由。亦作"放鹤"。《世说新语·言语》："支公好鹤，住剡东岇山。有人遗其双鹤，少时翅长欲飞。支意惜之，乃铩其翮。鹤轩翥不复能飞，乃反顾翅，垂头视之，如有懊丧意。林曰：'既有凌霄之姿，何肯为人作耳目近玩？'养令翮成，置使飞去。"

道林曾放雪翎飞，应悔庭除闭羽衣。（唐·李䜣《和皮日休悼鹤》）

囹líng 牢狱。

古下平，九青。逆拘～幽～圄～顺～圄～圉例下险疑堕井，守官类拘囹。（唐·韩愈《答张彻》）

瓴líng ①陶制盛水容器。②房屋仰铺的瓦，即通水用的瓦沟。

古下平，九青。逆碧～建～揭～陶～雪～顺～甓～甋～沟～甓例寒暑逾流电，光阴甚建瓴。（唐·杜牧《叨承川尹刘侍郎大夫恩知上四十韵》）

典**建瓴** 比喻居高临下，势不可当的形势。《史记·高祖本纪》："田肯贺，因说高祖曰：'……陛下……地势便利，其以下兵于诸侯，譬犹居高屋之上建瓴水也。'"裴骃集解引三国魏·如淳曰："瓴，盛水瓶也。居高屋之上而翻瓴水，言其向下之势易也。"

杂种虽高垒，长驱甚建瓴。（唐·杜甫《秦州见敕目薛三璩》）

醽líng 美酒。

古下平，九青。逆渌～绿～顺～酒～渌～醁例山曾尧代浮洪水，地有唐臣奠绿醽。（唐·韦庄《耒阳县浮山神庙》）

典**孔坐多绿醽** 指饮酒。亦作"孔融尊""融酒""北海尊"。见735页"北海尊"。

庾楼见清月，孔坐多绿醽。（唐·刘禹锡《送李策秀才还湖南》）

萌méng ①发芽。②通"氓"，民，老百姓。

古下平，八庚。逆边～宾～苍～草木～春意～方～防～孚～浮～根～勾～寡～葭～奸～箭～梨～黎～良～乱～氓～逆～贫～杞～潜～区～庶～邪～遗～余～兆～竹～滋～字～顺～达～甲～黎～孽～蘖～起～人～庶～俗～通～象～阳～毓～兆～茁例一从云雨散，滋我鄙吝萌。（唐·刘禹锡《送李策秀才还湖南》）骈朱桃露萼，点翠柳含萌。（唐·白居易《舟中示舍弟五十韵》）梁苑春归，章街雪霁，柳梢华萼初萌。（宋·张元干《满庭芳·梁苑春归》）

盟méng

古下平，八庚。逆败～拜～背～兵～城下～词～喋～负～改～寒～和～欢～监～践～讲～交～匮～溃～莅～聊～鸥～畔～辟～齐～乞～请～僧～歃～申～深～神～牲～尸～诗～矢～誓～守～司～文～问～夏～心～血～寻～要～遗～吟～饮～隐～渝～豫～鸳～约～诅～争～证～执～质～重～宗～诅～顺～辞～府～好～会～鸥～盘～契～器～歃～首～坛～文～香～心～信～言～要～缘～祝～诅例君看守心者，井水为君盟。（唐·元稹《分水岭》）早接文场战，曾争翰苑盟。（唐·白居易《舟中示舍弟五十韵》）几多映月凭肩私语，傍花和泪深盟。（宋·晁端礼《雨中花慢·豆蔻梢头》）

典**越岫鸡盟** 指朋友相交不以贵贱而渝。《风土记》："越俗性率朴，初与人交有礼，封土坛，祭以犬鸡，祝曰：'卿虽乘车我戴笠，后日相逢下车揖。我步行，卿乘马，后日相逢卿当下。'"

越岫鸡盟，秦楼燕约，争奈年华已暮。（宋·仇远《台城路·海棠才试春光小》）

蒙méng ①菟丝。②覆盖，遮盖。③假冒。④遭受，承受。⑤冒，犯。⑥无知，愚昧。⑦敬辞。表示受到别人的关照。⑧指知识未开的儿童。⑨昏暗。⑩关联。另见872页mēng、905页měng。

古上平，一东。逆蔽～彪～孱～承～冲～葱～典～东～端～敦～逢～覆～孤～瞽～横～洪～鸿～澒～晦～昏～浑～混～击～讲～锦～空～困～笼～霾～冒～弥～密～绵～冥～溟～瞑～雀～孺～童～僮～屯～讬～托～顽～微～蓊～幸～养～杳～沂～阴～幽～幼～愚～郁～谕～兆～遮～专～颛～顺～暗～庇～蔽～冲～钝～恩～伐～覆～谷～瞽～馆～贵～鸿～澒～厚～箕～鸠～吏～胧～笼～陋～络～龙～茂～蒙～迷～密～灭～难～魌～倛～气～茸～衫～师～拾～塾～汜～骙～颂～叟～瞍～腾～童～幸～羞～须～学～揜～养～衣～翳～幼～愚～杂～泽～稚～庄例市人矜巧智，于道若童蒙。（唐·陈子昂《感遇诗三十八首》其五）路疑随大隗，心似问鸿蒙。（唐·张说《九日进茱萸山诗五首》其三）援斧开众郁，如师启群蒙。（唐·韦应物《复理西斋》）

典**击蒙** 指受启发。《易·蒙卦》："上九击蒙，不利为寇，利御寇。"王弼注："处蒙之终，以刚居上，能击去童蒙，以发其昧者也。"

道术曾留意，先生早击蒙。（唐·杜甫《寄司马山人十二韵》）

问鸿蒙 指探寻精神解脱。《庄子·在宥》："云将东游，过扶摇之枝而适遭鸿蒙。鸿蒙方将拊髀雀跃而游。云将见之，倘然止，贽然立，曰：'叟何人哉？叟何为此？'……云将曰：'天气不和，地气郁结，六气不调，四时不节。今我愿合六气之精以育群生，为之奈何？'鸿蒙拊髀雀跃掉头曰：'吾弗知！吾弗知！'云将不得问。又三年，东游，过有宋之野，而适遭鸿蒙。……再拜稽首，愿闻于鸿蒙。……鸿蒙曰：'噫！心养！汝徒处无为，而物自化。堕尔形体，吐尔聪明，伦与物忘，大同乎涬溟。解心释神，莫然无魂。'"

路疑随大隗，心似问鸿蒙。（唐·张说《九日进茱萸山诗五首》其三）

吴下阿蒙　三国吴人吕蒙早年不读书，领兵征战。后接受规劝，变得博学多识。鲁肃说他"非复吴下阿蒙"。见《三国志·吴书·吕蒙传》裴松之注引晋·虞溥《江表传》。

异时相见定刮目，敢作吴下旧阿蒙。（宋·赵蕃《次韵徐审知寄赠古句》）

濛méng

古上平，一东。逆暗～鸿～澒～昏～浑～混～濛～迷～绵～冥～溟～暝～蓊～杳～阴～顺～鸿～晦～胧～笼～昧～漠～茸～汜～松～滃～翳～涌～雨例将星独照耀，边色何溟濛。（唐·高适《李云南征蛮诗》）日暮隔山投古寺，钟声何处雨濛濛。（唐·杨凭《雨中怨秋》）石门耸峭绝，竹院含空濛。（唐·刘禹锡《送僧方及南谒柳员外》）

檬méng　树木名。

逆柠～顺～果

朦méng　①迷糊，迷惘。②遮掩，覆盖。③欺骗，蒙蔽。

古上平，一东。逆昏～黎～朦～迷～顺～混～胧～昧～腾～郁例湖色浓荡漾，海光渐曈朦。（唐·陶翰《宿天竺寺》）香魂仿佛留环佩，正淡月、春雾朦朦。（宋·仇远《渡江云·流莺啼怨粉》）

氓（*甿）méng　①古代称百姓。特指从外地迁来的人。②野民，指属于鄙野地区之民。另见824页máng。

古下平，八庚。逆边～编～宾～残～苍～蚩蚩～村～番～凡～畊～黑～饥～梨～黎～民～农～疲～贫～侨～群～士～讼～天～细～蚁～愚～字～顺～伯～廛～籍～家～隶～撩～獠～萌～庶～俗～外～伍～宇～征～智例泣向文身国，悲看凿齿氓。（唐·宋之问《入泷州江》）闲斋始延瞩，东作兴庶氓。（唐·韦应物《县斋》）青紫行将吏，班白列黎氓。（唐·白居易《别苏州》）

蠓méng　①覆盖物体的巾。②遮盖，覆盖。

古上平，一东。逆锦～墨～帡～幪～遮～顺～巾例乌鹊愁银汉，驽骀怕锦幪。（唐·杜甫《遣闷奉呈严公二十韵》）

艨méng　艨艟，古代战船名。

古上平，一东。逆龟～顺～冲～艟

懵（*懞）méng　①昏惑不明。②惭愧。另见905页měng。

古上平，一东。又：上声，一董同。逆昏～懵～顺～懂～昧～然～如

虻（*蝱）méng　昆虫名。

古下平，八庚。逆鹿～麦～闵～牛～文～蚊～蝇～顺～虫例阴深山有瘴，湿垫草多虻。（唐·元稹《虫豸诗·虻》）运否前政缺，群盗多蚊虻。（唐·颜胄《适思》）

甍méng　①屋栋，屋脊。②屋檐。③通"萌"，萌发。

古下平，八庚。逆层～丹～雕～栋～华～画～连～南～颓～星～轩～烟～檐～云～朱～顺～标～栋～宇例关原驰万骑，烟火乱千甍。（唐·刘长卿《寄上浙西节度李侍郎中丞行营五十韵》）交驰流水毂，迥接浮云甍。（唐·权德舆《广陵诗》）

名míng

古下平，八庚。逆避～播～博～擘～不计～策～崇～黜～垂～窜～啖～登～砥～玷～钓～鼎鼎～遁～额～发～风～负～诡～贵～好～洪～鸿～后世～华～徽～晦～籍～寄～驾～健～僭～举～爵～俊～窠～狂～魁～浪得～丽～利～令～流～隆～落～配～辟～耆～千秋～强～腾～喜～衔～嫌～香～享～枭～骁～雄～修～悬～炫～训～殉～雅～养～邀～耀～遗～逸～隐～喻～寓～杂～赞～昭～智～颛～赘～赀～顺～邦～榜～辈～才～察～场～刺～达～德～牒～根～贯～行～豪～华～宦～讳～级～籍～迹～绩～柬～俭～检～缰～杰～俊～隽～科～例～烈～路～讴～亲～卿～区～色～赏～世～守～数～硕～夙～素～题～帖～通～衔～心～信～绪～彦～约～制～治～秩～胄～酎～缁例空惭尧舜日，至德杳难名。（唐·王翰《奉和圣制同二相已下群官乐游园宴》）颜衰重喜归乡国，身贱多惭问姓名。（唐·卢纶《至德中途中书事却寄李僩》）遍识才人字，多知旧曲名。（唐·李端《赠李龟年》）

典**啖名**　好名；对名气有嗜好。《三国志·魏书·卢毓传》："时举中书郎，诏曰：'得其人与否，在卢生耳。选举莫取有名，名如画地作饼，不可啖也。'"

却把一杯堂上笑，世间多少啖名儿。（宋·辛弃疾《玉真书院经德堂》）

改竖子成名　指无能者侥幸得以成名。《晋书·阮籍传》："（籍）尝登广武，观楚汉战处，叹曰：'时无英雄，使竖子成名！'"

英雄不世出，竖子自成名。（宋·顾禧《不寐》）

蜗角虚名　喻微不足道的虚名。《庄子·则阳》："有国于蜗之左角者，曰'触氏'；有国于蜗之右角者，曰'蛮氏'，时相与争地而战。"

蜗角虚名，蝇头微利，算来着甚干忙。（宋·苏轼《满庭芳·蜗角虚名》）

茗míng

古上声，二十四迥。逆杯～焙～茶～春～啜～芳～岕～苦～烹～品～清～榷～乳～汤～椀～香～新～雪～盐～玉～顺～渤～荈～铛～花～柯～糜～邈～舌～芋～雪～汁～粥例爱此不能行，折薪坐煎茗。（唐·姚合《题金州西园九首·葼径》）罢钓时煮菱，停缫或焙茗。（唐·皮日休《太湖诗·崦里》）

典**敲冰煮茗**　指冬月邀客。《开元天宝遗事·敲冰煮茗》："逸人王休，居太白山下，日与僧道异人往还。每至冬时，取溪冰敲其晶莹者，煮建茗共宾客饮之。"

认香寻梅亦不恶，敲冰煮茗宁皆非。（宋·朱翌《用禁物体书雪》）

明míng　①公开，不隐蔽。②显示，彰明。③点燃，点亮。

古下平，八庚。逆百花～博～才～察察～昌～畅～倡～宸～承～储～春～纯～淳～醇～慈～达～敦～丰～归～恒～鸿～焕～慧～继～坚～建～敬～俊～浚～克～宽～谦～乾～钦～晴～秋～仁～融～柔～睿～盛～淑～疏～庶～霜～硕～危～微～温～熙～霞～宵～霄～休～修～虚～宣～暄～耀～因～元～圆～瞻～湛～照眼～甄～质～朱～烛～顺～昞～灿～畅～卲～恩～府～玕～焕～晖～辉～徽～惠～慧～玑～济～旌～径～举～躅～均～俊～隽～恪～旷～烈～灵～纶～茂～懋～迷～敏～祇～睿～润～盛～姝～淑～庶～祀～肃～竿～威～犀～霞～黠～贤～恤～曜～耀～夷～翼～懿～禋～远～政～旨～质～酌～姿例窗里怜灯暗，阶前畏月明。（唐·李百药《咏萤火示情人》）高轩问疾苦，烝庶荷仁明。（唐·张九龄《酬宋使君见赠之作》）二天资广运，两曜益齐明。（唐·张说《东都酺宴》）

典**朱明**　古代别称夏季为朱明。《尔雅·释天》："夏为朱明。"郭璞注："气赤而光明。"

朱明盛农节，膏泽方愆期。（唐·刘禹锡《和河南裴尹侍郎宿斋天平寺》）

厌承明　指厌倦高官厚禄，自愿出任低职。《汉书·严助传》："上问所欲，对愿为会稽太守，于是拜为会稽太守。数年，不闻问。赐书曰：'制诏会稽太守：君厌承明之庐，劳侍从之事，怀故土，出为郡吏。……间者，阔焉久不闻问，具以《春秋》对，毋以苏秦从横。'"

王公厌承明，出守南宫钥。（宋·秦观《南京妙峰亭》）

铭（銘）míng

古下平，九青。逆碑～鼎～感～金～镌～勒～山～松～心～幽～昭～贞～箴～顺～鼎～感～功～骨～戒～镌～勒～诔～镂～佩～勋～章～旌～志～鋕～篆例气高轻赴难，谁顾燕山铭。（唐·王昌龄《杂曲歌辞·少年行二首》其一）隐轸江山藻，氛氲鼎鼐铭。（唐·高适《留上李右相》）浩然机已息，几杖复何铭。（唐·刘禹锡《昼居池上亭独吟》）

典**子玉铭**　东汉人崔瑗字子玉，他身为大儒，富有才学，尤其善于写箴铭之类的文章，他的《座右铭》最为世人称道。《后汉书·崔骃传》附《崔瑗传》："瑗高于文辞，尤善为书、记、箴、铭。"汉·崔瑗《座右铭》："无道人之短，无说己之长。施人甚勿念，受失慎勿忘。世誉不足慕，唯仁为纪纲。"

劝深子玉铭，力竞相如赋。（唐·张荐《奉酬礼部阁老转韵离合见赠》）

鸣（鳴）míng

①鸟叫。②发出响声。③发表，表达。④闻名，著称。

古下平，八庚。逆悲～鼻～不平～蝉～飞～凤～寒～和～鹤～剑～交～惊～雷～龙～鹿～鸾～鸟～社～踏～湍～瓦釜～先～鱼～郁～争～中～顺～悲～鞞～鞭～镳～蝉～晨～鸱～鹁～珰～吠～皋～顾～鹄～凰～玑～笳～金～扃～驹～鵙～鶪～珂～廉～林～橹～鹿～鸾～銮～律～佩～岐～砌～谦～鞘～琴～禽～磬～蛩～泉～瑟～世～梭～蜩～鼍～弦～箫～鶬～鸦～雁～弋～雨～玉～豫～鸢～跃～筝～杼～驺例泛舟依雁渚，投馆听猿鸣。（唐·宋之问《发藤州》）黄鹤垂两翅，徘徊但悲鸣。（唐·岑参《送许子擢第归江宁拜亲，因寄王大昌龄》）故苑多露草，隔城闻鹤鸣。（唐·刘禹锡《酬乐天七月一日夜即事见寄》）

典**和鸣**　指夫妻和美、婚姻美满。《左传·庄公二十二年》："初，懿氏卜妻敬仲，其妻占之，曰：'吉，是谓"凤凰于飞，和鸣锵锵，有妫之后，将育于姜。五世其昌，并于正卿。八世之后，莫与之京。"'"杜预注："懿氏，陈大夫。""雄曰凤，雌曰凰。雄雌俱飞，相和鸣而锵锵然，犹敬仲夫妻相随适齐，有声誉。"

和鸣忽相召，鼓翅遥相瞩。（唐·元稹《雉媒》）

一牛鸣　指牛鸣声可及之地，指距离较近。唐·王维《与苏卢二员外期游方丈寺而苏不至因有是作》："回看双凤阙，相去一牛鸣。"赵殿成注："《大藏一览》：'一牛鸣地，其声五里。'"

一牛鸣地正接迹，五马行时尤见情。（宋·曾几《送晁恭道侍郎守临川》）

箫玉和鸣　指佳偶情深。《列仙传·萧史》："萧史者，秦穆公时人也，善吹箫，能致孔雀、白鹤于庭。穆公有女字弄玉，好之。公遂以女妻焉。日教弄玉作凤鸣，居数年，吹似凤声，凤凰来止其屋。公为作凤台，夫妇止其上，不下数年，一旦皆随凤凰飞去。故秦人为作凤女祠于雍宫中，时有箫声而已。"

箫玉和鸣云里，彩衣娱舞风前。（宋·陈著《西江月·箫玉和鸣云里》）

冥（*寘、冥）míng

①昏暗。②夜。③幽深，深奥。④愚昧。⑤高远。⑥通"溟"，深暗的海。

古下平，九青。逆暗～苍～尘～惷～丹～宕～颠～洞～钝～高～鸿～沍～晦～昏～浑～混～豁～焦～靖～绝～空～眇～渺～南～嫶～青～穹～泉～沈～顽～微～炎～杳～窅～窈～隐～婴～嘤～幽～愚～郁～湛～重～昼～朱～紫～顺～奥～参～藏～臣～惷～鶵～椿～德～遯～飞～浮～骨～瞽～观～果～海～合～黑～鸿～化～晦～昏～迹～寂～鉴～津～境～绝～钧～茫～昧～蒙～迷～密～谧～缅～莫～漠～寞～默～暮～栖～庆～屈～筌～思～索～微～心～盱～虚～夜～愚～雨～赜～志～智～助例惕想结宵梦，素心久已冥。（唐·李白《献从叔当涂宰阳冰》）无由出江汉，愁绪月冥冥。（唐·杜甫《客旧馆》）回首暮云远，飞絮搅青冥。（宋·苏轼《水调歌头·昵昵儿女语》）

螟míng

螟蛉，螟虫。

古下平，九青。逆飞～蝗～焦～鹪～扑～秋～顺～蠹～蝗～螣～蜓～蜮例刺史肃蓍蔡，吏人沸蝗螟。（唐·韩愈《答张彻》）先声威虎兕，余力活蟭螟。（唐·杜牧《叨承川尹刘侍郎大夫恩知上四十韵》）

暝míng

①昏暗。②日暮，黄昏。③通"眠"，睡。另见916页mìng。

古下平，九青。又去声，二十五径同。逆暗～薄～晨～村～海天～晦～昏～静～柳～破～青～日欲～山～沈～宵～烟～夜～雨～昨～

【顺】～霭～暗～晦～机～茫～色～途～烟～阴～钟【例】攀崖上日观，伏槛窥东暝。（唐·李白《游泰山六首》其三）夕阳度西岭，群壑倏已暝。（唐·孟浩然《宿业师山房》）深居疑避仇，默卧如当暝。（唐·韩愈《东都遇春》）

瞑míng　①闭眼。②眼花。③昏暗。④通"暝"，黄昏。另见906页mǐng、695页miàn。

【古】下平，九青。【逆】颠～甘～合～瞑～（视不审貌）芊～青～颃～【顺】～氛～光～睫～目～色【例】俣俣行忘止，鳏鳏卧不瞑。（唐·李商隐《寄太原卢司空三十韵》）频抛俗物心还爽，远忆幽期目剩瞑。（唐·陆龟蒙《寄怀华阳道士》）是几度西风，几度吹愁醒。鸥昏鹭瞑。（宋·无名氏《摸鱼儿·过湘皋》）

溟míng　海。

【古】下平，九青。【逆】澳～八～北～苍～沧～赤～春～东～浮～邗～洪～鸿～混～九～巨～溟～漠～南～鹏～青～穷～秋～四～嵩～抟～西～杳～瀴～幽～重～【顺】～波～渤～池～海～壑～极～泠～茫～蒙～濛～溟～漠～鹏～澥～瀛～洲～陬【例】仲尼溺东鲁，伯阳遁西溟。（唐·陈子昂《感遇诗三十八首》其十七）天地忽开拆，大河注东溟。（唐·王维《华岳》）建业控京口，金陵款沧溟。（唐·岑参《送许子擢第归江宁拜亲，因寄王大昌龄》）

【典】**浮溟**　指避世隐遁。亦作"浮海"。《论语·公冶长》："子曰：'道不行，乘桴浮于海。从我者，其由与？'"

浩啸波光里，浮溟兴甚长。（唐·李群玉《登蒲涧寺后二岩三首》其一）

洺míng　水名。

【古】下平，八庚。【顺】～河～州

蓂míng　蓂荚，象征祥瑞的草。

【古】下平，九青。【逆】阶～历～秋～菥～祥～尧～月～【顺】～荚～历【例】明灭沧江水，盈虚逐砌蓂。（唐·徐敞《圆灵水镜》）独有虞庠客，无由拾落蓂。（唐·韩愈《和崔舍人咏月二十韵》）上对月中桂，下覆阶前蓂。（唐·白居易《和答诗十首·答桐花》）

能néng

【古】下平，十蒸。【逆】称～程～达～德～登～鼎～负～副～寡～瑰～行～会～积～极～谫～骄～儆～较～竭～矜～讵～俊～堪～克～课～魁～劳～理～吏～廉～良～凉～量～灵～论～懋～妙～弃～器～强～钦～勤～劝～善～授～殊～谀～诬～献～校～兴～修～衒～严～议～用～乍～争～政～知～忠～主～【顺】～鄙～称～底～尔～迩～法～官～亨～绩～解～名～品～群～仁～声～士～书～所～贤～刑～许～样～因～员～政～子【例】欲酬明主惠，当尽使臣能。（唐·陈子昂《送魏兵曹使嶲州得登字》）即事辞轩冕，谁云病未能。（唐·王维《韦给事山居》）舞剑过人绝，鸣弓射兽能。（唐·杜甫《故武卫将军挽歌三首》其二）

【典】**羽窟幽黄能**　古代传说，鲧因治水无功被尧杀掉，化为黄能（三足鳖），入于羽渊。《左传·昭公七年》："昔尧殛鲧于羽山，其神化为黄能，以入于羽渊。"

近者三奸悉破碎，羽窟无底幽黄能。（唐·韩愈《忆昨行和张十一》）

柠（檸）níng

【顺】～檬

凝níng

【古】下平，十蒸。【逆】冰～澄～冲～典～冻～端～丰～寒～浑～坚～静～目～凝～神～沈～疏～霜～遐～纤～香～消～销～心～玄～烟～严～渊～沾～贞～脂～铸～【顺】～霭～白～碧～冰～尘～澄～愁～粹～澹～睇～寒～魂～寂～坚～蹇～洁～竭～津～锦～精～净～绝～峻～旷～悃～邈～妙～明～默～念～朴～情～霜～酥～肃～邃～曜～瑛～远～湛～章～贞～止～伫【例】阊阖暝阴散，钩陈爽气凝。（唐·王湾《秋夜寓直即事怀》）巨浪天涯起，余寒川上凝。（唐·阎宽《松滋江北阻风》）晓日花初吐，春寒白未凝。（唐·王建《同于汝锡赏白牡丹》）

宁（寧、甯、寕）níng　另见916页nìng。

【逆】崧～便～常～承～澄～澹～丁～定～丰～抚～告～归～和～胡～荒～皇～遑～缉～戢～辑～静～遽～康～匡～廓～来～弭～敉～谧～平～清～蘧～生～泰～晏～万方～宴～燕～怡～乂～亿～樱～予～饫～至～【顺】～便～昌～绸～处～柢～丁～方～告～哥～晷～和～吉～极～集～辑～济～佳～嘉～覲～靖～静～居～康～乐～乱～谧～民～耐～南～平～亲～顺～俗～肃～岁～所～泰～馨【例】偃武修文九围泰，沉烽静柝八荒宁。（唐·褚亮《舒和》）天下今无事，云中独未宁。（唐·徐九皋《送部四镇人往单于别知故》）酩酊焉知极，羁离忽暂宁。（唐·元稹《饮致用神麹酒三十韵》）

【典】**甘宁**　喻指州郡长官或者统兵将军。《三国志·吴书·甘宁传》："甘宁，字兴霸，巴郡临江人也。少有气力，好游侠，招合轻薄少年，为之渠帅。……（孙）权嘉宁功，拜西陵太守，领阳新、下雉两县。后从攻皖，为升城督。宁手持练，身缘城，为吏士先，卒破获朱光。计功，吕蒙为最，宁次之，拜折冲将军。……宁虽粗猛好杀，然开爽有计略，轻财敬士，能厚养健儿，健儿亦乐为用命。"

旅榜前年过洞庭，曾提刀笔事甘宁。（唐·罗隐《春日忆湖南旧游寄卢校书》）

管宁　指隐居的高士。《高士传·管宁》："管宁字幼安，北海朱虚人也。灵帝末，以中国方乱，乃与其友邴原涉海，依辽东太守公孙度，虚馆礼之。其后中国少安，人多南归，唯宁不还。黄初中，华歆荐宁，宁知公孙渊必乱，乃因征辞还。以为太中大夫，固辞不就。宁凡征命十至，舆服四赐，常坐一木榻上，积五十五年未尝箕踞。榻上当膝皆穿，常着布裙貉裘，唯祠先人，乃着旧布单衣加首絮巾。辽东郡国图形于府殿，号为贤者。"

扁舟不独如张翰，白帽还应似管宁。（唐·杜甫《严中丞枉驾见过》）

王心不宁　《诗经》中有"王心则宁""王心载宁"的诗句，意为周王心安，后用以指帝王心安，此为反用典。《诗经·小雅·黍苗》："原隰既平，泉流既清。召伯有成，王心则宁。”又《诗经·大雅·江汉》：“四方既平，王国庶定。时靡有争，王心载宁。”

中使日夜继，惟王心不宁。（唐·杜甫《桥陵诗三十韵因呈县内诸官》）

咛(嚀)níng 叮咛。

逆叮～嘤～例阴霪烦扰攘，拾粒苦嘤咛。（唐·元稹《虫豸诗·蚊子》）曾经身困苦，不觉语叮咛。（唐·白居易《送客南迁》）

拧(擰)níng ①用手指捏紧扭转。②绞压。另见906页nǐng、916页nìng。

狞(獰)níng 凶恶，凶猛。

古下平，八庚。逆猖～蚩～斗～娇～骄～狰～生～狴～阴～顺～飙～犷～雷～鳞～猛～目～猯～雨例穷通须豹变，撄搏笑狼狞。（唐·元稹《答姨兄胡灵之见寄五十韵》）蒙篓来客绝，跃黾噪蛙狞。（唐·林宽《苦雨》）荷笠渔翁古，穿篱守犬狞。（唐·陆龟蒙《江南秋怀寄华阳山人》）

朋péng

古下平，十蒸。逆百～邦～党～得～分～韩～嘉～交～焦～旧～连～良～旅～面～耐久～群～诗～十～同～忘形～贤～相～游～远～顺～爱～伴～曹～侪～齿～充～附～故～好～皇～会～家～甲～类～僚～侣～戚～识～锡～戏～啸～兴～娅～饮～游～援～簪～知～执～樽例慷慨竟何道，西南恨失朋。（唐·陈子昂《登蓟城西北楼送崔著作融入都》）羁旅惜宴会，艰难怀友朋。（唐·杜甫《陪章留后惠义寺饯嘉州崔都督赴州》）落魄花间酒侣，温存竹里吟朋。（宋·张炎《木兰花慢·锦街穿戏鼓》）

典**耐久朋** 指友谊始终不渝。《新唐书·魏玄同传》：“玄同与裴炎缔交，能保始终，故号‘耐久朋’。”

端如耐久朋，相与会心曲。（宋·曾几《东坡仇池石韵赋予所蓄英石次其韵》）

三寿作朋 三寿指三卿，一说指三老。指尊贤敬老，以三寿为友。《诗经·鲁颂·閟宫》：“不亏不崩，不震不腾。三寿作朋，如冈如陵。”

三寿作朋刚已复，二阳初动卦为临。（宋·魏了翁《潼川路施运判生日》）

西南得朋 指庆幸交友。《易·坤卦》：“君子有攸往，先迷，后得主，利。西南得朋，东北丧朋。安贞吉。”

迟暮嗟为客，西南喜得朋。（唐·杜甫《寄刘峡州伯华使君四十韵》）

蓬péng ①飞蓬，植物。②散乱，蓬松。③量词。

古上平，一东。逆背～编～鬓～雕～断～阏～方～飞～韭～孤～寒～蒿～硷～惊～卷～枯～栗～麻中～飘～萍～轻～秋～桑～沙～神～衰～霜～朔～旋～征～转～顺～艾～葆～荜～鬓～尘～池～岛～藋～发～壶～户～藿～居～科～颗～阆～蓂～累～门～飘～丘～阙～茸～山～矢～室～心～檐～瀛～转例草服蔽枯骨，垢容戴飞蓬。（唐·刘湾《虹县严孝子墓》）旧业已应成茂草，余生只是任飘蓬。（唐·刘长卿《避地江东，留别淮南使院诸公》）一朝去金马，飘落成飞蓬。（唐·李白《东武吟》）

典**飞蓬** 指无心梳洗，头发散乱。《诗经·卫风·伯兮》：“自伯之东，首如飞蓬。岂无膏沐，谁适为容。”

江湖漂短褐，霜雪满飞蓬。（唐·杜甫《奉寄河南韦尹丈人》）

篷péng ①遮蔽风雨、日光的设备。②船帆。

古上平，一东。逆背～低～短～断～风满～孤～芦～落～辇～飘～青～笞～疏～乌～烟～雨打～遮～顺～庐～声～舟例几层峡浪寒春月，尽日江天雨打篷。（唐·张抃《题衡阳泗州寺》）不知今夜客，几处卧鸣篷。（唐·李咸用《登楼值雨二首》其二）段段寒沙浅水，萧萧暮雨孤篷。（宋·卢祖皋《乌夜啼·段段寒沙浅水》）

棚péng

古下平，八庚。逆乐～楼～山～松～竹～顺～籍～帘～塞例腾蹋游江舫，攀缘看乐棚。（唐·元稹《哭女樊四十韵》）饿乌窥食案，斗鼠落书棚。（唐·陆龟蒙《江南秋怀寄华阳山人》）漏通晓，灯收市，人下棚。（宋·刘辰翁《水调歌头·不成三五夜》）

鹏(鵬)péng 传说中最大的鸟。

古下平，十蒸。逆大～雕～风～鲸～鹍～鲲～龙～溟～抟～鹖～鸩～云～顺～鳌～背～程～池～垂～鹗～赋～海～翮～翼～迹～骞～鹪～举～路～溟～蜩～图～抟～息～鶱～霄～鹖～翼～游～鱼～云～运～鳣例霜蹄千里骏，风翮九霄鹏。（唐·杜甫《赠特进汝阳王二十韵》）收绩开史牒，翰飞逐溟鹏。（唐·韩愈《送侯参谋赴河中幕》）蜉蝣不信鹤，蜩鹖肯窥鹏。（唐·元稹《秋堂夕》）

典**大鹏** 比喻巨大的事物，亦指前程远大。亦作“鹍鹏”“鹍化”“鲲化”“化鲲”“腾鲲”“九万鹏”。《庄子·逍遥游》：“北冥有鱼，其名为鲲。鲲之大，不知其几千里也。化而为鸟，其名为鹏。鹏之背，不知其几千里也。怒而飞，其翼若垂天之云，是鸟也，海运则将徙于南冥。”

大鹏忽起遮白日，余风簸荡山岳移。（唐·元稹《有鸟二十章》其一十四）

九万鹏 见893页“大鹏”。

茫茫九万鹏，百雉且为乐。（唐·李咸用《空城雀》）

彭péng 姓。

古下平，八庚。逆韩～篯～涓～老～黥～容～殇～巫～顺～聃～侯～篯～涓～铿～郎～李～魄～蜞～殇～窑～越～泽～祖例安问远与近，何言殇与彭。（唐·元稹《思归乐》）泰山不要欺毫末，颜子无心羡老彭。（唐·白居易《放言五首》其五）马前烹莽卓，坛上揖韩彭。（唐·李商隐《送千牛李将军赴阙五十韵》）

典**韩彭** 指汉代名将韩信和彭越，用以咏功臣良将。李陵《答苏武书》：“昔萧樊囚絷，韩彭菹醢。”李善注引《史记》：“彭越反，高祖赦之，迁处蜀道着青衣……（吕后）白上曰：‘彭越，壮士也，今徙蜀，自遗患，不如诛之。’”又引《史记·黥布传》：“薛公曰：‘前年醢彭越，往年杀韩信。’”

战败仍树勋，韩彭但空老。（唐·刘长卿《相和歌辞·从军行六首》其五）

老彭 指长寿的人，也指贤士。亦作“彭寿”。《论语·述而》：“子曰：'述而不作，信而好古，窃比于我老彭。'"

自是依刘表，安能比老彭。（唐·李商隐《献上杜七兄仆射相公》）

膨 péng　胀大。

顺～脝～膨～胀

澎 péng　①地名用字，澎湖。②澎湃。另见873页pēng。

顺～湖～湃

硼 péng　非金属元素。

顺～砂

螗 péng　螗蜞一种螃蟹。

古下平，八庚。顺～蜞～蚏～蚏

鬅 péng　头发散乱的样子。

古下平，十蒸。顺～茸～鬙～首～松

芃 péng　①草木茂盛的样子。②兽毛蓬松的样子。

古上平，一东。逆芃～例万心春熙熙，百谷青芃芃。（唐·白居易《贺雨》）

菶 péng　又读。见901页běng同。

平 píng

古下平，八庚。逆潮～成～承～荡～登～底～底～砥～衡～化～讥～嘉～剪～躏～决～君～旷～廓～廉～良～隆～论～敉～宁～洽～区～善～盛～颂～泰～覃～屯～韦～熙～闲～详～消～休～修～谳～迤～营～雍～渝～至～治～致～忠～顺～陂～碧～博～潮～彻～澄～畴～除～楚～春～粹～钝～封～浮～皋～格～惠～吉～济～靖～宽～旷～良～露～绿～漫～莽～宁～弱～洒～适～熟～褫～殄～帖～听～婉～望～蔚～渥～晓～雅～烟～衍～谳～繇～怿～溢～盈～莹～宥～愉～裕～愈～杂～早～瞻～志例十年通大漠，万里出长平。（唐·沈佺期《被试出塞》）山临青塞断，江向白云平。（唐·王维《送严秀才还蜀》）寥廓云海晚，苍茫宫观平。（唐·李白《登瓦官阁》）

典**君平**　指隐于市肆中的得道者。《汉书·王吉传序》："谷口有郑子真，蜀有严君平，皆修身自保，非其服弗服，非其食弗食。……君平卜筮于成都市，以为卜筮者贱业，而可以惠众人。有邪恶非正之问，则依蓍龟为言利害。与人子言依于孝，与人弟言依于顺，与人臣言依于忠，各因势利导之以善，从吾言者，已过半矣。"

朝廷谓吉甫，邦国望君平。（唐·张说《奉和圣制送王晙巡边应制》）

良平　汉人张良、陈平足智多谋，是高祖重要谋臣，后用为咏有谋略之人。《汉书·刑法志》："任萧、曹之文，用良、平之谋。"

随陆纵横舌，良平左右肩。（宋·华岳《次李信州七十韵》）

韦平　称美出身名门、官居显位。《汉书·平当传》："汉兴，唯韦、平父子至宰相。"颜师古注："韦谓韦贤也。"

业继韦平后，家依昆阆间。（唐·刘禹锡《报洛中士君子兼见寄之什》）

萍（*蓱）píng　浮萍，一种水草。

古下平，九青。逆白～赤～楚～泛～浮～谷雨～江～聚～枯～流～绿～靡～漂～飘～秋～食～新～云～转～顺～泊～泛～梗～合～蘁～迹～寄～剑～聚～流～蓬～漂～飘～身～实～寓～踪例此生任春草，垂老独漂萍。（唐·杜甫《赠翰林张四学士》）柳花闲度竹，菱叶故穿萍。（唐·韩愈《闲游二首》其一）风折连枝树，水翻无蒂萍。（唐·鲍溶《琴曲歌辞·蔡氏五弄·秋思二首》其一）

典**青萍**　古代利剑名。后用为比喻杰出人才或建功业者。陈琳《答东阿王笺》："君侯体高世之才，秉青萍干将之器。"吕延济注："青萍、干将皆剑名也。"

含毫白雪飞，出匣青萍利。（唐·权德舆《因书所怀且叙所知》）

楚江萍　一种有霸王之命的人才能遇到的萍类美食。《孔子家语·致思》："楚昭王过江中，有物大如斗，圆而赤，直触王舟。舟人取之。王大怪，便问群臣，莫之能识。使使聘于鲁，问孔子。孔子曰：'此所谓萍实者也，可割而食之。吉祥也。唯伯者为能获焉，使者反，王遂食之，大美。'"

荣华贵少壮，岂食楚江萍。（唐·杜甫《奉酬薛十二丈判官见赠》）

屏 píng　①对门的小墙，又名照壁。②用以遮蔽、护卫的东西。③屏风。④挂在壁上作装饰的条幅。另见865页bīng、902页bǐng。

古下平，九青。逆柏～窗～翠～丹～耳～方～凤～亘～龟～号～鹤～花～画～回～涸～阶～襟～锦～井～镜～巨～蠡～连～列～梅～庙～貘～墙～雀～肉～山作～寿～疏～树～水～素～台～围～帏～帷～香～萧～绣～轩～研～砚～扆～银～影～幽～雨～玉～御～垣～云～斋～障～照～枕～竹～顺～筹～对～藩～幅～翰～号～户～镜～门～面～篷～山～摄～室～围～帏～帷～卫～星～扆～翳～阈～祇例鸟和百籁疑调管，花发千岩似画屏。（唐·李峤《石淙》）禅居感物变，独坐开轩屏。（唐·陈子昂《酬晖上人秋夜山亭有赠》）清露凝珠缀，流尘下翠屏。（唐·沈佺期《长门怨》）

评（評）píng

古下平，八庚。又：去声，二十四敬同。逆嘲～定～格～公～官～后～宦～讥～鉴～论～卖～清～诠～诗～史～台～谈～题～廷～文～乡～舆～月～赞～硃～顺～跋～詖～薄～别～泊～裁～唱～传～度～断～功～核～究～决～量～铨～赏～识～士～释～校～刑～叙～赞～章～骘～注～准例旧游喜乖张，新辈足嘲评。（唐·韩愈《东都遇春》）幸藉梁园赋，叨蒙许氏评。（唐·李商隐《送千牛李将军赴阙五十韵》）静翻词客系，闲难史官评。（唐·陆龟蒙《江南秋怀寄华阳山人》）

典**月旦评**　指品评人物。《后汉书·许劭传》："初劭与靖俱有高名，好共核论乡党人物，每月辄更其品题，故汝南俗有'月旦评'焉。"

风云志懒功名左，月旦评佳意味长。（宋·刘克庄《挽林新恩君用》）

凭（憑、*凴）píng

古下平，十蒸。逆部～但～归～缴～据～路～帽～凭～栖～曲栏～式～恃～闲～信～依～茵～照～质～足～遵～顺～城～断～负～附～高～龟～狐～肩～结～衿～居～槛～科～赖～览～揽～凌～陵～隆～匿～凭～券～社～恃～轼～眺～文～侮～系～险～霄～信

～熊～虚～依～亿～翊～臆～引～愚～仗～照～舟～准例风土乡情接，云山客念凭。（唐・张九龄《饯陈学士还江南同用征字》）薄游羁物役，微尚惬远凭。（唐・张说《夕宴房主簿舍》）孤棹夷犹期独往，曲阑愁绝每长凭。（唐・唐彦谦《蒲津河亭》）

瓶（*缾）píng

古下平，九青。逆冰～触～斗～覆～胡～壶～画～魂～汲～金～京～净～口如～麟～龙～挈～沙～砂～山～踢～铜～瓦～写～泻～瑶～银～罂～玉～脂～顺～储～供～伙～榼～罍～筲～笙～玩～锡～香～窑～隐～罂例空梁簇画戟，阴井敲铜瓶。（唐・杜甫《桥陵诗三十韵》）野杏初成雪，松醪正满瓶。（唐・窦庠《酬韩愈侍郎登岳阳楼见赠》）池光天影共青青，拍岸才添水数瓶。（唐・韩愈《盆池五首》其五）

典**井引银瓶** 指夫妻分离。唐・白居易《井底引银瓶》："井底引银瓶，银瓶欲上丝绳绝。石上磨玉簪，玉簪欲成中央折。瓶沉簪折知奈何，似妾今朝与君别。"

假使钗分金股，休论井引银瓶。（宋・晁端礼《雨中花慢・小小中庭》）

罍满罄瓶 喻贫富不均。《诗经・小雅・蓼莪》："瓶之罄矣，维罍之耻。"毛氏传："瓶小而罍大，罄，尽也。"

苹甘谢鸣鹿，罍满惭罄瓶。（唐・韩愈《答张彻》）

一钵一瓶 指简朴生活，家境贫寒。五代・贯休《陈情献蜀皇帝》："河北江东处处灾，唯闻全蜀无尘埃，一瓶一钵垂垂老，千水千山得得来。"

一瓶一钵三十年，琼榱碧瓦上秋空。（宋・黄庭坚《题虔州东禅圆照师新作御书阁》）

枰píng ①银杏。②棋盘。

古下平，八庚。逆残～对～揪～棋～敲～楸～石～纹～弈～顺～棋例静默供三语，从容等一枰。（唐・陆龟蒙《江南秋怀寄华阳山人》）从容一觉清凉梦，归到龙潭扫石枰。（唐・齐己《荆渚偶作》）相逢殊慰劳生。纹楸聊复戏同枰。（宋・王之道《临江仙・红楼缥缈光风里》）

坪píng ①平地。②方言。量词。土地或房屋面积单位。

古下平，八庚。逆操～敞～地～瓜～禾～晒～田～养马～顺～坝～台例醉怜花坞好，恐是牡丹坪。（宋・陆游《病中杂咏十首》其二）

帡píng 帡幪，幕帐。后泛指覆盖，庇护。

顺～覆～幪～帏

苹（蘋）píng 苹果。另见747页pín。

顺～果～婆

軿píng 帷车。

古下平，九青。又：下平，一先同。逆车～翠～飞～鹤～軨～鸾～轮～轩～油～游～玉～云～辎～顺～车～驰～凑～接～列～辂～罗衣～马～阗～轩～臻～辎例蓦地神游天上去，呼彩凤，驾云軿。（宋・张镃《江城子・飞来冰雪冷无声》）

洴píng 漂洗。

逆吃～顺～澼

情qíng

古下平，八庚。逆哀～边～畅～尘～沉～陈～骋～驰～褫～冲～楚～触～怆～芳～骨肉～故园～诡～鹤～恒～宦～诲～豁～羁～恝～焦～絜～竭～解～衿～襟～酒～鞫～客～阔～沥～暮～匿～凝～鸥～披～栖～绮～浅～遣～切～惬～屈～曲～桡～睿～胜～摅～霜～肆～素～遂～邃～贪～韬～枉～无限～忤～侠～遐～衅～悬～雅～养～遥～瑶～逸～吟～缨～萦～庸～游～舆～逐～壮～赘～酌～顺～宠～悰～妒～故～恨～华～迹～寄～笺～鉴～敬～惘～赖～澜～礼～懰～憭～灵～品～契～巧～窍～切～亲～尚～神～识～嗜～属～恕～涂～心～性～佚～韵～杂～藻～诈～知～质～挚～钟～衷～踪例萧森松柏望，委郁绮罗情。（唐・王适《铜雀妓》）若攀星辰去，挥手缅含情。（唐・李白《留别金陵诸公》）翻从魏阙下，江海寄幽情。（唐・张南史《奉酬李舍人秋日寓直见寄》）

典**棘刺情** 指女子因感情而伤感难过。《晋书・顾恺之传》："尝悦一邻女，挑之弗从，乃图其形于壁，以棘针钉其心，女遂患心痛。恺之因致其情，女从之，遂密去针而愈。"

额点梅花样，心通棘刺情。（唐・吴融《个人三十韵》）

渭阳情 指甥舅情谊。《诗经・秦风・渭阳》："我送舅氏，曰至渭阳。何以赠之，路车乘黄。我送舅氏，悠悠我思，何以赠之，琼瑰玉佩。"

气春江上别，泪血渭阳情。（唐・杜甫《奉送二十三舅录事之摄郴州》）

玉关情 指思归故土。亦作"生入玉门关"。《后汉书・班超传》："超自以久在绝域，年老思土。十二年，上疏曰：'……臣不敢望到酒泉郡，但愿生入玉门关。'"

秋风吹不尽，总是玉关情。（唐・李白《相和歌辞・子夜四时歌四首・秋歌》）

晴qíng ①雨（雪）停云散。②比喻泪止或泪干。

古下平，八庚。逆赤～淡～烘～连～嫩～弄～祈～愆～融～扫～晌～霜～望～喜～新～顺～霭～碧～波～畅～朝～川～窗～翠～干～昊～和～河～虹～霁～襟～岚～丽～眉～美～明～暖～沙～丝～飔～暾～曦～霞～虚～旭～雪～曛～燠～晕～照～昼例大雪天地闭，群山夜来晴。（唐・韦应物《送令狐岫宰恩阳》）乍浓含雨润，微澹带云晴。（唐・裴达《小苑春望宫池柳色》）昨夜东坡春雨足，乌鹊喜，报新晴。（宋・苏轼《江神子・梦中了了醉中醒》）

擎qíng 举。

古下平，八庚。逆高～奇～擎～一柱～只手～众～顺～榜～戴～跽～举～露～奇～拳～受～托例灯火徒相守，香花只浪擎。（唐・元稹《哭女樊四十韵》）无端窜向青云外，不得君王臂上擎。（唐・薛涛《十离诗・鹰离鞲》）幽欢未尽有余清。琼縻方一啜，银烛已双擎。（宋・谢逸《临江仙・玉树临风宾欲散》）

檠（*撽）qíng ①矫正弓弩的器具。②用檠矫正（弓弩）。③烛台，灯台。④通"擎"。

古下平，八庚。又：上声，二十三梗

同。又：去声，二十四敬同。逆榜～灯～短～辅～皋～弓～孤～韩～寒～金～书～瓦～宵～顺～榜～架～括～木～椢例蠹简开尘箧，寒灯立晓檠。（唐·陆龟蒙《江南秋怀寄华阳山人》）枕臂听残漏，停杯对短檠。（宋·扬无咎《南歌子·笛喷风前曲》）平生，黄卷青灯。肯珠翠奢华八尺檠。（宋·李公昂《沁园春·才到中年》）

典**韩檠** 韩愈烛台。借指书生夜读。《短灯檠歌》："长檠八尺空自长，短檠二尺便且光。……太学儒生东鲁客，二十辞家来射策。夜书细字缀语言，两目眵昏头雪白。此时提携当案前，看书到晓那能眠。"

韩檠擢用因书荐，班扇投闲被雨妨。（宋·杨公远《雨后》）

鲸（鯨）qíng 又读。见 871 页 jīng。

勍qíng 强劲，强大。

古下平，八庚。逆骁～虓～逸～争～顺～盗～敌～寇例归来始安坐，富与王家勍。（唐·元稹《估客乐》）顾兔云初蔽，长蛇谁与勍。（唐·孙纬《中秋夜思郑延美有作》）

黥（*剠）qíng 古代墨刑。

古下平，八庚。逆面～墨～钱～天～刑～印～月～灼～顺～窜～夫～军～隶～面～墨～配～彭～首～徒～文～劓～阵～卒例相秦犹几死，王汉尚当黥。（唐·陆龟蒙《江南秋怀寄华阳山人》）

仍réng ①沿袭，依照。②连接，紧跟着。③重复，频繁。④仍孙。

古下平，十蒸。逆荐～累～连～频～仍～相～循～因～云～顺～迭～世～岁～孙～因～云～重例劳生共几何，离恨兼相仍。（唐·杜甫《陪章留后惠义寺饯嘉州崔都督赴州》）况复早年豪纵过，病婴仍。（宋·贺铸《太平时·闲爱孤云静爱僧》）

绳（繩）shéng ①绳子。③准则，法令。④衡量。⑤纠正，制裁。⑥束缚，约束。⑦继承。

古下平，十蒸。逆尺～赤～从～蹙～蹈～法～负～拘～钩～韝～贯～规～徽～讥～机～缄～践～纠～拘～矩～句～刻～履～寝～曲～申～绳～世～司～绥～绦～推～维～枭～咸～引～应～玉～赭～中～朱～自～遵～顺～表～裁～察～尺～弹～督～度～法～菲～规～劾～迹～检～纠～矩～举～屦～控～勒～量～络～履～律～墨～木～契～愆～屈～染～枢～束～枉～违～武～削～缨～约～责～直～治～逐～坠～准～祖例闲云随锡杖，落日低金绳。（唐·刘长卿《龙门八咏·远公龛》）翠羽干平法，黄金挠直绳。（唐·高适《饯宋八充彭中丞判官之岭南》）华表当蟾魄，高楼挂玉绳。（唐·元稹《纪怀，赠李六户曹、崔二十功曹五十韵》）

典**刀与绳** 指明识见机，避祸自警。《晋书·顾荣传》："（彦先）与州里杨彦明书曰：'吾为齐王主簿，恒虑祸及，见刀与绳，每欲自杀，但人不知耳。'"

为言顾彦先，惟辨刀与绳。（清·顾炎武《寄次耕时被荐在燕中》）

渑（澠）shéng 水名。

古下平，十蒸。逆酒如～淄～顺～淄例誓将探肺腑，耻更辨淄渑。（唐·元稹《纪怀》）自古圣贤皆寂寞，只教饮者留名。万花丛里酒如渑。（宋·史浩《临江仙·自古圣贤皆寂寞》）

典**易牙淄渑** 指善于辨味。《列子·说符》："曰：'若以水投水，何如？'孔子曰：'淄渑之合，易牙尝而知之。'"

细把新诗等风味，易牙元不乱淄渑。（宋·王之道《和子厚弟九日登魏文振亭园》其三）

藤（*籐）téng

古下平，十蒸。逆钓～寒～胡孙～笼～雪～剡～阴～引～越～顺～缠～轮～萝～牌～纸例竹径厚苍苔，松门盘紫藤。（唐·岑参《出关经华岳寺，访法华云公》）四时树长书经叶，万岁岩悬拄杖藤。（唐·钱起《题延州圣僧穴》）宝扇轻圆浅画缯。象床平稳细穿藤。（宋·周邦彦《浣溪沙·宝扇轻圆浅画缯》）

疼téng

古下声，十蒸。逆负～护～凄～惜～焮～顺～顾～热例价数千金贵，形相两眼疼。（唐·王建《同于汝锡赏白牡丹》）

誊（謄）téng 抄写。

古下平，十蒸。逆抄～钞～传～代～翻～缮～照样～顺～画～黄～清～缮～折～造～真～正

腾（騰）téng 另见 876 页 tēng。

古下平，十蒸。逆饱～暴～崩～飙～波～簸～超～驰～炽～蹈～雕～纷～风雷～浮～海日～骞～卷～攫～跨～雷～凌～龙～蒙～瞢～朦～曚～沛～湍～迁～趫～翘～庆～声誉～滔～霞～掀～鶱～骧～骁～嚣～兴～轩～宣～悬～渲～鹰～震～踯～鸷～崒～顺～辨～波～播～布～步～超～驰～辞～凑～簇～蹙～摧～荡～牒～蹀～顿～奋～告～觚～光～翩～呼～欢～辉～羁～藉～迹～驾～骞～晶～精～驹～举～距～蹶～厉～跞～凌～茂～蹑～骑～迁～倾～趋～糅～射～实～书～说～隶～文～闻～骛～鶱～跣～骧～翔～霄～秀～轩～言～扬～倚～逸～溢～郁～誉～章～逐～翥～灼～纵～奏例笔飞鸾耸立，章罢凤鶱腾。（唐·杜甫《赠特进汝阳王二十韵》）哀猿更起坐，落雁失飞腾。（唐·杜甫《寄刘峡州伯华使君四十韵》）雨天龙变化，晴日凤鶱腾。（唐·刘禹锡《牛相公见示新什》）

典**虎气腾** 指咏剑。《越绝书·越绝外传记吴地传》："阖闾冢，在阊门外，名虎邱。……扁诸之剑三千，方圆之口三千，时耗、鱼肠之剑在焉。千万人筑治之，取土临湖口，筑三日而白虎居上，故号曰虎邱。"

虎气必腾上，龙身宁久藏。（唐·杜甫《蕃剑》）

縢téng ①封闭。②约束。③绳索。④绑腿布。⑤通"幐"。袋，囊。

古下平，十蒸。逆封～行～黄～缄～金～赢～绿～韬～瑶～赢～顺～牒～履～囊～书例万国已闻传玉玺，百官犹望启金縢。（唐·许浑《献韶阳相国崔公》）

典**金縢** 指贤臣爱君。《尚书·金縢》："公归，乃纳册于金縢之匮中。王翼日乃瘳。"《金縢序》："武王有疾，周公作《金縢》。"孔颖达疏："武王有疾，周公作策书，告神请代武王死，事毕，纳书于金縢之匮，遂作

《金滕》。"

金滕若不启，忠信谁明之。(唐·李白《寓言三首》其一)

滕téng ①水向上腾涌。②姓。

古下平，十蒸。逆灌～顺～口～六～室

廷tíng

古下平，九青。逆宫～内～外～小～朝～

庭tíng 另见917页tìng。

古下平，九青。逆犴～白～班～充～椿～词～大～殿～风～凤～闺～桂～鹤～槐～荒～棘～计～阛～椒～阶～金～径～迳～郡～琨～鲤～露～鸾～幕～亲～穹～趋～阙～枢～殊～霜～朔～松～彤～羲～遐～闲～昕～胥～轩～璇～学～驯～衙～炎～瑶～阨～邑～银～膺～虞～宇～玉～云～宰～鳣～真～紫～顺～辩～参～除～皋～诰～户～会～阶～炬～决～柯～壶～燎～论～落～旅～庙～圃～砌～趋～阙～实～唐～万～帏～闱～问～芜～午～庑～轩～训～谒～右～宇～玉～阈～障～争例林戈咽济岸，鲁鼓震河庭。(唐·萧楚材《奉和展礼岱宗途经濮济》)咫尺山河道，轩窗日月庭。(唐·陈子昂《夏日晖上人房别李参军崇嗣》)见疏从道迷图画，知屈那教配虏庭。(唐·白居易《昭君怨》)

典**大庭** 大庭氏是远古时代的氏族首领，后用为指上古民风淳朴。《庄子·胠箧》："子独不知至德之世乎？昔者容成氏、大庭氏……当是时也，民结绳而用之。甘其食，美其服，乐其俗，安其居，邻国相望，鸡狗之音相闻，民至老死而不相往来。若此之时，则至治矣。"

风俗登淳古，君臣挹大庭。(唐·高适《留上李右相》)

不死庭 亦作"不死乡"。指古人想象中仙人居住的地方。晋·孙绰《游天台山赋》："睹灵验而遂徂，忽乎吾之将行。仍羽人于丹丘，寻不死之福庭。"

山中若有闻，言此不死庭。(唐·李益《罢秩后入华山采茯苓逢道者》)

亭tíng ①盖在路旁供人休息的处所。②调和。③正，正中。④直(立)。

古下平，九青。逆碑～边～称～池～都～短～风～皋～官～红～湖～湖心～讲～徼～解～酒～兰～离～列～炉～闾～旅～幔～平～旗～青～丘～戎～射～松～苕～亭～喜雨～新～燕～野～云～斋～置～子～醉翁～顺～壁～伯～传～队～父～皋～侯～候～户～徼～景～居～菊～决～槛～历～立～吏～落～民～然～刃～塞～舍～戍～寺～隧～燧～童～疃～午～榭～轩～宇～育～毓～匀～灶～障～置～主～佐例凤阁斜通平乐观，龙旂直逼望春亭。(唐·崔日用《奉和圣制春日幸望春宫应制》)阴阴豫章馆，宛宛百花亭。(唐·储光羲《同诸公秋霁曲江俯见南山》)闲眺兆顾楼，醉眠湖上亭。(唐·岑参《送许子擢第归江宁拜亲，因寄王大昌龄》)

典**云亭** 指云云山和亭亭山的合称，二山均在山东兖州博城县，是泰山的支脉。后用为咏封禅事。《史记·封禅书》："管仲曰：'古者封泰山、禅梁甫者七十二家，而夷吾所记者十有二焉，昔无怀氏封泰山，禅云云……黄帝封泰山，禅亭亭。'"

轩皇封禅登云亭，大禹会寄临东溟。(唐·刘禹锡《九华山歌》)

夕阳亭 故址在今洛阳市西，汉晋时为饯别之所。《后汉书·杨震传》："震行至城西夕阳亭……因饮鸩而卒。"

隔水忽传朝露曲，行人长数夕阳亭。(宋·林光朝《挽李制干子诚》)

七十五长亭 指去故乡甚远，咏思乡之情。唐·杜牧《题齐安城楼》诗："呜咽江楼角一声，微阳潋潋落寒汀。不用凭栏苦回首，故乡七十五长亭。"

问何时、樊川归去，叹故乡、七十五长亭。(宋·罗椅《八声甘州·甚匆匆岁月》)

停tíng

古下平，九青。逆安～称～秤～迟～放～稽～久～居～均～勒～凝～槩～僝～寝～上～少～申～息～下～相～销～休～淹～窈～悠～渊～岳～云～匀～中～追～顺～罢～杯～鞭～藏～传～辍～待～逗～毒～断～分～晷～涵～缓～积～驾～节～解～浸～景～居～绝～刻～立～潦～落～履～免～难～寝～省～属～私～塌～腾～僮～脱～务～休～蓄～轺～阴～饮～壅～迁～育～云～匀～障～轸～直～潴～缀～踪例凡禽不敢息，浮埃莫能停。(唐·刘禹锡《和牛相公题姑苏所寄太湖石兼寄李苏州》)不向尊前同一醉，可奈光阴似水声。迢迢去未停。(宋·晏殊《破阵子·湖上西风斜日》)

霆tíng ①暴雷。②闪电。

古下平，九青。逆奔～飙～春～风～轰～疾～惊～雷～怒～迅～震～顺～策～船～电～奋～骇～击～激～雷～乱～霓～威～曦～震例高歌振林木，大笑喧雷霆。(唐·李白《献从叔当涂宰阳冰》)义苑手秘宝，文堂耳惊霆。(唐·韩愈《答张彻》)疾流脱鳞甲，叠岸冲风霆。(唐·孟郊《石淙》)

蜓tíng 蜻蜓。

古下平，九青。又：上声，十六铣异。逆虺～螟～蜻～蝘～顺～蚨～翼例掠岸惊波沈翡翠，入檐斜照碍蜻蜓。(唐·陆龟蒙《寄怀华阳道士》)

婷tíng

逆娉～婷～例牖光窥寂寞，砧影伴娉婷。(唐·韩愈《和崔舍人咏月二十韵》)

渟tíng ①水止。②深。

古下平，九青。逆澄～膏～泓～清～渟～亭～滢～潆～淤～渊～顺～涔～澄～滀～膏～涵～泓～洄～潦～淖～洿～蓄～潆～潜～渊～潴

莛tíng ①草茎。②通"梃"，木棍。

古下平，九青。又：上声，二十四迥同。逆枯～麦～

行xíng 另见918页xìng、813页háng、848页hàng。

古下平，八庚。逆纯～淳～踯～逮～貂～督～端～贰～方～奋～扶～根～功～谷～归～海～扈～徽～隳～汇～矫～节～贶～浸～镌～狷～诀～抗～跬～愧～理～律

～略～茂～美～敏～怒～琵琶～奇～乾～峭～屈～趋～曲～权～阙～戎～辱～觞～摄～审～侍～饰～淑～肆～素～琐～踏月～屯～危～威～细～闲～跣～绪～宣～削～驯～徇～逊～雅～严～曳～懿～凿～造～择～贞～振～恣～顺～薄～备～宾～菜～藏～操～蟾～缠～躔～朝～尘～酬～筹～厨～川～殆～遯～麾～汲～殣～旌～裾～露～履～暮～泥～遣～巧～清～庆～权～阙～容～觞～师～狩～戍～述～鲜～幸～休～修～烟～言～诣～谊～吟～咏～寓～垣～辕～云～帐～炙～治例远近随轮影，轻重应人行。（唐·李世民《赋得浮桥》）忽闻天上将，关塞重横行。（唐·陈子昂《出塞》）故侵珠履迹，不使玉阶行。（唐·崔国辅《婕妤怨》）

典**雁行** 指兄弟。《礼记·王制》："父之齿随行，兄之齿雁行，朋友不相逾。"

岱宗行 比喻人命归天。《博物志·地》："泰山一曰天孙，言为天帝孙也。主召人魂魄。东方万物始成，知人生命之短长。"

空留封禅草，已作岱宗行。（唐·顾况《伤大理谢少卿》）

斗折蛇行 形容道路曲折蜿蜒。《至小丘西石潭记》："潭西南而望，斗折蛇行，明灭可见。其岸势犬牙差互，不可知其源。坐潭上，四面竹树环合，寂寥无人，凄神寒骨，悄怆幽邃。"

山溪斗折更蛇行，逗密穿幽见物情。（宋·方岳《效演雅》）

衣绣夜行 穿着精美鲜艳的锦绣衣服夜间上街行走，比喻人富贵以后不为人知。《史记·项羽本纪》："人或说项王曰：'关中阻山河四塞，地肥饶，可都以霸。'项王见秦宫室皆以烧残破，又心怀思欲东归，曰：'富贵不归故乡，如衣锦夜行，谁知之者！'"

风流人不见，锦绣夜间行。（宋·辛弃疾《临江仙·只恐牡丹留不住》）

入鸟不乱行 指弃世隐居。《庄子·山木》："孔子……辞其交游，去其弟子，逃于大泽，衣裘褐，食杼栗，入兽不乱群，入鸟不乱行。鸟兽不恶，而况人乎？"

入鸟不乱行，观鱼还自乐。（唐·权德舆《奉和李大夫题郑评事江楼》）

形xíng

古下平，九青。逆隘～败～蔽～避～彪～兵～禀～超～传～殚～吠～风～服～赋～诡～贵～鹤～鹄～隳～毁～瘠～寄～假～降～鸠～枯～亏～羸～累～离～丽～练～炼～露～鸾～轮～迁～强～跧～群～仁～忍～散～审～失～事～守～受～殊～逃～土～颓～万～威～委～文～纤～宵～严～颜～衍～养～仪～遗～寓～豫～元～远～攒～澡～兆～制～质～众～驻～姿～资～顺～便～表～兵～残～藏～废～服～干～骸～候～秽～际～检～教～接～解～景～局～累～埒～窬～魄～器～神～识～寿～素～箅～图～望～销～谢～虚～仪～宜～役～意～虞～语～援～载～兆～证～植例离歌未尽曲，酌酒共忘形。（唐·周瑀《送潘三入京》）白雾鱼龙气，黑云牛马形。（唐·孟云卿《汴河阻风》）昔去限霄汉，今来睹仪形。（唐·高适《遇冲和先生》）

典**鸠形** 形容老人所用的拐杖。《后汉书·礼仪志中》："仲秋之月，县道皆案户比民。年始七十者，授之以玉杖，餔之糜粥。八十九十，礼有加赐。玉杖长九尺，端以鸠鸟为饰。鸠者，不噎之鸟也。欲老人不噎。"

莫作鸠形并，空将鹤发期。（唐·李频《赋得长城斑竹杖》）

忘形 指朋友相交不拘行迹。《庄子·让王》："曾子居卫，缊袍无表，颜色肿哙，手足胼胝，三日不举火，十年不制衣，正冠而缨绝，捉襟而肘见，纳履而踵决。曳纵而歌《商颂》，声满天地，若出金石。天子不得臣，诸侯不得友。故养志者忘形，养形者忘利，致道者忘心矣。"

我有忘形友，迢迢李与元。（唐·白居易《效陶潜体诗十六首》其七）

刑xíng

古下平，九青。逆熬～薄～播～残～逞～笞～鹑～抵～典～黩～烦～燔～繁～剕～甫～宫～官～国～怀～轘～缓～积～教～辖～决～峻～骏～科～髡～礼～理～丽～湼～连～隆～论～吕～明～墨～迁～峭～钦～黥～秋～肉～赊～深～慎～市～授～殊～司～肆～讼～汤～天～徒～土～威～渥～武～陷～乡～相～亵～修～恤～削～训～谳～野～仪～阴～禹～狱～磔～政～诛～追～罪～顺～贬～柄～残～曹～臣～冲～错～德～典～鼎～断～房～官～害～轘～祸～迹～家～翦～蹇～教～劫～禁～均～理～例～隶～戮～论～律～辟～签～谴～神～牲～史～室～书～天～殄～厅～庭～统～网～威～剧～仵～席～宪～象～械～星～胥～奄～谳～章～谪～政～制例津妾一棹歌，脱父于严刑。（唐·李白《东海有勇妇》）傅说明殷道，萧何律汉刑。（唐·高适《留上李右相》）始惊陷世议，终欲逃天刑。（唐·柳宗元《游石角过小岭至长乌村》）

型xíng

古下平，九青。逆典～范～式～树～土～新～训～仪～遗～纸～顺～范～坊～式例后尘遵轨辙，前席咏仪型。（唐·温庭筠《过孔北海墓二十韵》）

硎xíng ①磨刀石。②磨。

古下平，九青。逆发～临～儒～霜～土～新～新发～支～例清文动哀玉，见道发新硎。（唐·杜甫《奉酬薛十二丈判官见赠》）鱼鬣欲脱背，虬光先照硎。（唐·韩愈《答张彻》）其门才函丈，初若盘薄硎。（唐·皮日休《太湖诗·入林屋洞》）

典**发硎** 指才干不凡。《庄子·养生主》："今臣之刀十九年矣，所解者数千牛矣，而刀刃若新发于硎。"成玄英疏："硎，砥砺石也。不损锋刃，故其刀锐利，犹若新磨者也。"

掘剑知埋狱，提刀见发硎。（唐·杜甫《远喜迁官兼述索居凡三十韵》）

饧（餳）xíng ①用麦芽或谷芽熬成的糖稀。②糖块、面剂子等变软。③形容眼睛半睁半闭，眼神凝

滞。另见829页táng。

古下平，八庚。逆白～稠～春～戴帽～蜂～膏～寒食～琥珀～花～胶～爵～麦～木～雀～乳～沙～饧～杏～眼～饴～蔗～粥～顺～饼～蜜～涩～糖～桃～箫～眼～糟～枝～粥例江陵橘似珠，宜城酒如饧。（唐·白居易《和思归乐》）岁盏后推蓝尾酒，春盘先劝胶牙饧。（唐·白居易《岁日家宴戏示弟侄等》）野馈夸菰饭，江商贾蔗饧。（唐·陆龟蒙《江南秋怀寄华阳山人》）

典胶牙饧　汉族岁时食品，借指过新年。《荆楚岁时记》："正月一日，是三元之日也。《史记》谓之端月。鸡鸣而起，先于庭前爆竹、燃草，以避山臊恶鬼。于是长幼悉正衣冠，以次拜贺。进椒柏酒，饮桃汤。进屠苏酒，饮胶牙饧。"

蓝尾杯单，胶牙饧淡，重省旧时羁旅。（宋·吴文英《喜迁莺·江亭年暮》）

邢xíng　①姓。②春秋时国名。

古下平，九青。逆尹～顺～景～疏～尹例为霖自可成农岁，何用兴师远伐邢。（唐·韦庄《耒阳县浮山神庙》）

典伐邢　指求雨解旱。《左传·僖公十九年》："秋，卫人伐邢，以报菟圃之役。于是卫大旱，卜有事于山川，不吉。宁庄子曰：'昔周饥，克殷而年丰。今邢方无道，诸侯无伯，天其或者欲使卫讨邢乎？从之，师兴而雨。'"

伐邢知有属，已见静边尘。（唐·苏味道《单于川对雨二首》其二）

陉（陘）xíng　①山脉中断的地方。②斜坡。

古下平，九青。逆八～海～井～灶～顺～岘例万里鸣刁斗，三军出井陉。（唐·王维《送赵都督赴代州得青字》）洛邑得休告，华山穷绝陉。（唐·韩愈《答张彻》）

荥（滎）xíng　①很小的（水泽）。②古水泽名，在河南。另见901页yíng。

古下平，九青。顺～波～播～灌～水～阳～泽例身应瘠于鲁，泪欲溢为荥。（唐·李商隐《寄太原卢司空三十韵》）

迎yíng

古下平，八庚。逆班～承～错～导～倒屣～道～斗～候～糊浆～将～郊～徼～阶～犒～抠～趋～扫径～顺～送～随～希～笑～迓～延～邀～招～顺～阿～碍～拜～跸～潮～尘～晨～棕～吠～锋～奉～妇～附～捍～候～欢～机～饯～将～降～解～觐～拒～劳～立～流～銮～门～眸～纳～逆～判～浦～遣～刃～日～侍～受～授～祀～肃～随～迁～望～问～袭～祥～宵～笑～谐～旋～学～迓～延～养～谒～揖～意例浦树遥如待，江鸥近若迎。（唐·张九龄《自豫章南还江上作》）二圣忽从鸾殿幸，双仙正下凤楼迎。（唐·邵升《奉和初春幸太平公主南庄应制》）纵横未得意，寂寞寡相迎。（唐·陈子昂《还至张掖古城，闻东军告捷，赠韦五虚已》）

典倒屣迎　形容热情欢迎宾客，也指尊重贤才。亦作"倒屣"。《三国志·魏书·王粲传》："献帝西迁，粲徙长安，左中郎将蔡邕见而奇之。时邕才学显著，贵重朝廷，常车骑填巷，宾客盈坐。闻粲在门，倒屣迎之。粲至，年既幼弱，容状短小，一坐尽惊。邕曰：'此王公孙也，有异才，吾不如也。吾家书籍文章，尽当与之。'"

急须倒屣迎徐孺，一榻高悬更为谁。（宋·冯时行《寄郝令君蒙老》）

下机迎　指热情欢迎和接待。此为反用"不下机"典。《战国策·秦策一》："苏秦说秦王，书十上而说不行。……归至家，妻不下纴，嫂不为炊，父母不与言。"

借问还家何处好，玉人含笑下机迎。（唐·钱起《送张参及第还家》）

骑竹欢迎　用为称美州郡长官施行仁政。《后汉书·郭伋传》："郭伋字细侯，扶风茂陵人也。……帝以卢芳据北土，乃调伋为并州牧。……始至行部，到西河美稷，有童儿数百，各骑竹马，道次迎拜。伋问：'尔曹何自远来？'对曰：'闻使君到，喜，故来奉迎。'"

欢迎骑竹来何暮，赠别垂杨不可攀。（宋·方岳《送徐太博守莆中》）

盈yíng

古下平，八庚。逆避～持～登～愤～阜～贯～婴～害～晖～骄～恀～戒～久～居～烂～茅～宁～取～饶～填～羡～相～虚～衍～移～亿～挹～殷～盈～萦～周～顺～饱～抱～秉～藏～肠～成～冲～绌～恶～泛～肥～给～贯～耗～衿～匊～爵～科～量～禄～论～漫～朒～饶～仞～容～塞～实～缩～瑱～庭～望～味～握～羡～歇～虚～衍～厌～溢～月～昃～指例青春始萌达，朱火已满盈。（唐·陈子昂《感遇诗三十八首》其十一）江上悬晓月，往来亏复盈。（唐·崔颂《和张荆州九龄晨出郡舍林下》）拓夫滩上闻新雁，离袖掩盈盈。（宋·张先《少年游·听歌持酒且休行》）

典角犀丰盈　用以指贤明者。《国语·郑语》："（桓）公曰：'周其弊乎？'（史伯）对曰：'殆于必弊者也。《泰誓》曰：“民之所欲，天必从之。”今王弃高明昭显，而好谗慝暗昧；恶角犀丰盈，而近顽童穷固。……天夺之明，欲无弊，得乎？'"

人人争看，角犀今喜试丰盈。（宋·毛幵《水调歌头·十载刘夫子》）

营（營）yíng　①四周垒土而居。②围绕，环绕。③营造，建设。④测度，度量。⑤卫护，救助。

古下平，八庚。逆标～裁～柴～车～踹～顿～防～纷～弗～宫～构～寡～关～管～寒～花～贿～惑～坚～渐～匠～禁～鸩～砍～乐～历～练～列～柳～陆～怦～屏～旗～趋～曲～山～缮～圣～簇～霜～踏～脱～外～细柳～星～修～巡～移～营～蝇～御～匝～畛～征～怔～正～中～烛～转～斫～坐～顺～备～庇～壁～窆～弁～表～部～畴～创～膢～道～佃～奠～度～宫～构～灌～国～绘～慧～魂～戢～济～匠～角～解～竞～聚～军～窠～克～窟～理～立～疗～乱～落～平～魄～葺～巧～群～赡～尚～身～食～市～事～侍～饰～视～树～索～田～图～屯～罔～误～陷～心～信～恤～营～壅～宇～域～缘～兆～阵～织～周～综～缵～佐例星月开天阵，山川列地营。（唐·陈子昂《和陆明府赠将军重出塞》）军前雨洒道，楼上月临营。（唐·张说《奉和圣制送王晙巡边应制》）箭入昭阳殿，笳吟细柳营。（唐·杜甫《奉送郭中丞兼太仆卿充陇右节度使三十韵》）

典五营 东汉有五营，指五校尉，也泛指军营。亦作“汉将营”。《后汉书·孝顺帝纪》：“告幽州刺史，其令缘边郡增置步兵，列屯塞下。调五营弩师，郡举五人，令教习战射。”李贤注：“调，选也。五营，五校也，谓长水、步兵、射声、屯骑、越骑等五校尉也。”

五营飞将拥霜戈，百里僵尸满涢河。（唐·戎昱《收襄阳城二首》其二）

汉将营 见900页“五营”。

隋家堤上已成尘，汉将营边不复春。（唐·段成式《折杨柳七首》其六）

细柳营 指军营。亦作“柳营”“亚夫营”“亚夫垒”。周亚夫驻军细柳，治军严谨，汉文帝来劳军也没有一丝懈怠，以军礼迎接天子，文帝感叹：“此真将军矣！”见《史记·绛侯周勃世家》。

大江元帝渡，细柳亚夫营。（宋·张元干《张丞相生朝二十韵》）

萤（螢）yíng ①萤火虫。②比喻微弱的亮光。

古下平，九青。逆进～丹～飞～集～金～聚～流～乱～囊～扑～秋～拾～夜～顺～囊～色～雪～焰～耀～影例玉阶闻坠叶，罗幌见飞萤。（唐·沈佺期《长门怨》）山花如绣颊，江火似流萤。（唐·李白《夜下征虏亭》）无复随高凤，空余泣聚萤。（唐·杜甫《赠翰林张四学士》）

典聚萤 指勤苦读书。南朝梁·任昉《为萧扬州荐士表》：“至乃集萤映雪，编蒲缉柳。”李善注：“檀道鸾《晋阳春秋》曰：‘车胤，字武子，学而不倦，贫不常得油，夏月则练囊盛数十萤火，夜以继日焉。’”

江海呼穷鸟，诗书问聚萤。（唐·高适《留上李右相》）

腐草为萤 指咏萤。《礼记·月令》：“温风始至，蟋蟀居壁，鹰乃学习，腐草为萤。”

朽木出众蠹，腐草为飞萤。（宋·欧阳修《和圣俞聚蚊》）

蝇（蠅）yíng

古下平，十蒸。逆附骥～甘～寒～猎～青～蝇～钻纸～顺～点～拂～利～虻～黾～栖笔～蚋～营例敢忘衔花雀，思同附骥蝇。（唐·王湾《秋夜寓直即事怀》）江湖多白鸟，天地有青蝇。（唐·杜甫《寄刘峡州伯华使君四十韵》）默坐念语笑，痴如遇寒蝇。（唐·韩愈《送侯参谋赴河中幕》）

典曹蝇 用以称颂画技之高超。亦作“不兴”。《三国志·吴书·赵达传》裴注引：“曹不兴善画，权使画屏风，误落笔点素，因就以作蝇。既进御，权以为生蝇，举手弹之。”

韩蝶翻罗幕，曹蝇拂绮窗。（唐·李商隐《蝇蝶鸡麝鸾凤等成篇》）

附骥蝇 司马迁用以比喻借助名人得以扬名，后用为自谦之词。《史记·伯夷叔齐列传》：“伯夷、叔齐虽贤，得夫子而名益彰。颜渊虽笃学，附骥尾而行益显。”

平日酷憎蝇附骥，暮年肯作鹤乘车。（宋·陆游《泽居》）

谤起营蝇 指佞人进谗。《诗经·小雅·青蝇》：“营营青蝇，止于樊。岂弟君子，无信谗言。”郑玄笺：“兴者，蝇之为虫，污白使黑，污黑使白，喻佞人变乱善恶也。”

自谤起营蝇，东山高卧，北海开尊。（宋·曹冠《木兰花慢·念行藏在道》）

楹yíng 柱子。

古下平，八庚。逆百～层～丹～奠～雕～栋～楯～风～刮～华～画～桓～絜～金～连～梁～两～旅～弥～前～山～松～午～轩～岩～檐～櫩～倚～凿～株～顺～础～栋～鼓～阶～桷～书～帖～席～语～柱例驱烟寻洞户，卷雾出山楹。（唐·王勃《咏风》）怨咽不能寝，踟蹰步前楹。（唐·吴少微《长门怨》）清籁与谁喧池水，微风遣我下檐楹。（宋·张继先《望江南·秋夜事》）

茔（塋）yíng 坟地。

古下平，八庚。逆帮～赐～附～孤～归～荒～陵～庐～墓～丘～邱～寿～先～遗～园～冢～祖～顺～窀～地～封～户～记～垄～木～墓～树～田～域～园～葬～兆～冢例朱户传新戟，青松拱旧茔。（唐·张说《五君咏五首·苏许公环》）常恐道路旁，掩弃狐兔茔。（唐·赵征明《回军跛者》）岳客出来寻古剑，野猿相聚叫孤茔。（唐·黄滔《经安州感故郑郎中二首》其一）

典龙骧茔 指武将哀荣。亦作“龙骧墓”。《晋书·王濬传》：“寻以谣言拜濬为龙骧将军、监益梁诸军事。”“太康六年卒，时年八十，谥曰武，葬柏谷山，大营茔域，葬垣周四十五里，面别开一门，松柏茂盛。”

虚无马融笛，怅望龙骧茔。（唐·杜甫《八哀诗·赠左仆射郑国公严公武》）

萦（縈）yíng ①旋回缠绕。②围绕，环绕。③牵挂。

古下平，八庚。逆愁～樊～回～交～梦～盘～磐～蟠～苹～绕～缇～斡～斜～心～纡～顺～绊～薄～策～缠～尘～愁～带～挂～怀～惑～悸～结～藟～累～连～梦～念～盘～蟠～牵～情～曲～扰～思～系～旋～迂～郁～折～转例风寻歌曲飐，雪向舞行萦。（唐·刘宪《奉和人日清晖阁宴群臣遇雪应制》）杨柳千条花欲绽，葡萄百丈蔓初萦。（唐·沈佺期《奉和春日幸望春宫应制》）榴花无暇醉，蓬发带愁萦。（唐·刘长卿《寄上浙西节度李侍郎中丞行营五十韵》）

典缇萦 指敢于舍身救助亲人的孝女。《史记·仓公列传》：“太仓公者，齐太仓长，临菑人也，姓淳于氏，名意。”“文帝四年中，人上书言意，以刑罪当传西之长安。意有五女，随而泣。意怒，骂曰：‘生子不生男，缓急无可使者！’于是少女缇萦伤父之言，乃随父西。上书曰：‘妾父为吏，齐中称其廉平，今坐法当刑。妾切痛死者不可复生而刑者不可复续，虽欲改过自新，其道莫由，终不可得。妾愿入身为官婢，以赎父刑罪，使得改行自新也。’书闻，上悲其意，此岁中亦除肉刑法。”

运石早知能赎罪，上书何必待缇萦。（宋·方信孺《九曜石》）

瀛yíng ①池泽。②海。③指水。

古下平，八庚。逆八～沧～澄～登

蓬～东～环～寰～九～溟～外～沃～瀛～重～顺～表～渤～国～海～壶～阆～溶～壖～台～坞～仙～澥～洲例长吟想风驭，恍若升蓬瀛。（唐·钱起《卧疾，答刘道士》）合流知禹力，同共到沧瀛。（唐·吕牧《泾渭扬清浊》）

典**登瀛** 指得荣宠。见467页“登瀛洲”。

晓发龙江第一程，诸公同济似登瀛。（唐·殷尧藩《送白舍人渡江》）

蓬瀛 为蓬莱、瀛洲二神山的合称，诗文中常用为仙境之典。亦作“蓬壶”。《拾遗记·高辛》：“三壶，则海中三山也。一曰方壶，则方丈也；二曰蓬壶。则蓬莱也；三曰瀛壶，则瀛洲也。”

萧条起关塞，摇飏下蓬瀛。（唐·李世民《咏风》）

赢（赢）yíng

古下平，八庚。逆得～分～丰～计～利～奇～羡～相～邪～养～顺～饱～便～藏～储～绌～金～粮～落～朒～阙～入～啬～数～缩～羡～赀例得势侵吞远，乘危打劫赢。（唐·杜荀鹤《观棋》）本图忘物我，何必计输赢。（唐·徐铉《棋赌赋诗输刘起居》）疑怪昨宵春梦好，元是今朝斗草赢。（宋·晏殊《破阵子·燕子来时新社》）

莹（瑩）yíng ①光洁似玉的美石。②玉色光洁。③磨治，使明净，使明白。④通“荧”，迷惑。

古下平，八庚。又：去声，二十五径异。逆碧～冰～澄～发～甘～坚～精～明～磨～平～琼～柔～神～陶～莹～腴～玉～珠～顺～白～澈～拂～骨～华～滑～煌～角～洁～镜～娸～磨～目～腻～魄～然～听～琇～莹～玉～泽例支流日飞洒，深处自疑莹。（唐·刘禹锡《海阳十咏·云英潭》）笼处彩云合，露湛红珠莹。（唐·元稹《与杨十二、李三早入永寿寺看牡丹》）珠箔初褰深院静。绛绡衣窄冰肤莹。（宋·欧阳修《渔家傲·六月炎蒸何太盛》）

典**听莹** 意为疑惑不明。《庄子·齐物论》：“长梧子曰：‘是黄帝之所听莹也，而丘也何足以知之！’成玄英疏：‘听莹，疑惑不明之貌也。’”

至道尚听莹，粗才终蹶张。（宋·苏轼《次丹元姚先生韵》）

荧（熒）yíng ①光亮微弱。②光亮闪烁。③炫惑，迷惑。④通“萤”，萤火虫。

古下平，九青。逆光～煌～惑～晶～精～青～清～苄～听～荧～滢～注～顺～灿～光～华～煌～魂～惑～熷～燎～乱～幕～然～听～眩～耀～郁～芝～烛例绮绣相展转，琳琅愈青荧。（唐·杜甫《桥陵诗三十韵》）尘祛又一掺，泪眦还双荧。（唐·韩愈《答张彻》）情缕红丝冉冉，啼花碧袖荧荧。（宋·周密《西江月·情缕红丝冉冉》）

荥（滎）yíng 地名，在四川。另见899页 xíng。

顺～经

潆yíng 水回旋貌。

古下平，八庚。逆淦～渟～荥～潆～争～顺～潆

籝（*籯）yíng 筐笼一类的竹器。

古下平，八庚。逆金～满～箧～箱～遗～顺～椟～金～粮～筲例青紫方拾芥，黄金徒满籝。（唐·李峤《经》）汪汪日可挹，未羡黄金籝。（唐·陆龟蒙《奉和袭美酒中十咏·酒篘》）陇遂添新草，珠还满旧籝。（唐·陈陶《哭王赞府》）

典**金满籝** 指财富。《汉书·韦贤传》：“韦贤字长孺，鲁国邹人也。……笃志于学，兼通《礼》《尚书》，以《诗》教授，号称邹鲁大儒。……代蔡义为丞相……贤四子：长子方山为高寝令，早终；次子弘，至东海太守；次子舜，留鲁守坟墓；少子玄成，复以明经历位至丞相。故邹鲁谚曰：‘遗子黄金满籝，不如一经。’”

藏书万卷可教子，遗金满籝常作灾。（宋·黄庭坚《题胡逸老致虚庵》）

嬴 yíng ①通“盈”，满，有余。②通“赢”，胜。③姓。

古下平，八庚。逆更～侯～黔～秦～嬴～长～朱～族～顺～博～储～绌～盖～粮～刘～镂～女～秦～缩～台～台女～土～项例将炙啖朱亥，持觞劝侯嬴。（唐·李白《侠客行》）屠过隐朱亥，楼梦古秦嬴。（唐·元稹《答姨兄胡灵之见寄五十韵》）

仄声·上声

绷（綳、*繃）běng ①板着。②强撑着。另见864页 bēng。

顺～劲～脸

菶běng 草木茂盛貌。另见894页 péng。

古上声，一董。逆菶～萋～蓊～顺～萋～茸例裹头极草草，掠鬓不菶菶。（唐·张元一《又嘲》）

炳bǐng ①明亮，显著。②明显，明白。③点燃。④照耀。

古上声，二十三梗。逆彪～彬～炳～斐～虎～焕～较～烂～蔚～遗～祖～顺～爆～贲～彪～炳～博～粲～发～赫～焕～煌～辉～慧～见～烂～朖～烈～麟～露～明～然～如～烁～晬～蔚～文～绚～耀～晔～映～裔～煜～烛例子真仙曹吏，好我如宗炳。（唐·皎然《答俞校书冬夜》）烛龙发神曜，阴野弥焕炳。（唐·吴筠《游仙二十四首》其十九）

典**宗炳** 咏好佛不仕的隐逸之士。亦作“宗居士”。《宋书·宗炳传》：“妙善琴书，精于言理，每游山水，往辄忘归。征西长史王敬弘每从之，未尝不弥日也。乃下入庐山，就释慧远考寻文义。兄臧为南平太守，逼与俱还，乃于江陵三湖立宅，闲居无事。高祖召为太尉参军，不就。”

宗炳死来君又去，终身不复到柴桑。（唐·皮日休《伤史拱山人》）

饼（餅）bǐng

古上声，二十三梗。逆槌～翠～稻～鹘～胡～画～镮～金～晶～凉～裂～笼～龙团～炉～麹～水～索～饧～铁～银～紫～顺～茶～麨～餤～铛～锭～饵～金～炉～师～银例凤舞团团饼。恨分破、教孤令。（宋·黄庭坚《品令·凤舞团团饼》）方猛省。无声三昧天皇饼。（宋·黄庭坚《渔家傲·百丈峰头开古镜》）好月为人重破暝，云头艳艳开金饼。（宋·贺铸《吴门柳·啸度万松千步岭》）

典**画饼** 指徒有虚名没有实用。《三国志·魏书·卢毓传》：“前此诸葛诞、邓飏等驰名誉，有四窗八达

之诮，帝疾之。时举中书郎，诏曰：'得其人与否，在卢生耳。选举莫取有名，名如画地作饼，不可啖也。'"

学问文章成画饼，科名官爵着饶棋。（元·方回《二十九日岁除》）

丙bǐng

古上声，二十三梗。逆丙～丁～付～令～青～顺～部～丁～火～鉴～科～纶～明～舍～魏～向～穴～夜

柄bǐng 另见909页bìng。

古去声，二十四敬。逆八～霸～兵～操～谗～常～朝～尘～词～寸～盗～道～德～斗～法～福～纲～国～衡～机～解～钧～魁～理～利～六～论～民～谦～窃～铨～人～戎～擅～失～诗～时～事～授～枢～锁～谭～天～脱～王～威～文～武～犀～相～刑～璇～议～语～玉～运～宰～政～执～重～专～顺～把～靶～檽～朝～臣～国～令～任～事～授～用～坐例蜗房卷堕首，鹤颈抽长柄。（唐·张说《咏瓢》）忆昔与君同贬官，夜渡洞庭看斗柄。（唐·韩愈《寒食日出游》）风凝古松粒，露压修荷柄。（唐·陆龟蒙《三宿神景宫》）

典八柄 八柄，即爵、禄、予、置、生、夺、废、诛等八种权柄，它是古代帝王专制驾驭臣僚的八种手段。《周礼·天官·太宰》："以八柄诏王驭群臣：一曰爵，以驭其贵；二曰禄，以驭其富；三曰予，以驭其幸；四曰置，以驭其行；五曰生，以驭其福；六曰夺，以驭其贫；七曰废，以驭其罪；八曰诛，以驭其过。"

内欲八柄专，外欲四聪广。（宋·刘宰《挽齐斋倪尚书》）

挥麈柄 指清谈。亦作"持麈尾"。《世说新语·容止》："王夷甫容貌整丽，妙于谈玄，恒捉白玉柄麈尾，与手都无分别。"

闲言挥麈柄，清步掩蜗庐。（唐·杨巨源《郊居秋日酬奚赞府见寄》）

秉bǐng ①禾把。②拿着，握着。③执掌，掌握。④遵循，坚持。⑤通"柄"，权力，权柄。⑥通"禀"，承接，承受。

古上声，二十三梗。逆参～穷～国～坚～夙～素～特～天～遗～盈～贞～顺～笔～鞭～操～常～成～诚～刍～道～德～枹～赋～国～机～鉴～椒～节～戒～钧～耒～利～旄～枭～砻～权～戎～事～穗～统～威～文～握～宪～心～修～言～彝～意～钺～正～政～执～志例灵溪非人迹，仙意素所秉。（唐·邢巨《游宣州琴溪同武平一作》）大师京国旧，德业天机秉。（唐·杜甫《西枝村寻置草堂地，夜宿赞公土室二首》其二）

屏bǐng ①抑止（呼吸）。②除去；排除。另见865页bīng、894页píng。

古上声，二十三梗。顺～斥～黜～窜～断～放～废～伏～迹～寂～洁～居～绝～落～匿～舍～事～移～语～掷～置～逐

禀（*稟）bǐng ①赐予，赋予。②承受。③下对上报告。另见760页bǐn。

古上声，二十六寝。逆承～奉～给～官～贺～气～日～夙～特～天～饩～修～衣～异～驿～月～长～赈～资～谘～顺～安～才～操～词～辞～粹～达～度～法～付～复～赋～谷～化～火～假～惧～控～粮～灵～令～履～墙～请～赡～生～圣～施～食～朔～箅～堂～体～帖～脱～闻～谢～形～秀～恤～学～知～挚～姿例穷通与修短，造化夙所禀。（唐·李白《月下独酌四首》其三）

逞chěng ①快意，满足。②施展，显示。③放纵，放任。

古上声，二十三梗。逆不～横～胡～骄～狡～夸～狂～卖～施～未～一～亿～自～顺～变～辩～博～材～残～辞～法～芳～忿～风～富～怪～寒～憾～技～剑～骄～捷～酒～谲～儁～丽～怜～露～乱～迈～媚～妙～怒～虐～奇～巧～权～容～瑞～施～势～术～肆～顽～威～味～祥～心～刑～兴～胸～雄～炫～学～艳～意～臆～欲～誉～愿～志～智～壮～纵例竭来事儒术，十载所能逞。（唐·柳宗元《韦道安》）埂深安可越，魂通有时逞。（唐·元稹《梦井》）

骋（騁）chěng

古上声，二十三梗。逆斗～骥足～狂～靡～驱～腾～驼～游～自～顺～暴～辩～兵～步～才～驰～观～光～怀～技～迹～绩～骏～夸～快～劳～力～迈～谋～目～砻～奇～气～巧～情～容～锐～射～神～说～肆～望～骛～心～妍～逸～娱～欲～越～藻～志～舟～骤～逐例远途能自致，短步终难骋。（唐·高适《同吕员外酬田著作幕门军西宿盘山秋夜作》）绮丽玄晖拥，笺诔任昉骋。（唐·杜甫《八哀诗·故右仆射相国张公九龄》）既去焉能追，有来犹莫骋。（唐·韩愈《东都遇春》）

等děng

古上声，二十四迥。逆侪～常～超～登～敌～迭～官～轨～户～极～绝～爵～哙～埒～躐～凌～伦～略～迈～蹑～恁～畔～入～散～适～殊～学～夷～异～正～至～顺～别～曹～俦～慈～道～第～赋～惠～籍～迹～竞～科～类～伦～期～契～亲～情～视～守～殊～衰～望～仵～效～叙～夷～由～置例东风何事，不留花等。（宋·黎廷瑞《秦楼月·花孤冷》）想竹间、高阁半开，小车未来犹自等。（宋·张炎《琐窗寒·乱雨敲春》）吾年五十不多争，好事且宜少等。（宋·无名氏《西江月·伴我鹿车鱼釜》）

戥děng 戥子，小秤。

顺～秤～耗～头～子

顶（頂）dǐng

古上声，二十四迥。逆颠～承～丹～颠～焚～高～灌～鹤～红～护～极～饯～晶～炼～翎～摩～盘～起～锐～罡～颓～望～圩～秀～雪～缨～云～攒～皂～踵～珠～顺～拜～笔～戴～颠～巅～佛～感～隔～髻～敬～礼～翎～冕～逆～手～受～望～谢～心～谒～趾～制～踵～祝～奏例轻响入龟目，片阴栖鹤顶。（唐·顾况《萧寺偃松》）游蜂驻彩冠，舞鹤迷烟顶。（唐·刘禹锡《和郴州杨侍郎玩郡斋紫薇花十四韵》）遥通河汉口，近抚松桂顶。（唐·陆龟蒙《奉和袭美太湖诗二十首·晓次神景宫》）

鼎dǐng

古上声，二十四迥。逆卜～谗～鼋

～镵～崇～爨～丹～铛～奠～鼎～定～沸～负～赴～覆～甘～干～观～龟～汉～和～鸿～鹄～槐～匡～窥～牢～梁～列～龙～牛～盘～庖～陪～破～迁～铅～窃～燃～染～任～司～台～汤～调～帷～镨～夏～享～刑～羞～轩～璇～讯～延～移～彝～议～茵～禹～鼋～折～㊀～庇～昌～鬯～臣～铛～娥～沸～分～伏～府～辅～富～官～贵～国～槐～轘～镬～甲～建～荐～科～馈～立～列～纶～吕～铭～命～鼐～臑～膳～食～士～事～司～馃～图～位～铏～兴～铉～言～彝～邑～濙～游～鱼～玉～元～札～折～争～趾～治～峙～雉～俎～祚㊁一阳发阴管，淑气含公鼎。（唐·杜甫《八哀诗·故右仆射相国张公九龄》）玄津荡琼垄，紫汞啼金鼎。（唐·陆龟蒙《奉和袭美太湖诗二十首·晓次神景宫》）

㊂**定鼎**　指创建王朝。《左传·宣公三年》："成王定鼎于郏鄏，卜世三十，卜年七百，天所命也。"

州当定鼎处，人去偃戈年。（唐·李频《送姚部先辈赴汝州辟》）

负鼎　伊尹曾负鼎俎说商汤以王道。后世常借以咏贤相辅佐帝王。亦作"汤鼎"。《史记·殷本纪》："伊尹名阿衡。阿衡欲干汤而无由，乃为有莘氏媵臣，负鼎俎，以滋味说汤，致于王道。或曰伊尹处士，汤使人聘迎之，五反然后肯往从汤，言素王及九主之事。汤举任以国政。伊尹去汤适夏。既丑有夏，复归于亳。入自北门，遇女鸠、女房，作《女鸠女房》。"

挂瓢余隐舜，负鼎尔干汤。（唐·骆宾王《秋日送尹大赴京》）

和鼎　指宰相。亦作"盐梅""调鼎"。《尚书·说命下》："王曰：'来汝说……若作和羹，尔惟盐梅。'"孔安国传："盐咸梅醋，羹需咸醋以和之。"

薰弦歌舜德，和鼎致尧名。（唐·司空曙《御制雨后出城观览敕朝臣已下属和》）

铭鼎　春秋时，孔悝曾将其先人的勋劳铭刻于鼎，后因以"铭鼎"作为垂名后世之典。《礼记·祭统》："夫鼎有铭，铭者自名也。自名以称扬其先祖之美，而明著之后世者也。""此孔悝之鼎铭也，古之君子，论撰其先祖之美而明著之后世者也。"

铭鼎功未立，山林事亦微。（唐·陈子昂《赠卢陈二子之作》）

迁鼎　借指改朝换代。亦作"移鼎"。《左传·桓公二年》："臧哀伯谏曰：'……武王克商，迁九鼎于洛邑，义士犹或非之。'杜预注：'九鼎，殷所受夏九鼎也。武王克商，乃营洛邑而后去之，又迁九鼎焉，时但营洛邑，未有都城。'"

臣心未肯教迁鼎，天道还应欲止戈。（唐·韦庄《湘中作》）

汤鼎　见本页"负鼎"。

三叹承汤鼎，千欢接舜壶。（唐·贺知章《奉和圣制送张说上集贤学士赐宴赋得谟字》）

调鼎　见本页"和鼎"。

调鼎为霖，登坛作将，燕然即须平扫。（宋·李纲《苏武令·塞上风高》）

问鼎　喻侵犯国家主权。《左传·宣公三年》："楚子伐陆浑之戎，遂至于洛，观兵于周疆。定王使王孙满劳楚子，楚子问鼎之大小轻重焉。"

封疆恢霸道，问鼎竞雄图。（唐·骆宾王《夏日游德州赠高四》）

拔山扛鼎　指人力气大。《史记·项羽本纪》："于是项王乃悲歌慷慨，自为诗曰：'力拔山兮气盖世，时不利兮骓不逝。骓不逝兮可奈何，虞兮虞兮奈若何！'"

拔山扛鼎乌足矜，引绳排根非胜事。（宋·苏颂《和诸君观画鬼拔河》）

鱼游沸鼎　喻指危险之境。亦作"鼎鱼"。丘迟《与陈伯之书》："而将军鱼游于沸鼎之中，燕巢于飞幕之上，不亦惑乎！"

鱼游沸鼎知无日，鸟覆危巢岂待风。（唐·李商隐《行次昭应县道上》）

酊dǐng　酩酊，酒醉的样子。

㊃上声，二十四迥。㊄酩～㊁况此良辰美景。须对此、大拚酩酊。（宋·葛长庚《贺新郎·风送寒蟾影》）

㊂**酩酊**　指醉饮。《世说新语·任诞》："山季伦为荆州，时出酣畅。人为之歌曰：'山公时一醉，径造高阳池。日暮倒载归，茗艼（酩酊）无所知。复能乘骏马，倒著白接篱。举手问葛彊，何如并州儿？'高阳池在襄阳，彊是其爱将，并州人也。"

朝鼓矜凌起，山斋酩酊眠。（唐·韩愈《酬蓝田崔丞立之咏雪见寄》）

讽（諷）fěng　①背诵，诵读。②用含蓄的语言暗示、劝告或指责。另见911页fèng。

㊃去声，一送。㊄倍～比～传～讽～感～歌～规～见～讲～静～开～朗～乐～律～诮～劝～诵～托～玩～雅～言～吟～隐～箴～转～㊀～采～持～传～辞～道～动～读～告～解～经～纠～厉～令～论～勉～念～切～讪～示～书～术～述～说～诵～托～玩～味～寤～习～席～啸～胁～兴～议～绎～意～咏～誉～怨～赞～诏～职～旨～呪

唪fěng　大声吟诵。

㊃上声，一董。㊄唪～㊀～经～诵

梗gěng　①刺榆树。②草木的茎或枝。③挺直。④强硬，正直。⑤凶猛，顽固。⑥阻塞，妨碍。⑦病，祸患。

㊃上声，二十三梗。㊄悲～弊～獘～边～槎～道～断～泛～纷～浮～刚～梗～孤～骨～乖～含～悍～豪～横～荒～艰～见～拘～枯～浪～流～路～蓬～漂～萍～脐～强～生～酸～桃～铜～顽～芜～鄣～榛～直～中～阻～㊀～碍～骜～避～草～断～夺～泛～悍～河～化～秽～棘～介～沮～拒～绝～寇～泪～亮～林～莽～命～目～逆～僻～强～切～塞～涩～调～玩～顽～险～野～议～壅～阻㊁退食吟大庭，何心记榛梗。（唐·杜甫《八哀诗·故右仆射相国张公九龄》）如何游宦客，江海随泛梗。（唐·钱起《苦雨忆皇甫冉》）满目新寒舞黄落，嗟此身、何事如萍梗。（宋·葛长庚《贺新郎·风送寒蟾影》）

㊂**泛梗**　喻生活漂泊不安。亦作"漂梗""飘梗""为梗""悲梗"。《战国策·赵策一》："苏秦（说李兑）曰：'今日臣之来也暮，后郭门，藉席无所得，寄宿人田中，傍有大丛。夜半，土梗与木梗斗曰："汝不如

我，我者乃土也。使我逢疾风淋雨，坏沮，乃复归土。今汝非木之根，则木之枝耳。汝逢疾风淋雨，漂入漳河，东流至海，泛滥无所止。"'"《战国策·齐策三》载略同。

鸣鸎随泛梗，别燕赴秋菰。（唐·杜甫《舟出江陵南浦奉寄郑少尹》）

埂 gěng

逆田～土～圩～顺～堰例土厚圹亦深，埋魂在深埂。（唐·元稹《梦井》）

耿 gěng ①光明，照耀。②强硬刚直。③突出，挺直。

古上声，二十三梗。逆刚～高～耿～孤～清～酸～雄～忧～忠～顺～怆～耿～光～怀～贾～节～结～絜～介～亮～烈～黾～命～特～挺～耀～悒～正～灼例言访始忻忻，念离当耿耿。（唐·韦应物《送苏评事》）

鲠（鯁、*骾）gěng

古上声，二十三梗。逆崩～诚～除～方～风～刚～高～鲠～孤～骨～横～樵～鲲～廉～朴～强～峭～清～穷～愚～贞～直～中～忠～祝～顺～避～怅～辞～谔～愤～辅～骨～固～急～讦～恋～亮～谅～烈～裂～论～朴～峭～涩～泗～涕～慰～欷～言～议～毅～正

典**骨鲠** 指为人刚直。《史记·陈丞相世家》："彼项王骨鲠之臣亚父、钟离昧、龙且、周殷之属，不过数人耳。"

逶迤势已久，骨鲠道斯穷。（唐·陈子昂《感遇诗三十八首》其十七）

绠（綆）gěng 汲水用的绳子。

古上声，二十三梗。逆赤～短～断～汲～縻～素～铁～修～朽～贞～顺～短～縻～绁例梧桐叶下黄金井，横架辘轳牵素绠。（唐·张籍《楚妃怨》）红丝穿露珠帘冷，百尺哑哑下纤绠。（唐·温庭筠《春愁曲》）桐阴无深泉，所以逞短绠。（唐·陆龟蒙《奉酬袭美苦雨四声重寄三十二句·平上声》）

典**修绠** 比喻优越的条件。亦作"绠短汲深"。《庄子·至乐》："孔子曰：'昔者管仲之有言，丘甚善之，曰：褚小者不可以怀大，绠短者不可以汲深。'"成玄英疏："绠，汲索也。夫容小之器，不可以藏大物；短促之绳，不可以引深井。"

归愚识夷涂，汲古得修绠。（唐·韩愈《秋怀诗十一首》其五）

哽 gěng

古上声，二十三梗。逆哀～悲～感～哽～闷～凄～酸～咽～顺～蹶～恨～结～恧～恸～咽例还来绕井哭，哭声通复哽。（唐·元稹《梦井》）似汉宫人去，夜深独语，胡沙凄哽。（宋·吴文英《还京乐·宴兰溆》）

景 jǐng

古上声，二十三梗。逆抱～毕～搏～捕～测～宸～驰～迟～尺～初～慈～丹～飞～浮～附～顾～圭～规～瑰～晷～含～寒～候～华～焕～晖～辉～晦～魂～戢～霁～骄～精～揆～烈～灵～流～隆～落～迈～昧～媚～蹑～暖～栖～乾～倾～清～穷～溽～锐～瑞～桑榆～韶～摄～神～驶～适～淑～束～驷～肃～素～文～西洋～晞～惜～熙～曦～隙～遐～暇～霞～祥～响～霄～休～修～旭～煦～轩～烟～炎～移～逸～翳～音～玉～跃～责～昃～逐～坠～嵫～顺～澄～旦～风～福～功～候～化～焕～辉～科～刻～烈～迈～靡～明～命～慕～佩～趣～瑞～铄～望～纬～夕～西～祥～序～炎～曜～耀～业～夜～夷～语～昃～征～钟～重～胄～助～状～祚例鳞岭森翠微，澄潭照秋景。（唐·邢巨《游宣州琴溪同武平一作》）颓思茅檐下，弥伤好风景。（唐·王维《林园即事寄舍弟紞》）于焉得携手，屡赏清夜景。（唐·韦应物《寄柳州韩司户郎中》）

典**文景** 称美太平盛世。《汉书·景帝纪》："汉兴，扫除烦苛，与民休息。至于孝文，加之以恭俭，孝景遵业，五六十载之间，至于移风易俗，黎民醇厚。周云成康，汉言文景，美矣。"

君看汉家文景业，张侯能以一言亡。（宋·张耒《朱云》）

举目悲风景 指感伤国土沦丧。亦作"新亭风景""新亭对泣"。见251页"新亭对泣"。

又见水沉亭，举目悲风景。（宋·姜夔《卜算子·月上海云沉》）

羊祜伤风景 晋人羊祜爱山水，常登岘山赏风景，曾为登临者湮灭无闻而感伤，后用为登临之典。亦作"羊祜江山"。《晋书·羊祜传》："祜乐山水，每风景，必造岘山，置酒言咏，终日不倦。尝慨然叹息，顾谓从事中郎邹湛等曰：'自有宇宙，便有此山。由来贤达胜士，登此远望，如我与卿者多矣！皆湮灭无闻，使人悲伤。如百岁后有知，魂魄犹应登此也。'"

羊祜伤风景，谁云异我曹。（唐·耿湋《登沃州山》）

警 jǐng

古上声，二十三梗。逆跸～边～鞭～猜～察～称～惩～敕～传～聪～惮～风～烽～岗～规～行～鹤～慧～枷～戒～诫～谨～精～开～灵～凄～奇～企～清～遒～韶～设～申～诗句～提～痛～外～息～宵～新～虚～驯～严～谣～箴～顺～拔～跸～辩～捕～策～敕～逴～粹～拂～扞～固～徽～惠～慧～疾～监～健～儆～捷～励～利～炼～亮～论～逻～虑～迈～勉～妙～敏～拗～遒～阙～扰～设～竦～肃～闻～锡～黠～宵～惺～秀～勖～颖例自我一家则，未缺只字警。（唐·杜甫《八哀诗·故右仆射相国张公九龄》）离离挂空悲，戚戚抱虚警。（唐·韩愈《秋怀诗十一首》其五）夜色侵霜，萧萧络纬啼金井。梦寒初警。（宋·毛干《点绛唇·夜色侵霜》）

井 jǐng

古上声，二十三梗。逆拜～碧～冰～鄘～丹～倒～洞～坟～观～寒～鹤～画～潢～涧～井～庐～露～闾～幕～绮～丘～邱～秋～乳～入～桑～抒～树～霜～潭～汤～田～唾～万～墟～瑶～裔～月～藻～锥～顺～乘～床～捽～地～甸～钿～赋～鲋～干～谷～冠～椁～闬～桁～疆～臼～坎～槛～科～阑～里～庐～落～闾～湄～牧～曲～市～室～树～肆～遂～田～蛙～硊～渫～养～邑～堙～鱼～旗～眢～灶～甃例户外窥数峰，阶前对双井。（唐·杨浚《题武陵草堂》）徒思赤笔书，讵有丹砂

井。（唐·王维《林园即事寄舍弟紞》）苔色遍春石，桐阴入寒井。（唐·司空曙《石井》）

颈（頸）jǐng

古上声，二十三梗。逆白～丹～顶～鹅～粉～钩～鹤～交～亢～连～蝤蛴～缩～刎～系～项～小～秀～咽～延～引～拥～顺～脰～戾～联～圈～嗓～饰～尾～子例归老守故林，恋阙悄延颈。（唐·杜甫《八哀诗·故右仆射相国张公九龄》）层波细翦明眸，腻玉圆搓素颈。（宋·柳永《昼夜乐·秀香家住桃花径》）有情无物不双栖，文禽只合常交颈。（宋·张先《归朝欢·声转辘轳闻露井》）

典**系颈**　指制伏犯边的敌酋。亦作"系虏""系名王"。《汉书·贾谊传》："是时匈奴强，数寇边。……谊数上疏陈政事，多所欲匡建，其大略曰：'……今匈奴嫚娒侵掠，至不敬也，为天下患，至亡已也，而汉岁致金絮采缯以奉之。……陛下何不试以臣为属国之官以主匈奴？行臣之计，请必系单于之颈以制其命。'"

欲令塞上无干戚，会待单于系颈时。（唐·李昂《从军行》）

憬jǐng　①远行的样子，也指远。②觉悟，醒悟。

古上声，二十三梗。逆憧～荒～憬～顺～彼～憧～集～憬～然～俗～涂～悟例今宵泉下人，化作瓶相憬。（唐·元稹《梦井》）

阱（*穽）jǐng

古去声，二十四敬。逆窨～毒～陀～虎～擭～隍～坎～槛～坑～猎～路～乱～兽～田～陷～硎～崖～语～顺～擭～坑～室～兽～陷例幸蒙东都官，获离机与阱。（唐·韩愈《东都遇春》）

刭（剄）jǐng　用刀割颈。

古上声，二十四迥。逆抗～自～顺～拔～杀

冷lěng

古上声，二十三梗。逆逼～腑～孤～积～洁～炯～零～露～溟～凝～峭～泉～疏～闲～酽～顺～傲～杯～曹～肠～齿～翠～铿～格～官～红～滑～宦～局～句～厥～俊～隽～厉～冽～露～梦～凝～峭～卿～泉～然～蕊～涩～署～霜～汰～突～香～巷烟波～～焰～吟～玉～月～韵～炙～竹～坐例风泉夜声杂，月露宵光冷。（唐·陈子昂《酬晖上人秋夜山亭有赠》）草木森已悲，衾帱清且冷。（唐·钱起《苦雨忆皇甫冉》）美人初起天未明，手拂银瓶秋水冷。（唐·张籍《楚妃怨》）

典**笑褚齿冷**　指讥笑投降派或无耻之徒。《南史·乐预传》："人笑褚公，至今齿冷。"即此典所出。

人笑褚渊今齿冷，只有袁公不死。（宋·杜旟《念奴娇·江山如此》）

领（領）lǐng

古上声，二十三梗。逆标～簿～持～传～辞～典～都～风～关～护～赍～解～颈～靖～拘～魁～嵝～辟～蛴～挈～窍～青～酋～裘～蝤～驱～曲～绻～襦～摄～素～频～项～笑～邪～修～玄～悬～训～押～咽～腰～缘～皂～掌～顺～案～承～答～兑～掇～恶～颚～襘～鉴～絜～解～览～料～录～率～抹～牧～纳～盘～旗～峤～挈～摄～属～统～外～握～御例忆君霜露时，使我空引领。（唐·高适《同吕员外酬田著作幕门军西宿盘山秋夜作》）怀新目似击，接要心已领。（唐·杜甫《渼陂西南台》）懿此含晓芳，翛然忘簿领。（唐·刘禹锡《和郴州杨侍郎玩郡斋紫薇花十四韵》）

典**蝤蛴领**　蝤蛴为天牛的幼虫，身长圆而白，比喻女子洁白丰润的颈项。《诗经·卫风·硕人》："肤如凝脂，领如蝤蛴。"

蝤蛴领上诃梨子，绣带双垂。（唐·和凝《采桑子·蝤蛴领上诃梨子》）

岭（嶺）lǐng

古上声，二十三梗。逆半～岑～曾～翠～叠～分～分水～复～冈～岗～缑～牯～鹤～鹫～峻～崑～梅花～南～碕～嵰～秦～穹～危～霞～霄～秀～玄～鸦～崖～烟～岩～驿～阴～玉～云～顺～隘～阪～表～岑～蜑～腹～岗～广～海～堠～徼～梅～峤～岫～雁～阴～越～嶂～左例青草肃澄陂，白云移翠岭。（唐·王维《林园即事寄舍弟紞》）波涛良史笔，芜绝大庾岭。（唐·杜甫《八哀诗·故右仆射相国张公九龄》）座隅泉出洞，竹上云起岭。（唐·钱起《山中春仲寄汝上王恒颍川沈冲》）

令lǐng　量词，纸张的计量单位。另见888页líng、913页lìng。

古去声，二十四敬。逆纸一～

蒙měng　蒙古。另见872页mēng、889页méng。

逆蔑～顺～古～族

懵（*懜）měng　昏昧无知，糊涂。另见890页méng。

古上声，一董。逆昏～懵～顺～懂～昧～然～如例倾败生所竞，保全归懵懵。（唐·孟郊《寄张籍》）

猛měng

古上声，二十三梗。逆傲～残～炽～赑～发～伏～服～豪～虎～徽～骄～矫～进～精～骏～宽～狞～趫～轻～疏～枭～骁～雄～严～毅～余～躁～召～狰～鸷～壮～顺～暴～恶～法～奋～概～憨～寒～悍～忽～急～健～捷～进～劲～炬～虓～决～峻～可～厉～利～戾～鸟～怒～气～然～锐～省～盛～迅～毅～勇～政～志～鸷～烛～壮例敛退就新懦，趋营悼前猛。（唐·韩愈《秋怀诗十一首》其五）遍入原上村，村空犬仍猛。（唐·元稹《梦井》）凭轩羽人傲，夹户天兽猛。（唐·陆龟蒙《奉和袭美太湖诗二十首·晓次神景宫》）

典**汉上有王猛**　指高人贤才。《晋书·苻坚传》附《王猛传》："苻坚将有大志，闻猛名，遣吕婆楼招之，一见便若平生，语及废兴大事，异符同契，若玄德之遇孔明也……"

汉上有王猛，江南无谢安。（宋·韩希孟《练裙带诗》）

蜢měng　蚱蜢。

古上声，二十三梗。逆蚱～蚝～顺～虱

艋měng　舴艋。

古上声，二十三梗。逆舴～例略略风来欹舴艋。（宋·洪适《渔家傲·渔父饮时花作荫》）

蠓měng　昆虫。

古上声，一董。逆蔑～蠛～顺～虫～蠛～蚋

酩mǐng　酩酊，酒醉的样子。

古上声，二十四迥。逆解～顺～酊例安得便如彭泽去，不妨且作山翁酩。（宋·吴潜《满江红·岁岁登高》）

皿mǐng 又读。另见763页mǐn。

古上声，二十三梗。

瞑mǐng 又读。另见892页míng。另见695页miàn。

拧(擰)nǐng ①转过，转动。②颠倒，相反。③别扭，抵触。另见893页níng、916页nìng。

顺～葱～螺丝～转

捧pěng

古上声，二肿。逆簇～撮～赍～齎～顺～杯～持～戴～腹～哏～袂～日～手～檄～心～靴～拥～足

典**心常捧** 用以讥讽生硬模仿。《庄子·天运》："故西施病心而矉其里，其里之丑人见之而美之，归亦捧心而矉其里。其里之富人见之，坚闭门而不出，贫人见之，挈妻子而去走。彼知矉美而不知矉之所以美。"

多病心常捧，新词字带香。（宋·赵磻老《南柯子·体质娟娟静》）

请(請)qǐng

古上声，二十三梗。逆哀～禀～参～朝～陈～刺～敦～俸～干～告～购～关～管～函～横～劫～进～荆～抠～扣～礼～论～卖～辟～普～乞～启～秋～赇～上～赊～属～顺～吁～宣～询～延～央～谒～议～迎～造～质～嘱～谆～咨～顺～病～车～祷～蹯～服～福～丐～匄～告～故～吉～寄～间～举～郡～老～吏～盟～面～泥～逆～蕲～启～愆～赇～取～事～属～顺～朔～诉～退～外～闲～谢～训～谳～业～谒～益～引～缨～召～政例绸缪阃外书，慷慨幕中请。（唐·高适《同吕员外酬田著作幕门军西宿盘山秋夜作》）许共林客游，欲从山王请。（唐·皎然《白云上人精舍寻杼山禅师》）未得文章力，何由俸禄请。（唐·陆龟蒙《江南秋怀寄华阳山人》）

典**山神请** 指高僧传法。《高僧传·晋庐山释昙邕》：昙邕弟子昙果"梦见山神求受五戒，果曰：'家师在此，可往咨受。'后少时，邕见一人着单衣帢，风姿端雅，从者二十许人，请受五戒。邕以果先梦，知是山神，乃为说法受戒。"

时许山神请，偶逢洞仙博。（唐·王维《燕子龛禅师》）

顷(頃)qǐng ①土地面积单位，百亩为顷。②时间短。③时，时候。④先前，往昔。⑤近来，刚才。

古上声，二十三梗。逆弹指～电～俄～近～居～刻～顷～时～食～息～须～选～移～自～顺～常～代～忽～间～久～克～来～亩～晦～年～前～顷～然～日～时～世～数～岁～息～向～月～暂～者例如有长风吹，青云在俄顷。（唐·刘长卿《杂咏八首上礼部李侍郎·白鹭》）忽忆咸阳原，荒田万余顷。（唐·元稹《梦井》）梦想洞庭飞下，散入云涛千顷。（宋·康与之《喜迁莺·秋寒初劲》）

謦qǐng ①咳嗽。②谈笑。

古上声，二十四迥。逆欬～顺～欬～咳～谈～唾

庼(廎、*高)qǐng 小厅堂。另见874页qīng。

苘(*檾、莔)qǐng 苘麻。

顺～麻

省shěng 另见907页xǐng。

古上声，二十三梗。逆爱～白云～北～贬～裁～朝～殿～房～分～粉～赴～华～画～槐～机～鸡～谏～降～禁～京～刻～客～兰～麟～纶～旁～骑～签～轻～清～寺～台～铜～薇～仙～学～掖～右～鸳～原～芸～质～雉～中～左～顺～薄～场～彻～臣～陈～敌～额～分～符～阁～耗～户～简～节～解～禁～径～句～旷～吏～门～陌～纳～骑～铨～啬～穑～释～瘦～署～司～寺～损～囮～台～堂～庭～闱～息～惜～限～宪～饷～刑～选～要～易～印～员～垣～掾～约～札～中～转例潇洒陪高咏，从容羡华省。（唐·韦应物《寄柳州韩司户郎中》）季弟仕谯都，元兄坐兰省。（唐·韦应物《送苏评事》）

典**画省** 指尚书省。汉·蔡质《汉官典职仪式选用》："尚书奏事于明光殿，省中画古烈士，重行书赞。"

欲持画省郎官笔，回与临邛父老书。（唐·王维《送崔五太守》）

潘省 指寓直官省。亦作"骑省""散骑省""散骑云阁"。晋·潘岳《秋兴赋·序》："余春秋三十有二，始见二毛。以太尉掾兼虎贲中郎将，寓直于散骑之省。高阁连云，阳景罕曜。"

谢庭瞻不远，潘省会于斯。（唐·杜甫《同豆卢峰知字韵》）

骑省 见本页"潘省"。

行子东山起征思，中郎骑省悲秋气。（唐·刘禹锡《秋萤引》）

眚shěng ①错误，过失。②目生翳。③疾苦。

古上声，二十三梗。逆白～避～变～赤～过～黑～黄～鸡～疾～目～逆～青～肆～韬～天～微～无～瑕～祥～釁～妖～灾～罪～顺～病～礼～厉～沴～目～期～愆～慝～妖～灾～烖

典**赤眚** 指兵火之灾的征兆。《汉书·五行志中之下》："传曰：'视之不明，是谓不哲，厥咎舒，厥罚恒奥，厥极疾。时则有草妖……时则有赤眚赤祥。惟水沴火。'……视则以色者，五色物之大分也，在于眚祥，故圣人以为草妖，失秉之明者也。"

常日谈玄，余龄守黑，赤眚从何起。（宋·刘克庄《念奴娇·小孙盘问翁翁》）

挺tǐng

古上声，二十四迥。逆白～标～方～刚～耿～孤～金～揩～京～惊～径～峻～宽～荔～连～鹿～奇～牵～强～清～森～申～兽～天～挺～相～小～秀～攒～顺～操～触～床～带～敌～动～捫～崿～冠～缓～节～杰～解～茂～确～然～生～毯～特～挺～秀～逸～争～执～质～专～卓～擢～走例秋至人间灏气清。蓂余三荚映阶挺。（宋·无名氏《鹧鸪天·秋至人间灏气清》）

艇tǐng 轻便的船。

古上声，二十四迥。逆村～钓～短～风～孤～刳～烟～野～鱼～渔～顺～板～子例仿像识鲛人，空蒙辨鱼艇。（唐·杜甫《渼陂西南台》）垂虹纳纳卧谯门，雉堞眈眈俯渔艇。（唐·薛涛《江月楼》）朝携下枫

浦，晚戴出烟艇。（唐·陆龟蒙《奉和袭美添渔具五篇·箬笠》）

梃 tǐng 棍棒。

㊀上声，二十四迥。㊁白～锄～横～连～执～制～㊂～棒～击～杻～刃

㊄**白梃** 指棍棒之类的简陋武器。《吕氏春秋·仲秋纪·简选》："锄櫌白梃，可以胜人之长铫利兵。"高诱注："梃，杖也。"

碧幢未作朝廷计，白梃犹驱妇女行。（唐·罗隐《塞外》）

町 tǐng 田界。

㊀上声，二十四迥。又：下平，九青同。㊁编～町～畇～畦～竹～㊂～畦～疃～崖

铤（鋌）tǐng 疾走貌。

㊀上声，二十四迥。㊁钚～金～鹿～柔～首～兽～银～㊂～鹿～险～走

蓊 wěng 茂盛貌。

㊀上声，一董。㊁蓊～燕～郁～㊂～蔼～蔓～莽～勃～茀～渤～匌～荟～秽～蕿～茂～蒙～茸～蔚～翳～蘙～郁

滃 wěng ①水涌貌。②云起貌。③浓。

㊀上声，一董。㊁潼～滃～雾～郁～灇～云～㊂～勃～浡～渤～然～溶～泱～郁㊃六飞自天下，多士溘云滃。（宋·陈傅良《送国子监丞颜几圣提举江东分韵得动字》）

醒 xǐng 另见878页xīng。

㊀上声，二十四迥。下平，九青同。去声，二十五径同。㊁独～复～化～解～做～狂～灵～偏～轻～鲜～咏～余～㊂～豁～狂～亮～松～素～黠～心㊃倚伏悲还笑，栖迟醉复醒。（唐·高适《留上李右相》）多病马卿无日起，穷途阮籍几时醒。（唐·杜甫《即事》）日兼春有暮，愁与醉无醒。（唐·杜甫《巴西驿亭观江涨》）

㊄**独醒** 指对政治形势认识清醒，后因用作咏直臣不同流合污。亦作"孤醒""大夫醒""屈原醒"。《楚辞·渔父》："屈原既放，游于江潭，行吟泽畔，颜色憔悴，形容枯槁。渔父见而问之曰：'子非三闾大夫与？何故至于斯？'屈原曰：'举世皆浊我独清，众人皆醉我独醒，是以见放。'"

独醒时所嫉，群小谤能深。（唐·杜甫《赠裴南部闻袁判官自来欲有按问》）

大夫醒 见本页"独醒"。

贪持御史劾，不顾大夫醒。（宋·宋祁《泌阳王介夫》）

屈原醒 见本页"独醒"。

渊明权停种秫，遍人间，暂学屈原醒。（宋·罗志仁《木兰花慢·汉家糜粟诏》）

省 xǐng ①察看，视察。②检查，反省。③问候，探望。④醒悟，明白。⑤记得，记忆。另见906页shěng。

㊀上声，二十三梗。㊁按～案～参～晨～存～吊～定～归～过～候～记～降～儆～咎～猛～默～念～披～日～三～深～审～誓～思～退～慰～宜～寻～循～研～诣～御～灾～瞻～展～知～追～自～㊂～采～答～读～度～发～方～放～耕～功～躬～顾～观～候～昏～疾～鉴～觉～戒～覲～究～决～克～览～理～敛～脉～民～墓～纳～念～气～愆～督～亲～审～慎～识～侍～视～思～俗～愿～听～问～物～悟～相～修～恤～循～谒～忆～议～忧～谕～阅～众～訾㊃正直心所存，谄谀长自省。（唐·杨浚《题武陵草堂》）羽翮时一看，穷愁始三省。（唐·高适《同吕员外酬田著作幕门军西宿盘山秋夜作》）

擤（*揞）xǐng 按住鼻孔出气，使涕出。

影 yǐng

㊀上声，二十三梗。㊁抱～闭～避～鞭～搏～捕～测～蟾～驰～传～吊～对～遁～娥～飞～风～凤～高～顾～圭～晷～桂～寒～痕～烘～花弄～羁～戢～角～惊鸿～局～绝～练～鸾～蠓～梦～逸～蹑～弄～偶～片～栖～清～秋千～趋～神～疏～曙～束～霜～素～兔～抟～颓～午～夕～纤～弦～妍～漾～业～曳～移～遗～逸～荫～萤～影～圆～仄～棹～遮～真～阵～只～竹～逐～驻～追～捉～姿～㊂～抱～庇～蔽～壁～避～表～钞～带～殿～伏～附～赴～盖～国～和～会～迹～接～赖～屏～似～事～室～堂～犀～削～兆～质～柱㊃竹晦南汀色，荷翻北潭影。（唐·王勃《山亭夜宴》）松含风里声，花对池中影。（唐·王维《林园即事寄舍弟紞》）漾漾带山光，澄澄倒林影。（唐·皇甫曾《山下泉》）

㊄**桂影** 代指月色。《太平御览》卷四引晋·虞喜《安天论》："俗传月中仙人桂树，今视其初生，见仙人之足，渐已成形，桂树后生焉。"

兰芳落故殿，桂影销空苑。（唐·权德舆《惠昭皇太子挽歌词二首》其二）

鸾影 喻指妇女失偶自伤。亦作"青鸾独绝""鸾镜""分鸾"。《鸾鸟诗序》："昔罽宾王结罝峻卯之山，获一鸾鸟，王甚爱之，欲其鸣而不致也。乃饰以金樊，飨以珍羞，对之愈戚，三年不鸣。其夫人曰：'尝闻鸟见其类而后鸣。何不县镜以映之。'王从其意，鸾睹形悲鸣，哀响冲霄，一奋而绝。"

镜中鸾影胡威去，剑外花归卫玠还。（唐·许浑《送段觉之西蜀结婚》）

萤影 指家贫苦读。亦作"读书萤""放萤""聚萤""拾萤"。《晋书·车胤传》："车胤字武子，南平人也。……太守王胡之名知人，见胤于童幼之中，谓胤父曰：'此儿当大兴卿门，可使专学。'胤恭勤不倦，博学多通。家贫不常得油，夏月则练囊盛数十萤火以照书，以夜继日焉。"

隔窗萤影灭复流，北风微雨虚堂秋。（唐·戎昱《客堂秋夕》）

暗香疏影 代指梅花。宋·林逋《山园小梅二首》其一："众芳摇落独暄妍，占尽风情向小园。疏影横斜水清浅，暗香浮动月黄昏。"

暗香疏影君能事，何处羁人敢语诗。（宋·陈造《次韵李寿卿明府忆梅》）

捕风系影 比喻左道邪说，毫无根据，难以兑现。《汉书·郊祀志下》谷永说上"汉成帝"曰："化色五仓之术者，皆奸人惑众，挟左道，怀诈伪，以欺罔世主。听其言，洋洋满耳，若将可遇；求之，荡荡如系风捕影，终不可得。是以明王距而不

听，圣人绝而不语。”

　　捕风兼系影，信矣不须争。（唐·贯休《贻世》）

含沙射影　喻暗中中伤别人。亦作“射工伺人”。《诗经·小雅·何人斯》：“为鬼为蜮，则不可得。”毛氏传：“蜮，短弧也。”《经典释文》：“蜮，状如鳖，三足。一名射工，俗呼之水弩。在水中含沙射人，一云射人影。”

　　阴持含沙毒，射影期必中。（宋·秦观《秋夜病起怀端叔作诗寄之》）

梦幻泡影　喻指空虚无凭，不切实际的幻梦。《金刚波若波罗密经·应化非真分》：“一切有为法，如梦幻泡影。如露亦如电，应作如是观。”

　　梦幻将泡影，浮生事只如。（唐·贾岛《寄令狐绹相公》）

日中逃影　比喻徒劳无益。《庄子·渔父》：“（孔子）曰：‘……丘不知所失，而离此四谤者何也？’客凄然变容曰：‘甚矣子之难悟也！人有畏影恶迹而去之走者，举足愈数而迹愈多，走愈疾而影不离身，自以为尚迟，疾走不休，绝力而死。不知处阴以休影，处静以息迹，愚亦甚矣！……今不修之身而求之人，不亦外乎！’”

　　闹里偷声，日中逃影，用尽机关无少留。（宋·廖行之《沁园春·直下承当》）

颖（穎、*頴）yǐng　①禾穗的末端。②嫩芽，芽尖。③某些细长物体的尖端。④毛笔头上的锋毫。⑤比喻才智出众。

古上声，二十三梗。逆标～才～超～楮～垂～叠～端～发～丰～锋～瑰～含～毫～禾～合～泓～慧～机～嘉～尖～警～儁～利～临～露～芒～毛～明～内～奇～潜～青～秋～銶～神～韬～铦～苕～秃～兔～秀～耀～英～贞～针～重～擢～顺～拔～出～发～法～俊～利～栗～露～迈～敏～然～生～识～首～脱～悟～黠～秀～艳～耀～逸～哲～振例玉楼互相晖，烟客何秀颖。（唐·吴筠《游仙二十四首》其一九）紫茸垂组缕，金缕攒锋颖。（唐·刘禹锡《和郴州杨侍郎玩郡斋紫薇花十四韵》）

典**章台献颖**　指蒙恬制笔献于秦王。《毛颖传》：“秦始皇时，蒙将军恬南伐楚，次中山，将大猎以惧楚……遂猎，围毛氏之族，拔其毫，载颖而归，献俘于章台宫，聚其族而加束缚焉。秦皇帝使恬赐之汤沐，而封诸管城，号曰管城子，日见亲宠任事。”

　　见骇毛飞雪，章台献颖，臞腰束缟，汤沐疏邑。（宋·吴文英《一寸金·秋入中山》）

瘿（癭）yǐng　瘤。

古上声，二十三梗。逆虫～槐～荆州～拘～瘤～木～蟠～树～松～顺～杯～瘤～木～瓢～相～疣～肿～尊例地多齐后疟，人带荆州瘿。（唐·王维《林园即事寄舍弟紞》）

颍（潁）yǐng　水名。

古上声，二十三梗。逆柴～杭～淮～箕～梁～南～坡～汝～伊～饮～顺～滨～川～谷～客～阳例更爱云林间，吾将卧南颍。（唐·杨浚《题武陵草堂》）游目来远思，摘芳寄汝颍。（唐·钱起《山中春仲寄汝上王恒、颍川沈冲》）心到物自闲，何劳远箕颍。（唐·元稹《表夏十首》其二）

典**箕颍**　代指隐士隐居之地。《高士传·许由》：“由于是遁耕于中岳，颍水之阳，箕山之下。”

　　唯有早归箕颍计，暮酬朝唱不论才。（宋·晁说之《寄隰州李九使君》）

郢yǐng　古邑名，春秋战国时楚国国都。

古上声，二十三梗。逆哀～城～匠～盘～磐～宛～鄢～燕～顺～才～唱～词～都～斧～歌～工～匠～斤～客～路～门～曲～阙～刃～声～石～市～书～调～握～削～雪～爰～正～政～质～中～斫例后沔通河渭，前山包鄢郢。（唐·王维《林园即事寄舍弟紞》）新声殊激楚，丽句同歌郢。（唐·皎然《答俞校书冬夜》）冷烟衰草凄迷，伤心兴废，赖有阳春古郢。（宋·刘过《西吴曲·说襄阳、旧事重省》）

典**哀郢**　为战国时期楚国屈原的作品，哀悼楚国郢都被秦国攻陷，楚怀王受辱于秦，自己被放逐，百姓流离失所等悱恻难申的悲情，后用来指哀愁。见《九章·哀郢》。

　　哀郢遗言切，忧周素发垂。（宋·刘克庄《挽抟谏议三首》其一）

整zhěng

古上声，二十三梗。逆编～裁～督～端～敦～顿～方～丰～扶～高～闳～宏～华～节～洁～峻～骏～厘～丽～料～衷～峭～清～遒～全～森～沈～疏～鲜～新～修～秀～训～殷～昭～贞～治～顺～跸～兵～饬～敕～娖～龊～擉～次～拂～戈～革～贵～翰～翮～笏～会～缉～疾～驾～健～襟～峻～隽～勒～厘～厉～立～丽～栗～练～领～旅～美～旆～辔～然～赡～设～身～束～搠～蔚～析～息～暇～鲜～心～秀～严～仪～舆～棹～正～众～驻～缀～作例登高望去尘，纷思终难整。（唐·韦应物《送苏评事》）延首长相思，忧襟孰能整。（唐·钱起《苦雨忆皇甫冉》）

拯zhěng　①上举，上提。②救助。

古上声，二十四迥。逆哀～拔～存～济～救～匡～怜～携～援～顺～拔～抚～护～济～溺～赡～赎～物～恤～援～治～擢

仄声·去声

甏bèng　坛子。

逆打～缸～酒～瓦～顺～子

迸bèng　①奔散，走散。②破裂，断裂。③向外溅出或喷射。④向上冒，长出。⑤通“屏”，斥逐。

古去声，二十四敬。逆奔～逬～逼～波～催～放～飞～风～孤～横～惊～睽～泪～凌～流～泉～散～逃～跳～珠～顺～奔～逼～兵～坼～窜～地～点～缝～伏～蹦～火～激～集～阶～绝～泪～连～烈～溜～沫～瀑～砌～泉～湿～水～笋～涕～跳～脱～箨～亡～息～泻～穴～芽～烟～逸～溢～萤～跃～云～珠～竹～逐～走例玉树花歌百花里，珊瑚窗中海日迸。（唐·贯休《陈宫词》）愁襟风叶乱，独坐灯花迸。（唐·陆龟蒙《村夜二篇》其一）鼓连天、银烛花光，柳芽催迸。（宋·刘辰翁《金缕曲·岁事峥嵘甚》）

蹦bèng

逆扔～跳～顺～走

蚌bèng　蚌埠的蚌。另见845页bàng。

顺～埠

病bìng

古去声，二十四敬。逆罢～残～禅～创～疵～辞～促～笃～饿～废～扶～负～告～攻～狗马～锢～耗～鹤～毁～讥～羁～况～酒～疢～居～渴～羸～利～癃～潞～瞀～民～馁～乞～切～寝～丧～沈～甚～声～诗～时～世～守～讬～温～暇～详～邪～朽～宿～恤～淹～移～舆～长卿～滞～眚～渍～顺～痹～蔽～弊～残～孱～呈～醒～创～殂～悴～瘁～蒂～笃～顿～耳～乏～废～革～钩～骨～蛊～骸～候～恚～喙～肌～亟～疾～悸～酒～疢～渴～狂～累～利～疠～癃～魅～殁～癖～气～痤～沈～守～瘦～俗～闲～香～心～魇～暍～议～喑～瘝～杖～质～滞～醉例有求常百虑，斯文亦吾病。（唐·杜甫《早发》）荒乘不知疲，醉死岂辞病。（唐·韩愈《东都遇春》）正声不屈古调高，钟律参差管弦病。（唐·元稹《和李校书新题乐府十二首·华原磬》）

典**竞病**　指虽押险韵而能作出好诗。《南史·曹景宗传》："景宗振旅凯入，帝于华光殿宴饮连句，令左仆射沈约赋韵。景宗不得韵，意色不平，启求赋诗，帝曰：'卿技能甚多，人才英拔，何必止在一诗。'景宗已醉，求作不已，诏令约赋韵。时韵已尽，唯余竞病二字。景宗便操笔，斯须而成。其辞曰：'去时儿女悲，归来笳鼓竞。借问行路人，何如霍去病。'帝叹不已，约及朝贤惊嗟竟日。"

丽句费敲推，清吟出竞病。（宋·马廷鸾《次李改卿韵》）

公干病　借指卧病之苦。汉末建安七子之一刘桢，字公干，曾有诗自述卧病漳滨之苦。亦作"公干沉绵""公干卧""公干伏枕"。汉·刘桢《赠五官中郎将四首其二》："余婴沉痼疾，窜身清漳滨。自夏涉玄冬，弥旷十余旬。"

家甚长卿贫，身多公干病。（唐·武元衡《长安叙怀寄崔十五》）

淮阳病　咏州郡长官。亦作"淮阳卧""淮南卧""淮阳薄""薄淮阳""卧淮阳"。《史记·汲黯列传》："上以为淮阳，楚地之郊，乃召黯拜为淮阳太守。黯伏谢不受印，诏数强予，然后奉诏。诏召见黯，黯为上泣曰：'臣自以为填沟壑，不复见陛下，不意陛下复收用之。臣常有狗马病，力不能任郡事。臣愿为中郎，出入禁闼，补过拾遗，臣之愿也。'上曰：'君薄淮阳邪？吾今召君矣。顾淮阳吏民不相得，吾徒得君之重，卧而治之。'黯既辞行，过大行李息……黯居郡如其故治，淮阳政清。"

振卧淮阳病，悲秋宋玉文。（唐·羊士谔《暇日适值澄霁江亭游宴》）

刘桢病　指卧病。亦作"刘桢沉痼"。《三国志·魏书·王粲传》："粲与……东平刘桢字公干并见友善。干为司空军谋祭酒掾属，五官将文学。"《先贤行状》："干清玄体道，六行修备，聪识洽闻，操翰成章，轻官忽禄，不耽世荣。建安中，太祖特加旌命，以疾休息。后除上艾长，又以疾不行。"

潘岳衰将至，刘桢病未瘳。（唐·卢纶《卧病寓居》）

原思病　孔子弟子原宪，字子思，故或称其为原思。他认为学道而不能行谓之病，贫而乐道不得谓之病。《庄子·让王》："原宪居鲁，环堵之室，茨以生草；蓬户不完，桑以为枢；而瓮牖二室，褐以为塞；上漏下湿，匡坐而弦。子贡乘大马，中绀而表素，轩车不容巷，往见原宪。原宪华冠縰履，杖藜而应门。子贡曰：'嘻！先生何病？'原宪应之曰：'宪闻之，无财谓之贫，学而不能行谓之病。今宪，贫也，非病也。'子贡逡巡而有愧色。"

孰谓原思病，非关宁武愚。（唐·权德舆《奉和许阁老酬淮南崔十七端公见寄》）

并[1]（*並、竝）bìng　①平排；俱在。②副词。另见865页bīng。

古上声，二十四迥。逆苞～参～二难～福～势莫～四～相～自～顺～蒂～封～覆～夹～节～聚～柯～间～茂～名～命～辔～时～世～土～心～植例簪裾非所托，琴酒冀相并。（唐·韩思彦《酬贺遂亮》）千官随兴合，万福与时并。（唐·刘宪《奉和人日清晖阁宴群臣遇雪应制》）别离焉足问，悲乐固能并。（唐·陈子昂《夏日晖上人房别李参军崇嗣》）

典**四并**　指良辰、美景、赏心、乐事同时俱至。《拟魏太子邺中集诗序》："天下良辰、美景，赏心、乐事，四者难并。"《滕王阁序》："四美具，二难并。"

举世不供三笑别，暮年转觉四并难。（宋·方岳《中秋》）

并[2]（*併）bìng　合并。另见865页bīng。

古去声，二十四敬。又：上声，二十三梗同。逆坌～打～隔～混～鬲～骈～侵～省～移～阻～顺～兵～程～骨～涵～兼～介～卷～手～亲～吞例道与古仙合，心将元化并。（唐·李白《题随州紫阳先生壁》）

柄bìng　又读。另见902页bǐng。

摒bìng　除去，排除。

顺～除～挡～绝

蹭cèng　①摩擦。②慢吞吞地行动。

逆剐～挪～

称（稱）chèng　同"秤。"另见865页chēng、769页chèn。

古去声，二十五径。逆斗～顺～锤～县～星

秤chèng

古去声，二十五径。逆等～戥～短～官～行～钧～双～司～心～言～重～掌～铢～顺～毫～衡～匠～权～色～提～心～友～长例姹女萦新裹，丹砂冷旧秤。（唐·杜甫《寄刘峡州伯华使君四十韵》）君还不信，把秤来秤。（宋·无名氏《行香子·浙右华亭》）

蹬dèng　①供踏脚用的（物品）。②梯道，石级。

古去声，二十五径。逆蹭～石～顺～蹭

磴dèng　石头台阶。

古去声，二十五径。逆碧～碥～斗～飞～风～硌～迴～矻～盘～蹊～青～磉～山～石～松～梯～危～悬～烟～岩～云～磳～顺～道～角～路～石～栈例纵调为野吟，徐徐下云磴。（唐·陆龟蒙《樵人十咏·樵歌》）

镫(鐙)dèng　马鞍两旁所挂用以踏脚的器件。

[古]去声,二十五径。[逆]鞍～截～马～踏～坠～[顺]～棒～锄～仗～杖

邓(鄧)dèng　姓。

[古]去声,二十五径。[逆]耿～[顺]～橘～林～沙

瞪dèng　怒目直视。

[古]下平,八庚。[逆]瞪～迷～盻～涎～[顺]～瞪～愕～瞢～瞢～眄～眸～目～视～眙[例]兰陔行可采,莲府犹回瞪。(唐·刘禹锡《和州送钱侍御自宣州幕拜官便于华州觐省》)

凳(*櫈)dèng

[古]去声,二十五径。[逆]方～杌～竹～[顺]～子

澄dèng　使液体中的杂质沉淀。另见884页chéng。

[顺]～结～清～沙～水～汰

定dìng

[古]去声,二十五径。[逆]禅～澄～痴～雠～惋～荡～谛～典～鼎～覆～龚～行～戢～辑～寂～剪～翦～建～戒～借～静～惊魂～拘～局～凯～龛～戡～克～廓～理～逆～宁～凝～耆～强～清～铨～人～芰～神～沈～素～绥～泰～拓～伪～翕～檄～闲～燮～信～宿～悬～训～谳～夜～营～湛～肇～贞～质～诹～[顺]～处～迭～鼎～端～法～慧～昏～极～籍～见～据～科～门～谟～宁～配～倾～趋～舍～胜～识～实～体～帖～问～物～验～谳～执[例]人闲流更慢,鱼戏波难定。(唐·刘长卿《湘中纪行十首·花石潭》)樵人归欲尽,烟鸟栖初定。(唐·孟浩然《宿业师山房,期丁大不至》)结叶影自交,摇风光不定。(唐·元稹《与杨十二、李三早入永寿寺看牡丹》)

[典]**一戎定**　泛指用兵。亦作"一戎衣""一戎""一衣"。《书·武成》:"一戎衣,天下大定。"

始于一戎定,垂此亿世安。(唐·李益《北至太原》)

订(訂)dìng

[逆]辨～辩～参～雠～函～讲～交～较～科～课～厘～诠～手～征～[顺]～办～编～辨～辩～补～道～定～讹～庚～恨～稽～辑～考～况～礼～盟～明～谬～诺～偶～契～阙～实～誓～述～顽～义～议

锭(錠)dìng

[古]去声,二十五径。[逆]钣～楮～金～冥～墨～银～纸～硃～[顺]～楮～锞～器～药

钉(釘)dìng　另见867页dīng。

[古]去声,二十五径。[逆]勾～印～[顺]～封～书

碇(*矴、椗)dìng　①停船时沉入水底用以稳定船身的石块。②下碇,停泊。

[古]去声,二十五径。[逆]拔～发～启～起～下～[顺]～石～铁

飣dìng　将食品堆放于器皿中,一般供陈列。

[古]去声,二十五径。[逆]簇～斗～餖～高～盘～[顺]～案～簇～斗～餖～核～盘[例]对景沈吟嗟没兴。薄幸不来,空把杯盘飣。(宋·滕甫《蝶恋花·昼永无人深院静》)

奉fèng

[古]上声,二肿。[逆]阿～参～谄～常～朝～承～崇～酬～传～戴～附～甘旨～告～公～孤～归～国～还～厚～赍～寄～敬～客～匡～礼～禄～面～攀～陪～毗～迁～钦～请～曲～取～上～食～事～室～顺～祀～嗣～随～推～卫～衔～献～修～膺～迎～营～应～预～增～瞻～展～周～资～宗～尊～[顺]～拜～报～币～璧～表～别～禀～差～持～敕～酬～畜～祠～辞～赐～戴～奠～读～藩～国～贺～候～祭～将～敬～率～浼～慕～攀～缮～屈～商～觞～顺～朔～祀～粟～托～委～宪～修～宣～玄～询～循～迓～央～仰～谒～遗～翼～引～谀～御～贽～秩～祝～尊～佐[例]威凤来有时,虚心岂无奉。(唐·元稹《寺院新竹》)七十余年真一梦。朝来寿斝儿孙奉。(宋·苏辙《渔家傲·七十余年真一梦》)何似尊前斑斓起,低唱浅斟齐奉。(宋·刘辰翁《金缕曲·拍瓮春醅动》)

凤(鳳)fèng

[古]去声,一送。[逆]白～百～宝～碧～池～赤～雏～楚～吹～翠～丹～二～附～高～歌～孤～龟～和～火～集～髫～蛟～九～跨～鲲～老～麟～鸣～呕～攀～批～起～秦～青～叹～桐～吐～团～威～舞～祥～星～玄～瑶～仪～翳～游～玉～鸳～鹓～云～诏～朱～竹～紫～[顺]～葆～跸～彩～策～刹～唱～墀～吹～词～德～邸～盖～膏～歌～函～毫～翮～鹤～縠～戢～集～纪～迹～驾～喈～京～胫～举～炬～钧～郎～乐～侣～律～媒～鸣～眸～念～色～翣～韶～舍～书～丝～髓～榻～团～闱～响～箫～啸～婿～掖～靥～仪～影～藻～质～烛[例]惜君滞南楚,枳棘徒栖凤。(唐·刘长卿《送沈少府之任淮南》)鲁圣虚泣麟,楚狂浪歌凤。(唐·鲍溶《寓兴》)明镜失旧人,空林误归凤。(唐·鲍溶《秋怀五首》)

[典]**附凤**　指攀附权贵以建立功业。《法言·渊骞》:"或问:'渊、骞之徒恶乎在?'曰:'寝。'或曰:'渊、骞曷不寝?'曰:'攀龙鳞,附凤翼,巽以扬之,勃勃乎其不可及也。如其寝!如其寝!'"《汉书·叙传下》:"舞阳鼓刀,滕公厩驺,颍阴商贩,曲周庸夫,攀龙附凤,并乘天衢。"

攀龙附凤势莫当,天下尽化为侯王。(唐·杜甫《洗兵马》)

孤凤　春秋时楚国隐士接舆曾以凤歌劝孔子不要热衷于从政。后用以咏叹生不逢时。《论语·微子》:"楚狂接舆歌而过孔子曰:'凤兮凤兮,何德之衰?往者不可谏,来者犹可追。已而,已而,今之从政者殆而!'孔子下,欲与之言。趋而辟之,不得与之言。"

中有孤凤雏,哀鸣九天闻。(唐·李白《送崔度还吴》)

麟凤　古代传说,如果君主圣贤,社会安定,就会出现麒麟、凤凰的吉兆。后世常以此称咏太平盛世。亦作"凤凰麒麟"。《孝经援神契》:"德至鸟兽,则麒麟臻。"

丈夫勋业正乾坤,麟凤龟龙尽在门。(唐·贯休《大蜀皇帝潜龙日述圣德诗五首》其五)

叹凤　比喻世道衰颓或生不逢时。《论语·子罕》:"子曰:'凤鸟不至,河不出图,吾已矣夫!'"

归来满把如渑酒,何用伤时叹

风兮。（唐·韦庄《鄠杜旧居二首》其二）

题凤 指访友不遇。亦作“题凡鸟”。《世说新语·简傲》：“嵇康与吕安善，每一相思，千里命驾。安后来，值康不在，喜出户延之，不入，题门上作‘凤’字而去。喜不觉，犹以为欣，故作‘凤’字，‘凡鸟’也。”

闻莺忽相访，题凤久裴回。（唐·陈子昂《酬田逸人游岩见寻不遇》）

吐凤 常用于赞美人的文才。《西京杂记》卷二：“扬雄读书，有人语之曰：‘无为自苦，玄故难传。’忽然不见。雄著《太玄经》，梦吐凤凰集《玄》之上，顷而灭。”

朝满迁莺侣，门多吐凤才。（唐·李商隐《喜舍弟羲叟及第上礼部魏公》）

威凤 传说南郡曾获凤凰，有威仪，因此称“威凤”，视为祥瑞。《汉书·宣帝纪》：“九真献奇兽，南郡获白虎威凤为宝。”晋灼注：“凤之有威仪者也，与《尚书》‘凤皇来仪’同意。”

不烦射雉先张翳，自有琴中威凤声。（唐·段成式《嘲飞卿七首》其六）

丹山凤 传说丹穴山有凤凰，其出现是天下安宁的征兆。《山海经·南山经》：“又东五百里，曰丹穴之山，其上多金玉。丹水出焉，而南流注于渤海。有鸟焉，其状如鸡，五采而文，名曰凤皇，首文曰德，翼文曰义，背文曰礼，膺文曰仁，腹文曰信。是鸟也，饮食自然，自歌自舞，见则天下安宁。”

期子当呼丹山凤，为瑞相与来及群。（宋·欧阳修《送吕夏卿》）

枳棘栖凤 咏县吏，或比喻大材小用。亦作“枳棘栖”“枳棘林”“枳棘鹤”“枳棘鸾”“棘栖鸾凤”。《后汉书·仇览传》：“时考城令河内王涣，政尚严猛，闻览以德化人，署为主簿。谓览曰：‘主簿闻陈元之过，不罪而化之，得无少鹰鹯之志邪？’览曰：‘以为鹰鹯，不若鸾凤。’涣谢遣曰：‘枳棘非鸾凤所栖，百里岂大贤之路？今日太学曳长裾，飞名誉，皆主簿后耳。以一月奉为资，勉卒景行。’”

惜君滞南楚，枳棘徒栖凤。（唐·刘长卿《送沈少府之任淮南》）

缝(縫)fèng ①缝合的地方，接合的地方。②空隙。另见 885 页 féng。

古去声，二宋。逆拔～斗～风～合～跨～连～觅～偏～骑～钤～瓦～无～罅～押～顺～际～开～罅

俸 fèng

古去声，二宋。逆本～边～残～常～辍～断～夺～恩～服～鹤～厚～进～克～吏～廉～廪～禄～清～请～赏～食～世～双～岁～微～辛～学～秩～资～顺～册～钞～赐～缎～工～户～积～绢～廉～粮～料～廪～满～浅～请～券～入～稍～深～食～帖～饷～薪～糈～恤～余～秩～赀～资～粢

讽(諷)fèng 又读。另见 903 页 fěng。

风(風)fèng ①风吹。②教育，感化。另见 867 页 fēng。

顺～百姓～民

葑 fèng 菰根。另见 869 页 fēng。

逆湖～积～茭～枯～万顷～例扶杖凌圯阯，刺船犯枯葑。（唐·韩愈《人日城南登高》）

更 gèng ①更加。②再；又。另见 869 页 gēng。

古去声，二十四敬。逆翻～愈～顺～兼～其～且～为～自

横 hèng ①横暴，蛮横。②冤枉。③意外。④暴烈。另见 885 页 héng。

古去声，二十四敬。逆暴～残～刁～蠹～放～非～犷～悍～豪～猾～狡～桀～倨～陵～肆～贪～佻～顽～凶～匈～庸～忮～鸷～恣～专～顺～霸～暴～悖～侈～炽～叨～夺～恶～放～敢～害～豪～猾～秽～酷～力～沴～躏～录～乱～蛮～蒙～难～怒～虐～谴～强～扰～肆～夭～意～撄～忧～灾～政～擢～恣例饮啖惟所便，文章倚豪横。（唐·韩愈《东都遇春》）

敬 jìng

古去声，二十四敬。逆哀～宾～谄～朝～诚～程～持～宠～黩～笃～敦～恩～菲～奉～恭～苟～贵～候～欢～回～简～骄～节～洁～谨～赆～居～克～恪～礼～廉～隆～貌～懋～偏～齐～起～谦～翘～钦～芹～情～舍～申～慎～失～施～悚～推～威～畏～孝～谢～信～修～谒～友～允～瞻～展～振～祇～致～忠～专～资～宗～尊～顺～宠～惮～独～奉～恭～厚～惶～迹～戒～谨～惧～恪～敏～命～慕～诺～虔～勤～诎～尚～慎～始～事～授～顺～思～羡～逊～异～执例将朝每赠言，入室还相敬。（唐·王维《故南阳夫人樊氏挽歌》）各言生死两追随，直置心亲无貌敬。（唐·韩愈《寒食日出游》）亲宾改旧观，僮仆生新敬。（唐·孟郊《送韩愈从军》）

劲(勁)jìng 劲健。另见 774 页 jìn。

古去声，二十四敬。逆草～淳～丰～风雷～骨～果～刚～悍～豪～疾～坚～矫～廉～猛～盘～剽～峭～清～虬～遒～瘦～险～骁～雄～秀～严～圆～越～贞～忠～顺～拔～操～草～果～悍～翮～疾～健～节～捷～骏～厉～利～廉～鳞～妙～气～强～峭～切～秋～锐～射～升～士～势～刷～挺～威～武～阴～勇～躁～正～质～鸷～卒例饮酒宁嫌盏底深，题诗尚倚笔锋劲。（唐·韩愈《寒食日出游》）开瓶浮蚁绿，试笔秋毫劲。（唐·陆龟蒙《村夜二篇》其一）高柳萧萧，睡余已觉西风劲。（宋·叶梦得《点绛唇·高柳萧萧》）

竞(競)jìng ①角逐，比赛。②强劲，强盛。③争着。

古去声，二十四敬。逆奔～纷～物～争～顺～病～谄～驰～凑～度～渡～发～奋～津～谨～进～朗～民～劝～胜～爽～骛～心～秀～躁例天阶崇黼黻，世路有趋竞。（唐·钱起《寄任山人》）弃旧美新由乐胥，自此黄钟不能竞。（唐·元稹《和李校书新题乐府十二首·华原磬》）寸晷不相待，四时互如竞。（唐·贾岛《答王参》）

典**南风不竞** 古人将音律与方位联系起来，双方作战前乐师各吹奏一方之乐，以音乐品质之高下预测其吉凶胜负。“南风不竞”即南方之音输了，预兆其凶、其败。《左传·襄公十八年》：“晋人闻有楚师，师旷曰：‘不害。吾骤歌北风，又歌南风。南风不竞，多死声。楚必无功。’”孔颖达正义：“今师旷以律吕歌南风音曲，南风音微，不与律吕相应，故云‘不竞’。”

南风苟不竞，无往遗之擒。(唐·元稹《桐花》)

净(淨)jìng

古去声，二十四敬。逆避～冰～澄～淡～端～风烟～光～泓～华～滑～江～镜～朗～凝～僻～磬～罄～秋～沈～省～霜～水～素～甜～玄～雅～严～莹～玉宇～云～匀～贞～中～顺～本～碧～刹～尽～丽～练～面～扫～色～饰～素～信～筵～业～衣～壹～因～余～宇～域～者～植～重～馔～罪例侧闻夜来寇，幸喜囊中净。(唐·杜甫《早发》)返照乱流明，寒空千嶂净。(唐·钱起《杪秋南山西峰题准上人兰若》)浮云自高闲，明月常空净。(唐·孟郊《忆周秀才、素上人，时闻各在一方》)

静jìng

古上声，二十三梗。逆敞～澄～冲～淳～诞～淡～风波～高～和～鹤～机～俭～简～洁～絜～介～谨～空～廉～秘～密～谧～默～穆～凝～贫～樸～凄～阒～柔～赏～沈～慎～省～守～淑～澌～窣～素～绥～天河～退～婉～万籁～温～希～习～祥～玄～严～妍～晏～嫕～隐～莹～愉～匀～湛～贞～正～逐～专～庄～顺～閟～泊～畅～尘～翠～德～谛～笃～钝～遏～讽～恭～躬～涵～悍～好～和～厚～化～晦～慧～寄～嘉～简～节～洁～襟～客～理～丽～侣～民～暝～莫～凝～女～朴～悫～色～摄～深～神～士～适～守～姝～淑～顺～俗～肃～素～邃～泰～体～恬～婉～悟～暇～闲～娴～修～秀～虚～雅～艳～晏～翳～渊～缘～云～贞～镇～正～志例皎皎白林秋，微微翠山静。(唐·陈子昂《酬晖上人秋夜山亭有赠》)那知石上喧，却忆山中静。(唐·皇甫曾《山下泉》)雨余人吏散，燕语帘栊静。(唐·刘禹锡《和郴州杨侍郎玩郡斋紫薇花十四韵》)

境jìng

古上声，二十三梗。逆埃～傍～保～避～尘～斥～川～蹙～地～梵～封～佛～复～沟～故～合～阖～化～画～践～郊～接～界～局～距～开～乐～连～莲～末～暮～人～仁～扫～殊～土～柝～甎～妄～悟～现～胸～眼～遗～逸～蔗～顺～会～壤～土～物～象～宇～阈～遇例轻舟去何疾，已到云林境。(唐·崔颢《入若耶溪》)骨惊畏曩哲，鬒变负人境。(唐·杜甫《八哀诗·故右仆射相国张公九龄》)僧家亦有芳春兴，自是禅心无滞境。(唐·吕温《戏赠灵澈上人》)

典**蔗境** 喻境况逐渐好转或兴味逐渐浓厚。《世说新语·排调》："顾长康啖甘蔗，先食尾。人问所以，云：'渐至佳境。'"

蔗境渐佳惟习静，笔床茶灶并荒唐。(宋·方岳《山中》)

太清境 三清境之一，泛指太空仙境。《云笈七签》卷三《道教本始部·道教三洞宗元》："其三清境者，玉清、上清、太清是也，亦名三天。其三天者清微天、禹余天、大赤天是也。……神宝君治在太清境，即大赤天也，其气玄白。"

曩侍玉案香，委佩太清境。(宋·范成大《小望州》)

结庐人境 陶渊明以此表现自己心情的淡远。亦作"结庐人"。晋·陶渊明《饮酒二十首》其五："结庐在人境，而无车马喧。问君何能尔？心远地自偏。"

结庐人境经过少，晚起长遭稚子催。(宋·李弥逊《山居寄友人》)

镜(鏡)jìng ①镜子。②察，鉴察。③借鉴，鉴戒。

古去声，二十四敬。逆班～半～冰～蟾～陈宫～澄～池～淬～分～抚～龟～规～海～合～衡～后～慧～火～巩～夹～检～皎～瞰～金～考～揽～朗～临～鸾～破～秦～清～琼～铨～鹊～人～日～荣～融～叡～三～世～霜～燧～潭～天～完～温家～洗～晓～玄～悬～瑶～引～莹～幽～玉～渊～远～月～藻～自～妆～顺～变～彩～察～彻～澈～澄～川～睇～断～发～芳～伏～阁～光～涵～鉴～瞰～洁～戒～诫～净～槛～考～览～奁～流～渌～鸾～轮～目～屏～破～浦～清～史～饰～天～洗～象～心～雪～月～沼～烛例云路移彤辇，天津转明镜。(唐·裴守真《奉和太子纳妃太平公主出降三首》其二)朝日照绮窗，佳人坐临镜。(唐·王维《扶南曲歌词五首》其五)芳幄覆云屏，石奁开碧镜。(唐·刘禹锡《海阳十咏·云英潭》)

典**金镜** 喻指明道。南朝梁·刘孝标《广绝交论》："盖圣人握金镜，阐风烈。龙骧蠖屈，从道污隆。"李善注："《雒书》曰：'秦失金镜。'郑玄曰：'金镜，喻明道也。'"

凤扆朝碧落，龙图耀金镜。(唐·王维《与宰臣等同望应制》)

破镜[1] 喻指夫妻团圆。《本事诗·情感》："陈太子舍人徐德言之妻，后主叔宝之妹，封乐昌公主，才色冠绝。时陈政方乱，德言知不相保，谓其妻曰：'以君之才容，国亡必入权豪之家，斯永绝矣。倘情缘未断，犹冀相见，宜有以信之。'乃破一镜，人执其半，约曰：'他日必以正月望日卖于都市，我当在，即以是日访之。'"

感破镜之分明，睹泪痕之余血。(唐·元稹《古决绝词》其二)

破镜[2] 喻指半圆的月亮，表示丈夫归来之期当在月半。《玉台新咏·古绝句四首》其一："藁砧今何在？山上复有山。何当大刀头，破镜飞上天。"

河鼓灵旗动，嫦娥破镜斜。(唐·刘禹锡《七夕二首》其一)

秦镜 指能明辨是非，鉴别善恶，或咏镜。亦作"秦台镜""秦明镜""秦家镜"。《西京杂记》："高祖初入咸阳宫，周行府库，金玉珍宝不可称言。其尤惊异者……有方镜广四尺，高五尺九寸，表里有明，人直来照之，影则倒见，以手扪心而来，则见肠胃五脏历然无硋。人有疾病在内，则掩心而照之，则知病之所在。又女子有邪心，则胆张心动。秦始皇常以照宫人，胆张心动者则杀之。"

秦镜无人拭，一片埋雾月。(唐·元稹《谕宝二首》其二)

磨砖作镜 喻指事与愿违，痴愚不果。《景德传灯录》卷五："开元中，有沙门道一，住传法院，常日坐禅。师知是法器，往问曰：'大德坐禅，图什么？'一曰：'图作佛。'师乃取一砖，于彼庵前石上磨。一曰：'磨砖作么？'师曰：'磨作镜。'一曰：'磨砖岂得成镜耶？'师曰：'磨砖既不成镜。坐禅岂得成佛耶?'"

每嗟坐禅学佛,有似磨砖作镜。(宋·郭印《和曾端伯安抚养生歌》)

山鸡舞镜 喻指人顾影自怜或对镜顾盼。《异苑》卷三:"山鸡爱其毛羽,映水则舞。魏武时,南方献之,帝欲其鸣舞而无由。公子苍舒令置大镜其前,鸡鉴形而舞不知止,遂乏死。韦仲将为之赋其事。"

山鸡照影空自爱,孤鸾舞镜不作双。(宋·黄庭坚《睡鸭》)

竟jìng ①终了,完毕。②穷究,追究。③遍,全。

古去声,二十四敬。逆必~服~郊~考~了~礼~弥~讫~穷~入~深~四~岁~铜~无~越~止~至~终~顺~案~旦~士~世~岁~体~夕~夜~已例山川八校满,井邑三农竟。(唐·王维《奉和圣制登降圣观与宰臣等同望应制》)同心勿遽游,幸待春妆竟。(唐·王维《扶南曲歌词五首》其五)为诗告友生,负愧终究竟。(唐·韩愈《东都遇春》)

径(徑、*逕)jìng 直径不可用"逕"。

古去声,二十五径。逆侧~刺~村~道~蝶~方~芳~高~归~蒿~鹤~活~疾~棘~寄~夹~简~箭~津~井~枯~逵~躐~陆~螺~履~迷~明~鸟~蹊~畦~樵~青~穷~秋~取~人~三~扫~省~殊~术~松~涂~螽~兔~枉~危~微~傒~溪~霞~香~烟~岩~羊肠~要~阴~月~迮~仄~栈~终南~顺~奔~道~窦~度~行~急~节~捷~截~界~绝~骏~露~率~情~衢~然~省~术~遂~廷~庭~挺~涂~易~踰~造~畛~致例朝朝暮暮空手回,山下绿苗成道径。(唐·王建《射虎行》)

典三径 代指隐士的家园。亦作"三路"。晋·陶渊明《归去来辞》:"三逕就荒,松菊犹存。"李善注引东汉赵岐《三辅决录》:"蒋诩,字元卿,舍中三逕,唯羊仲、求仲从之游,皆挫廉逃名不出。"

乱竹开三径,飞花满四邻。(唐·王勃《赠李十四首》其三)

胫(脛、*踁)jìng 小腿。

古去声,二十五径同。又:上声,二十四迥。逆碧~断~凤~凫~跟~鹤~踝~交~脚~叩~挺~铁~膝~雪没~顺~胫~毛~然~如~脡~衣例黄精无苗山雪盛,短衣数挽不掩胫。(唐·杜甫《乾元中寓居同谷县作歌七首》其二)叶健似虬须,枝脆如鹤胫。(唐·皮日休《公斋四咏·小松》)贞同柏有心,立若珠无胫。(唐·陆龟蒙《奉和袭美公斋四咏次韵·小松》)

靖jìng ①安定。使安定。②止息,平息。③图谋。④治理。⑤恭谨,谦恭。

古上声,二十三梗。逆安~白~不~澄~底~端~烽~副~嘉~简~龛~康~宽~廉~密~宁~平~谦~清~沈~肃~索~坛~恬~习~闲~玄~巡~烟~永~渊~湛~镇~顺~兵~步~端~遏~氛~恭~嘉~匡~领~乱~寐~密~民~冥~默~难~气~深~慎~室~绥~退~柝~献~享~言~晏~约~志~重例东阁谩撩诗兴。料西湖树老,难认和靖。(宋·张炎《一枝春·竹外横枝》)金殿趋庭,禁严衣彩,寝门温靖。(宋·曹勋《水龙吟·傍阶红药》)

典索靖 称誉人工于书法。《晋书·卫瓘传》:"咸宁初,征拜尚书令,加侍中。性严整,以法御下,视尚书若参佐,尚书郎若掾属。瓘学问深博,明习文艺,与尚书郎敦煌索靖俱善草书,时人号为'一台二妙'。"

张英圣莫拟,索靖妙难言。(唐·薛存诚《御题国子监门》)

痉(痙)jìng 痉挛。

逆抽~寒~痫~镇~顺~病~风~挛

獍jìng 兽名,食人。

古去声,二十四敬。逆破~枭~顺~难~枭

靓(靚)jìng ①妆饰,打扮。②艳丽,美好。。

古上声,二十三梗。又:去声,二十四敬同。逆密~轻~清~请~深~闲~新~永~幽~渊~贞~顺~白~服~观~媚~女~深~审~饰~姝~闲~袨~雅~严~艳~耀~衣~质~妆~庄~装~粧例川原晓服鲜,桃李晨妆靓。(唐·韩愈《东都遇春》)为问玉堂富贵,争得似、山中深靓。(宋·赵以夫《暗香·冰花炯炯》)东风吹玉满闲庭。二十四帘春靓。(宋·周密《西江月·花气半侵云阁》)

愣lèng

逆呆~浑~惊~顺~沉~怔

令lìng ①发出命令。②命令,法令。③善,美好。④时节,季节。⑤酒令⑥连词,如果。⑦古代官名。另见888页líng、905页lǐng。

古去声,二十四敬。逆柄~禀~布~赤~敕~楮~舛~棰~词~聪~德~丁~讽~风~诰~孤~诡~贵~函~藉~挟~甲~娇~絜~靳~倦~钧~儁~科~克~课~阃~勒~禄~嫚~逆~判~契~迁~愆~遣~清~驱~趋~瑞~韶~誓~书~淑~属~顺~威~衔~显~枭~休~修~秀~宣~悬~巽~雅~燕~仪~颐~役~应~语~郁~谕~寓~渊~允~韵~贞~征~制~治~骤~纵~顺~才~材~辰~称~辞~达~旦~诞~德~典~范~芳~轨~合~慧~绩~阃~美~谟~年~匹~辟~气~器~容~色~善~士~室~书~淑~嗣~图~望~闻~问~锡~显~序~绪~颜~仪~胤~攸~猷~誉~约~则~章~箴~正~政~旨~质~主~准~姿~族例喜听行猎诗,威神入军令。(唐·张说《奉和圣制义成校猎喜雪应制》)永望翠盖逐流云,自兹率主调春令。(唐·包佶《送神》)凄凄天地秋,凛凛军马令。(唐·孟郊《送韩愈从军》)

典丁令 指得道成仙或故地重游。亦作"丁令威""令威"。

丁令辞世人,拂衣向仙路。(唐·李白《姑孰十咏·灵墟山》)

漉巾陶令 咏隐逸情怀。亦作"漉酒"。《宋书·陶潜传》:"(颜延之)临去,留二万钱与潜,潜悉送酒家,稍就取酒。……畜素琴一张,无弦,每有酒适,辄抚弄以寄其意。贵贱造之者,有酒辄设,潜若先醉,便语客:'我醉欲眠,卿可去。'其真率如此。郡将候潜,值其酒熟,取头上葛巾漉酒，毕，还复着之。”

落帽孟嘉寻箬笠，漉巾陶令买蓑衣。（宋·康与之《望江南·重阳日》）

另 lìng

逆孤～替～顺～巧～院例这情怀、厌厌怎向，无人伴我孤另。（宋·南山居士《永遇乐·满眼寒姿》）

梦（夢）mèng ①梦境，做梦。②湖泽。又特指云梦泽。

古去声，一送。逆别～残～尘～醒～楚～蝶～东堂～断～愕～归～酣～邯郸～寒～鹤～华胥～怀～槐安～黄粱～蝴蝶～魂～鸡～觭～寄～荐～惊～客～狂～兰～冷～离～龄～旅～南华～南柯～沤～鸥～绮～牵～浅～清～瑞～沈～疏～黍～衔～襄王～熊～叙～蚁～役～萦～贞～征～正～直～顺～笔～刀～蝶～华～蕉～兰～鹿～鸟～泡～破～日～撒～说～丝～思～松～溪～熊～影～余～语～月～云～泽～兆～枕～征～周～渚～梓例念来若望神，追往如话梦。（唐·鲍溶《寓兴》）凉簪坠发春眠重，玉兔煴香柳如梦。（唐·温庭筠《春愁曲》）留烟伴独醒，回阴冷闲梦。（唐·李咸用《题友生丛竹》）

典**白鸡梦** 喻指寿终之年或人死的预兆，也指不祥之兆。《晋书·谢安传》：“（谢安）雅志未就，遂遇疾笃。……因怅然谓所亲曰：‘昔桓温在时，吾常惧不全。忽梦乘温舆行十六里，见一白鸡而止。乘温舆者，代其位也。十六里，止今十六年矣。白鸡主酉，今太岁在酉，吾病殆不起乎！’……寻薨，时年六十六。”

白鸡梦后三百岁，洒酒浇君同所欢。（唐·李白《东山吟》）

炊臼梦 指丧妻。亦作“炊臼之戚”“炊臼之痛”。段成式《酉阳杂俎》卷八：“卜人徐道升言，江淮有王生者，榜言解梦。贾客张瞻将归，梦炊于臼中。问王生，生言：‘君归不见妻矣，臼中炊，固无釜也。’贾客至家，妻果卒已数月，方知王生之言不诬矣。”

炊臼梦虽妆阁冷，过庭人早御屏迁。（清·赵翼《喜同年崔曼亭观察归赋赠》）

丁固梦 指人官运享通，也指松树。《三国志·吴书·孙皓传》：“二年春二月，以左、右御史大夫丁固、孟仁为司徒、司空。”裴松之注：“《吴录》曰：‘初，固为尚书，梦松树生其腹上。谓人曰：‘松字，十八公也，后十八岁，吾其为公乎。’卒如梦焉。”

丁固梦时还有意，秦王封日岂无心。（唐·王睿《松》）

邯郸梦 喻指好景不长、人生如梦；也借咏痴心妄想。亦作“黄粱梦”“黄粱熟”“梦黄粱”“邯郸枕上”“邯郸何处”。《枕中记》载：卢生赴考途中宿于邯郸一客店，与道士吕翁相遇交谈，悲叹自身穷困。吕翁拿出一个枕头，使入睡。卢生在梦中享尽了富贵荣华，待醒后，主人为他们煮的黄粱饭还未熟。

富贵邯郸梦，齿发金城柳。（宋·崔敦礼《还孟郎中诗卷用元韵》）

蝴蝶梦 喻指幻境，或咏梦、咏蝶。亦作“蝴蝶”“蝴蝶飞”“庄周梦”“庄生蝶”“庄蝶”。《庄子·齐物论》：“昔者庄周梦为胡蝶，栩栩然胡蝶也，自喻适志与！不知周也。俄然觉，则蘧蘧然周也。不知周之梦为胡蝶与？胡蝶之梦为周与？周与胡蝶，则必有分矣。此之谓物化。”

日抱汉阴瓮，或成蝴蝶梦。（唐·权德舆《酬南园新亭宴会璩新第慰庆之作》）

华胥梦 用于称颂帝王德化，或指理想中的安乐和平之境，或借以咏梦境。《列子·黄帝》：“黄帝……昼寝而梦，游于华胥氏之国。华胥氏之国在弇州之西，台州之北，不知斯齐国几千万里；盖非舟车足力之所及，神游而已。其国无帅长，自然而已。其民无嗜欲，自然而已。……黄帝既寤，怡然自得。……又二十有八年，天下大治，几若华胥氏之国，而帝登假。”

弱水三山隔，华胥一梦残。（宋·程珌《光宗皇后挽诗》）

黄粱梦 见914页“邯郸梦”。

荣华路上黄粱梦，英俊丛中白发翁。（宋·郭印《上郑漕二首》其二）

江淹梦 喻指文人才思减退。亦作“还锦”“五色笔”。见《南史·江淹传》。

睡时分得江淹梦，五色毫端弄逸才。（唐·方干《再题路支使南亭》）

蕉鹿梦 喻世事虚幻，得失无常。亦作“求鹿梦”“得鹿失鹿”。《列子·周穆王》：“郑人有薪于野者，遇骇鹿，御而击之，毙之。恐人见之也，遽而藏诸隍中，覆之以蕉。不胜其喜。俄而遗其所藏之处，遂以为梦焉。顺涂而咏其事，傍人有闻者，用其言而取之。既归，告其室人曰：‘向薪者梦得鹿而不知其处；吾今得之，彼直真梦矣。’室人曰：‘若将是梦见薪者之得鹿邪？讵有薪者邪？今真得鹿，是若之梦真邪？’夫曰：‘吾据得鹿，何用知彼梦我梦邪？’薪者之归，不厌失鹿。其夜真梦藏之之处，又梦得之之主。爽旦，案所梦而寻得之。遂讼而争之，归之士师。士师曰：‘若初真得鹿，妄谓之梦；真梦得鹿，妄谓之实。彼真取若鹿，而与若争鹿。室人又谓梦认人鹿，无人得鹿。今据有此鹿，请二分之。’”

笑年来，蕉鹿梦，画蛇杯。（宋·辛弃疾《水调歌头·千古老蟾口》）

荆王梦 咏男女艳遇。亦作“楚宫梦”“高唐梦”“蜀山梦”“襄王梦”“阳台梦”“香云入梦”。楚·宋玉《高唐赋序》：“昔者楚襄王与宋玉游于云梦之台，望高唐之观。其上独有云气，崒兮直上，忽兮改容，须臾之间，变化无穷。王问玉曰：‘此何气也？’玉对曰：‘所谓朝云者也。’王曰：‘何谓朝云？’玉曰：‘昔者先王尝游高唐，怠而昼寝，梦见一妇人曰：“妾巫山之女也，为高唐之客。闻君游高唐，愿荐枕席。”王因幸之。去而辞曰：“妾在巫山之阳，高丘之阻，旦为朝云，暮为行雨。朝朝暮暮，阳台之下。”旦朝视之如言。故为立庙，号曰“朝云”。’”

荆王梦罢已春归，陌上花随暮雨飞。（宋·晁补之《陌上花八首》其四）

钧天梦 指好梦或梦幻。《史记·赵世家》：“赵简子疾，五日不知人，大夫皆惧。……居二日半，简子寤。语大夫曰：‘我之帝所，甚乐，与百神游于钧天，广乐九奏万舞，不类三代之乐，其声动人心。’”

一封朝奏钧天梦，万里江行魏阙心。（宋·范成大《送张真甫中书奉祠归蜀》）

南柯梦 喻富贵得失无常，或指

梦境。亦作“柯下梦”“南柯一觉”。《南柯记》(一作《柯太守传》)载淳于棼梦入槐安国历经荣华富贵,人生起落。醒来后感悟人生浮虚而出家。

南柯梦散不知年,东海骑鲸作醉仙。(宋·项安世《重过鄂州》)

生桑梦 喻死期将近。《三国志·蜀书·杨洪传》裴松之注引《益部耆旧传杂记》:“祗字君肃,少寒贫,为人宽厚通济……故时人少贵之者。尝梦井中生桑,以问占梦赵直,直曰:‘桑非井中之物,会当移植;然桑字四十下八,君寿恐不过此。’祗笑言:‘得此足矣。’……年四十八卒,如直所言。”

未协生桑梦,俄兴逝水嗟。(宋·刘宰《挽贺运管二首》其一)

扬州梦 对往事如梦的感慨。亦作“扬州梦觉”“扬州一梦”。唐·杜牧《遣怀》:“落魄江南载酒行,楚腰肠断掌中轻。十年一觉扬州梦,赢得青楼薄幸名。”

湘水离魂菰叶怨,扬州无梦铜华缺。(宋·吴文英《满江红·结束萧仙》)

痴人说梦 喻愚昧的人说荒诞的话。《冷斋夜话》卷九:“僧伽,龙朔中游江淮间,其迹甚异。有问之曰:‘汝何姓?’答曰:‘姓何。’又问:‘何国人?’答曰:‘何国人。’唐李邕作碑,不晓其言,乃书传曰:大师姓何,何国人。此正所谓对痴人说梦耳。李邕遂以梦为真,真痴绝也。”

痴人说梦终难信,何日樽前取次吟。(宋·邓允端《题社友诗稿》)

飞熊入梦 指帝王得贤臣的征兆。《史记·齐太公世家》:“西伯将出猎,卜之,曰:‘所获非龙非彲,非虎非罴;所获霸王之辅。’于是周西伯猎,果遇太公于渭之阳。”后“非熊”误为“飞熊”,因而有文王梦飞熊而遇太公望的说法。

当时未入飞熊梦,几向斜阳叹白头。(唐·胡曾《渭滨》)

张范通梦 指友人谢世。《后汉书·独行列传》:”元伯曰:‘若二子者,吾生友耳。山阳范巨卿,所谓死友也。’寻而卒。式忽梦见元伯玄冕垂缨屣履而呼曰:‘巨卿,吾以某日死,当以尔时葬,永归黄泉。子未我忘,岂能相及?’”

张范唯通梦,求羊永绝踪。(唐·皇甫冉《送魏六侍御葬》)

孟 mèng

【古】去声,二十四敬。【逆】春~寒~季~剧~浪~梁~秋~四~孙~王~荀~优~月~赵~主~邹~【顺】~贲~春~冬~光~韩~晋~娵~浪~乐~邻~秋~说~庑~夏~荀~阳~月~织~诸~陬【例】通隐嘉黄绮,高儒重荀孟。(唐·皎然《答郑方回》)悠悠度朝昏,落落捐季孟。(唐·韩愈《东都遇春》)

【典】**剧孟** 借指行侠仗义的侠士。《史记·游侠列传》:“田仲已死,而雒阳有剧孟。周人以商贾为资,而剧孟以任侠显诸侯。吴楚反时,条侯为太尉,乘传车将至河南,得剧孟,喜曰:‘吴楚举大事而不求孟,吾知其无能为已矣。’天下骚动,宰相得之若得一敌国云。剧孟行大类朱家,而好博,多少年之戏。然剧孟母死,自远方送丧盖千乘。及剧孟死,家无余十金之财。”

剧孟不知名,千金买宝剑。(唐·储光羲《洛阳道五首献吕四郎中》其二)

梁孟 指高人隐士。亦作“梁叟”“梁鸿”。《后汉书·逸民列传》:“梁鸿字伯鸾,扶风平陵人也。……后受业太学,家贫而尚节介,博览无不通,而不为章句。……因东出关,过京师,作五噫之歌曰:‘陟彼北芒兮,噫!顾览帝京兮,噫!宫室崔嵬兮,噫!人之劬劳兮,噫!辽辽未央兮,噫!’肃宗闻而非之,求鸿不得。乃易姓运期,名耀,字侯光,与妻子居齐鲁之间。有顷,又去适吴。……依大家皋伯通,居庑下,为人赁舂。”

今来未必非梁孟,却是无人断伯通。(唐·陆龟蒙《和袭美咏皋桥》)

命 mìng

【古】去声,二十四敬。【逆】艾~拜~朝~宸~承~程~驰~敕~垂~达~诞~道~鼎~奋~孚~黼~赋~皈~衮~横~衡~涣~徽~慧~获~稽~寄~嘉~降~矫~教~戒~诫~旌~景~敬~捐~眷~峻~骏~绝~阃~乐~礼~禄~纶~麻~殁~凝~判~娉~乞~倾~庆~瑞~睿~沈~威~文~衔~宪~啸~刑~休~庥~胥~宣~悬~训~徇~巽~雅~业~彝~蚁~议~优~莠~佑~寓~赞~臧~遭~泽~沾~哲~谪~祯~知~祗~执~专~颛~阻~佐~祚~【顺】~笔~材~草~称~敕~诰~工~管~光~圭~龟~珪~祜~驾~蹇~教~醽~节~酒~乐~理~历~吏~禄~路~侣~旅~履~偶~期~悭~觞~世~素~体~席~相~啸~诏~棹~趾~志~秩~麈【例】昔人戒垂堂,今则奚奔命。(唐·杜甫《早发》)上国洽恩波,外臣遵礼命。(唐·权德舆《送袁中丞持节册南诏五韵》)关山远别固其理,寸步难见始知命。(唐·韩愈《寒食日出游》)

【典】**纶命** 喻指皇帝的诏令。《礼记·缁衣》:“子曰:‘王言如丝,其出如纶。王言如纶,其出如綍。故大人不倡游言。可言也,不可行,君子弗言也。’”郑玄注:“言,言出弥大也。纶,今有秩啬夫所佩也。綍,引棺索也。”孔颖达疏:“王言初出,微细如丝,及其出行于外,言更渐大,如似纶也,言纶粗于丝。……綍,又大于纶。”

纶命忽从天上至。便绾兵权辞漕计。(宋·杜安世《玉楼春·纶命忽从天上至》)

知命 指五十岁。《论语·为政》:“子曰:‘吾十有五而志于学,三十而立,四十而不惑,五十而知天命,六十而耳顺,七十而从心所欲、不逾矩。’”

已过知命岁,休把运行推。(唐·齐己《渚宫莫问诗一十五首》其一一)

东西惟命 指服从命令,不敢违抗。《三国志·魏书·王朗传》:“策又追击,大破之(王朗)。朗乃诣策。策以儒雅,诘让而不害。”裴松之注引《献帝春秋》:“策令使者诘朗曰:‘向逆贼故会稽太守王朗……’朗称‘禽虏’,对使者曰:‘……于破亡之中,然后委命下隶。身轻罪重,死有余辜。申脰就鞅,蹴足入绊,叱咤听声,东西惟命。’”

虽是东西惟命,已断行藏在己,何必问君平。(宋·京镗《水调歌头·与蜀有缘法》)

文章憎命 指工于为文,而命运多乖。因为文人多敏于世事,有感而发而为文，便难免触怒权贵，而获逆鳞之罪。唐·杜甫《天末怀李白》："凉风起天末，君子意如何。鸿雁几时到，江湖秋水多。文章憎命达，魑魅喜人过。应共冤魂语，投诗赠汨罗。"

文章自古多憎命，狗监无劳诵子虚。（宋·林景熙《寄陈用宾》）

暝mìng 又音。另见891页míng。

佞nìng ①有才智。②能说会道，口才好。③用花言巧语奉承人。④迷恋，沉迷于。

㊁去声，二十五径。逆卑～鄙～嬖～便～辩～不～馋～谄～凡～格～蛊～诡～回～奸～狡～侩～狂～偏～谝～巧～壬～柔～善～贪～体～佻～婉～憸～险～小～邪～幸～倖～嬛～优～汙～谀～媮～远～诈～指～忠～诛～专～顺～哀～辩～谄～道～兑～恶～佛～给～猾～慧～惑～口～禄～媚～民～巧～柔～色～舌～史～说～俔～险～邪～幸～言～谀～誉～枝例玉轴锦标无一首，知道先生还佞。（宋·刘克庄《念奴娇·比如去岁前年》）

典屈轶指佞 指识别忠奸贤佞。《博物志》卷三："尧时有屈轶草，生于庭。佞人入朝则屈而指之，又名指佞草。"

其手如屈轶，举必指佞臣。（唐·白居易《赠樊著作》）

宁（寧、*甯、寕）nìng ①宁可。②难道。另见892页níng。

㊁去声，二十五径。顺～当～俭～渠

泞（濘）nìng 泥浆，烂泥。

㊁去声，二十五径。又：上声，二十四迴同。逆淡～道～还～淖～汀～澋～洿～顺～滑～潦～淖～泥～滞

拧（擰）nìng 倔强，固执。另见893页níng、906页nǐng。

顺～性～种

碰（*掽、踫）pèng

逆顶～冒～相～顺～壁～触～磕～命

庆（慶）qìng

㊁去声，二十四敬。逆拜～表～朝～称～成～赐～诞～吊～额～额手～行～合～鸿～皇～积～家～嘉～具～灵～隆～门～冥～洽～禽～荣～瑞～善～赏～悚～覃～天～遐～显～忻～欣～兴～休～延～衍～遗～贻～余～赞～展～珍～作～祚～顺～拜～赐～戴～诞～吊～牍～阀～福～荷～辉～惠～基～忌～节～快～赉～赖～礼～廉～灵～绵～勉～命～洽～瑞～色～善～觞～施～泰～覃～腾～慰～渥～羡～祥～霄～恤～绪～削～烟～延～唁～殃～仰～谒～裔～膺～宥～余～育～誉～悦～跃～云～蕴～泽～祉～祚例丝竹扬帝熏，簪裾奉宸庆。（唐·裴守真《奉和太子纳妃太平公主出降三首》其二）微穆敷华能应节，飘扬发彩宜行庆。（唐·包佶《祀风师乐章·送神》）岂料生还得一处，引袖拭泪悲且庆。（唐·韩愈《寒食日出游》）

典千箱庆 歌咏农事丰收。《诗经·小雅·甫田》："乃求千斯仓，乃求万斯箱。黍稷稻粱，农夫之庆。报以介福，万寿无疆！"

欲俟千箱庆，须资六出妍。（唐·李商隐《一百言以寄情于游旧·忆雪》）

积善余庆 指多做好事的人家，子孙必有福祐。《易·坤卦》："坤道其顺乎，承天而时行。积善之家，必有余庆；积不善之家，必有余殃。"

积善家余庆，日新亭可云。（宋·祖无择《题安成刘伯玉日新亭》）

饲雀传庆 指不忘大恩，死生以报之。见617页"衔环"。

饲雀曾传庆，烹蛇讵有殃。（唐·韦庄《和郑拾遗秋日感事一百韵》）

罄qìng ①器中空。②全，满。③显现。④通"磬"，古代一种打击乐器。

㊁去声，二十五径。逆殚～凋～掉～告～窘～就～面～贫～瓶～穷～调～县～虚～悬～野～自～顺～地～乏～家～竭～尽～净～卷～绝～空～控～匮～困～沥～露～囊～穷～然～壤～身～输～述～吐～橐～心～悬～宇～折例此道谁共诠，因君情欲罄。（唐·皎然《答郑方回》）为生鄙计算，盐米告屡罄。（唐·韩愈《东都遇春》）身贱杀何益，恩深报难罄。（唐·元稹《遣病十首》其二）

磬qìng ①古代打击乐器。②佛寺中的一种鸣器。③古代死刑之一。④通"骋"，放马疾驰。⑤通"罄"，空，尽。

㊁去声，二十五径。逆宝～掉～饭～梵～浮～寒～击～鸣～暮～敲～清～璆～僧～笙～石～霜～铁～晚～微～仙～县～悬～羽～玉～韵～钟～自～顺～错～地～甸～管～净～欬～控～色～声～石～悬～沼～折例结茅临绝岸，隔水闻清磬。（唐·韦应物《义演法师西斋》）袅袅秋竹梢，巴蝉声似磬。（唐·白居易《送客回晚兴》）仿佛闻玉笙，鼓铿动凉磬。（唐·陆龟蒙《奉和袭美太湖诗二十首·三宿神景宫》）

典悬磬 咏贫困空乏。《国语·鲁语上》："公曰：'室如悬磬，野无青草，何恃而不恐？'"

国惧流金眚，人深悬磬忧。（唐·李峤《晚秋喜雨》）

泗滨浮磬 贺生佳儿之典。《周书·高琳传》："高琳字季珉，其先高句丽人也。……琳母尝祓禊泗滨，遇见一石，光彩朗润，遂持以归。是夜梦见一人，衣冠有若仙者，谓其母曰：'夫人向所将来之石，是浮磬之精。若能宝持，必生令子。'其母惊寤，便举身是汗，俄而有娠。及生，因名琳字季珉焉。……除鄜州刺史，加骠骑大将军、开府仪同三司、侍中。孝闵帝践阼，进爵犍为郡公，邑一千户。"

正是泗滨浮磬日，潘舆一粲欣欣。（宋·洪适《临江仙·瓜瓞绵绵储庆远》）

倩qìng 请求。另见696页qiàn。

㊁去声，二十四敬。逆佳～假～诸～顺～笔～代～雇～人

清qìng 凉。

㊁去声，二十四敬。逆清～温～夏～顺～切

典温清 指侍奉双亲。亦作"冬温夏清"。《礼记·曲礼上》："凡为人子之礼，冬温而夏清，昏定而晨省。"

试于温清余，款款话缱绻。（宋·周必大《送胡子远出守汉州分韵得万字》）

亲（親）qìng 亲家的亲。另见

724 页 qīn。
古去声,十二震。顺～家

綮qìng 筋骨接合处。
逆肯～牙～顺～肯～窾～要

胜(勝)shèng ①能够承受,能承担。②欺凌,凌驾。③胜利。④胜过,超过。⑤克制,制服。⑥优越,美好。⑦优美的山水或古迹。另见 876 页 shēng。
古去声,二十五径。逆安～标～餐～超～持～春～错～牖～访～龟～诡～害～华～济～佳～嘉～简～角～绝～谲～克～揽～利～廉～灵～罗～庙～狃～偏～破～奇～清～曲～柔～势～殊～讨～威～文～席～贤～相～效～形～雄～虚～玄～选～寻～雅～遗～挹～银～幽～玉～阅～韵～造～贞～骤～尊～顺～残～常～朝～处～幡～概～冠～国～会～迹～践～景～境～绝～览～流～侣～妙～民～期～气～壤～衣～义～异～引～友～缘～致例二陕听风谣,三秦望形胜。(唐·孙逖《和左司张员外自洛使入京中路先赴长安》)百草竞春华,丽春应最胜。(唐·杜甫《丽春》)

典焚舟决胜 比喻下定决心夺取胜利。《左传·文公三年》:"秦伯伐晋,济河焚舟。"杜预注:"示必死也。"

试期催负笈,战决胜焚舟。(宋·李昴英《送梁上舍必得大学解试》)

盛shèng 另见 884 页 chéng。
古去声,二十四敬。逆备～畅～侈～炽～充～崇～宠～蕃～防～愤～阜～富～鼓～犷～豪～弘～宏～华～僭～骄～晋～祲～寖～康～累～烈～隆～美～猛～明～牟～骈～完～渥～熙～鲜～显～雄～严～溢～殷～郁～尊～顺～编～才～昌～齿～炽～道～阀～服～高～古～观～化～集～际～迹～节～夸～礼～丽～烈～流～隆～茂～美～聘～锐～色～饰～谈～务～心～颜～阳～养～业～仪～溢～藻～章～旨～治～馔～尊～作例随意簪葛巾,仰惭林花盛。(唐·杜甫《早发》)烟雨僰道深,麾幢汉仪盛。(唐·权德舆《送袁中丞持节册南诏五韵》)繁华有时节,安得保全盛。(唐·元稹《与杨十二、李三早入永寿寺看牡丹》)

圣(聖)shèng
古去声,二十四敬。逆表～禀～参～冲～次～诞～笃～辅～豪～扈～会～慧～累～列～灵～明～尼～拟～齐～起～清～仁～瑞～睿～叡～逝～淑～述～通～希～晞～新～宣～玄～彦～谒～翊～由～游～毓～渊～杖～哲～征～中～忠～顺～奥～裁～谗～臣～辰～宸～慈～聪～道～德～度～范～躬～规～轨～怀～辉～籍～驾～鉴～觉～矩～考～览～令～论～谟～谋～尼～品～期～日～容～儒～善～时～淑～私～思～髓～通～统～图～蜕～文～问～渥～武～系～绪～学～勋～训～颜～业～仪～译～胤～猷～语～谕～运～藻～泽～诏～哲～喆～辙～证～知～质～治～智例勇爵均万夫,雄图罗七圣。(唐·张说《奉和圣制义成校猎喜雪应制》)离堂驻驺驭,且尽樽中圣。(唐·权德舆《送袁中丞持节册南诏五韵》)守道希昔贤,为文通古圣。(唐·陆龟蒙《村夜二篇》其一)

典中圣 三国时魏国人称酒醉的隐语。亦作"樽中圣"。《三国志·魏书·徐邈传》:"时科禁酒,而邈私饮至于沉醉。校事赵达问以曹事,(徐)邈曰:'中圣人。'达白之太祖,太祖甚怒。度辽将军鲜于辅进曰:'平日醉客谓酒清者为圣人,浊者为贤人,邈性修慎,偶醉言耳。'竟坐得免刑。"

清宵瓮下酒中圣,白昼笔头诗泣神。(宋·白玉蟾《翛然轩》)

乘(*乗、椉)shèng ①兵车。②指车兵。③指马。④量词,古时一车四马为"乘"。⑤四。⑥双,一对。⑦史书。另见 884 页 chéng。
古去声,二十五径。逆鞁～扁～别～参～骖～超～船～大～贰～服～副～后～家～兼～脚～警～辇～驽～陪～疲～仆～史～私～蒐～轩～驿～玉～珠～烛～辎～卒～顺～白～传～广～壶～籍～甲～韦～舆

典元戎十乘 指大军出发,也指军事长官出行。《诗经·小雅·六月》:"织文鸟章,白旆央央。元戎十乘,以先启行。"毛氏传曰:"元,大也。"

元戎十乘无遄迈,上阁宣麻旬已团。(宋·李洪《送范至能帅桂林》)

剩(*賸)shèng
古去声,二十五径。逆宽～留～掠～遗～余～顺～语～员例少须好颜色,多漫枝条剩。(唐·杜甫《丽春》)多情多病。万斛闲愁量有剩。(宋·贺铸《减字木兰花·多情多病》)

典围腰带剩 指人消瘦憔悴。见 507 页"沈约瘦"。

流年改,叹围腰带剩,点鬓霜新。(宋·陆游《沁园春·孤鹤归飞》)

嵊shèng 地名。
逆崿～顺～山～泗～县～州

听(聽、*聼)tìng 旧读。另见 876 页 tīng、767 页 yín。
古去声,二十五径。又:下平,九青异。逆狐～顺～便～凭～任

典狐听 指心情惶恐,狐疑不安。《水经注·河水一》引晋·郭缘生《述征记》:"盟津、河津恒浊,方江为狭,比淮、济为阔,寒则冰厚数丈。冰始合,车马不敢过,要须狐行,云此物善听,冰下无水乃过,人见狐行,方渡。"

鹊惊俱欲绕,狐听始无疑。(唐·李商隐《赋得月照冰池》)

游鱼听 指音乐动听。《荀子·劝学》:"昔者瓠巴鼓瑟而流鱼出听,伯牙鼓琴而六马仰秣。"

荷边鼓瑟游鱼听,柳外敲棋睡鹭飞。(宋·黄庚《依绿亭》)

庭tìng 旧读。隔远貌。另见 897 页 tíng。
古去声,二十五径。逆径～(不同)

瓮(*甕、罋)wèng ①一种腹部较大的盛东西用的陶制器皿。②重浊的发音。
古去声,一送。逆毕～春～覆～击～金～兰～酿～醅～提～醯鸡～瑶～蚁～银～玉～顺～盎～城～甗～间～精～门～眠～醅～器～算～天～瓦～下～溢～罂～牖～子例红蚕缘枯桑,青茧大如瓮。(唐·陆龟蒙《杂讽九首》其一)况逢贤主人,白酒泼春瓮。(宋·苏轼《广陵会三同舍各以其字为韵仍邀同赋·

刘贡父》)

鼆wèng 鼻塞。

顺～鼻

兴(興)xìng ①兴致,兴趣。②喜欢,高兴。③诗歌的表现手法之一,即借另一事物引起所咏的事物。另见878页xīng。

古去声,二十五径。逆笔～承～乘～逞～触～发～酣～豪～颢～欢～寄～佳～酒～客～狂～猎～遣～清～情～秋～任～骚～赏～诗～随～谈～狎～心～雪～雅～烟波～剡溪～野～逸～吟～优～余～寓～远～顺～况～阑～情～托～味～绪～致例此中睽益友,是日多诗兴。(唐·孙逖《和左司张员外自洛使入京中路先赴长安》)春风旧关路,归去真多兴。(唐·刘禹锡《和州送钱侍御自宣州幕拜官便于华州觐省》)因知负樵乐,不减援琴兴。(唐·陆龟蒙《樵歌》)

典**乘兴** 指一时兴起,亦指思念友人或拜访友人。亦作"剡溪风雪""剡中情味""剡舟夜雪""剡溪舟""剡中舟""剡溪兴""剡棹""剡曲"。《世说新语·任诞》:"王子猷居山阴,夜大雪,眠觉,开室,命酌酒。四望皎然,因起仿徨,咏左思《招隐诗》。忽忆戴安道,时戴在剡,即便夜乘小船就之。经宿方至,造门不前而返。人问其故,王曰:'吾本乘兴而行,兴尽而返,何必见戴?'"

乘兴无羁束,闲行信马蹄。(唐·元稹《游三寺戡独沉醉而不行》)

高阳兴 借指宴饮。见151页"高阳池"。

甪里年虽老,高阳兴未阑。(唐·白居易《奉酬侍中夏中雨后游城南庄见示八韵》)

山公兴 指醉酒。见304页"山公醉"。

自是山公兴,谁令下士知。(唐·独孤及《李卿东池夜宴得池字》)

山阴兴 指文人宴集或修禊集会。见291页"兰亭会"。

颇讶王子猷,忽起山阴兴。(宋·苏轼《径山道中次韵答周长官兼赠苏寺丞》)

剡溪兴 见本页"乘兴"。

故步明知浑失却,剡溪兴尽不须前。(宋·阳枋《诸公招饮不赴诗谢送酒》)

幸xìng

古上声,二十三梗。逆爱～薄～嬖～忭～财～裁～惭～藏～畜～盗～蝶～恩～贵～豪～厚～机～吉～际～觊～冀～僥～徼～近～眷～临～流～冒～蒙～内～佞～迁～钦～亲～庆～权～荣～庶～顺～忝～偷～外～望～希～奚～喜～显～险～忻～欣～信～倖～巡～宴～妖～邀～移～优～游～婾～御～尊～顺～爱～嬖～草～察～倡～臣～承～措～待～短～顾～诡～姬～觊～冀～教～进～近～可～来～赖～乐～临～媚～蒙～勉～民～昵～佞～偶～惬～辱～赏～舍～私～听～望～位～喜～宴～谒～有～御～愿

行xìng 旧读。①事。②迹。另见897页xíng、813页háng、848页hàng。

古去声,二十四敬。逆操～德～砥～贱～洁～景～品～卓～顺～迹

性xìng

古去声,二十四敬。逆褊～诞～道～发～伐～烦～犯～忿～拂～辅～负～赋～根～贵～鹤～慧～姜桂～狡～矫～觉～节～立～龙～隆～履～癖～僻～器～乔～睿～塞～缮～摄～识～适～恃～淑～素～遂～托～孝～形～修～循～雅～遗～逸～意～幽～玉～远～贞～执～职～植～质～治～智～姿～资～恣～祖～顺～禀～场～道～窦～度～分～根～行～怀～解～类～理～龄～履～僻～气～尚～识～术～体～天～习～相～心～义～韵～真～智～资例帝射参神道,龙驰合人性。(唐·张说《奉和圣制义成校猎喜雪应制》)艰危作远客,干请伤直性。(唐·杜甫《早发》)野客云作心,高僧月为性。(唐·孟郊《忆周秀才、素上人,时闻各在一方》)

典**麋鹿性** 对高逸之士隐居的吟咏。亦作"麋鹿游""随麋鹿"。见750页"麋鹿群"。

各言麋鹿性,不与簪组群。(唐·权德舆《卧病喜惠上人李炼师茅处士见访因以赠》)

姓xìng

古去声,二十四敬。逆常～臣～代～得～鼎～晐～革～公～诡～国～汉～豪～合～甲～郡～冒～名～命～内～强～群～上～氏～受～属～素～土～外～万～望～希～显～亿～异～易～裔～右～寓～杂～兆～正～重～诸～子～宗～族～尊～顺～第～号～望～系～字～族例维岳降二臣,戴天临万姓。(唐·王维《奉和圣制登降圣观与宰臣等同望应制》)削平天下实辛勤,却为道傍穷百姓。(唐·杜牧《过骊山作》)

杏xìng

古上声,二十三梗。逆丹～嫁～青～檀～望～仙～雪～种～顺～村～丹～膏～红～笺～浆～酒～篱～帘～梁～林～腮～殇～坛～田～叶～鞍～靥～雨～园～苑～装例饭荐七白蔬,杯酾九光杏。(唐·陆龟蒙《奉和袭美太湖诗二十首·晓次神景宫》)春事日相催,红尽浅桃深杏。(宋·郭应祥《好事近·春事日相催》)记年时、试酒湖阴,褪花曾采新杏。(宋·吴文英《尉迟杯·垂杨径》)

典**种杏** 借指道术之士或隐士。亦作"杏田""杏树""董奉杏"。三国吴侯官人董奉,擅于道术,居庐山下,为人治病,使病愈者种杏为酬。待杏树成林,便使需杏之村民以谷易之,如有人多取杏或偷杏,则有虎追吼之或啮之至死,后无人敢欺之。奉将所得粮谷赈救贫穷,供给行旅。奉在世三百年,后入云而去。见《神仙传·卷十》。

香炉峰色隐晴湖,种杏仙家近白榆。(唐·杜甫《大觉高僧兰若》)

董奉杏 见本页"种杏"。

董奉杏成林,陶潜菊盈把。(唐·王维《送张舍人佐江州同薛璩十韵》)

荇(*莕)xìng 荇菜。

古上声,二十三梗。逆参差～翠～浆～菱～苹～青～水～藻～顺～菜例领略鸦黄,破除螺黛,都付渚苹汀荇。(宋·周弼《二郎神·浪花皱石》)看缨结丁香,带萦晴荇。(宋·翁孟寅《齐天乐·幽香不受春料理》)

悻xìng ①刚直,固执。②恼恨。

③怨。

逆刚～狠～狂～疏～悻～顺～动～切～然～直

婞xìng 倔强，刚直。

古上声，二十四迥。逆刚～狠～幸～婞～愚～顺～佷～讦～亮～婞～直

映yìng ①照耀。②阳光，光影。③遮蔽。

古去声，二十四敬。逆晻～标～炳～驳～博～澈～衬～澄～覆～膏～涵～花～焕～回～交～瞰～跨～瞥～潜～荣～森～闪～韬～透～隈～晔～蔚～霞～斜～秀～虚～雪～淹～掩～揜～荫～隐～萦～幽～玉～郁～渊～攒～遮～珠～缀～顺～暧～蔽～彻～带～对～夺～发～红～辉～火～媚～日～身～托～蔚～午～显～现～协～雪～眼～耀例帝城云里深，渭水天边映。（唐·王维《奉和圣制登降圣观与宰臣等同望应制》）涛翻黑蛟跃，日出黄雾映。（唐·杜甫《早发》）走马城西惆怅归，不忍千株雪相映。（唐·韩愈《寒食日出游》）

典**清心玉映** 喻指幽居美人的品质清纯。《世说新语·贤媛》："谢遏绝重其姊，张玄常称其妹，欲以敌之。有济尼者，并游张、谢二家。人问其优劣？答曰：'王夫人神情散朗，故有林下风气。顾家妇清心玉映，自是闺房之秀。'"

清心玉映许谁同，更有飘飘林下风。（宋·楼钥《茅夫人挽词》）

应（應）yìng ①受，接受。②回答，答对。③应允，许诺。④应和，响应。⑤顺应，适应。⑥应付，对付。⑦支付，供给。⑧证实，应验。另见878页yīng。

古去声，二十五径。逆变～策～呈～雠～诞～敌～桴～乖～关～轰～唤～击～交～瞰～救～漫～漫～明～冥～丕～凭～洽～山谷～善～神～司～伺～肆～天～翕～显～详～协～谐～心手～遥～援～招～昭～征～顺～报～敕～猝～待～德～奉～赴～感～干～格～候～机～记～迹～荐～节～矩～客～龙～律～难～偶～辟～期～器～求～取～容～瑞～塞～绳～时～实～世～事～图～务～物～袭～弦～谐～谢～讯～谊～圉～缘～远～宰～赞～召～诏～真～钟～卒例乍敛看如睡，初开问欲应。（唐·王建《同于汝锡赏白牡丹》）一言纵丑词，万响无善应。（唐·孟郊《寒江吟》）出林方自转，隔水犹相应。（唐·陆龟蒙《樵歌》）

硬yìng

古去声，二十四敬。逆矗～干～刚～僵～枯～老～木～捺～盘～强～瘦～踏～顽～顺～閦～振～弓～黄～朗～浪～雷～劣～涩～雨～语～寨～直例不惯孤眠惯成双，奈奴子、心肠硬。（宋·欧阳修《卜算子·极得醉中眠》）

媵yìng ①陪送出嫁。②伴送。

古去声，二十五径。逆婢～嬖～宠～宫～画～姬～妓～傔～嫔～仆～妾～鱼～追～顺～婢～嬖～臣～从～句～母～女～器～嫱～妾～人～侍～御

赠（贈）zèng

古去声，二十五径。逆宸～持～充～宠～酬～辍～吊～赗～贿～赉～见～饯～郊～解～巾帼～贶～贶～戋～赂～投～脱～显～衈～遥～贻～祖～顺～鞭～策～酬～处～赐～答～刀～芳～赗～赙～行～恨～贿～饯～贶～贶～馈～赉～劳～鲤～赂～佩～扇～芍～施～饰～粟～襚～问～锡～孝～恤～药～贻～遗～语～远～枕～助例杨家绀幰迎，谢守瑶华赠。（唐·刘禹锡《和州送钱侍御自宣州幕拜官便于华州觐省》）

典**宝刀赠** 指赞许或寄望他人前程远大。《晋书·王祥传》附《王览传》："吕虔有佩刀，工相之，以为必登三公，可服此刀。"虔以刀与王祥，"祥固辞，强之乃受。祥临薨，以刀授览，曰：'汝后必兴，足称此刀。'览后奕世多贤才，兴于江左矣。"

常闻宝刀赠，今日奉璠璵。（唐·孙逖《和崔司马登称心山寺》）

长倩赠 指勉励他人从小善做起。《西京杂记》："公孙弘以元光五年为国士所推尚为贤良。国人邹长倩以其家贫，少自资致，乃解衣裳以衣之，释所著冠履以与之，又赠以刍一束，素丝一襚，扑满一枚，书题遗之曰：'夫人无幽显，道在则为尊。虽生刍之贱也，不能脱落君子，故赠君生刍一束。诗人所谓"生刍一束，其人如玉"。五丝为纟聂，倍纟聂为升，倍升为緎，倍緎为纪，倍纪为緵，倍緵为襚。此自少之多，自微至著也。士之立功勋、效名节亦复如之，勿以小善不足修而不为也。'"

孙弘期射策，长倩赠生刍。（唐·郑繇华《赋得生刍一束》）

绨袍赠 咏顾念旧交。亦作"绨袍惠""绨袍"。《史记·范雎蔡泽列传》："（范雎）敝衣间步之邸，见须贾。……须贾意哀之，留与坐饮食，曰：'范叔一寒如此哉！'乃取其一绨袍以赐之。"

赠言故愈绨袍赐，载路何须驷马车。（宋·赵蕃《客中遇雪》）

溱洧赠 咏男女相恋或咏芍药。《诗经·郑风·溱洧》："溱与洧，方涣涣兮。士与女，方秉蕑兮。女曰：'观乎？'士曰：'既且。''且往观乎！洧之外，洵訏且乐。'维士与女，伊其相谑，赠之以勺药。"

愿致溱洧赠，悠悠南国人。（唐·柳宗元《戏题阶前芍药》）

甑zèng ①蒸食炊器。②盛物瓦器。

古去声，二十五径。逆尘～炊～丹～堕～范～釜～覆～珪～莱芜～破～坠～顺～尘～堕～窒～生尘例回首雪浪惊心，黄茅过顶，瘴毒如炊甑。（宋·刘克庄《念奴娇·比如去岁前年》）

典**堕甑** 指人大度洒脱，也用以形容事情无可挽回，或指轻视功名。亦作"破甑""坠甑"。《后汉书·郭太传》附《孟敏传》："孟敏字叔达，巨鹿杨氏人也。客居太原。荷甑堕地，不顾而去。林宗见而问其意。对曰：'甑已破矣，视之何益？'林宗以此异之，因劝令游学。"

往事转头如堕甑，独枕书眠知隽永。（宋·方岳《次韵谢兄馈李》）

莱芜甑 指人清苦贫困。见736页"范甑尘"。

尘满莱芜甑，堂横单父琴。（唐·杜甫《赠裴南部》）

缯（繒）zèng 绑，扎。另见880页zēng。

正zhèng ①法度；合乎法度。②决定，判定。③君长，官长。④嫡。⑤通"政"。⑥通"证"。另

见 881 页 zhēng。

古去声，二十四敬。逆笔～禅～秉～宸～晨～诚～乘～澄～持～斥～饬～敕～冲～雠～丑～粹～弹～蹈～典～董～督～贰～辅～割～格～鲠～官～归～贵～讥～坚～简～謇～谏～节～洁～劲～静～捄～蠲～匡～阃～括～礼～丽～莅～廉～良～隆～履～明～挠～凝～强～峭～秦～穷～权～诠～润～芟～沈～绳～饰～提～顺～肃～讨～体～挺～通～挽～问～先～闲～贤～详～祥～绪～削～雪～淹～俨～谳～隐～郢～赞～蚤～仗～贞～甄～质～尊～顺～嬖～宾～驳～采～辞～刺～度～封～干～躬～闺～国～行～计～谏～介～静～救～绝～灵～领～溜～平～峭～寝～清～情～求～曲～权～容～闰～思～帑～谕～祥～谢～心～信～刑～绪～雅～仪～议～谊～意～友～域～志～治～终～昼

例坐疲都忘起，冠侧懒复正。（唐·韩愈《东都遇春》）始知出处心，不失平生正。（唐·孟郊《送韩愈从军》）工师小贱牙旷稀，不辨邪声嫌雅正。（唐·元稹《华原磬》）

典**三阶正** 指风调雨顺、天下太平的征候。亦作“三阶平”“三阶平正”。《汉书·东方朔传》：“时朔在傍，进谏曰：‘……不胜大愿，愿陈《泰阶六符》以观天变，不可不省。’”颜师古注引应劭曰：“黄帝《泰阶六符经》曰：‘太阶者，天之三阶也。上阶为天子，中阶为诸侯公卿大夫，下阶为士庶人。上阶上星为男主，下星为女主。中阶上星为诸侯三公，下星为卿大夫。下阶上星为元士，下星为庶人。三阶平则阴阳和，风雨时，社稷神祇咸获其宜，天下大安，是为太平。三阶不平，则五神乏祀，日有食之，水润不浸，稼穑不成，冬雷夏霜，百姓不宁，故治道倾。天子行暴令，好兴甲兵。修宫榭，广苑囿，则上阶为之奄奄疏阔也。’以孝武皆有此事，故朔为陈之。”

星辰循轨三阶正，钟鼓重新一气调。（宋·曹勋《政府生日四首》其三）

政zhèng

古去声，二十四敬。逆稗～班～邦～谤～秕～辩～秉～传～疵～蠹～犯～枋～风～敷～扶～复～赋～觥～关～观～官～归～骇～害～横～皇～徽～寄～稼～兼～俭～践～解～谨～倦～峻～匡～阃～劳～乐～吏～莅～陵～隆～谬～缪～逆～强～窃～勤～绿～曲～阙～任～戎～冗～擅～觞～摄～试～守～授～殊～庶～顺～棠～徒～推～讬～文～武～熙～细～刑～修～宣～学～循～逊～阳～养～遗～逸～郢～驭～预～御～豫～宰～争～知～颛～拙～顺～本～柄～病～察～潮～道～德～地～典～蠹～顿～尔～复～躬～官～号～化～机～迹～理～令～路～乱～略～慢～瘼～声～首～枢～属～术～涂～网～象～刑～雄～序～学～役～源～长～争～拙例文教资武功，郊畋阅邦政。（唐·张说《奉和圣制义成校猎喜雪应制》）自嗟孤贱足瑕疵，特见放纵荷宽政。（唐·韩愈《寒食日出游》）久践机衡宣密命。逢时力赞无为政。（宋·周起《蝶恋花·岳佐星储生佐圣》）

典**金椎(槌)击政** 咏为国复仇。亦作“金鎚(槌)报韩”。《史记·留侯世家》：“留侯张良者，其先韩人也。……秦灭韩。良年少，未宦事韩。韩破，良家僮三百人，弟死不葬，悉以家财求客刺秦王，为韩报仇，以大父、父五世相韩故。良尝学礼淮阳，东见仓海君，得力士，为铁椎，重百二十斤。秦皇帝东游，良与客狙击秦皇帝博浪沙中，误中副车。秦皇帝大怒，大索天下，求贼甚急，为张良故也。”

金槌击政后，玉斗碎增前。（唐·徐九皋《咏史》）

证(證)zhèng

①告发。②验证。③凭据。④证件。⑤通“症”，病症。

古去声，二十五径。逆按～博～阐～酬～辞～典～顿～佛～扶～候～坏～稽～鉴～较～诘～究～咎～据～赢～理～媒～逆～譬～清～曲～诠～申～圣～事～誓～谈～危～显～心～形～休～修～演～要～印～杂～照～折～知～追～顺～按～辩～察～禅～阐～逮～道～定～法～父～果～见～讲～类～盟～品～趣～审～圣～说～位～悟～仙～向～象～信～性～修～序～讯～衍～验～羊～业～移～因～引～占～知例寒尽岁阴催，春归物华证。（唐·孙逖《和左司张员外自洛使入京中路先赴长安，逢立春日赠韦侍御等诸公》）花空觉性了，月尽知心证。（唐·皎然《送清凉上人》）

症(*證)zhèng

病象。泛指疾病。另见 882 页 zhēng。

逆对～膏肓～急～临～险～虚～顺～候～象

挣zhèng

①用力支撑。②尽力摆脱。③赚取。④撑开。另见 882 页 zhēng。

逆摆～打～顺～侧～持～揣～摐～搓～挫～达～罗～痛～趱～作

诤(諍)zhèng

直言规劝。

古去声，二十四敬。逆斗～忿～交～苦～匡～论～面～廷～显～相～硬～顺～辞～谏～竞～论～气～人～数～心～言～訢～友～治

郑(鄭)zhèng

古去声，二十四敬。逆大小～谷口～严～顺～履～璞～琴～曲～商～声～氏虫～市～鼠～卫～五～舞～儛～乡～校人～学～义～驿～音～奏例公其万千年，世有天之郑。（唐·元稹《遣病十首》其二）华原软石易追琢，高下随人无雅郑。（唐·元稹《和李校书新题乐府十二首·华原磬》）

典**严郑** 严郑是指汉代的严君平、郑子真二人，借以指修身自适的隐士。嵇康《幽愤诗》：“仰慕严郑，乐道闲居。”《汉书》曰：“谷口有郑子真，蜀有严君平，皆修身保性。成帝时，元舅王凤以礼聘子真，子真遂不诎而终。君平卜筮于成都市，以为卜筮贱业，而可以惠众，日阅数人，得百钱，足以自养，则闭肆下帘，而授老子。年九十余，遂以其业终。”

作诗解严郑，相视各欣然。（宋·项安世《与郑检法庄贤良往三山访陆提举不值》）

帧(幀)zhèng

①画幅。②量词。

逆装～顺～频例谱为听琴阅，图缘看海帧。（唐·陆龟蒙《江南秋怀寄华阳山人》）

怔zhèng

发愣，发呆。另见 882 页 zhēng。

逆怔～

十八 东

三韵书对照表

诗韵新编 / 佩文诗韵 / 词林正韵		十八东(平声)	
		阴平	阳平
第一部[一东][二冬][二肿][一送]	上平声一东	充冲忡聪匆骢葱东蝀工功公攻弓躬宫釭(音工。又读)烘空(天空)崆倥(倥侗)穹芎(又读)菘嵩通恫芎(川芎)中(空中)忠终衷盅螽	崇虫种(姓种)虹(长虹)鸿洪讧荭隆聋笼(另见上声)栊珑窿砻昽胧咙癃泷穷蛩穹藭茕戎绒融同童铜桐曈僮瞳潼艟峒侗筒洞(洪洞、地名)雄熊
	上平声二冬	舂憧从(从容)枞冬咚恭蚣供(提供)龚松淞胸汹凶匈壅佣(雇佣)雍慵饔墉痈噰邕鄘钟忪宗踪棕纵庸(平庸)鏦	重(九重)从(服从)丛淙红(花红)龙茏农笻邛浓侬秾脓跫容蓉溶茸(参茸)榕彤橦喁颙鳙庸(阳平同)
	上声二肿	拥(坐拥)	
	去声一送		葻(雪里葻)
第十一部[八庚][九青][十蒸]	下平声八庚	觥轰訇兄	宏闳泓纮吰黉琼茕嵘
	下平声九青	扃坰	
	下平声十蒸	肱	
未检到的字		囟红(女红)哄(哄堂)吽箜娀雝鬃	拢(琵琶指法)哝憹熔茼佟仝

诗韵新编 / 佩文诗韵 / 词林正韵		十八东(仄声)	
		上声	去声
第一部[一董][二肿][一送][二宋]	上声一董	董懂汞唝孔拢笼(笼统)筒桶捅总偬	动
	上声二肿	宠拱巩栱垄陇冗氄耸悚怂茸勇踊涌蛹俑甬恿臃(又读)拥(又读)种(品种)肿踵冢	
	去声一送	哄(哄骗)	栋冻洞恫贡葻(又读)空(音控。空缺)控鞚哢弄(戏弄)送痛恸众中(言中)仲粽弄(里弄)
	去声二宋	恐统	共供(音共。上供)颂诵宋讼用重(音众。郑重)种(音众。耕种)纵从(音粽。宾从)综
第二部[三绛]	去声三绛		哄(起哄)
第六部[十一轸]	上声十一轸	窘	
第十一部[二十三梗][二十四迥][二十四敬]	上声二十三梗	永	
	上声二十四迥	迥炯	
	去声二十四敬	咏泳	敻
未检到的字		倥(倥偬)	冲(音铳。嗓门冲)铳佣(音用。佣金)

平声·阴平

充chōng ①装满，充塞。②扩大，发扬。③担当，充任。④当作。
古上平，一东。逆补～仓廪～德～繁～扩～冒～内～气～体～填～王～学力～殷～子～顺～边～侧～肠～车～炽～粹～栋～耳～腹～广～列～庐～閒～茂～洽～衢～然～忍～仞～轫～融～赡～盛～堂～庭～位～溢～盈～泽～周例一名虽云就，片禄不足充。（唐·韩愈《赠徐州族侄》）但赏欢无极，那知恨亦充。（唐·元稹《春六十韵》）

典**江充** 代指"江充巫蛊""巫蛊之狱"事。见《汉书·江充传》。

元礼去归缑氏学，江充来见犬台宫。（唐·杜牧《李给事中敏二首》其一）

冲[1]（*沖）chōng
古上平，一东。逆剑气～宽～怒～谦～清～太～恬～虚～幼～渊～左～顺～粹～汉～和～寂～衿～襟～静～旷～龄～迈～蒙～谧～眇～藐～邈～妙～漠～寞～默～穆～凝～谦～然～让～溶～融～瀜～孺～弱～慎～适～邃～天鹤～恬～幄～霄～秀～虚～逊～雅～颐～挹～逸～远～约例他年欲事先生去，十赉须加陆逸冲。（唐·皮日休《怀华阳润卿博士三首》其三）

典**左太冲** 见764页"左思十稔"。

惣征新价欲凌空，一首堪欺左太冲。（唐·皮日休《伤卢献秀才》）

冲[2]（衝）chōng ①交叉路口，要道。②古代一种攻城的战车。③冲击，撞击。④冒犯，触犯。⑤天文学名词。另见970页chòng。
古上平，二冬。逆八～奔～边～当其～俯～横～缓～交～街～隆～路～蒙～艨～猛～怒发～嵚～四～腾～天～要～折～顺～飙～飚～冲～斗～繁～冠～寒～街～隆～橹～蒙～排～衢～日～塞～腾～替～天～途～袭～霄～要例忽值风飙折，坐为波浪冲。（唐·骆宾王《浮槎》）丹丘忽聚散，素壁相奔冲。（唐·李华《寄赵七侍御》）震动风千变，晴和鹤一冲。（唐·元稹《春六十韵》）

忡（𢥞）chōng 忧愁不安的样子。
古上平，一东。逆忡～眷～伤～忧～征～怔～顺～怅～惙～怛～弱～惕～怔例晨露方怆怆，离抱更忡忡。（唐·韦应物《寄中书刘舍人》）

舂chōng
古上平，二冬。逆辍～村～冬～碓～高～（戌时）寒～极～急杵～鸣～水～夕～溪～下～宿～野碓～夜～顺～淙～爨～槁～粮～容～融例渚烟见晨钓，山月闻夜舂。（唐·李华《寄赵七侍御》）野炉风自爇，山碓水能舂。（唐·岑参《题山寺僧房》）越绝孤城千万峰，空斋不语坐高舂。（唐·柳宗元《柳州寄丈人周韶州》）

憧chōng ①摇曳不定。②通"冲"，冲向。
古上平，二冬。逆憧～慢～蒙～愚～例心源虽了了，尘世苦憧憧。（唐·元稹《度门寺》）

聪（聰）cōng ①听力。②听力好。③明察。④聪明。⑤通畅，通路。
古上平，一东。逆宸～达～帝～耳～高～明～睿～神～师旷～司～四～天～严～掩～钟～顺～察～达～耳～惠～鉴～警～俊～隽～朗～敏～慜～睿～识～听～悟～黠～虚～哲例玉陛分朝列，文章发圣聪。（唐·王昌龄《夏月花萼楼酺宴应制》）顽疏暗人事，僻陋远天聪。（唐·王维《送綦毋秘书弃官还江东》）司言陈禹命，侍讲发尧聪。（唐·司空曙《奉和常舍人晚秋集贤院即事寄徐薛二侍郎》）

典**舜聪** 称颂皇帝广于听视。《尚书·舜典》："月正元日，舜格于文祖，询于四岳，辟四门，明四目，达四聪。"旧题汉孔安国注："广视听于四方，使天下无壅塞。"

声名早落虞舜聪，霞裾云佩明春晖。（宋·魏了翁《送杜兵侍孝严以华文待制知遂宁府》）

匆（*怱、悤）cōng 急速。
古上平，一东。顺～匆～促～猝～遽～冗～卒例相逢难衮衮，告别莫匆匆。（唐·杜甫《酬孟云卿》）

骢（驄）cōng 毛色青白相间的马。也泛指马。
古上平，一东。逆鲍氏～避～乘～蹀～花～骄～连钱～青～麝香～铁～乌～五花～玉～御史～跃～云～顺～马～马客～马郎～马使例身负邦君弩，情纡御史骢。（唐·张九龄《郡江南上别孙侍御》）却见鄱阳吏，犹应旧马骢。（唐·刘长卿《送李侍御贬鄱阳》）僚寀争攀鹢，鱼龙亦避骢。（唐·孟浩然《秋日陪李侍御渡松滋江》）

典**避骢** 亦作"避马""御史骢""桓典马""乘骢""铁骢"。用于称美御史。《后汉书·桓荣传》附《桓典传》："辟司徒袁隗府，举高第，拜侍御史。是时宦官秉权，典执政无所回避，常乘骢马，京师畏惮，为之语曰：'行行且止，避骢马御史。'"

岸柳遮浮鹢，江花隔避骢。（唐·刘长卿《奉饯郎中四兄罢余杭太守》）

跃骢 亦作"跃马""跃马年"。比喻仕途得意。《史记·范雎蔡泽列传》："唐举曰：'先生之寿，从今以往者四十三岁。'蔡泽笑谢而去，谓其御者曰：'吾持粱齧肥，跃马疾驱，怀黄金之印，结紫绶于要，揖让人主之前，食肉富贵，四十三年足矣。'"

腰佩吴钩衣楚制，柳堤千里跃青骢。（宋·杨亿《寞咏从淮阳军》）

浮云骢 泛指骏马。旧题汉刘歆《西京杂记》："文帝自代还，有良马九匹，皆天下之骏马也。一名浮云，一名赤电，一名绝群，一名逸骠，一名紫燕骝，一名绿螭骢，一名龙子，一名麟驹，一名绝尘，号为九逸。"

归时落日晚，躞蹀浮云骢。（唐·李白《效古二首》其一）

葱（*蔥）cōng ①多年生草本植物。②青绿色。
古上平，一东。逆春～葱～菁～青～水～香～郁～顺～粲～翠～海～菁～茏～昽～笼～蒙～曚～芊～倩～蒨～青～蔚～郁例别有祥烟伴佳气，能随轻辇共葱葱。（唐·姚崇《奉和圣制夏日游石淙山》）无声细下飞碎雪，有骨已剁觜春葱。（唐·杜甫《阌乡姜七少府设脍戏赠长歌》）华裾织翠青如葱，金环压辔摇玲珑。（唐·李贺《高轩过》）

典**加葱** 咏饮食粗淡。《庄子·徐无鬼》："徐无鬼见武侯，武侯曰：'先生居山林，食芋栗，厌葱韭，以宾寡人，久矣夫！今老邪？其欲干酒肉之味邪？其寡人亦有社稷之福邪？'"

原门唯有席，井饮但加葱。（唐·李端《长安感事呈卢纶》）

囱cōng 炉灶出烟的通道。

逆囱～烟～顺

从（從）cōng 另见943页cóng、978页zòng。

古上平，二冬顺～然～容

枞（樅）cōng ①木名。②崇牙。古代悬挂钟磬的架子上端所刻的锯齿状的东西。

古上平，二冬。顺～枞例素履冰容静，新词玉润枞。（唐·张祜《投常州从兄中丞》）簿书败清谈，汗颜吏枞枞。（宋·黄庭坚《送彦孚主簿》）

鏦cōng ①短矛。②用矛戟击刺。

古上平，二冬。又：上平，三江同。逆鏦～铮～顺～铮

东（東）dōng ①方向。太阳出来的那一边。②向东，东行。③古时主位在东，宾位在西，后因以"东"做主人的代称。也特指请客的人。

古上平，一东。逆巴～百川～宾～丁～关～海～河～江～居～辽～笼～马首～平陵～墙～任西～日升～水长～泰～天～吾道～顺～阿～鄗～壁～表～窗计～床～床客～垂～岱～岛～道～帝～都～渡～方～方骑～方生～冈～皋计～阁～宫～谷～顾～观～郭～海～胡～皇～家丘～家子～君～林～陵～垆～鲁～洛～间～门眼～蒙客～铭～溟～溟臣～山屐～山客～山意～施～朔～寺～汜～台～堂策～堂桂～堂梦～田～宛～王父～王公～闱～维～吴～庑～武～武吟～西玉～轩～崖～岩～岩酒～阳～掖～野～夷～楹～瀛～牖～隅～虞～园～园器～垣～辕～岳～越～征～舟～周～珠～作例斗鸡过渭北，走马向关东。（唐·卢照邻《结客少年场行》）山川入虞虢，风俗限西东。（唐·李隆基《途次陕州》）前军细柳北，后骑甘泉东。（唐·李白《上之回》）

典**墙东** 见本页"隐墙东"。

墙东隐者在，淇上逸僧来。（唐·皎然《晦夜李侍御萼宅集招潘述汤衡海上人饮茶赋》）

甬东 代指越地，或咏遗民退居。《左传·哀公二十二年》："十一月，丁卯，越灭吴，请使吴王居甬东。"

一朝空谢会稽人，万古犹伤甬东客。（唐·刘长卿《登吴古城歌》）

避辽东 指高士管宁避乱至辽东隐居事。晋皇甫谧《高士传·管宁》："宁凡征命十至，舆服四赐，常坐一木榻，上积五十五年，未尝箕踞榻上。当膝皆穿，常着布裙貉裘，唯祠先人，乃着旧布单衣加首絮巾。辽东郡国图形于府殿，号为贤者。"

几岁避辽东。茅竹秋风一并空。（宋·刘辰翁《南乡子·高处略从容》）

居甬东 比喻做臣虏。《左传·哀公二十二年》："冬十一月丁卯，越灭吴，请使吴王居甬东，辞曰：'孤老矣，焉能事君？'乃缢，越人以归。"

谁能居甬东，一死谅非难。（宋·皇甫明子《海口》）

吾欲东 喻逐鹿中原，胸有大志。《史记·淮阴侯列传》："何曰：'……王必欲长王汉中，无所事信；必欲争天下，非信无所与计事者。顾王策安所决耳。'王曰：'吾亦欲东耳，安能郁郁久居此乎？'"

明日作寒食，命驾吾欲东。（宋·陆文圭《甲子三月二日出白羊门将游茅山诗》）

隐墙东 亦作"墙东""老墙东""侩牛自隐""避世墙东""高卧墙东"。指隐于民间。《后汉书·逢萌传》："逢萌字子康，北海都昌人也。……初，萌与同郡徐房、平原李子云、王君公相友善，并晓阴阳，怀德秽行。房与子云养徒各千人，君公遭乱独不去，侩牛自隐。时人谓之论曰：'避世墙东王君公。'"注引嵇康《高士传》："君公明《易》，为郎。数言事不用，乃自污与官婢通，免归。诈狂侩牛，口无二价。"

余阴如可寄，愿得隐墙东。（唐·卢纶《和考功王员外杪秋忆终南旧居》）

丁宽易东 汉代丁宽曾跟随田何学《周易》，学成后东归洛阳，著有《易说》等。《汉书·丁宽传》："丁宽字子襄，梁人也。初，梁项生从田何受《易》，时宽为项生从者，读《易》精敏，才过项生，遂事何。学成，何谢宽。宽东归，何谓门人曰：'《易》以东矣。'宽至雒阳，复从周王孙受古义，号《周氏传》。……作《易说》三万言，训故举大谊而已，今《小章句》是也。宽授同郡砀田王孙。"

丁宽与易俱东去，神秀离禅作北宗。（宋·刘克庄《梅花十绝答石塘二林》）

独步江东 称誉杰出人才之典。《晋书·王坦之传》："坦之字文度。弱冠与郗超俱有重名，时人为之语曰：'盛德绝伦郗嘉宾，江东独步王文度。'"

顾我牢愁来泽畔，放君独步向江东。（宋·刘克庄《叠前韵谢元邃》）

叔父居东 周公旦因管叔等人散布谣言，曾避居于东二年。《尚书·金縢》："武王既丧，管叔及其群弟乃流言于国，曰：'公将不利于孺子。'周公乃告二公曰：'我之弗辟，我无以告我先王。'周公居东二年，则罪人斯得。于后，公乃为诗以贻王，名之曰《鸱鸮》，王亦未敢诮公。"

王室要师保，叔父勿居东。（宋·马伯升《水调歌头·瑞应杉溪县》）

宋玉墙东 亦作"宋玉墙""宋玉墙头""宋玉东邻""宋邻东畔""宋家东"。咏情侣相恋。宋玉《登徒子好色赋》："天下之佳人莫若楚国，楚国之丽者莫若臣里，臣里之美者莫若臣东家之子。东家之子，增之一分则太长，减之一分则太短，着粉则太白，施朱则太赤。眉如翠羽，肌如白雪，腰如束素，齿如含贝。嫣然一笑，惑阳城，迷下蔡。"

因游李城北，偶向宋家东。（唐·元稹《会真诗三十韵》）

羞面江东 咏项羽，或借以赞誉不肯忍辱偷生的壮烈义气，也用于鉴戒沽名脆弱之失。《史记·项羽本纪》："于是项王乃欲东渡乌江。乌江亭长舣船待，谓项王曰：'江东虽小，地方千里，众数十万人，亦足王也。愿大王急渡。今独臣有船，汉军至，无以渡。'项王笑曰：'天之亡

我，我何渡为！且籍与江东子弟八千人渡江而西，今无一人还，纵江东父兄怜而王我，我何面目见之？纵彼不言，籍独不愧于心乎？'……乃自刎而死。"

望断秦关无限恨，羞面江东山水。（宋·汪宗臣《酹江月·白蛇宵断》）

章甫西东 代指儒生为理想奔波于道路。《礼记·儒行》："鲁哀公问于孔子曰：'夫子之服，其儒服与？'孔子对曰：'丘少居鲁，衣逢掖之衣；长居宋，冠章甫之冠。'"

青囊仍隐逸，章甫尚西东。（唐·杜甫《奉寄河南韦尹丈人》）

不肯过江东 见923页"羞面江东"。

不肯过江东，玉帐匆匆。只今草木忆英雄。（宋·辛弃疾《浪淘沙·不肯过江东》）

亭伯之辽东 亦作"亭伯去""亭伯流离"。指因直谏而遭到疏远。《后汉书·崔骃传》："崔骃字亭伯，涿郡安平人也。……及宪为车骑将军，辟骃为掾。宪府贵重，掾属三十人，皆故刺史、二千石，唯骃以处士年少，擢在其间。宪擅权骄恣，骃数谏之。及出击匈奴，道路愈多不法，骃为主簿，前后奏记数十，指切长短。宪不能容，稍疏之，因察骃高第，出为长岑长。骃自以远去，不得意，遂不之官而归。"

伯喈迁塞北，亭伯之辽东。（唐·李百药《途中述怀》）

冬[1] dōng

【古】上平，二冬。【逆】残～初～丁～寒～季～九～开～客～来～来～立～连～凌～隆～孟～孟～杪～末～暮～耐～穷～秋～三～涉～盛～卧～严～殷～迎～御～元～中～仲～【顺】～服～官～花～华～节～郎～凌～令～珑～青～卿～裘～荣～时～狩～霰～暄～羽～臧【例】白藏初送节，玄律始迎冬。（唐·李峤《十月奉教作》）京华遥比日，疲老飒如冬。（唐·张说《广州萧都督入朝过岳州宴饯得冬字》）岩花不飞落，涧草无春冬。（唐·岑参《刘相公中书江山画障》）

【典】**三冬** 见407页"三冬足"。

三冬学任胸中有，万户侯须骨上来。（唐·刘禹锡《酬乐天偶题酒瓮见寄》）

冬[2]（鼕）dōng 拟声词。

【古】上平，二冬。【逆】丁～响冬～【顺】～鼓【例】闲随人兀兀，梦听鼓冬冬。（唐·元稹《纪怀赠李六户曹崔二十功曹五十韵》）紫锦红囊香满风，金鸾玉轼摇丁冬。（唐·庄南杰《阳春曲》）

咚 dōng 拟声词。

【逆】叮～咕～咚～

𬟽（蝀）dōng 䗖𬟽的省称，指虹。

【古】上平，一东。【逆】采～䗖～蝃～虹～【例】春残尚有蝶，夏首始见𬟽。（宋·王禹偁《寄题陕府南溪兼简孙何兄弟》）霜风猎帷幕，银烛吐䗖𬟽。（宋·黄庭坚《薛乐道自南阳来入都留宿会饮作诗饯行》）

工 gōng ①从事技艺的劳动者。②精巧，细致。③擅长。④技巧。⑤古指官吏。⑥工作。

【古】上平，一东。【逆】百～蚕～臣～春～怠～动～放～篙～歌～共～瞽～鬼斧～鸿～化～画～惠～谏～鲛～精～均～考～刻～课～乐～良～龙～妙～名～冥～女～巧～勤～青～求～山～善～上～梢～射～神～神～诗～施～书～庶～天～同～图～星～宿～冶～阴阳～郢～应～雨～针～众～诸～奏～【顺】～倕～德～笃～瞽～绝～丽～奇～绮～巧～师～细～言～宰～致～拙【例】苏武封犹薄，崔骃宦不工。（唐·骆宾王《边夜有怀》）司谏方无阙，陈诗且未工。（唐·王维《和仆射晋公扈从温汤》）善蕴岂轻售，怀才希国工。（唐·韦应物《赠冯著》）

【典】**代工** 指官员施政。《尚书·皋陶谟》："无旷庶官，天工人其代之。"唐孔颖达正义："一日二日之间而有万种几微之事，皆须亲自知之，不得自为逸豫也。万几事多，不可独治，当立官以佐己，无得空废众官，使才非其任。此官乃是天官，人其代天治之，不可以天之官而用非其人。"

代工声问远，摄事敬恭加。（唐·韩愈《奉和杜相公太清宫纪事陈诚上李相公十六韵》）

化工 即天工，指生长万物的自然功能。汉·贾谊《鹏鸟赋》："且夫天地为炉兮，造化为工。"李善注引《庄子》："子黎曰：'今一以天地为大炉，以造化为大冶，恶乎往而不可哉？'"

犹知化工意，当春不生蝉。（唐·元稹《春鸠》）

新工 指写诗有新的创造。宋黄庭坚《寄杜家父二首》其二："风尘点污青春面，自汲寒泉洗醉红。径欲题诗嫌浪许，杜郎觅句有新功。"

病着形骸冷更慵，短檠宁复有新工。（宋·赵蕃《郑仲理送行六首》其六）

斩画工 咏叹王昭君事。汉元帝按画图诏幸美人。宫人王昭君貌美，然生性正直，因不赂画工而不得见，后昭君自请远嫁匈奴，元帝临行送别，始见昭君美貌，气恨之极，遂斩画工。见旧题汉刘歆《西京杂记》卷二。

黄沙已作无归路，犹愿君王斩画工。（明·王夫之《明妃曲(戊戌)》）

功 gōng ①功劳，功绩。②工作，事业。③成就，功效。④坚牢，精美。⑤功夫，指技术和技术修养。⑥工夫，指占用的时间。⑦古代丧服名。

【古】上平，一东。【逆】霸～边～表～不伐～不世～蚕～僝～酬～德～帝～奋～丰～肤～辜～汗马～贺～赫赫～横～鸿～绩～嘉～建～矜～景～九～镌～谲～犒～课～赉～勒～隆～茂～懋～铭～女～全～戎～事～殊～缌～嗣～素～岁～遂～天～图～恤～言～邀～遗～阴～庸～用～禹～元～造化～箴～治～致～众～奏～【顺】～德水～德天～伐～阀～干～沽～化～绩～捷～屦～列～烈～略～谋～勤～裘～缌～行～绪～业～庸～用～誉～泽～致～筑～宗～最～作【例】不受千金爵，谁论万里功。（唐·卢照邻《结客少年场行》）

【典】**九功** 指六府三事，是古代文治的主要内容。《尚书·大禹谟》："九功惟叙，九叙惟歌。"旧题汉孔安国传："言六府三事之功有次叙，皆可歌乐，乃德政之致。"唐孔颖达疏："修和六府三事，九者皆就有功，九功惟使皆有次叙，九事次叙惟使皆可歌乐，此乃德之所致。"

声明畅八表，宴喜陶九功。（唐·权德舆《奉和圣制丰年多庆九日示怀》）

勒功 指建立边功后在当地山上刻石记功。《后汉书·窦融传》附《窦宪传》："（宪）精骑万余，与北单于战于稽落山，大破之，虏众崩溃，单于遁走，追击诸部，遂临私渠比鞮海，斩名王已下万三千级，获生口马牛羊橐驼百余万头。……宪、秉遂登燕然山，去塞三千余里，刻石勒功，纪汉威德，令班固作铭。"

勒功思比宪，决略暗欺陈。（唐·骆宾王《咏怀古意上裴侍郎》）

铭功 见本页"勒功"。

城荒犹筑怨，碣毁尚铭功。（唐·骆宾王《边夜有怀》）

神功 本指难以测知的功能，咏作诗或作文的灵感。南朝梁钟嵘《诗品·宋法曹参军谢惠连》："《谢氏家录》云：'康乐每对惠连，辄得佳语。后在永嘉西堂，思诗竟日不就。寤寐间，忽见惠连，即成'池塘生春草'。故尝云：'此语有神助，非我语也。'"

天意存倾覆，神功接混茫。（唐·杜甫《滟滪堆》）

麒麟功 见82页"麒麟阁[1]"。

辜负麒麟功业志，只教人唤作诗家。（宋·晁说之《蒙用诸人韵赋诗见贻复用韵谢之》）

橐籥功 老子认为天地之间就像一个橐籥，即冶炼金属时所用的风箱。天地陶冶、化成万物，"橐籥功"喻指天地之功，造化之功。《老子·道经》第五章："天地之间，其犹橐籥乎？虚而不屈，动而俞出。多言数穷，不如守中。"

渐飏抟扶势，应从橐籥功。（唐·张聿《景风扇物》）

五利功 指和戎。《左传·襄公四年》："无终子嘉父使孟乐如晋，因魏庄子纳虎豹之皮，以请和诸戎。……公曰：'然则莫如和戎乎？'对曰：'和戎有五利焉：戎狄荐居，贵货易土，土可贾焉，一也；边鄙不耸，民狎其野，穑人成功，二也；戎狄事晋，四邻振动，诸侯威怀，三也；以德绥戎，师徒不勤，甲兵不顿，四也；鉴于后羿，而用德度，远至迩安，五也。君其图之！'公说，使魏绛盟诸戎，修民事，田以时。"

百年徒有伊川叹，五利宁无魏绛功。（唐·吴融《金桥感事》）

燕然功 亦作"燕山铭""燕然颂""铭燕石"。咏建立边功。

长身踽踽万夫雄，抵掌燕然立骏功。（宋·姜特立《赋张舍人抱啸堂五首》其一）

多谢无功 贺人生子之典。语带戏谑。《世说新语·排调》："元帝皇子生，普赐群臣。殷洪乔谢曰：'皇子诞育，普天同庆。臣无勋焉，而猥颁厚赉。'中宗笑曰：'此事岂可使卿有勋邪？'"

多谢无功。此事如何到得侬。（宋·苏轼《减字木兰花·维熊佳梦》）

高祖誓功 指国君奖赏功臣时祝其世保其爵并与之盟誓。汉高祖刘邦建立汉朝，分封有功之臣，并予以盟誓曰："使河如带，泰山若厉，国以永宁，爰及苗裔。"见《史记·高祖功臣侯者年表》。

高祖誓功衣带小，仙人占斗客槎轻。（唐·罗隐《黄河》）

贪天之功 亦作"贪天之功为己功"。喻指抹杀别人的功绩，将一切功劳归到自己身上。《左传·僖公二十四年》："晋侯赏从亡者，介之推不言禄，禄亦弗及。推曰：'献公之子九人，唯君在矣。惠怀无亲，外内弃之。天未绝晋，必将有主。主晋祀者，非君而谁？天实置之，而二三子以为己力，不亦诬乎？窃人之财，犹谓之盗，况贪天之功，以为己力乎？下义其罪，上赏其奸，上下相蒙，难与处矣。"

谁知水旱皆天数，贪天之功天所恶。（宋·于石《祈雨》）

唐举无功 指日后的富贵主要靠自身的努力，与相术无涉。《史记·范雎蔡泽列传》："蔡泽者，燕人也。游学干诸侯小大甚众，不遇。而从唐举相，曰：'吾闻先生相李兑，曰"百日之内持国秉政"，有之乎？'曰：'有之。'曰：'若臣者何如？'唐举孰视而笑曰：'先生曷鼻，巨肩，魋颜，蹙齃，膝挛。吾闻圣人不相，殆先生乎？'蔡泽知唐举戏之，乃曰：'富贵吾所自有，吾所不知者寿也，愿闻之。'唐举曰：'先生之寿，从今以往者四十三岁。'……昭王新说蔡泽计画，遂拜为秦相，东收周室。"

休言唐举无功。更休笑、丘轲自厄穷。（宋·程珌《沁园春·试课阳坡》）

治狱阴功 颂扬地方官吏或执法官员。《汉书·于定国传》："始定国父于公，其闾门坏，父老方共治之。于公谓曰：'少高大闾门，令容驷马高盖车。我治狱多阴德，未尝有所冤，子孙必有兴者。'至定国为丞相，永（定国之子）为御史大夫，封侯传世云。"

平生治狱有阴功，忠孝临民父母同。（宋·黄庭坚《叔父给事挽词十首》其二）

安陵谁辨削砺功 汉代袁盎因反对立梁孝王为太子而被刺客刺杀，朝廷根据削砺工辨认凶器得以破案。《史记·袁盎晁错列传》："梁王欲求为嗣，袁盎进说，其后语塞。梁王以此怨盎，曾使人刺盎。"《史记·梁孝王世家》："而梁王闻其义出于袁盎诸大臣所，怨望，使人来杀袁盎。……刺之，置其剑，剑着身。视其剑，新治。问长安中削厉工，工曰：'梁郎某子来治此剑。'以此知而发觉之，发使者捕逐之。"

安陵谁辨削砺功，韩国讵明深井里。（唐·柳宗元《古东门行》）

除了醉吟百无功 既用作谦言，同时亦表明己之所长。宋苏轼《秀州报本禅院乡僧文长老方丈》："师已忘言真有道，我除搜句百无功。"

但觉平生湖海，除了醉吟风月，此外百无功。（宋·辛弃疾《水调歌头·我饮不须劝》）

公gōng

㊀上平，一东。㊁安期～秉～不～从～大～狄梁～地～奉～府～贡～害～河上～壶～家～姜太～荆～井～狙～巨～阃～雷～廉～林～六出～鹿皮～明～木～乃～南～辟～清～仁～戎～荣～三～桑～十八～天～田～王～无是～五～夏黄～乡～逍遥～谢～燕～羊鼻～要～伊～因～愚～寓～猿～远～在～至～忠～周～诸～宗～奏～㊂～班～宾～曹～旦～牒～俸～府～辅～宫～谷～衮～槐～祭

～荐～鉴～谨～昆弟～姥～廉～祢～庙～明～畦～器～卿～壤～膳～裳～绶～输～塾～署～恕～帑～梼～庭～徒～涂～望～席～暇～宪～襄～廨～衙～燕～冶长～乂～邑～谊～营～忠～家㊀自言歌舞长千载，自谓骄奢凌五公。（唐·卢照邻《长安古意》）凤归慨处士，鹿化闻仙公。（唐·宋之问《宿云门寺》）西海辞金母，东方拜木公。（唐·韦渠牟《步虚词》）

㊁**八公** 指门客或指神仙。《史记·淮南衡山列传》："（淮南王）阴结宾客。"司马贞索隐："《淮南要略》云：安养士数千，高才者八人，苏非、李尚、左吴、陈由、伍被、毛周、雷被、晋昌，号曰'八公'也。"

八公山下清淮水，千骑尘中白面人。（唐·刘禹锡《寄杨八寿州》）

曹公 指酸梅子。宋庄绰《鸡肋编·卷上》："王逸少好鹅，曹孟德有梅林救渴之事，而俗子乃呼鹅为'右军'，梅为'曹公'。前人已载尺牍有'汤焊右军一只，蜜浸曹公两瓶'，以为笑矣。"

人间别有酸心处，浸透曹公醋一瓶。（清·丘逢甲《梅子（二首）》其一）

车公 指晋人车胤。《晋书·车胤传》："车胤，字武子，南平人也……及长，风姿美劭，机悟敏速，甚有乡曲之誉。桓温在荆州，辟为从事，以辩识义理深重之。引为主簿，稍迁别驾、征西长史，遂显于朝廷。时惟胤与吴隐之以寒素博学知名于世。又善于赏会，当时每有盛坐而胤不在，皆云：'无车公不乐。'谢安游集之日，辄开筵待之。"

行行西陌返，驻幰问车公。（唐·王维《酬慕容十一》）

甘公 即甘德，泛指占星者。《史记·天官书》："昔之传天数者：高辛之前，重、黎……在齐，甘公。"裴骃集解："或曰甘公名德也，本是鲁人。"唐张守节《史记正义》："《七录》云楚人，战国时作《天文星占》八卷。"

南郑有李郃，妙得甘公书。（宋·苏轼《送郑宗古还乡》）

壶公 亦作"壶中""壶里""入壶"。咏仙术或道术，或以"壶中"指仙境。东汉费长房为管理市场之小吏时，曾在市场中见一老翁卖药，座旁挂一壶，罢市后翁即跳入壶中，人称壶公。后费长房于酒楼偶遇壶公，知其非常人，遂拜其为师学道。事见《后汉书·方术列传·费长房》。

家家迎蓟子，处处识壶公。（唐·杜甫《寄司马山人十二韵》）

黄公[1] 咏道术之士或咏虎。旧题汉刘歆《西京杂记》卷三："有东海人黄公，少时为术，能制蛇御虎，佩赤金刀，以绛缯束发，立兴云雾，坐成山河。及衰老，气力羸惫，饮酒过度，不能复行其术。秦末有白虎见于东海，黄公乃以赤刀往厌之。术既不行，遂为虎所杀。"

黄公酒垆兴偏入，阮籍不嗔嵇亦顾。（唐·皎然《张伯英草书歌》）

黄公[2] 见177页"黄石"。《史记·留侯世家》记张良忍气服侍黄石公，得其所授兵书一编，熟读运用之，终成帝王之军师。

师事黄公千战后，身骑白马万人中。（唐·刘长卿《观校猎上淮西相公》）

晋公 指裴度。裴度字中立，唐宪宗贞元五年进士。元和时拜相，率兵讨平淮西割据者吴元济，封晋国公，世称裴晋公。后又以拥立文宗有功，进位至中书令。死后赠太傅。事见《旧唐书·裴度传》。

晋公标逸气，汾水注长流。（唐·高适《东平旅游奉赠薛太守二十四韵》）

巨公 亦作"觅巨公"。借指皇帝。《史记·封禅书》："上遂东巡海上……公孙卿持节常先行候名山，至东莱，言夜见大人，长数丈，就之则不见，见其迹甚大，类禽兽云。群臣有言见一老父牵狗，言'吾欲见巨公'，已忽不见。上即见大迹，未信，及群臣有言老父，则大以为仙人也。宿留海上，予方士传车及间使求仙人以千数。"

巨公步辇迎句芒，复道扫尘燕彗长。（唐·温庭筠《汉皇迎春词》）

雷公 指司雷之神。战国楚屈原《远游》："左雨师使径侍兮，右雷公以为卫。"

雷公诉帝喘欲吹，咸恐声名塞天破。（宋·王安石《寄慎伯筠》）

林公 见770页"支遁"。

一听林公法，灵嘉愿寄身。（唐·武元衡《夏与熊王二秀才同宿僧院》）

龙公 即神话中的龙王，它们可以兴云布雨。《华严经·世主妙严品》："复有无量诸大龙王……如是等而为上首，其数无量，莫不勤力，兴云布雨，令诸众生，热恼消灭。"

绝顶谒龙公，森寒石作宫。（宋·刘克庄《第三龙湫》）

鲁公 喻指统领一方的长官，亦用为父子两代同受朝廷殊荣之典。《史记·鲁周公世家》："遍封功臣同姓戚者。封周公旦于少昊之虚曲阜，是为鲁公。周公不就封，留佐武王。……周公恐天下闻武王崩而畔，周公乃践阼，代成王摄行政当国。……于是卒相成王，而使其子伯禽代就封于鲁。……周公卒，子伯禽固已前受封，是为鲁公。"

潞公 指文彦博。文彦博为北宋大臣。字宽夫，汾州介休人，天圣五年进士及第。历任知县、通判，后由监察御史迁殿中侍御史。嘉祐四年，封潞国公。元祐初，司马光当政，文彦博以元老重臣为平章军国重事，参与废除新法。五年致仕。事见《宋史·文彦博传》。

何时梦见洛阳春，郑公插花潞公舞。（宋·赵文《题耆英图》）

吕公 吕后之父，善相。《史记·高祖本纪》："吕公者，好相人，见高祖状貌，因重敬之；引入坐。……吕公因目固留高祖。高祖竟酒，后。吕公曰：'臣少好相人，相人多矣，无如季相，愿季自爱。臣有息女，愿为季箕帚妾。'"

范子几年思狡兔，吕公何处兆非熊。（宋·黄庭坚《渔父二首》其一）

孟公 见567页"孟嘉落帽"。

老大犹堪说。似而今、元龙臭味，孟公瓜葛。（宋·辛弃疾《贺新郎·老大犹堪说》）

木公 即东王公，又号玉皇君，是古代神话中的统领群仙的仙人，与九灵金母并称。见南朝梁陶弘景《真诰·甄命授》："昔汉初，有四五小儿路上画地戏。一儿歌曰：'着青裙，入天门。揖金母，拜木公。'到复是隐言也,时人莫知之,唯张子房知之,乃往拜之。此乃东王公之玉童也,所谓金母者,西王母也,木公者,东王公也。仙人拜王公,揖王母。"

仙姬宴坐瑶池上,催捧蟠桃献木公。(元·柳贯《浦阳十咏·仙华岩雪》)

南公 战国时楚国隐士,能预知未来。后用作道士的代称。《史记·项羽本纪》:"夫秦灭六国,楚最无罪。自怀王入秦不反,楚人怜之至今。故楚南公曰:'楚虽三户,亡秦必楚也'。"裴骃集解:"徐广曰:'楚人也,善言阴阳。'骃案:文颖曰'南方老人也'。"唐张守节《史记正义》:"虞喜《志林》云:'南公者,道士,识废兴之数,知亡秦者必于楚。'"

时时为我谈尊宿,曾入南公古道场。(宋·苏辙《赠医僧善正》)

恼公 指自嘲以遣怀。唐李贺有《恼公》一诗,描写其对意中女子的思念:"王时应七夕,夫位在三宫。无力涂云母,多方带药翁。符因青鸟送,囊用绛纱缝。汉苑寻官柳,河桥阂禁钟。月明中妇觉,应笑画堂空。"

故雷桃李秋摇落,扫地无花可恼公。(宋·晁冲之《和集津兄谢王立之红丝花》)

庞公 亦作"采药庞公""庞德公""庞居士"。喻指隐居不出的高士。庞公为东汉末高士,曾躬耕于襄阳岘山之南,与诸葛亮、司马徽、徐庶为友。刘表数度延请不至。后携妻子隐居鹿门山,采药以终。事见晋皇甫谧《高士传·庞公》。

何处先贤传,惟称庞德公。(唐·孟浩然《题张野人园庐》)

桥公 喻指死去的知己。桥公即桥玄。曹操微时,惟桥玄慧眼识英雄,曾曰:"今天下将乱,安生民者其在君乎!"曹操遂引以为知己。桥玄死后,曹操曾多次去墓前祭奠,并撰文以悼之。事见《后汉书·桥玄传》。

南来万里何求。因感慨桥公成远游。(宋·刘克庄《沁园春·岁暮天寒》)

山公 见525页"山涛"。

自得山公许,休耕海上田。(唐·崔峒《扬州选蒙相公赏判雪后呈上》)

申公 文帝时为博士,传诗经之学,世称鲁诗。武帝时拜太中大夫。

肯谢申公辈,治诗事汉文。(唐·皎然《同明府章送沈秀才还石门山读书》)

生公 称美高僧。生公即晋末高僧竺道生。相传生公曾于苏州虎丘寺立石为徒,讲《涅盘经》,至微妙处,石皆点头。见《莲社高贤传·道生法师》。

生公手种殿前树,唯有花开鶗鴂悲。(唐·顾况《哭绚法师》)

嵩公 咏道术之士。相传汉元帝时人宫嵩师事仙人于吉,后学成。见晋葛洪《神仙传》卷一〇《宫嵩》。

如何嵩公辈,诙谲误时人。(唐·陈子昂《感遇诗三十八首》其九)

陶公 亦作"陶潜"。咏县令、高士或嗜酒者。陶公即陶渊明,一名潜,字元亮,私谥靖节,浔阳柴桑人。性嗜酒、安贫乐道。曾为江州祭酒、镇江参军,后任彭泽令。因不满当时官员的腐败而去职,归隐田园,至死不仕。事见《宋书·陶潜传》。

饱食鲙鱼榜归棹,待君琴酒醉陶公。(唐·许浑《酬郭少府先奉使巡涝》)

温公 指北宋宰相司马光。司马光,字君实。陕州夏县人。家居涑水乡,人称涑水先生。晚年自号迂叟。卒谥文正,追封温国公,世称司马温公。见宋杜大珪《名臣碑传琬琰集》上卷六载苏轼所撰《司马文正公光忠清粹德之碑》。

忠清两杨绾,诚一再温公。(宋·杨万里《余处恭少师左相郇公挽辞三首》其一)

郗公 亦作"郄公"。本指郗鉴,代指贤臣要员。郗鉴为西晋名臣,他曾以博学多才辅佐明帝,先后被拜为安西将军、尚书令等职。事见《晋书·郗鉴传》。

郄公怜戆亦怜愚,忽赐金盘径寸珠。(唐·卢纶《敬酬大府二十四舅览诗卷因以见示》)

谢公[1] 亦作"谢东山"。喻指文武兼备的将相之才。谢安,字安石,号东山,东晋陈郡阳夏人,少有重名,征辟皆不就,隐居东山,年四十余,始出为桓州司马。淝水之战任征讨大都督,指导策划,克敌有功,累官至太保,卒赠太傅。世称谢太傅、谢安石、谢相、谢公。事见《晋书·谢安传》。

谢公正要东山妓,携手林泉处处行。(唐·李白《示金陵子》)

谢公[2] 指南朝宋谢灵运。几度归隐,以山水诗见长,后多用以咏山水或隐逸生活。见《宋书·谢灵运传》。

脚着谢公屐,身登青云梯。(唐·李白《梦游天姥吟留别》)

谢公[3] 指南齐著名诗人谢朓。《南齐书·谢朓传》:"谢朓字玄晖,陈郡阳夏人也。……朓少好学,有美名,文章清丽。"又:"高宗辅政,以朓为骠骑谘议,领记室,掌霸府文笔。……出为宣城太守,以选复为中书郎。……朓善草隶,长五言诗,沈约常云:'二百年来无此诗也。'"

莫道谢公方在郡,五言今日为君休。(唐·韦应物《答秦十四校书(秦系)》)

休公 见463页"汤惠休"。亦作"休师""休上人"。

休公久别如相问,楚客逢秋心更悲。(唐·刘禹锡《送慧则法师归上都因呈广宣上人》)

薛公 指齐威王少子田婴。《史记·孟尝君列传》:"田婴相齐十一年,宣王卒,湣王即位。即位三年,而封田婴于薛。……诸侯皆使人请薛公田婴以文为太子,婴许之。婴卒,谥为靖郭君。而文果代立于薛,是为孟尝君。"

薛公善筹画,李相威边鄙。(唐·张说《送李侍郎迥秀薛长史季昶同赋得水字》)

燕公 指张说。《新唐书·苏颋传》:"颋性廉俭,奉禀悉推散诸弟亲族,储无长赀。自景龙后,与张说以文章显,称望略等,故时号'燕许大手笔'。"

侍臣燕公秉文笔,玉检告天无愧词。(唐·刘禹锡《平齐行二首》

其二）

羊公 亦作"羊祜""堕泪羊公""岘首羊公"。晋羊祜任襄阳太守，有惠政。羊祜死后，以其常游岘山，百姓为之立碑岘山。岁时飨祭，望其碑者，莫不流涕，杜预称其为"堕泪碑"。后遂用"羊公"以称美官员。见《晋书》卷三四《羊祜传》。

重城洞启肃秋烟，共说羊公在镇年。（唐·司空曙《秋日趋府上张大夫》）

猿公 亦作"白猿""白猿公"。咏剑术。东汉·赵晔《吴越春秋·勾践归国外传》："范蠡对曰：'……今闻越有处女，出于南林，国人称善。'……越王乃使使聘之，问以剑戟之术。处女将北见于王，道逢一翁，自称曰袁公。问于处女：'吾闻子善剑，愿一见之。'女曰：'妾不敢有所隐，惟公试之。'于是袁公即杖箖箊竹，竹枝上颉桥，末堕地，女即捷末。袁公则飞上树，变为白猿。遂别去。"

少年学剑术，凌轹白猿公。（唐·李白《结客少年场行》）

庾公 本指庾信。字子山，小字兰成，南朝梁新野人。梁元帝即位，任为右卫将军，后元帝使出使西魏，值西魏灭梁，信留长安，并任官；北周代魏，信累迁骠骑大将军、开府仪同三司，在北朝达二十七年，世称"庾开府"。见《北史·庾信传》。

寒食江天气最清，庾公晨望动高情。（唐·皎然《奉和陆中丞使君长源寒食日作》）

支公 见770页"支遁"。

日西倒山寺，林下逢支公。（唐·岑参《冬夜宿仙游寺南凉堂呈谦道人》）

周公 亦作"周姬旦"。用于称颂贤明的宰相辅臣。《史记·周本纪》："武王即位，太公望为师，周公旦为辅，召公、毕公之徒左右王，师修文王绪业。……成王少，周初定天下，周公恐诸侯畔周，公乃摄行政当国。……周公行政七年，成王长，周公反政成王，北面就群臣之位。"

周公不为公，孔丘不为丘。（唐·韩愈《双鸟诗》）

陈孟公 本指陈遵，喻指好客的宴席主人。《汉书·陈遵传》："陈遵字孟公，杜陵人也。……遵耆酒，每大饮，宾客满堂，辄关门，取客车辖投井中，虽有急，终不得去。"

剪花莫学韩中令，投辖惟闻陈孟公。（宋·黄庭坚《陈季张有蜀芙蓉长饮客至开辄剪去》）

杜幼公 亦作"杜延年"。指西汉人杜延年，他为人安和，久典朝政，居九卿位十余年。事见《汉书·杜周传》附杜延年传。

官属张廷尉，身随杜幼公。（唐·韩翃《送赵评事赴洪州使幕》）

河上公 隐士，曾注老子《道德经》。

逍遥自在蒙庄子，汉主徒言河上公。（唐·赵彦昭《奉和圣制幸韦嗣立山庄应制》）

黑头公 称美年轻才士必将通显。《世说新语·识鉴》："诸葛道明初过江左，自名道明，名亚王（导）庾（亮）之下。先为临沂令，丞相谓曰：'明府当为黑头公。'"

末路自矜黄发老，平时曾识黑头公。（宋·苏颂《和门下侍郎东台夜直见寄》）

黄石公 神仙，曾授张良兵法。相传张良于博浪沙刺秦始皇失败后，逃亡至下邳，在桥上遇一老父，并为之纳履。老父授张良以《太公兵法》，并言称十三年后，到济北谷城山下，见到一块黄石，那就是他。十三年后，张良从刘邦过济北，果在谷城山下得黄石。事见《史记·留侯世家》及《汉书·张良传》。

惟见碧流水，曾无黄石公。（唐·李白《经下邳圯桥怀张子房》）

锦袍公 代指李白。《旧唐书·李白传》："乃浪迹江湖，终日沉饮，时侍御史崔宗之谪官金陵，与白诗酒唱和。尝月夜乘舟，自采石达金陵，白衣宫锦袍，于舟中顾瞻笑傲，旁若无人。"

尚想锦袍公，醉眼隘八荒。（宋·陆游《泛小舟姑孰溪口》）

朗陵公 亦作"朗陵翁"。咏内兄。晋·傅咸《赠何劭王济序》："朗陵公何敬祖，咸之从内兄。"李善注："臧荣绪《晋书》曰：'何劭袭封朗陵郡公。'"

道游玄度宅，身寄朗陵公。（唐·法振《送人游闽越》）

老冯公 见494页"冯唐白首"。

应怀得隽大明宫，无事老冯公。（宋·晁补之《一丛花·飞凫仙令气如虹》）

披裘公 形容志高行洁的隐士。东汉王充《论衡·书虚》："延陵季子出游，见路有遗金。当夏五月，有披裘而薪者，季子呼薪者曰：'取彼地金来！'薪者投镰于地，瞋目拂手而言曰：'何子居之高，视之下，仪貌之壮，语言之野也！吾当夏五月，披裘而薪，岂取金者哉！'"季子谢之，请问姓字。薪者曰：'子皮相之士也，何足于姓字！'遂去不顾。"

逍遥披氅客，肮脏被裘公。（明·胡应麟《乙未仲冬朔舟次济南大雪百二十韵》）

十八公 指松。《三国志·吴书·孙皓传》："三年春二月，以左、右御史大夫丁固、孟仁为司徒、司空。"南朝宋裴松之注："《吴书》曰：'初，固为尚书，梦松树生其腹上。谓人曰：'松字，十八公也，后十八岁，吾其为公乎。''卒如梦焉。"

经问南雷叟，家传十八公。（宋·楼钥《蒋慈溪挽词》）

张长公 亦作"张挚"。用于称颂怀德不仕者。《史记·张释之冯唐列传》："（张释之）其子曰张挚，字长公，官至大夫，免。以不能取容当世，故终身不仕。"司马贞索隐："谓性公直，不能曲屈见容于当世，故至免官不仕也。"

白衣三公 咏儒生荣升三公。《史记·儒林列传》："及窦太后崩，武安侯田蚡为丞相，绌黄老、刑名百家之言，延文学儒者数百人，而公孙弘以《春秋》白衣为天子三公，封以平津侯。天下之学士靡然乡风矣。"

不羡白衣作三公，不爱白日升青天。（宋·苏轼《朱寿昌以诗贺之》）

城北徐公 代指美男子。《战国策·齐策一》："邹忌修八尺有余，身体昳丽。朝服衣冠窥镜，谓其妻曰：'我孰与城北徐公美？'其妻曰：'君美甚，徐公何能及公也！'城北徐公，齐国之美丽者也。……明日，徐公来。孰视之，自以为不如；

窥镜而自视，又弗如远甚。”

关西今孔子，城北旧徐公。（唐·张祜《寄朗州徐员外》）

怀绶朱公 指汉朱买臣。《汉书·朱买臣传》：“初，买臣免，待诏，常从会稽守邸者寄居饭食。拜为太守，买臣衣故衣，怀其印绶，步归郡邸。直上计时，会稽吏方相与群饮，不视买臣。买臣入室中，守邸与共食，食且饱，少见其绶。守邸怪之，前引其绶，视其印，会稽太守章也。守邸惊，出语上计掾吏。皆醉，大呼曰：‘妄诞耳！’”

恩勤，东道主，挥金汉傅，怀绶朱公。（宋·史浩《满庭芳·复拥旌麾》）

江左惟公 指有了安定江左、匡时济国的人才，大家不致沦为夷狄之民。《世说新语·言语》：“温峤初为刘琨使来过江。于时江左营建始尔，纲纪未举。温新至，深有诸虑。既诣王丞相，陈主上幽越，社稷焚灭，山陵夷毁之酷，有《黍离》之痛。温忠慨深烈，言与泗俱，丞相亦与之对泣。叙情既毕，便深自陈结，丞相亦厚相酬纳。既出，欢然言曰：‘江左自有管夷吾，此复何忧？’”

江左惟公，争些子、吾其衽发。（宋·刘克庄《满江红·江左惟公》）

四世三公 亦作“四代三公”“四代五公”。咏高门世家。《后汉书·杨震传》附《杨彪传》：“自震至彪，四世太尉，德业相继，与袁氏俱为东京名族云。”南北朝吴均《续齐谐记》：“是夕，宝三更读书，有黄衣童子曰：‘我王母使者，昔使蓬莱，为鸱枭所抟。蒙君之仁爱见救，今当受赐。’……以四玉环与之，曰：‘令君子孙洁白，且从登三公事，如此环矣。’”

四代三公族，清风播人天。（唐·李白《送杨燕之东鲁》）

天下为公 咏社会大同理想或公心治国。《礼记·礼运》：“大道之行也，与三代之英，丘未之逮也，而有志焉。大道之行也，天下为公，选贤与能，讲信修睦。”唐孔颖达疏：“‘天下为公’，谓天子位也。为公，谓揖让而授圣德，不私传子孙，即废朱均而用舜禹是也。”

推诚至玄化，天下期为公。（唐·德宗皇帝《丰年多庆九日示怀》）

一国三公 比喻政出多门，权力分散。春秋时晋献公命士蔿为重耳和夷吾筑城，士蔿敬守君命，但为免除后患，只得草率完工，赋诗：“狐裘龙茸，一国三公，吾谁适从？”事见《左传·僖公五年》。

一国实三公，万人欲为鱼。（唐·杜甫《草堂》）

折臂三公 指大官坠马。《世说新语·术解》：“人有相羊祜父墓，后应出受命君。祜恶其言，遂掘断墓后，以坏其势。相者立视之曰：‘犹应出折臂三公。’俄而祜坠马折臂，位果至公。”

折臂三公未可知，会当千镒访权奇。（宋·苏轼《戏周正孺二绝》其一）

醉倒山公 形容人之大醉。《晋书·山简传》：“永嘉三年，（山简）出为征南将军……简优游卒岁，唯酒是耽。诸习氏，荆土豪族，有佳园池，简每出嬉游，多之池上，置酒辄醉，名之曰‘高阳池’。时有童儿歌曰：‘山公出何许？往至高阳池。日夕倒载归，酩酊无所知。时时能骑马，倒著白接篱。举鞭向葛彊：‘何如并州儿？’彊家在并州，简爱将也。”

江头醉倒山公。月明中。（宋·辛弃疾《乌夜啼·江头醉倒山公》）

蔡琰请曹公 指为妻赦夫。东汉才女蔡琰丈夫董祀犯法当死，蔡琰叩拜曹操求情，免董祀一死，果得到赦免。见《后汉书·列女传·董祀妻》。

多君同蔡琰，流泪请曹公。（唐·李白《在浔阳非所寄内》）

使我不为公 指宁愿不做高官，绝不趋炎附势。《三国志·魏书·辛毗传》：“时中书监刘放、令孙资见信于主，制断时政，大臣莫不交好，而毗不与往来。毗子敞谏曰：‘今刘、孙用事，众皆影附，大人宜小降意，和光同尘；不然必有谤言。’毗正色曰：‘主上虽未称聪明，不为闇劣。吾之立身，自有本末。就与刘、孙不平，不过令吾不作三公而已，何危害之有？焉有大丈夫欲为公而毁其高节者邪？’”

孙刘辈，能使我，不为公。（宋·辛弃疾《水调歌头·我饮不须劝》）

周南太史公 亦作“周南客”“周南滞”“太史南留”。指羁旅他乡。《史记·太史公自序》：“是岁天子始建汉家之封，而太史公留滞周南，不得与从事，故发愤且卒。”司马贞索隐：“张晏云：‘自陕已东，皆周南之地也。’”

叶县郎官宰，周南太史公。（唐·杜甫《敬简王明府》）

攻 gōng

①进击。②抨击。③从事某项事业，进行某项工作。④加工，治理。⑤致力研究，学习。⑥治疗。

古上平，一东。**逆**逼～车～诋～斗～反～方～环～火～急～夹～交～进～近～九～酒兵～窥～力～猛～鸣～鸣鼓～谋～偏师～剽～浅～强～围～战～专～**顺**～拔～备～砭～剥～驳～刺～错～弹～盗～道～诋～斗～发～罚～讦～劫～诘～据～掘～凌～掠～没～昧～靡～灭～难～书～说～索～讨～围～忤～习～袭～陷～虚～研～玉～熨～摘～治～逐～注**例**木直几自寇，石坚亦他攻。（唐·张九龄《杂诗五首》其四）蜂虿隔万里，云雷随九攻。（唐·高适《李云南征蛮诗》）矢舍虽未中，璞全终待攻。（唐·欧阳詹《送袁秀才下第归毗陵》）

典鸣攻 亦作“鸣鼓而攻”。指公开声讨。《论语·先进》：“季氏富于周公，而求也为之聚敛而附益之。子曰：‘非吾徒也。小子鸣鼓而攻之，可也。’”

仗义恳无敌，鸣攻故有辞。（唐·杜牧《和野人殷潜之题筹笔驿十四韵》）

弓 gōng

①射箭或发弹丸的器械。②形状像弓或作用像弓的东西。③弯曲，使弯曲。④旧时丈量土地的工具，也叫步弓。⑤计量单位。

古上平，一东。**逆**安～百～半～杯～悲良～藏～操～圌～弛～春～大～帝～雕～凤凰～弓～彀～挂～关～贯～横～弧～画～挥～角～劲～旌～惊～良～六钧～卢～满～貊～蒲～牵～翘～秦～鹊～

戎～弱～三寸～桑～伤～蛇～石梁～双～檀～韬～桃～天～调～彤～王～危～乌～犀～纤～香～燕～杨叶～遗～引～玉～月半～张～枕～执～仲～重～足～彤～角～雕～良～一～强～画～桃～弯～弹～引～檀～杯～惊～月半～两石～顺～背～藏～车～袋～服～父～工～号～弧～箕～剑～鞬～缴～旌～力～履～马～弩～骑～袭～弰～梢～蛇～射～矢～室～韬～弯～纤～弦～小～鞋～靴～样～腰人～珧～冶～衣～月～足例玉剑浮云骑，金鞭明月弓。（唐·卢照邻《结客少年场行》）云摇锦更节，海照角端弓。（唐·徐彦伯《胡无人行》）君为白马将，腰佩騂角弓。（唐·陈子昂《送别出塞》）

典抱弓 指抱着帝王升仙后留下的遗物。《史记·封禅书》："黄帝采首山铜，铸鼎于荆山下。鼎既成，有龙垂胡髯下迎黄帝。黄帝上骑，群臣后宫从上者七十余人，龙乃上去。余小臣不得上，乃悉持龙髯，龙髯拔，堕，堕黄帝之弓。百姓仰望黄帝既上天，乃抱其弓与胡髯号，故后世因名其处曰鼎湖，其弓曰乌号。"

孤城空雨泣，白首抱遗弓。（宋·蔡襄《仁宗皇帝挽词七首》其五）

藏弓 见808页"鸟尽弓藏"。

藏弓身已退，焚稿事难闻。（唐·刘长卿《秋日夏口涉汉阳献李相公》）

楚弓 指有所失而自宽。《公孙龙子·迹府》："龙闻楚王张繁弱之弓，载忘归之矢，以射蛟兕于云梦之圃。而丧其弓，左右请求之，王曰：'止！楚王遗弓，楚人得之，又何求呼？'仲尼闻之曰：'楚王仁义而未遂也。亦曰"人亡弓，人得之"而已，何必楚！'"

何辞向物开秦镜，却使他人得楚弓。（唐·刘长卿《避地江东留别淮南使院诸公》）

雕弓 咏王师出征。《荀子·大略》："天子雕弓，诸侯彤弓，大夫黑弓，礼也。"

雕弓夜宛转，铁骑晓参驔。（唐·卢照邻《战城南》）

弓弓 旧时妇女的小脚缠后弯曲如弓。后咏女鞋，或借指女子纤足，亦代指女子。五代毛熙震《浣溪沙·碧玉冠轻袅燕钗》："捧心无语步香阶，缓移弓底绣罗鞋。"

隐隐似、朝云行雨，弓弓样、罗袜生尘。（宋·黄庭坚《两同心·巧笑眉颦》）

号弓 见本页"抱弓"。

坠剑悲乔岳，号弓泣鼎湖。（唐·李绅《趋翰苑遭诬构四十六韵》）

惊弓 亦作"惊雁""怯弦""怯张弓""弓张自摧"。见636页"惊弦"。

绣羽惊弓离果上，红鳞见饵出蒲根。（唐·方干《李侍御上虞别业》）

彤弓 咏征讨叛逆。《书·文侯之命》："父义和，其归视尔师，宁尔邦。用赉尔秬鬯一卣，彤弓一，彤矢百，卢弓一，卢矢百，马四匹。"旧题汉孔安国传："诸侯有大功，赐弓矢，然后专征伐。彤弓以讲德习射，藏示子孙。"

一领彤弓下赤墀，惟将清净作藩篱。（唐·贯休《上卢使君二首》其一）

遗弓 亦作"乌号"。咏帝王崩逝。传说黄帝骑龙升天时，"堕黄帝之弓"。后以"遗弓"为帝王死亡的委婉语。见《史记·封禅书》。

龙胡尚泣遗弓剑，燧火俄惊变柳槐。（宋·范祖禹《朝谒景灵宫二首》其二）

楚人弓 比喻失而复得之物，亦表示对得失的达观态度。见本页"楚弓"。

存亡楚人弓，得失塞翁马。（宋·释文珦《闲居》其一）

石梁弓 见823页"饮羽石梁"。

石梁有余劲，惊雀无全目。（南朝宋·鲍照《拟古诗三首》其一）

盘马弯弓 喻引而不发。唐韩愈《雉带箭》："原头火烧静兀兀，野雉畏鹰出复没。将军欲以巧伏人，盘马弯弓惜不发。"

府公槌鼓入辕门，盘马弯弓士增气。（宋·方岳《用王深造韵观射寄呈吴门》）

天道曲如弓 指天道"损有余而补不足"。《老子·德经》第七十七章："天之道，其犹张弓！高者抑之，下者举之，有余者损之，不足者与之。天之道，损有余而补不足；人道则不然，损不足，奉有余。孰能有余以奉天下？"

但见时光流似箭，岂知天道曲如弓。（唐·韦庄《关河道中》）

恭gōng ①恭敬。②遵奉，奉行。③端正，工整。

古上平，二冬。逆卑～笃～恭～鹄～季心～俭～敬～靖～静～鞠～克～恪～鲁～貌～弥～谦～虔～曲～肃～王～温～五～孝～严～懿～友～允～贞～足～顺～承～德～恭～行～和～己～俭～谨～恪～敏～命～默～谦～虔～勤～让～慎～士～世子～顺～肃～听～孝～逊～养～约～正～庄例貂裘非季子，鹤氅似王恭。（唐·李白《江上答崔宣城》）义无弃礼法，恩始夫妇恭。（唐·杜甫《牵牛织女》）梳洗凭张敞，乘骑笑稚恭。（唐·李商隐《垂柳》）

典王恭 见490页"王恭柳"。

已似王恭披鹤氅，凭栏仍是玉栏干。（唐·王初《望雪》）

季心恭 指待人态度恭谨有礼。《史记·季布栾布列传》："季布弟季心，气盖关中，遇人恭谨，为任侠，方数千里，士皆争为之死。"

未曾周顗醉，转觉季心恭。（唐·李商隐《今月二日不自量度》）

王莽谦恭 王莽为人，貌似谦恭，以伪善骗取人们的信任。《汉书·王莽传》："莽独孤贫，因折节为恭俭。受《礼经》，师事沛郡陈参，勤身博学，被服如儒生。事母及寡嫂，养孤兄子，行甚敕备。……上由是贤莽。永始元年，封莽为新都侯，国南阳新野之都乡，千五百户。迁骑都尉光禄大夫侍中。宿卫谨敕，爵位益尊，节操愈谦。"

周公恐惧流言后，王莽谦恭未篡时。（唐·白居易《放言五首》其三）

躬（*躳）gōng ①身体。②自身。③亲自。④本身具有。⑤（身子）弯曲，也指鞠躬行礼。

古上平，一东。逆薄～卑～必～侧～持～敕～储～此～反～返～匪～焚～抚～畸～贱～谨～静～鞠～厥～敛～躶～躯～曲～神～圣～束～恕～私～托～弯～王～微

～我～要～遗～玉～折～正～禔～直～植～治～自～顺～蹈～耕～化～己～稼～览～敛～履～率～亲～身～体～行～自例畴昔尝论礼，兴言每匪躬。（唐·张九龄《和姚令公哭李尚书乂》）诗礼袭遗训，趋庭沾末躬。（唐·孟浩然《书怀贻京邑同好》）白日在高天，回光烛微躬。（唐·李白《东武吟》）

典**匪躬** 代指忠臣直谏。《易·蹇卦》："六二，王臣蹇蹇（借为"謇謇"，意为忠贞），匪躬之故。"

岂不思匪躬，适遇时无事。（唐·白居易《初授拾遗》）

宫gōng

古上平，一东。逆阿房～鳌～葆真～卑～北～贝～閟～璧～亳～蟾～阊阖～楚～翠微～道～帝～东～洞～洞霄～兜率～斗牛～梵～绀～挂～广寒～桂～郭隗～汉～后～华清～槐～建章～绛～椒～蛟～鲛～九～九重～阆～离～离～骊～连昌～莲～梁～琳～灵～六～龙～明～明光～亩～南～泮～泮～蓬莱～芹～青～青莲～青羊～清～清凉～穹～琼～泉～蕊～蕊珠～深～神～守～寿～寿阳～水晶～隋～太清～棠梨～天～彤～桐～兔～未央～吴～细腰～霞～夏～仙～咸阳～星～玄～璇～学～雪～瑶～邺～银～永安～永乐～幽～玉～玉蟾～玉华～月～云～长信～长杨～昭～重～朱～珠～竹～渚～紫～紫微～顺～陛～婢～鬓～钗～襜～车～池～绸～词～邸～钿～篳～貂～娥～妃～粉～妇～沟～观～花～槐～鬟～黄～魂～姬～锦～禁～酒～眷～槛～阃～壶～廊～醪～莲～寮～邻～绫～楼～漏～罗～眉～梅～门～嫔～墙～妾～阙～人草～人斜～纱～扇～商～使～室～姝～树～闼～绦～桃～调～庭～娃～帏～帷～幄～绡～榭～鸦～砚～杨～样～腰～掖～衣～扆～羽～垣～媛～苑～怨～院～妆～装～紫例爽气浮丹阙，秋光澹紫宫。（唐·李世民《秋日即目》）月皎昭阳殿，霜清长信宫。（唐·李白《长信怨》）早鸿闻上苑，寒露下深宫。（唐·皇甫冉《婕妤怨》）

典**卑宫** 称颂帝王简朴勤政。《论语·泰伯》："子曰：'禹，吾无间然矣。菲饮食而致孝乎鬼神，恶衣服而致美乎黻冕，卑宫室而尽力乎沟洫。禹，吾无间然矣。'"

卑宫昭夏德，尊老睦尧亲。（唐·陈子昂《奉和皇帝上礼抚事述怀应制》）

蟾宫 即月中宫殿，抑或结合"折桂"典故来以"蟾宫折桂"喻指登科。唐袁郊《月》："嫦娥窃药出人间，藏在蟾宫不放还。后羿遍寻无觅处，谁知天上却容奸。"

故人尽向蟾宫折，独我攀条欲寄谁。（唐·吴融《山居即事四首》其一）

椒宫 见812页"椒房"。

椒宫荒宴竟无疑，倏忽山河尽入隋。（唐·汪遵《陈宫》）

骊宫[1] 指传说中骊龙所居之所。《庄子·列御寇》："河上有家贫恃纬萧而食者，其子没于渊，得千金之珠。其父谓其子曰：'取石来锻之！夫千金之珠，必在九重之渊而骊龙颔下。子能得珠者，必遭其睡也。使骊龙而寤，子尚奚微之有哉！'"

暖浮蛟窟潮声怒，清彻骊宫蛰睡醒。（元·谢宗可《龙涎香》）

骊宫[2] 指华清宫。因其建在骊山之上，故称。唐王勃《〈乾元殿颂〉序》："兼山配极，照鸾阙于霞标；荐水涵元，湛骊宫于雾壑。"

骊宫高处入青云，仙乐风飘处处闻。（唐·白居易《长恨歌》）

琳宫 神话中仙人所居之所，或指道教宫观。《空洞灵章经》："紫微焕七台，骞树秀玉霞。众圣集琳宫，金母命清歌。"

煌煌青琳宫，粲粲列玉华。（唐·吴筠《步虚词十首》其五）

亩宫 指狭小的居室，并用以表现儒士安贫乐道的生活。《礼记·儒行》："儒有一亩之宫，环堵之室，筚门圭窬，蓬户瓮牖。"唐孔颖达疏："'儒有一亩之宫'者，一亩，谓径一步，长百步为亩。若折而方之，则东西南北各十步为宅也。墙方六丈，故云'一亩之宫'。"

诗成三百篇，儒有一亩宫。（唐·权德舆《奉酬从兄南仲见示十九韵》）

南宫 指尚书省，汉代取象列宿南宫，建尚书百官府称南宫。《后汉书·郑弘传》："建初，为尚书令。……弘前后所陈有补益于王政者，皆着之南宫，以为故事。"

不思北省烟霄地，不忆南宫风月天。（唐·白居易《新雪二首》其一）

齐宫 战国时，齐宣王曾于雪宫接见孟子，后常用于咏雪。《孟子·梁惠王下》："齐宣王见孟子于雪宫，王曰：'贤者亦有此乐乎？'"

梁殿得非萧帝瑞，齐宫应是玉儿媒。（唐·陆龟蒙《奉和袭美行次野梅次韵》）

芹宫 指古代的学宫，或称"芹泮"，而以"芹藻"指有才学的人。《诗经·鲁颂·泮水》："思乐泮水，薄采其芹。……思乐泮水，薄采其藻。……明明鲁侯，克明其德。既作泮宫，淮夷攸服。"毛传："泮水，泮宫之水也。天子辟雍，诸侯泮宫，言水则采取其芹，宫则采取其化。"

芹宫堪注拟，瓜戍尚迟延。（宋·方回《送张伯起入都二首》其一）

青宫 指太子宫或借指太子。旧题汉东方朔《神异经》："东方外，有东明山，有宫焉。左右有阙而立，其高百尺，建以五色青石焉。墙面一门，门有银榜，以青石碧镂，题曰：'天地长男之宫。'"

病身初谒青宫日，衰貌新垂白发年。（唐·白居易《初授赞善大夫早朝》）

守宫 咏宫怨或咏宫女宫禁生活。亦作"丹砂试辟宫"。晋张华《博物志·戏术》："蜥蜴或名蝘蜓，以器养之，食以朱砂，体尽赤。所食满七斤，治捣万杵，点女人肢体，终身不灭，唯房室事则灭，故号守宫。《传》云：'东方朔语汉武帝试之，有验。'"

蜡光高悬照纱空，花房夜捣红守宫。（唐·李贺《宫娃歌》）

玄宫 指道家的殿堂。《庄子·大宗师》："夫道，有情有信，无为无形……颛顼得之，以处玄宫。"唐成玄英疏："颛顼，黄帝之孙，即帝高阳也，亦曰玄帝。……得道，为北方之帝。玄者，北方之色，故处于玄宫也。"

颛顼清玄宫，禺强扫幽境。（唐·吴筠《游仙二十四首》其一十九）

竹宫 汉武帝赴甘泉宫祭天，曾于竹宫遥拜神光灵迹。《汉书·礼乐志》："至武帝定郊祀之礼……以正月上辛用事甘泉圜丘，使童男女七十人俱歌，昏祠至明。夜常有神光如流星止集于祠坛，天子自竹宫而望拜，百官侍祠者数百人，皆肃然动心焉。"

竹宫曾见神君否，且乞天瓢为挽河。（宋·方岳《次韵牟监簿斋宫》）

紫宫 指帝王宫禁。左思《咏史之五》："列宅紫宫里，飞宇若云浮。"李周翰注："紫宫，天子所居处。"

由来紫宫女，共妒青蛾眉。（唐·李白《古风》其四十九）

大槐宫 咏叹人生如梦、富贵如烟。据唐李公佐《南柯记》（一作《南柯太守传》）载：淳于棼酒醉而眠，梦中至槐安国，娶公主，封南柯太守，享尽荣华富贵，显赫一时。后因擅萝国进犯，淳于棼率师出征战败，公主亦死，遭国王疑忌，被遣归。醒后，在庭前槐树下掘得蚁穴，即梦中之槐安国。南柯郡为槐树南树下另一蚁穴。

万事尽还曲居士，百年常在大槐宫。（宋·黄庭坚《杂诗七首》其五）

大明宫 唐代宫殿名，后泛指朝廷。见《旧唐书·地理志一》

投闲久去大明宫，钟鼎山林兴已同。（宋·曹勋《和苏养直见贻二首》其二）

馆娃宫 亦作"馆娃"。咏吴门或咏西施。左思《吴都赋》："幸乎馆娃之宫，张女乐而娱群臣。罗金石与丝竹，若钧天之下陈。"李善注："吴俗谓好女为娃。扬雄《方言》曰：'吴有馆娃宫。'"

馆娃宫中春日暮，荔枝木瓜花满树。（唐·王建《白纻歌二首》其二）

广寒宫 亦作"广寒殿"。本为月中仙宫，后用以咏月。旧题西汉东方朔《十洲记》："冬至后，月养魄于广寒宫。"相传唐玄宗曾梦游月中广寒清虚之府。见柳宗元《龙城录·明皇梦游广寒宫》。后人因称月宫为广寒宫。

玉妃夜堕广寒宫，开作寒花赛清绝。（宋·裘万顷《次余主簿仲庸梅韵》）

建章宫 汉宫殿名，后泛指皇家宫殿。《汉书·郊祀志下》："勇之乃曰：'粤俗有火灾，复起屋，必以大，用胜服之。'于是作建章宫，度为千门万户。前殿度高未央。"

昭阳殿梨花月色，建章宫梧桐雨声，马嵬坡尘土虚名。（元·徐再思[双调·水仙子]《马嵬坡》）

碣石宫 见652页"燕馆"。

感激淮山馆，优游碣石宫。（唐·李商隐《五言四十韵诗》其二）

葡萄宫 指外使居所。《汉书·匈奴传下》："元寿二年，单于来朝，上以太岁厌胜所在，舍之上林苑蒲陶宫。告之以加敬于单于，单于知之。加赐衣三百七十袭，锦绣缯帛三万匹，絮三万斤，它如河平时。"

京师皆骑汗血马，回纥喂肉葡萄宫。（唐·杜甫《洗兵马》）

蕊珠宫 亦作"蕊珠""蕊珠仙"。道家传说的神仙宫阙。《上清黄庭内景经·上清章第一》："上清紫霞虚皇前，太上大道玉晨君，闲居蘂珠，作七言。散化五形，变万神，是为《黄庭》。"

地近觚棱云气间，蕊珠宫殿压青山。（宋·王炎《用元韵答李郎中》）

少阳宫 曾为太子东宫的别称。颜延之《三月三日曲水诗序》："正体毓德于少阳，王宰宣哲于元辅。"李善注："少阳，东宫也。"

何当复雠校，春集少阳宫。（唐·马戴《送春坊董正字浙右归觐》）

水晶宫[1] 亦作"水精宫"。喻指月宫。前蜀毛文锡《月宫春》词："水晶宫里桂花开，神仙探几回。"

水精宫锁黄金阙，故比人间分外寒。（宋·欧阳修《内直对月寄子华舍人》）

水晶宫[2] 指吴兴（在今浙江省）。宋胡仔《苕溪渔隐丛话·水晶宫》："苕溪渔隐曰：'吴兴谓之水晶宫，不载之于图经，但《吴兴集》刺史杨汉公《九月十五夜》绝句云：'江南地暖少严风，九月炎凉正得中。溪上玉楼楼上月，清光合作水晶宫。'因此诗也。'"宋姜夔《惜红衣》词序："吴兴号水晶宫，荷花甚丽。"

奉亲游宦喜，初向水晶宫。（宋·徐玑《送赵状元赴湖州幕》）

棠梨宫 棠梨宫是汉代宫殿，后代泛指皇宫。《汉书·扬雄传上》载扬雄《甘泉赋》："度三峦兮偈棠梨。"颜师古注：棠梨，宫名。"《三辅黄图·甘泉宫》："棠梨宫，在甘泉苑垣外云阳三十里。"

棠梨宫里瞻龙衮，细柳营前着豹裘。（唐·李嘉祐《送马将军奏事毕归滑州使幕》）

一亩宫 指住处狭小，也指贫寒儒士的生活。《礼记·儒行》："儒有一亩之宫，环堵之室，筚门圭窬，蓬户瓮牖。"

初倸一亩宫，风雨到卧席。（宋·黄庭坚《和甫得竹数本于周翰喜而作诗》）

祝牛宫 老农为牛建舍，请陆龟蒙代拟《祝牛宫辞》祈求保佑农业丰收。《文苑英华》卷三七二载唐陆龟蒙《祝牛宫辞并序》："冬十月耕牛违（一作为）寒，筑宫纳而皂之。建之前日，老农请乞灵于土官，以从乡教，余勉之，而为之辞，曰："四牸三牯，中一去乳。天霜降寒，纳此室处。……或寝或讹，免风免雨。宜尔子孙，实我仓庾。"

惟此意，与公同。未须持酒祝牛宫。（宋·叶梦得《鹧鸪天·天末残霞卷暮红》）

贝阙珠宫 指用紫贝明珠等装饰的龙宫水府。亦喻指瑶台仙境或帝王宫阙。屈原《九歌·河伯》："鱼鳞屋兮龙堂，紫贝阙兮朱宫。"洪兴祖补注："言河伯所居，以鱼鳞盖屋，堂画蛟龙之文，紫贝作阙，朱丹其宫，形容异制，甚鲜好也。"

贝阙珠宫开水府，雨栋风帘岂来处。（宋·黄庭坚《宫亭湖》）

兜率天宫 佛教所谓欲界六天之第四天，代指佛教的乐土。

华胥国土何时见，兜率天宫底处开。（宋·王禹偁《寿宁节祝圣寿》）

三十六宫 称咏汉宫或者皇宫

帝苑。班固《西都赋》:"西郊则有上囿禁苑,林麓薮泽,陂池连乎蜀汉。缭以周墙,四百余里。离宫别馆,三十六所。神池灵沼,往往而在。"

画栏桂树悬秋香,三十六宫土花碧。(唐·李贺《金铜仙人辞汉歌》)

子厚南宫 唐柳宗元顺宗朝任礼部员外郎,属尚书省,尚书省在汉代有南宫之称。唐韩愈《柳子厚墓志铭》:"子厚讳宗元。……贞元十九年,由蓝田尉拜监察御史。顺宗即位,拜礼部员外郎。"

子厚南宫,仲舒西掖,又报岑参东省。(宋·刘克庄《转调二郎神·近来塞上》)

三千美女出唐宫 亦作"三千宫女"。本指唐代后宫美人,后人常用以比拟群花。唐白居易《新乐府·七德舞》:"太宗十八举义兵,白旄黄钺定两京。……怨女三千放出宫,死囚四百来归狱。"

爱他楼下木芙蓉。妆罢三千美女、出唐宫。(宋·无名氏《虞美人·秋深犹带秋初热》)

供gōng 另见972页gòng。

古上平,二冬。逆景物～山色～诗料～菽水～提～支～顺～办～承～垂钓～爨～断～顿～济～冀～馈～拟～膳～赡～祀～送～饷～须～亿～艺～御～支～置例朝廷衮职虽多预,天下军储不自供。(唐·杜甫《诸将五首》其三)梨教通子守,酒是远师供。(唐·李端《长安感事呈卢纶》)泉落闻难尽,花开看不供。(唐·姚合《和门下李相饯西蜀相公》)

觥 gōng ①酒杯。②大。③丰盛。

古下平,八庚。逆罚～飞～奉～觥～(刚直貌)金～酒～巨～彭～千年～觞～兕～霞～醑～瑶～饮一～羽～玉～云～置～酌～顺～酬～筹～船～爵～秋～觞～筵～盂～责～盏～酌例雅曲龙调管,芳樽蚁泛觥。(唐·宋之问《幸岳寺应制》)兴来从请曲,意堕即飞觥。(唐·刘禹锡《历阳书事七十韵》)孱懦难封诏,疏愚但掷觥。(唐·姚合《省直书事》)

肱gōng 胳膊上从肩到肘的部分,泛指手臂。

古下平,十蒸。逆不横～股～麾以～良～奇～曲～攘～三折～赢股～猿～长～枕～曲～顺～被～髀～股～膂～三折～支例惬心时拊髀,击节日麾肱。(唐·刘禹锡《牛相公见示新什谨依本韵次用以抒下情》)便欲呈肝胆,何言犯股肱。(唐·元稹《纪怀,赠李六户曹、崔二十功曹五十韵》)静境唯闻铎,寒床但枕肱。(唐·雍陶《同贾岛宿无可上人院》)

典**股肱** 喻指辅佐君主的得力大臣。《尚书·益稷》:"帝曰:'臣作朕股肱耳目。'"唐孔颖达疏:"君为元首,臣为股肱耳目,大体如一身也。"

近传移镇股肱郡,复恐入觐明光宫。(宋·苏辙《次韵张刍谏议燕集》)

蚣gōng

古上平,二冬。逆蜈～

红(紅)gōng ①通"工",指妇女从事纺织、缝纫等手工劳动。②通"功",丧服名。另见944页hóng。

古上平,一东。逆女～顺～女

釭gōng 又读。另见791页gāng。

古上平,一东。逆璧～残～钉明～冬～寒～红～金～青～银～玉～顺～花～烛例委波添净练,洞照灭凝釭。(唐·元稹《泛江玩月十二韵》)斗鸡回玉勒,融麝暖金釭。(唐·李商隐《蝇蝶鸡麝鸾凤等成篇》)居士先生老矣,真梦里、相对残釭。(宋·苏轼《满庭芳·三十三年》)

龚(龔)gōng ①通"供",供给。②通"恭",遵奉。③姓。

古上平,二冬。逆不～楚两～二～葛～黄～两～彭城～象～严～允～顺～工～黄～汲～隗～行～召例古来名节士,敢望彭城龚。(唐·唐彦谦《和陶渊明贫士诗七首》其六)

典**楚两龚** 亦作"彭城龚"。咏高洁名士。西汉扬雄《法言·问明》:"楚两龚之絜,其清矣乎!"《汉书·龚胜龚舍传》:"两龚皆楚人也,胜字君宾,舍字君倩。二人相友,并著名节,故世谓之楚两龚。"

髡髦昔似晋诸谢,华发今成楚两龚。(宋·刘克庄《销印即事二首呈居厚》其一)

轰(轟)hōng ①拟声词。②发出轰隆隆的巨大声响。③冲击,轰击。④驱逐,赶走。

古下平,八庚。逆车～訇～铿～雷～炮～砰～掀～轩～喧～顺～传～地～斗～訇～哄～锽～铿～雷～烈～腾～天～霆～饮～隐～震例怒起簸羽翮,引吭吐铿轰。(唐·韩愈《燕河南府秀才得生字》)春郊才烂熳,夕鼓已砰轰。(唐·元稹《答姨兄胡灵之见寄五十韵》)哮吼忽雷声揭石,满天啾唧闹轰轰。(唐·姚合《恶神行雨》)

烘hōng ①烧。②向火取暖,用火烤干。③衬托,渲染。④映照。

古上平,一东。逆薄日～冬～绀碧～烘～火云～帘～燎～暖～晴～微～熏～玉篝～御炉～顺～煁～衬～霁～帘～明～晴～然～染～堂～腾～焰～影～晕例玳瑁钉帘薄,琉璃叠扇烘。(唐·李贺《恼公》)酒爱油衣浅,杯夸玛瑙烘。(唐·元稹《春六十韵》)注矢寂不动,澄潭晴转烘。(唐·皮日休《奉和鲁望渔具十五咏·射鱼》)

哄hōng ①许多人同时发出声音。②拟声词。另见964页hǒng、972页hòng。

逆哄～乱～闹哄～顺～传～集～咙～闹～然～堂～笑～饮～拥例长谣代晤语,发子一笑哄。(宋·张耒《赠张公贲》)

訇hōng 拟声词。

古下平,八庚。逆轰～铿～雷～訇～砰～軿～锵～殷～隐～震～阿～顺～轰～訇～哮～殷～隧～隐～棱～然～豁例助喜杯盘盛,忘机笑语訇。(唐·刘禹锡《历阳书事七十韵》)

吽hōng 佛咒用字。

逆吽～怒吽～

扃jiōng ①从外关门的门闩。②门,门户。③关闭。

古下平,九青。逆柴～禅～帝～佛～高～贯～横～户～户不～户长～皇～迴～金～禁～扃～扣～林～露半～鸾～门～鸣～启～泉～

山～松～锁～天～雾～陷～玄～严～岩～掩～夜～幽～鱼～玉～云～芸～藻～重～昼～朱～顺～闭～扉～锢～关～户～键～禁～局～绢～室～锁～涂～钥～牖例短歌伤薤曲，长暮泣松扃。（唐·李峤《武三思挽歌》）羽盖龙旗下绝冥，兰除薜幄坐云扃。（唐·李峤《石淙》）谁谓整隼旟，翻然忆柴扃。（唐·高适《奉酬北海李太守丈人夏日平阴亭》）

垌jiōng　远郊。

古下平，九青。逆东～寒～郊～近～禁～林～神～守～隰～遐～脩～野～远～秋～顺～林～牧～外～野例公才征郡邑，诏使出郊垌。（唐·高适《送蔡少府赴登州推事》）朝仪限霄汉，容思回林垌。（唐·杜甫《桥陵诗三十韵，因呈县内诸官》）上巳余风景，芳辰集远垌。（唐·崔护《三月五日陪裴大夫泛长沙东湖》）

空kōng　另见972页kòng。

古上平，一东。逆霱～百虑～半～本～碧～蔽～巉～澄～驰～穿～翠～黛色～当～蹈～飞～浮～行～航～昊～横～画～蕙帐～架～迥～酒不～罍～辽～临～灵～凌～落～屡～迷～冥～摩～囊～蹑～排～盘～劈～凭～青～清～晴～秋～阮囊～烧～书～霜～朔庭～司～四壁～四座～素～孙悟～太～腾～万籁～往事～望～危～夕照～翔～星～性～虚～悬～烟～扬～飏～遥～瑶～远～月流～凿～长～杼轴～顺～悲～碧～壁～城～翠～峒～浮～闺～海～幻～慧～寂～静～卷～罽～凉～寥～履～门～梦～冥～木～囊～凄～悄～拳～壤～桑～霜～水～潭～涛～庭～桐～帷～巷～敻～虚～悬～崖～幽～院～凿～寨～中书例每云低远岫，飞雪舞长空。（唐·李隆基《野次喜雪》）青田归路远，月桂旧巢空。（唐·杜牧《别鹤》）犹邻推槛秋难老，更喜升樽酒不空。（宋·方凤《和陶渊明九日间居韵》）

典**画空**　亦作"书空""空咄咄""咄咄书空"。指身遭废黜，心中愤懑。《世说新语·黜免》："殷中军被废，在信安，终日书空作字。扬州吏民寻义逐之，窃视，唯作'咄咄怪事'四字而已。"

画地终难入，书空自不安。（唐·骆宾王《畴昔篇》）

屡空　指安贫乐道。《论语·先进》："子曰：'回也其庶乎！屡空。'"

出迎过客知非病，归对先师喜屡空。（宋·苏辙《冬至雪二首》其二）

凿空　称颂开拓与外国交流通道的使者或事迹。《汉书·张骞传》："骞还，拜为大行。岁余，骞卒。后岁余，其所遣副使通大夏之属者皆颇与其人俱来，于是西北国始通于汉矣。然骞凿空，诸后使往者皆称博望侯，以为质于外国，外国由是信之。"

吾闻欲乘槎，凿空访河根。（宋·陈傅良《闻叶正则阅藏经次》）

北群空　亦作"冀群空""马群空"。比喻贤才尽被网罗。唐韩愈《韩昌黎文集·送温处士赴河阳军序》："伯乐一过冀北之野，而马群遂空。夫冀北马多天下，伯乐虽善知马，安能空其群邪？解之者曰：吾所谓空，非无马也；无良马也。伯乐知马，遇其良，辄取之，群无留良焉。苟无良，虽谓无马，不为虚语矣。"

溟翼上之，冀群空矣，自此阳关无故人。（宋·李曾伯《沁园春·咄咄衰翁》）

蕙帐空　亦作"山人去，蕙帐空"。本指隐者出山，隐所空寂。后用为咏出仕之典实。孔稚珪《北山移文》嘲讽隐士周子出仕，有"蕙帐空兮夜鹄怨，山人去兮晓猿惊"句。

凭鞍撩动功名意，未恨猿惊蕙帐空。（宋·陆游《严州大阅》）

晋司空　咏延平津。《晋书·张华传》："华遂尽忠匡辅，弥缝补阙，虽当闇主虐后之朝，而海内晏然，华之功也。……久之，论前后忠勋，进封壮武郡公。华十余让，中诏敦譬，乃受。数年，代下邳王晃为司空，领著作。"张华曾从丰城令雷焕得龙泉剑，张华殁后剑不知所踪，后雷焕子雷华持太阿剑过延平津，太阿剑跃入河中与龙泉剑化作双龙而去。

珠履旧参萧相国，彩衣今佐晋司空。（唐·罗隐《淮南送节度卢端公》）

酒不空　亦作"尊酒不空"。形容好客嗜酒，或借以表现闲适情怀。《后汉书·孔融传》："时年饥兵兴，操表制酒禁，融频书争之，多侮慢之词。……性宽容少忌，好士，喜诱益后进。及退闲职，宾容日盈其门。常叹曰：'坐上客恒满，尊中酒不空。吾无忧矣。'"

樽酒不空多坐客，君家余事足陶情。（宋·晁补之《叙旧感怀》其二）

箪瓢屡空　指缺少饮食，形容极为贫穷。晋陶渊明《五柳先生传》："环堵萧然，不蔽风日。短褐穿结，箪瓢屡空。晏如也。"

甘脆朝不足，箪瓢夕屡空。（唐·孟浩然《书怀贻京邑同好》）

雕鹗拧空　喻人之乘时得意，施展抱负。唐杜甫《奉赠严八阁老》："扈圣登黄阁，明公独妙年。蛟龙得云雨，雕鹗在秋天。客礼容疏放，官曹可接联。新诗句句好，应任老夫传。"

向上头，些子是雕鹗拧空，篱底下，只有黄花几朵。（宋·陈亮《洞仙歌·秋容一洗》）

凤去台空　指物是人非。唐李白《登金陵凤凰台》诗有"凤凰台上凤凰游，凤去台空江自流"之句，感叹朝代更替，物是人非。

凤去台空事尚存，晨钟暮鼓换垆薰。（宋·白玉蟾《凤凰台》）

燕子楼空　咏关盼盼事，亦以咏追怀恋人之情。相传燕子楼为唐贞元时尚书张建封之爱妾关盼盼居所。一说，盼盼系建封子张愔之妾。张死后，盼盼念旧，独居此楼十余年不嫁，后不食而死。见唐白居易《〈燕子楼〉诗序》。后以"燕子楼"泛指女子居所。

燕子楼空，佳人何在，空锁楼中燕。（宋·苏轼《永遇乐·明月如霜》）

硬语盘空　形容刚劲豪迈的语言。唐韩愈《荐士》："有穷者孟郊，受材实雄骜。冥观洞古今，象外逐幽好。横空盘硬语，妥帖力排奡。敷柔肆纡余，奋猛卷海潦。"

新诗写物无余态，硬语盘空若

混成。（宋·陈棣《呈郑舜举国录瑞伯仙尉》）

万事转头空 感叹世间万事于转头瞬间已成空幻。唐白居易《自咏》："百年随手过，万事转头空。"

路傍小儿笑相逢，齐歌万事转头空。（宋·苏轼《次韵晁无咎学士相迎》）

崆kōng ①山名。②指代洛阳。③岛名。

古逆嵌～顺～峒～崆～嵌～峭

倥kōng 蒙昧无知。另见965页kǒng。

古上平，一东。顺～侗～蒙

箜kōng 箜篌，古代拨弦乐器。

古顺～篌～篢

穹qiōng 另见955页qióng。

古上平，一东。逆碧～苍～层～臭～黩～辅～高～昊～皓～颢～皇～廓～兰～浪～隆～窿～旻～乾～青～清～穹～上～天～玄～璇～遥～幽～宇～元～紫～例无恩报国士，徒欲问玄穹。（唐·张九龄《和姚令公哭李尚书乂》）昭君失宠辞上宫，蛾眉婵娟卧毡穹。（唐·李如璧《明月》）精诚动白日，愤薄连苍穹。（唐·高适《李云南征蛮诗》）

芎 qiōng 又读。另见937页xiōng。

松[1]sōng 松树。

古上平，二冬。逆百尺～碧～不老～苍～赤～大夫～风入～孤～古～寒～涧底～劲～九里～枯～老～楼～茂～梦～摩顶～盘～奇～乔～侨～虬～三品～石～疏～霜～岁寒～铜～五～雪～烟～云～长～贞～稚～种～珠～顺～栢～苞～标～飙～钗～窗～床～吹～椿～道～磴～殿～扉～粉～根～骨～蒿～壑～华～黄～篁～江～节～津～径～扃～菊～炬～筠～龛～槛～籁～醪～泪～笠～梁～寮～鬣～陵～垄～炉～鲈～罗～萝～绿～茂～蜜～明～墨～茑～瀑～契～阡～墙～峤～丘～楸～虬～髯～社～麝～声～瘦～堂～涛～梯～亭～庭～湍～丸～畹～纹～坞～下尘～筱～屑～心～薪～轩～雪～烟～阴～影～友～腴～雨～原～院～月～云～韵～斋～帐～枝～麈～珠～麈～滋～侯例郁郁园中柳，亭亭山上松。（唐·杨炯《途中》）真心凌晚桂，劲节掩寒松。（唐·骆宾王《浮槎》）宁知落照尽，霜吹入悲松。（唐·苏颋《故高安大长公主挽词》）

典**梦松** 咏三公，或祝人登三公显位。《三国志·吴书·孙皓传》："三年春二月，以左、右御史大夫丁固、孟仁为司徒、司空。"裴松之注："《吴录》曰：'初，固为尚书，梦松树生其腹上。谓人曰：'松字，十八公也，后十八岁，吾其为公乎。'卒如梦焉。"

梦松盖有三公兆，苍桧鼎峙宁非祥。（宋·李廌《鼎足桧》）

涧底松 亦作"郁郁松"。用以寄托出身寒微之感慨。左思《咏史八首》其二："郁郁涧底松，离离山上苗。以彼径寸茎，荫此百尺条。世胄蹑高位，英俊沉下僚。地势使之然，由来非一朝。"

君看涧底松，阅世几寒暑。（宋·程公许《和景韩赠子敬示章韵》）

九里松 咏松，又以九里松其地在杭州，或又借咏杭州。宋王明清《挥麈录·后录》卷一〇："吴傅朋说知信州，朝辞上殿。高宗云：'朕有一事，每以自慊。卿书九里松牌，甚佳。向来朕自书易之，终不逮卿所书，当令仍旧。'说皇恐称谢。是日降旨，令根寻旧牌，尚在天竺寺库堂中，即复令张挂，取宸奎榜入禁中。说所书至今揭于松门。仰见圣德谦仁之不伐也。"

游遍三天竺，行穷九里松。（宋·喻良能《买舟至九里松游三天竺》）

摩顶松 见158页"松西指"。

此松岂有情，摩顶记佛语。（宋·李石《西堂前老松状如偃盖或云即摩顶松也》）

陶景恋松 咏隐居之乐。《南史·陶弘景传》："弘景为人员通谦谨，出处冥会，心如明镜，遇物便了。言无烦舛，有亦随觉。……与物遂绝，唯一家僮得至其所。……唯听吹笙而已。特爱松风，庭院皆植松，每闻其响，欣然为乐。有时独游泉石，望见者以为仙人。"

陶景恋深松桧影，留侯抛却帝王师。（唐·徐夤《忆旧山》）

松[2]（鬆）sōng ①形容头发乱。②松散，不紧密。③放松。④放开，解开。⑤不严格，不紧张。⑥宽松。

古上平，二冬。逆鬓云～珑～笼～马蹄～蒙～瞢～蓬～鬔～鬅～轻～希～惺～醒～顺～畅～弛～泛～厚～滑～缓～宽～落～美～腻～散～爽～脱～闲～圆例瑞脑香消魂梦断，辟寒金小髻鬟松。（宋·李清照《浣溪沙·莫许杯深琥珀浓》）老穷无赖事成丛。短发自蓬松。（宋·王之道《朝中措·老穷无赖事成丛》）

淞sōng 水名。

古上平，二冬。逆雾～吴～雺～顺～江～江鲈例净扫长天衹碧落，平铺匹练如吴淞。（清·冯敏昌《祝融峰顶观云海歌》）

典**剪取吴淞** 喻指对艺术作品的评论。唐杜甫《戏为双松图歌》："山木尽亚洪涛风。尤工远势古莫比，咫尺应须论万里。焉得并州快剪刀，翦取吴松半江水。"

剪取吴淞，空向卷中看。（元·汤弥昌《虞美人·翰林妙写溪村趣》）

菘sōng 蔬菜名。古时对白菜的通称。

古上平，一东。逆春～寒～九英～葵～绿～嫩～秋～晚～雨后～早～摘～种～周～紫花～例短珮愁填粟，长弦怨削菘。（唐·李贺《恼公》）试才卑庾薤，求味笑周菘。（唐·唐彦谦《移莎》）一笑两衰翁。莫惜从容。瓮醅灰芋雪泥菘。（宋·陈著《浪淘沙·有约泛溪篷》）

典**周菘** 南朝齐时周颙回答文惠太子山中菜食何味最美的问题，称"春初早韭，秋末晚菘"。《南齐书·周颙传》："清贫寡欲，终日长蔬食，虽有妻子，独处山舍。卫将军王俭谓颙曰：'卿山中何所食？'颙曰：'赤米白盐，绿葵紫蓼。'文惠太子问颙：'菜食何味最胜？'颙曰：'春初早韭，秋末晚菘。'"

试才卑庾薤，求味笑周菘。（唐·唐彦谦《移莎》）

嵩（崧）sōng ①山高而大。

②山名。

古上平，一东。逆呼～华～维～顺～岑～崇～岱～高～衡～呼～华～霍～箕～京～峻～峦～洛～邙～溟～牛～丘～邱～汝～山～少～生～阳～岳例我本家颍北，开门见维嵩。（唐·李颀《与诸公游济渎泛舟》）晚来常读易，顷者欲还嵩。（唐·王昌龄《赵十四兄见访》）赠言若可重，实此轻华嵩。（唐·李白《访道安陵遇盖还为余造真箓，临别留赠》）

娀sōng　古国名。

逆有～顺～妃～简

通tōng

古上平，一东。逆暗香～傍～碧水～变～博～窜～达～大～道路～邓～沟～贯～亨～弘～闳～互～会～兼～交～精～廓～两岸～灵～苓～六～萌～梦魂～冥～旁～千里～潜～清～穷～曲径～权～融～神～圣～拾翠～疏～四～泰～万壑～文～玄～淹～意未～幽～渊～圆～远～运～中～周～竹径～顺～白～臂～澈～川～旦～德～迥～洞～光～海～亨～阛～慧～豁～藉～节～介～究～浚～阔～朗～礼～灵～昽～胧～门～梦～明～目～年～穷～衢～权～人～儒～塞～神～圣～市～曙～太～泰～天～涂～脱～微～文～夕～犀～仙～显～秀～玄～莹～幽～允～中～庄～子例写月图黄罢，凌波拾翠通。（唐·骆宾王《棹歌行》）身无彩凤双飞翼，心有灵犀一点通。（唐·李商隐《无题二首》其一）顿作超三界，浑疑证六通。（唐·徐氏《三学山夜看圣灯》）

典**邓通**　咏巨富或贪财。西汉蜀郡南安人邓通，因得文帝宠幸，官至上大夫，赐钱无数。又赐以蜀郡严道铜山，许自铸钱，邓氏钱遂遍天下。后世遂以"邓通"为钱的代称。见《史记·佞幸列传·邓通》。

贾生多谪宦，邓通终铸钱。（宋·王禹偁《读汉文纪》）

灵犀暗通　亦作"灵犀心通""灵犀透""灵心一点通""心有灵犀一点通"。喻男女心意暗通。传说犀牛角有白纹，感应灵异。唐李商隐《无题二首》其一："昨夜星辰昨夜风，画楼西畔桂堂东。身无彩凤双飞翼，心有灵犀一点通。"

应许逐鸡鸡莫怕，相逢。一点灵犀必暗通。（宋·苏轼《南乡子·裙带石榴红》）

裴楷清通　咏公正清廉博识通达。见《晋书·裴秀传》附裴楷传。

裴楷能清通，山涛急推荐。（唐·殷寅《铨试后征山别业寄源侍御》）

否极泰通　亦作"否极而亨"。指情况坏到极点就会变好。《易·杂卦》："否、泰，反其类也。"东汉赵晔《吴越春秋·勾践入臣外传》："演易作卦，天道祐之。时过于期，否终则泰。"唐·白居易《遣怀》："乐往必悲生，泰来由否极。"

即灭灾风。否极还须有泰通。（宋·沈瀛《减字木兰花·纠缠弗止》）

河汉与天通　咏瀑布。唐李白《望庐山瀑布二首》其二："日照香炉生紫烟，遥看瀑布挂前川。飞流直下三千尺，疑是银河落九天。"

试看潭头落涧，一片练波飞出，河汉与天通。（宋·倪偁《水调歌头·昨夜狂雷怒》）

贺客万钱通　指刘邦假称"贺万钱"，得入吕公之门一事。《史记·高祖本纪》："单父人吕公，善沛令，避仇从之客，因家沛焉。沛中豪桀吏闻令有重客，皆往贺。萧何为主吏，主进，令诸大夫曰：'进不满千钱，坐之堂下。'高祖为亭长，素易诸吏，乃给为谒曰：'贺万钱'，实不持一钱。谒入，吕公大惊，起，迎之门。"

公有潭州百斛，公有秫田二顷，贺客万钱通。（宋·刘辰翁《水调歌头·我有此客否》）

一色与天通　水天一色与天通。

一色与天通，绝去尘红。渔歌忽断荻花风。（宋·张炎《浪淘沙·万里一飞蓬》）

於陵一穷通　於陵子为道家，主张穷与通无别。今传本《於陵子》亦多道家语，但学术界多以为伪书。

老氏齐宠辱，於陵一穷通。（唐·顾况《从江西至彭蠡入浙西淮南界道中寄齐相公》）

恫（痌）tōng　哀痛，痛苦。另见972页dòng。

古上平，一东。顺～瘝～鳏

兄xiōng

古下平，八庚。逆阿～白发～伯～仓～慈～从～大～道～弟～方～父～家～俊～孔～孔方～劣～令～梅～乃～难～难为～女～仁～日～如～石～吾～小～兄～愚～元～长～哲～直～中～仲～诸～宗～顺～弟～妹～嫂例交深季作友，义重伯为兄。（唐·宋之问《饯湖州薛司马》）相知同一己，岂惟弟与兄。（唐·李白《邺中赠王大》）谁言宰邑化黎庶，欲别云山如弟兄。（唐·李嘉祐《承恩量移宰江邑临鄱江怅然之作》）

典**孔方兄**　喻指钱币。《汉书·食货志下》："钱圜函方，轻重以铢。"孟康注曰："外圜而内孔方也。"《晋书·鲁褒传》："褒伤时之贪鄙，乃隐姓名，而著《钱神论》以刺之。其略曰：'钱之为体，有乾坤之象，内则其方，外则其圆。其积如山，其流如川。……亲之如兄，字曰孔方。'"

囊无孔方兄，面有在陈色。（宋·黄庭坚《送张沙河游齐鲁诸邦》）

梅兄　亦作"梅兄矾（礬）弟"。指梅。黄庭坚《王充道送水仙花五十枝欣然会心为之作咏》："凌波仙子生尘袜，水上轻盈步微月。是谁招此断肠魂，种作寒花寄愁绝。含香体素欲倾城，山礬是弟梅是兄。"

玉质青青竹弟，冰姿皎皎梅兄。（宋·王炎《题彭城馆画屏》）

日兄　指日或日神。《春秋感精符》："人主与日月同明，四时合信，故父天、母地，兄日、姊月。"注："父天于圜丘之礼也，母地于方泽之祭也，兄日于东郊，姊月于西郊也。"

天母亲调粉，日兄怜赐花。（唐·陆畅《云安公主下降奉诏作催妆诗》）

王季友兄　指兄弟间互相谦让王位。《史记·吴太伯世家》："吴太伯，太伯弟仲雍，皆周太王之子，而王季历之兄也。季历贤，而有圣子昌，太王欲立季历以及昌，于是太伯、仲雍二人乃奔荆蛮，文身断发，示不可用，以避季历。季历果立，是为王季，而昌为文王。"

帝尧敦族礼，王季友兄心。（唐·张说《奉和圣制过宁王宅应制》）

张丈殷兄 亦作"张丈"。泛指亲朋好友。唐·白居易《岁日家宴戏示弟侄等兼呈张侍御二十八丈殷判官二十三兄》："弟妹妻孥小侄甥，娇痴弄我助欢情。岁盏后推蓝尾酒，春盘先劝胶牙饧。形骸潦倒虽堪叹，骨肉团圆亦可荣。犹有夸张少年处，笑呼张丈唤殷兄。"

志气萧娘并吕姥，年华张丈与殷兄。（宋·葛立方《次韵道祖书怀》）

山鸟山花好弟兄 指与山鸟山花相处如兄弟，表现游山寺时的幽隐情怀。唐·杜甫《岳麓山道林二寺行》："玉泉之南麓山殊，道林林壑争盘纡。……久为野客寻幽惯，细学何颙免兴孤。一重一掩吾肺腑，山鸟山花吾友于。宋公放逐曾题壁，物色分留与老夫。"

一松一竹真朋友，山鸟山花好弟兄。（宋·辛弃疾《鹧鸪天·不向长安路上行》）

胸（胷）xiōng

㊀上平，二冬。㊁穿～当～荡～抚～拊～贯～甲兵～浇～锦绣～开～兰～罗～蟠～劈～酥～填～穴～雪～㊂～抱～背～藏～次～胆～府～腹～衿～襟～罗～雪～臆～膺㊃孤辉上烟雾，余影明心胸。（唐·常建《第三峰》）

㊄**锦绣蟠胸** 称颂文学家的才华。宋苏轼《寄高令》："满地春风扫落花，几番曾醉长官衙。诗成锦绣开胸臆，论极冰霜绕齿牙。别后与谁同把酒，客中无日不思家，田园知有儿孙委，早晚扁舟到海涯。"

梦中无人授五色，安得锦绣蟠心胸。（明·曾棨《赠笔工陆继翁》）

块磊浇胸 形容胸中郁闷，借酒浇愁，或以泛咏饮酒。《世说新语·任诞》："王孝伯（恭）问王大（忱）：'阮籍何如司马相如？'王大曰：'阮籍胸中垒块，故须酒浇之。'"

闻道块磊浇胸，槎丫肝肺，动笔端风雨。（宋·葛郯《念奴娇·蓬莱一岛》）

万卷蟠胸 亦作"万卷""胸中万卷"。指饱读诗书，博学能文。《南史·任昉传》："博学，于书无所不见，家虽贫，聚书至万余卷，率多异本。"唐·杜甫《奉赠韦左丞丈二十二韵》："甫昔少年日，早充观国宾。读书破万卷，下笔如有神。"

万卷落落蟠胸中，三江衮衮悬吟笔。（宋·喻良能《木状元惠示近诗一卷》）

云梦涵胸 喻才高文美，气魄宏大。司马相如《子虚赋》中有于古泽云梦游猎一段。《史记·司马相如列传》："仆乐齐王之欲夸仆以车骑之众，而仆对以云梦之事也。"

云梦涵胸。好去蓬山十二重。（宋·赵鼎《减字木兰花·笔端红翠》）

汹（洶）xiōng ①水波翻腾的样子。②形容声音大，喧嚣。

㊀上平，二冬。又：上声，肿韵同㊁楚词～浩～呼～水势～汹～㊂～动～急～茫～怒～扰～汹～欻～涌㊃悲台萧飒石巃嵸，哀壑杈桠浩呼汹。（唐·杜甫《王兵马使二角鹰》）海浩淼兮汩洪溶，流蕴蕴兮涛汹汹。（唐·元结《引极三首·怀潜君》）

凶[1] xiōng ①祸殃，不吉利。②凶恶。也指凶恶的人或事。③厉害，猛烈。④杀人或伤人。⑤收成不好，饥荒。

㊀上平，二冬。㊁百～兵～逞～大～二～丰～告～荒～祸～饥～吉～奸～闵～悯～愍～年～穷～渠～群～三～四～肆～岁～顽～小～凶～妖～祆～灾～岁～㊂～悖～兵～侈～丑～阨～氛～犷～旱～荒～回～祸～饥～桀～祲～狂～困～戾～乱～门～闵～名～命～丧～声～事～衰～岁～图～危～威～闻～侠～险～祥～星～凶～焰～殃～夭～妖～祆～音～灾㊃跳脱看年命，琵琶道吉凶。（唐·李贺《恼公》）只解劈牛兼劈树，不能诛恶与诛凶。（唐·李晔《咏雷句》）

凶[2]（*兇）xiōng ①凶恶。也指凶恶的人或事。②厉害，猛烈。③杀人或伤人。

㊀上平，二冬。㊁残～逞～摧～奸～穷～权～四～殄～顽～枭～凶～妖～淫～㊂～暴～悖～猖～丑～风～光～犷～狂～魁～戾～蛮～虐～渠～人～日～煞～首～竖～顽～威～险～焰㊃兴来走笔如旋风，醉后耳热心更凶。（唐·苏涣《赠零陵僧》）修文招隐伏，尚武殄妖凶。（唐·宋若昭《奉和御制麟德殿宴百僚应制》）

㊄**四凶** 指传说中的四大恶人：浑敦、穷奇、梼杌和饕餮。见《左传·文公十八年》。

八族未来谁北拱，四凶犹在莫南巡。（唐·罗隐《湘妃庙》）

匈 xiōng ①心胸，胸膛，后作"胸"。②匈奴的简称。③通"凶"，饥荒。

㊀上平，二冬。㊁当～贯～结～倮～匈～穴～㊂～横～惧～奴～忍～匈～臆㊃皇威正赫赫，兵气何匈匈。（唐·苏颋《奉和圣制行次成皋途经先圣擒建德之所》）

芎 xiōng 芎藭，多年生草本植物。另见935页qiōng。

㊀上平，一东。㊁秦～野～川～㊂～劳

拥（擁）yōng ①抱。②围裹，环围。③拥挤。④拿着。⑤据有，领有。⑥护卫。⑦拥护，支持。另见969页yǒng。

㊀上声，二肿。㊁丛～簇～翠～扶～哄～花～怀～环～夹～江涛～鸾旗～攀～捧～偏～屏～驱～沙～石～偎～喧～雪～蚁～攒～遮～坐～蜂～山～㊂～被～鼻～鼻吟～蔽～别～持～簇～道～扶～褐～彗～篲～楫～髻～节～炉～庛～衾～塞～书～树～纨～膝～掩～佑～帐～掷～滞～众～帚㊃川明气已变，岩寒云尚拥。（唐·韦应物《春游南亭》）故跻瀼岸高，颇免崖石拥。（唐·杜甫《晚登瀼上堂》）夏阴偶高庇，宵魄接虚拥。（唐·韩愈《会合联句》）

庸 yōng ①用。②任用，使用。③功劳，功勋。④酬劳。⑤平常，平庸。⑥隋、唐时的一种赋役法。⑦连词，因而，于是。另见963页yóng。

㊀上平，二冬。㊁百工～孱～车服～畴～酬～登～登～凡～奋～附～何～居～民～懦～疲～平～疏～贪～妄～无～显～虚～勋～愚

～征～中～作尔～顺～鄙～凡～讵～可～碌～奴～儒～器～儒～蜀～勋～愚例摧残空有恨，拥肿遂无庸。（唐·骆宾王《浮槎》）轻刑宽其政，薄赋弛租庸。（唐·张籍《董公诗》）燮和皆达识，出入并登庸。（唐·姚合《和门下李相饯西蜀相公》）

典**登庸**　即举用，指位登宰辅。《书·尧典》："帝曰：'畴咨若时？登庸。"旧题汉孔安国传："畴，谁。庸，用也。谁能咸熙庶绩，顺是事者，将登用之。"

登庸衣钵在，得恋大江滨。（宋·杨万里《送韩子云检正将漕江东二首》其一）

天下中庸　称颂显宦善于为官。《后汉书·胡广传》："胡广字伯始，南郡华容人也。……既到京师，试以章奏，安帝以广为天下第一。……（广）性温柔谨素，常逊言恭色。达练事体，明解朝章。虽无謇直之风，屡有补阙之益。故京师谚曰：'万事不理问伯始，天下中庸有胡公。'"李贤注："庸，常也。中和可常行之德也。孔子曰：'中庸之为德，其至矣乎！'"

天下中庸义，人间父子亲。（宋·吕祖谦《何叔京挽章二首》其一）

壅yōng　①堵塞。②蒙蔽，遮盖。③聚集，堆积。

古上平，二冬。又：上声，二肿。又：去声，二宋同。逆蔽～川～烦～决～路～培～塞～无～五～翳～顺～闭～蔽～遏～隔～积～绝～门～培～塞～土～噎～阻例山郡不沟郭，荒居无翳壅。（唐·张说《岳州行郡竹篱》）影帐纱全落，绳床土半壅。（唐·元稹《度门寺》）棕径新苞拆，梅篱故叶壅。（唐·无可《寄题庐山二林寺》）

臃yōng　另见 968 页 yǒng。

逆肠～顺～肿

佣（傭）yōng　①受雇为人劳动。②雇用。③被雇佣的人。④雇佣的报酬。另见 977 页 yòng。

古上平，二冬。逆贩～耕～雇～灌园～酒家～马～市～书～厮～顺～贩～畊～耕～赁～奴～食～书～徒例清狂昔作戴花监，衰病今为卖菜佣。（宋·刘克庄《田舍二首》）尚有先庐供手实，幸叨儒籍免身佣。（宋·陈著《次韵赵景文见寄》）

雍yōng　①和谐。②古乐曲名。③（旧读 yòng）古九州之一。④通"壅"，堵塞。

古上平，二冬。又：去声，二宋异。逆和～临～睦～辟～三～上～邵～时～肃～熙～咸～雍～顺～粹～父～和～狐戟～门～睦～穆～泮～平～人～容～融～树～肃～台～恬～熙～闲～雅～雍～畤～州例汉制荣车服，周诗美肃雍。（唐·权德舆《赠魏国宪穆公主挽歌词二首》其一）出笼鹤翩翩，归林凤雍雍。（唐·白居易《题赠郑秘书征君石沟溪隐居》）

典**临雍**　咏尊老。《后汉书·明帝纪》："三月，临辟雍，初行大射礼。……冬十月壬子，幸辟雍，初行养老礼。……（永平八年）冬十月，北宫成。丙子，临辟雍，养三老、五更。"又，《赞》："登台观云，临雍拜老。"

传闻将讲临雍礼，小驻骊驹白玉珂。（宋·刘克庄《答曾无疑校勘》）

三雍　即辟雍、明堂、灵台，是古代帝王举行祭祀、典礼的场所，后多指朝廷宫殿。《后汉书·儒林列传序》："中元元年，初建三雍。明帝即位，亲行其礼。"

频求千古书连帙，独对三雍策几篇。（唐·张继《河间献王墓》）

上雍　指汉代帝王赴雍祭神。《汉书·郊祀志上》："其明年，天子郊雍。……其秋，上雍，且郊。"颜师古注："雍地形高，故云上也。"

嗟君本侍臣，笔橐从上雍。（宋·苏轼《次韵李公择梅花》）

慵yōng　懒惰，懒散。

古上平，二冬。逆步～春～蝶飞～惰～放～乖～娇～倦～老～疏～衰～午梦～心～兴～幽～顺～堕～夫～倦～困～懒～眠～妆髻例知君苦思缘诗瘦，大向交游万事慵。（唐·杜甫《暮登四安寺钟楼寄裴十》）静得天和兴自浓，不缘宦达性灵慵。（唐·刘禹锡《和仆射牛相公见示长句》）春迟王子态，莺啭谢娘慵。（唐·李贺《恼公》）

饔yōng　①熟食。②早餐；做早饭。③烹调。

古上平，二冬。逆朝～官～内～尸～玉～致～佐～顺～餐～夫～人～膳～飧～飦～子

墉（陫）yōng　①城墙。②墙。

古上平，二冬。逆赍～城～乘～崇～沟～积如～金～列～门～墙～穷～穹～四～颓～西～遗～垣～云～长～周～顺～城～堞～宫～基～屋～垣例宜男生楚巷，栀子发金墉。（唐·李贺《恼公》）诸岩分院宇，双岭抱垣墉。（唐·元稹《度门寺》）

典**硕鼠穿墉**　《诗经》中女主人公以穿墉的硕鼠比喻欺压自己的恶人。《诗经·召南·行露》："谁谓鼠无牙，何以穿我墉。"

硕鼠既穿墉，又啮机上丝。（唐·孟郊《赠韩郎中愈》其二）

痈（癰）yōng　恶性脓疮。

古上平，二冬。逆疽～溃～吮～徙～朽～养～赘～顺～疮～疽～囊～肿

噰（*嗈）yōng　噰噰，拟声词，鸟鸣声。

古上平，二冬。逆噰～顺～喈～嗈例品松徒高高，雌鸣讵嗈嗈。（唐·孟郊《品松》）

邕yōng　①四方环水的都邑。②地名。③通"雍"，和谐。④通"壅"，堵塞。

古上平，二冬。逆蔡～时～肃～邕～顺～溃～睦～穆～容～文～熙～滞例一德惟宁两仪泰，三材保合四时邕。（唐·褚亮《祭方丘乐章·舒和》）青岚帚亚思吾祖，绿润偏多忆蔡邕。（唐·陈陶《竹十一首》其四）

典**边让忆蔡邕**　东汉边让，曾受到蔡邕的荐举和敬重。以此代指对知音或伯乐的怀思之情。《后汉书·边让传》："边让字文礼，陈留浚仪人也。少辩博，能属文。……议郎蔡邕深敬之，以为让宜处高任……让后以高才擢进，屡迁，出为九江太守，不以为能也。"

边让今朝忆蔡邕，无心裁曲卧春风。（唐·李贺《南园十三首》其十）

看碑识蔡邕　用于悼念死者。意思是：碑真实反映了碑主的动人事迹。《后汉书·郭太传》："建宁元

年,太傅陈蕃、大将军窦武为阉人所害,林宗哭之于野,恸。……明年春,卒于家,时年四十二。四方之士千余人,皆来会葬。同志者乃共刻石立碑,蔡邕为其文,既而谓涿郡卢植曰:'吾为碑铭多矣,皆有惭德,唯郭有道无愧色耳。'"

会葬知元伯,看碑识蔡邕。(唐·张说《李工部挽歌三首》其二)

鄘yōng ①古国名。②通"墉",城墙。

古上平,二冬。逆邶～四～

中zhōng 另见977页zhòng。

古上平,一东。逆阿堵～暗～持～此～蹈～方～方寸～个～闺～壶～画楼～寰～慧～禁～酒船～居～局～客～郎～楼～路～履～绿阴～梦～目～囊～囊～逆旅～缥缈～秦～丘～热～日～日方～桑～时～适～天～途～望～吴～闲～咸～胸～虚～烟雨～岩～剡～郢～意～臆～膺～有无～隅～榆～宇～域～月～掌～折～枕～执～醉～顺～才～操～策～常～宸～畤～岱～殿～都～峰～父～皋～梗～鲠～汉～翰～昊～徽～畿～京～绝～科～逵～馗～匮～阃～郎～林～陵～令～流～路～洛～落～吕～圯～情～丘～秋～衢～曲～稔～山狼～觞～士～书～天～帷～夕～席～夏～宵～霄～兄～宿～虚～巡～岩～筵～掖～扆～臆～宇～元～岳～蕴～昃～州～洲～主～渚～樽～罇例别鹤栖琴里,离猿啼峡中。(唐·李世民《秋日即目》)须臾弄罢寂无事,还似人生一梦中。(唐·李隆基《傀儡吟》)江流天地外,山色有无中。(唐·王维《汉江临泛》)

典**壶中** 亦作"壶公""壶里""入壶"。见926页"壶公"。

坐知千里外,跳向一壶中。(唐·王维《赠焦道士》)

丘中 喻指隐居之地。《诗经·王风·丘中有麻序》:"丘中有麻,思贤也。庄王不明,贤人放逐,国人思之而作是诗也。"其辞曰:"丘中有麻,彼留子嗟。彼留子嗟,将其来施施。丘中有麦,彼留子国。彼留子国,将其来食。丘中有李,彼留之子。彼留之子,贻我佩玖。"

何时解轻佩,来税丘中辙。(唐·皎然《冬日游妙喜寺题照昱二上人》)

时中 指立身行事合乎时宜,无过亦无不及。《礼记·中庸》:"君子之中庸也,君子而时中。"唐孔颖达疏:"谓喜怒不过节也。"

岂较北南聊暂寓,若论贤圣且时中。(宋·李处权《次韵四首寄德基兼呈侍郎公》)

岩中 指隐者所居之地。《后汉书·逸民列传序》:"光武侧席幽人,求之若不及,旌帛蒲车之所征贲,相望于岩中矣。"

昨枉霞上作,盛论岩中趣。(唐·杜甫《西枝村寻置草堂地》其一)

敌国舟中 指众叛亲离或敌人就在身边。《史记·孙子吴起列传》:"武侯浮西河而下,中流,顾而谓吴起曰:'美哉乎山河之固,此魏国之宝也!'起对曰:'在德不在险……殷纣之国,左孟门,右太行,常山在其北,大河经其南,修政不德,武王杀之。由此观之,在德不在险。若君不修德,舟中之人尽为敌国也。'"

羌胡毂下一朝起,敌国舟中非所拟。(唐·柳宗元《古东门行》)

虱处裈中 喻世人处世拘谨,见识不广,亦指世俗生活之拘窘局促,或喻俗人苟安于世。《晋书·阮籍传》:"籍尝于苏门山遇孙登,与商略终古及栖神导气之术,登皆不应,籍因长啸而退。至半岭,闻有声若鸾凤之音,响乎岩谷,乃登之啸也。遂归著《大人先生传》,其略曰:'世之所谓君子,惟法是修,惟礼是克。手执圭璧,足履绳墨。行欲为目前检,言欲为无穷则。少称乡党,长闻邻国。上欲图三公,下不失九州牧。独不见群虱之处裈中,逃乎深缝,匿乎坏絮,自以为吉宅也。行不敢离缝际,动不敢出裈裆,自以为得绳墨也。然炎丘火流,焦邑灭都,群虱处于裈中而不能出也。君子之处域内,何异夫虱之处裈中乎!'"

贪汉惊鱼悬饵下,痴人饿虱处裈中。(宋·刘克庄《三和》其一)

孙武宫中 孙武在吴王阖庐宫中借两队宫女演练用兵阵法,曾因二宫女违犯军令将其斩首。见《史记·孙子吴起列传》。

孙武宫中,石崇楼下,多情怎生为主。(宋·杜安世《剔银灯·昨夜一场风雨》)

鱼游釜中 指身临绝境,即将灭亡。《后汉书·张纲传》:"婴闻泣下,曰:'荒裔愚人,不能自通朝廷,不堪侵枉,遂复相聚偷生,若鱼游釜中,喘息须臾间耳。'"

自怜鱼游沸釜中,羡君遇顺如飞鸿。(宋·赵汝燧《送临川王丞秩满造朝》)

月入怀中 贺生贵子之典。晋干宝《搜神记》卷一〇:"孙坚夫人吴氏,孕而梦月入怀。已而生策。及权在孕,又梦日入怀。以告坚曰:'妾昔怀策,梦月入怀;今又梦日,何也?'坚曰:'日月者,阴阳之精,极贵之象,吾子孙其兴乎。'"

年年此日,共道月入怀中最贵。(宋·陈亮《瑞云浓慢·蔗浆酪粉》)

明月众星中 贾岛谪为遂州长江主簿,以"明月众星中"之句咏遂州明月山之高。唐贾岛《题长江》:"言心俱好静,廨署落晖空。归吏封宵钥,行蛇入古桐。长江频雨后,明月众星中。若任迁人去,西溪与剡通。"

长江飞鸟外,明月众星中。(宋·王灼《水调歌头·长江飞鸟外》)

山色有无中 远山若隐若现,形容登临远望的感受。唐王维《汉江临泛》:"楚塞三湘接,荆门九派通。江流天地外,山色有无中。郡邑浮前浦,波澜动远空。襄阳好风日,留醉与山翁。"

认得醉翁语,山色有无中。(宋·苏轼《水调歌头·落日绣帘卷》)

相逢是梦中 指别后重逢的惊喜交加,迷离恍惚的微妙心情。唐杜甫《羌村三首》其一:"妻孥怪我在,惊定还拭泪。世乱遭飘荡,生还偶然遂。邻人满墙头,感叹亦歔欷。夜阑更秉烛,相对如梦寐。"杜甫以此形容自己在战乱中回家与妻子相聚时惊疑恍惚的特殊心态。

今宵剩把银釭照,犹恐相逢是梦中。(宋·晏几道《鹧鸪天·彩袖殷勤捧玉钟》)

一粟太仓中 比喻小大悬殊,所

处地位极其微小。《庄子·秋水》:"北海若曰:'……计四海之在天地之间也,不似礨空之在大泽乎?计中国之在海内,不似稊米之在大仓乎?'"

　　无穷宇宙,人是一粟太仓中。(宋·辛弃疾《水调歌头·万事几时足》)

甲兵百万出胸中　亦作"胸中甲兵""胸有甲兵"。谓胸有韬略。《魏书·崔浩传》:"又召新降高车渠帅数百人,赐酒食于前,世祖指浩以示之,曰:'汝曹视此人,尪纤懦弱,手不能弯弓持矛,其胸中所怀,乃逾于甲兵。'"后用"胸中甲兵"比喻人有用兵之谋略。

　　甲兵百万出胸中,谁谓江流浅。(宋·张榘《烛影摇红·春小寒轻》)

李蔡为人在下中　指封赏不公,或庸才反受重用的不合理社会现象,也借以品花。《史记·李将军列传》:"初,广之从弟李蔡与广俱事孝文帝。……元狩二年中,代公孙弘为丞相。蔡为人在下中,名声出广下甚远,然广不得爵邑,官不过九卿,而蔡为列侯,位至三公。"

　　若将玉骨冰姿比,李蔡为人在下中。(宋·辛弃疾《鹧鸪天·桃李漫山过眼空》)

忠 zhōng　①真诚无私,尽心竭力。②特指对君主一心不二。

古上平,一东。逆报国～表～表～秉～诚～赤～寸心～寸心～公～孤～怀～黄～竭～竭～谨～尽～尽～旌～精～克～恪～老黄～廉～陋～履～朴～清～全～矢～惟～小～效～效～遗～愚～允～昭～致～顺～忱～赤～纯～德～笃～甫～肝～刚～耿～鲠～骨～魂～坚～俭～蹇～謇～谏～节～洁～介～精～慨～廉～烈～灵～敏～谟～佞～朴～虔～勤～清～悫～慎～士～恕～肃～贤～孝～信～义～谊～毅～懿～友～允～贞～箴～正～直～智例明德尝为林,嘉谋屡作忠。(唐·张九龄《故刑部李尚书挽词三首》其一)束缚酬知己,蹉跎效小忠。(唐·杜甫《遣闷奉呈严公二十韵》)麹蘖调神化,鵷鸾竭至忠。(唐·元稹《春六十韵》)

终(終)zhōng　①最后,完结。②指人死。③整,自始至终。④古代称歌诗、奏乐一章为一终。⑤副词。一直;最终;既。

古上平,一东。逆薄～初～告～孤～韩～敬～九～酒～克～老有～乐未～令～孟～命～能～曲～三～善～慎～始～守～寿～岁～图～遐～鲜～永～玉漏～知～顺～北～朝～风～古～晷～贾～竟～久～窭～隆～亩～篇～穷～始～世～岁～天～童～夕～席～宵～养～纸～制例御沟分水声难绝,广宴当歌曲易终。(唐·许敬宗《奉和圣制送来济应制》)巧笑人疑在,新妆曲未终。(唐·杜审言《代张侍御伤美人》)

衷 zhōng　①穿在里面。②内心。③裁断。④诚恳,忠诚。⑤正直。⑥正中。⑦适合,适当。

古上平,一东。逆别离～宸～赤～初～崇～慈～寸～厝～丹～道～得～返～乖～和～简～降～苦～悃～剖～谦～浅～清～情～曲～深～神～圣～失～事～私～素～酸～坦～天～微～违～我～五～隐～盈～由～幽～诱～愚～渊～允～折～顺～藏～诚～赤～创～服～甲～鉴～襟～据～恳～款～里衣～情～曲～私～素～愫～言～衣～袒～臆～愚～正例梁园开胜景,轩驾动宸衷。(唐·韦安石《梁王宅侍宴应制同用风字》)慈亲向羸老,喜惧在深衷。(唐·孟浩然《书怀贻京邑同好》)回头望云卿,此恨发吾衷。(唐·李华《寄赵七侍御》)

典**天诱其衷**　本意为上天开导其心,使其各自放弃成见而成其事,后指天助我功。《左传·僖公二十八年》:"天祸卫国,君臣不协,以及此忧也。今天诱其衷,使皆降心以相从也。"

　　想其鼎峙势,亦天诱其衷。(宋·周文璞《题曹武帝削瓜图》)

钟[1](鐘)zhōng　①古代铜制乐器。②计时工具或报时工具。③钟点,指时间。

古上平,二冬。逆禅～晨～赤～初～盗～递～鼎～饭～饭后～梵～凫～浮～釜～歌～鼓～寒～何处～洪～鸿～华～黄～金～禁～鲸～景～警～静～九～酒～扣～林～龙～漏～暝～暮～牛衅～千～敲～清～磬～虬～乳～三茅～丧～僧～山～诗～石～时～疏～曙～霜～天～万～闻～五～五更～仙～霄～晓～瑶～夜～夜半～应～玉～远～月～撞～自鸣～顺～镈～鼎～梵～鼓～箭～鲸～鐻～楼～漏～吕～律～鸣饭～铭～磬～石～虡～岩～彝～镛～鱼例古木无人径,深山何处钟。(唐·王维《过香积寺》)片云生断壁,万壑遍疏钟。(唐·刘长卿《栖霞寺东峰寻南齐明征君故居》)

典**景钟**　亦作"景公钟"。用于褒赞功绩。《国语·晋语七》:"昔克潞之役,秦来图败晋功,魏颗以其身却退秦师于辅氏,亲止杜回,其勋铭于景钟。"韦昭注:"景钟,景公之钟。"

　　祇令文字传青简,不使功名上景钟。(唐·柳宗元《寄江陵李元二侍御》)

饭后钟　指遭人侮怠。唐王播少年孤贫,客居扬州惠明寺木兰院,随僧斋食。日久,众僧厌恶,故意斋后才敲钟。王播闻声就食,扑空,因题下"上堂已了各西东,惭愧阇黎饭后钟"两句诗。见五代王定保《唐摭言·起自寒苦》。后遂用作贫穷落魄,遭受冷遇的典故。

　　哀王孙赖弥天释,肯学扬州饭后钟。(宋·贺铸《答孙休兼简清凉和上人》)

景阳钟　亦作"景阳妆""景阳台"。咏宫女或京城、宫廷的典故。《南史·后妃上·武穆裴皇后》:"宫内深隐,不闻端门鼓漏声,置钟于景阳楼上,应五鼓及三鼓。宫人闻钟声,早起庄饰。"

　　白兽樽前飞絮早,景阳钟后落梅多。(宋·晏殊《壬午岁元日雪》)

牛衅钟　孟子曾举齐宣王不忍杀牛衅钟事,批评他虽有恻隐之心,但"功不至于百姓"。见《孟子·梁惠王上》。衅,以血涂抹钟鼓之缝隙。

　　问牛悲衅钟,说彘惊临牢。(唐·柳宗元《游南亭夜还叙志七十韵》)

三茅钟　叙写晨昏晓暮的推移,寄托岁月流逝之感。杭州七宝山宁寿观原为三茅堂，宋绍兴中，赐古器玩三种，其二为唐钟，本澄清观旧物，禁中每听钟声以为寝兴食息之节。见宋·潜说友《咸淳临安志》。

三茅钟动西窗晓，诗鬓无端又一春。（宋·姜夔《鹧鸪天·柏绿椒红事事新》）

二肆歌钟 即两架编钟，借以咏盛大的歌乐场面。《左传·襄公十一年》："郑人赂晋侯以师悝、师触、师蠲，广车、軘车淳十五乘，甲兵备。凡兵车百乘，歌钟二肆，及其镈、磬，女乐二八。"杜预注："肆，列也。县钟十六为一肆。二肆，三十二枚。"

多情太守，三千珠履，二肆歌钟。（宋·胡铨《朝中措·崖州何有水连空》）

掩耳窃钟 喻指自欺欺人。《吕氏春秋·自知》："范氏之亡也，百姓有得钟者，欲负而走，则钟大不可负，以椎毁之，钟况然有音。恐人闻而夺己也，遽揜其耳。恶人闻之可也；恶己自闻之悖矣。为人主而恶闻其过，非犹此也？"

但掩耳窃钟，将泥洗块，觅花空里，舐蜜刀头。（宋·廖行之《沁园春·直下承当》）

钟[2]（鍾）zhōng ①古代盛粮食或酒的器皿。②无柄的酒杯或茶杯。③汇聚。④（情感）集中，专注。⑤当，值。⑥古代容量单位。

㊀上平，二冬。㊁独～灵秀～情～天～闲气～㊂～爱～聪～萃～胡～家女～聚～馗～葵～离～离春～离权～怜～灵～龙～美～念～期～情～谭～祥～心～秀～仪～毓～张～子期㊃且尽红裙歌一曲，莫辞白酒饮千钟。（宋·舒亶《浣溪沙·雨洗秋空斜日红》）水部无人广平去，后来我辈犹情钟。（宋·范成大《次韵唐子光席上赏梅》）

㊄**万钟** 指极丰厚的俸禄。《孟子·公孙丑下》："他日，王谓时子曰：'我欲中国而授孟子室，养弟子以万钟，使诸大夫国人皆有所矜式。子盍为我言之？'"南宋朱熹注："万钟，谷禄之数也。钟，量名，受六斛四斗。"

此地家三户，何人禄万钟。（唐·陆龟蒙《自和次前韵》）

我辈情钟 指情爱执着专注。《世说新语·伤逝》："王戎丧儿万子，山简往省之。王悲不自胜。简曰：'孩抱中物，何至于此？'王曰：'圣人忘情，最下不及情，情之所钟，正在我辈。'简服其言，更为之恸。"

我辈情钟不自由，等闲白却九分头。（宋·陆游《读唐人愁诗戏作》）

一饮千钟 亦作"一饮千觞"。形容酒量大，能豪饮。旧题周孔鲋《孔丛子·儒服》："平原君与子高饮，强子高酒，曰：'昔有遗谚："尧舜千钟，孔子百觚，子路嗑嗑，尚饮十榼。"古之圣贤，无不能饮也，吾子何辞焉？'"

文章太守，挥毫万字，一饮千钟。（宋·欧阳修《朝中措·平山阑槛倚晴空》）

万事付千钟 韩愈诗叙写向友人劝酒，有"破除万事无过酒"之句。唐韩愈《赠郑兵曹》："当今贤俊皆周行，君何为乎亦遑遑。杯行到君莫停手，破除万事无过酒。"

都将万事，付与千钟。（宋·苏轼《行香子·昨夜霜风》）

盅zhōng 没有柄的小杯子。多用以饮酒、喝茶。

㊀上平，一东。㊁茶～酒～

螽zhōng 蝗类。

㊀上平，一东。㊁草～春～阜～蝗～青～斯～蛰～㊂～蝗～结～涝～螟～水～斯～羽

忪（伀）zhōng 心跳，惊惧。

㊀上平，二冬。㊁怜～忪～心～惺～（动摇不定貌）征～怔～（心神不安貌）㊂～蒙～懞～忪㊃犀株防胆怯，银液镇心忪。（唐·李贺《恼公》）

宗zōng ①祖庙。②祖先。③宗族。④主导者，领袖。⑤尊奉，效法。⑥归往，归向。⑦根本，主旨。⑧宗派。⑨量词。

㊀上平，二冬。㊁百世～北～本～禅～朝～词～次～大～代～岱～帝～瞽～归～豪～河～华～皇～卷～开～亢～旷～雷～列～林～灵～六～门～妙～名～南～旁～人～儒～阮～阮嗣～三～山～诗～时～释～殊～疏～嗣～谈～同～统～文～吾～仙～星～雄～玄～雅～夷～遗～殷～幽～有～岳～贞～真～正～周～诸～祝～追～祖～㊂～邦～本～伯～臣～崇～党～道～法～蕃～藩～祊～风～奉～父～附～公～贯～归～衮～国～会～姬～稷～匠～杰～敬～老～礼～灵～侣～盟～庙～女～派～器～亲～人～尚～社～神～圣～师～祏～氏～事～室～守～祀～嗣～孙～祧～统～徒～信～姓～兄～娅～仰～仪～彝～姻～禋～英～猷～原～长～哲～正～支～侄～周～主～祝～子～祖㊃净体无众染，苦心归妙宗。（唐·崔颢《赠怀一上人》）永意久知处，嘉言能亢宗。（唐·高适《酬秘书弟兼寄幕下诸公》）

㊄**朝宗** 指诸侯或百官朝见帝王，或喻百川归入大海，亦用以咏江河以寄托臣子思念朝廷的心情。《周礼·春官·大宗伯》："春见曰朝，夏见曰宗，秋见曰觐，冬见曰遇。"《书·禹贡》："江汉朝宗于海。"

清浊共朝宗，滔滔曾莫停。（唐·朱湾《赠饶州韦之晋别驾》）

林宗 亦作"林宗重黄生"。黄宪曾受到东汉名士郭林宗的器重，因代指能器重别人的人。《后汉书·黄宪传》："郭林宗少游汝南，先过袁阆，不宿而退，进往从宪，累日方还。或以问林宗。林宗曰：'奉高之器，譬诸泛滥，虽清而易挹；叔度汪汪若千顷陂，澄之不清，淆之不浊，不可量也。'"

知人想林宗，直道惭史鱼。（唐·高适《苦雨寄房四昆季》）

巾垫林宗 指雨中出行，也用以咏士人头巾，或贤士受到仰慕。《后汉书·郭太传》："郭太字林宗，太原界休人也。……或劝林宗仕进者，对曰：'吾夜观乾象，昼察人事，天之所废，不可支也。'遂并不应。性明知人，好奖训士类。身高八尺，容貌魁伟，褒衣博带，周游郡国。尝于陈梁间行遇雨，巾一角垫，时人乃故折巾一角，以为'林宗巾'。其见慕皆如此。"

吾家自有青毡在，岂羡林宗垫角巾。（宋·苏颂《次韵李希荀寄念

七侄庄》)

梦褥光宗　指富贵通显、光耀家族的吉兆。《梁书·柳庆远传》:“初,庆远从父兄卫将军世隆尝谓庆远曰:‘吾昔梦太尉以褥席见赐,吾遂亚台司;适又梦以吾褥席与汝,汝必光我公族。’”

梦褥光宗,河东右族。(宋·王以宁《踏莎行·梦褥光宗》)

踪(蹤)zōng　①脚印,踪迹。②追随。

㊂上平,二冬。㊉敌～定～芳～浮～高～孤～行～鸿～脚～绝～蹑～萍～前～情～去来～骚～失～微～无～希～遐～寻～遗～影～幽～游～追～㊊～尘～行～蹊～响～绪～繇～由～兆～辙㊋人依远戍须看火,马踏深山不见踪。(唐·王昌龄《从军行七首》其七)浪水多散影,狂夫多异踪。(唐·孟郊《杂怨三首》其二)一树依依在永丰,两枝飞去杳无踪。(唐·卢贞《杨柳枝》)

㊌**丹青图画飞去无踪**　顾恺之曾将一橱画封存于桓玄处,桓玄私自把画取走,顾恺之竟说“此画通灵,变化而去”。《世说新语·巧艺》:“谢太傅云:‘顾长康画,有苍生来所无。’”南朝梁刘孝标注引《续晋阳秋》:“恺之尤好丹青,妙绝于时。曾以一厨画寄桓玄,皆其绝者,深所珍惜,悉糊题其前。桓乃发厨后取之,好加理。后恺之见封题如初,而画并不存,直云:‘妙画通灵,变化而去,如人之登仙矣。’”

好锁云烟窗户,怕入丹青图画,飞去了无踪。(宋·辛弃疾《水调歌头·万事到白发》)

棕(*椶)zōng

㊂上平,一东。㊉碧～编～海～寒～㊊～殿～拂～冠～将军～轿～屩～綦～人～鞁～榻～衣～鱼～舆～帚

纵(縱)zōng　旧读。另见978页zòng。

㊂上平,二冬。㊉合～约～㊊横～

鬃zōng　马、猪等颈上的长毛。

㊉风～红～领～马～尾～猪～㊊～发～角～晶～鬣～毛～帽～刷～头㊋紫燕黄金瞳,啾啾摇绿鬃。(唐·李白《结客少年场行》)

㊌**洒马鬃**　指李靖误入龙宫代为滴水马鬃之上以降雨之事。见宋李覆言《续幽怪录》。

洒马鬃泉苏赤地,翻蟾滴水涨沧溟。(宋·刘克庄《法驾导引·樵柯烂》)

平声·阳平

重chóng　①重复,重叠。②再,重新。③层。另见977页zhòng。

㊂下平,二冬。㊉关山～花影～几～九～千～三～双～万～檐～玉楼～重～㊊～蔼～壁～璧～表～帛～采～城～殿～氛～棼～桴～阜～盖～冈～宫～毂～馆～闺～华～环～晖～阍～迹～驾～涧～结～襟～锦～睛～景～九～垒～累～帟～林～岭～楼～峦～轮～罗～幔～冥～堑～衾～泉～深～笥～邃～沓～闉～台～堂～瞳～帏～闱～温～屋～熙～席～袭～险～霄～岫～轩～崖～涯～岩～檐～巘～曜～叶～翳～茵～裀～鞇～阛～英～瀛～颖～雍～渊～垣～晕～云～韵～翟～着～征～知～胝㊋紫微三千里,青楼十二重。(唐·李峤《道》)自惜妍华三五岁,已叹关山千万重。(唐·刘希夷《江南曲八首》其七)它人方寸间,山海几千重。(唐·李白《箜篌谣》)

㊌**九重**　亦作“九重门”“君之门九重”。指皇宫,或指皇帝。宋玉《九辩》:“岂不郁陶而思君兮,君之门以九重。”李善注:“门闱扃闭,道路塞也。”

妾本深宫妓,曾城闭九重。(唐·王勃《铜雀妓二首》其一)

儿家门户几重重　形容女子闺房所在的重门深院。唐蒋维翰《春女怨》:“白玉堂前一树梅,今朝忽见数花开。儿家门户寻常闭,春色因何入得来。”

儿家门户几重重。记相逢。画桥东。(宋·辛弃疾《江神子·梅梅柳柳斗纤秾》)

崇chóng　①高。②增长,增高。③尊敬。④充,充满。⑤通“终”,终了,尽。

㊂上平,一东。㊉表～崇～岱岳～登～敦～丰～封～敷～高～功～广～贵～恢～极～奖～骄～旌～克～勒～厉～隆～轮～睦～丕～企～谦～钦～清～穹～荣～石～嵩～条～推～巍～显～信～阴～壅～优～攸～蕴～追～宗～尊～㊊～阿～拜～卑～标～伯～敞～城～侈～崇～鼎～笃～堕～坟～福～阜～亘～赫～弘～闳～宏～荟～基～极～简～敬～酒～聚～绝～崛～旷～兰～礼～丽～陵～隆～嶐～乱～茂～缅～邈～年～配～期～丘～圣寺～盛～饰～树～祀～竦～邃～替～伟～文～显～信～雄～虚～严～仰～墉～禹～蕴～雉～薙～衷～重～崒～朝～阻～尊㊋春华顿觉早,天泽倍知崇。(唐·张九龄《奉和圣制登封礼毕洛城酺宴》)葛仙迹尚在,许氏道犹崇。(唐·陶翰《宿天竺寺》)无思不服从,唐业如山崇。(唐·柳宗元《东蛮》)

㊌**石崇**　贵族骄奢的代表者。《世说新语·汰侈》:“王君夫以(米台)精澳釜,石季伦用蜡烛作炊。君夫作紫丝布步障碧绫裹四十里,石崇作锦步障五十里以敌之。石以椒为泥,王以赤石脂泥壁。”“石崇与王恺争豪,并穷绮丽,以饰舆服。武帝,恺之甥也,每助恺。尝以一珊瑚树,高二尺许赐恺。枝柯扶疏,世罕其比。恺以示崇。崇视讫,以铁如意击之,应手而碎。恺既惋惜,又以为疾己之宝,声色甚厉。崇曰:‘不足恨,今还卿。’乃命左右悉取珊瑚树,有三尺四尺,条干绝世,光彩溢目者六七枚,如恺许比甚众。恺惘然自失。”

出入张公子,骄奢石季伦。(唐·元稹《代曲江老人百韵》)

虫(蟲)chóng　①古代泛指动物。②昆虫的通称。③称具有某种特点或嗜好的人。

㊂上平,一东。㊉百足～草～雕～斗～蠹～飞～害～寒～候～蝗～鸡～甲～昆～毛～鸣～秋～沙～夏～吟～蛰～㊊～臂～出～雕～蠹～蛾～鹤～虎～蝗～鸡～镂～漏～罗～落～螟～孽～气～蛇～虱～使～书～霜～锼～天～文～蠁～象～蝎～鹥～瘿～鱼～鱼学～鱼篆～豸～籀～篆㊋君子变猿鹤,小人为沙虫。(唐·李白《古风》)零

落逢故老，寂寥悲草虫。（唐·韦应物《过扶风精舍旧居，简朝宗、巨川兄弟》）何意构广厦，翻然顾雕虫。（唐·高适《酬秘书弟兼寄幕下诸公》）

典**雕虫** 见96页“雕虫篆刻”。

寻章摘句老雕虫，晓月当帘挂玉弓。（唐·李贺《南园十三首》其六）

二虫 《庄子》曾称蜩与鸠为“二虫”。《庄子·逍遥游》：“蜩与鷽鸠笑之曰：‘我决起而飞，抢榆枋，时则不至而控于地而已矣，奚以之九万里而南为？’适莽苍者，三餐而反，腹犹果然；适百里者，宿舂粮；适千里者，三月聚粮。之二虫又何知！”

二虫竟谁是，一笑百念衰。（宋·苏轼《和陶〈饮酒〉二十首》其五）

九虫 道教认为每人体内都藏有九虫（一说三虫），损害人的健康，令人速死。可通过修炼和施法术消灭九虫，使人长生。晋葛洪《抱朴子内篇》卷四：“第二之丹名曰神丹，亦曰神符。……服之三刀圭，三尸九虫皆即消坏，百病皆愈也。”

饥肠未惯饱甘脆，九虫寸白争为孽。（宋·欧阳修《病中代书奉寄圣俞二十五兄》）

玉虫 本为一种金绿色甲虫。其翅可作饰物。后用于咏饰物或灯花。

黄里排金粟，钗头缀玉虫。（唐·韩愈《咏灯花同侯十一》）

打窗虫 叙写室内景物，暗寓家居寂寞情怀。唐李商隐《水斋》：“多病欣依有道邦，南塘宴起想秋江。卷帘飞燕还拂水，开户暗虫犹打窗。更阅前题已披卷，仍斟昨夜未开缸。谁人为报故交道，莫惜鲤鱼时一双。”

博山细篆霭房栊。静看打窗虫。（宋·周邦彦《月中行·蜀丝趁日染乾红》）

蠹书虫 比喻埋头读书，以书为命的书生。《穆天子传·古文》：“天子东游，次于雀梁，□蠹书于羽林。”郭璞注：“谓暴书中蠹虫，因云蠹书也。”

岂殊蠹书虫，生死文字间。（唐·韩愈《杂诗》）

习蓼虫 喻习惯于吃苦的苦辛者。鲍照《放歌行》：“蓼虫避葵堇，习苦不言非。”李善注：“楚辞曰：‘蓼虫不徙乎葵藿。’王逸曰：‘言蓼虫处辛辣，食苦恶，不徙葵藿食甘美者也。’”

久慕餐霞客，常悲习蓼虫。（唐·卢拱《中元日观法事》）

种chóng 姓。另见969页zhǒng、977页zhòng。

古上平，一东。

从（從）cóng 另见923页cōng、978页zòng。

古上平，二冬。逆白～宾～傧～部～常～朝～承～乘～道～风～伏～服～俯～苟～裹～过～行～何～扈～回～阖～吉～禁～景～昆～吏～僚～列～流～率～盲～靡～弭～面～幕～慕～挚～朋～朋～偏～嫔～骑～牵～挈～驱～曲～劝～忍～任～冗～三～赏～适～疏～属～顺～所～天～听～徒～亡～无～乡～相～胁～谐～信～幸～训～一～依～义～翼～影～媵～游～与～羽～元～约～云～允～再～长～珍～知～资～自～族～顺～鞍～班～婢～跸～便～兵～伯～车～臣～初～祠～打～道～风～赋～革～公～官～行～化～宦～姬～吉～驾～嫁～谏～教～魁～徕～立～吏～龙～乱～命～母～纳～逆～辇～牛～奴～女～品～骑～禽～权～戎～丧～善～赏～声～省服～师～仕～事～事衫～顺～私～祀～俗～速～随～堂～徒～橐～违～翁～物～先～闲～献～享～飨～信～兄～学～彝～义～意～游～欲～允～葬～者～征～正～兹～自～卒～佐例客心殊不乐，乡泪独无从。（唐·杨炯《途中》）天上初移衡汉匹，可怜歌舞夜相从。（唐·苏颋《夜宴安乐公主新宅》）似舟飘不定，如梗泛何从。（唐·骆宾王《浮槎》）

典**赏从** 指封赏。《左传·僖公二十四年》：“晋侯赏从亡者。”《史记·晋世家》：“晋国复而文公得归。……文公修政，施惠百姓。赏从亡者及功臣，大者封邑，小者尊爵。”

世祖修高庙，文公赏从臣。（唐·杜甫《寄张十二山人彪三十韵》）

元伯巨卿千里从 咏至友笃守信约，远道相访。《后汉书·范式传》：“范式字巨卿，山阳金乡人也，一名汜。少游太学，为诸生，与汝南张劭为友。劭字元伯。二人并告归乡里。式谓元伯曰：‘后二年当还，将过拜尊亲，见孺子焉。’乃共克期日。后期方至，元伯具以白母，请设馔以候之。母曰：‘二年之别，千里结言，尔何相信之审邪？’对曰：‘巨卿信士，必不乖违。’母曰：‘若然，当为尔酝酒。’至其日，巨卿果到，升堂拜饮，尽欢而别。”

愧元伯、巨卿千里从。（宋·李曾伯《沁园春·目断长空》）

丛（叢、*藂）cóng ①聚集。②生长在一起的草木。③聚集在一起的人或东西。④众多，繁杂。⑤量词。

古上平，一东。逆百花～碧～蚕～草～春～丛～刀～芳～灌～桂～寒～棘～籍～髻～金碧～荆棘～窠～林～笼～论～绿～满～青～人～深～筀～霜～谈～烟～艳～幽～玉～攒～珍～竹～顺～薄～葆～悲～泊～辰～祠～簇～萃～簇～错～繁～芳～灌～篁～荟～棘～集～箭～聚～遽～兰～莽～茂～缪～木～庞～箐～然～粿～芮～射～著～沓～帖～委～蔚～芜～物～细～霄～筱～艳～倚～翳～拥～玉～育～怨～云～攒～植～冢～滋例结浪冰初镜，在径菊方丛。（唐·李世民《秋暮言志》）游丝横惹树，戏蝶乱依丛。（唐·卢照邻《春晚山庄率题二首》其一）天清白露洁，菊散黄金丛。（唐·李适《重阳日即事》）

淙cóng 流水。

古上平，二冬。又：上平，三江同。又：去声，三绛同。逆潺～春～淙～飞～石～悬～铮～顺～潺～琤～潨～汩～泉～潈例落日山水清，乱流鸣淙淙。（唐·常建《白湖寺后溪宿云门》）白茅草苫重重密，爱此秋天夜雨淙。（唐·贾岛《题韦云叟草堂》）岩壑响松桧，巨石激流淙。（宋·林正大《括水调歌·庐山几千仞》）

红(紅)hóng　另见933页gōng。
【古】上平，一东。【逆】斑～残～愁～春～丹～灯～滇～东方～断～堆～繁～方～飞～蜚～霏～挂～酣～含～花～祭～霁～娇～蕉～蜡～老来～冷～榴～露～乱～落～满堂～面～嫩～蔫～暖～披～片～缥～浅深～茜～窃～青～轻～秋～柔～软～蜀～衰～霜～水～碎～踏～桃～套～剔～题～吐～退～褪～晚～夕阳～细～香～心～新～猩～杏～暄～血花～嫣～夭～银～映～浴日～月月～晕～绽～涨～照眼～真～烛～状元～【顺】～埃～板～壁～草～船～春～翠～点颏～萼～芳～缸～膏～闺～汗～华～笺～蜡～兰～泪～粒～莲～蓼～绫餤～炉～鸾～纶～罗～螺～媒～袂～绵～棉～葩～骐驎～麒麟～桥～蕖～茸～绒～蕤枕～桑～酥～藤～鞓～亭～鲜～弦～香～绡～袖～雪～英～雨～云宴～踯躅～珠～觜【例】孤屿含霜白，遥山带日红。（唐·李世民《重幸武功》）宠光蕙叶与多碧，点注桃花舒小红。（唐·杜甫《江雨有怀郑典设》）杨柳萦桥绿，玫瑰拂地红。（唐·温庭筠《屈柘词》）

【典】**方红**　泛咏荔枝。宋蔡襄述《荔枝谱》第七："方家红，可径二寸，色味俱美，言荔枝之大者，皆莫敢拟，岁生一二百颗，人罕得之。"

怪底酒边光景别，方红江绿一时来。（宋·陆游《荔子绝句》）

软红　亦作"尘软香红""尘软"。指城市的繁华与喧嚣。宋苏轼《次韵蒋颖叔钱穆父从驾景灵宫二首》其一："归来病鹤记城闉，旧踏松枝雨露新。半白不羞垂领发，软红犹恋属车尘。雨收九陌丰登后，日丽三元下降辰。粗识君王为民意，不才何以助精禋。"

金阙日高露泣，东华尘软香红。（宋·谢逸《西江月·青锦缠条配剑》）

题红　见142页"红叶题诗"。

欲题红叶凭谁寄，独抱孤桐无心挑。（宋·马子严《鱼游春水·池塘生春草》）

鞓红　指色深红如鞓的牡丹花。见本页"蓬莱殿后鞓红"。

不令老眼看鞓红，岂是青春不负公。（宋·曾几《曾宏甫见过因问讯鞓红花》其二）

小红[1]　小红本为范成大之侍婢，范成大将其赠与姜夔。后泛指歌伎。宋·姜夔《白石道人诗集》卷下《过垂虹》："自作新词韵最娇，小红低唱我吹箫。曲终过尽松陵路，回首烟波十四桥。"

小红[2]　代指桃花。唐杜甫《江雨有怀郑典设》："宠光蕙叶与多碧，点注桃花舒小红。"

故作小红桃杏色，尚余孤瘦雪霜姿。（宋·苏轼《红梅三首》其一）

白白红红　形容春花盛开有红有白。唐·韩愈《感春三首》其三："晨游百花林，朱朱兼白白。柳枝弱而细，悬树垂百尺。"

杏花白白红红。花时日日狂风。（金·元好问《清平乐·小桥流水》）

线日增红　咏冬至。唐·杜甫《至日遣兴，奉寄北省旧阁老两院故人二首》其一："何人错忆穷愁日，愁日愁随一线长。"清仇兆鳌注："《岁时记》：'魏晋间宫中以红线量日影，冬至后日影添长一线。'《唐杂录》：'唐宫中以女工揆日之长短，比常日增线之工。'"

想霭霭其祥，瑞云阊兆，绵绵之算，线日增红。（宋·程和仲《沁园春·呼伯雅来》）

小白长红　咏花。唐·李贺《南园十三首》其一："花枝草蔓眼中开，小白长红越女腮。可怜日暮嫣香落，嫁与春风不用媒。"

长红小白总堪珍，一见名芳叹绝尘。（宋·赵蕃《次韵签判丈牡丹》）

重碧轻红　本指酒和荔枝，借指饮酒集会。唐·杜甫《宴戎州杨使君东楼》："胜绝惊身老，情忘发兴奇。座从歌伎密，乐任主人为。重碧拈春酒，轻红擘荔枝。楼高欲愁思，横笛未休吹。"

何胤三遗红　咏宦情冷淡，辞官归隐。南朝齐何胤虽贵为中书令，然其志常思退隐，曾先后三次拒绝齐与梁的征聘，隐居自适。见《南史·何尚之传》附《何胤传》。

严光一唾垂緌紫，何胤三遗大带红。（唐·韩偓《此翁》）

蓬莱殿后鞓红　亦作"鞓红"。咏花之典。蓬莱宫泛指宫殿，鞓红为牡丹之一种。《旧唐书·高宗纪上》："（龙朔二年）夏四月庚申朔，至自东都。辛巳，造蓬莱宫成，徙居之。"宋·欧阳修《洛阳牡丹记·花释名第二》："鞓红者，单叶深红花，出青州，亦曰青州红。故张仆射齐贤有第西京贤相坊，自青州以馲驼驮其种，遂传洛中。其色类腰带鞓，故谓之鞓红。"

后土祠中玉蕊，蓬莱殿后鞓红。（宋·苏轼《西江月·公子眼花乱发》）

虹hóng　另见849页jiàng。
【古】上平，一东。又：去声，三绛同。【逆】白～彩～残～长～垂～雌～丹～断～幡～雰～风～副～贯～贯日～跨～梁～霓～气如～桥～青～晴～日～蛇～霞～星～雄～烟～饮～隐～玉～直～【顺】～陛～采～彩～草～带～丹～蝀～舸～光～辉～旌～沴～梁～楼～膜～蜺～霓～女～旆～旗～气～桥～桥板～泉～裳～申～势～丝～星～腰～饮～映～雨～玉～旃～栈～烛锭【例】烽火夜似月，兵气晓成虹。（唐·卢照邻《结客少年场行》）君王赐颜色，声价凌烟虹。（唐·李白《东武吟》）羽袖挥丹凤，霞巾曳彩虹。（唐·韦渠牟《步虚词》）

【典】**星虹**　咏帝王降生之典。刘孝标《辨命论》："星虹枢电，昭圣德之符。"李善注："《春秋元命苞》曰：'大星如虹，下流华渚，女节梦意，感生朱宣。'宋均曰：'华渚，渚名也。朱宣，少昊氏。'"

红云茜雾笼金阙。圣运叶、星虹佳节。（宋·王安中《征招调中腔·红云茜雾笼金阙》）

玉虹　咏虹，或喻指宝剑。晋·干宝《搜神记》卷八："孔子修春秋，制孝经，既成，斋戒向北辰而拜，告备于天。乃洪郁，起白雾摩地，白虹自上而下，化为黄玉，长三尺，上有刻文。孔子跪受而读之，曰：'宝文出，刘季握。卯，金，刀，在轸北。字禾子，天下服。'"

争潨海水飞凌喧，山瀑无声玉

虹悬。(唐·李贺《北中寒》)

气如虹 亦作"气吞虹""气吐虹霓""万丈拂长虹""志气万丈虹""气宇虹霓万丈"。形容人谈吐高雅、气概不凡。三国魏·曹植《七启》:"挥袂则九野生风,慷慨则气成虹蜺。"

马蹄隐耳声隆隆,入门下马气如虹。(唐·李贺《高轩过》)

华渚流虹 庆贺圣君降生。《河图》:"太星如虹,下流华渚,女节意感,生白帝朱宣。"见944页"星虹"。

璇枢绕电,华渚流虹,是日挺生元后。(宋·柳永《永遇乐·薰风解愠》)

鸿(鴻)hóng ①天鹅。②大雁。代指书信。③大。④洪水。⑤强,盛。

🅖上平,一东。🅝哀～嗷～便～宾～波～春～丹～帝～断～飞～蜚～孤～归～寒～鸿～羁～驾～渐～金～惊～来～离～连～梁～鳞～麟～露～旅～蒙～濛～冥～溟～泥～攀～片～轻～秋～塞～诗～霜～司～泰～吴～熙～戏～翔～霄～信～雪～烟～雁～燕～游～鱼～鸳～云～征～渚～遵～🅢～笔～编～宾～博～才～材～裁～采～彩～侈～俦～醇～词～辞～慈～德～鼎～洞～都～鹅～恩～范～飞～芬～福～沟～归～汉～鹤～鹄～荒～晖～辉～徽～迹～绩～驾～渐～惊～举～均～钧～丽～鳞～珑～垆～炉～胪～陆～鹭～露～鸾～论～罗～茫～茂～蒙～眇～冥～溟～谟～濡～篇～雀～溶～融～儒～瑞～塞～誓～书～树～硕～题～天～图～梧～熙～羲～禧～隙～庠～信～轩～勋～崖～涯～雁～燕～逸～裔～懿～荫～音～涌～鱼～羽～云～运～藻～泽～爪～哲～祯～阵～筝～祉～志～钟～冢～渚～翥～篆～姿～踪～祚🅛散岫飘云叶,迷路飞烟鸿。(唐·李世民《秋日即目》)关塞疲征马,霜氛落早鸿。(唐·卢照邻《送郑司仓入蜀》)待余逢石髓,从尔命飞鸿。(唐·王勃《秋日仙游观赠道士》)

🅓**宾鸿** 亦作"鸿雁""凭鸿"。见337页"雁书"。

青林拥红树,家鹜杂宾鸿。(宋·陈师道《山口》)

孤鸿 代指孤单寂寞的生活,或心境之寂寞凄凉。三国魏阮籍《咏怀诗》之一:"孤鸿号外野,翔鸟鸣北林。"

孤鸿暂作云衢骋,三凤行看帝阁飞。(宋·宋庠《天官南局皆世职有感》)

惊鸿 亦作"翩若轻鸿"。本指洛神体态之轻盈优美,喻指美女。三国魏·曹植《洛神赋》:"其形也,翩若惊鸿,婉若游龙。"

伤心桥下春波绿,曾是惊鸿照影来。(宋·陆游《沈园二首》其一)

梁鸿 见915页"梁孟"。

孟光傥未嫁,梁鸿正须妇。(唐·王绩《山中叙志》)

吴鸿 咏宝剑或利器。吴鸿本为春秋时吴人。其父杀之,以其血涂金,铸成吴钩(钩,形似剑而曲),进献吴王阖闾。故亦以为钩名。见东汉赵晔《吴越春秋·阖闾内传》。

珠袍曳锦带,匕首插吴鸿。(唐·李白《结客少年场行》)

征鸿 亦作"征鸿负书""凭雁寄音"。比喻投寄书信或书信往来。汉昭帝初年,匈奴与汉和亲,汉请释放被扣押的苏武,匈奴谎称苏武已死。使者告诉单于,说汉天子射猎上林中,得鸿雁,雁足系帛书,言苏武等在某泽中。匈奴不得已只好释放苏武。见《汉书·苏建传》。

边草含风绿,征鸿过月新。(唐·刘方平《寄陇右严判官》)

羡冥鸿 见388页"弋者慕"。

自顾缨尘犹未濯,九霄终日羡冥鸿。(宋·苏轼《题永叔会老堂》)

挥弦送鸿 形容悠然深远的别情。嵇康《赠秀才入军五首》其四:"目送归鸿,手挥五弦。俯仰自得,游心太玄。"

卷箔高楼惊燕入,挥弦远目送鸿归。(宋·欧阳修《伤春》)

目送飞鸿 亦作"目送归鸿""目送孤鸿"。形容人志趣自得,或指送别。

深愿耸身随画鹢,空劳举目送飞鸿。(宋·楼钥《乞出过传法闻伯齐归姚江》)

人似秋鸿 比喻故地重游。宋苏轼《正月二十日与潘郭二生出郊寻春》:"东风未肯入东门,走马还寻去岁村。人似秋鸿来有信,事如春梦了无痕。江城白酒三杯酽,野老苍颜一笑温。已约年年为此会,故人不用赋《招魂》。"

人似秋鸿无定住,事如飞弹须圆熟。(宋·辛弃疾《满江红·两峡崭岩》)

德耀嫁梁鸿 咏贤妻。《后汉书·梁鸿传》:"同县孟氏有女……曰:'欲得贤如梁伯鸾者。'……及嫁……'妾自有隐居之服。'(妻)乃更为椎髻,着布衣,操作而前。鸿大喜曰:'此真梁鸿妻也。能奉我矣!'字之曰德曜,名孟光。居有顷,妻曰:'常闻夫子欲隐居避患,今何为默默?无乃欲低头就之乎?'……乃共入霸陵山中,以耕织为业,咏《诗》《书》,弹琴以自娱。……每归,妻为具食,不敢于鸿前仰视,举案齐眉。"

佳人多命薄,初心慕、德耀嫁梁鸿。(宋·陆游《风流子·佳人多命薄》)

此身应似去来鸿 见235页"飞鸿雪迹"。

此身应似去来鸿,江湖春水阔,归梦故园中。(宋·晁补之《临江仙·曾唱牡丹留客饮》)

宏 hóng ①大,巨大。②广博。③扩大,发扬。

🅖下平,八庚。🅝崇～德声～含～宏～泓～恢～宽～气～器量～赡～深～沈～用～渊～🅢～奥～辩～博～材～裁～敞～绰～词～辞～诞～度～覆～纲～贯～规～轨～徽～豁～简～巨～峻～浚～旷～阔～廓～览～朗～丽～亮～烈～迈～茂～渺～邈～妙～谋～器～洽～儒～赡～深～识～硕～肆～邃～通～雅～衍～窈～义～议～逸～毅～裕～渊～愿～旨～指～恉～纵🅛乱后江山悲庾信,夜来烟月属袁宏。(唐·郑谷《次韵和礼部卢侍郎》)是惟礼之盛,永用表其宏。(韩愈《城南联句》)

洪 hóng ①大水。②大。③中医名词。指脉象浮而有力。

🅖上平,一东。🅝奔～分～含～洪

～化～浑～宽～排～庞～三～沙～山～纤～蓄～溢～顺～奥～宝～笔～飙～波～操～涔～朝～大～德～洞～都～轨～赫～化～荒～钧～旷～澜～朗～涟～亮～量～潦～烈～垆～炉～论～漭～茂～蒙～溟～谟～辟～渠～溶～儒～深～声～圣～祀～嗣～算～隧～涛～桃～陶～图～湍～细～纤～绪～勋～匡～崖～涯～业～颐～裔～毅～饮～郁～渊～元～源～远～韵～藻～造～泽～枝～钟～姿～族～醉例浊酒寻陶令，丹砂访葛洪。（唐·杜甫《奉寄河南韦尹丈人》）度岭梅甘坼，潜泉脉暗洪。（唐·元稹《春六十韵》）

典**葛洪** 指神仙道家。见《晋书·葛洪传》。

自怜头白早，难与葛洪亲。（唐·卢纶《送王尊师》）

三洪[1] 指泗水流经徐州时受两侧山地的影响而形成的三大急流：秦梁洪、百步洪和吕梁洪。

平吞百涧暴，灭尽三洪恶。（宋·苏辙《明日复赋》）

三洪[2] 指宋高宗朝的洪适、洪遵、洪迈兄弟三人。《宋史·洪皓传》附《洪适传》："适字景伯，皓长子也。幼敏悟，日诵三千言。皓使朔方，适年甫十三，能任家事。以皓出使恩，补修职郎。绍兴十二年，与弟遵同中博学宏词科。高宗曰：'父在远方，子能自立，此忠义报也，宜升擢。'遂除敕令所删定官。后三年，弟迈亦中是选，由是三洪文名满天下。"

二许家声，三洪地望，今代风流第一人。（宋·姚勉《沁园春·万里清风》）

愧葛洪 咏道家或方术。唐·杜甫《赠李白》："秋来相顾尚飘蓬，未就丹砂愧葛洪。"

孤城麦秀。常愧葛洪丹未就。（宋·韩淲《减字木兰花·一杯易足》）

闳（閎）hóng ①巷门。②宏大，高。③宽广。④通"泓"，水深。

古下平，八庚。逆曾～崇～登～冯～高～闬～九～闶～魁～里～深～疏～渊～朱～顺～奥～辨～辩～博～敞～侈～粹～达～大～诞～放～富～厚～豁～杰～襟～巨～俊～骏～旷～阔～廓～览～丽～茂～门～眇～妙～洽～儒～深～肆～肃～邃～通～休～雅～衍～耀～逸～远～约～整～壮～卓例叹白首青衫，又造宾闳。（宋·石孝友《满庭芳·笔走龙蛇》）

讧（訌）hóng 争吵，混乱。今读 hòng。

古上平，一东。逆兵～交～内～顺～炽～讧～溃～乱～侮～贼～诈～争～阻

泓 hóng ①水深广的样子。②潭，深水。③砚池的别称。④量词，用于清水。

古下平，八庚。逆坳～宝～澄～渟～寒～泓～金～深～石～陶～一～潆～渊～顺～碧～澈～澄～涵～宏～泓～洄～净～然～水～邃～渟～滮～窈～颖例仙人烛树蜡烟轻，清琴醉眼泪泓泓。（唐·李贺《秦王饮酒》）浅怜清演漾，深爱绿澄泓。（唐·白居易《春池闲泛》）啸入新篁一里行，万竿如瓮锁龙泓。（唐·陈陶《竹十一首》其三）

纮（紘）hóng ①古时冠冕上的带子。②将磬编成组的绳子。③纲，提网的总绳。④维系。⑤通"宏"，宏大。

古下平，八庚。逆八～北～地～帝～恢～九～玄～朱～顺～纨～覆～纲～目～綖例微禄心不屑，放神于八纮。（唐·李颀《赠张旭》）

吰 hóng ①拟声词用字。②通"宏"，宏大。

古下平，八庚。逆噌～吰～

蕻 hóng 蔬菜名。另见972页 hòng。

古去声，一送。逆雪里～

黉（黌）hóng 古代学校名。

古下平，八庚。逆乡～庠～顺～宫～门～门客～舍～室～塾～堂～校～序～学～宇

荭（葒）hóng 水草名。

古上平，一东。逆水～顺～草

隆 lóng ①高。②增高，凸出。③兴盛，使兴盛。④盛，丰厚。⑤深厚。⑥尊崇。⑦拟声词。

古上平，一东。逆比～崇～道～登～栋～丰～冯～富～高～弓～功～光～化～恢～家～九～康～南～钦～庆～穹～绍～声望～盛～熙～兴～休～业～夷～优～郁～蕴～窄～郅～终～篡～顺～薄～备～秕～博～昌～炽～德～坻～栋～敦～恩～丰～功～古～固～贵～寒～赫～火～姬～基～济～矜～景～敬～眷～崛～俊～峻～空～礼～丽～美～眄～眇～邈～器～洽～亲～情～庆～穷～穹～仁～深～盛～世～暑～私～思～望～危～渥～曦～显～象～心～性～颜～耀～夷～异～永～佑～郁～遇～岳～政～中～重～周～宗～崒～祚例紫宸欢每洽，绀殿法初隆。（唐·崔日用《奉和九月九日登慈恩寺浮图应制》）千年执象寰瀛泰，七日为人庆赏隆。（唐·李乂《人日重宴大明宫恩赐彩缕人胜应制》）汉宅规模壮，周都景命隆。（唐·沈佺期《扈从出长安应制》）

典**丰隆** 指云神或雷神。咏雷雨天气，或借指游仙。屈原《离骚》："吾令丰隆乘云兮，求宓妃之所在。"东汉王逸注："丰隆，云师，一曰雷师。"

飞廉不解却丰隆，结就浓阴万里同。（宋·刘宰《冬日即事》）

龙（龍）lóng

古上平，二冬。逆八～班～斑～壁～仓～车～乘～痴～赤～赐～从～翠～登～雕～毒～二～飞～伏～浮～缚～勾～挂～衮～过～旱～合～河～鸿～画～怀～槐～豢～黄～降～交～蛟～角～惊～景～九～酒～句～亢～枯～夔～雷～两～六～鸾～马如～茅～梅～木～闹～泥～攀～盘～蟠～蓬～骑～潜～青～虬～群～扰～人～人中～神～时～瘦～水～睡～随～腾～天～头～屠～土～畏～卧～匣～先～象～轩～洋～逸～应～犹～游～雨～玉～御～元～跃～云～蛰～稚～钟～竹～烛～祖～顺～案～柏～拜～榜～陛～鞭～变～伯～骖～城～池～漦～墀～雏～船～钏～祠～胆～灯～殿～雕～鼎～斗～恩～耳～幡～舫～飞～凤～符～辅～膏～歌～阁～舸～宫～骨～关～管～光～衮～骸～汉～鹄～虎～化～会～魂～蠖～箕～脊～骥～笳～驾～笺～骞～剑～舰～蛟～巾～津～禁～

晴～精～井～厩～驹～举～据～骏～龛～窠～窟～葵～夔～雷～鲤～鬣～鳞～麟～旒～楼～漏～辂～鸾～銮～马～脉～门～庙～鸣～漠～脑～瑙～辇～盘～蟠～辔～鹏～瓶～骑～旗～潜～邛～筇～泉～雀～阙～髯～蕊簪～瑞～塞～裳～蛇～麝～神～笙～首～树～朔～驷～髓～潭～堂～涛～韬～腾～廷～庭～图阁～团～威～帷～文～舞～溪～舄～涎香～香～翔～象～绡～箫～须～穴～烟～颜～羊～阳～耀～衣～鹢～吟～胤～斿～鱼～舆～驭～辕～跃～臧～藻～宅～盏～战～杖～蛰～钟～舟～钠～胄～珠～竹～烛～翥～篆～姿～兹例岩顶翔双凤，潭心倒九龙。（唐·武则天《游九龙潭》）但欲附高鸟，安敢攀飞龙。（唐·张九龄《感遇十二首》其十一）幽愁秋气上青枫，凉夜波间吟古龙。（唐·李贺《湘妃》）

典**阿龙** 指东晋宰相王导，他对稳固东晋政权颇有功绩。《世说新语·企羡》："王丞相拜司空，桓廷尉作两髻，葛裙策杖，路边窥之，叹曰：'人言阿龙超，阿龙故自超。'不觉至台门。"南朝梁刘孝标注："阿龙，丞相(王导)小字。"

天明报平安，阿龙故自超。（宋·黎廷瑞《夜大风明日视新竹无恙》）

八龙 喻指才德出众的几兄弟。《后汉书·荀淑传》："荀淑字季和，颍川颍阴人，荀卿十一世孙也。少有高行，博学而不好章句，多为俗儒所非，而州里称其知人。……有子八人：俭、绲、靖、焘、汪、爽、肃、专，并有名称，时人谓之'八龙'。"

人人讲德自元丰，何处荀家有八龙。（宋·晁说之《又再和》）

乘龙[1] 咏升仙。《史记·封禅书》："黄帝采首山铜，铸鼎于荆山下。鼎既成，有龙垂胡髯下迎黄帝。黄帝上骑，群臣后宫从上者七十余人，龙乃上去。"

沧海成尘等闲事，且乘龙鹤看花来。（唐·曹唐《小游仙诗九十八首》其八十一）

乘龙[2] 指佳婿，"乘龙佳婿"又是对女婿的溢美之称。唐欧阳询等辑《艺文类聚·礼部下》引晋张方《楚国先贤传》："孙俊字文英。与李元礼(李膺)俱娶太尉桓焉女。时人谓桓叔元两女俱乘龙，言得婿如龙也。"

承家男得凤，择婿女乘龙。（宋·宋祁《肃简鲁公挽词四首》其四）

痴龙 亦作"辨痴龙"。咏博闻。传说有人误入洛中一洞穴，见大羊，取食羊髯下珠。后问张华，张华说大羊是"痴龙"，该洞是仙馆。后用为典故。见南朝宋·刘义庆《幽明录》。

崇霞台上神仙客，学辨痴龙艺最多。（唐·韩定辞《答马彧》）

赤龙[1] 咏成仙飞升。晋·干宝《搜神记》卷一："陶安公者，六安铸冶师也。数行火。火一朝散上，紫色冲天。公伏冶下求哀。须臾。朱雀止冶上，曰：'安公！安公！冶与天通。七月七日，迎汝以赤龙。'至时，安公骑之，从东南去。城邑数万人，豫祖安送之，皆辞诀。"

勉事壶公术，仙期待赤龙。（唐·钱起《药堂秋暮》）

赤龙[2] 古代传说，南方生有赤龙。《淮南子·墬形训》："赤金千岁生赤龙，赤龙入藏生赤泉，赤泉之埃上为赤云。阴阳相薄为雷，激扬为电，上者就下，流水就通，而合于赤海。"高诱注："南方之海。"

风满涂山玉蕊稀，赤龙闲卧鹤东飞。（唐·曹唐《小游仙诗九十八首》其八）

从龙 亦作"云龙""云从龙"。谓同类相感。后喻圣主待贤臣，或贤臣遇圣主。《易·乾卦》："云从龙，风从虎，圣人作而万物睹。"唐孔颖达疏："龙是水畜，云是水气，故龙吟则景云出，是云从龙也。虎是威猛之兽，风是震动之气，此亦同类相感，故虎啸则谷风生，是风从虎也。"

从龙合沓临清暑，就日逶迤绕露寒。（唐·皎然《白云歌寄陆中丞使君长源》）

登龙[1] 亦作"登门""为龙"。指科举登第。辛氏《三秦纪》："龙门山在河东界，禹凿山断门，阔一里余，黄河自中流下。两岸不通车马。每暮春之际，有黄鲤鱼逆流而上，得者便化为龙。又林登云，龙门之下，每岁季春有黄鲤鱼，自海及诸川争来赴之。一岁中，登龙门者，不过七十二。初登龙门，即有云雨随之，天火自后烧其尾，乃化为龙矣。"

见说在天行雨苦，为龙未必胜为鱼。（唐·白居易《点额鱼》）

登龙[2] 喻指受到在高位者的援引而提高了声望。《后汉书·李膺传》："膺独持风裁，以声名自高。士有被其容接者，名为登龙门。"李贤注："以鱼为喻也。龙门，河水所下之口，在今绛州龙门县。辛氏《三秦纪》曰：'河津一名龙门，水险不通，鱼鳖之属莫能上，江海大鱼薄集龙门下数千，不得上，上则为龙也。'"

偶见登龙客，同游戏马台。（唐·皎然《九日陪颜使君真卿登水楼》）

雕龙 比喻善于文辞。《史记·孟子荀卿列传》："邹衍之术迂大而闳辩，奭也文具难施，淳于髡久与处，时有得善言。故齐人颂曰：'谈天衍，雕龙奭，炙毂过髡。'"

舞凤迎公主，雕龙赋婕妤。（唐·张说《扈从幸韦嗣立山庄应制》）

斗龙 咏郑地。《左传·昭公十九年》："郑大水，龙斗于时门之外洧渊。国人请为禜焉，子产弗许，曰：'我斗，龙不我觌也。龙斗，我独何觌焉？禳之则彼其室也。吾无求于龙，龙亦无求于我。'乃止也。"杜预注："时门，郑城门也。"

甲午憩时门，临泉窥斗龙。（唐·韩愈《此日足可惜赠张籍》）

二龙 比喻并有才名的两兄弟。《世说新语·赏誉》："谢子微见许子将兄弟曰：'平舆之渊，有二龙焉。'见许子政弱冠之时，叹曰：'若许子政者，有干国之器。正色忠謇，则陈仲举(陈蕃)之匹；伐恶退不肖，范孟博(范滂)之风。'"

多惭一日长，不及二龙贤。（唐·李白《送二季之江东》）

化龙[1] 指借仙术快速去往某地。《后汉书·费长房传》："长房遂欲求道，而顾家人为忧。翁乃断一青竹，度与长房身齐，使悬之舍后。家人见之，即长房形也，以为缢死，大小惊号，遂殡葬之。长房立其傍，而莫之见也。于是遂随从入深山，践荆棘于群虎之中。……长房辞归，翁与一竹杖，曰：'骑此任所之，则自至矣。既至，可以杖投葛陂中也。'……长房乘杖，须臾来归，自谓去家适经旬日，而已十余年矣。即以杖投陂，顾视则龙也。家人谓其久死，不信之。长房曰：'往日所葬，但竹杖耳。'乃发冢剖棺，杖犹存焉。"

仙翁更借提携力，竹杖由来解化龙。（宋·金君卿《蒙诏书奖谕寄呈王介甫相公》）

化龙[2] 见947页"登龙[1]"。

当年门下化龙成，今日余波进后生。（唐·孟球《和主司王起》）

化龙[3] 见687页"延平剑"。

古剑诚难屈，精明有所从。沉埋方出狱，合会却成龙。（唐·张聿《剑化为龙》）

画龙 亦作"画龙在叶"。比喻人对某种事物的爱好有名无实，或用以咏画、咏龙、咏才士。汉刘向《新序·杂事五》："君（鲁哀公）之好士也，有似叶公子高之好龙也，叶公子高好龙，钩以写龙，凿以写龙，屋室雕文以写龙，于是夫龙闻而下之，窥头于牖，拖尾于堂，叶公见之，弃而还走，失其魂魄，五色无主，是叶公非好龙也，好夫似龙而非龙者也。"

火龙 咏节候。《左传·昭公四年》："火出而毕赋。"杜预注："火星昏见东方，谓三月、四月中。"

祝融南来鞭火龙，火旗焰焰烧天红。（唐·王毂《苦热行》）

见龙 亦作"龙见"。咏隐士出仕得富贵。《易·乾卦》："九二，见龙在田，利见大人。"王弼注云："出潜离隐，故曰'见龙'。"

雨水洗春容，平田已见龙。（唐·元稹《咏廿四气诗·雨水正月中》）

交龙 指旂。一种有铃的旗，诸侯所用。《周礼·春官·司常》："司常掌九旗之物名，各有属以待国事。日月为常，交龙为旂，通帛为旜，杂帛为物，熊虎为旗……王建大常，诸侯建旂，孤卿建旜，大夫士建物。"

金泥舞虎精神暗，银缕交龙气色寒。（唐·鲍溶《赠远》）

夔龙 龙、夔，舜二臣，龙作纳言，夔典乐。因借指辅弼之臣。见《书·舜典》。

台庭有夔龙，列宿粲成行。（唐·李白《狱中上崔相涣》）

六龙[1] 指天子车驾。古制，天子车驾六马。《书·五子之歌》："予临兆民，懔乎若朽索之驭六马。"《周礼·夏官·廋人》："马八尺以上为龙，七尺以上为騋，六尺以上为马。"《汉书·袁盎传》："今陛下骋六飞，驰不测山，有如马惊车败，陛下纵自轻，奈高庙、太后何？"如淳注："六马之疾若飞也。"

下辇回三象，题碑任六龙。（唐·王昌龄《驾幸河东》）

六龙[2] 喻指太阳。《淮南子·天文训》："爰止羲和，爰息六螭，是谓悬车。"注："日乘车驾以六龙，羲和御之，日至此而薄于虞泉，羲和至此而回六螭。"（据《初学记》卷一引）按：今本《淮南子·天文训》作："爰止其女，爰息其马，是谓县车。"

云驻寿宫三洞启，日回仙仗六龙归。（唐·薛逢《题上皇观》）

攀龙 指攀附权贵以建立功业。汉·扬雄《法言·渊骞》："或问：'渊、骞之徒恶乎在？'曰：'寝。'或曰：'渊、骞曷不寝？'曰：'攀龙鳞，附凤翼，巽以扬之，勃勃乎其不可及也。如其寝！如其寝！'"《汉书·叙传下》："舞阳鼓刀，滕公厩驺，颍阴商贩，曲周庸夫，攀龙附凤，并乘天衢。"

退鹢风虽急，攀龙志已坚。（唐·李咸用《途中作》）

潜龙 指小人道盛，圣人潜藏勿可施用，这是居乱世之道。《易·乾卦》："初九。潜龙勿用。"唐孔颖达疏："潜者，隐伏之名；龙者，变化之物。言天之自然之气起于建子之月，阴气始盛，阳气潜在地下，故言'初九潜龙'也。此自然之象。圣人作法，言于此潜龙之时，小人道盛，圣人虽有龙德，于此时唯宜潜藏，勿可施用，故言'勿用'。"

丹灶久闲荒宿草，碧溪深处有潜龙。（唐·戴叔伦《游清溪兰若》）

群龙 喻指贤臣。《易·乾卦》："用九，见群龙无首，吉。"《后汉书·郎𫖮传》："𫖮又上书荐黄琼、李固，并陈消灾之术曰：'……昔唐尧在上，群龙为用，文、武创德，周、召作辅，是以能建天地之功，增日月之耀者也。'"李贤注："群龙，喻贤臣也。"

群龙兮满朝，君何为兮空谷。（唐·王维《送友人归山歌二首》其一）

人龙 亦作"人中龙"。喻人中俊杰。晋朝宋纤隐居不仕，太守马岌造访不见，叹曰："名可闻，而身不可见；德可仰，而形不可睹。吾而今而后知先生人中之龙也。"事见《晋书·宋纤传》。

穴凤瑞时来却易，人龙别后见何难。（五代·谭用之《寄友人》）

士龙 代指上有长兄的文士。《晋书·陆云传》："云字士龙，六岁能属文，性清正，有才理。少与兄机齐名，虽文章不及机，而持论过之，号曰'二陆'。"《陆机传》："陆机字士衡，吴郡人也。……机身长七尺，其声如钟。少有异才，文章冠世，伏膺儒术，非礼不动。"

陆机始拟夸文赋，不觉云间有士龙。（唐·李商隐《赠孙绮新及第》）

双龙 见687页"延平剑"。

未掘双龙牛斗气，高悬一榻栋梁材。（唐·杜牧《怀钟陵旧游四首》其二）

随龙 指新天子即位时其东宫官属一概升迁。宋·司马光《郭昭选劄子》："国初草创，天步尚艰，故祖宗即位之始，必拔擢左右之人，以为腹心羽翼……自后嗣君守承平之业，继圣考之位，亮阴未言之间，有司因循踵为故事。凡东宫僚吏，一概超迁，谓之随龙。"

安得云随龙，意和即公傍。（宋·陈造《十诗谢廖计使》）

天龙 亦作"天龙八部"。佛教以诸天、龙及鬼神为八部，后泛指宇宙世界。《卢至长者因缘经》："尔时世尊，天龙八部，四众围绕，王及大众，五体投地，为佛作礼。"《翻译名义集·二·八部》："一天，二龙，三夜叉，四乾闼婆，五阿修罗，六迦楼罗，七紧那罗，八摩睺罗加。”因天、龙二部居首故曰“天龙八部”。

飞构结岩腹，天龙严佛宫。（宋·贺铸《金山化成阁望焦山作》）

屠龙 指高超而不切实用的技艺，或指高超的技艺。《庄子·列御寇》：“朱泙漫学屠龙於支离益，单千金之家，三年技成而无所用其巧。”

屠龙破千金，为艺亦云亢。（唐·韩愈《岳阳楼别窦司直》）

土龙 即泥塑的龙，咏求雨。《淮南子·说林训》：“圣人者，随时而举事，因资而立功，涔则具擢对，旱则修土龙。”

不假土龙呈夭矫，自然石燕起参差。（唐·李群玉《送崔使君萧山祷雨甘泽遽降》）

卧龙[1] 亦作“诸葛号龙”“葛龙卧”“龙如诸葛”。指怀治世之才而隐居不仕之人，或指诸葛亮。《三国志·蜀书·诸葛亮传》：“诸葛孔明者，卧龙也，将军岂愿见之乎？”

卧龙[2] 咏贤士遭谗。《晋书·嵇康传》：“初，康居贫，尝与向秀共锻于大树之下，以自赡给。颍川钟会，贵公子也，精练有才辩，故往造焉。康不为之礼，而锻不辍。良久会去……会以此憾之。及是，言于文帝曰：‘嵇康，卧龙也，不可起。公无忧天下，顾以康为虑耳。’因谮‘康欲助毌丘俭，赖山涛不听。昔齐戮华士，鲁诛少正卯，诚以害时乱教，故圣贤去之。康、安等言论放荡，非毁典谟，帝王者所不宜容。宜因衅除之，以淳风俗。’帝既昵听信会，遂并害之。”

簪笏盈门独纫兰，卧龙潜在八龙间。（宋·王禹偁《送宋澥处士之长安》）

五龙 咏神仙、道士。郭璞《游仙诗七首》其六：“奇龄迈五龙，千岁方婴孩。”李善注：“《遁甲开山图》容氏解曰：‘五龙，皇后君也，昆弟四人，皆人面而龙身。长曰角龙，木仙也；次曰徵龙，火仙也；次曰商龙，金仙也；次曰羽龙，水仙也。父曰宫龙，土仙也。父与诸子同得仙，治在五方。’”

川横八练阔，山带五龙长。（唐·张说《奉和圣制赐崔日知往潞州应制》）

荀龙 亦作“荀家兄弟”。见947页“八龙”。

嵇鹤元无对，荀龙不在夸。（唐·李商隐《病中闻河东公乐营置酒》）

叶龙 见948页“画龙”。

叶龙图夭矫，燕鼠笑胡卢。（唐·温庭筠《开成五年秋以抱疾郊野》）

应龙 传说应龙为有翼之龙，曾奉黄帝命攻击蚩尤于冀州之野。《山海经·大荒北经》：“蚩尤作兵伐黄帝，黄帝乃令应龙攻之冀州之野。”又《大荒东经》：“应龙处南极，杀蚩尤与夸父。”郭璞注：“应龙，龙有翼者也。”

幽鸟啼花归旧谷，应龙飞雨过前峰。（宋·章得象《题山宫法安院》）

犹龙 孔子以龙来比喻老子高深莫测。《史记·老子韩非列传》：“老子者……姓李氏，名耳，字聃。周守藏室之史也。孔子适周，将问礼于老子。……孔子去，谓弟子曰：‘鸟，吾知其能飞；鱼，吾知其能游；兽，吾知其能走。……至于龙，吾不能知，其乘风云而上天。吾今日见老子，其犹龙邪！’”

但说周公曾入梦，宁于老氏叹犹龙？（宋·陆游《读老子传》）

玉龙 喻飞雪。唐吕岩《剑画此诗于襄阳雪中》：“岘山一夜玉龙寒，凤林千树梨花老。”宋佚名《锦绣万花谷》前集卷二：“玉龙鳞甲：华州狂子张元咏雪云：‘战退玉龙三百万，败鳞残甲满空飞。’（据宋蔡絛《西清诗话》卷下）”

玉龙细点三更月，庭花影下余残雪。（宋·张孝祥《菩萨蛮·玉龙细点三更月》）

渊龙 喻杰出的才士。见947页“二龙”。

渊龙过许劭，冰鲤吊王祥。（唐·柳宗元《弘农公以硕德伟材》）

云龙 亦作“云从龙”“从龙”。见947页“从龙”。

云龙若相从，明主会见收。（唐·李白《赠别从甥高五》）

猪龙 代指安禄山。宋乐史《杨太真外传》卷下：“（唐玄宗）尝与夜燕，禄山醉卧，化为一猪而龙首，左右遽告帝。帝曰：‘此猪龙，无能为。’终不杀，卒乱中国。”

纤腰舞到霓裳曲，惊起猪龙地上眠。（宋·黄庚《题明皇按乐图》）

竹龙 见947页“化龙[1]”。

莘风入驭来应易，竹杖成龙去不难。（唐·骆宾王《代女道士王灵妃赠道士李荣》）

烛龙 亦作“龙烛”“龙衔烛”。本为传说中的神名，或形容照亮黑暗的烛火。屈原《天问》：“日安不到？烛龙何照？”汉王逸注：“言天之西北，有幽冥无日之国，有龙衔烛而照之也。”《山海经·大荒北经》：“西北海之外，赤水之北，有章尾山，有神，人面蛇身而赤，直目正乘，其瞑乃晦，其视乃明，不食不寝不息，风雨是谒，是烛九阴，是谓烛龙。”

安得鞭烛龙，为吾前驰奔。（宋·王禹偁《归云洞》）

濯龙 代指宫廷或皇家。《后汉书·明德马皇后纪》：“帝尝幸苑囿离宫，后辄以风邪露雾为戒，辞意款备，多见详择。帝幸濯龙中，并召诸才人，下邳王已下皆在侧，请呼皇后。”李贤注引《续汉志》：“濯龙，园名也，近北宫。”

濯龙春苑曙，翠凤晓旗舒。（唐·李峤《和周记室从驾晓发合璧宫》）

祖龙 指秦始皇。《史记·秦始皇本纪》：“秋，使者从关东夜过华阴平舒道，有人持璧遮使者曰：‘为吾遗滈池君。’因言曰：‘今年祖龙死。’使者问其故，因忽不见，置其璧去。”裴骃集解：“苏林曰：‘祖，始也。龙，人君象。谓始皇也。’

万卷祖龙坑外物，一泓孙楚耳中泉。（唐·谭用之《寄左先辈》）

范彦龙 指范云。范云，字彦龙，幼极聪慧，文思敏捷，八岁作诗赋，操笔便就。曾游学于竟陵王萧子良门下。适值子良游秦望山，见秦时刻石文，人多不识，云读之如流，因而位列上宾，宠冠府朝。事见《梁书·范云传》。

晴明紫阁最高峰，仙掖开帘范

彦龙。（唐·杨巨源《寄中书同年舍人》）

覆蛇龙 本指贱吏可以变为贵戚，喻指政治地位变化。《史记·外戚世家》："是时平阳主寡居，当用列侯尚主。主与左右议长安中列侯可为夫者，皆言大将军可。主笑曰：'此出吾家，常使令骑从我出入耳，奈何用为夫乎？'左右侍御者曰：'今大将军姊为皇后，三子为侯，富贵振动天下，主何以易之乎？'于是主乃许之。言之皇后，令白之武帝，乃诏卫将军尚平阳公主焉。褚先生曰：丈夫龙变，《传》曰：'蛇化为龙，不变其文；家化为国，不变其姓。'丈夫当时富贵，百恶灭除，光耀荣华，贫贱之时何足累之哉！"

犹记同穿豹尾中，一翻覆手异蛇龙。（宋·刘克庄《送陈叔方侍郎二首》其一）

陆士龙 亦作"云间陆生""云间士龙"。指陆云，他自称"云间陆士龙"。《世说新语·排调》："荀鸣鹤、陆士龙二人未相识，俱会张茂先坐。张令共语，以其并有大才，可勿作常语。陆举手曰：'云间陆士龙。'荀答曰：'日下荀鸣鹤。'"

自闻门外韩擒虎，岂乏云间陆士龙。（元·方回《故太学徐君哀辞》）

马中龙 指雄骏英姿的高头大马。《周礼·夏官·庾人》："马八尺以上为龙，七尺以上为騋，六尺以上为马。"

最后一匹马中龙，不嘶不动尾摇风。（宋·苏轼《韩干马十四匹》）

睡中龙 见299页"骊龙睡"。

身在冰壶千里，独倚朱栏一啸，惊起睡中龙。（宋·崔敦礼《水调歌头·倚棹太湖畔》）

梭化龙 喻指飞黄腾达。南朝宋·刘敬叔《异苑》卷一："钓矶山者，陶侃尝钓于此山下水中，得一织梭，还挂壁上。有顷雷雨，梭变成赤龙，从空而去。其山石上，犹有侃迹存焉。"

黄氏之羊起石，陶家之梭化龙。（宋·释正觉《禅人并化主写真求赞》）

羡阿龙 言羡慕王导为人。《世说新语·企羡》："王丞相拜司空，桓廷尉作两髻、葛群、策杖，路边窥之，叹曰：'人言阿龙（王导小名）超，阿龙故自超。'不觉至台门。"

苦羡阿龙则甚，学取幼安亦可，坐穴几藜床。（宋·刘克庄《水调歌头·岁晚太玄草》）

不卖卢龙 亦作"莫卖卢龙"。用于称颂从征者虽建奇勋却不愿离开故土而受封。《三国志·魏书·田畴传》："畴常忿乌丸昔多贼杀其郡冠盖，有欲讨之意……建安十二年，太祖北征乌丸……（田畴）遂随使者到军……军不得进。太祖患之，以问畴。畴曰：'……而尚有微径可从。……若嘿回军，从卢龙口越白檀之险，出空虚之地，路近而便，掩其不备，蹋顿之首可不战而禽也。'……太祖令畴将其众为乡导，上徐无山，出卢龙……遂大斩获，追奔逐北……论功行封，封畴亭侯……（畴）固让。……畴答曰：'……畴，负义逃窜之人耳，蒙恩全活，为幸多矣。岂可卖卢龙之塞，以易赏禄哉？'"

莫卖卢龙塞，归邀麟阁名。（唐·陈子昂《送著作佐郎崔融等从梁王东征》）

得子如龙 赞人生子卓异。见948页"人龙"。

峥嵘得子如龙。傲南墅修篁皓鹤中。（宋·赵福元《沁园春·一剑凌风》）

窦氏五龙 亦作"窦家五桂""窦家郎""窦家昆季"。颂扬弟兄均中进士和仕途通达。宋江少虞《宋朝事实类苑·衣冠盛事》引宋敏求《春明退朝录》："先公尝言，故右谏议大夫致仕窦禹钧，蓟人，累佐使府，颇著名府，有子五人，仪、俨、侃、偁、僖，俱以进士及第。洎禹钧悬车，仪、俨已居华显。瀛王冯中令尝有诗赠禹钧云：'燕山窦十郎，教子以义方。灵椿一株老，丹桂五枝芳。'仪终为翰林礼部尚书，俨终翰林学士礼部侍郎，侃终起居郎，即吾同年第十二也。偁左谏议大夫参知政事，僖终左补阙。仪、俨以文学擅大名，自侃已下，亦有清望，俱不享寿考，惜哉！时人谓之窦氏五龙焉。"

窦氏五龙，柳家五马，西晋室、陶家五柳。（宋·无名氏《剔银灯·古来五子伊谁》）

剑舞蛟龙 咏征战。旧题晋王嘉《拾遗记》卷一："帝颛顼高阳氏，黄帝孙，昌意之子。……及颛顼居位，奇祥众祉，莫不总集。……有曳影之剑，腾空而舒，若四方有兵，此剑则飞起指其方，则克伐。未用之时，常于匣里，如龙虎之吟。"

燕歌易水怨，剑舞蛟龙腥。（唐·鲍溶《秋思二首》其一）

交朋成龙 咏结交佳友、相得益彰。《世说新语·德行》："华歆遇子弟甚整，虽闲室之内，严若朝典。"刘孝标注："魏略曰：'灵帝时（华歆）与北海邴原、管宁俱游学相善，时号三人为一龙。谓歆为龙头，原为龙腹，宁为龙尾。'"

乡国归来浑似鹤，交朋零落不成龙。（宋·陆游《泛舟归山居秋高雨霁》）

爵马鱼龙 描述昔日的繁华景象。鱼龙爵马都是供嬉乐之物，一说指古代各种杂技的名称。鲍照《芜城赋》："若夫藻扃黼帐，歌堂舞阁之基；璇渊碧树，弋林钓渚之馆。吴蔡齐秦之声，鱼龙爵马之玩。皆薰歇烬灭，光沉响绝。"

纹锦制帆，明珠溅雨，宁论爵马鱼龙。（宋·秦观《望海潮·星分斗牛》）

老子犹龙 见949页"犹龙"。

风云上天去，老子信犹龙。（宋·李师中《题太空子隐居》）

雷令剑龙 亦作"雷氏剑""雷焕张华"。见687页"丰城剑""延平剑"。

雷令剑龙知去未，虎夷云鹤亦来无。（唐·鲍溶《寄福州从事殷尧藩》）

三人一龙 见751页"龙头人"。

淄渑竟谁知？管华称一龙。（清·顾炎武《孙征君以孟冬葬于夏峰时侨寓太原不获执绋》）

婉如游龙 本指神女体态柔美，动作轻盈，后用于咏美女优美舞姿。宋玉《神女赋》："步裔裔兮曜殿堂，忽兮改容，婉若游龙乘云翔。"

翩如兰苕翠，婉如游龙举。（唐·李群玉《长沙九日登东楼观舞二首》其一）

荀家头龙 见947页“八龙”、841页“荀爽”。

贾氏许频趋季虎，荀家因敢谒头龙。（唐·黄滔《投翰长赵侍郎》）

一旦为龙 见687页“延平剑”。

延平一旦为龙处，看取风云布九州。（唐·汪遵《延平津》）

月化白龙 喻指人世间权势地位的升迁变化。北魏崔鸿《十六国春秋·后燕录·慕容熙》：“（后燕慕容熙）建始元年正月，大赦天下。三月，太史丞梁延年梦月化为五白龙。梦中占之曰：‘月，臣也；龙，君也；月化为龙，当有臣为君。’寤而告人曰：‘国祚其将尽乎？’”

月化五白龙，翻飞凌九天。（唐·李白《在水军宴赠幕府诸侍御》）

竹杖成龙 见947页“化龙[1]”。

苹风入驭来应易，竹杖成龙去不难。（唐·骆宾王《代女道士王灵妃赠道士李荣》）

阿童水中龙 王濬征为大司农，荆州大都督羊祜知其可任，濬又小名阿童，正应当时的谣谚，故委任其准备伐吴之事。《晋书·羊祜传》：“时吴有童谣曰：‘阿童复阿童，衔刀浮渡江。不畏岸上兽，但畏水中龙。’祜闻之曰：‘此必水军有功，但当思应其名者耳。’会益州刺史王濬征为大司农，祜知其可任，濬又小字阿童，因表留濬监益州诸军事，加龙骧将军，密令修舟楫，为顺流之计。”

人间无阿童，犹唱水中龙。（唐·李贺《王濬墓下作》）

骨出似飞龙 咏相思。宋·郭茂倩《乐府诗集》卷四六《读曲歌》三十五：“自从别郎后，卧宿头不举，飞龙落药店，骨出只为汝（这里用中药龙骨隐喻思妇骨瘦嶙峋的状态）。”

心摇如舞鹤，骨出似飞龙。（唐·李贺《恼公》）

李汉看乘龙 本指韩愈将女儿嫁给学生李汉。后咏婚嫁。见《旧唐书·李汉传》。

明日贾逵添戏彩，异时李汉看乘龙。（宋·游稚仙《浣溪沙·晬日先联瑞日红》）

天用莫如龙 谓行天没有比乘龙更好的方式了。《史记·平准书》：“以为天用莫如龙，地用莫如马，人用莫如龟，故白金三品，其一曰重八两，圆之，其文龙，名曰‘白选’，直三千；二曰以重差小，方之，其文马，直五百……”

天用莫如龙，有时系扶桑。（唐·杜甫《遣兴五首》其一）

荀氏第三龙 指荀靖，荀靖兄弟八人时称“八龙”，荀靖排行第三，故称。后或指人才气不凡。见《后汉书·荀淑传》。

争看荀氏第三龙。春暖桃花浪涌。（宋·谢逸《西江月·青锦缠条配剑》）

车如流水马如龙 形容往来车马很多，连续不断的热闹情景。《后汉书·明德马皇后纪》：“前过濯龙门上，见外家问起居者，车如流水，马如游龙，仓头衣绿褠，领袖正白，顾视御者，不及远矣。”

还似旧时游上苑，车如流水马如龙，花月正春风。（南唐·李煜《忆江南·多少恨》）

聋（聾）lóng

①耳朵听不见声音。也指听觉迟钝。②糊涂，不明事理。

古上平，一东。逆暗～半～痴～葱～耳～凡～顽～详～愚～振～装～顺～丞～虫～瞽～聩～聩～盲～昧～瞢～瞶～俗～喑～灶例眼复几时暗，耳从前月聋。（唐·杜甫《耳聋》）少壮矜齐德，高年觉宋聋。（唐·李端《长安感事呈卢纶》）高议切星辰，余声激喑聋。（唐·张籍《沈千运旧居》）

典**痴聋** 指故意不闻不问，装聋作哑。《韩非子·内储说上》：“董阏于为赵上地守，行石邑山中……曰：‘婴儿痴聋狂悖之人尝有人此者乎？’”

非贤非智半痴聋，性禀天然雅淡中。（宋·杨公远《始生书怀》）

三日耳聋 喻受震动之烈。《景德传灯录·怀让禅师》：“一日师谓众曰：‘佛法不是小事。老僧昔再参马祖被大师一喝。直得三日耳聋眼暗。’”

踞床一喝君闻否？三日犹应觉耳聋。（宋·陆游《戏用方外语示客》）

笼（籠）lóng

另见965页lǒng。

古上平，一东。逆碧纱～箔～蚕～尘～葱～翠～雕～樊～烘～篘～青～穹～莎～扇～梳～俗～香～熏～薰～烟～药～玉～月～烛～顺～葱～灯～东～鹅～藩～樊～彀～豢～驾～街～巾～聚～槛～笼～炉～蒙～裙～纱～松～惚～憧～簦～狎～鞋～袖～莺～罩～竹～烛例结茅依翠微，伐木开蒙笼。（唐·刘长卿《题萧郎中开元寺新构幽寂亭》）禽尚彼何人，胡为束樊笼。（唐·李华《寄赵七侍御》）半道雪屯蒙，旷如鸟出笼。（唐·李白《流夜郎半道承恩放还，兼欣克复之美，怀示息秀才》）

典**樊笼** 本指关鸟兽的笼子，比喻束缚心性的官场。晋·陶渊明《归田园居五首》其一：“久在樊笼里，复得返自然。”

须臾到绝顶，似鸟穿樊笼。（唐·皮日休《太湖诗·缥缈峰》）

剪翎送笼 比喻处于困境。汉·祢衡《鹦鹉赋》：尔乃归穷委命，离群丧侣，闭以雕笼，翦其翅羽。流飘万里，崎岖重阻。逾岷越障，载罹寒暑。’”

剪翎送笼中，使看百鸟翔。（唐·韩愈《调张籍》）

栊（櫳、*龑）lóng

①窗棂木。②养禽兽的笼子，栅栏。③用同“拢”，梳理。

古上平，一东。逆雕～房～帘～绮～圈～梳～严～莺～玉～朱～珠～顺～枞～槛～门例回丹萦岫空，复翠上岩栊。（唐·王勃《秋日仙游观赠道士》）夜愁生枕席，春意罢帘栊。（唐·崔颢《长门怨》）膳夫翊堂殿，鸣玉凄房栊。（唐·杜甫《牵牛织女》）

珑（瓏）lóng

①古代天旱求雨时用的玉。②明杰的样子。③拟声词。

古上平，一东。逆冬～鸿～玲～珑～蒙～瓦～顺～葱～璁～玲～珑～松例百叶双桃晚更红，窥窗映竹见玲珑。（唐·韩愈《题百叶桃花》）长裾委襞积，轻珮垂璁珑。（唐·刘禹锡《捣衣曲》）

窿lóng

①中间隆起四周下垂的

样子。②采矿的坑道。

㊀上平，一东。㊁窟～平～穹～㊂～笃～穹

茏（蘢）lóng ①水荭，荭草。②草丛或竹林深处。

㊀上平，二冬。㊁葱～苓～蒙～㊂～葱～灰～莺～郁㊃阴枝秀牙卷缥茸，长风回气扶葱茏。（唐·李贺《新夏歌》）

拢（攏）lóng 琵琶指法。另见965页lǒng。

㊁轻～

㊀上声，一董。㊃徵调侵弦乙，商声过指拢。（唐·张祜《五弦》）停杯且听琵琶语，细捻轻拢。（宋·苏轼《采桑子·多情多感仍多病》）试问剑歌悲壮，何如玉指轻拢。（宋·晁元礼《清平乐·清樽泛菊》）

砻（礱）lóng ①磨。②稻谷去壳的工具。③用砻磨去稻谷的壳。

㊀上平，一东。又：去声，一送同。㊁雕～镌～砻～摩～磨～木～水～㊂～淬～错～砥～坊～砺～炼～砻～密～磨～甓～石～冢～铸～斫～琢㊃光华开缜密，清润仰磨砻。（唐·陈中师《瑕瑜不相掩》）

昽（曨）lóng 昽昽，微明的样子。

㊀上平，一东。㊁曚～通～曈～瞳～㊂～聪㊃晴云披叆叇，寒日弄曈昽。（宋·王之道《题香岩与何希渊陈勉仲联辔》）欲敛未敛云浴浴，似见未见山昽昽。（宋·项安世《题潇湘斋雨图》）

胧（朧）lóng 月色朦胧。

㊀上平，一东。㊁昤～蒙～濛～朦～通～曈～朣～㊂～光～胧～明～朣～月㊃昭君此时怨画工，可怜明月光朣胧。（唐·李如璧《明月》）女萝覆石壁，溪水幽濛胧。（唐·王昌龄《斋心》）掩抑危弦咽又通，朔云边月想朦胧。（唐·羊士谔《夜听琵琶三首》其一）

咙（嚨）lóng 喉咙。

㊀上平，一东。㊁哄～喉～胡～㊂～喉～胡～咙～啕㊃欲将滑甘柔藏府，已被郁噎冲喉咙。（唐·元稹《酬郑从事四年九月宴望海亭》）却嗟吾侪多暇日，俚谣暴谑何其咙。（宋·韩维《次韵和平甫同介甫当世过饮见招》）

癃lóng ①衰弱多病。②中医称小便不通畅的病症。③跛，脚行走不便。

㊀上平，一东。㊁罢～病～老～疲～贫～衰～㊂～罢～愈～闭～痹～病～残～废～疾～蹇～老～闷～肿㊃人情谁不乐将相，往往皓首忘疲癃。（宋·司马光《谢始平公以近诗一卷赐示》）挽仰殆三绝，蹭蹬老更癃。（宋·王之道《奉送果上人住开先寺》）幼也抱奇疾，此岁日尪癃。（宋·杜柬之《云安玉虚观南轩感事偶书五首》）

泷（瀧）lóng ①下雨。②急流。另见800页shuāng。

㊀上平，三江。㊁奔～冻～惊～怒～涛～湍～㊂～船～夫～吏～泷～路～滩～涛㊃君乃昆仑渠，籍乃岭头泷。（唐·韩愈《病中赠张十八》）巴童唱巫峡，海客话神泷。（唐·元稹《泛江翫月十二韵》）绝巅岁晚无人到，但见山风激岭泷。（宋·刘克庄《再和五首》其二）

农（農、*辳）nóng ①耕种。②农业。③农民。④勤勉。⑤古代农官。

㊀上平，二冬㊁本～陈～饬～春～甸～惰～归～花～黄～急～济～九～课～宽～劳～黎～鳏～力～隶～良～林～旅～勉～明～祈～劝～三～山～山～神～盛～诗～田～违～务～牺～羲～学～训～炎～砚～营～窳～泽～重～㊂～蚕～草～臣～晨～畴～船～帝～父～赋～歌～功～官～禾～扈～皇～火～籍～稷～稼～郊～节～径～畯～吏～甿～末～亩～畔～圃～期～器～樵～情～穰～桑～穑～师～食～事～收～耜～岁～谈～隙～星～轩～学～谣～野～馌～渔～舆～月～芸～泽～者～正～种㊃汉王思钜鹿，晋将在弘农。（唐·张九龄《奉和圣制过王濬墓》）多才陆平原，硕学郑司农。（唐·高适《酬秘书弟兼寄幕下诸公》）冗官各复业，土著还力农。（唐·杜甫《往在》）

㊄**陈农** 咏搜求遗书。《汉书·艺文志》："至成帝时，以书颇散亡，使谒者陈农求遗书于天下。"

儒官比刘向，使者得陈农。（唐·司空曙《送李嘉祐正字括图书兼往扬州觐省》）

三农[1] 古人合称耕作于不同地区的农民为三农，泛指农民。《周礼·天官·太宰》："一曰三农，生九谷。"郑玄注："郑司农云：'三农，平地、山、泽也。'九谷，黍、稷、秫、稻、麻、大小豆、大小麦。……玄谓三农，原、隰及平地。"唐贾公彦疏："言三农，谓农民于原隰及平地三处营种，故云'三农生九谷'也。"

山川八校满，井邑三农竟。（唐·王维《奉和圣制登降圣观与宰臣等同望应制》）

三农[2] 指春、夏、秋三个农时。张衡《东京赋》："三农之隙，曜威中原。"李善注："《国语》曰：'三时务农，一时讲武。'韦昭曰：'三时，春夏秋。'"

薄狩三农隙，大阅五戎场。（唐·李峤《奉和杜员外扈从教阅》）

神农 即炎帝，以兴农业、尝百草著称。《淮南子·修务训》："古者，民茹草饮水，采树木之实，食蠃蛖之肉，时多疾病毒伤之害。于是神农乃始教民播种五谷，相土地宜，燥湿肥墝高下，尝百草之滋味，水泉之甘苦，令民知所辟就。当此之时，一日而遇七十毒。"

神农尝毒药，轩后设难经。（宋·方回《先天易吟三十首》其二十三）

大司农 本指汉代九卿之一的大司农，掌管全国租税钱谷盐等事，后习惯用作户部尚书的别称。《汉书·百官公卿表上》："治粟内史，秦官，掌谷货，有两丞。景帝后元年更名大农令，武帝太初元年更名大司农。属官有太仓、均输、平准、都内、籍田五令丞，斡官、铁市两长丞。又郡国诸仓农监、都水六十五官长丞皆属焉。"《后汉书·百官志三》："大司农，卿一人，中二千石。本注曰：掌诸钱谷金帛诸货币。"

决疑京兆尹，富国大司农。（宋·黄庭坚《韩献肃公挽词三首》其二）

浓（濃）nóng

㊀上平，二冬。㊁春～春意～淳～醇～翠～肥～酒～露～绿荫～墨

未～泼黛～情～霜～睡～态～伍～雾～鲜～香～兴～醺～烟～【顺】～醇～翠～黛～繁～福～馥～济～谲～醪～洌～抹～绮～缛～酾～睡～艳～酽～腴～挚～姿【例】空水秋弥净，林烟晚更浓。（唐·张九龄《晚憩王少府东阁》）云想衣裳花想容，春风拂槛露华浓。（唐·李白《清平调》其一）持此一生薄，空成百恨浓。（唐·孟郊《杂怨三首》其二）

侬（儂）nóng　①人称代词。②人。

【古】上平，二冬。【逆】阿～懊～儿～负～个～你～渠～谁～偎～我～吾～吴～忆～【顺】～阿～辈～家～徭～音【例】才子从今一分散，便将诗咏向吴侬。（唐·刘禹锡《福先寺雪中酬别乐天》）昔闻咸阳帝，近说稽山侬。（唐·李商隐《李肱所遗画松诗书两纸得四十韵》）驰誉超先辈，居官下我侬。（唐·安锜《题贾岛墓》）

哝（噥）nóng　①味道浓厚。②小声说话。

【古】【逆】嘟～咕～胡厮～唧～哝～软哝～唔～【顺】～咶～唧～哝

秾（穠）nóng　①花木茂盛浓密。②浓，深厚。③丰满，肥胖。

【古】上平，二冬。【逆】繁～秾～桃李～纤～鲜～夭～【顺】～繁～芳～华～李～丽～茂～密～秾～缛～桃～纤～秀～艳～郁【例】自含秋露贞姿结，不竞春妖冶态秾。（唐·李绅《新楼诗二十首·重台莲》）翠拔千寻直，青危一朵秾。（唐·刘得仁《监试莲花峰》）迸根通井润，交叶覆庭秾。（唐·张蠙《和友人许裳题宣平里古藤》）

馕nóng　又读。另见537页náo。

【古】上平，二东。又：上平，三江。又：上平，四豪。【逆】懊～煎～

脓（膿）nóng

【古】上平，二冬。【逆】贡～呼～捏～跳～五～【顺】～胸～肿

穷（窮）qióng　①阻塞不通。②困窘，走投无路。③贫困。④尽；追究到底。

【古】上平，一东。【逆】隘～安～悲路～齿～赤～词～辞～达～道～丁～顿～厄～阨～根～孤～固～鳏～何～讳～饥～畸～羁～计～技～坚～贱～矜～窘～究～救～鞠～困～力～漏～履～冥～罄～穹～三～身～诗～守～受～术～思不～送～通～图～途～推～屯～危～文～无～毋～五～心～研～幽～御～遭～振～滞～终～迍～【顺】～奥～鄙～边～尘～愁～悴～瘁～达～道～登～冬～厄～乏～槁～涸～亨～荒～鉴～交～景～窘～究～九～渴～寇～匮～腊～蓌～黎～庐～门～溟～目～暮～馁～年～戚～期～秋～阙～稔～塞～深～士～朔～岁～通～途～危～微～峡～巷～涯～裔～墉～幽～源～滞～雉～壮【例】叹凤嗟身否，伤麟怨道穷。（唐·李隆基《经邹鲁祭孔子而叹之》）天书美片善，清芬播无穷。（唐·李白《东武吟》）丈夫四方志，安可辞固穷。（唐·杜甫《前出塞九首》其九）

【典】**道穷**　亦作"吾道穷"。用于伤叹他人死亡或自伤困顿。《史记·孔子世家》："及西狩见麟，（孔子）曰：'吾道穷矣！'"裴骃集解："何休曰：'麟者，太平之兽，圣人之类也。时得而死，此天亦告夫子将殁之证，故云尔。'"

不但时人惜，只应吾道穷。（唐·杜甫《奉汉中王手札报韦侍御萧尊师亡》）

固穷　本指君子固亦有穷，后用作赞美文士乐道不渝、安守穷困之典。《论语·卫灵公》："在陈绝粮，从者病，莫能兴。子路愠见曰：'君子亦有穷乎？'子曰：'君子固穷，小人穷斯滥矣。'"

耐久不如常友石，固穷未肯便兄钱。（宋·刘克庄《和季弟韵二十首》其一）

讳穷　谓嫌憎困厄潦倒。《庄子·秋水》："孔子游于匡，宋人围之数匝，而弦歌不辍。子路入见，曰：'何夫子之娱也？'孔子曰：'来，吾语女。我讳穷久矣，而不免，命也；求通久矣，而不得，时也。'"唐·成玄英疏："讳，忌也，拒也。穷，否塞也。通，泰达也。"

第一讳穷人谬甚，再三称好子虚耶。（宋·方岳《欧阳相士谒书诣梁权郡诗》）

诗穷　欧阳修认为并非诗能"穷人"（即使人政治上无出路），而是诗多出自"穷人"，诗穷而后工。见宋欧阳修《欧阳修集·梅圣俞诗集序》。

诗穷不易办亭材，只恁荒寒处处苔。（宋·方岳《次韵郑佥判》其八）

文穷　指文士自伤失意。唐韩愈《送穷文》："其一名曰智穷：矫矫亢亢，恶圆喜方。羞为奸欺，不忍害伤。其次名曰学穷：傲数与名，摘抉杳微，高挹群言，执神之机。又其次曰文穷：不专一能，怪怪奇奇，不可时施，只以自嬉。又其次曰命穷：影与形殊，面丑心妍，利居众后，责在人先。又其次曰交穷：磨肌戛骨，吐出心肝，企足以待，置我仇冤。凡此五鬼，为吾五患。饥我寒我，兴讹造讪，能使我迷，人莫能间。"

示病维摩非实相，戏人虐鬼助文穷。（宋·王炎《次韵韩毅伯病虐》）

五穷　表现处境困窘，抒写穷愁潦倒的忧愤，或借以咏初春（古人有于正月晦日送穷的习俗）。见本页"文穷"。

人皆有喜荣三仕，我尚无文谢五穷。（宋·文天祥《和萧安抚平林送行韵》）

哀道穷　亦作"哭途穷""阮途穷""穷途泣""穷途哭"。阮籍驾车随意而行，至无路处遂下车恸哭。后用以描写不得志者的挫折感或末路感。见《晋书·阮籍传》。

此身醒复醉，不拟哭途穷。（唐·杜甫《陪章留后侍御宴南楼》）

仲尼穷　见本页"道穷"。

乐矣贤颜子，穷乎圣仲尼。（唐·齐己《渚宫莫问诗一十五首》其十一）

道岂终穷　鲁哀公西狩获麟，孔子见而伤之，认为这是上天预示其将死之征，因而感叹"吾道穷矣"，后用以咏失志。但也可反其意而用之，所谓"道岂终穷"就是不信道穷，仍存希望。孔子被围于匡时即抱此乐观态度，说若"天不丧斯文"，则自己终将渡过难关。见《史记·孔子世家》。见本页"道穷"。

斯文真未丧，吾道岂终穷。（宋·巫伋《茅山书院谒侯处士像》）

怀王迹穷 战国时，楚怀王曾入武关，被囚困于秦，无处投奔，最后死于秦。《史记·屈原贾生列传》："怀王卒行。入武关，秦伏兵绝其后，因留怀王，以求割地。怀王怒，不听。亡走赵，赵不内，复之秦，竟死于秦而归葬。"

碧溪留我武关东，一笑怀王迹自穷。（唐·杜牧《题武关》）

君子固穷 见953页"固穷"。

耐久不如常友石，固穷未肯便兄钱。（宋·刘克庄《和季弟韵二十首》其一）

丘轲自厄穷 指孔子和孟子奔走于各国，推行儒家学说，到处碰壁而困厄的事迹。见《史记·孔子世家》。见953页"道穷"。

休言唐举无功。更休笑、丘轲自厄穷。（宋·程珌《沁园春·试课阳坡》）

蛩qióng ①蝗虫。②蟋蟀。

古上平，二冬。逆暗～斗～飞～寒～蹷～蟨～鸣～砌～蛩～秋～夜～吟～顺～螿～岠～駏～蟨～蛩～声～响～吟～语～韵例山暝学栖鸟，月来随暗蛩。（唐·常建《第三峰》）风枝惊暗鹊，露草覆寒蛩。（唐·戴叔伦《客夜与故人偶集》）小阑花尽蝶，静院醉醒蛩。（唐·李商隐《垂柳》）

琼(瓊)qióng ①赤玉。②古代一种游戏用具，类似骰子。③海南省的别称。

古下平，八庚。逆阿～八～报～碧～弁～翠～飞～瑰～寒～金～琳～露～明～青～琼～曲～碎～投～瑶～玉～智～紫～顺～璈～板～苞～杯～璧～弁～彩～草～蟾～池～岛～琋～睇～殿～都～娥～萼～芳～妃～扉～粉～荂～膏～阁～宫～管～瑰～海～翰～户～花～华～玑～肌～姬～罼～浆～津～镜～琚～爵～珂～柯～林～楼～鸾～珉～奴～葩～佩～篇～片～签～琼～刃～乳～蕤～蕊～山～觞～室～书～梳～树～筒～苏～酥～台～田～文～箫～屑～羞～琇～轩～璇～崖～筵～巘～瑶～叶～液～音～英～瑛～罂～莹～宇～羽～玉～苑～岳～簪～札～章～珍～芝～卮～枝～舟～州～珠～柱～姿例鹰饥常啄腥，凤饥亦待琼。（唐·张说《蜀路二首》其二）洛阳推贾谊，江夏贵黄琼。（唐·韦嗣立《酬崔光禄冬日述怀赠答》）油幕侣昆丘，粲然叠瑶琼。（唐·刘禹锡《送李策秀才还湖南》）

典**飞琼** 喻指仙女、歌姬舞女、花卉或雪。班固《汉武帝内传》："王母乃命侍女王子登弹八琅之璈，又命侍女董双成吹云龢之笙，又命侍女石公子击昆庭之钟，又命侍女许飞琼鼓震灵之簧……"

俗缘掣肘意未了，弄出飞琼乱纷委。（宋·朱樗《次韵梅花》）

黄琼 用于称美当朝重臣。黄琼，字世英。黄香子。初以父任为太子舍人，辞病不就。顺帝永建中由于公卿推荐，被朝廷征辟至京师，初任议郎，后迁尚书令，官至太尉、司空。事见《后汉书·黄琼传》。

华表廖王墓，菜地黄琼家。（唐·刘禹锡《晚岁登武陵城顾望水陆怅然有作》）

杨琼 咏歌舞妓女，或咏风情。唐·白居易《问杨琼》："古人唱歌兼唱情，今人唱歌唯唱声。欲说向君君不会，试将此语问杨琼。"唐·元稹《和乐天示杨琼》："我在江陵少年日，知有杨琼初唤出。腰身瘦小歌圆紧，依约年应十六七。去年十月过苏州，琼来拜问郎不识。青衫玉貌何处去，安得红旗遮头白。我语杨琼琼莫语，汝虽笑我我笑汝。汝今无复小腰身，不似江陵时好女。杨琼为我歌送酒，尔忆江陵县中否？江陵王令骨为灰，车来嫁作尚书妇。……"作者自注："杨琼本名播，少为江陵酒妓。去年姑苏过琼叙旧，及今见乐天此篇，因走笔追书此曲。"

去去倦寻路程。江陵旧事，何曾再问杨琼。（宋·周邦彦《绮寮怨·上马人扶残醉》）

智琼 咏仙女，也借以咏歌姬、美女。三国时魏人弦超曾梦见与一仙女成亲，仙女自称为天上玉女，名为智琼。事见晋·干宝《搜神记》。

谑浪容优孟，娇怜许智琼。（唐·刘禹锡《历阳书事七十韵(并引)》）

许飞琼 许飞琼是神话传说中的仙女，为西王母的侍女。后用以咏仙女。见班固《汉武帝内传》。

解佩空怜郑交甫，吹箫不逐许飞琼。（唐·李康成《玉华仙子歌》）

薪桂粒琼 亦作"炊琼爇桂"。见289页"爨丹桂"。

尺薪功比桂，寸粒价高琼。（唐·林宽《苦雨》）

筇qióng ①竹名，可作手杖。②指手杖。竹名。

古上平，二冬。逆扶～孤～寒～枯～龙～青～瘦～曳～游～杖～顺～杖～枝～竹～竹杖例双履与谁逐，一寻青瘦筇。（唐·贾岛《延寿里精舍寓居》）头戴华阳帽，手拄大夏筇。（唐·皮日休《太湖诗·缥缈峰》）泽国雨荒三径草，秦关雪折一枝筇。（唐·黄滔《投翰长赵侍郎》）

典**扶筇** 即筇竹，代指竹杖。《山海经·中山经》："又东南一百三十里，曰龟山，其木多榖柞椆椐，其上多黄金，其下多青雄黄，多扶竹。"郭璞注："邛竹也。高节实中，中杖也；名之扶老竹。"邛，又作"筇"。

扶筇西去谩寻春，独学无人沐且熏。（宋·邓肃《谢吕友善见和》）

邛qióng ①土丘，高丘。②忧劳，病。③汉代西南少数民族国名。④古州名。⑤山名。

古上平，二冬。逆临～龙～岷～邛～顺～僰～都～葛～节～蒟～巨～崃～崃坂～崃关～笼～邛～乡蒟～邮～遇～筰～杖～枝～竹～竹山～竹杖例铜驼分巩洛，剑阁低临邛。（唐·李峤《道》）散尽空掉臂，高歌赋还邛。（唐·李白《魏郡别苏明府因北游》）元年诛刘辟，一举靖巴邛。（唐·白居易《贺雨》）

典**临邛**[1] 喻指风流行乐之地。《史记·司马相如列传》："相如之临邛，从车骑，雍容闲雅甚都；及饮卓氏，弄琴，文君窃从户窥之，心悦而好之，恐不得当也。既罢，相如乃使人重赐文君侍者，通殷勤。文君夜亡奔相如，相如乃与驰归。"

临邛美人连山眉，低抱琵琶含怨思。（唐·温庭筠《醉歌》）

临邛[2] 亦作"临邛客""临邛渴"。咏司马相如。并用以比喻文士。《史记·司马相如列传》："会梁孝王卒，相如归，而家贫，无以自业。素与临邛令王吉相善，吉曰：'长卿久宦游不遂，而来过我。'于是相如往，舍都亭。临邛令缪为恭敬，日往朝相如。相如初尚见之，后称病，使从者谢吉，吉愈益谨肃。……至日中，谒司马长卿，长卿谢病不能往，临邛令不敢尝食，自往迎相如。相如不得已，强往，一坐尽倾。"

赋得上林佳景尽，不知谁为荐临邛。（宋·文同《官舍春日书怀》其二）

相如返临邛 指衣锦还乡。《史记·司马相如列传》："（天子）乃拜相如为中郎将，建节往使（邛筰）。……至蜀，蜀太守以下郊迎。县令负弩矢先驱，蜀人以为宠。于是卓王孙、临邛诸公皆因门下献牛酒以交欢。卓王孙喟然而叹，自以得使女尚司马长卿晚，而厚分与其女财，与男等同。"

相如若返临邛市，画舸朱轩万里游。（唐·房千里《寄妾赵氏》）

茕（煢、*惸）qióng 孤单，孤独。
【古】下平，八庚。【逆】哀～单～孤～鳏～疚～【顺】～独～孤～寡～鳏～怀～孑～疚～居～困～嫠～迷～眇～妻～茕～然～弱～子【例】夫行二十载，妇独守孤茕。（唐·白居易《蜀路石妇》）今宵照独立，顾影自茕茕。（唐·长孙佐辅《关山月》）

穹 qióng 又读。①物体中间隆起四周下垂的样子。②天空。③高。④大。⑤深。⑥穷尽。另见935页 qiōng。
【逆】苍～层～曾～黩～干～高～昊～颢～皇～廓～浪～隆～窿～旻～青～清～天～玄～璇～遥～宇～元～紫～【顺】～碧～苍～阊～崇～宫～谷～龟～汉～昊～壑～厚～极～阶～居～鞠～爵～峻～丽～灵～岭～笼～隆～嶐～庐～闾～门～旻～冥～穷～穹～壤～桑～石～天～庭～岫～玄～墉～宇～元～帐～枝～窒【例】昭君失宠辞上宫，蛾眉婵娟卧毡穹。（唐·李如璧《明月》）无恩报国士，徒欲问玄穹。（唐·张九龄《和姚令公哭李尚书乂》）时来整六翮，一举凌苍穹。（唐·岑参《北庭贻宗学士道别》）

䓖（藭）qióng 芎䓖，多年生草本植物。
【古】上平，一东。【逆】鞠～曲～香～芎～

跫 qióng 脚步声。
【古】上平，二冬。又：上平，三江同。【顺】～步～跫～然～音

荣（榮）róng ①草木的花。②茂盛。③华美。④光荣。⑤赞扬。
【古】下平，八庚。【逆】褒～碧～避～采～侈～初～垂～春～辞～丹～东～冬～遁～恩～发～繁～丰～敷～官～归～含～华～欢～辉～徽～极～嘉～骄～徼～阶～槿～开～列～履～南～内～秋～荣～森～升～声～时～世～舒～熟～蕣～苔～偷～晚～五～西～显～向～欣～新～馨～阳～遗～玉～增～朱～滋～尊～【顺】～阿～爱～褒～草～昌～畅～称～崇～宠～赐～悴～瘁～典～雕～芬～福～槁～公～观～冠～贵～翰～行～赫～膴～华～辉～级～冀～荐～践～进～竞～爵～枯～赉～禄～路～露～罗～落～茂～美～冕～名～命～木～目～慕～纳～魄～戚～气～亲～泉～润～色～赏～身～盛～仕～势～泰～忝～涂～望～位～渥～熙～鲜～衔～显～羡～歇～谢～秀～勋～焰～燕～耀～业～逸～膺～郁～遇～泽～志～擢～滋～祚【例】如何同枝叶，各自有枯荣。（唐·李白《树中草》）繁林已坠叶，寒菊仍舒荣。（唐·李适《九月十八赐百僚追赏因书所怀》）败履人今笑东郭，奔蜂我亦愧南荣。（宋·陈造《赠曹秀才二首》其二）

【典】**公荣** 咏酒友。《世说新语·简傲》："王戎弱冠诣阮籍，时刘公荣在坐。阮谓王曰：'偶有二斗美酒，当与君共饮。彼公荣者，无预焉。'二人交觞酬酢，公荣遂不得一杯。而言语谈戏，三人无异。或有问之者，阮答曰：'胜公荣者，不得不与饮酒；不如公荣者，不可不与饮酒；唯公荣，可不与饮酒。'"

无人敢效公荣酒，为我聊寻逸少池。（宋·王安石《送刘和父奉使江西》）

嘉荣 亦作"米嘉荣"。唐长庆年间著名歌者，后因用于称美歌人。唐·刘禹锡《与歌者米嘉荣》："唱得凉州意外声，旧人唯数米嘉荣。近来时世轻先辈，好染髭须事后生。"

百年摩诘阳关语，三叠嘉荣意外声。（宋·苏辙《李公麟阳关图二绝》其一）

南荣[1] 指南荣趎。《庄子·庚桑楚》："南荣趎蹵然正坐曰：'若趎之年者已长矣，将恶乎托业以及此言邪？'"成玄英疏："姓南荣，名趎，庚桑弟子也。……南荣既闻斯义，心生慕仰，于是惊惧正容，勤诚请益云：'趎年老，精神暗昧，凭托何学，方逮斯言？'"

更遣齐竽混东郭，坐令鹄卵化南荣。（宋·陈造《再次韵》）

南荣[2] 南方冬季气候温暖，草木茂盛，故称。后亦以代称南方之地。汉·王褒《九怀·蓄英》："玄武步兮水母，与吾期兮南荣。"东汉王逸注："南方冬温，草木常茂，故曰南荣。"

水国初冬和暖天，南荣方好背阳眠。（唐·陆龟蒙《别墅怀归》）

南荣[3] 房屋的南檐。荣，屋檐两头翘起的部分。司马相如《上林赋》："偓佺之伦，暴於南荣。"李善注引郭璞曰："荣，屋南檐也。"

摄衣相问讯，解带坐南荣。（唐·刘禹锡《送李策秀才还湖南》）

刘公荣[1] 指称豪饮之人。《世说新语·任诞》："刘公荣与人饮酒，杂秽非类，人或讥之。答曰：'胜公荣者，不可不与饮；不如公荣者，亦不可不与饮；是公荣辈者，又不可不与饮。'故终日共饮而醉。"

座中甘作刘公荣，醒眼终朝看山碧。（元·李昱《戏柬池莘仲》）

刘公荣[2] 咏宴饮。见本页"公荣"。

闲倾鲁壶酒，笑对刘公荣。（唐·李白《留别西河刘少府》）

不饮公荣 见765页"公荣不与饮"。

交欢娄护岂足夸，不饮公荣堪绝倒。（明·黎民表《刘观察仲修酒后出芝杯饮客作短歌》）

南史两荣 称颂兄弟均任要职。《南史·袁湛传》附《袁枢传》《袁宪传》："枢字践言，美容仪，性沉静，好学，手不释卷。……废帝即位，

迁尚书左仆射。……宪字德章，幼聪敏好学，有雅量。……迁右仆射，参掌选事。先是，宪长兄枢为左仆射，至是宪为右仆射，台省目枢为大仆射，宪为小仆射，朝廷荣之。”

南史两荣唯百揆，东闽双拜有三台。（唐·黄滔《贺清源仆射新命》）

萧敷艾荣 比喻委曲求全而飞黄腾达。《世说新语·言语》：“毛伯成（玄）既负其才气，常称：‘宁为兰摧玉折，不作萧敷艾荣。’”

危冠更在门楣上，但觉萧敷与艾荣。（宋·陆游《乙丑重五》）

杨伯起哀荣 东汉杨震蒙冤饮鸩而死，顺帝为其平反昭雪，以礼改葬。《后汉书·杨震传》：“杨震字伯起，弘农华阴人也。……丰等复恶之，乃请大将军耿宝奏震大臣不服罪，怀怨望，有诏遣归本郡。震行至城西几阳亭，乃慷慨谓其诸子门人曰……因饮酖而卒，时年七十余。……岁余，顺帝即位，樊丰、周广等诛死，震门生虞放、陈翼诣阙追讼震事，朝廷咸称其忠，乃下诏除二子为郎，赠钱百万。以礼改葬于华阴潼亭，远近毕至。”

谁知杨伯起，今日重哀荣。（唐·宋之问《范阳王挽词二首》其二）

容 róng ①容纳。②宽容。允许。③相貌；事物所呈现出来的样子、状态。④修饰，打扮。⑤副词，或许；难道。

㊍上平，二冬。㊨拜～包～变～冰～惨～恻～尘～逞～春～愁～春～慈～从～悴～帝～动～端～堕～惰～梵～丰～妇～改～苟～涵～花～华～徽～回～嘉～检～矜～谨～祲～倦～军～钧～夸～宽～礼～丽～敛～令～貌～俛～谬～慕～赧～内～戚～铅～寝～清～秋～韶～慎～圣～饰～收～瘦～淑～婉～无所～喜～先～笑～新～形～修～雅～妍～颜～冶～野～仪～遗～逸～音～雍～优～忧～游～有～玉～御～鬻～愠～昭～贞～阵～振～整～仲～壮～姿～自～纵～醉～尊～㊉～标～表～鬓～彩～谄～车～成～城侯～齿～德～典～范～服～辉～喙～或～居～礼～谅～媚～彭～情～人～容～饰～恕～卫～膝～贤～像～冶～仪～裔～隐～与～悦～翟～止～栉～状～姿㊦窈窕生幽意，参差多异容。（唐·张九龄《晚憩王少府东阁》）曲中惊别绪，醉里失愁容。（唐·李峤《饯骆四二首》其一）徒怀万乘器，谁为一先容。（唐·骆宾王《浮槎》）

㊎**舂容** 本指钟声回荡相应，引申为人的态度雍容畅达。《礼记·学记》：“善待问者如撞钟，叩之以小者则小鸣，叩之以大者则大鸣，待其从容，然后尽其声。”郑玄注：“从，读如富父舂戈之舂。舂容，谓重撞击也，始者一声而已。”

俱堕人事海，烦促难舂容。（宋·冯时行《和嘉州通判贾元升见赠》）

先容 比喻一个想被人了解，需要靠一些人为之介绍、揄扬。《史记·鲁仲连邹阳列传》：（邹阳）乃狱中上（梁孝王）书曰：‘……蟠木根柢，轮囷离诡，而为万乘器者。何则？以左右先为之容也。’”《史记索隐》：“谓左右先加雕刻，是为之容饰也。”

何日嘉招陪一笑，看君豪饮釂千钟。试凭鄙句作先容。（宋·张抡《浣溪沙·和曾纯甫题谢氏小阁》）

云容 即张云容，杨贵妃侍儿，善舞，曾从妃至华清宫。唐杨贵妃《赠张云容舞》：“罗袖动香香不已，红蕖袅袅秋烟里。轻云岭上乍摇风，嫩柳池边初拂水。”

百年只有云容姊，留得当时旧舞衣。（宋·范成大《续长恨歌七首》其五）

仲容 比喻放情世外的高士。《晋书·阮籍传》附《阮咸传》：“（阮）咸，字仲容。父熙，武都太守。咸任达不拘，与叔父籍为竹林之游，当世礼法者讥其所为。咸与籍居道南，诸阮居道北，北阮富而南阮贫。七月七日，北阮盛晒衣服，皆锦绮粲目。咸以竿挂大布犊鼻于庭，人或怪之，答曰：‘未能免俗，聊复尔耳！’”

白社陶元亮，青云阮仲容。（唐·李端《奉和秘书元丞杪秋忆终南旧居》）

冰雪容 咏神仙或咏美女。《庄子·逍遥游》：“曰：‘藐姑射之山，有神人居焉。肌肤若冰雪，淖约若处子。不食五谷，吸风饮露。乘云气，御飞龙，而游乎四海之外。’”

缅思冰雪容，重想金玉器。（宋·赵蕃《简寄潘恭叔》）

邴曼容 亦作“邴曼”。用于指称品格高尚的清正官吏，或指养志自修。《汉书·两龚传》：“初，琅邪邴汉亦以清行征用，至京兆尹，后为太中大夫。王莽秉政，胜与汉俱乞骸骨。……于是胜、汉遂归老于乡里。汉兄子曼容亦养志自修，为官不肯过六百石，辄自免去，其名过出于汉。”

谁教官到二千石，不学当年邴曼容。（宋·楼钥《又次郑性之县尉韵》）

抗尘容 指世俗小人奔竞利禄的俗态。孔稚圭《北山移文》：“世有周子，隽俗之士。…其始至也，将欲排巢父，拉许由。傲百氏，蔑王侯。风情张日，霜气横秋。……及其鸣驺入谷，鹤书赴陇。形驰魄散，志变神动。尔乃眉轩席次，袂耸筵上。焚芰制而裂荷衣，抗尘容而走俗状。”

虽抗尘土容，耿耿冰壶在。（宋·陈棣《栖轩偶成呈同僚》）

车骑雍容 司马相如赴临邛拜访王县令时，仪态大方高雅，很有气派。后用来形容人仪态大方，气度雍容闲雅，高贵不凡。《史记·司马相如列传》：“相如之临邛，从车骑，雍容闲雅甚都。”

车骑雍容驻道傍，小园寻胜见花王。（宋·傅察《闻有游蔡氏园看牡丹诗戏作一绝呈季长》）

潘岳仪容 亦作“美貌说潘安”“清润潘郎”。形容男子美貌。《世说新语·容止》：“潘岳妙有姿容，好神情。少时挟弹出洛阳道，妇人遇者，莫不连手共萦之。”

石崇富贵篯铿寿，更潘岳仪容子建才。（宋·胡浩然《送入我门来》）

膏沐为谁容 形容闺中人对行役丈夫的怀念。《诗经·卫风·伯兮》：“自伯之东，首如飞蓬。岂无膏沐，谁适为容。”毛传：“妇人，夫不在，无容饰。”

抹涂尚年少，膏沐为谁容。(宋·刘克庄《海棠七首》其七)

云想衣裳花想容 亦作“云想衣裳”。形容女子娇美。唐李白《清平调词三首》其一：“云想衣裳花想容，春风拂槛露华浓。若非群玉山头见，会向瑶台月下逢。”

云想衣裳花想容。春未抵情浓。(宋·贺铸《花想容·南国佳人推阿秀》)

戎róng ①兵器的总称。②兵车。③士兵，军队。④战争。⑤敌寇。⑥人称代词。你，你们。⑦古代泛指我国西部少数民族。

㊀上平，一东。㊁阿～百～北～奔～边～兵～布～陈～从～鳖～大～典～蕃～冯～伏～干～和～姜～讲～禁～九～军～寇～窥～昆～骊～理～吏～六～蒙～女～平～羌～犬～戎～山～神～事～竦～韬～讨～统～五～西～徙～遐～小～兴～业贝～阴～有～驭～御～元～远～赞～掌～诸～佐～㊂～兵～柄～骖～车～狄～藩～服～歌～弓～公～功～冠～行～号～华～荒～麾～级～疾～籍～甲～舰～节～捷～羯～戒～烬～葵～阃～垒～虏～辂～落～旅～马～蛮～门～幕～女～旆～辔～仆～骑～旗～桀～器～戎～缮～士～菽～戍～帅～韬～统～威～卫～伍～务～轩～衣～夷～役～右～钺～毡～旃～仗～帐～轸～秩～装㊃郑生运其谋，将以清国戎。(唐·卢照邻《咏史四首》其三)天将下三宫，星门召五戎。(唐·杨炯《送刘校书从军》)中原有斗争，况在狄与戎。(唐·杜甫《前出塞九首》其九)

㊄**阿戎** 用于称美男童，亦用作称美他人之子。《世说新语·简傲》：“王戎弱冠诣阮。”南朝梁刘孝标注引《竹林七贤论》：“初，籍与戎父浑俱为尚书郎，每造浑，坐未安，辄曰：‘与卿语，不如与阿戎语。’就戎，必日夕而返。”

借问阿戎父，知为童子郎。(唐·王维《送李员外贤郎》)

和戎 指异族结盟友好。《左传·襄公四年》：“无终子嘉父使孟乐如晋，因魏庄子纳虎豹之皮，以请和诸戎。……公曰：‘然则莫如和戎乎？’对曰……公说，使魏绛盟诸戎，修民事，田以时。”

囊封力沮和戎议，制阃咸推料敌精。(宋·许应龙《挽李文昌》)

五戎[1] 泛指我国古代西部地区的少数民族。《周礼·夏官·职方氏》：“辨其邦国……五戎、六狄之人民。”

闻风六郡伏，计日五戎平。(唐·张九龄《奉和圣制送尚书燕国公赴朔方》)

五戎[2] 原指古代教民演练的五种兵器，后泛指兵器。《礼记·月令》：“季秋之月……是月也，天子乃教于田猎，以习五戎，班马政。”郑玄注：“因田猎之礼教民以战法也。五戎，谓五兵：弓矢、殳、矛、戈、戟也。”

薄狩三农隙，大阅五戎场。(唐·李峤《奉和杜员外扈从教阅》)

一戎 亦作“一戎衣”“一戎定”“一衣”。见910页“一戎定”。

风尘三尺剑，社稷一戎衣。(唐·杜甫《重经昭陵》)

儿辈平戎 称美将帅指挥若定。《世说新语·雅量》：“谢公与人围棋，俄而谢玄淮上信至。看书竟，默然无言，徐向局。客问淮上利害？答曰：‘小儿辈大破贼。’意色举止，不异于常。”南朝梁刘孝标引《续晋阳秋》：“初，苻坚南寇，京师大震。谢安无惧色，方命驾出墅，与兄子玄围棋。夜还乃处分，少日皆办。破贼又无喜容。其高量如此。”

青青未老，尊前要看，儿辈平戎。(宋·辛弃疾《朝中措·年年黄菊滟秋风》)

投笔从戎 亦作“投笔”。见244页“投笔”。

中原初逐鹿，投笔事戎轩。(唐·魏征《述怀》)

三弄学元戎 亦作“三弄”。咏吹笛。《世说新语·任诞》：“王子猷出都，尚在渚下。旧闻桓子野善吹笛，而不相识。遇桓于岸上过，王在船中，客有识之者云：‘是桓子野。’王便令人与相闻云：‘闻君善吹笛，试为我一奏。’桓时已贵显，素闻王名，即便回下车，踞胡床，为作三调。弄毕，便上车去。客主不交一言。”

谁家三弄学元戎。吹起闲愁，容易上眉峰。(宋·陈亮《南歌子·池草抽新碧》)

绒(絨、羢、毧)róng ①古代指细布或毛织物，今指表面有一层绒毛的纺织品。②刺绣用的细丝线。③短而柔软的毛。

㊀上平，一东。㊁艾～碧绒～衬～鹅～剪～锯～立～柳～貉～蒲～条～贴～驮～驼～唾～香～栽～漳～红石丝㊂～绒～绳～毯～绣～羽

蓉róng ①芙蓉。②豆类、瓜果煮熟或晒干后磨成粉制成的糕点馅。③四川成都市的别称。

㊀上平，二冬。㊁苁～豆～芙～黄～㊂～城㊃北堂红草盛丰茸，南湖碧水照芙蓉。(唐·刘希夷《江南曲八首》其七)

㊄**玉芙蓉** 喻指美女。旧题晋葛洪《西京杂记》卷二：“文君姣好眉色如望远山。脸际常若芙蓉。肌肤柔滑如脂。”唐白居易《长恨歌》：“归来池苑皆依旧，太液芙蓉未央柳。芙蓉如面柳如眉，对此如何不泪垂。”

面面虚堂水照空。天然一朵玉芙蓉。(宋·方千里《浣沙溪·面面虚堂水照空》)

初发芙蓉 亦作“出水芙蓉”。比喻诗句的自然清新，或喻女子的天然秀美。南朝梁钟嵘《诗品·宋光禄大夫颜延之》：“汤惠休曰：‘谢诗如芙蓉出水，颜如错彩镂金。’”《南史·颜延之传》：“延之与陈郡谢灵运俱以辞采齐名，而迟速悬绝。文帝尝各敕拟《乐府》《北上篇》，延之受诏便成，灵运久之乃就。延之尝问鲍照己与灵运优劣，照曰：‘谢五言如初发芙蓉，自然可爱。君诗若铺锦列绣，亦雕缋满眼。’”

学画宫眉细细长。芙蓉出水斗新妆。(宋·欧阳修《鹧鸪天·学画宫眉细细长》)

融róng ①升腾的烟气。②天大亮。③溶化。④不同的事物合成一体，调和。⑤圆通，和气。⑥流通，通达。⑦长久。⑧火神祝融的

省称。

【古】上平，一东。【逆】冲～充～春～爞～春～蹙～丰～和～鸿～浑～混～金～融～(和乐貌)柔～瑞气～酥～通～显～销～虚～雝～圆～昭～祝～【顺】～昌～畅～浑～混～浃～解～晶～朗～流～明～暖～晴～然～散～释～汰～泰～陶～渥～泄～冶～怡～裔～溢～熠～昭～尊【例】洛川真气上，重泉惠政融。(唐·骆宾王《伤祝阿王明府》)色向怀铅白，光因翰简融。(唐·包融《和陈校书省中玩雪》)云散晴山几万重，烟收春色更冲融。(唐·李忱《幸华严寺》)

【典】**孔融** 东汉末有才学者，曹操加罪害之，年五十六岁。代指有才学早亡之人。见《后汉书·孔融传》。

零雨悲王粲，清尊别孔融。(唐·卢照邻《西使兼送孟学士南游》)

马融 亦作“马南郡”。喻指饱学之士。《后汉书·马融传上》：“马融字季长，扶风茂陵人也……博通经籍。”“(永初)四年，拜为校书郎中，诣东观校秘书。……忤邓氏，滞于东观，十年不得调。……三迁，桓帝时为南郡太守。……融才高博洽，为世通儒，教养诸生，常有千数。涿郡卢植，北海郑玄，皆其徒也。善鼓琴，好吹笛，达生任性，不拘儒者之节。”

如闻马融笛，若倚仲宣襟。(唐·杜甫《风疾舟中伏枕书怀三十六韵奉呈湖南亲友》)

祝融 咏火或咏夏。《礼记·月令》：“孟夏之月……其帝炎帝，其神祝融。”

思减祝融权，期匡诸子宅。(唐·杨巨源《夏日苦热同长孙主簿过仁寿寺纳凉》)

大儿轻孔融 亦作“怀刺示孔融”。咏自负才俊。《后汉书·祢衡传》：“祢衡字正平，平原般人也。少有才辩，而尚气刚傲，好矫时慢物。……始达颍川，乃阴怀一刺，既而无所之适，至于刺字漫灭。是时许都新建，贤士大夫四方来集。或问衡曰：‘盍从陈长文、司马伯达乎？’对曰：‘吾焉能从屠沽儿耶！’又问：‘荀文若、赵稚长云何？’衡曰：‘文若可使借面弔丧，稚长可使监厨请客。’唯善鲁国孔融及弘农杨修。常称曰：‘大儿孔文举，小儿杨德祖。余子碌碌，莫足数也。’融亦深爱其才。”

十五事文翰，大儿轻孔融。(唐·李端《长安感事呈卢纶》)

膺门得孔融 亦作“孔融修刺”。见163页“孔融修刺”。

定知洛下声名士，共说膺门得孔融。(唐·许浑《送张厚浙东谒丁常侍》)

溶róng ①水盛的样子。②盛大。③安闲的样子。④融化，融解。

【古】上平，二冬。又：上声，二肿同。【逆】冲～动～纷～涵～洪～鸿～溶～(水大貌)融～陶～潼～滃～销～汹～岩～沆～瀛～悠～溦～游～【顺】～和～结～洽～消～泄～漾～溢～瀛～与【例】我有异乡忆，宛在云溶溶。(唐·张九龄《感遇十二首》其十一)溪汀眠鹭梦征鸿，轻涟不语细游溶。(唐·李贺《溪晚凉》)

茸róng ①草初生时细软的芽。②柔软的兽毛。③细碎，细碎的东西。④指鹿茸。⑤通“绒”，刺绣用的丝缕。另见966页rǒng。

【古】上平，二冬。【逆】蓁～碧～鬓毛～参～参～钗～翠～丰～凤～红～花～茏～鹿～龙～髼～蒙～麋～蓬～鬅～裘～松～阘～(驽劣)苔～驼～蓊～五～细草～阘～纤～新～紫～紫～【顺】～密～母～茸～阘【例】松兰相因依，萧艾徒丰茸。(唐·李白《于五松山赠南陵常赞府》)名华非典实，翦弃徒纤茸。(唐·孟郊《品松》)杜若含清露，河蒲聚紫茸。(唐·李贺《恼公》)

【典】**唾茸** 形容情侣嬉戏的情景。五代·李煜《一斛珠·晚妆初过》：“绣床斜凭娇无那，烂嚼红茸，笑向檀郎唾。”

吹絮窗低，唾茸窗小，人隔翠阴行。(宋·蒋捷《少年游·梨边风紧雪难晴》)

熔róng 用高温使固体物质变成液态。

【古】上平，二冬。【逆】范～煎～融～埏～陶～冶～铸～【顺】～裁～鉴～匠～解～钧～融～铄～陶～调～岩～造～琢【例】九州似鼎终须负，万物为铜只待熔。(唐·罗隐《淮南送李司空朝觐》)旧物复光明，洪炉再埏熔。(唐·陈陶《涂山怀古》)寒枝偏缀小金钟。插时只恐鬓边熔。(宋·无名氏《浣溪纱·梅与为名蜡与容》)

嵘(嶸)róng

【古】下平，八庚。【逆】嶒～峥～【例】筑居仙缥缈，旅食岁峥嵘。(唐·杜甫《敬赠郑谏议十韵》)

榕róng 木名。

【古】上平，二冬。【顺】～城～海～径～厦～树

同[1](＊仝)tóng

【古】上平，一东。【逆】暗～帮～逼～毕～不～布～参～车书～处处～从～大～带～道～迥～对～敷～扶～公～苟～贵～和～会～浑～混～混～稽～建～贱～将毋～景～敬～军～勘～空～雷～类～六～陪～齐～佥～趣～柔～如～三～尚～书～四～随～万国～相～协～偕～心～修～玄～邀～遥～仪～殷～有～与～运～重～注～【顺】～般～榜～病～波～参～操～侪～车～尘～称～齿～俦～畴～裯～爨～德～地～蒂～甘～庚～棺～归～轨～闬～蒿～好～贺～怀～欢～会～羁～交～举～忾～牢～乐～僚～伦～脉～幕～犇～盘～袍～辔～朋～栖～耆～契～衾～寝～庆～裘～趣～群～赏～舍郎～生～声～师～实～属～俗～岁～榻～堂～心～宿～秀～恤～穴～训～砚～邑～寅～忧～游～舆～语～垣～云～载～泽～辙～斟～枕～知～指～治【例】独有危冠意，还将衰鬓同。(唐·卢照邻《含风蝉》)景物纷为异，人情赖此同。(唐·张九龄《与王六履震广州津亭晓望》)清迥江城月，流光万里同。(唐·张九龄《秋夕望月》)

【典】**椿同** 亦作“椿年”“椿岁”“椿寿”“椿菌年”“大椿”。见505页“椿寿”。

遥知荣禄养，寿与大椿同。(明·倪谦《贺刘中允父寿六十号松溪》)

雷同 本指雷之发声，使万物皆被迫同时而应和，后泛指物之不当相同而相同。《礼记·曲礼上》：“毋勦说，毋雷同。”郑玄注：“雷之发

声，物无不同时应者。人之言，当各由己，不当然也。”

已约宗雷同入社，且饶燕许自成家。（宋·刘克庄《君畴仰晦茂功蒙仲》其一）

无同 亦作“将无同”“三语掾”。指善于分辨义理。《世说新语·文学》：“阮宣子（修）有令闻，太尉王夷甫（衍）见而问曰：‘老、庄与圣教同异？’对曰：‘将无同？’太尉善其言，辟之为掾。世谓‘三语掾’。”

往日三语掾，解道将无同。（宋·黄庭坚《以同心之言其臭如兰为韵寄李子先》）

刘家异同 比喻父子持不同的学术观点。《汉书·楚元王传》附《刘歆传》：“歆及向始皆治《易》，宣帝时，诏向受《谷梁春秋》，十余年，大明习。及歆校秘书，见古文《春秋左氏传》，歆大好之。……父子俱好古，博见强志，过绝于人。歆以为左丘明好恶与圣人同，亲见夫子，而公羊、谷梁在七十子后，传闻之与亲见之，其详略不同。歆数以难向，向不能非间也，然犹自持其《谷梁》义。”

闻道将雏向墨池，刘家还有异同词。（唐·柳宗元《重赠二首》其一）

瓜葛一枰同 咏父子关系。《晋书·王导传》附《王悦传》：“悦字长豫，弱冠有高名，事亲色养，导甚爱之。导尝共悦弈棋，争道，导笑曰：‘相与有瓜葛，那得为尔邪！’”

笑论瓜葛一枰同。看取灵光新赋、有家风。（宋·苏轼《虞美人·归心正似三春草》）

车书万里文轨同 本指划一车轨的尺寸和文书的字体，后用于歌咏王朝统一。《礼记·中庸》：“子曰：‘……非天子不议礼，不制度，不考文。今天下车同轨，书同文，行同伦。’”《史记·秦始皇本纪》：“（二十六年）秦初并天下……分天下为三十六郡……一法度衡石丈尺。车同轨，书同文字。”唐·杜甫《往在》：“一朝自罪己，万里车书通。”

车书万里文轨同。自南北西东。（宋·范祖禹《六州·太平功》）

一朝符瑞，四十万人同 咏奸臣弄权欺主。汉王莽假称符瑞，蛊惑民心，气压君王，吏民四十余万人为之上书歌功颂德。见《汉书·王莽传上》。

便一朝符瑞，四十万人同。说甚东风。怕西风。（宋·刘辰翁《六州歌头·向来人道》）

同[2]（衕）tóng 胡同。

㊍上平，一东。㊣胡～

童 tóng ①男奴仆。②儿童，小孩。③指未结婚的。④愚昧无知。⑤牛羊幼小或未长角。⑥光秃。

㊍上平，一东。㊣傲～巴～榜～嬖～龀～成～道～颠～歌～耕～宫～海～黄～家～狡～结～津～橘～狂～蛮～梅～蒙～迷～冥～牧～仆～奇～耆～棋～樵～琴～青～壤～儒～孺～三角～神～髫～亭～童～（高貌）头～顽～宛～五尺～武～奚～香～幸～颜犹～野～嚚～游～渔～舆～玉～斋～芝～稚～重～颛～梓～㊉～龀～齿～颠～耋～幡～阜～观～丱～冠～昏～羁～角～卷～枯～稂～隶～粱～髦～昧～蒙～妙～木～牧～牛～奴～仆～骑～妾～容～孺～弱～山～试～首～骍～叟～孙～童～秃～顽～乌～羊～幼～稚㊞云浮非隐帝，日举类游童。（唐·骆宾王《过故宋》）拂衣迎五马，垂手凭双童。（唐·王维《河南严尹弟见宿弊庐访别人赋十韵》）岂问渭川老，宁邀襄野童。（唐·李白《上之回》）

㊇**阿童** 亦作“浮江阿童”。指称王濬。或咏羊祜委任王濬练水军伐吴之事。《晋书·羊祜传》：“时吴有童谣曰：‘阿童复阿童，衔刀浮渡江。不畏岸上兽，但畏水中龙。’祜闻之曰：‘此必水军有功，但当思应其名者耳。’会益州刺史王濬征为大司农，祜知其可任，濬又小字阿童，因表留濬监益州诸军事，加龙骧将军，密令修舟楫，为顺流之计。”

人间无阿童，犹唱水中龙。（唐·李贺《王濬墓下作》）

狂童 喻指图谋篡国的恶人。《诗经·郑风·褰裳序》：“《褰裳》，思见正也。狂童恣行，国人思大国之正己也。”郑玄笺：“狂童恣行，谓突与忽争国。”唐孔颖达疏：“以国内有狂悖幼童之人，恣极恶行，身是庶子，而与正嫡争国，祸乱不已，无可奈何。是故郑国之人思得大国之正己，欲大国以兵征郑，正其争者之是非，欲令去突而定忽也。”

将军大旆埽狂童，诏选名贤赞武功。（唐·李商隐《送户部李郎中充昭义攻讨》）

游童 指在上者问计于野民。《庄子·徐无鬼》：“黄帝将见大隗乎具茨之山。……至于襄城之野，七圣皆迷，无所问涂。适遇牧马童子，问涂焉。……黄帝曰：‘异哉！小童非徒知具茨之山，又知大隗之所存。请问为天下。’……小童曰：‘夫为天下者，亦奚以异乎牧马者哉，亦去其害马者而已矣。’”

岂问渭川老，宁邀襄野童。（唐·李白《上之回》）

终童 亦作“终军少”。咏青年才士。汉朝终军年十八就被选为博士弟子，武帝任命其为谒者给事中，累擢谏议大夫。后奉命赴南越说服南越王入朝。南越王愿举国内属而其相吕嘉不从，举兵杀王及终军。终军死时年仅二十余，时称“终童”。见《汉书·终军传》。

终童之死谁继出，燕颔儒生今俊逸。（唐·钱起《送傅管记赴蜀军》）

江夏黄童 亦作“江夏姿”“天下无双江夏黄童”。后世借以指东汉江夏人黄香的卓才美德，或喻人有才德，亦泛指文笔佳妙者。《后汉书·黄香传》：“黄香字文强，江夏安陆人也。年九岁失母，思慕憔悴。……年十二，太守刘护闻而召之，署门下孝子。……遂博学经典，究精道术，能文章，京师号曰‘天下无双江夏黄童’。初除郎中，元和元年肃宗诏香诣东观读所未尝见书。”更增见识，娴熟朝政掌故，服务于章帝、和帝、殇帝三朝，担任过尚书令、魏郡太守等要职，拾遗补阙，勤政爱民，深得皇帝信任和倚重。

江夏黄童徒逞辩，广都庞令恐非才。（唐·罗隐《送姚安之赴任秋浦》）

铜（銅）tóng

㊍上平，一东。㊣碧～博山～吹～胆～罚～笵～废～分～高号～古～寒～镮～黄～擢～莲～笼～落

～牡～佩～牝～秦～青～三尺～生～赎～鍮～顽～乌～响～轩～铸～紫～㊉～杯～贝～陛～璧～兵～蟾～螭～池～墀～筹～爨～堤～鞮～狄～靛～兜～凤～沟～瓜～关～郭～河～荷～花～镮～鐎～街～金～禁～精～鲸～爵楼～柯～刻～匮～蠡～梁～陵～龙～漏～轮～律～马～瑁～陌～墨～猊～辇～盘～堑～青～雀～阙～声～史～兽～松～台～驼～乌～仙～绣～穴～牙～冶～仪～鱼～羽～元～龠尺～宅～章～芝～竹～篆㊊往日用钱捉私铸，今许铅锡和青铜。（唐·杜甫《岁晏行》）井槛淋清漆，门铺缀白铜。（唐·李贺《恼公》）笠戴圆阴楚地棕，磬敲清乡蜀山铜。（唐·薛能《赠无表禅师》）

㊋**三百青铜**　咏酒钱或咏酒。亦作"三百青钱"。唐杜甫《逼仄行赠毕曜》："辛夷始花亦已落，况我与子非壮年。街头酒价常苦贵，方外酒徒稀醉眠。速宜相就饮一斗，恰有三百青铜钱。"原注："建中三年，置肆酿酒，斛收直三千。"

城中禁酒如禁盗，三百青铜愁杜老。（宋·苏辙《和子瞻蜜酒歌》）

桐tóng　树名。

㊍上平，一东。㊌白～百尺～苍～赪～刺～爨～雕～樊～抚～孤～胡～黄～剪～焦～空～枯～雷～绿～鸣～青～疏～蜀～霜～丝～檀～弦～修～椅～油～贞～梧～蜀山～凤栖～㊉～柏宫～布～爨～封～膏～宫～棺～珪～花～华～华布～江～君～雷～马～帽～木人～木鱼～偶人～人～乳～丝～孙～乡～严嫂～叶戏～音～油～鱼～杖～竹～子～梓㊊垂緌饮清露，流响出疏桐。（唐·虞世南《蝉》）拔心悲岸草，半死落岩桐。（唐·李百药《途中述怀》）倚岩望松雪，对酒鸣丝桐。（唐·李白《东武吟》）

㊋**爨桐**　亦作"爨下余"。见283页"焦尾"。

但埋酆狱气，未发爨桐音。（唐·韦庄《同旧韵》）

孤桐[1]　咏琴瑟，或咏带有伤感情绪的音乐。《书·禹贡》："羽畎夏翟，峄阳孤桐。"旧题汉孔安国传："孤，特也。峄山之阳，特生桐，中琴瑟。"汉·枚乘《七发》："龙门之桐……上有千仞之峰，下临百丈之谿，湍流溯波，又澹淡之，其根半死半生。……于是背秋涉冬，使琴挚斫斩以为琴，野茧之丝以为弦，孤子之钩以为隐。九寡之耳以为约，使师堂操畅，伯子牙为之歌。"

他日拂弦悲旧曲，应将哀恨寄孤桐。（宋·李复《王夫人挽词》）

孤桐[2]　喻指贤才。《书·禹贡》："羽畎夏翟，峄阳孤桐。"汉孔安国传："孤，特也。峄山之阳特生桐，中琴瑟。"

在阴鸣鹤和有子，产峄孤桐枝见孙。（宋·李处权《和九兄贺二十六兄除大谏》）

剪桐　指分封、封爵。《吕氏春秋·重言》："成王与唐叔虞燕居，援梧叶以为圭，而授唐叔虞曰：'余以此封女。'叔虞喜，以告周公。周公以请曰：'天子其封虞邪？'成王曰：'余一人与虞戏也。'周公对曰：'臣闻之，天子无戏言。天子言，则史书之，工诵之，士称之。'于是遂封叔虞于晋。"又《史记晋世家》："晋唐叔虞者，周武王子而成王弟。……成王与叔虞戏，削桐叶为圭以与叔虞，曰：'以此封若。'史佚因请择日立叔虞。成王曰：'吾与之戏耳。'史佚曰：'天子无戏言。言则史书之，礼成之，乐歌之。'于是遂封叔虞于唐。唐在河、汾之东，方百里，故曰唐叔虞。"

剪桐光宠锡，题剑美贞坚。（唐·高适《信安王幕府诗》）

焦桐　本指蔡邕所作"焦尾琴"。泛指佳琴或佳琴弹出的曲子。《后汉书·蔡邕列传》："邕虑卒不免，乃亡命江海，远迹吴会。往来依太山羊氏积十二年，在吴，吴人有烧桐以爨者，邕闻火烈之声，知其良木，因请而裁为琴，果有美音，而其尾犹焦，故时人名曰焦尾琴焉。"

愿倾肺肠事，尽入焦梧桐。（唐·贾岛《投孟郊》）

破桐　指人与人之间的关系已经破裂，不能再和好。《新唐书·李泌传》："时李怀光叛，岁又蝗旱，议者欲赦怀光。帝博问群臣，泌破一桐叶附使以进，曰：'陛下与怀光君臣之分，不可复合如此叶矣。'由是不赦。"

半死桐　喻指人悲伤痛苦之情。枚乘《七发》："龙门之桐，高百尺而无枝，中郁结之轮菌，根扶疏以分离。上有千仞之峰，下临百丈之溪，湍流溯波，又澹淡之，其根半死半生。"

半死梧桐老病身，重泉一念一伤神。（唐·白居易《为薛台悼亡》）

摧折桐　咏可东山再起之典。见本页"孤桐"。

君不见道边废弃池，君不见前者摧折桐。百年死树中琴瑟，一斛旧水藏蛟龙。（唐·杜甫《君不见简苏徯》）

焦梧桐　亦作"焦桐""焦尾"。见本页"焦桐"。

剑锋缺折难冲斗，桐尾烧焦岂望琴。（唐·白居易《除忠州寄谢崔相公》）

托椅桐　亦作"巢梧""栖梧""巢梧托椅桐"。见358页"栖梧"。

宁知鸾凤意，远托椅桐前。（唐·李白《赠饶阳张司户燧》）

闲倚梧桐　亦作"据梧"。本指惠子因疲倦而休息的状态。对据梧，后人有不同解释。从字面看，指倚靠干枯的梧桐；有人解释为靠着几案，也有人将槁梧解释为琴。《庄子·德充符》："惠子曰：'既谓之人，恶得无情？'……庄子曰：'道与之貌，天与之形，无以好恶内伤其身。今子外乎子之神，劳乎子之精，倚树而吟，据槁梧而瞑。天选子之形，子以坚白鸣。'"唐杜甫《遣闷奉呈严公二十韵》："晓入朱扉启，昏归画角终。不成寻别业，未敢息微躬。乌鹊愁银汉，驽骀怕锦幪。会希全物色，时放倚梧桐。"

试将前事，闲倚梧桐。有销魂处，明月夜，锦屏空。（宋·汪辅之《行香子·晚绿寒红》）

瞳tóng　①瞳孔。②无知的样子。③看见。

㊍上平，一东。㊌楚重～方～黑～眬～卢～蒙～明～凝～漆～青～双～眼～重～转～㊉～睛～蒙～人～仁～神～子㊊四蹄碧玉片，双眼黄金瞳。（唐·沈佺期《骢马》）项王气盖世，紫电明双瞳。（唐·李白《登广武古战场怀古》）醉圆双媚靥，波溢两明瞳。（唐·元稹《春六

十韵》)

典**重瞳** 意为一目有双瞳孔，后指代舜或项羽，或用为异人天相之典。《史记·项羽本纪》："太史公曰：吾闻之周生曰'舜目盖重瞳子'，又闻项羽亦重瞳子。羽岂其苗裔邪？何兴之暴也！"裴骃集解："《尸子》：'舜两眸子，是谓重瞳。'"

三品且随前宰相，重瞳偏认旧词臣。（宋·王禹偁《赠卫尉宋卿二十二丈》）

方瞳 咏仙道或借以祝人长寿。神仙家描述的得道者与神话传说中的神仙皆为方瞳孔。晋·葛洪《神仙传·李根》："李根，字子源，许昌人也。……太文从之学道，得作金银法，立成。根能变化，入水火中坐，致行厨能供二十人，皆精细之馔，四方奇异之物，非当地所有也。……经疏云，以汉元封中学道于某甲时年计，根已七百余年也。又太文说根'两目瞳子皆方'，按《仙经》说，八百岁人瞳子方也。根告诸弟子言：'我不得神丹大道之诀，唯得地仙方耳。寿毕天地，然不为下土之士也。'"

午桥他日倘重陪，庶见方瞳并绿发。（宋·周必大《次范至能忆同游石湖韵》）

项羽重瞳 见本页"重瞳"。

项岂重瞳圣，夔犹一足蹩。（唐·陆龟蒙《江南秋怀寄华阳山人》）

羽又重瞳 见本页"重瞳"。

湘娥竹上泪痕浓。舜盖重瞳堪痛恨，羽又重瞳。（宋·辛弃疾《浪淘沙·不肯过江东》）

僮 tóng ①小孩，少年。②未成年的奴仆。③无知。另见862页zhuāng。

古上平，一东。逆嬖～僰～孱～道～干～歌～官～馆～行～家～狡～结～课～隶～鳞～笼～蛮～仆～祁～三尺～侍～私～田～停～僮～挽～奚～县～侲～驺～顺～部～夫～妇～干～昏～客～隶～蒙～牧～奴～然～史～使～竖～讼～僮～役～御～约～指例挟毂双官骑，应门五尺僮。（唐·王维《酬慕容十一》）梅花成雪岭，橘树当家僮。（唐·卢纶《送陈明府赴萍县》）曲池眠乳鸭，小阁睡娃僮。（唐·李贺《恼公》）

典**橘树当家僮** 亦作"橘奴"。见354页"木奴"。

梅花成雪岭，橘树当家僮。（唐·卢纶《送陈明府赴萍县》）

曈 tóng 曈昽，本指太阳初出由暗而明的光景。泛指光线微弱貌。

古上平，一东。逆曚～亭～曈～顺～昽～曚例晚霞烧回潮，千里光曈曈。（唐·顾况《从江西至彭蠡入浙西淮南界道中寄齐相公》）

潼 tóng 水名。

古上平，一东。逆临～马～潼～淆～顺～关～函～华～滃例杖策辞清浴，驱车向梓潼。（唐·徐铉《送修武郑主簿纠郡梓潼兼寄王舍人八韵》）三灾之动偶参会，天岂薄於遂而私於潼。（宋·程公许《东川节度歌》）

艟 tóng 艨艟的艟。艨艟，中国古代具有良好防护的进攻性快艇。

古上平，一东。逆艨～顺～舻～艨例山高横睥睨，滩浅聚艨艟。（唐·许浑《冬日宣城开元寺赠元孚上人》）

峒 tóng 崆峒的峒。崆峒，崆峒山，传说神仙聚集之处，伏羲故里，在今平凉市静宁县。

古上平，一东。逆硔～空～崆～蛮～平～青草～箐～溪～溪～例已喜皇威清海岱，常思仙仗过崆峒。（唐·杜甫《洗兵马（收京后作）》）

侗 tóng ①幼稚，无知。②轻佻的样子。③通"童"，幼童。

古上平，一东。逆侗～空～倥～（蒙昧）笼～愚～例衮衣天下咏，岂独是倥侗。（宋·曾巩《送赵资政》）性命不由天地管，一声珍重别山侗。（元·马钰《浣溪沙·朴住虚无撮住空》）

筒（*筩）tóng 又读。另见966页tǒng。

古上平，一东。顺～簟～钓～桂～环～轮～瓦～袖铠～炙～中布～竹～竹布～粽例兵书封锦字，手诏满香筒。（唐·张籍《老将》）种莎怜见叶，护笋冀成筒。（唐·元稹《春六十韵》）虫丝度日萦琴荐，蛀粉经时落酒筒。（唐·皮日休《病中书情寄上崔谏议》）

典**碧筒** 借指酒杯。唐段成式《酉阳杂俎·酒食》："历城北有使君林。魏正始中，郑公悫三伏之际，每率宾僚避暑于此。取大莲叶置砚格上，盛酒二升，以簪刺叶，令与柄通，屈茎上轮囷如象鼻，传吸之，名为碧筒杯。历下学之，言酒味杂莲气，香冷胜于水。"

碧筒莫惜颓然醉，人事还随日出忙。（宋·陆游《桥南纳凉》）

荷筒 咏饮酒。见上条"碧筒"。

持赠敢齐青玉案，醉吟偏称碧荷筒。（唐·陆龟蒙《以竹夹膝寄赠袭美》）

诗筒 唐白居易为杭州刺史时，其好友元稹为浙东观察使，驻越州，二郡相邻，唱和颇多。往来俱以竹筒盛诗卷，故称。后因用于咏诗酒唱和。唐白居易《醉封诗筒寄微之》："展眉只仰三杯后，代面唯凭五字中。为向两州邮吏道，莫辞来去递诗筒。"

青苔红叶骚人事，时见诗筒去又来。（宋·苏辙《次韵毛君山房即事十首》其一）

洞 tóng 洪洞，地名。另见971页dòng。

逆洪～澒～

彤 tóng ①朱红色。②彤管笔的省称。③古国名。

古上平，二冬。逆雕～珥～丰～管～彤～髹～朱～顺～陛～幨～墀～殿～宫～管～壶～銮～辇～署～庭～彤～帏～闱～鱼～云～珠～幢

橦 tóng 木棉树。花可以织布。

古上平，二冬。又：上平，三江同。逆顶～都卢～楼～橦～寻～缘～顺～布～花

茼 tóng

顺～蒿

佟 tóng 姓。

逆僮～顺～夷

仝 tóng "同"的古字。

逆卢～顺～寅

雄 xióng

古上平，一东。逆百夫～褒～标～才～昌～称～逞～淳～词～雌～鼍～鬼～豪～豪～皇～浑～奸～桀～俊～骏～儁～魁～六～七～骐～气～气象～强～清～群～饶

～人～三～沈～诗～时～士～世～岁～推～完～万夫～威～文～物～枭～骁～心～英～瑛～月～长～争～政～仲～自～顺～奥～骜～拔～霸～笔～边～步～苍～城～侈～辞～胆～诞～宕～都～藩～繁～放～奋～风～服～高～固～关～观～诡～鬼～国～果～悍～豪～狐～恢～剑～捷～据～踞～俊～郡～峻～隽～骏～跨～旷～魁～阔～丽～迈～篇～儒～擅～赡～胜～诗～士～势～视～肆～陶～图～吞～拓～威～巍～文～武～险～骁～性～雄～秀～异～毅～英～鹰～勇～郁～藻～占～赭～镇～峙～骘～重～州～主～倬～卓～宗～尊例公业负奇志，交结尽才雄。（唐·卢照邻《咏史四首》其二）言谈延国辅，词赋引文雄。（唐·李隆基《春晚宴两相及礼官丽正殿学士探得风字》）才力犹可倚，不惭世上雄。（唐·李白《东武吟》）

典**荐雄** 亦作"荐扬雄"。咏待荐、得荐之典。《汉书·扬雄传上》："孝成帝时，客有荐雄文似相如者，上方郊祠甘泉泰畤、汾阴后土，以求继嗣，召雄待诏承明之庭。"

故事曾尊隗，前修有荐雄。（唐·李商隐《献上亦诗人咏叹不足之义也》）

人雄 指才智特出的人。《三国志·蜀书·刘二牧传》："评曰：……璋才非人雄，而据土乱世，负乘致寇，自然之理，其见夺取，非不幸也。"裴松之注云："张璠曰：'刘璋愚弱而守善言，斯亦宋襄公、徐偃王之徒，未为无道之主也。'"

不唯春光占七八，才华自是诗人雄。（宋·司马光《酬尧夫招持牡丹》）

大王雄 见868页"快哉风"。

酷日从今宜敛暑，大王自古解称雄。（元·仇远《和仲祥大风韵》）

笑扬雄 见339页"扬雄空读书"。

谬惭知蓟子，真怯笑扬雄。（唐·杜甫《奉寄河南韦尹丈人》）

爱酒扬雄 指扬雄家贫嗜酒。《汉书·扬雄传下》："雄以病免，复召为大夫。家素贫，耆酒，人希至其门。时有好事者载酒肴从游学。"

传经伏生老，爱酒扬雄吃。（宋·欧阳修《新营小斋凿地炉辄成五言三十七韵》）

郭最非雄 咏败将被俘。《左传·襄公二十一年》："齐庄公朝指殖绰、郭最曰：'是寡人之雄也。'州绰曰：'君以为雄，谁敢不雄？然臣不敏，平阴之役，先二子鸣，'"杜预注："十八年，晋伐齐。及平阴，州绰获殖绰、郭最。故自比于鸡，斗胜而先鸣。"

王陵固似戆，郭最遂非雄。（唐·李端《长安感事呈卢纶》）

乱世奸雄 咏曹操，或指世态混乱时的野心家。《三国志·魏书·武帝纪》裴松之注引孙盛《异同杂语》："太祖尝私入中常侍张让室，让觉之；乃舞手戟于庭，逾垣而出。才武绝人，莫之能害。博览群书，特好兵法……尝问许子将：'我何如人？'子将不答。固问之，子将曰：'子，治世之能臣，乱世之奸雄。'太祖大笑。"

乱世奸雄还自叹，景升直与本初谋。（宋·陈普《咏史下·曹操七首》其二）

睢水英雄 喻指项羽及楚军官兵。《史记·项羽本纪》："……至彭城，日中大破汉军。汉军皆走，相随入谷、泗水，杀汉卒十余万人。汉卒皆南走山，楚又追击至灵壁东睢水上。汉军却，为楚所挤。多杀，汉卒十余万人皆入睢水。睢水为之不流。"

睢水英雄多血刃，建章宫阙成煨烬。（唐·顾况《行路难三首》其三）

熊xióng

古上平，一东。逆白～当～貂～飞～非～封～狗～海～黄～梦～凭～饰～丸～维～熊～（火盛貌）玄～有～仲～顺～豹～背～车～螭～耳～幡～膰～蹯～馆～侯～虎～环～腊～狼～僚～梦～罴～貔～骑～旗～渠～蛇～轼～丸～武～戏～轩～岩～衣～昱～占～烝～足例冠上方簪豸，车边已画熊。（唐·王维《河南严尹弟见宿弊庐访别人赋十韵》）王孙莫谏猎，贱妾解当熊。（唐·贾至《咏冯昭仪当熊》）肃肃太守章，明明华毂熊。（唐·孟郊《送卢虔端公守复州》）

典**当熊** 亦作"冯后当熊"。称美后妃。《汉书·孝元冯昭仪传》："孝元冯昭仪，平帝祖母也。元帝即位二年，以选入后宫。……建昭中，上幸虎圈斗兽，后宫皆坐。熊佚出圈，攀槛欲上殿。左右贵人傅昭仪等皆惊走，冯婕妤直前当熊而立，左右格杀熊。上问：'人情惊惧，何故前当熊？'婕妤对曰：'猛兽得人而止，妾恐熊至御坐，故以身当之。'元帝嗟叹，以此倍敬重焉。"

肯信绿眉蝉鬓客，当熊意气压三军。（宋·陈长方《冯倢伃》）

非熊 亦作"非罴"。指吕尚，又指安邦定国的良弼。《宋书·符瑞志上》："（文王）将畋，史遍卜之，曰：'将大获，非熊非罴，天遗汝师以佐昌。臣太祖史畴为禹卜畋，得皋陶。其兆如此。'王至于磻溪之水，吕尚钓于涯，王下趋拜曰：'望公七年，乃今见光景于斯。'"

高居大士是龙象，草堂丈人非熊罴。（宋·黄庭坚《赠郑交》）

画熊 见187页"熊轼"。

中丞问俗画熊频，爱弟传书彩鹢新。（唐·杜甫《奉送蜀州柏二别驾》）

梦熊 贺人生男孩之典。《诗经·小雅·斯干》："吉梦维何？维熊维罴，维虺维蛇。大人占之：维熊维罴，男子之祥；维虺维蛇，女子之祥。"郑玄笺："熊罴在山，阳之祥也，故为生男。"

平生未省梦熊罴，稚女如花坠晓枝。（唐·李群玉《哭小女痴儿》）

凭熊 借指地方长官。熊轼为熊形的横轼。汉代公侯之车，其轼图熊。《后汉书·舆服志上》："公、列侯安车，朱班轮，倚鹿较，伏熊轼，皂缯盖，黑幡，右骓。"

谢公向此凭熊轼，白傅曾为鹿鸣客。（宋·王禹偁《送姚著作之任宣城》）

射熊 咏太子。《史记·赵世家》："赵简子疾，五日不知人……居二日半，简子寤。语大夫曰：'我之帝所甚乐。……有一熊欲来援我，帝命我射之，中熊，熊死。又有一罴来，我又射之，中罴，罴死。帝甚喜，赐我二笥，皆有副。吾见儿在帝侧，帝属我以翟犬，曰：'及而子之壮也，以赐之。'……简子召子毋恤……简子于是知毋恤果贤，乃废太子伯鲁，而以毋恤为太子。”

凿井未成歌击壤，射熊犹得梦钓天。（宋・王安石《次韵酬宋妃六首》其五）

丸熊　亦作“和丸教子”。柳仲郢母用熊胆和制成丸，让儿子吞服，因味苦能提神，以使夜间学习不致困睡。后因以喻母教。《新唐书・柳仲郢传》：“母韩，即皋女也，善训子，故仲郢幼嗜学，尝和熊胆丸，使夜咀咽以助勤。”

宵人有母鬓如银，夜半丸熊诲子频。（宋・王灼《呈陈崇青求娱亲堂三大字》）

占熊　见962页“梦熊”。

展骥声名久，占熊福艾全。（宋・陈克《南歌子・北固烟中寺》）

喁 yóng　鱼嘴露出水面翕动的样子。另见436页yú。

㊄上平，二冬。又：下平，七虞同。㊈唱～呕～煦～噞～（鱼口出水）于～喁～（众人仰慕归向）隅～㊉～望～噞㊊攀鸿日浅魂飞越，为鲤年深势噞喁。（唐・黄滔《投翰长赵侍郎》）

颙（顒）yóng　①大的样子。②肃静，严肃。③仰慕，景仰。④期待，盼望。

㊄上平，二冬。㊉～戴～候～盼～祈～企～侯～望～想～卬～仰～颙（温和貌）～坐㊊不自以为资，奉上但颙颙。（唐・张籍《董公诗》）山薮师王烈，簪缨友戴颙。（唐・罗隐《圣真观刘真师院十韵》）自知闲未得，不敢笑周颙。（唐・徐铉《和张少监舟中望蒋山》）

㊇**戴颙**　咏隐士。戴颙，字仲若，祖籍谯郡铚地，徙居会稽剡县。父戴逵（戴安道），兄戴勃，皆博学善琴。戴颙生活的时代，正值南北分裂，朝代迭易，战乱频繁，戴颙与其父兄一样，无心功名利禄，遁迹山林，以琴书自娱，事见《宋书・戴颙传》。

旧依支遁宿，曾与戴颙来。（唐・司空曙《过坚上人故院与李端同赋》）

周颙　代指好佛之士。《南史・周朗传》附《周颙传》：“颙字彦伦，晋左光禄大夫顗七世孙也。……颙音辞辩丽，长于佛理，著《三宗论》，言空假义。西凉州智林道人遗颙书，深相赞美……每宾友会同，颙虚席晤语，辞韵如流，听者忘倦。兼善《老》《易》，与张融相遇，辄以玄言相滞，弥日不解。清贫寡欲，终日长蔬，虽有妻子，独处山舍。”

周颙宅作阿兰若，娄约身归窣堵坡。（宋・王安石《与道原过西庄遂游宝乘》）

鹤怨周颙　亦作“彦伦鹤怨”。咏隐士出仕。孔稚珪《北山移文》：“世有周子，隽俗之士。……至其纽金章，绾墨绶，跨属城之雄，冠百里之首。……道帙长殡，法筵久埋。敲扑喧嚣犯其虑，牒诉倥偬装其怀。……使我高霞孤映，明月独举，青松落阴，白云谁侣？涧石摧绝无与归，石径荒凉徒延伫。至于还飙入幕，写雾出楹，蕙账空兮夜鹤怨，山人去兮晓猿惊。昔闻投簪逸海岸，今见解兰缚尘缨。”

鱼惭张翰辞东府，鹤怨周颙负北山。（唐・罗隐《寄右省王谏议》）

鳙（鱅）yóng　鱼名。

㊄上平，二冬。㊈胡～鳙～鲷～㊊梅岭寒烟藏翡翠，桂江秋水露鲷鳙。（唐・柳宗元《柳州寄丈人周韶州》）

庸 yóng　又读。另见937页yōng。

仄声・上声

宠（寵）chǒng　①（地位）尊贵。②使尊贵，尊崇。③尊荣，荣耀。④宠爱；受宠爱的；受宠爱的人。⑤骄纵。

㊄上声，二肿。㊈爱～贵～嬖～常～宸～乘～崇～耽～斗～多～恩～封～负～固～顾～惯～光～贵～豪～荷～怙～华～怀～嘉～荐～阶～借～矜～旌～敬～眷～礼～怜～冒～昧～偏～戚～迁～亲～情～权～荣～色～擅～失～世～市～恃～受～天～渥～希～显～亵～休～虚～邀～逸～优～珍～重～颛～㊉～褒～嬖～赐～答～惮～给～顾～惯～贵～鹤～诲～寄～嘉～奖～娇～接～旌～眷～爵～昵～赉～赂～禄～眄～沐～昵～溺～念～孽～戚～任～荣～赏～盛～授～私～绥～遂～望～慰～惜～锡～携～焰～要～耀～贻～谕～遇～赠～章～秩～重～擢～恣㊊绿珠犹得石崇怜，飞燕曾经汉皇宠。（唐・骆宾王《艳情代郭氏答卢照邻》）苟非小勤瘁，安得期逸宠。（唐・张说《岳州行郡竹篱》）雄姿逸态何嶙崒，顾影骄嘶自矜宠。（唐・杜甫《骢马行》）

㊇**刘宠**　称颂地方官廉政爱民。《后汉书・刘宠传》：“刘宠字祖荣，东莱牟平人……后四迁为豫章太守，又三迁，拜会稽太守。山民愿朴，乃有白首不入市井者，颇为官吏所扰。宠简除烦苛，禁察非法，郡中大化。征为将作大匠。山阴县有五六老叟……人赍百钱以送宠。……曰：‘山谷鄙生，未尝识郡朝。它守时吏发求民间，至夜不绝，或狗吠竟夕，民不得安。自明府下车以来，狗不夜吠，民不见吏。年老遭值圣明，今闻当见弃去，故自扶奉送。’宠曰：‘吾政何能及公言邪？勤苦父老！’为人选一大钱受之。”

竹马迎细侯，大钱送刘宠。（宋・苏轼《次前韵再送周正孺》）

白衣宠　见338页“白衣尚书”。

汉日唯闻白衣宠，唐年更睹赤松游。（唐・武平一《奉和圣制幸韦嗣立山庄应制》）

东昏宠　指南齐东昏侯所宠潘妃。《南史・齐本纪下・废帝东昏侯本纪》：“又别为潘妃起神仙、永寿、玉寿三殿，皆匝饰以金璧。……凿金银为书字，灵兽、神禽、风云、华炬，为之玩饰。……庄严寺有玉九子铃，外国寺佛面有光相，禅灵寺塔诸宝珥，毕剥取以施潘妃殿饰。……又凿金为莲华，以帖地，令潘妃行其上，曰：‘此步步生莲华也。’”

齐宫合赠东昏宠，好步黄金菡萏花。（唐・徐夤《新刺袜》）

穰侯宠　咏贵戚老臣。《史记・穰侯列传》：“穰侯魏冉者，秦昭王母宣太后弟也。……昭王少，宣太后自治，任魏冉为政。”

穰侯富秦宠，金石比交欢。（唐・陈子昂《感遇诗三十八首》其二十一）

董 dǒng　①监督管理。②正。

㊄上声，一董。㊈晃～关～贾～骨～古～监～客～理～懵～汨～南

～迁～趣～仁～绅～司～振～骨～古～顺～成～道～董～督～狐笔～理～率～齐～劝～摄～司～统～帷～一～役～振～正～作例乾峰不用指陈，云门休打骨董。（宋·释道颜《颂古》）勋业当及时，千年付南董。（宋·陈傅良《提举江东分韵得动字》）

典**晁董** 指西汉名臣晁错、董仲舒。《旧唐书·刘蕡传》："是岁（太和二年），左散骑常侍冯宿、太常少卿贾悚、库部郎中庞严为考策官，三人者，时之文士也，睹蕡条对，叹服嗟悒，以为汉之晁、董，无以过之。言论激切，士林感动。"

从来晁董多奇论，三日英豪亦未疏。（宋·王圭《闻喜燕上赠状元叶祖洽》）

南董 亦作"南董直笔"。咏史官敢于如实记事，或指敢于著文揭露时弊。《左传·宣公二年》："乙丑，赵穿攻灵公于桃园，宣子未出山而复。大史（董狐）书曰：'赵盾弑其君。'以示于朝。宣子曰：'不然。'对曰：'子为正卿，亡不越竟，反不讨贼，非子而谁？'"齐庄公与大夫崔杼之妾棠姜私通。崔杼杀庄公及其随从多人。《左传·襄公二十五年》："大史书曰：'崔杼弑其君。'崔子杀之，其弟嗣书，而死者二人，其弟又书，乃舍之。南史氏闻大史尽死，执简以往，闻既书矣，乃还。"

岂无南董氏，奋笔传名臣。（宋·刘克庄《挽吴茂新侍郎三首》其二）

袁董 即袁绍、董卓，喻指拥兵自专的藩镇。《后汉书·袁绍传》："是时豪杰既多附绍，且感其家祸，人思为报，州郡蜂起，莫不以袁氏为名，韩馥见人情归绍，忌方得众，恐将图已，常遣从事守绍门，不听发兵。桥瑁乃诈作三公移书，传驿州郡，说董卓罪恶，天子危逼，企望义兵，以释国难。馥于是方听绍举兵。乃谋于众曰：'助袁氏乎？助董氏乎？'治中刘惠勃然曰：'兴兵为国，安问袁、董？'"

袁董非徒尔，师昭岂偶然。（唐·韩偓《感事三十四韵》）

懂dǒng

古上声，一董。逆半～颠～蒙～瞢～懵～装～顺～得～行～事～眼例垂手入廛长是醉，醉则从教懵懂。（唐·葛长庚《贺新郎·遥想阳明洞》）

拱gǒng ①两手在胸前相合，表示恭敬。②特指帝王不亲理事务。③执，持。④指两手（或两臂）合拢之数。⑤环绕，护卫。⑥隆起，弯曲。⑦建筑物的弧形结构。⑧钻，顶，推。

古上声，二肿。逆把～朝～垂～打～斗～端～扶～高～合～横～环～交～静～鞠～连～木～盘～桥～森～深～闲～星～叶～阴～张～众星～顺～把～拜～抱～北～璧～别～辰～辰管～宸～动～料～伏～服～候～护～花～火～极～已～架～袂～默～木～墓～券～绕～圣～鼠～树～听～玩～押～揖例黎民困逆节，天子渴垂拱。（唐·杜甫《晚登瀼上堂》）亭亭巧于削，一一大如拱。（唐·元稹《寺院新竹》）吸尽金波，醉朝天阙，斗班星拱。（宋·朱敦儒《醉春风·夜饮西真洞》）

典**木已拱** 亦作"墓木已拱"。指人死已多年。《左传·僖公三十二年》："（秦穆公）召孟明、西乞、白乙，使出师于东门之外。蹇叔哭之曰：'孟子，吾见师之出，而不见其入也。'公使谓之曰：'尔何知？中寿，尔墓之木拱矣！'"

金粟堆前木已拱，瞿塘石城草萧瑟。（唐·杜甫《观公孙大娘弟子舞剑器行》）

巩（鞏）gǒng ①用皮革捆东西。②牢固，使牢固。

古上声，二肿。逆会～阙～顺～殿～巩～坚～峻～洛～膜～卫～穴例我家本瀍穀，有地介皋巩。（唐·韩愈《会合联句》）

汞gǒng 水银。

古上声，一董。逆丹～凡～红～金～雷～炼～铅～砂～烧～升～水～养～真～朱～升～顺～灯～粉～砂例寒恐结红铅，暖疑销紫汞。（唐·皮日休《茶中杂咏·茶笋》）看时须到月边乌，养处且论铅与汞。（宋·曹勋《玉楼春·昔年曾到神清洞》）风撼海牛帘幕重。画檐冰筋如流汞。（宋·赵彦端《蝶恋花·雪里珠衣寒未动》）

典**铅汞** 指修道炼丹之事，或指仙丹。道家言以铅及汞入鼎炼丹，服食可以长生不老。

专心在铅汞，余力工琴棋。（唐·白居易《同微之赠别郭虚舟炼师五十韵》）

栱gǒng 在立柱和横梁交接处向外探出的弓形承重结构。

古上声，二肿。逆百～料～斗～枌～画～栌～栾～云～顺～枅～桷例鬼窟脱幽妖，天居觌清栱。（唐·韩愈《会合联句》）

哄hǒng ①欺骗。②用言语或行动逗引使人高兴，讨人喜欢。③指替别人照看孩子。另见933页hōng、972页hòng。

逆啜～撺～撮～勾～和～诓～买～瞒～蒙～欺～哨～调～虚～赚～驺～顺～逗～犯～局～弄～怂～诱～语

嗊（嗊）hǒng 罗嗊，古歌曲名。

古上声，一董。逆和～罗～顺～嗃

窘jiǒng ①困迫，使陷入困境。②穷困，贫乏。③为难，难堪。④使为难，使难堪。

古上声，十一轸。逆隘～愁～阨～发～乏～寒～惶～饥～惊～拘～枯～愧～困～劳～凌～陵～难～贫～穷～沈～势～受～危～幽～逐～顺～隘～败～暴～逼～弊～步～绌～促～蹙～悴～厄～乏～惶～急～竭～境～惧～绝～蹶～苦～匮～路～戮～默～挠～罄～辱～涩～慑～束～缩～狭～执～摭～滞～逐例时命虽乖心转壮，技能虚富家逾窘。（唐·韩愈《赠崔立之评事》）虽云乌、月黑路蒙笼，何曾窘。（宋·王质《满江红·落尽斜阳》）

迥jiǒng ①远。②形容差别很大。③卓越，突出。

古上声，二十四迥。逆地～高～孤～江湖～空～旷～辽～寥～路～清～秋～遐～险～修～虚～幽～顺～超～彻～隔～古～汉～绝～空～旷～阔～辽～路～邈～漠～然～深～胜～逝～殊～耸～邃～逖～眺～望～榭～秀～野～异～远～躅例况资菱芡足，庶结茅茨迥。

（唐·杜甫《渼陂西南台》）凄凄百卉病，亭亭双松迥。（唐·顾况《萧寺偃松》）傍通日月过，仰望虹霓迥。（唐·李幼卿《游烂柯山四首》其二）

典天高地迥 亦作"天高地远"。意谓天地极其高远。唐·王勃《滕王阁诗序》："天高地迥，觉宇宙之无穷；兴尽悲来，识盈虚之有数。"

天高地迥诗囊小，收拾不多空一来。（宋·曾丰《再游滕王阁》）

炯jiǒng ①光，明亮。②显著。

古上声，二十四迥。逆凄～深～顺～尔～晃～迹～鉴～介～戒～炯～朗～冷～然～思～心～眼～耀～烛例殿巢江燕砌生蒿，十二金人霜炯炯。（唐·温庭筠《鸡鸣埭曲》）

孔kǒng ①洞，窟窿。②穿通。③渠道，途径。④深远的样子。⑤大，美。⑥指孔子。⑦副词，很，甚。⑧量词。

古上声，一董。逆百～鼻～穿～方～窒～姬～面～藕～七～钱～桑～祀～瞳～箫～心～幸～眼～移～圆～栅～针～周～顺～壁～炽～翠～聃～道～德～多～阜～亟～嘉～艰～皆～爵～懋～孟～墨～雀裘～圣～释～硕～威～帷～鳟～偕～宣～颜～燕～阳～业～殷～约～臧～昭～照～周～罇例凄其望吕葛，不复梦周孔。（唐·杜甫《晚登瀼上堂》）

典周孔 代指古代圣贤之人。张衡《归田赋》："弹五弦之妙指，咏周孔之图书。"李善注："周，周公；孔，孔子也。"

卜瀍与卜宅，周孔语非谬。（宋·王之道《赠术士罗世忠》）

梦周孔 哀伤衰老。《论语·述而》："子曰：'甚矣，吾衰也！久矣，吾不复梦见周公！'"

闾阎恶少印累累，不梦周孔嗟吾衰。（宋·章甫《寄题极星亭》）

恐kǒng

古上声，二肿。又：去声，二宋异。逆悲～怖～颤～诚～大～躭～惮～第～恫～骇～惶～或～悸～劫～惊～沮～虑～怕～迫～生～虽～畏～无～惜～心～忧～犹～战～振～震～惴～顺～逼～骇～惶～惑～急～悸～恐～栗～虑～怯～慑～慎～悚～惕～畏～胁～猲～谀～詟例预绝豺狼忧，知免牛羊恐。（唐·张说《岳州行郡竹篱》）马辞虎豹怒，舟出蛟鼍恐。（唐·韩愈《会合联句》）风朝竽籁过，雨夜鬼神恐。（唐·元稹《寺院新竹》）

倥kǒng 倥偬，忙乱，事情纷繁迫促。另见935页kōng。

古广韵，平声，东韵。顺～急～偬

垄（壟、壠、垅）lǒng ①坟墓。②高丘，高地。③田埂。④在耕地上培成的能种农作物的土埂。⑤通"陇"，陇山。

古上声，二肿。逆碑～畴～登～断～高～耕～故～荒～宽～圹～麦～磨～坡～丘～畎～沙～山～塥～松～瓦～雪～莹～玉～祖～麦～顺～岗～亩～墓～灶～作例差池截浦沙，缭绕缘隈垄。（唐·张说《岳州行郡竹篱》）雉堞粉如云，山田麦无垄。（唐·杜甫《晚登瀼上堂》）吟巴山荦嶨，说楚波堆垄。（唐·韩愈《会合联句》）

拢（攏）lǒng ①聚合，合拢。②使不离开或不松散。③靠近，到达。④总和，总计。⑤梳理（头发）。⑥弹奏弦乐器的一种指法。另见952页lóng。

古上声，一董。逆凑～辏～蹙～箍～挤～聚～控～拗～盘～梳～翕～拉～归～合～靠～顺～岸～傍～边～船～家～络～捻～身～统～音～子～总例挑鬟玉钗髻，刺绣宝装拢。（唐·元稹《春六十韵》）回首罗浮今在否，寂寞烟迷翠拢。（宋·高观国《贺新郎·月冷霜袍拥》）

陇（隴）lǒng ①山名。②古地名。③通"垄"。

古上声，二肿。逆边～塍～畴～得～登～冈～鹤～黄～疆～辽～亩～南～畦～阡～秦～丘～畎～山～颓～瓦～幽～关～顺～阪～城～道～笛～坻～断～关～海～客～廉～亩～鸟～禽～塞～山～首～蜀～戍～树～水～隧～头～西～驿～阴～右～褆例落日向林路，东风吹麦陇。（唐·耿沣《晚次昭应》）国雠未销铄，我志荡邛陇。（唐·孟郊《会合联句》）战车彭彭旌旗动，三十六军齐上陇。（唐·张籍《将军行》）

典度陇 喻行旅在外，思念故人。南朝宋·陆凯《赠范晔》："折花逢驿使，寄与陇头人。江南无所有，聊赠一枝春。"

缘边度陇未可嘉，鸟跂星悬危复斜。（唐·李颀《弹棋歌》）

笼（籠）lǒng ①笼罩。②包罗，包括。③控制，垄断。④盛衣服的竹箱。另见951页lóng。

古上声，一董。逆箱～顺～绊～鞭～丛～侗～利～罗～捻～取～圈～弦～仗～制～致～总例烟笼寒水月笼纱，夜泊秦淮近酒家。（杜牧《泊秦淮》）

典碧纱笼 喻重视珍爱，或喻因身居高位而受尊重。《唐摭言·起自寒苦》："王播少孤贫，尝客扬州惠昭寺木兰院，随僧斋餐。诸僧厌怠，播至，已饭矣。后二纪，播自重位出镇是邦，因访旧游，向之题已皆碧纱幕其上。播继以二绝句曰：'二十年前此院游，木兰花发院新修。而今再到经行处，树老无花僧白头。上堂已了各西东，惭愧阇黎饭后钟。二十年来尘扑面，如今始得碧纱笼。'"

好着碧纱笼寺壁，更将金刻置岩标。（宋·梁况之《题壁》）

红袖纱笼 咏游赏题诗，或咏官妓或侍妾。宋·吴处厚《青箱杂记》卷六："世传魏野尝从莱公游，陕府僧舍各有留题。后复同游，见莱公之诗已用碧纱笼护，而野诗独否，尘昏满壁。时有从行官妓，颇慧黠，即以袂就拂之。野徐曰：'若得常将红袖拂，也应胜似碧纱笼。'莱公大笑。"

但得常将红袖拂，也应胜似碧纱笼。（宋·魏野《题僧寺》）

冗（*宂）rǒng ①多余的。②繁杂，烦琐。③繁忙。也指繁忙的事务。

古上声，二肿。逆拨～浮～寒～滥～谬～扰～阘～顽～闲～顺～隘～绊～坌～辞～渎～蠹～烦～繁～泛～肤～赋～号～积～急～辑～贱～僭～局～剧～滥～流～乱～率～曼～蔓～漫～縻～谬～闹～懦～迫～怯～扰～冗～散～剩～食～琐～沓～阘～委～芜～细～屑～衣～役～溢～政～重～赘～浊例衰老自成病，郎官未为冗。

(唐·杜甫《晚登瀼上堂》)瘴衣常腥腻，蛮器多疏冗。(唐·张籍《会合联句》)谁令植幽壤，复此依闲冗。(唐·元稹《寺院新竹》)

氄(*氄、鐍)rǒng　细密柔软的毛。逆鹅～毛～鸭～子～顺～毳～毛～毯～衣

茸rǒng　推入。另见958页róng。古上声，二肿。例《汉书·司马迁传》："李陵既生降，隤其家声，而仆又茸以蚕室，重为天下观笑。悲夫！悲夫！"颜师古注："茸音人勇反，推也。蚕室，初腐刑所居温密之室也。谓推致蚕室之中也。"

耸(聳)sǒng　①耳聋。②高起，矗立。③往上抬，向上动。④劝说，鼓励。⑤通"竦"，恭敬，敬重。⑥通"悚"，恐惧，惊动。

古上声，二肿。逆昂～逼～巉～矗～撺～浮图～高～架～肩～迥～棱～凌秋～毛～骈～锵～峭～倾～清～森～山～慑～神～特～危～巍～霞～修～秀～轩～严～瞻～震～顺～跸～出～翠～耳～干～翮～壑～惑～激～惧～峻～目～慕～峭～然～慑～神～耸～叹～突～秀～揖～踊～跃～峙～擢例矗似长云亘，森如高戟耸。(唐·张说《岳州行郡竹篱》)所思注东北，深峡转修耸。(唐·杜甫《晚登瀼上堂》)冰碧林外寒，峰峦眼前耸。(唐·元稹《寺院新竹》)

悚[1]sǒng　①恐惧，惶恐。②恭敬。古上声，二肿。逆悲～惭～感～寒～欢～慌～惶～悸～兢～惧～懔～恐～恇～愧～翘～倾～森～慴～危～畏～忻～欣～遥～邑～忧～仄～振～震～顺～抃～侧～怛～动～骇～皇～惶～敬～惧～慨～愧～厉～栗～恧～切～怯～然～慑～悚～惕～息～异～跃～仄～战～耆～怍例升朝高辔逸，振物群听悚。(唐·张籍《会合联句》)鸟道绳桥来款附，非因慕化因危悚。(唐·元稹《和李校书新题乐府十二首·蛮子朝》)若教对此定妍媸，必定伏膺怀愧悚。(唐·徐光溥《题黄居寀秋山图》)

悚[2](*竦)sǒng　毛发悚立。古上声，二肿。逆毛发～顺～立～跂～企～然～峙

怂(慫)sǒng　①惊恐，惊惧。②从旁鼓动，劝说。逆撺～哄～弄～顺～兢～恿～恿

统(統)tǒng　①丝的头绪。②传统，一脉相承的系统。③纲纪，准则。④总括，总起来。⑤统领，掌管。⑥衣物等的筒状部分。⑦全，都。⑧量词。用于木材、碑碣等。古去声，二宋。逆哀～八～霸～邦～标～秉～承～持～传～垂～篡～嫡～帝～贰～分～官～贯～汉～洪～皇～建～践～君～临～笼～篇～三～僧～绍～摄～圣～世～属～嗣～体～统～文～系～遐～辖～协～靴～血～遥～一～贻～遗～源～镇～正～政～政～治～宗～总～顺～舱～承～带～府～贯～和～楫～纪～检～口～括～类～理～临～论～镘～内～配～戎～手～属～嗣～体～天～系～绪～押～业～驭～御例汉皇受禅新尧统。(唐·石孝友《玉楼春·汉皇受禅新尧统。》)黄钟应律扶炎统。(唐·石孝友《玉楼春·黄钟应律扶炎统。》)

筒(*筩)tǒng　另见961页tóng。古上平，一东。逆碧～词～灯～钓～荷～唧～筠～窥～连～密～蜜～喷～钱～签～乳～诗～书～讼～望～觚～展～顺～酒～洒～瓦～襕

桶tǒng　古上声，一董。逆扮～鞭～触～斗～蜂辞～禾～寄～圊～梢～筲～酸～余～冤～吊～顺～底脱～盘～裙～檧

捅(*搧)tǒng　①引，招引。②戳，刺。③碰，触动。④说穿，揭露。顺～咕～楼子～漏子

勇yǒng　古上声，二肿。逆猋～才～差～潮～诚～逞～逞～胆～愤～负～干～骨～犷～果～悍～豪～好～贾余～兼人～贱～狡～矜～精～警～廉～戮～蛮～谋～毗～匹夫～剽～票～僄～慓～樸～强～轻～拳～饶～散～神～竦～傱～堂～佻～武～贤～衔～校～新～衅～雄～养～毅～游～余～愚～鸷～中～壮～顺～虫～断～干～功～果～悍～健～决～爵～烈～卢～略～迈～谋～剽～锐～沈～往～毅～挚～鸷～壮例潜匿游下邳，岂曰非智勇。(唐·李白《经下邳圯桥怀张子房》)病添儿女恋，老丧丈夫勇。(唐·韩愈《会合联句》)犬戎强盛频侵削，降有愤心战无勇。(唐·元稹《和李校书新题乐府十二首·蛮子朝》)

典**贾勇**　形容人奋勇作战，英勇有余。《左传·成公二年》："齐高固人晋师，桀石以投人，禽之而乘其车，系桑本焉，以徇齐垒，曰：'欲勇者贾余余勇。'"杜预注："贾，卖也。言己勇有余，欲卖之。"

贾勇遂能空鼠穴，策勋何止履羊肠。(宋·陆游《鼠屡败吾书偶得狸奴捕杀》)

秦堇勇　称誉勇士。《左传·襄公十年》："晋荀偃、士匄请伐偪阳而封宋向戌焉。荀罃曰：'城小而固，胜之不武，弗胜为笑。'固请。丙寅，围之，弗克。孟氏之臣秦堇父，辇重如役。……主人县布，堇父登之，及堞而绝之。队则又县之，苏而复上者三。主人辞焉，乃退，带其断以徇于军三日。"

何妨秦堇勇，又有曹刿说。(唐·陆龟蒙《杂讽九首》其八)

王尊勇　咏勇敢。《汉书·王尊传》："先是，琅邪王阳为益州刺史，行部至邛郲九折阪，叹曰：'奉先人遗体，奈何数乘此险！'后以病去。及尊为刺史，至其阪，问吏曰：'此非王阳所畏道邪？'吏对曰：'是。'尊叱其驭曰：'驱之！王阳为孝子，王尊为忠臣。'……是时，东平王以至亲骄奢不奉法度，傅相连坐。……尊谓王曰：'尊来为相，人皆吊尊也，以尊不容朝廷，故见使相王耳。天下皆言王勇，顾但负贵，安能勇？如尊乃勇耳。'……久之，河水盛溢，泛浸瓠子金堤，老弱奔走，恐水大决为害。尊躬率吏民，投沉白马，祀水神河伯。尊亲执圭璧，使巫策祝，请以身填金堤，因止宿，庐居堤上。吏民数千万人争叩头救止尊，尊终不肯去。及水盛堤坏，吏民皆奔走，唯一主簿泣在尊旁，立不动。而水波稍却回还。吏民嘉壮尊之

勇节……"

王尊岂非勇，独自守孤城。（宋·戴复古《客自邵武来言王野使君平寇》）

云长勇 用于称颂战将英勇。《三国志·蜀书·关张马黄赵传》："初，飞雄壮威猛，亚于关羽，魏谋臣程昱等咸称羽、飞万人之敌也。……评曰：关羽、张飞皆称万人之敌，为世虎臣。"

矫矫云长勇，恂恂郄縠风。（唐·杜牧《题永崇西平王宅太尉愬院六韵》）

北府牢之勇 称美御敌有功的良将。《晋书·刘牢之传》："刘牢之子道坚，彭城人也。……牢之面紫赤色，须目惊人，而沉毅多计画。太元初，谢玄北镇广陵，时苻坚方盛，玄多募劲勇，牢之与东海何谦、琅玡诸葛侃、乐安高衡、东平刘轨、西河田洛及晋陵孙无终等以骁猛应选。玄以牢之为参军，领精锐为前锋，百战百胜，号为'北府兵'，敌人畏之。及坚将句难南侵，玄率何谦等距之。牢之破难辎重于盱眙，获其运船，迁鹰扬将军、广陵相。"

横槊冲围四出，北府牢之何勇，新进喜多才。（宋·李曾伯《水调歌头·壁垒壮西塞》）

永 yǒng ①水流长。②长，兼指空间和时间。③永远，无终止。④延长。⑤通"咏"，吟诵；抒写。⑥古州名。

㊀上声，二十三梗。㊁不～更漏～江～隽～隆～弥～邈～日～深～思～味～遐～宵～脩～延～夜～依～悠～渊～长～昼～㊂～安～葆～昌～辞～存～丰～感～歌～隔～古～锢～徽律～嘉～鉴～靖～诀～绝～慨～康～乐～漏～路～眠～命～慕～年～念～宁～迁～日～生～逝～寿～思～岁～叹～图～望～夕～巷～啸～新～言～业～夜～逸～宅～长～贞～制～终～昼㊃怅望城阙遥，幽居时序永。（唐·韦应物《寄柳州韩司户郎中》）蒹葭离披去，天水相与永。（唐·杜甫《渼陂西南台》）独吟愁霖雨，更使秋思永。（唐·钱起《苦雨忆皇甫冉》）

㊄**羌永** 本意是感叹通向长安之路如此之长，后指道路漫长。唐·韩愈《感二鸟赋》："出国门而东骛，触白日之隆景。时返顾以流涕，念西路之羌永。"

记我友醒狂，相从有意，中路恨羌永。（宋·刘辰翁《摸鱼儿·道醉乡》）

咏（*詠）yǒng ①歌唱，吟诵。②用诗歌等文学形式来赞颂、抒写。③指诗词等作品。

㊁沧浪～短～讽～高～歌～笺～觞～赏～诵～题～啸～新～谣～遗～吟～杂～赞～长～钻～㊂～唱～德～歌～归～画～怀～仁～扇～诗～思～颂～陶～题～想～絮～雪～谑～言～谣～雩～语～赞～沼～志～瞩㊃佳气含风景，颂声溢歌咏。（唐·王维《奉和圣制登降圣观与宰臣等同望应制》）可怜物色阻携手，空展霜缣吟九咏。（唐·韩愈《寒食日出游》）坐作群书吟，行为孤剑咏。（唐·孟郊《送韩愈从军》）

㊄**八咏** 南朝齐时，太守沈约在金华县建元畅楼（后改称"八咏楼"），并题诗八首，合称《八咏》。宋词中常用此典称美诗才，也借以称誉地方长官。《玉台新咏》卷九南朝齐·沈约《八咏·登台望秋月》清吴兆宜注引《金华志》："《八咏》诗，南齐隆昌元年太守沈约所作，题于元畅楼，时号绝唱。后人因更元畅为八咏楼云。"

寄谢东阳守，何如八咏楼。（唐·孟浩然《同独孤使君东斋作》）

海沂咏 亦作"海人词"。称美别驾政绩，也用以称美郡县佐吏。《晋书·王祥传》："王祥，字休征，琅邪临沂人。……徐州刺史吕虔檄为别驾，祥年垂耳顺，固辞不受。览劝之，为具车牛，祥乃应召，虔委以州事。于时寇盗充斥，祥率励兵士，频讨破之。州界清静，政化大行。时人歌之曰：'海沂之康，实赖王祥，邦国不空，别驾之功。'"

还将海沂咏，籍甚汉公卿。（唐·皇甫冉《送荣别驾赴华州》）

康衢咏 亦作"康衢颂德"。歌颂帝德盛世。《列子·仲尼》："尧治天下五十年，不知天下治欤，不治欤？不知亿兆之愿戴己欤？不愿戴己欤？顾问左右，左右不知。问外朝，外朝不知。问在野，在野不知。尧乃微服游于康衢，闻儿童谣曰：'立我蒸民，莫匪尔极。不识不知，顺帝之则。'尧喜问曰：'谁教尔为此言？'童儿曰：'我闻之大夫。'问大夫。大夫曰：'古诗也。'"

未知康衢咏，所仰惟年丰。（唐·李适《重阳日即事》）

洛生咏 亦作"洛下书生咏""书生咏"。本指洛下书生的讽咏声，音色重浊。东晋士大夫多中原旧族，故盛行为"洛生咏"。后用来指文人的雅量与风度。《世说新语·雅量》："桓公伏甲设馔，广延朝士，因此欲诛谢安、王坦之。……相与俱前。王之恐状，转见于色。谢之宽容，愈表于貌。望阶趋席，方作洛生咏，讽'浩浩洪流'。"南朝梁刘孝标注引宋明帝《文章志》："安能作洛下书生咏，而少有鼻疾，语音浊。后名流多敩其咏，弗能及，手掩鼻而吟焉。"

闷为洛生咏，醉发吴越调。（唐·李白《经乱后将避地剡中留赠崔宣城》）

牛渚咏 称咏人有诗才。《晋书·袁宏传》："（袁宏）少孤贫，以运租自业。谢尚时镇牛渚，秋夜乘月，率尔与左右微服泛江。会宏在舫中讽咏，声既清会，辞又藻拔，遂驻听久之，遣问焉。答云：'是袁临汝郎诵诗。'即其咏史之作也。尚倾率有胜致，即迎升舟，与之谭论，申旦不寐，自此名誉日茂。"

早闻牛渚咏，今见鹡鸰心。（唐·孟浩然《送袁十岭南寻弟》）

蓬池咏 咏愁思之典。阮籍《咏怀十七首》其十二："徘徊蓬池上，还顾望大梁。绿水扬洪波，旷野莽茫茫。走兽交横驰，飞鸟相随翔。……羁旅无畴匹，俯仰怀哀伤。小人计其功，君子道其常。岂惜终憔悴，咏言著斯章。"

却忆蓬池阮公咏，因吟渌水扬洪波。（唐·李白《梁园吟》）

七步咏 亦作"七步才""七步"。称美才思敏捷。《世说新语·文学》："文帝（曹丕）尝令东阿王（丕弟曹植）七步中作诗，不成者行大法。应声便为诗曰：'煮豆持作羹，漉菽以为汁。萁在釜下然，豆在釜中泣。本自同根生，相煎何太急?'帝深有惭色。"

俱裁七步咏，同倾三雅杯。(唐·于志宁《冬日宴群公于宅各赋一字得杯》)

五君咏 指颜延之作《五君咏》诗寄托受打击的怨愤一事。《宋书·颜延之传》："(延之)见刘湛、殷景仁专当要任，意有不平……湛深恨焉，言于彭城王义康，出为永嘉太守。延之甚怨愤，乃作《五君咏》以述竹林七贤，山涛、王戎以贵显被黜，咏嵇康曰：'鸾翮有时铩，龙性谁能驯。'咏阮籍曰：'物故可不论，涂穷能无恸。'咏阮咸曰：'屡荐不入官，一麾乃出守。'咏刘伶曰：'韬精日沉饮，谁知非荒宴。'此四句，盖自序也。"

四客高风惊楚汉，五君新咏弃山王。(宋·杨亿《书怀寄刘五》其二)

何郎遗咏 亦作"何郎诗句""何郎词卷""何郎情思""何郎花恼"。指南朝梁诗人何逊在扬州以诗咏梅。后以为咏梅之典。梁·何逊《咏早梅诗》："兔园标物序，惊时最是梅。衔霜当路发，映雪拟寒开。枝横却月观，花绕凌风台。朝洒长门泣，夕驻临邛杯。应知早飘落，故逐上春来。"

南州故苑，何郎遗咏，风台月观。(宋·孔榘《水龙吟·数枝凌雪乘冰》)

冷枫新咏 多用以咏秋江景况。唐人崔信明诗有"枫落吴江冷"句。《新唐书·崔信明传》："崔信明，青州益都人。高祖光伯，仕后魏为七兵尚书。……信明蹇亢，以门望自负，尝矜其文，谓过李百药，议者不许。扬州录事参军郑世翼者，亦骜倨，数恌轻忤物，遇信明江中，谓曰：'闻公有"枫落吴江冷"，愿见其余。'信明欣然多出众篇，世翼览未终，曰：'所见不逮所闻!'投诸水，引舟去。"

忧心耿耿。寄桐叶芳题，冷枫新咏。(宋·史达祖《齐天乐·阑干只在鸥飞处》)

沈郎八咏 见967页"八咏"。

沈侯销瘦，八咏新题就。(宋·贺铸《清平乐·沈侯销瘦》)

谢庭诗咏 亦作"谢庭争道絮因风""谢家儿女赋嘲"。见447页"飞絮"。

想谢庭诗咏，梁园赋赏，未成欢计。(宋·丁注《无闷·风急还收》)

一觞一咏 本指文人宴集饮酒赋诗，后用以咏上巳，或咏文士雅集，或咏诗酒生涯。王羲之《三月三日兰亭诗序》："永和九年，岁在癸丑，暮春之初，会于会稽山阴之兰亭，修禊事也。群贤毕至，少长咸集。此地有崇山峻岭，茂林修竹。又有清流激湍，映带左右。引以为流觞曲水，列坐其次。虽无丝竹管弦之盛，一觞一咏，亦足以畅叙幽情。"

三沐三薰听所为，一觞一咏情忘倦。(宋·洪皓《小王仲冬望置酒学士赋诗次韵》)

汉宫圆扇成咏 见698页"班女扇"。

风影定，汉宫圆扇初成咏。(宋·欧阳修《渔家傲·六月炎蒸何太盛》)

泳yǒng

古去声，二十四敬。逆侧～飞～涵～沐～沈～翔～顺～程～涵～游例素影沉沉对蝶飞，金沙砾砾窥鱼泳。(唐·万齐融《三日绿潭篇》)气和草木发萌芽，德畅禽鱼遂翔泳。(唐·包佶《祀风师乐章·送神》)逸翮思冥冥，潜鳞乐游泳。(唐·皎然《答郑方回》)

典**云飞川泳** 见261页"川泳云飞"。

庆云飞川泳，和熏三白。(宋·张榘《瑞鹤仙·碧油推上客》)

踊(*踴)yǒng

①向上跳，跳跃。②登上。③比喻物价上涨。④通"涌"，向上升，冒出。⑤古代受刖刑(断足)人穿的鞋子。

古上声，二肿。逆躄～抃～号～欢～惊～踘～距～擗～雀～三～蛇～耸～悚～竦～腾～翔～鱼～纵～顺～昂～躄～抃～发～贵～骇～距～屦～绝～擗～躄～跂～身～塔～腾～跳～现～治～移～逸～溢～悦例伊余何所拟，跛鳖讵能踊。(唐·孟郊《会合联句》)宝地琉璃坼，紫苞琅玕踊。(唐·元稹《寺院新竹》)玉螺一吹椎髻耸，铜鼓一击文身踊。(唐·白居易《骠国乐一欲王化之先迩后远也》)

涌(湧)yǒng

①水或气往上冒。②像水涌一样冒出。③水奔腾、翻滚。④比喻物价上涨。

古上声，二肿。逆坌～渤～潮～楮～沸～濆～汩～海～鸿～澒～激～怒～喷～溢～驱～诗思～填～掀～翔～悬～溢～月～云～顺～潮～触～沸～澓～贵～激～挤～金门～聚～身～湍～裔～长例三江潮水急，五湖风浪涌。(唐·崔颢《长干曲四首》其四)春气晚更生，江流静犹涌。(唐·杜甫《晚登瀼上堂》)愁去剧箭飞，欢来若泉涌。(唐·张彻《会合联句》)

蛹yǒng

蚕蛹。泛指昆虫由幼虫发育到成虫的过渡形态。

古上声，二肿。逆蚕～成～蜂～顺～化～壳～期～卧例坚如撞群金，眇若抽独蛹。(唐·韩愈《会合联句》)

俑yǒng

古代殉葬用的偶人，一般为木制或陶制。

古上声，二肿。逆木～墓～泥～女～秦～始～侍～唐～陶～鹰～作～

典**作俑** 喻指首开恶例。《孟子·梁惠王上》："梁惠王曰'寡人愿安承教。'……(孟子)曰：'庖有肥肉，厩有肥马，民有饥色，野有饿莩，此率兽而食人也。兽相食，且人恶之;为民父母，行政不免于率兽而食人，恶在其为民父母也?仲尼曰："始作俑者，其无后乎!"为其象人而用之也。如之何其使斯民饥而死也?'"

异端塞穹壤，作俑孰为始?(宋·陆游《秋夜读书示儿子》)

甬yǒng

①古乐器钟上的柄。②古代斗斛一类的量器。③两旁有墙垣遮蔽的通道。④古代称受雇佣的人。⑤浙江省宁波市的别称。

古上声，二肿。逆沪杭～顺～道～官～路例龙旆垂天卫，云韶凝禁甬。(唐·韩愈《会合联句》)

恿(*慂)yǒng

古上声，二肿。逆怂～耸～例都是刘郎看承处，多少温柔从臾怂恿。(唐·丁几仲《贺新郎·喜溢蟾宫梦》)

臃yǒng

又读。另见938页yōng。

拥(擁)yǒng 又读。另见937页yōng。

种(種)zhǒng ①植物的种子。②人和其他生物的族类。③事物的类别。④指种属。⑤指有胆量,骨气。另见943页chóng、977页zhòng。

㊍上声,二肿。㊨白～本无～播～布～蚕～苍龙～传～道～凡～府～羹饭～公～贵～寒～瓠～佳～嘉～将～蜡～蠡～戾～留～谬～逆～麒麟～强～酋～三～释～书～殊～田～土～屯～微～文～五～下～仙～相～选～业～遗～玉～越～诸～籽～宗～尊～㊩～辈～别～祠～发～豪～号～火～觉～教～界～蠡～粒～落～民天～末～孽～气～切～穰～人～仁～实～祀～条～徇～质～智～众～诛 ㊙清香一袖意无穷。洗尽尘缘千种。(宋·辛弃疾《西江月·金粟如来出世》)一串数珠随手弄。休千种。(宋·可旻《渔家傲·文墨尖新无处用》)

㊐**将种** 指将门之后。《汉书·齐悼惠王列传》:"(刘)章年二十,有气力,忿刘氏不得职。尝入侍燕饮,高后令章为酒吏。章自请曰:'臣,将种也,请得以军法行酒。'"

天外朝星淡,山西将种空。(宋·司马光《景福东厢诗·读武士策》)

龙种 亦作"苍龙种"。指帝王的后代。《史记·外戚世家》:"汉王入织室,见薄姬有色,诏内后宫,岁余不得幸。……汉王心惨然,怜薄姬,是日召而幸之。薄姬曰:'昨暮夜妾梦苍龙据吾腹。'高帝曰:'此贵征也,吾为女遂成之。'一幸生男,是为代王。"

闻说真龙种,仍残老骕骦。(唐·杜甫《秦州杂诗二十首》其五)

相种 称美相门子弟。《史记·陈涉世家》:"尉剑挺,(吴)广起,夺而杀尉。陈胜佐之,并杀两尉。召令徒属曰:'公等遇雨,皆已失期,失期当斩。……且壮士不死即已,死即举大名耳,王侯将相,宁有种乎!'"

赫赫岩岩真相种,来驾横空仙鹄。(宋·黄宰《酹江月·三光五岳》)

渥洼种 代指神马,也指才士。《史记·乐书》:"又尝得神马渥洼水中,复次以为《太一之歌》。"裴骃集解:"李斐曰:'南阳新野有暴利长,当武帝时遭刑,屯田燉煌界。人数于此水旁见群野马中有奇异者,与凡马异,来饮此水旁。利长先为土人持勒靽于水旁,后马玩习久之,代土人持勒靽,收得其马,献之。欲神异此马,云从水中出。'"

渥洼汗血种,天上麒麟儿。(唐·杜甫《和江陵宋大少府暮春雨后同诸公及舍弟宴书斋》)

白发有种 咏白发。宋·黄庭坚《次韵裴仲谋同年》:"交盖春风汝水边,客床相对卧僧毡。舞阳去叶才百里,贱子与公俱少年。白发齐生如有种,青山好去坐无钱。烟沙篁竹江南岸,输与鸬鹚取次眠。"

白发宁有种,一一醒时栽。(宋·辛弃疾《水调歌头·白日射金阙》)

公侯有种 本意是否认王侯将相自有其高贵的种子因素,后指致力谋求富贵。见本页"公侯宁有种"。

须信公侯有种,道义自相渐。(宋·王之道《水调歌头·暑雨湿修竹》)

余发种种 形容头发短少,表示年已衰颓,不能有所作为。此本是卢蒲嫳(他曾参与庆封之乱)对齐景公所言,意为自己已经老迈,不能复为害于家国。《左传·昭公三年》:"齐侯田于莒,卢蒲嫳见,泣且请曰:'余发如此种种(注:种种,发短也。),余奚能为?'"

芳菲即可插,余发惭种种。(宋·梅尧臣《通判遗新柳》)

公侯宁有种 此谓王侯将相本非天生,意在表现反抗精神。语本《史记·陈涉世家》:"且壮士不死即已,死即举大名耳,王侯将相宁有种乎!'"

公侯宁有种,自致唯斯文。(宋·王日翚《云安监劝学诗》)

肿(腫)zhǒng ①痈,毒疮。②(皮肤、肌肉等)鼓胀,浮胀。

㊍上声,二肿。㊨赤～胕～胧～癃～胪～马背～沐～焮～瘿～拥～壅～臃～疣～子～㊩～病～毒～哙～痛～膝～泄～疡 ㊙嘉言写清越,愈病失肬肿。(唐·孟郊《会合联句》)佳色有鲜妍,修茎无拥肿。(唐·元稹《寺院新竹》)

㊐**拥肿** 本指肥短无用的木材,惠施借以讽刺庄子的话大而无用,后世用为典实。《庄子·逍遥游》:"惠子谓庄子曰:'吾有大树,人谓之樗。其大本拥肿而不中绳墨,其小枝卷曲而不中规矩。立之涂,匠者不顾。今子之言,大而无用,众所同去也。'"

潦倒声名拥肿材,一生多故苦邅回。(唐·刘禹锡《洛中酬福建陈判官见赠》)

人画竹身肥拥肿 咏画竹。唐·白居易《画竹歌并序》:"协律郎萧悦善画竹,举时无伦,萧亦甚自秘重。有终岁求其一竿一枝而不得者。……忽写一十五竿,惠然见投。予厚其意,高其艺,无以答贶,作歌以报之。凡一百八十六字云:植物之中竹难写,古今虽画无似者。萧郎下笔独逼真,丹青以来唯一人。人画竹身肥拥肿,萧画茎瘦节节竦。人画竹梢死羸垂,萧画枝活叶叶动。"

人画竹身肥拥肿,何用?先生落笔胜萧郎。(宋·苏轼《定风波·雨洗娟娟嫩叶光》)

踵zhǒng ①脚后跟。也泛指脚。②跟随;继承。③至,到。

㊍上声,二肿。㊨不旋～策～蹈～踮～叠～顶～反～放～跟～还～箕～举～连～蹱～摩～蹑～跂～企～逝～随～踏～息以～衔～相～旋～延～曳～遗～彝～趾～陟～追～㊩～兵～步～道～顶～古～贺～呼～迹～继～见～接～臼～美～门～蹑～起～武～息～袭～谢～续～跖～至～躅 ㊙闾里宽矫步,榛丛恣踏踵。(唐·张说《岳州行郡竹篱》)四序婴我怀,群盗久相踵。(唐·杜甫《晚登瀼上堂》)念难须勤追,悔易勿轻踵。(唐·韩愈《会合联句》)

㊐**摩顶放踵** 亦作"摩顶至踵"。指完成某项任务而不辞劳苦。《孟子·尽心上》:"墨子兼爱,摩顶放踵

利天下，为之。"赵岐注："摩突其顶，下至于踵。以利天下，己乐为之也。"

摩顶放踵忘其躯，所学无乃墨者徒。（宋·陈造《竹米行》）

百世犹接踵 形容圣人很难得。《战国策·齐策三》："淳于髡一日而见七人于宣王。王曰：'子来，寡人闻之，千里而一士，是比肩而立；百世而一圣，若随踵而至也。今子一朝而见七士，则士不亦众乎？'"

百世寻人犹接踵，叹只今两地三人月。（宋·陈亮《贺新郎·话杀浑闲说》）

冢（塚）zhǒng ①高大的坟墓。②大，地位高的。③嫡长的，正宗的。④（山）顶。

古上声，二肿。逆笔～丛～发～坟～孤～古～荒～枯～陵～砻～麒麟～桥～青～丘～坼～上～沈～退笔～五人～新～衣冠～遗～疑～蚁～义～鹦鹉～茔～顺～嬖～藏～臣～窀～嫡～地～弟～君～圹～庐～卿～社～室～祀～嗣～遂～孙～堂～土～息～茔～园～宰～宅～子例济世数向时，斯人各枯冢。（唐·杜甫《晚登瀼上堂》）藤草蔓古渠，牛羊下荒冢。（唐·耿沣《晚次昭应》）夜防抄盗保深山，朝望烟尘上高冢。（唐·元稹《和李校书新题乐府十二首·蛮子朝》）

典**笔冢** 亦作"退笔冢"。咏书家逸事，或比喻勤苦学书。唐李肇《唐国史补》卷中："长沙僧怀素，好草书，自言得'草圣三昧'。弃笔堆积，埋于山下，号曰'笔冢'。"

公堂封笔冢，邮舍递诗筒。（宋·杨亿《钱易赴蕲春》）

青冢 指昭君墓。王昭君死后葬塞外，其坟头青草四季不衰，故名。人们认为这青冢表达了昭君对国家和故乡的思念和对死后留居塞外的遗恨。唐杜甫《咏怀古迹五首》其三："一去紫台连朔漠，独留青冢向黄昏。"

蕃儿襁负来青冢，狄女壶浆出白登。（唐·李商隐《赠别前蔚州契苾使君》）

文冢 亦作"刘蜕埋文"。喻指文章里手。唐刘蜕《梓州兜率寺文冢铭并序》："文冢者，长沙刘蜕复愚为文，不忍弃其草，聚而封之也。蜕愚而不锐于用，百工之技，天不工蜕也。而独文，蜕焉。故饮食不忘于文，晦冥不忘于文，悲戚怨愤、疾病嬉游、群居行役，未常不以文为怀也。"

高风倾石室，旧学鄙文冢。（宋·苏轼《次前韵再送周正孺》）

祁连冢 咏将军冢墓。《史记·卫将军骠骑列传》："骠骑将军（霍去病）自四年军后三年，元狩六年而卒。天子悼之，发属国玄甲军，陈自长安至茂陵，为冢像祁连山。"

细柳旧营犹锁月，祁连新冢已封苔。（唐·吴融《彭门用兵后经汴路三首》其一）

麒麟高冢 本意是慨叹人世短暂，功名富贵皆身外之物，后用以追怀死者。唐·杜甫《曲江二首》其一："江上小堂巢翡翠，苑边高冢卧麒麟。细推物理须行乐，何用浮名绊此身。"仇兆鳌注："《西京杂记》：'五柞宫西青梧观前，有三梧桐树，下有石麒麟二枚，云是始皇墓物。'庾信碑文：'刺史贾逵之碑，既生金粟；将军卫青之墓，方留石麟。'"

麒麟高冢闲金盌，扃赑丰碑重玉堂。（宋·董嵋《董端公墓》）

诗礼发冢 本意是讽刺儒家的虚伪和迂腐，后形容言行不一的虚伪做法。《庄子·外物》："儒以《诗》《礼》发冢，大儒胪传曰：'东方作矣，事之何若？'小儒曰：'未解裙襦，口中有珠。《诗》固有之曰：'青青之麦。生于陵陂。生不布施，死何含珠为？'接其鬓，压其顪。'儒以金椎控其颐，徐别其颊，无伤口中珠。"

诗礼假发冢，高言诬黄唐。（宋·郭印《李文山书堂》）

总（總、総）zǒng ①聚合，汇集。②束发；聚束。③系，扎。④统管，统领。⑤全部的，全面的。⑥主要的。⑦通"纵"，连词，纵然，即使。

古上声，一董。逆布～操～典～烦～繁～共～归～缆～笄～监～兼～聚～控～跨～括～览～笼～拢～潜～铨～提～填～统～翳～宰～寨～朱～抓～顺～持～催～萃～发～凡～丱～龟～核～笄～髻～髫交～驾～角～聚～揆～揽～历～乱～略～辔～期～齐～戎～微～猥～相～御～杂～总例褥缝篸双线，钩绦辫五总。（唐·李贺《恼公》）

典**江总** 南朝陈诗人，历仕南朝梁、陈二朝与隋。晚年事陈后主，官至尚书令，不持政务，与陈暄等十余人陪后主游宴后庭，时谓狎客。长于五七言诗，诗风浮艳。事见《陈书·江总传》。

袁宏方咏史，江总得随时。（宋·曹勋《和同官问耳疾六首》其五）

偬（*傯）zǒng

古上声，一董。又：去声，一送同。逆倥～偬～顺～恫例人生本坦荡，谁使妄倥偬。（唐·韩愈《人日城南登高》）

仄声·去声

冲（衝）chòng ①朝向，对着。②劲头足，勇气大；猛烈。③气味浓烈刺鼻。另见922页chōng。

古上平，一东。逆气味～嗓门～顺～然

铳（銃）chòng ①用火药发射弹丸的管形火器。②用火器射击。③金属制成的一种打眼器具。

古《广韵》：去声，送韵。逆放～瞌～梦～拳～放～顺～炮～枪～手～子

动（動）dòng

古上声，一董。逆辩～搏～簸～恻～策～撤～尘～蠢～簇～蹙～蹉～繁～飞～蜚～蜂～歌声～骇～灰～麾～疾～节～矜～禁～儆～恐～雷～留～萌～磨～凄～遣～倾～群～色～森～山岳～煽～瞬～悚～竦～天～危～翕～先～嚣～歆～悸～諠～旋～偃～蚁～辗～振～顺～本～变～程～掸～地～定～发～行～化～换～悸～竞～举～劳～轮～履～蛮～品～魄～起～迁～切～溶～使～事～微～问～杌～悟～息～销～移～意～跃～支～植～止～众～转～字例报韩虽不成，天地皆振动。（唐·李白《经下邳圯桥怀张子房》）四边伐鼓雪海涌，三军大呼阴山动。（唐·岑参《轮台歌，奉送封大夫出师西征》）满空星河光破碎，四座宾客色

不动。(唐·杜甫《陪王侍御同登东山最高顶宴姚通泉》)

典**梁上动** 亦作"梁绕飞尘""梁尘"。见737页"梁绕飞尘"。

听歌梁上动,应律管中飞。(唐·骆宾王《咏尘灰》)

龙蛇飞动 喻草书。唐窦臮《述书赋·语例字格》:"草,电掣雷奔,龙出没。"唐吴融《赠蛩光上人草书歌》:"忽然飞动更惊人,一声霹雳龙蛇活。"唐李白《草书歌行》:"起来向壁不停手,一行数字大如斗。怳怳如闻神鬼惊,时时只见龙蛇走。"

妙墨龙蛇飞动,新词雪月交光。(宋·杨冠卿《西江月·妙墨龙蛇飞动》)

仁风扇动 称美地方长官以仁怀恤民。应贞《晋武帝华林园集诗》:"玄泽滂流,仁风潜扇。"《世说新语·言语》:"袁彦伯为谢安南司马。"刘孝标注引《续晋阳秋》:"太傅谢安赏宏机捷辩速,自吏部郎出为东阳郡,乃祖之于冶亭,时贤皆集。安欲卒迫试之,执手将别,顾左右取一扇而赠之。宏应声答曰:'辄当奉扬仁风,慰彼黎庶。'合坐叹其要捷。"

甘雨车行,仁风扇动,雅称安黎庶。(宋·柳永《永遇乐·天阁英游》)

土膏犁动 形容湿润待耕的土地。《国语·周语上》:"太史告稷曰:'自今至于初吉,阳气俱蒸,土膏其动。弗震弗渝,脉其满眚,谷乃不殖。'"

卜邻羊仲并求仲。愿春来、西畴雨足,土膏犁动。(宋·刘克庄《贺新郎·谪下神清洞》)

低鬟蝉影动 描绘美女情态。唐·元稹《会真诗三十韵》:"戏调初微拒,柔情已暗通。低鬟蝉影动,回步玉尘蒙。"

低鬟蝉影动,私语口脂香。(宋·周邦彦《意难忘·衣染莺黄》)

高吟三峡动杜甫以此称颂杜勤才思富赡,笔力雄健。后用为赞人文才之典。唐·杜甫《醉歌行》:"陆机二十作文赋,汝更小年能缀文。总角草书又神速,世上儿子徒纷纷。骅骝作驹已汗血,鸷鸟举翮连青云。词源倒流三峡水,笔阵独扫千人军。"

高吟三峡动,舞剑九州隘。(宋·冯伟寿《解连环·谪仙往矣》)

石鲸鳞甲动 形容声势气魄的恢宏。《三辅黄图校证》引《三辅故事》:"池中有豫章台及石鲸,刻石为鲸鱼,长三丈,每至雷雨,常鸣吼,鬣尾皆动。"

织女机丝虚月夜,石鲸鳞甲动秋风。(唐·杜甫《秋兴八首》其七)

栋(棟)dòng

①房屋的正梁。②比喻担负国家重任的人。③量词,用于房屋。

古去声,一送。逆邦～层～充～椽～榱～飞～桴～复～高～孤～桂～画～积～连～梁～隆～楣～起～时～松～文～悬～楹～云～宰～中～顺～材～榱～桴～干～隆～甍～挠～桡～星～楹～宇～折例四纪才名天下重。三朝构厦为梁栋。(宋·欧阳修《渔家傲·四纪才名天下重》)梅花春动。见佳气充庭,祥烟萦栋。(宋·秦观《喜迁莺·梅花春动》)老去堂成更情重。月转檐牙云绕栋。(宋·张元干《青玉案·华裾玉辔青丝鞚》)

典**充栋** 亦作"有书充栋"。本形容论注疏说《春秋》的著作之多,后泛指著作数量丰富。唐柳宗元《唐故给事中皇太子侍读陆文通先生墓表》:"孔子作《春秋》千五百年……焦思虑,以为论注疏说者百千人矣。攻讦很怒,以辞气相击排冒没者,其为书,处则充栋宇,出则汗牛马,或合而隐,或乖而显。后之学者,穷老尽气,左视右顾,莫得而本。"

荐食今几年,金帛既充栋。(宋·朱槔《乙丑除夜寓永兴寄五二侄一首》)

雨帘云栋 亦作"云雨珠帘画栋""画栋珠帘云雨"。极写楼阁之高。唐王勃《滕王阁》:"滕王高阁临江渚,珮玉鸣鸾罢歌舞。画栋朝飞南浦云,珠帘暮卷西山雨。闲云潭影日悠悠,物换星移几度秋。阁中帝子今何在,槛外长江空自流。"

湖带江襟邦畛接,雨帘云栋物华同。(宋·岳珂《两奉除音再赋二首》其二)

冻(凍)dòng

①厚冰。也指汁液或含水分物质遇冷而凝结成的固体。②液体或含水分的东西遇冷而凝结。③受冷或感到冷。

古去声,一送。逆闭～残～地～含～寒～呵～涸～饥～结～解～噤～梨花～蹑～凝～泮～披～贫～凄～忍～石～霜～踏～余～雨～云～凿～顺～笔～飙～草～荄～毫～噤～九～酒～岚～醪～雷～黎～醴～冽～凌～柳～轮～馁～凝～泉～雀～石～笋～雪～研～砚～饮～樾～云～蛰例霭霭野浮阳,晖晖水披冻。(唐·韩愈《人日城南登高》)家虽日渐贫,犹未苦饥冻。(唐·白居易《安稳眠》)圆如玉轴光,脆似琼英冻。(唐·皮日休《茶中杂咏·茶笋》)

洞 dòng

①贯通,穿透。②深入,透彻。③孔,窟窿。另见961页tóng。

古去声,一送。逆碑～碧～滚～丹～港～鹤～洪～鸿～澒～胡～华阳～洚～决～龙～鹿～泉～石～桃花～桃源～溪～罅～香～晓～雪～烟～巌～玉～渊～云～顺～谙～察～敞～彻～澈～达～荡～睹～感～宫～观～壑～豁～见～鉴～精～井～究～朗～黎～明～冥～辟～洽～神～释～庭～晰～隙～仙～箫～霄～虚～学～蜓～阳～疑～溢～章～照～知～烛～瞩～醉例树老欲连云,竹深疑入洞。(唐·权德舆《酬南园新亭宴会璩新第慰庆之作》)八骢笼晃脸差移,日丝繁散曛罗洞。(唐·李贺《洛姝真珠》)当时误入饮牛津,何处重寻闻犬洞。(宋·秦观《玉楼春·参差帘影晨光动》)

典**腹空洞** 谓腹中无才思,却能大度容人。《世说新语·排调》:"王丞相枕周伯仁膝,指其腹曰:'卿此中何所有?'答曰:'此中空洞无物,然容卿辈数百人。'"

纷纷手翻覆,纳纳腹空洞。(宋·陈造《题张仲思孝友堂》)

华阳洞 为茅山上的一个洞天,属道教圣地。《梁书·陶弘景传》:"于是止于句容之句曲山。恒曰:'此山下是第八洞宫,名金坛华阳之天,周回一百五十里。昔汉有咸阳三茅君得道，来掌此山，故谓之茅山。’乃中山立馆，自号华阳隐居。始从东阳孙游岳受符图经法。遍历名山，寻访仙药。”

华阳洞口片云飞，细雨濛濛欲湿衣。（唐·储光羲《题茅山华阳洞》）

桃花洞 即“桃花源”。晋·陶渊明《桃花源记》：“晋太元中，武陵人捕鱼为业。缘溪行，忘路之远近。忽逢桃花林……渔人甚异之，复前行，欲穷其林。林尽水源，便得一山。山有小口，仿佛若有光，便舍船，从口入……豁达开朗：土地平旷，屋舍俨然，有良田、美池、桑竹之属。阡陌交通，鸡犬相闻，其中往来种作，男女衣着，悉如外人。黄发垂髫，并怡然自乐。见渔人，乃大惊……自云先世避秦时乱，率妻子邑人，来此绝境，不复出焉，遂与外人间隔。问今是何世，乃不知有汉，无论魏晋。……既出，得其船，便扶向路，处处志之。及郡下，诣太守，说如此。太守即遣人随之往，寻向所志，遂迷，不复得路。”

桃花洞里举家去，此别相思复几春。（唐·钱起《送毕侍御谪居》）

桃源洞 喻仙境，或喻得丽人、挟妓，亦表神仙长命。南朝宋·刘义庆《幽冥录》：“剡县刘晨、阮肇，共入天台山取谷皮，迷不得返。……望山上有一桃，大有子实。而绝岩邃涧，永无登路。扳缘藤葛，然后得上，各啖数桃而不饥。下山，一大溪边有二女，姿质妙绝，因要还家。……遂停，半年，怀土思归，女曰：‘罪牵君，如何？’便语以大路。”

他日山中逢胜事，桃源洞里几人家。（唐·刘长卿《送常十九归嵩少故林》）

闻犬洞 指桃花源。见本页“桃花洞”。

棹寻闻犬洞，槎入饮牛津。（唐·韩偓《无题》其二）

武陵洞 亦作“武陵源”“武陵事”，“武陵客”“武陵路”“武陵水”“武陵趣”“武陵”“避秦溪”。见本页“桃花洞”。

宛谓武陵洞，潜应造化移。（唐·钱起《山居新种花药与道士同游赋诗》）

晋客入洞 见本页“桃花洞”。

此花不逐溪流出，晋客无因入洞来。（唐·杜牧《酬王秀才桃花园见寄》）

笑此中空洞 指王导戏问周𫖮腹中何所有，周𫖮答“此中空洞无物”一事。《世说新语·排调》：“王丞相枕周伯仁膝，指其腹曰：‘卿此中何所有？’答曰：‘此中空洞无物，然容卿辈数百人。’”

笑此中空洞，都无一物，有神妙、浩然气。（宋·李祁《水龙吟·碧山横绕清湖》）

恫

恫dòng 恐惧，使恐惧。另见 936 页 tōng。

古去声，一送。逆惚～负～骇～偬～顺～骇～喝～惧～恐～扰～吓～胁～疑～震

共

共gòng

古去声，二宋。逆参～灯火～弟～敬～靖～赏～天下～懿～忧患～与民～执～足～顺～被～敝～弊～禀～持～传～递～蒂莲～度～方～患～济～奖～酾～料～膂～辔～栖～气～契～穗～相～飨～心～亿～喻～政～总例盘蔬冬春杂，尊酒清浊共。（唐·韩愈《人日城南登高》）鸳鸯瓦冷霜华重，翡翠衾寒谁与共。（唐·白居易《长恨歌》）前圣后圣同，今人古人共。（唐·聂夷中《古兴》）

供

供gòng ①奉献。②祭献。③祭献的物品。④陈设，摆放（含虔诚意）。⑤从事，担任。⑥受审者陈述案情。⑦供词。另见 933 页 gōng。

古去声，二宋。逆宝～春盘～法～奉～画～鸡黍～醮～具～录～蜜～冥～末～攀～品～瓶～清～僧～吐～香～修～悬～游～斋～珍～顺～报～唱～呈～承～奉～佛～赋～贡～祭～具～攀～器～僧～设～事～侍～输～述～祀～物～鲜～献～享～飨～御～张～帐～馔～状

贡

贡（貢）gòng ①进贡。②进献的物品。③荐举（人材）。④夏代的租赋制度。⑤献出。

古去声，一送。逆拔～班～宾～漕～朝～琛～楚～春～赐～底～恩～方～奉～服～赋～赍～解～就～科～楛～筐～廪～嫔～器～秋～人～山～食～输～祀～土～物～锡～乡～修～膺～游～禹～御～责～章～珍～租～顺～焙～表～宾～舶～部～茶～察～赐～道～缎～法～篚～愤～奉～赋～高～公～官～籍～祭～监～笺～椾～荐～金～举～礼～禄～媚～茗～墨～情～瑞～诗～实～使～士～事～书～输～艘～土～物～贤～新～研～砚～遗～艺～谀～御～元～院～雉～忠～酎～主例纵操上古言，口噤难即贡。（唐·陆龟蒙《杂讽九首》其一）不与梨花同梦。洛阳姚魏争先贡。（宋·张侃《月上海棠·南枝消息凭谁送》）拍瓮春醅动。洞庭霜、厌绿堆黄，林苞堪贡。（宋·刘辰翁《金缕曲·拍瓮春醅动》）

哄

哄（鬨）hòng 吵闹、搅扰。另见 933 页 hōng、964 页 hǒng。

古去声，一送。逆打～斗～欢～交～军～起～市～哗～嚣～笑～喧～战～顺～动～斗～市～腾～争

蕻

蕻hòng 又读。莱苔，某些蔬菜中心抽出的长茎。另见 946 页 hóng。

空

空kòng ①穷困，贫乏。②欠，缺。③空闲。④空子，可乘之机。⑤空出来。另见 934 页 kōng。

古去声，一送。逆留～填～闲～凿～顺～白～额～乏～方～废～籍～俭～竭～居～匮～迫～阙～日～郤～隙～暇～罅～鲜～闲～余

控

控kòng ①开弓。②操纵，控制。③告发。④投，落下。⑤使身体或身体的一部分悬空或处于失去支撑的状态。⑥容器的口朝下，让里面的液体慢慢流出。

古去声，一送。逆稟～呈～驰～渎～飞～抚～归～讦～解～京～困～鸣～匿～磬～罄～绳～诉～提～抟～诬～镇～顺～避～边～陈～持～揣～带～地～阨～扼～遏～鹤～鹄～驾～卷～勒～鲤～沥～连～临～拢～马～摄～送～愬～抟～阅～弦～绁～咽～抑～引～驭～御～总例桃算曾揖、飞鸾双控。（宋·沈蔚《柳初新·楚天来驾春相送》）欢纵。西湖曾是，画舫争驰，

绣鞚双控。（宋·扬无咎《瑞鹤仙·听梅花再弄》）五云色备观台书，万世功成贤相用。江湖襟带蛮荆控。（宋·石孝友《玉楼春·汉皇受禅新尧统》）

鞚kòng ①马笼头。②借指马。③驾驭。

古去声，一送。逆超～蹀～骍～放～飞～羁～鞿～揽～青丝～绳～失～写～引～执～朱～纵～顺～鞍 例清琴再鼓求凤弄。紫陌屡盘骄马鞚。（宋·贺铸《梦相亲·清琴再鼓求凤弄》）矜豪纵。轻盖拥。联飞鞚。（宋·贺铸《六州歌头·少年侠气》）油壁轻车，青丝短鞚。（宋·张孝祥《踏莎行·油壁轻车》）

弄（*衖）lòng ①宫中别道。②方言，小巷，胡同。另见本页 nòng。

古去声，一送。逆家～里～丽～闾～末～衢～香～顺～口～门～唐～堂

哢lòng 鸟鸣。

古去声，一送。逆啼～嫌～春～清～晴～乌～新～因风～莺～争～顺～吭

弄nòng ①手拿着摆弄。②游戏，玩耍。③玩赏。④欺侮，玩弄。⑤做，搞。⑥设法取得。⑦演奏乐器。⑧乐曲，曲子。⑨扮演，表演。另见本页 lòng。

古去声，一送。逆避～编～逞～楚～吹～捣～掇～抚～鼓～和～江南～梅花～秘～妙～鸣～磨～拈～捻～攀～迫～巧～清～揉～笙～拾～侍～饰～梳～挼～调～抟～嬉～笑～新～谑～雅～研～吟～莺～载～瞻～逐～顺～笔～兵～春～花～酒～马～梅～鞶～器～巧～晴～水～思～孙～田～瓦～丸～文～小～音～影～玉～月～章～璋～珠～妆～姿 例初正候才兆，涉七气已弄。（唐·韩愈《人日城南登高》）形骸与冠盖，假合相戏弄。（唐·白居易《自咏五首》其一）海宫正当龙睡重，昨夜孤光今得弄。（唐·鲍溶《采珠行》）

典**载弄** 载，本为语助，无意义。指家人让新生的男婴或女婴抓阄，以见其未来前途。《诗经·小雅·斯干》："乃生男子，载寝之床，载衣之裳，载弄之璋；……乃生女子，载寝之地，载衣之裼，载弄之瓦。"《诗经》歌咏生了男孩便给他圭璋玩，生了女孩便给她玩纺锤。弄璋是祝愿其成长后做王侯执圭璧；弄瓦，是祝愿其将来善纺织劳作。

吉梦维何，男子之祥，载弄之璋。（宋·刘克庄《沁园春·吉梦维何》）

不好弄 《左传》中郤芮语谓"夷吾弱不好弄"。《左传·僖公九年》："秦伯谓郤芮曰：'公子谁恃？'对曰：'臣闻亡人无党，有党必有雠。夷吾弱不好弄，能斗不过，长亦不改，不识其他。'"杜预注："弄，戏也。"

少小不好弄，逡巡奉弓箕。（唐·陆龟蒙《再抒鄙怀用伸酬谢》）

桓伊三弄 亦作"桓伊""桓郎笛"。指王徽之与桓伊俱自清高，赏与奏既各自得，无须言谈。《世说新语·任诞》："王子猷出都，尚在渚下。旧闻桓子野善吹笛，而不相识。遇桓于岸上过，王在船中，客有识之者云：'是桓子野。'王便令人与相闻云：'闻君善吹笛，试为我一奏。'桓时已贵显，素闻王名，即便回下车，踞胡床，为作三调。弄毕，便上车去。客主不交一言。"

谁作桓伊三弄，惊破绿窗幽梦。（宋·苏轼《昭君怨·谁作桓伊三弄》）

小儿戏弄 指苦于病痛。《新唐书·杜审言传》："初，审言病甚，宋之问、武平一等省候何如，答曰'甚为造化小儿相苦，尚何言？然吾在，久压公等，今且死，固大慰，但恨不见替人'云。"

怜君病后颊颧隆。识取小儿戏弄。（宋·张元干《西江月·小阁劣容老子》）

桓伊三弄 亦作"桓伊""桓郎笛"。咏吹笛的典故。桓伊，字叔夏，小字子野（一作野王）。谯国铚县（今安徽濉溪）人。东晋将领、名士。据《世说新语·任诞》载："王子猷出都，尚在渚下。旧闻桓子野善吹笛，而不相识。遇桓于岸上过，王在船中，客有识之者云：'是桓子野。'王便令人与相闻云：'闻君善吹笛，试为我一奏。'桓时已贵显，素闻王名，即便回下车，踞胡床（一种可折叠的轻便坐具），为作三调。弄毕，便上车去。客主不交一言。"

唯有桓伊江上笛，卧吹三弄送残阳。（唐·李郢《赠羽林将军》）

谁作桓伊三弄。惊破绿窗幽梦。（宋·苏轼《昭君怨·金山送柳子玉》）

送sòng ①送行，送别。②送葬。③追赶。④输送，传送。⑤赠给。⑥了结，断送。

古去声，一送。逆拜～扁舟～播～部～逮～道～断～掇～放～分～奉～辅～缚～赙～锢～好风～欢～赍～嫁～饯～郊～津～赆～槛～馈～逻～默～目～逆～辇～攀～频～遣～倾～散～投～退～挽～械～遗～援～载～葬～瞻～装～资～纵～祖～顺～拨～茶～差～潮～诚～春～定～房～风～钩～故～官～寒衣～横～驾～饯～解～赆～敬～哭～馈～腊～殓～路～落～梅～目～纳～逆～暖～盘～铺～遣～青～情～日～审～声～使～首～书～书雁～丸～亡～喜～夏～鲜～献～新～迓～遗～诣～意～语～阅～盏～战～转 例燕子双高蝶对飞。风花将尽持杯送。（宋·张先《偷声木兰花·画桥浅映横塘路》）白发天涯逢此景，倒金尊。殢谁相送。（宋·欧阳修《夜行船·忆昔西都欢纵》）美酒一杯谁与共。尊前舞雪狂歌送。（宋·苏轼《渔家傲·临水纵横回晚鞚》）

典**目送** 即以目光相送，多用于表达对人或事物的留恋不舍之情。本指华父督遇见一漂亮女子并盯着她远去一事。《左传·桓公元年》："宋华父督见孔父之妻于路，目逆而送之，曰：'美而艳。'"

凌波不过横塘路。但目送、芳尘去。（宋·贺铸《青玉案·凌波不过横塘路》）

孔释抱送 亦作"释氏抱送""释氏送麒麟"。赞他人生子不凡或祝贺他人得子。唐杜甫《徐卿二子歌》："君不见徐卿二子生绝奇，感应吉梦相追随。孔子释氏亲抱送，并是天上麒麟儿。"杜甫诗以此颂美徐卿二子不凡。

孔释当年亲抱送，由庄逸驾定

追攀。(宋·叶衡《奇事也次严别驾韵》)

上天吹送 亦作"吹嘘送上"。形容请求荐达于天子的愿望。唐·杜甫《赠献纳使起居田舍人》:"献纳司存雨露边,地分清切任才贤。舍人退食收封事,宫女开函近御筵。晓漏追飞青琐闼,晴窗点检白云篇。扬雄更有河东赋,唯待吹嘘送上天。"

少年时、诸公过矣,上天吹送。(宋·刘克庄《贺新郎·此腹元空洞》)

颂(頌)sòng ①赞美,讴歌。②古代占卜的卦辞。③《诗》的六义之一。④一种文体,以颂扬为宗旨的诗文。⑤偈颂。佛经中的唱颂词。⑥祝颂,祝愿。⑦通"诵",朗读。

古去声,二宋。逆邦～碑～豳～称～楚～传～祷～风雅～赋～甘棠～感～歌～和～河清～吉～极～偈～嘉～椒～椒花～嗟～乐～鲁～蒙～庙～讴～善～升平～诗～摅～文～献～欣～褒～雅～燕然～燕山～谣～邑～咏～舆～赞～瞻～周～祝～顺～辞～祷～德～歌～偈～椒～酒～灵～鲁～论～美～祇～琴～磬～瑟～声～石～述～叹～箫～埙～扬～谣～谀～语～赞～祉～钟～祝～子例相期丹霄路,遥听清风颂。(唐·刘长卿《送沈少府之任淮南》)隐士休歌紫芝曲,词人解撰河清颂。(唐·杜甫《洗兵马(收京后作)》)愿倾石尉望尘心,来献鲁侯难老颂。(宋·石孝友《玉楼春·汉皇受禅新尧统》)

典**柏颂** 本指以柏叶浸酒,元旦共饮以祝长寿的风俗,后用于咏元日。南朝梁·宗懔《荆楚岁时记》:"正月一日……于是长幼悉正衣冠,以次拜贺。进椒、柏酒,饮桃汤。进屠苏酒、胶牙饧。下五辛盘,进敷于散,服却鬼丸,各进一鸡子。凡饮酒次第,从小起。……按四民月令云,过腊一日,谓之小岁。拜贺君亲,进椒酒,从小起。"《汉官仪》:"正旦饮柏叶酒,上寿。"

柏颂才过,梅妆方试,六秀蓂荚。(宋·无名氏《永遇乐·柏颂才过》)

椒颂 古代习俗,正月初一,以椒酒置盘中敬献家中尊长,并献贺年祝春之辞。唐·韩鄂《岁华纪丽》卷一:"称崔寔之觞。盘号五辛,觞称万寿,纳庆著椒花之颂,祛灾献柏叶之铭。"注:"崔寔《月令》云:'元日,进酒降神毕,室家尊卑次列于几之前,各上椒酒。于家长,称觞举寿,欣欣如也。'……《晋书》:'刘臻妻献《椒花颂》'。"

守岁有人献椒颂,辟邪无术诿桃符。(宋·胡仲弓《次梅庄守岁韵》)

善颂 张老祝贺晋献文子新屋落成时,于称颂中婉含讽劝之意,故称。《礼记·檀弓下》:"晋献文子成室,晋大夫发焉。张老曰:'美哉轮焉!美哉奂焉!歌于斯,哭于斯,聚国族于斯。'文子曰:'武也得歌于斯,哭于斯,聚国族于斯;是全要领以从先大夫于九京也。'北面再拜稽首。君子谓之善颂善祷。"孔颖达疏:"颂者,美盛德之形容。祷者,求福以自辅也。张老因美而讥之,故为'善颂'。文子闻过即服而拜,故为'善祷'也。"

自古落成须善颂,扫除东阁望公来。(宋·王安石《张侍郎示东府新居诗因而和酬二首》其一)

棠颂 亦作"棠花""棠茂""棠叶""棠阴""棠树""棠影"。见829页"甘棠"。

棠颂庶可比,桂词难以踰。(唐·孟郊《和宣州钱判官使院厅前石楠树》)

徂徕颂 北宋时人石介为人耿直,他为歌颂庆历新政而作《庆历圣德诗》,分别邪正,歌颂正义、贬斥奸邪,因而引起小人的痛恨。见《欧阳修全集·居士集》卷三四《徂徕石先生墓志铭》。

请赓庆历徂徕颂,更立中兴浯水碑。(宋·姚勉《侄阿钟觅字与诗》)

歌《商颂》 咏雅兴作歌。《庄子·让王》:"曾子居卫,缊袍无表,颜色肿哙,手足胼胝,三日不举火,十年不制衣。正冠而缨绝,捉衿而肘见,纳屦而踵决。曳纵而歌《商颂》,声满天地,若出金石。天子不得臣,诸侯不得友。故养志者忘形,养形者忘利,致道者忘心矣。"

如见大宾新露菊,若歌商颂晓风松。(宋·杨万里《曲江重阳》)

河清颂 歌颂祥瑞。《宋书·临川烈武王道规传》附《鲍照传》:"元嘉中,河、济俱清,当时以为美瑞,照为《河清颂》,其序甚工。其辞曰:'……长河巨济,异源同清,澄波万壑,洁澜千里。斯诚旷世伟观,昭启皇明者也。……宣尼称:"凤鸟不至,河不出图。"《传》曰:"俟河之清,人寿几何!"皆伤不可见也。然则古人所不见者,今殚见之矣。'"

只今更办河清颂,勒向燕然最上头。(宋·蒋忠孝《题浯溪二首》其一)

吉甫颂 喻指大臣颂扬君主的诗篇。《诗经·大雅·崧高序》:"《崧高》,尹吉甫美宣王也。天下复平,能建国亲诸侯,褒赏申伯焉。"《烝民》:"吉甫作诵,穆如清风。"《烝民序》:"《烝民》,尹吉甫美宣王也。任贤使能,周室中兴焉。"《韩奕序》:"尹吉甫美宣王也,能锡命诸侯。"《江汉序》:"尹吉甫美宣王也,能兴衰拨乱,命召公平淮夷。"

公瑾之交似醇酎,吉甫之颂如清风。(宋·苏籀《次韵赵德载大监饯行之什》)

椒花颂 亦作"颂春椒""颂椒"。见522页"颂春椒"。

无人更献椒花颂,有客同参柏子禅。(唐·戴叔伦《二灵寺守岁》)

酒德颂 咏酒。亦用以咏饮酒。晋名士刘伶为人放荡不羁,性嗜酒,撰《酒德颂》一文,旨在歌颂酒的功德及饮酒的乐趣。见《晋书·刘伶传》。

酒德有神多客颂,醉乡无货没人争。(唐·皮日休《奉和鲁望看压新醅》)

绵竹颂 指举荐文士。扬雄《甘泉赋》:"孝成帝时,客有荐雄文似相如者。"李善《文选注》曰:"雄《答刘歆书》曰:'雄作成都城四隅铭,蜀人有杨庄者,为郎,诵之于成帝,以为似相如。雄遂以此得见。'"李周翰《文选注》曰:"(雄)尝作《绵竹颂》,成帝时,直宿郎杨庄诵此文,帝曰:'此似相如之文。'莊曰:'非也,此臣邑人杨子云。'帝即召見,拜为黄門侍郎。"

几时绵竹颂,拟荐子虚名。

(唐·李商隐《令狐舍人说昨夜西掖玩月因戏赠》)

难老颂 饮酒颂祷之辞。《诗经·鲁颂·泮水》:"鲁侯戾止,在泮饮酒。既饮旨酒,永锡难老。"郑玄笺:"已饮美酒,而长赐其难使老。难使老者,最寿考也。"孔颖达疏:"难老者,言其身力康强,难使之老,故云谓最寿考者。"

一凭难老颂,再炷博山烟。(宋·杨炎正《寿宫使余丞相》)

崧高颂 作《崧高》诗以美宣王。《诗经·大雅·崧高序》:"《崧高》,尹吉甫美宣王也。天下复平,能建国亲诸侯,褒赏申伯焉。"

寒儒欲继崧高颂,不独生申但美宣。(宋·朱长文《判府曹宣徽生日》)

王褒颂 汉宣帝时,蜀人王褒以作颂诗显露文才,被召入宫,又以待诏作颂受到宣帝赏识,擢为谏议大夫。后人在诗词中常用作称美文才的典故。见《汉书·王褒传》。

若把王褒颂勋业,未如际会遇昌期。(宋·李含章《寄内翰王同年》)

燕然颂 亦作"燕山铭""燕然勒铭""燕然功""铭燕石"。见925页"燕然功"。

伫勒燕然颂,鸣驺计日归。(唐·崔泰之《奉和圣制送张尚书巡边》)

高歌商颂 指古代士人不以名利为怀,以道德学问傲视统治者的精神。《庄子·让王》:"曾子居卫,缊袍无表,颜色肿哙,手足胼胝。三日不举火,十年不制衣,正冠而缨绝,捉衿而肘见,纳屦而踵决。曳纵而歌《商颂》,声满天地,若出金石。天子不得臣,诸侯不得友。故养志者忘形,养形者忘利,致道者忘心矣。"

高歌足自快,商颂有遗音。(唐·柳宗元《觉衰》)

酒德先生颂 咏饮酒。刘伶作《酒德颂》以示放诞不羁,唯酒是务,不问其他。见《晋书·刘伶传》。

今古何人知此理,有吾家、酒德先生颂。(宋·刘克庄《贺新郎·此腹元空洞》)

鲁公黄发颂 歌颂中兴宰臣的代名词。《诗经·鲁颂·閟宫》:"乃命鲁公,俾侯于东。……黄发台背,寿胥与试。俾尔昌而大,俾尔耆而艾。万有千岁,眉寿无有害。……既多受祉,黄发儿齿。……新庙奕奕,奚斯所作。"《序》:"《閟宫》,颂僖公能复周公之宇也。"班固《两都赋序》:"奚斯颂鲁。"李善注:"《韩诗·鲁颂》:'新庙奕奕,奚斯所作。'薛君曰:'奚斯,鲁公子也。言其新庙奕奕然盛,是诗,公子奚斯所作也。'"

稽首鲁公黄发颂,世何人、堪继奚斯作。(宋·刘克庄《贺新郎·低局从头错》)

诵(誦)sòng

①念出声音来,朗读。②背诵。③述说,陈述。④婉言讽谏。⑤诗篇。⑥通"颂",颂扬。⑦通"讼",公开;为人辩冤。

古去声,二宋。逆谙～暗～谤～禅～唱～成～持～赤～耳～梵～焚～讽～覆～告～歌～记～偈～精～礼～洛～默～念～讴～拾～叹～闻～习～弦～循～训～演～谣～野～肄～舆～朝夕～赞～箴～籀～祝～作～顺～持～德～法～讽～功～观～谏～览～烈～美～念～佩～拾～书～述～数～说～叹～味～习～弦～言～忆～绎～肄～吟～咏～诤～志

典**舆诵** 亦作"舆人之歌""舆人之诵""舆人诵"。指众人的议论,也借以表示了解民情。《左传·襄公三十年》:"(郑子产)从政一年,舆人诵之曰:'取我衣冠而褚之,取我田畴而伍之。孰杀子产,吾其与之。'及三年,又诵之曰:'我有子弟,子产诲之;我有田畴,子产殖之。子产而死,谁其嗣之?'"《左传·僖公二十八年》:"晋侯患之,听舆人之诵,曰:'原田每每,舍其旧而新是谋。'"

皇慈借乡便,舆诵欲公留。(宋·孔武仲《送刘明复知凤翔二首》其一)

周诵 咏太子。《史记·周本纪》:"武王有瘳。后而崩,太子诵代立,是为成王。"

逖矣凌周诵,遥哉掩汉庄。(唐·李元嘉《奉和同太子监守违恋》)

宋sòng

古去声,二宋。逆二～桀～匡～窥～吕～杞～屈～沈～水～炎～有～顺～瓷～杜～方～锦～卢～築～墙～清～鹊～儒～亭～香～学～艳例先生有道出羲皇,先生有才过屈宋。(唐·杜甫《醉时歌(赠广文馆博士郑虔)》)才与风流,赋称清艳,多情唯宋。(宋·孔夷《水龙吟·岁穷风雪飘零》)寄语权门趋炎者,这朝廷、不是邦昌宋。(宋·刘辰翁《金缕曲·绝北寒声动》)

典**二宋** 称美兄弟齐名,共登显位。宋·欧阳修《归田录卷一》:"宋郑公(庠)初名郊,字伯庠,与其弟(祁)自布衣时名动天下,号为'二宋'。"事见《宋史·宋庠传》附《宋祁传》。

吾观二宋文,字字照缣素。(宋·苏轼《密州宋国博以诗见纪在郡杂咏》)

窥宋 亦作"东墙"。指女子爱慕追求男子,宋玉《登徒子好色赋》:"天下之佳人莫若楚国,楚国之丽者莫若臣里,臣里之美者莫若臣东家之子。东家之子,增之一分则太长,减之一分则太短,着粉则太白,施朱则太赤。眉如翠羽,肌如白雪,腰如束素,齿如含贝。嫣然一笑,惑阳城,迷下蔡。然此女登墙窥臣三年,至今未许也。"

住处方窥宋,平生未嫁卢。(唐·吴融《即席十韵》)

屈宋 指屈原、宋玉,用于称美文士。《周书·庾信传》:"史臣曰:'……原夫文章之作……而撮其指要,举其大抵,莫若以气为主,以文传意。考其殿最,定其区域,摭《六经》百氏之英华,探屈、宋、卿、云之秘奥。'"

先生有道出羲皇,先生有才过屈宋。(唐·杜甫《醉时歌》)

衙官屈宋 称美别人文才之典。《新唐书·杜审言传》:"杜审言,字必简,襄州襄阳人……恃才高,以傲世见疾。苏味道为天官侍郎,审言集判,出谓人曰:'味道必死。'人惊问故,答曰:'彼见吾判,且羞死。'又尝语人曰:'吾文章当得屈、宋作衙官,吾笔当得王羲之北面。'其矜诞类此。"

雕镌万象发天閟,衙官屈宋声争驰。(宋·钱鍪《次袁尚书巫山十二峰二十五韵》)

讼(訟)sòng ①争辩是非。②替人辩冤。③诉讼,打官司。④责备。⑤六十四卦之一。

古去声,二宋。逆辩～簿～雠～辞～盗～诋～刁～斗～遏～告～欢～简～交～讦～聚～理～旷～内～讴～涉～愬～听～僮～枉～息～阋～嚣～新～兴～酗～喧～諠～雅～言～谣～疑～舆～造～谮～争～诤～治～滞～顺～案～辩～曹～辞～逮～谍～牒～斗～牍～端～夺～夫～府～阁～见～魁～理～灵～铃～鹿～屈～曲～声～矢～事～疏～树～愬～堂～棠～庭～筒～枉～阅～甋～学～言～狱～冤～源～怨～争～罪例梁宋灾方重,旦夕为人讼。(唐·不详《任叟书授刘生》)

痛tòng ①疼。②悲伤。③恨。④怜惜,爱怜。⑤尽情地;彻底地。

古去声,一送。逆哀～抱～惨～恻～愁～楚～怆～悼～忿～愤～负～感～骇～怀沙～悔～嗟～惊～愧～迫～窃～茹～沉～思～衔～遗～隐～余～怨～阵～顺～爱～砭～恻～肠～惩～楚～怛～悼～诋～恶～愤～割～骨～悔～毁～嫉～警～决～绝～愧～愍～恼～念～迫～诮～辱～杀～伤～绳～惋～咽～怨～憎～醉例夜深月落冷如刀,湿著一双纤手痛。(唐·王建《捣衣曲(一作送衣曲)》)身虽日渐老,幸无急病痛。(唐·白居易《安稳眠》)朝来寿斝儿孙奉。忧患已空无复痛。(宋·苏辙《渔家傲·七十余年真一梦》)

典**炊臼之痛** 亦作"炊臼梦""炊臼之戚"。见914页"炊臼梦"。

炊臼梦虽妆阁冷,过庭人早御屏迁(《清·赵翼《喜同年崔曼亭观察归赋赠》》)

恸(慟)tòng ①极其悲哀。②痛哭。③感动。

古去声,一送。逆哀～悲～惨～大～感～哽～惊～流～悯～凄～悽～伤～沉～余～长～轸～震～顺～怛～悼～恨～怀～绝～哭～泣～切～醉例那言阮家子,更作穷途恸。(唐·鲍溶《寓兴》)社鬼苟有灵,谁能遏秋恸。(唐·陆龟蒙《杂讽九首》其一)但知陶潜卑,宁识贾生恸。(宋·黄庶《次韵和真长幕中偶书》)

典**贾生恸** 亦作"贾生哭""贾生垂泪""贾生泪"等。汉文帝时,贾谊曾上《治安策》陈政事,中有"臣窃惟事势,可为痛哭者一,可为流涕者二,可为长太息者三"之句。后世遂以"贾生恸"表达忧国伤时的心情。《汉书·贾谊传》:"是时匈奴强,侵边,天下初定,制度疏阔,诸侯王僭儗,地过古制,淮南济北王皆为逆诛。谊数上疏陈政事,多所欲匡建,其大略曰:'臣窃惟事執,可为痛哭者一,可为流涕者二,可为长太息者六,若其它背理而伤道者,难徧以疏举。"

载感贾生恸,复闻乐毅书。(唐·杜甫《别张十三建封》)

敻xiòng ①远。②久远。③高。

古去声,二十四敬。逆澄～高～空～寥～清～危～幽～顺～别～隔～古～绝～寥～明～然～敻～异～迁～远～阻例念君又署南荒吏,路指鬼门幽且敻。(唐·韩愈《寒食日出游》)因求饰清閟,遂得辞危敻。(唐·陆龟蒙《奉和袭美公斋四咏次韵·小松》)既能济险难,何畏涉辽敻。(唐·王周《志峡船具诗·梢》)

用yòng

古去声,二宋。逆边～参～藏～齿～宠～除～粗～待～蹈～登～牒～繁～浮～复～概～给～榖～国～即～济～贾～嚼～举～吏～遴～灵～路～慕～虐～器～遣～亲～赡～施～事～殊～署～司～岁～推～委～习～袭～相～协～信～须～遗～倚～意～营～援～辄～贞～珍～执～致～智～赀～资～訾～尊～遵～顺～板～臣～度～短～怀～晦～谏～军～灵～民～募～奇～情～舍～师～世～势～是～思～武～物～贤～幸～烟～印～志～智～壮例德尊一代常轗轲,名垂万古知何用。(唐·杜甫《醉时歌(赠广文馆博士郑虔)》)坐来念念非昔人,万遍莲花为谁用。(唐·柳宗元《戏题石门长老东轩》)桂有留人名,萱无忘忧用。(唐·白居易《别萱桂》)

典**晋用** 喻指对外地人才的任用。《左传·襄公二十六年》:"(子木)且曰:'晋大夫与楚孰贤?'(声子)对曰:'晋卿不如楚,其大夫则贤,皆卿才也。如杞、梓、皮革,自楚往也。虽楚有材,晋实用之。'"

地识吴平久,才当晋用求。(唐·皇甫冉《寄江东李判官》)

金砺用 喻指贤相或贵臣。亦作"作砺"。《尚书·说命上》:"(高宗)命之曰:'……若金,用汝作砺。'"旧题汉孔安国传:"铁须砺以成利器。"

终随金砺用,不学玉山颓。(唐·白居易《寄太湖石奇状绝伦》)

楚材晋用 指人材外流。语本《左传·襄公二十六年》:"虽楚有材,晋实用之。"

楚材晋用前闻在,定有群英佐取携。(清·张之洞《赠日本长冈护美三首》其二)

大衍之用 代指四十九,而"大衍"代指五十。《易·系辞上》:"大衍之数五十,其用四十有九。"

大衍之用恰恰好。学易后、尚一年小。(宋·孙惟信《失调名·寿花戴了》)

槔瓮无用 指无功利机巧之心。子贡南游,见一老人不用桔槔与瓮汲水浇灌庄稼,子贡问其缘由,老人以为用机械不用人工,怀有功利机巧之心,不合于天道。见《庄子·天地》。

槔与瓮、从今无用。醉与老农同击壤,莫随人、投献嘉禾颂。(宋·刘克庄《贺新郎·谪下神清洞》)

三冬足用 咏勤学苦读。《汉书·东方朔传》:"朔初来,上书曰:'臣朔少失父母,长养兄嫂,年十三学,三冬文史足用。十五学击剑。十六学《诗》《书》,诵二十二万言。十九学孙吴兵法,战阵之具,钲鼓之教,亦诵二十二万言。……若此,可以为天子大臣矣。臣朔昧死再拜以闻。'"颜师古注:"如淳曰:'贫子冬日乃得学书,言文史之事足可用也。'"

三冬足用侏儒饱,千里从看跛鳖行。(宋·梅尧臣《和王景彝寄吕缙叔》)

捷径输藏用 谓比不上卢藏用以隐居名山作为谋取功名的捷径。唐·刘肃《大唐新语·隐逸第二十三》:"卢藏用始隐于终南山中,中宗朝累居要职。有道士司马承祯者，睿宗迎至京，将还，藏用指终南山谓之曰：'此中大有佳处，何必在远！'承祯徐答曰：'以仆所观，乃仕宦捷径耳。'藏用有惭色。"

那捷径、输他藏用。有耳不曾闻黜陟，免教人、贬驳徂徕颂。（宋·刘克庄《贺新郎·主判茅君洞》）

弱翁方大用 称美刺史。《汉书·魏相传》："魏相字弱翁，济阴定陶人也，……考案郡国守相，多所贬退。相与丙吉相善，时吉为光禄大夫，予相书曰：'朝廷已深知弱翁治行，方且大用矣。愿少慎事自重，臧器于身。'相心善其言，为霁威严。居部二岁，征为谏大夫，复为河南太守。"

弱翁方大用，延首迟双鱼。（唐·羊士谔《郡中端居有怀袁州王员外使君》）

吾谋适不用 指国君听信庸臣意见，中敌人圈套，而置谋臣之正确意见于不顾。见《左传·文公十三年》所记秦国绕朝语。

吾谋适不用，勿谓知音稀。（唐·王维《送綦毋潜落第还乡》）

佣 yòng 另见938页yōng。

逆行～顺～金～钱

中 zhòng ①适当，适合。②正对上，恰好合上。③击中目标。④考取，录取。⑤遭受，受到。⑥陷害，中伤。⑦满。另见939页zhōng。

古去声，一送。逆百～高～彀～鹿～巧～切～曲～微～言～亿～愿～顺～榜～策～醒～额～宫～规～害～寒～节～酒～矩～举～儁～科～肯～窾～律～眉～墨～签～窍～瑞～湿～霜～微～选～腰～意～音例又于笙笛间，高下不相中。（宋·梅尧臣《答中上人卷》）我命不在天，羿彀未必中。（宋·苏轼《广陵会三同舍各以其字为韵仍邀同赋·刘贡父》）逡巡不为虐，巧捷有微中。（宋·苏辙《次韵子瞻广陵会三同舍各以其字为韵·刘贡甫》）

典**酒频中** 指害酒病，或指醉酒。《三国志·魏书·徐邈传》："时科禁酒，而邈私饮至于沉醉。校事赵达问以曹事，邈曰：'中圣人。'达白之太祖，太祖甚怒。度辽将军鲜于辅进曰：'平日醉客谓酒清者为圣人，浊者为贤人，邈性修慎，偶醉言耳。'竟坐得免刑。……车驾幸许昌，问邈曰：'颇复中圣人不？'邈对曰：'昔子反毙于谷阳，御叔罚于饮酒，臣嗜同二子，不能自惩，时复中之。然宿瘤以丑见传，而臣以醉见识。'帝大笑。"

还忆去年相聚日，风前月下酒频中。（宋·吴芾《和陈泽民见寄三首》其二）

金屏选中 亦作"金雀屏开"。咏婚嫁。《旧唐书·高祖太穆皇后窦氏传》："毅（窦后父）闻之，谓长公主曰：'此女才貌如此，不可妄以许人，当为求贤夫。'乃于门屏画二孔雀，诸公子有求婚者，辄与两箭射之，潜约中目者许之。前后数十辈莫能中，高祖（即李渊）后至，两发各中一目。毅大悦，遂归于我帝。"

一双白璧殷勤种。齐向金屏选中。（宋·无名氏《杏花天·弟兄旧说河东凤》）

贤圣日中 见635页"酒贤"。

木杪黄封，贤圣都堪日日中。（宋·胡铨《采桑子·山浮海上青螺远》）

众（衆）zhòng ①多，许多。②许多人，众人。③普通，一般。④量词。个；群，行。

古去声，一送。逆侪～禅～挡～得～读～法～梵～服～宫～故～官～贯～海～积～济～家～举～绝～夸～离～黎～率～亲～清～容～散～僧～省～恃～俗～途～吾从～乌合～蚁～殷～营～余～兆～种～诸～顺～谤～宾～材～草～雏～芳～峰～甫～辅～毁～喙～俊～苦～灵～流～美～妙～葩～强～窍～禽～然～善～胜～庶～铄～俗～眺～相～香～信～星～言～揖～英～誉～怨～珍～智～彘例此行山水好，时物亦应众。（唐·刘长卿《送沈少府之任淮南》）落尘笼。簿书丛。鹖弁如云众。（宋·贺铸《六州歌头·少年侠气》）彩雾笼云，舞香花萼，降蕊珠仙众。（宋·仲殊《醉蓬莱·望金华真界》）

典**乌合之众** 亦作"乌合之卒"。见《后汉书·耿弇传》。

自提乌合众，南北久跳梁。（宋·刘子翚《喜诛大将》）

重 zhòng ①重量，分量。②重要；程度深；数量多；浓厚。③重视，注重。④端庄，不轻率。⑤辎重，军中载物之车。另见942页chóng。

古上声，二肿。又：去声，二宋异。逆爱～安～倍～持～崇～淳～典～鼎～笃～敦～方～傅～顾～国～豪～荷～闳～鸿～华～积～踦～嘉～简～见～借～嗟～矜～谨～景～靖～静～眷～峻～宽～魁～礼～名～器～气～钦～亲～清～任～赏～慎～泰山～顽～望～温～贤～心～信～雅～殷～英～渊～增～珍～争～郑～庄～赀～顺～本～碧～才～德～嫡～藩～敬～黎～藜～礼～名～迁～慎～生～文～孝～言～誉～赘例谁言贫别易，贫别愁更重。（唐·孟郊《送从弟郢东归》）新年堪爱惜，锦字亦珍重。（唐·鲍溶《秋怀五首》其三）片玉一尘轻，粒粟山丘重。（唐·聂夷中《古兴》）

典**髀重** 亦作"髀肉生""消髀肉""无髀肉"。见505页"生髀肉"。

战袍破犹在，髀肉生欲圆。（唐·白居易《题裴晋公女几山刻石诗后》）

隗贵重 亦作"郭隗尊""郭隗始""郭隗金""郭隗台""隗始"。见718页"郭隗金"。

卧多共息嵇康病，才劣虚同郭隗尊。（唐·秦系《山中枉皇甫温大夫见招书》）

魏侯重 亦作"箧中书"。喻指人主信任重用贤臣而不为谗言所惑。《战国策·秦策二》："魏文侯令乐羊将，攻中山，三年而拔之，乐羊反而语功，文侯示之谤书一箧。乐羊再拜稽首曰：'此非臣之功，主君之力也。'"

但蒙魏侯重，不受谤书诬。（唐·陈子昂《答韩使同在边》）

种（種）zhòng ①种植。②接种。③养殖。另见943页chóng、969页zhǒng。

古去声，二宋。逆布～传～佛～火～垦～漫～农～清～莳～夏～移～营～殖～□耘～顺～播～插～德～佃～福～惠～祸～山～石～莳～五生～艺～玉～栽例莫言贫贱无人重，莫言富贵应须种。（唐·骆宾王《艳情代郭氏答卢照邻》)田家望望惜雨干,布谷处处催春种。(唐·杜甫《洗兵马(收京后作)》)石门长老身如梦,旃檀成林手所种。(唐·柳宗元《戏题石门长老东轩》)

典**胡麻好种** 形容闺妇对征人的思念、盼望之情。唐·孟棨《本事诗·情感》:"朱滔括兵,不择士族,悉令赴军,自阅于球场。有士子容止可观,进趋淹雅。滔自问之曰:'所业者何?'曰:'学为诗。'问:'有妻否?'曰:'有。'即令作寄内诗。援笔立成,词曰:'握笔题诗易,荷戈征戍难。惯从鸳被暖,怯向雁门寒。瘦尽宽衣带,啼多渍枕檀。试留青黛著,回日画眉看。'又令代妻作诗答,曰:'蓬鬓荆钗世所稀,布裙犹是嫁时衣。胡麻好种无人种,合是归时底不归?'滔遗以束帛,放归。"

胡麻好种无人种,正是归时君未归。(宋·晁补之《鹧鸪天·绣幕低低拂地垂》)

三槐手种 称誉人子孙通显。宋·苏轼《三槐堂铭并叙》:"故兵部侍郎晋国王公显于汉、周之际,历事太祖、太宗,文武忠孝,天下望以为相,而公卒,以直道不容于时。盖尝手植三槐于庭,曰:'吾子孙必有为三公者。'已而其子魏国文正公相真宗先帝于景德、祥符之间,朝廷清明无事之时,享其福禄荣名者,十有八年。"事见《宋史·王旦传》。

最风流膝上,双亲未老,三槐手种,分付佳儿。(宋·姚勉《沁园春·超逸天才》)

仲zhòng ①中间,地位居中的。②兄弟姐妹排行第二的。③农历一季的第二个月。

古去声,一送。逆伯~春~杜~二~公~管~昆~平~求~食蚓~叔~思~四~翁~奚~贤~野~酉~朱~顺~春~弟~冬~父~弓~景~连~良氏~梁~吕~明~尼~年~秋~容~山~氏~叔~舒~思枣~孙~夏~兄~雄~宣~阳~由~月~子例色庄香重。直与梅花堪伯仲。(宋·李处权《减字木兰花·今年菊早》)一阳不受群阴壅。残历行间冬破仲。(宋·石孝友《玉楼春·一阳不受群阴壅》)且饭犊,莫吞风。新来暗哑如翁仲。(宋·刘克庄《贺新郎·此腹元空洞》)

典**求仲** 亦作"求羊"。喻指隐居时的声气相投之友。谢灵运《田南树园激流植援》:"唯开蒋生迳,永怀求羊踪。"汉赵岐撰,晋挚虞注《三辅决录》:"蒋诩归乡里,荆棘塞门,舍中有三径,不出,惟求仲、羊仲从之游,二人不知何许人,皆治车为业,时人谓之二仲。"

岂无求仲住领曲,仅有惠连来梦间。(宋·刘克庄《居厚弟示和诗复课十首》其八)

翁仲 指金人(铜像)和墓前石人。《淮南子·泛论训》:"秦之时,高为台榭,大为苑囿,远为驰道,铸金人,"高诱注:"秦皇帝二十六年,初兼天下。有长人见于临洮,其高五丈,足迹六尺。放写其形,铸金人以象之,翁仲、君何是也。"

尉佗曾驭国,翁仲久游泉。(唐·沈佺期《度安海入龙编》)

张仲 张仲为西周贤臣,以孝友为人称道。《诗经·小雅·六月》:"侯谁在矣,张仲孝友。"毛氏传:"张仲,贤臣也。善父母为孝,善兄弟为友。"

雅歌张仲德,颂祝鲁侯昌。(唐·柳宗元《弘农公以硕德伟材屈于诬枉左官三岁》)

傅武仲 见463页"下笔不知休"。

文轻傅武仲,酒逼盖宽饶。(唐·刘禹锡《酬杨八庶子喜韩吴兴与余同迁见赠》)

苏和仲[1] 指北宋文学家苏轼。宋·苏辙《亡兄子瞻端明墓志铭》:"公讳轼,姓苏,字子瞻,一字和仲,世家眉山。"

追攀应物并和仲,友爱全真与子由。(宋·刘克庄《题真继翁司令新居二首·听雨楼》)

苏和仲[2] 或云苏谓兄轼,仲谓其弟辙。《宋史·苏辙传》:"苏辙字子由,年十九,与兄轼同登进士科,又同策制举。"《宋史·苏轼传》:"一时文人如黄庭坚、晁补之、秦观、张耒、陈师道,举世未之识,轼待之如朋俦,未尝以师资自予也。"

又似元之,与苏和仲,汲引孙丁晁李秦。(宋·陈人杰《沁园春·不恨穷途》)

纵(縱)zòng ①放松,放任。②腾跃,跳跃。③连词,表示让步,纵然,即使。④南北向的或由前向后的。⑤"合纵"的简称。另见942页zōng。

古去声,二宋。逆傲~逞~侈~骋~弛~怠~高~酣~豪~宏~缓~蹇~僭~娇~骄~解~矜~阑~陵~买~民气~七~擒~任~容~奢~疏~肆~腾~天~颓~吞~哗~嬉~崄~游目~恣~顺~暴~波~博~弛~侈~出~诞~宕~荡~放~观~壑鱼~横~衡~览~鳞~令~论~麾~辔~遣~任~深~释~肆~谭~心~性~言~佚~逸~意~溢~棹例身上艺能无不通,就中草圣最天纵。(唐·鲁收《怀素上人草书歌》)恋池群鸭回,释峤孤云纵。(唐·韩愈《人日城南登高》)死生同。一诺千金重。推翘勇。矜豪纵。(宋·贺铸《六州歌头·少年侠气》)

典**七擒七纵** 亦作"七纵七擒"。指武功卓绝。《三国志·蜀书·诸葛亮传》:"(建兴)三年春,亮率众南征,其秋悉平。军资所出,国以富饶。"裴松之注引《汉晋春秋》:"亮至南中,所在战捷。闻孟获者,为夷、汉所服,募生致之。既得,使观于营陈之间,问曰:'此军何如?'获对曰:'向者不知虚实,故败。今蒙赐观看营陈,若只如此,即定易胜耳。'亮笑,纵使更战,七纵七禽,而亮犹遣获。获止不去,曰:'公,天威也,南人不复反矣!'"

一胜一负乃常事,七纵七擒真妙机。(宋·黄公度《和宋永兄围棋青字韵因成五绝》)

从(從)zòng ①同一宗族次于至亲者。②共犯,主谋的人为首,随从为从。③随从者。④通"纵",放纵。另见923页cōng、943页cóng。

古去声,二宋。逆主~宾~仆~侍~顺~人

粽(*糉)zòng 粽子。

古去声,一送。逆端午~角~青箬~筒~顺~角~心草例绿杨带雨垂垂重。五色新丝缠角粽。(宋·欧阳修《渔家傲·五月榴花妖艳烘》)

综(綜)zòng ①织布机上使经线上下分开成梭口以受纬线的一种装置。②织文。③总集,聚合。

古去声,二宋。逆博~纂~错~赅~管~贯~衡~缉~兼~思~通~修~渊~甄~顺~博~采~贯~核~画~缉~括~览~揽~厘~理~练~悉~校~治

字头拼音、声韵对照笔画索引

本索引针对正文大字头，以笔画顺序排列，笔画顺序参照《现代汉语通用字笔顺规范》。本索引中第一列为正文中的大字头字形，第二列为汉语拼音，第三列为正文所在韵部和所属平仄声调，第四列为正文页码。字形相同、读音不同者列在一起，并仅第一次出现者列出字形，其他读音对应字形省略，列拼音和正文页码于下；同在一页内出现的同字形、同读音者不重复列出。第三列中的第一字为韵部字、第二字为平仄声调；平声包括阴平和阳平，仄声包括上声、去声和入声，其中阴平省为〇、阳平省为⊙。汉语拼音与韵部、平仄、声调对照参看，方便检用。

不 bù 姑入 411
仄 zè 歌入 100
太 tài 开去 328
犬 quǎn 寒上 659
区 ōu 侯○ 460
qū 鱼○ 426
历 lì 齐入 248
友 yǒu 侯上 495
尤 yóu 侯⊙ 480
歹 dǎi 开上 317
匹 pǐ 齐入 245
厄 è 歌入 90
车 chē 歌○ 68
jū 鱼○ 425
巨 jù 鱼去 445
牙 yá 麻⊙ 14
屯 tún 痕⊙ 753
zhūn 痕○ 734
戈 gē 歌○ 72
比 bì 齐去 222
bǐ 齐上 214
pí 齐⊙ 209
pǐ 齐上 218
互 hù 姑去 385
切 qiē 皆入 111
qiè 皆入 127
瓦 wǎ 麻上 19
wà 麻去 25

[丨起]

止 zhǐ 支上 157
少 shǎo 豪上 556
shào 豪去 571
日 rì 支入 184
曰 yuē 皆入 113
中 zhōng 东○ 939
zhòng 东去 977
内 nèi 微去 297
冈 gāng 唐○ 791
水 shuǐ 微上 280
贝 bèi 微去 286
见 jiàn 寒去 685

[丿起]

午 wǔ 姑上 372
手 shǒu 侯上 491
牛 niú 侯⊙ 475
毛 máo 豪⊙ 535
气 qì 齐去 230
壬 rén 痕⊙ 753
升 shēng 庚○ 876
夭 ǎo 豪上 557
yāo 豪○ 528
长 cháng 唐⊙ 808
zhǎng 唐上 844
zhàng 唐去 861
仁 rén 痕⊙ 753
什 shí 支入 180
shén 痕⊙ 753
仃 dīng 庚○ 867
片 piàn 寒去 696
仆 pū 姑入 398
pú 姑入 404
仇 chóu 侯⊙ 469
qiú 侯⊙ 478
仉 zhǎng 唐上 845
化 huà 麻去 22
币 bì 齐去 221
仂 lè 歌入 97
lì 齐入 249
仍 réng 庚⊙ 896
仅 jǐn 痕上 761
斤 jīn 痕○ 719
爪 zhǎo 豪上 558
zhuǎ 麻上 20
反 fān 寒○ 588
fǎn 寒上 650
兮 xī 齐○ 202
刈 yì 齐去 233
介 jiè 皆去 107
从 cōng 东○ 923
cóng 东⊙ 943
zòng 东去 978
父 fǔ 姑上 363
fù 姑去 380
爻 yáo 豪⊙ 545
仑 lún 痕⊙ 744
今 jīn 痕○ 719
凶 xiōng 东○ 937
分 fēn 痕○ 716
fèn 痕去 771
乏 fá 麻入 30
公 gōng 东○ 925
仓 cāng 唐○ 788
月 yuè 皆入 134
氏 shì 支去 167
zhī 支○ 148
勿 wù 姑入 422
欠 qiàn 寒去 696
风 fēng 庚○ 867
fèng 庚去 911
丹 dān 寒○ 586
匀 yún 痕⊙ 759
乌 wū 姑○ 342
凤 fèng 庚去 910
勾 gōu 侯○ 458
gòu 侯去 499
殳 shū 姑○ 341

[丶起]

卞 biàn 寒去 672
六 liù 侯去 503
lù 姑入 414
文 wén 痕⊙ 754
wèn 痕去 780
亢 gāng 唐○ 792
kàng 唐去 850
方 fāng 唐○ 790
闩 shuān 寒○ 603
火 huǒ 波上 45
为 wéi 微⊙ 274
wèi 微去 303
斗 dǒu 侯上 483
dòu 侯去 498
忆 yì 齐入 254
计 jì 齐去 224
订 dìng 庚去 910
户 hù 姑去 384
讣 fù 姑去 383
认 rèn 痕去 777
冗 rǒng 东上 965
讥 jī 齐○ 198
心 xīn 痕○ 728

[乙起]

尹 yǐn 痕上 767
尺 chě 歌上 77
chǐ 支入 182
引 yǐn 痕上 766
丑 chǒu 侯上 483
爿 bàn 寒去 671
孔 kǒng 东上 965
巴 bā 麻○ 2
队 duì 微去 288
办 bàn 寒去 670
以 yǐ 齐上 220
允 yǔn 痕上 767
邓 dèng 庚去 910
劝 quàn 寒去 697
双 shuāng 唐○ 799
书 shū 姑○ 336
毋 wú 姑⊙ 358
幻 huàn 寒去 684

五画

[一起]

玉 yù 鱼入 453
刊 kān 寒○ 595
未 wèi 微去 302
末 mò 波入 62
示 shì 支去 166
击 jī 齐入 236
邗 hán 寒⊙ 616
戋 jiān 寒○ 594
打 dá 麻⊙ 11
dǎ 麻上 16
巧 qiǎo 豪上 555
正 zhēng 庚○ 881
zhèng 庚去 919
扑 pū 姑入 398
卉 huì 微去 292
扒 bā 麻○ 3
pá 麻⊙ 13
邛 qióng 东⊙ 954
功 gōng 东○ 924
扔 rēng 庚○ 874
去 qù 鱼去 446
甘 gān 寒○ 589
世 shì 支去 164
卌 xì 齐入 252
艾 ài 开去 319
yì 齐去 234
艽 jiāo 豪○ 522
古 gǔ 姑上 363
节 jié 皆入 115
艿 nǎi 开上 319
本 běn 痕上 760
术 shù 姑入 419
札 zhá 麻入 32
朮 zhú 姑入 407
可 kě 歌上 78
kè 歌入 96
叵 pǒ 波上 46
匝 zā 麻入 29
丙 bǐng 庚上 902
左 zuǒ 波上 47
厉 lì 齐去 228
丕 pī 齐○ 200
右 yòu 侯去 511
石 dàn 寒去 675
shí 支入 177
布 bù 姑去 376
夯 hāng 唐○ 793
戊 wù 姑去 394
龙 lóng 东⊙ 946
平 píng 庚⊙ 894
灭 miè 皆入 125
轧 gá 麻入 31

yà 麻入 37
zhá 麻入 33
东 dōng 东○ 923
匜 yí 齐⊙ 214
劢 mài 开去 326

[丨起]

卡 kǎ 麻上 17
qiǎ 麻上 19
北 běi 微上 276
bò 波入 59
凸 tū 姑入 399
占 zhān 寒○ 610
zhàn 寒去 709
卢 lú 姑⊙ 352
业 yè 皆入 132
旧 jiù 侯去 501
帅 shuài 开去 327
归 guī 微○ 262
且 jū 鱼○ 426
qiě 皆上 105
旦 dàn 寒去 674
目 mù 姑入 416
叮 dīng 庚○ 867
叶 yè 皆入 132
甲 jiǎ 麻入 33
申 shēn 痕○ 726
号 háo 豪⊙ 533
hào 豪去 564
电 diàn 寒去 675
田 tián 寒⊙ 632
由 yóu 侯⊙ 482
只 zhī 支入 177
zhǐ 支上 159
叭 bā 麻○ 2
史 shǐ 支上 155
央 yāng 唐○ 804
兄 xiōng 东○ 936
叱 chì 支入 183
叽 jī 齐○ 199
叼 diāo 豪○ 518
叩 kòu 侯去 502
叫 jiào 豪去 565
另 lìng 庚去 914
叨 dāo 豪○ 518
tāo 豪○ 524
叻 lì 齐入 249
叹 tàn 寒去 700
冉 rǎn 寒上 660
皿 mǐn 痕上 763
mǐng 庚上 906
凹 āo 豪○ 515
囚 qiú 侯⊙ 478
四 sì 支去 169

[丿起]

生 shēng 庚○ 875
失 shī 支入 176
矢 shǐ 支上 156
乍 zhà 麻去 27
禾 hé 歌⊙ 76
仨 sā 麻○ 7
丘 qiū 侯○ 460
仕 shì 支去 168
付 fù 姑去 383
仗 zhàng 唐去 859
代 dài 开去 321
仙 xiān 寒○ 605
仟 qiān 寒○ 598
们 mén 痕⊙ 746
仪 yí 齐⊙ 212
白 bái 开⊙ 310
bó 波入 53
仔 zǐ 支上 162
他 tā 麻○ 8
仞 rèn 痕去 778
斥 chì 支入 183
卮 zhī 支○ 147
瓜 guā 麻○ 3
仝 tóng 东⊙ 961
乎 hū 姑○ 335
丛 cóng 东⊙ 943
令 líng 庚⊙ 888
lǐng 庚上 905
lìng 庚去 913
用 yòng 东去 976
甩 shuǎi 开上 319
印 yìn 痕去 782
氐 dī 齐○ 196
乐 lè 歌入 96
yào 豪去 574
yuè 皆入 137
尔 ěr 儿上 192
句 jù 鱼去 444
匆 cōng 东○ 922
犰 qiú 侯⊙ 478
册 cè 歌入 89
卯 mǎo 豪上 553
犯 fàn 寒去 678
处 chǔ 姑上 359
chù 姑去 377
外 wài 开去 328
冬 dōng 东○ 924
鸟 niǎo 豪上 554
务 wù 姑去 393
刍 chú 姑⊙ 346
包 bāo 豪○ 515
饥 jī 齐○ 197

[丶起]

主 zhǔ 姑上 374
市 shì 支去 165
庀 pǐ 齐上 218
邝 kuàng 唐去 850
立 lì 齐入 248
冯 féng 庚⊙ 885
邙 máng 唐⊙ 824
玄 xuán 寒⊙ 639
闪 shǎn 寒上 661
兰 lán 寒⊙ 618
半 bàn 寒去 670
汀 tīng 庚○ 876
汁 zhī 支入 177
汇 huì 微去 292
头 tóu 侯⊙ 479
汉 hàn 寒去 682
忉 dāo 豪○ 518
宁 níng 庚⊙ 892
nìng 庚去 916
穴 xué 皆入 121
它 tā 麻○ 9
tuō 波○ 42
宄 guǐ 微上 278
讦 jié 皆入 117
讧 hóng 东⊙ 946
讨 tǎo 豪上 556
写 xiě 皆上 105
让 ràng 唐去 852
礼 lǐ 齐上 216
讪 shàn 寒去 699
讫 qì 齐入 251
训 xùn 痕去 781
必 bì 齐入 246
议 yì 齐去 234
讯 xùn 痕去 781
记 jì 齐去 225
永 yǒng 东上 967

[乙起]

司 sī 支○ 145
尻 kāo 豪○ 522
尼 ní 齐⊙ 207
nǐ 齐上 218
民 mín 痕⊙ 746
弗 fú 姑入 403
出 chū 姑入 397
阡 qiān 寒○ 598
辽 liáo 豪⊙ 534
奶 nǎi 开上 319
奴 nú 姑⊙ 353
丱 guàn 寒去 682
加 jiā 麻○ 6
召 shào 豪去 571
zhào 豪去 577
皮 pí 齐⊙ 208
边 biān 寒○ 583
孕 yùn 痕去 783
发 fā 麻入 27
fà 麻入 33
圣 shèng 庚去 917
对 duì 微去 288
弁 biàn 寒去 673
pán 寒⊙ 626
台 tái 开⊙ 314
tái 开⊙ 316
矛 máo 豪⊙ 536
纠 jiū 侯○ 458
驭 yù 鱼去 449
母 mǔ 姑上 367
幼 yòu 侯去 511
丝 sī 支○ 144

六画

[一起]

匡 kuāng 唐○ 796
耒 lěi 微上 279
邦 bāng 唐○ 787
玎 dīng 庚○ 867
玑 jī 齐○ 199
式 shì 支入 185
迂 yū 鱼○ 429
刑 xíng 庚⊙ 898
邢 xíng 庚⊙ 899
刓 wán 寒⊙ 635
戎 róng 东⊙ 957
动 dòng 东去 970
圩 wéi 微⊙ 276
yú 鱼⊙ 435
圬 wū 姑○ 343
圭 guī 微○ 263
扛 gāng 唐○ 791
káng 唐⊙ 816
寺 sì 支去 168
吉 jí 齐入 241
扣 kòu 侯去 502
扦 qiān 寒○ 598
托 tuō 波入 53
考 kǎo 豪上 551

字	拼音	韵	页
考	kǎo	豪上	552
圳	zhèn	痕去	785
老	lǎo	豪上	552
圾	jī	齐〇	199
	jí	齐入	240
	sè	歌入	99
巩	gǒng	东上	964
执	zhí	支入	181
圹	kuàng	唐去	850
扩	kuò	波入	61
扪	mén	痕⊙	746
扫	sǎo	豪上	555
	sào	豪去	571
圮	pǐ	齐上	218
圯	yí	齐⊙	214
地	dì	齐去	223
场	cháng	唐⊙	811
	chǎng	唐上	836
扬	yáng	唐⊙	833
扠	chā	麻〇	3
	zhǎ	麻上	20
耳	ěr	儿上	191
芋	yù	鱼去	449
共	gòng	东去	972
芊	qiān	寒〇	598
芃	péng	庚⊙	894
芍	sháo	豪⊙	541
	shuò	波入	65
芨	jí	齐入	242
芒	máng	唐⊙	823
亚	yà	麻去	26
芝	zhī	支〇	147
芎	qiōng	东〇	935
	xiōng	东〇	937
芑	qǐ	齐上	219
芗	xiāng	唐〇	804
朽	xiǔ	侯上	495
朴	piáo	豪⊙	538
	pō	波入	52
	pò	波入	64
	pǔ	姑入	410
机	jī	齐〇	197
权	quán	寒⊙	629
过	guō	波〇	40
	guò	波去	48
亘	gèn	痕去	772
臣	chén	痕⊙	738
吏	lì	齐去	228
再	zài	开去	329
协	xié	皆入	120
西	xī	齐〇	201
压	yā	麻入	29
厌	yā	麻入	29
	yān	寒〇	609
	yàn	寒去	704
戌	xū	鱼入	450
在	zài	开去	329
有	yǒu	侯上	495
百	bǎi	开上	316
	bó	波入	54
存	cún	痕⊙	739
而	ér	儿⊙	191
页	yè	皆入	133
匠	jiàng	唐去	849
夸	kuā	麻〇	7
夺	duó	波入	55
灰	huī	微〇	264
达	dá	麻入	29
	tà	麻入	36
戍	shù	姑去	391
尥	liào	豪去	567
列	liè	皆入	123
死	sǐ	支上	157
成	chéng	庚⊙	882
夹	jiā	麻入	28
	jiá	麻入	31
夷	yí	齐⊙	213
轨	guǐ	微上	277
邪	xié	皆⊙	104
	yé	皆⊙	105
尧	yáo	豪⊙	544
划	huá	麻⊙	12
	huá	麻入	31
	huà	麻入	34
迈	mài	开去	326
毕	bì	齐入	246
至	zhì	支去	172
[丨起]			
此	cǐ	支上	154
乩	jī	齐〇	199
贞	zhēn	痕〇	733
师	shī	支〇	142
尘	chén	痕⊙	736
尖	jiān	寒〇	592
劣	liè	皆入	124
光	guāng	唐〇	792
当	dāng	唐〇	789
	dàng	唐去	847
吁	xū	鱼〇	428
	yù	鱼去	449
早	zǎo	豪上	557
吐	tǔ	姑上	372
	tù	姑去	393
吓	hè	歌入	93
	xià	麻去	26
旯	lá	麻⊙	12
曳	yè	皆去	110
虫	chóng	东⊙	942
曲	qū	鱼入	450
	qú	鱼入	451
	qǔ	鱼入	451
团	tuán	寒⊙	634
同	tóng	东⊙	958
	tóng	东⊙	959
吕	lǚ	鱼上	439
吊	diào	豪去	564
吃	chī	支入	176
	jí	齐入	242
吒	zhà	麻去	27
因	yīn	痕〇	731
吸	xī	齐入	237
吗	mā	麻〇	7
	mǎ	麻上	19
吆	yāo	豪〇	529
屿	yǔ	鱼上	442
屹	yì	齐入	255
岁	suì	微去	299
岌	jí	齐入	242
帆	fān	寒〇	587
回	huí	微⊙	269
屺	qǐ	齐上	219
岂	qǐ	齐上	219
则	zé	歌入	85
刚	gāng	唐〇	791
网	wǎng	唐上	842
肉	ròu	侯去	504
	rù	姑入	419
[丿起]			
年	nián	寒⊙	624
朱	zhū	姑〇	343
	zhū	姑〇	344
缶	fǒu	侯上	484
先	xiān	寒〇	604
牝	pìn	痕去	777
丢	diū	侯〇	457
廷	tíng	庚⊙	897
舌	shé	歌入	84
竹	zhú	姑入	405
迁	qiān	寒〇	597
乔	qiáo	豪⊙	540
迄	qì	齐入	251
伟	wěi	微上	283
传	chuán	寒⊙	614
	zhuàn	寒去	709
乒	pīng	庚〇	873
乓	pāng	唐〇	796
休	xiū	侯〇	463
伍	wǔ	姑上	373
伎	jì	齐去	227
伏	fú	姑入	402
伛	yǔ	鱼上	443
优	yōu	侯〇	464
臼	jiù	侯去	501
伐	fá	麻入	30
仳	pǐ	齐上	218
延	yán	寒⊙	641
仲	zhòng	东去	978
件	jiàn	寒去	686
任	rén	痕⊙	753
	rèn	痕去	777
伤	shāng	唐〇	798
伥	chāng	唐〇	789
价	jià	麻去	23
	jiè	皆去	108
伦	lún	痕⊙	743
伧	cāng	唐〇	788
	chéng	庚⊙	885
华	huá	麻⊙	11
	huà	麻去	23
仰	yǎng	唐上	844
伉	kàng	唐去	850
仿	fǎng	唐上	837
伙	huǒ	波上	46
伪	wèi	微去	303
伫	zhù	姑去	396
伈	xǐn	痕上	765
自	zì	支去	174
伊	yī	齐〇	204
血	xiě	皆上	106
	xuè	皆入	131
向	xiàng	唐去	856
囟	xìn	痕去	781
似	sì	支去	168
后	hòu	侯去	500
行	háng	唐⊙	813
	hàng	唐去	848
	xíng	庚⊙	897
	xìng	庚去	918
彴	zhuó	波入	59
甪	lù	姑入	416
舟	zhōu	侯〇	465
全	quán	寒⊙	629
会	huì	微去	291
	kuài	开去	325

[丶起]

[乙起]

七画

[一起]

[丨起]

足 jù 鱼去 445
zú 姑入 407
虬 qiú 侯⊙ 478
邮 yóu 侯⊙ 482
男 nán 寒⊙ 623
困 kùn 痕去 775
吵 chǎo 豪上 548
串 chuàn 寒去 673
呐 nà 麻入 35
呗 bài 开去 320
员 yuán 寒⊙ 646
吽 hōng 东○ 933
听 tīng 庚○ 876
tìng 庚去 917
yǐn 痕上 767
吟 yín 痕⊙ 756
吩 fēn 痕○ 716
呛 qiāng 唐○ 797
qiàng 唐去 852
吻 wěn 痕上 765
吹 chuī 微○ 260
chuì 微去 286
呜 wū 姑○ 343
吭 háng 唐⊙ 813
kēng 庚○ 872
吧 bā 麻○ 2
吼 hǒu 侯上 485
邑 yì 齐入 253
囤 dùn 痕去 771
tún 痕⊙ 754
别 bié 皆入 113
biè 皆入 123
吮 shǔn 痕上 764
帏 wéi 微⊙ 275
岐 qí 齐⊙ 211
岖 qū 鱼○ 427
岈 yá 麻⊙ 16
岗 gǎng 唐上 838
岘 xiàn 寒去 703
帐 zhàng 唐去 860
岑 cén 痕⊙ 735
岚 lán 寒⊙ 619
兕 sì 支去 170
财 cái 开⊙ 312
囵 lún 痕⊙ 744
囫 hú 姑入 404

［丿起］

针 zhēn 痕○ 733
钉 dīng 庚○ 867
dìng 庚去 910
钊 zhāo 豪○ 530
钌 liào 豪去 567
氙 xiān 寒○ 606
牡 mǔ 姑上 368
告 gào 豪去 564
gù 姑入 414
我 wǒ 波上 47
牣 rèn 痕去 778
乱 luàn 寒去 693
利 lì 齐去 228
秃 tū 姑入 399
秀 xiù 侯去 508
私 sī 支○ 144
岙 ào 豪去 559
每 měi 微上 279
佞 nìng 庚去 916
兵 bīng 庚○ 864
邱 qiū 侯○ 461
估 gū 姑○ 335
gù 姑去 384
体 tǐ 齐上 219
何 hé 歌⊙ 77
佐 zuǒ 波上 47
佑 yòu 侯去 511
伻 bēng 庚○ 864
攸 yōu 侯○ 464
但 dàn 寒去 675
伸 shēn 痕○ 726
佃 diàn 寒去 677
佚 yì 齐入 255
作 zuō 波入 53
zuó 波入 59
zuò 波入 66
伯 bà 麻去 21
bǎi 开上 316
bó 波入 53
伶 líng 庚⊙ 888
佣 yōng 东○ 938
yòng 东去 977
低 dī 齐○ 196
你 nǐ 齐上 218
佝 kòu 侯去 503
佟 tóng 东⊙ 961
住 zhù 姑去 394
位 wèi 微去 300
伴 bàn 寒去 670
佗 tuō 波○ 42
tuó 波⊙ 44
身 juān 寒○ 595
shēn 痕○ 725
皂 zào 豪去 576
伺 cì 支去 163
sì 支去 169
佛 fó 波入 56
fú 姑入 403
伽 qié 皆⊙ 103
囱 cōng 东○ 923
近 jìn 痕去 773
彻 chè 歌入 89
役 yì 齐入 252
彷 páng 唐⊙ 826
返 fǎn 寒上 650
佘 shé 歌⊙ 77
余 yú 鱼⊙ 432
yú 鱼⊙ 433
希 xī 齐○ 201
佥 qiān 寒○ 598
坐 zuò 波去 51
谷 gǔ 姑入 408
gǔ 姑入 409
yù 鱼入 455
孚 fú 姑⊙ 348
妥 tuǒ 波上 46
豸 zhì 支去 174
含 hán 寒⊙ 615
邻 lín 痕⊙ 741
坌 bèn 痕去 769
岔 chà 麻去 21
肝 gān 寒○ 588
肚 dǔ 姑上 360
dù 姑去 379
肛 gāng 唐○ 791
肘 zhǒu 侯上 497
肠 cháng 唐⊙ 809
邸 dǐ 齐上 215
龟 guī 微○ 263
qiū 侯○ 461
甸 diàn 寒去 676
奂 huàn 寒去 684
免 miǎn 寒上 657
劬 qú 鱼⊙ 431
狂 kuáng 唐⊙ 816
犹 yóu 侯⊙ 482
狈 bèi 微去 286
犺 kàng 唐去 850
狄 dí 齐入 239
角 jiǎo 豪上 550
jué 皆入 117
删 shān 寒○ 602
狃 niǔ 侯上 491
犼 hǒu 侯上 485
鸠 jiū 侯○ 458
条 tiáo 豪⊙ 543
彤 tóng 东⊙ 961
卵 luǎn 寒上 656
灸 jiǔ 侯上 488
岛 dǎo 豪上 549
邹 zōu 侯○ 468
刨 bào 豪去 561
páo 豪⊙ 538
饨 tún 痕⊙ 754
迎 yíng 庚⊙ 899
饩 xì 齐去 232
饪 rèn 痕去 778
饫 yù 鱼去 449
饬 chì 支入 183
饭 fàn 寒去 679
饮 yǐn 痕上 765
yìn 痕去 782
系 jì 齐去 227
xì 齐去 232

［丶起］

言 yán 寒⊙ 639
冻 dòng 东去 971
状 zhuàng 唐去 861
亩 mǔ 姑上 367
况 kuàng 唐去 850
亨 hēng 庚○ 870
庑 wǔ 姑上 374
床 chuáng 唐⊙ 811
庋 guǐ 微上 277
jǐ 齐上 216
库 kù 姑去 385
庇 bì 齐去 222
疔 dīng 庚○ 867
疖 jiē 皆入 111
疗 liáo 豪⊙ 534
吝 lìn 痕去 776
应 yīng 庚○ 878
yìng 庚去 919
冷 lěng 庚上 905
这 zhè 歌入 100
庐 lú 姑⊙ 352
序 xù 鱼去 447
辛 xīn 痕○ 729
肓 huāng 唐○ 793
弃 qì 齐去 230
冶 yě 皆上 106
忘 wáng 唐⊙ 831
wàng 唐去 854
闰 rùn 痕去 778
闱 wéi 微⊙ 276
闲 xián 寒⊙ 636
闳 hóng 东⊙ 946

间 jiān 寒○ 592
jiàn 寒去 686
闵 mǐn 痕上 763
闷 mēn 痕○ 724
mèn 痕去 777
羌 qiāng 唐○ 797
判 pàn 寒去 696
兑 duì 微去 288
灶 zào 豪去 575
灿 càn 寒去 673
灼 zhuó 波入 58
灺 xiè 皆去 109
弟 dì 齐去 223
沣 fēng 庚○ 869
汪 wāng 唐○ 800
沅 yuán 寒⊙ 647
沐 mù 姑入 418
沛 pèi 微去 297
沔 miǎn 寒上 658
汰 tài 开去 328
沤 ōu 侯○ 460
òu 侯去 504
沥 lì 齐入 248
沌 dùn 痕去 771
沏 qī 齐○ 201
沚 zhǐ 支上 159
沙 shā 麻○ 7
汨 mì 齐入 250
汩 gǔ 姑入 410
yù 鱼入 455
汭 ruì 微去 298
汽 qì 齐去 231
沃 wò 波入 65
沂 yí 齐⊙ 214
沦 lún 痕⊙ 744
汹 xiōng 东○ 937
汾 fén 痕⊙ 739
泛 fàn 寒去 679
沧 cāng 唐○ 788
沟 gōu 侯○ 457
没 méi 微⊙ 273
mò 波入 62
汴 biàn 寒去 673
汶 wèn 痕去 780
沆 hàng 唐去 848
沪 hù 姑去 385
沈 shěn 痕上 764
沉 chén 痕⊙ 737
沁 qìn 痕去 777
泐 lè 歌入 97
怃 wǔ 姑上 374
忮 zhì 支去 174
怀 huái 开⊙ 313
怄 òu 侯去 504
忧 yōu 侯○ 464
忳 tún 痕⊙ 754
忡 chōng 东○ 922
忤 wǔ 姑上 374
忾 kài 开去 325
怅 chàng 唐去 846
忻 xīn 痕○ 730
忪 zhōng 东○ 941
怆 chuàng 唐去 847
忭 biàn 寒去 673
忱 chén 痕⊙ 738
快 kuài 开去 325
忸 niǔ 侯上 491
完 wán 寒⊙ 634
宋 sòng 东去 975
宏 hóng 东⊙ 945
牢 láo 豪⊙ 534
究 jiū 侯○ 458
穷 qióng 东⊙ 953
灾 zāi 开○ 310
良 liáng 唐⊙ 821
证 zhèng 庚去 920
诂 gǔ 姑上 364
启 qǐ 齐上 218
评 píng 庚⊙ 894
补 bǔ 姑上 359
初 chū 姑○ 332
社 shè 歌去 79
祀 sì 支去 169
诅 zǔ 姑上 376
识 shí 支入 180
诈 zhǎ 麻上 20
zhà 麻去 26
诉 sù 姑去 392
罕 hǎn 寒上 652
诊 zhěn 痕上 768
诋 dǐ 齐上 215
诌 zōu 侯○ 467
词 cí 支⊙ 151
诎 qū 鱼入 450
诏 zhào 豪去 578
诐 bì 齐去 223
译 yì 齐入 255
诒 yí 齐⊙ 214

[乙起]

君 jūn 痕○ 722
灵 líng 庚⊙ 886
即 jí 齐入 241
层 céng 庚⊙ 882
屁 pì 齐去 230
尿 suī 微○ 266
屃 xì 齐去 232
尾 wěi 微上 282
迟 chí 支⊙ 151
zhì 支去 174
局 jú 鱼入 450
改 gǎi 开上 317
张 zhāng 唐○ 805
忌 jì 齐去 225
际 jì 齐去 225
陆 lù 姑入 414
阿 ā 麻○ 2
ē 歌○ 68
孜 zī 支○ 149
陇 lǒng 东上 965
陈 chén 痕⊙ 737
阽 diàn 寒去 677
阻 zǔ 姑上 376
附 fù 姑去 381
坠 zhuì 微去 304
陀 tuó 波⊙ 44
陂 bēi 微○ 259
pí 齐⊙ 208
pō 波○ 41
陉 xíng 庚⊙ 899
妍 yán 寒⊙ 642
妩 wǔ 姑上 374
妓 jì 齐去 226
妪 yù 鱼去 449
妣 bǐ 齐上 215
妙 miào 豪去 569
妊 rèn 痕去 778
妖 yāo 豪○ 528
妗 jìn 痕去 774
姊 zǐ 支上 162
妨 fáng 唐⊙ 812
妒 dù 姑去 379
妞 niū 侯○ 459
姒 sì 支去 170
努 nǔ 姑上 368
邵 shào 豪去 571
劭 shào 豪去 571
忍 rěn 痕上 763
刭 jǐng 庚上 905
劲 jìn 痕去 774
jìng 庚去 911
甬 yǒng 东上 968
矣 yǐ 齐上 220
鸡 jī 齐○ 196
纬 wěi 微上 283
纭 yún 痕⊙ 759
驱 qū 鱼○ 427
纮 hóng 东⊙ 946
纯 chún 痕⊙ 738
纰 pī 齐○ 200
纱 shā 麻○ 8
驲 rì 支入 185
纲 gāng 唐○ 791
纳 nà 麻入 34
纴 rèn 痕去 778
纵 zōng 东○ 942
zòng 东去 978
驳 bó 波入 54
纶 guān 寒○ 591
lún 痕⊙ 744
纷 fēn 痕○ 716
纸 zhǐ 支上 158
纹 wén 痕⊙ 755
纺 fǎng 唐上 837
驴 lǘ 鱼⊙ 430
纽 niǔ 侯上 490
纾 shū 姑○ 341

八画

[一起]

劻 kuāng 唐○ 796
奉 fèng 庚去 910
玩 wán 寒⊙ 635
玮 wěi 微上 284
环 huán 寒⊙ 617
武 wǔ 姑上 372
青 qīng 庚○ 873
责 zé 歌入 85
现 xiàn 寒去 701
玫 méi 微⊙ 273
表 biǎo 豪上 546
biǎo 豪上 547
玦 jué 皆入 119
盂 yú 鱼⊙ 433
忝 tiǎn 寒上 662
规 guī 微○ 262
匦 guǐ 微上 278
抹 mǒ 波入 59
mò 波入 63
刲 kuī 微○ 265
卦 guà 麻去 21
邽 guī 微○ 264
坩 gān 寒○ 589
坷 kě 歌上 78
坯 pī 齐○ 200

字	拼音	韵	页
拓	tà	麻入	36
	tuò	波入	65
拢	lóng	东⊙	952
	lǒng	东上	965
拔	bá	麻入	29
坪	píng	庚⊙	895
抨	pēng	庚〇	873
拣	jiǎn	寒上	654
坫	diàn	寒去	677
拈	niān	寒〇	596
垆	lú	姑⊙	353
坦	tǎn	寒上	662
担	dān	寒〇	586
	dàn	寒去	675
坤	kūn	痕〇	723
抻	chēn	痕〇	714
押	yā	麻入	29
抽	chōu	侯〇	457
拐	guǎi	开上	317
垌	jiōng	东〇	934
拖	tuō	波〇	42
拊	fǔ	姑上	363
拍	pāi	开〇	309
	pò	波入	64
者	zhě	歌上	78
顶	dǐng	庚上	902
坼	chè	歌入	90
拆	chāi	开〇	308
	chè	歌入	90
拎	līng	庚〇	872
拥	yōng	东〇	937
	yǒng	东上	969
坻	chí	支⊙	151
	dǐ	齐上	215
抵	dǐ	齐上	215
拘	jū	鱼〇	425
势	shì	支去	164
抱	bào	豪去	560
拄	zhǔ	姑上	375
垃	lā	麻〇	7
	lè	歌入	97
拉	lā	麻〇	7
	lā	麻入	28
	lá	麻⊙	12
拦	lán	寒⊙	619
幸	xìng	庚去	918
拌	bàn	寒去	671
㧟	kuǎi	开上	318
拧	níng	庚⊙	893
	nǐng	庚上	906
	nìng	庚去	916
坨	tuó	波⊙	44
抿	mǐn	痕上	763
拂	fú	姑入	402
拙	zhuó	波入	57
招	zhāo	豪〇	529
坡	pō	波〇	41
披	pī	齐〇	199
拨	bō	波入	51
择	zé	歌入	86
	zhái	开⊙	316
弆	jǔ	鱼上	438
拚	pàn	寒去	696
抬	tái	开⊙	316
拇	mǔ	姑上	368
坳	āo	豪〇	515
	ào	豪去	559
拗	ǎo	豪上	545
	ào	豪去	559
	niù	侯去	504
其	jī	齐〇	199
	jì	齐去	227
	qí	齐⊙	210
耶	yé	皆⊙	105
取	qǔ	鱼上	440
茉	mò	波入	64
苦	kǔ	姑上	366
苯	běn	痕上	760
昔	xí	齐入	243
苛	hé	歌⊙	77
	kē	歌〇	74
苤	piě	皆上	105
若	rě	歌上	78
	ruò	波入	64
茂	mào	豪去	568
茏	lóng	东⊙	952
茇	bá	麻入	29
苹	pín	痕⊙	747
	píng	庚⊙	895
苫	shān	寒〇	603
	shàn	寒去	699
苜	mù	姑入	419
苴	chá	麻⊙	11
	jū	鱼〇	426
	jǔ	鱼上	437
	zhǎ	麻上	20
苗	miáo	豪⊙	537
英	yīng	庚〇	878
苒	rǎn	寒上	660
苘	qǐng	庚上	906
苻	fú	姑⊙	349
	pú	姑⊙	355
苶	nié	皆入	120
苓	líng	庚⊙	888
苟	gǒu	侯上	484
茑	niǎo	豪上	555
苑	yuàn	寒去	708
苞	bāo	豪〇	516
范	fàn	寒去	678
茔	yíng	庚⊙	900
苾	bì	齐入	247
茕	qióng	东⊙	955
直	zhí	支入	180
茀	fú	姑入	403
茁	zhuó	波入	58
苕	tiáo	豪⊙	543
茄	jiā	麻〇	6
	qié	皆⊙	103
茎	jīng	庚〇	872
苔	tāi	开〇	309
	tái	开⊙	316
茅	máo	豪⊙	536
枉	wǎng	唐上	842
林	lín	痕⊙	741
枝	qí	齐⊙	210
	zhī	支〇	146
杯	bēi	微〇	258
枢	shū	姑〇	340
枥	lì	齐入	249
柜	guì	微去	290
	jǔ	鱼上	437
枒	yá	麻⊙	16
枇	pí	齐⊙	209
杪	miǎo	豪上	554
杳	yǎo	豪上	557
枘	ruì	微去	298
杵	chǔ	姑上	360
枚	méi	微⊙	273
枨	chéng	庚⊙	885
析	xī	齐入	238
板	bǎn	寒上	647
板	bǎn	寒上	648
枞	cōng	东〇	923
枌	fén	痕⊙	740
松	sōng	东〇	935
枪	chēng	庚〇	866
	qiāng	唐〇	796
枫	fēng	庚〇	869
构	gòu	侯去	499
杭	háng	唐⊙	813
枋	fāng	唐〇	791
枓	dǒu	侯上	484
杰	jié	皆入	115
述	shù	姑入	420
枕	zhěn	痕上	767
	zhèn	痕去	785
杷	pá	麻⊙	13
杼	zhù	姑去	396
丧	sāng	唐〇	798
	sàng	唐去	852
或	huò	波入	60
画	huà	麻去	22
卧	wò	波去	50
事	shì	支去	163
刺	cì	支去	163
枣	zǎo	豪上	557
雨	yǔ	鱼上	441
	yù	鱼去	449
卖	mài	开去	326
矼	jiāng	唐〇	795
郁	yù	鱼入	454
	yù	鱼入	455
矻	kū	姑入	398
矾	fán	寒⊙	615
矿	kuàng	唐去	850
砀	dàng	唐去	847
码	mǎ	麻上	19
厕	cè	歌入	89
奈	nài	开去	327
刳	kū	姑〇	336
奔	bēn	痕〇	712
	bèn	痕去	768
奇	jī	齐〇	199
	qí	齐⊙	209
奄	yān	寒〇	608
	yǎn	寒上	666
奋	fèn	痕去	771
态	tài	开去	328
瓯	ōu	侯〇	459
殴	ōu	侯〇	460
垄	lǒng	东上	965
殁	mò	波入	63
妻	qī	齐〇	200
	qì	齐去	231
轰	hōng	东〇	933
顷	qǐng	庚上	906
转	zhuǎn	寒上	669
	zhuàn	寒去	710
轭	è	歌入	90
斩	zhǎn	寒上	668
轮	lún	痕⊙	743
软	ruǎn	寒上	660
到	dào	豪去	562
郅	zhì	支入	188

字	拼音	韵	页
鸢	yuān	寒◯	609
[丨起]			
非	fēi	微◯	261
叔	shū	姑入	398
歧	qí	齐⊙	209
肯	kěn	痕上	762
齿	chǐ	支上	153
些	suò	波去	50
	xiē	皆◯	103
卓	zhuó	波入	58
虎	hǔ	姑上	365
虏	lǔ	姑上	366
肾	shèn	痕去	779
贤	xián	寒⊙	635
尚	shàng	唐去	854
盱	xū	鱼◯	429
旺	wàng	唐去	855
具	jù	鱼去	443
昊	hào	豪去	565
昙	tán	寒⊙	632
味	wèi	微去	301
杲	gǎo	豪上	550
果	guǒ	波上	45
昃	zè	歌入	100
昆	kūn	痕◯	723
国	guó	波入	56
呿	qū	鱼◯	427
哎	āi	开◯	307
咕	gū	姑◯	335
昌	chāng	唐◯	788
呵	hā	麻◯	4
	hē	歌◯	73
	ō	波◯	41
咂	zā	麻入	29
畅	chàng	唐去	846
呸	pēi	微◯	266
昕	xīn	痕◯	730
明	míng	庚⊙	890
易	yì	齐去	233
	yì	齐入	254
咙	lóng	东⊙	952
昂	áng	唐⊙	808
旻	mín	痕⊙	746
昉	fǎng	唐上	838
畀	bì	齐去	223
虮	jǐ	齐上	216
迪	dí	齐入	239
典	diǎn	寒上	649
固	gù	姑去	383
忠	zhōng	东◯	940
咀	jǔ	鱼上	437
呷	xiá	麻入	32
呻	shēn	痕◯	727
黾	mǐn	痕上	763
咒	zhòu	侯去	512
咋	zé	歌入	86
咐	fù	姑去	383
啪	pā	麻◯	7
呱	gū	姑◯	334
	guā	麻◯	4
呼	hū	姑◯	335
咚	dōng	东◯	924
鸣	míng	庚⊙	891
咆	páo	豪⊙	538
咛	níng	庚⊙	893
咏	yǒng	东上	967
呢	nē	歌◯	74
	ní	齐⊙	207
咄	duō	波◯	40
呶	náo	豪⊙	537
咖	gā	麻◯	3
	kā	麻◯	7
咍	hāi	开◯	308
呦	yōu	侯◯	465
岢	kě	歌上	78
岸	àn	寒去	670
岩	yán	寒⊙	643
帖	tiē	皆入	111
	tiě	皆入	122
	tiè	皆入	130
罗	luó	波⊙	42
岿	kuī	微◯	265
岬	jiǎ	麻入	33
岫	xiù	侯去	509
帜	zhì	支去	171
帙	zhì	支入	188
帕	pà	麻去	24
岭	lǐng	庚上	905
岣	gǒu	侯上	485
迥	jiǒng	东上	964
岷	mín	痕⊙	746
剀	kǎi	开上	318
凯	kǎi	开上	318
岧	tiáo	豪⊙	543
帔	pèi	微去	298
峄	yì	齐入	256
囷	qūn	痕◯	725
沓	tà	麻入	36
败	bài	开去	320
账	zhàng	唐去	860
贩	fàn	寒去	679
贬	biǎn	寒上	648
购	gòu	侯去	499
贮	zhù	姑去	396
囹	líng	庚⊙	889
图	tú	姑⊙	356
罔	wǎng	唐上	842
[丿起]			
钏	chuàn	寒去	673
钓	diào	豪去	563
钗	chāi	开◯	307
制	zhì	支去	171
知	zhī	支◯	146
迭	dié	皆入	114
氛	fēn	痕◯	716
垂	chuí	微⊙	268
牦	máo	豪⊙	536
牧	mù	姑入	418
物	wù	姑入	421
乖	guāi	开◯	308
刮	guā	麻入	28
秆	gǎn	寒上	651
和	hé	歌⊙	76
	hè	歌去	78
	huò	波去	49
季	jì	齐去	225
委	wēi	微◯	267
	wěi	微上	284
竺	zhú	姑入	407
秉	bǐng	庚上	902
迤	yí	齐⊙	214
	yǐ	齐上	220
佳	jiā	麻◯	6
侍	shì	支去	168
岳	yuè	皆入	136
佬	lǎo	豪上	553
供	gōng	东◯	933
	gòng	东去	972
使	shǐ	支上	155
侑	yòu	侯去	511
侉	kuǎ	麻上	17
例	lì	齐去	228
侠	xiá	麻入	31
臾	yú	鱼⊙	434
侥	jiǎo	豪上	551
	yáo	豪⊙	545
版	bǎn	寒上	648
侄	zhí	支入	182
岱	dài	开去	323
侦	zhēn	痕◯	733
侗	tóng	东⊙	961
侣	lǚ	鱼上	438
侃	kǎn	寒上	655
侧	cè	歌入	89
	zè	歌入	100
侏	zhū	姑◯	345
侁	shēn	痕◯	727
凭	píng	庚⊙	894
侨	qiáo	豪⊙	540
佺	quán	寒⊙	630
侩	kuài	开去	325
佻	tiāo	豪◯	525
佩	pèi	微去	297
货	huò	波去	49
侈	chǐ	支上	154
侪	chái	开⊙	312
佼	jiǎo	豪上	551
依	yī	齐◯	203
佯	yáng	唐⊙	836
侘	chà	麻去	21
侬	nóng	东⊙	953
帛	bó	波入	54
卑	bēi	微◯	259
的	dē	歌◯	70
	dí	齐入	239
	dì	齐入	247
迫	pò	波入	64
阜	fù	姑去	382
侔	móu	侯⊙	475
质	zhì	支去	173
	zhì	支入	187
欣	xīn	痕◯	729
征	zhēng	庚◯	881
徂	cú	姑⊙	347
往	wǎng	唐上	841
爬	pá	麻⊙	13
彼	bǐ	齐上	214
径	jìng	庚去	913
所	suǒ	波上	46
舍	shě	歌上	78
	shè	歌去	79
金	jīn	痕◯	717
刽	guì	微去	290
郐	kuài	开去	326
刹	chà	麻入	33
命	mìng	庚去	915
肴	yáo	豪⊙	544
斧	fǔ	姑上	361
怂	sǒng	东上	966
爸	bà	麻去	21
籴	dí	齐入	239
采	cǎi	开上	316
	cài	开去	321
觅	mì	齐入	250

字	拼音	韵部	页码
受	shòu	侯去	506
乳	rǔ	姑上	369
贪	tān	寒○	603
念	niàn	寒去	695
贫	pín	痕⊙	747
忿	fèn	痕去	771
瓮	wèng	庚去	917
戗	qiāng	唐○	797
	qiàng	唐去	852
肤	fū	姑○	333
肺	fèi	微去	289
肢	zhī	支○	148
肱	gōng	东○	933
肫	zhūn	痕○	734
肿	zhǒng	东上	969
胀	zhàng	唐去	861
朋	péng	庚⊙	893
股	gǔ	姑上	364
肮	āng	唐○	787
肪	fáng	唐⊙	813
肥	féi	微⊙	269
服	fú	姑入	401
胁	xié	皆入	120
周	zhōu	侯○	466
剁	duò	波去	48
昏	hūn	痕○	717
迩	ěr	儿上	192
郇	xún	痕⊙	756
鱼	yú	鱼⊙	431
兔	tù	姑去	392
狉	pī	齐○	200
狙	jū	鱼○	426
狎	xiá	麻入	32
狌	shēng	庚○	876
狐	hú	姑⊙	351
忽	hū	姑入	397
狗	gǒu	侯上	485
狞	níng	庚⊙	893
狖	yòu	侯去	512
狒	fèi	微去	289
咎	jiù	侯去	501
备	bèi	微去	286
炙	zhì	支入	188
枭	xiāo	豪○	527
饯	jiàn	寒去	688
饰	shì	支入	186
饱	bǎo	豪上	546
饲	sì	支去	169
饴	yí	齐⊙	213
[丶起]			
洌	liè	皆入	125
变	biàn	寒去	671
京	jīng	庚○	870
享	xiǎng	唐上	843
庞	páng	唐⊙	825
店	diàn	寒去	675
夜	yè	皆去	109
庙	miào	豪去	569
府	fǔ	姑上	360
底	dǐ	齐上	215
庖	páo	豪⊙	538
疟	nüè	皆入	127
疠	lì	齐去	229
疝	shàn	寒去	699
疙	gē	歌入	80
疚	jiù	侯去	502
疡	yáng	唐⊙	836
剂	jì	齐去	227
卒	zú	姑入	408
郊	jiāo	豪○	521
兖	yǎn	寒上	666
庚	gēng	庚○	869
废	fèi	微去	288
净	jìng	庚去	912
妾	qiè	皆入	128
盲	máng	唐⊙	823
放	fàng	唐去	847
刻	kè	歌入	95
於	wū	姑○	343
	yú	鱼⊙	433
劾	hé	歌入	84
育	yù	鱼入	453
氓	máng	唐⊙	824
	méng	庚⊙	890
闸	zhá	麻入	32
闹	nào	豪去	569
郑	zhèng	庚去	920
券	quàn	寒去	697
卷	juǎn	寒上	654
	juàn	寒去	691
单	chán	寒⊙	614
	dān	寒○	585
	shàn	寒去	699
炜	wěi	微上	284
炬	jù	鱼去	443
炖	dùn	痕去	771
炒	chǎo	豪上	548
炘	xīn	痕○	730
炝	qiàng	唐去	852
炊	chuī	微○	260
炕	kàng	唐去	850
炎	yán	寒⊙	641
炉	lú	姑⊙	352
沫	mò	波入	63
浅	qiǎn	寒上	659
法	fǎ	麻入	33
泔	gān	寒○	589
泄	xiè	皆入	130
	yì	齐去	234
沽	gū	姑○	334
	gù	姑去	384
沭	shù	姑入	420
河	hé	歌⊙	76
泷	lóng	东⊙	952
	shuāng	唐○	800
沾	zhān	寒○	611
泸	lú	姑⊙	353
沮	jū	鱼○	426
	jǔ	鱼上	437
	jù	鱼去	445
泪	lèi	微去	294
油	yóu	侯⊙	481
泱	yāng	唐○	804
泅	qiú	侯⊙	477
泗	sì	支去	170
泊	bó	波入	54
沴	lì	齐去	229
泠	líng	庚⊙	888
泺	luò	波入	62
沿	yán	寒⊙	642
泖	mǎo	豪上	553
泡	pāo	豪○	522
	pào	豪去	570
注	zhù	姑去	394
泣	qì	齐入	251
泫	xuàn	寒去	703
泮	pàn	寒去	696
泞	nìng	庚去	916
沱	tuó	波⊙	44
泻	xiè	皆去	109
泌	bì	齐去	223
	mì	齐入	250
泳	yǒng	东上	968
泥	ní	齐⊙	207
	nì	齐去	230
泯	mǐn	痕上	763
沸	fèi	微去	289
	fú	姑入	403
泓	hóng	东⊙	946
沼	zhǎo	豪上	558
波	bō	波○	39
泼	pō	波入	52
泽	zé	歌入	85
泾	jīng	庚○	872
治	zhì	支去	171
怔	zhēng	庚○	882
	zhèng	庚去	920
怯	qiè	皆入	127
怙	hù	姑去	385
怵	chù	姑入	412
怖	bù	姑去	377
怦	pēng	庚○	873
怛	dá	麻入	30
怏	yàng	唐去	858
性	xìng	庚去	918
怍	zuò	波入	66
怕	pà	麻去	24
怜	lián	寒⊙	620
怩	ní	齐⊙	208
怫	fú	姑入	403
怿	yì	齐入	255
怪	guài	开去	324
怡	yí	齐⊙	213
学	xué	皆入	121
宝	bǎo	豪上	546
宗	zōng	东○	941
定	dìng	庚去	910
宕	dàng	唐去	847
宠	chǒng	东上	963
宜	yí	齐⊙	212
审	shěn	痕上	764
宙	zhòu	侯去	512
官	guān	寒○	590
空	kōng	东○	934
	kòng	东去	972
帘	lián	寒⊙	620
穸	xì	齐入	252
穹	qiōng	东○	935
	qióng	东⊙	955
宛	wǎn	寒上	663
	yuān	寒○	609
实	shí	支入	179
诔	lěi	微上	279
试	shì	支去	166
郎	láng	唐⊙	817
诗	shī	支○	141
诘	jié	皆入	117
戾	lì	齐去	229
肩	jiān	寒⊙	592
房	fáng	唐⊙	812
诙	huī	微○	265
戽	hù	姑去	385
诚	chéng	庚⊙	883
郓	yùn	痕去	784

字	拼音	韵	页
衬	chèn	痕去	769
衫	shān	寒○	602
衩	chà	麻去	21
袄	xiān	寒○	606
祎	yī	齐○	204
祉	zhǐ	支上	158
视	shì	支去	166
祈	qí	齐⊙	211
祇	qí	齐⊙	211
诛	zhū	姑○	345
话	huà	麻去	23
诞	dàn	寒去	675
诟	gòu	侯去	499
诠	quán	寒⊙	630
诡	guǐ	微上	277
询	xún	痕⊙	755
诣	yì	齐去	234
诤	zhèng	庚去	920
该	gāi	开○	308
详	xiáng	唐⊙	831
诧	chà	麻去	21
诨	hùn	痕去	772
诩	xǔ	鱼上	441

[乙起]

字	拼音	韵	页
建	jiàn	寒去	686
肃	sù	姑入	421
录	lù	姑入	415
隶	lì	齐去	228
帚	zhǒu	侯上	497
屉	tì	齐去	231
居	jī	齐○	199
	jū	鱼○	425
届	jiè	皆去	107
刷	shuā	麻入	28
鸤	shī	支○	143
屈	qū	鱼入	450
弧	hú	姑⊙	351
弥	mí	齐⊙	207
弦	xián	寒⊙	636
	xián	寒⊙	637
弢	tāo	豪○	524
承	chéng	庚⊙	884
孟	mèng	庚去	915
陋	lòu	侯去	503
戕	qiāng	唐○	797
陌	mò	波入	62
斨	qiāng	唐○	797
孤	gū	姑○	334
陕	shǎn	寒上	661
亟	jí	齐入	242
	qì	齐去	231
降	jiàng	唐去	849
	xiáng	唐⊙	831
函	hán	寒⊙	616
陔	gāi	开○	308
限	xiàn	寒去	701
卺	jǐn	痕上	761
妹	mèi	微去	296
姑	gū	姑○	334
姐	jiě	皆上	105
妯	zhóu	侯⊙	483
	zhú	姑入	407
姓	xìng	庚去	918
姗	shān	寒○	602
妮	ní	齐⊙	208
始	shǐ	支上	155
帑	tǎng	唐上	841
弩	nǔ	姑上	368
孥	nú	姑⊙	354
驽	nú	姑⊙	354
姆	mǔ	姑上	368
虱	shī	支入	176
迢	tiáo	豪⊙	543
迦	jiā	麻○	7
驾	jià	麻去	24
叁	sān	寒○	599
参	cān	寒○	584
	cēn	痕○	714
	shēn	痕○	726
迨	dài	开去	323
艰	jiān	寒○	593
线	xiàn	寒去	702
绀	gàn	寒去	680
绁	xiè	皆入	130
绂	fú	姑入	403
练	liàn	寒去	692
组	zǔ	姑上	375
驵	zǎng	唐上	844
绅	shēn	痕○	727
细	xì	齐去	232
织	zhī	支入	177
驶	shǐ	支上	155
驷	sì	支去	170
驸	fù	姑去	383
驹	jū	鱼○	425
终	zhōng	东○	940
绉	zhòu	侯去	512
驺	zōu	侯○	467
驻	zhù	姑去	396
绊	bàn	寒去	671
驼	tuó	波⊙	44
绋	fú	姑入	403
绌	chù	姑入	412
绍	shào	豪去	571
绎	yì	齐入	255
驿	yì	齐入	254
经	jīng	庚○	871
绐	dài	开去	323
骀	dài	开去	323
	tái	开⊙	316
贯	guàn	寒去	681

九画

[一起]

字	拼音	韵	页
砉	huò	波入	61
耔	zǐ	支上	162
契	qì	齐去	231
	qiè	皆入	128
	xiè	皆入	131
贰	èr	儿去	193
奏	zòu	侯去	513
春	chūn	痕○	714
帮	bāng	唐○	787
珏	jué	皆入	120
珐	fà	麻入	34
珂	kē	歌○	74
珑	lóng	东⊙	951
玷	diàn	寒去	676
玳	dài	开去	323
珀	pò	波入	64
顸	hān	寒○	591
珍	zhēn	痕○	733
玲	líng	庚⊙	888
珊	shān	寒○	602
珉	mín	痕⊙	746
珈	jiā	麻○	7
玻	bō	波○	40
毒	dú	姑入	400
型	xíng	庚⊙	898
拭	shì	支入	187
挂	guà	麻去	22
封	fēng	庚○	868
持	chí	支⊙	150
拮	jié	皆入	117
拷	kǎo	豪上	552
拱	gǒng	东上	964
挜	yà	麻去	26
挝	wō	波○	42
	zhuā	麻○	10
垣	yuán	寒⊙	647
项	xiàng	唐去	858
垮	kuǎ	麻上	17
挞	tà	麻入	36
城	chéng	庚⊙	883
挟	xié	皆入	120
挠	náo	豪⊙	537
垤	dié	皆入	114
政	zhèng	庚去	920
赴	fù	姑去	379
赵	zhào	豪去	577
贲	bēn	痕○	712
	bì	齐去	222
	fén	痕⊙	740
挡	dǎng	唐上	837
	dàng	唐去	847
拽	yè	皆入	134
	zhuāi	开○	310
	zhuài	开去	329
哉	zāi	开○	310
垲	kǎi	开上	318
挺	tǐng	庚上	906
括	kuò	波入	61
埏	yán	寒⊙	643
郝	hǎo	豪上	550
	hè	歌入	94
垧	shǎng	唐上	841
垢	gòu	侯去	499
耇	gǒu	侯上	485
拴	shuān	寒○	603
拾	shè	歌入	99
	shí	支入	180
挑	tāo	豪○	525
	tiāo	豪○	525
	tiǎo	豪上	556
垛	duǒ	波上	45
	duò	波去	48
指	zhǐ	支上	157
垫	diàn	寒去	676
挣	zhēng	庚○	882
	zhèng	庚去	920
挤	jǐ	齐上	215
垓	gāi	开○	308
拼	pīn	痕○	724
垞	chá	麻⊙	11
挖	wā	麻入	28
按	àn	寒去	670
挥	huī	微○	264
挪	nuó	波⊙	44
垠	yín	痕⊙	757
拯	zhěng	庚上	908
拶	zǎn	寒上	668
某	mǒu	侯上	490
甚	shèn	痕去	779
荆	jīng	庚○	872

字	拼音	韵	页
茸	róng	东⊙	958
	rǒng	东上	966
革	gé	歌入	82
	jí	齐入	242
茜	qiàn	寒去	697
茬	chá	麻⊙	11
荐	jiàn	寒去	688
巷	xiàng	唐去	857
荚	jiá	麻入	31
荑	tí	齐⊙	212
	yí	齐⊙	214
贳	shì	支去	168
荛	ráo	豪⊙	541
荜	bì	齐入	247
带	dài	开去	322
草	cǎo	豪上	547
茧	jiǎn	寒上	653
茼	tóng	东⊙	961
莒	jǔ	鱼上	437
茵	yīn	痕○	732
茴	huí	微⊙	269
茱	zhū	姑○	345
莛	tíng	庚⊙	897
荞	qiáo	豪⊙	540
茯	fú	姑入	403
茷	fá	麻入	31
荏	rěn	痕上	764
荇	xìng	庚去	918
荃	quán	寒⊙	630
荟	huì	微去	293
茶	chá	麻⊙	10
荀	xún	痕⊙	755
茗	míng	庚⊙	890
荠	jì	齐去	226
	qí	齐⊙	210
茭	jiāo	豪○	521
茨	cí	支⊙	152
荒	huāng	唐○	793
荄	gāi	开○	308
垩	è	歌入	91
茳	jiāng	唐○	795
茫	máng	唐⊙	824
荡	dàng	唐去	847
荣	róng	东⊙	955
荤	hūn	痕○	717
	xūn	痕○	730
荥	xíng	庚⊙	899
	yíng	庚⊙	901
荦	luò	波入	62
荧	yíng	庚⊙	901
莨	gèn	痕去	772
故	gù	姑去	383
荩	jìn	痕去	774
胡	hú	姑⊙	349
	hú	姑⊙	350
荪	sūn	痕○	727
荍	qiáo	豪⊙	540
荫	yīn	痕○	731
	yìn	痕去	782
茹	rú	姑⊙	355
	rǔ	姑上	369
	rù	姑去	389
荔	lì	齐去	229
南	ná	麻⊙	13
	nán	寒⊙	624
荭	hóng	东⊙	946
药	yào	豪去	574
	yuè	皆入	138
柰	nài	开去	327
标	biāo	豪○	516
栈	zhàn	寒去	709
柑	gān	寒○	589
枯	kū	姑○	335
栉	zhì	支入	188
柯	kē	歌○	73
柄	bǐng	庚上	902
	bìng	庚去	909
柘	zhè	歌去	80
栊	lóng	东⊙	951
柩	jiù	侯去	502
枰	píng	庚⊙	895
栋	dòng	东去	971
栌	lú	姑⊙	353
查	chá	麻⊙	10
	zhā	麻○	10
相	xiāng	唐○	802
	xiàng	唐去	855
柙	xiá	麻入	32
枵	xiāo	豪○	527
柚	yòu	侯去	511
枳	zhǐ	支上	159
柷	zhù	姑入	423
柞	zuò	波入	66
柎	fū	姑○	334
柏	bǎi	开上	316
	bó	波入	54
柝	tuò	波入	65
栀	zhī	支○	148
柢	dǐ	齐上	215
栎	lì	齐入	249
枸	gōu	侯○	458
	gǒu	侯上	485
	jǔ	鱼上	437
栅	zhà	麻入	37
柳	liǔ	侯上	489
枹	fú	姑⊙	348
柱	zhù	姑去	395
柿	shì	支去	168
栏	lán	寒⊙	618
柠	níng	庚⊙	892
柮	duò	波入	60
枷	jiā	麻○	6
树	shù	姑去	389
勃	bó	波入	54
剌	là	麻入	34
要	yāo	豪○	528
	yào	豪去	574
酊	dǐng	庚上	903
柬	jiǎn	寒上	654
咸	xián	寒⊙	638
威	wēi	微○	266
歪	wāi	开○	309
	wǎi	开上	319
甭	béng	庚⊙	882
研	yán	寒⊙	641
砆	fū	姑○	334
砖	zhuān	寒○	611
厘	lí	齐⊙	206
砗	chē	歌○	70
厚	hòu	侯去	499
砑	yà	麻去	26
砒	pī	齐○	200
砌	qì	齐去	231
砂	shā	麻○	8
砚	yàn	寒去	705
斫	zhuó	波入	58
砭	biān	寒○	584
砍	kǎn	寒上	655
面	miàn	寒去	694
	miàn	寒去	695
耐	nài	开去	327
耍	shuǎ	麻上	19
奎	kuí	微⊙	270
耷	dā	麻入	27
牵	qiān	寒○	597
鸥	ōu	侯○	459
虺	huī	微○	265
	huǐ	微上	278
卼	wù	姑入	422
残	cán	寒⊙	612
殂	cú	姑⊙	347
殃	yāng	唐○	804
殇	shāng	唐○	799
殄	tiǎn	寒上	662
殆	dài	开去	323
轲	kē	歌○	74
轳	lú	姑⊙	353
轴	zhóu	侯⊙	483
	zhòu	侯去	513
	zhú	姑入	407
轶	yì	齐入	254
轸	zhěn	痕上	768
轹	lì	齐入	249
轺	yáo	豪⊙	545
轻	qīng	庚○	874
鸦	yā	麻○	9
虿	chài	开去	321
皆	jiē	皆○	103
毖	bì	齐去	223

[丨起]

字	拼音	韵	页
背	bēi	微○	260
	bèi	微去	285
战	zhàn	寒去	709
觇	zhān	寒○	585
点	diǎn	寒上	649
虐	nüè	皆入	127
临	lín	痕⊙	741
	lìn	痕去	776
览	lǎn	寒上	655
竖	shù	姑去	391
尜	gá	麻⊙	11
省	shěng	庚上	906
	xǐng	庚上	907
削	xiāo	豪○	526
	xuē	皆入	112
尝	cháng	唐⊙	810
昧	mèi	微去	296
眄	miǎn	寒上	658
眍	kōu	侯○	459
盹	dǔn	痕上	760
是	shì	支去	164
郢	yǐng	庚上	908
眇	miǎo	豪上	553
睍	xiàn	寒去	703
眊	mào	豪去	568
盻	xì	齐去	232
盼	pàn	寒去	695
眨	zhǎ	麻入	33
昽	lóng	东⊙	952
眈	dān	寒○	586
哇	wā	麻○	9
咭	jī	齐入	236
哄	hōng	东○	933
	hǒng	东上	964

字	拼音	韵	页
逅	hòu	侯去	499
待	dāi	开○	308
	dài	开去	321
徊	huái	开⊙	313
徇	xùn	痕去	781
徉	yáng	唐⊙	836
衍	yǎn	寒上	666
律	lǜ	鱼入	452
须	xū	鱼○	428
舡	xiāng	唐○	804
舢	shān	寒○	603
舣	yǐ	齐上	221
叙	xù	鱼去	447
俞	yú	鱼⊙	435
剑	jiàn	寒去	686
逃	táo	豪⊙	541
俎	zǔ	姑上	376
爰	yuán	寒⊙	647
郛	fú	姑⊙	349
食	shí	支入	178
瓴	líng	庚⊙	889
盆	pén	痕⊙	746
鸧	cāng	唐○	788
胚	pēi	微○	266
胧	lóng	东⊙	952
胪	lú	姑⊙	353
胆	dǎn	寒上	649
胛	jiǎ	麻入	33
胜	shēng	庚○	876
	shèng	庚去	917
胝	zhī	支○	148
胞	bāo	豪○	515
胖	pán	寒⊙	626
	pàng	唐去	852
脉	mài	开去	326
	mò	波入	63
胫	jìng	庚去	913
胎	tāi	开○	309
鸨	bǎo	豪上	546
匍	pú	姑⊙	354
勉	miǎn	寒上	657
狭	xiá	麻入	31
狮	shī	支○	143
独	dú	姑入	400
狯	kuài	开去	325
狰	zhēng	庚○	882
狡	jiǎo	豪上	551
飐	zhǎn	寒上	668
狩	shòu	侯去	508
狱	yù	鱼入	454
狠	hěn	痕上	761

字	拼音	韵	页
狲	sūn	痕○	727
訇	hōng	东○	933
贸	mào	豪去	568
怨	yuàn	寒去	707
急	jí	齐入	241
饵	ěr	儿上	192
饶	ráo	豪⊙	540
蚀	shí	支入	180
饷	xiǎng	唐上	843
饺	jiǎo	豪上	551
胤	yìn	痕去	782
饼	bǐng	庚上	901
[丶起]			
峦	luán	寒⊙	621
弯	wān	寒○	604
孪	luán	寒⊙	622
娈	luán	寒⊙	622
将	jiāng	唐○	795
	jiàng	唐去	848
奖	jiǎng	唐上	838
哀	āi	开○	307
亭	tíng	庚⊙	897
亮	liàng	唐去	851
度	dù	姑去	378
	duó	波入	55
弈	yì	齐入	255
奕	yì	齐入	255
迹	jī	齐入	235
庭	tíng	庚⊙	897
	tìng	庚去	917
庥	xiū	侯○	464
疬	lì	齐入	249
疣	yóu	侯⊙	482
疥	jiè	皆去	107
疮	chuāng	唐○	789
疯	fēng	庚○	869
疫	yì	齐入	253
疢	chèn	痕去	769
疤	bā	麻○	2
庠	xiáng	唐⊙	832
咨	zī	支○	149
姿	zī	支○	148
亲	qīn	痕○	724
	qìng	庚去	916
音	yīn	痕○	731
彦	yàn	寒去	705
飒	sà	麻入	35
帝	dì	齐去	224
施	shī	支○	143
	yí	齐⊙	214
	yì	齐去	234

字	拼音	韵	页
闺	guī	微○	263
闻	wén	痕⊙	754
	wèn	痕去	780
闼	tà	麻入	36
闽	mǐn	痕上	763
闾	lǘ	鱼⊙	430
闿	kǎi	开上	318
阀	fá	麻入	31
阁	gé	歌入	82
阂	hé	歌入	84
差	chā	麻○	3
	chà	麻去	21
	chāi	开○	307
	cī	支○	141
养	yǎng	唐上	843
	yàng	唐去	858
美	měi	微上	279
羑	yǒu	侯上	497
姜	jiāng	唐○	795
迸	bèng	庚去	908
叛	pàn	寒去	696
送	sòng	东去	973
桊	quān	寒○	599
类	lèi	微去	295
籼	xiān	寒○	606
籺	xì	齐入	252
迷	mí	齐⊙	206
籽	zǐ	支上	162
娄	lóu	侯⊙	474
籹	nǚ	鱼上	440
前	qián	寒⊙	627
酋	qiú	侯⊙	478
首	shǒu	侯上	493
逆	nì	齐入	250
兹	cí	支⊙	153
	zī	支○	149
总	zǒng	东上	970
炳	bǐng	庚上	901
炼	liàn	寒去	693
炽	chì	支去	162
炯	jiǒng	东上	965
炸	zhá	麻入	33
	zhà	麻去	26
烁	shuò	波入	65
炮	bāo	豪○	516
	páo	豪⊙	538
	pào	豪去	569
炷	zhù	姑去	396
炫	xuàn	寒去	703
烂	làn	寒去	692
剃	tì	齐去	231

字	拼音	韵	页
洼	wā	麻○	9
洁	jié	皆入	115
洱	ěr	儿上	193
洪	hóng	东⊙	945
洹	huán	寒⊙	618
洒	sǎ	麻上	19
	xǐ	齐上	219
洧	wěi	微上	284
洊	jiàn	寒去	690
洏	ér	儿⊙	191
洿	wū	姑○	343
洌	liè	皆入	125
浃	jiā	麻入	28
柒	qī	齐入	236
洟	yí	齐⊙	214
浇	jiāo	豪○	521
泚	cǐ	支上	155
洸	guāng	唐○	793
浊	zhuó	波入	58
洞	dòng	东去	971
	tóng	东⊙	961
洄	huí	微⊙	269
测	cè	歌入	89
洙	zhū	姑○	345
洗	xǐ	齐上	219
	xiǎn	寒上	665
活	huó	波入	57
洑	fú	姑入	403
涎	xián	寒⊙	637
洎	jì	齐去	227
洫	xù	鱼入	453
派	pài	开去	327
浍	kuài	开去	325
洽	qià	麻入	35
	xiá	麻入	32
洮	táo	豪⊙	543
染	rǎn	寒上	660
洵	xún	痕⊙	755
洛	luò	波入	62
洺	míng	庚⊙	892
浏	liú	侯⊙	473
济	jǐ	齐上	215
	jì	齐去	225
洨	xiáo	豪⊙	543
洋	yáng	唐⊙	835
洴	píng	庚⊙	895
洲	zhōu	侯○	467
浑	hún	痕⊙	741
	hùn	痕去	772
浒	hǔ	姑上	366
浓	nóng	东⊙	952

字	拼音	韵部	页码
津	jīn	痕○	720
浔	xún	痕⊙	756
洳	rú	姑⊙	356
	rù	姑去	389
恇	kuāng	唐○	796
恸	tòng	东去	976
恃	shì	支去	167
恒	héng	庚⊙	885
恓	xī	齐○	203
恢	huī	微○	264
恍	huǎng	唐上	838
恫	dòng	东去	972
	tōng	东○	936
恺	kǎi	开上	318
恻	cè	歌入	89
恬	tián	寒⊙	634
恤	xù	鱼入	453
恰	qià	麻入	35
恂	xún	痕⊙	756
恪	kè	歌入	96
恼	nǎo	豪上	554
恽	yùn	痕去	784
恨	hèn	痕去	772
举	jǔ	鱼上	436
觉	jiào	豪去	565
	jué	皆入	117
宣	xuān	寒○	606
宦	huàn	寒去	684
宥	yòu	侯去	510
宬	chéng	庚⊙	885
室	shì	支入	186
宫	gōng	东○	931
宪	xiàn	寒去	702
突	tū	姑入	399
穿	chuān	寒○	585
窀	zhūn	痕○	734
窃	qiè	皆入	127
窆	biǎn	寒上	648
客	kè	歌入	94
诫	jiè	皆去	107
冠	guān	寒○	590
	guàn	寒去	680
诬	wū	姑○	343
	wú	姑⊙	358
语	yǔ	鱼上	442
	yù	鱼去	449
扁	biǎn	寒上	648
	piān	寒○	597
扃	jiōng	东○	933
衵	nì	齐入	250
	rì	支入	185
衲	nà	麻入	35
衽	rèn	痕去	778
袄	ǎo	豪上	545
衿	jīn	痕○	721
袂	mèi	微去	296
祛	qū	鱼○	427
祜	hù	姑去	385
祓	fú	姑入	403
祖	zǔ	姑上	375
神	shēn	痕○	727
	shén	痕⊙	753
祝	zhù	姑入	422
祚	zuò	波去	51
诮	qiào	豪去	570
祗	zhī	支○	148
祠	cí	支⊙	152
误	wù	姑去	393
诰	gào	豪去	564
诱	yòu	侯去	511
诲	huì	微去	292
诳	kuáng	唐⊙	817
鸩	zhèn	痕去	785
说	shuō	波入	52
	shuì	微去	299
昶	chǎng	唐上	837
诵	sòng	东去	975
诶	ēi	微○	260
	éi	微⊙	269
	ěi	微上	276
	èi	微去	288

[乙起]

字	拼音	韵部	页码
郡	jùn	痕去	775
垦	kěn	痕上	762
退	tuì	微去	300
既	jì	齐去	227
屋	wū	姑入	399
昼	zhòu	侯去	512
咫	zhǐ	支上	159
屏	bīng	庚○	865
	bǐng	庚上	902
	píng	庚⊙	894
屎	shǐ	支上	157
	xī	齐○	203
弭	mǐ	齐上	217
费	bì	齐去	222
	fèi	微去	289
陡	dǒu	侯上	484
逊	xùn	痕去	781
牁	gē	歌○	73
眉	méi	微⊙	271
胥	xū	鱼○	429
孩	hái	开⊙	312
陛	bì	齐去	223
陟	zhì	支入	188
陧	niè	皆入	127
陨	yǔn	痕上	767
除	chú	姑⊙	346
险	xiǎn	寒上	664
院	yuàn	寒去	707
娀	sōng	东○	936
娃	wá	麻⊙	13
姥	lǎo	豪上	553
	mǔ	姑上	368
娅	yà	麻去	26
姮	héng	庚⊙	886
姱	kuā	麻○	7
姨	yí	齐⊙	213
娆	ráo	豪⊙	541
姻	yīn	痕○	731
姝	shū	姑○	341
娇	jiāo	豪○	521
姚	yáo	豪⊙	545
姽	guǐ	微上	277
姣	jiāo	豪○	522
姹	chà	麻去	21
娜	nuó	波⊙	44
	nuǒ	波上	46
怒	nù	姑去	388
架	jià	麻去	23
贺	hè	歌去	78
盈	yíng	庚⊙	899
怼	duì	微去	288
羿	yì	齐去	235
枲	xǐ	齐上	220
勇	yǒng	东上	966
炱	tái	开⊙	316
怠	dài	开去	321
癸	guǐ	微上	277
蚤	zǎo	豪上	558
柔	róu	侯⊙	478
矜	jīn	痕○	721
垒	léi	微⊙	271
	lěi	微上	278
	lǜ	鱼入	452
绑	bǎng	唐上	836
绒	róng	东⊙	957
结	jié	皆入	114
绕	rǎo	豪上	555
	rào	豪去	570
骁	xiāo	豪○	527
骄	jiāo	豪○	521
骅	huá	麻⊙	12
绗	háng	唐⊙	813
绘	huì	微去	292
给	gěi	微上	277
	jǐ	齐入	245
绚	xuàn	寒去	703
彖	tuàn	寒去	701
绛	jiàng	唐去	849
络	lào	豪去	566
	luò	波入	61
骆	luò	波入	62
绝	jué	皆入	118
绞	jiǎo	豪上	551
骇	hài	开去	324
统	tǒng	东上	966
骈	pián	寒⊙	627

十画

[一起]

字	拼音	韵部	页码
耕	gēng	庚○	869
耘	yún	痕⊙	759
耗	hào	豪去	565
耙	pá	麻⊙	13
艳	yàn。	寒去	703
挈	qiè	皆入	128
恝	jiá	麻入	31
泰	tài	开去	328
秦	qín	痕⊙	748
珥	ěr	儿上	192
珰	dāng	唐○	789
珠	zhū	姑○	344
珩	héng	庚⊙	886
珞	luò	波入	62
琤	chēng	庚○	866
班	bān	寒○	582
敖	áo	豪⊙	530
素	sù	姑去	392
冓	gòu	侯去	499
匿	nì	齐入	250
蚕	cán	寒⊙	612
顽	wán	寒⊙	635
盏	zhǎn	寒上	668
匪	fěi	微上	276
恚	huì	微去	293
捞	lāo	豪○	522
	láo	豪⊙	534
栽	zāi	开○	309
埔	pǔ	姑上	369
捕	bǔ	姑上	359
埂	gěng	庚上	904
捂	wǔ	姑上	374
振	zhēn	痕○	734

字	拼音	韵	页
毙	bì	齐去	221
致	zhì	支去	172
[丨起]			
龀	chèn	痕去	769
柴	chái	开⊙	312
桌	zhuō	波入	53
鸬	lú	姑⊙	353
虔	qián	寒⊙	628
虑	lǜ	鱼去	445
监	jiān	寒○	593
	jiàn	寒去	689
紧	jǐn	痕上	761
逍	xiāo	豪○	527
党	dǎng	唐上	837
哢	lòng	东去	973
逞	chěng	庚上	902
晒	shài	开去	327
眕	zhěn	痕上	768
眩	xuàn	寒去	703
眠	mián	寒⊙	623
晓	xiǎo	豪上	557
眙	chì	支去	163
	yí	齐⊙	214
唝	hǒng	东上	964
哧	chī	支○	140
哳	zhá	麻入	33
哮	xiāo	豪○	527
唠	láo	豪⊙	534
	lào	豪去	566
鸭	yā	麻入	28
晃	huǎng	唐上	838
	huàng	唐去	848
唓	chē	歌○	70
哺	bǔ	姑上	359
哽	gěng	庚上	904
晌	shǎng	唐上	841
晁	cháo	豪⊙	532
剔	tī	齐入	237
哤	máng	唐⊙	824
晏	yàn	寒去	706
晕	yūn	痕○	732
	yùn	痕去	783
晖	huī	微○	264
鸮	xiāo	豪○	527
趵	bào	豪去	561
趿	sà	麻入	35
	tā	麻○	9
畛	zhěn	痕上	768
蚌	bàng	唐去	845
	bèng	庚去	909
蚨	fú	姑⊙	349
蚜	yá	麻⊙	16
蚍	pí	齐⊙	209
蚋	ruì	微去	298
蚬	xiǎn	寒上	664
畔	pàn	寒去	696
蚝	háo	豪⊙	533
蚧	jiè	皆去	108
蚣	gōng	东○	933
蚊	wén	痕⊙	755
蚪	dǒu	侯上	484
蚓	yǐn	痕上	767
哨	shào	豪去	571
唢	suǒ	波上	46
哩	lī	齐○	199
圃	pǔ	姑上	368
哭	kū	姑入	397
圄	yǔ	鱼上	443
唈	yì	齐入	255
哦	é	歌⊙	76
	ó	波⊙	44
	ò	波去	49
唣	zào	豪去	576
唏	xī	齐○	202
恩	ēn	痕○	715
盎	àng	唐去	845
鸯	yāng	唐○	804
唤	huàn	寒去	683
唁	yàn	寒去	707
哼	hēng	庚○	870
唦	shā	麻○	8
唧	jī	齐入	236
	jí	齐入	242
啊	ā	麻○	2
唉	āi	开○	307
唆	suō	波○	41
帱	dào	豪去	563
崂	láo	豪⊙	534
罡	gāng	唐○	792
罢	bà	麻去	20
罟	gǔ	姑上	364
罝	jū	鱼○	426
峭	qiào	豪去	570
峨	é	歌⊙	75
峪	yù	鱼入	455
崡	hán	寒⊙	616
峰	fēng	庚○	868
帨	shuì	微去	299
圆	yuán	寒⊙	645
觊	jì	齐去	227
峻	jùn	痕去	775
贼	zé	歌入	85
	zéi	微⊙	276
贿	huì	微去	293
赂	lù	姑去	387
赃	zāng	唐○	804
赅	gāi	开○	308
赆	jìn	痕去	774
[丿起]			
钰	yù	鱼入	455
钱	qián	寒⊙	627
钲	zhēng	庚○	882
钳	qián	寒⊙	628
钴	gǔ	姑上	365
钵	bō	波入	52
钹	bó	波入	55
钺	yuè	皆入	137
钻	zuān	寒○	612
	zuàn	寒去	710
钾	jiǎ	麻入	33
钿	diàn	寒去	677
	tián	寒⊙	634
铁	tiě	皆入	122
铂	bó	波入	55
铃	líng	庚⊙	888
铄	shuò	波入	64
铅	qiān	寒○	598
铎	duó	波入	55
鉧	mǔ	姑上	368
眚	shěng	庚上	906
缺	quē	皆入	111
氩	yà	麻去	26
氤	yīn	痕○	732
氧	yǎng	唐上	844
特	tè	歌入	99
牺	xī	齐○	202
造	zào	豪去	575
牸	zì	支去	176
乘	chéng	庚⊙	884
	shèng	庚去	917
敌	dí	齐入	239
舐	shì	支去	168
秣	mò	波入	63
秫	shú	姑入	405
秤	chèng	庚去	909
租	zū	姑○	346
秧	yāng	唐○	804
积	jī	齐入	235
秩	zhì	支入	188
称	chèn	痕去	769
	chēng	庚○	865
	chèng	庚去	909
秘	bì	齐去	222
	mì	齐入	249
透	tòu	侯去	508
笄	jī	齐○	199
笕	jiǎn	寒上	654
笔	bǐ	齐入	244
笑	xiào	豪去	572
笊	zhào	豪去	578
笫	zǐ	支上	162
笏	hù	姑入	414
笋	sǔn	痕上	764
笆	bā	麻○	2
俸	fèng	庚去	911
倩	qiàn	寒去	696
	qìng	庚去	916
债	zhài	开去	329
俵	biǎo	豪上	547
借	jiè	皆去	108
偌	ruò	波去	50
值	zhí	支入	181
倚	yǐ	齐上	220
俺	ǎn	寒上	647
倾	qīng	庚○	874
倒	dǎo	豪上	549
	dào	豪去	562
俳	pái	开⊙	314
俶	chù	姑入	412
倏	shū	姑入	399
脩	xiū	侯○	463
倘	tǎng	唐上	841
俱	jū	鱼○	426
	jù	鱼去	445
倡	chàng	唐去	846
候	hòu	侯去	500
倕	chuí	微⊙	268
赁	lìn	痕去	776
恁	rèn	痕去	778
倭	wō	波○	42
	wǒ	波上	47
倪	ní	齐⊙	208
俾	bì	齐去	222
倜	tì	齐入	251
隼	sǔn	痕上	764
隽	juàn	寒去	691
	jùn	痕去	775
俯	fǔ	姑上	362
倍	bèi	微去	286
倦	juàn	寒去	690
倌	guān	寒○	591
倥	kōng	东○	935
	kǒng	东上	965
臬	niè	皆入	126

健 jiàn 寒去 685
臭 chòu 侯去 497
xiù 侯去 510
射 shè 歌去 79
yì 齐入 255
皋 gāo 豪○ 519
躬 gōng 东○ 930
息 xī 齐入 237
郫 pí 齐⊙ 209
倨 jù 鱼去 445
倔 jué 皆入 120
juè 皆入 123
衄 nù 鱼入 452
颀 qí 齐⊙ 211
徒 tú 姑⊙ 356
徕 lái 开⊙ 314
徐 xú 鱼⊙ 431
殷 yān 寒○ 608
yīn 痕○ 732
yǐn 痕上 767
舰 jiàn 寒去 689
舱 cāng 唐○ 788
般 bān 寒○ 582
bō 波入 52
航 háng 唐⊙ 813
舫 fǎng 唐上 837
瓞 dié 皆入 114
途 tú 姑⊙ 357
拿 ná 麻⊙ 13
釜 fǔ 姑上 361
耸 sǒng 东上 966
爹 diē 皆○ 102
舀 yǎo 豪上 557
爱 ài 开去 319
豺 chái 开⊙ 312
豹 bào 豪去 560
奚 xī 齐○ 203
鬯 chàng 唐去 846
饤 dìng 庚去 910
衾 qīn 痕○ 725
鸰 líng 庚⊙ 889
颁 bān 寒○ 583
颂 sòng 东去 974
翁 wēng 庚○ 877
胯 kuà 麻去 24
胰 yí 齐⊙ 214
胱 guāng 唐○ 793
胭 yān 寒○ 608
脍 kuài 开去 325
朓 tiào 豪去 572
脆 cuì 微去 287
脂 zhī 支○ 147
胸 xiōng 东○ 937
胳 gē 歌入 80
脏 zāng 唐○ 804
zǎng 唐上 844
zàng 唐去 858
脐 qí 齐⊙ 210
胶 jiāo 豪○ 521
脑 nǎo 豪上 554
胼 pián 寒⊙ 627
朕 zhèn 痕去 785
脓 nóng 东⊙ 953
鸱 chī 支○ 141
𫗧 sù 姑入 421
玺 xǐ 齐上 220
鸲 qú 鱼⊙ 431
逛 guàng 唐去 847
狴 bì 齐去 222
狸 lí 齐⊙ 206
狷 juàn 寒去 691
猁 lì 齐去 229
狳 yú 鱼⊙ 436
狶 xī 齐○ 203
狺 yín 痕⊙ 758
逖 tì 齐入 251
狼 láng 唐⊙ 820
卿 qīng 庚○ 874
狻 suān 寒○ 603
逢 féng 庚⊙ 885
桀 jié 皆入 117
鸵 tuó 波⊙ 44
留 liú 侯⊙ 472
袅 niǎo 豪上 555
眢 yuān 寒○ 610
鸳 yuān 寒○ 609
皱 zhòu 侯去 512
饽 bō 波○ 40
饿 è 歌去 78
馁 něi 微上 279
馂 jùn 痕去 775

［丶起］

清 qìng 庚去 916
凌 líng 庚⊙ 887
líng 庚⊙ 888
凄 qī 齐○ 200
栾 luán 寒⊙ 622
挛 luán 寒⊙ 622
恋 liàn 寒去 693
桨 jiǎng 唐上 839
浆 jiāng 唐○ 795
衰 cuī 微○ 260
shuāi 开○ 309
勍 qíng 庚⊙ 896
衷 zhōng 东○ 940
高 gāo 豪○ 518
亳 bò 波入 59
郭 guō 波入 52
席 xí 齐入 243
准 zhǔn 痕上 768
座 zuò 波去 51
症 zhēng 庚○ 882
zhèng 庚去 920
疳 gān 寒○ 589
疴 ē 歌○ 68
kē 歌○ 74
病 bìng 庚去 909
痁 diàn 寒去 677
shān 寒○ 603
疸 dǎn 寒上 649
疽 jū 鱼○ 426
疾 jí 齐入 240
痄 zhà 麻去 27
斋 zhāi 开○ 310
疹 zhěn 痕上 768
痈 yōng 东○ 938
痀 jū 鱼○ 426
疼 téng 庚⊙ 896
疱 pào 豪去 570
痂 jiā 麻○ 6
疲 pí 齐⊙ 208
痉 jìng 庚去 913
脊 jí 齐入 242
jǐ 齐入 245
效 xiào 豪去 573
离 lí 齐⊙ 205
衮 gǔn 痕上 760
紊 wěn 痕上 765
wèn 痕去 780
唐 táng 唐⊙ 828
凋 diāo 豪○ 518
颃 háng 唐⊙ 813
瓷 cí 支⊙ 152
资 zī 支○ 149
恣 zì 支去 175
凉 liáng 唐⊙ 822
liàng 唐去 851
站 zhàn 寒去 709
剖 pōu 侯○ 460
pǒu 侯上 491
竞 jìng 庚去 911
部 bù 姑去 377
旁 páng 唐⊙ 825
旆 pèi 微去 298
旄 máo 豪⊙ 536
旅 lǚ 鱼上 438
旃 zhān 寒○ 611
畜 chù 姑入 411
xù 鱼入 453
阃 kǔn 痕上 762
阄 jiū 侯○ 458
訚 yín 痕⊙ 758
阅 yuè 皆入 137
阆 láng 唐⊙ 821
lǎng 唐上 839
làng 唐去 851
羞 xiū 侯○ 463
羔 gāo 豪○ 519
恙 yàng 唐去 858
瓶 píng 庚⊙ 895
拳 quán 寒⊙ 630
敉 mǐ 齐上 218
粉 fěn 痕上 760
料 liào 豪去 567
粑 bā 麻○ 2
益 yì 齐入 252
兼 jiān 寒○ 592
朔 shuò 波入 65
郸 dān 寒○ 586
烤 kǎo 豪上 552
烘 hōng 东○ 933
烜 xuān 寒○ 607
烦 fán 寒⊙ 615
烧 shāo 豪○ 524
shào 豪去 571
烛 zhú 姑入 406
烟 yān 寒○ 608
烨 yè 皆入 133
烩 huì 微去 293
烙 lào 豪去 567
luò 波入 62
烊 yáng 唐⊙ 836
剡 shàn 寒去 699
yǎn 寒上 667
郯 tán 寒⊙ 632
𬊈 xún 痕⊙ 755
烬 jìn 痕去 774
递 dì 齐去 223
涛 tāo 豪○ 525
táo 豪⊙ 542
浙 zhè 歌入 100
涝 lào 豪去 566
浡 bó 波入 55
浦 pǔ 姑上 368

字	拼音	韵	页
涑	sù	姑入	421
浯	wú	姑⊙	359
酒	jiǔ	侯上	486
涞	lái	开⊙	314
涟	lián	寒⊙	620
涉	shè	歌入	99
娑	suō	波○	41
消	xiāo	豪○	525
涅	niè	皆入	126
浞	zhuó	波入	59
涓	juān	寒○	595
涡	guō	波○	40
	wō	波○	42
浥	yì	齐入	255
涔	cén	痕⊙	736
浩	hào	豪去	564
海	hǎi	开上	317
浜	bāng	唐○	788
涂	tú	姑⊙	357
浴	yù	鱼入	453
浮	fú	姑⊙	347
涣	huàn	寒去	684
浼	měi	微上	279
涤	dí	齐入	239
流	liú	侯⊙	471
润	rùn	痕去	778
涧	jiàn	寒去	688
涕	tì	齐去	231
浣	huàn	寒去	684
浪	láng	唐⊙	821
	làng	唐去	850
浸	jìn	痕去	774
涨	zhǎng	唐上	845
	zhàng	唐去	861
烫	tàng	唐去	854
涩	sè	歌入	98
涌	yǒng	东上	968
涘	sì	支去	170
浚	jùn	痕去	775
悖	bèi	微去	286
悚	sǒng	东上	966
悟	wù	姑去	393
悭	qiān	寒○	598
悄	qiāo	豪○	523
	qiǎo	豪上	555
悍	hàn	寒去	683
悃	kǔn	痕上	762
悁	yuān	寒○	610
悒	yì	齐入	256
悔	huǐ	微上	278
悯	mǐn	痕上	763

字	拼音	韵	页
悦	yuè	皆入	135
悌	tì	齐去	231
悛	quān	寒○	598
鸴	xué	皆入	122
害	hài	开去	324
宽	kuān	寒○	595
宸	chén	痕⊙	738
家	gū	姑○	335
	jiā	麻○	5
	jiā	麻○	6
宵	xiāo	豪○	526
宴	yàn	寒去	705
	yàn	寒去	706
宾	bīn	痕○	713
窍	qiào	豪去	570
窄	zé	歌入	86
	zhǎi	开上	319
容	róng	东⊙	956
窎	diào	豪去	564
窈	yǎo	豪上	557
剜	wān	寒○	604
宰	zǎi	开上	319
案	àn	寒去	669
请	qǐng	庚上	906
朗	lǎng	唐上	839
诸	zhū	姑○	345
诹	zōu	侯○	468
诺	nuò	波入	64
读	dòu	侯去	498
	dú	姑入	400
扅	yí	齐⊙	214
扆	yǐ	齐上	221
冢	zhǒng	东上	970
诼	zhuó	波入	59
扇	shān	寒○	602
	shàn	寒去	698
诽	fěi	微上	277
袜	mò	波入	63
	wà	麻入	36
袪	qū	鱼○	427
袒	tǎn	寒上	662
袖	xiù	侯去	509
袗	zhěn	痕上	768
袍	páo	豪⊙	537
被	bèi	微去	285
祯	zhēn	痕○	734
祥	xiáng	唐⊙	831
课	kè	歌去	79
冥	míng	庚⊙	891
诿	wěi	微上	284
谀	yú	鱼⊙	434

字	拼音	韵	页
谁	shuí	微⊙	274
谂	shěn	痕上	764
调	diào	豪去	563
	tiáo	豪⊙	543
冤	yuān	寒○	609
谄	chǎn	寒上	649
谅	liàng	唐去	851
谆	zhūn	痕○	734
谇	suì	微去	300
谈	tán	寒⊙	631
谊	yì	齐去	234

[乙起]

字	拼音	韵	页
剥	bāo	豪○	516
	bō	波入	51
恳	kěn	痕上	762
展	zhǎn	寒上	668
剧	jù	鱼入	452
屑	xiè	皆入	130
屐	jī	齐入	236
弱	ruò	波入	64
陵	líng	庚⊙	887
陬	zōu	侯○	468
娿	ē	歌○	68
奘	zàng	唐去	858
	zhuǎng	唐上	845
蚩	chī	支○	140
祟	suì	微去	300
陲	chuí	微⊙	268
陴	pí	齐⊙	209
陶	táo	豪⊙	542
	yáo	豪⊙	545
陷	xiàn	寒去	702
陪	péi	微⊙	273
烝	zhēng	庚○	882
姬	jī	齐○	198
娠	shēn	痕○	727
娱	yú	鱼⊙	433
娌	lǐ	齐上	217
娉	pīng	庚○	873
娟	juān	寒○	595
娲	wā	麻○	9
恕	shù	姑去	391
娥	é	歌⊙	75
娩	wǎn	寒上	664
	miǎn	寒上	658
娴	xián	寒⊙	638
娣	dì	齐去	224
娘	niáng	唐⊙	825
娓	wěi	微上	284
婀	ē	歌○	68
哿	gě	歌上	78
畚	běn	痕上	760
通	tōng	东○	936
能	néng	庚⊙	892
难	nán	寒⊙	624
	nàn	寒去	695
逡	qūn	痕○	725
预	yù	鱼去	448
桑	sāng	唐○	797
剟	duó	波入	56
绠	gěng	庚上	904
骊	lí	齐⊙	206
绡	xiāo	豪○	527
骋	chěng	庚上	902
绢	juàn	寒去	691
绣	xiù	侯去	510
验	yàn	寒去	704
𫄨	chī	支○	141
绤	xì	齐入	252
绥	suī	微○	266
绦	tāo	豪○	525
继	jì	齐去	225
绨	tí	齐⊙	212
骎	qīn	痕○	725
骏	jùn	痕去	775
邕	yōng	东○	938
鸶	sī	支○	145

十一画

[一起]

字	拼音	韵	页
彗	huì	微去	293
耜	sì	支去	170
耞	jiā	麻○	7
舂	chōng	东○	922
球	qiú	侯⊙	477
琐	suǒ	波上	46
理	lǐ	齐上	216
麸	fū	姑○	333
琉	liú	侯⊙	473
琅	láng	唐⊙	820
捧	pěng	庚上	906
掭	tiàn	寒去	701
堵	dǔ	姑上	360
揶	yé	皆⊙	105
措	cuò	波去	47
描	miáo	豪⊙	537
埴	zhí	支入	182
域	yù	鱼入	454
捺	nà	麻入	35
掎	jǐ	齐上	215
掩	yǎn	寒上	666
捷	jié	皆入	116

字	拼音	韵	页
	qiè	皆入	128
捯	dáo	豪⊙	532
排	pái	开⊙	314
焉	yān	寒○	608
掯	kèn	痕去	775
掉	diào	豪去	563
掳	lǔ	姑上	367
掴	guó	波入	57
埸	yì	齐入	256
埵	duǒ	波上	45
捶	chuí	微⊙	269
赦	shè	歌去	80
赧	nǎn	寒上	658
堆	duī	微○	260
推	tuī	微○	266
捭	bǎi	开上	316
埠	bù	姑去	377
晢	zhé	歌入	88
掀	xiān	寒○	606
逵	kuí	微⊙	270
授	shòu	侯去	506
埝	niàn	寒去	695
捻	niǎn	寒上	658
教	jiāo	豪○	520
	jiào	豪去	565
堍	tù	姑去	393
掏	tāo	豪○	524
掐	qiā	麻入	28
掬	jū	鱼入	451
鸷	zhì	支去	174
掠	lüè	皆入	125
掂	diān	寒○	587
掖	yē	皆○	103
	yè	皆入	134
	yì	齐入	252
捽	zú	姑入	408
	zuó	波入	59
培	péi	微⊙	273
	pǒu	侯上	491
掊	póu	侯⊙	477
	pǒu	侯上	491
接	jiē	皆入	110
掷	zhì	支入	182
掸	dǎn	寒上	649
	shàn	寒去	699
控	kòng	东去	972
壸	kǔn	痕上	762
捩	liè	皆入	125
掮	qián	寒⊙	628
探	tān	寒○	603
	tàn	寒去	700
悫	què	皆入	129
埭	dài	开去	323
据	jū	鱼○	426
	jù	鱼去	443
掘	jué	皆入	119
掺	càn	寒去	673
	xiān	寒○	606
掇	duō	波○	40
掼	guàn	寒去	682
职	zhí	支入	182
聃	dān	寒○	586
菶	běng	庚上	901
	péng	庚⊙	894
基	jī	齐○	197
聆	líng	庚⊙	888
勘	kān	寒○	595
聊	liáo	豪⊙	534
娶	qǔ	鱼上	440
菁	jīng	庚○	872
著	zhù	姑去	395
菱	líng	庚⊙	887
萚	tuò	波入	65
萁	qí	齐⊙	210
菘	sōng	东○	935
堇	jǐn	痕上	761
靪	dīng	庚○	867
勒	lè	歌入	97
	lēi	微○	265
黄	huáng	唐⊙	813
萋	qī	齐○	201
勚	yì	齐去	235
菲	fēi	微○	262
	fěi	微上	276
	fèi	微去	289
菽	shū	姑入	399
菖	chāng	唐○	789
萌	méng	庚⊙	889
萝	luó	波⊙	42
菌	jùn	痕去	774
萎	wěi	微上	283
萸	yú	鱼⊙	434
萑	huán	寒⊙	618
菂	dī	齐入	235
菜	cài	开去	320
棻	fēn	痕○	716
菟	tú	姑⊙	357
	tù	姑去	393
萄	táo	豪⊙	542
萏	dàn	寒去	675
菊	jú	鱼入	451
萃	cuì	微去	287
菩	pú	姑⊙	354
菼	tǎn	寒上	662
菏	hé	歌⊙	77
萍	píng	庚⊙	894
菹	jū	鱼○	426
菠	bō	波○	40
菅	jiān	寒○	594
菀	wǎn	寒上	663
萤	yíng	庚⊙	900
营	yíng	庚⊙	899
萦	yíng	庚⊙	900
乾	qián	寒⊙	628
萧	xiāo	豪○	526
菰	gū	姑○	334
菡	hàn	寒去	683
萨	sà	麻入	35
菇	gū	姑○	334
菑	zī	支○	149
梼	táo	豪⊙	543
械	xiè	皆去	109
彬	bīn	痕○	713
梦	mèng	庚去	914
梵	fàn	寒去	680
婪	lán	寒⊙	619
梗	gěng	庚上	903
梧	wú	姑⊙	358
	wù	姑去	394
梢	shāo	豪○	524
梱	kǔn	痕上	762
梏	gù	姑入	414
梅	méi	微⊙	272
觋	xì	齐入	252
检	jiǎn	寒上	654
棁	zhuó	波入	59
桴	fú	姑⊙	349
桷	jué	皆入	120
梓	zǐ	支上	162
梳	shū	姑○	341
梯	tī	齐○	201
棂	líng	庚⊙	888
桶	tǒng	东上	966
梭	suō	波○	41
救	jiù	侯去	501
啬	sè	歌入	99
郾	yǎn	寒上	667
匮	kuì	微去	294
曹	cáo	豪⊙	531
敕	chì	支入	183
副	fù	姑去	382
敔	yù	鱼去	443
豉	chǐ	支上	154
	shì	支去	168
票	piào	豪去	570
鄄	juàn	寒去	691
酝	yùn	痕去	783
酕	máo	豪⊙	537
酗	xù	鱼去	447
酚	fēn	痕○	716
厢	xiāng	唐○	803
厣	yǎn	寒上	667
戚	qī	齐入	237
戛	jiá	麻入	31
硎	xíng	庚⊙	898
硅	guī	微○	264
硭	máng	唐⊙	824
硕	shí	支入	180
	shuò	波入	65
硖	xiá	麻入	32
硗	qiāo	豪○	523
硇	náo	豪⊙	537
瓠	hú	姑⊙	351
	hù	姑去	385
	huò	波入	61
匏	páo	豪⊙	538
奢	shē	歌○	74
盔	kuī	微○	265
爽	shuǎng	唐上	841
厩	jiù	侯去	502
豝	bā	麻○	3
聋	lóng	东⊙	951
龚	gōng	东○	933
袭	xí	齐入	243
殒	yǔn	痕上	767
殓	liàn	寒去	693
殍	piǎo	豪上	555
盛	chéng	庚⊙	884
	shèng	庚去	917
赉	lài	开去	326
匾	biǎn	寒上	648
雩	yú	鱼⊙	436
雪	xuě	皆入	122
辄	zhé	歌入	87
辅	fǔ	姑上	363
辆	liàng	唐去	851
堑	qiàn	寒去	697

[丨起]

字	拼音	韵	页
龁	hé	歌入	84
逴	chuò	波入	60
卨	xiè	皆入	131
颅	lú	姑⊙	353
虚	xū	鱼○	428
彪	biāo	豪○	516

字	拼音	韵	页
雀	qiāo	豪○	523
	qiǎo	豪上	555
	què	皆入	128
堂	táng	唐⊙	827
常	cháng	唐⊙	809
眶	kuàng	唐去	850
唪	fěng	庚上	903
眦	zì	支去	175
啧	zé	歌入	86
匙	chí	支⊙	151
	shí	支⊙	153
晡	bū	姑○	332
晤	wù	姑去	393
晨	chén	痕⊙	737
眺	tiào	豪去	572
眴	shùn	痕去	779
	xuàn	寒去	703
眵	chī	支○	141
睁	zhēng	庚○	882
眯	mī	齐○	199
	mí	齐⊙	207
眼	yǎn	寒上	665
眸	móu	侯⊙	475
悬	xuán	寒⊙	639
野	yě	皆上	106
圊	qīng	庚○	874
啦	lā	麻○	7
唶	zè	歌入	100
喏	rě	歌上	78
勖	xù	鱼入	453
曼	màn	寒去	694
啀	ái	开⊙	310
晦	huì	微去	292
晞	xī	齐○	202
冕	miǎn	寒上	657
晚	wǎn	寒上	662
啄	zhuó	波入	58
啭	zhuǎn	寒上	669
啡	fēi	微○	262
畦	qí	齐⊙	210
	xī	齐○	203
	xí	齐⊙	212
趼	jiǎn	寒上	654
趺	fū	姑○	333
跂	qí	齐⊙	210
	qì	齐去	231
距	jù	鱼去	445
趾	zhǐ	支上	158
啃	kěn	痕上	762
跃	yuè	皆入	136
啮	niè	皆入	126
跄	qiāng	唐○	797
	qiàng	唐去	852
略	lüè	皆入	125
蚶	hān	寒○	591
蛄	gū	姑○	335
蛎	lì	齐去	229
𬟽	dōng	东○	924
蛆	qū	鱼○	427
蚰	yóu	侯⊙	483
蚺	rán	寒⊙	631
蛊	gǔ	姑上	364
圉	yǔ	鱼上	442
蚱	zhà	麻去	27
蚯	qiū	侯○	461
蛉	líng	庚⊙	888
蛀	zhù	姑去	396
蚿	xián	寒⊙	638
蛇	shé	歌⊙	77
	yí	齐⊙	214
蛏	chēng	庚○	866
蚴	yòu	侯去	512
唬	hǔ	姑上	366
累	léi	微⊙	271
	lěi	微上	278
	lèi	微去	295
鄂	è	歌入	91
啯	guō	波入	52
唱	chàng	唐去	846
患	huàn	寒去	684
啰	luō	波○	41
唾	tù	姑去	393
	tuò	波去	50
唲	ér	儿⊙	191
唯	wěi	微上	284
啤	pí	齐⊙	209
啥	shá	麻⊙	13
啁	zhōu	侯○	467
啕	táo	豪⊙	542
唿	hū	姑入	397
啍	tūn	痕○	727
啐	cuì	微去	287
唼	shà	麻入	35
唷	yō	波○	42
啴	tān	寒○	603
啖	dàn	寒去	675
啵	bo	波○	40
啷	lāng	唐○	796
唳	lì	齐去	229
啸	xiào	豪去	573
啜	chuò	波入	60
帻	zé	歌入	86
崚	léng	庚⊙	886
崖	yá	麻⊙	15
崎	qī	齐○	201
崦	yān	寒○	609
崭	zhǎn	寒上	668
罣	guà	麻去	22
逻	luó	波○	43
帼	guó	波入	57
崮	gù	姑去	384
崔	cuī	微○	260
帷	wéi	微⊙	274
崟	yín	痕⊙	758
崤	yáo	豪⊙	545
崩	bēng	庚○	864
崇	chóng	东⊙	942
崆	kōng	东○	935
崛	jué	皆入	119
赇	qiú	侯⊙	478
赈	zhèn	痕去	785
婴	yīng	庚○	879
赊	shē	歌○	74
圈	juàn	寒去	691
	quān	寒○	598
	quàn	寒去	697
［丿起］			
铐	kào	豪去	566
铗	jiá	麻入	31
铘	yé	皆⊙	105
铙	náo	豪⊙	537
铛	chēng	庚○	866
	dāng	唐○	789
铜	tóng	东⊙	959
铝	lǚ	鱼上	439
铞	diào	豪去	564
铠	kǎi	开上	318
铡	zhá	麻入	33
铢	zhū	姑○	345
铣	xǐ	齐上	220
	xiǎn	寒上	665
铤	tǐng	庚上	907
铦	xiān	寒○	606
铧	huá	麻⊙	12
铨	quán	寒⊙	630
铩	shā	麻入	28
铫	diào	豪去	564
铭	míng	庚⊙	891
铮	zhēng	庚○	882
铰	jiǎo	豪上	551
铱	yī	齐○	204
铲	chǎn	寒上	649
铳	chòng	东去	970
铴	tāng	唐○	800
银	yín	痕⊙	757
矫	jiǎo	豪上	551
牾	wǔ	姑上	374
甜	tián	寒⊙	633
鸹	guā	麻入	28
秸	jiē	皆○	103
梨	lí	齐⊙	205
犁	lí	齐⊙	205
秽	huì	微去	292
移	yí	齐⊙	212
秾	nóng	东⊙	953
逶	wēi	微○	267
笺	jiān	寒○	593
筇	qióng	东⊙	954
笨	bèn	痕去	768
笸	pǒ	波上	46
笼	lóng	东⊙	951
	lǒng	东上	965
笪	dá	麻入	30
笛	dí	齐入	239
笙	shēng	庚○	876
笮	zuó	波入	59
符	fú	姑⊙	348
笱	gǒu	侯上	485
笠	lì	齐入	249
笥	sì	支去	170
第	dì	齐去	224
笯	nú	姑⊙	354
笤	tiáo	豪⊙	543
笳	jiā	麻○	6
笾	biān	寒○	584
笞	chī	支○	140
敏	mǐn	痕上	762
偾	fèn	痕去	772
做	zuò	波去	51
鸺	xiū	侯○	464
偃	yǎn	寒上	666
偭	miàn	寒去	695
偕	xié	皆⊙	104
袋	dài	开去	321
悠	yōu	侯○	464
偿	cháng	唐⊙	810
偶	ǒu	侯上	491
偈	jì	齐去	227
偎	wēi	微○	267
偲	sī	支○	145
傀	guī	微○	263
	kuǐ	微上	278
偷	tōu	侯○	462
您	nín	痕⊙	746

字	拼音	韵	页
偬	zǒng	东上	970
售	shòu	侯去	507
停	tíng	庚⊙	897
偻	lóu	侯⊙	474
偏	piān	寒○	596
躯	qū	鱼○	427
皑	ái	开⊙	310
兜	dōu	侯○	457
皎	jiǎo	豪上	551
假	jià	麻去	23
	jiǎ	麻上	16
偓	wò	波入	66
衅	xìn	痕去	781
徘	pái	开⊙	314
徙	xǐ	齐上	219
徜	cháng	唐⊙	811
得	dé	歌入	81
衔	xián	寒⊙	638
舸	gě	歌上	77
舻	lú	姑⊙	353
舳	zhóu	侯⊙	483
	zhú	姑入	407
盘	pán	寒⊙	626
舴	zé	歌入	86
舶	bó	波入	54
舲	líng	庚⊙	888
船	chuán	寒⊙	614
舷	xián	寒⊙	638
舵	duò	波去	48
斜	xiá	麻⊙	14
	xié	皆⊙	103
	yé	皆⊙	105
釭	gāng	唐○	791
	gōng	东○	933
龛	kān	寒○	595
盒	hé	歌入	84
鸽	gē	歌入	80
敛	liǎn	寒上	656
悉	xī	齐入	237
欲	yù	鱼入	453
彩	cǎi	开上	317
貙	chū	姑○	332
领	lǐng	庚上	905
翎	líng	庚⊙	889
脚	jiǎo	豪上	551
	jué	皆入	117
脖	bó	波⊙	42
脯	fǔ	姑上	363
	pú	姑⊙	354
脰	dòu	侯去	498
豚	tún	痕⊙	754
脶	luó	波⊙	43
脢	méi	微⊙	273
脸	liǎn	寒上	656
脞	cuǒ	波上	45
脬	pāo	豪○	522
脝	hēng	庚○	870
脱	tuō	波入	52
脘	guǎn	寒上	652
	wǎn	寒上	664
朘	juān	寒○	595
匐	fú	姑入	403
象	xiàng	唐去	857
够	gòu	侯去	499
逸	yì	齐入	253
猜	cāi	开○	307
猪	zhū	姑○	345
猎	liè	皆入	124
猫	māo	豪○	522
猗	yī	齐○	204
凰	huáng	唐⊙	815
猖	chāng	唐○	789
猡	luó	波⊙	43
猧	wō	波○	42
猘	zhì	支去	174
猊	ní	齐⊙	208
猞	shè	歌去	80
猝	cù	姑入	412
斛	hú	姑入	404
觖	jué	皆入	120
猕	mí	齐⊙	207
猛	měng	庚上	905
馗	kuí	微⊙	270
祭	jì	齐去	227
馃	guǒ	波上	45
馄	hún	痕⊙	741
馅	xiàn	寒去	703
馆	guǎn	寒上	651
[丶起]			
凑	còu	侯去	497
减	jiǎn	寒上	653
鸾	luán	寒⊙	621
毫	háo	豪⊙	533
孰	shú	姑入	405
烹	pēng	庚○	872
庶	shù	姑去	391
庹	tuǒ	波入	59
麻	má	麻⊙	12
庵	ān	寒○	581
庼	qīng	庚○	874
	qǐng	庚上	906
庾	yǔ	鱼上	442
痔	zhì	支去	174
痏	wěi	微上	284
痍	yí	齐⊙	214
疵	cī	支○	141
痊	quán	寒⊙	630
痒	yǎng	唐上	844
痕	hén	痕⊙	740
䴔	jiāo	豪○	522
廊	láng	唐⊙	820
康	kāng	唐○	795
庸	yōng	东○	937
	yóng	东⊙	963
鹿	lù	姑入	415
盗	dào	豪去	562
章	zhāng	唐○	805
竟	jìng	庚去	913
翊	yì	齐入	255
商	shāng	唐○	798
旌	jīng	庚○	871
族	zú	姑入	408
旎	nǐ	齐上	218
旋	xuán	寒⊙	639
	xuàn	寒去	703
望	wàng	唐去	854
袤	mào	豪去	569
率	lǜ	鱼入	452
	shuài	开去	328
阇	dū	姑○	333
阈	yù	鱼入	455
阉	yān	寒○	609
阊	chāng	唐○	789
阋	xì	齐入	252
阌	wén	痕⊙	755
阍	hūn	痕○	717
阎	yán	寒⊙	643
阏	è	歌入	91
	yān	寒○	609
阐	chǎn	寒上	649
着	zhāo	豪○	530
	zháo	豪⊙	545
	zhe	歌入	80
	zhuó	波入	58
羚	líng	庚⊙	889
羝	dī	齐○	196
盖	gài	开去	324
眷	juàn	寒去	691
粝	lì	齐去	229
粘	nián	寒⊙	626
	zhān	寒○	611
粗	cū	姑○	332
粕	pò	波入	64
粒	lì	齐入	249
断	duàn	寒去	677
剪	jiǎn	寒上	653
兽	shòu	侯去	507
敝	bì	齐去	222
焐	wù	姑去	394
焊	hàn	寒去	683
焕	huàn	寒去	684
烽	fēng	庚○	869
焖	mēn	痕○	724
	mèn	痕去	777
清	qīng	庚○	873
渍	zì	支去	175
添	tiān	寒○	604
渚	zhǔ	姑上	375
鸿	hóng	东⊙	945
淇	qí	齐⊙	211
淋	lín	痕⊙	743
	lìn	痕去	776
淅	xī	齐入	238
淞	sōng	东○	935
渎	dú	姑入	401
涯	yá	麻⊙	15
淹	yān	寒○	608
涿	zhuō	波入	53
渠	qú	鱼⊙	430
渐	jiān	寒○	593
	jiàn	寒去	689
淑	shū	姑入	399
淖	nào	豪去	569
挲	suō	波○	42
淌	tǎng	唐上	841
混	gǔn	痕上	761
	hùn	痕去	772
涸	hé	歌入	83
渑	shéng	庚⊙	896
淮	huái	开⊙	313
淦	gàn	寒去	680
淆	xiáo	豪⊙	543
	yáo	豪⊙	544
渊	yuān	寒○	609
淫	yín	痕⊙	757
淰	shěn	痕上	764
淝	féi	微⊙	269
渔	yú	鱼⊙	432
淘	táo	豪⊙	542
淳	chún	痕⊙	738
液	yè	皆去	110
	yì	齐入	252
淬	cuì	微去	288
涪	fú	姑⊙	349

淤	yū	鱼○	429
淡	dàn	寒去	674
淙	cóng	东⊙	943
淀	diàn	寒去	677
涴	wò	波去	51
深	shēn	痕○	726
渌	lù	姑入	416
涮	shuàn	寒去	699
涵	hán	寒⊙	616
婆	pó	波⊙	44
梁	liáng	唐⊙	822
	liáng	唐⊙	823
渗	shèn	痕去	779
淄	zī	支○	149
情	qíng	庚⊙	895
惬	qiè	皆入	127
悻	xìng	庚去	918
惜	xí	齐入	243
惭	cán	寒⊙	612
悱	fěi	微上	277
悼	dào	豪去	562
惝	chǎng	唐上	837
	tǎng	唐上	841
惧	jù	鱼去	444
惕	tì	齐入	251
惘	wǎng	唐上	843
悸	jì	齐去	227
惟	wéi	微⊙	275
惆	chóu	侯⊙	470
惛	hūn	痕○	717
惚	hū	姑入	397
惊	jīng	庚○	870
惇	dūn	痕○	715
惦	diàn	寒去	677
悴	cuì	微去	287
惮	dàn	寒去	675
惨	cǎn	寒上	648
惙	chuò	波入	59
惯	guàn	寒去	680
寇	kòu	侯去	502
寅	yín	痕⊙	758
寄	jì	齐去	226
寂	jí	齐入	240
逭	huàn	寒去	684
宿	sù	姑入	421
	xiǔ	侯上	495
	xiù	侯去	510
窒	zhì	支入	188
窑	yáo	豪⊙	544
窕	tiǎo	豪上	556
密	mì	齐入	249

谋	móu	侯⊙	475
谍	dié	皆入	114
谎	huǎng	唐上	838
谏	jiàn	寒去	689
扈	hù	姑去	385
皲	jūn	痕○	723
谐	xié	皆⊙	104
谑	xuè	皆入	132
裆	dāng	唐○	790
袱	fú	姑入	402
裈	kūn	痕○	724
祷	dǎo	豪上	549
祸	huò	波去	49
祲	jīn	痕○	721
谒	yè	皆入	132
谓	wèi	微去	303
谔	è	歌入	91
谕	yù	鱼去	449
谖	xuān	寒○	607
谗	chán	寒⊙	613
谘	zī	支○	149
谙	ān	寒○	581
谚	yàn	寒去	705
谛	dì	齐去	224
谜	mí	齐⊙	207

[乙起]

逮	dài	开去	323
	dǎi	开上	317
	dì	齐去	224
敢	gǎn	寒上	651
尉	wèi	微去	302
	yù	鱼入	455
屠	tú	姑⊙	357
艴	fú	姑入	403
弹	dàn	寒去	675
	tán	寒⊙	631
隋	suí	微⊙	274
堕	duò	波去	48
郿	méi	微⊙	273
随	suí	微⊙	274
蛋	dàn	寒去	675
隅	yú	鱼⊙	435
隤	tuí	微⊙	274
隈	wēi	微○	267
粜	tiào	豪去	572
隍	huáng	唐⊙	816
隆	lóng	东⊙	946
隐	yǐn	痕上	766
	yìn	痕去	782
婞	xìng	庚去	919
婳	huà	麻入	34

娼	chāng	唐○	788
婗	ní	齐⊙	208
婢	bì	齐去	222
婚	hūn	痕○	717
婵	chán	寒⊙	613
婶	shěn	痕上	764
婉	wǎn	寒上	663
嫏	láng	唐⊙	820
袈	jiā	麻○	7
颇	pō	波○	41
	pǒ	波上	46
颈	jǐng	庚上	905
翌	yì	齐入	256
氄	rǒng	东上	966
恿	yǒng	东上	968
欸	ǎi	开上	316
𬴂	fēi	微○	262
绩	jī	齐入	236
绪	xù	鱼去	447
绫	líng	庚⊙	887
骐	qí	齐⊙	210
续	xù	鱼入	452
绮	qǐ	齐上	218
骑	jì	齐去	226
	qí	齐⊙	209
绯	fēi	微○	262
绰	chuò	波入	59
绲	gǔn	痕上	761
绳	shéng	庚⊙	896
维	wéi	微⊙	275
骓	zhuī	微○	268
绵	mián	寒⊙	623
绶	shòu	侯去	508
绷	bēng	庚○	864
	běng	庚上	901
绸	chóu	侯⊙	469
绹	táo	豪⊙	542
绺	liǔ	侯上	490
绻	quǎn	寒上	660
	quàn	寒去	697
综	zòng	东去	978
绽	zhàn	寒去	709
骕	sù	姑入	421
𫘧	lù	姑入	416
绿	lù	姑入	416
	lù	鱼入	452
骖	cān	寒○	584
缀	zhuì	微去	304
缁	zī	支○	149
紬	chōu	侯○	457
巢	cháo	豪⊙	532

十二画

[一起]

絜	xié	皆入	120
琵	pí	齐⊙	209
琴	qín	痕⊙	748
琶	pá	麻⊙	13
琪	qí	齐⊙	210
琊	yé	皆⊙	105
瑛	yīng	庚○	880
琳	lín	痕⊙	743
琦	qí	齐⊙	210
琢	zhuó	波入	58
琥	hǔ	姑上	366
琨	kūn	痕○	724
靓	jìng	庚去	913
琼	qióng	东⊙	954
斑	bān	寒○	582
琰	yǎn	寒上	667
琛	chēn	痕○	714
琚	jū	鱼○	426
辇	niǎn	寒上	658
替	tì	齐去	231
鼋	yuán	寒⊙	647
揍	zòu	侯去	513
款	kuǎn	寒上	655
堪	kān	寒○	595
揕	zhèn	痕去	785
堞	dié	皆入	114
搽	chá	麻⊙	11
塔	tǎ	麻入	33
搭	dā	麻入	27
堰	yàn	寒去	706
揠	yà	麻入	37
堙	yīn	痕○	732
堧	ruán	寒⊙	631
揩	kāi	开○	309
越	yuè	皆入	136
趄	jū	鱼○	426
	qiè	皆去	108
趁	chèn	痕去	769
趋	qū	鱼○	427
超	chāo	豪○	517
揽	lǎn	寒上	656
堤	dī	齐○	196
提	dī	齐○	196
	shí	支⊙	153
	tí	齐⊙	212
揖	yī	齐入	238
博	bó	波入	54
揾	wèn	痕去	780

[丨起]

谤 bàng 唐去 845
谦 qiān 寒○ 598
谧 mì 齐入 250

[乙起]

遐 xiá 麻⊙ 14
屧 xiè 皆入 131
犀 xī 齐○ 202
属 shǔ 姑入 411
zhǔ 姑入 411
屡 lǚ 鱼上 439
孱 càn 寒去 673
chán 寒⊙ 613
弼 bì 齐入 247
强 jiàng 唐去 849
qiáng 唐⊙ 826
qiǎng 唐上 840
粥 yù 鱼入 455
zhōu 侯○ 467
zhù 姑入 423
巽 xùn 痕去 782
疏 shū 姑○ 340
shù 姑去 391
隔 gé 歌入 83
骘 zhì 支入 188
隙 xì 齐入 251
隘 ài 开去 320
媒 méi 微⊙ 272
媟 xiè 皆入 131
媢 mào 豪去 568
媪 ǎo 豪上 546
絮 xù 鱼去 447
嫂 sǎo 豪上 556
媕 ān 寒○ 581
媛 yuán 寒⊙ 647
yuàn 寒去 708
婷 tíng 庚⊙ 897
媚 mèi 微去 296
婿 xù 鱼去 447
毵 sān 寒○ 599
翚 huī 微○ 265
登 dēng 庚○ 866
皴 cūn 痕○ 715
婺 wù 姑去 394
骛 wù 姑去 394
缂 kè 歌入 96
缃 xiāng 唐○ 804
缄 jiān 寒○ 593
缅 miǎn 寒上 658
彘 zhì 支去 173
缆 lǎn 寒上 656
缇 tí 齐⊙ 212
缈 miǎo 豪上 553
缉 jī 齐○ 198
qī 齐入 237
qì 齐入 251
缊 yùn 痕去 784
缎 duàn 寒去 678
缑 gōu 侯○ 458
缒 zhuì 微去 304
缓 huǎn 寒上 652
缔 dì 齐去 224
缕 lǚ 鱼上 438
编 biān 寒○ 583
骗 piàn 寒去 696
缗 mín 痕⊙ 746
骙 kuí 微⊙ 270
骚 sāo 豪○ 523
缘 yuán 寒⊙ 643
yuàn 寒去 708

十三画

[一起]

瑟 sè 歌入 98
瑚 hú 姑⊙ 351
鹉 wǔ 姑上 374
瑞 ruì 微去 298
瑰 guī 微○ 263
瑜 yú 鱼⊙ 436
䴖 jīng 庚○ 872
瑳 cuō 波○ 40
瑕 xiá 麻⊙ 14
遨 áo 豪⊙ 530
骜 ào 豪去 559
瑙 nǎo 豪上 554
遘 gòu 侯去 499
[illegible] lí 齐⊙ 206
韫 yùn 痕去 784
魂 hún 痕⊙ 740
髡 kūn 痕○ 724
肆 sì 支去 169
搘 zhī 支○ 148
搕 kē 歌入 80
摄 shè 歌入 99
摸 mō 波入 52
填 tián 寒⊙ 633
搏 bó 波入 55
搢 jìn 痕去 774
趔 liè 皆入 125
趑 zī 支○ 150
摅 shū 姑○ 341
塌 tā 麻入 28
摁 èn 痕去 771
鼓 gǔ 姑上 364
摆 bǎi 开上 316
赪 chēng 庚○ 866
携 xī 齐○ 201
xié 皆⊙ 104
蜇 zhē 歌入 80
zhé 歌入 88
搋 chuāi 开○ 308
搬 bān 寒○ 582
摇 yáo 豪⊙ 543
跫 qióng 东⊙ 955
搊 chōu 侯○ 457
搞 gǎo 豪上 549
摛 chī 支○ 141
塘 táng 唐⊙ 828
搪 táng 唐⊙ 829
搐 chù 姑入 412
搠 shuò 波入 65
摈 bìn 痕去 769
彀 gòu 侯去 499
毂 gǔ 姑入 410
搉 què 皆入 130
搌 zhǎn 寒上 669
搦 nuò 波入 64
摊 tān 寒○ 603
搡 sǎng 唐上 840
聘 pìn 痕去 777
蓁 zhēn 痕○ 734
戡 kān 寒○ 595
斟 zhēn 痕○ 733
蒜 suàn 寒去 700
蒱 pú 姑⊙ 355
蓍 shī 支○ 143
鄞 yín 痕⊙ 757
勤 qín 痕⊙ 747
靴 xuē 皆○ 103
靳 jìn 痕去 774
靶 bǎ 麻上 16
bà 麻去 21
鹊 què 皆入 128
蓐 rù 姑入 419
蓝 lán 寒⊙ 619
墓 mù 姑去 388
幕 mù 姑入 418
蓦 mò 波入 64
蒨 qiàn 寒去 696
蓓 bèi 微去 286
蓖 bì 齐去 222
蓏 luǒ 波上 46
蓊 wěng 庚上 907
蒯 kuǎi 开上 318
蓟 jì 齐去 227
蓬 péng 庚⊙ 893
蓑 suō 波○ 41
蒿 hāo 豪○ 520
蒺 jí 齐入 242
蓠 lí 齐⊙ 206
蒡 bàng 唐去 846
蓄 xù 鱼入 453
蒹 jiān 寒○ 594
蒲 pú 姑⊙ 354
蓉 róng 东⊙ 957
蒙 mēng 庚○ 872
méng 庚⊙ 889
měng 庚上 905
蓂 míng 庚⊙ 892
颐 yí 齐⊙ 213
蒻 ruò 波入 64
蒸 zhēng 庚○ 882
献 xiàn 寒去 701
蓣 yù 鱼去 449
楔 xiē 皆入 112
椿 chūn 痕○ 714
楠 nán 寒⊙ 624
禁 jīn 痕○ 720
jìn 痕去 773
楂 zhā 麻○ 10
楚 chǔ 姑上 359
楝 liàn 寒去 693
楷 jiē 皆○ 103
kǎi 开上 318
榄 lǎn 寒上 656
想 xiǎng 唐上 843
楫 jí 齐入 241
楬 jié 皆入 117
楞 léng 庚⊙ 886
榾 gǔ 姑入 410
楸 qiū 侯○ 461
楩 pián 寒⊙ 627
槐 huái 开⊙ 313
槌 chuí 微⊙ 268
楯 dùn 痕去 771
shǔn 痕上 764
皙 xī 齐入 238
榆 yú 鱼⊙ 433
榇 chèn 痕去 769
榈 lǘ 鱼⊙ 430
槎 chá 麻⊙ 10
楼 lóu 侯⊙ 473
楦 xuàn 寒去 703
概 gài 开去 323
楣 méi 微⊙ 273

楹 yíng 庚⊙ 900
椽 chuán 寒⊙ 614
裘 qiú 侯⊙ 477
軿 píng 庚⊙ 895
赖 lài 开去 326
剽 piào 豪去 570
甄 zhēn 痕◯ 734
酩 mǐng 庚上 905
酪 lào 豪去 567
luò 波入 62
酬 chóu 侯⊙ 469
蜃 shèn 痕去 779
感 gǎn 寒上 651
碔 wǔ 姑上 374
碛 qì 齐入 251
碍 ài 开去 319
碘 diǎn 寒上 650
碓 duì 微去 288
碑 bēi 微◯ 259
硼 péng 庚⊙ 894
碉 diāo 豪◯ 518
碎 suì 微去 300
碚 bèi 微去 286
碰 pèng 庚去 916
磾 dī 齐◯ 196
碇 dìng 庚去 910
碗 wǎn 寒上 663
碌 lù 姑入 415
碜 chěn 痕上 760
靦 tiǎn 寒上 662
鹌 ān 寒◯ 581
尴 gān 寒◯ 589
雷 léi 微⊙ 270
零 líng 庚⊙ 886
雾 wù 姑去 393
雹 báo 豪⊙ 531
bó 波入 54
辏 còu 侯去 498
辐 fú 姑入 402
辑 jí 齐入 242
辒 wēn 痕◯ 728
输 shū 姑◯ 340
𬨎 yóu 侯⊙ 482

[丨起]

督 dū 姑入 397
频 pín 痕⊙ 747
龃 jǔ 鱼上 437
龄 líng 庚⊙ 886
龆 tiáo 豪⊙ 543
觜 zī 支◯ 150
訾 zǐ 支上 162
粲 càn 寒去 673
虞 yú 鱼⊙ 434
鉴 jiàn 寒去 688
睛 jīng 庚◯ 871
睹 dǔ 姑上 360
睦 mù 姑入 418
瞄 miáo 豪⊙ 537
睚 yá 麻⊙ 16
睫 jié 皆入 116
韪 wěi 微上 284
嗷 áo 豪⊙ 530
嗉 sù 姑去 392
睡 shuì 微去 298
睨 nì 齐去 230
睢 suī 微◯ 266
雎 jū 鱼◯ 426
睥 bì 齐去 222
睬 cǎi 开上 317
睒 shǎn 寒上 661
鹍 kūn 痕◯ 723
嘟 dū 姑◯ 333
嗜 shì 支去 168
嗑 kè 歌入 96
嗫 niè 皆入 126
嗔 chēn 痕◯ 714
鄙 bǐ 齐上 214
嗦 suō 波◯ 41
暍 hè 歌入 94
閟 bì 齐去 223
嗝 gé 歌入 83
愚 yú 鱼⊙ 434
戥 děng 庚上 902
嗄 á 麻⊙ 10
shà 麻去 25
暖 nuǎn 寒上 658
盟 méng 庚⊙ 889
煦 xǔ 鱼上 440
歇 xiē 皆入 111
暗 àn 寒去 670
暄 xuān 寒◯ 607
暇 xiá 麻⊙ 14
xià 麻去 26
照 zhào 豪去 576
遢 tà 麻入 36
暌 kuí 微⊙ 270
畸 jī 齐◯ 199
跬 kuǐ 微上 278
跨 kuà 麻去 24
跶 tà 麻入 36
跷 qiāo 豪◯ 523
跸 bì 齐入 247
跩 zhuǎi 开上 319
跣 xiǎn 寒上 664
跳 tiào 豪去 572
喍 chái 开⊙ 312
跺 duò 波去 48
跪 guì 微去 290
路 lù 姑去 386
跻 jī 齐◯ 199
跤 jiāo 豪◯ 522
跟 gēn 痕◯ 717
遣 qiǎn 寒上 659
蛼 chē 歌◯ 70
蛸 shāo 豪◯ 524
xiāo 豪◯ 527
蜈 wú 姑⊙ 358
蜎 yuān 寒◯ 609
蜗 wō 波◯ 42
蛾 é 歌⊙ 75
蜊 lí 齐⊙ 206
蜍 chú 姑⊙ 347
蜉 fú 姑⊙ 349
蜂 fēng 庚◯ 868
蜣 qiāng 唐◯ 797
蜕 shuì 微去 299
tuì 微去 300
畹 wǎn 寒上 663
蛹 yǒng 东上 968
嗣 sì 支去 169
嗅 xiù 侯去 510
嗥 háo 豪⊙ 533
嗳 ǎi 开上 316
ài 开去 320
嗡 wēng 庚◯ 877
嗙 pǎng 唐上 840
嗌 ài 开去 320
yì 齐入 256
嗍 shuò 波入 65
嗐 hài 开去 325
嗤 chī 支◯ 140
嗓 sǎng 唐上 840
署 shǔ 姑上 371
睾 gāo 豪◯ 520
置 zhì 支去 172
罨 yǎn 寒上 666
罪 zuì 微去 305
罩 zhào 豪去 577
蜀 shǔ 姑入 411
幌 huǎng 唐上 838
嵊 shèng 庚去 917
嵩 sōng 东◯ 935
骰 tóu 侯⊙ 480

[丿起]

错 cuò 波去 47
锚 máo 豪⊙ 537
锛 bēn 痕◯ 713
锜 qí 齐⊙ 211
锞 kè 歌去 79
锡 xí 齐入 244
锢 gù 姑去 384
锣 luó 波⊙ 43
锤 chuí 微⊙ 268
锦 jǐn 痕上 761
锭 dìng 庚去 910
键 jiàn 寒去 690
锯 jù 鱼去 445
锱 zī 支◯ 149
矮 ǎi 开上 316
雉 zhì 支去 173
氲 yūn 痕◯ 732
辞 cí 支⊙ 152
歃 shà 麻入 35
稞 kē 歌◯ 74
稚 zhì 支去 172
稗 bài 开去 320
稔 rěn 痕上 764
稠 chóu 侯⊙ 469
颓 tuí 微⊙ 274
甃 zhòu 侯去 512
愁 chóu 侯⊙ 468
筹 chóu 侯⊙ 468
筠 yún 痕⊙ 759
筮 shì 支去 168
筲 shāo 豪◯ 524
筼 yún 痕⊙ 760
筱 xiǎo 豪上 557
签 qiān 寒◯ 597
简 jiǎn 寒上 652
筷 kuài 开去 325
僄 piào 豪去 570
毁 huǐ 微上 278
舅 jiù 侯去 502
鼠 shǔ 姑上 370
牒 dié 皆入 114
煲 bào 豪去 561
催 cuī 微◯ 260
傻 shǎ 麻上 19
像 xiàng 唐去 857
傺 chì 支去 163
躲 duǒ 波上 45
鹎 bēi 微◯ 260
魁 kuí 微⊙ 269
衙 yá 麻⊙ 15

微 wēi 微〇 267
徭 yáo 豪⊙ 545
愆 qiān 寒〇 598
艄 shāo 豪〇 524
觎 yú 鱼⊙ 436
毹 shū 鱼〇 428
歈 yú 鱼⊙ 436
愈 yù 鱼去 449
遥 yáo 豪⊙ 544
貊 mò 波入 64
貅 xiū 侯〇 464
貉 hé 歌入 84
颔 hàn 寒去 683
腻 nì 齐去 229
腠 còu 侯去 498
腩 nǎn 寒上 658
腷 bì 齐入 247
腰 yāo 豪〇 527
腼 miǎn 寒上 658
腥 xīng 庚〇 878
腮 sāi 开〇 309
腭 è 歌入 91
腹 fù 姑入 413
腺 xiàn 寒去 703
鹏 péng 庚⊙ 893
塍 chéng 庚⊙ 885
媵 yìng 庚去 919
腾 tēng 庚〇 876
téng 庚⊙ 896
腿 tuǐ 微上 282
詹 zhān 寒〇 611
鲇 nián 寒⊙ 626
鲈 lú 姑⊙ 353
鲊 zhǎ 麻上 20
鲋 fù 姑去 383
鲍 bào 豪去 561
鲐 tái 开⊙ 316
雊 gòu 侯去 499
獉 zhēn 痕〇 734
肄 yì 齐去 234
猿 yuán 寒⊙ 646
颖 yǐng 庚上 908
鸽 qiān 寒〇 598
飔 sī 支〇 145
飕 sōu 侯〇 462
觥 gōng 东〇 933
触 chù 姑入 411
解 jiě 皆上 105
jiè 皆去 108
xiè 皆去 109
遛 liù 侯去 503
煞 shā 麻入 28
shà 麻去 25
雏 chú 姑⊙ 346
馌 yè 皆入 133
馍 mó 波⊙ 44
馎 bó 波入 55
馏 liù 侯去 503

［丶起］

酱 jiàng 唐去 849
鹑 chún 痕⊙ 739
禀 bǐn 痕上 760
bǐng 庚上 902
廒 áo 豪⊙ 531
瘏 tú 姑⊙ 357
瘃 zhú 姑入 407
痱 fèi 微去 289
痹 bì 齐去 223
痼 gù 姑去 384
廓 kuò 波入 61
痴 chī 支〇 140
痿 wěi 微上 284
瘐 yǔ 鱼上 443
瘁 cuì 微去 287
瘀 yū 鱼〇 429
瘅 dàn 寒去 675
dān 寒〇 586
痰 tán 寒⊙ 632
廉 lián 寒⊙ 619
鄘 yōng 东〇 939
鹒 gēng 庚〇 870
廓 fū 姑〇 334
麀 yōu 侯〇 465
麂 jǐ 齐上 216
裔 yì 齐去 233
靖 jìng 庚去 913
新 xīn 痕〇 728
歆 xīn 痕〇 730
韵 yùn 痕去 783
意 yì 齐去 232
旒 liú 侯⊙ 473
雍 yōng 东〇 938
阖 hé 歌入 84
阗 tián 寒⊙ 634
阘 tà 麻入 36
阙 quē 皆入 111
què 皆入 129
豢 huàn 寒去 684
誊 téng 庚⊙ 896
粳 gēng 庚〇 870
jīng 庚〇 872
粮 liáng 唐⊙ 821
数 cù 姑入 412
shǔ 姑上 369
shù 姑去 390
shuò 波入 64
煎 jiān 寒〇 593
猷 yóu 侯⊙ 482
塑 sù 姑去 392
慈 cí 支⊙ 152
煤 méi 微⊙ 272
煴 yūn 痕〇 732
煜 yù 鱼入 455
煨 wēi 微〇 267
煌 huáng 唐⊙ 814
滟 yàn 寒去 707
溱 zhēn 痕〇 734
溘 kè 歌入 96
满 mǎn 寒上 656
漭 mǎng 唐上 840
漠 mò 波入 63
滇 diān 寒〇 587
tián 寒⊙ 634
溥 pǔ 姑上 369
溧 lì 齐入 249
溽 rù 姑入 419
源 yuán 寒⊙ 645
滤 lǜ 鱼去 446
滥 làn 寒去 692
裟 shā 麻〇 8
滉 huǎng 唐上 838
溷 hùn 痕去 772
溴 xiù 侯去 510
滏 fǔ 姑上 363
滔 tāo 豪〇 524
溪 xī 齐〇 203
qī 齐〇 200
滃 wěng 庚上 907
溜 liū 侯〇 459
liù 侯去 503
漓 lí 齐⊙ 206
滚 gǔn 痕上 760
溏 táng 唐⊙ 829
滂 pāng 唐〇 796
溢 yì 齐入 254
溯 sù 姑去 392
滨 bīn 痕〇 713
溶 róng 东⊙ 958
滓 zǐ 支上 162
溟 míng 庚⊙ 892
溺 nì 齐入 250
niào 豪去 569
梁 liáng 唐⊙ 822
滩 tān 寒〇 603
滪 yù 鱼去 449
愫 sù 姑去 392
慑 shè 歌入 99
慎 shèn 痕去 779
慥 zào 豪去 576
慆 tāo 豪〇 524
慊 qiè 皆入 128
誉 yù 鱼去 448
鲎 hòu 侯去 501
塞 sāi 开〇 309
sài 开去 327
sè 歌入 98
骞 jiǎn 寒上 654
qiān 寒〇 598
寞 mò 波入 63
窥 kuī 微〇 265
窦 dòu 侯去 498
窠 kē 歌〇 73
窣 sū 姑入 399
窟 kū 姑入 398
寝 qǐn 痕上 763
谨 jǐn 痕上 761
襀 jī 齐入 236
裱 biǎo 豪上 547
褂 guà 麻去 22
褚 chǔ 姑上 360
裲 liǎng 唐上 839
裸 luǒ 波上 46
裼 xī 齐入 244
裨 bì 齐去 222
pí 齐⊙ 209
裯 chóu 侯⊙ 470
裾 jū 鱼〇 425
裰 duó 波入 56
禊 xì 齐去 232
福 fú 姑入 401
谩 mán 寒⊙ 622
màn 寒去 694
谪 zhé 歌入 87
谫 jiǎn 寒上 654
谬 miù 侯去 504

［乙起］

群 qún 痕⊙ 750
殿 diàn 寒去 676
辟 bì 齐入 247
pì 齐入 250
障 zhàng 唐去 860
媾 gòu 侯去 499
嫫 mó 波⊙ 44
嫄 yuán 寒⊙ 647

媳 xí 齐入 244
媲 pì 齐去 230
嫒 ài 开去 320
嫉 jí 齐入 242
嫌 xián 寒⊙ 636
嫁 jià 麻去 23
嫔 pín 痕⊙ 747
媸 chī 支○ 140
勠 lù 姑入 416
叠 dié 皆入 113
缜 zhěn 痕上 768
缚 fò 波入 60
fù 姑入 413
缛 rù 姑入 419
辔 pèi 微去 297
缝 féng 庚⊙ 885
fèng 庚去 911
骝 liú 侯⊙ 473
缟 gǎo 豪上 549
缠 chán 寒⊙ 613
缡 lí 齐⊙ 205
缢 yì 齐去 235
缣 jiān 寒○ 594
缤 bīn 痕○ 713
骟 shàn 寒去 699
剿 jiǎo 豪上 551

十四画

[一起]

璈 áo 豪⊙ 531
静 jìng 庚去 912
碧 bì 齐入 246
瑶 yáo 豪⊙ 544
璃 lí 齐⊙ 205
獒 áo 豪⊙ 531
赘 zhuì 微去 304
熬 áo 豪⊙ 530
慝 tè 歌入 99
嫠 lí 齐⊙ 206
韬 tāo 豪○ 524
叆 ài 开去 320
髦 máo 豪⊙ 537
墐 jìn 痕去 774
墙 qiáng 唐⊙ 826
摽 biāo 豪○ 516
biào 豪去 561
摴 chū 姑○ 332
墟 xū 鱼○ 429
塿 lǒu 侯上 490
墁 màn 寒去 694
撂 liào 豪去 567
嘉 jiā 麻○ 6
摧 cuī 微○ 260
撄 yīng 庚○ 880
赫 hè 歌入 92
截 jié 皆入 116
翥 zhù 姑去 396
趩 chì 支去 163
xué 皆⊙ 104
誓 shì 支去 167
摐 chuāng 唐○ 789
摭 zhí 支入 182
墉 yōng 东○ 938
境 jìng 庚去 912
摘 zhāi 开○ 310
zhé 歌入 87
墒 shāng 唐○ 799
摔 shuāi 开○ 309
撇 piē 皆入 111
piě 皆入 122
綦 qí 齐⊙ 211
聚 jù 鱼去 443
蔫 niān 寒○ 596
yān 寒○ 609
蔷 qiáng 唐⊙ 827
靼 dá 麻入 30
鞅 yāng 唐○ 804
yǎng 唐上 844
靿 yào 豪去 575
蔌 sù 姑入 421
慕 mù 姑去 388
暮 mù 姑去 388
摹 mó 波⊙ 43
蔓 mán 寒⊙ 622
màn 寒去 694
蔂 léi 微⊙ 271
蔑 miè 皆入 126
甍 méng 庚⊙ 890
蓰 xǐ 齐上 220
蔡 cài 开去 321
蔗 zhè 歌去 80
蔺 lìn 痕去 776
蔽 bì 齐去 221
蕖 qú 鱼⊙ 430
蔻 kòu 侯去 503
蓿 xu 姑入 422
蔼 ǎi 开上 316
榦 hán 寒⊙ 616
斡 wò 波入 66
熙 xī 齐○ 201
蔚 wèi 微去 303
yù 鱼入 455
鹕 hú 姑⊙ 352
兢 jīng 庚○ 872
嘏 gǔ 姑上 365
蓼 liǎo 豪上 553
lù 姑入 416
榛 zhēn 痕○ 734
榧 fěi 微上 277
榼 kē 歌入 80
模 mó 波⊙ 43
mú 姑⊙ 353
槚 jiǎ 麻上 17
槛 jiàn 寒去 688
kǎn 寒上 655
榻 tà 麻入 36
榫 sǔn 痕上 764
槜 zuì 微去 305
榭 xiè 皆去 109
槔 gāo 豪○ 519
榴 liú 侯⊙ 473
榱 cuī 微○ 260
槁 gǎo 豪上 549
榜 bǎng 唐上 836
bàng 唐去 846
槟 bīn 痕○ 713
bīng 庚○ 865
榨 zhà 麻去 26
榕 róng 东⊙ 958
槠 zhū 姑○ 346
榷 què 皆入 130
歌 gē 歌○ 70
遭 zāo 豪○ 529
僰 bó 波入 55
酵 jiào 豪去 566
酽 yàn 寒去 707
酺 pú 姑⊙ 355
酾 shī 支○ 146
酲 chéng 庚⊙ 885
酷 kù 姑入 414
酶 méi 微⊙ 273
酴 tú 姑⊙ 357
酹 lèi 微去 295
酿 niàng 唐去 852
酸 suān 寒○ 603
厮 sī 支○ 145
碡 dú 姑入 401
碟 dié 皆入 114
碴 chá 麻⊙ 11
碣 jié 皆入 117
碳 tàn 寒去 701
磋 cuō 波○ 40
磁 cí 支⊙ 153
愿 yuàn 寒去 707
劂 jué 皆入 120
臧 zāng 唐○ 804
殡 bìn 痕去 769
需 xū 鱼○ 428
霆 tíng 庚⊙ 897
霁 jì 齐去 225
辕 yuán 寒⊙ 646
辖 xiá 麻入 32
辗 zhǎn 寒上 668

[丨起]

蜚 fēi 微○ 262
fěi 微上 277
裴 péi 微⊙ 274
翡 fěi 微上 277
雌 cī 支○ 141
cí 支⊙ 153
龈 yín 痕⊙ 758
睿 ruì 微去 298
裳 shang 唐○ 798
cháng 唐⊙ 810
嘒 huì 微去 293
䴗 jú 鱼入 451
颗 kē 歌○ 74
夥 huǒ 波上 46
瞅 chǒu 侯上 483
瞍 sǒu 侯上 495
睽 kuí 微⊙ 270
墅 shù 姑去 391
嘈 cáo 豪⊙ 531
嗽 sòu 侯去 508
嘁 qī 齐入 237
嘎 gā 麻○ 3
暧 ài 开去 320
鹖 hé 歌入 84
暝 míng 庚⊙ 891
mìng 庚去 916
踌 chóu 侯⊙ 470
踉 láng 唐⊙ 821
liáng 唐⊙ 823
liàng 唐去 852
跼 jú 鱼入 451
跽 jì 齐去 227
踊 yǒng 东上 968
踆 qūn 痕○ 725
蜻 qīng 庚○ 874
蜞 qí 齐⊙ 210
蜡 là 麻入 34
蜥 xī 齐入 238
蜮 yù 鱼入 455
蜾 guǒ 波上 45

寡 guǎ 麻上 16
窬 yú 鱼⊙ 436
窨 xūn 痕○ 730
yìn 痕去 782
窭 jù 鱼去 445
lóu 侯⊙ 474
察 chá 麻入 29
蜜 mì 齐入 249
寤 wù 姑去 394
寥 liáo 豪⊙ 534
谭 tán 寒⊙ 632
肇 zhào 豪去 578
綮 qìng 庚去 917
谮 zèn 痕去 784
褡 dā 麻入 27
褙 bèi 微去 286
褐 hè 歌入 93
褓 bǎo 豪上 546
褛 lǚ 鱼上 439
褊 biǎn 寒上 648
褪 tùn 痕去 779
谯 qiáo 豪⊙ 540
谰 lán 寒⊙ 619
谱 pǔ 姑上 369
谲 jué 皆入 118

[乙起]

暨 jì 齐去 227
屣 xǐ 齐上 219
隧 suì 微去 300
嫣 yān 寒○ 608
嫱 qiáng 唐⊙ 827
嫩 nèn 痕去 777
嫖 piāo 豪○ 523
piáo 豪⊙ 538
嫕 yì 齐去 235
嫦 cháng 唐⊙ 811
嫘 léi 微⊙ 271
嫜 zhāng 唐○ 807
嫡 dí 齐入 239
鼐 nài 开去 327
翟 dí 齐入 239
zhái 开⊙ 316
zhé 歌入 88
翠 cuì 微去 287
熊 xióng 东⊙ 962
凳 dèng 庚去 910
瞀 mào 豪去 568
鹜 mù 姑入 419
wù 姑去 394
骠 biāo 豪○ 516
缦 màn 寒去 694
骡 luó 波⊙ 43
缨 yīng 庚○ 879
纁 xūn 痕○ 730
骢 cōng 东○ 922
缩 sù 姑入 421
suō 波入 52
缪 miào 豪去 569
miù 侯去 504
móu 侯⊙ 475
缫 sāo 豪○ 524
緅 zōu 侯○ 468
緶 biàn 寒去 672
綷 cuì 微去 288

十五画

[一起]

慧 huì 微去 292
耧 lóu 侯⊙ 474
瑾 jǐn 痕上 761
璜 huáng 唐⊙ 816
璀 cuǐ 微上 276
璎 yīng 庚○ 880
璋 zhāng 唐○ 806
璇 xuán 寒⊙ 639
斄 lí 齐⊙ 206
犛 lí 齐⊙ 206
氂 lí 齐⊙ 206
逮 dài 开去 323
撵 niǎn 寒上 658
髯 rán 寒⊙ 631
髫 tiáo 豪⊙ 543
撷 jié 皆入 117
xié 皆入 120
撕 sī 支○ 145
撒 sā 麻入 28
sǎ 麻入 33
撅 juē 皆入 111
撩 liāo 豪○ 522
liáo 豪⊙ 535
趣 qù 鱼去 446
趟 tàng 唐去 854
撑 chēng 庚○ 866
撮 cuō 波入 52
zuǒ 波入 59
撬 qiào 豪去 570
撟 jiào 豪去 566
赭 zhě 歌上 78
墦 fán 寒⊙ 615
播 bō 波○ 40
bò 波去 47
擒 qín 痕⊙ 749
墩 dūn 痕○ 715
撞 chuáng 唐⊙ 812
zhuàng 唐去 862
撤 chè 歌入 90
撙 zǔn 痕上 768
增 zēng 庚○ 880
撺 cuān 寒○ 585
撏 xún 痕⊙ 756
墀 chí 支⊙ 151
撰 zhuàn 寒去 710
撧 juē 皆入 111
聩 kuì 微去 293
聪 cōng 东○ 922
蕡 fén 痕⊙ 740
觐 jìn 痕去 774
鞋 xié 皆⊙ 104
靼 dá 麻入 30
蕙 huì 微去 292
鞍 ān 寒○ 581
蕈 xùn 痕去 782
蕨 jué 皆入 119
蕤 ruí 微⊙ 274
蕞 zuì 微去 305
蕑 jiān 寒○ 594
蕉 jiāo 豪○ 520
蕃 fán 寒⊙ 615
蕣 shùn 痕去 779
蕲 qí 齐⊙ 211
蕊 ruǐ 微上 280
赜 zé 歌入 86
蔬 shū 姑○ 341
蕴 yùn 痕去 783
槿 jǐn 痕上 762
横 héng 庚⊙ 885
hèng 庚去 911
樯 qiáng 唐⊙ 827
槽 cáo 豪⊙ 531
槭 cù 姑入 412
樗 chū 姑○ 332
樱 yīng 庚○ 880
樊 fán 寒⊙ 615
橡 xiàng 唐去 858
槲 hú 姑入 404
樟 zhāng 唐○ 807
橄 gǎn 寒上 651
樛 jiū 侯○ 459
敷 fū 姑○ 333
豌 wān 寒○ 604
飘 piāo 豪○ 523
醋 cù 姑去 378
醄 táo 豪⊙ 543
醇 chún 痕⊙ 738
醉 zuì 微去 304
醅 pēi 微○ 265
醁 lù 姑入 416
靥 yè 皆入 133
魇 yǎn 寒上 666
餍 yàn 寒去 707
磕 kē 歌入 80
磊 lěi 微上 278
磔 zhé 歌入 87
磅 bàng 唐去 846
páng 唐⊙ 826
碾 niǎn 寒上 658
磉 sǎng 唐上 841
殣 jìn 痕去 774
殢 tì 齐去 231
憖 yìn 痕去 782
震 zhèn 痕去 784
霄 xiāo 豪○ 526
霉 méi 微⊙ 273
霅 zhá 麻入 33
霂 mù 姑入 419
辘 lù 姑入 416

[丨起]

龉 yǔ 鱼上 443
龊 chuò 波入 60
觑 qù 鱼去 447
瞌 kē 歌入 80
瞒 mán 寒⊙ 622
题 tí 齐⊙ 211
暵 hàn 寒去 683
暴 bào 豪去 560
pù 姑入 419
瞎 xiā 麻入 28
瞑 miàn 寒去 695
míng 庚⊙ 892
mǐng 庚上 906
嘻 xī 齐○ 202
yē 皆入 112
嘶 sī 支○ 145
嘲 cháo 豪⊙ 532
zhāo 豪○ 530
颙 yóng 东⊙ 963
嘹 liáo 豪⊙ 535
影 yǐng 庚上 907
踖 jí 齐入 242
踧 cù 姑入 412
踔 zhuó 波入 59
踝 huái 开⊙ 313
踢 tī 齐入 237
踏 tà 麻入 35

嬉 xī 齐○ 201
勰 xié 皆入 120
戮 lù 姑入 415
豫 yù 鱼去 449
缬 xié 皆入 120
缭 liáo 豪⊙ 535
缮 shàn 寒去 699
缯 zēng 庚○ 880
zèng 庚去 919
緪 gēng 庚○ 870
畿 jī 齐○ 199

十六画

[一起]

耩 jiǎng 唐上 839
耨 nòu 侯去 504
耪 pǎng 唐上 840
璞 pú 姑入 404
靛 diàn 寒去 677
聱 áo 豪⊙ 531
螯 áo 豪⊙ 530
髻 jì 齐去 226
髭 zī 支○ 149
髹 xiū 侯○ 464
擀 gǎn 寒上 651
駬 ěr 儿上 193
撼 hàn 寒去 683
擂 lèi 微去 295
操 cāo 豪○ 517
熹 xī 齐○ 202
鬅 bèng 庚去 908
擐 huàn 寒去 684
huān 寒○ 592
擅 shàn 寒去 699
壈 lǎn 寒上 656
擞 sǒu 侯上 495
縠 hú 姑入 404
擗 pì 齐入 251
罄 qìng 庚去 916
蕻 hóng 东⊙ 946
hòng 东去 972
鞘 qiào 豪去 570
燕 yān 寒○ 608
yàn 寒去 704
颟 mān 寒○ 596
mán 寒⊙ 622
薤 xiè 皆去 109
蕾 lěi 微上 279
薯 shǔ 姑上 371
薐 léng 庚⊙ 886
薛 xuē 皆入 112
薇 wēi 微○ 267
檠 qíng 庚⊙ 895
擎 qíng 庚⊙ 895
薪 xīn 痕○ 729
薏 yì 齐去 234
薮 sǒu 侯上 495
薄 báo 豪⊙ 531
bó 波入 53
bò 波去 47
颠 diān 寒○ 586
翰 hàn 寒去 683
噩 è 歌入 91
薜 bì 齐去 222
薅 hāo 豪○ 520
樾 yuè 皆入 138
橱 chú 姑⊙ 347
橛 jué 皆入 119
橇 cuì 微去 287
qiāo 豪○ 523
樵 qiáo 豪⊙ 539
檎 qín 痕⊙ 750
橹 lǔ 姑上 366
橦 tóng 东⊙ 961
樽 zūn 痕○ 735
樨 xī 齐○ 202
橙 chéng 庚⊙ 884
橘 jú 鱼入 450
橼 yuán 寒⊙ 647
墼 jí 齐入 242
整 zhěng 庚上 908
橐 tuó 波入 57
融 róng 东⊙ 957
翮 hé 歌入 84
瓢 piáo 豪⊙ 538
醐 hú 姑⊙ 352
醍 tí 齐⊙ 212
醒 xīng 庚○ 878
xǐng 庚上 907
醑 xǔ 鱼上 441
翳 yī 齐○ 204
鷿 bì 齐入 247
磺 huáng 唐⊙ 816
磲 qú 鱼⊙ 431
赝 yàn 寒去 707
飙 biāo 豪○ 516
豭 jiā 麻○ 7
殪 yì 齐去 235
霖 lín 痕⊙ 743
霏 fēi 微○ 261
霓 ní 齐⊙ 207
霍 huò 波入 60
霎 shà 麻入 35
錾 zàn 寒去 709
辙 zhé 歌入 88
辚 lín 痕⊙ 743
臻 zhēn 痕○ 734

[丨起]

冀 jì 齐去 226
鹾 cuó 波⊙ 42
餐 cān 寒○ 584
遽 jù 鱼去 444
氅 chǎng 唐上 836
瞟 piǎo 豪上 555
曀 yì 齐去 235
瞠 chēng 庚○ 866
瞰 kàn 寒去 692
嚄 huò 波入 61
嚆 hāo 豪○ 520
噤 jìn 痕去 774
曌 zhào 豪去 578
暾 tūn 痕○ 727
瞳 tóng 东⊙ 961
蹀 dié 皆入 114
蹅 chǎ 麻上 16
踵 zhǒng 东上 969
踽 jǔ 鱼上 437
嘴 zuǐ 微上 284
踱 duò 波入 60
蹄 tí 齐⊙ 211
蹉 cuō 波○ 40
蹁 pián 寒⊙ 627
蹂 róu 侯⊙ 479
螓 qín 痕⊙ 750
蟒 mǎng 唐上 840
蟆 má 麻⊙ 12
螅 xī 齐入 238
螭 chī 支○ 140
螗 táng 唐⊙ 829
螃 páng 唐⊙ 826
螟 míng 庚⊙ 891
噱 jué 皆入 119
xué 皆入 122
器 qì 齐去 230
噪 zào 豪去 575
噬 shì 支去 168
噭 jiào 豪去 566
qiào 豪去 570
噫 yī 齐○ 204
噰 yōng 东○ 938
幪 méng 庚⊙ 890
巘 yǎn 寒上 666
罹 lí 齐⊙ 206
鹦 yīng 庚○ 879
赠 zèng 庚去 919
默 mò 波入 63
黔 qián 寒⊙ 629

[丿起]

镖 biāo 豪○ 516
镗 tāng 唐○ 800
镜 jìng 庚去 912
镝 dí 齐入 239
镞 zú 姑入 408
氇 lǔ 姑上 367
氆 pǔ 姑上 369
赞 zàn 寒去 708
憩 qì 齐去 231
穑 sè 歌入 99
穆 mù 姑入 418
篝 gōu 侯○ 458
篚 fěi 微上 277
篥 lì 齐入 249
篮 lán 寒⊙ 619
篡 cuàn 寒去 674
篯 jiān 寒○ 594
篦 bì 齐去 222
篪 chí 支⊙ 151
篷 péng 庚⊙ 893
篙 gāo 豪○ 519
篱 lí 齐⊙ 205
篰 bù 姑去 377
盥 guàn 寒去 681
儒 rú 姑⊙ 355
劓 yì 齐去 235
翱 áo 豪⊙ 530
魉 liǎng 唐上 839
魈 xiāo 豪○ 527
邀 yāo 豪○ 527
徼 jiào 豪去 566
衡 héng 庚⊙ 886
鎁 yé 皆⊙ 105
歙 shè 歌入 99
膨 péng 庚⊙ 894
膴 wǔ 姑上 374
膪 chuài 开去 321
膳 shàn 寒去 698
螣 tè 歌入 100
滕 téng 庚⊙ 896
雕 diāo 豪○ 518
饘 zhān 寒○ 611
鲭 qīng 庚○ 874
zhēng 庚○ 882
鲮 líng 庚⊙ 888
鲰 zōu 侯○ 468

鲲 kūn 痕○ 724
鲳 chāng 唐○ 789
鲵 ní 齐⊙ 208
鲸 jīng 庚○ 871
qíng 庚⊙ 896
鮀 tuó 波⊙ 45
獭 tà 麻入 36
獬 xiè 皆去 109
邂 xiè 皆去 109

[丶起]

憝 duì 微去 288
亸 duǒ 波上 45
邅 zhān 寒○ 611
鹧 zhè 歌去 80
磨 mó 波⊙ 43
mò 波去 49
廨 xiè 皆去 109
瘰 luǒ 波上 46
廪 lǐn 痕上 762
瘿 yǐng 庚上 908
瘵 zhài 开去 329
瘴 zhàng 唐去 861
癃 lóng 东⊙ 952
瘾 yǐn 痕上 767
瘸 qué 皆⊙ 103
瘳 chōu 侯○ 457
斓 lán 寒⊙ 619
麇 jūn 痕○ 723
qún 痕⊙ 750
麈 zhǔ 姑上 375
鷟 zhuó 波入 59
凝 níng 庚⊙ 892
辨 biàn 寒去 672
辩 biàn 寒去 672
嬴 yíng 庚⊙ 901
壅 yōng 东○ 938
羲 xī 齐○ 202
糒 bèi 微去 286
糙 cāo 豪○ 517
糗 qiǔ 侯上 491
糖 táng 唐⊙ 828
糕 gāo 豪○ 519
瞥 piē 皆入 111
甑 zèng 庚去 919
燎 liáo 豪⊙ 535
liǎo 豪上 553
liào 豪去 567
熸 jiān 寒○ 594
燠 ào 豪去 559
yù 鱼入 455
燔 fán 寒⊙ 615
燃 rán 寒⊙ 631
燉 dūn 痕○ 715
tūn 痕○ 727
tún 痕⊙ 754
燐 lín 痕⊙ 743
燧 suì 微去 300
濩 huò 波入 61
濛 méng 庚⊙ 890
濑 lài 开去 326
濒 bīn 痕○ 713
潞 lù 姑去 388
澧 lǐ 齐上 217
澡 zǎo 豪上 557
澨 shì 支去 168
激 jī 齐入 235
澹 tán 寒⊙ 632
澶 chán 寒⊙ 614
濂 lián 寒⊙ 621
澼 pì 齐入 251
懒 lǎn 寒上 655
憾 hàn 寒去 683
憹 náo 豪⊙ 537
nóng 东⊙ 953
懈 xiè 皆去 108
懔 lǐn 痕上 762
黉 hóng 东⊙ 946
寰 huán 寒⊙ 617
窸 xī 齐入 238
窿 lóng 东⊙ 951
褶 zhě 歌入 88
禧 xī 齐○ 202

[乙起]

壁 bì 齐入 245
避 bì 齐去 221
嬖 bì 齐去 222
隰 xí 齐入 244
檃 yǐn 痕上 767
嬛 huán 寒⊙ 618
xuān 寒○ 607
嬗 shàn 寒去 699
颡 sǎng 唐上 840
缰 jiāng 唐○ 795
缱 qiǎn 寒上 659
缳 huán 寒⊙ 618
缴 jiǎo 豪上 551
zhuó 波入 58

十七画

[一起]

璨 càn 寒去 673
璐 lù 姑去 388
謷 áo 豪⊙ 531
鬁 lì 齐去 229
戴 dài 开去 322
螫 shì 支入 187
zhē 歌入 80
赯 táng 唐⊙ 829
擤 xǐng 庚上 907
壕 háo 豪⊙ 533
擦 cā 麻入 27
縠 hú 姑入 404
罄 qìng 庚去 916
擢 zhuó 波入 58
藉 jí 齐入 242
jiè 皆去 108
薹 tái 开⊙ 316
鞠 jū 鱼入 451
鞟 kuò 波入 61
鞚 kòng 东去 973
鞬 jiān 寒○ 594
藏 cáng 唐⊙ 808
zàng 唐去 858
薷 rú 姑⊙ 356
藐 miǎo 豪上 554
藓 xiǎn 寒上 664
藋 diào 豪去 564
檬 méng 庚⊙ 890
檄 xí 齐入 244
檐 yán 寒⊙ 641
檩 lǐn 痕上 762
檀 tán 寒⊙ 632
懋 mào 豪去 568
醢 hǎi 开上 318
醨 lí 齐⊙ 206
翳 yì 齐去 234
繄 yī 齐○ 204
礁 jiāo 豪○ 522
磻 pán 寒⊙ 626
磷 lín 痕⊙ 743
lìn 痕去 776
磴 dèng 庚去 909
鹩 liáo 豪⊙ 535
霜 shuāng 唐○ 799
霞 xiá 麻⊙ 13

[丨起]

龋 qǔ 鱼上 440
龌 wò 波入 66
豳 bīn 痕○ 713
壑 hè 歌入 93
黻 fú 姑入 403
瞭 liào 豪去 567
瞧 qiáo 豪⊙ 539
瞬 shùn 痕去 779
瞳 tóng 东⊙ 960
瞵 lín 痕⊙ 743
瞩 zhǔ 姑入 411
瞪 dèng 庚去 910
嚏 tì 齐去 231
曙 shǔ 姑上 371
嚅 rú 姑⊙ 356
蹑 niè 皆入 126
蹒 pán 寒⊙ 626
蹈 dǎo 豪上 549
蹊 qī 齐○ 201
xī 齐○ 201
蹐 jí 齐入 242
蟥 huáng 唐⊙ 816
蟏 xiāo 豪○ 527
螬 cáo 豪⊙ 531
螵 piāo 豪○ 523
疃 tuǎn 寒上 662
螳 táng 唐⊙ 829
螺 luó 波⊙ 42
蟋 xī 齐入 238
蟀 shuài 开去 328
shuò 波入 65
嬲 niǎo 豪上 555
嚓 cā 麻○ 3
斁 dù 姑去 379
yì 齐入 256
羁 jī 齐○ 198
罽 jì 齐去 227
罾 zēng 庚○ 880
嶷 nì 齐入 250
yí 齐⊙ 214
赡 shàn 寒去 699
黜 chù 姑入 412
黝 yǒu 侯上 497
髁 kē 歌○ 74
髀 bì 齐去 222

[丿起]

镣 liáo 豪⊙ 535
镦 dūn 痕○ 715
镩 cuān 寒○ 585
镪 qiāng 唐○ 797
qiǎng 唐上 840
镢 jué 皆入 119
镫 dèng 庚去 910
罅 xià 麻去 26
矰 zēng 庚○ 881
穗 suì 微去 299
魏 wèi 微去 302

字	拼音	韵	页
簧	huáng	唐⊙	815
簌	sù	姑入	421
篾	miè	皆入	126
簃	yí	齐⊙	214
篼	dōu	侯○	457
簏	lù	姑入	416
簇	cù	姑入	412
簖	duàn	寒去	678
簋	guǐ	微上	278
繁	fán	寒⊙	615
黛	dài	开去	323
儡	lěi	微上	279
鹪	jiāo	豪○	522
鼾	hān	寒○	591
皤	pó	波⊙	44
魍	wǎng	唐上	843
徽	huī	微○	265
爵	jué	皆入	118
繇	zhòu	侯去	513
邈	miǎo	豪上	554
貔	pí	齐⊙	209
餪	nuǎn	寒上	658
餲	ài	开去	320
臌	gǔ	姑上	364
朦	méng	庚⊙	890
臊	sāo	豪○	524
	sào	豪去	571
膻	shān	寒○	602
臆	yì	齐入	254
臃	yōng	东○	938
	yǒng	东上	968
鲽	dié	皆入	114
鳁	wēn	痕○	728
鳃	sāi	开○	309
	xǐ	齐上	220
鳄	è	歌入	90
鳅	qiū	侯○	461
鳆	fù	姑入	414
鳇	huáng	唐⊙	816
鳊	biān	寒○	584
臒	huò	波入	60
螽	zhōng	东○	941
[丶起]			
燮	xiè	皆入	131
鹫	jiù	侯去	502
襄	xiāng	唐○	803
糜	mí	齐⊙	207
縻	mí	齐⊙	207
膺	yīng	庚○	880
癌	ái	开⊙	310
麋	mí	齐⊙	207
辫	biàn	寒去	672
嬴	yíng	庚⊙	901
糟	zāo	豪○	529
糠	kāng	唐○	796
燥	zào	豪去	576
懑	mèn	痕去	777
濡	rú	姑⊙	355
濮	pú	姑入	404
濞	pì	齐去	230
濠	háo	豪⊙	533
濯	zhuó	波入	58
懥	zhì	支去	174
懦	nuò	波去	49
豁	huō	波○	41
	huò	波入	60
蹇	jiǎn	寒上	654
謇	jiǎn	寒上	654
窾	kuǎn	寒上	655
邃	suì	微去	300
襁	qiǎng	唐上	840
[乙起]			
臋	tún	痕⊙	754
檗	bò	波入	59
甓	bì	齐入	247
臂	bèi	微去	286
	bì	齐去	221
擘	bò	波入	59
螿	jiāng	唐○	795
孺	rú	姑⊙	355
	rù	姑去	389
隳	huī	微○	265
翼	yì	齐入	252
蟊	máo	豪⊙	537
鷸	yù	鱼入	455
鍪	móu	侯⊙	475
骤	zhòu	侯去	512
繻	rú	姑⊙	356
縩	cài	开去	321
十八画			
[一起]			
鼇	áo	豪⊙	530
鼷	xī	齐○	202
鬅	péng	庚⊙	894
鬈	quán	寒⊙	630
鬃	zōng	东○	942
騧	guā	麻○	4
瞽	gǔ	姑上	364
謦	qǐng	庚上	906
藕	ǒu	侯上	491
鞯	jiān	寒○	594
鞳	tà	麻入	36
鞮	dī	齐○	196
鞭	biān	寒○	583
鞠	jū	鱼入	451
鞣	róu	侯⊙	479
藟	lěi	微上	279
藜	lí	齐⊙	205
藤	téng	庚⊙	896
藩	fān	寒○	588
	fán	寒⊙	615
轇	jiāo	豪○	522
盬	gǔ	姑上	365
覆	fù	姑入	413
醪	láo	豪⊙	534
黶	yǎn	寒上	667
蹙	cù	姑入	412
擪	yè	皆入	133
鵊	jiá	麻入	31
燹	xiǎn	寒上	664
餮	tiè	皆入	130
[丨起]			
瞿	jù	鱼去	445
	qú	鱼⊙	430
瞻	zhān	寒○	610
曛	xūn	痕○	730
曜	yào	豪去	574
躇	chú	姑⊙	347
蹚	tāng	唐○	800
蹦	bèng	庚去	909
鹭	lù	姑去	387
蹢	dí	齐入	240
蟢	xǐ	齐上	220
蟛	péng	庚⊙	894
蟪	huì	微去	293
蟫	tán	寒⊙	632
	yín	痕⊙	758
蟠	pán	寒⊙	626
蟮	shàn	寒去	699
嚚	yín	痕⊙	758
嚣	xiāo	豪○	526
嚜	mò	波去	49
黠	xiá	麻入	32
黟	yī	齐○	204
髅	lóu	侯⊙	474
髂	qià	麻去	24
[丿起]			
镬	huò	波入	60
镭	léi	微⊙	271
镮	huán	寒⊙	617
镯	zhuó	波入	58
镰	lián	寒⊙	619
矱	huò	波入	61
馥	fù	姑入	414
簟	diàn	寒去	676
簪	zān	寒○	610
簦	dēng	庚○	867
鼬	yòu	侯去	512
雠	chóu	侯⊙	470
艟	tóng	东⊙	961
翻	fān	寒○	587
鳍	qí	齐⊙	210
鳎	tà	麻入	36
鳏	guān	寒○	591
鳐	yáo	豪⊙	545
鵯	bì	齐入	247
[丶起]			
鸇	zhān	寒○	611
鹰	yīng	庚○	879
癞	lài	开去	326
癗	lěi	微上	279
癜	diàn	寒去	677
癖	pǐ	齐入	245
糨	jiàng	唐去	849
辴	chǎn	寒上	649
鼈	bié	皆入	113
瀑	bào	豪去	561
	pù	姑入	419
漍	guó	波入	57
瀍	chán	寒⊙	614
瀌	biāo	豪○	516
懵	méng	庚⊙	890
	měng	庚上	905
襟	jīn	痕○	720
[乙起]			
璧	bì	齐入	246
屩	jué	皆入	119
戳	chuō	波入	52
鵔	jùn	痕去	775
彝	yí	齐⊙	214
纆	mò	波入	63
繨	dá	麻入	30
繐	suì	微去	300
繑	qiāo	豪○	523
繙	fān	寒○	587
邋	lá	麻入	31
十九画			
[一起]			
鬋	jiǎn	寒上	654
趫	qiáo	豪⊙	540
嚭	pǐ	齐上	218

字	拼音	韵	页
攒	cuán	寒⊙	615
	zǎn	寒上	668
韝	gōu	侯○	458
鞴	bèi	微去	286
藿	huò	波入	60
蘧	qú	鱼⊙	431
孽	niè	皆入	126
蘅	héng	庚⊙	886
警	jǐng	庚上	904
蘑	mó	波⊙	44
藻	zǎo	豪上	557
麓	lù	姑入	416
攀	pān	寒○	596
轕	gé	歌入	83
醰	tán	寒⊙	632
醭	pú	姑入	404
醮	jiào	豪去	566
醯	xī	齐○	203
礤	cǎ	麻入	33
霪	yín	痕⊙	757
霭	ǎi	开上	316

[丨起]

字	拼音	韵	页
黼	fǔ	姑上	363
曝	pù	姑入	419
蹮	xiān	寒○	606
蹰	chú	姑⊙	347
蹶	guì	微去	290
	jué	皆入	119
蹼	pú	姑入	404
蹴	cù	姑入	412
蹲	cún	痕⊙	739
	dūn	痕○	715
蹭	cèng	庚去	909
蹿	cuān	寒○	585
蹬	dèng	庚去	909
蠖	huò	波入	61
蠓	měng	庚上	905
蠋	zhú	姑入	407
蟾	chán	寒⊙	612
巅	diān	寒○	587
翾	xuān	寒○	607

[丿起]

字	拼音	韵	页
镲	chǎ	麻上	16
舚	tiàn	寒去	701
籀	zhòu	侯去	513
簸	bǒ	波上	45
	bò	波去	47
籁	lài	开去	326
簿	bù	姑去	377
鳘	mǐn	痕上	763
齁	hōu	侯○	458
魑	chī	支○	141
艨	méng	庚⊙	890
鏦	cōng	东○	923
鼗	táo	豪⊙	542
鵩	fú	姑入	403
劖	chán	寒⊙	614
鳓	lè	歌入	97
鳔	biào	豪去	561
鳗	mán	寒⊙	622
鳙	yóng	东⊙	963
蟹	xiè	皆去	108

[丶起]

字	拼音	韵	页
勷	ráng	唐⊙	827
颤	chàn	寒去	673
	zhàn	寒去	709
靡	mǐ	齐上	217
癣	xuǎn	寒上	665
麒	qí	齐⊙	211
麑	ní	齐⊙	208
鏖	áo	豪⊙	530
瓣	bàn	寒去	671
蠃	luǒ	波上	46
羸	léi	微⊙	271
羹	gēng	庚○	870
鳖	biē	皆入	110
爆	bào	豪去	561
	pào	豪去	570
瀚	hàn	寒去	683
瀣	xiè	皆去	109
瀛	yíng	庚⊙	900
瀯	yíng	庚⊙	901
鹓	yuān	寒○	609
襦	rú	姑⊙	356
谶	chèn	痕去	769

[乙起]

字	拼音	韵	页
鶋	jū	鱼○	426
襞	bì	齐入	247
疆	jiāng	唐○	794
骥	jì	齐去	226
缵	zuǎn	寒上	669

二十画

字	拼音	韵	页
鬐	qí	齐⊙	210
鬒	zhěn	痕上	768
鬑	lián	寒⊙	621
鬓	bìn	痕去	769
壤	rǎng	唐上	840
攘	ráng	唐⊙	827
	rǎng	唐上	840
馨	xīn	痕○	729
	xīng	庚○	878
蘩	fán	寒⊙	615
蘖	niè	皆入	126
轖	sè	歌入	99
醵	jù	鱼去	445
醴	lǐ	齐上	217
霰	xiàn	寒去	703
酆	fēng	庚○	869
耀	yào	豪去	574
鶗	tí	齐⊙	212
矍	jué	皆入	120
闠	huì	微去	293
曦	xī	齐○	201
躁	zào	豪去	576
躅	zhú	姑入	407
	zhuó	波入	59
躃	bì	齐入	247
蠛	miè	皆入	126
蠕	rú	姑⊙	356
嚱	xī	齐○	203
鼍	tuó	波⊙	44
嚼	jiáo	豪⊙	533
	jué	皆入	119
嚷	rāng	唐○	797
	rǎng	唐上	840
巇	xī	齐○	203
巍	wēi	微○	267
巉	chán	寒⊙	614
黩	dú	姑入	401
黥	qíng	庚⊙	896
黦	yè	皆入	134
镳	biāo	豪○	516
镴	là	麻入	34
黧	lí	齐⊙	206
籍	jí	齐入	241
纂	zuǎn	寒上	669
璺	wèn	痕去	780
鼯	wú	姑⊙	358
鼋	yuán	寒⊙	647
臜	zā	麻○	10
	zāng	唐○	804
鳜	guì	微去	290
鳝	shàn	寒去	699
鳞	lín	痕⊙	742
鯶	hùn	痕去	772
獾	huān	寒○	592
飉	liáo	豪⊙	535
魔	mó	波⊙	43
糯	nuò	波去	49
灌	guàn	寒去	681
瀹	yào	豪去	575
	yuè	皆入	138
瀼	ráng	唐⊙	827
	ràng	唐去	852
襮	bó	波入	55
譬	pì	齐去	230
孀	shuāng	唐○	799
骦	shuāng	唐○	800
骧	xiāng	唐○	803

二十一画

字	拼音	韵	页
耰	yōu	侯○	465
蠢	chǔn	痕上	760
鬘	mán	寒⊙	622
趯	tì	齐入	251
鼙	pí	齐⊙	208
鷇	kòu	侯去	503
欃	chán	寒⊙	614
醺	xūn	痕○	730
礴	bó	波入	55
靧	huì	微去	293
覼	luó	波⊙	43
霸	bà	麻去	20
露	lòu	侯去	504
	lù	姑去	387
霹	pī	齐入	236
颦	pín	痕⊙	747
阛	huán	寒⊙	618
曩	nǎng	唐上	840
鷃	yàn	寒去	707
躏	lìn	痕去	776
罍	léi	微⊙	271
黯	àn	寒去	670
髓	suǐ	微上	282
鳣	zhān	寒○	611
譸	zhōu	侯○	467
劘	mó	波⊙	44
癫	diān	寒○	587
麝	shè	歌去	80
赣	gàn	寒去	680
颣	lèi	微去	295
夔	kuí	微⊙	270
爝	jué	皆入	120
灏	hào	豪去	565
禳	ráng	唐⊙	827
羼	chàn	寒去	673
蠡	lí	齐⊙	206
	lǐ	齐上	217

二十二画

字	拼音	韵	页
鬙	sēng	庚○	875
懿	yì	齐去	234
蘸	zhàn	寒去	709

典故笔画索引

本索引针对正文中各大字头下所列典故，以典故首字笔画顺序排列，首字相同者，依次字笔画数，依此类推，笔画顺序参照《现代汉语通用字笔顺规范》。本索引中第一列为正文中各字目下出现的典故，第二列为该典故所在正文页码，第三列为典故最后一字所属韵部和平仄声调。第三列中的第一字为韵部、第二字为平仄声调；平声包括阴平和阳平，仄声包括上声、去声和入声，其中阴平省为○、阳平省为⊙，方便检用。

一画

一丸 634 寒⊙
一丸泥 207 齐⊙
一门三秀才 311 开⊙
一门双秀 509 侯去
一子千年见 685 寒去
一匹练 693 寒去
一日三眠 623 寒⊙
一日之长 808 唐⊙
845 唐上
一牛鸣 891 庚⊙
一气排阴 731 痕○
一片白云关念 695 寒去
一片闲云舒卷 655 寒上
一片野心 728 痕○
一斗一石皆醉 305 微去
一斗之胆 649 寒上
一斗粟 420 姑入
一尺面 695 寒去
一双两好 550 豪上
一旦为龙 951 东⊙
一叶知秋 460 侯○
一丘 460 侯○
一丘一壑 94 歌入
一台二妙 569 豪去
一戎 957 东⊙
一戎定 910 庚去
一过不父 380 姑去
一百五 373 姑上
一百五日 185 支入
一成一旅 438 鱼上
一尘不染 660 寒上
一曲相思碧云合 83 歌入
一色与天通 936 东○
一灯传 614 寒⊙
一江春水 282 微上
一池春皱 512 侯去
一字三缣 594 寒○
一字五万 701 寒去
一字褒 516 豪○
一阳生 875 庚○
一阳来复 413 姑入
一块肉 505 侯去
一声尘落 61 波入
一声何满 657 寒上
一苇 284 微上
一苇杭 813 唐⊙
一花五叶 133 皆入
一时四美 279 微上
一别汉南 624 寒⊙
一身都是胆 649 寒上
一龟一鹤 93 歌入
一饭三吐 372 姑上
一饭千金 719 痕○
一饭报 560 豪去
一饮千钟 941 东○
一言悟主 375 姑上
一亩宫 932 东○
一床双美 279 微上
一床簪笏 414 姑入
一快披襟 721 痕○
一枝安 581 寒○
一枝春 714 痕○
一枝桂 289 微去
一枝栖 200 齐○
一枝梅 273 微⊙
一杯易足 408 姑入
一枕华胥 429 鱼○
一枕南柯 73 歌○
一枕蘧蘧 431 鱼⊙
一轮秋桂 290 微去
一国三公 929 东○
一国如狂 817 唐⊙
一炬阿房 812 唐⊙
一弦 637 寒⊙
一经教子 161 支上
一指头禅 613 寒⊙
一挥千字 175 支去
一柱中流 472 侯⊙
一点秋波 39 波○
一星飞堕 48 波去
一食 179 支入
一秦 748 痕⊙
一真 732 痕○
一顾 384 姑去
一顾周郎 819 唐⊙
一钱太守 493 侯上
一钵一瓶 895 庚⊙
一笑无颜色 98 歌入
一笑粲 673 寒去
一笑嫣然 631 寒⊙
一座生春 714 痕○
一诺 64 波入
一梦成炊黍 371 姑上
一舸五湖 350 姑⊙
一斛凉州 467 侯○
一斛槟榔 821 唐⊙
一绳何系 227 齐去
一絇丝 145 支○
一琴一鹤 93 歌入
一葛一裘 478 侯⊙
一朝符瑞，四十万人同
959 东⊙
一棹剡溪 203 齐○
一粟太仓中 939 东○
一跌 110 皆入
一番风信 781 痕去
一觞一咏 968 东上
一寒如此 155 支上
一缕青丝为君剪
654 寒上
一鼓作气 230 齐去
一腹便便 626 寒⊙
一榻依陈 738 痕⊙
一鹗 90 歌入
一箧西风掩面 695 寒去
一舆一臣台 315 开⊙
一醉三年 626 寒⊙
一醉六十日 185 支入
一篑 293 微去
一麾出守 493 侯上
一瓢风入 419 姑入
一瓢自乐 97 歌入
一瓢闲挂 22 麻去
一壑自专 611 寒○
一簪华发 34 麻入
一瓣香 802 唐○
一夔足 407 姑入
一囊诗稿 549 豪上
乙览 655 寒上

二画

[一起]

二十八将 849 唐去
二十五弦 637 寒⊙
二十四考 552 豪上
二千石 675 寒去
二王 829 唐⊙
二天 604 寒○
二车 68 歌○
二毛 536 豪⊙
二分明月 135 皆入
二龙 947 东⊙
二虫 943 东⊙
二乔 540 豪⊙
二阮 660 寒上

[丨起]

[丿起]

[丶起]

[乙起]

四画

[一起]

[丨起]

[丿起]

[、起]

五画

[一起]

六画

[一起]

[丶起]

[乙起]

七画

［一起］

八画

［一起］

[丶起]

[乙起]

九画

[一起]

[丨起]

［丿起］

［丶起］

［乙起］

十画

［一起］

十一画

［一起］

[丨起]

[丿起]

十二画

[一起]

[丶起]

[乙起]

十三画

[一起]

[丨起]

十四画

十五画

[一起]

十六画

十七画

十八画以上